CB082592

A Ideia de Liberdade em Portugal

A Ideia de Liberdade em Portugal

DO CONTRATUALISMO ABSOLUTISTA
ÀS SEQUELAS DO TRIÉNIO VINTISTA

Isabel Maria Banond de Almeida

PREFÁCIO DE
Martim de Albuquerque

A IDEIA DE LIBERDADE EM PORTUGAL
AUTORA
ISABEL MARIA BANOND DE ALMEIDA
EDITOR
EDIÇÕES ALMEDINA, S.A.
Rua Fernandes Tomás, nºs 76, 78, 80
3000-167 Coimbra
Tel.: 239 851 904 • Fax: 239 851 901
www.almedina.net • editora@almedina.net
DESIGN DE CAPA
FBA.
PRÉ-IMPRESSÃO, IMPRESSÃO E ACABAMENTO
G.C. - GRÁFICA DE COIMBRA, LDA.
Palheira Assafarge, 3001-453 Coimbra
producao@graficadecoimbra.pt
Abril, 2012
DEPÓSITO LEGAL
342763/12

Apesar do cuidado e rigor colocados na elaboração da presente obra, devem os diplomas legais dela constantes ser sempre objecto de confirmação com as publicações oficiais.
Toda a reprodução desta obra, por fotocópia ou outro qualquer processo, sem prévia autorização escrita do Editor, é ilícita e passível de procedimento judicial contra o infractor.

ALMEDINA | GRUPOALMEDINA

BIBLIOTECA NACIONAL DE PORTUGAL – CATALOGAÇÃO NA PUBLICAÇÃO

ALMEIDA, Isabel Maria Banond de, 1960-

A ideia de liberdade em Portugal: do contratualismo absolutista às sequelas do triénio vintista. – (Teses de doutoramento)
ISBN 978-972-40-4481-1

CDU 342
     347
     321

Apoio financeiro da FCT – Fundo de Apoio à Comunidade Científica
FCT Fundação para a Ciência e a Tecnologia
MINISTÉRIO DA CIÊNCIA E DA TECNOLOGIA

À memória dos Meus Pais

AGRADECIMENTOS

A Autora agradece sensibilizada ao Professor Doutor António Sampaio da Nóvoa, Magnífico Reitor da Universidade de Lisboa e aos Professores Doutores Martim de Albuquerque, Jorge Miranda, José Artur Duarte Nogueira, António Pedro Barbas Homem e Eduardo Vera-Cruz Pinto, da Faculdade de Direito da Universidade de Lisboa e António Santos Justo e Rui Figueiredo Marcos, da Faculdade de Direito da Universidade de Coimbra, a disponibilidade manifestada para apreciar a dissertação.

Agradeço especialmente ao Professor Doutor Martim de Albuquerque, orientador da mesma, as preciosas sugestões que me foi dando ao longo do tempo e até mesmo quando da presente publicação.

Ao Professor Doutor António Menezes Cordeiro o meu reconhecimento pelos incentivos em ordem à publicação do presente texto.

Aos Meus Colegas e tantos mais cúmplices na elaboração da mesma à época da entrega e posterior arguição uma palavra de simpatia. Permito-me, por ser de elementar justiça, destacar um sentido e sincero obrigado à Prof.ª Doutora Sílvia Alves, ao Prof. Doutor Pedro Freitas, à Doutoranda Susana Videira, ao Dr. David Teles Pereira e ao Dr. Duarte Vaz que se ocuparam da revisão final. Ao Dr. Duarte Vaz acresce uma palavra de reconhecimento por todo o empenho na revisão formal da presente publicação.

Ao Tozé o reconhecimento pela paciência infindável que teve todos estes anos...

Lisboa, 2012

PREFÁCIO

O tema da dissertação doutoral hoje entregue a público faz parte das grandes questões da História. De facto, a liberdade constitui uma das equacionações eternas seja do espírito seja do devir dos factos. Ela contrapõe-se antinómica ou dialecticamente a todas as formas ideadas ou praticadas de exploração do Homem, desde as modalidades totalitárias às ditatoriais, ou outras. O interesse de um livro sobre a evolução (por vezes mesmo a involução) da liberdade não carece, pois, de qualquer elogio ou palavra laudatória. Reconhece-se e regista-se simplesmente como os axiomas.

Não é, porém, só o interesse do tema que torna o livro que o leitor tem em mãos uma obra de referência. É também a sua monumentalidade, mas sobretudo, a riqueza de tratamento. Podia ser pela extensão, na verdade, uma tese grande, sem representar uma grande tese. A autora, porém, juntou uma erudição e pesquisa quase ímpar, procurando explorar todas as vias, derivações, contiguidades. Talvez sobre este prisma fosse lícito formular até alguma adversativa, pois com isso, não evitou certo decorativismo de pormenores, linhas menos áticas, acaso algumas fugas e tournures. Mas aí, no que poderíamos detectar algum barroquismo de arquitectura ou pictural, a obra ganha, incontestavelmente ganha, em segurança e em consistência, que a tornam verdadeiramente grandiosa, única mesmo. Não é um livro para diletantes, mas para quem se interessa e pretende ir ao âmago das coisas.

Num país em que a superficialidade é, muitas vezes, o tom que mais aplausos conquista, não deixamos de anotar que a autora teve a coragem e procurou conscientemente afastar-se da vulgaridade sob tal prisma.

Entrando no domínio dos conteúdos, apraz reconhecer a lógica interna do respectivo desenrolar. A ideia de liberdade em Portugal – do contratualismo absolutista ao triénio vintista divide-se em três partes. Uma, sobre a História ou Teoria da Liberdade mediante os contributos para o seu processo evolutivo: dos significantes da Europa do Antigo Regime aos significados da recepção lusitana. Outra, subordinada ao tema História da Teoria da Liberdade: do Individualismo condicionante aos primórdios do Reformismo Pré-Liberal Português – Matriz Europeia e Originalidades Portuguesas dos finais do Século XVIII a 1820. A terceira, sobre a História da Liberdade à Liberdade na História, trata da conceptualização da Ideia de liberdade perante os quadros institucionais europeus. E a dissertação remata com algumas considerações a reter, as Fontes e a Bibliografia – manuscritos, títulos sem autoria, colecções e periódicos da época, portugueses e estrangeiros, impressos (bem como monografias e artigos).

São patentes ao longo da discursividade duas preocupações centrais. Por um lado o enquadramento a uma escala europeia (Itália, Inglaterra, França, Holanda, Alemanha, Espanha, por exemplo, são congregadas a propósito) da ideia e das sequelas fácticas e institucionais da Liberdade, nas suas ligações com os diversos sistemas e tempos históricos abrangidos, bem como os conceitos fundamentais. Por outro, as especificações portuguesas. Num jogo impressionante de derivações e conexões.

A sucessiva introdução de palavras e de enfoques torna, aliás, a dissertação dinâmica e convida o leitor à concentração e reflexão. Se a tudo juntarmos os temas perenes e afluentes que a autora se sentiu obrigada a promover e a não escamotear, podemos ver o acumular de notas conjugadas que fazem um grande todo: o absolutismo clássico, o absolutismo ilustrado, História/Razão e Direito, *liberdade de pensamento e tolerância religiosa, o jusracionalismo, as leis fundamentais, censura e liberdade de consciência, o individualismo*, são, sem preocupação de exaustividade, alguns dos itens abordados só na primeira parte da obra.

Pela amostra se pode deduzir o arrojo com que foi delimitado o campo de investigação. Mas a isso há que juntar o severo rigor desta, que representa, em verdade, o timbre de toda a investigação científica. A tal propósito, e correndo mais uma vez o risco de ficarmos longe da análise perfunctória que se impõe, cumpre vincar a riqueza das fontes e da bibliografia. E, desde logo, neste capítulo não pode faltar uma palavra relativamente à longa pesquisa arquivística e de manuscritos no AHP, mas também no ANTT e na BNL.

Quanto aos impressos sem autor, colecções e periódicos da época, o levantamento feito apresenta--se igualmente de grande imponência. E uma palavra merecem ainda as cerca de setenta páginas em que se contêm as fontes impressas e bibliografia.

Perante a grandeza e a ambição da dissertação de que se procurou dar a tónica através do método de toque e amostragem própria dos ourives, por outro ser inviável, apenas se nos afigura exíguo aquilo que a Professora Isabel Banond designa simplesmente Conclusões a Reter. Mas compreendemos. A Autora intencionou apenas o que depois de um longo discurso se lhe afigurou essencial. Primou, então, pela capacidade de síntese, deixando tudo o resto para a exegese do leitor interessado.

O livro da Professora Isabel Banond de Almeida passou a ser, na matéria, uma referência obrigatória. Como tal, e como dissertação que foi apreciada por júri de uma instituição com o prestígio da Faculdade de Direito de Lisboa e aprovada com a nota máxima, não precisava destas descoloridas palavras de apresentação ou introdução. Se as escrevemos foi apenas pela insistência amiga da autora, que não nos eximiu à tarefa inútil e por não querermos de forma alguma deixar de dar o nosso testemunho público sobre um livro incontornável no seu âmbito de pesquisa. Um livro para ficar. Um livro de mérito.

MARTIM DE ALBUQUERQUE

NOTA DE ABERTURA

A publicação da presente Tese de Doutoramento, com discussão agendada para 22 de Junho de 2006, era um dever de honra e um compromisso gostosamente assumido pela Autora. É este o momento de se dar dela à estampa.

Após vários anos de porfiada investigação, submeteu-se a então candidata ao veredicto do júri, que veio a entender honrá-la com a classificação final máxima: Distinção e Louvor.

Encarado como reconhecimento de mérito de algo publicamente discutido, nem por isso se enjeitam algumas das observações sábia, rigorosa e cientificamente tecidas pelos arguentes. Na impossibilidade de a todas atender, sob pena de adulterar em demasia o entendimento pessoal então defendido e avaliado, introduzem-se, ainda assim, algumas modificações no texto original. De forma, sobretudo, na revisão gráfica e ortográfica. Mas também e em certa medida no plano substantivo, mantendo convicções pessoais e acatando, no saber de experiência feita, algumas das interpretações dubitativas a que o texto inicial poderia conduzir, notadas pelos Exmos. arguentes.

No cômputo geral, o produto acabado corresponde, essencialmente, a uma tentativa de conferir alguma "pureza ática" à formulação inicial, não desvirtuando a identidade pessoal e admitindo a necessária flexibilidade que qualquer pensador deve demonstrar, na dialéctica dar-receber que se impõe. E também, no possível, a tornar "mais leve" um texto que inicialmente tinha cerca de três mil páginas, empreitada que, há que reconhecer, poderá ser desmotivante para o leitor menos familiarizado com este tipo de investigação.

Justificam-se, pois, algumas observações como pontos de debate mas assume-se o propósito de redactar sobre Pensamento e Ideias Políticas, ainda quando o resultado se aproxime das características acima sublinhadas, que se aceitam e entendem como esteios intelectualmente inultrapassáveis nas vertentes temáticas.

Assim sendo opta-se pela manutenção da essência dada às Ideias Políticas na versão apresentada a discussão, muito embora cada vez mais exista da nossa parte receptividade para o seu enquadramento num outro plano de análise, que com o presente dialoga. As modificações introduzidas procuram reproduzir, em parte, estas preocupações.

Em simultâneo, o reconhecimento que a vida académica tem exigências permanentes e em permanência a todos os que a ela aderem e se tornam membros do – ainda – restrito número de voluntários para a produção doutrinária e teórica nos vários domínios da investigação, obriga a sequência institucional e interessada desta.

Jusnaturalismo e positivismo nada têm de comum. A aceitação desta ideia-força é o mote para a definitividade de um tema como a Liberdade, cujos sucessivos contributos na investigação não bulem, antes e indelevelmente se complementam. Assim sendo e porque a reflexão sobre um tema intemporal, intemporal se torna, e admitindo que uma diversa óptica na sua ponderação não apenas se justifica como urge na publicação, aqui se deixa cair profissão de fé em retomar muitas das ideias agora expostas, como sequência normal de um trabalho militante, pedra a pedra construído e sempre incompleto.

Postos estes considerandos operativos em momento de publicação, entendemos introduzir um "item" inovador dedicado à EXPLICAÇÃO DE CONCEITOS, que deve ser presente em todos os passos evolutivos da Tese. Esta EXPLICAÇÃO terá de ser "lida" imperativamente em sintonia com a "Introdução" uma vez que as estruturámos em planos complementares.

Mantém-se a intenção de vincar as designações em contraponto de "Liberdade" e "Poder", Estado" e Nação", "Razão" e "História", "Rei" e "Parlamento", "Consensualismo" e "Contratualismo", em que se usa maiúscula e que pretendem marcar e também por essa via as intenções propostas segundo a metodologia adoptada. A importância que a ideia de "Liberdade" reveste na Tese implica que sempre ela se deva redigir com maiúscula. No caso da "Liberdade individual", porque se opõe ao cercear do "Pensamento", este mesmo e sempre que tal se justifique em função dos autores a ser destacado pela mesma via.

Por outro lado, à ideia de "Liberdade" e no seu estudo, contrapõe-se a ideia de "Poder", pelo que será impossível compreender a primeira sem dilucidar a segunda no âmbito do Antigo Regime.

Quanto ao Liberalismo, "Liberdade" e "Poder" encontram-se indissociavelmente ligados em termos ideológicos, quer se encete o estudo pela via da "História", como pelo da "Razão" e Vontade.

Os termos "Nação" e "Estado" seguem, para os mesmos períodos epocais e factualidades assinaladas, idêntica compreensão. Ou se opõem ou se complementam, ainda que em período liberal seja conhecida a predilecção Vintista pelo primeiro dos termos, no sentido de bem marcar a relevância da sociedade em presença do Governo, que executava os seus comandos.

"Razão" e "História" são, em simbiose, uma contraposição e uma complementaridade, assentes os pressupostos de que partem. Daí também serem designados com maiúscula.

As motivações para se usar "Rei" e "Parlamento", decorrem dos precedentes considerandos e vão na sua linha, tal como se justificam, da mesma sorte, "Consensualismo" e "Contratualismo".

As citações em corpo de texto ou nas notas de rodapé em línguas estrangeiras são feitas uniformemente e em terminologia moderna.

No que respeita à investigação em especial a propósito da ideia de Liberdade nas situações acima invocadas, mormente no seu relacionamento com o Direito Público e do Direito Privado, será feita em local que consideramos apropriado, em artigos ou monografias que sucessivamente irão sendo publicados.

Lisboa, Março de 2012

EXPLICAÇÃO DE CONCEITOS (*)

Absolutismo e despotismo esclarecido – O que é o Absolutismo e a sua versão recente do despotismo esclarecido, ilustrado ou iluminado?
Existe óbvia diferença entre Absolutismo clássico e despotismo ilustrado. Com o Iluminismo e a sua versão filosófica, despotismo esclarecido, dá-se a valorização do indivíduo e do Contratualismo como base fundante das teses jusracionalistas, que da Alemanha se estenderam ao restante continente europeu e virão a influenciar os próprios norte-americanos.

Sendo doutrina de progresso é, em simultâneo, doutrina de resistência e permite uma nova e atenta distinção, qual seja a das duas teses fundamentais em confronto durante o Antigo Regime. De facto, se no séc. XVII se assistia a um protagonismo da transcendência divina e do Poder paternal como fontes da toda a Autoridade política, já no decurso do desenvolvimento do jusnaturalismo, sobretudo por força do trabalho dos teóricos do jusracionalismo, são as características voluntaristas e convencionais que presidem à formação daquela.

Por um lado, representa a manifestação mais acabada da situação do indivíduo, visto no plano da para-irracionalidade Moral e da ausência de Liberdade de participação. Mais, na opção por um determinado tipo de direcção de Autoridade na sociedade em que ele se encontra inserido, de que é membro, mas a que não assistem quaisquer direitos geracionais na mesma.

Doutra parte, o jusnaturalismo Setecentista eleva-o à consideração, dando-lhe participação inicial na estruturação da mesma, ainda quando, depois disso, os vários intérpretes coincidem no facto de a soberania efectiva não lhe assistir, depois de subscrita a convenção. Há, neste caso, Liberdade inicial; o facto da sociedade se formar implica a translação dessa Liberdade a outrem no plano político, não se aceitando qualquer retoma da mesma.

Recuperando a caracterização do despotismo ilustrado em presença do Absolutismo na sua feição clássica, pode dizer-se que o primeiro, e no que respeita a uma nítida evolução face ao tecido feudal e aristocrático medieval, sedimentado em Portugal no senhorialismo, se pauta no reforço do Poder central e numa maior dignificação ou valorização do indivíduo.

Por outro lado, o Absolutismo clássico, como resulta da aproximação às ideias de alguns dos seus representantes, é uma doutrina por vezes desumana, em presença de certos extractos sociais, em nada se parecendo com o despotismo esclarecido, que considera a educação das mulheres e tem tendências humanitaristas – teóricas, nem sempre práticas – em elevado grau.

Em simultâneo, naquele não se suscitam preocupações no campo cultural, por via de regra reservado para um escasso número de eleitos, quase todos de proveniência religiosa. Já para o despotismo esclarecido a promoção da cultura e da instrução ocupam

---

(*) Esta explicação de conceitos não dispensa, naturalmente, a leitura cuidada da "Introdução". As citações feitas encontram-se coligidas num pequeno esclarecimento bibliográfico final.

lugar elevadíssimo, ainda quando os seus participantes fazem parte dos estratos sociais mais elevados ou com maior facilidade de acesso à cultura, que paulatinamente se vai deslaicizando e abrangendo um leque cada vez maior de não eclesiásticos.

O Absolutismo clássico promove a desigualdade, enquanto o despotismo esclarecido a desincentiva, considerando a existência duma Igualdade formal negativa em que os cidadãos devem, em potência, ser de modo idêntico beneficiados pelo Rei. Esta Igualdade resulta de ninguém ter direitos políticos senão o monarca, admitindo-se a existência de benefícios pessoais que o monarca outorga discricionariamente e que consistem nas garantias que cada qual pode invocar em presença do Rei, como base fundante do desenvolvimento dos seus direitos.

Não menos importantes são as diferenças em matérias eclesiásticas, exemplarmente vistas em Portugal, onde duma situação de quase domínio do Estado pela Igreja se passa ao contrário, de subalternização desta face ao Estado. Em menor grau no nosso país, mas marca do despotismo esclarecido, as tendências laicizantes e o incremento da Liberdade de consciência, projectando-se numa reflexão de tipo deísta. Finalmente, as tendências rigoristas nos castigos, herança medieval, são relegadas em nome do Humanitarismo, reclamando o desaparecimento da tortura e a proporcionalidade na aplicação das penas.

O despotismo ilustrado é doutrina de resistência, porque considera estranha toda e qualquer divisão de Poderes políticos, sendo o Príncipe o repositório único da soberania do Estado, a quem somente compete obrar pela felicidade do seu povo, sem que este tenha qualquer participação na mesma. Essa a sua grande diferença em relação ao liberalismo.

Finalmente, a característica das políticas económicas seguidas, fazendo do Estado o garante da ordem natural demonstrando os benefícios da legislação autoritária, como "reflexo da Razão universal". E, no que respeita a esta última característica de nomofilia activa, entende Simone Goyard-Fabre que "la passion de la loi (...) en quoi se reconnaît l'un des caractères les plus frappants du despotisme éclairé."

Absolutismo/Liberalismo – Bem pode dizer-se que se o Absolutismo se determina em função da felicidade dos indivíduos – do valor do indivíduo – meta essencial para que o soberano deve trabalhar e coadjuvada por todas as medidas económicas e sociais tomadas nesse sentido, ele acabou por estar na base da constituição do Liberalismo. Foi este que ganhou forças a partir dos conceitos de Contratualismo social desenvolvidos pelo seu antecessor, somando-lhe a especial consideração em que vai tomar os direitos individuais naturais e originários do indivíduo.

O problema começa por se colocar em presença do dualismo cartesiano, prolongando-se pela monodologia leibniziana até ao ponto em que se pode colocar a hipótese histórica das mónadas se constituírem como o antecedente histórico-filosófico da ideia de indivíduo, e que se pauta como a oposição inicial entre este e a sociedade.

O soberano, seja ele quem for, não pode ser mais conotado com alguém que zela sabiamente por um conjunto de néscios, mais ou menos assumidos, mas sempre necessitados da mão benéfica de um pastor, de um pai, que cuida desveladamente de um conjunto de crianças mais ou menos mal comportadas e dele necessitam avidamente para se poderem pensar, a si mesmos, como homens. Este o entendimento kantiano que, adiantando ideias, deverá aqui desde já ficar assinalado.

Nem Direito Divino, por si e para si, nem racionalidade humana na dependência unilateral da transcendência; emancipação do género humano requer-se, aceita-se, legitima-se.

Consensualismo nacional/Liberdade dos povos/Jusdivinismo estrangeiro – São três aspectos que representam verso e reverso da mesma situação. Ou seja, da origem do Poder político e da Ideia de Constituição Histórica.

Um mais ligado à máxima pauliana, significando que todo o Poder vem de Deus, variando a forma como ele é entregue ao encarregado do exercício da soberania; outro com características humanas e que obriga à dependência única da racionalidade do homem a formação das sociedades.

No primeiro caso podem detectar-se duas grandes linhas de força, uma delas tipicamente anterior à adopção do critério da racionalidade humana como definidor dos contornos essenciais da convivência social e organização política. A outra, coeva da Modernidade, por definição considerando que a origem divina do Poder se traduz na transmissão imediata por Deus desse mesmo Poder ao Rei.

De um lado, a Liberdade da comunidade no plano do exercício dos Poderes transmitidos ao monarca; do outro, completa submissão e ausência de participação da mesma em todo o processo.

De um lado a tese da Patrística, adaptada por S. Tomás e seus seguidores e que, se não contesta a origem divina do Poder, aceita um pacto *subjectionis* no plano do exercício do mesmo – a comunidade transmite ao monarca o Poder que lhe fora transmitido por Deus, único Ser fonte e sua origem – para que o soberano, depois disso, o exerça conformando-se aos limites Éticos impostos. Trata-se da soberania inicial de mediação popular.

Explicitando, tal ideia, vulgarizada pelo labor da Segunda Escolástica, passou aos séculos seguintes, fixando a dependência recíproca e ajuda mútua em que o Rei e os seus auxiliares no exercício do Poder político se encontravam e, firmando de uma vez, a tese da Liberdade dos povos.

A Liberdade dos povos do Consensualismo português determina a participação estamentária nas decisões a levar por diante pelo monarca no exercício da soberania, obriga à sua consulta e eventualmente é persuasiva nas conclusões porque este se rege.

Quando se faz menção da Liberdade dos povos, em termos medievais e pós--Renascentistas, pondera-se a Liberdade do reino de Portugal, que junto em Cortes, por força da representação nacional por estratos, decide com o Rei o melhor destino a congraçar ao seu Bem comum, seja no domínio das Leis Fundamentais da monarquia ou da actividade legiferante ordinária. Os "representantes" deviam ser a melhor parte da Nação correspondendo à elite cada um dos braços da mesma, cujo conhecimento é suficientemente sabido para termos de o recapitular. Por isso mesmo e dada a falta de preparação que teria, na linguagem de Fernão Lopes, a "arraia-miúda" para ser colocada perante situações que requeriam preparação superior às suas forças intelectuais, mais assiste interpretar o tema sob a fórmula proposta. Não se restringe a ideia de Povo, neste particular, ao Terceiro Estado, heterógino por natureza; antes nele estão considerados todos, nobres, eclesiásticos e povo ou Terceiro Estado e por isso se mantém esta expressão por ser – ainda – a mais adequada aos actuais objectivos. Os "Povos" são o "reino"; não é o "Povo" que é o "reino", neste particular; nem isso seria possível, atentas as diferenças crassas de comportamento habitual de um e outro. E o "reino" compõe-se de nobreza, clero e Terceiro Estado, por força da divisão que sendo tradicional não é definitiva ao caso; apenas e meramente funcional. A Liberdade dos povos existe, porque manieta o Poder arbitrário e absoluto do monarca; é para isso que ela serve e é por isso que se fala de jusnaturalismo católico e não de despotismo, seja qual for a feição que se lhe queira dar. O "reino" é a Nação para este entendimento, que também consagra a perspectiva de plena Igualdade de todos os "vassalos" ou súbditos, qualquer que seja a sua origem face ao Rei, como cabeça da Nação, de que eles são corpo colectivo.

Doutra parte e ao invés, a manifestação da soberania absoluta, com conotações transcendentais e remontando ao Poder patriarcal, sem vislumbre de pacto e onde a imanência da História, é evidência assumida. A tese stuartiana no seu apogeu.

O Consensualismo é moderado e preza a Liberdade metafísica do indivíduo e a dos povos; a orientação que inculca a translação directa do Poder de Deus para o monarca é radical, e apenas aceita a Liberdade pessoal e metafísica do indivíduo. Ambos vêem a origem do Poder em Deus.

Veja-se **"Contrato"** no decurso desta Explicação.

Conservadorismo – No que respeita ao Conservadorismo surgiu como uma reacção contra o projecto dos primeiros liberais e posteriores socialistas, de encontrar nas alterações revolucionárias a chave política do seu valor, consignado na Liberdade. Foi à Revolução Francesa que foram buscar a maior parte do suporte intelectual das suas Obras não para a apoiar, como fazia a generalidade dos liberais, mas para a combater.

O exemplo mais acabado é o de Edmund Burke, um Autor importantíssimo para o Pensamento conservador português e que será oportunamente retomado. Em oposição declarada Thomas Paine com quem, e em conjunto, se enquadram as duas grandes linhas liberais da compreensão de 1789. O conservador típico põe o acento tónico na política, como uma actividade prática e complexa. É uma arte de governar as pessoas e administrar o Estado. Os conhecimentos indispensáveis nesta arte de governação política, que não são extensivos a quaisquer outras entidades, justificam a Autoridade do Estado. É um processo que, como qualquer outro, só pode ser desempenhado por quem tenha conhecimentos bastantes para o fazer. Insistem os conservadores em não haver limites à arte e aos conhecimentos da política e por isso, dão uma visão da Autoridade política em que releva o valor da experiência, criticando os valores igualitários e a democracia.

Poderá mesmo falar-se, no rigor dos princípios que a História das Ideias Políticas permite consagrar, numa ideia de "revolução" a que se opõem duas ideias de "contra--revolução" – sendo uma delas mais de "desautorização" dos princípios franceses que de "contra-revolução" propriamente dita.

A oposição entre o milenarismo situado espacio-temporalmente e a permanência do Ser implantado numa espécie de "Cidade dos Homens" mas que tende e se determina em função da "Cidade de Deus", cuja confusão com a temporalidade evolutiva específica do homem, dotado de vontade e Razão, não é admissível.

São teorias que se propõem manter a situação "tal como está", sem grandes sobressaltos de percurso.

Quanto à Liberdade, vão valorizar sobretudo as Liberdades políticas tradicionais, rejeitando toda e qualquer conotação revolucionária. É por isso que no Pensamento conservador há uma insanável irredutibilidade entre Liberdade e Igualdade e, do mesmo modo, não escapa à conotação de contra-revolucionário, não por falta de Liberalismo, que o tinham em grande medida. Antes e segundo se interpreta por serem dos mais acirrados adversários da Revolução Francesa, que contraria o sentido do tempo que defendem como marca da evolução do homem e da sociedade.

Constituição – Se é verdade que sempre os países europeus tiveram as suas Constituições materiais em momentos antecedentes da História, não o será menos que só com o Liberalismo a questão do Constitucionalismo ganha foros de importância cimeira. Recorde-se que para o período medieval a Constituição mista era aprovada pela doutrina da Igreja e simbolizava as limitações impostas ao Poder real pelas ordens da sociedade.

Por isso a Liberdade política representa-se como direito absoluto, o supremo objectivo e justificação dos regimes e instituições políticas, culminando na ideia de Constituição. A Liberdade preconiza a participação no plano político dos cidadãos na construção do seu país, salvaguardando os seus direitos naturais, individuais ou morais, formalizando-os e promovendo a própria Liberdade da comunidade pelo equilíbrio dos Poderes constitucionalmente consagrados e pela adesão a órgãos institucionalmente promotores do zelo pela Liberdade de um país livre.

Há uma lei – Constituição – que concorre com os Poderes do soberano tradicional ou monarca absoluto; uma lei que pretende garantir os cidadãos em colaboração intrínseca com a sociedade; uma lei que impõe os interesses dos indivíduos e os salvaguarda em presença dos interesses da sociedade. A lei é o fundamento da Liberdade, ao mesmo tempo que lhe traça os limites. O exercício dos direitos que ela define é seguro por garantias (Liberdade civil), que poderão, inclusivamente, funcionar contra o legislador.

A Constituição é a própria definição da Liberdade; ser livre é agir segundo as leis e logo conforme à Constituição. Portanto, o conteúdo da lei é relativamente indiferente, uma vez que a Liberdade é aquilo que a lei diz, numa ideia de variabilidade que deve ser assinalável; não há um sentido terno de Liberdade. De outro modo, a lei protege a Liberdade civil, na medida em que é o produto da Liberdade política. Uma vez que todos os cidadãos, de um modo ou outro concorrem para a formação da lei, esta fundamenta a Liberdade da sociedade.

O Governo da Liberdade apenas existe na manutenção do nó fundamental entre o sujeito e a lei, cuja resolução se percebe no duplo contexto da resolução da natureza humana como Ser racional e como Ser livre e, em consonância, com a manutenção desse elo interno entre a consciência e a lei, que apenas subsiste na elaboração de leis justas, boas, garantes dessa fundamental destinação do indivíduo como sujeito. Ou seja, através da Constituição e que reproduz, em forma expressa, a Razão suprema, traduzida em instituições liberais convenientes à ideia do próprio Liberalismo.

Os jusnaturalismos ensinam que o conflito entre soberano e sociedade apenas podia ser ultrapassado pela concreta demarcação dos Poderes dentro dum texto formal que os determinasse sem rebuço. É por demais evidente que todos aqueles direitos que até por inerência eram detidos pelo Rei e agora passavam para as mãos da Nação teriam não apenas de ser vistos como não conflituantes mas, mais que qualquer outro aspecto, que ficassem abrangidos pelo receituário inestimável da separação de Poderes. A sociedade precisava dum equilíbrio cuja obtenção apenas seria viável no plano dum texto constitucional em que os direitos e deveres recíprocos estivessem harmoniosamente articulados. Partia-se do pressuposto que enquanto sociedade ou Estado, ela tinha os seus próprios direitos e que os indivíduos, que dela faziam parte, eram exclusivos proprietários dos seus direitos individuais que a Constituição consagrava. Por força disso, eram tidos por direitos políticos do indivíduo face à sociedade.

Contra-revolução – Existem planos diversos em que a contra-revolução europeia pode ser encarada e que em nada se prendem com as ideias da Revolução Francesa, tanto mais que a antecedem. Houve oportunidade de mencionar, noutros textos, para Portugal, o tipo de reformas que no plano cultural e religioso se quiseram implementar durante o governo de D. José e cuja aceitação foi muitíssimo contestada por sectores largos da sociedade portuguesa com influência efectiva – ou pretensamente efectiva – nos destinos do país. Se a nobreza e o clero se sentiram afectados por todo este manancial reformista, que ia ao âmago das suas seculares pretensões e lhes coarctava influência e espaço político, também noutras zonas mais específicas, como a universitária e a da promoção da cultura em Portugal, não ficaram incólumes.

Noutros países europeus, sobretudo de tradição católica, aconteceu exactamente o mesmo e basta pensar em José II da Áustria e nas alterações que incrementou – ou tentou incrementar – no seu país, foram sujeitas às mais severíssimas críticas dos mesmos grupos sociais que em Portugal, sendo certo que, neste caso, nem sequer o povo compreendia estas modificações muito feitas a pensar nas suas reais ambições.

De facto, como poderiam os camponeses austríacos, como os portugueses, verem os seus protectores entronizados, a Igreja e os seus membros, serem espoliados de direitos vistos como impossíveis de atacar, abertura a uma Liberdade e, acima de tudo, perceber que se questionava a omnipotência do Altar por parte do Trono, quando historicamente sempre lhes tinham ensinado que andariam de mãos dadas? Talvez seja por isso possível dizer que quando se fala em contra-revolução isso não significa apenas a reacção contra as ideias vindas de França de 1789; a contra-revolução é um fenómeno não só muito mais amplo como apresenta características que não são privativas do mero círculo ideológico, político ou social, mas vai espelhar-se nas mentalidades que ao nível cultural se ressentem de alterações estruturais completamente inadequadas para os seus quadros mentais.

Em Portugal, por exemplo, esta contra-revolução intelectual não teve menor importância que a política e tanto se invectivava a leitura das Obras dos hereges Pufendorf, Wolff, Thomasius e outros, como gesticulava contra a *Declaração dos Direitos do Homem e do Cidadão de 1789* e posteriores Declarações e Constituições francesas.

Dos contra-revolucionários, que já o eram antes de 1820, optando pelo Pensamento maiestrino, nada haverá a acrescentar. Tanto se opõem à Revolução Vintista, como se opuseram à de 1789 e depois à de 1808 em Espanha e coeva afirmação lusitana ao nível constitucional. Os respectivos textos Fundamentais são acusados de tudo o que nefasto se verifica nas sociedades europeias e a perspectiva de os ver transmudados para Portugal, ser-lhes-á tudo menos benquista.

Esta é a visão conforme aos princípios ideológicos contrários ao Liberalismo que professava Manuel Pires Vaz, que em 1823 escrevia: "O homem é um ente livre e não um ente necessário: e (...) a sua Liberdade reside na potência ou faculdade da vontade da sua alma; ella é uma propriedade dessa potência no sentido já explicado. Tal é a verdadeira ideia de Liberdade de que goza a alma humana, considerando essa Liberdade só no seu ser phísico."

Contrato ou pacto de sociedade (Absolutismo) – O contrato, é a formulação jurídica que permite aos homens criar uma sociedade política a partir duma situação em que ela é inexistente, e algo qualitativamente "melhor" para o sujeito e suas expectativas, deixando este de ser encarado como um mero número, sem identidade específica face aos seus congéneres, para o compreender na medida em que é sujeito de direitos e pode vincular-se a deveres recíprocos em presença dos demais sujeitos.

No que respeita ao valor que o indivíduo passa a ter no concerto europeu, a nota diferenciadora das novas tendências, no plano político cifra-se no diverso entendimento dado ao pacto social; se para a Escolástica, partindo de Aristóteles, é a sociedade que determina ontologicamente a existência do mesmo, agora são os indivíduos que determinam a existência de um vínculo duradouro. A reversão dos termos parece inevitável; a feição societária em que a humanidade está envolvida depende dos indivíduos que a criam por pacto, muito ao contrário da verificação prévia de um mundo englobante onde e apenas porque o indivíduo ganha sentido. O homem transmuda-se em sujeito activo. O homem gere a sociedade em que se move; não é criado nem determinado por esta e sua inconstância que apenas o desfiguram. O homem cria "o seu Direito" porque tem capacidade racional para tanto, sendo insustentável a sua submissão absoluta a "um Direito anterior", sob forma revelada, que o auto-condiciona na sua movimentação diária.

A interpretação a dar a este pacto social tanto pode ser histórica e transcendental – o Contratualismo Moderno, não foi o único que existiu nem a formulação exclusiva que no domínio pactício pode ser ponderada; relembre-se o Mayflower – como decorrer de facto da Razão, isto é, o pacto social tanto pode ter surgido na sequência de um anterior que sempre existiu entre homem e Criador, como manifestar a legitimação do Poder civil por força do consenso daqueles sobre os quais o mesmo se exerce. O sentido histórico do contrato pode remontar ao pensamento dos monarcómanos, espécie de aliança entre Deus e os homens ou entre superior e inferior, mas tutelada por Deus e que se aproxima, radicalizando-as, das teses da Segunda Escolástica, esta como corrente oficial utilizada em Portugal. Esteve, pois, esta formulação de "contrato" na base, tanto quanto se interpreta, da primitiva associação idealizada pelos puritanos do Mayflower, como "associação" proveniente duma dupla via e em que os parceiros são, em simultâneo, Deus e os indivíduos.

O contrato concebido como Ética da Razão apresentará um maior peso específico, porque propiciador dum escalão superior na cadeia de relações que se processam entre os indivíduos desde que, juntos e em estado de natureza, se consideram livres e iguais, sem recurso à ideia de transcendência.

Detentores destas prerrogativas, se enveredam pelo pacto é porque existe um acordo recíproco de vontades, o que não só justifica a legitimidade daquela, como lhe dá uma feição explicativa das decorrências para as partes intervenientes[1].

A renovada fisionomia implica que o nascimento da sociedade civil e seus princípios de legitimidade, consubstanciados nos indivíduos que neles participam, inicialmente, a breve trecho do seu desenvolvimento os dispense na íntegra. A "sociedade civil" do Contratualismo absolutista passará a implicar uma actuação régia distinta dos sujeitos, e, à qual, em definitivo, acabam submetidos.

---

[1] É possível apresentar duas perspectivas básicas e muito gerais de pacto social, onde cabem Autores que defendem o despotismo e Autores liberais, já que a questão se cifra muito mais na distinção entre o que "realmente era o estado de natureza". Ou seja, de um lado, a situação de atraso substantivo na técnica e na civilização onde o tipo de justiça que imperava era a não-distributiva, na ausência de qualquer Poder público organizado e que tinha em mira as observações propiciadas pelos Descobrimentos e o conhecimento de culturas que se encontravam nesse grau incipiente de civilização. Para a outra interpretação, o estado de natureza consistia na não-aceitação de um Poder público coactivo que pudesse pôr cobro às desordens provenientes da condição humana e onde a força de cada um fazia valer mais o seu "direito" sobre "o direito" de outros.

Na verdade, aquilo a que se assistia antes, era à defesa de um ponto de vista organicista da sociedade, indiciador duma estratificação social em que o chefe, normalmente o monarca – mas eventualmente supondo qualquer outra forma de Governo – estava acima da comunidade social, por definição.

Outra possibilidade importa à visualização da antiga "Libertas" dos romanos, questão desenvolvida noutro trabalho e donde deste passo se remete.[2]

Contrato ou pacto de sociedade (Liberalismo) – No que respeita ao Contratualismo, o liberalismo retira dele as últimas consequências: os homens tiveram a iniciativa de criar o Estado para se protegerem e garantirem os seus direitos; para tanto houve que formar previamente a sociedade civil e os ensinamentos do Contratualismo absolutista são em absoluto reversíveis para esta nova modalidade.

Contrato ou pacto de Poder político (Absolutismo) – Neste quadro importa reafirmar que os contributos do jusracionalismo iluminista apresentam uma relevância disciplinar tão assinalável quanto os considerandos que os teóricos da Revolução Francesa, anteriores ou posteriores à sua eclosão, possam ter estabelecido. Do mesmo passo criaram a ideia do Contratualismo moderno, pela visão acentuada duma origem humana do Poder político em sociedade, cumprindo ao indivíduo o seu específico valor como ente dotado de vontade e de Razão.

O Contratualismo absolutista sempre alega a necessidade de entregar o Poder a alguém, originariamente escolhido entre os demais, seja por unanimidade ou maioria para exercer funções soberanas, decaindo em cada homem uma parcela da sua Liberdade própria em troca da segurança garantida pelo contrato originário e que o soberano deve manter.

Tal objectivo consegue-se pela intransigente obediência a uma Lei, que é o garante de todos e cada um dos membros envolvidos no pacto social, circunstância de todo em todo ausente no estado de natureza onde não há nenhuma imposição legislativa proveniente de qualquer instituição política. A plena Igualdade entre os seus membros a isso se opunha. Não existindo subordinação natural, não se verifica a aristotélica premissa da politicidade inata ao homem.

Os jusracionalistas foram todos Autores de pendor absolutista. A participação no pacto de Poder esgotava a capacidade individual de participação social. Nem Pufendorf nem Wolff, por exemplo, em alguma ocasião falaram de algo de semelhante à Liberdade política do cidadão. E se tal fizessem, mais uma vez teria de ser no sentido da Liberdade negativa, na defesa do direito e não no seu exercício, manifestamente pouco quando se pensa em termos de Liberdade do cidadão.

Já Burlamaqui ou Vattel, nados e criados na produção dos dois antecedentes Mestres, retiraram algumas consequências diversas dos postulados a que haviam aderido. O primeiro paralelizou a Liberdade natural com a Liberdade civil; o segundo deu-se ao trabalho de falar em Constituição como Lei Fundamental da Nação.

---

[2] Isabel Banond, "A Ideia de Liberdade no Mundo Antigo. Notas para uma reflexão", *Revista da Faculdade de Direito da Universidade de Lisboa*, XL, nº 1, págs. 325 e ss.; Isabel Banond, "A Ideia de Liberdade e as suas Plúrimas Formas de Teorização Moderna e Contemporânea em ordem à História da Ideia Política de Liberdade", *Separata de Estudos em Honra de Ruy de Albuquerque*, 2006, Coimbra Editora.

Contrato ou pacto de Poder político (Liberalismo) – Em rigor não existe, vista a tese da representatividade, por força da soberania nacional. O Estado não tem Poderes para ameaçar os indivíduos ou questionar a sua Liberdade, devendo o exercício da soberania ser limitada pelos direitos dos homens e dos cidadãos. Ou seja não há pacto de Poder porque o Poder mantém-se no seu único detentor, o Povo, sendo exercitado pela via dos seus representantes regularmente eleitos.

Há uma diversa interpretação dada à teoria do contrato no que respeita ao precedente Absolutismo: no primeiro caso depois do contrato de submissão já não há hipóteses dos que se submetem recuperarem o poder e terão de se pautar pela vontade do monarca; no segundo caso, com o Liberalismo, a transferência nunca é definitiva e a qualquer instante que se justifique, o Povo recupera os seus direitos iniciais e pode escolher um novo governante.

Liga-se a vertente temática, também, com a ideia de **Constituição**.

Direito Natural Moderno ou Laico – O Direito Natural que deixa de estar submetido à Razão divina, ao transcendente, ao sobrenatural, pauta-se como a Razão pela Razão, uma Razão que se basta a si mesma e constitui a certidão de maioridade racional do homem em presença do seu Criador. O Direito Natural é um Direito eterno e imutável, de feição universalista e assente na Razão humana e em que a *recta ratio* era ponto de apoio comum para a verificação da conformidade ao Direito Romano justinianeu, ao Direito das Gentes ou das normas dos países polidos e civilizados da época, dos quais encontrava independência.

Consequência imediata, a ideia de Deus – que tutelava a versão sagrada do Direito Natural – é paulatinamente substituída pela de Natureza e os direitos naturais inerentes ao Ser humano deixam de se posicionar como mera formulação teórica, para sedimentarem nas legislações positivas a sua marca de dignidade.

O jusnaturalismo Moderno consagrou a dignidade maior do Ser humano. Por isso teorizou os direitos individuais anteriores à formação da própria sociedade e que esta deve respeitar. Será obrigação do Poder político pautar-se mediante os direitos naturais de Liberdade e Igualdade do homem, que ora cidadão livre dentro duma sociedade livre os deverá exercitar sem impedimentos de qualquer ordem.

Assim, a Escola do Direito Natural, com matizes e tonalidades diversas, acentua o plano da interpretação do Direito como domínio de eleição para o exercício duma normatividade racional. Assim se procuraram eliminar os factores impeditivos de uma reavaliação da essência e possibilidades do Direito ditadas por uma reflexão estritamente racional.

Entre o Pensamento político que suportava a imanência dos direitos naturais saídos do Individualismo e o Liberalismo do séc. XIX há claras linhas fracturantes. As Ideias Políticas e o Pensamento subjacentes aos direitos naturais eram, em essência, um credo revolucionário, não admitindo transação que incluísse o ataque a um direito fundamental. Por isso se percebe neste quadro reflector que a ruptura continental implique uma reversão; o Absolutismo dá lugar à revolução.

Não seria admissível, no presente contexto, qualquer diálogo entre Razão de Estado ou o celebérrimo princípio *princeps a legibus solutus* e os direitos fundamentais, vistos como direitos naturais.

Uma tal ordem de considerações implica, em primeira linha, ao lado da visualização de um Direito Natural laico, fundante do Liberalismo português, ou ao menos por ele maioritariamente assumido, a rejeição de conceitos de ordem da imanência histórica, na dependência duma teorização antecedente em Portugal em vários séculos.

A explicação deste fenómeno é-lhe intrínseca; se a base fundante do actual panorama político era tributária das alterações teorizadas pelo Pensamento e correspondia a uma prática que dele se afastara decisivamente, a História das Ideias Políticas permite achar a causa eficiente da assumida divergência. A uma ética explicativa dos direitos naturais de origem intuitiva, sobrepunha-se, pela força das necessidades, um empirismo renovado em função do valor a atribuir, de agora em diante, a declarações de princípios de natureza abstracta, desde sempre alvo da crítica inglesa e que agora revificava.

Estado de natureza – O estado de natureza e a sua passagem ao estado social defendido pelos Modernos, nenhuma ligação apresenta com a versão Antiga; de Criatura dependente e condicionada ao Cosmos e seus apetites oscilantes entre Caos e Ordem, o Ser humano pode e deve ser ponderado no plano da sua projecção e peso específico de modelador do mundo em que se insere. Não é a ele, Cosmos, e suas disposições que está sujeito, antes o modifica, adaptando-o às necessidades específicas e sentidas.

Quando se defende que em estado de natureza, ficção assumida mas objecto de trabalho indispensável às concepções jusnaturalísticas, não há relações de Poder estabelecidas, isso é sem dúvida verdade. Só na passagem ao estado de sociedade as mesmas se configuram.

No jusnaturalismo contratualista os pensadores fazem referência a esta situação mas, todos sabem, que ela jamais existiu, sendo contudo a forma ideal de demonstração positiva do modelo epistemológico a que se pretendem reportar. Bem ao contrário da versão radical anterior, que não admite qualquer estado de natureza uma vez que ao fazê-lo teria de entrar em considerandos voluntaristas na formação da sociedade.

Estado-Nação – O espaço onde se desenvolve a Liberdade, sob qualquer das suas fórmulas, é o Estado, independentemente da configuração do mesmo. Está fora do âmbito desta investigação desenvolver considerações elaboradas acerca do Estado, muito embora convenha dizer que o Estado que particularmente nos interessa aqui é o Estado-Nação, é o Estado revolucionário, coevo e imediatamente posterior à Revolução Francesa e às suas sequelas lógicas, o Estado democrático-liberal dos séculos XIX e XX.

A Nação é composta por indivíduos independentes, sem qualquer relação entre si e dispersos, que se submetem a uma governação e a um Poder únicos, sob a égide de leis iniciais ou Fundamentais, são obra da sua real vontade. Este conjunto de indivíduos que se combinam é como que absorvido por uma nova unidade indivisível, de que o Estado será a personificação.

É a este Estado-Nação que os homens do Liberalismo português fazem apelo continuamente, sendo de salientar que nas inúmeras intervenções parlamentares que se desenvolvem nas Cortes Vintistas, a ideia de Nação aparece quase sempre prevalentemente à de Estado. Partia-se do individual para o todo, numa cadeia que estabelecendo o "todo" final, assumia a atomicidade na origem, numa tripartição que se desenvolvia parte-indivíduo-cidadão rumo ao todo-cidadão-parte.

História das Ideias – "Como definir História das Ideias? (...) A História das Ideias estabelece a íntima conexão entre o passado e o presente, mediante a conjugação das permanências e das mudanças, enquanto elementos inerentes a um mesmo e único devir. (...) Detectar as ideias de uma época ou período significa interpretá-los sob o ponto de vista das concepções que enformam os respectivos acontecimentos, factuais e intelectuais e, ao mesmo tempo, como ponto de chegada de uma evolução projectada no futuro através da continuidade, da mutação ou da negação. A actividade reflexiva de quem, no presente, se debruça sobre o passado e o próprio passado torna os vários elementos historicamente indissociáveis. O passado existe no presente mediante a compreensão e a interpretação. O presente existe no passado como uma potencialidade. Cabe à História das Ideias detectar o nexo do devir histórico mediante as ideias que o tornam compreensivo." É neste plano que se irá desenvolver o presente texto mediante pressupostos já antes alvo de ponderação.

História das Ideias Políticas – "A História das Ideias Políticas não pode deixar de ter uma especificidade própria. Partindo-se do princípio que o Poder é elemento essencial do político e de que as relações Políticas são prioritariamente relações de poder, as Ideias Políticas terão de se definir neste âmbito. Estarão presentes na conceptualização do Poder político, na sua fundamentação e mecanismos de exercício, assim como uma das expressões da actividade consciente e voluntária."

Além disso, "La historia de las ideias, dado sus intentos (entre otras cosas) para trazer al nacimiento y desarrollo de algunos los conceptos dominantes de una civilización o cultura de largos periodos de cambio mental, y reconstruir la imagen que los hombres tienen de sí mesmos y de sus actividades, en una epoca y cultura dadas, probablemente presenta una variedad más amplia de exigencias sobre los que la investigan, que casi cualquier outra disciplina o, cuando menos, exigencias especiales y frecuentemente dolorosas. Las penetrantes habilidades lógicas para el análisis conceptual requeridas en la critica de las ideias, los ricos almacenes de sapiencia asimilada, los vastos poderes de imaginación comprensiva, reconstreuctiva, afin a la de los artistas creativos – la capacidad para 'meterse dentro' y comprender desde 'dentro' formas de vida absolutamente diferentes de las proprias, y las casi mágicas potencias de la adivinación intuitiva – estas, todas idealmente poseídas por el historiador de las ideias, raramente se reúnen en un hombre."

Por outro lado, "se as Ideias Políticas são representações simplificadas e meramente descritivas (....), conforme Martim de Albuquerque, a História das Ideias políticas tem problemas específicos (....)", sendo o mais relevante os seus significante e significado". Porque as Ideias Políticas não se confundem com as palavras utilizadas para as designar, dependendo das épocas, lugares e Autores a utilização duma mesma palavra.

Para desenvolvimentos veja-se a "**Introdução**".

História e sentido histórico na Commom Law – É indubitável que a questão da importância do vector histórico se assume pela primeira vez na dureza dos dramas do Iluminismo, em que a luta pela Razão encontra pela frente a luta pela História

Ou seja, "(...) o século XVIII assiste à elaboração de numerosas ideias fundamentais do mundo moderno, isto é, no seio duma Europa que domina o mundo (...). Em primeiro lugar, a ideia das luzes naturais da Razão que guiam os homens, dando-lhes maioridade e autonomia. Embora esta Razão prolongue, em parte, o racionalismo da filosofia clássica, apresenta uma diferença fundamental: é uma Razão crítica, que rejeita a Razão metafísica e que se apoia na experiência. A segunda ideia, omnipresente, é de natureza, reabilitada no séc. XVIII sentida então como acolhedora (...). Terceira ideia: a de História; o século XVIII é o século da História, que surge a todos os níveis (...)."

As instituições e os homens não são apenas boa e recta Razão, que se auto-impõe limites; os homens são também História ou, dito doutra forma, inicia-se uma das querelas mais mediáticas de que há memória: a luta entre a tradição e o progresso. Assinale-se que a divergência mais importante nesta configuração que o Pensamento inglês apresenta, se prende precisamente com a noção de um princípio dinâmico, que apela à História, por contraponto à tese estática ou racional, que no continente fazia carreira e enformava a ideia do indivíduo e, depois, do cidadão.

Igualdade – Sendo conceito absoluto poderá, a breve trecho, transformar-se em relativo. A Igualdade é entre iguais; depois é relacional; finalmente é social. Como foi possível haver as sucessivas passagens?

No Consensualismo há uma Igualdade entre iguais – todos são iguais perante o Rei –, que por força de méritos próprios os distingue entre si, outorgando aos mais válidos prerrogativas que os vão distinguir entre si. Portanto, promove-se a Igualdade relacional ou formal, a que correspondem as aristotélicas ideias de justiça comutativa e distributiva, devidamente trabalhadas pelo empenho da Escolástica medieval e que se prolongam nesta fase. A distribuição dos cargos a serem entregue em função da justiça distributiva e partindo dos seus pressupostos, era matéria a que a ética se haveria de dedicar.

Esta Igualdade de todos perante o Rei será mantida no Absolutismo ilustrado, ainda que com pressupostos e condicionalismos enformantes distintos.

A devoção liberal à Liberdade parte de uma visão da justiça que inflaciona o direito de Liberdade sobre o da Igualdade, transformada em noção secundária e limitada, que apenas o jacobinismo fez tornar ainda mais negativa aos olhos dos seus contemporâneos. E para quem julgue isto estranho, não parece nada pasmosa a afirmação segundo a qual, na prática, não se pode ser igual, porque não se é livre; a desigualdade provém da falta de Liberdade, qualquer que seja o campo em que sejam ponderadas.

A emancipação da sociedade e do indivíduo encontra-se no mundo da lei, que faculta a compreensão no plano da universalidade ao indivíduo, salvaguardando-o de atitudes arbitrárias levadas a cabo pelo Poder político, que ele agora e efectivamente deve manusear. A Igualdade – ainda que meramente formal – implica que exista a verificação perfeita do sinalagma, não mais veiculado a considerações de nascimento, ordem ou duvidosos méritos, que não sejam a idoneidade própria do cidadão.

Os liberais não são, em qualquer caso, pró-igualdade salvo no plano da Igualdade natural. A Igualdade natural decorre da Liberdade natural mas o Liberalismo desconfia de qualquer Igualdade diversa da formal, pautada pela lei e nunca, em qualquer caso, a considera como direito fundamental. Menos ainda será político, como se perceberá no decurso da exposição.

Individualismo – Em rigor, o que está em causa é o relevo maior ou menor a dar aos Poderes da comunidade enquanto espaço de Liberdade inicial, cuja perca na transição para a sociedade civil poderá, ou não, ser irreversível. Do mesmo modo, dentro do espaço político resultante e em que o Estado começa a perfilar-se como hegemónico, qual o espaço de manobra que resta à Nação, como conjunto reflector dos interesses dos cidadãos no exercício de funções públicas, devidamente contextualizado nas Leis Fundamentais, com configuração de limites éticos.

Uma coisa é o valor do indivíduo; outra o Individualismo. Pese embora haja Autores que defendem a existência de um Individualismo político anterior à Revolução Francesa, manifestam-se aqui, destarte, algumas dúvidas.

A lógica última do Individualismo será a independência e a fuga a quaisquer entraves. O indivíduo da Modernidade preocupa-se essencialmente com a sua pessoa, vida e bem-estar. As sociedades Modernas devem enquadrar esta nova fórmula de indivíduo, sem que isso possa ser confundido com um qualquer pacto com a licença que desnatura a Liberdade.

No plano do Liberalismo, o relevo que passa a ser atribuído ao indivíduo coincide com a consagração da sua Liberdade, da sua racionalidade em presença da divindade e da capacidade que lhe é reconhecida para racionalmente se empenhar na celebração de pactos indicadores, não apenas da origem da sociedade, onde se cruza com outros semelhantes que agem em função de um mesmo fim, como do próprio Poder que nela se irá depois exercer. O mote inverte-se; do "social" aristotélico passa-se à "sociabilidade" pufendorfiana para, a breve trecho, se transmudar no "Individualismo" maximalista da Revolução. A racionalidade confere a Liberdade, mote essencial do Individualismo.

Instituições políticas – Neftzer apresenta uma emblemática definição de Liberalismo, em que todos os pontos são tocados: "Le libéralisme est la conscience que l'homme libre a de ses droits, mais aussi de ces devoirs; il est le respect et la pratique de la liberté; il est la tolérance et la libre expansion. 'Vivre et laisser vivre', telle pourrait être sa devise, mais à la condition de n'y attacher aucune idée de cépticisme ni d'indifférence, car le Libéralisme a une foi, la foi du progrès, la conviction que la liberté est bonne et qu'elle tend au bien, que la vérité se dégage de la discussion, et qu' perfectionement indéfini est le mouvement naturel à l'humanité." Dificilmente se poderá negar a intemporalidade da apreciação.

Registe-se ainda a observação de Madame de Staël: "o século XVII preocupara-se com a Liberdade moral; o séc. XVIII irá ocupar-se da Liberdade política."

Liberais moderados – todos os que se revêem na ideia da temporalidade como promotora das mudanças políticas e sociais. Caso dos próceres do Liberalismo inglês.

Em Portugal, por vezes não é sem algumas dúvidas, que se vêm enquadrados no grupo dos opositores à Revolução Vintista, Autores por quem o apreço dos contemporâneos só pode ser grande. Foram verdadeiros motores de algumas das mais importantes reformas introduzidas em Portugal antes de 1820.

De contra-revolucionários apenas partilhariam a circunstância de serem contrários à Revolução Francesa e aos seus princípios abstractos e individualistas que minimizavam a figura do Rei e patrocinavam o descontrole das Assembleias magnas por outros órgãos de Poder. Tal como a maioria dos ingleses, eram anti-revolucionários, mas nada tinham de antiliberais ou algo que os conotasse com simpatias pelos procedimentos do Antigo Regime no continente europeu. Burke, seu mentor, seria o fiel depósito das suas motivações.

Para além do facto de ser impossível distinguir com clareza entre os apoiantes dos vários núcleos moderados no seio da sociedade portuguesa de inícios de Dezanove – aspecto em que bem se distinguiam dos contra-revolucionários – os próprios intervenientes no processo, em si mesmos, são por via de regra bastante contraditórios entre si.

De tal modo que nunca conseguiram aprontar um programa de acção bem delineado, mantendo, uma única característica comum: a sua fidelidade aos princípios liberais e na rejeição tanto do absolutismo como da democracia. O que por si só – e basta pensar nos corpos doutrinário-ideológicos inglês e francês – é muito pouco para os poder arrumar com alguma coerência em termos de orgânica interna de sistema.

Liberais radicais ou "inflamados" – em geral, prosseguem os ideais da Revolução Francesa, mediante o corte das estruturas institucionalizadas e a edificação de um novo referencial de valores assente na ruptura com todo o tipo de absolutismo ou de Tradicionalismo. Por vezes, rejeitam as próprias aproximações à evolução social por decurso do tempo.

A estes herdeiros directos da Revolução Francesa de 1789 e da *Constituição gaditana de 1812*, o enquadramento ideológico é simples. Não admitiam qualquer moderação nem concessão aos princípios políticos vigentes em matéria de Liberdade do indivíduo e da sociedade que fossem diversos dos incrementados pela consideração individualística do homem e da sociedade.

Em Portugal acabaram por ser, sem dúvida, os verdadeiros "herdeiros" do Individualismo revolucionário. Em qualquer caso o seu radicalismo muitas vezes é mais visível nas palavras que nos actos, sendo certo que em muitos casos o pragmatismo neles imperou. Basta pensar que muitas vezes e a si mesmos se intitularam de "regeneradores".

Liberalismo – Os temas do Liberalismo, seja pela via duma racionalidade filosófica ou duma visão sociológica, acabam sempre por transmitir as contradições e inconstâncias que são o fruto da diversidade da ponderação ideológica dos Autores, com projecção óbvia no campo reflexivo. Significa, pois, que se no campo dos princípios há "nomes" que são de partilha comum, as antinomias que resultam da interpretação e da aplicação prática dos mesmos acabam por manifestar sonantes dissidências. O que significa estar no terreno ideal da História das Ideias Políticas.

Reportam-se, pois, a antropologia optimista, que resulta da visão naturalista centrado sobre a acumulação e gozo de bens materiais, sob a salvaguarda das leis e das garantias dos direitos dos indivíduos; o racionalismo que é herança do Iluminismo e que se vai pautar sobretudo por recurso à corrente do utilitarismo; o Individualismo – e agora sim, é possível falar dele – enquanto afirmação da superioridade do indivíduo que justifica a salvaguarda da Liberdade individual em confronto com o papel do Estado, apenas rector de condutas e nunca das consciências.

Ideologicamente, o Liberalismo distingue-se por sobrevalorizar os direitos do indivíduo, colocando-os à frente das razões de Estado, dos interesses de grupo e das exigências da colectividade. Se o Antigo Regime se caracteriza pela existência de súbditos desiguais em direitos em presença de um chefe, e submetidos à sua autoridade, a sociedade liberal só conhece cidadãos, que defendem a Igualdade perante a lei contra as antigas formas de discriminação; reclamam a Liberdade de pensamento, de opinião e de expressão, de religião (em certos termos, como se viu), de associação e de empresa.

Pensamento de cariz individual, uma vez que coloca em decisivo confronto os direitos do homem em presença do Estado, sobrevaloriza aqueles em presença dos deveres correlativos, sendo missão estadual prover à sua salvaguarda. O Liberalismo acentua a racionalização humana que o Contratualismo tinha iniciado, promovendo uma independência ainda maior dos indivíduos em face aos poderes temporal e eclesiástico, numa dupla manifestação da autonomia e cuja projecção se acentua no campo político, como no económico e no social.

Decorrência desta opinião, é o Liberalismo postular uma "filosofia social individualista", em que o indivíduo está acima da razão de Estado, como já se ordenava na filosofia política em termos de "Liberdade individual".

Aquilo a que Rose Marie Mossé-Bastide se reporta quando afirma: "Cette liberté consiste à pouvoir faire ce qu'on veu, et represente une revendication spontanée et universelle face à toute entrave" será a Liberdade negativa no seu mais puro sentido. O que se assistiria nos governos republicanos e, em última instância, nas democracias, na visão crítica de Montesquieu.

Tanto implica, entre outras coisas perceber que o Liberalismo pode e deve ser enquadrado dentro duma visão histórica – porque a Liberdade sempre existiu no homem independentemente das suas manifestações espácio-temporais; numa visão de ruptura a-histórica, contra as antigas concepções absolutistas e despóticas que o limitavam; numa visão hodierna, por força da tentativa de recuperação que é possível no momento actual detectar no recobro de alguns dos seus marcos característicos.

E, numa visão crítica, porque da deficiente concretização prática das suas premissas teóricas resultou o seu afastamento, o desabar dos seus pressupostos, em nome de alternativas bem menos interessantes no plano da defesa dos direitos do homem e, "maxime", da Liberdade. É, pois, peremptório batalhar para que a tão celebrada Liberdade inscrita no coração dos homens, seja uma Liberdade efectivamente vivida por todos os homens, qualquer que seja a inserção social que lhes assiste.

Para além destes aspectos, que são os determinantes, há outro ponto que merece ser focado, qual seja o da cultura. O Liberalismo é, para além duma cultura política, uma cultura moral, que prestigia esta temática no plano das elites e propugna a extensão dos benefícios da educação ao maior número de cidadãos. É este o plano de observação ideal da Liberdade de pensar, reconhecida e exercida. Se há um Liberalismo "primeiro", aquele que se dedica à defesa dos direitos individuais como inerentes ao Ser humano, antes mesmo de passar à discussão "política", é este Liberalismo moral, tal como a Liberdade de pensamento é a primeira e a mais digna das Liberdades, donde as demais partem forçosamente.

Para desenvolvimentos gerais consulte-se a **Introdução**.

"**Liberalismos**" – A partir deste momento o Poder político, em teoria, deixa de assentar sobre o nascimento ou a Propriedade, baseando-se na personalidade dos homens, sendo uma conquista do Liberalismo ter percebido, finalmente, que o papel que a Razão desempenha no plano político é muito mais reduzido que aquele que, duma forma ou outra, sempre se lhe quis atribuir.

Enquanto uns preconizavam a renovação de objectivos seculares e tradicionais dos Povos no latente conflito com o soberano, outros entendiam que só a transformação político-social podia conduzir a uma verdadeira renovação institucional. Ou ainda fazendo apelo a uma distinção que se torna evidente no percurso expositivo, plasma-se o confronto entre o homem prático e o homem teórico, entre o homem social e o homem natural. O primeiro é de raiz histórica e inglesa, não apoiando a Revolução Francesa nos moldes em que se desenvolveu; o segundo de fonte racional e francesa, ou a contraposição secularmente admitida entre Montesquieu e Rousseau, ou, ainda, a diferença entre opositores e partidários das Declarações de Direitos, ou entre direitos efectivos e vividos e direitos abstractos e anteriores à constituição da sociedade.

Em presença destes pressupostos, o que distingue no Liberalismo o Estado da sociedade civil é um dado natural e insusceptível de superação. O Liberalismo estará "no meio", entre o Estado omnipotente e dominador da comunidade ou sociedade, e a licença promotora da anarquia social, em que esta fica descaracterizada. As suas manifestações variam na forma mas não tanto no conteúdo, pois nos parecem complementares assumindo, em qualquer caso as características básicas; nestes termos, seja o Liberalismo um Contratualismo, seja uma repartição dos poderes ou, uma normativização das regras de mercado e do livre jogo da oferta e da procura, é sempre o Liberalismo.

Numa palavra, o Liberalismo quis obter aquilo que, em épocas anteriores, seria visto como inconciliável: a possibilidade de congraçar direitos e Liberdades do indivíduo, com a legitimidade do Estado soberano. Repugna-lhe qualquer forma de opressão política, pelo que às pretensões da monarquia absoluta e dos poderes hereditários, opõe-se a soberania da Nação, que age por intermédio de um órgão com especiais características, representando o seu Ser: o Parlamento.

Liberdade (remissão) – Trata-se de um conceito absoluto e que assim deve ser entendido. A interpretação do mesmo varia no plano da teoria política mas, com maiores ou menores restrições, a Liberdade impõe-se por si só. A Liberdade começou por ser pessoal ou natural; passou a moral, civil e depois a pública; finalmente é política. Quais os termos da evolução no geral e como se conjugou tudo isto em 1820 e anos subsequentes? Segue-se, pois, que o termo "Liberdade" foi constantemente invocado e solicitado por indivíduos e povos que pretendiam aproveitar a sua carga expressiva e a sua capacidade de convicção, com distintas intenções.

Para desenvolvimentos gerais consulte-se a **Introdução**.

Liberdade natural/individual (geral) – Os fins da Moral consistem na relação do homem para com os homens, encarados numa óptica que, depois do Iluminismo na sua versão europeia genérica, separa os comportamentos internos – Morais – dos externos – Jurídicos e Políticos, sendo condicionados por uma Ética – Ciência da Moral – que se traduz no relacionamento dos homens com a verdade, agora encarada como verdade da Razão, como contraponto à verdade da Revelação. O Liberalismo clássico faz da consagração da Liberdade natural como direito absoluto, o supremo objectivo e justificação dos regimes e instituições políticas, culminando na ideia de Constituição. A ideia de Liberdade natural é absoluta. As adjectivações que lhe são aditadas são especialização da ideia em si mesma, composta por Razão e vontade individual, com projecção colectiva, sistematizada em processos objectivos e abstractos ou subjectivos e concretos.

Em Portugal a compreensão da Ética ressente-se do entendimento conflituante entre Razão e Revelação, sendo certo que a Ética do Iluminismo europeu é, sem dúvida e maioritariamente racional, enquanto no nosso país, não deixando de o ser no plano da Boa Razão ou Ética prática, se mantém indissoluvelmente ligada a uma Ética teorética que atende ao Supremo Bem.

A questão da Liberdade individual tem de ser adequada em função da perspectiva em que é encarada. Se se tratar de Pensamento que não separa entre comandos de Fé e de Razão, de Direito e de Moral, nesse caso, há efectivamente Liberdade moral desde que enquadrada neste contexto, que pode até ser devidamente compatibilizada com a experiência duma Antígona, e apanágio do Consensualismo português.

Noutras situações em que a distinção se apresenta como evidente, a Liberdade individual existe também mas num plano de análise diverso porque implica uma separação de águas entre motivações externas e internas do Ser humano e sua respectiva consideração no plano do Direito, ele mesmo despido de conotações teológicas. Em qualquer caso, é difícil não encontrar na doutrina a defesa da Liberdade individual mas a necessária distinção entre estes dois planos de abordagem tem de ficar bem delimitada.

A Liberdade individual pode ser definida em sentido da oposição à Liberdade pública, sendo que nesta última ainda é possível fazer nova distinção em termos de Liberdade política ou direito de sufrágio.

Neste sentido, Liberdade individual significa a possibilidade dos movimentos, a segurança, o direito a "ter algo de seu" e a intimidade da vida familiar. Trata-se duma distinção extremamente importante, não só porque é possível marcar com ela o nascimento da individualidade ou Liberdade pessoal, como se pode distinguir facilmente da Liberdade política. O contraposto entre Liberdade interior e Liberdade exterior – utilizando-se, portanto, outra fraseologia na distinção – é assumido por Cavaleiro de Ferreira no relacionamento que deve existir com a "ordem", como "uma autonomia de consciência e sentido de responsabilidade, indiferentes ao mundo externo, que colocam o homem exclusivamente perante si próprio, alheio às peias do mundo circundante, e uma autonomia perante os outros que se projecta para fora do homem e se realiza na vida social." Nestes termos, Liberdade e responsabilidade estão em estreita conexão, na medida em que "só se é responsável enquanto à autonomia individual se atribui a faculdade da iniciativa."

A este respeito convém referir o que Herculano visualizava como Liberdade humana, já que o seu pensamento acaba por ser a melhor tradução do que pretendemos afirmar. Segundo informa Luís Oliveira Ramos, "visionava a Liberdade humana como uma 'verdade da consciência', através da qual atinge facilmente o direito absoluto e mediante a qual fica apto a apreciar as instituições da sociedade, pois, 'absolutamente falando, diz, o complexo das questões sociais e políticas contém-se na questão da Liberdade individual'. Os problemas, por mais remotos que sejam, vão lá filiar-se."

No mesmo sentido vai Berlin, que usa a qualificação de Liberdade negativa para este ponto e a identifica como "ausência de obstáculos à satisfação de desejos"; a "Liberdade entendida num sentido mais fundamental, quer dizer, não somente a ausência de insatisfação, mas a ausência de obstáculos sobre os rumos que o homem pode decidir tomar". Por isso se mostra contrário à posição assumida por Erich Fromm, quando este refere que a Liberdade concerne às possibilidades abertas à acção, não à acção em si mesma. Isto interdita a sua assimilação à Liberdade como actividade espontânea e racional do "eu" integrado.

Deve ser tarefa a seguir na defesa duma política de Liberdade a eliminação, no possível, dos obstáculos coactivos à movimentação livre do ser humano. Hayek neste domínio é bastante crítico relativamente à confusão que costuma fazer-se entre "Liberdade" e condições da Liberdade – ou dimensões da Liberdade, limitando-se a dizer que o que existe é "uma diferença de grau e não de classe."

Estamos perante uma Liberdade factual ou material, que consiste na não adstrição a quaisquer condicionalismos exteriores que limitem o nosso campo de acção. É a Liberdade-autonomia, porque é a característica mediante a qual o homem pode dispor de si mesmo, Liberdade a partir da qual se organizam os direitos individuais conforme ensinaram os séculos XVIII e XIX.

Uma forma simples de entender a Liberdade individual é fazê-la coincidir com a Liberdade privada ou civil. Donde, o Poder deve organizar-se em função da defesa da Liberdade individual, garantindo os seus direitos e esses direitos são os direitos civis. Em vista do exposto, a Liberdade privada pode relacionar-se com toda a comunidade – que tem direito à segurança e à intimidade da sua vida privada – ou apenas com um restrito número de pessoas. Neste caso constitui um privilégio que apenas alguns detêm, cujo exemplo mais acabado é o direito de propriedade. Neste sentido, um direito real pode ser considerado como uma forma particular de Liberdade: é uma "Liberdade real" porque respeita ao uso e disposição dum objecto determinado.

Liberdade de pensamento/consciência – Aplicada ao homem, refere Paul Foulquié, a "palavra 'Liberdade' designa o carácter dum querer que não sofre qualquer coacção ou necessidade, não só de ordem física, mas também de ordem psicológica ou moral", e deste passo, distingue-se uma Liberdade física e uma Liberdade moral. A primeira consiste na ausência de sujeição física: é a ela que se reconduzem as diversas Liberdades civis conhecidas no homem, nos termos que veremos já de seguida. Quanto à Liberdade de pensamento e à Liberdade de consciência, (que consiste agora no direito de exteriorizar externamente o Pensamento e de agir conforme às exigências da consciência), passará a conformar-se à humana racionalidade. Em termos de evolução outros contornos virão a ser-lhe concretamente aportados.

Esta Liberdade de pensamento não se confunde com a Liberdade de consciência; ambas são Liberdades individuais mas a primeira é mais vasta que a segunda e abrange-a embora possa haver situações em que, precisamente por isso, há Liberdade de pensamento limitada porque não há Liberdade de consciência.

Se é verdade que em certa medida, com Pombal, o substrato em que assentavam as premissas morais e políticas da fundamentação da sociedade são, em parte, alteradas neste sentido, nem o divórcio entre Teologia e homem, plena racionalidade humana e subsidiariedade da racionalidade divina foram aceites, nem o factor do paternalismo régio se afastou.

No Portugal de 1820 e anos subsequentes, onde a Liberdade de pensamento se permitia, nomeadamente sob a forma da Liberdade de imprensa, a Liberdade de consciência, sendo assumida como princípio do Liberalismo, não acatou solução diversa da imposição pragmática duma religião de Estado. Apenas em casos muito contados se verificavam situações de tolerância religiosa para os estrangeiros. Por isso enquanto noutros países a visão abrangente da Liberdade de pensamento é plena e inculca a Liberdade religiosa, a Liberdade de ensino e a Liberdade de imprensa, em Portugal apenas as duas últimas tiveram plena verificação, em termos efectivos e formalizados.

Em termos mais gerais, a Liberdade da dignidade e respeito que merece um Pensamento autónomo, insusceptível de constrangimento por forças censórias.

Muito ao contrário do que sucedia em fase anterior e por toda a Europa, e em que a Liberdade de pensamento estaria adstrita à Fé e racionalidade divina ainda coexistindo necessariamente com a Liberdade de consciência.

Liberdade política – A Liberdade civil garantia a Vida, a Liberdade e a Propriedade; mas do mesmo passo se diga que não foi em nome destes direitos garantidos que a Revolução Americana, como a Francesa se fizeram; isso seria insuficiente. O que se pretendeu foi transformar esses direitos "garantidos" em direitos inalienáveis do Ser humano e, como tal, em direitos políticos.

A Liberdade política dos cidadãos nem é nem pode ser estamentária, não funciona como resultado de consulta às Ordens do reino e não é persuasiva; é deliberativa, universal e obriga à execução das decisões por parte do órgão Executivo constitucionalmente encarregue de as levar por diante, em função das decisões das Assembleias Representativas.

A axiologia que sustentava esta forma de Pensamento político implicava o postulado inicial da satisfação plena do maior número de necessidades da personalidade humana. Ou seja, um postulado caro ao utilitarismo de transição do séc. XVIII para o séc. XIX, e que o próprio Kant havia expresso na sua conhecida declaração da superioridade dos fins em relação aos meios e Jefferson havia afirmado na defesa de que a actividade governativa tem como meta a prossecução do bem comum.

De um modo geral, a Liberdade pública costuma ser caracterizada como a possibilidade de participação dos homens na eleição dos seus órgãos representativos, no processo Legislativo e controle da administração. A Liberdade "é Liberdade" porque implica a ausência de constrangimento e "é Liberdade política" porque é aos órgãos do Estado, titulares da soberania jurídica, que cumpre zelar pela realização dessas condições em pleno.

A Liberdade política era um dado insusceptível de se perder e que simbolizava a cultura Oitocentista. Mas era preciso ir mais longe e transformar e adaptar a ideia política de Liberdade no sentido de a tornar mais acessível a um maior número de pessoas. Por essa via era um bem jurídico, tal como a Vida mas, também daí derivava que fosse um verdadeiro bem social, manifestando e assumindo uma divisão em dois períodos que era símbolo da sua continuidade.

Do mesmo passo se assiste à consideração, a partir do Individualismo, duma dupla via para a Liberdade política. Ela tanto é do indivíduo quanto da sociedade. Deixa de ser um antagonismo entre as pretensões de Liberdade política da sociedade e uma sociedade que o não seja, sob a forma da distribuição dos Poderes e da salvaguarda da Constituição. Passa a surgir um homem livre que constrói a sua sociedade livre, por força dos direitos políticos que são a Vida, a Liberdade, a Igualdade, a Propriedade. E a sociedade só tem que acompanhar este salto qualitativo, pela consagração constitucional da divisão de Poderes, pelo zelo e garantia da Constituição, pelos órgãos especificamente criados para esse efeito. Não é sistema inglês, que de há muito tinha homens livres numa sociedade livre mas é alternativo, e nem por isso menos eficaz.

Dito doutra forma, se o artificialismo que implica o nascimento da sociedade política por via do pacto é manifestação da vontade dos homens, cumpre-lhes a sua edificação, atentando às reais necessidades de que se fazem portadores. Tratar-se do Poder de um sujeito de Direito, do homem, em presença da própria sociedade, ela mesma livre por força da acção humana. A sociedade é livre porque tem os seus órgãos políticos e institucionais perfeitamente delineados numa fiscalização recíproca e sem invasão de esfera de Poderes e, o homem é livre, porque vê os seus direitos inalienáveis obterem consagração política sob a forma de Declarações de Direitos e Constituições que não são apenas virtuais mas resultam da formalização do pacto celebrado entre os membros da sociedade e aqueles que são escolhidos para o exercício de cargos públicos.

Nova interpretação a dar à ideia de Liberdade no plano político; conjugada com o trabalho de desmontagem prosseguido pelos "ímpios" e os "incrédulos" no tocante à Liberdade de consciência e à tolerância religiosa, abre-se nova vaga reflexiva.

O trabalho dos *Les Philosophes* é, neste domínio, emblemático – sobretudo atendendo a que eram todos cultores do Absolutismo –, significando que foi pelo uso da sua Liberdade individual, posta em movimento pela aceitação de um Direito Natural profano que o homem, de indivíduo, detentor da sua Liberdade individual, passou a cidadão, proprietário da Liberdade política.

Todos são parte integrante de um universo, religando-se entre si por força da sua Razão plena que lhes confere o conhecimento a priori da Liberdade de que dispõem como entendem, mesmo limitando o seu pleno uso. A revolução que o jusracionalismo introduziu pela alteração estrutural na compreensão da origem do Poder, implicando uma fundamentação diversa do papel do Corpo Político, abalou todas as bases da consideração epistemológica do homem e da sociedade, apontando o caminho a que não conseguiram chegar, ao liberalismo que desse voluntarismo retirou todas as consequências.

Para a presente investigação, a Liberdade antes de ser um fim a atingir enquanto projecto, passa por ser um meio para atingir algo. Como já alguém disse, "a libertação precede a Liberdade, mas não é sua condição necessária". A libertação da opressão é possível e, por essa via, atinge-se a consumação dos nossos direitos individuais com reconhecimentos político; mas é igualmente aceitável a libertação de algo que oprime sem que isso se relacione com o exercício de quaisquer direitos negativos, eventualmente depois positivos.

Precisamente por isso os ensinamentos de Kant e o seu debate sobre o problema da autonomia individual se revelam tão importantes, no pressuposto de que não pode haver Liberdade sem regra e que a independência do indivíduo não o desobriga do cumprimento da vocação social que lhe é atribuída e que ele mesmo quis construir para sua própria segurança. Daqui até à teorização kantiana da autonomia e da heteronomia da vontade, em que busca contributos preciosos em Rousseau, a que chama "Newton do mundo Moral", o passo é não só pequeno como obrigatório, na conciliação entre a Liberdade individual e a Liberdade da sociedade.

Liberdades – "As Liberdades", que em momento algum da História das Ideias Políticas podem ou devem ser confundidas com "a Liberdade", retrotraem o raciocínio à época Medieval-Renascentista. Estas Liberdades do Consensualismo teorizado pela Escola Peninsular do Direito Natural foram aquilo a que os povos sempre se agarraram como um conjunto de garantias pessoais e privilégios que iam sendo concedidos individual ou colectivamente por obra da régia arbitrariedade, ainda quando os fundamentos fossem os mais meritórios.

Em todos os casos patentes em período anterior ao Liberalismo é a Liberdade do homem que é questionada, é a predisposição para subverter a sua plena expansão que se interroga, é a desfiguração da lídima característica de um direito em si, de um direito, como é o de Liberdade natural, que pode estar em perigo. Eram, contudo, algo que os povos viam como de precioso, muito embora não se pudessem, ainda aí, confundir com aquilo que convencionámos designar por Liberdade dos povos.

Por isso e tanto quanto é possível averiguar, postas em equação as propostas que até hoje foram reiniciadas e com todos os deméritos que qualquer ideologia pode ter e sempre tem, não se vislumbra nenhuma que melhor defenda no homem aquilo que é seu e sempre foi seu: a Ideia e o Direito de Liberdade.

Reafirmando a associação irresistível entre a Lei e a Liberdade, o Liberalismo guarda a conciliação da individualidade na dissemelhança social e nesta protege as diferenças que encara como salutares. Quer dizer, independentemente do tempo e do lugar onde se situem, tanto o indivíduo está autorizado a manter as suas singularidades em presença dos demais que o rodeiam e todos igualmente submetidos à mesma como a própria sociedade pode expandir as suas motivações segundo modelos que não têm de ser estanques.

Outro tipo de manifestação de "Liberdades", que não é possível confundir com as do Consensualismo peninsular mas que, imperfeitamente, por vezes assim se designam, são as resultantes do sistema inglês. O tema é conhecido e, com as especialidades inerentes à temporalidade inglesa; ainda assim é duvidoso supor que alguém duvidará que, para o sistema inglês, fará todo o sentido falar em "Liberdades" e não em "Liberdade", o que se em nada os confunde com tendências absolutistas, manifesta à evidência a distinção entre as propostas continentais e além-Mancha num quadro de liberalismo e de defesa da ideia de Liberdade. A Liberdade é garantida pela estrutura institucional legada pela História, onde avulta a Constituição histórica inglesa. Trata-se de um Pensamento conservador, ligado ao tempo e à sua inelutável contribuição para modificar a sociedade.

A expressão "Liberdade" poderá do mesmo modo ser usada no plural. Sempre que isso acontecer estará em regra, associada a diverso plano ideológico, normalmente sendo patrocinada pelos chamados contra-revolucionários. Os exemplos portugueses são muitos; em França, Chateaubriand, por exemplo, defende as Liberdades públicas, manifestando o seu amor por elas, assim como a forte ligação à religião.

Estas Liberdades devem ser concretas e não abstractas, como "a Liberdade" proclamada pelos racionalistas, a Liberdade "por natureza" dos homens em sociedade. São Liberdades outorgadas pelo Poder régio, privilégios de conteúdo variável, que uma certa benevolência do Príncipe concede em troca de serviços prestados ou esperados. Nada têm que ver com decorrências do Direito Natural, sendo concedidos a título excepcional e por mero e desigual benefício.

De um modo geral, os tradicionalistas portugueses seguem esta via, embora também seja frequente alguns usarem a expressão no singular para combater o conteúdo ideológico do Liberalismo.

Pensamento jurídico no Liberalismo – É o Constitucionalismo formalizado ou o Direito Público na sua expressão mais elevada, para a tese da actual *Civil Law*. A grande meta que importa atingir do Governo constitucional, qualquer que seja a sua forma, monárquica ou republicana. Para o Liberalismo, o homem tem de estar sujeito ao Poder da lei; não ao Poder de outros homens como acontecia no despotismo ilustrado, que os liberais viam como a origem de todas as servidões. E, por ser ponto não debatido por extravasar o âmbito temporal das presentes preocupações, mas que deve ficar já assinalado, deve distinguir-se entre Liberalismo e democracia. O primeiro atende, em especial, à Liberdade e às suas garantias; o segundo preocupa-se mais com as formas do Governo e participação política igualitária dos cidadãos.

Existe uma ligação entre eles que não os faz contraditórios, mas também não são idênticos nem, tão pouco, solidários. Os homens do Vintismo bem o perceberam.

Pensamento político no Despotismo esclarecido – Veja-se **Contrato ou pacto de poder no absolutismo**.

Pensamento político no Liberalismo – No plano deste pensamento, as leituras feitas levam a concluir que a generalidade dos Autores pouco se inclina para uma sistemática própria ao Liberalismo, ao menos com um tipo e característica frisantes como é o cartesianismo ou o marxismo. Contudo, parece que haverá que introduzir algumas precisões e, em especial, ponderando que a multiplicidade de objectos de incidência de que os pensadores do Liberalismo fazem eco, não ajuda muito. Neste plano, o Liberalismo é mais um conjunto de princípios que um sistema estruturado; todos estão concordantes na recusa em voltar à situação do Antigo Regime; todos querem manter e aumentar as conquistas obtidas com a Revolução Francesa no que respeita aos direitos fundamentais do indivíduo; todos afirmam a primazia da soberania da Nação em presença da soberania do déspota.

Agora as formas de o fazer são diversas; e factor importantíssimo, elas tornam-se sobretudo evidentes através do trabalho das Assembleias representativas, onde os fundamentos teóricos apresentam desenvolvimentos práticos, o combate político associado à contra-revolução – nas formulações de contradita à Revolução Francesa –, o combate pela Liberdade de imprensa, o omnipresente debate argumentativo e conceptual pelos princípios liberais. E isto é trabalho da História das Ideias Políticas, em ligação com o vector ideológico-político enunciado.

Refere D. J. Manning que "for all its sophistication [o pensamento dos vários marcos históricos visíveis do Liberalismo em forma de autores] it embodies the same plea for constitutional rule and civil liberty made by the author of Vindiciae, and by Grotius, Pufendorf, Milton, Sidney and Locke, on religious grounds, and by Montesquieu, Priestly, Madison and Smith on the findings of their science of politics. It also embodies the same concern with justice and Morality. The politics of Liberalism are politics of principle."

Razão/Natureza – A irrupção da dignidade humana que implica o nascimento da Modernidade, pode orientar-se por uma dupla via: ou pela orientação da subjectividade posta em definitivo pela Razão ou, então, pela humana vontade. Em alternativa conduzem a uma teorização no dúplice plano do racionalismo e do voluntarismo jurídico, seja por força do Direito Natural e/ou do contrato.

Esta orientação promove outras possíveis e não Escolásticas distinções: de uma parte o estabelecimento duma filosofia do sujeito que ganha os seus apoios decisivos numa concepção intelectualista ou idealista do mesmo; por outro lado, o aparecimento duma reflexão com base no indivíduo, de raiz empirista e utilitarista, que entende o Ser humano por recurso à resposta do mesmo às solicitações que lhe são colocadas do exterior. No primeiro caso surgem sobretudo escritores franceses e alemães do início do séc. XVII; no segundo britânicos da mesma fase.

A sequência que o séc. XVIII irá patentear, em que se endeusa a Razão e a Natureza, será o corolário da passagem de um sistema reflexivo no plano epistemológico para o seu correspondente político, a que presidem os mesmos argumentos de consideração onto-gnoseológica do Ser humano, de linhas ideológicas fracturantes.

Deste modo e para o Liberalismo o indivíduo, seja enquanto "valor", seja como "individualidade", é senhor absoluto dos seus actos e o centro das preocupações. Não a Criatura que depende do Criador para poder não apenas "existir", mas "ser". Antes o homem, que depende apenas da sua própria racionalidade, vontade e determinação, para interagir com os demais e sobretudo no que toca à defesa dos seus direitos individuais, anteriores a qualquer sociedade humana organizada que venha a formar-se e que ao serem positivados se tornam parte integrante da memória colectiva duma Nação formada por indivíduos dotados de Razão e vontade.

Regalismo – O regalismo tendo como missão desligar as jurisdições eclesiásticas e temporal, atribuía efectiva emancipação neste domínio do Estado face ao Poder papal. Com isso se permitia aos cidadãos não terem de ser confrontados com penalizações de carácter físico ou espiritual dimanada de medidas sacerdotalísticas. O domínio da Liberdade de consciência ficava reservado ao foro íntimo e obrigando ao seu respeito pelo Altar. Porque protegida pelo Trono. Ao menos fora de Portugal era assim.

Representatividade – O reforço dos Poderes do Estado agora sob uma configuração repartida, e a consagração dos direitos do homem. O Direito deve estar acima de toda e qualquer entidade, pública ou privada e esse Direito é obra das Assembleias magnas, representativas da vontade dos cidadãos, sendo as mesmas insusceptíveis de se arrogarem qualquer Autoridade absoluta. Acima de tudo, a soberania é da Nação; os seus representantes apenas são a boca que por ela fala.

Segundo Condorcet, a ideia de representatividade que deve existir no sistema de Governo está bem patente na ligação umbilical que em permanência se mantém com a lei, como regulador da vida dos cidadãos e manifestação mais acabada da sua Liberdade política. Cumpre às Assembleias legislativas elaborarem as leis que depois os magistrados deverão impor ao cumprimento dos seus cidadãos, sendo certo que as leis devem ter por missão a manutenção da Segurança, da Liberdade, da Propriedade dos cidadãos e a protecção contra os ilícitos criminais.

Soberania (em geral) – A soberania, que simboliza aquilo que confere ao Estado a sua unidade e forma, em certo momento e ao longo da sua História, e em que há a considerar a sua configuração de origem divina ou humana, é outro dos tópicos que a Modernidade decididamente inovará, em presença das concepções típicas do Medievo e da Escola Peninsular do Direito Natural. Esta ideia política de secularização do Poder, divino por natureza e sem intervenção papal, surge em definitivo com Bodin em 1576. Antes, portanto, de Grócio ter partido para a elaboração da versão inicial do Direito Natural Moderno.

Dependerá, em qualquer caso, da interpretação dada à origem do Poder político a afirmação duma soberania de origem divina ou humana. No primeiro caso, está-se perante um Poder que é, em exclusivo, de Deus e que considera o Rei como seu lugar-tenente, seu discípulo ou Deus na terra. No segundo em presença duma origem humana do Poder, baseada em convenções e em que a intervenção da divindade se limita à sua aprovação, sob forma de participação indirecta e mediata e sem o peso que detinha na situação anterior.

Soberania absoluta – O Poder do Rei vem directamente de Deus que o exerce sob forma indivisa e sem que qualquer pessoa, individual ou colectiva, possa opor-se aos comandos régios.

O que não significa que para o jusracionalismo fosse admissível qualquer tese diversa da soberania régia, já que a ideia de soberania nacional não fazia qualquer sentido posta a formação da sociedade e a entrega, pela mesma, do Poder político a alguém que a mesma nunca poderia questionar.

No Contratualismo absolutista adoptado em tese geral na Europa a origem da soberania era humana e não divina, mas o seu exercício convolava-se numa autoridade exercida sob forma absoluta por parte do monarca.

O lema da origem divina directa e imediata do Poder é uma consequência do repúdio que o Contratualismo Moderno sofreu, parcelarmente, nos países da Europa Católica-Apostólica-Romana, como Portugal, mas não implica que a consideração da racionalidade tenha aí mesmo ficado esquecida. O que significa é que no campo político o despotismo ilustrado josefino e pombalino não levou às últimas consequências a sua feição reformista no campo intelectual.

Veja-se **Pensamento político** e **Contratualismo político no absolutismo**.

Soberania popular/nacional (Liberalismo) – Já no Liberalismo, a soberania pertence ao Povo mas o seu exercício não cumpre a nenhum prócere da autoridade sem partilha. Não faz mais sentido a identificação entre um soberano – pessoa física – e a soberania; a soberania pertence à Nação; o soberano é um mero executor de comandos. Dito por outras palavras, não há que criar uma barreira entre o soberano e o seu Povo, porque a soberania não está nas mãos do soberano, antes nas do Povo, é garantida por força da lei e manifesta a vontade desse povo em vez de ser a mera arbitrariedade de um Pensamento de sinal único.

Formaliza-se na defesa da representatividade, garantida a Liberdade pela ideia da Constituição, factor da Liberdade da sociedade e da dos indivíduos, em si mesmos considerados e ora cidadãos. Com isto patenteia-se uma ideia de soberania, veiculada pelo Liberalismo, enquanto garantia que se confere em primeira linha aos indivíduos e depois à própria sociedade mediante a qual se impede um qualquer indivíduo de se apoderar duma autoridade que apenas pertence à comunidade social.

Não faz sentido para o Liberalismo a identificação entre um soberano – pessoa física – e a soberania; a soberania pertence ao Povo ou à Nação; o soberano é um mero executor de comandos. É veiculada mediante Assembleias representativas de diversa feição das Cortes tradicionais e uma sentida necessidade de aproximação às monarquias limitadas, como a ancestral britânica de feição historicista, serão pedra de toque para esta nova fase.

A soberania do Liberalismo é exterior à Liberdade individual, a qual existe mesmo que aquela se formalize de forma unitária, e deve ser salvaguardada pelas instituições de Direito Público. São estas instituições que, ao assegurarem o balanço dos Poderes, preservam politicamente a Liberdade individual, mas não intervêm em absoluto para a sua existência e afirmação. O que fazem é transformar a Liberdade política em verdadeiro Direito individual.

Sociedade civil – A erosão dos princípios que sustentavam a identificação entre sociedade civil e Estado e que vinha dos tempos de Aristóteles, começou a ser minada por Bodin e foi reiterada, em primeira linha, por Hobbes. Isto não significa que os dois termos deixem de apresentar, no seu Pensamento, um mesmo sentido final, porque a submissão da sociedade ao soberano, ao deus mortal, é evidente. A diferença susceptível de ser apontada para a generalidade das doutrinas contratualísticas, patrocinadas por uma larga série de Autores, prende-se com a diversa forma porque elas eram reflectidas, por comparação com as ideias da Antiguidade.

O artificialismo em que agora se deve considerar a sociedade civil, nascida da ruptura com o estado de natureza, implica que ela deixe de ser enquadrada como um facto de natureza, para passar a ser uma *persona civilis*. Por outro lado, o conceito de horizontalidade que presidia à sociedade civil dos Gregos, em que todos – salvo alguns bem identificados – possuíam Liberdade política, transmuda-se em verticalidade, uma vez que há uma diferença inultrapassável entre soberano e potenciais sujeitos de direitos, vulgo, cidadãos.

Tolerância religiosa – A racionalidade humana liberta da Autoridade divina apresenta-se com todas as suas potencialidades expansivas, autorizando uma introspecção renovada sobre todas as matérias, mesmo as que eram tidas por proibidas, impróprias, inconsequentes, incorrectas em todos os domínios do Pensamento. A tolerância é uma das ideias-força do século das Luzes.

Porém, faz pouco ou nenhum sentido falar em tolerância religiosa, uma vez que exista a Liberdade de consciência. São dois termos que se equivalem ou excluem, mesmo quando os Autores os tratam em paralelo, o que obriga a seguir o seu raciocínio no plano da informação individualizada para cada um. A tolerância, ainda no séc. XVII, era entendida em sentido puramente negativo, e que, pela sua simples existência, poderia conduzir à desvirtuação de condutas e à condenação da Fé oficial.

A utilização da ideia de tolerância religiosa implicará, à partida, aceitar como certa a predominância duma religião sobre as demais, com a devida benevolência do Estado. Será uma espécie de aceitação do inferior pelo superior, que num quadro de convivência mais ou menos pacífica e de posse da Autoridade e Poder que essa supremacia lhe outorga, aceita e admite a existência doutras confissões religiosas. A possível adesão que o Estado imponha ao credo maioritário de tolerar os demais automaticamente sugere o reconhecimento deste ser mais importante ou relevante que os demais, quando não mesmo religião de Estado. Será, no máximo, uma tolerância em sentido negativo.

A Liberdade de consciência, enquanto Liberdade individual, deve ser respeitada e deixada ao foro interno de cada um a opção pela qual se irá determinar, sem que o Estado possa nisso intervir. A tal corresponde a identificação entre os dois termos ou a tolerância religiosa em sentido positivo. Pugna-se, pois, por uma fórmula que, sob alguma moderação, Kant irá posteriormente considerar como o "uso público da Razão" face ao "uso privado da religião".

Tradicionalismo – O Liberalismo – seja ou não apoiante da Revolução Francesa e ainda que o entenda sob formas geracionais diversas – preconiza a Liberdade plena em termos individuais, civis, políticos e económicos. A contra-revolução – em sentido "clássico" ou "maiestrino" –, a situação vivida no Antigo Regime de ausência de Liberdade política, afirmação de Liberdade civil e grande moderação na Liberdade individual.

O tradicionalismo aceita a Liberdade económica e questiona a necessidade da Liberdade individual e política, para que as reformas patrocinadas pelos soberanos em favor dos seus povos sejam uma evidência de facto. Os Autores tradicionalistas continuam a defender a Liberdade de acordo com os ensinamentos do programa político do Antigo Regime. Trata-se duma espécie de balanço entre a Autoridade régia e a Liberdade no seio da população. Uma Liberdade que não seja, em seu entender, licença nem anarquia e que dentro desses limites pode constituir princípio de reformação dos próprios Governos, sem participação das ideias liberais.

Esta também a perspectiva de que pretende retratar a seguinte citação de Zília Osório de Castro, constante das breves referências bibliográficas finais desta Explicação: "(...) entre o radicalismo das posições revolucionárias e o radicalismo das posições tradicionalistas, situam-se as posições moderadas participantes das duas e, por isso, passíveis de serem predominantemente revolucionárias ou tradicionalistas. O equilíbrio resultante desta diversidade de factores terá um ou outro pendor. Todas as ideias que forem expoente de ruptura com o passado são revolucionárias, assim como as que tiveram como característica única a imutabilidade se denominam reaccionárias. A designação de tradicionalistas caberá à valorização das ideias do passado conjugada, sem negação, com as ideias do presente [que são prolegómanos do Liberalismo em período ainda de Antigo Regime]. Contrapõe-se ao epíteto de conservador atribuído à subvalorização de ideias pertencentes à tradição face à aceitação de estruturas revolucionárias."

Já posteriormente a 1820, tradicionalistas haveria por esta época em Portugal um número considerável. As opções escasseavam; ou se mantinham ideologicamente fiéis ao Antigo Regime e corriam o risco de serem confundidos com os contra-revolucionários providencialistas, ou rumavam em direcção a um moderado Liberalismo. Neste caso até nem seria difícil a adaptação; se já defendiam o liberal Adam Smith e seus correligionários em matéria económica, era uma questão de procederem de idêntica forma no plano ideológico e aceitarem o parlamentarismo inglês e as teses da Liberdade que além-Mancha se patrocinavam, em harmonia com o equilíbrio de Poderes e a representatividade que as mesmas convocavam.

O sistema da acomodação maior ou menor a um dos dois grandes blocos concorrentes, implica da parte deste núcleo de Autores uma espécie de "britanicização" nos métodos; uma tentativa de agir ao ritmo dos conservadores que, tendo naturais e congénitas simpatias liberais, abominam toda e qualquer alteração convulsiva da sociedade.

Valor do indivíduo – No que respeita ao valor que o indivíduo passa a ter no concerto europeu, a nota diferenciadora das novas tendências, no plano político cifra-se no diverso entendimento dado ao pacto social; se para a Escolástica, partindo de Aristóteles, é a sociedade que determina ontologicamente a existência do mesmo, agora são os indivíduos que determinam a existência de um vínculo duradouro.

Na verdade, aquilo a que se assistia antes era à defesa de um ponto de vista organicista da sociedade, indiciador duma estratificação social em que o chefe, normalmente o monarca – mas eventualmente supondo qualquer outra forma de Governo –, estava acima da comunidade social, por definição.

Membros interessados no exercício do Poder, Soberano e Povos, determinavam-se conjuntamente pelo Bem Comum, sendo esta designação conferida ao segundo dos elementos da equação como a possibilidade convencionalmente conferida de participar na designação do governante. Pela transferência do Poder ao Rei, a sociedade ficava-lhe submetida e, daí, uma certa confusão institucional entre Estado e Rei, que na verdade não existia nesta primitiva configuração. A comunidade teria eventualmente a última palavra na resistência ao monarca tirano, consoante a sua admissibilidade sob forma activa ou passiva.

Com o início da nova Era do Contratualismo, em sentido Moderno e nas várias asserções que comporta, há uma reversão de conceitos, que se no plano Moral não sofrerá contestações pelos teóricos portugueses do Iluminismo – ainda que alguns deles manifestamente por ele sejam desapaixonados, já no plano Político sofre severas limitações. Na verdade e aplicando à sociedade o mesmo esquema suscitado para o Ser humano, sendo este o princípio e o fim de tudo, também o será do seu próprio Direito, subjacente à organização social, por ele determinada.

Este o sentir de José Adelino Maltez para quem "A natureza humana deixa, assim, de assumir-se como um dever ser, reduzindo-se a simples facto, enquanto a ideia de Direito passa a fundar-se apenas numa consideração empírica (...) desenhando-se deste modo, o perfil do Direito Natural moderno que (...) é marcado pela laicidade, pelo racionalismo, pelo Individualismo [pelo valor do indivíduo para o Contratualismo absolutista] e pelo subjectivismo".

É imperioso proceder a uma distinção, não Escolástica mas inultrapassável: uma coisa é o valor do indivíduo; outra o Individualismo. Pese embora Autores que defendem a existência de um Individualismo político anterior à Revolução Francesa, seja-nos permitido manifestar aqui algumas sérias dúvidas.

Em matéria de Individualismo estão fixadas as ideias, em questões de valor do indivíduo, se ele for perspectivado como valor e ponto de partida para a construção da sociedade sendo que uma vez ela estabelecida e tipificada a sua intervenção termina, então não haverá Individualismo, antes valoração do indivíduo sob diversificada forma da conceptologia Escolástica e renascentista.

Esclarecimentos bibliográficos sobre a EXPLICAÇÃO DE CONCEITOS

ANTÓNIO PEDRO BARBAS HOMEM, *História do Pensamento Político*, Relatório sobre o Programa, os Conteúdos e os Métodos do Ensino de uma Disciplina, apresentado para a obtenção do título de agregado em Direito, 1º Grupo Ciências Histórico-Jurídicas, na Faculdade de Direito da Universidade de Lisboa, Lisboa, págs. 33 e 34

D. J. MANNING, *Modern Ideologies*, J. M. Dent & Sons LTD, London, Melbourne and Toronto, pág. 78

FORTUNATO DE ALMEIDA, *História da Igreja em Portugal*, Barcelos, 1970-1971, volumes 3 e 4

GERMAINE DE STÄEL, De l'Allemagne, *apud* Pedro Calmon, *História das Ideias Políticas*, São Paulo, Livraria Freitas Bastos, 1952, pág. 200

ISABEL BANOND, "A Ideia de Liberdade no Mundo Antigo. Notas para uma Reflexão", *Revista da Faculdade de Direito da Universidade de Lisboa*, XL, n. 1, págs. 325 e ss.

ISABEL BANOND, A Ideia de Liberdade e as suas Plúrimas Formas de Teorização Moderna e Contemporânea em ordem à História da Ideia Política de Liberdade, Separata de *Estudos em Honra de Ruy de Albuquerque*, 2006, Coimbra Editora.

LUÍS DE OLIVEIRA RAMOS, "Regalismo", *Dicionário de História Religiosa de Portugal*, P-V, Círculo de Leitores e Centro de Estudos de História Religiosa da Universidade Católica Portuguesa, Mem Martins, 2000, págs. 96-99

MARTIM DE ALBUQUERQUE, *Um Percurso na Construção Ideológica do Estado. A Recepção Lipsiana em Portugal: Estoicismo e Prudência Política*, Lisboa, Quetzal, 2002, pág. 20

NEFTZER, *OEuvres d'A. Neftzer*, Paris, 1886, págs. 113-136

ROGER HAUSHEER, "Introducción" a Isaiah Berlin, *Contra la Corriente. Ensayos sobre Historia de las Ideias*, tradução castelhana, México, FCE, 1979, pág. 17

ZÍLIA OSÓRIO DE CASTRO, "Da História das Ideias à História das Ideias Políticas", *Cultura – Revista de História e Teoria das Ideias*, Lisboa, Centro de História da Cultura da Universidade Nova de Lisboa, 1996, VIII, págs. 15 e 16

ZÍLIA MARIA OSÓRIO DE CASTRO, "O Regalismo em Portugal – da Restauração ao Vintismo", O Estudo da História, *Boletim A. P. H.* (1990-1993), págs. 133-155.

INTRODUÇÃO

I

"(...) Factos, estruturas, ideias, doutrinas, conceitos, não bastam. Ao investigador como ângulos de perspectiva historiográfica plena. (...) Não queremos reduzir um problema histórico a óptica ou mera digressão linguística, na qual não têm lugar os conteúdos extra linguísticos da História social. Como também não intentamos tomar posição no debate entre palavras e conceitos. Ainda menos na questão da História das ideias vs. História dos conceitos. O que para nós está em causa é um itinerário intelectual que constitui vivência, consciente ou não, a qual tem de ser procurada e investigada a partir dos textos, como expressão do pensamento que neles se revelam. Porquanto os factos não são apenas os materiais.
Basta pensar nas ideias enquanto realidades com peso social."

MARTIM DE ALBUQUERQUE, *Um percurso
da Construção Ideológica do Estado, pág. 25*

Como já alguém sabiamente afirmou, "uma Tese deve ter, se não uma chispa de inspiração, pelo menos bastante transpiração que prove que o candidato se encontra em forma para, gostosamente, vir a empreender outros labores depois de obtido o título".

O objecto do vertente Estudo incide sobre o levantamento da Ideia de Liberdade nos quadros do Absolutismo (sobretudo na sua vertente de despotismo ilustrado) europeu e nacional e concomitantes transições para o Liberalismo. Ou seja, os sucessos portugueses compreendidos entre o séc. XVIII e primeiro quarto de século seguinte (fase final do período Moderno e apogeu nacional do despotismo ilustrado e as sequelas do Vintismo) e condicionantes europeias desse período, subjectiva e objectivamente encaradas.

Serve pois a presente Introdução para complementar a Explicação de Conceitos, plasmando o quadro de referência a ser desenvolvido.

Há um princípio para tudo e a Liberdade de 1820 não surgiu do nada. Constituiu-se, antes, como produto da laboração de muitos séculos, de muitos homens, de felizes realizações e alguns claros insucessos no percurso jurídico, político e cultural do país. Existem, forçosamente, muitas alterações nessa ideia de Liberdade e na que a antecedeu em séculos. Mas porquê essas alterações?

Não basta dizer que em 1789, com a Revolução Francesa, há uma ruptura. O porquê da mesma no nosso país implica algo que não está feito. Não se andará longe da verdade afirmando que, até hoje, não existe um trabalho de conjunto como o Estudo agora proposto. Há realizações parcelares felizmente de boa fortuna, meritórias, para épocas determinadas, para Autores pré-definidos, para matérias bem escalonadas. Não há um trabalho que pegue na ideia de Liberdade em si e a leve, de princípio ao fim, ao longo dos tempos que antecederam o Primeiro Liberalismo Português, entendendo-a nas suas vertentes jurídicas, culturais, morais e políticas.

Há questões conturbadas, cuja solução extravasa o âmbito da hodierna análise. Provavelmente dificilmente alguma vez serão resolvidas, como a *vexata quaestio* entre Liberdade e Igualdade. Mas é preciso saber porque é que em 1820 ambas foram entendidas duma certa forma e não doutra e em que é que isso significa evolução "intelectual".

Quem foram as figuras que estiveram por detrás de tudo isto ao longo dos séculos? De que feitos foram autores que os façam recordados? Onde, como e porque agiram de certa forma e não doutra qualquer? Que legaram aos seus vindouros nas suas áreas de actividade? Onde aprenderam, quem os ensinou, a quem ensinaram o que aprenderam? A História faz-se – também e muito – por recurso às personalidades que nela intervieram[1]. Não é fruto do acaso que politicamente – e no plano da Liberdade política isso é evidente –, sucederam modificações revolucionárias em 1820. Alguém se lembrará porquê?

Para um britânico partilhando da visão histórica na evolução das sociedades, não restaria qualquer dúvida em afirmar uma íntima desconfiança de que não foram apenas os sucessos da Revolução Francesa que estiveram por detrás da mudança. Terão servido de catalisador, mas, de facto, em 1640 e em Portugal, não tinha havido qualquer Revolução Francesa e plasmou-se alteração, fazendo agulha inversa de sentido de 1580. E em 1385, houve alguma Revolução externa que promovesse as decisões das Cortes de Coimbra?

Esta tese pouca aceitação efectiva teve no Portugal do Vintismo e, até, no Primeiro Cartismo ainda que por outras razões; por isso há que optar pela metodologia da assumida ruptura. Funcionou em França, funcionou também, de forma muita mais tímida em Portugal, mas com o eclectismo característico português desde épocas do lusitano absolutismo, até esta alternativa e a sua congénere além Mancha se procurara conciliar.

Os sucessos de 1789 vão originar uma nova forma de Liberdade. Deixa de se falar em "Liberdades" para passar a falar em Liberdade.

Porquê inimaginável se havia Cortes regularmente convocadas e onde tinham presença os estados da Nação? Porque é que, se desde longa data se invocara o Poder da comunidade como decisivo para que o monarca pudesse exercer as suas atribuições, depois de 1820, esse Poder se manifesta de forma distinta?

E para quem invectivar as repetições, cujo reconhecimento se assume desde já, invoca-se o saber de experiência feito de Locke: uma mesma noção pode apresentar diversos sentidos, podendo patentear-se como próprio ou mesmo necessário o seu esclarecimento em diversas partes de um mesmo discurso, que quando se repetem os mesmos argumentos, isso pode funcionar em contextos diversos. "L'excuse est bonne en général, mais il reste bien des répétions qui ne semble pas pouvoir être pleinement justifiées par-là."

Um exemplo prático desta tendência, poderá ser encontrado, por exemplo, nas questões relativas à origem do Poder, uma vez que se considera a elas estar subjacente toda a temática da Liberdade dos povos e, depois, da Liberdade política do cidadão e da sociedade.

---

[1] Muito embora não seja factor determinante na visão das Ideias Políticas a observação particularizada dos vários pensadores que a elas estiveram subjacentes, pareceu interessante seguir por esta via, conjugando o Pensamento com as Ideias. Outras possibilidades estão em aberto com as quais existe sintonia, embora fiquem reservadas para futuros trabalhos, atendendo a estrutura inicialmente posta em avaliação. Recorda-se o mencionado na Nota de Abertura.

Este aspecto é, aliás, um dos primeiros que devem ficar assinalados. É desnecessário lembrá-lo, mas não é demais reiterar que a ideia de Liberdade, sobretudo no plano da Liberdade dos povos, primeiro, e da Liberdade política, depois, está em intrínseca relação com a discussão do Poder político, sua origem e exercício, assim como assegurar a cada um o garantido gozo e exercício dessa mesma Liberdade. Como consequência, se esta é uma investigação acerca da ideia de Liberdade, não pode deixar de se sustentar no debate acerca do Poder e da protecção dada à Liberdade por esse mesmo Poder institucionalmente firmado.

Ou seja, o estudo em simultâneo da Liberdade política e da Liberdade civil, nas suas relações com o Poder político[2].

Nos dias que correm, o "departamento do jurídico" é insusceptível de ponderação global sem ser por recurso a disciplinas auxiliares ou a ciências afins. Não lhe retirando a sua tradicional vocação servem para o contextualizar. Em zonas onde a pura reflexão da dogmática jurídica é insuficiente para proceder à ligação entre fenómenos, tal procedimento é imprescindível. Reconhecimento disso é a crescente normativização da vida jurídica, que conduz à criação de disciplinas novas nos planos curriculares das Faculdades, por imposição das necessidades da vida prática.

Nestes termos, se o projecto é uma elaboração de um Estudo acerca de uma ideia velha de milénios como é a Liberdade, ele só pode ter lugar em sede de investigação histórico-jurídico-política.

Defende-se a sua necessidade porque, sendo geral, apela directamente ao passado; assume e molda o espírito dos juristas, afastando-os de quaisquer tendências positivistas assumidas.

O que se vai essencialmente fazer é intentar um diálogo que procura a superação de velhas querelas entre zonas que acabam por ter consagração no discurso do político actual. São inaceitáveis hierarquias em domínios secantes da actividade política, em si mesma a precisar de ser normativizada. A sua manifestação fáctica obriga ao estabelecimento de regras de conduta social e deve ser abrangente, quanto baste, para conter o essencial das preocupações do Ser humano no que toca à ideia de Liberdade.

A história do Direito Público sempre foi vista como determinante. Porém, o intento do vertente trabalho nunca se consubstanciou no debate da ideia política de Liberdade com os vários possíveis contrapontos do Direito Público – mais a mais do Direito Privado. E não foi porque a opção se centrou sobretudo no plano da análise do Poder político em si mesmo considerado, independentemente das suas várias formas de manifestação no domínio público – e privado. Daí a aceitação por parte da Autora de se tratar dum Estudo essencialmente teórico, cujos contributos ao nível dos vários ramos de Direito são de estimular e se pretendem intentar de próximo.

Do mesmo modo a ausência voluntária a referenciais extremes da Segunda Escolástica firma-se em publicação autónoma, em preparação. Dispensaram-se, destarte, a repetição de considerandos alvo de ponderação individualizada.

Com foros de alínea própria ainda que omnipresente em todo o estudo, a certidão identificativa do Pensamento político e o reconhecimento da maioria da História das

---

[2] António Pedro Barbas Homem, "Introdução Histórica à Teoria da Lei – Época Moderna", separata de *Cadernos de Ciência e Legislação*, n. 26, Outubro-Dezembro, 1999, págs. 68 e ss., 83 e ss; idem, *A Lei da Liberdade. Introdução Histórica ao Pensamento Jurídico. Épocas Medieval e Moderna*, I, Lisboa, Principia, 2001, págs. 24 e ss., 180 e ss.

Ideias Políticas assumirão a legitimidade das precedentes considerações. Neste sentido manifesta-se a intenção de apelar a contribuições teóricas dos mais diversos quadrantes[3].

Trata-se de investigação pessoal e de metodologia extremamente útil, tal como se defende nos quadros do vertente Estudo. Tanto que se faz eco da produção de contributos de idêntico porte, antes elaborados por insuspeitas figuras do Pensamento político e jurídico, nacional e estrangeiro, à cabeça dos quais se encontram Mestres de reconhecido mérito nesta zona dos Estudos jurídicos e que a presente pesquisa invoca. Doutores da nossa Casa, fiadores dum saber que não é apenas livresco mas que não pode deixar de se apoiar em fontes e inserções bibliográficas, que apenas relembram a reflexão pretérita doutros, à sua maneira, sobre as vertentes questões.

Reiterando conceitos, a Liberdade e a Igualdade são absolutas, mas a primeira apresenta-se mais indiscutível que a segunda. Ou se é livre ou se não é; não existem termos de comparação. A segunda começa por ser absoluta, mas a breve trecho é relacional; só se é igual por relação a outrém; não se pode ser igual a si mesmo.

A Liberdade e a Igualdade convivem desde que existe o Ser humano; são duas irmãs gémeas, mas são gémeas falsas; trabalham em conjunto, mas a sua querela é permanente e lutam por se ultrapassar mutuamente. O homem escravo pode ser mais livre que o homem que não é escravo. Tem a sua Liberdade interior; mas obedece aos ferros que o prendem e às grilhetas que tolhem a sua Liberdade. Porque não é considerado igual...

A falta de Liberdade, ou a renúncia a ela, implica a desigualdade social; esta porém, pode coincidir perfeitamente com a Liberdade política, como se pôde assistir mesmo em pleno período do Liberalismo. A Igualdade[4], trave mestra da Democracia, desde cedo conduziu a Revolução Francesa aos piores desastres que alguma vez eventuais teóricos poderiam imaginar e esta revolução fez-se em nome da Liberdade. A Democracia, que é considerada o melhor dos regimes, preza a Igualdade sobre a Liberdade e há, nos tempos que correm, muitos Estados despóticos que se escondem sob a capa de eleições democráticas.

E pode ser muito pouco atractiva esta Liberdade; basta recordar a atitude que o maior dos liberais portugueses dos inícios do séc. XIX em Portugal, D. Pedro IV, que enviou a Portugal um emissário inglês divulgador duma Carta Constitucional, dada por ele mesmo, e na qual poucos portugueses se reveriam.

- Afinal quem foram os verdadeiros "Pais da pátria"? Os que assim se auto-designaram em 1820-1823 ou os seus avós de 1640, que num aperto igualmente difícil subscreveram um discurso de Aclamação da dinastia de Bragança, mais "democrático" que qualquer *Manifesto aos Soberanos e Povos da Europa*?

---

[3] Explicitando o que ficou mencionado em Nota de Abertura, consulte-se António Pedro Barbas Homem, *História do Pensamento Político*. Relatório sobre o Programa, os Conteúdos e os Métodos de Ensino de uma disciplina apresentado para obtenção do título de Agregado em Direito, 1º Grupo, Ciências Histórico-Jurídicas, na Faculdade de Direito da Universidade de Lisboa, suplemento à RFDUL, 2007; Paulo Otero, *Instituições Políticas e Constitucionais*, volume I, Coimbra, Almedina, 2007.

[4] Otfried Höffe, "La Justice politique comme égalité dans la liberté: une perspective Kantienne", *L'Égalité, Actes du colloque de mai 1985*, n.º 8, Centre de Publications de l'Université de Caen, 1985, pág. 167: "L'égalité comme principe fondamental du droit et de l'Etat est souvent opposée au principe de liberté. J'aimerais réfuter cette conception d'une alternative entre égalité et liberté, et affirmer, du moins en ce qui concerne la justice politique à son niveau le plus élémentaire, une liaison immédiate entre liberté et égalité, la liberté n'est légitime qu'à condition d'être égale pour tous. Mais la égalité sur le plan fondamental implique que, sur le plan concret, il y ait des inégalités; qui plus est: la liberté égale a l'intention de permettre des différences."

Promotores conhecidos, recenseados da Liberdade lusitana, onde foram buscar as suas fontes inspiradoras e a quem legaram o seu tributos de séculos, de experiência feita? Quais as bases em que tudo isto assentava? Eis a questão!

A presente pesquisa é, sobretudo, de História das Ideias, em abstracto consideradas e que se desdobram no plano Individual e Político e mediante os parâmetros fixados, em que sobressai a ideia de Liberdade em associação com outras adjacentes. E se a Liberdade é uma Ideia, isso significa que também ela tem a sua História.

É este o sentido em que se propõe estabelecer todos os raciocínios futuros. Não esquecendo o fundamento conceptual que é do domínio Pensamento político enquanto conjunto de ideias com alguma unificação (em face das pessoas, das épocas, das Obras...), antevê-se neste diálogo uma proposta que, deles tomando a devida nota, procurará estudar os homens concretos, os portadores das ideias, situando-os nas conjunturas culturais e civilizacionais em que se enquadra a sua estrutura de Pensamento.

No fundo, postos em equação os vários campos em que é possível desdobrar o projecto, verifica-se uma primeira dificuldade ao conciliar, no possível, a abordagem que deve ser feita num duplo nível, qual seja o do Pensamento e das Ideias Políticas com a sua História (enquanto representação mental de qualquer coisa ou mera abstracção), aportando à Individualidade anterior do homem, que precede as suas relações sociais. Esta tarefa pressupõe um prévio e complexo esclarecimento acerca dos "nomes" com que o leitor irá sendo confrontado mais directamente no decurso da investigação.

Convirá ainda assim deixar claro que o estudo na área do Pensamento político que aqui será feito, e em especial no domínio mais restrito das Ideias Políticas, não descarta a possibilidade de realidades que lhe estão bem próximas serem chamadas à colação sempre que tal seja necessário. Salientem-se a este respeito as justificáveis incursões nas temáticas da Teoria política, da Doutrina política, da História das Ideologias e da Literatura política e dos próprios Conceitos políticos.

Será, porventura, mais uma onomasiologia que uma semasiologia mas sem carácter mutuamente exclusivo.

E atendendo sempre que não há que cair em anacronismos estéreis na consideração de um Pensamento político situado no tempo e no espaço a que corresponde uma Ideia de Liberdade e a Liberdade na sua evolução na continuidade, em que significante e significado não se reconduzem.

Configura-se, pois, a necessidade de proceder a uma coordenação geral de importantes como conflituantes perspectivas, para assim ser viável e profícua a aproximação a essa "realidade" que é a Liberdade, enquanto Facto Histórico, Direito e Ideia.

E mais, querer teorizar a Liberdade implica um despojamento de algumas ideias pré-concebidas. Seja porque mais caras aos pensadores, na consideração dum enquadramento epistemológico especulativo, aos historiadores, que vêm no processo histórico a explicação de todas as coisas, ou aos políticos.

Querer teorizar a Liberdade implica a consideração de muitos vectores, numa tentativa de harmonização clara e coerente, mau grado os escolhos evidentes. A pluralidade de aproximações neste domínio deverá ser ponto de honra[5], mas o norte que se assume nunca deverá ser postergado pelo mau funcionamento duma qualquer bússola.

---

[5] Importa não deixar em claro a ideia da paternidade histórica do Direito e da Política, que remontando à "polis" grega e à "civitas" romana, foi mais preocupação com o homem-comunidade na Grécia e mais apelo à organização Política em Roma. Pontos de honra em ambos os casos foram sempre e

Acompanhando Montesquieu, preconiza-se no presente Estudo que a própria Liberdade política funciona como um direito individual, base e fundamento do Poder institucionalizado e exercido, pela acção simultânea que homem e sociedade exercem entre si. Acompanhando as Declarações de Direitos Modernas, o mesmo raciocínio se poderá atingir. Independentemente de se tratar de um discurso histórico ou racionalista, o homem é sujeito de uma única Liberdade.

Esse o motivo que obriga a encetar uma pesquisa que sendo de Ideias Políticas, não se limita à ponderação das relações políticas no plano da origem e exercício do mesmo, mas implica uma reflexão anterior, no domínio da Liberdade individual do homem e do cidadão[6], que esse Poder político procura ou não condicionar, expressa ou tacitamente.

A Liberdade individual de pensar, de escrever, de não estar submetido à intolerância religiosa e, por esse meio, esclarecer as consciências em relação ao oficialmente permitido, consagrou e incrementou o debate e o acordo entre os homens, visando criar um novo pacto social, por força do incumprimento dos deveres duma das partes obrigadas na associação primitivamente formada.

Por isso as relações da cidadania do Poder político, típicas da História das Ideias Políticas na Nova Moda, são antes disso relações individuais que promovem a criação do próprio Poder político e que têm subjacentes a faculdade mais elevada do Ser humano: a capacidade de pensar.

E, em qualquer momento podem as mesmas ser despoletadas pela acção do homem que, para tanto, mais não precisa de activar os seus direitos primitivos, naturais, individuais, transformando-os, por sua acção, em políticos, porque lhes confere uma distinta axiologia. Mas fazendo o percurso inverso também, porque o cidadão ao ver ser reconhecida a sua Liberdade política como um direito individual, o consegue por força do valor que lhe é próprio.

Assim sendo, integrará o estudo do Poder político e da Liberdade política, a ponderação prévia da Liberdade individual. Por isso e porque se defende este pressuposto e ele é a base de toda a investigação, o Estudo versa sobre o Pensamento e as Ideias Políticas, neles compreendendo a inultrapassável obrigatoriedade da reflexão sobre os direitos individuais enquanto direitos políticos. Antes e depois da sua consagração constitucional, por via das revoluções.

Não é só o Contratualismo absolutista que estará na base do Contratualismo liberal. São os direitos individuais que existem, ainda quando não reconhecidos expressamente sob qualquer regime. Ou seja, independentemente da sua maior ou menor preservação política, fomentam a germinação desse ou doutro regime político porque aos homens, capazes de pensar, de raciocinar, é colocada a opção de manter ou alterar o estado em que esses direitos se encontram.

---

reconhecidamente, as interpenetrações. A Liberdade chamada de "ocidental" tem de ser aí procurada na sua génese, com evolução no teocentrismo humanista da Patrística e da Idade Média, transladado num "jus publicum" europeu que tanto se encontra do lado da Reforma como no da Contra-Reforma. A Era das *Declarações de Direitos do Homem* e o seu desenvolvimento histórico quis voluntariamente a subsunção dos comandos institucionais ao primado do Direito, afastando o fantasma do despotismo de qualquer quadrante. Parece afirmação hoje intuitiva que quem quer estudar os aspectos políticos da sociedade, esbarra de frente com o Direito, que os determina, e que quem se preocupa com a juridicidade das condutas, encontra o Estado, porque ele é o seu factor genético. Portanto a expressão diz tudo: Estado de Direito.

[6] António Joaquim da Silva Pereira, *O "Tradicionalismo" Vintista e o Astro da Lusitânia*, Coimbra, Instituto de Alta Cultura, 1976, págs. 179 e ss.

II

"Muchos lo dicen, otros lo reconecen, pero muy pocos lo pratican: hablar no es nunca fácil. Hablar com sentido es todavía más difícil. Hablar sobre un tema conocido puede llevar al silencio o a la preplejidad. Y, sin embargo, merece la pena correr el riesgo, más que nada porque nos va en ello nuestra capacidad de superveniencia, más o menos racional."

AGAPITO MAESTRE SÁNCHEZ,
"Estudio Preliminar", Qué es la Ilustración?, pág. XII

A – A consagração do racionalismo e empirismo europeu enquanto contributos para o Portugal Setecentista quanto à Liberdade individual e à Liberdade dos povos

1. Linhas de força de um debate omnipresente

Para os Príncipes iluminados a paixão e a vontade do Poder foram o séquito das ideias esclarecidas. A centralização administrativa destinada a instaurar a ordem, a reforma igualitária visando abolir toda a autoridade subalterna e toda a força centrífuga, ao lado de forças militares bem apetrechadas, de medidas económicas reveladoras de um intervencionismo crescente, duma moral da utilidade, em nome da qual se escravizam as colónias com tributos, o apelo à Razão de Estado, a desconfiança crescente em presença da Igreja, a defesa do bem estar e da felicidade dos súbditos[7].

Sejam católicos ou protestantes, há sempre um limite à racionalidade humana a ser presente. Encruzilhada acima de tudo, é do que se trata[8]. Por isso mesmo é tema aliciante para o jus-historiador e para o interessado nas Ideias Políticas e a sua máxima consagração: a Ideia de Liberdade.

Em sequência, é indubitável que a questão da importância do vector histórico se assume pela primeira vez na dureza dos dramas do Iluminismo, em que a luta pela Razão encontra pela frente a luta pela História[9].

---

[7] Guido Astuti, "O Absolutismo Esclarecido em Itália e o Estado Polícia", *Poder e Instituições na Europa do Antigo Regime. Colectânea de Textos* (Direcção de António Hespanha), Lisboa, FCG, 1984, pág. 264: "(...) por um lado, a velha fórmula 'rex propter regnum, non regnum propeter regem', por outro lado os conceitos tradicionais do 'bonum commune' e da 'publica utilitas' são objecto duma reelaboração segundo as novas doutrinas políticas, sociais e económicas do iluminismo, que conduzem a aprofundar os objectivos e os fins da organização estadual e a definir as relações entre o Estado, o soberano e os súbditos."

[8] Sobretudo ponderando a importância da corrente contrária, defensora da ortodoxia e combatente interessada no aniquilamento das transformações morais e religiosas patrocinadas pelas Luzes. São casos emblemáticos os Autores portugueses mas também alguns italianos e espanhóis a trabalhar em sucessivas ondas. Para o desenvolvimento das chamadas "Anti-Luzes" no Pensamento francês, Jacques Domenichi, "Anti-Lumières", *Dictionnaire Européen des Lumières*, sous la direction de Michel Delon, Paris, PUF, 1997, págs. 84 e ss.

[9] Jacqueline Russ, *A Aventura do Pensamento Europeu. Uma História das Ideias Ocidentais*, tradução portuguesa, Lisboa, Terramar, 1997, pág. 161: "(...)o século XVIII assiste à elaboração de numerosas ideias fundamentais do mundo moderno, isto é, no seio duma Europa que domina o mundo (...). Em primei-

Como quer que seja e à excepção dos países anglófonos, levará muito tempo até que a História "ganhe" o duelo com a Razão, que apesar dos sobressaltos de percurso, mantém o comando dos acontecimentos.

A questão do progresso é, sem dúvida, determinante neste quadro, muito embora a sua teorização se fique normalmente pela via pessoal e, não raro, o sentimento fale mais alto que a Razão que tanto se aprega. Haverá oportunidade de se verificar que, se o sentido de História está presente na reflexão sobre a ideia de Liberdade, o trabalho de sistematização – salvo para os ingleses – ficará reservado para um período próximo da Revolução Francesa. Foram seus principais mentores, antes e depois da mesma, Turgot e Condorcet.

É por isso certo que sempre que os Autores falam de Razão, de Progresso ou de Natureza, é para chegarem à conclusão que a organização naquela época da sociedade existente não é satisfatório, sendo preciso modificá-lo para atribuir aos homens a felicidade que o utilitarismo proclama, e o Governo deve assegurar.

A orientação racionalista de finais do séc. XVIII, irá privilegiar a defesa dos direitos abstractos do indivíduo, com ela nascendo o Individualismo, formalmente plasmado nas Declarações de Direitos e nas Constituições delas derivadas. Quanto à versão empirista, favorece a visão histórica e algo tradicionalista britânica, em que não interessa a análise do homem abstracto, antes a dos homens concretos, postergando a necessidade de Textos Fundamentais formalizados, bastando "os que já existem, aos ingleses, para sua total orientação futura."

Dito doutro modo, em França e nos demais países aderentes aos ideais da sua Revolução, apenas começa a haver "cidadãos" e não apenas "homens" ou "indivíduos" depois da Revolução Francesa. Em Inglaterra pode dizer-se que sempre houve cidadãos, mesmo admitindo uma concepção conservadora do termo[10].

Em função disso, o debate sobre "o nascimento" do indivíduo – para quem não admita que ele já era nado medievalmente e no período renascentista[11] – é o debate sobre a decisão entre racionalismo e empirismo, entre sujeito em si mesmo considerado independentemente dos apelos exteriores, e indivíduo, cuja conformação se determina em função das motivações externas que historicamente o solicitam.

---

ro lugar, a ideia das luzes naturais da Razão que guiam os homens, dando-lhes maioridade e autonomia. Embora esta Razão prolongue, em parte, o racionalismo da filosofia clássica, apresenta uma diferença fundamental: é uma Razão crítica, que rejeita a Razão metafísica e que se apoia na experiência. A segunda ideia, omnipresente, é de natureza, reabilitada no séc. XVIII sentida então como acolhedora (...). Terceira ideia: a de História; o século XVIII é o século da História, que surge a todos os níveis (...)."

[10] As diferenças são tão nítidas que algumas altas individualidades da intelectualidade britânica, vociferaram alto e bom som quanto à Revolução Francesa, demonstrando à evidência que eles, ingleses, verdadeiros liberais, em nada se pareciam ou queriam parecer com os inopinados franceses destruidores da ordem instalada. E, depois, houve o contrário, aqueles que eram "tão franceses que até se penalizavam pela sua nacionalidade." E antes disso houve "continentais" que endeusaram a Constituição inglesa.

[11] Há Autores que fazem remontar o "Individualismo" ao período medieval, encontrando na consagração das prerrogativas inerentes à dignidade humana que o Cristianismo concedeu aos homens, fonte inspiradora para o desenvolvimento da actividade racional dos Modernos. Veja-se Louis Dumont, *Ensaios sobre o Individualismo, a perspectiva antropológica sobre a ideologia moderna*, tradução portuguesa, Lisboa, Publicações D. Quixote, Nova Enciclopédia, 1992.

A ideia de Liberdade que será analisada na Parte I não é individualista ou professa o Individualismo político[12]. Isto mesmo decorre da sua teorização e aplicação prática.

Não se trata de subverter ideias por vezes expandidas; acontece que a presente pesquisa enverada por um rumo diverso, pelo que se reitera que a abordagem ao Individualismo é nesta fase excluída salvo em termos morais, isto é, enquanto preza o valor do indivíduo. Mas não tanto que lhe ofereça a dignidade de se opor aos quadros normativos que a sociedade absolutista lhe impõe, nomeadamente pela sua participação na mesma.

O ponto de ruptura está encontrado; a humanidade nunca mais será a mesma.

Em ondas sucessivas, a independência individual transforma-se numa outra ideia, a de autonomia dos sujeitos, que usando da sua racionalidade podem voluntariamente aderir a um novo modelo de inter-relacionação, auto-limitando e autolimitando-se no uso da sua Liberdade.

Assinale-se que a divergência mais importante nesta configuração que o Pensamento inglês apresenta, se prende precisamente com a noção de um princípio dinâmico, que apela à História, por contraponto à tese estática ou racional, que no continente fazia carreira e enformava a ideia do indivíduo e, depois, do cidadão.

O que se deve reconhecer é que, na sua transposição para Portugal e no plano ético-político, os lusitanos foram, decididamente, muito mais "intelectualistas" que "empíricos" – quando não mantendo uma fidelidade estreita aos "metafísicos"; muito mais "racionalistas" que "empiristas" e durante período superior; muito mais adeptos da ideia do "sujeito" que da do "indivíduo", em momentos anteriores a 1789.

Ponderando qualquer das duas teses, é fácil perceber que o seu objecto de eleição é o mesmo: o Ser humano.

É dado adquirido que ambas as concepções subalternizam, quando não rejeitam, conotações teológicas na justificação do homem; é dado adquirido que por isso tiveram péssima recepção em Portugal antes da renovação cultural iniciada por Pombal e que mesmo depois dela foi pela via do eclectismo[13] que o país mais se guiou. Então, porque será que se afastam tanto?

A primeira observação que é dada a fazer é algo intuitiva: as duas teorias só podem resolver o problema por recurso à Lei. Não há mais nada que seja susceptível de poder solucionar este controverso problema a não ser a Lei, cujo interesse subsequente se pauta segundo a forma como ela se concebe e qual a sua origem. Ora, a Lei aqui referenciada, apresenta uma dupla faceta: natural e civil. A passagem duma à outra resulta do pacto social.

2. O início do confronto: a questão da Liberdade individual e os problemas da Liberdade de consciência e da tolerância religiosa

A secularização que o Renascimento tinha anunciado vai atingir píncaros depois deste período na generalidade da Europa, preconizando a separação entre Teologia e Filosofia, por um lado e uma nova interpretação do Direito Natural, por outro, a qual se

---

[12] Neste núcleo tanto se inserem os pensadores que se dedicaram episodicamente à política, como aos verdadeiros cultores do jusracionalismo, como e os que não sendo "sábios" nem tendo pretensões a tal, foram eminentes publicistas.

[13] Joaquim de Carvalho, *Obra Completa*, 9 volumes, Lisboa, Fundação Calouste Gulbenkian, 1992, II, pág. 303, apresenta a seguinte classificação retirada de Frei Fortunato de Bréscia: "*secta scholastica, secta recentiorum e secta eclectica.*"

desliga das suas conotações de participação da racionalidade humana na divina Razão[14]. A Razão do homem apoia-se em si mesma e a religião é uma "religião natural"[15] em marcha de progresso rumo ao deísmo[16], espécie de depuração resultante dos males da Igreja de Roma, das Igrejas Reformadas, das seitas e das mil e uma crendices que se apresentavam.

A ideia de Deus é paulatinamente substituída pela de Natureza e os direitos naturais inerentes ao Ser humano deixam de se posicionar como mera formulação teórica, para sedimentaram nas legislações positivas a sua marca de dignidade. Dito por outras palavras, a Escola do Direito Natural, com matizes e tonalidades diversas, acentua o plano da interpretação do Direito como domínio de eleição para o exercício duma normatividade racional. Assim se procuraram eliminar os factores impeditivos de uma reavaliação da essência e possibilidades do Direito ditadas por uma reflexão estritamente racional.

Assim rumando poderia, de imediato assumir-se que grande parte das conclusões do Iluminismo à escala europeia estiveram banidas em Portugal. Não é, de facto, assim, tanto mais que a religião natural, ora invocada como um dos pólos de sustentação das ideias reformadas, não estava completamente banida do Pensamento católico.

É importante esclarecer que entre questionar-se o Cristianismo e questionar a Revelação vai uma enorme diferença. Quem questiona o Cristianismo questiona o Deus dos

---

[14] Alvo de naturais críticas no período em observação como dos Autores que actualmente mantêm a impossibilidade de separar as acções humanas em internas e externas, poderá afirmar-se que é tema não resolvido. Um mero exemplo que se pode apontar dum Autor contemporâneo que rejeita abertamente esta separação é de Luís Vela Sánchez, S. I., "Introducción" a Francisco Suarez, *Tractatus de Legibus ac Deo Legislatore*, Conimbricae, 1612, tradução castelhana, *Las Leys*, Madrid, Instituto de Estudios Politicos, 1967, I, pág. XXXIX: "Personalmente creo que en la base de las doctrinas que intentan separar moral y derecho, se encuentra una escasa profundización en el hombre, en sus acciones. La división de las acciones humanas en internas y externas carece de sentido. Cada vez convienicen menos los razionamientos y las aplicaciones concretas de Grócio, Pufendorf, Tomasio, Kant y Fichte. La acción es el modo de ser de un sujeto. Es su contenido, objetivo y subjetivo, en cuanto que tiene su principio en el mismo sujeto." Mário Júlio de Almeida e Costa, "Debate jurídico e solução Pombalina", *Boletim da Faculdade de* Direito *da Universidade de Coimbra*, VIII, 1982, pág. 15: "quanto aos problemas da filosofia jurídica e política, o Iluminismo definiu novas posições teoréticas. Uma vincada concepção individualista-liberal fundamenta a sua compreensão do Direito e do Estado. Na base, colocam-se os direitos 'originários' e 'naturais' do indivíduo. Afinal de contas, tiram-se manifestas ilações do espírito individualista que se desenvolvera desde o Renascimento e que as mais recentes concepções jus naturalistas tinham acentuado."

[15] Paul Hazard, *O Pensamento Europeu no séc. XVIII*, tradução portuguesa, Lisboa, Presença, 1989, págs. 111 e 112: "(...) a religião devia tornar-se natural. Natural porque, então, seria unicamente a emanação da natureza; e ainda porque seguiria o instinto que a natureza deposita em nós, permitindo-nos distinguir o verdadeiro do falso, o bem do mal; e também porque, em vez de nos fazer considerar esta vida mortal como uma provação, antes obedeceria à lei da natureza que tende, sem quaisquer provações, à nossa felicidade. (...) manter-se-ia um Deus, mas tão longínquo, tão diluído e pálido, que não poderia já estorvar com a sua presença a cidade dos homens, perturbá-la com a sua ira, ofuscá-la com a sua glória." Os teóricos da Segunda Escolástica não são aqui ponderados enquanto pensadores políticos e das Ideias Políticas, sendo alvo de estudo autónomo.

[16] Georges Burdeau, *O Liberalismo*, tradução portuguesa, 1979, pág. 28: "A partir do séc. XVII, as relações que o crente mantinha com o seu Criador começaram a afrouxar. É claro que a submissão à vontade divina continuava a ser a regra suprema, mas Deus tornava-se mais longínquo, mais distante, tornava-se necessário descobrir numa voz mais próxima a formulação dos seus mandamentos. Esta voz era a voz da natureza. Era por meio dela, pensava-se, que Deus escolhera fazer-se ouvir aos homens. Por conseguinte, o conhecimento das leis da natureza era o caminho que conduzia à descoberta da vontade divina."

católicos e o dos protestantes, argui a Reforma e a Contra-Reforma, increpa S. Tomás e Lutero. Em qualquer caso o problema era o mesmo: todos acreditavam numa religião revelada.

O que aqui estava em causa não era, sequer, um problema de Liberdade de consciência. Neste caso, era o próprio problema da Fé religiosa que estava em debate; não o Deus católico ou protestante; mas o Deus dos cristãos questionado pelos cristãos.

Todos – ou ao menos muitos – destes novos profetas invectivavam a religião revelada. Esse o grande problema e esse o pomo de discórdia. Invocava-se que a Revelação pertence à ordem dos milagres e a Razão em nada se pode com isso confundir. Se a Revelação é incapaz de superar o crivo da Razão, então ela será tudo menos de ordem racional, nem sequer resistindo a uma metafísica bem elaborada. A religião não passa de superstição e deve ser, pura e simplesmente, eliminada.

Era isto que diziam alguns dos corifeus da "Nova Moda"[17]. A ideia de separação de jurisdições entre as duas entidades Estado e Igreja, o primeiro político e a segunda religiosa, ganha fulgor nas lutas desse século Iluminado, havendo em definitivo contribuído para o nascimento do espírito laico Moderno, mesmo descontando algumas tendências abusivamente regalistas dos déspotas iluminados.

Por isso a tolerância[18] passa a estar na ordem do dia.

O caso português não serve de exemplo, pelas razões conhecidas (os intolerantes eram os virtuosos e os puros, os defensores da integridade moral[19] e da eticidade individual em si mesma considerada); mas, no estrangeiro, sem dúvida que isto se passa.

---

[17] Provavelmente esquecendo as questões de conteúdo para se ligarem às da forma. Confundiram a prática das Inquisições com os ditames dos Evangelhos e as tendências usurpadoras de Roma em vários domínios da actividade temporal, com a sociedade autónoma de crentes que não deve imiscuir-se em questões de Estado. Mas para a época o raciocínio estava correcto.

[18] O valor fundamental da tolerância surge aqui com toda a sua pujança e, como diria Guido Kisch, "Tolérance et Droit. Les grands lignes d´un problème", *Individu et Société dans la Renaissance. Colloque international tenu en Avril 1965 sous les auspices de la Fédération International des Instituts et Sociétés pour l'Étude de la Renaissance et du Ministère de l'Éducation Nationale et de la Culture de Belgique*, Presses Universitaires de Bruxelles, 1965, pág. 151: "L'histoire de tous les peuples montre que la tolérance représente un problème fondamental de la communauté humaine et de l'existence personnelle de chacun en particulier. Suivant la loi de polarité qui gouverne l'immense règne ordonné des êtres vivants, on trouve en face d'elle, toujours et partout dans l'histoire, l'intolérance. On peut même affirmer que ce n'est que par opposition à l'intolérance que la tolérance devient une acquisition consciente et une force agissante dans l'histoire. Sa réalisation est le résultat d'une lutte prolongée, qui n'a pu s'imposer qu'à grande peine contre des idées fortement enracinées."

[19] Simone Goyard-Fabre, *Philosophie Politique (XVI-XX ème Siécles)*, Paris, PUF, s. d., págs. 164 e 165: "(...) le développement de l'anthropologie profitait d'*une certaine déchristianisation du monde*. Dès le milieu du XVIIème siècle, la libre pensée, née en Angleterre, attestait l'affaiblissement de l'énergie religieuse. Certes, la littérature apologétique avait encore quelque vigueur au début du XVIII ème siècle; les débats sur le libre-arbitre ou la prédestination, sur la raison et la foi, sur la Providence ou la fatalité étaient loin d'être clos; le jansénisme, le piétisme, le molinisme, le socinianisme, le millénarisme ... trouvaient des échos favorables; l'exégèse biblique n'en finissait pas de commenter l'*Ecriture*; la théologie avait ses adeptes fervents: Maimbourg, François Lamy, Bossuet ...; *Les Mémoires de Trévoux* montaient la garde (...) Les 'idées anglaises', l'esprit de tolérance et le 'christianisme raisonnable' tels que Locke les avait présentés à l'heure de la *Glorious Revolution*, le déisme de Collins et de Toland, l'influence de Newton et de Pierre Coste dans les milieux savants, le souffle des philosophies de Samuel Clarke, de Berkeley et de Shaftesbury et bientôt, après celle de Locke, de Hume, la verve caustique d'Addison, de Pope, de Swift, du médecin Arbuthnot (...) n'étaient point étrangers au changement qui était en train de s'opérer."

A tolerância religiosa não comporta qualquer paixão anticristã e foi precisamente esta a interpretação cometida em Portugal nessa fase[20], constituindo-se como o responsável pelo que, num significante de origem recente, se convencionou chamar "o atraso mental estruturante português"[21].

Seguindo modelos mais radicais, como os franceses, ou mais moderados como acontecia no tempo de Frederico II da Prússia, de José II da Áustria ou de Catarina da Rússia[22], o centro das atenções do séc. XVIII passará a ser, nas interrogações acerca da Liberdade individual, sempre o mesmo: o combate à teocracia medieval.

3. Pontos de doutrina e Liberdade dos povos (?): o Direito Natural, o contrato social e a soberania

A interpretação moderna que se debruça sobre a temática da criação e organização das comunidades políticas, bem como dos vários planos em que ela se desdobra, ressalta, desde logo, a omnipresença de três realidades indissociáveis: o Direito Natural, o pacto social e a soberania.

Conjunto normativo ideal e inultrapassável na marcação dos parâmetros mediante os quais a estruturação das sociedades humanas deve assentar, o Direito Natural Moderno lança as bases indispensáveis para a manifestação do valor e da Liberdade dos indivíduos e dos povos. Depois, da Liberdade política de ambos, pela intervenção directa e imediata que têm na formação, desenvolvimento e decisão nas comunidades de que são membros, no seio das quais os seus direitos devem ser especificamente acautelados.

---

[20] Tal raciocínio continuou a ser inaplicável a Portugal com a vertente fundamentação em fase posterior.

[21] Rui Manuel de Figueiredo Marcos, *A Legislação Pombalina*, Dissertação para o exame de Mestrado em Ciências Jurídico-Históricas na Faculdade de Direito da Universidade de Coimbra, Coimbra, 1990, pág. 9: "Portugal, no dealbar de setecentos, havia perdido de vista a Europa. As novidades literárias e científicas chegavam já amarelecidas. Tudo o que, além Pirinéus, tendo esgotado a sua luminária viçosa, se preparava para honradamente entrar no glorioso álbum de recordações histórico-científicas, literárias e filosóficas, na Península, inaugurava com esplendor, um cortejo novo, mas cujos figurantes trajavam à antiga." Na verdade, "os motivos de orgulho português", comparativamente com os seus congéneres europeus, eram uma autêntica raridade no dealbar do séc. XVIII. O orgulho inglês em Locke, o ufano cartesianismo francês, o "milagre holandês" que foi Grócio ou os tributos germânicos a Pufendorf e a Leibnitz.

[22] Sobre a actividade destes e outros déspotas esclarecidos e sua distinção quanto à tirania, Simone Goyard-Fabre, "L'Imposture du despotisme dit 'éclairé'", *Chaiers de Philosophie politique et juridique. Actes du Colloque La Tyrannide*, Mai, 1984, Caen, Centre de Publications de l'Université de Caen, págs. 158 e ss.: "Tandis que certains des princes-philosophes ne dédaignent pas de confier par écrit l'idéologie que commande leur entreprise, d'autres s'attachent exclusivement à leur oeuvre institutionnelle. Mais ceux deux styles ont la même finalité: construire d'heureuses perspectives de liberté, de culture, de prospérité. Aux structures rationnelles de la politique des Lumières, qu'ils disent mettre an oeuvre, corresponde une volonté de bonheur." E, um pouco mais à frente, remata: "Bref, les despotes sonte des héros: les Titans de l'histoire." Do seu trabalho pode concluir-se com facilidade que nem tudo o que parece, é, quer no plano da actividade dos déspotas esclarecidos no campo da Liberdade individual, quer na projecção das suas ideias ao nível da Liberdade dos povos. Às ideias de progresso correspondem as de resistência e isso implica que o despotismo esclarecido, podendo ter virtualidades teóricas, é o mais anacrónico dos sistemas no plano dos factos. Quanto a Rui Manuel de Figueiredo Marcos, *A Legislação Pombalina*, págs. 29 e ss., entende que "através do Iluminismo, afirmou-se a ideia de tolerância, em matéria religiosa (...)", sendo certo que "nada melhor serviria o regalismo, no entendimento da Igreja, como *instrumentum regni*."

As diversas hipóteses de manifestação inicial do Poder que se revela indispensável no seio das mesmas para a sua estabilidade e manutenção, implicam uma posterior ponderação a respeito da propriedade originária desse Poder, que depois passa aos órgãos institucionais da sociedade política ou, como por norma se costuma apontar, do Estado.

Associam-se, pois ao Direito Natural, o contrato e a soberania, nos termos que ficaram patentes na Explicação de Conceitos.

Esta metodologia, cujos contornos são muito simplificados mas por isso mesmo sugestivos, admite demarcar os pontos essenciais em que no domínio da Liberdade dos povos, primeiro e da Liberdade política, depois do Individualismo, irá centrar-se o discurso[23]. A utilização do mesmo surge tanto em tese geral, como ao nível do tratamento dos vários pensadores em presença, sendo certo que nem todos os visados dão a mesma relevância à abordagem destes vários planos.[24]

Uma das vantagens inerentes ao modelo é a de privilegiar uma visão, moral e jurídica, em diálogo com a política[25]. A noção de lei natural conserva um conteúdo moral e os Modernos não reconduzem nem banalizam a ideia de contrato, presente na reflexão europeia pelo menos depois de Aristóteles, para quem a sociedade política supõe a adesão voluntária dos seus membros, porque o homem já trás, em si mesmo, a ideia de sociedade.

4. Individualismo e valor do indivíduo ou o Contratualismo Moderno

Desde que o indivíduo pode ser encarado em si mesmo, com as suas potencialidades específicas e inerentes em função duma racionalidade que não é coarctada na expansão por argumentos divinatórios e teológicos, a contraposição óbvia não pode deixar de se reflectir, em termos especulativos e éticos, no plano político da sociedade em que está inserido.

E se no campo Moral isso é indesmentível, a questão agora é averiguar a modelação que pode envolver estas duas realidades. Se a conclusão se inclinar à primazia do indivíduo face à sociedade[26], está-se no plano do Individualismo político. No sentido oposto perante valor do indivíduo.

---

[23] José Esteves Pereira, "Genealogia de Correntes de Pensamento do Antigo Regime ao Liberalismo. Perspectivas de Síntese", *Do Antigo Regime ao Liberalismo*, (Organização Fernando Marques da Costa, Francisco Contente Domingues e Nuno Gonçalo Monteiro), Lisboa, 1989, págs. 47 e ss., aponta um esquema de trabalho alternativo que mais amplo que o proposto em que se debruça sobre planos discursivos a que a investigação não se dedica, tendo em conta os objectivos expressos. Pode, porém, ser uma alternativa válida para Estudo cujo enquadramento seja mais amplo que o vertentemente apresentado.

[24] Tenham-se em atenção as prevenções já estabelecidas quanto ao valor e "actualidade" na interpretação do Pensamento dos Autores.

[25] Jean Bodin, *Les Six Livres de la République*, Paris, Fayard, 1986, segundo a Edição de Lyon, 1593, pág. 112, no que respeita à ligação entre soberania e leis da natureza. Para Bodin elas apenas fundam a soberania num qualquer Direito da guerra e não em qualquer possibilidade de Liberdade natural, de contrato ou de consentimento dele resultante por parte dos obrigados.

[26] Ângela Barreto Xavier e António Manuel Hespanha, "A Representação da Sociedade e do Poder", *História de Portugal* (direcção de José Mattoso), IV, Lisboa, Círculo de Leitores, 1993, pág. 125, defendem que esta questão não é mais que o agudizar a da querela dos universais. Escrevem, que "a genealogia mais directa do paradigma individualista deve buscar-se na escolástica franciscana quatrocentista. (...). É com ela – e com uma célebre querela filosófica, a questão 'dos universais' – que se põe em dúvida se não é legítimo, na compreensão da sociedade, partir do indivíduo e não dos grupos." Na prática o que isto significará é a interpretação do indivíduo sob forma abstracta e que dará origem

A centralização do Poder estadual[27], que se plasma numa soberania absoluta, ou participante do despotismo ilustrado deslocando os Poderes da comunidade e a sua Liberdade pela introdução do dogma absolutista, funciona como complemento indispensável para a completa subalternização do papel inicial atribuído ao cidadão.

Daí a discordância com quem acaba por considerar que o Individualismo existe pelo simples facto de se assinalar o Contratualismo social[28]. Primeiro porque, salvo no caso inglês que aqui só pode ser tomado pela via excepcional da versão histórica do "contrato", a passagem ao Contratualismo político[29] é irrelevante, pela inadequada responsabilização e intervenção que confere ao Ser humano no tecido comunitário.

Depois, devido à temática do valor do indivíduo[30].

4.1. Súmula da equação contratualistica: Contratualismo Medieval-Renascentista e Contratualismo Moderno ou o pacto social

Nota de destaque a observação de existirem situações estudadas no plano das Ideias Políticas, em que a ideia de Contratualismo Moderno não está presente na sua versão mais acabada. De facto, e porque se defende que o estado de natureza por ser ficção não deverá ser considerado, mas entende que existe uma organização prévia à sociedade política da qual os homens decidiram sair, opta-se por não criar nada de novo, formalizando o que já existe. Há uma relação prévia entre os homens que decidiram formalizá-la; trata-se de um dado adquirido a que alguns designam, inclusivamente por pacto social, mas em bom rigor não é. Para haver pacto tem de existir algo de novo, o que não sucede.

à consagração dos direitos individuais nas Declarações de Direitos de finais do séc. XVIII, pondo ao mesmo tempo em contraponto o sistema do homem concreto, histórico, padronizado pelos ingleses. Para os defensores dos direitos abstractos, o que importa "é o homem", para os defensores da visão histórica o que interessa "são os homens."

[27] Alain Renaut, *Histoire de la Philosophie Politique,* Paris, Calmann-Lévy, 1999, III, pág. 67: "(...) de ce point de vue [une raison parfois inquiète, attentive aux phénomènes et soucieuse de s'incarner].

[28] As referências são múltiplas. Por todas, uma, em que o supracitado pecadilho está presente. Trata-se de Knud Haakonssen, *Grotius, Pufendorf and Modern Natural Law,* Ashgate, Aldershot, Brookfield USA, Singapore, Sydney, 1999, "Introduction", pág. XIII: "(...) natural law has generally been seen as a cornerstone in the European Enlightenment as a whole on account of its emphasis on individualism in Morals and politics. This individualism has been found particularly in the idea of rights and the theory of contract as the basis for social and political institutions."

[29] Por Contratualismo político entendem-se as relações políticas e sociais associadas à ideia de justiça e, nomeadamente, os poderes legítimos do Estado, os direitos e deveres políticos dos cidadãos, os direitos de propriedade e sua repartição, bem como a estrutura das relações económicas. São as questões de que Locke, Rousseau, Kant e outros se ocuparam e que se identificam com a real e verdadeira concepção de Individualismo saída da Revolução Francesa e dos Poderes do indivíduo face à sociedade a que deu origem e não só pode, como deve, comandar.

[30] O melhor resumo que corresponde integralmente ao que se defende na vertente investigação, encontra-se em Zília Maria Osório de Castro, "Constitucionalismo Vintista", separata de *Cultura – História e Filosofia,* V, Lisboa, Centro de Cultura da Universidade Nova de Lisboa, 1986, págs. 4 e 5: "O magistério jusnaturalista trouxe consigo, de facto, a perspectiva atomista da sociedade e, tendencialmente, o monismo estatal. O Corpo Social, considerado como um agregado de indivíduos livres e iguais, era em si mesmo, como entidade livre, o detentor (potencial ou real) do Poder soberano; isto é, a soberania explicava-se na e pela existência da sociedade. Por isso, embora os circunstancialismos históricos tivessem "obrigado" à inflexão da doutrina no sentido da fundamentação do Absolutismo e, portanto, de um certo dualismo, certo é que só o monismo era consequente com os princípios enunciados: à sociedade, origem e detentora do Poder, caberia também o exercício desse mesmo Poder."

Uma possibilidade de resolver a questão será pela via do eclectismo social, para a distinguir das outras correntes que nesta área se posicionam, mas cuja confusão não é permitida.

No quadro das preocupações inerentes à investigação, o ponto é sobretudo importante porque permite activar a temática da História das Ideias Políticas, uma vez que sendo confrontados com as três interrogações fundamentais que se colocam[31], haverá que optar decidir por alguma moderação sensata.

Isto é, nem se descarta a necessidade duma reflexão empírica e especulativa que tem por fundo um quadro antropológico e, em certo sentido, de Filosofia da História nem, ao contrário, se promove por si só, a via do labor estático da circulação de um Pensamento individualizado.

Acima de tudo, interessava saber qual o fim a que tendia o Poder no momento da constituição geracional do Estado. Ou se transfere a totalidade do Poder que antes os indivíduos detinham e agora passa ao Estado, ou se mantém uma parcela residual desse Poder nas mãos dos indivíduos, que implica limites a esse Poder estadual e em último caso podem ser recuperados pelo indivíduos. Portanto, ou se segue mais pela via do jusracionalismo de primeira geração, simbolizada em Pufendorf, ou se enverada pela tese de Vattel, entre outros, como a seu tempo melhor se verá.

A questão do Direito Natural e do Direito Positivo ganha aqui especial acuidade.

A orientação global acaba por ser sempre a mesma: de uma parte, o cada vez maior interrelacionamento entre Direito Natural e Direito Positivo, com conformações distintas e planos de acção bem determinados – Moral ou Política – e onde a estreita colaboração implica moderadamente a necessidade de escolha e da valorização do primeiro, como quadro fundamental para a elaboração do segundo, ambos racionalmente compreendidos. Doutra parte, a insistência na autonomia da ética da Razão perante a tradição jurídica anterior, ideia que se prolongará até muito depois da Revolução Francesa, plasmadas nos trabalhos de pensadores e juristas que enformaram cerebralmente a pertinência da mesma e cuja proveniência era comum às diversas partes da Europa[32].

Em traços muito gerais, este o pano de fundo, que pode ser explicitado numa única frase: um debate político sobre a origem e a natureza do Poder soberano; um debate religioso sobre a predestinação e a Liberdade; um debate antropológico sobre a vontade, o prazer e o bem. Ou, então, comparativamente com o que se passara na Antiguidade, em que a interrogação fundamental tinha como significante averiguar qual o melhor

---

[31] As citadas interrogações serão, basicamente três: porque tem o homem de viver em sociedade, sendo certo que no estado de natureza é livre e no de sociedade perde uma parcela dessa Liberdade; qual o tipo de convivência que antecede e sucede à constituição da sociedade, isto é, de paz ou de guerra e, finalmente, o que permite justificar comportamentos psicológicos num ou noutro sentido.

[32] Jean Terrel, *Les Théories du Pacte Social. Droit Naturel, Souveraineté et Contrat de Bodin à Rousseau*, Paris, Éditions du Seuil, 2001, pág. 28: "Pour apprécier le sens exacte de l'hypothèse de Grotius [la théorie du contrat social aurait été introduit pour remplacer le droit divin par le droit naturel et pour fournir ainsi à l'État un fondement purement profane] et déterminer en quoi il a réellement innové en matière de droit naturel, il convient d'examiner successivement les divers critères qui peuvent autoriser à parler de droit naturel moderne: une nouvelle façon de comprendre la distinction entre le droit naturel et le droit institué (le droit naturel devenait universel, immuable et extérieur aux diverses cités), une nouvelle définition de la loi comme commandement d'une Autorité supérieure à laquelle on est tenu préalablement d'obéir, la séparation entre le droit naturel et le droit divin révélé, l'idée que la loi naturelle vaut exclusivement pour l'homme (et non plus pour tous les êtres naturels) et enfin une définition minimaliste de ce qui est naturel dans le droit pour le sauver de la critique des nouveaux sceptiques."

regime político, enquanto hodiernamente se transmudava na questão da obediência política. Em associação, a separação de águas cada vez mais acentuada entre soluções reformistas e contra-reformistas que implicam a acutilância da opção entre necessidade e Liberdade, movidas num plano metafísico e, finalmente uma decisão eudemonística, mais ou menos eticamente assegurada.

Se quanto ao primeiro ponto haverá espaço para fazer averiguações, já para o segundo é viável avançar, abrindo aqui o necessário parêntesis sobre a matéria, para perceber que a querela se baseia sobretudo na discussão entre partidários de livre-arbítrio, da necessidade ou conciliadores da essência das motivações humanas.

Exemplificando é possível visualizar em Espinosa[33] que a necessidade está, e estará, sempre presente na atitude do homem. Daí o impedimento em se pronunciar com total Liberdade do querer, já que a escolha é independente da sua vontade, questão que passa do domínio meramente individual para o campo mais vasto da sociedade.

Finalmente, uma terceira via que pretende conciliar as duas anteriores, teve apenas um moderado impacto, numa época em que os campos extremados não admitiam com facilidade situações de compromisso[34], tendo descambado na chamada via do determinismo psicológico[35].

Neste caso tudo dependerá da consideração inicial das reais características que nos primórdios da espécie humana lhe assistiam. A solução aprontada em função das premissas aponta, geralmente, para situações de inflexibilidade doutrinária no plano político na relação entre soberano e súbdito, pela primazia da soberania absoluta do monarca. Ao invés, o optimismo dos teóricos do Contratualismo conduz a situações menos rígidas, ainda quando será preciso esperar pela Revolução Francesa para partir à descoberta do inesgotável debate teórico acerca da dignidade do "bom selvagem", antes mesmo da sociedade civil estar formada.

Assim, a ideia de que toda a lei se funda na Razão humana, descoberta pela tendência da vida em sociedade revelada pelo homem, ao aplicar-se ao ensino e estudo do Direito, implica um nítido retrocesso da hegemonia do Direito Romano.

Alvo de críticas profundas por parte da doutrina orgânica da época, é adoptada a doutrina dos autores alemães da Escola do *Usus Modernus Pandectarum*, que aplica praticamente ao Direito a visão teorética da Escola Racionalista do Direito Natural e cujos mentores são de conhecimento geral e serão mencionados mais adiante quanto à temática vertente deste problema.

5. O Poder político: a origem divina e as convenções ou a questão da soberania

Atentando à temática do Consensualismo[36] e do Contratualismo, este nas diversas feições que assume, importará observar a divergência nos vários planos que se colocam entre as duas teses do Antigo Regime, em clara oposição no que respeita à visão

---

[33] Bento Espinosa, *Ética*, Paris, Vrin, 1977.
[34] O seu mais lídimo representante terá sido Leibnitz, que intentou a conciliação entre racionalismo e livre-arbítrio. Para desenvolvimento desta matéria, que não cabe aqui, Concha Roldán Panadero, no "Estudio Preliminar", *Escritos en torno a la Libertad, el Azar y el Destino*, de Gottfried Wilhem Leibnitz, pág. XLVIII; José Adelino Maltez, *Princípios de Ciência Política*, Prefácio de Adriano Moreira, Lisboa, ISCSP, 1996-1998, I, pág. 484.
[35] Paolo Valori, *Il Libero Arbitrio – di L'Uomo – La Libertà*, Milano, 1987, págs. 49 e ss.
[36] António Pedro Barbas Homem, "Introdução Histórica à Teoria da Lei – Época Moderna", págs. 68 e ss.; Idem, *A Lei da Liberdade*, I, págs. 24 e ss.

contratualística da sociedade. Por outras palavras, da forma como a ideia de Liberdade se plasmava num e outro caso, constituindo ou não fase preliminar para a instauração duma nova versão contratualística[37], essa já inerente ao Liberalismo.

Com tudo isto, nova interpretação a dar à ideia de Liberdade no plano político; com tudo isto, conjugado com o trabalho de desmontagem prosseguido pelos "ímpios" e os "incrédulos" no tocante à Liberdade de consciência e à tolerância religiosa, abre-se nova vaga reflexiva.

Todos são parte integrante de um universo, religando-se entre si por força da sua Razão plena que lhes confere o conhecimento a priori da Liberdade de que dispõem como entendem, mesmo limitando o seu pleno uso. A revolução que o jusracionalismo introduziu pela alteração estrutural na compreensão da origem do Poder, implicando uma fundamentação diversa do papel do Corpo Político, abalou todas as bases da consideração epistemológica do homem e da sociedade, apontando o caminho a que não conseguiram chegar, ao Liberalismo que desse voluntarismo retirou todas as consequências.

Organizada nestes moldes a sociedade, tem de haver um Poder soberano[38] que a oriente e evite quezílias.

O jusracionalismo a que se assiste em seguida, aprofundará as divergências, mas o cunho voluntarista da relação entre indivíduo e Estado não é, em qualquer caso, questionada, ainda quando os efeitos retirados da mesma nem sempre aportam soluções coincidentes.

---

[37] Pondera-se a teorização saída da Escola do Direito Natural e das Gentes, iniciada com Grócio. Os demais casos, não inseridos neste núcleo, devem ter e terão certamente ponderação autónoma, justificando as divergências entre o núcleo fundamental do Pensamento Moderno do Antigo Regime.

[38] Miguel Artola, *Antiguo Régimen y Révolution Liberal*, Barcelona-Caracas-México, 1979, págs. 123 e ss., para a distribuição de funções e modo de funcionamento das instituições espanholas – e logo portuguesas – do Antigo Regime. Segundo Joaquim Veríssimo Serrão, *A Historiografia Portuguesa*, Lisboa, Verbo, 1973, III, pág. 11, isto permitirá compreender na cultura francesa – e logo mediatamente na cultura europeia – "a passagem dos conceitos de 'sol' ao de 'luz'. Se o providencialismo representa o suporte mental do Absolutismo político, já o despotismo esclarecido surge como a expressão política e cultural da doutrina iluminista. O Poder soberano era exercido pelos monarcas que recebiam os raios do sol divino a projectar-se na terra." Veja-se Martim de Albuquerque, *Um percurso da construção ideológica do Estado. A recepção lipsiana em Portugal: estoicismo e prudência Política*, Lisboa, Quetzal Editores, 2002, pág. 17, ao considerar que na visão tradicional da génese do *Estado moderno* ou *absolutista* a emergência deste repousa, no prisma historiográfico, essencial e genericamente, sobre um de dois modelos explicativos ou de ambos à vez – o da *Razão de Estado* e o da *teoria da soberania*.

III

> "O liberalismo nasceu da libertação espiritual para a qual, a partir do séc. XVI, não houve movimento de ideias que não tenha contribuído em maior ou menor medida. Dos escombros do universo antigo surgiu uma figura de homem à qual a Liberdade que nele se descobria dava uma estatura inédita. Mas entre as correntes que tinham favorecido a emergência dessa figura de homem, não havia acordo quanto ao fundamento, ao sentido e à finalidade dessa Liberdade. O liberalismo aproveitou-se dessa falta de convergência para constituir em doutrina autónoma a interpretação da Liberdade."
>
> GEORGES BURDEAU, *O Liberalismo*, pág. 15

B – Os princípios do Liberalismo e o discurso da Liberdade do indivíduo e da sociedade

Complementando indicações dadas na "Explicação de Conceitos", o Individualismo será o toque a rebate do Poder absoluto, ferido de morte[39]. Mesmo as posteriores tentativas da sua incrementação levadas a prática pela Santa Aliança e a rebeldia de parte dos cidadãos de alguns Estados europeus aos ventos da mudança, mais não serão que sobressaltos de percurso. Uma nova origem da soberania, popular ou nacional, veiculada mediante Assembleias representativas de diversa feição das Cortes tradicionais e uma sentida necessidade de aproximação às monarquias limitadas, como a ancestral britânica de feição historicista, serão pedra de toque para esta nova fase.

Independentemente das várias posições relativas que a doutrina irá expender ao longo de todo este período, intenta-se aqui deixar claro um aspecto resultante da reflexão encetada a respeito dos vários pensadores, individualmente considerados.

Os países do Velho Continente vão compatibilizando de modo diverso as antigas tradições com as ideias novas para, nos primeiros decénios do séc. XIX, a sua História seguir trajectórias diversificadas. Registe-se a importância que reveste a reflexão, por esta altura iniciada, sobre os contributos do Mundo Antigo, num retomar ideias que haviam sido caras ao Renascimento e ao Humanismo mas cujas consequência agora são diversas, como diversos os pressupostos.

Discutem-se não os contributos filológicos e estéticos provenientes da Antiguidade, antes e com maior vigor, os modelos políticos de Esparta e Atenas, nos quais a força ético-política dum ordenamento republicano se fundia com a Igualdade e a riqueza. A "Liberdade dos Antigos" respaldava-se na virtude dos indivíduos e na ordem duma comunidade igualitária[40], enquanto a "Liberdade dos Modernos" obrigava à Liberdade

---

[39] Jean Terrel, pág. 149: "Le vent de la liberté souffle sur de XVIIIe siècle qu'encadrent deux révolutions: celle d'Angleterre que balaya les Stuarts de la scène politique, cela où la France abolit la monarchie et exécuta son roi (...)."

[40] Em sequência, há neste período uma clara assunção da ideia de cidadão, que mediante a sua Igualdade relacional, mantendo-se as atribuições próprias de cada um na sociedade civil, "interrelacionando-se", criam uma teia de costumes, iguais para todos, que poderá ser a melhor forma de conservar a sociedade. Veja-se J. M. Van der Vem, "Avant-prpos", *L'Égalité*, Cahiers de Philosophie Politique et Juridique, N.º 8, Centre de Publications de l'Université de Caen, 1985, págs. 10 e 11: "Car en parlant de *l'égalité*, on est obligé de parler de *la liberté*: les deux catégories sont enracinées dans la même terre de justice et de Morale; elle se complètent, se contredisent parfois et sont difficiles à harmoniser. Mais la liberté

de comércio, das trocas, Liberdade em presença do feudalismo e da tradição. Uma Liberdade que se era sobretudo pensada em termos económicos, a breve trecho e pelo impacto da Revolução Francesa se viria a transmudar num complexo projecto de Liberdade política[41], nos seus dois campos de acção ideais[42].

et l'égalité se réfèrent toutes deux au même aspect de l'homme, à sa *dignité*. Celle-ci exige en même temps que l'homme soit libre pour se déployer pleinement selon ses propres dispositions et tendances, mais elle n'exige pas moins, cette dignité, que tout homme soit considéré et traité selon la même valeur de la dignité humaine."

[41] Em termos teóricos é um dos temas mais complexos que existem. As definições ultrapassam as duas centenas, segundo foi possível apurar; por isso mesmo fica apenas anotada a questão, remetendo o seu desenvolvimento para alguns "clássicos" no tema e apontando alguma bibliografia, da inesgotável. Em Isaiah Berlin, *Quatro Ensaios Sobre a Liberdade*, tradução portuguesa, Brasília, 1981, pág. 32, percebe-se que faz coincidir as ideias de Liberdade positiva e de Liberdade institucional, afirmando logo em seguida que "a Liberdade positiva e a Liberdade negativa – no sentido em que uso ambas as expressões – não têm uma grande distância lógica entre si." A finalidade de se ser dirigido por si mesmo e não receber ordens dos outros, é evidência dos factos, porque a "minha" conduta é um valor "insubstituível", por ser "minha" e não imposição de outrém. O "eu" não pode ser, no entanto, socialmente omnipotente ou inteiramente auto-suficiente, porque não estou desligado do mundo; qualquer homem que procure livrar-se dos seus grilhões ou todo um povo que procure libertar-se da escravidão não precisa, conscientemente, ter como objectivo qualquer outro estado definitivo. Um homem não precisa de saber o que fará da sua Liberdade: o que ele deseja é apenas libertar-se do jugo. E, mais, refere que "a harmonia total com os outros é incompatível com a auto-identidade". Por seu turno, em Stanley I. Benn, *A Theory of Freedom*, Cambridge, *Cambridge* University Press, 1988, pág. 308, o que importa ser feito, muito mais na linha roussiana e kantiana de Pensamento, é estabelecer uma coerente linha de conexão entre a Liberdade como ausência de constrangimentos ou Liberdade negativa e Liberdade como obediência a uma lei "both Moral and positive, which we prescribe to ourselves, in contrast to obedience to the mere impulse of appetite". Registe-se a posição de Horacio Spector, *The Moral Foundations of Liberalism*, Oxford, Clarendon Press, 1992, págs. 1 e ss.: "classical liberalism is not committed to the thesis that all human rights are of a negative kind. I claim that the heart of liberalism is the thesis that each human being has negative rights that always or at least normally prevail over any other Moral considerations that are relevant in deciding on the treatment to be given him by gouvernment and his fellows' beings. So conceived, classical liberalism as logically compatible with the Moral standpoint that individuals have positive rights on a heirarchal lower level than that of the negative ones. The assertation that positive right or other Moral considerations lie on a level hierarchically lower than that as negative rights simply means that negative duties whose fulfilment is necessary to the respect as negative rights override in cases as conflict the duties deriving from positive rights as from other Moral considerations." Para outros desenvolvimentos, C. B. Macpherson, *Democratic Theory – Essays in retriviel*, Oxford University Press, Oxford, 1973; Rose-Marie Mossé-Bastide, *La Liberté*, Paris, PUF, 1974; Georges Gusdorf, *Signification Humaine de la Liberté*, Paris, 1962; J. de Finance (S. J.), *Essai sur l'agir humain*, Roma, 1962; Jose Maria Coronas Alonso, "Mitos Actuales", *Actas de la VII Reunión de Amigos de la Ciudad Católica, Celebrada en Barcelona, en el Instituto Filosofico La Balmesiana, los dias 1, 2 y 3 de Noviembre de 1968*, Speiro, 1969. Para os Autores portugueses, para além das Obras gerais e de alguns recentes trabalhos colectivos veja-se o clássico Silvestre Pinheiro Ferreira, *Cours de Droit Public Interne et Externe*, I, Paris, 1830.

[42] Georges de Lagarde, *Recherches sur l'Esprit Politique de la Réforme*, Paris, Éditions Auguste Picard, 1926, págs. 7 e 8. Deve, por outro lado assinalar-se o entendimento do Autor no sentido da compreensão cabal do espírito da Revolução Francesa partindo do pressuposto das realizações anteriormente propiciadas pela Reforma. A este respeito interroga-se sobre a projecção das ideias da Liberdade no plano da renovação do Pensamento cultural europeu, pois que "n'est-il pas reçu qu'elle a la première ouverte les esprits au souffle de la liberté? N'est-il pas évident qu'elle est le prologue moral et religieux du grand bouleversement du XVIII ème siècle?"

É possível afirmar que entre os séculos XVII e XVIII se assiste a um amplo movimento de degradação dos vectores essenciais que presidiam à conformação espacial veiculada pela economia, pela política, pela ética, pela religião, pela racionalidade.

Para além dos aspectos económicos, em que a pesquisa não incide, deve consagrar-se a supremacia evidente que as novas forças parecem querer impor a uma sociedade envelhecida. É sempre a afirmação do indivíduo que está na ordem do dia, originando um movimento inovador duma racionalidade presente ao relacionamento intelectual, que se funda sobre um utilitarismo avesso a quaisquer veias contemplativas gratuitas, e uma metafísica que urge afastar.

O confronto entre "duas racionalidades" – divina e humana –, de que o Liberalismo recolhe do Iluminismo a confrontação e desenvolve, continua a ser sufragado pelos países de tradição católica mas tem de pagar o seu tributo a uma nova formulação metodológica que, se discute, não pode deixar de verificar como evidência dos factos. A Ética afirma o homem face ao Criador, valoriza o utilitarismo e o pragmatismo temporal e económico, destacando a libertação da vontade de forças consideradas anacrónicas e que se plasmam em correntes sociais, económicas e políticas cuja tecitura integral regista oposição face aos valores ancestrais.

Quanto às alterações sob o ponto de vista religioso apelam à superioridade do profano sobre o sagrado. A ideia força seria, a partir de agora, a de um uso público da Razão ao invés de um uso privado da religião, provindo-se uma tolerância religiosa que é o substrato da Liberdade de consciência e assente em bases de Liberdade civil, vista não como usurpação dos dogmas da Providência mas como correcta aplicação dos ensinamentos do cristianismo[43] e em que a jurisdição religiosa ficava impedida de conduzir as consciências humanas para além dos limites da catequização que eram seu atributo.

A possibilidade de cada qual se determinar internamente em função da sua própria Fé e o impedimento de por isso vir a ser sancionado teriam de coexistir com a Liberdade de pensamento e sua divulgação escrita ou verbal, objecto último da sã conservação das sociedades políticas[44], eram o mote do sentir do Liberalismo[45].

---

[43] António Cabreira, *Analise da Revolução de 1820*, Coimbra, 1921, pág. 9: "Todos os direitos do Homem proclamados pela Revolução Francesa já haviam sido substancialmente doutrinados por Cristo. A diferença era só de significado Moral."

[44] Michel Péronnet, "Les Censures de la Sorbonne au XVIII ème siècle: base doctrinale pour le clergé de France", *Les Résistances à la Révolution*, Actes du Colloque de Rennes (17-21 Septembre 1985), (direcção François Lebrun et Roger Dupuy), Rennes, Editions Imago, 1985, pág. 31: "En 1777, la conviction de l'existence d'une idéologie totalement hostile à la religion catholique est solidement ancrée, tant parmi les théologiens que parmi les évêques. Tous sont persuadés qu'une 'secte' clandestine – mais de moins en moins – sape les fondements de la religion catholique. Tous sont indignés, scandalisés, choqués par les propositions avancées par la 'nouvelle philosophie'. Tous la combattent avec conviction et acharnement. Le problème historique posé par cette situation apparaît nettement. L'institution ecclésiastique hierarchisée est mobilisée contre la nouvelle philosophie dont elle définit les buts comme les moyens, à laquelle elle oppose la saine doctrine, c'est-à-dire la théologie catholique, et contre laquelle elle demande une répression par les pouvoirs publics."

[45] Neftzer, *Œuvres d'A. Neftzer*, Paris, 1886, págs. 113-136, apresenta uma das melhores definições de liberalismo, em que todos os pontos são tocados: "Le libéralisme est la conscience que l'homme libre a de ses droits, mais aussi de ces devoirs; il est le respect et la pratique de la liberté; il est la tolérance et la libre expansion. 'Vivre et laisser vivre', telle pourrait être sa devise, mais à la condition de n'y attacher aucune idée de scepticisme ni d'indifférence, car le libéralisme a une foi, la foi du progrès, la conviction que la liberté est bonne et qu'elle tend au bien, que la vérité se dégage de la discussion, et qu'perfectionnement indéfini est le mouvement naturel à l'humanité." Registe-se a observação de

1. As "ideias" do liberalismo: mentalidade, ideologia, sociologia

Algumas palavras que completam a Explicação de Conceitos neste domínio.

Na passagem ao Individualismo[46], impôs-se uma nova ordem social do ponto de vista dos Pensamentos político e jurídico.

Tanto faz com que Georges Burdeau[47] escreva que "o Liberalismo é simultaneamente uma teoria, uma doutrina, um programa, e uma prática. E também, e mais fundamentalmente ainda, uma atitude, isto é, uma predisposição do espírito para encarar numa certa perspectiva os problemas postos ao homem pela organização da vida em sociedade." Para todos os efeitos, "a verdade é que, indefectivelmente ligado à ideia de Liberdade, o Liberalismo é tão antigo como o combate em que o homem se empenhou para que ela lhe seja reconhecida." Mas é simultaneamente verdade insofismável que "il est possible de défenir en peu de mots ce que furent l'object et la visée d'ensemble de la pensée libérale jusqu'à aujourd'hui: le gouvernement de la liberté, comme théorie et comme pratique. Ainsi se marque la préocupation politique, à travers laquelle le libéralisme a établi son lien premier avec la philosophie"[48].

Dito por outras palavras e atendendo a uma tripla manifestação a que hodiernamente faz sentido apelar, o Liberalismo poderá ser uma *weltansshauung*, enquanto mentalidade ou atitude racional, visão do mundo que privilegia os fenómenos individuais, privados, seculares e históricos, em oposição a regras universais, colectivas e transcendentais, apresentando como princípio fundamental "la liberté de l'individu, dans tous les domaines, spirituel, politique et économique"[49].

Mas pode de igual modo visualizar-se, para este entendimento, enquanto filosofia, enquanto sistema que inculca, mais que qualquer outra coisa, "un système qui préconise avant tout comme principe et comme moyen d'épanouissement de l'individu, la liberté, et qui offre comme programme de toute organisation sociale, l'usage de cette liberté"[50].

Madame de Staël, *De l'Allemagne*, apud Pedro Calmon, *História das Ideias Políticas*, São Paulo, Livraria Freitas Bastos, 1952, pág. 200: "o século XVII preocupara-se com a Liberdade moral; o séc. XVIII irá ocupar-se da Liberdade política."

[46] Claude Bruaire, *La Raison Politique*, Paris, Fayard, 1974, pág. 64: "Une action révolutionnaire est violence contre la violence où s'est nié un pouvoir politique. L'oppression politique ne se manifeste pas premièrement par la misère, mais par la servitude. (...). Pour que la violence révolutionnaire soit légitime, quand le pouvoir dénaturé ne l'est plus, il faut donc que l'injustice sois à la fois démesurée, quand trop de force est employée comme violence, et d'abord manifeste dans la suppression de la liberté personnelle. En revanche, est illégitime, violence contre le pouvoir que s'efforce à la justice, tout action révolutionnaire que répudie, sous prétexte de son formalisme, la liberté fondamentale, personnelle, des citoyens."

[47] Georges Burdeau, *Le libéralisme*, "Introdução", pág. 9. O Pensamento liberal da Liberdade é inseparável da ideia de sujeição ao individual, que passa a ser a sua crença laica depois da separação das teias duma crença divina. Isso se nota na Filosofia jurídica e política da generalidade dos Autores, que o encaram segundo a fórmula de Pensamento de opinião.

[48] Lucien Jaume, *La liberté et la loi. Les origines philosophiques du libéralisme*, Paris, Fayard, 2000, pág. 9. Isto justifica também as prevenções feitas acerca da posição que assumimos em relação ao tipo de investigação a fazer. Ou seja, a interligação entre o campo mais vasto, o Pensamento político, com as suas explicitações em particular e, nomeadamente, ao nível da História das Ideias Políticas.

[49] *Encyclopédye Internationale Focus*, Bordas, Paris, 1964, III, pág. 1985.

[50] P. Steven, *Élements de Morale sociale*, Desclée et Cie, Tournai, 1954, pág. 50.

Parece, pois, não restarem dúvidas que o princípio fundamental de todo o Estado de Direito[51] é puramente formal, traduzindo-se pelo *pacta sunt servanda* do Direito Privado: os contratos ligam aqueles que os celebram. Transpondo isto para o terreno que nos ocupa, a especificidade da teoria contratualista do Poder, é que ela coloca toda a autoridade política na conclusão de um pacto, celebrado entre iguais no estado de natureza.

Uma terceira aproximação, cujos desenvolvimentos, tal como os anteriores, serão objecto de renovada afirmação a desenvolver em sequência, prende-se com uma forma de "sociologia" do Poder, que acentua o carácter da representatividade, o nascimento do capitalismo na sua forma moderna, a Liberdade de pensamento e de imprensa, o Individualismo que ultrapassa o valor do indivíduo, o nacionalismo e o anti-clericalismo, que é o resultado acabado das tendências regalistas dos últimos tempos do despotismo ilustrado[52].

Em síntese[53] e basicamente, as grandes premissas ligam-se à possibilidade – à Liberdade – de cada um poder gozar a sua vida da forma que melhor lhe parecer[54], sem intromissões externas. É a liberdade negativa ou formal de que Kant também falava.

Contudo, se bem que a generalidade dos liberais insista na Liberdade, também reconhecem que há limites que devem ser impostos, no sentido de não prejudicar a Liberdade dos outros. Esta visão implica uma adesão tão grande à soberania interna dos direitos do indivíduo[55], que qualquer coacção vinda do exterior é vista com desconfiança.

Tal suspeita inclui a predominância dos Governos sobre os indivíduos, bem como qualquer tirania da maioria, numa clara alusão aos perigos da Democracia. Por isso e em termos sumários é possível afirmar que a importância do Pensamento liberal veicula-se em especial pela consciência de ele traduz aspirações renovadas duma sociedade, produto

---

[51] Lucien Bély, *Les Relations Internationales en Europe (XVII ème- XVIII ème siècles)*, Paris, PUF, 1992, pág. 607: "La fin du XVIII ème siècle vit l'émergence d'une nouvelle réalité: la 'nation' en armes. Le mot nation existait, par exemple dans l'Université, mais il se confondait presque avec la notion de province. Après le soulèvement américain contre le roi d'Angleterre, et surtout après la naissance des Etats-Unis, une collectivité, à l'échelle d'un grand pays – et non plus d'une ville comme pour les républiques anciennes –, affirmait son identité et s'organisait en toute indépendance. Elle ne se reconnaissait plus dans le monarque, avec lequel elle avait rompu. L'affirmation de la nation passa souvent par les révolutions."

[52] André Vachet, *L'Idéologie Libérale (L'Individu et sa Propriété)*, Pud'Ottawa, 1988, págs. 21 e ss.

[53] Paul Hazard, *La Pensée Européenne au XVIII ème Siècle. De Montesquieu a Lessing*, Paris, 1946, I, pág. 244: "On serait libre de penser, suivant sa raison, et d'exprimer sa pensée, par parole et par l'écrit; libre de choisir sa religion, suivant sa conscience, catholiques, protestants, bouddhistes ou musulmans si l'on voulait. On serait libre de sa personne, les juges se feraient point de différence entre les coupables, qu'ils fussent nobles ou roturiers, riches ou pauvres; les mêmes garanties défendraient partout la dignité de l'homme. On serait libre de ses mouvements, on resterait dans son pays, on en franchirait les frontières sans empêchements et sans entraves. Liberté de la navigation, du commerce, de l'industrie. Toutes ces libertés se fondaient et s'harmonisaient en une seule image, celle de l'État libéral."

[54] E. Mireaux, *Philosophie du libéralisme*, Paris, Flammarion, 1950, pág. 338: "Le libéralisme est fondé essentiellement sur la notion de personne, être Moral et Social – c'est tout un – pour qui l'obéissance à l'obligation du droit représente normalement la manifestation peut-être la plus typique de la volonté libre."

[55] André Vachet, pág. 19: "Cette philosophie repose sur la croyance inconditionnée dans les droits que l'individu tient se son humanité." E, citando, W. N. Mediicott, *Liberalism*, escreve "Croire au droite de la liberté individuelle est le fondement de tout libéralisme: l'individu a certains droits inaliénables qu'il possède du simples fait qu'il soit un être humain."

de transformações políticas, rejeitando a ancestral organização autoritária e tudo o que na sociedade moderna possa entravar a Liberdade dos homens[56].

Acima de tudo, "a Liberdade está no homem. É inerente à sua natureza. (...)" Há uma "vocação inscrita em todo o homem de assumir, pela Liberdade que nele existe, a responsabilidade do seu destino"[57]; por isso "a Liberdade não foi criada; a Liberdade existe"[58].

2. Tendências liberais: naturalismo, Individualismo, racionalismo

As teorias liberais[59] – porque à semelhança do Absolutismo não há "um Liberalismo" – abrangem várias tendências[60]. Vão desde as utopias filosóficas, que não mantêm contacto aparente com a realidade e parecem desprovidas de aplicação prática, até aos ideais concretos dos reformadores, que buscam remediar certos males ou realizar uma determinada reconstrução social.

Neste último caso, ainda apresentam variantes. Assim, tanto podem preconizar a simples reforma da actividade governativa, como empenhar-se na criação de novos sistemas políticos. De certo modo, podem classificar-se os primeiros como tradicionalistas históricos – para não os confundir com os "genuínos" tradicionalistas – e revolucionários, porque apenas confiam aos processos da revolução as transformações requeridas[61].

Recuperando conceitos: o Pensamento da Revolução Francesa, o Pensamento da Contra-Revolução e o Pensamento do homem histórico e concreto inglês. O Pensamento histórico não é nem pode ser confundido com o anterior, porque é um Pensamento

---

[56] Claude Bruaire, pág. 14: "Le pouvoir politique ne peut alors être une force qui s'exerce sur la liberté, qui s'y applique immédiatement. Il est emploi d'une force à établir et à garantir les conditions *réelles* de la liberté de chacun dans une société. Son sens et sa fonction c'est de servir indirectement la liberté en lui donnant partout des *droits* effectifs. C'est donc d'assurer une *justice*."

[57] Georges Burdeau, *O Liberalismo*, "Introdução", pág. 9.

[58] Idem, *ibidem*, pág. 38.

[59] Guido de Ruggiero, *Storia del Liberalismo Europeo*, Milano, 3ª Edição, 1966, págs. 91 e ss., sob epígrafe "Le forme storiche del liberalismo", apresenta pelos menos quatro tipos distintos geograficamente: "Il liberalismo inglese, il liberalismo francese, il liberalimo tedesco, il liberalimo italiano."

[60] D. J. Manning, *Liberalism*, J. M. Dent & Sons, Ltd, London, Melbourne and Toronto, 1976, pág. 140, escreve que é ponto a rejeitar "which suggests that there are a number of different kinds of liberalism found in different periods and countries." Na verdade isto apenas leva a concluir a vitalidade do tema, uma vez que enquanto uns entendem não haver uma filosofia do Liberalismo, outros a defendem veementemente. Georges Burdeau, *O Liberalismo*, "Introdução", pág. 10, afirma mesmo que tomando em linha de consideração os vários objectos de incidência sobre que o Liberalismo se debruça, "há conflitos de Liberalismo." Lucien Jaume, *La liberté et la loi. Les origines philosophiques du libéralisme*, págs. 9 e 10, escreve: "La première modalité, fortement liée au contexte historique de la monarchie absolue, consistait à soustraire la société et le sujet politique individuel à la domination du souverain, ce qui conduit à l'idéal souvent formulé du 'règne des lois substitué au règne des hommes'. La deuxième modalité cherchait à concilier l'universalité caractéristique de la loi avec la réalité et le légitimité de la particularité (dans l'individu et dans la société). Quant à troisième modalité, généralement critique envers la puissance de la loi, elle vise à conférer la garde des droits (au pluriel) à un tiers pouvoir que est le Juge."

[61] Adeptos das teorias revolucionárias terão sido Locke e Rousseau, cujo Pensamento esteve subjacente às Revoluções Francesa e Americana, ainda que nem sempre seja pacífico este entendimento quanto ao genebrino. É evidente que aqui o sentido revolucionário em nada se relaciona com a vivência e a prática da Revolução Francesa, mas antes como um impulso para a alteração radical do "status". São revolucionárias porque atacaram o Direito Divino dos Reis e justificaram a revolução e a soberania popular ou nacional, não mais do que isso.

liberal[62]; mas é "contra-revolucionário" no sentido em que se opõe, "desautoriza" à ideia de revolução patrocinada pelos franceses[63]. Por isso as confusões são absolutamente proibidas. Quanto aos demais na História do Pensamento Político serviram, inclusivamente e num quadro de oposição ao Pensamento inglês – mas também ao da inovação de qualquer ordem que fosse – de suporte à autocracia política, seja ela de feição da Reforma ou da Contra-Reforma[64].

No diálogo entre o Conservadorismo e o jusnaturalismo liberal, no plano de teorias políticas concretas, há outros factores que podem intervir e ajudam a compreender melhor o seu campo de acção e "forma mentis".

Um dos temas em debate liga-se às interrogações que podem ser feitas ao poder da Razão humana[65], para compreender e controlar a sociedade.

E, como corolário lógico, o reforço dos poderes do Estado[66] agora sob uma configuração repartida[67], e a consagração dos direitos do homem. O Direito deve estar acima de toda e qualquer entidade, pública ou privada e esse Direito é obra das Assembleias

---

[62] Claude Bruaire, pág. 23: "Reconnaître ce principe élémentaire du politique, la neutralité du pouvoir au regard de la nature des relations sociales, signifierait un plaidoyer conservateur, trop naïf pour être complice, si la situation latérale du pouvoir était nécessairement une situation médiane, à égale distance des partenaires."

[63] Anthony Quinton, "Conservatism", *A Companion to Comtemporary Political Philosophy*, Oxford, 1993, págs. 244 e ss., aponta os três núcleos centrais do Conservadorismo. Ao caso podem apontar-se o tradicionalismo, "which supports continuity in politics, the maintenance of existing institutions and practises and is suspicious of change, particularly of large and sudden change, and above all of violent and systematic revolutionary charge." Outra hipótese é a do cepticismo, "the chief intellectual, rather than emotional, support for tradicionalism is a sceptical view about political knowledge." Finalmente, uma terceira possibilidade, derivada do cepticismo, consiste no organicismo, enquanto "the conception of human beings organically or internally related."

[64] É a ideia de contra-revolução no sentido a-temporal e transcendentalista, que também influenciou muitos dos nossos pensadores nacionais.

[65] Knud Haakonssen, *Grotius, Pufendorf and Modern Natural Law*, "Introduction", pág. XIII: "(...) therefore, that natural law has played a central role in the writing of the history of early modern philosophy and political thought. This great philosophical importance is further underlined by the fact that all conventionally 'major' Moral and political philosophers had to take a standpoint on natural law whether positively or negatively (...). Furthermore, natural law theory has figured prominently in discussion of both American and French revolutionary ideology, especially that concerning rights, as well as in American constitutional thought."

[66] Sobre o problema do Estado existem inúmeros textos, desde monografias, a artigos de revistas, nacionais e estrangeiras, que remontam à época em que ele começou a ser pensado de forma individualizada, como realidade autónoma face a outras entidades conexas. Por todos, veja-se José Adelino Maltez, *Ensaio Sobre o Problema do Estado*, I – "A Procura da república Maior" e II – "Da Razão de Estado ao Estado da Razão", Dissertação de Doutoramento em Ciências Sociais (Ciência Política), Lisboa, Academia Internacional de Cultura Portuguesa, 1991. Noutra perspectiva, de feição socialista como o próprio Autor assume, o antigo mas bastante útil, Raymond Gettel, *História das Ideias Políticas*, tradução portuguesa, Lisboa, 1936. Não sendo questão que importe desenvolver nos seus contornos teóricos e desenvolvimentos doutrinários, remete-se para os citados trabalhos, assim como outros como eles relacionados e que se encontram mencionados em bibliografia final.

[67] Há certos Autores que consideram o Estado como "o Corpo Político" enquanto outros não fazem a distinção na passagem do estado de natureza para o estado de sociedade e falam deste último como "o Corpo Político". Sendo obviamente tema do maior interesse as suas repercussões são sobretudo importantes no domínio da Liberdade da comunidade, dá-se por assente a distinção entre Estado e sociedade civil. Contudo, e porque se trata de analisar o Pensamento dos Autores e não é curial aviltar as suas próprias ideias, sempre que surgirem eventuais sobreposições na linguagem, adverte-se que

magnas, representativas da vontade dos cidadãos, sendo as mesmas insusceptíveis de se arrogarem qualquer autoridade absoluta. Acima de tudo, a soberania é da Nação; os seus representantes apenas são a boca que por ela fala.

Questão que merecerá a concordância da generalidade dos Autores deste período, pautada pela ultrapassagem da própria crise da consciência europeia para uma agitação intelectual que augurava as mutações da Revolução gaulesa e, seja pela via dos políticos ou dos juristas, a importância cada vez maior que o Direito irá assumir como espelho ideal do Ser humano, enquanto pessoa susceptível de firmar a sua autonomia.

Será o séc. XIX e época por excelência do Liberalismo, cujos contributos Setecentistas – e mesmo de finais de Seiscentos – nem podem nem devem ser esquecidos, avultando entre todos a patriarcal figura de Locke. Ao lado de nomes como o de Bentham, Benjamim Constant[68], essencialmente com os *Princípios de Política* e *O Curso de Política Constitucional* e a teoria do "juste-milieu", Guizot[69], com *O Governo Representativo*, *As Conspirações* e a *Justiça Política*, além de Tocqueville[70], a que se adiciona o importantíssimo papel de Sieyès, ou o de Kant, nomes inultrapassáveis para a temática da Liberdade.

Como complemento ao que fica mencionado na "Explicação de Conceitos", isto levará a concluir que o Liberalismo[71] pode ser definido duma outra forma, talvez menos habitual, mas do mesmo modo interessante, qual seja pela oposição que encontra noutras ideias que lhe são adversas: o Absolutismo, o Despotismo, a Autocracia, o Tradicionalismo e, mais próximas de do momento actual, os Totalitarismos de qualquer sinal.

Seja a Liberdade individual, (no plano da Liberdade de consciência como Liberdade de culto e que coincide positivamente com a tolerância religiosa), seja a correspectiva tolerância religiosa, um dos vários pontos de incidência da Liberdade civil (em que não haja coincidência entre Liberdade consciência e tolerância religiosa e, logo, no sentido negativo desta última), seja a Liberdade política ou a Liberdade económica, é da consagração da vitória sobre as bases fundantes do Antigo Regime que se trata de averiguar[72].

---

isso se liga não a opção em desprezar a distinção, antes no respeito que a visão pessoal dos pensadores nacionais reflecte a tal respeito.

[68] Benjamin Constant, *Collection Complète des Ouvrages*, Paris, 1819.

[69] François Guizot, *Histoire des Origines du Governement Representatif et des Institutions Politiques de L'Europe*, I e II, Paris, 1880; *Histoire de la Civilization en Europe*, présenté par Pierre Ronsanvallon, Hachette, 1985.

[70] Alexis de Tocqueville, *L'Ancien Régime et la Revolution*, 3e Edition, Paris, 1887, tradução portuguesa *O Antigo Regime e a Revolução*, Lisboa, Fragmentos, 1989; idem, *La Democratie en Amerique*, Paris, 3 vol., 1864.

[71] Georges Burdeau, *O Liberalismo*, "Introdução", pág. 12, escreve: "Temos (...) de nos acautelar para não confundir toda e qualquer aspiração à Liberdade com uma adesão sem reservas à ordem social em que, historicamente, se realizou o Liberalismo. A Liberdade de que ele se reclama foi, efectivamente, interpretada de tal modo que se tornava um privilégio."

[72] Para uma justificação num quadro algo diverso dos conceitos mas que, parece, não anda longe das presentes inclinações, veja-se Guido de Ruggiero, págs. 50 e ss., donde se retiram algumas ideias. Assim, "(...) Il liberalismo, in quanto universale e diffusa coscienza storica, implica, insieme col sentimento della libertà, l'ideia di uguaglianza. Questo sentimento e questa ideia procedono insieme; solo all'atto del trionfo, sorgeranno tra loro nuovi conflitti, il cui risultato sarà di porre in essere una democarzia di fronte al liberalismo, distinta e spesso opposta, pur com una esigenza, che continuamente si rinnova, di una superioe unità. Ora le libertà di cui s'è parlato non sono dissociate l'una dall'altra: esse formano un sistema, che è il sistema stesso della personalità umana nella sua progessiva organizzazione. Il loro nome piú appropriato ed originario à pertento di libertà individuali. Tuttavia, per il fatto stesso che non implicano nessun privilegio di un individuo a danno di un altro, ma rampollano da una

Ainda doutro modo, igualmente compreensível: no primeiro caso, Locke e o seu Liberalismo clássico, que tanto admite a consideração e respeito pelos indivíduos quanto lhes dá a primazia nas decisões a ser tomadas pelo Governo, que a elas tem de atender nas resoluções tomadas. Simultaneamente, aplica a necessidade de considerar a harmonia entre os vários Poderes, à cabeça dos quais se encontra o Legislativo, que depois Montesquieu desenvolverá com a sua balança de Poderes.

Em consonância com o que se diz, cumpre alertar para os vários planos de reflexão que os supracitados considerandos podem conduzir. E, de acordo com Lucien Jaume[73], que com as necessárias adaptações pode ser transportado para o Liberalismo português: "(...) il faut prendre garde de distinguer entre les diverses réalisations nationales du libéralisme – qui n'a pas l'universalité qu'on lui accorde trop vite –, ait aussi entre les élaborations théoriques et ce que fut sa pratique effective, les problèmes complexes qu'il dut résoudre tant dans l'aménagement des institutions modernes que dans les alliances politiques qu'il devait passer, les adversaires qu'il lui fallait se donner."

Seria incómodo, no mínimo, propugnar pela situação em que Robinson Crusoé se encontrava com o seu fiel "Sexta-feira" no mundo Moderno, seja sob a forma do despotismo esclarecido ou do Liberalismo desafiando o curso normal da natureza humana. Só que a Robinson e "Sexta-feira", sendo colocados perante as duas opções, teriam o mesmo dilema que se apresentou aos homens da transição do séc. XVII para o séc. XVIII e a todos os que viveram nesse século: a escolha daquilo que melhor servia os seus interesses[74]. E, o que melhor os servia dependia do ponto de vista em que se colocassem, porque se a defesa do Liberalismo é intuitiva, os desastres em que ele resultou em muitos casos implicariam uma reflexão aprofundada.

As regras[75] são precisas para garantir a vida das pessoas; sem regras não existe qualquer possibilidade de se manter uma unidade orgânica entre vários interesses conflituantes; dos comportamentos desregrados e associais nada beneficiam os homens e nada lhes possibilita a sua realização pessoal.

Depois das Luzes estarem sedimentadas na generalidade dos países europeus, a que Portugal se juntou timidamente em meados do séc. XVIII, consolidando tal aproximação ao longo da centúria, começam a surgir manifestações em sentido diverso[76]. Promovidas sobretudo por um conjunto de pensadores que passaram à História como os precursores do Liberalismo, as suas ideias são produto duma maturação iniciada em finais do

---

radice comune a tutti gli individui, e che la loro pratica esplicazione può aver luogo soltanto nella convivenza umana, esse possono anche chiaramarsi, e sono state effettivamente chiamate, libertá civili."

[73] Lucien Jaume, *L'Individuo effacé ou le paradoxe du libéralisme français*, Paris, Fayard, 1997, págs. 11 e ss.

[74] Claude Bruaire, pág. 25: "Si donc la liberté n'est point celle des enfants de Dieu, si elle est réelle dans une société historique, nul ne peut en son nom récuser toute pouvoir politique, à moins de nier l'être social pour espérer la toute indépendance individuelle. (...)."

[75] Maurice Flamant, *História do Liberalismo*, Mem Martins, Europa América, 1990, pág. 15: "Durante a Revolução, a bandeira da Liberdade cobriu muitos abusos. Ao ver a estátua da Liberdade em frente do cadafalso, Madame Roland, antes de morrer, suspirou: 'Oh! Liberdade! Quantos crimes se cometem em teu nome!' (As intempéries tinham desgraçado esta estátua apressadamente fabricada; aqueles que tinham ainda coragem para rir chamavam-lhe 'a sarnosa'.) E Fouquier-Tinville, cortando a palavra a um acusado já condenado, proclamava: 'Não há Liberdade para os inimigos da Liberdade.'"

[76] Para este período um dos Autores porventura menos conhecidos mas que importa mencionar, até pelas bastas referências que os Vintistas lhe farão, é Claude Mey, francês que em 1775 publicou a 2ª Edição das *Maximes du Droit Public Français*, em tudo idêntica à anterior, e a que se terá de proceder a aturada menção mais adiante.

séc. XVI, assumindo contornos decisivos com o racionalismo de Descartes e o empirismo de Locke e seus seguidores.

"O Político" e o seu exercício têm de estar subordinados à existência da Liberdade na sociedade, que tem por objecto e medida a justiça que a permite. Não é "o Político" que inventa a Liberdade, porque ela já existe; o que se limita a fazer é criar as condições institucionais para que a Liberdade[77], nas suas várias acepções seja garantida, mediante uma correcta interpretação e aplicação dos comandos normativos que a justiça requer.

Entende a novel elite do Pensamento que o equilíbrio entre os Poderes deve ser a consequência da experiência do férreo e impositor despotismo[78], a que países e vassalos se encontravam submetidos. A partir de certo momento deixa de fazer sentido falar de vassalos; todos são cidadãos, incluindo o monarca.

Aqui se devem chamar à colação os contributos antropológicos na consideração do Ser humano, que à evidência que no mundo dos homens o respeito devido à sua Liberdade apenas se evidencia no respeito que os outros lhe devem e a essa mesma ideia de Liberdade. O indivíduo livre faz a sociedade livre, o que corresponde a uma alteração qualitativa ao receituário proposto, com séculos de antecedência, pela *Common Law* que preceitua, pondo em acção os textos constitucionais fundantes da monarquia inglesa, e onde o indivíduo é livre dentro duma sociedade livre, ponto a que Montesquieu dará o devido ênfase.

Depois de Locke ter estabelecido a sua Filosofia da Liberdade e dos direitos individuais do Ser humano, o complicado é haver quem não retome a questão[79]. Seja para o criticar ou para levar às últimas consequências as teses que defendeu, todos acabam

---

[77] Paul Hazard, *La Pensée Européenne au XVIII ème Siècle. De Montesquieu a Lessing,* I, pág. 237: "(...) à mesure que le concept de nature prenait plus d'étendue et plus de force, ce qui s'accroissaient jusqu'à devenir une des dominantes de l'époque, c'était l'attachement à la liberté politique. Personne n'ayant reçu de la nature le droit de commander aux autres, la liberté était un bien inaliénable, un titre inscrit dans tous les coeurs. On pensait avec dilection que cette liberté était totale et qu'elle était souveraine; même les restrictions imposées pour la vie sociale, même l'obéissance aux lois, même la contrainte légère que demandait l'État, n'étaient jamais que volontiers et consenties, si bien qu'elles restaient dans leur principe la manifestation d'une indépendance qui se réglait elle-même; la nation des Féliciens était souverainement libre, sous l'empire absolu de ses lois."

[78] Simone Goyard-Fabre, "L' Imposture du despotisme dit 'éclaire'", *Cahiers de Philosophie Politique et Juridique. Actes du Colloque La Tyrannide*, pág. 171: "Sous la feroule des rois-philosophes – hauts en colleurs assurément, dotés d'une personnalité fière et affirmative et incarnant une grandeur historique indéniable – ils ont contribué à faire verser le rationalisme humaniste et l'expérience juridique des Lumières dans le cynisme et la violence. Avec l'étrange complicité des têtes pensantes, ils ont joué une ample comédie. (...) Au lieu de la politique voulue des philosophes, qui devait conjurer l'obscurantisme des superstitions et de l'absolutisme et permettre à l'homme d'accomplir sa destination, ils ont imposé à la face de l'Europe le réalisme de la puissance centralisatrice et la sévérité de la raison d'État." A Autora mais não faz que expressar, uma realidade cuja verdade de há muito é sufragada.

[79] Fundamentais neste domínio são os resultados práticos obtidos com o eclodir da Revolução Americana e da Revolução Francesa, sob a forma das Declarações de Direitos. Na verdade, faz-se translação para a "Era das Declarações", temática cujos contornos estão saturadamente estudados em tese geral, interpretada, reintrepretada e que se dispensa, por isso mesmo de rebuscar. Naturalmente que não se podem nem devem olvidar, tanto mais que elas constituem a base fundamente do desenvolvimento da doutrina dos *Direitos do Homem e do Cidadão*, subjacente e omnipresente à ideia de Liberdade, quer no plano individual, quer ao nível político. Fará, por isso sentido proceder a um tratamento que levando em linha de conta a sua enorme projecção, consiga perceber que a sua consagração, pelo menos em França, foi muito para além daquilo que os próprios mentores da Revolução tinham imaginado.

por nele se encontrar; óptimo prenuncio para quem encara um problema designado por "Ideia de Liberdade"[80].

Ao contrário da Revolução de 1820, a de 1789 teve como base de apoio o Povo e os burgueses, que por força disso apresentaram um caderno reivindicativo o qual em tudo foi além do inicialmente previsto, por intelectuais e teóricos da mudança, na correlação de forças políticas em França. Por outro lado, é possível de igual modo dizer, que foram os norte-americanos os mais fiéis intérpretes duma das ideias mestras do Liberalismo, qual fosse a necessidade duma Constituição que consagrasse em Lei Fundamental não apenas os aspectos presentes nas Declarações de Direitos[81], qual fosse o verdadeiro penhor não apenas das garantias civis dos cidadãos, e o baluarte da sua Liberdade política.

---

[80] Desses direitos, a *Declaração Francesa dos Direitos do Homem e do Cidadão de 1789* apresenta uma formulação que, ainda não foi ultrapassada pelos mais acabados e experientes artifícios do Pensamento político e do Direito contemporâneos. A crítica que se lhe dirigiu de tratar de direitos abstractos, não procede mas justifica-se em presença de quem a estabelece – os Autores ingleses. Por serem abstractos é que esses direitos têm demonstrado universal vitalidade. Em simultâneo, querendo ser absolutamente coerentes com o Pensamento que se explana, a *Declaração* não inventou nada de novo; apenas consagrou, positivando, para a posteridade, algo que existe desde que o homem é homem, salvaguardando em letra de forma esse direito de Liberdade anterior e superior a qualquer vontade humana. A intemporalidade e inespacialidade do mesmo documento não apenas confirmam o que se tem dito, mas especialmente o que haverá a dizer.

[81] Guy Haarscher, *Philosophie des droits de l'Homme*, Bruxelles, Editions de l'Université de Bruxelles, 1993, pág. 13: "Les droits de l'homme sont liés à une philosophie *individualiste*: le pouvoir, on se le rappelle, sera dit légitime s'il respect un certain nombre de prérogatives accordées à l'individu *comme tel*. En d'autres termes, l'individu, avec ses droits, constitue le but de l'association politique, ce que relie la conception des droits des droits de l'homme à l'idée d'un pouvoir basé sur le *contrat social*. Ce 'contractualisme', qui s'est développé à l'époque moderne, possède en général quatre caractéristiques majeures: l'état de nature, le 'droit naturel', le contrat proprement dit, et le rationalisme."

IV

"Não é verdade que Portugal, depois de Trento, se tenha fechado – como diz o abade Raynal aos ventos da História e da 'ilustração europeia'; como é injusto que os ilustrados Europeus (como Voltaire) considerassem Portugal como exemplo acabado de obscurantismo E ignorância, apresentando, como 'prova', a férula inquisitorial. Portugal, embora na mira da 'fortaleza do Rossio' não se identificava com ela.

É certo que a intolerância religiosa dominante criou inúmeros obstáculos à abertura do país à mobilidade das ideias, pessoas e mercadorias; enfim, foi um sério obstáculo ao progresso. Mas as Luzes não se esgotavam na tolerância religiosa (...) [que podia] em parte ser suprida Pelo espírito crítico, como as superstições o poderiam ser; tambémpelo racionalismo científico-natural e até, mais latamente, pela 'mathesis universalis' (...)."

NORBERTO FERREIRA DA CUNHA, *Elites e Académicos na Cultura Portuguesa Setecentista*, "Prefácio", págs. 7 e 8.

C – Prenúncios josefinos, marinos e joaninos e causalidade adequada ao Triénio Vintista

1. A Liberdade de pensamento como ideal e a ortodoxia Católica-Apostólica--Romana oficial como "opção" incontornável" do "Reformador", da "Piedosa" e do "Clemente"

1.1. Negação absoluta e negação relativa dos contributos transpirenaicos no campo da Liberdade individual

O Iluminismo em Portugal não foi apenas a poderosa assunção de medidas extemporâneas ao jusnaturalismo católico, assumidas oficialmente pelo menos desde 1385 em Portugal; a intervenção de D. João V no plano das reformas foi o ponto de partida que viria a culminar em 1772, com a Reforma Pombalina dos Estatutos da Universidade[82].

---

[82] *Compendio Histórico da Universidade de Coimbra, no tempo da Invasão dos denominados Jesuítas e dos Estragos* (...), Lisboa, Anno de 1771, de que existe a Edição facsimilada de Coimbra, 1972. Ao caso trata-se de págs. 39 e ss., trabalho normalmente atribuído a José Seabra da Silva, embora seja lícito, como acontece com a *Dedução Chronologica e Analytica*, duvidar da sua plena autoria. Esta Obra, a *Dedução Chronologica, e Analytica. Partes I e II e Provas*, Lisboa, 1767, da autoria oficial de José Seabra da Silva – mas que o próprio declarou não ter escrito e apenas dado o seu nome, ponto susceptível de confirmação em António Pereira de Figueiredo, *Cartas de Luis Antonio Verney e Antonio Pereira de Figueiredo aos Padres da Congregação do Oratório de Goa*, Nova-Goa, 1858, pág. 15: "Carta para o Padre Nicolao Francisco, [da Congregação do Oratório de Goa] de 24 de Abril de 1771": V. R.ma procure em Goa quem lhe empreste a *Dedução Chronologica e Analytica* (da qual eu sei que *o Sr. Marquez seu auctor* mandou para lá muitos exemplares (...). Esta he a Obra prima do Sr. Marquez, a qual eu com tanto gosto como trabalho traduzi de Portuguez para Latim para que della se pudesem aproveitar todas as Naçoens (...)." Cita-se a mencionada a *Dedução Chronologica e Analytica* por Partes, a partir da vertente Edição de 1767. Sobre este texto vejam-se as referências de Innocêncio Francisco da Silva e Brito Aranha, *Diccionario Bibliographico Português*, II, pág. 130, tambem citadas em Pinheiro Chagas, *História de Portugal popular e ilustrada*, Lisboa, 1901, VII, págs. 6 e 7 e nota respectiva. M. Lopes de Almeida publicou em 1937, em dois volumes correspondentes a 1771-1782 e 1783-1792 alguns *Documentos da Reforma Pombalina*, abundantemente

Assiste-se, nos quadros da presente investigação, a uma negação absoluta e a uma negação relativa dos contributos europeus no plano da Liberdade individual, com óbvias repercussões no plano político.

Dentro do primeiro caso, existe um total divórcio de tudo os que se relacione com as ideias francesas, com o filosofismo que divulgando deísmo, materialismo e ateísmo nunca poderia ser aceite em Portugal, fosse qual fosse o tipo de posicionamento assumido pelos detentores do Poder.

Nem mesmo Pombal, por meio da Real Mesa Censória poderia aceitar tais ideias e os seus colaboradores, céleres na defesa da distinção de jurisdições, não anuíram nem o poderiam fazer a quaisquer teses que questionassem o poder da Revelação sobre a Razão, da Liberdade de pensamento sobre a fidelidade à ortodoxia Católica-Apostólica-Romana, da dúvida metódica à aceitação passiva sobre o inexplicável. Tanto que os mesmos, ao conduzirem a dúvidas acerca da origem do Poder político e do exercício da soberania e da autoridade régia, sempre seriam absolutamente inaceitáveis.

Por outro lado seria conveniente para melhor combater as teses dos inacianos e o seu ensino Escolástico que premiava o ultramontanismo sobre o regalismo, aceder, ainda que moderadamente, ao Pensamento do Iluminismo alemão e seus derivados. Considerava-se que era pelo conhecimento dos bons autores, nomeadamente os teóricos do despotismo ilustrado, bem como os do eclectismo italiano e do realismo inglês[83] – Locke e Bacon a marcarem o compasso – que Portugal poderia recuperar o atraso em relação à maioria dos países europeus[84].

Há assim duas grandes linhas do Pensamento europeu de Setecentos presentes no debate nacional. A opção por uma delas é totalmente clara sendo patrocinada pelos instrumentos oficiais do Poder e afastando-se qualquer sombra de pecado que

---

utilizados e que permitem uma visão antecedente, coeva e posterior à *Dedução Chronologica, e Analytica*, cujo interesse é manifesto. Ao caso interessa citar um documento de 25 de Setembro de 1771, pág. 1, que dá ordem para a suspensão dos *Estatutos da Universidade* (*Estatutos Velhos*). Quanto aos *Estatutos da Universidade de Coimbra compilados debaixo da immediata e suprema inspecção de ElRei D. José I*, Lisboa, 3 tomos, 1773, vêm os mesmos mencionados com detalhe no *Compendio Histórico da Universidade de Coimbra*. São a consequência normal da política pombalina de reformulação do Ensino Universitário. Manuel Augusto Rodrigues, "Introdução" às *Actas das Congregações da Faculdade de Teologia (1772-1820)*, I, pág. VII, nota, refere um documento datado de 13 de Agosto – e não de 28 como costuma ser apontado – em que se concedem plenos poderes a Pombal no sentido de proceder à supracitada da *Reforma*. Sobre o ponto, Joaquim Veríssimo Serrão, *A Historiografia Portuguesa*, III, págs. 195-197.

[83] José d'Arriaga, "A Filosofia Portuguesa. 1720-1820", *História da Revolução Portuguesa de 1820*, Porto, 1887, I, Livro II, capítulo III, págs. 331-453. Em Edição moderna de Lisboa, Guimarães Editores, 1980, Pinharanda Gomes, publica autonomamente este capítulo da citada Obra, a que acrescenta um "Prefácio", onde a pág. 12: "O século XVIII, sobretudo, depois que faltou o aristotelismo, esparziu-se de mente vária em busca de uma coluna vertebral, ou de uma coluna templária, que garantisse estatura e verticalidade a um Pensamento que deviera invertebrado e, logo, submisso, a todas as formas de modernidade que viessem de longe. A metafísica alemã, o racionalismo francês e o realismo inglês disputaram, em múltiplas instâncias, Obras e datas, a predominância, mas, no parecer de Arriaga, a linha que assinalou o ideário de 1820 foi a inglesa, com prejuízo da francesa."

[84] Idem, *ibidem*, "Prefácio", pág. 11: "França e Inglaterra são (...) duas matrizes, ou duas plataformas de recurso, para as tendências filosóficas e culturais portuguesas. A França é o espaço da abstracção e da fina Razão, do mecanicismo cartesiano. A Inglaterra é o trilho do realismo biológico, da teoria apostada à efectividade da prática, do empirismo orgânico. Por isso que, em obediência aos trâmites do apogeu português, a Inglaterra, respondia melhor aos projectos do Pensamento português, ou, conforme Arriaga prefere dizer, da 'filosofia portuguesa'." Note-se que no nosso caso especial, neste capítulo apenas interessa a abordagem que tem como termo final a eclosão da Revolução Francesa.

o naturalismo, o materialismo ou o deísmo pudessem inculcar. Como sempre e atenta a eventuais deslizes, a censura assegurava a prossecução desta ideologia que se era de Poder, era também de cultura.

Por isso mesmo, se as reformas josefinas foram importantes, elas foram definitivas no sentido em que se quis orientar o Pensamento português e a vida quotidiana dos portugueses. Tinham a marca de água reformista, mas era uma reforma assumida numa direcção muito própria e que não admitia quaisquer atalhos os sobressaltos de percurso.

1.2. O Iluminismo italiano e o realismo inglês como pólos de atracção fundamental

O julgamento dos delitos provocados, na versão josefina, por parte dos filhos de Sto. Inácio[85], mais não são que a face visível de um movimento que, à escala europeia, se compunha da contraposição entre luz e sombra, entre claro e escuro, entre a decrepitude dos meios e a salvação dos Estados.

D. Pedro II, por exemplo e para Hernâni Cidade[86] era portador de "reduzidíssima cultura", bem pior que o Pai, que em termos culturais pelo menos tinha um interesse conhecido: a música.

O Iluminismo em Portugal[87] foi sobretudo um eclectismo de características empiristas e sensistas, assumindo a aberta crítica aos fenómenos produto do Pensamento dos séculos anteriores, laicizando a cultura e recusando a interpretação sobrenatural dos fenómenos, o misticismo e o profetismo[88]. É, além do mais, regalista e professa um certo anti-clericalismo.

---

[85] Luís Cabral de Moncada, "Subsídios para uma História da Filosofia do Direito em Portugal (1772--1911)", separata da *Revista da Universidade de Coimbra*, Coimbra, 1938; Rui Manuel de Figueiredo Marcos, *A Legislação Pombalina*, pág. 20: "Para o pombalismo, nos olhos dos Inacianos, em relação aos novos rumos do Pensamento, reluzia a brandura da comiseração ou rutilavam áscuas de rancor. O célebre edital do reitor do Colégio das Artes, publicado em 1746, representou, porventura, a última manifestação do poderio cultural dos jesuítas e a derradeira tentativa de fulminar as sementes da novidade. É evidente que os Jesuítas não aderiram, por inteiro, às novas correntes filosófico-científicas. Mas também ficou demonstrado que se encontravam longe do estado de esterilizadora letargia intelectual de que os acusaram."; José Silvestre Ribeiro, *Historia dos Estabelecimentos Scientificos Litterarios e Artisticos de Portugal nos Successivos Reinados da Monarchia*, Lisboa, I, 1871, pág. 367: "Não póde contestar-se que os padres da companhia de Jesus, systematicamente estacionarios, senão retrógrados nas coisas das sciencias, tiveram grande parte n'essa decadência; mas não deve ser-lhes imputada toda a culpa, quando aliás outros elementos deploráveis concorreram também para tão triste resultado. A Inquisição com o seu fatal cortejo de intolerância, de terror e de inhumana perseguição; o reinado de monarchas taes como D. João III (...), D. Sebastião e o cardeal Rei; a perda da nacionalidade, e o funestíssimo captiveiro por espaço de sessenta annos; e depois os cuidados e esforços para sustentar a independencia recobrada em 1640, que absorviam toda a vitalidade da nação: tudo isto foi parte para que os estudos caíssem no lastimoso abatimento a que chegaram."

[86] Hernâni Cidade, *Lições de Cultura e Literatura Portuguesas, 1, (séculos XV, XVI e XVII)*, Coimbra, Coimbra Editora, 1959, pág. 294.

[87] D. Kosáry, "Unité et diversité des Lumières", *l'Absolutisme Éclairé*, pág. 11: "L'unité des Lumières, semble-t-il, s'explique, en dernière analyse, par l'identité inhérent au procès de l'évolution historique de l'Europe et, de plus près, par le fait qu'il y eut partout une période de transitions plus ou moins longue entre la féodalité, le système de privilèges, le capitalisme, et la société bourgeoise." Este entendimento genérico não é curial, por razões conhecidas, para o caso português.

[88] Joaquim de Carvalho, *Obra Completa*, II, pág. 301, esclarece que o eclectismo se caracterizava pela "Liberdade de opinião e pelo repúdio do espírito de sistema." Torna-se evidente que esta Liberdade de opinião em Portugal seria aquela que a *Real Mesa Censória* e, antes da sua criação, Pombal avulsamente, determinassem, isto é, que em nada bulisse nem com a ortodoxia religiosa nem com a invec-

O eclectismo português[89], cujas fontes de eleição foram sobretudo as italianas[90], vista a tradição católica que assumidamente se conserva e prossegue[91], procura conciliar permanentemente a Fé[92] com a Razão[93], que não pode ser questionada

tiva aos Poderes institucionais vigentes. Quanto a José Sebastião da Silva Dias, "Portugal e a Cultura Europeia (Sécs. XV a XVIII)", Coimbra, *Biblos*, 28, 1953, pág. 393, inserindo o posicionamento geral do Iluminismo europeu em presença do português, afirma que este, "levado ao seu limite, produziu as três legendas triunfais do século XIX: o positivismo sem horizonte, o racionalismo sem peias, o Liberalismo de todos os matizes".

[89] Não existe uma uniformidade entre os vários Iluminismos europeus, antes em cada país se notam determinadas características que permitem falar em tendências. Portugal teve um Iluminismo sobretudo de tendências católicas, o que não significa que algumas das propostas europeias, em certos sectores da actividade intelectual, não viessem a concretizar-se, nem sempre em formas muito definidas. Mais à frente este ponto ficará mais claro. Para desenvolvimentos desta matéria, José Sebastião da Silva Dias, "Portugal e a Cultura Europeia (Sécs. XV a XVIII)", acima citado; Innocêncio Galvão Telles, "Verney e o Iluminismo Italiano", separata da *Revista da Faculdade de Direito da Universidade de Lisboa*, VII, 1950, Lisboa, 1951; Luís Cabral de Moncada, "Um 'iluminista' português do séc. XVIII: Luís António Verney", *Estudos de História do Direito*, III, pág. 6; Mário Júlio de Almeida e Costa, "Debate jurídico e solução pombalina", *Boletim da Faculdade de Direito da Universidade de Coimbra*, VIII, 1982, pág. 16; Rui Manuel de Figueiredo Marcos, *A Legislação Pombalina*, pág. 23 e ss., onde considera Pombal como "racionalista", sendo certo que não avançava mais que até ao preciso ponto em que hipoteticamente se pudesse melindrar "o sentido de utilitarismo político", situação que era recusada "*in limine*". Determinante é o importantíssimo trabalho de Joaquim de Carvalho, *Obra Completa*, II, pág. 301 e ss., a propósito da influência de Locke em Portugal e onde apresenta uma muito conseguida panorâmica geral das linhas de força do Pensamento nacional, por comparação com o que se passava no estrangeiro. Esse texto deve estar sempre presente para todas as reflexões que venham a ser feitas.

[90] Mário Júlio de Almeida e Costa, *História do Direito Português*, Coimbra, 3ª. Edição, 1996, pág. 361: "Sinais peculiares apresentou o Iluminismo nos países marcadamente católicos, como a Espanha e Portugal, mas tendo como centro de irradiação a Itália. Também aqui se registaram as influências do racionalismo e da Filosofia moderna, assistindo-se à renovação da actividade científica, a inovações pedagógicas, a certa difusão do espírito laico, à reforma das instituições sociais e políticas. De qualquer modo, o reformismo e o pedagogismo não tiveram um carácter revolucionário, anti-histórico e irreligioso, idêntico ao apresentado em França."

[91] Alain Laurent, *Storia dell'Individualismo*, Bologna, Il Mullino, 1994, pág. 48: "Il XVIII secolo vede l'Europa occidentale (*salvo la peninsula iberica*) impegnata in modo crescente ad organizzarsi in 'società degli individuo' (...)".

[92] José Esteves Pereira, *O Pensamento Político em Portugal no séc. XVIII (António Ribeiro dos Santos)*, Lisboa, 1983, pág. 156 e nota respectiva: "Não excluía isto a aceitação da Igreja enquanto portadora de valores transcendentes. A origem do poder exigia até, a persistência desses valores, como fundamento do exercício da vontade absoluta do principado, em detrimento das reivindicações de uma constituição histórica da sociedade, por via da vontade dos Povos."

[93] Philippe Jose Nogueira, *Princípios do Direito Divino, Natural, Público e das Gentes*, Lisboa, 1773, pág. 175, que cita alguns diplomas fundamentais na matéria. Assim, a "Razão he hum Lume Divino participado ao Homem pelo Supremo Author da natureza", cujos princípios foram inscritos pelo "Author da Natureza no coração do Homem", pautando-se ela como a "fonte de toda a legislação da natureza." Por outro lado e estabelecendo uma relação mais funda entre Razão e Revelação, "aonde falta a luz da verdadeira crença, não se pode atinar sempre com os verdadeiros dictames da Razão", sendo certo que a Razão "ensina a todos os Homens, que há hum Ente Supremo, hum Senhor Soberano, a quem elles devem tudo, o que são: que sendo todos iguaes por natureza, devem amar-se, e procurarem-se reciprocamente todo o bem possivel: que devem fallar verdade, cumprir as suas promessas, e observar fielmente as suas convençoens". Como corolário, e confirmando a versão católica do nosso Iluminismo, a Razão "he fraca, e debil", enquanto luz da Razão natural, pelo que deve ser completada pela Revelação. A base destes preceitos encontra-se em especial nos *Estatutos da Universidade de Coimbra*, Livros I e II.

com as relações difíceis entre Portugal e a Santa Sé, na verdade produto doutros factores[94].

A seu lado, o realismo inglês marca também presença obrigatória[95].

É ideia assumida pelos intelectuais de Setecentos, antes, durante e depois de Pombal, a reivindicação da consciência dos novos tempos, enquanto superioridade dos Modernos sobre os Antigos, sem que a sua poderosa contribuição para o saber possa ou deva ser olvidada. A batalha pela Liberdade intelectual no desbravamento dos caminhos do saber que o Direito Natural, na sua inovadora versão promovia, consubstanciava-se na mensagem do eclectismo, aprovada sobretudo pelo realismo inglês, na pessoa de Francis Bacon.

Não apenas se promovia a autonomia intelectual e o distanciamento de fórmulas sistemáticas, como se aditava a independência crítica. Disponíveis apenas para aceitar a conformidade um pensamento adstrito às ideias da *Boa Razão*, promotora da renovada racionalidade, tudo o que fosse excêntrico seria não apenas alvo de invectiva como condenado a perecer no morro do esquecimento.

O movimento reflexivo que amplamente abrangia toda a Europa por essa época não atingiu Portugal com o mesmo fulgor. Se D. José e Pombal promoveram reformas – e antes D. João V –, nenhum deles teria quaisquer condimentos de Liberalismo[96], pese embora assim tenham sido qualificados *à posteriori* por alguns bem intencionados liberais[97].

---

[94] Fortunato de Almeida, *História de Portugal*, Coimbra, 1929, IV, págs. 269 e ss. desenvolve os motivos que deram origem a este corte de relações. Para aí se remete desde já.

[95] Pinharanda Gomes, *Dicionário de Filosofia Portuguesa*, Lisboa, Cículo de leitores, 1990, "Iluminismo", pág. 125.

[96] Pinheiro Chagas, *História de Portugal*, VII, pág. 122, tem opinião contrária. Por isso mesmo escreve que no plano da legislação civil "o marquez de Pombal foi um revolucionario altamente benefico, e introduziu no regimen interno do paiz muitos dos melhoramentos que a revolução de 89 introduziu em França. (...) O marquez de Pombal foi um dos fundadores da Liberdade no nosso paiz", tal como a revolução de 1792 introduziu a Liberdade em França. "Pois não exercia o *Comitet de salut public* uma dictadura tão enregica, e ainda mais que a do marquez de Pombal?" Continuando a estabelecer comparações entre o Governo pombalino e o Terror em França, acrescenta mais que "não salvou elle a França ameaçada pelo estrangeiro, e com a França portanto a Liberdade ? Não implantou em França as instituições sem as quais seria o regime liberal uma vã palavra ? Pois assim foi o marquez de Pombal, cruel, déspótico, mas revolucionário." Existe portanto uma contradição com o que afirma a pág. 130, e que já foi notada, quando escreve que o Marquez seria um dos mais "acérrimos inimigos da Liberdade." Detectando a falha, em tempo, escreve este historiador de imediato: "deve-se por conseguinte que se o ministro de D. José foi um revolucionário em tudo o que dizia respeito ás condições sociais do seu paiz, foi ao mesmo tempo quem mais contribuiu para se aniquilarem as Liberdade políticas portuguesas; (...)." Mas Pinheiro Chagas não se decide e existe alguma dificuldade em acompanhar o seu Pensamento na íntegra: "involuntariamente, comtudo, ao passo que as sufocava, preparava-lhes o triumpho, porque das suas reformas que davam tão profundo golpe em todos os privilegios, não era possível que se isentasse o privilegio monarchico."

[97] Simão José da Luz Soriano, *História da Guerra Civil e do Estabelecimento do Governo Parlamentar em Portugal*, Lisboa, 1866, Primeira Ephoca, I, pág. 271, a respeito das medidas de progresso de autoria de Pombal. Estas "(...) guiavam os portuguezes para o estabelecimento de um novo systema de Governo, a que, segundo a expressão de hoje, chamaremos *Governo parlamentar*. Os fundamentaes principios de similhante Governo o marquez de Pombal os estabelecera effectivamente com a sua illuminada administração, ainda que no meio d'essa negra atmosphera do seu tão cruel, quanto feroz despotismo." Duma forma mais comedida mas em certa sintonia Teófilo Braga *História da Universidade de Coimbra*, III, (1700-1800), Lisboa, 1898, pág. 325: "(...) só indirectamente e por uma via não prevista, o privar a monarchia dos seus naturaes elementos conservadores, é que contribuiu para a futura manifestação da Liberdade constitucional." Veja-se Luís dos Reis Torgal, "Acerca do Significado do Pombalismo",

Se incrementaram a cultura nacional[98], não deixaram de proceder à censura dos escritos dos *Philosophes*. Se quiseram renovar o enclausurado Pensamento nacional por força do clericalismo[99], não mostraram abertura a Espinosa ou Hobbes, por exemplo, tendo adaptado Locke a temas pacíficos e que não buliam com a autoridade régia.

Como se escreve[100]: "O espírito crítico esboçou-se. O temor reverencial pelas verdades tradicionais desapareceu e, em consequência disso, surge, nos princípios do séc. XVIII, uma corrente de opinião altamente progressiva." Ou na mesma linguagem policromada[101], "se de alguma coisa se pode vangloriar este período da nossa História jurídica, encontra-se precisamente na eleição de uma linha de reflexão filosófico-jurídica claramente delineada, à qual se subordinam todas as transformações jurídicas, quer de ordem legislativa, quer de ordem doutrinal."

Obedecia ela a "uma firme e inequívoca directiva jus-filosófica, de que sem dúvida nos devemos orgulhar"[102], que é a consequente duma mesma forma de estruturação

---

O Marquês de Pombal e o seu tempo. Revista de História das Ideias. Número Especial no 2º. Centenário da sua Morte, I, Coimbra, Universidade de Coimbra, 1982-1983, I, págs. 7 e ss.

[98] É por isso que, atentando embora a importância de todos, se optou logo de início por não desenvolver muito das suas ideias. Pombal, porém, e os seus companheiros de jornada, já têm sido considerados como os introdutores do valor do indivíduo em Portugal, sobretudo pela via dos ensinamentos de Pufendorf e seus seguidores, C. Vattel e C. Wolff. Em Portugal encontraram digno representante em Tomás António de Gonzaga e em José Seabra da Silva, *Compendio Histórico da Universidade de Coimbra*, págs. 219 e ss.

[99] Em sentido oposto ao mencionado em nota acima, vêm os adversários do marquês qualificá-lo com epítetos bem pouco agradáveis. É o caso emblemático de um partidário da situação vivida no tempo em que Pombal chegou ao Poder e que, escrevendo em pleno séc. XX, não é suave nas críticas nem no despeito que as medidas reformistas lhe merecem. É o caso de Menéndez y Pelayo, *Historia de los Heterodoxos Españoles*, Madrid, 1928, VI, págs. 147 e 148: "(...) Pombal no respetó ni un uno sólo de los elementos de la antigua constitución portuguesa, ni una sola de las venerandas costumbres de la tierra: quiso implantar a la viva fuerza lo bueno y lo malo que veía aplaudido en otras partes: gobernó como un visir otomano, e hizo apesar por igual su horrenda tirania soble nobles y plebeyos, clérigos y laicos. Hombre de estrecho entendimiento, de terca e imperatoria voluntad, de pasiones mal domeñadas aunque outra cosa aparentase, de odios y rencores vivíssimos, incapaz de olvido ni misericordia; en sus venganzas insaciable, como quien hace vil aprecio de la sangre de sus semejantes; empeñado en derramar a viva fuerza y por los eficaces medios de la cuchilla y de la hoguera la *ilustración* y la *tolerancia* francesas; reformador injerto en déspota; ministro universal empeñado en regular lo máximo como lo mínimo, com esse pueril lujo de arbitrariedad que há distinguido a ciertos tiranuelos de América. (...) La historia de la expulsión de los jesuitas de Portugal parece la historia de un festin de caníbales."

[100] Rui Manuel de Figueiredo Marcos, *A Legislação Pombalina*, pág. 16. A partir de pág. 30 podem ser encontrados outros episódios com interesse para firmar estas observações, bem como um interessante desenvolvimento das medidas legislativas no domínio regalista tomadas em Portugal durante este período. Sem dúvida que muita da inspiração para as medidas do Liberalismo português no que concerne a estas questões foi bebida neste referencial histórico nacional. Veja-se José Esteves Pereira, *Silvestre Pinheiro Ferreira. O seu Pensamento Político*, Coimbra, Universidade de Coimbra, 1974, págs. 7 e 8.

[101] Idem, *ibidem*, pág. 89.

[102] Joaquim de Carvalho, *Obra Completa*, II, pág. 304, entende que os *"recentiores"* – assim se designando os filósofos Modernos das correntes cartesiana e empirista – seguiam a "mens" filosófica inaugurada por Galileu, "e os eclécticos, ao contrário dos escolásticos e dos novadores, que arvoram uma bandeira de parcialidade doutrinal, exprimem uma atitude predominantemente pessoal. Representavam, acima de tudo, a atitude de quem procura a verdade onde quer que ela exista e não um corpo de doutrina como o que Victor Cousin (1792-1867) mais tarde definiria ao conceber a sistematização filosófica como coordenação de elementos dados na diversidade da História do Pensamento."

mental sob diversificados pressupostos, do período anterior, e cujo sucessor se moverá muito pouco à vontade em tal órbita.

E, se é verdade que casos houveram de opções mais ou menos claras, elas sempre se encaminharam pela via do empirismo, sobretudo na versão do sensualismo[103] depois de devidamente adaptado à ponderação católica. Por isso mesmo, muitas vezes infelizmente traduzidas num retrocesso para a esfera metafísica e divinatória, mais que convinha à dita Liberdade de pensamento. Sempre com a preocupação de ser nacional[104].

Se o nacional-eclectismo foi sempre pautado por um espírito de moderação – como qualquer eclectismo –, importa perceber em que sentido buscou o necessário equilíbrio. Haverá que sufragar a ideia de Luís Cabral de Moncada[105] para quem "além da necessidade de uma pactuação incondicional com o Catolicismo político, a nova religião iluminista da Tolerância tinha, na Italia, em Espanha e em Portugal, de pactuar, primeiro que tudo, com o Despotismo real, conquistando-o para seu instrumento, e bem assim todas as formas de actuação próprias da Teocracia, adaptando-as como suas, sem receio de contradição. Era como se a Tolerância quisesse impor-se por meio da intolerância. (...) Assim também mais tarde, na Revolução, havíamos de ver a democracia utilizar a tirania para realizar a Liberdade, fazendo os homens livres à força."

Este o teor do Pensamento que irá sobressair dos trabalhos de Luís António Verney[106].

Também os contributos que são presentes pela História, lado a lado com a Natureza, e é testemunhada pela maioria das produções literárias deste período.

Quer se trate de textos sufragâneos da política Iluminada que o régio zelo prosseguia, quer se busque em monografias individuais, todos remam no mesmo sentido: a História é determinante, como determinante é o contributo de Locke[107], que em tudo se avantaja a Descartes, mesmo que a este Verney tenha rendido sentida homenagem.

---

[103] É ponto onde não se entra no decurso desta "Introdução" e que será recuperado em texto autónomo, a publicar oportunamente.

[104] Verificar-se-á que o Pensamento nacional do Liberalismo, na Primeira fase do Triénio Vintista, apresenta-se tão assistemático e desorientado que apenas coloca o intérprete na maior das dificuldades no confronto com as patentes ambiguidades.

[105] Luís Cabral de Moncada, "Um 'iluminista' português do séc. XVIII: Luís António Verney", *Estudos de História do Direito*, III, págs. 68 e 69. É também a ideia de José Sebastião da Silva Dias, "Portugal e a Cultura Europeia (Sécs. XV a XVIII)", pág. 456: "As ideias e os livros de fora circularam, durante muito tempo, em regime mais ou menos clandestino. Só deixaram o segredo das bagagens militares ou da mala diplomática aí por 1730, quando os ericeirences afirmaram a sua influência política. Bastou-lhe, porém, a meia-lua dos cenáculos para conquistarem as inteligências do escol. *A tolerância, quando não a protecção do Governo, fez depois o resto.*" Também neste sentido é a posição que em termos mais gerais defende Joaquim Veríssimo Serrão, *A Historiografia Portuguesa*, III, pág. 21, ao escrever que desde o reinado do "Magnânimo" o país seguiu notável surto cultural. Assim, "As *Gazetas de Lisboa* que levavam a toda a parte o noticiário de Portugal e do estrangeiro; o conhecimento da cultura alheia, com relevo para as notícias vindas de França e que desde o início de Setecentos começara a marcar os espíritos; e a suculenta produção dos prelos nacionais em livros de prosa e verso, nos mais variados domínios (...)."

[106] Joaquim de Carvalho, *Obra Completa*, II, págs. 323 e ss., aponta alguns exemplos, a que se podem somar boa parte dos Autores estudados, embora sem a projecção que Verney atingiu, inclusivamente no plano internacional.

[107] A título meramente exemplificativo, se era suspeita transformou-se em evidência a ideia de que a carta VIII d'*O Verdadeiro Método de Estudar*, é quase cópia abreviada das reflexões de John Locke no *Essay Concerning Human Understanding*, London, 1693, tradução francesa *Essai Philosophique Concernant l'Entendement Humain*, Amsterdam, 1755, publicada em Paris, Vrin, 1972, págs. 1-59, o que bem se depreende do confronto das duas Obras. Sobre Locke e o seu escrito apresenta-se, do mesmo modo, a justificação da Edição adoptada para trabalhar. É, deste passo, importante registar a nota que o pró-

Serão sobretudo os homens do Absolutismo joanino e josefino quem mais se irá preocupar nesta divulgação[108], por força da ligação umbilical que os representantes portugueses do jusnaturalismo católico, em período anterior, ainda apresentam à Segunda Escolástica[109] e do clima pouco propício de fúria inquisitorial então vivido. Por isso a mudança surge com D. João V tenuamente e incrementa-se com D. José. Por isso se inicia aí a reflexão acerca da Ideia de Liberdade e do seu peso específico no quadro, por demais abrangente, da História das Ideias Políticas.

Os condicionalismos do Iluminismo nacional não promoveram no plano da Liberdade individual[110] e, sobretudo, da Liberdade de consciência[111] para os portugueses qualquer evolução[112].

prio Locke estabelece a respeito desta Edição francesa, que apoia as opções feitas no presente passo deste Estudo.

[108] E a quem a crítica ao Barroco e suas sequelas no plano cultural como no político atingirá pincaros nunca antes vistos. Como escreve Rui Manuel de Figueiredo Marcos, *A Legislação Pombalina*, págs. 9 e 10, "Época violenta, de crítica acrimoniosa, de ruptura frontal e de reforma incansável, o *"Século das Luzes"* dirigiu, essencialmente, uma acerbíssima objurgatória ao Barroco Seiscentista e ao seu perfil mental." E, um pouco mais adiante a pág. 22, proclama que o triunfo do espírito Moderno "ter-se-á, entre nós, conseguido ou não na medida da relação entre o ideal iluminista e a política legislativa portuguesa da segunda metade de setecentos nos mais diversos aspectos."

[109] As correntes e atitudes mentais que socavam o imponente edifício [da Escolástica], cuja restauração nos séculos XVI e XVII assinala uma das mais notáveis manifestações do espírito filosófico em Portugal, não actuaram, em geral, em nome do dogmatismo de qualquer sistema. A luta contra a Escolástica, nos meados do séc. XVIII não foi propriamente uma luta de sistemas, mas a luta da atitude anti-sistemática contra o espírito de sistema, da metodologia experimental contra a especulação apriorística e dedutiva, do conhecimento exacto das ciências particulares contra as concepções gerais sem outro fundamento que não fosse a coerência lógica dentro do sistema a que se articulavam.

[110] António Ferrão, *A Censura literária*, apud Rui Manuel de Figueiredo Marcos, *A Legislação Pombalina*, pág. 43: "Se à Universidade se permitisse uma independência absoluta para estampar os livros escritos pelos seus professores, seria, a bem dizer, o mesmo que abrir 'huma Pallestra para gladiadores futuros', donde poderia advir uma guerra entre académicos e censores régios que nunca mais acabasse, em prejuízo duma união indissolúvel de corporações e critérios directivos que se pretendia, a todo o custo, estabelecer." E complementa a pág. 91: "De sorte que a Universidade portuguesa achava-se despojada de qualquer autonomia ao estampar os livros académicos e, sem rebuço, agrilhoada a um conjunto de orientações impostas *ex alto*, sob a severa vigilância exercida pelo régio tribunal", aqui se reportando à *Real Mesa Censória*. Veja-se ainda Manuel Lopes de Almeida, "Subsídios para a História da Universidade de Coimbra e do seu Corpo Académico", *separata do Boletim da Biblioteca da Universidade de Coimbra*, vol. XXVII, Coimbra, 1964, págs. 20 e 21, ano de 1717: "Lisboa 25 de Fevereiro: Coimbra 13 de Fevereiro: (...) leo o Secretario da mesma Universidade o assento que no precedente Claustro se tomou, & o juramento que fizerão em forma solemne, de defender publica & particularmente a Bulla *Unigenitus*, & todas as outras que os Summos Pontifices da Igreja Romana expedirem em materias dogmaticas, nas quaes crem serem infalliveis, & absolutos, como a Universidade de Coimbra sempre defendeo." No mesmo sentido, Newton de Macedo, *História de Portugal. Edição Monumental comemorativa do 8º Centenário da Fundação da Nacionalidade*, (direcção de Damião Peres), Barcelos, 1935, VI, págs. 443 e 444, alertando para a estreita necessidade de haver sempre um respeito pela doutrina revelada, implicando uma subordinação do livre exame ao crivo da mesma.

[111] Georges Gusdorf, *Signification Humaine de la Liberté*, pág. 173: "dans la pensée chrétienne traditionnelle, la Révélation était vrai parce qu'elle était la Révélation, la Parole de Dieu, l'Écriture sainte. Il n'y a pas à chercher plus loin d'autre justification. Pour la pensé moderne, au contraire, de plus en plus, la Révélation doit être authentifiée en raison."

[112] Manuel Augusto Rodrigues, Prefácio" às *Actas das Congregações da Faculdade de Leis (1772-1820)*, Coimbra, I, 1983, págs. 13 e 14: "A Razão e o Evangelho postulam essa Liberdade de espírito para indagar o verdadeiro conteúdo da verdade. Só desta feita se podem evitar erros e desvios. Mas nunca

Em bom rigor o problema não era exclusivamente português. Na França, do *Édito de Nantes* revogado, a questão colocava-se do mesmo modo, sendo maioritariamente visto como problema a ser adiado, dado haver outras a apoquentar os governantes. Era uma falácia, mas uma falácia orientada no sentido que mais lhes convinha politicamente, mesmo que socialmente – e até pensando em termos de futuro da sociedade gaulesa – isso fosse reconhecidamente pernicioso[113].

Mas o contraponto não tardava a aparecer. Na eminência da Revolução Americana, aí estão notícias de Londres[114], segundo as quais "os Judeos abrirão entre si huma subscripção para á sua custa levantarem hum Regimento dos da sua religião, a que querem dar o nome de Leaes Judeos Voluntarios. Isto vem lembrar o zelo, com que elles na ultima guerra sustentarão o credito do Banco, pois ao tempo que os Inglezes retirarão seus fundos do banco, e trocavão anciosos os seus bilhetes em dinheiro, mettião elles todo o dinheiro de que erão senhores, e todos os seus thesouros applicavam a este

---

tiranizar os espíritos com doutrinas impostas de qualquer forma." Ana Cristina Araújo, "Dirigismo cultural e formação de elites no pombalismo", *O Marquês de Pombal e a Universidade*, Coimbra, Imprensa da Universidade de Coimbra, 2000, pág. págs. 9 e ss. Referindo-se ao *Compendio Histórico* estabelece que foi nele que o maior empenho reformador na Universidade se verificou, o que não parece de estranhar, muito embora o mesmo nem sempre tenha sido determinadamente procurado. Assim, a "prática das virtudes" continuava a estar acima que a "ilustração pelas ciências", como indica a Autora reportando-se ao Pensamento do reformador reitor D. Francisco de Lemos. A mesma Autora refere a pág. 13 que "ao justo princípio de que 'a faculdade de pensar é livre no homem' contrapunha-se a ideia de que a Liberdade tinha como 'limites' as máximas da 'Razão e da religião' [enunciadas por D. Francisco de Lemos, *Relação Geral do Estado da Universidade desde o princípio da Nova reformação até ao mês de Setembro de 1777*, Coimbra, 1777, Edição da Biblioteca Geral da Universidade de Coimbra, 1980, pág. 213]. Submetendo o múnus das verdades da fé ao culto da Razão soberana, a Filosofia cultural do pombalismo assimila o racionalismo crítico de base científica ao catolicismo, modernizando ao mesmo tempo a escola e a Igreja. Por isso a mesma Razão que fulmina os jesuítas, trava os mais radicais anseios de renovação das Luzes, sancionando, em nome da suprema jurisdição temporal, a repressão de deístas, enciclopedistas e materialistas." Num outro plano mas em estreita relação com o presente e que ficou antes explicitado, por recurso à compreensão de períodos históricos anteriores na ideia de Liberdade em Portugal, há Liberdade de consciência defendida e praticada em relação aos estrangeiros residentes em Portugal e protegidos por tratados celebrados entre o nosso país e terceiros.

[113] *Gazeta de Lisboa* nº 8, de 27 de Fevereiro de 1779, segundo Supplemento. Reproduz-se uma "Relação do que se passou na Assembleia das Camaras do Parlamento de Paris, a respeito dos Protestantes, em 15 de Dezembro [de 1778]", de que se extractam alguns trechos mais sintomáticos. No debate introduzido por Brelegniers, diz-se logo de início que "(...) não se trata nem de favorecer o exercício da pretendida religião Reformada, nem de admitir aos empregos os que a professão: mas de lhes alcançar o que se concede aos Judeos em todo o reino [ao contrário de Portugal], aquillo mesmo que os Principes Protestantes nunca negaram aos Catholicos, nem os mesmo Imperadores pagãos aos Christãos, a quem perseguião: quero dizer, *hum meio legal de dar por seguro o estado de seus filhos* (...)", ponto não solucionado pelo *Édito de Nantes*, por entender que a incerteza dos protestantes mais rapidamente os conduziria à conversão. Apesar das medidas restritivas do ministério, nada de bom se tem seguido a esta política repressiva e isso é tanto mais pernicioso quanto "este he ao mesmo tempo o único meio de restituir à França uma multidão de Refugiados, que o temor da oppressão tem remotos da sua pátria, e de atalhar novas emigrasões, que agora se tem facilitado mais do que nunca. Com effeito, os Protestantes não podem ignorar, que todos os Povos da Europa, zelosos de augmentar a sua povoação, os receberião de braços abertos; e que uma vez pacificada a *America Septentrional*, lhes offerecerá reffugios ainda mais seguros (...)." depois deste discurso que foi bastante debatido, seguiu-se o competente acórdão: "(...) *não he occasião de resolver, conformando-se o Tribunal á prudencia de S. M.*"

[114] *Ibidem*, nº 31, de 6 de Agosto de 1779.

beneficio; e lhes mereceo este generoso patriotismo, o acto de naturalização, que lhes foi concedido por Jorge III."

Já o Imperador José da Áustria determinava, por Édito conhecido em Portugal em 1 de Setembro de 1781[115], que os judeus deveriam ter acesso ao ensino público, devendo os seus negócios redigir-se sempre na língua do país onde residem e facultando-lhes meios para rapidamente poderem aprender e ser ensinados na mesma. Para tanto, mandava que não se negasse "aos Judeos de melhores circumstancias o accesso ás escolas maiores, e á Universidade, antes se lhes devera permittir o emprhender qualquer estudo, excepto o de Theologia. Assim tambem não se lhes devera prohibir, bem como aos outros Vassalos se não prohibe, a leitura de qualquer livro, que tenha passado por regia censura: ao contrario se devera prohibir a introducção de livros judaicos que vem de Paizes estrangeiros. Os livros Hebraicos, pois que absolutamente lhes são necessarios, de devem mandar imprimir no Paiz, debaixo da autoridade da censura imperial", além doutros privilégios que constavam do mesmo documento.

Se fosse possível entrever um confronto entre soberanos defensores dum mesmo tipo de monarquia, mas separados geograficamente, eis que surge notícia vinda da Rússia, em que a imperatriz [Catarina], a amiga de Voltaire e que quis levar Beccaria para os seus Estados, uma verdadeira mãe da cultura Iluminista, vem a dispor imperialmente, segundo notícia de 7 de Março de 1780[116] que colocaria um Édito "a todos os impressores, e livreiros dos seus Domínios, que sempre que nas Obras impressas se falle no Papa, seja com expressões que inculquem o seu respeito e acatamento, devido ao seu alto caracter"[117].

Naturalmente uma recordação vem à memória; Ribeiro Sanches, que tão bem foi recebido pelos autocratas russos, nem por isso deixou de ser compelido a abandonar o império da "Semiramis do Norte", devido às suas ligações aos cristãos-novos, de que já fora acusado na sua própria terra.

Tanto conduz a considerar vivamente que a tolerância religiosa, nesses Estados – para já não falar da Liberdade de consciência –, era bastante ambígua. Se por um lado se assumia a sua protecção, por outro condicionava-se e muito a sua prática, mesmo nos países mais evoluídos à época e nesta temática.

Depois, e recordando os ensinamentos de Locke, de Montesquieu, de Voltaire e outros e compaginando-os com a interpretação oficial do problema que a Inglaterra da *Glorius Revolution* dava à questão, bem como as reflexões que os pensadores do pré--liberalismo lhe dispensaram, apenas pode concluir-se pelo aspecto dubitativo e instável que caracterizava esta criação dos espíritos renovadores.

Reitera-se o apoio às pertinentes considerações de Paul Hazard[118], que raciocinando em termos gerais, poderá ser aplicado à situação portuguesa anterior à "abertura" das

---

[115] *Ibidem*, 1781, nº 35, de 1 Dezembro de 1781, segundo Supplemento.
[116] *Ibidem*, 1780, nº 18, de 5 de Maio de 1780.
[117] *Ibidem*, nº 26, de 1 de Julho de 1780, dá conta doutras situações em que se prosseguiam exactamente o mesmo tipo de medidas assumidas em Portugal. Ao caso trata-se dum édito do Duque de Modena sobre a publicação de livros e seu uso, em que se invocava como justificativo "a desenfreada Liberdade [que] prejudica á pureza da religião", devendo continuar a funcionar a censura sobre livros, que se oponham "*ex professo*, e directamente ás verdades reveladas, á doutrina inconcussa entre os Catholicos, ou aos bons costumes (...)."
[118] Paul Hazard, *O Pensamento Europeu no século XVIII*, págs. 40 e ss.

Luzes, ao alertar para o facto dos "guardiões, que começaram por bestializar o seu rebanho doméstico, velam para que a grande maioria das Criaturas tenha medo de atingir a maioridade; mostram a estas eternas crianças o perigo que as ameaça quando tentam caminhar sozinhas." Se algumas almas fortes "se libertam e dão o exemplo", a maioria permanece num estado de embrutecimento que só beneficia os Poderes, institucionais, promotores autorizados do evento.

Este aviso não deverá ser enjeitado para Portugal, na passagem duma situação para outra. A falta de instrução e o baixo nível reflexivo da população portuguesa, incentivado por uma exacerbação da perigosidade de tudo o que pudesse, mesmo longinquamente, aproximar-se de maioridade intelectual humana face ao demiurgo, deixavam pouca margem de manobra para acertar o passo com a Europa culta[119].

Por isso mesmo se incentivava a estreita colaboração entre a Escola e o Estado, entre uma espécie de "reserva moral da Nação" e a necessidade dela se preparar para assumir funções que antes eram concedidas à Igreja, cujo monopólio educativo, como muitos, outros agora se questionava.

2. Liberdade de pensamento no contexto pós-josefino: a mudança na continuidade

Como consequência da etapa percorrida no reinado antecedente, as reformas tiveram contra si dois pólos antagónicos, em que as reacções não se fazem esperar. Se num caso, mais rápida e mais célere, se manifestou logo no de D. Maria I, com a recuperação por parte dos eclesiásticos de boa parte do monopólio cultural perdido, por outro aguardou pelo final do século e pelo seguinte, originando a Revolução do Vintismo.

O ambiente cultural e político nacional posterior a 1789 é condicionado, sobretudo, por duas ordens de factores. Por um lado, a necessidade de afirmação portuguesa no plano cultural e, na sequência do que se vinha processando desde o período imediatamente anterior, enquanto país católico e, como tal, repudiando, oficialmente, todo o tipo de concepções que de algum modo se apresentassem em rotura com estes pressupostos. Por outro, obviamente pelos in (sucessos) da Revolução Francesa na Europa e posterior resposta europeia, no quadro da luta contra as ideias jacobinas e, depois, contra as ideias napoleónicas, que prefaciaram o Constitucionalismo ibérico.

Deve reconhecer-se que o reinado de D. Maria I apresentou aspectos positivos que costumam ser esquecidos[120]. Por via de regra apontam-se, num plano mais vasto de crítica, uma sobredosagem de "fradalhada" e de clientelismo, bem como a impunidade áulica que pululava nos corredores do Paço. Tanto por responsabilidade directa dos colabo-

---

[119] Ana Cristina Araújo, "Dirigismo cultural e formação de elites no pombalismo", *O Marquês de Pombal e a Universidade*, pág. 10: "A cultura ao serviço do Estado reforçava o papel de sociabilização política da escola. O sonho de emancipação do homem, decorrente da Filosofia racionalista e cientista do Iluminismo, ligava-se ao mito do "monarca benfazejo", encarnado pelos mais representativos 'déspotas esclarecidos' (...)."

[120] E os que haviam apoiado e auxiliado Pombal foram, em larga media, homens de confiança da Rainha. Mello Freire, Ribeiro dos Santos, Seabra da Silva, são apenas alguns exemplos. D. Maria I era "beata", diz-se. Em nossa interpretação foi bem mais que isso.

radores da Rainha[121] – confessor, arcebispo de Tessalónica no topo dos visados – como por contágio farnesino[122] importado de Espanha.

Entende-se que a política reformista de Pombal não cessou por mera causa do seu afastamento.[123]. Houve, efectivamente, uma reacção contra os excessos pombalinos no que se reporta ao afastamento da cena política dos representantes das forças mais influentes da sociedade portuguesa, quais fossem a alta nobreza e a hierarquia eclesial. Mas não se colocou de parte o núcleo mais saliente das práticas reformistas[124], porque mesmo os críticos de Pombal conheciam e reconheciam a necessidade das mesmas, no sentido de acompanhar os ventos do século.

Daí que já se tenha afirmado que se existe um certo retrocesso ao nível do Pensamento nacional muito patrocinado pela nova elevação da ortodoxia Católica-Apostólica-Romana sem as barreiras pombalinas, nos planos económico e político a senda reformadora prosseguiu sem percalços.

A cultura e a ciência, nos limites que lhe eram impostos, encontrava espaço limitado mas existiam, e a Rainha motivava-as. A resposta que deu a si mesma com a criação duma renovada instituição de censura em Portugal, foi a fundação da Academia das Ciências, em 1779[125], cujas realizações – e especialmente as perspec-

---

[121] Entre eles José Seabra da Silva, que havia reassumido funções. Ao que parece não eram apenas o ex--ministro ou Frei Manuel do Cenáculo que duma forma ou outra não simpatizariam particularmente com o ex e actual ministro. Segundo D. Vicente de Sousa Coutinho, embaixador em Paris, em carta enviada para Lisboa em 14 de Março de 1774, *apud* Teófilo Braga, *História da Universidade de Coimbra*, III, pág. 400, nota, "a catastrophe de José de Seabra me havia sido communicada por huma das primeiras pessoas d'este Reyno, accrescentando a rasão porque se suppunha incorrera no real desagrado. Eu não lhe mereci nunca hua simples resposta ás actas que lhe escrevi de cumprimento, e esta falta de attenção me augurou logo que elle tomara vôo que propendia ao precipício." Veja-se respeito dos motivos que estiveram na base do afastamento e posterior ressurgimento de José Seabra da Silva, os clássicos Henrique Schaefer, *História de Portugal, desde a Fundação da Monarchia até à Revolução de 1820*, vertida fiel, integral e directamente por F. de Assis Lopes, continuada sob o mesmo plano até aos nossos dias por J. Pereira Sampaio (Bruno), e por José Agostinho, Porto, 1893, V, págs. 288 e ss. e Fortunato de Almeida, *História de Portugal*, IV, págs. 422 e ss.

[122] Desde o tempo de Isabel Farnésio, mulher de Filipe V e mãe de Carlos III e de D. Mariana Vitória. No reinado de Carlos IV costuma ser associada à sua figura a de Maria Luísa, mulher do monarca e, posteriormente, D. Carlota Joaquina, mulher de D. João VI, cujo tipo de comportamentos seriam em tudo semelhantes.

[123] *O Portuguez ou Mercurio Politico, Commercial, e Litterario*, Londres, 1814-1823, redactor João Bernardo da Rocha Loureiro, I, nº 3, pág. 212, aponta o exemplo do subsídio literário, instaurado desde o tempo das reformas pombalinas.

[124] Isto não significa concordância plena com os conhecidos elogios liberais à política pombalina, algo excessivos, no afã de criticar as medidas do Governo da Regência. Veja-se José d'Arriaga, *História da Revolução Portuguesa de 1820*, I, pág. 474: "A revolução franceza surprehendeu Portugal no momento em que *elle já estava mui adeantado na grande e sublime revolução intellectual iniciada pela política pombalina, e quando os espíritos já estavam inclinados para uma mudança radical na ordem política, para qual o marquez deu os primeiros passos.*" Esta Obra histórica deverá, ser lida em todos os casos com a maior circunspecção.

[125] José Silvestre Ribeiro, *Historia dos Estabelecimentos Scientificos Litterarios e Artísticos de Portugal nos Successivos Reinados da Monarchia*, Lisboa, 1871 e anos seguintes, II, págs. 37 e ss.; António Ferrão, "*A Academia das Sciências de Lisboa e o Movimento filosófico, scientífico e económico da segunda metade do séc. XVIII*, Coimbra, 1923, págs. 37 e ss.; Teófilo Braga, *História da Universidade de Coimbra*, III, pág. 650: "(...) a nova Academia vinha na corrente philosophica do Encyclopedismo, contra o qual trabalhava a Inquisição de Coimbra, e não era estranha a esse negativismo que preparou a explosão temporal da Revolução Franceza." Henrique Schaefer, *Historia de Portugal, desde a Fundação da Monarchia até á Revolução*

tivas de realização – foram decisivas para o futuro da renovação[126] da cena cultural portuguesa[127].

No plano universitário, a ânsia de mudar estava cada vez mais arreigada e mesmo quando os nossos escritores não produziam escritos emblemáticos deste desejo de mudança, ia-se minando progressivamente mais e mais.

Mas também no plano e em tese geral, as tertúlias que de há muito iam nascendo são um excelente sintoma, ainda quando o policiamento imposto às mesmas e as obrigações para com o Trono e o Altar[128] se mantinham omnipresentes. Ainda assim e de forma indirecta e algo dúbia, sempre acabavam por reunir um núcleo de colaboradores mais ou menos alargado, que se não seria revolucionário ou partidário das ideias liberais, forçosamente discutia as ideias que por todo o Portugal corriam. Donde, também por aí se podem encontrar elementos importantes para o presente debate[129].

Falando em Academias, forçoso é falar na "Academia". Apesar de a terem tentado confundir com Napoleão, não era a ele que alguns dos seus sócios potenciais afran-

---

de 1820, Continuada, sob o Mesmo Plano, até aos Nossos Dias por J. Pereira de Sampaio (Bruno), V, pág. 330, fala em 1789, mas é obviamente gralha.

[126] Idem, *ibidem*, III, págs. 110 e ss. A propósito das perseguições movidas aos académicos, mesmo os mais ilustres como era o caso do Duque de Lafões por parte de Pina Manique, escreve-se a pág. 114: "Encontrei na Alfandega uma caixa de livros perigosos e incendiários do Abbade Reynald, de Bricot, de Voltaire, a *Pucelle d'Orleans*, e outros livros perigosos em se disseminarem; vindo entre elles alguns dirigidos para o *Duque de Alafões*, com este título por sobrescripto impresso em alguns jogos de volume, e outra para o Cavalheiro de Lebzelter (...)". Páginas adiante, mais precisamente a pág. 650, reitera a questão: "Quando a par dos rigores da Inquisição a Intendencia da Policia combatia o Philosophismo, como o espectro temeroso que insurreccionava a sociedade com a Liberdade politica e a Liberdade de consciencia, somente o Duque de Lafões, pelo seu valimento e parentesco com a casa real, poderia realizar o estabelecimento da Academia das Sciencias."

[127] Para desenvolvimentos, veja-se, entre muitos outros, António Ferrão, *A 1ª Invasão Francesa, Estudo Político e Social*, Coimbra, 1923, pág. LXXXI e ss.; Simão José da Luz Soriano, *História da Guerra Civil e do Estabelecimento do Governo Parlamentar em Portugal*, Primeira Ephoca, I, pág. 324. Importante é reter a informação primitivamente conseguida e depois por nós confirmada – mas o seu a seu dono, como será de boa nota – de Luís A. Oliveira Ramos, "Reflexões sobre as origens do Liberalismo em Portugal", *Sob o signo das "Luzes"*, págs. 142 e 143, que aponta num dos programas de pesquisa de um dos vários ramos do saber, "a redacção duma gramática filosófica da língua portuguesa, que devia ser concebida à luz do *Ensaio sobre o Entendimento Humano*, de Locke, das Obras de Condillac, Hartley, Beauzé, Buffier e Marsais, das *Cartas* de Diderot sobre os surdos-mudos, do artigo da *Enciclopédia* sobre a gramática e de outros semelhantes sobre a filosofia das línguas."

[128] José Silvestre Ribeiro, *Historia dos Estabelecimentos Scientificos Litterarios e Artísticos de Portugal*, IV, pág. 135: "Era condição impreterível [para a generalidade das Academias] evitar tudo o que pudesse offender a religião, a constituição do estado e a moral."

[129] Idem, *ibidem*, IV, pág. 135, refere a aprovação por aviso de 31 de Julho de 1802, assinado por D. Rodrigo de Sousa Coutinho e mediante autorização do Regente, da criação duma das inúmeras Academias que pela época pululavam. Tratava-se da Academia Tubbuciana. Dos "Estatutos" desta sociedade inscrevia-se, entre outras questões, que "os socios são constituidos na mais ampla Liberdade a respeito das memorias que devem apresentar; pois queremos que o vasto campo das sciencias, e eté das artes, seja aberto ás investigações dos alunos para geral utilidade: e como para esta muito concorrem as traducções, ellas terão grande parte nos nossos trabalhos, procurando em tudo, quanto for possível, o util com o deleitoso." Donde e na vertente interpretação, pretendia-se um regime próximo ao da Academia das Ciências no que respeitava ao exercício da censura, bem como se aludia indirectamente a Obras estrangeiras que seria importante traduzir. Desta Academia fazia parte como sócio-fundador Filipe Ferreira de Araújo e Castro, o grande amigo de Silvestre Pinheiro Ferreira e futuro ministro em vários Governos do Vintismo nacional.

cesados primeiro e adeptos do Liberalismo depois tinham aderido. A ligação era ao desenvolvimento da ideia de Liberdade que estivera na sua génese e com o decurso dos acontecimentos se ia tornando mais evidente[130].

Depois da Reforma pombalina terá sido a Academia das Ciências que, no plano cultural, mais contribuiu para a implementação do regime saído de 1820. Se no campo político perdura a evidência da passagem do Contratualismo absolutista para o liberal na Europa, no plano da Liberdade individual e sobretudo da Liberdade de pensamento isso resulta bastante claro no nosso país, apesar de toda a actividade dos organismos da censura.

Apenas alguns nomes, alvo de posterior ponderação e que agora se deixam à consideração do leitor: D. Francisco de Lemos, Félix de Avelar Brotero, Frei Francisco de S. Luís, Francisco Trigoso de Aragão Morato, Francisco Soares Franco, Manuel de Serpa Machado, Silvestre Pinheiro Ferreira, José Bonifácio de Andrade e Silva e seu irmão António Carlos Ribeiro de Andrade, envolvido na conjuração de Pernambuco.

Já em fase posterior aos acontecimentos de 24 de Agosto e 15 de Setembro de 1820, o panorama oficial não se altera grandemente em termos de prática política. Se existe uma óbvia inversão no plano das Ideias Políticas e se assumem os direitos individuais, o pragmatismo manda que se mantenha uma religião de Estado, que se incentiva todos os cidadãos portugueses a praticar de forma convicta e empenhada.

Uma revolução em que parte dos seus intervenientes elogiava Pombal e o seu espírito reformista; os Vintistas no plano da Liberdade individual avançaram muito mas nunca se esqueceram da obediência Católica-Apostólica-Romana em matéria de religião de Estado. Liberdade de consciência e tolerância religiosa faziam parte do vocabulário revolucionário; apenas que se num caso ela era universalmente aceite por fazer parte do foro íntimo de cada um, no segundo apenas os estrangeiros e por força de Tratados internacionais podiam gozar.

A Liberdade de consciência, como modalidade da Liberdade de pensamento, era aceite e incentivava-se no íntimo de cada um e no plano dos seus direitos individuais; a religião de Estado, que era a católica, não se discutia como a oficial do Triénio. Era, pois, algo de diverso quer da Liberdade de consciência quer da tolerância religiosa que, enquanto Liberdade civil, fazia parte dos direitos concedidos aos estrangeiros.

3. Projectos políticos: o Contratualismo absolutista europeu e as tendências lusitanas

Em Portugal nunca se ultrapassou a situação de ver em Deus e não apenas no homem ou na sua Razão a origem do Direito Natural[131], tal como o Contratualismo nunca foi levado às suas últimas consequências.

---

[130] Muito embora e ainda no anterior à revolução fosse alvo de severas críticas por parte de liberais portugueses emigrados. Veja-se *O Campeão Portuguez em Londres*, I, Agosto de 1819, págs. 97 e ss., reproduzindo uma notícia vinda de Paris, em Outubro de 1818 e comunicada por um seu correspondente: "(...) A litteratura pertence de facto e de Direito a nossa Academia Real das Sciencias, da qual he Vice-Presidente o Exm°. Senhor Marquez de Borba. (...) devo dizer que ella anda occupada em fazer um Diccionario da lingoa Portugueza de cujas palavras e orthographia nos servimos *ad libitum* por não termos ainda regras fixas e certas. Há cincoenta annos que começou este trabalho, e já temos a letra – A completa: espera-se que antes de 1200 annos findarão os 21 volumes que só faltão para completar esta Obra immensa."

[131] Estas ideias podem ser buscadas nas *Ordenações Filipinas*, como Lei máxima positivada que em Portugal à época estava em vigor. A título meramente exemplificativo, vejam-se Livro I, tít. 9, § 12; Livro II,

Pode ser apontada a data de 1696-1698[132] como termo final da convocação das últimas Cortes portuguesas, ainda no reinado de D. Pedro II, sendo bem nítido pelas suas disposições, em conjugação com as de 1679, que o Absolutismo régio fazia progressos em Portugal[133]. Esta ideia era já clara depois das Cortes de Lisboa de 1668, no reinado de D. Afonso VI, realizadas em torno da invocada incapacidade para o exercício governativo do citado monarca e seu afastamento das rédeas da Administração.

Elas permitirão, entre outros factores, qualificar entre os sectores eclesiástico e magistral da segunda metade de Seiscentos, opções políticas diversas da hegemonia aristotélico-tomista. E mesmo que não seja intenção varejar as mesmas, não poderá, deste passo, olvidar-se que elas abrangiam o próprio âmago da monarquia, implicando opções diversificadas no que respeita ao papel das Cortes e, sobretudo, na intervenção

---

tít. 1, §13. *Estatutos da Universidade de Coimbra*, II, Cânones e Leis, pág. 87 e ss.: "Distinguirá [o lente de Direito Natural] com grande cuidado o referido *Direito Natural* da *Theologia natural; da Ethica; da Moral; do Direito Civil e Canónico, da Politica, da Economia;* e de todas as disciplinas, que com ele tem affinidade. (...)."

[132] Estas Cortes foram convocadas para jurar o Príncipe D. João, filho mais velho do segundo casamento de D. Pedro e futuro D. João V. Note-se e relembre-se ser este acto indispensável face às *Actas das Cortes de Lamego*, que obrigavam a que o filho do irmão do Rei falecido sem descendência, tivesse de ser aprovado e jurado em Cortes. Nestas Cortes se decidiu igualmente que esta autorização seria desnecessária de futuro em casos análogos, pois que "assentamos, declaramos e de novo estabelecemos (como aqueles em que reside o mesmo poder dos que então fizeram as *Leis Fundamentais das Cortes de Lamego*) que a disposição referida, seja por via de declaração interposta ou derrogação não fará que seja necessário o consentimento e aprovação dos *Três Estados do Reino* para suceder a seu Pai o filho do Rei que sucedeu a seu Irmão (...)." Pouco tempo depois este assento transformou-se em lei por alvará de 12 de Abril de 1698. Fortunato de Almeida, *História de Portugal*, V, págs. 16 e 17 e bibliografia mencionada em nota.

[133] Alguma responsabilidade terão tido as próprias Assembleias para que esta situação se viesse a verificar, pelos tumultos que as acompanhavam por via de regra, e que já faziam parte, também, da tradição portuguesa da reunião em Cortes. Sobre o ponto, Pedro Cardim, *Cortes e cultura política no Portugal do Antigo Regime*, "Prefácio" de António Manuel Hespanha, Lisboa, Edições Cosmos, 1998, pág. 26 e ss. Como confirmação do que se vem expondo, vejam-se as considerações de Pedro Calmon, *História das Ideias Políticas*, pág. 194 e ss., e a título comparativo diga-se que os Estados Gerais de França deixaram de se reunir a partir de 1614, segundo indicação que dá. José d'Arriaga, *História da Revolução Portuguesa de 1820*, I, pág. 155: "Emquanto D. Pedro foi regente e não viu a corôa sobre a sua cabeça, convocou Cortes quatro vezes, isto é, durante quinze anos; mas logo que conseguiu realizar esse sonho dourado dos Príncipes de raça, deixou de governar com o concurso da Nação, que deu por inepta para a Administração pública, emquanto elle dava tantas provas de ignorancia e imbecilidade. Durante os vinte e três annos do seu reinado apenas convocou Cortes uma vez, em 1697; (...) estas Cortes tiveram uma feição toda aristocrata, communicando-se o Rei só com o estado da nobreza, a quem foi dada a iniciativa das leis e medidas propostas! Foram essas as ultimas Cortes que houve. D. Pedro, auxiliado poderosamente pelo ensino jesuítico, definitivamente acabara com o regimen parlamentar. Assim pagaram os póvos a incúria e desleixo de não estabelecer leis claras e precizas ácerca das Côrtes, de não se impôr em 1641 um regimen para ellas, e de não marcarem os limites do Poder real." Outro escritor, de feição liberal que no séc. XIX apresenta a sua perspectiva do problema é J. G. de Barros da Cunha, *Historia da Liberdade*, Lisboa, I, 1869, pág. 16: "(...) se considerarmos que estes mesmos Parlamentos foram os mais intolerantes e encarniçados contra a Liberdade de consciência, os mais servis para legalizar tudo quanto a realeza fez de licensioso e degradante; as suas virtudes políticas e influencia na prosperidade publica, serão reduzidas às justas proporções que lhes pertencem, e ninguem póde de boa fé attribuir o menor concurso effectivo, ou a menor influencia moral pelas suas tradicções, nos acontecimentos que prepararm a revolução de 1820, e fundaram o que se chama representação nacional."

e representação assumida pelas mesmas no campo das Liberdades dos povos. Por outras palavras, da interrogação acerca dos Poderes régios.

Não resultam, em sequência e por força dos elementos que a História Geral fornece à História das Ideias Políticas no vertente caso, muitas dúvidas sobre a sorte da Liberdade dos povos. E isto quer em período josefino, de que os cinquenta anos de governação de D. João V[134], moldados sobre o aliciante figurino de Luís XIV[135],

[134] Por isso mesmo se o Absolutismo régio, na sua versão do despotismo esclarecido, tardou em aparecer em Portugal, ele de facto germinou na pessoa de um jovem monarca de 17 anos, que se comprazia em afirmar que "meu avô deveu e temeu; meu pai deveu; eu não devo nem temo." Ele foi um verdadeiro representante do Absolutismo esclarecido em Portugal, a quem apenas Pombal se compara, não tendo reunido uma única vez Cortes entre 1707 e 1750, quando faleceu. São palavras de Ângelo Ribeiro, *História de Portugal. Edição Monumental comemorativa do 8º. Centenário da Fundação da Nacionalidade*, VI, pág. 229: "fala-se muitas vezes da *ditadura pombalina*. Não se trata porém duma ditadura, mas duma forma completa do estado monárquico-absoluto, como ele existia então na Europa, com excepção da Inglaterra, da Holanda, da Suíça, como ele era tanto compreendido tanto na França de Luís XV, como na Prússia de Frederico II, tanto na Áustria de Maria Teresa como na Rússia da czarina Isabel, tanto nos pequenos estados alemães como nos principados italianos." Isto é efectivamente assim na prática; teoricamente, conhece-se da aceitação das ideias dos jusracionalistas teorizadores do despotismo esclarecido e do bom acolhimento que estas teses tiveram. Teoricamente, repita-se. Veja-se Luís António Verney, *In Funere Joannis V, Lusitanorum regis Fidelissimi. Oratio ad Cardinales*, tradução portuguesa de Theotonio Montano com o título *Oração de Luis Antonio Verney na morte de D. João V*, s. l., s. d., IV: "(...) Hum Rey mancebo, e que julga que elle he isento das Leys, pelas honras, pela grandeza, pelo Poder (...)."

[135] É conhecido como Luís XIV, como já o seu pai Luís XIII e as figuras e Richelieu e Mazarino foram os grandes responsáveis pela configuração política e tipo de Governo de toda a Europa, excepção feita à "democrática" Inglaterra do séc. XVII e primórdios do séc. XVIII. Conseguindo submeter, depois de infindáveis conflitos ao seu Poder a Europa, podiam agora dedicar-se a colher daí os competentes louros, funcionando como o núcleo visível do Velho Mundo. Também por isso a sua queda e transformação será tão nítida e irá afectar todo o resto do mundo para sempre. Segundo escreve Ângelo Ribeiro, *História de Portugal*, Lisboa, 1936, III, pág. 82: "D. João V, que sobe ao trono aos dezassete anos, é o verdadeiro representante do ultra-absolutismo monárquico de modelo francês, que nos alvores do séc. XVIII se instala em todas as cortes estrangeiras (...), cortes que procuram imitar a magnificência de Versalhes, adoptando a etiqueta e o cerimonial da corte do Rei-Sol." Interessante é a reflexão que estabelece o nó górdio entre manifestações culturais e política absolutista e de que dá nota Maria Teresa Couto Pinto Rios da Fonseca, *Absolutismo e Municipalismo Évora. 1750-1820*, Dissertação de Doutoramento em História e Teoria das Ideias, na especialidade de História das Ideias Políticas, apresentada à Universidade Nova de Lisboa, Lisboa, I-II, 2000, II, pág. 644: "O especial patrocínio a uma instituição cujo objectivo no estudo da História, enquadrava-se na política joanina de reforço do Poder régio, pois o conhecimento do nosso passado contribuía para a preservação da memória de Portugal e para a dignificação dos seus soberanos." E, reporta Pedro Calmon, *História das Ideias Políticas*, pág. 192 e ss. que "a tendência para o abuso e a mística do Poder pessoal apuraram, com Luís XIV, a qualidade despótica da realeza." Referindo-se aos ensinamentos de Montaigne, admira-se do facto dos Príncipes irem buscar tão longe, à alta Idade Média, "os tipos de uma autoridade apenas cerceada pela tradição, pela ética, pela cortesia, expressões crepusculares da justiça e da caridade medieval, últimos desenhos da igualdade cristã, da Jurisprudência latina, da concórdia germânica, das Liberdades cristãs, da primazia da Moral sobre a lei em que se extinguia o ciclo do Poder hereditário." Também S. E. Finner, *The History of Government*, III, "Empires, monarchies and the Modern State, Oxford, 1997, III, pág. 134 e ss. retoma a questão, com uma lapidar proposta de trabalho relativa aos louisinaos intentos: "Louis's absolutism was the product of is overpowering personality, of new institutions, and is juridical status was heavily qualified in practice. Why and how the version of Louis as is omnipotent Sun-King should have arisen and his monarchy have been regarded as the very classical model of European absolutism is the puzzle that we shall address by way of our conclusion." E essa é a conhecida: foi um monarca absoluto mas não um déspota à maneira oriental. Poderia ter sido um déspota iluminado se tivesse vivido alguns

tinham sido prólogo mais que suficiente[136], quer na sequência normal Poder real já não permitia limitações.

4. Projectos políticos: transição do reinado de D. Maria I face ao despotismo ilustrado josefino

No reinado seguinte a tónica não se afasta muito; contudo a possibilidade de unir "Velho" e "Novo" é por demais evidente, implicando uma significativa mudança na postura política nacional que a seu tempo irá produzir frutos.

Um dos aspectos que importará desenvolver nos quadros reflexivos da História das Ideias, prende-se com o inultrapassável Facto Político da Revolução Francesa. D. José e Pombal adaptaram o seu Pensamento de raiz reformadora ao Contratualismo Moderno, num Estado católico e em que continuava a considerar-se, mau grado todas as transformações, que "nulla potestas nisi a Deo." D. Maria I e D. João, Príncipe Regente e depois Rei de Portugal, sofreram o impacto da maior convulsão do mundo Moderno, antes da sua transformação propiciada pela revolução socialista russa já no séc. XX.

O Pensamento português destes reinados, até à eclosão da Revolução de 1820 foi necessariamente condicionado por tal circunstancialismo, originando uma diversidade discursiva e vocabular entre os mesmos, em que os factores tradição e contra-revolução, nos diversos planos de compreensão que admitem, não podem deixar de ser equacionando.

Por um lado, uma contra-revolução providencialista; por outro uma alternativa moderada, conservadora, às propostas do radicalismo de origem francesa e simbolizada pelo moderantismo inglês, sobretudo evidente na imprensa portuguesa sediada em Inglaterra. Para além destes dois casos, existe ainda uma terceira via, sobretudo evidente no reinado de D. Maria I e de D. João, Príncipe Regente, eventualmente falho de legitimidade numa primeira fase e depois Rei de Portugal, patrocinado por um núcleo tradicionalista, de

---

anos depois; mas ao momento, ficava-se pelo Absolutismo em toda a sua prepotência. O mais curioso existe pelo menos uma referência em A . Bilain e Bourzéis, *Traité des Droits de la Reine très Chrétienne sur les Divers États de la Monarchie d'Espagne*, apud Jean-Jacques Rousseau, "Discours sur l'inégalité", *Œuvres*, II, Prsi, Éditions du Seuil, 1967, pág. 238, que parece reconduzir, numa abordagem superficial à ideia contrária. Na verdade parece que não existe qualquer alteração à tese geral, mas as referências feitas à manutenção da sua vida por cada Ser humano, são importantes porque implicam o reconhecimento da indisponibilidade desse bem jurídico, tal como da Liberdade pessoal, que nem o próprio poderá lesar, quanto mais uma força proveniente do exterior.

[136] José Hermano Saraiva, "O Reformismo no século XVIII", *História de Portugal*, II, Lisboa, Publicações Alfa, 1983, II, págs. 55 e ss., alerta para o facto do Absolutismo em período joanino ter sido bastante relativo, pelo menos em comparação com o de seu filho: "Na época de D. João V a instituição real está longe de subjugar o país (...). A própria posição do Rei no aparelho de Estado está submetida a limitações. O monarca, desde o princípio, encontrou resistências ao exercício da sua Autoridade. O episódio do projecto da viagem pela Europa é revelador. Em 1715 decidiu fazer uma viagem por alguns países da Europa, para assim se actualizar e informar sobre as realidades das Nações ilustradas (...). Mas os seus ministros opuseram-se com teimosa firmeza, invocando razões de economia, de segurança pessoal, de política interna. O Duque do Cadaval, valido do reinado anterior, *recordou, então, que o Rei não podia saír do País sem uma formal Autorização das Cortes*, ideia que mal se harmoniza com a de um Poder real ilimitado (...). O soberano, contrariado e vexado, foi forçado a desistir." E, segundo Ângelo Ribeiro, *História de Portugal*, III, pág. 90, a respeito dos conselheiros de D. João V, era "servido por ministros inteligentes e de certa capacidade governativa", ideia que pode ser, no mínimo, discutível, por aplicação à totalidade do ministério.

tendências ideológicas absolutistas, mas aberto às coordenadas de um certo Liberalismo económico e que a seu tempo será devidamente ponderada.

É o tempo de aparecerem os "franceses"[137] e "ingleses"[138] de Portugal, alguns dos quais irão posicionar-se como dos mais destacados membros da política nacional depois de 1820[139]. E é tempo de surgirem os "radicais" à maneira de Jean-Jacques e dos seus fiéis seguidores, dos tradicionalistas de genuína marca nacional e dos "conservadores", cuja paternidade histórica radica em Burke.

Quanto à origem e exercício do Poder político, se mantém algumas relações íntimas com o que se passava em período imediatamente anterior, apresenta algumas divergências. E logo no início do reinado de D. Maria I, uma vez que surgem indícios de uma leve mitigação no entendimento do exercício do Poder político pela soberana, sem qualquer relevância atribuível aos estados da Nação, mas sendo recordados, em período algo adverso para tais citações, as positivas decisões aferidas pelos representantes da Nação em presença do monarca, quando da fundação da nacionalidade.

Por outro lado e embora de forma muito indirecta e algo discutível, a própria origem do Poder poderá começar a ser encarado menos como de procedência directa divina e mais como produto da translação humana. A questão prende-se, naturalmente, com os desenvolvimentos que a Revolução Francesa irá implicar à escala europeia, e que irão culminar na resposta concertada da Europa dos déspotas ilustrados aos acontecimentos de 1789 e anos posteriores, cujo eco em Portugal foi, naturalmente sentido.

Em último caso e no maior dos apertos, o próprio Governo da Regência, já depois da eclosão da Revolução Vintista se predispõe à convocação de Cortes, ainda que o monarca não se tivesse pronunciado sobre o tema e nunca admitindo qualquer partilha de Poder efectivo ou exercício de soberania repartida. Tanto demonstra o pânico, a confusão e a dificuldade patente em analisar este conturbado período da nossa História das Ideias Políticas, sobretudo ao nível da ideia de Liberdade.

5. A ambiguidade das Ideias Políticas no discurso Vintista e a elaboração duma Constituição pró-republicana

Adesão à tese do Contratualismo social, Individualismo exacerbado, soberania nacional por oposição a soberania real e combate à régia preponderância política, separação de Poderes mas clara assunção do Legislativo sobre o Executivo, prevalência do sentido

---

[137] Antes de 1820 poderá exemplificar-se com D. António de Araújo de Azevedo.
[138] Antes de 1820 exemplifique-se este núcleo com D. Rodrigo de Sousa Coutinho.
[139] Joaquim António de Sousa Pintassilgo, *Diplomacia, Política e Economia na transição do séc. XVIII para o séc. XIX (O Pensamento e a Acção de António de Araújo de Azevedo – Conde da Barca)*, Dissertação de Mestrado em História Cultural e Política apresentada à Faculdade de Ciências Sociais e Humanas da Universidade Nova de Lisboa, Lisboa, 1987, I, pág. 45: "[A partir de 1801] formava-se um dos ministérios mais 'anglófonos' deste período, onde pontificavam as figuras de D. Rodrigo de Sousa Coutinho e de D. João de Almeida de Melo e Castro (futuro Conde das Galveias), até aí embaixador em Londres e que ocupará, durante cerca de dois anos, a pasta dos negócios estrangeiros." Consulte-se Rocha Martins, *Episódios da Guerra Peninsular. As três Invasões Francesas*, Lisboa, 1944, I, págs. 5 e 6: "D. Rodrigo de Sousa Coutinho, fidalguíssimo, considerado luminar desde os seus estudos no Colégio dos Nobres (...) também fora diplomata. (...) Dizia-se que se filiara numa loja maçónica em Turim e, na realidade, era tolerante, para com as ideias ousadas. Disfarçava muito bem a sua inclinação mas não podia ocultar o seu partidarismo em relação à Inglaterra. Era o paladino da Aliança britânica; o ministro que mais trabalhava para se seguir a rota dos compromissos seculares."

do Constitucionalismo francês, traduzido em versão indirecta por Cádiz e afastamento maioritário do Congresso Vintista[140] do moderantismo preconizado pelo sistema inglês.

Há que deixar, porém, claro e já nesta "Introdução" qual a posição que se defende e cuja operacionalidade urge conseguir provar no decurso da investigação, qual seja o drama em que consiste a ambiguidade e indecisão que caracterizaram o Triénio Vintista no plano das Ideias Políticas. Umas assumidas; outras nem tanto e algumas mesmo "esquecidas" até melhor ocasião se patentear[141].

A tese dos moderados em Portugal acabou por ser vencida. Repita-se que isso não significa que dela não reze a História[142].

O Liberalismo português inicial, antes da reunião do Congresso Vintista[143], tinha aparentemente feição "moderada", visando apenas reformar o que fosse possível reformar, no respeito sobre as estruturas tradicionais[144]. O seu radicalismo foi mais o

---

[140] Estas intervenções parlamentares são, na vertente interpretação, o aspecto sintomático de maior relevância no Pensamento discursivo histórico das individualidades do Liberalismo português. Veja--se Francisco Manuel Trigoso de Aragão Morato, *Memórias de Francisco Manuel Trigoso de Aragão Morato*, começadas a escrever por êle mesmo em principios de Janeiro de 1824 (revistas e coordenadas por Ernesto Campos de Andrada), Coimbra, Imprensa da Universidade, 1933, Parte II, págs. 111 e 112: "Quem quizer estudar a historia d'este tempo, necessaariamente há-de recorrer aos *Diarios das Cortes*, e d'elles conhecerá a verdade do que fica resumido. É certo que estes *Diarios* são muito defeituosos, porque não havia bons tachygraphos nem redactores, e porque as fallas dos deputados não liberaes eram acintemente omittidas ou cortadas; mas, até certo ponto, elles servem para se conhecer os diversos espirito que dominava os membros do Congresso."

[141] António Cabreira, *Soluções Positivas de Politica Portugueza*, pág. 10, considerava em finais do século XIX que "o Liberalismo é uma forma abortiva. Fundou-se no assassínio e no roubo. Para elle a Vida do homem é uma parcella infinitamente pequena; a Propriedade é a negação. Para elle não há Deus: a moral baseia-se na Liberdade dos indivíduos, nome sacrossanto prostituido pelos apostolos do mal. Para elle o passado é um crime, a História um compêndio de immoralidade; só agora a humanidade é grande, e o seu influxo é a única fonte possível do bem. Tem por polo o anarchismo e a communidade da Propriedade, duas anomalias que significam a dissolução dos Povos. Diz-se o amphioso da politica evolucionista; como se a Historia e a Sciencia o tolerassem no campo da moral e das idéias." Esta uma opinião esclarecedora da visão que o Absolutismo queria passar do seu opositor, utilizando uma linguagem desajustada na forma como incorrecta na substância, mas que, certamente tinha o seu peso específico próprio. Era isto que pelo período em análise certamente muita gente defenderia em Portugal e no resto da Europa e procurava transmitir por palavras e actos. Este o problema com que os homens do Vintismo tiveram de se confrontar, filho duma incompreensão manifesta das propostas liberais e mesmo dos apelos reformistas que depois do último quartel do séc. XVIII foram surgindo em Portugal.

[142] Sandra Ataíde Lobo, *Entre a Ordem e a Liberdade, os Caminhos do Conservadorismo Liberal – Modelos europeus e perplexidades portuguesas, a propósito de Costa Cabral*; Tese de Mestrado Apresentada à Universidade Nova de Lisboa, Lisboa, 2000.

[143] Zília Maria Osório de Castro, "Tradicionalismo *versus* Liberalismo. Pensar a Contra-revolução", *Cultura*, 16, pág. 94: "Em 1820, Portugal entrou politicamente na contemporaneidade. Os acontecimentos de 24 de Agosto, de 15 de Setembro e de 11 de Novembro desse ano abriram as portas ao regime liberal representativo que seria consagrado pela *Constituição de Setembro de 1822*. A soberania nacional tomou o lugar da soberania régia, o cidadão tomou o lugar do súbdito fez desaparecer a arbitrariedade, a igualdade perante a lei afastou o privilégio. Enfim, um novo mundo despontou, à obra do valor supremo da Razão humana, reflectida na racionalidade legitimitadora da política na sua fundamentação e exercício. Daí que neste âmbito, recorrer a Deus e à Teologia, deixou de ter sentido, e como tal, a secularização e a laicização informaram sucessivamente a *respublica* tornada valor dos homens e não de Deus, consubstanciando politicamente a rotura cultural desencadeada pelo iluminismo ao longo de setecentos."

[144] António Joaquim da Silva Pereira, *O Vintismo – História de Uma Corrente Doutrinal*, Dissertação de Doutoramento em História Institucional e Política (sécs. XIX e XX), Apresentada à Faculdade de Ciên-

produto das decisões do Congresso em que a respectiva ala estava em maioria mas que não corresponderia, na prática, nem ao sentir do povo português, nem às possibilidades efectivas que o Estado português teria de a ele, radicalismo, se adaptar. Tão pouco, ao grau de esclarecimento da população nacional, que lhe permitiria em consciência optar por um modelo e não por outro[145].

Ela mesma e não os seus representantes eleitos ou os periodistas conhecidos[146], intelectualidade formada nas Escolas do jusracionalismo e do jusnaturalismo[147], que serviu de cadinho ao Liberalismo, transformando-o sem atender, na maior parte dos casos, aos particularismos óbvios e específicos de um país que comparativamente à França, por exemplo, teria vários decénios de atraso.

É por demais conhecido o que se passou em França e daí o pânico que os inflamados tinham de ser apodados de jacobinos, tendo inventado a moderada fórmula de "regeneradores", quando na sua maioria e descontando intenções iniciais, terão sido tudo, na prática, menos o que a sua fraseologia teórica inculcava[148].

No fundo é a velha questão de se ser "regenerador" por fundamento, isto é, porque se acredita que é o processo histórico sedimentado nas conclusões de Lamego, verdadeiras

cias Sociais e Humanas da Universidade Nova de Lisboa, Lisboa, 1992, pág. 36: "O Estado de Direito liberal Vintista é o produto do encontro de uma leitura nacional com as suscitações práticas e teóricas do Liberalismo europeu. Não quer isso dizer que não seja igualmente o produto do encontro das forças burguesas e pequeno-aristocráticas com uma ideologia que apelava para mudanças estruturais ao nível social, político e económico"; idem, "Estado de Direito e 'Tradicionalismo Liberal'", *Revista de História das Ideias*, II, Coimbra, Universidade de Coimbra, 1978-1979, págs. 119 e ss. Em conjunto foram estes os textos base utilizados para contextualizar o tema.

[145] Confirma a presente interpretação José Esteves Pereira, "Genealogia de Correntes de Pensamento do Antigo Regime ao Liberalismo. Perspectivas de Síntese", *Do Antigo Regime ao Liberalismo*, (Organização Fernando Marques da Costa, Francisco Contente Domingues e Nuno Gonçalo Monteiro), pág. 51: "Seria um erro cingirmo-nos, na apreciação das fontes de Pensamento dos actuantes Vintistas quer a uma utilização aprofundada do regalismo (ou das leituras de Rousseau, de Lolme, Claude Mey, Bentham, a súmula dos *Choix de Rapports* ou as colecções de Constituições europeias e americanas). Se apenas com um estudo sistemático das autoridades que foram avançadas em Cortes lograremos ter um desenho mais fiável de uma teoria da Liberdade, já o mesmo se não pode dizer pela apreciação dura das intervenções e das posições daquilo que foi, no cerne do Liberalismo a sobrevalorização de um discurso moderado em face de uma expectante posição reivindicada até aos nossos dias de um radicalismo difícil de encontrar." Sugere, pois, o citado historiador que para além deste trabalho se organize uma averiguação acerca da "tensão possível entre concepções radicais e moderadas."

[146] *O Portuguez*, XI, nº 63, pág. 211: "(...) continuo os Senhores Reis no Acto solemne da sua Coroação, a jurarem á face de Deos e do seu Povo, que nos hão de governar em justiça e manter e guardar nossa regalias, franquezas, fóros, Liberdades &c. Hum destes fóros he a nossa Representação nacional." *Ibidem*, XI, nº 63, pág. 209: "Tal he a Constituição essencial e fundamental da nossa Monarchia, que os Senhores Reis se obrigão com juramento a nos guardar, e manter, e cumprir á risca: e assim o fizerão por mui dilatado tempo em quanto Portugal não teve a desgraça de ver o Throno dos seus Reis ladeado, e bloqueado de abomináveis Validos." O redactor desenvolve depois, historicamente, a evolução da actividade conjunta entre Rei e Povo nas Cortes e a relevância desta colaboração na Liberdade dos portugueses.

[147] António Joaquim da Silva Pereira, *O Vintismo – História de Uma Corrente Doutrinal*, pág. 35: "A rejeição de análises metafísicas ou meta-históricas da realidade social, o desenvolvimento da consciência do valor da acção política, a fundamentação pactícia e jusnaturalista da Liberdade e do Direito de cidadania, o problema da Igualdade e a sua solução no Estado de Direito, ganham vulto no corpo de doutrina que informa o estado constitucional Português."

[148] Manuel Fernandes Tomás, *Carta Segunda do compadre de Belém ao redactor do Astro da Lusitania*, Lisboa, 1821, pág. 7.

ou falsas, aquelas que devem ser mantidas e incrementadas numa Constituição formal, que seja o espelho da antiga Constituição histórica portuguesa.

Outros, serão "regeneradores" mais por "educação", por "ilustração", por medo de confusões que acreditavam espúrias, ainda que no seu íntimo acreditassem piamente que o modelo tradicional português estava, no texto e no contexto desactualizado e urgia reformulá-lo pela base. Ou seja, construir, a partir do zero, o edifício político da soberania nacional e da representatividade portuguesa em moldes derivados de Cádiz, 1812 e de França, 1791.

E porque agiram assim no plano das Ideias Políticas? Porque a História não os autorizava em contrário. Talvez lhes permitisse uma maior moderação.

Quanto ao resto, parece que não havia qualquer alternativa viável. Ou se estava pela Revolução e se pretendia que o homem tivesse os seus direitos constitucionalmente reconhecidos e que a soberania fosse entregue ao Corpo Político, ou se mantinha a situação do Antigo Regime.

Um único pormenor a acrescentar; se o debate em torno da Constituição entre as duas facções em presença – para não falar dos declarados opositores ao nado regime – existiu, isso constitui reconhecimento implícito e a melhor prova de que enquanto indivíduos tinham direitos políticos, expressos no hemiciclo, na imprensa ou nas reuniões de que participavam. Esse outro grande passo e corolário da ideia de Liberdade e da ossatura legal do texto de 1822.

Ora e se isto acontece com os reconhecidos membros da ala radical do Congresso Vintista, acresceram sérias dificuldades em distinguir, dentre os moderados, os vários grupos que se assumem no Triénio Vintista. Quer pela similitude do plano de acção que propõem nos temas que mais nos importam, quais sejam os direitos individuais – e sobretudo a protecção da Liberdade individual – e a Liberdade política, quer como manifestação dos direitos do cidadão, quer no âmbito da sua propriedade pela sociedade em si mesma, as diferenças são mínimas.

Bastará, para tanto, ponderar algumas das intervenções parlamentares[149] de homens que foram identificados com as suas várias manifestações, para chegar a esta conclusão em termos céleres.

Finalmente, alerte-se para o facto dos termos equacionados sobre o duplo sentido de contra-revolução aqui manterem e reforçarem a premência. A contra-revolução por oposição à Revolução Francesa e a contra-revolução providencialista.

Num caso, homens como Trigoso, Palmela ou Frei Francisco de S. Luís, a ilustrar um Liberalismo de feição moderado e oposto a quaisquer veleidades radicais. São os que defendem as ideias moderadas "à inglesa" e que discordam em absoluto e descartam a Revolução Francesa nos moldes em que se estruturou. No segundo, aqueles que de liberais nada tinham e apenas se podiam ir contentando com a possibilidade de espera

---

[149] Estas intervenções parlamentares serão o aspecto sintomático de maior relevância no Pensamento discursivo histórico das individualidades do Liberalismo português. Veja-se Francisco Manuel Trigoso de Aragão Morato, *Memórias de Francisco Manuel Trigoso de Aragão Morato*, começadas a escrever por êle mesmo em princípios de Janeiro de 1824 (revistas e coordenadas por Ernesto Campos de Andrada), Coimbra, Imprensa da Universidade, 1933, Parte II, págs. 111 e 112: "Quem quizer estudar a historia d'este tempo, necessariamente há-de recorrer aos *Diarios das Cortes*, e d'elles conhecerá a verdade do que fica resumido. É certo que estes *Diarios* são muito defeituosos, porque não havia bons tachygraphos nem redactores, e porque as fallas dos deputados não liberaes eram acintemente omittidas ou cortadas; mas, até certo ponto, elles servem para se conhecer os diversos espiritos que dominava os membros do Congresso."

duma ocasião para poderem levar à prática os seus desígnios providencialistas ou perante a opção liberal moderada, esquecerem temporariamente os seus contornos tradicionalistas. Terá sido, porventura, o caso emblemático de Acúrsio das Neves, com participação nas Cortes Ordinárias de 1822-1823 e defesa cerrada, em bases tradicionalistas, dos direitos de D. Carlota Joaquina.

Quanto às questões relacionadas com a protecção aos direitos individuais e em especial à Liberdade individual, plasmada na Liberdade de imprensa[150] e na Liberdade de consciência, bem como aos contornos que a Liberdade civil, no plano da defesa das garantias jurídicas e da Liberdade política do cidadão e da sociedade, haverá ocasião para determinar os termos da sua compreensão.

Ou seja, ponderar, em termos de síntese, o Pensamento e as Ideias Políticas dos séculos XVIII e XIX e a sua adaptação ao caso português. No fundo, buscar o significante estrangeiro que pautou o significado lusitano no quadro das medidas a encetar.

---

[150] Alberto Pena Rodrigues, "História do Jornalismo Português", *História da Imprensa*, Edição portuguesa da original castelhana *Historia de la Prensa*, (Alejandro Pizarroso Quintero, Direcção, Lisboa, Planeta Editora, 1996, págs. 355 e ss., apresenta uma panorâmica genérica do problema que será alvo de ponderação posteriormente. Vejam-se no mesmo sentido Alfredo da Cunha, *Elementos para a História da Imprensa Periódica em Portugal (1641-1821)*, Lisboa, 1941.

PARTE I
DA HISTÓRIA DA IDEIA DE LIBERDADE

HISTÓRIA DA TEORIA DA LIBERDADE MEDIANTE OS CONTRIBUTOS PARA O SEU PROCESSO EVOLUTIVO: DOS SIGNIFICANTES DA EUROPA DO ANTIGO REGIME AOS SIGNIFICADOS DA RECEPÇÃO LUSITANA

Capítulo I
Condicionantes internacionais no pensamento político setecentista: a ideia de Liberdade individual e a questão da Liberdade dos povos (?) até ao dealbar do Individualismo

> "Les rois honorent l'humanité lorsqu'ils distinguent et récompensent ceux qui lui font le plus d'honneur; et qui serait-ce, si ce ne sont de ces esprits supérieurs qui s'emploient à perfectionner nos connaissances, qui se dévouent au culte de la vérité et négligent ce qu'ils ont de matériel pour rendre plus accompli en eux l'art de la pensée? De même que des sages éclairent l'univers, ils mériteraient d'en être les législateurs."
>
> FREDERICO II, *Réfutation de Machiavel*, pág. 263

CAPÍTULO I. CONDICIONANTES INTERNACIONAIS NO PENSAMENTO POLÍTICO SETECENTISTA: A IDEIA DE LIBERDADE INDIVIDUAL E A QUESTÃO DA LIBERDADE DOS POVOS (?) ATÉ AO DEALBAR DO INDIVIDUALISMO § 1º. Ideia geral da Europa dos déspotas esclarecidos. 1. Figuras a que se atribuíram palavras e actos/remissões). 2. Contributos além Mancha anteriores ao Individualismo e seu enquadramento. 3. Outros casos. § 2º. A Europa culta: o Direito Natural, a Liberdade individual e a tolerância religiosa. 1. O Direito Natural no concerto do Absolutismo clássico. 2. O Direito Natural no concerto do despotismo ilustrado. 3. "O tempo" ou a relevância da História/Razão e Direito. 4. A Liberdade individual no concerto do Absolutismo e do despotismo ilustrado. 4.1. Liberdade de pensamento, de consciência e tolerância religiosa no Absolutismo régio. 4.2. Liberdade de pensamento, de consciência e tolerância religiosa no despotismo ilustrado. 4.2.1. Sintomas da mudança em França. 4.2.2. A germânica forma de reflexão. 4.2.3. Triunvirato italiano e Iluminismo católico. § 3º. A Europa culta: o contrato, o valor do indivíduo e a ideia de Liberdade. 1. O contrato, o valor do indivíduo e a ideia de Liberdade no Absolutismo clássico. 2. O contrato, o valor do indivíduo e a ideia de Liberdade no despotismo ilustrado. 2.1. A França. 2.2. A Holanda. 2.3. Contributos alemães ou o jusracionalismo na sua teorização acabada. 2.4. Itália e Espanha: a decisão católica. 2.5. Outros contributos precursores da Liberdade política – uma renovada visão. 3. Nota sobre a relevância das Leis Fundamentais no despotismo europeu. 4. A questão do regalismo e os seus próceres. § 4º. Síntese da temática do presente capítulo

§ 1º. Ideia geral da Europa dos déspotas esclarecidos

A partir de finais de Seiscentos – em alguns casos mesmo uns bons decénios antes – é toda a ideia de Liberdade, em geral, que sofre reformulações. Se para Aristóteles a Liberdade consistia na *eleutéria*, que nada tinha que ver com qualquer parcela de autonomia própria, antes se confinava à sua vivência em sociedade em que uns são feitos para mandar e outros para obedecer, as modificações introduzidas pelo Humanismo foram singulares.

O problema da Liberdade em finais do séc. XVII e todo o séc. XVIII é uma das matérias que maiores alterações irá sofrer quer no plano metafísico quer, nos que mais relevam para a Liberdade individual e sua interligação com o Poder político.

Tanto ao nível de um debate religioso, como no plano da actividade política, no domínio das Belas Letras ou das Belas Artes ou pressuposto da revivescência da actividade económica, é a ideia de Liberdade que domina os acontecimentos[1]. Paradigmas do Tempo, Razão, História, Natureza, Progresso, Homem, Humanidade, são substancialmente a armadura que envolve uma mesma realidade: a Liberdade.

A valorização geral que é conferida à humanidade implica uma manifestação de ruptura com ideias de Cosmos ou Divindade, em que o homem apenas se concebe e afirma por si mesmo e em vista de si mesmo. O homem é a fonte única dos seus actos e representações, como sujeito activo e passivo em simultâneo das suas acções, não recebendo normas ou leis de outrem que não ele mesmo, partindo da sua Razão ou da sua vontade.

Na Europa iluminada, a partir deste momento, produz-se uma revolução científica no Pensamento[2], em que a proliferação do cepticismo fica sujeita ao debate contemporâneo[3].

---

[1] Isaiah Berlin, "La Contra-Ilustración", *Contra la Corriente. Ensayos sobre Historia de las Ideias*, Mexico, FCE, 1983, pág. 61: "Escritores tan influyentes como Voltaire, D'Alembert y Condorcet creyeron que el desarrollo de las artes y de las ciencias era el arma más poderosa para alcanzar estos fines, y el arma más poderosa en la lucha contra la ignorancia, la superstición, el fanatismo, la opresión y la barbarie, que invalidaban el esfuerzo humano y frustraban la búsqueda de los hombres de la verdad y de la propria dirección racional. Rousseau y Mably, creyeron, por el contrario, que las instituciones de la civilización eran el factor mayor en la corrupción de los hombres y en su apartamiento de la naturaleza, la simplicidad, la pureza de corazón y la vida de la justicia natural, la igualdad social y el sentimiento humano espontáneo (...)."

[2] Alain Renaut, *Histoire de la Philosophie Politique*, Paris, Calmann-Lévy, 1999, III, pág. 57: "En mettant la question de l'homme au coeur de sa réflexion, la philosophie de Lumières opère un complet renversement des rapports entre finitude et absolute; elle passe en effet d'une pensée de la finitude conçue sur le modèle augustien de la chute, où le fini est dévalorisé (comme manque) par rapport à un absolu posé comme fondement, à l'idée d'une finitude radicale selon laquelle c'est au contraire le fini qui est posé au départ (comme racine) et l'absolu qui devient une simple représentation du fini." De salientar que este moderno pensador tem uma perspectiva algo diversa da assumida pela generalidade da doutrina, encarando as potencialidades da Razão menos como conjunto normativo estático, que indistintamente rege a vida dos homens e dos Povos, e mais como algo de dinâmico e adaptável aos modelos históricos que lhe são presentes. Por essa via poderá ser inserto num núcleo de Autores que encaram a interpretação racional da História no plano da Filosofia da História. Apoiando-se sobretudo em Cassirer, – e parece isto importante reter porque determina a interpretação de todas as citações que deste Autor se fazem – escreve a pág. 61: "la raison se définit beaucoup moins comme une possession, que comme une forme d'acquisition." Trata-se de ponto que importa, sem dúvida, a todos os considerandos que posteriormente irá tecer na discussão do tema.

[3] Idem, *ibidem*, III, pág. 57: "(...) c'est ce renversement qui, bien plus que l'attitude sceptique à l'égard de la religion, constitue la matrice métaphysique des Lumières. D'ailleurs, par-delà toutes

Destaque merece – e algo paradoxalmente – no domínio da ideia de Liberdade a temática da escravatura, em simultâneo incentivada por necessidades económicas e engrandecimento comercial dos Estados, e questionada pela assunção definitiva da aviltante circunstância de se considerar a existência de Seres humanos de primeira e segunda categoria. Talvez mesmo, melhor, de não-Seres humanos. Credora da nota de repúdio da intelectualidade mais esclarecida do século, será progressivamente ponderada, mesmo que só muito mais tarde, essa instituição aberrante, vil e em definitivo contrária ao espírito da "felicidade" das Luzes, seja oficialmente liquidada.

Tema a ser desenvolvido sobretudo depois da Revolução Francesa e que assenta nos pressupostos que lhe servem de base estruturante, será alvo de maior atenção em próxima etapa do presente processo especulativo; ainda assim, e porque os homens das Luzes sobre o ponto se pronunciam, não poderia deixar de ser assinalado[4]. A questão da Liberdade individual constitui um primeiro problema; todos os demais serão a seu tempo ponderados.

O Absolutismo[5] esclarecido foi, também, uma tentativa de Estados menos desenvolvidos da Europa, como é o caso de Portugal na segunda metade do séc. XVIII, se

---

les différences, le dogme du péché originel – est la cible de toutes les tendances de la philosophie éclairée, de Voltaire à Hume, et de Rousseau à Kant." Contra, Ph. Damiron, *Mémoires pour servir à L'Histoire de la Philosophie au XVIII ème siècle*, Genebra, Slatkine Reprints, 1967, I, "Préface", pág. II: "sans doute, la philosophie que le XVIII ème siècle a préférée, n'est rien moins que plausible. À la prendre en toute rigueur, c'est le scepticisme pour commencer, et le spiritualisme, et au profit du matérialisme; c'est avec et par le matérialisme, le fatalisme, l'égoïsme et l'athéisme; ces mots sont durs, je le sais, mais ils sont exacts et justes, ils ne disent que ce qu'ils doivent dire; ils sont, d'ailleurs, acceptés, usités, célébrées par la plupart des auteurs (...) et ils ne sont que faiblement désavoués, adoucis et atténués par les autres; la logique les commande, si la prudence ou la politesse du langage les élude et les écarte."

[4] Para desenvolvimento desta questão relativa à Liberdade individual e suas conotações em alguns dos Autores do Iluminismo, Maria do Rosário Pimentel, "A Escravatura na Perspectiva do Jusnaturalismo", *História e Filosofia*, II, 1983, págs. 329 e ss.

[5] Dão-se por adquiridos, naturalmente, os conceitos gerais de "Absolutismo primitivo", com Dante; clássico, com Bodin e depois Richelieu e Bossuet; da preservação do valor do indivíduo, de Hobbes e Pufendorf a Vattel e o despotismo esclarecido, cuja versão mais acabada serão Catarina da Rússia, Frederico II e Pombal. Destes apenas importam os directamente relacionados com o Estudo. Convém advertir que a expressão "despotismo esclarecido", originária de "déspota" e todas as eventuais derivações daqui decorrentes apenas são utilizadas por terem entrado no comum da linguagem. Em bom rigor, sempre que aqui se usa esta palavra, ela deveria ser substituída por "Absolutismo esclarecido", uma vez que essa foi a conotação que preferencialmente os escritores da época lhe conferiram. Para eles "despotismo" era um Governo com características semelhantes ao turco ou a qualquer outro infiel, em que os Povos se encontravam reduzidos à maior das escravaturas. Mesmo que o debate seja meramente académico e precavendo opiniões distintas, utilizam-se as expressões em sinonímia, dada por adquirida a prevenção. Veja-se Pedro Calmon, *História das Ideias Políticas*, pág. 214; Simone Goyard-Fabre, "L'Imposture du despotisme dit 'éclairé'", *Cahiers de Philosophie politique et juridique. Actes du Colloque La Tyrannide*, pág. 149: "(...) ce Siècle [le séc. XVIII], que passe pour avoir 'inventé' la liberté et 'prix la Bastille' porte en lui un paradoxe: tandis que les voies des philosophes s'y accordent pour intenter un procès sans appel à la tyrannie qui sommeille plus ou moins en tout pouvoir absolu, l'Europe politique voit s'installer, entre 1740 et 1790, de la Prusse à Naples comme de la Russie à l'Espagne, des systèmes de gouvernement qui se réclament de la philosophie des Lumières et que l'on appellera 'le despotisme éclairé'." Também J. K. Wright, "National Sovereignty and the General Will", *The French Idea of Freedom. The Old Regime and the Declaration of Rights of 1789*, Stanford University Press, California, 1994, pág. 201: "The legitimacy of 'royal' monarchy as Bodin interpreted it, as opposed to extra-European 'despotism'

acertarem no concerto europeu. Procuravam, na medida do possível, aproximar-se do nível de desenvolvimento dos países do Centro e Norte, procurando a modernização de estruturas anquilosadas internas, sem alteração substancial de pressupostos. Ou seja, sem que houvesse modificação das fórmulas distributivas do Poder e do exercício da Autoridade.

Evidencia-se, pois, um mosaico composto por Estados de desigual desenvolvimento, que no jogo das forças internacionais, irá condicionar todo o tipo de relacionamento europeu por esse período.

Os Estados mais avançados da Europa Moderna quer fossem os mais absolutos como a França, ou a parlamentar Inglaterra, onde o capitalismo se ia desenvolvendo, acabaram por influenciar os países considerados seus subsidiários. Mas o caso português, em que a influência inglesa de há muito era uma evidência, foi sobretudo sintomático, uma vez que apesar das fortes ligações, nunca houve comunicabilidade de intenções entre o sistema de Governo português de monarquia absoluta e o inglês de monarquia limitada. O respeito que a Inglaterra infundia Portugal, não era óbvio na alteração institucional e o modelo a ser seguido, neste contexto, continuava a ser francês.

Por isso e como se verá em momento subsequente, em Portugal em particular, tratava-se de uma fricção desde há muito verificada entre as Ordens dentro do Estado. E, se é certo que em alguns casos a associação do Terceiro Estado ao monarca fora determinante para a sobrevivência deste, face às investidas da antiga nobreza, noutros a questão era exactamente oposta, existindo uma aliança entre as Ordens privilegiadas para conter os avanços e as reivindicações de origem mais popular.

O caso português é bastante evidente, sobretudo com Pombal; é conhecida a purga que intentou contra a alta nobreza e boa parte do clero, apoiando-se para tanto numa magistratura que saia reforçada, numa Universidade como corporação definitiva e no Rei como protector destas intenções.

Por outro lado, havia uma plena consciência que a força reivindicativa desta massa populacional era muito insuficiente para rebocar qualquer comboio que pudesse questionar a autoridade régia e, aqueles que poderiam organizar tais eventos, os magistrados e os universitários eram de uma fidelidade a toda a prova ao monarca. Donde, um certo equilíbrio estratégico de forças, que se iam tolerando sem que as camadas mais baixas da população tivessem qualquer participação activa.

Deste modo, não resulta manifesto que o modelo ideal fosse susceptível de equação, sem recurso a outros factores. Na Europa parecia haver uma espécie de temor reverencial à antiga potência dominante no tempo de Luís XIV e hodiernamente partilhando com a Alemanha o título de pátria do Iluminismo. Isto para não esquecer que a posição económica que a França, a Inglaterra e a Holanda ocupavam e em que a riqueza não era comparável à de boa parte dos demais Estados europeus, Portugal naturalmente

---

or sheer 'tyranny' derived precisely from the fact that European kings were subjected both to 'divine' and 'natural' laws, as well as to certain 'fundamental' or constitutional laws; above all, Bodin denied that it was permissible for any earthly power to levy taxes without consent. Writing a century later, after the full maturation of Bourbon absolutism, Bossuet was naturally unwilling to invoke 'natural' and 'fundamental' laws with quite the same vigour." Vejam-se, Rui Manuel de Figueiredo Marcos, *A Legislação Pombalina*, pág. 24; Luís dos Reis Torgal, "Acerca do Significado do Pombalismo", *O Marquês de Pombal e o seu tempo. Revista de História das Ideias. Número Especial no 2º Centenário da sua Morte*, I, pág. 10.

incluído. Os subsídios eram certamente bem-vindos e, naquela época, a solidariedade internacional era vista no jogo das conveniências de cada um ao momento.

Em qualquer caso, a "ideologia" do Absolutismo esclarecido, como o norte pelo qual o apoio os dirigentes políticos tentavam orientar-se e interpretar fenómenos novos, pode ser, em si mesma, considerada como uma espécie de força internacional. A sua influência é, uma manifestação que tanto importa no plano interno como no externo, sendo este segundo contexto, um dos que importará reflectir.

Note-se que não se enceta uma História Diplomática para este período, não apenas porque ela é de conhecimento geral mas e apenas no contexto acima exposto, alertar para factores externos ao Pensamento reflexivo europeu, que condicionou e, em certa medida, retratou o sentimento europeu do séc. XVIII[6].

1. Figuras a que se atribuíram palavras e actos (remissões)

Não restam dúvidas que os grandes vultos do Pensamento europeu estiveram consubstanciados, até finais do séc. XVI, na Península Ibérica. Depois disso a deslocação faz-se para os países do Centro e Ocidente europeu, quase todos de feição protestante e onde o racionalismo e o empirismo por um lado e a valorização do indivíduo, por outro, vão ser as notas dominantes.

No espaço de um curto século, a Europa salta do experimentalismo Quinhentista à sistematização proposta por Descartes[7], Leibnitz ou Espinosa e, logo a seguir, fazem a sua aparição os filósofos ingleses, com Locke e Hume a marcarem o compasso, em ordem a um período mais sistemático que o anterior[8].

Para além da importância política que no plano das relações internacionais anteriores e subsequentes à Restauração de 1640 as figuras de Richelieu e de Luís XIV tiveram em Portugal[9], é certo e sabido que alguma coisa do seu Pensamento terá passado a Portugal, com conhecimento mas não adaptação de Robert Filmer. Também Bossuet estará presente em Autores nacionais, que não apenas o conhecem, como

---

[6] Para desenvolvimentos, vejam-se, por exemplo, Luís Soares de Oliveira, *História Diplomática – o Período Europeu (1580-1917)*, Lisboa, P. F, 1994; Jorge Borges de Macedo, *História Diplomática Portuguesa. Constantes e Linhas de Força*, Lisboa, Instituto da Defesa Nacional, 1967; Paul Kennedy, *Ascensão e Queda das Grandes Potências*, Lisboa, Europa-América, 2ª Edição, 1997; Henry Kissinger, *Diplomacia*, Lisboa, Gradiva, 1996; Lucien Bély, antes citado; Pierre Renouvin, *Histoire des Relations Internationales*, volume I, "Du Moyen Âge à 1789", volume II, de 1789 à 1871, Paris, Hachette, 1994.
[7] Hernâni Cidade, *Ensaio sobre a Crise Mental do século XVIII*, Coimbra, Imprensa da Universidade, 1929, págs. 4 e 5: "Bem pode dizer-se que a filosofia de Descartes foi a principal agitadora do balai magique que desde o Renascimento procurava despertar o espírito da crítica, e que este não tardaria a atacar, pela Obra de Spinosa e de Bayle e mais tarde pela da Enciclopédia, as próprias ideias fundamentais que o filósofo francês respeitara."
[8] Idem, *Lições de Cultura e Literatura Portuguesas, I, (séculos XV, XVI e XVII)*, Coimbra, Coimbra Editora, 1959, pág. 299, escreve a respeito deste novo experimentalismo que é "cauteloso e desenganado (...), que consagra à observação e verificação científicas o tempo anteriormente dedicado à construção de sistemas, e quase não concede à Razão tempo para mais do que interpretar experiências e formular, sobre os factos observados, as hipóteses que suscitam novas observações ou experiências."
[9] E esse algo que terá passado cifra-se com uma cada vez maior concentração de poderes na régia pessoa que acabou por eliminar toda e qualquer interferência externa à Coroa na tomada das unilaterais decisões. O modelo seguido, agora como posteriormente, será o francês, sobretudo enquanto derivante de doutrina de resistência às inovações.

procuram moldar as suas concepções ao específico posicionamento de Portugal como país signatário da Contra-Reforma.

E se Grócio e Hobbes, contrariamente a Locke, não foram alvo de muita simpatia por parte dos Autores portugueses, o mesmo já não se poderá dizer das sementes do Individualismo – mas não do Individualismo em si mesmo – que lançaram e irão germinar nas personalidades de Pufendorf – conhecido em si mesmo mas muito por força do seu tradutor francês, J. Barbeyrac –, C. Thomasius e C. Wolff, a quem Heineccius[10] vai beber as suas doutrinas[11].

Estas passarão a Portugal por obra e graça do despotismo josefino e *da Reforma Pombalina dos Estatutos da Universidade de 1772*, que também se inclina perante a forte personalidade de Burlamaqui e aplica ao ensino universitário as *De Lege Naturali* do jusnaturalismo católico de De Martini.

Uma vez que o Iluminismo em Portugal foi sobretudo de influência católica, deverão assinalar-se, além dos importantes contributos italianos nas áreas da cultura e da política, a influência que o espanhol Bento Feijóo terá tido no nosso país[12]. Mas também um conjunto de personalidades que passaram à História como os *"Les Philosophes"*. Firmados numa crítica paulatina à religião e aos valores retrógrados que sustentavam esta defender eram conhecidos como "ímpios" ou "incrédulos"[13], já o seu contraponto ulterior teria, manifestamente, um cunho liberal.

---

[10] Autor sobretudo importante para Portugal como divulgador do renovado ensino do Direito Romano, nem por isso Heineccius deixou de ter influência noutro campo da reflexão, onde se destacam os seus trabalhos sobre Filosofia Moral. Convirá contudo não esquecer que, malgrado a sua importância em Portugal, o presente Autor é comparativamente menos relevante que os antecedentes, atendendo a que a sua reflexão sobre o Poder político e a Liberdade não apresenta graus de incidência semelhantes aos demais jusracionalistas. Heineccius é um Autor bastante estudado já por historiadores do direito nacionais, pelo que se dispensam abundantes considerações.

[11] Autores como Hobbes, Locke, Pufendorf, Wolff, Vattel e tantos outros a referir oportunamente, estiveram na ponta da lança da devastação do sentimento e da mentalidade, Cidade de Deus/Cidade dos Homens, característicos do Pensamento medieval, conduzindo à elevação do espírito do homem e da sua inserção na realidade social em que passa a ter papel renovado. A hermenêutica dessa realidade, mais não significa que a compreensão do Estado Moderno na óptica do jusracionalismo iluminado, prevista pela revolução jusnaturalista. Sendo impensável fazer uma abordagem do Pensamento de todos estes Autores, optou-se por um tratamento que privilegia a importância que tiveram em Portugal, em sintonia com o nosso propósito de salientar não apenas os pontos de menção obrigatória no quadro de uma análise deste tipo, mas também as situações menos comummente retratadas. Pelas mesmas é permitido destacar aspectos que se mantêm normalmente alheados de uma reflexão deste teor.

[12] Hernâni Cidade, *História de Portugal*, (direcção de Damião Peres), *Edição Monumental comemorativa do 8º. Centenário da Fundação da Nacionalidade*, Barcelos, 1935, VI, pág. 471: "*O Verdadeiro Método de Estudar* realiza em Portugal a acção renovadora (...) tentada em Espanha, pelo padre Benito Feijóo, professor da Universidade de Oviedo, com o seu *Teatro crítico universal* e *cartas eruditas y curiosas* (...)." Veja-se António Alberto de Andrade, *Vernei e a Cultura do seu Tempo*, Coimbra, 1966, págs. 138 e ss. No mesmo local encontra-se toda a bibliografia verneyana.

[13] J. Vercuysse, *Bicentenaire du Système de la Nature, textes holbachiens peu connus*, Paris, Lettres Modernes, 1970; *Bibliographie descriptive des écrits du baron Holbach*, Paris, Lettres Modernes, 1971. Estes dois trabalhos que foram aproveitados na "Introduction" ao *Systema de la Nature* de Holbach, permitem a seguinte informação a pág. IX: "Le 20 Août, [de 1770] le *Système de la nature, La Contagion sacrée, Le Christianisme dévoilé* (Holbach), *Dieu et les hommes* (Voltaire), le *Discours sur les miracles de Jésus-Christ* (Woolston), *L'Examen critique des apologistes de la religion chrétienne* (pseudo-Fréret) et *l'Examen impartial*

Para além destes escritores – e dos muitos outros a que não serão feitas senão pontuais anotações – diversos pensadores se irão perfilar sobretudo como corifeus das ideias liberais, numa reacção contra o Absolutismo que invadia a Europa e que só a Revolução Francesa faria estancar. A estes, cuja importância não é possível fugir nem esquecer e que serão posteriormente alvo de tratamento, adiantam-se alguns dos nomes, de quem os Vintistas se manifestam decididamente feudatários: Montesquieu, Rousseau, Blackstone, Claude Mey, Benjamin Constant, Condorcet, De Felice...[14] E a ideia de Liberdade, como a de Direito Natural e tantas outras, também não é necessariamente sempre a mesma em termos de interpretação dos pensadores porque tudo dependerá das condições em que se posicionam para sobre ela dissertarem.

Merecedor de especial nota será Kant, cujas ideias sobre a Liberdade são conhecidas e manifestam inovação no que respeita a Autores anteriores. Mesmo que Kant só tenha tido alguma influência em Portugal muito depois do período em estudo e sempre por via indirecta, seria imperdoável não enquadrar a sua singular personalidade neste pleno de reflexão.

Todos eles são responsáveis pelo desenvolvimento da Moderna doutrina do Direito Natural, estando conformes – para além das diferenças – em fazer derivar da natureza racional do homem o Direito, em lhe atribuir uma função essencialmente construtiva. O Direito Natural, assim enraizado nas estruturas mentais dos homens, não reflecte como em Aristóteles nem mesmo como o Direito Romano, a natureza das coisas, respondendo antes na sua vocação prática, às exigências da Razão, marca da humana natureza.

Trata-se de um Direito Humano, reconhecido como necessário, universal e imutável, devendo colocar-se à observância de todos os Povos, sem possibilidade de abrogações ou derrogações. O Direito Natural dos juristas dos séculos XVII e XVIII expressa renovadas fórmulas de consciência jurídica, perspectivada angularmente no plano do racionalismo jurídico, encarado numa óptica essencialmente dedutiva, por contraposição ao que se seguirá, prolixo em considerações de ordem da "observação"[15].

---

des principales religions du monde, furent lacérés et brûlés en public en vertu d'une condamnation prononcé le 18".

[14] Quanto à bibliografia sobre a matéria é absolutamente infindável, quer no plano das gerais Histórias do Pensamento Político, da Filosofia Política, das Ideias Políticas e de tratamento particularizados que ao tema se dá. Por isso se opta por não indicar neste passo nenhuma bibliografia em concreto, sendo à medida que se justifique a mesma referenciada e constando na sua íntegra da bibliografia geral do trabalhado. O estudo destes pensadores, prende-se com uma opção meramente metodológica, uma vez que sendo todos eles Autores do liberalismo que esteve subjacente à Revolução Francesa, em alguns casos sendo mesmo determinantes para que ela se verificasse, faz todo o sentido elaborar o raciocínio conjunto dos mesmos. Até para melhor pautar a contraposição entre as suas ideias e as do jusracionalismo que são aqui e agora estudadas.

[15] Alain Renaut, *Histoire de la Philosophie Politique*, III, págs. 60 e 61: "Second versant, pratique, d'une même transformation de l'idée de connaissance qui cesse d'être pensée sur le modèle de la contemplation des idées pour devenir, au sens fort du terme, une activité de construction. Car, alors que 'pour les grands systèmes métaphysiques du XVII ème siècle, pour Descartes et Malebranche, pour Spinoza et Leibnitz, la raison est la région des vérités éternelles, ces vérités qui sont communes à l'esprit humain et à l'esprit divin, le siècle des Lumières prend la raison en un sens différent et plus modeste'. Celle-ci ne désignera plus la somme d'idées innées, antérieures à toute expérience, qui nous révèle l'essence absolue des choses, mais la recherche elle-même."

Em síntese, o trabalho a desenvolver pauta-se por três grandes linhas de força: Pensamento do Antigo Regime, na versão divinatória ou jusracionalista, em contraposição com Pensamento de matriz histórica e aplicação inglesa, como subjacentes à História da Ideia de Liberdade. E isto tanto no plano da Liberdade individual e seus corolários quer ao nível da intervenção livre do cidadão na formação da sociedade e seu posterior empenho da consolidação da mesma. De outro modo, da origem do Poder e da Ideia de Liberdade.

2. Contributos além-Mancha anteriores ao Individualismo e seu enquadramento

Serão objecto de análise, sucessivamente, os aspectos que constituem o substrato do intelectual da época, para depois passar à abordagem da ideia de Liberdade nos vários planos em que a mesma se coloca, na fase anterior ao Individualismo.

Excluem-se, do mesmo modo, algumas manifestações individuais de ponderação autónoma de vários quadrantes doutrinários, não só porque o espaço temporal em que se inserem é anterior ao balizado, mas sobretudo devido à nula influência que tiveram em Portugal.

Ponto que deve ser salientado logo no início desta abordagem cifra-se na verificação de que as mutações inerentes à compreensão da renovada fisionomia do Direito Natural foram pouco incisivas em França, para já não falar de Portugal Espanha e Itália.

A Universidade de Paris, para apenas mencionar a mais importante correia de transmissão da cultura francesa da época – e a que se tornará em fase mais avançada – manifestava grande aversão às reformas estruturais propostas pelos teóricos da Escola do Direito Natural. Mantinha incidência no plano de estudos em que se privilegiava o ensino do Direito Romano, segundo os métodos tradicionais e manifestando uma plena desconfiança sobre as propostas que iam sendo colocadas em cima da mesa[16].

Tal não deve ser confundido com a esterilidade da gálica lucubração[17]. Seria estranho ficar por aqui, na consideração geral de um problema que não é apenas de cultura oficial, esquecendo os outros veículos difusores da mesma. A reflexão francesa, que é sem qualquer dúvida o mais ágil e o motor da alteração da face europeia no contexto histórico, teve como marcos determinantes não apenas os seus mentores pré-liberais que precedem e sustentam os ideais da Revolução, mas outros que os precederam. A reflexão destes últimos teve uma projecção decisiva no contexto das diatribes gaulesas e constitui-se outro núcleo privilegiado de ponderação.

Apenas cerca de um século pós Bossuet haverá uma nova vaga de escritores franceses, a marcar o compasso da reflexão europeia. Entre o Autor do *Tartufo* e Bossuet três quartos de século, o que por si só é significativo.

A qualidade dos Autores que a partir deste passo se estudam pela sua teorização originou algumas das mais conseguidas transformações da sociedade europeia de finais do séc. XVIII e do séc. XIX. A eles será feita menção, pois que tendo ideias

---

[16] Abbé G. Péries, *La Faculté de Droit dans l'Ancienne Université de Paris*, Paris, 1890. Se bem que apresente uma visão bastante parcelar do problema constitui referencial histórico interessante e cuja leitura se recomenda vivamente.
[17] Um dos maiores críticos desta situação terá sido Rousseau, que por diversas vezes se referiu ao problema sob forma cáustica, salientando o anacronismo do ensino em França face ao que se seguia noutros pontos da Europa no séc. XVII, onde o desconhecimento universitário das renovadas ideias ia ao ponto de nem mesmo existirem cadeiras de Direito Natural e das Gentes.

completamente distintas dos seus antecessores, com eles ainda comungam da ideia do Príncipe absoluto. Com fisionomia e interesses diversos, mas absoluto, sem dúvida.

3. Outros casos

De igual modo o espaço teórico alemão revelar-se-á, neste período e no que imediatamente se lhe segue, extraordinariamente profícuo. No entanto, não será neste caso descabido realizar a seguinte ponderação: há "um antes" e "um depois" de Immanuel Kant.

O gigantismo que reveste o grande filósofo da Liberdade do séc. XVIII, obrigará a tratamento autónomo do mesmo e tomando em consideração os factores que já ficaram enunciados, bem como a circunstância da sua reflexão procurar ser um contraponto das ideias antes desenvolvidas pelos seus conterrâneos, com algumas incursões de insatisfação no que ao Pensamento inglês se religa.

Assinalem-se os bons antecedentes de que Kant se pôde revestir: Pufendorf e Wolff, bem acompanhados pelo genebrino Vattel.

Referência também ao analítico transalpino, no plano do Iluminismo italiano, com óbvias projecções para o campo político, onde sobressai o triunvirato de Muratori--Genovese-Gianini, a que se deve somar Vico, com fraca repercussão em Portugal.

Num âmbito algo diverso mas igualmente relevante, o Marquês de Beccaria, que com o seu humanitarismo jurídico foi protagonista de uma outra "revolução" no plano do Direito Criminal, cuja incidência precisa de ser apurada no nosso país.

Cesare Bonesana, Marquês de Beccaria, é um indivíduo contraditório. Sem pôr em causa o seu prestígio e o facto de a ele se dever o incremento da valorização do indivíduo enquanto sujeito de direito e, sobretudo, parte activa interveniente na acção penal, pelo seu posicionamento é tão duvidoso chamar-lhe liberal em época de Absolutismo, como absolutistas em tempos pré-liberais. A Revolução Francesa, que depois o reverenciou, teria de esperar um quarto de século a concretizar-se e já a Obra de Beccaria ali estava, anunciando-a.

Como encarar um escritor que usa de uma Liberdade de espírito de tal modo profusa que ousa atacar de frente as questões do "jus puniendi", da pena de morte e da tortura, que se confessa discípulo de Hume e tece elogios a *Les Philosophes*[18], sendo simultaneamente tão querido pelos déspotas esclarecidos e chamado por Catarina da

---

[18] Cesare Bonesana, Marquês de Beccaria, "Epistolario", *Opere*, a cura di Sergio Romagnoli, Firenze, s.d, II, carta 27 – "Ad André Morellet", pág. 865: "Je date de cinq ans l'époque de ma conversion à la Philosophie, et je la dois à la lecture des *Lettres persanes*. Le second ouvrage qui acheva la révolution dans mon esprit, est celui de M. Helvétuis. C'est lui qui m'a poussé avec force dans le chemin de la vérité, et qui a le premier réveillé mon attention sur l'aveuglement et les malheurs de l'humanité. Je dois à la lecture de l'*Esprit* une grand partie de mêmes idées. Le sublimage ouvrage de M. Buffon m'a ouvert le sanctuaire de la nature. J'ai lu en dernier lieu de douzième et le treizième tome *in*-4º, où j'ai admiré principalement les deux vues sur la nature, qui m'ont transporté par l'éloquence philosophique avec laquelle elles sont écrites. Ce que j'ai pu lire jusqu'à présent de M. Diderot, c'est-à-dire, ses ouvrages dramatiques, l'interprétation de la nature et les articles de l'Encyclopédie, m'a paru rempli idées et de chaleur. Quel excellent homme ce doit être! La métaphysique profonde de M. Hume, la vérité et la nouveauté de ses vues m'ont étonné et éclairé mon esprit. J'ai lu depuis peu de temps les dix-huit volumes de son histoire avec un plaisir infini. J'y ai vu un politique, un philosophe et un historien du premier ordre."

Rússia a S. Petersburgo, aonde apenas não se dirigiu porque outro déspota iluminado se antecipara?[19]

Finalmente saliente-se, neste quadro, os genebrinos e espanhol contributos, cuja relevância nos actuais enfoques tem de ser salientada.

§ 2º. A Europa culta: o Direito Natural, a Liberdade individual e a Tolerância Religiosa

1. O Direito Natural no concerto do Absolutismo clássico

Percebe-se a concepção teológica que o Direito Natural ganha em Bossuet, francês[20], Autor dos mais conhecidos em Portugal[21].

Esta implica que a racionalidade humana[22] esteja na dependência da divina[23], uma vez que tendo sido o homem produto ideal da natureza[24] e criado à imagem e semelhança do seu Criador[25], nele, Este instituiu todas as características inerentes à sua específica fisionomia. Portanto, a concepção do Direito Natural Moderno está

---

[19] Evaristo de Morais, "Prefácio do Tradutor", *Dos Delitos e das Penas*, Lisboa, Fundação Calouste Gulbenkian, 1998, pág. 13. Em 1766 Voltaire publicou o seu *Commentaire sur le traité des délits et des peines* e é o próprio Beccaria que confessa na carta citada na nota anterior, pág. 864, a sua veneração por Holbach: "Dites surtout à M. le baron Holbach que je suis rempli de vénération pour lui, et que j'ai le plus grand désir qu'il me trouve digne de son amitié"; Giorgio Marinucci, "Cesare Beccaria um nosso contemporâneo", *Dos Delitos e das Penas*, Edição FCG, pág. [30], "Convidado para Paris, Beccaria recebe o entusiástico aplauso dos melhores 'philosophes'; um convite urgente chega-lhe também da parte de Catarina II: queria-o na Rússia para reformar o sistema penal, e Beccaria não aceita o oneroso mas prestigiante convite, por se encontrar retido em Milão pelo plenipotenciário Firmian: queria-o para reformar o sistema penal da Lombardia austríaca (...)."

[20] Anthony Quinton, "Conservatism", *A Companion to Contemporary Political Philosophy*, Edited by Robert E. Goodin and Philip Pettit, Blackwell Publishers, Massachusetts, 1997, pág. 252, considera que Bossuet foi o único pensador político francês do séc. XVII com algum relevo político. De certo modo parece-nos acertada esta ideia, ainda quando achamos difícil neste período observar a verdadeira relevância comparativa entre os Autores, uma vez que todos eles alinhavam pelo diapasão do Absolutismo de origem divina, segundo a necessidade humana de se determinar à sociedade.

[21] Por isso se dá nota da sua importante presença, ainda que tendo morrido antes de 1706.

[22] Jacques-Bénigne Bossuet, *OEuvres Choisies*, Edição J. Calvet, *Bossuet – OEuvres Choisies*, avec Introduction, Bibliographie, Notes, Grammaire, Lexiques e Illustrations Documentaires, 13ª Edição, Paris, 1941, pág. 177: "*Dieu qui a crée l'âme et le corps, et qui les a unis l'une à l'autre d'une façon si intime, se fait connaître lui-même dans ce bel ouvrage.* (...) L'homme (...) ne pourvoit être ni conçu ni exécuté que par une sagesse profonde. (...) Un dessein formé, *une intelligence réglée*, et un art parfait. *L'homme étant formé par un tel dessein, nous pouvons définir l'âme raisonnable, substance intelligente née pour vivre dans un corps, et fait voir l'union de l'un et de l'autre.*"

[23] Idem, *ibidem*, págs. 200 e 201: "(...) *c'est une cause intelligente qui fait tout par raison et par art, qui par conséquent a en elle-même, ou plutôt qui est elle-même, l'idée et la raison primitive de tout ce qui est.* (...). *Il a donc fait des natures intelligents*, et je me trouve être de ce nombre. Car j'entends et que je suis et que Dieu est, et que beaucoup d'autres choses sont, et que moi et les autres choses ne serions pas, si Dieu n'avait voulu que nous fussions. De-là que j'entends les choses comme elles sont, ma pensée, car elles sont comme je les pense. *Voilà donc quelle est ma nature, pouvoir être conforme à tout, c'est-à-dire, pouvoir recevoir l'impression de la vérité, en un mot, pouvoir entendre. J'ai trouvé cela en Dieu* (...)."

[24] Idem, *ibidem*, pág. 178: "*Ainsi, sous le nom de nature nous entendons une sagesse profonde, qui développe avec ordre et selon de justes régles, tous les mouvements que nous voyons.*"

[25] Idem, *ibidem*, pág. 204.

arredada das lucubrações do Autor, pelo que as conclusões a que se determina são reflexo disto mesmo.

2. O Direito Natural no concerto do despotismo ilustrado

No que respeita ao Direito Natural e baixando às fontes[26], o pensamento volteriano encontra-se disperso em variadíssimos locais, sendo de salientar a observação segundo a qual "(...) la loi fondamentale de la morale agit également [em relação aos fenómenos da natureza] sur toutes les nations bien connues. Il y a mille différences dans l'interprétation de cette loi, en mille circonstances; mais le fond subsiste toujours le même, et ce fon est l'idée du juste et du injuste". A justiça adquire-se pelo sentimento[27] e pela Razão, consistindo em algo de "indépendante de toute loi, de tout pacte, de toute religion". E à qual "tout l'univers donne son assentiment. (...) je crois donc que les idées du juste et de l'injuste sont aussi claires, aussi universelles, que les idées de santé et de maladie, de vérité et de fausseté, de convenance et de disconvenance"[28].

Já Diderot preza a natureza tanto quão Voltaire o faz, sendo disso prova as afirmações que produz logo no início do escrito que a esta matéria dedica e o colocam no quadro da crítica filosofista do séc. XVIII[29]. O tipo de raciocínio que leva por diante assemelha-se, de igual modo em muito ao que se conhece do Autor do *Candide*, sendo certo que se demarca das posições que pelo advento da reflexão newtoniana foram desmascaradas.

Quer isto significar que Voltaire rejeita uma definição concreta de justiça, preferindo visualizá-la no âmbito de um processo histórico consabidamente comprovável em todos os tempos e todos os lugares, e que pela simples utilização da Razão humana se pode facilmente adquirir.

Apoiando Locke contra Descartes mas reconhecendo, embora, que nenhum deles assume a perfeição, entende que o primeiro "(...) a développé à l'homme la raison humaine, comme un excellent anatomiste expliquait les ressorts du corps humain"[30]. Na discussão entre empirismo lockiano e idealismo cartesiano sobre se a alma e o

---

[26] Voltaire, "Le Philosophe Ignorant", XXXVI. – Nature partout la même, *Mélanges*, Préface par Emmanuel Berl, Texte Établi et Annoté par Jacques van Den Heuvel, Paris, Gallimard, 1961, págs. 917 e ss: "En abandonnant Locke en ce point, je dis avec le grand Newton: '*Natura est semper sibi consona*; la nature est toujours semblable à elle-même'."

[27] Idem, *ibidem*, VII. – L'Expérience, pág. 882: "Il faut avoir renoncé au sens commun pour ne pas convenir que nous ne savons rien au monde que par expérience; et certainement si nous ne parvenons que par l'expérience, et par une suite de tâtonnements et de longues réflexions, à nous donner quelques idées faibles et légères du corps, de l'espace, du temps, de l'infini, de Dieu même, ce n'est pas que la peine que l'Auteur de la nature mette ces idées dans la cervelle de tous les foetus, afin qu'il n'y ait ensuite qu'un très petit nombre d'hommes qui en fassent usage."

[28] Idem, *ibidem*, XXXII. – Utilité réelle. Notion de la Justice, págs. 911 e 912; *Dictionnaire philosophique portatif*, avec Introduction et Notes par Julien Benda, Paris, Éditions Garnier, 1954, artigo "Juste (Du) et de l'injuste", págs. 269-271.

[29] Diderot, "De L'Interprétation de la Nature", *Œuvres Choisies*, Paris, s.d, I, pág. 89: "Aie toujours présent à l'esprit que la nature n'est pas Dieu; qu'un homme n'est pas une machine; qu'une hypothèse n'est pas un fait: et sois assuré que tu ne m'auras point compris partout où tu croiras apercevoir quelque chose de contraire à ces principes."

[30] Voltaire, "Lettres philosophiques", *Lettres Choisies de Voltaire*, avec une présentation, des notes et un index par Raymond Naves, Paris, Classiques Garnier, s. d, pág. 39 = [Garnier-Flammarion], pág. 84.

Pensamento estavam sempre em movimento, correspondendo-se entre si[31], opta pelo filósofo inglês e pelo seu apego à experiência.

Este aspecto é particularmente expressivo, uma vez que originou ter ele sido em França um dos precursores do empirismo[32] e obrigando a que o primado do racionalismo cartesiano fosse definitivamente questionado. De notar que o empirismo volteriano ganha um cunho prático em função da adaptação que preconiza às realidades da vida quotidiana, especialmente ao papel preponderante que pretende outorgar à Filosofia no conjunto das Ciências, sendo embora e segundo mais acertado, uma tentativa de conciliação entre experiência e inatismo[33].

O primeiro e um dos mais destacados pensadores da Modernidade neste domínio, descontando o seu mestre Grócio, e que será recuperado e quase endeusado em Portugal – depois de se proceder a competente expurgo, note-se –, semente do ensino dos futuros Vintistas e com lugar de proa na *Dedução Chronologica e Analytica*, é o alemão Samuel Pufendorf. Ainda hoje os seus trabalhos suscitam polémica entre os historiadores das Ideais Políticas, sinal que algo de marcante originou[34].

Quanto a C. Thomasius, assinale-se, neste particular, que mais uma vez a investigação não ultrapassa a mera observação do seu Pensamento político, determinado por considerações de ordem moral[35]. Ou seja, convocar a visão jusnaturalista como marco determinante não apenas do seu Pensamento, mas ponto de partida ideal e reconhecido para a divulgação da Escola do Direito Natural[36], com todas as conotações futuras e práticas que lhe andam associadas.

---

[31] Idem, *ibidem*, pág. 38 = [Garnier-Flammarion], pág. 83.
[32] Henri Sée, *Les Idées Politiques en France au XVIII ème siècle*, Paris, 1920, pág. 67: "Disciple de Bayle, nourri des idées anglaises (...)."
[33] Émile Bréhier, *Histoire de la Philosophie. La Philosophie Moderne, II, 2, Le XVIII ème siècle*, Paris, PUF, 1968, pág. 405.
[34] Os exemplos poderiam multiplicar-se mas escolhemos apenas um, debatidos por duas "Autoridades" na matéria, uma portuguesa e outra estrangeira, ao caso Luís Cabral de Moncada e Paul Janet, que respectivamente na *Filosofia do Direito e do Estado*, Coimbra, 1947, I, págs. 185 e ss. e na *Histoire de la Science Politique dans ses Rapports avec la Morale*, II, 4 ème. Édition, Paris, s. d., pág. 235 e nota, apresentam perspectivas de análise contrárias no que toca à teoria dos "entes morais" de Pufendorf. Entendimento semelhante ao de Paulo Merêa virá a revelar Norberto Bobbio, *Sociedad y Estado en la Filosofia Moderna*, México, FCE, 1986, pág. 32; Craig L. Carr and Michael J. Seidler, "Pufendorf, Sociality and the Modern State", *Grotius, Pufendorf and Modern Natural Law*, págs. 133 e 134, escrevem que "Given the extraordinary contributions to political thought made by these two giants [Grócio e Hobbes] who preceded him, it is tempting to think of Pufendorf as an unoriginal thinker who merely re-issued, albeit in an impressive pedantic style, some of inspirations of his more illustrious predecessors. Unfortunately, this unflattering and somewhat dismissive assessment of Pufendorf's work serves only to obscure his intellectual achievement (...)." Outro aspecto que importa frisar é que, das inúmeras Histórias do Pensamento Jurídico e Político e Histórias das Ideias Políticas, são raras as que contém referências alargadas, mais que as meras generalidades, em relação a Pufendorf.
[35] Para um desenvolvimento criterioso da Ética em Pufendorf, J. B. Schneewind, "Pufendorf's place in the History of Ethics", *Grotius, Pufendorf and Modern Natural Law*, págs. 199 e ss.
[36] Que procurou a todo o transe e ao longo de toda a sua vida docente libertar de conotações teológicas. Assim *De Iure Naturae et Gentium libri octo*, cuja 1ª, Edição é de Lund, 1672, Traduits du Latin de S. Puffendorf par J. Barbeyrac, *Le Droit de la Nature et des Gens*, Amsterdam, 1706. Veja-se o "Prefácio" à Edição de 1672, onde se dá nota do empenho de Pufendorf, em 1660, de ensinar Direito Natural na Faculdade de Jurisprudência, apenas lhe tendo sido permitido fazê-lo na de Artes.

Conjuntamente com Christian Wolff irá esmerar-se na individualização do Direito Natural face ao Direito Positivo, assim como na insistência da autonomia da Razão perante a teológica interpretação[37] – começou por se envolver em controvérsias e disputas violentíssimas, combatendo os peripatéticos e os cartesianos. Depois, empreendeu a obra de fundar um edifício Lógico e Moral. Aperfeiçoou os trabalhos de Grócio e Pufendorf[38] e roborou os fundamentos do Direito Natural, por vias diversas das antes propostas[39].

Já Wolff é um pensador que não apenas é conhecido em Portugal, como os seus trabalhos são lidos, comentados e alvo de estudo[40].

Previamente, importa esclarecer a dificuldade que existe quando se estuda o jusnaturalismo apelando à fisionomia mais ou menos convergente que os Autores lhe conferiram.

Pufendorf, nomeadamente, será um dos jusracionalistas mais difíceis de interpretar no campo da Ciência da Moral, em que o Pensamento, com laivos de contradição eminente na sua evolução, perturba qualquer objectividade. Basta recordar a oposição entre empirismo e idealismo, para se perceber que o jusracionalismo de que Pufendorf fará alarde, é tudo menos simples de enquadrar, pese embora ser o mais emblemático representante desta corrente do Pensamento Moderno.

Pufendorf explica, na sua teoria dos *entia moralia*, que ocupa a primeira parte do *Le Droit de la Nature et des Gens*, que o homem diversamente das criaturas que apenas são tocadas pelas impressões da natureza, possui uma alma que o leva a píncaros de distância quanto aos demais seres da Criação[41] e consubstancia o valor que os indivíduos, em si mesmos, reflectem.

---

[37] C. Thomasius, *Fundamenta Juris Naturae et Gentium*, em 1705, tradução castelhana *Fundamentos de Derecho Natural y de Gentes*, Estudio preliminar de Juan Jose Gil Cremades, tradução y notas de Salvador Rus Rufino y Maria A. S. Manzano, Madrid, Tecnos,1994; veja-se o "Estudio preliminar", pág. XII: "[nas *Institutiones jurisprudentiae divinae*] (...) realmente procede a separar razón y revelación, en lo que concierne a las normas sociales, irritado por el poder omnipresente de la Teología académica, pero deseoso a la vez de rescatar a la religión de la ortodoxia, anatematizadora, y situarla en la piedad interior y personal."
[38] Idem, *ibidem*, "Capítulo Introductorio", §§ I e ss., págs. 4 e ss. A dado passo escreve: "Yo mismo, por mi parte, hasta ahora he construido mis Obras con ese prejuicio de buscar, juntamente con Grocio y Pufendorf, la naturaleza humana."
[39] Defendia a supremacia da vontade sobre o intelecto, não perfilhando, portanto, a tese do racionalismo nem as que se sustentavam no debate acerca da interpretação metafísica da questão. Não aderiu à visão aristotélica tradicional da necessidade social inata do Ser humano, no que ela se opunha a Pufendorf e à sua sociabilidade. Estruturava o seu Pensamento nos ensinamentos de Locke, admitindo mesmo que o que não é proveniente do conhecimento sensível, não pode ser conhecido do intelecto.
[40] Um dos Autores portugueses que seguirá mais de perto o seu Pensamento é o padre Inácio Monteiro, que terá sido dos poucos jesuítas a interessarem-se, voluntariamente, pela renovação dos conhecimentos em geral e que dele adoptou várias ideias. Diga-se, de passagem, que apesar de ser ilustre português no contexto Setecentista, a presente investigação não se ocupará dele individualizadamente, por serem os seus interesses diversos dos pesquisados, especialmente no campo da Matemática, e da Filosofia natural, a que mais tarde se veio a somar o interesse pela metafísica. Outro é frei Manuel do Cenáculo que sofre influências do presente pensador no plano da Teologia, com consagração nas Reformas de Estudos de que foi Autor para a sua Ordem Terceira de S. Francisco. Também Teodoro de Almeida não se inibe de o referir na sua *Recreação Filosofica*.
[41] Samuel Pufendorf, *Le Droit de la Nature et des Gens*, pág. 3: "a de plus en partage une Ame éclairée d'une Lumière excellente, à la faveur de laquelle il peut se faire des idées justes des objets qui se

Resulta desta conformação que Pufendorf dá relevância ao problema da cultura, como factor decisivo não apenas na evolução humana mas também porque permite que pela imposição da sua própria vontade, a natureza física se possa transformar[42]. É pela cultura que se manifesta a capacidade do homem na conformação às suas próprias inovações[43], expressas em acto e potência[44].

É a este Ser livre e inteligente da Criação que se destina o comando e a regulação dos seres morais, entidade sobremaneira importante para o Autor[45]. O mundo considerado simplesmente como contendo entes físicos, é um "mundo físico" e tudo o que nele existe foi obra do Criador. Os seres morais foram originados por uma outra via, a da "*Institution*"[46], não provindo de nenhum princípio interno da substância das coisas, antes se põem por vontade dos seres inteligentes, seres livres, já existentes e fisicamente perfeitos. A sua manifestação depende de algo diverso, consubstanciando-se, eles mesmos, numa redução aos dois mais conhecidos, ao Direito e à obrigação[47].

Direito e obrigação são, para o Autor, seres morais, assim se introduzindo uma qualificação completamente estranha ao Pensamento que lhe é anterior[48]. E a Liberdade é determinante neste plano, pois é ela que está subjacente à projecção dos seres morais[49].

Precisamente pelo motivo avançado a questão necessita mais esclarecimento. Deus "quer" os seres morais. Mas estes são igualmente queridos pelos seres livres e inteligentes, que lhes conferem eficácia, como acima se disse.

Mas quem cria o Direito e a obrigação, Deus ou os homens?

Pufendorf contradiz-se?

Aparentemente sim, mais uma vez sobressaindo a dificuldade que muitas vezes a sua escrita manifesta. Apelando para o precioso auxílio de Barbeyrac, ele próprio um

---

présentent, les comparer ensemble, tirer des principes déjà connus de vériteés inconnues, & juger saisement de la convenance que les choses ont les unes avec les autres. (...) il peut agir ou ne point agir, suspendre de mouvements, & les régler, comme il le trouve à propos."

[42] Idem, *ibidem*, pág. 4.
[43] Idem, *ibidem*, pág. 3.
[44] Idem, *ibidem*, pág. 6.
[45] Idem, *ibidem*, pág. 3: "(...) certains Modes, que les Êtres Intelligents attachent aux choses Naturelles ou aux Mouvements Physiques, en vue d'diriger & de restreindre la Liberté des Actions Volontaires de l'Homme, & pour mettre quelque ordre, quelque convenance, & quelque beauté, dans la Vie Humaine."
[46] Simone Goyard-Fabre, *Pufendorf et le Droit Naturel*, Paris, PUF, 1994, pág. 52: "L'erreur serait de croire qu'ils rendent possible, dans une perspective idéaliste de type platonicien, une participation du réel à l'Idéal. Pufendorf explique qu'ils se forment d'une tout autre manière: par *impositio* (Barbeyrac traduit par 'institution') (...)."
[47] Quer dizer, há aqui uma manifestação da ideia que já expusemos antes a propósito da natureza das coisas que medievalmente comandava o indivíduo, fazendo-o "ser" apenas o que o mundo lhe permitia "ser", enquanto agora o homem comanda o mundo "de si para fora".
[48] Simone Goyard-Fabre, *Pufendorf et le Droit Naturel*, págs. 51 e ss. é o trabalho mais rigoroso e que seguimos de perto na abordagem do Pensamento de Pufendorf neste domínio.
[49] Samuel Pufendorf, *Le Droit de la Nature et des Gens*, I, pág. 5: "(...) l'opération des Êtres Moraux ne consiste pas à produire immédiatement, par une vertu propre & interne, quelque mouvement physique, ou quelque changement réel, dans les choses mêmes; mais toute leur efficace se réduit, d'un côté à faire connaître la manière dont chacun doit régler l'usage de sa Liberté Naturelle, dans les Actions qui en dépendent; de l'autre, à rendre les Hommes susceptibles, d'une façon particulière, de quelque avantage ou de quelque désavantage, & capables même de produire, par rapport à autrui, certaines Actions d'où il s'ensuive un effet particulier".

pensador algo escurecido pela dedicação que colocou nos trabalhos de tradução das Obras dos grandes mestres, poderá ser simplificada a questão afirmando que Pufendorf considera existirem duas espécies de instituições. Assim, a caracterização das mesmas determinará a solução do problema ou, como diz Barbeyrac[50], "(...) il y a deux sortes de institution: l'une purement arbitraire; l'autre qui a son fondement dans la chose, & qui est suite nécessaire de ce qu'on avoir déjà librement résolu."

Traduzindo para uma linguagem acessível, Deus criou o homem porque Quis, com as características que Entendeu melhor quadrarem à Sua vontade. Portanto, o arbítrio divino é pleno e a sua vontade omnipotente, ou não fosse Pufendorf alemão, protestante e luterano. Mas, por outro lado, ao encetar esta tarefa, o Criador levou em linha de conta a especial consideração que lhe merece o Ser humano, por força das características que lhe inculcou com a sua própria vontade.

Deus Quis, mediante uma manifestação da Sua omnipotente vontade que existissem seres morais, com certas e determinadas características, no que se impõe aos homens: "Car étant le Créateur de toutes choses, il peut sans contredit préférer des bornes à la Liberté dont il a bien voulu enticher les Hommes. & les intimider par la crainte de quelque mal, pour vaincre la résistance de leur volonté, & pour l'obliger à se déterminer du côté qu'il juge à propos."[51] Contudo, os seres *livres* e inteligentes são os "Autores físicos" do direito e da obrigação; a racionalidade humana em Pufendorf funda o relacionamento juridicamente tutelado[52] entre os seres superiores da criação, na sua Liberdade natural[53].

Conjugando este aspecto com o inicialmente assinalado, resulta que a natureza humana não é simplesmente "natureza"; ela tem uma característica expansiva que deve ser salientada, mediante uma vontade criadora a horizontes axiológicos, racionais, que vão para além dos meros acidentes naturais, os quais manifestam a sua insuficiência para a correcta compreensão do homem. Esta questão não pode – e perigoso seria se o fosse – ser encarada com demasiada ligeireza. Por "ligeireza" Pufendorf entenderia uma incessante, mas inconsequente, atitude caprichosa do homem, algo esquecido dos comandos que o seu Criador lhe ordenou por força da Sua divina vontade.

Ou seja, é indispensável que o Ser humano seja conforme a estes pressupostos no plano da realização da Lei Fundamental da natureza, pautada pela vontade divina em si mesma. Donde a colaboração estreita que deve existir entre "seres físicos" e "seres morais".

Note-se que quando Pufendorf enuncia as faculdades da alma, reitera que existem duas outras subordinadas à vontade, "par le moyen desquelles la Volonté exerce

---

[50] Jean de Barbeyrac, nota 4 a *Le Droit de la Nature et des Gens*, I, pág. 5.
[51] Samuel Pufendorf, *Le Droit de la Nature et des Gens*, I, pág. 5. Parece não restarem dúvidas na análise deste aspecto do trabalho de Pufendorf acerca da sua posição na "vexata quaestio" da Liberdade e do livre-arbítrio no Pensamento da Reforma. É ponto que foi exaustivamente tratado mas que convém não esquecer agora que há possibilidade de a ele retornar.
[52] António Pedro Barbas Homem, *A Lei da Liberdade. Introdução Histórica ao Pensamento Jurídico*, I, págs. 146 e 147.
[53] J. B. Schneewind, *Pufendorf's place in the History of Ethics*, págs. 201 e 202, explica a questão do seguinte modo: "There is a sense in which some moral entities may be called 'natural'. The term simply refers to the moral entities God imposed, in contrast to those imposed by humans. But although the moral entities we imposed cannot be called 'natural', they are of the same general kind as the moral entities arising from divine imposition."

ses opérations à l'égard des Actions Humaines; l'une c'est la *Spontanéité*, & l'autre la *Liberté*. Par la première on conçoit la Volonté comme agissant de son bon gré & de son propre mouvement. Par l'autre on la conçoit comme agissant de telle manière qu'elle peut agir ou ne point agir"[54].

Em Pufendorf, como depois em Vattel, Liberdade e racionalidade identificam-se: o homem aplica um acto de Razão e não de escolha, na medida em que a vontade, previamente iluminada pela Razão, implica uma opção racional de si mesmo. Eis, e na plenitude de todas as suas consequências, o jusracionalismo que Pufendorf leva mais longe que qualquer outro Autor antes dele, originando algumas susceptibilidades em função do global das suas conclusões.

Há assim conotações amplamente voluntaristas na Liberdade, enquanto movimento próprio e interior, que comporta o poder de escolha de que o homem é capaz e em que a vontade atinge o mais elevado plano, em oposição a Hobbes. Apenas o homem, enquanto é capaz desta autonomia, pode elevar-se à moralidade, pelo que a tese dos *entia moralia* coloca o Ser humano num plano privilegiado em termos axiológicos.

Se Pufendorf é voluntarista[55], ao querer conciliar voluntarismo com racionalismo, originou para si mesmo um coro de críticas e protestos que bem podem ser elucidados pelo singelo enunciado das matérias que se vêm estudando. E que passaram à posteridade. A simples consulta dos seus trabalhos não pode deixar de confirmar esta observação e é uma enorme tentação não aderir às mesmas.

O voluntarismo é patente em toda a sua teorização do Direito Natural e apresenta óbvias repercussões no plano do Poder político. A relação entre Criador e seres livres ou inteligentes de que depende a consumação dos seres morais, percebe-se mediante a análise do Direito Natural na visão de Pufendorf e, como consequência, o imperativo da "sociabilidade" e que pressupõe a lei natural fundamental, implicaria sempre que tudo o que contribui para esta sociabilidade deverá ser prescrito pelo Direito Natural[56].

Mas porque Pufendorf sobrevaloriza as capacidades humanas e "encarrega" o homem de dar eficácia aos comandos emanados da divina vontade no que respeita aos entes morais, por esta via ele é um defensor do racionalismo. Daí as assinaladas críticas em momento muito posterior ao seu Pensamento e por quem o responsabilizava, assim como aos demais racionalistas, pelo anormal peso dado ao homem em presença do seu Criador, porque se entendia, antes, deste depender em tudo a própria existência humana[57].

---

[54] Samuel Pufendorf, *Le Droit de la Nature et des Gens*, I, pág. 53.
[55] Daí a oposição entre Pufendorf e Grócio, que era intelectualista mas, sobretudo, aos Escolásticos, partindo da consideração do que geralmente era defendido pelos Autores da Segunda Escolástica que, segundo António Truyol y Serra, *História da Filosofia do Direito e do Estado*, tradução portuguesa da 7ª Espanhola aumentada, volumes I e II, Lisboa, s. d. Ao caso reportamo-nos a II, pág. 246, parece desconhecer por via de regra.
[56] Samuel Pufendorf, *Le Droit de la Nature et des Gens*, I, págs. 194 e ss., especialmente pág. 195: "Voici donc la Loi Fondamentale du Droit Naturel: c'est que chacun doit être porté à former et entretenir, autant qu'il dépend de lui, une société paisible avec tous les autres, conformément à la constitution et au but de tout le genre humain sans exception."
[57] De Bonald, por exemplo, discorda em absoluto da perspectiva apresentada por Pufendorf no que respeita ao conhecimento natural que todos os homens devem aportar da lei natural, admitindo mesmo que acaba por apresentar uma visão quase idêntica à de Rousseau.

Uma das suas primeiras tarefas foi laicizar o Direito Natural,[58] atendendo à Razão humana[59] e diversificando-o da Teologia moral[60], originária da Revelação[61], em sequência dos ensinamentos de Grócio[62] e de Hobbes.

Colocados "os entes" neste plano, não existem problemas de sobreposição devido à sua heterogeneidade que impede que conflituem, como não conflua com o Direito Civil, originário do Poder civil[63]. E sempre se diga que quer a Teologia moral, quer o Direito Civil precisam do Direito Natural, com ele sempre devendo colaborar cada qual na sua específica área de intervenção[64].

Na realidade, o Direito[65] apenas se vislumbra por intermédio dos *entia moralia* numa comunidade compreensiva, como já se disse, implicando na mesma o respeito pela organização intrínseca do mundo, que a vontade normativa e reguladora de Deus[66] soberano comanda.

---

[58] António Truyol y Serra, "Compêndio de História da Filosofia do Direito", Lisboa, separata da *Revista da Faculdade de Direito da Universidade de Lisboa*, volumes IX-X, 1953-1954, pág. 93.

[59] Apenas para evitar confusões e porque não se trata individualmente do Pensamento de Grócio, admitindo as referências pontuais que entretanto se foram fazendo à sua interpretação Moderna de Direito e lei natural, diga-se que Pufendorf foi um aluno demasiado intransigente. Nem apoiou a maioria das ideias do mestre, nem as desenvolveu nem, no mínimo, se identificou com o seu racionalismo ético-jurídico. O distanciamento entre os dois grandes introdutores da Escola do Direito Natural Moderno é claro; tão claro que se é possível procurar alguma conciliação entre Grócio e Suarez, por exemplo, em Pufendorf o repúdio pelas concepções da Escola Peninsular do Direito Natural é por demais evidente.

[60] José Sebastião da Silva Dias, "Portugal e a Cultura Europeia (Sécs. XV a XVIII)", pág. 393: "o Iluminismo, na fase aqui estudada, não chegou a declarar o contraste entre a Escritura e a Natureza; limitou-se a pôr em evidência o divórcio entre a Ciência e a Teologia. A missão do sábio seria interpretar a Revelação de Deus na Natureza; a do teólogo interpretar a Revelação de Deus na Escritura. Simplesmente, o divórcio, neste domínio, é já uma espécie de oposição – uma oposição subterrânea em que a Natureza ganha o que a Escritura perde."

[61] António Truyol y Serra, *História da Filosofia do Direito e do Estado*, Lisboa, s.d., II, págs. 245 e 246, explica o problema do seguinte modo: "(...) Pufendorf reivindica a autonomia do Direito Natural perante a Teologia moral da ortodoxia luterana (...); [por outro lado], nega que haja uma bondade e uma maldade intrínsecas, vinculadas a uma natureza concebida como eterna limitadora da vontade de Deus."

[62] Jean Terrel, págs. 32 e ss.

[63] Samuel Pufendorf, *De Officiis hominis et Civis*, Lund, 1673, *Les Devoirs de l'Homme et du Citoyen*, traduits du Latin de S. Puffendorf par J Barbeyrac, 1741-1742, Édition du Centre de Philosophie Politique et Juridique de l'Université de Caen, Tomes I-II, Caen, 1989, I, "Préface de l'Auteur", págs. XXXVIII-XLVI. Característica distintiva entre o Direito Natural e a Teologia moral é que o primeiro se dedica à boa formação externa do homem, que se tergiversar nas suas condutas será punido pela sanção da legislação civil; quanto à Teologia moral a sanção é de ordem interna, porque o tipo de comportamentos que se dedica a regular é também do foro íntimo dos homens.

[64] Idem, *ibidem*, "Préface de l'Auteur", I, págs. XXXIX e ss.

[65] Idem, *Le Droit de la Nature et des Gens*, I, pág. 19 menciona a ambiguidade do termo e as várias expressões que lhe são vistas normalmente como semelhantes ou muito próximas.

[66] Craig L. Carr and Michael J. Seidler, "Pufendorf, Sociality and the Modern State", pág. 136: "The idea of God as divine lawgiver underlies Pufendorf's entire argument. He never doubt God's Existence, Both on account of is personal faith and also because of his positive assessment of the rational arguments for God's existence. This conviction supported his traditional jurisprudential belief that law is essentially the command of a superior which 'bend[s] the will' of subject with obligatory force."

O Direito Natural impõe a conservação da existência. Relacionando Direito com Liberdade de cada um prover à sua particular conservação[67], atendendo a que entre si os homens devem manter uma relação de Igualdade[68], eles detêm no estado de natureza uma "Liberdade igual"[69]. O importante é nunca esquecer que "une liberté sans bornes serait non seulement inutile, mais encore pernicieuse à la Nature humaine; & qu'ainsi l'intérêt même de notre propre conservation demande que notre Liberté soit gênée & resserrée par quelque Loi. Ci qui servira aussi à nous faire voir jusques où l'on peut raisonnablement lâcher la bride si active & si volage"[70].

Em razão da sua dignidade como filho dilecto do Criador, pela sua racionalidade, o homem é capaz de descobrir a regra máxima que lhe permite orientar a sua conduta[71] e, por essa via, aperceber-se não apenas da diferença específica que monta entre si e Deus, mas entre os demais animais e ele mesmo. Com efeito, as questões em que mais directamente se faz sentir a força do espírito humano são as relacionadas com o culto da Divindade e os deveres da sociedade civil[72].

Configura-se, para o Autor, a lei como uma "volonté d'un Supérieur, par laquelle il imposera ceux que dépendent de lui, l'obligation d'agir d'une certaine manière qu'il lui leur prescrit"[73]. Parece assim que, com Paul Janet[74], se pode concluir pela existência da necessidade de duas premissas conjugadas: manifestação de vontade livre e submissão a um superior que exista[75].

Donde, Pufendorf não se limita a uma abordagem metafísica, à maneira Escolástica, antes enceta uma via de articulação entre Lei e Liberdade no Ser humano. O que significa, simplesmente seguir alguma lógica nos procedimentos e encetar uma primeira via de descoberta da forma pela qual, no estado de natureza, se expressa a lei natural[76].

---

[67] Georges Burdeau, *Les libertés publiques*, Paris, 4ème édition, 1972, pág. 15: "Pufendorf consacre un chapitre de son *Droit de la nature et des gens* à établir que le droit, c'est la liberté."
[68] Samuel Pufendorf, *Le Droit de la Nature et des Gens* I, págs. 192 e ss. págs. 253 e ss.
[69] Idem, *ibidem*, I, pág. 222: "(...) dans la Liberté Naturelle, chacun peut légitimement employer tous les moyens qu'il juge nécessaires pour sa propre conservation, en suivant les lumières d'un Raison éclairée, & les mettre en usage contre tous ceux de la part de qui la même Raison lui fait voir des bornes que la droite Raison prescrit, on pèche sen contredit contre la Loi Naturelle."
[70] Idem, *ibidem*, I, pág. 143.
[71] Idem, *ibidem*, I, pág. 145: "La *dignité & l'excellence de l'Homme* par dessus le reste des Animaux demandait sans contredit d'avoir une Ame Immortelle, éllairée des lumières de l'Entendement, ornée de la faculté de juger des choses & d'en faire un juste choix, très industrieuse à inventer plusieurs Arts, & qui nous rend *capables* de dominer sur tous les autres Animaux."
[72] Idem, *ibidem*, I, pág. 146.
[73] Idem, *Les Devoirs l'Homme et du Citoyen*, I, pág. 62. Barbeyrac discorda desta definição e manifesta-o em nota, apresentando outra em alternativa: "la loi est une volonté d'un Supérieur suffisamment notifiée d'une manière ou d'autre, par laquelle volonté il dirige ou tous les actions généralement di ceux qui dépend de lui, ou du moins toutes celles d'un certain genre; enforme que par rapport à ces actions, ou il leur impose la nécessité d'agir ou de ne pas agir d'une certaine manière, ou il leur laisse la liberté d'agir ou de ne point agir comme ils le jugeront à propos." Parece que, se em certa medida Barbeyrac tem razão, não seria curial uma definição de tal modo extensa para um qualquer conceito e, muito menos, para um que como o de Lei se pretende que seja o mais geral possível. Sobre este ponto, idem, *ibidem*, II, págs. 65 e 66.
[74] Paul Janet, II, pág. 237.
[75] Samuel Pufendorf, *Les Devoirs de l'Homme et du Citoyen*, II, págs. 72 e ss.
[76] Idem, *Le Droit de la Nature et des Gens*, I, págs. 142 e ss.

Wolff em nada fica atrás de Pufendorf no que se refere à teorização do Direito Natural, não apenas tendo criado Escola na Alemanha luterana, mas sendo igualmente seguido na Suíça calvinista. Os seus divulgadores, alguns dos maiores nomes do Pensamento europeu da época e posterior, fazem todos questão de o citar e de reelaborarem as suas próprias teses em função dos ensinamentos obtidos do mestre, cuja expansão foi, a todos os títulos notável.

Precisamente por isso, foi aproveitado para interpretações díspares, e se até se consegue ver nele um dos maiores divulgadores dos direitos do homem, depois vazados nas Declarações europeias e norte-americana[77]. De igual modo e sob forma contrastante, há quem o considere o maior corifeu do absolutismo régio, por isso tão entusiasticamente admirado pelos déspotas iluminados.

Retoma Grócio e Pufendorf, afirmando que o Direito Natural existiria mesmo que Deus não existisse[78]. De Wolff disse-se, inclusivamente, que retornou aos conceitos Escolásticos[79]. Por isso é habitual mencionar uma tentativa de síntese entre a Escolástica e o Pensamento dos seus antecessores, tornando-se deste modo polémico[80].

---

[77] Alain Renaut, *Histoire de la Philosophie Politique*, III, pág. 69: "Wolff (...) tout en s'inscrivant délibérément dans le courant de la théorie normative du droit naturel, dont il présente la dernière et la plus vaste synthèse, il fournit les instruments intellectuels décisifs aux grandes déclarations des droits de l'homme, américaines et françaises, de la fin du XVIII ème siècle."

[78] C. Wolff, *Jus Naturae Methodo Scientifica per Tractactum*, Leipzig, 1740, 8 volumes, tradução francesa *Principes du Droit de la Nature et des Gens*, Tomes I, II, et III, Centre de Philosophie Politique et Juridique, Caen, Edição 1758, I, pág. 5.

[79] Wolff conhecia bem o ensino Escolástico, fosse ele protestante ou católico, porque nele fora criado ao encetar os primeiros estudos em Breslau. Aí um conjunto de jesuítas era bem acolhido e podiam expandir as suas ideias neo-escolásticas, sem perigo de perseguições. Para desenvolvimento da questão, Lukas K. Sosoe e A. Renault, *Philosophie du Droit*, Paris, 1991; Pinharanda Gomes, *Dicionário de Filosofia Portuguesa*, "Iluminismo", pág. 125: "(...) o primeiro Iluminismo germânico elabora-se parcialmente a partir da tradição escolástica peninsular, e ainda está por indagar se a influência de Leibnitz na filosofia portuguesa, desde Jacob de Castro Sarmento a Silvestre Pinheiro Ferreira, não resulta de um retorno das teses escolásticas ao espaço germânico, o vínculo de transição da escolástica peninsular para o iluminacionismo."

[80] José Adelino Maltez, *Princípios...*, II, págs. 329 e ss. Apesar dos seus antecedentes em termos de Escola, que faz questão de reafirmar ao longo de toda a sua Obra, Wolff tem assomos de influências lockianas, uma vez que admite com grande insistência os direitos subjectivos naturais e as suas correspondentes obrigações, mantendo-se neste aspecto de uma fidelidade inultrapassável ao longo de todo o seu trabalho. Por seu lado considera Luís Cabral de Moncada, *O "Idealismo Alemão" na História da Filosofia*, Coimbra, 1938, pág. 13, que a maior aceitação que Wolff teve em Portugal se ficou a dever ao facto de representar uma outra "Aufklärung, na sua modalidade mais anti-individualista do 'Estado polícia' do séc. XVIII, a do despotismo ilustrado, e de um jusnaturalismo que pelo seu profundo eticismo jurídico e pelos seus métodos lógicos era ainda o que mais se aproximava da própria Escolástica (...). Pode dizer-se que foi, de facto, o Pensamento filosófico de Wolff aquele que, mais adaptado ao catolicismo sobretudo através do seu discípulo Barão De Martini (...) dominou inteiramente a cultura filosófico-jurídica portuguesa até meados do séc. XIX." Noutros trabalhos Luís Cabral de Moncada vira-se para o Iluminismo italiano como o decisivo para Portugal e apresenta trabalhos sobre a matéria. Julgamos não ser possível afirmar Wolff um seguidor perfeito da Escolástica, porque se existem nele incursões linguísticas de tipo Escolástico e mesmo uma assunção conceptual que leva a admitir sem dúvida parte dos seus conceitos, não é possível esquecer que os quadros mentais são distintos, uma vez que partem do sujeito para o objecto e não inversamente. Se não houvesse mais nada, isso chegaria para os afastar em termos decisivos. A confusão que normalmente se faz neste domínio em relação ao actual pensador, resultará dele ter sido um infatigável trabalhador, algo utópico nos seus ideais ou com

Explicitando melhor a questão, a dedução do Direito Natural wolffiano processa-se em quatro fases, bem visíveis nas constantes alusões de que é alvo nos seus escritos. Em primeiro lugar, distingue a natureza própria do homem da que lhe é comum com os outros animais da Criação. Quando o homem comunga da mesma natureza dos demais animais, é tão determinado quanto eles; no caso da sua própria natureza, as suas acções são livres, porque ele é um Ser dotado de Razão[81].

Donde, ser possível deduzir que todo o Ser humano tem de viver submetido a uma lei da natureza, comum a todos os seres humanos vivos, que se pauta como "une *obligation universelle*, (...) par laquelle chaque homme est lié entant homme", sendo o direito universal que daí resulta o que "appartient à chaque homme, entant qu'homme"[82].

Finalmente, o Direito Natural deduz-se da lei natural, nos termos em que logo de início se colocou a questão, assim se desdobrando e confirmando os vários passos que conduziram à primitiva afirmação.

Para Wolff o Direito Natural é, sem dúvida, racional e despido de conotações teológicas.

Como corolário do que estabelecidos no que respeita à ligação possível entre Wolff e a Segunda Escolástica, será possível afirmar que a divisão que introduz no seu raciocínio[83] conduz a uma clara conclusão. No mínimo terá sido original, no tratamento que deu à doutrina tripartida dos deveres que esta perfilhava, como "Des devoirs de l'homme envers soi même, & des droits qui y sont liés; Des devoirs des hommes envers les autres, & des droits qui y sont attachés; Des devoirs de l'homme envers Dieu, & des droits qui y sont liés."

Se para a Segunda Escolástica, como não poderia deixar de ser, os últimos são os mais relevantes, Wolff entende que os direitos para consigo mesmo são aqueles que se apresentam como de importância superior. É o sujeito na sua plena racionalidade que comanda o posterior desenvolvimento dos demais deveres em comunidade, o que na realidade manifesta bem a perspectiva subjectivista que o Autor defende, mesmo quando usa por comodidade ou por necessidade para o seu trabalho os conceitos desenvolvidos pela Escolástica e a aproveita para os seus propósitos.

---

laivos de ambição desmesurada, que quis unir tradições contraditórias em si mesmas, procurando a sua síntese final. Por isso não hesitou em recuperar a Filosofia aristotélica, compreendendo a Escolástica tardia peninsular, em retomar a ideia mestra da Filosofia das Luzes da precisão dos métodos geométrico e matemático, proceder identicamente com o Pensamento de Descartes e Malebranche, a Teologia calvinista e a reflexão do seu grande amigo Leibnitz. Assim, e por força da tentativa de justaposição entre os ideais científicos dos Escolásticos, com a sua própria concepção de filosofia e fazendo apelo ao método sistemático, resultou um trabalho alucinante. Disto mesmo se dá nota na "Mémoire Abrégé" aos *Principes du Droit e la nature et des gens*, págs. LII e LIII. Com a vantagem de agradar um pouco a todos, porque foi divulgado e encomiado quer em países da Reforma quer em estados da Contra-Reforma, atingindo um objectivo dificilmente igualável em amplitude pela maioria dos seus colegas de ofício.

[81] C. Wolff, *Institutions du Droit de la Nature et des Gens*, pág. 5: "On appelle *actions internes*, celles qui sont produites par le seule force de l'âme; & *externes*, celles qui s'exécutent par le mouvement des organes du corps. Les unes & les autres sont, ou *libres*, c'est-à-dire, dépendent de la liberté de l'âme, de quelque façon que ce soit qu'elles en dépendent; ou bien *naturelles*, ou ce qui est la même chose, *nécessaires*, c'est-à-dire, ne dépendent pas de cette liberté, mais déterminés par l'essence de l'âme & du corps. Il suit de là, *qu'il n'y a point d'actions libres externes, sans quelque action interne, avec laquelle elles soient liées.*"
[82] Idem, *ibidem*, pág. 139.
[83] Idem, *Principes du Droit e la nature et des Gens* I, págs. 16 e ss.

Aspecto relevante para o problema liga-se à definição que Wolff dá de Liberdade, já que escreve que "être libre, jouissant de son propre droit (*sui juris*), c'est n'être sujet à la puissance d'aucun autre, & déterminer ses actions à son gré"[84]. Nestes termos o Autor entende que não apenas a Liberdade é um direito natural, mas se posiciona ao nível da faculdade natural e mesmo que se tente destruí-la pela força isso é impossível, implicando uma simples suspensão do mesmo direito.

Ainda no plano interpretativo jusnaturalístico germânico, o trabalho de Wolff foi alvo de desenvolvimento por E. Vattel, que se ocupou sobretudo da parte relativa ao Direito das Gentes.

A importância que o presente Autor representa, deduz-se da sua própria caracterização pessoal, como "cidadão de um país livre e portanto com Liberdade de falar a verdade", capaz de manifestar objectividade e imparcialidade. Amigo da Liberdade civil e política, manifestava-o de forma mais empenhada que os seus predecessores, tal como ele íntimos de déspotas iluminados. Prova disso são as suas frequentes incursões e aplausos no domínio da monarquia limitada inglesa, que virão estender-se a tomadas de posição favoráveis ao Individualismo[85].

Vattel recupera Justiniano e o seu sentido de Liberdade inerente aos homens, que assim o são por Direito Natural, na senda da distinção deste do Direito Civil e do Direito das Gentes[86]. E, elogiando Wolff, manifesta a sua discordância em vários aspectos, nomeadamente porque entende que a conformação de qualquer sociedade entre as Nações, se retira de que "la nature a établie entre tous les hommes"[87], sendo que esta se reporta sempre a uma *civitas*[88]. E acrescenta – naturalmente – que tal conformação é estranha às Nações no seu relacionamento institucional.

Por outro lado, Vattel mantém como os demais racionalistas o apego à impossibilidade de ultrapassar o dedo do Criador na conformação da natureza, ainda que siga Grócio na sua afirmação que o Direito Natural existiria ainda quando Deus não existisse. Contudo, a "sublime considération d'un être éternel, nécessaire, infini, auteur de toutes choses, ajoute la plus grand force à la loi de la nature et lui donne toute sa perfection"[89]. Voluntarista proclama que o Criador quis que as suas Criaturas fossem tão felizes quanto a sua natureza comporta, devendo para isso seguir em toda a sua conduta as regras que a mesma natureza lhes traçou como o meio mais seguro para alcançar a felicidade.

---

[84] Idem, *ibidem*, I, pág. 14.
[85] Frederick G. Whelan, *Grotius, Pufendorf and Modern Natural Law*, pág. 404.
[86] E. Vattel, *Le Droit des Gens ou Principes de la Loi Naturelle, Appliqués à la Conduite et aux Affaires des Nations et des Souverains*, Lyon, 1802, I, "Preface", pág. VI. Não interessa, pelo menos de momento, a ponderação de questões de Direito das Gentes, pelo que se remete para o trabalho de Wolff e de Vattel os considerandos fundamentais. Há apenas um aspecto que se anotamos: quanto à escravatura, ela volta a ser admissível pela pena deste Autor, dado que pode perfeitamente suceder que o crime cometido seja tão grave que ela seja o substituto adequado da pena capital. Ao caso refere-se ao problema dos prisioneiros de guerra – único em que se pronuncia – preconizando esta solução em III, pág. 157.
[87] Idem, *ibidem*, I, "Preface", pág. XXI.
[88] Idem, *ibidem*, I, "Preface", XXI: "est de l'essence de toute société civile (...) que chaque membre ait cédé une partie de ses droits au corps de la société, et qu'il y ait une Autorité capable de commander à tous les membres, de leur donner des lois, de contraindre ceux qui refuseraient d'obéir."
[89] Idem, *ibidem*, I, "Préliminaire", pág. 5, nota.

E, se Thomasius não vai tão longe como alguns dos seus correligionários, que entendem ser tolerantes para com tudo e todos desde que se não trate de papistas, na boa tradição luterana e calvinista, também não enceta o salto qualitativo determinante. O Direito Natural é exclusivamente racional, nele não se admitindo quaisquer conotações teológicas assentes numa Revelação qualquer[90].

Diversa será a feição que Genovese apresenta do problema, mediante dupla definição de leis da natureza do ponto de vista ético, aproveitando para comparar o que Modernos – católicos, note-se – e Antigos entendiam sobre o assunto. Para os Modernos, leis da natureza serão "regras que tambem compreendemos em proposições geraes, as quais Deos declara pela luz da nossa Razão e manda que os homens ajustem, e dirijão por ellas suas acções livres", enquanto para os filósofos Antigos entendiam que existindo leis particulares para os homens pelas suas especiais características, que designavam por Direito das Gentes, provenientes da racionalidade humana, "aonde metterão as Leis moraes da natureza"[91].

O facto de Genovese não se referir ao Direito Natural Moderno, laico ou profano, apenas convoca para o entendimento em geral seguido nos países de tradição católica, onde o possível conflito entre Razão e Revelação, aquela deveria decair em função desta. Isso mesmo ficará suposto nos *Estatutos da Universidade*, como a seu tempo se apreciará em detalhe.

Natural de Genebra foi Jean-Jacques Burlamaqui, que vê Deus como o Autor da lei natural, tendo por isso sido muito seguido nos países de tradição católica[92]. O seu jusnaturalismo é de origem teológica, facto que o distingue à partida de Pufendorf, Wolff e Vattel.

Qualquer que seja a intenção inerente à análise do trabalho de Burlamaqui – e por maioria de razão no âmbito da História das Ideias Políticas – não é possível des-

---

[90] C. Thomasius, *Fundamentos de Derecho Natural y de Gentes*, "Capítulo Introductorio", XXIX, pág. 28: "(...) para evitar todas las ocasiones posibles de conflicto sobre una materia que no precisa necesariamente de revelación ninguna, me serviré de la sola razón que depende del sentido común de cada cual, por lo que no contradiré a los textos sagrados, sino que prescindiré de ellos. Considerarán que trato el tema de la felicidad, aunque verdadera, temporal y de este siglo; yo no contradiré a los teólogos sobre la felicidad eterna del siglo futuro, que corresponderá a hombres absolutamente distintos de los hombres que actúan en esta vida, y distintos por la felicidad absolutamente distinta de esta vida (...).»

[91] Antonio Genovese, *As Instituições da Lógica, escritas para uso dos principiantes*, traduzidas por Miguel Cardoso, Lisboa, 1806, pág. 23.

[92] O Autor teve uma enorme influência no desenvolvimento dos posteriores escritos quer sobre o Direito Natural quer acerca do Direito Político. Já alguém disse – porque não o próprio visado – que fora o mentor espiritual de Rousseau, o que não pode ser explicado apenas pelo facto de serem conterrâneos. Na verdade, Burlamaqui foi um singular trabalhador, que se esforçou por ordenar e homogeneizar um vasto leque de materiais que lhe tinham sido legados pelos seus antecessores dos séculos XVII e XVIII. E foi neste plano que ele se tornou indispensável a Rousseau, muito mais que por força de comunhão de ideias, questão que desde o princípio os afastou. Preocupou-se ainda em adaptar a uma perspectiva mais espiritual algumas das ideias já então vulgarizadas acerca do Direito Natural. Esse o motivo porque ele foi tão conhecido e as suas lições de bastante agrado dos universitários mesmo sem ser o compêndio que a Reforma de 1772 adoptou; essa a razão pela qual, algo paradoxalmente quanto ao objecto, foi tão utilizado pelos revolucionários americanos. Em matéria de religião, os princípios são sempre os princípios; o que diverge é a interpretação que depois lhe é dada e quem se encarrega da mesma.

cartar o facto de ter sido ele quem melhor procurou a conciliação de todo o processo do jusnaturalismo que lhe é anterior, que recupera e utiliza nas suas deambulações. Procura mesmo em certas situações modificar, mediante algumas rectificações, o impacto político das doutrinas produzidas pelos demais Autores do Direito Natural Moderno, assim reconhecidos pelas reformas encetadas por Pombal, e alvo de severas críticas dos seus opositores.

Já Bento Feijóo, reconhecido como o primeiro ensaísta espanhol Moderno[93], dedicou-se à abordagem de múltiplos temas que se podem arrumar segundo indica F. R. S. em quatro grandes grupos: "Ensayos de Medicina y Ciencias; Ensayos de Filosofía e ciencias afines y relacionadas con ella; Ensayos de literatura, Filología y Estética; Ensayos referentes a las Supersticiones y Errores"[94].

Não sendo fácil nele descortinar perante os textos disponíveis qual a sua concepção metafísica da Liberdade pontua ainda assim, algumas alusões esparsas que permitem perceberem o seu ponto de vista.

Bento Feijóo foi, tal como Verney[95] e Ribeiro Sanches em Portugal, um veemente crítico das ideias em curso[96], ao tempo em que viveu, no panorama cultural espanhol. Nestes termos e porque se propõe apontar caminhos para a renovação da Ciência na sua terra promove, como o farão os Autores portugueses e o exercitará depois Pombal, a purga dos ensinamentos aristotélicos, que "conducen mucho para defender las verdades revelades", mas são absolutamente insuficiente para a Ciência. É assim "ineptissima impertinencia inferir de aquí que sean necearias" à sua evolução[97], apontando em abono da sua tese alguns escritores espanhóis e o "eminente" Bacon, de que todos os naturalistas gostavam de falar.

De assinalar no seu Pensamento um certo afastamento em relação à capacidade dos juízos populares[98], o que nem sequer era novo. Basta recordar que os humanistas tinham uma muito má impressão daquilo que normalmente é entendido como "Povo" enquanto extracto social inferior da comunidade política[99], falando até da diferença entre o "bom" e o "mau" Povo[100].

---

[93] Joaquim de Carvalho, *Obra Completa*, II, pág. 326: "(...) em toda a Europa se fazia ouvir a voz possante da Modernidade, inclusivamente na Espanha com os juízos e digressões do *Teatro Crítico Universal* (...) e das *Cartas Eruditas* (...) de Fr. Benito Jerónimo Feijóo (...).".
[94] Bento Feijóo, *Ensayos Escogidos*, Madrid, M. Aguillar, Editor, 1944, F. S. R., "Nota preliminar", pág. 12.
[95] Hernâni Cidade, *Ensaio sobre a Crise Mental do século XVIII*, pág. 11: "(...) é publicado de 1726 a 1739 o *Theatro Crítico Universal*, de Feijóo, que constitui, como o *Verdadeiro Método de Estudar*, apesar do que pensava Verney, que não tinha o Autor em grande estimação, o libelo e a tentativa de reforma da vida mental espanhola."
[96] É errado, contudo, pensar que não houve demarcação de Verney em relação a Feijóo.
[97] Bento Feijóo, "Apología del Scepticismo Medico", *Ilustración apologetica al primero y al segundo tomo del Theatro Crítico*, Madrid, s.d., pág. 218.
[98] Idem, "Voz del pueblo", *Teatro critico universal*, I, págs. 1 e ss.
[99] E de que Genovese já se havia feito eco.
[100] Saavedra Fajardo, *Idea de un Principe Político Christiano representada en cien empresas*, Monaco, 1640, Milan, 1642, págs. 467 e 468, apresenta um retrato demolidor do que seja o Povo, cuja "naturaleza es monstruosa en todo, i desigual a si misma, inconstante, i varia." Depois segue-se um rol de adjectivações para as quais se remete e que são, no mínimo, pouco abonatórias para o visado. A final, e como algo objectivo e prático não descarta a seguinte: "Pero advierta el Principe, que no a comunidad, ò Consejo grande, por grave que sea, i de varones selectos, en que no aya vulgo, i sea en muchas cosas parecido al popular."

Carvalho e Melo, chefe governativo de D. José I, ter-se-ia comprazido certamente não só em ler mas até em subscrever palavras que, vindas da boca de um eclesiástico, particular satisfação lhe dariam[101]. De facto, Feijóo, ao longo do seu trabalho vai dilucidando – e flagelando impiedosamente – os ensinamentos Antigos de que Aristóteles terá sido o inventor, e a Escolástica a divulgadora.

Por seu turno, De Martini, católico, foi um dos mais importantes intervenientes neste discurso. Seguido oficialmente em Portugal desde a *Reforma Pombalina*, apenas em 1843 as suas *Lições* foram substituídas na cadeira de Direito Natural, ainda depois de actualizadas pela publicação de Álvares Fortuna, surgida em 1815.

Além disso e por força desta lei natural[102], o homem terá necessariamente os seus próprios direitos, mediante os quais e por força da sua Razão pode praticar as acções que lhe são permitidas – "prioris *paeceptae*" –, negar-se às proibidas – "posteriores *prohibite* vocantur" – e analisar do interesse das permitidas – "Illae ad *permissas* pertinent"[103]. Pode, pois, ser confirmada uma prevalência da ideia de Razão, sobre a ideia de vontade, seguindo os passos de Wolff.

De Martini detém-se na classificação Escolástica da teoria dos deveres enquanto faculdades morais, importando averiguar se neste ponto segue Wolff – que introduziu importantes modificações na Escolástica – ou se mantém fiel a esta. E, visto que a existência do homem e as faculdades que se lhe atribuem são manifestações da perfeição divina, claramente demonstrativas do sábio intento do Criador, importa saber qual o comportamento que aos homens assiste no seu quotidiano. Os deveres, vistos como faculdades morais apresentam-se, destarte, e enquanto "actiones hominum liberae" de uma forma tripartida, qual seja "(...) quae DEI amplificandae inserviunt, *Cultum* seu amorein DEI, quae nosmet ipsos perficiunt, *Philautiam* seu amorem sui, quae aliis civibus, perfectionem adfrunt, *Socialitatem* seu amorem proximi constituant"[104].

Depois de proceder a exposição alongada acerca do Direito Natural entende apresentar um resumo dos principais corolários que a ideia de Direito – e sobretudo

---

[101] Bento Feijóo, "Apología del Scepticismo Medico", *Ilustración apologética al primero y al segundo tomo del Theatro Crítico*, pág. 230: "Los aristotélicos desde la alta atalaya de sus abstracciones metafísicas miran de lejos, y sólo debajo de razones comunes la naturaleza de las cosas, con que están bien distantes del conocimiento real y físico de ellas, y aunque los Modernos no nos hayan dado hasta ahora el hilo, con que se pueda penetrar seguramente este laberinto, al fin dan algunos pasos hacia la puesta de él."
[102] Karl de Martini, (Carlos António Lib.), Barão, *De Lege Naturali*, Sumtibus, 1781, pág. 154, apresenta o conceito de lei natural "abstraindo a Primeira causa", isto é a forma mediante a qual se poderia apresentar uma situação humana que não fosse premiada com a intervenção divina. Nestes termos entende que quando por ignorância ou, se se quiser, por erro, alguém presta o seu consentimento ou vontade, ou procura induzir ou conduzir alguém em erro, empenha sempre a sua vontade. As leis morais tanto se colocam com respeito ao próprio como a qualquer outro com aptidão para as inteligir com as suas próprias faculdades. Ora, se apenas nos ficássemos nos estreitos limites da natureza, haveríamos de descobrir que esta não dá resposta satisfatória aos devaneios da alma, muito embora por sua própria essência tenda a agitar-se contra as imbecilidades que lhe são patentes. Isso é, porém, manifestamente insuficiente. Daí que a Causa Primeira seja indispensável em qualquer circunstância não apenas para ordenar a natureza como para guiar a nossa própria alma e os desígnios menos curiais que possa apresentar.
[103] Idem, *ibidem*, pág. 134.
[104] Idem, *ibidem*, pág. 135.

de Direito Natural – lhe suscitam[105]. O Direito surgiu para a conveniência e utilidade dos homens, porque os costumes necessitavam reformulação e os vícios não podiam ser eficazmente reprimidos por esta via.

A sua força, bem diversa da do Costume, promovia que qualquer resistência aos seus comandos se tornasse inútil, sendo aplicável indistintamente a qualquer homem. Adianta, na boa tradição da Escolástica, que pelo pecado original ficaram os homens privados da integral luz da Razão, daqui se derivando que o próprio Direito Natural fosse nulo, questão a breve trecho resolvida pela bondade do Criador, que não quis que por um tal motivo ficassem privados eternamente da racionalidade. Por isso lhes restituiu essa mesma Razão, agora modificada e na divina dependência, cuja utilização deve manifestar-se por forma clara.

Finalizando este aspecto interpretativo de De Martini com o seu conceito de recta Razão e de Direito Natural. A verdadeira Razão, assim intelectualmente considerada, fiável e recta, faz parte da ética da constituição humana, em tudo o que lhe seja conveniente. O Direito Natural conjugando naturezas idênticas ou distintas, introduz o último termo dos princípios e legitima os raciocínios finais[106]. Sem o Direito Natural não há qualquer outra construção de Direito Positivo que possa subsistir.

Ou seja[107], o Autor depois de um percurso mais ou menos atribulado em torno da questão, acaba por concluir que é impossível a eficácia da obrigação natural em sentido meramente objectivo[108] sem que no plano subjectivo isso seja declarado. Visão teológica, portanto, de Direito Natural.

3. "O tempo" ou a relevância da História/Razão e Direito

No que diz respeito ao factor "tempo" e agora, em Voltaire há sobretudo a elogiar o espírito intuitivo e a ironia fina com que desenha fenómenos que se lhe apresentam. Há, sobretudo, um Pensamento polémico, um desejo de mudança que não é fruto de sistematização e ponderação acabadas, mas da urgência das alterações que entendia imporem-se. O Ser e o devir são os motores da História; condicionam mas são condicionados; explicam mas precisam da factualidade para confirmar ou desmentir as soluções.

A História é fundamental; contudo dela deverão sobretudo retirar-se os aspectos marcantes do passado em ordem a tornar os homens bons. A História é a mestra que ensina como os homens se transformam em sensatos, racionais, tolerantes, menos brutais e menos estúpidos e cruéis; como originar leis e Governos que promovam a justiça, a beleza, a Liberdade e a felicidade, diminuindo a brutalidade, o fanatismo, a opressão, de que é plena a evolução da humanidade.

---

[105] Será desnecessário estar a sobrecarregar o texto com alusões que são bastante conhecidas neste domínio. O que De Martini refere sobre o Direito Natural pode ser visualizado, em tese geral, em todas as Obras que antecederam esta abordagem e que por serem vulgares se tornam mais rápidas de localizar. Para lá se remete.
[106] De Martini, *De Lege Naturali*, pág. 120.
[107] Idem, *ibidem*, págs. 161 e 162: "Porro obligatio naturalis solum efficitur ratione objectiva, quam ratio subjectiva tunc demum declarat, cum recta est atque a praejudiciis vacua. Denique nec Adami peccato abalienata fuit penitus humana mens; qui vero objiciuntur populorum errores, ex abuso intellectus, & vincibilli attentionis defectu proveniunt."
[108] Idem, *ibidem*, pág. 105.

Este tipo de raciocínio sobre a natureza naturalmente que encontra correspondente no homem. É que resulta dos *Fragments Échappés*[109] de Diderot, onde a dado passo e pronunciando-se acerca da Moral universal, que apenas despida de conotações religiosas permite um entendimento geral para além do tempo e do espaço. Esta Moral apenas reside no homem, na sua similar organização que faz com ele tenha os mesmos desejos e necessidades, das mesmas forças ou das mesmas fraquezas e que se constitui como "source de la nécessité de la société, ou d'une lutte commune et concerté contre des dangers communs, et naissent au seins de la nature même qui menace l'homme de cent côtés différents." O resto do trecho merece ser mencionado, por resumir a totalidade do Pensamento do Autor.

O sentido destas expressões é histórico; entre o selvagem que tinha puros instintos animalescos e os homens que pelo seu trabalho em comunhão com os outros se engrandecem, e engrandecem a comunidade em que se inserem, um único ponto deve ser equacionado: "c'est la durée". Se a felicidade dos indivíduos na sociedade se coloca na Liberdade de optar entre a riqueza extrema e a miséria mais degradante, existe uma clara melhoria nas suas condições de vida, que apenas a cada um compete governar. A natureza dá aos homens condições de vida que só a ele depois compete organizar. A luta não deve ser, pois, entre homem e natureza; deve ser entre o homem e as irregulares noções preconcebidas que procuram nele introduzir.

Nesta linha de observação no que ao Direito Natural e à Razão respeita, num quadro de diálogo com o Pensamento da temporalidade, anote-se Gaspar De Real de Curban, publicista francês normalmente não citado nas clássicas Obras de referência geral. De Real[110] foi sem sombra de dúvida uma das fontes privilegiadas para o Pensamento português. Antes e depois da Revolução de 1820.

Autor emblemático na *Dedução Chronologica e Analytica* é uma das referências obrigatórias do Pensamento Vintista, que aproveita as suas ideias a respeito do regalismo. Sem dúvida, que como outros seus comparsas absolutistas, esteve subjacente à revolução do Pensamento do seu século e inícios do seguinte.

De Real partilha a visão tradicional da união perfeita entre Criador e Criatura, adequando o efeito gerador humano à plena ligação entre espírito e alma, perspectiva habitual nos pensadores deste quilate e, por isso mesmo, tão lidos e comentados no nosso país[111]. Nestes termos, a definição de Direito Natural que o Autor propõe[112] está

---

[109] Diderot, "Fragments Échappés", págs. 167 e ss.: "Voilà l'origine des liens particuliers et de vertus domestiques; voilà l'origine des liens généraux et des vertus publiques; voilà la source de la notion d'utilité personnelle et publique; *voilà la source de les pactes individuels et de toutes les lois; voilà la cause de la force de ces lois dans une nation pauvre et menacée; voilà la cause de leur faiblesse dans une nation tranquille et opulente; voilà la cause de leur presque nullité d'une nation à une autre*."

[110] A Obra mais importante de Gaspar de Real de Curban foi a *La Science du Gouvernement, ouvrage de Morale, de Droit, et de Politique, qui contient les principes du commandement & de l'obéissance* (...), publicadas em vários locais e vários tomos, de que se irá dando conta à medida que se citar, o que se faz por tomos.

[111] De Real, *La Science du Gouvernement*, Aix-la-Chappelle, s. d. I, pág. 3: "Tous ce qui est nécessaire pour maintenir la société, en quelque sorte est dans l'ordre de Dieu: Dieu nous le fait connaître, en quelque sorte, par ce penchant naturel, où la réflexion n'a aucune part, & qui porte chaque partie de notre corps à la conservation de son tout."

[112] Idem, *ibidem*, III, Paris, 1761, pág. 8: "*La Loi naturelle est une règle que la droite raison montre aux hommes pour diriger leurs actions, & pour leur faire apercevoir ce qui est juste & équitable, soit qu'ils vivent en particulier, soit qu'ils soient membres d'un corps.*"

intrinsecamente ligada à visão teológica[113] do mesmo[114], em directa oposição aos seus pressupostos puramente racionais, cumprindo à Filosofia Moral, que dele emerge, ser a verdadeira "science de l'homme"[115].

Neste plano, entende que a lei natural é o fundamento das demais leis[116], aplicando-se indistintamente a qualquer sociedade[117] e remontando à lei que "Dieu donna à nos premiers parents", o que entende poder provar-se mediante a aceitação da religião revelada[118]. Significa, pois, estar perante um escritor que não separa entre Teologia e Moral, motivo pelo qual nunca poderia aderir à laicidade do Direito Natural.

Quanto a Thomasius, proclamando que "quod non est in sensibus, non est intelectu", apoia-se sobretudo nas conclusões ockhamianas devidamente adaptadas por Lutero – o que por si só merece alguma desconfiança – mas implica a elaboração de um tipo de empirismo algo diverso do de Locke. Segundo escreve José Adelino Maltez[119], "(...) este jusracionalismo empirista, vulgarmente considerado como naturalismo, aproxima-se do conceito de Direito Natural expresso por Ulpiano, como aquele que é *comum a todos os animais* (Digesto 1, 1: 1)."

Como quer que seja, a afeição de Thomasius a Pufendorf, se não é posta em questão pelas críticas que lhe dirige, acaba por se converter em culto a Locke, acabando decisivamente por se afastar do primeiro para se ligar ao empirismo que preza, antes do mais, os sentidos. Quanto a Descartes nunca o influenciou particularmente, por força do seu racionalismo extremado que o presente Autor sempre moderou em grande medida. Ainda que continue a manter como axioma que o grande princípio do conhecimento é a Razão, a fonte do mesmo deve buscar-se nos sentidos.

Uma coisa é o princípio rector que epistemologicamente melhor se coloca para conferir a sabedoria ao homem, outra é a fonte desse conhecimento.

Num plano de abordagem ligeiramente diverso mas nem por isso menos relevante e em estreita ligação com o que se vem dizendo, Thomasius renuncia à confusão entre Moral e Direito[120], distingue o domínio da primeira, que é o da paz interna e não supõe a coacção da justiça, do segundo, que tem por objecto a paz externa e supõe o contrato[121]. A Moral pertence ao domínio da vontade livre e da consciência indivi-

---

[113] Idem, *ibidem*, I, pág. 112: "L'idée de l'existence de Dieu qui, par sa Providence, gouverne toutes choses & sur-tout le genre humain, est nécessairement à l'établissement des vrais principes de la Loi naturelle."
[114] Idem, *ibidem*, III, Paris, 1761, pág. 8: "*Ce droit est divin, puisque Dieu est l'auteur de la nature, & que nous ne tenons pas moins de lui la raison que la vie*; que la sagesse est la règle de la raison est qui elle existe éternellement. (...) *La loi naturelle fondée sur la raison est éternelle & nous immuables comme la raison.*"
[115] Idem, *ibidem*, III, pág. 8: "*La Philosophie morale est proprement la science de l'homme*, celle que lui apprend à se connaître, à se conduire, *à se rendre utile à Société*."
[116] Idem, *ibidem*, III, pág. 11: "Le Droit Civil, le Droit Public, le Droit Ecclésiastique, le Droit des Gens, ont leur fondement dans le Droit Naturel."
[117] Idem, *ibidem*, III, pág. 14: "Le Droit Naturel n'est pas la Loi des sociétés particuliers, il est la loi de la société en général."
[118] Idem, *ibidem*, III, págs. 12 e ss.
[119] José Adelino Maltez, *Princípios*..., II, págs. 326 e 327.
[120] C. Thomasius, *Fundamentos de Derecho Natural y de Gentes*, capítulo V, § I, pág. 210: "La palabra 'derecho' tiene varios sentidos. Se entiende por derecho sobre todo la norma de las acciones o la posibilidad de actuación relativa a dicha norma."
[121] António Truyol y Serra, "Compêndio de História da Filosofia do Direito", pág. 93, para afirmar que a sua importância se radica sobretudo na separação do Direito e da Moral, com

dual; o Direito ao domínio da consciência externa. O Direito Natural é a-jurídico[122] e todo o Direito é o Direito Positivo[123]. Daí, também, a distinção entre Ética, Política e Jurisprudência[124], que se têm todas por fim a felicidade[125], podem individualizar-se em função do seu objecto[126], a saber, o "honestum[127]", o "decorum[128]" e o "justum[129]".

Na Moral, ensinava que o amor-próprio bem regulado "é o princípio e origem da verdadeira felicidade; que os prazeres do espírito são os únicos que merecem ser indagados". Os fundamentos éticos da felicidade são a sabedoria e a virtude, associadas e subordinadas às regras da prudência, subscrevendo um hedonismo que tanto irritava os seus adversários quão lhe satisfazia o amor-próprio.

Por isso se envolveu em controvérsias quer com Leibnitz, quer com Christian Wolff, cujos contornos do Pensamento eram bem diversos dos que perfilhava e, sobretudo, da forma como ia expondo os seus pontos de vista[130]. Porque se Leibnitz entendia não dever separar Moral e Direito e por isso Thomasius o criticava, já quanto a Pufendorf era de parecer que não havia estabelecido a distinção na íntegra, por isso mesmo não enjeitando a reclamação contra o luterano.

E, ponderando a Filosofia Moral, Genovese define-a como "(...) a disciplina, que pelas leis, ou da natureza, ou divinas reveladas, ou humanas se esforça em formar a

---

a finalidade prática de excluir da regulamentação estadual a matéria relativa à consciência e à vida interior."

[122] C. Thomasius, *Fundamentos de Derecho Natural y de Gentes*, capítulo V, § XXX, pág. 219: "(...) el derecho natural tomado en sentido lato comprende los preceptos morales que se deducen por razonamiento, tanto las reglas de la justicia, como también las de la honestidad y el decoro; en cambio, en sentido estricto, comprende sólo los preceptos de la justicia, en cuanto distinta de la honestidad y del decoro."

[123] Idem, *ibidem*, capítulo V, § XXXVIII, pág. 221: "(...) la pena, por su propia naturaleza, es humana y arbitraria, porque toda pena es decretada por un hombre investido de poder."

[124] Idem, *ibidem*, capítulo V, § LVIII, pág. 230: "El derecho natural en sentido lato comprende toda la Filosofía Moral y la ética, es decir, también la filosofía cívica (política). Pues la ética enseña los principios de la honestidad, y la filosofía cívica los principios del decoro. Por su parte, el derecho natural estrictamente dicho, que específicamente enseña los principios de la justicia y de la injusticia, se separa así sensiblemente de la ética y de la filosofía cívica."

[125] Idem, *ibidem*, capítulo VI, § XXI, pág. 250: "La norma universal de las acciones cualesquiera y proposición fundamental del derecho natural y de gentes, considerado en sentido lato, es: 'Hay que procurar cuanto haga la vida de los hombres lo más larga y feliz que sea posible; hay que evitar cuanto hace infeliz la vida y hacerla la muerte."

[126] Idem, *ibidem*, "Capítulo Introductorio", XXV, pág. 26: "(...) demostraré la fácil y clara diferencia de la triple moralidad, a saber, de lo honesto, lo decente y lo justo, enquanto que esto surge espontáneamente de la naturaleza común del hombre."

[127] José Adelino Maltez, *Princípios...*, II, pág. 328: "(...) *faz a ti mesmo o que gostarias que os outros a ti fizessem* (...)."

[128] Idem, *ibidem*, pág. 328: "(...) *faz aos outros o que desejas que os outros te façam* (...)", preceito de raiz utilitária que de algum modo antecipa a perspectiva que os Autores ingleses irão defender ao longo do séc. XVIII.

[129] Idem, *ibidem*, pág. 328: "(...) *não faças aos outros o que não desejas que te façam* (...)."

[130] C. Thomasius, *Fundamentos de Derecho Natural y de Gentes*, capítulo III, § LXXIV: Unos son ricos; otros pobres. Unos son poderosos, es decir, que tienen un puesto de gran honor; otros son humildes, nada poderosos o de mala fama. Entre ellos, los ricos y los poderosos se sustraen a la estupidez con mayor dificultad, porque más difícilmente conocen la estupidez propia y porque se lo impiden los mismos pobres y humildes que les están continuamente adulando para que no hagan grandes progresos en el descubrimiento de su propia estupidez."

vida humana para a virtude (...)", sendo para o homem "a mais necessaria de todas"[131], ideia repetida nos *Estatutos Pombalinos*.

Importante neste plano é a observação que indica ser este tipo de reflexão derivada da História e da Natureza[132], o que confirma a tendência do eclectismo para se posicionar muito mais ao lado do empirismo que do cartesianismo e que em Portugal foi igualmente adoptada.

4. A Liberdade individual no concerto do Absolutismo e do despotismo ilustrado

Bossuet, como absolutista, reflecte as ideias do seu tempo em França, quer no plano da Liberdade individual e ao nível da Liberdade de consciência e da tolerância religiosa, quer no plano da Liberdade dos povos – ou melhor, da ausência dela. A Liberdade consiste na forma ideal de separar as criaturas racionais das irracionais, porque as primeiras possuem alma e as segundas não[133].

4.1. Liberdade de pensamento, de consciência e tolerância religiosa no Absolutismo régio

Tendo presente a Explicação de Conceitos onde esta questão foi delimitada, diga-se que o simples facto de ter estado na base da revogação do *Édito de Nantes*[134] poderia explicar, melhor que muitas palavras, o sentir de Bossuet quanto à tolerância religiosa; puro engano. No que respeita aos judeus, manifestava uma quase predilecção, desde muito novo, pelos interesses dos mesmos, que considerava em especial[135], porque via na diáspora um sinal do céu da sua predilecção por eles. Já os protestantes que habitavam, em Metz, onde exercia o seu ofício de prelado, durante um certo período não tiveram particulares razões de queixa de Bossuet, que embora os combatesse espiritualmente, respeitava enquanto pessoas. Por esta época teria ficado muito satisfeito em conseguir que os protestantes se juntassem aos católicos, em vez de os repelir como peste e como era usual[136].

Tempos passados, a questão dos protestantes volta a colocar-se a Bossuet, que sempre terá querido fazê-los voltar à Igreja de Roma, no que aplicou boa parte da sua influência.

Em 1671, ainda bastante animado da sua antiga máxima de conciliar católicos e protestantes[137], escreve um trabalho no sentido de aclarar as diferenças que os separam, procurando com isso melhor contribuir para a sua melhor congregação[138]. Não

---

[131] Antonio Genovese, *Lições de Metafysica Feitas para Principiantes* pág. 152.
[132] Idem, *ibidem*, pág. 153.
[133] Jacques-Bénigne Bossuet, *De la Connoissance de Dieu et de Soi-même*, 1722, Edição de Paris, Fayard, 1990, pág. 246.
[134] Luís Soares de Oliveira, *História Diplomática - o Período Europeu (1580-1917)*, Lisboa, 1994, pág. 118. Raymond Trousson, *Voltaire et les droits de l'Homme: textes choisies sur la justice et sur la Tolérance*, Bruxelles, Espace de Libertés, 1994, pág. 6, "dans son oraison funèbre du chancelier Michel Le Tellier, Bossuet compara Louis à Constantin, à Théodose, à Charlemagne, et dans une lettre du 28 Octobre 1685, Madame de Sévigné commenta l'édit en ces termes: 'Rien n'est si beau que tout ce qu'il contient, et jamais aucun roi n'a fait et ne fera rien de plus mémorable'."
[135] Jacques-Bénigne Bossuet, *Œuvres Choisies*, pág. 18.
[136] Idem, *ibidem*, págs. 21 e ss.
[137] O desenvolvimento desta sua actividade bem como os escritos que publicou neste contexto são elencados nas citadas *Œuvres Choisies*, págs. 408 e ss. Dispensamo-nos de as citar em pormenor.
[138] Jacques-Bénigne Bossuet, *Œuvres Choisies*, págs. 405 e ss.

logrou bons resultados; ou se explicou mal, ou a adversidade e a suspeita de que a Igreja católica já estava revestida perante os protestantes era irreversível: seria querer conciliar duas entidades antagónicas, sem qualquer probabilidade de sucesso[139].

Em resposta a um dos seus opositores protestantes que contestavam a boa-fé das aproximações aos mesmos, no sentido de unificar as ditas tendências, vem Bossuet a contestar um dos pontos de honra defendidos por Jurieu[140], à época um dos mais considerados "hereges". E, segundo informa J. Calvet[141], "le ministre Jurieu (...) au lieu de contester les variations protestantes, (...) affirma que ces variations étaient une conséquence di libre examen. Elles prouvaient le libéralisme de la Réforme, qui admettait l'indepéndance des consciences individuelles, et en particulier, en matière politique comme en matière religieuse, la souveraineté du peuple", ponto ao qual Bossuet contra-atacou em 1689 com os seus "Six advertissements aux Protestants sur les lettres du ministre Jurieu contre l'Histoire des Variations"[142].

4.2. Liberdade de pensamento, de consciência e tolerância religiosa no despotismo ilustrado

4.2.1. Sintomas de mudança em França

Patenteia-se entretanto um conjunto de personalidades que passaram à História como os "*Les Philosophes*", a quem já houve oportunidade de fazer menção.

"*Les Philosophes*" são, pois, sobretudo inovadores no plano interpretativo da Liberdade de pensamento, quer num plano geral quer nos casos particulares da Liberdade de consciência e da tolerância religiosa. Esses os seus campos de eleição, aspecto em que também se distinguem dos seus antecessores franceses e dos jusracionalistas Modernos, que a estas preocupações associaram a investigação Política[143].

Dando a palavra a um Autor insuspeito pelas ideias que defende e período histórico em que reflecte, Tocqueville[144], os homens de Letras franceses não tinham qualquer expressão no quotidiano dos negócios do reino, sem cargos públicos e autoridade que não fosse a sua pena[145].

---

[139] Idem, *Politique Tirée des Propres Paroles de l'Ecriture Sainte*, Édition Critique avec Introduction et Notes par Jacques le Brun, Genève, Librarie Droz, 1967, pág. 6: "S'il a des peuples qui ne connaissent pas Dieu, il n'en est pas moins pour cela le créateur, et il ne les a pas moins faits à son image et ressemblance."

[140] Simone Goyard-Fabre, *Philosophie Politique (XVI- XX ème Siécles)*, Paris, PUF, s. d. pág. 235, nota, aponta os locais onde se pode encontrar o essencial do Pensamento de Jurieu: "[É] n'as *Lettres pastorales agrestes faux files de Franca qui gésiers sous la activité de Bacilose* (3 volumes). *Les Lettres* dans les saintes sont expositions sur les conceptions politiques de Jurieu sont: la XVI ème (15 Avril 1689): *De la puissance des souverain, de son origine, de ses bornes*; la XVII ème (1 Mai. 1689): *Suite de la puissance des souverain et des droits des peuples pour les justifications des Protestantes*; la XVIII ème (15 Mai. 1689): *Justifications du prince d'Oranje et de la nation anglais*."

[141] J. Calvet, "Introduction", *Œuvres Choisies*, pág. 437.

[142] Jacques-Bénigne Bossuet, *Œuvres Choisies*, págs. 437 e ss.

[143] Nesta interpretação é a Liberdade de pensamento que irá conter algumas modalidades distintas: Liberdade de religião, de imprensa, etc.

[144] Alexis de Tocqueville, *L'Ancien Régime et la Révolution*, tradução portuguesa, *O Antigo Regime e a Revolução*, Lisboa, Fragmentos, 1989, págs. 127 e ss.

[145] Rene Pomeau, *Politique de Voltaire*, Paris, Armand Colin, 1963, pág. 13: "(...) Voltaire, sous la Régence, fut du parti anglais. Il fréquente chez la duchesse du Maine, mais seulement comme homme de lettres. En politique, il est de l'autre bord. Il fait des offres de service à Dubois; il

Ou seja, se não havia alheamento, comprovado pelos discursos que hodiernamente insuflavam aos seus concidadãos sobre a sociedade, a origem do Poder, a Autoridade ou as leis, era facto comprovado que "quanto aos sistemas políticos desses escritores variavam de tal modo entre si que aquele que quisesse coincidá-los e formar uma única teoria de Governo nunca concluiria semelhante trabalho." Porque, como se disse, não era essa a sua preocupação prioritária e apenas derivada da reflexão acerca da Liberdade individual.

De um modo geral aceita-se a reflexão de Tocqueville, quando afirma que apesar do seu comodismo particular, eles acabaram por ser os grandes mentores da inovação junto aos seus ouvintes, não apenas os intelectuais mas também algumas camadas populares[146], a quem se iam insinuando, cavando os alicerces do edifício do Antigo Regime. Isto mesmo quando não punham em questão a essencial forma de Governo que em França e noutros países do despotismo esclarecido se seguia.

Embora não o diga expressamente, Tocqueville atribuirá este sentido de mudança a uma planificação da Igualdade natural entre os homens, sintonizada com os ensinamentos da Razão e cuja aplicação prática estaria mais conforme a uma Igualdade formal, que ao conceito material da mesma[147]. O que era, de resto, a prática corrente do despotismo ilustrado, como virá a ser do Liberalismo.

Daqui deriva, segundo a interpretação do citado Tocqueville, uma mal concebida ideia de Liberdade. Trata-se de posição sustentável, sobretudo meditando que não poderia ser exigível nem aos "*Les Philosophes*" nem a ninguém, imaginar o manuseamento que depois da revolução se iria dar à Liberdade conseguida, transmudada em licença assumida.

E, mais importante, porque não conheciam a prática dessas ideias veiculadas pela Razão que endeusavam, o sistema que utilizaram foi o da destruição metódica de

s'introduit à l'ambassade d'Angleterre; il dédie sa tragédie de *Mariamne* au roi George Ier, il se lie avec lord Bolingbroke, qui fait sur lui une fort impression: *en la personne de ce leader, il rencontre l'homme politique moderne: philosophe et esprit fort, chef de part dont l'action s'exerce par la parole, à la tribune du parlement. A Londres, il fait connaissance avec l'homologue et l'adversaire de Bolingbroke, Robert Walpole. Il se crée des relations dans l'un et l'autre parti.*"

[146] David Hume, *Investigação sobre o Entendimento Humano*, Lisboa, *Tratados Filosóficos*, I, Lisboa, INCM, 2002, pág. 25: "O mero filósofo é um personagem que em geral não tem muito boa aceitação no mundo, pois supõe-se que ele em nada contribui para o proveito ou o prazer da sociedade, na medida em que vive longe da comunicação com os seres humanos e se encontra enredado em princípios e noções igualmente distantes da sua compreensão. Por outro lado, o mero ignorante é ainda mais desprezado, e nada é considerado sinal mais seguro de um génio iliberal, numa época e Nação em que florescem as Ciências, do que ser totalmente destituído de interesse por esses nobres entretenimentos. Supõe-se que o carácter mais perfeito está situado algures entre esses extremos (...)."

[147] Alexis de Tocqueville, O *Antigo Regime e a Revolução*, pág. 129: "Todos aqueles a quem a prática quotidiana da legislação incomodava apaixonaram-se logo por esta política literária. O gosto por ela foi até ao ponto de penetrar aqueles que a natureza ou condição afastavam naturalmente mais das especulações abstractas. Não houve contribuinte lesado pela desigualdade da repartição das "tailles" que não se inflamasse à ideia que todos os homens devem ser iguais; nem um pequeno proprietário com as terras devastadas pelos coelhos do fidalgo seu vizinho que não gostasse de ouvir dizer que todos os privilégios indistintamente eram condenáveis pela Razão. Toda a paixão pública se mascarou de filosofia; a vida política foi violentamente atacada na literatura e os escritores, tomando nas mãos a direcção da opinião pública, encontravam-se, por um momento, no lugar que os chefes de partido ocupam vulgarmente nos países livres. Ninguém estava em condições para lhes disputar esse papel."

tudo o que lhes parecesse antigo e deslocado, mediante a utilização da ironia fina e cortante, da "impiedade", da dúvida, da laicização social e da ousadia na inovação. Na emergência, refere Tocqueville, "(...) conservámos uma Liberdade na ruína de todas as outras: podíamos filosofar quase sem constrangimento sobre a origem das sociedades, sobre a natureza essencial dos Governos e sobre os direitos primordiais do género humano"[148].

Pensar ao modo de "*Les Philosophes*" significa dissolver todos os traços que pretendem unir Filosofia e Revelação desde tempos imemoriais, regra de ouro universalmente seguida até chegarem os "ímpios". Um pouco mais cedo, para sermos exactos: antes de chegarem os libertinos, que os precedem e condicionam[149].

Na verdade, se alguém quiser ser religioso e filósofo e conseguir atingir tal resultado, apenas é merecedor de louvores. Ninguém pode afirmar que é impossível conciliar numa mesma pessoa crença e Razão e há exemplos históricos de todos os tempos a confirmá-lo. O que é possível dizer é que isso é certamente complexo, implicando uma constante revisão e introspecção própria do filósofo e em que se põe à prova a sua Fé. Em último caso, a opção por um dos contendores em presença, em que o espiritual pode decair em presença da sua contendora ou o contrário. Mas é sempre um problema pessoal e que nada tem que ver – ou nada deveria ter que ver – com a sociedade em que o Ser humano se integra e que tem por obrigação respeitá-lo e aceitar na íntegra as suas decisões pessoais.

Mais que isso, deve protegê-lo contra todos aqueles que se queiram intrometer na sua esfera de direitos invioláveis, sendo de admitir estarmos perante uma situação de Liberdade não apenas garantida, mas constitucionalmente tutelada. Deve fazer parte dos seus direitos individuais politicamente consagrados, e não ser considerado como anátema ou estigma social. Foi isso que as guerras religiosas nunca conseguiram fazer ao longo da História, até porque a palavra tolerância não fazia parte do seu vocabulário[150]. É o que se designa por tolerância em sentido positivo, coincidindo com a Liberdade de consciência e não aquela outra de sentido negativo, que apela à "piedade" perante os crentes de Fé diversa da oficial.

Naturalmente que a importância do seu Pensamento destes Autores para a Liberdade de consciência e a tolerância religiosa – para a Liberdade de pensamento, em geral[151] – só pode ser encomiada. Na verdade, o grande combate era contra a intolerância civil que afectava materialmente o Povo francês e formalmente originava os inflamados discursos contra os abusos praticados em nome da religião[152]. A intolerância

---

[148] Idem, *ibidem*, pág. 129.
[149] António Truyol y Serra, *História da Filosofia do Direito e do Estado*, II, pág. 193.
[150] Sobre este ponto consulte-se bibliografia geral sobre os conflitos entre Estados, motivados por questões religiosas. Veja-se Germano Tüchle e C. A. Bouman, págs. 80 e ss., especialmente 105 e ss. Roger Zuber et Laurent Theis (Direcção), "La Révocation de l'Édit de Nantes et le Protestantisme Français en 1685", *Actes du Colloque de Paris (15-19 octobre 1985)*, Paris, CNRS, 1986; Dmitri Georges Lavroff, *Les Grands Étapes de la Pensée Politique*, Paris, Dalloz, 1993, págs. 205 e 206.
[151] Voltaire, "Idées Républicaines – XXV", *Mélanges*, pág. 509: "Dans une république digne de ce nom, la liberté de publier ses pensées est le droit naturel du citoyen. Il peut se servir de sa plume comme de sa voix; il ne doit pas être plus défendu d'écrire que de parler, et les délits faits avec la parole: telle est la loi d'Angleterre, pays monarchique, mais où les hommes sont plus libres qu'ailleurs parce qu'ils sont plus éclairés."
[152] Rene Pomeau, pág. 24: "C'est lui qui a lancé le mot d'ordre: 'Écraser l'infâme'. L'ennemi, c'est 'infâme', c'est la religion oppressive, responsable de la Saint-Barthélemy, de l'assassinat de Henri IV, du supplice de Calas et du chevalier de la Barre."

não apenas pecava pela ausência de qualquer justificação religiosa[153], como conduzia politicamente a injustiças[154] e a aberrações[155].

Torna-se claro e evidente, pois, aquilo que os "ímpios", ou os "incrédulos" não conseguiram traduzir nos seus discursos pela simples razão que – honra lhes seja feita – não o poderiam fazer[156]. Nem eles estavam de posse dos hodiernos elementos de trabalho, nem se poderá, sob pena de anacronismo, querer que eles os imaginassem.

Além disso e ponto que nenhum dos visados certamente terá ponderado devidamente, existe uma união formal entre aquilo que "*Les Philosophes*" defendiam e as reivindicações populares, de que a contra gosto acabaram por ser porta-vozes. O facto do domínio público, político, lhes ser absolutamente interdito, aproximava os homens dos salões, do lavrador de província.

Do exposto se conclui, desde já, que a principal preocupação de "*Les Philosophes*" coincide com o que convencionámos designar por "Liberdade individual".

Do acima referido resulta a ponderação de manifestações várias neste plano da ideia de Liberdade. Assim, François Marie Arouet, de sua graça o filósofo e dramaturgo Voltaire. Influenciado pela reflexão inglesa que tanto admirava, não enjeitando porém a crítica[157] ao sábio Locke[158], era pela via da observação que explicava

---

[153] Voltaire, "Traité de Métaphysique", *Mélanges*, págs. 161 e ss.
[154] Idem, "Le Philosophe Ignorant", LVI. – Commencement de la raison, *Mélanges*, págs. 929 e 930: "Je vois qu'aujourd'hui, dans ce siècle qui est l'aurore de la raison, quelques têtes de cette hydre du fanatisme renaissent encore. Il paraît que leur poison est moins mortel, et leurs gueules moins dévorantes. Le sang n'a pas coulé pour la grâce versatile, comme il coula si longtemps pour les indulgences plénieres qu'on vendait au marché; mais le monstre subsiste encore: quiconque recherchera la vérité risquera d'être persécuté."
[155] François Laurent, págs. 111 e ss., um assumido não católico e discutivelmente cristão, tem a virtude de apresentar a perspectiva dos fervorosos adeptos das ideias de Voltaire apresentadas em bruto, ou seja, sem as precauções necessárias para abordar o tema. Por isso é normal que defenda que "vainement une armée de *lilliputiens* catholiques voudrait-elle rabaisser cette haute figure; leur haine ne fait que mettre en relief la grandeur de la personnage qu'ils attaquent par l'injure et la calomnie, ou avec l'aveuglement de l'ignorance. Voltaire à leurs yeux, s'il est de race royale, est le prince des sceptiques; ils lui contestent toute foi, toute croyance généreuse."
[156] Hegel, *apud* François Laurent, "Philosophie au XVIII ème. Siècle et le Christianisme", *Études sur l'Histoire de l'Humanité*, Paris, 1866, pág. 517, "(...) les Diderot, les Helvétius, les Holbach, étaient panthéistes, à la façon de Spinoza, plutôt qu'athées. Ils répudiaient la conception que le vulgaire se faisait de Dieu, voilà tout ce que l'on peut dire, et dans ce vulgaire étaient compris les théologiens. (...) il importe de voir quelle est la religion qu'ils attaquaient avec toute le fureur gauloise."
[157] Voltaire, "Le Philosophe Ignorant", XXIX. – De Locke, *Mélanges*, págs. 905 e ss., manifesta total apoio às ideias de Locke, afirmando em muito se basear nelas para adoptar determinadas soluções. Alguns artigos adiante, XXXIV e XXXV, discute-o em certas questões, acusando-o de uma certa incoerência uma vez que se não se pode duvidar da inexistência de ideias inatas, a humanidade parece agir muitas vezes como se elas existissem de facto. Além disso, outro dos seus maiores defeitos foi a credulidade que demonstrou em certos escritores muito pouco fiáveis nos relatos que apresentam de Povos selvagens e, cujo estádio de evolução em que se encontram, é utilizado pelo inglês para firmar os seus raciocínios com maior acuidade do que deveria acontecer. O mesmo tipo de raciocínio pode ser encontrado nas "Lettres philosophiques", *Mélanges*, págs. 37 e ss. = [Garnier-Flammarion], págs. 82-88, em reprodução incompleta.
[158] Luís Cabral de Moncada, *Filosofia do Direito e do Estado*, I, pág. 222, afirma que Locke terá sido ultrapassado no plano da teoria do Direito e do Estado, "por Voltaire, Montesquieu e Rousseau (...)."

os sistemas políticos, pese embora não resulte que apesar de tão grande actividade[159], Voltaire tenha primado pela originalidade[160].

Pautando-se pela ironia mordaz e pelo apego ao ridículo[161], competia-lhe dizer as verdades aos seus interlocutores com especial energia, mas acompanhando-se de um conjunto de trejeitos que lhe permitiam protecção das mais altas individualidades da Europa de Setecentos. Voltaire queria reduzir tudo à Filosofia e libertar o homem de quaisquer preconceitos que contribuíssem para a sua infelicidade. Esse o seu mote, nem sempre muito bem explicitado.

No domínio da Liberdade de pensamento, Voltaire não perde tempo e fazendo "jus" ao princípio da utilidade, dedica-se à explanação do que verdadeiramente é importante para a felicidade dos homens: a Liberdade dos homens como eles a sentem e não como "se pretende" que eles a sintam[162].

Homem livre, animado de sãos princípios filosóficos que na Liberdade via um bem inalienável, certamente muitas vezes terá surgido a interrogação acerca da relação entre um tal bem e a consideração que dedicava aos seus amigos déspotas esclarecidos[163].

---

[159] Consta do "Catalogo de livros defesos neste Reino, desde o dia da Criação da Real Mesa Cençoria athé ao prezente. Para servir de expediente na Caza da Revisão", publicado por Maria Adelaide Salvador Marques, *A Real Mesa Censória e a Cultura Nacional, Aspectos da Geografia Cultural Portuguesa no séc. XVIII*, Coimbra, 1963, págs. 201-204, onde se inscreve a proibição de todas as Obras de Voltaire, tal como já sucedia no Índice de 24 de Setembro de 1770, *ANTT, RMC*, caixa 1. Veja-se Teófilo Braga, *História da Universidade de Coimbra*, III, págs. 71 e ss. A citada *História da Universidade de Coimbra* deve ser lida com bastante precaução devido às conhecidas tendências partidárias e algo facciosas de Teófilo Braga. Contudo, como manancial de recolha de documentos históricos para as questões que importam à investigação, é fundamental. Justificada a precaução na sua leitura geral, será indispensável a consulta.

[160] Henri Sée, pág. 66, tem opinião diversa: "Si Voltaire n'a pas condensé en un corps de doctrine ses idées politiques, cependant ses conceptions sont beaucoup plus cohérentes qu'on ne se plaît parfois à le dire. On peut le considérer comme l'un des représentants les plus carcatéristiques de cette génération de philosophes, qui, frappés surtout de l'intolérance de l'Église, des procédés arbitraires de l'administration, de la survivance déplorable d'une législation oppressive, ont pensé qu'il importait avant tout d'assurer le triomphe de la liberté individuelle et de travailler à l'émancipation de la personne humaine."

[161] Isaiah Berlin, "El Divorcio entre las Ciencias y las Humanidades", *Contra la Corriente*, págs. 152 e 153: "Voltaire es la figura central de la Ilustración, porque aceptó sus principios básicos y usó todo su incomparable ingenio y energía y habilidad literaria y brillante malicia para propagar estos principios y sembrar el estrago por el campo enemigo. El ridículo mata con más seguridad que la indigancíon salvaje; y Voltaire probablemente hizo más por el triunfo de los valores de la civilización que ningún escritor que haya vivido."

[162] Voltaire, "Traité de Métaphysique", *Mélanges*, pág. 187: "Ce n'est plus ici le lieu de feindre un être doué de raison, lequel n'est point homme, et qui examine avec indifférence, ce que c'est que l'homme; c'est ici au contraire qu'il faut que chaque homme rentre dans soi-même, et qu'il se rende témoignage de son propre sentiment."

[163] Idem, "A Fréderic II, Roi de Prusse", La Haye, 20 de Julho de 1740, *Lettres Choisies de Voltaire*, nº 62, págs. 105-107: "Vos ordres me semblait positifs, *la bonté tendre et touchante avec laquelle Votre Humanité me les a donnés me les rendait encore plus sacrés*." Há outras cartas dirigidas ao mesmo, a que oportunamente se fará referência. Outro exemplo: "A Catherine II, impératrice de Russie", Setembro de 1765, *Lettres Choisies de Voltaire*, nº 258, pág. 372: "(...) J'ai encore un autre bonheur, c'est que *tous ceux qui ont été honorés des bontés de Votre Majesté ont mes amis*; je me tiens redevable de ce qu'elle a fait si généreusement pour les Diderot, les Alembert, et les Calas. *Tous les gens de lettres de l'Europe doivent être à vos pieds. C'est vous, madame, qui faites les miracles, et s'il approche de Votre Majesté, il aura de l'esprit* (...)."

Questionando-se acerca da Liberdade que assiste aos homens, julga por bem escrever que "peut-être n'y a-t-il pas de question plus simple que celle de la liberté; mais il n'y en a point que les hommes aient plus embrouillée"[164].

A abolição do clero[165] e o estabelecimento da tolerância são a mais importante meta, de Voltaire, por exemplo, ponderando mesmo a ausência de dificuldade em transformar o Cristianismo em teísmo, por força do apelo à religião natural; no fundo, um pouco à semelhança do clero anglicano que tanto admirava[166], torná-los independentes do Poder civil. Não que ele fosse incrédulo, no sentido de não admitir qualquer tipo de religião além da natural; seria mais anticlericalista[167] que anti-religioso[168].

O que Voltaire verdadeiramente detestava era tudo o que se relacionasse com a Revelação e, o seu teísmo, mediava a recusa dos dogmas objectivamente inexplicáveis, porque a Razão humana não precisa em nada deles para poder sobreviver.

Aplicando este tipo de interpretação ao Ser humano, entende combater todos aqueles que enquadram a actual situação do homem como o produto do pecado original e posterior redenção, como factores condicionantes de toda a sua vida[169] ética e moral[170].

---

[164] Idem, "Traité de Métaphysique", *Mélanges*, pág. 186.
[165] Th. Besterman, *Correspondance, apud* Raymond Trousson, pág. 8: "(...) j'ai haïs, que je hais, et que je haïrai jusqu'au Jugement dernier."
[166] Raymond Trousson, *Voltaire et les droits de l'Homme: textes choisies sur la Justice et sur la Tolérance*, Bruxelles, Espace de Libertés, 1994, pág. 7.
[167] Voltaire, "Homélies prononcés a Londres em 1765", Première Homélie: Sur l'athéisme, *Mélanges*, pág. 1137: "La superstition qu'il faut bannir de la terre est celle qui, faisant de Dieu un tyran, invite les hommes à être tyrans. (...). Je crois ce qui paraît impossible à ma raison, c'est-à-dire je crois ce que je ne crois pas: donc je dois haïr ceux qui se vantent de croire une absurdité contraire à la mienne. Telle est la logique des superstitieux, ou plutôt telle est leur exécrable démence. Adorer l'Être suprême, l'aimer, le servir, être utile aux hommes, ce n'est rien: c'est même, selon quelques-uns, une fausse vertu qu'ils appellent un *pêche splendide*. (...) Les pays chrétiens furent un théâtre de discorde et de carnage."
[168] Há muitas alusões de Voltaire que o permitem considerar como religioso. Apontam-se apenas alguns exemplos: "Traité de Métaphysique", *Mélanges*, págs. 161 e ss: "Y a-t-il un Dieu? N'y en a-t-il pas? (...) Est-il possible que la connaissance d'un Dieu notre créateur, notre conservateur, notre tout, soit moins nécessaire à l'homme qu'un nez et cinq doigts? (...) Après nous être ainsi traînés de doute en doute et de conclusion en conclusion, jusqu'à pouvoir regarder cette proposition: *Il y a un Dieu* comme la chose la plus vraisemblable que les hommes puissent penser, et après avoir vu que la proposition contraire est une des plus absurdes, il semble naturel de rechercher quelle relation il y a entre Dieu et nous, de voir si Dieu a établi des lois pour les êtres pensants, comme il y a des lois mécaniques pour les êtres matériels; d'examiner une morale, et ce qu'elle peut être; s'il y'a une religion établie pour Dieu même." Outro caso pode ser encontrado no "Le Philosophe Ignorant", XXIII. – Un seul artisan Suprême, *Mélanges*, págs. 894 e ss: "Il est donc une puissance unique, éternelle, à qui tout est lié, de qui tout dépend, mais dont la nature m'est incompréhensible. (...) De tous les systèmes que les hommes ont inventés sur la Divinité, quel sera donc celui que j'embrasserai? Aucun, sino celui de l'adorer."
[169] Émile Bréhier, II, 2, págs. 408-410.
[170] Voltaire, "Homélies prononcés a Londres em 1765", Première Homélie: Sur l'athéisme, *Mélanges*, pág. 1124: "Le mal physique et le mal moral sont l'effet de la constitution de ce monde, sans doute; et cela ne peut être autrement. Quand on dit que tout est bien, cela ne veut dire autre chose sinon que tout est arrangé suivant des lois physiques; mais assurément tout n'est pas bien pour la fouille innombrable des êtres qui souffrent, et de ceux qui font souffrir les autres".

O Deus de Voltaire – porque acredita em Deus – é um deus natural[171], e não universal, no sentido de garantir uma certa rigidez que considerava dever o mundo apresentar, sem se intrometer na vida do homem. Trata-se, portanto, de uma religião natural que confere a Deus a autoria da natureza benéfica ao homem e que depois disso não pode nem deve possuir mais poderes na sua evolução. Naturalmente que uma tal concepção nunca poderia remontar ao racionalismo cartesiano, que considera o encadeamento das causas para atingir um certo ponto sempre renovado. O contrário, o espírito de Newton está presente nesta concepção que entende pautar o universo por uma mecânica particular que atribui a circunstâncias próprias a movimentação dos corpos e dos factores naturais inerentes às suas modificações.

Voltaire é um teísta[172]; "mesmo que não se saiba como, sabe-se que Deus age e que é justo. São assim baldadas todas as interpretações que lhe pretendem assacar uma irreligiosidade total que nunca procurou e sempre combateu. A diferença que existe em relação a outros escritores é precisamente essa, tendo mesmo chegado a ser acusado por estes de inconstante e incoerente.

Criticando o ateísmo[173], escreve que o facto do homem ser inteligente implica haver uma inteligência eterna, ponto que é atestado pelo próprio universo[174]. Não são os ateus mas os fanáticos que inspiram as paixões mais sanguinárias. O ponto a ser alvo de investigação é precisamente aquele que interroga se a ausência de Liberdade de consciência e da intolerância religiosa promovida pelos fanáticos não é mais subversiva à conservação da sociedade que o alheamento total preconizado pelos ateus em questões religiosas.

Afirma-se favorável à segunda opção e os termos da sua argumentação, neste plano, estarão correctos. Quanto aos exemplos que aponta, dificilmente se discutem[175].

A necessidade de evoluir explica-se pela natureza do homem, pelos progressos que a Ciência e a técnica inculcam no desenvolvimento do próprio homem e que implicam alterações comportamentais, mas em nada se devem a uma intervenção da divindade, que também não preside à inconstância específica das actividades humanas.

Com isto Voltaire demarca-se em simultâneo de duas posições: a dos supersticiosos metafísicos[176] e a dos ateus declarados[177]. Não partilhando de nenhuma das

---

[171] Henri Sée, págs. 70 e ss.

[172] Voltaire, "Théiste", *Dictionnaire Philosophique*, págs. 399 e ss: "fermement persuadé de l'existence d'un Être suprême aussi bon que poussant, qui a formé tous les êtres étendus, végétant, sentant, et réfléchissants; qui perpétue leur espèce, qui punit sans cruauté les crimes, et récompense avec bonté les actions vertueuses."

[173] Voltaire, "Homélies prononcés a Londres en 1765", Première Homélie: Sur l'athéisme, *Mélanges*, págs. 1119 e ss.

[174] Idem, *ibidem*, pág. 1122: "Bornons donc notre insatiable et inutile curiosité; attachons-nous à notre véritable intérêt. L'artisan suprême qui a fait le monde et nous est-il notre maître? Est-il bienfaisant? Lui devons-nous de sa reconnaissance? Il est notre maître sans doute. Nous sentons à tous moments un pouvoir aussi invisible qu'irrésistible. Il est notre bienfaiteur, puisque nous vivons (...) Le soutien de cette vie nous a été donné par cet Être suprême et incompréhensible, puisque nul de nous tirons la nourriture qu'il nous donne, et puisque même nul de nous ne sait comment ces végétaux se forment."

[175] Idem, "Athée, Athéisme", *Dictionnaire Philosophique*, pág. 42.

[176] Raymond Trousson, pág. 10: "l'infâme est tout fanatisme, toute forme d'intolérance, des Églises organisées, catholique ou protestant, c'est-à-dire, le christianisme."

[177] Voltaire, "Athée, Athéisme", *Dictionnaire Philosophique*, pág. 44. Na verdade, há casos em que não são aqueles que se afirmam ateus a serem os alvos de impugnação. Outras situações são mais

concepções, parte deste pressuposto para a defesa da tolerância religiosa, ponto em que foi por demais claro e se posiciona como um dos mais avisados defensores da literatura Setecentista francesa.

O tema da tolerância, que considera um facto próprio do cristianismo, advém das tentativas de domínio espiritual quer nas matérias que lhe são próprias, quer nas de cariz temporal. Liga, destarte, uma questão de Liberdade individual, com outra de exercício de Poder no plano da separação das jurisdições eclesiástica e temporal, considerando que o primado político do espiritual foi desde sempre a grande preocupação dos Papas, por não admitirem o bem físico e Moral da sociedade sem ser sob a sua jurisdição.

Há, por consequência no mação que era Voltaire, um regalismo; apenas que em nada se aproximava do regalismo josefino, uma vez que em Portugal o Autor e as suas ideias são absolutamente detestados e nunca se pensou em estabelecer a ligação entre regalismo e tolerância religiosa, pelo simples facto de sendo o primeiro emblemático, era a segunda absolutamente alheia aos quadros mentais dos portugueses.

Voltaire tem uma opinião algo parecida com a de Pombal no que toca à necessidade de limitar o espaço de manobra dos principais fautores da superstição e por aí limitar a sua influência no espaço civil. É, contudo, mais moderado: "Si quelques jeunes jésuites, sachent que l'Église a les réprouvés en horreur, que les jansénistes sont condamnés par une bulle, qu'ainsi les jansénistes sont réprouvés, s'en vont brûler une maison des Pères de l'Oratoire parce que Quesnel l'oratorien était janséniste, il est clair qu'on sera bien obligé de punir ces jésuites"[178].

Esta tolerância funciona como elemento activo e não passivo de um Governo forte e este não subsiste com as benesses de ausência de carga fiscal dos membros espirituais, que retira força de trabalho à Nação ao encerrar nos seus conventos um número considerável de população activa e que tutela o Estado com as suas horrorosas predicações sobre o dogma.

Ao longo de toda a sua Obra podem encontrar-se alusões frequentes sobre as aberrações a que a religião conduz[179], sendo incompatíveis com a vida social. É, porém, no seu *Traité sur la Tolérance*[180] que Voltaire plasma as disfunções de um processo mal instruído, conducente a uma morte particularmente atroz.

---

relevantes e o sarcasmo de Voltaire, mais uma vez, não perdoa: "S'il y a des athées, à qui doit-on s'en prendre, sinon aux tyrans mercenaires des âmes, qui, en nous révoltent contre leurs fourberies, forcent quelques esprits faibles à nier le Dieu le Dieu que ces monstres déshonorent? Combien de fois les songeuses du peuple ont-elles porté les citoyens accablés jusqu'à se révolter contre leur roi?"
[178] Idem, *ibidem*, pág. 626.
[179] Idem, "Extrait des sentiments de Jean Meslier", *Mélanges*, págs. 458 e ss: "Toute religion qui pose pour fondement de ses mystères et qui prend pour règle de sa doctrine et de sa morale un principe d'erreurs, et qui est même une source funeste de troubles et de divisions éternelles parmi les hommes, ne peut être une véritable religion ni être d'institution divine. Or les religions humaines, et principalement la catholique, pose pour fondements de sa doctrine et de sa morale un principe d'erreurs. (...) Il n'est pareillement pas croyable qu'un Dieu qui aimerait l'union et la paix, le bien et le salut des hommes, eût jamais établi, pour fondement de sa religion, une source si fatale de troubles et de divisions éternelles parmi les hommes. Donc les religions pareilles ne peuvent être véritables, ni avoir été instituées de Dieu."
[180] Idem, "Traité sur la Tolérance a l'occasion de la mort de Jean Calas", precedido de algumas peças instrutórias do processo e de uma "Histoire de Calas", *Mélanges*, págs. 563 e ss.

Este é o local onde mais claramente é tratado o tema, uma vez que o facto ocorrido do suplício de Calas[181] é aproveitado para fazer uma História dos conflitos religiosos surgidos desde a Reforma protestante, e em que apanhados nas malhas dos zeladores de ambas as religiões muitos cidadãos viram as suas vidas destruídas, bens e haveres delapidados e, em última instância, conduziram à morte dos envolvidos[182]. Tudo a propósito da religião e da preservação dos valores que consideravam dever iluminar as consciências santas dos protestantes[183] ou as mentes incorruptíveis dos católicos, no dizer do Autor.

O texto é interessantíssimo e de uma extrema importância para o debate. A aproximação histórica feita a partir da célebre Noite de S. Bartolomeu[184], leva Voltaire a defender que "il y a des gens qui prétendent que l'humanité, l'indulgence, et la liberté de conscience, sont des choses horribles; mais, en bonne foi, auraient-elles produit des calamités comparables?"[185]

---

[181] Há mais duas situações semelhantes em que Voltaire se pronuncia. Os Casos "Sirven" e "La Barre", *Voltaire et les Droits de l'Homme*, págs. 207 e ss.

[182] Voltaire, "A M. Vernes", de 24 de Dezembro de 1757, *Lettres Choisies de Voltaire*, pág. 244: "ne soyons ni calvinistes, ni papistes, mais frères, mais adorateurs d'un Dieu clément et juste." Raymond Trousson, pág. 15, dá conta de uma carta de Voltaire de 12 de Dezembro de 1757, onde se pode ler: "Fanatiques papistes, fanatiques calvinistes, tous sont pétris de la même merde détrempée de sang corrompu."

[183] Voltaire tanto detesta católicos como protestantes. Sobre estes últimos, veja-se a sua apreciação acerca de Calvino em "Dogmes", *Dictionnaire Philosophique*, pág. 173, onde escreve o seguinte: "Vis-à-vis du cardinal de Lorraine [homem do Concílio de Trento em França] était Calvin, qui se vantait, dans son patois grossier, d'avoir donné des coups de pied à l'idole papale, après que d'autres l'avaient abattue. (...) Comme il parlait, on vit auprès de lui un bûcheur enflammé; un spectre épouvantable, portant au cou une fraise espagnole à moitié brûlée, sortait du milieu des flammes avec des cris affreux. 'Monstre, s'écritiait-il, monstre exécrable, tremble! Reconnais ce Servet que tu as fait périr par le plus cruel des supplices, parce qu'il avait disputé contre toi sur la manière dont trois personnes peuvent faire une seule substance.' Alors tous les juges ordonnèrent que le cardinal de Lorraine serait précipité dans l'abîme, mais que Calvin serait puni plus rigoureusement." Idem, "Avis au public sur les parricides", *Mélanges*, pág. 836: "Qu'on ne dise donc point qu'il ne reste plus de traces du fanatisme affreux de l'intolérantisme: elles sont encore partout, elles sont mêmes dans les pays mêmes qui passent pour les plus humaines. Les prédicants luthériens et calvinistes s'ils étaient les maîtres, seraient peut-être aussi impitoyables, aussi durs, aussi insolents, qu'ils reprochent à leurs antagonistes de l'être." E, segundo Raymond Trousson, pág. 14, "Calvin, écrit Voltaire en 1768, 'le plus malhonnête fanatique qui fût en Europe. C'était un maraud fait pour être grand inquisiteur une âme atroce et sanguinaire, un monstre d'orgueil et de cruauté' qui ne cédait en rien aux persécuteurs catholiques."

[184] Idem, "Traité sur la Tolérance a l'occasion de la mort de Jean Calas", *Mélanges*, pág. 604: "Le successeur de saint Pierre et son consistoire ne peuvent errer; ils approuvèrent, célébrèrent, consacrèrent, l'action de la Saint-Barthélemy: donc cette action était très saint; donc des deux assassins égaux en piété, celui qui aurait éventré vingt-quatre femmes grosses huguenotes doit être élevès en gloire du double de celui qui n'en aura éventré que douze. Par la même raison, les fanatiques des Cévennes devaient croire qu'ils seraient élevés en gloire à proportion du nombre des prêtres, des religieux et des femmes catholiques qu'ils auraient égorgés. Ce sont là d'étranges titres pour la gloire éternelle."

[185] Idem, *ibidem*, pág. 575. E prossegue o seu raciocínio: "J'oserai prendre la liberté d'inviter ceux qui sont à la tête du gouvernement, et ceux qui sont destinés aux grandes places, à vouloir bien examiner mûrement si l'on doit craindre en effet que la douceur produise les mêmes révoltes que la cruauté a fait naître; si ce qui est arrivé dans certaines circonstances doit arriver dans d'autres; si les temps, l'opinion, les moeurs, sont toujours les mêmes."

Como bem se nota, Voltaire recusa deliberadamente referir-se a Portugal e à Espanha[186], quando considera que actualmente as questões da tolerância religiosa, no plano da Liberdade individual, estão cada vez a ganhar maior impacto no seio dos próprios Governos europeus[187].

A existência da tolerância e mesmo da Liberdade de consciência é um facto, apesar de tudo evidente, na generalidade da Europa culta o que, ao invés, significa que a Península Ibérica não fazia parte desta Europa[188]. Se poderá haver um certo exagero, é certo que existe um fundo de verdade; os motivos serão vistos adiante mas nem tudo seria tão negro quanto Voltaire proclamava nem, tão pouco, poderiam escamotear-se algumas críticas certeiras.

Enquanto apanágio da humanidade[189], a tolerância é de Direito Natural e de Direito Humano[190]; Cristo nunca pregou a intolerância nem os autos-de-fé[191]. E se o primeiro é o fundamento do segundo, então não pode discutir-se o valor do "grand principe, le principe universel de l'un et de l'autre (...) dans toute la terre: Ne fais pas ce que tu ne voudrais pas qu'on te fît"[192]. É por força da falta de aplicabilidade deste princípio que aparecem todas as guerras da religião, quando alguém mata, fere, desonra ou lapida outrem pelo simples facto de não seguir a mesma religião que ele mesmo.

E, não se procure remontar aos ensinamentos da Antiguidade para buscar a intolerância; no entender de Voltaire – de que se duvida pelo menos quanto aos Romanos –[193] ninguém naquela época seria perseguido por crimes de religião[194].

Em seu abono recorre ao testemunho dalguns dos mais conhecidos Autores trabalhados, com realce para Fénelon[195], ou Montesquieu[196], que invoca na defesa da tolerância, sistematicamente professada. O Pensamento destes Autores transforma-se em marco para a própria reflexão voltariana no plano da ideia de Liberdade individual de consciência, apelando para a sua autoridade reconhecida para fazer valer as suas próprias lucubrações.

---

[186] Idem, *ibidem*, pág. 583: "Or on ne voit pas comment, suivant ce principe, un homme pourrait dire à un autre: 'Crois ce que crois, et ce que tu ne peux croire, ou tu périras.' C'est ce qu'on dit en Portugal, en Espagne, à Goa."
[187] Idem, *ibidem*, págs. 576 e ss.
[188] Idem, "Tolérance", *Dictionnaire Philosophique*, págs. 403 e 404: "De toutes les religions, la chrétienne est sans doute celle qui doit inspirer le plus de tolérance, quoique jusqu'ici les chrétiens aient été les plus intolérants de toutes les hommes."
[189] Idem, *ibidem*, págs. 401 e ss.
[190] Idem, "Traité sur la Tolérance a l'occasion de la mort de Jean Calas: Témoignages contre l'intolérance", págs. 618 e ss.
[191] Idem, *ibidem*, págs. 613 e ss.
[192] Idem, *ibidem*, pág. 583.
[193] Idem, *ibidem*, págs. 585 e ss., rejeita todas as acusações imputadas aos romanos de perseguições aos cristãos. Tudo não derivou de um conjunto de enganos impostos aos homens pela Igreja de Roma, de fraudes e de superstições que passaram para a posteridade a História de perseguições que nunca existiram.
[194] Idem, *ibidem*, págs. 584 e ss.
[195] Idem, *ibidem*, pág. 619: "Accordez à tous la tolérance civile, *au duc de Bourgogne*".
[196] Idem, *ibidem*, pág. 620: "Si le ciel vous a assez aimés pour vous faire voir la vérité, il vous a fait une grand grâce; mais est-ce aux enfants qui ont l'héritage de leur père, de haïr ceux qui ne l'ont pas eu? *Esprit des Lois*, Livro XXV."

Os bons cidadãos não devem contribuir para a desordem[197]; por isso mesmo a verdadeira religião não pode compadecer-se, para se impor, com ódios, torturas, prisões e mortes; a verdadeira religião, se é divina, deve ter um mínimo de intervenção humana porque, de cada vez que essa intervenção se verifica, apenas produz "des hypocrites ou des rebbeles: quelle funeste alternative!"[198]

Desta consideração do problema poderá partir-se para o enquadramento da tolerância religiosa face ao Poder civil[199]. De facto, devem as várias confissões religiosas ser protegidas indistintamente pelo Estado, com a condição de não praticarem actos de fanatismo.

Em síntese, não há qualquer dúvida da impaciência de Voltaire em relação a qualquer tipo de intolerância religiosa. Promotor da Liberdade de consciência na linha de Locke, reticente quanto a fanatismos e superstições, entende que uma das formas ideais de espraiar a ideia de Liberdade é a salvaguarda e aceitação das confissões religiosas entre si, num espírito que deveria presidir ao próprio Poder político, grande responsável pela sua salvaguarda e manutenção.

Por outro lado e ponto que deve ser assinalado, se Voltaire não lhe faz menção dilatada, já noutros locais o tema da Liberdade de imprensa aparece devidamente anotado.

Diderot foi a personalidade mais exuberante deste período – mais ainda que a antecedente na presente ordem de preocupações – muito embora não se patenteie como a mais significativa[200]. E, conjuntamente com Holbach, Helvétius pode ser considerado "materialista"[201], por oposição a Voltaire[202]. Sendo certo que este com aqueles mantinha más relações, todos[203] partilhavam da mesma perspectiva de renovação cultural patrocinada pela interrogação especulativa e pelo deísmo[204]. Traço de união

---

[197] Idem, *ibidem*, pág. 601: "car il ne dépend pas de l'homme de croire ou ne pas croire, mais il dépend de lui de respecter les usages de sa patrie; et si vous disiez que c'est un crime de ne pas croire à religion dominante, vous accuseriez donc vous-même les premiers chrétiens vos pères, et vous justifieriez ceux que vous accusez de les avoir livrés aux supplices".

[198] Idem, *ibidem*, pág. 601.

[199] Idem, "Idées Républicaines – LXIV", *Mélanges*, pág. 524: "La tolérance est aussi nécessaire en politique qu'en religion; c'est l'orgueil seul qui est intolérant. C'est lui que révolte les esprits, en voulant les forcer à penser comme nous; c'est la source secrète de toutes les divisions."

[200] Jean Touchard, *Histoire des Idées Politiques*, tradução portuguesa *História das Ideias Políticas*, II, Lisboa, s. d., pág. 189.

[201] F. Laurent, págs. 516 e ss; Jean Touchard, II, pág. 189. Em desacordo, Émile Bréhier, que entende que apenas os dois últimos o são.

[202] Voltaire, *Lettres Choisies de Voltaire*, avec une présentation, des notes et un index par Raymond Naves, Paris, Classiques Garnier, s. d., págs. 155 e ss.; 206 e ss.; 230 e ss., e noutros locais estabelece uma interessante correspondência com Diderot e D'Alembert com extremo interesse para equacionar o tipo de relação intelectual que com eles mantinha.

[203] Rene Pomeau, pág. 25: "Ce n'est pas une petite entreprise que de faire marcher tant de monde dans la bonne direction. Il [Voltaire] a ses auxiliaires dévoués, les D'Alembert, les Damilaville. Mais il est contrecarré, à l'intérieur du parti, par une opposition dont l'état-major siège chez le baron Holbach, qui a pour tête pensante Diderot et pour organe la *Correspondance littéraire*, périodique de Grimm diffusé en manuscrit dans toute l'Europe."

[204] ANTT, RMC, Livro 21, proibição de leitura de algumas das suas Obras: *Œuvres Philosophiques & Dramatiques Contenant les Principes de la Philosophie Morale*, de M. Diderot, Amsterdam, 1772 – suprimida por despacho de 8 de Julho de 1772. Consta do "Catalogo de livros defesos neste Reino, desde o dia

comum[205], era o apego ao empirismo de Locke, com um total desprezo por qualquer conotação metafísica. Vertendo uma panorâmica geral do Pensamento contido na *L'Encyclopédie*[206], que, se compromete em primeira linha os Autores dos artigos[207], não deixa de ser simbólica de um Pensamento de conjunto[208], mesmo quando em matérias políticas as abordagens nem sempre coincidem[209]. Sobretudo quando se pensa na aliança preconizada não já entre o Trono e o Altar mas entre o Trono e a Filosofia, devendo a segunda fornecer as ideias e o primeiro executá-las[210].

Procedendo a uma breve reflexão sobre os aspectos mais marcantes que *L'Encyclopédie* apresenta para a investigação, terá de se iniciar a pesquisa pelo entendimento da Liberdade individual e aí sobre a Liberdade de imprensa. Este deve ser visto como maioritário no séc. XVIII, pelo menos ao nível da camada mais culta e mais interes-

---

da Criação da Real Mesa Cençoria athé ao prezente. Para servir de expediente na Caza da Revisão", publicado por Maria Adelaide Salvador Marques, pág. 144, suprimidas em 8 de Julho de 1782.
[205] Voltaire, "Dialogues Chrétiens ou préservatif contre l'Encyclopédie", *Mélanges*, págs. 357 e ss.
[206] André Castelot, *La Révolution Française*, Paris, Librairie Académique Perrin, 1987, págs. 6 e 7: "Le 8 Mars 1759, un arrêt du Conseil du roi supprime les volumes parus. Découragé, D'Alembert abandonne alors l'entreprise. Mais Diderot la poursuit avec l'approbation tacite du gouvernement, grâce à la protection de Madame de Pompadour et du marquis d'Argenson, et surtout à la bienveillance de Malesherbes, directeur de la librairie"; Louis Ducros, "Introduction", *Discours Préliminaire de l'Encyclopédie*, pág. 10: "Si Madame de Pompadour favorisait les Encyclopédistes, ce n'était pas par amour pour la philosophie, ni pour le seul plaisir de se faire appeler la protectrice des arts et des lettres et de se voir comparée à 'Minerve': les Encyclopédistes étaient les ennemis des jésuites, qui étaient les ennemis de Madame de Pompadour; l'hostilité des bons Pères était sans doute le meilleur titre des philosophes à la protection de la favorite, protection d'ailleurs beaucoup moins empressée qu'on ne l'a cru généralement."
[207] André Castelot, pág. 7, afirma que nela colaboraram mais de duzentas e cinquenta pessoas.
[208] Os artigos que mais importam são subscritos por um tal D. J., que a *La Enciclopédia*, na Edição de Guadarrama, explica ser o Chevalier de Jacourt, Autor sobre o qual não existe quaisquer informações. Etienne Cayrot, *Le Procès de L'Individualisme Juridique*, Paris, 1932, pág. 42 nota, atribui-os a Voltaire, sendo certo que não conseguimos apurar se existe uma identificação entre as duas personagens. Não há, de facto, entre as teses de Voltaire e os artigos da *L'Encyclopédie* diferenças gritantes, mas isso por si só não nos autoriza a identificar as personagens, tanto mais que não se descortina essa identidade em nenhum outro local.
[209] B. Köpeczi, "Fondements idéologiques. L'Idéologie de l'Absolutisme éclairé", *L'Absolutisme Éclairé, Société Hongroise du XVIIIe siècle, Colloques de Mátrafüred, Études sur les Lumières*, sous la direction de Béla Köpeczi, Éd. du CNRC, France, 1985, pág. 108: "(...) en matière politique et surtout de gouvernement, les collaborateurs de l'Encyclopédie témoignent d'une grande prudence et ne peuvent éviter les contradictions." Esta observação não deixa de ser judiciosa mas deve notar-se que, pelo menos em relação àqueles artigos políticos mais importantes para o tema, o seu Autor é quase sempre o mesmo.
[210] Denis Diderot y Jean Le Rond D'Alembert, *L'Encyclopédie*, tradução castelhana, *La Enciclopedia (Selección de artículos políticos)*, Estudo preliminar de Ramon Soriano y Antonio Porras, Madrid, Tecnos, 1996, artigo "Filosofía", págs. 60 e ss. Esta é a Edição usada normalmente embora fosse consultada também outra tradução castelhana de J. Lough, Ediciones Guadamarra, Madrid, 1974, de que se dará nota sempre que se justifique. A Edição francesa não chegou a tempo de ser utilizada por isso terá de se fazer fé em qualquer uma das traduções, a primeira das quais pela origem merece bastante fiabilidade. Sobre este texto, provavelmente dos mais conhecidos da História, julgamos ser impossível inovar considerando-o em si mesmo pelo que se remete para as Obras mencionadas em bibliografia geral posteriores esclarecimentos, tal como o interessante "Estudio Preliminar" à primeira das Edições citadas e o trabalho de Émile Bréhier, II, 2, págs. 383 e ss.

sada da população. Considera-se, para já, que a Liberdade de imprensa é um direito político[211], o que é notável para a época.

Deveria ser de Direito Comum de todo o universo, o reconhecimento da Liberdade de imprensa como direito político. Assim, "la libertad de prensa no puede (...) por mucho que se abuse de ella, excitar tumultos populares. En cuanto a las murmuraciones, a los secretos descontentos que pueda originar, no resulta ventajoso que, al no traducirse más que en palabras, pueda advertir con tiempo a los magistrados para remediarlos?" Reprimir a Liberdade de imprensa seria como estabelecer uma espécie de Inquisição.

Ao assumir uma tal posição, o articulista defende, em simultâneo, a Liberdade de pensamento, a Liberdade de consciência e a formalização das mesmas do modo mais fácil e acessível aos cidadãos, mesmo mais económico ao seu bolso, que é a vulgarização da imprensa. Em qualquer caso, não parece que exista uma inatacável conformação do Pensamento da L'Encyclopédie, ao nível da Liberdade de imprensa. E isto tanto mais ponderando nos seus participantes mais destacados. Diderot, ele mesmo, tem uma visão bastante crítica da matéria e denuncia o espinosismo como algo que nem deve ser publicitado, nem merece ser pautado como Pensamento recorrente. No mínimo, presta-se a punição pública por parte dos magistrados.

De salientar que a diversidade dos colaboradores da L'Encyclopédie, que foi um dos seus maiores trunfos no êxito obtido[212], veio a revelar-se alvo de dissonâncias internas e, mesmo quando não se estava perante algum dos seus redactores mas em presença de um frequentador do círculos dos mesmos, os brados eram sonantes com demasiada frequência[213].

Depois do abandono de D'Alembert, Diderot encontrou em De Jaucourt, um verdadeiro empenho no auxílio à continuação da L'Encyclopédie; dele dizia o antigo discípulo dos jesuítas que "cet homme (...) est depuis six à sept ans au centre de six ou sept secretaires, lisant, travaillant, dictant treize à quatorze heures par jour"[214]. Foi graças ao "chevallier" que em 1764 a L'Encyclopédie estava terminada, depois de tantos percalços desde 1751, data do início da sua publicação.

Claude Adrien Helvétius é um homem do seu tempo[215] com alguns traços característicos de Pensamento avançado, que o podem por isso incluir no sector dos

---

[211] Denis Diderot y Jean Le Rond D'Alembert, *La Enciclopedia (Selección de artículos políticos)*, artigo "Prensa", da Autoria de De Jacourt, págs. 156 e 157.

[212] Da lista de colaboradores fazem parte além de Diderot e D'Alembert, Montesquieu, Rousseau, Duclos, Turgot, Voltaire, De Jacourt e outros.

[213] É o caso de Helvétius. O lançamento do seu *De l'Esprit*, em 1758, provocou uma onda de indignação aos opositores da *L'Encyclopedie*, que nela quiseram ver as ideias transpostas em tal escrito.

[214] Jean Le Rond D'Alembert, *Discours Préliminaire à L'Encyclopédie*, Edição de Paris, 1893, com "Introduction" de Louis Ducros, pág. 13.

[215] Yvon Belaval, "Introduction", *Œuvres Complètes* de Helvétius, Paris, 1795, Edição fac-similada de 14 volumes, Georg Olms Verlag, Hildesheim, 1969, I, pág. XIII: "(...) Helvetius demeure de son temps, il en reprand les lieux communs: on reconnait en lui du Locke, du Pascal (l'habitude, seconde nature), Dubos (sur l'ennui), Mandeville (étthique du luxe), Montesquieu, Condillac (sans le citer), Burke (le *Traité du Sublime*), Rousseau (l'origine des sociétés, le *Contrat*, la *Profession de Foi du Vicaire Savoyard*), Voltaire, Diderot (*Pensées sur l'interpretation de la nature*), Holbach (on a parlé d'une collaboration au *Système de la Nature*), etc."

materialistas[216]. Afastando-se deliberadamente da Metafísica, como a maior parte dos Autores do séc. XVIII, não apenas invoca o Pensamento de Locke mas aproxima-se de Bacon, fonte empirista por excelência e que os Autores portugueses do séc. XVIII muito irão prezar.

Este afastamento da Metafísica não significa que Helvétius[217] rejeite "a sua própria metafísica", aquela que é privativa de cada homem e não imposta do exterior. Por essa via também se poderá pensar que, ainda que materialista, o seu Pensamento inserido no núcleo dos *Les Philosophes* tem algo de independente, que o tornam ainda mais difícil de trabalhar[218]. No quadro da Liberdade de pensamento é uma referência a não perder.

Também Paul Tiry, Barão Holbach, uma das mais características figuras do movimento filosófico Setecentista francês[219], foi mais longe que Diderot[220], apresentou-se mais ousado – se é possível – que Helvétius e apenas é possível enquadrá-lo no termo comparativo "Voltaire". A simples leitura dos seus textos comprova a conotação católica de "ímpio" a desconsiderar.

La Mettrie é um dos Autores que podendo ser considerado como materialista, tem pouco impacto nas Obras de carácter geral que estudam a História das Ideias e o Pensamento político.

---

[216] Idem, *ibidem*, I, pág. XII: "Si, comme le lui rapproche Marx, Helvetius n'a pas su faire une analyse matérialiste des conditions économiques de son temps, s'il croit, avec ses contemporains, qu'il appartient au seul politique de décider du progrès."

[217] Foi proibido em Portugal, *ANTT, RMC*, caixa 1, pelo Índice publicado por Edital de 24 de Setembro de 1770 e consta do "Catalogo de livros defesos neste Reino, desde o dia da Criação da Real Mesa Cençoria athé ao prezente. Para servir de expediente na Caza da Revisão", publicado por Maria Adelaide Salvador Marques, pág. 148. Também o *De l'Homme*, em data não especificada. Note-se que quando esta proibição foi lavrada contra o *Système de la Nature* ainda não se sabia que Holbach era o seu Autor e, como Helvétius era igualmente pernicioso, ninguém se preocupou em averiguar a real origem do texto. Veja-se Teófilo Braga, *História da Universidade de Coimbra, nas suas Relações com a Instrução Pública Portuguesa*, Lisboa, 1898, III, págs. 83 e ss.

[218] Jean-Philibert Damiron, *Mémoires sur Helvétius*, Genève, Slatkine Reprints, 1968, pág. 3: "Ce n'est pas donc un homme d'une grande famille en philosophie. Il n'est pas de celle de Descartes, cela va sans dire; il n'est pas même bien celle de Locke, quoiqu'il en pousse à l'excès certains points de doctrine; mais in n'a surtout pas de ce dernier maître l'esprit général, la méthode, la mode et ferme sagesse. On a voulu en faire un descendent de Montaigne. C'est là une complaisance et une illusion de l'amitié! (...) S'il tient au fond de quelqu'un, c'est (...) de ce personnage un peu commun qu'on a nommé tout le monde, et qui, quoi qu'on en ait dit, n'a pas plus d'esprit que Voltaire, ou tout nom du même ordre, car il ne s'élève pas au génie."

[219] Filomena Teixeira de Almeida, *O Papel da Natureza na Concepção do Homem em Holbach*, Dissertação Apresentada à Universidade d Lisboa para obtenção de grau de Mestre em Filosofia, Lisboa, 1996, texto policipiado. São mencionadas as fases em que se desdobrou a Obra do Autor, duas na essência e que têm por termo inicial respectivamente o conhecimento com Diderot e o termo da participação na *L'Encyclopedie*.

[220] Consta do "Catalogo de livros defesos neste Reino, desde o dia da Criação da Real Mesa Cençoria athé ao prezente. Para servir de expediente na Caza da Revisão", publicado por Maria Adelaide Salvador Marques, pág. 194, proibido o *Système de la Nature* e o *Système Social*. Veja-se Teófilo Braga, *História da Universidade de Coimbra*, III, págs. 78 e ss.

Foi, também ele, um dos mais nocivos na perspectiva portuguesa[221], o que de resto bem pode comprovar-se pela sua afirmação inicial do *L'Homme-Machine*[222]: "Il ne suffit pas à un sage d'étudier la Nature et la Vérité, *il doit oser la dire en faveur du petit nombre de ceux qui veulent et peuvent penser; car pour les autres, qui sont volontairement esclaves des préjugés, il ne leur est pas plus possible d'atteindre la Vérité qu'aux grenouilles de voler.*"

Trata-se de outro discípulo de John Locke em presença ao seu apego à experiência, importando averiguar em que sentido essa mesma fonte epistemológica permite apresentar uma visão mais substancial do Pensamento de La Mettrie. Tal não significa que, ainda que optando pelos "meilleurs guides"[223] não haja reparos a fazer-lhes[224], aspecto em que todo escrito do Autor se revelará fértil.

No plano da Liberdade de pensamento e para a ideia de tolerância religiosa, sempre se poderá afirmar que De Real se preocupa em desenvolver o problema com o maior cuidado, tanto mais que o Governo de Deus no mundo é incontestável através da Razão e da Revelação[225]. Como consequência nega o ateísmo e todos os seus "ímpios" pressupostos, tanto mais que "la Religion est la source du bonheur des hommes"[226].

Admitindo que a lei natural tem um princípio fundamental que é o império da Razão, a este correspondem quatro princípios particulares – também designados, com o jusracionalismo, por deveres – e que De Real aproveita para estabelecer um paralelo entre o Pensamento dos vários escritores que sobre a matéria se pronunciaram. Neste quadro, inverte a ordem proposta pelos jusracionalistas, nomeadamente por Wolff, por considerar que "notre devoir envers Dieu est le premier de tous les devoirs"[227], assim se aproximando da pregação de Ribeiro dos Santos.

E, porque assim raciocina, não se estranhe que pare no ateísmo no que respeita à Liberdade individual de consciência e à tolerância religiosa.

Ao dedicar-se ao problema do "pouvoir de proscrire les Sectes contraires à la Religion dominante, & en général certaines doctrines, pas rapport au repos public"[228], reafirma os Poderes do soberano, considerando que ele será o único capaz de promover a alteração do repouso público, "et conséquent le pouvoir de tolérer ou de proscrire les opinions qui lui paraissent ou favorables ou contraires à la tranquillité de son peuple."

---

[221] Consta do "Catalogo de livros defesos neste Reino, desde o dia da Criação da Real Mesa Cençoria athé ao prezente. Para servir de expediente na Caza da Revisão", publicado por Maria Adelaide Salvador Marques, págs. 78 e ss.; 173, sendo proibidas as *OEuvres Philosophique*, Edição de Berlim, 1751, assim como *L'Homme-Machine*, de Leide 1747. Fazia já parte do Índice de 24 de Setembro de 1770.

[222] La Mettrie, *L'Homme-Machine*, Leide, 1747, Edição de Paris, Fayard, Mille et une Nuits, 2000, pág. 17.

[223] Idem, *ibidem*, pág. 21.

[224] Idem, *ibidem*, pág. 22: "On peut et on doit même admirer tous ces beaux génies dans leurs travaux les plus inutiles, les Descartes, les Malebranches, les Leibnitz, les Wolff, etc."

[225] De Real, *La Science du Gouvernement, contenant le Traité de Politique (...)*, Tome I-VI, Aix-la-Chapelle, s. d, Amsterdam, 1764, Paris, 1761-1765, III, págs. 99 e ss. 147 e ss.

[226] Idem, *ibidem*, III, pág. 113. E prossegue: "Quels désordres au-contraire ne causerait pas l'Athéisme, si la libertinage venait à bout d'étouffer la pensée d'un Dieu vengeur du crime, & de secours le joug d'une Religion qui menace de châtiments éternels!"

[227] Idem, *ibidem*, III, pág. 140.

[228] Idem, *ibidem*, IV, Paris, 1765, págs. 484 e ss.

Aproximando-se das ideias josefinas, considera De Real que todas as sociedades civis se formaram à margem da ideia de religião, mas aos soberanos, não dando conselho ou aviso sobre o tema, cumpre defendê-la, na medida em que ela "a pour but de rendre les hommes vertueux, ne veut au contraire rien forcé, c'est au Théologiens à nous montrer les voies du Ciel; & aux Successeurs des Apôtres, à nous y conduire; ils prêchent, ils exhortent. L'office de la Loi & celui de la Religion sont donc bien distincts"[229].

Quer isto dizer que não é legítimo *"emporter les consciences à main armée (...). Vouloir persuader par des coups, c'est comme si l'on voulait redresser la matière avec des arguments. Empéguer au progrès de l'Evangile le fer & le feu, c'est combattre tout-à-la-fois & l'esprit de l'Evangile & les principes de la raison"*[230]. Cabe aos Príncipes a obrigação de cuidar e zelar no desenvolvimento da religião, mas estão impedidos de proceder em contrário ao bem da sociedade civil e apenas devem autorizar o lançamento de sanções sempre que aquele se questione. A lei apenas tem por missão regular o exterior, na compreensão da virtude como algo de externo e de útil ao Estado, condenando os vícios e efeitos nocivos de certos comportamentos para com a sociedade.

Ora e na sequência deste seu raciocínio, por si só bastante claro, "ce principe semble favoriser celui de la tolérance"[231]. Admitindo a existência de erros, julga que eles não são criminalizáveis nem ninguém tem o direito de os punir. Além disso é ilegítima a intromissão no interior da consciência dos homens e as penas não são as medidas apropriadas para levar ao convencimento da alma[232]. E por estes motivos, "je reconnais donc sans peine, que *les Souverains ne peuvent régner sur les consciences, & qu'ils n'ont aucun droit sur la liberté de l'esprit*, ni sur les mouvements de la volonté, tant que cette liberté & ces mouvements ne produisent rien d'extérieur"[233].

O mais interessante depois deste discurso é a conclusão que De Real retira, isto é, não faz sentido falar em tolerância, uma vez que o comportamento interno da consciência não tem qualquer projecção para o exterior. Por isso os soberanos "ont le droit de regler les actions extérieures; & le dogme de la tolérance n'a aucun fondement"[234]. E sublinha: *"Le Prince est le Ministre de Dieu. Ce n'est pas en vain qu'il porte l'épée. Quiconque fait mal, le doit craindre comme le vengeur de son crime"*[235], funcionando como um protector da tranquilidade pública.

Atente-se ao facto deste discurso ser vocacionado aos cristãos, sejam eles católicos ou protestantes, sendo certo que os soberanos, guardiões do cristianismo, certamente não admitiriam em termos civis quem não acreditasse na existência de Deus. Por isso, que sentido faz falar em tolerância civil?

Em síntese: em nome dos Poderes do monarca e da Liberdade de consciência dos homens que não pode ser violada, não faz sentido falar em tolerância religiosa. Uma vez que cumpram com as leis próprias da sociedade, previamente prescritas,

---

[229] Idem, *ibidem*, IV, pág. 488.
[230] Idem, *ibidem*, IV, pág. 489.
[231] Idem, *ibidem*, IV, pág. 490.
[232] Idem, *ibidem*, IV, pág. 491: "ni les confiscations, ni les exils, ni les supplices ne peuvent anéantir la liberté de l'âme. On peut emprisonner le corps, le tourmenter, le détruire; mais l'âme prend son essor, elle échappe à la violence portant en elle-même la liberté de penser qu'il est impossible de lui ravir quand on forcerait la langue d'articuler quelques mots".
[233] Idem, *ibidem*, IV, pág. 491.
[234] Idem, *ibidem*, IV, pág. 491.
[235] Idem, *ibidem*, IV, pág. 492.

os homens são livres de internamente poderem ter a confissão religiosa que eles próprios entenderem.

4.2.2. A germânica forma de reflexão

Defensor da Liberdade de pensamento bem estruturada[236], Wolff, apesar da enorme influência que sofre de Pufendorf é, em conjunto com Leibnitz, um dos seus maiores contraditores[237]. De facto, se o seu jusracionalismo emblemático permite inseri-lo na mesma linha de elevação do Direito Natural, acaba por se decidir por uma outra via que fará carreira. Trata-se da Filosofia prática, manifestando, a final, as ideias perfilhadas na presente investigação, sobretudo no que respeita à questão da Liberdade.

Todo o Direito é exterior; toda a Moral é interna[238]; daí a contraposição entre foro interno e foro externo, que tem como consequência os deveres jurídicos poderem impor-se pela força, enquanto a Moral é incoercível. Sabido que isto é uma verdade, porque defende o Autor uma tal situação? Apenas para terminar com as confusões entre Direito e Moral, entre Direito Positivo e Direito Natural?

Para além deste importante propósito, Thomasius tem vistas mais longas. O tema deve ser equacionado no contexto da sua interpretação da tolerância religiosa e da Liberdade de consciência, já que a ideia mestra seria separar e delimitar o campo de incidência que, na consciência individual. A tolerância existe e deve ser permanente mas, como já assinalou Max Fleischmann[239], "pour Thomasius, il s'agit de tolérance au sens des lois de la paix de l'Empire. Elle n'englobe que les religions chrétiennes parties dans la paix de Westphalie, même si dans un passage apocryphe (qui figure dans des cours publiés après sa mort), se trouve glissée la phrase suivante: 'Le prince doit tolérer toutes les religions, quelles qu'elles puissant être, comme par exemple celle des Turcs ou des Tartares'."

Portanto e oficialmente, a sua ideia é semelhante às antecedentes; oficiosamente poderia ir mais além, sem confirmação possível da real intenção do Autor.

É seu mote a total inépcia e desnecessidade da discussão dos chamados casos de consciência[240]; se por um lado não há uniformidade sobre o Bem e o Mal para a natureza humana[241], por outro é necessário saber quem tem autoridade para julgar que outrem possui ou não uma recta consciência[242]. Em qualquer caso percebe-se das suas palavras que deve existir, em tese geral, Liberdade de consciência, uma vez

---

[236] C. Wolff, *Principes du Droit e la Nature et des Gens*, III, pág. 189: "Les membres d'une société des sciences doivent avoir la liberté de philosopher qui ne doit point être confondue avec la liberté des sentiments." Citado por volumes.

[237] E. Bréhier, II, 2, pág. 318: "En apparence, la doctrine de ce disciple et de ce vulgarisateur de Leibnitz fait exception à ce mouvement de bascule si net, que nous avons partout constaté au début du XVIII ème siècle: dans une série de traités d'abord écrits en allemand (...) il donne pour longtemps à la philosophie allemande son langage, son programme et ses méthodes."

[238] Uma das coroas de glória de Thomasius é ter antecipado Kant na distinção entre Moral e Direito, baseando-se numa espécie de programa que pretende reformar a vida reflexiva e melhorar a vontade e o entendimento.

[239] Max Fleischmann, *apud* Guido Kisch, "Tolérance et Droit", pág. 154.

[240] C. Thomasius, *Fundamentos de Derecho Natural y de Gentes*, capítulo IV, § XVIII, pág. 181.

[241] Idem, *ibidem*, capítulo IV, §§ XVII e XIX, págs. 181 e 182. O Autor cita em nota as *Institutiones jurisprudentiae divinae*, L. 1, capítulo 1, § 56º, pág. 21.

[242] Idem, *ibidem*, capítulo IV, § XX, pág. 183: "En la práctica cotidiana la consciencia que coincide con el juicio de la mayoría de la sociedad es la consciencia recta. Por eso ocurre con facilidad que

que se assume que a mesma varia de indivíduo para indivíduo e de Povo para Povo, consoante as concretas circunstâncias espácio-temporais em que se ache colocado: "la consciencia propia de cada cual debe ser la norma de las acciones"[243].

Por outro lado, a evolução em Thomasius não implica o aprofundamento do desenvolvimento científico, que tinha promovido já a separação das águas entre o mundo comum e o mundo da Ciência, trabalho esse que vinha detrás e se pautava como uma das mais efectivas realizações renascentistas. Se o Direito Natural é um Direito da Razão, apresentando-se como suma de meros conselhos[244], cuja base é o senso comum, é "porque qualquer um pode sentir e descobrir em si aquilo que é essencial para a compreensão da natureza humana. Porque a natureza não passa daquilo que a maioria dos homens pensa que ela é." Ao contrário o Direito Positivo, publicado e revelado, manifesta-se como uma norma de imposição[245].

Por outra via, o voluntarismo humano no percurso convencional, assume proporções directoras em relação ao inatismo e, como bom protestante, assume um pessimismo antropológico que deverá compensar de futuro com a separação de águas entre comportamentos morais e comportamentos jurídicos. Ambos compostos por normas de conduta social, a existência de coercibilidade e de protecção coactiva nas segundas e não nas primeiras[246], implicará uma das maiores preocupações que Estado ou Igreja deveriam ter. A porfia thomasiana neste domínio vai toda no sentido da sua particular visualização da tolerância[247], em qualquer dos domínios onde ela se plasma, não aceitando uma invasão do foro íntimo de cada Ser humano pelas meras convenções de ordem social, radiquem elas no plano religioso ou estadual.

Apesar de citado nas Obras de referência do Iluminismo português, não teve nunca o mesmo impacto que outros Autores pelo que apenas se lhe reservam algumas anotações esparsas[248].

---

lo que se considera consciencia recta en una sociedad, en otra seria errónea. Sin embargo, nosotros buscamos una norma universal para todas las sociedades."
[243] Idem, *ibidem*, capítulo IV, § XXII, pág. 183.
[244] José Adelino Maltez, *Princípios...*, II, pág. 328.
[245] C. Thomasius, *Fundamentos de Derecho Natural y de Gentes*, capítulo V, §§ XXXII-XXXIV.
[246] Idem, *ibidem*, capítulo V, §§ I e ss., págs. 207 e ss.
[247] Juan José Gil Cremades, "Estudio preliminar", *Fundamentos de derecho natural y de gentes*, págs. XIX e XX, apresenta um exemplo curioso. Assim, "Objeto del dictamen [questão colocada por Herman August Francke, da Facultad de Teología] era el planeado matrimonio mixto del príncipe de la Sajonia, luterano, con una calvinista, del Duque de Meckenlburg e hija del gran elector de Prusia. La actitud tolerante de Thomasius en materia religiosa le llevó a una estrategia argumentativa, tanto teológica como jurídica, que concluía en la declaración de licitud del enlace."
[248] Acresce o facto determinante, de o seu nome raramente constar em qualquer dos textos dos Autores nacionais nos domínios da Liberdade individual e dos povos, o que é sintoma do parco acolhimento que este herege, ao contrário de outros, teve em Portugal. Era um luterano mais que assumido, que, se nos primeiros tempos ainda se conformou à tese de Grócio e Pufendorf sobre a sociabilidade do Ser humano, proveniente da Divina, a breve trecho decidiu-se a romper com quaisquer espartilhos teológicos no seu Pensamento. Veja-se António Truyol y Serra, *História da Filosofia do Direito e do Estado*, II, pág. 253: "Paladino da tolerância e do Liberalismo em matéria religiosa Tomásio não é tão claro no que diz respeito à esfera política (...)". Escreveu mesmo dois livros contrários a perseguições religiosas por heresia ou bruxaria, assim como contra a tortura, sendo essa mais uma razão para ser "persona non grata" da historiografia e da política nacional, com as ressalvas já feitas. Também José Adelino Maltez, *Princípios...*, II, págs. 325 e ss., se lhe refere. Para desenvolvimentos sobre o Autor, F. Jarras, *Thomasius, un précurseur des Lumières*, Estrasburgo, 1975 e Obras de carácter seleccionado e geral sobre o tema que constam da bibliografia.

Resulta, pois, que como Ser livre que é, para o homem, esta obrigação que é universal, só pode ser moral, devendo agir em conformidade com o que essa sua Liberdade lhe faculta, dentre as várias hipóteses de escolha que se lhe colocam. Ao caso, "l'obligation naturelle, ou née avec nous, est celle qui a sa raison prochaine & immédiate dans la nature & dans l'essence de l'homme (...) "[249], sendo certo que o homem não pode ser ele e o seu contrário – no sentido de que não pode ser em simultâneo agente moralmente responsável e ter comportamentos imorais no plano que se vem tratando.

O estado de Liberdade determina-se em função do competente direito, não tendo nenhum homem a prerrogativa de se apoderar do estado de Liberdade doutrem, salvo se isso não tiver reflexos nem repugnar às obrigações naturais[250]. Este direito de Liberdade não poderá confundir-se com a licença ou abuso da mesma Liberdade, que pode ser visto como a tentativa de se apoderar de uma certa espécie de direito ilimitado. Finalmente, "la liberté, c'est l'indépendance où l'homme se trouve par rapport à ses actions, de la volonté de tout autre homme"[251].

Atente-se, porém, que se existe uma Igualdade entre seres morais, na medida em que têm os mesmos direitos e obrigações, logo que isso deixe de acontecer os seres passam a "moralement inégaux"[252]. A Igualdade seria mesmo o primeiro dos direitos do homem, entendidos estes a partir da compreensão da natureza humana, a cujas acções o homem se encontra obrigado pela sua própria e, correlativamente, que direitos se podem deduzir dessas obrigações[253].

4.2.3. Triunvirato italiano e Iluminismo católico

Ludovico Antonio Muratori – ou Luís António Muratori – não teria importância nenhuma no contexto das luminárias do racionalismo europeu, se não se tivesse dado o facto de ser o maior "adaptador" das ideias protestantes europeias ao tecido específico do catolicismo europeu iluminado[254].

---

[249] C. Wolff, *Principes du Droit e la nature et des Gens*, I, pág. 2.
[250] Conclusão natural e que nem merece discussão; não é admissível a escravatura.
[251] C. Wolff, *Principes du Droit e la Nature et des Gens*, I, págs. 14 e 15.
[252] Idem, *ibidem*, I, pág. 9.
[253] Idem, *Institutions du Droit de la Nature et des Gens*, págs. 139-141: "Puisque l'obligation naturelle a sa raison suffisante dans l'essence & dans la nature de l'homme, & qu'en posant celle-ci on pose celle-là (...); & puisque tous les hommes en général ont une même nature & une même essence, il s'ensuite *qu'une obligation, part laquelle un homme est lié, entant qu'homme, est la même dans tous les hommes;* par conséquent *les droits qui appartiennent à un homme, entant qu'homme, sont les mêmes pour tous les hommes (...)*. Donc, il y a *des obligations universelles, & des droits universels*. Et même, comme dans le droit naturel, on enseigne sur-tout ce que se déduit de la nature & de l'essence commune de tous les hommes, c'est principalement des obligations universelles, & des droits universels qu'on y traite."
[254] Por isso normalmente se diz que nesta área Portugal sofreu, em especial, a influência italiana, com nomes como Giannone, Muratori, Genovese e outros, que Autores nacionais como Verney irão seguir. Neste contexto será importante ter presente a afirmação de António Alberto de Andrade, *Vernei e a Cultura do seu Tempo*, Coimbra, 1966, pág. 92: "Muratori, que vai ser correspondente epistolar de Vernei, nos últimos anos de vida, já em 1726 havia lido Locke e ficara aterrado com as consequências morais a que levava o determinismo lockeano (...). Em 1732-33, na sua *Filosofia Morale* insiste na censura do conceito de Liberdade que o 'pernicioso' Locke 'reduz a movimento e repouso do corpo' (...)." Esta oposição a Locke no plano da Filosofia Moral por parte deste e de outros Autores italianos em nada retirava que, mesmo que não o quisessem reconhecer, por via indirecta acolhessem a sua "teoria das ideias", conforme se menciona no mesmo local. Escreve Luís Cabral

Depois de discutir as *Reflexiones sobre el Buen Gusto en las Ciencias e las Artes*, os motivos por que lhe parece haver certas dificuldades em os homens de Letras se aplicarem ao desenvolvimento dos estudos, considera que a maior de todas se prende com o apego que existe aos ensinamentos dos Antigos. Assim como "el nimio, y casi supersticioso apego a los Ritos y Doctrinas antiguas, en cosas que no pertenecen al dogma, ni a la disciplina, es indecible cuanto perjudican à la deseada restauración de las Ciencias en muchos Países de Europa"[255].

Neste sentido, conclui que deverá haver um bom e correcto doseamento entre "una cristiana moderación" no modo de combinar e produzir as ideias, mas que não "*quita la libertad, ni nos ha de hacer esclavos de las opiniones antiguas en asuntos totalmente extraños à la Religión*"[256]. Significa isto que, mesmo que exista predisposição pessoal para estas tarefas, se o *bom gosto*[257] estiver ausente, nada de útil se conseguirá obter. Por muito que se escreva, não estando presente o discernimento que conduz à verdadeira sabedoria, tudo será inútil.

O vertente quadro aposto a Muratori revela já, alguns aspectos interessantes. Em primeiro lugar, a reivindicação da Liberdade em presença das opiniões Antigas, o que não sendo verdadeira Liberdade de consciência é, sem dúvida, assunção de consciência da capacidade reflexiva autónoma dos Modernos em presença dos Antigos. Por outro lado, o reconhecimento do atraso estrutural veiculado pela sobreposição entre matérias culturais e religiosas é outro aspecto a considerar.

O Autor coloca a sua ideia de *bom gosto* no plano da Filosofia Moral "ou prática", reiterando que este "discernimento" é extensível no plano do "culto exterior de la

---

de Moncada, "Um 'iluminista' português do séc. XVIII: Luís António Verney", *Estudos de História do Direito*, III, pág. 7: "Aí [nos países de tradição católica] teve de se conciliar [com a mesma]; por outro lado, de uma luta incipiente e desigual em que a Filosofia moderna, já plenamente abraçada nos países protestantes ou penetrados pelo protestantismo, ameaçava de novo ser vencida pela Escolástica medieval. A sua estrutura ideológica e a sua forma de actuação foram-lhe, por assim dizer, ditadas por estas circunstâncias do ambiente cultural dos países católicos." Mais à frente faz notar aquilo que acaba por ser o núcleo do Pensamento dos Autores portugueses deste período: "Este Iluminismo foi, pode dizer-se, essencialmente Reformismo e Pedagogismo. O seu espírito não era revolucionário, nem anti-histórico, nem irreligioso como o francês, (...) mas essencialmente progressista, nacionalista, reformista e humanista (...)"; José Sebastião da Silva Dias, "Portugal e a Cultura Europeia (Sécs. XV a XVIII)", pág. 394: "o Iluminismo italiano – que mais de perto importa conhecer – (...) tem de comum com o dos países atlânticos a submissão aos padrões filosóficos de além Mancha e a confiança na ilustração como meio de progresso, de felicidade social e de libertação humana". Distingue-se, porém, na sua fidelidade católica e no seu carácter mais "histórico" e menos abstracto"; Joaquim de Carvalho, *Obra Completa*, II, alude directamente a Muratori como um dos obreiros da reflexão verneyana, a qual lhe será sempre tributária. Questão que se coloca, cifra-se nos motivos que levarão a que, havendo boas produções literárias em Portugal neste período e sobre diversas matérias, houve que importar manuais estrangeiros para serem adoptados como livros únicos no ensino de Coimbra. Será que um Azevedo Fortes, ou um Luís António Verney não teriam dignidade suficiente e um conhecimento bastante apurado para serem utilizados? Parece-nos, portanto, que muito trabalho se avizinha em próximas páginas para desbravar este caminho, cujos contornos serão delineados mais à frente.

[255] Ludovico Antonio Muratori, *Reflexiones sobre el Buen Gusto en las Ciencias e las Artes, Reflexiones sobre el Buen Gusto en las Ciencias e las Artes*, Edição castelhana de Don Juan Sempere, 1782, págs. 12 e 13.
[256] Idem, *ibidem*, pág. 13.
[257] Idem, *ibidem*, pág. 14. Muratori identifica o *discernimento do melhor* com o bom gosto, que se manifesta quer no plano do entendimento, quer no da vontade.

Religion", que manda a Razão haver uma desvinculação "de las supersticiones, y de los abusos, y se guarde con cuidado la pureza de la doctrina, y el buen orden de la disciplina"[258].

Existe, pois, um tipo de reflexão que se apoia na necessária evolução do espírito humano em ordem a depurar das perniciosas regras instituídas por aqueles a quem não interessava a cultura nacional, baseando-se em que estas seriam incompatíveis com o cumprimento das regras que a ortodoxia religiosa impunha[259]. Ponto fulcral para a evolução cultural é o estudo da História, tanto sacra quanto profana, cujo bom conhecimento permite aperfeiçoar os conhecimentos do passado e, mesmo, desmistificar algumas ideias feitas sobre certos problemas[260].

Extremamente interessante e que aos portugueses afecta em particular é a reflexão que faz sobre o dito *bom gosto* cuja correcta ou incorrecta aplicação implicará um julgamento futuro e a censura adequada sobre "el bueno ò malo del genio y aplicación de las Naciones"[261]. Logo em seguida aproveita para criticar os métodos da Escolástica, em tudo contrários à obtenção deste objectivo e que em nada contribuíram para o desenvolvimento das Ciências e das Artes, antes produzindo um manancial de livros inúteis à erudição[262].

No que toca à Liberdade de consciência, Muratori mantém-se, como bom católico, preso às ideias já conhecidas dos seus pares: pura e simplesmente não a aceita. Ainda assim, o modo pelo qual se pronuncia em nada se assemelha às críticas elaboradas pelos teóricos da Escolástica – que aliás vai rebatendo ao longo de todo o trabalho – antes se sedimentam na esmerada aprendizagem da Teologia católica que, por si só, poderá evitar a queda em erros. E, note-se que o Autor aceita que existam e sejam verdadeiros muitos dos abusos que os hereges opõem aos católicos; simplesmente isso não é defeito da religião, antes de quem não está preparado para ensinar as suas máximas e deve, por isso, ser sancionado pelos meios competentes.

Alerta Muratori que quem não está perfeitamente instruído deverá ter cautelas superiores nas leituras, ao ser confrontado com "algunos libros, ù oyen los discursos de algunos Autores Herejes, ò libertinos, en los cuales se contienen máximas contrarias à la fe y a la Moral Cristiana, ò se ponen à la vista con colores muy vivos algunos abusos, ò ciertos ò supuestos de los Católicos, se advierten de los efectos contrarios, y ambos

---

[258] Idem, *ibidem*, pág. 15.
[259] António Pedro Barbas Homem, *A Lei da Liberdade. Introdução Histórica ao Pensamento Jurídico*, I, pág. 175.
[260] Ludovico Antonio Muratori, *Reflexiones sobre el Buen Gusto en las Ciencias e las Artes*, págs. 149 e ss.
[261] Idem, *ibidem*, pág. 17. O Autor desenvolve a matéria nas páginas seguintes.
[262] Idem, *ibidem*, pág. 29. A crítica está desenvolvida a partir de págs. 98 e ss., onde se concentra em S. Tomás, a quem aponta inúmeras virtudes mas o grande defeito de se ter baseado em Aristóteles e nos seus tradutores muçulmanos, que contribuíram para deturpar a verdadeira filosofia, em nada se podendo conciliar com as fontes por excelência com que o teólogo deve trabalhar: as Sagradas Escrituras e a Tradição. Todos os Escolásticos que se lhe seguiram foram "inventaron nuevas questiones impertinentes, y multiplicaron los terminos barbaros, llegando à formar un lenguaje horroroso, que estoy casi por jurar, que ellos mismos no lo entendían." Muratori, para exemplificar este passo chama à colação Caramuel, a quem considera pouco sólido e por isso mesmo alvo de incisivas diatribes dos seus opositores, como "uns tais" que escreveram sobre o "Anti-Caramuel". São por isso judiciosas as palavras de Rui Manuel de Figueiredo Marcos, *A Legislação Pombalina*, pág. 17, ao mencionar que "Aristóteles sofreu tenaz assédio, nomeadamente com a incapacidade de análise positiva dos fenómenos naturais. O saber astronómico viu-se renovado, as matemáticas ressuscitadas, a medicina apoiada na firmeza do bisturi, enquanto a física atroava os laboratórios."

muy donosos". Se o leitor for um daqueles "genios liberes", certamente que a breve trecho poderá ir engrossar as fileiras heréticas, enquanto se for muito pio "se excita en él una cierta desazón, pareciéndole por una parte que aquel Autor tiene razón, y por otra sabiéndole muy mal que la tenga", donde resulta angústia e escândalo pessoal[263].

A forma de resolver este duplo problema nem sequer é complexa; a educação e a absorção dos sãos princípios da religião, tal como apresentam a todos, para tanto bastam[264]. Aspecto muitíssimo importante – cuja projecção no Portugal josefino será determinante – é a observação que faz Muratori segundo a qual quem estiver bem preparado para estas leituras, "sabe distinguir *lo verdadero y bueno, que puede haber en las Obras de los mismos herejes, aprovecharse de ello con utilidad, ya hacer justicia a su mérito*"[265].

As verdades não deixam de ser verdades "solo porque se encuentra en los libros de los Herejes, ni que pueda dejar de haber muchas cosas útiles en ellos, especialmente en materias eruditas, y que de ninguna suerte pertenecen à la Religión, cuando es cierto que en muchas de ésta convienen con nosotros, y las defienden por su parte con tanto esfuerzo como los catolicos".

Acaso será eticamente aceitável serem a verdade e a erudição heréticas, só porque se encontram nos livros dos hereges?

Sem dúvida que isto é um enorme avanço vindo da boca de um católico; Muratori, no seu país, não terá sido menos "revolucionário" que Verney ou Ribeiro Sanches e os homens do josefismo rendem-lhe a devida homenagem. O seu contributo para o Pensamento nacional é, sem dúvida, determinante face aos pressupostos de que parte. Mas é quase impossível, salvo algumas excepções encontrar nas inúmeras Histórias do Pensamento trabalhadas, quaisquer referências à sua personalidade.

Genovese foi outro dos italianos pelos quais Verney mostrou predilecção[266], e a *Reforma Pombalina* consagrou em termos de Plano de Estudos[267]. Mais uma vez fazendo

---

[263] Idem, *ibidem*, pág. 60.
[264] Idem, *ibidem*, pág. 61: "unos y otros huvieron aprendido antes de entregarse à tan arriesgada lectura, las elevadas y general maximas de la Teologia Ortodoxa, y de la mejor Filosofia, para poder responder à todas las difficultades aparentes, à todos los sofismas, y a todas las acusacciones contra los dogmas y Rotos de la Iglesia católica van inventando los sectarios."
[265] Idem, *ibidem*, págs. 62 e 63. E prossegue: "Porque así como es temeridad y locura el dar crédito fácilmente a semejantes Autores, y el apoyar sus discursos, sin una gran cautela, *así también seria una delicadeza muy nimia el despreciar todo lo que en ellos se encuentra, solo porque son Hereges*." Muratori continua a desfiar o problema e, mais adiante, a pág. 87, afirma que "(...) es muy necesaria à los Literatos la equidad y la sinceridad, porque sin ellas no puede hacerse buen uso del juicio, y con ellas el ingenio esta muy expedito para discernir y para enseñar la verdad. (...) También el malo, el hereje, el Seglar, el ignorante pueden tener razón en algunas cosas."
[266] Joaquim de Carvalho, *Obra Completa*, II, pág. 326. Não é estranha esta predilecção de Verney. Genovese ficou conhecido por propugnar por uma Obra reformadora, sustentado a modernização das técnicas de produção agrícola e artesanal, de uma liberalização das trocas comerciais e de uma larga difusão dos conhecimentos técnicos pelos proprietários rurais. Tudo matérias que preocupavam o nosso "barbadinho" e é conveniente frisarem.
[267] Já se justificou uma certa estranheza pelo facto de terem sido os compêndios estrangeiros aqueles que sofreram a predilecção para o renovado plano de estudos depois de 1772. Uma das razões que, pelo menos em relação a Genovese poderá explicar o facto, prende-se com a preciosa informação dada por António Alberto de Andrade, *Vernei e a Cultura do seu tempo*, pág. 299, ao escrever o seguinte: "A sua doutrina a respeito das relações da Igreja e do Estado apanha-se em frases soltas. Visando o alvo da economia pública, incide, cáustico sobre os monges, os jesuítas, os grandes bens nas mãos dos eclesiásticos. Quer a Igreja livre e autónoma mas dentro do Santuário.

apelo apenas aos pontos que mais relevam, diga-se que no que respeita à metafísica, o Autor segue as ideias de Locke e Wolff, pugnando que não deve ser Ciência de vãs abstracções. Seguindo a senda do racionalismo do seu tempo, entende que a Razão e a natureza são os guias seguros para qualquer reflexão, onde o objecto de eleição é o Ser humano.

Genovese é um filósofo que vai buscar a Locke a ideia da experiência como fio condutor, depois submetidos ao filtro dos seus dados empíricos pela Razão. Por isso o seu empirismo católico é mitigado.

Entende que há que distinguir entre a Razão e a Fé, o que é um progresso considerável, ainda que não possa ser debatido no mesmo plano de preocupações que os jusracionalistas o haviam feito ao separar entre Teologia e Moral, entre Revelação e Razão[268].

É por isso que a reflexão sobre a natureza deriva de duas fontes: "da contemplação da natureza humana e da História *não somente divina mas também humana*"[269].

Não descura a distinção entre Fé e Ciência, sendo a primeira produzida por Deus e segunda pelos homens, seja a diferença que existe entre o crer e o saber. Por vezes é possível que a Fé confirme a Ciência, mas se isso não suceder não é possível deixar que apenas por esse motivo seja esta menosprezada[270]. Esta questão é manifestamente importante porque, no âmbito da discussão da Razão coloca-se o tema das "*couzas conformes á Razão; contrarias á Razão; e superiores á Razão*"[271], sendo possível detectar um acerto não apenas quanto a Locke mas também a uma certa forma de Modernidade católica já bastantemente explicitada.

Respondendo em nota a estas preocupações, uma vez que depois de apresentar a tese geral, lhe introduz algumas precisões[272], resulta uma visão que se pode classificar

---

A Igreja e o Estado coexistem em dois círculos concêntricos. A superioridade da Igreja ficava restrita à substância doutrinal e administração dos sacramentos. Já o ensino, mesmo o Eclesiástico, pertencia à esfera do Estado. Censura a Filosofia Escolástica e serve-se da crítica da Bíblia e da História Eclesiástica para atacar ateus, cépticos e deístas." Talvez este seja um argumento formal e externo ao valor intrínseco dos próprios compêndios mas, sem dúvida, terá tido o seu peso... Para desenvolvimentos que aqui não cabem, António Paim, "O Iluminismo no Brasil", *História do Pensamento Filosófico...*, III, pág. 446; Newton de Macedo, *História de Portugal. Edição Monumental comemorativa do 8º Centenário da Fundação da Nacionalidade*, págs. 441 e ss.

[268] Antonio Genovese, *As Instituições da Lógica*, pág. 151: "no uso da Razão, e em materia Theologica, primeiro que tudo se deve acautelar a temeridade: isto he, não convem que a Razão natural se estenda além dos seus limites; porque a Razão natural he assaz resctricta (...). Portanto, poucas couzas, e estas com moderação, se devem tratar de Deos por consideração da natureza."

[269] Idem, *ibidem*, pág. 153.

[270] Idem, *Lições de Metafysica feitas para uso dos principiantes por (...), traduzidas por Bento de Souza Farinha*, Lisboa, 1828, pág. 244.

[271] Idem, *ibidem*, pág. 244 nota. É outro dos vários pontos da sua exposição onde se denota predilecção pelo ponto de vista lockeano, na medida em que elucidando os três itens antecedentes, declara que "são todas as que temos por meio de ideias que temos por via dos sentidos e da meditação". Já no terceiro núcleo – porque quanto ao segundo é desnecessário falar – trata-se de situações cuja verdade ou falsidade se não pode conhecer mediante os sentidos, nem mesmo pelos princípios da Razão natural. É o caso dos dogmas que são mistérios e por isso escapam ao humano esclarecimento.

[272] Idem, *As Instituições da Lógica*, págs. 101 e 102, nota: "Devemos entender por Povo, não o que commumente se entende: porém sim geralmente todas as Mãis, ou Mulheres; a maior parte dos Pais; as Amas; os domésticos; o vulgar das gentes; e huma palavra, *todas as pessoas de qualquer graduação,*

de conservadora de Povo, no plano cultural, mas que não deixava de corresponder à mais utilizada na época em que escreveu[273].

Agora o que importa é averiguar os motivos que estão na base desta ideia "cultural" de Povo, que assume como real, mas de que discorda, apontando possíveis culpados e eventuais receitas. Neste contexto considera que a responsabilidade destes "erros" vai toda e em primeira linha para a obscurantista forma de ensino utilizada na maior parte dos Estados[274]. Quer dizer, em consonância com o que defende no que respeita à distinção entre matérias da Razão e questões de Fé, Genovese aponta para um abuso claro que se procura estabelecer no que respeita à origem de todos os factos cósmicos, em que o Ser humano se encontra incluído.

Assim se percebe melhor o que já ficou anotado quanto a dois aspectos essenciais: a quezília que teve de enfrentar face à ortodoxia napolitana na publicação de trabalhos e os motivos que levaram Pombal e as decisões saídas de 1772, para a Universidade de Coimbra a optar pelas suas *Lições*.

Na mesma linha discursiva e invectiva, Genovese prossegue na sua cruzada que muito ajuda a fazer a ligação com uma nova questão: a Liberdade de pensamento. Se a sua ortodoxia Católica-Apostólica-Romana se não discute[275], sobrevêm como naturais os conflitos com a parcela mais fechada da sociedade do seu tempo, que elevava brados de possível contaminação das suas doutrinas[276].

Para além das responsabilidades que as instituições públicas têm neste contexto, também os próprios mestres, individualmente considerados, não são poupados, até porque todos eles tendencialmente fazem parte "de eschola". Deste princípio "nascerão as Seitas, e os odios dos Sectarios"[277]. O exemplo que encontra é o da seita dos peripatéticos, que bramavam contra tudo o que se dissesse em desabono de Aristóteles, tal como os cartesianos não suportam a discordância do mestre. E o mesmo tipo de crítica pode ser assinalado nas suas *Institutiones Metaphysicae*, reconhecendo ser verdade

---

estado, ou idade que seja, a quem huma louvável, e racional educação nãos despojou dos erros, e das preoccupações, ou prejuizos do entendimento: ou tambem aquelles, que não dispuzerão a filosofar, e a examinar attentamente o estado da sua alma, e as ideias de que sempre estiverão possuidos; e cujos conhecimento pela má educação, e falta de exame, não são senão huma multidão informe de erros, e de falsas opiniões."

[273] Idem, *ibidem*, pág. 102, o Autor completa o raciocínio: "(...) Estes erros, ou falsas opiniões (...) estão (...) de tal sorte consagrados em toda a parte do mundo, que não há força humana que os possa desarraigar, ou dethronizar; pois tem, como dissemos, formado a natureza do homem (...).".

[274] Idem, *ibidem*, pág. 103: "A ignorância, e os erros do Povo nos dão occazião a lhe atribuirmos huma natureza supersticioza; pois ignorante das cauzas immediatas dos fenomenos naturaes, os attribuem immediatamente a Deos: este Divino Senhor Obra como causa remota, e a natureza obedece ás leis que lhe forão impostas (...)".

[275] Idem, *ibidem*, pág. 212: "*Verdade metafizica*, he a conformidade das couzas com as ideias eternas, e immutaveis de Deos: a esta verdade não se oppoem falsidade alguma; porque todas as coisas são sempre o que Deos quer que sejão, segundo a sua Razão eterna." Também nas *Institutiones Metaphysicae*, págs. 195 e ss. se poderá confirmar o que se vem dizendo.

[276] Idem, *ibidem*, pág. 103: Escreve, sem rebuço, que existe "hum detestavel erro, o qual he contra toda a Razão, e que o trato do Povo, e preocupações das escholas produz em nós, he o de fazer abjecção de certas couzas: he por este motivo que vergonhozamente vemos o vulgo contar no numero dos brutos, os Mouros, os Hereges, os Gentios, &c. e querer trata los com despreso, sem politica, e sem caridade; como tambem julgar que não nos pode ser util a sua comunicação nem os seus escriptos (...).". Nota-se, neste particular, uma grande sintonia entre o que se preconizava em Portugal quer a respeito da cultura, quer no plano da Liberdade de pensamento.

[277] Idem, *ibidem*, pág. 104.

que se defende que "(...) quasi todos os Metafysicos cahirão no fanatismo, e forão inventores de systemas absurdos, e em sua Filosofia forão hum pouco mais livres, do que lhes era permitido pela divina Religião", questão da qual discorda por completo.[278]

Nestes termos, proclama-se a assunção clara do eclectismo[279], tanto mais evidente quanto é o seu conselho ao filósofo: "Na Filozofia, exercitai a Liberdade. A ninguém acrediteis mais do que deve ser. Nenhum freio ponhais á vossa Razão, nem o recebais. Filozofai á maneira dos Eclécticos"[280]. E filosofar deste modo representaria "aquella em que pretendemos alcançar a sabedoria por meio tão-somente da Razão, dirigindo-se estas pelas experiencias, e observações; pela intima consciencia e pelo raciocinio; e respeito do que não se pode saber de outro modo, pela authoridade corroborada por bom criterio", não cuidando de se indagar "quem" falou, mas "quão bem" e racionalmente falou[281].

Genovese é italiano e católico; já foi afirmado mas repita-se, até por coincidência daquilo que será a abordagem do eclectismo nacional. Daí o alerta compreensível: "devemos porem não abuzar da Liberdade de filozofar, para que não declinemos para o outro extremo não menos damnozo, que he o de desprezarmos totalmente a consideração dos outros homens, e o que se nos expuser em qualquer materia: este vicio introduziram muitos filozofos do Deísmo, no Pantheismo, &c (...)"[282].

Causas que justificam o Pensamento de Feijóo no que toca à Liberdade individual? Entre outras, à imagem e semelhança de Portugal, o atraso cultural e mental espanhol, incrementado pela sobreposição de conceitos teológicos e científicos e em que a autonomia da Ciência ficava prejudicada em presença da Fé[283]. "Ocasionan grave daño no sólo a la Filosofia, más aun á la Iglesia, estos hombres que temerariamente procuran interesar la doctrina revelada en sus particulares sentencias filosoficas"[284].

Daqui deriva uma importantíssima conclusão que permite perceber não só que o Autor contesta a Liberdade de consciência, uma vez que invectiva os hereges, como assaca as responsabilidades do decaimento da católica consideração à escala europeia a homens "deficientemente formados"[285]. Em que estaria Feijóo a pensar? Certamente em alguns membros do Santo Ofício, mas não só, e infelizmente para ele.

---

[278] Idem, *Lições de Metafysica Feitas para Principiantes*, "Prolegómenos", págs. 5 e 6: "Respondemos, que forão sem conto, e estes os melhores Metafysicos, que os excederão nos bons costumes, na direita Razão, e na grande e sincera piedade."

[279] Idem, *As Instituições da Lógica*, págs. 106-108, nota. Apresenta uma espécie de programa de estudos a ser seguido no sentido de evitar todos os dramas que se enunciam, preconizando uma sequência gradual que acompanhe as etapas do desenvolvimento humano, devendo neste contexto os estudos políticos ser os últimos como alvo de leccionação. O papel da História não pode nem deve ser esquecido, assim como o das línguas estrangeiras.

[280] Idem, *ibidem*, pág. 109.

[281] Idem, *ibidem*, pág. 109.

[282] Idem, *ibidem*, pág. 110 nota.

[283] As semelhanças com Verney, por exemplo, são gritantes. Ambos eclesiásticos, ambos culturalmente avançados para o seu tempo, ambos críticos ferozes do "status" instituído. Como veremos mais à frente Verney não se conformará; como Feijóo não se conformava. E ambos acabaram por se constituir como guarda avançada da renovação mental que a Península estava mais que precisada.

[284] Bento Feijóo, "Apología del Scepticismo Medico", *Ilustración apologética al primero y al segundo tomo del Theatro Crítico*, pág. 213; idem, "Virtud y vicio", *Teatro critico*, págs. 30 e 31.

[285] Idem, *ibidem*, pág. 213: Assim, "De esto [deste reprovável comportamento] se asean los herejes para calumniarnos de que hacemos artículos de Fé de las opiniones de la Filosofia; y con este arte

De forma directa ataca o problema das heresias, considerando que "(...) funestísimos fueron aquellos tiempos para la Iglesia, cuando Lutero y otros heresiarcas, levantando bandera por el error, sustrajeron tantas provincias de la obediencia debida a la silla apostólica"[286]. Neste particular, Feijóo terá sido, sobretudo na sua fisionomia de teólogo, completamente cego e surdo às atrocidades promovidas em nome da religião, quaisquer que elas fossem, manifestando uma veia de total indisponibilidade para questionar, sequer, as virtualidades de uma discussão. Nada do que se possa fazer em nome da religião católica e, em particular, aos infiéis, é suficientemente mau, pois sempre merecem pior.

Para um homem do seu nível cultural, esta patente reversão contradiz, em boa medida, os brados anteriores contra os eclesiásticos incompetentes e incapazes na divulgação da sagrada religião. Ou será que estaria a pensar naqueles que dando largas à sua veia moderada não aceitavam nem admitiam este tipo de comportamento em presença de Povos estranhos? Que pensaria Feijóo de António Viera e que pensaria ele dos seus compatriotas do Renascimento, que sobre o tema se debruçaram?

Pode ser, então, retirada uma dupla e oposta conclusão relativamente a Feijóo. Se por um lado em matérias culturais demonstra grande espírito de inovação, não é capaz de largar a capa da religiosidade que afecta todos os seus coevos católicos. Racionalista, há enquanto bom católico um limite imposto: o das convicções religiosas.

A questão da justiça, como aspecto de uma Igualdade relacional que se pretende, acaba também, dentro das suas preocupações. Defende que "los que tienen a su cargo la distribuición de empleos honoríficos o útiles, si no tienen perfecto conocimiento del mérito de los pretendientes, suelen valerse de informes o judiciales o extrajudiciales"[287].

Aponta mesmo exemplos práticos como a provisão de cátedras universitárias, cuja informação prestada ao monarca para a provisão de sujeitos com iguais méritos anda muito afastada da realidade, já que as informações são não apenas subjectivas mas, sobretudo, manietadas por razões de simpatia pessoal ou favores prestados.

Têm e por força do Direito Natural, como defende Feijóo, os homens direitos individuais, que se associam às respectivas obrigações. Esses direitos que podem

---

persuaden á los suyos ardua, y odiosa nuestra creencia. En esto se fundan algunos extranjeros, cuando dicen, que en España patrocinamos con la Religión el idiotismo. Poco ha que escribio uno que son menos libres las opiniones en España, que los cuerpos en Turquía. Para que se guarde el respecto debido a lo sagrado es menester no confudirlo con lo profano."

[286] Idem, "Glorias de España", *Ensayos escogidos*, págs. 329 e 330: "No pudiendo los ojos mal dispuestos de las demás naciones sufrir el resplandor de gloria tan ilustre (...)." Note-se que há um nítido retrocesso nesta matéria no que respeita às teses defendidas por Vitória e Las Casas quanto ao tratamento humano a dar aos índios americanos. Feijóo afasta-se completamente daqueles princípios e aplaude as sevícias e os tormentos que os espanhóis espalharam pela América. Sintomáticas disso são as suas palavras: "Batallaban los españoles con unos hombres que apenas creían ser en la Naturaleza hombres, viéndoles en las acciones tan brutos. Tenis alguna apariencia de razón el que fuesen tratados como fieras los que en todo obraban como fieras? Qué humanidad, qué clemencia, qué moderación merecían a unos extranjeros aquellos naturales, cuando ellos, desnudos de toda humanidad, incesantemente se estaban devorando unos a otros?" Idem, "Voz del pueblo", *Teatro critico*, I, págs. 10 e ss. Apesar do Autor ter verificado noutro texto o exagero no patriotismo, não deixa de aqui demonstrar que também ele o é, mesmo ao ponto de se esquecer que a defesa das Igreja Católica-Apostólica-Romana não foi apenas patrocinada por Espanha. Nem a Itália nem Portugal lhe merecem, destarte, qualquer menção, entendendo mesmo que a dilatação da Fé para a América se ficou a dever a "España sola."

[287] Idem, *ibidem*, pág. 226.

ser absolutos ou conatos ou, então, hipotéticos, adventícios ou relativos, conforme impliquem ou não facto humano[288].

No que respeita aos primeiros, participam da característica da Igualdade – "in statu omnimode aequalitatis vivere"[289] – isto é, são iguais para todos os homens, podendo salientar-se dentre eles o direito à Vida, o de Propriedade, a Segurança, a defesa e a guerra[290]. Curiosidade de assinalar em De Martini é a verificação possível de que é do direito de Igualdade que decorre o direito de Liberdade, igualmente originário.

Dando a palavra ao Autor, "Quando quindem naturaliter eadem omnium est liberas moralis nullus humano imperio, ac subjectioni in eo statu esse locus potest, quo enim jure unus alteri, ut aliquid faceret, vel non faceret, imperare vellet, eo dem jure hic vicissum illius posset actiones moderari, & ab eodem petere, ut suum se in agendo judicium sequi patiatur; nisi igitur quis jura fingere cupiat repugnatia, & omni effectu vacua, is admittere debet, quem libet hominem durante naturali statu etiam jure libertatis a subjectione, seu *independentia*, quam vocant, *ab cujusvis aleterius hominis arbitrio gaudere*"[291].

§ 3º. A Europa culta: o contrato, o valor do indivíduo e a ideia de Liberdade

1. O contrato, o valor do indivíduo e a ideia de Liberdade no Absolutismo clássico

A questão das diatribes religiosas pode permitir fazer a transição para o problema da origem da sociedade e do Poder civil em Bossuet, apontada que ficou a sua concepção de Direito Natural. Ou seja, a questão religiosa poderá convolar-se no problema político.

Antropologicamente pessimista, invoca que é porque os homens são maus[292] – ideia de Hobbes – que são forçados[293] – ideia de Aristóteles teorizada pelo Pensamento católico[294] – a organizar-se em sociedade[295].

Quer dizer, se é afastado todo e qualquer convencionalismo na formação da mesma, aceita-se a fundamentação da necessidade social: o facto de um Ser humano estar tocado pelo mal iniciário.

---

[288] Bento Feijóo, "Balanza de Astrea o recta administarcion de la Justicia", *Ensayos escogidos*, pág. 164.
[289] De Martini, *De Lege Naturalis*, pág. 167.
[290] Idem, *ibidem*, págs. 165 e ss. As páginas 173 e 174 esclarecem: "(...) jus in sui conservationem, ac perfectionem inter jura hominum connata esse referendum (...) atque facultatem moralem nobis ad ea cuncta esse tributam, sine quibus huic obligatini as officio non posset satisfieri (...) unde nova jura primigenia, scliset *jus rerum, jus securitatis, jus defensione, jus violentia & belli* denique promanant."
[291] Idem, *ibidem*, pág. 169.
[292] Jacques-Bénigne Bossuet, *Politique Tirée des Propres Paroles de l'Ecriture Sainte*, pág. 12: "Il est aisé de comprendre que cette perversité rend les hommes insociables. L'homme dominé par ses passions ne songe qu'à les contenter sans songer aux autres. (...) La jalousie, si universelle parmi les hommes, fait voir combien est profonde la malignité de leur coeur."
[293] Idem, *ibidem*, págs. 18 e 19: "La seule Autorité du gouvernement peut mette un frein aux passions, et à la violence devenue naturelle aux hommes", sendo certo que "c'est par la seule Autorité du gouvernement que l'union est étabie parmi les hommes."
[294] Idem, *ibidem*, pág. 13: "Ainsi la société humaine, établie par tant de sacrés liens, est violée par les passions; et comme dit saint Augustin: 'Il n'y a rien de plus sociable que l'homme par sa nature, ni rien de plus intraitable ou de plus insociable par la corruption'."
[295] Idem, *ibidem*, pág. 11: "De la société générale du genre humain naît la société civile, c'est-à-dire celle des Etats, des peuples et des nations."

Bossuet assenta teocraticamente o fundamento da existência da sociedade, do Governo, do Poder real e do absolutismo nas Sagradas Escrituras. Originada pelo mal, pela Queda, a sociedade humana ficou destruída pela violência das paixões e teve de reorganizar em comunidades menores, as famílias que depois originam Povos determinados[296]. Da anarquia surgiu o Estado, que ele define como "une société d'hommes unis ensemble sous le *même gouvernement et sous les mêmes lois*"[297]. O Governo que desta resulta visa acabar com as discórdias entre os homens[298], refreando as paixões e a violência natural e estabelecendo a união entre todos.

Ou seja, o homem é, aristotelicamente, votado à sociedade[299], aditando-se que foi Deus quem ordenou que os homens fossem "naturalmente sociais"[300]; por isso têm todo o interesse em se unir[301].

Algo que Bossuet explica como uma espécie de soberania resultante dos próprios interesses dos particulares. Cansados de um estado em que tudo é confusão, deixaram-se persuadir a renunciar a este direito que são incapazes de modelar, tal como a Liberdade que faz com que "tudo seja de todos", em favor de um Governo que seja conveniente[302] e que ocupe o seu lugar na aplicação da força requerida.

De acordo com a tese então em voga e passando à origem do Poder político, vista que está a da sociedade, "le premier empire parmi les hommes est l'empire paternel"[303], dando origem ao estabelecimento de Reis pelo direito de conquista ou pelo consentimento popular, ponto no qual o Autor não se demora, por motivos mais que óbvios[304].

"La royauté a son origine dans la Divinité même"[305], isto é, não existe qualquer Liberdade dos povos na formação da soberania, apenas possuindo um remoto direito inicial de escolha daquele que irá exercer a régia autoridade. A escolha do monarca em nada obsta a este aspecto, porque eleger alguém não significa transferir-lhe qualquer parcela de poder, pelo simples facto de ser impossível alguém transladar aquilo de que não é proprietário e apenas a Deus compete: outorgar o Poder político.

---

[296] Idem, *ibidem*, pág. 43: "(...) la société humaine (...) en tant qu'elle se réduit en peuples composés de plusieurs familles particulières, qui ont chacune leurs droits, (...) s'appelle *société civile*."
[297] Prélot e Lescuyer, *Histoire des Idées Politiques*, 7 ème édition, Paris, 1980, pág. 240.
[298] Jacques-Bénigne Bossuet, *Politique Tirée des Propres Paroles de l'Ecriture Sainte*, págs. 17 e ss.
[299] Idem, *ibidem*, pág. 5: "L'homme est fait pour vivre en société."
[300] Idem, *ibidem*, pág. 11: "Dieu était le lien de la société humaine." Um pouco adiante, a pág. 15, esclarece: "(...) la société humaine demande qu'on aime la terre où l'on habite ensemble; on la regarde comme une mère et une nourrice commune; on s'y attache, et cela unit."
[301] Jean-Jacques Chevallier, *Histoire des Institutions Politiques en France de 1789 a nos Jours (Premier Cicle-1789-1870)*, Paris, 1948-1949, pág. 74.
[302] Jacques-Bénigne Bossuet, *Politique Tirée des Propres Paroles de l'Ecriture Sainte*, pág. 19.
[303] Idem, *ibidem*, pág. 46.
[304] Idem, *ibidem*, págs. 48 e ss. Em nota menciona-se que "Bossuet passe très vite sur la transmission de l'Autorité par le peuple; pourtant ce n'est pas admettre nécessairement le droit populaire. Nous avons vu que la doctrine thomiste, la plus répandue chez les théologiens, admet que le pouvoir est communiqué par l'intermédire des hommes (...) mais un partisan du droit divin comme Nicole argumente fort bien en montrant que dans son origine l'établissement a pu dépendre du peuple, mais que le peuple qui s'est dépouillé de son Autorité ne peut changer cet ordre et n'a jamais le droit.
[305] Idem, *ibidem*, pág. 62.

Defensor autoritário do Absolutismo[306], como apoteose da monarquia francesa e da régia independência[307], Bossuet entende que é erro crasso defender que o Povo "possède naturellement la souveraineté, puisqu'il la donne à qui il lui plait; or cela, c'est errer dans le principe, et ne pas entendre les termes". Retomando ideias já aqui explanadas, antes de qualquer Governo estabelecido os homens vivem em completa anarquia, existindo em cada um deles uma Liberdade selvagem, em que cada um pode ter o que pretende e, em simultâneo, todos podem contestar.

O sentimento de guerra é constante, a Razão confunde-se com a paixão e o próprio Direito Natural. "Il ne faut pas conclure de là [do facto da anarquia estar na base de todas as formas de Governo, porque antes de haver sociedade tudo é confusão] que le peuple comme un souverain ait distribué les pouvoirs à chacun: car pour cela il faudrait déjà qu'il y eût ou un souverain ou un peuple réglé; ce que nous voyons que n'était pas".

Sintetizando, daqui decorre a parcela mais conhecida da sua reflexão e que pode ser resumida do seguinte modo, acompanhando o raciocínio que segue na sua mais famosa Obra, *La Politique tirée des propres paroles de l'Ecriture Saint*[308]: o Poder real é absoluto, sagrado, paternal e submetido à Razão. Os vassalos devem total submissão ao seu Rei e ao seu Poder de origem divina, em nada se coadunando com a ideia de origem em quaisquer pactos celebrados[309]. O trono régio não é o trono de um homem, mas o do próprio Deus[310] e não existe qualquer vislumbre de soberania inicial de mediação popular.

Daqui à sua expressão muito própria de "majesté" é um pequeno passo: "la majesté est l'image de la grandeur de Dieu dans le prince. Dieu est infini, Dieu est tout. Le prince, entant que prince, n'est pas regardé comme un homme particulier: c'est un personnage public; tout l'État en lui; la volonté de tout le peuple est renfermée dans la sienne. Comme en Dieu est réunie toute perfection et toute vertu, ainsi toute

---

[306] Idem, *ibidem*, pág. 20: "Par le gouvernement chaque particulier devient plus fort", uma vez que cada um está mais seguro que na antecedente situação em que se encontrava.

[307] Idem, *ibidem*, págs. 92 e ss: "Le prince ne doit rendre compte à personne de ce qu'il ordonne."

[308] Idem, *ibidem* págs. 20 e ss: "(...) le magistrat souverain a en sa main toutes les forces de la nation qui se soumet à lui obéir", para o que se segura em ensinamentos bíblicos, que recebe a sua herança divina, renunciando cada um os seus direitos nele e jurando obedecer-lhe com a própria vida. Veja-se Paul Janet, II, págs. 276 e ss. António Truyol y Serra, *História da Filosofia do Direito e do Estado*, II, págs. 280 e 281; Prélot e Lescuyer, págs. 238 e ss. e das próprias *OEuvres Choisies*, págs. 329 e ss.

[309] Idem, *ibidem*, págs. 22 e 23: "Pour entendre parfaitement la nature de la loi, il faut remarquer que tous ceux qui en ont bien parlé, l'ont regardée dans son origine comme un pacte et un traité solennel par lequel les hommes conviennent ensemble par l'Autorité des princes de ce qui est nécessaire pour former leur société. On ne veut pas dire par là que l'Autorité des lois dépende du consentement et acquiescement des peuples: mais seulement que le prince, qui d'ailleurs par son caractère n'a d'autre intérêt que celui du public, est assisté des plus sages têtes de la nation, et appuyé sur l'expérience des siècles passés."

[310] Idem, *ibidem*, págs. 48 e 49: "Il s'établit pourtant bientôt des rois, ou par le consentement des peuples, ou par les armes: où il est parlé du droit de conquêtes. (...) C'est ainsi que le peuple de Dieu demanda de lui-même un roi pour le juger. Le même peuple transmit toute l'Autorité de la nation à Simon et à sa postérité. L'acte en est dressé au nom des prêtes, de tout le peuple, des grands et des sénateurs, qui consentirent à le faire prince".

la puissance des particuliers est réunie dans la personne du prince. Quelle grandeur qu'un seul homme en contienne tant"[311].

A ideia medieval dos dois corpos do Rei é aqui recuperada por Bossuet[312], com conotações específicas no que à defesa da sua tese correspondia. O Rei apresenta um duplo aspecto, sagrado[313] e profano[314], exercendo a plena soberania[315], enquanto pessoa moral e pública. Um pouco como os chineses diziam na sua sabedoria muito própria, que o imperador era o filho do Céu e da Terra e entre os dois elementos estabelecia a ligação, vislumbra-se em Bossuet uma consideração muito semelhante. O Rei estabelece a ligação entre Deus, que lhe está acima e o seu Povo, que governa e lhe está abaixo. A resultante profana desta situação manifesta-se pela união entre o Povo governado e a autoridade absoluta de quem governa, cuja origem é de proveniência sagrada.

Como noutras circunstâncias e volvidos anos o seu contemporâneo Sieyès dirá a respeito do Terceiro Estado que "est tout", Bossuet vê esse "tout" no monarca. A soberania identifica-se com o Rei e, na majestade temporal[316], o seu Poder não conhece limitações[317] de qualquer ordem[318]. Por este motivo, irá De Bonald, anos volvidos, considerá-lo como "le meilleur esprit dans la science de la société que eût paru jusqu'alors, sentait le faux et faible des institutions populaires".

Ao contrário, pois, de Jurieu que vê no Povo a fonte de todo o Poder e portanto da soberania, podendo readquirir esse Poder por força do primitivo pacto, o que acontece sempre que o detentor do Poder em exercício, não cumpra com as obrigações assumidas para com os sujeitos de direito que lhe outorgaram tal capacidade.

O Poder não deriva do consentimento popular mas do direito de conquista e concentra-se nas mãos dos Reis, resultando da submissão dos conquistados, seja pela via

---

[311] Idem, *ibidem*, pág. 177; idem, Edition Jacques Le Brun, *apud* Lucien Jaume, *La liberté et la loi*, págs. 40 e 41.
[312] Ernst Kantorowicz, *The King two bodies a study in medieval political theology*, tradução castelhana *Los Dos Cuerpos del Rey (Un Estudo de* Teologia *Política Medieval)*, Alianza Editorial, Madrid, 1985, é o melhor dos trabalhos conhecidos neste domínio. Para aí se remete a justificação medieval da questão, que agora referenciamos no caso do nosso vertente Autor.
[313] Jacques-Bénigne Bossuet, *Politique Tirée des Propres Paroles de l'Ecriture Sainte*, págs. 65 e ss: "La personne des rois est sacrée", devendo-se-lhe obediência "par principe de religion et de conscience." Uma centena de páginas adiante, esclarece: "Dieu est infini, Dieu est tout. Le prince, en tant que prince, n'est pas regardé comme un homme particulier: c'est un personnage public, tout l'État est en lui, la volonté de tout le peuple est renfermée dans la sienne. Comme en Dieu est réunie toute perfection et toute vertu, ainsi toute la puissance des particuliers est réunie en la personne du prince."
[314] Idem, *ibidem*, págs. 71 e ss: "L'Autorité royale est paternelle, et son propre caractère c'est la bonté."
[315] Idem, *ibidem*, pág. 192: "Les sujets doivent au prince une entière obéisance."
[316] Idem, *ibidem*, págs. 177 e ss: "La majesté est l'image de la grandeur de Dieu dans le prince."
[317] Idem, *ibidem*, págs. 92 e ss: "L'Autorité royale est absolue", não tendo o Príncipe de prestar contas das suas atitudes, serem as suas decisões sujeitas a ulteriores julgamentos e insusceptíveis de quaisquer medidas coactivas.
[318] Idem, *ibidem*, pág. 101: "L'Autorité royale doit être invincible."; Lucien Jaume, *La liberté et la loi*, págs. 68 e ss. O comentador anota que Jurieu defende que "Le peuple fait les souverains et donne la souveraineté." Nestes termos Jurieu "se donne donc la partie trop belle pour fonder le droit de résistance; droit qui est chez lui toujours récuperable pour la raison suivante. 'Quoiqu'un peuple que a fait un souverain ne puisse plus exercer la souveraineté par lui-même, c'est pourtant la souveraineté du peuple qui est exercée par le souverain'."

pacífica ou da guerra. "Le gouvernement est un ouvrage de raison et d'intelligence"[319], sendo os monarcas a alma e a inteligência do Estado. Daqui resulta a sua predilecção pelos Governos monárquicos[320], com características de hereditariedade[321] e onde as mulheres estão excluídas[322].

Por consequência, foi em Portugal um dos apóstolos preferenciais, cujos exemplos urgia seguir pelo nacional-eclectismo político do séc. XVIII[323]. Com frequência é visto como o paradigma do mais "absoluto Absolutismo", em que a soberania pessoal adquire píncaros dificilmente imagináveis.

Por outro lado, Bossuet preza a lei em grande medida. Entende mesmo que "toutes les lois sont fondées sur la première de toutes les lois, qui est celle de la nature, c'est-à-dire sur le droit raison et sur l'équité naturelle"[324], sendo certo que a natureza da lei resulta da própria necessidade da sociedade.

Estas leis, com origem divina, são as únicas em que se consubstancia a unidade entre Deus e o Povo e entre os membros componentes deste[325]. Tanto não significa a existência de um qualquer pacto preliminar[326]: "le peuple ne pouvait s'unir en soi-même par une société inviolable, si le traité n'est en fait dans son fond en présence d'une puissance supérieure, telle que celle de Dieu, protecteur naturel de la société humaine, et inévitable vengeur de toute contravention à la loi"[327].

Nestes termos, o que resulta desta convenção é inalterável pelos homens porque resultou do acordado com Deus. Por isso, há Leis Fundamentais que são inalteráveis[328] em concurso com outras que, sendo passíveis de alterações, ainda assim o não

---

[319] Idem, *ibidem*, pág. 101.
[320] Idem, *ibidem*, págs. 52-55: "la monarchie est la forme de gouvernement la plus commune, la plus ancienne et aussi la plus naturelle. (Tout le monde donc commence par des monarchies; et presque tout le monde s'y est conservé comme dans l'état le plus naturel. (...) Le gouvernement monarchique est le meilleur."
[321] Idem, *ibidem*, págs. 55 e ss: "De toutes les monarchies la meilleure est la successive ou héréditaire, surtout quand elle va de mâle en mâle et d'aîné en aîné."
[322] Idem, *ibidem*, págs. 56, 58 e 59; Prélot e Lescuyer, pág. 243.
[323] Repita-se que Bossuet, como Richelieu tiveram adeptos em Portugal, onde manifestamente as suas ideias estão presentes em termos políticos. Neste domínio, proximidade é clara e José António de Alvarenga pode ter sido o seu mais fiel seguidor em Portugal, bem secundado por Mello Freire e presente na Obra do regime que foi a *Dedução Chronologica e Analytica*.
[324] Jacques-Bénigne Bossuet, *Politique Tirée des Propres Paroles de l'Ecriture Sainte*, pág. 23; idem, págs. 114 e ss: "Que l'Autorité royale est soumise à la raison."
[325] Idem, *ibidem*, pág. 26: "(...) la loi [est regardée] dans son origine comme un pacte et un traité solennel par lequel les hommes conviennent ensemble par l'Autorité des princes de ce qui est nécessaire pour former leur société."
[326] Idem, *ibidem*, pág. 26: "On ne veut pas dire par là que l'Autorité des lois dépende du consentement et acquiescement des peuples: mais seulement que le prince, qui d'ailleurs par son caractère n'a d'autre intérêt que celui du public, est assisté des plus sages têtes de la nation, et appuyé sur l'expérience des siècles passés."
[327] Idem, *ibidem*, pág. 27.
[328] Idem, *ibidem*, págs. 27 e 28: "Le traité qu'on vient d'entendre a un double effet: il unit le peuple à Dieu, et il unit le peuple en soi même. (...) C'est principalement de ces lois fondamentales (...) qu'en les violent on ébranle tous les fondements de la terre: après quoi il ne reste plus que la chute des empires."

deverão ser³²⁹. E, também por isso, as Leis Fundamentais que consagram a forma dos Governos e a sua sucessão, são inalteráveis quer pelo soberano³³⁰, quer pelo Povo.

Sagrada, absoluta, paternalística³³¹, submetida à Razão que o monarca representa³³²; esta a concepção da monarquia sábia e que de Deus adquire essa sabedoria³³³. Este conjunto de atributos plasma no monarca, detentor da majestade, enquanto imagem da grandeza de Deus no Rei e sua única e privativa pertença³³⁴, cujos deveres são eticamente direccionados à conservação da religião e da justiça³³⁵.

Na origem do Poder do Príncipe não há qualquer intervenção da comunidade e, como ungido por Deus, exerce os seus Poderes absolutos, única forma onde bem se retrata a ancestralidade do Poder patriarcal cuja imanência histórica subjaz à formação da sociedade.

Em qualquer caso, na iminência de desobedecimento por parte do Príncipe à palavra divina, aí, de forma muito restrita mas efectiva, sempre será bom recordar que importa mais obedecer a Deus que aos homens³³⁶. Esta a obrigação de todos os cristãos, ainda que os Príncipes sempre sejam, apesar de má conduta, "pessoas sagradas". O direito de resistência que aqui se preconiza não é, nem poderia ser activo; quando muito passivo, para mediante preces levar à conversão do monarca dissoluto.

2. O contrato, o valor do indivíduo e a ideia de Liberdade no despotismo ilustrado

2.1. A França

Recordando "*Les Philosophes*" e admitindo algumas divergências internas, foram eles os escritores franceses do séc. XVIII que através dos seus combativos escritos ou intervenções em público, contribuíram para que a Revolução Francesa se efectivasse, embora em nada tivessem promovido as ideias da Liberdade política e da Igualdade formal, por força das suas próprias convicções ideológicas.

"*Les Philosophes*" não são, nem nunca quiseram ser, portadores da ideologia liberal nem, tão pouco, a sua actividade se desenrola no plano da Teoria e das Ideias Políticas, ainda que haja alguns menos "conservadores" e abertos a reformas mais fundas. São os casos de Diderot e Holbach, que mantendo a crítica à religião, procuram distanciar-se das proximidades do Poder instituído, que consideram incapaz de se acomodar à evolução das ideias progressistas³³⁷, o que em nada lhe retira a genuinidade única das decisões políticas.

---

[329] Idem, *ibidem*, pág. 28.
[330] Idem, *ibidem*, pág. 97: "les rois ne sont pas pour cella affranchis des lois. (...) Il faut remarquer que cette loi ne comprenait pas seulement la religion, mais encore la loi du royaume, à laquelle le prince était soumis autant que les autres ou plus que les autres, par la droiture de sa volonté."
[331] Idem, *ibidem*, págs. 64 e ss.
[332] Idem, *ibidem*, pág. 114: "Que l'Autorité royale est soumise à la raison."
[333] Idem, *ibidem*, pág. 124.
[334] Idem, *ibidem*, págs. 177 e ss.
[335] Idem, *ibidem*, pág. 212: "La bonne constitution du corps de l'État consiste en deux choses: dans la religion et dans la justice."
[336] Idem, *ibidem*, págs. 193 e ss.
[337] Segundo informa José Adelino Maltez, *Princípios*..., II, pág. 582, o nosso Herculano tinha uma péssima opinião destes escritores. Rejeitando a tradição do filosofismo volteriano do século das Luzes, herdado de Descartes e com continuação em Holbach e Diderot. Assim, "(...) essas grandes filosofias dos ideólogos, que até um sapateiro era capaz de estudar, batendo a sola e apertando

A discussão plasma-se em presença muito mais daquilo que negam – e que em certos casos os pode aproximar do Liberalismo – do que daquilo que afirmam. Neste último caso não restam dúvidas que a maioria – e sublinha-se a maioria – é partidária do despotismo esclarecido. Nem mesmo será preciso desenterrar acesas polémicas, em que se confrontaram perante os trabalhos de Montesquieu ou de Rousseau. Num ângulo estritamente ideológico, partilham das concepções da sua época e ainda que contestem bastante o "status", acabam por se adaptar perfeitamente às instituições vigentes.

Só que enquanto intelectualmente os homens de Letras tinham capacidade própria para pensar a Liberdade e quererem, por comparação, modificar a presente por uma inovadora, os homens do Povo, não só não tinham essa possibilidade como a confundiam com a vontade de se libertarem dos grilhões da opressão. De que serve, de facto, querer a Liberdade se a isso não corresponder a noção clara que só pela congruência com o seu Corpo Político salvífico, ela pode subsistir?

Este salto qualitativo não o conseguiram "Les Philosophes" como o Povo; o segundo entendia a Liberdade nos termos atrás citados; os primeiros pela via da persuasão discursiva e da autoridade que daí advinha assumiam uma Liberdade pública, notória e visível, um avanço histórico em relação à determinação pela vontade, mas que em nada bulia institucionalmente com os Poderes actuais e actuantes da sociedade.

Por isso mesmo se defende que a Revolução Francesa – como melhor se verá a seu tempo – foi um episódio histórico que não poderia obter o pleno e desejado sucesso. Nasceu deficientemente teorizada, não nas causas mas nos efeitos. Foi sepultada pelo desastre em que terminou a curto e a médio prazo porque o Terror, primeiro, o Bonapartismo depois, e a Restauração subsequente, tiveram por resultado o oposto que se pretendia. Deixou-se permanecer em teoria o que reivindicava; enterrou-se na prática a causa eficiente que a promovera.

Do mesmo modo, justifica-se uma interpretação algo diversa do que costuma ser apontada quanto à inserção ideológica dos "Les Philosophes". Eles são os Autores intelectuais da Revolução Francesa e os responsáveis pelo levantamento do Povo[338]; eles não são, sem dúvida, os promotores da Liberdade política em França, em nenhum dos seus planos e em nada contribuíram para a sua sedimentação. O trabalho que desenvolveram é notável mas, como alguns jusracionalistas mais ousados que a seu tempo se estudarão, não questionam a estrutura política institucionalizada nem preconizam, a aplicação em França do sistema inglês, reconhecido em geral como o modelo a seguir.

---

o ponto; filosofia de pão pão, queijo queijo; filosofia substancial; filosofia de ouvir, ver cheirar, gostar e apalpar, roliça, atoucinhada, confortativa. Esse modelo que trata de parafusar em entes de Razão impalpáveis, em armadilhas que trescalam às parvoíces germânicas, quando estava aí à mão da filosofia do senso comum, que é o senso patagão e russo, tupinamba e sueco, chim e dinamarquês, enfim o senso de todo o mundo."

[338] André Lichtenberger, *Le Socialisme au XVIII ème Siècle*, Félix Alcan, Éditeur, 1895; Roger Chartier, *Les Origines Culturelles de la Révolution Française*, Seuil, 1990; Henri Sée, *Les Idées Politiques en France au XVIII ème Siècle*.

O tema que neles atingiu píncaros foi a religião[339], melhor dizendo, a Liberdade de consciência e a tolerância religiosa[340].

Em sequência de uma definição habitualmente adoptada neste período e que será comum à generalidade dos pensadores, a Liberdade configura-se como um Poder, "un pouvoir de faire ce qu'on veut. Il n'y a et ne peut y avoir d'autre Liberté"[341], apenas se encontrando subordinada a uma lei justa e correctamente aplicada[342].

Seguindo, pois, os ensinamentos de Locke, considera a Liberdade como um poder de agir; "vouloir et agir, c'est précisément la même chose qu'être libre. Dieu lui-même ne peut être libre que dans ce sens. Il a voulu et il agit selon sa volonté"[343]. Haverá, certamente, uns mais livres que outros, pela simples razão que as condições físicas e intelectuais se repercutem neste ponto como nos demais inerentes ao género humano. A Liberdade é "la santé de l'âme; peu de gens ont cette santé entière et inaltérable" e por isso mesmo pode ser sujeita a alterações provenientes do exterior, de que as paixões ocupam lugar de destaque.

Também Voltaire afirma que desde que alguém possa fazer o que quer, é livre. Não há causa sem efeito, e apenas se pode querer o que se quer e não outra qualquer coisa que escapa à Razão e não apresenta causas. Isto significa que Voltaire é determinista, uma vez que parte do princípio que a escolha apenas se pode realizar em função das solicitações externas, ainda que depois seja colocado à consideração da Razão a bondade ou maldade da acção representada.

---

[339] Pode dizer-se que este trabalho de aproximação e combate ao Antigo Regime é essencialmente desenvolvido pelo núcleo normalmente chamado de "burguesia" a que se prefere a expressão "Terceiro Estado". Isto porque em função da sua heterogeneidade na composição, que vai desde mercadores mais ou menos endinheirados à nobreza togada e a uma massa mais ou menos ampla de profissionais reunidos em corporações, não é realidade que distintamente possa ser captada. Em qualquer caso, isto é uma opinião muito pessoal e que em nada influencia os considerandos que tecem os Autores nacionais ou estrangeiros que optam por este qualificativo. É o caso de D. Kosáry, "Unité et diversité des Lumières", *l'Absolutisme Éclairé*, pág. 11: "En France, les idées politiques de l'époque des Lumières furent dominées par l'ascension de la bourgeoisie qui précéda la Révolution et, en même temps, la prépara. Ces idées exprimaient l'orientation vers une société nouvelle. La bourgeoisie qui, une fois son objectif principal atteint, se contenta en Angleterre d'un compromis, devait mener ici une lutte de plus en plus acharnée contre l'Ancien Régime. C'est au cours de ces luttes que la France devient le véritable centre de rayonnement des idées nouvelles sur le continent. (...) Cella ne signifie pas, bien entendue, que les philosophes français aient tous appartenu à la nouvelle bourgeoisie, qui, d'ailleurs, n'était pas homogène. Ni, non plus, qu'ils se soient préparés consciemment à la Révolution. Mais leurs idées furent reprises, intérprétées et adaptées par l'idéologie bourgeoise. (...) Le caractère essentiellement bourgeois de la nouvelle idéologie française est indiscutable. (...)."
[340] B. Köpeczi, "Fondements idéologiques. L'Idéologie de l'Absolutisme éclairé", *l'Absolutisme Éclairé*, pág. 112: "Selon les 'philosophes', le principal ennemi des Lumières et, pas conséquent, de l'absolutisme éclairé, est le fanatisme, et la lutte contre le fanatisme mène nécessairement à la tolérance, prise dans un sens très large du mot. (...) Le principal support du fanatisme est l'Eglise, et surtout l'Eglise catholique que exerce à la fois un pouvoir économique, politique et idéologique."
[341] Idem, "Discours en vers sur l'Homme", Deuxième Discours: De la Liberté, *Mélanges*, pág. 216.
[342] Idem, *Essai sur les moeurs*, apud Rene Pomeau, pág. 44.
[343] Idem, "Traité de Métaphysique", *Mélanges*, pág. 188. No "Deuxième Discours en vers sur l'homme: De la Liberté", *Mélanges*, pág. 216, escreve: "On entend par ce mot Liberté le pouvoir de faire ce qu'on veut. Il n'y a et ne peut y avoir s'autre Liberté. C'est pourquoi Locke l'a si bien définie Puissance."

O Poder de que Locke[344] fala e que Voltaire subscreve é precisamente este; nem mais nem menos. É um Poder recebido da natureza de fazer o que se quer e que não pode estar submetido a quaisquer considerandos de ordem diversa do puro querer[345].
Não é, de resto, o único.

É pois ponto de honra sufragar a ideia do seu tempo segundo a qual "(...) c'était a la philosophie expérimentale à rectifier les calculs de la géométrie; et cette conséquence a été avouée, même par les géomètres". Do que se segue que "(...) les mathématiques, transcendantes surtout, ne conduisant à rien de précis sans l'expérience"[346].

Defensor das teses humanitaristas de Beccaria[347], Voltaire julgava perfeitamente inadequados os julgamentos em que se utilizavam meios de prova bárbaros e penas de igual tipo, desproporcionadas ao delito e mais próprias de uma época de Trevas que de Luzes. O curioso é que estes benefícios da civilização, que deveriam ser equitativamente distribuídos, deixavam de fora "la canaille"[348], cujos méritos por si só lançavam de parte qualquer sentido de humanitarismo.

Resolvida esta questão no plano da Liberdade do homem, de imediato se posiciona uma equivalente em importância. É certo que em linha directas com estas ideias sobre a Liberdade estão as da Igualdade, uma vez que Voltaire não acha que a lei deva ser igual para todos. Se a Igualdade entre iguais é uma evidência e os homens são todos feitos de uma mesma massa, já a Igualdade relacional não se pode admitir numa sociedade organizada[349], para o que se apoia no seu raciocínio em factores mais históricos que ligados a reivindicações do Direito Natural.

Os homens serão iguais entre si desde que não tenham necessidades. Se em estado de natureza[350] – e aqui se verifica uma confusão no Pensamento do Autor adiante

---

[344] Idem, "Le Philosophe Ignorant", XXIX. – De Locke, págs. 905 e ss.: "Que je suis libre quand je peux faire ce que je veux; Que cette liberté ne peut consister dans ma volonté, puisque, lorsque je demeure volontairement dans ma chambre, dont la portée est fermée, et dont je n'ai pas la clef, je n'ai pas la liberté de sortir; puisque je souffre quand je veux ne pas souffrir; puisque très souvent je ne peut rappeler mes idées quand je veux les rappeler; Qu'il est donc absurde au fond de dire: *la volonté est libre*, puisqu'il est absurde de dire: *je veux vouloir cette chose;* car c'est précisément comme si on disait: *je désire de la désirer, je crains de la craindre*; qu'enfin la volonté n'est pas plus libre qu'elle n'est bleue ou carrée."

[345] Contra, Georges Gusdorf, *Signification Humaine de la Liberté*, pág. 16: "En s'ajoutant à la nature, l'homme y introduit la liberté. Le monde, en face de l'homme, existe à l'état de possibilité seulement et son ambigüité ne peut être résolue que par une initiative venue du dehors. L'homme est un être libre dans la mesure où il peut et il doit prendre du recul par rapport à l'environnement immédiat, comme aussi par rapport à ses propres exigences, pour déployer son activité en fonction d'un programme qui s'inspire lui-même d'un ordre d'urgence."

[346] Diderot, "De L'Intérpretation de la Nature", *Œuvres Choisies*, I, pág. 92.

[347] Voltaire, "Commentaire sur le livre des Délits et des Peines", *Mélanges*, págs. 783 e ss.

[348] Isaiah Berlin, "El Divorcio entre las Ciencias y las Humanidades", *Contra la Corriente. Ensayos sobre Historia de las Ideas*, pág. 153: "No muchos hombres están armados con esta excelente facultad [le bon sens] pues *la mayoría parecen ser incurablemente estúpidos*, pero esos pocos que la poseen son responsables de los mejores momentos de la humanidad."

[349] Voltaire, "Egalité", *Dictionnaire Philosophique*, págs. 175 e ss. O desenvolvimento destas ideias pode ser encontrado dispersamente noutros trabalhos do Autor. Sobre o ponto, Rene Pomeau, págs. 214 e ss.

[350] Idem, "Entretiens d'un Sauvage et d'un Bachelier: Premier Entretien", *Mélanges*, págs. 429 e ss., aproveita para tecer áspera crítica a Rousseau e ao entendimento que tinha do estado de natureza como algo de ideal.

estudado – seria anacrónico "chercher des serviteurs quand vous n'avez besoins d'aucun service", os homens seriam, como consequência, naturalmente iguais. É a miséria e não a desigualdade que cria a dependência. "Il est impossible dans notre malheureux globe que les hommes vivant en société ne soient pas divisés en deux classes, l'une de riches qui commandent, l'autre de pauvres qui servent; et ces deux se subdivisent en mille, et ces mille ont encore des nuances différentes."

Interessantes, no contexto que se discute, são alguns extractos retirados de outras reflexões volterianas[351], que permitem, situar de modo mais incisivo o seu Pensamento nesta área. Mordaz,

> "Ce monde est un grand bal où des fous, déguisés
> Sous les risibles noms d'Éminence et d'Altesse,
> Pensant enfler leur être et hausser leur bassesse.
> En vain des vanités l'appareil nous surprennent:
> Les mortels sont égaux; leur masque est différent.
> Nos cinq sens imparfaits, donnés par la nature,
> De nos biens, de nos maux sont la seule mesure.
> Les rois en ont-ils six? et leur âme et leur corps
> Sont-ils d'une autre espèce, ont-ils d'autre ressorts?"

Por outro lado, nota-se em Diderot a veia utilitarista típica do empirismo, e traço de união do reformismo francês. No seu caso, a ideia está bem expressa pela utilização que pretendeu dar à Filosofia, ou seja, "il n'y a qu'un seul moyen de rendre la philosophie vraiment recommandable aux yeux du vulgaire; c'est de la lui montrer accompagnée de l'utilité"[352]. Por força da multiplicidade dos fenómenos, entende que apenas este tipo de Pensamento está apto a dar respostas parciais aos problemas dos homens, já que as definitivas são impraticáveis.

Bem se ilustra a importância que a ideia de Liberdade neste assume. A ideia de Modernidade implica a necessária comunicação entre homens livres[353], que apenas pela sua inter-relação asseguram uma identidade supra-individual, chave de todas as realizações que cada um deles individualmente pretende atingir. Por isso considerava que sendo evidência dos factos o conhecimento de uma Europa selvagem, de uma Europa pagã, de uma Europa cristã e de tantas outras realidades, é tempo de se começar a falar numa Europa racional[354].

---

[351] Idem, "Discours en vers sur l'Homme", Première Discours: De l'Égalité des conditions, *Mélanges*, págs. 211 e ss.
[352] Idem, *ibidem* I, pág. 100.
[353] Etienne Cayret, *Le Procès de L'Individualisme Juridique*, Paris, 1932, págs. 42 e 43, nota: "Diderot, parlant du 'scandale' causé par les *Provinciales*. Écrit 'qu'il fallait défendre tout écrit dangereux en langue vulgaire' (Art. Casuiste). Toujours la même idée qui lui était chère que la vérité n'était pas bonne à dire au peuple. C'est encore Diderot qui dit d'une philosophie qu'il désapprouve (le spinozisme): 'Une doctrine, si énorme, qu'elle ne doit pas être examinée dans l'école, mais punie par les magistrats.' (Art. Liberté)."
[354] Diderot, *apud Qué es Ilustración?* "Estudio Preliminar" de Agapito Maestre, pág. XXVII.

Estas ideias passaram para a *L'Encyclopédie*. Já no artigo "Autoridade"[355] e aludindo à hodierna ideia de natureza, muito em voga nos termos teorizados[356], afirma-se que a Liberdade é um Dom do céu, não sendo lícito a qualquer homem mandar sobre os outros. O gozo da Liberdade é idêntico ao da Razão e a Autoridade não pode ser admitida sem mais. Neste particular notam-se tendências voluntaristas, uma vez que se faz a defesa de que qualquer autoridade, tirando o poder paternal, apenas pode ser estabelecida a partir de uma dupla consideração: "o la fuerza o la violencia del que la ha usurpado, o el consentimiento de aquellos que se han sometido mediante el contrato, expreso o tácito, entre ellos y aquél a quienes han transferido la Autoridad."

Em íntima ligação com este o artigo "Liberdade política"[357], na dependência dos dois anteriores "Liberdade natural"[358] e "Liberdade civil"[359], que são definitivos para a conformação do Pensamento que, em geral, compromete a *L'Encyclopédie* com as propostas do jusracionalismo, demarcando-se decisivamente da concepção do séc. XVII.

A Liberdade natural é um "derecho que la naturaleza otorga a todos los hombres para disponer de sus personas y bienes de la forma que considerar más convenientes", estando apenas na dependência das leis naturais que preconizam, elas mesmas, a Liberdade. Todos os homens nascem livres, sem estarem submetidos ao poder de nenhum dono, devendo actuar de acordo com as "leyes del gobierno, al que están sujetos."

Quanto à Liberdade civil é a Liberdade natural despojada da parcela de independência conferida aos particulares e da comunidade de bens que existia no estado de natureza, em troca da Segurança e da Propriedade. É aquilo que habitualmente se designa por garantias jurídicas.

---

[355] Denis Diderot y Jean Le Rond D'Alembert, *La Enciclopedia (Selección de artículos políticos)*, artigo, "Autoridad", da autoria de De Jacourt, págs. 6 e ss. B. Köpeczi, "Fondements idéologiques. L'Idéologie de l'Absolutisme éclairé", *l'Absolutisme Éclairé*, pág. 105, atribui este artigo a Diderot, sendo o único dos espaços bibliográficos consultados que o faz. Henri Sée, pág. 137, considera que Diderot "n'ait créé aucun système politique vraiment original, et que par certaines de ses idées il semble se rapprocher de Voltaire et de Montesquieu, cependant, par les tendances les plus profondes de son esprit, il se rattache à la conception démocratique. C'est ainsi qu'il discute le fondement de l'Autorité suivant une méthode tout à fait analogue à celle de Rousseau; à cet égard, l'article 'Autorité' (...) est tout ce qu'il y a de plus significatif."

[356] Idem, *ibidem*, págs. 53 e ss.: No artigo "estado de natureza" e depois de se apresentar a diferença entre os pontos de vista que costumam ser apontados – em relação a Deus, em estado de inocência e primitivo e, finalmente, quanto à relação moral que existe entre os homens – afirma-se ser este um estado de verdadeira Liberdade e Igualdade. Seguindo de perto Locke, cujas ideias serão vistas em breve, distingue entre Liberdade e licença ou libertinagem e aponta que o fim deste estado se dá com "*la convención con la cual se entra voluntariamente en un cuerpo político*". E precisa: "Cuando los hombres viven conjuntamente *conforme a la razón, sin ningún superior en la tierra que posea la Autoridad para juzgar sus diferencias*, se encuentran precisamente en el estado de naturaleza", que eventualmente pode ser de guerra por inexistência de um superior que possa dirimir os conflitos. No mesmo artigo justifica pela necessidade a passagem ao estado civil: "(...) es verosímil que todas las *sociedades políticas se hayan formado por una unión voluntaria de personas en el estado de naturaleza, que se han puesto de acuerdo sobre la forma de su gobierno,* y que han sido indiciadas a ello por la consideración de las cosas que faltan en el estado de naturaleza." E as ditas "coisas" que faltam são as leis promulgadas e recebidas por comum consentimento; é o juiz imparcial para dirimir os litígios; é o Poder de coacção para obrigar ao cumprimento das leis.

[357] Idem, *ibidem*, "Liberdade política", da autoria de De Jacourt, págs. 119 e ss.

[358] Idem, *ibidem*, págs. 117 e 118.

[359] Idem, *ibidem*, págs. 118 e 119.

Simultaneamente, o entendimento da "Igualdade" é, para De Jacourt, assaz interessante, já que sustenta ser "el principio y el fundamento de la libertad"[360], sendo fundada na constituição da natureza humana, comum a todos os homens. Resulta desta Igualdade natural o facto de todos os homens serem "naturalmente libres", devendo o soberano e seus assessores, nos vários domínios, tratar todos os homens da mesma forma independentemente de poder, riquezas, propriedade, etc.

O Pensamento do Autor reflecte aquilo que boa parte dos Pais Fundadores americanos irão defender, sendo o entendimento geral que preside às revoluções do séc. XIX e que 1820 também irá patrocinar em Portugal. Assim, "(...) que no se caiga en el error de suponer que apruebo por espiritu de fanatismo la quimera de una igualdad absoluta, que apenas puede desarrollarse en una república ideal; sólo hablo aquí de la igualdad natural de los hombres. *Conozco bastante bien la necesidad de distintas condiciones, grados, honores, deferencias, prerrogativas, dependencias, que deben reinar en toda a clase de gobiernos; añado, incluso, que en este contexto no es contraria a la igualdad natural o moral.*"

Sobrevém o velho dilema sobre "o que" precede "o quê". Funda-se a Liberdade natural na Igualdade natural considerando-se a segunda princípio da primeira, sem que possam subsistir uma sem a outra. Já na perspectiva política frequentemente estão em conflito, sendo ponto a tratar em sede futura.

Mais uma vez é no plano do bom senso, da luz da Razão natural, que se recupera o passado. Tudo o que não está de acordo com a Ciência natural, com a Razão, com a natureza da coração humano deve ser afastado. A universalidade da Razão comanda o mundo e os homens, como não poderia deixar de ser.

O mais curioso é que, tal como Helvétius e Holbach têm uma perspectiva completamente inovadora do nascimento da espécie humana, por total afastamento de uma geração por influência divina, e que ajuda a compreender que o darwinismo, se foi um embate científico frontal na contenda sobre a origem das espécies, não devem positivamente olvidar-se os precursores[361].

Seria Voltaire um defensor do Contratualismo Moderno?

Como se disse, para que se possa falar de Contratualismo Social Moderno é necessária não apenas a visão de um estado de natureza anterior ao social, questão que admite, mas também a concepção dos indivíduos encarados em si mesmos, sob forma atomística, que se organizam para formar a sociedade civil.

Não as referências naturalísticas à sociedade de que, necessariamente faziam todos parte desde o início dos tempos. Era isto que Aristóteles dizia e que o Pensamento católico teorizou e Voltaire, é o mais claro possível quanto à questão, colocando na boca de um selvagem a seguinte observação: "(...) *l'homme me paraît né pour la société, comme plusieurs espèces animaux; chaque espèce suit son instinct; nous vivons tous en*

---

[360] Idem, *ibidem*, artigo "Igualdade", da autoria de De Jacourt, págs. 80 e ss.
[361] Idem, "Traité de Métaphysique", *Mélanges*, págs. 159 e 160: "L'homme est un animal noir qui a de la laine sur la tête, marchant sur deux pattes, presque aussi adroit qu'un singe, moins forte que les autres animaux de sa taille, ayant un peu plus d'idées qu'eux, et plus de facileté pour les exprimer; sujet d'ailleurs à toutes les mêmes nécessités, naissant, vivant, mourant tout comme eux". Na sequência é mordaz, relatando que nas suas viagens encontrou diversas espécies de homens, uns louros e sem barba, outros de cabelo negro, outros como ele comprido, vestidos de diversas formas. Mas o que mais o "surpreendeu!" foi "uma espécie" que encontrou em Goa, "plus singulière que toutes celles-ci; c'est un homme vêtu d'une longue sotane noire, et qui se dit fait pour instruire les autres."

société chez nous"[362]. Depois desta observação, o Autor não deixa grande margem para dúvidas sobre as suas reservas ao jusracionalismo[363].

Já no plano da Liberdade dos povos, uma vez que não há aqui lugar a falar em Liberdade política, Voltaire é do princípio ao fim um homem contraditório. Partidário do Direito Natural Moderno[364], em oposição a conotações teológicas em que andava envolvido no âmbito da visão que era patenteada pela interpretação anterior e, visto o Autor como o mais apurado defensor francês dos direitos do homem[365], entendeu-os como único fim do Estado. A sua inserção natural seria nos quadros de uma sociedade paternalista, adaptada aos quadros do Absolutismo, em que cabia ao monarca e apenas a ele zelar pelos interesses últimos dos seus vassalos. Para tanto partiu das ideias de Locke que, na perspectiva reformadora, pretendeu aplicar à sociedade francesa.

A questão ganha especial interesse quando contraposta às teses de Montesquieu, como Voltaire[366] um admirador dos ingleses e do seu estilo de vida e instituições, e onde bem se nota a divergência entre um pensador pré-liberal e um partidário da monarquia absoluta.

A visão do primeiro que os factores externos condicionam a existência dos homens, que por isso agem diversamente em função de climas, de espaços geográficos e outros, sobre a religião e o Poder político, são combatidas pelo dramaturgo. Pura e simplesmente não encontra quaisquer possibilidades de considerar uma monarquia liberal em França. "Il n'est pas, en un sens, un libéral; ses ennemis, ce sont les ennemis traditionnels de la Royauté, un clergé trop, puissante, une administration fondée sur la vénalité des offices, et c'est le roi seul qui, avec une Autorité accrue et en s'inspirant des lumières de la philosophie, pourra répandre la tolérance et la justice (...)", apontando os exemplos de Frederico II[367], de Pedro "O Grande"[368] e de Catarina II[369], que sucederá no trono a seu marido Pedro III.

---

[362] Idem, "Entretiens d'un Sauvage et d'un Bachelier: Premier Entretien", *Mélanges*, pág. 429.
[363] Nas *Mélanges*, Pufendorf aparece citado duas vezes e Wolff uma vez, para questões meramente formais. Burlamaqui e Vattel não têm direito a citações. Admitindo que na citada colectânea de cerca de mil e quinhentas páginas se encontram representados os trabalhos de maior fôlego de Voltaire, aditando-lhe outros escritos desinseridos desse local e que também os não mencionam, pode imaginar-se da importância do Contratualismo Moderno para o Autor.
[364] Voltaire, "Commentaire sur le livre des Délits et des Peines", *Mélanges,* pág. 808: "J'appelle lois naturelles celles que la nature indique dans tous les temps, à tous hommes, pour le maintien de cette justice que la nature, quoi qu'on en dise, a gravé dans nos coeurs. (...). J'appelle lois politiques ces lois faites selon le besoin présent, soit pour affermir la puissance, soit pour prévenir des malheurs."
[365] Luís Cabral de Moncada, *Filosofia do Direito e do Estado*, I, pág. 223.
[366] Voltaire, "Lettres Philosophiques", *Mélanges,* pág. 25 = [Garnier-Flamarion, pág. 61]: "(...) la liberté est née en Angleterre des querelles des tyrans, les barons forcèrent Jean sans Terre et Henri III à accorder cette fameuse Charte [a *Carta Magna*] dont le principal but était, à la vérité de mettre les rois dans la dépendance des lords, mais puis laquelle le reste de la nation fut un peu favorisé, afin que dans l'occasion elle se rangeât du parti de ses prétendues protecteurs. Cette grande Charte, que est regardée comme l'origine sacrée des libertés des anglaises, fait bien voir elle-même combien peu la liberté était connue." O texto é uma apologia do Governo inglês.
[367] Idem, "A Frédéric II, Roi de Prusse", de Paris, 26 de Maio de 1742, *Lettres Choisies de Voltaire*, págs. 118 e ss.; idem, "A Frédéric II, Roi de Prusse", de Setembro de 1743, *Lettres Choisies de Voltaire*, págs. 127 e ss., para além de outros casos.
[368] Idem, "Histoire de l'Empire de Russie sous Pierre le Grand", *OEuvres Historiques*, págs. 339, especialmente 404 e ss.
[369] Idem, "A Catherine II, Impératrice de Russie", *Lettres Choisies de Voltaire*, págs. 466 e ss.

"Comment un homme a-t-il pu devenir le maître d'un autre homme, et par quelle espèce de magie incompréhensible a-t-il pu devenir le maître de plusieurs autre hommes?" No diálogo entre cidadãos de Estado republicano, de Estado aristocrático e da monarquia limitada inglesa, é claro que prefere esta última[370] e, em simultâneo, elogia fortemente os Governos despóticos exercidos ao longo da História[371].

O mais complicado nestes Autores – e Voltaire faz deste número parte integrante – é que de um modo geral apoiam o sistema de Governo inglês, a sua monarquia moderada[372] e, em simultâneo, desfazem-se em elogios aos déspotas esclarecidos. Ora, isto é absolutamente inconciliável com os "checks and balances". Não se pode ser partidário do despotismo e encomiar a doutrinação de Poderes inglesa[373].

"La nation anglaise est la seule de la terre qui soit parvenue à régler le pouvoir des rois en leur résistent, et que d'efforts en efforts aît enfin établi ce gouvernement sage, où le prince, toute-puissante pour faire du bien, a les mains liées pour faire le mal, où les seigneurs sont grands sans insolence et sans vassaux, et où le peuple partage le gouvernement sans confusion. La Chambre des Pairs et celle des Communes sont les arbitres de la nation, le roi est le sur-arbitre"[374]. O que significa que Voltaire tinha uma perfeita noção do que acontecia com o Governo inglês e com a sua Liberdade, admirava a situação, elogiava-a publicamente e, não ia mais longe[375].

Política e socialmente entendida como o melhor e mais seguro meio para reprimir veleidades que questionassem a hegemonia dos Poderes públicos, há um hiato no raciocínio de Voltaire[376], como de outros escritores situados na sua área. Por um lado, são contrários à religião revelada, preconizam o deísmo ou teísmo e afirmam a Liberdade de consciência e a tolerância religiosa. Por outro, defendem o despotismo esclarecido e são partidários de uma autoridade política forte e incontestável, isto é, ausência de Liberdade dos povos, para já não falar em Liberdade política no plano da participação pessoal nas matérias decisivas dos países.

Discorda-se, portanto, com a perspectiva pretensamente inovadora que alguns já intentaram, neste plano, apresentar de Voltaire. Afirmar que ele mudaria as suas

---

[370] Idem, *A, B, C, apud* Rene Pomeau, págs. 178 e ss.
[371] Idem, *apud* Rene Pomeau, págs. 100 e ss.
[372] B. Köpeczi, "Fondements idéologiques. L'Idéologie de l'Absolutisme éclairé", *l'Absolutisme Éclairé*, pág. 104: "Un (...) correctif apporté à la monarchie absolue s'est inspiré de l'expérience anglaise. C'est Voltaire qui propagande le premier, pas ses *Lettres philosophiques* (1734) les idées de la 'glorieuse révolution', en France et en Europe."
[373] Rene Pomeau, pág. 35: "L'espace d'une longue vie n'a donc pas suffi à résorber les contradictions de la politique voltairienne. L'homme de Ferney reste le thuriféraire des despotes éclairés – plus despotes qu'éclairés. Simultanément, il célèbre le système anglais de gouvernement et il félicite Gustave III de Suède d'avoir rétabli l'absolutisme. Il exalte la liberté comme le premier des biens, il travaille à libérer les serfs du Mont-Jura, sans que ses dithyrambes à Catherine II soient nullement embarrassés par le fait, qu'il connait fort bien, du servage universellement répandu dans l'empire russe."
[374] Voltaire, "Lettres Philosophiques", *Mélanges*, pág. 21 = [Garnier-Flamarion, pág. 55].
[375] Etienne Cayret, pág. 41: "Voltaire n'est (...) ni démocrate, ni très libéral. Même timidité et absence d'originalité, dans ses conceptions politiques dans *l'Encyclopédie*: elles posent le principe théorique de la souveraineté du peuple qui en délègue l'exercice au souverain, mais sans chercher à restreidre le pouvoir de ce dernier."
[376] Rene Pomeau, pág. 27: "Il loue le système représentatif anglais, mais jamais il n'a oser demander, expréssement et avec force, qu'une Chambre des communes soit crée en France: ce qui empêche que sa position dans l'affaire des parlements nous paraisse aujourd'hui entièrement satisfaisante."

preferências quanto à forma de Governo em função dos locais geográficos concretamente considerados, é, no mínimo pouco curial[377].

O máximo da concessão implica que seja qual for a forma de Governo elogiada ou discordante, existe sempre um ponto comum: a religião. Talvez seja por isso que tanto encomia Catarina II e Frederico, "O Grande"[378], embora mal se perceba a sua ironia para com Pombal, a quem de resto admirava pela energia que colocou na reconstrução de Lisboa após o terramoto de 1755, escrevendo um curto poema a esse respeito[379].

Já quanto a Diderot importa aferir como desenvolve o seu raciocínio a respeito da ideia de Liberdade no plano político, o que é o mesmo que se pronunciar sobre o tipo de sistema político que prefere e sobre a dignidade que o homem, no seu âmbito, deve assumir.

Depois de considerar que a Democracia, que se constitui como um essencial acordo de vontade é impossível para Estados grandes – o que se compreende porque em 1772 nem sequer tinha começado a experiência norte-americana – e conduzindo a aristocracia à tirania de um pequeno grupo sobre os demais indivíduos, avança para um prudente, cauteloso e quase deficitário apoio do despotismo esclarecido. "On a dit quelquefois que le gouvernement le plus heureux serait celui d'un despote juste et éclairé; *c'est une assertion très téméraire*", na medida em que por vezes pode suceder que a vontade geral não coincida com a deste soberano, sucedendo que terá de os despojar dos seus direitos, ainda que para vantagem de todos e pautando-se pela justiça.

A partir daqui o Pensamento de Diderot é confuso, não conferindo grande margem de inserção decisiva.

Por um lado, afirma que o Povo não deve admitir que se faça o bem, desde que contra a vontade geral – que pode não querer o bem que se lhe oferece –, sendo a condição do que governa equiparável à do cacique. Entende, por outra via, que compete ao soberano zelar pelo cumprimento das leis, aí agindo em função do aspecto policial da sua actividade administrativa, como uma espécie de superior de convento onde residem muitas almas, com a diferença que detêm bens próprios e não em propriedade colectiva. Neste segundo aspecto, sustenta que cada um deve ser livre de

---

[377] Peter Gay, *Voltaire's Politics*, apud Rene Pomeau, pág. 36: "Voltaire serait partisan en Russie du 'despotisme éclairé', en France d'un 'absolutisme constitutionnel', à Genebra d'un 'républicanisme libéral': ce qui lui importe, ce n'est pas la forme du gouvernement, c'est la substance."

[378] José Agostinho de Macedo, com a mordacidade que lhe era característica, tinha uma opinião muito pessoal entre o relacionamento dos dois mações, Frederico II e Voltaire. A mesma é-nos transmitida em periódico, *O Espectador Portuguez*, I, 2º Semestre, nº 14, artigo I, págs. 116 e 117: "he verdade que Frederico II, rei da Prussia entrou na Sociedade Pedreiral; mas não confundamos (...). Frederico II vivia na Sociedade ou corja dos Filosofantes (...), vivia com La Mettrie, d'Argens, Voltaire, Helvecio, e cambada, e nunca lhe fizerão ver a *bella, e util Instituição* senão pelo lado da irreligião, e sobre tudo isto se davão grandes risadas, e se despejavão grandes botelhas na sala de marmore. Até aqui hia o Guerreiro Filosofo muito bem; mas tanto que percebeo que na *bella e util* Instituição se tratava de vir abaixo o Throno, como fizerão depois em França, e se lisongeavão de fazer onde mais bem parados e seguros estivessem os Thronos, pôz fora a cambada toda, mandou fechar as lojas. Vv. Mm. Sabem muito bem o authentico, e judicial recibo que o Grande Homem, Voltaire, passou das cincoenta arrochadas que tinha 'mamado' em Francfort, dadas por conta, e risco do mesmo Frederico."

[379] Voltaire, "Poème sur le Désartre de Lisbonne", *Mélanges*, págs. 301 e ss.

governar a sua Propriedade, com a Liberdade que lhe é própria. Não poderá nunca haver intervenção dos Poderes públicos nesta área[380].

Significa isto que se dá uma deficiente interpretação ao conceito de utilidade geral, uma vez que "jamais un homme n'a pu permettre par un pacte ou par un serment à un autre homme, quel qu'il soit, d'user et d'abuser de lui. S'il a consenti ce pacte ou fait ce serment, c'est dans un accès d'ignorance ou de folie, et il en est relevé au moment où il se connait, au revenir de sa raison"[381]. Pelas precedentes considerações, Diderot aparentemente repele o despotismo esclarecido, embora não seja exactamente esse o seu Pensamento.

Em termos esquemáticos e procurando clarificar o turbilhão das ideias do pensador, considera este que toda e qualquer administração subdividida em duas partes: a polícia e a administração propriamente dita, ideia comum à Europa do seu século[382]. No que toca à polícia, com os contornos assinalados de cumprimento das normas, deve exercer-se no respeito pela Liberdade dos cidadãos e, sendo competência do soberano, evitar a licença. Além disso, reitera ser importante não confundir duas noções distintas: a de Rei, que exercita a administração nas suas duas vertentes por meio de magistrados, e os senhores ou amos, de quem em absoluto podem depender a vida e os bens de muitos indivíduos de situação económica débil.

Magistrados e amos têm tendências inatas para abusar dos seus Poderes e, por essa via, coarctar a Liberdade, a Propriedade aos indivíduos sendo esses direitos essenciais. O Rei, que comanda os destinos da administração nos termos em que ficaram firmados por pacto, limita-se a cumpri-lo e, se no mesmo está mencionada um sistema de Governo absoluto em que todos depõem os seus direitos nas mãos do monarca para que por eles zele e os faça felizes, uma tal loucura apenas se deve à sua escolha. Em qualquer caso, quem age mal são os funcionários ou os amos que desempenham verdadeiras atrocidades despóticas; não o monarca que neles delega de boa-fé os atributos que lhes correspondem.

Isto é o que se retira do texto em análise e não pode ser confirmado por recurso à *L'Encyclopédie*, uma vez que os artigos políticos que aí se encontram não são de autoria de Diderot.

Apenas existe um ligeiro afloramento na perspectiva da sociedade[383] no que respeita ao problema em equação. Assim, no seu artigo que versa sobre esta temática, Diderot defende que os homens são feitos para viver em sociedade, uma vez que fora dela dificilmente podem conservar as suas vidas, ponto em que tal como Voltaire privilegia o naturalismo aristotélico em presença do Contratualismo Moderno, promotor da dignidade ôntica maior nos quadros axiológicos representados.

Não é, em bom rigor, assim. Diderot parece assumir – ainda quando se explica mal – o Contratualismo profano. De facto, é o princípio da utilidade que preside à

---

[380] Diderot, "De L'Interpretation de la Nature", *Œuvres Choisies*, I, pág. 172.
[381] Idem, *ibidem*, I, pág. 173.
[382] Guido Astuti, págs. 271 e ss., recordando a influência da teorização germânica neste plano e que se socorre dos conceitos de "administração" e de "Razão de Estado" para justificar formulações inerentes à segurança interna do Estado que devem ser incrementadas, inclusivamente, por recurso a medidas idóneas que garantam essa pretendida estabilidade.
[383] Diderot, "Société" (article extrait du *Dictionnaire de L'Encyclopédie*), *Œuvres Choisies*, I, pág. 145: "La société et si nécessaire à l'homme, Dieu lui a aussi donné une constitution, des facultés, des talents que le rendent très propre à c'et état (...)."; Denis Diderot y Jean Le Rond D'Alembert, *La Enciclopedia (Selección de artículos políticos)*, págs. 199 e ss.

formação das sociedades, onde a Igualdade da natureza humana não deve ser olvidada e a justiça deve ser sempre presente. Em qualquer caso, é característico da sociedade civil a subordinação a uma autoridade temporal, exigência que parte da própria noção de bem público e em que deve ser levado em linha de conta que "le même bien public veut que les supérieurs conservent les droits de ceux qui leur sont soumis, et ne les gouvernent que pour les rendre plus heureux."

Esta característica que se apresenta como típica do contrato formal ou tácito estabelecido entre os homens, significa que uns estão acima dos outros, mas no pressuposto que "l'Autorité n'est légitime qu'autant qu'elle contribue à la fin pour laquelle a été instituée l'Autorité même; l'usage arbitraire qu'on en ferait serait la destruction de l'humanité et de la société."

Conjugando estas observações com as anteriormente expandidas, conclui-se que para Diderot a sociedade civil apenas se pode constituir mediante pacto, que visa a felicidade de todos e a sua segurança, contra os ímpetos não contidos entre iguais no estado de natureza. É, nesta óptica, voluntarista, aceitando a convenção como marco determinante na instituição da sociedade, ponto de aproximação à tese do jusracionalismo aplicada ao despotismo ilustrado.

Constituída a sociedade, aquele ou aqueles que desempenham a função de chefe devem ser respeitados pelos demais nessa função e saberem fazer-se respeitar. A sua autoridade confere-lhe os Poderes para administrar a sociedade em que vive com os demais indivíduos, aos quais outorga leis que são no interesse de todos e devem respeitar a Liberdade e a Propriedade que detinham no estado de natureza. Quando isso não sucede, a responsabilidade última não deve ser assacada ao soberano, mas a quem age em seu nome e, por vezes, é insuficientemente escrupuloso.

O despotismo esclarecido sendo admitido, proverá a preservar esses direitos inabaláveis do Ser humano, pelo que a vigilância da administração feita para preservar a Liberdade, será constante. Contudo, não existe partilha de Poder e se a origem é pactícia, o modo de exercer a Autoridade é absoluto.

Isto mesmo e da volatilidade do seu Pensamento podem ser rebuscadas informações de alguns dos textos a que não houve acesso, mas em que as informações bibliográficas apontam neste sentido. A partir de 1774[384] e depois de ter viajado até à Rússia da czarina[385], Diderot manifesta o seu repúdio quanto ao autoritarismo que nela existia, tal como anos antes fizera em relação a Frederico II[386].

Cumpre perguntar: o que quer Diderot?

Mais do que se explicou é impossível retirar do seu Pensamento. Nem tão pouco é legítimo atribuir-lhe palavras que não disse, nem escreveu. Não se vislumbra motivo para o afastar das teses que lhe são coevas e partilhadas pela maioria dos "Philosophes", mas há razões para entender a sua posição muito mais moderada que a de

---

[384] Diderot, *Principes de Politique des souverains; Entretiens avec Catherine II; Essai sur les règnes de Claude et de Néron apud* Simone Goyard-Fabre, "Lumières", *Dictionnaire de Philosophie Politique*, sous la direction de Philippe Raynaud et Stéphane Rials, Paris, PUF, 1996, pág. 365.

[385] Idem, *ibidem*, pág. 365: "dans la monocratie de la tsarine, il a deviné les dangers de la concentration extrême du pouvoir, la montée de la violence, la pesanteur de l'ordre aveugle et, si le mot n'est anachronique, le spectre du totalitarisme (...). Dans les *Observations sur le Nakaz*, rédigées en 1774, Diderot dit sans ambages que le libéralisme de Catherine est un leurre, sa politique rationnelle, une duperie, son réformisme, une hypocrisie, son humanitarisme une mirage."

[386] Idem, *Pages contre un tyran, Essay sur les préjugés, apud* Simone Goyard-Fabre, "Lumières", *Dictionnaire de Philosophie Politique*, sous la direction de Philippe Raynaud et Stéphane Rials, Paris, PUF, pág. 365.

Voltaire. Do mesmo modo, a feição de profunda desilusão do trabalho dos déspotas esclarecidos deve ser sempre anotada quando se reflecte sobre as suas ideias políticas, sendo embora visível que não partilha de qualquer sobra de Liberalismo ou de ideias que lhe estivessem associadas.

O Poder[387], que sobe dos súbditos para o monarca por via de um consentimento diverso do Consensualismo, supõe condições necessárias para o seu exercício, como a utilidade, o benefício para a república e a sua limitação. A obediência devida ao superior nunca pode ser absoluta e sem limites, porque apenas ao Criador se deve essa obediência. O Príncipe recebe dos súbditos a autoridade que sobre eles detém[388], limitada pelas leis da natureza e do Estado[389].

E estas são, segundo *L'Encyclopédie*, "*las condiciones bajo las cuales se han sometido o consideran estar sometidos a su gobierno. Una de las condiciones es que, no teniendo poder y Autoridad sobre ellos más que por su elección y consentimiento el príncipe no puede jamás emplear esta Autoridad para romper el acta o contrato por el cual la Autoridad le ha sido concedida*: actuaria entonces contra sí mismo, pues su Autoridad no puede subsistir más que en virtud del título que le ha establecido. Quien anula a uno, destruye a la otra"[390]. Há, pois, uma alusão indirecta às Leis Fundamentais, insusceptíveis de ruptura unilateral por parte do monarca e que são o limite Ético e Político à sua actuação.

De acordo com o entendimento do mesmo colaborador da *L'Encyclopédie*, sendo o Poder no Estado depositado nas mãos de um ou de vários, ele comporta a tripla feição de Legislativo, Executivo e Judicial, sob definição pouco usual como se explicará adiante[391]. Em qualquer caso sempre é preferível que estes Poderes se encontrem repartidos por vários órgãos do Estado que apenas depositados nas mãos de uma só pessoa. Mais uma vez há perfeita harmonia entre o que se defende acerca da divisão de Poderes e o seu exercício.

O Governo[392] pertence ao Povo em verdadeira Propriedade; por isso é ele sempre quem intervém no contrato "adjudicador" do Governo, depois de fazer o seu "arren-

---

[387] Denis Diderot y Jean Le Rond D'Alembert, *La Enciclopedia (Selección de artículos políticos)*, "Poder", da autoria de De Jacourt, pág. 144: "El fundamento del Poder es el consentimiento de los hombres reunidos en sociedad. El que se establece sólo en base a la fuerza no puede subsistir más que por la fuerza; ésta no puede nunca legitimarlo, y los pueblos conservan siempre el derecho de reclamar en su contra."
[388] Idem, *ibidem*, pág. 144: "Al establecer las sociedades, los hombres han renunciado a una porción de independencia, en la que la naturaleza les ha hecho nacer, nada más que para asegurar las ventajas que resultan de su sumisión a una Autoridad legítima y razonable; jamás han pretendido entregarse sin reservas a dueños arbitrarios ni abrazar la tiranía o la opresión, ni conferir a otros ele derecho de hacerlos desgraciados."
[389] Idem, *ibidem*, pág. 145: "Algunas naciones celosas de su libertad y de sus derechos le han puesto límites a esto Poder (...). En algunos estados monárquicos el poder del soberano está limitado por leyes del estado, que le fijan límites que no le está permitido sobrepasar; así, en Inglaterra, el Poder Legislativo reside en el rey y en las dos cámaras del Parlamento. En otros países los monarcas ejercen con el consentimiento de los pueblos un Poder absoluto, pero siempre subordinado a las leyes fundamentales del Estado, que son la seguridad recíproca del soberano y de los súbditos."
[390] Idem, *ibidem*, "Autoridade", da autoria de De Jacourt, pág. 9.
[391] Idem, *ibidem*, "Poder Legislativo, Ejecutivo y Judicial", da autoria de De Jacourt, págs. 146 e ss.
[392] Idem, *ibidem*, "Governo", da autoria de De Jacourt, págs. 65 e ss., o Governo é apresentado, como forma da soberania em cada Estado. No que respeita à origem em sintonia com que tinha escrito

damento". Neste contexto, há um comprometimento do Príncipe no exercício da administração do reino, sendo certo que "Quien lleva la corona puede desprenderse de ella, si quiere, pero no depositarla sobre la cabeza de otro sin el consentimiento de la nación, que le ha puesto sobre la suya. (...) La corona, el gobierno y la autoridad publica son los bienes de los que el cuerpo de la nación el propetario, los príncipes los usufructuarios y los ministros los depositarios"[393].

Não está clara a divisão de Poderes, sendo embora certo o respeito pelas Leis Fundamentais que obrigam sem mais, enquanto o Poder Legislativo, o Executivo e o Judicial se apresentam sob a mesma designação de "executivo", seguindo a tradição inglesa que apenas fala em magistrados, sejam eles os fautores da jurisdição administrativa ou da contenciosa[394]. Ou seja, a Liberdade da sociedade, assegurada pela citada repartição.

Já a Liberdade política, ao nível de *L'Encyclopédie*[395] apresenta conotações bem acentuadas: "la libertad política de un Estado viene constituida por las leys fundamentales, que determinan la distribución del Poder Legislativo, del Poder ejecutivo de las cosas que dependen del derecho de gentes y del Poder ejecutivo de las que dependen del derecho civil, de manera que estos tres poderes están equilibrados entre si."

De imediato se assume o âmbito da Liberdade política do cidadão: "la libertad política del ciudadano es esa tranquilidad de espíritu que procede de la opinión que cada cual tiene de su propia seguridad; y para disponer de esta seguridad es necesario que el gobierno sea de tal manera que un ciudadano no pueda temer a otro. Las buenas leyes civiles y políticas garantizan esta libertad; tiene vigencia incluso cuando las leyes penales adecúan cada pena a la particular naturaleza del delito."

Ponderando a Constituição inglesa, afirma De Jacourt existir uma Nação cuja Constituição tem por objecto a Liberdade política, porque esta se encontra estabelecida nas suas leis, que do mesmo modo afastam a licença. Ou seja, a Liberdade política da sociedade enforma a do cidadão, como é normal no Pensamento reflexivo britânico, que De Jacourt não explora plenamente.

---

sobre o estado de natureza, defende que o primitivo Governo foi patriarcal, assumindo-se o chefe da família como alguém que era livremente respeitado e de cuja tutela os filhos poucas vezes saíam. Da união posterior das várias famílias originou-se a sociedade, tendo sido escolhidos para chefes os mais capazes de entre os vários patriarcas dos clãs. Em fase evolutiva, os Governos especializaram-se mantendo-se viva a ideia de que cada um poderia e deveria conservar em segurança o que lhe pertencia. "El Poder más absoluto, sólo absoluto cuando es necesario ejercelo, no es arbitrario con esta questión." Ao gosto do tempo elogia o sistema de Governo inglês, como aquele onde os Poderes estão melhor distribuídos e de modo mais equilibrado, aproximando-se de Montesquieu no que respeita à valorização de factores externos na escolha do melhor Governo para cada país. E acrescenta que "la ley soberana de todo buen gobierno es el bien público, *salus populi, suprema lex esto*" é uma máxima que deve funcionar para todas as formas de Governo, sendo imediatamente decorrente desta premissa a protecção da Liberdade. A Liberdade, que é o maior bem do Povo, funciona no Corpo Político como a saúde funciona para o corpo individual. Todo e qualquer Governo que se determine por estas premissas, não importa o seu tipo, será um bom Governo.

[393] Idem, *ibidem*, "Autoridade", da autoria de De Jacourt, pág. 10.
[394] Idem, *ibidem*, artigo, "Poder", da autoria de De Jacourt, pág. 144.
[395] Georges Gusdorf, *Signification Humaine de la Liberté*, pág. 200, acusa-o de ter plagiado Montesquieu: "Montesquieu, recopié sans vergogne par Jaucourt, affirme avant Hegel que l'État est par excellence l'espace de la liberté."

Por consequência, a Liberdade política de que aqui se fala em nada se assemelha com a Liberdade política teorizada pelo Liberalismo, que requer a participação do indivíduo no domínio público. A alusão que se apresenta é a protecção que a Constituição e a lei devem outorgar aos homens, ainda que não se avance mais.

Quanto à "Monarquia"[396], cuja teorização é desenvolvida em geral, pauta-se depois pelas especializações próprias da "Monarquia absoluta"[397], da "Monarquia electiva"[398] e da "Monarquia limitada"[399], sendo certo que da conjugação dos vários termos em presença resulta clara a posição do Autor. Defende que a monarquia é uma forma de Governo que apenas na feição limitada pode cumprir as finalidades a que se destina ou seja, a promoção e conservação da Liberdade e da Igualdade, sendo certo que em si mesma a monarquia é um sistema de Governo criticável, uma vez que o monarca é fonte exclusiva de todo o Poder político e civil, regendo o Estado com única submissão às Leis Fundamentais.

Fica clara a sua preferência pela república[400], em função das características que lhe assistem[401]. Porém, no confronto entre as alternativas continentais disponíveis no séc. XVIII, entendeu dar primazia a uma monarquia absoluta[402], por comparação a um despotismo oriental, já que no primeiro caso existe submissão a Leis Fundamentais, enquanto no segundo se governa sob a forma de tirania.

Finalmente e na sequência do raciocínio anterior, entende-se por soberania[403] por referência aos ensinamentos de Pufendorf, "(...) el derecho de mandar en última instancia en la sociedad." Independentemente de se tratar de monarquia ou de república,

---

[396] Denis Diderot y Jean Le Rond D'Alembert, *La Enciclopedia (Selección de artículos políticos)*, artigo "Monarquia", da autoria de De Jacourt, págs. 121 e ss.
[397] Idem, *ibidem*, pág. 125.
[398] Idem, *ibidem*, págs. 125 e ss.
[399] Idem, *ibidem*, pág. 128.
[400] Idem, *ibidem*, artigo "República", da autoria de De Jacourt, págs. 186 e ss.
[401] Idem, *ibidem*, págs. 187 e 188: "el gobierno monárquico no tiene, como el republicano, la bondad de las costumbres por principio. Las leyes ocupan aquí el lugar de las virtudes, con independencia del amor a la patria, el deseo de la verdadera gloria, la renuncia a uno mismo, el sacrificio de los intereses más queridos y de todas las virtudes heroicas de los antiguos. (...) Tal es la fuerza del gobierno monárquico, que utiliza a su placer a todos los miembros que lo constituyen." Puro erro; na verdade, apesar de todos estes encómios acaba por considerar que "el mismo cuerpo de la magistratura tiene, como ejecutor de las leys, todo el poder que él mismo se ha dado como legislador. Puede causar estragos en el estado con su voluntad general. Todo el Poder es aquí uno, y aunque no exista el boato exterior que descubre a un Príncipe despótico, se le siente en cada instante".
[402] Idem, *ibidem*, artigo "Representantes", da autoria de Holbach, págs. 172 e ss: "En una monarquía absoluta el soberano, o bien disfruta con el consentimiento del pueblo del derecho a ser el único representante de su nación, o bien en su contra se arroga este derecho. El soberano habla entonces en nombre de todos; las leyes que emana son, o al menos son consideradas, la expresión de las voluntades de toda la nación a la que representa. En las monarquías moderadas el soberano sólo es depositario del poder ejecutivo, sólo representa a la nación en este sector; la nación elige otros representantes para los otros sectores del aparato estatal."
[403] Idem, *ibidem*, artigo "Soberania", da autoria de De Jacourt, págs. 189 e ss. E prossegue: "(...) para hacer comprender que la naturaleza de la soberanía consiste principalmente en dos cosas: primero, el derecho de mandar a los miembros de la sociedad, es decir, de dirigir sus acciones con imperio o poder de coacción; segundo, este derecho debe ejercerse en última instancia, de tal modo que los particulares sean obligados a someterse a él, sin que ninguno pueda ofrecerle resistencia: de lo contrario, si esta Autoridad no fuera superior, no podía procurar a la sociedad el orden y la seguridad, que son los fines causantes de su instauración."

sempre existe soberania. A sua fonte é conhecida; deriva dos pactos originários da sociedade civil e do Governo, isto é, reside originariamente no Povo. A soberania que alguém exerce só existe porque alguém lhe conferiu esses Poderes, para que os exerça com independência. O Contratualismo Moderno é por demais evidente, deste passo.

Depois de constituída, a soberania em toda a extensão da sua jurisdição não pode ser modificada, legitimamente, por outro Poder. Este será o ponto de que se irão socorrer todos aqueles que impugnam a legitimidade das revoluções, quando falam em ofensa do Direito Natural e das Gentes, responsáveis últimos pela instituição desta norma.

A ideia de soberania não resulta prejudicada pelas várias formas de Governo, uma vez que seja ela monárquica absoluta, limitada ou republicana, a soberania não muda de feição. Além disso, o soberano não tem de prestar contas da sua conduta a ninguém, no respeito pelas normas morais que o limitam.

Ou seja, quer nos Governos absolutos, quer nos moderados, há sempre submissão dos Poderes soberanos às Leis Fundamentais, dependendo a fórmula adoptada para essa "submissão." Quem exerce a soberania é o soberano[404], que por vontade dos Povos governa a sociedade. A sua origem é, pois, consentânea com a origem daquela, com os limites imediatamente impostos quando da formação da sociedade. No caso das soberanias absolutas os monarcas apenas estão limitados por éticas Leis Fundamentais; nas limitadas, por positiva actuação dos Parlamentos.

Quanto à elaboração das leis ordinárias, no despotismo esclarecido, são exclusiva competência do Príncipe; nas monarquias limitadas, do Príncipe e das Assembleias legislativas e às quais os Poderes régios não se podem furtar. Seja no plano da elaboração das leis, seja ao nível da fiscalização da sua execução e aplicação, há sempre uma soberania única e indivisa de que o soberano é o representante enquanto não agir em desconformidade com os seus propósitos.

Do precedente discurso, podem ser retiradas algumas conclusões. O Poder régio sobe do Povo para o monarca; portanto, apresenta-se a tese da sua origem convencional e humana, que irá futuramente originar a temática da soberania popular ou nacional do Liberalismo e consoante resulte das características do mandato. Em sequência, o monarca tem limites impostos à sua governação, que constam do pacto celebrado com o seu Povo e que não pode romper; são as Leis Fundamentais.

Finalmente, a Coroa usufruiu de Poderes meramente legislativos e administrativos de cariz ordinário, nunca podendo fazer leis que contrariem as Fundamentais, agir em desconformidade ao pactuado em termos de abuso de poderes administrativos e convir com magistrados menos zelosos das suas funções. A soberania provém do Povo e é exercitada pelo soberano, originando-se no momento da constituição da sociedade civil, sendo certo que o soberano não tem Poderes para as revogar sem a sua colaboração nem comportar-se de forma a questioná-las. Mantém-se que a monarquia absoluta é a melhor forma de Governo mas assume-se o valor do indivíduo, e o respeito pelas Leis Fundamentais[405].

---

[404] Denis Diderot y Jean Le Rond D'Alembert, *La Enciclopédia (Selección de artículos políticos)*, artigo "Soberania", da autoria de De Jacourt, págs. 194 e ss.
[405] Idem, *ibidem*, artigo "Autoridade", da autoria de De Jacourt, págs. 12 e 13. É sintomático o exemplo de compromisso régio que vai buscar a Henrique IV, precisamente o mesmo que em fase final do seu reinado e vendo-se acossado por todos os lados, Luís XVI apresenta à Assembleia dos Estados Gerais, que mandara reunir para em conjunto discutirem os grandes problemas da Nação.

DA HISTÓRIA DA IDEIA DE LIBERDADE

É obviamente importante, embora ele, tal como o fazem outros Autores que a seu tempo serão vistos, não avance mais. A actuação do Povo, sendo determinante, pára aqui, uma vez que não haja lesão das Leis Fundamentais, não tendo qualquer direito a participar na governação, como bem se deduz. Mesmo nas monarquias limitadas, em que essa participação é mais evidente, discute-se na prática o grau de verdadeiro envolvimento que existe entre o Povo e seus representantes, sendo assinaláveis os vícios que a seu tempo serão vistos neste sistema de Governo.

Se é possível retirar uma conclusão geral do problema, será porventura acertada a reflexão segundo a qual a flutuação que a *L'Encyclopédie* apresenta, tem toda ela que ver com a idêntica realidade de indecisão para que apontavam os pensadores, de modo individualizado. De um modo geral os elogios à monarquia moderada ou temperada a que se assistem são sufragados por todos, mas a tradução prática dessa realidade em França, parece algo arredada das suas preocupações.

Quanto a outro dos principais artífices da *L'Encyclopédie*, D'Alembert, apesar da sua importância não ser menor em termos exponenciais por comparação com Diderot[406], apresenta escassas influências em Portugal[407]. Por esse motivo não será alvo de apreciação no presente contexto.

No que respeita à formação e organização política da sociedade, indagando os termos em que o Poder político nela se origina e a modelação ideal que, em termos de execução, as várias formas de Governo se poderão admitir, De Real tem do mesmo modo ideias.

No tomo inaugural do seu texto de maior envergadura, que versa sobre as generalidades acerca da Ciência da governação, pode ler-se no início que não há possibilidade de subsistência em sociedade desde que não exista uma ordem. O fim de todo o bom Governo é "le salut du peuple est la loi suprême de chaque Etat"[408], considerando à semelhança de outros Autores, que os homens nascem para viver em sociedade[409]. O Autor vai mesmo ao ponto de afirmar que "la qualité de sociable ne

---

[406] Jean-Philibert Damiron, *Mémoires sur D'Alembert*, Genève, Slatkine Reprints, 1968, págs. 6 e 7: "*Il est une des puissances du XVIII ème siècle; il est un des chefs de cette république des lettres* (...). On s'étonne moins sans doute de le voir traiter comme *d'égal à égal* avec les rois, les ministres, les ambassadeurs, et les grands seigneurs; mais on en n'en admire pas moins avec quel art de conduite, il sait faire voir auprès de tous ces représentants du pouvoir temporel, *cet autre pouvoir aussi, mais spirituel avant tout, qui n'est que l'Autorité du caractère et des lumières.*"

[407] O que não significa que em Portugal não tenha havido proibição dos seus escritos: ANTT, RMC, Livro 21, *Lettre a M. Linguet sur l'aliénation des biens ecclésiastiques*, de M. D'Alembert – suprimida por despacho de 25 de Junho de 1781 e depois de 25 de Junho de 1786. Consta do "Catalogo de livros defesos neste Reino, desde o dia da Criação da Real Mesa Cençoria athé ao presente. Para servir de expediente na Caza da Revisão", publicado por Maria Adelaide Salvador Marques, pág. 120, a que se pode aditar as *Mélanges de Litterature d'Histoire. et de Philosophie*, Paris, 5 volumes – suprimido em Julho de 1802. Além do mais foi logo depois da fundação da Academia das Ciências convidado para seu sócio, tendo-lhe sido feito um assinalável "Elogio" que já fez parte das investigações de Luís A. Oliveira Ramos, "Reflexões sobre as origens do Liberalismo em Portugal", *Sob o signo das "Luzes"*, Lisboa, INCM, 1988, pág. 142.

[408] De Real, *La Science du Gouvernement*, VI, Aix-la-Chappele, s. d. pág. 2 está em sintonia com esta observação: "La Politique est cette prudence civile qui rend intelligent dans la conduite des affaires publiques, qui éclairé les projets des voisins & les desseins des ennemis de l'Etat, qui fait prévoir les succès des entreprises, & qui met ceux qui gouvernent en état d'employer les moyens propres à la fin qu'ils se proposent. Pour le dire en peu de mots, *la Politique es l'art de gouverner.*"

[409] Idem, *ibidem*, I, pág. 1.

lui est [ao homem] moins essentielle que celle de raisonnable"[410], o que não significa, como ele mesmo esclarece, a adopção de uma qualquer visão naturalística associada ao Pensamento aristotélico[411].

A vertente temática abordada no campo dos deveres dos homens uns para com os outros, afirma que todos eles dependem da justiça, que é a sua força e fundamento, encontrando correlativos direitos. Se existem direitos, existem deveres[412]. Tanto significa um sacrifício dos direitos particulares ao comum interesse da sociedade civil emergente[413].

Era a ideia do "social" aristotélico em contraposição à "sociabilidade" de que Pufendorf será o mais esclarecido divulgador. Por isso contrasta, mas não exclui, a hipótese do pacto gerador da comunidade política, no âmbito da atitude activa ou passiva do homem na formação da sociedade, que adiante confirmaremos.

De Real encontra no destino formal dos homens viverem em comum a origem das sociedades[414]. Os homens nascem livres e iguais e toda a desigualdade resulta de factores naturais externos, nomeadamente a necessidade de lhes dar chefes que pudessem assegurar a sua existência, sob forma pacífica[415]. Isto implica reconhecer dois estádios diversos na evolução humana, aceitando De Real a existência de um estado de natureza anterior à sociedade[416], cujas diferenças ao nível dos direitos, mais tarde designados de "fundamentais", são absolutamente gritantes[417], muito embora a subordinação civil não seja contrária à Igualdade natural[418].

Prosseguindo e reiterando o problema, observa que os homens terão de, na passagem do estado de natureza ao estado de sociedade, despojar-se parcelarmente da sua Liberdade particular, para que possam ascender à Liberdade pública[419]. Ora e para entender a Liberdade pública, apenas a particular permite a sua explicação. Numa definição ancestral os Reis são, por direito próprio, os juízes e defensores do Povo, que devem proteger uns dos outros e de agressões estranhas. Daqui deriva a ideia de Estado, o Corpo Político[420].

---

[410] Idem, *ibidem*, I, pág. 2.
[411] Idem, *ibidem*, I, pág. 54: "Quelques Ecrivains ont cherché les accuses de la formation des sociétés civiles, dans la nature de l'homme (...). *Cette opinion n'a aucun fondement.*"
[412] Idem, *ibidem*, I, pág. 5.
[413] Idem, *ibidem*, I, pág. 6: "L'intérêt personnel se trouve dans l'intérêt commun."
[414] Idem, *ibidem*, I, pág. 3: "Nous naissons libres & égaux; mais depuis la multiplication di genre humain, l'ambition & la crainte ont donné des maîtres aux hommes", o que originou a criação das sociedades civis, e "une prodigieuse diversité de conditions, des compagnies subordonées à ces corps politiques, la communication même de ces sociétés civiles entre elles."
[415] Idem, *ibidem*, I, pág. 3.
[416] Idem, *ibidem*, III, pág. 220: "(...) comme les hommes ne peuvent vivre seuls, & qu'ils sont nés pour la société (...)."
[417] Idem, *ibidem*, III, pág. 220: "*L'état naturel précède toutes sortes de lois & de conventions;* il ne connaît point les noms de souverain & de sujet; de supérieur & d'inféreur, de maître & d'esclave. Tous les hommes sont égaux; ils sont tous indépendants: personne n'a droit de commander à un autre."
[418] Idem, *ibidem*, III, pág. 226.
[419] Idem, *ibidem*, III, págs. 220 e ss., especialmente pág. 226: "L'état naturel est (...) un état d'indépendance, & dans l'ordre de la nature aucune homme commande autre homme."
[420] Idem, *ibidem*, I, pág. 4: "chaque membre sût soumis à la domination du corps, & que la volonté d'un seul être, physique ou moral, fit la règle de tous les citoyens. (...) On a confié aux Princes ou à des Magistrats la suprême puissance ou l'exercice de la suprême puissance, afin qu'ils en fissent un usage utile aux hommes qui, pour l'avantage commum, renonçaient en quelque sorte à une

No que respeita à formação da sociedade civil⁴²¹, De Real decide-se pela via convencional⁴²², mediante aprovação divina⁴²³, aproveitando para tecer fortes críticas não apenas ao Pensamento aristotélico cristianizado, mas também ao recurso à corrente da autoridade patriarcal e imanência histórica⁴²⁴. Contudo, as convenções em si mesmo são insuficientes para obter a segurança⁴²⁵ e a paz que deve reinar entre os homens. A ordem é indispensável e essa apenas pelo Governo instituído se poderá obter⁴²⁶.

A defesa do Estado, para De Real, compete ao monarca sendo para isso necessárias leis fortes e seguras, distinguindo-se entre leis naturais e leis positivas. As primeiras preexistem aos homens e são por eles conhecidas pela luz da Razão; quanto às leis positivas são originadas pela vontade do legislador, que as acomoda às necessidades particulares de cada sociedade⁴²⁷. As leis positivas apenas emanam da vontade do Príncipe⁴²⁸, responsável pelos comandos normativos de Direito Humano⁴²⁹.

---

partie de leur liberté & à l'égalité où a la nature les fait naître. (...) Cette maxime du droit naturel, que les Lois positives appuyant de toute leur Autorité, est la règle de tous les devoirs & la base de l'union & de la paix de toutes sociétés."

⁴²¹ Idem, *ibidem*, I, pág. 54: "L'homme, il est vrai, est destiné par sa nature à vivre en société avec ses semblables: l'utilité & les agréments qu'il y trouve, justifient pleinement le penchent qui l'y porte; mais il ne faut pas conclure de là qu'il eût eu une inclination naturelle pour le Gouvernement civil."

⁴²² Idem, *ibidem*, I, pág. 50: "C'est sur la foi des conventions que roulent toutes les affaires humaines, publiques & particuliers. Ne pas les exécuter, ce serait violer la Loi naturelle qui oblige de tenir les paroles qu'on a données, ce serait rompre tous les liens de la société. *Les conventions doivent donc être inviolables* (...)."

⁴²³ Idem, *ibidem*, IV, Paris, 1765, pág. 186: "Dieu (...) a voulu que les hommes formassent des sociétés civiles."

⁴²⁴ Idem, *ibidem*, I, págs. 53 e ss.

⁴²⁵ Idem, *ibidem*, I, pág. 51: "Des hommes qui ne seraient liés que par des conventions d'égal à égal, n'auraient vécu en bonne intelligence qu'autant de tems qu'ils les auraient religieusement observées."

⁴²⁶ Idem, *ibidem*, III, pág. 226: "(...) les choses humaines ne pouvant subsister sans ordre; il faut que les hommes soient gouvernés, & il a été par conséquent indispensable d'établir des prééminences." Idem, I, págs. 51 e ss., onde refere nomeadamente que "Les conventions seules auraient donc été impuissantes pour établir le repos des sociétés, & il a fallu nécessairement que ce repor fut établi par le Gouvernement civil, où la volonté d'un seul est la règle de tous. Le Gouvernement civil forme une liaison qui *résulte des conventions*, parce que ceux que sont gouvernés ne demeurent pas égaux à celui qui gouverne."

⁴²⁷ Idem, *ibidem*, I, pág. 8.

⁴²⁸ Idem, *ibidem*, I, pág. 11: "(...) elle [a Lei] emporte toujours quelque chose d'odieux, parce qu'elle *retraint la liberté*, de manière qu'elle *suit ordinairement le sort de la Puissance d'où elle émane*, plus ou moins religieusement observée, selon le degré de respect qu'on porte à cette Puissance, & quelquefois abrogée par le non usage, lorsque le voeu commun *s'écarte des vues du Législateur, dépositaire de la Puissance Souveraine*".

⁴²⁹ Idem, *ibidem*, I, pág. 19: "le droit civil est donc celui que la puissance publique a formé dans chaque Etat. On l'appelle civil, parce qu'il est propre à une nation, à une multitude d'hommes qui forment une société, que les Latins désignent par un mot qui signifie assemblage de citoyens. Chaque société civile est en effet une société d'hommes unis par les mêmes Lois & par le même Gouvernement. C'est une situation où l'on considère les hommes comme ayant renoncé à la liberté indéfinie de l'Etat naturel, & contracté des engagements volontaires les uns envers les autres." Idem, VI, págs. 160 e ss: "L'une des règles de la Politique, & peut-être la plus importante, c'est de n'employer jamais l'Autorité en vain. Il ne faut interpoler le pouvoir suprême, que lorsque la raison l'exige; & est inutile de faire des Lois, si on ne les fait exécuter. Le Souveraine doit rien faire qui ne soit raisonnable & juste, qu'il ne le fasse exécuter."

Passando à questão do exercício da soberania, sublinha: "quelque effort d'imagination qu'on fasse, on ne retrouve point d'autres causes de l'établissement de la Souveranité que les deux que je viens de rapporter [la crainte qui a fait les premiers Rois & qui a établi les premiers Gouvernements et des Conquérans]: & de ces deux causes uniques, nous apprenons que *toute Souveranité vient immédiatement du peuple*"[430].

A origem da sociedade é conhecida e o exercício da soberania através da eleição que outorga a Autoridade, também[431]. Como consequência, apenas se pode considerar De Real partidário do Contratualismo Social Moderno, ainda quando se remete para um Direito Natural de conotações teológicas que, ao caso, não desvirtuam a sua feição voluntarista.

Deverá, ainda, ponderar-se, em maior detalhe as antecedentes conclusões. O Poder de escolha ou eleição é que "põe" o monarca e pertence ao Povo. É esse o sentido da afirmação do Autor de que a soberania "vem imediatamente do Povo", porque ele escolhe o soberano. Agora isto não pode nem deve confundir-se com a origem da soberania, que se coloca noutro quadro e tem que ver com a entidade, divina ou humana, que outorga o Poder político ao eleito.

De Real começa por discutir o problema[432], mas de imediato aponta para a posição que decididamente assume: a origem da soberania é de Direito Divino. "Toute la puissance vient de Dieu, la Puissance civile tire par conséquent son origine de la Divinité comme de la source d'où découle toute Puissance"[433] e o seu veículo privilegiado é, a monarquia absoluta[434], uma vez que é aquele onde "*la puissance suprême réside toute entière dans la personne d'un seul homme, que la raison doit conduire, mais qui n'a que Dieu au-dessus de lui (...).*" A soberania[435], definida como o direito absoluto de

---

[430] Idem, *ibidem*, I, pág. 59; idem, *ibidem*, IV, pág. 182, impugna a versão de Filmer, segundo a qual, a autoridade real remontava ao poder paternal de Adão, tendo sido a soberania.

[431] Idem, *ibidem*, I, pág. 60: "La puissance qui vient de l'élection des peuples, *suppose nécessairement des conditions qui en rendent l'usage légitime, utile à la société & avantageux à la République. C'est à cet engagement primitif des Souverains que se rapporte le serment que les plus absolus sont à leurs sujets lorsqu'ils sont sacrés ou couronnés. Dans les deux cas, le Prince tient donc de ses sujets même l'Autorité, qu'il a sur eux, & cette Autorité est bornée par les Loi de la nature & de l'Etat.*"

[432] Idem, *ibidem*, IV, pág. 182, impugna a ideia de que a soberania deriva na origem do Povo, como Sidney, Hobbes, Locke, etc. Finalmente – e aqui estabelecendo algumas confusões pouco salutares – entende que está bem acompanhado porque a sua opção é também sufragada por Pufendorf, entre outros. Ver-se-á que é exactamente o contrário, porque Pufendorf faz derivar a soberania das convenções e, logo, ela é de Direito Humano e não Divino.

[433] Idem, *ibidem*, IV, págs. 187-189: "Comme le choix de ceux qui élisent l'Evêque n'est pas ce qui le fait Evêque, & qu'il faut que l'Autorité Pastorale de Jésus-Christ lui soit communiquée par son ordination, *ce n'est aussi le consentement des peuples qui fait les Rois, c'est la communication que Dieu leur donne de la Puissance, qui les établit Rois légitimes, & qui leur acquiert un droit qui les établit Rois légitimes, & qui leur acquiert un droit véritable sur les Sujets. (...).* Le consentement libre ou forcé, exprès ou tacite, d'un Peuple à la domination d'un ou de plusieurs, peut bien être un canal par où découle l'Autorité suprême; mais il n'en est pas la source. Ce consentement n'est qu'une simple déclaration de la volonté de Dieu, qui manifeste par-là à qui il veut que son Autorité soit confiée."

[434] Idem, *ibidem*, I, pág. 309.

[435] Idem, *ibidem*, IV, pág. 117: "La Puissance Souveraine ne saurît être restreinte, parce que, pour restreindre une Autorité, il faut être Superior à l'Autorité qu'on restreint. (...) *Toute Souveraineté est absolue de sa nature.*"

alguém comandar a sociedade civil[436], é una[437], indivisível[438] e independente[439]. Não encontra na terra alguém que lhe possa ser superior[440].

A soberania identifica-se com o Estado[441] e mais concretamente com a monarquia[442] na Europa do seu século, segundo defende. Os interesses do Estado são os do soberano[443]. É obrigação de todos obedecer ao soberano[444] e não há, em qualquer caso, direito de resistência[445].

No primeiro caso, deve obedecer-se incondicionalmente ao soberano[446]; no segundo deve suportar-se toda e qualquer ordem para que não se questionem os interesses da sociedade; deve obedecer-se ao soberano "parce qu'il commande, & non pas parce que ce qu'il ordonne paraît juste"[447].

Ora, esta soberania terá alguns limites? Em De Real isso parece impossível, uma vez que não existe qualquer Liberdade dos povos. O que entende por Leis Fundamentais vai no sentido de serem elas que constituem o Estado, determinando a sua forma de Governo e regulando a forma de ascender ao exercício da soberania, seja por via hereditária ou por meio electivo[448].

---

[436] Idem, *ibidem*, IV, pág. 104: "La Souveraineté est donc le droit absolu qu'a un Être physique ou moral de gouverner selon ses lumières, une société civile, de telle manière que ce qu'il ordonne & ce qu'il entreprend n'ait besoin de l'approbation de personne, & ne puisse être corrigé, cassé, annulé, ni même contredit par aucune Puissance supérieure ou égale dans l'État."

[437] Idem, *ibidem*, IV, pág. 116.

[438] Idem, *ibidem*, IV, págs. 111 e ss.

[439] Idem, *ibidem*, IV, pág. 124: "(...) cette expression: tenus de Dieu et de l'épée (...) signifie que le souverain n'est soumis à aucune puissance sur la terre, et qu'il ne dépend que de Dieu, maître des Rois."

[440] Idem, *ibidem*, págs. 294-299, apresenta a distinção entre despotismo e monarquia absoluta, no sentido já conhecido e cujos inícios históricos remontam a Pufendorf.

[441] Idem, *ibidem*, IV, pág. 104: "*Il n'est point d'État sans Souveraineté, & toute Souveraineté est composé d'un État qui en est la matière, & d'une Dignité qui en est comme la forme. Quelle que soit la Constitution du Gouvernement, la Souveraineté est l'âme de l'État, la vie du Corps Politique, le symbole de l'Empire suprême & de la domination Souveraine.* Dans toutes les Constitutions, la Souveraineté est designée par le mot *d'État.*"

[442] Idem, *ibidem*, IV, pág. 123: "Il n'y a de Souveraineté parfaite que celle où la Souverain n'a ni supérieur ni égal, & est indépendant de toute puissance humaine."

[443] Idem, *ibidem*, IV, pág. 104; pág. 112: "La souveraineté n'a point de parties, elle est une, elle est indivisible."

[444] Idem, *ibidem*, IV, pág. 108: "La société civile est formée de l'union de toutes les volontés en une seule. L'obéissance des particuliers, à l'égard de la société ou de celui qui la représente éminemment, est donc ce qui la constitue. Le Souverain, en donnant des Lois, soumet les lumières mêmes de ces sujets. On doit lui obéir parce qu'il commande, & non pas parce que ce qu'il ordonne paraît juste."

[445] Idem, *ibidem*, IV, pág. 106: "La soumission volontaire des Sujets, dans la formation de l'Etat ou après sa conquête, emporte *l'engagement d'obéir au Souverain, & exclud toute résistance à ses volontés*, lorsqu'il veut employer l'Autorité publique, qui est ses mains, à un usage qui lui paraît utile pour le bien public; *les Citoyens ne peuvent donc employer leurs propres forces que de la manière que le Souverain l'ordonne, ils ne peuvent légitimement refuser de lui obéir, & il est en droit de les y contraindre; mas il est une distinction nécessaire entre l'obéissance active & l'obéissance passive.*"

[446] Idem, *ibidem*, VI, pág. 162: "Le Souverain doit agir en maître. Les Sujets sont toujours religieux à obéir, lorsque les Princes sont fermés à commander, & la difficulté d'obéissance vient moins des choses commandées, que de l'indifférence avec laquelle il semble que le Prince les veuille & les ordonne."

[447] Idem, *ibidem*, IV, pág. 108.

[448] Idem, *ibidem*, I, pág. 122.

Em sequência e sendo a lei do Estado ou Fundamental inerente à constituição do próprio Estado, enquanto acto de vontade do soberano, "quelque auguste que soit le pouvoir des Rois, il n'est pas au dessus de la Loi fondamentale de l'Etat. Juges souverains de la fortune & du sort de leurs sujets, dispensateurs de la Justice, distributeurs des grâces, ils n'en doivent pas moins observer une Loi primitive à laquelle ils sont redevables de leur Couronne. Les Lois Fondamentales de l'Etat ont précédé la grandeur du Prince, & doivent lui survivre"[449].

Quanto à organização política que ao Estado preside, De Real entende que são preferíveis as monarquias hereditárias às electivas, enquanto a monarquia absoluta tem vantagens sobre a temperada[450]. Manifesta-se mesmo contrário às ideias de Montesquieu, acusando as monarquias limitadas[451], e procurando demonstrar a inépcia prática da tão propalada Liberdade inglesa. Para De Real as vantagens deste tipo de Governo apenas existem nas suas anglófonas cabeças, nunca na realidade. A circunstância da soberania ser partilhada, retira-lhe o seu carácter de perfeita e, logo, não pode ser considerada como admissível.

Ao mesmo tempo, De Real vai mais longe que qualquer outro escritor até então, na medida em que considerando que o próprio Corpo místico deve estar submetido ao monarca, "pour donner main forte quand la parole du pasteur ne sufflit pas"[452], está a afirmar que o soberano pode ter uma intervenção directa na própria Igreja, por força do seu direito de cristão e protector da mesma Igreja[453].

De Real admite e incentiva a intervenção do monarca no foro interno e externo da Igreja. No primeiro caso como protector máximo da mesma, no segundo por força da soberania. Este será um tema importante para os portugueses que se irão dedicar ao problema, sobretudo na figura de António Pereira de Figueiredo e para os próprios Vintistas que adaptaram as ideias absolutistas de De Real ao regalismo, que intentaram sedimentar em definitivo depois de 1820.

Em síntese: trata-se de um pensador cujo raciocínio assentava à perfeição na política josefina, não admitindo nada para além da régia soberania de origem divina e o respeito ético pelas Leis Fundamentais, porque o mesmo soberano as instituiu. A Lei Fundamental constitutiva da sociedade compaginava-se com o Poder absoluto, que deveria exercer-se por meio da justiça, como núcleo unificador do Corpo Político e garante da sua conservação.

Claude Mey é publicista e depois de intitular este passo do seu trabalho sob designação "Les Rois sont pour les Peuples, & non les Peuples pour les Rois"[454], estabelece

---

[449] Idem, *ibidem*, IV, pág. 130.
[450] Idem, *ibidem*, I, pág. 374.
[451] Idem, *ibidem*, IV, pág. 132, considera como soberania imperfeita aquela que, dentre outras, "(...) n'est pas pleine & entière, c'est-à-dire lorsque le Souverain n'exerce pas tous les actes de la Souveraineté."
[452] Idem, *ibidem*, VII, pág. 266.
[453] Idem, *ibidem*, VII, pág. 267: "S'il est du devoir des Princes de faire observer les Commandements de Dieu, proposition dont on ne peut douter sans impiété, il doit être de leur pouvoir de faire des Lois sur ce qui peut concerner son culte. Obligés à la fin, ils ont droit d'employer le moyen qui y conduit."
[454] Claude Mey, *Maximes du Droit Public français, Tirées des Capitulaires, des Ordonnances du Royaume, & des autres monuments de l'Histoire de France*, Seconde Edition, Tomes I-II, Amsterdam, 1775, I, pág. 6.

que existe um pacto que origina a sociedade – pacto social[455] – a que se segue uma eleição de alguém que lhes garanta a paz e a segurança necessárias, e cuja origem do Poder é divina[456]. Portanto, conciliação perfeita entre intervenção divina[457] e direito de eleição[458], numa relação natural e que será o timbre de Ribeiro dos Santos, ainda que neste caso e como se verá, a questão tenha de ser visualizada com maior cuidado.

De facto, não sendo particularmente bem tratado pelos especialistas em Poder político, mais uma vez injustificadamente, ainda que à semelhança de De Real, os dados biográficos que sobre ele existem sejam poucos ou nenhuns.

Posiciona-se, do mesmo passo, como uma das referências preferenciais do Vintismo, embora seja desconhecida qualquer alusão monográfica que lhe tenha sido dedicada em Portugal por essa época. São sobretudo claras as influências de Claude Mey no chamado jornalismo da emigração, em que as suas ideias assomam em formulação relevante e que será uma das autoridades seguidas para minar as estruturas do Antigo Regime português. Em fase anterior, seria uma das referências de Ribeiro dos Santos na polémica encetada com Mello Freire.

São objectivos de Claude Mey provar que os Reis são próprios para os Povos e não os Povos para os reis[459]; que a lei natural é fonte originária de todo o Direito[460]; que o despotismo é contrário ao Direito Divino, ao Direito Natural e mesmo contra a ideia de Governo[461]; que a propriedade da Vida e dos bens dos indivíduos, assim como a sua Liberdade devem ser alvo de protecção de leis[462]; que a França é uma monarquia temperada por leis fixas[463]; finalmente, que as Cortes dos soberanos são as depositárias das leis e onde todas as leis novas devem ser verificadas[464].

O Autor defende o Contratualismo Moderno, isto é, admite que a existência da sociedade procede de pacto celebrado entre os seus membros que depois escolhem um chefe para os dirigir, no pressuposto da intervenção divina como origem de todo o Poder.

Apesar de De Real e Mey divergirem em pontos essenciais no seu raciocínio, não se pode classificar Mey como um liberal, porque não enquadra a Liberdade política

---

[455] Idem, *ibidem*, I, págs. 7 e 8: "les hommes voulant vivre en société n'ont pu se dissimuler les inconvénients nécessaires d'une égalité parfaite qui les réuniront dans une indépendance réciproque. Il a fallu choisir un chef, déposer dans sa main les intérêts du corps. C'est donc pour se garantir des maux qui eussent été les suites inévitables de l'anarchie; c'est pour vivre tranquilles & heureux sous l'empire d'un seul qu'ils ont choisi parmi eux un monarque, chargé du poids de l'administration générale. Voilà, selon les Jurisconsultes, la cause première des engagements mutuels du Prince & des Sujets."
[456] Idem, *ibidem*, II, pág. 143: "rien n'est moins contradictoire que le choix du Peuple & la communication de la Puissance Divine. Dieu revêt de son Autorité, celui que les hommes ont choisi pour être à leur tête. Approuvent toutes les formes de Gouvernement, [à l'exception du Despotisme] il se prête au voeu des électeurs, & fait descendre sa puissance sur celui qui a été élu par des moyens humains."
[457] Idem, *ibidem*, II, págs. 144 e ss.
[458] Idem, *ibidem*, I, pág. 39: "Quand les peuples se sont réunis en corps d'État, & qu'ils ont choisi un Roi, ils étaient libres (...)."
[459] Idem, *ibidem*, I, págs. 6 e ss., especialmente págs. 19 e 20.
[460] Idem, *ibidem*, I, pág. 24.
[461] Idem, *ibidem*, I, págs. 32 e ss.
[462] Idem, *ibidem*, I, págs. 84 e ss.
[463] Idem, *ibidem*, I, págs. 225 e ss.
[464] Idem, *ibidem*, II, págs. 1 e ss.

enquanto consagração do direito individual de Liberdade no plano político, o mesmo sucedendo com os demais direitos fundamentais. Em certo sentido, poderá dizer-se que este prático francês se aproxima bastante de outro Autor, Samuel Pufendorf, por motivos que agora serão vistos para um e mais adiante para o outro.

Daí à elevação dos direitos dos Povos[465], patrocinada por uma protecção segura das leis[466] e estribando-se numa monarquia temperada como a preferível[467], é apenas um passo em Claude Mey. Não que isso signifique retirar ao Poder régio qualquer atributo de independência que lhe é própria, simplesmente que esta é compatível tanto com monarquias absolutas como com monarquias temperadas[468], muito ao contrário da opinião De Real.

Explicitando um pouco mais, entende Claude Mey, que foi a percepção que a plena Igualdade primitiva entre os homens, em estado de natureza, lhes era nefasta, a causa da criação dos monarcas, após o estabelecimento da sociedade[469]. O soberano deve ser considerado um Pai do Povo que compõe o Corpo em que ele é chefe, para o que se sustenta nos ensinamentos de outros Autores, onde destaca Heinécio[470], e ponto que pretende de imediato ligar à religião, uma vez que a autoridade desta doutrina é por ela defendida[471].

---

[465] Idem, *ibidem*, I, pág. 39: "*Quand les peuples se sont réunis en corps d'État, & qu'ils ont choisi un Roi, ils étaient libres, & avoient la propriété de leurs personnes & de leurs biens. S'ils ont volontairement abdiqué quelque portion de ces heureuses facultés, ils n'en ont fait le sacrifice que dans la vue d'en être dédommagés, & qu'autant que ce sacrfice pouvait être nécessaire pour la formation de la République, pour le bien commun de ceux dont elle devait être composée.*"

[466] Idem, *ibidem*, I, pág. 225: "*Il est de l'essence de tout Etat Monarchique d'être gouverné par des Lois; sans cela il ne différait pas des Empires despotiques. La volonté du Monarque despote est la seule Loi vivante, & proprement dite de ces Empires barbares. Si l'on y observe quelques Lois, parce que toute Société exige un ordre quelconque, elle sont plutôt des usages, des coutumes, ou approuvés ou tolérées par le Prince, que des lois véritables. Le Despote les suspend ou les change quand il veut, comme il le veut; & ses Successeurs, aussi indépendants que lui de toute Loi, en disposent arbitrairement comme il leur plaît. Il en est autrement dans les Monarchies: elles ont des Lois; elles doivent être gouvernées par Justice, & non à discrétion. Le pouvoir arbitraire y est inconnu: ce n'est point ce que veut le Monarque, mais ce que la Loi décide, qui forme la règle; & le Prince ne peut pas, par un acte de volonté absolue, empêcher l'exécution de la Loi, ni priver les Sujets des droits qui leur sont acquis par sa disposition.*"

[467] Idem, *ibidem*, II, pág. 1: "*La Monarchie ne peuvent subsister sans Lois, il faut qu'elles saient connues; qu'on puisse y avoir recours dans le besoins: qu'elles soint placées dans un dépôt sûr, où il soit facile de les consulter. Ce dépôt, (nous l'avons appris de l'Impératrice de Russie) ne peut être que dans les Corps Politiques qui sont des canaux moyens par où découle la puissance du Souverain; & lorsque le Prince fait une loi nouvelle, il est essentiel que ces corps l'examinent, qu'ils droit de faire des représentations, s'ils trouvent que la loi soit opposée au Code des lois, nuisible, obscure, impraticable dans l'exécution, & même de refuser l'enregistrement, sur tout si la loi est contraire à l'ordre établi dans l'État.*"

[468] Idem, *ibidem*, II, pág. 134: "*Quand Loysel a mis en maxime que le Roi ne tient son royaume que de Dieu et de l'épée, il a voulu dire qu'il n'a point de supérieur ici-bas; qu'il ne relève ni du pape, ni de l'empereur, ni d'aucune autre personne qui puisse exiger de lui l'hommage.*"

[469] Idem, *ibidem*, I, pág. 8: "*qu'ils ont établi sur eux-mêmes, auquel ils ont donné pouvoirs de punir les crimes, de faire des lois, afin qu'ils pussent vivre en paix, & ils ont promis de lui obéir, & de l'aider de tout leur pouvoir.*"

[470] Idem, *ibidem*, I, pág. 9: "*Ut populi securitas & salus, suprema Monarcae lex esse debeat, eoque ipso hic differat à tyranno, qui ad suam tantùm securitatem utilitatemque omnia refert.*"

[471] Idem, *ibidem*, I, págs. 17 e ss: "*(...) ce qui doit mettre le dernier sceau à l'Autorité de cette doctrine, qui a réuni le suffrage des Jurisconsultes, des Politiques, des Philosophes, c'est que la Religion l'approuve & la confirme.*"

Quanto ao despotismo, uma vez mais, segue a doutrina da época, distinguindo entre monarquia absoluta e despotismo oriental, esse sim onde reina a arbitrariedade, ideia que depois se confirmará na contestação daqueles que encontram no Governo francês um despotismo, ainda que na versão esclarecida[472]. Poder absoluto e Poder arbitrário são incompatíveis e irreconciliáveis[473].

"Quel est l'objet d'un Gouvernement absolue? Ce n'est certainement point de priver les hommes de leur liberté naturelle, mais de diriger leurs actions vers le plus grand de tous les biens", restringindo o mínimo possível a Liberdade natural, respondendo aos melhores fins que os homens se propuseram ao formar sociedades civis. Este aspecto que é muito interessante na abordagem de Claude Mey, será retomado adiante, quando se fizer o seu contraponto com a monarquia limitada.

A isto se liga também a questão do Poder do soberano de origem divina[474]. E, uma vez que assim é, importa averiguar[475] se existe ou não possível limitação ao exercício da soberania. Estes os motivos que conduzem à sua subsequente análise do direito de resistência; a revolta ou resistência activa nunca são admissíveis e a resistência passiva, que significa a oposição à obediência devida, só moderadamente.

A acção do Príncipe tem limites necessários: o Direito Natural, a equidade e o Direito Divino. E "même par les lois particulières de la Nation sur laquelle s'exerce le pouvoir public"[476]. Por consequência o Rei tem autoridade sobre os seus vassalos. Eles mantêm-se livres e não se tornam escravos porque, nos casos em que eles são submetidos à escravidão e perdem a Liberdade, não se pode falar em monarquia, antes em despotismo[477].

---

[472] Idem, *ibidem*, I, págs. 32 e ss.
[473] Idem, *ibidem*, I, págs. 37 e 38: "Il ne faut donc pas confondre le pouvoir absolue avec le pouvoir arbitraire; ce serait se précipiter dans l'un de ces deux écueils, ou métamorphoser la Monarchie en despotisme, c'est-à-dire, changer un Gouvernement sage & raisonnable en un Gouvernement *barbare & odieux*, ou contester au Monarque la puissance absolue, sous prétexte qu'elle doit être exercée conformément aux lois."; págs. 59 e 60. Aproveita para elogiar os déspotas esclarecidos, nomeadamente Pedro, "O Grande" e Catarina da Rússia, que levantaram o seu país das trevas.
[474] Idem, *ibidem*, I, pág. 38: "*une puissance parfaite & entière de tout point, sans degré de supériorité*; car celui que a un Supérieur, ne peut être Suprême ou Souverain: *sans limitation de temps*, autrement ce ne serait plus puissance absolue, mais une puissance en garde ou en dépôt: *sans exception de personnes*, parce que ce qui en serait démembré ne serait plus de l'État. Mais cette puissance, quelque absolue qu'elle soit, n'est pas arbitraire, parce qu'elle doit être *exercée par justice, & non à discrétion*."
[475] Idem, *ibidem*, I, págs. 37 e ss: "ils [os jurisconsultos] ne prétendent approuver le pouvoir illimité dans son exécution, ni en faire un droit de la souveraineté; ils entendent seulement que les Sujets obligés de souffrir ces excès, n'on pas le pouvoir de résister." O Autor continua a basear-se nos Autores seus coevos e alguns mais antigos, procurando apresentar uma visão histórica da situação para apoiar as suas ideias.
[476] Idem, *ibidem*, I pág. 39.
[477] Idem, *ibidem*, I, págs. 41 e 42: "C'est aussi une maxime établie par les Publicistes, que la liberté primitive des citoyens est nécessairement restreinte par rapport aux actes que l'ordre public rend indispensables. (...) Le but de la faculté est de vivre les hommes dans la paix & dans la sécurité: tout doit être subordonné à cet objet capital. Il faut donc que les citoyens s'abstiennent de toutes les actions que ne se concilieront pas avec ce point essentiel; & la loi du bien public que les leur interdit, gêne & réfère leur liberté. (...) Il faut raisonner de la liberté comme de la propriété des biens. Le sujet perd sa liberté dans les choses où il doit obéir au Prince: la liberté naturelle est incompatible avec la dépendance, & quiconque est soumis à la volonté d'autrui, cesse d'être l'arbitre de lui-même, dans tous les points où celui à qu'il il assujetti, a droit de lui commander."

Por aqui se compreende a sua ideia no plano da formação da sociedade, mas também ao nível da renúncia à Liberdade e demais direitos iniciais, "puisqu'on ne saurait être sujet sans dépendre; mais parce que les hommes, en se mettant en société, n'ont cédé de droits sur leurs personnes & leurs actions que pour le bien commun, pour concourir à l'intérêt & au bonheur général, la sujétion du citoyen ne s'étend pas au loin; le droit de la puissance publique ne porte que sur le service dû à la société, sur les actes où elle est intéressée. Pour le surplus, la liberté naturelle subsiste, & le citoyen se est réservée"[478].

Portanto, entende que a Liberdade natural se mantém na transição do estado de natureza para o de sociedade[479], apenas devendo sofrer limitações no ponto em que tal seja necessário para a manutenção do Estado[480].

Porque motivo elogia Claude Mey a monarquia absoluta e, em simultâneo, entende afirmar que a francesa é temperada?

Remontando às primitivas leis gaulesas, considera-as coevas da fundação da monarquia e o seu suporte essencial. E, baixando à explicação do problema, faz uma rápida resenha da diferença existente entre os dois exemplos de monarquia, uma vez que na suposição que este sistema de Governo pressuponha a existência de leis, "le pouvoir souverain différent suivant les États, est absolu dans les uns restreint dans les uns, restreint dans les autres par des Lois Fondamentales"[481].

Bastamente influenciado pelo discurso jusnaturalístico que o antecedeu[482] afirma que a diferença entre monarquias absolutas e limitadas é patente[483]. A monarquia limitada distingue-se da absoluta em função dos limites que se opõem ao exercício do Poder, com base em Leis Fundamentais naturais ou positivas[484]. No primeiro caso

---

[478] Idem, *ibidem*, I, pág. 44.

[479] Idem, *ibidem*, I, pág. 39: "[Les peuples] avaient la liberté de leurs personnes, la propriété de leurs biens. Ils n'ont renoncé à ceux deux avantages qu'autant que cela était nécessaire à la formation de la société. Ils ont réservé tout le restells ont voulu conserver la liberté & la propriété."

[480] Idem, *ibidem*, I, pág. 40: "C'est (...) une maxime établie par les Publicistes, que *la liberté primitive des citoyens est nécessairement restreinte par rapport aux acte que l'ordre public rend indispensables.* (...) Le but de la société est de faire vivre les hommes dans la paix & dans la sécurité; tout doit être subordonné à cet objet capital. (...) Mais il n'est pas moins certain que *le sacrifice de cette liberté n'ayant d'autre principe que l'intérêt général qui le commande, il ne doit s'entière au-delà de ce que le bien public exige, & que par conséquent les citoyens conservent leur liberté pleine & entiere sur tout le reste.*"

[481] Idem, *ibidem*, I, pág. 227. É este o quadro de análise que influenciará os nossos liberais, sobretudo os que partilham a tradição inglesa e fazem apelo à História no sentido da verdadeira regeneração, de que se vêm como representantes ideais.

[482] Idem, *ibidem*, I, págs. 229 e ss., refere explicitamente Burlamaqui, Autor que trataremos adiante em particular, sobretudo no que respeita à diferença entre as monarquias limitadas e as absolutas, no sentido em que limitação aqui é vista como a existência ou não de Leis Fundamentais e não tanto da distribuição do poder por vários órgãos institucionais.

[483] Idem, *ibidem*, I, pág. 242: "tous les Jurisconsultes qui ont traité du Droit de la Nature & des Gens, ont admis la même distinction de Monarchie absolue, & de Monarchie limitée. La première est celle où le Prince a reçu la Couronne sans acune condition, où il en exerce seul tous les droits sans prendre conseil de personne, sans avoir d'autre frein que la Loi de Dieu, la Loi Naturelle, le bien de l'État. La Monarchie limitée est celle où dans l'usage de sa puissance, le Monarque est astreint à certaines Lois, à certaines conditions qui lui ont été imposées."

[484] Idem, *ibidem*, I, pág. 242, por referência ao Pensamento de Burlamaqui, que cita as págs. 229 e ss. As primeiras provêm do Direito Natural e versam a Segurança, a Justiça, o Bem Público, etc., mas *"cela seul ne suffit pas pour rendre la Souraineté limitée"*, na medida em que elas *"ne diminuent rien le pouvoir absolu"*. Para isso são necessárias as "Lois Fondamentales *de droit,* que tempèrent

assistia-se à legitimação do Poder soberano; no segundo resultavam de convenções entre soberano e súbditos, "on approfondit inutilement pour les connaître, la nature de la Souveraineté, les caractères de la Puissance Publique"[485], originadas no direito dos Povos a reprimir o Poder e arvorando a sua efectividade[486].

Em Claude Mey não existe, como em De Real se verificava, uma comunidade política unitária que se expressa pela boca do soberano, antes, como um balanceamento entre os Poderes dos povos – a Liberdade dos povos – e o régio Poder, que era o seu representante mais acabado.

Como consequência, há assinalável divergência entre este Autor e boa parte dos seus coevos no que à matéria diz respeito. Ao admitir na comunidade um interlocutor válido do Poder, como sujeito de direitos, encontra-a em tal posição não só como base fundante na formação da sociedade mas igualmente na tutela e posterior conservação da mesma.

A tanto subjaz a sua acutilante observação, segundo a qual "une loi peut être fondamentale, quoique postérieure au temps où le trône a été pour le premier monarque. Assez ordinairement, ces lois ont été imposés au prince qui a reçu la couronne, comme des conditions qu'il serait obligé de suivre. Mais rien n'empêche qu'une convention plus récente entre le prince et la nation, ne constitue une lois fondamentale; c'est une maxime générale que les parties contractantes peuvent se désister d'une convention pour en former une nouvelle (...)"[487].

E conclui: "Il est donc possible que dans un Etat, où le Prince établi sans aucune limitation du Pouvoir Souverain, n'avait d'autres obligations que celles qu'impose la Constitution Monarchique, consente par un nouvel engagement avec les Etats de son Royaume, à l'établissement de quelques Lois fondamentales positives, qui procurent en même temps une plus grande félicité pour les Peuples, & plus de sûreté au Monarque"[488].

Quer isto dizer que em Claude Mey há, claramente, uma limitação intrínseca na fisionomia da monarquia que defende. Não é porque detenham os Povos quaisquer direitos de soberania, que esses são privativos do Príncipe; é em função do pacto originário que é possível limitar o Poder do monarca, como resulta da conjugação entre Leis Fundamentais naturais e positivas. Não está em causa limitar Poderes soberanos do monarca pelo Povo, porque este não detém a soberania. A única coisa que pode fazer é condicionar o exercício da soberania, como entenderá, posteriormente, Ribeiro dos Santos, ainda que partindo de pressupostos diversos: o marismo de finais de Setecentos.

Preconizando ideias reformistas, que eram também as partilhadas por outros coevos, queria reafirmar a credibilidade da monarquia francesa e distingui-la de qualquer ponta de arbitrariedade, num diálogo que se preconizava em permanência

---

toute Souveraineté; qui règlent toutes les monarchies, dont les Princes, même les plus absolus, ne saurait s'écarter (...)."
[485] Idem, *ibidem*, I, págs. 240 e 241.
[486] Idem, *ibidem*, I, pág. 246: "Les peuples ont le droit de limiter l'Autorité par des lois ou des établissements ne conviennent pas, peut ne pas accepter la couronne; s'il accepte, il s'engage à les observer, et consent que la nation prenne les moyens convenables pour l'empêcher de les violer ou de les détruire."
[487] Idem, *ibidem*, I, pág. 258.
[488] Idem, *ibidem*, I, págs. 260 e 261.

entre soberano e Povos, reciprocamente defendendo os seus direitos e garantindo a legitimidade do exercício do Poder.

Há certamente Liberdade dos povos, na medida em que intervêm, estratificadamente, na conformação positiva das Leis Fundamentais, outro tanto não é possível quanto à Liberdade política nem no que respeita ao indivíduo nem, no plano mais vasto, da comunidade.

Novo aspecto decisivo em Claude Mey e ao qual, como quase sempre, se presta reduzida atenção, consta de um texto autónomo que se encontra imediatamente a seguir às *Máximes du Droit Publique*, intitulado *Dissertation sur le Droit de Convoquer les États Généraux*[489]. Este texto é extraordinariamente importante, pese embora o seu tamanho reduzido, servindo para justificar, entre outras coisas, a legitimidade que os Vintistas se arvoraram para a convocação das Cortes Constituintes, à revelia do soberano, o que é outra manifestação da Liberdade política colectiva no domínio da comunidade, no contexto da sua mais embrionária expressão em Portugal. Neste caso, Claude Mey vai mais longe, que no seu trabalho de maior fôlego.

Mais uma vez a questão que se discute são as Leis Fundamentais e a sua observação estreita. "(...) si ces Lois sur lesquelles sont appuyées les Droits de la nation reçoivent quelque atteinte de la part de celui qui est chargé de les faire observer, qui viendra au secours de la Nation contre l'oppression & contre l'injustice de son Chef? Qui est-ce qui parlera pour elle, & maintiendra l'exécution des Lois Fondamentales? Il est évident que c'est à la Nation elle-même à faire valoir ses droits; car qu'est-ce qu'un droit qui n'est pas accompagné du droit de le faire valoir, ou au moins du pouvoir de réclamer contre la violation de ce Trône & d'y porter leur doléances. Il est donc nécessaire que la Nation en Corps s'adresse elle-même à son Chef par ses Représentants"[490].

Se isto parece uma evidência, outro tanto não resulta quanto ao Poder da sua convocação, que é sem dúvida do soberano. Dito por outras palavras, este Poder de convocação que o soberano detém, não pode ser substituído pela Nação, convocando-se a ela mesma, ou mediante idêntica atitude tomada por Grandes do reino, Príncipe ou outras pessoas com capacidade para o fazer "sans être coupables de rébelion & d'attente contre l'Autorité Souveraine."

Qual a resposta a dar ao problema?

O tema não é simples mas o Autor decide-se pela positiva, no pressuposto que uma recusa desse tipo deixaria de configurar uma situação de Absolutismo para passar a Governo despótico. Em presença de atitudes arbitrárias por parte do Governo, não só é possível a Nação retomar os seus direitos, como é quase um dever que se impõe. Caso contrário, a generalidade dos súbditos das monarquias europeias, não teria possibilidade de lutar pelos seus direitos. Retomando ideias antes desenvolvidas, "S'ils ont [o Povo] le pouvoir de convoquer les Parlements, il faut que le pouvoir de les convoquer leur ait été donné, & il ne pouvait leur être donné par ceux en qui il ne résidait pas originairement"[491]. Deus, Ele mesmo.

2.2. A Holanda

A paleta hobbesiana foi, em alguma medida, aproveitada por Espinosa, de reduzido impacto em Portugal, pese embora tenha sido um dos mais importantes renovadores

---

[489] Idem, *Dissertation sur le Droit de Convoquer les États Généraux,* publicada em conjunto com as *Maximes* mas enquanto texto autónomo.
[490] Idem, *ibidem,* pág. 1.
[491] Idem, *ibidem,* pág. 3.

DA HISTÓRIA DA IDEIA DE LIBERDADE

do Pensamento europeu, na linha de alguns judeus portugueses que por essa Europa fora iam fazendo carreira.

De uma forma tão simples quanto possível pode afirmar-se que Espinosa se ufanava – sem dúvida com alguma razão – da Liberdade de consciência na sua pátria, sendo certo que a Liberdade em si mesma era o mais precioso dos bens. Este é o ponto onde o filósofo holandês poderá ter maior interesse, por contraposição do seu conceito de Liberdade de consciência e de tolerância religiosa ao que era seguido em Portugal.

Esse facto, conjuntamente com as suas origens judaicas terá levado a que, em todos os tempos e sobretudo antes de 1820, tenha sido incompreendido, mal grado e de péssima reputação, a merecer honras de Índex com grande probidade.

Os portugueses de Setecentos conheciam este judeu holandês, liam-no e criticavam-no[492]. Isso aconteceu com Verney como aconteceu com Soares Barbosa; por esse facto, se deixa aqui sumaríssima verificação sobre o seu Pensamento.

2.3. Contributos alemães ou o jusracionalismo na sua teorização acabada

Sendo a Liberdade entendida como a faculdade interna de se fazer o que se quer ou julga a propósito (no presente contexto), isso implica uma imediata separação entre o indivíduo que vive em estado de natureza e os demais seres da Criação. Um salutar ponto intermédio na visualização da Liberdade.

É conhecido o apreço em que Pufendorf tem a ideia de Liberdade. Não apenas em função das definições que ficaram explicadas e da sua tese dos *entia moralia*, cuja caracterização plasma essa mesma Liberdade, mas também na articulação que encontra este estado de natureza e Liberdade.

Em termos meramente teóricos, o problema colocava-se ao nível do indivíduo isolado, sem recurso a apoio divino ou humano doutrem, e que seria o ponto de partida para o ficcional estado de natureza. Pufendorf vai, contudo, mais além desta perspectiva, uma vez que considera que na realidade se demonstra a existência de núcleos humanos organizados por famílias e em que cada membro conserva a sua Liberdade natural em relação aos demais homens.

No estado de natureza não havia superior, logo não havia submissão do homem senão às leis que ele próprio se reconhecia: o Direito Natural. No estado de sociedade, porque há superior, Rei, Príncipe ou o que se lhe queira chamar, há submissão desde que exista Liberdade para alguém se obrigar[493], ou seja, que alguém detenha uma vontade livre e esclarecida que lhe permita assumir a obediência ao superior para sua própria segurança. Este "Supérieur" é um ente que não apenas tem "des *forces* suffisants pour faire souffrir quelque mal aux contravenus; mais encore de *justes raisons* de prétendre gêner, comme il le juge à propos, la liberté de ceux que dépendent de lui"[494].

---

[492] Consta do "Catalogo de livros defesos neste Reino, desde o dia da Criação da Real Mesa Cençoria athé ao prezente. Para servir de expediente na Caza da Revisão", publicado por Maria Adelaide Salvador Marques, pág. 193, assim como já era mencionado no Índice de 24 de Setembro de 1770, *ANTT, RMC*, caixa 1, com todas as suas Obras condenadas.

[493] Samuel Pufendorf, *Les Devoirs de l'Homme et du Citoyen*, I, pág. 63, definindo o que entende por obrigação: "(...) un lien de Droit par lequel on est sa astreint à faire ou à ne pas faire certains choses", reconhecendo que toda a obrigação implica um freio à nossa Liberdade.

[494] Idem, *ibidem*, I, pág. 67: "La volonté de l'Etat, qui este le principe des actions appelasses publiques, parce q'on les attribue à tout le Corps, réside, (...) ou dans une seule Personne, ou dans une Assemblée, selon les différents formes de Gouvernement." E em glosa acrescenta-se que "dans une Monarchie, la volonté du Roi est la volonté de l'État."

Tanto se deduz dos considerandos que produz sobre a Liberdade de escolha plasmada na vontade humana[495], demonstrativos da diferença que existe entre Razão natural, Direito Natural e Teologia moral, Revelação, com os competentes reflexos no campo do Direito Civil. Este é também o sentido que será visto em detalhe à frente e apresenta no *Le Droit de la Nature et des Gens*[496] admitindo que logo que os homens entram em sociedade civil "on perd la liberté Naturelle, & l'on se soumet à une Autorité Souveraine (...)", sendo os dois textos idênticos quanto à formulação no resto do discurso.

Assim, e como seria de esperar por força das ideias que lhe são conhecidas, teria de proceder a definição do que seja estado de natureza[497], como ponto de partida para o ulterior estado social[498]. Estado de natureza – configurado em oposição a Hobbes[499] – seria uma condição em que "l'on conçoit que chacun se trouve par la naissance, en faisant abstraction de toutes les inventions & de toutes les établissements ou purement humains, ou inspirez à l'Homme par la Divinité, que changeant la face de vie humaine", sendo que os seus correspectivos opositores serão aqueles que compreendem "non seulement les diverses sortes des Arts et des autres commodités de la vie en général, mais encore les Sociétez Civiles, dont la formation est la principale source du bel ordre qui se voit parmi les Hommes"[500].

E, visto que a Liberdade absoluta apenas pode consubstanciar-se em Deus e que ao homem cumpre ser "um mais" em relação aos animais como seres físicos e não morais, então qual será a proposta que o Autor apresenta para enquadrar a Liberdade dos *entia moralia*?

Por outro lado, Pufendorf divorcia-se da linha de Aristóteles ao falar em sociabilidade humana[501], que advém do Direito Natural[502], assim como se afasta de Hobbes que entendia estar na origem das sociedades civis o medo, o receio o temor, porque

---

[495] Em tese geral, Pufendorf não entende que se possa destruir a Liberdade natural. Nem a mais extremada sujeição poderia admitir tal, como consta de I, págs. 39 e ss., da Obra que se vem citando.
[496] Samuel Pufendorf, *Le Droit de la Nature et des Gens*, II, pág. 251.
[497] Idem, *ibidem*, I, págs. 149 e ss.
[498] Idem, *Les Devoirs de l'Homme et du Citoyen*, II, págs. 1 e ss.
[499] Idem, *Le Droit de la Nature et des Gens*, I, pág. 162, considera ao contrário de Hobbes e baseando-se nas Sagradas Escrituras que "l'État de nature est un état de paix plutôt qu'un état de guerre; & que naturellement les Hommes sont amis les uns de les autres, plutôt qu'ennemis." Além disso, e mesmo no estado de natureza, como escreve a pág. 165, "de sorte que pour donner une juste idée de l'État de la Nature, il ne faut nullement en exclure l'usage de la droite Raison, mais plutôt le joindre inséparablement à l'operation des autres facultes de l'Homme."
[500] Idem, *ibidem*, I, pág. 149.
[501] Será oportuno recordar que existe aqui um pequeno problema de linguagem. O "Ser social" de Aristóteles não é o mesmo que o "Animal Sociable" de Pufendorf. A concepção de Pufendorf implica menos uma determinação do objecto que levará o homem a agir em função da "prudência aristotélica" que um obstáculo ao conhecimento. Ou seja, "a ideia de provável" agora nada tem de ver com conotações teológicas e/ou cépticas, antes resulta da efectiva consciência de uma antropologia do Ser humano que o conduz, em tese geral, a uma conflitualidade latente. Por ele mesmo e em si mesmo, note-se.
[502] Muito embora seja considerado como o primeiro grande responsável por uma moderada sintonia entre o Pensamento da Reforma e da Contra-Reforma, protagonizada por Melanchton e Suarez. Pela sua aproximação clara a Lutero, naturalmente que essa "cordialidade" terminou, extremando-se os dois campos do jusnaturalismo: o católico e o reformista.

"eles, os homens, eram maus"[503]. Não significa isto que Pufendorf não aproveite os citados contributos e, curiosamente, vai ao ponto de estudar em conjunto Aristóteles e Hobbes, o que é manifestamente pouco habitual[504].

Ao contrário do que sucede com a maior parte dos seus "colegas" que rejeitam por completo a visão aristotélica como inata ao homem, não tem qualquer pejo em adaptar o Estagirita no que lhe convém[505], ideia que se evidencia ao longo de toda a reflexão[506] já que escreve ser o homem "un Animal Sociable (...), destiné par la Nature à vivre en Société avec ses semblables."

Tratando de aperfeiçoar estas noções, sempre se dirá que a sociabilidade – e não a determinação à sociedade – é o que permite a Pufendorf integrar o princípio do valor do indivíduo, caro aos jusracionalistas Modernos, numa panóplia de normas morais universalmente reconhecidas e aceites e para cujo efeito decidiu elaborar o seu *Le Droit de la Nature et des Gens*. Daí a adaptação de Aristóteles e do seu naturalismo social que se transmuda em valorização do indivíduo e sociabilidade do mesmo, como sua característica mais acabada ou, de outro modo, a reversão de dois conceitos vistos agora como distintos: sociedade e sociedade civil[507].

Assim sendo, Pufendorf coloca o sentido próprio de sociedade civil, pela distinção entre sociabilidade e aptidão política[508]. Tanto permite-lhe assumir uma posição algo

---

[503] Samuel Pufendorf, *Le Droit de la Nature et des Gens*, II, pág. 220: "(...) on n'entend pas le mot de *crainte* cette Passion incommode qui consiste dans le trouble d'un esprit effrayé & déconcerté, mais toute précaution raisonnable contre les maux avenir, en un mot cette force de Défiance, qui, comme on le dit en commun Proverbe, *est la Mère de la Sureté*. Et par là il est aisé de réfuter une Objection, que proposent quelques-uns [Hobbes]: Tant s'en faut disent-ils, *que la Crainte ait produit les Sociétés Civiles, qu'au contraire, si les hommes eussent appréhendé quelque chose de la part les uns des autres, ils n'auraient pas osé seulement se regarder, & fuyant l'un d'un côté, l'autre de l'autre, ils seraient demeurez perpétuellement séparez*. Beau raisonnement! Comme si le mot de craindre emportait toujours une frayeur qui oblige à prendre la fuite! & comme s'il ne signait pas encore *soupçonner* simplement, *se désir*, se tenir sur ses gardes."

[504] Idem, *ibidem*, II, págs. 214 e ss.

[505] Idem, *ibidem*, I, págs. 98 e 99: "(...) l'Homme étant (...) un Animal très-affectionné à sa propre conservation (...); il ne saurait subsister, ni jouir des biens que conviennent à l'état où il se trouve, s'il n'est *sociable*, c'est-à-dire, s'il ne veut vivre en bonne union avec ses semblables. (...) Les Lois de cette *Sociabilité*, ou les maximes qu'il faut suivre pour être un Membre commode & utile de la Société Humaine, sont ce que l'on appelle *Lois Naturelles*". Nas páginas seguintes o Autor desenvolve a matéria. Aparentemente Pufendorf é aqui novamente contraditório. De facto, se apresenta um projecto em fundar o direito como Ciência universal, isso opõe-se às ideias de localismo que Aristóteles, como é sabido, defendia – para este apenas era de justiça e de direito o que existia "intra muros" da sua Cidade.

[506] Idem, *ibidem*, II, págs. 214 e ss. Para desenvolvimentos, I, págs. 162 e ss., especialmente pág. 195, em que resulta da Sagrada Escritura que o estado de natureza foi um "état de paix plutôt qu'en état de guerre; & et que naturellement les Hommes sont amis les uns des autres (...)", no que contraria abertamente Hobbes, como quase sempre ao longo da sua Obra. Craig L. Carr and Michael J. Seidler, "Pufendorf, Sociality and the Modern State", págs. 154 e 155, entendem que "Contrary to appearances, this is not merely na argument from political prudence. Fear, of course, often provides the immediate incentive to accept civil association, but there are other motives as well. It is reason (which is not merely in the service of fear) that indicates that civil society is the proper antidote for the evils which befall man from man, and hence that it is necessary for realizing a sociable environment and instantiating the spirit of natural law."

[507] Idem, *ibidem*, II, págs. 214 e ss.

[508] Idem, *ibidem*, II, págs. 215 e 216: "*Un Animal véritablement propre à la Société civile*, ou un bon citoyen, c'est à mon avis, un homme qui obéit promptement & de bon coeur aux ordres de son Souverain;

semelhante à de Hobbes, ainda que com contornos distintos em função das premissas de que ambos partem[509].

O tema da Liberdade é omnipresente no Pensamento do Autor. O do Direito Natural igualmente. Ora, como conciliar estes dois aspectos no plano do Direito Civil e mais precisamente no desenvolvimento da sua tese sobre a origem do Poder político em sociedade? Ou, o que é o mesmo, em que termos deve ser entendida a Liberdade do cidadão em diálogo com o Corpo Político?

No que respeita a esta última situação, diga-se que Pufendorf é um dos Autores que identifica Estado com Corpo Político e não o distingue de sociedade política[510].

A partir do Livro III do *Le Droit de la Nature et des Gens*, Pufendorf centra toda a sua atenção no contrato. E, todo o seu sistema de Direito subsequente, parte precisamente do contrato, como acordo que deve, em simultâneo, respeitar a Liberdade individual de cada um e realizar a felicidade de todos. Por isso o Autor é considerado como o modelo do Contratualismo Moderno, ao conciliar Direito Natural laico, com contrato social e origem humana do Poder político.

Na sua ideia, o processo de passagem ao estado social[511] desenrola-se em várias fases[512]. Por força da necessidade[513], dá-se a união dos indivíduos num corpo colectivo, regulando mutuamente por pacto as matérias que consideram indispensáveis à sua segurança e utilidade comum[514]. Este é um dos passos do escrito de Pufendorf onde as críticas desenvolvidas a Hobbes ganham maior acutilância, sendo certo que o inglês, no cômputo final, sai bastante maltratado da apreciação crítica.

A sociedade civil tem origem puramente humana e convencional[515]. É a partir da sua teorização dos contratos, talvez a mais apurada depois de vários séculos e da sua

---

qui travaille de toutes ses forces à l'avancement du Bien Public, & le préfère sans balancer à son intérêt particulier; qui même ne regarde rien comme avantageux pour lui, s'il ne l'est aussi pour le Public; qui enfin se montre commode & obligeant envers ses Concitoyens."

[509] Idem, *ibidem*, II, pág. 217: "(...) tel quel sens on peut véritablement apeller l'Homme un *Animal propre à la Société Civile*; c'est-à-dire, non pas comme se tous les hommes en général et chacun en particulier étaient naturellement capables de soutenir le personnage de bons citoyens; mais entant que du moins une partie des hommes peuvent y être formez par l'éducation (...)."

[510] Idem, *ibidem*, II, pág. 21: "Après avoir parcouru les *Sociétes Simples ou Primitives*, l'ordre veut que nous traitions maintenant du *corps Politique*, ou de l'*Etat*, qui passe pour la plus parfaite de toutes les Siociétez & d'où dépend sur tout, après la propagation de l'espéce, la conservation du Genre Humain."

[511] Idem, *ibidem*, II, pág. 217: "Depuis la multiplication du genre humain, les Sociétés Civiles sont absolument nécessaires pour sa conservation; de sorte que, cela posé, la Nature, qui n'oublie rien de tout ce qui tend à notre conservation ne peut que porter les Hommes à former de telles Sociétés."

[512] Idem, *Les Devoirs de l'Homme et du Citoyen*, II, capítulos II e ss., onde as várias fases são estudadas individualmente.

[513] Idem, *Le Droit de la Nature et des Gens*, II, pág. 194 e ss., por força da sociabilidade humana.

[514] Idem, *ibidem*, págs. 219 e ss., especialmente 223 e 224: "Je conviens donc, que, dans l'Etat de Nature, l'Obligation où chacun est de pratiquer envers les autres les Devoirs de la Loi Naturelle, n'est pas un aussi bon garant de notre sureté, que la protection & la défense qu'on trouve dans les Sociétés Civiles. Mais il faut avouer aussi, que les sujets de défiance ne sont pas si grands ni si ordinaires parmi ceux qui vivent dans la Liberté Naturelle, que chacun doive traiter les autres en ennemis."

[515] Idem, *Les Devoirs de l'Homme et du Citoyen*, II, pág. 65, idem, *Le Droit de la Nature et des Gens*, I, págs. 348-351: "(...) il est très-faux, que toute Empire dépende du consentement de ceux sur qui on l'exerce. Il n'a lieu qu'à l'égard de l'Autorité Humaine, que étant établie entre des Créatures naturellement égales, *n'est légitime qu'autant qu'elle est fondée sur une Convention, par laquelle ceux qui*

inviolabilidade, que examinará todas as questões do Direito Privado, a que se seguem as que mais interessam à presente investigação: do Direito Público, na relação entre Poder e Liberdade dos indivíduos e da sociedade.

Depois da sociedade civil se ter formado mediante uma primitiva convenção[516] – sociedade contratualista[517] – passar-se-á a uma outra fase, em que os homens escolhem uma ou mais pessoas a quem conferem o Poder do Estado[518], em função de se tratar de regime monárquico, aristocrático ou democrático[519], assim como se realiza a promessa mútua entre ambas as partes: uma promete a defesa e o Bem comum dos vassalos, a outra obediência incondicional.

Explicitando um pouco mais, o primeiro dos pactos na tese de Pufendorf, de união ou associação, visa o estabelecimento de uma sociedade que ultrapassando a condição natural e infra-política do homem, origine o Estado. A união faz-se entre homens livres e iguais, uma vez que no estado de natureza não existe dominação ou sujeição, o que implica todo um conjunto de dificuldades acrescidas quanto ao respeito que os homens devem ter uns aos outros, na ausência de qualquer possibilidade de coacção por um Poder legítimo superior.

O decreto[520], que se segue e deve fixar a forma de Governo, liga-se com a escolha[521] feita pela maioria mas a que a minoria não está obrigada. Contudo, se não aceitarem a opção, também não podem participar enquanto cidadãos do Estado nascente, per-

en dépendent se sont dépouillez du droit et du pouvoir qu'ils avoient de résister à quiconque voudrait les réduire sous son obéissance." Sobre o ponto, D. J. Manning, *Modern Ideologies*, pág. 64.

[516] Idem, *ibidem*, II, págs. 231 e ss.: "donc une *Multitude* de gens devienne une seule Personne, à qui l'on puisse attribuer une seule action, & qui ait certains droits par opposition à chaque Particulier, il faut nécessairement que tous ces gens l'ensemble, ayant, d'un commun accord, *uni leurs volontes & leurs forces par le moyen de quelque Convention*", sem a qual não haveria manifestação de vontades propriamente iguais.

[517] Idem, *ibidem*, II, págs. 231 e 232: "Pour découvrir comment cela se fait, supposons une multitude de gens, qui ayant vécu auparavant dans l'état de la Liberté & de l'Égalité naturelle, veuillent désormais former entr'eux une Société Civile. Il faut pour cet effet, que *chacun s'engage avec tous les autres & se faire joindre ensemble pour toujours en un seul Corps, & à pourvoir d'un commun consentement à leur sureté mutuelle.* (...)."

[518] Idem, *ibidem*, pág. 19: "(...) Il signifie [o Direito] (...) cette *qualité Morale par laquelle on a légitimement quelque Autorité sur les Personnes, & la Possession de certains Choses; ou en veré de quioil nous est dû quelque chose*: & sur ce point de vue, le *Droit* & le *Pouvoir* renferment à peu près la même idée. Il y a seulement cette différence, que le *Pouvoir* insinue plus directement la possession actuelle d'une telle qualité par rapport aux Choses ou aux Personnes, & ne désigne qu'obscurément la manier dont on l'a acquise. Au lieu que le *Droit* donne à entendre proprement & distintectement, que cette qualité a été légitimement acquise, & qu'ainsi on se l'attribue à juste titre." Este é o ponto de divergência fundamental no que respeita à temática do Poder civil que separa Pufendorf do despotismo esclarecido português. As razões serão vistas ao longo da exposição.

[519] Norberto Bobbio, *Sociedad y Estado en la Filosofía Moderna*, págs. 94 e ss.

[520] Samuel Pufendorf, *Les Devoirs de l'Homme et du Citoyen*, II, pág. 65: "Il faut ensuite faire une *Ordonnance générale*, pour laquelle on établisse la forme *du Gouvernement*; sans quoi il n'y aurait pas moyen de prendre aucunes mesures fixes pour travailler utilement & de concert au Bien Public."; idem, *Le Droit de la Nature et des Gens*, II, pág. 232.

[521] Idem, *Le Droit de la Nature et des Gens*, II, pág. 232; idem, *Les Devoirs de l'Homme et du Citoyen*, II, págs. 65 e 66: "L'Etat ainsi formé se conçoit sous l'idée d'une seule Personne, distincte de tous les Particuliers, & qui a son nom, ses droits, & ses biens propres, auxquels ni chaque Citoyen, ni plusieurs, ni même tous ensemble ne sauraient rien prétendre, mais seulement le Souverain. Pour donner donc une définition exacte de l'Etat, il faut dire, que c'est *une Personne Morale Composé dont la volonté par l'assemblage des Volontes de plusieurs réunis en vertu de leurs conventions, est réputée la volonté*

manecendo em estado de natureza[522]. Trata-se de um decreto no sentido de definir uma Lei Fundamental. Este acto liga governantes e governados, instituindo-se na base de uma troca entre a autoridade soberana e os cidadãos.

Segundo Pufendorf a convenção que cria o soberano institui, também, uma dupla obrigação: o acordo mútuo entre os sujeitos de obedecer ao escolhido e, por outro lado, um acordo de investidura a que o soberano fica ligado[523]. Os contornos de quem exercerá o Poder e o seu exercício em si mesmo ficam determinados, devendo conformar-se ao segundo pacto[524], cuja fisionomia de indispensabilidade[525] será vista adiante.

Existe, portanto, um pacto de união e um acto de escolha do detentor da soberania e sua investidura; no primeiro caso requer-se uma adesão voluntária e unânime de todos os contraentes[526]; no segundo apenas a maioria pode decidir a constituição da autoridade pública do Estado.

Finalmente, a terceira fase, implica uma nova convenção, que se constitui como um pacto de Poder. Assim e no que respeita à criação da soberania – que reivindica ser de Direito Humano convencional – Pufendorf nunca poderia aceitar a soberania inicial de mediação popular e é para o evitar o divórcio entre soberania real – do Povo – de soberania actual – do monarca[527], com prevalência da primeira sobre a segunda[528], que desenvolve a sua teoria da soberania.

---

de tous généralement, & Autorisée par cette raison à servir des surces & des facultes de chaque Particulier, pour procurer la paix & la sureté commune."
[522] Idem, *Le Droit de la Nature et des Gens*, II, pág. 232.
[523] Idem, *ibidem*, II, pág. 232: "Après que l'on a établi d'un commun accord la forme de Gouvernement, il faut une autre Convention, par laquelle on choisisse une ou plusieurs personnes, à qui l'on conféré le Pouvoir de gouverner l'État; en sorte que ceux que sont revêtus de ce Pouvoir, s'engagent à veiller avec soin au bien & la sûreté publique, & que les autres de leur côté, leur promettent une fidèle obéissance. *De là résulte pleinement cette union & cette soumission de volontez, qui achève de former l'État, & en fait un Corps que l'on regarde comme une seule Personne.*"
[524] Idem, *ibidem*, II, págs. 231 e ss., onde, entre outras coisas deve ficar delineada a forma de Governo. Assim, "(...) supposons une multitude de gens, qui ayant vécu auparavant dans l'état de la Liberté & de l'Égalité Naturelle, veuillent désormais former entre une Société Civile. Il faut pour cet effets, que *chacun s'engage avec tous autres à se joindre ensemble pour toujours en un seul Corps, & a pourvoir d'un commun consentement à leur sureté mutuelle*. (...) Cette Convention se fait ou *absolument sans reserve*, c'est à dire, quelque forme de Gouvernement que vienne à être approuvé du plus grand nombre: *Ou à condition que chacun ne sera tenu d'entrer dans la Société qu'au cas qu'il s'accommode de la forme de Gouvernement.*"; idem, *Les Devoirs de l'Homme et du Citoyen*, II, pág. 65.
[525] Idem, *Les Devoirs de l'Homme et du Citoyen*, II, págs. 64 e 65: "dans la formation régulière de tout Etat il faut nécessairement *deux Conventions, & une Ordonnance générale.*"
[526] Idem, *Le Droit de la Nature et des Gens*, II, pág. 232: "(...) de quelque manière que ce soit, la Convention doit nécessairement être accompagnée d'un consentement, expresse ou tacite, de tous en général, & de chacun en particulier: de sorte que, si quelqu'un de ceux, qui se trouvent alors dans le même lieu, n'est point entrée dans le même engagement, il demeure hors de la Société naissante, & le consentement unanime des autres quelque grand que soit leur nombre, ne lui impose aucune obligation de se joindre leur Corps, mais le laisse pleinement dans la Liberté naturelle, en sorte qu'il peut toujours pouvoir lui-même à as conservation de la manière qu'il entendra."
[527] Idem, *ibidem*, II, pág. 292: "On distingue ici ordinairement entre *Souveraineté Réelle, & Souveraineté Personnelle*. Mais cette distinction est, à mon avis, profondément absurde est dangereuse, surtout étant appliqués aux Monarchies, en suite l'on conçoive tout à la fois deux Souverainetés distinctes: l'une, personnel, qui est attaché au Roi; l'autre réelle, qui réside dans le peuple."
[528] Idem, *ibidem*, II, pág. 293: "car cela veut dire seulement, qui, si l'on demande en général, quel est le sujet confus est indéterminé, ou se trouve la souveraineté, il faut répondre, que c'est dans chaque État particulier; mais si l'on demande ensuite quelle est la personne en qui réside précisément le

A soberania apenas reside em quem a detém sob forma certa e determinada e, apenas em abstracto e para efeitos teóricos, se poderá outorgar inicialmente à sociedade. Um tal raciocínio conduz Pufendorf ao estabelecimento final da origem da soberania por força do pacto, incrementando a Liberdade da sociedade e dando valor ao indivíduo que é responsável, com os demais, pela sua atribuição.

Pufendorf explana as suas motivações para que os homens tivessem decidido passar à sociedade civil[529], assegurando que logo que nela se entra "on se dépouille de sa liberté naturelle, & l'on se soumet à une Autorité Souveraine, ou à un Gouvernement qui renferme le Droit de Vie & de Mort sur les Sujets & que les oblige à faire bien des choses pour lesquelles ils ont de la répugnance"[530], devendo a generalidade das acções dos sujeitos ser praticadas em função do bem do Estado e não do seu particular. Aqueles a quem é conferida a responsabilidade e a Autoridade de zelarem pelos outros, devem ver-se obedecidos de forma cega, de forma a manter a unidade desse mesmo corpo.

As diferenças de atitude entre Hobbes e Pufendorf neste plano são claras[531]. Enquanto para o primeiro tudo se traduzia numa única convenção entre os indivíduos, sem que seja necessária qualquer outra entre estes e o soberano[532], já segundo considera indispensável a segunda convenção, não o convencendo os argumentos que Hobbes avançava para evitar a sua adopção[533].

Não ficam dúvidas, apesar da diferença manifesta de interpretação do Contratualismo entre Hobbes e Pufendorf, que são absolutamente irredutíveis quanto à Liberdade política dos cidadãos. A tradução mais acabada do absolutismo de Pufendorf cifra-se nas palavras que seguem, e que se nele recriarão a ideia de valor do indivíduo, a associam de imediato à tese do jusnaturalismo de base absolutista.

Pouvoir Souverain, il faut répondre, que c'est le roi, le sénat, ou l'assemblée du Peuple. *Or inférer de là, qu'il y a deux Souverainités distinctes, l'une Réelle, qui est celle de l'État, l'autre Personnelle, qui est celle du Roi, c'est raisonner aussi pitoyablement que celui qui s'imaginerait, que chacun a deux fortes différents de Vue, l'une qui réside dans l'homme entier, comme dans un sujet commun; l'autre, qui est dans l'Oeil, comme dans son sujet propre."*
[529] Idem, *Les Devoirs de l'Homme et du Citoyen*, II, págs. 50 e ss.; idem, *Le Droit de la Nature et des Gens*, I, págs. 162 e 163; Simone Goyard-Fabre, *Pufendorf et le Droit Naturel*, Paris, PUF, 1994, págs. 163 e ss.
[530] Idem, *ibidem*, II, pág. 53.
[531] Simone Goyard-Fabre, *Pufendorf et le Droit Naturel*, pág. 175: "C'est donc un véritable réquisitoire que lance Pufendorf contre Hobbes dont la science géométrique, en ses schémas rigourex, est étrangère à tout sens politique! Le transfert du droit des citoyens au roi conçu comme une donation, la démocratie née de l'accord de chacun avec tous les autres, et jusques et y compris la distinction, insuffisamment fouillée, entre la multitude et le peuple... sont autant d'arguments dont l'apparente clarté cache en réalité la teneur sophistique. Hobbes s'empêtre dans des 'jeux de mots' et dans de 'vaines subtilités', telles ces expressions énigmatiques: *Rex est populus* ou 'dans tout Etat, c'est le peuple qui règne'. Hobbes, dit même Pufendorf, frôle l'absurdité (...)."
[532] Samuel Pufendorf, *Le Droit de la Nature et des Gens*, II, pág. 234.
[533] Idem, *ibidem*, II, págs. 234 e ss. Apontam-se os pontos essenciais da discordância, nomeadamente evitar que os espíritos sediciosos se revoltem contra um Rei que pode não ter cumprido com as suas obrigações, que em Hobbes já se justificou com o ambiente político vivido na época em que escreveu e que o levaram a rejeitar quer as teses dos monarcómanos quer os princípios do parlamentarismo. Em sequência, Pufendorf não aceita a ideia de um Poder ilimitado do soberano tal como Hobbes a encara, uma vez que este não aceitava quaisquer limites convencionais ao Poder do Rei; para o presente Autor a convenção em nada interfere nos Poderes absolutos e exclusivos do monarca. Finalmente, o monarca apenas tem o Poder de comandar em absoluto enquanto os sujeitos têm o Poder de recusar a obediência, o que em nada altera a fisionomia da forma de Governo.

Para Pufendorf a primitiva convenção não produz qualquer soberania: "personne n'est encore tenu de soumettre son jugement particulier au sentiment du plus grand nombre, jusques à ce que, par une autre Convention, on ait établit une forme de Gouvernement (...)"[534]. Portanto, o desacordo quer com Grócio – para quem a soberania existe desde o primeiro momento[535] – quer com Locke – para quem o simples pacto implica uma obrigação de obediência à maioria – é evidente.

Como corolário, lutando contra todas as teses monarcómanas que se perfilhavam e contra os corifeus da Segunda Escolástica, em conjunto com os próceres do parlamentarismo inglês[536], Pufendorf, absolutista nato que valora o indivíduo, proclama: "Toute Autorité légitime des Rois est fondée sur le consentement du Peuple: mais, comme ce consentement se donne en divers manières, l'usage ordinaire ne permet pas de dire, qu'un Roi soit établi par le peuple, à moins que le peuple ne l'ait élu de son pur mouvement & avec une entière liberté"[537].

Tanto se consegue mediante as convenções que formam a sociedade civil. Pela convenção – o decreto de que fala e já se mencionou –, os indivíduos decidiram, em perfeita Liberdade e Igualdade, dar um título legítimo e autêntico ao Superior para que os governasse. Somando tudo isto com as considerações que aponta Paulo Merêa, sobre a diversa interpretação "em descrever a proveniência da origem divina do Poder", entre a Segunda Escolástica[538] e Pufendorf[539], poderão retirar-se algumas conclusões.

No primeiro caso, reside no facto do Poder ser outorgado *de imediato* à comunidade para que o transfira ao monarca, enquanto no segundo admite o arbítrio desta – pode ou não entregá-lo. No primeiro caso há uma *obrigação da comunidade;* no segundo, *uma faculdade da mesma,* que é determinante para a existência da sociedade civil. No primeiro, a soberania inicial de mediação popular, no segundo, a origem do Poder no pacto ou segunda convenção que celebram com o monarca, sob aprovação – mas não interferência – da vontade divina, bem ao invés da interpretação lockiana. No primeiro caso, a origem do Poder é divina de mediação popular; no segundo, a origem é humana, sem mais. No primeiro caso, há direito de resistência ao tirano; no segundo, isso é, de todo em todo, impossível.

Por isso e apesar da sua grande divulgação como defensor do Absolutismo régio, apenas parcelarmente as suas ideias foram aplicadas em Portugal no josefismo, devidamente expurgadas de qualquer assomo que eventualmente houvesse à seita ou

---

[534] Idem, *ibidem,* II, pág. 273.
[535] Jean Terrel, págs. 103 e ss.
[536] Samuel Pufendorf, *Le Droit de la Nature et des Gens,* II, pág. 294.
[537] Idem, *ibidem,* II, pág. 294, citamos o trecho integral desta importante conclusão, que não pode ser descontextualizada. Assim, Samuel Pufendorf, *Le Droit de la Nature et des Gens,* II, pág. 300: "Concluons, donc, *qu'il dépend entièrement des Peuples Libres de donner aux Rois, qu'ils établissent sur eux, une Autorité ou Absolue ou Limitée par certains Lois;* pourvu que ces Lois ne renferment de contraire ni à la volonté du Souverain Législateur, ni au bût même du Gouvernement. *Car, quoi que ceux qui les premiers ont formé des Sociétés Civiles, fussent indépendants de tout empire humain, ils étaient sans contredit soumis à la Loi Naturelle, & par conséquent dans une Obligation indispensable d'établir des Règles de Gouvernement, conformes aux maximes du Droit Naturel, & á la fin légitime des Sociétés Civiles.*"
[538] Oportunamente e em texto autónomo haverá ocasião de retomar o tema, no âmbito do Consensualismo nacional.
[539] Em função de um pacto de translação de Poder da comunidade para o soberano que aquela originalmente pertencia.

à apostasia e, preferencialmente, esquecendo todas as referências ao problema da origem pactícia do Poder.

Esta posição será recuperada por Wolff e comandou todo o Contratualismo durante mais de um século, apenas começando a abrandar com Rousseau e depois com Kant, retirando o carácter de dogma à perspectiva pufendorfiana.

Se mantém e reitera com estas expressões a tese de que a soberania se origina em função do pacto em cada caso concreto[540], já o exercício do Poder real por parte do monarca, após a transmissão "de testemunho" pela comunidade, é pleno e absoluto.

Em Pufendorf vislumbram-se as necessárias alusões à existência de tal Lei, ponto em que comungando, embora, com Wolff a sua absoluta necessidade, este dele se afastará em larga medida. Entende mesmo Pufendorf que é desejável o cumprimento do estipulado no pacto por parte do monarca, em termos de condição ou limite para o exercício da soberania, e que o mesmo não se pode esquivar[541]. Isso poderia implicar, entre outras medidas, a necessidade de existir uma Assembleia representativa, cuja tarefa seria decidir nos casos considerados mais ingentes para a vida do Estado[542].

Neste contexto, o acérrimo defensor do Absolutismo que é Pufendorf apressa-se a esclarecer – para que não o confundissem com indesejáveis monarcómanos de qualquer quadrante ou quaisquer outros partidários da monarquia limitada[543] – em que sentido a mesma deve ser entendida. Por isso, "(...) un Peuple, qui ne veut donner à son prince qu'une Autorité limitée, doit avoir la précaution d'établir une Assemblée d'un certain nombre de gens, sans le consentement desquels le Roi ne puisse rien faire en matière de choses dont on ne veut pas le laisser absolument le maître; ou bien obliger le Roi de convoquer lui-même une Assemblée générale, ou de tout le

---

[540] Samuel Pufendorf, *Le Droit de la Nature et des Gens,* II, págs. 312 e ss., para além da situação de conquista, interessam-nos sobretudo equacionar as duas outras hipóteses de Pufendorf: a eleição e a sucessão hereditária. No que respeita ao primeiro caso, "l'élection (...) se fait ou par un Peuple naissant, ou par un Peuple déjà formé. Cas, après la prémière Convention originale, & la délibération prise sur la forme de Gouvernement, on précède à l'élection, ou tous en Corps, ou par ses Députez: en sorte que qu'aussitôt que la Convention entre le Peuple & le Roi élu est conclue & arrêté, il résulte une Monarchie parfaite." Quanto à segunda possibilidade, "(...) dans les Royaumes qui ont été établis par un consentement libre du peuple, l'ordre de la succession dépend aussi originairement de la volonté du Peuple. Si donc le Peuple, en se choisissant un Roi, lui a non seulement conféré la Souveraineté, mais encore donné expréssement le pouvoir de nommer son Successeur (...) en ce cas-là celui qui aura été désigné par le Roi défunt, succédera incontestablement. Mais se le Peuple s'est réservé à lui-même le droit de régler l'ordre de la succession, comme cela se fait ordinairement, (...)", então estar-se-á perante uma sucessão hereditária.

[541] Idem, *ibidem,* II, pág. 301: "Pour la *Promesse particulière,* c'est-à-dire, celle qui renferme un engagement particulière de gouverner selon certaines Règles prescrites, que l'on appelle *Lois Fondamentales* de l'État; elles e fait en *deux manières.* Car ou *elle lie seulement la conscience du Prince* ou bien *elle tient lieu de condition nécessaire, dont le défaut dégage les Sujets de l'obéissance".*

[542] Idem, *ibidem,* II, pág. 301: "(...) donner d'Emplois à une certaine sorte de gens; (...) accorder à personne des Privilèges qui tournent à la charge des autres; (...) établir de nouvelles Lois, de ne faire aucune nouvelle imposition; (...) prendre à as solde des troupes étrangères (...)". Apenas o prévio estabelecimento de uma Assembleia "qui puisse connoître, avec une Autorité pleine & independente, des cas extraordinaires, où le Bien Public, que est la Souveraine Loi & celle qui fait toujours une exception tacite à toutes les autres (...)."

[543] Mesmo assim não conseguiu evitar um friso de críticas enquanto viveu, depois da sua morte e que se prolongam até aos nossos dias. Foi mesmo já rotulado de "absolutista inconsequente", por força da sua doutrina metafísica.

Peuple, ou de tous les Grands de la Nation, lors qu'il s'agit de pourvoir à ces sortes des choses (...)"[544].

Ora, o que se vem retratando, não se confunde com o Absolutismo, que perfilha claramente. Para o luterano, "il y a une grande différence entre les Conventions, dans lesquelles *l'un des Contractats se soumet au pouvoir de l'autre*, & celles qui ne donnent à aucun d'eux la moindre Autorité sur l'autre. (...) Mais en matière de Conventions, où l'un des Contractans se soumet à la direction de l'autre, le dernier a le pouvoir de prescrire non seulement au prèmier ce qu'il doit faire, mais encore de l'y contraindre, s'il résiste, sans que celui-ci ait le même droit à son tour. Ainsi, on se sauroit accuses un Souverain d'avoir violé ses engagements, à moins qu'il n'ait entièrement abandonné le soin de l'Etat, ou exercé des actes d'hostilité contre ses Sujets, ou péché manifestement, & a mauvais dessein, contre les règles du Gouvernement, de l'observation desquelles les Sujets avoient fait dépendre leur obéissance, comme d'une condition, qui venant à manquer, ils prétendaient en être dispensez"[545]. Por outras palavras, obedecer aos limites éticos prescritos pelas Leis Fundamentais do Reino.

Colocado deste lado da barreira, vai dilucidando a questão por várias formas[546], sendo certo que, em qualquer caso, sempre haverá obrigação[547] do cidadão em obedecer a um superior que tem Poder para ditar leis, e em que o valor do indivíduo subjacente ao pacto, enquanto ideal da Liberdade política está, por completo, ultrapassado com a translação.

Contratualismo social, valor do indivíduo, origem convencional do Poder, aprovada por Deus[548].

---

[544] Samuel Pufendorf, *Le Droit de la Nature et des Gens*, II, pág 301.
[545] Idem, *ibidem*, II, pág. 236; a página 295 explicita a situação.
[546] Idem, *Les Devoirs de l'Homme et du Citoyen*, II, págs. 81; 89 e ss. O Autor vai ao ponto de dizer que considera como forma de Governo impura aquela em que "le Pouvoir Souverain est ou partagé ou défectuoux." No *Le Droit de la Nature et des Gens*, II, pág. 302, escreve sem rebuço: "Cette Limitation du Pouvoir Souveraine ne le rend pourtant pas défectueaux. Car le Roi, à qui on le conféré de cette manière peut exécuter tous les actes de la Souveraineté, aussi bien que dans une Monarchie absolue. Tous la différence qu'il y a, c'est qu'ici le Prince prononce lui seul selon son propre jugement ou du moins en dernier ressort: au lieu que dans les Monarchies Limitées, il y a une Assemblée qui connaît de certains affaires conjointement, pour ainsi dire, avec le Roi & dont le consentement est une condition nécessaire, sans laquelle le Roi ne sautaît n'en ordonner là dessus; qui que d'ailleurs ce qui est prescrit aux sujets en conséquence des délibérations de cette Assemblée tire originairement as force et son Autorité du Roi seul, & non pas de l'Assemblée. *Il n'y a pas non plus deux volontes distinctes dans un État, dont le Gouvernement est ainsi limité. Car l'État ne veut rien que par la volonté du Roi*. (...) il n'est pas moins Souverain, & l'Assemblée, du consentement de laquelle il a besoin, n'est pas pour cela au-dessus de lui. (...) *De ce qu'on n'est pas obligé d'obéir à quelqu'un en toutes choses, il ne s'ensuite pas que l'on soit son Supérieur, ni seulement son Egal*."
[547] Idem, *ibidem*, I, págs. 1 e 2, define o que entende por "devoir": "c'est *une action humaine, exactement conforme aux Lois qui nous en imposant l'obligation*". No *Le Droit de la Nature et des Gens*, II, pág. 215, entende que um bom cidadão é aquele que "obéit promptement & de bon coeur aux ordres de son Souverain; qui travaille de toutes ses forces à l'avancemen du Bien Public, & le préfere dans balancer à son intérêt particulier (...)."
[548] Assinale-se que o entendimento que aqui prevalece pode ser visto numa dupla perspectiva. Ou cria o Poder no soberano ou transmite o Poder ao soberano. Se cria o Poder no soberano, está-se perante o exercício do mesmo que em Pufendorf só é aceite pela via absoluta; se transmite o Poder ao soberano, permite dizer que a comunidade lhe outorgou um direito que era seu e que pela deposição nas mãos do Rei, perdeu pura e simplesmente. O Autor subscreve as duas situações, porque tanto "cria" como "transmite" o Poder ao soberano.

Tudo em perfeita associação com a sua concepção patrimonial do Estado[549], que herdou de Grócio e transmitirá a Wolff, mas não a Vattel.

O facto da soberania resultar imediatamente de convenções humanas, não dispensa que para a tornar mais sagrada e inviolável, não necessite de um princípio mais elevado[550].

Assim, não implica que Pufendorf, enquanto luterano e filho de pastor, descarte Deus. Reconhecendo que foi Ele o Autor da lei natural e, "quis" a sociedade civil[551], "du Pouvoir Souverain, sans lequel elles ne sauront être conçues"[552]. O que acontece é que como Autor da lei natural, por ela manifestou aos homens a necessidade de se organizarem em sociedade civil[553], mas deixando ao seu critério a escolha do tipo de sociedade e forma de se organizar. Deus declarou "sa volonté uniquement par les lumières de la Raison, qui ont fait comprendre aux Hommes, que sans l'établissement des Sociétés Civiles, l'ordre & la paix, qui sont le but du Droit Naturel, ne pourraient pas se maintenir dans le monde"[554].

Deus *quis o Governo civil*[555], porque antes dele existir não há sociedade civil nem quem tenha Poderes para a conduzir; do resto alheou-se, pura e simplesmente, colocando na dependência da sua humana racionalidade decidir dos seus destinos[556]. O trabalho é repartido; de um lado, a intervenção divina a marcar o cumprimento das obrigações devidas à lei de Deus, entre elas a formação de sociedades civis; por outra parte, a actividade racional humana que se predispõe na realização mais apropriada das finalidades prescritas e lhe é exclusiva, na origem das mesmas.

A origem da soberania pode entender-se sempre convencional mas, em última instância resulta da vontade de Deus a aprovação das sociedades civis[557], sendo o

---

[549] Samuel Pufendorf, *Le Droit de la Nature et des Gens*, II, págs. 309 e 310: "Pour ce qui regarde les *Royaumes Patrimoniaux*, il faut remarquer d'abord que terme *Patrimoine* se signifie pas tant les biens qu'on a herité de son ou de sa Mére, que ceux qu'on possède avec un plein droit de Propriété, de quelque manière qu'on les ait acquis. (...) Le principal effet de cette manière de posseder un Royaume en pur patrimoine, consiste non seulement en ce que le roi rend la condition de ses sujets telle que bom lui semble, mais encore en ce qu'il peut transférer à qu'il veut le droit qu'il a sur eux, & par conséquent régler à sa fantaisie l'ordre de la Succession."
[550] Idem, ibidem, II, pág. 250: "quoi que la *Souveraineté résulte immédiatement des Conventions* humaines, cela n'empêche pas, que pour la rendre plus sacrée & plus inviolable, il ne faille un principe plus relevè, & que l'Autorité des Princes ne soit de Droit, *aussi bien que de Droit humain*."
[551] Idem, ibidem, II, págs. 219 e ss.
[552] Idem, ibidem, II, pág. 251.
[553] Idem, ibidem, II, pág. 251: "Dieu, entant qu'auteur de la Loi Naturelle, doit aussi être regardé comme auteur des Sociétéz Civiles, & par conséquent du Pouvoir Souverain, sans lequel elles ne sauroient être conçues."
[554] Idem, ibidem, pág. 251.
[555] Paulo Merêa, "O Problema da Origem do Poder civil em Suaréz e em Pufendorf", *Boletim da Faculdade de Direito da Universidade de Coimbra*, Coimbra, volume XIX, 1943, pág. 293. Acentua precisamente este ponto e interpreta-o como ponto de ligação entre jusnaturalismo católico e o Poder do indivíduo, Norberto Bobbio, *Sociedad y Estado en la Filosofia Moderna*, págs. 22 e ss.; convirá ter presentes as considerações baseadas nas fontes da Escola Peninsular do Direito Natural, de cada vez que a temática da soberania popular, em qualquer das suas possíveis manifestações, aqui seja chamada à colação.
[556] Samuel Pufendorf, *Le Droit de la Nature et des Gens*, II, pág. 252.
[557] Idem, ibidem, II, págs. 252 e ss.

Governo resultante sagrado[558]. Foi por Deus "querer" que existissem sociedades civis que elas se organizaram; contudo a sua intervenção divina termina aí e não tem consequências práticas na real formação nem na organização das mesmas, que dependem de convenção humana.

Da leitura atenta do seu trabalho, bem como das refutações que vai ensaiando de outros escritores, pode retirar-se uma outra conclusão, sobremaneira importante. Pufendorf contesta a posição de Hornius – Autor pouco conhecido mas que o próprio cita – a assegura na via interpretativa por que se encetou. Defenderia, então, Hornius que a soberania procede imediatamente de Deus[559], sem que os homens para isso concorram de alguma forma: os Povos livres não podem revestir o monarca de autoridade soberana, limitando-se a designar aquele a quem o Céu deve conferir a mesma autoridade.

Apesar de considerar a feição piedosa desta atitude, o luterano entende que ele subverte "toutes les Conventions des Souverains avec leurs Sujets, & toutes les Lois fondamentales de l'Etat. Et d'abord, on ne saurît voir sans une juste indignation, que cet Auteur ôte entièrement la Majesté Souveraine aux Républiques, & qu'il ne l'accord qu'aux Rois". Vai mesmo mais longe na sua crítica, porque entende que o Ser humano não pode, em qualquer caso, ser tratado de forma tão desprestigiante que seja reduzido a um mero autómato, limitando-se a escolher algo ou alguém, sem que essa opção seja previamente originada pela sua própria racionalidade, nem que a mesma apresente qualquer efeito humano futuro[560].

A argumentação que Pufendorf contradita, é aquela de que alguns dos Autores portugueses do séc. XVIII se farão eco, quando afirmam a impossibilidade do Povo poder transmitir ao monarca a soberania pelo simples facto de não a deter. E aqui chega-se a um ponto de importância fundamental. Se Pufendorf não aceita – nem poderia aceitar – a tese da Liberdade dos povos, porque da política nem mereceria a pena falar – aceita, sem dúvida, o valor do indivíduo.

E isto não apenas como elemento imprescindível para a formação da sociedade civil, querida por Deus e porque o homem tende à sociabilidade mas também na caracterização do exercício da Autoridade enquanto pessoa moral.

A sociedade aporta ao soberano, ao detentor da soberania, pelo seu consentimento e no pleno uso da Liberdade, uma qualidade moral que se não reside em cada um dos seus elementos sob forma individual, nem por isso deixa de a produzir logo que se dá a constituição daquela. Por isso mesmo, a soberania resultante de uma convenção

---

[558] Idem, *ibidem*, pág. 252: "Cela suffit, à mon avis, pour regarder comme sacrée l'origine du Gouvernement Civil, & pour engager les Sujets à avoir du respect & de la soumission pour leurs souverains.

[559] Idem, *ibidem*, II, pág. 252: "Il avoue, que les Etats sont formez par des Conventions, mais il soutient néanmoins, que c'est Dieu qui conféré immédiatement aux princes le Pouvoir Souverain, sans que les Hommes y contribuent en aucune manière."

[560] Idem, *ibidem*, I, pág. 253: "C'est, dit-il, *un Pouvoir Souverain sur l'Etat en tout & par tout*. (...) Nôtre Auteur regarde Dieu comme l'unique cause de *cette Majesté, qu'il répand* (ce sont ses termes) *immédiatement sur les Rois, du moment qu'ils ont été élus par le Peuple*. Je suis fort trompé, s'il n'a conçu la *Majesté Souveraine* comme une Qualité Physique: *absurdité, dans laquelle tombent manifestement ceux qui qualifient la Souveraineté une Créature de Dieu si excellente qu'il n'y en a point d'autre dans un même ordre de Causes, où d'un ordre supérieur, ni même aucun des principes nez avec elle qui ait contribué quoi que ce soit à l'établissement de cette sorte de Gouvernement*. Idées bien grossières, qui découvrent un grand fond d'ignorance en ce qui regarde la nature de Choses Morales!"

pela qual os súbditos se comprometem a não resistir ao soberano, outorgando-lhe as faculdades necessárias para dispor, de acordo com a lei das suas pessoas e bens, contém em si mesma os gérmenes do Poder soberano.

Este resultado da convenção, nada tem que ver com intervenção divina. Como consequência, a rejeição da posição de Hornius por parte de Pufendorf é total e aplica-se a todos os que depois dele defenderam idêntico ponto de vista[561].

Sintetizando; Deus "quer" que existam sociedades civis; por esse facto devem os homens seguir a sua vontade. Contudo, no que respeita ao modo de originar a própria sociedade e do Poder político, e de nela se exercerem Poderes de chefia, isso é decisão puramente humana. Pufendorf será, segundo se interpreta, voluntarista e de modo bem diverso daquele que era propalado pela Segunda Escolástica. Os dois pactos têm origem na racionalidade humana, sendo ontologicamente "recomendados" e aprovados por Deus, mas não requerendo a Sua participação para se criarem. Simplesmente isto.

Neste contexto, se não existe qualquer dúvida do posicionamento ideológico de Pufendorf no que respeita à primeira questão, já a incerteza se poderia colocar em relação à segunda, uma vez que, sem mais, se poderia admitir que o Autor não descartaria as monarquias limitadas. Erro crasso, mas que não desobriga de apresentar as hipóteses em presença, neste complexo trabalho de interpretação.

A indivisibilidade da soberania é um problema de ordem estritamente racional para Pufendorf. Ainda quando se admita que ela possa estar, em potência, em mãos diversas, nenhuma das parcelas deve ser separada das outras, uma vez que se isso acontecesse conduziria a uma qualquer catarse do Estado[562]. Não é possível haver uma soberania em potência que reside no Povo e uma que pessoalmente detém o Rei.

Quanto à sua natureza e extensão, sendo una e indivisível, a soberania poderá ser absoluta ou limitada, de escolha exclusivamente humana, o que significa que o Criador se desinteressa dessa segunda fase do problema, sendo por isso mesmo uma decisão puramente humana[563]. Desde que sigam as luzes da Razão, conforme ao fim

---

[561] Idem, *ibidem*, II, pág. 254: "C'est don raisonner sur des idées bien grossières, que de prétendre, que le Pouvoir Souverain ne puisse point émaner des Hommes, sous prétexte qu'on ne trouve rien de tel dans les Facultés naturelles de chacun; comme s'il s'agissait ici d'une Qualité Physique, ou comme s'il n'y avait de Qualités Morales."

[562] Simone Goyard-Fabre, *Pufendorf et le Droit Naturel*, pág. 186: "(...) Pufendorf, en ces chapitrées de son traité, songe beaucoup moins aux effets politiques de la souveraineté qu'à la nature et à la fonction juridiques qui sont les siennes. Sil n'ignore pas les inconvénients qui naissent du partage des droits de la souveraineté, ce n'est pas sur cet argument empirique qu'il s'appuie pour en défendre l'indivisibilité; il conduit de sa démonstration en insistant sur l'argument rationnel qui explicite la nature de la souveraineté et qui en exprime l'accord à la fois avec le droit naturel et avec les pactes générateurs de la société civile. Dans cette perspective rationaliste que souligne si fortement le *Specimen controversarium*, le pouvoir souverain, quelles que soient les formes de gouvernement, est la plus grand Autorité qu'un homme mortel puisse avoir sur ses semblables. La souveraineté est bien le pouvoir suprême, *summum imperium* ou *superioritas*, tel qu'il n'y a point de supérieur ici-bas de qui elle dépend: en conséquence de quoi aucun des ordres ou des décisions de la puissance souveraine ne saurait être annulé par aucune instance."

[563] Samuel Pufendorf, *Le Droit de la Nature et des Gens*, II, págs. 251 e 252: "En ce sens-là les paroles suivantes du même Commentateur [Grócio] ne souffrent point de difficulté: (...) donc, dit-il, *que l'Etat fût véritablement un Etat, & qu'il produit l'effet, auquel il est destiné; Dieu a établi, para la Loi Naturelle, l'ordre de commander & d'obéir, dans lequel il doit y avoir, en vertu de la volonté même de Dieu, & des lumières naturelles de la raison, un Pouvoir de la Raison, un Pouvoir Souverain & indépendant qui ne relève que de Dieu, comme c'est celui qui approche le plus de sa Majesté, & qui se représente ici bas. Mais il dépend uniquement des*

da lei natural, cumprem a vontade de Deus e com isso Ele se basta e os indivíduos cumprem os objectivos que a sua racionalidade própria promove.

Por essa via, não há Liberdade dos povos possível no sentido da recuperação da soberania imanente que lhe pertenceria, por uma simples questão de raciocínio lógico: o que é indivisível não se pode dividir, nem sequer idealmente. A soberania pertence ao Rei[564], logo que este a assume[565].

Donde, no que respeita à natureza da soberania, Pufendorf, tal como os demais teorizadores deste período, considera-a una e indivisível, apoiando-se nos ensinamentos de Grócio[566]. Contudo, a sua unidade não pode ser vista senão como uma fusão entre parcelas que justificam as diversas formas pelas quais se manifesta: o Poder Legislativo, o Poder Coactivo e o Poder Judiciário são as partes em que se decompõe a soberania[567]. Estas partes da soberania não são uma divisão do seu princípio, antes do objecto sobre que incidem especiais preocupações e em cuja dilucidação não se entrará. Basta saber que é ao Poder Legislativo que cumprem as tarefas mais importantes, porque é ele que determina as leis da convivência sã dentro de um Estado, atendendo aos comandos normativos essenciais da lei natural[568].

Este ponto permite a ligação com o problema que a seguir se equaciona, qual seja o da extensão ou exercício da soberania. Pufendorf não aceita monarquias limitadas[569], porque isso é manifestamente incompatível com a sua noção de Poder absoluto, que acaba por distinguir do Poder soberano: "le Pouvoir Souverain, & le Pouvoir Absolu, ne sont pas non plus une seule & même chose. Le premier marque, que l'on n'à point de

---

Hommes de conférer ce Pouvoir Souverain à une seule personne ou à plusieurs, & de régler, les uns d'une façon les autres de l'autre, la forme de Gouvernement. Pour ce qui regarde l'opinion de *Grotius*, di touchant l'origine de la Souveraineté, elle peut être expliquée en un bon sens: *Les Hommes*, dit-il, *ont été portez à former des Sociétés Civiles, non par aucun ordre de Dieu* (c'est-à-dire, par aucun commandement exprès, car en effet on n'en trouve point de tel), *mais de leur propre mouvement* Ce qui n'exclut pourtant pas les lumières de la droite Raison, & la volonté de Dieu) *par l'expérience qu'ils avoient faite de l'impuissance étaient les familles séparés* (depuis la multiplication du Genre Humain) *de se bien mettre à couvert des insultes & de la violence d'autrui. C'est-là (...) l'origine du Pouvoir Civile*, que St. Pierre appelle à cause de cela établissement humain: *quoi qu'il soit aussi qualifié ailleurs* un établissement divin, *parce que Dieu l'a approuvé comme une chose salutaire aux Hommes.*"

[564] Idem, *ibidem*, II, pág. 251: "Voilà, donc, l'origine prochaine & immédiate du Pouvoir Souverain, entant qu'il marque une qualité Morale". Em consonância, parece que o seu Contratualismo social e político o coloca numa posição muito mais moderada que a de Pombal, por exemplo.

[565] Idem, *ibidem*, II, págs. 292 e 293.

[566] Idem, *ibidem*, II, pág. 258.

[567] Idem, *ibidem*, II, pág. 260.

[568] Idem, *ibidem*, II, págs. 258 e ss.

[569] Idem, *ibidem*, I, págs. 303 e ss. apresenta as características que em seu entender têm as monarquias limitadas nomeadamente no que respeita aos órgãos que as compõem e que sempre teriam como finalidade limitar o Poder do Rei. Pufendorf não entende, porém, assim; de facto e depois de se pronunciar sobre cada um dos casos possíveis, conclui na página 305 que "(...) tout cela ne rend pas le Souverain moins absolu; & son Autorité n'est véritablement limitée, que quand les Sujets ont stipulé de lui, en le couronnant, que s'il fait quelque chose de son chef & sans le consentement des Etats du Royaume, en matière de certains affaires, ses Ordonnances seraient nulles & de nul effèet." Mas mesmo nestes casos "(...) néanmoins il doit être au pouvoir du Roi de convoquer l'Assemblée, & de la dissoudre, après y avoir proposé les affaires, qu'il juge à propos: autrement ce ne serait qu'un Roi en peinture." Isto que Pufendorf relata era, "grosso modo", o sistema que se seguia em Portugal desde a fundação da nacionalidade até ao início do reinado de D. João V.

Supérieur, ni d'Egal, dans un même ordre d'Etres. L'autre emporte une pleine liberté d'user de ses droits sans consulter que son propre jugement"[570].

No diálogo entre Governos limitados e absolutos, estes ganham como se viu[571]. Mas Pufendorf não se esquece de acrescentar um importante corolário do seu discurso: "(...) dépend entièrement des Peuples Libres de donner aux Rois, qu'ils établissent sur eux, une Autorité ou Absolue, ou Limitée pour certaines Lois; pourvu que ces Lois ne renferment de contraire ni à la volonté du Souverain Législateur, ni au but même du Gouvernement. Car, quoi que ceux qui les prèmieres ont formé des Sociétés Civiles, fussent indépendants de tout empire humain, ils étaient sans contredit soumis à la Loi Naturelle, & par conséquent dans une Obligation indispensable d'établir des Règles de Gouvernement conformes aux maximes du Droit Naturel, & à la fin légitime des Sociétés Civiles"[572].

De tudo o que ficou exposto poderá facilmente concluir-se que o reconhecimento da existência das Leis Fundamentais em nada afecta o exercício do Poder absoluto, na medida em que soberania e Absolutismo são coisas distintas. Pela outorga de Poderes ao monarca, deixa de ser sequer viável falar em consentimento do Povo ou em Governo submisso às Leis Fundamentais. Muito menos qualquer partilha de Poder com uma eventual Assembleia representativa que houvesse de existir. Assim sendo, o dualismo soberano-sociedade plasmava-se numa espécie de unidade sob o superior comando do Rei. No plano político, a soberania régia era a axiologia determinante e o monarca o centro intocável do Estado.

Como quer que seja, o Rei "ne peut ordonner légitimement que ce qui est ou paraît du moins conforme au but de la Société Civile. Si donc, malicieusement, ou par une imprudence insensée, il commande quelque chose de contraire à cette fin, il le fait san aucun droit"[573]. O que interessaria saber era o resultado deste desvio do Rei aos fins para que a sociedade civil se constituiu. E se é impensável o direito de resistência, apenas se pode enquadrar este Pensamento como um conjunto de deveres do soberano, onde avulta o cumprimento das Leis Fundamentais.

Para já e como súmula do que se disse acerca do Autor, apenas será importante frisar que Pufendorf leva a expoentes nunca antes atingidos o Contratualismo, na interpretação absolutista, valorando o indivíduo e prezando a sua Liberdade inicial, que não perde na passagem ao estado de sociedade.

Assim o move à saída do estado de natureza, submetendo-se a uma soberania que convencionalmente transmite, porque o seu "valor" humano lho permite. Posteriormente, a uma autoridade consubstanciada num monarca de escolha inicial da comunidade e a quem esta, a partir desse momento, transfere na plenitude e sem direito de regresso os seus mais lídimos direitos. Em nome da sua racionalidade e da obediência aos comandos divinos.

A abordagem de Pufendorf termina com uma observação que reafirma tudo o que se disse antes. É um escritor por demais complexo e apesar de todo o empenho em

---

[570] Idem, *ibidem*, I, pág. 302.
[571] Idem, *ibidem*, II, pág., II, págs. 268 e ss., vai ao ponto de considerar as monarquias limitadas como formas irregulares de Governo. Por isso mesmo a monarquia é a que confere maior grau de segurança aos cidadãos.
[572] Idem, *ibidem*, II, pág. 300.
[573] Idem, *ibidem*, II, pág., 237.

clarificar o seu pensamento, admite-se que a névoa sempre tenderá a ser presente e seu ponto de honra.

Um dos críticos de Pufendorf foi, como já se salientou, Thomasius. No plano da Liberdade e sua relação com o Poder, começa por considerar improcedente a tese do pacto social, para o que directamente impugna Hobbes[574], ainda que no decurso do texto não consiga evitar fazer apelo à ideia da convenção para explicar a formação do Estado[575]. Sem este não seria possível haver paz[576] e, mesmo discordando em larga medida do pensador inglês, Thomasius não ultrapassa uma identificação maior que desejaria com o mesmo, porque não é dispensável a ponderação da sociedade civil[577].

Aspecto traduzido no pessimismo antropológico que a ambos domina[578], implica a consciência da diferença que tem de existir entre os homens, para que uns sejam mais aptos que os outros a dar normas para a regulação em sociedade[579], sendo certo que a ideia de utilidade antes expressa encontra aqui de novo lugar de relevo[580].

Por outro lado, confirma suspeitas de ligação íntima no âmbito de um salutar diálogo com Pufendorf, malgrado as divergências. Começando por arguir a natureza do conceito de Direito e a sua ligação com a Moral, não consegue evitar a parafernália jusracionalista. Admitirá, pois, que o direito dos homens resulta, necessariamente, da complementaridade entre Direito Natural querido por Deus e as regras positivas – as convenções – que determinam a execução desse comando, feito à custa de uma decisão voluntária de homens racionais. Ou seja, enveredará pelo jusracionalismo.

Thomasius acompanha a versão assumida no seu tempo relativamente à teorização do exercício absoluto da soberania por parte do Rei, ainda que não se demore em particular no tema. Nenhuma inovação é possível detectar que o destaque pela

---

[574] C. Thomasius, *Fundamentos de derecho natural y de gentes*, capítulo V, § XXVII, pág. 218: "Cae asimismo otra teoría: que todo derecho existe en último lugar a consecuencia de un pacto. En efecto, (...) existe el derecho innato (...)." Para o efeito aponta por remissão o exposto no capítulo IV, § XCIX, pág. 206, onde havia escrito: "(...) el pacto por sí nunca obliga, sino que ese mismo pacto siempre tiene que ser examinado respecto de la norma del consejo del derecho natural y respecto a la norma de la imposición del derecho civil."

[575] Idem, *ibidem*, capítulo IV, § XCII, pág. 204: "(tendremos de advertir aún diferencias del consejo y de la imposición desde el punto de vista del pacto, para que no se confundan entre si." Portanto, o pacto é indispensável na constituição da sociedade, segundo acaba por admitir.

[576] Idem, *ibidem*, capítulo IV, §§ XCIV-XCVI: "el pacto (...) mira siempre a la utilidad moral de los dos que pactan (...). El consejo tiende más a la obligación interna, y el pacto más a la externa, es decir, al temor de la guerra o al castigo humano."

[577] F. M. Barnard, "The Pratical Philosophy of Christian Thomasius", *Grotius, Pufendorf and Modern Natural Law*, pág. 236: "He elaborates (...) 'A Brief Sketch Concerning Political Prudence' (1705) where he once again differentiates political science and political speculation from political prudence or political widow. The former are oriented towards formal theorizing and frequently related to the remote past or future rather than to the pressing problems and specific needs of the present. The latter can be acquired in a most tangible manner by applying common sense (sane reason) to actual situations. Civil society is no abstract universal; it is not an artificial person, but rather a concrete world of real, living people, of families, private groups, business undertakings, and diverse corporations, in a territory under a common government."

[578] C. Thomasius, *Fundamentos de Derecho Natural y de Gentes*, capítulo III, § LVI, pág. 158.

[579] Idem, *ibidem*, capítulo IV, § XIII, pág. 180.

[580] Idem, *ibidem*, capítulo IV, § XCVII, pág. 205: "(...) la imposición, con cierta frecuencia, por su propia naturaleza mira a la utilidad del que se impone, mientras que el pacto, como hemos dicho, siempre mira a la utilidad común."

positiva ou negativa neste contexto, ainda quando começa por criticar Hobbes na matéria, mas depois facilmente se converte aos processos reflexivos pufendorfianos.

Explicitando um pouco mais as suas ideias, o Autor considera que a ambição está na origem do Poder político e da servidão[581]. Contudo, e uma vez que existem, quer uma quer outra estão sujeitos a regulação e implicam, em si mesmas, uma impossibilidade de referência diferenciada da lei e da Liberdade[582]. Também por esta via e apresentação de fontes se detecta uma soberania de origem humana.

No que respeita à origem do Poder político, terá de se conceder que a informação disponível não permite uma decisão irrefutável sobre a questão. É sobremaneira difícil interpretar as ideias de Thomasius em matéria de Poder e de Liberdade, no presente contexto, perante reproduções textuais cuja fiabilidade se assume.

Assim, as informações[583] conduzem a um enquadramento de Thomasius na senda do despotismo ilustrado, mantendo-se a legitimação dos Poderes do Estado em confronto com os direitos do indivíduo e, nomeadamente, com a sua Liberdade. Sabendo-se que para Thomasius o Direito Natural é racional e sujeito ao princípio fundamental da não contradição e que à natureza humana é inata a ideia de sociabilidade, então o Direito que resulta da vontade expressa do máximo imperante, criador da natureza, deve conciliar-se com o caso paradigmático do homem a quem essa natureza impele à sociabilidade. Dito de forma mais simples; o racionalismo de Thomasius implica ver impressa sob forma inata no homem a necessidade da sociabilidade, fruto da sua natureza pessoal. Mas como essa natureza apenas se pode desenvolver segundo regras e as mesmas resultam da vontade do Criador que quis outorgar ao homem essa racionalidade e por isso tem direito a ditar-lhe, como imperante, regras, então assiste-se a uma projecção do voluntarismo.

Ora, aplicando esta mesma reflexão ao problema do Poder político e concomitante interpretação da ideia de Liberdade, mantém a distinção de Pufendorf entre sociedades "naturais" e "voluntárias". As primeiras resultam da tal natureza humana e são independentes de posterior convenção que origina a sociedade civil e depois o Corpo Político, designado por Estado.

Por outro lado, quanto à ideia de soberania, que Thomasius como outros designam por *summum imperium*, implica uma obediência por parte dos cidadãos aos soberanos, pois apenas assim o Estado atinge os fins a que se destina. A soberania, que tem origem transcendente e resulta da translação da "majestas" divina, implica que a lei se pauta como a vontade do legislador sendo a sua fonte a vontade divina. Na transmissão para a sociedade humana, é ao rei que cumpre exercer estas funções e ser ele mesmo uma figura divinizada e única fonte da soberania.

Torna-se extremamente complexo compatibilizar a ideia de "posterior convenção que origina a sociedade civil e depois o Corpo Político", com a de "soberania, que

---

[581] Idem, *ibidem*, capítulo III, § LXXII, pág. 163.
[582] Idem, *ibidem*, capítulo V, §§ XI e XII, págs. 213 e 214: "(...) el derecho es doble: el que tengo independientemente de toda voluntad humana y el que nace de la ley humana. (...) El primero se llama 'derecho innato', el segundo, 'derecho adquirido'. Un ejemplo de derecho innato es la libertad y la comunión de época primitiva. Un ejemplo de 'derecho adquirido' es el Poder y el dominio."
[583] Não disponho das *Institutiones jurisprudentiae divinae*, terão de se seguir as considerações que a seu respeito são feitas por Juan José Gil Cremades, "Estudio preliminar", *Fundamentos de Derecho Natural y de Gentes*, págs. XXV e XXVII. Para uma síntese apresentada pelo próprio Autor do Pensamento desenvolvido no escrito de 1688, veja-se *Fundamentos de derecho natural y de gentes*, "Capítulo Introductorio", §§ I e ss.

tem origem transcendente e resulta da translação da "majestas" divina, implica que a lei se pauta como a vontade do legislador sendo a sua fonte a vontade divina." O próprio Autor ter-se-á apercebido desta situação, tendendo a clarificá-la no texto de 1705, sem muito êxito, na verdade.

Agora, o efectivo contrato, pelo qual não apenas cada indivíduo prescinde da sua Liberdade natural, mas se submete voluntariamente aquele que tem competência e legitimidade para dar regras, o soberano, não resulta de uma manifestação de vontade entre iguais nem apronta uma idêntica posição contratual entre as partes. O acto de escolha é simultâneo com a translação do Poder, mas fica sempre a dúvida acerca da origem desse Poder. Tanto decorre do facto de Thomasius defender que não existe coincidência entre "pactum", ou acto de associação feito entre iguais e "imperium", que institui a Autoridade central, e que resulta da desigualdade. Daí a máxima: "Imperium est inter impares, pactum inter pares"[584].

Desta indirecta aproximação às questões do Poder político, sua origem e Liberdade que assiste ao cidadão e à sociedade, poderá ainda inferir que dificilmente existirá coincidência entre "sábio" e "imperante", uma vez que as suas respectivas missões se distinguem. Ao primeiro, cumpre aconselhar vias irrepreensíveis para o estabelecimento da paz social, ao segundo impor as normas que devem conduzir a essa paz[585]. A relação de vassalagem que existe de sábio para imperante é a mesma que existe entre os demais membros da sociedade, uma vez que apenas o soberano tem o Poder impositivo de aprontar as normas que conduzem ao "decorum".

No caso da lei, consiste nas ordens dos órgãos de Poder público encarregues de impor a ordem[586], sendo que de um modo geral é aos monarcas que cabe a última palavra na sua elaboração, aí se distinguindo das condições convencionais ou pactos, outro dos sentidos que se pode atribuir à lei[587]. Ou seja, a soberania que implica a existência de convenção não é extensível ao desenvolvimento normal da legislação régia, uma vez que a elaboração desta se encontra exclusivamente nas mãos do Rei, que acima dela se coloca.

Na sequência do que se disse antes em termos de distinção entre Direito Natural e Positivo, Lei natural e humana, conclui que "entre los hombres, la ley y el consejo se oponen la mayoría de las veces y por eso se toma la ley como una orden no de un consejero, sino del gobernante"[588].

Se sociedade e Direito – e quem fala em Direito, fala neste particular em Direito Positivo e seu órgão promanador, o Estado – coincidem, e não existe Direito fora da sociedade[589], plasma-se a visão tradicional dos teóricos do Absolutismo, que querem fazer coincidir as duas realidades. De resto esta aproximação coincide com a defendida no primeiro dos seus escritos, a que se fez antes menção, por força de recurso bibliográfico.

---

[584] Juan José Gil Cremades, "Estudio preliminar", *Fundamentos de Derecho Natural y de Gentes*, pág. XXVI.
[585] C. Thomasius, *Fundamentos de Derecho Natural y de Gentes*, capítulo IV, § LXXIX, pág. 200: "(...) una misma persona no puede ser consejero y soberano, pues la característica del consejero es aconsejar y la del soberano imponerse."
[586] Idem, *ibidem*, capítulo V, § II, pág. 210.
[587] Idem, *ibidem*, capítulo V, § II, pág. 211.
[588] Idem, *ibidem*, capítulo V, § XXXV, pág. 220.
[589] Juan José Gil Cremades, "Estudio preliminar", *Fundamentos de Derecho Natural y de Gentes*, págs. XXV e XXVI.

A regra geral que se pode aplicar ao Estado e a qualquer autoridade que exerça Poderes supremos resulta do facto da "virtud sin Poder" funcionar como "un Poder impotente", isto é, "un Poder incapaz incluso de hacer daño, y de ser provechoso; por tanto, una entidad moralmente insípida. El Poder sin virtud es la fuente de todo mal. El razonamiento es el mismo que el que compara la fuerza con el derecho, porque sólo varían los términos, pero la realidad es única y la misma"[590]. Como consequência, a única base viável para a vida em sociedade civil é a combinação entre Virtude e Poder.

Resulta destas informações que a forma de Estado por que o Autor se decide é a monarquia absoluta, um despotismo ilustrado em que continua a seguir as pisadas de Grócio e de Pufendorf e, como tal, se o indivíduo tem um certo peso específico, um certo valor, não é o elemento determinante para o bom ou mau sucessos com que a sociedade civil e o Estado possam ser confrontados. A sua participação a esse nível é inicial e não avança para além desse preciso ponto[591].

Por este simples enunciado, se mais não houvesse, não restariam dúvidas acerca da posição assumida por Thomasius em matéria de Liberdade dos povos; política nem mesmo merecerá a pena falar. É Autor cujos contornos, em termos de Pensamento político, importará futura atenção, em investigação autónoma.

Donde ser possível retirar deste tipo de interpretação a tal predisposição de Wolff para uma tematização que será, posteriormente, cara aos pensadores saídos da Revolução Francesa, com os seus apelos sistemáticos aos direitos do Homem. Ainda que sustentados em pressupostos cuja base é, aparentemente, a mesma, o corolário ideológico e a sua aplicação prática no plano da consagração dos direitos do cidadão, como anteriores à formação da sociedade e que esta tem de respeitar, apresenta patentes contornos diversos.

Com isto quer-se significar que – e aqui como noutros pontos o tal "individualismo" de Wolff tem de ser combatido – se mantêm latentes os quadros gerais característicos do despotismo esclarecido que pretende a justaposição do Direito Positivo[592] ao Direito Natural, e nega toda e qualquer contradição daquele em relação a este. Por esta via, o facto da positivação das normas jurídicas convencionais que garantem os tais direitos naturais, será sempre susceptível de desconfiança e veículo apropriado para a manutenção da eticidade primordial que o despotismo ilustrado prevê, na contenção de um conjunto normativo de sentido mais próximo da vida das pessoas. Tanto se reconduz à discussão da soberania absoluta moldada por vectores convencionais e não estritamente naturais.

No que respeita às questões relacionadas com o Contratualismo, Wolff reserva-lhes espaço dilatado. Da necessidade que houve para as famílias de unirem esforços e se entreajudarem face à hostilidade do meio ambiente resulta uma sociedade, a que se

---

[590] C. Thomasius, *Fundamentos de Derecho Natural y de Gentes*, capítulo VII, § VII, pág. 277.
[591] F. M. Barnard, "The Pratical Philosophy of Christian Thomasius", *Grotius, Pufendorf and Modern Natural Law*, pág. 333: "Thomasius inherit Pufendorf's disdain for constitutionalism, and for very much the same reasons. Constitutionalism meant traditionalism, and a very confused traditionalism at that. It meant an almost systematic ambiguity regarding the source of political authority, the endemic malaise of the old German Empire. It meant a monstrously muddled tangle of rights, competences, and privileges, of claims and counterclaims, of checks and stalemates."
[592] C. Wolff, *Principes du Droit e la Nature et des Gens*, III, págs. 242 e 243: "On *appelle lois civiles*, celles qui sont données à l'état pas son chef. Ce sont des lois positives humaines. La *théorie naturelle des lois civiles* consiste dans la manière de déduire des lois civiles des lois naturelles."

dá o nome de Estado. Mais uma vez reitera que foi a procura da felicidade e do Bem comum que originou o nascimento das sociedades civis[593], em que cada um tem as suas tarefas demarcadas, contribuindo a colectividade para o Bem comum, mas em que a Liberdade e a Igualdade originárias saem prejudicadas[594]. Ou seja, há contrato social.

Daqui teria resultado a possibilidade da escravatura, questão relativamente à qual Wolff não dá grande importância; porque não admiti-la em certos termos, nomeadamente se os homens se voluntariarem a isso?[595]

Segundo escreve, "l'état naturel est celui qui est déterminé para des droits purement naturels, & par des obligations purement naturels, qui conviennent à tous les individus", aspecto que se pauta como a única regra de conduta humana no estado de natureza. A sua correspondente no estado de sociedade, enquanto "celui que est déterminé par les droits civils, qui dérivent de l'établissement des sociétés"[596] será a felicidade, que em comum pretende alcançar mas em que cada qual deve, acima de tudo, esforçar-se por atingir a sua própria e evitar tudo o que a prejudique[597].

A instituição do Estado é aprovada por Deus[598], questão em que concorda quer com Pufendorf"[599], quer, num plano mais afastado, com os próprios teóricos da Escolástica. Aspecto fundamental do problema: para Wolff, "Les droits de l'état sur les particuliers se règlent sur le but de l'état. Ces droits forment une Autorité qu'on appelle l'*empire civil*, ou *public*. Cet empire appartient originairement en propre au peuple"[600]. Daí a imprescindibilidade da convenção, da origem humana do Poder político e de uma soberania régia que o monarca recebe, pacticiamente e sob forma imediata, o Poder do Povo.

Do leque de opções que se colocava à sociedade civil em ordem a atingir o fim para que fora pensada e criada, destaca-se o reconhecimento da sua soberania: "(...)

---

[593] Idem, *ibidem*, III, pág. 245: "Les lois civiles peuvent donc apporter certaines modifications aux lois naturelles, y ajouter ou en diminuer certaines choses, afin de faire passer les hommes de l'état naturel, où ils jouissent de droits illimités, à l'état civil, où ils se dépoilent d'une partie de leurs droits pour le bien de la société. C'est par conséquent de ce bien qu'on dérive les raisons des changements que les lois civiles apportent aux lois naturelles, sans néanmoins jamais y déroger essentiellement, ni les détruire."

[594] Idem, *Institutions du Droit de la Nature et des Gens*, págs. 315-317.

[595] Maria do Rosário Pimentel, "A escravatura na perspectiva do jusnaturalismo", *História e Filosofia*, II, 1983, pág. 22.

[596] C. Wolff, *Principes du Droit e la Nature et des Gens*, I, pág. 13.

[597] Idem, *Moralle Allemande*, apud Alain Renaut, "Principes du Droit de la Nature et des Gens", *Dictionnaire des OEuvres Politiques*, pág. 1288.

[598] Idem, *Principes du Droit e la Nature et des Gens*, III, pág. 141: "L'institution des états n'a rien que de conforme à la loi naturelle, & l'on peut dire par la même raison, qu'elle s'accorde avec la volonté divine".

[599] Idem, *ibidem*, III, pág. 141: "quand il se forme un état, chaque particulier s'engage et s'oblige à l'égard de toute la société, qu'il travaillera de toutes ses forces à procurer le bien commum; & la société s'engage envers chaque particulier à faire régner l'abondance, & à maintenir la sureté. En vertu de ces engagements, la société acquiert le droit de contraindre les particuliers à ne rien faire qui y soit contraire."

[600] Idem, *ibidem*, pág. 141. B. Köpeczi, "Fondements idéologiques. L'Idéologie de l'Absolutisme éclairé", *l'Absolutisme Éclairé*, pág. 107: "Christian Wolff (...) expose déjà l'idée d'un État au service du bien public. Cet État contrôle le mouvement démographique, assure le développement économique et, conjointement, le plein, règle le système des prix et revenus, s'occupe de l'éducation des citoyens et contrôle la vie des Eglises."

comme on appelle *empire souverain ou souveraineté* l'empire dont les actes ne peuvent être annulés par aucun homme, *l'empire civil est souverain* en soi, c'est-à-dire, tel qu'il appartient originairement au peuple"[601]. Portanto, está no arbítrio da sociedade entregar ou não a sua soberania a outrem, de forma absoluta ou limitada e para que o exercesse em seu nome, ou reter para si mesma esse mesmo Poder[602].

Por isto mesmo as marcas do Contratualismo estão, de igual modo, presentes na segunda convenção pela qual também deverá decidir-se qual a forma de Governo a seguir, assim como se o pacto celebrado é ou não irrevogável e a autoridade régia limitada ou ilimitada. Como quer que seja, sempre dependeria da vontade do Povo o Rei poder governar, uma vez que "(...) le droit du prince doit être mesuré par la volonté qu'avait le peuple lorsqu'il transférait l'empire"[603].

Na limitação do Poder incluem-se as leis constitucionais[604], que implicam, eventualmente, o soberano ter de ouvir o Povo em certas matérias, ideia que não está habitualmente presente nas monarquias absolutas[605], onde o monarca apenas está vinculado às leis naturais e às que possam resultar do contrato primitivo celebrado com os súbditos.

A soberania não se questiona em relação a quem a exercita, ninguém podendo interrogar, sequer, as ordens do soberano, sendo certo que a Liberdade dos cidadãos se restringe ao interesse colectivo, que vinha adiante dos particulares[606]. Por outro lado, o império será limitado sempre que o detentor do Poder tenha que se submeter a certas leis, enquanto reveste características de absoluto logo que "ces restrictions n'existent point"[607].

Do mesmo modo não descarta uma referência directa à Constituição do Estado, considerando-a como "la détermination du moyen par lequel on arrive à la fin de cet état"[608] e por esta Constituição devem ser preservadas e favorecidas as leis naturais, sendo reprimidos todos os que as violarem. Neste quadro ganha especial acuidade a possibilidade – que Wolff nega – de haver tolerância religiosa. Se não escreve em parte alguma ser contrário a outras crenças, além da sua e do seu país, redige de forma suficientemente clara para se perceber que é contrário a situações de deísmo e de ateísmo[609]. Donde, a qualquer fórmula de religião natural a professar.

---

[601] Idem, *Institutions du Droit de la Nature et des Gens*, pág. 323.
[602] Idem, *ibidem*, págs. 323 e 324.
[603] Idem, *ibidem*, pág. 325.
[604] Idem, *ibidem*, pág. 327: "Les *Lois* par lesquelles l'exercice de l'empire est restreint, sont appelées *fondamentales*."
[605] Idem, *Principes du Droit e la nature et des gens*, III, pág. 146. Mas que como veremos Wolff não será o único a enunciar, uma vez que neste aspecto Burlamaqui o segue bem mais de perto que ao seu mentor de eleição, Pufendorf.
[606] Idem, *Principes du Droit e la Nature et des Gens*, III, págs. 142 e 143.
[607] Idem, *ibidem*, III, pág. 145.
[608] Idem, *ibidem*, III, pág. 180.
[609] Idem, *ibidem*, III, pág. 185: "un des premières soins dans un état doit être que les citoyens soient formés à la crainte de Dieu, & à la pratique des devoirs envers cet être suprême, envers les autres hommes, & au envers soi-même (...)." Adiante, a pág. 189, escreve: "Le chef de l'état doit avoir soin que les sujets soient vertueux & pieux, & que les méchants soient réprimés. La crainte & le culte de Dieu étant les fondements les plus solides du bonheur d'un état, il doit y avoir des docteurs établis par Autorité publique, qui forment les hommes à cette crainte, & qui soient en même temps les ministres du culte."

Significará isto – e de propósito se deixou para esta fase o tratamento da Liberdade individual – que Wolff não é, nem pode ser comparado ao posicionamento que *Les Philosophes* defendiam na matéria. E se isto não acontece com este Autor, por maioria de razão não sucede com os pensadores do Liberalismo.

Wolff pensa nos direitos do Povo quando se refere às Leis Fundamentais[610]. Não só defende o respeito do Rei pelos direitos do Povo, como assume que apenas este terá o direito de modificar as suas Leis Fundamentais, que devem prover à forma de diferir o Poder ao monarca e "fiscalizar" o exercício da actividade por este exercida e nos termos da possível conciliação entre o Poder absoluto do soberano e o respeito deste pelas Leis Fundamentais.

Este ponto é fundamental; nele se tem visto em Wolff um percursor do Liberalismo, ainda quando o tipo de fraseologia utilizada diverge daquela por que se optou na investigação, mas a essência do raciocínio é aceitável[611]. Isto é, o respeito pelas Leis Fundamentais.

Ora, nota de debate na contradição manifesta em Wolff acima mencionada, é o facto de depois de ter assumido uma tal proposição, ao arrepio de Pufendorf, para já não falar nos absolutistas do séc. XVII, em seguida produzir afirmações contraditórias e que conduzem ao sentido oposto. Assim, o facto do que acima se expôs ser verdade, em nada altera a feição absoluta e plena dos direitos do Rei e seus sucessores, o que, na prática está directamente relacionado com a estrutura moral do seu Pensamento.

Wolff declara-se partidário da possibilidade da concepção patrimonial do Estado, dependendo esta da transferência do "simple exercice" ou de "la substance" do império. No primeiro caso está o simples usufruto por quem exerce a autoridade; no segundo o direito a dispor do mesmo, ponto que já havia sido defendido por Grócio e Pufendorf e será combatido por Vattel. E isto é um paradoxo assinalável em relação aos direitos de soberania do Povo.

Sintetize-se, pois, o Pensamento wolffiano. Jusnaturalista, considera indistintamente Moral e Direito, sendo esta uma regulação de comportamentos feita em função das regras daquela. No que respeita à organização social, o seu Contratualismo é evidente, seguindo as pisadas do Iluminismo do seu tempo. Considera que a ideia de felicidade deverá estar sempre presente no Pensamento de Reis e súbditos que, em conjunto se devem determinar ao Bem comum[612].

---

[610] Idem, *Institutions du Droit de la Nature et des Gens*, pág. 327: "(...) *le prince est obligé d'observer les lois fondamentales* et (...) *il ne peut les changer à son gré*. Mais comme *les lois fondamentales se font par le consentement du peuple elles peuvent* aussi *être abolies ou changées* par son consentement, *pourvu qu'on ne diminue point le droit du prince, ou celui qui doit appartenir à ses successeurs*."

[611] E. Bréhier, II, 2, pág. 321: "(...) un individualisme libéral, qui voit dans la souveraineté du peuple la seule forme de gouvernement (...)."

[612] C. Wolff, *De Rege Philosophante, & de Philosopho Regante e o Theoria Negotiorum Publicorum*, de 1730 e 1731, reunidos e em tradução francesa, *Le Philosophe-Roi et le Roi Philosophe – La Théorie des Affaires Publiques*, Paris, 1985, pág. 4: "Les Hommes, de l'aveu de tout le monde, ne se sont réunis en Société Civile, que dans le dessein de travailler de concert à l'utilité commune, et de repousser conjointement les efforts de ceux qui voudraient y mettre obstacle. Et comme la Félicité Humaine ne consiste (...) que dans le progrès continuel et non interrompu vers de nouvelles perfections; il suit delà, que le bonheur de la République (par où j'entends un certain nombre d'hommes occupés à l'avancement du Bien Public) doit consister dans le pouvoir d'obtenir sans empêchement, le bût qu'elle s'est proposé en se formant."

Numa sociedade civil ou Estado, este[613] atinge-se em função de uma organização coerente, onde os direitos dos súbditos devem ser respeitados e estes estar cientes do despojamento de uma parcela da sua Liberdade em função do Bem comum. Figura de proa é o monarca[614], que apenas tem acima de si o Direito Natural, devendo conformar-se ao respeito das regras do jogo institucionalizadas no pacto de sociedade. Resquícios de uma certa Escolástica, o paternalismo régio sob modelo absolutista está presente, sendo o soberano um modelo que todos os súbditos devem imitar e venerar, no exercício de um "munus" governativo em termos absolutos e que a lei positiva tutela[615].

Ou seja, se Wolff se insere na linha do despotismo esclarecido – ou inteligente –, isso tem de ser encarado com alguma latitude e levando em linha de conta todos os elementos que a análise das suas ideias permitem.

Pelas suas decisões e pela conciliação que procura estabelecer entre os direitos do Povo face ao Estado, que podem ser reservados, em parte, se tal ficar estabelecido no pacto; pelas alusões feitas à Constituição de um Estado e modo de melhor a regular, pela permanente articulação que requer entre direitos e deveres recíprocos dos homens em sociedade, foi um pensador fundamental na conformação do futuro Liberalismo e, sobretudo, da doutrina dos direitos fundamentais.

Talvez por isso se deva entender que Wolff, inscrevendo-se na tradição do Direito Natural, retoma a Moral e o Direito como as únicas entidades a que o soberano absoluto deve reconhecer como superiores a si mesmo. Deus e a Lei da Razão são as fontes de um Direito e de uma Moral que se impõe à consciência esclarecida, externos ao Poder temporal e a que este se submete.

No que respeita aos portugueses, haverá oportunidade de verificar que a questão apenas se coloca parcelarmente. Oficialmente e depois de 1772, Pufendorf e os demais jusracionalistas são seguidos em Portugal, num plano de adaptação indispensável das suas ideias de hereges ao nacional eclectismo, cultural e político. Politicamente, o despotismo ilustrado nacional convive perfeitamente com a origem divina do Poder sem quaisquer conotações voluntaristas, ponto que aliás em muito se consubstancia a sua teorização no nosso país e o tipo de ideologia que vai presidir aos destinos portugueses ao longo de todo o séc. XVIII e primeiros anos do séc. XIX.

Parece assim confirmar-se que os pais espirituais do Liberalismo Oitocentista foram os teóricos do Absolutismo do séc. XVIII, quando não em certos casos mesmo do séc. XVII – Locke, por exemplo – ainda que esta afirmação possa ser discutível mesmo nos tempos que correm.

---

[613] Idem, *ibidem*, pág. 5, onde repete palavras que afirma ter deixado na sua *Politique*, texto de que infelizmente não chegou a redigir segundo informa António Truyol y Serra, *História da Filosofia do Direito e do Estado*, II, pág. 254. Em concreto, "(...) il [o Bem Público] renferme la plus grande félicité dont chaque homme puisse jouïr sur la Terre, conformement à son État."

[614] Idem, *ibidem*, pág. 5 esclarece que este monarca deve ser alguém que actue hodiernamente como se fosse "un Philosophe", porque a isso obriga "Bonheur Public".

[615] Idem, *Principes du Droit e la Nature et des Gens*, III, pág. 244: "Une chose naturellement licite, peut, par la volonté du supérieur, être changée en une chose due, ou en une chose illicite; de même une chose imparfaitement due, peut le devenir parfaitement, suivant que cela convient à l'intérêt de l'état."

2.4. Itália e Espanha: a decisão católica

Em questões da origem do Poder político em Muratori, e da Liberdade da sociedade e atitude do indivíduo em presença da mesma, não há contributos assinaláveis. Não será abusivo inseri-lo na corrente de Pensamento que admite um Poder de origem divina, na boa tradição católica. Assume-se uma predilecção monárquica e um exercício absoluto da soberania por parte do Rei. Outro posicionamento seria não apenas estranho como desfasado dos pressupostos do Iluminismo católico que se projectavam nos considerandos de cariz político.

Ainda assim e porque o Autor não fala abertamente da situação, é ponto que deve ser alvo de ponderação em presença de todas as fontes disponíveis, o que não sucedeu, em presença da actual pesquisa.

Relativamente à questão da Liberdade dos povos, que para Genovese não se colocava[616], o mais aproximado que se pode encontrar no seu actual discurso, liga-se com a ideia de Povo. Um pouco ao modo dos Humanistas, porque desde a sua teorização sobre o problema pouco se tinha avançado, refere o Povo como "(...) huma certa confuzão de todos os erros, abraça, e trespassa aos vindouros, todas as falsas opiniões"[617].

Esta não é a noção de Povo que adoptada neste Estudo, no contexto do debate da Liberdade dos povos, mesmo que se possa conceder que ela vale para matérias de cariz cultural, em termos acima explanados. Em qualquer caso, pode perguntar-se, aonde conduz um tal raciocínio.

A Autoridade deriva de duas fontes: divina e humana, sendo a primeira sempre "complecta evidência ou certeza moral", pautando-se a certeza de "fé humana" muito inferior "à certeza de fé divina"[618]. No plano da Autoridade humana, Genovese refere-se sobretudo às "narrações e aos dogmas"[619], assumindo a História um papel prevalente e sendo o homem figura determinante: "(...) adulta a Razão deve haver cuidado que nós mesmo por nós entendamos estes dogmas, para que nem sempre sejamos guiados por outros à maneira de gados"[620].

Ou seja, a ideia de Autoridade que o Autor usa nada tem que ver com a de Autoridade política no campo do exercício do Poder, ficando-se neste particular pela apreciação da racionalidade humana nos contornos da recepção e elaboração dos dados dos sentidos.

Do exposto resulta que, em Genovese, podem ser elencados elementos de investigação importantes para a discussão da Liberdade no plano da discussão moral, e algumas alusões à Liberdade de pensamento, que defende em consonância com o seu eclectismo. Nada que se possa confundir com falsos partidarismos de religião natural, porque não só considera imprescindível a Revelação, como se mantém fiel aos ensinamentos da ortodoxia Católica-Apostólica-Romana.

---

[616] António Alberto de Andrade, *Vernei e a Cultura do seu Tempo*, pág. 299: "Tudo girava ao redor da ideia central do Príncipe, senhor da Nação."
[617] António Genovese, *As Instituições da Lógica*, pág. 101: "(...) O Povo, segundo diz Verulamio, he similhante a hum rio, o qual deixa mergulhar livremente e até ao fundo os corpos mais pezados que lhe lançam, e leva na sua corrente os mais leves: *por tanto, como nós entre o Povo nasçamos, e sejamos educados, difficultosamente podemos evitar os erros, e as preocupações que nos accommetem de todas as partes.*"
[618] Idem, *ibidem*, pág. 242.
[619] Idem, *ibidem*, págs. 280 e 281.
[620] Idem, *ibidem*, pág. 282.

No que se refere ao nascimento das sociedades civis e do Poder político, nomeadamente à sua origem, limites e formas porque se exerce, as referências directas são poucas ou nenhumas, mas admite-se a fiabilidade das informações prestadas pelas fontes secundárias que houve ocasião de confrontar.

Sintetizando: Genovese é determinante para o Pensamento português Setecentista no plano da Liberdade individual, e no caso especial da Liberdade de pensamento. Quanto à sua congénere política – dos Povos – a questão não é nem desenvolvida, nem merecedora de especial reflexão. A justificação decorre de tudo o que se vem expondo.

Beccaria[621], ele mesmo, plasma o drama do Iluminismo e da sua versão filosófico-política, o despotismo esclarecido[622].

A sua audácia é sobretudo no plano de uma análise global e sem peias da sociedade existente, a pretexto do tratamento do Direito Penal. O pretexto e o texto foram mais que conseguidos, mas Beccaria continua a ser um Autor de espírito iluminado e não liberal[623]. Entre outras razões, porque não conseguiu – como Kant conseguirá – afastar-se dos imperativos inerentes à supremacia do Poder absoluto[624]. E isso, apesar e dos seus brados de eminente conceptualização liberal no domínio do Direito Penal – que sem dúvida teve – perdeu-lhe a essência da renovação.

Contratualista como a maioria dos seus colegas de profissão Autores desta fase, mas italiano e católico, entende que "Tre sono le sorgenti dalle quali derivano i princìpi morali e politici, regolatori degli uomini: la revelazione, la legge naturale, le convenzioni fattizie della società"[625]. Manifesta, logo em seguida uma veia utilitarista que o caracterizará na teorização do contrato social, por força da aplicação que dela fará no plano da crítica da moral ordinária e das leis. Por isso entende que no que toca

---

[621] Consta do "Catalogo de livros defesos neste Reino, desde o dia da Criação da Real Mesa Cençoria athé ao prezente. Para servir de expediente na Caza da Revisão", publicado por Maria Adelaide Salvador Marques, pág. 127, a proibição do *Coment dei Dellitti e delle Pene*, por edital de Novembro de 1788.

[622] Reitere-se que o Iluminismo e o despotismo esclarecido não são nem podem ser características de um sistema individualista. O Iluminismo e o despotismo esclarecido valoram o indivíduo mas não tiram daí as consequências finais; tal tarefa reserva-se apenas para o Liberalismo.

[623] Guilherme Braga da Cruz, "O movimento abolicionista e a abolição da pena de morte em Portugal", separata das *Memórias da Academia das Ciências de Lisboa*, classe de Letras. X, 1967, págs. 83 e 84: "Não era Beccaria um filósofo nem muito menos um penalista, mas antes – e simplesmente – um jovem idealista, de velha ascendência nobre, que ao vinte anos se lança sofregamente na leitura dos enciclopedistas franceses, após oito anos de educação de tipo clássico. Ele próprio confessa numa das suas cartas que deve tudo aos livros franceses (...). Ao lançar no mercado das letras o seu pequeno e tímido ensaio, mal poderia adivinhar César Bonesana que ele constituiria a pedra fundamental de todo o Direito Penal moderno e que uma verdadeira revolução iria abalar, a partir dele, as próprias estruturas do sistema punitivo até aí admitido sem discrepância por todas as Nações da Europa. Na verdade e como já alguém disse, Beccaria foi penalista sem ele mesmo o saber; foi revolucionário contra a sua própria vontade; e foi inovador, sem no entanto nada fazer senão captar e formular um conjunto de ideias que andavam no ar, mas que ninguém antes dele soubera concretizar e ordenar. Esse, o seu pequeno mas ao mesmo tempo grande mérito."

[624] Cesare Bonesana, Marquês de Beccaria, "Dei Dellite e delle Pene", *Opere*, a cura di Sergio Romagnoli, Firenze, 2 volumes, s.d., I, pág. 41: "I grandi monarchi, i benfettore dell'humanità, che si reggono, amano le verità, esposto dall'oscuro filosofo con un non fanatico vigore, destato solamente da chi si avventa alla forza, o alla industria, respinto dalla raggione; e i disordini presenti, per chi bem n'esamina tutte le circonstanze, sono la satira e il rimprovero delle passate età, non già di questo secolo, e de'suoi legislatori."

[625] Idem, *ibidem*, I, pág. 42.

às convenções humanas, as mesmas devem ser investigadas levando em atenção que "parece necessário examinar, independentemente de qualquer outra consideração, o que nasce das puras convenções humanas, ou expressas ou supostas para necessidade e utilidade comum – ideia na qual qualquer seita e todo e qualquer sistema moral deve necessariamente convir (...)"[626].

O Contratualismo de Beccaria, que acima de tudo privilegia a lei autónoma da Moral[627], começa por acreditar que "Le leggi sono le condizione, colle quali uomini indipendenti ed isolati si unirono in socità, stanchi di vevere in un continuo stato di guerra, e di godere una libertà resa inutile dall'incerteza di conservarla"[628]. Originalmente independentes e livres em estado de natureza, foram forçados a desfazer-se de uma pequena parcela da sua Liberdade, para poderem gozar da restante "com sicurezza e tranquilità".

O egoísmo natural dos homens reflecte-se neste pacto, na medida em que apenas porque imaginam que por ele poderão melhor sobreviver, se associam entre si: "ogni uomo si fa centro di tutte le combinazioni del globo"[629]. Destes vários egoísmos particulares resulta um interesse geral, fundamento do direito de punir[630].

É a soma das mencionadas parcelas de Liberdade que constitui a soberania da Nação, sacrificadas no altar da segurança e da tranquilidade "ed il sovrano è il legitimo depositario ed administratore di quelle"[631].

Existe, portanto, uma transmissão, mediante pacto, da Nação para o soberano, dessas tais parcelas da sua Liberdade que constituem a soberania e cujo administrador e representante passa a ser. Por consequência, o soberano é um representante da soberania da Nação, que deve garantir a cada um a parcela de Liberdade que lhe é própria; importando verificar em que termos se posicionam os limites desse mandato e quem pode impor os mesmos. Se concluir que essa "responsabilidade" deve

---

[626] Idem, *Dos Delitos e das Penas*, Edição FCG, Lisboa, 1998, págs. [58 e 59], que não corresponde integralmente à das *Opere*, I, pág. 43 e onde se lê o seguinte: "egli è importantissimo di separare ciò che risulta da questa convenzione, cioè dagli espressi o taciti patti degli uomini, perché tale è limitedi quella forza, che può legittimamente esercitarsi tra uomo e uomo, senza una speciale missione dell'Essere Supremo." Em qualquer caso, como ambas são feitas a partir da Edição "princeps" de 1766, embora mesmo esta última tenha sido alvo de posteriores alterações, como se reconhece na "Introduzine" às *Opere*, patrocinados pelo próprio Beccaria. Sempre que nos surgirem dúvidas procederemos de modo semelhante. Em qualquer caso parece que não ficam dúvidas acerca do seu utilitarismo, porque a base de toda a justiça social é a utilidade comum, o interesse geral, o bem do maior número: todo o bem-estar possível para o mais largo número de homens possível.

[627] Idem, "Dei Dellite e delle Pene", *Opere*, I, págs. 66 e ss.; págs. 88 e ss. da conjugação destes dois tipos de crimes, a tortura e a infâmia, conclui o Autor que é incompreensível que além do carácter necessariamente reparador que a pena deve ter, se lhe associe a ideia medieval de expiação. Mesmo que se pense que não é a dor física que lava a infâmia moral, pouco seriam os julgadores que por esta confusão não se inclinassem para a sua sentença. A separação de águas permite a manutenção da paz pela via meramente legislativa, do direito, politicamente, sem que obstáculos de cunho moral ou transcendentes possam determinar a sua opção.

[628] Idem, *ibidem*, I, pág. 48.

[629] Idem, *ibidem*, pág. 48.

[630] Idem, *ibidem*, pág. 98: "data la necessita della riunione degli uomini, dati i patti che necessariamente risultano dalla opposizione medesima degli interessi privati, trovasi una scala di disordini, dei quelli il primo grado consiste in quelli che distruggono immediatamente la società, e l'ultimo nella minima ingiustizia possible fatta ai privati, membri di essa."

[631] Idem, *ibidem*, pág. 48.

continuar a ser atribuída ao Príncipe, por delegação expressa ou tácita da Nação o problema está solucionado.

Se é verdade que cumpre ao soberano zelar e defender esse "depósito" público da Liberdade de cada um, que será o mínimo possível – "nessuno uomo há fatto il dono gratuito di parte della propria libertà in vista del bem pubblico; (...). Se fosse possibile, ciascuno di noi vorrebbe che i partti, che legano gli altri, non ci legassono: (...)⁶³²". Foi "dunque la necessità che costringe gli uomini a ceder parte della propria libertà"⁶³³.

Em sequência, logo que o "depósito" está constituído, *a sociedade tem um direito, por intermédio do soberano* de "defenderlo dalle private usurpazione di ciascun uomo in particolare, il quale cerca di togliere dal deposito non solo la propria porzione, ma usurpari ancora quella degli altri. Si volevano de'motivi sensibili, che bastassero a distogliere el despotico animo di ciascun uomo dal risommergere nell'antico caos le leggi delle società"⁶³⁴. O conjunto destas mínimas porções de Liberdade é o "jus puniendi"; "tutto il di più è abuso, e non giustizia; è fatto, non già diritto"⁶³⁵.

Do exposto resulta que a formação da sociedade é contratualisticamente encarada, afastando em definitivo o naturalismo aristotélico adaptado pelo Pensamento católico. A origem do Poder político é de Direito Humano e resulta de convenção, em que o Povo transmite ao soberano essa sua soberania inicial.

As leis são regras de conduta, pela observação das quais a sociedade consegue ultrapassar a situação do antigo caos em que se encontrava. Por consequência, devem ser acompanhadas de penas contra os transgressores, deixando que as paixões pessoais ultrapassem os interesses colectivos. Deve contudo atender-se que, como dizia Montesquieu, a medida da pena não deve ultrapassar "la necessità di conservare il deposito della salute pubblica", caso em que será injusta por natureza. Tão mais será justa a pena "quanto più sacra ed inviolable è sicurezza, *e maggiore la libertà che il sovrano conserva ao sudditi*"⁶³⁶.

De um modo geral, este tipo de interpretação não é, sequer, original; presente de algum modo em Wolff será levada às últimas consequências por Vattel e de algum modo patrocinada por Burlamaqui. Por aqui, Beccaria limitou-se a seguir as coordenadas já assentes da tradição Setecentista.

Mas o que ele, de facto e sem margem para dúvidas inovou, foi na conceptualização própria que deu a um problema quase sempre arredado das preocupações dos estudiosos da matéria: o de que o contrato social tanto vale para justificar a perda de uma parcela de Liberdade em função da segurança, como para entender que a tranquilidade requer que cada um tenha consciência dos precisos limites até onde pode ou deve ir, não os ultrapassando.

Ou seja, se a lei proíbe certos comportamentos tidos como nocivos, faz parte do contrato aceitar que infringir a lei acarreta a correspondente pena. Está perante a "vexata quaestio" da retribuição, que Beccaria não irá aceitar, perfilhando um humanitarismo em total desconformidade com a teorização da Razão de Estado, de Richelieu.

Há, sem dúvida inovação na perspectiva do Direito Penal. Já no que respeita ao problema das relações entre soberano e súbditos, é quase intuitivo neste tipo de racio-

---

[632] Idem, *ibidem*, pág. 48.
[633] Idem, *ibidem*, pág. 49.
[634] Idem, *ibidem*, pág. 48.
[635] Idem, *ibidem*, pág. 49.
[636] Idem, *ibidem*, pág. 49.

cínio, o seu Pensamento de que "le leggi solo possono decretar le pene su i delitti; e quest'Autorità non può risedere che presso il legislatore, che rappresenta tutta la società unita per un contratto sociale"[637]. Assim, o representante da sociedade, o monarca, é o único a poder legislar neste sentido, cumprindo-lhe, nessa tarefa, a de fixar as penas e os delitos a que correspondem. Termina-se, pois, decisivamente com a arbitrariedade jurisprudencial que era característica até então.

Por outro lado, "il sovrano, che rappresenta la società medesima, non può formare che leggi generali che obbligano tuttu i membri, ma non già giudicare che uno abbia violato il contratto sociale", devendo esta faculdade ser reservada ao juiz que julga, mas não legisla sobre o que julga[638]. Isto é, há uma divisão de Poderes – influência, sem dúvida, de Montesquieu – mas apenas no plano do Legislativo e do Judicial, continuando a confundir-se na mesma entidade Executivo e Legislativo na pessoa do soberano.

Cumpre ao soberano legislar; só a ele, sem dependência de ninguém e dentro desse mundo, o mundo do Direito Penal – o que por muito que custe a alguns e apesar de todo o "pré-liberalismo" do Autor, neste plano não se vislumbra.

Aprofundando o problema do Direito Penal propriamente dito, como salvaguarda da Liberdade individual e civil dos cidadãos, resulta a mesma da ideia da proporcionalidade que deve existir entre crime e delito. Ora, para que isso seja possível, será previamente necessário que as pessoas se entendam entre si e os membros da sociedade percebem claramente quais as regras a seguir e as que não devem lesar[639].

Quanto maiores sejam os danos que o delito origine ao interesse público, maior cuidado deverá haver na sua penalização e, se esse conhecimento for devidamente publicitado à opinião pública, menos vezes sucederá e menores danos causarão. Maior será, deste modo, a Liberdade de que os cidadãos gozam nas suas relações diárias, porque sabem que a finalidade da punição não é atormentar nem afligir o Ser humano, mas evitar, para seu próprio interesse que reincida e que os outros cometam iguais excessos[640].

Deve, numa palavra, haver uma proporção entre os delitos e as penas[641] e as garantias jurídicas nunca poderão estar ausentes. Estas ideias serão recuperadas, em fase posterior, por Filangieri, aprontando conclusões diametralmente opostas. Em ambos os casos surgem situações de humanitarismo, que se num caso ainda são subscritas por uma figura algo difícil de qualificar, Beccaria, no outro não existem dúvidas quanto ao posicionamento perante uma interpretação liberal das relações entre Poderes políticos institucionalizados e cidadãos.

Não significa isto que Beccaria não veja o Direito Penal como limitador da Liberdade do indivíduo; claro que sim e justifica-se a frase que por norma se segue para

---

[637] Idem, *ibidem*, pág. 50.
[638] Idem, *ibidem*, pág. 50. O Autor desenvolve naturalmente este tema em vários pontos do trabalho, mas não nos cumpre tratá-los em pormenor.
[639] Idem, *ibidem*, pág. 54: "Quanto maggiore sarà il numero di quelli che intenderanno e avranno fra le mani il sacro codice delle leggi, tanto men frequenti saranno i dellitti, perché non v'há dubbio che l'ignoranza e l'incertezza delle pene aiuntino l'eloquenza delle passione."
[640] Idem, *ibidem*, págs. 54 e ss.
[641] Idem, *ibidem*, págs. 79 e ss. Este é o raciocínio que é seguido para a pena de morte, que Beccaria considera ilegal, inútil, desnecessária e nociva. Das quatro situações a que mais nos interessa é a da ilegalidade, que o Autor sustenta na medida em que o "jus puniendi" resulta do pacto social e no mesmo ninguém estabeleceu – nem poderia – que queria renunciar à sua vida. Donde, se não pode ser delegada ao soberano como representante da Nação, ela é ilegal.

a vertente investigação: para que o homem possa ser livre, é mister que veja a sua Liberdade coarctada, sob pena de vivermos num mundo de licença. A questão é saber limitar essa Liberdade ao necessário para que todos vivam em segurança[642]. De um modo utilitário, se deve haver a maior felicidade do maior número, então deve existir a maior Liberdade dividida pelo máximo número. Foi para isso que os homens se associaram; seja feita a sua vontade e recorde-se Beccaria como o introdutor do Direito Penal Moderno que se prolongou, de algum modo, até aos nossos dias.

Em síntese, poderá afirmar-se que, em Beccaria, para além de se verificarem os pressupostos necessários e suficientes para o considerar no vasto leque dos escritores que inseridos, porque partidários das concepções do Poder político do Antigo Regime[643], há significativas mudanças em matéria de Liberdade. Uma nítida evolução, na verdade, em questões ligadas ao Direito Penal[644], pela consideração do homem enquanto homem que lhe confere conotações próximas das que serão defendidas pelo Liberalismo. O que significa encomiar a Liberdade individual e precaver as garantias jurídicas da mesma.

No que respeita às repercussões do trabalho de Feijóo em Portugal, em período do Antigo Regime, são escassas. Já o Liberalismo o consagrou e por mais que uma vez foi alvo de referências directas no Parlamento Vintista, embora mais no domínio das reformas prisionais que no plano das propostas que avançava com a eliminação de alguns crimes, "maxime" a pena de morte. Esta teria de esperar mais um bom par de anos até desaparecer definitivamente do ordenamento jurídico-penal português. Ou seja, teria de aguardar pela distante data de 1867.

Se os homens são naturalmente iguais entre si e a desigualdade provém das suas diversas aptidões profissionais, pessoais, etc., então importa que nesse núcleo de iguais todos sejam tratados com Igualdade. O que nem sempre acontece pelos motivos já apontados, e os benefícios as mais das vezes dados por motivos completamente estranhos a méritos pessoais[645].

É de questionar se as honras concedidas por méritos serão mais benefícios do que escravidão, matéria onde denota algum pessimismo[646], o qual apenas significa a límpida conduta de um qualquer magistrado, logo que entre a desempenhar funções,

---

[642] Alain Renaut, *Histoire de la Philosophie politique*, III, pág. 69: "Beccaria, dans la mesure où, s'engageant plus avant dans la problématique de l'application sociale du politique, il inaugure, pour as théorie des délits et des peines, la voie d'une redéfinition moderne de la 'violence légitime' de l'État."

[643] Da consulta das suas *Opere* não se verificam alusões detalhadas a um dos temas que mais ocupa o presente Estudo, ou seja à temática da Liberdade individual no plano da Liberdade de consciência e da tolerância religiosa.

[644] B. Köpeczi, "Fondements idéologiques. L'Idéologie de l'Absolutisme éclairé", *l'Absolutisme Éclairé*, págs. 112 e 113.

[645] Bento Feijóo, "Apología del Scepticismo Medico", *Ilustración apologética al primero y al segundo tomo del Theatro Crítico*, págs. 227 e ss.: "(...) La lástima es que en la práctica se palpa la eficacia de estas recomendaciones, aun en desigualdad de méritos, por cuyo motivo, llegado el caso de una oposición, más trabajan los concurrentes en buscar padrinos que en estudiar cuestiones, y más se revuelven las conexiones de los votantes que los libros de la facultad. Llega a tanto el abuso, que a veces se trata como culpa en Obrar rectamente (...)".

[646] Idem, "Balanza de Astrea o recta administración de la Justicia", *Ensayos escogidos*, pág. 233. Na página seguinte faz suas as palavras sábias de um eclesiástico, quando este escrevia: "No solicites que te hagan juez, si no te hallas con la virtud y fortaleza que es menester para exterminar la maldad." Este texto é importante na medida em que apresenta uma perspectiva muito crítica do modo pelo qual a justiça pública era administrada em Espanha, não apenas no plano da mera eficácia prática

e onde a sua idoneidade melhor se demonstra: "No sé, hijo mío, se celebre o llore la noticia que me das de haberte honrado Su majestad con esa toga. Contémplate en una esclavitud honrosa; mas, al fin, esclavitud (...). Las obligaciones de este cargo no sólo te emancipan de tu padre, también deben desprenderte de ti mismo (...) Ya no hay para ti paisanos, amigos ni parientes. (...)".

Um pouco à frente, justifica-se: "Quiero decir que no has de ser hombre? No por cierto, sino que la razón de hombre ha de vivir tan separada de la razón de juez, que no tenga el más leve comercio de las acciones de la judicatura con los afectos de la humanidad." Se hoje em dia não faz sentido pensar assim, certamente que no séc. XVIII os conselhos e constatações seriam muito úteis.

No que respeita às matérias mais directamente ligadas à Política e ao Direito, terão de se investigar os termos em que se assume a origem do Poder e ponderação que o plano moral em que habitualmente se encarava o direito apresenta ligações com aquela. Desde logo considerando Feijóo que Maquiavel é figura detestável, embora reconheça que "todo el Mundo abomina el nombre de Machiabelo e casi todo el Mundo le sigue"[647].

Entendendo, de um modo geral, por pátria ou república "aquel cuerpo de Estado donde debajo de un gobierno civil estamos unidos con la coyunda de unas mismas leyes"[648], manifesta-se contrário a nocivos e falsos patriotismos que em vez de beneficiarem a pátria, apenas conduzem a mesma a dissensões que, não raro, originam guerras[649]. Ou seja, abstém-se de discutir o tema, sendo admissível presumir que se conforma com o sistema vigente em termos de Poder político e concomitante Liberdade existente em Espanha, no seu tempo.

Existe por tudo isto uma aproximação clara em relação ao Pensamento português deste período mas apenas no que respeita à necessidade da evolução cultural; contudo fica muito aquém quer de Verney quer de Ribeiro Sanches, entre outros, para já não falar dos escritos oficiais do josefismo.

Quanto a Karl de Martini, saliente-se, pois, que no estado de natureza o homem é livre de qualquer sujeição, agindo com independência total e ao abrigo do que o seu livre-arbítrio lhe determinar. E, se há estado de natureza, haverá, por certo, estado de sociedade.

No que respeita às teses sobre a formação da sociedade, o Autor segue de perto a teorização encetada pelos maiores jusracionalistas do seu tempo. De forma tão sintética quanto possível, considera De Martini que "societas haec familiarum plurium aequalis,

---

dos julgamentos, mas do modo pelo qual os magistrados deveriam comportar-se. Naturalmente que se trata de um texto-chave para a compreensão do tema da Igualdade.

[647] Bento Feijóo, "La politica mas fina", *Teatro critico*, I, págs. 77 e ss.

[648] Idem, "Amor de la patria y pasion nacional", *Ensayos escogidos*, pág. 216.

[649] Idem, *ibidem*, pág. 213. Em nome do amor da pátria muitos cataclismos se originaram o que, no contexto do seu Pensamento, apenas significa que Feijóo pretende conciliar "algún afecto inocente y moderado al soleo natalicio", com o cosmopolitismo de que fazia gáudio afirmar. Por outro lado, não tem pejo em afirmar, um pouco mais à frente, que "(...) aquellos que, com el fin de formarse partido, donde estribe su Autoridad, sin atender al mérito, levantan en el mayor número que puedan sujetos de su pays. Esto no es amara a su país, sino a si mismos, y es beneficiar su tierra como la beneficia el labrador que en lo que la cultiva no busca provecho de la misma tierra, sino su conveniencia propria."

sive in *pagis* reperiatur, dicitur *Anarchia*[650], quod in eo statu patresfamilias, communi careant imperio"[651]. É para evitar os confrontos que a anarquia pode promover e incrementar a felicidade e segurança[652] dos indivíduos, que se promove a sua saída do estado de natureza[653], para o que De Martini busca como Pufendorf os contributos da humana sociabilidade. Assim, "Aristoteles recurrit ad naturae stimulos", o que tanto se aplica às sociedades mais extensas como às de menor dimensão[654], enquanto Pufendorf se pautou pela disposição, individualmente considerada, de associação, por parte do Ser humano.

Não há qualquer sociedade em que o fim comum não seja, por força de uma união voluntária, a relação pacífica entre seres inteligentes[655]. E para obter essa finalidade, ainda segundo Pufendorf, preconiza-se a existência de "duobis pactis et uno decreto"[656]. Importa sobretudo mencionar a existência de um *pactum subjectionis*, caro ao Pensamento consensualista e em quanto à relação proposta de Pufendorf, que De Martini partilha: "Addit demum aliud pactum, quo vel Monarchae, vel optimatibus, aut toti populo secunde um formulam in decreto conventam se singuli subjiciant. Et hinc pactum *unionis* virium, decretum *formae*, et pactum subjecionis *secerni consueverunt*"[657].

Há casos em que o pacto social não necessita ser expresso, chegando o seu entendimento tácito e sem que por isso tenha menor grau de obrigatoriedade[658]. As exigências da justiça e da prudência mantêm-se, sobretudo atendendo a que a "civitas est Societas voluntaria", manifestando um relacionamento entre os seus membros segundo as regras do Direito Natural e do Direito Civil e com as comunidades externas por força das normas do Direito das Gentes[659].

Portanto, trata-se de um partidário assumido do jusracionalismo, que vai beber às fontes hereges a teoria que, como católico, procura aplicar à origem do Poder e da ideia de Liberdade.

---

[650] De Martini, *De Lege Naturalis*, págs. 2 e 3: "Quum enim nemo patrum familias ab alieno penderet arbitrio, facile inter socios, licet probos, erumpebant dissidia, de um alia aliis ad communae bonum obtinende um remedia viderentur aptiora. Inde dissidentiae et simultates, quae non modo vires ac voluntates sociorum dissolvent, sed et odiis bellisque intestinis viam pararent."
[651] Idem, *ibidem*, pág. 2.
[652] Idem, *ibidem*, pág. 18.
[653] Idem, *ibidem*, págs. 3 e 4.
[654] Idem, *ibidem*, pág. 6: "Ipsa enim *natura quisque magis student libertati quam imperio*. Itaque civitas societas simlices non necessitate quidem absoluta, sed cum adjunctione consecuta."
[655] Idem, *ibidem*, pág. 12.
[656] Idem, *ibidem*, págs. 12 e 13: "Et primum quidem ac praecipum pactum ait singulos cum singulis in natural libertate viventibus iniiisse; quod in unum ac perpetuum coetum coire, suaeque salutis ac securitatis rationes communi consilio administrative velint. Hoc deinde pacto semel absque ulla determinati regiminis conditione celebrato ita obstringi omnes, ut cuicumque demum imperandi potestatem tribuant, a coetu recedere haud amplius possint." Quanto ao decreto, prossegue na explicação pufendorfiana: "Sed et porro ex ejus mente *decretum* successit, quo a soccis Imperii forma fuerit definita; an silicet unus, na plures, an vero omnes collectium cives imperarent. Cujos decreti ea vis sit, ut ei quidem adsentiri non teneantur personae, quae, quae nonnisi sub alius regiminus conditione in societatem consenserint; tamen ut reliquae, quae pactum pure iniverint, suffragiisi plurimorum stare cogantur."
[657] Idem, *Positiones de Jure Civitatis*, pág. 13.
[658] Idem, *ibidem*, pág. 17.
[659] Idem, *ibidem*, pág. 18.

De Martini considera que a partir do momento em que a sociedade civil está formada, os laços que se estabelecem entre governados e governantes terão de se consolidar no respeito mútuo, sem questionar o Poder da autoridade que o pacto assinala e é inviolável.

Por outro lado, aquele ou aqueles a quem se confere o *jus* da majestade apresenta determinadas características, nomeadamente a sua independência, superioridade, unicidade, individualidade, igual para todos os Povos[660] e onde não pode ser olvidada a "majestatis principia", que é "sancta est et inviolabis", a que se somam outras características todas elas emblemáticas de um Poder que se pretende absoluto[661].

O Pensamento político de De Martini, que as suas *Positiones de Jure Civitatis*[662] bem retratam, mantém a linha de rumo seguida pelo Iluminismo católico. Saliente--se a questão da Igualdade formal dos cidadãos face ao seu Rei, monarca absoluto e virtuoso que tem por finalidade a criação de condições que promovam a felicidade dos seus súbditos.

Já no que respeita às Leis Fundamentais, De Martini tem também uma posição clara. Existem várias formas de Governo, teorizadas desde Aristóteles. "Quae determinatio, quando ex uno modo intelligitur, forma *simples, pura, regularis*; quando non nisi ex pluribus modis cognosci potest, forma produit *mixta, composita*, seu *irregularis*"[663], pontos que são posteriormente tratados sob forma individualizada[664].

O Poder, com as características assinaladas, apresenta-se do mesmo modo nas formas puras de Governo, dependendo apenas do número de pessoas que o exercem. E, naturalmente que se não pode questionar a importância da monarquia como aquela que das várias formas de Governo é a mais adequada, como é timbre manifesto dos escritores que o precederam e que se lhe seguirão, ainda que não deixe de reconhecer que a monarquia apresenta alguns defeitos[665].

Distinguindo entre monarquia absoluta e limitada, considera a primeira enquanto "solum ex fine et naturae civitatis determinatur", enquanto a segunda será a que "cui nimirum pactis adventiis inter Imperantes et subditos initis certus modus est positus, quo juris competentis exercitium restringatur"[666]. Diga-se que De Martini demonstra um rigorismo extremo da definição das várias formas de Governo, sendo certo que tanto a demagogia da democracia como a cupidez dos maus Príncipes é perniciosa a Povos e a Nações.

---

[660] Idem, *ibidem*, págs. 20 e ss.
[661] Idem, *ibidem*, págs. 168 e 169.
[662] De Martini, *Positiones de Jure Civitatis*, desenvolve ao longo dos vários capítulos toda a temática que se vai assinalando. Pode mesmo dizer-se que pela análise do compêndio ele interessaria todo, se não fosse materialmente impossível fazer essa ampla abordagem. Portanto e na mesma linha que se tem vindo a seguir, proceder-se-á ao levantamento das questões mais ingentes, deixando ao cuidado – e à paciência do leitor – a leitura remissiva do que não for explicitamente tratado.
[663] Idem, *ibidem*, pág. 125.
[664] Idem, *ibidem*, págs. 150 e ss.
[665] Idem, *ibidem*, pág. 160: "Itaque ea est humanrum rerum conditio, ut etsi Polybio visum fuerit, *eam rempublicam censeri debere optimam, quae ex omnibus istis formis sit composita;* tamen probe monuerit Tacitus, *delectam ex his et consociatm reipublicae formam laudari facilus, quam evenire; vel sit evenit, haud diuturram esse posse.*"
[666] Idem, *ibidem*, pág. 150.

Resulta, pois, que o seu Pensamento político é o do Absolutismo esclarecido. Tanto combate os monarcómanos, Maquiavel e seus adeptos[667], como o direito de resistência[668], e não aceita entraves ao conceito de tirania[669].

Resumindo, a sua posição não difere, no geral, da dos jusracionalistas da sua época. Considera a soberania una e independente, o Poder político surge em função de um pacto celebrado em Liberdade entre a recém formada sociedade e aquele ou aqueles que escolhe para a dirigir e cuja autoridade, a partir desse momento, não se pode questionar. As Leis Fundamentais que manifestam a forma de Governo – preferencialmente monárquica – existem e traduzem o acordo celebrado entre súbditos e soberano, que confere responsabilidades mútuas, mas não dá a estes o direito de questionarem as decisões assumidas pelo Rei.

A circunstância do Direito Natural ainda estar adstrito a uma visão teológica em nada obsta a esta situação, porque aqui não se está no plano do Poder, como diz De Martini; antes no domínio do Direito que se deve harmoniosamente compaginar com a Moral.

Que De Martini seja racionalista, ao bom jeito de seu mestre Wolff e com contributos pufendorfianos e isso acompanhe uma técnica de valorização absolutista, é óbvio, mas não contrasta com o valor que dá ao indivíduo e que em certos casos preconiza algum cuidado na actuação do soberano para com os súbditos. Mesmo que o não diga directamente, preza mais que qualquer dos mestres citados o diálogo entre soberano e vassalos e isso para a época em que escreveu, era já um enorme passo.

Também por esta via se comprova que metodologicamente nem sempre os três termos da equação que predefinidos se encontram em perfeita sintonia: pode haver Direito Natural de feição teológica em associação com Contratualismo Moderno de feição duplamente convencional, na origem da sociedade e da soberania.

Uma certa ideia de Liberdade de pensamento, que o eclectismo promove, é defendida, pese embora isso em nada se possa confundir para a ortodoxia Católica-Apostólica-Romana com Liberdade de consciência, bem como a invectivação da tortura e da escravidão como ideais humanitaristas estão também presentes na sua Obra.

Também o regalismo tem lugar marcado[670], motivo mais que suficiente para as suas ideias terem sido aprovadas em Portugal. Pombal e os membros da *Junta Literária* certamente estariam cientes das mesmas e do bom acolhimento que o modelo ideal da Prússia delas tivera. Portugal, também neste domínio estaria salvaguardado pela oficialidade das motivações. Ainda assim, todo este indesmentível progresso cultural mantém e fortifica a posição do despotismo esclarecido no que respeita à ideia de Liberdade dos povos. Claro que ela é inexistente nos termos já conhecidos.

2.5. Outros contributos percursores da Liberdade política – uma renovada visão

Pertencente à tradição do Pensamento e das Ideias Políticas do século da Ilustração[671], Vattel e Burlamaqui mantêm a combinação entre Direito Natural e o conceito ficcional do estado de natureza original, em que se moviam os indivíduos e o contrato social,

---

[667] Idem, *ibidem*, págs. 159-164.
[668] Idem, *ibidem*, págs. 166-168.
[669] Idem, *ibidem*, págs. 169-171.
[670] Idem, *ibidem*, págs. 95-97, 101-106.
[671] Por exemplo e como Voltaire, Diderot, Pufendorf, Thomasius e outros, defende a ideia de "felicidade" como a grande meta a atingir pelo Ser humano.

como elemento gerador da sociedade civil e legitimador de uma posterior autoridade política, regularmente constituída[672].

Em Vattel, no estado de natureza os homens têm especiais deveres de auto-preservação e aperfeiçoamento, a que correspondem deveres "imperfeitos" de auxiliar os outros a prosseguir idênticos objectivos. É por força da busca da felicidade[673] que é possível relacionar um Ser pensante, formando os laços da obrigação que deverá sujeitá-lo a qualquer regra[674]. Portanto, o cumprimento das regras é feito em função de uma ideia de felicidade que se pretende atingir, o que em alguma medida é também o que os utilitaristas, nomeadamente Bentham defendem, ainda que a aversão que demonstra à teoria do contrato social seja por demais conhecida.

Um aspecto que aborda cifra-se na necessidade que os homens têm de se ligar, entre si, na sociedade civil, ultrapassando as deficiências do estado natural[675]. Só que isso não pode funcionar como imposição que lhes seja feita, pese embora a conveniência que têm. É a própria lei da natureza que incentiva os indivíduos a unirem-se em sociedade civil, como uma espécie de remédio para a degenerescência a que o estado de natureza, cedo ou tarde, acaba por conduzir[676].

Trata-se de uma possibilidade e não de uma obrigação; os homens têm Liberdade para decidirem de um ou outro modo, conforme seja mais útil aos seus interesses[677]. Assim sendo e se a sociedade política "est une personne morale, (...) en tant qu'elle a un entendement et une volonté, dont elle fait usage pour la conduite de ses affaires, et

---

[672] Contudo, deve notar-se que em Vattel não existe a mesma preocupação que em Pufendorf, Wolff ou Burlamaqui de estudar o Direito das Gentes em conjunção com uma ponderação elaborada do Direito Natural. A justificação que está presente em todos eles, não faz parte do campo das preocupações de Vattel.

[673] E. Vattel, *Le Droit des Gens ou Principes de la Loi Naturelle*, "Préliminaires", pág. 5, nota: "Le droit naturel est *la science des lois de la nature*, de ces lois que la nature impose aux hommes, ou auxquelles ils sont soumis par cela même qu'ils sont hommes; science dont le premier principe est cette vérité de sentiment, cet axiome incontestable: la grande fin de toute être doué et de sentiment est le bonheur."

[674] Idem, *ibidem*, "Préliminaires", pág. 5, nota: "C'est le désir de la félicité qui forme l'obligation de suivre ces mêmes lois."

[675] Idem, *ibidem*, "Préliminaires", pág. 6, continuação de nota: "(...) une des premières vérités que nous découvre l'étude de l'homme, qui suit nécessairement de sa nature, c'est que seul et isolé, il ne saurait atteindre à son grand but, à la félicité; c'est qu'il est fait pour vivre en société avec ses semblables. La nature elle-même a donc établi cette société, dont la grand fin est le commun avantage des membres, et les moyens d'arriver à cette fin forment les règles que chaque individu doit suivre dans toute sa conduite." Adiante, as páginas. 9 e 10, esclarecem: "la loi générale de cette société est, que chacun fasse pour les autres tout ce dont ils ont besoin, et qu'il faire négliger ce qu'il se doit à soi-même: loi que tous les hommes doivent observer, pour vivre convenablement à leur nature, et pour se conformer aux vues de leur commun créateur: loi que notre propre salut, notre bonheur, nos avantages les plus précieux doivent rendre sacrée à chacun de nous. Telle est l'obligation générale qui nos lie à l'observation de nos devoirs (...)."

[676] Idem, *ibidem*, I, "Préface", pág. XXII: "(...) la nature a bien établi une société générale entre tous les hommes, lorsqu'elle les a fait tels, qu'ils ont absolument besoin du secours de leurs semblables pour vivre comme il convient à des hommes de vivre; mais elle ne leur a point imposé précisément l'obligation de s'unir en société civile proprement dite (...)."

[677] Idem, *ibidem*, I, "Préface", pág. XXII: "(...) ils ont eu recours à une association politique, comme au seul remède convenable contre la dépravation du grand nombre, au seul moyen d'assurer l'état des bons et de contenir les méchants: et la loi naturelle elle-même approuve cet établissement."

qu'elle est capable d'obligations et de droits"[678] ela terá forçosamente e em si mesma direitos inerentes a essa consideração. São esses direitos que na visão muito particular e mais moderada que Vattel representa em relação aos seus antecessores defensores do despotismo e do Poder absoluto do soberano, que passam a ser ponderados.

Uma Nação ou Estado – o Autor identifica as duas realidades[679] – é um Corpo Político[680], sociedade de homens que se une para disso retirar vantagens[681]. As Nações são compostas de homens livres e independentes e que, antes de se terem estabelecido em sociedade civil, viviam no estado de natureza. Estas características são insusceptíveis de se perderem na passagem ao estado de sociedade, salvo se derem o seu consentimento e, após isso ter sucedido, deixam de poder gozar em absoluto da sua Liberdade inicial[682]. Vattel segue a tese geral que aponta para uma restrição voluntária da Liberdade individual após a formação da sociedade civil, e que já se haviam encontrado noutros escritos, como a *L'Encyclopédie* ou os trabalhos de Beccaria.

No que respeita às questões relacionadas com o homem e a sociedade, Burlamaqui defende uma antropologia optimista quanto ao estado de natureza, considerando que os homens vivem em harmonia e são, regra geral, bons[683]. Posiciona-se, por outro lado, num plano voluntarista, onde deve ser recuperada a dependência mútua entre os homens, que beneficia quase todos e cada um em particular.

A sociedade natural "he obra de Deos", configurando-se como "Sociedade de *Igualdade* e de *Liberdade*"[684] e de união entre os homens, em que todos gozam das mesmas prerrogativas, e de uma inteira independência de tudo o mais que não seja Deus. E, depois de passar em retrospectiva os vários estados produzidos em função do homem, chega ao que considera "mais considerável", o "*Estado Civil* ou da *Sociedade Civil*, e do *Governo*"[685], uma união de muitas pessoas que tendem a obter vantagens em comum[686], cujas origens podem variar segundo os estudiosos[687]. Burlamaqui defende

---

[678] Idem, *ibidem*, I, pág. 55.

[679] Idem, *ibidem*, I, pág. 2: "Comment on y considère les nations ou états."

[680] Idem, *ibidem*, I, "Préface", pág. XVI, referindo-se a Wolff: "(...) les nations, ou les états souverains, étant des personnes morales, et les sujets des obligations et des droits résultants, en vertu du droit naturel, de l'acte d'association qui a formé le corps politique, la nature, la nature et l'essence de ces personnes morales diffèrent nécessairement, et à bien des égards, de la nature et de l'essence des individus physiques, savoir des hommes qui les composent." Pufendorf tem precisamente a mesma opinião.

[681] Idem, *ibidem*, pág. 32. Sendo seu fim a procura em dar aos seus cidadãos tudo o que concorra para a sua felicidade em geral, gozando amplamente do que é seu sem serem incomodados nessa sua manifestação de Liberdade.

[682] Idem, *ibidem*, I, "Préliminaires", pág. 3.

[683] Jean-Jacques Burlamaqui, *Principes du Droit Politique*, I, págs. 15 e ss.

[684] Idem, *Elementos do Direito Natural*, I, pág. 53. E, sendo uma sociedade de Liberdade e Igualdade, é normal não se admitir a escravatura, no sentido em que ela era vista como necessária pelos gregos. Se os homens têm de obedecer às leis naturais, todos nela são enquadrados exactamente da mesma forma. Portanto, o que existe é Igualdade de direitos, que são inerentes à natureza do homem e à sociedade onde se insere. Resulta portanto, que a ideia de escravidão parece, aqui, desajustada. Para desenvolvimentos, idem, *Principes du Droit Politique*, I, págs. 2 e ss, especialmente pág. 4: "cette société est aussi une société d'égalité & d'independance (...)." Maria do Rosário Pimentel, "A escravatura na perspectiva do jusnaturalismo", págs. 342 e ss.

[685] Idem, *Principes du Droit Politique*, I, pág. 1.

[686] Idem, *ibidem*, I, pág. 9.

[687] Idem, *ibidem*, I, págs. 10 e 11: "Les uns attribuent l'origine des Sociétés civiles à la puissance paternelleur: (...); par cette longueur de la vie, jointe à la multiplicité des femmes, qui alors était

a origem convencional da sociedade civil[688], não se detendo em lucubrações idênticas ao sucedido nas sociedades naturais, porque são tão antigas quanto a Criação.

Nas sociedades civis pacticiamente constituídas pela união dos indivíduos[689], onde a característica essencial é a existência do Estado, o que está sobretudo em discussão é o modo por que se exerce e origina a soberania[690]. Característica desta sociedade é existir uma "*auctoridade Soberana*, que ocupa o lugar da *Igualdade e da independência*"[691] e em que o tipo de Liberdade que os homens gozam – a Liberdade civil – é muito mais perfeita que a natural[692].

É também o que se depreende da sua reflexão nos *Principes*, quando insiste que a maior Liberdade e independência de que os homens gozavam no estado natural[693], os colocava num perpétuo dilema; por isso "la nécessité les a donc forcées à sortir de cette indépendance et à chercher un remède contre les maux qu'elle leur causait et c'est ce qu'ils ont rencontré dans l'établissement de la société civile et d'une souveraine Autorité."

É certamente verdade que a plena Liberdade e independência são coisas entre si distintas; a primeira pertence ao homem; a segunda não lhe é conveniente. É a protecção que o soberano dispensa aos indivíduos e que marca a sua diferença, que justifica e assegura a manutenção da própria Liberdade de que os homens gozam[694].

Dito por outras palavras, na passagem do estado de natureza ao estado de sociedade, o homem vê garantida a sua Liberdade civil que "est don dans le fond la même que la liberté naturelle, mais dépouillé de cette partie qui faisait l'independence des particuliers, par l'Autorité qu'ils ont donné sur eux à leur Souverain"[695]. Esta Liberdade apresenta, na visão de Burlamaqui, vantagens adicionais. Desde logo o direito de exigir ao soberano que use bem da sua Autoridade, o segundo as garantias jurídicas conferidas a cada indivíduo e que lhe permitem, assim mesmo, verificar da conformidade da acção do soberano.

en usage, un grand nombre de familles se voyant réunies sous l'Autorité d'un seul grand-père (...)", que a breve trecho recebem de familiares a soberana Autoridade. Outros fazem derivar esta sociedade da violência que reinava no estado de natureza, bem como ao maior ou menor grau de competência ou de força física que alguns homens apresentam face aos restantes.
[688] Idem, *ibidem*, I, págs. 30 e 31: "Pour cet effet, il fallait *qu'une multitude d'hommes se joignissent ensemble d'une façon si particulière*, que la conservation des uns dépendît de la conservation des autres, afin qu'ils fussent dans la nécessité de s'entre-secourir, & que par cette union de forces & d'intérêts, ils puissent aisément repousser les insultes dont ils n'auraient pu se garantir chacun en particulier (...)."
[689] Idem, *ibidem*, I, pág. 31: "Il fallait réunir pour toujours les volontés de tous les membres de la Société, de telle sorte que désormais ils ne voulussent plus qu'une seule & même chose en matière de tout ce qui se rapporte au but de la Société."
[690] Idem, *ibidem*, I, pág. 14: "D'ailleurs cette question est plus curieuse qu'utile ou nécessaire: ce qu'il y a ici d'important, ce qui intéresse particulièrement les hommes, c'est de savoir si l'établissement d'un gouvernement & d'une Autorité souveraine était véritablement nécessaire au genre humain, si les avantages que les hommes en retirent sont considérables: c'est que j'appelle le droit de convenance (...)."
[691] Idem, *Elementos do Direito Natural*, I, pág. 59.
[692] Idem, *Principes du Droit Politique*, I, págs. 24 e ss.
[693] Idem, *ibidem*, I, pág. 21: "La liberté naturelle est le droit que la nature donne à tous les hommes, de disposer de leurs personnes & de leurs biens, de la manière qu'ils le fassent dans les termes de la loi naturelle, & qu'ils n'en abusent pas au préjudice des autre hommes (...)."
[694] Idem, *ibidem*, I, págs. 22 e ss.
[695] Idem, *ibidem*, I, pág. 25.

Postas as coisas nestes termos, tem necessariamente que existir alguém que os comande: uma Autoridade pública. "Cette Autorité politique est la *souveraineté*, et celui ou ceux qui la possèdent, sont le *souverain*"[696]. Daqui resulta que quem detém inicialmente a soberania não é, necessariamente, o executor da mesma; isso sucederá sempre que a soberania reside apenas numa pessoa física que a exercita, o monarca, no entendimento dos defensores do despotismo esclarecido. Já não será assim se a soberania residir essencialmente na Nação como Corpo Político que a origina, havendo um Governo único ou repartido que é exercido por alguém que a respeita mas não esgota.

Quer isto dizer, na versão que Vattel assume, uma diversa forma de interpretar substantiva e adjectivamente a questão da soberania. Distingue-se entre "soberania", termo utilizado para referenciar a autoridade pública, criada por força do pacto de Poder e pelas Leis Fundamentais, e que permanece imanente na comunidade, e "soberano", aquele a quem se atribui o Poder supremo de dar a lei e assumir o Governo e sujeito a escolha da Nação para exercer tais Poderes.

Ora isto é determinante. Em primeiro lugar, porque se aproxima das concepções liberais, defendidas por alguns dos mais eminentes pensadores do séc. XIX; em segundo porque e paradoxalmente o mantém na linha do jusracionalismo iluminista do séc. XVIII, ao pronunciar-se pela preferência incondicional da forma de Governo monárquico sobre as demais; em terceiro, porque é o primeiro "continental" a preocupar-se com a teorização da Constituição, como Lei Fundamental do Estado e não apenas no plano do balanço de Poderes de Montesquieu.

Na medida em que todas estas questões estão indelevelmente ligadas com a ideia de Liberdade, cumpre explicitá-las com um pouco mais de detalhe.

Deixando para momento posterior a análise da primeira consequência acima apontada, Vattel é adepto confesso da monarquia. Porquê? Porque, segundo ele próprio escreve, "Le gouvernement monarchique paraît préférable à tout autre, moyennant que le pouvoir du souverain soit limité et non absolu"[697].

Quanto à Autoridade pública, cuja formulação depende da que lhe queira dar a sociedade civil, deve ser primitivamente formada em função de uma Constituição do Estado, onde fica determinado "la forme *sous laquelle la nation agit en qualité de corps politique, comment et par qui le peuple doit être gouverné quels sont les droits et les devoirs de ceux qui gouvernent*"[698]. Esta Constituição, enquanto Lei Fundamental, tem primordial importância para "toute nation qui ne veut pas se manquer à elle-même"[699], porque reserva a sua manutenção, crescimento e felicidade[700]. A defesa da Constituição que cada Nação deve elaborar por si mesma, com sabedoria, "d'une manière convenable au naturel des peuples, et à toutes les circonstances dans lesquelles ils se trouvent; (...). Que d'une côté, celui ou ceux à qui l'exerce du souverain pouvoir sera confié,

---

[696] E. Vattel, *Le Droit des Gens ou Principes de la Loi Naturelle*, I, pág. 23. E a pág. 51, escreve que "la *souveraineté* est cette Autorité publique que commande dans la société civile, qui ordonne et dirige ce que chacun y doit faire pour en atteindre le but. *Cette Autorité appartient originairement et essentiellement au corps même de la société* (...)", sendo depois transmitida a um senado ou ao monarca. Ele – ou eles – são o soberano.
[697] Idem, *ibidem*, I, pág. 24, nota.
[698] Idem, *ibidem*, I, pág. 41.
[699] Idem, *ibidem*, I, pág. 43.
[700] Idem, *ibidem*, I, pág. 42.

et les citoyens de l'autre, connaissaient également leurs devoirs et leurs droits"[701], é pedra de toque do seu Pensamento[702].

A guarda da Constituição tanto por aqueles que governam como pelos que são governados é obrigação da própria Nação e o ataque à Constituição do Estado é um crime capital contra a sociedade. O mais grave será, segundo Vattel, "si ceux qui s'en rendent coupables sont des personnes revêtues d'Autorité, ils ajoutent au crime en lui-même, un perfide abus du pouvoir qui leur est confié. La nation doit constamment les réprimer avec toute vigueur et la vigilance que demande l'importance du sujet"[703].

Há em Vattel muitas semelhanças com Wolff no que respeita às Leis Fundamentais. Ambos entendem uma distinção entre Poder Constitucional, Legislativo e Executivo[704].

O Autor escreve que o Poder constitucional pertence à Nação e apenas por ela pode ser alterado, manifestando-se como a fonte essencial da soberania, superior quer ao Poder Legislativo, quer ao Executivo, quer mesmo ao Judicial. Deste passo se afasta em definitivo de Locke para quem o Legislativo era o Poder fundamental. O que significa, na prática, que existe para Vattel uma fundamental limitação aos Poderes exercidos pelo monarca: a Constituição[705].

Ideia que a generalidade dos Autores e dos países europeus, mesmo os que sufragavam o Absolutismo não descarta, outorgam-lhe diversa designação e, de forma contratualista, apontam limites éticos. A situação portuguesa é, como se verá neste plano, bastante "sui generis", pese embora a admissibilidade das *Cortes de Lamego* não se questione.

Vattel vai, contudo, mais longe e chega a admitir moderadamente o direito de resistência[706], o que é verdadeiramente revolucionário para este tipo de pensadores nados e criados no despotismo esclarecido[707]. Ou seja, independentemente de em certa circunstância o direito do Povo se poder equivaler – ou não – ao direito do

---

[701] Idem, *ibidem*, I, pág. 43.

[702] Idem, *ibidem*, I, pág. 44: "Du maintien de la Constitution et de l'obéissance aux lois", como base da tranquilidade pública e garantia da Liberdade dos cidadãos.

[703] Idem, *ibidem*, I, pág. 44.

[704] Idem, *ibidem*, I, págs. 45-47 "Droits de la nation à l'égard de sa constitution et de son gouvernement"; "Elle peut réformer le gouvernement"; "Et changer la constitutions"; págs. 48 e 49: "De la puissance législative, et si elle peut changer la constitution".

[705] Vattel fala sistematicamente em Constituição – "base de tranquillité publique, le plus ferme appui de l'Autorité politique et le gage de la liberté des citoyens"; tanto que com facilidade poderia ser aproximado dos ideais do Liberalismo e dos Governos limitados: "attaquer la constitution de l'état, violer ses lois, c'est un crime capital contre la société". Se não era liberal, não deveria andar longe disso ou ao menos assim se comportava, poderá dizer-se. A resposta é dada pelo próprio: "c'est contre les attaques sourdes et lentes que la nation devrait être particulièrement en garde. Les révolutions subites frappent l'imagination des hommes: on écrit l'histoire, on en développe les ressorts: on négligé les changements qui arrivent insensiblement, par une longue suite de degrés marqués (...)." Que quer isto dizer? Algo de muito importante e que se deixa em suspenso, dada a relevância que virá a ter nas indecisões do Pensamento nacional de Oitocentos... Leve-se em consideração todo o capítulo III, do Livro I, do tomo I, págs. 41 e ss.

[706] E. Vattel, *Le Droit des Gens ou Principes de la Loi Naturelle*, I, págs. 63 e ss. O Autor faz um historial das situações de tirania ao longo da História recente em vários Estados europeus. O § 51º é um dos mais interessantes do seu texto, sobretudo pelo carácter inovador que demonstra em função de casos anteriores e como salvaguarda da Liberdade dos cidadãos.

[707] Idem, *ibidem*, I, págs. 68 e 69: "quand il s'agit de résister à un prince devenu tyran, le *droit* du peuple est toujours le même, que ce prince absolu par les lois, ou qu'il ne le soit pas parce que ce *droit* vient de la fin de toute société politique, du salut de la nation qui est la loi suprême."

soberano absoluto relaxo, ele sempre está latente. Por isso se constitui como produto da sociedade política e do bem-estar da Nação, vista como Lei Fundamental[708].

Se o Príncipe deve manter e respeitar as Leis Fundamentais, que Vattel define como aquelas "qui concernent le corps même et l'essence de la société, la forme de gouvernement, la manière dont l'Autorité publique doit être exercée"[709], apenas as podendo modificar em casos muitos particulares[710], importa averiguar os termos em que a elas se encontra sujeito[711].

Quanto às leis ordinárias, desde que seja "revêtu de la souveraineté pleine, absolue et illimitée, il est au-dessus des lois, qui tiennent de lui seul toute leur force, et il peut s'en dispenser lui-même, toutes les fois que la justice et l'équité naturelles le lui permettent"[712], que se soma a sacralidade e inviolabilidade que reconhecidamente são atributos do governante[713]. Tanto sucede porque "le prince tient son Autorité de la nation; il en a précisément autant qu'elle a voulu lui en confier. (...) *Si la nation lui a remis purement et simplement la souveraineté, sans limitations et sans partage, elle est censée l'avoir revêtu de tous les droits sans lesquels le souverain commandement, ou l'empire ne peut être exerce de la manière la plus convenable au bien public. Ces droits sont ceux que l'on appelle droits de majesté, ou droits régaliens*"[714].

Isto implica, entre outras coisas, que Vattel não possa admitir, ao contrário dos seus colegas do jusracionalismo, uma qualquer hipótese em que se perfile a concepção patrimonial do reino. De facto, chega mesmo a ser cáustico quanto ao ponto[715]. Apenas nos Governos despóticos tal se poderia admitir, porque não há nenhum monarca que detenha Poderes num Governo legítimo que não reconheça – ou deve reconhecer, por si ou por quem o aconselha – que o direito de se governar pertence sempre à sociedade, ainda quando ela o confia a alguém sem limites.

---

[708] Idem, *ibidem*, I, pág. 24. É mais um ponto a tratar adiante, mas que Vattel já aqui ajuda a esclarecer: "par l'acte d'association civile ou politique, chaque citoyen se soumet à l'Autorité du corps entier, dans tout ce qui peut intéresser le bien commun. Le droit de tous sur chaque membre appartient donc, essentiellement au corps politique, à l'état; mais l'exercice de ce droit peut être remis en diverses mains, suivant que la société en aura ordonné". E um pouco adiante: "Toute nation que se gouverne elle même, sous une quelque forme que ce soit, sans dépendance d'aucun étranger, est un état souverain. Ses droits sont naturellement les mêmes que ceux de tout autre état. Telles sont les personnes morales, qui vivant ensemble dans une société naturelle soumise aux lois du droit des gens. Pour qu'une nation ait droit de figurer immédiatement dans cette grande société, il suffit qu'elle soit véritablement souveraine et indépendante, c'est-à-dire, qu'elle se gouverne par sa propre Autorité et par ses lois."
[709] Idem, *ibidem*, I, págs. 42 e 43.
[710] Idem, *ibidem*, I, pág. 58.
[711] Norberto Bobbio, *Sociedad y Estado en la Filosofia Moderna*, págs. 108 e ss., refere explicitamente este assunto, dividindo-o em três aspectos: se o Poder soberano é absoluto ou limitado; se é indivisível ou divisível; se é resistível ou irresistível.
[712] E. Vattel, *Le Droit des Gens ou Principes de la Loi Naturelle*, I, pág. 61.
[713] Idem, *ibidem*, I, pág. 62.
[714] Idem, *ibidem*, I, págs. 57 e 58.
[715] Idem, *Le Droit des Gens ou Principes de la Loi Naturelle*, I, págs. 79 e 80: "ce pretendu droit de Propriété, qu'on attribue aux princes est une chimère enfantée par un abus que l'on voudrait faire des lois sur les héritages des particuliers. L'État n'est, ni peut être un patrimoine; puisque le patrimoine est fait pour le bien du maître, au lieu que le prince n'est établi que pour le bien de l'état. La conséquence est évidente: si la nation voit certainement que l'héritier de son prince ne serait pour elles qu'un souverain pernicieux, elle peut l'exclure."

Apenas estará, e enquanto Príncipe, sujeito às Leis Fundamentais e ao Direito das Gentes, já que em relação a estas, cuja origem é a Nação e se designam por Constituição, o soberano tem de se submeter às regras constitucionais[716], sendo daquela um mero representante.[717] E, prevendo as vozes do Absolutismo a levantarem-se em brados de indignação, esclarece logo em seguida que isso "(...) n'est point avilir la dignité du plus grand monarque, que de lui attribuer ce caractère representatif; au contraire, rien ne la relève avec plus d'éclat: par là le monarque réunit en sa personne toute la majesté qui appartient au corps entier de la nation"[718].

Com muita cautela, portanto, mas sempre no respeito pelas Leis Fundamentais[719].

Ora isto é um claro avanço em relação aos escritores que imediatamente o antecederam, apenas e de uma forma tão nítida encontrando reflexos, na pena do seu correligionário Burlamaqui. Antes disso, só Locke se terá aproximado da situação.

Na verdade e antecipando conclusões a retirar em momento posterior, há em Vattel, muitas semelhanças com as ideias desenvolvidas por Locke o desenvolvimento da sua teoria mais de "missão" que de "pacto"; contudo, ele continua a ser muito mais fiel à tradição continental de Pufendorf e Wolff. Da transmissão das suas ideias resultam, em simultâneo, uma linha de continuidade em relação às ideias essenciais do Contratualismo que lhe é anterior e coevo, e uma clara evolução no sentido positivo, ao nível da abordagem dos direitos fundamentais do indivíduo vazadas nas Leis Fundamentais, com subsunção absoluta do Rei às mesmas. E isto mesmo quando seja monarca absoluto[720].

É matéria de extrema importância na defesa da ideia de Liberdade, embora naturalmente não se possa aqui falar em Liberdade política como participação do indivíduo, sob qualquer forma, nas tomadas de decisão da sociedade, porque não se questiona um Poder, que é apenas do soberano, em legislar, nem existem manifestações de qualquer predilecção pelas Assembleias representativas.

Assim se manifesta uma importante aportação de limites a impor ao Poder discricionário do monarca, o que inculca a própria necessidade da Liberdade da comunidade. Se a isto se somar a negação da tirania e uma aceitação moderada do direito de resistência, a conclusão só poderá ser que Vattel quase se situa na linha dos pré-liberais, embora para lá chegar, lhe falte dar o tal salto qualitativo.

---

[716] Idem, *ibidem*, I, pág. 61. Também está sujeito às regras do Direito das Gentes.
[717] Idem, *ibidem*, I, pág. 55: "Lors donc qu'elle confère la souveraineté à quelqu'un, elle met en lui son entendement et sa volonté, elle lui transporte ses obligations, autant qu'ils se rapportent à l'administration de l'état, à l'exercice de l'Autorité publique; et le conducteur de l'état, le souverain, devenant ainsi le sujet où résident les obligations et les droits relatifs au gouvernement, c'est en lui que se trouve la personne morale, qui, sans cesser absolument d'exister dans la nation, n'agit désormais qu'en lui et par lui. *Telle est l'origine du caractère représentatif que l'on attribue au souverain. Il représente sa nation dans toutes les affaires, qu'il peut avoir comme souverain.*"
[718] Idem, *ibidem*, pág. 55.
[719] Idem, *ibidem*, págs. 58 e 59.
[720] Vattel - e Wolff, até certo ponto - eram discípulos ideais de Pufendorf, embora em relação a este - e fazendo apelo a uma classificação que é dos nossos dias - se pudessem considerar "de esquerda". Descontando alguma ironia, porque não descortinar aqui alguma matéria de reflexão, atendendo a que Wolff foi considerado "introdutor" da defesa dos direitos do homem e Vattel se pronunciava pela limitação dos Poderes absolutos e pela necessidade de uma Constituição escrita?

Quanto à Autoridade soberana, já em Burlamaqui, resulta da necessidade de chefia do Corpo Político[721], não podendo existir sociedade civil sem Estado ou Corpo Político[722]. Tudo isto se executa mediante convenções[723], donde resulta a distinção entre soberano e vassalos e o nascimento do Governo civil[724].

Esta ideia repete-se ao longo do seu trabalho[725] e, como consequência, apenas poderá nascer a soberania[726] mediante uma convenção[727], pela qual os indivíduos se despojam do seu direito inicial, submetendo-se a uma autoridade, sendo esta mesma singularmente caracterizada: "une autre conséquence que l'on peut tirer des principes établis sur l'état naturel des Nations & sur le droit des gens, c'est de se faire une juste idée de cet art si nécessaire aux conducteurs des Nations, & qu'on appelle *Politique*. La Politique (...) est cet art, cette habilité par laquelle un Souverain pourvoit à la conservation, à la sureté, à la prospérité & à la gloire de la Nation qu'il gouverne, sans faire tort aux autres peuples, même en procurant leur avantage autant qu'il est possible"[728].

Originalidade de Burlamaqui é a afirmação que o "Estado Civil não destrói o natural; mas aperfeiçoa-o"[729], sendo ambos Corpos morais mas em que a perfeição do segundo ultrapassa a do primeiro. Há em Burlamaqui, na passagem do estado de natureza para o seu sucedâneo, uma reponderação da Igualdade e da independência pela subordinação a uma autoridade soberana, seja por força da geral modificação imposta pelos deveres em sociedade, seja porque esse é o estado próprio do homem, independentemente do artificialismo em que a ideia de "estado de natureza" se baseia[730].

O estabelecimento de uma sociedade civil e de uma Autoridade que exerce Poderes soberanos entre os homens por via das convenções, é condição necessária ao próprio género humano, que sem ela não poderá viver. Tanto mais que, num primeiro momento, pode aparentar contradição com a defesa das ideias de Liberdade e de Igualdade naturais.

---

[721] *Principes du Droit Politique*, I, pág. 31.: "Ensuite [au pacte d'association] il fallait établit un pouvoir supérieur soutenu des forces de tous le corps, au moyen duquel on pût intimider ceux qui voudraient troubler la paix, & faire souffrir un mal présent & sensible, à quiconque oserait agir contre l'utilité commune."

[722] Idem, *ibidem*, I, pág. 31: "C'est de cette union de volontés & de forces, qui résulte le Corps politique ou l'État, & sans cela on ne saurit concevoir de Société civile."

[723] Idem, *ibidem*, I, pág. 32.

[724] Idem, *Elementos do Direito Natural*, I, pág. 60.

[725] Idem, *ibidem*, I, pág. 51: "Les noms de souverain et de sujets, de maîtres et d'esclaves, sont inconnus à la nature: elles nous a fait simplement hommes, tous égaux, tous également libres et indèpendants, les uns de les autres; elle a voulu que tous ceux en qui elle a mis les mêmes facultés, eussent aussi les mêmes droits; il est donc incontestable que dans cet état primitif et de nature personne n'a par lui-même un droit originaire de commander aux autres ou de s'ériger en souverain."

[726] Idem, *ibidem*, I, págs. 42 e ss: "Pour la Souveraineté, il faut la définir. Le droit de commander en dernier ressort dans la Société civile, que les membres de cette Société ont déféré à une seule & même personne, pour y maintenir l'ordre au dedans & la défendre au dehors, & en général pour se procurer sous sa protection, pas ses soins un véritable bonheur, & sur tout assuré de leur liberté."

[727] Idem, *ibidem*, I, págs. 36 e ss.

[728] Idem, *ibidem*, I, pág. 7.

[729] Idem, *ibidem*, II, pág. 99; idem, *Principes du Droit Politique*, I, págs. 2 e ss. "pour se faire une juste idée de la Société civile, il faut dire que c'est la société naturelle elle-même, modifiée de telle sorte, qu'il y a un Souverain qui y commande, & de la volonté duquel tout ce qui peut intéresser le bonheur de la Société dépend en dernier ressort, afin que par ce moyen les hommes puissent se procurer d'une manière plus sûre le bonheur auquel ils aspirent naturellement."

[730] Idem, *ibidem*, I, págs. 61 e 62.

E, por remissão directa e imediata, como a Liberdade é um princípio da Razão e não se basta com a vontade[731], isso lhe permite passar para a discussão do problema do Direito. Retirando daquilo que chama "a *Regra*", a sua definição, segura-o na Razão e em tudo aquilo que esta considera como justo para chegar à felicidade[732].

Mediante uma primeira convenção não apenas se reconhece a necessidade da existência da sociedade civil, como se assinala por comum consentimento as regras fundamentais do Corpo Político; em seguida e por decreto estabelece-se a forma do Governo, finalmente existe uma segunda convenção entre quem irá exercitar o Governo e aqueles que lhe ficarão submetidos por transmissão do seu Poder originário a essa época, reciprocamente se prometendo segurança e obediência total[733].

E, aqui está, a justificação do que se dissemos antes: "Cette dernière convention renferme une soumission des forces & des volontés de chacun, à la volonté du chef de la société, autant du moins que le demande le bien comun: c'est ainsi que se forme un État régulier & un Gouvernement parfait"[734].

Burlamaqui não distingue entre Direito e Moral, antes considerando que aquele é "huma qualidade moral"[735]. Também por esta via segue e se afasta de alguns dos seus colegas de percurso, sejam Pufendorf ou Thomasius, nos termos que ficaram assinalados. Esclarece, porém, que "Poder" e "Direito" se não confundem, na medida que o primeiro representa mais uma qualidade física, enquanto o segundo é, sem dúvida, moral, podendo deste passo incorporar-se uma certa adesão aos "entia moralia" de Pufendorf.

No quadro reflexivo proposto para o tratamento da sociedade civil e da soberania, importa aludir a uma realidade que sempre terá de estar presente e subjacente na "vida" do Estado. Por consequência, Direito é "tudo o que o homem pode fazer *racionavelmente*", e insere-se no âmbito do que é aprovado pela Razão por se destinar à felicidade humana[736]. Naturalmente que em sinalagma ao direito surge a obrigação, que Burlamaqui define em sentido idêntico ao que propõe para o Direito, ou seja, no plano da Razão[737].

O direito que temos "sobre a nossa propria pessoa, e sobre as nossas acções", chama-se "*Liberdade*"[738], mas toda e qualquer lei em sociedade é uma "regra prescripta pelo Soberano de huma sociedade aos seus vassalos", com conotações preceptivas ou permissivas[739]. De um lado a Moral e o direito fundamental de Liberdade; do outro o direito e a obrigação de constrangimento que nasce da submissão ao Poder político

---

[731] Idem, *ibidem*, I, pág. 17.
[732] Idem, *ibidem*, I, pág. 74.
[733] Idem, *ibidem*, I, págs. 37 e 38.
[734] Idem, *ibidem*, I, pág. 38.
[735] Idem, *ibidem*, I, pág. 101.
[736] Idem, *ibidem*, I, pág. 102.
[737] Idem, *ibidem*, I, págs. 103 e 104: "huma restricção da Liberdade natural, produzida pela Razão, em quanto a Razão não permitte que nos oppunhamos áqulles, que uzão do seu direito: e pelo contrario obriga toda a outra pessoa a favorecer, e ajudar aquelles, que não fazem senão o que ela auctoriza, e não lhe rezistir, nem embaraçallos na execução do que se propoem legitimamente."
[738] Idem, *ibidem*, I, pág. 109.
[739] Idem, *ibidem*, I, pág. 114; idem, *Principes du Droit Politique*, I, pág. 17: "(...) dans la Société de nature, les lois naturelles n'étaient connues que très-imparfaitement, par conséquent que dans cet état des choses les hommes ne pourvaient pas vivre heureux."

estadual. O fim da lei em sociedade, segundo escreve[740], é dirigir e não violentar a vontade e a Liberdade individual, cuja legitimidade e força coerciva se sustentam nos princípios naturais racionalmente deduzidos e na autoridade que o governante tem de emitir leis – ele e apenas ele[741]. A colaboração normativa fica, então, por demais evidente.

Da conjugação dos pontos antes mencionados ressalta que "o Soberano he o que tem direito de mandar: Mandar he dirigir segundo a vontade propria, ou com Poder de obrigar as acções daquelles que nos são sujeitos"; o soberano emite uma vontade superior à de todos os outros e por isso tem o direito de mandar em todos[742].

Ora, se a sociedade civil se opõe à sociedade natural logo que coarcta a Liberdade e a Igualdade entre os seus cidadãos[743], o exercício da soberania implica a subordinação: fica o soberano "como depositário da vontade, e forças de cada particular, unidas na sua pessoa, e todos os mais membros da sociedade ficam súbditos, e desta sorte com a obrigação de obedecerem, e viverem segundo as leis que o soberano lhes impoem"[744].

Com maior detalhe, Burlamaqui pronuncia-se pela atribuição a uma certa pessoa de acções que antes eram próprias dos indivíduos, de certos direitos e bens particulares, a quem ninguém, salvo o soberano, pode ter acesso[745]. Isto rapidamente conduz à pergunta sobre saber se o Corpo Político, afinal, conserva ou não as suas vontades e forças naturais em cada indivíduo, se ficam latentes e podem na eminência, ser mesmo usadas contra o soberano.

Nesta fase é nítida a sua aproximação a Pufendorf, ainda quando o primeiro se reporta à sociabilidade humana e Burlamaqui prefere as chamadas afinidades sociais. O fundo da questão assenta sobre as premissas morais do luterano, que entendia que as opiniões e as paixões condicionam o total aproveitamento das leis naturais, ponto em que a descoordenação pode ser originariamente atribuída a Hobbes, no sentido de ser necessário por fim ao egoísmo individual pela instituição de uma Autoridade soberana. Em presença de tais contributos, não será difícil perceber a veia absolutista aqui presente, e a tese contratualista nos termos que ficaram enunciados acima.

Depois disto irá mitigar a interpretação sobre as formas de exercício do Governo, "de souveraineté absolue, mais limitée", questão que desenvolve ao longo dos seus *Principes*[746] e agora em assumida ruptura com Pufendorf. Uma das formas de o fazer

---

[740] Idem, *ibidem*, II, págs. 1 e ss.
[741] Idem, *ibidem*, I, pág. 104.
[742] Idem, *ibidem*, I, págs. 117 e 118; *Principes du droit politique*, I, págs. 31 e 32; mais à frente, a págs. 52 e 53, permite-nos verificar que a soberania reside originariamente na Nação mas rapidamente, se desloca para o soberano. Assim, "(...) la Souveraineté réside originairement dans le peuple (...); c'est le transport & la réunion de tous les droits de tous les particuliers dans la personne du Souverain qui le constitue tel, & que produit véritablement la Souveraineté (...)."
[743] Idem, *Principes du Droit Politique*, I, pág. 21: "Les lois naturelles sont donc la règle & la mesure de la liberté; & dans l'état primitif & de nature, les hommes n'ont de liberté qu'autant que les lois naturelles leur en accordant: il est donc à propos de remarquer ici, que l'état naturelle, n'est point un état, les hommes sont effectivement dans l'independance les uns à l'égard des autres, mais ils sont tous sous la dépendance de Dieu & de ses lois."
[744] Idem, *Elementos do Direito Natural*, II, págs. 98 e 99.
[745] Idem, *ibidem*, I, pág. 35.
[746] Trata-se de um ponto muito interessante porque sabido que segue Pufendorf e a sua tese absolutista e que procura depois enquadrar o seu Pensamento ao nível dalgumas concessões mais liberais, as ideias parecem nem sempre estar completamente sintonizadas. É ponto que não será discutido apesar do seu interesse porque Burlamaqui foi sobretudo importante em Portugal pela

seria através da criação de Governos limitados, em que o Poder fosse distribuído entre vários corpos, não se concentrando exclusivamente nas mãos do Rei.

Neste contexto e discutindo as várias formas de Governo[747], recorda que acima de tudo há que defender a Liberdade dos seus dois maiores adversários: a licença e a tirania[748]. Donde, ser peremptório: "je dis que le meilleur Gouvernement n'est ni une Monarchie absolue, ni un Gouvernement pleinement populaire. Le premier est trop fort, il prend trop sur la liberté & penche trop à la tyrannie; le second est trop faible, il livre trop les Peuples à eux-mêmes, & il va à la confusion & à la licence"[749]. Apontando as vantagens dos Governos onde há partilha de Poder, pela participação de cada um na medida das suas competências para o efectivo avanço da sua Nação, é fácil encontrar homens generosos, honestos e desinteressados[750].

A grande lacuna dos Governos absolutos é o escasso peso específico que confere aos particulares "& on peut dire qu'ils n'ont rien de bon que la liberté qu'ils laissent aux peuples d'en choisir un meilleur"[751]. E, eis aqui o ponto de ligação com o tema que falta para apreciar a ideia de Liberdade em Burlamaqui. Ao buscar as zonas onde um Governo "temperado" pode efectivamente fazer a sua aparição, acaba por concluir que uma das possibilidades é, no âmbito do Governo absoluto: "limiter par des lois Fondamentales la Souvraineté du Prince dans les États monarchiques, ou de ne donner à la pardonne qui jouit des honneurs & du titre de la Souveraineté, qu'une partie de l'Autorité souveraine, & de mettre l'autre dans des mains séparées"[752]. Neste último caso estão as monarquias limitadas institucionalemente; no primeiro a restrição imposta pelas Leis Fundamentais.

Em síntese, o que Burlamaqui propõe é uma partilha de soberania – que estranhamente faz lembrar Montesquieu; uma soberania limitada pela sua própria natureza em função dos limites éticos que lhe são impostos. Ao mesmo tempo e por força da existência de Leis Fundamentais, enquanto convenções e aqueles a quem se defere a soberania, que também limitam o exercício da mesma e a forma de Governo, uma perspectiva diversa de Pufendorf e, finalmente, apontando no sentido de uma certa preocupação com os direitos inalienáveis, que implicam questionar, entre outras coisas, o próprio Absolutismo.

---

matéria que explora nos *Elementos de Direito Natural*, I, págs. 130 e 131, e apenas subsidiariamente no que respeita aos *Principes*.

[747] Jean-Jacques Burlamaqui, *Principes du Droit Politique*, I, págs. 112 e ss.

[748] Idem, *ibidem*, I, pág. 118.

[749] Idem, *ibidem*, pág. 120. O Autor justifica em seguida os motivos que o levam a não dar plena aceitação ao Governo absoluto, mesmo reconhecendo que em certos caso há monarcas desse tipo que são grandes e eminentes soberanos, verdadeiramente interessados na evolução do seu Povo e do seu país.

[750] José Sebastião da Silva Dias, "Pombalismo e Teoria Política", *Cultura – História e Filosofa*, I, Lisboa, 1982, pág. 41, tem uma interpretação diversa, já que considera que "a hipótese teórica dentro da qual se move o discurso do Burlamaqui lusitanizado é a da monarquia absoluta, muito em particular na sua forma de despotismo esclarecido, e não a de qualquer despotismo ou monarquia mista." Provavelmente esta observação estará ligada ao facto do citado Autor ter limitado a sua apreciação aos *Elementos do Direito Natural*, sem atender à posição assumida nos *Principes du Droit Politique*.

[751] Jean-Jacques Burlamaqui, *Principes du Droit Politique*, I, pág. 123.

[752] Idem, *ibidem*, I, pág. 127.

Em presença dos precedentes considerandos, já se defendeu[753] que "Burlamaqui seguiu, nas grandes linhas, o magistério de Pufendorf, mas inflectiu-o no sentido de restringir a autoridade do Rei e, simultaneamente, de conceder à Nação reais possibilidades de garantir o controlo do exercício do Poder soberano." Daí a interpretação que recente doutrina sobre a matéria defenda que "Burlamaqui (...) parce que, tout en suivante le chemin juridique d'une fondation de la légitimité, il la prolonge d'une limitation inédite de l'absolutisme à travers une théorie proprement *politique* de la souvraineté"[754].

No que respeita às Leis Fundamentais, de que trata nos *Principes*[755], é sua convicção que o Povo deverá ser consultado nas situações em que se colocasse a hipótese do seu desrespeito[756], o que entronca com a supracitada visão da necessidade de incremento de monarquias limitadas, por via de assembleias, eventualmente criadas com essa finalidade[757].

Daqui resulta que o zelo pelo cumprimento das Leis Fundamentais é uma garantia assumida não apenas pela Nação mas que cumpre aos próprios deveres do monarca: "(...) lois fondamentales proprement ainsi nommées, ce ne sont que des précautions plus particulières qui prenant les peuples, pour obliger plus fortement les souverains a user de leur Autorité, conformément à la règle générale du bien public (...)"[758]. Por consequência, ao cumprir com estas Leis Fundamentais tanto se salvaguardam os direitos do Povo, como os do monarca que fica ciente que a sua lesão lhe pode acarretar o descontentamento geral da população, por ofensa a direitos adquiridos.

Mas Burlamaqui vai mais longe e explica-se com detalhe. Tão longe que não descura escrever que pelos limites impostos ao soberano, uma Nação conserva a sua Liberdade[759].

No contexto dos ensinamentos de Pufendorf, de que parte, prova-se que Burlamaqui foi um discípulo algo rebelde, mesmo que essa rebeldia não tenha atacado os fundamentos da doutrina do mestre. Por maioria de razão, ultrapassa boa parte dos outros Autores na matéria que mais interessa da explicitação da temática da Liberdade, revelando um domínio claro nos vários planos de análise que se vêm trabalhando.

O contributo que se assinala da contradita ao mestre Pufendorf em pontos tão notáveis como o reconhecimento de uma Liberdade da Nação, em nada confundida com a manutenção das prerrogativas que o soberano absoluto detém será, porventura, uma espécie de "coroa de glória". Não se trata da soberania da Nação, mas da sua Liber-

---

[753] Zília Maria Osório de Castro, "Constitucionalismo Vintista", pág. 11.
[754] Alain Renaut, *Histoire de la Philosophie Politique*, III, pág. 69.
[755] Jean-Jacques Burlamaqui, *Principes du Droit Politique*, I, págs. 55 e 56.
[756] Idem, *ibidem*, I, págs. 57 e 58, define as Leis Fundamentais como "Conventions entre le peuple et celui ou ceux qui il défère la souvraineté, qui règlent la manière dont on doit gouverner, et par lesquelles on met des bornes à l'Autorité souvraine."
[757] Idem, *ibidem*, I, pág. 58.
[758] Idem, *ibidem*, I, pág. 57.
[759] Idem, *ibidem*, I, pág. 59: "C'est au moyen de ces précautions [o respeito pelas Leis Fundamentais], qu'une nation limite véritablement l'Autorité qu'elle donne au souverain, et qu'elle assure sa liberté; car comme nous l'avons vu ci-devant, la liberté civile doit être accompagnée, non seulement du droit d'exiger du souverain, qu'il use bien de son Autorité, mais encore de l'assurance morale que ce droit aura son effet. Et ce qui seul peut donner aux peuples cette assurance, ce sont les précautions, qu'ils se ménagent contre l'abus du pouvoir souverain, en limitant là son Autorité, de manière que ces précautions puissent aisément avoir leur effet."

dade, que se estriba nas Leis Fundamentais e cujos antecedentes históricos nacionais no plano da imanência, remontam ao Consensualismo de Dezasseis e Dezassete[760].

Burlamaqui mantém a soberania no Rei; o facto de este ser limitado pelas Leis Fundamentais acarretava uma desfocalização imediata do "único" centro das atenções até então, para um seu concorrente, a que moralmente se devia satisfações. As Leis Fundamentais garantiam que o "Prince ne s'écartera point de la loi générale du bien public"[761].

A outra vantagem do seu trabalho é o carácter mais simples, mais acessível ao comum do cidadão, eventualmente mais prático. Mantendo as concepções da Escola do Direito Natural de que fez parte como vulgarizador, o Contratualismo social e político está presente em toda a linha, projectando-se o seu trabalho na linha daquilo que virá a ser o seu corolário lógico: o Liberalismo.

3. Nota sobre a relevância das Leis Fundamentais no despotismo europeu

Os últimos juristas trabalhados, nomeadamente Pufendorf, Burlamaqui, Wolff e Vattel – dos mais representativos do Pensamento jusnaturalista estrangeiro – todos apontam para a noção de Leis Fundamentais, enquanto modo ideal para a sociedade optar pela forma e modo de governação. A dessincronia apenas se plasma em função dos pressupostos de que partem.

Pufendorf entende que a sociedade por meio de pacto se constitui e convencionalmente, porque os indivíduos são valorados, transmite o Poder de origem humana, originando a soberania do monarca, com aprovação da divindade. O passo intermédio correspondia a um compromisso estabelecido entre ela, sociedade e o soberano, mediante o qual este se vinculava ao respeito das regras que determinavam a felicidade e o bem-estar de todos os cidadãos, em termos puramente éticos.

Não existe, portanto, nenhuma assunção directa por parte destes de quaisquer veleidades governativas, nomeadamente no que se refere ao direito de eles próprios determinarem a forma mediante a qual isso se deveria fazer, após a transmissão dos Poderes. Ao soberano absoluto reserva-se essa faculdade, que não era partilhada com mais ninguém e desaconselha-se qualquer distinção entre soberania real e soberania actual. Desde que o Poder é transmitido, os indivíduos nada podem fazer, nem mesmo questionar a manutenção ou não das Leis Fundamentais, porque todo o Poder foi transmitido e nem nesse domínio se reserva qualquer intromissão à actividade do monarca.

Já Wolff e Vattel – este mais do que aquele – vão mais longe admitindo que a soberania é produto do pacto primitivo residindo, portanto e sempre, no Povo. Tradução prática era as Leis Fundamentais, que serviam em primeira linha e no entender de Wolff para manter intacta a essência de uma sociedade perfeita, a qual no seu entender era a do despotismo esclarecido, com Poderes absolutos para o monarca. Portanto,

---

[760] Fica muito claro que foi no quadro pufendorfiano que a reflexão de Burlamaqui se desenvolveu. Quadro absolutista em que os *Principes du Droit Politique* vão procurar os meios de preservar os cidadãos contra os abusos do Poder, impondo-se limites à soberania. A isto se associa uma teoria do Poder absoluto mais limitado. Rompendo neste plano quer com Hobbes, quer com Pufendorf, os objectivos e as metas são as que ficaram, assinaladas no corpo do texto.

[761] E, por força da sua predisposição assumida de religioso e crente na divindade, mesmo sendo calvinista e devidamente expurgado o seu Pensamento, era o ideal para a introdução deste tipo de cultura na mocidade universitária de Setecentos e não só.

as Leis Fundamentais serviam para que o Povo visse garantido o regime monárquico despótico, tido como o melhor para ele e que o soberano não poderia questionar. Já Vattel é, de todos, o mais afoito e avança decididamente para a ideia de Constituição, onde se plasmam as Leis Fundamentais, repositório da sua soberania enquanto Nação e, segundo as suas palavras, ser moral.

Quanto mais se pondera, mais fica sedimentada a ideia que se aquilo que esteve subjacente às Revoluções foi um golpe estrutural, o mesmo vinha sendo preparado muitos antes das mesmas. E, provavelmente por quem menos se esperaria.

4. A questão do regalismo e os seus próceres

Em ligação com disposições significativas do Pensamento de De Real, deve colocar-se a questão do relacionamento inter-jurisdições e cuja ponderação não pode ser esquecida nesta fase do Estudo[762]. A Igreja é um Corpo Político, místico e sagrado, uma assembleia de cidadãos, unidos em simultâneo pela sociedade civil e pela Fé. Tal comunidade submete-se a duas entidades: o Papa e o Rei, cada um deles com poderes distintos e próprios[763].

Como consequência, De Real admite a intervenção dos Príncipes, tanto no plano interno como externo, na Igreja. Na medida em que a prática externa da religião se considerava como temporal, estava firmada a dependência exterior da Igreja em presença do Príncipe[764].

§ 4º. Síntese da temática do presente capítulo

De Pufendorf a Burlamaqui, passando pelos pensadores ingleses, pelos *"Les Philosophes"* ou pelos materialistas assumidos como La Mettrie, todos estão concordantes: a Liberdade consiste em se fazer o que se quer, sem que haja constrangimentos externos que o impeçam. É a Liberdade negativa que irá ser desenvolvida pelos revolucionários

---

[762] Samuel Pufendorf, *Le Droit de la Nature et des Gens*, VII, Amsterdam, 1764, págs. 264 e ss.

[763] Idem, *ibidem*, VII, págs. 264-266: "Il faut que la Puissance temporelle agisse au-dedans de l'Eglise en tant que Corps mystique, pour suppléer par la terreur & par la force à ce que le Prêtre ne peut faire la Doctrine de ses paroles. Le droit du Prince, à cet égard, est distinct de celui qu'il a touchant la conduite de l'Eglise considérée comme un Corps politique, parce que ce dernier droit est plutôt sur l'Eglise & au-dehors de l'Eglise que dans l'Eglise. Le droit que le Souverain a sur l'Eglise, considérée comme Corps politique, est un droit perpétuel dont il peut user en tout temps; au lieu que le droit de la protection qu'il a dans l'Eglise comme Corps mystique, ne lui appartient que dans les occasions où l'Eglise ne pouvant se défendre elle-même, a besoin du secours de la puissance Royale. Dans toutes les occasions où il s'agit de l'Eglise, comme Corps politique, c'est-à-dire, uniquement par rapport à l'intérêt de l'Etat, le Prince seul a tout le droit de l'administration souveraine."

[764] Idem, *ibidem*, VII, pág. 267: "La mission d'un prédicateur dépend de l'évêque; mais si l'évêque néglige son devoir, le roi peut y mettre ordre, ou en contraignant l'évêque d'y pourvoir, on faisant assembler un concile provincial pour le corriger. Si les prédicateurs, s'éloignent dans leurs sermons, de la simplicité chrétienne, et qu'ils avancent des propositions séditieuses, le roi peut les faire châtier, parce qu'ils troublent la paix de ses états. Il peut empêcher la publication des livres et des écrits qui pourraient troubler le repos public. Ce n'est qu'à lui seul qu'il appartient d'établir des peines temporelles. Il a droit d'empêcher tout' innovation en matière de religion. Il peut ordonner des prières publiques, régler l'âge où l'on peut entrer en religion, et celui où l'on peut se marier, et pour tout dire en un mot, il a Autorité sur tout ce qui regarde le for extérieur, la discipline et la conduite des ecclésiastiques."

de 1776, 1789 e anos subsequentes e que enforma a posterior Liberdade positiva, enquanto marco distintivo do Contratualismo liberal, no pressuposto do voluntarismo iniciado pelos jusracionalistas. Mas é também uma realidade que se torna quotidiana, ligada à experiência imediata e que constitui o remate ideal da ideia de Liberdade que se posicionava desde a Antiguidade.

Noutro plano, ligado à Liberdade individual de Pensamento, enquanto vertente indispensável para a compreensão dos aspectos culturais em tese geral, de que a Liberdade de consciência e a tolerância religiosa são tributários, pode apontar-se para duas grandes linhas de força.

A Europa de finais de Setecentos e do quarto de século que precedeu o Individualismo, abriu-se a novas concepções proporcionadas pela mutação que o Renascimento já preconizara e que o corte oficial entre confissões religiosas cristãs sedimentou, no plano da diversa acepção do manuseamento da ideia de Liberdade.

Se nos países católicos, da Contra-Reforma, se mantém uma acentuada desconfiança às novidades patrocinadas pela Liberdade de pensamento que todos temem a breve trecho venha a promover a heresia protestante, já no caso dos Estados Reformados, se admite e aceita uma tal Liberdade, enquanto promotora da racionalidade humana, ainda que se entenda que a linearidade é perniciosa neste quadro, pelo diverso entendimento que a própria ideia de tolerância comporta.

No período do Absolutismo clássico, sobretudo até finais do séc. XVII, ao nível da Liberdade de consciência, o soberano deve ser encarado como o detentor do direito exclusivo da palavra oficial que obriga a todos os demais. Aquilo que é a verdade para o soberano e para ele representa o bem, é o mesmo que se aplica, indiscriminadamente, a todos os demais sujeitos.

A "verdade" é uma escolha da Autoridade, impondo-se por si mesma e pelas Luzes que abraçam a reflexão do soberano. A "verdade soberana" é um dado adquirido e indiscutível, como o é no plano político o seu direito formal de comando e última palavra em todas as circunstâncias da vida social e política dos vassalos. Ética e política andam, destarte, de mãos dadas.

O mesmo não se passa com o despotismo esclarecido; época áurea da Liberdade de pensamento, e em que lhe cumpre interrogar a legitimidade de absorção régia das consciências individuais no plano religioso e indagar acerca da Liberdade de consciência como marco indelével da Liberdade individual. A efervescência das ideias é húmus para o não-conformismo. Em favor dos direitos de consciência no plano religioso e face ao Poder civil, o indivíduo e o seu valor vão-se impondo, mais e mais. É por força das suas faculdades únicas que se afirma e, a transcendência divina, só mediatamente e de forma incidental, poderá contribuir para o esclarecer na rota que ele próprio demarca.

Agora, já não pode o soberano aqui assumir controlo efectivo, como na fase anterior e cabe ao homem, no exercício da sua plena racionalidade, determinar-se à Fé que escolhe como mais conforme às suas necessidades espirituais. A soberania política deixa de abarcar a soberania da consciência e os planos de análises revertem-se: se há um incremento da primeira existe, em contrapartida, um decair acentuado da segunda. Ainda quando a protecção oficial dada à chamada religião dominante ou de Estado assume a ideia de tolerância como valor a sustentar.

O abalo que as ideias associadas à Fé assumiram não têm paralelo neste século, sobretudo se lhes colocarmos o seu contraponto ideal às questões ligadas ao Poder político, como se assinalou em seu tempo. Note-se e porque se trata de matéria com especial relevância para Portugal, não é no campo da falha à ortodoxia mas no plano do relacionamento entre jurisdições, que os homens do séc. XVII e de boa parte do séc. XVIII não se divorciam do Cristianismo. O que fazem é torpedear as bases fundantes do clericalismo, já que a denúncia do ateísmo é acompanhada, em tese geral, das denúncias contra o espírito que reinava na Igreja de Setecentos.

Podem contar-se pelos dedos, os casos de ateus confessos e conhecidas as reacções da generalidade dos pensadores a esse respeito. O que se defende é a Liberdade de consciência e, no mínimo, a tolerância religiosa, no quadro de uma religião natural que se elege como pauta do salutar desenvolvimento racional. Para além disto é extrapolar num campo onde não há provas históricas que baseiam quaisquer conclusões definitivas e em que os próprios pensadores hesitavam com frequência.

No plano axiológico da ideia de soberania, mantém-se e incrementa-se o exercício da soberania política do monarca; no plano da soberania da consciência, o caminho de abertura e divórcio da autoridade está com a via aberta para a reformulação das teorias.

Do mesmo passo, ocorre versão inovadora de Contratualismo face à antecedente teorização da Segunda Escolástica, por força da diversa origem da sociedade política e do Poder, ainda quando o sentido de convenção sobrevém em ambos os casos.

Historicamente, antes do jusracionalismo fazer a sua aparição, a vontade e a Liberdade dos indivíduos nada vale para a formação da sociedade. Ao invés se se mantém a inactividade do indivíduo na formação da sociedade, dado naturalístico, já a Liberdade da comunidade e a sua manifestação positivada em Leis Fundamentais se constituem como barreiras à Autoridade régia.

Absolutismo de origem francesa ou Consensualismo de geração Ibérica, o problema é sempre o mesmo: não é ao homem e à sua racionalidade emérita que se deve a origem da sociedade e do Poder. A divergência entre Poder e Autoridade, entre soberania e actividade do soberano, entre Liberdade e subordinação, fazem toda a diferença, mas remetem para uma mesma incapacidade originária dos indivíduos, em si mesmos, de se emanciparem da visão aristotélica da eleutéria.

É por ser contrário a isto que o Contratualismo Moderno ganha vigor, abrindo espaço tanto para interpretações absolutistas como liberais, em que o foco de decisão se recorta numa entidade com autonomia e capacidade racional para se determinar a escolhas: o indivíduo.

Em sequência, as duas grandes linhas de Pensamento presentes no Antigo Regime, podem em certos casos coexistir temporalmente em países diversos e, até num mesmo país em simultâneo, mediante aplicações diversas a objectos bem demarcados. No caso português, como se verá, em que a renovação josefina, promotora do eclectismo nacional, mantém oficialmente a origem divina do Poder mas vai buscar importantíssimos contributos ao jusracionalismo na área cultural – ao nível do repúdio que se assinalará das concepções metafísicas acerca do homem e da sociedade e do jesuitismo – bem como no plano político, pela assimilação do contrato social.

A exposição antecedente confirmou, aclarou e desenvolveu os considerandos tecidos na "Introdução", no que respeita à temática das várias possibilidades de associação humana e correspondente transmissão e exercício do Poder político, ponderando o seu detentor originário, com características divinas ou humanas. Explicite-se, porém, que no plano das ideias de Liberdade e de Poder no Contratualismo Modernos, algumas divergências teóricas, que se não desfocam a base do Pensamento, implicam a consideração de debate interno no seio da própria corrente.

Há duas linhas bem definidas e demarcadas: as tipicamente absolutistas e que não admitem partilha de Poder; e as que toleram a hipótese de Governos limitados, ou pela via das Leis Fundamentais enquanto marcos éticos – comum a alguns dos anteriores – ou como assumindo uma ideia, já, de Liberdade da Nação. Contudo, a soberania mantém-se no monarca em ambos os casos e a possível separação de Poderes, como ideia força, não encontra desenvolvimentos.

A insuficiência do Contratualismo absolutista plasma-se precisamente aí. Se por um lado não retira as devidas consequências do convencionalismo, que incrementa e mantém o exercício da soberania absoluta pelo monarca e a sua indiscutível autoridade, razão pela qual foi bem aceite pelos déspotas iluminados e reformistas, por outro apenas como discussão entre pensadores e divergência entre Autores pode ter sido assumido eficazmente. E neste caso pensa-se a Europa em geral, para o que o estudo feito nos conduz com margem de segurança reforçada.

Ausências de Liberdade política, promoção da Liberdade civil enquanto Liberdade formal, adesão à Liberdade individual do ponto de vista da Liberdade de consciência, são os traços marcantes da Europa continental deste período. Em comparação com as Ilhas Britânicas, onde o respeito pela Liberdade política do homem plasmada na da sociedade era evidência, a divergência teórica e prática era por demais visível e melhor definida ficará posteriormente.

Seja no apostolado de Pufendorf, com a sua preocupação quase cartesiana no quadro da sistematização, seja por recurso a um certo geometrismo patrocinado por Wolff com base nos ensinamentos de Leibnitz, seja nas preocupações de um certo absolutismo "evoluído", em Burlamaqui e Vattel, todos procuram o mesmo objectivo e confluem na perspectiva de um Direito Natural universal, cuja projecção para o liberalismo será provada em fase ulterior.

A sequência a que se assiste era previsível. Há uma linha de continuidade bem definida que se inicia com Bossuet (talvez até antes com Filmer) passando por De Real e Pufendorf e, noutro plano, Hobbes (que não é alvo de estudo nesta Tese), como marcos emblemáticos do processo de reflexão do absolutismo, nas suas duas fases. No plano da ideia de Liberdade dos povos não a admitem nem aceitam, por motivos explicitados.

E há uma linha de reflexão que, preocupando-se mais com a adequação reformista da sociedade ao Pensamento das Luzes, sobretudo patrocinada por franceses, Voltaire, Helvétius, Holbach e outros, apresenta por vezes um Pensamento algo flexível no que respeita às vantagens da monarquia limitada inglesa, muito embora não se preconize em qualquer caso a sua aplicação ao respectivo Estado absoluto francês. Repete-se ser essa a razão pela qual aqui se inserem.

Neste contexto e em sequência das ideias anteriores, verificou-se o peso significativo que Autores do período absolutista terão no desenvolvimento dos princípios liberais, de que as figuras de Burlamaqui, Claude Mey e Vattel serão, porventura, os mais lídimos representantes. Como já se explicou, o Liberalismo é tributário nos grandes princípios do Iluminismo, sobretudo na feição do Contratualismo Moderno, com forçosas repercussões no plano político. Este é mesmo o ponto que pode permitir o laço com as precedentes considerações; a maioria dos filósofos das Luzes não concebe uma política diversa da laica, construída numa base Contratualista, sem que disso resultem as devidas consequências em termos ideológicos.

Seja qual for o tipo de monarquia que se promove, as reivindicações dos homens das Luzes abalam as concepções de um universo transcendental, que encarava a Criatura como um decalque autónomo mas não independente do Criador. Todos os pensadores estudados e cujos contributos para o nosso país apresentaram diversos graus de aceitação, sufragam as aspirações de valorização do indivíduo, mas são incapazes de operar o salto qualitativo que apenas o Liberalismo, irá consagrar.

Há um comungar em todos os casos apontados da tese absolutista, em graus diversos. Sejam Burlamaqui, Claude Mey e Vattel que partilham da aprovação das ideias da monarquia limitada e, em coerência, não aplaudem entusiasticamente o absolutismo nos seus respectivos países. Antes procuram fazer a adaptação dos pressupostos da monarquia limitada ao sistema vigente nos Estados de que são originários, sobretudo pela via das Leis Fundamentais. Estas promovem a limitação dos Poderes do soberano, mas não conferem o exercício da soberania ao Povo, como acima se mostrou, motivo mais que suficiente para aqui terem cabimento. Ainda assim, concede-se sem rebuço, ser um progresso manifesto.

Ponderando por antecipação a divergência entre o antes e o depois de 1789; de um lado coloca-se um problema de legitimidade, do outro uma questão de divergência entre sociedade civil e Estado, mas o ponto de partida é comum entre jusracionalismo e Liberalismo: o Contratualismo.

Lado a lado com uma valorização progressiva e indesmentível do indivíduo, é a própria revisão do racionalismo que contribui para ampliar as ideias de Liberdade e de Igualdade, dando ao conceito de Lei uma marca superavitária, promovendo as exigências da cidadania e, porque não dizê-lo lançando, quando não involuntariamente, os alicerces dos direitos do homem.

Talvez se possa dizer tudo isto numa frase que condensa os objectivos da presente investigação e que deixam, desde já, como marca indelével dos propósitos da mesma, e sem que isso signifique qualquer tomada de posição entre convicções religiosas: a invenção da Liberdade, nos termos em que ainda hoje ela é ponderada, foi obra dos pensadores do séc. XVIII, com o inestimável contributo de Locke. Kant, por seu turno e anos volvidos, será o primeiro a reconhecê-lo.

Capítulo II

O Portugal do eclectismo cultural e político: Liberdade de pensamento e de consciência, tolerância religiosa e Liberdade dos povos (?) até ao dealbar do Individualismo

> "Entendendo-se que o real material engloba a faceta política, a História das Ideias Políticas não prescindem do conhecimento teórico, ideal, do dever ser e o conhecimento concreto, prático do ser, ou seja, implica o conhecimento das ideias políticas dos factos políticos enquanto expressão dessas ideias. E embora historiador privilegie um ou outro destes aspectos, quer o seu contributo se situe prioritariamente no campo teorético, quer no prático, no nosso entender, ambos estão presentes no acto de fazer História das Ideias políticas, como o estão, (...), em toda a História das Ideias."
>
> ZÍLIA MARIA OSÓRIO DE CASTRO, *"Da História das Ideias à História das Ideias Políticas", Cultura – Revista de História e Teoria das Ideias*, VIII, pág. 21

CAPÍTULO II. O PORTUGAL DO ECLECTISMO CULTURAL E POLÍTICO: LIBERDADE DE PENSAMENTO E DE CONSCIÊNCIA, TOLERÂNCIA RELIGIOSA E LIBERDADE DOS POVOS (?) ATÉ AO DEALBAR DO INDIVIDUALISMO § 1º. Um país à procura de rumo num continente de mudanças: em torno da ideia de Liberdade entre o dealbar de Setecentos e a Era do Individualismo. 1. A vulgarização do Pensamento, a censura e a Liberdade de consciência: a posição dos autores e das suas Obras como reflexo do "modus operandi" científico nacional: "os filósofos", "os políticos", "os históricos", "os reformadores" nos primeiros 60 anos de Setecentos... 1.1. Ideias gerais: a primeira subdivisão. 1.2. Homenagem ao Direito Natural e à História. 1.3. Manifestações da Liberdade individual. 1.4. A Universidade como caso especial do absolutismo régio e a Liberdade individual: a primeira subdivisão. 2. Conceptualização da segunda fase de renovação do Pensamento iluminista em Portugal. 2.1. Personificação lusitana do Direito Natural. 2.2. Censura e Liberdade de consciência como Liberdade individual. 3. Escritos oficiais e órgãos do Estado promotores da renovação cultural ecléctica: suas convicções: segunda subdivisão. 3.1. A *Real Mesa Censória*: a impugnação da Liberdade de consciência e do jesuitismo e a aceitação moderada do jusnaturalismo protestante – 1768. 3.2. A *Dedução Chronologica e Analytica* e a abertura ao jusracionalismo Iluminista – 1767. 3.3. O *Regimento do Santo Offício da Inquisição de Portugal* – 1774. 3.4. Apreciação geral do problema no josefismo nacional: abertura *versus* manutenção do *status*. 3.5. Realizações associadas à Reforma Pombalina: a Universidade como caso especial do Absolutismo régio. 3.6. Pombal, os cristãos-novos e a equidistância social – sumária referência. 3.7. O regalismo pombalino. 4. O entardecer do séc. XVIII: o epílogo do eclectismo. 4.1. Direito Natural, História e ocaso do eclectismo. 4.2. Liberdade de pensar e opções da consciência. § 2º. Marcas do Absolutismo régio em Portugal: D. João V, D. José e as influências estrangeiras. 1. O Antigo Regime, a origem divina do Poder e as suas manifestações jus-filosóficas e políticas em Portugal. 1.1. O contributo europeu e a decisão portuguesa. 1.2 – Índices do poder temporal: liberdades e "jus puniendi". 1.3. Quadro geral das opções teóricas portuguesas. 2. Sinergias morais lusitanas e a ideia de Liberdade dos povos? 2.1. Poder político e Liberdade (origem do Poder e Contrato) em versão anterior à *Dedução Chronológica*: a primeira subdivisão. 3. A *Dedução Chronológica* e escritos afins: a segunda subdivisão. 3.1. Teorização lusitana correlativa à política oficial: segunda subdivisão. 3.2. A questão do regalismo: segunda subdivisão. 4. Posicionamento português posterior ao consulado pombalino: a terceira subdivisão. 4.1. Lei Natural/Direito Natural e Razão. 4.2. Poder político e Liberdade (origem do Poder e Contrato) em versão posterior a Pombal. 4.2.1. A polémica entre Mello Freire e Ribeiro dos Santos a respeito da Liberdade dos povos. 5. Decisão penalística na terceira subdivisão § 3º. Síntese da temática do presente capítulo.

§ 1º. Um país à procura de rumo num continente de mudanças: em torno da ideia de Liberdade entre o dealbar de Setecentos e a Era do Individualismo

Deste passo patenteia-se uma nova etapa na evolução da ideia de Liberdade. Ultrapassando o profícuo período do Consensualismo em Portugal[765], plasma-se o desenvolvimento do luso Pensamento até ao embate do Individualismo.

Se há causas directas para 1820 ter acontecido, há causas remotas e indirectas com igual peso. Por isso este capítulo apontará para um termo final cerca de 1789, uma vez que é a partir desta data que essencialmente – e sublinha-se o "essencialmente" – a Europa irá assistir a modificações estruturantes nos seus sistemas políticos. Em Portugal o impacto foi também e naturalmente sentido.

Com isto alerta-se para dois pontos: em primeiro lugar, o peso e a ponderação da Revolução Americana como algo que organicamente se associa ao Liberalismo, sendo por isso abordada posteriormente. Depois, porque se efectivamente o seu impacto material foi muito mais moderado que o da Revolução Francesa, fica justificado prolongar o presente objecto até à eclosão desta última. Não se trata de sobreposição de épocas históricas, antes da sua harmonização no contexto vertente da pesquisa[766].

---

[765] José Artur Duarte Nogueira, "As Instituições e o Direito", *História de Portugal*, II, págs. 369 e ss., apresenta uma ideia geral da questão, bastante para suprir outras observações por ora extemporâneas.
[766] Esse o motivo porque se opta por esta organização sistemática da investigação. De momento há que pensar o Portugal do contraponto e da conciliação ao desenvolvimento europeu dos substractos ideológico do Antigo Regime, com os nossos particularismos espácio-temporais. Posteriormente e também com incidência efectiva no nosso país, a abordagem será em presença dos contributos pré-liberais e liberais a que se assiste no Velho e no Novo Mundo, com prolongamentos até à Revolução do Vintismo.

DA HISTÓRIA DA IDEIA DE LIBERDADE

1. A vulgarização do Pensamento, a censura e a Liberdade de consciência: a posição dos autores e das suas Obras como reflexo do "modus operandi" científico nacional: "os filósofos", "os políticos", "os históricos", "os reformadores" nos primeiros 60 anos de Setecentos...

1.1. Ideias gerais: a primeira subdivisão

Observação que deve ficar *já e imperiosamente anotada* é que, pese embora as quezílias entre Poder político e Poder papal que irão ocorrer, Portugal continua a ser um país da Contra-Reforma. Independentemente das inovações que ao Pensamento lusitano vão assistir, todas, têm de continuar a subsumir-se a esta verdade institucionalizada.

Por isso, admitindo o acertar do passo com a Europa e o seu Pensamento[767], na recuperação de atrasos fundantes nos planos do ensino e da cultura ou noutros, esse pressuposto é de obrigatória e axiomática reflexão.

Esta ideia terá de ficar bem clara, sob pena do subsequente discurso poder ser acusado de contradições ou inconsistências. Se casos se verificarem que pareçam afastar-se desta premissa, não é certamente esse o sentido da presente interpretação[768].

1.2. Homenagem ao Direito Natural e à História

Numa perspectiva de análise algo afastada das reflexões que no plano cultural, irão ser pedra de toque, anos volvidos, da intelectualidade portuguesa e em conjugação com o problema da Liberdade individual – particularmente no plano da Liberdade de consciência – apresenta-se frei José de Jesus Maria.

O Autor estabelece uma curiosa comparação ao redigir que se "toda a sabedoria de Deos procede", não é menos que "se o Poder tem as forças da vontade, a sabedoria occupa o lugar do entendimento"[769]. Trata-se de importante observação na medida em que propondo uma apreciação sobre as faculdades da alma, privilegia o entendimento sobre a vontade no que respeita à utilização racional das mesmas. É obrigação do homem não descurar a aplicação às Ciências, tanto mais que "em todas as Monarchias do Mundo foy sempre a sabedoria estimadissima, e em muitos com excesso grande venerada"[770].

---

[767] António Alberto de Andrade, *Vernei e a Cultura do seu Tempo*, pág. 181: "O Marquês de Argenson (...) censura cruamente os Autores de sua Nação, alvejando sem remorso os Jesuítas e os Monges."
[768] No que ao desenvolvimento deste escrito importa, opta-se por inserir a actividade do Governo português nesta área e em termos genéricos, em dois pontos distintos deste capítulo. Para já será dada uma ideia geral da questão, fazendo apelo sobretudo às predilecções nacionais e ao modo como eram assumidas no contexto do nacional-eclectismo. Reserva-se para momento posterior abordar com mais detalhe o modo pelo qual se procedia em relação quer ao Pensamento do filosofismo francês, quer aos apelos do jusracionalismo dos renovadores do Direito Natural à escala europeia. Inserirem-se um e outros no quadro dos textos oficiais portugueses deste período histórico, anterior a 1789, salvo raríssimas excepções, buscando o tipo de apreciação que aos mesmos era votado. Esta nos parece a melhor metodologia, que consignando à partida uma ideia geral acerca das opções nacionais, não descura o detalhe oportunamente comentado.
[769] Frei José de Jesus Maria, *Academia Singular, e Universal, Histórica, Moral e Politica, Ecclesiastica e Cientifica*, Lisboa, 1737, pág. 467.
[770] Idem, *ibidem*, pág. 468. Apresenta no final do seu trabalho um "abreviadissimo cathalogo", apenas relativo às Obras que são mencionadas neste seu livro, com que as maiores e mais célebres livrarias do mundo se ornam.

Já no que respeita ao problema que importa de momento, qual seja o da consideração da ideia de Liberdade vista num plano moral e axiológico, Azevedo Fortes[771] manifestará não apenas o seu apego ao eclectismo mas, fundamentalmente, o seu catolicismo assumido. A questão da prioridade da alma, pensada sob perspectiva autónoma, sobre a matéria corporal no âmbito do estudo da Liberdade metafísica é sinónimo desta interpretação[772] e não será ponderado deste passo.

Note-se que escreve dez anos antes de Burlamaqui (a *Lógica* foi publicada pela primeira vez em 1744), pelo que se o *Compêndio* deste foi oficiosamente seguido em Portugal e Genovese fazia parte do rol dos eleitos[773] para esta área universitária pelo seu eclectismo[774], cumpre perguntar porque motivo e neste domínio aquele texto não terá merecido igual atenção[775].

Do exposto resultam, sob forma de síntese, duas observações no que toca à vertente temática. Em primeiro lugar, Azevedo Fortes pauta-se como um dos homens mais importantes como iniciador da difusão das ideias iluministas em Portugal. Simultaneamente, pelo seu apego à renovação da cultura, mantém-se em equilíbrio algo instável entre Pensamento tradicional e renovação filosófica, entre a tradição e a evolução, entre a reverência a Aristóteles e a admiração implícita a Descartes e a Locke.

Já em Verney, aplicar-se-iam, exclusivamente da investigação do que seja a Boa Razão[776], os sentidos e a Autoridade, assim como a Ética (teorética) que visualiza

---

[771] Manuel de Azevedo Fortes, *Lógica Racional*, apresentação de Pedro Calafate, Lisboa, 2002, INCM, "Antelóquio", pág. 39: "Não se diga que a Moral é outra parte da Filosofia e que não deve tratar da Lógica, pois tem diferente objecto: a que se responde que todas as Ciências têm muitas cousas comuns e reciprocamente se ajudam umas às outras e não é nenhum atentado que aqui tratemos dos actos da nossa vontade, pela grande afinidade que tem com a Lógica racional, nem devemos tratar de confins das outras Ciências com tanto escrúpulo, como os Príncipes guardam os confins dos seus Estados."

[772] Idem, *ibidem*, "Antelóquio", pág. 39: "As duas principais potências da nossa alma são o entendimento e a vontade e estas duas faculdades da nossa alma devem ser ao mesmo tempo dirigidas, pois a mesma alma é a que entende e a que quer, e para querer o que é justo deve ser instruída para não ficar na ignorância com o que se determina para o bem sensível, antepondo-o ao bem racional, porque, como diz certo Autor, desta ignorância nascem os pecados."

[773] Teófilo Braga, *História da Universidade de Coimbra*, III, págs. 473 e ss., menciona uma carta de D. Francisco de Lemos a Pombal datada de 9 de Fevereiro de 1773, donde se retiram algumas ideias: "(...) a Congregação da Faculdade [de Philosophia] (...) depois de ter examinado com a devida atenção o merecimento de Antonio Genovese, e de ter ouvido o Fiscal da Faculdade, concluiu unanimemente que os *Compendios de Logica e Metaphysica*, que o mesmo Auctor compoz, eram os melhores e mais uteis para o Ensino publico, por n'elles concorrerem as seguintes rasoens: (...) Porque este Auctor não he adido a seita ou systema algum particular, como são os *Leibnitzianos*, *Wolfianos*, etc., mas fez uma selecção de doutrinas escolhidas com muita critica (...)."

[774] Idem, *ibidem*, pág. 475 menciona o expurgo ordenado por Pombal ao compêndio de Genovese. Aristóteles seria, segundo carta particular endereçada ao reitor, datada de 23 de Fevereiro, nome a abolir sempre que citado pelo napolitano.

[775] Joaquim de Carvalho, *Obra Completa*, II, págs. 310 e ss., desenvolve o Pensamento de Azevedo Fortes no que concerne à Lógica. Armando A. Coxito, "O Compêndio de Lógica de M. de Azevedo Fortes e as suas Fontes Doutrinais", *Revista de História das Ideias*. III, pág. 17, não é da nossa opinião, mas tem a virtude de reconhecer quem interpretava diversamente: "O valor modesto do compêndio de Azevedo Fortes mostra que esse objectivo não foi conseguido, *ainda que não pensassem assim os diversos censores que, por ofício tiveram de dar o seu veredicto.*"

[776] Luís António Verney, *O Verdadeiro Método de Estudar*, Valensa, 1747, II, carta XI, pág. 53: "Lei que nam seja deduzida da-boa razam, nam merece o nome de lei."

como a destinação ao Supremo Bem e modo de o conseguir, a que se associam as obrigações do Ser humano no sentido de o atingir[777] (Ética prática)[778].

Daí também a sua discordância reverencial em relação a Descartes[779], que enquadra num plano semelhante – ainda que inovador porque partindo da racionalidade humana – em relação aos Escolásticos, ponto que nunca sofreu contradita. Ainda hoje é devidamente assinalado por todos os historiadores nacionais, com apoio nas fontes estrangeiras da época[780].

Verney, produto da cultura do seu tempo, "o seu instrumentário intelectual foi colhe-lo ele ao tandem Locke-Newton"[781], num plano de diálogo com "o jusnaturalismo 'historicista' de Montesquieu e a metodologia empírico-dedutiva que lhe é inerente"[782] e em ordem a uma multifacetada reflexão que enquadrava o pleno conhecimento do jusracionalismo coevo, na pessoa dos seus mais lídimos representantes[783].

Discorrendo acerca da Ética, são palavras do Autor: "O que entendo por-Etica è, aquela parte da Filozofia que mostra aos Omens a verdadeira felicidade: e regula as asoens, para a-conseguir"[784]. Além disso, "sendo a Ética deduzida da-boa razam, excita nos-Omens, os principios do Direito Natural: dos quaes se-tiram as decizoens, dos-cazos particulares"[785].

---

[777] Idem, ibidem, II, carta XI, pág. 52: "Consistindo a Etica na colesam de preceitos, que a luz de uma boa razam mostra, serem necesarios para o Omem, para fazer assoens onestas, e tambem utis à sociedade civil, pertence legitimamente ao Filozofo."
[778] Idem, ibidem, II, carta XI, págs. 51 e ss.: "a Etica pertence legitimamente ao Filozofo (...) é necessaria ao Jurisconsulto, e Teologia Moral."
[779] Idem, ibidem, I, carta VIII, pág. 230: "Eu certamente não sou carteziano, porque me persuado, que o tal sistema em muitas coizas, é mais ingenhozo, que verdadeiro: mas confesso a V. P. que nam poso falar no tal Filozofo, sem grandissima veneração. Este grande omem, (...) em materia de Filozofia, acho que foi inventor, de um sistema novo (...). Além disso ele foi o primeiro, que abriu a porta, à reforma dos estudos: (...)." Por isso não pode compreender Verney como houve homens que o injuriam sem o conhecer, certo que dele nem teriam capacidade "de serem amanuenses." Sobre o ponto, Joaquim de Carvalho, *Obra Completa*, II, págs. 310 e ss.
[780] Newton de Macedo, *História de Portugal. Edição Monumental comemorativa do 8º Centenário da Fundação da Nacionalidade*, VI, pág. 443: "Chegara finalmente a hora de triunfar na didáctica oficial a opinião de Verney, ao classificar como hipótese fútil e sem autoridade a teoria das ideias inatas."
[781] António Manuel Nunes Rosa Mendes, *Ribeiro Sanches e as Cartas Sobre a Educação da Mocidade*, Dissertação de Mestrado em História Cultural e Política, apresentada na Faculdade de Ciências Sociais e Humanas da Universidade Nova de Lisboa, Lisboa, 1991, pág. 226; José Sebastião da Silva Dias, "Portugal e a Cultura Europeia (Sécs. XV a XVIII)", págs. 391 e 392: "O Pensamento de Locke teve uma influência espantosa sobre os homens cultos do séc. XVIII. O facto deriva do seu alinhamento com o empirismo proto-iluminista e com a crítica peripatética, mas não apenas daí. O lockismo – chamemos-lhe assim –, ao mesmo tempo que deu o último golpe no silogismo e na epistemologia escolástica, orientou a lógica no sentido dos factos. A lógica lokiana tem um caracter imanente, psicológico e acentuadamente anti-metafísico. Sendo uma lógica da experiência, é também uma lógica da imanência, quer dizer, que se sustenta 'em apoios mendigados'", como de facto escreve no *Essay concerning human understanding*, pág. 58.
[782] Idem, ibidem, pág. 229.
[783] "Catalogue des livres de feu M. Sanches", *apud* António Manuel Nunes Rosa Mendes, pág. 229: "No catálogo da sua biblioteca encontramos, a abrir a rubrica *Droit Civil*, numa Edição de Genebra, 1750, o *Esprit des Lois*. Seguem-se-lhe quatro teóricos do Direito Natural: Bohmer, Pufendorf, Grócio e Burlamaqui."
[784] Luís António Verney, *O Verdadeiro Método de Estudar*, II, carta IX, pág. 51.
[785] Idem, ibidem, II, carta XI, pág. 53.

Por outro lado e no plano da chamada Ética prática, Verney faz coincidir as diversas manifestações da lei[786] sendo certo que justapõe o que chama Jurisprudência natural com o Direito Natural e das Gentes, enquanto a Jurisprudência civil se associa ao Direito, como modo pelo qual os homens se relacionam na sociedade civil[787]. "Esta é a conformidade das-leis entre si: a qual mostra bem, a dependencia que tem da-Etica."

Verney aproxima-se dos hereges Thomasius e Grócio[788], ao proclamar que há separação entre a Ética e a Teologia[789], avultando na primeira a Razão donde tira as suas conclusões, e, na segunda, a Revelação que lhe serve de guia. Sendo de fonte heterogénea, não conflituam, antes devem ser colaborantes. Por isso "A Etica [falando a respeito da Teologia moral][790] e a Moral, tratam ambas do-Sumo bem, e das infermidades do-animo: Diferem porem, porque a Teologia tira as suas concluzoens das-verdades reveladas; a Etica da-razam"; a Filosofia apenas considera a natureza corrupta do homem, enquanto a Teologia reconhece a origem da natureza corrupta[791].

Um exemplo acabado do que se pretende afirmar quando se fala em Iluminismo católico ou eclectismo pauta-se pela figura de Damião António de Lemos e Castro, que quando se decidiu a escrever a sua *Politica Moral*, era ainda tempo de se declarar partidário do aristotelismo[792], tratando arduamente de conciliar Política e Moral[793].

Homem do Absolutismo é também um cultor do eclectismo, na versão que procura conciliar a Razão natural com a Revelação[794], sempre devendo a primeira pautar-se pelos quadros mentais da segunda, mas pressupondo-se uma perfeita colaboração.

---

[786] Idem, *ibidem*, II, carta XI, pág. 53: "(...) a verdade é, que a Lei Divina, a Natural, a das Gentes, sam a mesma lei: toda a diversidade está no-momento da-publicasam."

[787] Desenvolvimentos deste aspecto em II, carta XIII, acerca da Jurisprudência, págs. 114 e ss., a que oportunamente se fará referência em maior detalhe.

[788] Menéndez y Pelayo, VI, pág. 281: "Por el mismo principio echa abajo la ética especulativa, tildando con los apodos de *ridicula* y *metafisica* (expressión de oprobio en boca suya) a la indagación de los fundamentos del deber, sin calcular que así, com pocos embates, vendría por tierra la ética prática, a la cual él reduce todo el Derecho natural y de gentes, para el cual recominada como texto (sin escrupulos ni prevenciones de ningún género), a Grocio, a Pufendorf, y com ciertos repulgos a Locke, *que trató del derecho natural con su acostumbrada penetración y profundidad*."

[789] Luís António Verney, *O Verdadeiro Método de Estudar*, II, carta XI, pág. 69: "Dificultozamente se-acha uma Ética, feita pelo modo que digo. Os que escreveram bem nesta materia sam Grocio, e Baram de Pufendorf (...)."

[790] Idem, *ibidem*, II, carta XIV, pág. 162: "(...) por Escolastica, intendo sempre a Teologia, fundada sobre a Fizica, e Metafizica dos-Arabes; ou da-que pasa com o nome de Aristoteles, que é a Teologia."

[791] Idem, *ibidem*, II, carta XI, pág. 53. Veja-se Pedro Calafate, "Ética", na *História do Pensamento Filosófico...*, III, pág. 114.

[792] Damião António de Lemos e Castro, *Politica Moral e Civil*, Lisboa, 1744 e ss., I, pág. 48, apresenta o que poderá ser o exemplo mais acabado desta sua afeição ao aristotelismo. A definição de justiça é no presente quadro emblemática: "Este he aquelle habito, que inclina o homem ás cousas justas, a fazellas, e a querer fazellas. He aquella constante, e perpetua vontade de dar a cada hum o que he seu." Nas páginas seguintes estas ideias são reforçadas.

[793] Idem, *ibidem*, I, "Proemio": "As Ethicas de Aristoteles forão o norte que sempre seguiu o meu discurso. Aquillo que elle escreveu como Filosofo, fuy eu accomodando às minhas ideias Politicas (...)", podendo por isso concluir que "Se o Politico não for Moral, pouco merece este nome. Fazer que os outros observem as Leys, e dasajustarse elle das da Razão, he querer hum bruto formar homens. Pelo contrario, o Politico Moral poderá fazer homens, dos que erão brutos."

[794] Idem, *ibidem*, I, págs. 2 e ss.: "Dividem-se as virtudes em Divinas, e Humanas. As divinas são as Theologicas, e Mores infusas, que inclinam as operaçoens, e actos conformes com a ley eterna, e dispoem a alma para o gozo de huma gloria sobrenatural. Virtudes humanas são as adquiridas

No plano das preocupações culturais, defende que quantos mais sábios existirem num reino, maior propensão terá este para o progresso, ideia sem dúvida do Iluminismo, mas tecida nos quadros preferências de referência aos Antigos, onde se buscam os exemplos[795]. A decisiva atitude da modernidade que incrementa um tal quadro é pouco apetecível ao Autor, deste passo, como fundamento das suas reflexões[796].

É fácil perceber que se trata de Autor que considera a necessidade de comportamentos virtuosos em ordem à própria Liberdade do Ser humano, em tese geral. O exercício da virtude afere-se pela razoabilidade e, logo, não se obrando racionalmente, não se estará a fazê-lo em consonância com os ditames da virtude. Ressalta a ideia que a perda do entendimento implica o desajuste à Razão[797], sendo que a mesma se deve adequar aos sujeitos, não existindo uma Igualdade plena do seu uso.

Ou seja, há homens que têm "mais" ou "menos" Razão, em função das suas específicas características, ideia que se aproxima perigosamente da aristotélica defesa da escravatura, como algo de inato. Noutro plano, das ideias já clássicas de Voltaire e a sua "la canaille".

Claro que isso não é importante; para Damião António, o que interessa, mesmo, é que "cada hum conheça o que sabe e obre como conhece", porque "esta he a Liberdade do homem, que serve á Razão", sendo pois que cada "hum com a sua Razão pode ter o gozo da Liberdade." Conjugando esta ideia com a afirmação de que "o seu governo faz o homem soberano; tudo impera, e sobre tudo manda; porque ele só é livre e senhor", aproximaria o Autor do racionalismo, com alguns laivos de cartesianismo, se não fosse a precaução que, de imediato acrescenta, "por via das dúvidas": "O patrimonio (...) da Razão deu-o Deus ao homem, para governando-se pelo seu Dom, obrasse sempre o bem"[798].

De novo comparece um escritor que segue o entendimento tradicional de Direito Natural, em nada se pautando pelo racionalismo Moderno.

Claramente há uma identificação com o Iluminismo português, na procura de conciliação e harmonização entre Razão e Revelação, com plena recusa do determinismo e mantendo uma versão ontológica em tudo conforme aos ideais do catolicismo.

Quanto a Ribeiro Sanches, não apenas se reporta a um Direito Natural de características eminentemente racionais e laicas, como acresce a forma explícita pela qual manifesta as suas preferências, numa época em que nem os mais ousados portugueses haviam intentado fazê-lo. Assim se percebe que "como este princípio (não faças o que tu não queres que te façam) é Direito Natural entre homem e homem; entre Nação e Nação, não há nem pode haver dogma, nem princípio algum da Religião Revelada

---

pela natureza com actos frequentes, que a inclinam á recta Razão. Deste mesmo genero são as virtudes moraes adquiridas, as intelectuaes, heroicas e filozoficas. Estas ultimas se distinguem das virtudes Christãs, que se nos conformam com a Razão sobrenatural, e as filozoficas inclinão a Obrar com o dictame da Razão natural."

[795] Idem, *ibidem*, I, "Proemio á Nobreza", pág. XIV.
[796] António Pedro Barbas Homem, *A Lei da Liberdade. Introdução Histórica ao Pensamento Jurídico*, I, pág. 162: "evitar as novidades é uma das razões directas da conservação dos Estados."
[797] Damião António de Lemos e Castro, *Politica Moral e Civil*, I, pág. 29: "Para as acçoens humanas serem perfeitamente reguladas, hão de seguir os dictames do entendimento recto, e conhecimento pratico das cousas, que naturalmente devemos Obrar. A rectidão dos actos humanos he huma conformidade com a ley eterna, ou eterno dictame do Entendimento Divino, que he Razão objectiva, medida e regra de toda a santidade."
[798] Idem, *ibidem*, I, pág. 38.

que o abrogue, nem destrua; porque a Religião é somente a luz da Religião natural, ela não o destroi, nem pode destruí-la (...)"[799].

Depois de 1706 a renovação intelectual acentua-se e, paulatinamente, manifestam-se as diferenças[800] que certos Autores visualizam em três fases evolutivas – de 1730 a pouco antes de 1770 (incluindo a pré-fase de 1706 a 1730); as sequelas da *Reforma Pombalina* da Universidade e o final do século[801]. Neste último caso não se ultrapas-

---

[799] António Ribeiro Sanches, "Missionários aos Payses Alheios", *Dificuldades que tem um Reino Velho em Emendar-se e outros Textos*, Lisboa, 1980, pág. 127.

[800] Sustentando esta ideia em alguma investigação lateral, seria relativamente fácil, a partir de certo momento, encontrar tais pontos de vista generalizados na sociedade portuguesa, sobretudo no que toca à difusão do naturalismo moderno. Começava a ser moda aparecerem noticiados Cursos onde se garantia uma aprendizagem segura e rápida das noções básicas relacionadas com a lógica da compreensão e de cujo ensino se encarregavam alguns estrangeiros sedeados em Portugal. Um bom resumo destes tópicos pode ser procurado na *História de Portugal. Edição Monumental comemorativa do 8º Centenário da Fundação da Nacionalidade*, VI, págs. 424 e ss., com artigo de Newton de Macedo. Consulte-se ainda José Sebastião da Silva Dias, "Portugal e a Cultura Europeia (Sécs. XV a XVIII)", 1953, págs. 302 e ss. onde a dado passo escreve: "o senso crítico despertou pouco a pouco no país, esboçando-se nos fins do séculos XVII e princípios do XVIII uma corrente de opinião progressiva. Os seus representantes falavam em voz baixa, por entre reverências aos costumes e preconceitos oficiais; mas assim mesmo, davam mostras de vida." A este número se juntou o de militares, diplomatas e sacerdotes vindos do estrangeiro que se estabeleceram em Portugal. Hernâni Cidade, *Lições de Cultura e Literatura Portuguesas*, I, pág. 314 escreve que no que concerne à cerrada vigilância de tudo o que fosse considerado ímpio "o Estado navega nas mesmas águas, procurando evitar perigos que se lhe afiguram comuns. Vigia-se a entrada de livros proibidos, e para o ser basta que sejam escritos em língua inglesa, tudesca ou flamenga...", como mais tarde os escritos do Iluminismo bradarão aos céus.... Sobre a situação na Universidade de Coimbra durante o período joanino em que pouco ou nada se alterou salvo o cada vez maior predomínio que, em termos gerais, os Oratorianos iam adquirindo isso se reflectindo na Universidade, Mário Brandão e M. Lopes de Almeida, *A Universidade de Coimbra, Esboço da sua História*, Coimbra, 1937, págs. 65 e ss. Veja-se Rui Manuel de Figueiredo Marcos, *A Legislação Pombalina*, pág. 20: "A década de quarenta do séc. XVIII marca o conflito entre a cultura livre e a cultura oficial que havia de desembocar nas reformas josefinas." Já Joaquim Veríssimo Serrão, *A Historiografia Portuguesa*, III, pág. 9, considera e bem que "(...) como expressão de cultura, a nossa historiografia do séc. XVIII situa-se entre 1706 e 1820, englobando os reinados de D. João V a D. Maria e debatendo-se nos alvores do Liberalismo, período que define uma nova consciência histórica de Portugal."

[801] António Brás Teixeira, "A Filosofia jurídica", *História do Pensamento Filosófico...*, III, pág. 67. Rui Manuel de Figueiredo Marcos, *A Legislação Pombalina*, pág. 69, considera que os dezasseis primeiros anos do consulado pombalino funcionaram como um período "jus publicista", pela proliferação dos comandos normativos de Direito Público e ainda "claramente inscrito no longo movimento do romanismo bartolista português." Quanto ao período imediatamente seguinte é caracterizado pelo mesmo Autor como "a época das grandes transformações jurídicas, operadas em resultado do advento e generalização da doutrina do Direito Natural." Joaquim Veríssimo Serrão, *A Historiografia Portuguesa*, III, pág. 12, completa o raciocínio da nota antecedente: "O erro de muitos historiadores reside, ao que cremos, em aplicar o esquema temporal francês à nossa cultura, sem ter em conta que as novas ideias levaram tempo a penetrar na Europa e que foram tardias, entre nós, as suas formas de expressão válidas na política, na sociedade e na cultura. Por tal motivo, a extensão o quadro francês a Portugal, com a prudência que se exige na comparação de linhas históricas e mentais nem sempre convergentes, permite considerar um atraso de trinta a quarenta anos na definição do contexto ideológico nacional. A euforia do classicismo corresponde ao período joanino, entre 1706 e 1740; e o que pode entender-se pela nossa 'crise da consciência clássica' situa-se na fase posterior até 1760 e traduz-se no 'labor experimental' dos Oratorianos e na obra antijesuítica de Pombal (...). Enfim, o despotismo esclarecido, como forma política e doutrinal da Filosofia das luzes, apenas

sa a não ser pontualmente a data de 1789. Obviamente que estas datas são apenas indicativas e não rígidas.

1.3. Manifestações da Liberdade individual

De momento, importa avaliar essencialmente o campo cultural[802] e no plano da Liberdade individual. Em parágrafo posterior ao nível do Pensamento e das Ideias Políticas. Os outros domínios de intervenção do Iluminismo não são contemplados na presente investigação.

A posição assumida, deste passo, será sujeita a confirmação pela leitura dos textos representativos de um Pensamento autónomo que se segue. O Iluminismo em geral e o caso particular português, não consegue fugir a um processo de intenções, que o pauta como uma atitude mental contraditória e incapaz de concretizar plenamente objectivos.

Se, por um lado, pretende uma emancipação da tecitura Escolástica da cultura nacional avançando com o primado da Razão e da modernização que o Pensamento de Setecentos preconizava, por outro lado, conjuga estas ideias com a tradição católica, impeditiva da renovação plena dessa mesma Razão, que acabava a submeter-se a "algo" de inatingível para as suas fracas forças terrenas. Nisto consistiu o eclectismo, o Iluminismo de influência católica mas com a marca de água do empirismo inglês, que nunca por isso mesmo, deixou de ser considerado como diverso em presença dos seus congéneres europeus.

Ponto que não convirá esquecer é o do relacionamento entre os intelectuais e o Poder, na medida em que se é sabido o aproveitamento que o segundo fez dos primeiros, não podem é esquecer-se as relações que muitas vezes seriam não mais que "de indiferença". O que não significa mais que o debate ideológico entre cultura e Poder, ou contribuição que o Iluminismo outorgou às reformas políticas do séc. XVIII, com impacto real na centúria vindoura.

Nesse sentido, se a "ideologia" do Iluminismo apoia o "Poder" absoluto[803], ela serve também para lançar as fundações morais e políticas do Liberalismo, servindo

---

se concretiza na última fase do período josefino e prossegue até ao fins do século XVIII, na obra de 'iluminação' do Governo de D. Maria I em benefício dos seus Povos." Quanto a Pinharanda Gomes, *Dicionário de Filosofia Portuguesa*, "Iluminismo", pág. 126: "O moderno iluminacionista apresenta três fases distintas: 1) O *Iluminismo joanino* (1700-1750) que abrange o reinado de D. João V; 2) O *Iluminismo pombalino* (1750-1750) que abrange o consulado do Marquês de Pombal; O *Iluminismo* decadentista, também chamado *filosofismo*, que vai desde o termo do consulado pombalino até à Revolução de 1820. Corolário e globalizante de todas estas sugestões, Martim de Albuquerque, *Um percurso da construção ideológica do Estado*, págs. 25 e 26: "O tempo do Pensamento, é certo, pode não coincidir com o dos factos e o das estruturas sociais, mas importa fixar os respectivos andamentos, os ajustes e desajustes, as sobreposições e as contradições, coincidências e oposições, para uma aceitável inteligibilidade do passado."

[802] Neste plano, repita-se, apenas se trata das questões gerais e que se relacionam mais directamente com o tema. Não se entra noutras, embora naturalmente não se desconheçam. Para um muito conseguido resumo e onde, em concreto o problema da divulgação na cultura a nível das Ordens monásticas e dos seculares começou a alterar a sua fisionomia em consonância temporal ou posterior a Verney, veja-se José Sebastião da Silva Dias, "Portugal e a Cultura Europeia (Sécs. XV a XVIII)", págs. 425 e ss. onde todas as questões espúrias à investigação vêm elencadas com o maior critério e de forma sintética.

[803] Luís dos Reis Torgal, "Acerca do Significado do Pombalismo", *O Marquês de Pombal e o seu tempo*, I, pág. 16: "(...) para conhecer em toda a sua extensão o movimento cultural e ideológico português

como veículo de pressão para incrementar as reformas que, em primeira fase, os afrancesados não descartaram em Portugal. Depois disso foram ultrapassados pela força das circunstâncias que culminaram na *Constituição de 1822*.

Perante o plano cultural em que se insere, escrevendo na primeira metade do séc. XVIII, numa época onde a reformação pombalina ainda não havia inculcado a mudança dos raciocínios, Frei José de Jesus Maria pouco mais faz que repetir velhas fórmulas, cujo efectivo repúdio apenas se tornará realidade com a governação de D. José, mesmo que a denúncia parta de momento anterior. Será terreno fértil para os grandes reformadores nacionais, Verney e Ribeiro Sanches, exercerem o "manus" devastador sobre as teias do Estagirita.

Quanto ao problema da Liberdade individual, no plano da Liberdade de consciência e da tolerância religiosa, o Autor mantém as proibições censórias e inquisitoriais já conhecidas. E, a esse respeito, interessa considerar o que menciona acerca dos "heresiarcas", que divide em vários períodos, sendo sobretudo importantes os casos dos "últimos sete séculos"[804], período em que se verificou a independência portuguesa.

Mais que isso, as desconformidades à Fé que foram de forma directa sofridas em Portugal, não só parte de hereges estrangeiros mas, noutro plano, de judeus residentes, ainda que não tenham sido admitidas, tiveram como efeito imediato lançar a suspeita sobre a mais sã ortodoxia. A abordagem, que o Autor faz será, a de qualquer teólogo católico da época, que procura por força dos conhecimentos teóricos afastar qualquer possibilidade na aceitação de um tal Pensamento.

Contudo e aparentemente, frei José terá avançado algo mais que os seus antecessores, no que toca ao grau de informação que para si pretendia das novidades além fronteiras. Mesmo que essas novidades fossem de raiz heréticas.

Este "aparentemente" liga-se ao facto de ter pedido licença para a leitura de livros proibidos, a qual lhe foi concedida em moldes limitados como era habitual. Por provisão da *Real Mesa Censória*, em 28 de Novembro de 1776[805], e atendendo ao pedido para "ler livros prohibidos, para aquelle fim com que costumava usar delles

---

do terceiro quartel do séc. XVIII, em confluência ou em divórcio com a acção do Estado", uma vez que "só após essa pesquisa global poderemos interpretar o significado do 'despotismo esclarecido' pombalino, que, segundo parece, se deverá inserir (...) na esfera do Iluminismo católico, com nítido repúdio das concepções mais avançadas do Iluminismo francês. O recurso frequente a Autores e professores italianos e a censura dos 'filósofos' franceses, quer se trate de Bayle, de Montesquieu, de Voltaire ou de Rousseau, parecem comprovar tal suposição. Aliás Pombal não parece ter tido contactos com os 'iluminados' de França, como aconteceu com alguns dos mais representativos monarcas e ministros do tempo." Ou seja Reis Torgal apoia a ideia subscrita pela presente investigação acerca do género de Iluminismo recepcionado em Portugal, e daquele de que se fugia de haver contactos; em relação a ambos já se fez menção no para os Autores que partilham a formulação absolutista e, posteriormente, por confronto com as ideias pré-liberais estrangeiras, se poderá confirmar o mesmo tipo de interpretação nas sequelas do Individualismo. Note-se que isto é interpretação oficial; haverá ocasião de verificar que o número de pessoas cultas a conhecerem a Filosofia dos "ímpios" e dos hereges superava em muito o que se poderia esperar.

[804] Frei José de Jesus Maria, *Academia Singular, e Universal, Histórica, Moral e Politica, Ecclesiastica e Cientifica*, págs. 174 e ss.

[805] ANTT, RMC, Livro 14: "provisão de licença para ler Livros prohibidos ao P. Fr. Jozé de Jesus Maria, carmelita descalço, em 28 de Novembro de 1776."

os Theologos da sua graduação, e ministerio; e porque o não podia fazer sem uma licença minha, me pedia lhe fizesse mercê conceder-lhe (...)"[806].

Posto que não encontrando a *Real Mesa Censória* motivos para não aceitar tal pedido, desde que exceptuados "os declarados no Edital de 10 de Junho de 1768, na Sentença de 24 de Julho de 1769, na Ley de 4 de Dezembro do mesmo anno, e no Edital de 24 de Setembro de 1770[807], do qual so poderá conservar os Dicionarios de Bayle, e Historico composto por huma Sociedade de pessoas Literarias, e os mais os podera ler nas Livrarias a q. a Real Meza os tiver concedido, onde lhe serão mostrados sem embaraço algum, com a condição de que os Livros p.ª que se lhe faculta licença os terá o supplicante *fechados debaixo de chave, e com rede de arame, de sorte q. não possão ser vistos nem, consinta sejam lidos, não sendo por pessoas q. tiverem igual licença*"[808]. Se tais condições não estivessem garantidas, todas as licenças cessariam.

Esta autorização conferida ao Autor pode ter duas leituras, ambas importantes para o debate. Em primeiro lugar, os livros proibidos eram importantes para os ortodoxos Autores nacionais, uma vez que apenas o seu conhecimento possibilitava o combate às ideias que aqueles defendiam. Por outra parte, o facto de ser incorrecto dizer-se que a censura em Portugal era absoluta, uma vez que se funcionava previamente, poderiam *a posteriori* e em casos individuais vir a ser levantados os seus pressupostos, nos termos previstos pelo próprio Regimento da instituição.

Por aqui se verifica que uma certa parte da intelectualidade portuguesa, em que avultavam teólogos e juristas[809], sempre teria possibilidade de andar algo informada com o que se passava no exterior. E o franciscano, eventualmente convertido na velhice às novas tendências, mais não fez que aproveitar a ocasião para dar existência a um desejo pessoal, agora tornado realidade e que, muito provavelmente, grande parte dos seus irmãos de Ordem e de outras religiões gostariam de ter exercitado mais cedo.

Parece, destarte, não poder duvidar-se do seu catolicismo, que o conduziu a proscrever ideias de Liberdade de consciência ou mesmo de tolerância religiosa, no campo mais vasto da Liberdade de pensamento, utilizando os meios disponíveis não só para se cultivar como, inclusivamente, para poder rebater ideias com que discordava.

---

[806] ANTT, RMC, Livro 14, págs. 73 e 74. Há vários outros exemplos de idêntico teor, sempre com os mesmos pressupostos que consultámos no mesmo local e comprovam as nossas afirmações.
[807] Teófilo Braga, *História da Universidade de Coimbra*, III, pág. 58, é totalmente confuso neste particular. Diz ele ser de inestimável valor o "edital da Mesa Censória de 15 de Setembro de 1770 e da consulta de 24 do mesmo mês". Na página seguinte, já fala do "edital de 24 de Setembro", em vez de lhe chamara "consulta". De modo que o rigor nesta matéria do historiador não é grande. Já houve ocasião para referir estes documentos legislativos, a respeito de vários Autores estrangeiros proibidos em Portugal. Convém, contudo esclarecer que o mencionado edital é de 24 de Setembro, que na mesma data introduz um Índice de livros proibidos onde se contam muitos escritos do Pensamento Moderno, lado a lado com Obras de jesuítas.
[808] ANTT, RMC, caixa 1, edital de 24 de Setembro de 1770; António Delgado da Silva, *Colecção da Legislação Portugueza*, 1773-1774, Lisboa, 1828, págs. 341-344; págs. 444-446.
[809] António Álvaro Dória, *Cartas de José da Cunha Brochado,* Livraria Sá da Costa, Lisboa, 1944, pág. 4 e a respeito de uma das "Cartas de José da Cunha Brochado": "(...) lhe peço, também, me faça V. M. mandar dizer se será possível alcançar aí, nessa Cúria, a graça de ler livros proibidos sem limitação de tempo, atendendo-se a que sou formado em Cânones e que os posso ler com discrição, e se esta graça não custar a V. M. muitos passos, nem a mim muito dinheiro, quisera lográ-la para continuar na lição de alguns livros que hoje leio com um breve desse Núncio, que é local e limitado á sua Nunciatura."

Se as desconhecesse por completo ou apenas tivesse derivada notícia das mesmas dificilmente qualquer das duas opções antes apontadas seria inviável.

Também Manuel de Azevedo Fortes é figura a tomar em linha de conta no contexto da renovação cultural ainda em período joanino[810]. Foi o primeiro português a escrever uma "Lógica" na língua materna[811].

Professando um eclectismo difícil de compaginar na prática, pois quis recuperar Aristóteles[812], conciliar Descartes e Locke[813], Antigos e Modernos[814], acabou por escrever uma Obra de pujante conteúdo[815], pese embora se ressinta das dificuldades que as premissas que colocou lhe haveriam de trazer.

---

[810] Ferreira Deusdado, *Educadores Portugueses*, Coimbra, 1910, pág. 369.

[811] Armando A. Coxito, "O Compêndio de Lógica de M. de Azevedo Fortes e as suas Fontes Doutrinais", *Revista de História das Ideias*, III, Coimbra, Imprensa da Universidade, 1981, pág. 10.

[812] Manuel de Azevedo Fortes, *Lógica Racional*, "Antelóquio", pág. 43: "O que suposto, ou a Filosofia que hoje se ensina nas escolas é a mesma de Aristóteles, ou outra diferente? Não se pode dizer que a mesma que Aristóteles ensinou, porque esta era tão conjunta com a geometria, que não se dizia filósofo o que não era geómetra. Logo, devemos dizer que a vulgar Filosofia que hoje se ensina nas escolas não é a de Aristóteles, ou é adulterada, que degenerou da antiga sabedoria; e assim não se pode dizer platónica nem aristotélica a que tão longe se apartou dos vestígios e documentos que estes grandes filósofos nos deixaram." Um pouco adiante esclarece: "A má interpretação que se tem dado à doutrina de Aristóteles tem sido ocasião a alguns modernos prezados de filósofos, sem serem mais que enfarinhados, a serem perpétuos declamadores contra Aristóteles, dando por sua a Filosofia adulterada; porém, por mais que declamem, não lhe hão-de tirar a glória do Príncipe dos Filósofos, por antonomásia." Esta actividade já tinha sido empreendida pelo oratoriano João Baptista, numa época em que Aristóteles ainda não era considerado proibição absoluta na fundamentação do Pensamento português. No seu escrito *Philosophia Aristotelica Restituta*, Lisboa, 1748, havia tentado essa conciliação, sendo influência forte de que Azevedo Fortes nunca se conseguiu libertar. Veja-se Armando A. Coxito, "O Compêndio de Lógica de M. de Azevedo Fortes e as suas Fontes Doutrinais", págs. 13 e 14: "Mas esta simpatia por Aristóteles deve ser vista com reservas."

[813] Idem, *ibidem*, "Antelóquio", pág. 38: "A nossa alma (...) não é só inteligente, mas também sensitiva, não só percebe, julga e discorre, como também quer ou não quer, escolhe e se determina; e se ao mesmo tempo não dirigimos os actos da nossa vontade, nunca nos livramos dos erros, e não só dos erros mas também dos pecados, que tiram a mais funesta consequência; porque os defeitos do nosso entendimento são só erros; porém os defeitos da nossa vontade são vícios e são pecados e não devemos perder a dobrada vantagem de dirigir e aperfeiçoar ao mesmo tempo os actos destas duas potências da nossa alma." Descartes está presente neste raciocínio, nos termos que já deixámos frisados antes e Locke, pelo recurso aos termos empregues "sensitiva", que são típicos do empirismo inglês.

[814] Pedro Calafate, "Apresentação" à *Lógica Racional*, págs. 12 e 13: "Um dos signos da ambiência iluminista deste tratado é a referência explícita à vasta polémica europeia sobre os 'antigos' e os 'modernos', bem como a atitude eclêctica que o engenheiro português assumidamente adopta. De facto, manifestando uma clara percepção da superioridade dos 'modernos' em face dos 'antigos', e, consequentemente, uma atitude triunfalista perante os novos tempos, marcados pelo progresso das artes e das Ciências, nem por isso pretende o Autor instituir uma ruptura com os 'antigos', mas tão só purgar as suas Obras de interpretações consideradas erróneas e deturpadoras." Num plano diverso de abordagem será também a tarefa a que Benjamin Constant se irá dedicar.

[815] Armando A. Coxito, "O Compêndio de Lógica de M. de Azevedo Fortes e as suas Fontes Doutrinais", págs. 11 e ss., aponta como principal fonte de Azevedo Fortes a "Lógica de Port-Royal", justificando os motivos desta preferência por Azevedo Fortes, bem como a essência dessa "Lógica" em si mesma considerada. José Esteves Pereira, "A Ilustração em Portugal", VI, pág. 189, que "no âmago do barroco, Azevedo Fortes, (...) publica um pequeno tratado port-royalista de lógica (...). Em algumas passagens do livro, o Autor justifica a emergência da Liberdade, considerada necessária,

Do estudo dos seus trabalhos retira-se que o interesse pelo conhecimento reflexivo europeu, Antigo e Moderno, foi um dos motivos para que o Iluminismo nacional fosse sobretudo um eclectismo. Tanto se justifica porque originava um conhecimento aprofundado das várias correntes de Pensamento, em ordem a um anti-sistemismo e à prevalência da observação.

Esta abertura é evidente nos casos em que se manifesta, como em Azevedo Fortes, um desfiar reflexivo que possa produzir contributos finais adaptados à sociedade portuguesa. A criatividade era secundarizada face à generalização das ideias, o que não parece criticável porque a Liberdade intelectual deve ser, acima de tudo prezada. O trabalho de exegese é determinante.

O eclectismo de Azevedo Fortes, neste domínio, tem especial importância, porque dá nota da sua percepção que urgia retirar do Pensamento Moderno os benefícios que ele trazia a um melhor conhecimento e consideração do Ser humano, pese embora não enjeitasse os ensinamentos Antigos[816], considerados mesmo com dignidade acrescida, pelo esforço que os Modernos deveriam fazer na sua recuperação[817].

As suas preocupações mantêm-se restritas a questões de natureza onto-gnoseológica e Lógica, em que importa mais a salvaguarda da Liberdade pessoal que a discussão da mesma no plano individual. Pois como não, se Azevedo Fortes aceita o entendimento comum acerca da Liberdade de consciência e nele não se evidencia qualquer apetência para seguir as pisadas trilhadas pelo Pensamento francês da época, sufragado pelos "ímpios" "*Les Philosophes*"?

Antes de encerrar este ponto e porque ele virá a ser repetido por outros Autores nacionais, que com a matéria demonstram preocupação, aqui seguindo os parâmetros que o próprio despotismo ilustrado europeu sugeria, importa mencionar a referência ao papel que as mulheres[818] poderão desempenhar num quadro reflexivo que, pau-

---

em termos de conhecimento. E, influenciado por ideias cartesianas, apresenta a capacidade inata da Razão como condição de método."

[816] Manuel de Azevedo Fortes, *Lógica Racional*, "Antelóquio", pág. 47: "Não sigo neste opúsculo Autor algum antigo, nem moderno; porém, de uns e outros tirei tudo a quilo que na lógica se acha escrito, e com tão pouco escrúpulo que me sirvo das suas próprias expressões, mas é naquela parte em que eles se conformaram com o que a recta Razão nos dita e que pode servir para adiantar o nosso conhecimento."

[817] Pedro Calafate, "Apresentação" à *Lógica Racional*, pág. 14: "Em Azevedo Fortes, (...) essa consciência dos novos tempos, essa consciência da superioridade dos "modernos", essa reivindicação de Liberdade intelectual no desbravamento dos caminhos do saber e da Filosofia que nesta época abarcava o conjunto dos conhecimentos humanos consubstanciava-se na atitude eclética, assumindo-se o eclectismo como forma de proclamação de autonomia intelectual e de independência crítica daqueles que apenas estavam dispostos a aceitar, no vasto plano da História da Filosofia, o que se lhes afigurasse conforme à recta Razão (...), ao seu próprio modelo de racionalidade, previamente formulado." E, segundo Joaquim de Carvalho, *Obra Completa*, II, pág. 309, o tipo de ensino da Lógica que era prosseguido pelos compêndios ao modo Escolástico e que Azevedo Fortes tanto criticará, promovia como "objecto de chacota quem na vida real tomasse a sério o verbalismo das distinções lógicas."

[818] Manuel de Azevedo Fortes, *Lógica Racional*, "Antelóquio", pág. 48: "Também me lembrou que as senhoras portuguesas em nada são inferiores às estrangeiras, antes as excedem muito em formosura, entendimento e descrição, e como menos ocupadas, mais curiosas e mais amigas do saber, é força serem mais atentas no exame da verdade e é certo que, aplicando-se, farão na Filosofia muito maior progresso do que os homens."

latinamente e de forma incipiente, ia deixando de ser feudo da varonia. Sem dúvida que, para a época, raciocínios deste tipo eram pouco habituais[819].

Apresentando nota do Pensamento português neste domínio[820], não se poderá deixar de mencionar Luís António Verney, para quem[821] o grau de impreparação cultural que existia entre nós, se ficaria especialmente a dever ao tipo de posicionamento assumido por Portugal face às suas congéneres Nações europeias: ignorância, incultura[822], isolamento, esterilidade do ensino, decadência extrema[823]. Patentes são

---

[819] José Gentil da Silva, "A Situação Feminina em Portugal na Segunda Metade do Século XVIII", *O Marquês de Pombal e o seu tempo*, I, págs. 143 e ss. Em pouco mais de vinte páginas, o historiador traça um pano de fundo curiosíssimo sobre a situação da mulher por esta época, tema que poderá constituir pólo da nossa reflexão autónoma futura, pelo interesse que manifestamente proclama na História das Ideias.

[820] Neste parágrafo apenas se individualizam Autores desde que tal se justifique, dado o volume do seu trabalho no presente domínio. Noutros casos serão inseridos na reflexão que se vai efectivando nos locais próprios.

[821] E que encontrou digno percursor em Martinho de Mendonça Pina e Proença, Autor dos *Apontamentos para a Educação de um Menino Nobre*, de 1734. A Obra existe na Biblioteca Nacional e apenas foi consultada na íntegra quando desta revisão da Tese para publicação. Vejam-se os trabalhos de Rui Manuel de Figueiredo Marcos, *A Legislação Pombalina*, págs. 19 e ss. e notas respectivas e de Pedro Calafate, *História do Pensamento Filosofico*..., III, onde em vários pontos se pode encontrar menção da generalidade dos contributos que a vários níveis este Autor deixou como herança ao seu país.

[822] Hernâni Cidade, *Lições de Cultura e Literatura Portuguesas*, I, págs. 296 e 297, escreve: "Fradesca e retraída a nossa cultura (...). Conexa com esta característica da nossa economia colectiva é a que dá o vinco mais fundo à nossa vida espiritual – a feição predominantemente religiosa da nossa arte e da nossa literatura, notada pelos estrangeiros que nos visitam, como pelos portugueses de mais lúcida visão." A Espanha, único país com que mantínhamos algum intercâmbio cultural, formando "ela com Portugal um bloco espiritual homogéneo, toda a Península constituindo o que se chamou a *Ilha da Purificação*, recatada das audácias do bulício mental da Europa", deixando de parte toda e qualquer perturbação à ortodoxia que aí nunca se poderia verificar.

[823] Um dos vários remédios que preconiza é o incremento do estudo da História, nos termos que o Iluminismo o defendia. Na verdade, não enjeita a ocasião de se pronunciar a este respeito no *Verdadeiro Método de Estudar*, e segundo a interpretação de Pedro Calafate, "A Filosofia da História", *História do Pensamento filosófico*..., III, pág. 33, Verney proclama "que a História é o mais necessário prolegómeno em todas as Ciências." Segundo escreve José Sebastião da Silva Dias, "Portugal e a Cultura Europeia (Sécs. XV a XVIII)", págs. 296 e 297, reportando-se às delinquências de consciência por leitura de livros considerados como proibidos pela Inquisição, "Os dirigentes do Tribunal não tinham em mira, evidentemente, impedir o progresso da Filosofia, das Ciências ou das Artes. Simplesmente, criaram com a sua acção um ambiente de receios, desconfianças e inibições, hostil ao labor do Pensamento. Sob essa influência, o nosso meio professoral tornou-se ainda mais adverso ao espírito de renovação, que os seus congéneres estrangeiros; e os sequazes de opiniões inconformistas refugiaram-se no silêncio, a custo se encontrando algum livro desta época, com interesse filosófico ou científico, cujo berço não tenha sido a escola." José Seabra da Silva, *Compendio Histórico da Universidade de Coimbra*, pág. 224 e nota respectiva, tece um rasgado elogio a Verney, aponta as suas certeiras medidas para renovar o ensino em Portugal, vazadas no *Verdadeiro Méthodo de Estudar* e transcreve parte das controvérsias que os jesuítas levantaram às mesmas. No mesmo texto e umas quantas páginas adiante, a pág. 232: "(...) censurando há poucos annos o Author do *Verdadeiro Methodo de Estudar* aos Juristas destes reinos a separação dos Estudos Historicos dos Jurídicos; e aconselhando-lhes a constante, e perpétua união da Jurisprudencia com a Historia, no que o dito Author não fazia mais, que repetir as vozes communas de todos os bons

as sequelas que este tipo de preparação lusitana originara na Liberdade e suas mais lídimas manifestações, cultura[824] à frente de todas[825]. Responsabilidades?

---

[824] Ferreira Deusdado, págs. 367 e ss.

Jurisconsultos (...)." Numa carta de Verney ao padre Foyos da Congregação do Oratório, redigida já nos últimos anos da sua vida e que vem mencionada em Inocêncio Galvão Telles, "Verney e o Iluminismo Italiano", pág. 7, o Autor escreve que D. João V o teria encarregue de divulgar "as Luzes" em Portugal, já que "eu (...) tive ao princípio particular ordem da Corte de iluminar a nasam em tudo o que pudesse (...)", sob promessa de prémios e regalias, nunca concretizados na prática. Luís Cabral de Moncada, "Um 'iluminista' português do séc. XVIII: Luís António Verney", *Estudos de História do Direito*, III, pág. 20 e nota respectiva e págs. 33 e ss. Também se reporta a este evento, assim como Hernâni Cidade, *Ensaio sobre a Crise Mental do século XVIII*, pág. 10. Já Luís Cabral de Moncada, *O "Idealismo Alemão" na História da Filosofia*, Coimbra, 1938, pág. 12, é perfeitamente mordaz na apreciação do problema: "A partir de 1640 (...) Portugal entrou num largo período de alheamento do movimento geral da Cultura europeia. (...) A uma cultura jurídica de Direito Privado cada vez mais empírica, formalista e rotineira, puramente *bartolista*, desligada da sua vida nacional, do seu génio e da sua História, como foi a da maior parte do séc. XVII e da primeira metade do séc. XVIII ridicularizada por Verney, veio a corresponder uma cultura filosófica cada vez mais distanciada da Europa, no seu acordar para a Filosofia moderna, estratificada e imóvel."

[825] *Dedução Chronologica, e Analytica*. I, § 831, págs. 496 e ss. O elogio que se faz a Verney e ao seu trabalho é digno de ser notado. Designado como "o illuminado Zeloso, que despertou a Mocidade Portuguesa do letargo, em que estava, pelo proprio, e adequado meio do judicioso Livro, que no anno de 1746 deo á luz, (...) com o titulo de = *Verdadeiro Methodo de estudar, para ser util á Republca, e á Igreja, proporcionado ao estylo, e necessidade de Portugal* =". Em nota a *Dedução Chronologica* gasta um considerável espaço a tecer elogios ao Autor e meios que defende no seu trabalho para a modernização da cultura nacional, alegrando-se com o golpe de asa que Verney deu ao aludir aos meios que tão criticáveis são dos jesuítas, como detentores do ensino em Portugal. "Tanto que assustados á vista do grande fruto, que elle fazia, illuminando a Nação: E pela outra parte vendo, que por consequencia do referido, virião a perder o credito, e reputação da literatura, que com tantas maquinações se tinhão appropriado: Puzerão em campo os seus costumados Estratagemas, para vencerem esta grande batalha (...)." Isto justificava-se naturalmente, pelo simples facto de ser conhecido o ódio que havia entre Verney e os jesuítas, extensão da inimizada entre a Companhia de a Congregação do Oratório, sendo que tal como Pombal entendia que todos os padecimentos de que sofria Portugal no plano da cultura a eles se deviam. Veja-se Luís Cabral de Moncada, "Um 'iluminista' português do séc. XVIII: Luís António Verney", *Estudos de História do Direito*, III, págs. 27 e ss.: "A sua animadversão pela *Companhia de Jesus* era já um facto conhecido. (...). Essa hostilidade obedecia a um verdadeiro ódio ideológico, semelhante na origem e em muitos dos seus aspectos ao dos Jansenistas e Enciclopedistas. (...) Nesse ódio Verney nada fica a dever ao próprio Pombal, nem as suas cartas ao espírito da *Dedução Chronologica*." Já antes, na pág. 23 havia sedimentado a ideia, uma vez que "Aquilo que mais afligia Verney, ao contemplar o quadro das coisas portuguesas nos meados do século, era (...) o profundo abismo que separava dos restantes países da Europa, no estado de adiantamento das Ciências e das artes e no tocante aos progressos da luzes da Razão em todos os domínios da vida social." Também se junta a este rol Rui Manuel de Figueiredo Marcos, *A Legislação Pombalina*, págs. 38 e ss.: "Perante esta situação de deslustre para Portugal, compreende-se a angústia de Luís António Verney que instava, junto do Poder, importantes medidas, com um duplo objectivo: conseguir, em matéria de concessão de licenças para os livros poderem correr, uma maior simplificação e celeridade processuais e, ainda, reivindicação deveras avisada, transformar a censura em antecâmara de ressonância do espírito iluminista. (...) neste ponto como em muitos outros, as leis pombalinas não amordaçaram as sugestões do estrangeirado; bem ao invés, aplaudiram as suas propostas e até as ultrapassaram em arrojo, erigindo, a um tempo, uma estrutura censória convictamente ilustrada e totalmente secularizada."

O seu *Verdadeiro Método de Estudar*[826] é peremptório. A Escolástica, naturalmente associada à repressão da censura inquisitorial e às manobras da Companhia de Jesus[827], a que se aditava o predomínio político de Roma nas questões temporais.

E, todos estes males, relacionados com decadência da cultura[828], eram originados por um único facto: "a tendência a converter em mística, e mística religiosa, o sistema dos meios engendrados pela Razão para os combater"[829].

Muito mais radical que Bento Feijóo, em Espanha, [830] o qual ainda fazia concessões à Escolástica, não há peça do labor científico ou humanístico que seja poupada.

Tudo isto era um pouco demais, para a nacional-consciência da época[831]. Segundo José Sebastião da Silva Dias, foi verdadeiramente "uma bomba", embora tenha, acima de tudo funcionado como "um despertador"[832]. Produziu um tal choque que congra-

---

[826] Para esclarecimentos acerca das várias Edições da Obra, veja-se António Alberto de Andrade, *Vernei e a Cultura do seu Tempo*, págs. 460 e ss.

[827] Jacques Marcadé, "Le Jansénisme au Portugal", separata da *Revista Portuguesa de História*, tomo XVIII, Coimbra, 1980, pág. 5: "les ouvrages d'auteurs de Port Royal n'étaient pas inconnus au Portugal, mais, notons-le, il s'agit d'ouvrages d'éducation. Dans ce domaine, la réputation des Petites écoles de Port Royal était solidement établie et les qualités pédagogiques (...). Les réformateurs portugais, Manuel de Azevedo Fortes, Luís Vernei ou António Pereira de Figueiredo ne les ignoraient pas. Qu'il nous soit permis d'ajouter à cette liste D. Manuel do Cenáculo qui, après avoir réformé les études dans sa propre Congrégation, était devenu un véritable 'ministre de l'éducation', dans le cadre de la réforme des *Estudos Menores*. (...) On ne saurait (...) faire des réformateurs des études portugaises des suppôts du jansénisme, alors qu'ils ont simplement choisi les ouvrages leur paraissant meilleurs."

[828] Luís António Verney, *O Verdadeiro Método de Estudar*, I, carta VIII, págs. 236 e ss., aponta a importância da criação de Academias Científicas e Experimentais na Europa, aspecto que cerca de cem anos volvidos se de modo definitivo em Portugal. Pontua-se, mais, o testemunho de Francisco da Gama Caeiro, "Para uma História do Iluminismo no Brasil. Notas acerca da presença de Verney na Cultura Brasileira", separata da *Revista da Faculdade de Educação de S. Paulo*, S. Paulo, 118, 1979, pág. 111: "A crítica de Verney – como *estrangeirado* que era – visava principalmente a cultura nacional, mas (e este aspecto tem sido algo descurado) valorizava também expoentes genuínos desta última, tais como a Língua, e pretendia a promoção da aprendizagem eficaz, tendo em vista a formação – em termos de necessidades sociais da pátria – da juventude lusitana. Esta nota de *eficácia social*, do empenhamento concreto no problema educativo nacional, ressalta, aliás, de toda a Obra, que é dirigida em ordem à *utilidade* dos estudos, quanto à república e à Igreja, e está alicerçada numa crítica à orientação escolástica do ensino, julgada inadequada para tal efeito".

[829] Luís Cabral de Moncada, "Um 'iluminista' português do séc. XVIII: Luís António Verney", *Estudos de História do Direito*, III, pág. 24.

[830] Luís António Verney, *O Verdadeiro Método de Estudar*, II, carta IX, págs. 17 e ss; António Alberto de Andrade, *Vernei e a Cultura do seu Tempo*, "Apêndice Documental", pág. 584. Verney, apesar de respeitar e admirar Feijóo não descartava criticá-lo sempre que isso lhe parece curial.

[831] Hernâni Cidade, *Ensaio sobre a Crise Mental do século XVIII*, pág. 19: "Claro que, na estagnação em que nos encontrávamos, o livro do Barbadinho eclodiu como uma explosão revolucionária – inaudita, imprevista, alarmante. Os Jesuítas viram atacados os processos de ensino dos seus colégios e Universidade, os lentes profanada a majestade intangível das suas cátedras, os poetas e pregadores o encanto da agudeza dos seus trocadilhos – e todos clamaram numa larga refrega, interminável, às vezes truculenta, a que naturalmente não faltou o insulto e onde só um dos contendores se apresenta de rosto descoberto – Francisco de Pina e de Melo..."

[832] José Sebastião da Silva Dias, "Portugal e a Cultura Europeia (Sécs. XV a XVIII)", pág. 406. Adiante a pág. 457, reforça esta ideia: "A novidade do *Verdadeiro Método de Estudar* consistiu, portanto, em mostrar aos portugueses o contraste entre o barroco e o Iluminismo, e em salientar a mais-valia do segundo em relação ao primeiro." Também Mário Júlio de Almeida e Costa, *História do Direito*

çou publicamente questões que eram remetidas, no máximo, para as interrogações pessoais de alguns espíritos portugueses mais inconformados[833]. Resulta claro que Verney, sendo estrangeirado e profundo conhecedor da cultura além-Pirinéus não poderia pactuar com a tese inaciana[834].

O trabalho a que o Autor se propõe encontra paralelo com aquele a que o seu amigo Genovese se tinha abalançado em Itália, mas sem que o reconhecimento a este tributado fosse comum ao português; e isso muito lhe ferrava a sua vaidade que, consabidamente, tinha[835]. Manifestava-se, talvez ainda mais, como seguidor de Muratori[836], sobre quem há a secreta suspeita de ter sido o grande renovador, indirecto, do Iluminismo português, por força da passagem directa das suas ideias para Verney e, deste, para Pombal.

Mais, se se admite que Muratori mais não fez que adaptar o Iluminismo alemão ao católico, então também por essa via indirecta, Pufendorf ou Wolff poderiam ter chegado a Portugal, se não se desse o caso das suas Obras poderem ser comercializadas em Portugal, com os devidos cuidados, depois da instituição da *Real Mesa Censória*[837].

Português, pág. 46: "Todo o livro, redigido por um homem que teve longa residência no estrangeiro e dotado de hum forte senso crítico, constituiu pesado requisitório que atingia muitos aspectos da mentalidade portuguesa da época e dos diversos ramos do ensino em Portugal."
[833] Hernâni Cidade, *Ensaio sobre a Crise Mental do século XVIII*, págs. 19 e 20: "Tudo negam ao Barbadinho: a sciência, a nobreza do nascimento e – o que é mais perigoso – a sua qualidade de católico. Pois se ele faz o elogio de Scíppio e de Jansénio, bem que como pedagogos; se gaba o Governo de uma cidade protestante como Amsterdão; se prefere, como jurista, Grócio a Bártolo; se exalta a cultura scientifica da Holanda e da Inglaterra, *sem valer nada Roma, onde o Espírito Santo nos ensina de cadeira*; se prefere as Edições patrísticas impressas em países de hereges; se tem a audácia de não considerar irresistível a argumentação apologética do cardeal Belarmino, é evidente que só uma coisa há a fazer – diz o Autor do *Retracto de Mortecor* –: *"Busque-se com cuidado este escritor e pratique-se com ele o que mandam as leis e observam os tribunais mais rectos. Sotades foi metido em um caixão de chumbo e sepultado no mar por ofender a Ptolomeu."*
[834] Luís António Verney, *O Verdadeiro Método de Estudar*, I, carta VIII, pág. 230: "Eles confundem, todos os Autores modernos; e sem mais exame os-acuzam, dos mesmos erros: e com estranha dialetica os-condenam, de ignorância. Como se um omem doutissimo, nam pudesse uma vez dizer um desproposito!"
[835] Luís Cabral de Moncada, "Um 'iluminista' português do séc. XVIII: Luís António Verney", *Estudos de História de Direito*, III, págs. 33 e ss. e notas para apresentação biográfica de Genovese.
[836] Luís António Verney, *O Verdadeiro Método de Estudar*, I, carta XI, pág. 69: "O Muratori escreveu uma Etica em Italiano: mas tambem é difuso, e em varias partes muito agrada a muitos, pois declina muito para o sermam." Veja-se António Pedro Barbas Homem, *A Lei da Liberdade. Introdução Histórica ao Pensamento Jurídico*, I, pág. 175: "Nas cartas que constituem *O Verdadeiro Método de Estudar*, encontramos um verdadeiro émulo de Muratori."
[837] Permitem-se e "suportam-se" as Obras de alguns protestantes como Grócio, Pufendorf, Thomasius, Wolff ou Vattel, mesmo que se reconheça que nos seus escritos existem alusões pouco felizes a temas hereges. Simplesmente se eles são tolerados noutros Estados católicos, como acontece em França, não há motivos para que os seus salutares ensinamentos não sejam seguidos em Portugal. Primeiro porque as alusões feitas em prol das "seitas que professam" são mínimas; depois porque apenas um reduzido número de leitores a eles poderá ter acesso e compreender os seus objectivos. Isto que consta do próprio texto legal do *Regimento da Real Meza Censória* justifica por si só a importância que o regalismo do Pensamento pombalino teve para Portugal. Veja-se José Antunes, "Notas Sobre o Sentido Ideológico da Reforma Pombalina", *O Marquês de Pombal e o seu tempo*, II, págs. 157 e ss., no plano da actividade da Imprensa da Universidade na publicação dos trabalhos destes hereges.

Com tudo o que o seu espírito crítico e o apego à Liberdade de pensamento[838] ecléctica[839] lhe custaram – até o qualificativo de jansenista[840] –, hoje será possível dizer que valeu a pena[841].

Um dos seus trechos mais corrosivos consta da Carta VIII, dedicada à *Filosofia*[842], questão cujo estudo sedimentado em bases correctas era inexistente em Portugal.[843] Aí se escreve que "se estes censores tivessem lido, a Historia das ciencias, e do restabelecimento dellas, desde o Concilio de Trento a esta parte, formariam diverso conceito destas coizas: e nam vomitariam tantos improperios, contra os modernos Filozofos: (...). Dizem mil falsidades, que nunca sucedèram: fingem definisoens, que nunca se-sonharam: confundem a doutrina revelada, com as opinioens da escola: e querem que o SS. PP. Aprovem profeticamente, a escolastica; que se-inventou alguns seculos, despois deste reino: A qual provèm, da-grande ignorancia em que se-vive da-Istoria antiga, e moderna, e dos-estilos dos-outros paises (...)".

Certamente que as suas preferências não iam para Locke em muitos domínios, mas é óbvio que o seu Pensamento dele sofreu grandes influências[844], assim como de

---

[838] Luís António Verney, *O Verdadeiro Método de Estudar*, I, carta VIII, pág. 229: "Preguntava eu em certa ocaziam a um mestre, que me-parecia bom omem; e cujo defeito cuido era, nam malicia, mas ignorancia. Tem V. P. lido nos-originais, a doutrina de Descartes, Galilei, Gazendo, Newton? Tem examinado fundamentalmente, os que explicaram melhor, a doutrina do-primeiro; como o P. Malebranche, o Baile, o Regis, o Le Grand: ou os que expuzeram a de Gazendo, como o Saguens, Maignan &c? *Nam senhor.* Observou, continuei, polo menos as obesoens, que o P. Genari Dominicano propoz ao Saguens, e Monsieur Arnaldo ao P. Malebranche em outro sentido; com as respostas destes ultimo? *diz, Nem menos.* Muito bem: pois diga-se, intende V. P. na sua consciencia, que pode ser juiz nesta materia, sem ter examinado, as razoens de ambas as partes: e muito mais formar uma censura tam rigoroza, como é condenar a religiam, dos-que seguem esta Filozofia? respondeo o omem: *Na verdade eu nam sou informado, da-materia: mas tenho ouvido dizer muito mal dela, a outros mestres,* de quem eu formo conceito (...) *Poderá V. P. mostrar-me, que o dogma se-destrue, com esta nova doutrina?*" O desenvolvimento da questão encontra-se a partir da página 235.
[839] Idem, *ibidem*, carta VIII, pág. 251: "Digo, pois, que o metodo de filozofar nam se-deve seguir, porque o diz este, ou aquele Autor: mas porque a razam e experiencia mostram, que se deve abrasar."
[840] António Alberto de Andrade, *Vernei e a Cultura do seu Tempo*, págs. 200 e ss.
[841] Francisco Freire de Carvalho, *Primeiro Ensaio sobre a Historia Litteraria de Portugal, desde a sua mais remota origem até o presente tempo*, Lisboa, 1845, pág. 185: "Entre os benemeritos Portuguezes, que no reinado do Senhor D. João V deixaram a sua Patria, para irem para terras estranhas beber as puras idêas, que ainda não se ensinavam em Portugal pelas razões tantas vezes avançadas, não podemos deixar de fazer distincta e muito honrosa memoria dos dous, *Luis Antonio Verney*, e *Jacob de Castro Sarmento*, ambos elles grandemente benemeritos da Patria pelos Escriptos luminosos, com que aquelle na Italia, e este de Inglaterra trabalhavam por desterrar do seu paiz as trevas da ignorancia, armando guerra declarada contra os despotas anti-philosophicos, que o tiranizavam."
[842] Luís António Verney, *O Verdadeiro Método de Estudar*, I, carta VIII, pág. 231. Em tese geral, as cartas VIII-XI dedicam-se todas à abordagem filosófica.
[843] Idem, *ibidem*, I, carta VIII, pág. 227: "(...) o que sei (...) é, que nestes paizes [da Contra-Reforma] nam se-sabe, de que cor seja isto, a que chamam boa Filozofia. Este vocabulo, ou por-ele intendamos Ciência, ou com rigor gramatico, *amor da-Ciência*; é vocabulo bem Grego neste paizes."
[844] Idem, *ibidem*, I, carta VIII, pág. 254: "Os que defendem ideias inatas, que mostrem alguma, e que nam entre polos sentidos; ou nam se-deduza das-ideias, que intráram por eles (...). Sam pois os sentidos, as principais portas, polas quais entram as ideias na alma." José Sebastião da Silva Dias, "Portugal e a Cultura Europeia (Sécs. XV a XVIII)", pág. 396: "Verney não se limitou a assimilar-lhe as traves mestras do Pensamento ou a pedir-lhe um esquema didáctico. Pediu-lhe quase tudo de novo (...). Umas vezes resume-o, mas noutras tradú-lo quase á letra, embora sem o citar." Também Ana Cristina Araújo, "Dirigismo cultural e formação de elites no pombalismo",

outros escritores, curiosamente quase todos hereges⁸⁴⁵. Neste plano a concepção de metafísica que perfilha⁸⁴⁶, rompe com os conceitos tradicionais da Escolástica, uma vez que a encara residualmente e como a simples forma de conhecer "as primeiras verdades".

Em simultâneo, para Verney um dos grandes crimes que se vêm desenhando, em Portugal, é o "trabalho" da Inquisição⁸⁴⁷. Para ele, que defende a tolerância, o grande problema é, sem dúvida, o Santo Ofício⁸⁴⁸.

Considerando que a Inquisição é um obstáculo ao bom gosto das Ciências e ao progresso, critica-a de modo vigoroso nas suas *Cartas*⁸⁴⁹. Se fosse caso de manter o

---

O Marquês de Pombal e a Universidade, pág. 24: "(...) Verney (...) aproxima-se de John Locke. (...) A Conquista das virtudes morais, sendo acessível a todos os homens, independentemente da sua condição social, era todavia pensada em função de uma sociedade livre. Por este motivo, a leitura de Locke, sem deixar de inspirar a reflexão de Verney – 'há muita gente a quem não agrada por certas razões' – era preterida em favor da doutrina jusnaturalista de Grotius e Pufendorf que conformava, em termos menos polémicos, o fundamento da acção justa ao estatuto do indivíduo submetido à soberania do principe."

⁸⁴⁵ Idem, *ibidem*, II, carta XI, pág. 70: "Thomaz Hobbes Inglez (...) foi um grande Filosofo, e Geometria: e tambem em materia de *prudencia Civil* escreveo muito bem, nos-seus trez livros intitulados: *Elementa Philosophica de Cive*, aonde trata do-Direito Natural e das Gentes. Mas entre eles introduzio mil ipotezes falsas, e temerarias, e um verdadeiro Epicureo, Locke outro Inglez famozo, tratou tambem do-Direito Natural &c. com a sua costumada penetrasam, e profundidade: mas á muita gente a quem nam agrada por-certas razoens: polo menos, nam fez um corpo inteiro de doutrina. Cuido que pelos mesmos principios nam agrada o Barbeirac. O certo é que *estes Autores têm muita coiza boa, e tambem muita má, onde nam servem, senam para omens feitos, e bem fundados nos principios da-religiam Catolica: que os podem ler sem perigo, e deles tirar o que é util*." Luís António Verney, carta XVII, *apud* António Alberto de Andrade, *Vernei e a Cultura do seu Tempo*, "Apêndice Documental", pág. 577.

⁸⁴⁶ Idem, *ibidem* II, carta IX, págs. 1 e ss. Francisco da Gama Caeiro, "Para uma História do Iluminismo no Brasil. Notas acerca da presença de Verney na Cultura Brasileira", pág. 111: "São assim seus mentores, quase nunca declarados, mas já hoje identificados, os filósofos propensores a uma desvalorização da Metafísica (como o inglês Locke, cujo *Ensaio sobre o Entendimento Humano* chega a seguir, servilmente), os cientistas do Experimentalismo (donde Bacon e, sobretudo, Newton e Boerhave) e, no campo pedagógico, o mesmo Locke, através dos seus *Pensamentos sobre a Educação*, além de outras figuras a este interligadas, como os franceses Rollin, Fenélon e Lamy."

⁸⁴⁷ Rui Manuel de Figueiredo Marcos, *A Legislação Pombalina*, pág. 13: "(...) não fomos homens de Ideias, de Pensamento, pela simples razão de que pensar, na Península, fora dos moldes rigorosamente delineados, configurava um crime. (...) o arrojo dos livros que ousassem desafiar a meticulosa ortodoxia, tutelada pela férula censória, pagava-se com a queima em público cadafalso."

⁸⁴⁸ Gonçalves Crespo, *Obras Completas*, "Prefácio" de Afrânio Peixoto, Rio de Janeiro, s. d., pág. 229, num poema dedicado a seu tio Luiz de Almeida e Albuquerque, retrata bem a situação:
 "É fanático e audaz; com mão de bronze oprime
 O Sólio, a Igreja e o Lar, e os corações dos crentes;
 Flagela a sombra e o amor, condena a luz, e o crime!
 (--)
 na Espanha, no Peru, em Nápoles, na França, paira
 como o sinistro espírito do mal, O negro inquisidor,
 feroz como a Vingança."

⁸⁴⁹ Estas *Cartas* estão hoje felizmente publicadas por Luís Cabral de Moncada, "Um 'iluminista' português do séc. XVIII: Luís António Verney", *Estudos de História do Direito*, III, pág. 323 e ss., no que se refere às endereçadas a Almada, ministro de Pombal. O passo em discussão é de carta datada de 25 de Dezembro de 1675. O Autor desenvolve a forma de dar alguma utilidade ao citado Tribunal, humanizando-o no possível, muito embora mantenha que ele é perfeitamente desnecessário.

Tribunal, então *"no perchè io lo creda necessario, o utile, che anzo lo tengo per la cosa più inutile, pregiudiziale*: bastando i Vescovi costituti da 'Xpō perpetui Inquisitori dela Chiesa (com tanto che si facciano, come comanda Xpō, Vescovi capaci: e nos per nascita, o amicizia solam. te).' Ma perche supposti I pregiudizj della Nazione, ci vuol quello spauracchio. Per altro bisogna dargli una tale providenza, che il sudd°. *Tribunale al meno non possa fer mal ai populi.*" E, um pouco mais à frente, "Xpō poi, ch'era tutto dolcezza, e bontà, non comandò mai che si tormentasse niuno. Consigliò bem si da se, e per mezzo degli Apostoli, l'ammonizione, la separazione, e cosi simili: mai rigori, nè tormente, né morte per delitti di Religione"[850].

Esta ideia é complemento da sua antecedente posição: "Xpō non há comandato mai che siuccidesse niuno per delitti di Religione: nè per molti secoli i Concilij, o Papi, comandorono tal cosa. Questo è un invento del fanatismo de 'secoli barbari. È una imitazione di Maometo: che poi adoperano i Portoghesi, e Spagnuoli nelle 4 Parti del mondo, ammazzando crudele, e ingiustam. te milioni di uomini, col pretesto di volver farli Xpani, ma in verità per rapirgli i tesori, e regni. 'Queste non son cose, che se debbano permettere in un secolo illuminato"[851].

Não se poderia, ser mais directo, sobretudo ponderando que Verney não escrevia apenas em função das perseguições aos cristãos-novos[852], mas inseria a sua ideia num plano mais geral de repreminda pelo obscurantismo que a Inquisição promovia[853].

A primeira conclusão a retirar do que escreve, pauta-se pelo repúdio aos métodos de ensino e à censura obrigatória imposta a leituras de quase todos e os estudantes em particular só poderiam beneficiar, de que a responsabilidade maior era da Inquisição[854]. Se não existe abertura à Liberdade de consciência – o que não faria sentido no contexto do Iluminismo católico onde o Autor se insere – existe e promove-se a leitura de bons trabalhos no plano do Pensamento reflexivo e, no domínio mais, vasto do "conhecimento", do qual não são excluídas as leituras dos hereges[855].

Não é possível resistir a um dos contributos mais interessantes de Verney no plano da difusão do ensino e da cultura em Portugal. Se nada tem que ver com os pontos acima mencionados, seja perdoado o parêntesis que nos toca particularmente.

Na carta XVI[856], o Autor abre um espaço em particular para o "Estudo das Molheres", o qual parecerá "paradoxo, a estes Catoens Portuguezes (...), contudo se examinarem bem o cazo, conhecerám, que nam é nenhuma parvoice ou coiza nova; mas bem

---

[850] Idem, *ibidem*, págs. 341 e 342.
[851] Idem, *ibidem*, pág. 339.
[852] Manuel Mendes, no "Prefácio" ao *Testamento Político de D. Luís da Cunha*, Lisboa, Seara Nova, 1943, com base na Edição de 1820, sob título *Testamento Politico ou carta Escrita pelo grande D. Luiz da Cunha ao Senhor Rei D. José, antes do seu Governo*, pág. 7: "A própria Roma jesuítica do séc. XVIII, dir-se-ia uma terra livre, com as suas sinagogas e os seus judeus."
[853] Luís Cabral de Moncada, "Um 'iluminista' português do séc. XVIII: Luís António Verney", *Estudos de História do Direito*, III, págs. 70 e 71.
[854] António Ferrão, "A Censura Literária Durante o Governo Pombalino", separata do *Boletim de Segunda Classe*, XVII, Coimbra, Imprensa da Universidade, 1926, pág. 9 e ss., apresenta uma abordagem rápida mas esclarecedora da situação vivida em período anterior. Muito do combate a que Verney se dedicou encontra aí as suas motivações mais fundas.
[855] Luís António Verney, *O Verdadeiro Método de Estudar*, II, carta XIV, pág. 160: "Se tudo o que dizem os Erejes, fose contrario aos nossos dogmas, seriam Idolatras, ou Ateus, e nam Erejes, quero dizer, Cristaons. Nam é o metodo, o que se-condena nos Erejes: é a má interpretasam."
[856] Idem, *ibidem*, II, carta XVI, págs. 236 e ss.

uzual, e racionavel", pois pelo que toca às capacidades, "é loucura persuadir-se que as Molheres tenham menos que os Omens."

Elas são as mães de família e as primeiras mestras de seus filhos. Na verdade, "nam acho texto algum da-lei, ou sagrada ou Profana; que obrigue as Molheres a serem tolas, e nam saberem falar", todas elas podem encontrar frutos na leitura de bons livros e com isso contribuir para uma maior harmonia familiar.

Alguns anos depois, Matias Aires inicia a publicação das suas ideias[857], pese embora não tenha levado quantitativamente muito longe o seu esforço[858]. "O mais taciturno dos nossos escritores Setecentistas"[859] era, "mesmo de um ponto de vista estritamente doutrinal (...) [algo] de paradoxal"[860].

A ascendência de Matias Aires era honrada e nada tinha que ofuscasse vista. Tido como um dos mais opulentos membros do Terceiro Estado, a quem o dinheiro não faltava por herança de família, tinha a ambição maior da vida em ascender à nobreza. Para isso, tal como seu pai, nunca se poupou a esforços, mas não foi bem sucedido, questão da qual derivaria, segundo os biógrafos, boa parte do seu conhecido mau humor e pessimismo execrando[861].

Um paradoxo mostra-se, desde logo, no plano da transmissão da cultura e da reflexão humana.

Matias Aires é um homem do Iluminismo mas parece por vezes esquecê-lo[862]. Para ele, urge criticar a vaidade das Letras e da sabedoria em geral (!?), colocando-se lado a lado com aquela facção que mantinha uma aberta cruzada contra a renovação dos métodos e do ensino em Portugal, contrária a todos os níveis à introdução do Pensamento Moderno.

Por isso mesmo, a dado momento o intérprete é confrontado com afirmações do género: "A vaidade de adquirir nome é inseparável de todos os que seguem a ocupação das letras; e quanto maior é a vaidade de cada um, tanto é maior a sua aplicação:

---

[857] Esta publicação ocorre precisamente em sintonia com as discussões acesas que a Obra de Verney tinha suscitado e onde não havia académico ou pretendente a tal que não quisesse manifestar a sua opinião. Era a época da grande polémica e os contendores extremavam posições; de um lado os jesuítas, cientes que estaria para breve a sua queda, agarravam-se como podiam à tradição e chamavam de sediciosos e hereges todos os cultores da Nova Moda; do outro, os simpatizantes da Europa culta e de Verney, que lhe escancarara as portas, que vociferavam contra a cupidez daqueles e os responsabilizavam por tudo o que de mau havia em Portugal. Pano de fundo ideal para um trabalho como o de Matias Aires, sem dúvida, se ele tivesse querido preocupar-se apenas com isso.
[858] Para um desenvolvimento acerca das suas motivações pessoais, filosóficas e ideológicas, António Pedro Mesquita, *Homem, Sociedade e Comunidade Política. O Pensamento filosófico de Matias Aires (1705-1763)*, Lisboa, INCM, 1998, indispensável para focalizar melhor o percurso do Autor, assim como o "Prefácio" já apontado, de Jacinto Prado Coelho e Violeta Crespo Figueiredo, às *Reflexões*.
[859] Jacinto Prado Coelho e Violeta Crespo Figueiredo, "Prefácio" às *Reflexões*, pág. III.
[860] António Pedro Mesquita, *Homem, Sociedade e Comunidade Política*, pág. 24.
[861] Idem, *ibidem*, pág. 25, considera que um dos maiores paradoxos da vida de Matias Aires foi tanto querer ascender à aristocracia quanto defendia a Igualdade entre os homens, em termos a indagar adiante.
[862] José Hermano Saraiva, "O Reformismo no século XVIII", *História de Portugal*, II, pág. 79, aponta precisamente para esta nossa ideia. Assim, "Muitos textos de Autores estrangeirados reflectem este pessimismo fundamental, mas nenhum é mais expressivo do que um livro que durante muitos anos passou despercebido, apesar de se dever contar entre as mais penetrantes análises que alguma vez se fizeram sobre a estrutura Moral do século XVIII português: as *Reflexões sobre a Vaidade dos Homens*, publicadas por Matias Aires em 1752."

não estudam para saberem, mas para que se saiba que eles sabem; buscam a Ciência para a mostrarem; o seu objecto principal é a ostentação, e assim não é a Ciência que buscam mas a reputação (...)"[863].

E será isto estranho? Nem tanto[864]; como se comprovará em sequência. "A Ciência humana comummente se reveste de um ar intratável; imagem tosca, desagradável, e impolida. A especulação traz consigo um semblante distraído, e desprezador; quanto melhor é uma ignorância civil (...)"[865], sendo para isto motivo o homem, pois que ele "é como um vaso inficionado: as cousas trabalham para se acomodarem ao lugar donde estão, e por tomarem dela as propriedades, só com a diferença de que as cousas boas fazem-se más, porém estas não se fazem boas. (...) A Ciência acha no homem propensão para a vingança, para a ira, para a ambição, e para a vaidade; nenhuma destas inclinações lhe tira, antes as conforta; porque a Ciência não vem fazer um homem novo; assim como o acha, assim mesmo o deixa (...)"[866].

Cepticismo europeu, que apenas pelo retorno à natureza se poderá colmatar? Imagem de um Rousseau que será adiante retratada?

Segundo se informa no "Prefácio" das *Reflexões*[867], outro dos seus trabalhos, a *Carta sobre a Fortuna*, aquando da censura prévia, foi expurgada de um passo onde se dizia que "Já do berço trazemos connosco a nossa sorte, e parece que em nós mesmos trazemos as raízes do nosso mal, e do nosso bem, e se somos felizes, ou infelizes, por destino, que culpa tem a fortuna dos nossos males? Não sei se há predestinação nos humanos acontecimentos, e se há somos desgraçados necessariamente ou venturosos por um igual princípio; e assim a fortuna não tem parte nem nas nossas desventuras, nem nas nossas felicidades (...)."

Não é crível que Matias Aires desconhecesse o que aconteceria a um escrito, para publicação em Portugal, onde a ideia de predestinação fosse incluída. Também não se vislumbram motivos para duvidar das suas palavras antecedentes na caracterização do Ser humano nem, tão, pouco, que desconhecesse Hobbes, viajado como era.

Menos ainda se duvida da sua inteligência em tornear os ilustres qualificadores a quem as Obras eram submetidas para censura; muitas vezes era preciso eclipsar tanto o discurso que os estonteasse. Ao menos na dúvida, publicar a maior parte do texto. E Matias Aires não utiliza o discurso habitual, tão conhecido e prolixo da Escolástica...

Não vamos escrevê-lo; julgamos que a nossa ideia em gérmen, ainda que não suficientemente amadurecida pode, eventualmente, ser passível de equação.

---

[863] Matias Aires, *Reflexões sobre a Vontade dos Homens*, pág. 114. Continua o seu discurso nas páginas seguintes, desatacando-se mais alguns passos, nomeadamente a págs. 118-129: "A ignorância tem produzido menos erros que a Ciência; esta o que tem de mais, é que sabe introduzir, espalhar, e autorizar; e segundo a nossa vaidade o errar importa pouco; o ponto é sustentar o erro; e nesta forma o que a Ciência nos traz, é sabermos errar com método"; (...), "são raros os que nas letras buscam a Ciência; o que buscam é a utilidade, e aplauso; este é objecto da vaidade, aquele da ambição", (...)." Não são as Ciências as que costumam pacificar o mundo; desordená-lo sim. O exercício, ou a vaidade das letras, toda se compõe de discussões, objecções e dúvidas; a disputa, em si, é cousa mais principal do que a matéria em questão (...). A sabedoria humana é como a cortina do teatro."
[864] José Hermano Saraiva, "O Reformismo no século XVIII", *História de Portugal*, Publicações Alfa, II, pág. 79: "Matias Aires serve (...) de protótipo ao homem chegado às camadas cimeiras da sociedade, portador de uma cultura brilhante, mas ao qual as classes já instaladas negam um lugar no mundo do privilégio."
[865] Idem, *ibidem*, pág. 116.
[866] Idem, *ibidem*, pág. 116.
[867] Jacinto Prado Coelho e Violeta Crespo Figueiredo, "Prefácio" às *Reflexões*, pág. XX.

Se puder ser evidência o que se congemina, mesmo que o Autor tivesse pouca consciência daquilo a que poderiam conduzir as suas lucubrações, será que aqui se evidencia apenas uma figura medianamente ortodoxa em Portugal, em 1752, com um escrito que passou pelo crivo do Santo Ofício?

Ou será que é apenas, e definitivamente, um descontente, um pessimista, um criador de um Pensamento autónomo insusceptível de enquadrar em qualquer anterior ideia nacional? E, se for esta a via, andará para as bandas da jacobeia[868], tão em voga no período em que escreveu e se remeteu a voluntária clausura?

Finalmente e à semelhança do estabelecido com Verney, também aqui há motivos para abrir um parêntesis relacionado com as mulheres e a sua Liberdade. Trata-se da questão do ingresso das mulheres nos conventos não por decisão própria mas por força de coacção que, as mais das vezes e por puro interesse material, as famílias das mesmas sobre elas exercem.

Assim, "nas mulheres a injustiça dos homens lhes tira a Liberdade assim que nascem, e pouco depois lhes tira a formosura o tempo, e de tal sorte, que nem restos lhes ficam do que foram, para se consolarem do que são (...)". Por isso "ama-se por vaidade, e também por vaidade não se ama. Diga-o aquela formosura a quem um voto poderoso fez perder a Liberdade", pois que não foi certamente "inspiração celeste a que a fez buscar a solidão do Claustro"[869].

Indo ao âmago do problema, afirma, algumas páginas a seguir, que "nascendo todos livres, é a Liberdade contra quem os homens têm conspirado mais. As Clausuras que foram santamente instituídas, e praticadas prudentemente, depois não sem se vierem a degenerar em um modo de tirar-se a Liberdade aos homens, e às mulheres, e nestas veio a cair o rigor do excesso (...)"[870].

Assim se apresentam interrogações no plano da Igualdade e da Liberdade, com um certo sabor a Rousseau e as suas proclamações sobre a Liberdade e Igualdade iniciais que não são puramente metafísicas, ultrapassando em muito o habitual na ortodoxia nacional e apontando para constantes de renovação no quadro de Pensamento ecléctico nacional de Setecentos.

O grande problema era que Matias Aires representava, na sua escala particular, o drama com que se confrontava a sociedade portuguesa, em que sangue e brasão ainda contavam mais que lealdade e empenho, mesmo quando suporte destes últimos era uma aconchegada situação económica e um brilhantismo intelectual digno de nota.

Já quanto à incontornável figura de António Nunes Ribeiro Sanches, num quadro de ponderação anterior à reforma josefina, para que tanto contribuiu, dir-se-á que era homem extremamente culto[871]. Intentou pôr a sua cultura ao serviço do seu

---

[868] Henrique Schaefer, *Historia de Portugal, desde a Fundação da Monarchia até á Revolução de 1820, Continuada, sob o Mesmo Plano, até aos Nossos Dias por J. Pereira de Sampaio (Bruno)*, Porto, V, 1899, pág. 79 e ss; Teófilo Braga, *História da Universidade de Coimbra*, III, pág. 303 e ss; Fortunato de Almeida, *História de Portugal*, IV, págs. 403 e ss.; Luís Cabral de Moncada, "Mística e Racionalismo em Portugal no século XVIII. Uma página de História religiosa e política", separata do *Boletim da Faculdade de Direito*, XXVIII, Coimbra, 1952.

[869] Matias Aires, *Reflexões sobre a Vontade dos Homens* pág. 97.

[870] Idem, *ibidem*, pág. 102.

[871] Camilo Castelo Branco, *Perfil do Marquês de Pombal*, 7ª Edição, Porto, Porto-Editora, 1981, pág. 94, com o seu conhecido sarcasmo contra o Marquês considera que Ribeiro Sanches foi "o mais profícuo colaborador das reformas pombalistas." Além do mais, não descarta a afirmação, que se

país[872], pese embora as incompreensões de que foi alvo com a sua família por parte da Inquisição[873], uma vez que embora cristão-novo[874], a sua atitude mental nunca foi repreensível[875].

Se há motivos para estas atitudes persecutórias por parte da Inquisição[876], elas devem procurar-se mais em certas frases e atitudes que não se exime em manifestar nos seus trabalhos[877], e que parecem conduzir a resultados mais palpáveis.

Homem notável, do melhor da sua geração e cuja longa vida atravessou três reinados portugueses, os largos anos que esteve fora do país[878], onde leccionou e exerceu funções públicas do mais alto nível, apenas descontam à sua terra natal a verborreia anquilosante de que à época fazia gáudio[879]. Considerado pelos seus

---

aplica a Ribeiro Sanches como a outros portugueses que contribuíram para as reformas de Pombal, a pág. 92: "do ódio que cunhava ao fogo do seu lucíferino coração para todos os homens distintos que lhe obscureciam a mediocridade."

[872] Teófilo Braga, *História da Universidade de Coimbra*, III, págs. 372 e ss., para desenvolvimento da sua vida e Obra.

[873] E isto apesar de ter escrito um importante libelo contra os judeus, a *Origem da denominação de cristão velho e cristão-novo em Portugal*, onde por muito que se procuremos não é possível descortinar nada que pudesse perturbar os sensíveis ouvidos inquisitoriais. Preconizando a renovação cultural que na metrópole era quase vedada pelos jesuítas, não tenha tido com eles as melhores relações no exterior. Assim, Hernâni Cidade, *Lições de Cultura e Literatura Portuguesas*, I, pág. 318, relembra que "os jesuítas que andavam pelo ultramar, viviam a uma tão grande distância dos claustros onde se cultivava o verbalismo peripatético, que não admira neles florescessem, libertas, as qualidades naturais, e alguns observassem com inteligente curiosidade, como aqueles com quem o médico judeu Ribeiro Sanches, estando na Rússia, se correspondia, deles recebendo ervas e drogas."

[874] António Manuel Nunes Rosa Mendes, *Ribeiro Sanches e as Cartas Sobre a Educação da Mocidade*, Dissertação de Mestrado em História Cultural e Política, apresentada na Faculdade de Ciências Sociais e Humanas da Universidade Nova de Lisboa, Lisboa, 1991, págs. 52 e ss.

[875] E tanto mais é assim quanto os estudos que fizera em Coimbra e em Salamanca, à boa e tradicional maneira da Escolástica, não ministravam dúvidas quanto à sua cultura oficial. O grande problema foi a sede do saber não oficial, a que acrescendo a sua condição de cristão novo lhe causou o exílio da sua terra natal para a ela não mais voltar e da sua pátria de adopção, a Rússia, durante três lustres, para depois disso a ela lhe ser permitido regressar. Consulte-se Maximiano de Lemos, *Ribeiro Sanches: a sua Vida e a sua Obra*, Porto, 1911, documento nº 9, págs. 325-328.

[876] Maria Helena Carvalho dos Santos, "Ribeiro Sanches e a Questão dos Judeus", *O Marquês de Pombal e o seu tempo*, I, págs. 117 e ss.

[877] Idem, *ibidem*, pág. 121: "Não temos provas que nos façam concluír que Ribeiro Sanches fosse um 'católico sincero'. Admitimos, mesmo, que essas provas eram difíceis de conseguir e apenas nos arrastariam para uma polémica inconcludente."

[878] Idem, *ibidem*, pág. 119 anota a importância do *Journal* (de 11 de Novembro de 1768 a 12 de Dezembro de 1782), de Ribeiro Sanches, manuscrito depositado na Biblioteca Nacional de Paris, que não foi possível consultar, mas cujo interesse perpassa das palavras da citada historiadora. Assim, "o *Journal* (...) corresponde, na verdade, a uma *Agenda*, a um *Diário*, onde sucessivamente ficam registadas, pouco mais do que um apontamento, as suas preocupações de ordem vária e a sequência da sua vida quotidiana, repartida entre os doentes e as consultas e receituário, os livros, o contacto com amigos russos ou portugueses, as contas, o dinheiro, as despesas domésticas, as reflexões filosóficas ou o apontar de um ou outra anedota política ou de espírito crítico em relação à sociedade que o rodeava."

[879] Luís A. Oliveira Ramos, "Reflexões sobre as origens do Liberalismo em Portugal", *Sob o signo das "Luzes"*, Lisboa, INCM, 1979, pág. 137, não deixa de notar que Ribeiro Sanches foi um dos colaboradores da *L'Encyclopedie*. Victor de Sá, "Apresentação", *Dificuldades que tem um Reino Velho em Emendar-se*, pág. 11: "Mesmo depois das reformas empreendidas no sentido de aniquilar o antigo Poder da Inquisição, Ribeiro Sanches não se sentiu atraído a regressar à pátria. (...) já não seria

pares⁸⁸⁰, alguns dos quais o quiserem fazer regressar à pátria, ponto para ele sem retorno, foi uma centelha na negrura oficial coimbrã.

Note-se ainda o paralelo que é passível de se construir entre as ideias volterianas e as de Ribeiro Sanches no que respeita à matéria da tolerância⁸⁸¹ e onde a aproximação a outros escritores estrangeiros é nota de saliência⁸⁸².

porventura o perigo da prisão, das torturas e da confiscação de bens, quiçá o sacrifício da própria vida num d'aquelles alegrões dos Autos de Fé, segundo a sua própria expressão. Mas era de certeza o ambiente de tacanhez mental que persistia: era o medo, a tibieza de carácter, a ausência de espírito crítico, o reinado enfim de um mundo de superstições a povoar a imaginação de gentes ignorantes. Era esse o prejuízo mais fundo que perduraria ainda por muitos anos, antes que fosse possível criar-se em Portugal um ambiente de compreensão e de tolerância favorável ao desabrochamento do espírito humano, ao progresso das Ciências e à adopção de normas racionais de conduta social."

⁸⁸⁰ José Sebastião da Silva Dias, "Portugal e a Cultura Europeia (Sécs. XV a XVIII)", pág. 372; nota final P, págs. 475 e ss. Aponta-se resumidamente o itinerário seguido por este historiador para convocar o relacionamento tripartido entre Ribeiro Sanches, o cardeal da Mota e D. Luís da Cunha, cujo epistolário recíproco é prova evidente da relevância do nosso médico. É com base nesses documentos que construímos a presente nota. Patenteia-se, de igual modo, o deplorável estado da cultura nacional e da organização da academia de Coimbra em época anterior à *Reforma Pombalina* de 1772. Depois da carta de 1 de Setembro de 1729 do cardeal da Mota a D. Luís da Cunha, respondeu este ao seu amigo em 6 de Julho de 1730, dando conta das suas diligências e sugerindo que "se poderia mandar alguns dos mais hábeis estudantes depois de graduados estudar nesta Universidade, pª depois poderem ir ensinar na nossa, porque de outra maneira duvido muito que se possa aproveitar esta Colecção de Livros que se manda buscar, esta he a opinião dos mesmos Professores que consultei nesta materia." Esta missiva deve ser interpretada em conjunto com as informações prestadas por Silva Dias relativamente à modernização da cultura nacional, datada de 1721, com alguns livros "modernos" vindos para Portugal cuja aprovação régia não foi suficiente para convencer os ilustres docentes de Coimbra a adquiri-los. Por esse motivo, o cardeal da Mota teve de se contentar com a flexibilização necessária para que alguns deles fossem aprovados, assim como a não dar andamento à sugestão de D. Luís da Cunha em enviar Ribeiro Sanches para Portugal a fim de ensinar Medicina em que Coimbra, ele que à altura leccionava em Leide, na Holanda. A isso se escusou a cardeal da Mota, sabedor dos problemas que já tivera em Coimbra e que por feitio próprio não estava interessado em repetir, argumentando com a condição de cristão-novo do visado e dos problemas que isso criaria. Parte destas diligências foram conduzidas pelo sobrinho de D. Luís da Cunha, do mesmo nome, o que por vezes poderá conduzir a alguma confusões. Na verdade tio e sobrinho trabalharam em sintonia em prol dos interesses de Ribeiro Sanches, com muito pouco êxito.

⁸⁸¹ Maria Helena Carvalho dos Santos, "Ribeiro Sanches e a Questão dos Judeus", *O Marquês de Pombal e o seu tempo*, I, pág. 121: "O que encontramos nos seus textos é uma afirmação expressa do seu afastamento formal de qualquer igreja, o que ele próprio acentua quando admite que 'pensa como deísta'. Na carta de 1735 a Valadares Sanches escreve que se *confessou, mas que não comungou*; afirma-se *cristão católico romano e arrependido da vida passada*, referindo-se ao seu tempo de judeu, em Inglaterra, mas confirma que poderá usar os bons ofícios dos judeus de Londres para manter correspondência com os familiares, no caso de pretender." As fontes utilizadas pela citada historiadora vêm mencionadas em nota no mesmo local.

⁸⁸² António Ferrão, *Ribeiro Sanches e Soares de Barros: novos elementos para as biografias desses académicos*, Lisboa, Academia das Ciências de Lisboa, 1936, págs. 42 e 44. Trata-se de uma carta endereçada a Francisco de Pina e de Melo, de 7 de Março de 1759, acerca do mais recente trabalho de Voltaire à época, o *Candide*. "Nem ainda por cartas esta Liberdade filosófica é nos nosso dias tolerada. V. M. o conhece, como também que se tivéramos uma historia completa dos males que causou a *Intolerância civil* que seria o retrato mais expressivo da ruina, da desolação, e do aniquilamento do estado Civil. David Hume, Autor inglês dos nossos dias, compôs uma douta dissertação, que se lê entre as suas Obras filosóficas e políticas, na qual mostra que a ideia, e a crença de venerar, e reverenciar o Sumo Criador Imaterial e Omnipotente, foi mais prejudicial ao genero humano

A leitura das *Cartas sobre a Educação da Mocidade*[883] é exemplar neste domínio[884]. Não apenas se critica o facto de haver livros cuja leitura é proibida, sendo indispensáveis para melhorar o funcionamento das instituições de ensino em Portugal, como abre o debate a questão da Liberdade de consciência, assim como os próprios letrados que levam por diante a aplicação das leis do reino, educados no sistema que prepondera de conteúdos e práticas na Universidade de pouca utilidade poderão ser ao seu país.

O último ponto será visto adiante; quanto ao primeiro, a referência às Obras do abade de Fleury, de Gianoni e outros, são sintomáticos de uma certa aversão que se começava a ter aos ditames inquisitoriais[885].

Em plena consonância estão as *Cartas sobre a Educação da Mocidade*, onde em vários passos se pode detectar um raciocínio semelhante, em tudo propício para que o desterro do Autor não se comutasse em entrada gloriosa no seu país, para ajudar às reformas necessárias.

Assim, manifesta que não pretende avançar com decisão para o tema, mas não pode esconder "algumas observações fundadas no conhecimento das coisas ordinárias, e na experiencia que tenho dos Estados onde a Liberdade de consciencia e permitida e premiada; nem me valerei de authoridades, nem ainda daquellas sagradas, nem dos Santos Padres, a favor da tolerancia, mesmo christã; e por ultimo mostrarei (...) o prejuizo e o damno que causa a boa educação a intolerancia, e que parece impossivel introduzir o trabalho e a industria, como base de uma Monarchia, onde existir esta

---

que a Idolatria: Porque os homens, arrogando-se um dominio, que lhes não pertence, nos animos quiseram mais subjuga-los do que instrui-los. De onde conclui que sendo tão verdadeira, e tão santa a ideia do Sumo Criador; e impossivel o remedio para desterrar a intolerancia civil nas Republicas aonde felizmente se conhece e se venera o Altíssimo" No mesmo referencial bibliográfico existe mais informação em carta de 13 de Setembro de 1760, págs. 49 e ss., dirigida ao mesmo pelo mesmo: "(...) sei quão é dificil e de achar nesta materia [da religião] a Verdade", para o que se sustenta, uma vez mais, na doutrina corrente: "E para patentea-lo não me valerei do que aprendi nos AA Ingleses, em Bayle, e Barbeyrac; relatarei o que se pratica em Russia, Prussia, e Inglaterra, terras onde vivi", onde existe Liberdade de consciência e tolerância religiosa e convivem maometanos, católicos romanos, cristãos ortodoxos, luteranos, calvinistas, sendo que "todos são pelo estado conhecidos por legitimos subditos; não considerando a Religião que como uma opinião mental." Como consequência, bem se nota que "(...) as referidas Religiões em um Estado, nem são causas dos odios, traições, nem subversão da Sociedade Civil; e somente a distinção que se faz entre os homens; *v.g.* X [cristão] Novo, X [cristão] Velho; Mestiço; Mulato; e outras parvoices introduzidas pela ignorancia dos que aconselham os Reis."

[883] António Ribeiro Sanches, *Cartas Sobre a Educação da Mocidade*, Edição Revista e Prefaciada pelo Dr. Maximiano Lemos, Coimbra, Imprensa da Universidade, 1922. Veja-se Maximiano Lemos, "Notícia Bibliográfica", *Cartas Sobre a Educação da Mocidade*, pág. V: "As *Cartas Sobre a Educação da Mocidade* (...) são uma das Obras mais raras, se não a mais rara, do grande sábio que se chamou António Nunes Ribeiro Sanches."

[884] Em Ribeiro Sanches – e isso não constitui qualquer desvalor dos demais escritores nacionais por motivos que se vão conhecendo – e Luís António Verney encontra-se, um posicionamento inédito para Portugal. Assim, consideramos que quer *O Verdadeiro Método de Estudar* quer as *Cartas sobre a Educação da Mocidade*, representam projectos de reforma integrada, na consideração dos factores políticos, sociais, económicos, culturais e pedagógicos da sociedade portuguesa, no pressuposto de uma certa confissão religiosa que se professava.

[885] António Ribeiro Sanches, *Cartas sobre a Educação da Mocidade*, pág. 26 e ss.: "Deos seja louvado que me chegou ainda a tempo que os PP. Da Companhia de Jesus, não são já Confessores nem Mestres; porque se conservassem ainda aquella acquisição, tão antiga, nenhua das verdades, que se lerão neste papel poderião ser caracterizadas com outro titulo que herezias!"

ley"[886], apontando os casos da Rússia e da Holanda como pátrias onde estes valores se prezam[887].

No mesmo sentido são sintomáticas as afirmações no que respeita à Liberdade de consciência[888], na medida em que entende que "o Poder Ecclesiastico he e deve ser sobre aquelle Christão que vai espontaneamente offerecerse á Igreja para satisfazer à sua consciencia: *mas não tem direito nenhum sobre aquelle Christão ou gentio que não quer entrar na Igreja. Logo os Ecclesiasticos não podem assentar por maxima universal que a Tolerancia, ou Liberdade de consciencia he contraria á Conservação da religião*"[889].

Apresenta como exemplos o que sucede na Holanda e na Rússia, onde "tem livre exercício todas as religiões, que não são contrarias as Leis Fundamentais delles", assim se distinguindo entre a *intolerancia Christã e tolerância civil*. A experiência, que neste particular pode melhor que qualquer outra coisa sufragar esta opinião. Ensina que "nos Reynos adonde há Liberdade de consciencia[890], cada dia sahem das religiões toleradas que deyxão e abjurão, para abraçarem a Religião dominante", assim como "que em todos os Reynos onde existe intolerancia civil, que cada dia perdem subditos, que abjurão a Religião dominante, para abraçarem outra ou tolerada nos mesmo Reyno, ou dominante nos outros Reynos"[891]. A diferença das religiões não é contrária à "paz, nem á concordia, nem á caridade que deve reynar no estado civil bem unido e bem governado"[892].

Ribeiro Sanches, médico de Ana Iwanovna, foi expulso da Rússia por convicções positivas de judaísmo não renegado, o que também pode ter contribuído para não regressar mais a Portugal[893] e ser de novo, solicitado pela nata do Poder euro-

---

[886] Idem, *ibidem*, pág. 91.
[887] Idem, *ibidem*, pág. 92.
[888] Sousa Viterbo, *apud* Victor de Sá, "Apresentação", *Dificuldades que tem um Reino Velho em Emendar-se*, pág. 10: "A residência no nosso país era então muito difícil, se não impossivel, para todos os que prezassem um pouco a dignidade humana e a Liberdade de consciência: o fanatismo e a Inquisição oprimiam todos os espíritos."
[889] António Ribeiro Sanches, *Cartas sobre a Educação da Mocidade*, pág. 92.
[890] Ribeiro Sanches será o único e evidente representante português da Liberdade de consciência e da tolerância religiosa. Sabedor dos contornos teóricos da mesma que teriam tanto implicações no plano meramente individual – porque arredavam as regras do Cristianismo para o foro individual de cada um – como em termos políticos à expansão do Estado, que o regalismo se encarregaria de oficializar. E esta era, sem sombra de dúvida, a posição de Ribeiro Sanches.
[891] António Ribeiro Sanches, *Cartas sobre a Educação da Mocidade*, pág. 93.
[892] Idem, *ibidem*, pág. 94; Ana Cristina Araújo, "Dirigismo cultural e formação de elites no pombalismo", *O Marquês de Pombal e a Universidade*, pág. 14, entende que as afirmações de Igualdade entre os súbditos que Ribeiro Sanches avança, firmadas na "imprescritível Liberdade de Pensamento", eram por natureza, incompatíveis com a "escravidão" que "faz perder aquela Igualdade civil" em que o Estado se sedimenta. Tão pouco se compatibiliza com situações de intolerância que faz "perder aquela humanidade, que he o desejo de a conservar para imitar o Supremo Criador." Por isso era urgente reformar a lei, que não continha estes factores de diferenciação nem promovia a secularização da Razão, inerente aos propósitos do Estado.
[893] Victor de Sá, "Apresentação", *Dificuldades que tem um Reino Velho em Emendar-se*, pág. 24: "Em 1741, um golpe palaciano colocou no trono da Rússia a imperatriz Isabel Petrovna (? -1761), que inicialmente atribuiu ao médico português o título honorífico de conselheiro de Estado. Mas pouco depois desenvolveu-se na corte uma intriga, a que não seriam estranhos ciúmes profissionais (Sanches era denunciado como judeu), intriga que, se não encontrou imediatamente qualquer audiência, bastou para que o nosso compatriota se dispusesse a abandonar a Rússia, pretextando a intenção de regressar a Portugal por a sua saúde não poder suportar por mais tempo os rigores do clima."

peu[894]. Não se pôde por isso aperceber que o fruto do seu labor intelectual cristalizara numa reformação de mentalidades nacionais, à medida do despotismo josefino e por conhecimento das suas propostas.

Ligando os dois períodos em que se desdobra a sua reflexão, o conhecimento que no estrangeiro teve das medidas reformistas do Marquês de Pombal[895], deixaram-no entusiasmado. Em boa verdade mais do que deveria, se soubesse que essas medidas tendo sido importantes, foram incapazes de cortar a direito com o problema fundamental da intolerância.

Centrando-se a pesquisa na reformação do Pensamento nacional, e ponderando o possível do Pensamento acerca do Autor nesta temática, desde logo se diga que a Liberdade de Pensamento é o mote que o liga, pessoalmente, à renovação universitária porque luta ainda em período joanino, e irá enaltecer face às intenções manifestas por Pombal.

Referindo-se expressamente ao alvará de 28 de Junho de 1759, entende dar-lhe foros de dignidade máxima na abertura das suas *Cartas sobre a Educação da Mocidade*, considerando que "esta lei, Ilustrissimo Senhor, incitou no meu animo, ainda que pelos achaques abatido, a revolver no Pensamento o que tinha ajuntado da minha leitura sobre a educação civil e politica da mocidade, destinada a servir a sua patria no tempo da paz como no da guerra"[896]. O grande problema era o vazio criado pela proscrição dos jesuítas que, em matérias de ensino, eram sobretudo evidentes, tanto mais serem eles quem, em quase monopólio consentido, cuidavam da cultura nacional[897].

Ribeiro Sanches terá pensado que a proscrição do ensino jesuítico seria a via de abertura para a reformação não apenas dos estudos, mas igualmente das consciências. Enganou-se; não fazia parte dos projectos de Carvalho e Melo, e nem mesmo ele, com toda a sua autoridade, saberia muito bem como lidar com tal facto, malgrado a convicção católica que não se pode discutir.

---

[894] Idem, *ibidem*, pág. 24: "Sanches não regressará a Portugal. Depois de se ter encontrado em Berlim com o rei da Prússia, o grande Frederico II (...) foi na capital francesa que Ribeiro Sanches fixou a sua residência."
[895] José Sebastião da Silva Dias, "Pombalismo e Projecto Político", *Cultura – História e Filosofa*, Lisboa, III, 1983, págs. 18-20, menciona a bem recheada biblioteca de Pombal antes de 1743 e deduz o tipo de escritos que da mesma constariam após essa data. De citar, devido à importância que reveste, a disponibilidade com que lia Pufendorf em latim e francês, Grócio, nas mesmas línguas, Domat e um considerável número de Autores e Obras ligadas ao comércio e às artes, que sobretudo apreciava. Segundo o citado historiador, "não há catálogo das aquisições bibliográficas posteriores a 1743. Não se aventura, todavia demasiado, estabelecendo que no seu número estariam escritos de Johannes Gotelibe Heinek, Cristian Thomasen, Jacob Boemer, Jean-Jacques Burlamaqui e talvez de Cristian Wolff e Emerich von Vattel, entre os jus publicistas; de Bossuet, Gaspar De Real de Curban, Guillaume Barclay, Henningus Arnisaeus, Bernard van-Espen, Ellie Dupin, porventura o próprio Justino Febrónio (aliás, Nicolaus von Hontheim – 1701-1790), entre os teóricos da monarquia pura ou do jurisdicionalismo; de Ludovico António Muratori; Giovani Vicente Gravina, Neri Corsini, Francesco Maria Zanotti; Pietro Giannone, Girolano Tartarotti, Domenico Forges Davanzati, Bernardo Tnicci, António Genovesi, entre muitos outros eclesiásticos, universitários ou políticos, como teóricos, senão operacionais, do Absolutismo esclarecido e do 'Iluminismo católico'." Veja-se a respeito dos Compêndios utilizados e Teses defendidas em Coimbra para o período em apreço *Actas das Congregações da Faculdade de Cânones (1772-1820)*, I, págs. 312 e ss.
[896] António Ribeiro Sanches, *Cartas sobre a Educação da Mocidade*, págs. 1 e 2.
[897] José d'Arriaga, *História da Revolução Portuguesa de 1820*, I, págs. 75 e ss.

Era impraticável querer conciliar, sob auspícios da régia majestade no exercício do seu Poder absoluto, Liberdade de consciência e de pensamento com a assunção de fidelidade indiscutível às decisões de Trento, mesmo que apenas em matérias exclusivas de Fé. Se politizar a educação era possível e de certo modo se conseguiu[898], o passo seguinte ficou sempre adiado como adiante se verá.

1.4. A Universidade como caso especial do absolutismo régio e a Liberdade individual: a primeira subdivisão

Eis um caso em que as delimitações temporais dificilmente se aceitam na abordagem proposta.

Em qualquer caso, no entender de Ribeiro Sanches, a educação da mocidade deveria ser tutelada pelo Estado e não pela Igreja, ponto em que as suas ideias são partilhadas por Pombal, que a isso mesmo se dedicará, provavelmente tendo em mente algumas recomendações[899].

Expondo as suas ideias acerca da criação de uma Universidade Real[900], aonde os estudos Teológicos e o Direito Canónico não deveriam ter lugar[901], propõe que nela se introduza "aquelle metodo de pensar, fundado no conhecimento interior provado pela experiencia; e que tem por ultimo fim e objecto achar os princípios e as cauzas de todos os nossos conhecimentos: Que quero introduzir na melhor porção da Nação portugueza o metodo de comparar os effeitos para vir no conhecimento das suas causas, e de comparar e combinar estas, para préver e conhecer os effeitos que dellas se poderão seguir: Que este foi o metodo de Baco, de Verulamio, Lock, & de Descartes, Autores hereges, e não sem nota de Atheismo", dando mais a entender que "o metodo dos Estudos existentes ategora na Universidade de Coimbra foi erroneo, e precario"[902].

---

[898] António Ferrão, *Ribeiro Sanches e Soares de Barros*, carta a Francisco de Pina e Melo, pág. 56: "(...) o que escrevi da educação não se determinava a aquela de que escreveram tantos, e sobretudo o Sr. Martinho de Mça. e Pina. O que escrevi foi da educação politica, da universal de um Estado; da Autoridade que têm os Reis, e não os Papas, de regrar e fazer leis para a [educação] dos seus súbditos, tocante ao Estado civil e ao serviço dos súbditos no tempo da paz e da guerra."

[899] O facto da sua contribuição se poder desdobrar no período que antecedeu a subida ao trono de D. José e posteriores medidas do seu ministro, não implica que o tratamento unitário, no quadro da Liberdade individual, não seja dado neste ponto. Como bem se sabe, elas influenciaram Pombal no processo ulterior e daí fazer sentido utilizar contributos anteriores a 1770 para justificar a tecitura ideológica posterior. António Ribeiro Sanches, *Cartas sobre a Educação da Mocidade*, pág. 2: "Mostrarei, pelo discurso deste papel, que toda a educação que teve a mocidade portuguesa desde que no reino se fundarão escolas e universidades foi meramente ecclesiastica ou conforme aos dictames dos ecclesiasticos; e que para o seu fim foi ou para conservar o estado ecclesiastico ou para aumentalo."

[900] Há um texto seu específico sobre a matéria, os "Apontamentos para fundarse hua Universidade Real na cidade do Reyno que se achasse mais conveniente", *Obras*, págs. 101 e ss. Sobre a real ligação que deveria existir entre a Universidade e o Poder régio, D. Francisco de Lemos, *Relação Geral do Estado da Universidade...*, fls. 260 e ss. = [pág. 232 e ss.]

[901] António Ribeiro Sanches, "Apontamentos para fundarse hua Universidade Real na cidade do Reyno que se achasse mais conveniente", *Obras*, págs. 103 e ss.: "A Jurisdição real, única no Reyno, he incompativel com as pretençoens da Corte de Roma, e com as decisões do Concilio de Trento; onde toda a incumbencia, e Governo das Universidades, esta confiada aos Bispos e seos Cancellarios, ou à mesma Corte de Roma."

[902] Idem, "Metodo para Aprender e Estudar Medicina", *Obras*, págs. 2 e 3. Segundo se depreende das informações documentais prestadas por Maximiano Lemos, *Notícia de Alguns Manuscritos de Ribeiro Sanches existentes na Biblioteca Nacional de Madrid*, pág. 13, em 21 de Julho de 1750, escrevendo

"Quero", escreve, "desterrar dos nossos estudos aquella regra universal para convencermonos, a *Autoridade dos Doutores*, ainda nas materias de pura Natureza"[903], certo sendo que não apenas a lei de 18 de Agosto de 1769 lhe fez a vontade como ganha aqui a devida repercussão a luta contra o Escolasticismo e os métodos da Filosofia natural[904].

Sintomáticas e devendo ser compreendidas nos termos que ficaram prevenidos logo de início, são as alusões que lado a lado com Verney[905], produz sobre Lourenço Valla, Vives, Pedro Ramo e Francis Bacon, bem como a Locke, quando se refere ao ensino do racionalismo. Com óbvias e distintas conotações no que a "racionalismo" se refere, manifesta uma salutar abertura e conhecimento das suas ideias e precavendo por expressões que utiliza que o mesmo não seria monopólio de algumas, poucas, pessoas. A repressão inquisitorial não conseguira evitar, de todo, as emanações destes pioneiros no espírito desentediado de alguns portugueses[906].

No que respeita à instalação e frequência da Universidade, pronuncia-se sobre os fundamentos que assistem ao monarca absoluto "como Senhor com legítmo *Jus* de decretar leys para a Educação dos seos leaes subditos, não só nas Escolas da puericia; mas tãobem em todas aquellas onde aprende a Mocidade"[907]. Apesar de frequentada por muitos estudantes não eclesiásticos, boa parte dos mesmos seguiria Cânones em vez de Leis, porque a nível de empregos haveria todas as facilidades em os obter, enquanto que quem apenas se forma em leis não pode prosseguir muitas das vias profissionais que existem em Portugal.

a D. Gaspar de Saldanha e Albuquerque, então reitor da Universidade de Coimbra, reafirma factos passados vinte anos antes. "Eu não sou o Autor dos apontamentos referidos [que seriam, nem mais nem menos que o 'Metodo para Aprender a Estudar Medicina']. No ano 1730, achando-me na Haia, onde residia por Embaixador o snr. D. Luis da Cunha, escrevi por sua ordem e por sua direcção um novo metodo de estudos, que deviam introduzir-se na Universidade de Coimbra. Ele mesmo foi servido redigir aquele papel que remeteu a corte no tempo em que o cardeal da Mota era o secretario do Estado; mas não teve lugar aquela proposta." Donde a confirmação das relações epistolares a que houve oportunidade de aludir.
[903] Idem, *ibidem*, pág. 3.
[904] Os cursos compreendidos no seu plano são especialmente a Medicina e a Jurisprudência. Quanto às matérias a estudar, onde avulta, como não poderia deixar de ser, o ensino da História e da Filosofia, págs. 10 e ss. Sobre esta lei é curiosa a expressão de Pascoal José de Mello Freire dos Reis, *Historiae Juris Civilis Lusitanae Liber singularis*, Lisboa, 1788, de que dispomos de tradução portuguesa de Miguel Pinto de Meneses, "História do Direito Civil Português", Lisboa, *Boletim do Ministério da Justiça* nº 173 a 175, 1967-1968. Ao caso reportamo-nos ao nº 175, pág. 67: "Com esta constituição, verdadeiramente célebre e áurea, D. José lançou em Portugal os fundamentos de toda a Ciência legítima. Leia-a, por isso, muitas vezes, o estudioso do Direito Pátrio, fixe-a na memória, e assimile-a para suco e sangue da sua cultura."
[905] Luís António Verney, *O Verdadeiro Método de Estudar*, I, carta VIII, págs. 235 e ss.: "Mas ninguem mais deo tanta luz (...) quanta Francisco Bacon de Verulamio Chanceller mór de Inglaterra (...)."
[906] António Ribeiro Sanches, "Metodo para Aprender e Estudar Medicina", *Obras* pág. 21. No que respeita à impressão de Obras para servirem de uso à Universidade, M. Lopes de Almeida, *Documentos da Reforma Pombalina*, I, 1771-1782), Coimbra, 1937, págs. 183 e ss., documentos de 23 de Março de 1775, relativos à impressão de Obras a serem usadas na Universidade para uso da mesma.
[907] Idem, *Cartas sobre a Educação da Mocidade*, pág. 216. E completa o seu raciocínio: "Pareceme (...) ser da mayor importancia esta materia, *porque ategora não achei Autor que tratasse della, como necessita o Jus da Magestade*." A evolução das cerimónias académicas, graus académicos dos seus professores e outras matérias que faziam parte da regulação interna da sua vida, com a correspondente crítica encontram-se a págs. 248 e ss.

Donde, se a Universidade já não é vista exclusivamente como instituição eclesiástica, na prática continua a sê-lo, com todos os problemas que isso acarreta aos alunos, professores e ao Estado[908]. Deverá providenciar-se no sentido de evitar este estado de coisas, sobretudo incrementando uma política de ensino fiscalizada e orientada pelo Estado, ao arrepio do que se tem prosseguido até ao presente momento[909].

Esta ideia sai reforçada com um texto de 1770 em que continua a promoção da secularização do ensino[910] e sustenta o anacronismo da Administração pública portuguesa ser exercida maioritariamente por bacharéis e licenciados formados em Cânones[911] e não em Leis. E a criação da Universidade Real onde se não leccionasse Direito Canónico seria o meio ideal, do mesmo passo, para se obter este resultado[912].

Pombal, a direito ou por envíesada via, não poderia deixar de anotar tão salutar sugestão para a sua política de assumido regalismo, notoriamente partilhada Ribeiro Sanches.

Mais; previa-se no texto de Ribeiro Sanches a criação de uma Secretaria de Estado[913] para tomar em mãos a Educação Geral do Reino, organismo que se não com este nome, veio de algum modo a desempenhar-se muito bem das suas funções quer perante a

---

[908] Com a agravante de durante todo o período em que estudou na Universidade, se é que aprendeu algo de Direito Romano, nada sabe de Direito Pátrio ou das Gentes, sendo perfeitamente incapaz de adaptar os seus conhecimentos teóricos à actividade prática de magistrado ou advogado que se prepara para exercer.

[909] O Autor, apesar destes aspectos avançados das suas ideias mantém um espírito conservador e até algo sectário em certos domínios. De facto, ao preconizar que o Estado apenas evolui por força do trabalho, da agricultura e da indústria, o que é sem dúvida verdade, está a colocar-se no mesmo plano que os teóricos da Revolução Industrial irão encarar os trabalhadores e seus filhos, sem necessidades de maior instrução que a de seus pais. O país precisa de trabalho e esse apenas o Povo o pode prestar, não perdendo tempo a instruir esta classe de pessoas, cuja utilidade é maior noutros domínios e em nada beneficia com a instrução. Por esta via, o Pensamento de Ribeiro Sanches peca por um Conservadorismo que é o mote dos intelectuais da sua época, encarando a instrução e a cultura como algo privilegiado apenas para certas camadas sociais. De resto, mais não faz que repetir, neste particular, as ideias francesas de Louis René Caradeuc de la Chalotois, *Essai d'Éducation Nationale*, apud Jacques Marcadé, "Pombal et l'einseignement: quelques notes sur la réforme des Estudos Menores", *O Marquês de Pombal e o seu tempo*, Coimbra, 1982, pág. 14.

[910] António Ribeiro Sanches, "Sobre o Núncio em Portugal", *Dificuldades que tem um Reino Velho em Emendar-se*, págs. 68 e ss.

[911] Idem, *ibidem*, pág. 68: "Nenhum Eclesiástico na função de Bispo, de Vigário geral, de promotor, nenhum Conselheiro Eclesiástico, nos Tribunais do Reino, mesmo ainda no Supremo, que é o desembargo do paço, pode exercitá-lo sem estar graduado na Faculdade dos sagrados Cânones, como lhes chamam. (...) Logo S. M. F. cria e faz ensinar à sua custa os seus Subditos, nas Leis de outro Soberano; permitindo-lhes jurá-las solenemente, quando se graduam nelas."

[912] Idem, *ibidem*, pág. 69: "naquele Metodo que escrevi por Ordem da Nossa Corte, já indiquei este remédio, sem patentear a causa da enfermidade, como acima fica de algum modo declarado: tudo consiste que S. M. F. faça uma Universidade Real na qual se ensinem aquelas Ciências necessarias para governar e conservar em prosperidade dos Seus dilatados domínios, e ao mesmo tempo fora daquele lugar onde quizer estabelecer a dita Universidade, os *estudos Eclesiásticos*."

[913] Idem, *ibidem*, págs. 72 e 73: "É da obrigação do Soberano cuidar na Educação da mocidade, destinada a servir a pátria em tempo de paz e de guerra; destinada a servir os cargos da religião, tanto para o bem dos Povos como para a felicidade do mesmo Soberano. Daqui vem que ninguém deve ensinar legitimamente em Escola pública sem autoridade Real; daqui se segue que um Secretário de Estado devia presidir a todas as escolas tanto de ler e escrever (...) como (...) nas Universidades. É tempo que S. M. F. tome nas suas Reais Mãos a Jurisdição que Deus poz nelas e crear um Secretário de Estado, a cujo cuidado deve estar a Educação Civil do reino, e livrá-lo da Usurpação em que tinha caído, e em que geme."

criação da *Real Mesa Censória*, quer em presença da *Reforma Pombalina dos Estatutos da Universidade de 1772*, que lançaram as bases do modelo institucional e orgânico a ser seguido na Universidade de Coimbra.

Perante os precedentes considerandos, sabido que era ser a Universidade local privilegiado para o desenvolvimento da cultura e do Pensamento em Portugal, onde iam soprando ventos renovados, à semelhança do que acontecera em Quinhentos, a ela irá somar-se a renovação da actividade no Colégio das Artes[914].

Se Évora tinha o destino traçado como pura Universidade jesuítica, bem como a direcção dos dois Colégios, cuja orientação detinham (em Coimbra e nessa cidade), o revigoramento passa por novos Estatutos para a Universidade, para os Estudos Menores e para os Secundários, onde aqueles Colégios se inseriam. Em sequência, emergem os oratorianos[915], família religiosa que trouxe para a cátedra o movimento de reacção contra a Escolástica, com alguns nomes que já ficaram em ponto anterior[916].

É possível afirmar no respeitante à cultura portuguesa, na perspectiva universitária, diverso vai ser o entendimento a partir do reinado de D. João V[917], já em certa medida precedido de alguns sintomas, necessariamente tímidos, com seu pai, D. Pedro II[918], mas em que os motivos a favor e contra abundam.

---

[914] José Seabra da Silva, *Dedução Chronologica e Analytica*, II, "Introducção Previa", pág. V; *Petição de Recurso apresentada em audiência publica á Magestade de Elrey Nosso Senhor*, §§ 26 e ss., págs. 183 e ss. Também o *Compendio Histórico da Universidade de Coimbra*, se faz eco das mesmas preocupações na Carta Régia pela qual instituiu a *Junta da Providência Literária*, de cujos trabalhos resultou o dito compêndio.

[915] Joaquim Veríssimo Serrão, *A Historiografia Portuguesa*, III, págs. 190 e 191: "Não seriam (...) tão inovadores como mais tarde os considerou a corrente antijesuítica, haja em vista o seguinte capítulo do seu Regulamento: 'que os nossos Mestres, e Professores das Letras, seguindo sempre as pisadas dos Authores provados, e classico, principalmente do Doutor Angelico, ensinem sempre as doutrinas mais verdadeyras, solidas, e correntes; *e o que levado da demasiada licença de opinar, quizer introduzir na Congregação opiniões novas, sera reprehendido dos Superiores severamente, e castigado conforme e merecer'*."

[916] Maria Teresa Couto Pinto Rios da Fonseca, II, pág. 647: "A concorrência docente dos congregados conduziu a uma rápida quebra de frequência das escolas jesuítas. Efectivamente, ao seu magistério aristotélico, alheado das grandes transformações culturais e mentais, opunha-se com força crescente o dos filipinos, receptivo á modernidade, e utilizando práticas pedagógicas mais atraentes, contrapondo deste modo á autocracia inaciana a Liberdade de expressão e a tolerância. O seu estilo de docência colhia uma ampla receptividade, porque embora melhor adequado aos tempos modernos, possuía uma orientação moderada e ecléctica conciliando o racionalismo e experimentalismo com a fidelidade essencial da ortodoxia religiosa."

[917] Luís António Verney, *Oração de Luis Antonio Verney na Morte de D. João V*, pág. IX: "Porque a quem he, ou pode ser occulto, quam grande fAutor, e patrono foy dos literatos, e quam grandemente excitou em Portugal a gloria, e verdadeiramente aurea idade das letras?" para o efeito, "(...) convidou para o seu Reyno homens excellentissimos em doutrina. (...) restituio o seu esplendor, celebridade, frequencia às Academias (...) edificou Bibliotecas grandissimas em Coimbra, Mafra, Lisboa, apparelhadas com todo o genero de livros, e instrumentos. Ornou outras com abundancia de livros (...).". Foi o patrono da Academia Portuguesa de História... O rosário de feitos culturais no reinado de D. João V continua a ser apresentado. Joaquim Veríssimo Serrão, *A Historiografia Portuguesa*, III, págs. 191 e ss. desenvolve o tema do Ensino Universitário na época joanina.

[918] Francisco Freire de Carvalho, págs. 140 e ss., onde bem se percebe a veia anti-jesuítica do Autor, que para firmar as suas observações se serve dos dizeres do *Regimento Geral do Santo Ofício de 1774*, feito pelo cardeal da Cunha e na vigência do Governo josefino com assistência de Pombal: "Não houve estabelecimento nestes reinos na ordem d'aquelles que os podiam fazer respeitaveis entre os outros da Europa, que a pravidade Jesuitica não deturpasse, aniquilasse, e reduzisse aos miseraveis termos de os tornarem compativeis com as maximas do seu despotismo, e com o imperios da cega

Segundo escreve Pinheiro Chagas[919], ainda que D. João V promovesse a re-criação da cultura nacional, "desde o momento que favorecia o espírito estreito d'uma devoção fanática, desde o momento em que se mostrava contrario a todos os vôos, por mais tímidos que fossem, do Pensamento, desde o momento emfim que obrigava, com o despotismo enervador do seu Governo, a curvarem-se debaixo do nivel de uma subserviência geral, todos os espíritos e todas as intelligencias, desde o momento em que entregava a instrucção ao arbitrio d'um clero interessado pelo systema em conservar a sociedade immersa nas trevas da ignorancia (...) nunca o seu reinado se poderia tornar na historia pelo esplendor das sciencias, das artes e das lettras (...)."

Outro exemplo da visão negativa é o comentário histórico dado por J. P. Oliveira Martins[920], quando recorda que "O Marquez de Ensenada, insistindo com Fernando VI sobre a necessidade reformar os estudos, escrevia: 'No sé que haya catedra alguna de derecho publico, de fisica experimental, de anatomia y botânica. No hay punctuales cartas geograficas del reyno y de sus provincias, ni quien las sepa grabar, ni tenemos otras que las imperfectas que vienen de Francia y de Holanda. De esto proviene que ignoramos la verdadera situación de los pueblos y su distancia, *que es una verguenza*'."

Há mesmo Autores que baseando-se em fontes de diversa origem, entendem que o reinado de D. João V se caracterizou por ser "um mundo de feitiçaria e de superstição, com intrigas de alcova e mexericos de mulatos, que pela sua influência reinam tanto ou mais do que reinava o próprio D. João V – um quadro pavoroso e aterrador, sobretudo na Corte"[921]. E, porque é em provas históricas e fontes primárias que se faz investigação, talvez não seja descabido aqui reportar que os próprios diplomatas e alguns esclarecidos ministros de D. João V, respeitosamente, não puderam muitas vezes, deixar de soltar algumas apreciações menos abonatórias para o monarca[922].

Como explicar, de outro passo, que preferisse protagonismo interno em obras pias e opulências monumentalistas de calcário, granito ou mármore, em vez de se preocupar com a possível elevação do país no concerto internacional, quando as ocasiões eram

---

e barbara ignorancia, que fizeram dominante nos mesmos reinos (...)." Portanto, Freire de Carvalho seria certamente um indefectível da reformação pombalina.

[919] Pinheiro Chagas, *História de Portugal Popular e Ilustrada*, VI, págs. 384 e 385. Porém, ficou ao dever-se a D. João V a criação da Academia Real de História, marco indefectível na cultura nacional. Por decreto de 8 de Dezembro de 1720 estabeleceu-se em Portugal a primeira Academia Régia, a que o monarca devotava pessoal protecção. Para desenvolvimentos, Joaquim Veríssimo Serrão, *A Historiografia Portuguesa*, III, págs. 53 e ss.

[920] J. P. Oliveira Martins, *História da Civilização Ibérica*, 2ª Edição, Lisboa, 1880, pág. 266.

[921] Manuel Mendes, no "Prefácio" ao *Testamento Político de D. Luís da Cunha*, pág. 6. Não é possível deixar de admitir que o tipo de comportamento que a Corte incentivava era em tudo propício a que este tipo de observações pudessem ser feitas, esquecendo as profícuas realizações culturais deste reinado e o escol de pensadores que nele floresceu.

[922] Maria Teresa Couto Pinto Rios da Fonseca, II, pág. 663, reporta-se aos esforços conjuntos de D. Luís da Cunha e Alexandre de Gusmão por altura da negociação dos Tratados relativos à paz na Guerra de Sucessão da Áustria, de que existiam fortes possibilidades serem assinados em Lisboa. Segundo carta enviada por D. Luís da Cunha ao seu amigo e Secretário de Estado, Alexandre de Gusmão, datada de 6 de Dezembro de 1746, "*Eu convido a El Rey Nosso Amo para figurar muito na Europa sem ter parte nas desgraças della. Os Principes beligerantes se achão cançados da guerra e todos desejão a paz: esta perttendo eu se faça em Lisboa e que nosso Amo seja Arbitro della; mas não posso entrara neste empenho sem Vossa Senhoria tomar parte nelle porque conheço as dificuldades que hei de encontrar em El Rey e nos seus Ministros de Estado.*"

propícias[923]? O prestígio externo do país deveria decair, em sua opinião, perante a munificência régia, que nem preservava a Liberdade dos indivíduos nem elevava a Nação como terra apetecível aos estrangeiros.

Se o que se acaba de relatar pode ser verdade, as provas em contrário existem, com igual impacto[924]. Senão, como se justificaria a criação de cenáculos literários, dentre os quais o maior à época foi a Academia Real de História, criada em 1720[925], por decreto de 8 de Dezembro[926], ainda durante os primeiros anos do seu reinado[927] e sob auspícios do Conde da Ericeira? Ou da erecção da Casa que mandou edificar no subúrbio de Nossa Senhora das Necessidades, a benefício da douta, religiosa e grandemente benemérita Congregação de S. Filipe Nery, com indicação para nela ser ministrado o ensino dos Estudos Menores e das Humanidades?[928]

Procedendo à vulgarização das ideias antes expostas em Portugal, terá de se reconhecer – e honra lhe seja feita – que o Iluminismo nacional recupera alguns dos ideais do Humanismo, cujas coordenadas estão fora do campo de investigação. Sem dúvida que os teóricos do Iluminismo lusitano consideram que se até meados do

---

[923] Idem, *ibidem*, págs. 663 e 664, carta de Alexandre de Gusmão em resposta à anterior, datada de 2 de Fevereiro de 1747: *"Ainda que eu sabia (...) que não havia de vencer o negocio em que Vossa Excelencia se empenhou, com tudo (...) fallei a Sua Magestade e aos Ministros actuaes no seu Governo (...). El Rey (seja pelo Amor de Deus) estava perguntando ao Prior da Freguezia por quanto rendião as Esmolas das Almas, e pelas Missas que se dizião por ellas: Dice que a propozição de Vossa Excelencia era muito propria das Maximas Francezas com as quaes Vossa Excelencia se tinha connatoralizado e que não prosseguisse mais. (...) Se Vossa Excelencia cahisse na materialidade (de que esta muito longe) de querer instituir algumas Irmandades e me mandasse fallar nellas haviamos conseguir e ainda merecer lhe algum credito e premio'."*
[924] Fortunato de Almeida, *História de Portugal*, IV, págs. 278 e ss., procura desmistificar esta imagem do monarca, embora não deixe de concordar que alguns dos "vícios régios" em pouco ajudavam abonar da sua conduta. Mais recentemente José Hermano Saraiva, "O Reformismo no século XVIII", *História de Portugal*, II, pág. 57 e ss.; Manuel Augusto Rodrigues, "Universidade: Elite Intelectual Brasileira", *Revista de História das Ideias*. 12, Coimbra, Universidade de Coimbra, 1990, págs. 91 e 92.
[925] Teófilo Braga, *História da Universidade de Coimbra*, III, pág. 6: "Ao passo que os embaixadores portuguezes em Paris mandavam para Portugal as bonecas reprezentando as modas mais recentes, tambem se fundava entre nós a *Academia Real de Historia Portugueza* (...). A Academia (...) era uma provocação á actividade mental [oficial] porque por decreto de 29 de Abril de 1722 isentavam-se da censura prévia do Santo Officio e Ordinario e das Licenças do Desembargo do Paço as Obras escriptas pelos membros d'aquella corporação!"
[926] José Silvestre Ribeiro, *Historia dos Estabelecimentos Scientificos Litterarios e Artisticos de Portugal* I, pág. 169.
[927] A bibliografia abunda. Pelo interesse histórico que representa e com natural sequência nos demais Autores e Obras que se vêm indicando para o tema, Francisco Freire de Carvalho, págs. 173 e ss., especialmente pág. 181: "O mesmo seu atilado espirito foi quem lhe suggerio a idéa da instituição da *Academia Real da Historia Portuguesa*, fazendo assim occupar utilmente muitas pessoas de todas as classes do reino, que antes viviam na ociosidade, patenteando ao publico muitos e grandes talentos, até aquelle tempo ignorados; dando entrada em seus dominios a muitos livros de pura e solida instrucção, que antes nos eram desconhecidos: fazendo resolver os archivos da Corte e do reino, e as memoria do seculo feliz; afim de assim de illuminar-nos com as idéas das causas da decadencia dos nossos estudos, e indicar-nos os meios para os cultivarmos com maior utilidade: fazendo ultimamente por este modo sahir à luz algumas Composições instructivas, que formam a importante época do começo da nossa restauração litteraria." O conhecimento que o Autor teria da situação certamente não permitiria diversa conclusão.
[928] José Silvestre Ribeiro, *Historia dos Estabelecimentos Scientificos Litterarios e Artisticos de Portugal*, I, págs. 177 e ss.

séc. XVI emparceirámos com a Europa sem mágoas de menoridade, depois desse período foi o caos completo[929].

E, muito embora existam sérias reservas a parte dos considerandos apontados por Antero de Quental[930], será importante apresentar as suas observações que, nesta temática, revestem contributo determinante: "A uma geração de philosophos, de sabios, e de artistas creadores, succede a tribu vulgar dos eruditos sem crítica, dos academicos, dos imitadores. Saímos de uma sociedade de homens vivos movendo-se ao ar livre: entramos n'um recinto acanhado e quasi sepulcral, com uma atmosfera turva pelo pó dos livros velhos e habitada por espectros de doutores. (...) A invenção e originalidade, n'essa epocha deplorável concentra-se toda na descripção cynicamente galhofeira das miserias, das intrigas, dos expedientes da vida ordinária. (...) *Nos ultimos dois séculos não produziu a Península um único homem superior, que se possa, que se possa por ao lado dos grandes criadores da sciencia moderna; não saiu da Península uma só das grandes descobertas intelectuais, que são a maior Obra e a maior honra do espírito moderno.* (...)".

Antero continua a sua reprimenda com foros de azedume[931], acrescentando que entre os nomes mais sonantes da Europa culta nos vários domínios da intelectualidade, não existe um único peninsular, enquanto em Portugal e Espanha, "a alma morrera dentro em nós completamente".

---

[929] José de Seabra da Silva, *Dedução Chronologica, e Analytica*, I, § 10º, págs. 1 e ss., § 16º, págs. 4 e ss.
[930] Antero de Quental, *Causas da Decadência dos Povos Peninsulares*, apud J. P. Oliveira Martins, *História da Civilização Ibérica*, 2ª. Edição, Lisboa, 1880, págs. 262 e ss.
[931] Opinião semelhante encontra-se em Pinheiro Chagas, *História de Portugal*, VII, pág. 68: "Em pleno seculo XVIII estava o reino mergulhado nas trevas da escolastica da edade media. As argucias e as subtilezas imperavam ainda na Universidade, e as vãs discussões e as distincções inuteis occupavam o tempo dos estudantes, e obscureciam-lhes o espirito." Em documento de 3 de Junho de 1782, já depois do consulado pombalino, D. Maria I procurou remediar a situação, conforme consta de M. Lopes de Almeida, *Documentos da Reforma Pombalina*, I, págs. 348 e ss., por força de Carta Régia estabelecendo a forma porque se devem qualificar os estudantes nos fim dos anos ou dos actos conforme o seu merecimento. Para períodos anteriores, veja-se o "catálogo" proposto por D. Francisco Manuel de Melo, *Cartas Familiares*, Roma, 1664, Edição de Rodrigues Lapa, Lisboa, 1942, carta, nº 94, págs. 220-242; Mário Brandão e M. Lopes de Almeida, *A Universidade de Coimbra, Esboço da sua História*, 49 e ss. E no mesmo sentido vai a apreciação francesa do problema segundo um Autor que pouco apreço tinha pela cultura nacional, o padre Joachin Le Grand, *Clairambauilt*, apud Joaquim Veríssimo Serrão, *A Historiografia Portuguesa*, III, pág. 14, "Je connois assez que je me fasche en ce pays, et que bientôt je ne pourray plus écrire quatre mots ensemble", sendo ainda certo que o mesmo Autor menciona a pág. 21, uma passagem de Sérgio que não se afasta muito da interpretação de Antero de Quental: "Pode dizer-se resumidamente, no ponto de vista intelectual, que a História do país no Seiscentismo é o espectáculo do estiolamento da mentalidade portuguesa; e que a sua História no séc. XVIII, e que a História no séc. XIX, é a das goradas tentativas para nos separarmos desse grande mal." Digno de nota é o trabalho que neste plano Pascoal José de Melo Freire dos Reis, *Historiae Juris Civilis Lusitanae Liber singularis*, Lisboa, 1788, de que dispomos de tradução portuguesa de Miguel Pinto de Meneses, "História do Direito Civil Português", Lisboa, *Boletim do Ministério da Justiça* nº 175, 1967-1968, págs. 72 e ss., onde para além de rebater pontos de vista pouco abonatórios para a cultura portuguesa partidos da boca de estrangeiros, assegura que se é verdade que no plano dos estudos filosóficos, que tarde se desenvolveram em Portugal já que "antigamente os Portugueses, como aliás as restantes Nações europeias apenas conheciam a Filosofia Peripatética", houve emitentes cultores das Artes e das Ciências em Portugal. Esse raciocínio estende-se mesmo ao domínio das Humanidades até ao tempo de D. Manuel e parte do de D. João III, sendo depois retomado com D. João V. Donde, serem improcedentes as críticas falaciosas que não em linha de conta os factores que estiveram subjacentes ao atraso estrutural – e não apenas cultural – dos portugueses, interpretando o Pensamento de Mello Freire.

De algum modo o Ensino Universitário em Portugal reflectia o que se passava na sociedade: o alheamento completo às manifestações de inovação que se apresentavam por essa Europa[932] fora não apenas nos domínios das humanidades[933] e das Ciências exactas mas também e no plano mais vasto da discussão e promoção intelectual da cultura, em geral[934]. E se haverá razões para impetrar algumas culpas desse estagnar ao ensino jesuítico e ao seu apego à Escolástica e ao aristotelismo[935], sem dúvida que Portugal não isolou da Europa com esse crivo de originalidade.

Em tese geral, é possível afirmar que o Ensino Universitário à escala europeia era sobremaneira deficitário[936]. O caso espanhol, por maior proximidade e a todos os títulos sintomático é o conhecido Bento Feijóo, que não deixou de o salientar, devido sobretudo a "el corto alcance de algunos de nuestros professores". Contudo, tal como em Portugal e através de nomes tão relevantes no interesse da difusão cultural quanto havia sido o empenho de Sebastião José, as coisas a breve trecho haveriam de se modificar[937].

Os cultos franceses da inovadora e cartesiana Gália, haviam proibido ainda em 1629 e na Universidade de Paris qualquer ataque a Aristóteles[938]. E também já ficou suficientemente esclarecido que o Ensino foi um dos planos de incidência do Iluminismo, no que toca às reformas prementes face ao corte que se pretendia com o período anterior.

---

[932] Newton de Macedo, *História de Portugal. Edição Monumental comemorativa do 8º Centenário da Fundação da Nacionalidade*, VI, págs. 433 e 434, reportando-se, ao que parece, a um manuscrito anónimo, previsivelmente atribuído a Bento de Sousa Farinha, e onde a dado passo se pode ler: "Tendo ajudado a arrumar os livros dos lentes, após o encerramento da Universidade, diz o Autor do manuscrito: 'Nos quatro cubículos dos Lentes de Filosofia havia mais de 200 postilas manuscritas: havia Soares, Arriaga, Teles, Oviedo, Aranha, Fonseca, Macedo, Barreto e conimbricenses... E não vi mais livros de Filosofia nem os havia em todo o Colégio. Nada havia de Newton, nada de Gassendo, nada de Cartezio; nunca viram os Padres desta Universidade as Obras de Wolfio, Leibnitz, Verney, Genuense, Locke e Malebranche, Boyle e outros muitos que já em seu tempo tinham escrito com gosto e crítica. Não vi uma só História filosófica, nem antiga nem moderna. Não achei um só dicionário filosófico ou matemático; do que manifestamente conheci que estes homens não podiam saber, nem sabiam, porque não tinham livros'."

[933] Vejam-se as reflexões de frei Manuel do Cenáculo, nas *Disposições do Superior Provincial para a Observancia Regular e Litteraria da Congregação da Ordem Terceira de S. Francisco d'estes Reinos, feitas em os annos de 1769 e 1770*, I, Lisboa, 1776, págs. 33 e ss; *Cuidados Literários do Prelado de Beja*, Lisboa, 1791 pág. 25 e ss., mas especialmente págs. 73 e ss.

[934] Norberto da Cunha, "A Ilustração de José da Cunha Brochado", *Cultura – História e Política*, VI, 1987, pág. 580: "A Universidade de Coimbra vivia, então, como uma ostreira fechada na sua concha – para usar uma expressão com a qual António José de Almeida a qualificará alguns séculos mais tarde (...)."

[935] José Seabra da Silva, *Compendio Histórico da Universidade de Coimbra*, pág. 180 e ss. onde se mencionam em detalhe os desastres promovidos pela assunção da Ética de Aristóteles como fundamento dos trabalhos da Escolástica: "E ficaram assim manifestado demonstrativamente, que os pontos das suas vistas não eram dirigir, e ensinar a verdadeira, e são Filosofia; mas sim, e tão sómente distrahir as gentes para o precipicio da ignorancia; corromperem a Religião; e depravarem os costumes com o estudo, e lição da Ethica do mesmo Aristoteles." Frei Manuel do Cenáculo, *Disposições...*, I, Disposição Quarta, págs. 6 e ss.: "A Escolástica reprovável he aquella a que muitos chamarão *Aristotelomania* (...)", nos termos que a seguir desenvolve.

[936] Teófilo Braga, *História da Universidade de Coimbra*, III, págs. 138 e ss.

[937] José Antunes, "Notas Sobre o Sentido Ideológico da Reforma Pombalina", *O Marquês de Pombal e o seu tempo*, II, págs. 187 e ss.

[938] Fortunato de Almeida, *História de Portugal*, V, pág. 409.

O desacerto era tanto interno à própria instituição universitária, quanto se comunicava com as directrizes emanadas do Poder político. Se os lentes e os alunos eram relaxados nas suas obrigações académicas[939] e pouco se importavam em dignificar o Ensino superior, que se havia de fazer[940]? A cultura, seja lá qual for a forma que assuma não se ensina por decreto, por maiores que sejam as penalidades a atribuir[941].

Nem se poderia esperar outro tipo de atitude por parte da massa estudantil em todos os tempos reivindicativa por natureza e onde agora já não havia a velha desculpa de ser exclusivamente eclesiástica.

[939] Teófilo Braga, *História da Universidade de Coimbra*, III, págs. 159 e ss. desenvolve magistralmente o tema. A documentação que apresenta é, a todos os títulos, notável.

[940] Se muitas culpas teriam pelo estado a que chegara o ensino em Portugal, sobretudo no que toca aos aspectos de conteúdo, os jesuítas não poderiam ser responsabilizados por tudo. Sem leis rigorosas que impedissem os excessos dos estudantes e os seus desacatos e sem regras que obrigassem a uma frequência habitual das aulas, ao menos com um mínimo de lições efectivamente assistidas, já por essa época era complicado encontrar muitos amantes do saber e da Ciência que estóica e normalizadamente se entregassem ao estudo e não a devaneios oficiosamente permitidos.

[941] D. Francisco de Lemos, *Relação Geral do Estado da Universidade(1777)*, Coimbra, Imprensa da Universidade, 1980. Neste trabalho faz-se o levantamento dos principais aspectos da vida interna da Universidade desde o início ao fim das aulas, tanto dentro como fora dos portões da Universidade, mencionando-se também as razões que, no entender do seu Autor, em muito contribuíram para o desprestígio da Universidade e diz-se, a fls. 221 = [pág. 231] que "As Universidades são Escolas não so de Letras; mas tambem de Virtudes. Por isso não deve haver nellas menos cuidado em illustrar o Espirito dos Estudantes com a Luz das Sciencias; do que em formar seus coraçoens com a pratica das Virtudes. Faltar a qualquer destes objectos he claro que seria arruinar a Educação Nacional; a qual deve merecer a primeira attenção e vigilancia dos Soberanos, por ser o principio, e origem da felicidade Publica das Monarchias. He necessario confessar com grande sentimento, que o Magisterio da Virtude nem sempre foi introduzido, nas Universidades como era conveniente. (...) A Constituição das Universidades, e o Ensino mesmo dos Mestres contribuião a estas dezordens (...)." Sintomática é a divisão que aponta entre mestres e escolares e entre cada um destes grupos dentro de si mesmo, sendo apresentadas uma conjunto de medidas profilácticas para alterar tão deplorável panorama, patrocinado pelo magistério escolástico. O mais curioso é que 14 anos depois da *Reforma Pombalina dos Estatutos da Universidade*, já em pleno reinado de D. Maria I, foi necessário avivar aos Lentes das várias Faculdades a necessidade de se empenharem na produção de trabalhos académicos e de Lições para as suas respectivas Faculdades. Os nossos Lentes sempre foram um pouco avessos a produções autónomas e inovadoras ou então, talvez mais justo, os maus hábitos adquiridos ao longo de séculos de aversão à inovação, paralisava-lhes um pouco o cérebro... Sobre o ponto, M. Lopes de Almeida, *Documentos da Reforma Pombalina*, II, pág. 97, documento de 26 de Setembro de 1786 acerca das Congregações das Faculdades deverem providenciar na composição de compêndios para uso nas aulas; no mesmo sentido, pág. 102, documento de 14 de Outubro de 1786 sobre os Lentes substitutos poderem empregar-se na redacção dos ditos compêndios desde que não estivessem ocupados com as aulas. Curiosa é a referência que em particular se faz por documento de 12 de Outubro de 1787 a Ricardo Raimundo Nogueira, pág. 184, que por aviso régio foi dispensado da docência para a redacção de compêndios da sua Faculdade. Ainda no mesmo sentido, ver documentos de 10 de Janeiro de 1787, pág. 112, de 10 de Janeiro de 1787, pág. 114, de 12 de Janeiro de 1787, pág. 126, de 17 de Março de 1787, pág. 140, de 14 de Maio de 1787, pág. 147. Veja-se *Actas das Congregações da Faculdade de Leis (1772-1820)*, I, pág. 75: "Acta de 13-XII-1786 – A Congregação determinou que os Compêndios a elaborar por determinação régia, fossem todos da autoria do Lente Substituto Dr. Raimundo Nogueira." *ibidem*, pág. 77: "Acta de 21-1-1787 – (...) o Dr. Raimundo Nogueira (...), aprezentou um plano geral, e particular sobre a historia do Direito Romano, e Patrio, cujo plano foi universalmente aprovado pellos Vogaes, que compunhão a Congregação." Com relação a este ponto, José Esteves Pereira, *O Pensamento Político em Portugal no séc. XVIII (António Ribeiro dos Santos)*, pág. 45.

Além do que nada nem ninguém poderá assegurar o estrito cumprimento das proibições censórias sobre leitura de livros proibidos. Como em todos os tempos, sempre os livreiros tiveram livros debaixo do balcão e, por perigoso que fosse, nem todos seriam presentes aos oficiais encarregues da sua ortodoxa conferência no acto do desalfandegamento[942].

Naturalmente que o desinteresse de uns e outros certamente seria e em boa medida, fomentado não apenas pelos métodos mas pelos próprios programas, que de aliciante e inovador teriam bem pouco[943].

Neste particular convirá recordar que nem os futuros juristas sabiam ou estudavam Direito Pátrio, nem ninguém se preocupava em explicar-lhes ou ensinar-lhes História Pátria[944] nem, tão pouco, havia "necessidade" de se leccionar o Direito Natural ou o Direito Público. Pura e simplesmente eram cadeiras inexistentes. E, uma vez mais, a aguçada espada de Ribeiro Sanches e pena implacável de Verney contestam por inteiro tais barbarismos[945].

---

[942] José Sebastião da Silva Dias, "Portugal e a Cultura Europeia (Sécs. XV a XVIII)", págs. 277 e ss. "Em 1550 recomendou às autoridades do porto de Lisboa o maior cuidado nesta matéria proibindo, debaixo de penas graves, que se tirassem livros do cais sem estar presente um agente do Santo Ofício. Onze anos depois, distribuiu umas Instruções sobre o modo de vigiar os navios estrangeiros e de evitar a entrada de livros ou pessoas suspeitos na Fé."

[943] António Ribeiro Sanches, "Cartas sobre a Educação da Mocidade", *Obras*, págs. 252 e ss.

[944] Diogo Guerreiro Camacho e Aboim na sua *Escola Moral, Politica, Christã e Juridica dividida em quatro Palestras, nas quaes se lêm de Prima as quatro Virtudes Cardeais*, Lisboa, 1733, Edição de 1759. Preocupa-se com a importância dos estudos históricos e com a lição dos livros. Entende que a "lição dos livros, e as historias passadas (...) são mestras da vida, luzes da verdade, Presidentes da memoria, Embaixadoras da Eternidade, cujos conselhos são tanto mais seguros quanto mais despidos de afectos, e respeitos humanos, porque he a historia e lição dos livros hum testemunho dos tempos, huma luz da verdade, huma vida da memoria, huma mestra da vida, huma mensageira da antiguidade (...), hum thesouro real (...), huma sabedoria amontoada (...), hum norte fixo donde tomam rumos para navegarem as duvidosas ondas do mar do Governo, huma escola gostosa pela variedade, e necessaria pelo proveito (...)." Mais à frente, indica a págs. 13 e ss. que as Histórias antigas são o melhor complemento das Histórias sagradas, espirituais e morais. Também neste mesmo sentido Pascoal José de Mello Freire dos Reis, "História do Direito Civil Português", *Boletim do Ministério da Justiça*, nº 173, págs. 61 e 62 e, antes dele, Luís António Verney, *O Verdadeiro Método de Estudar*, II, carta XIII, págs. 134 e ss.

[945] Idem, *ibidem*, pág. 255: "esta Filosofia he a produção dos seculos da ignorancia, do ocio dos Frades depois que deixarão o trabalho de mãos que ordenava a sua regra; he a produção da Monarchia Gothica onde o vencer, e ignorar as leis da humanidade, era o seu fundamento." José de Seabra da Silva, *Compendio Histórico da Universidade de Coimbra*, pág. 226 e ss. e notas a propósito onde cita Autores estrangeiros que vão em idêntico sentido. No âmbito da importância dos estudos históricos, assume idêntico posicionamento escrevendo mesmo que "A Historia tem hum commercio tão íntimo, tão familiar, e tão frequente com a Jurisprudencia, como a Alma tem com o corpo: Por esta razão já houve quem chamasse á Historia Alma da Jurisprudencia; e com muita propriedade. (...) A Jurisprudencia sem Historia he hum corpo sem espirito; huma materia sem forma; hum verdadeiro cadáver; e realmente nada mais he, que hum caos indigesto e medonho; e huma rapsodia perpetua de grande numero de Leis contraias humas ás outras (...)." No mesmo sentido quanto à ausência do estudo do Direito Pátrio, como se transcreve no tratamento dado ao problema a partir de pág. 275, aonde se mencionam entre outras barbaridades o facto das leis nacionais terem siso "pizadas com os pés; proscripto, e desterrado das Aulas o primeiro vinculo da união Christã, e Civil da nação Portugueza; apartadas dos entendimentos dos Juristas do reino as verdadeiras e Legitimas Regras das nossas acções, e dos nossos Negocios; (...)", enfim e numa palavra proscrito estudo do Direito Pátrio. Apenas se estudava o antigo e desajustado Direito

Não se poderá olvidar que ainda antes do reinado de D. José, houve tímidas tentativas para se alterar o contexto de ensino "de rudimentos" a que a Universidade portuguesa se encontrava adstrita[946].

Romano, as opiniões de Acúrsio e Bártolo – que ainda por cima eram falsas – e pouco mais. Se pudéssemos eleger um dos muitos dramas do nosso Ensino Universitário na versão jurídica, este seria sem dúvida o mais gravoso na preparação dos futuros cultores da Ciência do Direito. Já anteriormente Luís António Verney, *O Verdadeiro Método de Estudar*, II, carta XIII, pág. 143, se tinha pronunciado, afirmando que a contradição de opiniões anteriormente emitidas eram por vezes eram originadas por "nam-so por necessidade, mas por sua alta recriaçam." Quanto a frei Manuel do Cenáculo, *Cuidados Literários*, págs. 14 e ss., tem precisamente a mesma opinião sobre a necessidade do estudo da História, apontando as formas e os campos de incidência desse estudo, sendo certo que o mesmo entendimento deve ser aplicado ao estudo da História eclesiástica, como preconiza a partir de pág. 361. Ainda sobre esta matéria relevam as suas *Disposições...*, I, Plano de Estudos, págs. 1 e 2, para o curso de Teologia e pág. 9 e ss. para o Direito Canónico. Os professores de História eclesiástica merecem nota de destaque a partir de pág. 10 das citadas *Disposições...*, I, Plano de Estudos, que repetem alguns aspectos já lidos nos *Cuidados Literários*. Sobre este aspecto importante do trabalho do Autor, Joaquim Veríssimo Serrão, *A Historiografia Portuguesa*, III, págs. 202 e ss. Acerca da importância da História eclesiástica são de reter as afirmações de Luís António Verney, *O Verdadeiro Método de Estudar*, II, carta XV, pág. 193 e ss., que se pronuncia no sentido da sua indispensabilidade tanto ao civilista quanto ao canonista. No mesmo sentido vai o estipulado nos *Estatutos da Universidade de Coimbra*, II, Cânones e Leis, págs. 48 e ss., onde se assume no curso jurídico a obrigatoriedade, ao lado do Direito Natural público universal e das gentes e do Direito Romano, o ensino da "Historia Civil de Portugal e Leis Portuguezas", bem como "Mando, que no mesmo Curso de Direito Civil aprendam tambem os Legistas as Instituições de Jurisprudencia canonica, e a Historia da Igreja, e do Direito canonico." Quanto a Irnério, Acúrsio e Bártolo, eram pura e simplesmente vedados nas preocupações académicas, sendo saneados do curriculum das faculdades jurídicas, como bem se lê a págs. 69 e ss., com justificação para cada um deles. Antes, Luís António Verney, *O Verdadeiro Método de Estudar*, II, carta XIII, pág. 157, afirmara que o jurisconsulto tem especial necessidade de conhecer a História do Reino, devendo a lei pública do mesmo – as *Ordenações* – aprenderem-se distinguindo o que está em vigor e o que foi revogado. Mais, "quanto à Politica, deve-se esta estudar depois disto, e junto com a Istoria (...)", devendo o jurisconsulto comum saber "o direito da Natureza e das Gentes: a Istoria das antiguidades Romanas: a Istoria da sua Republica, e leis (...), ter noticia da Teologia e Cânones (...) e ter boa critica para interpretar a leis (...)." E, para terminar com a majestosa e imponente figura que aplicou à Universidade a política cultural pombalina, D. Francisco de Lemos, para quem Cujácio e Alciato eram nomes a seguir sem pejo na reformação universitária por que se pugnava. O trabalho mais interessante que neste domínio publicou e que se recomenda vivamente para uma mais cabal compreensão dos fenómenos que se vêm explicitando, numa visão "por dentro das questões" foi a *Relação Geral do Estado da Universidade...*, fls. 52 e 53 = [pág. 47 e 48]. Sobre esta questão ver o estudo de Mário Júlio de Almeida e Costa e Rui de Figueiredo Marcos, "Reforma Pombalina dos Estudos Jurídicos", *Boletim da Faculdade de Direito de Coimbra*, volume LXXV, Coimbra, 1999, págs. 111 e ss.: "Votado ao esconjuro ficava o cansado Pensamento jurídico medieval. Glosadores e Comentadores sofreram críticas demolidoras. O legislador pombalino dardejava, um a um, os juristas mais representativos das escolas que pretendia ver erradicadas do ensino do Direito." Sobre a importância dos estudos históricos em Portugal, Joaquim Veríssimo Serrão, *A Historiografia Portuguesa*, III, págs. 16 e ss. Como complemento com alguns dados de interesse relativo, Teófilo Braga, *História da Universidade de Coimbra*, III, págs. 472 e 473.

[946] Mário Brandão, *Memória Histórica publicada por Ordem do Senado Universitário no IV Centenário do Estabelecimento da Universidade de Coimbra*, Coimbra, 1937, págs. 57 e 58: "em 21 de Outubro de 1722 foi nomeado reitor da Universidade, o lente de Leis, Francisco Carneiro de Figueiroa. Foi durante o seu largo governo que se publicaram muitas determinações tendentes a melhorar as condições em que se exerciam a vida e a disciplina académicas, que a sua bondade natural

Prova disso e cuja verificação factual está feita, foram os esforços encetados pelo cardeal da Mota[947], por D. Luís da Cunha, por Verney e por Ribeiro Sanches, que se esmeraram na reflexão teórica aguardando a plausível aplicação prática que apenas a luva de Pombal saberia tocar[948]. A melhoria relativa entre o início e o final do reinado de D. João V foram sem dúvida evidentes e demonstram o bem fundado das suas razões. Ainda que reformas pontuais e sobretudo, impedidas pelos áulicos de Sua Majestade, alguma coisa se conseguiu.

2. Conceptualização da segunda fase de renovação do Pensamento iluminista em Portugal

2.1. Personificação lusitana do Direito Natural

Veiculando a influência do jusracionalismo alemão, António Barnabé de Elescano Barreto de Aragão é um dos mais característicos escritores nacionais do séc. XVIII, com trabalhos anteriores à Revolução Francesa. Em nota à *História do Pensamento Filosófico Português*, considera Brás Teixeira que a ausência atempada da publicação de um dos seus trabalhos terá tido como causa directa a queda do Marquês de Pombal[949].

No que respeita aos aspectos que por ora mais importam, saliente-se a colagem às ideias do eclectismo nacional, que continuam a ver a marca divina no coração humano e suas regras de conduta. Por isso o "direito do genero humano" nasce com ele e consiste na "recta Razão do mesmo Deos", constituindo-se como fundamento dos demais, como provam "os preceitos da religião revelada, que he o espirito do mesmo Deos, sabio, Omnisciente, todo poderoso" e do qual dependem as "Ideias, as invenções e os sentimentos desta Justiça e Jurisprudencia natural"[950].

Proclama-se, em simultâneo, uma Razão natural e universal, que não atenta em latitudes nem épocas[951], antes se constituiu como comum a todo o género humano[952]. "O Principio Geral da Ley Natural, he que a Razão deve ser a nossa guia", pese embora

---

conseguiu por algum tempo libertar de agravos e de arruaças. Carneiro de Figueiroa prestou relevantes serviços á Universidade, cuidadosos como era da sua administração e do seu govêrno (...)."

[947] José Sebastião da Silva Dias, "Portugal e a Cultura Europeia (Sécs. XV a XVIII)", pág. 372; António Manuel Nunes Rosa Mendes, pág. 69: "Carta do cardeal da Mota de 1 de Setembro de 1729, assinalando que a Universidade teria necessidade de adquirir "livros de Philosophia e de Medicina, especialmente dos sistemas modernos, por serem estes os mais precisos para desterrar aquela grande. ignorª. Em q. ainda estão os nossos Medicos de tudo o que não he escola Galenica e Peripatetica", ponto em que o cardeal se empenhava.

[948] Sobre as relações entre os visados, António Manuel Nunes Rosa Mendes, págs. 99 e ss.

[949] António Brás Teixeira, "A Filosofia jurídica", *História do Pensamento Filosófico...*, III, pág. 78.

[950] António Barnabé Elescano Barreto de Aragão, *Codigo da Jurisprudencia Natural do Genero Humano, deduzido dos principios de Grocio, Pufendorfio, Real, Thomazio, Wollfio, Burlamac, e outros, e etc., e organizado por (...)*, Lisboa, certamente anterior a 1777 e dedicado ao Marquês de Pombal, pág. 4. Completa o seu raciocínio: "Este Direito Natural he Divino, a sua cauza o seu legislador o seu Autor Immediato he Deos; a sua sabedoria he a regra da justiça, e da Razão, em que elle existe eternamente. Elle he a luz infinita, e a verdade universal, que illumina todos os espíritos."

[951] Idem, *Historia da Jurisprudencia Natural, desde a sua Origem athe aos seos Progresos, perfeição e estado actual, considerada como uma necesaria e utilisima sciencia*, Lisboa, 1771, pág. 12.

[952] Idem, *Codigo da Jurisprudencia natural do Genero Humano*, pág. 5.

a discordância manifesta entre os Autores[953] das motivações que estão subjacentes aos humanos deveres em sociedade[954], em que aponta outro dos seus conhecidos: Hobbes[955].

Aceita António Barnabé Elescano Barreto de Aragão um estado de natureza como estado de Liberdade natural, enquanto "hum direito dado propriamente ao homem pelo Direito Natural, como testifica e se prova claramente pela acção do nosso creador"[956]. O Direito Natural "he a causa de todo o Estado humano: a materia sugeita são as pessoas emquanto existem no estado de Liberdade, de cidadão e da familia; e o seu effeito finalmente consiste na defeza, por meio das guerras, e acções prejudiciaes"[957].

Pensando numa comparação entre os seus dizeres e os de Wolff quanto à graduação dos deveres, naturalmente que o dever dos homens para com Deus está acima dos demais, patrocinando-se na ideia do culto divino[958]. Quanto aos direitos dos homens provêm da Liberdade, da família e da cidade. Defende que "o primeiro e principal estado do homem he o da Liberdade natural", situação que deriva do seu Direito Natural. "Injuria a Deos e aos homens, quem perturbar o estado de Liberdade"[959].

Já Tomás António de Gonzaga começa por apresentar o seu trabalho como "um livro que contém os princípios necessários para se firmarem neles as disposições do Direito Natural e civil", contendo uma colecção de doutrinas dispersas em vários Autores[960], expurgada "dos erros de que estão cheias as Obras dos naturalistas que não seguem a pureza da nossa religião"[961].

---

[953] Idem, ibidem, págs. 6 e 7: "Três Escriptores celebres, que tratarão dos deveres da sociedade, digo Grocio, Hobbes, e Pufendorfio querem igualmente que os homens vivão bem uns com os outros: mas elles differem nos motivos, com que caracterizão estas obrigaçoens. Grocio quer que isto assim seja conforme a Santidade Divina. Hobbes porque sem isto seria tudo guerra. Pufendorfio, porque Deos o manda. Todos estes motivos confferia Real, que são bons, mas he necesario reunillos. (...) Pelo que o primeiro Principio da Ley Natural, segundo Hobbes he a propria conservação. Thomazio quer que seja a propria felicidade. Grocio a recta Razão. Pufendorfio a socialidade: Valentino Alberto a imagem de Deos; Cocceio a Divina Vontade: Welthenio, a honestidade ou torpeza intrinsecas das acçoens: Burlamaqui, Real, e outros amara a Deos, a vós e ao Proximo: Samuel Cocceio dar a cada hum o que he seu: este sentimento he inegavel, reune o que os outros separão, como o effeito a sua causa."
[954] Idem, ibidem, pág. 6. Distingue-se na qualificação, por exemplo, em relação a Wolff. Assim, "A ley Natural tem hum Principio Geral, que he o Imperio da Razão. Este Imperio tem três principios geraes puros, que são o amor de Deos, o amor proprio, e do Proximo."
[955] Idem, ibidem, pág. 6.
[956] Idem, ibidem, pág. 26.
[957] Idem, ibidem, pág. 25.
[958] José d'Arriaga, "A Filosofia Portuguesa. 1720-1820", História da Revolução Portuguesa de 1820, pág. 86: "(...) o homem é essencialmente livre e inteligente; (...) Deus criou-o para o supremo bem, e (...) tem um fim a cumprir na vida presente, e no meio da sociedade em que vive e para a qual nasceu. Como ser livre e inteligente tem deveres para com Deus, para consigo e para com a sociedade. A Moral é a Ciência que trata desses deveres."
[959] António Barnabé Elescano Barreto de Aragão, Codigo da Jurisprudencia Natural do Genero Humano, pág. 26.
[960] Tomás António de Gonzaga, "Tratado de Direito Natural", Obras Completas, Edição Crítica de Rodrigues Lapa, Rio de Janeiro, 1957, II, pág. 13. Este texto cuja publicação é contemporânea, terá sido o "guia" do pombalismo político na interpretação actual; no que respeita à da época e pelo seu desconhecimento, apenas se pode conjecturar que fosse effectivamente a versão "oficial" da perspectiva pombalina da governação.
[961] Idem, ibidem, pág. 13. Apresenta em seguida alguns desses erros que se pretende ver afastados.

Aqui se afasta – por falta de justificação do real sentido das palavras – das pretensões pombalinas que não se temiam tanto, ainda quando repudiavam, tais heresias. Gonzaga, neste particular início do seu *Tratado*, não divergirá muito de uma versão actualizada da Escolástica, que procura subsistir em tempos de repúdio de tal mote e ainda quando o processo de destruição da mesma havia já sido iniciado em Portugal[962].

Poderá, por certo, ter sido falha bastante para não promover a sua pretensão no exercício da docência universitária, mesmo que acabasse por passar à posteridade como o mais perfeito teórico do Pensamento político português em período do despotismo ilustrado, aportando à perfeição o sentimento vivido oficialmente nesse domínio.

E, segundo explicita Gonzaga, "o Direito Natural tem dois princípios: o primeiro a que chamamos 'ser', o segundo de 'conhecer'." Ora, sendo o primeiro dos citados relativo à origem da obrigação[963], "quem poderá duvidar que o Direito Natural não pode ter outro princípio senão a vontade de Deus?"

"O princípio do 'ser' de qualquer lei não pode ser senão a vontade do seu legislador, e não tendo o Direito Natural outro legislador senão Deus, é certo que há-de ser o princípio da sua obrigação a vontade do mesmo Deus"[964]. Donde a manutenção do ideal de um Direito Natural sagrado é por demais evidente.

2.2. Censura e Liberdade de consciência como Liberdade individual

Na dedicatória que consagra a Pombal, Barreto de Aragão delineia de início, no seu *Codigo da Jurisprudencia Natural*[965] os propósitos por que se rege, a saber, "estabelecer os *verdadeiros e imutaveis e inaufferiveis Principios da Jurisprudencia ou do Direito Natural, Espirito, e recta Razão do mesmo DEOS,* gravados no generoso, e grande coração de V. Ex.ª. hum Codigo, digo em que reune, e involve todos *os principios de Grocio, Pufendorfio, Real, Thomazio, Wolffio, e outros dystintos, illustres Escriptores de quem bebi as primeiras luzes,* deve apparecer no Orbe Literário com o ilustre nome, e Augustos Auspicios de hum magistrado, que pelo Ministério publico, exercita, he em nome do Soberano, alma da alma de V. Ex.ª., o defensor, Protector, e ambiciozo Cidadão da Gloria Literária da sua Patria"[966].

Comparativamente, posterior, ainda que pouco, será a actividade desenvolvida em prol da cultura nacional por parte de Tomás António de Gonzaga. Personalidade complexa como se deixa anotado, importa especialmente avaliar as suas ideias, sobre os problemas da Liberdade individual deste passo, vazadas no único trabalho donde, com maior evidência, sobressaem: o *Tratado de Direito Natural*.

---

[962] Recorde-se a data da criação da *Real Mesa Censória* em 1768 e, um ano antes, da publicação da *Dedução Chronologica e Analytica*.
[963] António Brás Teixeira, "A Filosofia jurídica", *História do Pensamento Filosófico*..., III, pág. 76, defende que existe em Gonzaga "um teologismo criacionista", pelo que "o Direito Natural tem na vontade divina a sua origem, sendo ela o princípio do seu ser." Não utilizamos esta designação porque o criacionismo é uma corrente de Pensamento muito posterior, já do séc. XX e convém evitar confusões, embora na essência corresponda aos propósitos veiculados pelo Autor.
[964] Tomás António de Gonzaga, "Tratado de Direito Natural", *Obras Completas*, II, pág. 61.
[965] António Barnabé Elescano Barreto de Aragão, *Codigo da Jurisprudencia Natural do Genero Humano*, págs. 1 e 2. Seguimos a paginação conforme consta do seu local de publicação.
[966] Idem, *Historia da Jurisprudencia Natural*, pág. 12: "(...) depois destes tres primeiros illustres Escriptores, he que se lhe pode dar o nome com exacção; pois estes grandes genios forão os que lhe derão huma certa forma, reduzindo todas as leis naturaes a systema, e deduzindo dellas os seus verdadeiros, immutaveis e inauferiveis principios."

Mas em Barreto de Aragão há dois dados importantes. Por um lado, o reconhecimento da importância do jusracionalismo europeu em Portugal, nas pessoas dos seus vultos maiores a que se fez referência – sobretudo a Grócio –, mediante cuidada arrumação[967]. Por outro, o elogio ao protector e reformador das Letras em Portugal, Carvalho e Melo, ponto que comunga com Tomás António de Gonzaga, Autor com o qual os possíveis paralelos justificam que o tratamento das suas respectivas produções seja visto em sintonia.

Tanto quanto se aproxima cautelosamente dos jusracionalistas, afasta-se dos franceses do séc. XVIII, sobretudo do estrato que se designa normalmente por *"Les Philosophes"*, por razões já ficaram bastante explicadas. Quanto aos paralelos com o escrito de Gonzaga nota-se também, por exemplo, uma menor preocupação com as matérias de raiz ética e, sobretudo, assentando num discurso explicativo da bondade da religião revelada, ponto em que a sintonia com a política reformista josefina sofre algumas limitações.

Estes aspectos, no seu conjunto, são particularmente interessantes, uma vez que demonstram duas situações: o afastamento das doutrinas dos "ímpios", porque as critica; se as critica é porque as conhece e, de algum modo as leu. Provavelmente é a confirmação do que já se disse em mais que uma ocasião: malgrado as proibições, as inovações de raiz francesa sabiam-se e tanto que se comentavam em Portugal, por Autores nacionais e em escritos oficiais[968].

Prosseguindo na sua exposição e pese embora declarar-se seguidor do jusracionalismo europeu[969], encontra-lhe muitas condicionantes. A "Jurisprudencia Natural he huma ciencia que nos ensina a arte de chegar ao conhecimento das leys naturaes", Ciência que tem os seus jurisconsultos, todos eles muito eminentes como António Elescano reconhece mas, na maioria, hereges[970].

---

[967] António Paulo Simões Dias de Oliveira, *A Filosofia do Direito Ferrer Neto Paiva. Contributo para o estudo da História da Filosofia do Direito em Portugal no século XIX*, Tese de Mestrado Apresentada ao Departamento de História das Ideias da Faculdade de Ciências Sociais e Humanas da Universidade Nova de Lisboa, Lisboa, 1997, pág. 11. O manuscrito original encontra-se depositado no Arquivo Distrital de Évora (CXII/1-16). Aponta em detalhe a sistematização do *Código*, de que os Livros I, II e VI são os que mais importam.

[968] António Barnabé Elescano Barreto de Aragão, *Codigo da Jurysprudencia Natural do Genero Humano*, págs. 15-17: "Pode se por no numero de Inimigos da Jurysprudencia Divina duas differentes classes: a primeira comprehende os Incredulos, e a segunda os Herejes. Nos intendemos por Incredulos em facto do Direito Natural, os que negão directa, ou indirectamente o admittir hum so Deos, e de que os sentimentos tendem a destruir os fundamentos (...) Chamam-se Herejes em facto do Direito Natural aquelles que enganados pela evidencia das provas, sobre que se funda a existencia dos Decretos Universaes de hum soberano Necessario e envergonhados de não poderem resistir aos argumentos, que não podem negar, sem banirem os nossos conhecimentos, pretenderão pretextar algumas das nossas obrigaçoens naturaes, falsificando em parte este Codigo da Humanidade"; idem, *Historia da Jurisprudencia Natural*, págs. 66 e ss., onde se repete praticamente sem alterações o texto do *Codigo*.

[969] Idem, *ibidem*, pág. 3: "A sua Excellencia [a Pombal] recomenda a sua utilidade [de um Código, ou Direito Positivo]; e as liçoens tão solidas, tão brilhantes, inspiradas pelos *novos Apostolos da Humanidade* a testificão. Henningio, Windero, Grocio, Pufendorfio, e todos os mais *sacerdotes desta Jurisprudencia são os mestres, de quem bebi as primeiras luzes, e com elles organizei este Codigo da Humanidade*."

[970] Idem, *ibidem*, pág. 18: Estes são Grocio, Real, Hobbes, Pufendorfio, Heinningio, Winclero, Seldeno, Yvo Pariziense, Warthero, Thomazio, Burlemaqui, Rachelio, Heineccio, Wolfio, Formey, Zentgravito, Hutchonio, Bellero, Holbarg, Cocceio, etc." Idem, *Historia da Jurisprudencia Natural*, págs. 11 e 12.

Em Barreto de Aragão há Liberdade de Pensamento ao jeito português da época, mas existe repúdio por qualquer desvio da ortodoxia, acentuando-se a inexistência de qualquer abertura à Liberdade de consciência e à tolerância religiosa. A Revelação é necessária à sobrevivência do homem, que sem ela perde o seu norte e o único serviço admissível ao homem, no campo moral, é o serviço de Deus[971].

Por outro lado e dedicado seguidor do Marquês de Pombal, ao tempo em que era candidato a Opositor às cadeiras na Faculdade de Leis da Universidade de Coimbra na área do Direito Natural, Gonzaga apresenta ideias que irá manter, em parte, ao longo da sua vida e aplicará na prática como magistrado.

Deve, no entanto, salientar-se que a experiência de conturbada vida lhe veio a criar, a partir de certa altura, ideias algo diversas das que mantinha antes, nomeadamente na maior consideração que passa a ter pelos sentimentos de uma ideia de Liberdade.

Em consonância, de resto, com alguns dos ideais do Liberalismo que se iam impondo e no Brasil eram sobretudo sentidos[972]. A escravatura e as atitudes de prepotência assumidas pelos magnates locais, assim como as quezílias que opunham o Autor, enquanto escrupuloso cumpridor da lei e os seus mais altos prevaricadores forçaram-no, a partir de certo momento, a alterar as suas posições no campo político.

Neste contexto, a conclusão que rapidamente se retira implica que só no pressuposto da Liberdade das acções humanas, sedimentadas nas faculdades da alma que são o entendimento e a vontade, admite a responsabilidade dos homens e eventual sanção das mesmas.

A segunda parte do seu trabalho não modifica em nada a orientação geral, no que respeita ao conteúdo das matérias e sua inserção sistemática. No organigrama dos princípios que devem sustentar a sociedade civil está, em primeiro lugar, a religião revelada, com o inerente conjunto de princípios que lhe presidem; só depois a sociedade civil propriamente dita, sendo certo que ambos contribuem para coarctar a Liberdade natural do homem[973].

A religião natural é insuficiente para levar o homem pelo são caminho que o Criador para ele preparou; quem assim o pensa mais não é que ímpio e esquece-se da humana mácula por força da Queda. Assim sendo, "depois de admitirmos a necessidade que temos de uma religião revelada, havemos também de admitir a existência dela (...) vamos a mostrar que não pode haver mais do que ua religião revelada, para vermos depois que só a nossa é verdadeira, e todas as mais consequentemente falsas"[974], o que a própria Razão revela não sendo necessário recorrer ao Escritos Sagrados.

---

[971] Idem, *ibidem*, págs. 22 e ss.
[972] As situações em que o Brasil se encontrava à época e a miséria em que os Povos viviam, estão documentadas no "Prefácio" de Rodrigues Lapa às *Obras Completas* de Tomás António de Gonzaga. Basta uma simples leitura e a comparação com as queixas e denúncias muitos anos antes promovidas pelo padre António Vieira para se perceber que a situação pouco ou nada se tinha alterado desde esses tempos.
[973] Tomás António de Gonzaga, "Tratado de Direito Natural", *Obras Completas*, II, págs. 67 e ss. Pensamos ser quase inútil, por força dos precedentes considerando, averiguar o que poderá o Autor pensar da ideia de Liberdade de consciência e de tolerância religiosa. Se não fosse por dever de ofício nem sequer se gastaria espaço a apurá-lo, mas como disso não nos consideramos desvinculados, aqui ficam algumas breves observações.
[974] Idem, *ibidem*, II, pág. 69.

Declarando-se conciliarista[975], menciona todos os benefícios que a Igreja Católica e a religião cristã fazem por comparação com os demais credos religiosos, embora se refiram apenas às outras duas grandes religiões monoteístas. Preconiza, pois, uma obediência absoluta aos comandos da mesma por parte dos cristãos e clama pelos erros dos hereges, que mais não fazem que conspurcar os ensinamentos milenariamente transmitidos. Por consequência, a sua intolerância é plena, nem sequer considerando a hipótese de entre católicos e protestantes poder existir qualquer ponto de contacto[976].

Será possível, entretanto, avançar já neste momento com duas observações no que se refere a Gonzaga.

Em primeiro lugar, o tipo de discurso do Autor é manifestamente arredio, em presença dos problemas analisados, de qualquer evolução que no concerto europeu se ia verificando. Pura e simplesmente isso é-lhe estranho. Depois, verifica-se que as suas concepções se inclinam, nesta fase, sobretudo para afirmações Escolásticas, algumas mesmo das mais antagónicas com o tipo de entendimento que os próprios pensadores cristãos e católicos defendiam. Basta pensar em De Martini, insuspeito nesta área, para estabelecer a comparação entre as respectivas Obras.

Nesta ordem de ideias perfila-se igualmente frei Manuel do Cenáculo, um dos mais doutos e respeitados homens do seu tempo[977].

Moderado, procurava evitar os excessos inovadores embora fosse francamente partidário da renovação da cultura nacional[978], como bem se depreende da sua fraseologia: "Os curiosos acostumados á linguagem de novas Lógicas, novas Metapysicas em novo estilo, cuidárão ser á enfadonha a lembrança de muitas especies (...) particularmente sobre as velhas escolasticas frases; mas se por ventura já se não faz fortuna com tudo são ainda mui saudosas com vulgares esperanças de reviverem."

Dito por outras palavras: abertura à leitura de livros proibidos e antes censurados pela Inquisição mas, apenas e na medida, em que o seu conteúdo seja de molde a aplaudir o Direito Divino dos Reis[979]; outras matérias menos ortodoxas continuam,

---

[975] Idem, *ibidem*, II, pág. 82.
[976] Idem, *ibidem*, págs. 70 e ss.
[977] Ferreira Deusdado, *Educadores Portugueses*, págs. 381 e ss.
[978] Frei Manuel do Cenáculo, *Cuidados Literários*, pág. 4. Ao longo de todo o seu escrito há alusões a inúmeras actividades promovidas por eruditos portugueses no que concerne não apenas à protecção da língua latina e até da portuguesa, mas de medidas que ao longo dos séculos foram sendo oficialmente tomadas para este efeito, reconhecendo que apesar do muito concuspiente ensino nacional, algumas realizações foram dignas de nota. Nem tudo foi mau. São palavras suas a pág. 77: "O espirito de Conversações Literarias, e de bem premiar os homens merecedores he educação de nosso mais antigos: por todos o confirma o Respeitavel Lisbonense e Papa João XXI, do qual diz seu contemporaneo Tolomeo de Luca que sendo Papa era Protector de Letrados e gente amiga de saber conversando (...). Aperfeiçoar a Lingua latina nesses mesmos dias quando era mistura de barbara expressão: adiantar o idioma patrio com riquezas de palavras e cousas deste genero deixárão muitas provas de assim haver acontecido entre nós desde o Primeiro Rei." No mesmo sentido as *Disposições*..., I, Disposição Quarta, págs. 4 e ss., *Historia da Lógica*, págs. 44 e ss., onde demonstra conhecer boa parte dos "lógicos" modernos, aproveitando para os criticar nos pontos onde manifestamente há discordância com as ideias que defende.
[979] António Alberto de Andrade, *Vernei e a Cultura do seu Tempo*, págs. 326 e 327, anota que Cenáculo, tal como Pedagoche – o tradutor português da Obra de Justino Febronio, depois arduamente debatida a apoiada pelo nosso frei para ser introduzida como Compêndio escolar em Coimbra – eram dos maiores adeptos das posições regalistas propagadas pelo seu talvez maior teórico europeu. "O febronismo de Cenáculo ressalta, com igual intensidade, da *Continuação das Noticias Ecclesiasticas*

vedadas[980.] No que respeita à censura de livros, é sua convicção que as confusões feitas entre livros heréticos e livros de boa e sã proveniência e em que a Filosofia nas suas várias dimensões fosse alcandorada a disciplina fundamental, esteve na base do obscurantismo do Pensamento nacional.

Tal perplexidade é filha da equiparação entre "os abusos com os louvaveis e dignos usos, e a licença de alguns livros perigosos com aquelles que merecem louvor por sua continencia no que he justo. A regra de estudar por Obras emendadas salva todo o escrupulo", apoiando este seu raciocínio em Sto. Agostinho e mais Padres da Igreja que sobre a matéria se pronunciaram[981].

Em consonância com o seu Pensamento virado ao Absolutismo régio, entende que nas mãos dos súbditos apenas se conserva aquela parcela de "Liberdade interior de querer ou não querer, amar, aborrecer, julgar, ou não julgar, ver, ou não ver: que são acções interiores que passão dentro de nós e que não se mostrão por acçoens exteriores, que todo o mundo possa observar visivelmente"[982].

Ao Autor não parecem restar dúvidas da série de dramas culturais, com que a sociedade portuguesa do seu tempo se confrontava: seria necessário "satisfazer as pessoas, que na crise dos estudos, e na contradição de ideias, entre estudos velhos censurados, e estudos novos de reforma, desejão luz e acerto"[983].

Cenáculo, ainda que eclesiástico era um dos homens de confiança do Marquês, fazendo parte daquela parcela da sociedade portuguesa que o apoiava incondicionalmente, possuindo os meios e as condições para o fazer, o empenho e a vontade em renovar.

Neste contexto, apresenta propostas significativas e interessantes no que respeita à inovação cultural e de métodos[984] de que a nossa Universidade tanto necessi-

---

de cinco de Junho de 1771 para servir de Supplemento à Obra de Justino Febronio, que apareceu anónima, com licença da *Real Mesa Censória*."
[980] Frei Manuel do Cenáculo, *Disposições*..., I, Plano de Estudos, págs. 20-25, e no que respeita às obrigações do bibliotecário, "Zelar que não se introduzão nas Aulas Livros de máo gosto, e de assumptos impertinentes: e que as applicações sejão sobre cousas sólidas. (...). Não consentirão os Professores, que os Estudantes se distraião a ler mais do que aquillo, que se lhes encarregar: os Regentes vigiarão, que os Estudantes não tenhão outros Livros mais, que os que se lhes permitirem: nem os mesmos Professores poderão explicar. Ou usar nas Aulas de Livro algum, sem ser aprovado pelo Concelho, para se acautelar desta fóra a introducção de máos livros, e perniciosos, ou seja pela Matéria, ou pela incompetencia (...)."
[981] Idem, *ibidem*, pág. 74.
[982] António Ribeiro Sanches, "Cartas sobre a Educação da Mocidade", *Obras*, pág. 219.
[983] Idem, *ibidem*, pág. 3.
[984] Frei Manuel do Cenáculo, *Cuidados Literários*, págs. 6 e ss., apresenta o receituário de uma boa e profícua actividade universitária no que toca ao relacionamento entre Mestres e discípulos. Desde o tipo de diálogo que deve existir entre ambos à forma como o ensino se deverá ir processando no seu dia a dia, apresenta-se um conjunto de sugestões de tal modo interessantes. Um dos aspectos em que mais insiste é a importância dos estudos históricos, eco do coro que a partir de inícios de Setecentos tem início em Portugal, como veia de trabalho e erudição diametralmente oposta ao ensino Escolástico e arredio dos aspectos históricos que até então o aristotelismo escolástico preconizava. No mesmo sentido a sua observação a págs. 16 e 17: "O presente seculo goza desta util Historia, promovida com desempenhos, que he necessario adiantar pela imitação, e pelo conto de novos feitos, acontecidos desde donde até agora senão participárão aos estranhos." No que se refere à "Lição de Methodos" que preconiza, o tratamento encontra-se a partir de pág. 17, sendo

tava⁹⁸⁵. O clero não passa imune ao seu crivo da incisiva crítica iluminista, tanto mais que entende que os membros que fazem parte "dos que rezam", andam muitas vezes arredados da salutar disciplina cultural que deveriam ser os primeiros a ensinar e preservar.

Nítido é o aviso que deixa cair, estribando-se em Autoridades como Sto. Isidoro de Sevilha ou Luiz Henrique de Goudrin, Bispo de Sens: "valhão estas authoridades por muitas outras especies, que se poderião escrever neste lugar, como são prevenir as ociosidades do clero, dando-lhe em que se occupar, e Gastar introduzir-lhe por esta occasião no animo brio, e vergonha, de que se occupe, a fim de trabalhar, e assim se esquecer de cuidados estranhos, e nocivos (...)"⁹⁸⁶.

Do seu famoso *Diário*, sob designação correcta de *Noticias secretas, ineditas, e muito curiosas, da Junta reformadora da Universidade de Coimbra, extrahidas do diario de D. frei Manoel do Cenaculo*⁹⁸⁷, retiram-se algumas das ideias basilares não apenas no que respeita à remodelação de Estudos que se propunha, mas quanto à apreciação que fazia dos seus parceiros de tarefa⁹⁸⁸.

E, se bem que não se descortine qualquer referência directa a questões de carácter substancial no que respeita à Liberdade de Pensamento ecléctica, sempre se pode afirmar que frei Manuel nunca deixou de manifestar um espírito crítico em tudo o que se propunha alterar. Em seu abono invocou e clamou muitas vezes por Pombal, de facto o único dos membros da *Junta* com real capacidade e desinteresse particular notório para levar por diante a tarefa a que se propunham.

---

certo que busca na literatura portuguesa, de origem jurídica e filosófica as fontes básicas para a evolução desta matéria.

⁹⁸⁵ Frei Manuel do Cenáculo, *apud* Newton de Macedo, *História de Portugal. Edição Monumental comemorativa do 8º Centenário da Fundação da Nacionalidade*, VI, pág. 427: "Gastar dias; empenhar-se em controvérsias; apurar sem fim regras e preceitos; alambicar Pensamentos; fazer deles jogo que em jogo fica, sem emolumentos de novos e oportunos conhecimentos, tudo isso é abuso da Razão. Adelgaçar o espírito; delir a sua actividade em vapores, gastá-la em conceitos sem objecto que importe e vala; trabalhar a Razão em agudezas que só a si mesmas significam, tudo isto é como aguçar o faminto cansadamente a faca sem alimento toçar no alimento."

⁹⁸⁶ Frei Manuel do Cenáculo, *Cuidados Literários*, pág. 15.

⁹⁸⁷ Manuel Augusto Rodrigues, "Apêndice", *Actas das Congregações da Faculdade de* Teologia *(1772-1820)*, I, págs. 332 e ss. Foram primitivamente publicadas no *Conimbricence*, de 1869 mas seguimos a Edição mais recente.

⁹⁸⁸ Idem, *ibidem*, I, págs. 334 e ss., dá conta das susceptibilidades existentes entre os membros da *Junta*, assim como uma certa impreparação e algum alheamento que pareciam demonstrar das elevadas realizações a que Pombal se propunha. Em seu entender, alguns dos citados pareciam mais interessados em "fazer as trancinhas" com os outros e assim "vão levando o Marquez como querem, e vão zombando e rindo com muita pena minha, devendo áquelles senhores não se atreverem a convidar-me, por mais que me tenham julgado, e porque como são quatro e talvez se persuadam que eu não tenho orgulho para asa disputar, como não tenho, não necessitam de mim." No seu *Diário*, frei Manuel do Cenáculo aponta também alguns comportamentos menos lisos ou, ao menos, pouco esclarecidos de certos membros da *Junta* em relação a Pombal. Uma certa dose de perfídia que pode ser confrontada com a própria fonte e de que nos socorremos, de novo, em Teófilo Braga, *História da Universidade de Coimbra*, III, págs. 440 e 441, onde a matéria vem reproduzida: "(...) Seabra é a alma d'este negócio, que faz as trancinhas com elles [com outros membros da *Junta*]e com o Regedor para conduzirem o Marquez, que vae de boa fé, no que um d'elles propõe, e os outros fazem-se de novas, e confirmam, e assim vão levando o Marquez como querem, e vão zombando e rindo com muita pena minha (...). Este Seabra certamente não merece ser Secretario de Estado, e basta-lhe a zombaria com que sempre tem tratado o Marquez, o que é certo, indubitável e fóra de duvida (...)".

3. Escritos oficiais e órgãos do Estado promotores da renovação cultural ecléctica: suas convicções: segunda subdivisão

3.1. A *Real Mesa Censória*: a impugnação da Liberdade de consciência e do jesuitismo e a aceitação moderada do jusnaturalismo protestante – 1768

Com direito de veto face a uma positiva apreciação feita pelo Ordinário e pelo Desembargo do Paço, antes da criação desta *Real Mesa Censória* temporal era ao Santo Ofício que cumpria a última palavra em matéria de censura prévia[989].

Manifestamente incapaz de controlar na totalidade, o incontável número de publicações clandestinas que proliferavam[990], ponto a que Pombal também se agarrou para

---

[989] No período imediatamente anterior a censura prévia foi instituída em 1551 e depois em 1570, com a visita às livrarias e os impressores, que viam as suas finanças muito abaladas quando prevaricavam devido a multas e confiscações. Depois e já no séc. XVII as visitas às livrarias aumentaram de intensidade, assim como a toda os que fossem suspeitos de possuir Obras condenadas. Não se olhava aos estratos sociais para haver condenações e, apenas, a ferocidade das mesmas poderia ser diversa. Para maiores explicitações contextuais veja-se José Sebastião da Silva Dias, "Portugal e a Cultura Europeia (Sécs. XV a XVIII)", págs. 295 e ss. Em versão oficial da época, José Seabra da Silva, *Dedução Chronologica e Analytica*, II, § 27, "Introducção Previa", pág. XIII: "De sorte que depois daquelle fatal anno de mil seiscentos e vinte e quatro ficárão os Portuguezes igualados com os Malabares, Chinas, Japonezes, negros da Africa, e Indios da America (...) Isto he, lendo sómente o que os mesmos *jesuítas* lhes permitiam que lessem; e por necessaria consequência crendo sómente o que a Elles *Jesuítas* lhes servia que cressem; sob pena de serem taxados de heresia, ou quando menos de mal afectos á santa Madre Igreja (...)." Existem no *ANTT*, núcleo da *RMC* vários editais em data posterior a 2 de Maio de 1769 em que se incrementavam medidas a este propósito. Na caixa 1 deste núcleo, por exemplo, podemos descortinar um conjunto normativo alargado que prevê o envio por todos "os livreiros, impressores, mercadores de livros, Universidade, religiões, comunidades, corporações e demais pessoas para que mandem o catálogo dos livros feito segundo o que se estabelece no edital", cuja data é de 10 de Julho de 1769. Em 12 de Dezembro dava-se um prazo de 30 dias para a entrega de livros proibidos, a contar da data de publicação deste edital; registe-se que a maioria das Obras que são proibidas no mesmo têm carácter teológico, sendo apenas pontuais os casos que versam sobre outras matérias. Ponto a levar em linha de conta prende-se com o aviso que fazem Jacinto Prado Coelho e Violeta Crespo Figueiredo, no "Prefácio" às *Reflexões Sobre a vaidade dos Homens*, de Matias Aires, pág. XXXI: "(...) o critério de selecção dos tribunais censórios (desautorizados pelo escandaloso aumento da imprensa clandestina) parecia cada vez mais hesitante, dividido, dependente da opinião pessoal dos censores, muitos dos quais concentravam o rigor sobre as opiniões modernas, concedendo fáceis licenças às Obras que, pelo contrário mostravam carácter grave e Moralista, ou, pelo menos, refreador"; Rui Manuel de Figueiredo Marcos, *A Legislação Pombalina*, pág. 12: "A alçada do Conselho Geral do Santo Ofício estendia-se, também, à censura intelectual. Uma das suas principais atribuições residia em ordenar as visitas às livrarias públicas e particulares, fazer os longos róis de livros proibidos e conceder licença para a impressão de Obras novas. Importava extirpar toda e qualquer semente de heresia; e para tanto urgia lançar um cordão em torno dos portos que obstasse á entrada de livros banidos por esta via, dado que, por terra, repousavam tranquilamente os censores numa Espanha, onde, como entre nós, tudo era zelo e fervor religioso."; idem, *ibidem*, págs. 37 e ss. e notas respectivas; Piedade Braga Santos, "Actividade da Real Mesa Censória", *Cultura – História e Filosofia*, II, 1983, págs. 381 e ss., que completa o estudo de Maria Adelaide Salvador Marques, "Catalogo de livros defesos neste Reino, desde o dia da Criação da Real Mesa Cençoria athé ao prezente. Para servir de expediente na Caza da Revisão"; António Ferrão, "A Censura Literária Durante o Governo Pombalino", págs. 53 e ss.; António Delgado da Silva, *Colecção da Legislação Portugueza*, 1763-1774, pág. 446: edital prohibindo varios livros; e para estes se entregarem na Secretaria da Meza Censoria.

[990] Henrique Schaefer, *Historia de Portugal, desde a Fundação da Monarchia até á Revolução de 1820, Continuada, sob o Mesmo Plano, até aos Nossos Dias por J. Pereira de Sampaio (Bruno)*, V, págs. 202 e ss.

criar a *instituição*, terá sido por via indirecta da sua extinção uma primitiva machadada no ultramontanismo nacional[991].

A forte posição assumida no seu tempo no que respeita às matérias da censura e da Liberdade de consciência teve o seu culminar com a criação da *Real Mesa Censória*[992], a quem já foi conferida a designação de "degolladero literario"[993]. A institucionalização da *Real Mesa* constituiu-se como inovação que não teve sequência já que ela era, efectivamente, uma manifestação do aparelho de Estado ao seu melhor nível de funcionamento sem antecedentes nem consequentes por relação ao período josefino.

Trata-se de uma política em tudo conivente com as preocupações centralistas e secularizantes de Pombal, bem como das intermináveis quezílias que o opunham ao clero, nacional ou estrangeiro[994]. Com a criação da *Real Mesa Censória* esclarecem-se

---

[991] *Ofício do Embaixador francês Simonin de 19 de Abril de 1768*, apud Henrique Schaefer, *Historia de Portugal, desde a Fundação da Monarchia até á Revolução de 1820, Continuada, sob o Mesmo Plano, até aos Nossos Dias por J. Pereira de Sampaio (Bruno)*, V, pág. 204: "Supprimindo-se com elle todos os livros que haviam servido de fundamento á bulla *in Coena Domini* e as demais bullas que tinham servido de base ao *Index Romanus*, ficavam as livrarias de Portugal expurgadas de quanto n'ellas havia de ultramontano; o que faria uma épocha memoravel e ao mesmo tempo util no espirito dos Povos d'aquella monarchia, por isso que as bibliothecas que existiam desappareciam e seriam substituídas por outras bem compostas e escolhidas; do que era prova o ter já muita gente pedido licença para mandar vender os seus livros fóra do reino. A *Real Meza Censoria* foi, logo desde seu principio, provida nos theologos e jurisperitos mais habeis e instruidos do paiz."

[992] António Delgado da Silva, *Colecção da Legislação Portugueza*, 1763-1774, pág. 333, alvará régio de Abril de 1768 e com regimento de 18 de Maio de 1768. Veja-se Pedro Penteado, "Introdução" ao *Inventário Preliminar da RMC*, existente no *ANTT*; Pinheiro Chagas, *História de Portugal*, VII, págs. 58 e ss. Tem interesse conferir o resumo de Pascoal José de Mello Freire dos Reis, "História do Direito Civil Português", *Boletim do Ministério da Justiça*, nº 175, págs. 65 e ss., adiante citado em pormenor, que se reporta não apenas às suas origens, como ao diverso modo de actuar em relação ao seu anterior congénere Santo Ofício, mesmo pela qualidade e "luzes" dos membros que a compunham. E esses membros, quase todos eclesiásticos a trabalhar num organismo civil e que pretendia opor-se às pretensões eclesiásticas, foram em fase inicial o cardeal D. João Cosme da Cunha, Presidente e o oratoriano António Pereira de Figueiredo, o beneditino, frei João Baptista de S. Caetano, o franciscano da Terceira Ordem, frei Manuel do Cenáculo; frei Luís de Monte Carmelo, da Reforma de Sta. Teresa de Jesus; o doutor António Manuel Nogueira de Abreu, juiz dos Feitos da Coroa; o doutor Francisco de Lemos de Faria, juiz geral das Três Ordens Militares; e o doutor João Pereira Ramos, Desembargador da Relação do Porto, todos deputados. Ou seja, cumpriam-se escrupulosamente os dizeres do *Regimento*, em que se requeria que fosse constituída por "Doutores, Lentes ou Oppozitores ás cadeiras da Universidade de Coimbra", sendo certo que cada um dos seus membros teria de preencher um conjunto de requisitos não apenas de reconhecido mérito cultural e académico mas de incontestável fidelidade ao monarca. E, claro, a Pombal. Sobre a relação da *Real Mesa Censória* com o Tribunal da Inquisição na perspectiva legislativa, Rui Manuel de Figueiredo Marcos, *A Legislação Pombalina*, págs. 35 e ss.

[993] Menéndez y Pelayo, VI, pág. 142.

[994] Esta medida provocou muita celeuma entre os eclesiásticos. Veja-se Pinheiro Chagas, *História de Portugal*, VII, pág. 18: "Foi assim que elle [Pombal] erigiu um tribunal civil para a censura de livros; foi assim que elle supprimiu a bulla *In cena domini*; emfim proibiu a qualquer portuguez tomar ordens sacras sem licença régia, tirou à patriarchal a gerencia das suas rendas e passou-as para a administração das rendas públicas (...), prendeu o Bispo de Coimbra, D. Miguel d'Annunciação, accusado de ter prohibido uns livros que a censura régia permitira, e de partilhar as idéias da seita jesuitica (...)"; *ibidem*, pág. 59, volta a referir-se ao assunto, em termos semelhantes, já que a imediata condenação de alguns livros pela *RMC* quando tinham sido aprovados pelo Santo Ofício, escandalizou não apenas os mais conservadores mas os mais beatos.""Velho fanático" e reaccionário intratável" são apenas alguns dos epítetos que o Bispo de Coimbra recebe de Pinheiro Chagas,

dois pontos essenciais. Por um lado, importava mais a lealdade ao poder dos censores indigitados que, comparativamente, a substância das Obras censuradas, sem que isso se confundisse com qualquer falha à protecção da ortodoxia. Por outro, e porque era o incremento do Poder temporal que importava acautelar, ainda que os censores fossem na sua esmagadora maioria eclesiásticos, eram eclesiásticos fiéis e insuspeitos aos olhos das pretensões regalistas de D. José e do seu ministro.

Donde, o que se pretendia era, mais que tudo, a assimilação pelos censores dos ideais padronizados por Pombal e a sua activação na prática, caminho preferencial para no domínio comum da consciência e da política, da Liberdade individual de discordar e da Liberdade dos povos de participar, se patentear um único modelo: o do régio arbítrio.

Como consequência e desenvolvimento lógico, a preocupação em evitar que os portugueses tivessem acesso a todos os contributos estrangeiros que de algum modo pudessem questionar a ortodoxia religiosa e omnipotência régia[995], onde se destaca o

---

sincero admirador do *Marquez de ferro*, não tendo qualquer dúvida em afirmar, mesmo sem prova feita, que se tratava de membro da detestável seita dos jacobeus e sigilistas. Confira-se, mais, Jacome Ratton, *Recordações e Memórias Sobre Ocorrências do seu Tempo*, ... Londres, 1813 e Coimbra, 1920. Trata-se de uma das mais conseguidas "Memórias" dos acontecimentos ocorridos em Portugal durante o espaço temporal que vai de 1747 a 1810, ocupando três reinados e que dá uma visão muito particular da sociedade portuguesa de então. Ao caso reportamo-nos a págs. 160-167, onde se encomiam as reformas pombalinas no plano da Liberdade de Pensamento ecléctica e ao nível geral dos Estudos Menores e da Universidade. Tem especial interesse o que se diz a págs. 160 e ss., onde a formação do Colégio dos Nobres com as funções e composição que lhe foram outorgadas vêm igualmente tratadas. Para uma sumária caracterização da "jacobeia", José Maria Latino Coelho, *História Política e Militar de Portugal, desde os fins do séc. XVIII até 1814*, I e II, 2ª Edição, Lisboa, 1916. Ao caso reportamo-nos a I, págs. 100 e ss. A 1ª Edição é de Lisboa, 1881.

[995] A segunda parte da *Dedução Chronologica* inclui uma dissertação crítica sobre o Poder pleno e único que cumpria ao Estado em matéria de censura para matérias intelectuais, pouca margem deixando à sociedade eclesiástica para exercer vigilância sobre os escritos a publicar. Apenas os relativos ao dogma e nem sempre. Tinha, segundo o alvará, "jurisdição privativa, e exclusiva em tudo o que pertence ao exame, aprovação e reprovação de Livros, e papéis, que já se acham introduzidos nestes reinos, e seus domínios", bem como naqueles que pretendessem entrar. Com poderes muitos amplos, estendiam-se à impressão dos livros e sua comercialização, podendo igualmente autorizar a leitura e circulação de livros proibidos em Portugal e a reformação do Índex português. Portanto, nada escapava à teia censória que agora se inaugurava. Quer sob a forma de disposições avulsas – que aqui se exemplifica – quer no plano de rol articulado – que será visto em nota adiante. Veja-se, *ANTT, Leis*, Livro 11, fls. 62 v. – 64; idem, Leis, Mc. 7 – carta de lei de 6 de Novembro de 1772. No plano político a RMC tinha competências para avaliar todos os escritos que pudessem fazer perigar o sistema institucionalizado de paternalismo josefino ou, ao contrário e em período de despombalização, de tudo o que o pudesse sustentar. Por isso e ao lado da abertura ao conhecimento das Obras que teoricamente o sustentassem, eram proibidas todas as que lhe fossem desafectas. Isso mesma se detecta do "Preambulo" do edital de 24 de Setembro de 1770, onde para além de serem proscritas dezenas de Obras, esclarece-se no que toca à religião que apenas ela pode ultrapassar as insuficiências "da rasão natural", devendo "obsequiosamente sujeitar suas fracas luzes ás superiores verdades da Revelação divina (...) Estabelece a boa ordem e o Poder do Governo politico, firma a authoridade e protecção nos Soberanos; assegura a sujeição e obediencia nos vassallos: E preserva toda Sociedade d'aquelle contagio, a que seria perpetuamente exposta, se o medo de um juizo futuro, mais certo e infallivel do que o do mesmo homem, não fosse capaz de o conter e cohibir. Tem ultimamente chegado ao Meu real Conhecimento a narração de todos os horrorosos estragos que n'este seculo, mais que em todos os outros, tem causado na Europa o espírito de Irreligião e de falsa Philosophia, o qual excitando as mais vigorozas providencias, com

primeiro pronunciamento do Poder civil sobre Maquiavel[996] e as suas Obras, no que segue a antiga condenação do rol eclesiástico[997].

Na realidade a *Real Mesa Censória* desempenhou-se muitíssimo bem das tarefas que lhe foram confiadas[998], durante todo o seu tempo útil de vida, isto é, até 1794 – ainda

que huma e outra Potencia, espiritual e temporal, tem procurado e procura precaver os funestissimos effeitos d'este disffarçado veneno, parece que elle consegue augmentarse e diffundirse ao mesmo passo por huma inundação monstruoza dos mais impios e detestaveis Escriptos, para attacar os principios mais sagrados da mesma Religião, para invadir os mais solidos fundamentos do Throno, e para romper aquelles felicissimos vinculos, com que mutuamente se sustentam (...)." Apresentando mais alguns exemplos de proveniência estrangeira colhidos no *ANTT, RMC, Livro 21*: *Dialogues Critiques et Philosophiques*, de M l'abbé de Chartre-Livry, Londres, 1735 – foi suprimido e mandado reservar para ser queimado, por Despacho de 7 de Agosto de 1783; *Collection Complète de Ouvrages*, de M. Dorat, Neuchatel, 1776 – suprimida por despacho de 8 de Julho de 1782; *L'Homme Sauvage*, impresso em Paris em 1767 – mandado sair para fora do reino e seus domínios, por despacho de 3 de Janeiro de 1769; *L'Eleve de la nature*, Amsterdam, 1774 – suprimido por despacho de 17 de Março de 1777; *La Science ou les Droits et Devoirs de l'Homme*, Lovaine, 1774 – suprimido em 15 de Novembro de 1779. Quanto ao problema da "despombalização", poderá pensar-se na proibição das *Memorias de Portugal, e Administração do Conde de Oeyras*, suprimido em 5 de Maio de 1788, como consta do "Catalogo de livros defesos neste Reino, desde o dia da Criação da Real Mesa Cençoria athé ao prezente. Para servir de expediente na Caza da Revisão", publicado por Maria Adelaide Salvador Marques, pág. 172; Rui Manuel de Figueiredo Marcos, *A Legislação Pombalina*, pág. 39: "O preâmbulo da lei [o decreto de 5 de Abril de 1768 que criou a *Real Mesa Censória*] fundamenta-a no 'notorio, inauferivel e inabdicável Direito da Soberania Temporal a que desde a fundação da Igreja sempre foi inherente á Suprema Jurisdicção de prohibir os Livros e papeis perniciozos, e estabelecer penas pecuniárias, e corporaes contra os transgressores das prohibições delles' e ainda no facto de, nos termos das leis e costumes gerais de todas as monarquias, não se julgar admissível a publicação e execução de Bulas, breves ou rescritos, emanados da Cúria Romana, antes de obterem o régio *exequatur*." Um pouco adiante, a pág. 42, nota, alude a alguns casos emblemáticos de consolidação do regalismo em Portugal. Também Joaquim Veríssimo Serrão, *A Historiografia Portuguesa*, III, págs. 192 e 193; Piedade Braga Santos, "Actividade da *Real Mesa Censória*", pág. 5, onde também menciona a proibição de livros ateus e protestantes que negassem a 'obediencia ao Santo Padre', bem como todos os de feitiçaria ou bruxaria, os livros obscenos, as sátiras difamatórias, os que perturbassem o Poder civil e político e os que promovessem a confusão entre dogma e disciplina eclesiástica', bem como aos livros que tratassem de teorização ou controvérsia politica por advogados dos Parlamentos franceses e todos os escritos dos enciclopedistas e filósofos das Luzes, sob a rubrica de 'pervertidos filósofos destes ultimos tempos'." O clássico Henrique Schaefer, *Historia de Portugal, desde a Fundação da Monarchia até á Revolução de 1820, Continuada, sob o Mesmo Plano, até aos Nossos Dias por J. Pereira de Sampaio (Bruno)*, V, pág. 202 e ss. é indispensável neste ponto, reiterando que, como se pode observar à evidência, se confirmam as precauções que antes aduzimos a esta "revolucionária" Liberdade de Pensamento pombalina, bem ligada ao direito majestático usados pelos "Senhores Reys destes Reinos."

[996] Consta do "Catalogo de livros defesos neste Reino, desde o dia da Criação da Real Mesa Cençoria athé ao prezente. Para servir de expediente na Caza da Revisão", publicado por Maria Adelaide Salvador Marques, pág. 167, relativo às *Œuvres*, de Haia, de 1743 e ao *Discours politique sur les Decades de Tite Live*, de Amsterdam, 1692.

[997] Martim de Albuquerque, *A Sombra de Maquiavel e a Ética Tradicional Portuguesa. Ensaio de História de Ideias Políticas*, Lisboa, Faculdade de Letras da Universidade de Lisboa, Instituto Histórico Infante D. Henrique, 1974, pág. 117.

[998] Piedade Braga Santos, "Actividade da *Real Mesa Censória*", pág. 379: "(...) a criação da *Real Mesa Censória* foi considerada durante muitos anos pelos historiadores portugueses como um instrumento de política antijesuítica de Pombal. Mais recentemente, tem-se preferido sublinhar o fundo limitador da Liberdade de espírito e do desenvolvimento sociocultural português, no quadro de uma abordagem preocupada com os aspectos repressivos do regalismo pombalino." Alerta-se para o interesse das referências que em nota a esta observação a historiadora adita.

que com diversa designação –, não enjeitando a elaboração de novo Índex em 1770[999] e encontrando apoios institucionais de peso[1000]. Tanto, que dominou por inteiro a

---

[999] *ANTT, RMC*, caixa 1, edital de 24 de Setembro de 1770, segundo o qual se pretendia "a conservação do Christianismo, a pureza da Fé, a veneração devida aos Mysterios Santos, a defensa da Igreja, a integridade dos costumes, e a extirpação dos vicios, os principaes objectos da incansavel vigilancia, com que por todos os direitos sou obrigado a procurar a procurar a gloria de Deos, a felicidade eterna, e temporal dos meus vassallos, o respeito das minhas Leis, e a paz pública, e particular dos meus Reinos, e Dominios; sendo tão somente a Religião Christã a que pela excelencia da sua Doutrina, e sublimes preceitos da sua Moral, dirigindo o coração do homem, illuminando o seu Espirito, regulando os seus officios, e pondo o mais forte freio ás suas paixões, faz que elle conheça a insufficiencia da Razão natural, e obsequiosamente sujeite as suas fracas luzes ás superiores verdades da Revelação Divina, communicadas pela Escritura, e pela Tradição; que elle se persuada dos poderosos motivos, que o devem obrigar á pratica de todas as virtudes, e ao mais perfeito exercicio das suas obrigações; e que elle e, fim consiga a verdadeira sabedoria, e a sciencia mais completa do que deve a Deos, a si, e ao proximo: Estabelece a boa ordem, e o Poder do Governo Politico: Firma a authoridade, e protecção nos Soberanos: Assegura a sujeição, e obediencia nos vassallos: E preserva a toda a sociedade daquelle contagio, a que seria perpetuamente exposta, se o medo de hum Juizo futuro, mais certo, e infallivel que o do mesmo homem, não fosse capaz de o conter, e cohibir. Tem ultimamente chegado ao Meu Real conhecimento a narração dos horrorosos estragos, que neste seculo, mais que em todos os outros, tem causado na maior parte da Europa, o Espirito da Irreligião, e da falsa Filosofia, o qual excitando as mais vigorosas providencias, com que huma, e outra Potencia, Espiritual, e Temporal, tem procurado, e procura precaver os funestissimos effeitos deste disfarçado veneno; parece que elle consegue augmentar-se, e diffundir-se ao mesmo passo por huma inundação monstruosa dos mais "ímpios", e detestáveis Escritos; para atacar os Principios mais sagrados da mesma Religião, para invadir os mais solidos fundamentos do Throno, e para romper assim aquelles felicissimos vinculos, com que mutuamente se sustentam, como aquelles, que tão santamente unem os Fieis Christãos á adorável Pessoa de Jesus Christo. E por quanto me constou que muitos dos referidos Escritos, abominaveis producções da incredulidade, e da libertinagem dos homens tão temerarios, e soberbos, que se denominão *Espiritos Fortes*, e se attribuem o especiosos titulo de *Filosofos*; depois de terem soçobrado os Paizes mais proximos ao seu nascimento, haviam chegado a penetrar neste reino por caminhos indirectos, e occultos; havendo mandado proceder com a mais exacta diligencia no exame delles, constou pelas censuras huma doutrina ímpia, falsa, temeraria, blasfema, heretica, scismatica, sediciosa, offensiva da paz, e socego público, e só proprio a estabelecer os grosseiros, e deploraveis erros do *Atheismo, Deismo*, e do *Materialismo*, a introduzir a relaxação dos costumes, a tolerar o vicio, e a fazer perder toda a ideia da virtude, as Obras seguintes: (...)." Segue-se o rol dos Autores e Obras proibidas e cuja referência concreta para os Autores de que se trata especificamente está feita nos locais próprios. António Ferrão, *A Academia das Sciencias de Lisboa e o Movimento filosófico, Scientifico e Económico da Segunda Metade do Século XVIII*, Coimbra, 1923, pág. 32, nota, tem uma versão algo diversa da questão e que conduz, a um grau de abertura mais sintomático na abordagem da censura pombalina. A dado passo pode ler-se: "E era, por vezes, tão grande a tolerância da Mesa, que vários dos seus editais de apreensão, manifesto e censura de livros não foram cumpridos, sem que daí adviessem graves consequências para os contraventores. Duas cousas, principalmente, exigia Pombal dos censores: a destruição de Obras dos jesuítas ou que deles dissessem bem – e que não eram muitas, e a proibição da leitura dos livros que atacassem o regalismo – e que já eram bastantes".

[1000] Por alvará de 25 de Julho de 1760 foi criada a Intendência Geral da Polícia, destinada não só à segurança dos bens e das pessoas, como à conservação e defesa do Estado em si e nos seus representativos. António Ferrão, *A Primeira Invasão francesa (A Invasão de Junot vista através dos documentos da Intendencia Geral da Policia, 1807-1808). Estudo Político e Social*, Coimbra, 1923, pág. XXIX e ss., reproduz o diploma da sua criação e que aponta os específicos campos onde se irá desenvolver a sua actividade, constituindo-se como veículo ideal prático para dar sequência a alguns dos delitos considerados mais nocivos ao Estado. Entre as suas ocupações deveria zelar pelas entradas e saídas de estrangeiros e de portugueses para o estrangeiro e cuidar especialmente para que os passageiros

actividade das escolas públicas e particulares, a que retirou toda a espécie de autonomia, enquanto evitava pelo seu labor a publicação de escritos incómodos ao Governo pombalino[1001]. A censura era de cariz estatista, combatendo o poder do clericalismo, em primeira linha e, de imediato, do filosofismo e das ideias pró-liberais[1002].

A política cultural[1003], como a civil[1004] foram, simplesmente, abafadas nas eventuais reticências que houvesse a colocar[1005], sendo certo que se a Liberdade individual se pro-

chegados aos portos nacionais apresentassem credenciais comprovativas das suas identificações e locais de residência. Assim se procurava controlar o número de estrangeiros em Portugal e de eventuais portugueses regressados, com tudo o que isso traria de nocivo ao espírito piedoso dos portugueses. Este organismo sofreu remodelação no reinado de D. Maria I, em 1780, onde por alvará de 15 de Janeiro se regulou novamente a sua jurisdição. Veja-se António Delgado da Silva, *Colecção da Legislação Portugueza*, 1775-1790, págs. 255 e ss.

[1001] Ana Cristina Araújo, "Dirigismo cultural e formação de elites no pombalismo", *O Marquês de Pombal e a Universidade*, pág. 18: "(...) na prática, a iniciativa de Pombal resultava da adaptação do modelo institucional austríaco do *Bücherzensurcommission*. Esta comissão, dirigida por Gerhard Van Switen, fora criada em Viena oito anos antes da *Real Mesa Censória*, para combater o monopólio das escolas jesuíticas, vigiar da actividade editorial e livreira e reformar o ensino público." Veja-se Ludwig Scheidl, "Breves Apontamentos sobre as Reformas Públicas na Áustria no Período da Missão Diplomática de Sebastião José de Carvalho e Mello em Viena (1744-1749)", *O Marquês de Pombal e o seu tempo*, I, págs. 19 e ss.

[1002] *ANTT, Corpo Cronológico*, Lei de 5 de Abril de 1768, Título X: "serão irremissivelmente prohibidos todos os Livros de Authores Atheistas", ou dos que negam a "a existencia ou providencias do Deos", os que impugnam a necessidade da religião revelada e para os quais basta a religião natural. Do mesmo modo se proibem "os Livros de Hereziarcas condemnados por taes pela Igreja", ou de hereges "pretendendo desterrar a Santa Tradição da Mesma Igreja", bem como todos aqueles que se verifique serem "Livros e papeis Sediciozos, que contenham suggetoens de que se siga a perturbação do Estado Politico e Civil (...). De igual modo se proibia tudo o que pudesse questionar a defesa do Poder real sob forma directa ou indirecta, permitindo-se a leitura de livros proibidos a universitários e certos profissionais que deles necessitassem para a sua actividade. No mesmo sentido ficava excepcionada a proibição dos livros de hereges tolerados para o efeito da Paz de Munster e Osnaburg, sendo expressamente citados Grócio, Pufendorf, Thomasius, Wolff, Barbeyrac, e outros nossos conhecidos e que serão de igual modo tratados na *Deducção Chronologica e Analytica*. Eram expressamente vedadas as "Obras dos pervertidos Filozofos destes ultimos tempos, que continuamente estão inundando, e infectando o Orbe Literario com methafizicas tendentes ao Pyrronismo, ou incredulidades á impiedade, ou á libertinagem; pertendendo reduzir a Omnipotencia Divina, e os seus Misterios, e Prodigios á limitada Esphera da comprehensão humana: Em cuja consideração nenhuma diligencia de Meza sera demaziada para desterrar dos meus Reinos, e Dominios a peste Moral destes perniciozissimos Opusculos".

[1003] Rui Manuel de Figueiredo Marcos, *A Legislação Pombalina*, págs. 25 e 26: "a Filosofia enciclopedista, durante visada pelo edital de 1770, dispersa-se pelos anos seguintes. O facto não indicia, porém, qualquer diminuição de interesse, por parte da 'inteligentzia' portuguesa, em relação à Filosofia das Luzes e à fermentação política, social e cultural europeia." O que significa que em relação à propagação destas ideias em Portugal havia modos mais ou menos hábeis de conseguir que elas por cá chegassem, num acordo mais ou menos bem ensaiado entre clientes interessados na compra e livreiros estimulados pela venda.

[1004] António Ferrão, "A Censura Literária Durante o Governo Pombalino", pág. 19: "No nosso país [existe] desequilíbrio entre os elementos da sociedade portuguesa (...), e quando se chega ao reinado de D. José, a situação era maximamente anómala, difícil, periclitante para o Estado. Efectivamente, quando Sebastião José de Carvalho e Melo é chamado ao Governo era bem pequeno, verdadeiramente hipotético, o prestígio Moral do Estado, e, portanto do Rei – então a manifestação por excelência daquele."

[1005] *A Administração de Sebastião Jose de Carvalho e Mello, Conde de Oeiras, Marquez de Pombal, secretario de Estado e Primeiro Ministro de Sua Magestade Fidelíssima o Senhor D. Joze I Rei de Portugal*, traduzida

tegia das investidas jesuíticas e do filosofismo francês, ficava abandonada aos desígnios pombalinos[1006], movendo-se dentro dos limites que estes lhe permitiam[1007]. Quanto à Liberdade política as perspectivas não parecem aliciantes, como bem se compreenderá[1008].

As precedentes considerações conduzem, do mesmo modo, a percepcionar uma sociedade portuguesa dividida ao nível das instituições de maior peso e significado para a vida dos portugueses. Reflectia, pois, as duas posições antagónicas que a actividade promovida por Pombal no plano da Liberdade individual e da Liberdade política haviam despoletado.

Por um lado, uma Igreja fiel e submissa a Pombal, teorizando o seu regalismo. Em sintonia, os competentes apoiantes na sociedade laica, que promoviam a equiparação dos diversos estratos sociais perante o monarca, pelo directo apoio à Igualdade formal dos cidadãos perante a régia figura. Por outro, os incondicionais do ultramontanismo.

do francez por Luiz Innocencio de Pontes Athaide e Azevedo, II, Lisboa, 1841, págs. 67 e ss., menciona uma lei de D. José, relativa à proibição de que se falasse indiscriminadamente contra o Governo e ministros. O Autor, que é um liberal convicto, afirma que nos "estados monárquicos, estes escritos ou discursos, são mais perigosos porque destroem a subordinação que é a alma do Governo monárquico. Em Inglaterra, onde a republica se occulta sob forma monarquica, diz-se e escreve-se tudo o que a Constituição não prohibe. Qualquer cidadão alli publica atrevidamente que o principe se enganou, ou que o senado desacertou em assumptos de interesse para toda a nação, do que pode resultar tal ou tal abuso (...). Desta Liberdade nasce a cabala e o espírito de partido, que excede sempre os limites que o comedimento prescreve ao cidadão; porem é um inconveniente particular que desaparece diante da utilidade geral que se procura." E, um pouco mais à frente, continuando a estabelecer as diferenças entre a possível Liberdade de imprensa em Inglaterra e a impossível congénere no continente, entende que nos Estados monárquicos "os que fallão ou escrevem acerca dos Governos, commummente são, homens ociosos, habituados á mentira e á calumnia, que fazem profissão da satira; são entes isolados, sem bens e sem amigos, que não possuindo outro patrimonio mais do que a malicia, procurão delle tirar partido á custa da credulidade publica." Por isso o Autor apoia incondicionalmente a citada lei de D. José, porque era "indispensavel um Rei absoluto para refrear uma licença que poderia tornar-se funesta, e que era tanto mais perigosa, quanto menos apparente." Se se intentar a investigação das origens deste problema apenas o se poderá conseguir recuando até ao início da segunda dinastia, tendo D. Duarte promulgado a primeira lei portuguesa conhecida contra os libelos famosos, depois transcrita para as *Ordenações Afonsinas*, Livro V, tít. 117. Com esta medida Pombal mais não quis que sedimentar a Autoridade régia, para o que se serviu dos meios que dispunha coarctando a Liberdade de Pensamento escrita e falada, eventualmente sediciosa aos seus propósitos. Veja-se Piedade Braga Santos, "Actividade da *Real Mesa Censória*", págs. 380 e ss.

[1006] Ana Cristina Araújo, "Dirigismo cultural e formação de elites no pombalismo", *O Marquês de Pombal e a Universidade*, pág. 17: "(...) a unificação administrativa da censura e da instrução pública, *instrumentum regni* do maior alcance, viria a produzir um efeito demolidor na estrutura curialista da Igreja portuguesa. Do ponto de vista filosófico-jurídico, as prerrogativas majestáticas que sancionam a secularização daquelas instituições repetem as ideias desenvolvidas por António Pereira de Figueiredo acerca do primado da soberania régia sobre a jurisdição da Igreja."

[1007] Adrien Balbi, *Essai Statistique sur le Royaume de Portugal et d'Algarve*, Paris, I, 1822, "Discours Préliminaire", págs. XXII-XXIII, alerta para o facto de que "(...) les portugais traitent l'histoire de ces siècles reculés avec une telle prévention pour leur patrie, qu'elle leur fait souvent manquer à la vérité, et qu'elle les empêche toujours d'user de la moindre critique dans une matière qui en demande plus que toute autre, et que l'on ne peut approcher qu'avec la plus grand circonspection."

[1008] Outro exemplo que podemos apontar é o da criação da Imprensa Régia em 1768, organismo directamente dependente do Poder régio – de Pombal – e que naturalmente seria auxiliar precioso na prossecução deste tipo de política.

DA HISTÓRIA DA IDEIA DE LIBERDADE

É certo que no contexto cultural português e por força da leitura de um considerável número de textos, poderá concluir-se que se Descartes e o seu espírito de sistema tiveram alguns corifeus em Portugal[1009], o país encaminhou-se especialmente mais numa linha lockiana e newtoniana no plano da Lógica[1010] e da Filosofia natural, com a crítica sempre presente e associada à História. Corolário desta situação são os privilegiados planos de incidência que serão seu alvo, traduzidos no campo do Ensino e da Política.

Por isso mesmo é que, ainda que muito a contragosto e nunca o afirmando de modo directo[1011] e explícito, é evidência que, em Portugal há uma clara opção pelo empirismo[1012] ao jeito de Bacon e de Locke no plano naturalístico, como anos volvidos pelo sensismo, na senda de Condillac[1013].

O contacto de Leibnitz com Portugal e os portugueses, em termos directos, terá sido praticamente nulo, não sendo de crer que entre o seu rol de amigos ou simples conhecidos houvesse muitos lusitanos ou, tão pouco, que a língua portuguesa fosse uma das suas poliglotas preferências. Mas isso não pode levar a crer – e seria erro

---

[1009] Teófilo Braga, *História da Universidade de Coimbra*, III, pág. 47.

[1010] Frei Manuel do Cenáculo, *Historia da Lógica*, págs. 44 e 45, manifesta abertamente a sua discordância quanto à Lógica cartesiana, porque para "deitar fora os preconceitos não precisamos de duvidar de tudo", além do que *"absurdo é dizer que só se deve admitir como verdadeiro, aquilo que certa e evidentemente se pode admitir como tal."* No mesmo sentido vai Manuel Álvares, Autor sobre o qual existem poucos dados pessoais. Ignora-se a data de nascimento e óbito, assim como o local de nascimento e de baptismo; é conhecido, contudo, que foi oratoriano durante alguns anos, tendo eventualmente saído tempos depois. Este Autor não deve ser confundido com um outro Manuel Álvares que viveu no séc. XVI, sendo Autor de uma *De Institutione Gramatica libri tres*, publicada em 1572 e seguindo os modelos Escolásticos e a tradição aristotélica agora alvo de tantas críticas. O presente Manuel Álvares é escritor do séc. XVIII, Autor da *Instrucção sobre a Logica ou Diálogos sobre a Filosofia Racional*, Porto, 1760. Para a sua muito escassa biografia, Innocêncio Francisco da Silva e Brito Aranha, *Diccionario Bibliographico Português*, V, pág. 352.

[1011] Joaquim de Carvalho, *Obra Completa*, IV, págs. 362 e 363, parece ter uma opinião algo diversa. Na verdade entende que dois dos trabalhos de mais fôlego de Leibnitz, ambos em latim o *Spcimen difficultatis in jure*, de 1664 e o *Nova Methodus discendiae docendaeque jusrisprudentiae*, de 1667, o primeiro relacionado com a importância de relacionar os estudos filosóficos e jurídicos e o segundo no mesmo plano entre a História e o Direito, poderão ter influenciado de algum modo a *Reforma Pombalina* de 1774.

[1012] O empirismo implica a novidade na concepção dos modos de saber, de questionar a atitude humana perante a Autoridade imposta de fora, abrindo vias de diálogo com a incerteza que se pretende ultrapassar e balizando os quadros do desenvolvimento histórico.

[1013] Newton de Macedo, *História de Portugal. Edição Monumental comemorativa do 8º Centenário da Fundação da Nacionalidade*, VI, pág. 446, reportando-se ao papel da Academia das Ciências aponta que "(...) nem os estatutos primitivos nem as suas posteriores alterações conseguem elevar o labor da academia acima do ambiente ideológico dominante. Quando a atenção da Academia episodicamente se detinha em assuntos filosóficos era para aconselhar, como inspiradores, *Locke com o seu empirismo e Condillac cujo sensualismo começa a tornar-se acessível ao grande público a partir da tradução da Arte de Pensar, impressa em Coimbra em 1794*, em que o tradutor apresentava 'Aos Portugueses' o filósofo francês nos seguintes termos encomiásticos: 'O Amor da Nação, o desejo que nela cresça se vigore a massa dos conhecimentos humanos, me inspira a consagrar-vos uma Obra digna de coroar os meus desvelos. O aplauso geral da Europa e o nome de seu Autor me afiançam que en não empreendo um trabalho em vão. Ilustre rival da glória de bacon e de Locke, profundo indagador da verdade, Condillac...'." José Silvestre Ribeiro, *Historia dos Estabelecimentos Scientificos Litterarios e Artisticos de Portugal*, II, págs. 37 e ss. publica o "Plano de Estatutos".

crasso sobretudo depois das investigações de Joaquim de Carvalho[1014] – que se alheou por completo dos sucessos portugueses, elegendo entre os monarcas mais respeitáveis da Europa a D. Manuel I.

Se o racionalismo de Descartes[1015] e Leibnitz[1016], que não são alvo de estudo por agora, foi algo incompreendido pelos seus sucessores na Europa[1017], o mesmo se pode dizer de Portugal. Além do estigma de hereges – carecido de prova mas real – somava-se o afastamento do seu Pensamento sistematizador, sendo conotados por essa via indirecta com as manifestações da Escolástica, que urgia afastar. Sendo questionável, tanto mais que as considerações jesuíticas utilizadas para o negarem continuavam, apesar de tudo, a bailar nas consciências dos censores da *Real Mesa*[1018], foi evidência dos factos.

[1014] Joaquim de Carvalho, *Obra Completa*, IV, págs. 347 e ss. e notas respectivas. Posteriormente e depois de se ter inscrito em leis na Universidade de Leipzig e a "avaliar pela citação dos seus escritos jurídicos (...) é de crer que foi pelos anos de estudante jurista que Leibnitz leu escritos de António de Gouveia, de Francisco Sanches e de Jerónimo Osório."

[1015] Uma das imputações – talvez a mais grave que lhe era feita – consistia em que tendo destruído o aristotelismo, haver a pretensão de explicar tudo, tudo reduzindo a sistema. Ora, na medida em que parece inadmissível explicar a totalidade da natureza, estamos de acordo com Pedro Calafate, "O conceito de Filosofia: o triunfo da física e a crítica ao 'espírito de sistema'", *História do Pensamento Filosófico*..., III, págs. 143 e 144, que ao referir-se ao chamado "vício do século XVII", escreve: "Perante a natureza, fosse também a natureza física fosse também a natureza humana, a tese dominante é a do conhecimento adequado, não esquecendo de que a natureza, num primeiro momento, se nos apresenta como um conjunto de coisas e factos que devem ser considerados na sua individualidade, atendendo o investigador à multiplicidade dos fenómenos, deixando-se guiar por eles, embora impondo-lhes um esforço de simplificação, em ordem à intelecção das relações que entre si estabelecem, definindo assim uma objectividade que não é o resultado da capacidade dedutiva da Razão, partindo de princípios evidentes cuja verdade nos seria assegurada por deus, como sucede em descartes, *mas antes um conhecimento cuja verdade se estabelece na crença da possibilidade de relação dinâmica entre a Razão e os factos, entre o sujeito e o objecto, entre o cálculo e a experiência.*"

[1016] Joaquim de Carvalho, *Obra Completa*, IV, pág. 351, "Desde a mais tenra idade, Leibnitz foi um leitor insaciável e de titânica capacidade de trabalho. Os seus olhos, de universal curiosidade, não liam como os de toda a gente, porque cedo se habituaram a prolongar a leitura recriando como próprio o Pensamento lido, relacionando-o e integrando-o num Pensamento mais compreensivo ou mais extenso. Daí ter atingido precocemente o valor dos princípios fundamentais e normativos e logo haver conferido ao conjunto de conhecimentos que ia adquirindo as feições veneráveis e antigas da unidade da Verdade." Um pouco mais adiante menciona o seu conhecimento de Pedro da Fonseca ainda na juventude, segundo parece encontrado com o de Suaréz "na livraria paterna e cuja leitura diz ter feito na juventude com o prazer que anteriormente votara às narrativas históricas e com a facilidade com que se lêem as ficções romanescas." Pedro da Fonseca e Suaréz acompanharam-no boa parte da sua vida, "sendo frequentemente citados, quer para corroborar opiniões, quer mesmo para os criticar", sempre que entendia haver ambiguidades. No mesmo sentido, Hernâni Cidade, *Lições de Cultura e Literatura Portuguesas*, I, pág. 302.

[1017] António Ferrão, "A Censura Literária Durante o Governo Pombalino", pág. 103: "É certo que o cartesianismo, devido aos seus conceitos mecanicistas da natureza e aos princípios da dúvida metódica e da análise, levantou tanto na Holanda como em França forte reprovação, assim por parte dos protestantes ortodoxos como dos jesuítas e teólogos tradicionais. Devido a tal os trabalhos de Descartes foram inscritos [ainda antes do período que se investiga], em 1663, no rol das Obras proibidas pela Santa Sé, e, em França, o Poder real não permitiu na Universidade o ensino das doutrinas cartesianas."

[1018] ANTT, RMC, Livro 21, Parecer de 2 de Setembro de 1776 de frei José da Rocha, com o qual se conformaram os demais deputados da Mesa: "Igualmente perigoso ao Estado e á Religião é aquelle espirito da *duvida cartesiana* e de exame, que o Orador muitas vezes no corpo do Elogio

Por outro lado, é ponto assente que, por via de regra, para o Pensamento europeu, a Moral e o Direito não se separam, dependendo ambas da Fé teológica[1019]. Apenas Thomasius, fugiu a esta regra. Por consequência, é a conformidade à Fé que dá sentido a todos os comportamentos normativos, sejam eles de proveniência da lei natural como da lei humana[1020].

Esse o motivo de tão acesas críticas aos "ímpios" filósofos promotores da religião natural e impugnadores da revelada, com manifestação de tendências eudemonistas que urgia combater[1021]. Sintomático do que se afirma é o exemplo respigado sobre o verdadeiro entendimento que deve existir do Pensamento e da reflexão, pois que

louva em Descartes, e que na nota 12 a fls. 36., 1. 2 deseja que se communique a todos os Filosofos. (...) Antes de Descartes vir ao mundo, todos os Povos da Europa, todos os homens educados no gremio christianismo, seguiam aquella Religião que os seus paes ou Pastores lhes ensinaram. Uns eram catholicos romanos, outros catholicos schismaticos, uns Arrianos, outros Nestorianos, uns Eutichianos, outros Pelagianos, uns Lutheranos, outros finalmente calvinistas. Veiu Descartes estabelecer na sua Filosofia este espirito de duvida e de exame sobre todas as idéias e opiniões desde a infancia recebidas, e d'aqui se seguiu uma grande revolução, não só na Filosofia e mais sciencias humanas, mas tambem na mesma religião christiana. Confesso que não seria esse o seu intento; porem como os homens são naturalmente amantes da novidade e faceis em augmental-a, achando nos escritos de Descartes novamente estabelecido este espirito de duvida e de exame de todas as idéias e opiniões desde a infancia recebidas, facilmente o applicaram á idéia da Religião revelada recebida na infancia, e d'aqui se seguiu o exame de todas as suas seitas *feito pelas fracas luzes da Rasão natural, a reprovação de todas elas e a invenção de uma nova que fosse conforme as mesmas escurecidas luzes da Rasão natural, proporcionada ás paixões da natureza corrupta, e que desse uma inteira Liberdade aos homens no pensar e no Obrar. Tal he o Deismo, o Naturalismo e o Materialismo, que depois de Descartes tem inundado a Europa e talvez o mundo todo*, cujo primeiro principio he = Dezamparar as idéias recebidas dos homens, e seguir as idéias de um espirito creador. (...) Que o *Elogio de Renato Descartes* inteiramente se excuse: *Porquanto o Povo portuguez ainda não está customado a ler no seu proprio idioma este genero de escriptos, em que com todo o artificio de uma viva eloquencia se recommenda o espirito da duvida, do exame, da independencia, da Liberdade, e tudo o mais que na censura vae notado, e que podera facilitar todo o excesso contra o Estado ou contra a religião.*

[1019] José Maurício de Carvalho, "Meditação sobre os caminhos da Moral na Génese do Tradicionalismo Luso-Braslieiro", *Cultura - Revista de História e Teoria das Ideias*, Centro de História da Cultura, VIII, 1996, pág. 81: "O conhecimento não desemboca nas virtudes, a Liberdade epistemológica não implica na Liberdade moral, nem esta pode ser obtida por uma espécie de utilitarismo colectivo vivido como prática política conforme parece haver pretendido o Marquês. O Império Lusitano manteve-se como baluarte de um projecto transcendente onde as virtudes essenciais continuam a ser: a justiça, a prudência, a pobreza, a castidade, a acessibilidade, a humildade, a caridade, a obediência, todas hierárquica e organizadamente concebidas de modo a tornar o sujeito quase exclusivamente ocupado com o seu destino depois da morte. A insuficiência Moral da modernização pombalina abriu espaço para constituição do tradicionalismo, bifurcado em dois modelos paradigmáticos: o primeiro propondo uma justificação histórica dos valores (Pascoal José de Mello Freire) e outro uma conciliação dos valores modernos (José da Silva Lisboa), firmando uma sólida herança cultural)."

[1020] Num estudo já com alguns anos mas que continua actual, entende José Esteves Pereira, "A Ilustração em Portugal", *Cultura - História e Filosofia*, VI, Lisboa, Centro de História da Cultura da Universidade Nova de Lisboa, 1987, pág. 190, utiliza a fórmula sobremaneira reveladora da questão: "Em Portugal o discurso comum da ilustração deve ser entendido, diferencialmente, em termos de subordinação da *natura naturata* à *natura naturandis*. É este o quadro correcto que serve, também, para interpretar as opções constantes do projecto do todo-poderosos Carvalho e Melo."

[1021] Teófilo Braga, *História da Universidade de Coimbra*, III, págs. 68 e ss., reporta-se a várias censuras às Obras de Voltaire, que nada acrescentam a outras elaboradas pela *Real Mesa Censória* em relação aos "ímpios" e "incrédulos" franceses e que se alongavam a Locke, como a descartes e a todos os que fossem suspeitos de querer perverter a religião e o trono. Os argumentos são repetitivos e nada acrescentam de inovador.

"falar com hum tom d'escarneo nas materias mais serias, e mais respeitaveis. Rir-se da credulidade de nossos pais, e reduzir a duvida o que a parte mais sensata dos homens tem por indubitavel, será isto Filosofia? (...) com tudo, grande numero de pessoas pertendem parecer Filosofos opor estes modos. Que ridicularia!"[1022].

A circunstância do Moderno Pensamento atender à racionalidade humana, sem que a mesma precise de algo mais para se afirmar, causa a maior confusão aos portugueses, que manifestam a sua incredulidade – agora eles – em presença de uma tal afirmação. No mesmo sentido e ainda fazendo apelo à supracitada crítica, interroga-se o seu articulista sobre se duvidará alguém "que os Filosofos da moda prefirão a sua Razão à Autoridade de Deos? Pois diga que outra coiza he o não se dignar de examinar provas, que attestão, que Deos nos revelara os dogmas, que se annuncião como revelados por ele?"[1023]

O que aqui se afirma só atesta a mentalidade típica do português da época, que melhor ou pior nem sequer admitia a discussão no pressuposto de que as matérias da Fé e do dogma são insusceptíveis de debate[1024].

Eram esses "ímpios" os grandes responsáveis pelas "desgraças do mundo que urgia combater", pela pena e pela palavra. Esse o comando da lei de Deus inscrito no coração dos homens, e que a luz da Razão natural lhe podia revelar e essa a tarefa dos políticos que com a arma da coercibilidade das leis civis podiam assessorar a defesa intransigente de princípios que não se discutiam.

Deixando o retrato tão fiel quanto possível da "ligação" dos círculos oficiais portugueses às ideias francesas e retomando o principal órgão oficial encarregue da correcta prevenção na divulgação dos mesmos, de algum modo e à partida terá existido inspiração de origem francesa para a criação deste organismo. De há muito que em França a vigilância sobre os livros e a permissão ou proibição da sua leitura eram controlados por jurisdições temporais. Na prática isso pouca relevância teve na difusão das ideias de *"Les Philosophes"* e, talvez por isso mesmo, Portugal tinha todos os motivos para se precaver.

3.2. A *Dedução Chronologica e Analytica* **e a abertura ao jusracionalismo Iluminista – 1767**
Os textos de Ribeiro Sanches são contributo indelével para o período seguinte e um dos pilares em que assenta a *Dedução Chronologica e Analytica*, [1025] num trecho que merece ser citado: "Ainda não bastarão aquellas ruinas da Authoridade Regia; aquelles

---

[1022] *Jornal Enciclopedico dedicado á Rainha N. Senhora*, Lisboa, 1779, "caderno de 1 de Julho", págs. 1 e 2. Este periódico era dirigido por Henriques de Paiva.
[1023] *Ibidem*, 1779, págs. 4 e 5.
[1024] Por recurso a alguma bibliografia que reflectiu sobre o tema com maior ventura que a desta pesquisa, estes impropérios dirigidos contra a cultura europeia em alguns dos artigos do periódico, encontravam contraponto ideal em muitos outros locais, assumindo mesmo um posicionamento divergente. Assim, informa-nos Luís A. Oliveira Ramos, "Reflexões sobre as origens do Liberalismo em Portugal", *Sob o signo das "Luzes"*, Lisboa, INCM, 1987, págs. 145 e 146, que depois de se reportar aos motivos do seu silenciamento em relação aos sucessos franceses, tal como irá suceder com a *Gazeta de Lisboa*, informa que ele "(...) não deixa, sempre que pode, de fazer referência aos corifeus da sua doutrina do Iluminismo ou a aspectos da sua doutrina. (...) A citação elogiosa do enciclopedista D'Alembert e dos pensadores Bacon, Locke, Hume, Buffon, Jeremias Bentham reluz nas páginas do *Jornal Enciclopedico*, onde será publicado um ensaio sobre Condillac e uma recensão bibliográfica laudatória a respeito de Adam Smith, aí considerado *'um dos grandes filósofos'* do século."
[1025] José de Seabra da Silva, *Dedução Chronologica, e Analytica*, I, § 273, pág. 140.

estragos da Independência Temporal da Coroa destes Reynos; aquelles flagellos contra todos os que professavão letras em Portugal com talentos, e prestimo distinctos; e as mais crueldades, que executarão até ao fim do Reynado proximo precedente os ditos Regulares; para complementarem todas as iniquidades, que o seu occulto, e vastissimo plano encerrava dentro do seu impenetravel segredo. Acharão que depois de haverem morto, affugentado, e emudecido todos os homens distinctos de Letras, que então havia neste Reyno, lhes restava, para nelle se fazerem, e perpetuarem para sempre despoticos, arruinarem tambem pelos seus alicerces a Literatura Portugueza: de sorte que aquellas boas Artes, e Sciencias, que tinhão sepultado por todas as referidas tyrannias, e Estratagemas, não pudessem mais resuscitar, nem renascer entre Nós; tirando-nos para isso toda a possibilidade."

Marco fundamental e completamente "revolucionário" à época neste domínio, que conjuga a discórdia oficial do ensino jesuítico[1026] com a nefasta censura que tinham promovido em Portugal, é a Obra atribuída a José Seabra da Silva[1027]. Os contributos para a elaboração deste trabalho encontram-se, em Autores já mencionados individualmente, alguns a continuarem depois de 1770 a prosseguir em considerandos importantes neste domínio.

Num dos textos mais representativos do Pensamento oficial do josefismo, a *Dedução Chronologica e Analytica*[1028], afirma-se em certo passo uma notável sintonia com as críticas dirigidas pelos escritores protestantes à Península Ibérica, pela irredutibilidade em não querem aderir à renovação do Pensamento que por essa Europa fora se ia produzindo[1029].

Dando nota das várias perspectivas de análise que na actualidade se colocavam sobre a censura aos livros diz-se que "enquanto huns pertendem desterrar absolutamente a censura; clamando pela Liberdade illimitada de escrever, imprimir e ler (...)", sendo este o voto de alguns protestantes ilustres, embora não todos, porque também nesses países se reconhece a necessidade "de cohibir semelhante Liberdade". A Alemanha, por exemplo, usa a proibição da leitura indiscriminada de livros e a censura regulada palas suas leis e convenções.

Outra proposta a levar em linha de conta parte dos católicos, que admitem a "Censura da Doutrina, mas reprovão as penas coactivas Espirituais e Temporaes", que os "infames" regulares inventaram contra a prática "dos primeiros séculos".

[1026] Recorde-se a título meramente exemplificativo que em Coimbra havia sido jurada a Bula "Ungenitus", de 1713 e promulgada por Clemente XI, que traduzia a vitória dos jesuítas sobre os jansenistas sobre o tema do dogma e da Graça. Pelo juramento deste Bula ficava completamente posta de parte a Liberdade de Pensamento no plano científico, obrigando à aceitação dos dogmas tal e qual o Papa os definia. A citada Bula era uma completa violação da Liberdade de consciência, mas não se poderia pensar que a Universidade de Coimbra tomasse diversa atitude do juramento em claustro pleno de 9 de Janeiro de 1717. A acta do juramento feito pela Universidade de Coimbra está depositada no *AGUC*, Livro 23 dos Conselhos das Faculdades da Universidade de Coimbra (1715-1722), fls. 42 e 43.
[1027] Sobre a actividade de Seabra da Silva, veja-se Jacome Ratton, págs. 234-241.
[1028] Para além deste escrito houve outros que se inserem na sua linha e onde se procuram reafirmar as ideias dele constantes. Temos alguns desses textos que utilizaremos sempre que se justifique para reafirmar alguma das ideias directoras da *Dedução Chronologica e Analytica*. Para o elenco da totalidade desses escritos, Innocêncio Francisco da Silva e Brito Aranha, *Diccionario Bibliographico Português*, II, págs. 130 e ss.
[1029] José Seabra da Silva, *Dedução Chronologica e Analytica*, II, "Introducção Previa", §§ 1º e ss., págs. I e ss.

Uma terceira via, eventualmente conservadora, moderada, mas em nada se assemelhando com a signatária do actual estado das coisas, preceitua que a Censura é indispensável para que "a Liberdade desenfreada do entendimento Humano não semee Doutrinas prejudiciais à Religião, e ao Estado", sendo embora certo e comprovado que "a Liberdade desmedida e absoluta da Censura, e da prohibição póde causar, e com effeito tem causado os mesmos grandes males."

Depois de passar em diante os vários tempos do exercício da censura eclesiástica, cuja preocupação com a defesa da Fé não excluía a humanidade nos comportamentos, apontam-se vias de solução do problema. Toma-se sobretudo em linha de conta que a censura não deveria ultrapassar as matérias do dogma e da Fé[1030], não se intrometendo em matérias temporais.

Só os portugueses não haviam tomado posição.

A colaboração que existia entre as Autoridades espirituais e temporais era plena e estas assistiam aquelas, na punição dos transgressores em matérias doutrinárias, mediante cominação de sanções de Direito Público – ou seja criminais. A actividade mais incisiva da Cúria Romana a partir do séc. IX e até ao séc. XV não teve relevo de maior, pela circunstância da *Dedução Chronologica e Analytica* considerar a época medieval como um período de trevas, de pouca produção literária e nulo controlo por parte das Autoridades temporais face à actividade censória da Igreja.

Após desenvolver de modo exaustivo e criterioso os abusos praticados pelos jesuítas e alguns outros – embora poucos – eclesiásticos no que respeita à intromissão no Poder temporal, conclui que isso foi o que mais agravou o atraso estrutural do nosso país em relação à Europa. Essa a única razão[1031]. Reitera-se o tema do processo histórico

---

[1030] *O Investigador Portuguez em Inglaterra ou Jornal Literario, Politico, &c.*, 1811-1819, com redactores na 1ª fase Bernardo José Abrantes e Castro e Vicente Pedro Nolasco e na 2ª fase José Liberato Freire de Carvalho, Londres, 23 volumes. Ao caso trata-se de X, Setembro de 1814, "Relatorio acerca do projecto de lei de Liberdade de imprensa apresentado à camera dos deputados em 1 de Agosto de 1814", pág. 439: "Quase todos os livros theologicos, impressos depois do meio do Seculo XVI, trazem o imprimatur de dois Doutores. Quanto às outras Obras, raras vezes forão sujeitas neste tempo a hum previo exame. Luis XIII, he verdade, ordenou que o Chanceller examinasse todos os livros novos; porem concedeo expresso privilegio de izenção de censura á certos auctores, que julgou dignos de confiança."

[1031] José Seabra da Silva, *Dedução Chronologica e Analytica*, II, § 2º, págs. 74 e ss., I, §§ 69 e ss., págs. 32 e ss., especialmente §§ 75-78, págs. 34 e ss., onde a dado passo se pode ler: "Com as extraordinarias munificencias daquellas duas Bullas [apenas um dos casos citados é de Bula, a Bula *Benedictus Deus*; no outro caso trata-se do breve *Sacri Tridentini Concilii*] preparou pois o dito Governo Jesuitico a illusa credulidade do mesmo Senhor Infante cardeal para o maior e mais delicado negócio, que naquele tempo tinha a Curia de Roma em todas as Cortes da Europa. Era este negocio a aceitação geral, indistincta e illimitada do Concílio de Trento." A crítica mais veemente vai para o facto de "em algumas sessões do mesmo Concílio se introduzirão diversos pontos de secularidade, semelhantes aos que havião feito os assumptos dos Protestos dos Embaixadores do Senhor Rei D. João I no antecedente Concilio de Constancia: pontos nos quais se intentou cortar pela soberana, e independente temporalidade das Monarquias, e Estados livres, que desde a creação do Mundo até então tinha conservado a independencia, e distinção, com que forão creados em beneficio da mesma Igreja e do socego público." Esta independência queria promover a velha máxima do "dar a Deus o que é de Deus, e a César o que é de César", e foi sempre observada em Portugal até que os ditos jesuítas usurparam esta indelével distinção, ao caso pela via do Concílio Tridentino. As fontes que comprovam esta observação em Portugal estão presentes a partir de pág. 90. Neste passo da citada Obra, avança-se, mais, com a ideia de que desde 1564 se veiculou da integral observância dos *Decretos do Concílio de Trento*, ao arrepio dos direitos majestáticos sufragados pelos Direito Pátrio e

mais que o da intriga política, para atingir um projecto para o país europeu donde menos se esperaria tal atitude de rebelião, assumida, contra uma das mais importantes corporações da Igreja de Roma: a Companhia de Jesus[1032].

Para aprofundar o tema[1033] haverá que procurar outras indicações em texto autónomo do mesmo Autor. Assim e na *Petição de Recurso*[1034] não se exime de escrever "Serem inherentes ao Supremo Poder dos Principes Soberanos os importantíssimos direitos, não só de Censura, e da prohibição dos Livros, que não pertencem á Religião, e à Doutrina; mas ainda neste mesmos Livros Dogmáticos, e Doutrinaes a coacção externa de multas, e penas corporaes contra os Impressores, Livreiros, e Mercadores dos referidos Livros", direitos que desde a fundação da Igreja são dos soberanos, com observância da monarquia nacional antes da entrada da Companhia de Jesus em Portugal.

Mais, ainda se relembra que no período imediatamente anterior, bastava que qualquer livro fosse escrito em alemão, francês, inglês, flamengo ou holandês e provir desses países, para ser de imediato lançada a proibição da sua leitura. Tanto era especialmente penoso aos intelectuais portugueses e especialmente aos professores universitários e do Colégio das Artes, que tinham de resguardar bem estes Livros sob pena de suspeição de heresia e sob pretexto de que "as Obras de *Martim Luthero*, de *João Calvino*, *Vviecleff*, e seus Sequazes, correm escritas em Alemão, Francez, Inglez, e Hollandez"[1035].

Em jeito de parêntesis, diga-se que parece dever ser interpretada como algo excessiva – embora se compreendam os motivos que levaram a escrever tal – a afirmação de Pinheiro Chagas segundo a qual "Se o Marquez de Pombal não concedeu ao Povo a Liberdade de imprensa, o que seria contrário á indole da monarchia absoluta, e ainda mais ao caracter do proprio ministro, pelo menos acabou com a interferência da auctoridade ecclesiastica na licença para a publicação dos livros, e fundindo nas

---

pelo Direito Comum. O "Senhor Infante Cardeal Rei" não poderia nunca "fazer dependente o reino que Deos havia creado livre, e soberano", sendo nula e de nenhum efeito toda a acção praticada por um tutor em prejuízo do seu pupilo.

[1032] Henrique Schaefer, *Historia de Portugal, desde a Fundação da Monarchia até á Revolução de 1820, Continuada, sob o Mesmo Plano, até aos Nossos Dias por J. Pereira de Sampaio (Bruno)*, V, págs. 83 e ss., relata com toda a fidelidade os procedimentos seguidos por Portugal tendentes à abolição da Companhia de Jesus, bem como o tipo de relacionamento com Roma que devido a tais factos se ia degradando progressivamente.

[1033] José Seabra da Silva, *Dedução Chronologica e Analytica*, I, § 129, pág. 65: "Não fizerão nada em segundo lugar os mesmo Jesuitas com o referido decreto da aceitação do Concilio, e cartas circulares a ella respectivas, na parte relativa ás offensas da Authoridade Real, e á usurpação do Supremo Poder da Magestade desta Real Coroa: Porque nem a Curia de Roma podia fazer desprezo daquella Real Pessoa, e Dignidade, para lhe impor o desar da sujeição, havendo-a Deos creado soberana; nem privar a mesma Megestade, e a Nação Portugueza dos direitos, e costumes, que estabelecem a independencia da Coroa; que se involve isseparavelemente com a dos seus Vassalos; e que por isso não seria cessivel, ou abdicavel pelo mesmo Senhor Rey D. Sebastião; como são primeiros principios, e regras vulgares, de que só duvida a mesma Curia Romana, e os seus Escritores (...)."

[1034] Idem, a *Petição de Recurso apresentada em audiência publica á Magestade de Elrey Nosso Senhor*, Lisboa, 1767, §16, pág. 178; § 27, pág. 185: "Contendo, pois, esta atrocissima violencia inferida ás Escolas menores, ás Universidades, e a toda a Litteratura destes Reynos, outra usurpação da Suprema Jurisdição Real, á que são inherentes os direitos de Legislar sobre a censura, e prohibição de Livros; e da protecção das Artes e das Sciencias (...).".

[1035] Idem, *ibidem*, § 34, pág. 187.

attribuições do Ordinário, do Desembargo do Paço, e do Santo-Officio (...)"[1036], abolindo igualmente o Índex de 1624.

Facto determinante foi a maior abertura à importação de Obras até então proibidas (boa parte pertencente a período anterior ao que agora se investiga mas na mesma linha de Pensamento) e a leitura de outras portuguesas, com a marca da censura[1037], ainda que esta afirmação tenha de ser compreendida com a latitude habitual. Por isso, faz todo o sentido a reflexão segundo a qual foi precisamente no período mais fértil em reformas, que a imprensa periódica nacional foi silenciada, a nenhum periódico sendo permitidas quaisquer considerações acerca da orientação governativa do omnipotente ministro.

É impossível olvidar o que os dizeres da *Dedução Chronologica e Analytica*[1038] causaram em todas as Cortes da Europa. Em sintonia, reforçava-se com a recordação das publicações dos *Indices Expurgatorios*, que se fizeram depois da dita separação do Concílio de Trento[1039]; especificando-se "todas, e cada huma das clarissimas noções, que elles derão, de haverem sido ordenados so fim da usurpação de toda a soberania temporal das Coroas Catholicas pelos estranhos meios; de se fazer por huma parte ou huma total amortização, ou huma escandalosa mutilação de todos os bons Livros dos Direitos Públicos, assim universal, como particular de cada huma das Monarquias

---

[1036] Pinheiro Chagas, *História de Portugal Popular e Ilustrada*, Lisboa, 1902, VII, pág. 128. Manifesta-se completamente inverosímil Pombal ter sido um adepto da Liberdade de imprensa e, de tudo o que se investigou, maior é o convencimento. Ainda assim recorda-se a pena de J. Lúcio de Azevedo, *O Marquês de Pombal e a sua época*, apud Manuel Mendes, no "Prefácio" ao *Testamento Político de D. Luís da Cunha*, s.l. 1943, pág. 11, onde escreve: "o intelecto de Sebastião José de Carvalho não era, como o desses [os estrangeirados do tempo de D. João V] acessível às ideias de Liberdade mental e política, já então dominantes entre as classes ilustradas, lá fora (...). O seu [entendimento] fora modelado por esse mesmo ensino coimbrão, que mais tarde havia de ruidosamente condenar; e interiçara-se nas formas rígidas, que lhe impunha o ambiente intelectual da época, misto de boçalidade fradesca com o pedantismo académico. Por isso, do estrangeiro só trouxe um progresso, se tal é lícito dizer, tardio." Já no que respeita ao terminar da interferência da Autoridade eclesiástica na censura dos livros, o citado historiador estaria, no mínimo, mal informado. Quem eram os censores na sua esmagadora maioria? Seriam membros laicos da sociedade portuguesa?

[1037] José Sebastião da Silva Dias, "Portugal e a Cultura Europeia (Sécs. XV a XVIII)", pág. 276: "O condicionalismo da vida portuguesa dificultava a convivência, mesmo dos professores e homens ilustrados, com os livros que veiculavam o alto Pensamento europeu", assinalando os casos da condenação de Galileu em 1633, a proibição das principais Obras de Copérnico em 1616, de Descartes em 1663, de Bacon em 1668, de Gassendo e Malebranche em 1690, de Maignan em 1674 e de Saguens em 1709.

[1038] José Seabra da Silva, *Dedução Chronologica e Analytica*, I, § 279, pág. 145.

[1039] Idem, *ibidem*, I, §§ 293-294: "Porque esquadrinhando todas as Livrarias, para os sequestrarem, e sumirem, todos os Livros de boa, e sã doutrina, e nos introduzirem no lugar delles todos os outros Livros corrompidos, e sediciosos; como os ditos regulares praticarão efectivamente: Focámos desde então só lendo o que elles quizerão, e crendo só o que a elles lhes servia, que cressemos: E tudo isto sob pena de sermos taxados de heresia (...)." Os efeitos de tão nefasta atitude traduziram-se na necessária ignorância dos portugueses, "censura e uso dos bons Livros" e silêncio dos nossos Autores a respeito destas matérias. Descontando algum exagero no que respeita à crítica feita em sentido positivo, estamos de acordo; devem ter-se em consideração, porém, os pressupostos em que esta "reprimenda esclarecida nos jesuítas" foi elaborada. Mas é certo que em Portugal o entendimento não poderia ser diverso do das demais monarquias soberanas em que o Poder temporal é uno e indivisível, conforme se declara em II, § 1º, pág. 74. No sentido de promover a recuperação da memória dos jesuítas e uma certa reposição da sua honra decaída Francisco Rodrigues, *Jesuitophobia. Resposta serena a uma diatribe*, Porto, 1917.

Catholicas Romanas, e de se fazer pela outra parte huma absoluta, e livre proibição de se publicarem outros Livros de novo, com que se houvessem de substituir os outros supprimidos ou mutilados, e adulterados nos lugares, em que tratavam da separação entre as Jurisdições do Sacerdócio, e do Imperio"[1040].

Fora de Portugal[1041] os citados Índices Expurgatórios, tinham tido pouca aceitação. Contudo, no nosso país é indesmentível a sua utilização, ponto que Pombal e os seus teóricos pretendiam erradicar por completo. A pretensão de uma cultura religiosa, mas regalista era o objectivo que, por excelência, se propunham neste domínio[1042].

Numa conclusão preliminar, verifica-se que apesar de as intenções serem certamente interessantes, na prática, este repositório de queixas teve pouca concretização. Entra-se no período do Absolutismo esclarecido em Portugal, que se no plano político risca do mapa a ideia de Liberdade dos povos, no plano individual, por meios diversos dos seguidos pela Inquisição, prossegue e promove a insipidez da capacidade de reflexão dos portugueses.

Haverá contradição no raciocínio?

Não, na medida em que o caso português é distinto da generalidade da Europa. O que se passa é que se substituem os actores em cena. Se antes eram Escolásticos e não poderiam ser outros para além deles, agora são os antes vedados que nem sequer admitem que aos primeiros se faça referência.

[1040] ANTT, *Corpo Chronologico*, decreto de 10 de Março de 1764.

[1041] José Seabra da Silva, *Dedução Chronologica e Analytica*, I, §§ 291 e ss.: "Este edital [trata-se do edital que mandou observar as Bulas pontifícias e o Índex romano] foi o ultimo golpe mortal e mortalissimo, com que os ditos Regulares pretenderam acabar de assassinar, e sepultar a Literatura Portugueza; para não deixarem ficar neste Reyno os Livros e Escritos, que tratavão da distinção que há entre o Sacerdocio e o Imperio; da indispensavel harmonia entre a Igreja e o Estado, e da natural obediência com que os preceitos Divinos sujeitão os vassalos á observancia das leis dos seus Soberanos (...)". Também e no mesmo sentido, II, §§ 7 e ss., págs. 14 e ss.

[1042] José Seabra da Silva, *Dedução Chronologica e Analytica*, II, §§ 5 e ss., págs. 8 e ss. Depois da Bula de Alexandre V em princípios do séc. XVI em que se negava aos impressores a faculdade de imprimir livros sem que antes houvesse licença do Bispo da diocese respectiva; tanto contrariava as únicas e específicas prerrogativas e Autoridade que cumpre aos monarcas, pois que "pertencem exclusivamente á policia do Estado Civil, na qual não pode, nem deve intrometer-se o Poder Espiritual." O Autor defende que a causa mais nefasta à divulgação da boa cultura em Portugal foi a elaboração dos citados Índex romanos, depois aproveitados para os regulares, seguros da sua eficácia, proscreverem à conta de heresia tudo o que lhes parecesse contrário aos seus propósitos. Nesse sentido foram proibidos os livros dos "mais ortodoxos e pios Doutores", pelo simples facto de aceitarem a separação entre as jurisdições civil e eclesiástica o que, de todo em todo, era inconveniente para os jesuítas; diziam eles que "profanava a Liberdade eclesiástica" Ou seja, tudo aquilo que se defende mais não é que a reposição do beneplácito régio, acto do Poder temporal soberano que manifesta a autorização para as Letras Apostólicas vigorarem em Portugal e que andava esquecido desde os tempos de D. João III. Finalmente e no trabalho que complementa a *Dedução Chronologica e Analytica*, a *Petição de Recurso apresentada em audiência publica á Magestade de Elrey Nosso Senhor*, manifestam-se os direitos do Poder Temporal contra o Poder Espiritual sempre que este não cumpra para com os seus deveres, baseando-se nas fontes habitualmente citadas no escrito anterior e em que se reitera este Poder por força dos Príncipes terem sido "constituidos por Deos Todo-Poderoso, para que os opprimidos achassem nelles protecção, e defeza contra os attentados, calumnias, e violencias dos que são mais poderosos. Por isso a mesma protecção he da essencia da Suprema Magestade da Terra."

Por isso mesmo, o que se pretende é fundar ao nível da política – como melhor se verá mais tarde – as estruturas de uma ética laica, assente num outro tipo de "intolerância" para alguns não menos perigosa, que é a Razão[1043].

3.3. O Regimento do Santo Officio da Inquisição de Portugal – 1774

Sem influência pontifícia e com residuais funções eclesiásticas[1044], continuou a servir em questões de Fé, mas seguindo aquilo por que o padre António Vieira tanto combatera: o fim dos seus odiosos métodos de procura da verdade dos factos que lhe eram presentes[1045]. Depois deste princípio do fim apenas faltava o toque final de 1820 para ser suprimida.

Tal facto apenas demonstrará o aspecto visível de um problema que vem desde a sua instalação desde D. João III. É provável que tanta insistência com Paulo III por muito zeloso e guardião da Fé que fosse o monarca, não tivesse fins diversos dos proclamados oficialmente. Talvez se possa dizer que aquilo que Pombal põe em prática poderia não ser estranho à mente de D. João III, ao criar o Tribunal do Santo Ofício, para depois a manobrar conforme melhor lhe aprouvesse e dentro do espírito católico da época; mas furtando-o efectivamente à fiscalização concreta de Roma[1046].

[1043] D. Francisco de Lemos, *Relação Geral do Estado da Universidade...*, fls. 243 e ss. =[pág. 217 e ss.]: "Não querem, que a Igreja se inserre nos limites que prescreveu o seu Divino Legislador: Querem que estes se estendão sobre o temporal das Monarchias; querem que os Bispos e Principes sejam delegados dos Papas; querem que a cabeça vizivel della seja tambem a fonte vizivel de todo o pode; e que della dimane tudo quanto há de Jurisdição e Authoridade no Mundo (...).". O Autor prossegue na defesa intransigente do regalismo, manifestando-se como um dos seus mais notáveis defensores. Já em posição contrária um dos Mestres contemporâneos, Luís Cabral de Moncada, "Um 'iluminista' português do séc. XVIII: Luís António Verney", *Estudos de História do Direito*, III, pág. 66, escreve: "O Regalismo foi uma astúcia do Estado para se tornar, ele próprio, divino no domínio político, acabando por prescindir do religioso, e separar-se dele quando já não precisava. Por isso dizemos que *separação* está já em germe na política religiosa regalista do Estado do séc. XVIII e que a ideia de tolerância não foi senão um instrumento dessa política."

[1044] J. P. Oliveira Martins, *História da Civilização Ibérica*, pág. 274: "O mysticismo catholico criara a Inquisição, cujo Poder omnipotente, a principio fomentado pelos Reis, hombreava com elles, agora que o espirito da monarchia se tornara ou pretendia tornar moderno. A Inquisição cuja ferocidade outr'ora traduzia o enthusiasmo crente das populações, já era applaudida sem vigor, se não era condemnada já, por um Povo deprimido pelo abatimento e indeciso pela observação e comparação com a Europa"; Pinheiro Chagas, *História de Portugal*, VII, pág. 18: "o grande ministro não desaproveitava o ensejo que se lhe offerecia [o corte de relações entre Portugal e Santa Sé motivadas não só pela questão dos jesuítas mas porque Roma teimava em não querer aceitar a extinção da Companhia] de ir libertando do jugo de Roma o Poder temporal. [Igualmente] de ir costumando o reino a resistir às pretensões da curia minando-lhe a influência e organizando a legislação num sentido anti-clerical, sem ter que luctar com a diplomacia de Roma." A propósito dos meandros complexos que envolveram a erradicação do jesuitismo em Portugal como noutros países europeus e das indecisões da Cúria Romana, Eduardo Brazão, "Pombal e os Jesuítas", separata de *O Marquês de Pombal e o seu Tempo*, e Rui Manuel de Figueiredo Marcos, *A Legislação Pombalina*, págs. 35 e ss. e notas respectivas a que se deve juntar a conferência com os dados que serão fornecidos mais adiante neste capítulo.

[1045] Certamente que os conselhos de Verney terão sido determinantes para a nova conformação dada ao Tribunal do Santo Ofício. Tais ideias escorrem das suas *Cartas*, já antes mencionadas assim como o seu local de consulta em Luís Cabral de Moncada, "Um 'iluminista' português do séc. XVIII: Luís António Verney", *Estudos de História do Direito*, III, pág. 323 e ss., onde se destaca a já citada carta de 25 de Dezembro de 1765, onde se insere um projecto de regulamento para a Inquisição nacional.

[1046] Pedro Calafate, "Introdução", *História do Pensamento Filosófico Português*, III, pág. 13: "a actuação do Poder político na perseguição aos jesuítas ou as suas constantes divergências com a Cúria Romana

DA HISTÓRIA DA IDEIA DE LIBERDADE

O segundo aspecto foi claramente conseguido; quanto ao anterior, o próprio monarca, como os seus sucessores, de forma voluntária ou não, aceitaram ser ultrapassados pelo Santo Ofício, preocupando-se mais com o engrandecimento pessoal, excepção feita ao excomungado D. João IV[1047]. Por isso, largaram mão de um instrumento que, tudo leva a crer, ter sido criado para sua própria satisfação, o que é o mesmo que dizer para fortalecimento da Autoridade real. Com todas as cautelas devidas, este poderá ser um caminho para posicionar a criação da Inquisição em Portugal e a sua evolução ao longo dos tempos[1048].

Passando a uma breve mas necessária interpretação individualizada do *Regimento do Santo Officio da Inquisição*, surge logo no Preâmbulo do diploma vasta matéria de reflexão. A observação mais acutilante resulta da verificação da ruptura oficial com os inacianos, e a adesão à Liberdade de Pensamento ecléctica.

Elaborado em sintonia com os demais escritos oficiais deste período[1049], aponta tal como eles o dedo aos membros da Companhia de Jesus como os grandes responsáveis

---

estavam longe de traduzir propósitos irreligiosos mas antes uma preocupação em demarcar as esferas de actuação entre o Estado e a Igreja, por um lado, e, por outro, em estabelecer os fundamentos da monarquia absoluta, contra as teses da soberania inicial do Povo, defendida pelos escolásticos (...).''

[1047] Coelho da Rocha, *Ensaio Sobre a História do Governo e da Legislação de Portugal*, Coimbra, 1843, 2ª. Edição, pág. 232, "Foi no Seculo 17 que a *Inquisição* fez o mais terrível uso do seu Poder. (...) e porque D. João IV se lembrou de a reformar, e privar da pena de confisco, o seu cadáver teve de passar por uma absolvição solemne para obter sepultura ecclesiastica. Os autos-de-fé erão frequentes"; Edgar Prestage, *O Conselho de Estado de D. João IV e de D. Luísa de Gusmão*, Arquivo Histórico Português, s. l., 1919, pág. 10 e notas respectivas; o documento que se publica a págs. 18 e ss., relativo à consulta do Conselho de Estado de 23 de Novembro de 1656, já na regência de D. Luísa de Gusmão, refere especificamente a pág. 21 a questão dos judeus, entendendo que boa parte das fatalidades do reino e da própria Família Real se ficavam devendo a complacências inusitadas com a gente de Nação e que as próprias Cortes já tinham pedido a D. João IV, da última vez que as reuniu, a revogação do citado alvará. Tanto ainda não aconteceu pelo que caberá agora a D. Luísa resolver tão candente assunto. António José Saraiva, *"A Política de Discriminação Social e a Repressão da Heterodoxia"*, Lisboa, Jornal do Povo, 1958, pág. 92, informa que em resultado do conflito entre Poder real e Poder inquisitorial, os inquisidores portugueses acreditados em Roma – quando o Rei de Portugal não conseguiu lá colocar embaixador – terão conseguido do Papa a pena de excomunhão de D. João IV, que apenas chegou após a morte deste. Ora era precisamente este aspecto que segundo "Um 'iluminista' português do séc. XVIII: Luís António Verney", *Estudos de História do Direito*, III, pág. 67, implicava que o nosso país fosse, nas palavras do pontífice Inocêncio XI, *"barbaramente católico"*, enquanto "o clarão dos autos-de-fé não 'iluminava', mas alumiava a Europa com grande escândalo dos protestantes, dos jansenistas, dos filósofos, dos 'illuminati' de todas as Nações, e da verdadeira consciência religiosa de todo o mundo, sendo os protestantes pouco tocados enquanto o judeus continuava a manter a liderança pouco agradável de 'vítimas predilectas do terrível tribunal, perseguidas ao máximo'." Veja-se Rui Manuel de Figueiredo Marcos, *A Legislação Pombalina*, pág. 12: "(...) foi no séc. XVII, que os inquisidores mais se afervoraram nas severidades em prol da doutrina católica e na defesa das suas prerrogativas. Quando D. João IV os quis privar da pena de confisco, tornou-se necessário que o seu cadáver fosse solenemente absolvido para obter sepultura eclesiástica. O clarão dos autos-de-fé cintilou, entre nós, muitas vezes e por demasiado tempo, o que causava o sorriso desdenhoso da Europa de então."

[1048] Ainda assim, se é possível falar de manifestações de regalismo em Portugal, como em Espanha, isso nunca afectou a tese da supremacia espiritual de Roma, chamada mesmo por vezes a intervir com o seu Poder temporal indirecto, bem de acordo com os interesses diplomáticos portugueses.

[1049] *Regimento do Santo Officio da Inquisição dos Reinos de Portugal, Ordenado com o Real beneplácito e Regio Auxilio pelo Eminentissimo, e Reverendissimo Senhor Cardeal da Cunha*, Lisboa, 1774, "Preambulo", pág. 1: "Fazemos saber: Que tendo-se feito manifesto por huma serie de factos os mais incontestaveis, methodica, e chronologicamente deduzidos na *Deducção Chronologica e, Analytica*, e no *Compendio Historico*, que fez a base da nova fundação da Universidade de Coimbra (...)."

com o "despotismo" e com "o imperio da barbara, e cega ignorancia, que fizeram dominante nos mesmos reinos (...)."

No que toca à Liberdade de Pensamento há alusões sobremaneira interessantes, quais sejam as que justificam a adesão aos propósitos do jusnaturalismo europeu Setecentista[1050], porque aos portugueses haviam sido retirados as "Luzes e os Livros"[1051].

3.4. Apreciação geral do problema no josefismo nacional: abertura *versus* manutenção do *status*

Vejamos destarte o tipo de influência sentida e vida em Portugal no que respeita aos ventos que sopravam da Europa. São admissíveis os factos que se sustentam na verificação de que os escritores portugueses, depois do séc. XVI, se encontravam em *"abatimento do lamentável idiotismo, e do consequente silencio, em que foram achando os mesmos Portuguezes, até cegarem, ensurdecerem, e emudecerem* a respeito de tão delicada, e importante materia, como esta do enorme abuso, que depois daquelle tempo se introduzio na Censura, e prohibição dos Livros mais uteis, e mais indispensavelmente necessarios, não só para a instrucção da mocidade; mas tambem para a applicação dos Ministros da Igreja, do Estado, e da Justiça, ainda mais provectos"[1052].

Porém, o problema não estará nas causas, cuja oportunidade era chegada para modificar; está nas consequências e nos propósitos de substituir a censura numa direcção para a aplicar noutra, mais conforme aos interesses agora dominantes. Se o país estava mal – e efectivamente estava – pouco se terá progredido, por comparação com a restante Europa.

É fora de dúvida que a censura prévia não apenas se mantém, mas reforça, e se existe um progresso em relação ao período anterior, ele apenas se nota nas áreas menos nefastas aos interesses agora instalados, quais fossem a abertura à Lógica ou ao Moderno Pensamento naturalístico. Ou então aos teóricos do jusracionalismo que, devidamente adaptados, se tornavam indispensáveis aos Lusos teóricos do Absolutismo.

Mas não há a plena Liberdade de qualquer um poder ler o que desejar ou lhe interessar pessoalmente, salvo aqueles que o requeriam e por especiais motivos lhes era concedido, seja qual for a proveniência do texto[1053]. Basta consultar os editais da *Real Mesa Censória*, bem como as disposições legais que a instituíram e lhe deram regulamento, e as observações feitas a respeito da *Deducção Chronologica e Analytica* e da *Reforma Pombalina dos Estatutos Universitários de 1772*, de que o *Compendio Historico*

[1050] Idem, pág. 5: "Era finalmente necessario, que escrevessem os Bellarminos, e no mesmo espirito os mais Socios de sua confederação a favor das Maximas Ultramontanas: Que tivessem por suspeitos na Fé todos os Authores, que contra ellas clamassem nos seus Escriptos a favor da verdade. E ultimamente que no mesmo gosto, e nos mesmos errados Principios se compilassem as *Ordenações do Reino*, e se formassem as Leis, e Estatutos da Universidade de Coimbra."

[1051] Idem, "Preambulo", pág. 5.

[1052] José Seabra da Silva, *Dedução Chronologica e Analytica*, II, § 10, pág. IV.

[1053] Em Portugal na fase imediatamente antecedente, foi-se mais longe que a maioria dos Estados católicos ao aceitar e até "melhorar" internamente o rol das proibições romanas, a que acresceu todo o Poder que com isso a Igreja adquiriu sobre o Poder temporal. Claro que quanto a Liberdade de consciência são conhecidos os resultados a que isso conduziu, e que já vêm de longe. Reitera-se a concordância com a substância da generalidade das críticas feitas, embora se defenda que os jesuítas não eram os únicos responsáveis pelo atraso cultural português. Posteriormente e no período objecto de investigação, o que convinha ao despotismo esclarecido era torná-los absolutamente responsáveis por força da oposição que demonstravam aos seus propósitos de centralização despótica do Poder. E, se para isso fosse necessário considerá-los os Autores de toda a incultura nacional, substituindo as anteriores proibições por novas e "a contrario", melhor.

foi saudável cartilha de intenções, para se perceber o alcance do reformismo cultural pombalino[1054]. E, já agora, da sua aplicação quer em matéria de Liberdade de consciência e tolerância religiosa, quer ao nível da Liberdade dos povos.

Nestes termos, é questionável a visão daqueles que apenas vêm em Pombal e na sua actividade um quadro nocivo e pouco diverso de épocas passadas. Houve óbvia evolução mas evolução controlada, como em tudo aquilo que a sua luva tocava. O interesse que o ministro de D. José tinha em afastar a Companhia de Jesus e o seu predomínio cultural, obrigava a uma óbvia substituição nos conteúdos programáticos que lhe interessava os portugueses de todos os estratos sociais conhecessem. Requeriam-se medidas repressivas para afastar quaisquer lucubrações quanto aos inacianos e, em simultâneo, a não-aceitação e a desconfiança sistemática do Pensamento francês da época, que por atacar a religião, atacava o Trono. Se ele atacasse tão só a Igreja e os seus poderes, certamente que Pombal o teria recebido com toda a bonomia.

Por isso os jusracionalistas transpirenaicos foram escolhidos, após competente expurgo de avanços reprováveis. Se D. José pode ser colocado ao lado dos déspotas iluminados do seu século, será com certeza porque a veia reformista na transformação administrativa e económica[1055], a que a rédea larga que deu ao seu ministro conduziu. Não por uma abertura à discussão e à opinião; menos ainda por qualquer abertura ao questionar da Fé e do dogma.

Tem, pois, razão Paul Hazard[1056] ao pautar-se pelo lema da evolução sofrida pelo Iluminismo em geral e no particular caso português, centrada na Liberdade sobretudo ao nível da sua mais dignificante utilização: o uso da racionalidade humana. É por isso que tem de haver limitação, para aqueles que não são "sábios" e "não Autorizados a pensar", ao passo que os próceres da sabedoria podem espraiar livremente o seu Pensamento.

Para uns ou outros seria perigoso questionar ordens emanadas dos superiores ou interrogar-se pelo bem fundado dos dogmas religiosos, por exemplo[1057].

3.5. Realizações associadas à Reforma Pombalina: a Universidade como caso especial do absolutismo régio

Com a expulsão dos inacianos de Portugal o panorama universitário alterou-se muito[1058], para o que também contribuíram as disposições da *Lei da Boa*

[1054] José Antunes, "Notas Sobre o Sentido Ideológico da Reforma Pombalina", *O Marquês de Pombal e o seu tempo*, II, págs. 159 e ss., apresenta uma súmula de todos os escritores estrangeiros que estiveram presentes no quadro das preocupações pombalinas na difusão das ideias racionalistas e empiristas à escala europeia. Nestas listas poderá pasmar-se com a inserção de alguns nomes bem conhecidos e que fariam corar de vergonha os piedosos inacianos. Apenas alguns exemplos dos muitos que se poderiam fornecer: Grócio, Samuel Clarke, Jansénio, Herthals, Bossuet, Claude Fleury, Febrónio, Heineccius, Pufendorf, Wolff, Boehmer...
[1055] Veja-se a síntese de Armando de Castro, "A Política Económica do Marquês de Pombal e a Sociedade Portuguesa do Século XVIII", *O Marquês de Pombal e o seu tempo*, I, págs. 41 e ss.
[1056] Paul Hazard, *O Pensamento Europeu no séc. XVIII*, pág. 40.
[1057] Idem, *ibidem*, pág. 41: "o funcionamento dos órgãos da grande máquina social, deve prosseguir sem qualquer modificação brusca; mas ao mesmo tempo deverá proceder-se a uma modificação no espírito dos que comandam essa máquina, uma modificação que os afecte na qualidade de seres pensantes e que, a pouco e pouco, substitua a situação de tutela pela de Liberdade".
[1058] J. P. Oliveira Martins, *História da Civilização Ibérica*, págs. 273 e 274; Pinheiro Chagas, *História de Portugal*, VII, págs. 62 e ss. Entre outras medidas que constavam da reforma inclui-se a expulsão dos jesuítas do Colégio das Artes como da Universidade de Coimbra e seus respectivos Governos; a págs. 197 e ss. publica o ofício que acompanhou a sentença de Bula pontifícia a respeito do mesmo, o que mais uma vez significa que a tentacular política pombalina de assumir em pleno o comando da instrução pública nos seus mais lídimos representantes era evidência prática. No mesmo local

Razão[1059] e do *Compêndio Histórico*[1060], produto do trabalho da *Junta da Providência Literária*[1061] no que a esta temática respeitava. Para além do importante contributo que neste domínio representa, também no plano político a sua influência será decisiva[1062], estribando-se – repete-se por não ser ocioso fazê-lo – na "Autorictas" dos corifeus do Iluminismo português ao nível das vertentes reformas.

pode encontrar-se a pág. 271 um documento de 23 de Janeiro de 1778, de D. Maria I, relativa ao funcionamento do Colégio das Artes. Veja-se Eduardo Brazão, *Pombal e os Jesuítas*, pág. 355 e ss.: "Não bastava (...), para Pombal a expulsão dos jesuítas de todos os territórios portugueses: Fora para ele um grande passo no seu projecto, mas havia que ir mais longe, pois tinha sido aquele um simples acto de pressão para forçar o Papa a extinguir a Ordem! ..."

[1059] Luís Cabral de Moncada, O "Século XVIII" na Legislação de Pombal, *Estudos de História do Direito*, I, pág. 95; António Delgado da Silva, *Colecção da Legislação Portugueza*, 1763-1774, pág. 407: 18 de Agosto de 1769 – Lei declarando a authoridade do Direito Romano, e Canonico, Assentos, Estilos, e Costumes; António Resende de Oliveira, "Poder e Sociedade. A Legislação Pombalina e a Antiga Sociedade Portuguesa", *O Marquês de Pombal e o seu tempo*. Revista de História das Ideias, I, págs. 80 e ss., apresenta em Anexo o texto da *Carta de Lei de 18 de Agosto de 1769*.

[1060] José Seabra da Silva, *Compendio Histórico da Universidade de Coimbra*, págs. 15 e ss., faz um levantamento da maioria dos professores universitários que colaboraram com os jesuítas ainda que antes da sua "conversão" tivessem sido eminentes Doutores, alguns dos quais subscritores das *Allegações* apresentadas para defesa dos direitos de D. Catarina de Bragança. Saliente-se que este trabalho se apoia fortemente na anterior *Dedução Chronologica e Analytica*, de que cita largos parágrafos, para em bases teóricas sólidas sustentar a argumentação que desenvolve. Fortunato de Almeida, *História de Portugal*, V, pág. 430, chama a este trabalho "monstruosidade, não sabemos se mais odiosa que ridícula." Contudo a atitude de D. José e do seu Marquês é enaltecida por Ribeiro Sanches, "Cartas sobre a Educação da Mocidade", *Obras*, pág. 212: "Louvemos e admiremos, (...), a real disposição de S. Majestade, que Deos guarde, de supprimir as Escolas que estavão no poder dos Ecclesiasticos Regulares (...)."

[1061] Criada por Carta Régia de 23 de Dezembro de 1770, sob auspícios do Marquês de Pombal e do cardeal da Cunha e cujos membros eram todos pombalistas: D. frei Manuel do Cenáculo, doutores José Ricalde Pereira de Castro, José de Seabra da Silva, Francisco António Marques Geraldes, Francisco de Lemos Faria Pereira Coutinho, Manuel Pereira da Silva e João Pereira Ramos de Azeredo Coutinho. Sobre este ponto e as vicissitudes inerentes à reforma, tem muito interesse a leitura de Fortunato de Almeida, *História de Portugal*, V, págs. 430 e ss., assim como, M. Lopes de Almeida, *A Universidade de Coimbra*, *Esboço da sua História*, pág. 70 e ss. O texto da citada Carta vai inserto no *Compendio Histórico da Universidade de Coimbra*. Veja-se a propósito do decurso dos trabalhos da *Junta*, Manuel Augusto Rodrigues, "Apêndice" às *Actas das Congregações da Faculdade de Leis (1772-1820)*, I, pág. 332 e ss., onde se dá nota do *Diário* de frei Manuel do Cenáculo. Para a parte que nos interessa vem o mesmo reproduzido em Teófilo Braga, *História da Universidade de Coimbra*, III, págs. 398 e ss., extraído a partir de informações reproduzidas no *Conimbricence*, 1869, nº 2328-2331, sob título "Noticias Secretissimas da Junta Reformadora da Universidade". Consulte-se, mais, Joaquim Veríssimo Serrão, *A Historiografia Portuguesa*, III, págs. 194 e 195; José Silvestre Ribeiro, *Historia dos Estabelecimentos Scientificos Litterarios e Artisticos de Portugal*, I, págs. 356 e ss.; Mário Brandão, *Memória Histórica publicada por Ordem do Senado Universitário no IV Centenário do Estabelecimento da Universidade de Coimbra*, pág. 70.

[1062] O apego que Pombal tinha à Universidade e sua Reforma e a confiança que manifestava nos órgãos directivos, todos de sua nomeação e confiança pessoal e política, levaram ao ponto de conceder à Universidade privilégio na exclusiva impressão das *Ordenações do Reino*, conforme M. Lopes de Almeida, *Documentos da Reforma Pombalina*, I, pág. 130, de 16 de Dezembro de 1775. Quanto ao Regimento da Imprensa da Universidade, confirmado por alvará de 9 de Janeiro de 1790, no Governo de D. Maria I e da responsabilidade de José Seabra da Silva, já reintegrado nas suas honras, encontra-se publicado em M. Lopes de Almeida, *Documentos da Reforma Pombalina*, II, pág. 250 e ss. Segundo recorda José Antunes, "Notas Sobre o Sentido Ideológico da Reforma Pombalina", O Marquês de Pombal e o seu tempo, II, págs. 144 e 145, "(...) a Imprensa da Universidade foi uma importante expressão da Reforma do Marquês de Pombal que percorreu uma longa vida cultural

DA HISTÓRIA DA IDEIA DE LIBERDADE

Marco histórico que deve ser reafirmado no presente contexto, é a *Reforma Pombalina dos Estatutos da Universidade*[1063], a que se associou a reforma dos *Estudos Menores*[1064] bem como a criação dos concursos para Mestres de primeiras letras[1065].

de 162 anos, até à sua extinção política, determinada pelo decreto-lei nº 24.440, de 1934, extinção esta que tornou, sem dúvida, mais pobres a Universidade da Coimbra e a própria cultura portuguesa."

[1063] *Estatutos da Universidade de Coimbra*, II, Cânones e Leis, págs. 66 e ss., que correspondem ao título III: "Distribuição das Disciplinas Jurídicas pelos Annos dos Cursos de Direito Civil, e Canonico; da Escola da Jurisprudencia, que se há de seguir; e do Methodo das Lições das Aulas Juridicas." Diz frei Manuel do Cenáculo, *Cuidados Literários*, pág. 32: "acudio hum sabio Rei nas Pragmaticas, e Disposições sobre todas as Escolas. De entre aquelles Estabelecimentos levanta sua fronte de grão respeito, e formosura a Legislação para Refórma da Universidade de Coimbra", cuja publicação em 1772 "socegou as pessoas empenhadas no bom gosto das applicações literarias (...)." Ainda quanto aos *Estatutos* manifesta uma opinião em tudo favorável, já que "chegão os Estatutos á perfeição que neste argumento possa desejar-se [a questão do método sintético-compendiário], não havendo mais a dispor do que a proporção com os estudos particulares, que não recebem tanta extensão de applicações, quais tem aquelles Estatutos geraes da Nação, e que por isso os estudos particulares pedem economia mais apanhada. A huns e outros Deos abençoe!" Existe uma referência aos mesmos em Innocêncio Francisco da Silva e Brito Aranha, *Diccionario Bibliographico Português*, II, pág. 236. Veja-se M. Lopes de Almeida, *Documentos da Reforma Pombalina*, I, documentos de 11 de Setembro de 1772 acerca dos decretos dos despachos das várias Faculdades onde nomes bem conhecidos para este período vêm explicitados, págs. 6 e ss., assim como as portarias para receberem os vários Lentes os graus de Doutores e abertura das aulas. Os aspectos pedagógicos relativos à Reforma da Universidade estão hoje estudados de forma condensada no trabalho de Fernando Taveira da Fonseca, "A dimensão pedagógica da Reforma de 1772. Alguns aspectos", *O Marquês de Pombal e a Universidade*, págs. 43 e ss. Para uma abordagem genérica, Manuel Augusto Rodrigues, "Universidade: Elite Intelectual Brasileira", *Revista de* História *das Ideias*, 12, págs. 94 e ss.; Jacome Ratton, págs. 162 e ss.

[1064] ANTT, *Corpo Cronológico*; por alvará de 28 de Junho de 1759 reorganizou-se o estudo das Humanidades – a Retórica, as línguas Latina, Grega e Hebraica, assim como se deram instruções especiais aos novos professores condenando "o escuro e fastidioso methodo que (os jesuítas) introduziram nas escolas destes Reinos e seus domínios." Por alvará de 30 de Setembro de 1770, determinou-se quais os livros e manuscritos a serem usados nas aulas de Latim e Primeiras Letras, que obrigava à utilização do catecismo de Montpellier. Por lei de 6 de Novembro de 1772 determinou-se que houvesse professores de hebraico, grego, latim e português, assim como também de retórica e Filosofia racional e Moral, em todas as cidades e lugares importantes do reino e províncias que vêm referidos no apêndice a essa lei, a que se seguiram as competentes Instruções de 10 de Novembro de 1772, bem como o mapa e Supplemento dos mesmo sobre os professores e Mestres, que correm avulsas. Pena que as instruções de Luís António Verney, n'*O Verdadeiro Método de Estudar*, I, carta IV, págs. 99 e ss., sobre a aprendizagem do francês ou do italiano – para já não falar do inglês – não fossem de igual modo seguidas. O que isto significava, era simplesmente a conciliação entre uma secularização do ensino preparatório – subtraindo a sua tutela ao monopólio eclesiástico – com o processo de expulsão da Companhia de Jesus. Donde a ligação entre secularização e reformação dos Estudos Menores, assim como afastamento do Paço das principais figuras que se pensava poderem influir na "mens" da Família Real, como é o caso do célebre padre Malagrida. Foram proibidos escritos seus como consta do "Catalogo de livros defesos neste Reino, desde o dia da Criação da Real Mesa Cençoria athé ao presente. Para servir de expediente na Caza da Revisão", publicado por Maria Adelaide Salvador Marques, pág. 167, suprimido por edital de 30 de Abril de 1772. Veja-se José Silvestre Ribeiro, *Historia dos Estabelecimentos Scientificos Litterarios e Artisticos de Portugal*, I, págs. 202 e ss.; Manuel Augusto Rodrigues, "Universidade: Elite Intelectual Brasileira", *Revista de História das Ideias*, 12, pág. 93; António Delgado da Silva, *Colecção da Legislação Portugueza*, 1763-1774, págs. 497 e ss.; págs. 610 e ss.

[1065] Ana Cristina Araújo, "Dirigismo cultural e formação de elites no Pombalismo", *O Marquês de Pombal e a Universidade*, págs. 18 e ss.

O tom de radicalismo e impaciência que caracteriza boa parte dos textos portugueses das Luzes aparece como sintomático de uma manifestação algo milenarista do "deitar abaixo tudo, para depois tudo construir de novo." Ao caso, isto traduzia-se numa permanente inquietação[1066] contra todos os factores que estivessem associados ao passado caduco, entendido não no plano das convicções religiosas, mas do modo de as assumir pelos seus intérpretes ideais, a saber a Igreja de Roma e a Companhia de Jesus[1067].

Em estreita associação com as meditações do século que a isso conduziam, a Autoridade política mais não era o eco desse Pensamento e, por vezes, seria quase feita à medida, para justificar em teoria o que na prática de há muito se preconizava[1068].

Por isso a História foi posta ao serviço destas pretensões, sendo o seu valor não apenas sobrestimado, como arvorado em causa justificadora de uma ideia de universo que se pretendia girar em função das mesmas causas: a Razão e a sua versão interna, a natureza, por indefinidos que fossem os conceitos[1069].

É o caso do *Compêndio Histórico*[1070], que ao entender e reflectir a importância da Filosofia Moral na preparação dos futuros juristas, nas três vertentes a que se dedica – Ética, Política e Economia – a que se associa o Direito Natural como parte da Ética, se declara abertamente adepto das inovações induzidas pelo Moderno Pensamento[1071].

[1066] José de Seabra da Silva, *Compendio Histórico da Universidade de Coimbra*, pág. 235, onde se escreve que os jesuítas haviam conservado as Ciências Jurídicas numa completa cegueira, na medida em que lhes tiravam "hum olhos nas luzes da Historia (...) com que ao mesmo tempo lhes tiravam o outro olhos, e os raios do Direito Natural (...)", para o que não havia método nefasto que não servisse. Bem pode dizer-se que abusavam "com tão doloso escandalo da Authoridade dictatoria, que por hum Machiavellismo Literario, apoiado pela sua prepotencia, se tinham arrogado sobre os Estudos destes reinos." Martim de Albuquerque, *A Sombra de Maquiavel e a Ética Tradicional Portuguesa. Ensaio de História de Ideias Políticas*, cit.; idem, *Jean Bodin na Península Ibérica. Ensaio de História das Ideias Políticas e de Direito Público*, Paris, FCG, Centro Cultural Português, 1978, pág. 119, também se refere ao problema.

[1067] Um dos pontos em que o combate foi mais aceso cifrou-se na vigorosa crítica aos corifeus do sebastianismo em qualquer das formas que assumiu, uma vez mais orientada para a responsabilização da Companhia de Jesus. Naturalmente que se percebe que este tipo de acepção seria em tudo adversa ao regalismo, ao despotismo esclarecido e, mais que tudo isso, não promovia o desenvolvimento das ideias de Poder absoluto do monarca por origem divina.

[1068] Luís Cabral de Moncada, "Subsídios para uma História da Filosofia do Direito em Portugal (1772-1911)", págs. 8-10 e nota respectiva.

[1069] Idem, *ibidem*, págs. 23 e ss., para desenvolvimentos que aqui não cabem sobre a Filosofia da História. Sobre a importância que a *Reforma Pombalina* dará ao ensino da História, M. Lopes de Almeida, *Documentos da Reforma Pombalina*, I, pág. 136, de 21 de Fevereiro de 1773 sobre um compêndio de História do Direito Pátrio. José de Seabra da Silva, *Compendio Histórico da Universidade de Coimbra*, pág. 226 e ss. e Philippe Jose Nogueira, pág. 74: "Historia não he fonte, nem Principio de demonstração de Leis Naturaes; mas serve muito para illustrar os seus preceitos, e para persuadir a justiça delles pelo uso, que dos mesmos tem feito tantas, e tão differentes naçoens civilizadas, e illustradas com a verdadeira Religião"; ambos vão no mesmo sentido e concretizam a ideia.

[1070] José Seabra da Silva, *Compendio Histórico da Universidade de Coimbra*, págs. 167 e ss.; Frei Manuel do Cenáculo, *Cuidados Literários*, pág. 31: "Mil distracções roubarão ao século decimo estimo semelhante gloria naquele ponto em que a havia merecido o século antecedente (...). Diríamos a comunicação literária de alguns sujeitos do século XVII, Sociedade instituídas para bem das Sciencias, e outros argumentos de curiosidade promotora, e ilustrados dos estudos."

[1071] Idem, *ibidem*, págs. 168 e 169. Aderindo ao esforço de racionalização perpetrado além-Pirinéus, na demonstração dos requisitos e da essência da verdadeira Filosofia Moral, vista como "a Rainha das Disciplinas Filosóficas" e o "objecto final de toda a Sciencia da Razão", "a directora dos Pensamentos;

Trata-se de matéria absolutamente indispensável ao jurista[1072], preconizando-se a justiça e utilidade das leis aos Estados e aos cidadãos[1073] e questão que deveria ser especialmente acarinhada pela sua necessidade ao homem, ao cidadão e ao cristão[1074],

a Norma das acções; a Disciplina dos Costumes, o orgão da Razão, pelo qual a natureza racional se explica e comunica com o homem." Verdadeiramente, é a "Sciencia do Homem", como escreve a págs. 168 e 169. No mesmo sentido Diogo Guerreiro Camacho Aboim, *Escola Moral, Politica, Christã e Juridica dividida em quatro Palestras, nas quaes se lêm de Prima as quatro Virtudes Cardeaes*, pág. 12: "A lição da philosophia Moral he muy util para todos; porque he a que compoem a harmonia do Governo, quem a souber (...) sabera fazer justiça, tratara dos costumes (...), plantar as virtudes, arrancar os vicios (...) "; frei Manuel do Cenáculo, Disposições...I, Plano de Estudos, págs. 26 e ss., especialmente pág. 49; idem, *Disposições*..., I, Disposição Quarta, págs. 39 e ss., referindo-se ao ensino do Direito Civil, escreve que "Do centro mesmo do *Direito* não fez *Grocio* sahir uma nova Sciencia? Os adversários do *Direito Natural*, como profissão distinta, poderão rebaixar a estimação, que merecem os Grocio, e Cumberland? Se há defeitos inexscusáveis na *Jurisprudencia Natural*, como profissão distinta, poderão rebaixar a estimação, que merecem os *Grocio* e os *Cumberland*?" O Direito Natural é a base de todos os direitos, enquanto a "*Politica* he huma parte do *Direito*, que se acha bem cultivada. He verdade que ella nasce da *Historia*, e da boa *Filosofia*." Resumindo, como faz a pág. 51: o estudo da Filosofia Moral é um fundamento de boa educação. Colhe-se informação no *ANTT, RMC*, Livro 21 que as *Lois de la Nature*, de Cumberland foram aprovadas por despacho de 6 de Outubro de 1768.

[1072] António Alberto de Andrade, *Vernei e a Cultura do seu Tempo*, pág. 333: "No que respeita ao *Compêndio Histórico* (...) nele dominam inteiramente as ideias da Escola do Direito Natural", nele sendo glorificado Verney, cujas expressões reformistas são por vezes reproduzidas textualmente, enaltecendo-se Grócio, Pufendorf, Thomasius, Wolff e Heinécio. Ou seja, os emblemas maiores da renovação do Pensamento jusnaturalista de Setecentos.

[1073] José Seabra da Silva, *Compendio Histórico da Universidade de Coimbra*, págs. 174 e ss. e notas respectivas; Diogo Guerreiro Camacho e Aboim, *Escola Moral, Politica, Christã e Juridica dividida em quatro Palestras, nas quaes se lêm de Prima as quatro Virtudes Cardeaes*, págs. 181 e ss.: "He a ley (...) huma Razão, que definida, pelo commum consentimento, manda, e determina o modo com que se há de fazer: huma oração grave, e recta, que manda o que se há de Obrar, e prohibe o que se não deve fazer (...). Não convem ao Governo da Republica muitas leys", porque "he argumento de haver pouca justiça na Republica onde houver muitas leys"; D. Francisco Manuel de Melo, *Cartas familiares*, nº 94, pág. 243, numa extensa carta que serve de levantamento de parte dos escritores nacionais da sua época, alguns poucos conhecidos, que as leis por todos devem ser reverenciadas e cumpridas. No que respeita às suas qualidades, entende que são quatro: "o fim, porque as leis foram achadas para a saúde da República. O efeito porque dão gloria a seus professores. O objecto, porque informam a nossa alma de honestos costumes. O sujeito, porque tem por sujeito a justiça: virtude tão grande, que nela estão cifradas as demais virtudes." Para tanto apoia-se na Autoridade de muitos escritores Antigos mas também de Modernos, onde se destaca o destinatário da carta, D. Manuel Themudo da Fonseca, vigário geral do arcebispado de Lisboa. Sobre o ponto e a sua ligação com a Lei de 18 de Agosto de 1769, Mário Júlio de Almeida e Costa, "Debate jurídico e solução pombalina", págs. 19-26.

[1074] *Origem Infecta da Relaxação Moral dos denominados jesuítas*, Lisboa, 1771. Trata-se de um texto surgido em sequência da *Dedução Chronologica, e Analytica* em que logo nas linhas iniciais se denuncia o comportamento que os jesuítas tinham, havido no plano do ensino da Filosofia Moral. Repetindo quase por palavras o texto da sua Obra directora e do *Compendio Histórico da Universidade de Coimbra*, publicado no mesmo ano, manifesta a urgente necessidade de reformar o seu ensino. "A Filosofia, que só foi inventada para promover a felicidade do homem, tomou por sua conta cultivar diligentemente a seara da Razão (...)".

teria merecido melhor sorte que a que teve nas mãos do ensino dos dilectos seguidores da Segunda Escolástica[1075].

Quanto ao Direito Natural foi simplesmente olvidado pelo Ensino Universitário dos regulares, sendo ele o que mais manifestamente interessa ao jurista[1076]. Fazendo a distinção entre Direito Positivo e Direito não escrito, entende que o primeiro se determina pelo segundo. É ele que desenha a cadeia de direitos e obrigações recíprocos que existem em cada sociedade, entre os seus membros e entre as várias Nações entre si[1077]. E a isto se deve associar o indispensável ensino da História para os juristas, pois que "O Jurista que quiser aproveitar o seu estudo, há de trazer de dia, e de noite, em huma mão os Annaes da Historia, e em outra o Codigo das Leis Naturaes"[1078].

[1075] Idem, *ibidem*, págs. 9 e ss.: "Esta admirável disciplina regeo a consciencia, e os costumes do homem no estado da Lei Natural: E tanto na Lei Escrita como na da Graça foi sempre o fundamento, e a base de toda a Moral (...). Ella não contente com ter convencido os homens da necessidade, e conveniencia da vida civil (...) passou também a associar as Cidades debaixo de hum Summo Imperio Commum. Por meio destas associações estabeleceo as Monarquias, e os Imperios." Mas o imiscuir da corrupta sociedade apenas contribuiu para tudo isto destruir. Por isso se lê a págs. 24 e ss. que "E declarando-lhe huma guerra cruel. Extinguiram a cadeira, que para Ella haviam creado o Senhor Infante Dom Henrique, e o Senhor Rei D. Manoel: puzeram perpétuo silencio o Professor que a regia. E quizeram proscrever inteiramente das Aulas esta indispensavel Disciplina."

[1076] Acerca do *Compendio Histórico* e do Ensino Jurídico, Mário Júlio de Almeida e Costa e Rui de Figueiredo Marcos, "Reforma Pombalina dos Estudos Jurídicos", *Boletim da Faculdade de Direito de Coimbra*, volume LXXV, Coimbra, 1999, págs. 100 e ss.

[1077] José Seabra da Silva, *Compendio Histórico da Universidade de Coimbra*, págs. 204 e ss. O Autor estriba-se na Autoridade dos Modernos, alguns dos quais já houve oportunidade de analisar, como Barbeyrac, Pufendorf e Thomasius, fazendo de seguida as costumadas distinções inerentes ao Direito Natural particular e público, donde deriva o Direito Civil e o Direito Público particular. No primeiro caso trata-se de regular os negócios dos cidadãos particulares, no segundo das relações estabelecidas ou a estabelecer entre Estado e cidadãos. O Direito Público universal que tem por objecto o bem público universalmente considerado, com regras comuns a todas as Sociedades Civis. Finalmente, temos o Direito das Gentes como aquele que liga as várias Nações entre si e patrocina os acordos, pactos, tréguas e tudo o que seja possível fazer para evitar um mau ambiente entre os vários países. Adepto dos ensinamentos do jusracionalismo desenvolvido por escritores de origem protestante, considera-os verdadeiros iluminados ao porem ao serviço da Razão e da divulgação do Direito Natural o seu labor científico, tão útil ao Direito. Neste contexto esclarece que Francis Bacon e Grócio terão sido os grandes mentores da renovação do estudo e ensino do Direito Natural, sendo os seus trabalhos proficuamente adiantados por Pufendorf e outros escritores. O seu *Direito Natural e das Gentes*, manifesta-o como o grande iniciador do Ensino Universitário desta disciplina. Em sequência, a menção que faz de C. Vattel e de C. Wolff, de Henrique e Samuel Cocceio, para além dos demais Autores que refere em nota bibliográfica a esta passagem.

[1078] Idem, *ibidem*, págs. 230 e ss.; apesar de mais que comprovado o interesse do estudo da História, por Alciato, Cujácio e outros grandes juristas, "tudo isto occultaram os Maquinadores dos ditos Estatutos." Mas o problema resolve-se com os *Estatutos da Universidade de Coimbra*, II, Cânones e Leis, pág. 73: "Será pois a Escola da Jurisprudencia, que somente se abrace, e inviolavel, e uniformemente se siga por todos os Professores, assim nas Dissertações, e Escritos, como nas Lições publicas das Escolas, precisamente a Escola *Cujaciana*, a qual tendo sido fundada no principio do Seculo Decimo Sexto por *Andre Alciato*, foi depois tão adianta por *Cujacio*, que delle tomou a denominação, com que hoje he conhecida." Tarde e más horas, o Humanismo jurídico tinha reconhecimento público em Portugal, mesmo que desfasado no tempo; tanto faz reflectirem Mário Júlio de Almeida e Costa e Rui de Figueiredo Marcos, "Reforma Pombalina dos Estudos Jurídicos", págs. 112 e 113: "A credora de todas as abonações passou a ser a Escola Cujaciana, (...). Os Estatutos de 1772

Em ambos os casos, verifica-se que quer nos países católicos quer nos protestantes, o incremento destes estudos foi relevante benefício para os cidadãos e os próprios Estados e seus soberanos. Claro que e bem entendido, Portugal à margem desta situação em fase pré-josefina[1079].

Para remediar estes males, procuraram-se, então, como se viu, os bons Mestres do Direito Natural, da História e da Jurisprudência que pudessem socorrer-nos, na contingência. Por essa via entraram os já conhecidos Pufendorf[1080], Thomasius, Wolff[1081], Burlamaqui e Muratori, com consagração editorial na adopção do Compêndio do austríaco De Martini, reconhecidamente compilador de ideias. A conciliação do episódio germânico da *Aufklärung* com a asserção italiana católica e o mote do realismo inglês são a base do Iluminismo português no plano da difusão de uma cultura que se pretendia a-metafísica.

Quanto a conteúdos, houve igualmente inovação[1082], mas não tanta quanto se poderia imaginar do papel reformador que Pombal[1083] quisera assumir[1084]. Man-

---

incutiram no ânimo dos professores o fervor dessa cruzada científica em prol da substituição do arrastado romanismo bartolista."

[1079] Idem, *ibidem*, págs. 222 e ss.: "Procuráram com todas as suas forças manter a Ethica de Aristoteles (...) na posse, em que estava, de inficcionar as sementes das virtudes. (...) Para esse pernicioso fim, por huma parte assestaram logo as suas baterias contra os restauradores do *Direito Natural* e começaram a combater, e a impugnar furiosamente os seus utilissimos escritos; declamando vehementissimamente contra elles; accusando-os de cometerem muitos erros; tratando-os de Hereticos; e persuadindo todo o seu uso muito perigosos na Fé, e de grande prejuizo á Igreja Catholica." Segundo o *Compendio Histórico da Universidade de Coimbra*, pág. 223, bastaria a correcção e expurgação de algumas ideias inerentes ao facto dos seus Autores serem protestantes, para que os mesmos pudessem ser amplamente e com utilidade geral ser usados, coisa que nem por sombras a Companhia de Jesus sequer poderia conceber.

[1080] Apesar de ter sido incentivado o seu estudo e em termos oficiais consagrado em trabalhos de fôlego como a *Dedução Chronologica e Analytica*, não deixou de ver trabalhos seus censurados, como consta do "Catalogo de livros defesos neste Reino, desde o dia da Criação da Real Mesa Cençoria athé ao presente. Para servir de expediente na Caza da Revisão", publicado por Maria Adelaide Salvador Marques, pág. 184, relativo à *Introduction a l'Histoire des Principaux Etats, qui sont au ourd hui dans l'Europe*, Amsterdam, 1770, devendo "riscar a passage, que tracta do Senhor Rey D. Afonso 6º"; Samuel Pufendorf, *Devoirs de l'Homme, et du Citoyen*, traduit par Barbeyrac.

[1081] José Maurício de Carvalho, "Meditação sobre os caminhos da Moral na Génese do Tradicionalismo Luso-Braslieiro", entende que nesta problemática haverá sobretudo que atender ao sustentáculo teórico do embate com os jesuítas. E, neste contexto, "o Marquês patrocinou a ideia de Direito Natural, distinguindo a Razão humana da revelada. Esse conceito de natureza humana não foi contudo buscado nas teorias pufendorfio-wolffiana, em voga no momento, mas sustentava-se na de Santo Tomás de Aquino revelando as obrigações de todo o homem para com ele próprio, para com os outros e para com Deus."

[1082] Innocêncio Francisco da Silva e Brito Aranha, *Diccionario Bibliographico Português*, II, pág. 237 apresentam um catalogo destes Regulamentos e Estatutos "que na conformidade da Universidade de Coimbra ordenaram as communidades religiosas para se regerem no que tocava aos seus estudos particulares."

[1083] Camilo Castelo Branco, *Perfil do Marquês de Pombal*, "Proémio", pág. VIII; pág. 97. São sabidas as divergências entre Camilo e o Pensamento pombalino. Tanto o levou a redigir frases que bem inculcavam o seu "ódio grande, entranhado e único na minha vida, ao Marquês de Pombal", que considerava nada menos que um receptador do indevido: "Tudo lhe correu de elaboração alheia."

[1084] Pinheiro Chagas, *História de Portugal*, VII, págs. 62 e ss. e bibliografia que cita; M. Lopes de Almeida, *Documentos da Reforma Pombalina*, I, pág. 47, documento que corresponde à carta régia

tinha-se o apego à religião como ponto de referência dos estudos, muito embora os seus opositores, nele tenham visto um ímpio virado para o filosofismo e seus ensinamentos[1085], sobretudo porque o eclectismo se propagou ao Ensino Universitário[1086].

Exemplo acabado e manifesto impossível de olvidar no plano da História das Ideias é a dissertação *Crítica sobre as Determinaçoens dos Novos Estatutos da Universidade de Coimbra*[1087], onde se impugnam não apenas o desrespeito pelas características da lei contidos nos *Estatutos*, mas a aplicação prática que se faz dos perniciosos ensinamentos dos hereges. O seu Autor, certamente um dos membros daquela parcela da sociedade portuguesa que detestava Pombal, não tem pejo em invectivar as realizações promovidas, pautando-se como espelho reflector do que sem dúvida muitos pensariam mas temiam exteriorizar.

---

prorrogando os plenos poderes do Marquês para a Reforma da Universidade e Editais que se seguem em páginas seguintes.

[1085] Não é esta a opinião de Pinheiro Chagas, *História de Portugal*, VII, pág. 68: "Os *Estatutos da Universidade* contêem em si uma completa revolução nos methodos scientificos usados até então em Portugal, e constituem o hymno laudatório mais completo que se podia entoar ao grande ministro, porque são elles que revelam bem o immenso que o nosso paiz recebeu do Marquez de Pombal. (...) O Marquez de Pombal e os seus zelosos collaboradores não só collocaram Portugal a par dos outros paízes, mas até se pode dizer que o levaram ao logar mais adeantado entre todas as Nações da Europa (...)"; M. Lopes de Almeida, *Documentos da Reforma Pombalina*, págs. 165 e ss., documentos de 19 de Janeiro de 1775 e 4 de Fevereiro de 1775 apontam, para utilização em Filosofia Racional e Moral, o Compêndio de Heineccius, embora devidamente adaptado aos princípios preconizados pelos *Estatutos*. Ou seja, censurados, e de uma forma tão cuidadosa, que apesar da sua utilização, pouco restaria do conteúdo inicial da Obra do Autor. Nestes termos, parece-nos que se confirma que as reformas pombalinas se foram interessantes na forma, foram incipientes no conteúdo.

[1086] Como se verá já de seguida a promoção da Liberdade de Pensamento – sem confusão com a Liberdade de consciência – causava muitos aborrecimentos a puristas menos convencidos da proficuidade das inovações. Disso mesmo se faz eco D. Francisco de Lemos, *Relação Geral do Estado da Universidade...*, fls. 236 = [pág. 211]: "pelo que pertence á Doutrina, constame tão bem, que são acusados os estudantes da Nova Reforma de pensarem livremente em pontos de Religião, concorrendo muito para espalhar este rumos falso as declaraçoens vagas, que tem feito nos Pulpitos alguns Pregadores incautos, e pouco advertidos: Os quaes *estando atequi tranquilos, e socegados sem fazerem movimento*, agora he que sahem a campo a oporem-se a torrente de todas estas novidades, que segundo dizem se espalham e se ensinam na Universidade."

[1087] *Disertação Critica sobre as Determinaçoens dos Novos Estatutos da Universidade de Coimbra*, manuscrito anónimo pertencente à Livraria MS. de Sta. Cruz de Coimbra, e actualmente depositado no Arquivo da Universidade de Coimbra. Foi publicado pela primeira vez por Manuel Augusto Rodrigues nas *Actas das Congregações da Faculdade de Leis (1772-1820)*, I, págs. 261 e ss. Em conjunto com outro referido no mesmo local e disponível em texto, existente na Biblioteca Pública de Elvas, publicado no *Boletim da Biblioteca da Universidade de Coimbra* com "Introdução" de Adelino Almeida Calado, constituem-se como dois claros exemplos de refutação dos pressupostos das alterações introduzidas com a *Reforma*.

Para o anónimo Autor, os *Estatutos da Universidade de Coimbra* ressentem-se da adesão clara a tais doutrinas[1088], não respeitando a ortodoxia[1089] e visando incrementar, ainda que involuntariamente, pensamentos sediciosos na massa estudantil. Não apenas se increpa este tipo de pernicioso procedimento, como aponta o desrespeito claro que houve no zelo pela religião em nome de uma Liberdade de Pensamento tanto mais nociva quanto contraditória dos sãos princípios previstos nos Evangelhos. E se para tanto for necessário apontar defeitos pessoais aos Mestres renovadores da interpretação e estudo do Direito Natural – não provados – tanto pior, que os mesmos se dão a conhecer.

Sucessivamente Pufendorf[1090], Grócio[1091] ou Wolff[1092], para apenas falar dos mais marcantes, são repreendidos, utilizando-se uma argumentação pouco menos que despeitada em presença do real impacto que tiveram por toda a Europa[1093] e em

---

[1088] Idem, *ibidem*, I, págs. 262-265: "Deve ser a lei toda *pura*; porque deve explicar-se com razoens convenientes á Religião, á Disciplina, e uteis para a Salvação (...). *O introduzirem-se estes dois Autores Mestres* [Grossio e Pufendorf] e Restauradores, como aqui se ve, da Disciplina do Direito Natural, e o mandar-se respeitar a sua Authoridade, ainda que com *asenso livre, he huma sogestão bem sufficiente, e bem capaz para desterrar das nossas Escolas as Doutrinas sans, puras, e verdadeiras*, como nos deixarão os Doutores catholicos, principalmente Sto. Ambrozio nos seos livros de Officcis; S. Gregorio nas suas Moares; Santo Thomas na 2ª parte da sua suma, para *introduzir nellas as Doutrinas maliciosas, erradas, e falsas de huns individuos, que por lhes faltar a luz da verdadeira crença, mal podem acertar com os justos dictames da Boa Razão. As suas muito curtas vistas em a Disciplina do Direito Natural são só tendentes a o fim pessimo da pertinás conservação, e propagação das suas falsas, erroneas, e depravadas maximas; e por isso devemos olhar para as suas Doutrinas, como para abortos de seos dementados Espritos; e como para Doutrinas dos demonios;* (...)."

[1089] Idem, *ibidem*, pág. 265: "(...) elle [Pufendorf] de tal sorte tratou do Direito Natural, que com a sua Doutrina se tem posto em duvida muitos principios da verdadeira Religião; se tem tomado a Liberdade de vituperar, e atacar muitos Dogmas da Santa Igreja; e se tem feito ponto de Erudição o examinar pelo Direito Natural. Misterios Divinos, em cujo obsequio devemos todos os verdadeiros catholicos captivar o nosso entendimento. Estes são os principios, estas as raizes da impiedade, que tão atrevidamente graça hoje por toda a parte, a onde o inimigo commum com Espirito de novidade tem levado aos escritos deste Atheista (...)."

[1090] Idem, *ibidem*, pág. 265: "Pufendorf da-se bem a conhesser nos seos Escritos por homem furioso, e maledíço; impostor, e calumniador; mentirozo, e adulador. Furiozo, e maledíço para com os seos; Impostor e calumniador para com os Catholicos Romanos; mentirozo e adulador para com os Principes, e Magestades Supremas. Todas estas Boas qualidades se lhe descobrem quazi com hum golpe de vista no seo livro de *habito Religionis Christianae ad Statum Civile*; e se manifestão em muitas passagens das suas Obras de *Jure nat. et gent., e de Ofic. Hom., et civ*. Que seria bem facil trãscrever aqui (...)."

[1091] Idem, *ibidem*, págs. 266 e 267, parece ser, de todos, "o menos mau dos hereges". Ainda assim não escapa ao crivo do escrito que se vem interpretando e, nomeadamente, porque "se elle hezitou sobre a religião que havia escolher he certo, que era homem sem religião, que era Atheista; mas fosse, ou não, elle de Direito Natural escreveo muito pouco (...) [e] teve muito obscuras, e confuzas ideias do Direito Natural e das Gentes, e que elle não expos com a deligência devida o Direito da Gentes, supondo-o como uma especie de Direito Voluntario."

[1092] Idem, *ibidem*, I, pág. 267: "(...) e determinão [os *Estatutos*] com notavel descuido, que se aclame Wolfio, pelo primeiro que dissipou as trevas que havia sobre esta materia, e que deo as verdadeiras noçoens da natureza deste Direito [das Gentes]."

[1093] Idem, *ibidem*, págs. 267 e 268: "Eu bem sei que não faltão catholicos de animo livre, que, esquessendo-se de si mesmos, e da santa religião, que professarão, se empenhão em patrocinar os inimigos da mesma Religião, que nos inculcão não só Grossio, e Pufendorf; mas tãobem a Thomasio, a Hobbecio, e Kemarichio, e Grundlingio; (...) a Heineccio, (...) Wolfio, e Barbeirak e outros da

Portugal[1094], e da sandice que constitui querer encarar a racionalidade humana desprovida de conceptualizações e pressupostos divinatórios[1095].

Assim se manifesta um posicionamento que enformaria todos aqueles que, de uma forma ou outra, se sentiam lesados pelas disposições reformistas do ministro de D. José, nelas apenas encontrando causas de dissidência em relação à fidelidade Católica-Apostólica-Romana[1096].

A leitura nas entrelinhas deste texto permite, além do mais, ter uma correcta percepção da perspectiva ultramontana do seu Autor, o que implica a crítica velada ao regalismo de Pombal, que apenas por essa via poderia justificar a autorização e incentivo à leitura de tais barbarismos. Pois se o Santo Ofício, guardião eficaz da verdadeira Fé estava domado, que se poderia esperar da decadência formidável dos seus poderes sobre as consciências das pessoas que, oficialmente, eram Autorizadas a prevaricar?

O Autor anónimo limita-se a desacreditar o seu trabalho apenas porque são hereges, a fazer a apologia dos Autores católicos, da Igreja de Roma e do Papa e, por essa via, a considerar de péssimo tom as reformas introdutoras da Liberdade de Pensamento ecléctico em Portugal[1097]. Este era um hábito mais ou menos comum;

---

mesma farinha, restauradores do Direito Natural, do Direito Publico, e principalmente do Direito Canonico, e Ecclesiastico, da Historia Publica, e da mais sã e methodica Etica, que nos querem persuadir, que nos livros destas Disciplinas tem composto os ditos Hereges, se achão muitas cousas, não somente eruditas, verdadeiras e muito doutas; mas taõbem muito novas, e muito uteis, e muito acomodadas para cultivar o engenho; as quaes se não achão, ao menos em tão bom methodo em os Escritores Orthodoxos (...)." O resultado é por a mocidade a estudar "tantas Doutrinas luminozas, ainda que estas se achem entre algumas sobras de heresia."

[1094] Idem, ibidem, págs. 270-272: "Ninguem dis nem pode dizer com verdade, que em Grossio, Pufendorf, Wolfio, Barbeirak, e outros seos colegas, e sectarios, se não achaм algumas Doutrinas que de si não são mas, antes todos devem confessar, e confessão, que nelles se achão doutrinas muito boas, e dignas de se saberem; mas estas podem-se aprender, e melhor, pelos livros da Santa Igreja, e se devem dar a beber á mocidade em Fontes limpas, e não em charcos. (...) pelos livros dos Authores verdadeiramente catholicos, que devemos estudar, e não pelos dos Hereges, que misturão o falso com o verdadeiro, o bom com o mao, para aprestar com a pessanha de seos erros, e illudir com a especioza, e mentida face da sua malicioza, e para este fim premedita da Rethorica, ainda aquelles mesmos, que sabem os devem ler com assenso, e discurso livres."

[1095] Idem, ibidem, pág. 268: "os Hereges, e os seus sequazes ao mesmo tempo, que estão inteiramente cheios de aversão á nossa santa Religião, affectão nos seos livros huma indifferença grande e muito depurada de prejuizos; mostrão hum sincero amor da verdade mais pura, e genuina, e da erudição mais recôndita e polida; e inculcão nas suas Obras huma total abstracção de qualquer religião, mostrando, que escrevem so como homens, e cidadãos com esta pompoza affectação, se vão introduzindo Procuradores do bem publico, e da paz universal (...)."

[1096] Idem, ibidem, págs. 268 e ss.; pág. 288: "Não se dão nos novos estatutos as providencias, que devião fazer, e completar o objecto da compilação, e direcção (...) Porque lhes falta toda a Legislação sobre o Governo da capella da Universidade, (...) a qual devia ser a primeira, não só porque a obrigação do Culto Divino precede a todas as mais; mas taõbem, porque as Sciencias, que na Universidade se ensinão, e aprendem, são para o Governo de huma Monarchia verdadeiramente catholica, que pelo bem regulado culto, que a Deos se deve, principia, e deve principiar todas as suas acçoens, e ainda Civis, no que muito gloriosamente se distingue das republicas e Monarchias, que vivem desgraçadamente separadas da Universal Igreja, cujas erradas, e pestilentes maximas jamais devem ser por nós adoptadas."

[1097] Idem, ibidem, págs. 270-273: "*Tudo isto e muito mais se pode ver examinado, provado, e demonstrado em os nossos theologos catholicos Romanos* [o ensino pelas teses da Igreja de Roma]; *e seria facil referi-lo praticado já por alguns Individuos, que se prezão de muito catholicos, se isto fosse do meo assunto; mas eu*

os Autores portugueses e de um modo geral todos os católicos criticavam apenas por força do aspecto formal – herege – da questão e entendiam que esse simples facto era suficiente para fazerem valer as suas ideias.

3.6. Pombal, os cristãos-novos e a equidistância social – sumária referência

Também no que se refere às tentativas de terminar de uma vez por todas com a odiosa diferença entre cristãos-velhos e cristãos-novos[1098], se pode dizer que o Iluminismo português avançou.

Segundo escreve Coelho da Rocha[1099], ainda que Pombal tivesse terminado com esta distinção, facultando aos cristãos-novos o acesso a importantes cargos públicos, seria preciso conseguir ser ainda mais "ímpio", como era apodado pelos corifeus do Santo Ofício antes da sua reforma, para ter terminado com a Inquisição. Contentou-se em reformá-la em termos que serão vistos em próximo parágrafo e de modo até então nunca visto[1100]. A partir deste momento a Inquisição dependeria só do Poder civil.

me persuado, que so o que esta dito basta, para que qualquer entendimento verdadeiramente catholico chegue claramente a perceber, que da leitura incauta dos livros dos hereges, e dos seus sequazes nascem as erradas ideias que muitos dos que ainda vivem na communhão da Santa Igreja lhe tecem Elogios. (...) Do que athequi tenho dito com mais extensão do que intentava, e com menos necessidade, que he do que pedia o assumpto, se infere bem a necessidade, que há de apartar das mãos dos fieis os livros dos Protestantes, e dos mais Hereges do Norte, principalmente das mãos da juventude Academica, para que se lhes não imprimão logo em os seos primeiros annos ideias menos conformes, e pouco ajustadas á Religião, e piedade Christã, que sempre floreceo neste reino, e nesta Universidade. E por isso he, que o darem-se nos Estatutos novamente feitos para reforma da Universidade, a Grossio, e a Pufendorf por mestres da disciplina do Direito Natural, intitulando-os de Restauradores delle, e mandando respeitar a sua authoridade, ainda que com assenso livre, me paresse huma grande falta de pureza, que esta Lei Estatutária deveria ter, e que toda a Lei para se reputar boa para o fim, a que he dirigida."

[1098] *ANTT, Corpo Cronológico*, Lei de 26 de Maio de 1773, onde é abolida a distinção entre cristãos-velhos e cristãos-novos. Nela se manda, por em vigor as leis de D. Manuel I, de 1 de Março de 1507 e de D. João III, de 16 de Dezembro de 1524. Esta lei terá resultado de um conjunto de factores onde avultaram o reconhecimento do papel económico, cada vez maior, que os judeus representavam para Portugal no exterior, assim como a necessidade de Pombal "estar" de bem com os seus parceiros europeus do despotismo esclarecido. A isto se somou, sem dúvida, uma outra forma de impor o regalismo em Portugal, por cortar cerce ao Santo Ofício num caminho que a este muito o prejudicaria, assim como – e talvez antes de tudo – ao papel "conselheiro" que Verney de Roma assumia. No que respeita ao Pensamento de Ribeiro Sanches a respeito desta lei, Maria Helena Carvalho dos Santos, "Ribeiro Sanches e a Questão dos Judeus", *O Marquês de Pombal e o seu tempo*, I, págs. 127 e ss.

[1099] Coelho da Rocha, *Ensaio Sobre a História do Governo e da Legislação de Portugal*, Coimbra, 1843, pág. 233. José de Seabra da Silva, *Compendio Histórico da Universidade de Coimbra*, págs. 84 e 85 escreve: "erráram todos os Senhores Reis destes reinos existentes nos séculos, que decorreram desde o feliz reinado do Senhor Rei D. Manuel, os quaes seguindo a Igreja fundada com Hebreos convertidos, e com Disciplina, e pratica da mesma Roma Metropole da Igreja, do mesmo Estado Ecclesiastico, e de todos os outros mais pios, e religiosos da Europa, não fizeram nunca entre os seus Vassallos Cristãos baptizados aquela odiosa, e sediciosa distinção de *Christãos Novos, e Cristãos Velhos*: Erraram e foram menos religiosos os ditos Senhores Reis Dom Manuel, e Dom João III, que seguindo a mesma Disciplina Universal, castigaram e precaveram a dita distinção em providente auxilio da tranquilidade, e repouso público dos Povos, que Deos lhes confiara para os manterem em paz e na justiça: E acertaram sómente, e foram sómente religiosos elles jesuítas (...)."

[1100] Idem, *ibidem*, págs. 68 e ss., apresenta um historial das perseguições movidas aos cristãos-novos, que foram em seu entender não apenas infames para estes mas moveram a destruição progressiva do país. Nesse sentido afirma-se que a responsabilidade de congeminar toda essa perseguição foi

De facto, Pombal tomou medidas nesse sentido[1101], assim como acabou com a escravatura em Portugal[1102] – para os que aqui nascessem – e para os índios do Brasil[1103], equiparando aos metropolitanos os habitantes da Índia portuguesa, tornando acessíveis os cargos públicos aos mestiços e aceitando casamentos mistos[1104]. Como ficaria contente Vieira se fosse vivo por esta época, é algo que instantaneamente ocorre, mesmo atendendo ao facto de ser jesuíta e por isso muito pouco simpático ao josefismo[1105].

Pode destacar-se, assim, uma preocupação em incrementar a Igualdade formal de todos perante o Rei, independentemente do seu local de nascimento ou características pessoais. Do mesmo modo a aceitação da Liberdade pessoal e uma tímida forma de aceitação de governo próprio das populações indígenas[1106], aceitando-se a Liberdade como o bem mais precioso que o Ser humano detém e cuja íntima ligação com o

---

de sua exclusiva autoria, chegando ao ponto de fazerem crer – e ao que parece com verdade – que a mão do Prior do Crato, D. António, era de sangue de novos convertidos. Daí terá derivado a posterior má vontade de D. Henrique para com o sobrinho, com quem até à data sempre tinha sido cordial. António José Saraiva, "A Política de Discriminação Social e a Repressão da Heterodoxia", págs. 97 e ss., aponta as principais medidas pombalinas tomadas, em que avulta o *Regimento da Inquisição*, dado por Lei de 1 de Setembro de 1774, onde a tortura deixava de ter significado e o processo era assimilado ao processo comum, de que comungava em todas as suas características.

[1101] Diogo Guerreiro Camacho Aboim, *Escola Moral, Política, Christã e Jurídica dividida em quatro Palestras, nas quaes se lêm de Prima as quatro Virtudes Cardeaes*, pág. 215, entende que não deve haver tolerância para com estes indivíduos, o mesmo se passando com mouros e mulatos, pois que a limpeza de sangue é condição de honradez necessário à nobreza de cada cidadão. Mais que isso, nunca deverão ocupar cargos públicos, na medida em que um Estado católico como Portugal nunca pode esquecer-se que estes indivíduos constituem perigo permanente de infecção às boas consciências nacionais. Neste particular diverge em muito de Pombal e dos seus projectos. Veja-se Pascoal José de Mello Freire dos Reis, "História do Direito Civil Português", *Boletim do Ministério da Justiça*, nº 175, pág. 66.

[1102] Manuel Fernandes Thomaz, *Repertório Geral das Leis Extravagantes de Portugal*, volumes 1 e 2, Coimbra, 1815; António Delgado da Silva, *Colecção da Legislação Portugueza*, 1763-1774, pág. 672: alvará de 30 de Janeiro de 1773, dado em 16 do mesmo mês e que se determina a abolição da escravatura em Portugal por ser a diferença entre os homens intolerável e oposta à humanidade. Assim se conciliam dois factores determinantes do tecido legislativo pombalino: por um lado, a recusa em continuar a aceitar as medidas romanistas não adaptadas à ideia de *Usus Modernus Pandectarum*, por outro, a assimilação das teses do humanitarismo que por essa Europa fora iam fazendo carreira e que se em Portugal não tiveram destacados representantes individuais, encontraram consagração em medidas legislativas práticas.

[1103] *ANTT, Corpo Cronológico*, lei de 6 de Junho de 1755, para restituir aos Índios do Maranhão a Liberdade de suas pessoas e bens. Por Lei de 8 de Maio de 1758 esta disposição foi tornada extensiva aos Índios do Brasil; Henrique Schaefer, *Historia de Portugal, desde a Fundação da Monarchia até á Revolução de 1820, Continuada, sob o Mesmo Plano, até aos Nossos Dias por J. Pereira de Sampaio (Bruno)*, V, pág. 233: lei de 6 de Junho de 1755, que termina a escravatura dos índios do Maranhão; J. G. de Barros da Cunha, I, pág. 62, revogando todos os diplomas que admitissem a escravatura dos índios. Também o alvará de 17 de Agosto de 1758 vai em idêntico sentido, explicitando e refinando muitas das disposições do anterior.

[1104] *ANTT, Corpo Cronológico*, lei de 14 de Abril de 1755: "Ley sobre os casamentos com as Indias, de 4 de Abril de 1755."

[1105] J. G. de Barros da Cunha, I, págs. 127 e ss., transcreve a lei de 25 de Maio de 1773, em que é abolida a distinção entre cristãos-velhos e cristãos-novos.

[1106] *ANTT, Corpo Cronológico*, lei de 7 de Junho de 1755: "Ley para os Indios do Pará serem governados pelos seus nacionaes."

DA HISTÓRIA DA IDEIA DE LIBERDADE

próprio direito à Vida se manifesta de forma inequívoca. Se não foi mais longe, este articulado terá sido para a época já substancialmente reformador.

Nem se poderia esperar outro tipo de política por parte do ministro de D. José, que aproveitou para nomear inquisidor-geral o seu irmão Paulo de Carvalho, praticamente terminando[1107] com os autos-de-fé[1108]. O último condenado à fogueira foi o jesuíta Gabriel Malagrida[1109], por motivos mais ou menos fúteis de acusação de misticismo e feitiçaria mas, de facto, por ser jesuíta[1110].

A equiparação social chegava ao ponto de serem incentivados os casamentos entre membros da alta e baixa nobreza, tendo Pombal, ele mesmo, dado exemplos pessoais entre membros da sua família. Nem sempre muito bem conseguidos, como prova a ascendência de um dos maiores homens do Liberalismo português, como oportunamente se verá[1111].

De facto, é retardada em Portugal a subida de influência da "noblesse de robe" que, na generalidade dos países europeus, era de há muito realidade. Por seu lado, a nobreza tradicional vai encontrar cada vez mais dificuldades em se impor com as suas ancestrais prerrogativas. Destino idêntico terá o clero, já bastante combalido desde a Restauração e que a partir de cerca de 1750 verá, em crescendo, a sua influência decair, seja por via directa ou indirecta.

[1107] Foram proibidos pelo *Regimento do Santo Officio da Inquisição dos Reinos de Portugal*, págs. 87 e ss., Livro II, Título XV, págs. 87 e ss.: "Ordenamos que não haja mais Autos da Fé públicos ou particulares (...)."

[1108] *Carta do Embaixador Inglês Hay de 1767 ao seu Governo*, apud Henrique Schaefer, *Historia de Portugal, desde a Fundação da Monarchia até á Revolução de 1820, Continuada, sob o Mesmo Plano, até aos Nossos Dias por J. Pereira de Sampaio (Bruno)*, V, pág. 205, nota: "Since his Most Faithful Majesty's acession, the burning of heretics has bem disuedition".

[1109] Segundo conta a maior parte dos historiadores, o último sentenciado pela Inquisição foi o padre Malagrida, devendo tal processo entender-se como puramente político, se bem que sedimentado em questões de Fé. Veja-se Isaías da Rosa Pereira, "O Auto-de-Fé de 1761", *O Marquês de Pombal e o seu tempo*, I, págs. 367 e ss.

[1110] Joaquim Pedro Oliveira Martins, *História de Portugal*, Lisboa, 15ª Edição, 1968, págs. 475 e ss.; Fortunato de Almeida, *História de Portugal*, IV, págs. 388 e ss., relata o episódio, aproveitando, como é natural à sua visão do problema, para dirigir severas críticas a Pombal e ao seu despotismo e invocando a coacção mediante a qual os testemunhos foram extorquidos e as confissões dos envolvidos se obtiveram. Henrique Schaefer, *Historia de Portugal, desde a Fundação da Monarchia até á Revolução de 1820, Continuada, sob o Mesmo Plano, até aos Nossos Dias por J. Pereira de Sampaio (Bruno)*, V, págs. 74 e ss.: "O padre Gabriel Malagrida, da Companhia de Jesus, implicado na conjura contra el-rei, como confessor e espiritual director da família Tavora, bem como por suas pretendidas prophecias, publicadas com respeito ao attentado de regicídio contra o monarcha, foi, na sua qualidade de ecclesiástico, requerido aos tribunaes seculares pela Inquisição, em primeira instância, para que aos inquisidores presente fosse, por motivo de suas blasphemias e impias publicações. Ahi foi accusado e convicto do crime 'de heresia, por ter ensinado, escripto e defendido maximas e dogmas contrarios aos da Santa Egreja; condemanado como herege e inimigo da fé catholica, a excomunhão maior; despido das dignidades da sua ordenação e relaxado, com ferrete de infamia e de um heresiarcha ser, ao Poder secular sob supplica de que ao criminoso o tratasse com indulgente misericordia e contra elle não proferisse sentença de morte'." Segundo o citado comentador, o pedido certamente teria sido atendido, não houvesse outros motivos mais fortes para o Poder régio que a heresia proclamada. Assim sendo, "a sentença de Malagrida de 20 de Setembro de 1761 determinava que Malagrida fosse entregue ao algoz e levado, com uma corda ao pescoço, pelas ruas de Lisboa, até á praça do Rocio, para ahi ser estrangulado, até se lhe seguir a morte natural para sempre. Seu cadáver deveria depois ser queimado e reduzido a cinzas, afim de que d'elle resquicío não ficasse."

[1111] Rui Manuel de Figueiredo Marcos, *A Legislação Pombalina*, págs. 26 e ss. Ao caso trata-se de Palmela.

Assim se confirma o antes referenciado: na sociedade portuguesa havia dois grandes sectores fracturantes, independentemente do grupo onde se inseriam. Por um lado os eclesiásticos, os nobres e boa parte do Terceiro Estado magistral e mercantil, que apoiava o ministro de D. José; depois, todos os outros, em igual participantes das mesmas origens que lhe declaravam oposição surda, apenas alcandorada à luz do dia depois de 1777.

Quanto ao Povo, que teoricamente sempre fora influente – e sublinha-se teoricamente – postas em equação todas as anteriores investigações, vê minimizado o seu – ainda – influxo. Claro que se um dos *"Les Philosophes"* o designava enfaticamente "la canaille", em Portugal o destino não poderia ser diverso.

Numa época em que, como nunca, a História é alcantilada a píncaros de importância desconhecida, o combate pela Igualdade promovido pelo próprio Governo, que todos pretende equiparar perante o Rei, implicitamente está a negar um certo sentido de História do "ante-pombalismo". Uma História feita à medida da nobreza e suas prerrogativas ancestrais oriundas do sangue e impostas a outros estratos, sem "sangue", sem "nobreza", sem "História".

São agora os novos protegidos de Pombal que têm a palavra na luta que se vai iniciar contra os antigos beneficiados pelo tempo e pela História, que criam a sua própria História do "post-pombalismo", com um princípio bem definido, demonstrando que o seu valor específico no tempo actual não tem de ser aferido em função de considerandos de cariz ancestral.

E isto é ainda mais interessante porque aproxima sob forma conceptual, vertiginosamente, esta ideia de corte milenarista patrocinado pelo josefismo com um outro tipo de milenarismo que 1789 virá a patrocinar. Sendo de sinal oposto no plano político ao português, tem como paralelo a ideia de corte, desta feita social e não ideológico.

Assim se compreende a amizade que os futuros liberais portugueses terão a Pombal; com todos os seus defeitos e na defesa de inflexível Absolutismo, justificam-se os motivos de Borges Carneiro quando afirmou, muitos anos volvidos, que para se chegar a eles, "a Pombal faltou ser liberal"[1112].

[1112] *A Administração de Sebastião Jose de Carvalho e Mello, Conde de Oeiras, Marquez de Pombal, secretario de Estado e Primeiro Ministro de Sua Magestade Fidelíssima o Senhor D. Joze I Rei de Portugal*, "Prefacio", págs. XII e ss.: "Tem sido tão differentes as opiniões á cerca do seu caracter, que nada semelhante se encontra na historia ministerial. Uns o olhão como um malvado que empregou os expedientes da mais perversa politica para elevar-se ao primeiro cargo, e que, por falta de talentos e genio, se servio dos mais enormes crimes. Outros, pelo contrário, o representão um homem sábio, tão activo quanto laborioso, que se elevou á dignidade a que subio pellas virtudes necessarias para ali chegar. É penoso que num seculo tão ilustrado como o nosso, possão exprimir-se tão differentes opiniões do mesmo ministro, e que se leão nossos annaes politicos acções que desfigurão assim o juizo dos homens." Este texto é característico do Liberalismo português que tantos elogios patrocinou a Pombal, considerando-o estadista de visão e homem honrado. Também Martim de Albuquerque, "Para a História das Ideias Políticas em Portugal (Uma carta do Marquês de Pombal ao governador de Maranhão em 1761), separata de *Estudos Políticos e Sociais*, IV, 1, 1968, págs. 233-240, dá o seu contributo à discussão. Entende destarte que "para o estudioso das ideologias políticas, e independentemente da verdadeira grandeza do Marquês, não interessa apenas a possível originalidade das ideias por ele perfilhadas, como também o facto de as ter expendido e até de as haver posto em prática. Porventura será ainda mais interessante este último facto, se se admitir a ausência de espírito criador de Pombal, pois, então, ele ter-se-ia limitado a ser a mola dinâmica, o veículo das ideias espalhadas no seu tempo." Isto significa que no nosso âmbito de preocupações, Pombal seria certamente muito pouco importante no plano da Liberdade dos povos; nem precisamos

Apenas com o Governo de D. Maria I se retrocede em parte, a este nível, fazendo regressar as relações entre os dois Poderes fundamentais da sociedade portuguesa quase ao ponto em que estavam antes da desintegração pombalina[1113], ainda quando "A Piedosa" perdoara Pombal a benefício da memória de D. José.[1114]

3.7. O regalismo pombalino

O regalismo pombalino – de remoto antepassado no beneplácito régio, instituto de origem gaulesa e que remonta a Filipe, "O Belo"[1115] – promove e acata a supremacia do Estado sobre a Igreja nos domínios não reservados ao dogma e à Fé.

Doutro lado os ultramontanos que nunca haviam desistido das suas teses da supremacia jurisdicional eclesiástica sobre as decisões do Estado referentes a problemas da Igreja, a que se somavam, por via de regra, todos aqueles que se sentiam pessoalmente descontentes com a política pombalina, à cabeça dos quais a alta nobreza e, algo paradoxalmente, o baixo Povo que não conseguia entender os desacatos que lhe sopravam serem feitos à Igreja. A catequização por parte de curas de aldeia ou párocos saudosistas terá sido a razão mais palpável que justificaria este desfasamento popular – comprovado depois da morte de D. José – em relação ao reformismo encetado por Pombal.

Quanto a este, fez o que tinha a fazer no cumprimento do seu programa político, tal e qual o havia idealizado. E se instituiu o regalismo, não perdoou a lesão de desacato à divindade, talvez porque ele lhe era mais nefasto no plano civil que no religioso. Era por isso que a censura perseguia os escritos mais audazes, arautos da revolução e Pombal mandava queimar em praça pública, pelas mãos do verdugo, os qualificados de "ímpios". Seriam "ímpios" mas, mais grave, era o divulgarem as ideias que haviam de incentivar a Revolução Francesa, ainda quando alguns deles de revolucionários, no sentido da futura Revolução Francesa, pouco ou nada tivessem.

Outro contributo interessante proveniente de França foi a preocupação que entre os gauleses houve de coligir o seu Direito eclesiástico, aportando uma distinção clara entre direitos inerentes à religião e direitos relativos ao eclesiástico, mas na dependência do Poder régio[1116].

---

de dizer porquê. Quanto aos aspectos culturais e no plano da Liberdade individual e da Liberdade de consciência, algumas mudanças se verificaram, mesmo que neste último caso apenas se possa chamar ao facto, talvez, "emancipação do Pensamento jesuítico" e Autoridade assumida do Poder temporal face ao Poder espiritual, com projecções no plano político.

[1113] Mas sem que o regalismo oficialmente tivesse deixado de reger quer na sua governação quer na de seu filho D. João, enquanto regente e depois como rei de Portugal.

[1114] *AHP, Collecção Auxiliar*, II, fls. 79-79 v.: decreto de 16 de Agosto de 1781: "decreto de Perdão ao Marquez de Pombal, Sebastião José de Carvalho e Mello.

[1115] Ruy de Albuquerque e Martim de Albuquerque, *História do Direito Português*, I, 1., págs. 151 e ss.

[1116] Trata-se de uma espécie de catálogo de Autores que escreveram sobre a matéria, ao que parece da responsabilidade primitiva de um tal Pedro Pithou e que depois foi impressa em 1731 por força do trabalho de Dupuy. Encontram-se nas "Provas", II da *Dedução Chronologica e Analytica*, págs. 195 e ss. o texto de uma lei de 24 de Maio de 1766, extraída dos registos do Conselho de Estado de França que igualmente manifesta a separação entre sacerdócio e império. A dado passo escreve-se nessa lei: "il appartient à l'Église seule de décider ce qu'il faut croire, & ce qu'il faut pratiquer dans l'ordre de la Religion, & de determiner la nature de ses jugements en matière de doctrine, & leurs effets sur l'âme des Fidèles, sans que la puissance temporelle puisse, en aucun cas, prononcer sur le dogme, ou sur ce, qui est purement spirituel: Mais q'en même temps la Puissance temporelle, avant que d'Autorizer la publication des décrets de l'Église, de les rendre Lois de l'Etat,

Em Portugal isto tornar-se-á sobretudo evidente na reacção contra todos aqueles que questionavam o regalismo, servindo-se de expedientes pouco conseguidos no sentido de confundir o filosofismo francês, proibido institucionalmente, com a pretendida compatibilização que entre estes escritores se procurava estabelecer com os princípios do regalismo, tão caros a Pombal[1117].

Além disso, os chamados Índices Romano-Jesuíticos (que mais não eram que os Índex elaborados pelos membros do clero dos vários países católicos e em Portugal pela Companhia de Jesus na linguagem pombalina) nunca tiveram aplicação em França, tendo sido condenados pela própria Universidade de Paris[1118] nos inícios do séc. XVII, sendo tal disposição posta em prática pela Autoridade temporal[1119].

& d'en ordonner l'execution, avec défenses, sous des peines temporelles, d'y contravenir, a droit d'examiner la forme de ces décrets, leur conformité avec les maximes du Royaume, & tout ce qui, dans leur publication, peut altérer, ou interesser la tranquilité publique, comme aussi d´empecher, après leur publication qu'il ne leur soit donné des qualifications, qui n'auraient point été Autorisées par l'Église. (...). À la puissance temporelle seule appartient, privativement à toute autre Autorité, d'employer les peines temporelles, & la force visible, & exterieure sur les biens, & sur les corps, même contre ceux, que résisteroient à l'Autorité spirituelle, & qui contrevidoirent aux règles de l'Église, dont la manutention exérieure, & la défense contre toute infraction, est un droit de la Puissance temporelle, comme elle en est un devoir (...)."

[1117] Henrique Schaefer, *Historia de Portugal, desde a Fundação da Monarchia até á Revolução de 1820, Continuada, sob o Mesmo Plano, até aos Nossos Dias por J. Pereira de Sampaio (Bruno)*, Porto, V, 1899, pág. 82, referindo-se ao problema da célebre pastoral de D. Miguel d'Anunciação e que o historiador se reporta nos seguintes termos: "O Bispo pretendeu justificar-se allegando que os livros que elle prohibira (depois de já terem sido prohibidos, aliás, pela *Mesa Censória*) haviam causado damno aos seus diocesanos; como se não fosse perfeitamente sabido que, ao pronunciar-se n'aquelle bispado os nomes de Voltaire, Rousseau, etc., os diocesanos referidos perguntavam uns aos outros se aquelles apellidos significariam mineraes ou vegetaes, bichos da terra ou do mar, visto como no bispado de Coimbra nunca se havia ouvido palavras dessas. Era evidente que os Auctores irreligiosos e materialistas que já haviam sido prohibidos nos expurgatórios de todos os países catholicos, e, em Portugal, pela *Mesa Censória*, tinham sido incluzos, citados e condemandos n'aquella pastoral para, adrede, os confundir com os auctores catholicos Du Pin e Febronius e ao stigmatisar conjunctamente com estes ultimos, Auctores 'que eram mal vistos pela Curia de Roma', (nova prova para a *Mesa*, de que a Pastoral tinha a sua origem em Roma), Auctores que 'em suas Obras, combatiam o abuso das excomunhões, a doutrina da supremacia dos Papas sobre o Poder temporal dos Reis e a theoria d'aquelles que sustentavam que ao Pontifice assistia o direito de depor os soberanos e de eximir os vassallos da obediencia a esses devida'." Sobre a polémica entre Pombal e D. Miguel da Anunciação, Manuel Augusto Rodrigues, "Pombal e D. Miguel da Anunciação, Bispo de Coimbra", *O Marquês de Pombal e o seu tempo*, I, págs. 207 e ss.

[1118] *O Investigador Portuguez em Inglaterra*, X, Setembro de 1814, "Relatorio acerca do projecto de lei de Liberdade de imprensa apresentado à camera dos deputados em 1 de Agosto de 1814", pág. 439: "No reinado de Francisco I, principiando as controversias religiozas a perturbar a França, o Parlamento de Paris declarou, que a Faculdade de Theologia da Universidade tinha o direito de julgar as Obras novas em ponto de doutrina; mas ordinariamente este exame não se fazia senão depois de ellas publicadas. Em 1569 esta Faculdade publicou huma lista dos livros que tinha prohibido, e a circulação das quaes devia o Governo impedir, huma vez que estavão impressos."

[1119] *Annaes da Sociedade de Jesus*, Paris, 1765, II, págs. 249 e ss. Noutros países sob alçada da Igreja Católica-Apostólica-Romana onde os Índices se aplicavam, como a Áustria sob dominação espanhola e a Flandres (Bélgica), ou em zonas de igual influência como as repúblicas italianas, os procedimentos não diferiram muito. No primeiro caso, Carlos V teve o cuidado de se precaver junto à Universidade de Lovaina a quem encomendou a elaboração de um Índice em 1546, que foi confirmado e acrescentado dez anos depois. Posto que eram considerados inválidos todos e quaisquer actos censórios contrários ao espírito que o imperador lhes incutia de apenas poderem

4. O entardecer do séc. XVIII: o epílogo do eclectismo

Depois da morte de D. José e do afastamento de Pombal, uma das repercussões imediatamente sentidas foi o decaimento da cultura e, em particular, ao nível da Universidade. Manteve-se e sedimentou-se, além do mais, o tipo de tratamento que se entendia mais conforme dar ao filosofismo francês[1120].

Era a Universidade território de vistas aperreadas e rédea curta aos estudantes nas leituras, inclusive pessoais e certificação da ortodoxia por parte de todos os seus fretadores, numa mistura nem sempre bem sucedida entre a legislação porque se deveria reger e a prática efectiva, patrocinada por alguns saudosistas da situação anterior à *Reforma*.

Docentes e discentes, bem cientes dos avisos sérios de represálias a quem prevaricasse e policiamento férreo dos territórios subjacentes à "porta-férrea"; eis as medidas assumidas e emblemáticas de uma Universidade europeia do entardecer do séc. XVIII, no período imediatamente anterior às Invasões Francesas[1121].

Fará todo o sentido ponderar, como o fizeram alguns dos mais conhecidos escritores do séc. XIX – insuspeitas referências[1122] de todo e qualquer historiador –, que o móbil

---

abranger proibições relativas a escritos de proveniência herética. Quanto à república veneziana o mote é idêntico, com a agravante da proximidade geográfica a Roma, o que não impediu o senado de Veneza de se opor tenazmente à aplicação dos Índices romanos na área sob sua jurisdição. E o mesmo aconteceu em Nápoles e na Sicília. Todas estas referências foram obtidas da própria *Dedução Chronologica e Analytica*, II, §§ 14 e ss., págs. 44 e ss., para os quais não se vislumbram razões para investigar em profundidade mas se encontram não apenas mencionadas em termos de texto e tradução, mas como comprovativo das razões que José Seabra da Silva e os seus adeptos pensavam ser o melhor sistema a adoptar em Portugal.

[1120] Teófilo Braga, *História da Universidade de Coimbra*, III, pág. 113: "Em uma Oração panegyrica escripta por Manoel de Moraes Soares, *medico dos carceres secretos do Santo Officio*, por occasião do anniversario de D. Maria I em 1780, preconisa-se essa perseguição systematica com grande beneficio feito ao Povo portuguez: 'Quanto à reforma dos costumes, gremio fecundissimo para a multiplicação dos Povos, já experimentastes o vigilantissimo zelo com que fez cohibir a torrente impura d'aquelles Philosophos pantheistas, modernizzimos sequzes do naturalismo grosseiro, discipulos enthusiastas de Episcopio e de Socino, os fautores do tolerantismo: aquelles espiritos fortes e temerarios, que não sabem distinguir a rasão soberana, que é a sabedoria divina, da cega rasão do homem, a qual com todos os seculos precipitou no obscuro cáos dos erros todos aquelles que tiveram a fatuidade de tomar por guia (...)'." A fonte utilizada por Teófilo está depositada segundo sua nota na Biblioteca da Academia, E. 772 D.

[1121] Não era isto que Pombal e os seus reformistas haviam preconizado. Nem é aquilo que, já em pleno séc. XIX, a imprensa portuguesa mais esclarecida e que segue esta e outras inovadoras linhas de Pensamento redige sem pejo. Salienta-se uma passagem, d'*O Investigador Portuguez em Inglaterra*, VII, Julho de 1813, pág. 50, que nos parece particularmente significativa: "Os homens, deixando o primeiro estado de natureza, abraçarão o estado social, para que, vivendo á sobra d'hum regimen, o *meum et tuum* fosse regulado por huma invariavel lei; por via d'educação o homem da natureza se faz hum homem de sociedade: por ella aprende a honra, a virtude social, méde suas acçoens pela lei; finalmente a educação he hum ramo, sem o qual a grande arvore da sociedade não poderia existir, nem florescer. Desde que os homens entrarão em sociedade todas as naçoens com maior ou menor distinção tem lançado as suas vistas a este mais importante objecto de felicidade particular e publica: todas tem conhecido que pela educação se faz o bom magistrado, o bom guerreiro, o bom philosopho, o bom medico; em huma palavra, he objecto, que diz respeito a todas as classes civiz, ou ecclesiasticas."

[1122] José Maria Latino Coelho, *História Política e Militar de Portugal, desde os fins do séc. XVIII até 1814*, I, págs. 300 e ss.

essencial dos conselheiros de D. Maria terá sido a revogação da esmagadora maioria das medidas profiláticas e curativas encetadas no reinado de D. José. O ultramontanismo encapotado, que pretendia impor-se ao regalismo oficialmente seguido, e o impacto que isso tem nas políticas seguidas pela censura e na inibição das leituras proveitosas, que Pombal quisera incrementar na Universidade é, no mínimo, frustrante para todos os que se preocupam com a objectividade histórica[1123].

Mas também não se pode esquecer a posição contrária, segundo a qual a reforma não foi tão violentamente combatida como se pretende propalar, observando-se as linhas de força dos *Estatutos de 1772*[1124], que apenas nas matérias consideradas mais avançadas em termos de "livre pensamento" terão sido remodelados[1125].

O problema que levanta esta interpretação promana do facto de quase tudo ser incluído nesta ordem de considerações subversivas pelo que, por vontade da facção mais reaccionária do Governo de D. Maria I, pouco ficaria de pé[1126]. Nem sempre bem sucedidos, diga-se em abono da verdade.

Considerada, destarte, como ninho de subversivas ideias e nocivas seduções para a juventude portuguesa, uma das primeira medidas consumadas foi o afastamento de D. Francisco de Lemos, a quem a Universidade de Coimbra será sempre tributária[1127]. Em Outubro de 1779 abandona a reitoria, sendo substituído por alguém que, na linguagem de Teófilo Braga, será o promotor do *reino da estupidez*[1128].

[1123] Teófilo Braga, *História da Universidade de Coimbra*, III, pág. 573: "A obra pedagogica ficou exposta ao mesmo esforço de retrocesso, e todos os velhos preconceitos do Scholasticismo medieval levantaram-se como uma nuvem de tabões, deblaterando contra as *doutrinas, novas e perigosas*, de que a Universidade de Coimbra era o orgão de inoculação venenosa; lamentava-se a mocidade estudiosa por ensinarem-na a *pensar livremente*, e do alto do pulpito berrava-se que era necessario por um dique á *torrente das novidades* que a Universidade estava derramando sobre o desgraçado Portugal. (...) A Universidade de Coimbra esteve em imminente perigo de retroceder ao Scholasticismo (...). Valeu a esta parte da obra do Marquez de Pombal a actividade e firmeza intemerata do seu collaborador na reforma da Universidade, D. Francisco de Lemos Pereira Coutinho."

[1124] José Silvestre Ribeiro, *Historia dos Estabelecimentos Scientificos Litterarios e Artisticos de Portugal*, II, págs. 143 e ss.

[1125] José Antunes, "Notas Sobre o Sentido Ideológico da Reforma Pombalina", *O Marquês de Pombal e o seu tempo*, II, pág. 144, a propósito de alguns documentos manuscritos relativos à Imprensa da Universidade e de proveniência pouco posterior ao afastamento do ministro, esclarece: "(...) os Autores e respectivas Obras que ressaltam de todos os manuscritos e eram difundidos pela Imprensa da Universidade entre 1790 e 1805, foram introduzidos e seguidos na sua quase totalidade, pelos Reformadores, tornando-se, assim, sintomático como índice da persistência ou não da Reforma Pombalina e de igual modo de mentalidade e ideologia política dos colaboradores e do ministro reformador que foi o Marquês de Pombal."

[1126] Zília Osório de Castro, "Poder régio e os Direitos da Sociedade. O 'Absolutismo de Compromisso' no reinado de D. Maria I", Separata da Revista *Ler História*, n.º 23, Lisboa, 1992, pág. 11.

[1127] D. Francisco de Lemos, *Relação Geral do Estado da Universidade (1777)*, fls. 66 = [págs. 60-62], onde se congratula que tão pouco tempo depois de iniciada a Reforma – apenas cinco anos depois – os seus frutos sejam já visíveis. Mais ainda o seriam se uma boa preparação nos Estudos Secundários lhes conferisse as sólidas bases necessárias para intervir na vida académica. Veja-se Ferreira Deusdado, págs. 390 e ss.

[1128] António Ferrão, *A Primeira Invasão francesa (A Invasão de Junot vista através dos documentos da Intendencia Geral da Policia, 1807-1808). Estudo Político e Social*, pág. LXXXI-LXXXII: "Como é de calcular, tal estado de cousas fazia decair o ensino da Universidade, desprestigiava a instituição e, como esta, os professores. Assim, não admira que entre os estudantes lavrasse a indisciplina e o desrespeito para com alguns professores, especialmente para com o reitor que se tornou alvo de sátiras e doestos. Daquelas a que melhor vincou e, por isso deixou fama, foi o poema herói-cómico

Mas voltaria pouco tempo depois.

Preconizava-se, para além do mais, "a eliminação nos Estatutos de tudo quanto puder prejudicar a religião e os costumes"[1129], o que na prática se traduzia pelo regresso ao tipo de ensino obscurantista que, em grande medida, Pombal quisera reformar[1130].

E, em princípios de 1787, considerando-se embora o aspecto meritório de muitas das Teses apresentadas à Universidade e nunca oficialmente publicadas, requeria-se nesse mesmo sentido, sendo certo que a autorização competente derivaria de parecer censório previamente dado. Apesar de ainda não ser a época do desenlace da Revolução Francesa, os sintomas eram por demais preocupantes e o cuidado quanto às

---

o *Reino da Estupidez* – que era o reitorado do principal Mendonça – atribuído a Ribeiro dos Santos, ao poeta António Pereira de Sousa Caldas – o *Caldinhas* – e a outros, mas de verdadeira autoria do estudante de medicina Francisco de Mello Franco, auxiliado pelo seu contemporâneo José Bonifácio de Andrade e Silva." Veja-se Teófilo Braga, *História da Universidade de Coimbra*, III, págs. 675 e ss.

[1129] M. Lopes de Almeida, *Documentos da Reforma Pombalina*, I, documento de 17 de Janeiro de 1780, págs. 298 e ss., António Ferrão, *A Primeira Invasão francesa (A Invasão de Junot vista através dos documentos da Intendencia Geral da Policia, 1807-1808). Estudo Político e Social*, pág. LXXIII.

[1130] Simão José da Luz Soriano, *História da Guerra Civil e do Estabelecimento do Governo Parlamentar em Portugal*, Primeira Ephoca, I, pág. 271, apresenta uma perspectiva acutilante neste plano: "(...) entre o Marquez de Pombal e os homens que o susbstituiram só pode haver uma differença immensa de capacidade política, porque em vez de fazerem a fortuna do paiz, só fizeram a sua desgraça. Declarados inimigos do Marquez, e empregando um poder igual ao que elle tinha para destruirem tudo quanto elle fizera, nem isto poderam conseguir; porque se destruiram algumas das suas medidas, nada poderam alcançar quanto aos seus effeitos, cujas vantagens eram por todos reconhecidas, ao passo que outras das ditas medidas, tendo já lançado solidas e profundas raizes, resistiram a todas as suas tentativas de destruição. A estrada do progresso, *trilhada no sentido liberal*, *tinha-se encetado*, postoque por meios altamente despoticos, e encetado por maneira tal, que o seu retrocesso se tornou impossivel aos sectarios do antigo regimen, baldando-se essa tão desejada, quanto prometida restauração do passado, fructo de tantos odios accumulados e desde tantos annos contra as medidas do progresso (...)." Naturalmente que não podemos concordar com a adjectivação de liberal proposta para Sebastião José; parece-nos excessiva e fruto do entusiasmo de Luz Soriano, mas que de facto não traduzia mais do que alguns dos nossos liberais do Vintismo viriam a propagandear. Para estes, Pombal foi um "grande homem"; para ter sido um autêntico Pai da Pátria, na íntegra, faltava-lhe uma "pequena" característica: ser assumidamente liberal. É neste sentido que devem entender-se aquelas palavras do historiador. No mesmo sentido outro dos liberais do séc. XIX, José Maria Latino Coelho, I, págs. 20 e 21: "A revolução democratica e popular devia logicamente ter, por princípio, o engrandecimento do Poder absoluto. Antes que a sociedade tomasse novas formas politicas era bom que a esta inevitavel metamorphose antecedesse a fundação de uma robusta unidade governativa. E nenhuma força social era n'aquelles tempos mais segura e efficaz para effectuar a fusão de todos os elementos antagonistas do que o braço de um ministro obedecido sem hesitação e repeitado pelo terror. Quando a coroa tivesse apagado nas instituições e nos costumes as reliquias derradeiras do Poder aristocrático, deixando apenas ao corpo da nobreza o simulacro de sua herdada auctoridade em titulos e predicamentos sem nenhuma significação política, seria então facil á burguezia, que principiava a ser o nervo da nação, reclamar os seus direitos confiscados pela coroa, e após esta primeira tentativa de interferencia popular nos negocios do Governo viria forçosamente o millenio dos ultimos estratos sociaes. Antes que chegasse, com os progressos da educação publica, a são propicia á proclamação da Liberdade, cumpria que a Igualdade perante a coroa fosse operando lentamente as suas conquistas contra os privilégios politicos e os monopolios sociaes das classes superiores (...). O Absolutismo semeia então, para que a Liberdade venha depois enfeixar as pavêas já maduras." Vejam-se as considerações de um insuspeito estrangeiro, interessado e estudioso dos problemas portugueses, Adrien Balbi, pág. 25: "On peut justement l'appeler *le père de la patrie et la restauration de la monarchie*."

subversivas ideias ocupava os órgãos dirigentes da instituição universitária, por força da régia preocupação formalmente demonstrada[1131].

No plano mais vasto das perseguições movidas aos intelectuais portugueses acusados de seguirem a linha francesa da impiedade, iniciou aquilo que ficou conhecido como o período do "rigorismo". As medidas assumidas, na clara repressão a todo o tipo de iniciativas que tenazmente pudessem veicular a cultura e as ideias francesas sobre a Liberdade de consciência e a tolerância religiosa, bem como o endeusamento da Razão humana, da Razão natural, divorciada de conotações transcendentais, eram pura e simplesmente férreas.

Neste domínio não pode ser esquecida uma figura que ora se apresenta mas que será a todos os títulos omnipresente na vida portuguesa até ao eclodir das Invasões Francesas e que com a sua política repressiva se terá tornado o mais eficaz trunfo da governação marina no que respeita à boa ordem a ser seguida no país[1132]: Diogo Inácio Pina Manique.

Zeloso talvez em demasia, sabida que era a "afeição" tida pelo padre António Pereira de Figueiredo ao filosofismo francês[1133], que chegara a censurar, bem como a extrema religiosidade em Teodoro de Almeida[1134], ambos são tranquilamente acusados de "perigosos revolucionários"[1135].

Foi contra este retrocesso que um certo Pensamento nacional entendeu reagir, queixando-se amargamente de tão nefastos acontecimentos[1136], motivo pelo qual teve os seus particulares dissabores.

[1131] *Actas das Congregações da Faculdade de Leis (1772-1820)*, I, págs. 85-87: "Acta de 24-IV-1787 – Leu-se um aviso da Secretaria de Estado, ordenando que fossem publicadas as Dissertações que disso fossem merecedoras (...)", a que se segue "Copia do Avizo: (...) he Sua Magestade servida, que V. Exª. mandando trazer á sua Prezença *todas as Dissertaçoens que se acharem guardadas* (...) e dividindo-as pelas faculdades a que tocão, *encarregue as Congregaçoens dellas do exame e separação daquellas, que se acharem mais dignas de se publicarem*, pondo-as no melhor estado de perfeição e polidez; (...). *E depois de assim escolhidas, revistas e castigadas, se reduzão a Collecçoens distintas de cada huma faculdade se hajão de imprimir* (...)." O mesmo sucedeu com Teologia, como bem se depreende das *Actas das Congregações da Faculdade de* Teologia *(1772-1820)*, I, págs. 101-103: "Acta de 27-IV-1787 – determinação de Sua Magestade para que fossem recolhidas, examinadas e aperfeiçoadas todas as dissertações que foram apresentadas nos Actos Grandes e Exames Privados, desde a Nova Fundação da Universidade, a fim de serem impressas."

[1132] Teófilo Braga, *História da Universidade de Coimbra*, III, pág. 114: "(...) seguindo nos seus trabalhos o *Codigo de Policia de Luiz XIV*, de Mr. de la Marre, tendo ordens secretas desde 1780 para proceder sem necessidade de as mostrar. Os livros philosophicos formam um dos espectros que suscitavam as furias de Manique; nas *Contas para as Secretarias* escrevia: 'Constando-me n'esta Intendencia que no porto de Setubal se introduzem muitos contrabandos, *pacotes de livros impios* (...).' Na alfandega de Lisboa o ferrenho Intendente mandava examinar caixões de livros que vinham para a academia e denunciava impotentemente o Duque de Lafões (...)."

[1133] Teófilo Braga, *História da Universidade de Coimbra*, III, pág. 116: "(...) qualquer destes dois suspeitos e conhecidos por muita gente de sedicizos e perigozos (...)."

[1134] Idem, *ibidem*, III, pág. 116, onde padre Teodoro é acusado de dar guarida a um perigoso espião e Convencional francês, antigo amigo de Robespierre.

[1135] Idem, *ibidem*, III, pág. 115.

[1136] Mário Brandão e M. Lopes de Almeida, *A Universidade de Coimbra, Esboço da sua História*, pág. 114.

4.1. Direito Natural, História e ocaso do eclectismo

Como consequência, Teodoro de Almeida um dos pensadores[1137] que assumidamente e em Portugal de modo mais incisivo pode representar o sentido do eclectismo nacional[1138], manifesta a sua predilecção por uma certa forma da "estar no mundo". Partidário do ensino da História, considera que o mesmo é indispensável pois que "com esta previa instrucção, farão os que me lerem maior conceito da fraqueza do nosso entendimento, e desculparão os meus erros: temerão errar nos pontos duvidosos, e suspenderão prudente o assento; ou dando-o será sem a tenacidade do juizo que tanto damno tem feito no descubrimento da verdade (...)"[1139].

Em termos introdutórios mas que serão alvo de desenvolvimento mais à frente, desde logo manifesta uma vocação eminentemente católica, ao criticar todos aqueles que sem respeito pela Fé, se arvoraram falsas Liberdades no Pensamento[1140], produtoras de enormes erros[1141].

Já Soares Barbosa entende que o homem tem duas naturezas, uma afectada pela sensibilidade física e outra pela sensibilidade moral, sendo certo que é nesta segunda que se deve buscar o discernimento entre justo e injusto, entre Bem e Mal moral, a finalidade que lhe assiste enquanto homem e a forma por que se relaciona com os demais homens.

Dentre estes atributos que a natureza moral lhe confere, encontra-se a *Liberdade*[1142], cuja percepção resulta do "intimo sentimento, ou experiencia do que cada hum em si sente"[1143], o que bem se enquadra no âmbito do Pensamento de Locke[1144].

[1137] Ferreira Deusdado, *Educadores Portugueses*, págs. 371 e 372.
[1138] Manuel Augusto Rodrigues, "Universidade: Elite Intelectual Brasileira", *Revista de História das Ideias*, 12, Coimbra, Universidade de Coimbra, 1990, pág. 92: "(...) critica duramente o baixo nível a que tinham chegado os estudos propondo novos caminhos para a sua renovação e actualização, nomeadamente no que concerne ao experimentalismo e à filosofia jurídica e da natureza."
[1139] Teodoro de Almeida, *Recreação Filosofica*, I, "Discurso Preliminar sobre a História da Filosofia", pág. 1.
[1140] *Jornal Enciclopedico dedicado á Rainha N. Senhora*, Lisboa, 1779, "caderno de 1 de Julho", págs. 7 e ss., está na mesma linha do seu Pensamento. Assim escreve-se que "(...) [incumbe-se] destruir o erro que quer fazer a Filosofia incompativel com a religião, e devemos mostrar que he a Razão quem guia nossa crença."
[1141] Teodoro de Almeida, *Recreação Filosofica*, "Discurso Preliminar sobre a História da Filosofia", I, pág. II: "Emfim (...) com profundo respeito, ainda nas materias puramente naturaes, o sagrado jugo que a Fé poz no nosso entendimento, á vista de innumeraveis erros, em que cahirão homens de grandíssimo engenho, filosofando com soltura, por falta deste jugo."
[1142] António Soares Barbosa, *Tractado elementar de Philosophia Moral*, Coimbra, 1792, I, págs. 129 e ss. O desenvolvimento da temática da Liberdade moral no que respeita à Liberdade individual encontra-se ao longo de todo o capítulo X do *Tractado*, cuja leitura integral ajuda a situar mais correctamente a questão.
[1143] Idem, *ibidem*, pág. 128.
[1144] José d'Arriaga, *História da Revolução Portugueza de 1820*, I, pág. 391: "Diz o auctor que a Liberdade é propriedade distinctiva do homem Moral; e faz dez observações para demonstrar a sua existência, na primeira das quaes diz que cada um sente em si uma actividade, ou princípio activo; e na segunda que este emana da alma, essa substancia essencialmente activa e livre. O homem, segundo ele, tem uma Liberdade illimitada e absoluta, a qual exalta e engrandece. (...) Diz o nosso philosopho que a Liberdade é a base de todas as sciencias moraes; e daqui a influencia que os systemas moraes podem ter nas acções dos homens, e a ligação que a *ethica prática* tem com a theorica. (...) *Não é de admirar este excesso da doutrina liberal n'uma época em que se combatia energicamente o Absolutismo. Os philosophos metaphysicos espiritualistas fizeram este grande benefício: elles encareceram à face dos Povos a da humanidade*

A ligação prevalente que estabelece entre vontade e Liberdade, pela via dos sentidos conduz o seu Pensamento todo na linha sensualista, que regularmente faz questão de frisar: "os mesmos esforços, com que os Fatalistas e Materialistas pertendem desvanecer em nós este sentimento intimo da nossa Liberdade, recorrendo para esse fim *a noções abstractas*, provão a existencia universal e uniforme desta faculdade"[1145].

4.2. Liberdade de pensar e opções da consciência

Amante da arte de pensar, que conhece de ponta a ponta[1146], co-fundador da Academia das Ciências em 1779[1147], padre Teodoro entende que em muito terá contribuído a imposição do saber aristotélico nas instituições de Ensino Superior dos vários Estados, porque os estudantes conhecendo-o, melhor o poderiam impugnar[1148]. E, contributo inestimável, terá sido o de Francis Bacon, já que "deffendeo com grande efficacia o espirito de Liberdade da Filosofia Ecletica"[1149], promovendo o Pensamento livre[1150].

---

a faculdade que mais nos distingue dos sêres da creação. As suas doutrinas exaggeradas da Liberdade excitaram grande amor e fanatismo por ella." Trata-se da concepção patrimonial da Liberdade, herdada de Locke que Soares Barbosa reflecte. Veja-se António Pedro Barbas Homem, "Introdução Histórica à Teoria da Lei – Época Moderna", págs. 86 e 87.

[1145] António Soares Barbosa, *Tractado elementar de Philosophia Moral*, I, pág. 135. Soares Barbosa perfilha uma certa forma de sensualismo, que vinha desde os tempos do empirismo de Locke e sofrera modificações projectando-se por esta nova modalidade surgida no séc. XVIII. Eventualmente influenciado por Genovese, participaria assim de um vasto movimento que iniciado com Locke, passava por D'Alembert mas, sobretudo por Condillac, a que era necessário introduzir as correcções católicas indispensáveis. Saliente-se, mais, a sua preocupação com a "felicidade" que deve reinar entre os homens, e qual facilmente se depreende por recurso à sua própria fraseologia contida a pág. 136: "O principio que obra em nós, não obra senão para ser feliz." O seu empirismo, de novo se explicita no *Discurso sobre o bom e verdadeiro gosto na Philosophia*, Lisboa, 1766, pág. 32: "Quão custoso he muitas vezes o aniquilarmos, e detruirmos humas ideias, e humas fórmas que quasi não são obra nossa, que se tem imprimido na nossa alma sem nós sentirmos, e que são o produto de combinaçoens antecipadas, e imprevistas? Para isso he necessario tomar huma conta aos nossos sentidos, das idéias que elles nos tem introduzido, examinarmos as representaçoens da nossa imaginação, e comparallas com os objectos reaes, chamar a exame as percepçoens e analysallas (...)."

[1146] Teodoro de Almeida, *Recreação Filosofica*, Lisboa, vários tomos e Edições. Dos 10 volumes publicados importa particularmente o primeiro, em Edição de 1786, tendo sido embora publicado pela primeira vez em 1751. Os volumes 7º a 10º, respectivamente de 1768, 1792, 1793 e 1799 estão disponíveis nas Edições de 1805, 1792, 1793 e 1800. Veja-se "Discurso Preliminar sobre a História da Filosofia", I, pág. II: "*A Filosofia* pois, se atendermos ao nome, he *Amor da sabedoria* e (...) he *conhecimento da verdade adquirida pelo discurso*. (...). A parte que dirige os nossos actos de entendimento chama-se *Logica*; a que encaminha os da vontade, *Ethica*; a que trata do Direito da Gentes, *Jurisprudência*; a da sociedade dos Povos, *Politica*. Quando trata de Deos, chamão-lhe *Theologia Natural* (...) Emfim, por não tecer uma série quasi interminável, se trata a Filosofia de tudo o que tem de ser, em commum, e das razões abstractas, chamão-lhe *Metafysica*." A importância da metafísica é de novo e desenvolvimento referenciado no volume VIII da *Recreação Filosofica*, pág. 4, onde volta a bater na mesma tecla: "esta parte da Metafysica [a Ontologia] he como a mestra universal de todas as sciencias, porque dá os principios sobre que hão de rodar todas as demais sciencias."

[1147] Teófilo Braga, *História da Universidade de Coimbra*, III, pág. 652; António Alberto de Andrade, *Vernei e a Cultura do seu Tempo*, págs. 396 e ss.

[1148] Teodoro de Almeida, *Recreação Filosofica*, "Discurso Preliminar sobre a História da Filosofia", I, pág. XLIV.

[1149] Idem, *ibidem*, "Discurso Preliminar sobre a História da Filosofia", I, pág. XLV.

[1150] Idem, *ibidem*, "Prologo": "estribarei os meus discursos igualmente na Razão, e na experiencia: não seguirei aquelles, que só attendem o que lhes dicta seu juizo, sem fazer caso da experiencia,

Com isto se conjuga, na perfeição, o limite que assume para si que "nos mysterios que não pertencem á Fé, nunca quis tirar a ninguem a Liberdade que Deos lhe deo; nem quero, como já disse, que ninguem me prive da minha. Cada qual dê a razão de si; eu dou a razão do que faço, e espero que a experiencia me não faça arrepender. E já de aqui protesto de usar outra grande Liberdade; e vem a ser, que na Logica só tratarei o que me parecer util á cultura do Entendimento, e tudo o mais, ou seja dos Modernos ou seja dos Antigos deixarei de parte"[1151]. É, sem dúvida, o ponto de vista do Iluminismo católico pela boca de Teodoro de Almeida.

Dentro dos parâmetros que interessam observar, não tarda muito que Teodoro de Almeida faça uso desta máxima. Discutindo-se os chamados princípios "evidentes por própria consciencia"[1152], esclarece que o primeiro deles é o "*Eu penso*; ou usando da palavra Latina, *eu cogito*", expressão desde sempre ligada a Descartes, a quem neste particular rende homenagem[1153].

Por outro lado e apesar de admirar Wolff e de bem o conhecer, aponta-lhe os defeitos que encontra na sua metafísica, nomeadamente no que respeita ao princípio da contradição, que não interessa ponderar, mas de novo manifestam o tipo de abordagem que o Pensamento ecléctico pretende fazer. Recomenda mesmo ao seu interlocutor no diálogo, algo renitente em se elucidar sobre o Pensamento estrangeiro, que a Liberdade de Pensamento é isso mesmo e, no caso presente, "deveis ter em consciencia empenho grande por ele [por Wolff], porque foi apaixonadíssimo por Aristoteles, e em quanto o pode o imitou em muitas cousas", pese embora e por isso mesmo o tenha impugnado ponto a ponto[1154].

Verificado qual o entendimento de Teodoro de Almeida enquanto homem do eclectismo português, de raça e brio insuspeito, na defesa intransigente que prega da Liberdade de Pensamento, dentro dos limites adequados permitidos pela conformidade aos ensinamento da Igreja, seria o momento acertado para fazer uma pausa no seu Pensamento.

Seria mas não é, pela simples razão que não estende o seu eclectismo reflexivo às matérias religiosas pelo que os temas da tolerância religiosa e da Liberdade de consciência nunca poderiam fazer parte das suas assumidas predilecções. "Todo o homem deve ter religião"; é ponto comum aos filósofos dos diversos quadrantes. A divergência plasma-se em situações de necessidade ou desnecessidade de culto assim como da religião revelada[1155].

A disparidade de entendimento entre o que os católicos entendem como verdadeira religião e o que todos os demais crentes ou não crentes pensam do assunto

---

nem tambem aquelles, que só põem os olhos na experiencia, sem consular a Razão. Os primeiros não explicão os effeitos, que succedem na realidade, mas os que lhes finge o seu discurso, que devião suceder: os segundos contentam-se com recrear os olhos, não procurão satisfazer o entendimento; observão os effeitos, não se canção em descubrir as causas".
[1151] Idem, *ibidem*, VII, pág. 16.
[1152] Idem, *ibidem*, VIII, págs. 27 e ss.
[1153] Idem, *ibidem*, VIII, pág. 28: "esta verdade he a mais notoria, que huma alma pode ter; porque ella immediatamente sente que *pensa, ou cogita*: de sorte que se duvidar disso, como ela não pode duvidar sem cogitar, nessa mesma dúvida se certifica que está cogitando: por quanto se disser, duvido, pode logo dizer: *todo o que duvida pensa: logo eu penso*. Descartes dá este primeiro principio por primeiro e não há duvida que o he nesta classe."
[1154] Idem, *ibidem*, VIII, pág. 53.
[1155] Idem, *ibidem*, IX, págs. 173 e ss., X, págs. 135 e ss.

está, também, mais uma vez ligada com a ideia de Liberdade. De facto "o catholico sujeita a sua crença ás Escrituras interpretadas, não como elle quer, mas como quer a Igreja; (...) se cada qual toma a Liberdade de interpretar a Escritura, ou de formar máximas, em que se estribe para discorrer na religião, virá tempo em que dez mil cabeças terão dez mil Religiões (...)"[1156].

Estas linhas por si só bastariam para desentranhar a sua ideia. Não pode haver Liberdade de consciência para os católicos porque não existe Liberdade de cada qual interpretar as Escrituras como entender, tendo de se ater à interpretação oficial da Igreja. A Liberdade de consciência não só é nociva como implica o aviltamento da religião, uma vez que a verdadeira Fé apenas pode dar azo a uma interpretação e não a mais, não sendo admissível tolerar, sequer, aqueles que defendem oposta posição.

Ainda assim padre Teodoro continua a sua pregação. Desta vez o problema que se propõe esclarecer é a célebre máxima segundo a qual "fóra da Igreja não há salvação"[1157]. A argumentação que se segue é uma das mais belas peças dos diálogos, na medida em que por ela não apenas se assiste à defesa da tese oficial da Igreja, mas aporta matéria para estabelecer a necessária contraposição entre teólogos que partilham uma mesma Fé católica.

Em confronto estarão, de um lado, Las Casas e Vitória, os teóricos da Segunda Escolástica que mais se destacaram na defesa dos pobres e incultos selvagens, vistos como objectos e não homens pelos conquistadores, apenas porque eram "brutos" e não partilhavam a Fé católica. Também António Vieira, que toda a vida lutou contra os insensatos tratos de polé a que os índios brasileiros eram submetidos. Do outro, Bento Feijóo e Teodoro de Almeida[1158], que servindo-se de distintos argumentos partilham a sua necessária condenação[1159].

Para o português, "ficão fóra da herança Celestial [ou] porque não forão chamados a ella; e aqui entram todos os que não são filhos de Jesus Christo (...) como os Judeos, os Mouros, os Gentios (...) [ou] sendo filhos de Jesus Christo, e baptizados, (...) ficão fora da Celeste herança por serem desherdados della expressamente pelos crimes que cometterão; e aqui se compreendem os Hereges, os Impios e os Incredulos"[1160], baseando-se para tanto nas Sagradas Escrituras.

Quer dizer, todo aquele que professe um credo distinto do católico, usando da sua Liberdade de consciência e de religião, não se poderá salvar. Doutrina oficial da Igreja católica, certamente que as Igrejas reformadas não teriam distinto Pensamento em relação aos papistas, e os judeus e os muçulmanos têm os seus próprios paraísos celestiais, que em nenhum caso trocariam.

[1156] Idem, *ibidem*, IX, pág. 174.
[1157] Idem, *ibidem*, IX, págs. 248 e ss.
[1158] Idem, *ibidem*, IX, pág. 262. É impossível aceitar como filho de Deus quem blasfema contra Cristo, quem o abomina e persegue; nestes casos estão os judeus e os muçulmanos, mas também os pagãos, os "incrédulos" e os "ímpios". "Como póde ser filhos de Jesu Christo o Impio, que nas obras he apostata da Fé que confessa pela boca? Que com as obras desobedece ao seu Deos, conhecendo muito bem, que Elle lhe mandou o contrario?"
[1159] Note-se que se trata de discordância formal e não substantiva; naturalmente que não vamos pôr nenhum dos citados Escolásticos a defender que os não baptizados são iguais aos que receberam o sacramento. A forma de tratamento que é dada é que diverge muito nos dois casos, sendo sobretudo salientadas as suas partes menos boas como homens que eram, ao invés da consideração que pelo simples facto de serem homens, ainda que distintos, deveriam merecer.
[1160] Idem, *ibidem*, IX, pág. 264.

Portanto, este tipo de entendimento apenas se compreende do seguinte modo; extremados os campos, a religião em vez de promover a concórdia e a salutar convivência que todos os textos sagrados proclamam, conduz ao efeito contrário.

O que importa realçar é um aspecto importantíssimo neste domínio. Da defesa intransigente que Teodoro de Almeida faz da Liberdade, com as famosas expressões do "quero" e do "não quero", tem de admitir que existe, em potência, a hipótese de um homem "não querer" interpretar as Escrituras nos termos em que a Igreja manda; antes "querer" interpretá-las no bom uso da sua própria consciência. E, acontecendo isso, ninguém pode evitar que ele Ser humano, passe da teoria à prática[1161].

Se tal se verificar, na interpretação de Teodoro de Almeida, é porque o homem faz um mau uso da sua Razão, ainda que esteja pelo próprio Criador autorizado a assim proceder. A questão é saber o que resulta e como se poderá chegar a conclusão satisfatória.

E o que resulta é claro: pelo mau uso que fez da sua Liberdade nesta matéria, o homem pode ser responsabilizado. A sanção final é ser-lhe vedada a salvação, que não existe fóra da Igreja ou, talvez dito de modo mais conforme ao entendimento da época: apenas existe Liberdade de consciência dentro dos preceitos da Igreja católica.

Antes encerrar a ponderação estabelecida sobre Teodoro de Almeida, devem notar-se dois pontos a conferir particular importância.

Em primeiro lugar, cumpre destacar que uma dos personagens intervenientes nos vários diálogos é uma mulher, pessoa da nobreza e com um grau e cultura certamente muito superior à média, em Portugal, entre mulheres e mesmo homens. Qual a intenção oculta do padre em levar à prática um tal trabalho dando uma importância inusitada a um membro do sexo feminino? Existem algumas suspeitas que se reservam, mas sempre se diga que é muito pouco habitual descortinar estes tipos de conversação com nacionais interlocutores de tal qualidade[1162].

[1161] Idem, *ibidem*, X, págs. 128 e 129: "a vontade livre sempre he *Senhora*, e senhora absoluta. Se dizemos *não*, venha quem vier, ninguem pode obrigar a *Liberdade* a que diga *sim*. Venha cá o mais agudo entendimento, a vontade se não quer, diz: Seja tudo isso muito embora como lá quizerem, eu digo não. (...) Ora já ninguem lhe falla no ponto, de repente diz que sim, sem que ninguem lho peça: e porque? *Porque quero*; e tem dito tudo, *quiz*, porque *quiz*: não me perguntem mais porque: *quero*, porque *quero*."

[1162] Teodoro de Almeida, neste particular, segue as modas europeias. O ponto fica esclarecido e com bastante nitidez e alguma felicidade, neste particular, por Teófilo Braga, *História da Universidade de Coimbra*, III, págs. 44 e 45: "Não era nas escolas que a Philosophia se ensinava; aprendia-se na boa sociedade; reclamava, em vez das reflexões solitárias de um pensador, a frequencia dos salões, onde dominava a graça das mulheres e brilhavam os representantes dos lúcidos espíritos. É conhecida a celebridade dos círculos do tempo, onde as mulheres se reuniam para assegurarem aos philosophos a reputação do seu nome e a voga das suas ideias. (...)." E, sustentando-se em Taine, recorda que "nenhum livro, então, que não seja escripto para o vulgo, e mesmo para as mulheres da boa sociedade. Nos Colloquios de Fontenelle sobre a *Pluralidade dos mundos* o personagem central é uma Marqueza. Voltaire compõe a sua *Methaphysica* e o seu *Ensaio sobre os Costumes* para madame de Chatelet, e Rousseau o seu *Emilio* para madame d'Epinay. Condillac escreve o *Tratado das Sensações* segundo as ideias de Mlle. Ferrand, e dá conselhos ás jovens sobre o modo de ler a sua *Logica*. O mais profundo dos escriptos de Diderot é uma conversação de Mlle. de l'Epinasse com D'Alembert e Bordeu. (...) E o hábito era tão entranhado que durou até ao fim de 1789; os discursos que se iam proferir na Assembléia nacional eram como trechos de bravura que se repetiam de antemão nos salões diante das damas." Estão, pois, conformes a Verney e Ribeiro Sanches.

Depois da referência a uma "baronesa", detentora de mais conhecimentos que todos os seus opositores convidados – à excepção do "Theodosio" (ou Teodoro) –, o outro ponto a merecer destaque liga-se com uma certa parcialidade que é patente nos vários diálogos. O personagem principal – o dito "Thoedosio" – sempre fica senhor da razão, que lhe é galhardamente concedida pelos seus opositores. Ora, isto não teria de ser exactamente assim; se é compreensível a intenção, seja permitido apontar a existência de um debate que apenas se pode qualificar de catequístico quando deveria ser muito mais controversístico. Até por ser isso pedra de toque de um argumentativo mais sólido e menos parcelar.

Em todas as circunstâncias Teodoro de Almeida denota a visão oficial seguida em Portugal no que toca aos problemas religiosos e as frequentes invectivas que ao longo dos vários volumes da *Recreação Filosófica* aponta ao ímpio e aos "incrédulos", bem denotam a sua espiritualidade, tecida nos moldes do eclectismo católico.

Já António Soares Barbosa se manifesta como uma prova, mais, da fraca influência – que se não deve confundir com ausência ou menor conhecimento – que o jusracionalismo saído do sistema de Pufendorf e apurado por Wolff apresentou em Portugal[1163]. Apesar da circulação dos manuais e dos elogios que como se viu a *Dedução Chronologica* lhes prodigaliza, de novo se comprova que somos católicos e contra a fuga à transcendência divina todos os cuidados são parcos[1164].

Esse é o retrato de António Soares Barbosa[1165] contemporâneo do Governo do ministro de D. José e que viveu, depois, num período de decidida despombaliza-

---

[1163] A circunstância de Pufendorf e demais jusracionalistas terem sido efectivamente alvo de importação para Portugal, depois das reformas pombalinas, e aconselhados como forma da Liberdade de Pensamento eclética que se preconizava, é mais do que suficiente para justificar a sua apreensão em tudo o que não contraditasse a Fé católica. Basta consultar o número de edições que ainda hoje existem na Universidade de Coimbra oriundas desse período em que os trabalhos de Pufendorf e Wolff estão presentes, para concluir da sua divulgação. Mais uma vez se reitera que nem que fosse pela via da contradição das suas ideias – e possivelmente foi muito para além disso – o conhecimento e a divulgação destes trabalhos, com o beneplácito do Poder do Estado, serve para justificar a renovação cultural que neste período se terá, sem qualquer dúvida, verificado.

[1164] António Soares Barbosa, *Discurso Sobre o Bom e Verdadeiro Gosto na Philosophia*, pág. 36: "(...) assim como em os elementos da moral he indispensavel o inquirir a genuina natureza do homem para della colligir aquelles fundamentos, sobre que todo o Direito Natural se elevar, assim tambem se deve tractar da existencia da natureza, providencia, sabedoria, Poder, e bondade, attributos da verdadeira Soberania de Deos, cuja suprema Razão só pode ser aquella Lei, que obrigue todo o genero humano, e lhe comunique aquelles fundamentaes dictames, por onde se deve reger. De outra sorte, qual seresta Lei, que obrigue a todos? A natureza por si só considerada? Porém esta se se attende como natureza de cada individuo humano, nenhuma dellas pode ter força, e energia para obrigar geralmente a todos. Se se olha como abstraida das naturezas singulares, e existentes, he hum mero conceito, e operação intellectual, incapaz de produzir huma obrigação verdadeira."

[1165] Luís Cabral de Moncada, "Subsídios para uma História da Filosofia do Direito em Portugal (1772-1911)", pág. 22, "Apesar de Barbosa não ser professor de Jurisprudência, pode dizer-se que o seu *Tratado* foi, sem dúvida, a Obra mais notável que em Portugal se publicou sobre a Filosofia do Direito no final do séc. XVIII, e até cerca de meados do XIX"; Lopes Praça, *História da Filosofia em Portugal*, fixação de texto, notas e bibliografia por Pinharanda Gomes, Lisboa, 1988, pág. 250: "A nosso ver a *Filosofia Moral* de Soares Barbosa excedeu quanto sobre a Filosofia Moral se tinha escrito no nosso país."

ção[1166]. Malgrado ser um dos eleitos de Pombal para passar à prática a sua reforma da Universidade, acerta o passo com a crítica católica às veleidades dos hereges, pais do jusracionalismo europeu[1167]. Saliente-se nesta nota de abertura desde já um aspecto: Soares Barbosa redige e publica já depois da Revolução Francesa, o que o faz contestar os chamados "direitos abstractos" desta saídos, manifestando a sua preferência pelos "homens concretos", grata à teorização inglesa e de que Burke será o maior dos corifeus.

O primeiro dos escritos referenciados é ainda do período josefino, sendo inclusivamente dedicado a Sebastião José de Carvalho e Melo[1168], esmerando-se o Autor nos elogios que prodigaliza ao citado e à promoção e renovação da cultura em Portugal. O segundo é posterior à saída do Governo do Marquês. Entre ambos é possível estabelecer algumas relações.

Adepto confesso do Pensamento lockiano[1169], pela via do empirismo na sua versão sensualista[1170], que mescla com tendências metafísicas e religiosas, Soares Barbosa começa por considerar que a restauração do verdadeiro saber ficou a dever-se a Bacon, que reconduziu o seu estudo à medida adequada, qual seja o de aperfeiçoar o entendimento. Em função dessa sua actividade que salutarmente tem sido reconhecida em Portugal, "já não reina a servidão Aristotélica, *já recuperamos a Liberdade, já somos discípulos dos grandes Filósofos, que enriquecerão de descobrimentos a Filosofia*"[1171].

Soares Barbosa acerta o passo com a *Dedução Chronologica* no que respeita à recepção do Pensamento Moderno e entende que só mediante este tipo de procedimento se afirma a Liberdade e afasta a servidão. O Autor sufraga e aplaude, neste contexto, todas as modificações que se introduziram na cultura nacional. Porém, alerta para

---

[1166] Por esse motivo o Autor cabe nos dois espaços temporais delimitados. Sendo interessante verificar em que medida a alternância política poderá ou não ter influenciado o seu Pensamento, se optou por lhe dar uma inserção correspondente à presente fase. A outra opção seria subdividir a sua actividade, o que sendo perfeitamente curial e mesmo sistema já utilizado antes parece, neste particular, prejudicar uma melhor percepção da globalidade das suas ideias.

[1167] Luís Cabral de Moncada, "Subsídios para uma História da Filosofia do Direito em Portugal (1772-1911)", págs. 20 e ss., Lopes Praça, *História da Filosofia em Portugal*, fixação de texto, notas e bibliografia por Pinharanda Gomes, Lisboa, 1988, pág. 250, José Adelino Maltez, *Princípios...*, II, pág. 580; António Brás Teixeira, "A Filosofia jurídica", *História do Pensamento Filosófico...*, III, pág. 85.

[1168] António Soares Barbosa, *Discurso sobre o bom e verdadeiro gosto na Philosophia*, "Dedicatória", pág. II: "Não me forão necessarias outras consideraçoens [além das que tece sobre o fim da verdadeira Filosofia] para eu conhecer devia consagrar este meu pequeno trabalho a V. EXCELLENCIA, cujo cuidado todo se empenha em procurar fazer a felicidade da Patria, fazendo bons Cidadãos."

[1169] Idem, *ibidem*, págs. 14 e 15: "Que tem a ver toda a dialectica de Chrysippo Estoico (...) com o tractado de Locke sobre o entendimento humano, *e que bem se pode chamar a Fysica experimental da alma*, onde tanto se medem as forças, e esfera do nosso espirito, e o seu modo de obrar por via da observação, e estudo em si mesmo?"

[1170] Idem, *ibidem*, pág. 10: "O homem collocado neste mundo meditou primeiro nelle, que em si mesmo. As impressões agradaveis, ou molestas dos objectos, que nos cercão, parece nos unem com elles de tal sorte, que nos arrebatam a nós mesmos, perturbando continuamente aquela solidão, que era necessaria á alma para se meditar a si mesma. As nossas necessidades, e as utilidades, que poderiamos tirar dos objectos para as remediar, nos devião fazer indagar as suas qualidades: e assim os raciocinios devião precederem á arte de raciocinar."; idem *Tractado elementar de Philosophia Moral*, I, pág. 3, esclarece que são os sentidos que estabelecem a ligação entre homem e universo e que pela via da observação constante estas "geram ideias geres, estas se combinão, procura-se-lhes a ordem e a dependencia, e então se criam as sciencias."

[1171] Idem, *ibidem*, pág. 6.

uma atenção renovada que sempre se requer ao pensador: ir trabalhando por si sem se aclimatar aos comandos emitidos por outros[1172].

Na sequência do que ficou visto quanto à *Dedução Chronologica*, podem detectar-se afirmações que a mesma sem dúvida iria sufragar[1173]. Quer isto dizer que a opção é clara e se pauta numa moderada Liberdade de discorrer – Liberdade de Pensamento – dentro dos limites impostos pelos ditames da verdadeira religião e de um Poder político que evita que a tal Liberdade se transforme em licença[1174].

Ou seja, de acordo com o grau de permeabilidade imposto por pombalinas motivações.

As repercussões que este tipo de reflexão representa a este nível pautam-se, claramente, por uma predilecção pelo eclectismo. Se toda a Moral e toda a Ética repousam na Teologia e na Fé[1175] – e só isso chegaria para dividir os intérpretes – não o é menos que a multiplicidade de sistemas em aberto que pretendiam sustentar a Filosofia moral, causa renovados problemas[1176]. É pois "obrigação de hum Filosofo combinar todos os systemas, e ver aquillo em que a natureza sempre uniforme os concordou: deve observar (estudando para isso o verdadeiro estado, e constituição do homem conforme todas as relaçoens) o que nos falta para chegarmos a conhecer os principios originaes de todas as humanas obrigaçoens"[1177].

Fica determinado o ponto de partida que muito útil será no próximo parágrafo, quando se estuda a projecção da Moral na Política, tendo em vista a orientação perfilhada pelo Autor no contexto da discussão da origem e estruturação da sociedade civil.

Em síntese, fazendo apelo a considerandos de ordem moral, patenteia-se Soares Barbosa como um Autor que, mantendo-se fiel às tradições católicas, avança subs-

---

[1172] Idem, *ibidem*, pág. 7: "he verdade que devemos saber o que os Filosofos até agora tem alcansado; mas isto não deve servir de nos aproveitar só das suas fadigas, deve tambem estimular a nossa applicação, e imitarmos o seu trabalho, adiantando o que elles deixarão ao cuidado dos seculos futuros (...) Gloriamo-nos de seguir os filosofos Modernos mais accreditados, por abraçarmos os seus systemas, sem entrarmos nos verdadeiros principios do gosto Filosofico. A origem dos nossos erros está dentro de nós. *As irregularidades do nosso entendimento são as primeiras causas: a reforma deste he o único meio para bem filosofar.*"

[1173] Idem, *ibidem*, pág. 23: "(...) inutilmente se trabalhará em adquirir novos conhecimentos, e em propor estes, se tanto nestes pontos como nos mais huma Liberdade prudente de discorrer, e hum amor puro da verdade não possuirem inteiramente o espírito de quem quer ser verdadeiro Filosofo. Esta Liberdade de discorrer, e este amor da verdade, que forão os creadores da nova luz, com que no orbe Litterario presentemente brilhão as artes e as sciencias, deverião continuamente inspirar os Mestres á mocidade, quando esta procura reformar o seu entendimento por meio da Logica."

[1174] Idem, *ibidem*, pág. 24: "A Liberdade porém de discorrer, de que até agora temos falado, deve, para ser bem dirigida, andara acompanhada com o amor da verdade."

[1175] Idem, *ibidem*, "Introducção", págs. V, X e ss., especialmente págs. 12 e ss., entende que todos os jus naturalistas dos séculos XVII e XVIII se equivocaram quanto ao princípio demonstrativo das leis naturais, dando origem a sistemas filosóficos "mais perversos e licenciosos que os dos pagãos."

[1176] Idem, *ibidem*, pág. 34: "A mesma variedade de sentimentos, e os diversos principios fundamentaes, donde Grossio, Pufendorf, Cumberland, Heinecio, Wolfio, Wolaston, e outros pertendem deduzir as Regras Naturaes, por onde se deve governar o homem, posto que concordem nas mesma obrigaçoens humanas, que cada hum delles deduz dos seus respectivos principios, nos constitue na duvida se se tem descoberto aquellas Leis fundamentaes que todos procurão, e que a voz imediata da natureza deveria fazer concordar, apenas se manifestasse. Nesta diversidade de sistemas, com que tão grandes homens tem intentado estabelecer a Sciencia Moral, só se deve abraçar aquelle, a quem a natureza do homem bem entendida patrocinar mais."

[1177] Idem, *ibidem*, pág. 34.

tancialmente e proclama um conjunto de ideias que não envergonhariam qualquer dos mais conceituados escritores europeus. Ressalva-se a veia religiosa, naturalmente.

A questão que por ora nos ocupa não poderia deixar de fora as reflexões de Pascoal José de Mello Freire dos Reis. As suas fontes são, para além do Iluminismo italiano, os trabalhos nacionais que imediatamente o antecederam, sobretudo personalizados em Verney e na *Dedução Chronologica*. "Mello Freire foi o grande compendiador e expositor da doutrina portuguesa do despotismo esclarecido"[1178].

No que a este último ponto respeita, seja permitida uma correcção. Em Portugal a importância do despotismo ilustrado foi, em termos oficiais, adaptada às condicionantes do josefismo nacional e posterior interpretação marina. Ponto a ser alvo de posterior tratamento, importará esclarecer que o seu reconhecimento não foi descurado e, até alguém como Mello Freire, que é o protótipo do Absolutismo régio, não deixa de dar nota do conhecimento perfeito que dela havia adquirido, aplicado a diversos domínios do Direito Público[1179].

Algumas das suas ideias relativas à cultura nacional podem ser encontradas na História, mais concretamente na dedicatória que faz do seu trabalho a D. Maria I onde, elogia a acção do Pai da soberana neste domínio[1180].

Ciente da necessidade de acompanhar a revivescência nacional com a das Letras, fê-lo D. José em todos os domínios e, naquele que mais particularmente interessa ao Autor – como a qualquer historiador do Direito Pátrio: "criou a Ciência do Direito português, a mais necessária de todas"[1181]. Esta tarefa cumpre agora à Filha, que desde o início tem demonstrado querer seguir as pisadas reformadoras encetadas pelo Pai[1182].

Advirta-se, contudo, que há uma faceta por via de regra pouco explorada em Mello Freire. É inultrapassável a verificação de que o Autor é o espelho da insuficiência da

---

[1178] F. P. de Almeida Langhans, "Antologia do Pensamento Jurídico Português. Pascoal José de Mello Freire dos Reis (1738-1798)", Lisboa, *Boletim do Ministério da Justiça* nº 49, págs. 32.

[1179] Pascoal José de Mello Freire dos Reis, *Código Criminal*, 1ª Edição, "Introducção", pág. 16 = [2ª Edição, pág. XIII]: "Os sábios da Europa há muito tempo tem declamado altamente contra tortura. A Obra de Grevio, impressa em Hamburgo em 1624, neste genero he a primeira que sahio, e mereceu por isso ser citada por Bayle com grandes elogios. Grocio, Bodino, Thomasio, Bohemero, Beccaria, Rizi, Voltaire, Montesquieu e o eloquentissimo Mr. de Servant, provão evidentissimamente a injustiça, barbaridade e insufficiencia dos tormentos para o effeito de descobrir a verdade, o que já hoje passa sem contraditor."

[1180] Idem, "História do Direito Civil Português", *Boletim do Ministério da Justiça* nº 173, "Dedicatória": "a Universidade de Coimbra, essa deve a D. José, (...) que foi muito mais generoso para ela e lhe concedeu num só dia mais do que em vários séculos os liberalíssimos primeiros Reis, o ver restituído, contra as várias vicissitudes e injúrias do tempo, o puro e nativo gosto de uma Literatura mais culta em todo o género de Ciências, e o achar-se abundantemente provida de tantos letrados e tamanhos rendimentos".

[1181] Idem, *ibidem*, "Dedicatória".

[1182] É muito curioso que Mello Freire, nesta sua "Dedicatória", não se esqueça de encomendar à régia benevolência não apenas o seu trabalho, mas "especialmente os meus colegas, que projectam editar melhores Obras sob o Vosso nome (...), cumprindo assaz diligentemente o seu dever." Logo de seguida faz também uma "Dedicatória" ao corpo discente, a quem dirige "saudações" Algo de semelhante se passa com a sua outra Obra, "Instituições de Direito Civil Português", onde numa "Dedicatória aos Estudantes de Direito Pátrio na Universidade de Coimbra", no seu último parágrafo, escreve: "(...) vós estudantes, ide-vos servindo deste nosso insignificante trabalhando, e favorecei as nossas tentativas e desejo de bem merecer de vós, deles esperando para breve, se não tiverem sido totalmente vãos, as Instituições de Direito Particular, expostas pelo mesmo método."

reforma patrocinada por Pombal. Na proporção em que o significado da Liberdade como capacidade efectiva de optar foi recuperado teoricamente, redireccionou-se o postulado ético. Entendeu-se, por força de tal abordagem, que o Ser humano era o produto de uma memória colectiva que mais não é que a História.

Assim sendo, o Autor personifica genialmente o contributo temporal – que não se confunde com a mera sequência de épocas – na evolução da obrigação moral em ordem a um fim predeterminado. A ligação estreme entre Criador e Criatura importa ao homem o dever de superar-se a si mesmo para que a identificação, nunca completamente conseguida, com Deus se aproxime do limiar de uma sobreposição. Ou seja, a Criatura deve procurar o não-tempo para enquadrar o seu fim último.

É neste sentido que devem ser entendidas as observações que seguem e que colocam o jurista numa cadeia que parte de S. Tomás e passa pelos contra-reformistas nacionais de primeira geração[1183]. Postula a ultrapassagem dos escolhos de um Consensualismo inapto para sufragar a missão moral de governantes e governados, vistas as determinantes éticas ao Bem que os primeiros acolhem, em primeira e única linha, e os segundos acatam como missão imposta pela transcendência divina.

Repetindo na abertura da sua História a necessidade do uso da compreensão histórica, faz-se eco do que já tinha ficado formalizado na *Dedução Chronologica* e no *Compêndio Histórico*, defendendo a necessária conciliação no plano de estudos da teoria com a prática, dada a esterilidade que cada uma delas isolada representa.

No que ao presente problema respeita, é dos poucos Autores a citar Thomasius[1184], na crítica que este estabeleceu das obscuridades do Direito Romano, embora noutros planos de discussão avance menos na assunção das ideias do Autor.

Já a matéria da Liberdade de pensamento é também alvo de reflexão por Mello Freire, ainda que isso resulte da sua refutação à censura de Ribeiro dos Santos[1185]. Invocando o caso francês e os enormes problemas que essa nociva Liberdade de pensamento originou, entende que "a historia nos ensina, e agora o experimenta a França, quão funestíssima foi em todos os tempos a Liberdade de pensar e de escrever, assim a respeito das materias de religião como de Estado." Preconiza, destarte, a existência da censura arregimentando funcionários capazes e destemidos, face às invectivas que os "ímpios" pretendam obter.

A frase eleita como emblemática é a seguinte: "Convem politicamente a ignorancia ate certo ponto: nem o Estado se pode bem regular, sem que nelle reinem certos

---

[1183] O tratamento desta matéria não cabe na presente abordagem.

[1184] Pascoal José de Mello Freire dos Reis, "História do Direito Civil Português", *Boletim do Ministério da Justiça* nº 173, "Aos ouvintes de Direito Pátrio".

[1185] *Resposta à Censura que deu o Desembargador Pachoal José de Mello Freire dos Reis ás censuras que sobre o seu plano do Novo Codigo de Direito Publico de Portugal fez, e apresentou na Junta de Revisão o Dr. António Ribeiro dos Santos*, manuscrito que depois se imprimiu em conjunto com as várias peças que fazem parte da polémica, págs. 98 e ss.: "Um livrinho, que em poucas palavras, e com um certo ar trate por conto de velhas o mosteiro da Trindade, da Encarnação do verbo, e outros, de que se não póde dar a Razão, tratando de ignorantes e supersticiosos, e ridiculizando os que crê cousas incríveis; e que em outras poucas palavras diga com algum artificio, que a Liberdade é o estado natural do homem; que delle cedeo com o fim de sua maior segurança e guarda dos seus direitos; que póde reclamar esta sujeição, não se seguindo o fim pretendido, que o Rei é um vassalo como elle e vassalo como elle da Nação, Etc.; este livrinho, digo, espalhando pela gente do Povo, e acomodado com arte á sua capacidade, é por si só capaz de causar em poucos annos revoluções, assim na religião, como na constituição da cidade."

principios de honra e pundonor, e certo modo de pensar em geral, de que os filosofos sombrios se riem"[1186].

A preservação da religião continuava a pautar-se como ponto de honra de todos os escritores da época e Mello Freire não foge à regra[1187]. Por isso mesmo e pese embora a abertura manifesta no tempo de Pombal a uma Liberdade de Pensamento comedida, não descarta a recomendação aos ministros para zelarem e exercerem vigilância reforçada na Universidade, na Igreja ou em qualquer outro local, a fim de se certificarem se "se ensina, defende, ou annuncia alguma doutrina erronea, perigosa, ou sediciosa, nos darão conta, e procederão da fórma, que se lhes ordena no Codigo Criminal"[1188].

A vertente questão liga-se não apenas com a Liberdade individual, mas também com a própria ideia de Liberdade dos povos. Da primeira tratar-se-á em seguida; a segunda ficará para o próximo parágrafo.

No plano da Liberdade de consciência, Mello Freire é um dos seus mais fervorosos adversários, pese embora considere que os hereges que não espalham a crença falsa devam ficar imunes a punição do foro civil[1189]. Isto não apenas implica o reiterar da separação entre jurisdições como assume a diferença de tratamento a ser dada a quem professe outra Fé que não a católica, ponto em que o clima de desigualdade proporcionado é absolutamente gritante[1190].

Nesse domínio as suas ideias não são em nada dissonantes do coro Católico--Apostólico-Romano e de algum modo definido em Portugal desde 1641. A alteração do percurso ultramontano para o regalismo em nada modificava a substância do problema, por ser questão de Poderes do Estado e não temática de subserviência a um credo.

Entende o Autor que "a religião e culto interno de sua natureza não admite coacção, e é livre de todo o humano império, (...)", entende-se que os portugueses não poderão em qualquer caso "obrigar por modo algum aos estrangeiros, e pessoas de outra crença, que viverem em nossos reinos, a que abração e sigão a verdadeira religião Catholica Romana, e que lhes não tomem seus filhos maiores, ou menores, para os fazerem baptizar", sob cominação de sanções penais[1191].

Quer isto dizer que em Portugal se continuava a admitir a possibilidade de um culto privado, firmado por Tratados, para estrangeiros aqui residentes ou que por qualquer razão se encontrassem no nosso país[1192]. Esse culto e a sua prática nunca deveriam contribuir para conspurcar a religião católica, pese embora a sua permissão. Em tais casos, essas pessoas seriam "mandadas sair destes reinos, e punidas a nosso Real arbítrio (...)"[1193]. Tolerância em sentido negativo, portanto.

[1186] Idem, *ibidem*, págs. 98 e 99.
[1187] Idem, *Código Criminal*, 1ª Edição, Lisboa, 1844, págs. 32 e 33 = [2ª Edição, pág. 10]: "A defesa pertinaz de huma proposição condemanada pelo juizo da igreja universal, e contraria ao symbolo da nossa santa fé catholica, he um grande crime não só religioso, mas politico."
[1188] Idem, *O Novo Codigo de Direito Publico de Portugal com as provas*, pronto em 1789 mas apenas publicado em 1844, pág. 15.
[1189] Pascoal José de Mello Freire dos Reis, *Código Criminal*, 1ª Edição, págs. 32 e 33 = [2ª Edição, pág. 10].
[1190] Idem, *ibidem*, 1ª Edição, pág. 33 = [2ª Edição, págs. 10 e 11].
[1191] Idem, *O Novo Codigo de Direito Publico de Portugal com as provas*, pág. 15.
[1192] Idem, *Código Criminal*, 1ª Edição, pág. 35 = [2ª Edição, pág. 12].
[1193] Idem, *O Novo Codigo de Direito Publico de Portugal com as provas*, pág. 15.

Em qualquer caso, Mello Freire discorda das arbitrariedades, no que segue basicamente o exemplo de Beccaria[1194]. Daí a necessidade que também neste domínio via de um Código Criminal, uma vez que as *Ordenações* eram absolutamente inconsequentes para solucionar os delitos praticados no domínio religioso[1195].

De facto, um dos aspectos em que a actividade de Mello Freire incide com maior ênfase e que se relaciona directamente com a questão da Liberdade liga-se, precisamente, ao Direito Penal[1196] e, concretamente, com a questão da pena de morte.

A ideia de proporcionalidade existe, tal como em Beccaria[1197], e, bem assim, o reconhecimento da necessidade da pena capital em determinadas circunstâncias[1198], que em Mello Freire são bastante mais latas que as do italiano[1199]. Falta só saber se ambos apontam no mesmo sentido, isto é, na preservação da Autoridade do Estado para justificar a existência de pena capital.

Em sequência, sendo o direito à Vida, tal como o de Liberdade, Igualdade ou Propriedade encarados no plano dos direitos individuais, é evidência que não precisa de ser assinalada a ligação intrínseca entre ambos. Do mesmo modo, o facto de haver muito boa gente que prefere prescindir da sua própria vida se não puder usar cabalmente da sua Liberdade. O exemplo milenar de Antígona, com contornos de Liberdade negativa, aqui e de novo pode ser chamado à colação.

Já quanto a António Ribeiro dos Santos é outro dos casos que precisaria de trabalho autónomo para ser levado a bom porto o seu desmesurado trabalho em prol das Letras portuguesas[1200].

[1194] Idem, *Código Criminal*, 1ª Edição, "Introducção", pág. 2 = [2ª Edição, pág. II].
[1195] Idem, *ibidem*, 1ª Edição, "Introducção", pág. 3 = [2ª Edição, pág. III]: "(...) os delictos não se distinguem, nem se separão entre si pela sua ordem e classes: as doutrinas e regras geraes sobre os delictos, os delinquentes, e as penas, e sobre as provas, indicios e presunções são absolutamente omissos: mas isto he o menos, o mais he que a mesma legislação no seu fundo pela maior parte he inconsequente, injusta e cruel. Logo no primeiro titulo vejo eu que a Ordenação manda castigar os hereges com as penas determinadas por Direito: não declara que Direito. E porque não deve haver outro no foro senão o do reino, que as não define, deixa a sua determinação ou á ignorancia dos juizes, ou ao Direito Romano e Canónico, que nesta parte não póde servir de regar pela sua incerteza (...)."
[1196] António Pedro Barbas Homem, "Introdução Histórica à Teoria da Lei – Época Moderna", pág. 131.
[1197] Pascoal José de Mello Freire dos Reis, *Código Criminal*, 1ª Edição, "Introducção", pág. 4 = [2ª Edição, pág. III].
[1198] Idem, *ibidem*, 1ª Edição, "Introducção", pág. 10; pág. 26 = [2ª Edição, pág. VIII; pág. 6].
[1199] Guilherme Braga da Cruz, "O movimento abolicionista e a abolição da pena de morte em Portugal", pág. 94: "Nesta ordem de ideias – e sempre colocado num plano utilitarista –, (...)", considera a pena de morte "ainda util e necessaria."
[1200] Hoje esse trabalho está feito. Deve-se a José Esteves Pereira, *O Pensamento Político em Portugal no séc. XVIII (António Ribeiro dos Santos)*, antes mencionado, escrito que cumpre todos os requisitos assinalados e do quel não houve qualquer dúvida em usar abundantemente. Para além deste texto consulte-se Xavier da Cunha, *António Ribeiro dos Santos, bibliófilo*, Lisboa, 1913; Luís Fernando de Carvalho Dias, "Inéditos de António Ribeiro dos Santos", separata do *Boletim da Biblioteca da Universidade de Coimbra*, volume XXXIII, Coimbra, 1976. Mário Júlio de Almeida e Costa, *História do Direito Português*, pág. 380, estabelece um paralelo entre a envergadura da Obra de Mello Freire e Ribeiro dos Santos, considerando que "a sua cultura histórico-jurídica ombrearia com a de Mello Freire. Só que não deixou uma Obra que à dele possa comparar-se."

O Autor viveu num período de desenvolvimento cultural do nosso país, que se pautava pelos limites já então conhecidos[1201]. Em função disso, teve de se haver com o dilema: por um lado, a sua personalidade e os desejos mais íntimos empurravam-no no sentido de reorganizar a Biblioteca da Universidade[1202] e depois da Real Biblioteca Pública[1203], locais adequados para levar à prática as suas soluções de abertura ao Pensamento europeu[1204].

Por outro, as disposições pombalinas e depois delas as marinas impediam-no de plenamente prosseguir os seus intentos. A Liberdade de Pensamento ecléctica e a Liberdade de consciência tinham o tratamento conhecido e a que não se voltará, senão devido a actividade do Autor que o justifique.

Ribeiro dos Santos não é um conformista; nunca foi; por isso pautou toda a sua vida[1205]. Nem mesmo as contínuas reprimendas da *Real Mesa Censória* o impediram de atender mais à sua consciência de inovação que aos perigos e dramas que se avizinhavam para tão escorregadio caminho. E, note-se, que foi por esta época que Burlamaqui e Vattel começam a penetrar na Academia coimbrã, lado a lado com os indefectíveis De Martini e Genovese, e admitindo mesmo comentários que, posteriormente, serão decisivos para a formação mental da geração Vintista[1206].

O primeiro grande passo que encetou neste sentido, prendeu-se com a íntima colaboração que prestou à reforma da Faculdade de Cânones, ainda em período josefino, mediante um dos seus mais emblemáticos trabalhos o *De Sacerdotio et Imperio*. Dividido em seis "Dissertatio", na primeira das quais – a "Dissertatio Singularis" e, como habitualmente, se começa com Deus, a religião natural e a religião revelada. O tipo de enquadramento é curial com os princípios pelos quais o ordenamento jus--filosófico e as Ideias Políticas se pautavam, podendo mesmo afirmar-se que parece sintomático o direccionamento dos vários interlocutores em Portugal, nos três parágrafos desta "Dissertatio" inaugural.

Ponto de especial relevo no âmbito do estudo da Liberdade de consciência e da tolerância religiosa, são as observações metodológicas iniciais que avança, pautando-

---

[1201] O Autor pode ser inserido nas duas fases a que se tem feito menção ultimamente, respeitante a escritores e trabalhos posteriores a 1760, pertencentes ao período josefino e marino ou, eventualmente, aos dois, mas anteriores a 1789. O facto de se incluir neste ponto, apenas se liga com o facto dos seus trabalhos mais acutilantes em prol da Liberdade dos povos serem posteriores a Pombal. Em qualquer caso mais uma vez se nota que não adaptamos divisões estanques ao nível das nossas preocupações e apenas por coerência com o nosso objecto fundamental de análise, aqui ponderamos Ribeiro dos Santos.

[1202] José Silvestre Ribeiro, *Historia dos Estabelecimentos Scientificos Litterarios e Artisticos de Portugal*, II, pág. 144; M. Lopes de Almeida, *Documentos da Reforma Pombalina*, I, pág. 260; José Esteves Pereira *O Pensamento Político em Portugal no séc. XVIII (António Ribeiro dos Santos)*, págs. 18 e ss.

[1203] Idem, *ibidem*, II, págs. 144 e 145, mencionando o decreto de 4 de Março de 1796.

[1204] ANTT, RMC, Livro 14, págs. 88 e 93, onde se concede a Ribeiro dos Santos licença para a leitura de livros proibidos. O primeiro documento tem escrito à margem: "Não teve efeito", mas o teor é idêntico.

[1205] José Esteves Pereira, *O Pensamento Político em Portugal no séc. XVIII. (António Ribeiro dos Santos)*, págs. 20 e ss. Tal como Mello Freire e antes Luís António Verney é um dos vultos mais conhecidos da nossa cultura nacional, tendo já sido alvo de estudos detalhados, onde avultam as considerações de carácter pessoal, profissional e enquanto um dos mais eminentes representantes da fase final do séc. XVIII e inícios do séc. XX. Por esses motivos, ultrapassam-se as considerações laterais que extravasem o estreito âmbito destes problemas, remetendo, em especial, para o trabalho citado.

[1206] Idem, *ibidem*, pág. 20.

-se numa certa sintonia de ideias com Vico, no que toca à forma das matérias que pretende tratar. Ou seja, utiliza o método histórico, associando Deus e a sua existência ao reconhecimento histórico desse facto[1207], sendo o tema tratado com a possível abertura à Liberdade de Pensamento ecléctica.

Sem pretender entrar na análise dos aspectos ligados às chamadas provas da existência de Deus[1208] ou aprofundar a sua argumentação na área da religião natural e da religião revelada[1209], diga-se que o Pensamento de Ribeiro dos Santos segue, neste contexto, o que de melhor se teorizava na Europa à época.

Posiciona-se, destarte, um momento de reflexão particularmente interessante. Ribeiro dos Santos, para estribar os seus raciocínios vai sustentar-se num conjunto de Autores conhecidos, alguns deles completamente adversos à religião católica[1210], mas que na sequência da defesa da Liberdade de Pensamento aproveita para basear os seus raciocínios[1211].

Ao contrário do que se poderia pensar, não é, manifestamente, contrário à religião natural[1212], desde que encarada de forma oposta aos contornos impostos pela reflexão

---

[1207] António Ribeiro dos Santos, *De Sacerdotio et Imperio Selectae Dissertationes queis Praemittitur Dissertatio de Deo, de Religione Naturali, ac Revelata, tanquam earum Basis, et Fundamentum, pro Supremum Juris Canonici gradu obtinendo, in Academia Conimbricensi Publica Propugnandere*, Olisipone, 1770, págs. 7 e 8: "Nihil sane est, ex quo conjicere non liceat esse deum. Et in primus humana Historia fatis apertè indicat coepisse aliquando humanum genus; antiqua enim historiae ultrà Ninum non assurgit, cum memoraiae Sinenses, Assyrie, atque Aegypticae, quae Paulo sunt vetustiores, manifestis fabulis revincantur. Praeterà generis humani novitatem evidenter ostendunt Civitatum, Imperiorumque exordia, & incrementa, notae primae Artium, & Scientiarum origines, aequae exiguae, ac barabarae." Vai ao ponto de invocar um conjunto alargado de Autores pagãos desde Platão a Séneca, passando por Aristóteles, Sexto Empírico, Diodoro de Sículo, S. João Crisóstomo e Cícero.

[1208] Idem, *ibidem*, pág. 10. A ideia de Deus, busca-a no domínio metafísico. "Illud nos unum Metaphysicum argumentum postermo loco adjeciemus. Et quandoquidem ex intima patet conscientia Mentem, id est, substantiam cogitantem existere, hanc ab alia, istam al altera, & sic singulas a singulis per maximum progressum dependere, inquirendum sane est, haec ne series in infinitum progrediatur, na ad aliquam substantiam cogitantem deveniat, quae prima, & ceterarum sit caput".
E remata com a observação de que Deus é único e perfeitíssimo, sendo certo que nisto convergem graves homens de Ciência. Neste contexto, Ribeiro dos Santos recorda Locke, que não enjeita colocar lado a lado com Pedro Abelardo: "Quoniam ergo Deus existit, & unicus existit, jam illud quosque constituendum est, eum esse ab universo distinctum, illiusque causam creatricem, & gubernatricem, non vero ipsum Universum, quod Eleantenses quidam Philosophi Pytagorici, & Stoici (...); quos deinde docuere David de Denando, celeberrimusque Petrurs Abelardus (...). Illam tamen pluribus everserunt viri doctissimi, prae ceteris clarissimus Joannes Lockius, que solidissimus ratiociniis fatis adcuratè ostendit Deum, cum fit Ens cogitans (...)."

[1209] Em qualquer caso são sobretudo importantes as suas reflexões no domínio da religião natural e da religião revelada. Homem do seu tempo, vivendo numa época em que a religião natural, sob forma de deísmo increpava a Revelação, sente necessidade de responder à situação.

[1210] E outro completamente conformes. É o caso que refere José Esteves Pereira, *O Pensamento Político em Portugal no séc. XVIII. (António Ribeiro dos Santos)*, págs. 93 e ss.

[1211] António Ribeiro dos Santos, *De Sacerdotio et Imperio*, pág. 12. Espinosa e Tolland estariam afectados por um "stupidi ergo sint oportet, qui vel fatum Democriticum, vel Spinosisticum, quibus persuadre conati sunt. Aletri nunca ponimus, Deum nempe potentissimum esse, cum ipse sit quidquid objeciant Fatalistae; sed insuper meliora id est numero et intensitate proprietatum realium perfectiora, quidquid sequantur Wolfius, ac Leibnitz."

[1212] Idem, *A Verdade da Religião Cristã*, págs. 66 e 67: "A religião natural não basta ao homem, para o regular no estado presente da natureza, nem para o encaminhar ao seu último fim. Porquanto nem a Razão humana pode compreender bem a natureza de Deus, nem pode conhecer exactamente

Moderna, ou seja, não questionando o Poder de Autoridade de Deus[1213] e em termos idênticos aos que são prosseguidos por De Bonald, um dos teóricos da contra-revolução providencialista. Adversário confesso do deísmo, retoma Pufendorf, Wolff, Heinécio e outros "sceleratissimos Philosophos"[1214], para demonstrar que, sendo o homem o Ser mais perfeito da Criação mas ainda assim, imperfeito, "homines in statu irreligionis, quam sub religione feliciores esse opinabantur"[1215].

Redigindo em pleno período josefino e sob auspícios de Pombal e dos critérios rigorosos impostos pela censura da *Real Mesa Censória*[1216], assiste-se a um moderado aplauso da sua parte às medidas repressivas da heterodoxia passíveis de contaminar Portugal e provenientes de "ímpios", ateus ou indiferentistas". A admissibilidade da religião natural nos estreitos limites enunciados tem de ser conjugada com a recepcionada proposição pufendorfiana, levando a aceitar e a interpretar a acção de Ribeiro dos Santos, neste domínio, mais como um repúdio pelo livre Pensamento dos deístas e dos "ímpios", que a uma crítica formalizada a outras confissões religiosas[1217].

Esta mesma ideia pode ser encontrada em alguns passos da Terceira Parte da "Dissertatio", subordinada ao tema da religião revelada, a todos os títulos indispensável. Aproveita, deste passo, para reforçar as suas críticas ao deísmo e ao filosofismo[1218], manifestando impaciência sobretudo no ético recorte que se preconiza entre Razão e religião e chamando em sua defesa um conjunto de pensadores de reconhecida nomeada[1219].

Fazendo aqui um sumaríssimo ponto da situação: Ribeiro dos Santos começa por ser um produto do pombalismo; posteriormente, evoluirá para uma contestável espécie de pré-liberalismo, visível especialmente no plano político, mas cuja teorização não

e com certeza a sua vontade, nem ter força bastante para obrigar os homens a cumprirem as suas obrigações."
[1213] Idem, *De Sacerdotio et Imperio*, pág. 15: "Posita ergo hominis necessitate ac Dei bonitate, prodentissimaque beneficentia, necessariò confitur existere Naturalem Religionem."
[1214] Idem, *ibidem*, pág. 15.
[1215] Idem, *ibidem*, pág. 15.
[1216] Edital de 24 de Setembro de 1770, *apud* José Esteves Pereira, *O Pensamento Político em Portugal no séc. XVIII*. (*António Ribeiro dos Santos*), pág. 108, constante do *ANTT, RMC*, caixa 1, já mencionado, e a que agora se aditam as Obras seguintes: ...Collins (Ant.). *A Discours of the grounds & reasons of the Christian Religion*. Londres, 1724; *The Discourse of Freethinking, occasioned by the rise and the Growth of sect call'd Fre-Thinkers*, Londres, 1713; e a tradução debaixo do título *Discours sur la Liberté de penser, écrit à l'ocasion d' une nouvelle Secte d' Esprits-forts, de Gens, que pensent librement. Traduit de l'Anglois, & augmeté d' une Lettre d' un Medecin Arabe*, Londres, 1714 e 1766; *Essay concerning the use of reason*, &c., London, 1709; *The scheme os literal profecy considered*, &c., Rotterdam, debaixo do nome de Londres, 1726.
[1217] António Ribeiro dos Santos, *De Sacerdotio et Imperio*, pág. 16; págs. 17 e 18: "Attamen licet id esse verum, quod staminus, non dibitemus, fatemur equidem eam non esse vim in ratione naturali, qua omnia Religionis officia ita noscantur, ut homines in singulis genere plane instituantur. Quocirca Religio Naturalis quantumvis vera, ac sancta fit, minime tamen est suficcens (...). Primi hujus impietatis auctores ferunt Pelagiani, mox eam Sociniani longe, latque provexerunt. Tindal *apud* Anglos publice Naturalistarum erexit sugnum anno 1730 edito impio quodam libro. Inde tot libellos nefandos emeregere vidit Europa, queis Naturalismos sovebatur, ut eorum auctores magis perdite vivendi libidine, quam differendi ratione, ipsos scripsisse."
[1218] Idem, *A Verdade da Religião Cristã*, Coimbra, 1787, pág. 108: "Em vão pediremos aos libertinos o catecismo da sua incredulidade; eles nada substituem à fé, de que nos querem privar; e pretendendo libertar o homem da obediência devida à lei do seu Deus, que o enche de prazer, o deixam flutuante entre mil dúvidas cruéis, a que não dão solução."
[1219] Idem, *De Sacerdotio et Imperio*, pág. 20.

estaria nos seus horizontes. Ao que por agora interessa, limitava-se a ser corrente privilegiada do Pensamento josefino, com algumas originalidades próprias, fruto também de uma invulgar erudição[1220].

Corolários destas afirmações são as ideias transmitidas, quase vinte anos depois, a propósito das questões ligadas ao relacionamento da Igreja, Estado e tolerância, que noutro momento e de forma breve serão apresentadas. Inserto no âmbito da polémica em que se envolveu com o seu colega Mello Freire aquando da apresentação do *Novo Codigo*, é possível detectar neste texto traços algo distintos em relação às ideias defendidas no manuscrito de 1770.

Quanto à tolerância religiosa para estrangeiros, sustenta uma política pouco diversa em relação ao *De Sacerdotio et Imperio*. Assim, não é admissível que "em nossos reinos se possa publicar ou particularmente professar outra religião, que não seja a Catholica Romana", muito embora se permita aos estrangeiros de diversa crença não serem obrigados "a abraçar religião do Estado, nem se lhe não possão tomar seus filhos para os baptizarem"[1221]. O princípio que está subjacente a esta norma, ora discutida em presença do *Novo Codigo*, é o da felicidade que a religião católica inculca nos seus fiéis, coisa que não se admite as outras poderem atingir.

Aproveita Ribeiro dos Santos, deste passo, para reafirmar a sua adesão a um "certo tipo" de religião natural, "a que estão sujeitos todos os homens, que é a base das virtudes moraes, e de todas as obrigações sociaes e politicas, e é, pelo assim dizer, a religião civil de todos os Estados, sem a qual nenhum imperio pode subsistir muito tempo (...)". Mais, *"esta religião obriga todos os homens, e sendo de tanta influencia no Estado, que sem ela nem as leis civis, nem os mesmo imperios podem ter firmeza e duração, cabia na alçada do Principe mandal-a guardar em seus reinos, sem fazer violencia alguma á consciencia dos cidadãos"*[1222].

Quer isto dizer que não aceita os temores vistos por certos colegas de ofício, que encaravam – a religião natural – como algo passível de modificar sediciosamente o enquadramento da pureza da Fé Católica, uma vez que para ele são realidades distintas. Tão necessária uma quanto a outra.

Ora, se no trabalho de Mello Freire a referência que existe não é a um problema de religião natural, antes de religião revelada, que os católicos portugueses assumem sem discussão como necessária, legítima e perfeita, isso não significa que todos os homens a reconheçam. Por isso entende Ribeiro dos Santos – e aqui haverá um claro avanço em relação à generalidade dos Autores portugueses deste período – que o motivo apresentado por Mello Freire e, "vem a ser meramente temporal, e fundado em Razão de politica, isto é, na utilidade do Estado, o que não pode por si só dar ao Principe direito algum para obrigar a seus vassalos a professar mais esta, do que

---

[1220] José Esteves Pereira, *O Pensamento Político em Portugal no séc. XVIII. (António Ribeiro dos Santos)*, págs. 118 e ss., onde aponta para o Autor a maior parte das conclusões que no âmbito geral do problema português deixámos apontadas.
[1221] Antonio Ribeiro dos Santos, *Notas ao Titulo IV da Religião e Fé Catholica, do Novo Codigo de Direito Publico de Portugal do doutor Paschoal José de Mello, feitas e appresentadas na Junta da Censura e Revisão pelo doutor António Ribeiro em 1789*, Lisboa, 1844, em conjunto com as demais Obras da polémica, págs. 3 e ss. O Autor critica, deste passo, o texto apresentado por Mello Freire no *Novo Codigo*, considerando que a maior parte das matérias inseridas debaixo deste título devem ser tratadas em termos de legislação criminal e nunca num texto legislativo deste teor.
[1222] Idem, *ibidem*, pág. 22.

aquella religião positiva; *pois que em materias de pura crença nunca os homens cêderão, nem podiam ceder ao Principe os direitos da sua consciencia*"[1223].

Foi, pois, preciso percorrer todo este trajecto para chegar a este ponto: Ribeiro dos Santos diz claramente e sem receios o que talvez muitos outros pensassem mas sem a coragem de o escrever. Aceita a Liberdade de consciência e a tolerância religiosa em sentido positivo, e admite que ela não apenas é possível, mas necessária e imperativa, não tendo o Poder temporal qualquer direito a policiar as consciências individuais, em termos coactivos.

Neste contexto pode ser aproximado de Locke que foi o grande teorizador da ideia de tolerância religiosa mas também da Liberdade de consciência de que cada indivíduo, no seu íntimo, não poderia ser forçado a abdicar. Se não partilha a ideia de tolerância civil e política, pelo menos quanto à particular não encontra motivos válidos que a afastem[1224].

Ao lado de Ribeiro Sanches e de Verney, plasma-se aqui a diferença entre um Pensamento independente e chamativo dos anseios de boa parte da intelectualidade portuguesa de Setecentos, cujo contraponto são as ideias de Soares Barbosa e Teodoro de Almeida.

E remata: "Em poucas palavras, o Principe poderia mandar seguir a religião natural, porque ella obriga a todos os homens, ainda depois de estarem unidos em sociedade, porque sem ella não pode subsistir o Estado; mas não póde mandar seguir por sua só auctoridade uma religião positiva, porque nem ela e necessaria absolutamente ao Estado, quanto á ordem civil, nem é a religião de todos os homens, para que possa obrigar todos á sua crença"[1225].

Em qualquer caso, Ribeiro dos Santos manifesta um certo receio de ir mais além e participar da perspectiva dos defensores da pura religião civil. Não se escusando a afirmar que é, nos tempos correntes, a versão maioritária, ainda assim entende protestar "solemnemente, que não adopto aqui os sentimentos destes escriptores: se puz aqui a summa da sua doutrina, foi só para mostrar que sendo esta parte do § [refere-se ao texto de Mello Freire], pela maneira que nelle se falla, puramente doutrinal, filosofica e politica; e podendo a sua doutrina encontrar hoje muitas duvidas na opinião dos homens: não convêm que ella se estabeleça e tenha assento neste Codigo *como um principio certo e evidente a todos, maiormente não havendo necessidade de dogmatizar nestas*

[1223] Idem, *ibidem*, pág. 23.
[1224] António Ribeiro dos Santos, *Notas ao Titulo IV da Religião e Fé Catholica, do Novo Codigo de Direito Publico de Portugal do doutor Paschoal José de Mello*, pág. 26. Refere-se ao Tratado de 29 de Janeiro de 1642 celebrado entre D. João IV e Carlos II de Inglaterra.
[1225] Idem, *ibidem*, pág. 23. Poderá o Príncipe mandar que se siga a religião Católica, enquanto religião de Estado, por estar isso determinado nas Leis Fundamentais; não por força da sua Autoridade temporal, mas na estrita manutenção da Constituição nacional. Tanto mais que, nos tempos que correm, está cada vez mais sedimentada a ideia de que "esta materia deve considerar-se pelos principios filosoficos e politicos da sociedade (...)", sendo certo que hoje se persuade "que a religião, que influe mais, do que as mesmas leis civis, na felicidade temporal dos Povos, não é precisamente esta ou aquella positiva, posto que verdadeira; mas sim toda aquella religião em geral, em que se crê em Deus, na imortalidade da alma, nos prémios e penas de uma vida futura, e em que se prescrevem todas as obrigações de Moral, e se estabelece um culto proprio a exercitar das mesmas obrigações para com Deus e para com o homem: porque considerando, dizem elles, a felicidade temporal dos Povos nos bons costumes, na legitima Liberdade pessoal e real, na povoação, na opolência, na subordinação ao supremo imperio, na segurança e tranquilidade do Estado, etc., todas estas cousas se podem conseguir em similhante religião."

materias em um codigo de leis civis"[1226]. É questão meramente dogmática e de Fé; não cumpre ao Poder do Estado.

Tal como aconteceu com Mello Freire, em Leis, também Ribeiro dos Santos, em Cânones, se responsabilizou pela renovação, do ensino deste, ao caso sendo-lhe encarregue de escrever a História Eclesiástica e Instituições Canónicas, conforme ficara legalmente determinado em finais de 1786[1227]. O trabalho viria a ser dado como concluído em 1788, quanto à História Sagrada. A parte relativa à História Eclesiástica colocou-lhe alguns entraves[1228] formais, que vieram a ser ultrapassados.

Por outro lado e traço comum a Mello Freire, são as suas preocupações com o Direito Penal[1229], que desenvolve no *Jornal de Coimbra*[1230] e onde tanto há similitude como diferenciação no que respeita ao Pensamento de Beccaria.

Em síntese, Ribeiro dos Santos não apenas vai mais longe que a maior parte dos seus coevos, como procura conciliar a necessidade de adaptação do Pensamento nacional com as inovações da modernidade, sendo embora certo que dentro de certos limites que impõe a si mesmo.

Foi este espírito de conciliador, que constituíram a sua marca indelével numa época conturbada de afirmação portuguesa.

§ 2º. Marcas do Absolutismo régio em Portugal: D. João V, D. José e as influências estrangeiras

O percurso patrocinado pelos jusracionalistas da Europa central e tornado sobretudo evidente com o séc. XVIII enquadra-se num quadro de pressupostos díspares do Absolutismo clássico.

Desde logo no que respeita ao valor que se dá ao indivíduo na formação da sociedade, ainda quando Deus aprova um pacto no qual não intervém de forma directa. A participação dos indivíduos na convenção celebrada confere a esta uma fisionomia diversa, na medida em que são os indivíduos e não a natureza que o suportam, num quadro de serventia da sociedade "para-o-índivíduo" e não do "indivíduo "para-a-sociedade".

Quanto à origem do Poder político, assente em convenções de Direito Humano celebradas entre o Povo e o escolhido por este para exercer a governação, implica uma concomitante reversão das teses anteriores que o suportavam na transcendência, e onde a imanência histórica apresentava lugar de destaque.

E, ainda que o resultante continue a pautar-se por um Poder absoluto do monarca, com condicionantes sustentadas em Leis Fundamentais de origem ética e positiva, o

---

[1226] Idem, *ibidem*, pág. 25.
[1227] José Esteves Pereira, *O Pensamento Político em Portugal no séc. XVIII. (António Ribeiro dos Santos)*, págs. 56 e ss.
[1228] António Ribeiro dos Santos, *De Sacerdotio et Imperio*, págs. 46 e ss.
[1229] Guilherme Braga da Cruz, "O movimento abolicionista e a abolição da pena de morte em Portugal", separata das *Memórias da Academia das Ciências de Lisboa*, Classe de Letras, Tomo X, Lisboa, 1967, pág. 96: "Ao lado de Mello Freire, há outro nome que não pode ser esquecido nesta época e dentro do mesmo movimento de ideias, a quem se ficou devendo igualmente um depoimento notável acerca da pena de morte: o nome de António Ribeiro dos Santos, (...) seu rival e antagonista na ideologia política e nas lides literárias."
[1230] *Jornal de Coimbra*, 1815.

avanço a que se assistiu foi sem dúvida marcante para o Pensamento político europeu do período em observação.

Por tudo isto, entre Absolutismo clássico e despotismo ilustrado os pontos de contacto começam a rarear. Salvaguarde-se uma idêntica preferência pelas monarquias absolutas, num continuado desenvolvimento da centralização estadual, onde os corpos intermédios cada vez estão mais subjugados aos régios ditames e a consideração dada à ideia de "Povo", que continua amargamente deficitária. Neste ponto Pombal não será diferente de Voltaire, como este não o havia sido de Luís XIV, para não remontar aos Humanistas.

É, pois imperioso, neste passo, apresentar uma particularização que interessa em especial e que resulta do facto de entre o Absolutismo na sua formulação clássica[1231] e o despotismo esclarecido haver uma distância que assinalável[1232].

Para os teóricos do despotismo ilustrado, na sua maioria hábeis manuseadores da tecitura jurídica e abalizados cultores de um rejuvenescido Pensamento, a *Lei da Razão* é limite moral para todos. O Rei – expressão da Boa Razão – e os súbditos, devem determinar-se pelos ditames inerentes à sua particular fisionomia de racionalidade. Este entendimento geralmente aceite pela reflexão Setecentista, em Portugal é interpretado nos quadros de um Absolutismo plasmado nos princípios da *Lei da Boa Razão*, cuja régia actuação a manifestava e se pautava pelos ditames do Direito Natural.

1. O Antigo Regime, a origem divina do Poder e as suas manifestações jus-filosóficas e políticas em Portugal

Superiores eclesiásticos – "maxime", o Sumo Pontífice – e Estado devem trabalhar em sintonia – deveriam – mas de facto isso nem sempre acontece. Em vagas sucessivas

---

[1231] S. E. Finner, "Empires, monarchies and the Modern State, *The History of Government*, III, págs. 1307 e ss. O Autor apresenta uma perspectiva comparativa da evolução das "two traditions: Absolue versus Parliament Monarchy", fazendo remontar a divergência ao período do Renascimento, em que o Poder dos Reis "were able to eliminate these impediments or whether they had to accept and adapt to them." Neste capítulo apenas será tratado o primeiro dos termos da questão, ou seja, o Absolutismo segundo as suas diversas representações; no próximo está programada a inserção lógica da monarquia limitada. Sobre o ponto, Martim de Albuquerque, *Um percurso da construção ideológica do Estado*, págs. 22 e 23, onde reafirma uma certa volatilidade na valorização do "Estado absoluto ou absolutista", ainda que por hábito designe "certo estádio evolutivo, típico e próprio da História dos países ocidentais, em que se verifica específica concentração, centralização e intensificação do Poder. Fenómeno que decorre e se define dos fins da Idade Média, inícios do Renascimento, e se prolonga até ao Constitucionalismo", ideia que é subsequente à reflexão acerca da ideia de "moderno", onde os contornos figurativos correspondem às nossas intenções: "(...) o adjectivo *moderno* é ambíguo e polissémico. (...)". É assim que se usa indistintamente o vocábulo *moderno* e seus derivados a propósito de múltiplas situações", destacando a contraposição "Mundo Antigo-Mundo Moderno", a oposição "Época Moderna-Época Medieval" e outros casos. Saliente-se que neste segundo caso a contraposição que ora se estabelece leva em linha de consideração valores já explanados, que agora por ligação à ideia de absoluto manifestam a sua interdependência mas óbvia relatividade.

[1232] Simone Goyard-Fabre, "L'Imposture du despotisme qu'on dit 'éclairé'", pág. 150: "(...) si le discours politique des despotes éclairés s'inspire du rationalisme et de l'optimisme juridique des Lumières pour dénoncer la tyrannie, la réalité socio-historique de cet étrange régime est grosse de contradictions insolites que le pervertissant ai point de miner la volonté philosophique qui l'anime, si bien qu'il a tissé dans l'histoire européenne une fabuleuse imposture."

e estribando-se no seu imbatível Poder, trabalhado intensamente pelos juristas[1233], o Estado vai-se fortalecendo e concentrando Poderes em torno do soberano.

Quanto ao Poder papal procede de modo idêntico e, cauteloso, obra para não se repetirem situações medievais de má memória, para não retornarem os conflitos da época da Reforma, para sedimentar a sua tradicional posição na defesa da soberania de mediação popular[1234], que de todo em todo convinha ao equilíbrio algo instável da sucessória cadeira episcopal.

Ficou delineada na "Introdução" a situação que se vivia em Portugal no primeiro grande reinado do despotismo ilustrado, de que as reformas de D. José serão não apenas complemento mas marca de água inaugural de uma inovadora forma de pensar a ideia de Liberdade. Nos quadros do Antigo Regime nacional importa, pois, não só descortinar em tese geral qual o tipo de entendimento oficial do problema mas buscar nas realizações individuais e monográficas dos Autores a "mens" seguida por via de regra neste período no nosso país. Primeiro em versão joanina; depois josefina e, finalmente, marina.

Não descurando em caso algum a crítica ao período anterior, responsabiliza-se com o josefismo o Poder pontifício e jesuítico, pelo desfasamento cultural de Portugal com a generalidade da Europa[1235]. São inúmeras as matérias que tiveram o seu apogeu e

---

[1233] José Sebastião da Silva Dias, "Portugal e a Cultura Europeia (Sécs. XV a XVIII)", pág. 392: "Newton e Locke foram os guias predilectos do séc. XVIII, mas não se pode dizer que tivessem monopolizado a direcção da cultura. Simplesmente, o Pensamento destes acusa o mesmo nexo geral do Iluminismo, sendo como ele anti-metafísico e anti-escolástico, racionalista, laicista e antropocêntrico."

[1234] Um dos casos sintomáticos que podem ser apontados liga-se com a extinção da Companhia de Jesus, reclamada não apenas por Portugal mas por outros Estados europeus, com a Espanha, a França e a Áustria. Contudo, só por Breve de Clemente XIV, *Dominus ac Redemptor Noster*, de 21 de Julho de 1773, acabou esta a sua existência legal. A carta de lei que põe esta Bula em vigor em Portugal após real beneplácito e a transcrição da mesma podem ser encontrada em Zephyrino Brandão, *O Marquez de Pombal (Documentos ineditos)*, Lisboa, 1905, págs. 7 e ss. Este trabalho é feito sobre o manuscrito existente na Casa dos Condes de Rio Maior. O Autor elenca as várias *Apologias* de que consta o trabalho do Marquês com o respectivo resumo. Sobre as vicissitudes que conduziram ao estabelecimento deste Breve, e se bem que numa perspectiva parcelar e contrária à opinião corrente, Francisco Rodrigues, *Jesuitophobia. Resposta Serena a uma Diatribe*, págs. 185 e ss. "Os jansenistas, os philosophos e os pedreiros-livres deram-se as mãos para aquella empresa de destruição. (...). O objectivo de todos eles era a destruição da Igreja; por isso começavam o assalto pelo que elles cuidavam guarda avançada dos luctadores catholicos." Veja-se, Rui Manuel de Figueiredo Marcos, *A Legislação Pombalina*, págs. 34 e ss., onde também se escreve que "por carta de lei de 9 de Setembro de 1773" se deu o régio beneplácito e auxílio à tão almejada luta.

[1235] José de Seabra da Silva, *Dedução Chronologica, e Analytica*. Trata-se do trabalho de maior fôlego onde se pretende justificar o atraso nacional em presença das maquinações jesuíticas, a que se assacam do mesmo modo responsabilidades no plano político. Se dúvidas houvesse a leitura das palavras iniciais das Partes I e II, certamente as desfaziam: Parte I: "Na qual se manifestam pela sucessiva série de cada um dos reinados da monarquia portuguesa, que decorreram desde o Governo do Senhor Rei D. João III até ao presente, os horrorosos estragos que a *Companhia* denominada de *Jesus* fez em Portugal e todos seus Domínios por um plano e sistema por ela inalteravelmente seguido desde que entrou neste reino até que dele foi proscrita e expulsa pela sábia, justa e providente lei de 3 de Setembro de 1759"; Parte II: "Na qual se manifesta o que sucessivamente passou nas diferentes épocas da Igreja sobre a censura, proibição e impressão de livros, demonstrando-se os intoleráveis prejuízos que com o abuso delas se tem feito à Igreja de Deus, a todas as Monarquias, a todos os Estados Soberanos e ao sossego público de todo o universo."

foram consideradas imagens de marca da Restauração que, a partir de agora, vão ser consideradas estigmatizadas, anatematizadas a deverem ser riscadas e enterradas da História portuguesa. Mesmo os seus pais espirituais, se não merecem os qualificativos de demónios e adeptos do jesuitismo, não se livram de ver os seus textos reduzidos aos escombros do Index[1236].

Levando o seu afã censório a raias inquisitoriais – e a comparação, neste caso, aplica-se liminarmente – não escaparam os maiores teóricos da Segunda Escolástica, Molina[1237], Suaréz ou o cardeal Belarmino, como a nata dos juristas e teóricos da Restauração, mais ou menos sebastianistas, todos cometidos a ascendência monarcómana, mesmo quando era conhecida a sua oposição à Companhia de Jesus[1238].

Fazia parte integrante das maquinações dos detestáveis jesuítas e todos os seus sequazes a defesa incondicional da tese da Liberdade dos povos, que urgia, agora, combater[1239]. São eles os inimigos com que era preciso terminar; para esse efeito nacional, todos os meios se permitem. A publicação da *Lei de 18 de Agosto de 1769*, apenas veio sedimentar estas ideias, já que girando toda ela em torno da Boa Razão, a mesma era apresentada como a Razão iluminada da época.

Ao invés, não se comprazia com antigas normas emanadas dos gentios séculos antes devendo, por outro lado, o Costume ser adequado a essa mesma Boa Razão tanto como à Lei pátria. Donde a consagração por via legal do Absolutismo régio, que não deixava grande margem para elaborar porfiados discursos em contrário ao que a lei estatuía, o que era o mesmo que o que o Rei estabelecia[1240].

Pois como seria se *o Rei é a lei e a lei é o Rei*, fórmula nacional do *l'État c'est moi...*

[1236] ANTT, *RMC*, caixa 1, edital de 12 de Dezembro de 1771, onde consta um conjunto alargado de trabalhos atribuídos aos jesuítas a deverem ser entregues à Mesa no prazo de sessenta dias; Maria Adelaide Salvador Marques, "Catalogo de livros defesos neste Reino, desde o dia da Criação da Real Mesa Cençoria athé ao prezente. Para servir de expediente na Caza da Revisão", pág. 120, por referência à proibição de Gregório de Almeida, *Restauração de Portugal Prodigiosa, Offerecido ao Rei D. João IV*, Lisboa, 1643, 1644 e 1653, suprimido por edital de 10 de Julho de 1768.

[1237] Consta do "Catalogo de livros defesos neste Reino, desde o dia da Criação da Real Mesa Cençoria athé ao prezente. Para servir de expediente na Caza da Revisão", publicado por Maria Adelaide Salvador Marques, pág. 174, a proibição do *De Justicia et Jure*, inserta também dos editais de 12 de Dezembro de 1771, conforme ANTT, *RMC*, caixa 1.

[1238] Luís Cabral de Moncada, *Filosofia do Direito e do Estado*, I, pág. 145: "(...) os jesuítas, nas suas teorias ideológicas sobre a origem do Poder, acharam-se, muitas vezes, a combater ao lado de protestantes e monarcómanos, chamando sobre si uma reputação de revolucionários e republicanos que lhes havia de ser funesta no século seguinte [séc. XVIII], na sua luta contra a Monarquia absoluta e o Iluminismo."

[1239] Zephyrino Brandão, págs. 43 e ss., Maria Adelaide Salvador Marques, "Catalogo de livros defesos neste Reino, desde o dia da Criação da Real Mesa Cençoria athé ao prezente. Para servir de expediente na Caza da Revisão", págs. 119, 121. Nem sequer os Padres da Igreja escaparam a esta fúria censória em tudo o que se entendesse patrocinar o Consensualismo, casos apontados de Sto. Agostinho e de Sto. Ambrósio, de que se censuram as Edições antigas e apenas se permite as expurgadas pelos doutores Louvacensis e as dos padres Maurus.

[1240] Pinheiro Chagas, *História de Portugal*, VII, pág. 130: "Nos preambulos d'essas leis tão conformes com os dictames do espíritos liberal [as lei do período josefino...] nunca se falava senão na alta e independente soberania, que o Rei recebe imediatamente de Deus, pelo qual manda, quer e decreta aos seus vassalos, de sciencia aberta e Poder absoluto."

1.1. O contributo europeu e a decisão portuguesa

Apesar da enorme influência do jusnaturalismo católico ao longo de toda a História portuguesa, que originou uma fortíssima corrente consensualista, o Pensamento português acabou por evoluir em sentido oposto. Muito embora as sementes do Consensualismo tivessem resistido, vindo a plasmar-se já em plena época do Liberalismo na versão de um Contratualismo liberal, com diversa fisionomia na origem do Poder[1241], os finais do séc. XVII e todo o séc. XVIII e primeiros vinte anos de Oitocentos, tiveram um marcado cunho absolutista.

Esta é também a interpretação de Paulo Merêa[1242], quando a propósito do jusnaturalismo católico e sua projecção para a Modernidade, afirma que as eventuais limitações impostas ao Poder régio eram o reverso do que se passava na demais Europa, pelo que Portugal não poderia manter por muito mais tempo essa linha de orientação. Ou quando Marcello Caetano, preocupado com a ideia de legitimidade no contexto dos contributos do Pensamento europeu e sua possível aplicação em Portugal, entende que uma das marcas de água desta ideia se prende com a questão do Poder em abstracto, ou seja, que ele está intrinsecamente ligado à ideia de Liberdade[1243].

Ponto que continuou por esse período a ser defendido por boa parte dos trabalhos que se produziram, foi a autenticidade das *Cortes de Lamego*, mesmo que sobre o tema começassem a surgir os primeiros cépticos. Mas a autoridade de Pombal e dos seus teóricos que as defendiam malograram durante parte desse período veleidades em contrário.

Se "*o Rei é a lei e a lei o Rei*"[1244], pouca margem de manobra restaria aos demais braços da Nação para com o monarca estabelecerem diálogo, que era inexistente. Quando muito e em casos muito contados, um monólogo dialogante. Sendo princípio geral do despotismo ilustrado fazer ajoelhar aos pés do monarca todos os grupos e corpos sociais, Carvalho e Melo tomou a seu cargo a efectivação da máxima teórica.

O monarca recebe o Poder de Deus[1245], directa e imediatamente, sem qualquer intervenção mediadora, prosseguindo os ensinamentos de Richelieu e Bossuet[1246] –,

---

[1241] E que, por isso mesmo, não é designada por Consensualismo mas por eclectismo do período marino, sobretudo representado por Ribeiro dos Santos, ele próprio habitualmente qualificado de consensualista. Esta opção quanto ao Pensamento de Ribeiro dos Santos justifica-se porque, muito embora as teses que defende no decurso da segunda fase do seu Pensamento possam ser aproximadas das dos consensualistas portugueses do séc. XVI, há motivos para não o poder equiparar, sem mais, a essa reflexão cuja raiz é sobretudo Escolástica e baseada em pressupostos que não eram os que o Autor partilhava. A seu tempo será explicitada esta interpretação que não pretende subverter a anterior mas apenas introduzir-lhe algumas reflexões acessórias essenciais.
[1242] Paulo Merêa, *O Poder real e as Cortes*, Coimbra, 1923 pág. 25.
[1243] Marcello Caetano, "A legitimidade dos Governantes à Luz da Doutrina Cristã", separata de *Bracara Augusta*, IV, nº 1, 22, Braga, 1952, pág. 7: "(...) legitimidade como a qualidade do facto que está conforme com as normas da Ordem, divina ou humana, natural, racional ou jurídica, por que se deve reger. A legitimidade das acções humanas aparece-nos, assim, ligada à ordem normativa (...)." E, na sua aplicação ao Poder, em abstracto, "é sabido em que termos ele tem sido posto pelos filósofos: o Poder é legítimo porque é necessidade da própria existência dos homens em sociedade."
[1244] *ANTT, Corpo Cronológico*, lei de 29 de Julho de 1773, onde se afirma que o monarca legisla de seu *motu proprio, certa sciencia, Poder real, pleno e supremo*.
[1245] António Pedro Barbas Homem, *A Lei da Liberdade. Introdução Histórica ao Pensamento Jurídico*, I, págs. 166 e 167.
[1246] Será bom recordar o que se defendeu a propósito da interpretação da origem do Poder civil, bem como proximamente o contraponto possível a estabelecer para as modalidades alternativas.

temperado no seu exercício com as manifestações reformísticas conhecidas – com a assessoria de um primeiro ministro omnipotente, as mais das vezes, o mais alto e preponderante burocrata do reino. Em país de burocratas e de competências administrativas e judiciais, laicas ou eclesiásticas, perfeitamente sobrepostas, mas em que o centralismo administrativo originário de França se segue à risca, o modelo do "ministériat" era por demais apetecível.

Em tese geral[1247], susceptível de futuros desenvolvimentos, sempre se poderá dizer que há flutuações que importa apresentar. Se é evidência que a indiscutibilidade do Poder absoluto do monarca não era tema de conversas públicas, poderá, ainda assim, apontar-se como ponto de reflexão específico o das Leis Fundamentais. Há, sem dúvida, uma evolução no Pensamento nacional a este respeito, como se provará adiante.

Deixando de parte as Cortes lamecenses, que é sabido segundo a oficialidade proclamada e os textos particulares da quase unanimidade dos escritores vigoravam a contento de todos, sempre se pode afirmar que há, uma evolução nítida do Pensamento português nesta área.

Mediante de um certo número de Autores nacionais, é defensável sustentar que o tema em apreço não era de interpretação unívoca. Isso decerto catapulta a pesquisa para o tema da "eventualidade" da monarquia temperada. Em termos mais concretos: é admissível a "limitação do Poder soberano por Leis Fundamentais", expressão que aparece em Burlamaqui, em Wolff e em grau superior em Vattel, mas decisivamente em Claude Mey, e que Portugal deve sobretudo a António Ribeiro dos Santos na segunda fase da sua produção literária.

Esta limitação em nada interfere com a "plena potestas" da soberania[1248], que só ao monarca se atribui[1249], porque soberania e monarca – ou monarquia – nele se consolidam[1250]. Provavelmente ainda aqui não se colocavam os problemas semânticos que a questão de duas realidades distintas serem designadas por uma só palavra e que

---

Acrescente-se apenas a esse entendimento que se não houvesse provas suficientes do que então afirmámos para convencer os renitentes, aqui se poderia deixar o conselho da leitura da *Dedução Chronologica e Analytica*, onde os nossos Autores dos séculos XVI e XVII são qualificados de ultramontanos, monarcómanos e revolucionários e a sua doutrina, da soberania inicial de mediação popular, uma total perversão dos atributos da realeza e da dignidade régia. Até a *Justa Acclamação* foi parar ao Índex de Pombal.

[1247] Paulo Merêa, *O Poder real e as Cortes*, pág. 53; José Vicente Serrão, "Sistema Político e Funcionamento Institucional no Pombalismo". *Do Antigo regime ao Liberalismo*, (Organização Fernando Marques da Costa, Francisco Contente Domingues e Nuno Gonçalo Monteiro), Lisboa, Vega, 1989, págs. 12 e ss.

[1248] Philippe Jose Nogueira, págs. 161-163, reportando-se à Carta 9 sobre o "Motim, e sedição da Cidade do Porto", de 21 de Outubro de 1757, onde se estipula que "a sociedade civil, e o socego publico dependem essencialmente do inviolavel respeito da Magestade, da inalteravel subjeção ao seu alto Poder, e da veneração das suas Leis."

[1249] Idem, *ibidem*, pág. 159, aponta o caso, legislativamente previsto, de "ao Principe soberano tem por obrigação de precaver e punir os delictos publicos, e perniciosos, que offendem a religião, perturbão o estado, e infamão a nação", assim como permitem "todos os direitos o supremo, e justo Poder de appartar de seus Vassallos os abusos, e escandalos prejudiciaes á tranquilidade. E socego público." Estas medidas constam da Lei de 12 de Junho de 1769 e do decreto de 10 de Março de 1764.

[1250] Idem, *ibidem*, pág. 163, por referência à lei de 3 de Setembro de 1759, onde se estipula que "na reputação do Principe consiste a alma vivificante da Monarchia." Esta Lei que é a responsável pela extinção da Companhia de Jesus em Portugal encontra-se integralmente transcrita em J. G. de Barros da Cunha, I, págs. 94 e ss.

levará, já em período liberal, Jovellanos a levantar o problema e a defender o exercício da soberania como Poder exclusivo do monarca, ainda quando a sua origem seria de cunho marcadamente voluntarista. A origem divina directa e imediata do Poder trouxera consigo não só a especificidade desse mesmo Poder, como a sua independência absoluta de toda e qualquer entidade humana.

O Estado coincidia com o Rei, o Rei representava a soberania que lhe era devida por força da divindade; a comunidade obedecia e não tinha qualquer intervenção no plano governativo.

A opção no Portugal Setecentista tem algumas diferenças com o que se passava no resto da Europa[1251] excluindo, de novo, os casos espanhol e italiano[1252], implicando uma reflexão em dois planos.

Em Portugal, é possível dizer que o eclectismo cultural que caracterizou a adesão às Luzes teve, de igual modo, sentido impacto no plano político. Pombal e os seus teóricos, preocupados em promover o incremento do Absolutismo pelas várias vias possíveis que se poderiam prestar a utilização, não hesitaram em aproveitar das possibilidades em aberto o que lhes pareceu mais conveniente. E se é verificável que todos, incluindo o soberano, se submetiam à Lei da Razão como bem cumpria aos dizeres dos iluminados próceres governativos europeus do séc. XVIII a que D. José se chegava, não o é menos que era axioma político lusitano a origem divina do Poder.

[1251] António Ferrão, "A Academia das Sciencas de Lisboa e o Movimento filosófico, Scientifico e Económico da Segunda Metade do Século XVIII", págs. 31 e 32: "O outro carácter da nossa vida nacional [o primeiro é do permanente fazer-desfazer políticas governativas no séc. XVIII português], política e social, intelectual e Moral, oficial e particular, consiste no divórcio em que se tem vivido, como que retirado, fechado, sequestrado da vida do restante corpo europeu. Indiferente às novas normas de Governo e aos novos processos de administração e economia, emfim desdenhando voluntária ou forçadamente, e – quasi sempre – desconhecendo as grandes correntes do pensamento, as novas orientações da filosofia, as mais recentes conquistas da sciencia, os novos progressos das indústrias."

[1252] Sobre a situação vivida em Itália, consulte-se Guido Astuti, "O Absolutismo Esclarecido em Itália e o Estado Polícia", *Poder e Instituições na Europa do Antigo Regime*, págs. 262 e 263: "A variedade de atitudes oferecida durante a época das reformas pelos Estados europeus encontra uma contrapartida, embora mais restrita, no movimento reformador italiano. Também aqui, onde a acção reformadora dos Príncipes assume geralmente um relevo tão acentuado que leva a qualificar a Itália do séc. XVIII como o 'país das reformas', se notam aspectos bastante diferentes e contrastantes de estado a estado. (...) Os governos locais dos Estados mais antigos da península [itálica] se mostram geralmente menos dispostos a levar a cabo uma política de inovações e reformas (...). *Procederam com extrema prudência, preocupando-se sobretudo com a consolidação dos seus Poderes e com a melhoria da organização administrativa (...) e limitando a actividade inovadora a aspectos de pormenor de acordo com exigências concretas e não tanto em homenagem às abstractas ideologias iluministas.*" Outros Estados apresentaram uma feição mais renovadora, mas conclui o citado historiador, segurando-se em colega de ofício, que "apesar da generalidade do movimento intelectual e espiritual do séc. XVIII, *as aspirações e incitamentos das classes mais cultas e iluminadas pouco ou nada puderam onde os Príncipes se sentiam ligados às instituições e formas tradicionais, cujo prestígio não tinha ainda esmorecido na alma dos Povos; tendo em contrapartida conseguido ser mais eficazes onde os soberanos eram novos, estranhos à vida local, crescidos à sombra da escola do racionalismo europeu e desejosos, portanto, de aplicar as suas doutrinas nos seus domínios, fora de qualquer preocupação de ordem histórica ou nacional, no duplo intento de adquirir fama de espíritos iluminados e, ao mesmo tempo, o Poder dos monarcas absolutos.*" Esta simples abordagem representa, de imediato duas coisas: a semelhança com o caso português no que toca à segunda espécie de monarcas italianos e o facto de, embora Pombal não tivesse passado de ministro, a descrição aprontada para os soberanos mais recentes da Península Itálica se lhe aplica à perfeição.

A Igualdade formal, perante a lei, dos homens que antecedentemente se haviam associado, em função das suas individualidades próprias e não por uma qualquer princípio aristotélico de imanência da sociedade, proporcionava uma submissão dos mesmos às leis. São essas leis que lhes garantem juridicamente as suas Liberdades, porque representam a sua expressão mais lídima enquanto parâmetros que impedem que a mesma se transforme em licença.

Assim sendo, todos os indivíduos que pretendam ver as suas Liberdades salvaguardadas devem submeter-se, por igual forma, a tais leis ditadas pela Boa Razão e que implicam, entre outras coisas, um idêntico tratamento perante o monarca, que é Pai de todos. Acima deles, distribui as suas graças independentemente da origem social dos mesmos, funcionando como suporte inabalável da manutenção da ordem social, eficazmente protegendo a Liberdade de todos e castigando os prevaricadores que a pretendam transformar em licença.

Mas, na prática este "garantismo" jurídico era muito pouco eficaz. Se servia para afirmar a supremacia do Rei sobre todos os seus vassalos, indistintamente considerados, patrocinava, de outra parte, que o monarca estivesse acima da lei que ele mesmo emitia. A célebre fórmula que conferia ao Desembargo do Paço o título de *Tribunal da Graça* servindo, entre outras coisas, para comutar ou não por intermédio da régia disponibilidade sentenças eventualmente abusivas ou mal aplicadas, era a demonstração de uma Igualdade que, ao invés de se exercer de modo idêntico para todos, promovia uma consideração prática da específica posição de alguns, aquando da decisão última.

Como consequência, se a Igualdade formal em termos teóricos era indispensável, na prática era impossível de atingir, até por haver legislação especial que se contraporia à Liberdade civil do futuro Liberalismo. Donde, os direitos individuais e políticos – e estes nem sequer eram focados – não podiam ser salvaguardados e Liberdade política não se podia admitir. Não era aceitável que uma tal Liberdade residisse na comunidade, porque apenas no monarca se plasmava a soberania e a aquiescência de uma tal tese implicaria a opção pela soberania popular ou pela soberania nacional.

Não se estranhe, pois, o aproveitamento relativo feito do Contratualismo Moderno no que toca à formação da sociedade. Na medida em que ele permitia, por um princípio de Igualdade de todos os signatários da convenção – a quem se confere um valor individual próprio – a subordinação colectiva ao Rei, único detentor do Poder de proveniência divina, consegue-se obter o resultado pretendido. Ou seja, a origem da sociedade é convencional, aceitando-se o Contratualismo social; a origem do Poder é divina, aceitando-se os contributos e teorização francesa do séc. XVII. Em parte segue-se Pufendorf e seus discípulos; em parte aproveita-se Bossuet e De Real, vistos como indispensáveis na estruturação da soberania de origem divina não convencional.

E se os próprios contratualistas Modernos admitem a aprovação divina da sociedade, ainda que se não intrometa na sua formação nem no pacto governativo que lhe sucede, em Portugal no período josefino é, ao invés, a origem divina imediata que explica o Poder do monarca. Significa, pois, que a teoria política portuguesa admite o Contratualismo social na formação da sociedade, seguindo o célebre primeiro pacto de Pufendorf e descarta, por completo, o segundo que previa a transmissão do Poder ao soberano por essa mesma sociedade nascente.

Aceitará, eventualmente, o decreto de Pufendorf, formalizando as Leis Fundamentais, não com a convicção de acordo entre soberano e súbditos, mas como limites de natureza ética e influência meramente histórica, no sentido de marcarem a forma de Governo e a metodologia adequada à sucessão régia.

Este o processo seguido em Portugal no que respeita à adopção dos contributos europeus e originalidade portuguesa na vertente área, que expomos de uma forma tão simplificada quanto conseguimos para explicar assunto tão complexo.

Detalhando, se poderá aceitar-se o Contratualismo da sociedade, formada por um conjunto de indivíduos que se associam, sendo eles o ponto de partida para a formação dos Estados e deles dependendo a manutenção orgânica dos mesmos[1253], já a temática do Poder continua artificiosamente a ser encarada como de origem divina. Não há uma intervenção efectiva nem qualquer pacto em que esteja presente a racionalidade humana na outorga do Poder ao monarca, perante uma sociedade que se formou por via do aumento da complexidade motivada pela situação histórica por via do operativo contrato de sociedade não implica a aceitação do pacto governativo[1254], porque a outorga da soberania "apenas a Deus pertence e Dá nos termos que melhor entende"[1255], independentemente de aprovação ou de pronunciamento dos indivíduos, resulta como a configuração ideal do Pensamento político português do josefismo[1256].

Se para o jusnaturalismo católico o Poder tem origem divina e é transmitido ao Rei por força da obrigatória intervenção da comunidade, e se para o Contratualismo Moderno o Poder sempre residiu apenas e tão só na sociedade, composta de Seres racionais, que depois – mediante várias perspectivas de análise – o outorga ao monarca, com a divina concordância, no Portugal Setecentista a questão tem tratamento próprio[1257].

[1253] António Brás Teixeira, "A Filosofia jurídica", *História do Pensamento Filosófico...*, III, pág. 67, entende que a própria versão contratualista da sociedade e do Estado em Portugal nem sempre foi bem acolhida. A sua base teórica da passagem de um estado de natureza em que os homens vivem livres e iguais para um estado social por força de pacto de associação, que implicaria a desigualdade entre soberano e súbditos e a concomitante origem do Direito Positivo que dá a sanção necessária ao Direito Natural, apenas poderia ser aceite com reticências. Os *Estatutos da Universidade de Coimbra*, II, Cânones e Leis, pág. 83 e ss., consideravam que "deve (...) advertir-se, em primeiro lugar, que O Direito Civil supõe já o Homem Cidadão, vivendo no Estado Civil debaixo das Leis do Imperio Civil: Que antes que o Homem seja considerado como cidadão, se deve considerar como Homem; vivendo primitivamente na vida solitaria, sem mais respeito, que a Deos, que o creou, e a si próprio (...)." Confira-se a interpretação de Rui Manuel de Figueiredo Marcos, *A Legislação Pombalina*, págs. 24 e ss: "No domínio da legitimidade do Poder, defendeu-se, entre nós, um Absolutismo teocrático, joeirando a doutrina iluminista no sentido de exorcizar tudo o que conduzisse à soberania popular, ao contrato resolúvel e ao direito à insurreição."

[1254] Idem, *ibidem*, pág. 156, por referência ao alvará de 30 de Abril de 1768, onde se determina ser incompatível com a suprema dignidade do Principe o consentimento, do que por alguma forma a pode ofender.

[1255] Idem, *ibidem*, pág. 161, por referência à lei de 25 de Maio de 1773 e ao alvará de 11 de Dezembro de 1748, que determinam conjuntamente ser o Príncipe o "supremo Magistrado Politico, e Defensor do Estado Temporal, e dos Povos", sendo que a justiça em si mesma dimana do "Supremo Poder do Principe."

[1256] Philippe Jose Nogueira, pág. 75, por referência aos *Estatutos de 1772*, Livro 1. Título I. cap. 3. § 3.: "O Homem nasce sujeito ás obrigaçoens para com Deos, para com o Soberano, para com a Patria, para consigo mesmo, e para com o Proximo, pela simples razão de haver sido dotado de huma alma racional." Como se vê, na qualificação dos deveres, há aqui uma inversão relativamente ao proposto por Wolff.

[1257] Angela Barreto Xavier e António Manuel Hespanha, "A Representação da Sociedade e o Poder", *História de Portugal*, (Direcção de José Mattoso), V, pág. 138: "(...) o mais característico da teoria política pombalina e pós-pombalina é o imaginário político que subjaz às suas propostas mais imediatas. Ou seja, o modo novo como ela entende a sociedade e o Poder, ambos concebidos como

O Poder tem origem divina e passa directamente de Deus para o Rei[1258], competindo ao Príncipe por todos os títulos direito ao supremo[1259] e justo Poder[1260] e aceitando-se, destarte, as teses francesas Seiscentistas da origem da sociedade na Autoridade patriarcal[1261].

Salutar mistura de Medievalismo – *como* convém – com Modernidade – *no que* convém[1262].

Foi um momento efémero; durou o tempo que durou o paternalismo régio, adaptado ao Absolutismo[1263], cuja perenidade de confusão com o legitimismo invocado pelos antigos consensualistas portugueses não é aceitável[1264]. Antes se fixa a ideia

produtos menores de uma ordem objectiva posta directamente por Deus do que do jogo, pactício ou não, dos ímpetos individuais. (...) No contexto português a sua súbita e clamorosa fortuna não pode ser desligada deste paradigma doutrinal no centro dos aparelhos de reprodução ideológica do pombalismo, nomeadamente a universidade. Os primeiros explicam a sua recepção; os segundos, a sua difusão fulgurante como ideologia social e política."

[1258] Philippe Jose Nogueira, pág. 155, por referência às leis de 28 de Agosto de 1767, de 2 de Abril de 1768, de 4 de Julho de 1768, de 5 de Abril de 1768 e de 18 de Agosto de 1769: "O Principe Soberano recebe de Deos immediatamente o supremo Poder, e Authoridade", não reconhecendo na terra superior temporal, sendo a Autoridade do Principe inseparável da sua independente e inviolável soberania, sendo esta inauferível e inabdicável.

[1259] Idem, *ibidem*, pág. 163, manifestando que "ao Principe se deve sempre huma inalteravel sujeição", de acordo com o disposto na carta 9 sobre "Motim, e sedição da Cidade do Porto", de 21 de Outubro de 1757. No mesmo sentido se reafirma pelo decreto de 10 de Março de 1764 a obediência que "os Direitos Divino, Natural, e das Gentes, e as Doutrinas da Igreja estabelecerão na indispensavel obrigação do respeito, e obediencia, que se devem ao Principe Soberano."

[1260] Idem, *ibidem*, pág. 156: "Ao Principe compete por todos os direitos o supremo, e justo poder, para conservar a sua Autoridade" de acordo com o estipulado por decreto de 10 de Março de 1764.

[1261] Marcello Caetano, "A legitimidade dos Governantes à Luz da Doutrina Cristã", pág. 9: "Creio (sem embargo de saber que muitos sociólogos pensam diferentemente) que *a primeira autoridade social que houve no mundo foi a autoridade paterna*. O Poder do pai de família funda-se na própria natureza humana. (...) A ideia de que a autoridade paternal está na origem de todas as formas de Poder é muito antiga. Eram patriarcas os primeiros governantes de tribos. A comunidade do sangue e de estirpe estabeleceu os primitivos laços sociais das clans. *Os monarcas apresentaram-se como sucessores dos patriarcas e o Poder dos soberanos foi, até ao século XIX, considerado uma espécie de Poder paterno: o Rei era o pai dos seus vassalos*. E não chamamos nós, cristãos, a Deus, – nosso Pai? *Se o próprio Poder divino é um Poder de pai, compreende-se que para o sacerdócio da Igreja se haja transferido a ideia de uma paternidade espiritual*."

[1262] Inocêncio Galvão Telles, "Verney e o Iluminismo Italiano", pág. 6: "o primeiro Iluminismo italiano, ao contrário de outras manifestações do segundo, do Iluminismo em geral, aproveitou sobretudo a doutrina do Direito Divino dos Reis como instrumento para a realização dos seus objectivos. O Poder régio, derivado directamente de Deus, é absoluto e deve abater o clero e a nobreza e exaltar a classe média, de que se espera todo o progresso social pelas suas reservas de energia de trabalho e pelo grau da sua ilustração."

[1263] Philippe Jose Nogueira, pág. 157, por referência ao alvará de 5 de Junho de 1595 e de 29 de Janeiro de 1643, bem como do alvará de 6 de Março de 1765 e da Lei de 3 de Dezembro de 1750: "O Príncipe é pai dos seus vassalos, devendo para eles olhar com paternal amor e em prol do Bem comum dos mesmos."

[1264] Guido Astuti, "O Absolutismo Esclarecido em Itália e o Estado Polícia", *Poder e Instituições na Europa do Antigo Regime*, pág. 264: "(...) o Poder do 'soberano', embora absoluto, começa a ser configurado como um ofício público, fundado no ordenamento estadual, ou seja, com o exercício de funções públicas, necessariamente pré-ordenadas à obtenção dos fins próprios do Estado."

que apenas ao monarca cumpre a defesa dos interesses dos seus vassalos[1265], por si só inexperientes para proverem à mesma[1266].

O "iluminado" Pombal, que tanto procurou reformisticamente aproximar-se do seu modelo de eleição, Frederico II, admirando as sucessivas imperatrizes do Centro e Leste da Europa e quis produzir no seu país a mesma abertura e renovação de mentalidades, teve grandes dificuldades em proceder de modo idêntico em todos os domínios. Não aceitou, por exemplo e sem mais o Contratualismo político Moderno, introduzindo-lhe limites. Noutro plano, renegou o *pactum subjectionis* teorizado sobretudo por inacianos[1267].

A justificação terá, de novo, subjacente o conflito com os jesuítas, doseada com eventuais paralelismos que para ele, pudessem implicar uma adesão incondicional ao voluntarismo. E, como a distinção não parecia resultar clara entre Consensualismo e Contratualismo porque em ambos os casos havia pactos a assumir e intervenção do Povo, para o efeito da subversão da régia dignidade, tanto bastava para desconfiar, quando não impugnar, em tese, as propostas políticas de Pufendorf e seus discípulos, ainda quando eles eram elogiados e recomendados aos demais níveis.

D. José e o seu ministro terão constituído entre si e os portugueses de sua confiança um núcleo de promotores do despotismo ilustrado, de cunho reformista e renovador em termos económicos e administrativos, com sustentação cultural. O despotismo ilustrado, formulação filosófica aplicada ao Iluminismo, por essa via foi sem dúvida existente no nosso país como nos demais Estados europeus.

Mas, e isto deve ser salientado, em perfeita sintonia com um processo de sustentação teórica do Poder régio assente no paternalismo que ia buscar as suas raízes ao primado da transcendência e não do Contratualismo Moderno, como forma de institucionalização do Poder na sociedade, ainda quando este não questionava a soberania absoluta, una, indivisível e limitada por normas de projecção Ética, escritas ou não[1268]. O Contratualismo jusracionalista foi inaplicável sob forma pura em Portugal; o despotismo esclarecido, que substituiu reformisticamente as tendências do Abso-

---

[1265] Philippe Jose Nogueira, pág. 158, menciona que ao Príncipe cumpre a defesa da reputação e honra dos seus vassalos, sendo essa missão inerente e inseparável à pessoa do Príncipe e de acordo com a lei de 25 de Maio de 1773 e o decreto de 10 de Março de 1764.

[1266] Idem, *ibidem*, pág. 158, atendendo às leis de 13 de Novembro de 1756, de 21 de Outubro de 1763 e de 4 de Julho de 1768.

[1267] A oposição a este entendimento e a todo o tipo de medidas encetadas por Pombal, precisamente por não partilhar da tese da origem divina do Poder e da Autoridade exercida em termos absolutos, foi daquela época como da nossa. Apontando exemplo de Autor e Obra do século passado que contra esta maré pretende remar, lembremos Fortunato de Almeida, *História de Portugal*, IV, págs. 334 e ss.: "A sua fórmula característica do exercício do Poder [de Pombal] encontra-se na sofística declaração de que o monarca recebera imediatamente de Deus a Autoridade, legislava de seu *motu próprio*, *certa sciencia*, *Poder real*, *pleno e supremo*. Deste modo, a doutrina católica da origem do Poder, a mais própria para entravar o desvairo dos tiranos, era convertida em base e fundamento do despotismo."

[1268] Coelho da Rocha, págs. 176 e 177: "No reinado de (...) D. José o despotismo não se disfarçou, foi publica e systematicamente proclamado. O genio do Marquez de Pombal, Ministro d'este Rei, era tão vasto, e sua energia e actividade tão vigorosa, que dominando o Monarcha, não se sujeitava á influencia de pessoa, nem de Ordem alguma. No seu systema social as funcções do Rei erão mandar, o que lhe approuvesse; e as da nação obedecer, e nada mais. Nos documentos do Governo não se fallou mais em prerrogativas dos Povos, nem em Cortes; e os Escriptores virão-se forçados a mencional-as, como Assembleas méramente consultivas, desnecessarias, e até incompativeis no estado actual da administração. Não é o concurso das Ordens, nem a opinião dos Povos, que occupa

lutismo clássico aplicou-se, tal como nos demais países da Europa[1269]. O despotismo ilustrado que preconiza a soberania absoluta, una e indivisível exercida em prol da felicidade dos Povos e das Nações, foi certamente realidade no nosso país; as teses do voluntarismo Moderno decaíram perante a interpretação da transcendência e da imanência histórica.

Em síntese, o Pensamento josefino padronizado por Pombal inculca a possibilidade de a sociedade se organizar a partir da ideia de valor do indivíduo, querendo seguir por essa via. Os obstáculos a tal associação são desvalorizados desde que isso não vá bulir com a origem divina do Poder e a destinação absoluta da actuação régia do Príncipe.

Quanto ao respeito pelas Leis Fundamentais da monarquia portuguesa, justifica-se por força da instituição do sistema de Governo absoluto numa monarquia hereditária, que remontando a um título aquisitivo veiculado pela conquista, se tornaram obrigatórias pelo decurso da História, devendo nesse específico quadro ser prezadas. Não, e repita-se, porque resultem de um qualquer repositório dos Poderes iniciais do Povo e forma de os respeitar, porque esses são, basicamente, inexistentes.

Nunca existe um pacto governativo, de origem convencional, de soberania inicial patrocinada pelos indivíduos. No máximo, um pacto de exercício de Poder, mas distinto do Consensualismo porque uma vez efectivado se esgota e não poderá ser reassumido. Já o paralelo com o Contratualismo Moderno será superior neste campo, porque Pufendorf, por exemplo, tinha uma posição semelhante.

Tal como o direito de resistência da comunidade também não é admissível, na medida em que ao transferir o Poder para o soberano o Povo se desligou definitivamente do direito de lhe resistir[1270], questão que Pufendorf também teoriza no quadro do seu "segundo pacto". Resulta assim que a doutrina do direito de resistência, insuflada em Portugal desde 1385, pelo menos, deixa de fazer qualquer sentido em Portugal.

Pombal não seria, em si mesmo, um intelectual[1271]. A sua vasta biblioteca e o conhecimento pessoal que por via da diplomacia detinha de alguns dos mais impor-

---

os pomposos preambulos das leis d'este tempo; mas sim a *alta e independente Soberania, que o Rei recebe immediatamente de Deos, pela qual manda, quer, decreta aos seus vassllos, de sciencia certa e Poder absoluto*."

[1269] José Artur Duarte Nogueira, "As Instituições e o Direito", *História de Portugal*, II, pág. 369: "Os séculos XVII e XVIII determinaram mutações substanciais a nível jurídico e político no País. Politicamente, é na centúria de Setecentos que se atinge o auge do Absolutismo com o advento do despotismo esclarecido ou iluminado, procurando o Poder, durante alguns anos escassos embora, identificar-se com o ambiente racionalista que pela Europa dava o tom na governação dos Estados. Com imediatos reflexo no Direito, assiste-se então a profundas, tentando-se definitivamente quebrar o esquema tradicional vigente, ligado ao renascimento do Direito Romano. (...) Com o Governo de D. José e do seu ministro sobreveio a fase do Absolutismo conhecido por *despotismo iluminado* ou "esclarecido". Em nome da recta Razão – conceito que enformava as construções filosóficas da época – pretendiam os governantes actuar, convictos de que, em consonância com a cultura do seu tempo, conseguiriam reger os Povos de forma correcta e eficaz. (...) Acentuava-se por um lado a identificação entre Estado e Rei, consubstanciada na célebre frase do monarca francês; por outro, concebia-se o Poder régio como ilimitado mercê da posição de supremacia absoluta que o governante ocupava. O Rei governava por direito próprio, recusando quaisquer alterações de mediação popular. O seu Poder era superior à lei, que dessa forma o não vinculava, visto configurar-se inteiramente com a sua vontade."

[1270] Philippe Jose Nogueira, pág. 156, faz menção da Provisão de 10 de Março de 1764, onde se explicita que ninguém pode suspender os mandatos reais do Príncipe.

[1271] Saint-Priest, *Histoire de la Chute des Jesuites au XVIII siècle*, apud Teófilo Braga, *História da Universidade de Coimbra*, III, pág. 318: "A tendencia dos Governos no seculo XVIII pode traduzir por esta formula:

tantes Estados europeus do período, apenas contribuíram para sedimentar ambições políticas de inovar e aproximar o país, que era seu, da Europa de que fazia parte e era território de déspotas ilustrados.

Sebastião José, em bom rigor, nem se identificava com a cultura pela cultura – ainda que muito a prezasse – nem com o económico, o diplomático, o ideológico ou o eclesiástico em si mesmos axiologicamente ponderados. Serviam os vertentes campos de acção para que, num bloco harmonioso, as suas concepções de política nacional – e até internacional no que afectava Portugal – se vocacionassem para o engrandecimento do país à escala europeia e reformassem a sociedade portuguesa nos seus interstícios mais profundos[1272]. Era um bom católico e um fervoroso crente; mas também um político prático e pouco interessado em escolhos no seu caminho. Isso o que mais lhe importava, a prática. Sempre seria bom adequá-la a uma salutar teoria, mas na contingência, avançaríamos para um terno paternalismo régio, fórmula escolhida e que contentava D. José, o seu Gabinete e os súbditos portugueses[1273].

a reforma pela arbitrariedade. Todos os principes, todos os homens de estado de um valor qualquer, procederam assim e marcharam para este scopo; *mas elles empregaram mais ou menos hypocrisia na applicação do seu systema, e, se elles recoreram para o Poder absoluto, deram-se tambem ares de pedir perdão á philosophia.* Pombal era pouco instruido e não entretinha relações com os Encyclopedistas. Adiantou a obra delles sem os consultar. Excedendo-os em actividade e franqueza, não renegou *nem se desculpou, nem mesmo intentou balbuciar a palavra Liberdade, e proclamou a civilização legitima, filha do despotismo*. N'elle não há reticencias, nem explicações, nem palinodia; o seu *espirito tacanho*, mas *pertinaz*, não quis entrar em *compromissos doutrinarios*. *Levou até ao fim o seu arbitrio e tirou d'elle tudo quanto podia dar*."
[1272] Teófilo Braga, *História da Universidade de Coimbra*, III, págs. 13 e 14: "(...) Sebastião José de Carvalho creou a sua individualidade política estudando os actos de Sully, de Richelieu, de Colbert e de Lauvois. As suas ideias eram atrazadas em relação tempo, mas tinham o alcance de serem systematicas na administração de Portugal, onde nunca os frades-ministros tinham outro plano economico a não ser o *venha a nós*." J. G. de Barros da Cunha, I, pág. 61: "Verdadeiramente o Marquez foi o que devia ser..."; João Lúcio de Azevedo, *apud* Luís dos Reis Torgal, "Acerca do Significado do Pombalismo", *O Marquês de Pombal e o seu tempo*. I, pág. 11: "Nenhum dos grandes ideais que agitavam os cérebros pensantes da Europa, teve guarida no seu. Modelo foi-os buscar mais de cem anos atrás. Em assuntos económicos quis Sully por mestre; em política tomou por guia Richelieu'. Nesta 'contradição interpretativa' está realmente expressa com nitidez a dificuldade em entender o sentido da acção do ministro de D. José (...) Apesar de não se duvidar de algumas influências estrangeiras, é hoje inquestionável que a acção do Marquês tem de se considerar numa dimensão nacional, explicando-se em função das potencialidades e das possibilidades portuguesas."
[1273] J. P. Oliveira Martins, *História da Civilização Ibérica*, pág. 239, encontra ligações indirectas entre o movimento das descobertas e o aparecimento do Absolutismo em Portugal."Independente do papado, por avocar a si o princípio de uma sagração directa, a monarchia acaba de vencer, com, os dinheiros do ultramar e com o auxilio da nova aristocracia do commercio menos nobre e exigente, os antigos fidalgos, já batidos pela força do Povo nas communas. O Governo das Nações é, assim, confiado, inteiro aos Reis, que só a partir do séc. XVII são verdadeiramente absolutos. A Egreja não lhes faz mais sombra, porque a tibieza da fé diminue a força do papado." Entende também este Autor que foi coisa efémera o Absolutismo português, já que logo no reinado seguinte se começaram a verificar novas transformações sobretudo ao nível da retoma da influência do clero. Mas deverá recordar-se que se mantiveram, além da figura de Mello Freire, personagens emblemáticas da Universidade de Coimbra, cuja nota de importância pode ser encontrada em M. Lopes de Almeida, *Documentos da Reforma Pombalina*, I, págs. 248 e 249, de 17 de Março e 11 de Abril de 1777, sobre o reitor e vice-reitor da Universidade. Também neste plano importa reter as considerações de Simão José da Luz Soriano, *História da Guerra Civil e do Estabelecimento do Governo Parlamentar em Portugal*, Lisboa, 1866, Primeira Ephoca, I, pág. 272: "se o recurso do Marquez de Pombal durante a sua administração foi constantemente o despotismo, por elle tão cruamente empregado contra todas

DA HISTÓRIA DA IDEIA DE LIBERDADE

Quando se diz que a divisa de Pombal era "tudo para o Povo, nada pelo Povo"[1274], a observação estará certa, tanto mais que a sua normal aversão às Cortes e aos seus Poderes ficou bastamente manifestada em medidas tomadas contra as mesmas. Se o Poder real vem de Deus e a sua Ciência é certa e moto próprio, que se haveria de fazer, por mais que as reformas fossem interessantes, importantes e inovadoras?

Ora, se isto é de facto assim, existem zonas em que o Povo nunca deixou de manifestar as suas tradicionais prerrogativas, que de uma forma indirecta lhe continuavam a garantir um conjunto mais ou menos importante de Liberdade; referimo-nos às matérias ligadas de cariz administrativo e económico.

Os mesteres continuaram a desempenhar tarefas importantes e, mesmo depois da desgraça de 1755, viram as suas condições profissionais melhoradas, por lhes terem sido destinadas, no centro de Lisboa, ruas próprias para o exercício das suas actividades[1275]. Se estes incrementavam a sua actividade, progressivamente foram sendo criadas ao longo do país novas casas dos Vinte e Quatro, muito embora por vezes mais não tivessem que esse nome no que toca ao número dos seus membros. Ainda assim estas corporações, com Regimento próprios e autonomia reconhecida, eram baluartes das Liberdades no campo profissional e economicamente organizados em prol do comércio[1276], numa salutar adesão à concepção tradicional da régia disponibilidade para premiar fidelidades.

Mais que isto e porque é sobretudo importante para o tema, já durante a governação filipina e mesmo depois disso, o Juiz do Povo era entidade vista com grande prestígio e que os Reis gostavam de ter do seu lado, sobretudo nas grandes cidades como Lisboa e Porto[1277].

E é sem dúvida ponto assente – ao menos teoricamente era assim que as coisas se passavam – que ele deveria ser ouvido em todos os casos em que estivessem em causa prerrogativas ancestrais não apenas das corporações, mas do próprio Povo miúdo, de quem seria o representante por excelência. E a Casa dos Vinte e Quatro quando se tratava de suspender as Liberdades públicas, lançar impostos, regular a sua cobrança e administrar os dinheiros municipais e do Estado, não apenas dava o seu parecer como era por vezes para isso especificamente requisitada.

Ora isto era uma forma de preservar a Liberdade, melhor, as Liberdades outorgadas pelos antigos Reis de Portugal. Eram as Liberdades típicas do Antigo Regime, conferidas não por força do reconhecimento de um direito próprio dos visados, mas

---

as classes e jerarquias, tambem é de justiça confessar que similhante despotismo teve sempre por alvo conduzir a Nação pela estrada da civilização e do progresso."

[1274] Adérito Tavares e José dos Santos Pinto, *Pina Manique. Um Homem Entre duas Épocas*, Lisboa, Casa Pia de Lisboa, 1990, pág. 14: "As doutrinas iluministas exigiam Liberdade individual, tolerância para as ideias, Igualdade perante a lei, (...). O despotismo iluminado, com o seu lema *tudo para o Povo, mas sem o Povo*, constituiu um esforço de adaptação aos novos tempos que, no entanto, não conseguiria travar as mudanças revolucionárias que se avizinhavam."

[1275] Jacome Ratton, págs. 136 e ss., em que se refere ao Governo do Marquês de Pombal no âmbito mais geral do incentivo à indústria nacional que foi sendo dada no reinado de D. José. Ao longo do seu escrito Jacome Ratton procede à apologia de Carvalho e Melo, defendendo-o perante adversários e ilustrando com episódios vários, manifestações "inequívocas" de uma recta conduta.

[1276] Fortunato de Almeida, *História de Portugal*, V, págs. 113 e ss.

[1277] *Anti-Catastrophe*, sob auspícios de Camilo Aureliano da Silva e Souza, Porto, 1845, não se sabendo exactamente quem foi o seu Autor; está datado de 1791, foi originariamente escrito em castelhano e nele se menciona ter sido escrito por "Um oficial das tropas de Portugal, que acompanhou na sua fortuna e na sua desgraça".

porque a régia pessoa entendia premiar os seus serviços. Era uma forma de Liberdade à antiga, que se ia mantendo, sem dar lugar a grandes inovações. Por vontade própria ou a contragosto, ninguém se atreveria a combater o Absolutismo e a tese do Direito Divino dos Reis em período josefino. Mas claro que, como em tudo, plasmam-se sempre alguns escritores menos resignados, mais atrevidos, e menos sectários do Absolutismo.

Tempos depois, D. Maria I e depois D. João VI, como Príncipe Regente ou já Rei de Portugal, não andaram longe deste entendimento, embora a habilidade política para o pôr em acção tenha sido claramente menor[1278]. É, contudo, importante não tomar à letra em demasia o decisionismo político que se transporta de um reinado para o outro.

A vontade tornada oficial de combater os excessos pombalinos do período anterior terá implicado, provavelmente sem se atender às consequências que isso poderia originar, uma adequação dos conteúdos da acção do Governo marino sob forma muito mais propícia à participação da Liberdade dos povos, na tecitura política, que nos setenta e cinco anos anteriores[1279].

Uma certa alteração no discurso político pode ser tenuamente visualizada logo no primeiro grande acto público em que a Rainha participa: a sua aclamação. O Rei – a Rainha – continuava a ter um Poder de origem divina[1280], sendo o exercício efectivo das suas funções, conforme preceituado pelas Leis Fundamentais[1281], regulado por

---

[1278] Zília Osório de Castro, "Poder régio e os Direitos da Sociedade. O 'Absolutismo de Compromisso' no reinado de D. Maria I", pág. 12: "(...) o que se verifica, no âmbito das medidas de cariz essencialmente político, está longe de poder ser interpretado como um corte radical", apontando em seguida esclarecedores exemplos.

[1279] Por isso mesmo é ingente render uma singela homenagem à "Piedosa". Nem tudo é tão mau como se pensa no seu reinado e se intentará prova em outro capítulo, já em fase posterior à Revolução Francesa, é o momento apropriado para afirmar que, também nesta difícil e nebulosa questão D. Maria I terá sido diferente de seu Pai e, sobretudo, de Pombal. Pelo menos, na atenção que pessoalmente dispensou aos seus súbditos enquanto a sanidade mental a não abandonou. Veja-se *História de Portugal. Edição Monumental comemorativa do 8º Centenário da Fundação da Nacionalidade*, (direcção de Damião Peres), VII, págs. 12 e ss.

[1280] *Auto do Levantamento e Juramento, que os Grandes, Titulares Seculares, Ecclesiasticos e mais Senhores, que se Acharão Presentes, e Fizerão á Muito Alta, Muito Poderosa Rainha Fidelissima D. Maria I, Nossa Senhora, na Coroa destes Reinos, e Senhorios de Portugal, sendo Exaltada e Coroada Sobre o Regio Throno Juntamente com o Rei D. Pedro III na tarde do Dia Treze de Maio. Anno de 1774*, Lisboa, Anno de 1780, pág. 62: "Com effeito, Senhora, foi V. Magestade *chamada a esse Regio Throno por huma bem manifesta vocação do Altissimo (...)*"; ibidem, págs. 65 e 66: "Cada hum dos que são chamados successivamente ao Throno, he instituido, e revestido por Deos dos mesmos Regios, e supremos Poderes dos Reis seus Antecessores. E huma Maria escolhida pelo Eterno para governar a terra, e para representar no solio *a Imagem do mesmo Deos*; com que perfeições não sahiria das suas mãos Omnipotentes?"

[1281] Idem, ibidem, pág. 62: "As *Cortes de Lamego*, (...), aquellas Leis, primeiras constitutivas e fundamentaes d'esta Monarchia, tão sagradas e inviolaveis, que até os mesmos Reis lhes devem render sujeição; aquellas authenticas Legislações, formadas com toda a validade no congresso do Povo, dos grandes e do Principe, foram as que declararam o inalterável direito, com que Vossa Magestade é chamada á sucessão de Portugal." Esta fala foi da autoria do Desembargador José Ricalde Pereira de Castro. De acordo com José Maria Latino Coelho, *História Política e Militar de Portugal, desde os fins do séc. XVIII até 1814*, I, págs. 252 e 253, quando se reporta a esta mesma situação, as palavras devem ser enquadradas no sentido de uma "allusão á illegitimidade da monarchia absoluta, e um preceito rendido ao pacto fundamental estipulado entre Rei e Nação. E se a critica historica do eminente jurisconsulto, admittindo a evidencia das *Cortes de Lamego*, luctava desvantajosamente com os testemunhos, que as verberam de suspeita e apocryphas, não era menos para louvar a isenção do publicista, proferindo á nova realeza, no meio dos enthusiasmos e das esperanças, que

princípios de Direito Humano, que obrigavam não apenas a legalidade do seu ofício por hereditariedade[1282], mas ainda por consagração popular, que a legitimava[1283]. Esta ideia de voluntarismo no que concerne à troca de juramentos entre o monarca e o seu Povo aquando da aclamação, se não seria a adesão ao Contratualismo Moderno – porque esse colocava-se no quadro da origem do Poder e não da transmissão da Autoridade detida pelo soberano falecido para o seu sucessor – poderia, pelo menos, ser vista como um certo meio termo[1284].

Quando se retoma a tradição esquecida durante tantos anos de associar a Liberdade da comunidade à decisão positiva sobre a escolha de alguém para exercer o ofício governativo e não se deixa apenas ao discurso da legalidade a sua automática entronização, o progresso é sensível. O Príncipe herdeiro apenas ascende à coroa por força do consentimento do Povo, que por essa via manifesta a sua Liberdade dos povos e legitima a opção por aquele herdeiro.

É isto precisamente que se retira do discurso de José Ricalde Pereira de Castro, pelo que apenas se poderá considerar como doutrinação oficial do reinado. O Rei – a Rainha – tinha um Poder de origem divina e uma legalidade e legitimidade para exercer o seu ofício de origem humana. E isso implica uma nova espécie de eclectismo no plano político, que mais tarde Ribeiro dos Santos irá teorizar, em termos mais de eclectismo marino que outra coisa, bem diverso do patrocinado por Pombal e os seus teóricos.

A doutrina oficial do reinado de D. Maria I não é, então, a do despotismo ilustrado pombalino puro, em que a Liberdade dos povos estava arredada. Não é, do mesmo modo, a do Contratualismo Moderno, que coloca entre parêntesis a divindade. A doutrina marina concilia os dois factores num quadro teórico de que Ribeiro dos Santos se encarregará da publicitação.

Em qualquer caso, reitera-se o traço de união que o Governo marino – como depois o de D. João VI antes de 1820 – procurou introduzir na tecitura orgânico-institucional portuguesa preestabelecida. A única forma de assegurar, a "sobrevivência" portuguesa porque apesar de tudo era a possível no quadro que se patenteava no concerto europeu, foi seguir a via opcional de conciliar passado-presente-futuro. E sobretudo porque estava bem avisada dos sucessos de 1789.

---

a saudavam, o *memento* da sua origem popular." Sobre os aviso e decreto relativos à aclamação de D. Maria I, veja-se António Delgado da Silva, *Colecção da Legislação Portugueza*, 1775-1790, pág. 142.

[1282] *Ibidem*, pág. 62: "direi que o Muito Alto, Muito Poderoso Rei D. José I não morreo, porque elle vive, e Reina na Regia, e Sagrada Pessoa de V. Magestade, sua Filha Primogenita, Herdeira, e legitima Successora de seu Throno."

[1283] *Ibidem*, págs. 64 e 65: "Porque se sabia muito bem que a herança destes reinos se differia a V. Magestade pelos direitos mais sagrados, e incontrastaveis; *porque tinha conhecido serem estes os votos de toda a Nação Portugueza, tão certos, e tão constantes, que se a natureza não differisse a V. Magestade a Coroa, e o Sceptro, como differio pelo immutavel Direito de Primogenita, lhe seriam sempre devidas estas insignias do Alto e supremo Poder pela geral acclamação dos seus vassalos* (...).»

[1284] *Ibidem*, págs. 76 e ss., seguiu-se o juramento da monarca, prestado de joelhos, com a mão direita sobre os evangelhos e o crucifixo, segundo a seguinte forma: "*Juro e prometo com a graça de Deus vos reger e governar bem, e direitamente, e vos administrar justiça, quanto a humana franqueza permite; e de vos guardar vossos bons costumes, privilégios, graças, mercês, Liberdades e franquezas, que pelos reis meus predecessores vos foram dados, outorgados e confirmados.*" Chegou então o momento dos estados jurarem obediência nos termos habituais: "*Juro aos Santos Evangelhos tocados corporalmente com a minha mão, que eu recebo por nossa Rainha e Senhora verdadeira e natural, e muito alta e muito poderosa, a fidelíssima Rainha Dona Maria Primeira Nossa Senhora, e lhe faço preito e homenagem segundo o foro destes reinos.* (...)."

Anos volvidos D. Vicente de Sousa Coutinho irá partilhar desta moderação e propostas reformistas em presença da inflexibilidade josefina, ideais que se comunicarão a outros dos nossos mais famosos diplomatas e seus sobrinhos, respectivamente D. Rodrigo de Sousa Coutinho e D. Domingos de Sousa Coutinho, alvos de atenção em momento posterior deste Estudo.

Mesmo no nosso próprio feudo, em período marino, há alusões a Montesquieu em 1773 pela pena de Philippe Jose Nogueira[1285], que a propósito dos elogios que tece à *Lei da Boa Razão* josefina, encontra espaço para citar o *Espírito das Leis*, perante uma certa inépcia, voluntária ou a contragosto da censura[1286].

Em síntese, D. Maria I e o seu Governo, D. João como Regente e depois como monarca absoluto antes de 1820, foram pontes lançadas entre a tradição da Liberdade dos povos e a manutenção do despotismo ilustrado. Entre o Contratualismo Moderno sob forma mitigada e o Contratualismo liberal que confere à Liberdade política, pela primeira vez na História portuguesa, a possibilidade de efectivamente adjectivar de "política" algo que até em tempos mais remotos fora, no máximo, "dos povos". Se bem que apenas importe visualizar até 1789 aqui ficam desde já avançadas algumas ideias a tratar proximamente.

1.2. Índices do poder temporal: liberdades e "jus puniendi"

A felicidade dos homens, dos vassalos, é interpretada direccionalmente para com eles, no sentido em que o monarca entender mais curial; não são eles que decidem individualmente do que é bom ou mau. É o Rei, enquanto "pai comum" que escolhe o que deve prover e ser considerado como felicidade dos seus súbditos. Neste sentido, há muito de despotismo esclarecido por força da forma como o exercício do Poder deve realizar-se; mas há muito de transcendência divina porque um tal comportamento régio tem por base estruturante a missão divina, que de forma inequívoca Deus lhe atribuiu, independentemente da consideração do que os seus súbditos pudessem pensar sobre o tema.

A Igreja tem o seu domínio e jurisdição própria; o Estado possui tudo o que não esteja dentro do campo de influências daquela. É por isso que o regalismo em Portugal incrementa o Absolutismo no plano político, sendo visto como um dos factores que promovem a Igualdade formal de todos perante o Rei, para os efeitos de dominação absoluta do Poder de origem divinatória do monarca.

[1285] Philippe Jose Nogueira, *Princípios do Direito Divino, Natural, Público e das Gentes*, Lisboa, 1773, "A Quem Ler.":"La Loi, en general, est la raison humaine, entant que elle gouverne tous les peuples de la terre; et les Lois politiques, e civiles de chaque nation ne doivent être, que les cas particuliers, ou s'applique cette raison humaine, Montesquieu, *Les Esprit des Lois*, Livro I cap. 3." Veja-se António Pedro Barbas Homem, *A Lei da Liberdade. Introdução Histórica ao Pensamento Jurídico*, I, págs. 170 e 171: "A importância de Montesquieu no iluminismo português reside em grande parte na utilização da sua obra principal (...) para fundamentar o discurso sobre a legislação e a codificação do Direito, sobretudo a ideia de que as leis devem acompanhar os factores naturais do país e os factores sociais do Povo."

[1286] Idem, *ibidem*, "Elles [os principios do Direito Natural] nos conduzem ao necessario, e importante conhecimento do soberano Poder (...). He (...) notoria a todos a existencia, e a força irresistivel do Direito Natural; pois que delle foi Mestra a mesma Natureza, escrevendo no coração do homem as suas sanctas e immutaveis Leis, que contem os preceitos naturaes absolutos, e hypotheticos, aos quaes se podem ajuntar os Principios, que se dizem de Direito Natural *reductive*. (...). Pufendorf, *De Lege Natur. Lib. 2. Cap. 3 §. 22.*"

Terão sido, em grande medida estas, dentre outras, as razões que conduziram ao afastamento de Pombal depois de 1775. Saem da pena do Marquês um conjunto de justificações da sua conduta, enquanto chefe governativo, face às acusações que de todos os lados choviam e em que procura justificar os seus procedimentos.

O conhecimento das mesmas é facultado através das suas *Apologias*, onde se encontram dados pertinentes para percepcionar aquilo que o próprio Pombal pensava do que dele diziam e em particular que "se deixasse aquellas publicas difamações correr com passos livres reduzindo-me a um absoluto silêncio, por uma parte ficariam os ditos meus conjunctos actuais atonitos com o estrondo d'aquellas injuriosas declamações, e por isso perplexos e suspensos, sem atinarem com o que deviam responder aos seus verdadeiros amigos (...); e pela outra parte ficariam expostos a deixar-se illudir com a persuasão, de que eu lhes tinha causado e deixado escandalo, quando a verdade é, que trabalhei, toda a minha vida, com incessantes desvélos e fadigas, para lhes deixar exemplos (...)"[1287].

Quanto às Liberdades, é preciso distinguir. No plano das Liberdades individuais, já se escreveu, não há alterações substanciais em relação ao período anterior e apenas os estrangeiros em Portugal gozam da moderada aceitação da tolerância religiosa. Já no plano político, o regalismo acentua a autonomia do Corpo Político em relação à Autoridade da Igreja, o que implica uma certa dose de independência acrescida do Estado em presença da mesma que, com o regalismo[1288] assumido[1289] da política

---

[1287] Zephyrino Brandão, pág. 3; Jacome Ratton, págs. 150-152.

[1288] Que remonta ao tempo de D. João V, não devendo confundir-se devoção do monarca e benefícios outorgados à Igreja portuguesa com laivos de interferência do Poder espiritual no temporal. Na governação de Diogo de Mendonça Corte-Real, por exemplo, é conhecido o caso da disputa entre Portugal e Roma acerca dos abusos da cúria e do clero em geral, fazendo obrigar os direitos do Poder civil, devendo os benefícios ser de livre nomeação régia. Mas foi igualmente no seu reinado que se resolveu finalmente um problema arrastado há longos anos, qual fosse o da apresentação dos Bispos, que só com Bento XIV ficou em definitivo resolvida. Veja-se, *Estatutos da Universidade de Coimbra*, II, Cânones e Leis, págs. 99 e ss.

[1289] E sobretudo pela intervenção daquele que foi considerado o "pontifex" europeu do regalismo, Justino Febrónio, sendo que em Portugal e por força da tradução portuguesa *Do Estado da Igreja e Poder legitimo do Pontifice Romano, rezumo da excellente Obra de* (...), *que da lingua franceza traduzio na vulgar Miguel Tiberio Pedagoche Brandão Ivo*, Lisboa, 2 tomos, 1770, não haveria regalista que se prezasse a desconhecer o seu trabalho. Inocêncio Galvão Telles, "Verney e o Iluminismo Italiano", pág. 6: "Ao Estado pertence difundir o espírito laico, limitando o Poder jurisdicional da Igreja e submetendo-a, no domínio das coisas terrenas, aos seus próprios fins políticos. Estes fins são essencialmente o aumento do bem-estar material e da riqueza e a propagação das 'luzes' ou da cultura." O ponto de apoio para estas medidas partiu de França, com Luís XIV, que progressivamente foi retirando à Igreja Gallicana muitas das suas Liberdades, assumindo a posição que era seu mote desde o início do seu reinado: restabelecer a unidade religiosa o seu reino, como indispensável corolário da unidade política. Um bom resumo do sucedido em Portugal pode encontrar-se em Rui Manuel de Figueiredo Marcos, *A Legislação Pombalina*, págs. 29 e ss. e notas respectivas; *Actas das Congregações da Faculdade de Cânones (1772-1820)*, I, págs. 314-316. Luís de Oliveira Ramos, "Regalismo", *Dicionário de História Religiosa de Portugal*, P-V e Apêndices, pág. 97, estabelece a contraposição entre o regalismo português e outros que existiam na Europa: "O regalismo equivale ao jurisdicionalismo em diversos estados de Itália, ao erastianismo inglês, ao josefismo austríaco e ao galicanismo francês, muito influente em Portugal." Também Cândido dos Santos, "António Pereira de Figueiredo, Pombal e a *Aufklärung*", *O Marquês de Pombal e o seu tempo*, I, pág. 167, considera que "Na França, essa política religiosa de afirmação da hegemonia do Estado sobre a Igreja, costuma designar-se por galicanismo e consiste (...) num conjunto de tendências, de práticas e sobretudo de doutrinas

pombalina, decai sem apelo nos seus contornos tradicionais[1290]. Daí aos impropérios seguidos pelos opositores coevos desta política foi um pequeno passo[1291].

É importante que se assinale este marco, já que se ele não teve qualquer influência no plano da Liberdade política dos cidadãos no Portugal Setecentista, é certamente prólogo da consumação da Liberdade política futura da sociedade, que também em relação ao Poder tutelar da Igreja se emancipa em definitivo.

relativas à constituição e à amplitude do Poder espiritual (...) opostas em diversos graus a certas prerrogativas do Papa sobre a Igreja e da Igreja em relação ao Estado." Na mesma área de problemas, Zília Maria Osório de Castro, "O Regalismo em Portugal", *Cultura – História e Política*, VI, 1987, pág. 357. "O regalismo, com efeito, enquanto ingerência do Poder político na esfera de competência do Poder eclesiástico, alargou o âmbito da jurisdição do Estado a expensas da Igreja. E, por isso, a intervenção do soberano quer tenha tido origem em concessão amistosa, quer em usurpação ou reivindicação, correspondeu sempre a períodos de afirmação do Poder régio e de enfraquecimento do ascendente temporal da Cúria Romana. Não terá havido, portanto, um regalismo mas diversas formas de regalismo." E pouco adiante, reafirma que "no plano doutrinário, [o regalismo] insere-se em questões mais vastas e mais remotas como são a posição recíproca da Igreja e do Estado, enquanto instituições supremas na condição da vida dos homens, e a especificidade da jurisdição no Poder temporal (civil) e do Poder espiritual (eclesiástico). E tem, de igual modo, raízes profundas na indeterminação do enunciado constantiniano da conjugação institucional dos dois Poderes, como condição de legitimidade da actuação própria de cada um, sem definição dos seus justos limites. Foi talvez este facto que deixou aberta a porta a actos de prepotência do Papa ou do Rei, conforme as vicissitudes dos condicionalismos históricos favoreciam a respectiva influência." Veja-se, mais, António Alberto de Andrade, *Vernei e a Cultura do seu Tempo*, pág. 322: "O galicanismo de Luís XIV e do Clero francês reflectiu-se igualmente em Portugal, culminando no regalismo de D. João V e de D. José. Intentando reduzir a jurisdição do Papa a simples primado da unidade, permitiu o estabelecimento do Poder absoluto na pessoa do Rei. M. L'Abbé Begier, Cónego da Igreja de Paris e Confessor de Monsieur Erére du Roi, define a posição da Igreja galicana, no seu *Dictionnaire de Théologie*, impresso (...) em 1789. O que se designa por Liberdade da Igreja galicana – diz ele – não é uma independência absoluta com relação à Santa Sé, quer quanto à Fé, quer quanto à disciplina. Pelo contrário não há Igreja que tenha sido mais zelosa em conservar a unidade da Fé e de Doutrina com a Sé Apostólica. Mas defendendo a Autoridade e a jurisdição do Sumo Pontífice, não admite que ela seja despótica e absoluta e exige que se regule pelos antigos cânones. Em resumo, não se atribuía ao Soberano Pontífice nem a infalibilidade pessoal em qualquer Poder, mesmo indirecto, sobre o Poder temporal dos Reis." Para o caso especial dos Autores portugueses que teorizaram ou aceitaram o regalismo, em particular António Pereira de Figueiredo e sua contraposição com alguns estrangeiros, veja-se págs. 293 e ss. e notas respectivas.

[1290] Isso torna-se mais evidente se pensarmos na desmontagem que o Absolutismo irá patrocinar de tudo o que se relacionasse com o exercício do Poder eclesiástico sob forma temporal, associado sobretudo em Portugal ao papel que desde o séc. XVI se assinalava à Companhia de Jesus.

[1291] O regalismo foi encarado como o tal abuso de que o Poder eclesiástico tanto clamava. Menendez y Pelayo, VI, pág. 39: "las *regalias* son derechos que el Estado tiene, o se arroga, de intervenir en cosas eclesiásticas. (...) Son unas veces concesiones y previlegios pontificios, otras verdaderas usurpaciones y desmanes de los Reys, que jamás han podido constituir derecho." No conflito entre os que afirmavam que se "detinha por usurpação antiga" e os que afirmavam "que se pretendia deter por usurpação nova", temos a manifestação teórica e ideológica de uma das mais famosas querelas que, sendo cronologicamente anteriores, atingem píncaros no séc. XVIII em Portugal. No debate sobre a propriedade régia destas *regalias*, como Poder delegado ou próprio – ou como privilégio outorgado milenariamente pela Igreja ou como direito "a quo" da Coroa – em que não nos interessa entrar, apenas juntamos que todos tinham o mesmo propósito: a legitimidade da intervenção do monarca na esfera eclesiástica. Ponto a assinalar e que consideramos derradeiro: o regalismo português pertence à segunda espécie enunciada, isto é, vem de fora para dentro, é imposto pelo Poder temporal ao eclesiástico com base em direitos originários da Coroa e não pactua com atitudes delegadas em função de práticas ancestrais conspurcadas pela actuação curialista.

DA HISTÓRIA DA IDEIA DE LIBERDADE

E é também reflexo desta atitude a desmesurada importância e criatividade da legislação penal ao longo do consulado pombalino, em que mais uma vez e um tanto anacronicamente se procurava conciliar tendências humanitaristas com um tipo de regulação normativa muito pouco compaginável com esses ideais. Como harmonizar dois propósitos tão opostos entre si? Seria certamente difícil se não se tratasse de Pombal e da sua legislação; na sua presença tudo é possível, ainda que considerando o mote de obrigatória discricionariedade em matéria de jurisprudência penal, que agora se pretende cercear.

De facto, num tema relacionado com a Liberdade, seria estranho que não se introduzisse uma pontual reflexão, neste domínio. E isso é tanto mais justificável uma vez que se vive num período de Absolutismo, em que os direitos majestáticos não se discutem nem se admite qualquer espécie de interrogação sobre o seu valor axiomático. Nestes termos, não pode nem deve ser estranho o apelo incondicional ao "jus puniendi" régio, como arma de contenção e instrumento preventivo de comportamentos desviantes.

O próprio Beccaria, apesar de espírito aberto, não evita o contágio das ideias do Antigo Regime. E se ele mesmo defendia que a pena de morte poderia ser necessária em casos de guerra ou anarquia interna e quando uma Nação estivesse a ponto de perder a sua Liberdade, tanto implicaria, na interpretação de Guilherme Braga da Cruz, uma clara situação de apoio à eliminação de antagonistas políticos[1292].

A concretização da mesma, caso algum afoito desse azo a tal "trabalho" seria tudo menos edificante do edifício de iluminada e bondosa Razão que tanto se proclamava[1293], em função do rigor formal de que tais penas se acometiam.

Salvo alguns casos mais sonantes e de generalizado conhecimento, em que o suplício dos Távoras[1294] e as perseguições aos membros da Companhia de Jesus e seus

---

[1292] Guilherme Braga da Cruz, "O movimento abolicionista e a abolição da pena de morte em Portugal", pág. 87: "Há-de reconhecer-se que a primeira destas duas concessões (...) com a amplitude com que Beccaria a formula, constitui talvez o ponto mais vulnerável da sua Obra, na medida em que deixa a porta aberta para o assassinato legal dos antagonistas políticos por parte dos governantes estabelecidos, a quem até sempre fácil invocar o argumento de que a mera existência dos seus opositores, ainda que privados da Liberdade, constitui um perigo eminente contra a segurança pública e um risco permanente de subversão contra os Poderes constituídos; e o exemplo do que se passou alguns anos depois com a Revolução francesa e todo o conturbado período da História europeia que se lhe seguiu aí está a demonstrá-lo à saciedade, pois a simpatia crescente do movimento abolicionista nos meios revolucionários foi acompanhada, nesse período, do uso e abuso mais indiscriminado que pode imaginar-se da pena de morte para os crimes políticos."

[1293] Rui Manuel de Figueiredo Marcos, *A Legislação Pombalina*, pág. 88, aponta os motivos subjacentes a esta problemática e menciona a frequência do aparecimento de leis que, "entre outras coisas, aumentavam os meios repressivos antes do julgamento e declaravam novas e mais graves penas, procurando evitar, 'com o temor dellas', a repetição de crimes de mau exemplo e prejudiciais consequências (...).".

[1294] D. Pedro Miguel de Almeida Portugal, Marquês de Alorna, *As prisões da Junqueira durante o Ministerio do Marquez de Pombal, escriptas alli mesmo pelo Marquez de Alorna, uma das sua victimas*, publicadas conforme o original por José de Sousa Amado, Lisboa, 1882. Este trabalho tem muito interesse pelo ambiente geral que dá das prisões nacionais, numa época em que se começava tenuemente a tentar a sua melhoria. Segundo indica o responsável pela publicação, este trabalho resulta da confrontação entre o manuscrito original guardado por um dos descendentes das vítimas de Pombal e a cópia que ele próprio detinha, sendo por isso passível de se visualizar como o mais fiel possível ao relato de Alorna. Alerte-se para o facto de José de Sousa Amado ser um declarado opositor da política pombalina, o que bem transparece da sua breve "Introdução", mas em nada

adeptos são emblemáticos, o tipo de medidas era menos repressivo que indiciador do paternalismo absolutista que se vinculava sedimentar. Espécie de mensagem a todos de que o Poder real era supremo e tudo vigiava; ao mais pequeno passo em falso, as consequências aí estavam bem documentadas e prontas a passarem da teoria à prática[1295].

Portugal foi pouco tocado pelo humanitarismo na Era pombalina. É ponto assente[1296].

Em consonância, importará averiguar o sentido e termos de adaptação aos ideais humanitaristas numa tão complexa quanto sinuosa forma de aplicar a justiça penal. Assim se procurará responder ao repto que esta investigação a si mesma lançou, no vislumbre de uma actuação legislativa toda ela motivada por razões políticas, "razões de Estado", sem dúvida.

Em bom rigor, pode mesmo apontar-se a este período um incremento substancial das penas medievais, que em alguns casos eram consideradas como insuficientes para a punição de certos delitos, à cabeça dos quais e como exemplo superior se plasma a "desadequação" manifesta do articulado penal para punição dos envolvidos na tentativa de assassinato de D. José, tão mal explicada quanto deficientemente instruída[1297].

Todos os meios jurídicos de defesa que à altura já se concedessem aos arguidos, no quadro de uma configuração meramente garantizante e que estava na disponibilidade

---

interfere com o documento histórico em si mesmo. E, da leitura do mesmo, nada leva a crer fosse exagerada a situação pelo seu Autor, o estado em que os presos viviam – ou sobreviviam – nos cárceres nacionais por aquela época era pouco menos que catastrófico.

[1295] Rui Manuel de Figueiredo Marcos, *A Legislação Pombalina*, págs. 101 e ss., apresenta um interessantíssimo exemplo em que se procurou fazer uma interpretação extensiva do conceito de lesa-majestade, incorporando a sua violação ao incumprimento das próprias leis régias. Uma vez que se vivia num período histórico algo desfasado no tempo em Portugal, em que eram seguidas as prelecções da época de Luís XIV em França, transparece manifestação sintomática sua pujança na imposição a Povo e magistrados inferiores da férrea mão de Pombal. Passando a citar o referido exemplo vazado na Carta Régia de 21 de Outubro de 1757, na mesma se defendia a existência de crime de lesa majestade "todas as vezes que houver confederação, ajuntamento, vozes sediciosas, e Tumulto para se opporem assim os amotinados às minhas Leis, e Ordens, como tais conhecidas, e ao Meu Alto, e Supremo Poder; ou pertendendo que não se cumprão as ditas Leis e Ordens, ou resistindo com vozes de Motim aos Ministros e Officiaes, executores delles, indubitavelmente, e sem haver disputa, senão sobre as provas, por crime de lesa-majestade da primeira cabeça; e como taes sejão sentenciados; não obstantes quaesquer opiniões de Doutores, que sejão, ou pareção estar pelo contrario." Sobre o ponto, Guilherme Braga da Cruz, "O movimento abolicionista e a abolição da pena de morte em Portugal", pág. 82.: "(...) o século XVIII timbrou mesmo em ser, durante o consulado do Marquês de Pombal, um dos períodos em que a nossa justiça penal fez uso mais violento e mais cruel das duras leis que nos regiam."

[1296] Salientem-se as figuras de Mello Freire e Ribeiro dos Santos neste domínio, ainda que sem grandes e decisivas investidas. Posteriormente e já em pleno período de despombalização, assumindo coordenadas algo difíceis de compaginar com um certo retorno às tendências espiritualistas anteriores a Pombal, o humanitarismo sofre alguns incentivos. Pode dizer-se que neste domínio os presságios são, sem dúvida, muito favoráveis às alterações que o Liberalismo irá preconizar posteriormente. Sobre o ponto, Mário Júlio de Almeida e Costa, "Debate jurídico e solução pombalina", págs. 17 e 18; também sobre a actuação do Governo de D. Maria I, após a queda de Pombal, Joaquim Veríssimo Serrão, *A Historiografia Portuguesa*, III, págs. 205 e ss., onde se dá especial relevo à Academia das Ciências de Lisboa.

[1297] Rui Manuel de Figueiredo Marcos, *A Legislação Pombalina*, págs. 109 e ss., especialmente págs. 112 e 113, dá nota dos meandros do processo cujos contornos em nada ajudam a dignificar uma figura máxima da história nacional.

do julgador e do monarca, foram simplesmente esquecidas. A tal ideia do benefício outorgado pela paternal consideração régia, não em função do homem enquanto homem, mas do homem como súbdito, era reafirmada com desconhecida força desde o tempo dos episódios dos assassinos de Inês de Castro ou do Duque de Aveiro.

Em qualquer caso, é inevitável que se diga quanto destoava de um quadro de abertura a uma iluminada Razão, que agora se via servir os interesses de uma camada social, sem pejo em agir à maneira da Alta Idade Média, aportuguesando comportamentos germânicos, herdados do Principado. Houve, contudo, algumas fugazes medidas em que o dedo de Beccaria e – eventualmente o de Filangieri – podem ser encontrados e de que a legislação promulgada é a melhor prova. Mesmo que não se questionasse a justeza das severas leis penais, a política pombalina tinha alguns assomos humanitaristas por via indirecta.

Se os sentenciados o eram e por vezes de forma muito pouco escrupulosa e digna, os seus descendentes, sobretudo os filhos menores e, eventualmente, as viúvas sofriam o anátema, o aviltamento social e a miséria correspondente. E isso de algum modo terá despertado os sentimentos de humanidade régia, traduzidos num conjunto de regras de comedida benignidade, que foram sendo implementadas.

Também o novo *Regimento da Inquisição de 1774*[1298] tinha alguns afloramentos de humanitarismo, uma vez que a tortura ficava reservada apenas para crimes em função da pessoa, ao caso hereges ou acusados de heresia[1299], bem como um conjunto tímido de algumas outras e pontuais medidas, onde também se incluía o terminar com a prática dos autos-de-fé[1300]. Mesmo assim, a simples leitura dos procedimentos que ao tormento assistiam e que são casos flagrantes da lesão dos direitos à vida e à Liberdade pessoal, individual e até civil do atormentado, deixam poucas dúvidas sobre a opção portuguesa.

E é neste domínio que uma vez se plasma a semente das contradições do Iluminismo. Como diria Frederico II, "toda a Liberdade é possível" desde que não ponha em causa razões de Estado. Quando isso acontecer – e importaria avaliar as ditas "razões de Estado" – cessa a Liberdade perante o valor mais querido do regime: a autocracia política.

E note-se que Frederico II era um déspota ilustrado, que seguia os contributos teóricos produzidos pelos seus compatriotas Pufendorf e Wolff, que prezava Beccaria e mostrava grande abertura a uma zona de piedade régia que pretendia temperar os excessos que então se verificavam na sua terra, à semelhança do resto da Europa.

Em consonância, importará averiguar o sentido e termos de adaptação aos ideais humanitaristas numa tão complexa quanto sinuosa forma de aplicar a justiça penal. Assim se procurará responder ao repto que esta investigação a si mesma lançou, no vislumbre de uma actuação legislativa toda ela motivada por razões políticas, "razões de Estado", sem dúvida.

[1298] *Regimento do Santo Officio da Inquisição dos Reinos de Portugal*, antes mencionado. Veja-se pág. 290 e ss. e nota respectiva.
[1299] *Ibidem*, Livro II, Título III, págs. 54 e ss.
[1300] Em qualquer caso, pela importância que denota no caso de uma instituição genuinamente espiritual, aprovada pela Papa para sua instalação em território nacional e que ficava adstrita a partir de 1774 à anuência prioritária aos ditames do Poder temporal, trataremos da mesma em ponto autónomo.

1.3. Quadro geral das opções teóricas portuguesas

Como prólogo para a análise que se segue, é possível adoptar para a temática política o mesmo tipo de metodologia e periodificação seguida no parágrafo anterior para as questões culturais, onde se analisou a Liberdade individual ao nível do eclectismo português.

Por isso mesmo aceita-se parcelarmente a observação de José Adelino Maltez, quando escreve que "Ao terramoto das reformas pombalistas, principalmente a da universidade, de 1772, (...) seguiu-se uma *viradeira* contra-reformista que, anulando as inovações, nos fez regressar ao *status quo ante*, isto é, à dominante escolástico-racionalista, aquilo que Ferrer vai qualificar, como *farragem velha*, de Wolff e dos escolásticos"[1301]. Não vai sem resposta, uma vez que a actualidade da investigação não deixa de patrocinar diversa interpretação dos factos, que pretende cortar com a noção ideológica de *viradeira*, reservada para os aspectos formais do reformismo pombalino[1302].

Ao caso, elege-se a ideia de Caetano Beirão[1303], segundo a qual "a *viradeira* foi isto. Uma reacção contra o que estava, é certo, mas em que as perseguições se reduziram ao indispensável, as reparações se estenderam ao que se pode e se tratou de, aproveitando o que de útil antes fora feito, conjugar o tradicional, que havia sido ofendido, com as inovações de uma época progressiva."

Por isso também estas duas ideias não são antagónicas, antes se completam; uma incide no plano cultural e no âmbito da Liberdade individual; a outra debruça-se sobre questões políticas e económicas, onde as alterações de sentido terão sido mínimas.

Quanto aos escritores portugueses desta época, fazem aquilo que os seus congéneres haviam feito antes, mas ao contrário. Agora é verificação, insusceptível de recurso, que Portugal se transformará num país fortemente centralizado na esfera política, dentro de uma Europa que já disso usava há longos anos, proclamando o Absolutismo nas modalidades conhecidas. A partir de agora essa Europa mais não fazia que reelaborar mentalmente ideias com progenitores conhecidos e que numa dupla via a marcaram para sempre: Bodin para o Direito Divino dos Reis[1304]; Hobbes para o voluntarismo contratualista[1305].

[1301] José Adelino Maltez, *Princípios...*, II, pág. 580. Não parece que Wolff e os Escolásticos possam ser inseridos na mesma linha de Pensamento, apesar de Wolff ter aproveitado muito da Escolástica para os seus trabalhos. Esta parece ser também a opinião de Luís Cabral de Moncada, "Subsídios para uma História da Filosofia do Direito em Portugal (1772-1911)", pág. 20, quando aponta as "reacções contra o jusnaturalismo clássico e o *racionalismo wolffiano do séc. XVIII* (...)."

[1302] Joaquim António de Sousa Pintassilgo, *Diplomacia, Política e Economia na Transição do Século XVIII para o Século XIX. O Pensamento e a Acção de António de Araújo de Azevedo (Conde da Barca)*, I, págs. 5 e 6; idem, "O Absolutismo Esclarecido? Em Portugal: Inovações Polémicas e Alinhamentos (Final do século XVIII – início do século XIX)", *Do Antigo Regime ao Liberalismo*, (Organização Fernando Marques da Costa, Francisco Contente Domingues e Nuno Gonçalo Monteiro), págs. 22 e ss.

[1303] Caetano Beirão, *D. Maria I. 1777-1792*, apud Zília Osório de Castro, "Poder régio e os Direitos da Sociedade. O 'Absolutismo de Compromisso' no reinado de D. Maria I", pág. 13.

[1304] Martim de Albuquerque, *Jean Bodin na Península Ibérica*, cit.

[1305] É isso que leva José Sebastião da Silva Dias, "Pombalismo e Teoria Política", pág. 2, a entender que dos dois tipos de discurso possíveis e em presença – o teológico-canónico e o histórico-jurisdicista, acompanhados pela emergência do jusnaturalismo – os nossos Autores souberam com mestria fazer uso para fundar as pretensões do josefismo. Se no primeiro caso se entende o grupo dos Autores nacionais que, sendo eclesiásticos, procuram uma justificação para o regalismo por força da interpretação dos textos sagrados e respectivas decisões conciliares, já no segundo, parte

Tanto levou D. António Ferreira Gomes[1306] a escrever que "passamos a ser um país totalitário, de carácter patriarcal e tradicionalista, de um tradicionalismo paternalista e pessoal do Rei", que em nada se parecia com o régio paternalismo teorizado pelos nossos medievais e renascentistas[1307]. Citando o mesmo Autor num outro escrito, remete José Adelino Maltez para aquilo a que ele designa, como associação, a "um Absolutismo do Estado até à teocracia regalista, defesa da Fé por meios temporais e pelo critério da Razão de Estado – mais, em verdade, defesa social do que promoção do Reino de Deus – zelo da ortodoxia nacional, até à violação anticristã da consciência, moralismo como equivalente de toda a religião"[1308].

De facto, o que nunca deve perder-se de vista são as acções, a prática e não a retórica que as antecede ou acompanha e nem sempre com ela concordantes[1309]. O facto de encetarem incómodas reformas origina sempre polémicas; Pombal no séc. XVIII português é o exemplo mais acabado, mas o discurso político não se esgota com ele nem com o seu eclectismo.

Isso é que importa recordar, para que se não diga que até 1820 o país esteve sujeito a uma mesma interpretação da origem da sociedade e sobretudo do Poder político por ele patrocinada. Isso seria ler a História das Ideias e da Ideia de Liberdade como "se quer ler" ou como "convém ler", e não como se "deve ler" em função dos dados e da documentação que "importa ler".

2. Sinergias morais lusitanas e a ideia de Liberdade dos povos?

Mesmo para os cultores literários e jurídico-políticos que de seguida serão alvo de observação, haverá que levar em linha de conta que há uma ideia que nunca pode deixar de estar presente: a sujeição do monarca ao Direito Divino e ao Direito Natural[1310], como de resto os seus maiores próceres recomendavam. Identificado na versão oficial portuguesa o Direito Natural com a versão teológica do mesmo, a Lei da Razão

---

dos visados são laicos ou, pelo menos seculares, filósofos ou juristas, que de igual modo asseguram ao paternalismo nacional uma base de apoio imprescindível.

[1306] D. António Ferreira Gomes, "A Igreja e os Problemas da Instrução e Cultura em Portugal", *Endireitai as Veredas do Senhor!* Porto, Figueirinhas, 1970, pág. 251.

[1307] Pedro Calmon, *História das Ideias Políticas*, pág. 193: "o Absolutismo se comprazia com a paternidade. (...) Esmerava-se em cultura, ornato, suntuosidade, complementos de sua grandeza, sinais de sua glória. Apoiava-se a uma obediência sem resistência, peculiar ao sistema do Príncipe-mago, que se nimbara de religião e amor. *É fácil ver nesse sacerdotismo do Poder a revolução por ele feita, aparentemente conservadora, como uma recuperação de regalia (...) de facto profunda, como um golpe de ditadura monárquica que produzia o falso equilíbrio do personalismo omnipotente, cuja antítese havia de ser a revolta do Povo.*"

[1308] José Adelino Maltez, *Princípios...*, I, pág. 276.

[1309] *A Administração de Sebastião Jose de Carvalho e Mello, Conde de Oeiras, Marquez de Pombal, secretario de Estado e Primeiro-ministro de Sua Magestade Fidelíssima o Senhor D. Joze I Rei de Portugal*, "Prefacio", pág. XXVIII e ss.: "deve ajuizar-se os ministros pelos seus actos, erro comette quem o faz pelo que elles dizem. Palavras não são mais que sons que se perdem nos ares. Dos monumentos que deixam atrás de si depende a sua reputação (...)." O Autor elenca, de seguida, todos os actos mais determinantes da governação pombalina a nível interno e externo, para provar que a sua governação foi das mais ilustres em Portugal, trazendo benefícios para o país. O tipo de argumentação é emblemático de todos os que prezavam a eficácia das decisões e o golpe de asa na reformulação dos espíritos em prejuízo da palaciana mesura ou da acomodatícia ponderação pessoal do ministro para discutível dignificação familiar e pessoal futuras.

[1310] *Estatutos da Universidade de Coimbra*, II, Cânones e Leis, págs. 98 e ss.

representava, também, a manifestação da divindade na pessoa do monarca, único a Poder e saber interpretá-la.

Assim se patenteia a ineptidão dos ensinamentos do jusracionalismo europeu em todas as matérias onde a ortodoxia Católica-Apostólica-Romana pudesse ser tocada. Para os escritores nacionais separar o Direito da transcendência divina e admitir que a Moral não seria figura tutelar, enformando todos os comportamentos externos, seria o reconhecimento da racionalidade humana desfasada do seu Criador. E isso era, obviamente inaceitável.

Sinteticamente, podem elencar-se o rol dos problemas a investigar neste parágrafo: negação da tese da soberania inicial popular, propagada pelos nefandos jesuítas, o que implicava a inexistência da Liberdade dos povos e não-aceitação de qualquer "pactum subjectionis" susceptível de revogação pela comunidade. Em conformidade e sequência, a adopção da perspectiva oficial do pombalismo e no que concerne ao Contratualismo Moderno e à origem do Poder político. De seguida, a assunção do regalismo[1311] contra o ultramontanismo[1312], bem como a inexistência de submissão do monarca às leis que ele mesmo faz. A isto se soma o repúdio pelo tiranicídio ou aceitação do direito de resistência activo ou passivo, enquanto as Cortes são encaradas como meros órgãos consultivos, sem capacidade deliberativa nem quaisquer poderes que possam impor ao monarca.

Tudo isto associado a uma ideia de Igualdade de todos perante o monarca, tão cara ao despotismo ilustrado, sufragando uma equiparação entre os sujeitos face ao eleito por Deus e não por ela mesma e que os portugueses gostosamente adaptaram. Subjacentes a estas noções, a sua conciliação com a nova fisionomia do Direito Natural, cujos contornos essenciais ficaram já delineados para o nosso país e que, em íntima associação com as doutrinas do Poder político, a que servem de base fundante, serão alvo de reflexão individualizada.

Procurando respeitar a ordem do seu aparecimento quando possível, importa averiguar alguns dos marcos nacionais mais interessantes sobre a origem do Poder nas monarquias do Absolutismo, seja ele ainda numa versão mais beata e religiosa como em D. João V[1313], seja já no pelo fulgor do josefismo em Portugal. E com claro enfoque, como sempre, nas Ideias Políticas.

[1311] *O Investigador Portuguez em Inglaterra*, XI, Fevereiro de 1815, "Censura do Folheto intitulado – Dissertação IV Anti-Revolucionaria", págs. 553 e 554: "(...) bastará produzir a auctoridade do incomparavel Bossuet, cujas Obras a curia vê com dor serem respeitadas em todo o Orbe Christão, sem nunca ate agora se atrever a condemna-las, de maneira que he hum enigma, que há tempos, traz enleados os sublimes engenhos da Luzitania, sem poderem determinar por que fatalidade a mesma doutrina dita por Bossuet he catholica, dita por Antonio Pereira de Figueiredo, he scismatica!"

[1312] Manuel Augusto Rodrigues, "Apêndice" às *Actas das Congregações da Faculdade de Leis (1772-1820)*, I, págs. 270.

[1313] Luís de Oliveira Ramos, "Regalismo", *Dicionário de* História *Religiosa de Portugal*, P-V, pág. 97, entende que nem por força destas características o regalismo tinha já feito decisiva aparição em Portugal. Isto é sem dúvida verdade, sobretudo se nos lembrarmos que as suas preocupações religiosas conduziam a um aumento do Poder temporal na área eclesiástica. "Foi ao extremo de cortar relações com a Santa Sé por razões de prestígio régio e pôs, outra vez, em execução o beneplácito régio. Se também cuidou da disciplina do clero, fê-lo para responder a desregramentos intoleráveis (...)."

2.1. Poder político e Liberdade (origem do Poder e Contrato) em versão anterior à *Dedução Chronologica*: a primeira subdivisão

Na versão de frei José de Jesus Maria o plano político deverá acompanhar as renovadas ideias do seu século, em versão joanina.

Sem se preocupar em discutir a origem do Poder político nem gastando tempo a comentar o Contratualismo então em moda, não enjeita escrever que "não pode haver huma creatura humana em o Mundo chegar a mayor sublimidade do que verse em hum trono coroado Rey, *sendo substituto, e vivo simulacro do supremo, e Divino Monarca que rege a toda a terra e Vice-Rey deste soberano Senhor em o Mundo*"[1314].

O Rei é uma espécie de "Divindade humanada, ou huma humanidade quazi divinizada", que "a todo seu Imperio manda, e governa, sendo só Deos quem o governa, e manda". Os monarcas devem reger os seus povos mediante leis que lhes outorgam, sendo também aí os substitutos naturais de Deus e devendo-lhes incondicional obediência os Povos[1315]. "Nasce Rey ou he eleito; porem muitas vezes Deos o elege antes de ter nascido", questão que nada tem que ver com a Liberdade dos povos, antes se pauta pela necessidade de sentar alguém no trono cujo Poder é de origem imediatamente divina porque lhe é transmitida por Deus e não pelos seus súbditos.

Porém, a expressão "he eleito" poderia produzir algumas dúvidas quanto ao seu Pensamento, questão de todo em todo afastada se se recordar tudo o que ficou dito antes. A escolha ou eleição que o Povo faz do seu chefe inicialmente é de génese humana, não significando que o Poder do eleito ou escolhido tenha a mesma proveniência porque, de facto, vem de Deus. A questão que se coloca liga-se, por um lado, ao problema da sucessão régia – "(...) muitas vezes Deos o elege antes de ter nascido" – pela via da legalidade, que por si só lhe confere legitimidade para o exercício de funções régias e, por outro, à necessidade de ter que escolher o monarca porque o falecido não terá deixado sucessor directo, segundo as regras prescritas pelas Leis Fundamentais do Reino em matérias de sucessão régia. E, nesse caso, cumpridas as formalidades necessárias e conhecidas de Direito Humano, o novo monarca é-o com os seus plenos Poderes directamente derivados de Deus e nunca de qualquer pacto de Direito Humano estabelecido com o seu Povo.

Como consequência, sendo a sociedade naturalisticamente enquadrada e a origem do Poder político conhecida, resta notar que o exercício do mesmo deve fazer-se sob forma de uma Autoridade absoluta, eticamente sustentada e acima de toda a lei de proveniência humana. Nem de outra forma a expressão "incondicional obediência dos Povos" poderá ganhar sentido útil.

Noutro plano, sobrevém um afloramento do tema da Igualdade, sobretudo quando referindo-se aos diversos tipos de nobreza, a classifica em nobreza de origem, nobreza de sangue e nobreza de Obras, embora se exima da complexidade do tema.

[1314] Frei José de Jesus Maria, *Academia Singular, e Universal, Histórica, Moral e Politica, Ecclesiastica e Cientifica*, pág. 195. De salientar o levantamento que o Autor faz – e que consideramos único – de todos os "Principes, Reys, Emperadores, Pontifices, e mais Potentados que tem havido no Mundo desde o principio da sua creação até o tempo presente". É um curiosíssimo catálogo, com interesse meramente histórico mas, por força da sua exaustão torna-se documento indispensável para quem tenha veleidades de reconstituir a História do mundo do ponto de vista dos seus governantes desde que segundo a tradição católica Adão e Eva se instalaram no paraíso.

[1315] Idem, *ibidem*, págs. 203 e ss.

Evitando aquilo que Verney preconizará e entender que a última é a única, de facto, relevante, resolve o problema do seguinte modo: "(...) e suposto na opinião dos Misticos seja mais illustre a terceira, fallaremos aqui só da segunda, que nas Cidades e Reynos com apparato lustra, sem ventilar a questão nas Academias repetidas vezes discutida, se he melhor a adquirida, ou se a herdada"[1316].

Claramente há uma opção de não entrar na discussão do problema, por motivos que não compete censurar ou, sequer, conjecturar, embora seja lícita a inclusão de frei José no presumível número dos mais tenazes opositores de Pombal, a quem as políticas deste nunca haverão de convencer.

E é nos quadros da justiça que, para Damião António de Lemos se podem encontrar esparsas referências às questões de carácter político que mais interessam. Se em relação à origem da sociedade os quadros de referência aristotélicos não podem deixar de condicionar o naturalismo inerente à sua formação, já no plano da origem do Poder político se torna mais complexa a abordagem. Os ensinamentos do Pensamento católico estão sempre presentes e torna-se quase impossível buscar alusões directas e decididas no que respeita à presente temática[1317].

Em sequência, considera que "deve a justiça mandar nos Reys, e não os Reys na Justiça"[1318], concepção muito pouco curial com o período em que se insere, se não entendermos que aqui se posiciona no plano de subordinação que o Iluminismo mantém do Direito Positivo ao Direito Natural, sendo deste que provém, em última linha, "o direito justo." Tanto mais que, "confundir o justo com o Poder, he obrar como barbaro. Vay grande differença de ser rey a ser tyranno", pois que se "como Senhor absoluto nenhum Poder o prende, (...) se se soltar dos vínculos da Razão, não merece o nome de homem, quanto mais de Principe (...)", porque está provado que "a equidade nos Principes he huma eterna participação do ser Divino, e do juizo de Deus"[1319].

Mantém-se, destarte, com contornos distintos a repulsa pelos comportamentos tirânicos, mas não se confundem estes com o exercício do Poder absoluto, que é conforme aos ditames da Razão natural nos termos da teorização do jusnaturalismo católico Setecentista, independentemente da marca originária do Poder político.

São palavras suas reportando-se aos monarcas que "ainda que nasção de Reys, e para Reys não são logo sábios"[1320], o que além de inculcar a necessidade da educação e virtude do monarca[1321], aponta como fundamental para o debate a questão da legalidade ou da legitimidade na ascensão ao trono. Naturalmente que fica clara a

---

[1316] Frei José de Jesus Maria, *Academia Singular, e Universal, Histórica, Moral e Politica, Ecclesiastica e Científica*, págs. 293 e 294.
[1317] Damião António de Lemos e Castro, *Politica Moral e Civil*, I, pág. 55: "Para gozarem as suas felicidades se fundárão os Imperios, edificárão os reinos, e elegerão os Principes. Nas balanças daquelle tempo tanto pezava a Justiça do grande, como a do pequeno. Ainda que ao Povo se lhe mude o nome de Juizes para o de Reys, não há mudança na obrigação de julgar a todos igualmente."
[1318] Idem, *ibidem*, I, pág. 60.
[1319] Idem, *ibidem*, I, pág. 60.
[1320] Idem, *ibidem* "Proemio à Nobreza", pág. XIII.
[1321] Idem, *ibidem*, I, pág. 40: "Os Principes nascem homens: porém como a sua Dignidade he a mayor de todas, deve a virtude levantarlhe a essencia sobre toda a natureza. A condição real nenhuma do mundo se iguala: sujeita ás condiçoens de humana, muda-se lhe a qualidade, ainda que não perca o caracter."

adesão pela primeira das hipóteses, uma vez que existe uma referência directa a filho de monarca falecido e a quem se sucede.

Ainda no mesmo sentido, aproveita para criticar a eleição do monarca, já que "o domínio da eleição tem a eleição livre", comparando-a à atitude do "soberano despótico", reiterando que "a Razão sempre está ligada com a Justiça, e a Majestade, e alvedrio prezos com a Razão"[1322].

Quanto às Leis Fundamentais dos Reinos, "devem eternizar-se, ainda que nelles haja cousas que consentem, e pedem mudança"[1323]. As leis são, por via de regra, "o esteyo firme da Republica"[1324] e seu Autor, como não poderia deixar de ser e sem concurso de ninguém, o monarca. Pois se o homem existe por força de Deus e "tambem o primeiro, e eterno Rey, que delegou nos seus subalternos o Poder de legislar", apenas se pode estar em presença da tese do Direito Divino, em todo o seu recorte essencial.

A inexistência de participação na elaboração das leis e nas decisões mais importantes para o reino implica, necessariamente, a inexistência de Liberdade dos povos. Do exposto resulta estar-se perante mais um Autor que afina pelo tipo de Pensamento nacional, na sua forma Setecentista mais ortodoxa.

Não há novidades[1325] nem apelo ao voluntarismo, nem aptidão pelos pactos, nem predilecção por qualquer situação de estado de natureza anterior ao estado de sociedade. Tudo se passa ao bom estilo da transcendência, da imanência histórica do Poder e da sua manifestação no plano ancestral da antiga sociedade patriarcal, a primeira e única onde a fisionomia do Poder e da Autoridade tal como hoje se manifestam, se apresentou.

Noutro plano da suas preocupações, ao contrário da generalidade dos seus coevos portugueses, Matias Aires fala e admite a separação entre estado de natureza e estado de sociedade, o que coloca à partida a possibilidade de vislumbrar na sua prosa uma adesão ao Contratualismo absolutista da época. Quando se admite a existência de um estado de natureza e posterior de sociedade, tem de se prever a transição e isso implica introduzir uma teorização contratualista; será que Matias Aires o é?

Aceitando que o termo sempre presente no Pensamento matiano é a "vaidade" e este se contrapõe ao amor, então é fácil perceber que o estado de natureza em que os homens inicialmente viveram, era um estado de amor, enquanto o que lhe sucedeu é um estado de vaidade, que é princípio de sociabilidade[1326]. Nesse estado de natureza viviam os homens iguais porque iguais são eles quando nascem: "Nascem os homens iguais; um mesmo, e igual princípio os anima, os conserva, e também os debilita, e acaba. (...)"[1327]. Além disso "o mundo não foi feito mais em benefício de uns, que de outros: para todos é o mesmo; e para o uso dele todos têm igual direito (...)"[1328].

[1322] Idem, *ibidem*, I, pág. 61.
[1323] Idem, *ibidem*, I, pág. 168.
[1324] Idem, *ibidem*, I, pág. 169.
[1325] Ferreira Deusdado, *Educadores Portugueses*, pág. 366: "O seu estilo é prolixo e empolado, e a exposição dos sucessos assaz pobre de crítica."
[1326] Matias Aires estabelece uma oposição entre amor ou natureza e vaidade ou Razão; na verdade, tudo se resumo à oposição entre natureza e vaidade; à transição de um para o outro a vaidade sucede ao amor.
[1327] Matias Aires, *Reflexões sobre a Vaidade dos Homens*, pág. 59.
[1328] Idem, *ibidem*, pág. 59.

Rousseau dirá algo de muito parecido, acrescentando apenas que os homens nascem "livres". Se a isto se associar o que antes se mencionou no que respeita à tese da predestinação, há sérios motivos para ponderar seriamente as reflexões do presente Autor.

Admitindo a possibilidade – que não desenvolve, mas pode ser equacionada por distinguir entre estado de natureza e estado de sociedade – da sociedade se ter organizado por força da especial aptidão e necessidade que os indivíduos têm para a mesma, isso em nada altera a fisionomia da relação entre Poder e Liberdade. É consequência daquele que exerce a soberania em nada ser devedor à sociedade do seu direito próprio e transmitido por via da transcendência; não por qualquer acto humano, proveniente da racionalidade dos indivíduos.

Logo na "Dedicatória" a D. José, redige que se senta no trono "a Soberania e a Benignidade, a Justiça e a Clemência, o Poder Supremo e a Razão", tudo virtudes que D. José terá como homem, mas acima de tudo possui como monarca[1329]. Até porque se a vaidade é nociva para os demais homens, "nos Principes é virtude uma vaidade bem entendida (...): há vícios necessários em certos homens, assim como há virtudes impróprias em outros", e os soberanos, "sendo fonte de justiça, são os que mais injustamente são julgados"[1330].

Só Deus pode fazer verdadeiramente justiça e é substituído na terra pelos seus representantes naturais, "os Soberanos; é impossível dar-se injustiça em Deus; nos Soberanos, não é impossível, mas é impróprio; nos mais homens a injustiça é quase natural". Porque, "só os Reis relevam imediatamente de Deus, e só de Deus dependem: os mais homens todos dependem uns dos outros"[1331]. O soberano está acima de todos, porque recebe o Poder de Deus e, perante a majestade, existe a Igualdade universal. Competirá, depois, a este utilizar os meios que dispõe para quebrar a mesma em função dos méritos e das virtudes.

Existe assim uma confirmação do ponto de vista do Autor no que respeita à conceptualização do Poder e sua origem. O Rei é um representante de Deus; não é, ao menos directamente, um representante do Povo. É de origem divina a soberania e não existe qualquer hipótese de acordo entre Rei e súbditos no que respeita à transmissão da mesma, porque não é Povo que a detém.

Verifica-se, destarte, um apelo à Igualdade entre iguais, que no campo da ética e da justiça se prolonga para a Igualdade relacional, posto que nem sombras de Igualdade política. Esta questão da Igualdade é uma das preocupações de Matias Aires, que desenvolve de modo peculiar[1332].

De facto, limita-se a seguir as pisadas de Verney a que não acrescenta muito, salvo o sarcasmo com que trata a nobreza hereditária: "a vaidade da origem é uma seita, que se fundou na Europa da decadência de outras da mesma espécie, ou semelhantes: aquela parte por onde o mundo se começou a polir, foi donde os homens descobriram a invenção maravilhosa da nobreza"[1333].

[1329] Idem, *ibidem*, "Dedicatória", págs. 3 e 4; Pedro Calmon, *História das Ideias Políticas*, pág. 198.
[1330] Idem, *ibidem*, pág. 36.
[1331] Idem, *ibidem*, pág. 136.
[1332] Convém recordar os passos da vida pessoal do Autor para perceber que se está perante um indivíduo algo ressabiado por não ter obtido os seus propósitos nobiliários; em função disto parte do seu azedume podem ser explicados, embora não nos custe a acreditar na sinceridade das suas palavras para além desse episódio incidental.
[1333] Matias Aires, *Reflexões sobre a Vaidade dos Homens*, pág. 150.

Melhor, "a nobreza e a vileza, são substâncias incorpóreas, porque são vãs" e a "inexistência da nobreza ainda é menos, que a inexistência de uma sombra, porque esta ao menos é um nada que se vê"[1334]. Os traços da Igualdade tal como o josefismo a entendia estão presentes em Matias Aires, que terá tido oportunidade de verificar como a prática poderia, neste domínio, sufragar as suas ideias, uma vez que viveu para apreciar a evolução da política de Pombal.

Ponto importante e em que segue alguns Autores estrangeiros, é a distinção que faz entre Absolutismo e despotismo. Em qualquer caso, será bom não se esquecer que "a vaidade que resulta das Ciências é vaidade de homens livres, e estes só os há na Europa: o despotismo reduziu as outras partes à escravidão"[1335]. Donde ser D. José um monarca absoluto e não um déspota.

Percorrido o seu escrito de maior envergadura, suscita-se uma ideia-mestra. Matias Aires produziu um tipo de Pensamento em tudo conforme às ideias de Pombal; chega mesmo a veladamente admitir o voluntarismo inicial da sociedade, apontando para uma certa valorização do indivíduo. Mas não passa daí; nem sequer chega ao ponto em que os jusracionalistas do Absolutismo europeu aportaram, já que não apenas não retira as consequência apropriadas à exaltação do valor do indivíduo, como recusa que o monarca possa ter assumido o seu Poder e Autoridade por forma diversa da intervenção divina.

Já em Manuel de Azevedo Fortes verifica-se que no plano político – em associação com o moral e o ético – não presta grandes informações. Mas algo é possível adiantar.

Curiosa é a forma que "inventa" para tratar destes problemas, como se deliberadamente neles não quisesse entrar mas não conseguisse fugir à tentação da sua abordagem. Na *Lógica Racional*[1336], compulsa a matéria a respeito dos silogismos, em que o maior se reporta à divisão num Estado que origina convulsões, o menor o achar-se o Estado electivo sujeito a divisões e, a consequência, ser o Estado electivo de pouca duração.

No "Dilema"[1337] apresenta um problema do mesmo tipo: "*O vassalo, ou há-de fazer o que El-Rei lhe manda contra a lei de Deus, ou se há-de revoltar contra ele; Mas ele não deve fazer o que El-rei lhe manda contra a lei de Deus.*" Logo, "*deve revoltar-se contra ele; mas não se deve revoltar contra ele: logo deve fazer o que lhe manda contra a lei de Deus.*" Entre estas duas coisas, "há um meio, que é o de sofrer com paciência a tirania do rei." Por estas duas vias se concluem duas coisas: Azevedo Fortes preza a monarquia absoluta; Azevedo Fortes não admite o direito de resistência activa à tirania do monarca.

Azevedo Fortes é um Autor do seu tempo. Aderindo aos silogismos, não haverá conclusão mais certa.

Finalmente, não separa entre Razão e Fé. A Razão humana deve subsumir-se aos comandos que a Fé lhe dita, e não pretender discutir em terrenos que desconhece. Por isso "devemo-nos abster de fazer argumentos sobre os mistérios da fé, que nos foram dados para crer não para examinar"[1338], o que significa que, também neste domínio, os ensinamentos do Iluminismo italiano fazem carreira: as matérias são distintas e a sua confusão nem é querida pela própria Razão humana nem tolerada Fé.

[1334] Idem, *ibidem*, pág. 154. Nas páginas seguintes o Autor prossegue o discurso utilizando expressões do mesmo tipo.
[1335] Idem, *ibidem*, pág. 121.
[1336] Manuel de Azevedo Fortes, *Lógica racional*, pág. 167.
[1337] Idem, *ibidem*, pág. 169.
[1338] Idem, *ibidem*, pág. 204.

Quanto a Verney, também neste plano de análise tem opinião a manifestar[1339].

Mais uma vez a influência do empirismo lockiano é visível neste domínio, a qual se conjuga com a ideia de bem estar social e paz, que o Estado deve assegurar aos seus cidadãos e, preferencialmente, sempre por força de um estável Governo monárquico, sobrestando à via de tumultuosos Governos de origem popular.

Antes de 1789, já se anteviam os desastres que uma mal conduzida Revolução Francesa traria, pese embora não fosse intenção de Verney, como para parte dos seus comparsas europeus, questionar o Contratualismo e o valor do indivíduo. Se para ele o referenciado parte das ideias de Locke[1340], tem depois os seus desenvolvimentos lógicos nos contributos de origem francesa seus coevos ou imediatamente anteriores, conhecidas que são as divergências entre fontes.

Conhecidos que são os contornos da sua ideia de recta Razão[1341], decorrente da Jurisprudência universal e que se projecta no plano da afirmação de que os homens nascem livres e iguais, importa verificar até que ponto Verney retira consequências deste facto[1342]. A desigualdade aparece com a distribuição de cargos aos homens em função das suas maiores ou menores virtudes, o que acaba por ser ideia universalmente assumida neste contexto; preconizando-se a Igualdade formal, aceita-se a desigualdade material, cujo prolongamento irá muito para além deste período histórico.

Além disso, é bem conhecida a concepção de Verney acerca da nobreza, sobrepondo de modo inovador, a nobreza natural que se baseia no mérito, à nobreza civil, ocupada em empregos e à nobreza hereditária, que era das três a menos valiosa[1343]. Donde Verney estabelece a Liberdade e a Igualdade originárias de todos os homens, sendo a sociedade civil um produto sob tutela do Direito das Gentes, que lhes confere uma específica tipologia.

Em sequência – e muito importante para que não se diga que Verney esteve desligado se alheou das questões relacionadas com o ramo Político da actividade humana – proclama que "o direito das-Gentes introduzio, com as divizoens, as Republicas e as Monarchias: mostrando a experiencia que nam se-obedecendo a alguem, confundia-

---

[1339] Sendo um Autor cujo plano de incidência se cifra sobretudo, no programa de acção que em termos culturais e no sentido mais lato pretende imprimir a Portugal, não significa isso que Verney se tenha alheado dos problemas políticos e, sobretudo, de matérias ligadas ao Poder régio e concomitante Liberdade dos povos. Se é sobretudo ao nível da cultura e da Liberdade individual que se plasmam os maiores contributos do Autor, não se olvidarão as referências políticas que devam ser feitas nesta fase. António Brás Teixeira, "A Filosofia jurídica", *História do Pensamento Filosófico...*, III, pág. 70 e nota respectiva é de parecer contrário, entendendo que o filósofo oratoriano se abstém "de se pronunciar sobre o problemas ligados à origem da sociedade e do Poder civil." Não temos a mesma opinião, tal como Luís Cabral de Moncada, "Um 'iluminista' português do séc. XVIII: Luís António Verney", *Estudos de História do Direito*, III, págs. 48 e ss., embora não seja difícil conceder que não se tratou de preocupação explícita do Autor.

[1340] José Sebastião da Silva Dias, "Portugal e a Cultura Europeia (Sécs. XV a XVIII)", pág. 396.

[1341] Idem, *ibidem*, pág. 403: "O seu racionalismo atravessa todos os campos do Pensamento: passa da Lógica à Física, da Metafísica à Ética, à Jurisprudência e à própria Teologia. A Razão humana é o único fiel da verdade para cá do domínio próprio da Revelação divina: 'a Verdade e Razão é uma só'".

[1342] Luís António Verney, *O Verdadeiro Método de Estudar*, II, carta XI, pág. 56: "Esta nobreza [a virtude] ainda que adventicia, podese-lhe chamar natural: os empregos sam nobreza civil: os filhos destes tem nobreza ereditaria que he o infimo grao da-nobreza. Os Omens nasceram todos livres, e todos sam igualmente nobres."

[1343] Idem, *ibidem*, pág. 56. Bem diverso, portanto, de frei José de Jesus Maria e semelhante a Matias Aires.

-se toda a sociedade umana: e mostrando tambem a boa razam, que, no estado em que a natureza umana se-acha, nam-se pode conservar, sem obedecer a alguem"[1344].

E, na passagem do estado de natureza para o estado de sociedade, sentiu-se a imperiosa necessidade de "se-estimaram aqueles primeiros reinantes, porque dependiam todos deles", o que com o tempo foi visto como herança, "*o que tinha sido de eleisam: Mas muitas repúblicas, e talvez as mais famozas, conservarom o Governo electivo*"[1345], do qual se desempenhavam os mais virtuosos cidadãos, para que assistissem e servissem nos tempos de guerra e de paz.

Sintetizando, Verney não se explica em detalhe porque, com toda a certeza, o não quis fazer, mas o jusnaturalismo está presente. Fala em passagem do estado natural para o estado civil afirmando a urgência de haver alguém que coordene os destinos de um Povo e, sendo certo que, nas fases mais remotas, isso se terá feito por eleição, verdadeira forma dos Povos se pronunciarem, passando depois a sistema hereditário.

Antes de ser qualquer outra coisa, Verney era um iluminista inserido no seu tempo, promovendo o Contratualismo social. O "seu tempo" temia os Governos dos Povos, por serem universalmente tidos por desordeiros e pouco eficazes na prossecução da felicidade dos cidadãos. Logo, Verney, nunca poderia aceitar um Governo deste tipo, mantendo-se fiel ao equilíbrio monárquico.

Não deixará, contudo, de ser sintomático, o facto de se ter referido a que no princípio houve uma eleição, ainda que fiquemos na dúvida se essa eleição será entendida ao modo dos teóricos do pombalismo, Gonzaga e Barreto de Aragão. Se como mera escolha humana de alguém que possui Poderes de origem divina, ou se essa eleição acabava por resultar de um pacto de Poder entre comunidade e Rei, segundo os dizeres da segunda convenção de Pufendorf, por exemplo.

Mas Verney fala do assunto; isso é um dado que ninguém com algum critério de análise poderá discutir; agora, Verney não é Locke, Pufendorf ou Wolff e ainda menos Bossuet ou Filmer. Verney é, sobretudo, Muratori e este também se distancia bastante destes problemas[1346].

E a soberania? Verney tem ideias e transmite-as.

Como se disse, boa parte destas informações devem-se a Luís Cabral de Moncada[1347], que trouxe a lume uma série de cartas de Verney, dirigidas a várias personalidades e onde, a dado passo, se salienta a sua observação de que "vedrete come in un Regno,

---

[1344] Idem, *ibidem*, pág. 56.
[1345] Idem, *ibidem*, pág. 56.
[1346] Idem, *ibidem*, pág. 69. Desconhece-se a causa do remoque, mas o tão endeusado Muratori, comparativamente a Grócio ou a Pufendorf, merece reparos a Verney no plano da Ética. Assim, concede que "dificilmente se-acha uma Etica, feita prelo modo que digo. Os que escreveram nesta materia sam Grocio e o Baram de Pufendorf: Porque ainda antes de Grocio, o famozo Bacon de Verulamio dese os principios, e ensinase a estreada nesta materia nam deu porem um sistema inteiro, com bom metodo como o Grocio e melhor que este Pufendorf. Mas estes sam Autores difuzos, e somente proprios para os Mestres, e ambos erejes; aindaque comumente os-leiam todos. O Muratori escreveu uma Etica em italiano: mas tambem é difuzo, em varias partes nam agrada a muitos, pois declina muito para sermam. Alguns Alemanes V. G. Heinecio, Vitrario & c. tem escrito bem nesta materia, principalmente nestes ultimos tempos: mas nem a todos agradam." Depois disto apresenta uma espécie de lista de Autores não recomendáveis para o estudo destas matérias onde figuram Espinosa, Hobbes, Locke – em certa medida – e Barbeyrac, mesmo reconhecendo que "estes Autores tem muita coiza boa e muita coiza má (...)". Verney é, por definição um exigente.
[1347] Luís Cabral de Moncada, "Um 'iluminista' português do séc. XVIII: Luís António Verney", págs. 48 e ss., 195 e ss.

che affeta tanto dispotismo, parlano chiaro al Re, ch'egli suddito delle leggi: e che cosi lo conobbero molti suoi Predecessore, e si sono correti. Non sono i Consiglieri, ma é la Natura umana, è la Nazione intera, che parla per boca loro"[1348]. Por consequência o Governo tipo deve promover a felicidade dos súbditos, orientando-se pela recta Razão.

A ideia de uma soberania repartida não fazia parte das suas intenções, porque entendia que ela apenas se deveria sedimentar nas mãos dos Reis, pelo perigo que isso representaria para a estabilidade do Estado e suas instituições[1349].

Por tudo isto o que acaba de se dizer, não é permitido, em absoluto, pensar apenas no estrangeirado Verney como o grande arauto da reforma da cultura nacional, que contra si congraçou um conjunto de desapiedadas vontades de o destruírem e aos seus propósitos de mudança.

Um Verney que não é, apenas e como se costuma pensar, um homem da cultura mas também, ainda que em menor grau, um indivíduo com ideias acerca da sociedade e da política do seu tempo e onde o próprio tema do regalismo não anda arredado das suas preocupações[1350].

Ribeiro Sanches é outro dos homens deste período cuja intervenção se espraia não apenas pelos domínios da cultura, mas faz menção em ter voz activa no plano da organização da sociedade política e do Poder civil.

De acordo com algumas informações esparsas, uma vez que não trata a questão de forma sistemática, pode-se entender Ribeiro Sanches como um adepto do Contratualismo Moderno, o que confere a uma vida repleta de contactos internacionais e esmagadoramente passada fora de Portugal.

Além disto "o que constitue o Estado ser hum ajuntamento, ou corpo civil e sagrado, he o *juramento de fidelidade* mutuo entre o Soberano e os Subditos, tacita ou declaradamente", sendo necessário que um tal juramento, "acto desta convenção invocão os contractantes deste pacto ou contracto" se faça em nome da *Divindade* que mais veneram, mas cuja actividade é de mero testemunho ou caução do que mutuamente se há-de executar e vão prometendo[1351]. Como consequência, a divindade é invocada

---

[1348] Idem, *ibidem*, pág. 57.
[1349] José Sebastião da Silva Dias, "Portugal e a Cultura Europeia (Sécs. XV a XVIII)", pág. 397, equaciona se, de facto, Verney terá sido um verdadeiro absolutista. Para tanto estriba-se na sua alusão quotidiana de Locke e de Pufendorf, sendo e primeiro o "inglês famoso" que melhor terá equacionado a temática do Direito Natural abordando-o com "a sua costumada penetração e profundidade", enquanto Pufendorf terá sido, em seu entender, "o Autor que melhor discorreu sobre o Direito Natural."
[1350] António Alberto de Andrade, *Vernei e a Cultura do seu Tempo*, pág. 324: "No *Verdadeiro Método de Estudar* confessou Vernei que 'dos modernos sempre me agradou o Van-Espen: *Jus Ecclesiasticum universum;* sempre me agradou, digo, pela solidariedade do juízo e erudição que traz'." A respeito de Van Espen informa o citado comentador que "o Dr. Van Espen era apresentado como o maior canonista da Europa e como impugnador das pretensões ultramontanas. De facto, Van Espen andou envolvido em polémicas, devido à sua feição ao jansenismo." Por outro lado, Cândido dos Santos, "António Pereira de Figueiredo, Pombal e a *Aufklärung*", O Marquês de Pombal e o seu tempo, I, pág. 168, escreve: "O seu fundamento teológico [do episcopalismo, variante do galicanismo] foi posto pelo belga Zeger Bernard van Espen (1646-1728), conhecedor profundo das antiguidades cristãs e pai de um certo jansenismo jurídico que se pode definir como um episcopalismo radical – Van Espen contesta ao Bispo de Roma qualquer primado de jurisdição e defende o conciliarismo em virtude do qual o Papa é inferior ao concílio."
[1351] António Ribeiro Sanches, *Cartas sobre a Educação da Mocidade*, pág. 18.

em testemunho da convenção de Direito Humano celebrada entre soberano e súbditos, que corresponde a um pacto entre ambos e confere ao monarca a soberania inicialmente detida pela comunidade[1352], para que a exercite.

Ribeiro Sanches fala em consentimento dos Povos, manifestado sob forma recíproca, ou tácita ou declarada, em que a intervenção da divindade não é vista sob forma imediata. Resulta pois e de inequívoca forma alusão à ideia de Liberdade, traduzida no tal consentimento recíproco e declarado. Está-se, assim, ante uma situação em que tudo indica o processo de constituição inicial do Poder político sob forma humana e mediante convenção[1353]. O "juramento de fidelidade" de Ribeiro Sanches é o pacto de Poder de Pufendorf.

De acordo com esta sequência, fazendo uso das palavras do Autor e em associação com a teorização exposta, não restam dúvidas sobre a opção de Ribeiro Sanches. No que respeita à origem da sociedade[1354] e do Poder político[1355], em estreita associação com o Direito Natural laico que professa, plasma-se um decidido cultor do Moderno Contratualismo.

Continuando a ponderar o mesmo texto, invoca Ribeiro Sanches o caso de Ourique[1356], como o de Coimbra, por referência respectivamente a D. Afonso Henriques e a D. João I, que foram aclamados reis de Portugal "tacita ou declaradamente", tendo os Povos dado *juramento de fidelidade*.[1357] Para tanto foi invocado o "*Summo Deos como testemunho e caução* que lhes obedeceriam e servirião com suas pessoas e bens, com tanto que estes reis os governassem e defendessem". Em Portugal, no Estado que se formou desta forma, "*os seus Soberanos não conhecem superior, mais que a Divindade*

[1352] Idem, ibidem, págs. 17 e 18: "A forma, a união, o vinculo do Estado civil e politico, e o seu principal fundamento *he aquelle consentimento dos Povos a obedecer e servir com as suas pessoas e bens ao Soberano*; ou quando *o consentimento seja recíproco*, ou quando *seja tácito ou declarado*, sempre forma hum Estado, ou Monarchico ou Republicano."

[1353] Idem, ibidem, págs. 19 e 20: "*Deste modo tão livre e tão excellente, ficou o Estado de Portugal formado*: os seos Soberanos não conhecem superior, mais do que a Divindade suprema, que *invocárão no acto do juramento de fidelidade, que lhe prometiam os seos Povos, prometendo tacita ou declaradamente, de governa-los de tal modo que fossem mais felizes do que antes erão. Daqui provém o sagrado Estado, porque foi formado com a invocação do Altissimo como testemunha e como caução dos juramentos reciprocos... Daqui vem o supremo Poder dos nossos Reis* (...)."

[1354] Idem, ibidem, pág. 21: "Mas tanto que os homens se ajuntarão por pacto e consentimento mutuo de se ajudarem e socorrerem entre si, já nem o mais valente, nem o mais ouzado, há de ser o primeiro."

[1355] Idem, ibidem, pág. 21: "*Porque os homens no ponto daquelle contracto mutuo depuserão no Poder e na disposição do Soberano ou Mayoral, todas as acções voluntarias que obrarão antes que se ajuntassem em Sociedade; depuserão nas suas mãos aquelle Poder que tinhão de matar, de furtar, e todas aquellas acçoens que serião nocivas, e destruidoras da Sociedade.*"

[1356] Frei Manuel do Cenáculo, *Cuidados Literários*, pág. 363, refere também esta situação no plano do estudo da História eclesiástica, considerando que tal milagre foi muito antes de frei Bernardo de Brito o ter mencionado, conhecido dos portugueses, pese embora tivesse estado durante anos sepultado nas agruras da poeira histórica. Para o efeito apresenta provas históricas cuja refutação é impossível a partir de pág. 364.

[1357] António Ribeiro Sanches, *Cartas sobre a Educação da Mocidade*, pág., pág. 19. O estado natural ainda hoje pode observar-se "em muitos Povos da América e da África" e o pacto constitutivo do Estado português surge historicamente em dois momentos: com as aclamações de D. Afonso Henriques em Ourique e de D. João I em Coimbra.

suprema, que invocarão no acto de juramento de fidelidade, que lhe prometião os seus Povos, prometendo tacita ou declaradamente governá-los"[1358].

Ou seja, não há neste trecho qualquer referência ao trabalho em conjunto que deveria existir, posteriormente, entre Rei e súbditos, assim como se esgota no juramento de fidelidade dos Povos[1359], seja qual for a sua forma, a sua participação na governação. Tanto mais que se os soberanos não conhecem outro superior senão a Divindade, não precisam de se submeter às leis que eles próprios fazem. Portanto, o Poder exerce o Poder de forma absoluta.

Poucas linhas à frente, se dúvidas existissem elas ficariam bem esclarecidas: "Daqui vem o *supremo Poder dos nossos Reis*, que tem em si vinculadas todas as jurisdições do primeiro General, que pode dar juramento, levantalo, alistar tropas, e licencialas, & tem a jurisdição do primeiro Juiz, pode condenar a penas pecuniárias, exilío, e de vida e morte: he o primeiro Vedor da fazenda do Estado, *pode cunhar moeda, fazer todas as leys que achar são necessarias* para promover a sorte da agricultura, comercio e industria: he o primeiro pay e conservador dos seos Estados; *he o senhor de decretar todas as leis que achar necessarias para a conservação e augmento dos seus dominios*; fundando Estabelecimentos para formar toda a sorte de Subditos na Educação e mocidade, nas artes liberaes e mecanicas, nas sciencias necessarias no tempo da paz, e da guerra, &"[1360].

Além de todos estes atributos, ainda se considera compreendido no *"Jus da Majestade* aquelle supremo cargo de primeiro Mestre ou de primeiro sacerdote da Religião natural, desde aquelle instante em que se formou o seu Estado civil e politico pelo juramento", a que se deve aduzir a verificação dos súbditos terem usado do "Poder que estava na sua disponibilidade, depositando-o integralmente nas mãos do soberano", que por seu moto próprio faz leis para regular a vida social.

Dito por outras palavras, a quinta-essência do Contratualismo está aqui perfeitamente reproduzida, sendo no entender de António Brás Teixeira[1361] uma aproximação à teoria absolutista de Hobbes, no que subsistem algumas dúvidas, atentando à teorização hobbesiana já estudada.

De novo o Contratualismo Moderno de feição absolutista está bem demarcado. Não é admissível a discussão acerca do exercício da soberania por parte do soberano que se processa por modo absoluto após a transmissão de Poder e respectiva submissão aprontada pela comunidade.

Admitindo a tese, existe uma Igualdade entre os homens, entendida como Igualdade entre iguais, já que todos estão submetidos ao monarca sem excepção[1362]. Ora, na prossecução das tarefas do Estado e porque o Príncipe não tem possibilidades físicas de acorrer a todos os problemas, alguém terá de o fazer em seu lugar; tal é o caso dos magistrados, que funcionam na sua actividade como se fossem o soberano e por

---

[1358] Idem, *ibidem*, pág. 19.
[1359] Idem, *ibidem*, pág. 21: "Ficou então em depósito na mão do soberano aquelle Poder dos Subditos para obrar acçoens exteriores; ficou á sua disposição regralas por leis, prevenir que se não cometesse insulto que alterasse ou corrompesse a união e harmonia que deve Reynar no Estado Civil; ficou no seu Poder castigalas como achasse conveniente para a sua conservação."
[1360] Idem, *ibidem*, págs. 19-20.
[1361] António Brás Teixeira, "A Filosofia jurídica", *História do Pensamento Filosófico...*, III, pág. 73.
[1362] António Ribeiro Sanches, *Cartas sobre a Educação da Mocidade*, pág. 22: "Porque todos os Subditos, em quanto estão ligados por aquelle juramento de fidelidade, todos são iguais; e a maior ruina de hum estado, he que entre elles haja diversidade, huns com obrigação de obedecer, e outros absolutos; huns sujeitos ás justiças, e outros sem nenhum Imperio."

isso devem-lhe respeito os demais súbditos. Está-se perante a ideia de subordinação aos magistrados, ela mesma derivada do *Jus* da Majestade, que unicamente provém do Poder do soberano[1363] e de nenhum outro factor de carácter social[1364].

Verifica-se no quadro da permanência dos direitos naturais iniciais que se não devem modificar na passagem ao estado de sociedade, uma certa aproximação às ideias de Locke. Quer a Liberdade natural quer a Propriedade devem ser mantidas[1365], não existindo qualquer possibilidade de tutela das mesmas pelo *Jus* da Majestade e constituindo-se com a figuração que num futuro próximo fará parte das principais preocupações sustentadas pelo Individualismo.

O jusracionalismo aprendido nos mestres estrangeiros e passado à prática por Ribeiro Sanches pretende a justificação axiológica do Absolutismo, conferindo-lhe uma legitimidade moral superior a qualquer dos outros sistemas em presença. Para tanto é possível dizer que o peso específico da valoração lockiana e newtoniana pode decair, em caso de necessidade de explicação *a priori* com fundamento explícito na Razão e que vai para além dos meros dados dos sentidos.

Existe, destarte, em Ribeiro Sanches um certo eclectismo aplicado ao Pensamento e às Ideias Políticas, que se mantém a sua afirmação pela qual "só com a experiência e com o tempo se pode fixar uma lei constante e universal; bem entendido (desde) que subsistam as mesmas circunstâncias"[1366], o substrato da sua argumentação justificativa da monarquia absoluta só pode ser feito mediante um plano teórico previamente fixado que implica recortes metafísicos.

Para reforçar esta mesma ideia no que respeita às linhas de força do regalismo não se esquece de mencionar que a jurisdição eclesiástica[1367] se reduz "aos bens espirituais, á graça, á santificação das almas, e á vida eterna; porque Christo declarou ele mesmo que o seu Imperio nam era deste mundo, nem sobre as acções exteriores dos homens"[1368].

Neste contexto, entende que noutros tempos, o que escreve agora bem poderia ser tido como "heresia", sendo certo que a Igreja se deve limitar ao exercício do seu "manus" espiritual[1369], a ela cabendo zelar pela "jurisdição sobre as conscencias",

---

[1363] António Manuel Nunes Rosa Mendes, págs. 32 e 33 e Apêndice Documental, págs. 464 e 465: "(...) Ribeiro Sanches pretendeu ser teoria da prática pombalina (...)", decorrendo isso da sua "clara adesão – e que se manteve inalterada até ao fim da vida – aos pressupostos da monarquia esclarecida. Adesão que em certos apontamentos íntimos de Sanches ganha o sabor e o relevo da espontaneidade." Segundo o próprio Autor, citado no dito trabalho, se é verdade que a felicidade do séc. XVIII significa a adesão às Luzes, "o ponto é que haja meia dúzia de cabeças como a da Imperatriz Catarina e do Rei da Prússia."

[1364] António Ribeiro Sanches, *Cartas sobre a Educação da Mocidade*, págs. 21 e 22.

[1365] Idem, *ibidem*, pág. 21.

[1366] Idem, *ibidem*, págs. 84 e ss.

[1367] Idem, *ibidem*, pág. 37: "Já os Ecclesiasticos erão os arbitros nos Gabinetes dos Reis e dos Emperadores Christãos (...), já tinham jurisdição civil nos Povos dos seos Bispados (...)." Tanto mais que já a pág. 28 havia apontado que "(...) toda a jurisdição que Christo deu á sua Igreja, se reduz a ensinar os preceitos do seu Evangelho, e se administrar os Sacramentos, incluindose todos na base delles, que he o bautismo."

[1368] Idem, *ibidem*, pág. 42.

[1369] Idem, *ibidem*, pág. 42. Diogo Guerreiro Camacho e Aboim, *Escola Moral, Politica, Christã e Juridica dividida em quatro Palestras, nas quaes se lêm de Prima as quatro Virtudes Cardeaes*, pág. 36: "se se reduz a Razão de Estado a consentir a Liberdade de conciencia, a tragico fim o condemna a desgraça de Henrique III de França a que o reduzio ler em Machivello: tolerou herezias, divizão de seitas com

abstendo-se de se intrometer em matérias temporais e externas[1370], tanto mais que tinham por hábito "confundir a jurisdição espiritual, com a jurisdição civil"[1371].

Apresentando um conjunto de provas dos abusos eclesiásticos quase todos promovidos pelos jesuítas, condena-os pela decadência da monarquia e pelo facto de terem transformado o reino de Portugal num "convento de frades"[1372]. O facto do Príncipe absoluto ter todas estas características e predicados afasta inelutavelmente a nova manifestação do Poder político das antigas fórmulas do jusnaturalismo católico, em todos os domínios da actividade.

Para finalizar, de acordo com António Nunes Ribeiro Sanches, é indispensável associar a manutenção da vida civil ao princípio segundo o qual "Todas as acções que não forem úteis a si, e ao estado, e ao mesmo tempo que não forem decentes, são viciosas, destruidoras da conservação própria, e por consequência da vida civil"[1373]. O que significa que Ribeiro Sanches se pronuncia aqui pelo princípio da utilidade, dando à ideia de Liberdade uma conotação negativa, no sentido benthamiano do termo[1374], já que "todas as leis que decretar o mais excelente Legislador, todo o trabalho e indústria do mais excelente particular, se não levar a *utilidade* por fim último, vem a ser a destruição do Súbdito e do mesmo Estado."

Aproxima-se esta perspectiva da de Locke em termos de Liberdade negativa, na medida em que a licença está afastada da prossecução dos seus fins, pautando-se como a faculdade de agir acerca da sua pessoa, e mediante cumprimento das leis existentes.

Ribeiro Sanches terá sido o único Autor português, desta fase do nosso Pensamento, passível de ser considerado como um Moderno contratualista. As razões saltam à vista e apenas Ribeiro dos Santos se lhe aproximará, ainda que sob forma de um Pensamento ecléctico que resguarda contributos do passado, misturando-os com prognósticos de futuro, em termos que serão oportunamente analisados.

3. A *Dedução Chronologica* e escritos afins: a segunda subdivisão

No que respeita ao escrito atribuído a José Seabra da Silva[1375], a *Dedução Chronologica e Analytica*, o intérprete é colocado perante um dos mais completos repositórios de

---

que molestado de guerras civis pezadamente morrêo ás maõs de hum sacerdote. Todos os Reys de Israel que consentiram dividir a Religião, perderão seus Reynos (...)." Parece-nos justificada esta atitude atendendo a que se trata de escritor que sendo laico, tinha a categoria de Familiar do Santo Ofício, o que não faz estranhar estas observações.

[1370] Idem, "Meios que D. Pedro I, Imperador da Rússia, tomou para Regrar os Eclesiásticos do seu Império e Estabelecer a sua Subsistência", *Dificuldades que Tem um Reino Velho em Emendar-se e Outros Textos*, págs. 62 e ss., aponta o exemplo das medidas tomadas no Império russo para atingir tais objectivos, que poderiam servir de modelo a Portugal.

[1371] Idem, *Cartas Sobre a Educação da Mocidade*, pág. 44.

[1372] Idem, *ibidem*, pág. 24.

[1373] Idem, *ibidem*, pág. 24.

[1374] José Adelino Maltez, *Princípios...*, II, pág. 113: "*o poder da lei só deve interferir para evitar que uns firam os outros. É aqui que a restrição se torna necessária, é aqui que a aplicação da punição se revela verdadeiramente útil, pois o rigor exercido sobre um indivíduo representa, neste caso, a segurança de um todos*".

[1375] Manuel Augusto Rodrigues, "Apêndice", *Actas das Congregações da Faculdade de Teologia (1772-1820)*, I, pág. 335: "(...) este Seabra certamente não merece ser Secretario de Estado, e basta-lhe a zombaria com que sempre tem tratado o Marquez, o que é certo, indubitavel e fora e toda a duvida (...)." Esta era a visão de Cenáculo, como bem se percebe.

elogios ao Direito Divino dos Reis e oposição à Liberdade dos povos[1376], complementado com a defesa do regalismo[1377].

Texto de "polémica ideológico-política e não uma exposição científica de princípios"[1378] consiste, ante de mais, numa "fundamentação teológica da monarquia pura"[1379] e numa "fundamentação histórico-jurisdicista da monarquia pura"[1380].

Depois de se manifestar abertamente contra todos aqueles que encontram nas Cortes o órgão supremo das decisões políticas portuguesas a quem inclusivamente os monarcas estão vinculados por juramento e a cumprir com que nelas se decide, apresenta um historial dos casos mais sintomáticos em que a actividade das Cortes foi contrária aos interesses nacionais.

Baseando-se num conjunto de Autores que cultivam a tese do Direito Divino dos Reis[1381], invoca o contributo nocivo dos jesuítas na própria interpretação das funções e Poderes das Cortes. "O Axioma de que *tudo o que o Principe determina tem o vigor de Lei*, dicta a mesma Razão natural, e resolvem todos os Juristas de boa e solida Doutrina,

---

[1376] É precisamente o mesmo entendimento dos *Estatutos da Universidade*. A sua programação é toda ela regalista e providencialista, devendo os estudantes ser alertados para as nocivas consequências a que veleidades curialistas e monarcómanas podem conduzir. Veja-se pág. 101 dos citados *Estatutos da Universidade*.

[1377] José de Seabra da Silva, *Dedução Chronologica, e Analytica*, I, § 636, pág. 379, não descura sequer o facto de tanto se basear em Autores católicos como protestantes para refutar o jusnaturalismo político, assim como a ligação umbilical que sustentava entre Estado e Igreja. Para esse fim, tanto serve ir buscar os mais eminentes juristas e políticos católicos como "o doutíssimo Bispo Roffense no seu *Tratado Sobre o Poder do Papa no Temporal, contra Bellarmino* (...)", em estreita sintonia com as mais conhecidas luminárias protestantes – porque ao caso tanto dá e o que interessava mesmo era combater a tese da Liberdade dos povos. Assinala então "*Theodoro Reinking*, Conselheiro de ElRey da Suecia no seu Tratado do Governo Eclesiástico e Secular do Império (...) *Bento Carpzovio*, Conselheiro do Eleitor da Saxonia no outro Tratado *Sobre a Lei Regia Germanica, ou Capitulação Imperial* (...); *Hugo Grotio* no *Direito da Guerra e da Paz*: *O Barão de Pufendorf*, no seu *Tratado do Direito da natureza, e das Gentes* (...), o douto *João Heinecio*, nos seus *Elementos do Direito Natural e das Gentes* (...)". Quanto à matéria da censura e da Liberdade individual, ver o que ficou mencionado em parágrafo anterior deste capítulo e como complemento indispensável da abordagem, José Sebastião da Silva Dias, "Pombalismo e Projecto Político", I, págs. 9 e ss., em que considera o discurso inerente a este escrito como "juscanónico e histórico-jurídico."

[1378] José Sebastião da Silva Dias, "Pombalismo e Projecto Político", I, pág. 10.

[1379] Incrementada pelos escritos de António Pereira de Figueiredo e antes dele de Bossuet.

[1380] Com base nos ensinamentos de De Real e de Giannone.

[1381] Em inúmeros casos ia buscar à Antiguidade e à alta Idade Média as traves mestras da sua argumentação, não descurando citações da Sagrada Escritura, Concílios ecuménicos e gerais e outras fontes com notável Autoridade para assentar o seu raciocínio. A título meramente exemplificativo e como ponto de partida a que outros casos se irão juntando, pode-se citar no trabalho atribuído a José de Seabra da Silva, I, § 624, págs. 368 e ss., a chamada à colação que faz do Quarto Concílio de Toledo, presidido por Sto. Isidoro de Sevilha e no seu capítulo 75, que expressamente menciona que "*foi deliberado por todo o clero aqui congregado, fazermos huma Lei definitiva, que provasse com Authoridade Apostolica sobre a conservação dos nossos Reys, e segurança da Gente Catholica. (...) Qualquer de Nós ou dos Povos de toda a Hespanha, que por qualquer conjuração, ou designio della, manchar o juramento da fidelidade por elle promettida, assim a beneficio do Estado da sua Patria, e da Nação Ghotica, como para a conservação da Real Vida; ou puzer as suas mãos no Rey para o matar; ou despojar do Poder do seu Reyno; ou por vaidade tyrannica usurpar a Grandeza real; seja excomungado na presença de Deos Padre, e dos Anjos, seja separado da Igreja catholica, que houver profanado com o seu perjúrio, e não sejão mais admitidos em alguma Assembleia de Christãos, nem Elles, nem os Cumplices da sua impiedade: Porque he necessario, que todos os que forem achados no mesmo peccado, fiquem sujeitos á mesma pena.*"

que não tem lugar nos Decretos, e nos Rescriptos se fundão nas súpplicas entre Partes, e podem por isso claudicar, ou nas informações dos Ministros, ou nas súpplicas dos Pretendentes. O contrário passa porem a respeito das Leis, ou Edictos Geraes: Sendo estes somente aquelles, nos quaes tem toda a sua força o dito Axioma."[1382]

A única possibilidade que as Cortes teriam era de requererem ao Rei o que entendiam ser-lhes útil, bem como este as deveria ponderar. Nunca por nunca ser as Cortes haveriam possibilidade e Autoridade de darem leis como soberanas, apenas e humildemente aceitarem as decisões do soberano. As Cortes são mero órgão consultivo e suplicativo; não c nunca mais do que isso.

No que respeita às *Cortes de Lamego*, entende-se na mesma Obra que elas nem foram convocadas para lhe transmitir o supremo Poder que já era seu por força dos títulos do dote e da conquista[1383], nem tão pouco para lhe transferirem o supremo domínio, que era também já de D. Afonso Henriques, mas e tão só para se estabelecerem as regras da sucessão e Governo do reino. Este foi o seu único fito. Esta ideia encontra-se reiterada em presença das Cortes de 1385, de D. João I, onde a invocação das *Cortes de Lamego* apenas funciona por força das regras da sucessão régia.

Assim, e apenas porque havia vagatura de trono, os vassalos poderiam exercer "por alguns instantes a Autoridade, não para a reterem, mas para reduzirem à evidência a quem ela se devolve entre os pretendentes, e para a restituírem a quem legitimamente pertence"[1384]. O que apenas pode suceder em tais casos e nunca em nenhuns outros, desde que o Rei falecido deixe sucessores legítimos.

Trata-se de uma situação de legalidade e não de legitimidade na apreciação da natureza das mesmas. É por força da necessidade de criação de lei para regular certas matérias vistas como fundamentais, que as *Cortes de Lamego* se juntaram; nunca para com a sua existência conferirem qualquer Poder a D. Afonso Henriques, porque não o tinham na sua disponibilidade.

O problema coloca-se ao nível da sucessão hereditária, que as *Cortes de Lamego* instituíram já depois de ser D. Afonso Henriques Rei, por dote e conquista, e porque em momento posterior as Cortes de Coimbra confirmaram esta tese. Na linguagem da *Dedução Chronologica*[1385], "no Assento das referidas Cortes se tratou da sucessão do reino como hereditária nas palavras = *sem Rey, regedor, e defensor nenhum, que os pudesse e devesse de Direito herdar.* (...) *E como quer que alguns duvidassem, se os ditos reinos erão vagos, ou havia hy pessoa. que os pudesse ou devesse herdar* =." Conclui-se portanto que não há nestas Cortes quaisquer alusões à Liberdade dos povos[1386], conforme se quis inculcar nas Cortes de 1641 e depois quando das que sufragaram o Governo de D. Pedro II, em 1668; em ambos os casos foram trabalho de façanhudos jesuítas mas no primeiro as Cortes foram uma Sedição[1387].

[1382] José de Seabra da Silva, *Dedução Chronologica, e Analytica*, I, § 670, págs. 408 e 409.
[1383] Idem, *ibidem*, I, § 675, pág. 411, §§ 592 e ss., págs. 351 e ss.
[1384] Idem, *ibidem*, I, §§ 679 e ss., págs. 412 e ss.
[1385] Idem, *ibidem*, I, § 682, pág. 414.
[1386] Idem, *ibidem*, I, § 607, pág. 359. Isso seria incompatível com os dizeres do Antigo Testamento pois que nelas se escreve textualmente: *"Aqui tendes o Direito do Rey, que há de reynar sobre vós. Elle vos tomará os vossos filhos, e os estabelecerá para o serviço dos seus carros (...). Em huma palavra, vós sereis sois seus escravos; e vós clamareis depois nesse tempo contra o Rey, que houvereis pedido; mas o Eterno Deos não vos responderá nunca."* Também a este respeito tem interesse a fundamentação que é prosseguida no mesmo sentido nos §§ 617 e ss., págs. 366 e ss.
[1387] Idem, *ibidem*, I, § 606, pág. 358.

DA HISTÓRIA DA IDEIA DE LIBERDADE

Nas Cortes de 1641 os ditos Regulares "tiverão a audaz ousadia de constituirem Nossos Legisladores os mesmos referidos Sectários *Monarchomanos:* Transgredindo com este horrendo attentado, os Direitos Natural, e Divino; e os outros sagrados Direitos da Sucessão devolvida ao dito Senhor Rey D. João o IV pelo sangue, e pela Lei Fundamental do Reyno; e da Suprema, e independente Authoridade desta Coroa; para a reduzirem a huma sujeição tão servil, e precaria, que seria incompativel com a natureza, e com a conservação da mais limitada, e impotente République do Mundo"[1388]. Desconhecem-se repúblicas onde os Povos tenham Liberdade para julgar os seus soberanos, independentemente de serem eleitos ou da duração do seu Governo.

São extremamente curiosas e elucidativas as expressões que a *Dedução Chronologica* utiliza para qualificar as decisões saídas das Cortes de 1641: "illuzivo, obrepticio, subrepticio, enormissimamente lesivo, atrozmente sacrilego, e *ipso jure* nullo Preambulo, que com dolo vivissamente negro foi inserto no *Assento* das referidas *Cortes*".[1389]

Portugal é uma monarquia pura como as demais monarquias da Velha Europa[1390] e segundo os dizeres que remontam a remotas épocas; sempre o foi e o Poder electivo do Povo não passa de uma artifício jesuítico, tão falso como as demais falsidades que a eles se atribuem. Querendo mesmo ir mais longe, poderia apontar-se a péssima opinião que esta Obra apresenta das várias assembleias magnas desde 1641 e, nomeadamente, das Cortes reunidas para deliberarem sobre a deposição de D. Afonso VI – que é considerado um infeliz monarca espoliado da sua coroa de Direito Divino por força das maquinações inacianas.

A certo passo e a respeito disto mesmo pode ler-se que "desde que a Coroa de Portugal se separou da Coroa de Leão, foi sempre a Monarquia deste Reyno reconhecida por independente, e contada entre as outras Monarquias da Europa, onde a Magestade ou a Soberania, não reconhecem Superior na Temporalidade: Como he hum facto a todo o Mundo manifesto (...)." De acordo com estes pressupostos o Governo monárquico é aquele "em que o Supremo Poder reside inteiramente na pessoa de hum só Homem: O qual (Homem) ainda que se deve conduzir pela Razão, não reconhece com tudo outros Superior (no Temporal), que não seja o mesmo Deos: (...). E o qual (Homem) faz as Leis, e as deroga, quando bem lhe parece"[1391].

[1388] Idem, *ibidem*, I, § 646, pág. 389.
[1389] Idem, *ibidem*, I, § 647, pág. 390.
[1390] Idem, *ibidem* I, § 627, págs. 372 e ss., apresentando exemplos de Concílios celebrados fora de Hespanha, o que apenas confirma a uniformidade ecuménica de pontos de vista neste domínio. Assim, o Concílio de Meaux, realizado na Alemanha em 485, que nos seus capítulos 14 e 15 afirmava: *"Se alguem for convencido de haver attentado contra a Dignidade Regia por dolo, destreza, ou malignidade; seja excomungado, a menos, que não dê huma competente satisfação. Se alguem intentar oppor-se pertinazmente com espirito de rebellião, e de soberba, contrarios á Razão e Direito, ao Supremo Poder Regio (...) [que apenas vem de Deos somente] e não quizer obedecer sem replica aos seus justos, e racionaveis mandados, como se acha determinado por Deos, pela Igreja e pelo Direito Civil; seja excomungado."* Também nas "Provas", II, pág. 195, a propósito de uma lei francesa de 24 de Maio de 1766, onde a dado passo se pode ler: "(...) la Puissance temporelle, émanée immédiatement de Dieu, ne releve que de lui seus, & ne dépend ni directement ni indirectement d' aucune autre Puissance, qui soit sur la terre (...)."
[1391] Idem, *ibidem*, I, §§ 603-605, pág. 357. Em nota a esta afirmação escreve: "Assim he de sua natureza, e etymologia, porque *Monarquia* se compõe de duas palavras Gregas, que significão *Só, Principado, Imperio; ou Principado, e Imperio de hum só*: E assim definem a mesma Monarquia todos os Escritores Politicos antigos, e modernos (...)." Para as suas afirmações baseia-se em De Real, igualmente ponto de menção a pág. 338; idem, *ibidem*, II, § 28, "Introducção Previa", pág. XV: "(...) para despojar até mesmo a Coroa de Portugal da sua Soberania, que era e he, independente,

A soberania régia é una e indivisível e por isso, na interpretação dada pelo Antigo Regime português, a monarquia portuguesa é absoluta mas não despótica. Isto significa que não só é impraticável falar em monarquia mista ou temperada como, por maioria de razão, não se justifica em partilhar qualquer parcela do Poder. As Cortes tiveram a sua função histórica; agora devem limitar-se a aconselhar o monarca quando solicitadas.

Por consequência, é necessário considerar que "a primeira, e a principal regra do Direito Público de cada huma das Sociedades Civis, he a Lei, que por excellencia se chama de Estado: porque ella he a Lei fundamental do mesmo Estado", determinando a forma de Governo, a maneira de chamar o monarca, a forma porque deve ser governado o reino. Esta é mesmo a única lei a que o monarca está sujeito, sendo certo que o seu Poder não é menos absoluto por a elas estar sujeito[1392].

A limitação pelas Leis Fundamentais não resulta dos direitos dos vassalos; donde, seguindo-se a metodologia ensinada por De Real, significa que estes não têm quaisquer direitos contra o soberano. O que se salvaguarda é o que existe – o Estado – e não a forma por que foi constituído, o tal contrato político que a tese da origem divina do Poder político patrocinada por Pombal se recusava a aceitar. A realidade política é só uma, a do Estado, que o soberano personifica; quando garantidos os direitos do soberano, garantidos estavam os direitos da sociedade. Toda a realidade política se esgotava com o Estado, personificado no soberano.

O Corpo Social não detém direitos e apenas dialoga com o monarca nos estreitos limites impostos pela Lei Fundamental de Lamego, ou seja, na conservação da monarquia enquanto forma de Governo e sucessão ao trono.

O Consensualismo da Restauração recuperara as Leis de Lamego para justificar a legitimidade e a legalidade da sucessão de D. João IV; o Absolutismo régio josefino invoca-as para afirmar a supremacia do soberano face a quaisquer convulsões na sociedade civil, que o Direito das Gentes também promovia. Toda a genuinidade do Pensamento de De Real é aqui por demais evidente.

Do mesmo passo as Cortes reunidas no tempo de D. Pedro II, que em qualquer caso seriam produto do aniquilamento do Supremo Poder, se o monarca não as tivesse subalternizado como é de conhecimento geral.

Quanto ao caso especial do *Regimento do Santo Officio da Inquisição de Portugal*, o provável choque que este instrumento nesta área produziu, acentua-se com mais algumas observações que em tudo conduzem a afastar o ultramontanismo, reiterando uma assumida posição de apoio ao regalismo josefino e em muito satisfazendo dominicanos e outros regulares, desde sempre opositores dos jesuítas e cujo convívio no seio da ortodoxia era tudo menos pacífico.

Por isso mesmo é que a Inquisição sofreu novo fôlego, mas agora sem as prerrogativas que ainda atemorizavam D. João IV e que levaram o padre António Vieira à sua peregrinação a Roma para obter Breve que o garantisse de novas perseguições do

---

e immediata a Deos todo Poderoso desde a Criação do Mundo (...)." O mesmo tipo de raciocínio se encontra em II, § 1º, pág. 74: "Sendo o Supremo Poder Temporal hum só único, individuo, e o mesmo identico Poder em todos os Principes Soberanos, para Elles immediatamente emanado de Deos Todo-Poderoso; sem depender directa, nem indirectamente de qualquer outro Poder deste Mundo para o Governo das cousas humanas, e de tudo o que interessa a Ordem Publica e bem do Estado Temporal." Veja-se Pedro Cardim, *Cortes e Cultura Política no Portugal do Antigo Regime*, págs. 176 e ss.

[1392] Idem, *ibidem*, I, § 600, págs. 355 e 356.

Santo Ofício em Portugal. Agora, a Inquisição é um tribunal do Poder temporal[1393], que deixaria de cercear "a Liberdade do Povo", como Pombal argumentava. Entra-se na fase das jurisdições autónomas em Portugal.

O facto de prezarem Aristóteles, era em tudo secundário para que as rivalidades entre Ordens não superassem tal dislate[1394], mas estranha-se que os filhos de

---

[1393] Henrique Schaefer, *Historia de Portugal, desde a Fundação da Monarchia até á Revolução de 1820, Continuada, sob o Mesmo Plano, até aos Nossos Dias por J. Pereira de Sampaio (Bruno)*, V, pág. 206, nota: "Quanto elrei D. José, pelo alvará com data de 20 de Maio de 1769, impoz o titulo de Magestade ao Conselho Geral do Santo Officio, na mesma em que o tinham já os dous tribunaes da Meza da Consciencia e Ordens e da Bulla da Cruzada, não se fez isto, tanto para dar distincção áquelle tribunal e o collocar em mais alto ponto (consoante modernos auctores erroneamente o suppozeram) como dois tribunaes (sendo *o Conselho Geral do Santo Officio hum dos Tribunaes, mais conjuntos, e immediatos á Minha real Pessoa, pelo sus instituto, e ministério*) e os seus despachos deveriam ser feitos em nome do monarcha, conformemente como nos dous outros tribunaes referidos"; A *Administração de Sebastião Jose de Carvalho e Mello, Conde de Oeiras, Marquez de Pombal, secretario de Estado e Primeiro Ministro de Sua Magestade Fidelíssima o Senhor D. Joze I Rei de Portugal*, II, pág. 15, relativo a uma lei pombalina para diminuir a autoridade da Inquisição, que certamente terá tido em linha de conta os contributos que por essa Europa fora se iam dando para remodelar ou, de preferência, eliminar de uma vez por todas o Santo Ofício; Rui Manuel de Figueiredo Marcos, *A Legislação Pombalina*, pág. 39: "Percebera [o Marquês de Pombal] que a censura inquisitorial, dado o carácter religioso do Tribunal, se havia preocupado, até então, mais com questões de purificação de fé, de resguardo contra a heresia, do que, propriamente, com a interpretação das incidências de ordem política inelutavelmente ligadas a certas Obras literárias. O sábio desvelo empregue pelos censores em impedir alguma perturbação herética não era, com certeza, acompanhado por igual perspicácia que soubesse obstar a um qualquer remoque, em prejuízo da autocracia política.

[1394] Por exemplo, no plano da questão da Liberdade dos povos e em período anterior para Portugal, podem apontar-se alguns casos concretos. Assim, nos séculos XVI e XVII, os principais pensadores ibéricos estiveram na órbita das concepções que eram, em simultâneo, consensualistas e teocêntricas do Estado, praticando uma Razão de Estado católica que nada tinha que ver com a "inventada" por Maquiavel e dissociando-se totalmente da tonalidade teocrática adoptada pelos protestantes. Valendo para o Estado, vale para a Liberdade dos povos. Assinala-se um regresso ao tomismo sobre as demais fontes Escolásticas, nomeadamente o escotismo e o nominalismo, bem como um regresso a Aristóteles, interpretado em sequência de S. Tomás e de Duns Escoto. Implantada sobretudo a nível universitário, Coimbra e Évora foram seus centros difusores, rivalizando dominicanos e jesuítas na sua primazia intelectual. Vejam-se, Truyol y Serra, *História da Filosofia do Direito e do Estado*, II, pág. 154, "estes Autores operaram, nos moldes do seu tempo, uma nova síntese teológica e filosófica de alcance universal, entre as tradições cristãs e as condições de pensamento da época. O que fizeram era para eles (...) um equilíbrio. Não parece razoável atribuir-lhes a posterior ruptura deste equilíbrio, que se irá dando depois de Suarez (...) "; Paulo Merêa, "A ideia de origem do Poder nos Escritores Portugueses Anteriores à Restauração", *Estudos de História do Direito*, Coimbra, 1923, pág. 235: "Graças ao impulso deste eminentes restauradores da Escolástica, a doutrina da soberania popular ganhou nova energia e atingiu pleno desenvolvimento, podendo mesmo considerar-se este período como o do seu apogeu. Precisou-se e sistematizou-se a doutrina, fixaram-se os princípios, salientaram-se e relacionaram-se os aspectos essenciais, especialmente a ideia de pacto anteposta à constituição da autoridade política, e finalmente tirando das premissas todas as conclusões lógicas, sustentou-se desassombradamente que os Povos podiam depor os reis." Precisamente o contrário, portanto, do que se passava entre os protestantes e foi adoptado pelos católicos franceses, que consideravam o titular do Poder como directamente determinado por Deus, originando era a doutrina do Direito Divino dos Reis. Também Luis dos Reis Torgal, *Ideologia Política e Teoria do Estado na Restauração*, Coimbra, 1982, II, pág. 13, alinha por este diapasão, admitindo que estes Autores "reflectem exactamente, apesar das posições particulares de cada Autor, as concepções do Direito e do Estado pensadas em termos teológicos ainda que se verifique neles um esforço maior ou menor, para traçarem fronteiras entre o âmbito do Poder temporal e o âmbito do Poder espiritual." Entre

S. Domingos, tendo dominado o Santo Ofício desde a sua fundação em Portugal e sendo partidários do Consensualismo – em que tiveram dos mais abalizados teóricos – agora negassem tudo aquilo em que haviam acreditado. O argumento que seriam agora poucos e parcos em influência, não convence; poucos eram os bentos, os bernardos ou os crúzios e nem por isso D. Luís da Cunha os havia competentemente deixado de increpar, uns anos antes.

Diga-se que a elevação das ideias regalistas está omnipresente desde o "Preâmbulo", de forma geral e repetitiva por relação com o *Compendio Histórico* ou a *Deducção Chronologica* e, nos pontos específicos inerentes à erecção e manutenção do Santo Ofício em Portugal.

De igual modo, a ruptura com as máximas dos teóricos da Companhia de Jesus que questionavam Poder e Autoridade régia[1395], era ponto de honra a salvaguardar pela renovada Inquisição nacional, que apenas ao monarca se submetia no temporal[1396].

Registam-se as mesmas opções quanto aos Poderes do Rei no que respeita a este organismo e à separação de jurisdições, que desde a sua criação se haveriam de ter verificado. Foram, contudo, contrariados pelos nefastos inacianos que também neste particular se intrometeram abusivamente nos Poderes temporais, desvirtuando a instituição régia e a sua pura Autoridade[1397].

O raciocínio parece, também neste caso, em tudo ajustado ao paternalismo régio do séc. XVIII português, cujas características ficaram definidas. Apenas o monarca, cujo Poder deriva de Deus sem qualquer intromissão externa, terá competência para aplicar uma lei que a própria transcendência lhe atribui de moto próprio, exercendo-a por forma absoluta e na sua plena e indivisível soberania, herança imediata de seus pais e aprovada por Deus. Como primeiro Protector da Igreja, cabe-lhe a missão de zelar por ela, sem intromissão alguma na sua esfera de competências, que apenas falha na interpretação do erro face ao Dogma, submetendo-se como os demais aos desígnios do Direito Divino e regulando eticamente as suas acções em qualquer domínio.

De novo se comprova, por esta via e de forma indirecta que não existe admissibilidade da ideia política de Liberdade do cidadão nem da sociedade. Nem sequer Liberdade dos povos, ao sabor dos nefastos inacianos, era permitida, quanto mais o salto qualitativo em diante que ela pressagiava.

---

os dominicanos destacaram-se Domingos de Soto, Melchior Cano e Francisco de Vitória; entre os jesuítas Luis de Molina, Francisco Suarez e os portugueses Pedro da Fonseca e os redactores do *Curso Conimbricence*. No séc. XVI em Portugal devem mencionar-se Soares Lusitano, Baltazar Telles, António Cordeiro; no séc. XVIII, Silvestre Aranha, António Vieira, Sebastião Abreu e Inácio Monteiro. Nitidamente em decadência sobretudo depois do séc. XVII, por força das imposições do Santo Ofício, em Portugal o seu apogeu deveu-se sobretudo ao magistério do Colégio das Artes, no consulado jesuítico.

[1395] *Regimento do Santo Officio da Inquisição dos Reinos de Portugal*, "Preambulo", pág. 5: "Taes, e tão supersticiosos foram os effeitos daquella artificiosa ignorancia, que fizeram possivel, que hum Tribunal estabelecido, e regimentado pelos Senhores Reis destes reinos; Regio por sua natureza, e desde o seu principio; possa hoje ser hum Tribunal meramente Ecclesiastico, sem que os mesmos Senhores Reis, que lhe deram a natureza, lha houvessem mudado, como era preciso (...)."

[1396] *Ibidem*, pág. 38: "Sendo nos Delictos Espirituaes, e Ecclesiasticos, da Igreja a declaração do erro da Doutrina, e a imposição das Penas, e Penitencias Espirituaes; e da jurisdicção Temporal a exterior fórma dos Processos (...) não podem, nem devem os Reós dos referidos delictos ser exteriormente Processados por outras Leis, que não sejam as desses mesmos Reis, e Principes catholicos (...)."

[1397] *Ibidem*, "Preambulo", págs. 2 e ss.

3.1. Teorização lusitana correlativa à política oficial: segunda subdivisão

Na sequência do exposto, é de obrigatória menção a figura de José António de Alvarenga, radical nas suas convicções e não tolerando o que pudesse questionar a transcendência do monarca relativamente aos seus súbditos. As ideias de Liberdade, Igualdade e direitos humanos, no plano político decaem, como convém a um acérrimo absolutista, patrocinador nato da origem divina do Poder político.

Quantitativamente pequeno mas qualitativamente quase ao nível da *Dedução Chronologica*, pretendeu reunir em texto as principais doutrinas da época, que considerava serem proclamadas por "Mr. De Real, Grotio, Bossuet, Pufendorf, Du-Pin, Bohemero e outros"[1398], escritores citados na *Dedução* [1399] e que justificariam a meritória tarefa interpretativa de conteúdos propostos.

Imbuída de um cariz religioso, dá vários exemplos da sociedade, como aglomerado natural do Ser humano[1400] e da necessidade de um chefe[1401] como um freio ao mesmo, imposto pela Razão, e remontando ao "Primogenito da Natureza Humana"[1402]. Resulta claro que conhece os trabalhos dos ilustres jusracionalistas e absolutistas antes citados, ainda quando entende a origem divina e não humana do Poder, de alguns deles assim se distanciando. Bossuet, por exemplo, era Autor cujos paralelos eram totais; Pufendorf e outros, sendo contratualistas, tinham diversa posição.

Em Alvarenga é forçoso afirmar que, no plano político, a sua proximidade aos ensinamentos franceses do séc. XVII, é gritante.

Não existe aqui vislumbre de Contratualismo Moderno.

Por força das suas observações, manifesta-se uma origem da sociedade com base na Autoridade patriarcal e na imanência histórica[1403], sem recurso a convenções e cuja finalidade última era gerir e manter a paz entre todos os homens nela presentes.

No âmbito político defende acerrimamente o zelar pelos direitos da Soberania e Autoridade Régia, aliado de uma monarquia absoluta de teor iluminado ou esclarecido, cujo Poder vinha de Deus[1404] e contra o qual, ninguém podia atentar[1405], para bem do repouso público.

[1398] José António de Alvarenga, *Sobre a Authoridade Regia*, Sobre a Authoridade Régia, (...), Lisboa, 1770, "Dedicatória": "Na *Dedução Chronologica, e Analytica* achei (ainda que em resumo, e por incidencia) as principaes Doutrinas, que tratadas por extenso, formão os grossos, e ponderosos volumes de Mr. De Real, Grotio, Bossuet, Pufendorf, Du-Pin, Bohemero e d'outros (...).".
[1399] Idem, *ibidem*, "Dedicatoria": procura expressá-las em forma de oração, para assim as inspirar aos "meus companheiros", zelando pelos direitos de soberania e pedindo ao Marquês para proteger a sua Obra, a ele o afectando, pois não encontra tão ilustre protector e servidor da Autoridade Régia.
[1400] Idem, *ibidem*, pág. 7: "O Espirito da Sociedade Civil, de que se deduzem todos os princípios de Direito Público, he tão natural ao homem, como inspirado desde a sua creação." Reportando-se a Hobbes e Pufendorf, não aceita que esta associação tenha sido exclusivamente derivada do medo, antes da racionalidade humana.
[1401] Idem, *ibidem*, pág. 8. Nota saliente no Autor é a de que entende que as Sagradas Escrituras inspiraram os primeiros "netos" do mundo, a associação numa cidade, de que era fundador seu Pai, o primogénito da natureza humana.
[1402] Idem, *ibidem*, pág. 8.
[1403] Idem, *ibidem*, pág. 8. Vejam-se notas anteriores.
[1404] Idem, *ibidem*, pág. 8: "Ella [a Razão] lhes fez conhecer, que o Supremo Poder, que este Chefe deveria exercitar sobre elles, fora imediatamente emanado do mesmo Deos; e de que contra elle se não poderia jamais attentar."
[1405] Idem, *ibidem*, pág. 10.

Diverso, pois, da posição de Pufendorf, que entende que a soberania necessita da colaboração da racionalidade humana para se incrementar.

São sagradas e invioláveis as pessoas dos Reis, como deuses na Terra[1406], e que asseguram a união cristã, a sociedade civil e o sossego público, como Pais da Pátria, ideia que será retomada mais tarde com a teorização do Marquês de Penalva. O carácter absoluto e uso do Poder régio[1407] é vincado na sua isenção, no temporal em relação ao Papa e o reconhecimento de um Poder real de tutela indiferenciada, no plano temporal, sobre a religião e a Igreja.

Num elenco de questões que se propõe tratar, a desconsideração de qualquer direito de resistência por vazio de qualquer depósito de Poderes que a comunidade pudesse reassumir em presença do déspota – inviável pela origem divina e não convencional do Poder político – e, noutro plano, assunção do regalismo como protótipo do poder absoluto do monarca na área temporal, constituem-se como outros marcos reflectores do seu Pensamento pombalista.

"Em todas as idades o Supremo Poder Temporal sempre se considerou independente, Único, e Individuo", ideais que mesmo as Nações infiéis compartilham, como princípio do Direito Divino e natural. Por isso entende alertar os seus companheiros universitários e de futuro ofício para as vantagens de servir bem o Rei, sendo que esse bom serviço se pauta pela conservação da "Authoridade Regia tão Inteira, tão Inviolável, e tão Superior, como ela foi confiada aos Reis desde o principio do Mundo"[1408].

Esta tese fica clara, mas não o suficiente que o Autor não entenda explicitar ideias, pelo que pretende dividir o discurso em três partes, versando a Autoridade do Rei, como soberano, como protector da Igreja, e como pai da pátria[1409]. Sem grande delonga, porque não há inovação relativamente à *Dedução Chronologica* e os pontos de vista de Alvarenga já se perceberam, poderá resumir-se deste modo o problema: "Deos (...) estabeleceo um Governador sobre cada Nação", donde deriva o supremo Poder[1410]; a protecção dos Príncipes "he da essencia da Suprema Majestade da Terra. He della inalienavel, he inabdicavel, he imprescritível. Não podem os Soberanos deixar de ser Protectores; sem perderem a sua Soberania", o que se aplica aos vassalos, "assim Seculares como Ecclesiasticos", porque desse modo se conserva "a Paz e a Disciplina da Igreja"[1411]. Finalmente, "O Bem e o Socego Público são effeitos da Ordem; a Ordem, depois de Deos, depende da saude, e conservação dos Reis, e dos Principes. Soberanos, e Independentes, assim como nos fazem sentir igualmente a mesma semelhança pelos effeitos da Authoridade Regia"[1412].

Em presença das teses de Filmer e de Bossuet, o melhor que pode dizer-se de Alvarenga é que conseguiu ir mais longe, no sentido de levar ao extremo a defesa do

---

[1406] Idem, *ibidem*, pág. 13.
[1407] Idem, *ibidem*, pág. 13: "Sabeis que o Governo Monarquico he aquelle, em que o Supremo Poder reside inteiramente na Pessoa de hum só Homem, e que este não conhece outro Superior no Temporal, que não seja o mesmo Deos."
[1408] Idem, *ibidem*, pág. 13. Quanto à cerrada acusação que faz aos monarcómanos e jesuítas, que ao caso tudo vai dar ao mesmo, entende qualificá-los com um conjunto de adjectivos cuja leitura elucidativa se recomenda veementemente a págs. 26 e ss., onde se inclui o episódio de D. Afonso VI, cujos contornos são retomados em idênticos termos dos da *Dedução Chronologica e Analytica*.
[1409] Idem, *ibidem*, pág. 14.
[1410] Idem, *ibidem*, págs. 15 e ss.
[1411] Idem, *ibidem*, págs. 35 e ss.
[1412] Idem, *ibidem*, págs. 54 e ss.

Absolutismo régio e pretendendo disso fazer lição aos bacharéis que se propunham aos "lugares de Letras".

Por tudo isto, Liberdade dos povos? Apenas a velada referência a ímpias cerimónias, como a da coroação, vistas como "accidentaes", que não são "titulos essenciais do Governo Supremo"[1413] e o "Senhor D. Affonso Henriques, apenas proclamado; sem alterar o Pleno Domínio, que antes tinha; foi elle o mesmo, que convocou em Lamego as Cortes; foi elle o que deo assinou e fez publicar em seu nome as *Leis Fundamentaes do Reino*; Leis que havião de fazer a primeira e principal regra de Direito Publico em huma Sociedade Civil; (...) Leis, que constituem a forma do Governo, e a Sucessão da Monarquia, sem dependencia dos Tres Estados; (...) Lei, enfim, que unicamente havião de ser superiores ao Poder Augusto do Monarca, que não as poderia derrogar"[1414].

Ou seja, as *Cortes de Lamego*, mais uma vez se vê, tanto servem a consensualistas como a cultores da monarquia absoluta. No presente caso e enveredando pela segunda opção, o Rei dispensa os *Três Estados* e segue as políticas que melhor entende; D. Afonso Henriques já era Rei antes e esteve na origem das *Cortes de Lamego*, numa época em que não havia *Três Estados*.

Quanto ao fanatismo, monstro nascido da ignorância, origina todas as lesões graves a quem nele cai, ainda por cima pela velocidade da sua propagação. Apresenta o exemplo dos "Alpes, famosos Alpes, que tendes visto do alto o impertinente conflicto de jurisdições de hum, e outro Poder, vós testemunhastes já os orgulhos do Fanatismo, quando faltou a Harmonia entre Igreja, e o Estado; quando se excederão os limites entre o Sacerdócio e o Imperio", pretendendo desorientar-se as monarquias soberanas e suplantar os soberanos em domínio[1415].

Mas há provas em Portugal que nem sempre foi assim e deve retomar-se esse caminho para que continue a demonstrar-se, como se demonstrou até ao presente o estabelecimento da "Independente Soberania dos reis, e Suprema, e real Protecção a favor da Igreja", enquanto "Authoridade, que emanou immediatamente de Deos Todo Poderoso, livre e absoluta, que não reconhece na Terra sujeição a Pessoa creada. O Rei (...) he assim, que faz resplandecer uma e outra [a Igreja] Dignidade"[1416].

Finalmente o Rei é o pai da pátria, "vigilante sempre, e sempre cuidadoso na felicidade dos seus Vassallos", nada mais prezando e nada melhor desempenhando que esse título[1417]. Uma das consequências é ele ser o único legislador terreno, a cujas leis se deve obediência absoluta. Porque essa "Authoridade Legislativa (...) emanou immediatamente de Deos Todo-poderoso para todos os Principes Soberanos, como forão sempre os Senhores Reis de Portugal", sendo por esse seu legítimo Poder que as leis são soberanas e com Poder coactivo. "Todos são obrigados a elas excepto o Príncipe que as faz"[1418]. Donde o monarca está acima das leis civis e tem Poder para obrigar ao cumprimento coactivo das mesmas.

Alvarenga, não é dos Autores mais citados da época ainda que o seu texto, conjuntamente com a *Dedução Chronologica*, se tratem dos dois trabalhos mais acabados em termos de origem divina do Poder régio e de que os demais Autores ficam em

---

[1413] Idem, *ibidem*, pág. 24.
[1414] Idem, *ibidem*, págs. 24 e 25; veja-se o que se disse acima, na *Dedução Chronologica*.
[1415] Idem, *ibidem*, págs. 44 e 45.
[1416] Idem, *ibidem*, págs. 53 e 54.
[1417] Idem, *ibidem*, pág. 56.
[1418] Idem, *ibidem*, pág. 61.

muito afastados. Terá de se aguardar por Mello Freire e a sua teorização da monarquia pura, feita em moldes muito mais elaborados, para que a sequência se retome na integralidade dos propósitos.

Na passagem do estado de natureza ao de sociedade – tendo por meio o de família – [1419] Barreto de Aragão não é claro na preferência ou não dos ensinamentos do jusracionalismo por que opta na primeira fase do seu trabalho. Haverá algo de semelhante com o que sucede com Gonzaga, isto é, uma tentativa de síntese entre as concepções do jusracionalismo e o eclectismo católico. A cidade ou a sociedade civil "he hum congresso, ou união de muitas Familias congregadas por Direito Natural para a conservação dos seus direitos e prerrogativas, e preheminencias proprias adequadas, e inherentes aos corpos e membros da cidade, e ao seu Estado he uma condição ou quali[da]de de pessoas idoneas para gozarem dos privilegios e direitos do cidadão"[1420].

Como consequência, o Direito Natural "é causa *mediata* e não *imediata* do estado de sociedade", na medida em que "*as cidades são constituiçoens humanas*, e a obrigação reciproca dos membros respectivos *he pacticia e só por consequencia do pacto he natural*"[1421].

Resultam, pois, do exposto duas observações fundamentais. Por um lado, uma concepção voluntarista, pactícia, no nascimento da sociedade civil[1422], aspecto em que acompanha o jusracionalismo Moderno. De outra parte, considerando que a aquisição do estado de sociedade por parte dos homens constitui seu Direito Natural próprio[1423], admite a Liberdade do homem em estado de natureza e confere-lhe os direitos de cidadania decorrentes da primitiva convenção. Coloca-os, mais, frente a frente com a defesa do Bem e felicidade comum, patrocinada pelo soberano e conforme ao despotismo ilustrado[1424].

Por outro lado, ao retomar os conceitos medievais de "Império" e "Domínio", pretende aplica-los à vertente matéria[1425], esclarecendo a divergência que entre os mesmos se verifica. Como corolário, conclui que é pertença do Rei o "Império", enquanto "hum Poder de direito proprio para a defesa e indemnidade dos direitos da cidade". Quanto ao "Domínio" pode remontar ao campo do particular, do privado, consistindo numa "livre faculdade, que tem cada individuo para dispor do que he seu"[1426], onde se deve considerar para os cultores do jusracionalismo, particularmente, a Liberdade e a Igualdade natural[1427].

[1419] António Barnabé Elescano Barreto de Aragão, *Codigo da Jurisprudencia Natural do Genero Humano*, págs. 27 e ss.
[1420] Idem, *ibidem*, pág. 36.
[1421] Idem, *ibidem*, pág. 36.
[1422] Idem, *ibidem*, pág. 101: "A cidade he hum composto de muitas familias, congregando para a defeza dos direitos, e tem a sua origem dos pactos humanos."
[1423] Idem, *ibidem*, pág. 37: "A naturalização, e Patrio Naturalismo são os meios inegaveis com que os homens adquirem este estado por Direito Natural, somente proprio das pessoas livres que são os Principes, e os vassallos premonidos com os seos direitos respectivos."
[1424] Idem, *ibidem*, pág. 37: "Os direitos dos Principes são aquelles, com que os mesmos Principes defendem, e desvanecem tudo que tende para a destruição do socego, e utilidade Publica dos Povos: e os vassalos são aquelles com que os cidadoens estão adstrictos a defenderem a cidade, e o Estado e sacrificarem por elle as proprias vidas e riquezas."
[1425] Idem, *ibidem*, págs. 45 e ss., aplicados preferencialmente a questões de Direito Privado, mas que não se podem alhear, palas razões apresentadas, às de Direito Público.
[1426] Idem, *ibidem*, pág. 40.
[1427] Idem, *ibidem*, págs. 42 e ss.

Por este sentido de "Império", pode o monarca legislar sobre coisas comuns e, relevante para o problema, "dispor do dominio das coizas dos vassalos ou por pena, ou pelo assim pedir a utilidade publica do Estado"[1428]. Já quanto ao "Domínio" discorda em absoluto da interpretação aprontada pelo Contratualismo[1429], ponderando a sua concepção católica da origem divina e não racional do Direito Natural[1430], sobretudo sustentando-se na contestação a Grócio que admitia a existência do Direito Natural, ainda quando Deus não existisse[1431].

Barreto de Aragão, em sequência, vai de encontro aos pressupostos da origem divina do Poder que em sociedade começou por se exercer pela Autoridade patriarcal e agora se reproduz à escala mais ampla da cidade[1432]. Não só não admite a Liberdade dos povos, como os sobrecarrega com um Poder régio que, mesmo indesejável[1433], não se questiona por ter origem divina. Por isso escreve que *"Elle* [Deus] *constithuio este Regio Poder* para a indemnidade do direito de cada individuo: e eis aqui porque as suas essenciaes partes são três: a saber, Legislativa, Judiciaria e Deliberativa"[1434].

Decorre, pois, ser o "Regio Poder (...) huma faculdade legítima de defender o seu Estado, os seus direitos publicos e particulares, por paz, ou por guerra. *E Deos he o Autor deste Poder, e quis estabelecello entre os homens*; pois elle he a que faz executar, e conservar, e defender a sua Divina Vontade. Pelo que *o Imperio, ou Sociedades Civis não tem a sua origem proxima, e immediata na da natureza humana (...); mas sim tem a sua origem proxima única, immediata e verdadeira do mesmo Deos"*[1435].

Isto é fundamental; existe em Barreto de Aragão – como em Gonzaga – o modelo acabado da tese portuguesa que concilia voluntarismo jusracionalista na formação da sociedade e origem divina do Poder no plano de quem o representa, o monarca. Por isso os desenvolvimentos que aponta na temática da soberania, por exemplo, vão todas na mesma linha de Pensamento, muito embora sem uma leitura atenta de novo possam resultar imprecisões.

Para Pufendorf, como para Wolff, Vattel ou Burlamaqui, para apenas mencionar os mais emblemáticos escritores do jusracionalismo Setecentista, o problema da origem da soberania estava resolvido. Mas como o presente Autor é pombalista[1436], admite que "o Direito Publico de hum Pays suppoem necesariamente huma soberania no Pays. Porque não há Estado sem soberania". Neste quadro, não há dúvida que qualquer dos antes citados poderia subscrever uma tal afirmação[1437], e por maioria de razão

---

[1428] Idem, *ibidem*, pág. 41.
[1429] Idem, *ibidem*, págs. 44 e ss., considerando que não há comunidade de bens primitivamente, antes estes são "nullius" e, por isso, susceptíveis de ocupação.
[1430] Idem, *ibidem*, págs. 43 e ss.
[1431] Idem, *ibidem*, pág. 44: "(...) só e propriemante se pode defender que o Dominio he de Direito Natural, que he aquelle fingido Direito Natural de Grócio *pro certo rerum statum*, que tal não existe, e que Formey, real, Pufendorfio, Wolfio, e Vitriario não entendião nem examinarão."
[1432] Idem, *ibidem*, pág. 101: "E Deos he o Autor do Direito do Imperio Civil, que consiste em conservar os direitos de cada individuo; que Deos concedeo aos pays de familias."
[1433] Idem, *ibidem*, pág. 101: "(...) eis aqui, digo eu, porque o Nome Regio he venerado: porque devemos obedecer, ainda que sejão impios: porque são inviolaveis: que so Deos os pode punir: e que quem lhes reziste que reziste á vontade do mesmo Deos."
[1434] Idem, *ibidem*, pág. 102.
[1435] Idem, *ibidem*, pág. 102.
[1436] Idem, *ibidem*, pág. 104: "(...) os Principes adquirem o Imperio, pelo direito da occupação, eleição [sic], testamento, Doacção, venda e comutação (...)."
[1437] Idem, *ibidem*, pág. 103.

quando considera que "a soberania he alma do Estado, a vida do Corpo Político, o symbo [lo] do Supremo Imperio (...)"[1438].

O que já se duvida é que aprovassem a origem dessa soberania, tal como a viam os teóricos portugueses. Na verdade, ela posiciona-se sob formulação distinta para os dois lados, jusracionalistas e eclécticos políticos nacionais, mesmo quando Barreto de Aragão, quer por na boca de Pufendorf palavras que não disse ou opiniões que não subscreveu, tais como "Deos he a cauza, e Autor da soberania, ou regio Poder".

Que outros, como Bossuet e até De Real por aí tivessem andado e essa fosse a interpretação da *Dedução Chronologica e Analytica*, nada de estranho. A confusão a que aqui se assiste andará, porventura, ligada a duas ideias distintas: uma, ao detentor originário do Poder que transmite a sua soberania – Deus ou a comunidade (ou a sociedade civil organizada) –; a outra que se prende com a forma de Governo que se preconiza e que é a monarquia absoluta, sem distinção em todos estes Autores. Quanto à origem de Poder há divergência; quanto ao seu tipo e forma de exercício, há sintonia.

Portanto, se Barreto de Aragão pensou em Absolutismo e falou em soberania, foi uma confusão entre conceitos; se disse efectivamente o que queria afirmar, então é mais grave.

Neste sentido, o proclamado jusnaturalismo de Barreto de Aragão é todo ele virado para a justaposição a que o tipo de interpretação da política josefina conduziu em Portugal. Tanto clamou que o Direito Natural constituía o único e verdadeiro fundamento de todo o Direito Positivo, que agora se encaminha muito mais para um plano de pressão legislativa privativa do Príncipe, com conotações mais próprias de um nascente positivismo.

A possibilidade de relacionar Gonzaga com o Contratualismo social, assim como no que respeita aos Poderes do Rei em presença da figura papal, é uma das questões que se irão dilucidar[1439]. Recorde-se que apenas em meados do séc. XX o seu texto essencial foi conhecido e as prevenções que a este respeito se fizeram.

Admite-se, mais, que a dedicatória que faz do *Tratado de Direito Natural* ao chefe governativo de D. José vincula a posição oficial do Pensamento político português nesta área. Já Barreto de Aragão o havia feito e não é de supor que alguém se atrevesse a tais veleidades, se não estivesse certo de traduzir pela pena a estrutura mental que percorria a oficialidade portuguesa neste domínio.

Isto basta para encarar o Autor como a versão paradigmática do Pensamento político português pombalino. Tanto mais que a circunstância do texto apenas ter sido descoberto século e meio depois de escrito, em nada retira o cunho de versão oficial daquele, como bem se percebe.

No estado natural não havia leis civis, "pois a Natureza que a todos fez iguais, não deu a uns o Poder de mandarem, nem pôs nos mais na obrigação de obedecerem" tendo Deus atribuído o Poder ao sumo imperante para semelhante fim nas sociedades humanas que aprovou[1440]. Assim sendo, é à lei civil que cumpre conferir sanção não

---

[1438] Idem, *ibidem*, pág. 103.
[1439] Rodrigues Lapa, "Prefácio", *Obras Completas de Tomás António de Gonzaga*, págs. XIII e XIV: "O jovem opositor *fazia nele a política do poderoso Ministro, punha o Poder real acima do eclesiástico, defendia o cesarismo, a tirania ilustrada*. Dá-se porém a "Viradeira", em 1777. Gonzaga celebrou então em verso o advento de D. Maria I, renunciou aos seus projectos de lente coimbrão, e fez o que todos faziam em seu lugar: habilitou-se para a carreira da magistratura."
[1440] Tomás António de Gonzaga, "Tratado de Direito Natural", *Obras Completas*, II, pág. 16.

apenas aos seus comandos normativos, mas igualmente obrigar a cumprir os do Direito Natural, tarefa que é exclusivamente levada à prática pelo monarca.

A forma pela qual esta sociedade se constituem é mediante pactos, nos termos que a melhor doutrina já enunciou[1441], sendo certo que foi a ingente necessidade[1442] que obrigou os homens a saírem do seu estado de Liberdade para entrarem num de sujeição[1443]. "No estado de natureza em que os homens nasceram, todos eram livres, todos eram iguais", enquanto no estado de sociedade se vêm despojados dessas duas características, "expostos à ira de um rei tirano, sujeitos a pesados tributos, a castigos injustos, aos perigos de outras infinitas calamidades"[1444].

A antropologia que manifesta é caracteristicamente pessimista e mesmo que o recuse, não consegue evitar uma fraseologia aproximada do modelo discurso do ímpio Hobbes, justificando a perda voluntária da Liberdade natural a que os indivíduos se submetem por contraponto à segurança colectiva que o estado de sociedade, regido por leis coactivas, lhes confere[1445]. A Liberdade de que dispõem não significa que os homens estejam menos sujeitos à lei"[1446], todos por igual e perante o monarca.

Este é o tipo de raciocínio próprio do discurso ôntico do josefismo, onde se apresentam as marcas do Direito Civil como um direito histórico, susceptível de alterações pelo decurso do tempo. É o tipo de discurso caro aos absolutistas do século antecedente em Portugal e no estrangeiro e que, num sentido diverso, por discordância da fonte promanadora do Poder, era também a interpretação de parte dos Autores ingleses.

Ponderadas as opções, reconhece Gonzaga que não poderá eternamente furtar-se ao jusracionalismo que ia sendo o sustentáculo do despotismo europeu – sobretudo o francês, o prussiano e o russo – e que as alterações promovidas por Pombal adaptaram em sentido específico para Portugal. A partir de agora, vislumbram-se maior número de referências e posicionamento do Pensamento do Autor na citada corrente reflexiva, admitindo-se no seu raciocínio o apoio ao Contratualismo social que vê na forma pactícia o meio ideal para a constituição das sociedades.

Discutindo os motivos que podem ter conduzido os homens a sair do estado de natureza segundo o leque de opções propostos pelos vários Autores[1447], conclui nos

---

[1441] Idem, *ibidem*, II, pág. 91.
[1442] Idem, *ibidem*, II, pág. 92. O Autor é antropologicamente pessimista, entendendo que no estado de natureza os homens viviam em situação de periclitante existência, que só a sua associação pôde superar. Na verdade, "sendo o homem por sua natureza um animal sumamente feroz, soberbo e vingativo", deveria ser muito grande a razão para se sujeitarem, estas feras ao comando de um que terminasse com a sua Igualdade e lhe coarctasse a sua Liberdade.
[1443] Idem, *ibidem*, II, págs. 16 e 17.
[1444] Idem, *ibidem*, II, pág. 92.
[1445] Idem, *ibidem*, II, pág. 92: "(...) sendo o homem por sua natureza um animal sumamente feroz, soberbo e vingativo, quão forte seria a causa que o moveu a deixar aquele estado, em que não reconhecia superior que coarctasse as suas acções, para passar a outro em que havia de reconhecer um Rei, que, além de lhe limitar, o havia tratar como a seu inferior."
[1446] Idem, *ibidem*, II, pág. 28. Neste particular convém reproduzir por inteiro o Pensamento do Autor: "Obsta porém que Deus deu Liberdade aos homens [para provar como alguns querem a não sujeição à lei]. Heinécio responde que a Liberdade é uma faculdade para fazermos tudo o que nos for conveniente e não para fazermos o que nos for nocivo. Séneca diz que é Liberdade o obedecer a Deus. *Nós diremos que Deus não nos deu Liberdade para podermos obrar tudo de jure, mas sim de facto, para podermos assim merecer ou desmerecer, (...)*."
[1447] Idem, *ibidem*, II, págs. 92-95.

termos acima explicitados: "medo e temor"[1448], que apenas a organização social permitiria ultrapassar. De facto, "a sociedade civil, posto que não seja mandada por Direito Natural, de forma que digamos que o quebram os que vivem sem ela à maneira dos brutos, é contudo sumamente útil e necessária, para se guardarem não só os preceitos naturais que dizem respeito á paz e felicidade temporal, mas também para se cumprirem as obrigações que temos para com Deus, porque nem a religião pode estar sem uma sociedade cristã, nem esta sociedade cristã sem uma concórdia entre os homens, nem esta concórdia se poderá conseguir sem ser por meio da sociedade civil"[1449].

Gonzaga causa alguma perplexidade no que respeita à exposição que faz a respeito "Das Divisões das Cidades, do Modo por que se Formam e de qual seja a Melhor Forma delas"[1450]. Começa por afirmar que as sociedades surgem por força de "um pacto e dois decretos", no que discorda da visão de Pufendorf, de "dois pactos e um decreto".

Em seu entender, o pacto resulta da decisão dos homens em associarem-se para formar a sociedade civil[1451], a que deve seguir-se a decisão de qual deve ser "a qualidade da cidade ou sociedade em que se deva viver", ou seja, qual o tipo de Governo para que pretendem avançar, como primeiro decreto. Neste segundo momento procede-se à determinação do tipo de sociedade em que se pretende viver e onde se introduz uma abordagem já clara em Pufendorf e De Martini, e neste particular, aproveitada para exemplificar com o caso português[1452].

Assim, Portugal é uma "cidade regular", tal como Castela, porque "o supremo Poder está num só sujeito". As cidades irregulares "têm o supremo Poder dividido "em diversos sujeitos", apontando como exemplo a Inglaterra em que existe divisão do supremo Poder entre o monarca e o Parlamento[1453].

A esta divisão acrescenta-se a das monarquias, aristocracia e democracia, em nada alterando a tradicional classificação das formas de Governo. O Autor ainda aponta outras classificações com interesse para serem dilucidadas. Quando perante direitos de majestade "unidos em um sujeito", trata-se de um império absoluto. Se o Rei não pode exercer esses direitos "sem consentimento alheio", está-se perante um império limitado[1454]. No primeiro caso, em presença de um império patrimonial; no segundo ao nível de um usufrutuário.

Naturalmente que a preferência vai para a monarquia[1455] e a democracia é a pior de todas.

[1448] Idem, *ibidem*, II, pág. 96.
[1449] Idem, *ibidem*, II, pág. 97.
[1450] Idem, *ibidem*, II, págs. 97 e ss.
[1451] Idem, *ibidem*, II, pág. 98: "Para haver cidade ou sociedade civil é necessário que se ajunte uma multidão de homens, pois como o seu fim é também para que os seus sócios se livrem das injúrias que os outros lhes procuram fazer, não se poderá conseguir este fim sem que se unam tantos que tenham forças tantas, que as possam repelir. *Ora ex. aqui o pacto, porque, estando nas mãos dos homens o viverem ou juntos ou separados, é necessário para se estabelecer a sociedade civil que eles primeiro que tudo pactuem o viverem nela.*"
[1452] Idem, *ibidem*, II, pág. 98: "Chamo com Pufendórfio a esta eleição 'decreto', porque, depois de se por a votos a forma do governo, fica de tal sorte decidida a causa pela pluralidade de votos, que nenhum poderá dizer que não consente nela, inda que fosse de mui contrário sentimento. *Isto não se verifica no simples pacto, pois que nele ninguém se obriga a estar pelo que os mais concordam, a não dar um expresso consentimento.*"
[1453] Idem, *ibidem*, II, pág. 97.
[1454] Idem, *ibidem*, II, pág. 108.
[1455] Idem, *ibidem*, pág. 100.

A precedente decisão sob a forma de Governo é vinculativa e deve ser tomada à "pluralidade de votos"[1456]. Em sequência, ocorre segundo "decreto", mediante o qual se regista a eleição dos governantes, uma vez que "nem será monarquia nem aristocracia a que não tiver monarca ou senadores que a moderem"[1457]. Ou seja, e utilizando a linguagem de Gonzaga, para determinar quem serão a(s) pessoa(s) que hão-de exercer as funções inerentes ao supremo Poder, por *via da eleição*.

Teoricamente, e perante a apresentação inicial feita por Gonzaga, ficaríamos por aqui, perante os dois citados decretos, precedidos do pacto de sociedade. Esta a primeira fase da questão em que o Autor reconhece a existência de Contratualismo social na medida em que ele se move na passagem do estado de natureza para o estado social e, neste, para a necessidade de uma institucionalização de órgãos governativos tipificados e agindo por força da prévia escolha ou eleição do Povo.

Contudo e da consulta da fonte, de imediato resulta uma contradição com o inicialmente exposto. De facto, segundo Gonzaga e após este processo, é necessário outro pacto entre monarca e Povo. "Depois de eleito o monarca, se este aceita, temos outro pacto entre ele e o Povo, pelo qual este lhe promete obediência e ele governá-los bem e defendê-los"[1458]. Há, pois, dois pactos e dois decretos, na realidade.

Sintetizando: Contratualismo social simbolizado na primitiva convenção; forma de governo por que se opta e determinação de quem o irá exercer como pessoa singular. No primeiro caso há coincidência com a tese pufendorfiana; no segundo perante o "decreto" da citada tese e que corresponde à fisionomia das Leis Fundamentais do Reino. Falta aferir da conformidade entre Gonzaga e Pufendorf no que respeita ao segundo decreto e segundo pacto que aquele considera.

As divergências que decorrem entre ambos posicionam-se no quadro da diversidade da origem do Poder político e em nada se incompatibilizam num ponto comum: a indispensabilidade do exercício do Poder absoluto, sem partilha e de uma forma centralizada.

Quanto à origem do Poder civil, se todo o Poder vem de Deus[1459], acrescenta-se em Gonzaga, que apenas por essa via "fazendo a natureza iguais a todos, é necessário para reconhecermos mais superioridade a um do que aos outros confessarmos que Deus aprova e confirma o título *porque damos a qualquer o Poder de governar*"[1460]. A este propósito e sobre a averiguação "se o Poder dos monarcas provém mediata ou imediatamente de Deus"[1461] e distinguindo artificiosamente entre "Poder que o Povo não tem" – e logo não pode transferir – e "faculdade de eleição" – que efectivamente é sua[1462], claro que conclui pela origem divina imediata do supremo Poder do Rei.

[1456] Idem, *ibidem*, II, pág. 98.
[1457] Idem, *ibidem*, II, pág. 99.
[1458] Idem, *ibidem*, II, pág. 99.
[1459] Idem, *ibidem*, II, pág. 100.
[1460] Idem, *ibidem*, II, pág. 101. Esta situação de entregar o Poder de governar não pode ser confundida com a outorga ao monarca de um qualquer Poder político que a sociedade não tem originariamente. Trata-se do estipulado nas Leis Fundamentais, mediante os tais "decretos".
[1461] Idem, *ibidem*, II, pág. 101.
[1462] Idem, *ibidem*, II, pág. 101: "Uns dizem que eles [os Reis] o recebem mediatamente de Deus e imediatamente do Povo. *O fundamento desta falsa opinião consiste em que o Poder estava no Povo e que por este meio da eleição lho transferira. Se os sequazes desta opinião reparassem em que o Povo não tem em si Poder algum que transferisse, mas somente a faculdade de eleição*, não seguiriam semelhante partido. (...) *Deus não há de estar dando o Poder a uns que o não podem exercitar, para que estes o dêm depois ao que pode,*

Seria inutilidade por parte de Deus agir por forma diversa, sabido que o Povo não tem capacidade para exercer o Poder. Tem, e no máximo, o Poder da eleição de titular do exercício[1463]; nunca o Poder de conferir uma coisa que não é nem nunca foi sua[1464].

Todas as vezes "que o Povo elege a algum para seu soberano e este aceita, adquire logo o império de tal forma, que nem o mesmo Povo lho poderá mais tirar nem ele carecerá de confirmação alguma, inda a do mesmo Papa"[1465]. Cumpre pois atribuir ao monarca o supremo império, porque não reconhece "superioridade alguma", não tem de "dar conta ou Razão de nada", estar acima e "ser superior às suas próprias leis". Ser, finalmente, "sagrado"[1466].

No primeiro caso, isso implica que o supremo império, logo que escolhido pelo Povo fica "conservando o direito da Liberdade, mas adquire sobre ele o Poder de governar", sendo igualmente certo que o facto de não ter de dar satisfações dos seus actos reflecte a sua superioridade[1467] e a insubmissão às leis que ele mesmo estabelece, pontos em que combate decididamente as doutrinas dos monarcómanos[1468].

Finalmente, não é possível ofender ou ultrajar o monarca, sagrado por definição[1469].

A figura do déspota e a do tirano não fazem parte do vocabulário político-constitucional do Autor – que nem mesmo admite a tirania[1470] – e as Leis Fundamentais, que não aparecem com este nome, são apenas os limites subjectivos resultantes do decreto inicial[1471]. O Povo não pode de modo algum derrogar a lei do Príncipe, o mesmo se podendo afirmar do costume, mas o Rei poderá, sempre que o entender proceder à revogação de qualquer deles[1472]. Na prática isto não era mais que o reconhecimento dos dizeres da *Lei da Boa Razão* e a sua aplicação política à actividade legislativa do monarca.

Ficam assim moldadas as duas ideias força presentes na reflexão de Gonzaga. Por um lado a segurança que a sociedade civil confere aos seus membros e a torna indispensável; por outro, a existência de governantes e governados e a distinção que daí

---

podendo-o logo dar imediatamente a este, pois parece que argúe imperfeição em Deus o estar obrando por uns meios inúteis e totalmente desnecessários. Se o Povo não pode exercitar o supremo Poder per si, mas somente eleger um imperante sumo (...) para que havemos de dizer que Deus lhe deu o Poder que não podia exercitar, só para que depois o transferisse ou no Rei ou nos senadores ou em si próprios?"

[1463] Idem, *ibidem*, II, pág. 102. Apresenta um argumento "definitivo": Além de nós vermos que também o Papa é eleito por cardeais, e não havemos contudo dizer que ele recebe o Poder imediatamente deles e mediatamente de Deus..."

[1464] Idem, *ibidem*, II, pág. 101: "Não será mais acertado e natural o dizermos que *Deus somente deu ao Povo o direito de escolher o seu governo*, que é o que somente exercita e que dá depois a aquele que o Povo elege imediatamente o Poder de governar?"

[1465] Idem, *ibidem*, II, pág. 111.

[1466] Idem, *ibidem*, II, pág. 102.

[1467] Idem, *ibidem*, II, pág. 106: "A minha opinião é que o Rei não pode ser de forma alguma subordinado ao Povo; e por isso ainda que o Rei governe mal ou cometa algum delito, nem por isso o Povo se pode armar de castigos contar ele. (...) Os delitos do Rei não podem ter outro juiz senão Deus."

[1468] Idem, *ibidem*, II, págs. 102 e ss. Apoia-se em Grócio, Heinécio, Pufendorf, Boehmero e outros para combater os monarcómanos, mas esquece que todos eles foram partidários da concepção convencional do Poder civil, aceitando e admitindo a origem humana do Poder régio.

[1469] Idem, *ibidem*, II, pág. 107.

[1470] Idem, *ibidem*, II, pág. 106. Como não aceita o maquiavelismo, não aceita a tirania e afirma que em casos extremos a Deus cumpre, tão só, decidir.

[1471] Idem, *ibidem*, II, págs. 106 e 107.

[1472] Idem, *ibidem*, II, pág. 149.

resulta provir da celebração de pactos. Acresce o facto de Deus ter aprovado a escolha do monarca, o que imediatamente transforma tal opção em divina e não humana. Entre o Poder de Deus na aprovação de uma escolha humana, a quem revigora pela outorga do Poder supremo e a escolha em si mesma, determinante é a aprovação e não a acção de escolher.

3.2. A questão do regalismo: segunda subdivisão

António Pereira de Figueiredo pode ter sido um dos corifeus[1473] de uma específica forma de regalismo nacional, normalmente designada por regalismo pombalino[1474] cujas características não serão diversas das suas congéneres europeias para o período, sendo nele visíveis os mesmo traços de combate à jurisdição eclesiástica em matérias de Poder temporal[1475]. Coube-lhe, em última instância, justificar canonicamente a política religiosa[1476] do ministro de D. José[1477].

Desde cedo esta característica se assume como marcante na sua escrita, de que a *Doctrinam Veteris Ecclesiae* se constitui como prólogo para ulteriores considerandos

---

[1473] Menéndez y Pelayo, VI, pág. 137: "(...) fué, justamente con Febrónio, el doctor, maestro y corifeo de la secta, así como sus libros una especie de Alcorán, citado com veneración, y en todas partes reimpreso."

[1474] Zília Maria Osório de Castro, "O Regalismo em Portugal", *Cultura – História e Política*, VI, págs. 367 e ss.: "(...) embora não levante dúvidas ser a iniciativa ministerial uma novidade da política regalista de então, nem ser esta última expressão do Poder soberano dos monarcas, a definição de regalismo pombalino (e também borbónico) assentaria, fundamentalmente (diríamos), na sua ligação com o processo de secularização em curso, e com as doutrinas que, dentro e fora da igreja (hierarquia), serviriam para enfraquecer o domínio espiritual e temporal do pontífice romano." Noutro contexto e com diversa posição no âmbito das Ideias Políticas, Menéndez y Pelayo, VI, págs. 134 e 135: "lamarlos *jansenistas* no es del todo inexacto, porque se parecian a los solitarios de Port-Royal en la afectatción de nimia austeridad y de celo por la pureza de la antigua disciplina, en el odio mal disimulado a la soberania pontificia; en las eternas declamaciones contra los abusos de la Curia Romana; en las sofisticas distinciones y rodeos de que se valían para eludir las condenaciones y decretos apostólicos; en el espiritu cismático que acariciaba la idea de iglesias nacionales, y, finalmente, en el aborrecimiento a la Compañía de Jesus. Tampoco andan acordes entre ellos mismos: unos, como Pereira, son episcopalistas acérrimos; otros, como Camponanes, furibundos regalistas; unos ensalzan las tradiciones de la Iglesia visigoda; otros se lamentan de las invasiones de la teocracia en aquellos siglos; otros, como Masdeu, ponen la fuente de todas las corrupciones de nuestra disciplina en la venida de los monjes cluniacenses y en la mudanza de rito. El *jansenismo* de algunos más bien debiera llamarse *hispanismo*, en el mal sentido que decimos *galicanismo*."

[1475] António Pereira de Figueiredo, *Doctrinam Veteris Ecclesiae*, pág. 52; Zília Maria Osório de Castro, "O Regalismo em Portugal", *Cultura – História e Política*, VI, pág. 369: "Tratava-se de libertar o estado dos elos de dependência e submissão ao papado enquanto expressão daquele mesmo Poder temporal; e ao mesmo tempo, integrar as ideias nacionais, na comunidade a que pertenciam, de modo a haver uma única realidade política. Para isso procurava-se estabelecer a independência dos soberanos face ao Poder do Papa. E pretendia-se também, estabelecer a autonomia das igrejas nacionais face à tutela da Cúria romana, de modo a integrá-las num estado que não prescindia ainda, a nível civil, do contributo da igreja."

[1476] Cândido dos Santos, "António Pereira de Figueiredo, Pombal e a *Aufklärung*", *O Marquês de Pombal e o seu tempo*, I, págs. 187 e ss., não tem qualquer dúvida em o classificar de jansenista, para o que apresenta forte colecção argumentativa.

[1477] José Sebastião da Silva Dias, "Pombalismo e Teoria Política", pág. 2, considera ser este um, dos casos flagrantes em *Doctrinam Veteris Ecclesiae*, a que acrescentamos ser impossível não associar a *Tentativa Theologica*, por força das motivações que lhe presidem e que estão na mesma zona de preocupações do primeiro dos textos citados.

acerca da secularização[1478] do Poder político, devidamente completada com a descentralização do governo da Igreja, vistos como meios ideais para a afirmação do Poder régio também no plano espiritual. A construção formal do texto, dividido em catorze "Propositio" baseia-se nos ensinamentos dos antigos Doutores da Igreja que, na interpretação do Autor, servem de base para reafirmar os Poderes do monarca sobre a Igreja, no que toca à parcela temporal do seu Governo.

Logo de início se defende que o Poder real foi instituído por Deus[1479], para o que apresenta provas retiradas das Escrituras e dos Padres da Igreja, sendo certo que o régio Poder[1480] todo ele se destina "quibus civilis Societas, ut civilis est, eique adnexa temporalis hominum felicitas atque tranquillitas continetur"[1481]. Apenas Deus é o superior dos monarcas em matérias civis e temporais[1482], tendo sido por vontade divina que se firmaram dois Poderes com competências diversas, questão onde o paralelo com o discurso de José António de Alvarenga é por demais evidente.

Em tese geral, é possível afirmar que a independência que se pretende conferir ao Estado em presença da Igreja justifica que o primeiro seja autónomo no plano temporal da segunda, enquanto esta será por forma manifesta incompetente em tudo o que esteja à margem do plano espiritual. O corpo de doutrina recenseado no citado texto é de tal forma esmagador que por muito que os seus opositores se esforçassem por o contraditar, o melhor que conseguiriam era apontar-lhe uma interpretação errónea.

O tipo de ponderação não muda muito na *Tentativa Theologica*[1483], ponto que reconhece na "Dedicatória" que endereça aos Bispos portugueses[1484], cujo direito e pertenças se compromete defender: "Neste Livro verão Vossas Excellencias, como

---

[1478] Miguel Baptista Pereira, "Iluminismo e Secularização", *O Marquês de Pombal e o seu tempo*, II, pág. 443: "(...) no cerne do Iluminismo aconteceu o importante fenómeno (...) da secularização ou nova forma de Liberdade e autonomia, que determinará o mundo e o modo de ser-no-mundo do homem moderno."

[1479] António Pereira de Figueiredo, *Doctrinam Veteris Ecclesiae*, pág. 1: "Ecclesiasticis Judicibus potestate sua vel contra naturalem aequitatem vel contra canones abutentibus, Regum, opem implorare ii pussunt, qui vim & injuriam patiuntur."

[1480] Idem, *ibidem*, pág. 66, considerando que o Poder régio em matéria temporal tanto abrange eclesiásticos como laicos.

[1481] Idem, *ibidem*, págs. 4 e ss.

[1482] O sistema de prova que António Pereira de Figueiredo usa para justificar estas e outras observações, é semelhante ao das máximas propostas, prolongando-se desta mesma sorte ao longo de todo o texto. Parece, pois, mais um levantamento importante de provas a serem, eventualmente, utilizadas em momento posterior. Por este motivo optamos por fazer a sua abordagem não num plano individual mas como comprovativo dos textos que serão em seguida objecto de apreciação.

[1483] Menéndez y Pelayo, VI, pág. 141, naturalmente que detesta o escrito, como o seu Autor, como o galicanismo ou o regalismo. Por dever de ofício aqui fica a sua caracterização da *Tentativa Theologica*: "(...) este libro, el primero y más hondamente galicano que se há impreso en nuestra Peninsula, baseado todo en las tradiciones y enseñanzas de la Sorbona, pero extremadas hasta el cisma, al cual lleva, no por camino real y descubierto, sino por el tortuoso sendero de una erudición sofística, aparatosa y enmarañada, que confunde los tiempos y trabuca los textos."

[1484] Zília Maria Osório de Castro, "O Regalismo em Portugal", *Cultura – História e Política*, VI, pág. 370: "A independência dos monarcas e a autonomia dos Bispos face ao Poder papal eram, pois, factores imprescindíveis à prossecução dos objectivos do Absolutismo esclarecido. Como o era também a unidade do Estado. Daí, que a centralização do Poder político nas mãos do soberano trouxesse simultaneamente a descentralização do Poder papal nas pessoas dos Bispos; e a autonomia desejada, a sujeição 'potencial' das igrejas nacionais. Daí, igualmente, a necessidade de legitimação de uma tal política mediante fundamentação doutrinal e, consequentemente, a aliança da tradição regalista com as correntes de Pensamento que postulavam a disciplina eclesiástica descentralizadora.

não fundo o que digo em especulaçõens apparentes, ou em declamaçoens aereas. As escrituras, os Padres, os Concilios, a Historia, os Theologos de maior nome são o fundamento em que se estribão todas as minhas doutrinas. (...) o meu caracter he pelejar com a Razão, vencer com a verdade"[1485]. É com base na doutrina e na História que pretende fundar as suas motivações.

Melhor, é nelas que sustenta como fontes para o seu raciocínio, mas também nas legais, uma vez que a questão apenas tinha sido suscitada com especial vigor[1486] por decreto régio de 1760, em que D. José proibia contactos com a Cúria Romana, por força das difíceis relações que de há muito existiam e agora se agravavam com Pombal e o seu regalismo[1487].

Recuperam-se alguns dos contributos que a Restauração neste plano já assumira pese embora o período em que se verificou fosse de dominação jesuítica[1488].

Defendendo que a jurisdição dos Bispos vem de Cristo e não do Papa, de imediato furta a obediência destes aos Sumo Pontífice em matérias eclesiásticas, uma vez que se retira dos textos sagrados "ser o successor de Pedro o Primaz da Igreja, e receber immediatamente de Christo o Governo e administração sobre a Igreja universal: assim dos outros textos se deve concluir, serem os sucessores dos Apostolos por Direito Divino Pastores e Governadores das sua Dioceses, e receberem immediatamente de Christo o Poder de as governar e administrar"[1489]. A demonstração do contrário data do séc. XIII e dos conflitos entre império e papado[1490], que levaram este último, na pessoa de Gregório IX a criar um sistema totalmente incompatível com o que sempre fora utilizado desde os tempos da fundação da Igreja de Cristo.

Este Poder que é absoluto e sem limites, implica que possam sem necessitar de mais nenhuma autorização governar a sua diocese. O "primado do Papa não consiste em mais que na Administração e Inspecção sobre a Igreja catholica, a fim de que cada Ministro no gráo da sua Jerarquia faça perfeitamente as suas obrigaçõens e funções tendo por norma dellas o Direito Divino e os Cânones"[1491]. Todas as asserções que

---

[1485] António Pereira de Figueiredo, *Tentativa Theologica*, "Dedicatória".

[1486] Antes disso, no Governo de D. João V, em 1728, tinha-se seguido uma política semelhante. O Autor justifica-se na *Tentativa Theologica*, "Proemio", pág. III, com fontes eclesiásticas.

[1487] Neste contexto sustenta-se em João de Paris, ilustre teórico medieval, acerca do qual se avançou já algo, em texto a publicar.

[1488] António Pereira de Figueiredo, *Tentativa Theologica*, "Proemio", pág. V, por referência ao *Balido das Ovelhas de Portugal*, Lisboa, 1651, onde se assentou que "ao Principe secular pertence o Poder da jurisdição contra os subditos e entre elles: e contra os estranhos o Poder de protecção, que exercitão na guerra: e contra os izentos (como são os Ecclesiasticos) o poder economico: e que este pode bem concorrer com o protectivo da guerra, ainda contra os proprios Ecclesiasticos. Que esta protecção lhe pertence por ser o Principe Tutor e defensor do Reyno, e como tal deve propulsar as injurias feitas a si e aos Vassalos: e não só as feitas, mas ainda as temidas: e defender sua dignidade Real, e a honra, e reputação della."

[1489] Idem, *ibidem*, pág. 6. Na *Resposta Apologetica de António Pereira (...) ao padre Gabriel Galindo*, págs. 10 e ss. reafirma e reforça esta posição, o mesmo sucedendo no *Appendix e Illustração da Tentativa Theologica*, págs. 31 e ss; págs. 49 e ss.

[1490] António Alberto de Andrade, *Vernei e a Cultura do seu Tempo*, pág. 325, considera que António Pereira de Figueiredo terá sido "o teólogo pombalino que espalhou o galicanismo (...)." Quanto "às dúvidas que pudessem levantar-se a respeito do seu febronismo, ficaram esclarecidas indubitavelmente na citada resposta ao P. Galindo, em que ataca a infalibilidade do Papa e na *Demonstração teológica*, na qual segundo Menedez Pelayo, 'completó Pereira su sistema, casi tan radical como el de Febronio'."

[1491] António Pereira de Figueiredo, *Tentativa Theologica*, pág. 9; *Appendix e Illustração da Tentativa Theologica*, págs. 40 e ss.

em contrário sejam feitas resultam de interpretações defeituosas do papado e do seu Código, feito a pensar em cercear as prerrogativas dos Bispos, concentrando toda a Autoridade nas mãos do Papa[1492].

A longa exposição que promove e as provas que carreia todas se inclinam neste sentido: "Em huma palavra: toda a Antiguidade teve por certo, que a Igreja Romana sim era a primeira, sim a principal, sim a suprema entre as mais Igrejas particulares; mas não a Rainha de todas as juntas. Que o Papa sim era o Primaz de cada hum dos Bispos: mas não Monarca de toda a Igreja. Porque a qualidade de Rainha só compete á Igreja universal: a qualidade de monarca ao Concilio Ecumenico, que a representa"[1493].

Em qualquer caso, o objectivo final transparece a espaços, como que meramente exemplificativo do que se pretende quanto aos Poderes dos Bispos, mas que na prática é ponderado em termos mais amplos. Assim e pronunciando-se em contrário à propriedade da Santa Sé em tudo quanto vá para além das "almas e do foro da consciência", não lhe sendo legítimo intervir em matéria de "corpos e temporalidades", conclui que "he maxima notoria da Corte de Roma supprimir todos os monumentos antigos, e modernos, que possão incommodar de algum modo as suas novas pretensoēns"[1494].

A transição do conciliarismo medieval para o moderno que António Pereira de Figueiredo patrocina[1495], autoriza a conjecturar que estaria por uma reforma da Igreja Romana[1496], ao sabor dos ensinamentos de Dom frei Bartolomeu dos Mártires, que conhecia bem[1497], e se compaginaria com as suas particulares ideias[1498].

[1492] Idem, *ibidem*, págs. 38 e 39.
[1493] Idem, *ibidem*, pág. 116. Reportando-se a Gerson significa que "as Reservas que se contém no Livro do sexto e nas Clementinas, qualifica Gerson por uzurpaçõens da jurisdição alheia, e lhes chama arrogantes e soberbos artificios da ambição de alguns papas, que por este meios *quizerão deprimir o Corpo dos Bispos, e fazer dependentes da Curia os mesmos Principes Seculares.*"
[1494] Idem, *ibidem*, pág. 136.
[1495] O mais interessante é que os gérmens da "democratização", aos quais o nosso padre seria estranho no plano político, mas convicto defensor no plano episcopal, partem do interior da própria Igreja de Roma. Desde finais do séc. XII que os conciliaristas propunham uma nova forma de encarar o Poder, consubstanciada não no Poder absoluto do Papa, mas antes nas Assembleias eclesiásticas. O Poder uno e indivisível do pontífice transitava para as Assembleias eclesiásticas e para ele passam a apelar os descontentes com a omnipotência do Papado. A sua importância será sobretudo decisiva com os problemas da Reforma e contestação que lança aos papistas, muito por força da necessidade de uma "reforma interna" da Igreja Romana, confusão à parte a Reforma patrocinada pelos protestantes.
[1496] Um bom resumo, que além do mais tem a virtude de chamar à colação alguns aspectos menos conhecidos da Contra-Reforma, pode ser encontrado em António Camões Gouveia, "Contra-Reforma", *Dicionário de História Religiosa de Portugal de Portugal*, C-I, págs. 15-19. Considera este Autor que deve haver cuidado na utilização da expressão, quando no seio da própria Igreja católica se assistiu a um sentimento de necessária reforma, pese embora não fossem partilhadas as ideias protestantes.
[1497] António Pereira de Figueiredo, *Portuguezes nos Concilios Geraes*, Lisboa, 1787, págs. 89 e ss., *Appendix e Illustração da Tentativa Theologica*, pág. 103: "O voto do grande Arcebispo de Braga, D. Fr. Barthomeo dos Martyres era, que os Bispos pudessem absolver no foro da consciencia de todos os cazos reservados ao papa. E no foro penitencial dispensar de todas as irregulridades, e dos impedimentos do Matrimonio em alguns gráos prohibidos (...)."
[1498] Idem, *Tentativa Theologica*, págs. 150 e 151: "*como toda a força e autoridade da Igreja Universal se acha no Concilio Geral* [segundo afirmam os nosso Theologos], *que como tal representa toda a Igreja Catholica*: huma vez prescriptos e designados pelo Concilio Geral tanto os limites do papado, como

Depois de ter procedido a uma reinterpretação dos Poderes episcopais e forma como entendia os mesmos deveriam funcionar, dedica-se, no "Setimo Principio" à discussão acerca do valor dos actos do Príncipe em contrário ao Direito Divino e Natural. Sabia-se que os limites morais impostos à sua actuação até finais do séc. XVII eram precisamente estes, que os Povos podiam invocar, para activarem o seu direito de resistência ao tirano. Importará, neste contexto apreciar a posição do presente Autor, análise em que se enquadra a ideia de Liberdade individual e da comunidade, por definição inexistentes tal como as interpreta.

Não é de estranhar que considere que em caso de conflito deva prevalecer o direito do Rei, fundando-se para tanto nos textos sagrados e Doutores que os interpretaram e divulgaram. São Pedro mandava que se obedecesse mesmo ao monarca tirano e S. Paulo entendia que quem resistia às suas ordens era como se resistisse a Deus[1499].

Sem dúvida que isto era assim mas a posterior teorização veio a conferir feição moderada a esta obediência, algo que quadrava muito mal às conhecidas tendências do Autor. Poderá até ser algo contraditório com o que defende antes, a observação segundo a qual se deve obedecer a preceitos régios, "sem mais excepção, que a do caso em que se mande violar ou a Ley de Deos ou a natural"[1500]. Percebe-se bem que o monarca está submetido àquele normativo moral, de acordo com a doutrina que sustentava a origem divina do Poder e que apontava para que os preceitos morais seriam insusceptíveis de incumprimento por parte do monarca. O único problema era esse mesmo: se os não cumprisse, quem seria o juiz terreno dos seus actos?

Em qualquer caso, os destinatários desta obediência ao preceito régio são em primeira linha os Bispos portugueses, a quem se destina na essência o seu discurso, procurando tranquilizar e convencer as suas tão devotas quanto submissas consciências ao Papado, que quem tinha o Direito e detinha o Poder de mando era o monarca[1501]. Indirectamente, todos os demais vassalos.

Trata-se da defesa da "sua Soberania" e não há nenhum Rei que a ele possa renunciar, mesmo querendo. Curiosa é a forma porque defende esta obediência: "(...) aos subditos não toca averiguar nem ponderar a justiça ou injustiça destes procedimentos Regios: nem o Rei tem obrigação de dar parte aos subditos das razõens que o moverão: por ser doutrina assentada, que quando a materia do preceito não transcende os limites do Poder regio, antes se comprehende nelle: sempre a presumpção da justiça deve estar a favor do Rey", sendo a matéria do decreto de D. José que proibe contactos com Roma, um "objecto proprio da authoridade dos Soberanos, aos quaes privativamente compete regular que os seus subditos saião ou não saião do Reyno, que tinhão ou não commercio com estrangeiros"[1502].

É direito régio dos monarcas a nomeação dos Bispos, ao qual apenas por arbitrariedades da Santa Sé renunciaram[1503], não se justificando uma tal atitude. Por recurso às fontes se assegura ao Rei esta observância, "Eorundem Temporalium jure,

---

os do Episcopado, como todos os demais pontos da disciplina e Reformação Ecclesiastica: *não pode o Papa, nem podem os Bispos exceder esses limites* (...).''

[1499] Idem, *ibidem*, págs. 195 e 196.
[1500] Idem, *ibidem, Tentativa Theologica*, pág. 196.
[1501] Idem, *Doctrinam Veteris Ecclesiae*, pág. 9: "In civilibus & temporalibus administrandis nullum superiorem agnoscunt Reges, praeter solum Deum."
[1502] Idem, *ibidem*, pág. 199.
[1503] Idem, *Demonstração Theologica*, pág. 238.

imperio, possessione, administaratione, nec directe nec indirectae privare Reges potest Romanus Pontifex"[1504].

Posto que cumpridos estes objectivos de desagravar dúvidas sobre o objecto que se patenteava, tenham-se presentes que eram os mesmo partilhados pela *Real Mesa Censória*, ponto assaz importante para oficializar a doutrina e transformar o discurso no justificativo do Estado português face à Santa Sé. É isso que faz frei Inácio de S. Caetano, confessor da Família Real e deputado da *Real Mesa*, quando se explica: "(...) julgo, que he dignissima, que se publique pelo beneficio do Prelo, não só para iluminar os Theologos medíocres, e ao Povo deste florentissimo reino, que tanta necessidade tem de luzes neste, e outros pontos semelhantes", além dos Bispos a quem especialmente se destina.

Mais que isso, entende o censor que "nesta feliz Epoca, na qual pelo patrocinio que o nosso Clementissimo, e amabilissimo Monarca, que Deos nos conserve por dilatadissimos annos, dá ás letras, as vemos hir reflorescendo: he necessario, que se publiquem livros, para dissipar as trevas das preocupaçõens, em que estavamos, e que communiquem as verdadeiras luzes, de que careciamos: e tudo isto se faz nesta *Tentativa* (...)"[1505].

Outro dos escritos de António Pereira de Figueiredo que se encaminha nesta direcção é a *Demonstração Theologica*[1506], onde são chamadas à colação algumas das "Propositio" objecto da *Doctrinam Veteris Ecclesiae*. Repete que a soberana independência dos Príncipes seculares nas matérias temporais, "que são *todas as que concernem ao bom regime da Sociedade, e a conservação do Estado: o Direito*, que como Attributo inseparável da Majestade compete aos mesmos Principes de nomearem todos os Bispos, e Arcebispos dos seus Dominios, ainda sem mediar Privilegio, ou concessão da Sé Apostolica", é característica do Poder absoluto do Príncipe. E se é direito do Príncipe proceder em conformidade com os Poderes que o próprio Criador lhe outorgou, não é menos certo que "Legibus conservadae Societas humanae non animus obstringitur Ecclesia, quàm Republica"[1507].

Ficam claras as intenções do escritor. Aplaudido por uns, invectivado por outros, o seu Pensamento serviu à perfeição para teorizar a atitude de regalismo nacional da segunda metade do séc. XVIII, recebendo louvores laicos e eclesiásticos e concomitantes críticas dos dois lados. A recusa do ultramontanismo que é pedra de toque de toda a sua investigação e o seguro que lhe conferem as fontes em que se sustenta, nomeadamente Bossuet, não apenas apontam para o facto de ser considerado nesta matéria "homem-de-mão" de Pombal, mas justificam a celebridade europeia que atingiu nos Estados absolutos do período.

Assim mesmo a autonomia do Poder civil em presença do Poder papal, parece ser passível de interpretação num sentido mais amplo que o que decorre das suas palavras.

[1504] Idem, *Doctrinam Veteris Ecclesiae*, pág. 22.
[1505] Frei Ignacio de S. Caetano, *Censura*..., Carnide, 5 de Julho de 1766. As duas *Censuras* que seguem vão na mesma linha de orientação, reafirmando frei Manuel da Ressurreição que "(...) cortado pelos Reys, e Principes Soberanos o Recurso a Roma, não devem os Bispos ventilar a justiça da causa, mas sim obedecer por Ley natural, e Divina aos seus respectivos Soberanos, e prover no tempo da Rotura tudo quanto for necessario para o bem espiritual, e ainda temporal do rebanho, que Jesus Christo immediatamente lhes entregou."
[1506] António Pereira de Figueiredo, *Demonstração Theologica*, "Prefação"; *Doctrinam Veteris Ecclesiae* págs. 4 e ss.
[1507] Idem, *Doctrinam Veteris Ecclesiae*, pág. 6.

Se não há dúvida que em presença do seu regalismo o Poder teocrático se reduz a uma espécie de mínimo ético, do qual o Rei não depende em qualquer circunstância em termos temporais, o mesmo tipo de interpretação vale para potenciais veleidades da comunidade. Donde a inexistência de recurso espiritual é acompanhada, no âmbito das matérias temporais, por uma idêntica inaptidão da própria comunidade para questionar as régias medidas.

Se esta última questão pode não estar directamente tratada, retira-se sem dificuldade do contexto, uma vez que quem não pode o mais, não pode o menos. Se "o mais" aqui era o recurso ao Poder espiritual para apreciar dos actos da régia majestade, certamente não seria "o menos", comunidade ou seus representantes em Cortes a poderem arvorar-se uma tal possibilidade.

Quanto ao regalismo, Barreto de Aragão reitera que deve dar-se a cada qual aquilo que é seu, porque Deus assim o ensinou: "a Deos o que he de Deos, e aos homens o que é dos homens", fatia de trecho onde se descortina a imediata adesão ao regalismo. Não era, porém, tema que tivesse em mente desenvolver e o simples facto de considerar qualquer impossibilidade de concurso em presença do Poder régio e nunca resvalar para fontes diversas das preferidas pelo regalismo nacional nos seus vários planos, leva a concluir pela sua adopção.

Em sequência, entende Gonzaga que Estado e Igreja não devem sobrepor as suas respectivas atribuições que, no plano espiritual são de exclusiva responsabilidade da Igreja. Já no que respeita a matérias de ordem temporal a Igreja deve submeter-se ao Poder do sumo imperante[1508]. Estas conclusões são sobretudo importantes na presente temática, porque Gonzaga entende que "se a tomarmos como Corpo Político as decisões que como tal se fizerem são sujeitas e dependentes da Autoridade do soberano", pelo que nenhumas letras apostólicas terão vigor desde que não sejam aprovadas por beneplácito régio[1509]. Ou seja, o regalismo pombalino encontra mais um adepto confesso neste portuense.

Resulta, pois, que "havemos admitir que é a ele que toca o declarar quais são as heréticas e nocivas, mas *nem por isso havemos de dizer que ela pode proibir os livros que as contêm com proibição externa, qual é a de os mandar queimar, pôr penas pecuniárias a quem os vender, e outras semelhantes. Esta proibição é somente da jurisdição do soberano*"[1510].

Quanto ao problema do regalismo em Portugal, António Ribeiro dos Santos vai na linha de António Pereira de Figueiredo e da *Dedução Chronologica*, embora os termos em que coloca o problema sejam algo diversos. É no *De Sacerdotio et Imperio* que se encontra a estrutura fundamental do seu Pensamento regalista. Neste domínio não existem alterações significativas entre as duas fases do seu Pensamento pelo que será curial aqui retomar o primeiro dos escritores do Autor objecto de apreciação.

Considera Ribeiro dos Santos quanto ao problema da relação entre as jurisdições espiritual e temporal que "Summorum Imperantium officia his duobus complectimur. Primò omnia efficer, quae ad tranquilitatem, prosperitatem, & securitatem Civitatis necessaria sunt. Secundò, ab iis omnibus cavere, quare Civitatem deteriorem efficere possunt. (...) Cùm ergo summa Imperantium Potestas eò utique tendat, ut & interna Imperri constitutio, tranquillitas, & beatitudo, & externa ejusdem securitas semper

---

[1508] Tomás António de Gonzaga, "Tratado de Direito Natural", *Obras Completas*, II, págs. 88 e 89.
[1509] Idem, *ibidem*, II, pág. 118.
[1510] Idem, *ibidem*, II, pág. 119.

vigeat, consequens est, ut ii, quibus summum Imperium deus commist, summis quoque juribus potiantur, quibus illud & stabilire, & conservare possint debitaque officia exercere"[1511].

Existe deste modo uma diferença quanto aos objectos das duas respectivas sociedades, a civil e a eclesiástica[1512], que não se confundem entre si nem quanto aos fins nem quanto aos Poderes. Em qualquer caso, não há nem pode haver sobreposição de funções entre os planos temporal espiritual e se ambos são indispensáveis na conservação da sociedade, os seus lugares estão bem demarcados. Não significa isto que afaste ou sequer secundarize o plano do espiritual. Ribeiro dos Santos, é bom lembrá-lo, é canonista e nunca poderia, no exercício de uma qualquer actividade intelectual descartar o papel da Igreja de Roma.

Simplesmente o que preconiza é uma cooperação entre temporal e espiritual, no quadro de um país partidário da ortodoxia Católica-Apostólica-Romana mas em que cada uma das jurisdições tinha demarcados os seus campos de actuação; mais que concorrentes, deveriam ser aliadas, sem que deixasse de ser evidência a subordinação da sociedade espiritual ao temporal[1513].

Prova disto são as suas palavras – num trecho algo extenso mas imprescindível para posicionar o problema: "Ut autem mutua illa tum Sacerdotii, tum Imperii independentia, sine qua utrumque stare nequit, feliciter conservetur, perspiciendum profecto est, quos illa sines habeat, quibus demum limitibus designetur. Hoc tu facilè agnosces, si memineris Imperii objectum esse hominum, eorundemque libertatis, ac bonorum conservationem, ut temporali felicitate perfruantur; Religionis autem objectum esse animarum salutem, ut tranquillitas spiritualis, & aeterna beatitudo comparetur. Ex quibus necessariò conficies ea omni, quibus civilis Societas, ut civilis est, eique adnexa temporalis hominum felicitas continetur, ita independenter, & absolutè ad Imperalem Potestatem pertinere, ut in iis quidem nil unquam juris Sacerdotium habere possit; contra verò ea omnia, quibus societas Ecclesiastica, ut Ecclesiastica est, eique adnexa aeterna animarum salus, & beatitudo continetur, adeò quoque ad Sacerdotalem Potestatem pertinere, ut ipsum Imperium erga illa nullo jure potiatur. Ex iis taque principiis, siquid video, solidissimis, & inconcussis jam multa profluunt"[1514].

Não tem, pois, a sociedade espiritual qualquer direito no plano da jurisdição temporal e sobretudo no que respeita às relações entre os Príncipes católicos e ao régio Poder dos soberanos em presença dos seus vassalos. Politicamente, os Poderes papais são ainda menores em relação aos monarcas que aqueles que durante um longo e cinzento período se pensava que os soberanos teriam em presença da Igreja.

Em síntese e ponderando a aproximação feita pelo presente Autor às matérias do regalismo, sempre se diga que se o seu trabalho não teve o impacto do de António Pereira de Figueiredo, pelo espírito panfletário de que aquele mereceu nota de destaque, em termos substanciais e quanto à doutrina não existem grandes divergências. Trata-se de mais um Autor que nos quadros da incrementação do Poder temporal face

---

[1511] António Ribeiro dos Santos, *De Sacerdotio et Imperio*, pág. 68.
[1512] Idem, *ibidem*, pág. 43: "Quamobrem negabit nemo Ecclesiae objectum esse ea omnia, quibus Ecclesiastica Societas, ut Ecclesiastica est, eique adnexa aeterna hominum salus, & beatitude continentur."
[1513] Idem, *ibidem*, págs. 63 e 64.
[1514] Idem, *ibidem*, págs. 85 e 86.

ao espiritual como objectivo da manutenção do Absolutismo régio por via de uma certa "democratização" episcopal, procurava retirar atributos à Igreja para que a sua concessão à jurisdição laica caminhasse de mãos dadas com a régia e suprema majestade.

4. Posicionamento português posterior ao consulado pombalino: a terceira subdivisão

4.1. Lei Natural/Direito Natural e Razão

Serve este passo interpretativo do Pensamento de Teodoro de Almeida, para estabelecer a ligação com o conceito pouco nobre que tem da maior parte dos pensadores Modernos, os quais com a sua demasiada Liberdade, questionam pontos que considera impossíveis de equacionar.

São os casos de Voltaire, Helvétius, Rousseau e outros, que saem bastante maltratados nesta contenda, ao defenderem um estilo de reflexão completamente liberta dos contributos da divindade, apelando para uma racionalidade estritamente humana, e sem dependência alguma da transcendência[1515].

Se o Autor critica os Escolásticos e os sistémicos, acudindo aos contributos positivos e decisivos da Modernidade, não pode deixar de invectivar esses "ímpios" da sociedade.[1516]

A luz da Razão ou lei natural que o homem deve colocar como pressuposto de todas as suas atitudes, encarada como suficiente para a condução de todo e qualquer homem na sua vida comum, sendo inquestionavelmente a mais pura de todas as leis, é pelas suas características próprias e segundo o padre, insuficiente para o homem se orientar na vida comum.

A lei natural, "que a *Luz da Razão* nos ensina"[1517], "*não vem de nós*"[1518], antes é produto da racionalidade divina, sendo universal, não sujeita à vontade humana nem passível de ser dominada pelo Ser humano. "*A luz da Razão, e a Lei Natural, vem só de*

[1515] Teófilo Braga, *História da Universidade de Coimbra*, III, págs. 90 e 91, aponta que este posicionamento em nada impediu ser incomodado pela *Mesa Censória*, uma vez que no seu *Feliz Independente* preconizava a Razão natural, tendo-lhe sido ordenado que "emendasse no sentido christão a sua Obra." Eis aqui a parcela que nos parece mais significativa da censura: "(...) esta doutrina ou philosophia não tem todo o fundo e unção de verdade para ser admissivel e lida em um livro em que o seu auctor se pretende a expectação dos leitores sem se mostrar depurada de uma especie de stoicismo, e mais christianisada, isto é, declarando que toda esta luz da rasão é por si só insuficiente, e que nos abatimentos e contrariedades do mundo ou da fortuna (que verdadeiramente são os exames com que a Providencia nos castiga ou nos prova) só nos pode vir o espirito de conformidade da graça do Senhor que levanta e auxilia a luz da rasão. Este ponto escapou sempre ao auctor no pensar d'esta Obra, e só depois *de advertido se lembrou d'elle por addições e entrelinhas*, e por esta rasão ficando muitas vezes os periodos violentos e desatados por não serem assim concebidos na imaginação do auctor, sendo aliás um ponto tão indispensável e importante que constitue a verdade d'esta philosophia o systema da nossa Fé, e um dos melhores argumentos da nossa Religião."

[1516] Ficou claro, em local próprio, o que se infere das propostas dalguns destes Autores e outros que serão vistos em próximo capítulo. É tempo de para aí remeter, pese embora se continue a defender que o que eles diziam se escandalizava os pios e puros ouvidos da ortodoxia Católica-Apostólica-Romana, com algum motivo em certas matérias, não terá deixado de influenciar alguns dos mais cotados intelectuais deste período, mais ou menos insuspeitos, de que é exemplo Beccaria.

[1517] Teodoro de Almeida, *Recreação Filosofica*, IX, pág. 106.

[1518] Idem, *ibidem*, IX, pág. 108.

Deos quando formou a natureza"[1519]. Esta Razão que o homem tem em si é *"o mesmo que a Razão Eterna de Deos está dictando"*[1520], pese embora as diferenças abissais que existem entre a inteligência divina e a Razão natural dos homens. Na realidade não se trata de uma questão de contradição entre ambas mas de diferença entre a amplitude e o valor das mesmas[1521].

Posto que não seria preciso muito mais para inserir o racionalismo de padre Teodoro na corrente opositora ao Direito Natural laico ou profano, que a Modernidade havia consagrado.

É porque a Liberdade é independente da Razão e pode o homem conhecer a primeira e agir em seu contrário, que é a própria Lei da Razão a requerer a existência de uma força coactiva[1522], que obrigue todos a observarem a sua obrigação[1523], "ou, como dizem, o seu Dever"[1524]. Como consequência uma ligação perfeita entre pressupostos morais e políticos na regência da actividade humana.

No que respeita a António Soares Barbosa, a racionalidade humana está na dependência da racionalidade divina[1525], "pois Deos dando-nos aquelles meios extraordinarios, e indispensaveis, não estando na nossa mão o conseguillos, não quis no mais fazer a nossa Razão inutil: quiz sujeitalla, porém não aniquilalla"[1526].

Por conseguinte e mantendo-se a concepção teológica do Direito Natural, fica claro que o homem tem a sua própria moral – "huma Moral, que toda se dirigisse a iluminar o entendimento com as luzes da Razão"[1527] – como tem a sua própria ética, mas ambas devem subsumir-se à moral evangélica[1528]. Por esta Moral se depreende que os "nossos principais verdadeiros interesses estão inseparavelmente conexos com o cumprimento das nossas obrigaçoens", perfeitamente expurgada de "todas

---

[1519] Idem, *ibidem*, IX, pág. 111. Um pouco adiante, a pág. 141, esclarece que "a nossa Luz da Razão posta por Deos no nosso entendimento he um raio da Razão Eterna de Deos. O Creador não póde por no nosso entendimento huma Luz, ou uma Voz contraia ao que Elle quer e approva."

[1520] Idem, *ibidem*, IX, pág. 111.

[1521] António Pedro Barbas Homem, *A Lei da Liberdade. Introdução Histórica ao Pensamento Jurídico*, I, págs. 145 e 146.

[1522] Com isto se prende o discurso que amplamente prossegue a propósito da necessidade de uma lei positiva, que sirva de complemento indispensável à lei natural e onde, ao lado do tema da Liberdade, até agora ponderado, surge de imediato a questão da Igualdade. E, sem prejuízo de ser ponto a desenvolver em maior detalhe no parágrafo seguinte, aqui ficam alguns aspectos básicos no delinear do problema.

[1523] Teodoro de Almeida, *Recreação Filosofica*, IX, pág. 121.

[1524] Idem, *ibidem*, IX, pág. 121. Será no volume X que o Autor irá desenvolver este ponto, utilizando o mesmo sistema de Wolff, isto é, analisando a "Ethica em tres partes", em que a primeira se prende com as "Obrigações, ou deveres do homem para com Deos", a segunda, às "Obrigações, ou deveres do homem para comsigo mesmo" e a terceira se intitula "Das Obrigações, ou deveres do homem para com os outros homens." Trata-se do sistema wolffiano a funcionar, pese embora haja uma inversão na ordem das obrigações em deveres. Em Wolff eram tratados em primeiro lugar os deveres do homem para consigo mesmo, depois para com os outros e, finalmente, para com Deus. Por tudo o que já se expôs não parece difícil perceber a opção de Teodoro de Almeida...

[1525] António Soares Barbosa, *Tractado elementar de Philosofia Moral*, I, "Introducção", págs. XXXII e XXXIII, alerta para o facto de o grande erro dos filósofos terem pretendido fundar a lei Moral exclusivamente sobre a Razão humana; esse foi o seu maior erro.

[1526] Idem, *Discurso sobre o bom e verdadeiro gosto na Philosophia*, pág. 29.

[1527] Idem, *ibidem*, pág. 29.

[1528] Idem, *ibidem*, págs. 29 e ss.

aquellas superficialidades, e enredos, com que o espirito escolastíco, e contencioso a tem estragado"[1529].

Os "principios fundamentais do Direito Natural [são] os verdadeiros fundamentos da sciencia moral do homem", para o que urge indagar do estado e constituição do homem natural. Invulgar neste período da nossa História do Pensamento e das Ideias Políticas, Soares Barbosa cita alguém pouco caro aos Autores nacionais, Rousseau. Trata-se de citação perfeitamente inocente, como se pode comprovar, e que qualquer jusracionalista não teria pejo em subscrever. A nota de relevo vai toda para o facto de ter escolhido este Autor e não outro, quando dispunha de tantas hipóteses.

Averiguados que estão os princípios segundo os quais o homem se deve relacionar com Deus e com ele mesmo, importa estender esse raciocínio ao compromisso com os outros homens. "Não quis (...) a Providência que o homem vivesse solitario: parece que pela sua condição, indigencias e propensoens, todo foi feito para a sociedade. Desta, que elle deve cultivar he verosimil o deverse originar toda aquella benevolencia, e amor, com que está obrigado a querer bem, e ser util aos seus similhantes, quanto podér ser, a sua felicidade com a dos outros, e antepondo sempre a utilidade publica ao seu particular interesse" daqui derivando todas as obrigações que resultam das relações sinalagmáticas que os homens entre si estabelecem e originando uma sociedade geral, "ainda objecto da moral do homem"[1530].

Daqui resultam já alguns dados importantes. Além da visão sagrada do Direito Natural, que mantém, Soares Barbosa manifesta a sua veia voluntarista neste domínio. Razão e vontade divinas são o fundamento da lei moral. Seja como for, sempre deverá levar-se em linha de conta que a Razão natural encontra os seus pressupostos na "primeira causa legisladora: a immutavel vontade do Primeiro Ser"[1531]. A conotação é sem dúvida nominalista e está conforme o processo anterior em que discute a Liberdade no plano Metafísico, onde uma clara ênfase foi dedicada à vontade nas suas relações com a Liberdade.

4.2. Poder político e Liberdade (origem do Poder e Contrato) em versão posterior a Pombal

Teodoro de Almeida entende que foi Deus quem criou o homem para viver em sociedade[1532] pelas suas próprias características distintivas dos demais animais da Criação. Para isso dotou-o com leis apropriadas a essa convivência: *"leis para o homem viver em sociedade, devem ser proprias para ella se conservar; e que devem ser uteis á sociedade"*[1533]. E, é ainda verdade que "só de Deo, que a todos he superior, vem a authoridade de toda a Lei positiva, porque são fundadas na Lei da Razão que he a Voz de Deos"[1534].

Não há, pois, separação entre a origem da lei positiva e a origem da lei natural; ambas provêm de Deus, como cumpre ao Pensamento católico.

[1529] Idem, *ibidem*, págs. 29 e 30.
[1530] Idem, *ibidem*, pág. 37.
[1531] Idem, *ibidem*, pág. 35.
[1532] Teodoro de Almeida, *Recreação Filosofica*, X, pág. 258.
[1533] Idem, *ibidem*, pág. 265; X, pág. 379: "(...) para o bem da Sociedade he preciso que as leis civis unão, e ajuntem em certos pontos as vontades de todos."
[1534] Idem, *ibidem*, IX, pág. 125. O desenvolvimento "dos deveres do Homem para com as Leis Civis" encontra-se a págs. 372 e ss.

Ou seja, mesmo antes de avançar no ponto, pode daqui inferir-se que para padre Teodoro, é o homem que precisa da sociedade e dela depende; não é a sociedade que tem necessidade dos homens para se poder constituir e, no seu conjunto, impor ao Poder régio ou, ao menos num primeiro momento indicar por convenção quem deverá assumir o comando da mesma. Para além de não aderir ao Direito Natural laico ou profano, segue a versão naturalística da constituição da sociedade, patrocinada por Aristóteles e adoptada pelo Pensamento católico.

Antes de atender ao seu próprio interesse deve o homem atender aos interesses da sociedade, questão em que deliberadamente contraria o "ímpio" Helvétius que entendia que *a sensibilidade fysica, e o interesse pessoal, são os authores de toda a justiça*", isto é "*da bondade Moral*"[1535]. Contrariando a tese de que "*a utilidade pública he o Principio de todas as virtudes humanas; e que a este Principio se devem sacrificar todos os sentimentos, até os sentimentos da humanidade*", expostos por Helvétius, sendo a virtude uma felicidade de quem nasce com esse temperamento, entende o Autor que a virtude que deve sopesar o interesse não nasce com ninguém, antes se adquire.

Portanto e isso é certo, o Autor nada tem de utilitarista. Tanto mais que, para ele, "Dizer que a virtude he a felicidade de nascer com tal temperamento, que as proprias paixões concordem com o bem publico; de forma, que a Virtude só he felicidade, mas não merecimento; e o Vicio só he desgraça, porém não crime"[1536], não só é disparatado como uma péssima doutrina em nada conforme com a luz da Razão.

Tornando ao ponto deixado algo em suspenso e sabendo que há Igualdade entre iguais, por força da natureza, a necessidade comum e o facto de viverem em sociedade implica a desigualdade, proveniente da propriedade, da profissão ou das dignidades ocupadas[1537]. É mesmo imperioso que tal desigualdade se verifique para bem da sociedade[1538], porque o homem no uso da sua Liberdade pode ultrapassar os limites que a boa convivência impõe e a lei natural manda. Portanto, é necessário que haja alguém com Poderes coercivos para sancionar tais infracções. Donde tem de existir Autoridade e, logo, desigualdade[1539]; deve haver soberanos e vassalos.

Assume-se, destarte, que ainda que "*a natureza fizesse todos os homens iguaes, não vivão todos como iguaes:* porque então (supposta a Liberdade de cada qual fazer o que se lhe antojar ao seu alvedrio) não haverá sociedade alguma, ninguem poderá estar seguro da invasão dos inimigos, nem hum homem poderia prometer socorro, ou ajuda de outro homem; pois elle nenhuma obrigação podia ter por modo algum de lhe fazer esse serviço, sendo seu igual em tudo"[1540].

Do mesmo modo se verifica que a Igualdade entre iguais ou Igualdade humana, existente por Direito Natural, não vai bulir com a desigualdade relacional promovida em função de méritos ou propriedades. A coexistência entre ambas não apenas é

[1535] Idem, *ibidem*, X, págs. 294 e 295. O Autor aproveita para nas páginas seguintes conter os princípios da "nova Filosofia" por lhe parecerem redutores não só do homem em si mesmo como completamente inconsistentes em presença da lei de Deus, que sempre o guia. Por colocarem tudo e todos na dependência eudemonistica do Ser humano e no interesse pessoal que cada qual deve defender, tinge-se de mácula a ideia católica que não se deve fazer aos outros o que se não deseja que se faça a nós mesmos.
[1536] Idem, *ibidem*, X, pág. 306.
[1537] Idem, *ibidem*, X, pág. 320.
[1538] Idem, *ibidem*, X, págs. 322; 329.
[1539] Idem, *ibidem*, X, pág. 326.
[1540] Idem, *ibidem*, IX, pág. 123.

salutar como se posiciona como baluarte fundamental de uma sociedade organizada, única em que o homem encontra segurança para viver.

Tal superioridade pode depender de "convenção mútua", por prémio de serviços prestados ou por questões de família ou por vontade de Deus[1541]. Mas é sempre superioridade conforme à Lei da Razão, facto contestado pelos pensadores Modernos, sobretudo os fautores da Revolução Francesa ou que constituíram o seu produto mais acabado[1542].

Avançando no seu raciocínio, subscreve que a sociedade necessita de um Corpo para que se possa defender dos seus inimigos, estando na dependência de um chefe. É por isso necessária a sua existência ou de pessoa que governe os outros "*com authoridade de huma parte e subordinação da outra*"[1543]. E, segundo defende, Deus dá a Autoridade a certos homens para imporem leis justas a outros homens, "*não por sua Authoridade seccamente, mas pela Authoridade que Deos lhes deo, supposta a convenção dos Povos, ou a conquista delles, ou outro titulo legitimo*"[1544].

Em presença das antecedentes palavras, duas interpretações são possíveis. Se para Teodoro de Almeida "Poder" e "Autoridade" coincidem, não há dúvida que a origem do Poder é divina, sendo o mesmo atribuído aquele que foi escolhido ou eleito por convenção de Direito Humano, por conquista ou outro título legítimo.

Se "Poder" e "Autoridade" não coincidem, então é curial supor-se a prevalência da convenção de Direito Humano, que transmite o Poder ao monarca sob forma humana e não divina. Neste caso, padre Teodoro seria partidário da prévia convenção translatícia do Poder, insusceptível de confusão com a actividade da Autoridade absoluta, que os soberanos exercem sobre os seus Povos e deriva do cargo que preenchem e em que foram constituídos por acordo mútuo, "com autoridade de um lado e subordinação da outra." Portanto, se não se discute o Absolutismo régio, coloca-se a possibilidade de uma origem do Poder político de Direito Humano, numa sociedade constituída por força da natureza das coisas e em que impera um Direito Natural de características teológicas.

Não é crível que o padre voluntariamente quisesse afastar-se do coro que, sob forma esmagadoramente maioritária, enquadrava a origem do Poder político do Rei numa atitude transcendental e não humana.

Tanto resulta da abordagem que se segue, mediante a qual para além dos deveres que a Razão natural impõe aos homens de se respeitarem mutuamente e, sobretudo, dos filhos respeitarem os pais que lhes são superiores, terem os homens deveres para com o seu legítimo soberano. Colocado perante as Modernas doutrinas que opõem a defesa da Liberdade individual ao Poder instituído, proclamando a Liberdade do cidadão em presença do Estado e de quem toma as suas rédeas, "Theodosio", terá que reagir[1545]. Nestes termos, enceta a distinção entre "dirigir" e "tirar" a Liberdade.

[1541] Idem, *ibidem*, IX, pág. 123.
[1542] Idem, *ibidem*, X, págs. 324; 327.
[1543] Idem, *ibidem*, X, pág. 326.
[1544] Idem, *ibidem*, IX, pág. 124.
[1545] Idem, *ibidem*, X, pág. 342, onde se resume o teor essencial do que os Modernos entendiam sobre o ponto: "Porventura poderá o homem emendar as Obras de Deos, e fazer que fiquem melhor do que quando sahirão das mãos do Creador? Pois não he menor attentado contra o Omnipotente querer tirar ao homem a inata, e essencial *Liberdade* que Deos lhe era; Liberdade que he huma joia preciosissima com que Deos o honrou, e faz semelhante a si. Se o homem nasceo livre, livre há de ser até á morte; o tirar-lhe a Liberdade he uma maldade tão terrivel, como se lhe tirassem a Vida;

Na verdade, a Lei da Razão não está escrita em parte alguma e pelas deficiências próprias do Ser humano, a sua luz da Razão[1546] não é idêntica à do seu Criador; terá, pois, que haver algo de mais palpável e persuasível, com características impositivas ao próprio homem, assegurando que não apenas ele se "move para o lado certo", como assessora os comandos emanados pela lei natural. E isso só pode ser a lei positiva. Como poderia uma lei "que cada qual sente em si, cada qual a pode interpretar a seu modo"[1547], bastar?

É pois imprescindível *"regra exterior escrita* (...); ahi temos a *Lei Positiva* (...)"[1548]. Seria certamente nefasto que pela incerteza que neste plano reina, a lei natural não conseguisse ultrapassar as contendas entre dois litigantes e não pudesse fazer nada em contrário. Seria um desprestígio certamente bem maior que encontrar um sólido apoio na lei positiva[1549].

Realmente, "(...) que faremos nós quando dois contendores julgarem, cada qual que da sua parte está a Lei Natural, que applica esses principios certos ao seu caso? Abrirlhes-hemos a cabeça para ver com que termos se explica e está gravada a Lei da Razão que elle mentalmente lê? Ou decidimos por quem mais gritar? "[1550] Princípios gerais à parte, porque esses são universalmente reconhecidos, quando se passa à sua execução a lei natural é insuficiente. Assim, não têm razão os pensadores Modernos que tudo querem por ela resolver e a ela reconduzir. Além do mais, isso vai contra a própria sociabilidade do homem[1551], que entrecruzando as suas paixões nem sempre possíveis de limitar, originaria um ambiente nefasto para todos em conjunto.

Primeira conclusão a retirar: "(...) quem vive em sociedade, e tira della o proveito de ser socorridos nas afflicções, e appertos, deve da sua parte contribuir ao bem da sociedade. Este bem essencial he que todos observem a *Lei da Razão*; e como a Liber-

---

porque a Vida sem Liberdade não he Vida. Quem deo aos homens authoridade para nos tirarem o que Deos nos deo? Se nos quizessem tirar os olhos, ou cortar um braço, todos clamariam contra a barbaridade desses tyrannos: e que barbaridade não he o arrancar-nos a mais preciosa dadiva do Todo-Poderoso, qual he a *Liberdade*? Em que Razão cabe fazer-me Deos livre, e todos os outros tão livres como eu; e querem que hum homem, meu igual, me domine a mim, e não querem que eu o governe a elle? (...) O homem não tem superior senão Deos; que tão fidalga he a sua natureza. *Quem he o homem* (diz o pasmosos Voltaire) *quem he o homem, fantasma que dura hum momento, o homem cujo ser imperceptível he lá vizinho do Nada, para querer ombrear com o Omnipotente, e dar (como se fosse tambem Deos) seus preceitos aos homens que Deos governa?"*

[1546] Idem, *ibidem*, IX, pág. 114: "A nossa luz da Razão he hum perfeito Codigo da Ley Eterna de Deos; he o Ecco da sua Voz Divina, que sôa no Entendimento. He hum reflexo da Luz Increada, que está nos fragmentos vis da creaturas, bem como a Luz do Sol faz brilhar um pedaço de vidro que pizamos com os pés, e está misturado no lodo (...)."

[1547] Idem, *ibidem*, IX, pág. 115. Um pouco adiante reforça a ideia: "(...) Quem me pode provar a mim, quando faço um desproposito que eu na minha consciencia, e com a Luz da minha Razão não entendi que fazia bem? Se eu teimar que assim o entendi, quem me há de convencer do contrario? Ainda que eu minta, quem mo há de provar?"

[1548] Idem, *ibidem*, IX, pág. 118.

[1549] Entende o Autor que todo e qualquer conjunto normativo está vinculado à Fé. Isso mesmo se retira do "Prólogo" do *Feliz Independente*, pág. 35, ao considerar que o Evangelho é "fonte das verdades, não só teológicas, mas também morais, filosóficas e políticas."

[1550] Teodoro de Almeida, *Recreação Filosofica*, IX, pág. 113.

[1551] Idem, *ibidem*, IX, pág. 121.

dade póde fazer que faltem a isto, pede a Lei da Razão que haja quem os contenha nos limites da Razão; e isto he o que eu *chamo Lei Coactiva*"[1552].

Segunda ideia relevante: tem de haver alguém com Poderes para impor esta lei quebrando, destarte, a Igualdade originária, Igualdade entre iguais ou humana, que desde o início da Criação existe entre todos os homens. E, para que isso seja possível, uma tal Autoridade tem de estar legitimada e essa característica apenas pode vir de Deus[1553], o que legitima a anterior opção quanto à origem do Poder político.

O que autoriza a perguntar: afinal, o que quer dizer Teodoro de Almeida com a ideia de convenção? Será a convenção ou pacto de sujeição irrevogável de que falavam os Escolásticos? Terá alguma proximidade com as ideias de Locke e de Wolff, que tanto prezava?

Como Leis Fundamentais de toda a boa sociedade, entende Teodoro de Almeida aquelas que implicam *"preferir cada membro da Sociedade o Bem do commum ao seu proprio interesse,* em associação com a que proclama *dever cada qual tratar os seus companheiros como deseja ser tratado por elles"*[1554]. Conjugando com os demais pontos tocados e já assinalados – Igualdade, necessidade de um superior que governe, deveres dos homens para com esse soberano[1555] – o remate ideal será a averiguação donde "vem originariamente o Poder de hum homem sobre os outros homens"[1556].

Para o padre a origem do Poder é imediatamente divina; *"só Deos tem o Poder sobre o homem, só Deos o póde delegar em quem muito bem quiser"*[1557]. O Poder do soberano apenas deriva de Deus[1558], por força da Boa Razão, entregando o Poder civil "áquelle que mostra ter circunstancias para poder acudir a procurar o Bem commum, e evitar os males communs, e que a todos prejudicão. *Isto manda a Boa Razão, isto manda a Voz de Deos; logo nesse sujeito he que Deos* (supposta as circunstancias) *delega a sua authoridade".*

É assim que se estabelece o Governo, mandando a Boa Razão que *"o particular ceda do seu parecer, ou interesse, ainda que seja contrario; porque a Lei geral de toda a sociedade manda preferir o bem público ao particular interesse, ficando os particulares na sujeição ao superior já estabelecido."*

Tradução: sistema de transcendência, algo tardio por ser posterior a Pombal, mas onde se mantém a essência da interpretação josefina.

[1552] Idem, *ibidem*, IX, pág. 122: "he logo preceito da Lei Natural que entre os homens, que vivem em sociedade, deve haver sujeição de hum a outro homem. Logo Deos manda pela sua Voz da Lei da Razão, que haja entre os homens superioridade e sujeição".
[1553] Idem, *ibidem*, IX, pág. 123. O desenvolvimento do tema é feito no próximo parágrafo.
[1554] Idem, *ibidem*, IX, pág. 365.
[1555] Idem, *ibidem*, IX, págs. 365 e 366. É a questão da Liberdade dirigida.
[1556] Idem, *ibidem*, IX, pág. 366.
[1557] Idem, *ibidem*, IX, pág. 367. Estabelece depois a concordância com os ensinamentos provenientes dos Evangelhos, e nomeadamente invoca a máxima pauliana, a ideia de que *"os Potentados não são senão Ministros de Deos"* e, por isso, *"quem resiste ao seu Poder, resiste ás ordens de Deos."*
[1558] Idem, *ibidem*, IX, pág. 351: *"a soberania, e authoridade sobre os homens não pode estar no Povo."* Eis, portanto, a confirmação do que dissemos no parágrafo anterior, a propósito da nossa opção em introduzir neste capítulo a análise do trabalho deste Autor, ainda que cronologicamente ultrapasse os limites da Revolução Francesa. A tese em voga é sobejamente conhecida, mas importa aqui recordá-la no plano da exposição do próprio diálogo: "(...) a Soberania, e Authoridade sobre os homens só póde estar no Povo (...). O Povo, (...) he o Soberano, que tem na sua mão toda a Authoridade, e a dá a quem lhe parece, e quando lhe parecer, e lha póde tirar, e dalla a outrem", sendo vassalos todos os outros a quem este Poder não foi outorgado.

Resulta claro o retrocesso que em Teodoro de Almeida se nota relativamente aos postulados do Consensualismo português, no que respeita ao direito de resistência do Povo ao tirano. Se isso se compreende bem no plano da orientação política que consagra a origem divina do Poder, que não belisca a renovação mental à escala europeia, mantém-se uma relutância a todas as formas institucionais que pudessem questionar as orientações pombalinas.

Este voltar atrás assinala o retrocesso a que ficou feita menção em termos gerais da mentalidade da sociedade portuguesa, mesmo pela boca dos seus mais avisados cultores, e explica-se pelo temor que as ideias francesas pudessem germinar em Portugal, originando soluções de emergência como as gaulesas.

O primeiro argumento utilizado e em voga por quem combatia os sucessos da Revolução Francesa era o da congénita ignorância do Povo, da sua maldade, insolência, vileza. Mas "que bello soberano para o bem da sociedade!"[1559] O segundo, deriva da consequência que acima se viu: apenas o soberano pode deter a soberania porque esta lhe foi outorgada por Deus, com limites meramente morais que, na prática, em pouco adiantavam à defesa da sociedade em presença do escolhido.

Consequências práticas que daqui advêm para os direitos que naturalmente possuem os cidadãos são a perfeita estabilidade e ordem a que este sistema conduz. Assim "os preceitos de leis, e ordens dos Soberanos, e ainda as de Deos, *dirigem* a Liberdade; mas nunca a tirão (...) A lei ou o preceito só deve *dirigir* a Liberdade, convidando com premios, ameaçando com castigos, convencendo com razões (...) e nada disso *tira*, antes suppõe a *Liberdade*"[1560]. Ora, se "*os preceitos e leis não tirão, antes essencialmente suppõe a Liberdade*", questão que existe desde o início da Criação e se o homem foi criado para ser livre e lhe impuseram que se abstivesse de tocar no pomo, então de imediato essa Liberdade é dirigida[1561].

A direcção da Liberdade de que fala, implica sempre uma limitação, voluntária ou involuntária da mesma e isso é contrário à própria definição de Liberdade que ficou dada noutro parágrafo. Se o homem nunca teve Liberdade senão dirigida pelo preceito, nunca teve a plena Liberdade[1562].

Pelos preceitos da lei natural há limitação de Liberdade; portanto, os decorrentes da lei positiva limites que terão de impor, sem que a Liberdade fique lesada. A questão não tem outro entendimento[1563].

Falta é saber se a real diminuição da Liberdade do homem em sociedade depende mais de um acto de vontade dele mesmo em conjunto com os seus semelhantes entregando parte de um bem que era seu nas mãos da própria sociedade e depois, sim ou não, nas do soberano, para que os dirija.

Para finalizar esta abordagem do Pensamento do Autor convirá atender a uma máxima que estabelece, segundo a qual "*entre as Leis civis para o Bem da Sociedade he util*

[1559] Idem, *ibidem*, IX, pág. 358. O tipo de discurso empregue pelo padre é incisivo, como se usava à época entre contendores de ambos os lados, esgrimindo argumentos com a autoridade de séculos de experiência feitos e nunca contestados e com a insistência perene das funestíssimas consequência a que as modernas doutrinas iam conduzindo.
[1560] Idem, *ibidem*, IX, págs. 346 e 347.
[1561] Idem, *ibidem*, IX, pág. 348.
[1562] Idem, *ibidem*, IX, pág. 349, parece que reconhece isto mesmo. "Os preceitos e as leis não se opõem á Liberdade que Deos nos deo; pois que Deos a ninguem jamais deo Liberdade, sem que lhe intimasse preceitos."
[1563] Idem, *ibidem*, IX, págs. 349 e 350.

a Lei da Religião"[1564]. Porque entende que a existência de uma tal lei será dissuasória de comportamentos que externamente não podem ser punidos pelas leis civis, julga que a própria sociedade civil deve comportar leis religiosas que extravasem os muros do sólio eclesiástico. Portanto, não é possível falar aqui em regalismo; pelo contrário e de toda a exposição antecedente se verifica que, ao acompanhar o josefismo, não segue o regalismo.

Paradoxalmente, pode assistir-se a uma outra afirmação, onde levanta uma pequena ponta do véu a respeito da eventual adesão ao regalismo. Na verdade, "*Não he a santidade dos papas, nem o seu Poder Temporal o que nos obriga a obedecer-lhes; mas o lugar, que Elles occupão, he a Authoridade Divina de Jesu Christo, em cujo lugar ficárão*: e por conseguinte não se há de atender á matéria dos preceitos da Igreja para regular a nossa obediencia; mas sim á authoridade Divina, que Jesu Christo Filho de Deos concedeo a quem Elle poz na cabeça da Igreja"[1565].

Quem sabe se Teodoro de Almeida que publicamente defendera estas posições antes de 1768, não deve buscar nelas o suporte das veladas razões que motivaram a sua saída de Portugal?

A sociabilidade, em Soares Barbosa, é aspecto essencial da natureza humana, retomando-se uma conceptologia já conhecida e em estreita ligação com a Igualdade formal que deve existir de todos os homens, decorrência lógica da sua Igualdade natural[1566].

Desta visão do problema resulta de imediato que a aplicação da lei primeira e fundamental, estabelecida pelo Criador e à qual todas as demais se devem subsumir, implica uma Igualdade entre os homens num primeiro momento. Todos são abrangidos por ela e da mesma desfrutam, para o bem e para o mal. E na sequência será que esta Igualdade se mantém? Entra-se assim noutro importante problema, qual seja o da Igualdade relacional, que em conjunto com a Liberdade no plano mais vasto da Liberdade civil – nem dos povos nem, muito menos, "política" – será alvo de ponderação.

Os dois problemas serão vistos em sequência, alertando para que o Autor é parco em considerações atinentes à origem da sociedade, vistas as suas predilecções metafísicas, religiosas e, apenas num terceiro momento, eclécticas. Da crítica assinalada, quanto à divergência promovida pelos vários jusracionalistas no que respeita ao modo de teorizar uma tal origem e suas sequelas, não poderia pensar-se o contrário. Soares Barbosa nem se preocupa em o fazer nem se dá ao trabalho de acatar o Contratualismo então em voga.

A partir de reflexões esparsas é possível descortinar, ainda assim, o seu ponto de vista quanto à origem da sociedade, nele se plasmando as características necessárias e suficientes para o tornarem um partidário do Antigo Regime.

Em primeiro lugar, é falso que o homem nasça livre, como dizem muitos dos Modernos filósofos: "(...) que cada individuo da mesma especie tem direito a gozar da sua Liberdade, logo que usa da sua Razão", daqui concluindo que não é possível a ninguém prescindir da sua Liberdade senão por consentimento livre e voluntário,

---

[1564] Idem, *ibidem*, IX, pág. 382.
[1565] Idem, *ibidem*, IX, pág. 206.
[1566] António Soares Barbosa, *Tractado elementar de Philosofia Moral*, II, pág. 48, onde debate o dever do homem no emprego da sua vida. Assim, "Este se deve determinar pela vontade de Deos, expressa nas relaçoens, com que travou a natureza do homem. A primeira he de ser formado á sua imagem. (...) A segunda de ser o corpo instrumento da alma, do qual elle deve usar, para se adiantar nos conhecimentos, e aperfeiçoar-se. (...) A terceira o destina para a sociedade. (...)."

sendo este o resultado dos benefícios que espera ver surgir[1567]. A contestação a esta tese é suportada sobretudo por conceitos metafísicos e religiosos[1568], que se conjugam no sentido de negar qualquer hipótese de Contratualismo, dado que "o homem entra na sociedade natural, sem consentimento algum seu, só pela vontade do Creador"[1569]. Na medida em que a relação de sociabilidade é inerente à natureza humana, se a ela se somar a vontade de Deus, a sociedade existe, sem mais e sobretudo sem que o homem seja tido ou ouvido para esse fim.

A sociedade civil promove e melhora a sociedade natural e a doméstica, que "não tem a sua primeira origem na vontade livre do homem, mas na do Creador"[1570], o mesmo sucedendo com a sociedade política, definida como "(...) a relação de dependencia e subordinação, que se dá entre os membros da Republica, e os Chefes que a governão; aquelles para obedecerem, e estes para mandarem, a fim de se promover e segurar o bem geral da sociedade, e o particular de cada membro; *este porem sem subordinação aquelle*"[1571]. E, em termos de definição final como gosta de apresentar, "As sociedades civil e politica, consideradas geralmente, não podem dever a sua primeira origem a contrato ou pacto algum geral, social, livre e condicional", na medida em que existindo apenas dependeria da vontade e consentimento do homem ser social, o que é inaceitável[1572].

Como consequência e perante os dois vectores iniciais inerentes ao Estudo, Soares Barbosa mantém-se fiel ao passado: não há Direito Natural laico ou profano e não há Contratualismo no sentido Moderno da expressão. Quer isto dizer uma coisa muito simples: os indivíduos nem sequer têm direito a manifestar a sua voz e a ser ouvidos quando da formação da sociedade, na medida em que ela é um dado adquirido por natureza.

Quanto à génese do Poder político, o sistema é o mesmo, considerando-se que também neste domínio não podem imperar as convenções. Há origem divina do Poder do monarca, porque os membros da comunidade política se subordinam ao chefe, sem decorrência de qualquer acordo prévio que preveja qualquer espécie de debate sobre a forma de Governo e exercício absoluto ou limitado inerente ao exercício do mesmo. Nem mesmo em termos de pacto de submissão isso será possível, pelo simples facto de sendo embora de "submissão", estarmos perante "pacto", o que seria absolutamente inaceitável.

Não há direitos individuais nos termos contratualísticos, porque eles são abstractos e provenientes de um processo intelectivo a todos os títulos criticável. Assim e

---

[1567] Idem, *ibidem*, II, pág. 49. E logo em seguida esclarece: "(...) a subordinação, que o homem contrahe na mesma sociedade, estriba-se, segundo elles, em *hum contracto, ou pacto geral, social, livre, e condicional* de vantagens reciprocas, as quaes não experimentando o homem, he livre ao mesmo o separar-se della pelo suicidio."

[1568] Idem, *Ibidem*, I, pág. 147, tinha dito o Autor: "[A Liberdade pela raciocínio] não consiste em outra cousa mais *que no senso Moral, que incita o homem a ligar-se com os mais homens: a qual ligação desenvolve, amplia, e dirige a Razão pelo conhecimento de todas as relaçoens, que há ou pode haver entre elles e as mais cousas, todas encerradas na lei da ordem; que elle he capaz de observar, ou transgredir pela faculdade da Liberdade, reguladora do appetite racional; e a qual o faz senhor das suas determinaçoens, guinado-o sempre por motivos, que lhe são proprios e julga suficientes.*"

[1569] Idem, *ibidem*, I, pág. 50.
[1570] Idem, *ibidem*, I, pág. 51.
[1571] Idem, *ibidem*, I, pág. 52.
[1572] Idem, *ibidem*, I, pág. 53.

secamente, resolve-se o problema. Se existe uma Igualdade natural há, sem dúvida, desigualdade de direitos. Como será isso possível[1573]?

A Igualdade natural compõe-se de "*Igualdade específica, Igualdade de direito, e Igualdade civil ou legal*"[1574], sendo que as duas últimas correspondem a uma mera explicitação de uma mesma realidade, que o Autor repete. Assim, e no que respeita à Igualdade de direito, não se pode confundir com "*iguaes direitos*", que implica o reconhecimento da diversidade humana no plano da organização social[1575]. "Desta Igualdade e semelhança de direito he que deriva a Igualdade *civil* ou *legal* dos homens, considerados como membros da sociedade civil e politica"[1576]. Há uma Igualdade de direitos e deveres dentro da sociedade civil ou política, juridicamente garantidos, que se assinalam comuns a todos os homens em presença da lei moral[1577].

E quanto a Igualdade é tudo. Nem mais seria de esperar; pelas suas próprias características nunca Soares Barbosa poderia fazer qualquer alusão à Igualdade política, que os terríveis jacobinos iam proclamando em França. Pois como e de que modo se os próprios liberais tanto a temem?

O Autor é bastante claro quando faz equivaler à Igualdade natural entre os homens – Igualdade entre iguais[1578] – a necessidade de uma tutela jurídica que a preserve e que designa por "Igualdade perante a lei", consubstanciada na Igualdade civil. Assim, "Deve (...) haver entre todos os homens huma Igualdade natural, sem a qual se não podem bem conceber os deveres recíprocos de justiça, nem regularem-se"[1579].

Quais os motivos para tanto retrocesso face a um moderado avanço promovido pelo josefismo? A resposta será intuitiva, e deve ser buscada mais fora das reflexões de Soares Barbosa que pela via interna. Se em Portugal se vivia numa época em que se procurava, no possível, repor a ordem destruída no plano religioso pela política pombalina pelo regresso a uma ortodoxia mais pura, lá por fora bramiam os canhões da Revolução Francesa.

E as acusações que tinham sido os pensadores, com as suas teses, os instigadores de um tal evento seriam claros para um país típico como Portugal, onde o origem divina, apesar de Pombal já não estar no Poder, ainda tinha uma fortíssima influência. Se a isto forem somadas as tendências filosóficas de Soares Barbosa antes explicitadas, o empirismo pela via do sensualismo cujo grande pai foi Condillac, talvez a resposta à admiração inicial não seja tão relevante. Sobretudo pelo primeiro dos motivos apontados, "percebe-se" Soares Barbosa.

[1573] Soares Barbosa preocupa-se também com as matérias da Igualdade. A ligação que existe entre Liberdade e Igualdade é permanente, tanto mais que se existe uma Igualdade no plano natural – que apenas diferenças físicas passageiras podem turbar – a mesma se deve verificar quanto à Igualdade de direitos. Como consequência, há Igualdade formal entre os homens, considerados como membros da sociedade política, sendo certo que ela se constitui como o vínculo essencial da sociedade política, ponto que desenvolveremos adiante.
[1574] António Soares Barbosa, *Discurso sobre o bom e verdadeiro gosto na Philosophia*, II, pág., 120.
[1575] Idem, *ibidem*, II, págs. 123 e 124.
[1576] Idem, *ibidem*, II, pág. 125.
[1577] Idem, *ibidem*, II, págs. 127 e ss.
[1578] Idem, *ibidem*, II, págs. 119 e ss. O Autor designa este capítulo como dos "deveres para com os outros, chamados de Justiça."
[1579] Idem, *ibidem*, II, pág. 120. Nos parágrafos seguintes o Autor desenvolve este raciocínio.

E de novo, Mello Freire se apresenta, agora no plano da discussão do Poder civil, sua origem e natureza – ou, de outra forma, da configuração que a ideia de Liberdade pode apresentar. Uma das primeiras invectivas contra a tese do paternalismo legitimista nacional, sedimentado pelo Consensualismo[1580], pode ser encontrada no início da sua *História*[1581], quando alude o tratamento dado às leis civis que antecederam a reformação pombalina.

Os Autores da *Monarchia Lusitana* "ou de todo não tocam, ou então aludem seca e laconicamente, como quem cura de outro serviço, à natureza e índole do sumo Poder, à forma de Governo, à ordem dos juízos, à introdução em Portugal do Direito Romano, etc.", o que se propagou para a maioria dos Autores nacionais, que nem tratam nem se interessaram pelas "gravíssimas infracções que depois se seguiram, e tantas das feridas feitas aos direitos da suprema Majestade?" O melhor que fizeram, em conjunto com os espanhóis, "foi transmitirem-nos, como de comum acordo, meras bagatelas e fabulas"[1582].

Nestes termos e se mais não houvesse, esta abordagem seria suficiente para perceber o ponto de vista de Mello Freire nas questões relativas à origem do Poder político, que irão posteriormente culminar na sua defesa da monarquia pura.

Naturalmente que o estigma das *Cortes de Lamego* também afecta o Autor, que agora explica e justifica a monarquia absoluta em presença das mesmas[1583]. Mesmo antes da realização das citadas e logo por nascimento de D. Afonso Henriques, que "D. Henrique era supremo Conde de Portugal, e, se não em palavras, pelo menos de facto Rei e Senhor, não por eleição e consenso do Povo, mas por título de dote e amplíssima doação. Neste direito sucedeu-lhe o filho D. Afonso, o qual por isso não poderia receber do Exército no campo de Ourique, nem do Povo em Cortes, nem finalmente do Pontífice, o Poder real que já tinha"[1584].

[1580] Albert Silbert, *Do Portugal do Antigo Regime ao Portugal Oitocentista*, Lisboa, Livros Horizonte, 1981, pág. 47: "A teoria do pacto, a noção da monarquia controlada, que deste modo se subentende, foi formalmente condenada, de maneira oficial, com Pombal; em 1789, o maior jurista português expressou a ideia de que os Reis de Portugal podiam dispensar-se de obedecer às leis. De facto, nenhuma instituição limitava o seu Poder, nem representativa nem judicial." Posição diversa colocada no plano do Direito Penal mas como decorrência geral da orientação que perfilharia, é apresentada por Mário Júlio de Almeida e Costa, *História do Direito Português*, pág. 379: "Atribuiu-se-lhe a posição de percursor do nosso Direito Penal Moderno, fazendo-se eco do Pensamento iluminista e humanitário." Em nota a esta observação acrescenta o citado Professor de Coimbra: "Quanto ao problema básico do direito de punir, Mello Freire, sob a influência manifesta do pensamento da época, deriva-o da ideia de contrato ou pacto social. Neste contexto, sequaz de Grócio e Wolff, afasta a vingança do conceito de sanção jurídico-penal (...)." Quer dizer, Mello Freire seria um adepto do despotismo ilustrado, o que bem se deduz das palavras contidas no *Código Criminal*, 1ª Edição, "Introducção", pág. 9 = [2ª Edição pág. VII]. Logo de seguida invoca que "Rousseau e outros, que commentárão a Obra de Beccaria, e que fizérão sobre ella as suas observações, respondem solidamente aos seus argumentos."

[1581] Pascoal José de Mello Freire dos Reis, "História do Direito Civil Português", *Boletim do Ministério da Justiça*, nº 173, págs. 56 e 57. Neste ano de 1789 ficou pronto o seu projecto de *Código de Direito Público*, assim como o de *Direito Criminal*. Este aspecto deve estar presente nas considerações que se seguem.

[1582] Idem, *ibidem*, págs. 56 e 57.

[1583] António Cabreira, *O Milagre de Ourique e as Cortes de Lamego*, pág. 43.

[1584] Pascoal José de Mello Freire dos Reis, "História do Direito Civil Português", *Boletim do Ministério da Justiça*, nº 173, pág. 103; idem, "Instituições de Direito Civil Português", I, *Boletim do Ministério da Justiça*, nº 161, pág. 98.

O nosso primeiro Rei, o que adquiriu "ex novo" foi "apenas o título de Rei, e não o supremo Poder real." Nem a Bula "Manifestis Probatum" escapa: Alexandre III não tinha qualquer legitimidade para ser "árbitro e despenseiro de reinos", nem ceder, "para lucro da Sé Apostólica, os lugares ocupados pelos sarracenos e outros inimigos do nome cristão." Não restam dúvidas quanto à origem do seu Poder: "D. Afonso ostentou a majestade real e acrescentou ao seu domínio os lugares tomados aos Mouros, com o melhor direito de sangue, de legítima sucessão, e de guerra ou ocupação, e não pelo sufrágio popular, ou liberalidade pontifícia"[1585].

Ou seja, de um golpe Mello Freire resolve vários problemas: o da soberania inicial de mediação popular – a antiga tese Medieval-Renascentista do Consensualismo; o da supremacia papal a quem se devia o reconhecimento do Estado independente – teses hierocráticas ou teocráticas; e o da submissão portuguesa a Espanha que os espanhóis invocavam para rebater a Restauração nacional – tese da tirania de D. Afonso Henriques. Este "ostentou a majestade real e acrescentou ao seu domínio os lugares tomados aos Mouros, *com o melhor direito de sangue, de legítima sucessão, e de guerra de ocupação, e não pelo sufrágio popular, ou liberalidade pontifícia*"[1586].

A importância das *Cortes de Lamego*, como Lei Fundamental do Estado, resume-se a definir os traços essenciais da sucessão régia portuguesa, marcando-lhe os seus limites e apontando no sentido da hereditariedade do filho varão mais velho do monarca, que a este sucede por morte e de imediato, como se o falecido não o fosse, pelo que o trono nunca fica vago. Logo, a assunção do mesmo por primogenitura e varonia do filho mais velho do monarca; só em casos especiais se passaria a outras alternativas no rosário sucessório em que avultava o direito das mulheres poderem suceder ao Rei falecido – a filha mais velha ou outra na escala sucessória se esta falecesse – ou da proximidade de graus, em que se destacava o irmão do Rei.

A esta Lei Fundamental ficou o próprio Rei vinculado[1587], sendo depois outras leis elaboradas pelo mesmo monarca e não pelo Povo, que apenas as aprovou. Foi para isto que as *Cortes de Lamego* serviram, tudo o mais é imaginação e deturpação dos factos verídicos.

Já quanto às Cortes de Coimbra de 1385, elas tiveram a importância contrária. Seja que, por força do Direito da Gentes, quando o trono se encontra vago[1588] a soberania reverte para o Povo, que o pode outorgar a quem quiser, não há pontos de contacto entre estas Cortes e as suas antecedentes de Lamego. Agora é possível dizer – e Mello Freire admite-o expressamente – a tese da Liberdade dos povos[1589], questão que lhe viria a custar alguns dissabores futuramente.

O mesmo não se passa com as Cortes de Lisboa de 1641, as quais se limitaram a reconhecer o direito legítimo de D. João IV ao trono português. Não adquiriu por

---

[1585] Idem, *ibidem*, *Boletim do Ministério da Justiça*, n.º 173, pág. 103.
[1586] Idem, *ibidem*, *Boletim do Ministério da Justiça*, n.º 173, pág. 103.
[1587] Idem, *ibidem*, *Boletim do Ministério da Justiça*, n.º 173, pág. 106.
[1588] Idem, *ibidem*, *Boletim do Ministério da Justiça*, n.º 174, págs. 34 e ss. O Autor expõe, as razões já nossas conhecidas para que o trono estivesse vago, pelo que a linha sucessória estava quebrada; donde o entendimento a dar a este caso em nada se parecia com o anterior.
[1589] Idem, *ibidem*, *Boletim do Ministério da Justiça*, n.º 174, pág. 34, nota: "O reino de Portugal é hereditário e nunca pode ser atribuído por sufrágio popular, salvo na falta de descendentes legítimos do último sucessor e todos os agnados até aos mais remotos graus de sucessão." Apresenta várias provas históricas neste sentido.

sufrágio popular qualquer Poder, "que já lhe pertencia, mas a sua posse, não a soberania que já ostentava, mas o seu exercício"[1590]. A justificação é óbvia: "enquanto existiam filhos e consanguíneos do Rei falecido, nunca residiu no Povo o Poder de eleger o Rei"[1591]; mais que isso Mello Freire leva esta questão tão longe que chega a considerar que sendo ele legítimo herdeiro, se obtivesse o Poder por força do sufrágio popular, isso seria injusto, uma vez que o tinha por força de lei[1592].

Facto que se assinala de capital importância reside na configuração que Mello Freire apresenta das Leis Fundamentais: "das Leis Fundamentais basta somente fazer menção, nem será muito conveniente que se declarem, nem também é necessário das a diferença entre estas leis e as outras"[1593].

Com isto se reafirma o Absolutismo mas numa fisionomia muito mais cerrada que a defendida pelos próprios jusracionalistas estrangeiros, que reservam, como se viu, boa parte das suas Obras a tratar da questão das Leis Fundamentais. No vertente caso, chega a "menção", é "inconveniente" a sua declaração e mesmo a diferença com as leis ordinárias.

Em resumo: para Mello Freire o Poder absoluto exerce-se em termos de monarquia pura, o que significa, na prática, que de certo modo nem sequer há lugar a falar em Cortes, nem mesmo para discutir matérias tributárias[1594]. Se é certo que a sua convocação era possível, dando assim oportunidade aos *Três Estados* a pronunciarem-se sobre as Leis Fundamentais, a verdade é que a mesma convocação é vista como um direito meramente histórico e com pouco ou nenhum interesse pragmático.

As Leis Fundamentais traduziam um acordo original entre o soberano e os Povos e, por este motivo, podiam ser alteradas em Cortes. Por outro lado, a lei do Príncipe vale sobre as demais, incluindo o costume, os foros e os privilégios, que quanto a estes últimos pode sempre que queira alterá-los ou retirá-los. Finalmente, o Rei quando emite leis não as impõe a si mesmo, mas aos seus súbditos, devendo estes ao governante obediência, reverência e fidelidade.

Portanto, e no que respeita ao Consensualismo que vigorou em Portugal até finais do séc. XVII, é contestado[1595]. Quanto à posição que o antigo auxiliar régio de Pombal

---

[1590] Idem, *ibidem*, Boletim do Ministério da Justiça, nº 175, pág. 55.
[1591] Idem, *ibidem*, Boletim do Ministério da Justiça, nº 175, pág. 56. Veja-se a nota seguinte onde se transcreve na íntegra o Pensamento do Autor no que respeita à presente temática.
[1592] Idem, *ibidem*, Boletim do Ministério da Justiça, nº 175, pág. 56: "Nas Cortes de Lisboa o Povo não transmitiu nem poderia transmitir nenhum direito de soberania visto que não o possuía, mas apenas mostrou que D. João era legítimo Rei, sucessor e herdeiro do trono, e jurou-lhe, como a Senhor e Rei, a devida e justa fidelidade e obediência." Por isso é falso tudo os que os jesuítas e monarcómanos invocam quanto ao seu Poder e acclamação, fazendo especial menção da *Justa Aclamação* de Velasco de Gouveia. A doutrina foi condenada por Assento de 30 de Abril de 1767. Veja-se António Pedro Barbas Homem, "Introdução Histórica à Teoria da Lei – Época Moderna", págs. 69 e 70, sobre o conteúdo do texto.
[1593] Idem, "Instituições de Direito Civil Português", I, Boletim *do Ministério da Justiça*, nº 161, "Provas", pág. 181.
[1594] Idem, *ibidem*, Boletim do Ministério da Justiça, nº 161, págs. 127 e 128.
[1595] Idem, "História do Direito Civil Português", *Boletim do Ministério da Justiça*, nº 173, pág. 56: "Eis porque se constitui suma inépcia extraída da infame e funestíssima seita dos maonarcómanos aquilo do intróito e prémio das referidas Cortes que se lê no opúsculo de Francisco Valasco de Gouveia, intitulado *Justa Aclamação do Sereníssimo Rey de Portugal D. João IV*, editado primeiro em português no ano de 1644 e depois em latim em 1645, a saber, que o Povo pode eleger e depor o Rei, que o Poder do Rei parte do Povo, e que este algumas vezes pode, se as circunstâncias o

dava aos ensinamentos dos jusracionalistas Modernos, que preconizavam o pacto de associação e vislumbravam no voluntarismo a origem da sociedade e o posterior Poder atribuído aos Reis, por princípio a questão está facilitada.

Mantém-se uma soberania de origem divina, insusceptível de qualquer convenção de Direito Humano que permita transmiti-la ao monarca, porque "o Povo não pode dar o que não possui"; naturalmente que não há pacto de Poder. Numa sociedade formada entre homens e independentemente da sua origem histórica ser de facto da natureza ou da Razão, o Contratualismo Moderno na sua versão pura nunca poderia ter aplicabilidade na tese de Mello Freire.

Do mesmo passo, a sucessão do monarca operava-se por via da legalidade que justificava a legitimidade do exercício de funções régias e não o contrário isto é, ser o assentimento popular que legitimava exercitar a régia função. Quanto ao modelo seguido, a monarquia absoluta era indiscutivelmente o preferível, equiparando todos os sujeitos perante o monarca que acima de todos e indistintamente se colocava. Deveres, tinha-os para com Deus. Ninguém na terra lhe seria superior e contas da sua função dá-las-ia a Deus e mais ninguém.

O Absolutismo régio de Mello Freire eleva-se, de forma mais definida, nas *Instituições de Direito Civil Português*[1596], frisando-se que o "supremo direito, no qual naturalmente se contêm todos os mais, pertence ao Imperante, e por ele deve proteger a Nação e realizar todos os actos, sem os quais não se pode obter convenientemente a segurança interna e externa dos cidadãos e a salvação do Povo, que é a suprema lei."

A face visível deste Poder é a faculdade de emitir legislação, que só ao Príncipe compete, sendo o mais importante "direito majestático, e nunca pode afastar-se do sumo Imperante numa República", embora se conceda que no princípio da monarquia lusitana as leis se faziam frequentemente nas Cortes[1597].

Em conformidade com esta, a interpretação presente no *Codigo de Direito Publico de Portugal*[1598], onde se frisa que "ao soberano Poder e majestade, que recebemos de Deos Todo-Poderoso, de reger e governar nossos reinos e Estados, estão inherentes certos direitos reaes, ou majestaticos (...)". "E aos nossos vassalos, como taes, e como membros do Corpo Politico do Estado, de que só nós temos a direcção e Governo, estão igualmente inherentes e competem certos e determinados direitos (...)". Estes direitos são aqueles que o soberano entende conceder-lhes e compõem-se em especial das garantias civis ou Liberdades típicas do Antigo Regime.

Quanto ao soberano, como detentor dos direitos reais, compreende "a *nossa suprema jurisdição, inspecção e intendencia sobre todas as pessoas, bens e corporações do estado, o supremo senhorio, majestade, imperio e dominio eminente*: o direito da força, da correição e da espada: o Poder de fazer leis, e de as revogar, ou dispensar: de conceder graças e privilegios: de crear juizes e officiaes de justiça: de proteger, auxiliar e defender a Igreja e seus santos mandamentos: de lançar tributos, ou pedidos às pessoas, bens,

---

impuseram, assumir e reivindicar para si a soberania que a princípio conferiu ao Rei, e outras afirmações deste género."

[1596] Idem, "Instituições de Direito Civil Português", I, Boletim *do Ministério da Justiça*, nº 161, págs. 97 e 98.

[1597] Idem, *ibidem*, *Boletim do Ministério da Justiça*, nº 161, pág. 99101: "o Povo, fosse qual fosse o motivo da convocação das Cortes, dizia a sua opinião sobre a matéria que se lhe propunha, mas a decisão, tanto nos negócios públicos como nos particulares, essa só ao Rei pertencia."

[1598] Idem, *O Novo Codigo de Direito Publico de Portugal, com as provas*, "Introdução", pág. V; págs. 1 e 2.

fazendas, officios ou artificios: de dirigir e regular a policia e economia da cidade, agricultura, e o commercio por mar e terra."

O que é facto é que, "na monarquia pura, com o trono ocupado e o paternalismo actuante, não reside nem nas Cortes nem no Povo a mais pequena partícula do Poder majestático; esta é a natureza do principado e deste direito também usam os Reis de Portugal desde o início do reino, e da tutela dos Príncipes supremos, pois é fora de dúvida que eles mesmo dispunham apenas segundo o seu arbítrio, e não por sufrágio do Povo, das coisas públicas e particulares, da guerra e da paz, do Governo, sucessão e administração do reino, e da tutela dos Príncipes soberanos"[1599]. E isto é tanto mais evidente quanto ainda que os Povos e os Conselhos do Rei possam ser ouvidos, isso em nada belisca "a sua suprema auctoridade e soberania"[1600], ainda quando sejam vistas como fazendo parte das Leis Fundamentais.

Donde, quer pela via interna, quer por comparação com o Pensamento jusracionalista europeu, é possível afirmar o assumido divórcio entre Mello Freire e a origem humana do Poder político. Apenas de Deus deriva e isso lhe confere os direitos majestáticos que o sumo imperante activa sem oposição possível.

A esta ideia anda forçosamente ligada a capacidade privada e exclusiva de legislar, pois que se os Príncipes reinam pela graça de Deus, bem se compreende que apenas eles tenham o direito de fazer e publicar leis e de prescrever aos súbditos normas de conduta. E é por estas leis – e aqui Mello Freire afirma que são as "fundamentaes do Estado, entre todas as mais sagradas, que regulam a sucessão do reino" – que se confirma "*o nosso Poder absoluto e independente*"[1601]. Toda e qualquer forma legislativa está na exclusiva dependência do monarca, porque ele é absoluto e o seu Poder não pode ser por ninguém contestado nem repartido com outrem.

Curiosamente, há uma norma que pretende salvaguardar a vigência de leis que possam prejudicar o Povo. Também neste caso a linguagem é característica: "se contra nossas intenções fizermos algum ordenação particular, ou lei em geral em prejuízo do Povo, não só *permittimos* aos nossos fiéis vassalos a *Liberdade de nos representarem modestamente* os inconvenientes que na prática se seguem da sua observância, mas *positivamente lhes ordenamos que o fação*, a qual entretanto deverão inteiramente guardar, enquanto por nós não for revogada"[1602].

Também e como exclusivo Autor da lei, compete ao Príncipe privativamente "o direito de a declarar e interpretar, e a sua interpretação é parte da mesma lei, e tem a mesma força e autoridade"[1603]. Em sequência, o "Poder Judiciário reside na pessoa do Imperante, que é o supremo magistrado (...)", assim como o "Poder de impôr penas aos infractores das suas leis, e determinar os premios aos que as guardão (...)". São estes, na interpretação de Mello Freire "os dous fundamentos que sustentão em boa paz e harmonia o Corpo Político do Estado"[1604].

[1599] Idem, "Instituições de Direito Civil Português", I, *Boletim do Ministério da Justiça*, nº 161, pág. 100; a pág. 135 define os direitos majestáticos.
[1600] Idem, *O Novo Codigo de Direito Publico de Portugal, com as provas*, pág. 3.
[1601] Idem, *ibidem*, pág. 3.
[1602] Idem, *ibidem*, pág. 4.
[1603] Idem, *ibidem*, pág. 4; "Provas", pág. 182, estende a interpretação autêntica aos assentos da Casa da Suplicação. "Porque tem a mesma força e parece-me que se deve conservar este uso."
[1604] Idem, *ibidem*, pág. 8.

Quer isto significar que para o Autor o Corpo Político se assenta na justiça e seu exercício, não podendo deixar de ser conforme à explicação que quem dá a lei a deve[1605]. Era este o entendimento do Absolutismo régio nacional e Mello Freire terá sido, em fase avançada, o seu mais lídimo representante.

Aspecto que se encontra em estreita sintonia com o que se vem articulando pode ser encontrado na visão que Mello Freire aponta, numa interpretação algo extensiva, de possíveis reuniões religiosas ilegais. Com isto quer significar-se que reiterando a ausência de Liberdade de consciência, no plano exterior da prática dos actos inerentes a diversidade de crença religiosa, se devem somar os prejuízos que dos mesmos podem advir, uma vez que escondam intenções mais escuras.

Resulta pois que "o que por causa da religião excitar alguma sedição, assada ou tumulto, ou pela mesma causa houver a si sectários e partidistas, e com elles com o pretexto da religião fizer occultos ajuntamentos e conventiculos"[1606], deverá ser sancionado nos termos da lei civil, uma vez que põe em causa a segurança do Estado. Ou seja, previne-se e pune-se não apenas o delito de Fé e esboroa-se a Liberdade individual, como se atemoriza com a reacção policial que cumpre ao Estado na defesa dos seus direitos questionados directamente na religião oficial e indirectamente nas suas prerrogativas majestáticas. Neste caso, priva-se da Liberdade civil e promove-se a desigualdade em Razão da ofensa do Trono e do Altar.

Por consequência, existe uma retoma adequada do ideário josefino suscitada no plano do Poder civil, absoluto e indiscutível e a assunção clara do repúdio pela Liberdade dos povos. Inerente a esta situação é a concentração do Poder jurisdicional nas mãos do monarca, que tem direito por intermédio dos órgãos próprios a conhecer qualquer causa e aplicar a justiça[1607]. Ao voluntarismo régio não corresponde qualquer parcela de direitos da Nação, em que os vassalos apenas devem obedecer ao monarca e, em certos casos, representar-lhe as suas insatisfações particulares.

Assumindo uma posição de regalismo extremado, enaltece os direitos da soberania ante tudo e todos, devendo nesse contexto o próprio sucessor de Pedro deixar de ser intrometido em assuntos que não lhe dizem respeito[1608].

Este raciocínio permite, do mesmo modo, explicar a feição de um jurista que por força da sua argumentação se estriba na ligação inquebrantável entre Moral e Direito, ponto em que não apenas abate o jusracionalismo patrocinado por Thomasius, mas se revela em contraste quer com Kant quer com a interpretação liberal.

[1605] Idem, *ibidem*, pág. 9: a jurisdição temporal "toda pende do seu arbítrio e concessão."
[1606] Idem, *Código Criminal*, 1ª Edição, pág. 34 = [2ª Edição, pág. 11].
[1607] Idem, "Instituições de Direito Civil Português", I, *Boletim do Ministério da Justiça*, nº 161, págs. 125 e ss.
[1608] Não se entra na discussão de um problema que de tão conhecido nos dispensa quaisquer comentários e que é normalmente enquadrado sob a designação da "Questão do Novo Código", sobre o qual existe bibliografia vasta e que em nada irá adiantar ao presente problema. Em qualquer caso recomenda-se a leitura das *Lições de História do Direito Português*, II, Lisboa, 1983, págs. 130 e ss., com coordenação geral de Ruy de Albuquerque e Martim de Albuquerque. De salientar a sua expressão, que pode ser, também, também a nossa contida a pág. 138: "O último quartel do séc. XVIII, de que ambos os Autores são típicos representantes, constitui um cadinho de "luzes" contraditórias, que não se reduz à mera tensão entre "revolucionários" e "contra-revolucionários", "avant la lettre". É que entre um adepto do despotismo esclarecido e um jacobino vai apenas a distância estratégica que separa dois irmãos inimigos."

Por esta via chegamos a um ponto cujo merecimento não escapa: os Códigos garantem a Liberdade do homem e a objectividade da Moral, associando de forma magistral o percurso histórico nacional eivado de uma consciência, em que a formalização legal é a expressão mais acabada.

Absolutismo régio em taça divinatória e com suporte indesmentivelmente absoluto, mas total ausência, neste quadro de análise, do Contratualismo como núcleo fundador da formação da sociedade civil. Mello Freire não chega, sequer, ao ponto a que Tomás António de Gonzaga ou Barreto de Aragão haviam aportado. Trata-se de matéria completamente dispensável, posto que em nada interfere com a existência da teorização do Poder absoluto.

O Autor recupera as críticas de Gabriel Pereira de Castro[1609], embora entenda que ele não terá conseguido demarcar bem os limites entre Poder eclesiástico e civil. Mesmo assim e para o seu tempo foi um Autor que quis cortar com o "status" institucionalizado de comprometimento face aos ensinamentos da Segunda Escolástica[1610] e do seu mais destacado chefe, Francisco Suaréz[1611].

Donde, ser o momento ideal para voltar ao assunto e, neste âmbito, enjeita toda a legitimidade do impedimento do exercício da governação a D. Sancho II pelo Pontífice romano, com o argumento que tal apenas foi possível devido à credibilidade enorme de que a Igreja e o seu pastor gozavam em Portugal. Actualmente a questão está, felizmente esclarecida mas não deixou de ser um atentado à realeza e uma inopinada e abusiva intervenção do Poder eclesiástico no temporal.

O reinado de D. José permitiu aclarar o problema, mediante leis que estabeleceram distintamente os limites entre Poder eclesiástico e secular, sobretudo depois de 17 de Março de 1764[1612]. Certo e sabido é que no actual estado da legislação por força dos princípios do Direito Natural e das Gentes, "O supremo Poder dos Príncipes também se estende às coisas sagradas, igrejas, bens dos clérigos, e até às pessoas sacratíssimas dos clérigos e Bispos", o que significa a transposição para um texto de estudo as disposições inerentes ao regalismo português, tão frisadas quanto o haviam ficado nos seus correlativos do período josefino[1613].

[1609] Gabriel Pereira de Castro nasceu em Braga em Fevereiro de 1571 e faleceu em Lisboa em 1632. Sobre o Autor, Diogo Barbosa Machado, *Biblioteca Lusitana*, II, págs. 291-294; Innocêncio Francisco da Silva e Brito Aranha, *Diccionario Bibliographico Português*, III, pág. 107.

[1610] O Desembargador Gabriel Pereira de Castro foi sem dúvida um homem algo polémico para o seu tempo. Defensor daquilo que virá a ser a teoria do regalismo, será um dos poucos Autores portugueses deste período a merecer consideração e nota de realce pelos teóricos do josefismo. Veja-se *O Investigador Portuguez em Inglaterra*, XI, Fevereiro de 1815, "Censura do Folheto intitulado – Dissertação IV Anti-Revolucionaria", pág. 553, elogia e coloca Gabriel Pereira de Castro ao lado de nomes tão sonantes como Van Espen, o abade de Fleury ou Bossuet.

[1611] Pascoal José de Mello Freire dos Reis, "História do Direito Civil Português", *Boletim do Ministério da Justiça*, nº 175, pág. 11.

[1612] Idem, *ibidem, Boletim do Ministério da Justiça*, nº 175, pág. 64.

[1613] Idem, "Instituições de Direito Civil Português", I, *Boletim do Ministério da Justiça*, nº 161, pág. 142 e ss. Mesmo assim não se livrou de uma "censura" que contra ele escreveu António Pereira de Figueiredo, *Censura da Obra 'Historiae Juris Civilis Lusitanae' de Paschoal José de Mello*, a que se fez menção em local próprio. Innocêncio Francisco da Silva e Brito Aranha, *Diccionario Bibliographico Português*, VIII, pág. 278, diz que a supôs inédita, mas na verdade é o próprio Mello Freire que lhe poderia ter tirado todas as dúvidas, se tivesse tido conhecimento da sua *Resposta de Pascoal José de Mello contra a Censura do Compendio Historiae Juris Civilis Lusitani feita por Antonio Pereira de Figueiredo*, Lisboa, 1808, publicação póstuma. Neste pequeno trabalho, Mello Freire propõe-se

Mello Freire, afirma claramente que não quer ir tão longe como certos escritores – aos quais critica vivamente – que intentaram ir mais além que ele na defesa dos interesses do Estado e da monarquia absoluta, com referência directa a Maquiavel, Hobbes e Espinosa. Antes se pauta pelos ensinamentos "muito moderados" de Bossuet, Dupin ou João de Paris, que em todos os tempos defenderam esta tese.

O direito de nomeação dos Bispos é faculdade inerente aos Reis de Portugal que[1614], desde o início, a praticaram; a luta contra a heresia e a blasfémia é prerrogativa real atestada desde os tempos de Roma; à Igreja não compete a punição civil das heresias e apostasias, mas apenas a sua censura canónica, deferindo-se o castigo ao Poder temporal, único que dele pode usar; a submissão ao Papa é do domínio da Fé e do dogma e não do domínio temporal, o que já as Escrituras afirmavam e os apóstolos defendiam[1615]. Donde: à Igreja fica a missão de catequizar os fiéis, de lhes ensinar a religião, convolando-se na situação que se viveu durante largos séculos, antes que abusos do supremo Poder eclesiástico tivessem questionado o Poder atribuído aos monarcas.

Em sequência, entende-se que o beneplácito régio deve continuar a funcionar, que registará o acordo régio às letras apostólicas "sempre que virmos (...) que não offendem o nosso Poder temporal e soberania; as regalias da nossa Corôa; a utilidade publica dos nossos vassalos, que devemos procurar e defender por todos os modos (...)"[1616]. Além disto, era vedado às Ordens religiosas estabelecerem-se em Portugal sem a régia aprovação[1617], regulando-se sob forma exaustiva o direito de padroado[1618]. Com isto se mantinham as tendências regalistas do reinado anterior, que a régia devoção não abalara.

Já António Ribeiro dos Santos encerra em si a tradição católica, mesclada com os importantes contributos do jusnaturalismo europeu, sobretudo na pessoa de Pufendorf, na linha de vulgarização patrocinada por Claude Mey.

Fontes a que teve acesso e do mesmo modo lhe condicionaram a reflexão terão sido as ideias liberais patrocinadas por Blackstone e Jean-Louis de Lolme. Verifica-se, ainda, uma evolução em Ribeiro dos Santos entre 1770 e 1789 (ano da Revolução Francesa), isto é, entre a época em que escreveu por incumbência pombalina e para a Universidade de Coimbra o *De Sacerdotio e Imperio* e a censura ao *Novo Codigo*, a pedido da Rainha D. Maria I.

Tratando de aprofundar a vertente apresentação e ponderando, de forma sintética, o Pensamento do Autor no âmbito da feição jusnaturalista da sociedade, considera

---

rebater algumas das acusações que o padre António Pereira de Figueiredo lhe havia feito de uma certa brandura ao tratar das questões da evolução histórica – no geral do nosso país, bem como do Poder absoluto do monarca e, especialmente, dos problemas do regalismo. É de conhecimento geral que não passa de um debate académico, muito menos interessante que os que manteve com Ribeiro dos Santos – esse sim, patenteando uma certa forma de encarar a cultura e a política no último quartel do séc. XVIII em Portugal, e que prenunciava já o desenvolvimento a que se iria assistir. Veja-se, por todos e no presente contexto, Antonio do Carmo Velho Barboza, *Exame Critico das Cortes de Lamego*, Porto, 1845.

[1614] Idem, *O Novo Codigo de Direito Publico de Portugal, com as provas*, págs. 129 e ss. O mesmo se passava com os cargos públicos, considerados como "privativamente nossa."
[1615] Idem, "Instituições de Direito Civil Português", I, *Boletim do Ministério da Justiça*, nº 161, págs. 144 e ss.
[1616] Idem, *O Novo Codigo de Direito Publico de Portugal, com as provas*, pág. 32.
[1617] Idem, *ibidem*, págs. 65 e ss.
[1618] Idem, *ibidem*, págs. 77 e ss.

Ribeiro dos Santos que "(...) sempiterna Naturae Lege, quae non hominun ingeniis excogitata, sed Coelo nata ab ipsa aeterna Dei mente ad mortalium animus delapsa est"[1619].

Com isto fornece dois importantes dados: preconiza o platonismo com as correcções que o augustinianismo lhe introduziu e encontra o fundamento da sociedade civil em Deus[1620], seu Criador e vínculo fundante dos princípios Éticos a que se subordinam a sociedade criada e o homem que vive no seu seio.

Como consequência existe em Ribeiro dos Santos uma determinante transcendental para a lei natural[1621], sendo o Direito fundado na vontade divina[1622], técnica que era cara aos portugueses e que o Autor, de modo algum, poderia abandonar nesta fase da sua reflexão.

E, se bem que Wolff não seja um dos seus jusracionalistas preferidos, acaba por o seguir no que respeita à teoria dos deveres, cujos pressupostos inverte, mas em que o conteúdo paralelo não pode ser descartado[1623]. A proximidade que neste quadro manifesta, também, em relação a De Real, deve ser registada e encontrará discípulos que o seguem em momento bem diverso da nossa História da Ideia de Liberdade[1624].

Se num primeiro momento, quando escreve o *De Sacerdotio et Imperio* não restam dúvidas da feição marcadamente absolutista na tese de Ribeiro dos Santos[1625], enquanto teorizador do josefismo, um processo evolutivo vai conduzi-lo para aquilo que pode ser designado por eclectismo marino, admitindo os Poderes da comunidade na conformação da ideia de soberania.

Este aspecto nem sempre é recordado, vista a amplitude da polémica do Autor com Mello Freire e a marcante oposição que aí se verifica na teorização entre ambos, tendente a fazer olvidar que o próprio Ribeiro dos Santos teria sido, num primeiro momento, bem mais próximo do seu opositor do que por norma se avança.

No *De Sacerdotio et Imperio* plasma-se muito mais em sequência dos ensinamentos de Bossuet e da tese francesa do séc. XVII. O Autor pautar-se-á por certo providencialismo e imanência histórica mais que pela adesão sem peias ao Contratualismo Moderno[1626].

[1619] António Ribeiro dos Santos, *Selecta Jurisprudentiae Naturalis*, Biblioteca Nacional de Portugal, Cód. 4668, fls. 1.
[1620] Idem, *ibidem*, fls. 2 v.
[1621] José Esteves Pereira, *O Pensamento Político em Portugal no séc. XVIII (António Ribeiro dos Santos*, pág. 180: "O jusnaturalismo a que Ribeiro dos Santos se ateve, especialmente na sua primeira Obra, é o jusnaturalismo grócio-Pufendorfiano, conjugado ao nível da teorização ética com o Pensamento de Wollaston e Genovesi, e, no que tange às ideias políticas, com a Obra de De Real."
[1622] António Ribeiro dos Santos, *Selecta Jurisprudentiae Naturalis*, Biblioteca Nacional de Portugal, Cód. 4668, fls. 2 v. e 3.
[1623] Idem, *ibidem*, fls. 5 v. - 8 v.
[1624] J. G. de Barros da Cunha, I, "Introdução", pág. 6: "O codigo dos seus direitos politicos [do Povo] deve tel-o ao lado do livro de orações, porque, depois dos seus deveres para com deus como homem, é alli que há de saber quaes são os seus deveres para com os homens como cidadão."
[1625] António Ribeiro dos Santos, *De Sacerdotio et Imperio*, pág. 66: "Hactnenus de Imperiis civilibus, nunc ad supremam illam Potestattem, qua summi Imperantes Imperia ipsa ad communem subditorum pacem, & utilitatem dirigunt, sermonem convertamus. Summa autem haec Potestas Jus est absolutum moderandi, & dirigendi actiones omnium indistinétè membrorum Politicorum fuorum corporum, communis civium utilitatis gratia."
[1626] Idem, *ibidem*, pág. 64: "Alii principiis Imperii, Societatisque civilis primariam causam, & originem adscribendam judiicant. Ergo sic sentio haec, & alia, Civitatum, Imperirumque consttituendorum occasionem fuisse, non causam. *Causa verò proxima, immediata, atque única a deo Opt. Max. repetenda*

Discorda, pois, da versão contratualista da sociedade[1627], teorizada sobretudo pelos jusracionalistas[1628], pronunciando-se, ao invés, por uma comum segurança necessária à vida dos indivíduos e das famílias[1629]. A origem do Poder a que se assiste[1630], em sequência, apenas pode ser divina[1631].

Ou seja, Ribeiro dos Santos não aceita o enunciado medieval gerador do Poder político, contesta a tese do Consensualismo que vê a base do mesmo na soberania inicial de mediação popular e acata zelosamente os ensinamentos do Absolutismo luisiano francês.

Dissertando acerca das várias formas de Governo recolhidas desde Aristóteles, defende que as sociedade civis perfeitas ou regulares, em que o sumo império é uno e indivisível na defesa da felicidade e Bem comum de todos, podem apresentar três formas regulares: a monarquia, a aristocracia e a democracia[1632].

---

est. qui enim nec exegui, nec commtemptibilis animantis viscera, nec avis penulam, nec herbae flosculum, nec arboris folium, sine suaram partim convenientia, et quadam veluti pace dereliquit; nullo modo credendus est regna hominum, eorumque dominationes, et servitutes a suae providentiae legibus alienas esse veluisse."

[1627] José Esteves Pereira, *O Pensamento Político em Portugal no séc. XVIII (António Ribeiro dos Santos*, pág. 134: "A sociedade civil, assim divinisticamente fundamentada, (...)."

[1628] Idem, *ibidem*, págs. 185 e ss., especialmente págs. 194 e 195: "As concepções do Direito Natural do canonista (...) pautam-se por uma fundamentação teológica, pressupõem uma harmonia orgânica do homem com o mundo e a sociedade, e definem-se, preferencialmente, por um finalismo que, todavia, não exclui variações históricas."

[1629] António Ribeiro dos Santos, *De Sacerdotio et Imperio*, págs. 63 e 64: "Miror equidem circa proximam, & immediatam Civitatis, Imperiique civilis originem magnam esse inter vivos doctissimos disceptattionem. Sunt enim qui putant homines olim vagam, & ferinem vitam agitantes indigentia, ac utilitate motos suisse ad Civitates, & Imperia statuenda. *Quidam cum Pufendorfio mutuo hominum metui id tribuunt, ut sclicet vitae praesidia sibi compararent adversùs mala, quae homini ab homini imminent. Quidam existimaverunt cum Joanne Friderico Hornio id opus naturae fuisse;* cùm enim natura ipsa soboles necessariò quodam erga primos parentes amore iis olim adhaeret, familiae paulatim multiplicate sunt; inde verò factum est espertae commoda, ac vitae civilis voluptates, inter se conjungerentur & integras tendem gentes constituerent."

[1630] Idem, *Selecta Jurisprudentiae Naturalis*, fls. 28 v. - 30 v. O Autor considera que se não existe qualquer pacto celebrado entre o sumo imperante e o súbditos, na passagem do estado de natureza – mera figura de retórica histórica – para o de sociedade, se faz à custa das vontades individuais para a do soberano, a quem são atribuídos em função disso um conjunto de factores distintivos dos demais membros da sociedade. A Vida, a Segurança e a tranquilidade assim o requerem e se querem manter incólumes estas vantagens no estado de sociedade, devem os homens uma obediência extrema ao Príncipe, que possui uma independência total e mando absoluto.

[1631] Idem, *De Sacerdotio et Imperio*, pág. 67: "Hinc planum sit, ut Reges, & quicumque summa hac Potestate gaudent, in ipsius exercitio soli Deo subsint; cum enim *super Imperatores non sit nisi solus Deus, qui secit Imperatores;* nonnisi a Deo in hujusmodi exercitio impediri queunt; non enim a subditis, quorum in obsequi tantùm gloria relicta est; nec ab aliis exteris Principibus, cum quibus sunt in statu naturae, adeòque aequalitis." Idem, *ibidem*, pág. 75: "Nec refort, si quandoque Principum Leges, ac jussa minus pia videantur; obligatio siquidem obtemperandi Legibus, non ex earum justitia, sed ex Legislatoria auctoritate desumenda est. *Principibus enim summum rerum judicium dedit Deus, nobis obsequii gloria relicta est*, ut inde intelligire possimus falsam esse, et seditiosam quorumdam Casuistarum opinionem *Leges civiles nom obligare in conscientia*. Haec tamen ao pacto habenda sunt, ut Principibus obedemir teneatur salvo Jure Natural, ac Divino."

[1632] Idem, *ibidem*, pág. 65: "Si primum, Societas dicitur Monarchia, si secundum, Aristocratia; si tertium denique, Democratia adpellatur. In prima rerum potiuntur Monarchae; is secunda Optimates; in tertia verò Populus. Hinc summan illam gubernandi Potestatem habent reges in Monarchiis, in Aristocratiis Optimates, in democrattis Populorum corpora congregata."

Nestes termos e porque a melhor forma de Governo será a monarquia, deve o mesmo ser cumprido em atenção aos pressupostos das *Leis Fundamentais de Lamego*. Mas, em todos os casos, e porque em qualquer forma de Governo existem direitos e deveres[1633], dos mesmo se vê uma clara decorrência da perspectiva absolutista em que Ribeiro dos Santos neste passo ainda se colocava. São, neste particular evidentes a faculdade legislativa e jurisdicional, símbolos evidentes da concentração do Poder real nas mãos do monarca.

No que respeita à primeira, não só se verifica que não existe qualquer participação da comunidade da elaboração das normas, pelo que a Liberdade dos povos fica completamente posta de parte[1634], como se incrementa a régia majestade que outorga aos próprios costumes algum plausível valor.

A comunidade e a sua Liberdade não são aqui nem minimamente chamados a intervir e devem cumprir integralmente com as suas obrigações de vassalos para com um monarca absoluto e "pai" de todos[1635]. Observa-se à saciedade a subsunção às fontes estrangeiras que neste plano são mais directamente evidentes. Ribeiro dos Santos é aqui o oposto do que por hábito dele se costuma afirmar e o seu Absolutismo em nada fica a dever ao do seu futuro opositor Mello Freire, com o qual durante este período poderia ter trocado profícua correspondência.

Isto mesmo resulta da sua observação "ex quiobus conficitur primò neque Civem quemque, neque totum Regnum in Comitiis congregatum, jus in Reges aliquod habere, ut in Civilibus administrandis judicare eos possint. Quaecumque sit Regum vita, quaecunque improbitas, nonnisi a Deo temporali poena puniri valent"[1636]. A fidelidade ao Rei nem pode ser questionada nem o Povo – ou qualquer outra entidade – pode julgar da conformidade da actuação régia; Deus será o seu único juiz. Donde, "(...) mimimè posse populum in Reges animadvertere, eos quovis praetextu in ordinem redigere; Regno deponere, aut multare, aliove modo coercere; non adversùs illos seditiones; non rebelles; nos Hostes sovere; non arma arripere; non vi resistere. Eorum asperitas, atque improbitas, quidvisve aliud a Civibus, non secus atque improbitas, quidvisve aliud a Civibus, non secus atque a probis liberis parentum vitia, patienter ferendum est"[1637].

[1633] Idem, *ibidem*, pág. 69: "Et primò, ut a Juribus Majestatis immanentibus incipiat oratio, penes solos Imperantes, seu supremos Principes jus est, & imperium Legum ferendarum. Imperatoriam siquidam Majestatem non solùm armis decoratem, sed etiam Legibus oportet esse armatam, ut utrumque tempus & bellorum, & pacis recte possit gubernari: sine iis namque nulla domus, nulla Civitas, nulla gens, ne universum quidem genus, rerumque natura stare potest. Est autem Les Principis opus, illius finis justitia."

[1634] Idem, *ibidem*, pág. 69.

[1635] Idem, *ibidem*, págs. 73 e ss. São especialmente interessantes as seguintes referências: "(...) itaque subditorum officium est Principes Honorare, quia eorum jura, ac Potestas Divinae sunt originis, ut ex superioribus constat (...); populi officium est Principes amare, ut Patres populi, a quibus multa commoda ad nos redundant, quos sciens unusquisque Christianus a Deo suo constituti, necesse est ut ipsos diligat. (...) est populi officium Principibus obedire; nam jure Divino imperant, cui contrahire sine nequimus. (...). Ultimum denique populorum officium est, Principibus servare fidem, neque quovis praetextu eam unquam volare debent, qui Divino jure semper Principibus obsequium praestare tenentur. Divina ergo lege ità prohibentur omnes, & singuli subditorum in Reges aliquid moliri, aut agere, vel opere, & facto, vel consilio, & adjutorio, vel ipsa quoque omissione, silentio, & inertia, ut Majestatis Divinae planè reus sit, qui Majestatis humanae fuerit."

[1636] Idem, *ibidem*, pág. 76.

[1637] Idem, *ibidem*, pág. 76.

Toda e qualquer rebelião ou desvio a este comportamento é nociva à sociedade, questiona a régia majestade e é passível de castigo divino. Neste quadro se poderiam considerar as doutrinas medievais e renascentistas do tiranicídio e do direito de resistência ao Rei tirano, sobretudo desenvolvidas pelos monarcómanos[1638] e por muitos dos teóricos da Escola Peninsular do Direito Natural[1639].

Anos volvidos, muito se alterou em Ribeiro dos Santos e no seu Pensamento. Se há aspectos em que se mantém firme, como a defesa da monarquia como forma ideal de Governo, outros pontos sofrem uma quase completa reversão. É possível que isto seja positivo no sentido em que acompanhará em surdina as mutações internas da sociedade portuguesa; contudo e porque a divergência é bem funda, por vezes quase obriga a desdizer afirmações até agora subscritas.

Se é aceitável, como boa, a ideia de que Ribeiro dos Santos sofreu, na segunda fase do seu Pensamento, a influência do jusracionalismo europeu Moderno, com o conhecimento apurado do Consensualismo Seiscentista, continuando a ser um produto do Absolutismo de feição josefina, há uma certa inversão nos raciocínios oficiais que a exposição josefina proporcionava.

Ao menos, é possível descortinar que a interpretação plausível da Liberdade em função do seu discurso se apresenta como um meio caminho entre a pura e simples origem divina do Poder e a tese da soberania inicial de mediação popular, o que por si só e esquecendo por momentos os problemas do Contratualismo Moderno, é inovação de monta[1640].

Passando à segunda fase do Pensamento político de Ribeiro dos Santos em que a ideia de Liberdade vai ter que se adaptar às inovações introduzidas pelo Autor no plano que agora se desenvolve, isto é, a Liberdade dos povos. Não é nem pode ser ainda a Liberdade política.

Uma primeira observação que cumpre deixar cair, de resto já aflorada em ponto anterior, liga-se ao facto de visualizar Ribeiro dos Santos como o grande teórico de serviço em período marino. Claro que em conjunto com Mello Freire, cuja relevância não se discute, mais a mais provada pelas importantes funções que lhe foram confiadas. Simplesmente Ribeiro dos Santos, ao contrário de Mello Freire, não estava estigmatizado pelo pombalismo e, se bem que dele tivesse sido teorizador, o seu Pensamento nunca atingiu os píncaros de inflexibilidade que são marca do seu oponente.

Serve esta observação para passar à prática uma ideia que resulta absolutamente irrebatível em presença de dois elementos de trabalho: o texto da *Aclamação de D. Maria I*, a que se aludiu oportunamente, bem como os trabalhos que escreve depois de 1789. Em conjunto, permite chegar à singela conclusão que Ribeiro dos Santos

---

[1638] Idem, *ibidem*, pág. 77.

[1639] José Sebastião da Silva Dias, "Pombalismo e Teoria Política", pág. 26: "Debaixo desta linguagem demagógica contra os monarcómanos e os jesuítas, bate o coração da recusa da monarquia mista e suas componentes estruturais: a limitação do Poder régio pela comparticipação dos estratos sociais hegemónicas e das Cortes do reino na soberania política; o direito de resistência ao abuso do Poder; o direito de revolta contra o Rei convertido em tirano."

[1640] Esta questão tinha já sido alvo da sua ponderação na fase anterior do seu Pensamento, ainda que sob forma tímida e pouco clara nos seus contornos, conforme De *Sacerdotio et Imperio*, pág. 77: "Nefandae tamen sectae temerarios conatus masculè represserunt Henningius Arsenius, Guillelmus Barclayus in Libro de Regno, & Regali Potestate, & c. Adamus Blacvood in Apologia pro Regibus. Hugo Grotius in Libro I. de jure belli, & pacis. Pufendorfius in Libro VII. De Jure Naturali & gentium, ne multos referam."

professa um eclectismo muito particular que não deverá ser qualificado simplesmente de Consensualismo, porque vai além disso.

Recordando as tendências conciliatórias entre passado-presente, entre origem do Poder político e intervenção da comunidade nessa fase, facilmente se percebem as ideias de Ribeiro dos Santos.

Já quanto ao Direito Natural é possível detectar algumas alterações, presentes em certo sentido na sua *Selecta Jurisprudentiae Naturalis*[1641] e que implicam – ainda – a manutenção de uma ideia transcendental de Direito Natural[1642], e que era a tradução genuína do tipo de entendimento que o jusnaturalismo de feição católica patrocinava.

A sociedade civil mantém-se, na sua origem e coordenadas essenciais, ligada ao discurso naturalista, encomendado e indicado pelo dedo do Criador e cuja marca de água do pacto de união ou associação entre os indivíduos era descartada, vistas as perigosas consequências a que uma adesão à mesma poderiam conduzir. Mantém-se, neste quadro referencial, a opção platónica-agustiniana, termo de orientação da "voluntas Dei" que preside à organização social humana e dado de facto a que os Seres da Criação se devem subsumir sem mais acção que o seu reconhecimento factual[1643].

A sociedade civil sucede à natural, em que vê uma comunhão negativa dos bens, ao contrário do que se passava com Barreto de Aragão e seguindo os ensinamentos de Heinécio e Pufendorf[1644]. Por outro lado, existe Igualdade em estado de natureza,

---

[1641] António Ribeiro dos Santos, *Selecta Jurisprudentiae Naturalis*, fls. 16.

[1642] José Sebastião da Silva Dias, "Pombalismo e Teoria Política", pág. 76: "o jusnaturalismo pufendorfio-wolffiano não teve papel representativo na fundamentação e análise das doutrinas políticas durante a primeira fase cultural do pombalismo. Não era desconhecido, como o demonstram as citações da *Dedução cronológica*, das *Petições de recurso do procurador da coroa* e do *Da Sacerdotio et Imperio*, de António Ribeiro dos Santos. Nunca porém, o seu magistério foi aproveitado ou discutido, mesmo só subalternizadamente, salvo pelo último tratadista referido, muito à superfície, quando aborda o problema da origem do Poder"; José Esteves Pereira, *O Pensamento Político em Portugal no séc. XVIII (António Ribeiro dos Santos)*, págs. 179-184: "António Ribeiro dos Santos utilizou no seu Pensamento inicial boa soma dos conhecimentos extraídos dos tratadistas jusnaturalistas da época racionalista, embora fazendo deles um uso sintomático e superador da perspectiva teológico-canónica. O *De Sacerdotio et Imperio* acolhe o princípio pufendorfiano do 'non convenit ut hominis vivat ex lex' (...). O jusnaturalismo a que Ribeiro dos Santos se ateve, especialmente na sua primeira Obra, é o jusnaturalismo grócio-pufendorfiano, conjugado ao nível da teorização ética (...) e no que tange às ideias políticas, com a Obra de De Real (...). A teoria dos 'officia' estriba-se., por um lado, numa fundamentação ético-teológica e, por outro lado está conjugada com a distinção dos domínios específicos da moral e do Direito (...) não se estendendo com isso a uma subjectividade fundamental da acção." Uma dezena de páginas adiante, conclui o comentador: "As concepções de Direito Natural do canonista reflectem tudo isto. Pautam-se por uma fundamentação teológica, pressupõem uma harmonia orgânica do homem com o mundo e a sociedade, e definem-se, preferencialmente, por um finalismo que, todavia, não exclui variações históricas. É justamente, sobre este pano de fundo que virá a nascer o pensamento político, mais acabado, do Autor. Vê-lo-emos recusar as teorias individualistas do contrato (...) e manter um arreigamento tradicionalista que, embora dialogue aqui e ali com as Luzes, permanece sempre numa contenção neoclássica, que a sua poesia bem demonstra."

[1643] Seguimos a sequência apresentada por José Esteves Pereira, *O Pensamento Político em Portugal no séc. XVIII (António Ribeiro dos Santos)*, pág. 187 e ss., introduzindo as nossas observações pessoais mas dando como adquiridas as conclusões do citado historiador, por nos parecer algo difícil acrescentar matéria inovadora ao seu raciocínio.

[1644] António Ribeiro dos Santos, *Principios do Direito Natural Acerca do Dominio e do Uso do Mar*, Biblioteca Nacional de Lisboa, Cód. 4668, fls. 47.

pelo que não se pode afirmar que alguém detenha mais Poderes que outros sobre esses bens[1645].

Há, portanto, um estado de natureza ou de "comunhão negativa", que foi instituído por Deus, ponto em que os jusracionalistas europeus certamente não estariam em desacordo, e que não era mencionado pelo Consensualismo nacional. Isto significa que existe um estado de sociedade subsequente ao de natureza, passagem essa que sofre a tutela da transcendência o que bem se percebe pelo seu discurso jusnaturalista, mas que contém em si mesmo o gérmen da evolução[1646].

A passagem de um a outro estado não se processa pela via do contrato de associação, que implicaria a adesão de Ribeiro dos Santos à tese do jusracionalismo Moderno do qual se pretende afastar, mas também não se compagina com o simples dado adquirido de uma natureza rectora que implica a obrigação dos homens nela viverem sem mais, independentemente do processo evolutivo que ela lhes patrocina.

O que significa que se a fidelidade à transcendência, no plano da interpretação do Direito Natural e da posterior formação da sociedade, se mantém, há elementos que o afastam da pura concepção aristotélica que em caso algum havia, sequer mencionado os conceitos de diversos estádios da evolução humana.

Ao nível do Direito Natural e da origem da sociedade e se não é visível em Ribeiro dos Santos possibilidades de o identificar com o Contratualismo Moderno, importa aferir o que diz no plano da soberania, o que é o mesmo que indagar do peso específico que o valor do indivíduo poderá aportar à outorga do Poder político. Ou então explicitar a ideia de Liberdade no campo dos povos.

A sociedade política que sucede à natural e assenta na civil, implica a existência de um Poder que se encarregue de orientar o bem colectivo e justifica a geração de deveres dos súbditos para com o seu chefe. Entra-se na abordagem dos textos de 1789 e sua ligação com a doutrina do período marino a que já se fez alusão e que, a partir de agora, irá acompanhar a presente reflexão, por se considerar a fase mais representativa do Pensamento de Ribeiro dos Santos.

Nas *Notas á Resposta*[1647], afirma que "todas as cousas pertencentes ao Direito Publico da Nação, que se não acham determinadas pelas leis fundamentaes da Nação, ou escriptas, ou tradicionaes, ficarão fora da Constituição do Estado; *e nestes casos pertence ao soberano Poder dos Principes dar as leis e providencias necessarias, pela regra geral de que os Povos, deferindo aos Principes o summo imperio sobre si, lhes cederão todo o direito e Poder de determinar e regular todas as cousas positivas, que se não achão exceptuadas, reservadas e limitadas por pacto expresso, ou tacito, isto é, pelas leis fundamentaes escriptas ou tradicionaes e consuetudinarias.*"

Apresenta, também, ideias bem diversas de Mello Freire em matérias de exercício do Poder, quando não da sua de origem. Ou seja, ao contrário de Mello Freire, liga-se directamente à linha do Pensamento de raiz ecléctica, mas com contornos distintos

---

[1645] Idem, *ibidem*, fls. 47 v.: "Todos podem usar das coisas, mas não podem uns usar mais que os outros (...).".

[1646] António Ribeiro dos Santos, *Principios do Direito Natural Acerca do Dominio e do Uso do Mar*, fls. 48-48 v: "Principiaram a não ser bastantes todas as coisas para todos, o que proveio primeiro da propagação do género humano (...); segundo que os homens começaram a viver uma vida mais delicada e menos simples e, por consequência, a precisarem de mais coisas, do que quando viviam na primeira vida simples."

[1647] Idem, *Notas á resposta que deu o doutor Paschoal José de Mello Freire dos Reis á primeira censura que havia feito do plano do seu Novo Codigo de Direito Publico de Portugal*, pág. 134.

dos perfilhados pela sua congénere josefina[1648], incrementada por Tomás António de Gonzaga e Barreto de Aragão. Sem dúvida tem origem divina e a sociedade civil se estabeleceu porque Deus quis que ela sucedesse à natural; porém, são os Povos que escolhem quem querem que os governe e, mais, guardam em si o depósito desse Poder que está formalizado nos compromissos das Leis Fundamentais que mencionam, os limites da Autoridade régia. Mesmo que depois desta fase os Povos não tivessem mais intervenção no Poder político, eram alavanca do mesmo conforme havia ficado estabelecido no *Discurso de Aclamação de D. Maria I*[1649], que aqui de novo se invocam.

As suas ideias podem ser visualizadas em vários locais[1650], mas talvez de forma mais explícita no trabalho que elabora enquanto membro da Junta de Censura e Revisão criada por decreto de 3 de Fevereiro de 1789[1651], para se pronunciar sobre o trabalho de Mello Freire.

Iniciando a sua crítica ao plano proposto por Mello Freire, nele encontra de imediato graves lacunas. A ausência de qualquer referência a que o "Direito Publico nacional se estabelece, parte na convenção expressa ou tácita entre o Povo e o Principe, isto é, nas leis primordiais ou fundamentais do Estado, parte nas leis publicas civis dos mesmos imperantes"[1652] constitui, para o Autor, facto imperdoável. O Direito Público nacional procede de uma dupla via: das Leis Fundamentais e das leis ordinárias que no exercício do seu Poder o Príncipe faz.

É isto que Ribeiro dos Santos pretende dizer, no pressuposto da visão histórica da sociedade[1653].

Explicitando a sua ideia na rubrica "artigos que faltam no Codigo", escreve logo adiante que a primeira grande falha no projecto apresentado é a inexistência de referências às Leis Fundamentais, "por serem ellas a primeira base e fundamento,

---

[1648] O eclectismo político de Ribeiro dos Santos resulta do facto dele ter sido o suporte ideológico da tese marina. Assim, no seu *Sobre a Origem do Poder Soberano*, Biblioteca Nacional de Lisboa, códice, 4668, fls. 165: "a lisonja faz crer aos monarcas que eles tem o Poder somente de Deus, e faz crer aos Povos que somente o tem da mão do homem."

[1649] *Auto do Levantamento e Juramento, que os Grandes, Titulares Seculares, Ecclesiasticos*, pág. 63.

[1650] António Ribeiro dos Santos, *Sobre a Origem do Poder Soberano*, fls. 170 v.: "He certo que assim nos Estados monarchicos como nos democraticos e aristocraticos *os que são depositarios do Poder Publico, tem hua autoridade que he Divina no seu principio porque Deus quis que os homens se ligassem entre si em sociedade*, e se regessem por leis debaixo do bem superior. *Mas os Povos foram os que originariamente determinaram a forma de governo a que queriam sujeitar-se*, os que fixaram as pessoas ou Familias que houvessem de reinar sobre eles, e os que determinarão que ordem havia na sucessão do seu governo *e até onde se havia de estender a sua autoridade e imperio em particular*".

[1651] *AHP, Collecção Auxiliar*, II, fls. 130-131: "decreto que determinou a Revizão do Novo Código e Nomeou os Ministros para a Junta"; António Delgado da Silva, *Collecção da Legislação portugueza desde a última compilação das Ordenações*, 1775 a 1790, Lisboa, 1828, págs. 102-164.

[1652] António Ribeiro dos Santos, *Notas ao Plano do Novo Codigo de Direito Público de Portugal do Doutor Paschoal José de Mello*, pág. 6.

[1653] Zília Osório de Castro, "Poder régio e os Direitos da Sociedade. O 'Absolutismo de Compromisso' no reinado de D. Maria I", pág. 17: "Rejeitadas (...) às teses da monarquia pura do passado próximo e da soberania popular de um futuro não muito distante, reforçou o canonista, o Poder da comunidade, no intuito de estabelecer o justo equilíbrio pela reforma e união dos dois extremos. Que o consentimento do Povo era indispensável à génese do Poder soberano afirmavam-no de forma extrema os Autores da escola moderna de Direito Natural (...). Mas afirmava-o também quem adoptava o princípio de origem divina da soberania quer fizesse depender de Deus a existência da sociedade quer explicasse por imperativo da natureza. Distingui-as a exclusividade adoptada pelos primeiros e a conjugação defendida pelos últimos com base na distinção entre origem, titular e forma de Poder."

sobre que assenta a fórma e constituição da monarchia"[1654]. Por Leis Fundamentais do Estado entende o Autor "as leis fundamentaes primitivas e primordiaes, que ou se estabelecerão expressamente no principio da monarchia, ou se suppozerão como taes na sua instituição e formação, havendo-se trespassado para ella com a mesma natureza e encargos, que d'antes tinhão na constituição gothica, e dos reinos de Leão e das Asturias, donde se havia desmembrado o nosso imperio". Cabem do mesmo modo nesta categoria as "leis fundamentaes posteriores, que por mutuo consentimento de nossos Reis e dos Povos se estabelecerão em côrtes, ou fóra dellas, sobre as cousas essenciaes do Governo"[1655].

Estabelecendo uma comparação entre estas ideias e as suas homólogas expandidas no *De Sacerdotio et Imperio*, vai mais longe do que anteriormente. A sua primitiva posição aproxima-se da De Real impondo-se a verificação de que nesse momento as Leis Fundamentais mais não seriam que as condições subjectivas que no plano moral podem limitar a acção régia. Essas condições dependiam da observação das regras do Direito Divino e do Direito Natural[1656], sem qualquer formalização que garantidamente outorgasse aos sujeitos de direito qualquer participação activa na sua activação, se e quando, eventualmente, pudessem ser activadas.

Aqui retoma o tema das *Actas das Cortes de Lamego*. Como já se disse, tanto elas foram aproveitadas por consensualistas como por absolutistas. Quanto a Ribeiro dos Santos considera-as como parcela de Lei Fundamental, a que associa as Cortes de Lisboa de 1674, sobre a tutoria de Príncipes menores e regência; as de Lisboa de 1698, sobre a interpretação e derrogação de um artigo das *Cortes de Lamego* sobre sucessão de filho de Rei, irmão de Rei, e algumas mais[1657].

Já quanto à observação de Mello Freire da desnecessidade de grande elaboração acerca das Leis Fundamentais, não sendo sequer preciso distingui-las das leis civis e considerando como Leis Fundamentais apenas as *Cortes de Lamego*, Ribeiro dos Santos é frontalmente contrário. Entende que devem ser aquelas que devem ter uma maior visibilidade, para que todos saibam a posição que na sociedade ocupam.

Além disto, coisa impensável para o seu opositor, fala em "Constituição fundamental" e em "estado publico da Nação"[1658]. Uma Constituição que é composta pela "forma particular do summo imperio", pela "ordem particular da sucessão do Poder supremo" e "maneira particular de exercer os direitos de soberania, a que se associam "os direitos particulares e officios reciprocos dos Principes e dos Povos, em razão das Leis Fundamentaes e publicas, isto é, nas prerrogativas dos Reis, que os

---

[1654] António Ribeiro dos Santos, *Notas ao Plano do Novo Codigo de Direito Público de Portugal do Doutor Paschoal José de Mello*, pág. 8.
[1655] Idem, *ibidem*, pág. 8.
[1656] Idem, *Se Sacerdotio et Imperio*, pág. 69: "Quod autem spectat ad Legem Naturalem, vel Divinam, omnibus profus indubiam est, illi aequè obstringi supremos Principes, ac subditorum, infimos quosque, ut omnium hominum scelestissimi profecto fint, qui Principes nullis hujusmodi teneri Legibu per nefariam adulationem docuerunt. (...) Flagitiosissimi pestiferae hujus doctrtinae sectatores Hobbesius, atque Spinosa, qui per summum nefas omni lege Principes impiè solvunt."
[1657] Idem, *Notas ao Plano do Novo Codigo de Direito Público de Portugal do Doutor Paschoal José de Mello*, pág. 8. A estas se somam as Leis Fundamentais não escritas ou tradicionais, que não são menos sagradas que as outras, por serem costumes gerais, reconhecidos por todos e introduzidas em tempo imemorial por consentimento tácito dos Príncipes e dos estados do reino. São o "costume" ou "estilo" dos reinos.
[1658] Idem, *ibidem*, pág. 6.

Povos devem respeitar, e nos foros, costumes, Liberdades e privilegios, que devem os Principes guardar a seus Povos". Dessa Constituição ainda deverá constar a previsão do funcionamento das "côrtes, ou assembleias publicas da Nação" e, bem assim, nas demais matérias que pertencem "directa e immediatamente á administração e ordem publica de todo o Estado"[1659].

Fica assim delineada a fisionomia do canonista: o Direito Público nacional é composto de Leis Fundamentais e de leis ordinárias, a que corresponde a existência de uma Constituição e de um Direito Público administrativo capaz de regular o funcionamento das instituições nacionais. Por estes motivos, entende que o trabalho de Mello Freire tanto peca por defeito como por excesso. Por defeito, porque não contém algumas matérias que têm lugar num verdadeiro Código de Direito Público; por outro e por excesso, porque há matérias que devem ser reservadas à legislação ordinária e que aqui constam.[1660]

Outro ponto essencial que não vem desenvolvido no trabalho de Mello Freire é a questão da sucessão régia[1661]. O Autor avança com vários pontos a terem de ser impreterivelmente marcados, nomeadamente quanto à sucessão hereditária ou por direito de sangue, questão conturbada como se sabe e que é possível resolver por recurso à História nacional, recordando-se vários episódios anteriores a 1640 mas insistindo neste em particular.

Deste conjunto de factos indispensáveis de elencar para melhor justificar a vertente interpretação do problema, podem-se retirar algumas conclusões. Segue o Autor na senda não apenas da tradição nacional, mas invoca factos históricos anteriores à doutrinação da mesma pela Restauração, sedimentando a ideia de Liberdade dos povos, muito embora os pressupostos em que se sustentava não fossem idênticos aos de Ribeiro dos Santos.

Por outro lado, destaque-se o particular ênfase que dá à colaboração do Povo no exercício da actividade do monarca, obtido em primeira linha por força do seu juramento – que sempre se usou e depois de D. João V caiu em esquecimento. Finalmente, o facto de este juramento ter como contrapartida a obediência do seu Povo. O monarca jura guardar direitos foros e Liberdades e o Povo obedecer em tudo ao Rei, que o protege[1662].

Não empregando os termos que estavam em voga na Europa, considera os vassalos como Corpo Político da Nação; este Corpo Político tem direitos próprios, fixados nas Leis Fundamentais e portanto assim deve ser tratado[1663]. De tal modo que se houver lesão dos seus direitos, tem o mesmo direito a recuperá-los o que significa, de certo modo, uma alusão ao direito de resistência[1664], que Mello Freire nega em absoluto.

[1659] Idem, *ibidem*, pág. 6.
[1660] Idem, *ibidem*, pág. 7.
[1661] Idem, *ibidem*, págs. 11 e ss.
[1662] Idem, *ibidem*, pág. 20.
[1663] Idem, *ibidem*, pág. 21.
[1664] Idem, *Sobre a Convocação dos estados ou cortes*, Biblioteca Nacional de Lisboa, códice 4668, fls. 248: "Pôr em these que ella se não pode ajuntar a si mesma [a Nação], que os estados não podem convocar esta Assembleia sem se fazerem culpados de rebeldia he o mesmo que dizer que he inutil oppor barreiras ao despotismo e oppor balizas e limites ás concessão do Poder supremo, que todas as Leis Fundamentais são chimeras poiz que não havendo senão o corpo da Nação que possa procurar a sua execução, hum principe que quer usar do Poder arbitrario, e trata os seus vassallos como escravos jamais convocara esta Assembleia."

Além disto, não escamoteia Ribeiro dos Santos a consideração cara ao Antigo Regime das "Liberdades" e não da "Liberdade". Para Mello Freire, os súbditos do monarca são isso precisamente: súbditos. Todo o tipo de relação jurídica a estabelecer entre Rei e vassalo têm origem privatística, sendo pensada caso e caso e num plano isolado em relação aos seus semelhantes. Sabedor dos ensinamentos propalados pelo jusracionalismo europeu, Ribeiro dos Santos vai mais longe que qualquer outros dos Autores antes mencionados, ainda que continue a não conseguir ultrapassar os estreitos limites do acatamento da monarquia absoluta[1665].

É pois do maior interesse averiguar os termos em que pode coexistir o respeito pelo monarca das Leis Fundamentais, com monarquia absoluta – "monarchia pura e absoluta". Porque, se Ribeiro dos Santos como bom jusnaturalista se bate pelo respeito das Leis Fundamentais, fala em Constituição, defende as Cortes e enaltece a Liberdade dos povos[1666], o grave do problema é conciliar tudo isto com a actual fisionomia da monarquia lusitana.

Não é fácil; "reconheço que esta matéria demanda por si mesma muita circunspecção e sabedoria; mas em uma *monarchia pura e absoluta*, como a nossa, em que *todos os Poderes da soberania residem na única pessoa de nossos Principes*, não se achão embaraços, colisões e dificuldades, que de comum se encontrão nos Governos de outra natureza"[1667].

Esta última observação de Ribeiro dos Santos é passível de discordância, por tanto optimismo[1668]. O simples respeito pelos Poderes das Cortes e dos tratos celebrados com os estados do reino, assim como dos seus estilos, choca com a inexistência em Portugal de Cortes desde 1698. Nem previsivelmente elas virão a existir no estado actual do reinado de D. Maria I. O Rei decide em tudo sozinho e sem apoio de ninguém, mesmo ouvindo os conselheiros, mas em nada ficando vinculado pelas suas opiniões. A importância política da Liberdade da comunidade mantém-se nula, em termos práticos, apesar das excelentes intenções de moderação do reinado da "Piedosa". Mas a inovadora tese de Ribeiro dos Santos merece ser apresentada nela se plasmando um real eclectismo.

[1665] José Esteves Pereira, *O Pensamento Político em Portugal no séc. XVIII (António Ribeiro dos Santos)*, págs. 54 e ss. Mello Freire e seus apoiantes chegaram a catalogar Ribeiro dos Santos de monarcómano, propagando falsas e erróneas doutrinas.
[1666] Zília Osório de Castro, "Poder régio e os Direitos da Sociedade. O 'Absolutismo de Compromisso' no reinado de D. Maria I", pág. 16: "(...) António Ribeiro dos Santos, expressão portuguesa da referida corrente doutrinária [dos defensores dos Povos no processo de transmissão do Poder], *integrou a comunidade no processo de transmissão do Poder, tornando a sua participação essencial. Embora mantendo-se fiel ao princípio da origem divina do Poder, considerou ser o consenso dos Povos e não já a legalidade do direito sucessório, o factor de legitimidade da sucessão à coroa.*"
[1667] António Ribeiro dos Santos, *Notas ao Plano do Novo Codigo de Direito Público de Portugal do Doutor Paschoal José de Mello*, pág. 22.
[1668] José Esteves Pereira, *O Pensamento Político em Portugal no séc. XVIII (António Ribeiro dos Santos)*, pág. 53: "(...) o que se vai arriegando e um Mello Freire arriegado ao Absolutismo esclarecido, de que a sua reformulação do segundo livro das *Ordenações* é como que um manifesto, e um Ribeiro dos Santos entre a invocação explícita de um contractualismo renovador do tradicionalismo nacional, com Rei, Cortes e estados dos reino, e o equívoco (...) de que afinal se pretendia não era a elaboração de uma proposta constitucional, mas tão só o arranjo parcelar de uma proposta do Direito Público vigente."

A IDEIA DE LIBERDADE EM PORTUGAL

Já em período anterior da sua reflexão terá ponderado o problema, entendendo a soberania como una e independente[1669] e repete agora esta mesma ideia, que é também a da *Dedução Chronologica e Analytica*. A diferença entre esta última Obra, o trabalho de Mello Freire e a posição de Ribeiro dos Santos, reside em que nos primeiros o Povo não tem qualquer hipótese de se opor ou reagir aos comandos normativos emitidos pelo monarca, ou seja, à sua soberania; o segundo entendia que a comunidade política teria possibilidade – capacidade – para se opor à plenitude da soberania do monarca, podendo condicioná-la.

Há duas alternativas. Ou se considera a posição de Ribeiro dos Santos algo utópica e a sua pregação é meritória, mas o pano de fundo português e europeu em tudo o contradizia e não se vislumbrava a sua superação. Ou, pelo contrário e é o que se defende, considera-se um produto dos ventos que sopravam na Europa de 1789, precisamente na altura em que as grandes transformações se começaram a verificar, derrotando o josefismo e os seus "associados" preferenciais.

Em Portugal seria preciso esperar quase trinta anos para a situação se transmudar. E quando se alterou, nem o próprio Ribeiro dos Santos teria, quase de certeza, apreciado muito as inovações[1670]. Acreditamos na sua sinceridade e boa fé no desejo de repor alguma legalidade perdida à governação do país; aceitam-se os seus desejos de mudança; apenas que há alguma dificuldade em perceber como era, ainda, possível, a maioria dos espíritos cultos nacionais aderirem a uma soberania de origem divina sem mácula nem partilha e que encarava o Corpo Social com sintomática desconfiança.

Claro que aquilo que Ribeiro dos Santos preconizava não era o Liberalismo, como Burlamaqui e Vattel com a sua monarquia limitada não o entenderam viável e Claude Mey mais contribuiu para sedimentar.

Se não há pacto de associação nem de Poder em sentido jusracionalista, porque Ribeiro dos Santos não segue o voluntarismo por eles proposto na sua formulação pura, há escolha e eleição de alguém, que recebe o Poder de Deus, e a função régia da opção humana. No exercício dessa função há que atender ao estipulado pelas Leis Fundamentais e encontrar um ponto de equilíbrio entre Poder do Rei de origem divina e Poder da comunidade de origem humana mas com carácter decisivo para a conformação da actividade governativa.

Mesmo que haja Poder divino, se não existir intervenção activa da comunidade, com as suas "Liberdades", não há possibilidade desse Poder se concretizar.

A comunidade, a Nação, tem direitos derivados da sua intervenção do "contrato fundamental" ou pacto de sujeição que estabeleceu com o monarca, e é recordado no *Discurso de Aclamação de D. Maria I*[1671].

[1669] António Ribeiro dos Santos, *De Sacerdotio e Imperio*, pág. 67: "hinc planum sit, ut reges, et quicumque summa hac potestate gaudent, in ipsius exercitio soli Deo subsint; cum enim a nonnisi a Deo in Hujusmodi exercitio impediri queunt; non enim a sibditis, quorum in obsequi tantum gloria relecta est; nec ab aliis exteris Principibus, cum quibus sunt in statu naturae, adeoque aequalitatis."
[1670] Idem, "Sobre a Origem do poder do Príncipe", *apud* José Esteves Pereira, "António Ribeiro dos Santos e a polémica do 'Novo Código', *Cultura – História e Filosofia*," 1982, I, pág. 295: "Tem permanecido, até aos nossos dias, o equívoco de o colocarem na origem de um processo liberal, de que ele (considerado este em termos estritos) não parece ter intuído minimamente as características. E até pela própria economia de sistema de Pensamento e pelas raízes intelectuais que lhe conhecemos, isso era pouco possível."
[1671] *Auto do Levantamento e Juramento, que os Grandes, Titulares Seculares, Ecclesiasticos e mais Senhores, que se Acharão Presentes, e Fizerão á Muito Alta, Muito Poderosa Rainha Fidelissima D. Maria I, Nossa Senhora,*

Assim, admitindo que legalidade e legitimidade concorrem para a instituição régia do monarca – de legalidade por sucessão hereditária e de legitimidade por força do consenso dos Povos e sustentado na aclamação – que o é, também, por Direito Humano e Divino – porque sucede ao seu antecessor por Direito Humano mas recebe de Deus o Poder que exercita – aporta de imediato uma diversa configuração do organigrama da transmissão do Poder que o precedeu.

Muitos o "derivão do Povo, mas seguem que ele transmitira aos Principes *absolutamente e sem reserva todo o Poder auctoridade suprema*, renunciando por uma vez a toda a *Igualdade natural*". Outros "o derivam de Deos, mas de maneira que assentão, que não o receberão os Principes tão absoluto e independente, que não ficassem responsáveis ao Povo na sua administração"[1672].

Na iminência, Ribeiro dos Santos é prudente, ecléctico e histórico: "(...) a doutrina do *Poder mediato* não consiste em outra cousa, senão em se dizer que o Poder dos Principes vem de Deos *mediatamente*, e quanto à sua origem, por seu proprio direito e auctoridade, escolheo a forma e maneira de Governo, e o que pois Deos quis que houvesse entre os homens, e o deo á sociedade inteira para se reger; e que vem *immediatamente* do Povo, porque este foi o que por si, e designou a pessoa, que o havia de exercitar, e lhe conferio todo o Poder que tinha"[1673].

Portanto, juntando as suas considerações com o texto do *Discurso de Aclamação de D. Maria*, facilmente se entende que num período em que poucos gostariam de o lembrar as *Cortes de Lamego* estavam vivas. Não era apenas uma confirmação aquilo que os Povos haviam feitos nelas, ao bom juízo de Pombal, dos seus textos oficiais e dos discursos dos seus teóricos, todos sobejamente conhecidos. É porque não é pelo simples direito de conquista ou do dote nem, tão pouco pela simples passividade dos estados presentes, perante o direito que o monarca já tinha e não se discutia. Antes porque os Povos, em conjunto com o monarca, estabeleceram as primeiras Leis Fundamentais em ordem à felicidade e à Liberdade de todos, que dependem de todos os membros dessa mesma comunidade.

Quem tem a responsabilidade de elaborar estas leis e o fez, foi a comunidade no exercício da sua Liberdade. Portanto, ela detinha este Poder de fazer estas Leis Fundamentais e exercitou-o de facto, conforme o citado texto de aclamação de D. Maria I.

E se assim é, porque não defender que ela detinha o Poder político que trespassou ao soberano? E, logo, a origem do Poder político, que era divina, era também humana no plano do estabelecimento da Liberdade e felicidade comuns que passavam em testemunho ao monarca. Reinterpretam-se, portanto, princípios muito caros aos teóricos

---

na Coroa destes Reinos, e Senhorios de Portugal, sendo Exaltada e Coroada Sobre o Regio Throno Juntamente com o Rei D. Pedro III na tarde do Dia Treze de Maio. Anno de 1774, págs. 62 e 63: "Oh, e quanto somos ditosos! Parece estavão illuminados aquelles primeiros Portuguezes, quando instituirão, e crerão esta Monarquia com a indole, e natureza de hereditária! Parece que elles já pensavão fazer a nossa felicidade, quando estabelecerão herdeiros da Lusitania os Principes naturaes, sobre os direitos regulares de Primogenitura! Porque aquellas Leis Fundamentaes da nossa Liberdade devemos a gloria de sermos Portuguezes, e a ventura de nos vermos hoje Vassallos de V. Magestade."
[1672] Referência a Wolff.
[1673] Antonio Ribeiro dos Santos, *Notas ao Titulo dos Direitos Reaes, do Novo Codigo de Direito Publico de Portugal do doutor Paschoal José de Mello, feitas e apresentadas na Junta da Censura e Revisão pelo doutor António Ribeiro em 1789*, Lisboa, 1844, em conjunto com as demais Obras da polémica, págs. 17 e 18.

portugueses, inclusivamente a Ribeiro dos Santos[1674] e a José Ricalde, que talvez não tivessem tido toda a consciência do que poderia seguir-se ao tipo de reflexão que encetaram e que é dever de ofício do intérprete analisar.

Cada vez mais próximo de Vattel e Claude Mey e com laivos do ensino de Burlamaqui, eis a fisionomia de um dos mais célebres homens de finais do século: Ribeiro dos Santos que defende, conscientemente ou não, uma soberania inicial participada e que em nada se parece com a teorização hobbesiana ou, mais recentemente, com as ideias de um publicista como De Real.

Há diferença entre a tese da origem divina directa do Poder régio, aprovada pelo despotismo ilustrado josefino e seus teóricos, como do jusracionalismo Moderno da Era do Contratualismo. No segundo caso, desfocava-se a origem divina única e imediata do Poder e chamava-se à participação o Povo; no primeiro moderava-se a intervenção puramente humana no acto convencional que o originava[1675]. Em Ribeiro dos Santos, o Poder tem origem divina e humana, em simultâneo.

Ainda que o consentimento dos Povos – a sua Liberdade – esgotasse a sua actuação no seio do Poder político, era um expressivo progresso no sentido da relevância que se outorgava à sua participação no que respeita ao valor do indivíduo, quando ainda não à questão do individualismo.

Os direitos da sociedade são salvaguardados na medida em que se valora o indivíduo; os direitos políticos efectivos desta e o Individualismo aguardam a objectivação entre soberano e Leis Fundamentais como verso e reverso da medalha luisina da Revolução ou como o monumento Vintista adiado aos Pais da Pátria.

Esta é uma primeira abordagem importantíssima para o problema da Liberdade dos povos, já que Ribeiro dos Santos acabará por de encaminhar decisivamente na senda do Pensamento do "mais liberal dos jusracionalistas" estrangeiros que estudámos, Vattel.

O suíço e o francês Claude Mey são aqui os mentores das reflexões de Ribeiro dos Santos. Finaliza-se esta abordagem[1676] com a observação que deixa cair segundo o qual "nem todos os que derivão do Povo o Poder dos Principes, são monarchomanos"[1677]; "nem todos os que o derivam de Deos, excluem por isso o concurso e autcoridade do Povo[1678]". Não é fácil a conciliação entre os princípios da monarquia absoluta e aquilo que defendem os teóricos mais "liberais" do jusracionalismo.

Mas é, ao menos possível encontrar uma ponte entre os desejos de renovação das ordens patrocinados numa Constituição que não afecte os princípios absolutos

---

[1674] Antonio Ribeiro dos Santos, *Sobre a Origem do Poder Soberano*, fls. 169 v.: "o corpo inteiro da Nação [é que] determina qual deve ser a forma particular de governo, qual a maneira da sucessão da coroa, quais os limites e restrições da Autoridade suprema, quais os direitos e deveres do cidadão."

[1675] Idem, "Sobre a Origem do poder do Príncipe", *apud* José Esteves Pereira "António Ribeiro dos Santos e a polémica do 'Novo Código', pág. 17: "Sobre a origem e fonte do Poder há uma opinião ou preocupação igualmente perniciosa aos principes e aos vasallos. A lisonja faz crer aos monarcas que eles têm o seu Poder somente nas mãos de Deus, e faz crer aos Povos que eles somente o têm das mãos do Homem. Convém reformar os dois extremos e uni-los entre si. Quanto à origem, vem o Poder de Deus; quanto á pessoa e à forma, vem do Homem."

[1676] Para desenvolvimentos que não cabem num trabalho em que a preocupação não é o tratamento monográfico exaustivo dos Autores mas apenas a sua inserção no plano da defesa da Liberdade dos povos, consulte-se José Esteves Pereira, "Sobre a Origem do poder do Príncipe", *apud* José Esteves Pereira, "António Ribeiro dos Santos e a polémica do 'Novo Código'", págs. 338 e ss.

[1677] Referência certamente a Vattel.

[1678] Referência a Pufendorf que considera a monarquia limitada com impura, mas a admite. De forma mais explícita aos ensinamentos de séc. XVII, nomeadamente a Bossuet.

DA HISTÓRIA DA IDEIA DE LIBERDADE

da monarquia, com a ideia de manutenção de Leis Fundamentais e do trato estabelecido entre Rei e comunidade, que mantém intacta a prerrogativa da governação. Vattel e Claude Mey são os pontos de apoio como se disse; ideal para todos estes Autores que já não eram, na prática, absolutistas sem mais – ainda que o fossem na teoria – mas que ainda não tinham dado o salto qualitativo, porque não queriam ou porque não podiam[1679].

É, como afirma José Esteves Pereira, o retomar da questão no plano da "participação das classes sociais no quadro institucional das Ordens, através da representação em Cortes. Era (...) o problema da reinserção da Nação no contexto do Estado que de novo se punha em causa"[1680].

A sociedade portuguesa estava a chegar a um momento de impasse. Comprometida como as demais sociedades do continente europeu deste período entre um assumir a renovação e um apego à tradição, entre os temores da Revolução e os anelos da manutenção, encontrava um núcleo de pensadores que, se no seu âmago eram absolutistas e não hesitavam na defesa dos direitos do "sumo Imperante", por outro lado estavam a inclinar-se, cada vez mais decididamente, para as virtualidades de uma Constituição.

Provavelmente se tivesse possibilidade de escolha, Ribeiro dos Santos não teria opção entre as duas situações algo contraditórias da sua vida: ou bem que era josefista e, logo, promotor do direito absoluto do Príncipe, como bem se notou já nos seus trabalhos da década anterior, ou bem que era jusnaturalista ecléctico e não podia agir nem proceder de forma distinta à proposta nas primitivas *Notas*.

Por este motivo se justificam as reticências colocadas desde o início no qualificativo normalmente aposto a Ribeiro dos Santos e que, por essa via, o quer aproximar do Consensualismo nacional Seiscentista, o que não se verifica integralmente.

Quanto à ideia de Liberdade, agora ao nível da Liberdade dos Povos, a mesma é defendida em termos óbvios pelo "livre-pensamento" de Ribeiro dos Santos – que teria causticado no *De Sacerdotio et Imperio* –[1681]; na "viradeira", houve "quem virasse".

Visto por outro prisma, uma recuperação dos ideais josefinos nos campos que mais se destacaram da cultura e da abertura comercial, da protecção a togados e a comerciantes terrestres e marítimos, a proprietários, com uma dose adequada de recuperação das virtualidades da nobreza e do clero e assentes na defesa dos privilégios dos vassalos que o jusdivinismo obnubilara.

Em termos gerais e ponderando todos os traços da reflexão ibérica, bem se poderia afirmar que balançando num concerto europeu nada estável, Portugal como a Espanha, ainda não tinham chegado ao momento da decisão. Nem eles nem os seus mais eminentes pensadores – que mudavam de posição mais do que seria aconselhável e ao sabor dos eventos com que se confrontava – dos quais Ribeiro dos Santos terá sido

---

[1679] António Ribeiro dos Santos, "Sobre a Origem do poder do Príncipe", *apud* José Esteves Pereira, "António Ribeiro dos Santos e a polémica do 'Novo Código', págs. 140 e 141: "(...) o Principe, de commum consentimento com os seus Povos, póde mudar e alterar todas e quaesquer leis fundamentaes do Estado, ou os Povos fossem, ou não, auctores dellas: porque se o foram, de comum accordo com o Principe, as podem alterar, assim como as puderão estabelecer; se o não forão, quem estorvos o Principe, que não possa ceder de seus direitos em beneficio da republica, e tractar com seus Povos da alteração, ou mudança da constituição do reino?"
[1680] Idem, *ibidem*, pág. 291.
[1681] José Sebastião da Silva Dias, "Pombalismo e Teoria Política", I, pág. 2, considera ser este um dos textos referência no plano da argumentação canónica com laivos de jusnaturalismo e justificativos da separação das jurisdições civil e canónica.

ponto alto mas, como alguém nos confidenciou, "fraco". Como "fracos" foram boa parte dos intelectuais assumidos do Vintismo nacional. Ribeiro dos Santos precedeu--os e enobreceu-os. Mas era "fraco", sendo esta expressão em nada pejorativa, antes reflexo da situação portuguesa face à Europa de finais de Setecentos e princípios de Oitocentos: um país teoricamente "fraco".

4.2.1. A polémica entre Mello Freire e Ribeiro dos Santos a respeito da Liberdade dos povos

Será útil introduzir em ponto autónomo a reflexão sobre a querela entre os dois Autores[1682], na medida em que sendo presentes os pontos de vista de ambos sobre matéria tão importante para a investigação, se torna imperioso estabelecer o seu confronto passo a passo[1683], no plano das Ideias.

Uma coisa é certa e dita por ambos: são partidários da monarquia; num caso com direitos para o sumo imperante e deveres para os vassalos, sem partilha de Poder; no outro com direitos e deveres para ambos os lados mas sem partilha de Poder entre Rei e Corpo da Nação, ainda quando esta determina inicialmente a actividade do Poder atribuído ao monarca.

Diga-se que despeitadíssimo perante a censura de Ribeiro dos Santos, vai Mello Freire responder asperamente à mesma[1684], reafirmando ponto a ponto a defesa de tudo o que tinha avançado na versão inicial do seu *Novo Codigo*[1685]. Registe-se a afirmação de Mello Freire, segundo a qual não têm cabimento as observações de Ribeiro dos Santos quanto à inserção das Leis Fundamentais do Reino porque "*Sua Majestade não entende impôr leis a si mesma, nem a seus augustos sucessores, mas só aos seus Povos*", além do que "(...) ainda que em côrtes se possão ordenar, com tudo quando o reino não veio ao Rei por eleição e vontade dos Povos, mas por conquista e sucessão, não falta quem diga, que neste caso o Povo só pode alterar aquellas leis, de que constar ser auctor no principio da Constituição; o que em Portugal somente se pode verificar a respeito das leis da successão do reino, *mas de nenhum modo a respeito da soberania, Poder e independencia do Rei, sobre que nunca se fizerão nem appareceram leis, ou constituições feitas pela Nação*. Nesta duvida e opinião, que eu refiro sem a approvar, nem desapprovar, as

---

[1682] Mário Júlio de Almeida e Costa, *História do Direito Português*, págs. 382 e ss.

[1683] Paulo Merêa, *O Poder real e as Cortes*, pág. 55, recorda a expressão "formidável sabatina", da autoria de Magalhães Colaço, e que pode ser considerada uma das melhores imagens que representam o "duelo" entre os dois maiores pensadores nacionais da fase final do Absolutismo português. Ambos supranumerários da Academia das Ciências, eleitos na primeira reunião da mesma e cuja nota é dada em carta de 5 de Fevereiro de 1780, segundo informa Teófilo Braga, *História da Universidade de Coimbra*, III, pág. 654, existe enorme tentação em dizer que dificilmente se encontrariam dois contendores de tal modo à altura um do outro. Também por isso o nosso respeito e a imprescindível menção de tão célebre polémica.

[1684] António Ribeiro dos Santos, *Notas ao Plano do Novo Codigo de Direito Público de Portugal do Doutor Paschoal José de Mello*, pág. 29, nota: "Foi lida esta censura na segunda sessão da junta de Revisão do Codigo, presente o mesmo Doutor Paschoal José de Mello; e porque depois não fosse afrontado, se lhe inculcou, que deixasse de concorrer à censura, e que se lhe daria vista de todos os papéis das censuras, para ele poder responder de sua casa."

[1685] Paschoal José de Mello Freire dos Reis, *Resposta à Censura que deu o Desembargador Paschoal José de Mello Freire dos Reis ás censuras que sobre o seu plano do Novo Codigo de Direito Publico de Portugal fez, e apresentou na Junta de Revisão o Dr. António Ribeiro dos Santos*.

leis, que hoje se ordenassem, não podião indubitavelmente obrigar aos successores e pretendentes da Corôa"[1686].

Ou seja, Mello Freire de novo invoca a sua anterior interpretação das *Cortes de Lamego*[1687], chamadas a confirmar a sucessão do reino[1688], mas nunca a apresentar limites à soberania do mesmo[1689] ou a chamar à colação qualquer tese da soberania popular. A soberania adquire-se por *direito de sangue, de legítima sucessão, e de guerra de ocupação*[1690], e o Povo nenhuma intervenção tem a esse respeito[1691].

Não é o título de Rei o que faz dele soberano e independente, "mas o Poder de governar a seu arbitrio a sociedade"[1692], apresentando uma interpretação histórica completamente oposta à que o Consensualismo português propõe para a situação nacional desde o tempo de D. Henrique, que governou absolutamente, assim como D. Teresa e depois D. Afonso Henriques. Ribeiro dos Santos nunca tinha dado às *Cortes de Lamego* qualquer outra expressão, até por ser impossível, mas Mello Freire quis ler no seu Pensamento uma amplitude inexistente na censura do canonista.

Mais uma vez se verifica que, sendo remotamente possível discutir a pessoa física do Rei em termos de sucessão régia, não se discute a soberania, Poder e independência do Rei, que estão acima das Leis Fundamentais. Mesmo nos casos de haver convenção entre súbditos e monarca acerca da sucessão régia, isso revelar-se-ia extremamente perigoso, por desajustado ao que presentemente se praticava na Europa absoluta[1693].

[1686] Idem, *ibidem*, pág. 64.
[1687] Idem, *ibidem*, pág. 66. Não considera que existam, para além destas Cortes, algumas outras regulações à sucessão do reino, esquecendo as disposições das Cortes de 1674, para já não falar das da segunda dinastia, da Constituição gótica e das leis tradicionais do reino, existente por via do costume. Em relação a estas últimas demonstra uma posição muito crítica, com a qual apenas se poderá concordar, uma vez que estas leis tradicionais não escritas, num país como o nosso, fazem pouco sentido. Portugal não é um país de *Common Law* e isso basta para não só perceber como, neste caso concreto, admitir a ideia de Mello Freire.
[1688] Idem, *ibidem*, pág. 69. É muito curiosa esta observação de Mello Freire, reportando-se concretamente à lei de 23 de Novembro de 1674 sobre a tutela dos Príncipes, feita na regência de D. Pedro II – só por isso causa de dúvida da legitimidade por Mello Freire –, mas sobretudo porque "não pode haver Lei Fundamental feita só pelo Rei, sem que o Povo nella tenha parte, e consinta, ou como imperante, ou como contrahente, ou contractante". Portanto, sempre é preciso para alguma coisa a manifestação de vontade do Povo para elaborar uma Lei Fundamental.
[1689] Idem, *ibidem*, págs. 65 e 66: "em Portugal não há lei alguma, pois que se não mostra, nem apparece, que limite o Poder do Rei, e que dê parte do seu Governo por alguma maneira ao Povo, aos nobres, ou ecclesiásticos; e por consequencia, que sendo pura esta monarchia, a majestade só reside na pessoa do Rei, como é da natureza do Principado."
[1690] Idem, *ibidem*, pág. 66: "que o reino de Portugal, como não veio ao Rei por doação ou translação dos Povos, mas pelo direito de sangue e da conquista, ficou desde o principio pertencendo ao seu livre imprio e administração."
[1691] Idem, *ibidem*, pág. 65: "os nossos Principes não devem a sua auctoridade ao Povo, nem delle receberão o grande Poder, que hoje e sempre exercitarão."
[1692] Idem, *ibidem*, pág. 65.
[1693] Idem, *ibidem*, págs. 64 e 65: "E ultimamente porque não sendo as Leis Fundamentaes outra cousa mais, que uma convenção e contracto entre os subditos e o imperante sobre a ordem da successão e regimento do reino; e requerendo por consequencia o consentimento e vontade de ambos: ainda que sobre este ponto se ajustassem hoje os Povos e Sua Majestade em uma assemblêa geral da Nação; ainda que este ajuste fosse legitimo, legal e conforme á primitiva e actual constituição do Estado, nunca ate agora controvertida, ou disputada; e que o mesmo ajuste fosse capaz de obrigar os successores do Throno, não convinha, nem politica nem economicamente fallando, que se chamassem á capital do reino os Povos para deliberarem sobre assunto tão perigosos, delicado

O estigma de França que começava a assolar a Europa e se sentia como perigo actual para as monarquias absolutas, era por demais evidente.

Por outro lado e pronunciando-se acerca do entendimento de Ribeiro dos Santos sobre a necessidade de virem demarcadas no *Novo Codigo* os problemas do juramento e dos foros e Liberdades dos Povos e direitos invioláveis da Nação, "como o censor lhes chama"[1694], a resposta é, de novo, negativa. De tal forma se sente tocado nas suas ideias absolutistas pelas propostas de correcção de Ribeiro dos Santos, que vai ao ponto de considerar que "(...) o censor ou quer fundar em Portugal uma monarchia nova, e uma nova fórma de Governo, ou quer temperar e accomodar a actual aos seus desejos e Filosofia"[1695].

Interroga-se Mello Freire acerca do que resultaria de afirmações segundo as quais podendo emitir as suas opiniões acerca da governação e tendo a "faculdade de poderem fazer valer estes seus direitos, pois que de outra sortes serião inuteis", podendo segurar-se em Cortes "de sua Auctoridade, para nellas os recobrarem, ou por outro modo que melhor lhes convier", pior que tudo isto, tendo a faculdade de "usar do direito da força e coacção contra a pessoa do Rei, que abusar do seu oficio e Poder em prejuizo da Nação, e dos seus pretendidos foros e privilegios"[1696].

E reflecte que seria um verdadeiro escândalo entender-se que os vassalos, como Corpo da Nação, têm certos direitos públicos invioláveis, pois que da censura do canonista se depreende que "os vassalos de Portugal (...) tem direito de sufragio de intendencia, ingerencia, ou inspecção nos negocios que respeitarem ao bem da sociedade e da nação inteira". Aquilo que era para Ribeiro dos Santos a defesa da Liberdade dos povos patenteava-se para Mello Freire como um escândalo nacional e uma subversão aos princípios.

"Sonho", exclama Mello Freire, uma matéria que nunca em Portugal se colocou, por ter sido sempre monarquia pura e absoluta, e onde os Povos nem nunca tiveram este previlégios, nem em tempo algum "fizarão parte do seu Governo". A diversa interpretação dos acontecimentos históricos encontra, neste particular, o seu ponto mais alto, defendendo cada contendor a sua posição com argumentos absolutamente opostos, ainda que aceitem e valorizem um mesmo texto primordial, que nenhum questiona: as *Cortes de Lamego*[1697]. Pior, Mello Freire vai completamente de encontro ao que sempre se defendeu ao longo das páginas já escritas: entre outras prerrogati-

---

e implicado. *Que bulha não faria na Europa um similhante ajuntamento neste século! Deixo as despesas, vexações e intrigas, e outras manobras, que são de temer muito dentro do reino, como inseparaveis da multidão. Basta lembrarmo-nos hoje das assembleias de França e suas consequencias.*"

[1694] Idem, *ibidem*, pág. 84: "Diz, que constando estes previlegios dos capitulos das côrtes, das leis e provisões regias, das convenções e concordatas, que devem valer em todos os artigos, que não forem incompativeis com a soberania, e da observancia e estilo antiquissimo; se devião declarar primeiramente os privilegios dos vassalos tomados como corpo da Nação em differentes Titulos do novo Codigo; em outros, os privilegios e direitos dos tres estados do reino em geral, e de cada um em particular; em outros a natureza, direitos e Poder das côrtes, assim no estado ordinario, como no extarordinario de vaccancia. E de interregno; em outros a quem pertence o direito de as convocar, e qual é a força e auctoridade dos seus assentos e deliberações."

[1695] Idem, *ibidem*, pág. 84.

[1696] Idem, *ibidem*, pág. 85.

[1697] Idem, *ibidem*, pág. 85: "Os sonhados previlegios da Nação só poderiam constar da sua primitiva constituição e leis fundamentaes, e dellas não constão; antes de Lamego suppõem e confirmam o Poder dos Reis livre e independente sem modificação, ou restricção alguma."

vas régias, os nossos Reis, "davão e tiravão previlegios", ou seja, a Liberdade de cada indivíduo, era o que o Rei, caso a caso entendesse que seria em particular.

Eram "as Liberdades"[1698] enquanto faculdades que a régia benevolência concedia ou tirava; não era a "Liberdade" dos indivíduos que lhe permitia em cada momento ser de corpo inteiro parte da sociedade, contra ela poder agir e na mesma participar na medida das suas forças.

Na monarquia, "o Povo não tem parte ou ingerencia alguma no Governo, se lhe não foi dada na constituição do Estado, não havendo quaisquer outros monumentos posteriores, "antigos ou modernos, de que se mostre uma similhante auctoridade dos Povos"[1699]. O remate tem tudo a ver com a posição de Mello Freire: "Não conheço na Europa civilizada monarchia mais absoluta e independente, do que Portugal"[1700].

O "chamado pacto social é um ente suposto, que só existe na cabeça e imaginação alambicada de alguns filósofos"[1701]. Mello Freire bate-se por uma consciência colectiva inserta na Nação que por essa via constrói, em tempo e espaço o seu destino, não pode aderir à tese do Contratualismo, visto como base de uma Moral laica e negociada. É pela via da origem divina do Poder, sedimentado pelo direito da conquista e com projecção moral no paternalismo régio que segue a sua proposta. É, de igual modo, uma retoma do Pensamento da Contra-Reforma, com alguns episódios menores de Hobbes e de Filmer, que o fazem compenetrar-se que em estado natural os homens se associam para salvaguardar famílias, propriedades e valores, em ordem à formação do Estado.

Ainda assim, a ligação a Hobbes, sobretudo, é bastante ténue e de forma incidental; não se olvide o facto do inglês ser herege e, por essa via, também alvo de combate em tudo o que constitua desfasamento em relação ao dogma e à Fé. O direito tradicional, produto da Razão esclarecida, tendia a combater o naturalismo hobbesiano e

---

[1698] Idem, *ibidem*, pág. 93. O próprio Autor confirma a nossa posição: "Dos previlegios publicos passemos aos particulares das villas, cidades do reino, e seus moradores e mais vassalos, havidos ou por méra graça e liberalidade do Rei, ou em remuneração de serviços, ou por convenção ou contracto oneroso. Digo que todos são amoviveis a arbitrio do Rei, todas as vezes que assim o pedir a causa publica e bem do Estado."

[1699] Idem, *ibidem*, pág. 86.

[1700] Idem, *ibidem*, pág. 87.

[1701] Idem, *ibidem*, pág. 88. Trata-se da conclusão maior que retira de toda a sua exposição e que antecedentemente resumira do seguinte modo: "Não se podendo pois deduzir os direitos supostos dos vassalos, como corpo da Nação das leis e constituições do Estado, porque as não temos; nem de outros monumentos authenticos com menor auctoridade, quando fossem bastantes, porque também os não temos; nem de factos historicos e exemplos, porque todos são em contrario: tambem se não podem deduzir da origem e fim da sociedade, e dos principios que a este respeito inculção os escritores de Direito Publico e Natural, por serem diversos e desencontrados. Porque, havendo nesta materia, opinião desencontrada dos Povos, que só reconhece o Rei como maioral da Nação, e o principal e primeiro cidadão, e por um simples ministro e deputado do Povo, de quem recebe todo o Poder, que administrar, e a quem é em consequerncia obrigado a dar conta da sua administração, de quem o póde privar, prevaricando no seu officio; e havendo opinião favorável ao Rei, que o faz governar por direito proprio e independente do Povo, deixando-lhe só a Liberdade de uma humilde e modesta representação: qual destas duas opiniões será a melhor e verdadeira? E qual se devera adoptar em um Codigo na falta de Leis Fundamentaes e constitutivas do Estado? E ainda são mais imaginarios e chimericos estes direitos, quando o Rei não fez ajuste algum com os Povos, nem, delles houve o seu Poder; o que se verifica em Portugal (...)."

sustentava-se no Pensamento nacional, preferível por todos os motivos a quaisquer contributos externos.

Retomando a discussão entre teóricos, o Autor não descarta qualificar o seu adversário de "subversivo" e patrocinador de erróneas teorias que tantos estragos causam aos Povos e aos Reis. "Principalmente neste seculo em que a mania geral é a Liberdade dos Povos, que na Europa hoje é a opinião comum dominante. O tempo e a moda até tem influxo nas mesmas artes e sciencias. (...) na materia se tem escripto em França tantos livros, que andando pelas mãos dos mesmos camponezes, impimirão no coração de todos *um fingido amor da patria, isto é, da Liberdade, e um odio mortal ao despotismo, isto é, á monarchia*; de que se tem seguido tantos estragos ao Poder real naquelle reino, que nunca jamais se poderá recobrar, ou ao menos não sem grandes males"[1702].

Por consequência, surge a identificação da Liberdade com a anarquia e do despotismo com a monarquia. A segunda, à época, era verdadeira; a primeira é, naturalmente, falsa.

Quanto ao papel das Cortes, considera que em todo o tempo foi diminuto em Portugal, entendendo-as mais como órgão consultivo que deliberativo, em todas se reconhecendo a soberania dos Reis. As Cortes não são superiores ao Rei e basta consultar a História para o confirmar[1703]. Mello Freire tem razão quando considera que, muitas vezes, elas apenas tinham um papel consultivo ao auxiliarem o monarca em matérias de administração ordinária; contudo, não se pode dizer que em certos casos a sua posição não tivesse sido efectivamente determinante. Basta lembrar o receituário expandido pelos consensualistas do séc. XVII e um conjunto de trabalhos de alto valor que constão da bibliografia final – porque efectivamente consultados – para chegar a esse resultado.

Outro ponto que importa em especial prende-se com uma matéria que será alvo de desenvolvimento apropriado quando se tratar do Vintismo. Ou seja, o direito de convocação de Cortes.

Aqui é impossível discordar do Autor, que dá essa capacidade privativa ao monarca, pelo que haverá que saber como justificar os acontecimentos de 1820. Em qualquer caso e para o que agora importa, essa Autoridade apenas pertence ao Rei, que mesmo que lhe tenha sido com insistência uma convocatória, poderá não o fazer. Mas é curioso que perante uma dificuldade Mello Freire fuja à polémica: "Não é necessariao fallar do direito, justiça e legitimidade das côrtes de Coimbra do anno de 1385, nem dos assentos e deliberações, que se tomarão debaixo do cardeal Henrique sobre o ponto da sucessão e Poder dos governadores do reino; *porque nesta materia há muito que dizer, pro e contra, que não pertence para aqui*"[1704]. Mais curioso ainda é que, depois de mencionar tantos exemplos para justificar o seu ponto de vista, "esqueça" a atitude dos conjurados de 1640, a Restauração de D. João IV, as Cortes de 1641 e o celebérrimo *Assento* que delas saiu, bem como o subsequente comportamento do monarca ao longo de todo esse período.

Importa, destarte dar de novo o direito de resposta a Ribeiro dos Santos, na sequência de uma das maiores polémicas ideológicas de que há memória em Portugal.

Insiste este na mesma tecla já apresentada nas *Notas*, sobretudo na consolidação do tradicionalismo nacional por força da presença obrigatória dos *Três Estados* como

---

[1702] Idem, *ibidem*, pág. 98.
[1703] Idem, *ibidem*, pág. 89.
[1704] Idem, *ibidem*, pág. 91.

apoio na governação do Rei. Além de discordar da *Resposta* dada por Mello Freire na parte em que este indica que se pretendia que Sua Majestade desse leis a si própria, antigas ou novas, justifica que proceder à observância das que já existem e devem ser mencionadas em nada afecta o direito majestático[1705].

Já a matéria de exaltação do Príncipe ao trono é reafirmada e Ribeiro dos Santos mantém a sua relevância, dando a maior ênfase à sua prática no reinado de D. João IV, monarca não muito grato à argumentação freiriana[1706]. Bem como o ponto alvo de maior reprimenda por Mello Freire: a questão dos direitos, foros e Liberdades dos Povos[1707].

Da conjugação deste articulado das *Notas à Resposta* com a observação que, quer em relação às Ordens do Estado, quer quanto às Cortes, importa mencionar os seus direitos mas não criar direitos novos, percebe-se facilmente o ponto de vista não liberal de Ribeiro dos Santos. A representação do reino é estamentária e apenas a esse nível se pode visualizar a Liberdade dos Povos.

Sintetizando de forma abreviada: para Ribeiro dos Santos, em 1789, a origem do Poder é tão divina como em 1770; a diferença reside agora na feição de intermediário que o Povo assume nessa transmissão. "Os direitos majestáticos são os que emanam da mesma natureza da sociedade civil e são necessarios, intimos e essenciais à soberania e, como tais, perpetuos e imutaveis, Mas, pelo contrario, entre os direitos reaes, pelo assim dizer adventicios, temporarios e variaveis, segundo as circunstancias do tempo e a diversa economia dos imperios e taes são os direitos pecuniario, fiscaes e tributarios ou censuais, e outros direitos transeuntes"[1708].

Mantendo as ideias de regalismo assinaladas na fase anterior, aponta para a separação entre Poderes espiritual e temporal, sendo este último o guardião ideal à prossecução dos fins materiais e espirituais da Igreja[1709]. E considera estranho que Mello Freire, sendo tão regalista quanto ele próprio, não tenha tido um pouco mais de cuidado em algumas expressões que utiliza, nomeadamente quando escreve que o Poder do monarca está "sujeito á igreja santa"[1710].

Perante esta afirmação sempre convirá esclarecer que não deve existir confusão entre a "qualidade de Rei" e a "qualidade de fiel", ou, "o que é o mesma cousa, o seu Poder temporal com a sua pessoa. A Igreja tem direitos sobre o fiel, mas nenhuns outros sobre a auctoridade Real, para se poder dizer, como aqui se diz, que o *supremo Poder do Principe está sujeito á Igreja*"[1711].

[1705] Idem, *Notas á resposta que deu o doutor Paschoal José de Mello Freire dos Reis á primeira censura que havia feito do plano do seu Novo Codigo de Direito Publico de Portugal*, págs. 127 e ss.
[1706] Idem, *ibidem*, pág. 131.
[1707] Idem, *ibidem*, págs. 131 e 132.
[1708] Idem, *Notas ao Titulo dos Direitos Reaes, do Novo Codigo de Direito Publico de Portugal do doutor Paschoal José de Mello*, págs. 3-12; para desenvolvimentos, José Esteves Pereira, "António Ribeiro dos Santos e a polémica do 'Novo Código'", págs. 54 e ss.
[1709] Idem, *Notas ao Titulo IV da religião e Fé Catholica, do Novo Codigo de Direito Publico de Portugal do doutor Paschoal José de Mello*, pág. 5.
[1710] Pascoal José de Mello Freire, *O Novo Codigo de Direito Publico de Portugal, com as provas*, pág. 13.
[1711] António Ribeiro dos Santos, *Notas ao Titulo IV da religião e Fé Catholica, do Novo Codigo de Direito Publico de Portugal do doutor Paschoal José de Mello*, pág. 5. Traça em seguida um historial onde se justifica que o Poder dos Príncipes nunca esteve sujeito à Igreja, nem antes nem depois do Cristianismo se ter tornado religião oficial.

5. Decisão penalística na terceira subdivisão

Já depois de Pombal ter deixado o Governo, pode exemplificar-se o humanitarismo nacional na pessoa de Francisco Freire de Mello, cujo trabalho nesta área merece uma nota de realce, ainda quando o conhecimento directo que os portugueses dela teriam seria certamente mínimo. Reservado, até, para uma certa elite capaz de aceder a jornais portugueses vindos do estrangeiro[1712].

O problema é que o Governo da piedosa D. Maria I não foi muito diverso; na maior parte dos casos e apesar das propaladas boas intenções, os cárceres que ora se esvaziavam rapidamente seriam ocupados por novos hóspedes. Se a sua configuração social variava, era por razões de política interna – a dita "despombalização" – não era falta de zelo de uma das mais controversas figuras da História, o célebre Diogo Inácio de Pina Manique.

Prosseguia a política de Absolutismo autoritário e, se agora não eram os membros da grande nobreza, passaram a ser os antigos colaboradores de Pombal não convertidos, os mações que esporadicamente faziam incursões na sociedade portuguesa[1713], os seguidores das ideias ímpias ou partidários de *Les Philosophes*, os estrangeiros mais afoitos, muitos estudantes com ideias renovadas, etc.

Apesar dos inúmeros aspectos que tão complexa questão suscita, elegem-se dois, por funcionarem como uma espécie de antecedentes lógicos de alguns dos mais acesos debates que iriam ocupar os nosso constituintes de 1820-1822. Os seus traços de paternidade histórica no Antigo Regime que agora se patenteiam podem funcionar como correntes de transmissão futura para acepções liberais que delas partem[1714]. Não é a primeira nem será a última vez que se defende que o nosso Liberalismo é, em enorme medida, tributário do Pensamento contratualista do Antigo Regime.

E, se não puderam agradecer a intervenção de Pombal senão no plano adjectivo de melhoria das condições dos cárceres, já que a tipologia dos crimes e as molduras penais, para além do apontado, pouco sofreram de inovação relativamente ao *Livro Negro* – bem pelo contrário – pelo menos conheceram aquilo que o despotismo ilustrado europeu melhor teve na defesa dos "direitos individuais".

[1712] *O Investigador Portuguez em Inglaterra*, XV, Junho de 1816, pág. 365 e ss., publica o texto interdito pela censura em Portugal. O título é *Discurso sobre Delictos e Penas, e qual foi a sua proporção nas differentes épochas da nossa Jurisprudencia*. Por Francisco Freire de Mello (...).Foi publicado em Londres por José Liberato Freire de Carvalho pela primeira vez em 1816 e depois pelo próprio em Lisboa, 1822. Veja-se a seu respeito Innocêncio Francisco da Silva e Brito Aranha, *Diccionario Bibliographico Português*, II, págs. 381 e 382.

[1713] Graça e J. S. da Silva Dias, I, 1, págs. 83 e ss., especialmente 149 e ss.

[1714] Luís dos Reis Torgal, "Universidade, Conservadorismo e Dinâmica de Mudança nos Primórdios do Liberalismo em Portugal", *Revista de História das Ideias*, 12, págs. 132 e 133: "O primeiro Liberalismo, ou seja, fundamentalmente o triénio de 1820 a 1823, (...) trata-se de um momento particularmente interessante para captar a dinâmica de mudança (...). Momento rico de conflitos, o Vintismo é, na verdade, *um tempo de ruptura e de continuidade: de ruptura em termos de projecto político (ou de projectos políticos), de continuidade mais em termos de realidade institucional*. Nele explodem palavras, ideologias, sentimentos, reais ou artificiais, novos ou que se preparavam desde há muito, mantendo-se camuflados ou adormecidos, consciente ou inconscientemente. *Mas nele também se desenvolvem mecanismos de defesa das instituições existentes que procuram reagir ao movimento reformador. Por isso o estudo do Vintismo não poderá confinar-se à análise do triénio. Supõe, por um lado, o conhecimento da gestação das ideias e da organização e evolução das instituições, que lhe é anterior, e supõe, por outro lado, para diante, o processo transformativo e conservativo dessas ideias e dessas instituições.*"

Esse é outro dos meios fundamentais de defesa da Liberdade. Liberdade individual, sem dúvida, mas também Liberdade civil que precisa de ser legislativamente assegurada. Até Liberdade política, porque dela resulta a configuração que a legislação penal virá a ter, não apenas no plano da proporcionalidade das penas, mas na própria interpretação da ideia de retribuição, desde sempre latente na mente do legislador.

A possibilidade do Rei perdoar ao réu sentenciado, no exercício do seu Poder agora majestático e que cumpre depois averiguar os termos de sequência vertidos pelo Liberalismo. Por uma vez, plasma-se a prisão preventiva, que se irá posteriormente pautar como uma das garantias jurídicas ou civis mais ardentemente defendidas depois de 1820.

De forma sintética, sempre se poderá dizer que todos concordavam que a Liberdade era o primeiro de todos os bens sociais, pelo que a sanção criminal sempre traduziria limitação desse mesmo valor.

§ 3º. Síntese da temática do presente capítulo

O Iluminismo em Portugal, com a sua característica de eclectismo, teve sobretudo influência no plano das reformas culturais e económicas que patrocinou. Se das segundas não reza o presente Estudo, já quanto às primeiras ficou explicada a sua feição estruturante católica, promovendo a conciliação entre Fé e reformação e aceitando uma sistemática abertura à Liberdade de Pensamento devidamente tutelada por organismos de censura prévia que tinham como missão salvaguardar o respeito ao dogma e à Autoridade.

De destacar a necessária diferença que deve ser assumida entre informação e reflexão, e conhecimento e divulgação informativa. Do exposto, e pelos condicionalismos inerentes à divergência assumida em Portugal em presença da restante Europa iluminada da dicotomia Razão/Religião, a investigação perfilha a posição dominante da segunda em presença de tímidos fogachos da primeira. E se, como Kant dirá, assumindo as traves mestras do Pensamento europeu, a reversão deve ser assumidamente a oposta, pelo uso público da Razão e privado da religião, em Portugal não houve vontade nem coragem política para tão longe porfiar. Nem sequer de Pombal.

E, claro, a Liberdade de pensamento, e a sua componente fundamental de imprensa e de consciência, futuros e assumidos direitos fundamentais do cidadão, mantêm uma divergência gritante em relação aos modelos europeus, cuja rejeição, por essa via, é sintomática.

Com isto não se deve concluir pela absorção dos ideais em matéria de tolerância ou abertura a uma plena Liberdade de pensamento. Mas poderá perceber-se por uma separação de águas, única na História portuguesa até então, sob a batuta de um eclectismo de feição católica que por isso não desvirtua a ortodoxia mas permite o contacto com o renovado Pensamento europeu. Ainda quando sujeito a competente fiscalização oficial, patrocinada na esmagadora maioria por eclesiásticos de assumida fidelidade ao Poder, a sua aptidão para a defesa da munificência e do Absolutismo régios, justificava consagração oficial.

Os grandes emblemas da renovação Setecentista portuguesa terão sido, numa primeira fase, Verney e Ribeiro Sanches, enquanto que num segundo momento o protagonismo foi naturalmente para os escritos da teorização pombalina e, já em fase final, Mello Freire e Ribeiro dos Santos. Isto é tanto mais real, ainda quando a sua disputa passa por ser simples disputa académica e não adstrição a formas distintas de uma "praxis" divergente, em função dos pressupostos teóricos distintos.

Não será adequado defender que havia absoluto impedimento em Portugal no que respeitava à leitura de livros proibidos. O estatuto profissional permitia alcançar com uma relativa segurança a superação desses impedimentos, o que de algum modo leva a concluir que haveria em Portugal uma grande segurança do Poder em presença dos seus cidadãos. Estes eram na sua esmagadora maioria demasiadamente pouco instruídos para que, no geral das situações, percebessem a profundidade das reformas que se iam propondo pela Europa.

Quanto à Liberdade de consciência e à tolerância religiosa, apenas existia para estrangeiros e desde que comedidamente praticada. Era a política seguida na Europa, por via de regra, onde as respectivas representações diplomáticas, comerciantes e demais estrangeiros a residirem nos vários países poderiam com alguma segurança praticar os seus cultos, sob compromisso de não corromperem os súbditos nacionais. Ribeiro Sanches terá sido o expoente máximo desta política de tolerância religiosa, por força dos seus escritos, em absoluta contracorrente com a generalidade dos Autores portugueses.

O regalismo português, com tonalidades algo semelhantes com o galicanismo e o jansenismo, teve em Portugal o seu mais fervoroso aplicador, em Pombal, e o seu teorizador de serviço, em António Pereira de Figueiredo. Ambos, em conjunto com uma plêiade de juristas e pensadores nacionais, onde a dificuldade estaria em descobrir a dissonância, defenderam a separação entre jurisdições eclesiástica e temporal, dando à primeira poderes para interferir na segunda.

A partir da fase final do séc. XVIII e inícios do séc. XIX a situação tenderá a incrementar-se, pese embora um claro retrocesso na temática da Liberdade de Pensamento no período marino, o que não obviou que os passos decisivos já dados pudessem ser apagados sob forma definitiva. Mais do que Pufendorf e Wolff passarão a ser os seus herdeiros directos, Burlamaqui e Vattel, mas também os publicistas que vão ser acusados como fontes preferenciais para as realizações portuguesas desse período, onde De Martini ocupa lugar de destaque.

Este Poder cuja origem era divina, em nada se conciliava com qualquer ideia de Liberdade dos povos, completamente afastada. Consignava-se que não se colocando entraves a um Contratualismo inicial da sociedade onde as partes estavam em situação de plena Igualdade, já não era admissível que o Poder efectivamente exercido pelo Rei, sob forma absoluta, tivesse sido outorgado pelo Povo.

Sem dúvida que era uma reflexão estruturante e original do josefismo português, por detrás de uma política em tudo conducente à concretização dos desígnios do Absolutismo esclarecido, que via na pessoa sagrada do Rei a única a poder arrogar-se a Poderes plenos sobre os seus súbditos, por força da legalidade dos comandos normativos de que tinha o monopólio de emissão e perante os quais todos lhe ficavam submetidos. Só ao Rei cumpria pôr em marcha as instituições de um Poder que não era temperado nem repartido, de uma monarquia em que a soberania é una e indivisível e o monarca o pai unânime do seu Povo acima do qual se considera, não podendo ser por ninguém questionado da bondade das suas resoluções.

E porque motivo se pode dizer que apenas com o início do reinado de D. Maria I – de facto no dia da sua aclamação – e posteriormente com Ribeiro dos Santos se assiste a uma ténue mudança na interpretação da origem do Poder régio, "eventualmente" não apenas de origem divina mas também mediante participação dos Povos na transmissão do Poder?

Ensina uma ponderação feita em nome da História das Ideias Políticas e, sobretudo, da História da Ideia de Liberdade, que apenas o Liberalismo conseguirá dele retirar os respectivos frutos. Daí a ligação entre ambos que se mantém e manterá até ao final da exposição. É com o Liberalismo e as posições assumidas pelos seus teóricos e depois pela prática dos Governos que o Contratualismo se torna realidade prática.

Ainda mesmo quando se aceitam as Leis Fundamentais como inultrapassáveis em termos de fixação de princípios governativos e forma de governação, a monarquia hereditária, não faz qualquer sentido afirmar que o Rei está limitado no seu Poder, senão pela *Boa* e *Recta Razão*. Pode, pois, interpretar-se o paternalismo absolutista e regalista do séc. XVIII português, como o veículo ideal para a promoção da Liberdade de Pensamento policiada, em que não há qualquer dúvida sobre quem manda e quem obedece. O Rei manda em tudo e todos; os súbditos obedecem. Não há direito de resistência.

E, a única voz dissonante que se fazia eco português do que se ia passando pela Europa. Ribeiro dos Santos, o efeito que teve à época foi apenas esse; ser voz dissonante. Apesar de tudo, ia-se preparando a modificação que menos de cinquenta anos depois se daria em definitivo em Portugal. A sensação que fica ao intérprete, depois da leitura das expressões emblemáticas do Pensamento nacional é a de um certo descontentamento na comparação entre os seus textos e os dos seus coevos europeus, que se percebe, indirectamente, teriam gostado de partilhar.

As precedentes considerações conduzem à verificação de que na primeira metade do séc. XVIII – talvez até mesmo no decénio seguinte – não houve uma recepção evidente e inquestionável do jusracionalismo de Pufendorf e Wolff e seus seguidores, quer da parte da intelectualidade portuguesa, quer ao nível dos escritos oficiais. Será sobretudo depois da *Reforma dos Estatutos Universitários de 1772*, que se verificará um claro apego aos contributos benéficos dessa inovadora forma de ponderar o homem e a sua Liberdade.

As tendências são depois desta data muito mais sintomáticas e efectivam-se na realidade nos dois níveis de apreciação após 1770. Quanto à segunda vertente do Pensamento português, qual seja a da Liberdade dos povos – para não falar em Liberdade política – não tem aceitação nem sequer é admitida como tema de debate. Sempre se associa aos nefastos jesuítas e o Pensamento derivado de Burlamaqui e Vattel, quando não menos de um De Martini, apenas se utiliza para fins intelectuais no plano da conversão Epistemológica e Lógica, quando não Política, mas devidamente expurgada.

Neste contexto é significativa a opção pelas *Lições* de De Martini em Portugal, na parte relativa ao Direito Natural. A circunstância de ser um pensador católico, bem enquadrado no Pensamento que Pombal conhecia durante o tempo que passou em Viena e reconhecidamente um defensor da ortodoxia, parecia colocá-lo num degrau superior a todos os demais. Pufendorf, Wolff e Burlamaqui, sendo todos jusracionalistas, eram hereges e isso, apesar de tudo, ainda fazia a sua diferença. Sobretudo vista a necessidade de proceder à adaptação do trabalho de Heinécio para que o mesmo pudesse ser utilizado nos compêndios de Coimbra.

Assumiu-se em Portugal uma origem divina do Poder que, não aceitando oficialmente qualquer sorte de Contratualismo externo ao social, implicou a inexistência da recepção das teses jusracionalistas acerca da origem do Poder e, logo, da ideia de Liberdade voluntaristicamente assumida. O Poder derivado de Deus para o monarca sem intermediação, é exercido sob forma absoluta, numa monarquia de cunho hereditário e personalizada na figura do Rei, que se confunde com a própria ideia de soberania.

O Rei representa Deus na terra, representa a Sua soberania e, como tal, por todos deve ser assim mesmo obedecido e respeitado, malgrado tempo ou lugar. Não havendo partilha de Poder não há obviamente Liberdade nem sequer no plano da Liberdade dos povos.

PARTE II
DA HISTÓRIA DA IDEIA DE LIBERDADE
(SEQUÊNCIA)

HISTÓRIA DA TEORIA DA LIBERDADE: DO INDIVIDUALISMO CONDICIONANTE AOS PRIMÓRDIOS DO REFORMISMO PRÉ-LIBERAL PORTUGUÊS – MATRIZ EUROPEIA E ORIGINALIDADES PORTUGUESAS DE FINAIS DO SÉCULO XVIII A 1820

Capítulo III

Os princípios do Liberalismo e o tecer da ideia de Liberdade nas fontes anteriores ao Individualismo: a Liberdade individual e a Liberdade política do cidadão em diálogo com a comunidade livre

> "Seria talvez razoável esperar, em questões já intensamente estudadas e debatidas desde as origens da Ciência e da filosofia, que o significado de todos os termos, pelo menos, tivesse sido objecto de acordo entre os contendores, e que as nossas investigações, no decorrer de dois mil anos, tivessem conseguido passar das palavras para o verdadeiro e autêntico assunto da controvérsia. (...) O simples facto de que uma controvérsia se tenha mantido por tanto tempo, sem se chegar a qualquer decisão, permite supor que há alguma ambiguidade na expressão, e que os contendores atribuem termos diferentes às ideias usadas na controvérsia."
>
> DAVID HUME, *Investigação sobre o Entendimento Humano*, pág. 93.

CAPÍTULO III. OS PRINCÍPIOS DO LIBERALISMO E O TECER DA IDEIA DE LIBERDADE NAS FONTES ANTERIORES AO INDIVIDUALISMO: A LIBERDADE INDIVIDUAL E A LIBERDADE POLÍTICA DO CIDADÃO EM DIÁLOGO COM A COMUNIDADE LIVRE
§ 1º. Objectivo a atingir na senda da História da Liberdade à Liberdade na História: o pré-liberalismo. Ponto único – Apresentação do problema. § 2º. A importância da Inglaterra no quadro do Liberalismo europeu. 1. A prática parlamentar inglesa – os grandes princípios. 1.1. O Parlamento inglês até à Revolução Americana – linhas de força do seu desenvolvimento. 2. Marcos do Direito Público inglês setecentista. 2.1. Direito Natural e Razão. 2.2. O factor tempo ou a relevância da História. 2.3. Liberdade de pensar e invocação religiosa. 2.4. A questão da Liberdade e da Propriedade. 2.5. Poder político e Liberdade. § 3º. A difusão da ideia de Liberdade pela via francesa ou o Liberalismo na interpretação continental. 1. A França e o seu papel político cultural antes de 1789. 2. Prolegómenos franceses de cunho liberal antes do Individualismo. 2.1. Direito Natural e Razão. 2.2. O tempo no fluir das vivências humanas. 2.3. Liberdade de pensar e devoção religiosa. 2.4. Liberdade e Propriedade. 2.5. Poder político e Liberdade. § 4º. Fumos democráticos ou o Absolutismo colectivo: do imperativo da vontade geral. 1. Instala-se a controvérsia. 2. Impugnação do louvor às Luzes. 3. Religião natural ou religião revelada? 4. Questões antropológicas e vislumbres "democráticos". 5. A formação do Absolutismo colectivo. 6. A conciliação pelo factor pedagógico na História das Ideias. 7. Síntese do Pensamento rousseano. § 5º. O triunfo da História no Pensamento continental. 1. O papel da História. 2. Liberdade de pensamento: tolerância positiva e Liberdade de escrever. 3. A concepção de Liberdade política de De Lolme. § 6º. Tendências liberais na península itálica. 1. Absolutismo *versus* republicanismo. 2. Contratualismo e temporalidade. 3. Legislação, república e monarquia. § 7º. Síntese da temática do presente capítulo.

§ 1º. Objectivo a atingir na senda da História da Liberdade à Liberdade na História: o pré-liberalismo

Ponto único – Apresentação do problema

Houve oportunidade de contactar, para o ponto que mais importa, o tipo de Liberdade que quer no plano individual, quer ao nível político, o Absolutismo clássico por um lado, e o despotismo esclarecido, por outro, preconizavam.

Depois deste percurso cumpre passar à abordagem dos princípios do Liberalismo, na Europa do discurso liberal que antecedeu o percurso do Individualismo.

"Princípios" aqui pretende ser o significado de um significante que se molda ao período cronologicamente anterior ao despoletar do Liberalismo europeu e que coexistiu, de facto, no mesmo espaço físico e no mesmo tempo, com os ideais do Antigo Regime. A sua consagração terá de aguardar a Era do Individualismo, com o Contratualismo liberal posto em marcha.

"Princípio" aqui é "génese" de um movimento imorredouro, que ainda hoje se manifesta de forma plurifacetada em variadíssimos domínios da actividade humana. E os seus mentores – eles mesmos em boa parte já decididos liberais nos quadros de uma classificação ideológica e doutrinária – e a forte corrente persuasiva que originaram, quer em termos sociológicos quer no plano político, não poderão ser esquecidos, num quadro interpretativo da ideia de Liberdade no vertente contexto. Quanto aos "princípios" estruturantes, em tese teórica e a necessitar de serem consubstanciados no adequado sistema ideológico-político que o curso histórico e racional manifesta, serão tratados em fase subsequente, como corolário dos considerandos tecidos na "Introdução".

Houve oportunidade de salientar a recorrente e propagandeada oposição total entre Razão e História e a vocação continental da primeira em oposição às características insulares da segunda. Devem as considerações a esse respeito já entabuladas, estar presentes, sob pena de se perceber mal o facto de agregarmos, numa mesma divisão, a abordagem conjunta de um Pensamento que se é de origem inglesa o é, do mesmo modo, de proveniência francesa e entre si é insusceptível de confusão.

E se é verdade que se reserva para a concreta abordagem do Pensamento a envolvência que estas duas concepções sofrem, não é menos certo que se correria o risco de alguém invectivar o Estudo, sobre a impossibilidade de proceder a um tratamento conjunto das duas correntes. De facto o tratamento não é conjunto mas comparativo, como sempre se tem feito e resulta da circunstância de, em ambos os casos, se identificarem "os princípios" do Liberalismo, tal como aqui se estudam nesta fase, o que autoriza a este envolvimento.

Se o mesmo promove a distinção entre "históricos" e "racionalistas", implica também a sintonia pelo ideal mais elevado, o Individualismo e a defesa dos direitos da sociedade livre que é o invólucro onde se movimenta o homem livre.

O Pensamento liberal, em palavras breves mas adequadas, teve o mérito de criar aquilo que se pode qualificar de idioma político da Modernidade, segundo o qual todos os problemas políticos e ideológicos passam a ser formulados. Sobrevive, sob forma latente, numa convivência tolerada com o Antigo Regime no período que decorre entre o Pensamento de Locke e a eclosão do Individualismo, mormente da

DA HISTÓRIA DA IDEIA DE LIBERDADE (SEQUÊNCIA)

Revolução Francesa, mas só a partir desse facto histórico ele explode e se incrementa em definitivo, para não mais recuar.

Este "pré-liberalismo", tal como aqui se define, convive em com o pleno Antigo Regime e teoriza a Liberdade de consciência e o inovador Contratualismo, em presença de condimentos externamente condicionados. Por isso são ainda e em boa medida por ele influenciados; daí o seu tratamento autónomo em relação aos que lhes sucederam, esses sim já a trabalhar com os dados fornecidos pela experiência de duas revoluções liberais: a norte-americana e a francesa.

Aquilo a que se assistirá é a uma renovada fisionomia da tese contratualista iniciada com o trabalho dos jusracionalistas Modernos[1715], convictos absolutistas. Na transição e desenvolvimento desta, assiste-se a um entendimento que, posicionando-se histórica e cronologicamente lado a lado ou pouco depois daqueles terem elaborado as suas propostas, lhe vão dar uma configuração renovada.

O que estes Autores fazem é, sobretudo, retirar as consequências do Contratualismo absolutista. Transformam-no, deste passo, em Contratualismo liberal, porque assumem a importância da Liberdade política, invocam a obrigatoriedade de um Poder partilhado e que tem origem no Povo e exercem esse Poder por força de mandatos representativos que lhes são outorgados pelos seus comitentes ou pela Nação toda em bloco[1716]. Noutros casos, não vão tão longe e mantendo convivência com o despotismo esclarecido, esquivam-se a assumir os pressupostos liberais.

As modificações da contextura que a partir de agora se apresentam são tantas e tão significativas, que obrigam a balizar os termos inicial e final de 1820 a 1823 na abordagem do Primeiro Liberalismo Português, sob bases distintas que têm desde logo de ser explicadas[1717].

O prolongamento dos ideais iniciados no século das Luzes e que agora se estende à incisiva abertura ao Liberalismo implica vincar um Individualismo profundo, cuja aptidão prática será trabalhada de diversas formas, mas com unidade de compreensão ontológica e gnoseológica. Esse que foi o Pensamento das Luzes e esteve subjacente à Revolução Americana e à Revolução Francesa, reafirmará o seu carácter propedêutico

---

[1715] Guido de Ruggiero, *Storia del Liberalismo*, pág. 24: "Il grande movimento giusnatulaistico dell'età moderna (...) v'è una sfera intangibile dell'attività individuale, che forma la sua naturale libertà, questa è anche la sfera del suo diritto. Libertà e diritto si resiprocano, nel senso che l'una esprime l'immediata espansione di un contenuto di vita, l'altro la forma di questo contenuto, cioè il suo costtuirse come un'unitá autonoma, che esige di non essere turbata nella sua attuazione da altra unitá, costituite com lo stesso titolo nella propria sfera."

[1716] J. G. de Barros da Cunha, I, págs. 27 e 28: "Voltaire na sua sedutora linguagem escrevera, entrando na Bastilha, no portico das trevas: "Soberania da intelligencia"; "Liberdade de pensar"; A este brado acode Montesquieu, e como complemento da grande Revelação que devia revolucionar o mundo, escreve: ao lado da soberania da intelligencia: "Soberania da lei." Ao lado da Liberdade de pensar e como sua consequencia. "Responsabilidade"; Os phisiocratas haviam já escripto: laissez faire, laissez passer; isto é, Liberdade do trabalho. Não tardou muito que junta à estacada (...) outro combatente apparecesse, e ao mesmo tempo aristocrata e plebeo; aristocrata pelo sentimento, plebeo pela sua classe; Rousseau, veio acordar os eccos ainda vibrantes ao brado de Voltaire e Montesquieu com a palavra até alli não conhecida: 'Soberania popular'."

[1717] Os princípios do Liberalismo e a sua doutrinação constituem fonte "iuris essendi" para a compreensão das opções nacionais em presença das propostas externas. O que aqui se pretende deixar é a inultrapassável dificuldade em separar o trigo do joio, sobretudo numa matéria em que as interligações são sistematicamente obrigatórias. Não se perceberá, por exemplo, a Revolução de 1820 sem se perceberem as Revoluções Francesa, Americana e Espanhola.

nesta fase, levando a reivindicar, de novo, que os ideais do Liberalismo foram bebidos no seu concorrente e opositor, Absolutismo esclarecido. Não se estranha, pois, dizer que Absolutismo e Liberalismo têm o mesmo objecto ideal de preocupação: o indivíduo.

No primeiro caso, os indivíduos, em razão da sua natureza orgulhosa e rebelde, apenas podem ser contidos por um Poder que lhes é externo, patrocinado pelo soberano; daí o despotismo ilustrado por toda a Europa continental incluindo, com as necessárias adaptações, Portugal; daí a necessidade de um Governo forte e inquestionável por palavras ou actos.

Para a segunda situação e ao invés, os indivíduos na sua comedida rebeldia, nutrem entre si relações pacíficas, originando o nascimento de uma sociedade com consistência suficiente para dispensarem as justificações que presidiam ao Governo absoluto. Os interesses particulares transformam-se, com frequência, em interesses públicos e apenas em casos específicos aqueles têm de ceder a estes, questão sobretudo acutilante no domínio económico, mas que não deixa de se projectar no político, sob forma de uma abordagem utilitarista.

Como consequência, este tipo de entendimento sufraga uma nova contextura não só na investigação da origem do Poder e sua adequação à realidade de cada Estado, como implica uma reformulação do entendimento da ideia de Liberdade.

Os motivos apresentados para o Contratualismo absolutista não ter vigorado, sob forma pura oficialmente em Portugal – por força da aceitação da tese francesa da origem divina do Poder político, devidamente burilada primeiro pelo josefismo e depois pelas realizações do período marino – mantêm-se destarte. Invocam-se os mesmos como teoria e prática política a seguir por excelência nessa fase das nossas Ideias Políticas.

Sofrem, contudo, reversão em momento posterior, para obrigarem a afirmar que, com o Individualismo, contribuíram em definitivo para a sua transformação em moldes liberais. Por essa via toda a Europa em geral e o Estado português em especial, vão ser tão afectados agora pelo Individualismo quão o haviam sido antes pelo valor do indivíduo.

O Absolutismo foi o responsável último pela sua própria destruição, dando lugar a um sistema axiológico em que se os valores em presença se mantêm estáveis – o indivíduo e o Contratualismo –, a diversa aplicação e compreensão dos fenómenos culturais e políticos, a que se assiste implica divergências de fundo com o nascente Liberalismo.

Porém, a sua herança cultural transmitir-se-á aos movimentos culturais dos séculos XVIII e XIX, contribuindo para consolidar a transformação social em curso na Europa desde Quinhentos. Este amplo movimento social de mudança é acompanhado pela emergência de uma ideologia – o Liberalismo – que determinará[1718], afinal, a passa-

---

[1718] O termo Liberalismo é de utilização relativamente recente neste domínio, sendo sobretudo utilizado depois do séc. XIX e tanto quanto pudemos comprovar pela boca dos políticos e dos publicistas. Sobre o ponto veja-se, por todos, André Vachet, págs. 23 e ss.: "Les idéologies accompagnent et révèlent les mouvements sociaux; les luttes idéologiques sont le plus souvent l'épiphénomène de l'affrontement de sociétés anciennes et nouvelles qui coïncident pour un temps dans le même espace social. (...) L'analyse des idéologies peut devenir un élément de la connaissance de la genèse des sociétés, de leur formation, de leur croissance et de leur transformation. De même, l'étude des mouvements soucieux, des déplacements des pouvoirs et de privilèges, des gestes économiques, politiques et religieux d'une époque, peut permettre de découvrir la transparence du système rationnel qui s'en nourrit."

DA HISTÓRIA DA IDEIA DE LIBERDADE (SEQUÊNCIA)

gem do movimento ideológico-político das Luzes ao seu sucedâneo natural, assente na emancipação dos Povos.

Faz assim e de novo sentido alertar para a circunstância de no plano especulativo ser impensável reflectir de forma autónoma a Liberdade individual e a Liberdade política, o que no campo prático se confirma positivamente. Isso mesmo permite estabelecer a ligação entre os dois domínios da História das Ideias que manuseamos, em ordem à edificação da História da Ideia de Liberdade em termos espácio-temporais considerados.

A Liberdade de pensamento, como toda a Liberdade Moderna, apresenta características polémicas de significante e de significado. Mais do que expressar uma categoria mental, tornam-se, em conjunto, declarações de hostilidade contra a tirania do ensino mistificador, contra a Igreja omnipotente nas consciências, contra o Estado manietador de aspirações, contra os costumes arcaicos e desajustados que tendem a eternizar-se, contra tudo o que tolha a consciência e limite a Liberdade de participação dos indivíduos numa sociedade que é a sua.

Começa a definir-se uma concepção de Poder político, que reage contra o princípio da Autoridade, propagandeando a Liberdade[1719], quer sobre a forma de um Liberalismo aristocrático, com Montesquieu[1720], quer de um Liberalismo económico, com os fisiocratas, ou da forma padronizada e considerada clássica do Liberalismo de Locke.

Por outro lado, uma corrente moderada e subjacente em muito do Pensamento do séc. XIX, é tributária dos trabalhos de Montesquieu, Blackstone e De Lolme. Tomando como ponto de partida a Constituição inglesa[1721], estendem os seus louvores de Dezoito a Dezanove às brilhantes inovações proporcionadas pela Constituição norte-americana. As tendências políticas cristalizam em dogmas e programas de acção, alguns dos quais modelares exemplos a ser seguidos, mas que em tudo se identificam com a tradição nacional.

De facto, com Montesquieu, acrescenta-se algo mais, e isso prende-se com a admiração de que o regime político inglês era alvo pelos "continentais", na constante vigilância que os Poderes entre si manifestavam e que, em última análise, era o melhor garante da Liberdade dos indivíduos[1722,] questão que em Inglaterra era sobretudo nítida

---

[1719] Claude Bruaire, pág. 41: "Un pouvoir présuppose, en effect, sa propre crise, l'indécision de lui-même, puisque son commencement est une force inemployée, donc sans justice, et dont rien ne peut garantir qu'elle deviendra juste (...). Faire régner la justice suppose donc l'initiative d'un pari: que la force se convertisse en justice appliqué et, pour cela, se nie comme violence afin de détenir le pouvoir. Pour abolir l'injustice, il faut donc commencer par la suspendre; pour instituer le régime le plus raisonnable, il faut capter la force que défie la raison."

[1720] Guido de Ruggiero, pág. 13: "Questo apparente equilibrio dei poteri [monarchia del 1689] ingannerà l'ochio sagace, ma avvezo a visioni troppo razionalistiche, di un Montesquieu, che trarrà dall'esempio, in parte illusorio, dell'Inghilterra, l'idea di una divisione formale dei poteri e di un sistema di controforze che li bilancia reciprocamente: felix culpa, del resto (se pure è a parlare di colpa) perché in luogo di un modello storico, il Montesquieu offre ai posteriori un modello ideale, adeguato alla chiarezza e alla distinzione razionalistica della nuova mentalità politica. Ma altri studisi del secolo XVIII, da lui stesse incuriositi a studiare il modelo inglese, non tardano a scorprirne la piú vera essenza: la cosí detta monarchia mista non è che una repubblica aristocratica."

[1721] S. E. Finner, III, págs. 1345 e ss., apresenta o desenvolvimento dos pormenores inerentes à organização do Poder em Inglaterra por referência aos vários órgãos encarregues de entre si exercerem o mesmo auto-limitando-se e consagrando a sua forma mista.

[1722] Teófilo Braga, *História da Universidade de Coimbra*, III, pág. 30: "Era a Liberdade o justo limite e equilíbrio da Liberdade; e a franca publicidade temperava as exaltações ideológicas pela natural

pela sua concepção do partidarismo em que Parlamento e Executivo se apoiavam e que teriam, do mesmo modo, de se entender, resguardando nos interesses dos seus respectivos aderentes.

Note-se que deixará de fazer sentido qualquer alusão à ideia de Liberdade dos povos do Consensualismo, devendo antes falar-se em Liberdade política, quer no que respeita à consagração institucional do direito fundamental de Liberdade do cidadão em presença do Estado[1723], quer no que assiste à própria comunidade política em si mesma ponderada.

Por agora importa, sobretudo, o escalpelizar um conjunto de noções que, em conjunto com o imenso contributo do Contratualismo absolutista que, mantém-se, não pode estar ausente neste discurso, foram o molde ideal para o cadinho do Individualismo e seu articulado na senda da História da Ideia de Liberdade.

Isto é tanto mais verdade, na consideração de ser este o termo indispensável que permite fazer a ligação entre o Contratualismo absolutista, teorizado pelo jusracionalismo europeu e nacional, e o Contratualismo liberal, que será alvo de preocupações tanto de britânicos como de franceses.

Assim, é possível incluir em três grandes grupos a reflexão liberal que antecedeu a Revolução Francesa. Uma primeira linha compreenderá Coke, Bacon e Locke, ou Blackstone e Montesquieu[1724]; outra será preenchida pelos seus continuadores, nomeadamente De Lolme e Filangieri e a terceira por um núcleo considerável de Autores estrangeiros, onde avultam ingleses e alemães.

Claro que é sempre possível argumentar que mesmo que não tivessem existido Locke, Coke, Blackstone, Montesquieu ou Condillac, para já não falar em Rousseau, a Revolução Francesa, como a sua congénere Americana, mais cedo ou mais tarde haveriam de existir. Claro que sim e adita-se que Voltaire, Holbach ou Frederico II terão sido grandes impulsionadores da mesma. Mesmo que isso lhes repugnasse bastante, não se pode negar tal observação e, é sabido, que existem até insuspeitos liberais que vêm em Pombal o grande instrumento e fonte privilegiada de 1820 em Portugal.

Por isso mesmo é que se sustenta a presente ordem expositiva e, no quadro da metodologia, proposta, tentar perceber nesta fase quais as ideias que germinavam na mente dos genuínos Pais do Liberalismo europeu. Foram eles que lhe deram o mote

---

reacção do bom senso prático e da realidade." Veja-se a ponderação que em termos comparativos estabelece entre o desenvolvimento da ideia de Liberdade em Inglaterra e em França, bem como a atitude assumida pelos seus vários representantes, a que tem vindo a fazer referência e que continuaremos ao longo do texto que segue.

[1723] É por esta época que se inicia a teorização do problema que se constituiu da maior relevância e que tendo, já sido alvo de afloramento em fases anteriores, se apresentará a partir de agora como decisivo. É da relação umbilical entre a Liberdade de alguém, que a exerce por si mesmo e a vê protegida contra os abusos de outrem e os Poderes institucionais que a garantem, que resulta de forma plena a identificação da Liberdade do cidadão na fisionomia que os tempos Modernos lhe outorgaram.

[1724] O conhecimento do trabalho de Montesquieu permitirá aprofundar este aspecto, mas diga-se que os louvores que ele mesmo tece a Descartes e Newton são ponto de partida ideal para posteriormente aplicar o método cartesiano a uma Filosofia da História Romana e reflexão política, que lhe servirão de inspiração. Por outro lado, a definição que Montesquieu oferece de leis, nos termos que serão vistos, esbarra inicialmente com o sistema cartesiano, o que não significa que não seja possível visualizar o *Esprit des Lois* no plano de uma História do cartesianismo político, se pensarmos que a natureza das coisas é, em si mesma uma ideia que os homens têm, susceptível de evolução em função da experiência e da prática.

de vivacidade teórica que depois virá a concretizar-se na prática, mediante um novo discurso dos seus sucessores, animados com a plausibilidade da Nova Ordem, que aqueles não haviam vivido.

Quanto a portugueses nada a assinalar no que respeita à partilha destes princípios. Os nomes de Ribeiro Sanches e de Ribeiro dos Santos ficaram definidos como dois dos mais importantes pensadores nacionais, mas que em nada se aparentam com os princípios do Liberalismo, pese embora o reconhecido impacto que num e outro as ideias de Liberdade do indivíduo e da comunidade assumiram e como se assumiram.

Será preciso esperar pelos afrancesados e pelos liberais do séc. XIX para que estas ideias passem ao nosso país, com enorme impacto, sem dúvida, mas cuja proficuidade teórica e prática será mais uma das peculiaridades da reflexão portuguesa.

§ 2º. A importância da Inglaterra no quadro do Liberalismo europeu

O facto de se inaugurar este estudo com o caso inglês tem uma justificação cronológica e lógica.

Cronológica, porque historicamente foi a primeira grande alteração de forças que – no plano da Liberdade individual e política – se verificou na Europa. Lógica, porque parte dos teorizadores da Revolução Francesa e dos emancipados norte-americanos lhe foram buscar importantes contributos.

Há, deste modo, necessidade de estabelecer uma subdivisão em dois grandes sub-períodos: o da teorização de Locke, Coke ou Blackstone e o do aparecimento de um outro tipo de Pensamento, do séc. XVIII, e que ou pela via do Liberalismo próximo da Revolução Francesa, como Thomas Paine fará, ou do Conservadorismo, como acontece com Burke, darão novo sangue ao Pensamento inglês. Dos aspectos relacionados com as etapas mais antigas que a Inglaterra viveu, nos planos de incidência maior das actuais preocupações, destaca-se a mais antiga aproximação a uma Carta de Direitos que a Velha Europa conheceu, de seu nome *Magna Charta*[1725], cuja paternidade costuma ser atribuída a João Sem Terra e datada de 1215[1726].

[1725] A sua designação correcta era a de *Magna Charta libertatum*, tendo sido redigida em França, na abadia de Pontigny. Continha 63 artigos, garantindo os direitos feudais e Liberdades da Igreja e das vilas contra os arbítrios do Rei. Característica deste diploma era a capacidade de conter numa certa ordem as pretensões dos governantes ingleses, em prol de um mais estreito cumprimento da lei e dos costumes tradicionais. Na verdade, a monarquia inglesa do séc. XIII seria tudo menos tolerante e, honra lhe seja feita, coube à nobreza a percepção de que esse Poder inusitado era atentatório das Ordens do Reino estabelecidas desde a sua fundação e em que ela, nobreza, se sentia particularmente lesada.

[1726] Armando Marques Guedes, *Ideologias e Sistemas Políticos*, Lisboa, Instituto de Altos Estudos Militares, 1984, pág. 79; J. C. Holt, *Magna Carta*, 2ª Edition, Cambridge University Press, 1992; João Soares Carvalho, *Em volta da Magna Carta*. Textos originais, tradução e estudo, Lisboa, Editorial Inquérito, 1993; Zília Osório de Castro, "Nos alvores da Liberdade. Uma reflexão sobre a Magna Carta", separata de *Cultura – Revista de História e Teoria das Ideias*, Centro de História e Cultura, Lisboa, 1998; Edouard Herriot, *Nas Origens da Liberdade*, tradução portuguesa, Lisboa, Guimarães & Cª., s. d., dá o mérito devido aos ingleses – o que bem se salienta por se tratar de Autor francês – apontando que a Inglaterra nos precedeu "no caminho da Liberdade." De facto, "desde o ano de 1215, ela protege o direito individual decidindo que ninguém poderá ser preso, detido, lesado na sua pessoa ou nos seus bens sem ser julgado pelos seus pares e segundo a lei. (...)." O texto pode ser consultado em Jorge Miranda, "Textos Constitucionais Estrangeiros", suplemento à *Revista da Faculdade de Direito*, Lisboa, 1974, págs. 7 e ss.

Documento semelhante ao das *Actas das Cortes de Lamego*, não fora a circunstância "menor" destas serem apócrifas, nele se consubstanciava aquilo que era visto como a Lei Fundamental de Inglaterra, base de todas as reivindicações futuras, das lucubrações dos juristas e da própria Constituição inglesa[1727]. A sua salvaguarda competia a todo o inglês e, "maxime" ao "Magnum Concilium"[1728], eventualmente com participação dos Comuns[1729].

A *Magna Charta* representa os inícios da ponderação da ideia de Liberdade, salientes do próprio texto da mesma e cuja manutenção era força de compromisso de quem a outorgou para si e os seus descendentes. Apesar de nunca ter sido uma Carta de direitos do homem, funcionando muito mais como uma codificação de privilégios em favor dos barões em luta contra o soberano, pressupôs uma séria vontade de limitar o Absolutismo e arbitrariedade régias. Neste sentido se encontra um ténue vislumbre, algo embrionário, do futuro parlamentarismo, apenas consolidado no séc. XVII e produtos de duas revoluções sucessivas[1730].

[1727] Desde sempre houve participação dos *Três Estados do Reino*, ao contrário do que sucedeu em Portugal onde as primitivas Cúrias se caracterizavam pela ausência do povo. Segundo J. C. Holt, *Magna Carta*, apud Zília Osório de Castro, "Nos alvores da Liberdade. Uma reflexão sobre a Magna Carta", "a História da Magna Carta é a História não só de um documento, mas também de um argumento: A História de um documento é a História de repetidas reinterpretações. Mas a História do argumento é a História da permanência de uma ideia política."

[1728] A História inglesa consagra ter sido esta a origem do bicameralismo inglês por força da reunião apartada entre os magnates laicos e eclesiásticos de um lado e os baixos estratos da Nobreza e do Clero, que tinham de se conformar numa reunião conjunta com o Povo. Duas reuniões com diversos membros; duas câmaras; duas futuras células representativas uma por força do sangue e da elevada posição ocupada na Igreja, outra composta por gente de "nível inferior", cuja eleição dependia dos seus pares. Veja-se A. Todd, *Le Gouvernement Parlementaire en Angleterre*, traduit sur l'edition anglaise de M. Spencer Walpole, Paris, 1900, I, pág. 27: "A l'époque de la conquête normande (1066), il semble avoir existé trois conseils distincts: l'un composé de nobles, qui étaient réunis dans des occasions particulières par *Writs* spécieux et qui, avec les grands officiers et ministres d'Etat, formaient le *magnum concilium* un autre, intitulé le *commune concilium* ou Parlement général du royaume; un troisième connu sous le nom de *concilium privatum assiduum ordinarium* ou plus fréquentement de conseil du roi." Esta História do Parlamento Inglês que agora se cita é um trabalho notável, sobretudo no plano das actuais preocupações. Dado ser um escrito do séc. XIX, foi impossível encontrar o original inglês ou qualquer reedição mais actualizada, pelo que tivemos de nos servir, com todas as contingências, da tradução francesa. Contudo, consideramos que não poderia passar em claro um tão notável trabalho sobre o Governo parlamentar inglês e a difusão da ideia de Liberdade política da sociedade e do cidadão, desde os tempos mais remotos em Inglaterra. Por isso utilizamos este escrito mesmo com as devidas precauções, sendo que o consideramos o melhor e mais conseguido estudo de fundo sobre o parlamentarismo inglês da época.

[1729] *Resumo Historico do Parlamento de Inglaterra*, Lisboa, 1826, pág. 4: "(...) a constituição do Parlamento, como se acha actualmente, foi notada já no 17º Anno do reinado de João em 1215 (...). Sir Walter Raleigh, na sua *Prerogativa do Parlamento*, pensa que os *Communs* foram chamados pela primeira vez no 17º Anno do reinado de Henrique I; e o Dr. Heylein pretende que só foram admittidos no reinado de *Henrique II*."

[1730] Vejam-se as posições contrárias que a partir de Sir Edward Coke se podem levantar contra esta ideia clássica em Jean Beauté, *Un Grand Juriste Anglais: Sir Edward Coke (1552-1634)*, "Préface" de Jean-Jacques Chevallier, Paris, PUF, 1975, págs. 67 e 68: "Certes il est bien qu'à son origine la Grande Charte a une portée limitée. Comme le précise (...), 'historiquement, elle n'est qu'une charte des droits acquis et des privilèges', c'est-à-dire qu'elle n'est valable que pour les hommes libres du royaume en 1215 (...) et pour leurs héritiers. C'est cela que Coke va remettre en question. (...) Nous pensons (...) qu'il vaut mieux parler d'interprétation logique de la Grande Charte. En tout cas, et

DA HISTÓRIA DA IDEIA DE LIBERDADE (SEQUÊNCIA)

Trata-se do primeiro dos documentos tendencialmente conhecidos como suportes de uma Constituição histórica que contém os gérmens da própria Constituição inglesa. Ainda que sem existência formal, nunca os súbditos de Sua Majestade disso se queixaram, considerando que "as coisas não precisam de estar escritas para serem e acontecerem"[1731].

É discutível – e isso não será fácil de apurar objectivamente, nem sequer para os ingleses – se o facto de o Parlamento sempre se ter oposto ao restabelecimento do catolicismo em Inglaterra, invocando a Liberdade de escolha e de opção religiosa que aos ingleses cumpria[1732], não terá sido, também, uma questão de despeito. Os Reis foram quase todos católicos, depois da restauração dos Stuart, e queriam arrogar-se Poderes sem limites; o Parlamento que se opunha, teria de os contraditar e, portanto, mesmo que houvesse alguns católicos que desejassem a modificação da religião, nem sequer o fariam porque primeiro estava a defesa das suas regalias e só depois as questões de consciência.

---

c'est ce qui est capital, à partir de Coke prévaudra une interprétation traditionnelle de la Grande Charte qui fait de cette dernière 'une Charte de libertés humaines'."

[1731] Na evolução, sobretudo nos reinados de Henrique VIII e de Isabel I, não se pode dizer que o Poder do Rei fosse comparável ao sucedido no continente. De facto, a tradição constitucional inglesa que por essa época vigorava, implicava três ordens de factores cujo respeito se impunha aos próprios monarcas e cujo desenvolvimento atingirá pincaros com a *Glorius Revolution*. Em primeiro lugar, o respeito pela lei, uma vez que se considerava não poder existir Liberdade senão em presença do império da lei, ideia que remontava aos ensinamentos medievais mas que em Inglaterra em nada se assemelhava com a "fiscalização" exercida pelas Autoridades eclesiásticas. Remontava aos tempos de Henrique Plantageneta uma tal concepção, que esteve na base do nascimento da *Common Law* e depois foi desenvolvida por João Sem Terra e a sua *Magna Charta*. A lei era superior ao Rei, e a intromissão de Roma era considerada abusiva. O respeito pela lei, garantia da Liberdade, faz parte da tradição constitucional inglesa e este respeito que remontava a épocas muito anteriores foi mantido pelos Tudors, que deviam boa parte da sua popularidade ao respeito pela *Common Law* tal como a exigiam dos seus súbditos. Outro aspecto em perfeita sintonia com o anterior, versa sobre o respeito dos monarcas ingleses sobre os Governos autónomos das várias comunidades, o promovia uma administração descentralizada e, naturalmente, o reforço da ideia de Liberdade. O exercício desta actividade era confiado aos Juízes de Paz desde o reinado de Eduardo III, que estão em directa ligação com a criação do primitivo Parlamento inglês, o qual remonta ao reinado de Eduardo I, em finais do séc. XIII. Assim, os deputados das vilas e cidades foram admitidos pela primeira vez ao Parlamento e sob forma legal no reinado de Eduardo I. A origem histórica da Câmara dos Comuns data, portanto, de 1295. Antes disso e sob usurpação do Conde de Leiscester, tinham-se reunido no reinado anterior. Veja-se A. Todd, I, pág. 15: "L'origine des institutions politiques de l'Angleterre moderne doit être cherchée dans le système gouvernemental de nos ancêtres Anglo-Saxons: si rares et si imparfaites que soient les données sur ce point, nous connaissons cependant assez les premiers principes du gouvernement Anglo-Saxon pour y trouver les premiers éléments de nos institutions actuelles." Depois da divisão do Parlamento em Comuns e Lordes, durante o séc. XIV, verifica-se que o primeiro, ao longo de cento e cinquenta anos tomou um lugar determinante no desenho da Constituição histórica. O consentimento dos seus membros era indispensável para a promulgação de todos os Estatutos e para as imposições extraordinárias. Até mesmo os actos mais importantes do Estado, como a deposição, a suspensão do exercício do Poder ou a eleição dos Reis, tinham de obter a concordância dos Comuns. Se pensarmos nos casos de Eduardo II em 1327 e de Ricardo II em 1399, pode ficar-se com uma ideia das suas amplas atribuições.

[1732] E por isso mesmo nem sempre sendo perfeitamente compreendidos em matéria de Liberdade de consciência e de tolerância religiosa. Uma vez que não se fosse anglicano, ainda que protestante e ainda que o culto fosse permitido, estavam criadas as condições para o dissidente da Fé ter sérios problemas ao longo da sua vida, pessoal e profissional.

Essa fricção pode ter sido uma das causas para a questão religiosa não derivar para diversa solução. Além do que, sendo identificado com o Absolutismo luisiano o catolicismo que no continente vigorava, não parece que de ânimo leve os parlamentares ingleses pudessem optar por outra solução. Renegar o sentido da Liberdade que a sua Constituição histórica lhes conferia, não estava nos seus propósitos.

Por isso e em nome da Liberdade política dos cidadãos, defenderam a Liberdade religiosa dos indivíduos e, em nome desta, que aquela só possível em terras não conspurcadas pelos papistas[1733].

1. A prática parlamentar inglesa – os grandes princípios

À teoria corresponde uma natural prática, nem sempre perfeitamente adequada às ideias defendidas.

1.1. O Parlamento inglês até à Revolução Americana – linhas de força do seu desenvolvimento

Remontando a uns anos antes do período que nos ocupa, segundo escreve Walter Theimer[1734], "no espaço de tempo que separou o 'Longo Parlamento' de 1640 do regresso dos Stuarts, no ano de 1661[1735], apareceram em Inglaterra mais de vinte mil brochuras políticas."

Este facto é de capital importância[1736], porque marca bem a diferença entre uma espécie de desprezo de classe que antes existia dos letrados para com o Povo, sendo as suas Obras escritas em latim e cujos destinatários eram os eruditos[1737], e os actuais prenúncios de insatisfação, que visavam um público muito mais vasto[1738] e diversificado[1739], por essa via chamado a pronunciar-se a juntar espingardas contra o régio autoritarismo[1740].

[1733] António Ferrão, *A Academia das Sciencas de Lisboa e o Movimento filosófico, Scientifico e Económico da Segunda Metade do Século XVIII*, pág. 30: "O século XVIII inglês é uma grande época, de vida intensa e complexa; mas procure-se bem e sempre se encontrará o nexo em todas as suas manifestações, um fio racional na sequência da vida política, emfim, uma razão lógica de Governo até à sucessão dos três monarcas do século – os conhecidos três Jorges."

[1734] Walter Theimer, *História das Ideias Política*, s. l., 1977, pág. 79.

[1735] Francisca Garrido Donaire, "O Jornalismo na Grã-Bretanha e na Irlanda", *História da Imprensa*, (Dir. Alejandro Pizarroso Quintero), Lisboa, Planeta Editora, 1996, págs. 208 e ss. dá informações para o período imediatamente anterior. Para aquele que nos ocupa, encontrámos algumas indicações de que se dará apontamento mais à frente.

[1736] George H. Sabine, *Historia de la Teoria Politica*, México, FCE, 1970, pág. 353: "(...) se ocupó de ideas generales – teológicas, religiosas y éticas – y de su aplicación al gobierno. Puso al descubierto abusos, discutió la constitución, argumentó en pro y en contra de la tolerancia religiosa, atacó o defendió el gobierno de la iglesia y examinó su relación con la Autoridad civil, postuló o negó todas y cada una de las formas de libertad civil y propuso en uno y otro momento la mayor parte de los artificios políticos que los gobiernos democráticos han ensayado desde entonces."

[1737] Por isso estava fora das preocupações dos governantes dedicarem muita atenção a esses escritos, ao que parece pouco perigosos para a sua manutenção do Governo pelo reduzido impacto que teriam na opinião pública.

[1738] Francisca Garrido Donaire, pág. 216: "Do ponto de vista da comunicação, a Guerra Civil foi uma época de actividade propagandística febril."

[1739] Note-se que já em 1621 os deputados haviam proclamado o seu direito à Liberdade de expressão, tendo enviado em 1628 a Carlos I a *Petition of Rights*, em termos que serão vistos em nota adiante.

[1740] Francisca Garrido Donaire, pág. 213: "Carlos I (...), pouco depois de tornar-se Rei, proibiu todas as publicações periódicas por ordem de 17 de Outubro de 1632. Mais tarde, com o decreto da 'Star Chamber', de 1637, através do qual se estabeleceram as normas de regulamentação da imprensa,

DA HISTÓRIA DA IDEIA DE LIBERDADE (SEQUÊNCIA)

De algum modo a opinião pública começava a formar-se em Inglaterra[1741], pioneira, também nisto, face ao resto da Europa[1742].

A inserção deste problema na prática parlamentar inglesa explica-se por si só: eram os parlamentares autores de boa parte da polémica; eles eram os verdadeiros polemistas e fossem *tories* ou *whigs*[1743], todos trabalhavam na promoção da nascente imprensa, cujo contributo não pode nem deve ser esquecido, colocando-a muitas vezes ao serviço dos seus pessoais interesses.

Ainda assim e porque como sempre sucede, a Liberdade de imprensa não regulamentada breve se transforma em licença autorizada, o mesmo Parlamento que havia incitado à plena Liberdade de imprensa foi obrigado a limitá-la[1744]. O restabelecimento da censura em 14 de Junho de 1643, visava publicações clandestinas, que atacavam o Governo e a religião[1745], sendo certo que tal normativo é visto por parte da doutrina como uma primitiva tentativa de "lei de imprensa inglesa em sentido moderno"[1746].

---

a repressão esteve na ordem do dia. Este monarca utilizou, assim, uma política de imprensa ainda mais absolutista [por comparação com a dos reinados anteriores, sobretudo de Isabel I e Jaime I] e continuou a controlar o fluxo de informação através das instituições criadas *ad hoc* pelos Tudor."

[1741] Idem, *ibidem*, págs. 214 e 215: "Uma das primeiras disposições foi a abolição, em 1641, da 'Star Chamber' e da 'Court of High Comission', que eram os principais suportes do sistema de controlo da imprensa. A primeira intenção era eliminar um tribunal de justiça conciliar que controlava nobres e parlamentares. O que aconteceu foi que, além disso, se suprimiu também o controlo que o monarca exercia sobre a informação. Produziu-se assim um vazio legal em matéria de imprensa, que provocou o aparecimento de numerosas publicações."

[1742] Os "Pais espirituais" das manifestações da literatura portuguesa que imediatamente antecederam e se sucederam à Revolução de 1820 em Portugal, devem ser buscados, em boa parte, nestes contributos ingleses, a que depois se irão sobrepor os franceses e espanhóis. E essa literatura é infindável, toda ela. Por outro lado, assim se justifica ter deixado para este momento a abordagem do problema e acentuar que, muito ao contrário do que geralmente se pensa, não foi apenas a Revolução Francesa que influiu nos hábitos dos homens do séc. XIX. Conscientemente ou não, eles foram buscar às origens, não apenas os ensinamentos que lhe interessavam da prática parlamentar britânica no plano do Poder político e da Liberdade civil e política, mas também ao nível da Liberdade individual, da Liberdade de pensamento, cuja marca de partida histórica está dada.

[1743] Estes dois grandes partidos ingleses apenas se formaram depois de 1679, confrontando-se a partir dessa altura e obrigando o monarca, respeitando as votações dos eleitores, a formar Gabinete mediante um ou outro.

[1744] *O Investigador Portuguez em Inglaterra*, X, Setembro de 1814, "Relatorio acerca do projecto de lei de Liberdade de imprensa apresentado à camera dos Deputados em 1 de Agosto de 1814", págs. 444 e 445: "As limitaçoens que a *Star Chamber* poz á Liberdade de imprensa, particularmente em 1635, podem agora considerar-se como ataques feitos á Liberdade da Nação, e tãobem se pode dizer sem mentira, que ellas forão huma das cauzas principaes das desgraças de Carlos I."

[1745] *Ibidem*, X, Setembro de 1814, "Relatorio acerca do projecto de lei de Liberdade de imprensa apresentado à camera dos Deputados em 1 de Agosto de 1814", pág. 445: "se o Parlamento depois de ter abolido a *Star Chamber* em 1642, conservou ainda por motivos particulares algumas das suas restriçoens, eu não direi que lhe servirão de desculpa as perturbaçoens civis e religiozas, mas antes affirmarei que o Parlamento, naquelles dias de calamidade e desordem, se serviu contra os Realistas da terrivel arma da Censura, assim como estes se haviam servido della contra a Liberdade publica."

[1746] Francisca Garrido Donaire, pág. 217; *ibidem*, pág. 230: "de 1702 a 1712 assistimos ao desenvolvimento de uma grande virulência política através da informação. (...) Juntamente com as restrições económicas foi imposta (...) a proibição de tratar determinados temas. Concretamente, os jornalistas eram impedidos de assistir aos debates parlamentares e de informar sobre eles. (...) Esta norma, que apareceu pela primeira vez em 1712, foi renovada em 1722 (...)."

Assim, a tradicional menção da Liberdade de imprensa em Inglaterra tem de ser enquadrada num contexto não de algo adquirido, mas de uma situação que custou muitas penas aos seus promotores, que não foi pacífica e passou momentos graves ao longo do seu desenvolvimento. E convém que este alerta fique lançado, para que não se diga que em Inglaterra não se questiona nem nunca questionou a Liberdade de imprensa[1747]. Tanto que isso não é verdade que várias situações o podem plenamente confirmar[1748].

A História do parlamentarismo inglês é divisível em três grandes épocas, admitindo remontar a factos anteriores ao séc. XVII. Os que mais importam são coincidentes com o início do Longo Parlamento[1749], as pretensões de Jaime I[1750] e depois Carlos I e o

---

[1747] *O Investigador Portuguez em Inglaterra*, X, Setembro de 1814, "Relatorio acerca do projecto de lei de Liberdade de imprensa apresentado à camera dos Deputados em 1 de Agosto de 1814", pág. 445: "No tempo de Cromwel não houve Liberdade de imprensa; e se a houvesse, talvez que Carlos não tivesse hido ao cadafalso. Quando a família Real foi restabelecida, teria sido hum grande bem para ela o haver esta Liberdade; e só este prudente e generozo conselho teriam salvado a sua família da catastrophe acontecida em tempo de James segundo."

[1748] Não existe qualquer intenção nem seria justificável avançar para um estudo acerca da Liberdade de imprensa em Inglaterra – ou em qualquer outro país europeu e nos Estados Unidos. Porém, é um trabalho interessantíssimo, para o qual dispomos de algum material que num futuro próximo poderá ser utilizado numa investigação mais funda do tema e cujo interesse é sobretudo o que se apontou em corpo de texto. Ou seja, justificar perante textos disponíveis que uma coisa é a teoria sobre o ponto e outra a aplicação prática que à ideia se faz.

[1749] S. E. Finner, III, págs. 1338 e ss., apresenta uma relação dos principais eventos desde 1629 até ao aparecimento na cena política inglesa da dinastia Hanôver. Quanto a Nuno Piçarra, *A Separação dos Poderes como Doutrina e Princípio Constitucional – Um contributo para o estudo das suas Origens e Evolução*, Coimbra, Coimbra Editora, 1989, pág. 47, entende que a problema se colocou entre Jaime I e o Parlamento. Este entendia que não se devia submeter às pretensões absolutistas do monarca e de seu filho, Carlos I e daí se originou a *Petition of Rights* de 1628, texto fundamental na defesa das Liberdades inglesas. Em qualquer caso o citado Autor acentua, e isso parece-nos de extrema importância, que "Se até então, em Inglaterra como no Continente, o abuso do Poder político estava apenas associado ao monarca e aos seus funcionários, perante a actuação do Longo Parlamento, reacendeu abertamente a querela que entre ambos os princípios persistentemente se vinha travando desde a morte de Isabel I."

[1750] Há um ponto que deve ser aclarado. Jaime I não herdou as características maternais de diálogo e conciliação e era, ao contrário, muito mais parecido com a sua prima Isabel, anterior Rainha reinante em Inglaterra. Neste contexto, não teve qualquer pejo em se arvorar como defensor do Direito Divino real, avançando contra os puritanos e agastando-se contra os homens da Segunda Escolástica, em termos que apenas contribuíram para mais afastar papistas e protestantes, por razões estranhas à Fé. Defendendo que a monarquia era de Direito Divino e sendo os monarcas a feição humana de Deus, contra o Parlamento e contra Sir Edward Coke proclamou a prerrogativa régia como inatingível pela acção humana e toda ela originária do mistério divino. Como consequência – perdoe-se a ironia – uma vez que ninguém podia bulir com a régia prerrogativa, Deus, ele mesmo, não se deu ao trabalho de fazer em 1649. Donde, o Criador desinteressou-se de salvar a cabeça a seu filho Carlos I, anos volvidos, simplesmente por não querer contrariar uma atitude tomada em vida pelo Pai deste. Sobre este conturbado período da História inglesa veja-se o resumo de António G. Mattoso, *História da Civilização, Idade Média, Moderna e Contemporânea*, II, Lisboa, Livraria Sá da Costa, 1938, págs. 347 e ss.: "Jaime I, grosseiro, vulgar e cobarde, mas inteligente e instruído, era um teólogo apaixonado e um teórico do Poder absoluto, tendo já exposto as suas doutrinas sobre o Direito Divino dos soberanos. Ao tomar conta do trono inglês abjurou a doutrina da igreja presbiteriana, que seguia, tornou-se o chefe da igreja anglicana, imitando o exemplo de Henrique VIII, e procurou governar despoticamente, atitude que lhe valeu imediatamente profundas antipatias, por representar um atentado contra as Liberdades religiosas e políticas dos

posterior triunfo da Revolução de 1688, durante os quais a guerra civil não cessou de fazer estragos de ambos os lados[1751] e subsequente início da governação dos Hanôver, visto que a Rainha Ana não deixou herdeiros.

A circunstância de neste período se ter, do mesmo passo, criado em 1679 a lei do *Habeas Corpus*, que muito embora já existisse em termos de *Common Law* não estava regulamentada sob forma legal, pode ser assumida como outro passo decisivo na futura conformação dos direitos do homem. De facto e porque salvaguardava a hipótese de todo o indivíduo preso ser presente a um juiz, a fim de evitar prisões arbitrárias por ordem expressa do Rei, encaminhava-se no sentido de limitar o Poder régio e, em simultâneo, de encimar os direitos do indivíduo.

Posteriormente, os factos mais interessantes só aparecem em meados do séc. XVIII, com os grandes problemas colocados à Inglaterra, primeiro com a independência das colónias americanas e, depois, com o consulado bonapartino e as suas pretensões hegemónicas. Qualquer deles foi de forma competente e independente coberto pela imprensa inglesa que, depois do séc. XVIII[1752], reforçou o seu poder em termos de Liberdade e de que a impressão das disputas parlamentares e o seu conhecimento público, são a prova mais acabada.

O que resulta da acima citada controvérsia, como cerne do problema a reter é a indiscutível comprovação da subalternidade a que desde o séc. XVII o monarca britânico está confinado, por confronto com o que se passava no continente europeu. Muito embora o tipo de representatividade a que se assistia no fórum inglês estivesse muito longe da integral Liberdade política que se requer como Assembleia efectivamente representativa dos cidadãos, o que é facto é ser um notório avanço por comparação com o que existia à época na restante Europa.

Sabida a difícil conciliação entre estes dois aspectos, é fácil calcular a que isto conduziu. Em simultâneo, não havia uma uniformidade entre estes ilustres parlamentares e doutrinadores (?) em questões religiosas; se por via de regra aclamavam a tolerância religiosa, não se decidiam bastas vezes entre protestantismo e catolicismo, que mutuamente atacavam, havendo mesmo alguns "independentes" e não admitindo qualquer orientação religiosa. A Era do puritanismo estava bem à vista e depois disto,

---

ingleses." Já a Segunda Escolástica o havia feito, conforme Francos Suarez, no *Principatus Politicus o la Soberania inicial de mediação popular,* Edição castelhana de 1965, Madrid, Consejo Superior de Investigaciones Cientificas, com introdução de E. Elorduy y L. Pereña.; agora eram os protestantes ingleses a seguir o mesmo caminho.

[1751] A Inglaterra deste período é um problema. O Rei Carlos I – o monarca que recebeu a proposta de casamento de D. Catarina de Bragança para seu filho Carlos II das mãos de António de Sousa de Macedo – parece figura incaracterística, acima de tudo interessado em fazer valer as suas prerrogativas. O Parlamento não era melhor e, senhor de uma soberania que não sabia como utilizar, andava mais ocupado com questões de puritanismo que com a defesa dos direitos dos indivíduos. Cromwell, militar "mas pouco", desejava a paz e dava-se mal com a régia pessoa tanto quanto os puritanos, procurando que os êxitos que tinha conseguido não fossem apresados por nenhum dos anteriores. Quanto ao Exército, desconfiado de tudo e todos e com pouca vontade de ser ultrapassado, porque eram os soldados e os oficiais que constituíam a primeira munição do reino, entendeu organizar-se à revelia do Poder civil e do próprio Cromwell; rezam as crónicas o despeito sentido por este e a reacção esperada. O Povo, impávido mas não sereno, assistia incrédulo à "defesa dos seus interesses" pelos orgãos competentes para tal.

[1752] Francisca Garrido Donaire, págs. 230 e 231: (...) mas só em 1771 foi possível informar livremente sobre a actividade parlamentar. *Assim, durante o século XVIII, a imprensa lutou ardentemente para conseguir uma autêntica Liberdade de expressão em Inglaterra, chegando até a desafiar o Governo de então."*

o estranho é como acabaram por se entender e conseguiram conviver com a ditadura de Cromwel, a restauração Stuartiana, o Governo de Orange e, finalmente, com a pacificação de Hanôver.

Até porque se, de um modo geral, todos os elementos "mais progressistas" da sociedade inglesa, defendiam a existência da Liberdade e da Igualdade formal, nunca conseguiram levar às últimas consequências as suas ideias. Batendo-se pela defesa da propriedade privada como critério e direito fundamental do Ser humano em presença da doutrinação de Locke, por natureza em conflito com a Igualdade, cairiam, bastas vezes, em nebulosas contradições.

Não obstante, a distância que ia entre os pressupostos em que assentava a monarquia limitada inglesa e os Governos absolutos seus congéneres, promovia uma completa irredutibilidade dos mesmos[1753].

E, afinal, o que diziam estes homens? Nada de muito estranho para as concepções actuais; algo de estranhíssimo e que como tal ribombava nas monarquias absolutas do continente. No âmbito da vertente investigação, resume-se numa frase: para a mentalidade inglesa a própria consciência da Liberdade é, em primeira linha, uma consciência jurídica, assente na *Common Law*. A Liberdade inglesa era uma Liberdade vivida; ninguém precisava de ser alertado para a sua existência, porque os ingleses a sentiam e compreendiam, muito ao contrário dos continentais, que a sentiam, mas dificilmente a viviam. A prática da Liberdade em Inglaterra sustenta qualquer teorização que da mesma se possa fazer.

A ideia era a de defender os direitos do homem, que a lei natural lhes inscreve no coração[1754], devendo o Povo ser encarado como único titular da soberania e o Parlamento seu fiel mandatário[1755]. A Igualdade deve ser meta prioritária nas preocupações dos governantes, mesmo que essa Igualdade nada tivesse que ver com a Igualdade social; normalmente o que se pretendia era um nivelamento[1756] que não

---

[1753] A crise constitucional inglesa originada, primeiro, com a morte de Isabel I e a subida ao trono de Jaime I, depois com os factos que culminaram na república de Cromwell e a Restauração stuartiana e, finalmente, a subida ao trono de Guilherme e Maria, poderia ter acabado muito mal. Contudo, como quase sempre aconteceu, os ingleses tiraram dela o melhor partido possível na contingência, limitando em definitivo a Autoridade régia e que era o reflexo do preço em que a sociedade mais tradicional se via envolvida. Uma crise geral de Autoridade promovida por factores religiosos, sociais, políticos e intelectuais, minando as fundações de um edifício que se pretendia manter como o mais livre do mundo de então e se via seriamente ameaçado pela simpatia stuartiana pelo modelo francês, abominado pela generalidade dos ingleses mais esclarecidos.

[1754] António Truyol y Serra, *História da Filosofia do Direito e do Estado*, II, págs. 224 e ss., esclarece este ponto em detalhe. Informações úteis podem ser encontradas em Walter Theimer, págs. 79 e ss.

[1755] Idem, *ibidem*, pág. 80, citando Lilburne, chefe do movimento dos niveladores: "Todos os homens são iguais por natureza e têm o mesmo direito ao Poder, à dignidade, à Autoridade e à majestade. O Governo só pode ser viável e duradouro se assentar na base do comum acordo e consentimento, para proveito e segurança de todos." Quanto ao consentimento manifestava-se, segundo Sabine, George H. Sabine, pág. 358, "como un acto individual que el hombre tiene derecho a realizar por si mismo." Os Poderes do Parlamento eram iguais aos do Rei; nenhum deles detinha a soberania que apenas pertencia ao Povo; ambos funcionavam como meros representantes dessa soberania, de que se comprometiam a ser guardiões. Ver-se-á que não é por esta batuta que irão alinhar as decisões saídas do Congresso Vintista; serem os congressistas igualados ao Rei, era afronta demasiado escandalosa. Para desenvolvimentos a respeito de toda esta matéria, veja-se Walter Theimer, págs. 79 e ss.

[1756] Esta facção inglesa, originária da ala esquerda do Exército vencedor de Cromwell, com assento no Parlamento, era composta de membros "radicais" para a época em que viveram. Opunham-se

entrasse em linha de consideração com a Igualdade da riqueza ou a extinção dos privilégios sociais. Uma Igualdade perante a lei elaborada pelos seus representantes no parlamento era o que bastava.

Tanto mais que se a Propriedade[1757] é, com Locke, um direito natural e, por consequência, insusceptível de alienação, não se confunde com os direitos políticos que não são propriedade de ninguém. As duas situações funcionam nos domínios específicos da Liberdade individual e política mas consigna-se que até os mais pobres deveriam exercitá-los mediante o voto que se não deveria ligar – em teoria, ao menos – com o maior ou menor potencial económico.

Noutro plano de preocupações, defendia-se um formulação algo divergente da Igualdade, aproximando-se das teses comunistas[1758], preconizando uma Igualdade em termos económicos e onde preponderavam membros da classe social mais desfavorecida.

O indivíduo e os seus direitos constituem a base de toda a estrutura social. E, fazem parte dos direitos naturais do Ser humano o direito de Liberdade religiosa, cumprindo ao Parlamento proceder à sua regulação. Esclareça-se para evitar dúvidas: Liberdade de religião excepto para os católicos; outras ressalvas não eram feitas. E neste ponto, quer conservadores[1759] quer radicais estavam de acordo, fossem eles "gentrys", niveladores ou cavadores.

não apenas à direcção única do Poder político pelo monarca como preconizavam ideias que se podem inserir, apesar de notada "radicalidade", no grupo dos moderados. Pelo menos em presença de outras forças, que os questionavam precisamente por não impugnaram a ideia da Propriedade, antes a defenderem, tal como defendiam um nivelamento por baixo, uma Igualdade de privilégios inerentes à nobreza e atributos de que o importante corpo magistral gozava. A ideia era que ricos e pobres deveriam ter os mesmos direitos políticos, em termos de representação nas Assembleias magnas. O paralelo é sobretudo visível em função dos pressupostos de que partem de abusivos privilégios da nobreza e de alguns magistrados, deixando para segundo plano os problemas económicos. A Igualdade que eles desejam é a Igualdade face à lei e a Igualdade de direitos políticos, ainda que nem todos pudessem deter o seu exercício. Haverá aqui muito da futura técnica Vintista, tanto mais que perfilham – e bem – a ideia do sufrágio universal, mas dele excluem os menores e os criados, as mulheres e os dependentes, sendo certo que se discorda pessoalmente de algumas destas categorias. Isto mesmo se fará no futuro em Portugal, sendo possível vislumbrar outra prova de que a doutrina inglesa teve repercussões, também a este nível no nosso país. Por estes motivos, os niveladores apresentam uma conformação muito interessante, porque em vários pontos se aproximam de alguns dos moderados do Congresso Vintista, até no que se refere à aproximação que pretendem entre Rei e Parlamento. Escreve Etienne Cayret, págs. 44 e 45, que "cette doctrine libérale [a publicitada por Grócio, segundo a qual é ao Direito Natural que cabe fundar o princípio fundamental dos direitos individuais e que apenas deriva da sua natureza humana] était connue déjà dans le pacte populaire (agreement of the people) des soldats de Cromwell (1647). Ceux-ci pensait à introduire dans l'État la démocratie, la souveraineté du peuple et surtout la notion de l'autonomie individuelle." No que respeita à democracia, permita-se-nos a discordância.

[1757] Locke considera a Propriedade como um direito natural e portanto anterior à formação da sociedade civil. Logo é um direito fundamental, tal como irá ser consagrado na Constituição de 1822 mas que em conflito com a Liberdade deverá decair.
[1758] Trata-se de um grupo de menor implantação, normalmente conhecido como "diggers" ou cavadores, com tendência mais extremistas que os niveladores.
[1759] Era uma facção nesta época sem dúvida menor, mas importante porque controlava os postos mais elevados do Exército, pouco disposta a fazer concessões em matérias de Igualdade de representação parlamentar. Entendia que a representação parlamentar deveria ser deferida em função da propriedade entendida como interesse ligado em permanência ao reino. Os radicais entendiam que não; não senhor, diziam, o que vale é o critério um homem um voto. Claramente isto seria abstruso à Constituição histórica inglesa. Para os primeiros o Parlamento significava não represen-

Assim se forjando a Constituição histórica de Inglaterra[1760], com mais ou menos convulsões, o tempo se encarregará de dar razão, em grau diverso, aos revolucionários nas reivindicações apresentadas[1761]. É, porém, certo que já aqui se notam divergências de fundo entre os que promovem reformas integrais e os que pretendem que o decurso do tempo se encarregue de justificar as modificações[1762]. Estes serão os verdadeiros conservadores ingleses, que não relegando os eventos deste período, antes os vendo como parte dessa evolução, não conseguem descortinar em situações futuras noutros países a mesma causa justificativa.

É também por força destes considerandos que, apesar do seu aparente radicalismo, a Primeira Revolução Inglesa não passou de uma alteração, sem dúvida estrutural, mas conservadora, que afasta o Absolutismo e repõe o respeito pela *Magna Charta*[1763] e demais dispositivos tradicionais de salvaguarda dos direitos populares.

A república de Cromwell teve os seus doutrinadores durante o tempo que subsistiu, entre 1649 e 1658. E, facto histórico conhecido é que não vingou, tantas as contradições com que se debatia. O simples facto de ousar impor aos ingleses uma Constituição escrita não lhe augurava bom futuro. Nem eles, Ilhéus, precisam de tal coisa, quando os seus direitos históricos estão codificados na mente de qualquer inglês. Como nota final do Conservadorismo britânico que agora desponta e já se tornou célebre, este o culminar do processo[1764].

Ponderando os motivos porque não aproveitou a Inglaterra para seguir o exemplo da Holanda ou de Genebra, a resposta é intuitiva: porque se trata de Inglaterra. Como tal, mesmo que os revolucionários não se tivessem importado muito que Carlos I continuasse sentado no trono desde que respeitasse as regras que lhe eram impostas, acabou por se tentar uma experiência republicana, frustrada, como não poderia deixar

tação popular, antes a representação da propriedade, fazendo apelo aos ancestrais direitos ingleses, sabiamente resguardadas na Constituição histórica e que urgia manter.

[1760] A. Todd, I, págs. 1 e 2: "Le gouvernement de l'Angleterre est régi par certaines maximes traditionnelles qui délimitent l'exercice de tous les pouvoirs politiques. Ces maximes, pour la plus grand part, sont nos écrites et conventionnelles. Elles n'ont été déclarées formellement dans aucune charte, ni aucun statut: elles se sont développées dans le cours des siècles, parallèlement avec la loi écrite. Elles personnifient l'expérience acquise de générations successives d'hommes d'Etat et sont reconnues comme les préceptes mêmes de la constitution."

[1761] Paul Janet, *Histoire de la Science Politique dans ses Rapports avec la Morale*, Tomes I-II, 4 ème. Édition, Paris, s. d. Ao caso trata-se de II, pág. 144: "La constitution d'Angleterre a fait de très bonne heure l'admiration des publicistes anglais, comme ayant établi un équilibre sage et bienfaisant entre le pouvoir des princes et celui des peuples et des grands." Este Autor considera que a visão histórica do problema inglês só tardiamente foi equacionada pelos publicistas ingleses, que se iam contentando em procurar estabelecer os princípios liberais sobre a política absoluta.

[1762] Cromwell era um conservador, apesar de tudo. Ou então estava farto de tantos problemas e queria um momento de paz; ou então tinha receio das profundas alterações propostas pelos niveladores. Pela sua própria origem aristocrática, temia o que poderia acontecer a seguir, já que a nobreza estava à beira de desaparecer do mapa político inglês.

[1763] Maurice Flamant, pág. 20: "(...) esta antiga referência das origens do Parlamento britânico não teve a importância que lhe atribuímos, séculos mais tarde. Sobretudo conservadora dos privilégios dos poderosos, a *Magna Carta* a apesar de tudo imposta ao monarca – parece ter sido muito ignorada do Povo inglês."

[1764] Sendo certo que durante a vigência do seu consulado republicano a Câmara dos Lordes foi extinta, apenas se tendo reactivado com a restauração dos Stuarts e a subida ao trono inglês de Carlos II.

de ser. Afinal, ter um Rei e um trono, sempre soa melhor que haver um conjunto de republicanos, uns mais obscuros que outros dentre os conhecidos, onde normalmente apenas se conhece a cabeça do grupo.

O único aspecto positivo da situação, para o que o tema interessa, é o surgimento de alguns teóricos, cujas ideias não serão desenvolvidas, porque na maioria dos casos não tiveram qualquer reflexo em Portugal[1765], nem importaram à posterior *Glorius Revolution*. Ressalve-se um nome bastas vezes citado no Congresso Vintista: Sir Edward Coke[1766].

Em sequência, a História não é suave para com Jaime II[1767], acusado de querer restabelecer o catolicismo em Inglaterra; se não houvesse outros defeitos, esse apenas chegaria. Com a *Glorius Revolution* acabou-se com as pretensões papistas e terminou um breve reinado da república.

A segunda Revolução Inglesa, que passou à História com a designação de *Glorius Revolution*, é a prova mais evidente que um qualquer Povo tem capacidade e legitimidade para se desembaraçar de um monarca que afirma alto e bom som reinar por força do Direito Divino, substituindo-o por outro que assume o compromisso de reinar respeitando as regras do acordo instituído.

Tão pouco perdoaria retrocessos e, por isso mesmo, obrigou Maria e Guilherme ao compromisso do *Bill of Rights*, de 13 de Fevereiro de 1689[1768]. Que se poderia esperar de dois soberanos[1769] que assentavam na cabeça a Coroa holandesa?

Por este diploma, ficam claros quais os actos que o soberano não pode praticar por serem ilegais, enunciando como garantias políticas fundamentais o direito de petição, o direito dos protestantes deterem armas, a Liberdade de eleição, a inviolabilidade dos membros do Parlamento enquanto parlamentares, a necessidade

---

[1765] António Truyol y Serra, *História da Filosofia do Direito e do Estado*, II, pág. 226, para desenvolvimentos.

[1766] O maior dos opositores de Coke, neste domínio, é Francis Bacon, Autor que se revestiu de grande importância em Portugal. Preocupou-se muito com matérias de Filosofia natural e as suas intervenções no plano político são para se opor a Coke e à sua visão de supremacia da *Common Law* como baluarte do Direito inglês. Para desenvolvimentos, António Truyol y Serra, *História da Filosofia do Direito e do Estado*, II, págs. 142 e ss.

[1767] Depois da Restauração por Carlos II do trono inglês, finda a ditadura de Cromwell, e uma vez que do casamento com D. Catarina de Bragança não tinham resultado filhos, sucedeu-lhe o irmão, Jaime II, que procurou reatar as antigas prerrogativas do Poder real. Com péssimos resultados pessoais e fazendo apelo às leis sucessórias inglesas, que como em Portugal não admitiam a Lei Sálica, sucedeu-lhe Maria, sua filha, casada com Guilherme de Orange. Foi o célebre Governo de Maria e Guilherme, ambos protestantes e controlados pelo Parlamento, a quem deviam "régias" satisfações. Veja-se, por todos, Carlyle, *La Libertad Política*, version española de Vicente Herrero, Madrid, FCE, 1982, pág. 48: "(...) términos de la Resolución aprobada por la Convención de 1689. 'Que habiendo tratado el rey Jacobo II de subvertir la constitución de este reino, quebrantando el contrato original entre rey y pueblo, y habiendo violado, por consejo de los jesuitas y otros malvados, las leyes fundamentales, y habiéndose ausentado del reino, ha abdicado el gobierno y, por ende, el trono está vacante."

[1768] Jorge Miranda, "Textos Constitucionais Estrangeiros", *Revista da Faculdade de Direito de Lisboa*, Suplemento, Lisboa, 1974, págs. 17 e ss.

[1769] Jean-Jacques Chevallier, *Les Grandes Œuvres Politiques. De Machiavel a nous jours*, pág. 87: "Pour la *liberté*, pour la *religion protestante*, pour le *Parlement*: tels sont les mots inscrits sur les bannières du prince d'Orange. Il ne rencontre aucune résistance sérieuse."

de reuniões frequentes do Parlamento[1770], etc., mas sem qualquer alusão directa à Liberdade de imprensa[1771].

Estas disposições foram completadas posteriormente pelo *Act of Settlement*, sancionado por Guilherme[1772]. Algum tempo depois a Rainha Ana seguir-lhes-ia as pisadas e um tal comportamento, em presença de uma Europa continental bem pouco aberta a tais realizações e que apenas podia desencadear duas sensações distintas: espanto e aprovação; repúdio e crítica.

A Coroa estava submetida ao Parlamento; o Governo era liberal – tanto quanto possível[1773] – e o resto da Europa assistia, misto de receosa e descrente. Teóricos – melhor teórico desta *Glorius Revolution* – foi John Locke, em termos que serão vistos adiante. Esta a razão porque é possível dizer que em Inglaterra, ao contrário dos demais países europeus, o desenvolvimento das instituições representativas, implicou a passagem de um Estado estamentalmente organizado para um Estado representativo, sem que tivesse de passar pela quase "obrigatória" prática do Absolutismo[1774], visto como propedêutico para outras manifestações políticas.

[1770] S. E. Finner, III, págs. 1335 e ss.: "(...) both the French and English monarchies were cluttered by medieval survivals: the former by *États, parlements*, and the like, the English monarchy with its parliament, medieval-type militia-army, and so forth. But whereas the seventeenth-century French trend was to concentrate the powers of these encumbering institutions in the person of the king, in England it was just the reverse."

[1771] *O Investigador Portuguez em Inglaterra*, X, Setembro de 1814, "Relatorio acerca do projecto de lei de Liberdade de imprensa apresentado à camera dos Deputados em 1 de Agosto de 1814", pág. 445: "(...) quando os Inglezes publicarão em 1688 [a data correcta é Fevereiro de 1689] a sua *Declaração de Direitos* não quizerão, e com razão, estipular a Liberdade de imprensa, olhando este direito como innato para todo o Povo que tem huma Constituição e huma Legislatura Representativa. Depois do verdadeiro estabelecimento da Liberdade Ingleza a imprensa nunca tornou mais a ser agrilhoada; e he em virtude desta Liberdade que a balança da Constituição se tem sempre conservado, e com ella todo o seo espirito emminenetemente nacional."

[1772] Armando Marques Guedes, *Direito Internacional Público*, I, Lisboa, 1935, I, pág. 82; Jorge Miranda, "Textos Constitucionais Estrangeiros", págs. 21 e ss., Nuno Piçarra, *A Separação dos Poderes como Doutrina e Princípio Constitucional – Um contributo para o estudo das suas Origens e Evolução*, Coimbra, Coimbra Editora, 1989, págs. 44 e ss., Dmitri Georges Lavroff, págs. 191 e 192, esclarece que Guilherme de Orange terá tido como conselheiro, muito provavelmente, John Locke, que exultou com este evento inglês, ao qual dedicou boa parte do esforço da sua vida. Estes os termos em que podem ser interpretadas as seguintes palavras de Lavroff: "John Locke avait la réputation justifiée de ne pas être courageux. Ainsi, il ne participa à la révolution, même s'il soutenait ses buts, et attendit d'être sûr que Guillaume d'Orange ait gagné pour rentrer dans son pays au mois de Février de 1689. Les conditions dans lesquelles Guillaume d'Orange et Anne avaient accédé au trône d'Angleterre ne pouvaient que lui donner satisfaction puisqu'ils avaient accepté avant de monter de trône les conditions posées dans le *Bill of Rights*. Les souverains s'engageaient à respecter un certains nombre de droits reconnus aux sujets et des règles de gouvernement. C'était la première manifestation du constitutionnalisme que Locke considérait comme la condition du bon gouvernement et de la garantie des droits des citoyens."

[1773] A. Todd, I, pág. 2: "Dans un gouvernement parlementaire, l'obligation pour le roi de gouverner conformément aux lois est aussi impérieuse pour lui que celle pour le peuple d'obéir à ses chefs."

[1774] Norberto Bobbio, *La Teorie delle forme di Governo nella Storia del Pensiero Politico*, Turim 1976, pág. 114. O Autor entende que o processo foi inverso colocando lado a lado a Inglaterra e as monarquias continentais. Para os ingleses tal fenómeno era uma manifestação da tradicional inferioridade dos continentais, que por não terem capacidade de preservar o melhor dos seus bens, a Liberdade, assim se deixavam submeter.

Depois do séc. XVIII esta passou a ser a teoria política dominante, com incremento impensável após as Revoluções.

E a propósito deste tema, que acaba por reproduzir a "vexata quaestio" da doutrina da separação de Poderes[1775], não devem ser esquecidas algumas observações anotadas ao longo da investigação, retomada depois em função dos Autores e aplicada na prática nos sistemas representativos europeus do séc. XIX.

Para debater a questão sob forma exaustiva, teriam de se chamar à colação os ensinamentos da Antiguidade e dos seus regimes mistos, considerados desde Aristóteles, Cícero ou Políbio como o melhor meio de combinar com vantagem os benefícios da monarquia, da aristocracia e da democracia.

Por isso mesmo, o regime inglês, que ajusta a pessoa do monarca com os Poderes das duas Câmaras[1776], acaba por ser uma versão algo moderna daquele Antigo entendimento. Esta teorização, vulgarizada sob múltiplos prismas, busca-se nos fundamentos não apenas do Constitucionalismo moderno mas as próprias garantias inerentes à conservação do Estado[1777].

Porque foi isto possível em Inglaterra e não em mais nenhuma parte da Europa, com idênticas características, nem sequer na ultra-republicana Holanda? Donde vem este amor que os ingleses têm à sua Liberdade política, que não encontra paralelos em mais nenhum local? Há uma razão sobretudo teorizada nessa época por Edward Coke: chama-se *Common Law*.

Por força das características da *Common Law*[1778], o Rei tem prerrogativas[1779] importantes no sistema inglês, embora as não possa activar sem que os tribunais se pronun-

---

[1775] António Pedro Barbas Homem, "Introdução Histórica à Teoria da Lei – Época Moderna", pág. 90: "A doutrina da separação de Poderes não radica (...) numa igualdade entre instituições, mas numa partilha de funções que assenta na superioridade da lei."

[1776] *Resumo Historico do Parlamento de Inglaterra*, pág. 3: "As duas camaras do Parlamento sem o grande Conselho do Rei. Até á conquista o grande Conselho, consistindo só dos grandes do reino, era chamado *magnatum conventus*, e *proelatorum procerumque concilium, assisa generalis*, e algumas vezes *communitas regni Angliae*. Os saxonios chamavam-lhe na sua linguagem *Wittenagemote*, isto he, *Assembleia dos Sabios*." No mesmo sentido, A. Todd, I, págs. 18 e ss.

[1777] No sistema inglês funciona a tese da soberania nacional e não a da soberania popular, uma vez que ainda que eleitos por certas zonas do país, depois de terem assento na Câmara dos Comuns, os deputados representam todo o país e não apenas os seus constituintes. É uma situação diversa da que se passa no mesmo período temporal na Holanda e nos cantões suíços, onde apenas representam os seus comitentes. Neste segundo caso, há soberania popular. Trata-se de ponto que foi alvo das preocupações de Edmund Burke e que oportunamente será retomado.

[1778] Franck Lessay, "Common Law", *Dictionnaire de Philosophie Politique*, pág. 94: "Bien au-delà des coutumes du pays, on le voit, la *common Law* s'identifie au droit tout court. Elle délimite assurément – de manière assez imprécise – les fonctions du roi et du Parlement, les droits et privilèges des Anglais. Elle ne dispose de cette élasticité (qui fait de la 'loi fondamentale', tout au long du XVII ème siècle un de ses synonymes les plus fréquents) que parce que, parmi de ses principes essentiels, figure la *rule of law*. C'est sur cette idée d'un droit supérieur à la loi que s'appuie le rejet presque constant, chez les *Common Lawers*, de la notion de souveraineté, et tant qu'elle implique, dans son acception moderne, une situation d'extériorité tant par rapport à la loi que vis-à-vis du droit."

[1779] A. Todd, I, pág. 167: "Le terme 'prérogative' peut être défini comme exprimant ces pouvoirs politiques, inhérents à la Couronne, non conférés par Act du Parliament, et qui, par conséquent, rentrent dans la compétence du souverain, dans la mesure où ils n'ont pas été modifiés ou restreins par une loi formelle. La prérogative du roi fait en effet partie du droit du royaume, mais elle a aussi des limites fixées par les lois d'Angleterre. Tout ce qu'exprime de nos jours le mot prérogative, c'est 'la division pratiquement nécessaire entre les droits de l'exécutif et les droits du législatif.'"

ciem, salvo se isso se relacionar com a convocação do Parlamento[1780]. Em simultâneo, este tem a incumbência legislativa e da decisão do lançamento de tributos[1781] mesmo quando solicitados pelo monarca e, nesta qualidade, funciona como uma espécie de areópago do debate, com contornos de Assembleia representativa.

Este o esquema do desenho político do "domínio político e real" que caracteriza a Inglaterra, realizando o equilíbrio na partilha de Poderes entre Rei, estados da Nação e seus representantes, perpetuando o respeito dos direitos e privilégios dos cidadãos.

Ser governado pelo Costume, que todos podem aceitar ou recusar, dizem os ingleses, significa "viver em regime de Liberdade, pela rejeição do arbitrário e a consagração dos direitos imemoriais dos ingleses". É por isso que o desenho do domínio político e real inglês se divorcia do resto do continente europeu, por força do trabalho conjunto da *Common Law*[1782] e das conquistas individualistas, justapostas ao valor da Constituição histórica inglesa patrocinadas por 1689 e anos subsequentes.

Mas existe uma ideia comum; o Costume pode desactualizar-se e transformar-se de bom em mau Costume para os cidadãos; será que nesse caso não deve existir uma lei a revogá-lo? Para os continentais pode parecer intuitiva a resposta; para os ingleses,

---

Les prérogatives du souverain en Angleterre sont d'une vaste étendue et d'une importance capitale. Dans la Couronne se trouvent concentrés tout le pouvoir exécutif de l'Empire, les fonctions appartenant à l'administration du gouvernement, et l'Autorité suprême en toutes matières – civile, judiciaire, militaire, et ecclésiastique."

[1780] *Resumo Historico do Parlamento de Inglaterra*, pág. 5: "O Parlamento he chamado por um Aviso (*writ*) ou carta do Rei, dirigida a cada Par, mandando-o comparecer; e por outros Avisos (*writs*) dirigidos aos Corregedores (*Sheriff*) de cada Condado, para que convoquem o Povo para elleger dois Cavalleiros de cada Condado, e hum ou dous Cidadãos de cada Villa &c."

[1781] Idem, *ibidem*, págs. 3 e 4. Vem do tempo dos saxões.

[1782] Independentemente daquilo que outros Autores possam dizer, a *Common Law* significa, o espírito do Povo inglês, tanto como a Constituição americana representa para os norte-americanos a sua identidade nacional. Seria quase impensável configurar a Inglaterra sem a sua *Common Law*, enquanto conjunto de preceitos civis baseados num objecto histórico que remonta aos tempos da conquista normanda. A *Common Law* significa, depois das guerras civis inglesas, o mesmo que Constituição não escrita, única que os ingleses conhecem. Mas conhecem porque não está escrita e ninguém se engana quanto aos seus preceitos e obrigatoriedade dos mesmos. Direito comum às várias parcelas do território britânico, na Europa e fora dela, as barreiras geográficas nunca tiveram, de facto, importância nenhuma. Alguns fazem remontar a obrigatoriedade deste Costume Geral e Imemorial a 1136, muito embora ninguém consiga dizer o que aconteceu em 1136 de relevante nesta matéria; mas não há inglês que desconheça esta data e o sentido histórico da mesma. Essa a direcção da justiça inglesa, que não descarta os benefícios provenientes do estrangeiro mas os adapta e faz seus, inserindo-os na sua lei com particularismos que justificam ser essa a sua lei e a de mais nenhum outro agregado humano. "Lex non scripta", a sua memória histórica encontra-se depositada nos *Year Books*, depois nos *Law rapports*, considerados os fiéis depositários da Liberdade inglesa. Quanto mais velha, mais valiosa; quanto mais antiga, mais sábia; e sempre invocada em qualquer circunstância para que o Direito possa ser aplicado, através da regra do precedente: os juízes não criam Direito; não podem fazê-lo; apenas estão autorizados a reformular o Direito. Os homens doutos são os guardiões do Direito e como homens podem falhar; mas a *Common Law* em si mesma, não falha e é esse reconhecimento e essa motivação que faz do Direito inglês um modelo tão "sui generis" que merece especial atenção face ao positivado Direito continental. Ao invés do que sempre se passou no continente em que o monismo, pelo menos a partir do séc. XV, se generalizou nas legislações dos vários países, em Inglaterra as fontes por excelência são o Costume e a Jurisprudência, consideradas formas vivas de aplicar e interpretar o Direito, fonte das garantias civis e políticas de qualquer cidadão.

ela será ou não evidência, conforme se manifestar mais curial para a manutenção da estabilidade social, ponderados prós e contras[1783].

Corolário lógico dos Textos Fundamentais onde avulta a *Magna Charta*[1784], erigida em continuidade histórica, e onde se contêm os direitos e os deveres originais, a *Glorius Revolution* estipula os direitos imprescritíveis do Parlamento e dos cidadãos, vistos como essenciais à própria configuração do Estado. Desta concepção histórica, que se não confunde com a ideia de imanência histórica que apela à divindade e ao Governo patriarcal, patrocinada por Filmer ou Bossuet, não há Rei nem monarca que alguma vez possa ter a veleidade de conceder aos seus súbditos qualquer direito ou qualquer Liberdade, pelo simples facto de que eles já existem.

Tal como se havia concluído para a Primeira Revolução Inglesa, também agora o quadro mental se mantém. Sempre se pode afirmar que a *Glorius Revolution* foi determinante na alteração das forças em presença até à sua eclosão, muito embora já existissem os Lordes e os Comuns. Porque o centro decisório passa da pessoa do Rei para a Câmara dos Comuns, que representavam um conjunto potencialmente universal de eleitores, ainda que apenas parte deles tivesse capacidade de exercício eleitoral, a orgânica institucional sofre uma importante desfiguração. Os Comuns eram o Governo parlamentar e sujeitos a facções, a partidos, a influências; contudo, por comparação com a situação vivida na Europa continental não é difícil perceber onde a Liberdade teria mais espaço para se espraiar.

Trata-se de um ponto em que, mais uma vez, a *Common Law* assume uma importância decisiva. Em conjunto com os ensinamentos da *Glorius Revolution* constituiu-se, pois, aquela como o Direito inglês no seu todo. Ao relacionar as funções do Rei e do Parlamento, os direitos e os privilégios dos ingleses, irá implicar depois de finais do séc. XVII o apelo a um tipo de discurso jurídico e político dominantes: o discurso *whig* e a prática da monarquia limitada.

Preservando-se o reino de qualquer deriva tirânica da monarquia absoluta sob modelo francês e realizando uma partilha de equilíbrio entre Nação e Rei, na sedimentação dos direitos dos indivíduos, organiza-se uma sociedade livre. Aí convivem um conjunto de indivíduos livres, ora cidadãos de um país onde a *Common Law* lhes assegura os seus direitos e o Parlamento e o Rei colaboram entre si, mantendo um equilibro entre a assinalada prerrogativa indiscutível de actualização jurisdicional[1785],

---

[1783] Este sistema, que os ingleses prezam naturalmente teve os seus opositores, vindos de campos opostos, como não poderia deixar de ser tratando-se de questões inglesas. Se não é de estranhar a oposição que Filmer, como absolutista lhe faz, querendo valorizar os direitos do Rei, menos se percebem outras oposições, a serem vistas em local próprio quando ponderarmos o Pensamento dos vários Autores.

[1784] Armando Marques Guedes, *Ideologias e Sistemas Políticos* (1935), pág. 106: "Grande número dos direitos e Liberdades dos súbditos britânicos está enunciado em textos como a *Magna Charta* ou o *Bill of Rights* e é garantido pelas provisões de outros, como o *Habbeas Corpus Act* (...) e o *Act of Settlemento*. O núcleo fundamental, porém, continua a ser objecto do Direito consuetudinário. A Liberdade de crença e a Liberdade de associação, que formam a verdadeira base da estrutura política instituída, são juntamente com a regra da estrita juridicidade (*rule of law*), que constitui o seu esteio e sua mais sólida salvaguarda, consagradas pela *Common Law*.

[1785] A *Common Law* resulta da actividade conjunta dos tribunais superiores. Todos eles são emanações da Cúria Régia e, por ordem do seu aparecimento se constituem como o Exchequer, datado de 1118, o Common Pleas, criado pela *Magna Charta* e o Kings Bench, surgido no séc. XIV, cada um deles com competências próprias mas em que o sistema de *Common Law* era omnipresente nas decisões que se pautavam como precedentes obrigatórios para todas as jurisdições inferiores.

e Parlamento legiferante, tribunal onde se exerce a justiça e Assembleia política representativa em exclusividade dos interesses de todos os ingleses.

Por esta via se aceita a colaboração entre *Common Law*[1786] e Parlamento na defesa da Liberdade inglesa, ainda que haja Autores que dão maior importância a cada um destes termos porque ou consideram que a efectiva guardiã daquela é mais a "*Common Law*" ou "mais" o Parlamento.

Na verdade, não há dúvidas que a Inglaterra é a pátria da Liberdade política e que desde sempre ela foi vista como uma terra de homens livres dentro de uma sociedade livre e não de homens livres que fazem a sociedade livre. Mas a forma de preservar esta Liberdade e a organização do Poder político em Inglaterra nem sempre ficaram isentas de críticas, como a seu tempo se verá com maior detalhe e os considerandos ora tecidos servem de intróito a desenvolvimentos futuros.

A História de Inglaterra foi, desde muito cedo, a História da luta entre Rei e Parlamento[1787], entre tentativas de hegemonia da Autoridade soberana por parte dos monarcas e continuadas reclamações, eivadas de insubmissão, do Parlamento. Tanto que em meados do séc. XVII, depois de vezes sem conta os Reis ingleses terem colocado à prova os privilégios[1788] do indispensável Parlamento britânico, e deste ter sido a face visível de algumas pouco abonatórias realizações em matéria de Liberdades individuais e civis. A questão finalmente parecia que se iria resolver.

Mas cumprirá questionar, até que ponto um Parlamento aristocrata[1789] seria o fiel espelho de um país, como o fizeram alguns dos grandes críticos do sistema inglês e de

---

[1786] Em função destas características, a grande querela que se colocava neste período, com Coke e Bacon e que será retomada pelos juristas ingleses posteriores, com Blackstone e depois dele com as acesas críticas de Bentham, é a da supremacia da *Common Law* face ao Parlamento ou deste em presença daquela. No primeiro caso, há uma certa reafirmação dos direitos da "Law" sobre todos os demais intervenientes na vida política, porque a ela se submetem Rei e Parlamento, que reunidos nas duas Câmaras e com a régia presença podem legislar, embora não criem Direito; esse já está criado e apenas fazem dele uma adaptação. A *Common Law* delimita os direitos dos Rei e do Parlamento, como de todo e qualquer inglês, de uma forma imprecisa, é certo, mas tida por eficaz e como boa. Por isso os seus defensores contestam a ideia de soberania Moderna, enquanto ela implica uma situação de exterioridade tanto em relação ao Direito como à lei. Como dizia Coke, "o Poder soberano não é um termo parlamentar, invocando para os seus propósitos as lições da *Magna Carta*." No exercício das sua prerrogativas, o Rei é soberano; mas não passa daí. Justifica-se, por esta compactada ideia que os cultores do parlamentarismo britânico fossem opositores desta supremacia absoluta da *Common Law*, embora e em si mesma não lhes passasse pela cabeça contestá-la. Para desenvolvimentos, José Adelino Maltez, *Princípios*..., II, págs. 532 e ss.

[1787] *Resumo Historico do Parlamento de Inglaterra*, pág. 3: "A palavra *Parliament, Parlement ou Colloquium* (...) a primeira menção que se faz della nos, nos decretos do Parlamento, foi no preambulo do Estatuto de West. 1. 3. Edwardo 1º, anno de 1271"; Pedro Calmon, *História das Ideias Políticas*, págs. 186 e 187: "Na Inglaterra se feriu, com espantosa anterioridade relativamente ao Pensamento reinante na Europa, o conflito entre a severidade religiosa e o paternalismo da coroa, que teve a virtude de eliminar os contrastes, criados no país pela exaltação mística, e, através da ditadura 'predestinada', reivindicar o velho direito, triunfante em 1688."

[1788] Uma vez que "a prerrogativa" é um termo utilizado para definir a atribuição fundamental do monarca inglês no exercício das suas funções, utilizaremos daqui por diante e para bem fazer a distinção, sem que isso signifique um desvio à linguagem corrente, o termo "privilégio(s)" para designar as situações em que esteja em causa o Parlamento, também habitualmente designado por "Comuns".

[1789] A. Todd, I, págs. 103 e 104, exemplifica com um dos reinados mais importantes para Portugal, pela sua longevidade e porque foi na sua vigência que grande número de situações de estreito

DA HISTÓRIA DA IDEIA DE LIBERDADE (SEQUÊNCIA)

Montesquieu, que bem o retratou. Sobre o monarca não há dúvidas; conheciam-se as suas predilecções. Os representantes da Nação[1790] actuavam de outro modo, nem sempre isento de reparos mesmo dos seus representados[1791], mas com uma enorme vantagem sobre os demais países do Velho continente: eram eleitos pelo Povo e recebiam do mesmo um mandato cujo incumprimento gerava sanção nas futuras eleições.

Como se disse há pouco, o edifício das leis inglesas, com o qual se confunde a sua Constituição histórica e que não é composto por princípios abstractos, é típico. Nele cada vez mais se detectam as divergências com as propostas do continente europeu e, em termos incisivos com a noção de consentimento ou Liberdade, como veículo de eleição preferencial dos Costumes ingleses como expressão da vontade colectiva. Ser governado pelo Costume inglês é viver em permanente Liberdade, por força da menção dos direitos imemoriais do ingleses, que apenas o são porque eles o quiseram e se conformaram, manifestando a sua adesão quando, ao contrário, poderia ter sido recusado.

Há direitos fundamentais, entre eles a Liberdade, que são pertença do indivíduo e a Constituição histórica consagra. Portanto, não é pela via das revoluções e das declarações abstractas dos direitos do homem que eles estão salvaguardados; é porque historicamente eles estão protegidos pelo laço estabelecido entre governantes e governados e que remonta à *Magna Charta*, pelo menos, não necessitando de convulsões para materializar a sua importância.

Como dirá Burke, no sistema inglês não faz sentido falar em direitos do homem abstractos; o que há é o direito dos homens, em si mesmos considerados, em concreto, e que todos têm a noção do que consistem e de como estão, de facto e de direito, protegidos.

No fundo, isto acaba por ser a sequência lógica do entendimento a que a própria ideia de Razão inglesa se sujeita e que diverge em absoluto das propostas francesas ou transpirenaicas que lhe eram coevas. A Razão inglesa é, como tudo o que por lá existe, concreta, particular e visualizada em sentido utilitário. Pronuncia-se e aplica-se a casos específicos, funcionando a partir do labor judiciário casuístico e não mediante

---

relacionamento entre Portugal e a Inglaterra se verificaram. Referimo-nos ao reinado de mais de cinquenta anos de Jorge III, a propósito do qual e no plano em que estabelecemos a análise, o historiador afirma: "En parcourent l'histoire de ce règne, nous ne pouvons manquer de remarquer avec quelle facilité les ministères successifs purent contrôler la Chambre des Communes et gouverner d'accord avec elle. Cela tenait, sans doute, au nombre de sièges qui, dans cette Chambre, étaient virtuellement à la nomination de la Couronne ou des familles aristocratiques dirigeantes, parmi lesquelles étaient alors choisis exclusivement les membres du Cabinet. Les grandes familles dirigeantes d'Angleterre ont toujours été divisées pares leurs opinions politiques. Si elles avaient été plus unies, leur influence eût irrésistible; mais *Whigs* et *Tories* se disputèrent constamment le pouvoir."

[1790] Recordem-se os considerandos feitos na nossa "Introdução", a respeito das relações entre Sociedade Civil/Nação/Estado.

[1791] É de conhecimento geral que a conversão ao protestantismo, sob a forma de anglicanismo promovida por Henrique VIII e sufragada pelo Parlamento, não era opção comum dos ingleses. Uma prova consistirá nos inúmeros partidários que Maria Stuart virá a ter anos depois, quando tentou reconquistar os seus direitos face à protestante e intransigente Isabel. Por isso se justificam todas as reticências apresentadas.

princípios abstractos. É a realidade concreta e típica do empirismo e do historicismo inglês que lhe assiste e, por essa via, a teorização dos seus coriféus se divorcia na totalidade da ponderação racionalística que o continente europeu lhe havia atribuído e mantinha como ideal rector das condutas humanas.

Em qualquer caso parece – e o desenvolvimento do estudo dos vários escritores ingleses melhor o provará – ser viável proceder a uma conciliação entre o Contratualismo e o sistema histórico inglês. As leis inglesas, com as características conhecidas de introdução mediante a vontade e o consentimento dos Povos, seja mais pela via do Costume – da *Common Law* – ou da interferência estatutária do Parlamento – leis escritas –, apresentam pontos de contacto com a ideia do contrato.

O pacto, como acto fundador da sociedade e da soberania, enquanto actos externos ao Direito, não podem ser assumidos pelo sistema da *Common Law*. A sociedade forma-se por força da História e não da Razão e o máximo que existe é um "pacto" de sentido histórico, celebrado entre Deus, o seu Povo e os membros deste em si mesmos considerados, e que terá germinado a sociedade civil mas se renova sucessivamente. A constituição da soberania pela via externa desagrada aos ingleses, nos termos anotados, o que implica que a ideia de contrato tenha de sofrer necessárias remodelações.

Nestes termos, aponta-se para um "pacto" em sentido impróprio, porque não fundador da sociedade e da soberania, mas em que é possível descortinar a aceitação paulatina, por via costumeira das regras de convivência social, a que todos se submetem de livre vontade e pleno consentimento. Pelo decurso do tempo, uma vez mais, o "pacto" torna-se instrumento comum de adesão social, sedimentando a união entre as várias parcelas do todo social e que origina o organigrama político ao qual todos voluntariamente se submetem.

A *Common Law* origina a sociedade e o Governo, tutelados pela sua Constituição imaterial e em que os direitos e Liberdades inglesas, seguindo os dizeres da *Magna Charta*, formam os primeiros e decisivos suportes estruturantes do edifício a compor. Como dirá Burke, anos volvidos e em presença dos sucessos da Revolução Francesa, "a sociedade é um contrato", um dado adquirido e de nada se precisa de ininteligibilidade para se poder confirmar.

2. Marcos do Direito Público inglês setecentista

A visão do Pensamento inglês e norte-americano que por esta época dá o salto qualitativo indispensável sob a batuta do grande mestre, John Locke e de que se dará nota – bem como de alguns dos seus continuadores – podem ser incorporados numa classificação estruturalmente anglo-americana de "analytical philosophy"[1792]. Por esta via de reflexão se pode assistir a um tipo de ponderação feudatária das Luzes, prosseguindo o seu trabalho em duas distintas orientações.

Trata-se de uma forma algo diversa de mensurar o Pensamento dito "continental" e em que estão presentes considerações sobretudo ligadas ao método. Se este pode ser enquadrado num plano de abordagem mais vasto, importa, sobretudo, na rejeição de todo e qualquer estilo de comentário com suporte em religiões, culturas ou políticas estranhas à consideração e dignificação do homem em si e para si.

[1792] Philip Pettit, "The Contribution of Analytical Philosophy", *A Companion to Comtemporary Political Philosophy*, Edited by Robert E. Goodin and Philip Pettit, Blackwell Publishers, 1997, pág. 7.

DA HISTÓRIA DA IDEIA DE LIBERDADE (SEQUÊNCIA)

Neste contexto não pode nem deve ser esquecido o importantíssimo contributo do utilitarismo, como base fundante de todas as concepções reflexivas anglo-americanas, que se foram impondo a partir do séc. XVIII. A conjunção das ideias de felicidade e de supremacia do Direito são a pedra de toque da Filosofia analítica e podem ser encaradas como dados privatísticos na consideração do Ser humano.

Se por um lado se encomia uma axiologia personalística dos atributos individuais e mesmo universais do homem, no sentido do "good according to which the only property that matters in the ranking of states of the world is the happiness of sentient creatures", por outro e no que concerne à teoria do Direito, este utilitarismo representa "a decision among different basic structures. (...) A theory of the right to the extent that it identifies the right option in any choice as that which suitably promotes happiness: that witch suitably promotes the good"[1793].

Este o sentido em que devem ser tomadas as apreciações que de seguida se farão dos espíritos tutelares do Pensamento e das Ideias Políticas britânicas, como das posteriores norte-americanas. O seu conhecimento nas áreas que se ocupam da Liberdade individual e da Liberdade política é o incremento necessário para o contraponto do Pensamento continental, esse sim de contornos bem mais conhecidos[1794].

E sempre será possível acrescentar que esta preferência, comum ao Pensamento inglês ainda que se expresse por formas diversas, visa ultrapassar uma certa desconfiança iniciada com Locke acerca do conhecimento moral. A sua incerteza implicaria, o retorno às bases mentais que a epistemologia histórica fornece e que a axiologia, imprescindível à estruturação da sociedade, reclama firmadas com rigor.

O passado fornece um conjunto de quadros mentais sugestivos sobre a formação dos conhecimentos humanos e, se como Locke proclamava e se aceitou geralmente, a moralidade depende das convenções estabelecidas entre os homens, então será preciso remontar ao passado para saber em que se basearam e em que consistiram. Por isso não se pode dispensar este ancestral recurso de justificações, quer em relação ao indivíduo quer no que toca à sociedade. Apenas eles são o depósito involidável do resultado a que se chega hoje por moldagem antecipada dos homens concretos que antecedem os homens que hoje se apresentam à discussão cultural das necessidades de cada Povo.

Sintetizando as preocupações da generalidade dos Autores que se seguem e comungam de idêntica abordagem que os seus sucessores, na senda do debate sobre o Individualismo, poderá relembrar-se que a História é revelação. Revela valores e dentre eles, o mais digno, qual seja o Código Moral e Genético de cada sociedade.

Cada comunidade é o resultado de vários factores conjugados, em que não deve ser apenas o indivíduo o único a ser considerado, pese embora a sua maior dignidade em presença dos restantes. Simplesmente se lhe deve acrescentar regras, preceitos, costumes, privilégios e outros, que em conjunto passam de geração em geração e formam o âmago de cada sociedade e da sua Liberdade.

Ou seja, evidencia-se o Pensamento inglês na sua mais acabada caracterização.

[1793] Idem, *ibidem*, pág. 22.
[1794] David West, "The Contribution of the Continental Philosophy", *A Companion to Comtemporary Political Philosophy*, págs. 39 e ss.

2.1. Direito Natural e Razão

Grande teórico da Revolução Inglesa Locke[1795] foi marco no Pensamento europeu[1796], por norma bem adiantado ao seu tempo e que até atingiu Portugal, levando inclusivamente em linha de conta ser protestante e, por isso mesmo, de imediato suspeito[1797]. Dai que apesar de anterior aos marcos temporais eleitos para este estudo, seja fundamental a sua observação.

Sendo, percursor do Liberalismo europeu, é mais um corifeu do Direito Natural, a quem José Adelino Maltez qualifica de "Teórico da Revolução Atlântica"[1798], assumindo uma feição de Igualdade, Liberdade e Contratualismo Moderno, no plano do jusnaturalismo[1799]. Por estas simples palavras se perceberá quão Locke será diferente da maioria dos seus conterrâneos.

Em tese geral[1800], entende que todas as ideias provêm dos sentidos ou sensações, sendo certo que no campo da Moral e da Religião um idêntico entendimento pode existir. Todas as aquisições deste tipo são factos psicológicos – donde se distancia de

---

[1795] Sobre Locke a bibliografia é extensa em várias línguas; veja-se C. B. Macpherson, *La Pensée politique de John Locke*, tradução francesa de 1991. Os seus textos políticos tiveram grande divulgação em Inglaterra, em França (Montesquieu segue-o de perto no seu *Espírito das Leis*, sobre a separação de Poderes) e nos Estados Unidos, contribuindo para fundar as doutrinas dos direitos do homem.

[1796] De acordo com investigação, sucessivamente confirmada, não foi apenas o Pensamento de Locke que influenciou todos os posteriores pensadores, mas também as suas ideias pedagógicas. Negando as ideias inatas de Descartes, constituiu-se como ponto de apoio essencial para materialistas e reformadores, que o invocavam como suporte essencial para toda a argumentação que desenvolviam.

[1797] Não porque tenha sido partidário daquilo que os Autores nacionais acerca da ideia de Liberdade e do Poder. Antes pela influência no plano da onto-gnoseologia e da Filosofia natural que, aí sim, teve repercussões notórias em Portugal. Quanto à mencionada "suspeita", ela fica desde logo demonstrada porque consta do "Catalogo de livros defesos neste Reino, desde o dia da Criação da Real Mesa Cençoria athé ao presente. Para servir de expediente na Caza da Revisão", publicado por Maria Adelaide Salvador Marques, pág. 166, relativo ao *Essai Philosophique sur l'Entendement Humain*. Este texto deve ser completado com a consulta de Piedade Braga Santos, "Actividade da Real Mesa Censória", págs. 404 e ss.

[1798] José Adelino Maltez, *Princípios...*, II, pág. 333; Dmitri Georges Lavroff, pág. 189, designa-o por "père du libéralisme."

[1799] José Sebastião da Silva Dias, "Portugal e a Cultura Europeia (Sécs. XV a XVIII)", pág. 393: "o jusnaturalismo trazia no ventre a ideia de progresso, de Liberdade e de reforma dos costumes. Pufendorf não lhe marcou suficientemente todos os aspectos; mas Locke deu-lhe um desenvolvimento que a fez repercutir longe. Nos seus ensaios, afloram e constroem-se, pela primeira vez, alguns dos grandes princípios do Iluminismo: a fé no progresso pela Ilustração, a tolerância religiosa e a crítica do feudalismo aristocrático."

[1800] John Locke, *Essay Concerning Human Understanding*, London, 1693, tradução francesa *Essai Philosophique Concernant l'Entendement Humain*, Amsterdam, 1755, publicada em Paris, Vrin, 1972. O rigor desta Edição francesa e a sua fiabilidade são atestados por Locke, que corrigiu a antecedente de 1700 e de que esta é cópia fiel. Numa nota ao editor e recomendação ao leitor, são palavras suas: "(...) ce que je puis dire à l'égard du point sur lequel vous souhaitez de savoir mon sentiment, c'est que Mr. Coste m'a lu cette version d'un bout à l'autre avant de vous envoyer, & que toutes les endroits que j'ai remarqué s'éloigner de mes pensées, ont été ramenés su sens de l'original, ce qui n'était pas facile dans des notions aussi abstraites que le sont quelques-unes de mon Essai (...). De sorte que je puis dire au Lecteur, que je présume qu'il trouverait dans cette ouvrage toutes les qualités qu'on peut désirer dans une bonne traduction." Prefere-se, apesar de tudo, este texto ao de João de Oliveira de Carvalho, que em 1833 traduziu para português o texto de Locke, pois se bem que seja tradução nacional, a circunstância de Locke ter avalizado pessoalmente a francesa é determinante para a investigação.

DA HISTÓRIA DA IDEIA DE LIBERDADE (SEQUÊNCIA)

Kant, entre outros – que se representam no espírito humano, não existindo quaisquer ideias inatas[1801]. Nem sequer a ideia de Deus é inata, sendo meras aquisições do espírito[1802], questão pela qual, se não houvesse mais nenhuma, o seu Pensamento não poderia ser bem acolhido em países católicos, por muitas inovações que no plano cultural se quisessem fazer.

Locke inverte o posicionamento de Descartes. Se este partia do geral para o particular, da lei para o facto, Locke faz o caminho oposto e combina – e com ele todos os seus corifeus – a indução humana com os contributos matemáticos tributários de Newton. Como consequência a ideia de mobilidade é própria do Pensamento de Locke, opondo-se a uma estática comprovada promovida por Descartes; o universo não é estacionário e a instabilidade do mundo bem o comprovam.

Passando este tipo de raciocínio para o domínio humano, o homem é pessoa; como tal, a semelhança física esconde a dissemelhança das personalidades individuais que apenas com autonomia podem ser apreciadas.

Dando uma brevíssima nota do seu Pensamento pré-político, Locke parte da consideração que as coisas objectos dos sentidos estão em permanente mutação, mediante um poder *"puissance"*. Esta *"puissance"* resulta da percepção que o espírito tem de uma das suas ideias simples poder ser alterada, assim como da real possibilidade dessa alteração. Ora no domínio da Liberdade esta questão é particularmente relevante, na medida em que se relaciona directa e imediatamente com a vontade. Se existe um poder no nosso espírito que permite aceitar ou rejeitar determinada ideia, movermo-nos ou deixar de o fazer, esse poder é a vontade, que pode apresentar diversas fisionomias, onde avulta a divergência entre *"volontaire"* e *"involuntaire"*, consoante resulta ou não de um comando da alma.

Em simultâneo, deve considerar-se que é pelo entendimento que nós compreendemos as ideias que são fornecidas pelos sentidos[1803]. O Autor estabelece uma comparação entre Liberdade e necessidade enquanto resultantes das potências da alma sobre as acções humanas e que cada homem contém em si mesmo. O que é, pois, a Liberdade?

Será "tant qu'un homme a la puissance de penser ou de ne pas penser, de mouvoir ou de ne pas mouvoir[1804], conformément à la préférence ou au choix de son propre esprit, jusque-là il est *libre*"[1805]. Logo que o agente não tem o poder de fazer uma daquelas duas coisas, agir ou deixar de agir, em consequência da manifestação actual da sua vontade, não existe Liberdade; o que existe é "nécessité à cet égard"[1806].

[1801] José Sebastião da Silva Dias, "Portugal e a Cultura Europeia (Sécs. XV a XVIII)", págs. 387 e 388: "Newton e Locke recusaram-se, por princípio, a entrar no campo das especulações metafísicas ou a tomar a sério as teorias escolásticas. É esse o ponto essencial em que se partem de Gassendo, Descartes e seus discípulos. (...) Newton e Locke desviaram definitivamente para a lógica e a física, a que depois se agregou a Ética natural, o eixo do Pensamento filosófico."
[1802] John Locke, *Essai Philosophique Concernant l'Entendement Humain*, pág. 10.
[1803] Idem, *ibidem*, pág. 182.
[1804] Idem, *ibidem*, pág. 181: "Comme toute Puissance a du rapport à l'Action, & qu'il n'y a, je crois, que deux sortes d'Actions dont nous ayons l'idée, savoir *Penser & Mouvoir*, voyons d'où nous avons d'idée la plus distincte des *Puissances* qui produisent ces action."
[1805] Idem, *ibidem*, pág. 183.
[1806] Idem, *ibidem*, pág. 183. Segundo relata Joaquim de Carvalho, *Obra Completa*, II, pág. 352, na censura dirigida a esta Obra – e que aliás terminou em proibição em que a mesma circulasse sem ser com autorização especial – o padre António Pereira de Figueiredo invocava como uma das razões para tal decisão o facto de Locke defender que as ideias sobre a Liberdade se opunham aos ensinamentos das Escrituras. Assim, "a crítica do inatismo das ideias, a qual era 'destrutiva de toda

Além de que se o verdadeiro fim da Liberdade é a obtenção do bem que se escolhe, o homem apenas se poderá determinar, como Ser inteligente, a querer o que os seus próprios Pensamentos e o seu julgamento lhe representam como a melhor escolha que pode fazer, sob pena de determinismo e, logo, de ausência de Liberdade[1807].

Pode haver, deste modo, Pensamento e vontade ou volição, sem existir Liberdade, porque Liberdade apenas e tão só existe desde que haja determinação do espírito em agir de uma ou outra forma[1808]. Ou, dito de outra forma, apenas pode haver Liberdade se a vontade e o entendimento se conjugarem entre si, por um lado, e se existir uma correcta percepção de que "la liberté n'est pas une idée qui appartienne à la volition, ou à la préférence que notre esprit donne à une action plutôt qu'à une autre, mais à la personne qui a la puissance d'agir ou de s'empêcher d'agir, selon que son esprit se determinera à l'un ou à l'autre de ces deux partis"[1809].

É este tipo de reflexão que contribuirá para que anos volvidos, alguns dos eclécticos italianos que tanto influenciaram Portugal, como Muratori – que logo em 1726 tinha insistido nas consequências perniciosas do seu Pensamento acerca da Liberdade[1810], ideia reafirmada entre 1732 e 1733 – tenham apelidado Locke de "filósofo de língua de dois gumes"[1811].

Em síntese, o que Locke propõe e entende como Liberdade está forçosamente relacionado com as tendências empiristas que defende. É necessário fundar uma antropologia que justifique, em termos meramente pautados pela experiência e não por recurso à metafísica[1812], a Liberdade e a sua capacidade em reconhecer normas que lhe são preexistentes, tomando em linha de conta os vários caminhos que lhe são possíveis na opção final.

a Moral Evangélica', *a concepção de que a Liberdade se não dá na vontade mas na faculdade de pensar ou não pensar, o que é contrário à Liberdade inerente à vontade afirmada na Sacra pagina, nos Concílios e pelos Padres*, e as opiniões de que 'a nenhuma coisa nos revelou ou pode Deus revelar, da qual nós não tenhamos já antes ideia do que são' e de que a conexão evidente das ideias é mais certa do que o conhecimento dos objectos da Revelação, as quais, as quais não podem 'deixar de vacilar a Religião'."

[1807] Idem, *ibidem*, pág. 205.

[1808] Está-se no plano da Liberdade negativa, como actualmente se costuma designar, que é, como já ficou dito, o poder de agir ou deixar de agir sem que algum constrangimento se coloque à opção que o sujeito pretenda tomar.

[1809] John Locke, *Essai Philosophique Concernant l'Entendement Humain*, pág. 184.

[1810] Georges Gusdorf, *Signification Humaine de la Liberté*, pág. 189: "Ainsi la liberté, si liberté il y a, n'est pas une faculté indépendante; elle ne peut intervenir qu'en seconde lecture, en quelque sorte, postérieurement à l'exercice concret de la volonté."

[1811] Alberto Vecchi, "La critica del Muratori al Locke", *Divus Thomas*, Collegio Alberoni, Piacenza, 1951, págs. 212 e 213; 220.

[1812] A oposição que Locke intentava a Descartes é, nos tempos que correm, a oposição que um núcleo de Autores assinalados faz às suas teses inovadoras e pioneiras na consideração do tema. É o caso de Georges Gusdorf, *Signification Humaine de la Liberté*, Paris, Payot, 1962, págs. 15 e ss., cujos contornos cartesianos do Pensamento são claros. As suas afirmações são, sintomáticas: "L'espace de la liberté est un espace mental. Si l'existence animale consiste en une succession de comportements, la vie humaine, si humble soit-elle, est le déploiement d'une activité dont les rythmes s'inscrivent dans les cadres intelligibles de l'espace et du temps. (...) La liberté fut (...) imposée à l'homme comme un destin. (...) L'homme est cet être entre tous les êtres par qui la liberté est venue au monde dans les lointains de la préhistoire. Et chaque nouveau-né sur la terre des hommes répète pour sa part cet avènement de la liberté, cet avènement à la liberté. *Les origine humaines de la liberté mettent en pleine lumière son caractère méta-physique.*

No que respeita ao primeiro dos pontos – o Direito Natural –, as preocupações de Locke em matéria moral são a existência de uma lei divina inscrita no coração dos homens sob a forma de lei natural e o modo por que ele se apercebe da mesma e a testa[1813], a que se soma a sua aplicação prática[1814]. A final, ela necessitará, de ser admitida pelos homens segundo "uma motivação" que é Moral[1815].

E, muito embora seja certo que o tema não será desenvolvido[1816], sem dúvida que se pode concluir que o entendimento lockeano está mais direccionado para o passado que para o presente ou o futuro, pois que mantém não só a ligação intrínseca entre o Criador e o criado[1817], mas porque sustenta uma nítida subvalorização e um certo abandono deste em prol daquele[1818].

Locke não será "tão Moderno quanto dele se quer fazer"[1819]. Ou então Moderno "à moda inglesa", com todas as consequências que daí se retiram em termos morais e políticos e partem de considerandos onto-gnoseológicos. A sua Modernidade apenas se encontra na oposição que faz a Descartes quanto às possibilidades do conhecimento e apropriação de uma lei divina, ela mesma fruto de observação independentemente da sua dignidade.

David Hume patenteou-se como uma importante personalidade da cultura e do Pensamento inglês, cujas ideias pouco penetraram em Portugal. Se foi conhecido

---

[1813] John Locke, *Essai Philosophique Concernant l'Entendement Humain*, pág. 27. Assim e se se conjugar o que designa como princípio fundamental da Moral "não faças aos outros o que não gostarias que te fizessem a ti", aparece a possibilidade da dúvida acerca da bondade de tal formulação. Por isso, uma tal regra não pode ter características de inata, indesmentível e indiscutível, nascendo com o próprio homem. "D'où il parait évidemment, que la vérité des Règles de Morale dépend de quelque autre vérité antérieure, d'où elles doivent être déduits par voie de raisonnement, ce qui ne pourrait être, si ces Règles étaient *innées*, ou même évidente par elles-mêmes"; idem, *The Second Treatise of Gouvernment*, Oxford, Basil Blackwell, 1976, tradução portuguesa *Segundo Tratado sobre o Governo Civil e outros escritos*, int. J. W. Gough, Petrópolis, 1994, no original inglês §§ 53 e ss., págs. 113 e ss.
[1814] Idem, *Essai Philosophique Concernant l'Entendement Humain*, págs. 8 e ss. nos termos já mencionados.
[1815] Idem, *ibidem*, págs. 71 e ss.
[1816] De um modo geral, os "Estudos" que existem sobre Locke têm um cunho acentuadamente político, preocupando-se sobretudo com essa sua vertente de Pensamento, que é também a que mais nos interessa. Contudo, seria muito interessante entrar nesta parte menos trabalhada – embora muito falada – da sua produção e desenvolver a temática num plano meramente moral.
[1817] John Locke, *Essai Philosophique Concernant l'Entendement Humain*, págs. 397 e ss., especialmente 557 e ss. É no Livro IV da sua Obra que Locke estabelece os pressupostos e as premissas que sustentam a sua teorização acerca da divindade e modos segundo os quais não apenas se ascende ao seu conhecimento mas também a forma que assiste à Revelação nas suas relações com a Razão. É um Livro importantíssimo no contexto do Pensamento de Locke para a temática da tolerância mas também no que respeita à negação do inatismo que, mesmo no próprio domínio da Divina Figura se pauta.
[1818] Esta questão terá de ser forçosamente ligada ao sentido que Locke dá de Direito Natural, ponto em que se encontra manifestamente ligado à sua concepção teológica, ao invés de Hobbes e de Pufendorf, seus contemporâneos, ambos a entenderem o jusnaturalismo de feição laica ou profana.
[1819] George H. Sabine, pág. 396: "La filosofía política de Locke era un esfuerzo encaminado a combinar el pasado con el presente y a encontrar un núcleo de acuerdo para los hombres razonables de todos los partidos, pero su Autor no sintetizó todo lo que combinó. Y como combinó elementos diversos del pasado, en el siglo posterior a él surgieron de su filosofía teorías diversas."

dos Autores nacionais, eles quase não o citam por contraposição a outros a que o referencial é abundante[1820].

Um dos aspectos que alguns comentadores assinalam, refere-se ao facto de Hume não apresentar, ao contrário de Locke, um Pensamento sistematizado nesta área, encontrando-se o mesmo disperso ao longo de vários dos seus trabalhos.

Isto apenas em parte é verdade. Basta pensar na riqueza e no filão que existe nos *Ensaios Morais, Políticos e Literários*, de que os *Essais Politiques* são aspecto a não esquecer, para não ser viável, sem mais, sufragar a afirmação antes feita.

O que acontece é que Hume se preocupou, reconhecidamente, menos com questões associadas com matérias políticas. Mas isso não significa, que haja carência absoluta sua neste aspecto, como esperamos poder provar mediante a análise dos textos.

Antecipando ideias a desenvolver adiante, como principal característica que o distingue dos pensadores do seu tempo assinale-se um certo descrédito que a Razão lhe merece, o que desde logo implica uma reformulação do Contratualismo jusnaturalista. Por isso pode ser apresentado como um dos exemplos de espírito anti-racionalista no Pensamento político da sua época,[1821] a que se soma uma série de contornos menos bem definidos, que não tornam aliciante a leitura e mais difícil a compreensão[1822].

"Les hommes, (...) sont à-peu-près tous égaux, tant pour la force du corps que pour les facultés de l'esprit (...) il faudra qu'il n'y a que leur libre consentement qui ait pu d'abord les rassembler en société, & les assujettir à un pouvoir quelconque", sendo certo que inicialmente toda a Autoridade e jurisdição vem do Povo, que voluntariamente renunciou à sua Liberdade natural, recebendo leis iguais dos seus companheiros[1823].

Talvez por isto já se tenha considerado que o Autor não faz parte do núcleo de pensadores "progressistas", bem ao contrário de Locke. Chamaram-lhe – e com alguma razão – "conservador"[1824], porque ao menos aparentemente as suas ideias eram bem

---

[1820] Consta do "Catalogo de livros defesos neste Reino, desde o dia da Criação da Real Mesa Cençoria athé ao prezente. Para servir de expediente na Caza da Revisão", publicado por Maria Adelaide Salvador Marques, pág. 158, onde os *Essais* e as *Œuvres* são suprimidas em 1805.

[1821] David Hume, "Do Contrato Original", *Essays, Moral and Political*, 2 volumes, entre 1741 e 1742, tradução *Ensaios Morais, Políticos e Literários*, Lisboa, INCM, 2002, págs. 399 e ss. = [*Essais Politiques*, Ouvrage traduit de l' Anglais, segundo a Edição francesa de 1752, de Amsterdão, Paris, Vrin, 1972], págs. 316 e ss.

[1822] Vejam-se António Truyol y Serra, *História da Filosofia do Direito e do Estado*, II, pág. 306 e ss.; Paul Janet, II, págs. 549 e ss.; Mario Dal Pra, *Hume e la scienza della natura umana*, Milano, Laterza, 1973; C. Audard, *Antolgie historique et critique de l'utilitarisme*, 3 volumes, Paris, PUF, 1998; Raymond Polin, "La politique d'un moderé: David Hume", *Essais Politiques*, antes mencionado.

[1823] Mario Dal Pra, pág. 328: "(...) il problema dell'origine dello Stato viene risolto da Hume con la critica dell'astratta concezione contrattualistica, cui egli contrappone la tesi convenzionalistica." David Hume constata que a justiça é a virtude primordial pelo que será pela sua ideia que se poderão combater os contratualistas. Por isso mesmo "infatti i contrattualisti affermano che i doveri politici comportano un obligo morale 'naturale'; allora per trovare la fonte dei doveri politici sono portati ad andare al di là dell'origine storica ed artificiale dei governi; e poiché ritengono che le tre leggi fondamentali della giustzia siano umana, finiscono sai per fondare su tali leggi i doveri politici, sai per considerare lo Stato tanto antico quanto la specie umana." Ou seja, mais uma confirmação da predilecção de Hume pelo factor "História" em prejuízo do factor "Razão".

[1824] Anthony Quinton, "Conservatism", pág. 250: "David Hume was a *Tory* in his practical political allegiance and even more hostile, at any rate more openly hostile, to religion than Bolingbroke. As the first thoroughgoing utilitarian, he rejected the whole Lockean apparatus of natural rights and a social contract which has generally underlain the higher-minded sort of liberalism. But that rejection is entirely compatible with liberalism as the example of Bentham shows. Hume respected

mais próximas daquilo que os ingleses assim conotados simbolizavam, que a via avançada proposta por Locke e de que tivera todo o protagonismo[1825].

David Hume é um céptico na análise que estabelece do Ser humano e da sua racionalidade, ponto que ele mesmo admite[1826] e do qual resultam importantes decorrências no plano da apreciação epistemológica dos conceitos. Por isso escreve que sendo embora o homem um Ser racional, "são tão estreitos os limites do entendimento humano, que pouca satisfação pode ser esperada neste aspecto, tanto quanto à extensão como à segurança das suas acções"[1827], estando provado que a Razão é incapaz de prescrever um comportamento ou de dar o critério do bom ou do mau, do justo e do injusto. Limita-se a mostrar os meios que se devem desencadear para conseguir um fim querido e evitar um mal não desejado[1828].

---

custom but more because it is familiar than because it is wise. Despite his scepticism, he thought a science of politics is possible. A much truer and less marginal conservative is his great disapproving contemporary, Samuel Johnson." Em sentido algo diverso Paul Helm, "David Hume", *Conservative Thinkers. Essays From The Salisbury Review,* London and Lexington, The Claridge Press, 1989, pág. 60: "Hume a conservative? But paradoxically perhaps the main elements of Hume's political conservativism have already been disclosed. (...) These elements [emphasis on the *giveness of experience* and what I shall call the *inversion thesis*] with Hume's view of human nature, pretty well yield Hume's political philosophy, not in the sense that they entail it, but in the sense that they provide a framework which renders his political philosophy a wholly intelligible matter."

[1825] E. Griffin-Collart, "Le bon David, âme républicaine, entre deux révolutions", *Études sur le XVIII ème siècle. L'Europe et les Révolutions (1770-1800),* Bruxelles, Université de Bruxelles, 1980, pág. 35: "A l'époque déjà, bien des Anglais, *Wighs* orthodoxes, scandalisés par sa totale absence de respect à l'égard de leurs dogmes les plus sacrés comme la doctrine du contrat et du consentement au pouvoir, le taxaient de *Tory,* voire même de réactionnaire. Pourtant, son égal mépris pour la doctrine du droit divin et les querelles concernent les droits dynastiques lui aliénait tout autant les sympathies des conservateurs."

[1826] David Hume, *An Enqury Concerning Human Understanding,* 1751, Edição Portuguesa *Investigação sobre o Entendimento Humano,* Lisboa, 1989, págs. 41 e ss., especialmente págs. 55 e ss.: "Quando estudamos com atenção a futilidade da vida humana e dirigimos todos os nossos pensamentos para a natureza vazia e transitória das honras e das riquezas, talvez estejamos ao mesmo tempo apenas a satisfazer a nossa indolência natural, a qual, por odiar o alvoroço do mundo e a servidão do trabalho, procura um simulacro de Razão para ceder de forma completa e descontrolada às suas inclinações. Há, no entanto, uma espécie de filosofia que parece pouco sujeita a esse inconveniente, porque não provoca qualquer paixão desordenada do espírito humano, nem se mistura com qualquer afecção ou propensão natural, e essa é a filosofia *académica* ou *céptica*." Veja-se Paul Helm, "David Hume", pág. 59: "Every undergraduate philosophy student knows that Hume was 'a sceptic'. He said so himself, and there are arguments of his to prove it."

[1827] Idem, *ibidem,* pág. 26.

[1828] Idem, *ibidem,* pág. 45: "(...) nenhum filósofo que seja racional e modesto jamais pretende apontar a causa última de qualquer operação natural, ou mostrar de maneira precisa a acção do poder que produz qualquer efeito particular no universo. É preciso admitir que o supremo esforço de que a Razão humana é capaz consiste em conferir aos princípios produtores dos fenómenos naturais uma maior simplicidade, reduzindo os efeitos múltiplos particulares a algumas poucas causas gerais, por meio de raciocínios tirados da analogia, da experiência e da observação. Mas quanto às causas dessas causas gerais, seria em vão que as procuraríamos descobrir nem jamais qualquer explicação particular delas será capaz de nos satisfazer. Essas molas e princípios últimos estão totalmente vedados à curiosidade e investigação humanas."

Para o vertente pensador bem se poderia aplicar a máxima "creu porque viveu e viveu porque creu", já que o seu cepticismo[1829] apenas a isso o poderia conduzir. Não há certezas, há um contínuo acreditar que tanto se aplica à especulação[1830] como ao terreno prático da Política, devendo as diversas crenças serem alvo de respeito mútuo. O facto de todas elas partirem da verificação da precariedade da Razão humana, a outra solução não pode conduzir.

O descrédito que a Razão merece ao céptico Hume, leva a concluir que "todas as inferências tiradas da experiência são, portanto, efeitos do hábito e não do raciocínio"[1831], pode ser exemplificada quer no plano Político[1832], quer no Ético[1833]. Por isso o "hábito é (...) o grande guia da vida humana"[1834].

Sir William Blackstone, a quem alguns dos seus contemporâneos dirigiram as mais acesas críticas, considera que o homem deve submeter-se às leis que lhe foram dadas pelo seu Criador[1835], de que depende enquanto Ser humano. Nada de estranho neste ponto. Blackstone é protestante, inglês e crente, criado na escola do "servo arbítrio", mesmo que com as necessárias adaptações. Por muito que pretenda, depois, proceder à dignificação do Ser humano – e claramente o enceta – este ponto de vista determina a sequência do seu Pensamento.

Assim ponderando não se podem impor regras ao homem, para além das que o Criador emite, ao contrário do que sucede sempre que existe alguém que lhe possa determinar regras de conduta. "This wills of is called the law of nature".

Quando Deus criou os homens, "and endued him with freewill to conduct himself in all parts of life, he laid down certain immutable laws of human nature, whereby that freewill is some degree regulated and restrained, and gave him also the faculty

---

[1829] Ph. Damiron, *Mémoires pour servir a L'Histoire de la Philosophie au XVIII ème siècle*, I, "Préface", págs. II e III: "(...) dans cette doctrine, on début par le doute, s'il est vrai même que ce soit le doute, et qu'on ne nie pas d'abord une chose pour en mieux affirmer ensuite une autre. On doute, et de quoi? de l'âme en premier lieu, de son existence propre et substantielle, des plus excellentes de ses facultés, et en particulier de la liberté; de Dieu, en second lieu, de son être et de ses attributs, de ceux surtout d'entre eux qui en font une providence (...)."

[1830] Idem, "Do Suicídio", *Ensaios Morais, Políticos e Literários*, pág. 463: "Um benefício considerável que surge da Filosofia consiste no antídoto soberano que esta fornece para a superstição e falsa religião. Todos os outros remédios para esta pestilenta doença são inúteis, ou pelo menos incertos."

[1831] Idem, *Investigação sobre o Entendimento Humano*, pág. 58.

[1832] Idem, *ibidem*, pág. 58 nota: "(...) os limites e restrições ao Governo civil, bem como a uma constituição legal, podem ser defendidos quer a partir da Razão, a qual, reflectindo sobre a grande fragilidade e corrupção da natureza humana, nos ensina que não é seguro confiar a homem algum uma Autoridade ilimitada, ou então a partir da *experiência* e da História, que nos informam dos enormes abusos que a ambição, em todas as épocas e países, tem feito daquela imprudente confiança."

[1833] Idem, *ibidem*, pág. 58 nota: "A mesma distinção entre Razão e experiência é mantida em todas as nossas deliberações relativas à conduta da nossa vida. (...) Embora se conceba que a Razão pode formar conjecturas muito plausíveis a respeito das consequências de determinadas condutas em determinadas circunstâncias, ela é ainda considerada imperfeita quando não conta com o auxílio da experiência, que é a única capaz de dar estabilidade e certeza às máximas derivadas do estudo e da reflexão."

[1834] Idem, *ibidem*, pág. 59.

[1835] Shirley Robin Letwin, *The Pursuit of Certainty. David Hume, Jeremy Bentham, John Stuart Mill, Beatrice Webb*, Cambridge, Cambridge University Press, 1965, pág. 127: "(...) Blackstone's *Commentaries* (...) had become the canonical interpretation of law in England."

of reason to discover the purport of those laws"[1836]. Dito por outras palavras: "that we should live honestly, should hurt nobody, and should render to everyone his due, to which three general precepts Justinian has reduced the whole doctrine of law"[1837].

E, se estes são os chamados princípios primários da lei natural, superior a qualquer outra, justifica-se que outros lhes sejam associados no plano da ligação entre a justiça e a felicidade humanas, que pode traduzir-se numa única frase: "that man should pursue his own true and substantial happiness"[1838]. Na aplicação destes princípios, é imediato o recurso à Razão.

Em Blackstone, a Lei Fundamental consiste no núcleo de princípios ditados pela Razão e pela Revelação, pelo Direito Natural que o Criador impõe aos homens e aos quais toda e qualquer determinação positiva, em forma de lei, terá de ser compaginada. Com isto se apronta uma opção pelo Direito Natural que se irá determinar por uma opção diversa da partilhada pelo seu Mestre, Locke, uma vez que sendo apreendido pela Razão humana, vale universalmente, encaminhando-se no sentido próprio que deve ser atribuído a cada uma das respectivas leis[1839].

2.2. O factor tempo ou a relevância da História

Neste sentido é fundamental em Locke o referencial da lei natural, que é a lei de Deus, no estado de natureza. Este corresponde[1840] a "um estado em que eles [os homens] sejam absolutamente livres para decidir das suas acções, dispor dos seus bens e de suas pessoas como bem entenderem, dentro dos limites do Direito Natural, sem pedir autorização de nenhum outro homem nem depender da sua vontade"[1841].

Resulta, pois, uma concepção a-histórica de estado de natureza, uma vez que se refere a uma certa entidade que existe antes da própria História, cujo início para os homens se liga com a constituição do estado de sociedade[1842]. Mas não se trata, ao contrário do que sucede com a maioria dos seus pares, de um estado a-social, na medida em que nele os homens já detêm direitos, apenas lhes faltando um Poder coactivo, Judicial, criado pela sociedade civil, que os leve por diante.

Como quer que seja e no que respeita à ruptura com o historicismo "avant le social", assinalam-se paralelos evidentes com o seu predecessor Hobbes. Existe, porém, uma divergência importante e fundamental, que não apenas permite distinguir Locke

---

[1836] Sir William Blackstone, *Commentaries on the Law of England*, Garland Publishing, Inc., New York & London, 1978, que reproduz a Edição facsimilda de 1783, I, "Introduction", págs. 39 e 40.
[1837] Idem, *ibidem*, I, pág. 40. Há aqui, sem dúvida e como intuitivamente se percebe, algo de Thomasius.
[1838] Idem, *ibidem*, I, pág. 41.
[1839] Idem, *ibidem*, I, pág. 42: "because one is the law of nature, expressly declared so to be by God himself; the other is only what, by the assistance of human reason, we imagine to be that law. If we could be as certain of the latter as we are of the former, both would have an equal authority: but, till then, they can never be put in any competition together."
[1840] António Truyol y Serra, "Compêndio de História da Filosofia do Direito", págs. 95 e 96: "O estado de natureza, para este filósofo, não é um *bellum omnium contra omnes*: imperam nele direitos naturais como a Liberdade e o direito ao trabalho e à Propriedade, faltando unicamente a sua garantia por uma Autoridade."
[1841] John Locke, *Segundo Tratado sobre o Governo Civil*, § 4º, pág. 83.
[1842] Idem, *ibidem*, §§ 100-104, págs. 141 e ss. A conclusão de Locke é a seguinte: "(...) e os exemplos da História mostram que todos os Governos do mundo tiveram uma origem pacífica foram edificados sobre esta base *e devem a sua existência ao consentimento do Povo*. Assim, há pouco espaço para a dúvida, seja sobre o qual o lado certo ou sobre a opinião ou a prática da humanidade na fundação inicial dos Governos."

de Vico por força do sentido histórico que o primeiro confere à evolução "social" humana, mais rica que a "natural", porque conhecida dos homens. Assim é, no entender do inglês, porque as regras de acção futura podem ser rigorosamente definidas[1843].

Em tudo o que não depende da natureza, a ideia produz o seu objecto, e é a Razão que deve instituir os Governos[1844], que depois disso não só podem como devem – caso do Governo inglês – ser enquadrados no plano da sua evolução histórica.

Um dos exemplos que Locke aponta, *"Nul gouvernement n'accorde une absolue liberté"* (...) *car comme l'idée du Gouvernement est un Etablissement de Société sur certains règles ou Lois dont il exige l'exécution, & que l'idée d'une absolute liberté est à chacun une puissance de faire tout ce qu'il lui plaît, je puis être aussi certain de la vérité de cette proposition que d'aucune qu'on trouve dans les Mathématiques"*[1845].

Além do mais, isto permite apontar para uma distinção importante em relação a Rousseau, uma vez que se para este o estado de natureza é de solidão e isolamento dos indivíduos, já para Locke a lei natural, pela sua decorrência divina, implica a conservação da humanidade, no pressuposto de um mínimo de sociabilidade natural.

E mesmo que pouco se fale disso, deverá alertar-se para o facto de David Hume por mais de uma vez se referir elogiosamente a Maquiavel[1846], a quem apenas critica o facto de por falta de observação dos grandes Governos do seu tempo e a limitar aos pequenos Estados italianos da época, ter deficientemente tratado os Governos monárquicos[1847].

Tradicionalista e histórico como abundantemente provam os textos[1848], considera ser a História "(...) *la plus instructive de toutes nous connaissances. Une grande partie de ce qui porte communément le nom d'érudition, & que nous estimons si fort, n'est autre chose qu'une connaissance historique*", mais sendo verdade que "*l'histoire non seulement est une partie très-estimable de nos connaissances, mais encore qu'elle ouvre l'entrée à plusieurs autres, & fournit des matériaux à la plupart des sciences*"[1849].

Ao longo dos *Ensaios* é tão flagrante a importância que o vector História assume no seu Pensamento, que teria de se apontar, a título de exemplo, cada um dos visados. Não é essa a intenção; bastará a observação que apenas são verdadeiramente livres os Estados em que por decurso do tempo e evolução das mentalidades em todos os domínios se acentuou o gosto pela Liberdade de pensamento, pela Liberdade

---

[1843] Jean Dagen, "Histoire", *Dictionnaire Européen des Lumières*, (Direction Michel Delon), Paris, PUF, 1997, pág. 541: "cette idée d'une histoire progressiste, censée de se vérifier selon Condorcet et ses prédécesseurs par l'histoire des sciences autant que par l'histoire des peuples et des formes successives de la civilisation, n'est véritablement concevable que si l'esprit humain se construit lui-même dans le temps, s'il se donne ses connaissances et ses vérités au lieu de les recevoir d'une instance surnaturelle ou de ces découvrir en lui toutes constituées. *Or cette idée d'une genèse de l'esprit, c'est à Locke qu'on la devrait.*"
[1844] John Locke, *Segundo Tratado sobre o Governo Civil*, § 104: "(...) *temos a razão do nosso lado quando afirmamos que os homens são naturalmente livres* (...)."
[1845] Idem, *ibidem*, pág. 454.
[1846] David Hume, "Da Liberdade civil", *Ensaios Morais, Políticos e Literários*, pág. 87: "Maquiavel era sem dúvida um grande génio (...)." Não consta dos *Essais politiques*.
[1847] Idem, *ibidem*, págs. 87 e 88. Não consta dos *Essais politiques*.
[1848] Idem, *ibidem*, pág. 88 e ss., *Essais politiques*, págs. 81 e ss., especialmente 86 e ss., texto que não consta da tradução portuguesa mas é sem dúvida dos mais importantes do Autor neste domínio.
[1849] Idem, *Essais politiques*, pág. 86 e 87.

de comércio entre os seus cidadãos e mesmo com os estrangeiros, pela abertura às Ciências profanas e, acima de tudo, pela percepção da Liberdade da propriedade.

Por isso Hume foi tão céptico quanto a Locke e ao seu Pensamento, o que no plano da religião bem se percebe na crença de qualquer dogma é superstição. A Moral seria, no máximo, uma forma de descrever as regras para a felicidade entre grupos humanos associados em função de consequências benéficas para todos. Por isso Hume se voltou para a História como forma de superar o tipo de reflexão negativista de Locke, e que o marca decisivamente e ao seu Pensamento. E por isso se pode avançar que para todos os corifeus da versão histórica, na sua quase totalidade ingleses, defensores da Constituição histórica inglesa e pouco receptivos a esquemas filosóficos revolucionários, o problema lockiano tem de ser reequacionado, como se alertou logo no início da abordagem ao seu mentor.

O cepticismo acompanha a História; duvida do conhecimento moral e não o reconduz às premissas desenvolvidas por Locke; por isso é apanágio de conservadores involuntários como David Hume e prendeu a atenção de Burke que acerca do tema expandiu importantes contributos.

Daí o inestimável contributo para a defesa da Liberdade civil, ou pelo menos Hume assim lhe chama, muito embora se trate muito mais de Liberdade individual.

A sequência dos problemas que Bolingbroke trata ao longo dos seus vários escritos é harmónica. Os ensaios mais antigos, *Remarks on the History of England*[1850], revelam já a omnipresente preocupação no uso da palavra "Liberdade", que funciona não apenas como algo de material e objectivável, mas deve ainda ser enquadrada como "facto de espírito", o que em termos práticos mais não significa que a impressão contida tanto na Razão como no coração dos homens. Dito por outras palavras, o sentido histórico que a Liberdade assume e que preside "espiritualmente" à evolução física do Ser humano, não apenas como natureza mas também enquanto História[1851].

Uma vez mais a História está presente, procurando-se a sua conjugação com a teorização de Locke sobre os direitos naturais, originários do Ser humano, de cuja protecção constitucional legítima ganham força no plano das garantias. Isto mesmo demonstrará, anos volvidos, Montesquieu.

[1850] Lord Bolingbroke, "Remarks on the History of England", *The Works of Lord Bolingbroke*, volume 1, Honolulu, University Press of the Pacific Honolulu, Hawaii, 2001, foram publicados primitivamente no *The Craftsman* entre 1730 e 1731 constituem o primeiro trabalho de fôlego do Autor. Trata-se da História Inglesa deste os tempos mais remotos até ao Longo Parlamento de 1640 e retratam com rigor acentuado a eterna e conhecida batalha entre Rei e Povo em Inglaterra, sendo que neste se consideravam não apenas os mais altos dignitários da nobreza mas também boa parte da população inglesa que, sem cargos públicos, títulos ou ofícios não deixavam pela sua intervenção ao lado da nobreza que deles precisava para se opor ao monarca, de obter um conjunto assinalável de benefícios, entre os quais a Liberdade não seria o de menor visibilidade. Ou seja, os "tais" Povos que devem ser considerados, nos termos em que ficaram definidos antes.

[1851] Idem, "A Dissertation upon Parties", *Political Writings*, volume 1, Honolulu, University Press of the Pacific Honolulu, Hawai, 2001, pág. 118: "All disputes about liberty in this country, and this time, must be disputes for and against the self-same fixed and invariable set of ideas, whatever the disputations on one side of the questions may pretend, in order to conceal what it is not yet every very safe to avow. No disputes can possibly arise from different conceptions of anything so clearly stated, and so precisely determinate, as the fundamental principles are, on which our whole liberty rests."

Por isso Bolingbroke escreve que "the general truth I am to prove by particular examples is this: that liberty cannot be preserved long by any people. Who do not preserve that watchful a jealous spirit of liberty, on the necessity of which I have insisted"[1852]. Dito por outras palavras, o espírito de Liberdade liga-se sempre à defesa dos interesses nacionais, aos interesses de todo um Povo, ficando os particulares em segundo plano[1853]; o espírito de facção apenas se preocupa consigo e pouco ou nada lhe importa os destinos dos seus semelhantes.

Blackstone é um adepto da História, mediante a qual desentranha o seu raciocínio sobre a ideia de Liberdade, a natureza, a Razão e a experiência, denegando o Absolutismo esclarecido continental, a lesão da Constituição histórica e das Leis Fundamentais e o desrespeito pelas Liberdades individuais. Tudo abuso de um Poder que se propõe invectivar de forma sistemática[1854].

2.3. Liberdade de pensar e invocação religiosa

Eis um ponto que pode servir de ligação com a geralmente reconhecida importância de Locke, no plano do estudo da ideia de tolerância. É possível mesmo afirmar que ela está subjacente a todo o seu Pensamento, cruzando as matérias de raiz epistemológica com as do desenvolvimento Moral e Político que apresenta dos indivíduos e da sociedade.

Por recuperação do seu Pensamento em torno do empirismo, a reflexão que Locke enceta acerca da Liberdade no campo da Moral e da Política, verifica-se que a sua tolerância não é sem limites[1855].

Locke, como já Hobbes o havia indiciado, exclui da esfera da tolerância os católicos, porque fazendo aliança com o Papa, introduzem uma fragilidade perigosa na

---

[1852] Idem, "Remarks on the History of England", *The Works of Lord Bolingbroke*, págs. 301 e 302: "Bolingbroke aponta dois exemplos: "one is this: that the spirit of liberty, far from inspiring that rashness and undistinguishing fury which are peculiar to the spirit of faction, is slow to act even against the worst princes, and exerts itself in favour of the best with more effect than any other spirit whatever. The second is: that how slowly soeverthe spirit of liberty may act in suspicious times and against encroaching Governor; yet if it be kept alive, it will act effectually sooner or later. Though under the greatest disadvantages, and against the most powerful opposition; in a word, in the most desperate cases."

[1853] E, se esta ideia é a única base de trabalho que permite sustentar uma correcta defesa da Liberdade da sociedade no balanço de Poderes, e se a Constituição inglesa é a sua tradução, é o sentido histórico da mesma que o garante. Na verdade, a antiga Constituição recebeu um incremento decisivo depois do séc. XVI, a partir do momento em que o peso dos Comuns tendeu a aumentar e a Rainha Isabel reconheceu esta situação de facto, aspecto que lhe conferiu a maior popularidade. Posteriormente e durante o reinado dos Stuarts, demasiado virados para as realizações do Absolutismo continental, a Constituição inglesa perigou e apenas com a *Glorious Revolution* ela foi plenamente restaurada em toda a sua pujança.

[1854] Sir William Blackstone, *Commentaries on the Law of England*, I, págs. 127 e 128.

[1855] D. J. Manning, págs. 40 e ss. O Autor passa em revista os quatro argumentos de Locke sobre a tolerância religiosa: a impossibilidade de suportar os argumentos que a Igreja Católica pretende impor à força, mesmo sabendo que nenhum homem poder ser cristão sem caridade, não pela força mas antes pelo amor. O segundo argumento liga-se à definição da verdadeira Igreja, sendo certo que em matéria de religião a Razão e a consciência são soberanas, pelo que não são admitidas imposições provenientes do mundo exterior. O terceiro argumento liga-se à sua oposição a que uma Igreja goze do direito de disciplinar os seus membros e interferir nos negócios de outra confissão; nenhuma Igreja tem o direito de ser persecutória. O quarto argumento liga-se à prossecução de uma boa conduta e do amor à verdade.

DA HISTÓRIA DA IDEIA DE LIBERDADE (SEQUÊNCIA)

sociedade civil. E também exclui aqueles "entusiastas que pretendem impor as suas crenças, conforme se pode ler na sua *Carta sobre a Tolerância*[1856]. Aproximando-se das teses de Hobbes, é mais que compreensível que o tratamento que o Santo Ofício deu a um reservasse ao outro, havendo apenas uma certa recuperação no período do Iluminismo[1857].

A doutrina da tolerância é o reflexo da sua epistemologia, já que para a fundar é necessário estar em presença de princípios morais e políticos intangíveis e de uma Liberdade de consciência individual. Ou seja, admite-se uma moralidade objectivamente construída pertencendo a cada homem a sua justificação por si mesmo, dela se apropriando pela actividade intelectual.

É possível considerar, neste contexto, que a ideia de tolerância em Locke se posiciona em função de duas metas, uma política e outra religiosa. No primeiro caso, importaria não apenas a consideração de um salutar relacionamento interno dentro dos vários Estados em ordem ao evitar de eventuais guerras civis que pusessem em causa a paz dos homens e externa no plano do relacionamento interestadual. Já quanto à paz religiosa os planos de incidência são os mesmos, mas devem tomar em linha de conta as próprias relações estabelecidas entre os Poderes espiritual e temporal, pela via da coexistência[1858].

Como quer que seja, será acertado inserir este seu trabalho no mesmo campo de abordagem que a Obra política que mais fama lhe deu. Em ambos os casos lutas políticas e religiosas terão estado na sua base, tal como um oculto desejo de combater as teses hobbesianas, de quem foi impugnador habilitado.

A ideia de tolerância demonstra sobretudo a admissibilidade da crença e consciência religiosa individual, isto é, o que se designa por sentido positivo da tolerância. Uma vez que a crença religiosa, porque meramente individual não pode ser sujeita

---

[1856] John Locke, *Carta sobre a Tolerância*, tradução portuguesa de *Letters concerning Toleration*, respectivamente de 1689, 1690 e 1691, Lisboa, Edições 70, 1996, com "Prefácio" de Raymond Klibansky. Na "Introdução", a pág. 42, mencionam-se as Obras sobre a tolerância publicadas por Locke.

[1857] O Estudo aceita a interpretação dada por Joaquim de Carvalho, *Obra Completa*, II, pág. 344, que a conotação dada a Locke em Portugal de herege, se era normal por professar diversa religião, não podia confundir-se com ateísmo. Admite-se já ter dado provas suficientes do que se afirma, mas torna-se irresistível apresentar a perspectiva deste mestre: "nada mais distante do Pensamento do Autor do (...) do que o ateísmo, mas não sendo ateu nem por isso teve por fundado o parecer de alguns teólogos e moralistas acerca da origem da ideia de Deus no espírito humano. É que coerentemente com a concepção da origem empírica do conhecimento, Locke não admitia que a ideia de Deus fosse inata, porque, se o fosse, ela seria universal e idêntica em todos os espíritos e, consequentemente, não seria possível a existência de indivíduos ateus nem a de Povos em cujo vocabulário não ocorre a palavra designativa do ser divino. Pensando assim, não negava a existência de Deus, que sempre teve por indubitável e indiscutível, nem tão pouco a da lei Moral, que em Deus tem fundamento (...). Teve por certo que a existência de Deus e a da lei Moral são conformes ao lume natural da Razão –, o que aliás não quer dizer que sejam inatas, mas sim que são naturais, no sentido de que o respectivo conhecimento se adquire pelo exercício das faculdades mentais." Vai no mesmo sentido Raymond Polin, "Introdução" à *Carta sobre a Tolerância*, pág. 43: "O próprio Locke era profundamente crente e a sua fé na existência de Deus, perfeitamente sábio e todo-poderoso, orienta o conjunto do seu sistema. A procura humana da salvação eterna só encontra o seu sentido num universo ordenado por Deus em relação ao homem. Deus, para ele, não está apenas presente pela Revelação e até por milagres, mas também pela Razão e para a Razão."

[1858] A *Carta sobre a Tolerância*, apenas debate a questão da tolerância religiosa, pese embora seja lícito questionar se um raciocínio conduzido em idêntica direcção se poderia aplicar à tolerância no plano civil.

a constrangimento, as perseguições religiosas serão sempre irracionais. A crença não é subsumível a ameaças, porque não depende da vontade de quem crê ou deixa de crer e isso desautoriza toda e qualquer repressão exercida ou a exercer sobre o crente. Além do mais, não está na disponibilidade do Estado intrometer-se, a qualquer título nem, tão pouco, será admissível agir repressivamente contra qualquer crente. Por consequência, acredita-se que a questão ultrapassa o mero domínio individual da consciência para se pautar como questão política, em que o mútuo respeito pelas posições relativas se requer. Por outras palavras, Locke partilharia, em grande medida, os ideais da religião natural.

Deixando cair algumas das suas observações neste plano de análise, sempre se poderá visualizar que a conformidade que encontra entre a tolerância e os ensinamentos dos Evangelhos é plena. Assim, "A tolerância a respeito dos que têm opiniões religiosas diferentes é tão conforme com o Evangelho e com a Razão que parece monstruoso haver homens afectados de cegueira numa tão clara luz"[1859]. Além disso, "a jurisdição plena do magistrado diz unicamente respeito aos bens civis e que o direito e a soberania do Poder civil se limitam e circunscrevem a conservar e a promover apenas esses bens, e que não devem nem podem, de modo algum, estender-se à salvação das almas"[1860].

A tolerância existe quer entre particulares que professam religiões distintas, quer entre Igrejas[1861], sendo certo de que "ninguém, nenhuma Igreja e até nenhum Estado têm, pois qualquer direito de atentar contra os bens civis de outrem nem, sob pretexto de religião, de o despojar das duas posses terrestres", devendo esse dever de tolerância ser exemplificado, antes de todos, pelos eclesiásticos[1862]. Os exemplos poderiam multiplicar-se na cruzada que Locke leva a bom porto na sua defesa da tolerância.

Além disto, importa não confundir a Liberdade de consciência e a tolerância religiosa inglesa – sobretudo posteriores à teorização de Locke – com a questão da Igualdade, prejudicada na medida em que alguém seja crente de uma confissão diversa da anglicana. Se em Inglaterra ninguém duvida da existência de uma Liberdade de consciência para todos e de uma tolerância religiosa para os que não perfilham do credo anglicano – ainda que nem sempre isso seja muito visível – também ninguém questiona ser essa situação impeditiva da promoção a determinados ofícios públicos e a uma movimentação idêntica no dia a dia entre católicos e protestantes, neste caso anglicanos. Convém que se perceba a diferença do sentido negativo de tolerância.

John Locke é tudo menos uma personalidade fácil de estudar; só assim pensará quem discorra sobre o seu Pensamento partindo de estereótipos ou ideias-feitas ao longo de séculos, em que a tradição ocidental se especializou[1863]. Como consequência, haverá que assentar nos três vectores fundamentais que sempre funcionam como os pilares da análise, no plano político, da ideia de Liberdade: o Direito Natural, o contrato e a soberania.

[1859] Idem, *ibidem*, pág. 91.
[1860] Idem, *ibidem*, pág. 92.
[1861] Idem, *ibidem*, pág. 97.
[1862] Idem, *ibidem*, pág. 99.
[1863] George H. Sabine, pág. 396: "Pese a la simplicidad que superficialmente parece poseer y que lo hizo de ella más popular de las filosofías políticas, es en realidad complicada. (...) Acaso pueda explicarse en parte su personalidad por el hecho de que alcanzó la madurez en un momento en que se habían producido ya los resultados de la guerra civil, pero no se les reconocía aún. Heredó la mayor parte de sus principios y nunca los examinó muy a fondo. Pero era extraordinariamente sensible a las realidades y absolutamente honesto en el intento de enfrentarse con ellas."

Se o Direito Natural se encontra, em Locke, ligado a uma visão teológica, ou seja a racionalidade humana depende da divina, já do seu Contratualismo nada se pode apontar. Na verdade, ao falar de estado de natureza e de estado de sociedade, nem outra conclusão se poderia retirar.

Já quanto à diferenciação que Hobbes via entre Direito Natural e Revelação, Locke inverte a marcha, aceitando que todas as leis naturais são comandos divinos. E é porque são comandos divinos que não podem, em circunstância alguma, ser lesados.

Explicitando o Pensamento de Hume neste plano, sobretudo no que respeita ao valor da experiência na explicação do Ser humano, completamente autónoma de uma justificação sobrenatural[1864] – enquadra-a criticamente no plano do fanatismo e da superstição[1865] – regista neste sentido que para muitos filósofos, "tudo está cheio de Deus"[1866]. Em seu entender "o princípio verdadeiro e directo de todos os efeitos não é qualquer poder ou força da natureza, mas uma volição do ser supremo, o qual deseja que determinados objectos particulares estejam sempre relacionados uns com os outros"[1867].

No domínio da Liberdade de pensamento, no campo da Liberdade de imprensa, aspecto especial daquela, fica claro o grau de desenvolvimento que existe em relação à organização institucional de um país e defesa da Liberdade individual dos seus cidadãos.

David Hume refere-se à questão da Liberdade de imprensa com um certo orgulho, afirmando que "Nada neste país é mais capaz de surpreender os estrangeiros do que a extrema Liberdade que desfrutamos de comunicar ao público quanto nos aprouver, e de censurar abertamente qualquer medida que possa ser tomada pelo rei ou pelos seus ministros"[1868]. Comparativamente e "dado que esta Liberdade não é permitida por qualquer outro Governo, seja republicano ou monárquico (na Holanda e em Veneza mais do que em França ou na Espanha) (...)"[1869], de imediato a interrogação

---

[1864] João Paulo Monteiro, "Introdução" aos *Ensaios Morais, Políticos e Literários*, pág. 8, aponta que actualmente "os especialistas inclinam-se (...) para a hipótese de Hume ser favorável a alguma forma de deísmo, religião filosófica igualmente distante do cristianismo e do ateísmo."

[1865] David Hume, *Investigação sobre o Entendimento Humano*, pág. 65: "As cerimónias da religião católica romana podem ser consideradas exemplos [de crença, que não depende da vontade nem possa ser comandado pela vontade] da mesma natureza. Os devotos dessa superstição costumam apresentar como desculpa das pantominas que lhes censuram que eles sentem os efeitos benéficos desses movimentos, posturas e actos exteriores no avivamento da sua devoção e estímulo do seu fervor, que de outro modo seriam enfraquecidos, se fossem inteiramente dirigidos para objectos distantes e imateriais. (...) Os objectos sensíveis têm sempre sobre a fantasia uma influência maior do que quaisquer outros objectos, e transmitem prontamente essa influência às ideias com que se relacionam e às quais se assemelham."

[1866] Idem, *ibidem*, pág. 85.

[1867] Idem, *ibidem*, pág. 84. O Autor esclarece, criticando o citado ponto de vista que para esses filósofos, "a Divindade é a causa imediata da união da alma com o corpo, e que não são os órgãos dos sentidos que, estimulados pelos exteriores, produzem sensações na nossa mente, mas que é uma volição particular do nosso Criador omnipotente que excita uma tal sensação, em consequência daquela movimento do órgão. (...) É ao próprio Deus que apraz conduzir a nossa vontade, em si mesma impotente, e comandar aquele movimento, que erroneamente atribuímos ao nosso próprio poder e eficácia. (...) Quando dirigimos voluntariamente os nossos Pensamentos para algum objecto e suscitamos a sua figura na imaginação, não é a vontade que cria aquela ideia: é o criador universal que a revela a mente e a torna presente para nós."

[1868] Idem, *ibidem*, pág. 23.

[1869] Idem, "Da Liberdade de imprensa", *Ensaios Morais, Políticos e Literários*, pág., 23 e ss. = [*Essais politiques*], págs. 25 e ss.: "cette liberté de tout dire, que règne parmi nous, n'étant admise sous aucun

sobre os motivos porque "isto" acontece na Grã-Bretanha, a que acresce a discussão das suas vantagens e inconvenientes[1870].

Conclui que isso se deve ao jogo de forças que existe no seu país e que se controlam umas às outras, sendo certo que por ser a parte republicana do Governo que predomina e não a monárquica, ela é obrigada a zelar intensamente sobre os magistrados, eliminando quaisquer poderes discricionários e assegurando o cumprimento formal da lei. "Uma acção só pode ser considerada crime se a lei como tal claramente a definir; nenhum homem pode ser acusado de um crime sem que se apresente aos juizes uma prova legal (...)"[1871], para o que se utiliza o sistema dos jurados, cidadãos que julgam outros cidadãos nas questões de facto e que, posteriormente, passaria a Portugal.

A Liberdade de imprensa que apenas trás benefícios a todo o reino tem para as camadas populares um significado especial, uma vez que "o entusiasmo do Povo precisa de ser frequentemente instigado, a fim de refrear as ambições da corte, e o medo que esse entusiasmo seja instigado precisa de ser usado para evitar essas ambições"[1872].

A contínua vigilância que em Inglaterra se exerce sobre quaisquer tentativas de Poder despótico, em que a imprensa tem papel fundamental, eleva o país sobre as demais Nações europeias[1873]. Trata-se de uma Liberdade constitucionalmente conferida, que não admite quaisquer desvios ou lesões à sua existência, devendo todos os demais Governos aprender a considerá-la um benefício, seja qual for a forma por que se apresente e respeitando as regras que proíbem a licença. Além do que e para Hume, os inconvenientes que apresenta esta Liberdade são de tão pequena monta "qu'il me semble qu'il n'y à point de gouvernement qui ne dût la tolérer: j'excepte pourtant le gouvernement ecclésiastique, à qui, en effet, elle pourroit devenir funeste"[1874].

Ainda no plano da Liberdade individual e, mais concretamente ao nível da ligação entre a ideia de tolerância e a Liberdade de imprensa, acredita que "la tolérance était tout-a-faire incompatible avec les maximes du gouvernement: on ne concevait pas que différents sectes pussent vivre ensemble en paix, s'aimer les unes les autres, & avoir toutes la même affection pour leur patrie commune: les Provinces-unies, en admettant la liberté religieuse, ont fait revenir le monde de cette erreur: l'Angleterre a donné un exemple pareil par rapport à la liberté civile, & n'a pas eu jusqu'ici sujet de s'en repentir (...)"[1875].

---

autre gouvernement, soit monarchique, soit républicain, & n'étant pas plus tolérée en Hollande & à Venise qu'en France & en Espagne (...)." Textos idênticos.

[1870] Idem, *ibidem*, pág. 23 = [*Essais politiques*], pág. 26. O Autor considera que isto se deve ao facto do Governo inglês ser misto. Justifica-se com o caso francês onde o Governo absoluto, todo ele baseado em instituições que tendem a manter a submissão dos Povos e até a torná-la compreensível, quando não querida, acaba por actuar sem qualquer controle por parte dos súbditos – sem exercício da Liberdade da parte destes. Já na Holanda toda e qualquer atitude praticada pelo magistrado visando a ordem pública, pode ser contestada, na medida em que considera uma afronta à Liberdade dos cidadãos. Textos idênticos.

[1871] Idem, *ibidem*, pág. 25 = [*Essais politiques*], pág. 30: "Chez nous une action ne doit passer pour criminelle, à moins que le législateur ne l'ait déclarée en termes expresses: on ne doit imputer un crime à personne, sans pouvoir en exhiber des preuves légales (...)." Textos idênticos.

[1872] Idem, *ibidem*, pág. 25 = [*Essais politiques*], pág. 31. Textos idênticos.

[1873] Idem, *Essais politiques*, págs. 30 e 31. A tradução portuguesa não apresenta este trecho.

[1874] Idem, *ibidem*, págs. 32-34: "(...) quelque abus que l'on puisse faire de la liberté de la presse, je doute fort qu'elle puisse jamais occasionner des tumultes ou des rebellions. Les murmures & les mécontentements qu'elle occasionne, s'évaporent en paroles (...)." A tradução portuguesa não apresenta este trecho.

[1875] Idem, *ibidem*, pág. 34. A tradução portuguesa não apresenta este trecho.

E, do mesmo modo fragmentário característico do seu Pensamento, alusões à escravatura e à Liberdade inicial dos homens, neste mesmo âmbito e porque teme que a Liberdade de imprensa inglesa se perca[1876].

Neste plano não ficam dúvidas sobre as ideias de David Hume, ponto que de resto não trata apenas neste *Escrito* mas, e no que toca ao aspecto mais geral da Liberdade de pensamento e da Liberdade de consciência, noutros locais, o que lhe causou não poucos dissabores[1877].

Da abordagem "Do Contrato Original" podem resultar algumas observações, que não apenas colocam num plano de fundo de análise diversa da seguida pela generalidade dos Autores da sua época – e sobretudo dos liberais – mas que também se encaminham no sentido de afirmar que David Hume não era homem sem religião[1878].

Isto torna-se claro desde que se anotem as suas palavras, segundo as quais a Divindade é, com forte grau de certeza, "o Autor último de qualquer Governo", não sendo lícito a qualquer governante poder "propriamente ser considerado seu representante, a não ser no sentido em que é lícito dizer-se que todo e qualquer poder ou força que, tendo nele a sua origem, actua por sua delegação"[1879].

Retomando a questão da "verdadeira religião", considera que a superstição e o entusiasmo são formas corruptas da mesma[1880]. Fontes da primeira são "a fraqueza, o medo, a melancolia, juntamente com a ignorância"[1881], sendo totalmente favorável ao poder sacerdotal, representando o "homem a si mesmo em cores tão desprezíveis, que ele aparece a seus olhos como indigno de se aproximar da divina presença, e naturalmente recorre a qualquer outra pessoa, a santidade de cuja vida, ou talvez cuja impudência e astúcia, fizeram ser considerada como mais favorecida pela Divindade"[1882].

Na prática o que isto significa é que Hume, como outros, é mais anti-clericalista que anti-religioso[1883], uma vez que o que basicamente discute é a "presença de padres"

[1876] Idem, *ibidem*, pág. 36: "Des hommes nés libres ont de l'horreur pour le seul nom d'esclavage: il ne peut donc s'insinuer que par degrés (...)". O Autor não admite, sequer a possibilidade de uma tal Liberdade desaparecer do universo da Grã-Bretanha; isso seria o mesmo que uma "infraction si crainte de tous nous privileges, que probablement ce ne pourront être-là que les dernières abus d'un gouvernement despotique." A tradução portuguesa não apresenta este trecho.

[1877] João Paulo Monteiro, "Introdução" aos *Ensaios Morais, Políticos e Literários*, pág. 11: "(...) há ensaios de crítica de vários aspectos da religião, como o ensaio sobre a superstição e o entusiasmo, e sobretudo os dois ensaios aqui incluídos apesar de não fazerem parte das Edições publicadas em vida do Autor – o ensaio sobre a imortalidade da alma, directamente dedicado a um tema religioso e o ensaio sobre o suicídio, que entra em fundo conflito com a doutrina oficial da igreja. A publicação destes dois ensaios foi impedida pelas Autoridades londrinas em 1757, e eles só apareceram numa Edição anónima publicada na Holanda em 1777 (...). Um caso exemplificador do mesmo tipo de perseguição à Liberdade de opinião religiosa."

[1878] David Hume, *Dialogues sur la Religion Naturelle*, "Pamphile a Hermippe", pág. 8: "Y a-t-il vérité aussi importante que celle-là, qui est le fondement de tous nos espoirs, la base la plus assurée de la moralité, le plus ferme soutien de la société et le seul principe qui doive n'être à aucun moment absent de nos pensées et de nos méditations?"

[1879] Idem, "Do Contrato Original", pág. 400 = [*Essais politiques*], págs. 317 e 318. Textos idênticos.

[1880] Idem, "Da Superstição e do Entusiasmo", *Ensaios Morais, Políticos e Literários*, pág. 75.

[1881] Idem, *ibidem*, pág. 75.

[1882] Idem, *ibidem*, pág. 76.

[1883] Idem, *Dialogues sur la Religion Naturelle*, "Pamphile a Hermippe", pág. 8: "Y a-t-il vérité aussi évidente, aussi certaine, que l'existence de Dieu, que les temps les plus ignorants ont reconnue et en faveur de laquelle les génies les plus raffinés ont ambitieusement tenté de produire de nouvelles preuves et de nouveaux arguments?"

e a enorme Autoridade que pretendem por essa via adquirir nos próprios negócios de Estado[1884].

Precisamente em função deste raciocínio defende o Autor a existência de uma religião natural, que não apenas comprova a existência de Deus mas afasta as discussões aprontadas pela Teodiceia, essas sim comprometedoras da omnisciência divina. A religião existe para a satisfação das necessidades humanas mais profundas e, nessa base, todos os temores que a ela se associam apenas podem afastar os homens da sua prática, causar as discórdias e enfraquecer os laços sociais.

Qualquer que seja a proveniência da superstição, ela sempre *"é inimiga da Liberdade civil, e o entusiasmo é o seu aliado"*, preparando-os para a escravidão, total ausência de Liberdade. Seria possível avaliar com maior precisão o tipo de entendimento que Hume sufraga nesta matéria[1885], mas neste preciso momento ele não deixa dúvidas, no que respeita à ligação entre religião e política: "A História de Inglaterra ensina que, durante as guerras civis, os *independentes* e os *deístas*, embora houvesse entre eles uma oposição extrema quanto aos princípios religiosos, apesar disso eram unidos nos seus princípios políticos e eram igualmente apaixonados pela república. E desde a origem dos *whigs* e dos *tories* os dirigentes dos *whigs* têm sido sempre ou *deístas* ou *latitudinários* confessos nos seus princípios, ou seja partidários da tolerância"[1886].

Ao longo das várias páginas que compõem *A Dissertation of Parties*, Bolingbroke manifesta a sua preferência pela Liberdade de consciência[1887], razão pela qual são sucessivas as chamadas de atenção para o comportamento anómalo de Jaime II, que pretendeu restaurar o catolicismo. Ao fazê-lo agia em contrário não só aos desejos dos ingleses mas contra a sua Constituição histórica, que atribuindo a todos os súbditos a capacidade de serem livres em matéria de consciência e não se submeterem a poderes despóticos, com toda a razão agiram na sua exclusão do Governo[1888]. Jaime II violou as Leis Fundamentais do Reino e por isso mesmo mereceu perder o trono.

2.4. A questão da Liberdade e da Propriedade

Para Locke, os direitos subjectivos dos homens são uma consequência da lei natural instituída por Deus, já que do mesmo modo que "se eu tenho" deveres para com o Criador[1889], "detenho" um direito originário sobre a "minha" própria pessoa e sobre os produtos da "minha" actividade. Por isso escreve que "O 'estado de natureza' é

[1884] Idem, "Da Superstição e do Entusiasmo", *Ensaios Morais, Políticos e Literários*, pág. 77. A crítica estende-se aos *entusiastas*, que não são melhor tratados, ainda que os considere menos perigosos que os que perfilham a superstição.
[1885] Idem, *Dialogues sur la Religion Naturelle*, antes mencionados.
[1886] Idem, "Da Superstição e do Entusiasmo", *Ensaios Morais, Políticos e Literários*, pág. 79.
[1887] Iain Hampsher-Monk, "Introduction of a Vidication of Natural Society (1756)", *The Political Philosophy of Edmund Burke*, pág. 44: "He [Bolingbroke] also wrote privately on philosophy and religion, although these works were not published until his death, and when they were, caused something of a scandal. An enthusiast of Bacon and Locke, Bolingbroke applied the principles of a sceptical empiricism to religion, denying the validity of arguments based on revelation or intuition. Although nor regarded as impressive philosophy, Bolingbrook's work exemplified the deistic tendencies of Lock's followers."
[1888] Lord Bolingbroke, "A Dissertation upon Parties", *Political Writings*, págs. 22 e ss.
[1889] É uma primeira fase: há uma lei divina inscrita no homem sob a forma de lei natural e o reconhecimento teórico desta lei pelo homem, mediante demonstração.

DA HISTÓRIA DA IDEIA DE LIBERDADE (SEQUÊNCIA)

regido por um Direito Natural que se impõe a todos, e com respeito à Razão, que é este direito[1890], toda a humanidade apreende[1891] que, sendo todos iguais e independentes, ninguém deve lesar o outro em sua vida, sua saúde sua Liberdade ou seus bens; todos os homens são obra de um único Criador Todo-Poderoso e infinitamente sábio, todos servindo um único senhor soberano, enviados ao mundo por sua ordem e a seu serviço; são portanto sua propriedade, daquele que os fez e os destinou a durar segundo a sua vontade e de mais ninguém" [1892].

Por isso a Liberdade e a Propriedade são direitos invioláveis e inalienáveis, já que "cada um é 'obrigado não apenas a conservar a sua própria vida' e não deve abandonar voluntariamente o ambiente onde vive (...) mas também (...) 'velar pela conservação da humanidade'"[1893]; única e simplesmente deve estar sujeito, sem escolha, à lei natural[1894]. Por outras palavras, está-se perante uma abordagem subjectiva dos direitos; em função dela se irão estruturar os futuros direitos do homem e que, por essa via, compreende mais obrigações de governantes em relação a governados e a manutenção dos direitos naturais em sociedade.

2.5. Poder político e Liberdade

Ora e uma vez que, tudo o que se vem detalhando está na base de um Pensamento político que encomia os direitos naturais dos indivíduos, até um ponto nunca considerado, emerge uma situação muito pouco agradável e à qual Hobbes escapou facilmente, pela sua redução a nada do indivíduo. Como conciliar, em Locke, a primazia dos direitos do indivíduo e a plena subjectivação do mesmo, com um Criador divino que lançou a ordem no mundo[1895] e, concomitantemente, será o Autor desses direitos naturais[1896]?

Lei e Liberdade estão em proporção directa, sendo isto tão aplicável no estado de natureza[1897] como no que se lhe sucede. Se naquele "cabe a cada um (...), assegurar a 'execução' da lei da natureza" deve, para o efeito, dispor de meios suficientes para

---

[1890] Segunda fase, relativa à aplicação pratica do princípio teórico da lei natural.
[1891] Terceira fase, relativa ao reconhecimento prático da lei natural, sob forma de motivação efectiva.
[1892] John Locke, *Segundo Tratado sobre o Governo Civil e outros escritos*, § 6º, pág. 84.
[1893] Idem, *ibidem*, § 6º, pág. 85.
[1894] Note-se que para os jurisconsultos ingleses a Propriedade começa por ser tratada como Direito Privado, como Liberdade privada, que depois da teorização de Locke assume cunho decididamente político. A Propriedade é um direito natural a que assistem garantias que em primeira linha são de protecção civil. Só depois se assume como direito fundamental e inalienável ao lado da Liberdade e da Igualdade.
[1895] Não parece haver qualquer dúvida quanto à religiosidade de Locke. Em todos os seus trabalhos ela transparece, podendo ser razoável pensar que ao contrário do que faziam os teóricos do Absolutismo que se sustentavam no Antigo Testamento baseia-se no Novo Testamento, como meio ideal de justificação do seu estado de natureza.
[1896] Por outras palavras e como melhor se verá no proximamente, se David Hume nunca se sentiu particularmente incomodado com o Pensamento lockiano que esteve na base do seu e Kant sempre combateu o filósofo inglês por causa do seu empirismo prático e amor à experiência, parece inegável quer nem um nem outro poderiam refutar as evidências. Mesmo que fosse para o refundir e transfigurar, Locke foi o seu ponto de apoio. Deus ou a Moral racional fundadora do espírito humano; eis aqui duas opções que se introduzem, deixando aos vindouros a tarefa de promover a sua gestação e crescimento.
[1897] John Locke, *Segundo Tratado sobre o Governo Civil e outros escritos*, §§ 6 e 7, pág. 85, ao contrário de Hobbes não considera que seja um estado de guerra permanente, antes um estado onde impera a Liberdade e ninguém tem poderes sobre outrem.

punir essas violações. Todos devem possuir "nesse estado de perfeita Igualdade natural, onde não há superioridade de jurisdição de um sobre o outro, o que um pode fazer para garantir essa lei, todos devem ter direito a fazê-lo"; como corolário, se um homem adquire poder sobre o outro, "esse poder não é absoluto ou arbitrário (...)"[1898].

Das vertentes considerações – e passando ao segundo aspecto do problema, o contrato – resulta que os homens para sua própria comodidade e segurança, têm toda a vantagem em se aliarem entre si, dando origem a uma comunidade política[1899]. Quando qualquer número de homens decide constituir uma comunidade ou um Governo, isto os associa e eles formam um Corpo Político em que a maioria tem direito de agir e decidir pelo restante". Esta a origem do estado social, por renúncia do direito particular de cada um ao direito da natureza, para o confiar ao público[1900], passando assim os homens "do estado de natureza para aquele de comunidade civil, instituindo um juiz na terra com autoridade para dirimir todas as controvérsias e reparar as injúrias que possam ocorrer (...)"[1901].

Assim, estado de sociedade será aquele em que "(...) *cada um dos membros renunciou ao seu poder natural e o depositou nas mãos da comunidade em todos os casos que os excluem de apelar por protecção à lei por ela estabelecida*; e assim, excluído todo o julgamento particular de cada membro particular, a comunidade se torna um árbitro. (...) *Aqueles que estão reunidos de modo a formar um único corpo, com um sistema jurídico e judiciário com autoridade para decidir controvérsias entre eles e punir os ofensores estão em sociedade civil uns com os outros; mas aqueles que não têm em comum nenhum direito de recurso, ou seja, sobre a terra, estão ainda no estado de natureza, onde cada um se serve a si mesmo de juiz e de executor, o que é, como mostrei antes, o perfeito estado de natureza*"[1902].

Partindo também de uma perspectiva contratualista[1903], Locke sustenta que os homens se encontram no estado de natureza e apenas dele saem por força do seu próprio consentimento, encarando o contrato como um princípio ético-político. Aquilo que originou a sociedade civil e a estabeleceu foi a via do consentimento de um certo número de homens livres, capazes de serem representados[1904].

[1898] Idem, *ibidem*, §§ 7 e 8, pág. 85. Nas páginas seguintes apresenta o desenvolvimento desta tese, manifestando que no estado de natureza qualquer tem o direito a punir um crime praticado por outrem, em nome de uma recta Razão que invoca a cada passo e o faz considerar inadmissível que um estrangeiro possa ser punido noutro país que não seja o seu.

[1899] Idem, *ibidem*, § 95, pág. 139: "*Se todos os homens são, como se tem dito, livres, iguais, independentes por natureza, ninguém pode ser retirado deste estado e sujeitar-se ao Poder político de outro sem o seu próprio consentimento. A única maneira pela qual alguém se despoja da sua Liberdade natural e se coloca dentro das limitações da sociedade civil é através do acordo com outros homens para se associarem e unirem em uma comunidade para uma vida confortável, segura e pacífica, uns com os outros* (...). *Esses homens podem agir desta forma porque isso não prejudica a Liberdade dos outros, que permanecem, como antes, na Liberdade do estado de natureza*."

[1900] Dmitri Georges Lavroff, pág. 196: "Pour Locke, le pacte social résulte d'une pluralité d'actes individuels par lesquels *chaque personne renonce volontairement au pouvoir qu'elle tient de la nature pour le confier au public*."

[1901] John Locke, *Segundo Tratado sobre o Governo Civil*, § 89 pág. 134.

[1902] Idem, *ibidem*, § 87, págs. 132 e 133. Como se vê, Locke além de definir estado de sociedade aproveita para estabelecer a contraposição com o estado de natureza.

[1903] Idem, *ibidem*, § 15, pág. 90.

[1904] Para Locke, a saída do estado de natureza é da ordem do ganho, mais que da passagem do nada ao tudo e o soberano está limitado no seu Poder. Da sua perspectiva de análise comparada com a proposta pelo Pensamento francês, se pode afirmar que a grande distinção entre ambos,

DA HISTÓRIA DA IDEIA DE LIBERDADE (SEQUÊNCIA)

Esta visão de Locke precisa de ser mais ponderada. O pacto que origina a sociedade civil nada tem de paralelo com o dos jusracionalistas da Europa transpirenaica. Para Locke, ao contrário do que sucede com Pufendorf o pacto dá origem ao nascimento da sociedade civil e do Governo legítimo que a dirige[1905]. Por aqui rejeita os citados contributos, que distinguem um pacto de associação ou união, pelo qual a sociedade é formada a partir de indivíduos reunidos, e um pacto de Poder, pelo qual o grupo assim constituído confia o Poder a um homem ou a um conjunto de homens.

O pacto de Locke não pode ser de união, na medida em que a sociedade de que deriva – estado de natureza – não se regula por leis positivas que lhe confiram disposição jurídica. Por outro lado, não pode ser pacto de submissão, pelo qual os sujeitos renunciam aos seus direitos para os entregar à guarda do soberano, ao jeito do Consensualismo. Estas duas recusas resultam do que se disse acima tal como da motivação que aponta para a reunião dos homens em sociedade: apenas por via do *seu consentimento* a sociedade se forma[1906].

Os actos conducentes ao estado de sociedade são vistos sob forma individual e processam-se segundo forma multiplicada; ninguém pode substituir outrem na actividade requerida.

Posto que importa avançar para a segunda fase, aquela que em Locke causa mais problemas.

De acordo com a interpretação comum, existe um único pacto que, em simultâneo, origina a sociedade e constitui o Governo. O consentimento que se dá para a formação da sociedade é o mesmo que para a formação do Governo. Esta é, a origem do Estado. A ideia de consentimento tem, pois, de estar presente. O *consentimento funda* o Corpo Político[1907]. Apenas e tão só no âmbito do consentimento da comunidade civil poderá

---

ao nível social e neste plano é que, no primeiro caso, o indivíduo se considera livre e faz com que a sociedade seja livre, no segundo caso o indivíduo é livre dentro de uma sociedade que, por si só, já é livre. Quanto à questão da "natureza" e da "sociedade", contrasta com a anterior situação de justaposição entre as duas entidades. Contra Sir Robert Filmer, *De Patriarcha*, capítulo II, págs. 17 e ss.: "Es antinatural que el pueblo gobierne o elija gobernantes." Entende Georges Burdeau, *O Liberalismo*, pág. 31, que a visão de Locke não é destruidora da Liberdade do homem "in toto" quando passa do estado de natureza para o estado social, na medida em que "quando, por uma convenção unânime, os homens renunciam à sua Liberdade primitiva absoluta para fundar a Autoridade pública, não abdicam em benefício do Poder senão de uma parcela da sua independência original, incompatível com a existência de uma ordem social."

[1905] Idem, *ibidem*, § 99, pág. 141: "(...) é preciso admitir que todos aqueles que saem de um estado de natureza para se unir em comunidade, abdiquem de todo o poder necessário à realização dos objectivos pelos quais eles se unirão em sociedade, em favor da maioria da comunidade, a menos que uma estipulação expressa não exija o acordo de um número superior à maioria. *Para isto basta um acordo que preveja a união de todos em uma mesma sociedade política, e os indivíduos que se inserem em uma comunidade política não necessitam de outro pacto.*"

[1906] Idem, *ibidem*, § 122, pág. 155: "nada poderia torná-lo, a menos que ele entrasse efectivamente nela por meio de um compromisso especial e de uma promessa e um acordo explícitos. *Esta é a minha opinião sobre o início das sociedades políticas e sobre o consentimento que torna qualquer um membro de uma comunidade social, seja ela qual for.*"

[1907] Idem, *ibidem*, § 99, pág. 141: "O ponto de partida e *a verdadeira constituição de qualquer sociedade política não é nada mais que o consentimento de um número qualquer de homens livres, cuja maioria é capaz de se unir e se incorporar em uma tal sociedade. Esta é a única origem possível de todos os governos legais do mundo.*"

a Liberdade edificar-se, questão sobre a qual a doutrinação contra-revolucionária pela boca de Bonald tecerá as mais acesas críticas.

Nem tão pouco será precisa a unanimidade que Hobbes proclama; bastará a maior das vontades reunidas para que por um único acto se crie a sociedade civil e o Governo da mesma. Locke é o primeiro a preocupar-se com a existência da regra da maioria[1908], questão obviamente impensável no plano das preocupações absolutistas, dado não haver, obviamente, maioria.

O Contratualismo que ambos partilham sob diversa óptica, é, necessariamente, diverso. Assim raciocinando, quer a origem da sociedade, quer a soberania resultam exclusivamente de convenção. O Corpo Político resulta da associação de um grupo de homens que decide formar uma comunidade e um Governo[1909], a que se obrigam a obedecer[1910].

Este problema revela-se de extrema importância pela ligação que o Autor insere da obrigatoriedade de obediência à lei como condição de preservação da Liberdade na sociedade civil[1911]. Em bom rigor, "a Liberdade dos homens submetidos a um Governo consiste em possuir uma *regra permanente à qual deve obedecer*, comum a todos os membros daquela sociedade e instituída pelo Poder Legislativo nela estabelecido. *É a Liberdade de seguir a minha própria vontade em todas as coisas não prescritas por esta regra; e não estar sujeito à vontade inconstante, incerta, desconhecida e arbitrária de outro homem: como a Liberdade natural consiste na não submissão a qualquer obrigação excepto a da lei da natureza*"[1912].

É compreensível que estes limites à actividade legislativa são objectivos; a sua passagem para o plano subjectivo, com todas as consequências que daqui decorrem apenas encontrarão a primeira e efectiva consagração com a Revolução Americana. Nela será o indivíduo que impõe – por si, pela sua natureza e pela sua humanidade – esses limites ao legislador, não são factores externos ao homem que se impõem ao Poder Legislativo para o coarctar nas suas atribuições.

[1908] Luís Cabral de Moncada, *Filosofia do Direito e do Estado*, I, págs. 218 e 219: "Locke teme, inclusivamente, os excessos da vontade das maiorias, reconhecendo acima dessa vontade um Poder mais alto, o do Povo, como para além deste ainda o de uma lei natural. A maioria não é, para ele, uma divindade, nem a sua voz uma *vox Dei*; é um critério prático, mais aceitável, de governar, ditando a lei; isto é, o melhor que se pode arranjar, uma conveniência. É o caminho natural por onde a maior força conduz o corpo. Nunca Locke identificou a vontade das maiorias nem com a vontade do Povo nem com a vontade de Deus; nunca fez dela uma norma, nem uma realidade metafísica." Em nossa opinião isto que Luís Cabral de Moncada afirma pode traduzir-se com comodidade pela interpretação acerca do empirismo "sui generis" de Locke, que aqui tem efeitos de larga monta. Ou seja, a tal questão da conciliação dos direitos inalienáveis do indivíduo com a sua origem numa racionalidade em tudo tributária do Criador, que conduz a uma dualidade difícil de ultrapassar.
[1909] John Locke, *Segundo Tratado sobre o Governo Civil*, § 96, pág. 139: "Quando qualquer número de homens, através do consentimento de cada indivíduo, forma uma comunidade, dão a esta comunidade uma característica de um corpo único, com o Poder de agir como um corpo único (...)."
[1910] Idem, *ibidem*, § 97, pág. 140: "(...) cada homem, consentindo com os outros em instituir um Corpo Político submetido a um único Governo, se obriga diante de todos os membros daquela sociedade, a se submeter à decisão da maioria e a concordar com ela."
[1911] Locke parece estar na origem da definição hegeliana de Estado. Segundo o próprio Hegel escreve nos seus *Principes de la Philosophie du Droit*, Paris, Vrin, 1986, pág. 286, "Ce qui constitue la réalité effective de l'État c'est le sentiment que les individus ont d'eux-mêmes et sa solidité vient de l'identité des deux buts, universel et particulier."
[1912] John Locke, *Segundo Tratado sobre o Governo Civil e outros escritos*, § 22, pág. 95.

DA HISTÓRIA DA IDEIA DE LIBERDADE (SEQUÊNCIA)

A Liberdade, diante do Poder arbitrário e absoluto, é tão indispensável quanto é possível dizer que ninguém pode reduzir-se a si próprio à escravatura, porque a ninguém se pode conceder mais Poder que aquele que se tem sobre si mesmo[1913]. Ninguém duvidará da perspectiva lockiana da Liberdade, congraçando as ideias de Liberdade individual e de Liberdade política, esta vista aqui no plano do indivíduo. Tão pouco, que os seus *Tratados* constituem uma das mais vigorosas críticas à monarquia absoluta, recusando-a em nome da necessidade de um Governo fundado sobre o consentimento popular.

Não se estranha que a sua concepção do pacto estivesse relacionada mais com os ensinamentos da *Common Law*, que com quaisquer contributos teóricos estrangeiros que o tivessem precedido ou acompanhado. E se parte da mesma ideia que Hobbes no plano da necessidade da convenção, a interpretação que dá ao desenvolvimento da mesma não é, nem poderia ser, idêntica. O Poder que, no uso da sua Liberdade inicial e soberana os homens entregam a alguém, é confiado sob espírito de missão – "trust" – que não se concilia facilmente com a ideia de contrato, sem mais. Nem pode haver total despojamento da Liberdade por parte dos sujeitos de direito, nem resulta que desse encargo o beneficiário possa dele fazer ilimitado uso, disso colhendo especiais vantagens[1914].

Justiça feita, muitos anos depois, os teóricos da Revolução Francesa e da soberania nacional terão motivos bastos para lhe render homenagem na resolução de uma das mais difíceis questões teóricas e práticas passíveis de colocar: como conciliar a tese da soberania nacional com a limitação dos Poderes soberanos.

Não se pode esquecer a actual percepção de indivíduos que, no estado de natureza, são detentores de direitos inalienáveis[1915]. Para melhor salvaguarda dos mesmos associam-se em sociedade civil, mantendo-os e adquirindo poderes de estabelecer a punição merecida em correspondência "a cada infracção cometida entre os membros da sociedade, que é o Poder de fazer leis": E, como é impossível fazerem-no todos, delegam ao "legislativo o julgamento de todas as ofensas contra a lei da natureza na realização do seu próprio julgamento particular (...)." Ao mesmo tempo conferem também, à comunidade civil o direito de requerer "a sua força pessoal, sempre

---

[1913] Idem, *ibidem*, §§ 23 e 24 págs. 95 e 96.
[1914] Idem, *ibidem*, § 240, pág. 233: "Quem vai julgar se o Príncipe ou o legislativo agiram contra a missão que lhes foi confiada? Isso, talvez, homens maldispostos e facciosos possam espalhar entre o Povo quando o Príncipe só faz uso de sua devida prerrogativa. Eu respondo: o Povo será o juiz; quem vai julgar se o comissionado ou o mandatário age bem e de acordo com a confiança, nele depositada, senão aquele que o comissionou, e deve, por havê-lo comissionado, ter ainda o Poder de destituí-lo quando falha a sua confiança? Se isso é razoável em casos particulares de homens comuns, porque deveria ser diferente na questão que é a mais considerável de todas, que diz respeito ao bem-estar de pessoas, e onde o mal, se não for evitado, fica mais grave, e não pode ser curado sem muitas dificuldades, ónus e perigos?"
[1915] Idem, *ibidem*, § 123, pág. 156, segundo a qual o homem tem direitos de Propriedade, Liberdade, Igualdade, Vida e Segurança pessoal, direito de resistência e Liberdade de consciência ou de religião. Também na *Carta sobre a Tolerância*, pág. 92, vêm enunciados desta forma. Locke é um crente fervoroso e crê em Deus enquanto suprema Autoridade que emite os seus comandos normativos aos quais correspondem as necessidades básicas dos indivíduos satisfeitas no cumprimento da lei natural que é, por isso mesmo, a melhor salvaguarda da sua Liberdade. Por esta via o homem conserva a sua Vida, Propriedade e Liberdade, factores cujas manutenções são imprescindíveis na sua entrada e permanência no estado de sociedade.

que quiser, para a execução dos julgamentos da comunidade civil"[1916]. A Liberdade é um dos fins, talvez o mais importante de todos, que preside à constituição da sociedade civil.

Uns quantos parágrafos adiante no seu *Segundo Tratado*, Locke invoca o acto constitutivo e originário do Poder Legislativo, como primeira e fundamental lei de todas as repúblicas[1917] e, vai dilucidando a questão de modo a constituir o intérprete em alguma perplexidade por falta de clareza.

Assim, se "a constituição do Legislativo *é o acto primeiro e fundamental da sociedade*"[1918] é também verdade que a sua constituição "é o acto fundamental e supremo da sociedade, *antecedente em si a todas as leis positivas e inteiramente dependente do Povo*"[1919].

Encarando o problema pelo lado do Direito Natural – caso contrário seria definição a partir de definido – cada comunidade deterá em potência a capacidade de escolha sob a forma ou tipo de Governo adstrito à mesma, mediante uma decisão que apenas a ela, comunidade, cumpre, porque dela deriva e a conforma na íntegra. É a questão do Poder constituinte que se coloca.

A interpretação plausível perante o quadro descrito, procura recuperar alguma lógica interna do Pensamento lockiano mas não descarta de modo algum o seu extremado Contratualismo. Existirá aqui e sob forma embrionária algo de semelhante com o que, muitos anos volvidos, Sieyès irá descortinar: a diferença entre Poder constituinte e Poder constituído. A Lei Fundamental que constitui o legislativo supõe o consentimento directo da maioria da comunidade.

Donde, pode deduzir-se a existência de um novo pacto, ainda que completamente diverso daquele que Pufendorf havia teorizado como pacto de Poder, estabelecido entre sociedade e soberano. Será que existem, afinal, em Locke, também dois pactos e não apenas um único, como concluir? Nada no texto permite afirmá-lo, mas aqui fica mais um ponto curioso do Pensamento lockiano.

Quando Locke refere que o Poder Legislativo é o supremo Poder no Estado, esse é um dado essencial na visualização da sua ideia de Liberdade política da comunidade em si mesma considerada. Assim, "(...) a primeira lei positiva fundamental de todas as comunidades políticas é o estabelecimento do Poder Legislativo; como a primeira Lei Fundamental natural, que deve reger até mesmo o próprio legislativo, é a preservação da sociedade (...)", sendo este Poder sagrado e intocável e mantendo-se nas mãos da comunidade[1920]. Só o Poder Legislativo que o Povo escolheu e sancionou pode fazer leis, pois em caso contrário "faltaria a esta lei aquilo que é absolutamente indispensável para que ela seja lei, ou seja, o consentimento da sociedade, acima da qual ninguém tem o poder de fazer leis, excepto por meio do seu próprio consentimento e pela

---

[1916] Idem, *ibidem*, § 88, pág. 133.
[1917] Idem, *ibidem*, § 134, pág. 162.
[1918] Idem, *ibidem*, § 212, pág. 214. Já constituída e que vai instituir, por Direito Humano, o Legislativo. Um pouco antes, § 141, págs. 168 e 169: "O Poder Legislativo não pode transferir para quaisquer outras mãos o Poder de legislar; *ele detém apenas um Poder que o Povo lhe delegou e não pode transmiti-lo para outros. Só o Povo pode estabelecer a forma da comunidade social, o que faz instituindo o Poder Legislativo e designando aquele que devem exerce-lo.*"
[1919] Idem, *ibidem*, § 157, pág. 179. No momento da constituição acto simultâneo à mesma para que possa, efectivamente, ficar perfeita.
[1920] Idem, *ibidem*, § 134, pág. 162.

Autoridade que dele emana. *O Poder Legislativo é o Poder supremo em toda a comunidade civil, quer seja ele confiado a uma ou mais pessoas, quer seja permanente ou intermitente (...)"*[1921].

Este Poder Legislativo tem também os seus limites, as Leis Fundamentais, embora Locke não utilize esta expressão[1922]. E é por haver um reconhecimento expresso dos mesmos e esse reconhecimento implicar direitos da sociedade face ao Estado, que se trata de um pensador liberal.

Rematando, reitera-se com Locke que o Poder político "é aquele Poder que todo o homem detém no estado de natureza e abre mão em favor da sociedade, e aos governantes que a sociedade colocou à sua frente, impondo-lhes o encargo, expresso ou tácito, de exercer este Poder para seu bem e para a preservação da sua Propriedade. Então este Poder, que todo o homem tem no estado de natureza, e que remete à sociedade em todos os casos em que a sociedade pode assegurá-lo, é para que eles utilizem os meios que considerem bons e que a natureza permitir para preservar a sua Propriedade e para infringir aos outros (...) a punição que a sua Razão considerar mais adequada para garantir a sua preservação e de toda a humanidade. (...) e, por isso, não pode ser um Poder absoluto e arbitrário (...)"[1923].

É, portanto, distinto do poder paternal e despótico, visto como arbitrário e absoluto, como adverso a situações de invasão estrangeira ou de usurpação, pela tomada por força do governo doméstico.[1924]

Após estas precisões terem ficado mencionadas, será fácil entender que o Pensamento político de Locke, visto enquanto manifestação clássica da teoria liberal do contrato social. Deduz, pois, os limites do Governo civil dos direitos dos indivíduos e dos fins de conservação social que estes buscam[1925]. Tais fins apresentam dois fundamentos, como se percebe do supracitado discurso e consubstanciam-se numa necessidade natural que se coloca aos homens da sua conservação, a que se associa um Direito Natural prévio que apresenta concretização sob a forma da lei natural que dá sentido a esses direitos. É como se se patenteasse uma relação sinalagmática, em que ao dever de conservação corresponde o direito de não destruição pessoal e que,

---

[1921] Idem, *ibidem*, § 134, pág. 163.
[1922] Idem, *ibidem*, § 142, pág. 169: "Eis os limites que impõe ao Poder Legislativo de toda a sociedade civil, sob todas as formas de Governo, a missão de confiança da qual ele foi encarregado pela sociedade e pela lei de Deus e da natureza. Primeiro: Ele deve governar por meio de leis estabelecidas e promulgadas, e se abster de modificá-las em casos particulares, a fim de que haja uma única regra para ricos e pobres, para o favorito da corte e o camponês que conduz o arado. Segundo: estas leis só devem ter uma finalidade: o bem do Povo. Terceiro: O Poder Legislativo não deve impor impostos sobre a Propriedade do Povo sem que este expresse seu consentimento, individualmente ou através de seus representantes. E isso diz respeito, estritamente falando, só aqueles Governos em que o Legislativo é permanente, ou pelo menos em que o Povo não tenha reservado uma parte do Legislativo a representantes que eles mesmos elegem periodicamente. Quarto: o legislador não deve nem pode transferir para outros o Poder de legislar, nem também depositá-lo em outras mãos que não aquelas a que o Povo o confiou."
[1923] Idem, *ibidem*, § 171, pág. 188. Vai na mesma linha mas desenvolve a anteriormente citada definição do § 3, pág. 82.
[1924] Idem, *ibidem*, §§ 175, 197 e 199, pág. 191, 204-206. Saliente-se que um exemplo de conquista será o da prossecução dos ataques da Santa Aliança, no séc. XIX contra os pequenos Estados italianos, nomeadamente Nápoles e o Piemonte e um de usurpação, como os próprios liberais ou constitucionais veiculavam, a conduta dos legitimistas, partidários de D. Miguel, como Rei absoluto.
[1925] Idem, *ibidem*, §§ 1-3, págs. 81 e ss.

em cada momento das suas relações inter-sociais se põe como acento tónico para qualquer política de construção de um Governo civil.

A ligação entre o Poder político do Estado e a Liberdade da comunidade é permanente, consistindo aquele no "direito de fazer leis, aplicando a pena de morte, ou, por via de consequência, qualquer pena menos severa, a fim de regulamentar e preservar a Propriedade, assim como de empregar a força da comunidade para a execução de tais leis e a defesa da república contra as depredações do estrangeiro, tudo isso tendo em vista apenas o bem público"[1926].

A justiça e o seu exercício são pedra de toque do discurso lockiano na sua formulação do nascimento da sociedade civil. Esta é a origem dos Poderes Legislativo e Executivo da sociedade civil, "que é julgar, através de leis estabelecidas" a forma mais adequada para sancionar as ofensas à comunidade social e a sua respectiva execução. Seja como for, se o indivíduo apenas é indivíduo por força dos comandos da lei natural, então é por essa sua dignidade superior que ele detém o controlo das leis civis e fiscaliza os actos do Poder Legislativo e do Poder Executivo. Ou seja detém a sua própria Liberdade política; a sociedade, herdeira dos homens livres do estado de natureza, por isso tem os dois Poderes essenciais.

A articulação destes Poderes desenrola-se num processo de relação mútua, em que o Direito estabelecido e comummente aceite funciona como suporte para dirimir os litígios; depois o Poder Judicial deve promover a observação da lei, sancionando os infractores e, logo, com características coercivas; a seguir aparece um Poder Executivo que serve de apoio ao Judicial, pondo em prática as suas decisões[1927]. O Autor não é partidário da separação de Poderes tal como hoje ela se percebe.

Entenda-se que Locke encara esta situação num plano de moderação, em que o titular do Poder Executivo não actue de forma arbitrária, antes tenha em todo o momento presente os motivos pelos quais a sociedade se constituiu. Este tipo de raciocínio que está presente em toda a sua leitura dos Poderes institucionais da sociedade civil tem igual aplicação à actividade do Legislativo, cuja salvaguarda da arbitrariedade se pretende a todo o momento. O Constitucionalismo que terá a sua consagração efectiva menos de um século depois, encontra aqui o seu gérmen e, mesmo antes dele, a base teórica indispensável de que Montesquieu tanto carecia.

Aspecto importante liga-se ao exercício da Autoridade. De facto, Locke passou sobretudo à História – imerecidamente, dir-se-ia – por ter introduzido na doutrina do Absolutismo da sua época, consubstanciada nas ideias de Hobbes e de Filmer uma importante e decisiva machadada na contradição dos seus pressupostos fundamentais[1928].

[1926] Idem, *ibidem*, § 3, pág. 82.
[1927] Idem, *ibidem*, §§ 123-126, págs. 156 e 157.
[1928] Note-se que o escrito de Filmer, por sua vez, tinha uma dupla intenção: por um lado combater as teses de Hobbes no que respeita ao Contratualismo Moderno, argumentando em contrário a toda a relação que existe para Hobbes entre contrato e soberania. Por outro, interessa-lhe refutar as teses Escolásticas, nos termos acima mencionados. E, segundo Rafael Gamba, no "Prefácio" do *La Polemica Filmer-Locke Sobre la Obediencia Politica*", pág. XVIII, era um claro partidário das teses da soberania vulgarizadas por Bodin, embora entre elas mediasse a distância que leva de uma Obra de eleição a um estudo com pretensões bem mais modestas. Procurou mesclar estas com a ideia do paternalismo régio, fazendo derivar os Poderes do monarca de Adão e seus filhos, por sua vez de origem divina, chegando ao ponto de escrever, a pág. 21 que "Suaréz, el jesuíta, se rebeló contra

DA HISTÓRIA DA IDEIA DE LIBERDADE (SEQUÊNCIA)

Para ele, a monarquia absoluta é incompatível com a sociedade civil[1929]. Tanto se verifica por os homens não se poderem dirigir a uma Autoridade em caso de litígio entre eles, permanecendo em estado de natureza sem o salto qualitativo para a sociedade civil. "Chame-se Czar ou Grande Senhor, quem concentra em si o Poder Legislativo e o Executivo, não pode assumir uma função de juiz e quem está sob a sua dominação são mais escravos que sujeitos"[1930].

Além do mais, os homens nascem livres e iguais[1931] matéria em que contraria parcelarmente os teóricos do Absolutismo e, particularmente Robert Filmer[1932], contra quem escreveu, aliás, o *Primeiro dos Tratados sobre o Governo Civil*, [1933] refutando passo a passo tudo o que este defendera[1934]. A monarquia absoluta é um absurdo, porque

---

la Autoridad real de Adán, en defensa de la libertad y el libre albedrio del pueblo", ideia que lhe parece o mais estranha possível e sobretudo por contrariar as Escrituras, como refere a págs. 10 e ss.

[1929] *La Polemica Filmer-Locke Sobre la Obediencia Politica: Patriarca, de Robert Filmer; Sobre el Gobierno, de John Locke*, tradução castelhana com "Estudio preliminar" de Rafael Gamba, Madrid, Instituto de Estudios Politicos, 1966, pág. X: "uno y otro, con distinta intención y parecidos principios, suprimen todo el fundamento histórico-sagrado en la monarquía, esto es, la secularizan."

[1930] John Locke, *Segundo Tratado do Governo Civil*, §§ 90 e 91, págs. 134-136. Norberto Bobbio, *Sociedad y Estado en la Filosofia Moderna*, pág. 88, afirma que Locke era contrário a qualquer Governo de cariz paternalista, o que resulta, aliás dos seus escritos. Considerando que nesses caso não existe um Governo legal e os súbditos não estão obrigados a obediência, pode descortinar-se o efeito que estas afirmações suscitariam no nosso país.

[1931] Idem, *ibidem*, § 4º, pág. 83: "(...) um estado em que eles sejam absolutamente livres para decidir das suas acções (...). Um estado, também, de Igualdade, onde a reciprocidade determina todo o Poder e toda a competência (...)." Sem dúvida que, como escreve no § 87º, pág. 132, "o homem nasceu (...) com um direito à Liberdade perfeita e em pleno gozo de todos os direitos e privilégios da natureza humana, assim como qualquer outro homem ou grupo de homens na terra; a natureza lhe proporciona, então, não somente o Poder de preservar aquilo que lhe pertence – ou seja, a vida, sua Liberdade, seus bens – contra as depredações e as tentativas de outros homens, mas de julgar e punir as infracções daquela lei em outros (...)." Um estado de Liberdade e de Igualdade que não equivale, segundo escreve no § 6º, pág. 84, a "um estado de permissividade", antes tendo "uma lei da natureza a regulá-lo." Contra, Sir Robert Filmer, *De Patriarcha*, pág. 3: "La sediciosa consecuencia que brota de este primer artículo de la *libertad natural de la humanidad* (...)" reserva ao Autor a reflexão de que "la mayor libertad en el mundo, si bien se mira, es, para un pueblo, el vivir bajo a un monarca". Reserva-se em seguida a faculdade de rebater os teóricos da Segunda Escolástica que defendem posição adversa à sua.

[1932] Idem, *Primeiro Tratado do Governo Civil*, § 1º, pág. 52.

[1933] Idem, *ibidem*, § 2º, págs. 52 e 53. O Autor defende que a origem do Poder absoluto resulta do facto dele ter sido outorgado por Deus a Adão para que o *Governo Civil*, § 1º, pág. 52. No § 2º, pág. 52 exercessem sobre todos os seus filhos. É uma interpretação corroborada por Dmitri Georges Lavroff, pág. 133, que a respeito da posição de Filmer escreve: "(...) Filmer (...) soutenait, dans *Patriarcha*, que la monarchie absolue était le gouvernement légitime qu'elle avait été voulu par Dieu. Il appuyait sa démonstration sur une lecture de la Bible. Filmer considérait que le monde social existait avait été voulu par la Providence et qu'aucun changement ne pouvait modifier le contenu des devoirs que Dieu avait fixés aux hommes, une fois pour toutes. Dans cette ligne, il estimait que l'origine du gouvernement et son fondement actuel avaient une nature identique et que l'Autorité et la propriété ayant été conférés à Adam par un seul et même acte, toute Autorité propriété comme toute propriété était Autorité."

[1934] Idem, *ibidem* § 8º, págs. 56-58.

ninguém será louco em abdicar da sua Liberdade em favor de um homem só[1935], raciocínio que se identifica também com Leibnitz, que critica vivamente Hobbes[1936].

Este é, de resto, um dos problemas com que de imediato o intérprete é confrontado na análise. Os *Tratados sobre o Governo Civil* são gerados como uma inicial refutação das teses Absolutistas de Filmer; só que por acréscimo se processa, de imediato, toda a contestação ao Absolutismo patrocinado por Hobbes. Curiosamente a mesma posição de repúdio a Hobbes que depois virá a ter a corrente do jusracionalismo iniciada por Pufendorf[1937], ainda que as motivações fossem necessariamente distintas.

É pois possível adiantar que de uma mesma ficção, que é a ideia de estado de natureza, as conclusões a que chegam Locke e jusracionalistas são de tal modo opostas, que custa a perceber como é possível encontrar um ponto de contacto; só que ele na realidade existe.

Ao Poder Legislativo foram feitas as necessárias referências; importa aferir os demais.

O Governo garante as relações de Liberdade mas não é, em qualquer caso, o seu Autor. Assiste-se, com Locke, a reversão dos termos em que era, por via de regra, encarada a relação de felicidade pública ou de Bem comum, dando-lhe uma renovada interpretação. Se o propósito do Governo é assegurar os direitos naturais dos indivíduos tais como a Vida, a Liberdade, a Propriedade ou a felicidade, vistos como direitos individuais, o que poderá intermediar pessoais e potenciais conflitos de direitos? Como conciliar a actual e presumível prioridade dos direitos individuais com as necessidades do interesse público?

O Poder governamental é um poder-dever, uma missão confiada pelo Povo aos que o representam, sendo os governantes membros do Corpo Político, que também contém outras forças[1938].

[1935] Idem, *Segundo Tratado do Governo Civil*, § 13º, pág. 88: "Eu asseguro tranquilamente que o Governo civil é a solução adequada para as inconveniências do estado de natureza" e, além do mais, que defende o Absolutismo deverá lembrar-se que "os monarcas absolutos são apenas homens, e, admitindo-se que o Governo é a única solução para estes males que advêm de os homens julgarem em causa própria, e por isso o estado de natureza não deve ser tolerado, eu gostaria de saber que tipo de Governo será esse, e quanto melhor é ele que o estado de natureza, onde um homem que comanda uma multidão tem Liberdade de julgar em causa própria, e pode fazer com todos os seus súbditos o que lhe aprouver, sem o menor questionamento ou controle daqueles que executam a sua vontade."

[1936] Idem, *ibidem*, § 137º, págs. 165 e 166. O soberano de Locke não é absoluto, porque não está investido num Poder sem limites e devido à separação de Poderes, entre o Poder Legislativo que corresponde à capacidade dos homens, ao estado de natureza, de facto a ser necessário à sua própria conservação, e por outro lado, o Poder Executivo, que corresponde à capacidade dos homens no estado de natureza de punir as infracções à lei natural. Esta distinção, a que se junta o Poder federativo, é uma herança da luta entre o Parlamento e os Stuart, e conheceu grande prosperidade.

[1937] Idem, *ibidem*, § 92º, pág. 136: "Aquele que acha que o Poder absoluto purifica o sangue do homem e corrige a baixeza da natureza humana precisa ler a História do nosso século, ou de qualquer outro para se convencer do contrário. (...) Para saber de que vale a protecção proporcionada pela monarquia absoluta, que pais de seus Povos ele transforma em Príncipes, e que extremos de felicidade e de segurança esta forma de Governo permite à sociedade civil, quando chega caso máximo da perfeição, basta consultar o último relato sobre o Ceilão para vê-lo com facilidade."

[1938] Idem, *ibidem*, § 149º, págs. 173 e 174. Mesmo o Poder Legislativo não é soberano, limitando-se aos fins para que foi instituído, conforme o próprio refere: "numa sociedade política organizada (...) só pode existir um Poder supremo que é o Legislativo, ao qual todos os outros estão e têm de estar forçosamente subordinados; não obstante, como o legislativo é apenas um poder fiduciário e se limita a certos fins determinados, permanece ainda no Povo um Poder supremo para destituir ou

É por isso que "a Liberdade dos homens submetidos a um Governo consiste em possuir uma regra permanente à qual deve obedecer, comum a todos os membros daquela sociedade e instituída pelo Poder Legislativo nela estabelecido. É a Liberdade de seguir a minha própria vontade em todas as coisas não prescritas por esta regra (...): como a Liberdade natural consiste na não submissão a qualquer obrigação excepto a da lei da natureza"[1939].

Tal se compreende pela diversa concepção que tem, em relação a Hobbes[1940], do estado de natureza e porque mantém que os direitos que conserva na passagem do estado de natureza para o estado de sociedade são direitos individuais, podendo ser enquadrados no plano dos direitos fundamentais de Liberdade, Igualdade e Propriedade.

No domínio da representatividade – mais que noutros – Locke está avançado para o seu tempo, ainda quando se pensa que era inglês e teorizou a *Glorius Revolution*. O Povo será o julgador final do comportamento dos governantes mediante uma delegação de Poder que se efectiva nunca em termos definitivos e a qualquer momento poder ser, se as circunstâncias o justificarem, revogada. Assim se mantém e preserva a Liberdade política do cidadão e da comunidade. Outro dos aspectos em que influenciará, em definitivo, as propostas saídas das "Revoluções Atlânticas".

Porque o fim da sociedade civil é a segurança dos seus membros, o Povo tem o direito a julgar se o Poder Legislativo, como ficou visto, ou o Príncipe cumprem a sua missão. O direito de resistência[1941] é legítimo no caso em que o Governo faz uso abusivo do seu Poder; se em lugar de preservar as propriedades do Povo, as destroem[1942]. Se Hobbes considerava certos bens inalienáveis (e existe a mesma ideia em Espinosa) – a vida, a Liberdade de pensamento, Locke faz delas uma das propriedades naturais do homem. Não concluindo explicitamente que a rebelião seja legítima, é certo que um soberano que não assegura mais a Liberdade e a segurança, perderá o fundamento da sua Autoridade. Locke dá ao Povo direito de se rebelar contra a tirania, um direito que não releva do capricho: este direito é fundado porque o Povo é dotado de entendimento de Criaturas racionais[1943].

O reconhecimento deste direito não é uma ameaça à sociedade civil: se se atribuir ao Povo o direito de resistir a Governos tirânicos, as perturbações, a desordem e a anarquia não se multiplicarão, porque a multidão é razoável, como cada um dos que

---

alterar o Legislativo, quando considerar o acto legislativo contrário à confiança que nele depositou". Contra Sir Robert Filmer, págs. 46 e ss., reportando-se a um Governo "do Povo" como algo que não pode suportar-se, pese embora existam muitos Autores que o defendem e particularmente se for um Governo repartido entre o Rei e as assembleias magnas, qualquer que seja o nome que se lhe dê. Aquilo que faz com que o Rei seja Rei é ter soberania própria; caso contrário, com soberania repartida, será um mero executor, uma figura decorativa ou nominal.

[1939] Idem, *ibidem*, § 22º, pág. 95.

[1940] Idem, *ibidem*, § 13º, pág. 88: "A esta estranha doutrina (...), que no estado da natureza cada um tem o Poder Executivo da lei da natureza, espero que seja objectado o facto de que não é razoável que os homens sejam juízes em causa própria, pois a auto-estima os tornará parciais em relação a si e aos seus amigos."

[1941] Um bom resumo da evolução do direito de resistência em geral e em Portugal, e que coincide com as ideias que ficaram anteriormente expostas mas podem ser aqui recuperadas com toda a legitimidade encontra-se na "Apresentação" à *Lógica Racional* de Manuel Azevedo Fortes, da autoria de Pedro Calafate, antes citado, págs. 20 e ss.

[1942] John Locke, *Segundo Tratado do Governo Civil*, §§º 203-207, págs. 208-211.

[1943] Contra, Sir Robert Filmer, págs. 2 e ss., 15 e ss.

a compõem, e as massas preferem normalmente "sofrer que resistir para se fazer justiça". Isto porque, se o Povo é universalmente persuadido que se formam desígnios contra as suas Liberdades e resiste, não é ele mas os magistrados e Príncipes que são faltosos, e não ele "que tem sentimentos de Criatura razoável".[1944]

Assim, possuir a Razão, mais ainda que a Propriedade, funda a pretensão política do Povo, do "demos", em controlar o soberano que governa a sociedade civil um princípio que repugnará a um Donoso Cortés ou a um Maurras, como Autores contra-revolucionários. A primazia da sociedade civil, repousa sobre os direitos naturais, em relação ao Governo do "Estado" e a natureza razoável do Povo aí manifesta o verdadeiro Poder. Desde logo porque estabelece a existência dos direitos naturais e dá uma definição positiva da multidão atribuindo-lhe a Razão; por isso mesmo Locke pode servir de ancoradouro ao Pensamento democrático.

O homem não pode abandonar-se ao Estado[1945] e por isso não apenas ele conserva os seus direitos inalienáveis, como o Estado tem a obrigação de lhos preservar e não ultrapassar em caso algum. Nem o homem tem o direito de se destruir a si mesmo[1946], nem o Estado pode ter diverso objectivo que seja o de preservar "a paz, a segurança e o bem público do Povo"[1947].

Do conjunto de factos recenseados, se retira uma conclusão importante e que permite separar as águas. Locke – como depois Montesquieu ou Kant – visualiza a relação da Liberdade e do Governo que melhor lhe corresponde de forma predominantemente racional. Resulta do papel da Lei a constituição e individuação do sujeito enquanto tal. Se não é possível questionar, pelo decurso da exposição e das fontes abordadas a questão do empirismo lockiano, não deverá isso ocultar outros aspectos para essenciais neste Autor, qual seja a sua dimensão racional e o seu apego a um certo clima de racionalismo teológico.

A Liberdade individual, num plano moral, e a Liberdade política, num plano pedagógico e participativo[1948], enquanto aspecto da actividade do homem em sociedade, são os aspectos que sobressaem desta verificação.

[1944] John Locke, *Segundo Tratado do Governo Civil*, § 230º, pág. 224.
[1945] Idem, *ibidem*, § 93º, págs. 136 e 137: "Certamente, nas monarquias absolutas, assim como nas outras formas de Governo do mundo, os súbditos podem invocar a lei e solicitar juízes para a decisão de quaisquer controvérsias e a contenção de qualquer violência que pudesse ocorrer entre os próprios súbditos, um contra o outro. (...) Eles [os absolutistas] admitem que devem existir critérios, leis e juízes entre os súbditos, para lhes garantir a paz e a segurança mútua; mas quanto ao chefe ele deve ser absoluto e está acima de todas as contingências; porque tem o poder de causar mais sofrimento e mais injustiça, e tem razão em se servir dele. (...) Como se no dia em que os homens deixaram o estado de natureza para entrar na sociedade, tivessem concordado em ficar todos submissos à Liberdade do estado de natureza, ampliada pelo poder, e se tornaria desregrado devido à impunidade. Isto equivale a acreditar que os homens são tolos o bastante para se protegerem cuidadosamente contra os danos que podem sofrer por parte das doninhas ou das raposas, mas ficam contentes e tranquilos em serem devorados por leões."
[1946] Idem, *ibidem*, § 25º, pág. 97.
[1947] Idem, *ibidem*, § 131º, pág. 159.
[1948] Lucien Jaume, *La liberté et la loi. Les origines Philosophiques du Libéralisme*, págs. 127 e 128, nota, indica haver um núcleo de Autores que não reconhece em Locke a prioridade da fundação do Pensamento liberal. Seria tópico interessante para a discussão mas não é ponto que interesse, por agora, debater. Mesmo assim sempre é curial afirmar que parece uma questão essencialmente teórica, que em nada afecta o tipo de raciocínio a desenvolver em todo este ponto.

DA HISTÓRIA DA IDEIA DE LIBERDADE (SEQUÊNCIA)

As suas posições contraditórias a qualquer tipo de Governo que exercite o Absolutismo, implicam que do contrato social resulte uma agregação entre homens livres e iguais, numa sociedade que em si mesma já deve participar desses predicados, não esperando pela interferência de um qualquer monarca absoluto para poder sobreviver. Ou seja, da *Common Law*, que ajudou a "levantar".

Reitere-se e como corolário do que se analisou, que talvez seja possível dizer que se Locke é "um Moderno" no plano da consideração que dá ao homem como elemento imprescindível na geração da sociedade em que se move, mantendo essa activa presença mesmo depois da mesma estar instituída e sempre podendo reassumir os seus direitos que, em depósito residual não lhe podem ser sonegados, por outra parte, ele não faz mais que ser uma espécie de arauto de uma tradição milenar.

Basta recordar o Consensualismo português baseado na teorização de Segunda Escolástica e que vai buscar as suas origens à Patrística, para se perceber a relevância que os Poderes da comunidade e a sua Liberdade tiveram depois do incremento do cristianismo e que apenas as teses do Direito Divino dos Reis e a sua concretização por via do Absolutismo régio[1949], fizeram decair.

Locke é o primeiro grande teorizador do Liberalismo que, com todas as críticas que lhe dispensámos, abriu caminho a todas as futuras revoluções liberais da humanidade.

Foi a ideia de Liberdade que defendeu contra Filmer – um declarado absolutista – que inaugura na Modernidade o Pensamento do Liberalismo clássico, condicionando os demais pensadores. As referências que sistematicamente lhes endereçam são a melhor prova do que se vem afirmando.

Empirista[1950] e como Locke adepto da experiência[1951], acima de tudo[1952] apresenta uma perspectiva algo diversa deste no que concerne ao papel tutelar da

---

[1949] John Locke, *Primeiro Tratado do Governo Civil*, §§ 6º e ss., págs. 54 e ss.

[1950] João Paulo Monteiro, "Introdução" à *Investigação sobre o Entendimento Humano*, pág. 1214: "A questão do empirismo em Hume é de análise complexa, na medida em que, por um lado, o termo nunca foi usado pelo Autor ou pelos seus contemporâneos, mas, por outro lado, há um sentido deste termo que pode sem equívoco ser aplicado ao nosso filósofo. Este sentido envolve a distinção de grau: Hume é empirista na medida em que a sua atitude epistemológica predominante é a exigência, na construção do conhecimento, de um sistemático recurso à experiência – mas não porque não admita que certas formas do saber são independentes da experiência, ou porque recuse princípios cognitivos não derivados da experiência (inatos), ou porque a sua argumentação filosófica remeta unicamente para a experiência. (...) A Filosofia humana é um inatismo, embora oposto ao cartesiano inatismo das ideias – talvez possa ser chamado um inatismo de princípios, e é bem claro que acerca dos princípios mencionados não há em Hume qualquer sugestão empirista. (...) A argumentação através da qual Hume defende as suas descobertas filosóficas não é meramente empírica: embora sempre peça ao leitor que partilhe as suas experiências, encontrando dentro de si algo como uma "verificação" das suas teses."

[1951] David Hume, *Investigação sobre o Entendimento Humano*, págs. 58 e 59, nota: "nada é mais usual entre os Autores, que se ocupam das questões *morais*, *políticas* ou *físicas*, do que distinguir entre *Razão* e *experiência*, supondo que essas espécies de argumentação são inteiramente diferentes entre si. As primeiras são tomadas como o simples resultado das faculdades intelectuais que, ao considerarem *a priori* a natureza das coisas e examinarem os efeitos que se devem seguir das suas operações, estabelecem princípios particulares de Ciência e Filosofia. As outras são tomadas como inteiramente derivadas dos sentidos e da observação, pelos quais aprendemos o que realmente resultou de determinados objectos, tornando-nos capazes de inferir a partir daí o que no futuro deles resultará."

[1952] Idem, *ibidem*, pág. 43: "Esta proposição, *que as causas e os efeitos não podem ser descobertas pela Razão, mas pela experiência*, será prontamente aceite com respeito a objectos que nos lembramos de terem

lei[1953], que enquadra sobretudo no plano da utilidade. Trata-se de ponto que afecta por excelência o Pensamento dos homens, submetidos ao condicionamento das próprias paixões que não podem ser alvo de regulação *a priori* por via legal.

Eventualmente por força destas observações e da falta de apoio que assume ao regicídio de Carlos I, foi bastas vezes encarado como defensor de Reis indignos e mesmo não desmerecendo, para quem assim o qualifica, de "le prophète de la contre--révolution"[1954]. Bem ao contrário da admiração que originou nos Estados Unidos, onde apesar das bem diversas concepções de Locke, foi considerado como um dos nomes e referências a seguir na jovem democracia norte-americana[1955].

Não significa isto que Hume fosse um revolucionário, já que nada nos seus escritos conduz a tal conclusão[1956]. Acima de tudo, estava interessado em proteger a Constituição inglesa saída de 1688[1957], como bem se depreende da sua análise do sistema inglês, vantagens e inconvenientes[1958], o que apresenta especial importância no sentido da análise perfilhada por este Estudo.

---

dantes sido para nós completamente desconhecidos, pois certamente temos consciência da nossa então completa incapacidade de prever o que deles poderia resultar."

[1953] Idem, "Da Liberdade civil", pág. 92: "(...) embora todos os tipos de Governo tenham melhorado nos tempos modernos, mesmo assim o Governo monárquico parece ter sido aquele que mais se aproximou da perfeição. Pode actualmente afirmar-se que as monarquias civilizadas, aquilo que anteriormente se dizia apenas em louvor das repúblicas: que são *um Governo de Leis e não de Homens*."

[1954] L. L. Bongie, *David Hume, Prophet of the Counter-Revolution*, Oxford, O. U. P., 1965.

[1955] David Hume, "Que a política pode ser transformada numa Ciência", *Ensaios Morais, Políticos e Literários*, pág. 30: "(...) os Governos livres, embora geralmente sempre tenham sido os mais felizes para aqueles que gozam a sua Liberdade, são contudo os mais ruinosos e tirânicos para as suas províncias. (...) Quando um monarca amplia os seus domínios por meio da conquista, depressa aprende a considerar em pé de Igualdade os seus antigo e novos súbditos, pois na realidade todos são para ele o mesmo, com excepção dos poucos amigos e favoritos que conhece pessoalmente. Não faz, portanto, distinção alguma entre eles nas suas leis *gerais*, ao mesmo tempo que toma o cuidado de evitar quaisquer actos *particulares* de pressão, contra uns como contra os outros." = [*Essais politiques*], págs. 46 e 47. Textos idênticos.

[1956] Idem, *ibidem*, pág. 36: "Por mim serei sempre mais favorável à moderação do que ao zelo, embora talvez a maneira mais segura de fazer surgir a moderação em qualquer partido seja aumentar o nosso zelo público."; "Do Contrato Original", pág. 406: "Numa Constituição estabelecida, a opinião do Povo é frequentemente consultada, mas durante a fúria das revoluções, das conquistas e das convulsões políticas é geralmente a força militar ou a habilidade política que decide a controvérsia." = [*Essais politiques*], págs. 60 e 61; pág. 333. Textos idênticos.

[1957] Adiantando conclusões parece ser possível vislumbrar a questão como uma espécie de "ponto de ordem" na discussão que então vigorosamente se encetava em presença da doutrina dos direitos naturais e do contrato social assim como pela teoria da antiga Constituição inglesa. O conservantismo de David Hume começa a precisar-se na medida em que o regime posto em vigor em 1688 é acompanhado de uma *Declaração de Direitos* em 1689 e pelo *Act of Stablishment de 1701*, definindo uma orientação nova nas relações entre o soberano e o Povo. O sistema de 1688 é novo e em nada se baseia em qualquer Constituição ancestral; esta a grande diferença com os outros pensadores ingleses deste período.

[1958] David Hume, "Que a política pode ser transformada numa Ciência", *Ensaios Morais, Políticos e Literários*, pág. 37, faz uma crítica profunda ao modo pelo qual a Constituição inglesa não tem sabido defender os interesses – melhor, as Liberdades – dos ingleses. "Se a nossa Constituição fosse efectivamente *essa nobre invenção, orgulho da Grã-Bretanha, inveja dos nossos vizinhos, erguida pelo labor de tantos séculos, melhorada à custa de tantos milhões e cimentada por tão grande profusão de sangue*, se, (...) a nossa Constituição merecesse esses louvores, nesse caso ela jamais teria permitido que um ministro fraco e perverso governasse triunfalmente durante uma vintena de anos, quando

DA HISTÓRIA DA IDEIA DE LIBERDADE (SEQUÊNCIA)

Tanto não apenas originou a tal desconfiança acima assinalada por parte dos seus pares[1959], como justificou que toda a sua fragmentada construção, em termos de origem e formação das sociedades e seus órgãos institucionalizados[1960], mutuamente relacionados, tenham uma conotação diversa da mais expressiva corrente do Liberalismo europeu.

Perante a panóplia de opções, que se lhe colocavam, Hume assume uma posição algo ecléctica no sentido de não aderir a nenhuma delas, aproveitando o possível dos contributos de todas[1961].

O interesse nesta perspectiva de análise, como já se frisou, resume-se ao facto de ele ser sem dúvida um liberal; conservador[1962], mas liberal. E, assim sendo, defende que o consentimento do Povo será um título legítimo sem o qual qualquer Governo não pode exercer as suas funções[1963]. O grave é que não há qualquer Governo que tenha por norma aceitar esse consentimento para além da mera ideia, não como algo de material e definitivo independente da sua acção, e prévio em todos os casos[1964].

Retomando aqui o que se disse na abertura desta análise, e conhecendo que Hume não é contratualista, terá de se tentar perceber um pouco melhor a sua posição. Se por contrato originário, escreve, se entende o conjunto das condições sob as quais os homens "se dispuseram à submissão", fossem elas expressa ou tácitas, é inegável que todo o Governo "assenta, de início, num contrato, e que as mais antigas e toscas associações humanas se constituíram essencialmente m virtude desse princípio"[1965], pautando-se como a carta da Liberdade dos homens[1966].

---

lhe fizeram oposição os maiores génios da Nação, os quais gozaram da mais ampla Liberdade de palavra de imprensa, no Parlamento e no seus frequentes apelos ao Povo. (...) Uma Constituição só pode ser considerada boa na medida em que fornece um remédio contra a má administração; e se a inglesa no máximo do seu vigor e depois de melhorada por dois acontecimentos tão notáveis como a *Revolução* e a *Coroação*, devido aos quais a nossa antiga família real foi sacrificada (...)." = [*Essais politiques*], págs. 64 e 65. Textos idênticos.

[1959] Idem, *Investigação sobre o Entendimento Humano*, pág. 58 nota: "Mas apesar de esta distinção ser tão universalmente aceite tanto na esfera activa como na especulativa, não hesitarei em declarar que no fundo ela é errónea, ou pelo menos superficial."

[1960] Idem, "Do Contrato Original", pág. 400 = [*Essais politiques*], págs. 317 e 318. Textos idênticos.

[1961] Paul Helm, "David Hume", pág. 61: "(...) and in the concrete political context in witch Hume carried on his philosophising, as mediating between the Court and Country Parties. *And Hume the historian believed that the historical data confirmed the position of Hume the philosopher.*"

[1962] David Hume, "Que a política pode ser transformada numa Ciência", *Ensaios Morais, Políticos e Literários*, pág., 27: "(...) apesar de partidário da moderação (...) ser-me-ia impossível, nas coisas humanas, maior estabilidade que a que lhes vem do temperamento e carácter ocasional de determinados homens."

[1963] Idem, "Do Contrato Original", pág. 400: "O Povo, se remontarmos à primitiva origem do Governo nas florestas e nos desertos, é a fonte de todo e qualquer Poder e jurisdição; voluntariamente, para bem da paz e da ordem, os homens renunciaram à sua Liberdade natural e acataram leis ditadas pelos seus iguais e companheiros"; pág. 404: "Não tenho aqui a intenção de negar que o consentimento do Povo, quando ocorre, seja um justo fundamento do Governo; é sem dúvida o melhor e o mais sagrado de todos. Afirmo apenas que muito raramente ele se verificou, em qualquer grau (...)." = [*Essais politiques*], pág. 318; págs. 331 e 332. Textos idênticos.

[1964] Idem, *Essais politiques*, pág. 328.

[1965] Idem, "Do Contrato Original", pág. 401 = [*Essais politiques*], pág. 320. Textos idênticos.

[1966] E. Bréhier, II, 2, pág. 372: "Au point de vue politique, Hume est contraire aux *whigs* et au libéralisme de Locke; il n'admet pas que la légitimité d'un gouvernement repose sur un contrat

A diferença básica que existe entre esta visão e a dos demais Autores contratualistas é nenhuma; contudo, David Hume esclarece que há certos filósofos que entendem não se limitar a afirmar que "o Governo, na sua primitiva infância, teve origem no consentimento ou na aquiescência voluntária do Povo; afirmam além disso que, mesmo anualmente, agora que chegou à maturidade plena, ele continua a ter esse único fundamento"[1967].

Os homens nascem livres e iguais e apenas pela promessa recíproca feita de salvaguarda da vida e bens em troca de uma parcela da Liberdade natural, se movem a um tal pacto. Contudo, não é verdade que a actualidade do pacto tenha de se verificar, uma vez que está mais que provada a sua violação consecutiva por boa parte dos soberanos que, renegando-o, invocam a sua Autoridade e Poder com base em direitos de conquista ou sucessão, quando não mesmo invocando o partido contrário da origem divina do Poder[1968].

Em certo sentido, Hume será um percursor do utilitarismo, que fará depois dele carreira no seu país, embora em termos muito mais definidos que aqueles que poderão ser atribuídos nesta fase[1969], que justificava as obrigações ligadas à promessa e ao contrato pela sua utilidade pública. A concepção contratualística das relações políticas[1970] seria uma mera superficialidade[1971], aspecto onde renovadamente se manifesta a visão céptica de David Hume.

Se "historicamente" o contrato social pode ter existido[1972] – mesmo considerando que o estado de natureza é uma pura ficção, como também dirá Condillac, entre outros – isso não significa que o mesmo obrigue os que se lhe sucedem; para grandes aglomerados humanos como são as sociedades Modernas o que importa é a solidariedade entre os homens e a lealdade do Governo, daí resultando a legitimidade do mesmo. Por isso Hume é pessimista, acreditando que não há Governo que nasça da vontade dos homens, antes das circunstâncias específicas em que se encontram e vão muito para além das suas manifestações de vontade.

---

primitif, toujours révocable, ce qui comporte le droit de révolte; mais il n'admet pas, davantage, avec les tories, le droit divin et l'absolutisme."
[1967] David Hume, "Do Contrato Original", pág. 401 = [*Essais politiques*], págs. 321 e 322. Textos idênticos.
[1968] Idem, *ibidem*, págs. 406 e ss. = [*Essais politiques*], págs. 333 e ss.
[1969] Mario Dal Pra, págs. 244 e ss.
[1970] David Hume, "Do Contrato Original", pág. 405: "É inútil dizer que todos os Governos são ou devem ser criados com base no consentimento popular, na medida em que a necessidade das coisas humanas o permitir. Isto é totalmente favorável à ideia que defendo. Afirmo que jamais as coisas humanas permitirão tal consentimento, e raramente algo que aparente sê-lo; e que a conquista ou a usurpação, ou mais simplesmente a força, mediante a dissolução dos antigos Governos, é a origem de quase todos os novos Governos que o mundo viu nascer, E, que nos poucos casos em que possa ter havido um consentimento, este foi geralmente tão irregular, tão limitado ou tão misturado com a fraude e a violência, que não se lhe pode atribuir grande Autoridade." = [*Essais politiques*], pág. 331.
[1971] Idem, *ibidem*, pág. 402: "A obediência ou sujeição torna-se coisa tão habitual que os homens, na sua maioria, jamais procuraram investigar as suas origens ou causas, tal como em relação à lei da gravidade, à resistência ou às leis mais universais da natureza. (...) Na maioria dos países, se lá fôssemos proclamar que as relações políticas assentam inteiramente no consentimento voluntário ou numa promessa recíproca, depressa o magistrado nos mandaria prender como sediciosos, por enfraquecermos os laços da obediência (...)." = [*Essais politiques*], págs. 324 e 325. Texto idêntico.
[1972] Idem, *ibidem*, pág. 403 = [*Essais politiques*], págs. 324 e ss. Texto idêntico.

Interpreta-se pois no sentido de David Hume aplicar uma reversão aos termos do problema por hábito considerados. A legitimidade do Governo não deve ser buscada na sua origem, mas na utilidade social que do mesmo deriva, o que poderá inclusivamente permitir, ainda que sob forma moderada, algumas interrogações por parte dos súbditos em relação ao bem fundado da actuação governativa.

Na verdade e segundo escreve David Hume, "aucun pacte ou accord ne fut conclu, c'est l'évidence même, avec pour objet la soumission générale; idée qui dépasse de beaucoup la compréhension propre à des sauvages". O que se pretende é menos salvaguardar o ponto de vista económico – que pode justificar a passagem ao estado social – que a manutenção da ordem dentro da comunidade[1973]. E se discute a eficácia do pacto social sempre concede – o que bem se deduz de todo o exposto – que "a Liberdade é a perfeição da sociedade civil, sem que isso permita, contudo, negar que a Autoridade é essencial para a sua própria existência; e por isso esta última pode merecer a preferência, nessas disputas em que tantas vezes uma é oposta à outra"[1974].

Este tipo de entendimento será recuperado, muitos anos volvidos, por portugueses emigrados em Inglaterra, jornalistas de boa cepa que nas páginas d'*O Investigador Português em Inglaterra*, têm uma perspectiva em grande medida tributária do seu Pensamento[1975].

Não há, pois, qualquer negação nem de Liberalismo nem de Liberdade, precisamente porque a manifestação desta se concebe no Corpo Social, local onde a actividade humana melhor se pode espraiar porque a felicidade humana a isso conduz. É por esta ideia de felicidade que Hume ultrapassa – como já Locke o fizera por outras vias – a questão medievalmente discutida de Liberdade e livre-arbítrio e que Descartes retomara sob a configuração do problema da Liberdade da indiferença.

Talvez por isto ser uma perfeita contradição nos princípios oficiais que vigoravam então no seu país, David Hume teve no início muito maior aceitação em França que na terra natal, por lá fazendo amigos na intelectualidade da época, o que não significou que muitos o tivessem encarado como pouco menos reaccionário que Burke.

Assim sendo e conhecendo a perspectiva de Hobbes, enquanto visualiza o pacto como um laço jurídico, apenas se pode concluir que, para Hume, ele mais não simboliza que uma associação de facto. No primeiro caso é do pacto que derivam as consequências jurídicas que presidem à própria formação da sociedade; no segundo ele apenas prenuncia a constituição de uma mera associação de Direito Civil sem quaisquer efeitos políticos.

Todos os Estados devem lutar por ser livres, mantendo as normas e as instituições graças às quais se garante a Liberdade, se satisfaz o bem público e se castigam os violentos, os abusadores e os ambiciosos.

Para Hume o que importa é conseguir-se obter um regime que assegure a convivência salutar entre Autoridade e Liberdade[1976], que afaste a licença mas que não pratique

---

[1973] Jacques Voisine, "Deux Contrats sociaux: Hume et Rousseau", *Rousseau after 200 years. Proceedings of the Cambridge bicentennial colloquium*, Edited by R. A. Leigh, Cambridge, Cambridge University Press, 1982, págs. 41 e 42.
[1974] David Hume, "Da Origem do Governo", *Ensaios Morais, Políticos e Literários*, pág., 46. Não consta dos *Essais politiques*.
[1975] *O Investigador Portuguez em Inglaterra ou Jornal Literario, Politico, &c.*, Londres, 1811-1819, periódico que será proximamente analisado. Ao caso reportamo-nos a VII, Agosto de 1813, pág. 196.
[1976] David Hume, "Que a política pode ser transformada numa Ciência", págs. 27 e ss.: "Os que afirmam que a excelência de qualquer Governo depende da excelência da administração podem,

ela mesma, a Autoridade, o abuso da Liberdade. E, na discussão acerca das formas de Governo[1977], onde manifesta predilecção pela monarquia moderada[1978], entende que no debate entre eleição e hereditariedade, a segunda é preferível à primeira[1979].

Sendo embora certo que "em todos os Governos existe uma permanente luta, aberta ou silenciosa, entre a Autoridade e a Liberdade"[1980], é verdade que todo o bom Governo deve assegurar a segurança, a estabilidade, o bem público, a paz, o gozo da Liberdade individual[1981] nos limites da lei[1982]. Por isso tem um *Ensaio político*[1983] que pautamos como característico e em que debate a questão da Liberdade e do despotismo. No mesmo – e avançando ideias – preconiza que pode haver Estados onde vigora o despotismo em que a Liberdade se defende melhor que aqueles onde existe Liberdade que, a dado passo, sem controlo, degenera em licença.

Não significa isto que não prefira os segundos[1984], mas entende que tanto existem abusos nuns como noutros, apresentando o exemplo francês, onde se verifica uma monarquia absoluta mas em que há muitos planos da actividade que são salvaguardados em termos de Liberdade e, nomeadamente, a Liberdade de pensamento. Por outro lado, a diferença que existe entre os súbditos do Rei é tão avassaladora que torna muitos deles em perfeitos escravos europeus. Do mesmo modo, nos países onde impera a

---

é certo, citar numerosos exemplos históricos concretos em que o mesmo Governo, mudando de mãos, passou repentinamente do pior para o melhor extremo. (...) Todos os Governos absolutos inevitavelmente dependem muito da administração, o que constitui um dos grandes inconvenientes de que sofre esse Governo. Mas um Governo republicano e livre seria um evidente absurdo, se acaso os controlos e restrições especificamente previstos na Constituição não tivessem na realidade influência alguma, e não fizessem que todos, mesmo os maus, tivessem interesse em agir em favor do bem público." = [*Essais politiques*], págs. 37 e ss. Textos idênticos.

[1977] Idem, *ibidem*, pág. 30: "Pode (...) afirmar-se, como axioma universal em política, que *um Príncipe hereditário, uma nobreza sem vassalos e um Povo que escolhe os seus representantes formam a melhor monarquia, aristocracia e democracia.*" = [*Essais politiques*], pág. 46. Texto idêntico.

[1978] Idem, *ibidem*, pág. 33: "Assim se vê que sob todos os aspectos é o Governo moderado que deve ser preferido, pois é ele que proporciona maior segurança, tanto ao soberano como aos súbditos." = [*Essais politiques*], pág. 56. Texto idêntico.

[1979] Idem, *ibidem*, pág. 30. = [*Essais politiques*], pág. 45.

[1980] Idem, "Da Origem do Governo", pág., 46. Não consta dos *Essais politiques*.

[1981] Idem, *ibidem*, pág., 43: "(...) a fim de tornar possível a administração da justiça, sem a qual não pode haver entre os homens nem paz, nem segurança, nem relações mútuas. (...) Os Reis e os Parlamentos, os Exércitos e as armadas, os funcionários da corte e das rendas, os embaixadores, os ministros e os conselheiros privados, todos eles têm a sua finalidade subordinada a este aspecto da administração. Mesmo quanto ao clero, tendo em vista que o seu dever é a propagação da moral, deve-se pensar, no que diz respeito a este mundo, que foi esse o único objectivo útil da sua instituição." Não consta dos *Essais politiques*.

[1982] Idem, "Que a política pode ser transformada numa Ciência", pág. 34: "Os legisladores, portanto, não devem confiar inteiramente ao acaso o futuro Governo de um estado, e sim elaborar um sistema de leis para regular a administração das questões públicas até à mais remota posteridade (...) Em qualquer nação uma sábia legislação é a herança mais valiosa que pode ser deixada às épocas futuras." = [*Essais politiques*], pág. 56. Textos idênticos.

[1983] Idem, *Essais politiques*, págs. 176 e ss.

[1984] Idem, "Da Origem do Governo", pág. 46: "O Governo que, na linguagem vulgar, recebe a designação de livre, é aquele que permite uma divisão do Poder entre vários membros, cuja Autoridade conjunta não é superior á de qualquer monarca; mas esses membros no curso da administração devem agir de acordo com leis gerais e sempre idênticas, que são previamente conhecidas por todos os membros do Governo e todos os súbditos." Não consta dos *Essais politiques*.

DA HISTÓRIA DA IDEIA DE LIBERDADE (SEQUÊNCIA)

Liberdade, a corrupção acompanha o dia a dia das pessoas, nomeadamente na hipoteca consentida dos bens da Nação e a Propriedade acaba por ser muito mal gerida.

Esse é, de resto, o grande problema dos Governos livres; será um, dos grandes problemas portugueses ao longo do séc. XIX, sem que a solução para o mesmo tenha vindo fácil e prontamente.

Apesar das precedentes observações, não restam dúvidas que Hume preza em demasia a Liberdade para se poder decidir por qualquer forma de Absolutismo, que apenas em teoria invoca. De novo utiliza a expressão Liberdade civil[1985], agora para a opor à ideia de Governo absoluto, quando antes o fizera em sinonímia com a ideia de Liberdade individual e a propósito da imprensa.

Neste caso será menos grave porque, sendo inglês, a Liberdade civil de que aqui fala equivale à política, uma vez que a mesma é salvaguardada mediante a intervenção não apenas do Parlamento, mas também da velha *Common Law*, palco de eleição para o trabalho dos magistrados e a que outros seus conterrâneos fazem também, referência. Neste contexto, aceita-se a classificação.

Importará ainda reter a afirmação segundo a qual "todos os tipos de Governo, livre ou absoluto, parecem ter sofrido nos tempos Modernos uma grande mudança para melhor, no que diz respeito à administração das questões externas e internas. A *balança do Poder* é um segredo da política, que só na época actual passou a ser plenamente conhecido; e deve acrescentar-se que a política interna dos Estados foi também objecto de grande aperfeiçoamento durante este último século"[1986]. Portanto, sem dúvida que é preferível um Governo temperado, cujas características históricas no plano da tal balança de Poderes, teorizou do mesmo modo[1987].

Considera David Hume que "um Governo pode durar muitas gerações, mesmo que não haja coincidência entre a balança do Poder e a balança da Autoridade. Isto acontece sobretudo quando qualquer classe ou ordem do Estado adquiriu uma ampla parcela da propriedade, mas, devido à Constituição original do Governo, não participa do Poder. A que título poderia qualquer indivíduo dessa classe adquirir notoriedade nos negócios públicos?"[1988].

Um aspecto que se reputa de grande importância, mesmo atendendo à reduzida influência de Hume em Portugal, é a sua consciência, que transcreve, das questões relacionadas com a representatividade da Câmara. Ao caso inglês, seria a Câmara dos Comuns, mas que poderia ser encarada, "mutatis mutandis" em Portugal, face à composição dos Deputados no Congresso Vintista[1989] e ao modo da sua eleição, atendendo ou não a factores que levem em consideração o potencial económico dos eleitores.

[1985] Idem, "da Liberdade civil", pág. 88. Não consta dos *Essais politiques*.
[1986] Idem, *ibidem*, pág. 92.
[1987] Idem, "Da Balança do Poder", *Ensaios Morais, Políticos e Literários*, págs., 297 e ss.
[1988] Idem, "Dos Primeiros Princípios do Governo", *Ensaios Morais, Políticos e Literários*, pág., 41 = [*Essais politiques*], págs. 76 e 77, em que o texto é diverso por falar em "Leis Fundamentais": "Un gouvernement peut subsister pendant plusieurs générations, quoique la balance se soit pas égale entre le pouvoir & la propriété; cela se voit principalement dans des états où un certain ordre de personnes, exclu du gouvernement par les *lois fondamentales*, possède de grandes richesses. Sous quel prétexte un individu de cet ordre prétendrait-il se mêler des affaires publiques? "
[1989] O ponto que debate foi objecto de grandes discussões no nosso Parlamento Vintista, pelo que, visto o interesse que demonstra, apresentaremos a sua ideia, onde se assume à partida a questão da Igualdade formal e material, ficando esta relegada para segundo plano, sob pena de eventuais confusões com jacobinismo. Neste quadro decide que o melhor será apresentar um "exemplo

Parece assim preferível – e foi um dos sucessos de 1820 – que os Deputados[1990] estejam munidos de instruções ou procurações, que lhe marcam os limites da sua intervenção no âmbito das decisões a tomar em representação dos seus constituintes e cujo exemplo mais acabado é o que se passa na Holanda, em que eles vão munidos de "instructions de ceux que les élisent (...) à l'égard des députés aux états"[1991].

No fundo o que Hume defende é a conformidade da actuação dos Deputados para aquilo que foram eleitos, independentemente da forma da eleição; se isso implicar limitação de mandato às matérias que constam das instruções, pela positiva ou pela negativa, a questão sempre se colocará em termos de interpretação. Donde ser uma questão que apenas o bom senso poderá ultrapassar[1992]. Como se verá, esta doutrina está em completo desacordo com a da soberania da Nação teorizada por Sieyès e depois aplicada em França e noutros países europeus, entre os quais Portugal e a própria Inglaterra; Hume foi um teorizador da soberania popular que com aquela se não confunde, conforme se verá a seu tempo.

Se os portugueses não o citam regularmente, pelo menos devem ter contactado com as suas ideias, mais que não seja pelo simples facto de Hume ter sido um homem conhecido nas Luzes na projecção do seu Pensamento metafísico. E como liga Pensamento político e reflexão filosófica, porque não colocar a hipótese de ter sido Autor ponderado em algumas das realizações do Liberalismo português[1993], ainda quando não se avalia a contradição com o que ficou escrito no início da abordagem ao Autor?

E é muito interessante verificar ser pela palavra de um dos destacados membros do partido *tory* que surge uma das mais elaboradas teorizações acerca da Constituição inglesa: Lorde Bolingbroke. O que significa que não era apenas o *whiggismo* teórico que com isso se preocupava, antes os seus adversários directos, em tese bem mais próximos da posição lealista que aqueles[1994].

doméstico" da Câmara dos Comuns para aclarar o seu Pensamento, sendo que esta representa todo o povo da Grã-Bretanha, que segundo a maioria dos Autores "como (...) representa todos os comuns da Grã-Bretanha, o seu peso na escala é proporcional à propriedade e ao poder de todos aqueles que representa. Mas este princípio não deve ser considerado absolutamente verdadeiro (...)", porque o Povo olha esta Câmara como sua representante e guardiã da Liberdade, o que nem sempre terá tido o maior dos êxitos.

[1990] Sobre o partidarismo e em concreto partidos ingleses, "Dos Partidos em geral" e "Dos Partidos da Grã-Bretanha", *Ensaios Morais, Políticos e Literários*, págs. 59 e ss., págs. 67 e ss. = [*Essais politiques*], págs. 118 e ss. Textos idênticos.
[1991] David Hume, *Ensaios Morais, Políticos e Literários*, pág. 42 = [*Essais politiques*], pág. 77. Textos idênticos.
[1992] Idem, *ibidem*, pág. 42 = [*Essais politiques*], págs. 79 e 80. Textos idênticos.
[1993] Pedro Calafate, "O conceito de método", *História do Pensamento Filosófico...*, III, págs. 214 e ss., idem, "A aliança entre a física experimental e a Teologia natural", *História do Pensamento Filosófico...*, III, págs. 317 e ss.
[1994] David Armitage, "Introduction" a Bolingbroke, *Political Writings*, pág. XV: "The ideology of the Country party [designação da corrente política perfilhada pelo Autor] as elaborated by Bolingbroke, was recognizably Whig in its conception of the Glorius Revolution. James II had violated the nation's fundamental laws, and had therefore forfeited the throne. (...) Bolingbroke had argued that Whig and Tory had been replaced by Court and Country parties, and that the only true enemies to the principles of the Revolution were Walpole and his supporters." Lorde Bolingbroke, "A Dissertation upon Parties", *Political Writings*, págs. 9 e ss. esclarece, por palavras suas, o que o seu comentador transmite na apresentação do citado texto. Dito por outras palavras: o Constitucionalismo de Bolingbroke é o oposto de outros que trataremos em breve; nem os norte-americanos

DA HISTÓRIA DA IDEIA DE LIBERDADE (SEQUÊNCIA)

Numa situação em que havia perigo para a pátria, Bolingbroke não descartou tomar em mãos a teorização da Liberdade inglesa, escrevendo em termos que quase o identificam com o fundador do Liberalismo clássico, John Locke[1995]. Mais que isso incentivou os seus correligionários no sentido de se afirmar que tanto *tories* como *whigs* se deveriam unir em torno dos princípios da Liberdade, em oposição a quaisquer facções e sobretudo a todos os que a pretenderem subverter.

A *Glorious Revolution* não promoveu a dissolução do Governo, antes a restauração da antiga Constituição inglesa e, com ela, o espírito da Liberdade transmitido desde os tempos ancestrais dos saxões[1996]. Todos os monarcas ingleses, desde Guilherme III se regeram sob os ditames do pacto originário, traves mestras de todos os futuros contributos para a Constituição inglesa, "the Revolution Settlement, the declaration of Rights and the Act of Settlement"[1997], garantes dos direitos e privilégios do Povo[1998]. A isto se somavam as limitações à monarquia e um limitado direito de resistência, cujo exemplo dado em 1688 nunca poderia ser esquecido.

Com isto se significa que Bolingbroke aceita a ideia do "pacto" em sentido histórico, não apenas no plano da formação da sociedade, mas igualmente no que respeita à organização governativa[1999], para o que se sustenta em exemplos sucessivos

---

whigs revolucionários saídos de 1776, nem os revolucionários franceses que saíram à liça depois de 1789 – ainda que muitos deles tivessem escrito antes – seguiram a sua ideia sobre a Constituição e a originalidade do ponto merece, por isso mesmo, a nossa atenção.

[1995] Lord Bolingbroke, "A Dissertation upon Parties", *Political Writings*, pág. 5: "The power and majesty of the people, an original contract, the authority and independency of Parliament, liberty, résistance, exclusion, abdication, deposition; these were ideas associated, at the time, to the idea of a *Whig*, and supposed by every *Whig* to be incommunicable, and inconsistent with the idea of a *Tory*. Divine, heredity, indefeasible right, lineal succession, passive-obedience, prerogative, nonresistance, slavery, nay and sometimes property too, were associated in many minds to the idea of a *Tory*, and deemed incommunicable and inconsistent in the same manner, with the idea of a *Whig*. (...) These associations are broken; these distinct sets of ideas are shuffled out of their order; new combinations force themselves upon us; and it would actually be as absurd to impute to the Tories the principles, which were laid to their charge formerly, as it would be to ascribe to the projector and his faction the name *Whigs*, whilst they daily forfeit that character by their actions."

[1996] Lord Bolingbroke, "A Dissertation upon Parties", *Political Writings*, pág. 82: "Whether the Revolution altered our old constitution for the better, or renewed it, and brought it back to the first principles, and nearer to the primitive institution, shall not be disputed here. (...) A spirit of liberty, transmitted down from our saxons ancestors, and the unknown ages of our government, preserved itself through one almost continual struggle, against the usurpations of our princes, and the vices of our people; and they, whom neither the Plantagenet's nor the Tudors could enslave were incapable of suffering their rights and privileges to be ravished from them by the Stuarts." Veja-se A. Todd, I, pág. 16: "Point qui leur est commun avec d'autres peuples d'origine teutonique, les Saxons d'Angleterre furent de bonne heure, gouvernés pas des rois, dont le pouvoir n'était ni arbitraire, ni despotique, mais au contraire soumis à certaines limites bine définies, sous l'Autorité suprême de la loi."

[1997] Idem, *ibidem*, pág. 83.

[1998] Idem, *ibidem*, pág. 84.

[1999] Idem, *ibidem*, págs. 89 e 90: "But how few men (and princes, by their leaves, are men) have been found in times past, or can be hoped for in times to come, capable of governing by such arts as these? Some cannot propose the ends, nor some employ the means; for some are wicked, and some are weak. This general division runs through the whole race of mankind, *of the multitudes designed to obey, and of the few designed to govern. It was depravity of multitudes, as well as their mutual wants, which obliged men first to enter into societies, to depart from their natural liberty, and to subject themselves to govern-*

da História de Inglaterra[2000]. O "pacto" não é produto de vontade e de Razão, mas da evolução humana em ordem à criação de uma sociedade solidária, sob auspícios da aprovação divina.

O espírito de manutenção de Liberdade está sempre presente[2001], em duelo com o da dominação, sendo por isso indispensável o estabelecimento de uma Constituição, que garanta esses direitos iniciais dos indivíduos contra todas as possíveis afrontas[2002] e cujo substracto apenas podem ser as regras da recta Razão[2003].

Passando estes pressupostos intuitivos à análise do Governo inglês, Bolingbroke entende que apenas o sistema que garante "the safety of the whole depends on the balance of the parts, and the balance of the parts on their mutual independency on one another"[2004], deverá ser considerado o ideal[2005]. Por força disto, será necessário proceder a um revigoramento nas definições e distinções entre Governo e Constituição[2006], que evitem possíveis divórcios entre os mesmos[2007].

---

ment. It was this depravity of the few which obliged men first to subject government to constitution that they might preserve social, when they gave up natural liberty, and not be oppressed by arbitrary will."

[2000] Idem, ibidem, pág. 90: "(...) that witch these examples prove very plainly is, that however men might submit voluntarily in the primitive simplicity of early ages, or be subjected by conquest to a government without a constitution, yet they were never long in discovering that 'to live by one men's will became the cause of all men's misery': and therefore they soon rejected the yoke, or made it sit easy on their necks."

[2001] Idem, ibidem, pág. 117: "I supposed just now that our liberty might be ravished, or stolen from us; but I think that expression must be retracted, since it will appear, upon due consideration, that our liberty cannot be taken away by the force or fraud alone of those who govern; it cannot be taken away, unless the people are themselves accomplices; and they who are accomplices, cannot be said to suffer by one or the order."

[2002] Idem, ibidem, pág. 91: "They instituted commonwealths, or they limited monarchies: and here began that struggle between the spirit of liberty and the spirit of domination, which always subsist, except in those instances, of which the most ancient histories furnish so few, the reigns of a Titus, or a Trajan."

[2003] Idem, ibidem, pág. 91: "To govern a society of freemen by a constitution founded on the eternal rules of right reason, and directed to promote the happiness of the whole, and of every individual, is the noblest prerogative which can belong to humanity; and if man may be said, without profaneness, to imitate God in any case, this is the case (...)."

[2004] Idem, "Remarks on the History of England", The Works of Lord Bolingbroke, pág. 306.

[2005] Idem, "A Dissertation upon Parties", Political Writings, pág. 123: "(...) we of this country have been more happy. Our original contract hath been recurred too often, and as many cavils as have been made, as many jests as have been broke about this expression, we might safely defy the assertors of absolute monarchy and arbitrary will, if were any worth our regard, to produce any one point of time, since which we know thing of our constitution, wherein the whole scheme of it would not have been one monstrous absurdity, unless an original contract had been supposed."

[2006] Idem, "A Dissertation upon Parties", Political Writings, pág. 88: "It may be asked, perhaps, how men are friends to a government, can be enemies at the same time to the constitution upon which that governement is founded. But the answer will be easy, if we considerer these two things: first, the true distinction, so often confounded in writing, and almost always in conversation, between constitution and government."

[2007] Idem, ibidem, pág. 85: "Now that we may see the better how to proceed in the cause of liberty, to complete the freedom, and to secure the duration of our present constitution, it will be use, I think, to considerer what obstacles lie, or may hereafter lie, in our way, and what nature that opposition is, or may hereafter be, which we may expect to meet. In order to this, let us once more analyse our political divisions; those which may possible exist now, or hereafter, as we did those which were formed at the Revolution."

DA HISTÓRIA DA IDEIA DE LIBERDADE (SEQUÊNCIA)

Por Governo entende-se "whenever we speak in the same manner, that particular tenor of conduct which a chief magistrate, and inferior magistrates under his direction and influence, holds in the administration of public affairs. We call it a bad government, when it is administered on other principles and objects out constitution". Este Governo terá de ser avaliado pelo respeito que atribui aos princípios da Constituição[2008], determinando-se pelos da Liberdade[2009] em oposição aos da tirania e que a Constituição perfeitamente demarca.

Por isso e num sentido mais ou menos clássico mas em que se combinam elementos típicos da Constituição inglesa como consuetudinária, a definição que Bolingbroke apresenta de Constituição deve ser encarada no plano político: "By constitution we mean, whenever we speak with propriety and exactness, that assemblage of laws, institutions and customs, derived from certain fixed principles of reason, directed to certain fixed objects of public good, that compose the general system, according to which the community hath agreed to be governed"[2010].

A herança do Pensamento político clássico consiste em conceber a Constituição como uma forma de Governo, como um regime político, sendo certo que Bolingbroke aponta para uma forma mista de Governo, o tal balanço de Poderes, sua já assinalada característica[2011].

Por outro lado, estão presentes no sentido que atribui à Constituição – e ainda que ele não o queira – os quatro elementos definidores da Constituição republicana que Cícero teorizava[2012], a saber: a Autoridade por força da antiguidade o equilíbrio existente por força do balanço de Poderes, a função primordial na defesa da Liberdade e a permanência e estabilidade. A isto se somava a herança especificamente inglesa, não apenas em matéria de balanço de Poderes mas e sobretudo porque ela deve ser encarada conforme aos ditames da Razão e aos princípios ancestrais e costumeiros, que, em si mesmos, representam a ideia de Constituição e que nem sequer o Parlamento poderá modificar[2013].

A limitação das medidas régias – e o monarca é encarado como alguém que desempenha um ofício[2014] – exerce-se, pois, não por força de normas escritas, embora

---

[2008] A. Todd, I, pág. 3, aponta a irresponsabilidade pessoal do Rei – prerrogativa régia; a responsabilidade dos ministros e, finalmente, o poder de controlo do Parlamento.
[2009] Lord Bolingbroke, "A Dissertation upon Parties", *Political Writings*, pág. 118.
[2010] Idem, *ibidem*, pág. 88.
[2011] Idem, *ibidem*, pág. 112: "I say, that if the people of this island should suffer their liberties to be at any time ravished, or stolen from them, they would incur greater blame, and deserve by consequence less pity, than any enslaved and oppressed people ever did. By how much true liberty, that is, liberty started and ascertained by law, in equal opposition to popular licence and arbitrary will, hath been more boldly asserted, more wisely or more successfully improved, and more firmly established in this other countries, by so much the more heavy would our just condemnation prove in the case that is here supposed."
[2012] Isabel Banond, "A Ideia de Liberdade no Mundo Antigo. Notas para uma Reflexão", págs. 448 e ss.
[2013] Lord Bolingbroke, "A Dissertation upon Parties", *Political Writings*, pág. 165: "Great Britain, according to our present constitutions cannot be undone by Parliaments; for there is something witch a Parliament cannot do. A Parliament cannot annul the constitution; and whilst that is preserved, thought our condition may be bad, it cannot be irretrievably so. The legislative is a supreme, and may be called, in one sense, an absolute, but in none an arbitrary power."
[2014] Idem, *ibidem*, pág. 135: "But still the king, as well as the bishop, holds an office and owes a service. *Officium est imperare, non regnum*. The King, when he commands, discharges a trust, and performs a duty, as well as the subject, when he obeys."

elas também tenham lugar patente na Constituição, mas essencialmente por força de uma fiscalização exercida e aplicada pelos juizes, funcionando o precedente como fonte vital de todas as instituições e de todas as leis[2015]. Isto mesmo dirá Burke, anos volvidos, quando em presença da Revolução Francesa e dos seus direitos abstractos invoca a Constituição histórica inglesa, num combate em nome da melhor e mais eficaz defesa dos direitos naturais dos homens, e à frente dos demais, da Liberdade.

Tudo isto conduz a uma diferença essencial entre o sistema inglês e os demais sistemas Antigos ou Modernos. Por isso e depois de os ter analisado, está de posse dos argumentos bastantes para afirmar que "(...) nothing can destroy the constitution of Britain, but the people of Britain: and whenever the people of Britain become so degenerate and base, as to be induced by corruption, for they are no longer and danger of being awed by prerogatives, to choose persons to represent them in Parliament (...)"[2016].

Estas ideias são retomadas e saem reforçadas no conhecido *The Ideia of a Patriot King*, sendo certo que agora a sua preocupação é endereçar alguns conselhos ao monarca[2017], depois de ser ter preocupado em esclarecer os representantes do povo no trabalho antecedente. Bolingbroke deriva os deveres dos princípios divinos e da natureza humana. Por isso o Rei deve estar ciente de que "we are subject, by the constitution of human nature, and therefore by the will of the author of this and every other nature, to two laws. One given immediately to all men by God, the same to all, and obligatory alike on all. The other given to man by man, and therefore not the same to all, nor obligatory alike on all: founded in same principles, but varied by different applications of them to times, to characters, and to number, which may be reckoned infinite, of other circumstances"[2018].

No primeiro caso está-se perante a força da lei universal da Razão; no segundo, em presença da lei particular de cada Povo que é a sua Constituição, pela qual cada comunidade escolhe ser governada e mantém a sua Liberdade[2019].

[2015] Paul Hazard, *La Pensée Européenne au XVIII ème Siècle. De Montesquieu a Lessing*, I, págs. 254 e 255: "L'Angleterre elle-même éprouvait le besoin de préciser la nature des liens qui assujettissaient non pas la nation au roi, mais le roi à la nation. C'est ce que faisait Bolingbroke, tout conservateur, tout chef qu'il était du parti *tory*, lorsqu'il publiait en 1749 ses *Lettres on the Spirit of Patriotism*. Pour vivifier son parti, et pour sauvegarder le caractère héréditaire de la monarchie anglaise, il renforce la doctrine du libéralisme. Il explique que l'institution des rois est fondée sur le droit commun et sur l'intérêt général; elle procède de deus lois instituées par le Créateur, la loi universelle de la raison, la loi particulière à laquelle chaque État s'est volontairement soumis; c'est pour ne pas violer impunément cette seconde loi, à grande risque de troubles et de désordres, que le pouvoir se transmet de père en fils; la monarchie héréditaire ne se soutient que parce qu'elle est la meilleure des monarchies."

[2016] Lord Bolingbroke, "A Dissertation upon Parties", *Political Writings*, pág. 167.

[2017] Idem, "The Ideia of a Patriot King", *Political Writings*, pág. 217: "(...) the duties of a king in his country."

[2018] Idem, *ibidem*, pág. 227.

[2019] Idem, "A Dissertation upon Parties", *Political Writings*, pág. 119: "(...) as liberty is a word of uncertain signification, so is constitution; that men have taught the most opposite doctrines, and pretended at least to build them on the principles of the constitutions; that the rule therefore of determining our notions of liberty by the principles of our constitution, is no rule, and we are by consequence just where we were before. But the answer is ready. It is true that there were formerly men who persisted long in the attempt to talk and write that chimera called prerogative into vogue; to contend that it was something real, a right inherent in the crown, founded in the

DA HISTÓRIA DA IDEIA DE LIBERDADE (SEQUÊNCIA)

Deus não instituiu qualquer forma particular de Governo, mas pelas suas regras gerais ele impõe a obediência às leis de cada comunidade, a que cada um está ligado pelo nascimento ou pelo sangue. Daqui se deriva a autoridade dos reis em cada comunidade e a obediência que os súbditos lhes devem; "a divine right on the kings is to be deduced evidently from them: a divine right to govern well, and conformably to the constitution at the head of which they are placed"[2020].

Significa isto que se o ofício dos Reis é divino porque Deus assim o quis, apenas um bom Rei, que se reja pelos princípios da lei divina e da lei natural, que actue em conformidade com a Razão e a Constituição, poderá ser um bom Rei aos olhos de Deus. Evidencia-se, pois, a ligação perfeita entre as ideias de obediência ao monarca e cumprimento para com as suas prerrogativas em geral, com o contraponto de uma correcta actuação por parte deste, sob pena de, por força da sua actuação, estar em desacordo com as regras que o próprio Criador o obriga enquanto magistrado supremo.

Como consequência, o melhor Governo é a monarquia limitada e a melhor monarquia a monarquia hereditária. A limitação deve ser feita em função das Leis Fundamentais do Reino, que também garantem a forma de Governo e estão em perfeita sintonia com a própria ideia de Constituição[2021]. Assim se conseguirá a preservação da Liberdade da sociedade, que proteja a Liberdade dos indivíduos e a sua Propriedade e que a destinação final seja o bem e a felicidade de todos[2022].

O corolário a que se assiste depois desta clara posição é quase intuitivo: "Now, the greatest good of a people is their liberty: (...). Liberty is to collective body, what health is to every individual body. Without health no pleasure can be tasted by man: without liberty no happiness can be enjoyed by society. The obligation, therefore, to constitutions of our government; and equally necessary to support the just authority of the prince, and to protect the subject." E um pouco adiante acrescenta: "The state of our constitution then affords an easy and unerring rule, by witch rule, by which to judge the state of our liberty. The improvement or decay of one, weakness of one, the safety or danger of the other. We cannot lose our liberty, unless we lose our constitution; nor lose our constitution, unless we are accomplices to the violations of it; for this constitutions is better fitted than any, ancient or modern, ever was, nor only to preserve liberty, but to provide for its own duration, and to become immortal, if anything human could be so."

[2020] Idem, "The Ideia of a Patriot King", *Political Writings*, pág. 228. E prossegue: "The office of kings is, then of right divine, and their persons are to be reputed sacred. As men, they have no such right, no such sacredness belonging to them: as kings, they have booth, unless they forfeit them. Reverence for government obliges to reverence Governors, who, for the sake of it, are raised above the level of other men: but reverence for Governors, independently of government, any further than reverence would be due to their virtues if they were private men, is preposterous, and repugnant to common sense."

[2021] Idem, *ibidem*, págs. 232 e ss.: "The limitations necessary to preserve liberty under monarchy will restrain effectually a bad prince, without being ever felt as shackles by a good one. Our constitution is brought, or almost brought, to such a point of perfection I think it, that no king, who is not, in the true meaning of the word, a patriot, can govern Britain with ease, security, honour, dignity, or indeed with sufficient power and strength."

[2022] Idem, *ibidem*, pág. 244: "the good of the people is the ultimate and true end of government. Governors are, therefore, appointed for this end, and the civil constitution which appoints them, and invests them with their power, is determined to do so by that law of nature and reason, which has determinate the end of government, and which admits this form of government as the proper means of arriving at it."

defend and maintain the freedom of such constitutions will appear most sacred to a Patriot King"[2023].

Em síntese e resumindo o essencial do Pensamento de Lorde Bolingbroke que aqui se deixa cair no que à investigação importa, deve assumir-se a posição de declarada defesa da ideia Liberdade.

A sua fraseologia é marco de um Liberalismo com características tipicamente inglesas e em que o curioso é partirem da pena de um partidário do Poder do monarca em presença do Poder do Parlamento. Teoricamente seria assim, mas Bolingbroke continuamente desmente esta separação, o que apenas demonstra que num momento complicado para a monarquia inglesa, os ingleses e os seus consagrados teóricos se conseguiram unir. O resultado dessa justaposição, expresso por um assumido *tory*, numa época em que era o partido contrário que dominava na Câmara dos Comuns inglesa, é o que acaba de ser enunciado.

Por outro lado, a sua concepção sobre os direitos naturais e invioláveis do indivíduo são os predominantes no século, sobretudo desenvolvidos pela corrente utilitarista de que Bentham será, posteriormente, o expoente maior.

Finalmente a concepção da Constituição histórica que preside ao Pensamento de Bolingbroke e enquadra todo o raciocínio, conferindo à mesma uma conotação política, anuncia um Autor característico do Pensamento inglês. A oposição que a sua doutrina irá encontrar nos teóricos da Revolução Francesa, como a fraca aceitação dos norte-americanos, liga-se, num caso, à abstracção que se promoveu em presença dos direitos individuais e ao corte milenarista provocado, enquanto que para os norte-americanos se tratava de um problema de formalização desses mesmos direitos ao lado de um texto legal, cuja essencialidade da escrita encaravam como nota prioritária[2024].

De resto, esta é uma visão normal quer para ingleses, quer depois para norte-americanos; para eles pouco sentido faz regulamentar dando prioridade ao indivíduo sobre o Estado algo que esse mesmo Estado já contém em si mesmo, que é a Liberdade.

[2023] Idem, *ibidem*, pág. 244.

[2024] John W. Burgess, *Political Science and Comparative Constitutional Law*, I, Ginn and Company, Boston, New York, Chicago, London, 1913, págs. 174 e ss., aponta a perspectiva que ainda hoje é a inglesa e norte-americana neste domínio e que se parece pouco ou nada com a dos descendentes directos dos contributos da Revolução Francesa. É obviamente um ponto de vista oposto àquele que em tese geral é sufragada pelos herdeiros de 1789 e marcou todo o Constitucionalismo europeu, incluindo o português, no plano teórico, de modo decisivo. Mas apesar da inversão do raciocínio, será dever de objectividade não escamotear uma interpretação que é tão digna de ser ponderada quanto a que por tradição é a nacional, tanto mais que se visualiza, como se sabe, a teorização anglo-norte-americana numa perspectiva de análise muito positiva. Assim entende este clássico norte-americano que "In the so-called constitutional state, i. e, in the state which so organized back the government, which creates the means for retraining the government from violating theses limitations, individual liberty finds its first real definer and its defender. Therefore we affirm that the state is the source of individual liberty. The revolucionarists of the eighteen century said the individual liberty was natural right; that it belonged to the individual as a human being, without regarded to the state or society in which, or government under, he lived. But it is easy to see that this view is utterly impracticable and barren; for, of neither the state, nor the society nor government defines the sphere of individual autonomy and constructs its boundaries, then the individual himself will be left to do these things, and that is anarchy pure and simple. The experiences of the French revolution, where this theory of natural rights was carried into practice, showed the necessity of this result. These experiences drove the more pious minds of the period to formulate the proposition that God is the source of individual liberty."

Por isso se a associação e o Estado são, em si mesmos, livres, os seus participantes que são os indivíduos, os cidadãos com os seus direitos, apenas podem ser livres e ver garantidos estes direitos.

O "venerável" Sir William Blackstone reflecte logo na "Introduction" ao seu trabalho[2025], as suas ideias basilares sobre o sistema de leis inglesas[2026]. Terra "perhaps the only one in the universe, in which political or civil liberty is the very end and scope of the constitution. This liberty, right understood, consists in the power of dewing whatever the laws permit", tanto se conseguindo mediante uma conformidade às ordens e mantendo um elevado grau de equidade nas regras de acção.

Em sequência, Blackstone pondera a distinção entre Razão e Revelação, sob forma diversa da proposta por Locke e acompanhando os contributos de Pufendorf, sendo certo que ambas sempre condicionam a lei humana, que em nenhum caso as pode contradizer.

Vista que está a configuração que o Direito Natural assume no seu Pensamento, é tempo de ponderar as questões relacionadas com o debate acerca da Liberdade, isto é, que suportam o discurso sobre a origem da sociedade e do Poder político. No caso de Blackstone, como já havia sucedido com Coke e é apanágio da interpretação dos juristas ingleses, o problema reverte-se num debate acerca da superioridade ou não do Direito Natural, por força da *Common Law*, sobre os ditames do Poder político, vazados nos Poderes do Parlamento ou o seu contrário. Ou seja se o Costume sobreleva à Lei positiva e a deve comandar numa perspectiva de interpretação judicial obrigatória do próprio Direito que a todos obriga ou se, ao invés, são os "statutes" ou os "actes of Parliament" que devem relevar na conformação do discurso oficial do Direito inglês[2027]. É por força da *Common Law* que existe a Liberdade inglesa; como consequência a ligação perene entre História e Direito é perene e a interpretação do "pacto" histórico não pode fugir a tal verificação.

Consentânea com estas reflexões é a afirmação de que os homens no estado de natureza não precisavam de mais leis que a natural, sendo o homem "*formed for society* (...), *is neither capable of living alone, or indeed courage to do it.*" Quer isto dizer que o Autor apresenta, em simultâneo, reminiscências do Pensamento aristotélico no que respeita à ideia de apetência do homem para a sociedade, com o qual se conjugam vectores de ordem histórica que o levam a decidir sair de um estado de precariedade para um de organização e defesa dos seus direitos.

Por isso terá de neste estado que "inventar" as suas próprias leis que, caso se reportem a várias sociedades, países, comunidades ou Estados tomam a designação de "law of nations"[2028]. Depois disto o Autor passa a caracterizar a passagem do estado de natureza ao estado de sociedade.

Verifica-se já em estado de natureza um conjunto de direitos naturais imprescritíveis e que não podem ser lesados na passagem para o estado de sociedade, ponto em que concorda com Locke e que implicam uma certa reversão do Contratualismo Moderno

---

[2025] Sir William Blackstone, *Commentaries on the Law of England*, I, "Introduction", pág. 6.
[2026] Algumas notas com interesse para o tema, nomeadamente para consubstanciar a relação entre Blackstone e Bentham, seu aluno e depois impugnador, podem ser encontradas no "Editoras Introduction", por referência de uma carta de J. Bentham, *Comment of Commentaires*, prontos entre 1775 e 1776 e de que dispomos de Edição de Charles Warren Everett, Darmstadt, 1976, feita a partir da Edição de Oxford, 1928, que respeita o manuscrito original.
[2027] Sir William Blackstone, *Commentaries on the Law of England*, I, págs. 146 e ss.
[2028] Idem, *ibidem*, I, pág. 43.

em versão continental, agora adaptada à específica fisionomia do Pensamento inglês. Tal como Bolingbroke, admite que o espírito da Liberdade consta da Constituição histórica inglesa, ela mesma resultante de um "pacto" político celebrado entre Reis e Povos, e cujo aval da História se torna imprescindível.

Neste plano Blackstone tem uma posição diversa da generalidade dos Autores que entendem ser o estado de sociedade produto de um anterior estado de natureza, em que "the impulse of reason, and trough a sense of their wants and weakness, individuals met together in a large plain, *entered into a original contract, and chose the tallest man present to be Governor*"[2029].

Algo de semelhante ao que Hume e Condillac, por exemplo, defendem em oposição ao Contratualismo social Moderno, na sua forma mais acabada. Por isso escreve que "the only true and natural foundations of society are the wants and the fears of individuals" e os Autores que defendem a citada tese do estado de natureza estão em contradição com a verdadeira origem das sociedades e sua posterior evolução, pelo menos há vários milhares de anos[2030].

Foi a sociedade familiar que formou a primitiva sociedade natural, que dia a dia estendia os seus limites, originando que "laid the first though imperfect erudiments of civil or political society. And when is grew too large to subsist with convenience in the pastoral state, wherein the patriarchs appear to have lived, is necessary subdivided itself by various migrations into more"[2031].

Em sequência, concede que esta sociedade não poderia ter existência legal se não existisse "any convention of individuals, actuated by their wants and their fears; yet it is the sense of their weakness and imperfection that keeps making together, that demonstrates the necessity of this union, and that therefore is the solid and natural foundation, as well as the cement, of the civil society"[2032].

Ou seja, a concepção do estado patriarcal então em voga na Europa continental, contagia em certo sentido Blackstone, ainda que as consequências que são retiradas nos dois casos sejam opostas. Num caso apontam para a teorização da origem divina do Poder por força da imanência histórica. No outro consubstanciam a negação de uma certa ficção igualmente em voga mas apontam para a necessidade originária da organização convencional da sociedade, que preserva a Liberdade política da mesma e dos seus cidadãos.

Mas, se Blackstone critica o fundamento do estado social assentar no estado de natureza, encaminha-se para um mesmo ponto de chegada. E o motivo poderá ser, mais uma vez, um único: tratar-se de um jurista que defende a *Common Law* e a Constituição histórica inglesa no sentido de uma atribuição de Poderes que a lei, firmada no contrato social outorga, em si mesma, independentemente daquele que os detém. Isto torna-o um histórico percursor de Burke.

[2029] Idem, *ibidem*, I, pág. 47.
[2030] Paul Hazard, *La Pensée Européenne au XVIII ème Siècle. De Montesquieu a Lessing*, I, pág. 236, considera que era este o ponto de vista maioritário. Assim, "Contrat qui d'abord avait été tacite, peut-être; contrat qui, peut-être, avait été mis par écrit dès que la civilisation en avait fourni le moyen; contrat idéal, peut-être. Étant difficile d'imaginer que des hommes, conscients de leur faiblesse et de leurs besoins, s'étaient un jour réunis dans quelque vaste plaine, et avaient désigné comme chef le plus robuste d'entre eux: mais de toute manière, contrat. Telle était l'opinion de la majorité."
[2031] Sir William Blackstone, *Commentaires on the Law of England*, I, pág. 47.
[2032] Idem, *ibidem*, I, pág. 47.

DA HISTÓRIA DA IDEIA DE LIBERDADE (SEQUÊNCIA)

Ainda sobre a anterior definição que dá do original contrato de sociedade, reconhece que "which, thought perhaps in no instance it has ever been formally expressed at the first institution of a state, yet in nature and reason must always be understood and implied in the very act of association together: namely (...) that the community should guard the rights of each individual member, and that (in return for this protection) each individual should submit to the laws of community; without witch submission of all it was impossible that protection could be certainly extended to any"[2033].

O Governo da sociedade civil resulta da necessidade da preservação da mesma; por isso se os homens são todos iguais, quais os motivos porque ele deve ser atribuído a uns e não aos outros, provocando a desigualdade? Só os mais aptos, mais capazes e de mais perfeitos atributos, que saibam distinguir entre os seus interesses e os da comunidade, devem ser chamados ao Governo, ponto em que comunga das ideias de Hume. Neste particular, diga-se que não se recolhe neste Autor distinção entre Estado e Governo[2034], sendo a soberania atributo deste último, que deve ser fusão dos antigos Governos monárquico, aristocrático e democrático[2035].

A Constituição inglesa é a simbiose destes vários tipos; por isso ela defende tão bem a Liberdade civil e política, com os três Poderes bem definidos e firmados, assentes no Rei, na Câmara dos Lordes e na Câmara dos Comuns, entre si colaborantes. O que Blackstone não aprofunda, por razões óbvias, é o tema da Igualdade. Pressupõe-se a sua defesa da Igualdade formal, nos termos já consignados na Constituição inglesa, mas o salto qualitativo terá de aguardar pelo seu discípulo e crítico Bentham com a sua conversão à democracia[2036].

O Poder de fazer leis[2037] constitui, para Blackstone, a suprema autoridade, conforme já antes havia referido; por isso esse Poder reside no Parlamento e no Rei: "the written laws of the kingdom; which are statutes, acts or edits, made by the king's majesty, by and with the advice and consents of the lords of spiritual and temporal and commons in parliament assembled". A lei será algo mais que um simples julgamento, mais que os actos praticados por um qualquer tribunal superior na interpretação das decisões de outros inferiores.

Curiosamente, Blackstone identifica a lei civil com a "municipal law" e define-a como "the rule by which particular districts, communities, or nations era governed", para o que invoca Justiniano: "jus civile est quod quisque sibi populus constituit"[2038].

[2033] Idem, *ibidem*, I, pág. 48.
[2034] Idem, *ibidem*, I, pág. 48.
[2035] Idem, *ibidem*, I, págs. 49 e ss.
[2036] D. J. Manning, *Modern Ideologies*, págs. 74 e ss.: "Paine [que veremos mais adiante] and Bentham completely abandoned the view that government should be independence of every section of the community. They came to the conclusion that political power is delegated power. Its direction is, they proclaimed, the inalienable right of the people." E um pouco mais adiante, "Paine's attack on Burke (...), Bentham's attack on Blackstone (...) had the effect of distinguishing liberalism from the progresively more conservative disposition of the orthodox *Whigs*."
[2037] Idem, *ibidem*, págs. 63 e ss., onde trata da questão da *Common Law* como "lex non scripta" e da lei civil, enquanto "lex scripta".
[2038] Idem, *ibidem*, I, págs. 44-46. Esta lei tem várias características, onde avultam o facto de ser prescrita pelo supremo Poder do Estado, firmando o que é permitido e o que é proibido. Do mesmo modo, é uma lei de conduta civil, que a distingue da lei natural ou revelada, prescrita segundo os termos habituais do conhecimento das leis humanas. Fundamental é ser dada pelo supremo Poder do Estado, que se caracteriza pela associação entre "Sovereignity and legislatore", termos que não subsistem um sem o outro.

O Parlamento britânico do século em análise é um lugar vivo e de debate, não apenas a "highest court among others in the land", antes se tornou ele mesmo no soberano que dá as leis no Reino, cujo Poder é de difícil controlo[2039].

Veja-se, como contraponto indispensável, que a efectiva participação de todos os ingleses na vida do seu país, assegurada pela Constituição histórica e pelas instituições do Poder político são, para este Autor a salvaguarda e a pedra de toque na defesa da Liberdade inglesa. Uma Liberdade expansiva e determinada para todos, muito ao contrário do sucedido com a generalidade dos países do Velho Continente, vistas as limitações práticas – e até teóricas – que lhe eram impostas.

Para finalizar a apresentação de Blackstone, resta mencionar a sua ideia acerca dos direitos fundamentais inerentes ao Ser humano. Este, "considered as a free agent, endowed with discernment to know good from evil, and with power of choosing those measures which appear to him to be most desirable, are usually summed up one general appellation, and denominated the natural liberty of mankind", que consiste num poder do sujeito agir pela forma que quer, sem outra restrição ou controle que não seja a lei natural[2040] e os preceitos divinos. Os paralelos com Locke são aqui evidentes.

A Liberdade política consiste em que cada membro da sociedade "is no other than natural liberty so far restrained by human laws (and no farther) as is necessary and expedient for the general advantage of the public"[2041]. Os direitos absolutos para qualquer inglês, onde se incluem também a Segurança e a Propriedade do indivíduo, pelo que já ficou exposto, costumam designar-se como *liberties*[2042], sendo impraticável a confusão com as tradicionais Liberdades enquanto privilégios concedidos pelos soberanos absolutos da Europa continental.

Pouco mais se pode dizer neste contexto do muito que Blackstone mereceria. Será figura de peso no Constitucionalismo nacional[2043] e torna-se sintomático no grau de a-sistematicidade do Pensamento português do Vintismo o facto de, em simultâneo, se elogiarem Blackstone e Bentham, sendo certo que a perspectiva teórica de ambos difere essencialmente.

Conservador sem dúvida, alvo de críticas posteriores[2044], terá tido o indesmentível mérito de ser expositor de eleição das grandes coordenadas doutrinárias da *Common Law*, bem como da temática dos sistema do Poder político e da ética que em Setecentos lhe estava subjacente em Inglaterra.

[2039] Idem, *ibidem*, I, pág. 91.
[2040] Idem, *ibidem*, I, pág. 125.
[2041] Idem, *ibidem*, I, pág. 125.
[2042] Idem, *ibidem*, I, pág. 127. O desenvolvimento desta temática, feito a partir do marco histórico da *Magna Carta*, consta das páginas seguintes; por ser ponto já abordado, a ele não voltaremos.
[2043] Blackstone não apenas foi conhecido e divulgado no continente europeu, contribuindo para um melhor conhecimento dos contornos do Direito inglês mas, e sobretudo, foi importado pelos norte-americanos depois da Revolução. Fica a dever-se aos seus trabalhos o facto inquestionável dos Estados Unidos serem um país de *Common Law* que nem as franjas francesas do Tenesse e da Louisiana afastam com as suas codificações de Direito Civil.
[2044] Aqui se regista, o conceito que um dos suportes bibliográficos da presente investigação dá de Blackstone, a saber: Paul Janet, II, pág. 400: "Aucun écrivain, en effet, n'a moins de droits au titre de philosophe politique: aucun n'a moins d'idées originales sur la philosophie de l'État: c'est un jurisconsulte consommé, c'est le publiciste du fait et de la loi: il ne donne rien à la théorie (...)." Só fica uma dúvida: será necessário criar sistema para ter direito à galeria dos eleitos? Que pensar dos ilustres publicistas do Vintismo português? Que pensar dos homens do Primitivo Cartismo em Portugal? Que pensar do eclectismo Setecentista português, referido no anterior capítulo?

DA HISTÓRIA DA IDEIA DE LIBERDADE (SEQUÊNCIA)

§ 3º. A difusão da ideia de Liberdade pela via francesa ou o Liberalismo na interpretação continental

1. A França e o seu papel político cultural antes de 1789

Uma certa acalmia política e social reinou em Inglaterra depois de 1688 e das sequelas da Revolução se terem sedimentado. Após tantas convulsões internas, urgia pacificar os contendores e recarregar baterias para novos desafios que se avizinhavam, salientes sobretudo no plano externo.

Nada nem ninguém garantia aos ingleses a inexistência da monarquia católica Stuart, patrocinada pela França; por isso mesmo, congraçaram empenhos, temporariamente fizeram uma espécie de trégua e dedicaram-se a fortalecer o país contra qualquer eventual futuro regresso ao catolicismo. Tal sentiu-se, do mesmo modo, no plano das suas produções literárias, de que Hobbes e Locke tinham sido figuras de topo mas em que, como se verificou, outras figuras também tiveram a sua presença.

É a vez da França. A partir deste período e até ao ressurgimento do idealismo alemão na figura de Hegel, que segue as pisadas do criticismo kantiano, os gauleses serão os inquestionáveis patronos da reflexão no plano político, dando um incremento nunca pensado à História das Ideias Políticas.

Longe vão os tempos do Absolutismo clássico de Bossuet; ainda mais distante a teoria bodiniana da soberania; cumpriu a *Les Philosophes* e depois aos mentores do Liberalismo, anterior à Revolução Francesa fazerem a sua aparição[2045] reflectindo o seu inovador conceito de Liberdade. Sobre os primeiros está tudo dito; ao menos tudo aquilo que pode permitir à partida para uma reflexão estribada em pressupostos seguros para o conhecimento da História da Ideia de Liberdade. Homens de Ciência como os Autores da *L'Encyclopedie* haviam promovido a Liberdade individual, ainda quando não aceitaram a política.

Da segunda situação é mister falar agora, como percursora dos sucessos maiores ou menores do Individualismo e sua concepção de Liberdade.

Impressiona reconhecer que um aristocrata, como Montesquieu[2046], escrevia com tanta facilidade sobre temas políticos e, idêntica observação vale para um antigo criado e romancista como Rousseau[2047]. Todos juntos, todos unidos, todos liberais, reportando de modos vários a Ideia de Liberdade, todos – ou quase – pré-mortos a 1789.

Os seus mais directos sucessores foram os fogachos que promoveram a catadupa de produções pós-Revolução Francesa, onde todos os estratos sociais se intrometem.

Em nada se assemelham à ideia de História ou de "analytical philosophy" presente nos ingleses. O método é diverso e os resultados pretendidos, se podem coincidir no

---

[2045] Um infindável friso de sumidades se apresenta, boa parte dos quais foram não apenas conhecidos mas seguidos efectivamente, citados vezes sem conta no Congresso Vintista e no fórum do Primeiro Cartismo português. Muito conhecidos de um modo geral, não se justifica aprofundar o seu Pensamento e apenas se fará na mediada em que necessidades futuras a isso movem. Além do que será mais curial a manifestação do que os afasta que aquilo que os une; todos são liberais e defendem os princípios básicos do Liberalismo; não o fazem é do mesmo modo; serão esses os aspectos que mais importam.
[2046] Voltaire, "Poème sur la Loi Naturelle", *Mélanges*, pág. 284: "(...) Nos meilleurs citoyens, Montaigne et Montesquieu (...)."
[2047] E por isso mesmo alvos preferidos da doutrinação contra-revolucionária providencialista, entre outros pela boca de De Bonald.

endeusamento da ideia de Liberdade, são atingidos por vias transversais, com base no trabalho do jusracionalismo europeu cuja adaptação se preconiza em ordem a factores de ordem abstracta, em nada compagináveis, como se provou, ao Direito inglês, aos seus teóricos e ao leque de opções que a sua prática política lhes abria. Ou então, como ligação ainda ao passado, mas com uma enorme qualidade no avanço rumo ao futuro.

O que agora está em causa não é – ou, ao menos, não é essencialmente – a ideia de História; o caminho que se sugere é todo ele assente na Razão que, anos volvidos e duas revoluções postas, será igualmente utilizada pelos contra-revolucionários para atingirem os fins opostos.

2. Prolegómenos franceses de cunho liberal antes do Individualismo

O desenvolvimento da concepção da Liberdade política em França no séc. XVIII até à Revolução Francesa baseava-se, pois, no princípio do reconhecimento da soberania e da Autoridade régia pela comunidade. Era porém confrontada, em bastas ocasiões, pela vitória dos princípios constitucionais em Inglaterra. Afirmar que os Governos absolutos e irresponsáveis são normalmente mais fortes que os Estados democráticos ou monarquias constitucionais pode ser um absurdo de que é capaz muito boa gente. Tanto se verificou não apenas no plano político mas até no cultural com as vitórias inglesa e holandesa, contra Espanha, França e até Portugal.

Identicamente, as concepções de Liberdade individual e de Liberdade política acabam por traduzir todo este empenho, sendo certo que se assiste a um desfilar de concepções pessoais plurifacetadas, com um objectivo comum: a promoção dos direitos inolvidáveis do indivíduo e a sua projecção no ambiente social em que navega. Tudo em associação com uma forte corrente de adesão ao Contratualismo Moderno, progressivamente emancipado de conotações absolutistas e sob modelo paulatino projectando-se nas realizações do pré-liberalismo.

2.1. Direito Natural e Razão

Desde os cultores de uma versão consensualista transpirenaica aos próceres da racionalidade plena do Direito, a variabilidade nas versões e pronunciamentos é assinalável.

Pense-se em Montesquieu não apenas como umas das universais figuras do Liberalismo de todos os tempos, mas uma das mais queridas referências do Vintismo e Primeiro Cartismo em Portugal[2048].

Conciliando a tendência liberal de Locke[2049], que foi seu mentor, com as ideias aristocráticas em que havia sido criado[2050], obteve-se o mais temível adversário do

---

[2048] Reconhecidamente, a ele se deve a componente da distribuição do Poder político nacional nos nossos textos constitucionais. E as referências que ao longo dos debates parlamentares se lhe fazem são tão abundantes, que extravasam os demais Autores, se exceptuarmos talvez Rousseau e Constant.
[2049] Etienne Cayret, pág. 45: "L'héritier en France de l'esprit libéral de Locke, ce n'est pas Rousseau (...) mais Montesquieu qui dégage avec une netteté jamais égalée les conditions positives de la liberté politique."
[2050] Isaiah Berlin, "Montesquieu", *Contra la Corriente. Ensayos sobre Historia de las Ideias*, pág. 200: "Los aspectos conservadores de sus enseñanzas – el énfasis sobre el valor de la evolución lenta, 'orgánica', contraria a la reforma precipitada – sobre el carácter único de las diferentes civilizaciones y sus medios tradicionales de vida y la indeseabilidad de aplicar uniformemente los mismos métodos a todos; sobre las virtudes de las aristocracias hereditarias y las habilidades y profesiones heredadas y sobre los vicios de la igualdad mecánica (...)."

DA HISTÓRIA DA IDEIA DE LIBERDADE (SEQUÊNCIA)

Absolutismo[2051], renovador dos conceitos da Ciência Política[2052] e combatente da Liberdade[2053].

Mentor de gerações de pensadores[2054], em Montesquieu descortina-se um Autor de policromado Pensamento. Quando se invoca que conseguiu, em si mesmo, conciliar a imagem do liberal, do reformador, do conservador e até, de certo modo do reaccionário, é possível que todas elas sejam válidas. Desconta-se a última característica, que apenas por via indirecta e da citação dos seus trabalhos pelos contra-revolucionários franceses poderá encontrar algum e discutível eco.

Tanto implicou que correntes sociológicas e psicológicas já o tenham reivindicado como "parte sua", o que longe de admirar só confirma as palavras de abertura[2055]; as suas tendências no plano da Filosofia da História e do Pensamento político a tanto conduzem. Neste sentido, seria um jusnaturalista de feição historicista, em que se propõe uma conciliação entre Razão e História e não uma oposição entre elas, tendo em certa medida e como se viu influenciado Ribeiro Sanches, bem como os textos de Philippe Jose Nogueira.

[2051] Não porque Montesquieu fosse um declamador nato, um exaltado, um revolucionário; nada tinha de semelhante com Rousseau e menos se aproxima dos escritores franceses, ingleses ou norte-americanos que, após as Revoluções se empenharam na sua defesa, cada um deles em presença das respectivas opções ideológicas. Montesquieu, frequentador de lojas maçónicas, era um moderado e, talvez por isso, o seu trabalho passou à posteridade com muito mais ênfase e teve repercussões em vários continentes, muitos anos depois da sua morte. Montesquieu é "um senhor político" e "um senhor da política"; mesmo os seus adversários, quando o combatem, fazem-no com admiração e uma certa emulação. Isso é característica que só os mestres conseguem obter. Indica Henri Sée, pág. 20, que a sua "haine du despotisme", que exprimir por forma violenta, foi um dos emblemas de marca que o celebrizou.

[2052] Léon Julliot de la Morandière, "Préfece", *La Pensée politique et constitutionnelle de Montesquieu. Bicentenaire de l'Esprit des Lois 1748-1948*, pág. 3: 'Il a fait un effort constructif, pour renouveler la science politique. Il a d'abord examiné les hommes, constaté dans le temps et le espace la diversité de leurs lois et de leurs moeurs; mais il a vu qu'ils n'étaient pas uniquement conduits par leurs fantaisies. 'J'ai posé les principes, et j'ai vu les cas particuliers s'y plier comme deux-mêmes'.

[2053] Simone Goyard-Fabre, *Montesquieu, la Nature, les Lois, la Liberté*, págs. 147 e ss.

[2054] Vian, *Historia de Montesquieu*, apud Teófilo Braga, *História da Universidade de Coimbra*, III, págs. 35 e 36: "As *cartas Persianas* appareceram antes das *Cartas Inglezas* de Voltaire; o projecto da *Historia physica da Terra* precedeu a *Historia natural* de Buffon; o *Ensaio sobre o Costumes* de Voltaire veio depois das *Considerações sobre a grandeza dos Romanos*; o *Contracto social* de Rousseau veio muito depois do *Espírito das Leis*; finalmente o *Ensaio sobre o Gosto* deu porventura primeira idéia dos *Salões* a Diderot. Antes dos Encyclopedistas tinha Montesquieu prégado a tolerância; antes de Voltaire e Beccaria, reclamado reformas penaes; antes de Mably e de Rousseau, ensinado a virtude política. Todos eram seus discípulos, seus admiradores ou seus protegidos, principalmente Jancourt, Raynal, Deleyre, Roux, Helvetius, Maupertois e Diderot (...)."

[2055] E. Durkheim, *Montesquieu et Rousseau Précurseus de la Sociologie*, Paris, 1963; W. Stark, *Montesquieu, Pioneer of the Sociology of Knowledge*, Toronto, University of Toronto Press, 1961; Georges Gurvich, "Brève esquisse de l'Histoire de la Sociologie", *Traité de Sociologie*, Paris, PUF, 1967. De um modo geral a visão positivista do Direito entende que Montesquieu seria o fundador de um método experimental baseado na observação e na experiência. Em oposição – e parece que com mais razão que a versão antecedente, já que depois de proceder à análise dos textos encontram-se múltiplas referências às leis naturais e ao Direito Natural do qual derivam as leis positivas – estão os que entendem que Montesquieu segue na senda das preocupações morais, vontade de reformas e, em certo sentido, prossegue os trabalhos de Pufendorf. Sufragando esta opinião, António Truyol y Serra, *História da Filosofia do Direito e do Estado*, II, pág. 272 e Simone Goyard-Fabre, *Montesquieu, la Nature, les Lois, la Liberté*, pág. 69.

Montesquieu foi, pelo menos até certo ponto, algo utópico, sobretudo no que respeita ao seu culto à Constituição inglesa; em boa verdade a consagração teórica que dela faz Montesquieu suscita algumas reservas, em função da sua característica fisionomia[2056].

Poderá, eventualmente, ser definido como o defensor de uma partilha que preserva a Liberdade individual. A partilha é um dos seus emblemas, verificável por palavras próprias; a Liberdade individual é um empenho próprio de todos os que preservam a racionalidade humana como uma certidão de maioridade que assiste ao Ser humano desde o momento que tem personalidade jurídica[2057]. Ser pessoa capaz de se vincular e a que se atribuem direitos recíprocos, implica ser livre.

Compreender Montesquieu será, então, inseri-lo no plano das intenções do *Espírito das Leis*[2058]; e este no duplo sentido das intenções que a Obra comporta. Por um lado, ao Direito Natural; por outro, num Pensamento político em que o Direito Positivo é, pela primeira vez, estudado com perfeita autonomia do Direito Natural, numa época em que o jusracionalismo fazia carreira. Talvez também por isso Rousseau lhe renderá sentida homenagem[2059], malgrado as divergências assinaladas que os separam[2060].

"Deus possui uma relação com o universo, como criador e como conservador: as leis segundo as quais criou são aquelas segundo as quais conserva"; resulta pois que "a lei, em geral, é a Razão humana, enquanto governa todos os Povos da terra; e as leis políticas e civis de cada nação devem ser apenas casos particulares onde se aplica esta Razão humana"[2061]. A Razão é a intérprete da vontade de Deus e mediante a mesma o homem descobre a lei natural, como "regra que a divindade lhe deu para guiar as suas acções"[2062].

[2056] Estes aspectos serão desenvolvidos quando tratarmos não apenas da análise da doutrina e do Pensamento político pós-Revolução Francesa. De momento limitar-nos-emos a assegurar que ele não foi o único a criar este mito que girava à volta da Constituição inglesa; para qualquer continental da Europa desse período que não fosse absolutista, a Constituição inglesa era não só a meta a atingir, mas o mito em forma de realidade.

[2057] Michel Péronnet, "Les Censures de la Sorbonne au XVIII ème siècle: base doctrinale pour le clergé de France", *Les Résistances à la Révolution*, pág. 17: "Chez Montesquieu, 17 propositions sont condamnés] de l'*Esprit des Lois*], auxquelles s'ajoutent 14 propositions tirées de *l'Essai sur l'Homme* de Pope, traduit de l'anglais."

[2058] António Truyol y Serra, *História da Filosofia do Direito e do Estado*, II, pág. 271, considera que Montesquieu no seu *Esprit des Lois* tendeu a elaborar "uma verdadeira física das sociedades humanas", pautando-se, "como um precursor, senão um dos fundadores, da sociologia, especialmente da sociologia do Direito e do Estado."

[2059] Jean-Jacques Rousseau, "Emile", *Œuvres*, Paris, Éditions du Sevil, 1971, III, pág. 311: "Le droit politique est encore à naître et il est à présumer qu'il ne naître jamais (...). Le seul moderne en état de créer cette grande et utile science eût été l'illustre Montesquieu. Mais il n'eut garde de traiter des principes du droit politique; il se contenta de traiter du droit positif des gouvernements établis et rien au monde n'est plus différent que ces deux études. Celui pourtant qui veut juger sainement des gouvernements tels qu'ils existent est obligé de les réunir toutes deux: il faut savoir ce qui doit être pour bien juger de ce qui est."

[2060] Pierre Manent, *Histoire intelectuelle du liberálisme, Dix leçons*, Paris, Calmann-Lévy, 1987, págs. 153 e ss.

[2061] Montesquieu, *O Espírito das Leis*, I, págs. 16.

[2062] José Adelino Maltez, *Os Princípios...*, II, pág. 335; Simone Goyard-Fabre, *Montesquieu, la Nature, les Lois, la Liberté*, págs. 72 e ss.

DA HISTÓRIA DA IDEIA DE LIBERDADE (SEQUÊNCIA)

Para ele, "a sublimidade da Razão humana consiste em saber a qual destas ordens [de leis] estão principalmente relacionadas as coisas sobre as quais se deve legislar, e em não confundir os princípios que devem governar os homens". Acima de tudo, e recuperando conceitos da Antiguidade quando se reporta a Antígona e à sua rebelião contra o tirano, Montesquieu entende que as leis humanas não podem violar as regras da natureza, que é a "mais doce de todas as vozes"[2063]. E, aqui está o ponto de partida para a análise da Liberdade[2064] e a justificação da inexistência de uma ruptura absoluta com a Escola jusracionalista[2065], pese embora a separação que atrás relatada seja evidente.

Etienne Bonnot de Condillac é um dos mais notáveis e influentes franceses do seu século, cuja reflexão filosófica tem uma projecção directa no plano das Ideias Políticas e será um dos referenciais privilegiados dos Autores portugueses do eclectismo[2066]. O que não significa que em 1780 não fosse proibido em Portugal[2067].

Tal como Montesquieu pode ser inserido no plano do pré-liberalismo "Atlântico", que caracterizou os tempos que precederam a Revolução Francesa em função das ideias que, embora sob forma esparsa e confusa, emergem dos seus trabalhos[2068]. Do mesmo modo pelo tipo de reflexão que introduz nos vários domínos do conhecimento e sua projecção política, considera-se como uma espécie de percursor dos *Les Idéologues*[2069].

[2063] Montesquieu, *O Espírito das Leis*, XXVI, págs. 501.

[2064] Simone Goyard-Fabre, *Montesquieu, la Nature, les Lois, la Liberté*, pág. 83: "Parce qu'il n'est pas marque par le jansénisme, et parce que sa formation scientifique e son admiration pour la démarche de Newton lui ont ouvert d'autres horizons, Montesquieu a découvert dans l'omniprésence de la loi naturelle les raisons nécessaires de la liberté politique (...)."

[2065] Michel Troper, "Montesquieu. L'Esprit des Lois", *Dictionnaire des Œuvres Politiques*, pág. 836: "Il faut souligner (...) que les préoccupations de Montesquieu ne sont pas exclusivement descriptives et que la rupture avec l'école du droit naturel n'est pas complète. Ce point est d'ailleurs controverse (...). Durkheim semble en avoir eu l'intuition. Après avoir noté que Montesquieu 'est loin de considérer les choses humaines d'un regard aussi tranquille' [qu'on l'a prétendu] et qu'il ne s'est pas désintéressé de la politique, il écrit: 'Les règles qu'il énonce ne sont le plus souvent rien d'autre que des vérités, traduites en un autre langage, que la science a déjà démontrées auparavant à l'aide de sa méthode propre'."

[2066] Pedro Calafate, "O conceito de Filosofia: o recuo da metafísica", *História do Pensamento Filosófico*..., III, pág. 135.

[2067] Consta do "Catalogo de livros defesos neste Reino, desde o dia da Criação da Real Mesa Cençoria athé ao prezente. Para servir de expediente na Caza da Revisão", publicado por Maria Adelaide Salvador Marques, págs. 138 e 139, onde se suprime em 6 de Abril de 1780. De igual modo os *Essais sur l'Origine des Connaissances Humaines* e as *Œuvres*, respectivamente em 1796 e 1804.

[2068] Francisco Freire de Carvalho, pág. 184, refere quanto a Condillac que era opinião deste que "todos os descobrimentos feitos depois do Renascimento das Lettras na Europa, somente pelos fins do Seculo XVII, é que começaram a formar um corpo de sistema; não havendo existido até esse tempo mais, do que destacados anneis de Sciencia, suministrados pelos grandes pensadores o observadores de todas as Nações, entrando tambem a Portugueza com a sua, e não piquena litteraria contribuição, (...)." Condillac é um dos pensadores que apresenta do maior realce pelas suas ideias, foi conhecido sob forma directa em Portugal, conforme atestam as observações do presente comentador.

[2069] Sergio Moravia, *Il pensiero Degli Ideólogues. Scienza e filosofia in Francia (1780-181)*, Firenze, La Nuova Italia, 1974, págs. 291 e ss.: "Se lo studio dell'uomo, la 'science de l'homme', è il motivo ispiratore di tante indagini *idéologiques*, lo studio del funzionamento della mente umana costituisce

Como para Locke, para Condillac a Liberdade é um Poder do homem: "car la liberté n'est que le pouvoir de faire ce qu'on ne fait pas, ou de ne pas faire ce qu'on fait". Com interesse há a distinção que apresenta entre o "pouvoir qui n'est pas nécessaire à la liberté" e o "pouvoir qui constitue la liberté". No primeiro caso, a impossibilidade da escolha entre duas acções contraditórias; no segundo, "il faut demander si, quand on veut, on a celui de ne pas vouloir; et si, quand on ne veut pas, on a celui de vouloir"[2070].

Nestes termos, "il n'y a aucune de ses actions, si elles les prend chacune à part, qu'elle ne puisse considérer comme n'ayant pas lieu, et par rapport à laquelle elle ne puisse se réduire au seul pouvoir. En effet, quand elle est en repos, elle est organisée comme quand elle marchait: il ne lui manque rien de ce qu'il faut pour rester en repos"[2071]. E porque *"elle a en conséquence le pouvoir d'agir et de ne pas agir"*, *"elle est donc libre"*.

No plano especulativo, sobrevém um Autor que prossegue na senda do empirismo desenhado a grossos traços por Locke, mas em que a questão da sensibilidade ganha contornos decisivos, projectando-se numa Liberdade concebida como uma sensação transformada por uma deliberação independente, iluminada por um conhecimento[2072] esclarecido[2073].

per gli *idéologues* un centro d'interesse tra più sentiti e coltivati. Al di là loro dissensi interni, tutti gli esponenti del gruppo si sentono eredi di Condillac."
[2070] Idem, *ibidem*, pág. 274.
[2071] Idem, *ibidem*, pág. 273.
[2072] Sylvain Auroux, "Empirisme", *Dictionnaire Européen des Lumières*, pág. 389, sob este ponto de vista aproxima Condillac de Kant. Assim, e seguindo Condillac, "observez l'esprit humain, vous verrez dans chaque siècle que tout est système chez le peuple comme chez la philosophie. Il s'agit de la première formulation de ce qui deviendra chez Kant (qui ne cite jamais le philosophe français) l'illusion transcendantale de la raison. Si le philosophe allemand admet bien que des concepts sans intuition (sans contenu empirique) sont vides, l'idéalisme transcendantal consiste à admettre également la converse et à soutenir que des intuitions sans concept sont aveugles. Par là, il préserve une place privilégiée à l'entendement et à la raison. Si les prétentions de la raison pure sont illégitimes, celles de la pure expérience le sont également; c'est une synthèse entre la philosophie rationnelle et la philosophie expérimentale que propose Kant, tandis qu'il préserve l'innéisme, sous la forme édulcorée de la constitution formelle de l'entendement humain, et le rôle des principes abstraits, comme idées régulatrices de son fonctionnement."
[2073] Ph. Damiron, *Mémoires pour servir a L'Histoire de la Philosophie au XVIII ème siècle*, III, págs. 280 e 282: "(...) si l'on veut porter sur Condillac un (...) jugement qui ne soit plus particulier à tel ou tel œuvre, mais s'étende à tous en général, embrasse sommairement sa philosophie toute entière, et comprenne aussi sa personne et sa vie, il n'y a qu'à revenir sur cette carrière si pleine, si laborieuse, si utilement et si honorablement parcourue, sur l'ensemble de ses travaux, la plupart entrepris avec tant de soin et tant de suite pour l'éducation de son élève, et qui sont d'un bon écrivain et d'un excellent maître à la fois. Il n'y a également qu'à considérer que, s'il cotoyé et ménagé la philosophie régnante en son temps, il ne s'y est cependant pas rallié; qu'il est au contraire resté net et ferme dans son constant spiritualisme, et s'y est fait respecter, et que, sans rompre le courant qui entraînait aux écueils tant de libres et généraux esprits, il s'est maintenu, pour sa part, fidèle à Dieu et à l'âme; on n'a qu'à faire ainsi, et on lui rendra une bonne et équitable justice. Avoies bien vécu et beaucoup pensé, tout dans ces pensées ne fût-il pas irréprochable, en faut-il pour laisser une noble et digne mémoire?"

Outro dos emblemas franceses deste período a merecer algumas considerações é Turgot, conhecido como o grande iniciador da doutrina do progresso[2074], a partir de um conjunto de três Leis Fundamentais[2075].

Segundo Alain Laurent[2076], o Autor terá tido grandes preocupações com a axiologia da Liberdade, posicionando-se com "un authentique champion intellectual de la liberté" e apresentando-se, como uma das imagens de marca do racionalismo político francês, bem ao lado de Condorcet.

2.2. O tempo no fluir das vivências humanas

Sobre ponto de vista do relacionamento entre Liberdade e propriedade há em Fénelon algo de indefinidamente histórico[2077], por estranho que isso possa parecer, sobretudo para quem era um fiel discípulo de S. Tomás[2078]. Além do que, ele mesmo retoma alguns princípios desenvolvidos pela Escolástica no que respeita aos *Livros de Ensinança de* Príncipes, de que o *Examen de conscience sur les devoirs de la royauté* é o exemplo mais acabado[2079] de uma matéria que também é amplamente tratada nas *Aventuras de Telémaco*[2080].

[2074] "Extrait de l'ouvrage de Condorcet *Vie de Monsieur Turgot* (1786), apud Turgot *'Laissez faire'*, págs. 90 e ss.; Paul Janet, II, págs. 679 e 680: "Ce que Turgot paraît avoir vu le premier, et ce qu'il mis en lumière dans ses *Discours sur l'histoire universelle*, c'est l'idée du progrès social, du progrès moral, du progrès des institutions et des moeurs. (...) Quoi qu'il en soit de ces réflexions, on peut considérer le premier *Discours* de Turgot *sur l'histoire universelle* comme une de ces Œuvres qui sont une date dans l'histoire de la pensée, car une grande idée y a pris naissance. Cette idée est exprimée et résumée avec une haute précision dans cette formule: '*La masse du genre humain, pas des alternatives de calme et d'agitation, marche toujours, quoique à pas lents, vers une perfection plus grande.*'"

[2075] Paul Janet, II, pág. 682: "(...) le développement des lumières, l'adoucissement des moeurs et le perfectionnement des institutions, tels paraissent pour Turgot les trois idées auxquelles se ramène l'idée générale du progrès."

[2076] Alain Laurent, "Éloge d'un 'Ultra-liberal', *Turgot 'Laissez Faire'*, pág. X: Pas seulement de la liberté civile ou politique en général comme c'était courent au XVIII ème siècle. Mais d'une liberté individuelle entendue dans toute sa plénitude et dans ses dimensions concrètes les plus agissantes, en particulier économiques, sans pour autant s'y réduire." Entenderia Turgot neste contexto que a base era a Liberdade individual, ponto de partida para todas as construções "sociais", nos mais diversos planos, que da mesma se poderiam fazer.

[2077] François de Salignac de La Mothe-Fénelon, "Principes fondamentaux d'un sage gouvernement", *Écrits et Lettres Politiques*, publiés sur les manuscrits autographes par Ch. Urbain, Slatkine, Genève-Paris, 1981, pág. 35: "Il ne faut pas (...) regarder l'étude de l'histoire, des moeurs et de tout le détail de l'ancienne forme du gouvernement comme une curiosité indifférente, mais comme un devoir essentiel de la royauté." Veja-se Henri Sée, pág. 4: "Il en arrive à réclamer le respect des droits de la personne humaine, blâmant les expropriations arbitraires, les taxes injustes, les attentats commis sur la propriété des sujets, et il demande pour les individus des garanties légales."

[2078] Prélot e Lescuyer, pág. 279.

[2079] António Truyol y Serra, *História da Filosofia do Direito e do Estado*, II, pág. 282: "A sua ideia de realeza não podia ser diferente [da de Bossuet], mas, desta vez, adquire aspectos sistemáticos, com base exclusiva em argumentos racionais e em vista de um Estado moderno e real. (...) O tratado constitui um *Anti-Príncipe* sem retórica, que subordina a política à ética a partir de uma análise concreta dis diversos aspectos da vida do Estado, tão referidos à prática como os que dizem respeito à venda de cargos ou à eventual implicação do rei em questões 'affaires', dos quais se diz 'serem sempre impostos disfarçados a que o Povo é submetido'. Insiste, especialmente, no valor exemplar que, para o bem ou para o mal, tem sempre a conduta do Rei."

[2080] François de Salignac de La Mothe-Fénelon, *Aventuras de Telémaco, filho de Ulysses*, traduzidas do Francez em Portuguez, Lisboa, 1785, pág. 59: "Bemaventurado, me dizia sempre o Povo, que assim

Optimista por natureza, Montesquieu invoca (como todos os liberais farão), os benefícios da civilização como progresso evolutivo[2081] na vida dos homens[2082], e a que a actividade económica e a pacificação introduzem as melhores perspectivas.

A sua análise histórica, sedimentada no concurso da racionalidade e que alguns defendem baseada no método comparativo[2083], parte de uma ideia de Razão natural, contrariando as teorias contratualistas do seu tempo, que buscavam no estado de natureza e no estado social a explicação para a evolução da comunidade política. Isto é possível mediante a análise das leis[2084], que "são relações necessárias que derivam da natureza das coisas"[2085], sendo o objectivo do seu *Espírito das Leis* a busca "das relações que as leis (as leis civis ou políticas) têm com a natureza das coisas, das relações que se encontram entre uma Razão política e os diferentes seres entre si"[2086].

he governado por hum Rei sabio; porem mais feliz ainda he o Rei, que constitue a ventura de tantos Povos, e na sua mesma virtude encontra a sua dita: une os homens a si com o maior, vinculo muito mais seguro que o temor: não só lhe obedecem, mas folgão de obedecer-lhe: reina nos corações, e todos, bem fora de querer desprezar-se delle, receião perdello, e por elle darião a vida." Outros exemplos podem ser encontrados a pág. 60.

[2081] António Joaquim da Silva Pereira, "Estado de Direito e 'Tradicionalismo' Liberal, *Revista de História das Ideias*, II, Coimbra, Universidade de Coimbra, 1978-1979, pág. 129: "O *De l'Esprit des Lois* é uma ampla análise do estado à luz do processo histórico. Montesquieu procura ler nos factos do passado a Revelação primitiva, embora imperfeita, de teses em processo no presente liberal. (...) O recurso a uma argumentação de tipo histórico era também imposto a Montesquieu pela consciência de um processo político que colocavas, frente a frente, a monarquia absoluta e a monarquia mista, a última das quais comportava um lugar importante para as reivindicações da nobreza e dos corpos intermédios."

[2082] Montesquieu, *O Espírito das Leis*, XX e XXI, págs. 344 e ss.

[2083] António Truyol y Serra, *História da Filosofia do Direito e do Estado*, II, pág. 271.

[2084] Montesquieu foi um homem de coragem ao empreender a tarefa de estudar as leis positivas "de todos os tempos e de todos os espaços conhecidos". E, como diz L. Althusser, págs. 9 e 10, a propósito da repulsa de Montesquieu em manter a visão antecedente sobre as leis positivas assim o manifestando no "Prefácio" do *Espírito das Leis*, "les hommes 'dans cette infinie diversité de lois et de moeurs n'étaient pas uniquement conduits par leur fantaisies' en d'autres termes, qu'on peut trouver dans cet ensemble des régularités, des principes et ainsi que le droit positif et les sociétés humaines peuvent être objets de science, parce qu'ils sont soumis à la nécessité."

[2085] Léon Julliot de la Morandière, "Préface", *La Pensée politique et constitutionnelle de Montesquieu. Bicentenaire de l'Esprit des Lois 1748-1948*, págs. 3 e ss.: "Les lois sont les rapports nécessaires qui dérivent de la nature des choses. Il est ainsi des lois physiques, il en est ainsi des lois naturelles que gouvernent les sociétés. Celles-ci, et on reconnait là l'homme du XVIII e siècle, ne sont que raison humaine en tant qu'elle domine tous les peuples de la terre. Les lois positives, politiques ou civiles, doivent être l'expression, pour des cas particuliers, de cette raison. Mais, et c'est là un des points les plus originaux, pour être raisonnables, ces lois doivent s'adapter, non seulement à leur objet propre, mais aussi aux conditions physiques, au climat glacé, brûlant ou tempéré, à la qualité du terrain, au genre de la vie, à la religion des peuples, à leurs inclinations, à leur nombre." Esta passagem do historiador reporta-se a Montesquieu, *O Espírito das Leis*, I, pág. 16.

[2086] Montesquieu, *O Espírito das Leis*, I, pág. 11 e ss.: "(...) todos os seres têm as suas leis." Mais à frente Montesquieu estabelece a diferença entre os vários tipos de leis necessárias para evitar a guerra que domina os homens em sociedade: "existem leis na relação que estes Povos possuem entre si; é o DIREITO DAS GENTES. Considerados como membros de uma sociedade que deve ser mantida, existem leis na relação entre aqueles que governam e aqueles que são governados; é o DIREITO POLÍTICO. Elas existem ainda na relação que todos os cidadãos possuem entre si; e é o DIREITO CIVIL." Longas páginas adiante, retoma a matéria em XXVI, "Das leis na relação que devem ter com a ordem de coisas sobre as quais legislam", págs. 501 e ss.: "os homens são governados por diversas sortes de leis: pelo Direito Natural; pelo Direito Divino, que é o da religião;

Por isso tenta estebelecer um relacionamento entre as leis de cada sistema – de cada Estado – e as dos vários sistemas – dos vários Estados[2087] –, avultando a compreensão da origem de todos eles[2088]. Precisamente por este motivo, se afirma que existe uma assinalada diferença entre o seu referencial de ideias e o Pensamento de Vico, já que a Montesquieu falha a concepção de dinâmica social e de sucessão genética das formas sociais presente no napolitano.

Espiritualista e teísta, "fenomenista" segundo a linguagem kantiana, Condillac aplica a sua análise ao estudo da História, da Economia política e outras Ciências, procurando em termos psicológicos uma sistematização dos fenómenos. Não sendo, em sentido verdadeiro, um enciclopedista, foi amigo pessoal de Diderot, partilhando algumas das suas concepções[2089]. Também por isso se dedicou pouco à política, estando bastante mais virado para a reflexão ôntica, e para as matérias da Economia política, onde efectivamente o seu nome sobressaiu.

2.3. Liberdade de pensar e devoção religiosa

Fénelon, sendo embora Autor que viveu a maior parte da sua existência no séc. XVII, pode inserir-se numa espécie de pré-liberalismo "Atlântico" de feição aristocrática[2090], de que Montesquieu seria expoente máximo.

No que respeita ao seu posicionamento, enquanto eclesiástico e político, nas matérias inerentes à Liberdade de consciência e à tolerância religiosa, fica claro que

---

pelo Direito Eclesiástico, também chamado Canónico, que é o da ordem da religião; pelo Direito das Gentes, que podemos considerar como o Direito Civil do universo, no sentido que cada Povo é um dos seus cidadãos; pelo Direito Político geral, que tem como objecto esta sabedoria humana que fundou todas as sociedades; pelo Direito Político particular, que concerne a cada sociedade; pelo direito de conquista, fundado no facto de um Povo ter querido, podido ou tido necessidade de fazer violência a outro; pelo Direito Civil de cada sociedade, segundo o qual um cidadão pode proteger os seus bens e a sua vida contra qualquer outro cidadão; por fim pelo direito doméstico, que vem do facto de uma sociedade ser dividida em diversas famílias, que precisam de um Governo particular." Veja-se Carl J. Friedrich, *Perspectiva histórica da filosofia do direito, apud* José Adelino Maltez, *Princípios...*, II, pág. 337.

[2087] Isaiah Berlin, "Montesquieu", *Contra la Corriente. Ensayos sobre Historia de las Ideas*, pág. 224.: "Es difícil ver cómo esta doctrina, que es la base de la gran escuela alemana de la jurisprudencia histórica, de la historiografía francesa posrevolucionaria, de las varias teorías sociológicas modernas del derecho, pueden reconciliarse con la creencia en reglas universales, invariables, eternas, válidas igualmente para todos los hombres, en todos los sitios, en todos los tiempos – reglas descubiertas por la facultad de razón como fue concebida por Descartes o Leibnitz, esto es, como medios no naturales para percibir verdades eternas – cuya noción para derribarlas ha sido el gran servicio histórico de Montesquieu."

[2088] José Adelino Maltez, *Princípios...*, II, pág. 337: "Aquilo que Montesquieu entende como o *espírito das leis*, implicando a procura da chamada *causalidade circular*, a determinação da estrutura interna de cada sistema." No mesmo sentido D. J. Manning, *Modern Ideologies*, pág. 68.

[2089] Paul Janet, II, pág. 483.

[2090] Lucien Jaume, *La liberté et la loi*, págs. 49 e 50: "dans la légende qui s'est attaché à la figure de Fénelon au XVIII ème et au XIX ème siècle, il a passé pour un défenseur des idées libérales. (...) C'est en 1697 que Fénelon reçoit l'ordre de ne plus paraître à la Cour, à la suite des débats suscités par l'*Explication des maximes des saints*. La doctrine du pur amour est condamnée par un bref du pape (le 12 Mars 1699) à la demande expresse du roi et de Bossuet, qui sont des hésitations que mettait Rome à se prononcer. Lorsque, contre la volonté de son auteur, paraît le *Télémaque*, la même année 1699, la disgrâce de Fénelon est définitive: l'ouvrage (...) fut aussitôt compris comme une satire du pouvoir et de l'esprit de Louis XIV."

se pauta no sentido positivo desta última[2091]. E, neste contexto, a necessária referência ao problema da religião, em que tem opinião diversa da de Bossuet já que admite que o soberano não tem Poder senão sobre as acções externas dos sujeitos e não sobre a sua actividade interna[2092]. Trata-se de conclusão relevante partindo de quem parte e a ser acentuada, exactamente nos mesmos termos em que Voltaire a entendeu fazer.

Mesmo antes de ponderar a magna Obra de Montesquieu, convirá dizer umas breves palavras acerca do seu Pensamento no que respeita às ideias religiosas, o que significa atender à Liberdade de consciência e à tolerância religiosa[2093]. É sobretudo nas *Lettres Persanes* que este ponto ganha maior acuidade, uma vez que "on remarque que ceux qui vivent dans les religions tolérées se rendent ordinairement plus utiles à leur patrie que ceux qui vivent dans la religion dominante, parce que, éloignés des honneurs, ne pouvant de distinguer que par leur opulence et leurs richesses, ils sont portées à en acquérir par leur travail et a embrasser les états de la société les plus pénibles"[2094].

Significa isto, e não é mesmo preciso rebuscar mais, que existe no Autor uma decidida abordagem da tolerância religiosa, facto em que se sustenta para reclamar contra as múltiplas guerras religiosas até então verificadas. Tudo por força da falta de flexibilidade de quem detém as rédeas do Poder em ordenar uma tal situação. Também neste ponto vai buscar os seus contributos a Inglaterra, sendo alvo de reverenciais elogios por Voltaire.

[2091] François de Salignac de La Mothe-Fénelon, "Principes fondamentaux d'un sage gouvernement", *Écrits et Lettres Politiques*, pág. 91. De facto, "quand les rois se mêlent de religion, au lieu de la protéger, ils la mettent en servitude. Accordez donc à tous la tolérance civile, non en approuvant tout comme indifférent, mais en souffrant avec patience tout ce que Dieu souffre, et en tâchant de ramener les hommes par une douce persuasion." Veja-se *Histoire de la Vie et des Ouvrages de Messire François de Salignac de la Mothe-Fénelon, Archevêque Duc de Cambray*, Amsterdam, 1751, pág. 226.

[2092] Idem, *Essai sur le gouvernement civil*, apud Paul Janet, II, pág. 295: "Nul souverain, (...) ne peut exiger la croyance intérieure de ses sujets sur la religion. Il en peut empêcher l'exercice public, ou la profession ouverte de certaines formules, opinions ou cérémonies, qui en peut troubler la paix de la république, par la diversité et multiplicité des sectes: mais son Autorité ne va plus loin... *On doit laisser les sujets dans une parfaite liberté d'examiner, chacun pour soi, l'Autorité et les motifs de crédibilité de cette révélation.*"

[2093] Montesquieu, *Lettres persanes*, Lettre LXIX, pág. 133: "Les philosophes les plus sensés qui ont réfléchi sur la nature de Dieu ont dit qu'il était un être souverainement parfait; mais ils ont extrêmement abusé de cette idée: ils ont fait une énumération de toutes les perfections différentes que l'homme est capable d'avoir et d'imaginer, et en ont chargé l'idée de la divinité, sans songer que souvent ces attributs s'entr'empêchent, et qu'ils ne peuvent subsister dans un même sujet sans se détruire. Les poètes d'Occident disent qu'un peintre ayant voulu faire le portrait de la déesse de la beauté, assembla les plus belles Grecques, et prit de chacune ce qu'elle avait de plus gracieux, dont il fit un tout pour ressembler à la plus belle de toutes les déesses. Si un homme en avait conclu qu'elle était blonde ou brune, qu'elle avait les yeux noirs ou bleus, qu'elle était douce et fière, il aurait passé pour ridicule. Souvent Dieu manque d'une perfection qui pourrait lui donner une grande imperfection: mais il n'est jamais limité que par lui-même: il est lui-même sa nécessité: ainsi, quoique Dieu soit tout-puissant, il ne peut pas violer ses promesses, ni tromper les hommes. Souvent même l'impuissance n'est pas dans lui, mais dans les choses relatives; et c'est la raison pourquoi il ne peut pas changer les essences. Ainsi il n'y à point sujet de s'étonner que quelques-uns de nos docteurs aient osé nier la prescience infinie de Dieu, sur ce fondement qu'elle est incompatible avec sa justice."

[2094] Idem, *ibidem*, Lettre LXXXVI, pág. 161.

Porque preza a lei e é função dela que todos os seus raciocínios se colocam, também a Liberdade individual só pode ser explicada no quadro mais vasto da ideia de Liberdade e por íntima conexão com a Liberdade política.

Montesquieu defende, como seria de esperar, a Liberdade de pensamento e a Liberdade de imprensa, tal como era entendida em Inglaterra, uma vez que "(...) para gozar da Liberdade, é preciso que cada qual possa dizer o que pensa, e, para conservá-la, é preciso que cada qual possa também dizer o que pensa, um cidadão, neste Estado [a Inglaterra], diria e escreveria tudo o que as leis não lhe proibissem expressamente dizer ou escrever"[2095]. Como quer que seja, a Liberdade de pensamento, sob qualquer das formas que manifesta, admite o pressuposto de que "numa Nação livre, muitas vezes é indiferente que os particulares raciocinem bem ou mal; é suficiente que raciocinem: daí vem a Liberdade que protege dos efeitos destes mesmos raciocínios"[2096].

É esta Liberdade de pensamento que preserva a consciência individual e da qual os ingleses têm grande prática especialmente pela via da Liberdade de imprensa. Muito ao contrário, nos países despóticos, a questão é bem mais simples para Montesquieu; na verdade, pouco importa que se raciocine bem ou mal, porque o grave e que constitui por si só delito é pensar[2097].

A propósito de religião e dos crimes e penas que contra ela podem ser formulados, Montesquieu tem ideias acerca da relação entre os dois Poderes, político e eclesiástico. Na verdade, é mesmo muito claro ao escrever que "(...) nunca pretendi fazer com que os seus interesses cedessem ante os interesses políticos, e sim uni-los (...)"[2098]. Retomando a tipologia dos Governos, entende que o Governo monárquico é mais próprio à religião cristã, enquanto o despótico à maometana[2099] e, em simultâneo, a religião católica é mais conveniente a uma monarquia e a protestante a uma república[2100].

As razões para fazer esta afirmação estribam na ideia que defende que "os Povos do norte [protestantes] têm e sempre terão um espírito de independência e de Liberdade que os Povos do sul não têm, e uma religião que não tem objecto visível é mais conveniente à independência do clima que uma que o não tenha. (...). Nos próprios países onde a religião protestante se estabeleceu, as revoluções foram feitas no plano do Estado político".

Por isso é que "quando a religião condena coisas que as leis civis devem autorizar, é perigoso que leis civis não autorizem por seu lado o que a religião deve condenar, pois uma destas coisas sempre indica um defeito de harmonia e de exactidão nas ideias que contamina a outra"[2101].

No que respeita à tolerância religiosa[2102], aspecto que é alvo dos conhecidos elogios da parte de Voltaire, admitindo que o Estado a aceita, justifica-se que as várias

---

[2095] Idem, *ibidem*, XIX, pág. 334.
[2096] Idem, *ibidem*, XIX, pág. 339.
[2097] Idem, *ibidem*, XIX, pág. 339.
[2098] Idem, *ibidem*, XXIV, pág. 465.
[2099] Idem, *ibidem*, XXIV, págs. 467 e ss.
[2100] Idem, *ibidem*, XXIV, págs. 469 e ss.
[2101] Idem, *ibidem*, XXIV, págs. 474 e 475.
[2102] Idem, *ibidem*, XIX, pág. 337: "Com relação à religião, como neste Estado cada cidadão teria a sua própria vontade e seria, por conseguinte, conduzido por suas próprias luzes, ou por seus caprichos, aconteceria ou que todos tinham muita indiferença por toda a sorte de religião, qualquer que fosse a sua espécie, em função de que todos seriam levados a abraçar a religião dominante; ou que se demonstraria zelo pela religião em geral, em função de que as seitas se multiplicariam."

religiões se tolerem entre si; "um cidadão não satisfaz às leis contentando-se em não incomodar o corpo do Estado; é preciso também que ele não incomode qualquer outro cidadão"[2103]. Ora e no caso de não haver tolerância religiosa[2104], isso apenas significa que um Estado já está satisfeito com essa religião; justifica-se (?) que não tolere outra. É uma visão conservadora de Montesquieu e algo patrocinado pelas suas características anti-jansenísticas.

Em sequência, aporta a parcela mais interessante – porque directamente aplicada ao caso português – e um recado directo de Montesquieu, sob forma de uma "muito humilde exortação aos inquisidores da Espanha e de Portugal"[2105]. "Uma judia de dezoito anos, queimada em Lisboa no último auto-de-fé, deu origem a esta pequena Obra; e penso que foi a mais útil jamais escrita. Quando se trata de provar coisas tão claras, estamos certos de não convencer." Neste trecho está presente o levantamento das questões que a Inquisição acusava os judeus e a forma pela qual eles se costumavam defender. Salientem-se duas passagens significativas: "Vós, que nos matais, nós que só acreditamos no que vós acreditais, porque não acreditamos em tudo o que acreditais. Professamos uma religião que vós mesmos sabeis que foi outrora querida por Deus: nós pensamos que Deus ainda a ama, e vós pensais que ele não a ama mais; e, porque vós pensais assim, fazeis passar pelo ferro e pelo fogo aqueles que se encontram no erro tão perdoável que é acreditar que Deus ainda ame o que já amou (...)."

Outro excerto em que aborda um tema diverso e tem especial significado pelo apelo à mudança que faz em função das "Luzes do século" é particularmente expressivo: "Viveis num século em que a luz natural está mais viva do que nunca esteve, em que a filosofia esclareceu os espíritos, em que a moral do vosso Evangelho foi mais conhecida, em que os direitos respectivos dos homens uns sobre os outros, o império que uma consciência possui sobre outra consciência foram mais bem estabelecidos. Assim, se não voltais atrás em vossos antigos preconceitos, que, se não tomardes cuidado, são vossas paixões, é preciso confessar que sois incorrigíveis, incapazes de qualquer luz e de qualquer instrução; e uma nação é muito infeliz, se dá autoridade a homens como vós"[2106].

Do exposto resulta a péssima impressão que Portugal causava na Europa com o sistema perfilhado pelo Santo Ofício português, a que se somavam as implacáveis consequências que tal circunstância acarretava no concerto com a Europa culta. Ao contrário, a detestável influência que a mesma Inquisição veria como intromissão nos assuntos internos nacionais em matéria religiosa, promovida pelos Modernos ateus.

[2103] Idem, *ibidem*, XXV, pág. 193.
[2104] Idem, *ibidem*, XIX, pág. 337: "Não seria impossível que existissem (...) pessoas que não tivessem religião e que não quisessem, no entanto, tolerar que as obrigassem a trocar aquela que teriam, se tivessem alguma: pois logo perceberiam que a vida e os bens não lhes pertencem mais do que seu modo de pensar e que quem pode tirar-lhes um pode também tirar-lhes o outro."
[2105] Idem, *ibidem*, XXV, págs. 495 e ss.
[2106] Idem, *ibidem*, XXV, pág. 497.

Quanto a Turgot é um adepto da natureza[2107] e do seu poder ordenador[2108] mas, tal como Voltaire, não é ateu; será bom que não se esqueça ter sido eclesiástico durante parte da sua vida e a percepção que tem da religião cristã é aquela que a conjuga com a natureza, considerando mesmo que o Corpo Social, para poder subsistir, tem de aliar estas duas realidades: a religião e a sociedade[2109].

O trabalho é o ponto mais importante que neste domínio deve ser assinalado. Turgot, tal como Condorcet, Sieyès e outros, aponta o dedo às Ordens privilegiadas; por isso o interesse particular a que se assiste nada tem que ver com interesses corporativos. Trata-se de uma Liberdade vista enquanto Direito Natural, direito primitivo que os homens têm e de que nem eles nem ninguém pode dispor.

Em seu entender – e isto conduz o seu Pensamento mais além que a maioria dos escritores deste período que professam tendências liberais – "les lois doivent enchaîner les hommes, mais les enchaîner pour leur bonheur: il faut qu'en même temps elles s'appliquent à rendre leurs chaînes plus légères, et sachent en resserrer les chaînons avec force; qu'une heureuse harmonie entre la partie qui gouverne et la partie qui obéit, également contraire à la tyrannie et à la licence, maintienne à jamais l'ordre et la tranquillité dans l'Etat"[2110].

Como consequência, para que a Liberdade reine e se afaste a licença, convém um correcto posicionamento sobre a religião, considerando esta como uma mais valia no plano da relação entre governantes e governados, refreando a tirania dos primeiros e a licença dos segundos. Seja, pois, que a sua ideia sobre a evolução do espírito humano[2111] segue a da própria natureza, permitindo detectar o que de melhor e pior existe no homem e na inserção em sociedade, sendo certo que apenas por um correcto posicionamento em presença da compreensão desta, o indivíduo poderá pautar a sua conduta na destinação emérita que o Criador lhe conferiu[2112].

[2107] Turgot, *Œuvres de Mr. Turgot, précédées et accompagnées de Mémoires et de Notes sur sa Vie, son Administration et ses Ouvrages*, Paris, 2ª. Édition, 1881, II, pág. 54: "Les phénomènes de la nature soumis à des lois constantes, sont renfermés dans un cercle de révolution toujours les mêmes. Tout renaît, tout périt; (...) La succession des hommes, (...) offre de siècle en siècle un spectacle toujours varié. La raison, les passions, la liberté, produisent sans cesse de nouveaux événements (...)."

[2108] Idem, *ibidem*, II, págs. 37 e ss.: "La nature à donné à tous les hommes le droit d'être heureux. (...) Voilà l'image de la souveraineté nécessaire entre tous les ordres de l'État, de cette sage distribution de la dépendance et de l'Autorité qui en unit toutes les parties. De là les deux points sur lesquels roule la perfection des sociétés politiques, la sagesse et l'équité des lois, l'Autorité que les appuie."

[2109] Idem, *ibidem*, II, pág. 43: "la Religion chrétienne seule y a réussi. Elle seule a mis les droits de l'humanité dans tout leur jour. On a enfin connu les vrais principes de l'union des hommes et des sociétés; on a su allier un amour de préférence pour la société dont on fait partie avec l'amour général de l'humanité."

[2110] Idem, *ibidem*, II, pág. 45.

[2111] Idem, "Discours sur l'histoire universelle", *Œuvres de Mr. Turgot*, II, págs. 277 e ss., elogia Descartes como o Autor de uma revolução nesta área e considera que Locke, Berkeley e Condillac "sont tous des enfants de Descartes (...).".

[2112] Idem, *ibidem*, II, pág. 211: "L'homme, comme les animaux, succède à d'autres hommes dont il tient l'existence, et il voit, comme eux, ses pareils répandus sur la surface du globe qu'il habite. Mais doué d'une raison plus étendue et d'une liberté plus active, ses rapports avec eux sont beaucoup plus nombreuses et plus variés. (...) Une combinaison continuelle de ces progrès avec les passions et avec les événements qu'elles ont produit, forme l'histoire du genre-humain où chaque homme n'est plus qu'une partie d'un tout immense qui a, comme lui, son enfance et ses progrès."

Redigiu Turgot várias "Lettres sur la Tolérance"[2113] onde é possível destacar a relevância que importa à matéria da ligação permanente estabelecida com a Liberdade de consciência. Neste sentido "aucune religion n'a droit d'exiger d'autre protection que la liberté; encore perd-elle ses droits à cette liberté quand ses dogmes ou son culte sont contraires à l'intérêt de l'État", ponto que o próprio reconhece poder conduzir à intolerância, uma vez que será o Poder político a aferir da lesão deste ou aquele interesse do Estado.

Em presença destes considerandos, entende o Autor que a tolerância se assinala pela moderação de parte a parte e daí não se poder encontrar neste plano qualquer germe de perseguição religiosa[2114]. É matéria sobre a qual é conhecida a interpretação da actual pesquisa.

E porque não enquadra num quadro de intolerância a intervenção estadual senão em casos pontuais, passa à teorização do problema. Destaca-se, como pano de fundo do seu Pensamento e de acordo com um extracto da sua *Deuxième Lettre à un grand vicaire sur la tolérance*[2115] a defesa da tolerância como um bem que, em absoluto, deve ser preservado pelo Estado[2116] a todos os seus cidadãos. Donde, entender não apenas que o zelo pela tolerância religiosa deve ser uma evidência, como retém que não compete ao arbítrio da sociedade julgar se uma certa religião pode ou não ser melhor que outra[2117].

A sociedade não detém qualquer direito sobre as convicções íntimas dos indivíduos[2118]. A Liberdade no exercício das mesmas pelos indivíduos só pode ser plena, e

---

[2113] São os textos que se encontram em Turgot, "Lettres sur la Tolérance", *Œuvres de Mr. Turgot*, II, págs. 353 e ss., e "Mémoire au Roi", *Œuvres de Mr. Turgot*, VII, págs. 317 e ss., bastante mais completos que as mencionadas em *Turgot 'Laissez Faire'*, e que utilizamos em confronto com a citada recolha sempre que se justificar.

[2114] Turgot, "Lettres sur la Tolérance", *Œuvres de Mr. Turgot*, II, pág. 355: "(...) les véritables tolérants sentiront qu'il n'y a rien à craindre d'une religion vraie; ils compteront sur l'empire de la vérité. Ils sauront qu'une religion fausse tombera plus sûrement en l'abandonnant à elle-même et à l'examen des esprits tranquilles, qu'en réunissant les sectateurs par la persécution; et qu'il défense des droits de leur conscience, et de tourner vers cette défense l'activité de leur âme, qui ne manquerait pas de les diviser sur l'usage qu'ils ont à faire de ces droits, si on les en laissait jouir pleinement."

[2115] Idem, *Turgot 'Laissez Faire'*, págs. 9-11.

[2116] Idem, "Lettres sur la Tolérance", *Œuvres de Mr. Turgot*, II, págs. 355 e 356: "(...) aucune religion n'a de droit que sur la soumission des consciences. (...) L'État, la société, les hommes en corps ne sont donc rien par rapport au choix d'une religion; ils n'ont pas le droit d'en adopter une arbitrairement, car une religion est fondée sur une conviction."; idem, *Turgot 'Laissez Faire'*, págs., 9 e 10: "La société peut choisir une religion pour la protéger, mais elle la choisit comme utile, et non comme vraie; et voilà pourquoi elle n'a pas droit de défendre les enseignements contraires: elle n'est pas compétente pour juger de leur fausseté; ils ne peuvent donc être l'objet de ses lois prohibitives, et si elle n'aura pas droit de punir les contrevenants, je n'ai pas dit les rebelles, il n'y en a point où l'Autorité n'est pas légitime."

[2117] Idem, "Le droit de l'individu d'être libre (Lettre au Dr. Price, 1778)", *Turgot 'Laissez Faire'*, pág. 88; "Lettres sur la Tolérance", *Œuvres de Mr. Turgot*, II, pág. 356: "Une religion n'est donc dominante que de fait et non pas dans le droit: c'est-à-dire que la religion dominante, à parler selon la religieux du droit, ne seroit que la religion dont les sectateurs seraient les plus nombreaux."

[2118] Idem, "Mémoires et de Notes sur sa Vie, son Administration et ses Ouvrages", págs. 11 e ss., aponta o carácter de convicto crente e religioso intocável que Turgot possuía. Escreve-se a dado passo que "il a conservé, toute sa vie, ce saintement profond et raisonné, que est la base de toutes les religions, et qui dédaigne les subtilités métaphysiques et les pratiques minutieuses auxquelles presque tous les sectaires bornent leur religion."

a sociedade nunca poderá banir do seu seio quem se recusar a submeter às leis sobre a religião[2119] para seguir a sua consciência. Faz parte dos direitos fundamentais do Ser humano a Liberdade de salvaguardar as suas próprias consciências e a sociedade não tem qualquer direito a nisso intervir[2120]; quando o ouse fazer, essas leis serão sempre injustas. Nenhuma religião tem o direito de exigir qualquer outra protecção que a Liberdade, repete-se e divulga-se.

Muito embora o Estado tenha o direito a escolher, dentre as religiões toleradas e que se exercem com Liberdade, a que protege preferencialmente, nem os direitos da consciência das primeiras, nem o exercício das segundas poderão, em qualquer caso, ser superiorizadas em termos relativos.

Vai mesmo mais longe, admitindo ser falsa a visão que admite ser direito da sociedade limitar os dos particulares. "Le plus grand bien de la société, me paraît faux et dangereux"[2121].

Deve contudo alertar-se para o facto de que em determinadas circunstâncias a Liberdade de consciência, melhor, a tolerância que apregoa nem sempre são admitidas na íntegra. Isso mesmo decorre de uma observação algo dissonante do que se expôs antes: "cette religion – qualquer que ela seja – perd ses droits à cette liberté quand ses dogmes ou son culte son contraires à l'intérêt de l'État"[2122], ponto que não desenvolve naturalmente e pode significar uma mera observação de momento, uma vez que não está confirmada em qualquer outro local.

2.4. Liberdade e Propriedade

Partidário da Igualdade e da Liberdade natural dos homens, Fénelon associa a ideia da hereditariedade da Coroa nos mesmos princípios da hereditariedade das propriedades, o que apenas resulta do facto dos homens terem inicialmente prevaricado. Se no estado de natureza não havia distinção entre eles, possuindo as terras em compropriedade e sendo independentes uns dos outros[2123], por força da culpa dos homens esta harmonia desfez-se e tanto no que respeita à Propriedade dos bens quando à Liberdade dos homens e sua Igualdade.

[2119] Idem, "Lettres sur la Tolérance", *Œuvres de Mr. Turgot*, II, pág. 356. Mas pode afastar e tem por obrigação fazê-lo a superstição e o fanatismo, ponto em que Turgot encontra precisamente a tal possibilidade do Estado intervir em presença de confissões religiosas que atentem contra os próprios fundamentos do Estado.
[2120] Idem, *Turgot 'Laissez Faire'*, pág. 10: "La patrie et le citoyen sont enchaînés par des nœuds réciproques. Or, que la société n'ait aucun droit sur les consciences, c'est ce dont on ne peut douter, s'il est vrai que l'État ne soit pas juge de la religion, et qu'il ne faille pas être mahométan à Constantinople et anglican à Londres. (...)."
[2121] Idem, *ibidem*, pág. 10.
[2122] Turgot, *Lettres sur la tolérance*, apud Paul Janet, II, pág. 674.
[2123] Otfried Höffe, "La Justice politique comme égalité dans la liberté: une perspective Kantienne", *L'Égalité, Actes du coloque de mai 1985*, nº 8, pág. 171, tem uma interpretação específica para o ponto. Assim, "(...) ce serait une erreur de considérer la liberté d'action illimitée comme une toute-puissance de l'homme sur la nature. Car, dans l'hypothèse de l'état de nature, seul le rapport social de la liberté est en discussion; les limites extérieures, non-sociales du bon vouloir restent exceptées, et ne sont pas plus thématisés que les limites intérieures."

Por isso houve que estabelecer regras, valendo as mesmas quer para a Propriedade quer para a soberania[2124]. E, no que respeita a esta, não deve ser exercida sem endeusamento dos monarcas, mesmo que a monarquia absoluta não se conteste.

2.5. Poder político e Liberdade

Em Fénelon, não existe a noção de contrato de sociedade no sentido em que a sociedade se forma por força da vontade dos indivíduos primitivamente isolados, isto é, não se descortina qualquer voluntarismo na sua interpretação. A sociedade humana é anterior a todo o contrato deste tipo. Contudo, há entre o soberano e o seu Povo um contrato[2125], de que as condições impostas[2126] resultam das Leis Fundamentais que o monarca jura respeitar e defender[2127].

Para Fénelon o Poder político vem da Nação, não enquanto fonte originária do mesmo[2128] – que apenas reside em Deus – mas num quadro algo semelhante ao dos consensualistas nacionais. Fénelon entende a soberania inicial de mediação popular como atributo descendente de Deus para a comunidade que o transmite, depois, ao Rei. Não há referências ao pacto social nem ao pacto de Poder, mas sem dúvida uma evolução significativa em relação ao defendido pelos absolutistas Bossuet e Filmer, por exemplo.

Com base nas leituras de Carlyle e Sée, "(...) il s'attaque résolument à la doctrine absolutiste, à l'oeuvre de Bossuet, qu'il taxe de mauvaise foi et en laquelle il voit 'l'un des plus honteux témoignages de l'indignité de notre siècle et de la corruption des coeurs", rejeitando as doutrinas absolutas do Direito Divino e os princípios de autoridade intangível do soberano[2129]. Os guardiões da legalidade preocupavam-se, no limite, com a defesa da Autoridade régia; as Liberdades individuais e os direitos dos cidadãos eram simplesmente esquecidos.

Ultrapassando os problemas em que andou envolvido ao longo da sua vida, algo aventureira para um eclesiástico, Fénelon poderá caber na chamada categoria dos insatisfeitos com a autoridade absoluta do monarca e suas decorrências[2130]. E isto na medida em que se não desmente a necessidade da monarquia absoluta,[2131] aponta-

---

[2124] François de Salignac de La Mothe-Fénelon, "Principes fondamentaux d'un sage gouvernement", *Écrits et Lettres Politiques*, pág. 92: "La sagesse de tout gouvernement consiste à trouver le milieu entre ces deux extrémités affreuses dans une liberté modérée par la seule Autorité des lois. Mas les hommes, aveugles et ennemis d'eux-mêmes, ne sauraient se borner à ce juste milieu."

[2125] François de Salignac de La Mothe-Fénelon, *Aventuras de Telémaco*, "Les Devoirs de Royauté", *Écrits et Lettres Politiques*, pág. 51.

[2126] Idem, "Principes fondamentaux d'un sage gouvernement", *Écrits et Lettres Politiques*, pág. 92: "Celui qui gouverne doit être le plus obéissant à cette loi primitive. Il peut tout sur les peuples, mais cette loi doit pouvoir tout sur lui."

[2127] Idem, *ibidem*, pág. 93: "Ce n'est point pour lui-même que Dieu l'a fait roi. Il ne l'est que pour être l'homme des peuples, et il n'est digne de la royauté qu'autant qu'il s'oublie pour le bien public."

[2128] Ch. Urbain, "Introduction" aos *Écrits et Lettres Politiques*, pág. 19.

[2129] Henri Sée, pág. 8.

[2130] *O Investigador Portuguez em Inglaterra*, X, Setembro de 1814, "Relatorio acerca do projecto de lei de Liberdade de imprensa apresentado à camera dos Deputados em 1 de Agosto de 1814", pág. 439: "Em 1699, Talemaco, huma Obra que se supunha conter muitos ataques contra a Auctoridade, foi impressa em Paris com o previlegio d'El-Rey."

[2131] François de Salignac de La Mothe-Fénelon, "Principes fondamentaux d'un sage gouvernement", *Écrits et Lettres Politiques*, pág. 93: "Le despotisme tyrannique des souverains est un attentat sur les droits de la fraternité humaine: c'est renverser la grand loi de la nature, dont ils ne sont que les

-lhe os erros e incentiva-a a proceder a alterações[2132], ciente como está que apenas o detentor do Poder político poderá faseadamente a elas ocorrer.

Assim, o facto de se dizer que Fénelon faz parte do pré-liberalismo aristocrático é uma forma eufemística, usada por certos Autores[2133], para qualificarem aqueles que não conseguindo apartar-se das ideias da monarquia absoluta[2134], propugnam já por certa independência de ideias. Se ambos, Bossuet e Fénelon, partilham a ideia da monarquia de Direito Divino, já em termos de representatividade parecem divergir, embora a apreciação contemporânea não seja uniforme neste ponto[2135]. Havendo quem defenda que o segundo se inclinava mais em favor dos direitos políticos dos indivíduos[2136], já outros não vislumbram qualquer diferença nos pontos de vista de impossibilidade de monarquia repartida[2137].

---

conservateurs. Le despotisme de la multitude est une puissance folle et aveugle que se forcené contre elle-même. Un peuple gâté par une liberté excessive est le plus insupportable de tous les tyrans. *La sagesse de tout gouvernement consiste à trouver le milieu entre ces deux extrémités affreuses dans une liberté modérée pour la seule Autorité des lois. Mais les hommes, aveugles et ennemis d'eux-mêmes, ne sauraient se borner à ce juste milieu.*" E um pouco adiante, "*la liberté sans ordre est un libertinage qui attire le despotisme; l'ordre sans liberté est un esclavage qui se perd dans l'anarchie.*"

[2132] Idem, *Tables de Claunes*, apud Prélot e Lescuyer, pág. 280, onde se recordam os esforços desenvolvidos pelo Autor no sentido de reduzir a monarquia francesa à sua original linha de monarquia temperada. Segundo escrevem estes Autores, "ce document contient ainsi les grandes lignes d'une véritable constitution de la monarchie aristocratique", e nomeadamente, no concerne à intervenção "des 'États généraux'." Como se verá, não eram muitas diversas as propostas de Luís XVI pouco tempo antes da Revolução Francesa.

[2133] Ch. Urbain, "Introduction" aos *Écrits et Lettres Politiques*, págs. 11 e ss. dá conta das várias facetas que no plano da interpretação do seu posicionamento político já foram atribuídos a Fénelon. Aqui apenas se considera o seu papel em termos de influência que manifestamente se sente dos seus trabalhos para um pré-liberalismo, o que não nos desobriga de dar nota da interpretação contrária. Assim e em resumo, "Pour les uns, l'archevêque de Cambrai, en avance sur son temps, est le précurseur de la Révolution et même un ancêtre du socialisme et du 'pacifisme'; pour les autres, c'est un réactionnaire, qui rêva de ramener la France au régime de la féodalité. Aux yeux des uns, c'est un apôtre de la tolérance et de la liberté, tandis que les autres voient en lui un esprit dominateur qui poussa à l'extrême la manie de la réglementation. (...) Les uns admirent en lui le citoyen passionné pour le bien public, que s'efforce d'éclairer l'Autorité sur les dangers qu'elle fait courir au pays; si l'on en croit les autres, c'est un ambitieux raffiné qui voulut être premier ministre et ne se consola point d'être toujours éloigné du pouvoir."

[2134] François de Salignac de La Mothe-Fénelon, "Examen de Conscience sur les Devoirs de la Royauté", *Écrits et Lettres Politiques*, pág. 33: "Le Roi est le premier juge de son État: c'est lui qui fait les lois; c'est lui qui les interprète dans le besoins; c'est lui qui juge souvent dans son conseil suivant avant son règne; c'est lui qui doit redresser tous les autres juges: en un mot, sa fonction est d'être à la tête de toute justice pendant la paix, comme d'être à la tête des armées pendant la guerre (...).".

[2135] Henri Sée, págs. 3 e 4: "Fénelon ne conteste nullement le principe de l'Autorité souveraine, déclarer, commme Bossuet, que la révolte n'est jamais permise et considère que la monarchie est le meilleurs des régimes. Mais il se distingue des théoriciens absolutistes par la façon dont il critique les fautes de l'administration royale. Dans sa fameuse lettre au Roi, dans son *Mémoire sur la situation déplorable de la France*, qui date de 1710, dans son *examen de conscience sur les devoirs de la royauté*, il ne se contente pas de constater les faits, il en recherche les causes, il attribue les fautes du règne à l'excès du despotisme."

[2136] Paul Janet, II, pág. 292; Pedro Calmon, *História das Ideias Políticas*, pág. 197: "Anuncia-se a 'Razão naturalística e matemática ('le pur amour de l'ordre est la source de toutes ses vertus politiques') que ousa falar em conciliação da 'Liberdade do Povo com a obediência dos soberanos' e se estende ao esquema sagaz dos seus 'Plan de gouvernement'."

[2137] Prélot e Lescuyer, pág. 279.

São exemplo disso algumas das disposições das *Aventuras de Telémaco*[2138], onde os conselhos que se dão aos monarcas e aos Príncipes vão no sentido de "suavemente" encaminhar o seu pupilo e, de um modo geral os governantes, a alterações e inversões dos seus hábitos de governação[2139]. Do mesmo modo, noutros textos, manifesta-se a visão do paternalismo régio, tão ao gosto dos monarcas de períodos anteriores e que agora se retomam num diverso enquadramento político e social mas em que visão das próprias origens da sociedade não deixa de estar presente[2140].

Todas as Nações da terra são como diversas famílias de uma mesma república, de que Deus é o Pai comum. E, apresenta-se pela primeira vez num Autor desta nacionalidade, anterior à Revolução Francesa e que certamente se lhe oporia, a ideia que fará carreira nos corredores do desenvolvimento revolucionário multifacetado, e que os próprios jacobinos irão perfilhar[2141].

Em Fénelon há a perfeita consciência de que o governante, que dá as leis, a elas se deve submeter – o que é notável – [2142] sendo certo que o recto Governo não deve ser o dos homens, antes os das leis[2143]. Tanto mais isto é verdade que a ilusão do Poder pode conduzir a resultados bem nefastos, quando o seu detentor não tem a perfeita consciência de que a sua missão não "é para ele, em si", antes "para os outros, fora de si"[2144]. Muito ao contrário de se pensar acima de tudo e de todos, o monarca deve

---

[2138] François de Salignac de La Mothe-Fénelon, *Aventuras de Telémaco*, pág. 64: "(...) os Principes que nunca virão o rosto à desventura, não merecem ser felizes: dana-os a ociosidade e aliena-os a altiveza. (...) Felizes são aquelles que aborrecem os desmesurados deleites, e se satisfazem com a suavidade da vida inocente! Felizes os que se divertem doutrinando-se, e que gostam de cultivar o seu espírito por meio de sciencias (...)." Veja-se B. Köpeczi, "Fondements idéologiques. L'Idéologie de l'Absolutisme éclairé", *l'Absolutisme Éclairé*, pág. 103: "Les *Aventures de Télémaque* pouvaient être interprétées dans un sens conservateur, mais la plupart de ses lecteurs au XVIII ème siècle étaient surtout par l'image de la Sociétés idéale, dans laquelle politique et morale pouvaient être conciliés. L'influence de *Télémaque* fut d'autant plus universelle qu'on s'en servit dans les écoles comme manuel de morale et de langue, et qu'on le traduisit dans presque toutes les langues européennes."

[2139] Idem, *Aventuras de Telémaco*, pág. 262: "Bem sabes, querido Mentor, em que vaidosos sumos, e falso explendor se crião os Reis: não querem nunca ter desacertado, e para disfarçar um defeito, commettem cem. Estão mais promptos a deixar-se enganar por toda a vida, do que a confessar que se enganarão, e passar pelo trabalho de reparar os seus erros. Este o estado dos Principes pusillanimes, e implicados (...)."

[2140] Idem, "Príncipes fondamentaux d'un sage gouvernement", pág. 91: "Tout prince sage doit souhaiter de n'être que l'exécuteur des lois et d'avoir un conseil suprême qui modère son Autorité. L'Autorité paternelle est le premier modèle des gouvernements."

[2141] Idem, *ibidem*, pág. 92: "la loi naturelle et universelle, selon laquelle il veut que chaque famille soit gouvernée, est de préférer le bien public à l'intérêt particulier. Si les hommes suivant cette loi naturelle, chacun ferait par raison et par amitié ce qu'il ne fait à présent que par intérêt ou par crainte." Veja-se *Histoire de la Vie et des Ouvrages de Messire François de Salignac de la Mothe-Fénelon, Archevêque Duc de Cambray*, pág. 228.

[2142] Idem, "Examen de Conscience sur les Devoirs de la Royauté", *Écrits et Lettres Politiques*, pág. 30: "Ne vous êtes-vous point imaginé que l'Évangile ne doit point être la règle des rois comme celle de leurs sujets; que la politique les dispense d'être humbles, justes, sincères, modérés, compatissants, prêts à pardonner les injures?"

[2143] Idem, *ibidem*, pág. 33: "Bien juger, c'est juger selon les lois. Pour juger selon les lois, il les faut savoir."

[2144] Idem, *Aventuras de Telémaco*, págs. 57 e 58: "Venturoso, dizia Mentor, he o Povo, regido por hum Principe asisado! Vive em dita, e abastado, e ama aquelle, a quem deve a sua ventura. Assim he, que eu, ó Telemaco, continuava elle, deves de reinar, e constituir a alegria dos teus Povos: se os deoses te permittirem recuperar o reino de teu pai ama os teus Povos como a filhos, e toma o

consciencializar-se de que "o verdadeiro Rei, he todo dos seus vassallos, e a elles se deve dar todo (...) antepõem o bem do seu reino à sua propria reputação"[2145] e não praticam o despotismo causador da destruição do seu próprio Estado[2146]. E o mesmo raciocínio vale para os vassalos[2147].

Segundo confirma, "quand l'Autorité suprême est donc une fois fixée par les lois fondamentales dans un seul, dans peu, ou dans plusieurs, il faut en supporter les abus, si l'on ne peut y remédier par des voies compatibles avec l'ordre"[2148]. O Rei poderá "tudo sobre os Povos"; as leis podem "tudo sobre ele"[2149]. E isto é, como bem se percebe, uma nítida interpretação em que os princípios do Liberalismo demonstram o afastamento definitivo entre Bossuet e Fénelon.

Sendo a realeza uma "função de serviço", o Rei "est l'esclave de tous ceux auxquels il paraît commander; il este fait pour eux; il se doit tout entier à eux; il est chargé de tous leurs besoins, il est l'homme de tout le peuple et de chacun en particulier"[2150]. A sua Autoridade deriva do Povo e dos comandos normativos[2151], aos quais não se pode eximir tal como os seus vassalos[2152]. Por esta via se entende o seu paternalismo no sentido em que o Rei é pai dos seus súbditos, devendo demonstrar-se digno dessa missão porque Deus ao torná-lo Rei, segundo a tese da origem divina do Poder político, não o fez "para si" mas "para eles."

Diga-se, mais, que Fénelon preconizava a existência de uma Lei Fundamental[2153], a que correspondia o bem público e que deveria orientar-se no sentido dos três Poderes

gosto de ser delles amado (...). Os Reis que só tratam de fazer-se temidos, e de oprimir os vassalos, para os terem mais sobmissos são flagellos da humanidade: sim, são temidos, como elles querem, mas tambem são odiados, e abominados, e com mais razão devem temer-se dos seus vassallos, do que os vassallos delle."

[2145] Idem, *ibidem*, pág. 229.

[2146] Idem, *ibidem*, pág. 249: "(...) aquelles Paizes, em que he mais absoluto o dominio dos Soberanos, são aquelles em que os Soberanos são menos potentados. Tudo tomão, tudo arruinão, são os unicos senhores de todo o Estado; mas todo o estado desfallece (...) e o Rei, que não pode ser Rei se he só, e cuja grandeza pende dos seus vassallos, pouco, e pouco se vai aniquillando com o aniquillamento insensivel dos vassallos, de quem tira as suas riquezas e Poder (...)."

[2147] Idem, "Principes fondamentaux d'un sage gouvernement", *Écrits et Lettres Politiques*, pág. 93: "Le despotisme des souverains est un attentat sur les droits de la fraternité humaine: c'est renverser la grande loi de la nature, dont ils ne sont que les conservateurs. Le despotisme de la multitude est une puissance foule et aveugle qui se forcené contre elle-même: un peuple gâté par une liberté excessive est le plus insupportable de tous les tyrans."

[2148] Idem, *ibidem*, pág. 94.

[2149] Idem, *ibidem*, págs. 92 e 93.

[2150] Idem, *Œuvres, apud* Lucien Jaume, *La liberté et la loi*, pág. 52.

[2151] Idem, "Principes fondamentaux d'un sage gouvernement", *Écrits et Lettres Politiques*, pág. 92: "L'amour du peuple, le bien public, l'intérêt général de la société est donc la loi immuable et universelle des souverains. Cette loi est antécédente à tout contrat; elle est fondée sur la nature même; elle est la source et la règle de toutes les autres lois."

[2152] Idem, *Œuvres, apud* Lucien Jaume, *La liberté et la loi*, págs. 52 e 53: "L'Autorité qu'il paraît avoir n'est point la sienne; il ne peut rien faire ni pour sa gloire ni pour son plaisir: son Autorité est celle des lois; il faut qu'il leur obéisse pour en donner l'exemple à ses sujets."

[2153] Idem, "Examen de Conscience sur les Devoirs de la Royauté", *Écrits et Lettres Politiques*, pág. 35: "Avez-vous étudiez les lois fondamentales et les coutumes constantes qui ont force de la loi pour le gouvernement général de votre nation particulière?"

no exercício da autoridade, que enuncia como "pouvoir sur les actions, pouvoir sur les personnes, pouvoir sur les biens"[2154].

Eis aqui uma assunção secante dos valores preconizados pelo pré-liberalismo europeu, uma vez que mantém a origem divina do Poder político mas assume a relevância do cumprimento universal das Leis Fundamentais. Estes motivos justificam a sua inserção nesta fase da exposição e apontam em Fénelon algo de precioso para a presente reflexão: o Rei apenas deterá a sua Autoridade na medida em que se submeta às Leis Fundamentais, secundarizando sob forma voluntária a sua própria pessoa. Se isto não quebra um dos axiomas essenciais da monarquia absoluta, desconhece-se que interpretação dar.

Como consequência, ao contrário de Bossuet, em Fénelon não existe a figura pública do monarca que em si contém o somatório das vontades de todos. O Rei não substitui o Povo nem o apaga[2155]; deve agir sempre em função da justiça e aceitar de bom grado os comandos da lei.

Partindo do pressuposto das ideias avançadas acerca da responsabilidade que o Rei tem para com Deus, e da forma pela qual dele se deve desincumbir, é do mesmo modo verdadeiro que o monarca existe em função dos seus súbditos e da felicidade destes, e não como alguém que os deva olvidar ou subalternizar durante a governação.

Por esse motivo o exercício da actividade governativa é perigosa, apenas devendo ser deferida a quem seja virtuoso por princípio e se comporte segundo tal norte no exercício da sua actividade.

Todas as formas de Governo são boas desde que os chefes de Governo não ajam em benefício pessoal;[2156] contudo, o ideal será uma monarquia hereditária, temperada pela aristocracia e assumindo o seu controle por uma representação nacional. A Liberdade sem ordem é libertinagem – licença – que conduz ao despotismo; a ordem sem Liberdade é uma escravatura que se perde na anarquia. Se os soberanos não reconhecerem estas verdades, "ils sapent le fondement de leur puissance: il viendra une révolution soudaine et violente, qui, loin de modérer leur Autorité excessive, l'abattra sans ressource"[2157].

Assim se consegue conciliar a Liberdade do Povo com a obediência aos soberanos, tornando os homens bons cidadãos e fiéis súbditos, submetidos sem serem escravos, livres sem serem loucos. O amor da ordem é, segundo Fénelon, "la source de toutes ses vertus politiques, aussi bien que de toutes ses vertus divines. La même unité de principes règne dans tous ses sentiments"[2158].

Fénelon foi Autor inovador para a sua época e, especialmente, para o país em que vivia e onde parte do seu Pensamento seria recebido com desconfiança. Não se estranhem as considerações que tece sobre a origem da sociedade nem o facto de defender a monarquia. A soberania poderá ser partilhada no exercício da governação. Mas assinale-se a predilecção pelos Governos moderados, em que o Poder do Rei

---

[2154] Paul Janet, II, pág. 295; Pedro Calmon, *História das Ideias Políticas*, pág. 197, por relação à reorganização dos Estados Gerais franceses.

[2155] François de Salignac de La Mothe-Fénelon, *Écrits et Lettres Politiques*, pág. 93: "Le despotisme tyrannique des souverains est un attentat sur les droits de la fraternité humaine: c'est renverser la grande loi de la nature, dont ils ne sont que les consécrateurs."

[2156] Idem, *ibidem*, pág. 94.

[2157] Idem, *ibidem*, pág. 95.

[2158] Idem, *ibidem*, pág. 96.

seja assistido pelo dos representantes da Nação, sendo certo que sem este tipo de comportamento o Reino será conduzido à desordem e à ruína.

Quanto à interpretação do papel das Leis Fundamentais, nada de estranho nelas se nota em relação à interpretação que fazemos do Autor. Porque a elas se encontra submetido o monarca, de tal sorte que é possível vislumbrar um Governo de leis e não um governo pessoal que apenas se submete às prescrições da divindade e da natureza, Fénelon é revolucionário para a época em que viveu.

Quando Montesquieu produziu a sua Obra, era cedo para se pensar que o Contratualismo Moderno se poderia transformar nas teorias da soberania popular ou nacional. Ele, o Contratualismo, serviu para firmar racionalmente o Absolutismo, num terreno do Direito Natural, recuperando a tese da soberania introduzida por Bodin, a que inverteu os pressupostos na consideração da sua origem humana mas não retirando dessa inversão quaisquer consequências práticas. E, para o Autor, o Absolutismo era o principal inimigo, procurando dar resposta cabal à preocupação que o mesmo se transformasse, em França na arbitrariedade[2159]. Portanto, originava, também, uma crítica à teoria da soberania em Hobbes, como "teórico moderno da identidade entre soberania e despotismo"[2160], que Montesquieu detestava cordialmente[2161].

Previne Montesquieu, para os diversos sentidos que "Liberdade" poderia ter, sendo de registar a sua acutilante observação de que "não existe palavra que tenha recebido tantos significados e tenha marcado os espíritos de tantas maneiras quanto a palavra Liberdade"[2162], tendo de se proceder a distinção entre Liberdade filosófica e Liberdade política[2163]. Se a primeira "é um mero exercício da vontade", já a segunda "não pode apresentar tal fisionomia difusa". É verdade que nas democracias o Povo parece fazer o que quer[2164]; mas a Liberdade política não consiste em se fazer o que

---

[2159] Jean-Jacques Chevallier, *Les Grandes Œuvres Politiques. De Machiavel a nous jours*, pág. 117: "Le despotisme, insulte à la nature humaine!"

[2160] Isaiah Berlin, "Montesquieu", *Contra la Corriente. Ensayos sobre Historia de las Ideias*, pág. 230: "El despotismo no es menos despótico porque sea entusiasta o auto infligido. Los esclavos voluntarios siguen siendo esclavos. Esta nota no se vuelve a escuchar hasta Benjamin Constant y la reacción liberal contra jacobinos y legitimistas por igual."

[2161] Montesquieu, *O Espírito das Leis*, II, pág. 28. Note-se que se trata de um dos Autores que se refere ao despotismo como um tipo de Governo que existe apenas em certas monarquias, como nas orientais, assim fazendo a perfeita diferença entre monarquias onde há o Governo de "um" com Leis Fundamentais, do Governo de "um" sem Leis Fundamentais. O despotismo é o constrangimento; a monarquia a honra!

[2162] Idem, *ibidem*, XI, pág. 165. Este ponto deve ser lido tomando em considerações que depois irá tecer em XIX, págs. 315 e ss. versando as leis em sua relação com os princípios que formam o espírito geral, os costumes e as maneiras de uma Nação.

[2163] Idem, *ibidem*, pág. 166.

[2164] *O Investigador Portuguez em Inglaterra*, XI, Dezembro de 1814, "Outlines of the Science Politics, for the use of Universities in the States of Western Europe", pág. 255: "esta definição contem a maior heresia politica que já mais se imaginou; e he directamente contraria á experiencia de todas as naçoens civilizadas, e á natureza da couza em si mesma. Porque a multidão, ou o Povo, não se pode governar a si mesmo he que he absolutamente necessario ter hum Governo á cabeça. O querer que a palavra Democracia signifique o Governo do Povo, he tãobem outro erro (...) Em a nossa linguagem moderna nos deveriamos empregar sempre a palavra Aristocracia, quando se fala de Governos republicanos, ainda os mais livres." Como se pode verificar, o génio Montesquieu, precisamente porque o era, suscitou as mais diversificadas interpretações e a controvérsia prolongou-se ao longo dos séculos.

se quer. Num Estado, isto é, numa sociedade em que existem leis, a Liberdade só pode consistir em poder fazer o que se deve querer em não ser forçado a fazer o que não se tem o direito de querer. Deve-se ter em mente o que é a independência[2165] e o que é a Liberdade[2166].

A Liberdade é "o direito de fazer tudo o que as leis permitem; e se um cidadão pudesse fazer o que elas proíbem ele já não teria Liberdade, porque os outros também teriam este Poder."

Torna-se claro e evidente um plano de abordagem da Liberdade política do cidadão, importando acentuar os possíveis paralelos entre Locke e Montesquieu. Para o primeiro, a Liberdade posiciona-se num plano externo, relacionado com as leis e os limites que estas impõem ao exercício da Liberdade, questão que para Hobbes, por exemplo, não era alvo de preocupação. Quanto a Montesquieu, retoma o problema mas desenvolve-o não apenas no sentido de desincentivar a licença, mas igualmente porque se fosse possível a algum cidadão levar por diante acções que as leis proíbem, já não haveria Liberdade.

Além disto, preconiza-se a ligação entre Liberdade e responsabilidade, entre responsabilidade e direitos doutrem. Donde, e na sequência do Pensamento anterior, a Liberdade – e reforça-se esta ideia – já não pode ser enquadrada como mero problema individual ou pessoal, antes como problema colectivo, exigindo uma organização coactiva que garantisse a possibilidade do seu exercício por forma comum a todos. De outro modo, a exigência da Liberdade não é, para Montesquieu, uma exigência universal da natureza humana, antes corresponde a um salutar equilíbrio das forças sociais em presença, onde nenhuma delas deve ser sacrificada.

A Liberdade é voluntarismo e segurança porque se constitui como um Poder de fazer o que se deve querer. É isso que ainda hoje acontece; esta é ainda uma definição actual e constante de Liberdade política nos dias que correm sob o ponto de vista dos indivíduos, no pressuposto de uma lei democraticamente estabelecida e respeitadora da autonomia dos mesmos.

Assim sendo, há um nítido afastamento entre a concepção de Montesquieu e a de Pufendorf, uma vez que para o primeiro a obrigação parte do constrangimento legal, pautando-se como uma lei de Liberdade que não resulta de um acto de soberania do monarca, mas do fecundo equilíbrio dos Poderes constitucionais. Mas também no plano moral se nota a divergência, uma vez que ao colocar a Liberdade acima da felicidade, da paz ou da virtude, sempre se torna suspeito e algo impopular a revolucionários ou a seus opositores.

Daí a divergência neste plano entre Locke e Montesquieu, porque o primeiro não pôde elaborar uma doutrina da separação de Poderes – que em bom rigor não é de separação mas de equilíbrio, apesar do que dizem os críticos do Autor – em

---

[2165] Montesquieu, *O Espírito das Leis*, XI, pág. 166.
[2166] Jean-Jacques Chevallier, *Les Grandes Œuvres Politiques. De Machiavel a nous jours*, pág. 119: "Il y a un manque secret d'homogénéité entre les premiers livres de *L'Esprit des Lois* et le livre XI, que traite 'des lois qui forment la liberté politique dans son rapport avec la constitution' – livre le plus fameux de tout l'ouvrage, le seul, on eu peut jurer, qui soi encore sinon lu, tout au moins parcouru par les esprits pensés d'aujourd'hui. Le lecteur qui vient de quitter la théorie des gouvernements a l'impression, en s'enfonçant dans ce livre XI, d'avoir imperceptiblement changé de paysage, et de climat; du gouvernement modéré il est passé politique, étape nouvelle dans le progrès des États; il est bien vrai que la liberté politique ne se trouve pas que dans les gouvernements modérés, mais il est vrai aussi que tous ne la comportent pas (...)."

presença do modelo que tinha presente. A questão seria, então, de subordinação de Poderes em Locke. Daí também o avanço que é possível detectar entre os dois escritores[2167], uma vez que para as ideias liberais de Locke a disciplina entre os Poderes não questionava a estrutura orgânico-institucional do sistema, precisamente porque ele trabalhava com o caso inglês. Para o presente Autor, o equilíbrio dos Poderes é a condição da Liberdade individual e política e será sempre assim interpretado depois dele. Trata-se de facto político-ideológico que não merece contestação depois da sua doutrinação no plano do Liberalismo clássico, e que apenas os partidários do Absolutismo esclarecido contestam.

Montesquieu tinha um modelo distinto, a sua própria França, onde a uma soberania absoluta do Rei só se poderia contrapor outra soberania absoluta, a do Povo. Do compromisso de Locke que originou a estrutura institucional inglesa veiculada pela *Glorius Revolution* e admitia uma repartição de Poderes entre Povo e monarca, por força das Câmaras legislativas, segue-se a ponderação de Montesquieu para quem a soberania do Povo não é questionável e se verifica em função de uma análise do exercício desse mesmo Poder em termos legítimos, mais que na investigação da legitimidade da forma pela qual a sociedade se instituiu, assumindo como ponto de debate ideal a Constituição inglesa.

Este será, por sua vez, o traço distintivo do seu Pensamento em presença de Rousseau. A questão prática que se descortina é a oposição entre Poder e Liberdade; Montesquieu fixou por isso uma espécie de linguagem definitiva do Liberalismo[2168], ao incrementar algo que é, nos dias que correm, intuitivo: a moderação ou limitação do Poder é condição de existência da Liberdade política. Esta, ao consagrar-se constitucionalmente, transforma-se em direito individual e fundamental.

Ainda nesta mesma linha, será importante não esquecer que a Liberdade política não deve ser apenas tratada "por referência à Constituição"; "ela deve ser mostrada em sua relação com o cidadão", ideia que se traduz na divisão que já antes apresentamos por Liberdade civil[2169]. Neste contexto, ela identifica-se com "a Segurança ou na opinião que se tem da Segurança"[2170]. E ao nível das leis criminais que ela encontra uma

---

[2167] Michel Troper, "Montesquieu. L'Esprit des Lois", pág. 839: "(...) il devrait être parfaitement clair, depuis que Charles Eisenmann en a fait la démonstration, que Montesquieu ne saurait endosser la paternité, ni porter la responsabilité de cette doctrine (...). Déjà Carré de Malberg avait fait remarquer que la séparation des pouvoirs est non seulement impuissante à provoquer le résultat escompté, mais qu'elle produit nécessairement le résultat inverse."

[2168] Isaiah Berlin, "Montesquieu", *Contra la Corriente. Ensayos sobre Historia de las Ideias*, pág. 200: "por lo que toca a los aspectos liberales de sus enseñanzas – su defensa de la libertad individual, la integridad y la independencia de la administración de justicia, y las relaciones civilizadas y humanas lo mismo entre naciones que entre individuos (...)."

[2169] Dmitri Georges Lavroff, pág. 217: "Cette définition [de Liberdade filosófica por contraposição à Liberdade política em Montesquieu] correspond à la liberté civile et elle est garantie par l'existence de lois qui définissent les crimes et les peines et assurent au citoyen une justice impartiale. Parce qu'il était juriste et parlementaire et qu'il participait de l'esprit du temps, Montesquieu ne pouvait qu'être favorable à cette liberté et il développa longuement les conditions dans lesquelles les diverses formes de gouvernement pouvaient plus ou moins facilement l'assurer." Quanto a Etienne Cayret, pág. 46, entende que "il admet, avec Locke que l'objet de la société civile et du Droit est d'assurer la liberté civile. Et comme dans une société organisée, la sûreté commune, sous peine d'arbitraire, doit être organisée par la loi, 'la liberté sera le droit de faire ce que les lois permettent'. Civilement, la liberté s'arrête là où elle empièterait sur celle d'autrui."

[2170] Montesquieu, *O Espírito das Leis*, XII, págs. 197.

maior necessidade de protecção. Por isso os conhecimentos acerca do foro criminal e dos aspectos processuais inerentes ao mesmo devem estar sempre presentes e ir sendo, paulatinamente, aperfeiçoados em função da defesa da Liberdade do cidadão, como já Beccaria havia dito.

O que resulta de imediato é a verificação de que para Montesquieu a melhor garantia das Liberdades civis se busca no livre exercício da Liberdade política do cidadão. E portanto, que o Poder limite o Poder, seja que a Nação em si mesma intervenha no exercício do Poder político, como garantia de defesa dos direitos e interesses dos seus membros contra o Estado, assegurando a manutenção da Liberdade do próprio Estado.

Por outras palavras, e ainda que se trate de uma Liberdade política garantida aos cidadãos pelo Estado – e portanto como um direito individual negativo porque garantido e não exercido – a Liberdade política, ainda assim, condiciona o Poder na sua acção governativa.

Aspecto fundamental é a ideia de proporcionalidade presente em Montesquieu, que de resto não é o único a invocar, no plano das leis penais. "É o triunfo da Liberdade, quando as leis criminais tiram cada pena da natureza particular de cada crime. Toda a arbitrariedade acaba; a pena não vem mais do capricho do legislador, mas da natureza da coisa; e não é o homem que faz violência ao homem"[2171].

Depois de proceder à classificação quadripartida dos tipos criminais, onde avultam os crimes contra a religião, a tranquilidade e a segurança públicas, dedica-se a explicitá-los. No que concerne ao primeiro caso, verifica-se que há em Montesquieu a ideia da Liberdade de consciência, admitindo que deve ser o Estado a punir tudo o que se relacione com as acções externas lesivas da Liberdade. Mas já não há esse direito no que respeita às relações apenas entre Deus e o homem; neste caso, "se confundindo as coisas, o magistrado procura também o sacrilégio escondido, ele instaura uma inquisição sobre o género de acção onde ela não é necessária: destrói a Liberdade dos cidadãos armando contra eles o zelo das consciências tímidas e das consciências ousadas"[2172].

Quanto aos crimes contra a tranquilidade e contra a segurança dos cidadãos devem ser severamente punidos, sobretudo se puserem em questão "a segurança" – a vida – dos mesmos. Nestes casos e no limite, justifica-se a pena de morte[2173], ponto em que de algum modo recupera Beccaria e as suas condições de admissibilidade da pena capita. Tudo isto se justifica tendo em vista a Liberdade do cidadão. Donde resulta que Montesquieu defende que a lei deve ser certa, prevendo ela mesma e de modo estrito, tanto as infracções possíveis como aquelas penas mediante as quais devem ser punidas[2174].

Perante a Igualdade, Montesquieu entende que todos os homens nascem iguais[2175], não sendo possível confundir o "verdadeiro espírito da Igualdade com o da Igualdade extrema". Reporta-se a uma Igualdade entre iguais e a uma Igualdade relacional, mas

---

[2171] Jean Graven, "Montesquieu et le droit pénal", *La Pensée politique et constitutionnelle de Montesquieu. Bicentenaire de l'Esprit des Lois 1748-1948*, págs. 209 e ss.: "La loi pénale doit, donc, être conçue en s' inspirant de cette notion de la 'liberté politique' par rapport à l'ordre constitutionnel et à la sécurité des citoyens."
[2172] Montesquieu, *O Espírito das Leis*, XII, pág. 200.
[2173] Idem, *ibidem*, XII, pág. 201.
[2174] Idem, *ibidem*, VI, pág. 87.
[2175] Idem, *ibidem*, VIII, pág. 123.

não à Igualdade política, porque admite no "verdadeiro espírito da "Igualdade", apenas "o obedecer e comandar os seus iguais", não buscando "ter nenhum senhor, e sim só ter iguais entre senhores."

Em qualquer caso, se a Igualdade que é manifesta no estado de natureza se perde à passagem para a sociedade civil – aqui se manifestando um moderado Contratualismo –, não o é menos que esta apenas volta a ser readquirida "graças às leis". Ainda dentro do mesmo problema, Montesquieu condena a existência da escravatura, por ser contra a natureza e desnecessária "ao senhor e ao escravo"; mesmo assim admite que nos países onde domina o despotismo é mais fácil aceitar a escravatura, sendo "a condição de escravo pouco pior que a de súbdito"[2176]. Importante é a sua observação segundo a qual "a Liberdade de cada cidadão é uma parte da Liberdade pública (...)", sendo certo que "vender sua qualidade de cidadão é uma acto de tal extravagância, que não podemos supô-lo num homem"[2177].

Por força do que se expõe, Montesquieu condena a escravatura por razões do Direito Natural moderno, que não admite desfalecimento em vista da preservação da própria existência[2178]; "a escravidão é tão oposta ao Direito Civil quanto ao Direito Natural. Que lei civil poderia impedir que um escravo fugisse, ele que não está na sociedade e que, por conseguinte, nenhuma lei civil acolhe? Ele só pode ser retido por uma lei de família, ou seja, pela lei do senhor."

Só os bons Governos se preocupam em atender à natureza das coisas e emitem legislação nesse sentido; donde, Montesquieu abomina todas as situações contrárias; logo horroriza-o tudo o que permite coarctar a Liberdade aos cidadãos. Começando pelo facto de "a honra não [ser] princípio dos Estados despóticos: sendo neles todos os homens iguais, não se pode ser preferido aos outros; sendo neles todos os homens escravos, não se pode ser preferido a nada"[2179], sendo certo que a honra, conjuntamente com o constrangimento e a virtude caracterizam as três formas de Governos principais[2180].

Aplicar este monstruoso regime do despotismo a uma monarquia de direito, tal era o objectivo de dois "pequenos carcereiros da humanidade", referindo-se a Richelieu[2181] e a Luís XIV – que não cita, mas implicitamente estão presentes na sua reflexão[2182].

[2176] Idem, *ibidem*, XV, pág. 253. Mais adiante, a pág. 257 concretiza: "Em todos os Governos despóticos, tem-se grande facilidade de se vender a si mesmo: a escravidão política de alguma forma destrói a Liberdade civil."
[2177] Idem, *ibidem*, XV, pág. 254.
[2178] Idem, *ibidem*, XV, pág. 258. Mesmo naqueles países onde a escravidão é vista como fundada numa Razão natural, ela é condenável. "(...) como todos os homens nascem iguais, é preciso dizer que a escravidão é contra a natureza (...) e deve-se distinguir bem estes países daqueles onde a próprias razões naturais a rejeitam, como os países da Europa, onde foi tão felizmente abolida." "Deve-se, portanto, limitar a servidão natural a certos países particulares da terra."
[2179] Idem, *ibidem*, III, págs. 31, 37 e 38.
[2180] Marcel Prélot, "Montesquieu et les formes de gouvernement", *La Pensée politique et constitutionnelle de Montesquieu. Bicentenaire de l'Esprit des Lois 1748-1948*, págs. 119 e ss; Prélot e Lescuyer, págs. 298 e ss; Paul Janet, II, págs. 334 e ss.; Dmitri Georges Lavroff, págs. 211 e ss.
[2181] Montesquieu, *O Espírito das Leis*, V, pág. 67: "O cardeal Richelieu quer que se evitem nas monarquias os inconvenientes das companhias, que colocam dificuldades em tudo. *Se este homem não tivesse tido o despotismo no coração, tê-lo-ia na cabeça.*"
[2182] Idem, *ibidem*, VIII, pág. 126: "A monarquia perde-se quando o Príncipe tudo reduzindo a si mesmo, chama o Estado para a sua capital, a capital para a sua corte e a corte para a sua pessoa."

Quer seja como filósofo moralista, historiador ou teórico político francês, Montesquieu irá exercer considerável influência – e quase paradoxal – nas Assembleias Constituintes revolucionárias francesas[2183].

Tanto se nota, sobretudo, nas relações de oposição entre Poder e Liberdade, no pressuposto do relevante papel que a lei assume[2184], mesmo quando a tese da vontade geral rousseana em nada o entusiasma, bem ao contrário do que sucederia com os textos revolucionários[2185]. Ou seja – e aqui se retomam as antecedentes palavras acerca da oposição entre Poder e Liberdade – utiliza Montesquieu como modelo a Constituição inglesa adoptando, uma teoria da divisão dos Poderes, marcada tanto por uma ideia de equilíbrio como por uma ideia de separação, através de um sistema de pesos e contrapesos.

A análise da Constituição inglesa mostrará, de modo idealmente perfeito, o mecanismo constitucional donde derivará o máximo de Liberdade. E, assim sendo é normal que Montesquieu não se limite às regras de Direito Positivo regulando a organização e o funcionamento dos Poderes públicos e as práticas políticas, mas mais geralmente uma forma de Governo[2186]. Depois de fazer uma análise acerca das várias formas de Governo, liga-as ao próprio espaço físico onde se desenrolam, considerando o despotismo próprio dos grandes impérios, a república dos pequenos Estados e a monarquia dos médios[2187]. O Povo apenas deve intervir para escolher os seus representantes, [2188] devendo existir uma harmonia entre os vários Poderes e sendo sempre as eleições processadas segundo o método público, lei fundamental da democracia[2189].

Com isto se afasta da classificação tradicional entre monarquia, aristocracia e república, já que deixa de a encarar em função do número de governantes – um, vários, muitos – para passar a determiná-la em função das características intrínsecas do próprio Governo. Ou seja, pela ausência ou existência de Liberdade.

Defende a existência de um Governo misto, com a consequente hierarquia de Poderes, promovendo a uma associação entre a aristocracia, o Povo e o soberano,

---

[2183] Pierre Manent, *Histoire intelectuelle du liberálisme, Dix Leçons*, Calmann-Lévy, 1987, pág. 123, diz do filósofo o seguinte: "Ao visualizar a oposição entre a Liberdade e o Poder o centro do problema político, Montesquieu fixou, o que se pode chamar a linguagem definitiva do Liberalismo."

[2184] *Législation Constitutionnelle, ou Recueil des Constitutions françaises, précédées des Déclarations des Droits de l'Homme et du Citoyen, publiées en Amérique et en France*, Paris, I e II, 1820. Ao caso reportamo-nos a II, págs. 18-20, contém o texto integral da *Declaração dos Direitos do Homem e do Cidadão de 1789*; Jorge Miranda, "Textos constitucionais Estrangeiros", pág. 68; *Declaração dos Direitos do Homem e do Cidadão*, art. 5, pág. 68: "A Lei não proíbe senão as acções prejudiciais à sociedade. Tudo aquilo que não é proibido pela Lei não pode ser impedido, e ninguém pode ser constrangido a fazer o que ela não ordene."

[2185] Idem, II, pág 19; Jorge Miranda, "Textos constitucionais Estrangeiros", art. 6, pág. 68: "A Lei é a expressão da vontade geral. (...)."

[2186] Pelos dados que antes foram trabalhados, bem se percebe que enquanto na generalidade dos casos, nem os Autores nem a própria conformação dos Governos instituídos admitia uma separação entre a ideia de Constituição e a das formas de Governo, a Inglaterra, ao menos em termos teóricos, preconizava essa separação. Por isso e sendo a meta principal dos Governos a Liberdade, uma vez que em nenhuma das formas habituais e para Montesquieu se verificava essa protecção à Liberdade, só em presença da Inglaterra e da Constituição inglesa tal se verificaria.

[2187] Esta classificação assenta na perfeição no contexto dos Estados do séc. XIX, especialmente depois da formação da Santa Aliança e de todas as conturbadas sequelas que a mesma provocou.

[2188] Ideia que vai ser contestada por Rousseau, sendo recuperada por Sieyès noutro plano de análise.

[2189] Montesquieu, *O Espírito das Leis*, II, pág. 23.

isto é, uma conciliação entre o Poder e a Liberdade, admitindo que eles se opõem. E é neste sentido que Montesquieu é um histórico, um conservador, cujos contornos serão recuperados por boa parte dos moderados portugueses depois de 1820.

É possível atribuir a Montesquieu a paternidade para a Inglaterra de uma espécie de "locus classicus" da discussão do problema constitucional. A ordem jurídica é uma estrutura fixa e durável, porque tanto não depende da formalização em texto das regras constitucionais. Estando as formas e as funções dos diversos Poderes perfeitamente definidos em termos delimitadores, isso não apenas preserva a Liberdade mas a incrementa. Para já e avançando conclusões, será este o alvo preferencial dos seus críticos, mesmo dos que partilhavam as suas ideias, eram apologistas do sistema inglês e detestavam quer a anarquia quer o despotismo[2190].

Interpretando as vertentes ideias, uma primeira observação deve ser feita: Montesquieu preocupa-se pouco, em certos casos, com o rigorismo das distinções inerentes às formas de Governo, desde que se pautem pela defesa da ideia de Liberdade da sociedade. Por isso usa as expressões "república" ou monarquia" associadas em sintonia na sua defesa, o que se consegue desde que a separação de Poderes seja uma realidade. Por esta via, previne-se o despotismo do monarca, como se evita a licença programada pelas paixões a que o Povo pode estar submetido. Portanto, em qualquer dos dois casos, colocando-se a tese do balanço de Poderes em evidência, se podem alcançar os resultados desejados e o Liberalismo tanto é possível em monarquia como em república.

Por outro lado, é necessário relembrar que o Autor foi o primeiro a preocupar-se com a distinção entre "natureza de governo e o seu princípio: a sua natureza é o que o faz ser como é, e o seu princípio o que o faz agir. Uma é a sua estrutura particular; as outras as paixões que o fazem moverem"[2191]. Da natureza se extraem os princípios, no caso da democracia é a virtude; no da aristocracia a moderação ou da "crainte"; no da monarquia o da honra[2192].

Historicamente, é atribuída a Montesquieu a paternidade da doutrina da separação de Poderes, muito embora, Locke não tivesse deixado de a ela se referir[2193]. Inovou, sem dúvida, ao colocar duas regras, uma negativa – que interditava a acumulação por

---

[2190] *O Investigador Portuguez em Inglaterra*, XI, Dezembro de 1814, "Outlines of the Science Politics, for the use of Universities in the States of Western Europe", págs. 254 e ss.: "Montesquieu, hum homem do mais brilhante genio, tem sido athe agora considerado como hum dos maiores Escriptores politicos, e todavia não he dificultozo notar-lhe muitos erros essenceaes no seo famozo *Espirito das Leis*. (...) Teve a ambição de compor hum tratado político que abrangesse todas as naçoens, e que fosse aplicável a todas, sem nos dar contudo as primeiras linhas de hum único sistema. Parece ter imaginado que a parte principal da Sciencia politica consistia unicamente na exposição das tres especies de Governos, o Republicano, Monarquico, e Despotico."

[2191] Montesquieu, *O Espírito das Leis*, III, pág. 31.

[2192] Idem, *ibidem*, *Leis*, III, págs. 32 e ss.

[2193] C. Eisenmann, "L'Ésprit des lois et la separation des pouvoirs", *Mélanges Cerré de Malberg*, Paris, 1933; Pierre Manent, *Histoire Intellectuelle du liberalisme*, pág. 119 e ss.: "le libéralisme de Montesquieu n' est pas agressif ou acariâtre comme celui de Locke: Montesquieu est libéral non seulement dans ces principes, mais encore dans son humeur ou dans son ton. S'il a pu abandonner le langage 'absolutiste' lockéen, c'est qu'il est parvenu à fonder la liberté sur d'autres bases que celles fournies par le concept d'état de nature et celui de souveraineté que en est inséparable."

uma mesma Autoridade de duas funções[2194] – e outra positiva – atribuindo a função legislativa a um órgão complexo, formado de três elementos[2195], em que um deles, o Rei, também era órgão da função executiva.

Por isso e embora Montesquieu nunca renegue a ligação estreita que existe entre Deus e homens, a cuja criação presidiu, entende que o Direito Divino dos Reis é um absurdo, porque no mundo que Deus governa, é aos homens que cumpre o Governo dos homens; ao contrário de quaisquer contributos divinatórios ou qualificativos inerentes aos de Pais da Pátria atribuídos aos Reis, Montesquieu preza a Liberdade, antes do mais; para ele, "a Liberdade política só se encontra nos Governos moderados" e desde que "não se abusa do Poder"[2196], ponto em que os direitos da própria sociedade são consagrados.

Por consequência, se a Democracia – onde o Povo exerce por si o Poder – e a aristocracia – onde alguns exercitam a Autoridade – não são Estados livres, menos o será ainda o despotismo[2197]. A moderação não representa em Montesquieu um dado adquirido, uma vez que quem detém a Autoridade tem tendência para dela abusar, o que apenas significa a vigilância constante que os cidadãos devem exercer. Finalmente e na medida em que existem três Poderes fundamentais, "para que não se possa abusar do Poder, é preciso que pela disposição das coisas, o Poder limite o Poder".

Uma Constituição pode ser tal que ninguém seja obrigado a fazer as coisas que a lei não obriga e a não fazer aquelas que a lei permite[2198].

Aplicando a estes conceitos a ideia Liberdade política da sociedade – a do cidadão será focada adiante –, entende Montesquieu que é impossível esta existir quando "na mesma pessoa ou no mesmo corpo de magistratura, o Poder Legislativo está reunido ao Poder Executivo", porque será de temer que o monarca ou o senado "crie leis tirânicas para executá-las tiranicamente". O mesmo raciocínio se ajusta "se o Poder de julgar não for separado do Poder Legislativo e do Executivo. Se estivesse unido ao Poder Legislativo, o Poder sobre a vida e a Liberdade dos cidadãos seria arbitrário,

---

[2194] Montesquieu, *O Espírito das Leis*, XI, pág. 167. Pierre Manent, *Les libéraux. Textes choisis et présentés par (...)*, I, Paris, Hachette, 1986: "Dans *L'Esprit des Lois* (...) Montesquieu ne construit pas les institutions de la liberté à partir des droits de l'état de nature. – On pourrait même dire qu'il inverse le point de vue lockéen; il part du pouvoir que menace la liberté et non du droit de la fonde. Pour préserver la liberté, c'est-à-dire la sûreté et la tranquillité d'esprit des citoyens, il faut – et cella suffit – empêcher les abus de pouvoir (...).". As formas que se utilizam para o fazer serão vista adiante.

[2195] L. Althusser, *Montesquieu, la politique et la l'histoire*, Paris, PUF, 1964, pág. 219. A abordagem que Althusser faz deste entendimento é a de que estes três órgãos em que o Poder Legislativo se distribui, representassem três Poderes sociais, o Rei, os nobres e o Povo. Nesta base, seria preciso vislumbrar quem exerceria o controlo sobre quem, impedindo atitudes despóticas e, em redor desta separação mítica de Poderes, descortinar a operação real de uma partilha de Poderes entre forças políticas diversas, em que se destacava a Nobreza. Uma tal ideia manifesta-se em todos os seguidores da visão de um Montesquieu reaccionário – ou, ao menos, extremamente conservador – que mais que a exaltação da Liberdade pretendia a justificação histórica da Autoridade com recurso ao passado. Não cremos ser esta a melhor das interpretações. Montesquieu apoia-se na História francesa para se pronunciar sobre a sua Constituição histórica, no âmbito do debate entre germanistas e romanistas. Neste sentido, a posição de E. Carcassone, *Montesquieu et le problème de la constitution française au XVIIIe siècle*, Paris, 1927.

[2196] Montesquieu, *O Espírito das Leis*, XI, pág. 166.

[2197] Idem, *Lettres Persanes*, Lettre CIII, pág. 189.

[2198] Idem, *O Espírito das Leis*, XI, págs. 166 e 167.

pois o juiz seria legislador. Se estivesse unido ao Poder Executivo, o juiz poderia ter a força de um opressor"[2199].

Donde, a Liberdade política não depende de qualquer virtude superior, mas sim de um contexto institucional adequado. Este contexto pauta-se pela divisão dos Poderes; o modelo a seguir é a Constituição inglesa, as suas duas Câmaras e o seu Rei constitucional, que colaboram no Legislativo mas não sobrepõem funções.

Saliente-se que para Montesquieu a separação de Poderes não significa a independência entre órgãos, antes a sua colaboração. É importante esta precisão para que não se conclua por uma absoluta separação de Poderes, a qual não apenas emperraria o funcionamento do Corpo Político, como implicaria a deficiente percepção do Pensamento do Autor. O que ele afirmava era a impossibilidade de um mesmo órgão estadual poder exercer funções distintas em acumulação plena; antes que colaboração que se preconiza implica o respeito mútuo mas não aceita o enjeitar de responsabilidades que, sendo estaduais, são de todos os seus órgãos em uníssono.

A separação de Poderes de Montesquieu significa, tanto quanto conseguimos entender da análise dos seus escritos, algo de muito singelo: a ideia de Constituição[2200]. Porque é esta ideia que transmite a tal ideia de "colaboração" entre Poderes, de balanço entre os mesmos, não os independentiza drasticamente e patrocina o gérmen da sua actual consideração.

Sendo pois pressuposta a existência dos três Poderes, a Liberdade política do ordenamento social estará muito mais garantida quanto esses Poderes estejam bem distribuídos[2201]. E, sendo certo que se refere em detalhe a cada uma das atribuições destes Poderes, mantém que a Liberdade política da comunidade tem de estar em íntima conexão com o funcionamento dos mesmos. Ora, e no caso do Poder Legislativo, se é verdade que "em um Estado livre, todo o homem que tem supostamente uma alma livre deve ser governado por si mesmo, seria necessário que o Povo em conjunto tivesse o Poder Legislativo".

Na medida em que isto é impossível, "nos grandes Estados e sujeito a muitos inconvenientes nos pequenos, é preciso que o Povo faça através dos seus representantes tudo o que não pode fazer por si mesmo"[2202], devendo em cada lugar principal os habitantes escolher um representante para si[2203]. Montesquieu defende a existência de duas Câmaras legislativas, uma hereditária e composta pela nobreza espiritual e temporal e outra pelos representantes do Povo, claro, à semelhança do que se passa

---

[2199] Idem, *ibidem*, XI, pág. 168.
[2200] Paul Hazard, *La Pensée Européenne au XVIII ème Siècle. De Montesquieu a Lessing*, I, págs. 247 e 248: "Montesquieu a fixé pour toujours ce moment de l'histoire des idées. Tout le monde connaît les chapitres de l'*Esprit des Lois* où il a montré comment le meilleur des États était celui qui assurait le maximum d'indépendance avec le maximum de sécurité, celui où le pouvoir arrêtait le pouvoir; comment l'Angleterre était cet modèle. Où la liberté apparaissait comme dans un miroir; comment la merveilleuse vertu de la Constitution anglaise agissant en retour sur le peuple qui l'avait créée, produisait des caractères marqués, des volontés tendues, des êtres attentifs, inquiets, vigilants, passionnés, indomptables, qui acquéraient la suprématie des mers, la royauté du commerce, l'originalité de l'esprit, la mâle perfection des lettres et des arts."
[2201] Montesquieu, *O Espírito das Leis*, XI, pág. 167.
[2202] Idem, *ibidem*, XI, pág. 170. Este o sentido que será adoptado pela *Constituição de 1822*.
[2203] Idem, *ibidem*, XI, pág. 170. Na *Constituição de 1822* há algumas "nuances" a este discurso de Montesquieu. O método a seguir para as eleições dos representantes é em seguida descrito, embora não vá ser agora abordado; em momento oportuno o tema será retomado.

em Inglaterra[2204]. "O Poder Executivo deve estar nas mãos do monarca", sendo certo que a monarquia é a forma de Governo preferida por Montesquieu[2205].

Neste quadro, há outra observação a fazer: se existe uma contínua vigilância dos Poderes Legislativo e Executivo entre si, a actividade "sagrada" do monarca, por si só, tendencialmente pode subverter a situação e teoricamente apontar para uma prevalência do Executivo. Ora, isto implica um raciocínio que é dos dias que correm, e mostra contradição relativamente aos pressupostos enunciados. No sistema da monarquia, apenas a limitada admite a consagração dos princípios do Liberalismo e estes obrigam a que seja por força do sufrágio popular que o Poder Legislativo – ao caso a Câmara dos Comuns –, como o Executivo, sejam reflexo da consulta popular.

Tanto sugere que quer a "especial afeição" que porventura o monarca possa ter pelo Executivo, quer a separação de Poderes, saem desfocados. Quer o Legislativo quer Executivo têm a mesma fonte. O sistema de Montesquieu poderia pecar por este defeito em todos os casos em que estivéssemos perante monarquias limitadas ou repúblicas em que fosse ao monarca deferida a competência de nomear, a seu gosto, os ministros, independentemente da composição do Parlamento.

Teoricamente são, dois casos opostos; no primeiro rumo à democracia, a separação de Poderes é funcional e material mas com origem idêntica; no segundo a separação de Poderes é plena e a fonte donde provêm é de origem distinta.

Montesquieu não dá elementos suficientes para discutir o problema mas, ao menos, a sua teia da separação de Poderes tem esta enorme vantagem, permitindo raciocinar em termos diversos do que até então havia sucedido e constitui-se como base fundante dos futuros sucessos das "Revoluções Atlânticas", como dos organigramas institucionais dos tempos que correm. Em qualquer caso e isso é o que mais importa, ficaram lançadas as bases da Liberdade política do cidadão numa sociedade que em si mesma se propunha ser livre.

Dando a palavra a Simone Goyard-Fabre[2206], "(...) il est nécessaire – cette nécessité est un impératif – de conjurer le caractère contre-nature – de l'inflation du pouvoir pour restaurer la droite politique, rendre la société civile à sa nature et les hommes à leur vérité naturelle, qui est d'aspirer à la liberté. L'originalité de Montesquieu est de traduire cet impératif politique en termes juridiques qui ont formé de clause *constitutionnelle* (...)", em termos sabidos dos Poderes auto-limitadores.

Traduzindo: a Liberdade que o Liberalismo sufraga, apenas e por força do Constitucionalismo e da ideia de Constituição evita descambar em licença; é à Constituição que cumpre assegurar que os direitos individuais sejam garantidos e de isso se traduzir numa situação de Igualdade política própria da democracia, melhor, desde que não se esqueça que a Liberdade não deve nunca ceder perante a Igualdade.

[2204] Idem, *ibidem*, XI, pág. 172.
[2205] Idem, *ibidem*, XI, pág. 172, sendo certo que Montesquieu prefere a monarquia. Contudo, entende que não se precisa de corpos intermédios, tal como eram talhados em anteriores da monarquia, antes por Poderes subordinados, intermediários entre o Príncipe e o Povo, espécie de canais por onde flui o Poder. Por consequência, a monarquia não subsiste sem Nobreza, prerrogativas e privilégios, que tanto limita os Poderes do Príncipe como os excessos do Povo. São determinantes as considerações que estabelece em II, págs. 26 e ss., donde se retêm as frases mais significativas: "Que seria da Espanha e de Portugal, desde a perda de suas leis, sem este Poder que sozinho freia o Poder arbitrário? Barreira sempre boa quando não existe outra, pois como o despotismo causa na natureza humana males assustadores, até mesmo o mal que o limita é um bem."
[2206] Simone Goyard-Fabre, *Montesquieu, la Nature, les Lois, la Liberté*, págs. 153 e 154.

O que define a relação política para Montesquieu, não é, como na teoria da soberania absoluta, a relação de obediência, mas a conformidade à lei, que significa o fim do constrangimento e a possibilidade de agir[2207]; um direito será, um poder. Deve fazer-se o que as leis permitem e não haver uma simples submissão à lei, o que significa uma relação recíproca que liga indivíduos iguais[2208]. "A Liberdade política, em um cidadão, é esta tranquilidade de espírito, que provém da opinião que cada um tem sobre a sua segurança; e para que se tenha esta Liberdade é preciso que o Governo seja tal que um cidadão não possa temer outro cidadão"[2209].

Daqui decorre que a monarquia tenha de ser forçosamente um Governo que não se liga em primeira linha à submissão do monarca às leis, mas no modo como exercita o seu Poder político. O monarca não governa segundo as leis mas por força das leis. A existência das Leis Fundamentais é a única forma pela qual o soberano deve exercer o seu Governo, na necessária colaboração entre Rei e corpos intermédios[2210].

E, em íntima ligação com estas observações, reafirma-se que não só Montesquieu ultrapassa Locke, porque vislumbra remédios diversos da revolta contra os excessos do Poder absoluto, como encontra os meios de limitar este dentro do mesmo.

Pronunciando-se acerca deste assunto, Simone Goyard-Fabre resume o problema enquadrando os dois teorizadores do seguinte modo: "(...) Na sua época, Locke e Montesquieu haviam mostrado, cada um à sua maneira, que, quando a Autoridade política está nas mãos de um só homem, assim detentor de um Poder 'absoluto e arbitrário', o regime absolutista decorrente disso fica exposto a todas as vertigens destruidoras do despotismo".

Locke tinha oposto ao Absolutismo do tirano o direito de resistência do Povo. Montesquieu, contra a monocracia de um Príncipe, havia cinzelado o bosquejo de um regime constitucional, caracterizado pela não confusão de Poderes, isto é, pela sua distinção orgânica e, no equilíbrio das suas respectivas potências, pela complementaridade funcional"[2211]. Ou, dito por outras palavras, mesmo sem o terem nunca escrito e, eventualmente, sequer configurado, as suas ideias estiveram subjacentes – e nisso foram as primeiras – ao Constitucionalismo moderno[2212].

[2207] Claude Bruaire, *La Raison politique*, pág. 17, tem uma opinião algo semelhante, uma vez que vê na justiça os terrenos ideal para que a oposição entre força e Liberdade possa ser superada. Nesse sentido, *"le politique est la seule résolution pratique de l'antinomie* entre *la force* et *la liberté*, au moyen de *la justice*. Résolution qui consiste à mettre la force au *service* de la justice en faisant de celle-ci *le moyen* de la liberté."* Dito por outras palavras, os órgãos encarregues da aplicação da justiça são responsáveis em utilizar a força de que dispõem na sua execução, garantindo assim a existência da Liberdade.

[2208] Montesquieu, *O Espírito das Leis*, XI, pág. 166: "se um cidadão agir como as leis preconizam, não terá mais Liberdade, porque também os outros podem agir com um tal Poder." Preconiza-se, pois, o carácter expansivo da Liberdade.

[2209] Idem, *ibidem*, XI, pág. 168; Claude Bruaire, *La Raison politique*, págs. 17 e 18: "la liberté requiert un certain jeu, où le pouvoir du *oui*, du consentement, de l'adhésion, s'enracine dans le pouvoir du *non*, du refus, de la rupture".

[2210] Idem, II, págs. 26-28.

[2211] Montesquieu, XI, *O Espírito das Leis*, VI, págs. 83 e ss.; Simone Goyard-Fabre, *Os Princípios...*, pág. 188; John Locke, *Segundo Tratado...*, §§ 199 e ss.

[2212] C. Eisenmann, "La pensée constitutionnelle de Montesquieu", *La Pensée politique et constitutionnelle de Montesquieu. Bicentenaire de l'Esprit des Lois 1748-1948*, págs. 133 e ss.; Georges Burdeau, *O Liberalismo*, pág. 35: "O Liberalismo inglês precedeu largamente a Democracia, de tal modo que quando esta se impôs, teve de contar com uma Liberdade que, na vida quotidiana, lhe era anterior

Montesquieu, presente em primeira linha no Constitucionalismo liberal norte-americano, teve como se disse repercussões em toda a Europa Oitocentista. Foi pela sua política constitucional que ele se mostrou um dos mais fervorosos combatentes da Liberdade, "si douce liberté, si conforme à la raison, à l'humanité et à la nature"[2213]. Sabida qual a sua posição sobre o despotismo, poucas dúvidas restam quanto ao problema da tirania[2214], sendo certo que não distingue entre os dois conceitos.

A Liberdade política da sociedade é garantida pelo balanço entre os Poderes, tornando impossível a sua lesão por quaisquer arbitrariedades políticas. Os três Poderes em presença detêm, concorrencialmente, uma parcela da legitimidade política que exerce em coabitação com os demais.

Nenhuma lei pode ser adoptada senão pela sua recíproca colaboração, de tal sorte que quase parece que cada um deles detém uma espécie de veto que obriga os demais a zelarem com atenção redobrada em todo o tipo de alterações estruturais ou estruturantes que se pretenda inserir no tecido normativo.

Na medida em que há separação ou equilíbrio de Poderes e o Poder Legislativo é o receptáculo das aspirações de um Povo livre ou que luta para o ser, a Liberdade política confunde-se com a existência constitucional desse Corpo Político representativo dos cidadãos.

A ideia de que o Poder deve travar o Poder e a Liberdade dos homens deve ser protegida por forma eficaz e porque os titulares do "Poder" têm a tendência para dele abusar, é uma verificação actual e de manifestação constante na actualidade. Esta é, a regra pela qual todo o Liberalismo que se preze se seguiu depois de Montesquieu, posto que se entende o Ser humano como alguém capaz de se determinar por si e para si mesmo sem constrangimentos, não sendo obrigado a obedecer mais que naquilo que é necessário para a manutenção do Corpo Político.

Por outras palavras, em que preserva a sua Liberdade individual e política.

Se a isto se somar a ideia de representatividade, estão lançados os dados de um debate que é ainda o dos tempos que correm. Ficam delineados os traços do Pensamento que sobreviverá às convulsões que, vindas de parte a parte, não o destruíram[2215].

---

e que estabelecia limites intransponíveis ao Poder, mesmo que ele fosse a expressão da vontade popular. Se a Democracia governada é a fórmula constitucional em que desembocava o Liberalismo, é em grande parte à prática inglesa que deve o ter sido um regime viável."

[2213] Montesquieu, *Lettres persanes*, lettre 136.

[2214] Idem, *O Espírito das Leis*, VIII, págs. 121 e ss. Para desenvolvimentos, Simone Goyard-Fabre, "L'Imposture du despotisme qu'on dit 'éclairé'", págs. 153 e ss.: "Sans doute ce 'gouvernement monstrueux', que *L'Esprit des Lois* déclare propre aux climats enfièvres d'Orient, correspond-il plus à la logique abstraite du régime tyrannique qu' à sa réalité historique. Il reste que l'absolutisme du pouvoir s'exprime exclusivement par le rapport d'oppression à soumission que s'établit entre celui qui gouverne et ceux qui sont gouvernés: ce rapport est celui de la toute-puissance l'anéantissement. L'intérêt privé du prince suppléant toute loi, ce régime sans structure et sans lois est contre-nature: le tyran se croit tout; les sujets ne sont rien. La tyrannie est le paradigme du mal; elle est la transposition politique de l'idée métaphysique de néant."

[2215] Isaiah Berlin, "Montesquieu", *Contra la Corriente. Ensayos sobre Historia de las Ideias*, pág. 199: "Montesquieu defendió el Constitucionalismo, la conservación de las libertades civiles, la abolición de la esclavitud, gradualismo, moderación, paz, internacionalismo, progreso social y económico con debido respeto la tradición nacional y local. Creyó en la justicia y en el predominio de la ley; defendió la libertad de opinión y de asociación; detestó todas las formas de extremismo y fanatismo; puso su fe en el balance del Poder y la división de Autoridad como arma contra el gobierno despótico de individuos, de grupos o de mayorías; y aprobó la igualdad social, pero no hasta el punto en que se

DA HISTÓRIA DA IDEIA DE LIBERDADE (SEQUÊNCIA)

Depois disto, só o Pensamento do Liberalismo português poderá oferecer de modo mais acentuado as provas históricas da presente tese. Como princípio fundamental de qualquer Governo constitucional, a Liberdade política não apenas assume vigor em termos de *Declaração dos Direitos do Homem*[2216], mas como confirmação e aceitação pelo Poder que ela lhe é infinitamente superior, e que só dentro dos limites do seu estreito respeito poderá emitir quaisquer comandos normativos.

Tanto não significa a imunidade de Montesquieu à crítica, como bem se provou e é do conhecimento geral, por força de uma certa rigidez que empresta ao seu sistema. Em qualquer caso e como base operativa, cuja roupagem diversificada não pode escamotear o esqueleto inicial, é perfeitamente recorrente a sua tese do balanço de Poderes, base de todo o Constitucionalismo moderno.

Por isso quando se afirma que a Liberdade de Montesquieu é erigida com base no sistema inglês, isso faz todo o sentido, por força das suas características e não de qualquer invenção pessoal do Autor. Quando se afirma que ele teorizou uma república aristocrática mais que uma monarquia limitada, isso causa alguma estranheza, atentos os diversos sentidos que introduz nos conceitos de monarquia, república e aristocracia e que nada têm que ver com as definições dos Antigos.

Uma república aristocrática em Inglaterra é um contra-senso porque, como bem esclarecerá Burke, aí existe soberania nacional e não soberania popular, como se passava na Holanda. E isso pode fazer toda a diferença ao nível do objecto de análise, porque outorga à monarquia constitucional um papel muito mais forte no suporte institucional de leis feitas pelos representantes de toda a Nação e não de simples mandatários de cantões ou Estados subordinados, sempre susceptível de concorrências internas menos saudáveis.

Se destas considerações se passar à enraizada tradição de descentralização administrativa, à promoção da Liberdade pessoal e da Propriedade dos indivíduos, a um corpo de magistrados independente do Governo Central ou às régias prerrogativas mantidas em apertados limites depois de 1689, claramente se manifesta dificuldade em questionar Montesquieu, atribuindo-lhe falta de rigor na caracterização do regime que à época era o mais livre do mundo.

Será legítima uma tentativa de qualificação que esta investigação partilha: maturação do Liberalismo, um pouco ao jeito de Montesquieu e com grandes contributos de Locke, invocando a História, não no campo das propostas inglesas – que detesta – mas como termo comparativo para as diversas formas de Governo da Modernidade. Finalmente um apoio a Pombal que em nada ficará a dever à celebridade adquirida por este entre os Vintistas.

No campo da política e acerca de Condillac há informações esparsas[2217], nomeadamente no que respeita às fontes de Direito, onde apresenta o Costume como o produto de pactos tácitos celebrados entre os homens, e sendo alvo de fixação em

---

amenazara la libertad individual; y la libertad, pero no hasta el punto en que amenazara romper el gobierno ordenado. Un siglo después de su muerte estos ideales eran compartidos, cuando menos en teoría, por los gobiernos y pueblos civilizados de Europa."

[2216] Giles Lebreton, *Libertés Publiques & Droits de l'Homme*, pág. 56, considera que "La Déclaration de 1789 est l'acte officiel de la naissance des libertés publiques. Celles-ci sont souvent présentées comme fondées sur la philosophie des droits de l'homme."

[2217] Condillac, *Œuvres*, Paris, 1798, XXI, pág. 1: "Que l'Histoire doit être une école de morale et de politique."

leis positivas que abonam à conservação da sociedade, limitando as pessoais paixões do indivíduos. Executor destas mesmas leis será o soberano, restando averiguar a que título exerce o seu Poder e o tipo de limitações a que se submete na administração do mesmo.

Ou seja, a referência à ideia de pactos de origem humana não implica uma adesão à tese do Contratualismo Moderno, a que são introduzidos alguns cambiantes em presença da doutrinação geral. Do que foi possível apurar, saliente-se que as leis positivas que tendem à conservação nacional são precedidas das leis naturais, de que constituem particularizações.

Explicitando, demonstra a sua discordância quanto à ficção acerca da existência de um estado de natureza[2218] anterior ao de sociedade[2219], o primeiro regulado pelas leis naturais e o segundo pelas leis positivas[2220].

Se não há estado de natureza, há sem dúvida leis naturais; por ordem da sua importância versam a adoração à divindade, a Igualdade entre iguais, o direito à conservação, sendo certo que isso se identifica com a Liberdade natural; ninguém pode fazer a outrem aquilo que não quereria que lhe fizessem a si mesmo. Estas são as leis naturais que antecedem todas as convenções expressas e sobre as quais as leis positivas devem fundar-se[2221]. Tais leis devem ser conservadas e não esquecidas mas, em casos pontuais, com vantagem ser adaptadas à sociedade onde se desenvolvem[2222].

Ponderando as suas preocupações basilares no que respeita à temática do nascimento da sociedade[2223] e independentemente desse tal estado de natureza inexistente, admite que tem de haver um momento em que se dá a sua formalização. Ou seja, Condillac faz parte do Contratualismo ecléctico ou eclectismo social[2224].

[2218] Idem, *ibidem*, X, pág. 501. Condillac tem um Pensamento disperso; isso mesmo se nota da sistemática de alguns dos textos coligidos nas *Œuvres*, uma vez que trata de certas matérias em localizações que nem sempre parecem ser a melhor opção para a explanação das mesmas. Um dos aspectos que mais nos importa, qual seja o da Liberdade política dos indivíduos e da sociedade é ponderado – bem – em subtítulo "Des Lois", mas no que concerne ao estudo da "L'Histoire Ancienne", o que a todos os títulos nos parece estranho, vistas as divergências fundamentais entre Pensamento Antigo e Moderno neste contexto.

[2219] Idem, *ibidem*, X, págs. 501 e 502: "(...) considérons tous les hommes à-la-fois, et oublions las différentes sociétés dans lesquelles ils vivent, alors nous ne penserons ni aux conventions tacites qu'ils ont fait, ni aux lois positives qu'ils se sont prescrites, ni aux gouvernements qu'ils ont formés. Toutes ces choses seront à nos yeux comme si elles n'étaient pas: nous ne verrons dans les hommes que les besoins et les facultés qu'ils tiennent de l'auteur de la nature, et nous ne pourrons les considérer que sous les rapports qui naissent de ces besoins et de ces facultés. Voilà l'état de nature. C'est une abstraction qui n'existe que dans notre esprit, et d'après laquelle nous nous représentons les hommes sous les seuls rapports que mettent entre eux les besoins naturels et les facultés naturelles."

[2220] Idem, *ibidem*, X, pág. 501.

[2221] Idem, *ibidem*, X, págs. 502 e 503.

[2222] Idem, *ibidem*, X, pág. 505.

[2223] Idem, *ibidem*, X, pág. 506: "C'est un contrat qui se fait tacitement et sans aucune délibération, parce qu'il st uniquement l'effet des rapports où les hommes sont entre eux: rapports étant sentis de tous, ne peuvent manquer de réunir ceux que les circonstances mettent à portée de se donner des secours mutuels. (...) C'est ainsi qu'ils contractent; et le contrat qu'ils font, se nomme social, parce qu'il est le fondement de la société qui se forme. C'est un acte par lequel chacun s'engage tacitement envers tous, et tous envers chacun."

[2224] Idem, *ibidem*, X, pág. 507: "lorsque nous considérons les hommes, en faisant abstraction de toute société, ils étaient égaux: ils le sont (...) lorsque nous les considérons, au moment qu'ils viennent d'achever le contrat social."

Governo, soberania e leis positivas resultam de todos estes aspectos. Assim, a primeira observação liga-se com a necessidade de leis positivas e de quem as estabeleça e aplique[2225], para ser assegurada "la tranquillité publique, à laquelle toutes les sociétés civiles tendent naturellement, quoique pas des moyens différents", sendo certo que uma tal ordem se verifica no quadro "d'une puissance qui se fait respecter de tous les membres, et que par cette raison on nomme *souveraine*"[2226]. É pelo exercício da soberania que as leis ganham força e efectividade, desdobrando-se na sua actuação em "deux puissances"; uma Legislativa e outra Executiva.

Com as ressalvas apontadas e que implicam que não haja um puro Contratualismo Moderno, nomeadamente no que respeita ao pacto de união, mediante o qual a sociedade se forma, há subsequente pacto de transferência de soberania do Povo para o monarca, cujas características de Direito Humano são claras, implicando a Liberdade da sociedade, originariamente detentora do Poder[2227].

No que respeita ao exercício dos Poderes Legislativo e Executivo, recaíam ambos na mesma pessoa no percurso das monarquias Antigas[2228], já que o Rei era visto como "maître absolu de la nation", o que lhe conferia o Poder dispositivo da mesma[2229]. Já nas pequenas monarquias os três Poderes não se reuniam na mesma pessoa, e assim sendo "la puissance du monarque était limitée (...)", o que de imediato reconduz ao ponto que se pretende. A limitação de Poderes implica a sua divisão e sempre que isso acontece não é de monarquia absoluta que se trata, antes dos Governos limitados[2230].

Independentemente da reunião ou separação dos Poderes que constituem a soberania real, quem os exerce é o soberano; "on appelle *souverain* la personne physique ou morale, à laquelle ils appartient"[2231]. Patenteia-se um problema idêntico ao colocado aquando da abordagem de Pufendorf, com a célebre distinção entre soberania real e pessoal, que o luterano contesta e se viria a posicionar como um dos mais aliciantes planos do debate do Liberalismo europeu posterior ao Individualismo.

Condillac recupera Montesquieu, distinguindo como ele três Poderes fundamentais[2232], o que de imediato o aproxima da monarquia limitada inglesa, temperada quanto ao exercício das régias atribuições[2233]. Tanto implica uma adesão aos processos liberais, ainda que tenha certas dúvidas no que respeita à proficuidade de tal sistema no actual estado de civilização.

[2225] Idem, *ibidem*, XXI, pág. 26: "La première vérité politique, et d'où découlent toutes les autres, c'est que la société ne peut exister sans lois et sans magistrats."
[2226] Idem, *ibidem*, X, págs. 403 e 404.
[2227] Idem, *ibidem*, X, págs. 386 e ss.
[2228] Idem, *ibidem*, X, pág. 405: "(...) le droit de faire lois, celui de les faire exécuter, et celui de faire la guerre et la paix, sont les trois pouvoirs que constituent la souveraineté."
[2229] Idem, *ibidem*, X, pág. 404.
[2230] Idem, *ibidem*, X, pág. 405: "Il arriva de-là, que le monarque limitait la puissance du peuple, et que le peuple limitait la puissance du monarque. Car, dès que les pouvoirs sont partagés, ils se balancent, et par conséquent, ils se limitent mutuellement. Le peuple avait conservé la législation (...)."
[2231] Idem, *ibidem*, X, pág. 411.
[2232] Não existe, contudo, uma explicitação tão acentuada no que respeita à colaboração entre os mesmos, ficando pouco firmada a interdependência imprescindível, como se viu, no estabelecimento do balanço que deve existir entre os mesmos.
[2233] Condillac, *Œuvres*, X, pág. 428. Condillac considera ser nas monarquias temperadas "qu'on est véritablement libre. La licence du peuple a un frein dans les lois que le monarque lui fait respecter; et la licence du monarque a également un frein dans les lois, que l'aréopage et le sénat le forcent à respecter lui-même."

Nas monarquias temperadas, a Liberdade dos cidadãos consiste em não serem senão sujeitos ao cumprimento das leis, porque nem é o Povo sozinho que as elabora, nem o monarca se encontra na mesma situação. Esta situação que se vivia em Atenas e que era salutar, deveria ser o modelo a seguir.

No que respeita às formas de Governo[2234], "esquece" uma das apontadas por Aristóteles, a aristocracia, na medida em que tal situação será completamente anacrónica no estado da Europa do seu tempo, sendo certo que a distinção mais eficaz que preconiza será entre republicanismo e monarquia. No primeiro caso, há uma dispersão dos Poderes em vários órgãos institucionais que consagram a soberania, mas Condillac não aceita de ânimo leve esta ideia, uma vez que uma república apenas se verifica nas democracias e estas são sempre perniciosas[2235]. No segundo, eles concentram-se nas mãos do soberano, que exerce o Poder sem ter que se submeter a quaisquer embaraços legislativos ou judiciais. Nesta derradeira situação, existindo despotismo, não há nem pode haver qualquer Liberdade para o cidadão, o que acaba por ser ainda mais nocivo.

Dentre as várias formas de Governo prefere a monárquica, mas uma forma monárquica temperada, tal como existe em Inglaterra; ainda que defeitos lhe possam ser apontados, é sem dúvida nela que melhor se defende a Liberdade dos indivíduos[2236].

Este é o ponto ideal para se perceberem algumas observações de Condillac no que respeita à ligação entre a Liberdade e a natureza do Governo. Assim e porque "la liberté exclut l'arbitraire et la violence, " um Governo será livre "lorsque les lois règlent la puissance souveraine". Donde o Autor afinar pelo diapasão de Montesquieu e outros escritores já estudados – e por outros que se seguirão – que enquadram a existência da Liberdade e do Governo livre no plano da inserção da actividade dos governantes segundo moldes previamente fixados pela lei. Ou seja, no domínio da Liberdade civil e ainda não propriamente a política.

Falta só saber quem pode e deve fazer a lei, quem a ela está submetido e se existe ou não Igualdade no domínio da aplicação das disposições da mesma[2237].

Porque a arbitrariedade está excluída do Poder soberano, a Liberdade está segura no relacionamento entre os cidadãos e o soberano[2238]; o respeito pelas leis a este caminho conduz, pois que "c'est une puissance qui fait respecter les lois, qui les respecte elle-même, et sous laquelle personne ne peut impunément user de violence"[2239].

O Governo será livre sempre que não empregue a violência senão contra os que abusam da Liberdade, "*c'est-à-dire, que le gouvernement est libre, lorsque les lois règlent l'usage de la puissance souveraine, et bannit tout arbitraire*"[2240]. Mas, e porque quem tem

---

[2234] Idem, *ibidem*, X, pág. 407, admite a dificuldade da existência de Governos limitados a não ser em repúblicas, precisamente devido aos defeitos que encontra na monarquia inglesa.
[2235] Idem, *ibidem*, X, pág. 421.
[2236] Idem, *ibidem*, XXI, págs. 240 e ss.
[2237] Idem, *ibidem*, X, pág. 412: "(...) dès que la puissance souveraine n'est pas arbitraire, elle n'a pas besoin d'user de violence pour se faire obéir, et elle n'en use pas."
[2238] Idem, *ibidem*, X, pág. 413: "Cette puissance, dira-t-on, fait donc violence aux uns pour assurer la liberté des autres. Sans doute; et la chose ne peut pas être autrement. Si la licence de tous nuiront la liberté, puisque la licence de tous nuiront la liberté de tous. Pour assurer la liberté, il faut donc mettre un frein à la violence."
[2239] Idem, *ibidem*, X, pág. 412.
[2240] Idem, *ibidem*, pág. 413.

legitimidade para fazer leis é o soberano e são estas leis que o fiscalizam, concede Condillac estar perante um círculo vicioso, ponto em que não foi o primeiro nem será o último a confrontar-se.

O problema é sempre o mesmo, independentemente das épocas, porque as garantias jurídicas e políticas não estavam firmadas e a actuação ilegal do soberano não pode ser sancionada por ele mesmo. Por isso a efectiva separação de Poderes será a única fórmula para garantir a Liberdade da sociedade e para assegurar ao indivíduo o respeito por ele mesmo, tomado enquanto valor em si, e em acentuada tendência para o futuro Individualismo das "Revoluções Atlânticas". Repita-se que Condillac, indo mais longe que os jusracionalistas, é ainda incapaz da plena assunção do Liberalismo.

Por força disto mesmo e ainda que relutantemente, não tem alternativa senão em dar razão a Montesquieu e à teorização que difundiu neste plano.

Quanto às Leis Fundamentais[2241], procuram estabelecer um são equilíbrio entre os Poderes[2242], ponto em que se divorcia da caracterização anterior ao Pensamento absolutista que as via como determinantes da forma governativa, em conjugação com a imperatividade das normas que regulavam a sucessão régia. Aproxima-se, pois, de Montesquieu, de novo, mas afasta-se em definitivo de algum do Pensamento jusracionalista que o precedera.

O que Condillac não consegue ultrapassar é o problema da competência para a formação dessas Leis Fundamentais bem como dos direitos políticos dos cidadãos que elas devem garantir e, concretamente, a Liberdade natural dos indivíduos, vista como direito anterior à formação da própria sociedade política. Esse passo terá de aguardar os eventos da Revolução Francesa mas admite-se que há uma evolução positiva na configuração da ideia de Lei Fundamental, ponderando propostas anteriores.

As leis positivas, que designa por políticas[2243] e fundamentais serão, para as monarquias, as que reúnem solenemente os três Poderes numa mesma pessoa e para as repúblicas, as que determinam a partilha do Poder com a mesma solenidade, conferindo a cada um deles funções próprias[2244]. E aqui nova divergência com Montesquieu, já que enquanto para este, mesmo numa monarquia, cada Poder deveria funcionalmente permanecer em suas mãos e por isso implicar uma partilha cooperante da soberania, para Condillac numa monarquia os três Poderes centram-se numa mesma pessoa. Raciocina, destarte, apenas para o exemplo habitual das monarquias absolutas, ainda quando proclama simpatizar com as limitadas.

Por isso em todos os Governos tem de haver uma força dominante que afaste a licença e promova a paz; ora "cette force a été contraire à la liberté, toutes les fois qu'il n'a pas été possible d'en régler l'usage pas des lois fondamentales"[2245], o que

---

[2241] Idem, *ibidem*, X, pág. 408: "(...) on nome *politiques* et *fondamentales* les lois positives qui rendent cette combinaison notoire et sollennelle: politiques, parce qu'elles règlent l'usage de l'Autorité; fondamentales, parce que si elles changent, le gouvernement n'est plus le même."
[2242] Idem, *ibidem*, X, pág. 420: "(...) en politique il n'y a point d'équilibre parfait; et le moment où l'on croit le tenir, est précisément celui où la balance va pencher. C'est qu'il n'est pas possible de partager également les forces, et que d'ailleurs elles sont de nature à croître et à décroître alternativement."
[2243] Idem, *ibidem*, X, pág. 509: "Les lois positives d'une société civile sont donc censées les conditions expresses du contrat social; et elles en sont les conditions expresses, jusqu'à ce qu'il plaise à la puissance législative de les changer."
[2244] Idem, *ibidem*, X, págs. 409 e 410.
[2245] Idem, *ibidem*, X, pág. 414.

apenas significa que pode haver Povos mais livres que outros, sociedades mais livres que outras congéneres. Muitas vezes a vontade de uma sociedade ser mais livre implica medidas extremas que podem ir até às revoluções, aspecto do qual Condillac discorda.

Aqui se manifesta a sua verdadeira fisionomia de escritor político, pondo de parte qualquer possibilidade de ser a revolução a devolver aos indivíduos os seus direitos naturais usurpados por Governos despóticos, ou admitindo que apenas por ela a Liberdade política dos mesmos se poderá consolidar[2246]. Comunga deste modo do mesmo tipo de entendimento dos pensadores ingleses, por definição anti-revolucionários.

Confirmando o que disse, entende que Liberdade e licença não se devem confundir, admitindo que a protecção daquela é apanágio de qualquer Governo livre, que não aceite qualquer processo de repressão dos interesses dos cidadãos. Neste particular prossegue com redobrado ênfase o seu apelo ao processo histórico, admitindo que a História dos Governos livres participa deste jogo de forças entre governantes e governados, onde se acena, sem dúvida, à metodologia inglesa.

Condillac é um pensador de transição. De um lado, não consegue ultrapassar os ensinamentos colhidos no Antigo Regime e vê parte do Pensamento contratualista Moderno como um absurdo, por ficcional. Contudo, e porque admite que existe "algo" anterior à sociedade civil, formaliza uma situação de facto e não cria nada de novo, como fazem os homens do Contratualismo social. Além disso, mostra uma moderada complacência com o sistema inglês.

Tudo traduzido, é sem dúvida um ecléctico que causa enormes problemas de interpretação.

Sem querer entrar em considerações no plano económico, que desde o início foram colocadas à parte na presente reflexão, não é possível deixar de apontar que o tipo de ponderação estabelecida neste plano por Anne Robert Jacques Turgot tem forçosas implicações na actividade individual. São os interesses particulares que devem constituir o nó górdio da evolução das Nações, posto que "laissez faire les individus industrieux et responsables, laissez-les s'affairer et échanger en paix, sans interférer dans la poursuite de leurs intérêts bien compris"[2247], sendo a partir deste princípio que se compreendem bem as premissas da tão falada por esta época "mão invisível".

Como economista e como liberal, defende que o Estado não deve assegurar mais que a protecção à livre circulação de bens e mercadorias, produto do trabalho e da propriedade individual justificando o levantamento de quaisquer escolhos naturais ou artificiais que se oponham ao curso normal da Liberdade[2248].

[2246] Idem, *ibidem*, X, pág. 414: "(...) les révolutions qui paraissent l'y conduire, l'arrêtent en deçà ou le poussent au-delà, jusqu'à ce qu'après l'avoir, à plusieurs reprises, jeté et rejeté d'un côté à l'autre, elles l'ensevelissent dans la servitude, tombeau des nations."

[2247] Alain Laurent, "Éloge d'un 'Ultra-liberal', *Turgot 'Laissez Faire'*, pág. XV.

[2248] Turgot, "Le droit de l'individu d'être libre (Lettre au Dr. Price, 1778)", *Turgot 'Laissez Faire'*, págs. 88 e 89: "je ne voit pas qu'on se soit assez occupé de *réduire au plus petit nombre possible les genres d'affaires* dont le gouvernement de chargé; ni à séparer les objets de législation de ceux d'administration particulière et locale; à constituer des assemblées locales subalternes qui, remplissant presque toutes les fonctions de détail du gouvernement, dispensent les assemblées générales de s'en occuper, et ôtent aux membres de celles-ci tout moyen et peut-être tout désir d'abuser d'une Autorité qui ne peut s'appliquer qu'à des objets génératux, et par là même étrangers aux petites passions qui agitent les hommes."

DA HISTÓRIA DA IDEIA DE LIBERDADE (SEQUÊNCIA)

Todos os homens nascem livres, não sendo permitido jamais limitar essa Liberdade a menos que ela degenere em licença, aspecto mais uma vez comum à generalidade dos Autores deste período. É pela verificação que "la liberté de nuire n'a jamais existé devant la conscience", que se pode afirmar que a eficácia que a lei demonstra ao proibir prejudicar outrem, deriva da assunção de um facto da consciência, que a isso se opõe.

A lei positiva limita-se a tutelar aquilo que por Direito Natural já existe e não pode ser danificado. Não é aceitável qualquer tipo de norma – ainda menos quando emanada de algum tirano – que possa impedir a perfeita Liberdade de consciência dos indivíduos.

A propósito do artigo "Foundation" publicado na *L'Encyclopédie* e na sua fase final, conclui Turgot que "les citoyens ont des droits, et des droits sacrés pour le corps même de la société; ils existent indépendentement d'elle; ils en sont les éléments nécessaires, et ils n'y entrent que pour se mettre, avec tous leurs droits, sous la protection de ces mêmes lois qui assurent leurs propriétés et leur liberté"[2249]. Esta mesma ideia está presente numa homenagem que Condorcet lhe faz[2250] e onde uma significativa parcela do Pensamento de Turgot pode ser concatenado com escritos do orador.

É para salvaguardarem os seus direitos naturais que os homens criaram associações regulares, sendo os primeiros dentre eles a segurança da sua pessoa e família, a Liberdade e a Propriedade. Notamos que a ausência de menção à Igualdade, para um homem com as características de Turgot é algo inexplicável; essa falha ou omissão talvez se explique "a contrario" pelo facto da Igualdade ser um direito de tal modo relevante que estará um pouco à parte dos demais, nem sequer se justificando a sua menção por ser dado adquirido. De outro modo, não se percebe bem como retirar daqui o Pensamento útil do Autor.

Justifica Turgot que "dans une Société naissante et déjà au-dessus de l'état de sauvage, chaque homme sait assez veiller sur la sûreté, et ne la met sous la protection des lois qu'avec une sorte de répugnance. Il a peu à craindre pour sa liberté. L'esclavage suppose une Société déjà formée et même assez compliquée. Enfin, les autre outrages à la Liberté sont une suite de l'état social"[2251].

Quanto à Propriedade, de todos estes direitos é aquele que mais requer a associação entre os homens, pois uma defesa comum mostra-se mais eficaz que qualquer individual, sendo certo que são os proprietários a camada essencial da sociedade, vista ela, a Propriedade, como "la libre disposition de ce qu'on possède légitimement"[2252].

Eis, pois, mais um partidário do contrato de associação originário estabelecido entre os indivíduos em ordem à formação da sociedade. O passo seguinte é averiguar a formulação inerente à origem do Poder político, o que é o mesmo que investigar o seu gérmen divino ou humano e forma pela qual a ideia de Liberdade política do indivíduo e da sociedade assume os seus contornos.

É por esta altura que Turgot aproveita para estabelecer as célebres distinções liberais no que respeita aos vários tipos de Liberdade, sempre no pressuposto do seu sobrepeso económico, a que a actividade que desenvolvia e o seu gosto pessoal, outorgava uma axiologia determinante. "La *Liberté naturelle consiste dans le droit de faire tout ce qui*

[2249] Turgot, "Laissez-les faire", *Turgot "Laissez Faire"*, pág. 29.
[2250] "Extrait de l'ouvrage de Condorcet *Vie de Monsieur Turgot* (1786), *apud Turgot 'Laissez faire'"*, págs. 93 e ss.
[2251] Idem, *ibidem*, págs. 93 e 94.
[2252] Idem, *ibidem*, pág. 94.

ne nuit pas au droit d'autrui. Il ne faut pas confondre cette liberté avec la *Liberté civile, qui consiste à n'être forcé d'óbeir qu'à des lois, car les lois peuvent violer la Liberté naturelle*; ni avec ce qu'on appelle la *Liberté politique, qui consiste à n'óbeir qu'aux lois auxquelles on a donné sa sanction soit par soi-même, soit par ses représentants*"[2253].

Esta é a divisão tradicional do Liberalismo que encontra eco nas posteriores Constituições de finais do séc. XVIII e princípios do séc. XIX e em que os ecos da limitação da Liberdade natural pelas leis civis se fazem notar, pese embora a confirmada necessidade das mesmas para que a Liberdade não se transforme em licença. De igual modo que o grau de empenho no cumprimento das normas, seja visto como equidistante em relação a todos os indivíduos.

Sobreleva neste discurso a questão da Liberdade política, entendida como o exercício do direito de soberania, cuja origem é exclusivamente humana. Este direito "n'a dû son existence qu'à la Société, et qu'il ne faut pas confondre avec ceux pour le maintien desquels elle a établie", porque essa é a forma da Liberdade civil[2254]. A comparação feita entre a Propriedade no estado de natureza e a Liberdade natural apontam para flagrantes semelhanças no processo de transição ao estado de sociedade.

Nos dois casos os limites impostos são em função da essência da manutenção da própria sociedade[2255] e para manutenção dos direitos que pertencem igualmente a todos os homens. Nem outra conclusão seria legítima para um Autor do Liberalismo[2256]. O Poder político deriva contratualisticamente da comunidade política soberana, que o outorga a quem escolhe para esse efeito, mantendo em depósito os seus direitos invioláveis existentes em estado de natureza e insusceptíveis de lesão por parte do Poder político, salvo se o interesse colectivo da mesma o exigir. Nesse caso e apenas dentro dos limites da lei, aqueles poderão ser alvo de limitação.

No que respeita aos sistemas de Governo que então vigoravam na Europa e em que a Liberdade melhor se imporia à consideração dos Governos e à protecção dos indivíduos, opõe-se ao elogio patrocinado por Montesquieu e segue na linha de alguns críticos à monarquia temperada inglesa, fosse qual fosse o quadrante donde provinham. Respondendo a Richard Price[2257], eclesiástico inglês dos que mais se opuseram à Revolução Americana e posterior independência face à Inglaterra, aproveita não apenas para respigar os defeitos da monarquia inglesa mas também para manifestar certa

---

[2253] Idem, *ibidem*, pág. 95.

[2254] Idem, *ibidem*, pág. 95.

[2255] Idem, *ibidem*, pág. 96: "Ces limitations peuvent être de deux espèces: dans l'une elles restreignent la liberté, même sur des objets où l'on pourrait avoir un motif réel et juste de ne pas se conformer à la loi; dans l'autre elles ne les restreignent que sur des objets indifférents, et semblant n'ôter que la liberté de suivre ses caprices."

[2256] Tudo isto é compreensível no plano da análise que se tem vindo a estabelecer desde há longas páginas no que respeita ao Pensamento do Liberalismo europeu. O que já não é tão perceptível é a circunstância de, à semelhança do que sucedeu com a maioria dos demais Autores, este escrito de Turgot – ou qualquer outro, que saibamos – não ter sido proibido em Portugal. Não acreditamos que Turgot fosse desconhecido; fica por averiguar a razão pelo qual não foi colocado na lista oficial da censura.

[2257] *Choix de Rapports, Opinions et Discours, prononcés à la Tribune Nationale depuis 1789 jusqu'à ce jour*, Paris, 1818, II, págs. 3-7, era secretário da Sociedade da Revolução Inglesa, criada para celebrar a Revolução de 1688 e de que era presidente Lorde Stanhope. Houve já oportunidade para aludir a tal situação, como contraponto das desconfianças que a Revolução Francesa ia suscitando pela Europa e na própria Inglaterra.

surpresa pela adopção de algumas instituições britânicas pelos norte-americanos[2258]. Como Mably já o havia feito, entre outros.

Turgot insurge-se perante o facto de uma Nação onde reconhecidamente existem tantas Luzes, não ter assumido um papel bem mais dialogante no que respeita à independência norte-americana, mantendo-se afastada da Ciência mais relevante e importante de todas: a da felicidade pública. Isto será tanto mais estranho num país onde a Liberdade de imprensa reina mais que em todos os países da Europa mas, onde por isso mesmo, o orgulho inglês atinge píncaros inaceitáveis. Neste particular haverá uma certa falta de sintonia com outros escritores, nomeadamente com Montesquieu, uma vez que considera que nem sempre a lei será o melhor seguro para a promoção da Liberdade[2259].

"Comment se fait-il que vous soyez à peu près le premier parmi vos gens de lettres qui ayant donné des notions justes de la *liberté*, et qui ayez fait sentir la fausseté de cette notion, rebattue par presque tous les écrivains républicains, que la liberté consiste à n'être soumis qu'aux lois, *comme si un homme opprimé par une loi injuste était libre.*" Se o indivíduo tem direitos privativos, a Nação não pode retirar-lhos senão pela violência ou por leis que se imponham de forma ilegítima. A ligação que daqui retira em relação ao caso americano é simples; é uma lei injusta aquela que obriga uma Nação a ser governada por outra "et qu'en pareil gouvernement ne peut avoir d'autre fondement que la force qui est aussi le fondement que la force qui est aussi le fondement du brigandage et de la tyrannie"[2260].

Repita-se que foi com Turgot – e com Condorcet – que o racionalismo político francês mais fiel se mostrará ao ideal de emancipação do indivíduo na perspectiva religiosa e económica, a que se deve associar a total discordância das elogiosas referências aos sistemas inglês e americano. Considerando-os como formas desajustadas e incompatíveis com a Igualdade e racionalidade que devem reinar num Estado livre, o simples facto de existirem privilégios consubstanciados nas duas Câmaras, é mais do que suficiente para invectivar ingleses de anacrónicos, e norte-americanos de predisposição a seguir maus exemplos.

Quanto ao problema norte-americano propriamente dito e depois do país se ter liberto da pátria-mãe, aplaude-se uma Constituição que salvaguarda o exercício dos direitos do homem, que exerce livremente as suas faculdades, não sendo governado

---

[2258] John Adams, *The Political Writings of John Adams*, tradução portuguesa, São Paulo, Instituição Brasileira de Difusão Cultural, 1964, sob título *Escritos políticos de John Adams. Selecções Representativas*." A Defence of the Constitutions of Government of the United States of America", págs. 97 e 98, resposta a Turgot acerca das suas críticas ao sistema inglês e à pretensão norte-americana de o querer seguir. O projecto alvo de crítica era de John Adams, e Turgot e outros franceses pretendiam ver posto em prática o trabalho de Franklin, com prejuízo do de Adams. O modelo era a *Constituição de Massachusetts*, terra natal de Adams. Noutro escrito contido na mesma colectânea, págs. 112 e ss., volta a insistir no ponto e embora com grande diplomacia, demonstra bem o seu degrado perante as proposições de Turgot, a que acrescenta no mesmo plano as críticas de Mably e de Richard Price.
[2259] Turgot, "Le droit de l'individu d'être libre (Lettre au Dr. Price, 1778)", *Turgot 'Laissez Faire'*, pág. 85.
[2260] Idem, *ibidem*, pág. 86. O Autor prossegue: "(...) la *tyrannie d'un peuple* est de toutes les tyrannies la plus cruelle et la plus intolérable, celle qui laisse le moins de ressources à l'opprimé; car, enfin, un despote est arrêté par son propre intérêt; il a le frein du remords, ou celui de l'opinion publique, mais une multitude ne calcule rien, n'a jamais de remords, et se décerne à elle-même la gloire lorsqu'elle mérite le plus de honte."

senão pela natureza, a Razão e justiça[2261]. Mas isto não isenta de crises o processo de criação e inovação preconizado pelos Estados Unidos[2262]. Regozijando-se, pois, com a emancipação das colónias americanas, não deixa de se admirar – de novo – que elas tenham buscado o sistema inglês para as suas Constituições.

O bicameralismo – outro ponto que trata no seio do Liberalismo – contradiz a unidade da Nação, argumento que será igualmente usado em 1821 pelos congressistas em Portugal. Quanto aos Poderes do Executivo devem ser metodicamente reduzidos logo que a lei domine. O sistema inglês que preconiza os "checks and balances", próprios da sua monarquia e que os norte-americanos importaram, privilegia as Ordens, objecto da total discordância de Turgot[2263]. Daí a sua mordaz invectiva contra os últimos[2264], segundo a qual existe uma recusa integral da herança inglesa que recolhem, enquanto tradição arcaica num Estado que apenas queria inspirar-se nos bons princípios da Razão.

Noutro plano das suas preocupações, discute e manifesta-se em oposição ao federalismo uma vez que considera que as divisões artificiais dos países a nada de bom conduzem, apontando, inclusivamente, o caso holandês[2265].

Supomos que esta interpretação que Turgot faz aos sucessos norte-americanos se ligará muito mais ao tipo de Pensamento que defende, e que se insere numa linha

---

[2261] Idem, *ibidem*, "Discours sur l'histoire universelle", *Œuvres de Mr. Turgot*, II, pág. 239: "Plus un État est grand, plus le despotisme est aisé, et plus on aurait de peine à y établir un gouvernement modéré. Il faudrait pour cela un ordre constant dans toutes les parties de l'État, il faudrait fixer la situation de chaque province, de chaque ville, lui laisser avec son gouvernement municipal toute la liberté dont elle ne saurait abuser."

[2262] Idem, *ibidem*, pág. 87. Para além dos defeitos que encontra no sistema de Governo, aponta outros, bastante evidentes e para os quais se alertou antes, ligados à religiosidade que desde sempre os norte-americanos tiveram e que originava que em algumas das Constituições dos Estados federados se previssem serviços religiosos precedentes à realização de reuniões nas respectivas Assembleias magnas. Se isto justifica, hoje em dia, muita da actuação americana em certas áreas, já no séc. XVIII fazia pasmar mesmo aqueles que reconheciam no sistema norte-americano o mais avançado que até então se tinha criado. Assim, "Je ne suis point content, je l'avoue, des constitutions qui ont été rédigées jusqu'à présent par les différents États américains: vous reprochez avec raison à celle de la Pennsylvanie le *serment religieux* exigé pour avoir entrée dans le corps des représentants. C'est bien pis dans les autres; il y en a plusieurs qui exigent par serment la croyance particulière de certains dogmes."

[2263] Turgot, "Le droit de l'individu d'être libre (Lettre au Dr. Price, 1778)", *Turgot 'Laissez Faire'*, pág. 87: "En l'excluant du droit d'éligibilité, on en fait un corps, et un corps étranger à l'État. Pourquoi un citoyen qui a le même intérêt que les autres à la défense commune de as liberté et de ses propriétés, est-il exclu d'y contribuer de ses vertus, parce qu'il est d'une profession qui exige des vertus et des lumières?"

[2264] Idem, *ibidem*, pág. 87: "Au lieu de ramener toutes les Autorités à une seule, celle de la nation, l'on établit des corps différents, un corps de représentants, un conseil, un gouverneur, parce que l'Angleterre a une Chambre des communes, une Chambre haut et un roi. On s'occupe à balancer ces différents pouvoirs: comme si cet équilibre de forces, qu'on a pu croire nécessaire pour balancer l'énorme prépondérance de la royauté, pouvait être de quelque usage dans les républiques fondées sur l'égalité de tous les citoyens; et comme si tout ce qui établit différents corps n'était pas une source de divisions!"

[2265] Idem, "Le droit de l'individu d'être libre (Lettre au Dr. Price, 1778)", *Turgot 'Laissez Faire'*, págs. 90 e 91: "Dans *l'union générale* des provinces entre elles, je ne voit point une coalition, une fusion de toutes les parties, qui n'en fasse qu'un corps un et homogène. Ce n'est qu'une agrégation de parties toujours trop séparées, et qui conservent toujours une tendance à se diviser, par la diversité de leurs lois, de leurs moeurs, de leurs opinions; par l'inégalité de leurs progrès ultérieurs. Ce n'est qu'une copie de la république hollandaise (...)."

moderada tanto mais que não apenas preconiza o regime monárquico, como contesta o republicano[2266], muito mais propício a desmandos e anarquias e onde os direitos individuais saem altamente prejudicados.

Dito por outras palavras; Turgot era francês e nada tinha de anglófono; Turgot era um homem das Luzes nado e criado em França, país de que fora ministro e onde guardava essenciais responsabilidades políticas. A sua visão é a das elites esclarecidas francesas[2267] e basta comparar afirmações que perfilha com outras de genuínos defensores do Absolutismo, para se compreender que este campeão da Liberdade certamente teria sofrido muito se tivesse chegado a ver os efeitos da Revolução Francesa.

Que ele é um pré-liberal, no sentido já definido da expressão, não se questiona. Que fosse capaz, como fará o seu amigo Condorcet de incentivar a elaboração de uma *Declaração dos Direitos do Homem e do Cidadão* e ter directa participação na feitura da mesma, manifesta-se uma sincera dúvida.

§ 4º. Fumos democráticos ou o absolutismo colectivo: do imperativo da vontade geral

1. Instala-se a controvérsia

É tempo de observar de perto Jean-Jacques Rousseau que não sendo francês de nascimento, se pautou como um dos pensadores em destaque na abordagem aos pressupostos da Revolução Francesa. Justificar-se-á, de seguida, o que deverá ser enquadrado no conceitos de "pressupostos" e qual a efectiva relação entre Rousseau e o corte milenarista patrocinado pela mesma.

Tanto como o "sábio" Montesquieu, o "honorável" Rousseau é referência maior do Liberalismo nacional na sua primeira fase, embora os liberais portugueses soubessem fazer a diferença entre a sua teoria e a prática que constituiu aplicação da mesma, e tantos problemas trouxe à Europa pós-Revolução Francesa[2268]. Durante o Antigo

---

[2266] Idem, *ibidem*, pág. 97. A existência de leis implica uma Autoridade legitimamente constituída e afasta a lesão dos direitos individuais. A partir daqui, Turgot dedica-se a invectivar as repúblicas, onde o sistema democrático prevalece. "Cette erreur, que toute Loi faite par un pouvoir légitime est juste, n'a pu naître que dans les Républicaines, dans celles même qui avaient l'apparence de la Démocratie. Partout, ailleurs elle eût paru l'expression de la flatterie la plus abjecte. Mais cette opinion, quoique adoptée par les anciennes Républiques, et renouvelée de nous jours par les plus fougueux partisans de la liberté, n'en est pas moins une erreur."

[2267] Idem, *ibidem*, pág. 98: "(...) si l'on suppose des hommes soumis à des lois dont aucune ne viole aucun de leurs droits, et que toutes au contraire concourent à leur en assurer la jouissance, il emportera bien à leur bonheur que ces lois aient reçu leur sanction sous une forme publique, ou seulement par le consentement tacite qu'ils leurs auraient donné. On a confondu souvent ces deux conditions, moins encore parce qu'on a vu souvent de mauvaises lois naître dans les Constitutions absolues, car il en a existé d'aussi mauvaises dans d'autre Gouvernements, mais parce que les lois injustes émanées d'un autre homme, paraissent telles aux yeux de la multitude; tandis que les injustices du peuple ne sont des injustices qu'aux yeux des sages. D'ailleurs, dans les unes c'est à quelques individus que tout un peuple paraît sacrifié, dans les autres ce sont quelques hommes qu'on a l'air d'immoler à l'intérêt ou au salut général."

[2268] Prélot e Lescuyer, pág. 323: "Au XIX ème siècle, les auteurs se sont efforcés de ramener les contrastes de la pensé révolutionnaire à deux courants majeurs: le courant Voltaire-Montesquieu, inspirant à la Constituante et la Législative; le courant Rousseau charriant la Convention. Entre les deux se produit une dégradation: il y aurait comme deux révolutions successives; l'une, la bonne, qui

Regime, em Portugal, naturalmente que os seus trabalhos estiveram proibidos[2269], tal como aconteceu, de resto, em França[2270].

Nascido no seio do calvinismo genebrino[2271], Jean-Jacques Rousseau é um Autor controverso[2272]. É um revoltado e um romântico[2273], sentindo-se acossado em perma-

fut libérale; l'autre, la mauvaise, démagogique et sanglante." Não parece que isto seja exactamente assim; basta ter acesso aos debates que nessas Assembleias se travaram durante as suas respectivas vigências para perceber que Rousseau foi figura omnipresente, como mentor dos montagnards e dos girondinos. Por isso mesmo, de novo se suscita como uma leitura algo apressada dos Factos Históricos e da Ideias Políticas, esta circunstância de querer rotular de imediato e sem alguma ponderação os homens, os seus feitos e o resultado efectivo dos mesmos nas consciências futuras.
[2269] ANTT, RMC, Liv. 21, Les Confessions de J. J. Rousseau, Londres, 1782, suprimido por despacho de 7 de Novembro de 1782, sendo mandado sair para fora do reino; ibidem, Índice de 24 de Setembro de 1770, onde se mencionam a Nouvelle Heloise, suprimido por edital de 24 de Setembro de 1770; o Émile, suprimido no mesmo edital; as Lettres ecrites de la Montaigne, suprimido no mesmo edital; o Contrat Social, no mesmo edital; a Lettre de Beaumont, no mesmo edital; Discours sur l'Origine et les fondements de l'Inégalité des Hommes, no mesmo edital.
[2270] Alexis Philonenko, "Rousseau. Contrat Social", Dictionnaire des Œuvres Politiques, (F. Chatelet, O. Duhamel e E. Pisier, Dir.), Paris, PUF, 1986, pág. 1042: "Le Contrat Social publié en 1762 (...) sera réédité une seule fois de 1763 à 1789 (...). Dans les cinq cents bibliothèques parisiennes de la fin du siècle (...) il ne se trouvait qu'un seul exemplaire du Contrat Social. De 1762 à 1789 on ne trouve pas en France plus d'une quinzaine d'analyses et de comptes rendus du Contrat Social. Mais de 1789 à 1799 on recense trente-deux éditions du Contrat Social."
[2271] Jean-Louis Leuba, "Rousseau et le milieu calviniste de sa jeunesse", Jean-Jacques Rousseau et la Crise contemporaine de la conscience, Paris, Beauchesne, 1980, págs. 11 e ss.
[2272] A ele se refere Claude Adrien Helvétius, "De L'Homme", Œuvres Complètes, VII, págs. 57 e ss., justificando a sua entrada no mundo dos sábios quando nada o poderia fazer pensar. Nem as características do Autor, nem os seus antecedentes interesses ou vida pessoal levavam a pensar que um homem da sua envergadura surgiria para responder ao desafio da Academia de Dijon, nos termos conhecidos. A posição de Helvétius é aceitável mas, seja permitido acrescentar algo mais, que o próprio Claude Adrien desconheceria. Como enquadrar Rousseau, enquanto partidário do empirismo ou do idealismo? Será Rousseau "un partisan" da inocência do estado de natureza humana ou da supremacia do cidadão do Contrat Social? Como compatibilizar religião natural e "religião do coração", sobre a qual também nos pronunciaremos? Rousseau é um democrata ou é um espírito absoluto? Será tudo menos fácil apresentar uma caracterização de Rousseau. É um dos casos que podem proporcionar variadíssima especulação, uma vez que tanto poderá ser visualizado como um protótipo do anti-iluminismo, especialmente na versão francesa, como enquadrado como a marca de água da Revolução Francesa, que teve subjacentes as ideias dos escritores gauleses, mesmo que apenas num plano meramente teórico e enquanto preconizava a reforma da sociedade. A quem levanta tantas questões, e porque não nos é permitido duvidar do testemunho que de si mesmo dá – apenas se pode admitir que tenha sido ultrapassado pelos acontecimentos, não prevendo o impacto que as suas ideias viriam a apresentar – podemos sugerir uma resposta simples. Deverão, deste passo, consultar-se as informações prestadas pela sua própria pena nos "Monuments de l'Histoire de ma vie – Quatre lettres à M. le Président de Malherbes, contenant le vrai tableau de mon carcatère et le vrais motifs de toute ma conduite", Montmorency, le 12 Janvier 1762, Œuvres, I, págs. 61 e 62. Neste sentido, os seus escritos "forment ensemble un même tout." Ora, isto que Rousseau afirmava de si mesmo, pode ser contraditado com facilidade por força das suas próprias reflexões, que se no plano político apontam para uma banda, ao nível das ideias pedagógicas e das primeiras obras porque se tornou conhecido, apontam num sentido contrário.
[2273] Algumas das críticas que lhe são dirigidas ultrapassam em muito a cordialidade devida aos Autores estudados. Se alguém se admirou com o qualificativo que lhe demos, modesto, diga-se de passagem, por comparação com outros, veja-se o que Dmitri Georges Lavroff, pág. 155, dele afirma: "Ayant un mauvais caractère, il se fâché aves ses amis et notamment avec plusieurs de ceux qui constituant le group de L'Encyclopédie. Ce fut le cas avec d'Alembert et avec Diderot. Il nourrissait

nência, com motivos ou sem eles[2274]. Louco, como muitos lhe chamaram, escritor mais de libelos que de textos de fundo – acusação da maioria –[2275], por tudo isso é uma personagem totalmente incontornável em questões de Liberdade.

Rousseau[2276] representa a simbiose dos vários planos do Pensamento que o antecedeu, enveredando decisivamente para um plano democrático e sendo o ideólogo fundamental da Revolução Francesa, mesmo que esta lhe tivesse seguido menos do que se costuma pensar, os ensinamentos[2277].

---

une haine profonde par Voltaire qui lui semblait être un parvenu qui recherchait principalement une réussite mondaine et sociale." Também Prélot e Lescuyer, pág. 307, não poupam nos "elogios": "Déjà né d'un père déclassé et fantasque et d'une mère qui mourrait en lui donnant le jour, une escapade le livre à as carrière errante, au vagabondage familial, professional, intellectuel qui marqueront son esprit et son œuvre." Quanto a Gabriel Lepointe, pág. 22, não enjeita a afirmação: "Jean-Jacques Rousseau, lui, est un fanatique de la souveranité populaire, en mettant par-dessus tout l'égalité entre les hommes, même au détriment des libertés." Mais moderado, considera-o Luís Cabral de Moncada, *Filosofia do Direito e do Estado*, I, pág. 223, nota, como "(...) uma das personalidades mais extravagantes e curiosas na História das Ideias do século XVIII."

[2274] Voltaire, "Lettre de M. de Voltaire a M. Hume", *Mélanges*, págs. 859 e ss. Respigam-se algumas das acusações feitas a Voltaire sobre a intervenção deste na atitude assumida pela academia de Dijon relativamente aos seus *Discours* e o sentimento deste a tal respeito. Assim, "le sieur Rousseau m'accuse de lui avoir écrit en Angleterre une lettre dans laquelle je me moque de lui. Il a accusé M. d'Alembert du même crime. (...) Il m'a fait l'honneur de me mettre au nombre de ses ennemis et de ses persécuteurs. Non seulement il m'a cru iconoclaste, mais il s'est imaginé que j'avais conspiré contre lui avec le conseil de Genebra, pour faire décréter as propre personne de prise de corps, et ensuite avec le conseil de Berne pour le faire chasser de la Suisse." Segundo Voltaire prova, nada disto correspondia à realidade e a justificação é a habitual: o péssimo feitio de Rousseau.

[2275] Idem, "Sentiment des Citoyens", *Mélanges*, pág. 715: "On a pitié d'un fou; mais quand la démence devient fureur, on la lie. La tolérance, qui est une vertu, serait alors un vice. (...) Aujourd'hui la patience n'est-elle pas lassée quand il [Rousseau] ose publier un nouveau libelle dans lequel il outrage avec fureur la religion chrétienne, la reformation qu'il professe, tous les ministres du saint Évangile, et tous les corps de l'État? La démence ne peut plus servir d'excuse quand elle fait commettre des crimes."

[2276] *Rousseau after 200 years. Proceedings of the Cambridge bicentennial colloquiim*, cit., 1982; Robert Derathé, *Jean-Jacques Rousseau et la Science Politique de son Temps*, Paris, 1995; Ana Maria Ferreira de Pina, *Jean-Jacques Rousseau et la Science Politique de son Temps*, Paris, 1995; Fernando Augusto Machado, *Rousseau em Portugal*, Campo das Letras, 2000, para além de muitos outros trabalhos autónomos e em bibliografia geral de que se irá dando conta. Uma "Cronologia" com interesse sobre os vários passos da sua vida pode ser encontrada nas *Œuvres Complètes*, I, págs. 11-21.

[2277] Um dos pontos que normalmente costuma ser visto como dado adquirido é uma espécie de "conversão" por parte da Revolução Francesa às ideias de Rousseau, sobretudo às plasmadas no seu *Contrat Social*. Será isto efectivamente verdade? Como haverá oportunidade de verificar, os eventos saídos de 1789 prevêem, entre outras coisas, a representatividade, um estatuto atribuído a Luís XVI, enquanto soberano, que Rousseau não admitia, rejeitam o direito de resistência à opressão e, mais que tudo isto, inculcam um regime de desigualdade nas eleições. Ao mesmo tempo, aceitam a pena de morte que Rousseau, tal como Beccaria e Filangieri contestam. Donde, e sem prejuízo de posteriores considerações, não parece que se possa afirmar, sem mais, que Rousseau terá sido uma espécie de "Evangelho da Revolução Francesa", como afirma Luís Cabral de Moncada, *Filosofia do Direito e do Estado*, I, pág. 228. Basta-nos pensar que as circunstâncias da vida pessoal de Rousseau, se tivesse vivido na época em que ocorreu a Revolução Francesa, conduziriam a uma grande conclusão: ele, Rousseau, nos seus tempos de serviçal, não teria capacidade eleitoral activa nem seria susceptível de ser eleito. Pelo menos segundo preceituava a *Constituição de 1791*. Veja-se V. D. Musset-Pathay, *Examen des jugements récemment rendus sur J. J. Rousseau*, Paris, 1825, pág. 45: "L'exécution des disciples fit retomber sur le maître la responsabilité morale de la dictature de Salut public et la Terreur, si bien que son nom seul devint un anathème."

Uma série de questões se levantam, e que em conjugação com outras de igual relevo, implicam iniciar este trabalho de observação das Ideias Políticas do Autor num floriscópio de grande riqueza. Em qualquer caso, haverá que partir de um pressuposto, guia do raciocínio: a unidade de Pensamento religioso de Rousseau. Admitindo algumas flutuações, urge encontrar um fio condutor no discurso e, anotar quando se justifique, os possíveis desvios.

Em Rousseau, não podem ser afastadas as preocupações epistemológicas do fenómeno humano. Aspecto por via de regra desvalorizado por se agigantarem no Autor preocupações mais marcantes, não fará sentido deixar de assinalar o empirismo rousseano e a sua predilecção pelos dados sentidos[2278], em prejuízo do inatismo cartesiano[2279]. O próprio Locke não escapa à crítica, por força da consideração de ter sido ainda demasiado influenciado por Descartes na medida em que a consideração prévia aos sentidos de qualquer parcela epistemológica equivalerá a ensinar alguém a ver mantendo-lhe os olhos cerrados[2280].

2. Impugnação do louvor às Luzes

Contestando o sentimento social algo desnaturado que na sua época se vivia na Europa[2281], considera que "où il n'y a nul effet, il n'y a point de cause à chercher: mais ici l'effet est certain, la dépravation réelle; et nos âmes se sont corrompues à mesure que nos sciences et nos arts se sont avancés à la perfection. Dira-t-on que c'est un malheur particulier à notre âge? Non, messieurs; les maux causés par notre vaine curiosité sont aussi vieux que le monde"[2282].

O pessimismo de Rousseau contrasta com o quase geral aplauso da época aos benefícios que o incremento das Ciências trazia à humanidade[2283], aspecto que per-

---

[2278] Jean-Jacques Rousseau, "Discours sur l'inégalité", Œuvres, II, pág. 218: "Tout animal a des idées, puisqu'il a des sens; il combine même ses idées jusqu'à un certain point: et l'homme ne diffère à cet égard de la bête que du plus ou moins; quelques philosophes ont même avancé qu'il y a plus de différence de tel homme à tel homme, que de tel homme à telle bête."

[2279] Idem, "Émile", Œuvres, III, pág. 178: "Puisque nos sens sont les premiers instruments de nos connaissances, les êtres corporels et sensibles sont les seuls dont nous ayons immédiatement l'idée. Ce mot *esprit* n'a aucun sens pour quiconque n'a pas philosophé. Un esprit n'est qu'un corps pour le peuple et pour les enfants."

[2280] Idem, ibidem, III, pág. 178: "Locke veut qu'on commence par l'étude des esprits, et qu'on passe ensuite à celle des corps. Cette méthode est celle de la superstition, des préjugés, de l'erreur: ce n'est point celle de la raison, ni même de la nature bien ordonnée; c'est se boucher les yeux pour apprendre à voir."

[2281] Idem, "Discours qui a Remporté le Prix à l'Academie de Dijon en l'Année 1750", Œuvres, II, pág. 57: "Voilà comment le luxe, la dissolution et l'esclavage ont été de tout temps le châtiment des efforts orgueilleux que nous avons faits pour sortir de l'heureuse ignorance où la sagesse éternelle nous avait placés (...). Peuples, sachez donc une fois que la nature a voulu vous préserver de la science, comme une mère arrache une arme dangereuse des mains de son enfant; que tous les secrets qu'elle vous cache sont autant de maux dont elle vous garantit, et que la peine que vous trouvez à vous instruire n'est pas le moindre de ses bienfaits. Les hommes sont pervers; ils seraient pires encore s'ils avaient eu le malheur de naître savants."

[2282] Idem, ibidem, II, pág. 55.

[2283] Idem, ibidem, II, págs. 63-66: "D'où naissent tous ces abus, si ce n'est de l'inégalité funeste introduite entre les hommes par la distinction des talents et par l'avilissement des vertus? Voilà l'effet le plus évident de toutes nos études et la plus dangereuse de toutes leurs conséquences. On ne demande plus d'un homme s'il y a de la probité, mais s'il y a des talents; ni d'un livre s'il est

mitirá explicar, em grande medida, o seu aprisionamento ao homem natural[2284], não sujeito à corrupção que a civilização acarreta[2285]. Assim se explicam as suas palavras: "si nos sciences sont vaines dans l'objet qu'elles se proposent, elles sont encore plus dangereuses par les effets qu'elles produisent"[2286], ponto que é omnipresente no Pensamento do Autor[2287].

Este tipo de posicionamento apoia a concepção milenarista de Rousseau, uma vez que pensa que será necessário derrubar tudo, para de novo tudo reconstruir. A recondução do homem à natureza, que preconiza nos vários trabalhos que produziu constitui-se como pedra de toque do seu discurso[2288], ao qual será depois preciso aditar o aspecto contrário que manifesta a distinção entre homem e cidadão.

Consoante a incidência seja mais forte num ou noutro patamar, poderia ser admissível a explicação da tal dualidade da reflexão de Rousseau[2289]. O homem não é mais natureza; o homem é e será sempre Liberdade e, por essa via, dá ordens à sua própria natureza. Adiante ver-se-á com mais vagar em que consiste esta aparente contradição.

O tom de cepticismo que envolve a sua exposição nos dois primitivos *Discours* que escreve, evidenciaram uma reacção em cadeia, unida na contestação oficial[2290] ou particular[2291] das ideias expostas e levando a que o Autor fosse obrigado a sair de

---

utile, mais s'il est bien écrit. Les récompenses sont prodiguées au bel esprit, et la vertu reste sans honneur. Il y a mille prix pour les beaux discours, aucun pour les belles actions."

[2284] Pierre Manent, *Histoire Intellectuelle du libéralisme*, págs. 160 e 161: "Puisque toute société suppose des conventions, des artifices, il faut chercher l'homme antérieur à toute convention, à tout artifice, à toute société, l'individu solitaire original. Et puisque l'homme développe ses facultés à travers le développement de la société, cet individu solitaire original ne sera pas un homme, mais plutôt une sorte d'animal doué de *perfectibilité*, c'est-à-dire de la capacité de devenir homme. (...) L'homme naturel, c'est celui qui vit en dehors ou en deçà de toute société."

[2285] Jean Terrel, pág. 327: "Comme le montre le *Discours sur l'Inégalité*, Rousseau écarte de la même façon les livres des savants modernes et les faits historiques et prend comme point de départ un homme naturel étranger à la morale, bon parce qu'il ignore la distinction morale du bien et du mal. Il ne s'agit donc pas d'écarter les faits pour faire place à un point de vue moral sur l'homme, il s'agit plutôt d'approfondir le geste par lequel Hobbes a proposé de fonder la science politique en écartant provisoirement les sociétés politiques ayant existé jusqu'à ce jour. Rousseau refuse d'élever Grotius jusqu'aux nues et de couvrir Hobbes d'exécration."

[2286] Jean-Jacques Rousseau, "Discours qui a Remporté le Prix à l'Academie de Dijon en l'Année 1750", *Œuvres*, II, págs. 59.

[2287] Idem, *ibidem*, II, págs. 67 e 68: "Mais si le progrès des sciences et des arts n'a rien ajouté à notre véritable félicité; s'il a corrompu nos moeurs et si la corruption des moeurs a porté atteinte à la pureté du goût, que penserons-nous de cette foule d'auteurs élémentaires qui ont écarté du temple des muses les difficultés qui défendaient son abord, et que la nature y avait répandues comme une épreuve des forces de ceux qui seraient tentés de savoir?"

[2288] Idem, "Émile", *Œuvres*, III, pág. 311: "Le droit politique est encore à naître, et il est à présumer qu'il ne naîtra jamais. Grotius, le maître de tous nos savants en cette partie, n'est qu'un enfant, et qui pis est, un enfant de mauvaise foi. Quand j'entends élever Grotius jusqu'aux nues et couvrir Hobbes d'exécration, je vois combien d'hommes sensés lisent ou comprennent ces deux auteurs. La vérité est que leurs principes sont exactement semblables; ils ne diffèrent aussi para la méthode. Hobbes s'appui sur des sophismes, et Grotius sur des poètes; tout le reste leur est commun."

[2289] Idem, *ibidem*, III, pág. 57: "Forcé de combattre la nature ou les institutions sociales, il faut opter entre faire un homme ou un citoyen; car on ne peut à la fois l'un et l'autre."

[2290] Idem, "Réponse au Discours qui a Remporté le Prix de l'Academie de Dijon, par le Roi de Pologne", *Œuvres*, II, pág. 72 e ss.

[2291] Idem, "Observations sur le Discours", *Œuvres*, II, pág. 69; "Réfutation des Observations de Jean-Jacques Rousseau de Genève", *Œuvres*, II, págs. 86 e ss.; "Réfutation du Discours qui a Remporté

Genebra, onde a manifesta incompreensão dos seus trabalhos – mesmo quando os justificava[2292] – lhe augurava o equilíbrio instável que seria apanágio de toda a vida. Um certo "ar" de Verney, ainda que por motivos diversos.

Quanto ao prémio a que concorreu, parece que os ilustres Académicos, podendo, lhe ofereceriam outro de contornos bem diversos[2293].

A Liberdade de pensamento que é apanágio dos escritos do Autor e que incide, enquanto Liberdade individual, nos planos da Liberdade de consciência e da tolerância religiosa e, como expressão política, na discussão sobre a origem do Poder na sociedade e na formação da própria sociedade, são uma constante nos seus escritos.

3. Religião natural ou religião revelada?

Tentando organizar, dentro do possível, as revoadas em que se traduz o Pensamento do genebrino, ponderemos o primeiro caso, discutindo-o no âmbito das matérias ligadas à ideia de Deus e de religião e reserve-se para segundo ponto interpretativo a temática da Liberdade política, sendo aqui esta expressão empregue com toda a propriedade.

Resulta da abordagem aos seus textos que não é ateu[2294], partilhando das concepções inglesas e afastando-se da mera intelectualidade volteriana[2295], pecando por severidade a apreciação que normalmente é feita sobre a sua personalidade religiosa[2296]. Há um Deus do coração, aquela entidade generosa que promoveu a existência do Cosmos e que tanto abrange a natureza quanto o homem[2297].

---

le Prix de l'Academie de Dijon en 1750", *Œuvres*, II, págs. 93 e ss., e vários outros, todos no mesmo tom, que podem ser encontrados em idêntico local.

[2292] Idem, "Observations de Jean-Jacques Rousseau de Genebra sur la Réponse qui a été faite à son Discours", *Œuvres*, II, págs. 76 e ss.

[2293] Prélot e Lescuyer, pág. 308: "Le *Discours*, (...) sujet également proposé par l'Académie de Dijon, ne valut pas de récompense à Rousseau. Peut-être parce qu'il s'agit d'une véritable déclaration de guerre à la société existante: 'on ne voit ce qu'on doit penser de la sorte d'inégalité qui règne parmi tous les peuples policés, puisqu'il est manifestement contre la loi de nature (...) qu'un enfant commande à un vieillard, qu'un imbécile conduise un homme sage et qu'une poignée de gens regorge de superfluités, tandis que la multitude manque du nécessaire."

[2294] Jean-Jacques Rousseau, "Lettre de J.-J. Rousseau à M. de Voltaire, 18 Août 1756", *Œuvres*, II, pág. 321: "(...) si le théiste ne fonde son sentiment que sur des probabilités, l'athée, moins précis encore, ne me paraît fonder le sien, que sur des possibilités contraires."

[2295] Que dele tinha uma opinião definida e que não enjeitava escrever. Assim, afirmava Voltaire, "Sentiment des Citoyens", *Mélanges*, pág. 716: "Il est vrai que Rousseau, dans cet endroit même, *se compare à Jésus-Christ* avec la même humilité qu'il a dit que nous lui devions dresser une statue. On sait que *cette comparaison est un des accès de sa folie*. Mais *une folie que blasphème à ce point* peut-elle avoir d'autre médecin que la même main que a fait justice de ses autres scandales? (...) Nous avons (...) ici la démence qu'il a de se dire chrétien quand il sape le premier fondement du christianisme ['il y a des miracles dans l'*Évangile* qu'il n'est pas possible de prendre au pied de la lettre sans renoncer au bon sens']; mais cette folie ne le rend que plus criminel. Être chrétien et vouloir détruire le christianisme n'est pas seulement d'un blasphémateur, mais d'un traître."

[2296] Jean-Jacques Rousseau, "Émile", *Œuvres*, III, pág. 178: "L'Être incompréhensible qui embrasse tout, qui donne le mouvement au monde et forme tout le système des êtres, n'est ni visible à nos yeux, ni palpable à nos mains; il échappe à tous nos sens: l'ouvrage se montre, mais l'ouvrier se cache. Ce n'est pas une petite affaire de connaître enfin qu'il existe, et quand nous sommes parvenus là, quand nous nous demandons: Quel est-il? Où est-il? notre esprit se confond, s'égare, et nous ne savons plus que penser."

[2297] Idem, "Profession de Foi du Vicaire Savoyard", *Œuvres*, III, pág. 184. Antes, tinha afirmado que havia um "Être des êtres et le dispensateur des choses: avec quelle universelle admiration, avec quel applaudissement unanime n'eût point été reçu ce nouveaux système, si grand, si consolant, si sublime, si propre à élever l'âme, à donner une base à la vertu, et en même temps si frappent, si

DA HISTÓRIA DA IDEIA DE LIBERDADE (SEQUÊNCIA)

A posição de Rousseau está mais que definida[2298]. Acredita num Deus[2299], soberanamente bom e poderoso, devendo zelar pela bondade e pela justiça mas, muito ao contrário, crê que as grandes calamidades do universo foram patrocinadas por fanáticos e supersticiosos[2300], ignorantes da real valia da religião e promotores das discórdias entre os Povos.

Esta ideia manifesta-se pela consagração de uma religião natural[2301] e da tolerância universal[2302] na perspectiva civil, com certos aspectos de panteís-

---

lumineux, si simple, et, ce me semble, offrant moins de choses incompréhensibles à l'esprit humain qu'il n'en trouve d'absurdes en tout autre système! " Assim, "plus que j'observe l'action et réaction des forces de la nature agissant les unes sur les autres plus je trouve que, d'effets en effets, il faut toujours remonter à quelque volonté pour première cause; car supposer un progrès de causes à l'infini, c'est n'en point supposer du tout. En un mot, *tout mouvement qui n'est pas produit par un autre ne peut venir que d'un acte spontané, volontaire; les corps inanimés n'agissent que part le mouvement, et il n'y a point de véritable action sans volonté. Voilà mon premier principe. Je crois donc qu'une volonté meut l'univers et anime la nature. Voilà mon premier dogme, ou mon premier article de foi.*"

[2298] E. Bréhier, II, 2, pág. 427: "(...) la profession de foi s'achève sur le même thème que le Contrat et que toute l'oeuvre de Rousseau: chercher, pour l'individu, un appui moins décevant que les autres hommes et que la nature extérieure. C'est pourquoi, ici encore, il est hostile au christianisme, c'est-à-dire à une révélation de Dieu que ne pourrait se passer d'hommes comme interprètes, en un mot à la religion des prêtres."

[2299] Jean-Jacques Rousseau, "Lettre de J.-J. Rousseau à M. de Voltaire, 18 Août 1756", *Œuvres*, II, pág. 321: "(...) *je crois en Dieu tout aussi fortement que je croie aucune autre vérité,* parce que croire et ne croire pas, sont les choses qui dépendent le moins de moi, que l'état de doute est un état trop violent pour mon âme, que quand ma raison flotte, ma foi ne peut rester longtemps en suspens, et se détermine sans elle; qu'enfin mille sujets de préférence m'attirent du côté le plus et joignent le poids de l'espérance à l'équilibre de la raison."

[2300] Idem, *ibidem*, II, págs. 320 e 321: "Les premiers qui ont gâté la cause de Dieu sont les prêtres et les dévots, qui ne souffrent pas que rien se fasse selon l'ordre établi, mais font toujours intervenir la justice divine à des événements purement naturels, et pour être sûrs de leur fait, punissent et châtient les méchants, éprouvent ou récompensent les bons indifféremment avec des biens ou des maux, selon l'événement. Je ne sais, pour moi, si c'est une bonne théologie; mais je trouve que c'est une mauvaise manière de raisonner, de fonder indifféremment sur le pour et le contre les preuves de la Providence, et de lui attribuer sans choix tout ce qui se ferait également sans elle."

[2301] Idem, "Contrat Social. De la Religion Civile (Manuscrit de Genève, 1756-1760)", *Œuvres*, II, págs. 417 e ss.: "La religion considérée par rapport à la société peu se diviser en deux espèces savoir la religion de l'homme et celle du citoyen. La première, sans temple, sans autels, sans rites, bornée au culte purement spirituel de Dieu suprême et aux devoirs éternels de la morale, est la pure et simple religion de l'Évangile ou le vrai théisme. L'autre, renfermée pour ainsi dire dans un seul pays, lui donne ses dieux propres et tutélaires, elle a ces cérémonies; ses rites, son culte extérieur prescrit par les lois: *hors de la seule nation que la suit, tout le reste est pour elle infidèle, étranger, barbare, elle n'étend les devoirs et les droits de l'homme qu'aussi loin que ses dieux et ses lois.* (...) Reste la religion de l'homme ou le christianisme, non pas celui d'aujourd'hui mais celui de l'Évangile."

[2302] Idem, "Profession de Foi du Vicaire Savoyard", *Œuvres*, III, pág. 204: "*Vous ne voyez dans mon exposé que la religion naturelle: il est bien étrange qu'il en faille une autre.* Par où connaîtrai-je cette nécessité? De quoi puis-je être coupable en servant Dieu selon les lumières qu'il donne à mon esprit et selon les sentiments qu'il inspire à mon coeur? Quelle pureté de morale, que dogme utile à l'homme et honorable à son auteur puis-je tirer d'une doctrine positive, que je ne puisse tirer sans elle du bon usage de mes facultés? Montrez-moi ce qu'on peut ajouter, pour la gloire de Dieu, pour le bien de la société, et pour mon propre avantage, aux devoirs de la loi naturelle, et quelle vertu vous ferez naître d'un nouveau culte, qui ne soit pas une conséquence du mien. *Les plus grandes idées de la Divinité nous viennent par la raison seule. Voyez le spectacle de la nature, écoutez la voix intérieure. Dieu n'a-t-il pas tout dire a nos yeux, à notre conscience, à notre jugement?* (...) Loin d'éclaircir les notions du grand Être, je vois que les dogmes particuliers les embrouillent; que loin de les ennoblir, ils les avilissent; qu'aux mystères incunables qui l'environnent ils ajoutent des contradictions absurdes; qu'ils rendent l'homme orgueilleux, intolérant, cruel (...).".

mo[2303], questões que logo suscitaram um dos primeiros percalços após o início da sua carreira literária.

Deus existe[2304]; para tanto basta uma prova: "puisque nous ne nous sommes pas donné l'être nous-mêmes nous devons être l'ouvrage d'autrui, c'est un raisonnement simple et clair par lui; au lieu qu'il nous serait impossible de concevoir comment quelque chose pourrait être produit par le néant"[2305]. Se isto é ser ímpio, ateu ou celerado, é questão que pessoalmente não deixa dúvidas, mas terá sido das mais polémicas para a intelectualidade da época, pelo aspecto visionário e assumida demência que tais palavras de Rousseau iam suscitando[2306].

Além disso, tal como outros haviam feito antes, combate a superstição e a intolerância; "il faut croire en Dieu pour être sauvé", é um dogma mal compreendido e o princípio da sanguinária intolerância[2307], causando mortais golpes à Razão pela subserviência e menoridade em que a coloca[2308]. Ou seja, moral laica num contexto de religião laica; se a Fé faz parte dos direitos inalienáveis do homem, o homem vive com os demais homens no Estado, independentemente das vantagens ou desvantagens que isso lhe possa importar.

[2303] Idem, "Lettre de J.-J. Rousseau à M. de Voltaire, 18 Août 1756", Œuvres, II, pág. 321: "(...) il semble que les choses devraient être considérées relativement dans l'ordre physique, et absolument dans l'ordre moral: de sorte que la plus grande idée que je puis me faire de la Providence, est que chaque être matériel soit disposé le mieux qu'il est possible par rapport au tout, et chaque être intelligent et sensible le mieux qu'il est possible par rapport à lui-même; ce qui signifie en d'autres termes, que pour qui sent son existence, il vaut mieux exister que ne pas exister. Mais il faut appliquer cette règle à la durée totale de chaque être sensible, et non à quelques instants particuliers de sa durée, tels que la vie humaine; ce qui montre combien la question de la Providence tient à celle de l'immortalité de l'âme que j'ai le bonheur de croire, sans ignorer que la raison peut en douter, et à celle de l'éternité des peines que ni vous ni moi, ni jamais homme pensant bien de Dieu, ne croiront jamais."

[2304] Idem, ibidem, II, pág. 321: "Si Dieu existe, il est parfait; s'il est parfait, il est sage, puissant et juste; s'il est sage et puissant, tous est bien; s'il est juste et puissant, mon âme est immortelle; si mon âme est immortelle, trente ans de vie ne sont rien pour moi, et son peut-être nécessaires au maintien de l'univers. Si l'on m'accorde la première proposition, jamais on n'ébranlera les suivants; si on la nie, il ne faut point disputer sur ses conséquences."

[2305] Idem, "De l'Existence de Dieu", Œuvres, II, pág. 16.

[2306] Voltaire, "Lettre au Docteur Pansophe", Mélanges, pág. 852: "Mon ami Jean-Jacques, ayez de la bonne foi. Vous que attaquez ma religion, dites-moi, je vous prie, quelle est la vôtre? Vous vous donnes, avez votre modestie ordinaire, pour le restaurateur du christianisme en Europe; vous dites que la religion, décréditée en tout lieu, avait perdu son ascendant jusque sur le peuple, etc. (...) C'est sans contredit un fort grand malheur de ne pas croire à la religion chrétienne, qui est la seule vrai entre mille autres qui prétendent aussi l'être: toutefois, celui que a ce malheur peut et doit croire en Dieu. Les fanatiques, les bonnes femmes, les enfants et le docteur Pansophe ne mettent point de distinction entre l'athée et le déiste. O Jean-Jacques! vous avez tant promis à Dieu et à la vérité de ne pas mentir; pourquoi mentenz-vous contre votre conscience?"

[2307] Jean-Jacques Rousseau, "Lettre de J.-J. Rousseau à M. de Voltaire, 18 Août 1756", Œuvres, II, pág. 323: "Il y a, je l'avoue, une sorte de profession de foi que les lois peuvent imposer; mais hors les principes de la morale et du droit naturel, elle doit être purement négative, parce qu'il peut exister des religions qui attaquent les fondements de la société, et qu'il faut commencer par exterminer ces religions pour assurer la paix de l'État. De ces dogmes à proscrire, l'intolérance est sans difficulté le plus odieux; mais il faut le prendre à sa source; car les fanatiques les plus sanguinaires changent de langage selon la fortune, et ne prêchent que patience et douceur, quand ils ne sont pas les plus forts. Ainsi j'appelle intolérant par principes, tout homme qui s'imagine qu'on ne peut être homme de bien sans croire tout ce qu'il croit, et damne impitoyablement tous ceux qui ne pensent pas comme lui."

[2308] Idem, "Émile", Œuvres, III, pág. 179.

A religião é necessária e todos os que pensam o contrário são incorrigíveis cépticos[2309] ou cartesianos[2310], que por sistema aplicam essa modalidade a todo e qualquer acontecimento da vida humana, explicável ou não. A Liberdade de consciência fundamenta-se nas características específicas do Ser humano e não por força da prática de um ou outra confissão religiosa que sempre cumprirá ao Estado laico[2311] proteger das investidas de fanáticos e supersticiosos[2312] que apenas enxovalham a bondade divina[2313].

A grande diferença que existe entre Rousseau e o Pensamento católico justifica-se na impugnação do pecado original como origem da maldade humana. É por força das contingências da própria natureza[2314], que escapam ao seu controle que isso se pode verificar[2315]. O mito do bom selvagem de que foi o grande introdutor encontra aqui plena consagração, atendendo a uma antropologia que contrasta especialmente com a de Hobbes e cuja projecção no plano político é por demais evidente.

[2309] Idem, *ibidem*, III, pág. 213. Rousseau recusa o cepticismo pelo cepticismo conforme ele mesmo faz "profissão de fé": "Voilà le scepticisme involontaire où je suis resté; mais ce scepticisme ne m'est nullement pénible, parce qu'il ne s'étend pas aux points essentiels à la pratique, et que je suis bien décidé sur les principes de tous mes devoirs. Je serai Dieu dans la simplicité de mon coeur. Je ne cherche à savoir que ce qui importe à ma conduite. Quant aux dogmes qui n'influent ni sur les actions ni sur la morale, et dont tant de gens se tourmentent, je ne m'en mets nullement en peine. Je regarde toutes les religions particuliers comme autant d'institutions salutaires qui prescrivent dans chaque pays une manière uniforme d'honorer Dieu par un culte public (...). Je les crois toutes bonnes quand on y sert Dieu convenablement."

[2310] Idem, *ibidem*, III, pág. 184.

[2311] Idem, "Contrat Social. De la Religion Civile (Manuscrit de Genève, 1756-1760)", *Œuvres*, II, pág. 418: "(...) cette même religion n'ayant nulle relation particulière à la constitution de l'État, laisse aux lois politiques et civiles la seule force que leur donne le droit naturel sans leur en ajouter aucune autre, et par là un des plus grands soutiens de la société reste sans effet dans l'État."

[2312] Idem, "Lettre de J.-J. Rousseau à M. de Voltaire, 18 Août 1756", *Œuvres*, II, pág. 323: "Je voudrais donc qu'on eût dans chaque État un code moral, ou une espèce de profession de foi civile, qui contînt positivement les maximes sociales que chacun serait tenu d'admettre les maximes sociales que chacun serait tenu d'admettre, et négativement les maximes fanatiques, qu'on serait tenu de rejeter, non comme impies, mais comme séditieuses. *Ainsi toute religion qui pourrait s'accorder avec le code, serait admise; toute religion qui ne s'y accorderait pas, serait proscrite; et chacun serait libre de n'en avoir point d'autre que le code même*."

[2313] Idem, *ibidem*, II, pág. 322: "Mais je suis indigné, comme vous, que la foi de chacun ne soit pas dans la plus parfaite liberté, et que l'homme ose contrôler l'intérieur des consciences où il ne saurait pénétrer; comme s'il dépendait de nous de croire ou de ne pas croire dans des matières où la démonstration n'à point lieu, et qu'on pût jamais asservir la raison à l'Autorité."

[2314] Idem, "Discours sur l'inégalité", *Œuvres*, II, pág. 218: "*Ce n'est pas donc tant l'entendement qui fait parmi les animaux la distinction spécifique de l'homme que sa qualité d'agent libre. (...) l'homme éprouve la même impression* [de la nature], *mais il se reconnaît libre d'acquiescer ou de résister; et surtout dans la conscience de cette liberté que se montre la spiritualité de son âme; car le physique explique en quelque manière le mécanisme des sens et la formation des idées, mais dans la puissance de vouloir ou plutôt de choisir, et dans le sentiment de cette puissance, on ne trouve que des actes purement spirituelles, dont on n'explique rien par les lois de la mécanique.*"

[2315] Idem, "Émile", *Œuvres*, III, pág. 195: "Murmurer de ce que Dieu ne l'empêche pas de faire le mal, c'est murmurer de ce qu'il la fit d'une nature excellente, de ce qu'il mit à ses actions la moralité qui les ennoblit, de ce qu'il lui donna droit à la vertu. La suprême jouissance est dans le contentement de soi-même; c'est pour mériter ce contentement que nous sommes placés sur la terre et doués de la liberté, que nous sommes tentés par les passions et retenus para la conscience (...) Non, Dieu de mon âme, je te ne reprocherai jamais de l'avoir faite à ton image, afin que je pusse être libre, bon et heureux comme toi."

4. Questões antropológicas e vislumbres "democráticos"

O primeiro grande embate promovido por Rousseau na sociedade política do seu tempo e no domínio das presentes preocupações, ocorre com o *Discours sur l'origine et les fondements de l'inégalité parmi les hommes*[2316], visto como uma verdadeira declaração de guerra[2317] e em perfeita sequência com o que havia ocorrido, pouco tempo antes, com a apresentação do escrito submetido à Academia de Dijon.

Sem dúvida que aquilo que tentou toda a vida fazer foi algo de singelo: as palavras que desenvolve no segundo dos seus *Discours* e que podem levar à negação do estado social por destruir os benefícios do de natureza, são reformuladas por forma veemente no *Contrat Social*, onde se promove a criação de um estado social em que aquelas qualidades se conservem[2318]. Rousseau é contratualista ainda que de modo bem diverso do que por norma conferimos.

Os *Discours* apresentam o homem tal como ele se manifesta na sua origem; o *Contrat Social* como ele poderá vir a ser. De um lado o homem natural, do outro o homem social que são irredutíveis um ao outro, funcionado o segundo como o herdeiro e sucessor do primeiro. O problema é que o Autor não se preocupou em estabelecer a ligação entre os dois textos; daí a enorme dificuldade que enforma boa parte da investigação[2319]. Para agravar, publica-se o *Émile*, texto imprescindível para a História das Ideias Pedagógicas e que verificaremos ser absolutamente inultrapassável o conhecimento, sob pena da dificuldade em estudar e compreender Rousseau se tornar quase inexequível[2320].

Ora, por força do que já se escreveu e concordando com Cabral de Moncada[2321] neste plano, encontra-se na explicação do tipo de homem natural, a que Rousseau se referia, a justificação da passível dualidade do seu Pensamento. O Autor expressa-se em função de um homem que, mesmo no estado de natureza, já tem a sua própria

---

[2316] Idem, "Discours sur l'inégalité", À la Republique de Genebra, *Œuvres*, II, págs. 204 e ss.

[2317] Por exemplo, uma "Lettre de M. de Philopolis et Réponse de Rousseau", *Œuvres*, II, pág. 272, onde o crítico do Autor escreve: "*l'homme sauvage* de M. de Rousseau, cet homme qu'il chérit avec tant de complaisance, n'est point du tout *l'homme* que Dieu a voulu faire: mais Dieu a fait des *orang-outangs* et des *songes* qui ne sont pas hommes. Quand donc M. Rousseau déclame, avec tant de véhémence et d'obstination contre l'*état de société*, il s'élève *sans y penser*, contre la VOLONTÉ DE CELUI qui a fait l'homme et qui a ordonné cet état. *Les faits* sont-ils autre chose que l'expression de sa *VOLONTÉ ADORABLE?!*

[2318] Pierre Manent, *Histoire Intellectuelle du libéralisme*, págs. 143 e 144: "(...) à ses yeux, (...) la monarchie absolue est détestable, mais elle intérieurement morte, et comme déjà du reste Montesquieu, il est sûr qu'une 'révolution' ne tardera pas à la mettre à bas."

[2319] Jean Terrel, pág. 333: "On est (...) tenté de considérer le *Discours sur l'inégalité* et le *Contrat social* comme deux parties d'un même livre, le *Discours* traitant de l'état de nature et le *Contrat social* développant à partir de ce fondement une théorie du contrat et de la souveraineté. Sans ignorer cette revendication de systématisé, il faut au contraire distinguer les deux ouvrages et leurs objects respectifs: d'un côté l'histoire de l'humanité et des gouvernements, de l'autre les principes du droit politique."

[2320] Jean-Jacques Rousseau, "Lettre à M. de Malesherbes, Montmorency, le 12 Janvier 1762", *Œuvres*, I, pág. 62: "Tout ce que j'ai pu retenir de ces foules de grandes vérités que dans un quart d'heure m'illuminèrent sous cet arbre, a été bien faiblement épars dans les trois principaux de mes écrits, savoir ce premier discours, celui sur l'inégalité, et le traité de l'éducation, lesquels trois ouvrages sont inséparables et forment ensemble un même tout."

[2321] Luís Cabral de Moncada, *Filosofia do Direito e do Estado*, I, pág. 225.

racionalidade, a qual permite distingui-lo dos demais animais[2322], recolhendo o que os católicos chamariam o assopro divino, e que o crente Rousseau interpreta à luz da religião de maneira distinta[2323].

A fase seguinte será justificar o modo pelo qual o homem passou da Liberdade natural ao estado de servidão, ponto que adiante esclareceremos.

Rousseau começa por enunciar na dedicatória que faz "À la Republique de Genève", uma ideia, mais tarde repetida sob forma diversa no *Contrat Social*, segundo a qual "J'aurais voulu naître dans un pays où le souverain et le peuple ne pussent avoir qu'un seul et même intérêt, afin que tous les mouvements de la machine ne tendissent jamais qu'un seul et même intérêt, afin que tous les mouvements de la machine ne tendissent jamais qu'au bonheur commun; ce qui ne pouvant se faire, à moins que le peuple et le souverain ne soin une même personne, il s'ensuite que j'aurais voulu naître sous un gouvernement démocratique, sagement tempéré. J'aurais voulu vivre et mourir libre, c'est-à-dire tellement soumis aux lois, que ni moi ni personne n'en pût secouer l'honorable joug (...). J'aurais donc voulu que personne dans l'État n'eût pu se dire au-dessus de la loi (...)"[2324].

O que é mais interessante na sequência deste *Discours* é o paralelo que pode ser encontrado entre o seu Pensamento, o volteriano, em certo sentido e o dos Humanistas de Quinhentos. Para tanto dá o exemplo de Roma, quando o Povo quis ascender à Liberdade fugindo à opressão tarquínea: "ce n'était d'abord qu'une *stupide populace* qu'il fallut ménager et gouverner avec la plus grande sagesse, afin que, s'accoutumant peu à peu à respirer l'air salutaire de la liberté, *ces âmes énervées ou plutôt abruties* sous la tyrannie (...)"[2325]. Como consequência, a impressão produzida pelas camadas mais baixas da população em Rousseau são bastante negativas, ao menos inicialmente.

Como que querendo contraditar o que se expõe ou, apercebendo-se de um certo mal-entendido a que as suas afirmações anteriores poderiam conduzir numa já enfastiada plateia, Rousseau expõe o seu Pensamento democrático: "J'aurais cherché un pays où le droit de législation fût commun à tous les citoyens; car qui peut mieux savoir qu'eux sous quelles conditions il leur convient de vivre ensemble dans une même société?"[2326]

Há, na História da humanidade, uma etapa anterior à formação da sociedade política, ultrapassada em função de contingências que não seriam de verificação obrigatória, isto é, que não se ligam com a própria essência da natureza e que não estão justificados documentalmente. Nem poderiam, em bom rigor sê-lo; todos os pensadores estão conformes a que o estado de natureza é – ou pode ser – uma ficção, mas ficção indispensável para justificar o ulterior nascimento da sociedade civil e as coordenadas que vão originar o Poder político na mesma.

O genebrino é um forte partidário de uma reconstituição hipotética dessa História, atendendo ao que de facto se produziu e se poderia ter produzido. Tanto autoriza,

---

[2322] Jean-Jacques Rousseau, "Discours sur l'inégalité", *Œuvres*, II, págs. 218 e 219.

[2323] Idem, *ibidem*, II, pág. 212: "La religion nous ordonne de croire que, Dieu, lui-même ayant tiré les hommes de l'état de nature immédiatement après la création, ils sont inégaux parce qu'il a voulu qu'ils le fussent; mais elle ne nous défend pas de former des conjectures tirées de la seule nature de l'homme et des êtres qui l'environnent, sur ce qu'aurait pu devenir le genre humain s'il fût resté abandonné à lui-même."

[2324] Idem, *ibidem*, II, pág. 204.

[2325] Idem, *ibidem*, II, pág. 205.

[2326] Idem, *ibidem*, II, pág. 205.

de imediato, a compreender que num tal quadro os princípios do Direito Político apontam para que os homens não instituíram os Estados porque "quisessem" ou tivessem "vontade" da servidão, mas para tentar proteger a sua vida, bens e Liberdade, dando-se a si mesmo leis reguladores antes de confiar a outrem a tarefa de as aplicar. Aportar um entendimento entre Natureza e História será estabelecer o acordo dialéctico entre presente e passado, regenerando a própria ideia de História – e de Liberdade do homem na História – pela Natureza, que se faz remontar aos primórdios da verdadeira felicidade dos indivíduos.

O viver associativo, que as contingências humanas solicitam imperiosamente, implica o estabelecimento de Poderes que regulem as diversas esferas da actividade e as tornem compatíveis com a actividade do indivíduo.

Há portanto um sentido de História, mas um sentido de História que encontrará a sua consagração no Individualismo e em nada se prende com o sentido histórico anglófono, de que é contraponto absoluto[2327], manifestando do mesmo modo um afastamento inequívoco de Voltaire, atentos os benefícios que este encontra na História para explicar a feliz evolução humana, que para Rousseau, como se sabe, é perspectivada de modo absolutamente negativista.

No segundo dos seus *Discours*, aponta Rousseau a dado passo que "les philosophes qui ont examiné les fondements de la société ont tous senti la nécessité de remonter jusqu'à l'état de nature"[2328]. Porque discorda do transporte para o estado de natureza das ideias do estado de sociedade, enuncia uma das suas mais célebres máximas, afirmando a inexistência daquele e reafirmando "qui n'existe plus, qui n'a pu point existé, qui probablement n'existira jamais, et dont il est pourtant nécessaire d'avoir des notions justes pour bien juger de notre état présent"[2329].

Em tese geral, as suas reflexões partem do homem natural, fora da sociedade civil; a sua interpretação de estado de natureza é totalmente diferente da de Hobbes e de Locke. O estado de natureza, em que os homens viveram transitoriamente, justifica a possibilidade de se confirmar que os mesmos têm duas faculdades: a de resistência ou aquiescência e a de se aperfeiçoar[2330]. São elas que conduzem a um estado intermédio entre aquele e o social[2331].

[2327] Jean Terrel, págs. 328 e 329: "En ce sens, on serait tenté de distinguer une question de fait et une question de droit, ou encore, en s'inspirant de Hobbes, une physique politique (qui reconstruit sur un mode hypothétique la genèse des États), et la science du droit politique. Cette présentation des choses risque d'autoriser à nouveau une lecture kantienne de l'oeuvre de Rousseau: d'un côté un droit inique venant dissimuler et renforcer la domination des riches, de l'autre le contrat légitime que déduit la science et qui permet de critiquer les États existants."
[2328] Jean-Jacques Rousseau, "Discours sur l'inégalité", *Œuvres*, II, págs. 211 e 212: "Les philosophes, qui ont examiné les fondements de la société, ont tous senti la nécessité de remonter jusqu'à l'état de nature, mais aucun d'eux n'y est jus arrivé." Passa em seguida a justificar os motivos porque em seu entender terão falhado e argumenta em seguida que se deverá começar por "écarter tous les faits, car ils ne touchant point à la question. Il ne faut pas prendre les recherches dans lesquelles on peut entrer sur ce sujet pour des vérités historiques, mais seulement pour des raisonnements hypothétiques et conditionnels, plus propres à la religion (...) éclaircir la nature des choses qu'à en montrer la véritable origine, et semblables à ceux que font tous les jours nos physiciens sur la formation du monde. (...)"
[2329] Idem, *ibidem*, II, "Préface".
[2330] Idem, *ibidem*, "Discours sur l'inégalité", *Œuvres*, II, págs. 220 e ss.
[2331] Idem, *ibidem*, II, págs. 228 e ss.

DA HISTÓRIA DA IDEIA DE LIBERDADE (SEQUÊNCIA)

Não sendo naturalmente plausível apontar na íntegra as reflexões de Rousseau, pode brevemente resumir-se a questão, afirmando que em Rousseau e neste seu segundo *Discours*, surge um ponto essencial: o negativismo. Isto contrasta à evidência com o optimismo antropológico antes manifestado em relação à ideia de Liberdade, uma vez que agora os homens estão isolados entre si e a comunicação falha.

A vida humana é uma espécie de animalidade e apenas a sua preservação parece importar[2332].

Por outro lado, apontam-se os fundamentos e fases de instalação da sociedade civil. O primeiro dos termos resulta da desigualdade entre ricos e pobres, a que se segue a distinção entre governantes e governados, a que se seguirá um eventual despotismo, marcado pela submissão à escravatura dos mais pobres.

De imediato a diversidade discursiva face a Aristóteles e Pufendorf. Se o primeiro falava em "social" e o segundo em "sociabilidade" inerente ao homem, já Rousseau entende precisamente o contrário, admitindo que o grau de independência recíproca que entre si mantêm é o aspecto mais saliente do estado de natureza[2333].

No fundo aquilo a que se assiste em Rousseau, também neste quadro, é a uma certa inversão dos pressupostos apontados pela generalidade da doutrina moderna do Direito Natural. No presente campo de referência o Autor entende que nem a ideia de sociabilidade natural, nem a necessidade de viver bem e em paz com os outros homens, justificam a formação de uma comunidade racional de partilha[2334].

Há em Rousseau uma certa inversão da perspectiva tradicional jusnaturalista, de que era discípulo e crítico, em simultâneo. O estado de natureza de Rousseau é diverso do teorizado por Hobbes ou Locke, sobretudo porque vê como esporádicos os contactos entre os homens no início da Criação, pouco adequados ao desenvolvimento da linguagem, existindo uma óbvia desigualdade de forças e manhas entre eles.

Em qualquer caso, o espírito de dominação não presidia nesta fase inicial em que a desigualdade era natural e conforme às características físicas de cada um e não se pautava por qualquer dominação de uns sobre os outros[2335]. Ou seja, os homens em si mesmos considerados eram iguais, provindo a desigualdade de meras circunstâncias pessoais, ponto em que já outros Autores haviam defendido idêntica tese, ainda que com corolários opostos. E se eram iguais, eram do mesmo modo livres de toda e qualquer dominação que entre eles pudesse verificar-se.

A evolução permite um avanço deste primitivo estado para um outro em que o relacionamento humano se intensifica, enquanto segunda etapa do estado de natureza, que certos historiadores qualificam de estado selvagem[2336]. Nesta fase e por força do aumento das disputas entre os bens a partilhar, que a todos pertencem em Igualdade e usando de plena Liberdade, catalisam-se as discórdias, as lutas entre clãs e tribos rivais e sente-se, cada vez mais, a necessidade da ordem que promova a segurança colectiva.

[2332] Idem, *ibidem*, II, págs. 212 e ss.
[2333] Idem, *ibidem*, II, págs. 213 e ss.
[2334] Idem, "Contrat Social, (Manuscrit de Genève, 1756-1760)", *Œuvres*, II, pág. 392 e ss.
[2335] Idem, "Discours sur l'inégalité", *Œuvres*, II, págs. 226 e 227. Para a questão da desigualdade, em geral, em Rousseau, veja-se Alberto Burgio, *Egualanza, Interesse, Unanimitá. La politica di Rousseau*, Nápoles, Firenze, 1989.
[2336] Émile Bréhier, II, 2, pág. 418: "(...) c'est alors que naît l'état sauvage qui, bien différent de l'état de nature, n'est pourtant pas encore l'état civil (...).".

A derradeira fase liga-se à instituição da Propriedade por via da sedentarização e de algumas importantes descobertas tendentes a facilitar a existência humana[2337]. Rousseau crê que o primeiro homem que reclamou para si um pedaço de terra como propriedade privada, fazendo com que os outros loucamente entendessem que poderiam fazer o mesmo, não apenas criou a desigualdade entre os seus semelhantes, como os conduziu, célere, à política[2338]. A desigualdade natural na sociedade primitiva, que não era nociva, transforma-se em desigualdade entre rico e pobre, poderoso e submisso[2339], conduzindo precisamente aquilo que se chama sociedade civil.

Em síntese, no estado de natureza o homem goza de Liberdade e de Igualdade e são circunstâncias fortuitas que conduzem à desigualdade: a Propriedade, as rivalidades sociais, os Governos...

É isto que conduz à sociedade civil[2340], a qual existe para evitar a destruição entre os homens, um mal inevitável que, como "mal", deve ser reequacionado para que se transforme num "bem". Atente-se, porém, que para Rousseau a Igualdade[2341] que existe no estado de natureza entre os homens se regista no plano de uma Igualdade virtual de direitos mas de uma desigualdade natural na humanidade primitiva, decorrente de forças distintas entre eles e que conduziram a uma primitiva associação, em que possam prover à conservação da espécie, mas distinto do estado de sociedade em que essa Igualdade não está inicialmente assegurada[2342] e apenas se plasma por diversas vias[2343].

A instalação da sociedade civil é vista por fases, tal como sucedia com o estudo da sua antecessora. A primeira coincide com a última antes equacionada, isto é, com o desenvolvimento da Propriedade individual, geradora de desigualdades sociais e limitadora da Liberdade dos pobres em presença dos ricos[2344]. O segundo termo característico chega com a distinção entre governantes e governados, imposta pelos detentores da Propriedade que apresentam capacidade impositiva para tanto[2345]. Final-

---

[2337] Jean-Jacques Rousseau, "Discours sur l'inégalité", Œuvres, II, págs. 231 e ss.
[2338] Idem, ibidem, II, pág. 242: "Les distinctions politiques amènent nécessairement les distinctions civiles. L'inégalité, croissant entre le peuple et les chefs, se fait bientôt sentir entre les particuliers, et s'y modifie en mille manières selon les passions, les talents et les occurrences."
[2339] Idem, ibidem, II, pág. 233.
[2340] Pierre Manent, Histoire Intellectuelle du liberalisme, pág. 144: "Qui gouverne? L'opinion. L'opinion de qui? De la société. Qu'est-ce que la société? C'est l'inégalité."
[2341] Jean Ferrari, "Égalité, inégalité, égalitarisme dans la pensée politique de J.-J. Rousseau", L'Égalité, Cahiers de Philosophie Politique et Juridique, Nº 8 , Centre de Publications de l'Université de Caen, 1985, págs. 119 e ss., apresenta um estudo acerca do tema da Igualdade em Rousseau, que deve ser levado em linha de conta completamente à nossa análise no plano da Liberdade.
[2342] Jean-Jacques Rousseau, Émile", Œuvres, III, págs. 165 e 166: "Il y a dans l'état de nature une égalité de fait réelle et indestructible, parce qu'il est impossible dans cet état que la seule différence d'homme à homme soit assez grande pour rendre l'un dépendant de l'autre. Il y a dans l'état civil une égalité de droit chimérique et vaine, parce que les moyens destinés à la maintenir servent eux-mêmes à la détruire, et que la force publique ajustée au plus fort pour opprimer le faible rompt l'espèce d'équilibre que la nature avait mis entre eux."
[2343] Idem, "Contrat Social, (Manuscrit de Genève, 1756-1760)", Œuvres, II, pág. 399: "(...) au lien de détruire l'égalité naturelle, le pacte fondamental substitue au contraire une égalité morale et légitime à ce que la nature avait pu mettre d'inégalité physique entre les hommes, et que pouvant naturellement être inégaux en force ou en génie, ils deviennent tous égaux par convention et de droit." = ["Contrat Social, (Édition originale, 1760-1762) "], pág. 525.
[2344] Idem, "Discours sur l'inégalité", Œuvres, II, pág. 233.
[2345] Idem, ibidem, II, pág. 234.

mente, o último dos termos da equação cifra-se na instituição de formas de Governo mais ou menos despóticas, originando a distinção entre senhores e escravos[2346].

Quer isto dizer que o optimismo antropológico de Rousseau no que toca à configuração do homem natural, se transmuda em pessimismo quando pensa no cidadão em abstracto, julgando mesmo que é de sua exclusiva responsabilidade a situação decrépita em que se encontra e convive com os demais em sociedade, frutos dos seus desvarios iniciais[2347] e que são sancionados[2348], à vez, com a Propriedade privada, o Governo e a escravatura[2349].

O *Discours sur l'origine et les fondements de l'inégalité parmi les hommes* separa, de forma clara, o momento do nascimento da sociedade civil e aquele outro em que esta sociedade se dá um Governo separado. Toda e qualquer referência explícita a um pacto está ausente na descrição do primeiro momento e apenas de um modo muito indirecto e por uma única vez há vestígios de sumária indicação do mesmo: "On voit aisément comment l'établissement d'une seule société rendit indispensable celui de toutes les autres, et comment, pour faire tête à des forces unies, il fallut s'unir à son tour. Les sociétés se multipliant ou s'étendant rapidement, couvrirent bientôt toute la surface de la terre, et il ne fut plus possible de trouver un seul coin dans l'univers où l'on pût s'affranchir du joug, et soustraire sa tête au glaive souvent mal conduit que chaque homme vira perpétuellement suspendu sur la sienne"[2350].

O que causa admiração ao intérprete são as quase nulas tentativas de explicação a propósito desta relutância absoluta em admitir o pacto de sociedade. Nem Rousseau se preocupou em o realizar, nem outros buscaram a justificação – com honrosa excepção[2351] – porque é que um pensador do Contratualismo liberal, não procura

---

[2346] Idem, *ibidem*, II, pág. 235: "Les politiques font sur l'amour de la liberté les mêmes sophismes que les philosophes ont faits sur l'état de nature: par les choses qu'ils ont voient ils jugent des choses très différentes qu'ils n'ont pas vues; et ils attribuent aux hommes un penchant naturel à la servitude par la patience avec laquelle ceux qu'ils ont sous les yeux supportent la leur; sans songer qu'il en est de la liberté comme de l'innocence et de la vertu, dont on ne sent le prix qu' autant qu'on en jouit soi-même, et dont le goût se perd sitôt qu'on les a perdues." Umas páginas adiante escreve: "Si nous suivons le progrès de l'inégalité dans ces différents révolutions, nous trouverons que l'établissement de la loi et du droit de propriété fut son premier terme, l'institution de la magistrature le second, que le troisième et le dernier fut le changement du pouvoir légitime en pouvoir arbitraire; *en sorte que l'état de riche et de pauvre fut autorisé par la première époque, celui de puissant et de faible par la seconde, et par la troisième celui de maître et d'esclave, qui est le dernier degré de l'inégalité, et le terme auquel aboutissent enfin tous les autres, jusqu'à ce que nouvelles révolutions dissolvent tout à fait le gouvernement, ou le rapprochent de l'institution légitime.*"
[2347] Idem, *ibidem*, II, pág. 235: "(...) Que les pauvres n'ayant rien à perdre que leur liberté, c'eût été une grande folie à eux de s'ôter volontairement le seul bien qui leur restait, pour ne rien gagner en échange (...)."
[2348] Idem, *ibidem*, II, pág. 234: "Telle fut ou dut être l'origine de la société et des lois, qui donnèrent de nouvelles entraves au faible et de nouvelles forces au riche, détruisent sans retour la liberté naturelle, fixèrent pour jamais la loi de la propriété et de l'inégalité, d'une adroite usurpation firent un droit irrévocable, et, pour le profit de quelques ambitieux, assujettirent désormais tout le genre humain au travail, à la servitude et à la misère."
[2349] Idem, "Contrat Social, (Édition originale, 1760-1762)", *Œuvres*, II, pág. 520. Os princípios do Direito "dérivent de la nature des choses".
[2350] Idem, "Discours sur l'inégalité", *Œuvres*, II, pág. 234.
[2351] J. S. McClelland, *A History of Western Political Thought*, London and New York, 1996, págs. 257 e 258: "Because human societies arise of their own accord, so to speak, there is no need for an elaborately formal account of the origins of the kind that social contract theorists had typically

fundamentar neste seu texto inicial, a negação do pacto como origem da sociedade, embora o admita como base indispensável para a instauração de todo o Governo.

A explicação contextualiza-se por força de duas ordens de factores.

Em primeiro lugar, porque o segundo *Discours* não se preocupa com as questões do Direito Político e subverte na totalidade a perspectiva hobbesiana da passagem do estado de natureza ao estado de sociedade, cuja fundamentação é vista em sentido oposto. Quanto a Locke, não deixa de sair mal tratado da situação, vista a sua predilecção pela Propriedade que para Rousseau é o fundamento mais acabado da desigualdade humana.

Noutro plano, Rousseau não consegue fugir à tematização de um processo de associação ou união voluntária. Se a iniciativa parte dos detentores da riqueza, ameaçados nos seus bens, vida e Liberdade, pelo estado de guerra, ela acaba por ser aceite por todos os demais, "compreendida" pelos "savants" e em ordem não a uma emanação da servidão voluntária, mas de salvaguardar, no possível, a Liberdade de cada um[2352]. Neste sentido, as características pessoais que Rousseau imprime ao seu Pensamento poderiam colocá-lo à beira das antinomias, não fora a consideração prévia da distinção entre "homem" e "cidadão"[2353] e a actividade interpretativa que cabe aos historiadores levar por diante.

A origem da sociedade, em Rousseau, é diversa de todas as tentativas de explicação encetadas antes dele[2354]: "la société ne consista d'abord qu'en quelques conventions générales que tous les particuliers s'engageaient à observer, et dont la communauté se rendait garante envers chacun d'eux"[2355]. Ora isto não significa, ainda, a existência de um Governo em sociedade, apenas e tão só se exercendo, em associação, o Poder supremo da comunidade.

A etapa seguinte de Rousseau será tentar delinear idealmente as bases de uma comunidade política que possa proteger os indivíduos contra a opressão e garantir os seus direitos naturais[2356].

---

given. What use, then, was social contract theory if it did not explain the origins of civil society? Rousseau has the perfect answer. Social contract as a theory of the origins of society is in fact an account of the origins of legitimate society because men agree to construct that society out their own freely given consent. This is a laughable account of the origins of any actual society, because it is obvious to the most casual glance that no actual human society is originally so constituted that a majority of its members would consent to its legitimacy. Therefore, to attribute the origins of any contemporary society to social contract is to invest that society with a legitimacy which it does not possess."

[2352] Jean-Jacques Rousseau, "Discours sur l'inégalité", *Œuvres*, II, pág. 234: "(...) il fallait se résoudre à sacrifier une partie de leur liberté à la conservation de l'autre, comme un blessé se fait couper le bras pour sauver le reste du corps."

[2353] Idem, "Lettre de Voltaire et Réponse de Rousseau au Sujet du Discours sur l'Inégalité. Réponse de Rousseau", *Œuvres*, II, pág. 266: "L'homme sauvage et l'homme policé diffèrent tellement par le fond du coeur et des inclinations, que ce qui fait le bonheur suprême de l'un, réduirait l'autre au désespoir. Le premier ne respire que le repos et la liberté (...). Au contraire le citoyen toujours actif sue, s'agite, se tourmente sans cesse pour chercher des occupations encore plus laborieuses: il travaille jusqu'à la mort, il y court même pour se mettre en état de vivre, ou renonce à la vie pour acquérir l'immortalité."

[2354] Idem, "Discours sur l'inégalité", *Œuvres*, II, págs. 234 e ss.

[2355] Idem, *ibidem*, II, pág. 234.

[2356] Idem, *ibidem*, II, pág. 235: "Il fallut que l'expérience montrât combien une pareille constitution était faible, et combien il était facile aux infracteurs d'éviter la conviction ou le châtiment des fautes

A Liberdade, agora entendida em sentido diverso do perdido estado de natureza, tem de ser de uma outra compleição aproximando-se tanto quanto possível daquela. Ser o seu equivalente em sociedade e, tal como ela, funcionar em termos absolutos. Ser, em síntese, o retrato de uma forma de associação em que os seus membros sejam livres, como haviam sido "antes". Por força disso, tem de existir um pacto de Governo[2357], que é garante da vida dos cidadãos em sociedade civil, já que ela existe e se formou[2358]. Se não é possível impedir essa translação e encarar o estado de natureza como perdido, urge que no estado de sociedade seja garantido ao cidadão a maior Liberdade possível que ele lhe permite. Apenas o pacto a poderá, então, salvaguardar.

É máxima incontestável de todo o Direito Político que "les peuples se sont donnés des chefs pour défendre leur liberté et non pour les asservir"[2359]. E assim mesmo, Rousseau continua a contribuir para desinquietar os espíritos. Como imaginar um tipo de contrato que não suprima as vantagens essenciais da natureza[2360]?

Nestes termos, refuta Pufendorf, ao não aceitar o despojamento da Liberdade individual por força do contrato[2361] que os homens estabeleçam com um qualquer chefe, e que sendo diverso do pacto instituidor da sociedade, que nega, é indispensável à sobrevivência da mesma. Daí a contestação da monarquia absoluta, que ficara justificada pelos jusracionalistas, por força de um contrato que institui a obediência voluntária a um monarca, que se encontra acima das leis positivas. E, nestes termos, o contrato não obriga senão uma das partes, o que é, de todo em todo, inaceitável para o genebrino[2362].

---

dont le public seul devait être le témoin et le juge; il fallut que la loi fût éludée de mille manières, il fallut que les inconvénients et les désordres se multipliassent continuellement pour qu'on songeât enfin à confier à des particuliers le dangereux dépôt de l'Autorité publique, et qu'on commît à des magistrats le soin de faire observer les délibérations du peuple; car de dire que les chefs furent choisis avant que la confédération fût faite, et que les ministres des lois existèrent avant les lois mêmes, c'est une supposition qu'il n'est pas permis de combattre sérieusement."

[2357] Idem, *ibidem*, "Préface", pág. 211: "Les recherches politiques et morales, auxquelles donne lieu l'importante question que j'examine, sont donc utiles de toutes manières, et *l'histoire hypothétique des gouvernements est pour l'homme une leçon instructive à tous égards*."

[2358] António Joaquim da Silva Pereira, *O "Tradicionalismo" Vintista e o Astro da Lusitânia*, págs. 181 e 182.

[2359] Jean-Jacques Rousseau, "Discours sur l'inégalité", *Œuvres*, II, pág. 235.

[2360] Idem, *ibidem*, II, pág. 235: "Il ne serait pas plus raisonnable de croire que les peuples se sont d'abord jetés entre les bras d'un maître absolu sans conditions et sans retour, et que le premier moyen de pourvoir à la sûreté commune qu'aient imaginé des hommes fiers et indomptés, a été de se précipiter dans l'esclavage."

[2361] Idem, *ibidem*, II, pág. 239: "Pufendorf dit que, tout de même qu'on transfère son bien à autrui par des conventions et des contrats, on peut aussi se dépouiller de sa liberté en faveur de quelqu'un. C'est là, ce me semble, un fort mauvais raisonnement: car, premièrement, le bien que j'aliène me devient une chose tout à fait étrangère, et dont l'abus m'est indifférent; mais il m'emporte qu'on abuse point de ma liberté, et je ne puis, sans me rendre coupable du mal qu'on me forcera de faire m'exposer à devenir l'instrument du crime. De plus, le droit de propriété n'étant que de convention et d'institution humaine, tout homme peut à son gré disposer de ce qu'il possède: mais il n'en est pas de même des dons essentiels de la nature, tels que la vie et la liberté, dont il est permis à chacun de jouir, et dont il est au moins douteux qu'on ait droit de se dépouiller: en s'ôtant l'une on dégrade son être, en s'ôtant l'autre on anéantit autant qu'il est en soi (...)."

[2362] Idem, *ibidem*, II, pág. 238: "(...) il serait difficile de montrer la validité d'un contrat qui n'obligerait qu'une des parties, où l'on mettrait tout d'un côté et rien de l'autre, et qui ne tournerait qu'au préjudice de celui qui s'engage."

Quando se refere a um presumível pacto instituidor do Governo, ele mesmo invoca a invalidade de um pacto unilateral onde se aliena um bem jurídico insusceptível de estar na disponibilidade seja de quem for para esse fim: a Liberdade. O pacto teorizado pelo Contratualismo absolutista é uma realidade cujos contornos Rousseau se recusa a aceitar, ainda quando se tratar de monarquias limitadas, na medida em que o Poder supremo sempre se conserva na comunidade, sua origem única e irredutível a qualquer outra fonte, por maior dignidade que apresente.

Esta atitude que deve ser tomada por unanimidade, tem as características de iniciar a constituição da sociedade política e, repita-se, pouco se relaciona, com o ensinado cerca de um século antes por Pufendorf, diverge do de Locke e ainda menos se assemelha com o teorizado por Hobbes, pelas razões que ficaram apontadas[2363].

O que Rousseau procura inicialmente é uma reconciliação entre o indivíduo e o Governo em nome da solidariedade humana[2364]. O pacto fundamental a que se reporta nesta fase do seu Pensamento não é o pacto de associação descrito no Livro I do *Le Contrat Social*. A diferença torna-se visível, como é sabido, entre pacto de nascimento da sociedade ou de associação e pacto de Governo.

O que aqui está em causa é o Corpo Político, e não a versão antecedente ao nascimento do Governo separado e que Rousseau intitula de "naissance de la société et des lois"[2365]. Além do mais e como se sabe, Rousseau irá alterar o discurso na segunda das suas mais importantes Obras, negando pura e simplesmente a existência de um qualquer pacto de Governo.

Este Corpo Político rege-se por Leis Fundamentais que provêm da vontade popular e são de aceitação recíproca por ambas as partes. É a ideia de Constituição em sentido Moderno que aqui começa a surgir, em que a entidade que outorga a lei está em plano de Igualdade com aquela que a deve levar por diante, ou seja, há uma reciprocidade de atribuições entre Povo e magistrados. O que está em causa é sobretudo um problema de legitimidade mais do que de legalidade no exercício das funções públicas.

Depois da precedente exposição, Rousseau defende ser necessário que "la volonté divine intervînt pour donner à l'Autorité Souveraine un caractère sacré et inviolable qui ôtât aux sujets le funeste droit d'en disposer"[2366]. É verdade que os Governos humanos necessitam "d'une base plus solide que la seule raison", porque todos os homens se governam, "avant la lettre", pela sua afectividade primeiro e só depois pela sua Razão, o que implica um recurso obrigatório à religião.

[2363] Idem, "Article 'Economie Politique', publié dans *L'Encyclopédie*, en Novembre 1755", *Œuvres*, II, pág. 278: "J'ai cru qu'il suffirait de ce peu de lignes pour renverser l'odieux système que le chevalier Filmer a tâché d'établir dans un ouvrage intitulé *Patriarcha* (...)." Idem, "Contrat Social, (Manuscrit de Genève, 1756-1760)", *Œuvres*, II, págs. 400 e ss.

[2364] Idem, "Discours sur l'inégalité", *Œuvres*, II, pág. 239: "Sans entrer aujourd'hui dans les recherches qui sont encore à faire sur la nature du pacte fondamental de tout gouvernement, je me borne, en suivant l'opinion commune, à considérer ici l'établissement du corps politique comme un vrai contrat entre le peuple et les chefs qu'ils se choisit; *contrat par lequel les deux parties s'obligeant à l'observation des lois qui y sont stipulées et qui forment les liens de leur union.* Le peuple ayant, au sujet des relations sociales, réuni toutes ses volontés en une seule, tous les articles sur lesquels cette volonté s'explique, deviennent autant de Lois fondamentales qui obligeant tous les membres de l'État sans exception, et l'une desquelles règle le choix et le pouvoir des Magistrats chargés de veiller à l'exécution des autres. Ce pouvoir s'étend à tout ce qui peut maintenir la Constitution, sans aller jusqu'à la changer."

[2365] Idem, *ibidem*, II, pág. 234.

[2366] Idem, *ibidem*, II, pág. 241.

O *Discours sur l'Inégalité* é um dado histórico e perdido; a hipótese histórica que até agora se tem vindo a abordar e que poderá ter acontecido e com toda a probabilidade aconteceu[2367]. O *Émile* mostra aos jovens como, mediante uma educação apropriada se devem aprontar para se inserir, compreenderem e assumirem o estado de natureza perdido e avocarem uma nova situação. Essa nova situação é proposta como a última possibilidade de salvação humana no *Le Contrat Social*, que não pretende ser apenas hipótese histórica, mas demonstração jurídica e política de factos ou dados adquiridos.

Recuperando, pois, uma ideia exposta no início da abordagem deste Autor, só através da ligação dos vários textos de Rousseau é possível perceber a totalidade do seu Pensamento.

5. A formação do Absolutismo colectivo

Se passarmos à análise do *Contrat Social*, e admitindo que o homem nasce livre e igual[2368], importa explicar a legitimidade que lhe assiste em se colocar na dependência de outrem e a legitimidade que esse "escolhido" terá para exercer funções distintas das que a plena Igualdade lhe atribuíam, sendo agora superior aos demais[2369]. Faz parte da natureza do homem ser livre[2370] e zelar pela sua própria conservação, sendo a família o modelo da mais ancestral das sociedades[2371]; portanto, a indagação acerca da ideia de soberania deve ser enquadrada a par e passo com a temática da vontade geral[2372], como os dois grandes pólos de tenção inicial do Autor nesse seu novo escrito.

Por aqui desde logo se percebe que o problema demonstrativo de Rousseau é, agora, diverso, do que havia declamatoriamente tratado no segundo dos seus *Discours*. Esse problema continua, porém, a ter o mesmo nome: Liberdade, agora encarada como aquilo a que alguém deve obedecer como se fosse ele mesmo a impôr e, ainda assim, conservar a sua plena Liberdade.

A pessoa moral comunidade, nasce do contrato e não lhe é anterior, porque os indivíduos isolados não têm o mesmo valor que a comunidade no seu conjunto e apenas pela sucessão de actos de associação entre eles a ideia de Povo pode surgir. O resultado obtido por Rousseau importa um privilégio colectivo. Agora funda-se no Povo, que não existe antes do contrato mas em que o desapossamento dos seus direitos particulares por parte dos indivíduos, sendo automático, implica o nascimento da dita pessoa moral[2373].

[2367] Idem, *ibidem*, "Préface", pág. 211.
[2368] Idem, "Contrat Social, (Manuscrit de Genève, 1756-1760)", *Œuvres*, II, pág. 396 = ["Contrat Social, (Édition originale, 1760-1762)", *Œuvres*, II, pág. 518]: "L'homme est né libre, et partout il est dans les fers. Tel se croit le maître des autres, qui ne laisse pas d'être plus esclave qu'eux."
[2369] Idem, "Contrat Social, (Édition originale, 1760-1762)", *Œuvres*, II, pág. 518. Rousseau ignora a partir deste momento tudo o que havia deixado escrito no "Discours sur l'inégalité", segundo suas próprias palavras: "Comment ce changement s'" "est-il fait? Je l'ignore."
[2370] Idem, *ibidem*, II, págs. 520 e ss.: "Renoncer à sa liberté, c'est renoncer à sa qualité d'homme, aux droits de l'humanité, même à ses devoirs."
[2371] Idem, *ibidem*, II, pág. 519; idem, "Contrat Social, (Manuscrit de Genève, 1756-1760)", *Œuvres*, II, págs. 400 e ss.
[2372] Idem, "Contrat Social, (Manuscrit de Genève, 1756-1760)", *Œuvres*, II, pág. 399: "Je crois pouvoir poser une maxime incontestable, que la volonté générale peut seule diriger les forces de l'État selon la fin de la institution, qui est le bien commun: car si l'opposition des intérêts particuliers a rendu nécessaire l'établissement des sociétés civiles, c'est l'accord de ces mêmes intérêts qui l'a rendu possible." = ["Contrat Social, (Édition originale, 1760-1762) "], *Œuvres*, II, pág. 525.
[2373] Idem, "Émile",*Œuvres*, III, pág. 313: "Le contrat social est donc la base de toute société civile, et c'est dans la nature de cet acte qu'il faut chercher celle de la société qu'il forme."

Considerando, pois, os factos acima expostos, terá Razão Rousseau ao afirmar que "le peuple ne contracte qu'avec lui-même"[2374]. A ordem social nasce das convenções, é de Direito Humano e não de Direito Natural ou Divino, superior a todos as demais[2375], com o atributo de sagrada[2376].

É pois necessário remontar a uma primitiva convenção instituidora do Governo, para o que se segura em Grócio para afirmar que "un peuple peut se donner à un roi. Selon Grotius, un peuple est donc un peuple avant de se donner à un roi. Ce don même est un acte civil; il suppose une délibération publique. Avant donc que d'examiner l'acte par lequel un peuple élit un roi, il serait bon d'examiner l'acte un peuple est un peuple; car cet acte, étant nécessairement antérieure à l'autre, est le vrai fondement de la société"[2377].

Quer isto significar que o pacto do *Le Contrat Social* não tem as características de um duplo contrato como em Pufendorf. É um contrato único entre os associados em proveito da comunidade no seu conjunto[2378]. Cada associado une-se a todos e a ninguém em particular e não obedecendo, assim, senão a si próprio, é tão livre como anteriormente[2379], ainda quando as coordenadas dessa Liberdade divergem[2380].

O pacto social, sem o qual a segurança dos homens pode seriamente perigar, é visto enquanto "cette somme de forces ne peut naître que du concours de plusieurs; mais la force et la liberté de chaque homme étant les premières instruments de sa conservation", do que decorre a máxima que mais celebrizou o Autor, provocando os mais sérios comentários a propósito da sua reflexão filosófica: "Trouver une forme d'association qui défende et protège de toute la force commune la personne et les biens de chaque associée, et par laquelle chacun, s'unissent à tous, n'obéissance à tous, n'obéissance pourtant qu'à lui-même, et reste aussi libre qu'auparavant. *Tel est le probléme fondamental dont le contrat social donne la solution*"[2381].

[2374] Idem, "Contrat Social, (Manuscrit de Genève, 1756-1760)", *Œuvres*, II, pág. 396 = ["Contrat Social, (Édition originale, 1760-1762)", *Œuvres*, II, págs. 522 e 523].

[2375] Idem, "Contrat Social, (Édition originale, 1760-1762)",*Œuvres*, II, pág. 518.

[2376] Idem, *ibidem*, II, "Contrat Social, (Manuscrit de Genève, 1756-1760)", *Œuvres*, II, pág. 396: "(...) l'ordre social est un droit sacré qui sert de base à tous les autres; cependant ce droit n'a point sa source dans la nature; il est donc fondée sur une convention et comment elle a pu se former."

[2377] Idem, "Contrat Social, (Édition originale, 1760-1762)", *Œuvres*, II, pág. 522.

[2378] Idem, "Contrat Social, (Manuscrit de Genève, 1756-1760)", *Œuvres*, II, pág. 407: "par le pacte social nous avons donné l'existence et la vie au corps politique." = ["Contrat Social, (Édition originale, 1760-1762], *Œuvres*, II, págs. 529 e 530.

[2379] J. S. McClelland, pág. 260: "For is new state of the social contract, *liberty is not going to be 'more-or-less' but 'either-or': either men are going to be completely free, or they are not going to be free at all*. The clue to Rousseau's solution to the problem of liberty within a political community lies in his assertion that the natural liberty of the State of nature has gone forever; we now live in a social condition from whitch there is no turning back. The only way lies forward, so that all hankering after a so-called 'natural' liberty has to stop. (...) Rousseau's citizens in his new state are not going to be in the position of always wondering whether they have given up too much of their natural liberty for the benefits wich living in civil society brings. They are going to be completely free."

[2380] Jean-Jacques Rousseau, "Contrat Social, (Édition originale, 1760-1762", *Œuvres*, II, pág. 524: "Réduisons toute cette balance à des termes faciles à comparer: ce que l'homme perd par le contrat social, c'est sa liberté naturelle et un droit illimité à tout ce qui le tente et qu'il peut atteindre; ce qu'il gagne, c'est la liberté civile et la propriété de tout ce qu'il possède." = ["Contrat Social, (Manuscrit de Genève, 1756-1760)"], *Œuvres*, II, pág. 398.

[2381] Idem, *ibidem*, II, pág. 522 = ["Contrat Social, (Manuscrit de Genève, 1756-1760)"], *Œuvres*, II, pág. 396: "*Chacun de nous met en commun sa volonté, ses biens, sa force et sa personne, sous la direction de*

É a celebérrima tese da vontade geral. Como consequência, na passagem – admissível – do estado de natureza ao estado de sociedade produz-se no homem uma alteração notável, pela substituição do instinto à justiça[2382], conferindo às acções o aspecto moral de que careciam[2383]. No momento do contrato social destacam-se ao intérprete os três vectores que conduzem todas as lucubrações do historiador: o novo ente moral, a nova "pessoa pública" designada por Estado enquanto passivo, por soberano como activo e como Poder, comparando os dois anteriores, impõe-se à posteridade[2384].

A entidade é única e absoluta; as designações variam, em função dos desígnios a que se propõe. Estado, soberano e Poder são uma única realidade em termos absolutos, que exercitam as suas funções organicamente definidas sob formas diversas. Para Rousseau a convenção, acto de Direito Humano é o meio ideal para a instauração da soberania, com contornos de força pública. Por essa convenção se mantém a unidade política, o modo que as vontades livres têm de se intercomunicar e interrelacionar entre si mesmas.

Como consequência, a soberania não é senão o exercício da vontade geral, "ne peut jamais s'aliéner, et que le souverain, qui n'est qu'être collectif, ne peut être représenté que par lui-même: le pouvoir peut bien se transmettre, mais non pas la volonté"[2385]. A convenção é um fim em si mesma, enquanto modo de existência de unidade política, o meio pelo qual as vontades individuais têm de se relacionar umas com as outras. A convenção é, em si, a vontade geral, que não se confunde com a vontade de todos[2386], e representa a lei[2387].

---

la volonté générale, et nous recevons tous en corps chaque membre comme partie inaliénable du tout."; idem, "Contrat Social, Édition originale, 1760-1762", *Œuvres*, II, pág. 522.

[2382] Idem, "Contrat Social, (Manuscrit de Genève, 1756-1760)", pág. 398 = ["Contrat Social, Édition originale, 1760-1762"], *Œuvres*, II, pág. 524.

[2383] Idem, "Contrat Social, (Édition originale, 1760-1762", *Œuvres*, II, pág. 524: "Ce que l'homme perd par le contrat social, c'est sa liberté naturelle et un droit illimité à tout ce qui le tente et qu'il peut atteindre; ce qu'il gagne, c'est la liberté civile et la propriété de tout ce qu'il possède. Pour ne pas se tromper dans ses compensations, il faut bien distinguer la liberté naturelle, qui n'a pas des bornes que les forces de l'individu, de la liberté civile, qui est limitée par la volonté générale; et la possession, qui n'est que l'effet de la force ou le droit du premier occupant, de la propriété, qui ne peut être fondée que sur un titre positif." = ["Contrat Social, (Manuscrit de Genève, 1756-1760)"], pág. 398.

[2384] Idem, *ibidem*, II, pág. 523; Idem, "Émile", *Œuvres*, III, pág. 313.

[2385] Idem, *ibidem*, II, pág. 525.

[2386] Idem, *ibidem*, II, pág. 527: "Il y a souvent bien de la différence entre la volonté de tous et la volonté de tous et la volonté générale; celle-ci ne regarde qu'à l'intérêt commun; l'autre regarde à l'intérêt privé, et n'est qu'une somme de volontés particuliers: mais ôtez de ces mêmes volontés les plus et les moins qui s'entre-détruisent reste pour somme des différences la volonté générale."

[2387] José Adelino Maltez, *Princípios...*, II, pág. 429: "(...) considera que o Corpo Político actua através das leis e não sabe agir de outra maneira, porque as leis são o cérebro e a alma do Corpo Político, dando-lhe o movimento e a vontade."; António Pedro Barbas Homem, "Introdução Histórica à Teoria da Lei – Época Moderna", págs. 95 e 96. O Pensamento de Rousseau encomia a lei, que é premissa efectiva da Liberdade individual e social, porque apenas por esta o homem mantém as suas características típicas do estado de natureza. Temos pois que apenas um Governo que se submeta às leis oferece aos homens a garantia de que a sua Liberdade será protegida, sendo certo que é pela lei que se manifesta a soberania que em Rousseau significa a vontade geral.

Em Grócio como em Hobbes e na generalidade do Pensamento jusracionalista[2388], o pacto ou convenção donde provinha a soberania era um acto pelo qual se obrigavam iguais e em idênticas circunstâncias perante alguém que era indigitado para chefe, mas que patenteava um dado irrevogável: a perda da soberania por quem a instituía, moldando-se a mesma sob a forma de um superior para com um inferior.

É a isto que Rousseau introduz uma alteração evidente. "Chacun se donnant à tous ne se donne à personne; et comme il n'y a pas un associé sur lequel on n'acquière le même droit qu'on lui cède sur soi, on gagne l'équivalent de tout ce qu'on perd, et plus de force pour conserver ce qu'on a"[2389]. Donde, havendo uma convenção entre iguais, nunca se pode verificar a supremacia de um sobre o outro[2390], saindo prejudicada a interpretação de Pufendorf. A vontade geral apenas conduz as forças de Estado segundo a sua instituição, que é o bem comum, e nunca pode errar[2391], "car, si l'opposition des intérêts qui a rendu nécessaire l'établissement des sociétés, c'est l'accord de ces mêmes intérêts qui l'a rendi possible"[2392].

O contrato instituidor da soberania é definido desde que os contraentes sejam livres e iguais e o seu fim é a conservação[2393] desta Liberdade e Igualdade originárias,

---

[2388] Prélot e Lescuyer, págs. 309 e 310: "Jean-Jacques Rousseau y a largement utilisé toutes ses lectures. Non seulement il a connu les ouvrages destinés à un large public, comme ceux de Hobbes, de Locke ou de Montesquieu, mais encore les exposés plus techniques des maîtres et des vulgarisateurs de l'École du droit de la nature et des gens, expression même, à l'époque, de la science du droit. Il a surtout pratiqué Barbeyrac (...) qui, adaptant Pufendorf en français, l'a traité avec la liberté du temps, le résument, le paraphrasant, le complétant aussi, grâce à Locke (...). Rousseau connaît aussi les livres des successeurs, Burlamaqui et Vattel." No mesmo sentido, Angèle Kremer-Marietti, "Droit naturel et État de nature chez Rousseau", *Jean-Jacques Rousseau et la Crise contemporaine de la conscience*, págs. 175 e ss.

[2389] Jean-Jacques Rousseau, "Contrat Social, (Édition originale, 1760-1762)", *Œuvres*, II, pág. 522.

[2390] Idem, "Contrat Social, (Manuscrit de Genève, 1756-1760)", *Œuvres*, II, pág. 394: "En effet que la volonté générale soit dans chaque individu un acte pur de l'entendement qui raisonne dans le silence des passions sur ce que l'homme peut exiger de son semblable, et sur ce que son semblable est en droit d'exiger de lui, nul n'en disconviendra." Invoca Alexis Philonenko, "Rousseau. Contrat Social", pág. 1046, a paternidade histórica da tese da vontade geral em Pufendorf, segundo "descoberta" de Hendel. Parece-nos que muito embora Pufendorf pudesse utilizar o termo, o sentido que lhe daria seria certamente distinto, em termos de posicionamento Ético como Político. Será bom não esquecer que o seu Contratualismo absolutista nunca poderia ligar uma soberania exercida sob forma absoluta e sem outro limite que fossem as Leis Fundamentais de natureza ética, com os considerandos estabelecidos sobre uma vontade geral que poderia fundar o nascimento da sociedade sob via pactícia e apetência à sociabilidade por parte dos indivíduos. Rousseau rejeita liminarmente as duas hipóteses e, portanto, o paralelo, a fazer-se, terá de ser muito cauteloso.

[2391] Idem, *ibidem*, II, pág. 527: "(...) la volonté général est toujours droite et tend toujours à l'utilité publique."

[2392] Idem, *ibidem*, II, pág. 525; idem, "Article 'Economie Politique', publié dans *L'Encyclopédie*, en Novembre 1755", *Œuvres*, II, pág. 279: "(...) mais pour la suivre il faut la connaître, et surtout la bien distinguer de la volonté particulière en commençant par soi-même; distinction toujours fort difficile à faire, et pour laquelle il n'appartient qu'à la plus sublime vertu de donner de suffisant lumières."

[2393] Note-se que este é um dos pontos em que se verifica unanimidade entre todos os Autores voluntaristas. A ideia de conservação da espécie, vista como Liberdade negativa no sentido em que inicialmente ela foi explicada, é a meta de todos os pensadores que defendem a visão contratualista da sociedade. Ser livre equivale, para esta aproximação, a não ver entraves ao agir segundo os fins escolhidos, sem que isso se imponham constrangimentos. Os fins negativos bastam para fundar o contrato posterior à formação da sociedade e, apesar das divergências filosóficas, este é ponto de honra de toda a reflexão contratualista de Setecentos. Em simultâneo, não será por isto

em benefício da segurança que pretendem em sociedade. É a vontade geral, expressa pela lei e encarada sob modelo organicista[2394], que constitui a soberania[2395] como vontade e assegura a Liberdade civil[2396]; é por ele que o Autor marca e se afasta da sua filiação aos filósofos voluntaristas[2397]; ela, a vontade geral, é una, inalienável, infalível e indissolúvel[2398] e pertence legitimamente ao Povo e apenas a ele. As relações de Poder nascidas da génese contratualista do Estado, não abalavam o Individualismo da sua condição natural.

O indivíduo só alienou, pois, pelo pacto social uma parcela do seu Poder, bens e Liberdade[2399], que interessa ao bem da comunidade; quer isto dizer que apenas

---

que Rousseau, como Mably, entre outros, não deixará de projectar o indivíduo para o outro pólo da Liberdade, a positiva, enquanto veículo da sua própria afirmação social e política, agindo na sua transformação.

[2394] Jean-Jacques Rousseau, "Article 'Economie Politique', publié dans *L'Encyclopédie*, en Novembre 1755", *Œuvres*, II, pág. 278: "le corps politique, pris individuellement, peut être considéré comme un corps organisé, vivante et semblable à celui de l'homme. Le pouvoir souverain représente la tête; les lois et les coutumes sont le cerveau, principe des nerfs et siège de l'entendement, de la volonté et des sens, dont les juges et magistrats sont les organes; le commerce, l'industrie et l'agriculture sont la bouche et l'estomac qui préparent la subsistance commune: les finances publiques sont le sang qu'une sage *économie*, en faisant les fonctions du coeur, renvoie distribuer par tout le corps la nourriture et la vie, les citoyens sont le corps et les membres qui font mouvoir, vivre et travailler la machine, et qu'on ne saurait blesser en aucune partie qu'aussitôt l'impression douloureuse ne s'en porte au cerveau, si l'animal est dans un état de santé."

[2395] Idem, "Contrat Social, (Édition originale, 1760-1762), *Œuvres*, II, pág. 539: "(...) on y distingue la force et la volonté; celle-ci sous le nom de puissance législative, l'autre sous le nom de puissance exécutive." Um pouco adiante, a pág. 555, acrescenta: "Le principe de la vie politique est dans l'Autorité souveraine. La puissance législative est le coeur de l'État, la puissance exécutive en est le cerveau, qui donne le mouvement à toutes les parties. Le cerveau peut tomber en paralysie et l'individu vivre encore. Un homme reste imbécile et vit; mais sitôt que le coeur a cessé ses fonctions, l'animal est mort."

[2396] Idem, *ibidem*, II, pág. 524: "(...) il faut bien distinguer la liberté naturelle, qui n'a pour bornes que les forces de l'individu, de la liberté civile, qui est limité par la volonté générale; et la possession, qui n'est que l'effet de la force ou le droit du premier occupant, de la propriété, que ne peut être fondée que sur un titre positif."

[2397] Alain Renaut, *Histoire de la Philosophie Politique*, III, pág. 165: "(...) Rousseau contredit et parachève tout à la fois la tradition jusnaturaliste: par sa critique d'un prétendu droit qu'aurait le peuple d'aliéner sa souveraineté au profit du prince ou de quelconques représentants, il s'oppose en effet à l'ensemble des auteurs de cette tradition, aux yeux desquels (...) la liberté de décision est un bien qu'on peut légitimement transférer à autrui, pourvu seulement que ce transfert soit effectué volontairement. Contre la tradition jusnaturaliste, Rousseau considère lui, qu'un tel transfert est non seulement illégitime, mais qu'il est en outre dénué de sens: *la liberté et par suite la souveraineté ne sont pas des biens dont l'homme pourrait disposer à son gré*."

[2398] Jean-Jacques Rousseau, "Contrat Social, (Manuscrit de Genève, 1756-1760)", *Œuvres*, II, pág. 407 e ss.; Jean-Jacques Chevallier, *Les Grandes Œuvres Politiques. De Machiavel a nous jours*, págs. 150 e ss.: "les caractères de la souveraineté découlent logiquement de l'origine contractuelle et la définition du souverain. Le souverain, constitué par le pacte social, est le peuple en corps édictant la volonté générale (...). La souveraineté est *absolue*, *infaillible*, *indivisible*, *inaliénable*, à quoi l'on peut, on l'a vu, ajouter: sacrée et inviolable." Veja-se Dmitri Georges Lavroff, pág. 227.

[2399] Idem, "Article 'Economie Politique', publié dans *L'Encyclopédie*, en Novembre 1755", *Œuvres*, II, pág. 279: "Comme pour vouloir il faut être libre, une autre difficulté, qui n'est guère moindre, est d'assurer à la fois la liberté publique et l'Autorité du gouvernement. Chercher les motifs qui ont porté les hommes unis par leurs besoins mutuels dans la grand société, à s'unir plus étroitement par des sociétés civiles; vous n'en trouverez point d'autre que celui d'assurer les biens, la vie et

se podem colocar entraves aquém dos limites considerados úteis[2400]. Aligeirando o Pensamento nebuloso do Autor, pela tese do contrato social, a vontade individual renuncia a ela mesma[2401], não em favor de qualquer Ser preexistente, um chefe ou um déspota, mas conferindo o Ser e a eficácia à própria vontade geral, em nome da qual a alienação se faz.

Porque é geral, não tem senão em vista o bem comum, diferentemente do déspota que só procura o seu interesse individual. Ela é sempre direita e, como representativa do Corpo Político enquanto ente moral[2402], tende sempre à utilidade comum. Isto não quer dizer que o Povo seja sempre infalível nas suas decisões. A vontade geral é unânime; a divisão em maioria e minoria não é mais que um acidente. Logo, importa que não haja sociedades particulares dentro do Estado e que cada cidadão não opine diferentemente dele.

Se a vontade geral olha ao interesse comum e porque ela manifesta uma associação geral de todos os momentos infinitamente pequenos, e se ela nunca pode errar porque resulta da interligação entre todos os membros da sociedade, está-se perante uma vontade universal. Quanto à vontade de todos, que não tem incidências no plano público e se liga à vontade dos particulares, em nada se relaciona com a vontade geral, nomeadamente no plano da obrigatoriedade, antes sendo falível e incerta[2403].

Numa abordagem que consideramos sugestiva, talvez se possa dizer que se a lei funda a Liberdade, define também os seus limites. Se a Liberdade, enquanto criada pelo Direito Positivo constitui uma auto-limitação da mesma[2404], tais limites podem, do mesmo modo ser constitutivos da ideia de Liberdade e ficam plasmados nas Constituições revolucionárias. Este será, como teremos ocasião de verificar, o mote seguido nos Textos Constitucionais franceses posteriores a 1789.

la liberté de chaque membre par la protection de tous (...)." Veja-se Alain Renaut, *Histoire de la Philosophie Politique*, III, pág. 165: "(...) parce que l'homme est par nature un être libre, il ne ferait, en renonçant librement à sa liberté, que renoncer à lui-même, et déléguer sa liberté de décision équivaudrait ainsi à une forme de suicide."

[2400] Idem, "Contrat Social, (Édition originale, 1760-1762)", *Œuvres*, II, pág. 527: "(...) outre la personne publique, nous avons à considérer les personnes privées qui la composent, et dont la vie et la liberté sont naturellement indépendante d'elle. Il s'agit donc de bien distinguer les droits respectifs des citoyens et du souverain, et les devoirs qu'ont à remplir les premières en qualité de sujets, du droit naturel dont ils doivent jouir en qualité d'hommes. On convient que tout ce que chacun aliène, par le pacte social, de sa puissance, de ses biens, de sa liberté, c'est seulement la partie de tout cela dont l'usage importe la communauté; mais il faut convenir aussi que *le souverain seul est juge de cette importance*."

[2401] Idem, "Contrat Social, (Manuscrit de Genève, 1756-1760)", *Œuvres*, II, pág. 405.

[2402] Idem, "Article 'Economie Politique', publié dans *L'Encyclopèdie*, en Novembre 1755", *Œuvres*, II, pág. 278: "Le corps politique est donc aussi un être moral qui a une volonté, et cette volonté générale, qui tend toujours à la conservation et au bien-être du tout et de chaque partie, et qui est la source des lois, est pour tous les membres de l'État, par rapport à eux et à lui, la règle du juste et du injuste; vérité qui, pour le dire en passant, montre avec combien de sens tant d'écrivains ont traité de vol la subtilité prescrite aux enfants de Lacédémone, pour gagner leur frugal repas, comme si tout ce qu'ordonne la loi pouvait ne pas être légitime."

[2403] Idem, "Contrat Social, (Édition originale, 1760-1762)", *Œuvres*, II, pág. 527.

[2404] Blandine Barret-Kriegel, "Les droits de l'homme et le droit naturel", *Mélanges Duverger*, Paris, PUF, 1987, pág. 3.

DA HISTÓRIA DA IDEIA DE LIBERDADE (SEQUÊNCIA)

O pacto social dá, ao Corpo Político que origina o Estado, uma soberania absoluta[2405]. A vontade geral tem a sua expressão na lei que, como ela, é geral pela sua formação e objecto; a lei realiza a objectivação da vontade geral. A lei é infalível, porque escapa a interpretações particulares e é justa objectivamente porque exprime a vontade geral. A Igualdade jurídica é condição de integração do indivíduo na sociedade. A Liberdade é uma característica essencial da sociedade tal como ela é formada pelo pacto social.

Não restam dúvidas acerca da perspectiva de Constituição que Rousseau veicula e que, tal como acontecerá com Vattel ou Montesquieu, acabaram por ser importantes contributos para a conformação do Direito Político francês na sua fase inicial. Pela Constituição, texto onde se encontra vazado o pacto, limitam-se os Poderes do soberano que, sendo absoluto, não pode ultrapassar os limites aí estipulados[2406].

Se o Povo reunido pode e deve criar os seus órgãos de Governo, isso não significa que se trate de acto definitivo. A Constituição fixada por pacto do Povo reunido e que representa a Lei Fundamental[2407], deve renovar-se por força das próprias necessidades sociais. E, sempre que isso suceda, claro que o Governo instituído pela sociedade deve suspender, quando não cessar as suas funções, porque é sempre ao Corpo Político representativo dessa mesma sociedade que cabe a última palavra.

Não há um só acto de instituição da sociedade, que se esgote na sua afirmação; há actos sucessivos que reafirmam tal situação e para o qual o Governo de um lado e sob forma passiva, o Corpo Político do outro e sob forma activa se devem sempre mover. E também explica que a própria Constituição preveja a sua revisão enquanto Lei Fundamental, como sempre sucedeu em todos os Estados constitucionais, sejam eles monarquias ou Democracias; nunca em situações de totalitarismo ou de despotismo sob qualquer forma[2408].

[2405] Jean-Jacques Rousseau, "Contrat Social, (Manuscrit de Genève, 1756-1760)", *Œuvres*, II, págs. 399 e 400: "Il y a donc *dans l'État une force commune qui le soutient, une volonté générale qui dirige cette force et c'est l'application de l'une à l'autre qui constitue la souveraineté*. Par où l'on voit que le souverain n'est par sa nature qu'une personne morale, qu'il n'a qu'une existence abstraite et collective, et que l'idée qu'on attache à ce mot ne peut être unie à celle d'un simple individu, mais comme c'est ici une proposition des plus importante en matière de droit politique, tâchons de la mieux éclaircir. (...) Or *la volonté générale qui doit diriger l'État n'est pas celle d'un temps passé, mais celle du moment présent, et le vrai caractère de la souveraineté est qu'il ait toujours accord de temps, de lieu, d'effet, entre la direction de la volonté générale et l'emploi de la force publique accord sur lequel on ne peut plus compter sitôt qu'une autre volonté, telle qu'elle puisse être, dispose de cette forme.*"

[2406] Idem, "Contrat Social, (Manuscrit de Genève, 1756-1760)", *Œuvres*, II, pág. 405: "(...) le pouvoir souverain, tout absolu, tout sacré, tout inviolable qu'il est, ne passe ni ne peut passer les bornes des conventions, et que tout homme peut disposer pleinement de ce qui lui a été laissé de ses biens et de sa liberté par ces conventions; de sorte que le souverain n'est jamais en droit de charger un particulier plus qu'autre; parce qu'alors l'affaire devenant particulière, son pouvoir n'est plus compétent."

[2407] Idem, "Émile", *Œuvres*, III, pág. 313: "Nous remarquerons encore que nul n'étant tenu aux engagements qu'on n'a pris qu'avec soi, la délibération publique qui peut obliger tous les sujets envers le souverain, à cause des deux différents rapports sous lesquels chacun d'eux est envisagé, ne peut obliger l'État envers lui-même. *Par où l'on voit qu'il n'y a ni ne peut y avoir d'autre loi fondamentale proprement dite que le seul pacte social.*"

[2408] Idem, "Contrat Social, (Édition originale, 1760-1762)", *Œuvres*, II, pág. 555: "La constitution de l'homme est l'ouvrage de la nature; celle de l'État est l'ouvrage de l'art. Il ne dépend pas des hommes de prolonger leur vie, il dépend d'eux de prolonger celle de l'État aussi loin qu'il est possible, en lui donnant la meilleure constitution qu'il puisse avoir. Le mieux constitué finira, mais plus tard qu'un autre, si nul accident imprévu n'amène as perte avant le temps."

Em Rousseau, a soberania[2409], a legalidade[2410] e a legitimidade[2411] são uma só realidade. A democracia directa, por força da sua ideia de Igualdade, é o ponto de vista ideal para uma governação[2412].

Em síntese, os homens em estado de natureza são bons, livres e independentes, não necessitando uns dos outros para sobreviver. Por isso mesmo, a sociedade política que sucederá a uma ficção não provada mas admissível, é um mais em relação ao estado anterior, aparecendo por força das circunstâncias como organigrama halográfico desta. Esse o motivo porque devem ser respeitadas as posições relativas dos seus vários membros, que em conjunto formam a soberania e legitimam a sua existência, no quadro de um Estado onde impere a democracia.

O soberano só pode ser o Povo[2413] e o Governo não é um Poder mas um ofício[2414], sendo impossível a confusão entre Governo e soberania[2415].

Se as formas de Governo em nada se prendem com a ideia de soberania, ponto que já os jusracionalistas se tinham empenhado em afirmar, já a questão do repu-

---

[2409] Idem, *ibidem*, II, pág. 526: "Par la même raison que la souveraineté est inaliénable, elle est indivisible; car la volonté est générale, ou elle ne l'est pas; elle est celle du corps du peuple, ou seulement d'une partie. Dans le premier cas, cette volonté déclaré est un acte de souveraineté et fait loi; dans le second, ce n'est qu'une volonté particulière, ou un acte de magistrature; c'est un décret tout au plus."

[2410] Idem, *ibidem*, II, págs. 529 e ss.: "par le pacte social, nous avons donné l'existence et la vie au corps politique: il s'agit maintenant de lui donner le mouvement et la volonté par la législation. Car l'acte primitif par lequel ce corps se forme et s'unit ne détermine rien encore de ce qu'il doit faire pour se conserver."

[2411] Idem, *ibidem*, II, págs. 522 e ss.: "A l'instant, au lieu de la personne particulière de chaque contractant, cet acte d'association produit un corps moral et collectif, composé d'autant de membres que l'assemblée a de voix, lequel reçoit de ce même acte son unité, son *moi* commun, sa voie et sa volonté. Cette personne publique, qui se forme ainsi par l'union de toutes les autre, prenait autrefois le nom de *cité* et prend maintenant celui de *république* ou de *corps politique*, lequel est appelé pas ses membres *État* quand il est passif, *souverain*, quand il est actif, *puissance* en le comparant à ses semblables." Os membros desta comunidade são o Povo, quando tomados em conjunto, os cidadãos, quando vistos singularmente e os sujeitos enquanto submetidos às leis do Estado.

[2412] Idem, *ibidem*, II, pág. 558: "La souveraineté ne peut être représentée, par la même raison qu'elle ne peut être aliénée; elle consiste essentiellement dans la volonté générale, et la volonté ne se représente point: elle est la même, ou elle est autre; il n'y a point de milieu. Les députés du peuple ne sont ni ne peuvent être ses représentants, ils ne sont que les commissaires; ils ne peuvent rien conclure définitivement."

[2413] Idem, *ibidem*, II, pág. 530: "Tout gouvernement légitime est républicain." E em nota justifica esta observação: "je n'entends pas seulement par ce mot une aristocratie ou une démocratie, mais en général tout gouvernement guidé par la volonté générale, qui est la loi. Pour être légitime, il ne faut pas que le gouvernement se confonde avec le souverain, mais qu'il en soit le ministre: alors la monarchie elle-même est république."

[2414] Jean-Jacques Chevallier, *Les Grandes Œuvres Politiques. De Machiavel a nous jours*, pág. 159: "Le souverain *veut*. Il est la volonté générale qui détermine l'acte général. Le gouvernement *agit*. Il exécute, par des actes particuliers, l'acte général. Il est, et n'est que, la force au service de la volonté."

[2415] Jean-Jacques Rousseau, "Article 'Economie Politique', publié dans *L'Encyclopédie*, en Novembre 1755", *Œuvres*, II, pág. 278: "Je prie mes lecteurs de bien distinguer encore l'*économie publique* dont j'ai à parler, et que j'appelle *gouvernement*, de l'Autorité suprême que j'appelle *souveraineté*, distinction qui consiste en ce que l'une a le droit législatif, et oblige en certains cas le corps même de la nation, tandis que l'autre n'a que la puissance exécutrice, et ne peut obliger que les particuliers."

blicanismo assume conotações distintas[2416]. A grande diferença parte precisamente da identificação entre legalidade e legitimidade. Ou seja, se a lei ou Razão pública deriva da vontade do soberano, para a maior parte dos Autores que o antecederam, já Rousseau estima o primado da Razão sobre o Poder, ao qual é anterior[2417].

Portanto, soberano é uma coisa – algo ou alguém que actua sob forma dinâmica em relação ao Estado, entidade passiva; Poder será a medida em que a articulação dessa actividade aos comandos da vontade geral se deve exercitar, estando-lhe submetido[2418]. O soberano faz a lei, por via dos Poderes que a vontade geral lhe confere; o Poder aplica as decisões saídas dessa deliberação[2419]; o Estado e a sua estabilidade são os destinatários das duas antecedentes actuações.

Em sequência, a questão do Governo, o qual é bastante mal tratado por Rousseau em regra[2420], decai em importância em presença da ideia de soberania. Diz o Autor que "toute action libre a deux causes que concourent a la produire: l'une morale, savoir, la volonté qui détermine l'acte; l'autre physique, savoir: la puissance qui l'exécute". A primeira corresponde à vontade geral, designada como legislativa, a segunda não tem poderes para propor ou elaborar ou qualquer e os seus actos devem ser encarados num plano meramente privado ou particular.

A única actividade que é reservada ao Governo liga-se com o zelo que deve apresentar no cumprimento dos desígnios da vontade geral, estabelecendo a comunicação entre a potência passiva que é o Estado, e a potência activa que é o soberano.

O Governo será, então, um mero "intermédiaire", detendo enquanto Corpo colectivo "uma espécie de vontade geral" dentro da vontade geral. Fazendo apelo às suas próprias palavras, "le gouvernement (...) c'est un corps intermédiaire établi entre les sujets et le souverain pour leur mutuelle correspondance, chargé de l'exécution des lois

---

[2416] Idem, "Contrat Social, (édition originale, 1760-1762)", *Œuvres*, II, pág. 530: "On voit (...) que la loi réunissent l'universalité de la volonté et celle de l'objet, ce qu'un homme, quel qu'il puisse être, ordonne de son chef n'est point une loi: ce qu'ordonne le souverain sur un objet particulier n'est pas non plus une loi, mais un décret; ni un acte de souveraineté, mais de magistrature. *J'appelle donc republique tout État régi par des lois, sous quelque forme d'administration que se puisse être: car alors seulement l'intérêt public gouverne, et la chose publique est quelque chose. Tout gouverne légitime est républicain.*"
[2417] Idem, "Lettres Écrites de la Montaigne", 5 ème Lettre", *Œuvres*, III, pág. 436: "Dans les monarchies où la puissance exécutive est jointe à l'exercice de la souveraineté, le gouvernement n'est autre chose que le souverain lui-même, agissant par ses ministres, par son conseil, ou par des corps qui dépendent absolument de as volonté. Dans les républiques, surtout dans les démocraties, où le souverain n'agit jamais immédiatement par lui-même, c'est autre chose. Le gouvernement n'est alors que la puissance exécutive, et il est absolument distinct de la souveraineté."
[2418] Idem, "Contrat Social, (Manuscrit de Genève, 1756-1760)", *Œuvres*, II, pág. 396: "A l'instant, au lieu de la personne particulière de chaque contractant, cet acte d'association produit un corps moral et collectif composé d'autant de membres que l'assemblée a de voix, et auquel le moi commun donne l'unité formelle, la vie et la volonté. Cette personne publique qui se forme ainsi par l'union de toutes les autres prend en général le nom de corps politique, lequel est appelé ses membres État quand il est passif, souverain quand il est actif, puissance en le comparent à se semblables."
[2419] Idem, "Article 'Economie Politique', publié dans *L'Encyclopédie*, en Novembre 1755", *Œuvres*, II, pág. 279: "la première et plus important maxime du gouvernement légitime ou populaire, c'est-à-dire de celui qui a pour objet le bien du peuple, est donc, comme je l'ai dit, *de suivre en tout la volonté générale*; (...)."
[2420] Idem, "Contrat Social, (édition originale, 1760-1762)", *Œuvres*, II, págs. 539 e ss., aponta mais um dos seus alertas estratégicos quanto à dificuldade em compreender algumas das suas ideias. Assim, "J'avertis le lecteur que ce chapitre doit être lu posément, et que je ne sais pas l'art d'être clair pour qui ne veut pas être attentif."

et du maintien de la liberté tant civile que politique", sendo membros desse corpo os "magistrats ou *rois*, c'est-à-dire *gouverneurs*; et le corps entier porte le nom de *prince*"[2421].

Este será também o veio explicativo que permite assumir a distinção, por ele mesmo reclamada em relação a Montesquieu. "Voilà pourquoi un auteur cèlébre a donné la vertu pour principe à la république, car toutes ses conditions ne sauraient subsister sans la vertu; mais, faute d'avoir fait les distinctions nécessaires, ce beau génie a manqué souvent de justesse, quelquefois de clarté, et n'a pas vu que l'Autorité souveraine étant partout la même, le même principe doit avoir lieu dans tout État bien constitué, plus ou moins, il est vrai, selon la forme de gouvernement"[2422].

Rousseau aponta a Montesquieu alguns dos defeitos que nele encontram os defensores das doutrinas absolutistas do Antigo Regime, dos quais Voltaire não terá sido o menos evidente, sugerindo a feição eminentemente prática daquele e a sua escassa preocupação em delimitar os princípios que presidem à acção. A divergência entre ambos coloca-se no plano da explicação daquilo que é, em Montesquieu, e daquilo que deverá ser para Rousseau.

Donde, não é o Rei, ao contrário do que pensa a esmagadora maioria dos jusnaturalistas – para não dizer da quase totalidade do Antigo Regime – que é o detentor da soberania. Antes o Povo a detém e o Rei é um mero delegado executivo dos comandos normativos por ele emitidos. A concepção de pacto de Rousseau aponta, portanto, para a ideia de que a soberania que é responsável pela elaboração da lei e é a própria lei, não é exterior aos indivíduos, uma vez que se compõe dos indivíduos em si mesmos considerados.

Seja pois que se Rousseau parte do jusnaturalismo e de premissas liberais, para chegar a um ponto em que o raciocínio acaba por ser praticamente incompatível com os dados iniciais. Como ultrapassar a dicotomia entre a afirmação de que o indivíduo nasce livre e igual e deve ser protegido pelo Estado[2423], com a sua oposta de que ele é membro de um todo sem o qual não pode sobreviver ou ser livre e da qual o próprio Rousseau tinha consciência?[2424]

E, retendo afirmações do género, que poderá concluir-se senão uma certa dose de artificialismo, que de tão evidente preocupa Rousseau e o faz encetar por veredas, por vezes bem pouco convincentes? Como quando se interroga: "Comment un homme peut être libre et forcé de se conformer à des volontés qui ne sont pas les siennes (?) Comment les opposants sont-ils libres et soumis à des lois auxquelles ils n'ont pas consenti?"[2425]

[2421] Idem, *ibidem*, II, pág. 539.
[2422] Idem, *ibidem*, II, págs. 544 e 545.
[2423] Idem, *ibidem*, II, pág. 553: "Quelle est la fin de l'association politique? C'est la conservation et la prospérité de ses membres. Et quel est le signe le plus sûr qu'ils se conservent et prospèrent? C'est leur nombre et leur population. N'allez donc pas chercher ailleurs ce signe si disputé."
[2424] Idem, *ibidem*, II, pág. 527, nota: "Lecteurs attentifs, ne vous pressez pas, je vous prie, de m'accuser ici de contradiction. Je n'ai pu l'éviter dans les termes, vu la pauvreté de la langue; mais attendez.
[2425] Idem, *ibidem*, II, pág. 565. Antes disso tinha frisado que "il n'y a qu'une seule loi qui, par sa nature, exige un consentement unanime; c'est le pacte social: car l'association civile est l'acte du monde le plus volontaire; tout homme étant né libre et maître de lui-même, nul ne peut, sous quelque prétexte que ce puisse l'assujettir sans son aveu. Décider que le fils d'une esclave naît esclave, c'est décider qu'il ne naît pas homme. Si dons, lors du pacte social, il s'y trouve des opposants, leur opposition n'invalide pas le contrat, elle empêche seulement qu'ils n'y soient compris:

A resposta não tarda e, para empregar uma expressão que Rousseau tantas vezes utiliza, trata-se, de uma falácia. "Je réponds que la question est mal posée. Le citoyen consent à toutes les lois, même à celles qu'on passe malgré lui, et même à celles qui le punissent quand il ose en violer quelqu'une. La volonté constante de tous les membres de l'État est la volonté générale: c'est par elle qu'ils sont citoyens et libres. Quand on propose une loi dans l'assemblée du peuple, ce qu'on leur demande n'est pas précisément s'ils approuvent la proposition ou s'ils la rejjetent, mais si elle est conforme ou non à volonté générale, qui est la leur: chacun en donna son suffrage dit son avis là-dessus; et du calcul des voix se tire la déclaration de la volonté générale"[2426].

Há assim um artifício, sem dúvida, mas é um artifício que não invalida o valor do seu Pensamento e a relevância que demonstrou apresentar, mais depois da sua morte que em vida.

Das antecedentes reflexões retira-se uma espécie de sumário, representativo do Pensamento roussiano. Em Rousseau deixa de haver possibilidade de contrapor as Liberdades Medievais e, até, as Modernas, conferidas aos Povos por força de benefício régio e, por aí, vistas como meras garantias jurídicas que em nada obrigavam o soberano face aos beneficiados.

Ou seja, de novo se coloca a divergência entre vontade geral e vontade de todos, manifestando-se o problema clássico da Democracia com a formação de maiorias e de minorias. A vontade geral corresponde à vontade da maioria e pressupõe a existência da democracia. Em ligação directa com a identidade entre Estado, soberano e Poder, fica delineada a primitiva configuração da Democracia moderna, cujo modelo era o genebrino e se caracterizava pelo exercício directo e não representativo[2427] e que Voltaire tão mordazmente criticou[2428].

Por isso Rousseau preocupa-se pouco com o exercício da coerção sobre as minorias, na medida em que a sua falta de adesão à vontade geral implica que a isso tenham de ser coagidas, em função da salvaguarda da sua própria Liberdade. É uma coerção em nome do bem comum e, daí, que apenas possa tomar o nome de Liberdade.

Apenas com uma pequena inovação: pretendia o Autor que a democratização se fizesse a partir de um direito único dos magistrados poderem propor leis, às quais o Povo daria o seu consentimento e cuja promulgação implicaria uma solenidade nunca inferior à existente antes da Constituição ter sido abalada. Esta Constituição corresponderia ao estipulado por pacto imediatamente a seguir à saída do estado de natureza, do qual os magistrados se encarregaram do cumprimento[2429].

---

ce sont des étrangers parmi les citoyens. Quand l'État est institué, le consentement est dans da résidence; habiter le territoire, c'est se soumettre à la souveraineté."

[2426] Idem, *ibidem*, II, pág. 565.

[2427] Note-se que apenas se trata da questão da representatividade em Rousseau no âmbito do seu *Contrat Social*. Aí, sem margem para dúvidas, ele é um apologista da democracia directa; pensando na *Constituição da Polónia*, já o Autor se inclina mais para o sistema representativo. Em qualquer caso, as ideias de Rousseau que fizeram carreira em França, como depois em Portugal, são as da sua magna Obra, motivo pelo qual a ideia de representatividade é sempre em perante a presente investigação encarada a essa luz. Caso contrário, haveria que sistematicamente fazer apelo a noções distorcidas que, necessariamente, conduzem a conclusões menos correctas.

[2428] Voltaire, "Idées Républicaines – XXIX", *Mélanges*, pág. 510.

[2429] Jean-Jacques Rousseau, "Discours sur l'inégalité", *Œuvres*, II, pág. 205: "(...) celle où les particuliers, se contentant de donner la sanction aux lois, et de décider en corps et sur le rapport des chefs les plus importantes affaires publiques, établiraient des tribunaux respectés, en distingueraient

Como já afirmou, a sua ideia de ausência de representatividade é marco destacado na Obra de referência que se estuda, a que se soma um tipo de Liberdade que será mais curial à dos Antigos que à dos Modernos, na distinção que Constant consagrará. A democracia directa de Rousseau tem laivos assinaláveis da democracia calvinista genebrina, mas a sua obstinação em querer ver um Governo democrático aproxima-se a passos largos da *Oração aos mortos da Guerra do Peloponeso*.

É conhecida a relevância que a lei assume em Rousseau[2430], como no Pensamento jusracionalista e jusnaturalista em tese geral. Assim, escreve que "où cessent la vigueur des lois et l'Autorité de leurs défenseurs, il ne peut y avoir ni sûreté no liberté pour personne"[2431].

É por força da lei que os homens têm acesso à justiça e à Liberdade. "C'est cet organe salutaire de la volonté de tous, qui rétablit dans le droit l'égalité naturelle entre les hommes"[2432], afirmava já ele num dos seus *Discours*. Este aspecto que é depois burilado no *Contrat Social*[2433], uma vez que quer pela via do sujeito, quer por força do objecto, a lei tem uma conotação geral a que é impossível fugir, identificando-se como a ligação perfeita entre Corpo Político e vontade geral[2434].

Assim, *"quand toute le peuple"* estatui *"sur tout le peuple"*, implica uma generalização absoluta cujos contornos vão conferir como se disse à lei um papel assumidamente relevante em todo o seu Pensamento[2435], repetido em quase todos os trabalhos que produziu ao longo da sua vida: "(...) il n'y a de liberté possible que dans l'observation des lois ou de la volonté générale, et il n'est pas plus dans la volonté générale de nuire à tous, que dans la volonté particulière de nuire à soi-même"[2436].

---

avec soin les divers départements, éliraient d'année en année les plus capables et les plus intègres de leurs concitoyens pour administrer la justice et gouverner l'État (...)."
[2430] Idem, "Contrat Social, (Manuscrit de Genève, 1756-1760)", *Œuvres*, II, pág. 407: "(...) il s'agit maintenant de lui donner [au corps politique] le mouvement et la volonté par la législation: car l'acte primitif par lequel ce corps se forme et s'unit ne détermine rien encore de ce qu'il doit faire pour se conserver. C'est à ce grand objet que tem la science de la législation, mais quelle est cette science, où trouver un génie que la possède, et quelles vertus sont nécessaires à celui qui l'ose exercer; cette recherche est grande et difficile (...)."
[2431] Idem, "Discours sur l'inégalité", *Œuvres*, II, pág. 206.
[2432] Idem, "Article 'Economie Politique', publié dans *L'Encyclopédie*, en Novembre 1755", *Œuvres*, II, pág. 280.
[2433] Idem, "Contrat Social, (Édition originale, 1760-1762), *Œuvres*, II, pág. 530.
[2434] Idem, "Contrat Social (Manuscrit de Genève, 1756-1760)", *Œuvres*, II, pág. 409: "(...) la volonté générale étant le lien continuel du corps politique, il n'est jamais permis au législateur, quelque autorisation antérieure qu'il puisse avoir, d'agir autrement qu'en dirigeant cette même volonté para la persuasion, ni de rien prescrire aux particuliers qui n'ait reçu premièrement la sanction du consentement général; de peur détruire dès la première opération l'essence de la chose même qu'on veut former, et de rompre le nœud social en croyant affermir la société."
[2435] Idem, "Contrat Social, (Édition originale, 1760-1762), *Œuvres*, II, pág. 530: "Les lois ne sont proprement que les conditions de l'association civile. Le peuple, soumis aux lois, en doit être l'auteur; il n'appartient qu'à ceux qui s'associent de régler les conditions de la société."
[2436] Idem, "Lettres écrites de la Montagne – 9 ème Lettre", *Œuvres*, III, pág. 488. A pág. 467, reforçando esta mesma ideia, escreve Rousseau que *"Il n'y a donc point de liberté sans lois, ni ou quelqu'un est au-dessus des lois*: dans l'état même de nature l'homme n'est libre qu'à la faveur de la loi naturelle qui commande à tous. *Un peuple libre obéit, mais il ne sert pas*; il a des chefs et non pas des maîtres; *il obéit aux lois, mais in n'obéit qu'aux lois et c'est par la force des lois qu'il n'obéit pas aux hommes* (...). *Un peuple est libre*, quelque forme qu'ait son gouvernement, *quand celui que le gouverne il ne voit point l'homme, mais l'organe de la loi*. En un mot, *la liberté suit toujours le sort des lois, elle règne ou périt avec elles; je ne sache*

Em ligação com este ponto, outro deixado em suspenso, qual seja o da soberania que se identifica com a lei; se esta é feita por todos, aquela não pode ser delegada nem susceptível de representação. É uma perfeita democracia directa. Simultaneamente, e isto é um dos aspectos mais importantes e interessantes, Rousseau entende que não há Leis Fundamentais. É notável que um Povo que se dá a si mesmo as leis, não possa em qualquer caso estar submetido às mesmas porque é soberano e em cada momento pode alterar o que entender incorrecto na sociedade, sem que haja quaisquer normas que o impeçam de o fazer[2437].

É por recurso à ideia de Igualdade que Rousseau descobre outro dos importantes atributos da lei. Se a justiça for aplicada de igual modo a todos, ninguém estará autorizado face à lei em defender interesses particulares. Por isso mesmo a sua afirmação de que as leis devem ser sempre gerais entronca na consideração que "la loi considère les sujets en corps et les actions comme abstraites, jamais un homme comme individu nu une action particulière. (...) On voit (...) la loi réunissant l'universalité de la volonté et celle de l'objet, ce qu'un homme, quel qu'il puisse être, ordonne de son chef n'est point une loi: ce qui ordonne même le souverain sur un objet particulier n'est pas non plus une lois, mais un décret; ni un acte de souveraineté, mais de magistrature"[2438].

Este conjunto de reflexões permite entender que, ao contrário do que se passava no *Discours*, o *Le Contrat Social* não prevê nem admite o pacto de Governo[2439] mas, e tão só, o contrato de associação[2440].

O primeiro argumento ultrapassa o domínio político, sendo de uma estranheza atroz a forma contratualística que permite que dois contraentes se unam, mediante condições que permitem a um mandar e a outro obedecer[2441]. A segunda prova é de carácter político e depende das renovadas definições de Rousseau a respeito da soberania e do pacto de associação, nos termos antes mencionados. Se o contrato social não constitui Lei Fundamental e pode por isso ser renunciado, já o mesmo não se passa com a Autoridade soberana que detém e á qual não pode, em qualquer caso, renunciar[2442].

---

rien de plus certain." Sobre estas "Lettres" escrevia Voltaire, "Lettre de M. de Voltaire a M. Hume", *Mélanges*, pág. 868: "Ces *Lettres de la Montagne* sont un ouvrage encore plus insensé, s'il est possible, que la profession de foi (...). L'objet de ces lettres est d'animer une partie des citoyens de sa patrie contre l'autre. (...) Ces *Lettres de la Montagne* sont (...) d'un mortel ennui pour quiconque n'est pas au fait des discussions de Genebra. Elles sont assez mal écrites."

[2437] Idem, "Contrat Social, (Édition originale, 1760-1762)", *Œuvres*, II, pág. 523. Ou seja, "Il faut remarquer (...) que la délibération publique, qui peut obliger tous les sujets envers le souverain, à cause des deux différents rapports sous lesquelles chacun d'eux est envisagé, ne peut, par la raison contraire, obliger le souverain envers lui-même et que, par conséquent, il est contre la nature du corps politique que le souverain s'impose une loi qu'il ne puisse enfreindre. Ne pouvant se considérer que sous un seul et même rapport, il est alors dans le cas d'un particulier contractant avec soi-même; par où l'on voit qu'il n'y a ni peut y avoir nulle espèce de loi fondamentale obligatoire pour le corps du peuple, pas même le contrat social."

[2438] Idem, *ibidem*, II, pág. 530.

[2439] Idem, *ibidem*, II, págs. 559 e ss.: "L'institution du gouvernement n'est point un contrat."

[2440] Idem, *ibidem*, II, pág. 562: "Il n'y a qu'un contrat dans l'État, c'est celui de l'association: celui-là seul en exclut tout autre. On ne saurait imaginer aucun contrat public qui ne fût une violation du premier."

[2441] Idem, *ibidem*, II, pág. 559.

[2442] Idem, *ibidem*, II, pág. 562.

Ora e uma vez que o soberano, em Rousseau, apenas pode ser a comunidade, cujos actos revestem a forma de lei, isso implica que esse soberano não possa ter um qualquer superior. Em simultâneo – e isso é o determinante para o tema –, Rousseau não deixa de se ocupar quanto à forma como o Príncipe recebe a tal autorização para ser intermediário entre o soberano e o Povo[2443]. A substituição do pacto de Governo justifica-se porque o soberano age, legislando, mediante convenções com cada um dos seus membros. Ora o pacto de Governo não pode ser esta convenção geral[2444], porque o Povo contrataria com alguns dos seus membros, o que implicaria dizer que o Governo instituído pelo pacto não seria pelo soberano[2445]. A inspiração de Pufendorf, muito provavelmente estaria presente em Rousseau, ainda quando os pressupostos do duplo contrato do luterano são estranhos ao genebrino, mas a figura do decreto pode ser comum a ambos os pensadores[2446].

6. A conciliação pelo factor pedagógico na História das Ideias

Talvez se possa encarar o problema segundo uma óptica muito pessoal, que poderá ser uma proposta, uma mera tentativa de conciliar os inconciliáveis escritos antes mencionados. Mas para isso é preciso recordar o seu muito esquecido e condenado[2447] *Émile*, surgido no ano anterior à expulsão dos jesuítas em França, em 1762, paradigma para a História das Ideias Pedagógicas. A importância deste escrito é tão evidente que, até ao presente momento, já foi abundantemente citado e continuará a sê-lo, sempre que se justifique.

O abandono à má educação a que normalmente os jovens são submetidos e tão criticada no *Émile*, preconiza o nascimento de outros métodos que os venham a substituir e que sejam menos baseados no saber dos "sábios" que na percepção individual do mundo. Daqui a ligação estreita que existe entre este trabalho e o *Le Contrat Social*, porque se por um lado se critica o método de aprendizagem por retorno a uma explicação que parta da análise da natureza, a sociedade deve ser moldada, com todos os defeitos que lhe são inerentes sobre essa base social. Os direitos dos indivíduos deverão saír minimamente lesados do abandono desse estado idílico[2448].

[2443] Idem, *ibidem*, II, pág. 559: "Les citoyens étant tous égaux par le contrat social, ce que tous doivent faire, tous peuvent le prescrire, au lieu que nul n'a droit d'exiger qu'un autre fasse ce qu'il ne fait pas lui-même. Or ce proprement ce droit, indispensable pour faire vivre et mouvoir le corps politique, que le souverain donne au prince en instituant le gouvernement."

[2444] Idem, *ibidem*, II, pág. 562.

[2445] Idem, *ibidem*, II, págs. 561 e 562: "(...) il est évident que ce contrat du peuple avec telles ou telles personnes serait un acte particulier; d'où il suit que ce contrat ne saurait être une loi ni un acte de souveraineté, et que par conséquent il serait illégitime."

[2446] Idem, *ibidem*, II, pág. 362: "Sous quelle idée faut-il donc concevoir l'acte par lequel le gouvernement est institué? Je remarquerai d'abord que cet acte est complexe, ou composé de deux autres, savoir: l'établissement de la loi et l'éxécution de la loi. Par le premier, le souverain statue qu'il y aura un corps de gouvernement établi sous telle ou telle forme; et il est clair que cet acte est une loi. Par le second, le peuple nomme les cheffes qui seront chargés du gouvernement établi. Or cette nomination, étant un acte particulier, n'est pas une seconde loi, mais seulement une suite de la première et une fonction du gouvernement."

[2447] Jean-Robert Armogathe, "Émile et la Sorbonne", *Jean-Jacques Rousseau et la Crise contemporaine de la conscience*, Colloque International du Deuxième Centenaire de la mort de J.-J. Rousseau, Chatilly, 5-8 Septembre, 1978, págs. 53 e ss.

[2448] Jean-Jacques Rousseau, "Émile", *Œuvres*, III, pág. 166: "Qu'il sache [le jeune homme] que l'homme est naturellement bon, qu'il le sente, qu'il juge de son prochain par lui-même; mais qu'il

Por isso deve ser a sociedade a guardiã desses sentimentos bons que o homem inicialmente tinha e têm de ser salvaguardados, porque apenas no seio dessa sociedade poderá haver a tal segurança que os escolásticos chamavam a determinação ao bem comum. Daí a necessidade de uma associação que salvaguarde ao máximo a Liberdade e a Igualdade[2449].

Decorrem, pois, os considerandos tecidos no *Émile*[2450] pelos quais "il y a deux sortes de dépendances: celle des choses, qui est de la nature; celle des hommes, qui est de la société. La dépendance des choses, n'ayant aucune moralité, ne nuit point à la liberté, et négendre point de vices; la dépendance des hommes étant desordonnée, les négendre tous, et c'est par elle que le maître et l'esclave se dépravent mutuellement. S'il y a quelque moyen de remédier à ce mal dans la société, c'est de substituer la loi à l'homme, et d'armer les volontés générales d'une force réelle, supérieure à l'action de toute volonté particulière. Si les lois des nations pouvaient avoir, comme celles de la nature, une inflexibilité que jamais aucune force humaine ne pût vaincre, la dépendance des hommes redeviendrait alors celle des choses; on réunirait dans la république tous les avantages de l'état naturel à ceux de l'état civil; on joindrait à la liberté qui maintient l'homme exempt de vices, la moralité qui l'élève à la vertu".

7. Síntese do Pensamento rousseano

Repita-se, no fundo, o que se pode deduzir das suas palavras, e uma forma privilegiada de democracia directa, cuja aplicabilidade prática no seu tempo estaria por provar, sobretudo em países de superior dimensão[2451].

Haverá Individualismo em Rousseau? Certamente que sim, ao arrepio dos jusracionalistas que precederam a Revolução Francesa mas não dos Autores liberais que lhe são coevos, ou posteriores. Já não é simplesmente o valor do indivíduo que está

---

voir comment la société déprave et pervertit les hommes; qu'il trouve dans leurs préjugés la source de tous leurs vices; qu'il soit porté à estimer chaque individu, mais qu'il méprise la multitude; qu'il voie que tous les hommes portent à peu près le même masque, mais qu'il sache aussi qu'il y a des visages plus beaux que le masque qui les couvre. (...) qui si vous voulez l'instruire par principes et lui faire connaître, avec la nature du coeur humain, l'application des causes externes qui tournent nos penchants en vices, en les transportant ainsi tout d'un coup des objets sensibles aux objets intellectuels, vous employez une métaphysique qu'il n'est point en étant de comprendre; vous retombez dans l'inconvénient, évité si soigneusement jusqu'ici de lui donner des leçons qui ressemblent à des leçons, *de substituer dans son esprit l'expérience et l'Autorité du maître à sa propre expérience et au progrès de sa raison*."

[2449] É preciso manter no estado de sociedade a Liberdade primitiva. Mas como conciliar os dois termos da equação segundo a qual "nul n'ait à subir le maître" e "nul non plus ait le droit d'imposer sa propre volonté à autrui"? A questão poderá, então, resolver-se ultrapassando as antinomias irreparáveis que por norma se lêem no seu Pensamento. O calvinismo de Genebra, que redigiu o *Émile*, deixava-o nostálgico da sociedade primitiva e para ela se entregou de corpo inteiro; mas a sociedade civil do *Contrat Social* é um projecto de futuro, tomando em consideração a aprendizagem e o contributo do estado de natureza e a crítica ao actual estado de sociedade com que se confrontava. Por isso é que havendo alienação da Liberdade natural, não há qualquer doação desta à sociedade civil, porque todos se dão a todos e a obediência que prestam não é mais que a que a si mesmos prodigalizavam.

[2450] Jean-Jacques Rousseau, "Émile", *Œuvres*, III, pág. 59.

[2451] Idem, "Contrat Social, (Édition originale, 1760-1762)", *Œuvres*, II, pág. 544, considera mesmo e curiosamente que o tipo de democracia que preconiza nunca existiu nem jamais existirá. Deste modo, "a prendre le terme dans la rigueur de l'acception, il n'a jamais existé de véritable démocratie, et il n'en existera jamais."

em discussão; e o Individualismo em si mesmo com as características que lhe ficaram apontadas.

Mas que Individualismo é o de Rousseau?

Por muito que se queira ver no Autor um desfasamento crónico em relação à teoria que o precedeu, não seria razoável perceber em Rousseau a negação do jusnaturalismo, inaugurado com Grócio. Pelo contrário; o que faz é retirar dele as consequências últimas e, em particular, naquilo que se relaciona com o fundamento da Autoridade soberana na vontade livre do Povo, independentemente da associação inicial dos indivíduos não ser a perspectiva convencional.

De outro modo, Rousseau não faz mais que completar o que existia no voluntarismo em gérmen e pelo qual o Direito Natural moderno rompeu com o Pensamento Antigo e Escolástico. Em rigor, a tese segundo a qual a Autoridade política não é legítima se não repousar sobre uma vontade livre do Povo não faz sentido se o Povo não for pensado na sua universalidade e assentar sobre um modelo de Individualidade livre. E se o Povo é uma entidade livre, nunca poderá negar a sua Liberdade, isto é, não poderá enjeitar a sua soberania.

É nisso que ele difere de todos os anteriores teóricos do jusracionalismo, que é o mesmo que dizer que não existe paralelo entre uma qualquer conclusão que se queira retirar da passagem da ideia de vontade geral, já enunciada por Pufendorf, para Rousseau. O Individualismo de Rousseau, que começa por aceitar a Liberdade negativa como ausência de constrangimentos, a breve trecho e como se verá de seguida, transmuda-se em partidista da Liberdade positiva[2452], julgando mesmo que a sua antecedente não apenas é insuficiente como incapaz para promover a felicidade dos homens.

Como se disse antes e agora sublinha, não há Liberdade fora do estado de sociedade logo que se dá a transição, aspecto em que contraria todo o jusnaturalismo anterior[2453], começando em Locke, que considerava que na passagem do estado de natureza ao estado de sociedade se conservariam, incólumes os chamados direitos inalienáveis do indivíduo, entre eles a Liberdade e a Igualdade nos termos que naquela eram compreendidos.

Por outro lado e em Rousseau é também o seu Individualismo, levado ao ponto assinalado que confere à sociedade política um Poder ilimitado sobre todos os seus membros, que já levaram a qualificá-lo de absolutista e despótico[2454]. A tirania é agora um mapa colectivo que se opõe ao carácter individual de cada um, implicando que o

---

[2452] Ao contrário da generalidade da doutrina que o antecedeu. Por todos, veja-se o exemplo de Voltaire, "Traité de Métaphysique", *Mélanges*, pág. 187: "Dépouillons d'abord la question de toutes les chimères dont on a coutume de l'embrasser, et définissons ce que nous entendons par ce mot liberté. La liberté est uniquement le pouvoir d'agir."

[2453] Jean-Jacques Rousseau, "Contrat Social, (Édition originale, 1760-1762)", *Œuvres*, II, pág. 524: "Si chaque citoyen n'est rien, ne peut rien que par tous les autres, et que la force acquise par le tout soit égale ou supérieure à la somme des forces naturelles de tous les individus, on peut dire que la législation est au plus haut point de perfection qu'elle puisse atteindre."

[2454] Jack Lively and Andrew Reeve, *Modern Political Theory From Hobbes to Marx. Key and Debates*, London and New York, 1988, pág. 104: "One modern commentary on Rousseau has as its title the question, *Rousseau – Totalitarism or Liberal?* The question suggests a number of problems in the interpretation of this original and paradoxical thinker. The first is the apparent diversity of possible interpretations of his thought, given the polar opposition we assume to exist between totalitarism and liberalism. The second is the degree to which interpretation of him may be illuminated, or a alternatively distorted, by hindsight; for, of course, the terms 'totalities' and 'liberal' entered political vocabulary long after Rousseau's death, and have been used to describe political practices

homem apenas possa ser livre na medida em que a sociedade política entender isso possível e onde a possibilidade de expansão dos direitos individuais é praticamente nula.

Existe, assim, o desenvolvimento de uma ideia de Liberdade política, que afirma a identidade dos indivíduos dentro do Estado e podendo ser eles, em si mesmos, o substrato da sua existência. De conceito jusprivatístico transporta-se a entendimento juspublicístico a ideia de Liberdade[2455].

A interdependência constante entre indivíduo e comunidade, em que no plano político esta se sobrepõe àquele, constitui para o Autor o único depósito evidente da manifestação da Liberdade, que deve ser exercida indiscriminadamente por todos os cidadãos, uma vez que são eles quem dá vida ao soberano, que por força da vontade geral por aqueles manifestada tem legalidade e legitimidade no exercício do seu "munus".

É um conceito positivo de Liberdade, uma vez que não faz sentido apelar a ideias de um ancestral e perdido estado de natureza, no sentido lockiano, para justificar a sua positivação.

A Liberdade negativa é pessoal e apenas se pode preservar por uma interna e constante vigilância, onde as questões ligadas à religião de cada um ganham superior força e constituindo o último repositório efectivo da individualidade humana[2456]. A Liberdade positiva implica, ao invés, uma determinação pela colectividade e não pela singularidade e manifesta-se na ideia do que "nós" deveremos actuar e não naquilo que "eu" devo fazer.

Dito por outras palavras, o seu conceito de autodeterminação implica, segundo se avalia, a necessária passagem do individual ao colectivo ou, noutra fraseologia, da Moral à Política. A ideia de Povo, na sua dimensão colectiva à associada à de indivíduo no campo singular e, por esta ficção, se o indivíduo tem capacidade para se autodeterminar, também o Povo, em si mesmo, a terá de modo idêntico.

Que pensar do Liberalismo de Rousseau[2457]?

---

and structures far outside eighteenth-century experience. A third and related us in contemporary ideological and concerns."

[2455] Não é possível concordar com Etienne Cayret, pág. 48, Autor que enquadra Rousseau como um pensador que se satisfez em limitar a Liberdade do indivíduo, colocando-o numa posição de total subserviência face ao Estado. Pelo que já foi dito antes e pelas seguintes considerações em corpo de texto, é impossível sufragar uma interpretação do tipo que segue: "(...) après avoir établi la liberté de l'individu dans ses rapports avec les autres individus, supprime la liberté vis-à-vis de l'Etat. Ce n'est que le premier aspect de la pensée de la Révolution qui est apparu aux hommes de la Révolution. Le véritable esprit de sa doctrine ne devait être aperçu que beaucoup plus tard." O desenvolvimento desta interpretação do Rousseau anti-individualista e pai do despotismo jacobino, inspirador das doutrinas absolutistas, vem tratado a partir de pág. 52.

[2456] Jean-Jacques Rousseau, " Contrat Social. De la Religion Civile (Manuscrit de Genève)", *Œuvres*, II, pág. 417: "Sitôt que les hommes vivent en société il leur faut une religion qui les y maintienne." Um pouco adiante acrescenta: "Le christianisme est une religion toute spirituelle qui détache les hommes des choses de la terre, la patrie du chrétien n'est pas de ce monde, il fait son devoir il est vrai mais il le fait avec une profonde indifférence sur le succès des soins qu'il se donne. Peu l'importe que tout aille bien ou mal ici-bas; si l'État est florissant il jouit modestement de la félicité publique, si l'État est dépérit il bénit la main de Dieu qui s'appesantit sur son peuple."

[2457] Dmitri Georges Lavroff, pág. 234: "Rousseau n'est pas un libéral (...)."; Pierre Manent, *Histoire Intellectuelle du libéralisme*, pág. 143: "Il paraît tout à fait arbitraire ou franchement anachronique de présenter Rousseau comme un critique du libéralisme. La cible de son indignation véhémente, n'est-ce-pas d'abord l'ordre social de son temps, qu'on ne peut dire libéral, ensuite et plus essentiellement 'la société' en tant que telle, quel que soit son régime politique?"

Também nesta perspectiva é possível compreender a divergência entre Liberalismo e Democracia. O Liberalismo preza acima de tudo a Liberdade negativa, a consagração dos direitos individuais; a Democracia empenha-se mais que tudo na participação indistinta, em plena Igualdade, de todos os membros da comunidade na sua vida política, exercitando por essa via a Liberdade. São dois planos distintos cujos corolários futuros são dos mais fecundos para a História das Ideias Políticas e, sobretudo, para a História da Ideia de Liberdade.

As etapas do Pensamento roussiano ficaram identificadas. Nos *Discours*, o estado de inocência feliz e boa, a sua decadência e a necessidade de reposição. No *Contrat Social*, a percepção da perda da natureza e da inocência humana, a decadência promovida pela sociedade e a restauração pelo pacto social; a natureza da desigualdade das forças mas da plena Liberdade e independência naturais, o estado de sociedade nascente dos conflitos promovidos pela riqueza e pela desigualdade entre ricos e pobres. Finalmente, o contrato social, promotor e promovido pela vontade geral, pela Liberdade resguardada de todos os cidadãos, pela plena Igualdade perante o soberano que é o Povo na sua universalidade, numa promoção da Liberdade política nascida do voluntarismo individualista.

Afastando o inferno hobbesiano e não aceitando a ligação lockiana entre estado de natureza e estado social, colocou-se à margem de todas as correntes de Pensamento da sua época, de que fez uma simbiose muito pessoal. Acabou por se transformar em corifeu simultâneo do homem e do cidadão, dependendo do ponto de vista em que se enquadra a sua análise. Pretendia era uma certa utopia, confinante à criação de um estado de sociedade surgido à imagem e semelhança de um estado de natureza e em que apenas fossem introduzidas as modificações que justificassem a sua criação.

É porque a política deve ser pensada a partir do que constitui a essência do individualismo e que a ideia de Liberdade aparece como faculdade de autodeterminação ou autonomia, que Rousseau foi, também, percursor.

Este ponto que será essencial na reflexão de Kant, já o era em Rousseau, que por essa via parece negar o Liberalismo, uma vez que considera em si mesmo o homem livre, sem ser sujeito a qualquer motivação por força da natureza. Em certo sentido o retrocesso forçado e por ficção do indivíduo ao estado de natureza que o Contratualismo liberal patrocina, implica que o homem não é inteiramente livre, porque confrontado com a necessidade absoluta de a ele se esquivar para sua própria segurança e bem estar.

Se o Pensamento de Rousseau é, sobretudo, um sentimento e por essa via sai algo desfocado, é verdade que o indivíduo teorizado é um Ser que tem de imediato consciência íntima de si mesmo e da sua Liberdade. Por isso se determina à perfectibilidade e deixa de ser meio-animal, para passar a homem na íntegra. A Liberdade é um motor directo em Rousseau; não uma necessidade derivada da luta entre o homem e a natureza, como nos demais pré-liberais e liberais que estudamos.

Acreditou sinceramente, na possibilidade de criar um mundo em que se suprimisse o relacionamento inter-individual, com todas as paixões e vícios que isso acarreta, vertendo-as num relacionamento impessoal a uma lei comum e imutável, que conferia legitimidade à existência de um soberano múltiplo, estabelecido sob forma atomizada e recondutível a uma vontade geral.

Creu, em suma, poder mudar a "sociedade" que era a francesa, cheia de enormes vícios, por outra "sociedade", proveniente dos ensinamentos do *Contrat Social* e onde a desigualdade deixasse de o ser, a Igualdade triunfasse e a Liberdade política do Povo fosse o corolário da feição voluntarística iniciada por recurso à tese da vontade geral.

DA HISTÓRIA DA IDEIA DE LIBERDADE (SEQUÊNCIA)

Em qualquer caso, seja pela partilha de Poder que outros também preconizam, seja pela queda dos atributos que em exclusividade eram conferidos ao monarca, assistimos ao tombo do despotismo que sob a forma esclarecida ia vigorando nos países da Europa continental sua coeva. Neste contexto, a Obra de Rousseau será de particular importância para a teorização da Revolução Francesa e, em termos particulares, parece ter existido uma assunção maior das suas ideias em 1793, por força do peso que outorgava à Igualdade, mediante a criação de um regime democrático, mas em que as precauções interpretativas neste domínio devem estar presentes.

Pelas suas teses, destaca-se dos demais Autores que escreveram em período anterior a um tal evento. Não somente antes, em boa verdade; também depois da eclosão da mesma, em que os pressupostos que defende esbarram com a oposição dos mais conhecidos nomes, que em devido tempo serão analisados.

Porque não ponderar que para além do Absolutismo e do Liberalismo, nas suas conotações particulares, se pode falar num sistema de Rousseau, algo autonomizado? De cepticismo democrático, por exemplo?

Porque, se como dirá Kant poucos anos depois, tudo o que cria obstáculos à autodeterminação humana se constitui como moralmente intolerável, então porque não antever Kant em Rousseau, quando este defende que a Liberdade é o fundamento e o fim último da ordem social, e aquele invoca a necessidade de distinguir entre a esfera privada – onde reina a Moral – e domínio público – a que o Direito preside?

§ 5º. O triunfo da História no Pensamento continental

Jean-Louis de Lolme, menos genial mas eventualmente mais claro que Montesquieu na defesa que faz da Constituição inglesa[2458], merece algumas palavras em especial no plano do Pensamento continental.

1. O papel da História

Se em tempos fora admirador confesso de Rousseau e das suas teses, agora prestava vassalagem à ordem social e transmudava a reivindicação de um princípio constituinte – como farão os franceses da Era da Revolução – para a verificação de uma Liberdade política do cidadão já constituída e vivida numa sociedade livre[2459]. Mais uma vez o

---

[2458] Há quem o considere superior a Montesquieu. Veja-se *"Sobre a Constituição de Inglaterra e as princiapes mudanças que tem soffrido, tanto no seu espirito, como na sua forma, desde sua origem até os nossos dias, por hum inglez*, Lisboa, 1827." Neste texto considera-se que De Lolme incorreu no mesmo erro que todos os escritores e tratadistas da Constituição inglesa, uma vez que apenas atendem ao seu aspecto exterior, sem se preocupar com o espírito. O Autor anónimo enceta uma vigorosa crítica contra a forma como o problema é encarado e discute a proficuidade de um sistema, em que três Poderes em confronto apenas se podem anular, não resultando qualquer progresso uma vez que as forças impedem o funcionamento do próprio. Não é este o entendimento seguido pelos ingleses, que por via de regra seguem a sistemática do genebrino mesmo muitos anos depois de ter procedido à abordagem da Constituição inglesa, encetando o percurso histórico na justificação da mesma. Veja-se, por exemplo, A. Todd, I, págs. 15 e ss.

[2459] Jean-Louis de Lolme, *Constitución de Inglaterra*, Edição de 1812, Estudio e Edición de Bartolomé Clavero, Madrid, 1992, pág. 115: "Los ingleses (esta observación no puede ofenderlos) teniendo a la vista la libertad, por decirlo así, desde su nacimiento, tal vez estarían demasiado familiarizados con el goce de élle para inquirir sus causas con verdadero interés (...)."

debate entre Razão e História, entre dedução e experiência, está bem presente nos pressupostos de que parte.

No que se refere ao texto da *Constitución de Inglaterra*, a primeira observação liga-se com o sentido histórico que De Lolme manifesta. A sua Constituição inglesa é, no fundo, a própria História da Inglaterra, ponto em que está concordante não apenas com o sentido originário da *Common Law*, mas com a verificação que o Direito inglês é o produto da sua História[2460].

A Inglaterra do seu tempo, com as suas instituições em total desarmonia com as continentais e produto de uma evolução histórica de que os indivíduos eram parte maior, patenteava o termo de uma longa evolução, com crises mas sem retrocessos. As rupturas, nocivas por natureza para os anti-revolucionários ingleses, eram-no do mesmo modo para De Lolme e a permanência na identidade requeria-se e fomentava-se.

Em De Lolme e ao longo do seu trabalho pode assinalar-se, em simbiose, as perspectivas sincrónica e diacrónica no estudo da Constituição inglesa. A História inglesa, na sua inserção diacrónica, permite a compreensão da realidade inglesa que no momento se gere, por força de uma sincronia de Poderes institucionalizados em órgãos constitucionais, que se auxiliam e tratam de policiar mutuamente, garantindo a Liberdade política vivida e ancestralmente conhecida em Inglaterra.

De algum modo pode ser assinalada um certa ideia de etnografia política, que buscando o contributo de experiência feita, permite lançar as marcas características de uma evolução normativa com características sociológicas e que retratam de forma vivida o espírito dos ingleses, que já Montesquieu elogiara na sua magna obra. A experiência permite salientar, por dedução, a norma, o receituário de princípios de uma Constituição que se faz à medida das necessidades, por todos e para todos.

As primeiras palavras do Autor e que constam da sua própria "Introduccion", segundo as quais *"esta libertad de pensar que empieza a descubrirse, y que necesariamente precede a la libertad política"*[2461], implicam a ligação considerada indispensável de manter entre Liberdade individual e Liberdade política.

2. Liberdade de pensamento: tolerância positiva e Liberdade de escrever

Ponto que a este propósito deve ser assinalado, pese embora De Lolme não lhe dê honras de tema autónomo, prende-se com a Liberdade de consciência. Porque considera Maria, a filha mais velha de Henrique VIII e sucessora de seu irmão Eduardo VI, uma católica assumida, como tendo protagonizado um reinado em que o fanatismo imperou e diz, em seguida, que o brilhante reinado de Isabel I trouxe de novo a tolerância com o protestantismo, parece que ficam poucas dúvidas acerca do seu posicionamento na questão.

De facto De Lolme também não consegue fugir ao habitual problema, que na defesa da Liberdade política e da Liberdade de consciência, afasta a Igualdade política e descrimina positivamente todos aqueles que não sejam de confissão protestante[2462] – e mesmo alguns que o sendo, não professam o anglicanismo.

[2460] O Autor anónimo do *Resumo Historico do Parlamento de Inglaterra*, págs. 4 e ss., parece ter-se baseado em muito neste escrito de De Lolme, uma vez que o percurso seguido na justificação das instituições inglesas é quase idêntico.

[2461] Jean-Louis de Lolme, *Constitución de Inglaterra*, Edição de 1812, pág. 114. Não tem correspondência na Edição de 1847, que começa de imediato com o texto da Constituição.

[2462] Idem, *ibidem*, Edição de 1812, págs. 152 e 153: "(...) el rey es cabeza de la iglesia; pero ni puede alterar la religión establecida, ni pedir cuenta a los individuos de sus opiniones religiosas. Tampoco

Considera-se assim que a tolerância religiosa apenas pode existir nos países protestantes, o que é característico dos ingleses e em certa medida, promovido bastas vezes pelos próprios católicos. De Lolme, tão empenhado estava em elogiar a Inglaterra em presença da França que se "esqueceu" do *Édito de Nantes*, o qual durante muito tempo garantiu uma vida tranquila aos protestantes franceses e só com Luís XIV e sua revogação, transformou a católica França num país onde "a Liberdade de consciência não se tolerava".

3. A concepção de Liberdade política de De Lolme

De acordo com as suas palavras, em Inglaterra, o espírito de Liberdade tendia a circular entre todas as diversas classes sociais, o que significava que se "abrió paso a las ramificaciones más distantes, y en todas las partes se difundió y estableció el principio de la Igualdade primitiva: principio sagrado", que implica desde logo verificar que se trata de mais um Autor que enquadra a Liberdade e a Igualdade no quadro dos direitos naturais a ser preservados pela sociedade civil[2463]. Por tal motivo se irá dedicar ao longo do seu escrito a escavar os motivos que distinguem a monarquia francesa da inglesa, o que mais não significa que proceder a uma análise levada tão longe quanto possível da Liberdade política da Nação inglesa.

Segundo De Lolme, o motivo mais forte para que desde muito cedo se tenha inaugurado em Inglaterra a ideia de Liberdade, por contraposição ao que se passava no continente e em particular, na França, foi a inexistência de feudalismo além-Mancha. A centralização do Poder implicou que da parte da nobreza se pudesse assistir a veleidades políticas e implicou uma submissão ao monarca, que concentrava nas suas mãos o Executivo e o Judicial. Em França e porque a autoridade dos Reis era fraca e dispersa, "los grandes lo eran todo, y la mayor parte de la nación se tenía por nada", ponto que em nada se "favorecía la libertad general"[2464].

Em idêntico plano de defesa dos direitos naturais, informa que o juízo de jurados, antiga instituição romana, terá reaparecido em Inglaterra no reinado de Henrique II, sendo mais um passo na concretização da Liberdade e porque a mesma seria avaliada quanto à sua privação por um conjunto de pares do acusado[2465]. Sem dúvida, forma bem mais eficaz de garantir tal direito natural[2466] e que será alvo de ponderada apreciação quer em Espanha quer em Portugal, no séc. XIX.

---

puede profesar la religión que han prohibido las leyes: y el Príncipe que la profesa está declarado por ellas incapaz de heredar, de poseer o gozar la corona de estos reynos."

[2463] Idem *ibidem*, Edição de 1812, pág. 123.

[2464] Idem, *ibidem*, Edição de 1812, pág. 120. A desunião que existia em França, separada e desunida em inúmeros pequenos ducados, condados e terras do Rei, onde os habitantes agiam em conformidade com os seus próprios soberanos não proporcionando qualquer réstia de unidade entre si e por isso mesmo originando que a Liberdade não tivesse qualquer possibilidade de se tornar regra geral de Pensamento dos mais fracos perante os mais fortes.

[2465] Idem, *ibidem*, Edição de 1812, pág. 124.

[2466] Idem, *ibidem*, Edição de 1812, pág. 126: "(...) decretó que ningún vasallo pudiese ser desterrado o molestado de modo alguno, ni en su persona, ni en sus bienes sino por sentencia de sus iguales, y conforme a las leyes patrias: articulo tan importante que se puede decir que comprende todo el objeto y fin de las sociedades políticas, y desde aquel momento hubiera sido libre el pueblo inglés, si no hubiese tan inmensa distancia del establecimiento de las leyes a la observancia de ellas."

Historicamente, o grande Poder que os monarcas possuíam esteve na base da argumentação pela Liberdade por parte de todos os seus vassalos, grandes e pequenos[2467]; "el rey veía que no dependía de nadie, porque era dueño de vastos territorios: y como no estaba en posesión de las prerrogativas más formidables, sujetable a su grado los barones más poderosos del reyno. Por tanto, para poder resistir a su tiranía, necesitaban hacer alianzas estrechas y de muchos; y aún se vieron precisados a asociarse en ellas con el pueblo, y a interesarle realmente en defensa de la libertad publica"[2468].

Este aspecto é particularmente importante uma vez que De Lolme associa o nascimento da Liberdade política em Inglaterra a uma adesão efectiva do monarca nesse empenho. A inexistência de feudalismo que manietava a nobreza perante o único suserano, o Rei, e as reivindicações desta, com o apoio das camadas populares, para limitar o Poder régio. Tanto que originaram, no entender do Autor, as primitivas cartas de direitos conhecidas na História do Mundo.

Assim se compreende que pelas suas características próprias a Liberdade política dificilmente pudesse ter surgido em local diverso, atentos os condicionalismos que a própria sociedade inglesa tinha, por comparação com a restante Europa, e o seu Poder reivindicativo inicial, desconhecido até quanto à forma de o exercitar noutros pontos do continente.

O resultado prático desta tomada de atitude traduziu-se bem cedo na consciência de que era necessário indagar os primeiros princípios da sociedade. É possível que De Lolme estivesse, ele mesmo, perfeitamente convencido da proficuidade da sua investigação mas existe alguma dificuldade em ver reflectidos tais propósitos na nobreza inglesa dos séculos XII e XIII. Nela ou em alguém que por ela o fizesse, salvo os eclesiásticos, que certamente estariam disponíveis para os elucidar da visão patrística do nascimento da sociedade.

Como quer que seja, João "Sem Terra" foi obrigado a outorgar a *Magna Carta*, nos termos já conhecidos, por essa via se sedimentando a Liberdade dos ingleses e a primeira grande manifestação do seu Poder dos ingleses contra atitudes despóticas dos soberanos[2469]. O Autor é da mesma opinião que em devido tempo manifestámos; ainda que cheia de lacunas e com omissões importantes, garantia medidas muitíssimo inovadoras para o seu tempo, na fixação da Liberdade. A simples formalização da mesma, não se deixando ao plano ético e subjectivo a sua conservação, por si só, era uma avanço notável[2470].

[2467] Idem, *ibidem*, Edição de 1812, pág. 124, (...) pues lo sabía que era común a todos la causa que le llamaban a defender: y conocía además que se necesitaba de él para sostenerla. Instruido con el ejemplo de sus caudillos, pedía y estipulaba condiciones para sí: insistía en que más adelante cualquier individuo debía tener derecho a la protección de las leyes: y así todos los derechos en que se apoyaban los señores para resistir la tiranía del rey, vinieron a ser como un baluarte que con el tiempo había de contener la suya."

[2468] Idem, *ibidem*, Edição de 1812, págs. 122 e 123.

[2469] Idem, *ibidem*, Edição de 1812, pág. 125: "(...) se mitigó el rigor de las leyes feudales en favor de los señores. Pero esta carta no paró aquí: se estipularon condiciones en favor del numeroso cuerpo del pueblo que se había unido con ellos para obtenerla, y que pretendía con espada en mano que se hiciese participante de la seguridad que se intentaba establecer con ella, *De aquí nació que en ella se puso por estatuto particular que se libertase a todos los vasallos de los mismos servicios de que habían libertado a los barones.*"

[2470] A evolução a partir deste documento é sempre no sentido positivo e o parlamentarismo inglês, nos termos em que formalmente é conhecido no tempo de Lolme remonta a finais do séc. XIII, sempre se mantendo na defesa da Liberdade política.

DA HISTÓRIA DA IDEIA DE LIBERDADE (SEQUÊNCIA)

Pouco tempo depois o segundo grande instrumento da Liberdade inglesa foi a introdução da proibição de serem lançados tributos sem autorização da Câmara dos Comuns e da Câmara dos Lordes[2471], e que segundo De Lolme, terá sido "estatuto de la mayor importancia, el cual unido a la *Charta Magna* forma la base de la constitución inglesa"[2472].

Seria fastidioso e repetitivo esmiuçar, como faz De Lolme, a História inglesa buscando manifestações da Liberdade política e contraposição de Autoridade régia. São conhecidos os intervenientes no processo e a sorte que tiveram[2473] mas tudo indica que esta tradução espanhola de 1812, se contentou certamente os adeptos do sistema político, terá deixado algo embaraçados os pais do Liberalismo espanhol noutras matérias.

Basta ponderar as referências feitas ao catolicismo e à Igreja de Roma[2474], para perceber que os Iberos terão manifestado bastante precaução nesses domínios[2475].

A grande divergência que se verifica entre a interpretação a dar à fonte originária do Direito em Inglaterra e no continente é outra das situações que permitem a afirmação de uma maior Liberdade na primeira e de um assinalável despotismo no

---

[2471] Jean-Louis de Lolme, *Constitución de Inglaterra*, Edição de 1812, pág. 192, desenvolve a temática da divisão do Poder Legislativo.
[2472] Idem, *ibidem*, Edição de 1812, pág. 128.
[2473] Idem, *ibidem*, Edição de 1812, pág. 140: "Entonces [com a *Glorius Revolution*] fue cuando se establecieron completamente los principios de la sociedad civil. Por la expulsión de un rey que había quebrantado su juramento, se confirmó como inconcusa la doctrina que apruaba la *resistencia* como ultimo recurso de un pueblo oprimido. Excluyendo a una familia despótica por herencia, se declaró definitivamente que las naciones no son propiedades de los reys. Los principios de *obediencia pasiva, del derecho divino e indestructible de los reys*, en suma, todo el débil edificio de ideas falsas, y por tanto funestas, que hasta entonces habían sostenido la Autoridad real se vino al suelo: y en su lugar se sustituyeron fundamentos más sólidos y duraderos, el amor del orden, y la persuasión de que es necesario el gobierno civil entre los hombres."
[2474] Idem, *ibidem*, Edição de 1812, pág. 135: "Las ideas religiosas por una combinación singular se unieron con el amor de la libertad: el mismo espíritu que había combatido la religión establecida, se iba dirigiendo ya a los principios políticos: se examinaban las prerrogativas de los reys del mismo modo que se habían examinado las doctrinas de la corte romana, y se esperaba que no pudiera resistir a esta prueba una Autoridad que se pretendía era ilimitada." Veja-se o que se disse antes sobre De Lolme.
[2475] Para evitar estes problemas, entendeu o tradutor espanhol introduzir em nota uma explicação para este facto. Significa, pois, que o temor de ferir susceptibilidades estaria bem presente e por isso não se descurou a referida mensagem, que a pág. 138, reza assim: "Este no es dogma de la Religión católica [una religión proscrita (...) y proscrita, no precisamente porque establece las doctrinas de la transubstanciación y del purgatorio, doctrina en sí de ninguna importancia no político, sino porque siempre había sido uno de sus principales dogmas el Poder ilimitado del soberano]. Nadie tienen que ver con ella las opiniones erróneas que la ignorancia o la malicia de algunos han introducido, cubriendo las más veces con el santo velo de la religión sus miras ambiciosas: todos los españoles son católicos, y sin embargo no dudan que la nación representada por las Cortes puede y aún debe coartar la Autoridad soberana. Por esto no me detengo en impugnar lo que el Autor de esta Obra siente acerca de la Religión Católica: pero convendría mucho que algún otro probase lo que acabo de decir, para desengañar a muchos ingleses, que todavía persiguen en cierto modo a los católicos de Irlanda, y resisten el que tengan los mismos derechos civiles que los luteranos: porque creen que el catolicismo es incompatible con los derechos naturales del género humano, a pesar de que en Irlanda se han escrito excelentes discursos sobre la materia; pues por ser de Irlanda se miran generalmente como insidiosos, y nada fidedignos."

segundo[2476]. "La base de la constitución inglesa, y el principio fundamental de que lo dependen todos los demás, es que la Autoridad legislativa pertenece al Parlamento sólo. Esta es, la facultad de establecer leyes, de abrogarla, alterarlas, o interpretarlas", sendo certo que o Parlamento se compõe de Rei, da Câmara dos Lordes e da Câmara dos Comuns[2477] e o Rei é apenas uma das potências encarregues do exercício da actividade legislativa.

Este o sistema que Mably, Turgot e outros tanto criticam e que os norte-americanos, ainda que com adaptações que serão vistas a seu tempo, irão beber na organização institucional da sociedade nascida da separação com a pátria-mãe.

Ainda assim não restam dúvidas para o Autor que é princípio fundamental da Constituição inglesa e diverso da forma republicana dos Governos que "el pueblo inglés, o al menos en los que le representan, es donde reside la *iniciativa* de la legislación: es decir, ellos forman les leyes y las proponen"[2478]. O que significa, na prática, poderem constantemente verificar se são ou não necessárias adaptações à sua própria Constituição e, em caso afirmativo, procederem à sua inserção[2479].

Se a Igualdade é formal, perante a lei, não o é no domínio político e apenas quem esteja na posse de certas características pessoais, nomeadamente no que toca à propriedade, outro dos direitos fundamentais, poderá eleger e ser eleito[2480]. Ser membro da Câmara dos Lordes é uma situação elitista, concede-se, mas considera-se o meio ideal para travar reivindicações por vezes algo "desajustadas", "revolucionárias" ou violentadoras dos próprios princípios da Constituição histórica que poderiam ser patrocinados pelos Comuns. Ainda que pensemos que pelas sua específica composição, nem mesmo os Comuns teriam alguma vez, sequer remotamente, tais Pensamentos.

Ligando as ideias de Liberdade e de Igualdade, a Liberdade inglesa é uma Liberdade aristocrática[2481], como já Montesquieu reconhecia e agora nesta História de Inglaterra

---

[2476] Jean-Louis de Lolme, *Constitución de Inglaterra*, Edição de 1812, págs. 140 e ss.

[2477] Idem, *ibidem*, Edição de 1812, pág. 141. Pouco à frente esclarece: "cada una de las cámaras tiene derecho para responder negativamente a las propuestas que le hace la otra; y por consiguiente no hay peligro de que puedan usurparse recíprocamente sus derechos, ni tampoco los del rey, que también puede usar de la negativa sobre las propuestas de las dos. Por tanto, cualquiera cuestión que se juzgue conducente al bien público, sin excepción alguna, puede ser materia de sus deliberaciones. Tales son, por ejemplo, el poner nuevas limitaciones a la Autoridad del rey, o darle mayor extensión: ele establece nuevas leyes, o alterar las existentes. (...)." A pág. 192 desenvolve a temática da divisão do Poder Legislativo.

[2478] Idem, *ibidem*, Edição de 1812, pág. 197.

[2479] *Resumo Historico do Parlamento de Inglaterra*, pág. 9. Esta é, como se sabe, uma das áreas onde as críticas ao sistema inglês são mais incisivas, uma vez que tendo o Parlamento capacidade para alterar as leis, revogá-las e introduzir outras sempre que se veja necessidade, sem que haja uma assembleia constituída com expressos poderes para tanto, tal implica um certo desregramento e alguma promiscuidade entre Poder constituinte e Poder constituído.

[2480] Idem, *ibidem*, Edição de 1812, págs. 141 e ss.

[2481] Idem, *ibidem*, Edição de 1812, págs. 221 e 222. Veja-se Pinheiro Chagas, *História de Portugal*, VII, pág. 323: "(...) na Inglaterra a Constituição e a Revolução de 1688, que a fortaleceu e ampliou tinham sido feitas principalmente pelas classes privilegiadas. Na Inglaterra a classe nobre nunca fora completamente domada pelo soberano, os privilégios das classes tinham sempre resistido com felicidade ás tentativas invasoras do despotismo, e isso déra em resultado que a Inglaterra tivesse a Liberdade primeiro que todos os outros países, Liberdade que todas as classes consideravam, não como um direito inato a todos os homens, mas como um foro, um privilégio que todas elas tinham conquistado, e de que não se deixariam desapossar facilmente."

DA HISTÓRIA DA IDEIA DE LIBERDADE (SEQUÊNCIA)

não é possível ao seu Autor escamotear. Provavelmente nem sequer o quereria, assim demonstrando irem longe os tempos do culto a Rousseau[2482] em que partilharia de uma ideia que agora rejeita por completo[2483].

Um ponto que não pode passar em claro, cifra-se no elogio da monarquia limitada e na aversão que ao longo da sua exposição De Lolme manifesta em relação à república e mesmo à Democracia[2484], como forma de Governo ideal neste sistema[2485]. São várias as alusões e, na impossibilidade de as mencionar em conjunto, descobre-se um exemplo flagrante, sobretudo por estar em linha directa com o que se expõe.

Neste quadro, entende que sendo impossível dar por terminada a constituição da sociedade civil, talvez fosse aceitável o Governo democrático, o que não contradiz o que se disse antes na medida em que "la experiencia nos enseña que se necesitan otras muchas precauciones para obligar los hombres a que sean justos unos con otros; (...). Para remediar, pues, los males que la naturaleza misma de las cosas tiene cierta tendencia a producir: para obligar a los que en cierto modo dominan la ley, a que se conformen con ella: para frustrar la conspiración secreta, poderosa y siempre activa de los que gobiernan, se requiere un conocimiento y un espíritu de perseverancia que no se pueden esperar de la multitud. *La mayor parte de la muchedumbre están ocupados en acudir a su propia subsistencia, no tienen tiempo, y por razón de su mala educación, no tiene tampoco la instrucción necesaria para funciones de esta especie. La naturaleza, que reparte escasamente sus dones, sólo ha dotado a unos pocos hombres de un entendimiento capaz de las*

[2482] Idem, *ibidem*, Edição de 1812, pág. 201: "El Autor del *Pacto Social* adelanta aun más esta opinión: afirma, 'que aunque el pueblo inglés se tiene por libre está muy engañado: solamente lo es durante la elección de los miembros del Parlamento: luego que éstos han sido elegidos, el pueblo es esclavo, no es nada'."

[2483] Idem, *ibidem*, Edição de 1812, pág. 203. E termina o seu raciocínio: "para decirlo en dos palabras: el concurrir con su voto a establecer las leys es tener parte, sea cual fuere, en el mando. *El vivir en un estado, donde las leyes son iguales para todos, y en donde hay seguridad de que se ejecutarán, (por cualquier medio que se logren estos beneficios) es ser libre.*" É, pois, seu entender que "*la libertad* (...) en cuanto puede existir en una sociedad de hombres, cuyos intereses están casi siempre en contradicción unos con otros, *consiste en que así como cada uno respeta las personas de los otros, y les deja gozar pacíficamente del producto de su industria, esté también cierto él mismo de que gozará del de la suya, y de que estará además segura en su persona.* Pero el contribuir uno con su voto a que la comunidad consiga estas ventajas, el tener parte en el establecimiento de aquel orden, de aquella disposición general de las cosas, por cuyo medio un individuo, confundido, por decirlo así, en el montón, es efectivamente protegido".

[2484] Idem, *ibidem*, Edição de 1812, pág. 235: "Cuando el pueblo se congrega a menudo para obrar por sí, es imposible que adquiera un conocimiento exacto del estado de las cosas: lo que sucede un día, borra las ideas que había empezado a adoptar el día anterior, y en medio de la continua vicisitud de las cosas, no puede haber tiempo para que el pueblo establezca unos principios fijos, y mucho menos para que forme un plan de unión. Deseáis que el pueblo ame y defienda sus leyes y su libertad? pues dadle el tiempo que necesita para conocer lo que son estas leyes y esta libertad, y para que convenga en una misma opinión acerca de ellas. Deseáis una unión, una *coalición* que no puede conseguirse, sino *procediendo* con lentitud y tranquilidad? Pues dejad de mover el vaso continuamente."

[2485] Idem, *ibidem*, Edição de 1812, pág. 204: "Sin embargo, todavía debemos juzgar que sería más completa la libertad, si se convocase a todo el pueblo para que diese su opinión de las medidas que se han de tomar para su seguridad: ya que las leyes de Inglaterra, por ejemplo, si se hiciesen por votos de todos, fueran más sabias, y más equitativas: y sobre todo, habría mayor probabilidad de que se ejecutasen." De Lolme discorda desta posição, como se viu em corpo de texto e pode ser confirmado a partir de págs. 212 e ss.

complicadas investigaciones de la legislación (...). La multitud, por lo mismo que es una multitud, no puede resolver nunca con madurez"[2486].

Eis aqui, repita-se, a Liberdade aristocrática que já Montesquieu enunciava, que todos os teóricos ingleses partilham e que De Lolme não pode deixar de apontar.

Em função do que se diz, apenas o Governo representativo dos mais capazes para defender a Liberdade política, deve ser admitido, uma vez que são indivíduos sempre armados de sentimentos patrióticos, distinguindo-se do Corpo da Nação e defendendo interesses que apenas eles são tutores[2487]. Estas as razões porque o Governo inglês não apenas subsistiu mas se foram tornando cada vez mais fortes na defesa da Liberdade política da Nação e da representação que os mandatários da mesma outorgam aos melhores e mais capazes para a defenderem.

Quanto ao papel da execução das leis cabe exclusivamente ao monarca, que neste plano age sem qualquer ligação à sua função legislativa[2488], funcionando por intermédio do seu Gabinete, e activando a régia prerrogativa.

Ao menos teoricamente isto era assim, e De Lolme apenas pode elogiar a solução, apontando os seus atributos neste domínio, sem interesse para a análise[2489]. E, dado importante como limitação do Poder régio que se inculca, "(...) apenas tiene ninguna renta, si no la concede el pueblo"[2490], assim como a verificação de que "la dignidad real destituida, como está de la facultad de imponer tributos, es como un cuerpo grande que no puede moverse por sí (...)." Estes factos somados a outros distinguem por completo a monarquia inglesa das do continente e apenas existem em função da própria Constituição[2491].

Sintetizando o Pensamento do Autor no que ao elogio da Liberdade se reporta, a existência do balanço dos Poderes na Constituição inglesa, em que o Poder Executivo é exercitado em articulação com os comandos dimanados do Legislativo. A conciliação da vigilância recíproca de duas Câmaras legislativas, que detêm competência na propositura das leis, com o exercício do Poder pelo monarca, são as salvaguardas definitivas da Liberdade política inglesa.

O Autor segue o percurso inverso do habitual. Tratando em primeiro lugar do que designa por Liberdade em geral, ou Liberdade da Nação[2492] e parte que tem no Governo – aquilo que neste Estudo se designa por Liberdade política do indivíduo e da sociedade –, vai depois ponderar a Liberdade privada ou dos indivíduos, na interpretação dos juristas ingleses. Seguimos o seu sistema e daí também a propositada inversão ao processo que por hábito adoptamos no tratamento da Liberdade individual e da Liberdade política.

Neste particular são conhecidas as diferenças entre o sistema inglês e o continental. A Propriedade, por exemplo, é vista como um direito individual, civilmente tutelada,

---

[2486] Idem, *ibidem*, Edição de 1812, págs. 204 e 205.
[2487] Idem, *ibidem*, Edição de 1812, pág. 208.
[2488] Idem, *ibidem*, Edição de 1812, págs. 180 e ss., desenvolve esta questão.
[2489] Idem, *ibidem*, Edição de 1812, págs. 145 e ss.
[2490] Idem, *ibidem*, Edição de 1812, pág. 147.
[2491] Idem, *ibidem*, Edição de 1812, pág. 148. Nas páginas seguintes aponta outras limitações ao Poder real.
[2492] Idem, *ibidem*, Edição de 1812, pág. 181: "(...) se han visto ya los recursos que tienen las diferentes partes del gobierno inglés para equilibrarse unas con otras, y como sus recíprocas acciones y reacciones producen la libertad de la constitución, la qual no consiste en otra cosa más que en el equilibrio de las Autoridades gubernativas de un Estado."

para depois se assumir como direito político na teorização que se inicia com Locke e prolonga para a própria Europa continental na Era das Revoluções.

A Propriedade é o baluarte dos direitos individuais e não é possível que qualquer indivíduo procure invadir por palavras ou actos a esfera de acção da Propriedade de outros; tal questão está precavida nas próprias leis, sendo este um dos pontos em que o presente Autor se aproxima de Montesquieu[2493]. Já se terá, de facto, percebido que o estudo que os dois Autores encetam sobre o direitos e a Constituição inglesa tem poucos paralelos, sendo este o mais nítido.

Do mesmo modo, a Segurança é a faculdade do indivíduo se poder movimentar à vontade, no decurso da sua vida. Todos eles – os direitos individuais – "dicen los letrados ingleses, inherentes a la persona de todo inglés, son para él como una herencia, y no se puede privar de ellos sino en virtud de una sentencia dada con arreglo a las leyes del país (...)"[2494].

Quanto à Liberdade de imprensa, "privilegio más noble, como tambíen el apoyo más firme de la libertad civil", deve pressurosamente ser preservada[2495]. É mais uma prova da solidez dos princípios em que se funda a Constituição inglesa, o ter dado ao Povo o encargo de examinar e acusar sem rebuço a conduta de qualquer dos detentores da Autoridade pública, colocando nas mãos do Povo o exercício de todo o poder de censura. A Liberdade de imprensa de que todo o inglês goza é "um mais" em relação ao qualquer outro Povo europeu e um dos suportes da Liberdade política do cidadão, como da Liberdade da própria Nação.

De acordo com a definição do Autor, a Liberdade de imprensa consiste não apenas na possibilidade de publicar escritos em que os Poderes do Estado sejam sujeitos a crítica[2496], mas sobretudo no cuidado que deve colocar na protecção da reputação dos indivíduos contra libelos difamatórios que ao abrigo da imprensa possam ser publicados. As mesmas leis que permitem a Liberdade de imprensa vedam a licença nessa área; "la libertad de imprenta, según se halla establecida en Inglaterra, consiste, pues (...) en que ni los tribunales de justicia, ni otros jueces, sean los que fueren, pueden a informarse anticipadamente de lo que va a imprimir; sino que tienen que ceñirse a lo que está ya impreso, y en estos caos deben proceder por juicio de jurados"[2497].

Finalmente, assegura-se aos ingleses o direito de resistência, como último recurso contra as violências do Executivo, ponto consagrado desde a *Magna Charta* e de que ela

---

[2493] Bartolomé Clavero, "Estudio Introductorio", *Constitución de Inglaterra*, Edição de 1812, págs. 40 e 41: "Sin *liberté particulière, private liberty*, la misma Constitución vendría a resultar *affaire d'ostentation, matter of ostentation*. es la libertad individual, principio que anima, factor que define, categoría que sustenta. Con tal entrada, menos importante será que a continuación exponga la identificación entre libertad y propiedad, o ya deberá entonces entenderse la segunda al servicio de la primera, resultando un Poder social funcional de la misma forma que antes unos Poderes políticos. A esto responde la definición expresa de propiedad que se ofresce en el capítulo quinto del libro segundo y que ahí le sirve para excluir de la categoría de libertad los derechos políticos; éstos serían como hemos visto también poderes, pero poderes igualmente funcionales a favor siempre de la libertad. Es la lógica que inspira fundamenta y puede ser la razón."
[2494] Jean-Louis de Lolme, *Constitución de Inglaterra*, Edição de 1812, pág. 157; Edição de 1847, págs. 359 e ss.
[2495] Idem, *ibidem*, Edição de 1812, pág. 223.
[2496] Idem, *ibidem*, Edição de 1812, pág. 229: "Otro efecto muy considerable de la libertad de imprenta es el hacer que el pueblo pueda efectivamente valerse de los medios que le ha dado la constitución para influir en las operaciones del gobierno."
[2497] Idem, *ibidem*, Edição de 1812, pág. 225.

mesma resultou, assim como a existência da actual Família reinante em Inglaterra[2498]. A ligação que estabelece entre o direito de resistência e a Liberdade de imprensa, exactamente nos termos em que é enquadrada no vertente Estudo, permite uma aproximação à teorização de De Lolme com a prática que em Portugal, sobretudo depois de 1807, irá ser seguida[2499].

Que dizer de tudo o que se vem expondo? De Lolme é – e nem o contrário seria possível – um histórico. A História é uma forma de aceder à Liberdade e o Autor encontra as principais diferenças entre a monarquia inglesa e as demais, nas perplexidades emergentes de um sistema constitucional e outros não constitucionais, radicando na presunção da Liberdade e seu predomínio em presença das contrariedades históricas ou dos exercícios desregrados do Poder.

O sentido da monarquia inglesa é histórico; a própria Constituição é a História e apenas por esta se pode comunicar e desenvolver. História, Liberdade e Constituição são princípios que simbolizam o mesmo para os ingleses, porque foi o amor à ideia de Liberdade que implicou a criação de uma Constituição que apenas se sedimentou pelo decurso dos eventos históricos. E estes foram sempre presentes em todos os momentos que a Constituição feita em nome da Liberdade pode perigar ou que a Liberdade que é suporte do relacionamento institucional pode periclitar se a Constituição não a socorrer.

§ 6º. Tendências liberais na península itálica

As Ideias Políticas subjacentes ao Pensamento de Filangieri, expostas sobremaneira na *Scienzia della Legislazione*, requerem tratamento autónomo. A circunstância de ser o único italiano com tendências liberais enquadrado neste Estudo e o facto de não pretendermos desnacionalizá-lo, a tanto obrigam.

Filangieri[2500] foi Autor que teve sobretudo preocupações no plano da compilação legislativa, onde se propôs, seguindo os passos do Iluminismo, preparar o que mais tarde viriam a ser as codificações Oitocentistas. Só muito lateralmente no domínio político haverá influências em solo lusitano.

[2498] Idem, *ibidem*, Edição de 1812, págs. 233 e ss.

[2499] Idem, *ibidem*, Edição de 1812, págs. 234 e 235. É impossível falar de direito de resistência num momento de elevação da imprensa sem fazer uma associação entre as duas realidades. Daí sufragarmos por inteiro a observação deste Autor, que curiosamente é pouco ou nada ecoada noutros liberais do seu tempo: "(...) las ventajas de la libertad de impresa se ven más claramente que nunca, si se considera lo que influye en este derecho de resistir la fuerza en lo hay otro recurso. Así como los derechos más importantes del pueblo no son más que unas sombras, si no hay esperanza de hacer resistencia, que es lo que puede contener a los que intentan violarlos: así también este mismo derecho de *resistir* es vano, cuando no hay ningún medio de concertar y reunir la diferentes partes del pueblo."

[2500] Caetano – ou Gaetano – Filangieri teve uma existência breve. Nasceu em 1752 em Nápoles e faleceu 36 anos depois vítima de doença. Por esse facto, a sua magna Obra ficou incompleta sendo apenas postumamente terminada. Tal como Beccaria fazia parte da nobreza, tendo servido no Exército antes de se dedicar à escrita. Foi também, advogado, representando o seu trabalho uma tentativa bem sucedida mas pouco aproveitada de proceder a uma profunda reforma da legislação. Trata-se da *La scienza della Legislazione*, datado de 1780-1785, sendo o último, dos 8 volumes, publicado postumamente em 1788. Possuímos Edição de Napoli, 1995, 4 volumes, "Antologia a cura di Renato Bruschi" e "Presentazione" de Saverio Ricci. A sua vida e Obra vêm retratadas em Renato Bruschi, "Introduzione", à *La Scienza della Legislazione*, I, págs. 12 e ss.

DA HISTÓRIA DA IDEIA DE LIBERDADE (SEQUÊNCIA)

Claro que avançando pela via da generalização compilatória, terá funcionado como mais uma das fontes possíveis de lançar mão aos nossos futuros legisladores. Contudo, pela magnificência dos propósitos, o seu trabalho vai muito mais no caminho das pretensões do que deveriam ser os futuros códigos, e encontra-se na linha daquilo que José Adelino Maltez[2501] classifica por "(...) projectos de legislação, quase salvíficos (...)" e que em Portugal também tiveram alguns adeptos mas concretização sempre adiada.

É neste contexto que devem ser encaradas as breves reflexões que se seguem sobre Filangieri.

1. Absolutismo *versus* republicanismo

O Autor teria sentimentos quase republicanos[2502], muito embora a sua Obra fosse toda ela estribada "nella volontà e capacità di riforma del sovrano 'illuminato'"[2503], o que aparentemente é contradição insanável. Mas, como quer que seja, o espírito da *Scienzia della Legislazione* ganha especial interesse pelo grau de abstracção conseguido pelo seu Autor, ponto em que se distancia decisivamente da perspectiva histórica que havia sido a do seu compatriota Vico e que era a boa parte dos Autores ingleses seus contemporâneos.

Contudo, alerte-se para um ponto que importa desenvolver: em Filangieri evidencia--se a confirmação do que já se afirmou e que em Kant atingirá especial destaque; não é verdade que Razão e História sejam concorrentes irreconciliáveis. As divergências que assumem podem, muitas vezes, assumir uma salutar colaboração e isso é no presente Autor um dado adquirido.

Não importa para Filangieri o tempo e o local; a organização política e administrativa de uma Nação deveria reger-se sempre pelos mesmos princípios da Razão universal e não conciliar-se com as especificidades que o desenvolvimento histórico proporciona em cada etapa civilizacional.

Da leitura do seu emblemático escrito vários aspectos se podem assinalar, que irão sendo tratados sequencialmente.

É entendimento do Autor que o monarca deve estar iluminado pela sageza e pela cultura no exercício dos seus Poderes de Autoridade, todos eles virados para o Bem comum[2504], devendo a nobreza constituir-se como o corpo eleito para auxiliar o Rei no exercício da actividade administrativa. Para tanto sobrevalorizava a competência própria, em prejuízo dos títulos e dos privilégios que a propriedade lhes conferia. Ou seja, a questão da Igualdade começa de imediato a ser aflorada num contexto próximo daquele que Pombal, por exemplo, lhe irá conferir.

O Iluminismo de Filangieri – como de parte dos teóricos das Luzes – apresenta conotações essencialmente renovadoras, em ordem à felicidade do indivíduo. A har-

---

[2501] José Adelino Maltez, *Princípios...*, II, pág. 428. O Autor aponta outros casos emblemáticos que seguem na linha do trabalho de Filangieri.
[2502] Consta do "Catalogo de livros defesos neste Reino, desde o dia da Criação da Real Mesa Cençoria athé ao prezente. Para servir de expediente na Caza da Revisão", publicado por Maria Adelaide Salvador Marques, pág. 151, proibido em 19 de Junho de 1797.
[2503] Saverio Ricci, "Presentazione" à *La Scienza della Legislazione*, I, pág. XIX.
[2504] Idem, *ibidem*, I, págs. 36 e 37: "(...) per Filangieri il monarca è il capo leggitimo dello Stato e nelle sue mani riside – per delega e per nome della nazione – il potere sovrano, che si definisce essenzialmente come potere Legislativo. Il problema dunque è quello di riuscire a dirigere e destinare le enormi potenzialità dello Stato secondo le finalità del benessere generale e della felicità pubblica."

monização dos interesses dos indivíduos com os do Estado mediante os comandos da Razão natural eis a sua pedra de toque, em estreita ligação com o utilitarismo que perfilha. Na verdade, são palavras suas que uma das primeira tarefas do Iluminismo seria atender a que "l'utilità pubblica richedeva che si estirpasse tutto quello che si opponeva ai progressi dei lumi e delle cognizioni, senza de'quali ogni riforma, e particolarmente quella delle leggi, sarebbe stata difettosa e funesta"[2505].

Além disto preconizava o Autor o fim da superstição, "questa nemica dichiarata d'ogni utile riforma, questa leva che agita la terra, fissando il suo punto d'appoggio nei cieli, questa tiranna degl'ingegni, che in tutti i secoli há dichiarata una guerra a coloro che per fortuna dagli altri, ma che per loro propria disgrazia, la natura há condannati ad esser grandi uomini (...)"[2506].

A única dúvida que suscitou a inserção do Autor neste momento prende-se com as ainda fortes ligações de Filangieri a ideias sufragadas pelo Antigo Regime no que ao papel, activo ou passivo, do Povo na assunção de direitos se liga. Um exemplo reside no facto de pensar que as "Liberdades" deveriam pautar-se como concessões régias do monarca e não ser vistas como conquistas constitucionais[2507].

2. Contratualismo e temporalidade

Outro ponto algo contraditório numa primeira abordagem – e sabendo-se que o seu racionalismo tem de ser conciliado com a perspectiva histórica – prende-se com o facto de negar o Contratualismo. Sustenta, pois, que a alternância histórica marca a verdadeira natureza do homem e que as instituições políticas e sociais são o produto da progressiva socialização das famílias e das tribos.

O aparente paradoxo resolve-se facilmente.

A visão do homem e da sociedade é, para o Autor, histórica, na medida em que entende ser a "História que constrói o homem". Importa teorizar num conjunto de regras abstractas, intemporais e in-espaciais, a regulação que os Governos das sociedades deveriam seguir. Portanto, se a origem e a natureza social é histórica, a racionalidade humana implica ao estabelecimento de um conjunto normativo largo e coeso que seja o substracto da vida em sociedade de todos os homens. A diacronia da evolução social implica a sincronia na sua estabilidade.

Daqui a síntese legislativa[2508] que deve englobar todos estes elementos. A lei positiva acabava por ser o resultado final da legalidade da natureza e da História, na sucessão dos vários estádios da evolução e que se plasmavam no produto acabado da civilização hodierna. Esse o objectivo último da *Scienzia della Legislazione*[2509].

[2505] Caetano Filangieri, *La Scienza della Legislazione*, I, "Introduzione", pág. 75.
[2506] Idem, *ibidem*, I, pág. 75.
[2507] Assim se compreendem os elogios de que será alvo, muitos anos depois, por parte de um dos nosso mais conceituados tradicionalistas, José Acúrsio das Neves, "Manifesto da Razão contra as Usurpações Francesas: Escritos Patrióticos", *Obras Completas de José Acúrsio das Neves*, 6, pág. 11, que o elogia declaradamente.
[2508] António Pedro Barbas Homem, *A Lei da Liberdade. Introdução Histórica ao Pensamento Jurídico*, I, pág. 176.
[2509] Caetano Filangieri, *La Scienza della Legislazione*, I, pág. 117: "qualqunque fosse lo stato degli uomini prima della formazione delle società civili, qualqunque fosse l'epoca di queste riunioni, qualqunque la lora primitiva costituzione, qualqunque il piano sul il piano sul quale esse furono foggiate, non si può dubitare che una fu la causa che le produsse, uno il principio che le fece nascere: l'amore della *conversazione* e della *tranquilità*."

Logo de seguida marca posição acerca do estado de natureza, que descarta à semelhança de Vico, mas com diversa argumentação. Acreditando que foi o Autor da natureza que criou o homem para a sociedade, onde bem se pode afirmar a racionalidade humana, aproxima-se de Aristóteles como se distancia decisivamente dos jusracionalistas[2510]. "Io sono dunque il primo a credere che la società sai nata coll'uomo. Ma questa società primitiva, questa società della quale io parlo, era tutt'altro che una società civile"[2511].

Na sociedade primitiva não existia nenhum grau de civilização. Tratava-se de sociedade puramente natural, onde a desigualdade apenas provinha da força física, em que nenhum dos seus membros havia renunciado à sua natural independência nem depositado as suas forças nas mãos de ninguém. Todos eram soberanos porque independentes e não tinham de prestar conta da sua vida a outrem. Desta primitiva Igualdade foi a desigualdade física que originou as primeiras desordens; a partir de certa fase apenas existia uma espécie de Igualdade moral; nada mais.

Em sequência, mesmo a esta se tornou necessário renunciar, para conseguir reagir à desigualdade física, mediante uma força pública que pudesse superiormente intervir nos conflitos particulares. Por isso, foi imperiosa a criação da pessoa moral, representante das vontades dos indivíduos e em cujas mãos se depositassem as forças particulares[2512], cuja origem é tipicamente humana. Este é também o objecto único e universal de toda a legislação.

Por tudo isto, não é curial assumir-se em Filangieri um partidário do Absolutismo, sem mais, por motivos que já avançámos e a que outros se seguirão, inserindo-se numa espécie de pré-liberalismo teórico, cuja aplicação prática ia bem para além do proposto[2513] e que, adiantamos, não estaria nos seus iniciais horizontes.

Assim, o "recupero di sovranità politica", algo questionada pelas grandes potências da época e que nem o parlamentarismo inglês conseguia salutarmente ultrapassar. Assim o exemplo sintomático da mais jovem Nação do mundo, uma vez que Filangieri é um admirador confesso do sistema norte-americano porque "è il sistema repubblicano il sistema dell'avenire, fondato sulla virtuosa ricerca della fratellanza, sulla cancellazione dei privilegi di antico regime"[2514].

[2510] Idem, *ibidem*, I, págs. 117 e 118.
[2511] Idem, *ibidem*, I, pág. 119.
[2512] Idem, *ibidem*, I, págs. 120-122: "Se vide, in fine che questa forza pubblica doveva essere unita ad una ragione pubblica, la quale, interpretando e sviluppando le legge naturale, fissassi i diritti, regolasse i doveri, prescrivesse le obligazione di ciaschedun individuo colla società interna, e co'membri che la componevano; che stabilisse una norma, alla quale il cittadino adattando le sue azioni non avesse di che temere; che creasse e custodisse un ordine atto a mantenere l'equilibrio tra i bisogni di ciaschedun cittadino coi mezzi per soddisfarli; finalmente che compensasse il sacrificio dell' indipendienza e della libertà naturale coll'acquisto di tutti gl'istrumenti proprii per ottenere la *conservazione* e la *tranquilità* do coloro, i quali per quest'oggeto solo se n'erano spogliati. Ecco l' origini ed il motivo delle società civili (...)."
[2513] Renato Bruschi, "Introduzione", à *La Scienza della Legislazione*, I, pág. 3: "L' Illuminismo di Filangieri si colora, altresì, di venature preromantiche che caratterizzano la sua riflessione come un pensiero di transizione, come una riflessione non più monoliticamente fedele alle istanze razionalistiche che dominarono l'Europa tra il 1730 e il 1770, ma tesa a cogliere quanto di nuovo stava nascendo in Italia e Oltrape negli ultimi decenni del secolo. (...)."
[2514] Saverio Ricci, "Presentazione" à *La Scienza della Legislazione*, I, pág. XXI; Renato Bruschi, "Introduzione", à *La Scienza della Legislazione*, I, págs. 25 e ss.; António Truyol y Serra, *História da Filosofia do Direito e do Estado*, II, pág. 295: "O seu Liberalismo a princípio orientado para o exem-

Se o monarca é o primeiro funcionário da Nação, a nobreza deve constituir o núcleo dos magistrados devotos ao Estado e que aplicam a lei, independentemente de quaisquer antigos privilégios, sob forma indistinta.

Por outro lado e atentas as características que a legislação deve apresentar[2515], passa a pronunciar-se sobre a natureza do Governo. É ao Povo que compete fazer as leis, criar os magistrados e eleger os juízes; ao contrário, deve obedecer, mesmo quando discorde, às leis, podendo ser condenado ou absolvido por magistrados e juízes[2516]. Ao defender que é ao Povo que cumpre fazer as leis, Filangieri dissipa qualquer dúvida: é um liberal antes da Revolução Francesa ter consagrado orgânica e funcionalmente o Liberalismo.

Enquanto na monarquia absoluta e na aristocracia a cidadania não é mais que um benefício outorgado pelo monarca – aquilo a que convencionámos designar por "Liberdades" –, na democracia os direitos de cidadania fazem parte da soberania. Desta forma, entende que apenas poderá existir Liberdade política no seio de uma república e nunca numa monarquia, nos quadros em que ela tradicionalmente é encarada.

3. Legislação, república e monarquia

Este ponto, pela importância que reveste no Pensamento do Autor, precisa de maior detalhe.

Deixando de parte os considerandos que tece sobre Democracia e Aristocracia, sempre seguindo a lição de Atenas e de Roma – e não fazendo quaisquer incursos noutros exemplos históricos – Filangieri passa a debruçar-se sobre o Governo monárquico. Aqui se manifesta apologista das monarquias limitadas uma vez que inicia o seu discurso com as seguintes palavras: "Si chiama monarchia quel Governo ove regna un solo, ma com alcune leggi fondamentali"[2517].

Terá, por consequência, de existir uma via de comunicação do Poder entre monarca e Povo e a natureza da monarquia pressupõe a ideia, que em termos gerais já avançados, de predomínio da nobreza e da magistratura nessas relações[2518].

As Leis Fundamentais devem fixar os limites da autoridade de Estado, afirmando quais os verdadeiros direitos da Coroa, os limites do Poder Legislativo e as suas relações com o Executivo, as divisões deste e as ordens da magistratura e suas dependências. O incremento da divisão de Poderes e sua colaboração deve ser conseguida a todo o custo, assim se acautelando quaisquer tendências hegemónicas vindas de qualquer dos Poderes e salvaguardando o Povo da tirania.

Por isso a legislação deve ter mais que tudo em mente que "(...) né l'istoria, né l'uso, né gli esempii, né le concessione, né le *carte* possono dare ai re, ai magistrati, ai

---

plo britânico, veio a desviar-se para o norte-americano, que punha diante dos olhos dos homens um estado de coisas mais próximo do natural e portanto mais susceptível de ser moldado pelos princípios da Razão".

[2515] Caetano Filangieri, *La Scienza della Legislazione*, I, págs. 125 e ss.
[2516] Idem, *ibidem*, I, pág. 153.
[2517] Idem, *ibidem*, I, pág. 164.
[2518] Idem, *ibidem*, I, pág. 164: "la natura (...) della monarchia richede, che vi sai tra il monarca e il popolo una classe, o un rango intermedio destinato, non ad esercitare alcune delle porzioni del potere, ma a mantenere piuttosto l'equilibrio, e che vi sai un corpo depositario delle leggi, mediatore fra i sudditi e il principe. I nobili compongono questo rango intermedio, e i magistrati questo corpo depositario delle leggi."

nobili, un diritto, che é contrario alla libertà del popolo, alla sicurezza del cittadino, all'interesse della nazione, la felicità della quale deve sempre essere la suprema legge".

Para o efeito a legislação nacional, o monarca e os cidadãos, devem preservar a Liberdade do povo, a Segurança do cidadão[2519] e a prosperidade do Estado, socorrendo-se do estipulado no Direito das Gentes e harmonizando-o com a legislação pátria, produto da lei natural[2520].

Resultam das afirmações de Filangieri não apenas a sua defesa da monarquia limitada mas também a necessidade de conformar os Poderes do Estado com os direitos do indivíduo, garantindo-lhe os mesmos interna e externamente. Portanto, há aqui e para já, a existência de normas limitadoras da régia actuação. Resta saber qual a efectividade prática das mesmas, o que é o mesmo que perguntar se Filangieri segue os ensinamentos de Wolff, Vattel e Burlamaqui, cada um deles com as especificidades assinaladas antes, ou se assume posição diversa.

O grande problema é que Filangieri, tanto como encontra deficiências no Governo inglês, continua a considerá-lo, na essência, o mais perfeito. De facto, sendo em seu entender um Governo misto e pautando-se pela predilecção por este tipo de Governos, a que se junta o apego à separação de Poderes, característica dos mesmos, propõe-se apresentar o que no seu conceito seria o Governo ideal[2521].

"Io chiamo qui Governo *misto* quello, nel quale il potere sovrano o sai la facoltà legislativa trà le mani della nazione, rappresentata da un congresso diviso in tre corpi, in nobilità o sieno patrizii, in rappresentanti del popolo, e nel re, i quali d'accordo tra loro debbono esercitala; ed il pottere esecitivo, così delle cose che dipendono dal diritto civile, come di quelle che dipendono dal diritto delle genti, `tra le mani del solo re, il quale nell' esercizio delle sue facoltà è indipendente"[2522]. Neste primeiro ponto Filangieri vai mais longe que os seus antecessores iluministas porque propõe um tipo de Governo limitado, não se restringindo a enunciar a predilecção pelos Governos moderados, antes indicando as formas concretas de exercer a respectiva tramitação.

Quanto aos sufrágios, entende que os públicos serão sempre os mais justos: "i suffraggi secreti sono un indizio del difetto di libertà in una repubblica, perché, dove la verità non si può dire apertamente, è segno che la virtù è timida, e che la forza prevale (...)"[2523].

[2519] Idem, *ibidem*, III, págs. 1 e ss., especialmente 62 e ss. Por exemplo, através da introdução do instituto dos jurados, tal como existe em Inglaterra e existiu em Roma enquanto juizes de facto e que Filangieri pretende ver trasladado para a nova legislação do seu país e demais países da Europa do seu tempo.
[2520] Idem, *ibidem*, I, págs. 165 e 166.
[2521] Idem, *ibidem*, I, págs. 169 e ss.
[2522] Idem, *ibidem*, I, pág. 170.
[2523] Idem, *ibidem*, I, pág. 155. Não será este o entendimento a prevalecer em Portugal no Vintismo, por motivos que a seu tempo serão vistos. Note-se ainda que Filangieri não inclui o sistema inglês em nenhum dos antes descritos, mas participando dos defeitos e qualidades de todos eles. A págs. 167 e 168 vai ao ponto de escrever que "questo è il Governo d' una nazione, che da un secolo a questa parte richiama a sé tutti gli sguardi dell' Europa, e che oggi è stata nel procinto di richiamarne le lagrime: questo é il Governo della Gran Brettagna, dove il principe non può niente senza nazione, ma può tardila sempre che vuole; dove il voto è quasi sempre contrario alla pluralità dei suffragii di coloro che lo rappresentano; dove si prendono per sintoni di libertà quelli che infelicemente non son altro, che compensi dell'oppressione; e dove per disgrazia dei suoi abitatori vi è più licenza che libertà."

A crítica ao Governo misto baseia-se em três pontos: a independência daquele que deve executar do corpo que deve comandar; a secreta e perigosa influência do Rei nos congressistas que representam a Nação e a inconstância da Constituição. Em qualquer das formas de Governo tradicionais, deve existir cooperação entre os intervenientes na governação, mas na verdade o que se verifica é o confronto pela supremacia institucional.

O soberano que faz a lei, o Congresso que representa a soberania, pode fazê--las como bem entende, mas não tem qualquer controle na sua execução. Como se poderão sancionar as infracções provenientes da sua actuação? Mais que isso, se em Inglaterra existe confusão de funções e o Rei é parte interessada no Congresso e os magistrados representam o Rei, como poderá evitar-se a sobreposição entre quem exerce o Governo e quem executa a lei?[2524]

É visível o embaraço entre um sistema que vê como preferível aos restantes e os vícios internos que encontra nesse mesmo sistema. Na verdade este entendimento não anda muito longe daquele que se perfilha e já foi por mais de uma vez apontado, não é demais reiterar. Julgarmos que participar o Rei no processo legislativo implica confusões de vária ordem, ainda que não seja ele o detentor da soberania.

E também porque o sistema de *Common Law*, que outorga aos magistrados Poderes, poderá fazê-lo, bastas vezes, sob forma inusitada, como teorizava Coke, conduzindo a todos estes vícios. Ao que acresce a ideia da prerrogativa régia[2525] que impõe que em qualquer caso o Rei não possa ser destituído ainda que tenha cometido acções tirânicas e arbitrárias. Todos estes vícios que o Autor aponta à Constituição inglesa são aqueles que já reflectidos noutros locais.

A independência entre a faculdade Legislativa e a Executiva, o tal vício particular que aponta à Constituição inglesa, "questo vizio fondato sopra una prerrogativa che non si potrebbe distruggere senza distruggere la costituzione, è il primo male che la legislazione deve riparare. Il secondo, come si è detto, è la secreta influenza del principe nei congeressi che rappresentano la sovranità". Por isso mesmo em Governos mistos desta natureza o Rei tem uma dupla influência no congresso. Considerado como um dos três corpos que o compõem "è troppo giusto che egli abbia la facoltà negativa, cioè il dirritto di opporsi alle determinazzione degli altre due corpi, sè perché la costituzione del Governo esige, che questi tre corpi d'accordo tra loro esercitino il potere Legislativo, sè perché, se questo diritto non si appartenesse al re, il potere esecutivo potrebbe esser distrutto dal potere Legislativo, il quale non troverebbe alcuna resistenza nell'usurpazione di suoi diritti".

Finalmente, discute acerca a confusão de Poderes entre os diversos corpos que entre si dividem a Autoridade. Em todos os Governos do mundo, "l'Autorità di creare, abolire, mutare le leggi fondamentali della nazione, è un diritto privativo della nazione stessa. Questo potere dunque non è unito alla sovranità che in quei soli governi, nei

---

[2524] Idem, *ibidem*, I, págs. 171 e ss.
[2525] Jean-Jacques Chevallier, *Les Grandes Œuvres Politiques. De Machiavel a nous jours*, pág. 95, referindo-se à teorização da mesma encetada por Locke, escreve: "Le pouvoir éxécutif est donc subordonné; mais gardons-nous de voir en lui un simple commis aux ordres du législatif, qui le confinerait dans une besogne subalterne de pure et simple exécution. Le bien de as société demande qu'on laisse quantité de choses à *la Discrétion* de celui qui a le pouvoir éxécutif, car le législateur ne peut tout pourvoir à tout, et il y a même des cas où une observation étroite et rigide des lois est capable de causer 'bien du préjudice'. À *la discrétion*... qu'est cela, sinon la *prérogative royale*, sur l'étendue de laquelle des conflits sanglants avaient opposé *tories* et *whigs*, depuis la Restauration?"

quali la sovranità è tra le mani della nazione intera. Or, nei soli governi popolari e nei soli governi misti, il sovrano può dunque mutare o alterare, sempre che vuole, la costituzione"[2526].

Conclui-se esta abordagem apresentando aquilo que para o Autor se deve constituir como Governo ideal. Num Governo misto bem organizado, é da essência da Constituição, que o Rei tenha todo o Poder Executivo da lei, mas não é da sua essência "che egli eserciti personalemente questo potere in tutta la sua estensione. O che lo esercite da sé, o che lo faccia esercitare da altri in suo nome e colla sua Autorità, la natura de la costituzione sarà sempre l'istessa"[2527].

A vertente situação que Filangieri vem a criticar serve de ligação ao sistema que será utilizado em Portugal em 1820. Conhecedores, maiores ou menores das ideias de Filangieri, mas bem cientes das motivações inerentes ao sistema inglês, os nossos constituintes irão optar por uma outra via, que a seu tempo será vista, a qual tem muito que ver com este tipo de preocupações que o napolitano ia exercitando. Bem se denotará aí o empenho em separar águas, demarcando limites a ambos os Poderes, na óptica de uma Lei Fundamental que não pudesse ser acusada de promotora de confusões entre os vários Poderes em presença.

Quanto à relevância do Pensamento de Filangieri no plano do Direito Penal, talvez a matéria pela qual se tornou mais famoso, defende o Autor a maior moderação na aplicação da pena de morte[2528]. Do mesmo modo se insurge contra "a farsa no processo inquisitorial"[2529], questão que não poderia ser estranha num Autor com os seus contornos reformadores e quase pré-republicanos, pese embora a conciliação com os princípios gerais do Iluminismo.

Classificado, ao lado de Beccaria, como um dos grandes teóricos do humanitarismo, a simples confrontação entre o seu Pensamento nesta área, onde prevalece o resguardo da Liberdade do cidadão contra as furiosas investidas do Estado, por exemplo, implica total oposição.

Em síntese: Filangieri é um produto acabado do Iluminismo italiano, em fase final, procurando incessantemente a conciliação entre os princípios políticos subjacentes às monarquias iluminadas com um modelo ideal de Governo, o misto, e manifestando admiração pelos revolucionários norte-americanos, com que se correspondia.

§ 7º. Síntese da temática do presente capítulo

Depois da escolha voluntária aristotélica e medieval, depois do impacto da discussão entre a Liberdade e a predestinação do Renascimento, Reforma e Contra-Reforma, depois do mecanicismo hobbesiano, os Autores que encaminhamos no sentido dos prolegómenos do Liberalismo, assumem por forma decisiva o sentido exterior da Liberdade e concertam-na com a lei. É da ligação umbilical entre estes dois termos da equação que as características expansivas da racionalidade melhor se podem espelhar, impedido do mesmo passo a ultrapassagem de fracos por fortes e equiparando num plano formal todos os cidadãos ao nível do garantismo jurídico.

[2526] Caetano Filangieri, *La Scienza della Legislazione*, I, pág. 178.
[2527] Idem, *ibidem*, pág. 181.
[2528] Idem, *ibidem*, III, Liv. III, págs. 103 e ss.
[2529] Idem, *ibidem*, págs. 25 e ss.

Existe, destarte, oportunidade de assistir, ao longo deste período de germinação do Liberalismo europeu, quando considerado como anterior às "Revoluções Atlânticas", ao desabrochar de um conjunto de premissas que serão o suporte das futuras realizações inerentes às Declarações de Direitos e ao Constitucionalismo ocidental que se estuda.

Pressupondo as distinções que devem considerar-se omnipresentes entre o sistema inglês e o continental, teorizado sobretudo por franceses, poderá afirmar-se, sem receio, terem sido eles próprios correia de transmissão nesta fase do modelo insular. Montesquieu e De Lolme eram franceses e, melhor que ninguém, justificam esta observação.

Não se suscitam quaisquer dúvidas que as sementes do Individualismo e das garantias jurídicas no plano civil, como da Liberdade política no plano correspondente, estão lançadas. Em consonância com a assunção do ente moral estruturante das mesmas – porque é o quadro ambiental onde se desenrolam – assiste-se a uma sobrevalorização discursiva do cidadão em presença do indivíduo, que por aquela especial consideração entrevê a sua Liberdade zelada e a sua Igualdade admitida no plano do relacionamento formal entre homens e instituições. Como diria Locke, "poder é Liberdade".

A admissibilidade da existência da Liberdade de imprensa, enquanto caso especial da Liberdade de pensamento, bem como a Liberdade de consciência e a tolerância religiosa que os ingleses praticavam e que os franceses, por via de regra por este período irão sufragar, apontam para uma germinação de um processo que conhecerá os adequados desenvolvimentos proximamente.

Do mesmo modo e no plano do relacionamento entre Corpo Político e cidadãos se preconiza a participação dos membros da sociedade nos destinos da mesma, acentuando-se não apenas a vida do equilíbrio de Poderes que deve existir entre os vários intervenientes no processo político, como a participação sob moldes de uma assumida representatividade nos destinos da Nação.

Em qualquer caso e para tanto se alertou em devido tempo, uma coisa são as teses doutrinárias desenvolvidas pelos Autores; outra diversa a utilização que das mesmas se vai fazendo. O caso da Liberdade de imprensa em Inglaterra é paradigmático; não se conhece nenhum dos seus vultos mais destacados que a não tenha defendido, mas existem factos concretos apontados sobre a repressão e a censura à imprensa a funcionarem bastas vezes, que estão provados.

Este é mesmo um dos aspectos que melhor permite distinguir o Pensamento elaborado sob forma algo uniforme e a aplicação prática que das ideias resultantes desse Pensamento se vão traduzindo em Factos Políticos e em Ideias Políticas. O tratamento dado a estas últimas tem a sua base teórica mas está, sem dúvida, condicionado por factores sociológicos, ideológicos e políticos.

A leitura e interpretação do Pensamento dos escritores que escolhemos para simbolizarem a viragem que este período anuncia podem ser, de certo modo, arrumados em dois grandes grupos.

De um lado, os apoiantes declarados do processo inglês, sufragando as suas conclusões mas manifestando alguma relutância na passagem das mesmas para território continental. Talvez porque na defesa que fazem do sistema de valores históricos, fosse possível dizer que aspiravam a essas mutações, mas temiam que os europeus do continente, pouco práticos no uso da Liberdade no plano individual e política, acabassem breve trecho por a fazer degenerar.

Foram algo futurologistas, sem dúvida, mas a hipótese contrária é igualmente verdadeira e Montesquieu, também nesse plano, poderá ter sido um protótipo, passado a modelo definitivo na Europa continental. Porém, como é sabido, ele mesmo tinha sérias dúvidas acerca da possibilidade em passar a França o sistema que tanto elogiava.

Outros, ao invés, manifestando alguma compreensão pelo sistema inglês, não o achavam, ainda assim, particularmente simpático e perene nos desejos de reforma que sentiam necessária. Ou porque não conseguiam entender que a soberania una e indivisível pudesse, na prática ser partilhada, ou porque entendiam que as próprias instituições inglesas tal como estavam delineadas eram muito pouco conformes na prática a uma teoria que pregavam a alto brados.

Finalmente, uma terceira posição em que Rousseau terá sido exemplar e espécime único não apenas na criação como na projecção aplicativa que preconiza. Por tudo o que disse e escreveu, por tudo o que dele se disse e redigiu, por tudo o que representou no seu tempo fora de tempo e a esperar o tempo, ao lado de Locke, Montesquieu e, porventura de Blackstone em domínios distintos, é personagem chave.

Por isso é defensável que com as suas teses sobre a desigualdade, o contrato social e a religião natural que prega um Evangelho renovado, se projecte como a terceira via possível, no debate entre maiores. Absolutismo, Liberalismo e... Jean-Jacques Rousseau.

Capítulo IV
As transformações mundiais propiciadas pelo Individualismo – teoria e história da Liberdade nos antecedentes remotos da revolução de 1820

> "The difference is that these principles were much more deeply rooted In America, and that contrary or competing principles, monarchist or Aristocratic or feudal or ecclesiastical, though not absent from America, Were, in comparison to Europe, very weak".
>
> R. R. PALMER, *The Age of the democratic Revolution.*
> *A Political History of Europe and America. 1760-1800.*
> *The Challenge*, Pág. 189

CAPÍTULO IV. AS TRANSFORMAÇÕES MUNDIAIS PROPICIADAS PELO INDIVIDUALISMO – TEORIA E HISTÓRIA DA LIBERDADE NOS ANTECEDENTES REMOTOS DA REVOLUÇÃO DE 1820
§ 1º. Objectivos a atingirem na senda da História da Liberdade à Liberdade na História. Ponto único – A Europa: do dealbar do Individualismo à Era Napoleónica – sumária caracterização. § 2º. A importância da Inglaterra no quadro do Liberalismo europeu *versus* a Liberdade continental: geral (sequência). 1. O Parlamento inglês depois da eclosão da Revolução Americana – defesa da ideia de Liberdade: a originalidade da Liberdade "aristocrática". 2. A questão da Igualdade e o tema das eleições. 3. Liberdade civil *versus* Liberdade política. § 3º. O indispensável mote da Revolução Americana. 1. A Revolução Americana e os seus fundamentos. 1.1. Motivações da Revolução Americana. 2. Os desenvolvimentos doutrinários da Revolução Americana na sua primeira fase. 2.1. Estado de natureza e pacto social. 2.2. O Individualismo na Democracia norte-americana: representatividade e soberania. 2.3. Separação ou equilíbrio de Poderes. 3. Textos legais com projecção no continente europeu (remissão). § 4º. A Revolução Francesa e as suas sequelas. 1. As origens e os eventos fundamentais – sumária caracterização. 1.1. Os pobres, os gritos e a mudança. 1.2. Linhas de força duma revolução catalisadora. 2. Ideias Morais e Políticas na Revolução Francesa. 2.1. A primeira geração dos *Idéologues* e a Liberdade. 2.1.1. Na senda do Iluminismo e nos alvores do Liberalismo. 2.1.2. Temática do Direito Natural. 2.1.3. O valor da História. 2.1.4. Liberdade de pensamento, de consciência e tolerância religiosa. 2.1.5. Contratualismo e Poder Político. 2.2. A segunda geração dos *"Idéologues"*. 2.2.1. Na senda do Iluminismo e nos alvores do Liberalismo. 2.2.2. Temática do Direito Natural. 2.2.3. O valor da História. 2.2.4. Liberdade de pensamento, de consciência e tolerância religiosa. 2.2.5. Contratualismo e Poder Político. 3. Pós *Idéologues*: Benjamin Constant ou um Pensamento autónomo: Liberdade dos Antigos *versus* Liberdade dos Modernos e De Felice – uma referência para o Triénio Vintista. 3.1. Benjamin Constant e o papel da História: Liberdade dos Antigos *versus* Liberdade dos Modernos – aproximação e remissão. 3.2. O indivíduo e a sua Liberdade: ideias gerais. 3.3. A Liberdade individual na interpretação constan-

tiana e feliciana: racionalidade e Liberdade de pensamento, de imprensa e religiosa. 3.4. A Igualdade em presença da Liberdade: breve apontamento. 3.5. Contratualismo e Constitucionalismo; soberania e Constituição. 4. Textos legais determinantes para a Revolução Francesa (remissão). § 5º. Reflexão inglesa sobre os eventos revolucionários. 1. Apresentação. 2. O valor da História e o Direito Natural. 3. Liberdade de pensamento e de religião. 4. A questão do utilitarismo. 5. Poder político e Liberdade. § 6º. Immanuel Kant e a ideia de Liberdade. 1. 1. Inserção cronológica . 2. Sumária introdução ao Pensamento kantiano. 3. Kant e a História. 4. A Liberdade de pensamento e a religião. 5. Jusnaturalismo e política em Kant. 5.1. Enquadramento geral das ideias kantianas sobre o Direito. 5.2. A *Doutrina do Direito:* Direito Natural e Direito Positivo. 5.3. Ideias Políticas e Contratualismo em Kant. 5.4. Kant revolucionário. § 7º. Importância da Espanha para a difusão do Liberalismo e da Liberdade e seus opositores. 1. Apresentação. 2. Direito Natural e História na formulação espanhola. 3. Liberdade de pensamento e convicções religiosas. 4. Poder político e Liberdade. § 8º. Síntese da temática do presente capítulo.

§ 1º. Objectivos a atingirem na senda da História da Liberdade à Liberdade na História

Eis que o intérprete é confrontado com um conjunto de factos no geral conhecidos no plano das História Gerais e Universais. Mesmo no âmbito das Ideias Políticas existe vastíssima bibliografia a propósito, que pode suprir as mais abalizadas afirmações. Tanto não desobriga de encarar o problema de forma cuidada.

Sendo isto verdade para a Revolução Francesa, já o mesmo não se passa nem nunca se passou com a Revolução Americana. Distando de Portugal, como da Europa, os seus reflexos em Portugal existiram claramente e isso bem se detecta no plano das fontes consultadas.

Ponto único. A Europa: do dealbar do Individualismo à Era Napoleónica – sumária caracterização

Não era pacífica a situação da Europa[2530] nos anos que antecederam o Portugal de 1820[2531]. Sobretudo depois da Revolução Americana em que vários países europeus tomaram o partido dos revoltosos, com destaque para a França, com Tratados de aliança defensiva e comerciais a serem celebrados pouco depois de 1776[2532] e a Espa-

---

[2530] Por agora, apresenta-se apenas uma ideia muito geral do tema. Nos núcleos apropriados e sempre que se justifique, será feita um abordagem em detalhe.

[2531] O repositório de informações nacionais utilizado como fonte para este ponto é a *Gazeta de Lisboa*, dos anos posteriores a 1778, que pode substituir a imprensa estrangeira para este período, dado ser uma reprodução quase *ipsis verbis* daquela. Para além de monografias estrangeiras sobre o tema para o período, destaca-se aquela que se considera de referência, uma vez que com os possíveis defeitos que tivesse, certamente constituindo a versão oficial dos acontecimentos, não pode nem deve ser esquecida. O tratamento destas matérias terá muito mais interesse quando encarado numa perspectiva de História Diplomática complementar da História Geral e por isso se seguiu esse caminho, que se preconiza breve e com carácter englobante da percepção do tratamento da ideia de Liberdade: primeiro e ainda a Liberdade dos povos; depois a Liberdade política. Utilizam-se para o efeito, os trabalhos de que ficaram mencionados na "Introdução". Outras Obras complementares serão citadas sempre que se justifique.

[2532] *Gazeta de Lisboa*, 1778-1779, nº 1, 7 de Agosto de 1778. Na série que se inicia em 1778, logo no artigo de abertura vem uma referência que remete para considerandos sobre o conhecimento que na Europa se ia tendo, por essa época, dos ecos da Revolução Americana, mesmo que as pro-

DA HISTÓRIA DA IDEIA DE LIBERDADE (SEQUÊNCIA)

nha, que depois de medianeira no conflito com a Inglaterra, quis tomar partido[2533], os problemas eram complexos[2534].

postas em presença pelos revoltosos não fossem de todo do agrado de boa parte da governação nacional. Note-se a forma como o assunto se trata, uma vez que "na América continua a guerra a fazer os seus estragos, *sem poder impedir que hum novo Povo se rija para fazer uma revolução no mundo.*" Em simultâneo a publicação informa com visível satisfação que "a alegria reina, sobre toda a face do Continente da América", por força de uma série de tratados concluídos com estado europeus que reconhecem a novel Nação. O tema é retomado logo em seguida, no Supplemento de 7 de Agosto, sendo abordado nos números seguintes transmitindo os sentimentos de americano júbilo pelas boas notícias europeias. E, muito mais interessante, "*o Congresso, O Exército, e o Povo tudo se acha unido, e não forma mais que hum corpo*", sendo certo que esta expressão apresenta um duplo significado Primeiro, fala-se em Corpo da Nação unido, sem a tradicional referência ao seu elemento mais visível que para a interpretação do Antigo Regime era o soberano, como seu representante. Depois, por força da ausência de soberano, as palavras dirigem-se a todo os norte-americanos, dando-se especial ênfase ao Congresso, ao Exército e ao Povo, pelo que há um óbvio reconhecimento implícito que o Congresso representa o Povo emitindo comandos normativos, e o Povo em si mesmo se acha empenhado no seu cumprimento e em salvaguardar a independência. O Tratado celebrado entre os Estados Unidos e a França é ainda mais curioso na linguagem que utiliza, no caso da parte norte-americana. Fala-se, a dado passo, no reconhecimento por Sua Majestade Cristianíssima da Nação, para o que "empregará todos os meios (...) para defender, e proteger, todos os effeitos pertencentes aos Vassalos, Povo e Habitantes dos Estados Unidos (...)." Portanto, nem o Rei de França, nem ninguém em seu nome terá reparado na incongruência da linguagem. Fala-se em "Vassalos", em "Povo" e em "Habitantes" dos Estados Unidos. Vassalos, não existem numa monarquia constitucional, quanto mais numa república e poucos ingleses quereriam continuar ligados ao trono de Inglaterra; o sentido útil a retirar de "vassalos" só poderá ser o de "vassalos da república", o que parece expressão algo desajustada. Povo, claro que existe mas é ele quem detém a soberania, segundo se colhe da interpretação *whig* radical que foi adoptada em 1776 e nele se incluem os cidadãos e os habitantes, eventualmente nem todos de origem inglesa e pertencentes a diversas confissões religiosas. Finalmente, habitantes, é uma tautologia em relação ao anterior, como se intenta provar de seguida: no máximo e essa é a sensibilidade que fica ao intérprete, serão todos os que já haviam emigrados para os Estados Unidos sendo ainda cidadãos de outras Nações e, discutivelmente, os gentios norte-americanos. Haveria demasiada confusão em toda a Europa em relação à Revolução Americana, que alguns europeus apoiavam por interesse, como é o caso francês, mas sem saberem talvez muito bem o resultado de tal opção. Quanto aos norte-americanos, que preferiam a expressão "Cidadãos", "Habitantes" e "Povos", percebe-se este entendimento por duas ordens de razões: cidadãos, são todos aqueles que têm o exercício de direitos políticos, além dos tradicionais, civis; habitantes, são os residentes nos Estados Unidos que não podem ser cidadãos ou porque se mantêm fiéis à Inglaterra e por ela se batem e que tendo têm direitos civis, não têm políticos a não ser em potência, como também acontece com as mulheres e dos menores e incapazes; povos, serão, na interpretação já dada, todos os ainda não cidadãos, mas não já exclusivamente habitantes e mesmo em certo sentido, os próprios gentios, porque tendo capacidade para votar, não o podiam ainda fazer por não serem considerados cidadãos norte-americanos.

[2533] *Gazeta de Lisboa*, 1778-1779, nº 27 de 10 de Julho de 1779: "Real Cedula de S. M. Catholica, e senhores do Conselho, pela qual conforme o real decreto nella inserto, manda cortar todas as comunicações, trato, e commercio entre os seus vassalos, e os subditos do rei Britanico", a que se segue uma cópia do da "Declaração, que o Marquez de Almodovar [Embaixador em Espanha] entregou ao Ministerio Britanico na sua despedida". Estes dois documentos são precedidos de outro, da data anterior da *Gazeta* de 9 de Julho em que de Madrid se publicava um decreto visando os residentes ingleses em Espanha saírem do Reino. No mesmo periódico nº 27, de 17 de Julho de 1779, consta o decreto régio de Sua Majestade Católica, "em que proibe toda a communicação, e trato entre os seus vassalos, e os do Rei da Grande Bretanha" e se determina prazo ao ingleses para abandonarem o Reino de Espanha.

[2534] Jacques Godechot, *Les Révolutions (1770-1799)*, Paris, PUF, 1965, apresenta o mais completo roteiro de fontes, a que se segue uma abordagem da temática propriamente dita, a partir de pág. 81. Não se andará longe da verdade considerando que, em presença do material recolhido,

§ 2º. A importância da Inglaterra no quadro do Liberalismo europeu *versus* a Liberdade continental: geral (sequência)

A Inglaterra, insatisfeita com os progressos revolucionários da sua antiga colónia e a braços com complicações mesmo à beira da soleira, com a Irlanda e os seus católicos em risco de sublevarem[2535], estava numa das suas mais complicadas fases históricas. "Abandonada" e "guerreada" por todos os lados, como dizia, a manifesta unidade que parecia existir dos ingleses em torno do Parlamento e do Rei[2536], era insuficiente, tomando em linha de conta o horizonte carregado de nuvens.

A piorar a situação e não bastando já a guerra com Espanha e França, a declaração das hostilidades entre ingleses e holandeses, que rebentou em 1781[2537] agravada por um projecto de Tratado comercial entre norte-americanos e holandeses[2538], veio piorar a situação, ainda que neste caso a iniciativa inglesa[2539] lhe fosse mais prejudicial que benéfica. Somado a estas desgraças inglesas, o bom relacionamento que parecia incrementar-se entre os Estados Unidos e a Holanda[2540], cada vez mais contribuíam para que o desenlace final da questão americana se tornasse evidente aos olhos de todos.

A *Glorius Revolution* que conseguira a unidade nacional em torno da Liberdade de consciência e da Liberdade política do cidadão, manifestava-se agora parca em resultados perante um enorme problema, cuja solução todos previam mas se recusavam a acreditar. E a Irlanda[2541], apenas não seguiu o caminho dos Estados Unidos porque,

---

quem se quiser dedicar a este aspecto específico não terá de procurar muito mais no que respeita a roteiros de fontes e bibliografia para os vários Estados europeus e para os Estados Unidos. A simples consulta deste trabalho dispensa, num trabalho como o presente, investigações aprofundadas no que à temática das Revoluções concerne.

[2535] *Gazeta de Lisboa*, 1778-1779, nº 29, de 20 de Julho de 1779; nº 38, de 25 de Setembro de 1779, os católicos irlandeses protestam fidelidade ao Rei de Inglaterra e manifestam a sua oposição em o apoiar no conflito com os norte-americanos. Mas no nº 47, de 26 de Novembro de 1779, Supplemento, fala-se na "grande repulsa dos interesses da Irlanda estarem sempre subordinados aos da Inglaterra. Deu brado esta intervenção e as que se seguiram em apoio da Irlanda e resultado final constituiu-se como um problema suplementar para a Inglaterra." De todos, o mais incisivo destes relatos é o que consta do nº 51, de 25 de Dezembro de 1779, segundo Supplemento, onde se afirmam ideias deste tipo: "O Povo da Irlanda está tão atentado, tão esgottados os seus recursos, que a única cousa que o sustenta, he o seu enthusiasmo de fidelidade: e este mesmo enthusiasmo he a causa da nossa ruina. (...) pedir soccorros á Irlanda he insultar a sua miseria; (...) parece que lhe quem chupar os ultimos alentos vitaes (...) Pretendeis por uma taxa de couro numa terra onde os miseraveis habitantes já andam descalços?".

[2536] *Ibidem*, 1781, nº 17, de 27 de Abril de 1781, Supplemento.

[2537] *Ibidem*, 1781, nº 5, de 2 de Fevereiro de 1781, Supplemento; nº 6, de 9 de Fevereiro, Supplemento, nº 7, de 17 de Fevereiro, segundo Supplemento; nº 16, de 21 de Abril de 1781, Supplemento extraordinário.

[2538] *Ibidem*, 1781, nº 5, de 3 de Fevereiro de 1781, segundo Supplemento e números seguintes, publica o texto do acordo.

[2539] *Ibidem*, 1781, nº 3, de 19 de Janeiro de 1781, Supplemento, por referência a uma notícia de 5 do mesmo mês.

[2540] *Ibidem*, 1781, nº 226, de 30 de Junho de 1781, segundo Supplemento. Dá conta de uma *Memória* endereçada por um dos Pais Fundadores, John Adams, a exercer funções de Embaixador americano junto às Províncias Unidas, onde se faz menção da *Declaração de Independência de 4 de Julho de 1776*, acrescentando: "(...) o Ministerio Britanico (...) tem concebido o desígnio de arruinar os sistemas Politicos das Colonias, privando-as dos Direitos, e Liberdades anexos á qualidade d'Inglesas, e reduzindo-as á peior de todas as formas de Governo, querendo fazer com que o Povo pereça, bloqueando os seus portos (...), enviando frotas para destruir todo o principio, e todo o sentimento, de Liberdade. (...)"

[2541] *Ibidem*, 1780, nº 1, de 4 de Janeiro de 1780: "No dia 15 [de Novembro, a notícia está datada de 18] houve nesta Cidade hum levantamento do Povo, consequencia da fermentação, que

DA HISTÓRIA DA IDEIA DE LIBERDADE (SEQUÊNCIA)

ao contrário dos norte-americanos, não tinham recursos económicos a que se agarrar e a sua situação era quase miserável[2542].

Diga-se, de resto, e porque não se deve esquecer quem afronta as lusas intenções, que a paupérrima Irlanda, aflita com a sua situação precária e com o comportamento indecoroso da Inglaterra[2543], entendeu publicamente invectivar o Governo português pela conduta repreensível que no plano comercial com ela mantinha. Isto mesmo se deduz da sua clara alusão feita nas *Resoluções tomadas pela Assembleia de Voluntarios d'Irlanda*, formada em Dungannon a 15 de Fevereiro de 1782: " (...) Resolveu-se unanimemente, que a Corte de *Portugal* tem obrado para com este Reino (sendo uma parte do Imperio Britanico) de tal maneira, que nos instiga a declarar, e a empenharmos mutuamente as nossas pessoas, que não havemos de fazer uso de vinho de produção de Portugal; e que havemos, até onde chegar a nossa influencia, de prevenir o uso do dito vinho, salvo, e excepto o vinho que se acha presentemente neste reino, até que as nossas exportações hajão de ser reconhecidas no reino de Portugal, como manufacturas de parte do Imperio Britanico"[2544].

Apenas por uma mudança na correlação das forças políticas que, nos Comuns, apoiavam o ministério que mantinha intenções belicosas para com os revoltosos norte-americanos, foi possível solucionar o problema, que acabou por se resolver em 30 de Novembro de 1782[2545]. Autores da proeza que acabou com a sangrenta guerra

há muito tempo se sente na Irlanda." Nota-se, pelos termos que são usados pelo redactor neste passo, uma nítida tomada de posição quanto aos factos que objectivamente se deveria limitar a relatar. Fala, pois em estimulava-se "vivamente a gentalha", e "seis para sete mil Officiaes de varios officios, e dos mais miseraveis." Relata a ocupação dos edifícios da Câmara dos Comuns, "bradando: *hum Bill de subsidio por pouco tempo. Hum commercio livre. Os Direitos dos Irlandeses.*" Tudo acabou em bem pela intervenção dos patriotas parlamentares irlandeses, mas o "grande problema" poderia ter começado aqui mesmo.

[2542] Ibidem, 1779, nº 51, de 21 de Dezembro de 1779: "A 4, e 5 deste mês [Novembro] se celebrarão na fórma do costume os Anniversários do nascimento do defunto rei Guilherme III, e da conspiração das pólvoras: mas por esta vez acompanharão circunstancias particulares as festas do primeiro dia." O relato prossegue e a dado passo diz-se: "A Estatua do rei Guilherme, e o seu pedestal, estavão ornados de inscripções relativas ás presentes circunstancias da Irlanda, como ao objecto da Festa. Na face *d'oeste* estava escrito em caracteres maiusculos: *A Gloriosa Revolução*. Na de *lest. Os Voluntarios da Irlanda. [Cincoenta mil homens promptos a morrer pela Patria]* (...). Na de *sul: Remedio para a Irlanda*, e na de *norte: Hum Bill de subsidio em pouco tempo: Hum commercio livre...*" Adita o redactor ser o espírito destas inscripções um pouco análogo ao que animou os norte-americanos.

[2543] Durante a *Glorious Revolution* e a liquidação dos católicos Stuarts da Coroa inglesa, o estabelecimento do "Protestant ascendency" teve o maior impacto. Por esta via em que se procurava assegurar o predomínio protestante sobre o papismo católico, os católicos irlandeses viram negada a sua capacidade activa na eleição para o Parlamento irlandês, ainda que todas as Liberdade civis se tivessem mantido incólumes. As proibições eram variáveis segundo as pessoas em questão e por isso não se estranhe que alguns católicos tivessem uma vida mais confortável que outros, na medida em que se mantinham fidelidade à religião, eram empenhados trabalhadores na causa comum da Grã-Bretanha, o que lhes merecia a devida complacência da Coroa protestante e das próprias Câmaras inglesas. Burke poderá ser visto como um destes exemplos, ainda quando tenha de se referenciar a sua importante costela protestante de origem paterna. Veja-se o texto de Edmund Burke, "Tracts on the Laws against popery in Ireland (1760-1765)", coligido por Ian Hampsher-Monk, *The Political Philosophy of Edmund Burke*, págs. 69 e ss.

[2544] *Gazeta de Lisboa*, 1782, nº 16, de 20 de Abril de 1782, segundo Supplemento.

[2545] Ibidem, 1783, nº 7, de 24 de Fevereiro de 1783, Supplemento extraordinário. Neste número e nos que seguem encontram-se as negociações que precederam o Tratado referido.

que durava desde 1776 foram os "honoráveis" Benjamin Franklin, John Jay e John Adams, por parte dos norte-americanos e o marquês de Rockingham, que substituíra, pouco tempo antes o intransigente lorde North, por parte dos ingleses. O Tratado final foi assinado em 3 de Setembro de 1783[2546], depois da capitulação inglesa de Yorktown, em 19 de Outubro de 1781, mas o reconhecimento português é anterior em alguns meses.

Um problema complexo com que a Europa se debateu neste período e que merece nota de destaque estava finalmente resolvido. Mas outros haviam e que de imediato se vieram a colocar, dentre os quais o menor não terá sido a Revolução Francesa.

Dito por outras palavras, – e isto parece um círculo vicioso mas não há maneira de o ultrapassar – ou se está perante a Liberdade inglesa ou a Liberdade francesa. A primeira que se assume por força da lei geral e abstracta, que salvaguarda os direitos dos homens concretos e historicamente pensados. A segunda que privilegia a participação indiscriminada dos indivíduos, abstractamente pensados e fruto do Individualismo continental, nas decisões políticas porque apenas desse modo se assume a vontade geral da Nação, como diria Rousseau.

Mesmo depois de Edmund Burke ter demonstrado que a soberania nacional deveria prevalecer sobre a popular, muitos espíritos ingleses não conseguiam ultrapassar o problema. Quando se admite que em Inglaterra vigorava a tese da soberania nacional e os factos bem o demonstram, essa soberania nacional tinha uma interpretação muito mais limitada, porque a base de apoio que a estruturava era de amplitude bem menor que aquela que agora os teóricos franceses queriam ver consignada.

Com interesse no campo do exercício da Liberdade dos Povos, foi a medida, que a *Gazeta* entende por bem aplaudir da resolução do Rei de França em mandar convocar Cortes à moda antiga, que designa por "corpo de Deputados dos tres Estados da Nação"[2547], em cada província, para exercerem funções inspectivas em matéria de tributação, zelando pela Igualdade no seu lançamento[2548]. Salutar medida, sem dúvida[2549]; salutar e talvez necessária vista a eminência da guerra com os ingleses, furiosos com o apoio dado aos Estados Unidos e para a qual previsivelmente se precisava de dinheiro, devendo todos para isso contribuir num "espirito de Igualdade".

Em qualquer caso, uma monarquia absoluta sempre o é, ainda quando "confere" aos vassalos o exercício de Liberdades que são suas desde o início. Hodiernamente pode o monarca esquecê-las, modificá-las ou revogá-las, sobretudo se atendermos ao tipo de ministros de que se rodeia e que em pouco ficariam a dever aos ensinamentos

---

[2546] *Ibidem*, 1783, nº 44, de 10 de Novembro de 1783, Supplemento extraordinário. No mesmo dia são publicados os tratados definitivos com a França e a Espanha, todos eles tendo como parte a Inglaterra. Para desenvolvimentos deste Tratado, veja-se Richard B. Morris, "The Treaty of Paris of 1783", *Fundamental Testaments of the American Revolution*, Library of Congress, University Press of the Pacif Honolulu, Hawaii, 2002, págs. 83 e ss.

[2547] Não seriam verdadeiramente Cortes apesar deste nome, mas era uma tentativa de congregar os *Três Estados*, que resultaria perfeitamente estéril.

[2548] *Gazeta de Lisboa*, 1778-1779, nº 5 de 1 de Setembro de 1778.

[2549] Neste contexto se pode entender o acto de "compreensão" a que acima se fez referência, na conjugação com um outro, datado de alguns meses depois, em que Sua Majestade Cristianíssima entende por bem opor-se à declaração feita pelos Estados da Bretanha de resistência aos dispositivos legais que mandavam manter as contribuições municipais.

de Pombal[2550]. Mais, tinham tido os bretões a ousadia de invocar "(...) que se requeria o seu consentimento para a continuação destes direitos de contribuição, ainda que essa imposição já durasse mais de 50 annos, e elles proprios tivessem contribuido desde 1734 até 1768, para desonerar muitas cidades da Provincia"[2551].

Os bretões brandiam por privilégios seus e Liberdades adquiridas, não sendo esse o entendimento que prevalecia. Portanto, manifestou o soberano que se lhe representava como "irregular o procedimento dos Estados", perdoando-lhes "metade do rebate" mas equiparando a sua necessidade contributiva aos outros Estados[2552].

Em idêntico sentido podem ser interpretadas as palavras do presidente do Parlamento de Paris a Sua Majestade Cristianíssima, enroladas em manifestações de desvelo e submissão cuja sinceridade, já em 1780, é lícito questionar[2553].

Decorridos que são alguns anos, poucos, perante uma situação social que ameaçava as instituições firmadas, entende Luís XVI, ao arrepio do que era uso há mais de cento e cinquenta anos fazer-se em França, convocar uma Assembleia de notáveis[2554],

---

[2550] Lucien Bély, págs. 610 e ss., apresenta uma panorâmica geral da política externa francesa, quer no que toca a aliados preferenciais, quer no que respeita a acordos que beneficiariam fundamentalmente a França no plano militar e comercial. No que se refere à Inglaterra, Vergennes, o todo-poderoso ministro dos negócios estrangeiros, tinha uma muito pessoal opinião acerca do sistema inglês: "la revanche fut la ligne directrice de la politique étrangère de la France, au temps de Vergennes. Il méprisait le système politique d'Angleterre. Il n'hésita pas à saisir l'occasion de la révolte des Américains." Segundo este historiador, a política francesa de apoio aos revoltosos foi toda ela patrocinada por Vergennes e pelo seu detestável feitio de dizer mal de tudo o que fosse inglês. Com isso terá conseguido vencer a relutância de um monarca absoluto e partidário do despotismo esclarecido, na medida em que "(...) il apaisa les scrupules de Louis XVI que répugnait à soutenir des sujets révoltés, même si Vergennes lui-même n'avait pas de sympathie pour de tels rebelles, d'autant plus que c'était des républicains. Ce choix le rassurait car, selon lui, les Américains ne pourraient devenir une grande puissance internationale, mais affaibliraient pour longtemps l'ennemi héréditaire."

[2551] *Gazeta de Lisboa*, 1779, nº 20, de 22 de Maio de 1779. A decisão de Luís XVI é clara: "E ainda que os primeiros cuidados de S. M. se appliquem a prevenir com bondade o ver-se obrigado a recorrer a actos de severidade, com tudo, se for necessario, saberá ostentar a sua authoridade, a fim de conter os seus vassalos naquella justa obediência, que he o mais seguro estio da ordem, e felicidade publica."

[2552] Em termos de justiça parece uma boa medida; o grave é que não se tratava de medida isolada antes fazendo parte do complexo de auxílio para a guerra com a Inglaterra a que já se fez menção. O desconforto, melhor, a insatisfação deste e de outros régios apelativos e o conhecimento aprofundado dos sucessos que a Revolução Americana ia tendo com o apoio da França, atiravam os franceses a pedir ao "apoiante" régio o mesmo tratamento que levara os apoiados republicanos a sublevar-se.

[2553] *Gazeta de Lisboa*, 1780, nº 17, de 29 de Abril de 17780, segundo Supplemento. São frases como "o vosso Parlamento, levado da confiança mais absoluta nas intenções de justiça, e bondade, de que V. M. dá provas o seu povo, *não tomou a Liberdade desfazer algumas deliberações sobre a multiplicidade, natureza e duração, e forma de se perceberem os Impostos*, cuja prorrogação foi ordenada. *A fidelidade que o Parlamento deve a V. M. está exigindo que elle represente muito humildemente está exigindo que elle represente muito humildemente quanto he justo, e digno da bondade paternal de V. M. o animar e sustentar os esforços dos seus Povos*."

[2554] Maria Luisa Sánchez-Mejía, *Benjamin Constant y la Construcción del Liberalismo Posrevolucionario*, Madrid, Alianza Editorial, 1992, págs. 26 e 27: "Así (...) la oposición nobiliaria al rey e a su gobierno entre 1787 y 1788 se inscribe, en cierto modo, en esa línea de recuperación de unas formas políticas que parecían garantizar mejor la libertad y la participación. Por eso tanto la Asamblea de Notables, que rechaza em 1787 las medidas economicas de Calonne y de Loménie de Brienne, como el Parlamento de Paris, que se niega a registrar las leys emanadas del gobierno,

à maneira das Cortes tradicionais francesas. A sua composição em tudo a isso conduzia e, segundo rezam as fontes[2555], à mesma deveriam acorrer "Nobres, Eclesiásticos e Magistratura das principais Cidades do Reino, juntamente com os Presidentes e Procuradores Gerais dos Parlamentos e Tribunais Superiores."

Dizia-se desconhecer o motivo desta reunião, mas todos (?) convinham que "ella se encaminhará ao bem geral do reino, pela razão de que o Soberano tem sempre por intuito a fazer felizes os seus Vassalos, sendo esta, segundo parece, a sua paixão dominante." Uma tal reunião só podia dar brado, sobretudo porque se ventilava querer o soberano "dar-lhes a conhecer a situação do reino, boa e feliz em si mesma; mas ao mesmo tempo a *necessidade que há de dar huma Constituição á Monarquia, promulgar Leis mais análogas ao estado actual das cousas, e estabelecer tributos menos onerosos ao Povo*"[2556]. As intenções manifestas eram estas; as ocultas, previsivelmente, travarem o clima algo reivindicativo que se ia instalando e que se pautava por sucessivas reclamações dos Parlamentos regionais, cuja frenética actividade implicou régias manobras de diversão[2557].

As hipóteses em presença eram, em essência, as duas conhecidas: ou a adopção de uma monarquia limitada segundo os ensinamentos de Montesquieu, e em que as Leis Fundamentais seriam um travão à actividade régia e sob controlo dos magistrados, ou uma manifestação de plena Igualdade nos direitos e deveres entre todos os franceses[2558], ao jeito da teorização americana – mas não da sua prática, como se verá adiante.

O tacto político do monarca e de parte dos seus ministros não parecia ser grande[2559]. A tanto conduzia que lhe fosse recordado, por exemplo, "o principio Constitucional

---

reclaman la convocatória de los Estados generales de la nación, por considerar que solo ellos tiene la capacidad necesaria para votar nuevos impuestos (...)." Para desenvolvimentos, Gabriel Lepointe, *Histoire des Institutions du Droit Public Français au XIX ème siècle (1789-1914)*, Paris, Editions Domat Montchrestien, 1952, págs. 17 e ss.

[2555] *Gazeta de Lisboa*, 1787, nº 4, de 23 de Janeiro de 1787, por referência a uma notícia francesa de 2 do mesmo mês. A última destas Assembleias tinha-se realizado em 1626. A composição da mesma consta do nº 6, de 10 de Fevereiro de 1787, segundo Supplemento.

[2556] *Ibidem*, 1787, nº 6, de 6 de Fevereiro de 1787.

[2557] *Ibidem*, 1787, nº 12, de 24 de Março de 1787; nº 8, de 24 de Fevereiro de 1787. O discurso do Rei aproximou-se do pronunciado em 1596 por Henrique IV, salientando-se a harmonia que pretende conseguir entre os estados do reino, assim como para os induzir a aprovar o que tinham resolvido. A questão dos subsídios ocupa lugar de destaque sendo certo que se pretende que todos em sintonia decidam o que for de melhor para a Nação, que o Rei aprovará. Por este simples enunciado do conteúdo programático da reunião bem se percebe tratar-se de uma Assembleia do Antigo Regime; o Rei decidia e pedia a aprovação esperada dos vassalos; os vassalos discutiam e propunham e o Rei, se entendesse, diferia; o que ficasse decidido em Cortes, o Rei executava como representante da Nação, ainda que esta tivesse votado vencida mas não convencida.

[2558] Jean Tulard, "Préface", Sieyès, *Qu'est-ce que le Tiers État?* a que oportunamente se fará referência dilatada, assim como *L'Affirmation du Principe d'Égalité dans le Drot Public de la Révolution Française (1789-1799)*, ed. Economica, 1995.

[2559] *Gazeta de Lisboa*, 1788, nº 22, de 27 de Maio de 1788: "Hontem [a notícia é de 6 de Maio] o Parlamento e Pares tornarão a congregar-se, e deputarão o Presidente primario a *Versalhes* para saber a ultima resposta de S. m. Logo que isto constou, houve aqui reboliço, com syptomas bem pouco agradaveis, e correo voz que o Soberano, teimando em dar um profundo golpe ao Parlamento, queria vir pessoalmente annunciar-lho por meio d'hum *Solio de Justiça*; mas que os ministros haviam conseguido dissuadillo de vir a Paris, talvez por temerem algumas más consequencias; na verdade, o povo começava a mostrar-lhes maos exteriores; porquanto havendo S. M. ante-hontem vindo aos suburbios desta capital passar mostra aos Regimentos de *Paris* e *Versalhes*, não se ouvio huma só voz da parte do povo. '*Vive le Roi*', contra o costume (...)." De imediato, conforme notícia de 9 de

da Monarquia franceza he, que os impostos sejam consentidos por aquelles que devem supportallos", não sendo próprio do "coração d'hum Rei benefico o alterar este principio, do qual dependem as Leis Primeiras do Estado, as que segurão a Authoridade, e as que afinação a obediencia"[2560]. O Parlamento tem assegurado os impostos mais pelo seu zelo que pelo seu poder, porque como representante dos Povos, sabe que ele nem os quer nem os merece[2561].

Perante tais acontecimentos, Luís XVI tomou medidas drásticas: desrespeito pela Liberdade dos povos[2562]; coacção sobre os seus representantes[2563]; ressunção do despotismo no seu mais puro recorte[2564]. O resultado final foi a tentativa de criação de

Maio inserta no nosso periódico nº 22, de 30 de Maio de 1788, se agudizou mais a contestação. Não tendo o monarca se dignado responder ao Parlamento, "os magistrados ficárão toda a noite até ao dia seguinte congregados. Ás onze horas da noite de segunda feira diferentes patrulhas de soldados *Suissos*, Guardas *Francezas*, e rondas a pé e a cavallo, rodearão todo o recinto ou Paços do Parlamento, e fecharão todas as portas, de sorte que não deixarão sahir nem entrar pessoas alguma, assim Officiaes de justiça, Magistrados, & Cª (...)."

[2560] *Ibidem*, 1788, nº 12, de 22 de Março de 1788. O problema continua a ser tratado em números sucessivos.

[2561] *Ibidem*, 1788, nº 22, de 31 de Maio de 1788, relativo à resolução tomada pelo Parlamento de Paris a 3 de Maio de 1788: "O tribunal, achando-se todas as Camaras congregadas, e assistindo os Pares á sessão, sendo avisado pela notoriedade pública, e por hum concurso de circumstancias assás conhecidas, dos golpes que ameação a Nação dando na Magistratura (...): Declara que a França he huma monarquia governada pelo Rei, segundo as Leis; que destas Leis muitas são Fundamentaes, e abrangem e conservão os direitos que a casa reinante tem ao Throno, direitos que competem aos herdeiros machos por ordem de progenitura, á exclusão de suas filhas, e dos descendentes destas; os costumes e a capitulação das Provincias, a inamobibilidade dos magistrados; os direitos que os Tribunaes tem de verificar em cada Provincia as vontades do Rei, e de não ordenar que elllas se registrem senão todas as vezes que forem conformes ás Leis Constucionaes da Província, como igualmente ás Leis Constitucionaes do estado; o direito que cada Cidadão tem de não ser jamais chamado em causa alguma perante outros juizes que não sejam os seus juizes naturaes, que são aquelles que a Lei lhes designa; o direito, sem o qual todos os outros são inuteis, isto he, o de não ser prezo por ordem de qualidade alguma senão para ser remettido sem demora ao poder dos juizes competentes. Protesta o dito Tribunal contra todo o prejuizo que se houver de fazer aos principios acima expressados. (...)." Keith Michael Baker, "The Ideia of a Declaration of Rights", *The French Ideia of Freedom. The Old Regime and the Declaration of Rigths of 1789*, Stanford, California, 1994, pág. 160, considera que esta tomada de posição equivale a uma primeira *Declaração de Direitos* francesa. Assim e "accordingly, the declaration of 3 May sought to avert the despotism of na unconstrained royal will by to a compact between the people and its ruler – a compact the magistrates construed as perpetually renewed by 'a general oath, that of the coronation, which unities all of France with its sovereign'."

[2562] *Ibidem*, 1788, nº 22, de 30 de Maio de 1788: "Às quatro horas da tarde o Governador de Paris veio com a maior pompa ao Parlamento (...) e depois de lhe intimar as ordens do Soberano, pelas quaes fica consideravelmente diminuida a authoridade desta Camara, partio ás 7 horas com a mesma ostentação; e apôs elle a dita Camara. Depois disso pôs-se o sello em todas as Camaras, e Escritorios dos paços do Parlamento; e em quanto lhes não for levantado, não poderá haver acto algum de judicatura."

[2563] *Ibidem*, 1788, nº 22, de 31 de Maio de 1788: "Na mesma Quinta-feira mandou S. M. ir a Versalhes o Parlamento, e outras Camaras para celebrar um Solio de Justiça. (...) Entretanto hum grande numero de companhias *Suissas*, e Guardas *Francezas* se apoderarão inteiramente do Parlamento, fecharão todas as suas portas, e rodearão com patrulhas todo o seu districto (...)."

[2564] *Ibidem*, 1788, nº 22, de 31 de Maio de 1788: "Nesse mesmo dia ás 9 horas, o Conselho do Rei expedio de Versalhes ao Intendente Geral da Policia hum decreto pelo qual anulla as Resoluções do Parlamento de 29 de Abril, e 3 de Maio; e na Quinta-feira de manhã outro, que igualmente anulla

um novo organismo cujos Poderes seriam superiores aos dos demais parlamentos e câmaras, para o qual a dificuldade maior com que se confrontou foi a resistência da própria magistratura, perfeitamente desinteressada em participar na novel Câmara[2565]. Quanto aos militares, cuja importância neste tipo de eventos se mostrava definitiva, sabia-se que começavam a murmurar contra o Rei[2566].

A Revolução Francesa que eclodiu em 1789, longamente preparada e que causou natural desconfiança por toda a Europa dos déspotas e até nos Estados liberais, como na Inglaterra[2567], foi o ponto final no Antigo Regime francês. Facto previsível na verificação e impensável nos efeitos que iria ter para a humanidade: a causa da Liberdade.

---

a resolução que a Camara dos Subsidios tomara a 5 de Maio; estes dous decretos se fizerão logo publicos (...)." O texto do decreto régio consta do nº 32, de 31 de Maio de 1788.

[2565] *Ibidem*, 1788, nº 22, de 31 de Maio de 1788: "Até agora não consta que haja hum só Magistrado que queira aceitar a nova Camara. (...) Alem de todas estas más apparencias, nota-se que os Militares em geral, largando a cega adhesão que tinhão á Coroa, apadrinhão com grande ardor os intuitos, e desejos do resto do Povo."

[2566] *Ibidem*, 1788, nº 42, de 18 de Outubro de 1788, segundo Supplemento. Uma certa acalmia política resultou da reentrada em funções dos tribunais assim como da restituição de alguns indivíduos desterrados aos seus locais de trabalho. Mas eram, de facto, medidas de última hora, devidamente policiadas, estando para saber se o rei mantinha ainda alguma esperança em compor os problemas suscitados ou se a convocação de uma Assembleia de Estados Gerais para Janeiro de 1789 não passava de uma dilação.

[2567] *Choix de Rapports, Opinions et Discours, prononcés à la Tribune Nationale depuis 1789 jusqu'à ce jour*, II, págs. 3-7. Acerca destes textos, é a seguinte a posição de Oliveira Martins, *História de Portugal*, Lisboa, Guimarães Editores, 1968, pág. 529: "Repetiram-se, palavra por palavra, traduzidos em português, ou coisa semelhante, os discursos mais célebres dos *Choix de Rapports*." Esta lembrança no plano da apreciação dos trabalhos do Congresso Vintista, descontando algum cepticismo do Autor, mostra à evidência a importância desta fonte. O texto que segue comprova que nem todos os fleumáticos britânicos estariam tão pessimistas. Alguns meses depois da Revolução Francesa de 1789, a Sociedade da Revolução Inglesa enviou saudações à Assembleia Nacional francesa pelos felizes sucessos obtidos, missiva que se recebeu e foi lida em sessão 30 de Janeiro de 1790 tendo entusiasmado e comovido todos os constituintes. Os mesmos responderam em conformidade e nos termos apropriados para tais eventos que à época se começavam a desenvolver e que em Portugal haverá ocasião para serem assinalados. Eis os textos que acompanhavam a referida mensagem, dirigidos a La Rochefoucauld, do punho de Lorde Stanhope e de Richard Price, presidente e secretário, respectivamente: "Copie de la lettre de lord Stanhope à M. le duc de la Rochefoucauld, Londres, 6 Novembre, 1789 – C'est avec une grande satisfaction que j'ai honneur de vous envoyer deux résolutions unanimes d'une assemblée très nombreuse et très respectable, de la société établie en Angleterre pour célébrer la fameuse révolution de 1688. Ces motions ont été reçues avec l'approbation la plus marquée et des acclamations réitérées. Oserai-je vous prier, de la part de la Société, de présenter ces résolutions à l'Assemblée nationale de France? Je vous prie de me croire, avec le plus grand respect et sincère attachement"; "Copie de la lettre du docteur Price à M. le duc de la Rochefoucauld, Stackent, près Londres, le 9 Novembre 1789 – L'adresse de félicitations à l'Assemblée nationale de France, qui se trouve ci-jointe, ayant été proposé par le docteur Price, il espère que le duc de la Rochefoucauld ne trouvera pas mauvais qu'il l'accompagne de quelques lignes pour l'informer qu'elle a été adoptée avec une ardeur qu'on peut difficilement exprimer par une assemblée composée du Comité de Stannhope, du lordo maire de Londres, de plusieurs membres du parlement d'Angleterre, et de plus de trois cents personnes de distinction, réunies à l'occasion de l'anniversaire de la révolution anglaise, pour célébrer cet événement. Si les expressions de leur admiration, si les souhaites de prospérité qu'ils prient le duc de la Rochefoucauld de présenter pouvait paraître une témérité de leur part, ils espérant que l'assemblée nationale de France voudra bien excuser cette démarche comme l'effet d'une effusion de zèle dans la cause générale de la liberté publique, qu'aucune considération d'inconvenance n'a pu retenir: les représentants de

DA HISTÓRIA DA IDEIA DE LIBERDADE (SEQUÊNCIA)

E, se as experiências anteriores de 1383-1385 e de 1580-1640 foram frustrantes para Portugal, mas bem torneadas pelo patriotismo nacional e o seu amor à Liberdade, provavelmente andaria confundida, por essa época, a Liberdade com a independência na nossa vizinha Espanha, face ao invasor ou ao ocupante[2568]. A Espanha terá, por este período e aquele que se seguirá, um papel fundamental na conformação das instituições políticas nacionais. De pronto na *Constituição de 1822*, moldada sobre a de Cádiz de 1812; antes, na teorização da ideia da Liberdade e na ligação umbilical entre as duas Casas reinantes, que geravam um nó congénito e nem sempre isento de traumas de sangue comum entre as duas Potências Ibéricas. Vinha dos tempos de Avis e, sem embargo conflitos e guerras, de algum modo, nunca fora superado[2569].

[2568] la France travaillent pour le monde autant que pour eux, et le monde entier est intéressé à leurs succès." Edmund Burke será um dos maiores críticos – se não mesmo o maior – desta mensagem gratulatória. Neste sentido vão as suas observações contidas na colectânea dos seus trabalhos organizada por Ian Hampser-Monk, "Reflections on the Revolution in France", 1987, pág. 161, onde se pode ler o seguinte: "All these considerations however were below the transcendental dignity of the Revolution Society. Whilst I continued in the country, from whence I had the honour of writing to you, I had but an imperfect idea of their transactions. On my coming to town, I sent for an account of their proceedings, which had been published by their Authority, containing a sermon of Dr. Price, with the Duke de Rochefaucault's and the Archbishop of Aix's letter, and several other documents annexed. The whole of that publication, with the manifest design of connecting the affairs of France with those of England, by drawing us into an imitation of the conduct of the National Assembly, gave me a considerable degree of uneasiness..." Simão José da Luz Soriano, *História da Guerra Civil e do Estabelecimento do Governo Parlamentar em Portugal*, Primeira Ephoca, I, págs. 376 e 377 aponta outro exemplo, na mesma linha de felicitações que tanto irritava Burke: "Figurou tambem por aquelle tempo na Gran-Bretanha com não menos celebridade entre os famosos campeões da causa franceza, a favor da qual tinha igualmente publicado um escripto seu, o Dr. Priestly, que vivia em Birmingham, onde, como em outras cidades de Inglaterra, se tinham formado associações n'aquelle mesmo sentido." Esta situação acabou mal, uma vez que se pretendia num jantar celebrar o dia 14 de Julho de 1789, dia da tomada da Bastilha, tendo sido feita uma saúde "à Assembleia Nacional e aos partidaristas da França, cuja coragem e sabedoria deram Liberdade a trinta milhões de homens." O efeito prático foi o desacato entre os promotores e as Autoridades locais, bem como alguns moradores pouco disponíveis para entoar loas à sua tradicional inimiga francesa, cujo tipo de Liberdade que assumiu em nada se pareceria com a inglesa que apenas eles, súbditos de S. M. Jorge III, conheciam e desfiavam. Veja-se Pinheiro Chagas, *História de Portugal*, VII, pág. 324.

[2568] O júbilo lusitano consumou-se em Filipe de Anjou, neto de Luís XIV de França, a maior das inimigas de Espanha e que conseguia para a sua Casa de Bourbon algo de inestimável, qual fosse o trono de Espanha e a supremacia sobre a grande dominadora dos mares das epopeias das Descobertas, rivalizando com Portugal. Luís XIV acabou por se vingar duplamente. Da Espanha porque lhe ocupou pela via sucessória o trono; de Portugal, porque a insensatez da governação nacional, os apertos de tesouraria e a fragilidade face ao corso holandês, a que os ingleses pouco ou nada ajudaram, porque os seus interesses a isso não convinham.

[2569] Tudo nesta vida tem um preço e não é por falso patriotismo que isso se defende; como dirá em pleno Congresso Vintista, Manuel Fernandes Thomaz, "a *Constituição de Cádiz* não é o Evangelho" mas, sem dúvida foi ela a "alma mater" da dita Regeneração portuguesa. Ponto que a seu tempo se verá, apenas se alerta para a inviabilidade de uma pequena confusão: com todos os contratempos assinalados, Portugal não se rendeu à França e seja por força de estratagema ou por via do aconselhamento, foi o único país europeu que não sucumbiu a Napoleão, que nunca conseguiu aqui colocar um rei da sua Família. E, seja como for, se a Espanha e o seu papel foram determinantes para Portugal, este terá sido imprescindível aos espanhóis para recuperarem a sua Liberdade em 1820, em presença de um monarca bem mais forte que o nosso D. João VI, mas bem mais fraco e muito menos hábil, no que toca a baixar a cabeça contra ultimatos estrangeiros.

A situação espanhola no período imediatamente anterior e coevo ao Individualismo seria, no mínimo, confusa. Em termos gerais e no que se refere ao quadro imediatamente anterior às Invasões Francesas, terá sido um dos países que mais se temeram da Revolução Francesa. Não só eram proibidas todas e quaisquer conversas oficiais entre corporações onde o tema fosse os acontecimentos de 1789, como a Inquisição censurou, quando não proibiu, um sem número de publicações que giravam em redor do tema. A própria correspondência era vigiada e sujeita a ser aberta quando houvesse razões para admitir que ela conteria matérias subversivas[2570].

A imprensa que à época ia encontrando na Europa terreno ideal para se desenvolver, era encarada na Península de modo semelhante: com desconfiança metódica e debaixo de vigilância apertada[2571]. Só as posteriores Invasões Francesas irão contribuir para alterar esta situação; do mesmo modo que em Portugal no período que corre de 1810 e expulsão dos gauleses, em Espanha, entre 1808 e 1814 pode dizer-se que houve Liberdade de imprensa. Trata-se de ponto a abordar de modo linear para os nossos vizinhos, mas em que o devido impacto será alvo de ponderação substancial para o caso português.

Para além destas convulsões que modificaram decisivamente o rumo da Europa e do resto do mundo, outras se assistiram durante este período, e que não foram ponderadas pela simples razão de serem insignificantes para Portugal. As revoluções e revoltas sentidas em Genebra, sob dominação francesa, nos Países Baixos[2572] ou nos territórios que ocupam a actual Suíça[2573], devem ser recordadas para que o esquecimento dos pequenos não seja, de novo, apanágio dos grandes.

Comparativamente, as alterações estruturais introduzidas pelas duas grandes "Revoluções Atlânticas" abafaram todas as demais realizações deste tipo, pese embora o seu relato conste das crónicas oficiais e das fontes preferenciais usadas, para onde se remete desde já.

Será preciso esperar pelo séc. XIX para que a multiplicação destes fenómenos a outras zonas, nomeadamente à Península Ibérica e à Península Itálica lhes outorgue

---

[2570] Simão José da Luz Soriano, *História da Guerra Civil e do Estabelecimento do Governo Parlamentar em Portugal*, Primeira Ephoca, I, pág. 390: "os receios da introducção dos revolucionários propagandistas francezes em Hespanha não era sem fundamento, porque effectivamente os seus clubs, nas vistas de melhor conseguirem a desejada effusão das suas doutrinas politicas, haviam estabelecido em Paris no anno de 1791 uma associação denominada *cercle social*, filiada á dos jacobinos, tendo por fim a propaganda das referidas doutrinas nos paizes estrangeiros, e mais particularmente na America." Para tanto chegavam a levar traduções da Constituição francesa e da *Declaração dos Direitos do Homem e do Cidadão*, muitas vezes anotadas com a explicação dos respectivos princípios.
[2571] Alejandro Pizarroso Quintero, "Evolução histórica da imprensa em Espanha", *História da Imprensa*, págs. 279 e 280: "Em 1762 uma ordem real eliminou a taxa obrigatória aplicada aos livros, permitindo a Autores, impressores e livreiros fixar livremente os preços de venda. Com uma cédula de 1768 limitou-se a jurisdição inquisitorial em matéria de censura. (...) A disposição mais importante é aquela que se conhece como *regulamento de Imprentas*, contida numa Resolução Real de 2 de Outubro de 1788. (...) Ocupava-se de todos os temas relacionados com as publicações periódicas, como a censura, traduções, licença de impressão, conteúdos, etc. (...) Já no reinado de Carlos IV, e dentro da política de reacção aos acontecimentos revolucionários ocorridos em França, pode mencionar-se a Circular do Conselho de 5 de Janeiro de 1790, que proibia a circulação de todo o tipo de papéis sediciosos. No ano seguinte, em 24 de Setembro de 1791, uma resolução real decretava a suspensão de todos os jornais, com excepção do *Diario de Madrid*, do *Mercurio* e da *Gaceta*."
[2572] Jacques Godechot, *Les Révolutions (1770-1799)*, Paris, 1965, págs. 107 e ss.
[2573] Idem, *ibidem*, págs. 112 e 113.

DA HISTÓRIA DA IDEIA DE LIBERDADE (SEQUÊNCIA)

o grau de generalização universalmente reconhecido. E porque nem tudo o que aconteceu em França ou Inglaterra passou a Portugal e a maior parte do que sucedeu em Espanha foi sistematicamente importando, a aproximação aos Autores e textos levará em linha de consideração estas coordenadas.

1. O Parlamento inglês depois da eclosão da Revolução Americana – defesa da ideia de Liberdade: a originalidade da Liberdade "aristocrática"

Ponderando em especial o caso inglês, o incómodo demonstrado por alguns parlamentares idóneos das duas Câmaras e os toques a rebate pela péssima situação em que a Inglaterra se encontrava, por incapacidade de pôr em prática as obrigações constitucionais para com os seus cidadãos, merecem algumas linhas[2574]. Nunca será demais assegurar um facto perfeitamente inédito em Portugal até 1821: o tipo e a forma de discussões que se faziam nas Câmaras dos Comuns e dos Pares[2575].

Sem problema em se invectivarem uns aos outros e em atribuir responsabilidades ao ministério[2576], muitas vezes com uma moderada impaciência para com o Rei, as discussões que se foram recenseando, mostram à evidência duas coisas de há muito defendidas: em Inglaterra há o hábito da discussão parlamentar[2577] e exercita-se a

---

[2574] Para o período seguinte e algumas incursões, sem grande relevo, no presente, veja-se Sir Ivor Jennings, *A Constituição Britânica*, tradução portuguesa, Brasília, 1968.

[2575] René Rémond, *L'Ancien Régime et la Revolution (1750-1815)*, Paris, 1974, págs. 105 e 106: "Dans l'Angleterre du XVIII ème siècle, *une aristocratie puissante et honorée* qui jouit du respect et de la considération générale, détient l'essentiel de la puissance, le monopole de l'administration locale, les pouvoirs de police, de justice, ce qu'on appelle les *justices of peace* lui appartient héréditairement. (...) *Ouverte à la fortune et au talent, elle ne forme pas une caste comme sur le continent* et sa puissance n'a pas la même signification politique et sociale que celle de la féodalité de l'Europe centrale ni même occidentale. *Loin d'être écartée de l'exercice du pouvoir par une monarchie absolue, elle y est associée grâce á sa représentation au sein du Parlement et l'existence de cette institution représentative permanente est l'une des dispositions les plus originales du régime britannique*." O debate, acalorado mas mantido dentro dos limites da urbanidade, e de que a *Gazeta de Lisboa* se faz eco em quase todos os seus números, manifesta uma cultura cívica e política a léguas de distância da que ocorria nos Parlamentos continentais e que nem a Revolução Francesa contrariou.

[2576] *Gazeta de Lisboa*, 1784, nº 10, de 12 de Março de 1784, Supplemento: "A posição da Inglaterra actualmente he talvez a mais singular, que offerecem ao *Annaes* desde a revolução. Os dous grandes partidos, chamados *Torys* e *Whigs*, que sempre tem sido oppostos, divididos hoje entre si, e estas quatro subdivisões ligadas duas a duas com os seus adversarios naturaes [os moderados de cada um dos partidos] para se privarem reciprocamente d'Administração; huma das Camaras do Parlamento tornada por uma pequena pluralidade contra a outra, onde huma pequena pluralidade igualmente tem prevalecido contra o minsterio; a Camara dos Communs declarando, que os *Ministros não tem a confiança do Povo*; a maior parte do Povo declarando, *que não confia na pluralidade dos Communs e que os antigos Ministros, que dominão nesta Camara, forão removidos com justo titulo dos Conselhos de S. M*; finalmente neste choque de dous Partidos em equilibrio, o proprio Rei reduzido a ser testemunha passiva de todas estas traças, e a ver que os seus Ministros lhe sejão dados por huma terceira facção, formada por aquelles que querem passar por *Independentes* no Parlamento, e que tem tomado o titulo de Medianeiros entre os dous Partidos (...)."

[2577] *Resumo Historico do Parlamento de Inglaterra*, pág. 12: "Os privilegios do Parlamento sam muito grandes, e indefinitos; os principaes sam o uso da palavra, da pessoa dos seus domesticos e das suas terras e bens. O privilegio da palavra esta declarado, ser huma das Liberdades do Povo; e esta estabelecido pelo estatuto 1 W e M. stat. 2. c. 2. Que a Liberdade da palavra, e debates, e procedimento no Parlamento não pode ser impedido, ou examinado em algum tribunal, ou lugar fora do Parlamento. E esta Liberdade da palavra he particularmente exigida do Rei em pessoa pelo Presidente da camera dos *Communs*, na abertura de todo o Parlamento novo: do mesmo modo que

Liberdade política pelos seus cidadãos, por intermédio dos seus representantes; em Inglaterra não há complacência nem remoques mal disfarçados contra o ministério. Fala-se abertamente no Parlamento e, depois de uma fase de alguma turbulência, escreve-se sem falsos rodeios[2578]. Traço de curiosidade é que este comportamento não era privativo, como se poderia pensar, dos Comuns, claramente e por vezes, como no exemplo que se nota, ele partia da Câmara dos "Senhores".

O sistema das leis inglesas que se foram forjando e pretendiam, efectivamente, defender os cidadãos, estava bem longe de reconhecer os direitos "fundamentais" do homem, não limitando os legisladores nem incorporando princípios para uma legislação futura. Sempre que fosse preciso legislar sobre essas matérias, nem seria necessário recorrer a Assembleias com poderes especiais para tanto, nem o sistema de "adaptação" era questionado. Limitavam-se a seguir os direitos antigos, incontestáveis e inalienáveis do Povo inglês.

Contudo, é do mesmo modo certo que no séc. XVIII a Grã-Bretanha gozava já de uma soma de Liberdade mais extensa que em qualquer outro país europeu. Há Liberdade de pensamento, há Liberdade de consciência e há Liberdade política e de opinião política. E, como pressuposto de qualquer observação futura: nos Estados Unidos há, por cópia adaptada, Liberdade de pensamento, há Liberdade de consciência e há Liberdade política, sob qualquer dos planos que se possa observar. Não se olvidam as críticas antes estabelecidas, que são aos vícios internos do sistema mas, em termos comparativos, nem estas nem outras podem escamotear um dado adquirido.

2. A questão da Igualdade e o tema das eleições

O que não existe, efectivamente, é Igualdade; nem no plano individual – Igualdade religiosa, porque a discriminação subsiste – [2579] nem no plano político, porque, repita-se, Liberalismo não é Democracia e mesmo quando esta existe, nos primórdios a Igualdade pode sair bastante maltratada, como se verá adiante, no caso norte-americano. Uma questão é a tolerância religiosa e a Liberdade de consciência; outra a de Igualdade na manifestação desses mesmos factores[2580], sem que isso acarrete consequências no plano político.

Neste quadro, que dizer dos problemas da Irlanda, reais e não meras fantasias; as duas Câmaras inglesas sabiam-no e o Rei de Inglaterra também. A paz que se conseguisse obter junto ao Reino da Irlanda, num momento tão conturbado da His-

---

os outros privilegios, que sam immunidades que existem do tempo de Eduardo o Confessor, e da antiga Constituição gotica. Attacar com violencia hum membro de qualquer das Cameras, ou os seos creados, he hum attentado castigado pelo Parlamento com toda a severidade, e alem disto tem penas nos outros Tribunaes pelos Estatutos 5. Hen. 4. c. 6 e 11. Hen. 6. c. 11."

[2578] *Gazeta de Lisboa*, 1780, nº 2 de 15 de Janeiro de 1780. É apenas um exemplo do que se defende; muitos outros se podem recensear. Fazendo uma retrospectiva do último ano da governação inglesa, considera um dos lordes da Câmara dos Pares que é puro chauvinismo político querer introduzir-se uma lisonjeira expressão como aquela que o projecto de representação, proveniente da banda do partido da Corte, sugeria: "*O justo apreço, que fazemos das bênçãos, de que gozamos no Governo de V. M.*"

[2579] Apenas em 1829 se concede aos crentes de religiões diversas da anglicana o acesso a cargos públicos e a saída da situação de inferioridade concreta em que os *Bill of Test* de finais do séc. XVII os tinham colocado.

[2580] Contudo, a questão ficou em parte resolvida já em meados de 1817, quando uma importante inovação sob a forma *Bill* que equipara protestantes e católicos no exercício de cargos militares, marítimos ou navais. Veja-se *O Investigador Portuguez em Inglaterra*, XIX, Agosto de 1817, págs. 266 e ss.

tória inglesa, era das melhores notícias a dar a todos os súbditos de Sua Majestade Britânica. É neste contexto que se podem entender algumas das medidas tomadas em benefício da Irlanda, e concretamente da Liberdade de comércio que os irlandeses invocavam, posto que as questões da taxação que perigosamente os aproximavam das reivindicações independentistas da America Setentrional estavam satisfeitas.

No pressuposto que, mais uma vez, cumpre ao Rei a defesa da Liberdade de todos os súbditos britânicos, irá admitir-se, depois de penosas negociações, atender ao pedido do Parlamento irlandês – Comuns e Lordes – para que a Liberdade de comércio se efective. Posto que sendo determinado tal pelo Parlamento inglês, os motivos de agradecimento vão por inteiro para o Rei[2581]. Lordes e Comuns irlandeses endereçam ao Rei Jorge III manifesto júbilo e justificam o interesse em continuar a colaborar com a monarquia inglesa e a ser seus súbditos fiéis.

Neste caso os ingleses foram a tempo, porque estavam precavidos; no caso dos norte-americanos, por ser o primeiro de invectiva aos Poderes ingleses, a questão complicou-se[2582].

Outro ponto sem dúvida notável para o debate liga-se à questão das eleições e salvaguarda das mesmas, tema caro aos ingleses como será depois aos portugueses. Segundo noticia o mesmo periódico nacional, o problema colocou-se concretamente em 10 de Dezembro de 1779 na Câmara dos Comuns, sendo publicitado em 30 de do mesmo mês[2583] e referia-se a tentativas de fraude eleitoral numa Assembleia de distrito. Acordou-se, sob proposta do parlamentar Temple Lutrell "que seja *altamente criminoso todo o Ministro, ou outro qualquer Vassalo da Coroa Ingleza, que usar directa ou indirectamente, os Poderes do seu cargo, na Eleição de representante, que haja de servir no Parlamento:* e que a Câmara mostrará sempre a sua indignação contra qualquer tentativa para ter semelhante influência, *como contraria á sua honra, dignidade, e independencia: e como offensiva dos direitos mais sagrados de todo o vassalo do Imperio; e por fim, como huma cousa dirigida a minar a base desta Constituição livre, e feliz.*"

Como consequência, era inadmissível para qualquer inglês sentindo-se representado no Parlamento que a sua Liberdade de eleição – nos termos conhecidos – não fosse respeitada; é mais um ponto de contacto com as decisões do Congresso Vintista em ordem à Segunda Legislatura, como se verá em tempo oportuno[2584].

[2581] É mais uma das muitas situações de confusão que o sistema inglês propicia. Agradece-se ao Rei a medida ditada pelas Câmaras e de que ele apenas é o executor institucional. Em qualquer caso, é uma manifestação da soberania inglesa esta atitude por parte de monarca, sendo os textos das duas Câmaras irlandesas lidos no Parlamento inglês e tendo por base o agradecimento ao Rei.
[2582] *Gazeta de Lisboa*, 1780, nº 17, de 29 de Abril de 1780 segundo Supplemento O discurso encerra com umas "Instrucções apresentadas aos Representantes do Parlamento [irlandês] pela corporação da Cidade de Dublin", onde a dado passo se pode ler: "Nós sustentaremos firmemente que nenhum Parlamento teve, nem tem, nem por direito pode ter, ou authoridade alguma neste reino, senão o Parlamento da Irlanda: Que nenhum estatuto tem força de Lei neste pais, menos que não seja passado como Lei pelo Rei, com consentimento do Parlamento da Irlanda: e estamos convencidos de que este princípio he indispensavelmente necessario para conservar a harmonia entre a Inglaterra, e a Irlanda."
[2583] *Ibidem*, nº 3, 21 de Janeiro de 1780, Supplemento.
[2584] Pode avançar-se para outra questão, de debate impensável nas monarquias continentais e que se ligava aos Poderes inultrapassáveis das duas Câmaras em matéria de decisão quanto à regência do Reino, no impedimento do monarca. Questão que em Portugal nunca sofreu contestação, sendo em várias ocasiões a regência assumida ou por cônjuge do monarca ou pelo parente mais próximo ou, eventualmente, pelo herdeiro do trono, à semelhança do que sucedia na Europa continental, assumia foros de debate acalorado em Inglaterra.

Era uma situação de representatividade com um cunho oligárquico bastante demarcado e cujas linhas de força couberam a Burke manifestar[2585]. Para já basta saber que em Inglaterra se defendia uma representatividade que abrangia o universo dos ingleses não sendo os parlamentares defensores dos interesses da localidade por onde tinham sido eleitos, antes por toda a Nação. Ora isto patrocinava, entre outras coisas, zelar pelo conjunto dos representados, numa alusão directa aos sistemas da soberania nacional e não da soberania popular, sendo que esse "zelo" poderia em muito extravasar os Poderes que lhes haviam sido conferidos. Desde que se salvaguardassem os interesses de toda a Nação – ou o que eles pensavam que assim seria – pouco importava decidir-se por carrego de tributos fora de propósito.

Os próprios ingleses, na contingência bastante apertados pelos sucessos da Revolução Americana, tiveram a lealdade de reconhecer que nem sempre o seu comportamento estava isento de críticas, o que ao menos nesse plano os desobriga do conotativo de perjuros aos ditames da Constituição inglesa. Isso mesmo se depreende da intervenção de do deputado Bull, nos Comuns, onde não descurava defender que "(...) com effeito, parece que nós temos degenerado totalmente da austera virtude de nossos maiores. E como olhamos com submissão, sem reserva para qualquer insinuação de hum Ministro, e com humilde consentimento para qualquer desejo da Coroa, como cousa que honra o nosso caracter. Nós não somos aqui mandados, senhores, para dispor por modo de cumprimento e cambio, dos direitos, Liberdades, e Propriedades do Povo: porem, sim para os defender, e proteger. Assim he de nossa obrigação não conceder dinheiro algum que seja oneroso ao Povo, sem que julguemos assim necessario para a utilidade do publico. (...) Ainda nos achamos enredados com a guerra Americana (...) huma guerra, que avultara incessantemente os gastos a um termo imoderado, sem que vejamos nem a mais remota representação de nos reembolçarmos nunca, visto ser tão incerto o seu fim."

Por isso não entende o citado parlamentar como se pode pedir ao Povo – ao caso aos colonos ingleses na América Setentrional – que pague para uma finalidade incerta, pois que "hum Parlamento que dispõe do dinheiro da Nação, sem ter primeiro indagado em que se emprega, e sem tomar delle conta particular, he traidor á confiança que nelle se tem posto; he falso aos seus commetentes; arruina a base, e destroi o objecto do seu estabelecimento."

E que é o responsável por tudo isto? O Rei, que exorbita os seus Poderes e o Parlamento que os deixa exorbitar[2586]. Mr. Bull era *whig*; justificam-se, pois, as suas palavras, tal como as de Burke[2587] se justificariam, bem como o apreço dos norte-americanos pelos *whigs* estava, à partida, fundamentado, em termos que serão desenvolvidos proximamente.

[2585] Ian Hampshire-Monk, "Speech on Conciliation with America (Mar. 1775), *The Political Philosophy of Edmund Burke*, pág. 124: "My idea (...) is to *admit the people of our colonies into an interest in the constitution*, and, by recording that admission in the journals of parliament, to give them as strong an assurance as the nature of the thing will admit, that we mean for ever to adhere to that solemn declaration of systematic indulgence."
[2586] *Gazeta de Lisboa*, 1778-1779, nº 29, de 24 de Julho de 1779.
[2587] Ian Hampshire-Monk, "Speech on Conciliation with America (Mar. 1775), *The Political Philosophy of Edmund Burke*, págs. 111 e ss. o apoio de Burke à Revolução Americana justificava-se plenamente uma vez que ela se desenrolava dentro dos quadros dos tradicionais direitos e Liberdades ingleses e implicava uma reclamação face à Coroa por força da "taxation without representation". Donde Burke apenas a poderia encomiar, ao menos nesta fase inicial em que não existia qualquer sentido radical na reclamação desses direitos e Liberdades como virá a suceder posteriormente e ou pouco por antecipação aos acontecimentos franceses de 1789.

3. Liberdade civil *versus* Liberdade política

Novo exemplo assumido na preservação da Constituição, como garante da Liberdade dos ingleses, era uma imprescindível decisão uniforme tomada por Comuns e Lordes na eminência de uma substituição temporária do monarca[2588]. Por isso mesmo e sucedendo o impedimento de Jorge III, colocava-se o problema de saber se seu filho, o Príncipe de Gales, poderia fazer suas as funções de regente, ponto que só depois de porfiada investigação foi concluído pela positiva.

Pode questionar-se: que interesse teve, na prática esta deliberação, se todos entenderiam que não havia outra solução? A resposta é sempre a mesma para os ingleses, mesmo que isso sirva para encobrir alguns sobressaltos de percurso: a tutela da Liberdade dos ingleses. E se acontecesse, como diziam alguns ser impossível face à *Common Law* esta solução?[2589]

Na verdade, isto apenas retoma a ideia que a Liberdade inglesa, de cariz aristocrático, se preocupa mais com a salvaguarda dos direitos individuais por força da lei. Ou seja, é um caso exemplar de Liberdade civil. Considera cada homem como um potencial destinatário da sua protecção e não uma massa ou aglomerado de homens, indistintamente ponderados, impossíveis de ver entre si como repositório de uma "igual" Liberdade, política neste caso, porque as suas características pessoais desautorizam tal nivelamento.

A Liberdade inglesa nasce da disparidade dos sujeitos de direitos e é política porque a sociedade já em, em si mesma livre. A teoria da separação de Poderes que implica a Liberdade da sociedade, no sistema inglês, mantém e incrementa a Liberdade política do cidadão. Este aspecto marca toda a diferença em presença da sua congénere francesa, como se verá adiante.

Também e na sequência lógica da protecção à Constituição inglesa em si mesma, o facto dos súbditos de Sua Majestade terem mantido uma formulação de Leis Fundamentais baseada na sua tradição peculiar. Com isto se pretende dizer, que os limites à actuação do Governo continuam a ser visualizados como meramente teóricos, sem meios legais e relevando apenas no plano da consciência dos legisladores. Não há uma lei escrita onde esses limites se assuma e, por essa via, são os considerando inerentes

---

[2588] *Gazeta de Lisboa*, 1789, nº 7, de 17 de Fevereiro de 1789: "Por fim as duas Camaras do Parlamento convierão a 23 do mês passado – a notícia é de 3 de Fevereiro de 1789 – nas seguintes resoluções: 1º Que para supprir, em quanto continuar a molestia de S. M. ao exercicio da Authoridade regia, da maneira que o exigem as actuaes circumstancias, cumpre que S. A. R., o principe de *Gales* fique em estado de exercer a dita Authoridade, segundo as Leis e a Constituição da *Grã-Bretanha*, em nome e da parte, de S. M., e debaixo do titulo de *Regente do Reino*, e de executar todos os actos de Governo que competem ao Rei deste Reino, executar segundo suas privativas Leis, com as restrições que se lhe puzerem (...)."

[2589] *Ibidem*, 1789, nº 1, de 6 de Janeiro de 1789, por referência a uma notícia de Londres de 18 de Dezembro: Na sessão dos Communs de 10 do corrente, fallando-se sobre as medidas que convem tomar na actual crise, houverão os mais vehementes debates de que há lembrança. Mr. Pitt, sustentando o quanto era conveniente se nomeasse huma Deputação para examinar se os Annaes do reino offerecem occurrencias como a presente, disse que o asseverar que o Herdeiro Apparente da Coroa tinha um Direito Natural e indisputável ao exercicio do Poder Executivo, no caso que o Soberano se achasse impossibilitado de exercer a regia authoridade por molestia, ou outro motivo, e pouco menos que traição. Mr. Fox oppoz a isto fortissimos argumentos; *mas por fim se assentou nomear huma Deputação* e que esta desse a sua conta no dia 12."

ao Direito Natural e ao Direito Divino, na formulação anglicana[2590] que impõem sob forma necessária certa atitude aos governantes[2591].

Para os teóricos ingleses não se justificava a diferença entre "constitution or frame of government" e "system of laws". Os "acts of parliament" eram encarados como uma parcela da Constituição e toda a lei, costumeira ou convencional, seria constitucional. No fundo o que eles diziam era que tudo seria legal e, sendo-o, era constitucional; o que fosse ilegal seria inconstitucional.

Depois do séc. XVII e sobretudo com a teorização do séc. XVIII, o Parlamento podia criar a lei, cuja força intrínseca não reflectia os princípios da justiça e a conformidade à *Common Law*, mas a personificação da felicidade da Nação ou, mais importante, porque isso era o reflexo da sua soberana Autoridade[2592]. É uma manifestação bem diversa da ideia medieval de *Common Law*, cuja obrigatoriedade surgia com a sua entrada em vigor e do longo e imemorial processo consuetudinário, preservado nos "law books" e nas decisões dos tribunais através dos tempos.

Quanto à fonte desta justiça, entendia-se ser o soberano. Contudo, a interpretação a dar a esta ideia de fonte da justiça em nada se relaciona com a das monarquias absolutistas do continente europeu. Assim, "par source de la justice, la loi ne veut pas dire l'auteur ou le créateur, mais seulement le dispensateur. La justice ne dérive pas, en effet, du roi comme don volontaire; le souverain n'est que le représentant du peuple chargé de faire rendre la justice à qui elle est due. Il n'est pas la source, mais le réservoir d'où le droit et l'équité sont ensuite transmis à chaque individu par des milliers de canaux"[2593].

Bem entendido que com isto os ingleses viviam, no plano das convicções, muito bem; ao nível prático foram fonte da suspeição que, primeiro no continente europeu e, depois, face aos próprios norte-americanos, implicaram não apenas a crítica mas igualmente a substituição reflexiva do problema.

A questão inglesa será reatada numa perspectiva diversa em texto autónomo a publicar, ponderando os eventos de 1776 e de 1789, seus apoiantes e críticos e girando em tornos de duas realidades distintas mas condicionantes do Pensamento inglês desse período: Edmund Burke e os seus opositores no quadro das alternativas do sistema constitucional inglês ao francês.

[2590] Recorde-se que Locke defendia uma versão objectiva na defesa dos direitos invioláveis do indivíduo, por força da protecção externa a ele mesmo dos actos legislativos, isto é, por força do Direito Natural e da intervenção divina.

[2591] Charles Inglis, *True Interests of America Impartially Stated*, Philadelphia, 1776, pág. 18, considerava que a Constituição não era superior nem superior ao Governo ao Governo ou à lei ordinária, antes se identificando com eles, pois que "(...) that assemblage of laws, customs and institutions which form the general system; according to which the several powers of the state are distributed, and their respective rights are secured to the different members of the community."

[2592] A. Todd, I, pág. 119: "L'Autorité exécutive suprême de l'Etat en toutes matières, civiles et militaires, de même que la jurisdiction et la suprématié sur toutes affaires et personnes ecclésiastiques du royaume, appartient au souverain [n'est pas la Couronne proprement dite qui est investie de la souveraineté de l'empire britannique, mais la Couronne, les lords et le corps des électeurs qui choisit la Chambre des communes] de l'Empire britannique, en vertu de ses fonctions royales; car il est, en effet, dans l'Etat, la source de toute Autorité, dignité et honneur, ainsi que de toute jurisdiction politique."

[2593] Idem, *ibidem*, I, pág. 298.

§ 3º. O indispensável mote da Revolução Americana

1. A Revolução Americana e os seus fundamentos

1.1. Motivações da Revolução Americana

Eis um dos pontos mais aliciantes e interessantes para a investigação e sobre o qual não é possível investir numa abordagem tão ampla quanto cumpriria, uma vez que mereceria tratamento autónomo. Em qualquer caso, não se descura a questão, condensando as suas linhas de força, procurando apresentar um retrato tão aproximado quanto possível da interpretação norte-americana dos ideais da Liberdade e da Igualdade, em presença da sua congénere francesa.[2594]

Porquê uma revolução em terra quase inóspita, onde o grau de civilização apenas atingia algumas franjas do litoral Atlântico e predominavam "selvagens" aguerridos, em pradarias sem fim? Em terra de investidas da costa para o interior, quais bandeirantes brasileiros, onde havia espaço para todos e sobrava para muitos mais? Em "sítio" onde as populações distavam quilómetros a perder de vista e as afinidades entre os "civilizados", provenientes de múltiplas "civilizações" era pouca ou nenhuma? Que havia de tão importante a defender num mundo de ninguém ou, ao menos, de muito poucos, em que a moralidade bastas vezes cederia ao poder da força, qual estado de natureza? Como se justifica uma alteração das instituições e dos ditames de comando, quando nem se sabia muito bem quem comandava realmente, e apenas havia uma noção de dependência institucional à Inglaterra, nessa longínqua Europa?

Porquê, para quê e porque motivos, uma revolução?

A Revolução Americana tem um nome: chama-se Liberdade[2595]. E tem uma geração particular: resulta da pressão de factos[2596] e não de diatribes ideológicas com a sua congénere Francesa. E tem progenitora: a Revolução Inglesa na sua primeira fase e por

---

[2594] Ainda assim e do que foi possível apurar, não existe investigação nacional que leve longe o estudo da temática da Revolução Americana. O motivo será atendível; a pouca influência que teve na Europa e em Portugal, concretamente. Porém, os norte-americanos eram bem conhecidos dos parlamentares de 1821-1823; eram citados e foi corrente persuasiva na tomada de certas medidas, quando não contribuíam para instilar maior vivacidade no debate dos congressistas. Além do mais, repita-se, não se labora numa História da Ideia de Liberdade dos vencedores. Os vencidos e muitos esquecidos têm a dignidade e o lugar próprio que lhes é devido e por mérito próprio ocupam a hodierna investigação.

[2595] Thomas Paine, *Common Sense*, publicado pela primeira vez em 1776 e disponível em tradução portuguesa com o título *O Senso Comum e a Crise*, Brasília, Universidade de Brasília, 1982. Ao caso, trata-se da "Introducção" do Autor, onde está mencionada a data em que o mesmo deu a Obra à estampa: "Filadélfia, 14 de Fevereiro de 1776": "A causa da América é, em grande parte, a causa de toda a humanidade. Muitas circunstâncias surgiram, e vão surgir, não sendo locais, mas sim universais, e pelas mesmas os princípios de todos os Amantes da Humanidade serão afectados, Ocorrências essas nas quais suas Afeições estão interessadas. Destruir um país devastando-o pelo Fogo e pela Espada, declarando Guerra contra os direitos naturais de toda a Humanidade, e extirpando seus Defensores da face da Terra, diz respeito a todo o Homem ao qual a natureza deu o Poder de sentir; Classe essa à qual, a despeito da censura Partidária, pertence o AUTOR." As ideias deste Autor serão tratadas em local apropriado.

[2596] Edmund Randolph, "MS History of Virginia", *The Life of George Mason, 1725. 1792*, I, New York, 1892, pág. 193: "It was a revolution without na immediate oppression, without a cause depending so much on hasty feeling as theoretic reasoning (...)." Foi o resultado da Razão, acrescenta.

intermédio dos niveladores. E tem um pai assumido: o puritanismo[2597]. E tem teóricos de serviço: Locke, Montesquieu, Burlamaqui e Vattel, o que desde logo implica um expressivo desfasamento em relação aos pressupostos da *Common Law*.

A Revolução Americana tem origens económicas, políticas, religiosas e intelectuais, todas elas convergindo num único objectivo. Alcançar a independência e acabar com os abusos que viam partir da Inglaterra, não estando os norte-americanos disponíveis para os suportar[2598]. Ponderando objectivamente a questão, para que precisavam os norte-americanos dos ingleses senão para deles sofrerem "vexames"[2599]?

É a causa da Liberdade "popular" contra a "tirania" da Liberdade "aristocrática", invertendo conceitos, mas que desde os alvores da História conduziu os homens a fazerem revoluções. Este caso não é diferente nesse aspecto; simplesmente é o "primeiro caso" de uma revolução liberal, servindo a partir daqui de modelo para todas as demais.

O primeiro problema que se coloca em presença da Revolução Americana remete para o facto de ela ter ou não, interrompido a História. Neste caso concreto, será preciso proceder a uma distinção: os norte-americanos não têm, ainda hoje – e bastante se lamentam disso junto aos seus parceiros europeus –, "uma verdadeira História". No séc. XVIII menos História teriam, enquanto Nação. A sua História era a História da Inglaterra, sempre se afirmou e ufanavam-se de ela lhes ter fornecido, para sempre, as traves mestras para a sua própria libertação.

Por outro lado, a Revolução Americana teve subjacente um enorme descontentamento de carácter económico, que pode ser a marca distintiva entre as revoluções Modernas e as Antigas. A convicção de que a riqueza pode ser mais equitativamente distribuída e não têm de ser sempre os mesmos a arcar com imposições lesivas das suas pessoas e bens, que a discriminação social é veiculada pela justificação económica e que só terminando com esta será possível eliminar aquela, esteve no plano estabelecido pelos insurrectos de além-Atlântico.

O mais interessante é que modernos historiadores e teóricos da Revolução Americana, aparentemente, estão pouco concordantes nas suas causas. Enquanto uns entendem que ela se fez em nome da Igualdade[2600] a que se segue a implementação da Liberdade, outros veiculam a Liberdade como o seu motor, no plano da consideração intelectual que dela faziam os seus pais espirituais[2601]. A Igualdade seria uma consequência da adopção da Liberdade. Ponderando as duas perspectivas, basicamente aquilo que se assiste é ao debate sobre as causas de fundo da Revolução Americana[2602]. Havendo unanimidade nos pressupostos, as conclusões não apontam num mesmo sentido.

[2597] Para informações acerca da tolerância religiosa e da Liberdade de consciência anteriores à Revolução Americana, António Truyol y Serra, *História da Filosofia do Direito e do Estado*, II, págs. 235 e ss.
[2598] A Obra de referência para proceder ao tratamento da Revolução Americana é de Gordon S. Wood, *The Creation of the American Republic (1776-1787)*, published for the Institute of Early American History and Culture, Virginia, The University of North Carolina Press, Chapeel Hill, 1969.
[2599] Lucien Bély, págs. 578 e ss., apresenta o historial das relações entre a Inglaterra e as suas colónias americanas antes de 1776 e, nomeadamente, o essencial das questões relativas aos impostos que originaram os acontecimentos de 1776.
[2600] Hannah Arendt, *On Revolution*, tradução portuguesa *Sobre a Revolução*, Lisboa, Moraes Editores, 1971, págs. 22 e ss.
[2601] Gordon S. Wood, págs. 3 e ss.
[2602] Jacques Godechot, *Les Révolutions (1770-1799)*, págs. 94 e ss., especialmente págs. 98 e ss., "Guerre d'Indépendance Américaine ou Révolution sociale?"

Para a primeira interpretação, o corte com a Inglaterra iniciou a História norte-americana; não foi um corte com a História, foi um início da mesma. E num país novo e com uma nova História que não se subsume à tal diferença propalada pelos Antigos, as perspectivas abertas a todos os que para lá quisessem emigrar parecia abrir infinitas possibilidades.

Era uma questão que se colocava no plano das reivindicações dos descontentes e activos colonos, em presença dos felizes e inactivos europeus. Ao caso sempre haveria tendência por parte das metrópoles para adiarem a resolução dos problemas das suas colónias, que bem podiam esperar que as questões que apoquentavam a sede da soberania se fossem solucionando. E isto não era nem justo, nem conforme aos princípios do Direito Natural que todos se gabavam de defender[2603].

Como quer que seja – e aqui se apresenta a segunda ideia justificativa para a Revolução Americana – os colonos tiveram alguma sorte; por viverem numa época em que a discussão estava na ordem do dia e se questionavam os princípios do Governo e a Liberdade cada vez ia sendo melhor conhecida nos seus contornos de direito individual e político. Por força das suas capacidades intelectuais – ainda que o número destes eleitos fosse necessariamente restrito – acabaram por entender perfeitamente como se deveriam definir os direitos da natureza, invocá-los e buscá-los, distingui-los e saber percebe-los, saber utilizar na prática os princípios da Liberdade civil, moral, religiosa e física. Numa palavra, saber resistir à tirania[2604].

Neste contexto se percebem algumas das referências apresentadas como motor das alterações que se produziram no Novo Mundo, já que "the crucial question in the colonists minds, wrote John Dickinson in 1768, was not 'what evil *actually attended* particular measures – but, what evil in the nature of things, *is likely attend* them'. Because 'nations, in general, are not apt to *think* until they *feel* ... *therefore* nations in general have lost their liberty"[2605].

[2603] Se a Revolução Francesa foi uma revolução política, essencialmente social e popular, isso talvez tenha tido algo a ver com o que se passara na distante América e os ecos que à Europa iam chegando desses eventos. Em França, comparativamente, deveria haver muito mais pobres em proporção aos pobres norte-americanos, que talvez até fossem mais "ricos" que os seus congéneres franceses; e talvez nem sequer se pudesse falar, por essa época, ainda, de "pobres norte-americanos". E se em nome da Igualdade eles pretendiam atingir a Liberdade, os franceses e demais europeus, não teriam nem menos competência nem menor desejo de o atingir.

[2604] Pode dizer-se que, num primeiro momento, boa parte dos seus membros nem sequer apoiava a independência face à Inglaterra, por entender que isso em nada poderia resolver os problemas das treze colónias. Disto mesmo dá conta Bernard Bailyn, "Common Sense", *Fundamental Testaments of the American Revolution*, pág. 8: "There was disagreement in the Continental Congress as to what a military victory, if it came, should be use to achieve. A group of influential and articulated leaders, especially those of Massachusetts, were convinced that only independence from England could properly serve American needs, and Benjamin Franklin, recently returned from London, had reached the same conclusion and had found like-minded people in Philadelphia. But that was *not* the common opinion of the Congress, and it certainly was not the general view of the population at large. Not a single colony had instructed its delegates to work for independence, and not a single step had been taken by the Congress that was incompatible with the idea – witch was still the America's purpose was to force Parliament to acknowledge the liberties it claimed and to redress the grievances that had for so long and in so many different ways been explained to the world. All the most powerful unspoken assumption of the time – indeed, common sense – ran counter to the notion of independence."

[2605] Gordon S. Wood, pág. 5 e nota respectiva.

Conjugando esta observação com a circunstância, que também se aponta no campo do Pensamento e das Ideias Políticas, quanto à importância da História, conclui-se que os norte-americanos tiveram como base fundante da sua revolução os ensinamentos fornecidos pela antiga mãe-pátria[2606], de que agora se separavam.

Assume-se o sentido histórico da Revolução Americana. Não apenas por serem originariamente ingleses e pensaram em termos históricos, mas porque estabelecem uma relação indispensável entre o reconhecimento da importância da História inglesa[2607], fértil na protecção da Liberdade, mas num plano bem mais abrangente e que toca todos os ensinamentos milenares da humanidade[2608]. O resultado final é a sua obra, a Revolução Americana[2609], feita também em nome da Razão e dos princípios bebidos no Iluminismo[2610]. Feita em nome dos direitos do homem.

Conciliar *Common Law* e recta Razão não é tarefa fácil, mas os norte-americanos resolveram rapidamente o problema. No conflito emergente entre História e Razão, o

---

[2606] Idem, *ibidem*, pág. 9: "'The Colonies', as Roger Sherman pointed out in the Continental Congress in 1774, 'adopt the *Common Law*, not as the *Common Law*, but as the highest Reason'." Além do mais e em termos comparativos, para eles a Constituição inglesa, retocada positivamente pela *Glorius Revolution* era o modelo ideal a seguir. Ou não fossem verdadeiras as palavras de John Toland, apud W. H. Greenlaf, *Order, Empiricism and Politics: Two Traditions of English Political Thought, 1500-1700*, New York, 1964, págs. 179; 182 e 183: "''she had settled the Monarchy for the future (...) under such wise regulations as are most likely to continue forever." O Autor não tem quaisquer dúvidas que o Governo inglês era "the most free and best constituted in the entire world." O Congresso de 1774 foi o I Congresso Continental, que reuniu apenas com a ausência da Geórgia. Veja-se Armando Marques Guedes, *Ideologias e Sistemas Políticos*, 1984, pág. 119.

[2607] Lucien Bély, pág. 607: "Bien sûr, des révoltes, voire des révolutions, comme celles d'Angleterre, avaient existé au XVII ème siècle. Le mot même "révolution" était plus banal qu'il n'est aujourd'hui et signifiait un changement radical. Mais ces soulèvements n'étaient plus liés à des circonstances ou à des situations particulières, ils dessinaient des ruptures définitives, ils touchaient des sociétés entières, même s'ils échouaient. Surtout, ils se multipliaient: après l'Amérique, Genebra, l'Irlande, les Province-Unies, la Belgique, et la France à partir de 1789."

[2608] Hannah Arendt, *Sobre a Liberdade*, pág. 28: "O conceito moderno de revolução, inextrincavelmente ligado à noção de que o decurso da História começa subitamente de novo, de que uma História inteiramente nova, uma História nunca anteriormente conhecida ou contada, está prestes a desenrolar-se, era desconhecido antes das duas grandes revoluções do fim do século XVIII". Não há aqui divergência com o que se afirmou antes. A Autora defende uma nova História, nunca antes conhecida e no presente Estudo defende-se que os norte-americanos, como membros de um país sem História tiveram que a criar. Isso não significa cortar cerce com a anterior História que também era a sua, a História inglesa. São duas perspectivas de encarar o mesmo problema, mas não parecem incompatíveis.

[2609] Gordon S. Wood, págs. 6 e 7: "Because the Americans sought nothing less than 'a comprehensive knowledge of history and of mankind' and believed that if they were succefully to resist tyranny 'they ought to be well versed in all the various governments of ancient and modern states, it not surprising that the intellectual sources so theirs Revolutionary thought were profuse and various. (...) It seemed indeed to be a peculiar moment in history when all knowledge coincided, when classical antiquity, Christian theology, English empiricism, and European rationalism could all be linked. Thus Josiah Quincy, like other Americans, could without any sense of incongruity cite Rousseau, Plutarch, Blackstone, and a seventeenth-century Puritan all on the same page."

[2610] Poderá apontar-se aqui mais um exemplo do que se defende desde o início: a complementaridade e ligação intelectual entre o Iluminismo e o Liberalismo. "Enlightenment" e "Liberalism" não são termos opostos, são termos sucessivos e também neste ponto se pode afirmar que se não fosse a teorização absolutista dificilmente poderia ter existido, nos termos conhecidos, o Liberalismo. Esta era a interpretação jusracionalista e não a inglesa e aqui, de novo, os norte-americanos estabeleceram a relação.

problema poderia solver-se de modo simplificado: imemorialmente, a lei da natureza estava inscrita na Constituição inglesa, zelando pelas terríveis consequências que a irracionalidade de uma lei intemporal poderia trazer, e incrementando a justiça que uma rebelião poderia apresentar, porque a própria Razão assim o ditaria.

Claro que isto é uma interpretação demasiado audaz e nem todos os intelectuais norte-americanos a partilhavam, sendo sintomática a referência de ser este um dos problemas mais complexos com que os congressistas se confrontaram[2611].

Como quer que seja, todas estas reflexões serão importantes na conformação da futura Constituição norte-americana, feita a pensar na estima e consideração que a todos os congressistas merecia a Constituição inglesa. Talvez seja possível defender-se que a Revolução Americana, pelos pressupostos de que parte, foi a primeira das revoluções liberais num país novo, a última feita por ingleses – que o eram os colonos, sem dúvida – e a responsável máxima pelo nascimento da ideia de Democracia no mundo contemporâneo[2612].

Não subsiste qualquer dúvida do sentido histórico da Revolução Americana. Mas também é duvidosa a afirmação que ela foi feita em nome mais do direito individual Liberdade ou do de Igualdade. Ela estribou-se em nome de ambos e ambos se conjugaram no sentido de terminar com a inóspita situação de tirania imposta pela pátria da Liberdade[2613].

Sem que se terminasse com a desigualdade, não poderia haver Liberdade e a Liberdade dos norte-americanos conduziu-os a um teórico nivelamento social, no sentido de todos serem chamados a pronunciar-se sobre os destinos de uma pátria livre. Isto não foi de facto conseguido, na prática, por motivos que serão vistos adiante, mas estavam lançadas as bases para num futuro, algo distante, a questão fosse, a final, traduzida nesses mesmos termos. Teoricamente, o que existe nas duas assinaladas posições é uma diferença de pontos de vista, que não são inconciliáveis, antes complementares.

Um outro aspecto intrinsecamente ligado à questão da Liberdade e da História cifra-se na ponderação que qualquer das Revoluções Modernas, ao serem feitas em

---

[2611] Gordon S. Wood, pág. 9: "For James Otis, who was as well read as any American in both the English *Common Law* and the European theories of natural law, the conflict became especially acute. His frantic attempts to reconcile the two laws – Coke with Vattel – formed the crisis so his life and helped to tear his mind to pieces. Because he knew English history and the *Common Law* too well, because he clung too stubbornly to the veracity of seventeenth-century notions of jurisprudence and parliamentary supremacy, he was eventually compelled to sacrifice Vattel for Coke, to deny natural reason for the sake of historical truth, and miss the *Revolution*." Jean Beauté, pág. 73: "(...) en 1761 déjà, 'déclara froidement qu'un acte du Parlement contraire à la Constitution est nul, rénovant ainsi à l'usage de l'Amérique le vénérable dogme des Anglais selon lequel la *Common Law* est supérieure au droit législatif, (...)".

[2612] Jacques Godechot, *Les Révolutions (1770-1799)*, págs. 98 e 99. Conciliador e adepto da moderação, Jacques Godechot defende uma posição aceitável, vistos os pressupostos e os efeitos que a Revolução Americana congregou: "C'est l'opinion moyenne qui semble prévaloir. La guerre d'Amérique a été aussi une révolution politique, économique et sociale, mais elle a été modérée dans les deux derniers domaines".

[2613] Francisco Solano Constancio, *O Observador Lusitano em Pariz*, Janeiro 1815, redactor principal deste periódico e um Autor com predilecções mais "francesas" que "inglesas", escreve nas "Considerações", pág. 32: "(...) a perda das ricas colónias da America foi o resultado da infatuação do ministerio que contudo teve, ao menos no princípio, a seu favor a opinião pública, pois he huma verdade constante que o orgulho dos inglezes e a pouca conta em que tinham os seus colonos, que olhavão como escravos, os fez cerrar os ouvidos aos sabios e propheticos conselhos do grande chata."

nome da primeira inverteu o curso da segunda. O que a revolução trouxe de inovador foi aquela consideração, que ainda hoje subsiste, segundo a qual, não faz sentido pensar os Corpos Políticos sem pensar a ideia de Liberdade. Se o Antigo Regime preconizava a virtude e a justiça do Príncipe para com os seus súbditos, se nos quadros do jusracionalismo havia direitos individuais a serem respeitados e promovidos enquanto confirmação prática do exercício eficaz de uma justiça régia, agora os planos de análise invertem-se.

A Liberdade da comunidade, enquanto Corpo Político, significa a possibilidade de apenas ela e mais ninguém poder ditar regras a si mesma, sendo o soberano físico um mero executor das mesmas. Salvaguardam-se, pois, os direitos da comunidade, perante normativos fixos e insusceptíveis de ser modificados, a não ser por sua estreita indicação.

Esta a orientação expositiva no seio da Revolução Americana; não há grandes dúvidas que a sua influência na Europa terá sido moderada[2614]. Conhecida nos seus pressupostos e efeitos[2615], sabidos os seus máximos teorizadores e considerados como ponto de referência da ideia de Liberdade, há três ordens de razões que conduzem a apontar para esta solução.

Em primeiro lugar porque segue princípios mais ligados à *Common Law* e à Constituição inglesa, cuja repercussão prática, malgrado os encómios teóricos, nunca foi grande na Europa. Depois porque se trata de uma revolução que origina uma *Constituição Federal*, a que se somam as várias Constituições dos Estados Federados, sistema totalmente arredio aos Estados europeus de finais de Setecentos e princípios de Oitocentos. Finalmente, e sendo um argumento meramente formal vale o que vale, os norte-americanos e a sua revolução estavam longe e as repercussões comparativas de uma rebelião feita aqui, "mesmo ao lado", certamente teriam de ser maiores e mais sentidos.

[2614] Hannah Arendt, pág. 54: "Foi a Revolução Francesa e não a Americana, que pôs o mundo a fogo (...). A colonização da América do Norte e o Governo republicano dos Estados Unidos constituem, talvez, o maior e certamente o mais arrojado, empreendimento dos homens da Europa; contudo este país foi pouco mais do que uma centena de anos da sua História verdadeiramente ele próprio, em glorioso ou não glorioso isolamento do continente-mãe. (...). *A triste verdade do caso é que a Revolução Francesa, que terminou em desastre, fez História no mundo, enquanto a Revolução Americana, de êxito triunfal, permaneceu um acontecimento com pouco mais do que uma importância local*." Adiante, a pág. 61, reafirma a mesma ideia: "(...) nada mesmo de remotamente comparável em qualidade ao nível do Pensamento resultou da Revolução Americana, *as revoluções tinham definitivamente ficado sob o domínio da Revolução Francesa em geral e sob o predomínio da questão social em particular*. (Isto é verdade mesmo para Tocqueville, cuja principal preocupação foi estudar na América as consequências daquela longa e inevitável revolução de que os acontecimentos de 1789 foram apenas a primeira fase. *Relativamente à própria Revolução Americana e às teorias dos fundadores, ele permaneceu curiosamente desinteressado*)."

[2615] Segundo Rolf Reichardt, "Révolution", *Dictionnaire Européen des Lumières*, pág. 940, "le combat pour l'independance des colonies anglaises d'Amérique du Nord représente un modèle nouveaux, une révolution au sens positif, et trouve en France large écho. (...) Cette révolution tire son importance de ce que son effet libérateur procède d'une violence légitime et disciplinée. (...) La décision des colons de prendre les armes pour leur independance y est accueillie avec enthousiasme comme le débout d'une ère nouvelle." Isto não significa que a Revolução Francesa tivesse sido "programada" pela Americana; o que pode simbolizar é a percepção da legitimidade possível de conferir a um movimento salutar, que não poderia confundir-se com a simples rebelião, contrária ao Direito Natural e ao Direito da Gentes.

DA HISTÓRIA DA IDEIA DE LIBERDADE (SEQUÊNCIA)

Se a isto se somar o facto de terem criado uma república ao invés da tradicional monarquia, fica completo o rol dos motivos da sua fraca aceitação[2616]. Com isto não se pretende entrar em contradição, uma vez que se defende a sua importância para Portugal e para o Vintismo. Simplesmente não passou de uma influência formal e não substantiva, de um demonstrar que se conhecia e se elogiava, mas não se seguia.

2. Os desenvolvimentos doutrinários da Revolução Americana na sua primeira fase

Os norte-americanos tiveram um espírito essencialmente prático. Cientes que sem os contributos estrangeiros no plano intelectual nada poderiam fazer e conhecedores dos meandros em que o Pensamento e as Ideias Políticas se moviam, tudo aproveitaram, sem excepção nem sectarismo, que os pudesse auxiliar. Esse o sentido que mais tarde darão ao povoamento da sua terra; recebendo gente de todos os lados e origens, transformaram-se no mosaico de Nações mais vasto que se conhece, situação que nos dias presentes ainda perdura[2617].

A consabida comunhão de ideias entre as elites norte americana e francesa por esse período era mais que evidência, veiculada por uma participação directa e recíproca nos respectivos eventos revolucionários ou pelo acompanhamento metódico de uma ideia de Liberdade que ambos os Estados perfilhavam[2618], malgrado as divergências que a "intromissão" da *Common Law* poderia introduzir.

De facto, nem pela existência de uma guerra insana mantida entre 1776 e finais de 1782, os norte-americanos deixaram de admirar o sistema de Governo que a Inglaterra tinha "inventado". Conseguidas as tréguas e depois o reconhecimento da

---

[2616] Lucien Bély, pág. 608: "Pendant la guerre d'Amérique, un Ecossais disait à un Français, en lui montrant quelques prisonniers américains: 'Vous vous êtes battu pour votre maître, moi pour le mien; mais ces gens-ci pour qui se battent-ils'" (Chamfort). Há uma resposta: bateram-se pelo seu direito à Liberdade e à Igualdade, suas verdadeiras "mestras".

[2617] O movimento das Luzes, ultrapassava as fronteiras francesas. Quer ao nível dos dirigentes mais sonantes da época quer no plano da própria "inteligentzia" de outros pontos do globo, a influência francesa foi mais que nítida e a América do Norte e seus País Fundadores não foram excepção. Entre os grandes nomes podem ser citados Thomas Jefferson, Benjamin Franklin, John Adams, James Harrington, George Washington e o recém-convertido inglês Thomas Paine. Esta mesma situação justifica a participação francesa na Guerra da Independência norte-americana e que La Fayette, um dos mais importantes homens da Revolução Francesa, tinha antecedentemente apoiado com todo o vigor. Tal apoio traduziu-se na luta armada junto a Washington e contra os ingleses em Yorktown, sendo um dos tais franceses que o primeiro Presidente americano qualificaria de "insubstituíveis".

[2618] Morton White, *The Philosophy of the American Revolution*, Oxford, New York, Toronto, Melbourne, 1981, pág. 4: "In spite of being philosophical borrowers, the revolutionaries deserve to have their philosophical reflections read carefully because they seriously used philosophical idéias while leading one of the great political transformations of history. Thought they wrote their philosophy as they ran, many of them were men of considerable intellectual power, trained in the law and fully capable of grasping most of what they read in the writings of distinguished moralists and jurists."

independência[2619], não enjeitaram nunca as suas tradições de leais súbditos da *Common Law*, quando já não da Inglaterra[2620].

Não se pode dizer que em matéria legislativa e de preparação da futura tecitura legal da pátria, tenham actuado com iguais reservas[2621] que em relação à independência.

[2619] *Gazeta de Lisboa*, 1782, nº 13, de 29 de Março de 1782, Supplemento e números sucessivos informa os leitores portugueses. Foi conturbada a decisão inglesa no que toca ao reconhecimento da independência americana. Tudo começou com a mudança de forças no Parlamento, que passou a não apoiar o ministério como antes sucedia, facto que desde logo impedia que este pudesse avançar com os seus instintos bélicos. Logo em 27 de Fevereiro foi renovada uma proposta partida de Conway, que requeria o final da guerra, e que antes tinha sido rejeitada por maioria. Essencialmente o que se pretendia era terminar com "uma guerra offensiva na *America*, com o impraticavel objecto de reduzir as Colonias á obediencia, [que] só servia d'enfraquecer os nossos esforços contra os nossos inimigos na *Europa*; e augmentando a inimizade entre a Grã-Bretanha e as Colonias, frustar as esperanças, e desejos, que S. M. benignamente expressou do Throno, de restaura para seu povo a inestimável benção da tranquilidade publica." Segundo o periódico, "esta proposta, depois de fortes debates, que durárão até às duas horas depois da meia-noite foi aprovada por 234 votos contra 215; e o mesmo succedeo, sem alguma opposição, a outra, que se lhe seguio, para dirigir ao Rei uma Representação, pedindo-lhe que ordenasse a cessação de todas as hostilidades na *America*." Jorge III não terá recebido esta proposta com o empenho que se previa, mas ainda assim os Comuns entenderam expressar-lhe "o seu agradecimento." A 30 de Março o tema continuou em cima da mesa. Sir James Lowther trouxe um importante "tema": "determinar se *se devera ou não continuar a guerra Americana*." Tal como o seu colega na sessão anterior defende o fim da guerra pelos desmandos que ele já custou interna e externamente à Nação, que boa parte da Câmara durante sete anos sempre impugnou e que continua a desenrolar-se. O discurso do Trono foi pouco propício a estes votos, embora seja do conhecimento geral que a responsabilidade não é do monarca. Segundo o parlamentar, a responsabilidade vai inteira para o ministério, terminado por considerar que "he pois preciso proceder a huma declaração específica, e pôr fim à guerra *Americana* por huma Resolução peremptória." No mesmo dia um conjunto de cidadãos notáveis da Escócia pedia também o fim da guerra, sendo o seu manifesto publicado em vários periódicos escoceses. A decisão adiada por tanto tampo acabou sair em forma de informação ao público português em 5 de Abril de 1782, Supplemento ao nº 14, onde se pode ler: "Assim que se decidio a importante questão, proposta a 27 do passado na Camara dos Communs, expressos pertencentes aos differentes Embaixadores, que toda aquella tarde haviam estado á espera, forão despachados ás suas respectivas Cortes, para annunciar a realidade de tão importante successo, o qual naturalmente deve alterar, quando não destruir, o systema, sobre que a presente guerra se conduz."

[2620] *Ibidem*, nº 14, de 2 de Abril de 1782. Dá-se notícia de que o próprio John Adams, o americano mais conhecido e prezado na Europa, descontando Benjamin Franklin, fora convidado e já lhe haviam sido endereçados passaportes para entrar em negociações em nome do Congresso americano. Quanto a Benjamin Franklin, que exercia idênticas funções em França, uma anedota que vem traduzida no mesmo periódico, nº 23, de 7 de Junho de 1782, Supplemento, relativa a uma notícia de 14 de Maio, ilustra a dependência em que os norte-americanos se encontravam, para negociar directamente com os ingleses; tudo dependeria da boa vontade francesa: "Aqui tem chegado há pouco alguns cavalheiros *Inglezes*, e se sabe de certo, que tres forão procurar Mr. *Franklin* em sua casa, e que este os recebera com toda a urbanidade. Depois de terem conversado em materias indifferentes, voltarão à conversação sobre os Norte-americanos. Percebendo Mr. Franklin que o seu fim era fallar-lhe em negocios relativos á pacificação da *America*, se ergueo immediatamente, perguntando-lhes se já tinham fallado a Mr. *De Verguennes*: e como lhe responderão, que ainda não o havião visitado lhes disse, que elle não podia ouvillos em similhantes materias, sem primeiro terem conferido com o ditto Ministro. Esta anedota demonstra bem claramente, que o Ministro *Americano* não tem poder para negociar com a *Inglaterra*, nem formar tratado algum sem huma antecipada participação, e consentimento da *França*."

[2621] *Ibidem*, 1783, nº 3, de 25 de Janeiro de 1783, segundo Supplemento. É apresentada a *Resolução do Congresso Americano contra o projecto de huma paz separada com a Grande-Bretanha*: "Resolveo-

DA HISTÓRIA DA IDEIA DE LIBERDADE (SEQUÊNCIA)

No primeiro caso sabiam que era preciso adaptar; no segundo o corte radical era a única via que entendiam seguir.

Isto mesmo conduziu os norte-americanos a aceitarem um conjunto de concepções que, se para os europeus andavam em discussão pela roda dos salões literários[2622] e eram, no geral, defendidos na teoria, na prática se revelaram de difícil execução.

Dito por outras palavras, existem grandes linhas de força que os norte-americanos irão seguir para em sequência levarem por diante a tradução prática das mesmas: o estado de natureza, o pacto social, os direitos individuais, a soberania, a representatividade e a separação de Poderes. Como quem diz, a temática da Liberdade política do cidadão e da sociedade.

Há uma etapa subjacente essencial aos direitos fundamentais propostos pelas revoluções do Individualismo: a ideia de Liberdade[2623], que se associa a de Igualdade[2624].

-se *unanimemente* que o Congresso deseja huma paz honrada e permanente: mas que o único meio de a obter, segundo elle vê, he o observar uma inviolavel adherencia ao Tratado de Alliança com S. Majestade Christianissima, e de não concluir paz, nem tregoa separada com a Grande-Bretanha: que elle continuará a guerra com vigor, até que pela Graça de Deos, e pela sua benção, espalhada sobre as Armas Unidas, se conclua huma paz feliz, ficando devidamente asseguradas a plena e absoluta Soberania, e a independencia destes Estados Unidos, e eficazmente garantidos os interesses dos Confederados, como tambem dos seus Alliados. Que o Congresso não entrara em proposta alguma de pacificação, senão em confidencia, e de concerto com S. M. Christianissima." Esta nota confirma a anterior.

[2622] Benjamin Franklin, *Autobiography*, Leonard W. Labaree, Ralph L. Ketcham, Helen C. Boatfield and Helene H. Fineman, Yale University Press, New Heaven and London, 1967, págs. 141 e ss. dá nota do ambiente cultural que se desenvolveu com certa facilidade nos Estados Unidos antes da independência e suas motivações. Sobre Autor e Obra em termos analíticos, vejam-se as nossas considerações neste capítulo, mais adiante.

[2623] Bernard Bailyn, "Common Sense", *Fundamental Testaments of the American Revolution*, pág. 9: "(...) the British constitution had been under attack before, and although at certain junctures in the past drastic action had been necessary to re-establish the balance, no one of any importance had ever concluded that the constitution itself was at fault; no one had ever cast doubt on the principle that liberty, as the colonists knew it, rested on – had in fact been created by – the stable balancing of the three essential socioconstitucional orders, the monarchy, the nobility, and the people at the large, each with its appropriate organ of gouvernment: the Crow, the House of Lords, and the House of Commons."

[2624] Gregorio Peces-Barba Martinez e Eusebio Fernandez Garcia (Dir.), *Historia de los Derechos Fundamentales, I: Transito a la Modernidad. Siglos XVI y XVII*, Madrid, Editorial Dykinson, 1998, pág. 1, "Introducción": "[La] investigación sobre la historia de los derechos humanos tiene un objeto central: intentar ofrecer las claves para entender ese fenómeno fundamental en la cultura política y jurídica moderna, decisivo para hacer posible el objetivo del humanismo moderno: convertir al hombre en el centro del mundo y centrar al hombre en el mundo. A partir de ese punto de vista humanista se explica y se puede ser, así, entender el movimiento histórico de la modernidad que es, a la vez, de progresiva humanización y de creciente racionalización. La humanización supone profundizar en cada hombre las dimensiones de su condición y generalizar lo más posible esa condición, extendiéndola a toda la comunidad de seres humanos. Para ese objetivo los derechos humanos serán un instrumento de capital importancia por su tenor liberador, y el proceso de racionalización que principalmente supone sometimiento del poder al Derecho, organización de las instituciones, y estabelecimiento de una moralidad pública – valores principios y derechos – el camino para su estabelecimiento y consolidación, desde una fundamentación ética y un despliegue histórico de positivación." Sobre a dificuldade conceptual na interpretação dos direitos humanos com outros conceitos afins, nomeadamente os direitos fundamentais ou os direitos individuais, veja-se a síntese de Antonio Enrique Perez Luño, *Derechos Humanos, Estado de Derecho y Constitución*, Madrid, Tecnos, 1984.

E a Revolução Americana não foge aqui à regra, porque se trata de uma Revolução Moderna e, logo, não pode deixar de individualista, apesar de os seus promotores serem todos de origem inglesa. Por isso deveriam teoricamente patrocinar o anti-revolucionarismo, questão que ultrapassavam rapidamente ao interrogarem os ingleses acerca dos fundamentos que haviam descortinado para, eles mesmo e orgulhosamente patrocinarem a *Glorius Revolution*[2625]. Uma vez mais resolveram o problema.

2.1. Estado de natureza e pacto social

Em 1776, quando se decidiram ao corte com a Inglaterra, por força do incumprimento do pacto por parte desta, os propósitos assumidos pelos Pais Fundadores eram moderados. Todos os Autores consultados estão concordantes com isso mas, falta saber, os termos em que essa moderação teve ou não força para se impor, eventualmente averiguando se na América dos Norte, como depois em França, a força do chamado jacobinismo não terá tido peso específico activo.

Admitia-se o direito de resistência[2626]. Ideia que remontava à Idade Média, era agora reinterpretada pelos revolucionários norte-americanos para considerar que ele seria a última possibilidade conferida ao Povo para defender a sua Liberdade. Em todos os tempos da História, segundo diziam[2627], as facções e as guerras tinham resultado de respostas, mais ou menos razoáveis, mais ou menos fundamentadas, a actos de tirania e opressão protagonizados pelo Poder.

Em caso algum aceitavam excessos de Liberdade dos povos. Patente na *Declaração de Independência* este direito de resistência compagina uma ligação entre Antigo e Moderno, entre "Velha Ordem" e "Nova Ordem", em nada ficando a dever, senão no impacto que teve, na sua congénere francesa de 1789.

A explicação encontra-se além-Atlântico, mas encontra-se também em Inglaterra e nos desenvolvimentos da *Glorious Revolution*; contrapondo *tories* e *whigs* e dando os primeiros prioridade à figura do Rei e os segundo à do Parlamento. O que isto significa só os ingleses o entendem na perfeição; os defensores do Parlamento, visto como radicais, são os mais conservadores da tradição da Constituição inglesa e do seu regime temperado. E depois, dentro dos próprios *whigs* existe uma corrente mais austera na defesa dos princípios liberais, que aceita como boa a ideia de tensão permanente entre

---

[2625] Porque assumiram em definitivo a teoria de Locke, certamente os norte-americanos não se terão coibido de a pôr em prática. E, se é verdade que todo este debate foi sustentado em termos doutrinários pelos mais reputados dos Pais Fundadores, não deixa de ser certo que os antigos colonos mais não fizeram que adaptar e adoptar os ensinamentos fornecidos pela Inglaterra. Todos sabiam no séc. XVIII a justificação inglesa para a *Glorius Revolution* por força da violação contratual patrocinada por Jaime II. Em 1776, os norte-americanos descreveram a sua própria revolução como resultado de uma quebra pactícia semelhante do contrato originário celebrado entre Rei e Povo.
[2626] Os norte-americanos argumentavam que se em Inglaterra fora invocado o direito de resistência contra Jaime II para legitimar a *Glorius Revolution*. Eles mesmos teriam agora esse direito, por força da quebra do contrato original celebrado entre Rei e súbditos. Foi isso que John Dickinson, "Letters for a Farmer in Pennsylvania to the Inhabitants of the British Colonies", *The Life and Writings of Dickinson*, Historical Society of Pennsylvania, Philadelphia, 1768, pág. 310: "The King by withdrawing his protection and levying war upon us, has discharged us of our allegiance, and of all obligations to obedience: For protection and subjection are mutual, and cannot subsist a part."
[2627] Josiah Quincy, Jr., Memoir *of the Life of Josiah Quincy*, pág. 304.

Poder e Liberdade[2628], na medida em que "Whatever is good for the People is bad for their Gouvernors; and what is good for the Gouvernors, is pernicious to People."

Era nisto que os *whigs* acreditavam, ao menos parte deles, manifestando uma situação de conflito latente entre emissário e destinatário dos comandos normativos e que se transmitiu aos norte-americanos.

Saliente-se, neste contexto, a percepção que havia da necessidade de associar os ensinamentos do Pensamento político, com os do Direito Público e da História das Ideias. É o próprio Washington a defender que[2629], do mesmo passo que o valor dos Tratados celebrados com a Europa depende de se manter incólume a União, "Nós seremos deixados quasi no estado de natureza, onde poderemos achar pela nossa propria e infeliz experiência, *que há huma progressão natural, e necessaria da extremidade d'Anarquia á extremidade da Tyrannia: e que o Poder arbitrario s'estabelece mui facilmente sobre as ruinas da Liberdade, de que se tem abusado para afazer degenerar em desordem.*"

As teses do jusracionalismo, defendidas pelos teóricos do Absolutismo europeu, nos diversos cambiantes que se conhecem, encontram perfeita conjugação com os ensinamentos propagandeados por ilustres defensores do empirismo inglês, pois que no mesmo documento se suscita nova questão, inegavelmente importante para o debate.

Diz Washington que "Neste estado d'uma Liberdade absoluta, d'huma segurança perfeita, quem he aquelle que murmurará de ceder huma muito pequena porção dos seus bens, por soster os interesses communs da Sociedade, e para ter segura á sua parte a protecção do Governo? (...)" Recordando o grau de cultura acima da média assinalado aos intelectuais norte-americanos e que apesar de ser militar, era homem de indiscutível valor, está dada a resposta para estas observações do primeiro Presidente norte-americano.

Locke, ele mesmo o grande teorizador da *Glorious Revolution* e cujas ideias filosóficas eram o oposto das de Hobbes, esteve intrinsecamente ligado ao desenvolvimento da teoria dos direitos dos indivíduos, se bem que numa formulação essencialmente objectiva. Se os homens nascem livres e iguais, todo o Governo deve ser limitado na passagem do estado de natureza ao estado de sociedade e, nesse contexto, para defesa da Propriedade, da Liberdade, da Igualdade, da Vida e outros direitos, é imprescindível o concurso de leis e tribunais. Ao lado de Burlamaqui[2630], certamente terão sido dois dos mais importantes contributos para os revolucionários norte-americanos.

Ponderando o circunstancialismo inadequado do estado de natureza para uma correcta convivência entre os homens, deve passar-se ao estado de sociedade mediante a utilização do pacto social. Contudo, por muito útil que seja o Estado, há uma zona intocável de direitos a ser preservados, sendo certo que os mesmos nunca poderão questionar-se, precisamente por serem invioláveis e participarem da categoria de direitos naturais do Ser humano[2631]. Além disso, na visão do Liberalismo lockiano, são

---

[2628] J. G. A. Pocock, *The Machiavellian Moment*, New Jersey, 1975; Gordon S. Wood, págs. 18 e ss.
[2629] *Gazeta de Lisboa*, 1784, n.º 5, de 6 de Fevereiro de 1784, Supplemento.
[2630] R. F. Harvey, *J.-J. Burlamqui. A Liberal Tradition in American Constitucionalism*, apud Alain Renaut, *Histoire de la Philosophie politique*, III, pág. 77: "Offrant comme une synthèse des théories élaborées pendant plus d'un siècle, l'oeuvre ainsi produit apparaît aujourd'hui avoir exercé as principale influence sur la pensée libérale américaine dans les années qui devaient conduire aux premières déclarations des droits de l'homme."
[2631] *Declaração dos Direitos da Virgínia*, de 16 de Junho de 1776: "Todos os homens são por natureza igualmente livres e independentes e têm certos direitos inatos de que, quando entram no estado de sociedade não podem, por nenhuma forma, privar ou despojar a sua posteridade, nomeadamente

estes direitos que limitam o Poder político[2632], cujos contornos apresentam motivações diversas por comparação com as teses do jusracionalismo continental.

Neste contexto, existem Autores que defendem a existência de uma filosofia autónoma norte-americana, que partindo dos contributos europeus, a breve trecho deles se autonomiza em ordem à criação de um espaço próprio de reflexão. Naturalmente que a observação é correcta, desde que a mesma se entenda como uma adaptação necessária da lucubrações do Novo Mundo em presença de contributos idos do Velho e cujo grau de aplicabilidade nunca poderia ser extreme.

Quando o Pensamento se direcciona em determinado sentido, mas está condicionado por uma reflexão de ordem histórica e cultural, imposta por circunstâncias políticas e sociais plasmadas em instituições e, quando o raciocínio se projecta num tempo e num espaço onde essas instituições sendo conhecidas se pretendem reinventar, certamente que tem de se criar um espaço próprio para a reflexão.

Por isso é que existe a História das Ideias Políticas, na conformação que se defende na presente pesquisa e, do mesmo modo é que não apenas é importante estar de posse do conhecimento das Ideias, mas do seu reconhecimento, perante os desafios que lhes são colocados em termos interpretativos e aplicativos.

E, também nesse sentido, importa tornar compreensíveis os escritos dos promotores desta eventual nova percepção das Ideias Políticas, uma vez que é da interpretação dos mesmos e seriação das suas ambiguidades, indefinições ou emancipação de uma paternidade histórica que certamente têm, que se pode reproduzir uma diversa ou equivalente forma de encarar solicitações comuns.

O resultado destas observações práticas no plano da aplicação da teoria europeia, permitem inserir, por exemplo, o tipo teórico de Contratualismo social preferido dos colonos norte-americanos, subsumido a uma das várias formas de pacto enformadoras da colonização britânica, que não interessa desenvolver, mas que se podem afirmar como a primeira manifestação convencional entre o Criador e os indivíduos, em ordem à formação de uma nova sociedade.

Havia, efectivamente, pacto social; de resto por vezes História e lenda têm pontos de contacto extremamente válidos como planos de raciocínio e julga-se este o local apropriado para buscar essas sobreposições. A lenda do Mayflower não foi, para o que interessa em particular e porque provado em termos históricos, apenas uma lenda com contornos de romance *a posteriori*.

O Mayflower não apenas existiu como é neste ponto exacto, um dos mais importantes contributos para a ideia de Contratualismo social que antecede o debate acerca da Liberdade individual e política do cidadão, da Liberdade da sociedade e

---

o gozo da Vida e da Liberdade, com os meios de adquirir e possuir a Propriedade e procurar e obter felicidade e segurança"; *Constituição do Estado de Massachusetts*, de 1780, apud Martim de Albuquerque, *Da Igualdade – Introdução à Jurisprudência*, Coimbra, 1993, pág. 46: "Todos os homens nasceram livres e iguais, e têm certos direitos naturais, essenciais, e inalienáveis, e entre eles se deve contar primeiramente o direito de gozar da Vida e Liberdade, e o de defender uma e outra, depois destes, o direitos de adquirir Propriedades, possuí-las, e protegê-las, em fim o direito de obter a sua segurança e a sua felicidade."

[2632] Cecilia M. Kenyon, "The Declaration of Independence", *Fundamental Testaments of the American Revolution*, pág. 31: "The two Lockeian concepts which met the strongest resistance in colonial America were the idea of equality and the idea that the purpose of gouvernment was to secure the natural rights of men as individuals."

permite a distinção entre Contratualismo europeu, em versão iluminada e abstracta, e Contratualismo histórico, com raízes teocráticas[2633].

A questão, em sequência, resume-se em poucas palavras. Depois da nova sociedade formada, continua a vislumbrar-se o dedo do Criador na origem do Poder, uma vez que os puritanos são uma seita protestante; teorizam e aplicam tenazmente a tese da predestinação e consideram que todo o Poder civil tem origem divina. Por isso, teoreticamente pretendem transformar a organização da sociedade civil numa cópia fiel da sociedade religiosa.

Donde a submissão voluntária da primeira à segunda, sendo necessário que os chefes das duas coincidam. Corolário do que se diz, o pacto de Poder celebrado entre os homens é simultâneo ao pacto "de Graça" que Deus lhes propõe e se torna aplicável a toda a comunidade civil.

É o calvinismo ao seu melhor nível, com inédita mistura de anglofonia assoberbada e consequências conhecidas. Apenas interessa aqui recordar que desde as origens da colonização norte-americana houve pacto social querido e vivido entre os membros das diversas comunidades[2634], ainda que a conformação então seguida seja diametralmente oposta às propostas que a Europa jusracionalista e iluminada avança e que os próprios Pais Fundadores irão subscrever, assim se afastando desta primitiva e teocrática teorização.

Ficou assinalado o pacto social que sucede ao estado de natureza, com uma brevíssima incursão no pacto de Poder. Em sequência, importa aferir os demais pressupostos enunciados. E, desde logo, que a Revolução Americana fez-se para alterar um sistema de Governo acima de tudo e mais que qualquer outra coisa, sendo certo que a preservação dos direitos inalienáveis, melhor ou pior, era já garantida pela *Common Law*, pela qual continuaram a guiar-se em grande medida. A Liberdade política em Inglaterra existia; os norte-americanos não tiveram que a criar e apenas se limitaram a adaptá-la.

Os acontecimentos subsequentes à rebelião dos colonos, virão a alterar a conformação da Nação norte-americana, mas não se podem considerar a forma inicial do acordo que os vários Estados, entre os seus cidadãos e eles próprios, estabeleceram[2635].

Será possível mesmo e na interpretação de certos Autores afirmar que a Revolução Americana não se fez em nome da Liberdade política dos cidadãos, uma vez que essa

---

[2633] António Truyol y Serra, *História da Filosofia do Direito e do Estado*, II, pág. 236: "(...) pacto dos peregrinos puritanos do Mayflower, que por força de vicissitudes climáticas foram arrastados pelos ventos um local diverso do previsto na sua chegada à América inglesa. Em função de tal, "subscreveram entre si um novo contrato, de acordo com o qual, 'em presença de Deus e uns para com os outros', acordavam em 'constituir-nos juntos num corpo civil e depois político', e em virtude disso 'ditar, constituir e conceber justa e equitativas leis, ordenações, decisões, constituições, administrações, (...), conforme seja bom e conveniente para o bem geral da colónia, às quais todos aqui juramos submissão e obediência'." Este pacto data de 21 de Novembro de 1620.

[2634] Gordon S. Wood, pág. 271, aponta, a título exemplificativo a posição do depois federalista Hamilton, que acerca da questão se pronunciava do seguinte modo: "The origin of all civil government, justly established, must be a voluntary compact, between the rulers and the rule. God had ordained for all Community has, regularly and orderly settled this authority upon particular men, they have a divine right to execute just that authority over the person that is thus committed into their hands but no more."

[2635] Edmund S. Morgan, "Constitutional History Before 1776", *Encyclopedie of the American Constitution*, I, New York, 1986, págs. 366 e ss.; Donald S. Lutz, *The Origins of American Constitution*, Baton Rouge, 1988, págs. 23 e ss.; Pinheiro Chagas, *História de Portugal*, VII, pág. 224.

já existia nas colónias da América inglesa[2636], sendo certo que os governadores nomeados pelo monarca inglês nas colónias reais e pelos Lordes proprietários nas colónias de atribuição senhorial[2637], mais não faziam que representar o Poder supremo[2638].

Teria, sem dúvida, que existir Liberdade política na América inglesa, vistas as suas instituições representativas e o grau de participação que nelas tinham os cidadãos antes de 1776.

O que não havia era a independência política e um Estado soberano onde ela se exercesse e isso fazia toda a diferença para os colonos.

2.2. O Individualismo na democracia norte-americana: representatividade e soberania

A questão do republicanismo trazia consigo o problema da Igualdade que, dentro dos direitos individuais, era considerado pelos norte-americanos como direito fundamental a ser preservado sob forma intransigente, a que correspondia o competente dever de Igualdade. Mesmo que não soubessem muito bem o que isso significava[2639].

Sempre se sabia que uma república implica o sacrifício de interesses individuais ao Bem comum da Nação; para atingir essa meta serviram-se dos meios habituais adaptados aos moldes que lhes serviam, pondo para esse efeito a pena dos mais afamados

---

[2636] Dmitri Georges Lavroff, pág. 237: "En effet, les Américains (...) ne revendiquaient pas la liberté politique, puisqu'ils avaient pris l'habitude de se gouverner eux-mêmes (...)"; Pinheiro Chagas, *História de Portugal*, VII, págs. 222 e ss.

[2637] É possível afirmar que mesmo no período da colonização estas instituições, então na dependência da Inglaterra, haviam funcionado, constituindo o ponto de partida para a futura organização institucional americana. Na verdade, se os governadores das várias colónias representavam o Poder da potência colonial – a Inglaterra – a eles cumpriam uma série de missões desempenhadas, à escala das colónias americanas, por equivalência ao Rei de Inglaterra. Desde os atributos administrativos (nomeação de funcionários, controle das despesa, comando das tropas e convocação das Assembleias legislativas coloniais), passando pelos religiosos, como chefe da Igreja anglicana e pela presença que deveria ter nas reuniões magnas, não havia grande diferença factual entre a sua actuação e a do seu real amo. Por outro lado, nas colónias havia Câmaras legislativas com bastantes semelhanças às inglesas, sobretudo no que respeita aos Comuns, já que certamente os Lordes não proliferariam por aquelas paragens. O tipo de voto era igualmente semelhante ao inglês – censitário – mas nunca houve uma reciprocidade de tratamento entre a participação de ingleses nos Parlamentos norte-americanos e de norte-americanos no inglês. E a última palavra sempre cumpria aos ingleses, que legislavam imperativamente para todo o território, colónias incluídas, o que desde logo era um enorme entrave ao desenvolvimento particular das colónias.

[2638] George Jellinek, *Les Déclarations des Droits de l'Homme et du Citoyen, Contribution a l'Histoire du Droit Constitutionnel Moderne*, traduit de l'allemand par Georges Fardis, Paris, 1902, pág. 84, menciona um escrito de James Otis, datado de 1764 e intitulado *Les Droits des colonies anglaises*, onde a dado passo se escreve: "un jour peut venir où le parlement déclarera nulle et de nul effet toute charte américaine; mais ce jour là les droits des colons, comme *hommes* et comme citoyens, ces droits naturels inhérents à leur qualité, inséparables de leurs têtes, ne seront pas atteints. Les chartes peuvent varier, ces droits durent jusqu'à la fin du monde"; Armando Marques Guedes, *Ideologias e Sistemas Políticos*, 1984, págs. 117 e ss. e o clássico Pinheiro Chagas, *História de Portugal*, VII, pág. 226.

[2639] Até os mais conceituados teóricos do Liberalismo e das "Revoluções Atlânticas" manifestavam alguma dificuldade em definir o novo "modelo" de Governo que se propunha. É o caso de Thomas Paine, *The Rigths of Man*, 1791 e 1792, em tradução portuguesa *Os Direitos do Homem*, Mem Martins, Europa América, 1998, pág. 120: "Aquilo a que se dá o nome de República não é nenhuma forma particular de Governo. É completamente característico do sentido, causa ou objectivo pelo qual o Governo devia ser instituído, e daquilo a que tem de se dedicar: RES PUBLICA, os assuntos públicos, ou o bem público; (...) a coisa pública."

escritores ao serviço da pátria. Nem sequer será preciso proceder à sua enumeração; todos ou quase todos atribuíam as desgraças das humanidades às monarquias do Absolutismo esclarecido na Europa; todos elogiavam a Constituição inglesa que viam necessitada de reformas; todos prometiam construir um país melhor e a salvo de todos esses vícios. Todos queriam, por essa época, uma república democrática.

Disso mesmo dá conta a moderna história dos Estados Unidos[2640], salientando que "no phrase except 'liberty' was invoked more often by the Revolutionaries than 'the public good'"[2641]. Ou, numa linguagem versificada e sugestiva que se aponta no mesmo lugar,

> "Here Governments their last perfection take.
> Erected only for the people's sake. Founded
> no more on Conquest or in blood but on
> the basis of the Public Good. No contests
> then shall mad ambition raise, no chieftains
> quarrel for a sprig of prise, no thrones shall
> rise, provoking lawless sway, and not a King
> to could the blissful day."

A Liberdade é vista como o requisito mais essencial do Governo e no Governo, ainda que o republicanismo não sirva para eliminar os vícios da governação. Esta conclusão que é dos tempos que correm, não é incompatível com o reconhecimento que a sua refundação Moderna patrocinada pelos norte-americanos se constituía como uma promessa de nova Era de estabilidade entre governantes e governados.

Acompanhado a Liberdade política, só a sua congénere Igualdade poderá assegurar a existência da república. Não é difícil transformar a Liberdade em direito político no seio de uma monarquia constitucional, quanto mais numa república. Mais complexo seria, nessa época, proceder de idêntico modo em relação à Igualdade[2642].

Os próprios norte-americanos foram confrontados com essa situação; querer equiparar indivíduos significava o reconhecimento que havia desigualdades e, em simultâneo, ao invocar a Igualdade, estavam a negar que as mesmas existiam. O contra-senso era óbvio e ia embater com a própria Liberdade civil, que tendia à preservação

---

[2640] Gordon S. Wood, pág. 55.

[2641] O que os revolucionários norte-americanos queriam dizer tem subjacente não apenas Locke, na sua forma de empirismo de carácter geral, mas sobretudo vira-se para um utilitarismo que os ingleses tinham sido os primeiros a teorizar. Se num Governo livre a felicidade pública se identifica com o bem-estar do Povo, uma espécie de "matter of common feeling" fundada no "common consent" do Povo, a melhor forma de o realizar é dar ao Povo a mais ampla voz no Governo. Apenas desta forma, entendiam os *whigs* norte-americanos poder afastar a tirania.

[2642] Cecilia M. Kenyon, "The Declaration of Independence", *Fundamental Testaments of the American Revolution*, pág. 31, aponta a situação anterior independência norte-americana, em que a questão da Igualdade era já debatida e fortemente atacada pelos sectores menos progressivos da sociedade da então colonial América inglesa. Assim, "Opposition to (...) equality, was expressed clearly and explicitly and is easily traced in the political sermons of New England clergymen. In 1772, William Burnham of Connecticut associated the idea of equality with 'atheistically wits', argued that there be could no government at all if men's conditions were alike, and declared that God judged and determined what men's conditions in this should be, 'whether high or low... Rich or poor.' In 1740, William Cooper of Massachusetts preached: 'The Notion of Levelism has a little Foundation in Nature as in Scripture. Remarks of this sort were not unusual in the first half of the 18th century, nor were they peculiarly American."

da Propriedade, juridicamente tutelada e com a dignidade de direito natural, sendo certo que nem todos podiam ser efectivos proprietários de bens diversos que a sua própria vida.

Se a isto se somar o facto de todos eles serem declaradamente cristãos e, por aí, defenderem que "(...) human inequality to be the result of divine providence"[2643], poderá perceber-se bem o tipo de problema com que os autores da independência norte-americana estavam confrontados.

Na contingência, há três direitos invioláveis e inalienáveis em confronto. Sucederia muitas vezes ao longo da História e só mediante habilidosas interpretações os problemas se foram superando; mas, uma vez mais, e porque foram "os primeiros" a confrontar-se, na prática, com o problema, foram "os primeiros" a ter de habilidosamente reverter a situação[2644].

O que importava era destruir a base onde a desigualdade se fundava, ou seja, a forma como o Poder político se organizava no plano institucional e que manifestava o predomínio de uns sobre os outros. Conseguida essa equiparação da base, em que todos poderiam manifestar a sua voz, era admissível que determinadas desigualdades se mantivessem.

Portanto, se havia possibilidade de controlar a Igualdade de manifestação dos cidadãos no que toca ao Governo e sua composição, mediante eleições livres e incondicionadas, depois disso era possível aceitar-se a desigualdade, patrocinada pela própria defesa do outro direito inviolável da Propriedade, em tudo o que ele não conflituasse com a Liberdade. Era o mérito e nenhuma outra razão que deveria presidir à ascensão política e isso tanto poderia provir de descendentes de grandes famílias como de filhos de lavradores; o mérito era a aferição que se pretendia.

A Assembleia representativa deveria ser um mosaico da Nação; como consegui-lo? Como ultrapassar a traição que entendiam os parlamentares ingleses terem feito ao seu Povo?

Cumpre, porém, alertar que a interpretação das Ideias de Liberdade e de Igualdade, tal como são entendidas pelos norte-americanos, se afastam da que posteriormente (em 1822) será sufragada e em nosso entender pelos constituintes portugueses. Tal questão será clarificada a seu tempo.

Uma primeira hipótese a colocar no presente quadro, seria espaçar menos as eleições, de tal modo que os parlamentares se sentissem na contínua dependência do Povo e o Governo não pudesse executar nada que não fosse efectivamente fiscalizado pelos cidadãos[2645]; outra possibilidade era o aumento considerável do número dos representantes[2646]; finalmente discutia-se a questão do alargamento da capacidade eleitoral, entendendo parte dos revolucionários que a universalidade era desnecessária[2647].

[2643] Idem, *ibidem*, pág. 31.
[2644] Idem, *ibidem*, págs. 32 e 33, defende que cerca de 1776 "Americans had, at last, como to recognize the inevitability, and therefore the limited legitimacy, of diverse and conflicting interests in society."
[2645] Gordon S. Wood, págs. 166 e 167 e notas respectivas.
[2646] Thomas Paine, *O Senso Comum e a Crise*, 33 e 34. O número mínimo de delegados por colónia deveria ser de trinta e as Assembleias anuais.
[2647] Gordon S. Wood, pág. 168: "(...) the Revolution came in time to mark a decisive turning point in the development of American thinking about voting. Although not as a result of clearly intended theory the right to vote and the electoral process in general were set on a path to becoming identified an American thought with the very essence of American democracy."

A concepção que presidia a este tipo de entendimento ressentia-se de dois preconceitos: primeiro, boa parte dos norte-americanos, ainda que revolucionários, não haviam conseguido erradicar por completo a mentalidade que lhes fora incutida desde o berço pelo sistema inglês, que tantos admiravam, mesmo admitindo a necessidade de o renovar. Por outro lado, era também nítido o receio que o sistema "um homem--um voto" acabasse por se tornar falacioso, porque sempre havia o risco daqueles que detinham poder e influência poderem manobrar no sentido de influenciarem os mais pobres, os mais servis, os mais indigentes. E por essa via, viciar os resultados eleitorais.

O sistema liberal acabou por prevalecer sem que isso parecesse adulterar a Democracia por aquela época. Excluindo do sufrágio os homens que nada tinham de seu além deles próprios, os acima apontados inconvenientes ficavam superados, não se verificando qualquer violação da Democracia, porque isso era uma "pequena" concessão que se via como necessária à sua conservação. Resolvido este ponto, todas as eventuais divergências entre os intelectuais norte-americanos e os legisladores no Congresso se apresentavam como mínimas e atribuídas a diversas interpretações da ideia de representatividade.

Comparativamente em Portugal não se preconiza a "Democracia", como se fazia nos Estados Unidos ainda que pouco praticada[2648]. Em Portugal institucionaliza-se o Liberalismo. Isso acentua a falta de coragem norte-americana e a estreita ligação aos princípios franceses e espanhóis que os portugueses patrocinaram mas dando-lhes peculiar interpretação em nosso entender.

Tecnicamente, a Igualdade sempre se liga com os direitos civis e, sendo direito natural, não é fundamental nem para norte-americanos nem para franceses. Há sempre e em potência, indivíduos que são impedidos de a exercitar, ou porque são menores, ou porque são mulheres ou por outras razões, que nada têm de políticas mas se conformam a uma situação pessoal pré-definida na lei. Portanto, uma coisa são os impedimentos do exercício pleno da cidadania num plano potencial, eventualmente superados no futuro (questão da Liberdade política em Portugal como se verá), outra, bem diversa, aqueles que se ligam ao retirar em definitivo ou provisoriamente o exercício dos direitos de cidadania a quem é cidadão.

Foi isso que os norte-americanos reflectiram, muito embora não se tenham esquecido de retirar o direito de voto aos mais pobres porque a Igualdade política que se teorizava era impraticável, na sua plenitude, em 1787, conforme será tratado proximamente e em Estudo autónomo.

O que se defende traduz-se em poucas palavras. Na Democracia norte-americana, a Igualdade que deveria ser, por definição, política, é apenas formal, ou seja, uma Igualdade perante a lei.

Os norte-americanos faziam gáudio da Igualdade material, mas apenas aplicavam a formal, porque o mérito apenas se podia aferir em relação a certas pessoas – as que podiam votar ficando por provar se as que o não podiam fazer seriam menos meritórias. Há aqui, sem dúvida, uma contradição nos princípios, que à luz dos actuais conceitos impede de considerar por este período os Estados Unidos como uma Democracia. Era, porém, claramente uma sistema muito mais evoluído que todos os

---

[2648] Armando Marques Guedes, *Ideologias e Sistemas Políticos*, 1984, pág. 149: "O 24º Aditamento (1966) (...) aboliu as restrições censitárias (*poll taxes*) ao exercício do direito de voto, democratizando e consequentemente alargando o eleitorado (...)."

conhecidos na Europa e muito mais aberto que o inglês. Pelo que, se não era "ainda" uma Democracia, caminhava para a sua concretização.

A Revolução Americana foi uma revolução liberal, partiu de contributos diversos de cunho liberal e até absolutista. Quando quis de solapo, transformar-se em Democracia, os resultados esperados não poderiam corresponder às probas intenções dos seus promotores.

Isto prende-se com outro problema que anos decorridos virão a ser um dos maiores dramas da jovem república, qual seja a Guerra da Secessão. Havia demasiados escravos nos Estados Unidos; e havia demasiados donos de escravos sulistas que não estavam dispostos a abrir mão das suas "propriedades"[2649]. E havia um conjunto alargado de cidadãos a quem isso não só repugnava como era uma inversão dos princípios que tinham criado a América livre.

Por tudo isto se pode dizer que o republicanismo americano e a sua Democracia se foram construindo; a data de 1776, como depois a de 1787, são meramente indicadoras de um conjunto de princípios a incrementar e cuja coincidência, na transição manifesta em si a discordância de pontos de vista.

Serve a precedente observação para justificar o motivo porque desde o início da actual exposição se designa por "Democracia" os Estados Unidos. A representação popular nas Assembleias dos Estados pautou-se como um dos temas mais debatidos deste período; por força de tanta peleja, a certa altura nem mesmo se sabia já muito bem onde começava e terminava a sua fundamentação e sobrepunham-se os conceitos. Como quer que seja, a representatividade acabou como o tema fundamental das controvérsias no plano legal entre "ingleses" e "norte-americanos". Esse outro motivo que justifica alguma contenção na primeira fase da independência americana; julgava-se poder dispensar conflitos "secundários" entre independentistas, quando todos trabalhavam em prol da república e sua independência.

Ou então, fazendo apelo à observação de Hannah Arendt[2650], de que se discorda parcelarmente: "(...) a representação não é mais do que um problema de 'auto preservação' ou de interesse próprio, necessário para proteger as vidas dos trabalhadores e salvaguardá-las contra a usurpação do Governo; estas salvaguardas essencialmente negativas não abrem de modo nenhum o domínio político a muitos, nem podem fazer crescer neles aquela 'paixão da distinção' – 'o desejo não apenas de igualar ou de tornar semelhante, mas de exceder' – (...). Quando, na América (...) os pobres se tornam ricos, eles não se tornavam homens contemplativos cujas acções fossem provocadas por um desejo de sobressair, mas sucumbiam ao aborrecimento do tempo livre e, na medida em que desenvolviam também um gosto pela 'consideração e felicitação', estavam satisfeitos por obter esses bens tão baratos quanto possível (...). Em sua opinião, o fim do Governo continuava a ser a própria conservação."

Se isto realmente era assim, talvez que as preocupações dos Pais Fundadores até tenham ido longe demais.

A questão da soberania, cujos contornos são encarados à luz dos princípios do Liberalismo, preocupou os norte-americanos desde a primeira hora e foi vista na linha directa com o problema da representatividade. E, conhecendo o problema desde os

---

[2649] Hannah Arendt, *Sobre a Revolução*, pág. 71.
[2650] Idem, *ibidem*, pág. 68.

tempos da *Declaração da Independência* e dos *Artigos da Confederação*, mantém-se que o dilema não estava resolvido. A circunstância de haver "Estados Federados" e se preconizar a criação de um "Estado Federal" era em definitivo um óbice para que a questão se resolvesse sem delongas. Precisamente por isto, também, federalistas e anti-federalistas se desentenderam e a Convenção, como a opinião pública norte-americana, disso se ressentiram.

No fundo, quais os termos onde também aqui decidiram afastar-se da Inglaterra mantendo embora os pressupostos que a mesma sufragava em termos de soberania? Claramente as ideias de soberania popular e depois a de soberania nacional – conceitos operativos mais teóricos que práticos, pela impossibilidade efectiva de todos os indivíduos a exercerem no seu plano mais acabado, a feitura das leis – tiveram acolhimento pelos norte-americanos.

No plano discursivo, o exercício da soberania, tal como os ingleses a enformavam, residia no Parlamento, pela combinação dos Três Estados do Reino. Importa saber como irão os norte-americanos, sem Três Estados e porque não havia Rei, conseguir resolver este seu novo problema. Dele dependia não apenas a Liberdade política dos cidadãos, mas o próprio conceito de Liberdade da sociedade em presença dos "checks and balance".

A final poderá sintetizar-se de forma lapidar: a de há muito usada tese da soberania popular alcançou um valor em mãos norte-americanas que os mais reputados europeus, alguns bem radicais, com as suas bem programadas pregações tinham entrevisto, mas não conseguido concretizar até 1787. A Liberdade não era, para os norte-americanos e nesta fase da sua História, apesar do seu apego a Montesquieu, um Governo de leis, tornado eficaz mediante Cartas ou Constituições, Declarações de Direitos ou *Contratos*. Era um Poder existente no Povo em potência, em qualquer tempo e em qualquer lugar, em prol de uma causa ou sem causa visível. Sempre que se justificasse e o exercício da sua soberania o requeresse, a essência e a existência de um qualquer Governo poderiam ser modificados, alterando caso tanto se justificasse, esse por outro.

A Liberdade política, neste contexto e na visão norte-americana, significava não ter de obedecer às decisões do Parlamento britânico, uma vez que eles próprios enquanto colonos possuíam os seus Parlamentos estaduais, sendo o governador estadual encarado como uma espécie de vice-rei. As legislaturas provinciais seriam a autoridade suprema nas colónias e a conexão com o império britânico fazia-se em função do Rei, em termos de capacidade pessoal e não política. Em sequência, depois de 1776, entenderam algo de diverso porque a necessidade a que os conduziu a libertação da Inglaterra e, logo, a inexistência do ténue fio que fazia a diferença, o Rei, deixara de fazer sentido.

Por isso se compreendem tomadas de posição em sentido algo diverso, como as que defendiam que "that in every kingdom, state, or empire there must be, from the necessity of the thing, one supreme legislative power, with authority to bind every part in all cases the proper object of human laws"[2651].

Este o sentido do republicanismo e do publicismo democrático que presidiu aos destinos dos norte-americanos até aos debates da *Convenção de 1787* e elaboração da *Constituição Federal*. Esta a acepção da primeira época ou fase da História constitucional norte-americana. Este o enfoque que deve presidir à ideia de Liberdade dos cidadãos e da sociedade nos Estados Unidos da América do Norte.

[2651] Gordon S. Wood, pág. 353.

Em resumo e no que respeita à representatividade e à soberania, não restam dúvidas que os princípios do Liberalismo encontram nos Estados Unidos a sua plena consagração, por força da superioridade que se dá ao Legislativo sobre os demais Poderes. Como poderia haver um bom Governo numa saudável república se não debaixo do império das Leis?

A soberania era pertença do Povo e as razões antes aduzidas justificam-no plenamente.

2.3. Separação ou equilíbrio de poderes

Pondere-se agora outro aspecto: o relacionamento entre Estado e indivíduo-cidadão e a forma como os norte-americanos preconizavam a organização dos Poderes daquele em presença deste e durante a primeira fase da Revolução Americana.

Face à Constituição histórica inglesa, há contraposição entre o detentor do Poder – o Rei, que o exerce em conjunto com o Parlamento – e o detentor da Liberdade – o Povo, que é a sua origem e de que os Comuns eram representantes. No meio, uma magistratura togada era uma espécie de equilíbrio entre os dois Poderes eventualmente conflituantes, mas na prática bem mais ligada ao monarca que ao Parlamento. Isto obviamente não esquecendo o conhecimento pessoal que ao norte-americanos tinham da Liberdade política, eles mesmos e nos termos que ficaram apontados.

O problema norte-americano manifestou com acutilância a questão do tipo de relacionamento constitucional entre as várias partes de um império, bem como os modos pelos quais tal se poderia exercitar sem perca da Liberdade política e civil. Estas mesmas que serão em Portugal sobretudo evidentes depois de 1820 e aquando da elaboração da *Constituição de 1822*, com toda a polémica desbravada entre brasileiros e portugueses.

São conhecidas as críticas a esta situação pela coexistência de funções legislativas em distintos órgãos, com assento parlamentar; é sabido como o soberano pode influenciar com a sua presença o processo legislativo em Cortes e como as querelas entre as duas Câmaras podem paralisar a acção legislativa, para já não falar na governativa. Mas também é sabido que por esta via se encontrou o caminho para defender o homem livre dentro de uma sociedade livre, não por força de direitos abstractos e individualísticos, mas por via da consideração particular dos homens concretos, situados no tempo e no espaço.

Do exposto resulta que este tipo de Governo é, comparativamente, mais apto na defesa da Liberdade política e foi a este modelo que os revoltosos de 1776 se quiserem ater. Esta outra das vias por onde se compreende que não podiam deixar de ser moderados, "regeneradores" como diriam os homens de 1820, mas em pátria independente da que fora a autora da sua existência[2652]. Isto ainda quando o subsequente processo de democratização das instituições foi, por vezes, visto como demasiado "aberto" e tendo posteriormente sido alvo de reformulação com o federalismo.

Não sofrerá contudo controvérsia, que o respeito dos norte-americanos de 1776 à Constituição inglesa, não lhes resolvia o problema de ter sido por força dessa

---

[2652] Gordon S. Wood, pág. 201: "It was the degeneration of the English constitution from 'its purity (for what is at present stilled the British Constitution is an apostate),' its 'practice' not its theory which was 'on many accounts excellent,' that the Americans and English radicals were quarrelling with'. The fine design of the English constitution, as Richard Henry Lee wrote in 1776, had been' spoiled in the execution.'"

Constituição e dos Poderes separados que previa, terem os seus traumas começado. A questão do chá[2653], deferida pelos Comuns e que tanta celeuma originou, fora decidida pelos representantes do Povo e em nome do Povo. Ora, só ao Povo cumpria o lançamento de tributos, como defendiam os *whigs* e essa foi a solução apontada para as colónias[2654] pelo Povo "europeu".

Donde, a teoria da representatividade teve de ser bem pensada em 1776, para que erros crassos deste tipo não se voltassem a cometer. O Governo nunca poderia ser mais que assumida protecção para cada membro da sociedade, para que se sentisse em paz e segurança, pudesse gozar pacificamente da propriedade dos seus bens e ter a satisfação de todos os que a divindade lhe outorgara. O fim do Governo, numa palavra e para os norte-americanos de 1776, não poderia ir para além da preservação da Liberdade.

Desconfiados do Poder dos governantes ultrapassar os limites do razoável, batiam-se no campo da sua contrária, a Liberdade e preceituavam que esta deveria ser um Poder "which every Man has over his own Actions, and Right to enjoy the Fruit of his labour, Art, and Industry. This was personal liberty, 'physical liberty'. (...) it was individual; it was what gave a man control of his own destiny, it was the inherent right man had to his life and his property (...)"[2655].

[2653] O chá nem sempre é significado de temperança, bom gosto, sossego, repouso em família ou com amigos. O chá pode despoletar revoluções; o chá e o seu tributo, que os colonos se recusaram a pagar, originou historicamente a Revolução Americana. Pinheiro Chagas, *História de Portugal*, VII, pág. 227: "Os Americanos recusaram terminantemente o chá que vinha de Inglaterra. Passou-se a não se beber chá na América Ingleza senão o chá de contrabando; finalmente em 1773, no dia 16 de Dezembro, alguns habitantes de Boston, disfarçados em mohicanos, entraram num navio da Companhia das Indias e atiraram ao mar com 340 caixas de chá no valor de 450.000 francos." Veja-se António G. Mattoso, *História da Civilização*, II, págs. 388 e ss.

[2654] A responsabilidade inglesa na independência norte-americana tem de estar sempre presente. Se é verdade e resulta claro que, a qualquer momento, a América inglesa se poderia tornar independente, a péssima política seguida pelo ministério inglês apoiado pelos Comuns, abreviou o processo. A partir de 1774 começou a "policy" dos *Coercive Acts*, sendo o porto de Boston bloqueado por força de compensação do chá destruído. O Poder Executivo arvorava-se superioridade sobre o Legislativo, podendo os presos vir a ser sentenciados em Inglaterra para onde seriam transferidos A província do Quebeque foi aumentado na sua extensão, aí se concentrando um fortíssimo contingente britânico que fazia tremer as treze colónias. E como a repressão aumenta a união, decidiram as outras colónias auxiliar o Massachusetts, com a Virgínia em primeiro lugar, logo seguida das demais. Em 5 de Setembro foram enviados os primeiros delegados ao primeiro Congresso Continental, sediado em Filadélfia. Neste pano de fundo começaram a destacar-se as grandes figuras da Revolução Americana: Samuel e John Adams pelo Massachusetts, Washington, pela Virgínia, mas também, Jefferson, Franklin, Richard Price e tantos outros. Em 19 de Abril de 1775, em Lexington, os ingleses confrontaram-se com uma milícia, seguindo-se violentos confrontos. A guerra tinha começado e em Maio seguinte reuniu-se o segundo Congresso Continental. Os desenvolvimentos subsequentes até à *Declaração da Independência*, no plano estritamente diplomático e militar não importam e o essencial ficou já dito noutro ponto. Apenas com isto se pretende alertar para o facto de em todo este enredo não se falar em pobres, os tais pobres da Revolução Francesa, ainda que se fale em impostos, os tais que bem se poderiam assemelhar ao imposto territorial da França que esteve na base da sua Revolução. Há semelhanças, mas há sem dúvida, grandes diferenças e é isso que deve ficar demarcado.

[2655] Gordon S. Wood, pág. 21 e notas respectivas. Era o sentido de Liberdade de Locke.

A Liberdade defendida, no contexto da partilha do Poder entre os membros da sociedade, plasmava-se na percepção que deveria harmonizar-se a Liberdade pessoal[2656] de cada um, dentro de uma Autoridade governativa colectiva, ou a institucionalização da Liberdade do cidadão, equiparando a Liberdade política da sociedade à Democracia, ou Governo do Povo.

Muitos norte-americanos *whigs* estavam convencidos que o homem tinha "just beginning to emerge from Egyptian darkness, with respect to the Rights of human nature"[2657], mostrando a presente época, em comparação com o passado, um conjunto de despropósitos e de vícios em todos os teatros políticos. Era por isso mesmo imprescindível prover os remédios que curassem a corrupção inglesa, que de há muito se generalizara e cuja importação se tornaria mais que problemática.

Em qualquer caso, manda a justiça que se diga – e os norte-americanos diziam-no[2658] – nenhum Povo na História teve "so constantly watchful of their liberty, and so successful in their struggles for it, as the English".

Por isso é que a teoria da representatividade inglesa teve de ser adaptada, já que não estava feita, nem alguma vez tinha sido pensada, para funcionar em Democracia (mesmo ao estilo norte-americano).

Por isso havia os ardentes defensores da técnica prevista na Constituição inglesa, que entendiam que a sua melhoria serviria à perfeição os interesses norte-americanos, enquanto outros defendiam reformas bem mais abruptas.

É talvez um dos aspectos que neste campo se apresentam como emblemáticos seja precisamente a questão da soberania repartida, ao gosto dos ensinamentos de Montesquieu e acirradamente combatidos por Turgot. Este será um dos planos mais salientes do conhecimento que a Revolução Americana teve na Europa, sobretudo considerando que a doutrina dos "checking and balance" tinha por essa época mau acolhimento de algumas gradas figuras europeias, para quem os ensinamentos de Bodin e seus sucessores continuavam a pautar-se como limite intransponível.

Outra forma de colocar o problema cifra-se na adopção que os norte-americanos fizeram pelo bicamaralismo, ao lado do Governo misto. A participação do Povo no Governo por força dos seus representantes determina a feição liberal do Governo. Esta observação, que por força da interpretação teórica dada à Igualdade implicava a existência de uma Democracia, enformou as Constituições das antigas colónias e as Constituições revolucionárias das mesmas, depois de 1776. Ainda assim mesmo atendendo ao facto das Assembleias Representativas corresponderem na maior parte dos Estados aos núcleos mais representativos, não preenchiam o universo dos organismos representativos[2659].

[2656] *Gazeta de Lisboa*, 1784, nº 5, de 6 de Fevereiro de 1784, Supplemento: "O Povo chamados *Quakers* (Tremedores) na *America* assentando há muito tempo ser iniquo o commercio de escravos, congregou por fim os membros da sua sociedade para libertarem todos aquelles, que conservam na escravidão: mas vendo que alguns se mostravam ainda dispostos a continuar este injusto trafico, julgarão ser do seu religioso dever, na sua Assembleia anniversaria, apresentar uma memoria aos *Estados Unidos d'America*, a qual foi favoravelmente recebida, nomeando o Congresso huma Deputação para deliberar sobre este objecto."

[2657] *Constitutional Gazette*, New York, February, 24, 1776.

[2658] Dickinson, *Letters from a Farmer, apud* Gordon S. Wood, págs. 30 e 31.

[2659] Hamilton, *Farmer, Refuted*, Syrett and Cooke, Adams, *Works of John Adams, apud* Gordon S. Wood, pág. 197: "While it was clear that the most Americans that 'a free, popular model of government

O Governo misto e balanceando Poderes seria, a todos os títulos, o preferível.

O novo Governo republicano deveria ser um farol contra a opressão no mundo, activando as consequências da revolução. Com o seu exemplo, pretendia-se que outros Povos tomassem consciência da sua realidade de servos na Era das Luzes, promovendo a sua libertação. Foi esta crença na mútua influência entre o Governo e a sociedade que Montesquieu já teorizara, que os norte-americanos quiseram preservar acima de tudo.

John Adams, futuro Presidente dos Estados Unidos, era um *whig* convicto, consciente e convencido de que o sistema inglês poderia, sem sobressalto, ser aplicado a uma inovadora república. O balanço dos Poderes que o regime misto impunha, como manifestação das forças sociais representadas, seria a melhor garantia da Liberdade[2660]. Já Thomas Paine interpretava a questão no sentido de a Revolução Americana ter constituído a porta que abria um período radicalmente novo da História americana, preconizando uma ruptura radical com as instituições inglesas, classificadas como produto "d'une véritable snobisme"[2661].

E foi neste dilema, que se consubstanciou em grande parte a conjuntura revolucionária de 1776, com decorrências posteriores, e que as doutrinas de Locke, Blackstone, Vattel, Burlamaqui, Burke, Bentham e outros são apenas dos mais conhecidos corifeus.

Uma vez mais resolveram o problema; apelando à *Common Law* e ao sistema representativo inglês, o Povo de uma grande comunidade e de um grande país, poderia expressar a sua voz na feitura das Leis e na vigilância do Governo. Precisamente por isso, se era preciso adaptar, adaptava-se[2662], mas nada se pautava de tão grande relevância para o espírito revolucionário americano como a teoria da representação. O grave é que não se sabia muito bem como fazer a adaptação[2663].

A verdadeira Liberdade, para os homens saídos da Revolução de 1776, constituía-se como uma Liberdade natural, restrita nos termos necessários para tornar a sociedade uma grande família, em que cada um ponderasse a felicidade do seu vizinho tal como

---

– of the republican kind – may be judge the most friendly to the public welfare, 'nevertheless, 'on account of the infinite diversity of opinions and interests, as well as for other weighty reasons, a government altogether popular, so as to have decision of cases by assemblies of the body of the people, cannot be thought so eligible.'"

[2660] Giuseppe Buttà, *Sovranitá. Diritto de voto e rappesentanza in Massachusetts e South Carolina (1776--1860)*, Milano, Giuffrè Editore, 1988, págs. 16-18: "Nonostante la larga influenza delle teorie di Blackstone sulla sovranità legislativa del Parlamento, alla fine, come dice Corwin, esse non prevalesco in America perché qui s'impose invece la teoria del 'compact', della costituzione scritta come legge superiore alla quale si poteva attribuire un'Autorità del tutto nuova, l'Autoritá che há una norma promanente dal popolo sovrano."

[2661] Gabriel Lepointe, pág. 22.

[2662] *O Observador Lusitano em Pariz*, Janeiro 1815, "Considerações", pág. 33: "(...) os Estados Unidos, cuja povoação e prosperidade cresceo logo a passos agigantados com a sua constituição livre e federal, formada do que a Inglaterra tinha de melhor na sua legislação, com excepção dos inumeráveis abusos que o tempo tinha introduzido no seu Governo."

[2663] Todo e qualquer sistema governativo deve ser adaptado aos hábitos do Povo, ponto em que discordavam de Vico e que Filangieri também viria a questionar. Acredita-se – e todas as informações disponíveis conduzem a essa conclusão – que os Autores italianos, por força do seu posicionamento intelectual condicionado pela Liberdade de consciência dos seus países, em pouco terão influído nos norte-americanos. Talvez mesmo o conhecimento que deles tinham fosse pouco ou nenhum, o mesmo se podendo afirmar de espanhóis e portugueses.

a sua própria. Os interesses individuais cedem ao interesse público, que é o interesse específico de cada um e se constitui como o interesse do grupo.

Por isso mesmo a Liberdade individual e a felicidade pública podiam facilmente conciliar-se; ambas tendiam ao mesmo. Ou seja, tratava-se da Liberdade política, que consagra o direito natural de Liberdade[2664], por força da afirmação política[2665] dos direitos individuais de Liberdade e Igualdade[2666]. Este é um ponto que se reputa absolutamente inultrapassável, conduzindo a aproximar as ideias saídas da Revolução Americana, em certo sentido, com a de 1820, onde a Liberdade apresenta uma idêntica conformação, mesmo que a Igualdade seja apenas formal e ponderando que se continua a viver numa monarquia constitucional e não numa república. A semente da Liberdade tinha, porém, uma interpretação comum.

3. Textos legais com projecção no continente europeu (remissão)

Os textos fundamentais para a compreensão da Revolução Americana no que respeita à materialização das ideias do Individualismo são a *Declaração da Independência* de 1776, os *Artigos da Confederação* e a *Constituição Federal* de 1787, para além dos contributos que as próprias Constituições dos Estados Federados neste contexto oferecem.

Será interessante o seu estudo na busca de eventuais semelhanças com o articulado constitucional português de 1822 bem como do manancial imenso de legislação preparatória e autónoma da Lei Fundamental e isso mesmo será feito em Estudo autónomo[2667].

§ 4º. A Revolução Francesa e as suas sequelas

1. As origens e os eventos fundamentais – sumária caracterização

Retomando, para explicitação, o caso francês, não sofrerá contestação afirmar-se que apresentar uma noção, ainda que sob forma resumida, das Assembleias políticas que se sucederam no período da Revolução, e das Constituições que delas saíram para a França pós-revolucionária, corresponde a demonstrar a influência dos pensadores

---

[2664] Gordon S. Wood, pág. 61: "'Civil liberty', as one colonist put it, was not primarily individual; it was 'the freedom of the bodies politic, or States.'"

[2665] Josiah Quincy, Jr. "Observations on the Act of Parliament Commonly Called the... Boston Poor Bill", *Memoir of the Life of Josiah Quincy Junior on Massachusetts: 1744-1775*, Boston, 1874, pág. 323: "[o Povo] as a body were never interested to injure themselves"; pois que deseja uniformemente o bem estar geral. Por esta via nunca pode haver conflito entre a Liberdade política e pessoal ou individual, funcionando como a segurança pública do Estado.

[2666] A necessidade de uma teoria que demarcasse com precisão os critérios de distinção dos interesses legítimos e ilegítimos, estabelecendo uma distinção definitiva em termos de hierarquia de valores. Mediante tais critérios cada interesse teria o seu próprio lugar num ordenado esquema axiológico em que não houvesse choques motivadores de quezílias entre os indivíduos em si mesmos e a própria sociedade.

[2667] Para aí se remetem posteriores linhas de força de um estudo teórico-prático cujo interesse, muito ao contrário do que se pensa habitualmente, apresenta vectores de indesmentível acutilância enquanto uma das possíveis fontes teóricas da nossa Constituição. Que não se confirmou na prática e se ficou pelo conhecimento e reconhecimento teórico, bem entendido, em termos muito semelhantes ao Pensamento inglês.

do séc. XVIII[2668] e dos seus sucessores, sejam eles parte do núcleo dos *Ideólogues* ou militem "independentes"[2669].

Por isso o Pensamento de Sieyès, como o de Volney, de Tayleirand, de Cabanis e Mirabeau, de Daunou ou de Constant e do inultrapassável Condorcet, acabará por ser o digno sucessor dos teóricos que os antecederam[2670], em frontal oposição às teses da contra-revolução providencialista, plasmadas sobretudo no entendimento doutrinário patrocinado por De Maistre e De Bonald.

Não resulta da análise dos factos terem sido apenas as reflexões destes homens o substrato da alteração social e política surgida em França em 1789[2671].

Ela é também e em grande medida – talvez mesmo em decisiva medida – o resultado do descontentamento popular perante os abusos da casta dominante e de uma conjuntura económica depressiva que acabará por ser o mais evidente detonador dos acontecimentos[2672].

[2668] Tocqueville, *Antigo Regime e a Revolução*, págs. 23 e 24: "Considera-se com razão a Filosofia do séc. XVIII como uma das causas principais da Revolução e é bem verdade que esta Filosofia é profundamente irreligiosa. Mas é necessário salientar nela e com cuidado, duas partes que são, simultaneamente distintas e separáveis. Numa, encontram-se todas as opiniões novas ou rejuvenescidas que dizem respeito à condição das sociedades e aos princípios das leis civis e políticas, tais como, por exemplo, a Igualdade natural dos homens, a abolição de todos os privilégios de casta, de classe, de profissões que dela são consequência, a soberania do Povo, a omnipotência do Poder social, a uniformidade das regras (...) na outra parte das suas doutrinas, os filósofos do século XVIII atacaram a Igreja com uma espécie de furor; atacaram o clero, a hierarquia, as instituições, os dogmas e, para melhor os derrubar, quiseram atacar os próprios fundamentos do cristianismo. (...)." Veja-se António Pedro Barbas Homem, *A Lei da Liberdade. Introdução Histórica ao Pensamento Jurídico*, I, págs. 180 e ss.

[2669] Houve ocasião para proceder a uma sumária caracterização do ambiente político e social que dominava a Europa neste período, tendo sido feita referência às circunstâncias em que a França se encontrava imediatamente antes do eclodir da Revolução Francesa. É tempo de pegar num dos temas certamente mais conhecidos, debatidos, e sobre os quais os rios de tinta que se têm escrito não permite uma definitiva inovação. Não há por isso intenção de gastar tempo superior ao estritamente necessário na abordagem geral do problema.

[2670] Louis Girad, *Les Libéraux français (1814-1875)*, Paris, Aubier, 1985, pág. 24: "(...) cette première génération [est] avant Germaine de Staël et Benjamin Constant; leur différence d'âge n'est pas considérable. Mais ces idéologues tirent les conclusions d'une pensée du XVIII ème siècle qui, dans sa forme, semble s'épuiser avec l'époque révolutionnaire."

[2671] Procurar-se-á, destarte, conciliar o tipo de abordagem pela utilização de fontes geralmente menos conhecidas ou relativamente pouco manuseadas, no sentido de explicar a evolução dos acontecimentos franceses, em íntima relação com escritos seleccionados de carácter geral ou particular em ordem a três grandes temas. Assim, a determinação do impacto da Revolução Francesa no plano da Liberdade e da Igualdade políticas, dando a palavra aos artífices legislativos dessa mesma mudança; a verificação dos desvios que em nome da Liberdade proclamada conduziram à sua adversária licença; a percepção do impacto que a teorização do Liberalismo antes da Revolução Francesa ou, ao menos, as tentativas de promoção da melhoria das condições de vida dos franceses, proclamadas pelos escritores, foram aproveitadas.

[2672] *Choix de Rapports, Opinions et Discours, prononcés à la Tribune Nationale depuis 1789 jusqu'à ce jour*, II, págs. 20 e ss.: "L'Assemblée nationale aux français: tandis que l'assemblée, de concert avec le roi, s'occupait sans relâche de régénérer la France; tandis que le plus éclatant, le plus auguste hommage était rendu au nouvel ordre de choses, les ennemis de la constitution portaient le trouble dans les provinces, et cherchaient à faire haïr la liberté en rejetant sur elle leurs propres crimes. L'abolition des abus et des privilèges était toujours la source ou le prétexte de ces désordres. Depuis le décret du 4 Août 1789, les seigneurs avaient multiplié les exécutions, les vexations de

1.1. Os pobres, os gritos e a mudança

Apesar de ser um tema conhecido, convirá estabelecer algumas balizas na reflexão sobre a Revolução Francesa, cuja finalidade é sobretudo a de enquadrar não apenas a ponderação da ideia de Liberdade e seu desenvolvimento no plano institucional gaulês mas, sobretudo, confrontar as soluções práticas com as manifestações reflexivas que a antecederam e lhe foram coevas[2673].

Pouco tempo antes de eclodir a Revolução, relata-se na *Gazeta de Lisboa* portuguesa, que as Cortes tradicionais intentadas fazer reunir em França por Luís XVI, eram foco de desavença continuada entre os vários braços da Nação, sucessivas perturbações e conflitos diários. Questiona-se, pois, acerca da utilidade desta reunião, que nem a amplitude que se lhe propunha dar poderia redimir.

O número de desordens que em Paris e noutras cidades francesas se iam multiplicando apenas assegurava uma coisa: estava para breve a revolução e parecia que nada nem ninguém poderiam travar a rebelião dos pobres contra os que entendiam ser os seus algozes[2674]. Por isso é que a Revolução Francesa foi antes de tudo uma revolução social[2675], fomentada antes de tudo pela existência da pobreza[2676] e pela teimosia dos Poderes instituídos em não a quererem reconhecer.

---

toute espèce pour se faire payer les rentes arriérées (...).” *Ibidem*, págs. 52 e ss. “Du rétablissement de la tranquillité publique, de la dictature et de la loi martiale: malgré les voies de conciliation et d'exhortation que l'Assemblée avait prises (...) les ennemis du nouvel ordre de choses, devenus ceux de la patrie, de l'assemblé et du roi, quoique dès cette époque ils se dissent les appuis, les défenseurs du trône, continuaient d'exciter le trouble dans les provinces, en égarent le peuple, en calomniant ses représentis, en stipendiant ces bandes misérables pour qui la destruction, le ravage est l'unique source de fortune (...).” António Ferrão, “A Academia das Sciencas de Lisboa e o Movimento filosófico, Scientifico e Económico da Segunda Metade do Século XVIII”, pág. 14, reproduz a veia profética de d'Argenson, nos primeiros anos da segunda metade do séc. XVIII, apontando alguns aspectos curiosos. Assim, “A anarquia aproxima-se a passos rápidos. O Rei não será, dentro de pouco tempo, mais do que o lenho da fábula da rã, e se nessa orientação se prosseguir acabarão por tripudiar sobre ele sem fazerem caso das suas ordens, que, aliás, lhe são por outros inspiradas (...). Da Inglaterra sopra um vento filosófico; ouvem-se palavras, como Liberdade e república, que têm penetrado nos espíritos, e sabe-se a influência que a opinião exerce na marcha do mundo. Já la vai o tempo da adoração da palavra 'amo' que era então venerável para os nossos pais, soa hoje mal aos nossos ouvidos.”

[2673] Contudo, não se levam muito longe as reflexões, devendo as mesmas ser compaginadas com o que ficou exposto no início do capítulo.

[2674] *Gazeta de Lisboa*, 1789, nº 20, de 23 de Maio de 1789, segundo Supplemento, dá conta de uma das mais graves destas refegas, travada à custa de bastante gente morta, presa, sentenciada e efectivamente alvo de pena capital.

[2675] Tocqueville, *Antigo Regime e a Revolução*, pág. 20: “Em França, na véspera do dia em que a Revolução vai eclodir, não se mostra nenhuma ideia precisa do que ela vai fazer. Na multidão de registos encontro apenas dois onde se mostra uma certa apreensão do Povo. O que se teme é a preponderância que deve manter o Poder real, a corte, como ainda é designada. A fraqueza e a curta duração dos Estados Gerais inquietam. Teme-se que sejam violentados. A nobreza é particularmente trabalhada neste temor. 'As tropas suíças dizem vários destes registos, prestarão juramento de nunca usar as armas contra os cidadãos, mesmo em caso de motim ou de revolta.' Que os Estados Gerais sejam livres, e todos os abusos serão facilmente destruídos; a reforma a fazer é imensa, mas é fácil.”

[2676] António Ferrão, “A Academia das Sciencas de Lisboa e o Movimento filosófico, Scientifico e Económico da Segunda Metade do Século XVIII”, pág. 14, continuando a reportar-se ao Pensamento de d'Argenson: “Quem sabe se em alguns cérebros já se encontra sazonada uma nova forma de Governo, pronta a aparecer á luz quando menos se esperar e a entrar logo em luta! Talvez que a

DA HISTÓRIA DA IDEIA DE LIBERDADE (SEQUÊNCIA)

Nem a equivalência em número de representantes populares face às Ordens preferenciais, poderia outorgar-lhe maior veracidade[2677] ou fazer cessar os conflitos: " (...) o que só se pode dar por certo he, que actualmente há por todo o reino hum grande conflicto de opiniões entre o Povo, e as outras duas Classes: e isto provavelmente fará que se retarde o tempo da convocação da Assembleia Nacional."

Naturalmente que o pomo de discórdia se cifrava no número de membros a ser eleitos por cada uma[2678], uma vez que nem nobreza[2679] nem clero[2680] estavam disponíveis para se verem percentualmente superados pelo Povo[2681]. Para elas seria factor de ausência justificada à Assembleia.

transformação então se efectue com uma resistência menor que a que se espera... Hoje, todas as classes estão descontentes: os militares encontram-se licenciados desde a paz; o clero lastima os seus privilégios; os parlamentares, as corporações, e os estados provinciais estão humilhados; o Povo vergado aos impostos sofre de miséria. Os únicos que triunfam são os capitalistas e os especuladores que hoje substituem os judeus. (...) Por toda a parte o combustível está acumulado. Pode vir a dar-se um motim, que venha converter-se em sublevação, e esta se transforme em revolução geral." Recorde-se a explicação sociológico-política avançada por Hannah Arendt, *Sobre a Revolução*, pág. 60: "(...) quando os pobres, impelidos pelas necessidades dos próprios corpos, irromperam na cena da Revolução Francesa (...)." Ou, recuando um pouco, como explica a pág. 47: "E esta multidão [refere-se ao 14 de Julho de 1789], aparecendo pela primeira vez à clara luz do dia, era efectivamente a multidão dos pobres e dos oprimidos, que século após século se tinha ocultado na sombra e na vergonha. O que desde então se tornou irrevogável, e que os actores e espectadores da revolução Imediatamente *reconheceram imediatamente como tal, foi que o domínio público – reservado, desde que há memória aqueles que eram* livres, isto é, livres dos cuidados que estão ligados às necessidades da própria vida, às necessidades físicas – teria de oferecer o seu espaço e a sua luz a esta maioria que não era livre por estar impelida pelas necessidades do dia-a-dia."

[2677] *Gazeta de Lisboa*, 1789, nº 3, de 24 de Janeiro de 1789, segundo Supplemento.

[2678] *Ibidem*, 1789, nº 4, de 31 de Janeiro de 1789, segundo Supplemento. A notícia originária de França relata a decisão tomada em Conselho de Estado, em 27 de Dezembro de 1788, mencionando-se entre outras coisas que "*o numero de Deputados do Terceiro Estado será igual ao das duas outras Ordens reunidas, e que esta proporção será estabelecida pelas cartas de convocação.*" Para esta questão e a das notas seguintes, Georges Rudé, *A Europa Revolucionária (1783-1815)*, tradução portuguesa, Lisboa, 1988, págs. 72 e ss.

[2679] *Ibidem*, 1789, nº 4, de 30 de Janeiro de 1789, Supplemento, relativo a uma notícia francesa de Janeiro. Perante o parecer favorável de Necker e do próprio Rei para que "o Terceiro Estado enviasse às Cortes do Reino hum numero de Deputados igual ao das outras Ordens reunidas (...)", escrito sumamente aplaudido por todos os populares mas que originou parecer contrário dos "Príncipes de sangue (...) e da maior parte da Nobreza e Clero (...)". Acrescenta o redactor que se teme que o ministro Necker venha a ser substituído, uma vez que "*parece preparar-se uma grande revolução na Constituição da monarquia francesa; mas se ella se fará sem guerras civis, e sem effusão de sangue, he o que não se pode assegurar*".

[2680] *Ibidem*, 1789, nº 6, de 13 de Fevereiro de 1789, Supplemento: "Não he tanto da Ordem da Nobreza que ella tem que se queixar; por quanto esta Ordem, cuja generosidade tem sempre sido o seu caracter distinctivo, encerra em si um grande numero de Membros, os quaes estão persuadidos de que no villipendio dos demais cidadãos não deve fundar-se a sua superioridade, mas sim nas virtudes militares e civis, que he provavel resplandeção sempre mais na Nobreza, do que no que se chama Povo. Huma parte do Alto-Clero, e de outras corporações he o que em especial mostra agora menos moderação, contrastando á porfia com as paternaes disposições do Soberano (...). A dar-se-lhes ouvidos, os *Terceiro Estado* e os seus fautores, deverião ser tidos por *Inimigos do Rei, e da antiga Constituição*."

[2681] *Ibidem*, 1789, nº 5, de 3 de Fevereiro de 1789, relativo a notícia de 13 de Janeiro: "A fermentação nos animos he cada vez maior por todo o reino. A Nobreza, temendo que o Terceiro Estado ou Povo, venha a ter uma sobeja influência nos negócios nacionaes, usa de quantas traças lhe são

Mesmo os procuradores do Povo teriam pouca ligação com o verdadeiro Povo e se representavam agora os levantamentos por este patrocinados, era porque lhes convinha, para se substituírem à preponderância de uma nobreza e de um clero questionados. Não estava em causa a defesa dos direitos do Povo enquanto parte do Terceiro Estado; estava em causa a defesa dos interesses dos representantes desse Povo, o que é substancialmente diferente[2682].

A reunião dos reformistas Estados Gerais, iniciada em 5 de Maio de 1789[2683], tinha o propósito de facultar ao monarca um conjunto alargado de reflexões visando a reforma da monarquia, melhorando-a e adaptando-a à sociedade francesa de finais do séc. XVIII. Tal pressuposto caía pela base em função das divergências conhecidas entre as várias Ordens do Estado[2684] e a sequência de transformação dos mesmos em Assembleia Nacional encarregue de elaborar uma nova Constituição para a França[2685], mais atritos criou[2686]. Aos olhos dos intelectuais franceses uma sombra se avizinhava,

---

possíveis, para que os sistema de convocação, approvado por Mr. Necker, não tenha effeito. (...) Os escritos pro e contra são numerosos, e dão a entender que a Assembleia Nacional se não celebrará tão cedo como se esperava; *e Deos queira que o seja sem guerras civis. A Nobreza está contumaz* (...).''

[2682] *Ibidem*, 1789, nº 3, de 24 de Janeiro de 1789, segundo Supplemento: "Apesar desta sábia resolução [tomada por Acórdão da província do *Delfinado* e que pretendia que a representação terminasse em cinco membros do Clero, dez da Nobreza e quinze do Terceiro Estado, num total de trinta], estribada em razões bem sólidas que estabelece o dito Acórdão, e a pesar tambem de muitos escritos illuminados que tem sahido para mostrar o quanto he necessario que da parte do Povo haja huma preponderancia quanto ás duas classes superiores: estas e a Magistratura intrigão o mais que lhes he possivel para que os representantes do Povo sejão iguaes em numero aos de cada huma das referidas classes, protestando que não hão de assistir aos Estados Geraes com outra formalidade." Muitas vezes o Terceiro Estado tinha deputados que em nada se prendiam com ele, na maior parte dos casos por motivos profissionais – a chamada inerência de funções – e não em razão da sua origem social. Significava isto que quando se tornava necessário enveredar por certas decisões, por via de regar falava mais alto a origem que a atribuição conferida no exercício de funções de deputado de ordem diversa.

[2683] M. Peronnet, *Des Lumières à la Saint-Alliance (1740-1820)*, Paris, Hachette Université, 1974, págs. 134 e ss. Apesar de já ter alguns anos, este é um trabalho de recolha interessante, usado especialmente sobretudo para enquadrar a situação política e social subjacente à Revolução Francesa, confrontando com outras Obras mais recentes factos e dados que pareceram muito bem compactados e com enorme interesse para uma leitura sistemática do tema. Indispensável a partir desta fase é a consulta dos *Choix de Rapports, Opinions et Discours, prononcés à la Tribune Nationale depuis 1789 jusqu'à ce jour*, I, págs. 1 e ss.

[2684] Mirabeau, *Discours et opinions de Mirabeau*, Paris, 1820, I, págs. 152 e ss. A arrogância da nobreza francesa ia mais longe. Segundo se apurou, não era apenas ao Terceiro Estado que se opunham, mas inclusivamente aos seus iguais que não possuíssem feudo ancestral, sendo por isso considerados nobres de segunda ordem. Claro que isto era demasiado escandaloso e péssimo exemplo para os demais países do Antigo Regime europeu.

[2685] Pierre Bercis, *Guide des Droits de l'Homme. La conquête des libertés*. Paris, EDICEF, 1996, pág. 36: "Dans ce conflit mémorable, ce fut finalement le roi qui céda, car, pour terminer, il ordonna aux deux ordres privilégiés de se joindre au tiers (27 Juin), alors que celui-ci, s'étant déjà autoproclamé Assemblée nationale, se définissait le 9 Juillet comme *Assemblée constituante*. Telle était en effet la nouvelle tâche qu'ils s'était assignée d'Autorité: doter la France d'une constitution jusqu'alors inexistante."

[2686] Uma remodelação integral completava o sinal dado pela nobreza e pelo clero: não aceitavam ser equiparados ao Terceiro Estado, não aceitavam modificações discriminatórias em presença da *Constituição de 1614*; não aceitavam, na prática, as decisões saídas das Cortes em tudo o que os prejudicasse.

primeiro algo difusa depois de modo muito claro e os sucessos ingleses de 1688 vieram à memória de todos[2687].

E até a importante fatia do Exército começava a depor as armas na iminência de atirar sobre o Povo enquanto a Assembleia Nacional reclamava que lhe tirassem os soldados acampados em redor do "recinto da Liberdade", transformada em congregação sitiada e sem possibilidade de locomoção[2688]. Perante o espectáculo deprimente da "sua" Assembleia e dos seus protectores, Necker e o Duque de Orléans atacados por os defenderem, os franceses fizeram aquilo que tinham a fazer[2689]; o Governo apenas tinha a saldar a dívida que ele mesmo contraíra[2690].

A amplitude das reformas introduzidas em França a partir de 14 de Julho é digna de nota. Assinale-se a abolição célere dos direitos feudais[2691], que em conjunto com outras modificações de fundo merecem ser assinaladas, já que elas promoviam sem qualquer dúvida a Igualdade. A Liberdade também, mas de forma bem menos clara[2692].

Segundo determinação da Assembleia Nacional na noite de 4 para 5 de Agosto de 1789[2693], reiterou-se que "haverá para todas as classes de pessoas huma Igualdade de tributos, que serão pagos desde já; renunciação de previlegios privativos das ordens, das cidades, provincias e particulares [a pedido dos próprios]; resgate dos direitos feudaes; suppressão da mão-morta, e servidões pessoaes; (...) resgate das rendas do Clero [que] será applicada em utilidade dos beneficios; abolição do direito de caça, pescaria, e de todas as coutadas; abolição das Jurisdições senhoriaes; abolição da venalidade dos officios; administração gratuita da Justiça para o Povo; abolição de todos os pombaes e coelheiras; resgate de todos os dízimos, e do tributo das paveas; prohibição para crear em diante direito algum deste genero, ou outros feudaes, quaesquer que eles sejão; abolição dos emolumentos dos Parocos, excepto nas Cidades; augmentação das côngruas dos mesmos; suppressão dos direitos de annatas; admissão de todos

---

[2687] Com isto se significa que o Terceiro Estado, que não compreendia – e isto deve ser sublinhado para bem se perceber a heterogeneidade do mesmo e quem por ele assumia decisões políticas – nem camponeses nem artesãos, recusou ser posto em paridade com as outras duas Ordens da Nação. Por isso mesmo e depois de inusitadas tomadas de posição de parte a parte, acabou por se transformar em Assembleia Nacional, afirmando por esta escolha revolucionária e pela primeira vez o princípio da soberania nacional, em oposição à monarquia de Direito Divino.

[2688] *Gazeta de Lisboa*, 1789, nº 31, de 8 de Agosto de 1789, segundo notícia de 10 de Julho de 1789: "Representação que a Assembleia Nacional de França fez a S. M. Christianissima por 24 dos seus deputados a 10 de Julho de 1789, a respeito do susto que lhe inspirava o estarem as cidade de Paris e Versalhes rodeadas de tropas."; *Choix de Rapports, Opinions et Discours, prononcés à la Tribune Nationale depuis 1789 jusqu'à ce jour*, I, págs. 11 e ss., discurso de Mirabeau de 24 de Maio: "(...) Ainsi, ce n'était pas assez que le sanctuaire de la liberté a été souillé par des troupes!"

[2689] Ana Martinez Arancón, "Estudio Preliminar", *La Revolución francesa en sus textos*, Madrid, Tecnos, 1989, pág. XVIII: "La Asamblea permanece muda, pero los parisinos reaccionan y se concierten en fuerza dinamizadora, un papel que ya no van abandonar a abandonar hasta el fin de la Revolución."

[2690] Pinheiro Chagas, *História de Portugal*, VII, págs. 270 e ss.

[2691] E que os contra-revolucionários irão especialmente contestar.

[2692] Johann Benjamin Erhard (1766-1827), "Sobre el derecho del Pueblo a una Revolución", *Qué es Ilustración*, Madrid, Tecnos, 1989, pág. 94: "De ninguna manera puede decirse una revolución según el derecho positivo, pues éste está contra toda revolución; sin embargo, la moral, que se responsabiliza de ella misma, tiene que ser reconocida como la instancia más elevada de la revolución; ésta es la única razón de que una revolución del pueblo no se pueda decidir jurídicamente. En general, una revolución es sancionada si a través de ella se pueden hacer valer los derechos humanos; del mismo modo que se dice de una revolución del pueblo."

[2693] Pinheiro Chagas, *História de Portugal*, VII, págs. 274 e ss.

os cidadãos aos empregos civis e militares; suppressão do direito que tem os Bispos em certas provincias de receber por hum anno a renda das Igrejas paroquiaes vagas; suppressão dos Jurados, que tem á sua conta os negocios das corporações mecanicas; suppressão da pluralidade de beneficios; que se haja de cunhar huma medalha para consagrar este dia memoravel; (...); que Luís XVI haja de ser proclamado o Restaurador da Liberdade da França."

Era a Revolução Francesa em marcha e as decisões tomadas pela Assembleia Nacional, completamente impensáveis poucos dias antes, mas que fazem recordar, de novo, o profético d'Argenson e as medidas que preconizara[2694]. A partir daqui todo o tipo de considerandos sobre a Liberdade e a Igualdade são perfeitamente admissíveis e ninguém pode duvidar que a modificação estrutural é absoluta. Era o ponto de partida para a vociferação integral dos seus opositores, da glorificação dos seus apoiantes, da expectativa dos cépticos e da reserva moral da Europa. Era o fim do regime feudal francês.

Quem fez tudo isto? O "baixo Povo", os pobres dentre os pobres, porque o "alto Povo", mais civilizado, entendeu que deveria agir com mais calma, evitar desordem maior e desarmar os insurrectos. Como se relata no periódico, "a plebe está quasi toda desarmada, e a cidade entregue á defesa de cidadãos honrados e limpos." A revolução, iniciada pelo Povo, era agora pertença dos únicos que esclarecidamente lhe poderiam dar um rumo válido; mas nem assim a população se conteve e, por artes, acabou por se ir intrometendo entre cidadãos, soldados, deputados da Assembleia que se lhes juntavam depois de findo o sequestro, homens das mais variadas condições e meio social.

O relato dos acontecimentos é conhecido[2695]. Há porém um ponto que é importante frisar. O resultado primeiro da Revolução Francesa foi um acordo formal entre o Rei e Nação, selado a tinta e testemunhado por milhares de parisienses que a 16 de Julho aclamavam o Rei depois dele ter aderido à causa da Revolução Francesa. Desde a deposição do Ministério em peso, até ao retorno de Necker e, "acabado isto, apresentárão-lhe um laço, tal como o trazem os cidadãos de Paris: S. M. lhe pegou, e com alegria o poz logo no chapéu. 'Com este tope, Senhor, (lhe disse então um fidalgo) poderá Vossa Majestade vencer todos os seus maiores inimigos externos, por-

---

[2694] António Ferrão, "A Academia das Sciencas de Lisboa e o Movimento filosófico, Scientifico e Económico da Segunda Metade do Século XVIII", págs. 15 e 16: "(...) D'Argenson, com uma clarividência que estonteia, quer também que *o Poder real perca muitas das suas prerrogativas, não em favor das classes privilegiadas, mas em proveito do Povo, defendendo as Liberdades municipais* e a municipalização dos novos serviços públicos como a polícia, a distribuição e cobrança de impostos, a conservação e construção de estradas, a ministração da justiça e da assistência pública, etc. (...). D'Argenson é partidário da abolição dos direitos de primogenitura, dos morgadios, da servidão dos trabalhadores e da plebe; entende que a posse das terras por aqueles que directamente as trabalham é além de justo o mais conveniente para a produção e rendimento delas. Ele pugna pela *Igualdade civil de todos, pois todos nascem iguais, e nenhuma pessoas vem mais ou menos poderosa que outra.* (...) 'A legislação e o Governo deviam, com todas as suas forças, *fomentar a Igualdade*, apesar de que nunca ela se realizará inteiramente.' *E como a Igualdade civil anda intimamente ligada à ideia de Liberdade, ele escreve: 'Liberdade, Liberdade, Liberdade para as comunidades e para os indivíduos, depois que os hajam habituado ao bem e desviado ao mal'.*"

[2695] O resumo da refrega pode ser encontrado a traços largos e coloridos na *Gazeta de Lisboa*, 1789, nº 31, de 5 de Agosto de 1789, Supplemento extraordinário.

que dentro da França nenhum tem'", a que se seguiram vivas à Nação... e ao Rei[2696]. Luís XVI assumiu a sua derrota, submeteu-se à situação e os seus súbditos, próximos futuros cidadãos, vitoriaram-no[2697].

Que posteriormente, em nome de uma Liberdade que não conheciam e que estava em contradição com aquilo que boa parte deles executava, a licença, os problemas se tenham avolumado para a Família Real, por força de alguns indivíduos menos escrupulosos, isso é sabido, verdadeiro, mas diverso. Nenhum francês, como foi transmitido ao Rei, teria naquele momento qualquer dúvida quanto à bondade do monarca e a sua fidelidade não estivesse em causa. Que Luís XVI, naquele momento aceitou a situação, parece provado[2698]. Que os acontecimentos futuros desmentem o bem-intencionado fidalgo Autor do discurso é do conhecimento público.

Outro aspecto que importa precisar liga-se à primitiva menção e elaboração da *Declaração dos Direitos do Homem e do Cidadão*, de 27 de Agosto de 1789. É verdade que ela é produto substancial da Revolução Francesa; mas não o é menos que a consciência da sua necessidade e a primeira iniciativa parta que a mesma se elaborasse é do Antigo Regime francês; melhor, surgiu na sua vigência. Mesmo que se considere um preciosismo e não tenha importância nenhuma, em presença dos ulteriores desenvolvimentos, continua a manter-se o seu interesse.

Tal como a Assembleia Nacional surgiu no estertor do Antigo Regime, a *Declaração de 1789* teve nela o seu início de elaboração e isso demonstra bem a relevância dos preliminares à Revolução Francesa que andam, por via de regra, um pouco esquecidos[2699].

[2696] Ana Martinez Arancón, "Estudio Preliminar", *La Revolución francesa en sus textos*, pág. XIX: "El rey se ve obligado a ceder de nuevo, volviendo a llamar Necker y aceptando la escarapela tricolor que le presenta Bailly en el ayuntamiento parisino." Veja-se *Choix de Rapports, Opinions et Discours, prononcés à la Tribune Nationale depuis 1789 jusqu'à ce jour*, I, pág. 64: Séance de 29 Juillet: retour de M. Necker et discours de M. le duc de Liancourt à M. Necker, au nom de l'Assemblée nationale: "(...) Le moment de votre retraite a été celui d'un deuil général dans le royaume. (...) la première nation du monde voit en vous celui qui, ayant particulièrement contribué à la réunion de ses représentants, a le plus efficacement préparé son salut, et peut seul, dans ce moments d'embarras, faire disparaître les obstacles qui s'opposeraient encore à sa régénération. Quel homme avait droit de prétendre à une si haute destinée! Et quel titre plus puissant pouvait assurer la France de votre dévouement le plus absolu!"

[2697] *Ibidem*, nº 35, de 1 de Setembro de 1789. Em sessão da Assembleia Nacional de 4 para 5 de Agosto, ficou decidido dar-se a "*Luís XVI o nome de Restaurador da Liberdade da França*."

[2698] Hannah Arendt, *Sobre a Revolução*, págs. 46 e 47: "(...) quando Luís XVI soube, pelo Duque de La Rochefoucauld, da tomada da Bastilha, da fuga de alguns prisioneiros e da derrota das tropas reais frente a um ataque popular [travou-se entre o Rei e o seu mensageiro] um diálogo breve e revelador. O Rei, segundo se conta, exclamou: 'C'est une révolte' e Rochefoucauld, corrigiu-o dizendo. 'Non, Sire, c'est une révolution'."

[2699] Alain Laurent, *Storia dell'Individualismo*, págs. 50 e 51: "Quando nell'agosto de 1789 i costituenti francesi adottano la Dichiarazione del diritti dell'uomo e del cittadino, non fanno altro che prendere atto della rivoluzione culturale 'coperniciana' che sta sconvolgendo l'Europa occidentale da due secoli facendo dell'individuo il centro di gravità di una società che si è riorganizzata a partire e intorno ad esso." No mesmo sentido Maria Luisa Sánchez-Mejía, "Prefacio", pág. 11: "El acontecimiento emblemático que inaugura la historia contemporánea es sin duda la Revolución francesa. La moderna historiografía se ha encargado de demostrar, siguiendo las viejas enseñanzas de Tocqueville, que los sucesos carecen de ese carácter fundacional de una nueva época que han tenido durante casi dos siglos. (...) La Revolución queda limitada a una revolución política, a ese derrumbe de una fachada que no sustentaba ya nada esencial detrás de su armazón."

Tema que terá de ser alvo de atenção redobrada, aqui se deixa a data de incubação da ainda hoje *Declaração de Direitos* mais famosa do mundo ocidental[2700].

O grande problema é que a Revolução Francesa nasceu com objectivos a atingir[2701] e um projecto de Liberdade no seu âmago mas, de todos eles, apenas alguns se conseguiram obter. Quis dar a Liberdade a todos e apenas conseguiu uma libertação[2702] do domínio quase-feudal[2703] que ainda reinava em vastas zonas do território; quis dar pão aos pobres mas como não havia pão para dar, a fome mantinha-se como dantes; quis tornar o Povo cidadão, mas o Povo como não sabia usar a Liberdade porque a ela não estava habituado, transformou a Liberdade em possibilidade de anarquia, quando não mesmo em despotismo de sinal oposto.

De Liberdade e de Igualdade, efectivas e modelares no respeito da dignidade dos demais indivíduos não participantes directos na eclosão da mesma – os reunidos na Assembleia Nacional –, nem sombras. Será contra este estado de coisas que no seu estilo muito peculiar e de posse de dados posteriores em tempo, Benjamin Constant[2704]

[2700] *Gazeta de Lisboa*, 1789, nº 31, de 7 de Agosto de 1789, Supplemento. A iniciativa partiu da Deputação Central formada em 6 de Julho pela Assembleia-geral, que servisse de executivo das deliberações. Ora, foi a 9 do mesmo mês que a citada Deputação apresentou uma participação à Assembleia, muitíssimo bem recebida, e cujo teor era o seguinte: "1º A Assembleia discutirá, e se fará uma Declaração dos Direitos do Homem; 2º Examinará quaes são os principios da Monarquia; 3º Os Direitos da Nação; os Direitos do Rei; os Direitos dos cidadãos; 6º A organização e Direitos da Assembleia Nacional; 7º As formalidades necessarias para o estabelecimento das leis; 8º A organização e funções das Assembleias Provinciais; 9º As obrigações, e limites do Poder Judicial; 10º As funções e deveres do Poder militar".

[2701] Mona Ozouf, *Dictionnaire critique de la Révolution Française*, "Idées": "Liberté", pág. 253: "La Révolution, en se définissant comme rupture par rapport à un Ancien Régime tissé de servitudes, met la liberté à la fois au principe et au terme de son entreprise. Au principe: si elle peut avoir lieu, c'est en raison de l'antériorité des individus indépendants, capables, parce que taillés sur le patron divin, de se déterminer eux-mêmes et de produire volontairement une société. Au terme: car son but ultime est non seulement de garantir contre l'arbitraire la liberté individuelle, mais de la faire fleurir."

[2702] Hannah Arendt, *Sobre a Liberdade*, pág. 21 e ss., entende que não sendo possível equiparar Liberdade civil e Liberdade política, do mesmo modo não se pode identificar libertação e Liberdade. Por consequência a ideia de libertação que estaria subjacente à de Liberdade seria um menos em relação a esta, em certos casos mesmo dispensável. A libertação significa o desejo de se libertar da opressão e pode ser particular ou geral, de um indivíduo, ou de uma Nação; a Liberdade (política) significa a capacidade e legitimidade (e interesse, já agora) em participar na vida política. A Liberdade é uma consequência da libertação, porque só depois de alguém se livrar de uma opressão pode sentir desejo em apoderar-se do seu direito de Liberdade política. Isto é, muito interessante em teoria, mas pouco claro e menos necessário na prática. As revoluções fazem-se todas em nome da libertação da tirania e conduzem, necessariamente, à ideia de Liberdade. Excluem-se os casos mais que conhecidos de contra-revoluções providencialistas, de todos os tempos conhecidas e que ao invés de procurarem a Liberdade, tendem a rejeitá-la, pelo menos nos termos institucionalizados pelos cânones liberais e democráticos. Tem de existir sempre um projecto de Liberdade mesmo quando se trata de libertação. Daí uma adesão mitigada ao ponto de vista da historiadora.

[2703] *Choix de Rapports, Opinions et Discours, prononcés à la Tribune Nationale depuis 1789 jusqu'à ce jour*, I, pág. 69 e ss. "Abolition du régime feudal – suppression des privilèges – égalité des impôts."; *ibidem*, II, pág. 109 e ss.: "Séance mémorable du 19 Juin 1790."

[2704] Benjamin Constant, *Écrits Politiques*, "*Textes choisis, présentés et annotés*" par Marcel Gauchet, que compreende alguns dos seus trabalhos mais importantes nesta área, nomeadamente "De l'Esprit de conquête et de l'usurpation", "Principes de Politique (1815)" e "De la liberté des Anciens comparée à celle des Modernes", Paris, Hachette, 1997. Este último escrito tem actualmente uma

se irá insurgir em termos veementes e que, descontando algum eventual exagero, apenas lhe irão dar razão.

Porém, se há uma fractura histórica – e sobre isso ninguém tem dúvidas –, se foi o negro panorama em que viveram séculos a fio que levou os franceses a fazerem a sua revolução, qual o motivo porque agiu assim?

Eles sempre disseram que foi em nome da Liberdade; a presente pesquisa inclina-se para que, ao contrário, eles nunca poderiam tê-lo feito conscientemente, uma vez que não sabiam sequer o que era a realidade histórica da Liberdade[2705] e dela apenas existia um projecto latente com séculos de existência.

A Liberdade foi um pretexto para se livrarem do domínio dos poderosos, eles que eram pobres; a privação de que aí resultava para as suas vidas e bens esteve na base da sua revolução[2706]. A Liberdade era o projecto e o fim aparente, mais que digno de ser elogiado, mas deficientemente compreendido.

A final, acabou por ser menos a Liberdade aquilo que vieram a obter no dia-a-dia e apesar dos textos marcantes de 1789 e anos seguintes, que a libertação em nome dos direitos dos indivíduos, teorizada pelos antecedentes pensadores e que apenas encontraria consagração teórica efectiva. A prática da Liberdade, ensina a História das Ideias Políticas, é diversa da sua teoria e mesmo quando esta é plenamente preenchida, se a segunda a não acompanha, ficará sempre uma lacuna cuja ultrapassagem, apenas nesse momento, poderá indiciar a verdadeira e real Liberdade dos cidadãos perante o Estado.

Se nos Estados Unidos não havia qualquer dúvida no trespasse devidamente adaptado das instituições inglesas, já praticadas pelos colonos, em França não só não havia colonos, como era inexistente a prática da Liberdade política e se manifestava certeiramente o despotismo esclarecido. Até à data, todos tinham convivido com ele. A reversão total pretendida era não apenas suspeitosa mas sobretudo perigosa, sobretudo porque o leque de escolhas não abundava[2707].

tradução portuguesa, com "Introdução" de António de Araújo, "As Duas Liberdades de Benjamin Constant", *Revista da Faculdade de Direito da Universidade de Lisboa*, volume XL, nº1 e 2, 1999, pág. 507 e ss. e tradução a pág. 523 e ss.; *Principes de Politique Applicables à tous les Gouvernements* (version de 1806-1810), Paris, Gallimard, 1997, com "Préface" de Tzevan Todorov, "Texte établi et introduit par Etienne Hoffmann.

[2705] Contra, David D. Brien, "Old Regime Origins of Democratic Liberty", *The French Idea of Freedom. The Old Regime and the Declaration of Rights of 1789*, pág. 70, que defende, muito ao contrário, que "(...) the Declaration of the Rights of Man and of the Citizen *appeared in a French society well prepared to understand it*. The declaration's three essential ideas [liberty as protection from authority, liberty as participation and equality] available more or less anywhere in the legacy of feudalism, *could not have been received, combined, and spread in the same way by other societies.*"

[2706] Os que pretendiam explicar a revolução, centravam-se na legitimidade das reclamações ou no protesto contra o Antigo Regime. Os historiadores das primeiras movimentações encaravam-na, em essência, segundo a primeira óptica, sendo certo que as suas motivações não irão diferir em grande medida da posterior recuperação liberal que a Restauração, na versão da *Carta de 1814* irá patrocinar. O carácter moderado do articulado cartista de 1814 contrasta à evidência com os primeiros gritos revolucionários formalizados.

[2707] Por outras palavras, a tarefa dos franceses era gigantesca em relação à dos norte-americanos. Tinham que conquistar inicialmente o que os colonos da América inglesa já possuíam: um monarca absoluto, detentor de todos os Poderes não é o mesmo que um soberano que exerce funções no plano de uma monarquia limitada e os direitos dos Povos em presença são claramente distintos. A concepção da Liberdade política notoriamente também. Em 1776 e de forma emblemática, os norte-americanos tinham direito ao exercício de uma parcela do Poder Legislativo e os seus direitos

Mas a Revolução Francesa foi a Revolução Francesa[2708]. Ela inaugurou o domínio teórico e oficial do público por todos aqueles a que ele estava vedado e que acabaram por ser sugados, como os seus adversários, numa vertigem que nunca conseguiram controlar. Quando se fala da Revolução Francesa como uma espécie de carta de alforria da maltratada espécie humana, apenas se assegura a circunstância dos decisivos contributos, para a posteridade, nas ideias de Liberdade e Igualdade.

Esquecem, porém, o outro lado da questão. Aquele que é o do facto histórico sucessivo da revolução e propicia dois movimentos opostos. Ao querer terminar com a tirania em nome da Liberdade, por força desta irá cometer os crimes mais tirânicos que a imaginação humana possa suportar. A célebre frase "havemos de vos obrigar a ser livres, ainda que à força" é o exemplo acabado do que se pretende dizer.

Foi esta dupla visão da Liberdade que contribuiu para os desastres a que se assistiu no decurso dos primeiros anos da Revolução Francesa, perante uma inovadora e admirável experiência norte-americana, cujos traços mais salientes e apetecíveis eram de importação proibida por impossibilidade de objecto. Mais que isso, para além desta separação de águas, a agravar o problema, surgia a divergência que já assumida e explicada em presença das "Liberdades" do Antigo Regime, o que era outro ponto mais a reverter na discussão.

Podendo escolher, muitos daqueles que estiveram por detrás da Revolução Francesa e que não eram o Povo que se tinha libertado e não sabia como usar da sua Liberdade, acabaram, eles mesmos, por ser triturados pela "Marianne", ela mesma necessitada que lhe dessem um rumo certo o qual, paradoxalmente, sempre negava. Tanto quando os seus protectores nem se conheciam nem se queriam conhecer; nem se estimavam nem procuravam conciliar-se e, se ontem tinham defendido os interesses de Luís XVI, sido seus fiéis servidores e membros da Corte de Versalhes, agora adaptavam-se tranquilamente à "jacquerie". Eram eles, agora, os mais inflamados oradores da Convenção, batendo-se pela expropriação da Propriedade e a sua entrega aos "sans-coulottes", por meras denúncias anónimas de pertença a realistas.

O problema da História é precisamente esse e o da História política ainda mais: a História repete-se e cada vez mais isso se comprova mediante simples análise dos Factos e das Ideias[2709].

Mais; será possível investigar se o exército, a Assembleia Nacional, os cidadãos franceses que contiveram a fúria dos populares e mesmo estes, quiseram que o decurso

---

inalienáveis eram-lhes reconhecidos; os franceses não tinham uma coisa nem outra. Apenas muita literatura sobre a matéria e muita gente indignada com a situação.

[2708] Pinheiro Chagas, *História de Portugal*, VII, pág. 266: "O acontecimento mais importante da História do mundo, depois da fundação do christianismo, vae-se realizar, e o grande movimento emancipador, iniciado pela França, vae restituir aos homens o sentimento da dignidade, vae derrubar os privilegios, anniquilar a tyrannia, fundar em bases immutaveis as grandes instituições liberaes."

[2709] Alerte-se para o facto disto não pretender manifestar qualquer análise pessimista da Revolução Francesa, ou afirmar que se discorda dos seus princípios fundamentais. É porque se preza muitíssimo a ideia de Liberdade – e outro tanto a de Igualdade – que se vê como inadmissível a confusão com a licença nem se aceita que, em seu nome, subsista a anarquia. Tem de haver cláusulas de salvaguarda, válvulas de escape, o que se queira chamar, para que a protecção da Liberdade em si mesma se assegure. E isso apenas se consegue de uma forma, só a Liberdade pode proteger a Liberdade. Unicamente numa sociedade que é livre o indivíduo pode ser livre, e devem ser-lhe fornecidos os meios para que aprenda a gozar dessa sua Liberdade, enquanto direito individual, constitucionalmente protegido e, como diria Montesquieu, por esse motivo ser a Liberdade política, ela mesma, direito fundamental.

DA HISTÓRIA DA IDEIA DE LIBERDADE (SEQUÊNCIA)

dos factos fosse aquele. A resposta não é fácil porque a uniformidade é impossível, mas pode conjecturar-se que a partir de certa altura a escolha deixou de ser viável[2710]. Não eram os revolucionários nem os homens da Revolução quem mandava; a Revolução mandava neles ou, numa frase que passou à História, "a revolução engoliu os seus filhos"[2711].

A fractura histórica promovida pela Revolução Francesa é social e individual[2712]. A sociedade nunca mais poderá ser vista do mesmo modo e as instituições que suportam são deslocalizadas para um plano meramente conservacional da mesma, espécie de espectador ou árbitro da evolução dos progressos humanos[2713].

[2710] *Gazeta de Lisboa*, 1789, n° 34, de 28 de Agosto de 1789, Supplemento. É relatada uma notícia originária de Paris, de 3 de Agosto, a propósito da recepção que Necker teve na Câmara da cidade, aonde regressou a pedido do monarca e por expressa influência das movimentações populares. Na verdade e ainda que sabendo muito bem da impossibilidade de uma Câmara conceder perdões ou amnistias, ainda que sendo a maior Câmara do país e da cidade capital, não quis deixar que esta votasse esse mesmo perdão, modo ideal para conter boa parte da agitação que se vivia na cidade. A sua enorme influência a tanto conduziu e mesmo quando no dia seguinte verificaram os cidadãos parisienses que o que tinham votado era impraticável – nem eles sabiam o que era praticável – estava conseguido o objectivo de acalmia da cidade em turbilhão. Restava esperar que a Assembleia Nacional, única que poderia determinar tal amnistia e depois de competente sanção régia o que se aprovara na Câmara passasse a lei, ficando o seu anterior Acórdão sem efeito e aguardando posteriores desenvolvimentos. Necker sabia tudo isto demasiado bem mas o gesto recompensa todo o aproveitamento que dele se viesse a fazer e que acabou em persistência da Assembleia Nacional na punição de todos os responsáveis do antigo Poder Executivo, como se relata no número de 3 de Setembro, Supplemento extraordinário.

[2711] Tocqueville, *O Antigo Regime e a Revolução*, pág. 20: "Contudo, a Revolução segue o seu caminho: à medida que surge a cabeça do monstro, que a sua singular e terrível fisionomia se apresenta; que depois de ter destruído instituições políticas tenha abolido instituições civis, depois das leis tenha mudado os costumes, os usos e até a língua; quando depois de ter arruinado a estrutura do Governo, toca os fundamentos da sociedade e parece enfim querer atacar o próprio Deus; quando em breve essa mesma Revolução extravasa para fora, com meios até então desconhecidos, uma táctica nova, máximas mortíferas, opiniões *armadas*, como dizia Pitt, um poder incrível que abate as barreiras dos impérios, quebra as coroas, calca os Povos, e coisa estranha, ganha-os simultaneamente para a sua causa, à medida que tudo isto estoira, o ponto de vista muda"; Ana Martinez Arancón, "Estudio Preliminar", *La Révolution francesa en sus textos*, pág. XXI: "El 20 de Junio [de 1791] el rey intenta huir, siendo detenido en Varennes. Su detención provoca reacciones: la de Leopoldo II, que pide a todos los Reis que unan sus fuerzas para acabar con la Revolución y la de una inmensa multitud de ciudadanos, que se reúne en el campo de Marte, en torno al altar de la patria, para firmar una petición en la que se solicita la inhabilitación del rey. Esta manifestación fue disuelta a tiros por La Fayette, con el acuerdo de Bailly, alcalde de Paris; este hecho, unido a la disculpa que del rey hace la Asamblea, nos muestra hasta que qué punto los hombres del 89 habían quedado desbordados por la dinámica de los hechos: la Revolución ya los había sobrepesado."

[2712] A. Soboul, "Fonction historique de l'Absolutisme éclairé", *l'Absolutisme Éclairé*, pág. 23: "La Révolution française, dans la ligne des ministres éclairés de la monarchie, a bien perfectionné l'unité nationale, régularisé l'organisation administrative, renforcé finalement le pouvoir central et les structures étatiques. Telle avait été aussi l'ambition des monarques éclairés: l'empereur Léopold et le ministre prussien Herzberg apprécièrent favorablement à cet égard les décrets de l'Assemblage constituante. Mais la Révolution française, ce fut aussi la monarchie constitutionnelle, le pouvoir royal subordonné à une représentation nationale élue, mais pour les monarques, mêmes éclairés, le coup était mortel; on ne s'étonne pas que, réflexion faite, ils aient condamné et combattu la nation révolutionnaire."

[2713] António Cabreira, *Analise da Revolução de 1820*, pág. 6: "O homem sempre teve sonhos de Liberdade. Por isso, antes da Revelação, já as religiões lhe haviam aberto a alma à ancia insaciável

O indivíduo, em plena expansão das suas potencialidades, pode e deve prover à sua própria subsistência num plano de solidariedade com os que se cruzam na sua vida, num pronunciamento claro pela felicidade que é bem de todos, pertença de todos e que todos devem exigir à sociedade lhes garanta. A sociedade garante os indivíduos contra ataques externos; os indivíduos promovem a conservação e melhoramento da sociedade.

1.2. Linhas de força de uma revolução catalisadora

A necessidade de adequação formal das decisões tomadas a partir de 14 de Julho, na perspectiva da chancela do órgão que as deveria tutelar, foi no mesmo sentido encarada como uma manifestação da soberania da Nação em presença dos direitos do Rei. Ficou assim determinado em 8 de Agosto que, na eminência da necessidade de contracção de um empréstimo que fizesse face aos enormes problemas com que Nação se confrontava, insusceptível de ser coberto pelo Erário Público, deveria o mesmo ser sustentado não por decreto régio, antes pela Assembleia, ou seja, pela Nação[2714].

Com isto se pretende significar que quem efectivamente agora obrigava em questões tão delicadas como a presente, não era o Rei, antes a Nação; a chancela do monarca não servia para garantir o pedido a fazer aos credores e apenas a Nação o poderia avalizar. A soberania é da Nação[2715], exerce-se por força dos seus representantes na Assembleia Nacional e somente a ela cumpre assumir as decisões enquanto soberana. O monarca é um mero executivo.

Não havia meio-termo; ou se estava pela revolução ou contra ela. Os segundos mais não tinham que se submeter ou emigrar; os primeiros, mais não haviam que apoiar e incentivar.

Ora e atentando a este estado de coisas, aos franceses colocava-se um grave problema, qual fosse o de tentar conciliar dois aspectos aparentemente inconciliáveis. A ideia de Liberdade e a sua defesa no plano da Liberdade individual, e consagração da mesma ao nível dos textos políticos fundamentais, esbarrando, em potência, com um Poder, preexistente nos moldes do Antigo Regime e que era preciso alterar na totalidade.

A modificação vista como necessária traduzia-se em fundar a legitimidade da Assembleia Nacional, como órgão de Poder, capaz de ditar as futuras normas de convivência na sociedade francesa, em algo que lhe era anterior, chamando à colação a ideia do Poder constituinte que reside na Nação.

---

do Infinito. Mas, esses sonhos conduziram-no a esquecer que as próprias leis naturais assinalam os limites da Liberdade. E, assim, a consequência de se derrubarem instituições, por critério negativista, foi, ás vezes, erguerem-se outras, por ventura menos justificável; querendo-se suprimir tiranias, criaram-se outras mais violentas, mais iníquas e mais incoercíveis."
[2714] *Gazeta de Lisboa*, 1789, nº 35, de 5 de Setembro, segundo Supplemento. O texto do diploma é o seguinte: "A Assembleia Nacional tendo decretado que punha os credores do estado debaixo da salvaguarda da honra e lealdade Franceza; e sendo informada do desagradável estado em que as rendas publicas devião ficar pelos mezes d'Agosto e Setembro, decretou que se contrahisse hum emprestimo, &c."
[2715] António Pedro Barbas Homem, *História das Relações Internacionais. O Direito e as Concepções Políticas na Idade Moderna*, Coimbra, Almedina, 2003, pág. 107: "O díptico soberania-cidadania vai conduzir aos direitos do homem. A reivindicação moderna da cidadania, conceito tão caro ao Pensamento republicano greco-latino, constitui a base das Liberdades modernas."

DA HISTÓRIA DA IDEIA DE LIBERDADE (SEQUÊNCIA)

Este Poder constituinte, que corresponde à soberania nacional[2716] e que os constituintes prosseguem, está cima de todo e qualquer outro Poder e por ninguém pode ser questionado[2717]. Por via disso, é o próprio Poder régio que fica em causa, interrogando-se a sua real função e invocando a disciplina reflexiva imposta pelos teóricos das Ideias Políticas, que permitem a sua eventual justaposição. Se se recordar Rousseau, conjugando as suas ideias com as que serão vistas já de seguida de Condorcet e Sieyès, a conclusão será fácil de atingir.

E, em todas estas situações, era sempre a tutelar figura da lei a quem cumpria não apenas defender os direitos dos franceses mas preservar a sua Liberdade. A nomofilia a que se assiste depois da Revolução Francesa e que encontrará posteriores reflexos no Portugal do Vintismo é facto que não pode deixar de ser assinalado. O revolucionário típico é o homem público e sobretudo o deputado legislador, capaz de alterar – de revogar – toda a ordem pública, o construtor de um mundo novo pela via das leis. Essa era posição de Voltaire como de Saint-Just[2718].

Em sequência e por força de uma declaração de guerra proposta por Luís XVI à Constituinte contra a Áustria de Francisco II[2719] e já despoletada pela *Declaração de Pillnitz*[2720], os deputados mal agiram e mais consolidou o Poder que os jacobinos de Robespierre começavam a ter cada vez com maior ênfase. Foram eles os responsáveis pelo Terror e o que se lhe seguiu e que, a breve prazo, deixou de ser um problema interno francês para se transformar numa questão bélica à escala internacional. Nada de estranho, ponderando o tipo de reacção que a Revolução Francesa originou por essa Europa fora, e de que se tratará noutro local.

O Terror[2721], afronta contra a afronta da guerra patrocinada pelos déspotas ilustrados, será erigido como sistema de Governo dos mais pobres entre os pobres, os

---

[2716] Ernest Barker, *O Sistema Parlamentar de Governo*, pág. 3: "Um dos grandes princípios que o génio da França tem contribuído para a civilização é o princípio da soberania nacional. Cada Nação (...) tem de ser senhora da sua própria sorte e arbitra da sua própria vida. (...) Disse ela aos Bourbons: 'Vocês enganaram-se ao proclamarem: L'État c'est moi'; disse ela a si própria, e disse ela ao mundo: 'Daqui por diante proclamamos: O Estado é a Nação'."
[2717] *L'Affirmation du Principe d'Égalité dans le Droit Public*, págs. 39 e ss., págs. 48 e ss.
[2718] José Adelino Maltez, *Princípios...*, II, pág. 429.
[2719] *Gazeta de Lisboa*, 1792, nº 15, de 13 de Abril de 1792, notícia de Viena, 10 de Março, onde se dá conta da morte de Leopoldo II e da ratificação por Francisco II, seu filho, de todas as antecedentes disposições levadas a cabo por seu pai. A Convenção de Pillnitz estava no número das citadas. O relato da abertura das hostilidades por recusa da França em Conselho celebrado em Paris em 29 de Março de 1792 e de que o nº 21, de 25 de Maio de 1792, Supplemento dá nota circunstanciada.
[2720] George Rudé, págs. 105 e 106.
[2721] Hannah Arendt, *Sobre a Revolução*, págs. 103 e 104, procura "suavizar" o Terror de uma forma que não merece a total concordância da investigação. Fossem quais fossem as razões, nada a não ser a desorientação de muitos, o espírito intratável de alguns e a capacidade de maquinar e corroer os próprios fundamentos da Revolução de alguns, poderia justificar o que se passou. Robespierre não seria tão mau como normalmente se aponta mas apenas no contexto em que desenvolveu a sua actividade e condições patentes, poderia obter o êxito que obteve. Se os franceses não conseguiram encontrar chefes à altura dos acontecimentos e a fúria da libertação foi mais forte que a ânsia da Liberdade e se esta se tornou incompatível com a satisfação de necessidades sociais e teve de decair em função dos interesses gerais, se este era o entendimento, que se poderia fazer? Bem se justifica o aspecto de horror que tudo isto ia provocando aos distantes norte-americanos, por uma vez convencidos que a Europa civilizada o era bem menos que a sua América selvagem. Quanto à Autora citada, reproduzem-se aqui as suas palavras como contraponto da reflexão pessoal que se enceta: "O reinado do Terror recorde-se, seguiu-se ao período em que toda a evolução política

"sans-culottes", conjunto heterogéneo de gente disposta a perder o nada que tinha a perder[2722].

Todos os que não faziam parte deste grupo eram o seu alvo e este alvo, constituído pelos promotores remediados da revolução e pelos contra-revolucionários providencialistas, era visto sem distinções. Como sem distinções entre estes pobres era encarada a hipótese de subverter os mais sagrados princípios de uma revolução[2723] que, já se escreveu, começando por ser moderada mediante a actividade da Assembleia Nacional, agora descamba em anarquia, por falha na compreensão da ideia de Liberdade[2724].

Alguns dos princípios que posteriormente poderão vir a considerar-se o gérmen do socialismo por recuperação das ideias de Mably, adaptadas ao sabor dos acontecimentos, estiveram presentes. Em bom rigor, não parecia grave sacrificar a Liberdade individual à Liberdade da Nação, em luta contra o estrangeiro e a contra-revolução interna. Tão pouco se questionava que a Liberdade tivesse de cair em presença da Igualdade, erigida em social e quase "democrática".

O "despotismo da Liberdade" de que Robespierre gostava de falar, acabou subvertido pelo seu próprio patrocinador, em nome dos "sans-culottes"[2725]. E foi em nome da Igualdade social que um tal patrocínio não apenas se abandonou como se arruinou a Revolução, adulterando o objectivo da Liberdade[2726] em nome da felicidade do

tinha caído sob a influência das malogradas cabalas e intrigas de Luís XVI. A violência do Terror, pelo menos em certa medida, era a reacção a uma série de juramentos quebrados e promessas não mantidas, que eram o perfeito equivalente político das intrigas habituais da Corte, excepto em que estes processos propositadamente corruptos, que Luís XIV ainda sabia manter à parte do modo como conduzia os negócios do estado, tinham-se agora também estendido ao monarca. Promessas e juramentos eram apenas uma fachada desastradamente construída para disfarçar e ganhar tempo para uma intriga ainda mais absurda, forjada no sentido de quebrar todas as promessas e todos os juramentos."

[2722] George Rudé, págs. 102 e 103: "(...) entre os pequenos proprietários e artífices urbanos muitos havia que não obtiveram o direito de voto – e ainda mais os que não tinham direito aos assentos da Assembleia – devido às restrições impostas, por sugestão de Sieyès, em Outubro e Dezembro de 1789; esses homens iriam desempenhar um papel de primeira fila na campanha para a abolição da distinção entre cidadãos 'activos' e cidadãos 'passivos' e da qualificação do *marc d'argent*. Acima de tudo isto havia a persistente massa dos *sans-culottes* urbanos – os pequenos lojistas, mestres de ofícios e trabalhadores assalariados – especialmente de Paris, que com a sua intervenção tinham garantido o êxito da revolução de 1789 e ainda não tinham visto recompensa substancial – que sobre a forma de direitos políticos quer sob forma de ganhos materiais (...). Assim, aos poucos, os *sans-culottes* transformaram-se numa força política que era necessário reconhecer e com a qual havia que contar e, encontrando aliados e defensores nas facções políticas que lutavam pelo Poder, serviram para aprofundar o antagonismo entre os grupos burgueses e para desviar a Revolução para a esquerda, conduzindo-a por caminhos que os 'homens de 1789' não imaginavam nem, desejavam."
[2723] Maria Luisa Sánchez-Mejía, pág. 45: "la Revolución como combate por la libertad y la igualdad, la Republica como imperio de la Voluntad General, la Virtud republicana como principio fundente y el Terror como arma defensiva, son los elementos que impulsan el régimen de la Convención jacobina entre Junio de 1793 y Julio de 1794."
[2724] Hannah Arendt, *Sobre a Revolução*, pág. 55: "Foram os homens da Revolução Francesa que subjugados pelo espectáculo da multidão, exclamaram com Robespierre: 'La République? La Monarchie? Je ne connais que la question sociale'; e perderam, juntamente com as suas instituições e constituições que são 'a alma da República' (Saint-Just), a própria revolução."
[2725] Jacques Godechot, "Révolution, Contre-Révolution et Monocratie en France (1789-1799), *La Monocratie*, Éditions de la Librairie Encyclopédique, Bruxelles, 1969, págs. 763 e ss.
[2726] Maria Antónia Paz Rebollo, "O Jornalismo em França", *História da Imprensa*, (Dir. Alejandro Pizarroso Quintero), pág. 165: "Em 17 de setembro de 1793 foi aprovada uma lei de suspensão de

DA HISTÓRIA DA IDEIA DE LIBERDADE (SEQUÊNCIA)

Povo, e criando espaço ao bonapartismo, primeiro, e à contra-revolução dos "Santos Aliados", a seguir[2727].

Do exposto resulta que não se comunga por inteiro da interpretação daqueles que enquadram a Revolução Francesa como um factor unitário, desenvolvido em várias fases. Antes e ao lado da Revolução de 1789, os desenvolvimentos posteriores apontam no sentido de rebeliões[2728] de menor amplitude, visto que o golpe de misericórdia no Antigo Regime fora efectivamente dado em 1789, a "verdadeira" Revolução. Tais rebeliões apenas tenderam a confirmá-la ou, na maior parte dos casos, a desnaturá-la.

O ano de 1792 iniciou-se com uma grave crise económica, sequência lógica dos acontecimentos que vinham de antes da Revolução de 1789. Em 15 de Março forma-se um ministério girondino e declara-se guerra à Europa que havia declarado guerra à França. Se isto apenas tivesse uma importância reflectora da crise europeia, talvez mereça a pena dizer que para estes exércitos que agora se preparavam para a luta Rouget de Lisle escreveu uma canção: *La Marseillese*.

A revolução de 10 de Agosto de 1792 originou o Terror interno; os massacres que se lhe seguiram são por demais conhecidos para ser necessário recordá-los. A derrota das forças estrangeiras em Valmy, a 20 de Setembro completou o quadro de uma revolução, cujos promotores estavam completamente esquecidos do sentido da Liberdade e da teorização feita em seu abono por inúmeros pensadores, que com a sua salvaguarda e distinção da licença se haviam preocupado.

A proclamação da República no Outono desse ano e a Convenção, reunida pela primeira vez em 20 de Setembro, terá sido uma das maiores tragédias históricas do mundo Moderno. Eleita por sufrágio dos varões adultos[2729], compunha-se de 750 membros, com um reduzido número de repescados de Assembleias magnas anteriores. E, criticando abertamente a situação em apreço, modestamente se diga que das

escritos: os Autores podiam ser condenados à morte por um tribunal revolucionário e as suas Obras destruídas. Muitos jornalistas morreram vítimas do Terror, mas nem por isso conseguiram uma imprensa uniforme se bem que, é certo, tenham alcançado uma maioria jacobina."

[2727] Para uma interpretação portuguesa posterior em pouco mais de sessenta anos e vinda da boca de um insuspeito liberal, veja-se Simão José da Luz Soriano, *História da Guerra Civil e do Estabelecimento do Governo Parlamentar em Portugal*, Primeira Ephoca, I, págs. 367 e ss. A posição de Luz Soriano é particularmente interessante porque se dedica a justificar os motivos pelos quais a luta pelo Poder e a incompatibilidade de pontos de vista quanto à aplicação dos princípios da Revolução Francesa conduziu à subversão da mesma. Responsáveis directos os jacobinos, com esse ferrete instilaram para todo o sempre naqueles campos mais reaccionários ou apenas tipicamente conservadores, o anátema sobre os princípios de 1789, que aproveitaram para obscurecer, patrocinando a confusão dos mesmos com a política do Terror.

[2728] Johann Benjamin Erhard (1766-1827), "Sobre el derecho del Pueblo a una Revolución", *Qué es Ilustración?* págs. 93 e ss.: "(...) se tiene que diferenciar una *revolución del pueblo* de una *revolución* que sólo es impuesta *a través del pueblo*. En el último caso, el pueblo puede sublevarse de modo ignorante mediante el engaño, incluso en su perjuicio, pero entonces de ningún modo se puede decir que el pueblo inició una revolución, sino más bien que el pueblo inició una revolución, sino más bien que el pueblo se dejó utilizar para una revolución. Todavía, menos puede ser confundida una revolución del pueblo, que como tal brota de la transformación de los derechos constitucionales del pueblo, con una *rebelión*, donde sólo se rehúsa la exigencia de obedecer a los dominadores, sin por ello tener como objetivo un cambio de gobierno; tampoco se puede confundir con una *insurrección*, que sólo pretende la supresión de algunos derechos reprimidos, comportamientos y exigencias excesivas del gobierno."

[2729] Mas os defensores da Igualdade esqueceram muitos dos ditos varões adultos, que apesar de o serem se consideravam menos iguais que os outros.

579

investigações feitas, o saldo final da participação dos pobres na Convenção é altamente elucidativo: dois operários e nenhum camponês.

Palco de lutas confrangedoras entre jacobinos – também conhecidos como montagnards – e girondinos[2730], eram mediados pelos "independentes", que poucas vezes o seriam[2731]; na verdade qualquer dos dois grupos anteriores se esforçava ao máximo para que o deixassem de ser...

Em moldes diversos mas opostos, assistia-se a um quadro algo semelhante, no que concerne a posições partidárias, com aquilo que se passara nos Estados Unidos; de um lado os girondinos mais propícios a um certo federalismo e dando superior importância à província; do outro os centralistas jacobinos[2732] que queriam um Governo forte e apoiavam a república una e indivisível[2733].

Entretanto, decidia-se a morte do Rei[2734], executado em 21 de Janeiro de 1793 mais por traição[2735] que por tirania[2736] e sem precedência de prévio processo judicial[2737].

[2730] Sergio Moravia, págs. 13 e ss. Depois da morte de Helvétius, a sua viúva havia incentivado a criação de uma "Société d'Auteuil", onde muitos dos maiores sábios do séc. XVIII participavam em tertúlias. Aqueles que tiveram oportunidade de assistir à Revolução Francesa acabariam, quase todos, futuros membros da Gironda e daí que Robespierre se tivesse encarregue de lhes dar o correctivo que considerava competente, depois dos sucessos de meados de 1793. A maioria foi aprisionada e apenas conseguiu a Liberdade mediante duas alternativas: a queda de Robespierre e seus amigos ou a morte prematura.

[2731] Dmitri Georges Lavroff, pág. 249.

[2732] Jean Poperin, *Robespierre. Textes Choisis*, I (Avril 1791-Juillet 1792), Paris, Editions Sociales, 1956, "Sur la Fédération de 1792".

[2733] Decreto de 25 de Setembro de 1792, *apud La Revolución francesa en sus textos*, pág. 23: "La Convención Nacional declara que la república francesa es una e indivisible."

[2734] Jean Poperin, *Robespierre. Textes Choisis*, II, (Agosto de 1792-Julho de 1793), págs. 65 e ss.: "Le Procès du Roi – discurso de 20 Novembre": "Le plus grand intérêt des peuples libres, c'est la conservation des principes sur lesquels leur liberté repose. Vous donc qui avez fondé votre système politique sur les bases sacrées de la justice et l'égalité, vous devez montrer, aux yeux de l'univers, le dernier de vos rois baissant sa tête sous le glaive de la justice nationale, au niveau de toutes les têtes coupables. Donner à l'Europe l'exemple de cette odieuse partialité, c'est donner un démenti formel à votre caractère, à vos principes, à la déclaration des droits que vous lui avez présentée; c'est à faire reculer d'un siècle la raison et la liberté. (...)"

[2735] Idem, *ibidem*, II, pág. 81: "Le Procès du Roi – discurso de 3 de Dezembro". "(...) je demande que la Convention nationale le déclare dès ce moment traître à la nation française, criminel envers l'humanité; je demande qu'à ce titre il donne un grand exemple au monde, dans le lieu même où sont morts, le 10 Août, les généraux martyrs de la liberté, et que cet événement mémorable soit consacré par un monument destiné à nourrir dans le coeur des peuples le sentiment de leurs droits et l'horreur des tyrans; et dans l'âme des tyrans, la terreur salutaire de la justice du peuple."

[2736] *La Révolution francesa en sus textos*, pág. 71 e ss., aponta alguns exemplos de participantes na Convenção que se opuseram à morte de Luís XVI e, como consequência, seguiram os passos do monarca deposto até ao cadafalso. São os casos dos franceses, que não se estudam, Pierre-Antoine Vergniaud, nascido em 1753 e Advogado em Bordéus, girondino e participante na anterior assembleia de 1791, e George Danton, que apesar de jacobino não deixou de ser guilhotinado em 1794 com a acusação de preconizar o fim do Terror.

[2737] Jean Poperin, *Robespierre. Textes Choisis*, *Préface, commentaires et notes explicatives par* (...), Paris, Editions Sociales, 1956, II, (Agosto de 1792-Julho de 1793), págs. 71 e ss.: "L Procès du Roi – discurso de 3 de Dezembro": "un roi détrôné, dans la République, n'est bon qu'à deux usages, ou à troubler la tranquillité de l'État et à ébranler la liberté, ou à affirmer l'une et l'autre à la fois. Or je soutiens que le caractère qu'à pris jusqu'ici votre délibération va directement contre ce but. (...) Louis fut roi, et la République est fondée: la question fameuse qui vous occupe est décidée

DA HISTÓRIA DA IDEIA DE LIBERDADE (SEQUÊNCIA)

Robespierre[2738] e a Convenção conheciam as regras do Direito da Gentes e sabiam o que pensava o resto da Europa; no fundo o julgamento da Liberdade, da Igualdade e da revolução era o que mais se temia e, com ele, arrastar todos os seus homens de mão e fazer retornar o despotismo à França.

Mas, e por absurdo, se a Revolução se sentasse no banco dos réus, em vez de Luís XVI ou, pior, se fosse condenada sem julgamento, que pensaria Robespierre?

A Convenção, que se comprazia em ser a representante do Povo francês, pelo tipo de comportamento dos seus próprios membros, não incentivava à moralidade. Em Junho de 1793 os jacobinos expulsaram os girondinos da Assembleia. Surge, pois, mais uma rebelião: a de Maio-Junho de 1793 e outra designada Constituição, aliás e como por vezes é designado mero Acto Constitucional, o do Ano I, a democrática Constituição feita à sombra do regicídio de Robespierre, Saint-Just, Marat e outros[2739].

A final, até os franceses que tinham instigado a formação destes acontecimentos e sempre os haviam apoiado, sobretudo nos extractos inferiores da sua população, começavam a ficar cansadas do Terror. Cientes que muitos dos sentenciados eram inocentes, cientes da falta das garantias jurídicas atribuídas a esses mesmos cidadãos, que inevitavelmente seguiam para a guilhotina, cientes que os seus porta-vozes iam tomando o mesmo caminho e que o Terror não lhes trouxera quaisquer alterações positivas na sua pobreza crónica, tomaram uma atitude.

O intocável Comité de Salvação Pública, de Robespierre, "O Incorruptível", foi obrigado a demitir-se no 9 do Termidor, considerado fora da lei e todos os seus membros, sem excepção, subiram ao patíbulo[2740]. O Terror estava terminado e uma

par ses seuls mots. Louis a été détrôné par ses crimes; Louis dénonçait le peuple français comme rebelle; il a appelé, pour le châtier, les armes des tyrans ses confrères; la victoire et le peuple ont décidé qui lui seul était rebelle: *Louis ne peut donc être jugé; il est déjà condamné, ou la République n'est point absolue proposer de faire le procès à Louis XVI, de quelque manière que ce puisse être, c'est rétrograder vers le despotisme royal et constitutionnel; c'est une idée contre-révolutionnaire, car c'est mettre la Révolution elle-même en litige. En effet, si Louis peut être encore l'objet d'un procès, il peut être absous; il peut être innocent (...) mais si Louis est absous, si Louis peut être présume innocent, que devient la Révolution? Si Louis est innocent, tous les défenseurs de la liberté deviennent des calomniateurs, les rebelles étaient les amis de la vérité et les défenseurs de l'innocent opprimé, tous les manifestes des cours étrangères ne sont que des réclamations légitimes contre une faction dominatrice."* Noutro dos seus escritos, contidos na mesma selecção de textos escolhidos, III, "Sur les Principes du Gouvernement Révolutionnaire – discurso de 25 de Dezembro de 1793", pág. 99, escreve: "Le gouvernement révolutionnaire doit aux bons citoyens toute la protection nationale; il ne doit aux ennemis du peuple que la mort."

[2738] Isabel Banond, "Três Vivências Turbuentas dos sucessos de 1789: Robespierre, Saint-Just e Babeuf", separata *Estudos de Homenagem ao Prof. Doutor André Gonçalves Pereira*, Coimbra Editora, 2006, págs. 37 e ss.

[2739] Ana Martinez Arancón, "Estudio Preliminar", *La Revolución francesa en sus textos*, pág. XXX, tem opinião diversa e aceita e mostra compreensão pelos jacobinos e suas atitudes. Discorda-se, mas por dever de ofício e objectividade na investigação, aqui ficam as suas palavras: "(...) el carácter de sus personajes de primera fila, con personalidades muy diferentes, pero que *comparten algunos rasgos que contribuyen a despertar nuestra admiración*. (...) estos hombres (...) lo suficientemente *perspicaces para hacerse cargo de la situación, tan lúcidos como prácticos* a la hora de intuir estrategias, inventar soluciones, construir un mundo, vieron muy intensamente y muy deprisa (...) *nos conmueve su dignidad, en la práctica política, en la tribuna, en el cadahalso; esa tranquilidad que sólo puede provenir del vigor de las convicciones y la grandeza del ánimo, y que constituye un punto de todas las tormentas que sacudían a su patria*."

[2740] Patrice Gueniffey, "Robespierre", *Dictionnaire Critique de la Révolution Française*, "Acteurs, pág. 247: "En Thermidor, Robespierre ne sera pas pris au dépourvu, sa propre mort constituant l'horizon de tous ses discours: 'je sais le sort qu'on me garde', dit-il en 1791."

nova correlação de forças políticas se instalava, para segurar os destinos da Nação. E fazer uma nova Constituição.

A única dúvida que subsiste cifra-se no seguinte: foi o Terror uma consequência necessária da Revolução Francesa, nos termos antes apontados das deficientes condições de esclarecimento do Povo francês no que respeita à ideia de Liberdade? O Terror, em si mesmo, chegará para condenar todo o processo revolucionário francês?

A resposta a ambas as perguntas é negativa; o Terror não era o único resultado possível, mas antes um resultado previsível, que poderia ter sido evitado sobretudo se as condições exteriores não fossem tão difíceis. E o Terror não marca definitivamente a Revolução Francesa, ainda que a manche de forma indelével[2741]. Quando se fala em Revolução Francesa pensa-se em *Declaração de Direitos do Homem*, em Constituição, em Poder constituinte e soberania nacional, em consagração política dos direitos naturais de Liberdade e de Igualdade e de ponto final no Antigo Regime.

Recordam-se de imediato os seus vultos, um pouco Pais Fundadores franceses, como o foram noutros planos os norte-americanos. E, quando aparecem as referências ao Terror e seus protagonistas, por via de regra, faz-se a diferença. No fundo, pelo recurso à via da História, consegue-se perceber que para construir, os franceses tiveram de destruir antes; para reedificar demonstraram falta de conhecimento na engenharia e alguns dos edifícios primitivos tombaram e só foram reconstruídos à medida que os ânimos se aclamaram. Para depois se dar novo passo atrás e com a Restauração se pretender remontar de novo a uma situação com grandes paralelos com o Antigo Regime patrocinada pela contra-revolução providencialista externa e interna.

Por isso mesmo o recurso à História, por muito que se impugne, não é ultrapassável, nem susceptível de conciliação com factos anteriores à Era das Revoluções[2742], e mormente à Revolução Francesa, que implicou um corte milenarista.

Nova Convenção se preparou para reunir, passando à História como a Convenção termidoriana em que os girondinos e os independentes voltaram a ter papel de destaque. A *Constituição do Ano III* ou de 1795 é o espelho da diversa forma de interpretar os objectivos da Revolução Francesa de 1789 e agora a Liberdade volta a conseguir papel destacado em presença da Igualdade, recuperando-se alguns dos princípios de 1791 e assistindo-se a uma ascensão das formações menos radicais da sociedade francesa.

E, tal como só pode haver cepticismo em relação à Convenção jacobina, não deixa de ser verdade que a que se lhe seguiu, não só apresentou um programa bem mais equilibrado e coerente, como conseguiu suster as continuadas guerrilhas que se

---

[2741] Robert Launay, "Le Patriotisme Révolutionnaire", *Études Sociales et Politiques*, Paris, 1907, págs. 32 e 33: "Hanriot, à ce que dit Grégoire dans son rapport sur le vandalisme, voulait qu'on fît flamber le Bibliothèque Nationale. Barre, le membre le plus raffiné, le plus élégant du Comité de Salut Public, avait obtenu de la Convention qu'on bouleversât, qu'on démolit les tombes royales de Saint-Denis. Et Vilate, dans ses *Mémoires*, nous rapporte ce qu'il lui disait dans l'intimité: 'Nous brûlerons les bibliothèques; qui, il ne sera question que de la Révolution et des lois'."

[2742] *O Investigador Portuguez em Inglaterra*, III, Abril de 1812, págs. 314 e 315: "Nos conheciamos as revoluçoens da Grecia, ou fallando mais propriamente das diversas Republicas da Grecia, da Republica Romana, e na Historia moderna as de Ialia, Suecia, Portugal, &c; porem nunca ate a era da revolução Franceza (...) se deo este nome a huma guerra civil de pouca ou de longa duração, ou de huma indeterminada, e impossivel de adivinhar nos seos effeitos; como sempre se tem mostrado a Franceza. (...) O sentido em que este termo se uzava antigamente era, pouco mais ou menos, o de hum movimento interno rapido, que em pouco tempo mudava com algum respeito a face do Estado; mas decizivamente, de sorte que a mudança subsistisse por longo tempo."

verificavam entre irmãos de sangue e obteve um sucesso nunca antes conseguido na paz social em domínios muitíssimo sensíveis. Trata-se da questão da separação entre Estado e Igreja, finalmente conseguida e que desde 1790 fora fonte de escaramuças internas e externas, agora por fim superadas.

Como quer que seja, os saudosos de Robespierre, não se conformaram de modo nenhum com a falta de projecção que a nova Lei Fundamental, ora Constituição, lhes outorgava. Por força disso e do hábito em que estavam de tudo resolver pela via tumultuária, acabaram por manifestar o seu descontentamento bem depressa. Em 13 de Vendimière ou 5 de Outubro de 1795, pegaram em armas contra a Convenção, que encarregara Barras de os afastar em definitivo.

Barras, para bom desempenho da sua missão, teve de pedir apoio e escolheu nada menos que um jovem oficial, com provas dadas de perícia e engenho. A ele se deveu o controlo da situação, ainda que com poucos meios à sua disposição, mas que habilmente soube manobrar. Barras soubera escolher a pessoa indicada que, nestas lides desproporcionadas, começava a dar eminentes provas; nada mais, nada menos, se chamava esse oficial que Napoleão Bonaparte, do qual a França e o resto do mundo, no futuro, ouviriam muito falar.

2. Ideias Morais e Políticas na Revolução Francesa

É facto histórico indesmentível a observação segundo a qual, depois do eclodir da Revolução Francesa, se perfilava uma nova plêiade de intérpretes dos desígnios da ideia de Liberdade, como da de Igualdade[2743].

Aspecto que deverá ficar bem determinado neste ponto cifra-se em que todos os Autores que compõem no plano do Pensamento, a versão oficial, autorizada e consagrada dos sucessos de 1789 em França[2744]. São Autores do Liberalismo clássico europeu, mesmo que eles próprios não tivessem muita consciência disso mesmo, até porque o seu apego aos antigos reformadores era demasiado grande para lhes poderem completamente fugir. Se a emancipação prática e a doutrina é decisivamente liberal, o suporte e a fonte da mesma vem detrás.

Dito por outras palavras, é a inversão das preocupações antes evidenciadas na ligação entre o Contratualismo em versão de despotismo esclarecido, católico ou protestante. Agora o debate, que parte daí, será recentrado sob o ponto de vista dos direitos abstractos e dos direitos dos homens sob formulação individualística, que é uma forma renovada de enquadrar o voluntarismo e o racionalismo.

[2743] A sua actividade, exercida quer em termos públicos, quer no plano académico, quer em ambos simultaneamente, terá sido o grande Evangelho teórico das futuras revoluções do séc. XIX nos demais países europeus, enquadrando-se como referencial de todo um Pensamento que então ia desabrochando.

[2744] Importa deste passo deixar cair uma afirmação que se liga com a opção metodológica seguida e que conduz a apresentar o Pensamento dos Autores sem lhe tecer considerações pessoais que, ainda que inadvertidamente, o desvirtuem. Por isso mesmo e ainda que discordando das suas tomadas de posição, bastará, deste passo, deixar uma breve nota da questão. Reserva-se para o momento em que se debater a questão da Liberdade política do cidadão – sobretudo dessa – perante as motivações oficiais do Triénio Vintista, uma observação mais detalhada não apenas do nosso particular Pensamento em relação a essas opções, como ao real entendimento que se fez do manancial teórico disponível e sua aplicação à realidade da *Constituição de 1822*.

O utilitarismo e o sensualismo que irão padronizar a maior parte das reflexões, a que se deve somar o criticismo, são o ponto sem retorno de uma nova Era no Pensamento político.

2.1. A primeira geração dos *Ideólogues* e a Liberdade

Os Ideólogos constituem um grupo de "savants" e de "philosophes", nascidos por via de regra entre 1750 e 1765 e cujo tipo de actividade se caracteriza pela interdisciplinaridade. Para todos e genericamente, confunde-se a reflexão com a análise das ideias, fundando-se esta mesma análise sobre a observação dos fenómenos.

Naturalmente que tal como nos pontos anteriores não se avança para a reflexão do Pensamento de todos os intervenientes, mas apenas dos que aparentemente tiveram um significado emblemático nesta corrente de Pensamento, ou que mais directamente influenciaram Portugal[2745].

Porquê "Ideólogos"? Historicamente, o termo "ideologia" foi utilizado pela primeira vez por Destut de Tracy[2746], numa memória apresentada ao Instituto em 1798, para designar a "análise das sensações e das ideias", segundo o método de Condillac[2747]. Com isto pretendia a fuga da expressão "metafísica", utilizada como sinónimo da epistemologia e o de "psicologia", visto como equivalente à "alma". Na sequência e ainda que não organizados em Escola, os partidários da ideologia constituíram-se em círculo, reunidos em redor de Cabanis, que passou à História como um dos mais conhecidos ideólogos.

[2745] Tanto mais que isso seria materialmente inviável, não apenas pelo número de escritores que parecem incorporar esta via, como pela incerteza de inserção em termos de Escola de parte deles e, finalmente, porque em boa parte deles as preocupações afastam-se do presente campo de reflexão, inserindo-se muito mais numa perspectiva fisiocrática do problema. Não deixa de ser curioso que quer em França quer noutros países, este grupo de Autores seja hodiernamente visto com alguma desconfiança quando mesmo tratados numa perspectiva individual. Talvez pela dificuldade que o seu estudo apresenta, embora isso não seja razão suficiente para simplesmente os ignorar.

[2746] Destut Tracy, *Eléments d'Ideologie*, Paris, 1801.

[2747] Gérard Gengembre, "Idéologie et Idéologues", *Dictionnaire Européen des Lumières*, págs. 566-568; F. Picavet, *Les Idéologues. Essai sur l'Histoire des idées et des théories scientifiques, philosophiques, religieuses, etc., en France, depuis 1789*, Georg Olm Verlag, Hildesheim. New York, 1972, págs. 21 e 22, interroga-se sobre os motivos que conduziram à identificação de Condillac com os Ideólogos. Nenhuma das explicações normalmente avançadas parece satisfazer a ligação entre esta corrente de Pensamento e a saída do sensualismo. Por isso escreve que "Rien dans ces explications n'autorise à identifier les doctrines des idéologues avec celles de Condillac (...) Les Allemands, disait-il en examinant la philosophie de Kant, nous croient tous, en métaphysique, disciples de Condillac comme ils sont disciples de Kant et de Leibnitz (...). Ils ne savent pas que, parmi ceux qui se restreignent comme lui à l'examen des idées et de leurs signes, à la recherche de leurs propriétés dont ils tirent quelques conséquences, il n'y en a peut-être pas un seul qui adopte sans restriction les principes de grammaire de Condillac, ou qui soit pleinement satisfait de la manière dont il analyse nos facultés intellectuelles, ou qui ne trouve rien à reprendre à ce qu'il dit sur le raisonnement (...) C'est de la méthode et non des décisions de Condillac que nous faisons grand cas (...) Cette méthode nous montre pourquoi nous ne pouvions pas faire de système (...). Aujourd'hui nous autres Français, dans les sciences idéologiques, morales et politiques, nous n'avons aucun chef de secte, nous ne suivons la bannière de qui que ce soit. Chacun de ceux qui s'en occupent a ses opinions personnelles très indépendants, et s'ils s'accordent sur beaucoup de points, c'est toujours sans en avoir le projet, souvent sans le savoir et quelquefois même sans le croire autant que cela est."

Sustentando-se em boa parte das ideias explanadas por Helvétius, em pleno curso da Revolução foram os mais interventivos membros das Assembleias, a partir de 1789, procurando conciliar a prática com o Pensamento reflexivo. Preocupação da generalidade destes Autores, foi a concordância entre os direitos individuais e os direitos da sociedade, sendo certo que tanto invectivavam as massas desordenadas e anárquicas como a actuação desproporcionada dos Governos que as pretendiam guiar. E se assim era, apesar do respeito e motivação pelos pensadores que os antecederam, saía prejudicada a lição da História, como nem seria de estranhar ao nível da avaliação de um Pensamento saído de um facto que se traduziu no corte com essa mesma História.

Não é fácil inserir estes Autores num processo claro no que respeita às suas pretensões. Em termos reais, eram liberais, mas entendiam defender esse Liberalismo com base nos ensinamentos das Luzes, na medida em que entendiam que "la révolution a commencé lorsque les lumières des philosophes sont devenues celles des législateurs; la Révolution ne sera accomplie que lorsque les lumières des législateurs deviendront celles du peuple"[2748].

2.1.1. Na senda do Iluminismo e nos alvores do Liberalismo

De forma singela, Condorcet terá sido um "guide de la Révolution Française" a quem o jacobinismo não compreendeu[2749]. Como a tantos outros.

Académico de elevado valor e membro da Academia das Ciências e da Academia de França, herdeiro espiritual de *Les Philosophes*, amigo de um dos grandes racionalistas franceses, Turgot, poderia ter sido um dos maiores homens de Estado do período posterior à Revolução Francesa. Poderia, não fora o alto conceito em que tinha a sua própria Liberdade, a quem José Acúrsio das Neves não enjeitará o elogio sincero[2750].

Elo de ligação entre a axiologia científica e o Estado iluminado protagonista das reformas em França, tentou racionalizar a vida política do seu tempo mediante a incorporação dos seus vastos conhecimentos científicos – sobretudo matemáticos – ao nível da transformação da sociedade corporativa francesa, cujo melhor exemplo era a estratificação nas Ordens.

Registe-se a admiração por um indivíduo que, na contingência da situação em que se encontrava de prisioneiro por defender a Liberdade francesa, conseguia, apesar de tudo, manifestar uma tão risonha fisionomia da humanidade e uma tão acentuada esperança no seu futuro.

[2748] Gérard Gengembre, "Idéologie et Idéologues", pág. 567.
[2749] António Truyol y Serra, *História da Filosofia do Direito e do Estado*, II, pág. 341. Condorcet não votou a morte de Luís XVI, tal como outros franceses do seu tempo, nacionais ou naturalizados como Thomas Paine. Preso durante o Terror, foi durante esse período que escreveu a sua Obra mais conhecida entre 1793 e 1794, tendo-se suicidado em seguida, ciente que estava do desenlace final que lhe estava reservado.
[2750] José Acúrsio das Neves, "Manifesto da Razão contra as Usurpações Francesas: Escritos Patrióticas", *Obras Completas de José Acúrsio das Neves*, Porto, Edições Afrontamento, s. d., 6, pág. 12: "este velho venerando [o abade Raynal], veio a Paris para os dissuadir de tais horrores: este velho venerando correu o risco de pagar com a vida, como Condorcet e tantos outros, a heróica Liberdade dos seus discursos."

Essa ideia é patente na sua Obra de referência[2751] mas também no período imediatamente anterior da sua vida, na frenética actividade que desenvolveu durante o tempo da Constituinte, ainda quando não tivesse participado directamente nela como seu membro[2752].

Pouco tempo depois esta assoma com maior evidência, ao ser eleito por Paris para membro à Assembleia legislativa. Numa Assembleia maioritariamente monárquica, os seus méritos pessoais começaram a fazer-se notados perante os colegas, sobretudo aqueles que eram comummente identificados com a burguesia.

Em linguagem moderna, Condorcet seria um independente, na medida em que a sua Liberdade, que tanto prezava, lhe permitia apoiar medidas de girondinos como de jacobinos, desde que as mesmas estivessem em consonância com as suas. Talvez por isto mesmo, e porque foi preso pelos segundos, se costume qualificá-lo como simpatizante dos primeiros, ponto que não está provado[2753].

Em 1789 muitas das Ideias Políticas de Montesquieu eram alvo de repreensão por uma alargada faixa de intervenientes na Constituinte. Defendido sobretudo pelos *monarchiens*, o seu Liberalismo aristocrático, ao jeito inglês, era visto como nefasto pela ala mais radical, onde proliferava Sieyès.

Não era esse o caso de Mirabeau, que apesar de adversário da "direita congressista"[2754], acolhia com simpatia as ideias por esta partilhadas e cuja fonte era Montesquieu, no que se liga à doutrina da separação de Poderes[2755]. De resto não será

[2751] Condorcet, *Esquisse d'un tableau historique des progrès de l'esprit humain*, *Esquisse d'un tableau historique des progrès de l'esprit humain*, datado de 1794. Obteve-se uma Edição de 1970, Paris, Vrin, com apresentação de O. H. Prior, pág. 9: "Il ne resterait enfin qu'un tableau à tracer, celui de nos espérances, des progrès qui sont réservés aux générations futures, et que la constance des lois de la nature semble leur assurer. Il faudrait y montrer par quels degrés ce qui nous paraîtrait aujourd'hui un espoir chimérique doit successivement devenir possible, et même facile; pourquoi, malgré les succès passagers des préjugés, et l'appui qu'ils reçoivent de la corruption des gouvernements ou des peuples, la vérité seule doit obtenir un triomphe durable; par quels liens la nature a indissolublement uni les progrès des lumières et ceux de la liberté, de la vertu, du respect pour les droits naturels de l'homme (...)."

[2752] Do seu currículo consta um projecto de *Declaração dos Direitos do Homem*, de 1789, na altura em que não era membro da Constituinte e um projecto de Constituição apresentado à Convenção em nome da Comissão da Constituição, em 15 de Fevereiro de 1793, que podem ser consultados em *Législation Constitutionnelle ou Recueil des Constitutions françaises, précédées des Déclarations des Droits de l'Homme et du Citoyen, publiées en Amérique et en France*, Paris, 1820, I, págs. 26 e ss; II, págs. 60 e ss.

[2753] Keith Michael Baker, "Condorcet", *Dictionnaire Critique de la Révolution Française*, "Acteurs, págs. 113 e ss. : "En 1789, le marquis de Condorcet était, comme le remarquait Sainte-Beuve, un des plus remarquables ornements de l'Ancien Régime."

[2754] Esta expressão poderá ser aplicada com toda a propriedade e sem correr o risco de querer transportar conclusões que são do nosso tempo para a época da Revolução Francesa. Na verdade, no Congresso de 1789, os deputados que faziam parte da ala radical, por uma distribuição de lugares, ficaram sentados do lado esquerdo da sala, enquanto os moderados e mesmos alguns assumidos realistas ocupavam o lado direito.

[2755] Mas também noutros planos de análise, nomeadamente na partilha da ideia que as formas de Governo devem ser adaptadas às condições de cada país em si mesmo considerado.

de admirar este seu posicionamento uma vez que conhecia bem o sistema inglês[2756] e no final da vida estava já familiarizado com o norte-americano[2757], pelo que este seu apego a Montesquieu[2758], que contrastava com outras opções políticas bem menos moderadas, justificava-se por si mesmo.

Sensibilizado, do mesmo modo, pelas ideias inglesas e sobretudo por Bentham, e a sua invectiva contra o degradante estado em que os presos se encontravam e o tratamento que lhes era dado nos países do Antigo Regime, manifesta do mesmo passo a sua veia humanitarista, o que é uma outra forma de dizer que se bate pela dignificação dos Direitos do Homem. Quer no plano da Liberdade, quer ao nível da Vida e da integridade física, são as inovações do humanitarismo[2759] que Mirabeau aporta em termos de salvaguarda da Liberdade civil[2760].

2.1.2. Temática do Direito Natural

O *Esquisse d'un Tableau Historique des Progrès de l'Esprit Humain*, de Condorcet, quadro sinóptico da Filosofia das Luzes fornece, desde logo, um assinalável conjunto de suportes que importam a recondução da sua Filosofia aos ensinamentos de Locke, em sintonia com a França intelectual do seu tempo. Daí a frase de abertura por si só sintomática: "L'homme naît avec de recevoir des sensations; d'apercevoir et de distinguer les sensations simples dont elles sont composées, de les retenir, de les reconnaître, de les combiner; de saisir ce qu'elles ont de commun et ce qui les distingue; d'attacher des signes à tous ces objets, pour les reconnaître mieux, et faciliter des combinaisons nouvelles"[2761].

Há, pois, clara adesão ao experimentalismo de Locke devidamente burilado por Condillac e em que certos Autores pretendem ver conotações cartesianas[2762], sendo

---

[2756] M. Barthe, "Notice Historique", I, págs. XVIJ-XVIIJ: "Il vit l'Angleterre, et s'y livra à des observations dont bientôt il enrichit as patrie. Uni par l'amitié à quelques savats Anglais, il peut étudier avec fruit les lois fondamentales, sur lesquelles reposaient et l'Autorité de leur gouvernement et les droits des citoyens; *et tout en admirant ce qu'elles avaient d'utile, il sut en voir les défauts (...)*."

[2757] Idem, *ibidem*, I, pág. XVIII: "L'Amérique, libre au dehors, s'était donné une constitution dictée par le respect des droits de l'homme. Mirabeau étudie les institutions naissantes de ces peuples nouveaux, heureux de pouvoir porter dans leur sein une liberté à laquelle des nations vieillies ne sauraient arriver peut-être que par une longue préparation; il apprend que sur le nom d'*Ordre de Cincinnatus* une distinction entre les citoyens venait d'être consacrée par une de leurs lois. Effrayé des dangers sont cette source d'inégalité pouvait menacer leur constitution, il écrit des considérations sur l'ordre nouvellement établi, et les Américains s'empressent de rejeter loin d'eux une institution étrangère, dont l'existence pouvait corrompre les moeurs républicaines."

[2758] Não significava isto que partilhasse na íntegra deste Liberalismo aristocrático; as suas palavras são demasiado claras para deixarem quaisquer dúvidas. Assim, Mirabeau, "Discours sur la représentation illégale de la nation provençale dans ses états actuels, et sur la nécessité de convoquer une assemblée générale des trois ordres, prononcé le 30 Janvier 1789", *Discours et opinions de Mirabeau*, I, págs. 29 e 30: "Je sais que plusieurs nations ont limité ce principe [la représentation individuelle] en n'accordent le droit d'élection qu'aux propriétaires; mais c'est déjà un grand pas vers l'inégalité politique."

[2759] Ruy de Albuquerque e Martim de Albuquerque, II, págs. 151 e 152.

[2760] M. Barthe, "Notice Historique", I, pág. XXIIJ.

[2761] Condorcet, *Esquisse d'un Tableau Historique des Progrès de l'Esprit Humain*, pág. 1.

[2762] Bouiller, *Histoire de la Philosophie cartésienne*, apud O. H. Prior, "Introduction", *Esquisse d'un tableau historique des progrès de l'esprit humain*, pág. XXVII: "Les éléments cartésiens qui se trouvent chez notre philosophie: la raison universelle, la doctrine de perfectibilité, l'appel aux lois immuables du juste et de l'injuste; la justice et les droits absolus dans la morale sociale et dans la politique."

certo que tal como outros membros do seu grupo estimava o pai do racionalismo europeu[2763].

Um aspecto que aqui importa salientar liga-se ao sentido de racionalismo político em Mirabeau, que o aproximava de uma visão algo coincidente com a dos partidários da ligação entre Política e Moral, sobretudo no plano da abordagem das letras "douradas" de um Código de Direito universal e que entre os lusos Autores encontra partidários em Barreto de Aragão e Tomás António de Gonzaga[2764], ainda que o contexto ideológico fosse diferente.

Já para Sieyès se o objecto da lei é a salvaguarda aos atentados à Liberdade e à Propriedade dos indivíduos[2765], todas as que tiverem objectivos contrários deverão ser rapidamente abolidas.

É isto que preconiza o Direito Natural e deve ser seguido sem rebuço pelas leis positivas, muito ao contrário do que o servilismo a que o Povo se encontra reduzido lhe faz acreditar[2766].

Assume-se, desde o início a defesa dos direitos individuais nos termos em que serão consagrados na *Declaração dos Direitos do Homem e do Cidadão*, pela referência que se faz à protecção que o legislador deve dar a esses mesmos direitos e pelo aspecto expansivo que a Liberdade civil deve apresentar.

Não há ninguém que, de acordo com o Direito Natural, se possa arrogar à dispensa de uma lei que deve ser igual para todos, assim como não há qualquer possibilidade de alguém deter um privilégio exclusivo a qualquer coisa que não seja abrangido pelo preceito legal; isso seria arrancar aos cidadãos uma porção da sua Liberdade.

Datado de 1793, *La Loi Naturelle ou Catéchisme du Citoyen Français*[2767], foi posteriormente rebaptizado para *Catéchisme du Bon Sens et des Honnêtes Gens*, não apresentando, tanto quanto foi possível apurar, nada de verdadeiramente inovador no que toca à lei natural, que é definida como "la loi éternelle, immuable, nécessaire, par laquelle

---

[2763] Condorcet, *Esquisse d'un Tableau Historique des Progrès de l'Esprit Humain*, págs. 144 e ss: "Cet honneur [a renovação da Filosofia] était réservé à Descartes, philosophe ingénieux et hardi. Doué d'un grand génie pour les sciences, il joignait l'exemple au précepte, en donnant la méthode de trouver, de reconnaître la vérité."

[2764] Mirabeau, "Discours sur la représentation illégale de la nation provençale dans ses états actuels, et sur la nécessité de convoquer une assemblée générale des trois ordres, prononcé le 30 Janvier 1789", *Discours et opinions de Mirabeau*, I, pág. 27: "Mes principes n'étonneront point ceux qui ont étudié les titres dans nations dans le code non écrit du droit universel; et celui-là seul est éternellement légitime."

[2765] *Choix de Rapports, Opinions et Discours, prononcés à la Tribune Nationale depuis 1789 jusqu'à ce jour*, II, pág. 352, "Séance du 20 janvier 1790: la loi n'est là que pour empêcher de s'égarer; elle est seulement une institution protectrice, formée par cette même liberté antérieure tout, et pour laquelle tout existe dans l'ordre social."

[2766] Sieyès, *Essai sur les Privilèges*, Paris, 1789, Edição de Paris, PUF, 1982, pág. 2: "Le long asservissement des esprits a introduit les préjugés les plus déplorables. Le peuple croit presque de bonne foi qu'il n'a droit qu'à ce qui lui est permis pas des lois expresses. Il semble ignorer que la liberté est antérieure à toute société, à toute législateur; que les hommes ne se sont réunis que pour mettre leurs droits à couvert des entreprises méchants, et pour se livrer, à l'abri de cette sécurité, à un développement plus étendu, plus énergique et plus fécond en jouissances de leurs facultés morales et physiques."

[2767] Volney, "La loi naturelle ou catéchisme du citoyen français", *Œuvres*, Paris, Fayard, 1989, I, págs. 447 e ss.

Dieu régit l'univers, et qu'il présente lui-même aux sens et à la raison des hommes pour leur servir de règle égale et commune, et les guider, sans distinction de pays ni de secte, vers la perfection et le bonheur"[2768]. Trata-se de uma lei que tende a manter a ordem estabelecida pela natureza, na conservação do homem e da sociedade.

Volney distingue, como tantos outros, na lei natural a característica fundamental da conservação de si mesmo, o que se consegue mediante a ausência da dor e o aumento do prazer[2769]. Por consequência, está-se perante uma visão eudemonista da sociedade, aceitando-se a veia utilitarista interpretada por ingleses, e que os franceses adoptaram quase em exclusividade.

2.1.3. O valor da História

O tipo de relações que se estabelecem entre os homens no tempo e no espaço constitui para Condorcet o "tableau des progrès de l'esprit humain", a que presidem as mesmas leis gerais que são privativas dos indivíduos, por serem o resultado deste desenvolvimento, considerado em simultâneo e num grande número de indivíduos que se reúnem em sociedade[2770].

A versão histórica tem peso no raciocínio do Autor[2771], ainda quando ele é considerado um dos mais destacados *Ideólogues*, conhecendo-se que estes não privilegiavam por este plano de análise, no seu desfasamento da Razão.[2772] Isso mesmo já levou alguns estudiosos a considerarem que "c'est (...) de la part de Condorcet, une vue aussi neuve que hardie, et qui le place au rang des initiateurs dans l'histoire de la pensée humaine, que d'avoir essayé de tirer du passé de l'humanité une formule de son avenir. Lui-même nous dit que c'est bien là sa pensée, et qu'il va essayer d'imiter l'exemple des savants qui, dans l'ordre de l'univers physique, calculent le futur à l'aide du passé"[2773].

Há assim um claro distanciamento em relação a Voltaire, por força da sua ligação aos fisiocratas, cujo entendimento era, em tese geral, o da pretensão de fundar na

---

[2768] Idem, *ibidem*, I, pág. 447.
[2769] Volney, "La loi naturelle ou catéchisme du citoyen français", *Œuvres*, Paris, Fayard, 1989, I, pág. 462: "(...) la *vertu* selon la loi naturelle (...) c'est la pratique des actions utiles à l'individu et á la société." Estas *Œuvres* compreendem a maior parte dos escritos contidos nas primitiva Edição das *Œuvres Complètes*, em 8 volumes, em Edição de 1821.
[2770] Idem, *ibidem*, págs. 238 e 239: "Ce tableau de l'espèce humaine affranchie de toutes ses chaînes, soustraite à l'empire du hasard, comme à celui des ennemis de ses progrès et traite à l'empire du hasard, comme à celui des ennemis de ses progrès et marchant d'un pas ferme et sûr dans la route de la vérité, de la vertu et du bonheur, présente au philosophe un spectacle qui le console des erreurs, des crimes, des injustices dont la terre est encore souillée, et dont il est souvent la victime."
[2771] *Observations inédites de Condorcet sur de 29 ème livre de l'Esprit des Lois*, à la suite de Destut de Tracy, *Commentaire sur l'Esprit des Lois*, apud E. Bréhier, II, 2, pág. 446: "Condorcet (...) croyant qu'une bonne loi doit être bonne pour tous les hommes comme une proposition est varia pour tous."
[2772] Condorcet, *Esquisse d'un Tableau Historique des Progrès de l'Esprit Humain*, pág. 2: "Ce tableau est donc historique, puisque assujetti à de perpétuelles variations, il se forme par l'observation successive des sociétés humaines aux différents époques qu'elles ont parcourues (...) Tel est le but de l'ouvrage que j'ai entrepris, et dont le résultat sera de montrer, par le raisonnement et par les faits, que la nature n'a marqué aucun terme au perfectionnement des facultés humaines; que la perfectionabilité de l'homme est réellement indéfinie; que les progrès de cette perfectionabilité, désormais indépendants de toute puissance qui voudrait les arrête, n'ont d'autre terme que la durée du globe du globe où de la nature nous a jetés."
[2773] Paul Janet, II, pág. 684.

Razão as condições de existência e progresso da sociedade, deduzidas de leis exercitadas em nome da simples evidência.

Por isso e sem qualquer contradição nos pressupostos e inserção da corrente de Pensamento que perfilhava, será legítimo incluir Condorcet num núcleo que será depois recuperado por Benjamin Constant: a teoria do progresso incorpora a revolução como uma etapa mais do avanço intelectual da humanidade.

2.1.4. Liberdade de pensamento, de consciência e tolerância religiosa

Na impossibilidade de obter todos os trabalhos de Condorcet, é viavel avançar para um política assumida de defesa da tolerância religiosa[2774] e da Liberdade de pensamento, de justiça e humanidade nos quadros sociais e de ponderação extremada da axiologia da Liberdade e da Igualdade, antes mesmo da eclosão da Revolução Francesa.

Reportando-se ao comportamento usual seguido pela censura francesa no que respeita a matérias de relativas ao dogma e à Fé, onde os escritos suspeitos de atentarem contra a ortodoxia eram de imediato suspensos e os seus Autores sujeitos a severos procedimentos, patenteia-se o Pensamento que reproduz, sob forma crítica a respeito dos mesmos, e que permite avançar com algumas observações emblemáticas[2775].

Para além desta verificação, o Autor leva o seu raciocínio mais longe, pois entende que a manutenção do obscurantismo e o repúdio oficial pela evolução possibilitada no avanço do naturalismo e da experiência acabam por completar o cerco a uma Liberdade de pensamento que se pretende expansiva. Condorcet aplica-se, sob forma sistemática, a desmistificar a complacência com o clero, contra o seu papel político e contra a intolerância[2776]. "Si nous sommes intolérants, c'est que nous avons le droit de l'être parce que nous ne tuons les hommes qu'au nom de Dieu, qui apparemment est le maître de leur vie"[2777].

[2774] Condorcet, *Esquisse d'un Tableau Historique des Progrès de l'Esprit Humain*, pág. 129. Atente-se que, ainda que admita a tolerância religiosa, Condorcet tem sobre este aspecto uma posição notável e distante de boa parte dos demais Autores. A crítica que enceta é pela negativa, uma vez que considera que "(...) dans ces pays où il n'avait été impossible à une religion d'opprimer toutes les autres, il s'établit ce que l'insolence du culte dominateurs osa nommer tolérance, c'est-à-dire, une permission donnée par des hommes à d'autres hommes de croire ce que leur raison adopte, de faire ce que leurs conscience leurs ordonne, de rendre à leur Dieu commun l'hommage qu'ils imaginaient lui plaire davantage. On put donc alors y soutenir toutes les doctrines tolérées, avec une franchise plus ou moins entière."

[2775] Idem, *Lettres d'un théologien à l'auteur du Dictionnaire des trois siècles*, apud Franck Alengry, *Condorcet. Guide de la Révolution Française, Théoricien du Droit Constitutionnel et Précurseur de la Science Sociale*, Slatkine Reprints, Genève, 1971, pág. 15: "Pourquoi l'article de Lanugem archevêque de Sens, ne points parler de la *Vie de Marie à la Coque*! Le clergé a depuis peu institué, d'après la révélation de la sainte, une fête en l'honneur du Sacré-Cœur. Est-ce que cette dévotion du clergé de France vous paraîtrait ridicule? Est-ce que vous n'oseriez la louer hautement? Ah! Vous avez un peu de respect humain... la lecture d'un livre contre la religion catholique peut faire commettre un péché mortel; ce qui est un mal infini: donc pour empêcher ce livre d'être lu, il faut, si cela est nécessaire, brûler l'auteur, l'imprimeur, le colporteur, les lecteurs; en coutât-il la vie à cent mille hommes, cela vaut mieux que de souffrir la perte d'une seule âme. Voilà comme doit parler un véritable théologien".

[2776] Idem, *Esquisse d'un Tableau Historique des Progrès de l'Esprit Humain*, pág. 18: "J'entends la formation d'une classe d'hommes dépositaires des principes des sciences ou des procédés des arts, des mystères ou des cérémonies de la religion, des pratiques de la superstition, souvent même des secrets de la législation et de la politique."

[2777] Idem, *ibidem*, pág. 16.

DA HISTÓRIA DA IDEIA DE LIBERDADE (SEQUÊNCIA)

Durante toda a sua vida e mesmo antes da Revolução Francesa Condorcet exerceu apostolado favorável à Liberdade de pensamento, a tolerância e a Liberdade de imprensa.

Olvidá-lo seria, quando menos, esquecer quem que pelo seu sistemático empenho se pode considerar justamente como o primeiro dentre a primeira geração dos *Ideólogues*[2778], merecendo pelas posições doutrinárias assumidas com frontalidade, o completo desacordo do maior dos teóricos da contra-revolução providencialista, De Bonald[2779].

Da mesma sorte rezam as crónicas que a elevada posição social que ocupava na França de Luís XVI, não o impediram de se manifestar abertamente contra o que entendia ser o comportamento venal dos magistrados, reclamando por uma adequação da justiça à humanidade dos propósitos com que delitos de ordem vária deveriam ser sancionados. Assim, "il lui reproche son intolérance religieuse, ses cruautés froides et voulues et ses supplices dont l'erreur effrayerai l'imagination d'un cannibale"[2780].

Tudo isto teria como pano de fundo a adesão aos ideais da maçonaria, de que era membro através da "Loge des Neuf", a que Voltaire[2781] também pertencia, tal como outros membros destacados da sociedade francesa do seu tempo[2782].

Condorcet, no que respeita à Liberdade de consciência, apresenta uma posição diversa da partilhada por Locke e outros protestantes, que admitiam a mesma e incrementavam a ideia de tolerância, desde que os visados não fossem membros da Igreja de Roma. Assim, "l'intolérance religieuse était commune à toutes les sectes, qui l'inspiraient à toutes les sectes, qui l'inspiraient à toutes les gouvernements. Les papistes persécutaient toutes les communions réformées; et celles-ci, s'anathématisant entre elles, se réunissaient contre les antitrinitaires, qui, plus conséquents avaient soumis également tous les dogmes à l'examen, sinon de la raison, au moins d'une critique raisonné, et n'avaient pas cru devoir se soustraire à quelques absurdités, pour en conserver d'aussi révoltantes. Cette intolérance servir la cause du papisme"[2783].

O ponto da situação que faz de França e parte da Europa, no que respeita à tolerância religiosa, é o florescimento de uma certa Liberdade de pensar, não em nome

---

[2778] Franck Alengry, pág. 17: "Nombreux sont les passages de ses lettres où il s'élève contre le fanatisme et signale à Voltaire et à l'opinion publique une injustice ou une victime du fanatisme; Nombreaux également sont les ouvrages où il plaide la cause de la libre pensée, du respect de toutes les opinions et de la liberté de la presse."

[2779] De Bonald, Théorie du pouvoir politique, *apud* Marie-Claude Royer, "Condorcet", *Dictionnaire des Œuvres Politiques*, pág. 262.

[2780] Franck Alengry, pág. 18.

[2781] O. H. Prior, "Introduction" a *Esquisse d'un Tableau Historique des Progrès de l'Esprit Humain*, pág. XXVII: "Une des pages les plus intéressants de sa vie est celle de ses relations avec Voltaire et Turgot. Il doit sans doute au premier ses idées sur la tolérance, sur la religion; au second, en grand partie, ses théories sur l'économie politique. *Toutefois il garde son indépendance et maintiendra, par exemple, contre Voltaire, le droit du peuple à l'éducation.*"

[2782] De resto a situação não seria muito diferente daquela que anos mais tarde se iria verificar em Portugal em vésperas de 1820, sabido que era serem as lojas maçónicas os locais de eleição para debates políticos, para as questões religiosas e para questões de interesse social de forma generalizada. Mesmo para aqueles que não questionavam directamente, como fariam os Vintistas, a religião oficial, era sem dúvida evidente que a sua abertura à Liberdade de pensamento seria em grande medida o produto dessas discussões e se não podem ser catalogados de progressistas neste domínio, estes portugueses foram minando as antigas estruturas sociais que se viviam em Portugal. Daí à Revolução de 1820 foi um passo.

[2783] Condorcet, *Esquisse d'un Tableau Historique des Progrès de l'Esprit Humain*, págs. 126 e 127.

dos homens, mas em nome dos cristãos e isso manifesta-se insuficiente na expansão da Liberdade de pensamento.

Foi a partir de uma genuína indignação em face destes acontecimentos, pela percepção de que a consciência humana jazia sob tumulares comandos régios e ficava escrava da superstição sacerdotal[2784], que alguns homens ousaram lutar conter tão indigna situação. A partir daqui segue-se a conjugação das mentes em ordem aos objectivos maiores que qualquer homem deve possuir: a defesa da sua Liberdade e a salvaguarda da Igualdade.

Do exposto resulta que em associação ao incremento da tolerância religiosa e à Liberdade de consciência, bem como a uma justiça aplicada com foros de humanização, devem ponderar-se a Liberdade e a Igualdade. Estas últimas sofrem um enquadramento quer no plano individual quer ao nível político, com as componentes essenciais da discussão acerca da teoria política e das implicações constitucionais que as mesmas acarretam.

Condorcet é contundente nas suas críticas ao desenvolvimento incorrecto e lesivo dos interesses dos homens que a sociedade foi sofrendo[2785]. Bem diverso é o posicionamento assumido pelos reformadores iluminados muito embora na perspectiva de Condorcet o espírito que os anima não conduza à verdadeira Liberdade de pensar. Isto tanto mais é certo que mesmo para aqueles que defendem alterações estruturais no plano ideológico, a circunstância de se encontrarem submetidos a um sistema censório que exerce a sua actividade com punho de ferro, não lhes deixa margem na defesa da Liberdade de pensamento[2786].

A quase ignorância de Volney, sobretudo em matérias ligadas à política, acentua-se quando comparado com o pontual apreço pela sua literatura de viagens[2787]. Se como for, cumpre acentuar a importância que assume a sua, para a compreensão

---

[2784] Registe-se, contudo, que quando se tentava pelos canais oficiais lutar contra a superstição e essa luta era patrocinada pelos próprios próceres do despotismo que intentavam reformas nos seus países, como foi o caso de José II na Áustria, as populações, por via de regra, eram as primeiras a revoltar-se contra tais modificações. Veja-se Jean Bérenger, "Les Résistances au Joséphisme", *Les Résistances à la Révolution*, pág. 24: "On assiste (...) à des révoltes paysannes à caractère religieux qui, par des désordres caractérisés, mettent en question l'Autorité de l'État (...). Et pour des raisons de sécurité, l'État joséphiste a reculé. Nous sommes dans ce cas bien loin des révoltes paysannes à caractère économique ou d'inspiration antiféodale. Les paysans se soulevèrent pour conserver leurs prêtres et surtout la religion traditionnelle; ils acceptaient mal, en particulier, la désacralisation de l'espace voulue par l'empereur qui considérait les oratoires, les statues en pleins champs comme des manifestations de la superstition. Ils considéraient de même l'affectation des ressources des confréries aux messes perpétuelles comme indispensable, alors que l'empereur voulait détourner ces fonds pour des usages purement laïques."

[2785] Condorcet, *Esquisse d'un Tableau Historique des Progrès de l'Esprit Humain*, pág. 128: "si l'égalité naturelle des hommes, première base de leurs droits, est le fondement de toute vrai morale que pouvait-elle espérer d'une philosophie, dont un mépris ouvert de cette égalité et de ces droits était une des maximes? Sans doute, cette même philosophie a pu servir aux progrès de la raison, dont elle préparait le règne en silence: mais, tant qu'elle subsista seule, elle n'a fait que subsister l'hypocrisie au fanatisme, et corrompre, même en les élevant au-dessus des préjugés, ceux qui présideraient à la destinée des États".

[2786] Idem, *ibidem*, pág. 129.

[2787] Jules Barn, *Les moralistes français au Dix-huitième siècle*, Slatkine Reprints, Gênera, 1970, págs. 189 e ss.

do Pensamento religioso de Volney e suas ligações com a Liberdade de consciência e a tolerância religiosa[2788].

É nesse mesmo sentido que encara a importância da Liberdade de pensamento, uma vez que a melhoria da situação do homem propiciada pelas Luzes provém "des lois de la Nature; car par la loi de la sensibilité, l'homme tend aussi invinciblement à se rendre heureux que le feux à monter, que la pierre à graviter, que l'eau à se niveler"[2789].

Apresentada deste modo, de imediato dá lugar à pergunta e sucessiva resposta acerca da existência de Deus, e onde o Autor manifesta a sua positiva crença num "agent suprême, un moteur universel et identique, désigné par le nom de Dieu". Esta manifestação da presença divina é reafirmada por Volney atendendo a que considera pejorativamente as afirmações habitualmente feitas em presença dos "ditos ateus", tal como os designa[2790].

A defesa dos citados ateus, como Holbach e eventualmente algumas aproximações menos conseguidas a Voltaire ou Helvétius, fica manifesta na verificação segundo a qual os visados lhe rendem um culto que se confunde com uma prática da acção; "la pratique et l'observation de toutes les règles que la *suprême sagesse* a imposées au mouvement de chaque être; règles éternelles et inaltérables, par lesquelles elle maintient l'ordre et l'harmonie de l'univers, et qui dans leurs rapports avec l'homme composent la loi naturelle"[2791].

Por consequência se a lei natural está inscrita no coração dos homens, está inscrita no coração desses mesmos ateus, o que apenas significa que eles, ao a reconhecerem e prezarem, se estão a determinar em nome de um Ser supremo, formulação maçónica para designar Deus.

Será que isto significa uma aposta católica, protestante ou seja por que via seja, na admissibilidade da religião revelada e eventual unicidade de credo religioso?

Um dos aspectos que Volney acentua com maior ênfase é o do convencimento que a generalidade dos países e dos povos têm de ser "a sua" a "única" Fé com legitimidade para ser praticada[2792]. Rebatendo esta ideia, Volney avança para a verificação de que é da responsabilidade dos proclamados guias religiosos de cada Nação, o desconcerto maior pelos males com que mais gravemente se confrontam os seus cidadãos[2793]. A solução de um tal problema não é, sequer, difícil; basta que uma séria e madura reflexão em cada homem lhe proporcione a aquisição racional do poder da crítica contra os valores falsos a que foi habituado, para que tudo se conserte.

Posto que considerando ser mais valioso o conhecimento que o homem tem directamente de Deus não se embaraçando em cultos externos nem atendendo a

---

[2788] Volney, "La loi naturelle ou catéchisme du citoyen français", *Œuvres*, I, pág. 451.
[2789] Idem, *ibidem*, I, pág. 462.
[2790] Idem, *ibidem*, I, pág. 451: "(...) au contraire, ils ont de la Divinité des idées plus fortes et plus nobles que les hypocrites que les calomnient, car ils ne la souillent point du mélange de toutes les faiblesses et de toutes les passions de l'humanité".
[2791] Idem, *ibidem*, I, pág. 451.
[2792] Idem, "Les Ruines ou Méditations sur les Révolutions des Empires", *Œuvres*, I, págs. 287 e ss.
[2793] Idem, *ibidem*, I, pág. 313: "Vous le savez, Docteurs et Instituteurs des Peuples! d'épaisse ténèbres couvrent la nature, l'origine, l'histoire des dogmes que vous enseignez: imposés par la force et l'Autorité, inculqués par l'éducation, entretenus par l'exemple, ils se perpétuent d'âge en âge, et affermissent leur empire par l'habitude et l'inattention".

códigos mediatos e contraditórios de profetas, sentencia ser mote de todos e qualquer indivíduo activar a sua capacidade reflexiva e não se deixar mais ludibriar[2794].

Do exposto resulta que o Autor é contrário à Revelação, uma vez que a ideia da divindade não resulta de Revelação miraculosa de seres invisíveis, mas de uma produção natural do entendimento. Volney é sem dúvida um partidário da religião natural, um deísta como tantos outros, ainda que o tipo de linguagem que utiliza e a forma como expõe o seu Pensamento sejam muito mais suaves e algo moderado em relação a outras interpretações.

Patrocinando uma religião natural típica da sua época, Volney é um homem que acima de tudo admite a Liberdade de opinião entre os vários sectores em confronto; quando não possível e porque todas as religiões acabam por ser intolerantes umas em relação às outras, devem os homens ser alertados para saberem pesar por si mesmos, no âmbito da sua racionalidade própria e que em nada deve a contributos patrocinados por dogmas.

Um dos aspectos com o qual mais se preocupa é a educação, sendo certo que também neste ponto está em sintonia com o Pensamento das Luzes, com tradução efectiva em Portugal antes de 1789. Subsequentemente este mesmo tema será retomado em Portugal.

No que à pregação de Volney consiste, percebe-se a sua eleição pela Liberdade de pensamento e reformas educativas salutares, uma vez que "dans l'État moderne, et surtout dans celui de l'Europe, de grandes nations ayant contracté l'alliance d'un même langage, il s'est établi de vastes communautés d'opinions; les esprits se sont rapprochés, les coeurs se sont étendues; il y a un accord de pensées, unité d'action: ensuite, *un art sacré, un don divin du génie, l'imprimerie,* ayant fourni le moyen de répandre, de communiquer en un même instant une même idée à des millions d'hommes, et de la fixer d'une manière durable, sans que la puissance des tyrans pût l'arrête ni l'anéantir, il s'est formé une masse progressive d'instruction, un atmosphère croissant de lumières, qui, désormais, assurent solidement l'amélioration"[2795].

Do mesmo modo se assiste à defesa da Liberdade de consciência em Mirabeau, aspecto que se recusava a confundir com a de tolerância religiosa. Afirmava que "la liberté la plus illimité de religion est à mes yeux un droit si sacré, que le mot *tolérance,* qui voudrait l'exprimer, me paraît en quelque sorte tyrannique lui-même; puisque l'existence de l'Autorité que a le pouvoir de tolérer attente à la liberté de penser, par cela même qu'elle tolère, et qu'ainsi elle pourrait ne pas tolérer"[2796].

Esta questão tratada aquando da discussão acerca da *Declaração de Direitos francesa* apresenta especial interesse, sobretudo porque manifesta da parte de Mirabeau uma completa divergência com parte das opiniões antes expressas, o que para um moderado com as suas características, é notável[2797].

[2794] Idem, *ibidem*, I, pág. 316: "On reconnaît, en un mot, que tous les dogmes théologiques *sur l'origine du monde*, sur la *nature de Dieu, la révélation de ses lois, l'apparition* de sa personne, ne sont que des récits de faits astronomiques, que des *narrations figurée* et *emblématiques* du jeu des constellations: l'on se convaincra que l'idée aujourd'hui si obscure, n'est dans son modèle primitif que celle des puissances physiques de l'univers."

[2795] Idem, *ibidem*, I, pág. 243.

[2796] Mirabeau, "Discours sur la représentation illégale de la nation provençale dans ses états actuels, et sur la nécessité de convoquer une assemblée générale des trois ordres, Séance de 18 Août 1789", *Discours et opinions de Mirabeau*, I, pág. 328.

[2797] O projecto apresentado ao sexto Comité – comissão – da *Assembleia Constituinte*, cuja paternidade lhe costuma ser atribuída ainda que ele tenha projecto autónomo, veicula uma feição bastante

DA HISTÓRIA DA IDEIA DE LIBERDADE (SEQUÊNCIA)

A religião deve ser respeitada e mantida como instituição puramente social e convencional. Todos têm o mútuo dever de aceitar as convicções dos outros e estes o direito de as praticarem; o Rei não tem qualquer direito de dominar as consciências dos homens nem de regular as suas opiniões; portanto, não faz sentido falar em culto dominante promovido pelo chefe e ainda menos por qualquer Igreja[2798]. Fica pois clara a opinião de Mirabeau, sendo certo que a mesma seria, certamente, a de muitos que, com menos coragem, eram incapazes de a afirmar[2799].

Em termos mais gerais, o mesmo se diga da Liberdade de pensamento e, descendo à sua concretização sob forma regular, da Liberdade de imprensa. Mirabeau é, de novo muito claro, ficando a sua ideia bastante marcada na mesma discussão sobre a citada Declaração: "on ne peut pas restreindre un droit; on peut seulement réprimer l'abus de l'exercice d'un droit. Le mot *réprimer* s'applique plutôt à l'abus fait de la liberté de la presse qu'à cette liberté même; il conserve à chacun le droit de communiquer ses pensées, et n'admet l'intervention de la loi que pour punir le mauvais usage qui pourrait en avoir été fait"[2800].

Portanto, não apenas se protege a Liberdade de imprensa mas se afasta a sua repressão[2801]. No máximo pode ser admitida a restrição por razões de Estado; mais do que isso não será conforme ao Direito Natural.

2.1.5. Contratualismo e Poder Político

Ao nível da formação da sociedade e da origem do Poder político, entende Condorcet que o primitivo estado da civilização[2802] era composto por homens errantes, vivendo

---

moderada ao nível das ideias de Liberdade e de Igualdade e no que toca à sua consideração como direitos fundamentais a consagrar. No que respeita às suas proposições, vejam-se *Législation Constitutionnelle ou Recueil des Constitutions françaises, précédées des Déclarations des Droits de l'Homme et du Citoyen, publiées en Amérique et en France*, I, págs. 102 e ss; II, págs. 1-18; *Choix de Rapports, Opinions et Discours, prononcés à la Tribune Nationale depuis 1789 jusqu'à ce jour*, I, págs. 228 e ss. A destacar a consideração de que todos os homens nascem livres e iguais, recebendo o Corpo Político a sua existência de um prévio pacto social, mediante o qual todos os indivíduos se comprometem a obedecer a uma vontade geral, sendo os indivíduos recebidos como parte de um todo, com Direito à Segurança e protecção da sociedade. A lei, instrumento da sua expressão, a todos deve garantir a Liberdade, a Igualdade e a Propriedade, não podendo os indivíduos sem ofensa da sua Liberdade submeter-se a algo diverso que a lei. Consagra-se plenamente o Individualismo presente nos espíritos saídos da Revolução Francesa e entende-se que a Liberdade Pensamento e de imprensa a serem salvaguardadas, sendo a Igualdade enquadrada numa perspectiva formal, isto é, a Igualdade dos cidadãos perante a lei. Veja-se *Choix de Rapports, Opinions et Discours, prononcés à la Tribune Nationale depuis 1789 jusqu'à ce jour*, I, págs. 238 e ss; "Séance 18 Août, sur la liberté des cultes."

[2798] Mirabeau, "Séance de 18 Août", *Discours et opinions de Mirabeau*, I, págs. 332 e 333.

[2799] Idem, "Séance de 13 Avril 1790", II, págs. 305 e 306, a propósito da discussão acerca da religião de Estado entendeu que tal imposição pela ortodoxia Católica-Apostólica-Romana era não apenas ilegítima como imoral. Para tanto apresenta como exemplo a revogação do *Edito de Nantes*, fonte de toda a intolerância e acentua que "(...) d'ici, de cette même tribune où je parle, je voix la fenêtre du palais (...) dans lequel les factieux unissant des intérêts temporels aux intérêts les plus sacrés de la religion, firent partir de la main d'un roi des Français, faible, l'arquebuse fatale qui donna le signal du massacre de la Saint-Barthélemy."

[2800] Idem, ibidem, "Séance de 24 Août", I, pág. 334.

[2801] Alberto Pena Rodrigues, "História do Jornalismo Português", pág. 162, recorda que um dos textos autónomos de Mirabeau foi precisamente o *Sur la liberté de la presse*.

[2802] Condorcet, *Esquisse d'un Tableau Historique des Progrès de l'Esprit Humain*, pág 14: "Aucune observation ne nous instruit sur ce qui a précédé cet état; et c'est seulement en examinant les facultés

do nomadismo e posteriormente da sedentarização, ocupando-se em tarefas da agricultura e da pesca. A posterior evolução originou a diversificação da Propriedade e foi esse o ponto em que os homens se começaram decisivamente a distinguir entre si.

Em simultâneo e no primeiro caso, "le besoin d'un chef, afin de pouvoir agir en commun, soit pour défendre, soit pour se procurer avec moins de peine une subsistance plus assurée et plus abondante, introduisent dans cette sociétés les premiers idées d'une Autorité politique"[2803]. Assim se originaram as Nações chamadas a ser ouvidas em todas as matérias de interesse comum, atribuindo a determinadas entidades a gerência dos assuntos com interesse público para a generalidade dos indivíduos. "Telle fut l'origine des premières institutions politiques"[2804], nem sempre ao serviço das reais necessidades daqueles para quem tinham sido criadas[2805].

De Nações constituídas a partir de famílias nucleares e ancestrais, passou-se a uma situação mais estável, a tal sedentarização a que já se fez menção, cujos contornos não diferem grandemente dos anteriores. Cada Nação apresentava um chefe, que a comandava no exercício da guerra, sendo por esta época histórica que se assumiu decisivamente "l'origine de l'esclavage et de l'inégalité de droits politiques entre les hommes parvenus à l'âge de la maturité"[2806]. Tal situação foi-se perpetuando, tanto mais que os costumes primitivos salvaguardavam a desigualdade entre os homens, assistindo-se à formação de uma jurisprudência autorizada que julgando em matéria de Propriedade e sua defesa, mais acentuava a desigualdade entre os indivíduos.

Ou seja, há "algo" de Condillac e de Rousseau, em simultâneo, no Pensamento de Condorcet.

Por este tempo foi-se igualmente sedimentando o processo religioso, na interpretação do Autor mais não visando que "perfectionner l'art de tromper les hommes pour les dépouiller, et d'usurper sur les opinions une Autorité fondée sur des craintes et des espérances chimériques"[2807]. E, na transição para o feudalismo mais se acentuaram estas características, com a agravante de terem começado a surgir os primeiros déspotas, que o Autor aqui define, para distinguir da tirania passageira, como todos os casos de "oppression d'un peuple sous un seul homme, qui le domaine par la opinion, par l'habitude, surtout par une force militaire plus soumise encore à son Autorité arbitraire, mais respectée dans ses préjugés, flattée dans ses caprices, caressée dans son avidité et dans son orgueil"[2808].

---

intellectuelles ou morales, et la constitution physique de l'homme, qu'on peu conjecturer comment il s'est élevé à ce premier degré de civilisation."
[2803] Idem, *ibidem*, pág. 16.
[2804] Idem, *ibidem*, pág. 16.
[2805] Idem, *ibidem*, pág. 18: "On peut y observer les premières traces d'une institution qui a eu sur sa marche des influences opposées, accélérant le progrès des lumières, en même temps qu'elle répandit l'erreur; engraissant les sciences de vérités nouvelles, mais précipitant le peuple dans l'ignorance est dans la servitude religieuse; faisant acheter quelques bienfaits passagers par une longue et honteuse tyrannie."
[2806] Idem, *ibidem*, págs. 22 e 23.
[2807] Idem, *ibidem*, pág. 23. O Autor prossegue na sua cruzada contra os males da religião: "Il s'établit des cultes plus réguliers, des systèmes de croyance moins grossièrement combinés. Les idées des puissances surnaturelles se raffinèrent en quelque sorte: et avec ces opinions, on vit s'établir ici des princes pontifes, là des familles ou des tribus sacerdotales, ailleurs des collèges de prêtres; *mais toujours une classe d'individus affectant d'insolentes prérogatives* (...)."
[2808] Idem, *ibidem*, pág. 35.

DA HISTÓRIA DA IDEIA DE LIBERDADE (SEQUÊNCIA)

Não é possível ponderar todos os períodos históricos que Condorcet enuncia. Em qualquer caso sempre se acrescenta que à medida que os progressos se vão verificando, mais espinhoso é o caminho do homem na conquista da sua Liberdade e da sua Igualdade, perdido no início e dificilmente recuperável. Contudo, uma coisa é certa; ciente dos trabalhos de todos os escritores que o tinham antecedido, Condorcet não tem peias em valorizar os que lhe merecem esse respeito nem, ao invés, julgar impiedosamente todos os que considera colaborantes dos Poderes obscuros que procuravam desnaturar a Liberdade entre os homens.

Neste circuito não falham os jusracionalistas e alguns escritores de cunho mais político, aos quais se refere do seguinte modo: " (...) d'autres philosophes plus timides se contetèrent d'établir entre les peuples et les rois une exacte réciprocité de droits et de devoirs, une égale obligation de maintenir les conventions. On pouvait bien déposer ou punir un magistrat héréditaire, mais seulement s'il avait violé ce contrat sacré, qui n'en subsistant pas moins avec sa famille. Cette doctrine, qui écartait le droit naturel, pour tout ramener au droit positif, fut appuyée par les jurisconsultes, par les théologiens"[2809]. Esta doutrina, sobretudo favorável aos poderosos, preza mais o homem revestido dos Poderes que os Poderes em si mesmos.

Não se andará longe da verdade vislumbrando aqui, entre outras coisas, uma crítica à perspectiva jusracionalista acerca das Leis Fundamentais, assim como ao exercício da soberania por um único detentor, que não teria de apresentar contas da sua governação dados os poderes que por primitivo pacto lhe haviam sido conferidos. Era aquilo que Pufendorf defendia.

Foi a partir do trabalho de boa parte dos pensadores no despertar nos homens de algumas das suas mais recalcadas convicções[2810], onde avulta a Liberdade, que eles recordaram que esta é um bem inalienável[2811]. A tirania é um mal a afastar, os magistrados devem estar ao serviço do Povo e não dos chefes e os homens conservam em si mesmos Poder de lhes retirar uma Autoridade quando cessa de ser útil aos seus interesses e à sua conservação. A final, têm o direito de os demitir e revogar as suas increteriosas leis[2812].

A Razão ensina ao homem que ele tem direitos naturais, derivando da sua natureza de Ser sensível e natural. Esses direitos, anteriores às instituições sociais, compreendem a Liberdade e a Igualdade, das quais a preservação deve ser o fim último das sociedades políticas[2813]. Em função disto, não é admissível qualquer contrato entre Povo e magistrados – ou monarca – nem se admite uma divisão social entre os que

---

[2809] Idem, *ibidem*, pág. 131.
[2810] Idem, *ibidem*, pág. 155 e ss, citando directamente Descartes e Locke e fazendo referência indirecta a Kant, "(...) en Allemagne, un homme d'un génie vaste et profond jetait les fondements d'une doctrine nouvelle. Son imagination ardente, audacieuse, ne put se reposer dans une philosophie modeste, qui laissant subsister des doutes sur ces grands questions de la spiritualité ou de la persistance de l'âme humaine, de la liberté de l'homme ou de celle de Dieu (...)."
[2811] Idem, *ibidem*, pág. 131: "Les mouvements populaires, les révolutions qui avaient agité les républiques d'Italie, l'Angleterre et la France, devaient attirer les regards des philosophes vers cette partie de la politique, qui consiste à observer et á prévoir les effets que les constitutions, les lois, les institutions publiques, peuvent avoir sur la liberté des peuples, sur la prospérité, sur la force des Etats, sur la conservation de leur indépendance, de la forme de leurs gouvernements."
[2812] Idem, *ibidem*, pág. 130.
[2813] Idem, *ibidem*, pág. 149.

Por isto mesmo o seu ponto de partida está em flagrante oposição a Rousseau. A Nação existe enquanto Corpo Social não politicamente constituído mas já organizado no estado de natureza. O próprio Sieyès, apercebendo-se disso mesmo, não descarta a sua declaração expressa, entendendo que o genebrino "confonde les principes de l'art social avec les commencements de la société humaine"[2863].

Partindo de Locke e como ele pensando que a maior riqueza propicia uma maior Liberdade porque o homem escapa a uma espécie de imperialismo das necessidades, encara a sociedade política como uma criação do espírito humano, entidade de Razão e da qual é preciso descobrir as próprias leis. Na formação das sociedades políticas existem três fases ou épocas[2864]: na primeira, os homens vivem mais ou menos isolados mas porque se querem reunir formam uma Nação, onde há direitos que apenas têm de ser exercidos. Esta primeira época é caracterizada pelo jogo de vontades individuais, cuja associação é a origem de todo o Poder.

Na segunda época, existe a característica da vontade comum, onde os associados pretendem dar consistência à sua união, pertencendo-lhes o Poder ao público, porque se as vontades individuais são origem ao Poder, apenas a sua união origina um Poder efectivo. Tem pois de haver unidade na vontade e a sua manifestação justifica a existência e a confiança que fazem na entrega de parte dela a alguém que por eles exerça o Poder, devido ao grande número de vontades em presença. Tal a origem do Governo exercido por procuração[2865].

Da passagem do estado de natureza ao estado de sociedade, não resulta nem a desigualdade nem a diminuição da Liberdade individual, aspecto em que está em contraposição com a generalidade da doutrina contratualista, mantendo apenas fidelidade a Locke e a Burlamaqui. Não diminui a Igualdade uma vez que "(...) il protège l'égalité des droits contre l'influence naturelle, mais nuisible, de l'égalité des moyens. La loi sociale n'est point faite pour affaibli le faible et fortifier le fort; au contraire, elle s'occupe de mettre le faible à l'abri de entreprises du fort; et couvrant de son Autorité tutélaire l'universalité des citoyens, elle garantit à tous la plénitude de leurs droits".

E o mesmo se verifica com a Liberdade, uma vez que "(...) l'homme, entrant en société, ne fait pas le sacrifice d'une partie de sa liberté: même hors du lien social, nul n'avait le droit de nuire à un autre. Ce principe est vrai dans toutes les positions

---

[2863] Prélot e Lescuyer, pág. 272.
[2864] Sieyès, *Qu'est-ce que le Tiers État?* págs. 65 e 66.
[2865] Idem, *ibidem*, pág. 66: "la communauté ne se dépouillé point du droit de vouloir. C'est sa propriété inaliénable. Elle ne peut qu'en commettre l'exercice. Ce principe développé ailleurs. Le corps des délégués ne peut pas même avoir la plénitude de cet exercice. La communauté n'a pu lui confier de son pouvoir total que cette portion qui est nécessaire pour maintenir le bon ordre. On ne donne point du superflu en ce genre. Il n'appartient donc pas au corps de délégués de déranger les limites du pouvoir qui lui a été confié. On conçoit que cette faculté serait contradictoire à elle-même."; idem, "Reconnaissance et exposition raisonnée des Droits de l'Homme et du citoyen", *Législation Constitutionnelle ou Recueil des Constitutions françaises, précédées des Déclarations des Droits de l'Homme et du Citoyen, publiées en Amérique et en France*, I, pág. 51: "L'objet de l'union sociale est le bonheur des associés. L'homme (...) marche constamment à ce but; (...). L'état social ne tend pas à dégrader, à avilir les hommes, mais au contraire à les ennoblir, à les perfectionner. (...) La société n'affaiblit point, ne réduit pas les moyens particuliers que chaque individu apporte à l'association pour son utilité privée; au contraire, elle les agrandit, elles les multiplient par un grand développement des facultés morales et physiques; elle les augmente encore par le concours inestimable des travaux et des secours publics: de sorte que, si le citoyen paie ensuite une contribution à la chose publique, ce n'est qu'une sorte de restitution (...)."

où l'on voudra supposer l'espèce humaine: le droit de nuire n'a jamais pu appartenir à la liberté".

Portanto, o Estado Social nem diminui a sua essência natural, nem a sua utilização; antes a amplia. É um tipo de raciocínio próprio dos cultores das *Declarações de Direitos* prévias às Constituições, na medida em que porque elas existem e declaram taxativamente a existência, inalienabilidade e impossibilidade de mácula de tais direitos. O ordenamento social plasmado na Constituição não apenas os consagra formalmente, como invoca os meios para a sua protecção.

Quanto ao terceiro período, distingue-se do segundo em função da existência de uma vontade representativa.

Esclarecendo um dos pontos de maior importância no decurso da sua análise, Sieyès define Nação como "un corps d'associés vivant sous une loi commune et représentés par la même législature"[2866]. Ora esta noção, se por um lado conduz à exclusividade de membro da Nação para aquele que trabalha e produz[2867] – e logo é membro do Terceiro Estado –, por outro aponta traços de unidade com o sistema do duplo corpo, que encara a Nação como um corpo vivo e perecível, constituído por todos aqueles que vivem num certo território e que com o seu trabalho contribuem para o engrandecimento da mesma, mas também como um organismo político que junta os cidadãos entre si devendo garantir o seu desenvolvimento e o da sua Liberdade[2868].

Tudo o que não faça parte do Terceiro Estado não faz parte da Nação e a Nação apenas se forma mediante o Terceiro Estado.

O Individualismo em Sieyès é um dos aspectos que o tornam mais emblemático; a Nação é composta por indivíduos independentes, sem qualquer relação entre si e dispersos, que se submetem a uma governação e a um Poder únicos, sob a égide de leis iniciais ou Fundamentais, são obra da sua real vontade[2869]. Este conjunto de indivíduos que se combinam é como que absorvido por uma nova unidade indivisível, de que o Estado será a personificação.

Idêntico tipo de ponderação está presente no seu *Reconnaissance et exposition raisonnée des Droits de l'Homme et du Citoyen*, projecto de *Declaração de Direitos* apresentado à Assembleia Nacional em 20 de Julho de 1789[2870]. Investida de Poderes constituintes,

---

[2866] Idem, *ibidem*, pág. 31.

[2867] Idem, *ibidem*, pág. 31, justifica a razão porque a nobreza está fora do seu conceito de Nação. Assim, "l'ordre noble n'est pas moins étranger au milieu de nous, pas ses prérogatives civiles et publique. (...) N'est-il pas trop certain que l'ordre noble a des privilèges, des dispenses, même des droits séparés des droits du grand corps des citoyens? Il est sort par là de l'ordre commun, de la loi commune. Ainsi, ses droits civils en font déjà un peuple à part dans la grande nation. C'est véritablement *imperium in imperio*. (...) Elle est étrangère à la nation par son principe, puisque sa mission ne vient pas du peuple, et pas son objet, puisqu' il consiste à défendre non l'intérêt général, mais l'intérêt particulier."

[2868] Ernst Kantorowicz, *The King' two bodies a study in medieval political theology*, tradução castelhana *Los Dos Cuerpos del Rey (Un Estudo de Teologia Política Medieval)*, Alianza Editorial, Madrid, 1985, é o melhor trabalho que nesta área e que apresenta precisamente a dupla faceta que pode ser atribuída ao rei, enquanto pessoa física e pessoa moral, mas também enquanto sagrado e profano, unindo em si mesmo as duas características, numa teorização que medievalmente era inultrapassável.

[2869] Sieyès, *Dire de l'Abbé Sieyès, sur la question du veto royal, à la Séance du 7 Septembre 1789*, Paris, 1789, pág. 4: "La seule définition raisonnable qu'on puisse donner de la loi, est de l'appeler l'expression de la volonté des Gouvernés."

[2870] Idem, "Reconnaissance et exposition raisonnée des Droits de l'Homme et du Citoyen", *Législation Constitutionnelle ou Recueil des Constitutions françaises, précédées des Déclarations des Droits de l'Homme*

aproveita para afirmar que no que respeita aos deputados, se eles são imediatamente eleitos pelo seu círculo, mediatamente são por toda a Nação. Como consequência são os representantes de toda a Nação e com isso se termina com a desigualdade política – são as palavras do Autor – ponto que irá ser de extrema importância, no discurso do Vintismo.

Partilhando de uma certa dificuldade patente aos pensadores do séc. XVIII em conciliar a defesa da Liberdade individual com a obediência à lei positiva, irá entender, como já Rousseau fizera, que uma sociedade onde os cidadãos abandonem a outrem o direito de governar se transforma em tirania. Contudo, a semelhança com Rousseau pára aí.

Este não admitia o sistema representativo preconizando a Democracia directa, enquanto Sieyès entende que a Democracia em si mesma é um sistema primitivo, grosseiro[2892] e o respeito pela Liberdade individual não passa necessariamente pela confecção da lei por parte de todos os cidadãos[2893]. A França nunca poderia ser uma Democracia enquanto assembleia de pequenas Nações, porque isso é contrário à própria soberania da Nação[2894].

"Le peuple ne peut avoir d'autre voix que celle de ses représentants, il ne peut parler, il ne peut agir que par eux"[2895]; há uma "volonté commune *représentative*"[2896]. Esta vontade não é ilimitada no corpo de representantes, funcionando como uma parcela da vontade geral, sendo que os delegados não a exercem como um direito próprio, porque é um direito que lhes não pertence: a vontade comum não existe neles senão em comissão. Como quer que seja e perante as duas possibilidades de escolha – corpo de representantes que fazem a lei como resultado da vontade geral[2897] ou exercício directo e imediato das prerrogativas próprias no estabelecimento da lei,

---

blée Nationale. Par tout il a le droit de voter; par tout il peut présider; partout il est légalement le premier que par la Loi; mais nulle part sont suffrage ne peut valoir deux."

[2892] Sieyès, *Dire de l'Abbé Sieyès, sur la question du veto royal, à la Séance du 7 Septembre 1789*, págs. 9 e 10: "Je sais qu'à force de distinctions d'une part, & de confusion de l'autre, on en est parvenu à considérer le voeu national, comme s'il pourvoit être autre chose que le voeu des Représentants de la nation, comme si la Nation pourvoit parler autrement que par ses représentants. Ici les faux principes deviennent extrêmement dangereux. Ils ne vont à rien moins qu'à couper, qu'à morceler, qu'à déchirer la France en un infinité de petites Démocraties, qui ne s'uniront ensuite que par les liens d'une confédération générale, à-peu-près comme les 13 ou 14 Etats-Unis d'Amérique se sont confédérés en Convention."

[2893] Dmitri Georges Lavroff, pág. 248: "Le suffrage universel n'est pas indispensable, ni même souhaitable car la nation préfère choisir ceux qu'elle considère comme étant les plus capables. C'est cette considération qui conduisit Sieyès à proposer à proposer le système de listes de confiance communales, départementales et nationales, élues à chaque niveau, sur lesquelles les représentants du niveau correspondent étaient choisis."

[2894] Sieyès, *Dire de l'Abbé Sieyès, sur la question du veto royal, à la Séance du 7 Septembre 1789*, pág. 15: "(...) la France n'est point, ne peut pas être une *Démocratie*; elle ne doit point devenir un *Etat fédéral* composé d'une multitude de Républiques, unies par un lien politique quelconque. La France elle est & doit être *un seul tout* soumis dans toutes ses parties à une Législation & à une Administration communes."

[2895] Idem, "Archives parlementaires", apud Colette Clavreul, "Sieyès", *Dictionnaire des Œuvres Politiques*, pág. 1122.

[2896] Idem, *Qu'est-ce que le Tiers État?* pág. 66.

[2897] Idem, "Reconnaissance et exposition raisonnée des Droits de l'Homme et du citoyen", *Législation Constitutionnelle ou Recueil des Constitutions françaises, précédées des Déclarations des Droits de l'Homme et du Citoyen, publiées en Amérique et en France*, I, pág. 57: "Une association politique est l'ouvrage de la

vulgo, Democracia – Sieyès não hesita. "Le choix entre ces deux méthodes de faire la loi, n'est pas douteux parmi nous", questão que de imediato sofre uma justificação algo conservadora, mesmo "reaccionária", para um indivíduo do seu género.

Atendendo à ignorância da esmagadora maioria dos cidadãos e à sua reconhecida falta de luzes, apenas uma legislatura representativa pode servir os seus interesses. Os cidadãos devem renunciar a fazer por eles mesmos as leis, porque se eles ditassem as suas próprias vontades, não seria um estado representativo, antes um Estado democrático[2898].

A partir deste momento importa averiguar das relações entre a Constituição e a Nação, em si mesma. A regulação do Corpo Social deve fazer-se a partir da Constituição e o Corpo de representantes, a quem é confiado o Poder Legislativo ou exercício da vontade comum, não existe senão nos termos que a Nação lhe quis dar. A Nação nasce do Direito Natural; o Governo existe por força do Direito Positivo.

É pela Constituição que organiza a forma do Governo e a sua origem pela Nação implica que acima dela apenas existe o Direito Natural[2899]. Nenhuma casta de Poder delegado pode alterar as condições da sua delegação e é neste sentido que se fala de Leis Fundamentais[2900].

Ora e perante esta afirmação, desde logo é possível pensar que existe em Sieyès uma inovação e enorme avanço no que respeita à anterior teoria da Constituição e, nomeadamente, no que respeita à tese do Poder constituinte e do Poder constituído. A Constituição não é nunca obra do Poder constituído; é sempre o resultado do Poder constituinte[2901], aspecto totalmente ao arrepio da interpretação inglesa, à excepção de Locke.

---

volonté unanime des associés. (...) Tous les pouvoirs publics, sans distinction, sont une émanation de la volonté générale; tous viennent du peuple, c'est-à-dire, de la nation."

[2898] Idem, *Dire de l'Abbé Sieyès, sur la question du veto royal, à la Séance du 7 Septembre 1789*, págs. 15 e 16.

[2899] Idem, *Qu'est-ce que le Tiers État?* pág. 67: "Si nous voulons nous former une idée juste de la suite des lois positives qui ne peuvent émaner que de sa volonté, nous voyons en première ligne les *lois constitutionnelles*, qui se divisent en deux parties: les unes règlent l'organisation et les fonctions du corps *législatif*; les autres déterminent l'organisation et les fonctions des différents corps *actifs*. Ces lois sont dites *fondamentales*, non pas en ce sens qu'elles puissent devenir indépendantes de la volonté nationale, mais parce que les corps qui existent et agissent par elles ne peuvent point y toucher".

[2900] Idem, *ibidem*, págs. 67 e 68: "C'est en ce sens que les lois constitutionnelles sont *fondamentales*. Les premières, celles qui établissent la législature, sont *fondées* par la volonté nationale avant toute constitution; elles en forment le premier degré. Les secondes doivent être établies par une volonté représentative *spéciale*. Ainsi toutes les parties du gouvernement se répondent et dépendent en dernière analyse de la nation."

[2901] Idem, *ibidem*, pág. 67. E prossegue: "Aucune sorte de pouvoir délégué ne peut rien changer aux conditions de sa délégation." Idem, "Reconnaissance et exposition raisonnée des Droits de l'Homme et du citoyen", *Législation Constitutionnelle ou Recueil des Constitutions françaises, précédées des Déclarations des Droits de l'Homme et du Citoyen, publiées en Amérique et en France*, I, pág. 48: "Les représentants de la nation française, réunis en assemblage nationale, reconnaissent qu'ils ont par leurs mandats la charge spéciale de régénérer la constitution de l'État. En conséquence, ils vont, à ce titre, exercer le pouvoir constituant; et pourtant, comme la représentation actuelle n'est pas rigoureusement conforme à ce qu'exige une telle nature de pouvoir, ils déclarent que la constitution qu'ils vont donner à la nation, quoique provisoirement obligatoire pour tous, ne sera définitive qu'après qu'un nouveau pouvoir constituant, extraordinairement convoqué pour cet unique objet, lui aura donné un consentement que réclame la rigueur des principes."

Nestes termos é possível conciliar soberania nacional e Constituição²⁹⁰², justificando-se o direito de resistência logo que o Governo lese a Constituição e baseando esta em Direito Positivo, cujo fundamento é o Direito Natural, base institucional da Nação.

Correndo o risco de não seguir aqueles que pretendem ver em Sieyès, também aqui, uma verdadeira revolução nos conceitos e nos fundamentos, parece ser passível do crivo da crítica uma tal observação.

Em primeiro lugar, esta era a visão dos que se opunham à desfocalização da ideia de Constituição patrocinada pelo Absolutismo e foi e meta que os consensualistas seguirão em Portugal a partir de 1580 e sobretudo depois de 1640. Claro que nesta situação a origem do Poder era divina e não humana e por isso a comparação poderá ser forçada.

Não o será, certamente, perante os norte-americanos que, desde 1787, tinham *Constituição Federal* escrita e várias Constituições Federadas, que participavam do entendimento de ser impossível alterar, pelo Poder constituído – ou Poder Legislativo ordinário – os comandos emitidos pelo constituinte, encarados como limites inultrapassáveis para o legislador, que a eles teria de se submeter.

Donde, a "revolução" que Sieyès quis enquadrar no seu sistema, apenas procede no plano da teorização do Terceiro Estado, que é tudo, como base da Nação. É a ele unicamente e não aos privilegiados que compete fazer a Constituição.

Fazendo apelo às conclusões antes apontadas, quer para o jusracionalismo europeu quer para o caso português; bastará lembrar os nomes de Burlamaqui, Vattel ou do publicista Claude Mey, ou recordar Ribeiro dos Santos, na segunda fase da sua reflexão, no plano das Leis Fundamentais do Estado.

Sieyès elogia o sistema inglês porque vê nele um modelo em que os privilégios teoricamente não têm lugar nem se impõem enquanto vontade ao globo da Nação. A Constituição inglesa é sem dúvida boa mas isso não significa que ela possa ser aplicada em França.

Neste particular não difere muito de Montesquieu, que a entendia como a única a servir de referência aos franceses, mas deixava em suspenso a aplicação do sistema inglês em França. Deve recordar-se, deste passo, a frontal oposição manifestada pelo presente escritor no que se refere à adopção de uma *Declaração de Direitos do Homem e do Cidadão*, que se guiasse por pressupostos idênticos à proclamada *Declaração de Independência* norte-americana²⁹⁰³.

Na verdade, Sieyès, como outros, não aceitam o sistema inglês porque nele vêm na prática, ainda que não em teoria, uma forma de manter privilégios abstrusos, completamente fora da aceitação dum Povo que acaba de se libertar. A sua discordância neste aspecto já ficou anotada, mas importa aqui e agora estabelecer uma ligação entre as suas ideias, todas se encaminhando para uma racionalização e abstracção extremada

---

[2902] Sieyès, *Dire de l'Abbé Sieyès, sur la question du veto royale, à la Séance du 7 Septembre 1789*, pág. 21, é o primeiro Autor dos analisados a falar nos Poderes da Convenção para alterar a Constituição, investida aquela deste único objectivo determinado pela Nação.

[2903] Keith Michael Baker, "The Idea of a Declaration of Rights", *The French Idea of Freedom. The Old Regime and the Declaration of Rights of 1789*, pág. 158: "In Sieyes's analysis, the American Revolution was the first to break with this traditional pattern in that it overthrew the entire yoke of despotism rather than merely alleviating it. But the break was not complete. In drawing up their bills of rights, the Americans continued to regard the governments they were establishing in the same spirit of suspicion with which they had confronted the power they had overthrown: they wished, above all, to guard themselves against abusive authority."

de conceitos, que não estava nos planos dos congressistas dos Estados Unidos. Para eles, a *Common Law* era património a não perder.

Precisamente por isso, o Autor mantém-se monárquico e fiel ao sistema continental, considerando que ainda que muito evoluído, o sistema inglês peca por não conseguir fazer uma total abertura aos Poderes da Nação[2904]. E, mantendo-se o Poder Executivo, alguém terá de o exercer, sendo certo que essa pessoa apenas poderá ser o Rei acompanhado dos seus ministros. Sieyès não é, nesta fase, republicano e simpatiza pouco com os ideais da Democracia.

Sintetizando o seu Pensamento, podem apontar-se os seguintes elementos essenciais: a Nação detém todos os Poderes, existindo, naturalmente; a Nação é soberana e detém uma vontade independente e eminente; o exercício do Poder Legislativo faz-se por representantes da Nação, que não podem modificar os pressupostos das Leis Fundamentais; os representantes têm um mandato geral e não particular e por isso não se pode falar em soberania popular, antes em soberania nacional; a vontade que os representantes manifestam é a da Nação, como se aqueles fossem a voz desta. O Povo tem o direito de resistir a um Governo opressivo.

Sieyès não é um democrata; é um liberal, sem dúvida, com posições bastante nítidas em certas áreas; noutras, nem tanto, o que o torna um Autor algo confuso. Se, em certos casos, é evidência a sua falta de abertura às ideias inovadoras com o timbre anglo-americano, por outra via pauta-se como um dos maiores defensores da Liberdade política, pela via da representação nacional, limitada pela capacidade eleitoral activa-passiva.

Se entende que a Igualdade não pode ser assumida em pleno no campo político, pois isso apenas conduziria a excessos condenáveis, por outro quer acabar com o sistema das Ordens privilegiadas, elas mesmas produtoras dessa desigualdade. A discussão poderia continuar mas tanto não se justifica, uma vez que é perceptível algo de comum à generalidade dos franceses deste período, com assento na Assembleia Nacional: eles foram ultrapassados pela própria Revolução e as dificuldades de adaptação são tão claras que não deixam dúvidas[2905].

Recuperando no presente contexto Constantin-François Volney defende este que o estado de sociedade não é contrário ao estado de natureza, funcionando como algo que esta própria impõe para a humana conservação[2906], sendo certo que todos aqueles que visualizam o estado de natureza como um estado de perfeição – Rousseau – sendo homens, podem por isso mesmo estar sujeitos a enganos[2907].

[2904] Sieyès, *Dire de l'Abbé Sieyès, sur la question du veto royal, à la Séance du 7 Septembre 1789*, págs. 59 e ss.

[2905] Nada melhor para confirmar as precedentes considerações que recordar que Sieyès, por razões nunca completamente apuradas, aderiu ao jacobinismo e votou a morte de Luís XVI; do mesmo passo sobreviveu ao Terror e, depois do Termidor, teve uma brilhante carreira diplomática, sendo particular amigo de Bonaparte. Depois de tudo o que se disse, é caso para meditar, quais seriam, vistas bem as coisas, as suas reais intenções no reino da Liberdade.

[2906] Volney, "La loi naturelle ou catéchisme du citoyen français", *Œuvres*, I, pág. 460: "(...) la conservation de l'homme, et le développement de ses facultés dirigé vers ce but, sont la véritable loi de la nature dans sa production et c'est de ce principe simple et fécond que dérivent, c'est à lui que se rapportent, sur lui que se mesurent toutes les idées de *bien* et de *mal*, de *vice* et de *vertu*, de *juste* ou d'*injuste*, de *vérité* ou d'*erreur*, de *permis* ou de *défendu*, qui fondent la morale de l'homme individu, ou de l'homme social."

[2907] Idem, *ibidem*, I, pág. 458.

No quadro do Pensamento liberal é a velha questão do que vem antes ou está depois; se em estado da natureza a questão não produz grandes efeitos, ao menos práticos, já no plano da sociedade o problema pode complicar-se, reconduzindo a uma visão mais propiciadora do Liberalismo ou da Democracia, consoante o ponto de incidência seja a Liberdade ou a Igualdade[2923]. Reitere-se que há casos onde as repetições não apenas se justificam, mas são salutares.

Porque cada homem é dono e senhor de si mesmo, devido à Liberdade e à Igualdade que sobre si mesmo detém, resulta que a mesma Liberdade do seu consentimento se torna indispensável a qualquer contrato ou pacto em que se envolva[2924]. Por isso os seus direitos devem estar em equilíbrio com os dos demais sendo por isso que justiça e Igualdade são sinónimos. "*L'égalité et la liberté* sont donc les *bases physiques* et inaltérables de toute réunion d'hommes en société, et, par suite, le principe nécessaire et générateur de toute loi et de tout système de gouvernement régulier"[2925]. Igualdade, Liberdade e justiça, eis o que o código da natureza transposto para a sociedade exige.

De acordo com a interpretação de Volney tão grave é o despotismo quanto a anarquia, que são o verso e o reverso da mesma moeda, sedimentados originariamente num despotismo paternal que depois se transforma em político, e numa anarquia proveniente das revoluções, produto do rompimento do pacto social[2926]. Causadora desta situação foi a apropriação indevida pelos Poderes públicos daquilo que os indivíduos lhes haviam dado para serem guardiões, originando um desconforto e desconfiança cada vez maiores nos Povos, que os levaram a eleger a Democracia como o melhor dos Governo[2927].

O significado que isto tem é o de afastar Volney de Rousseau, se bem que em termos teóricos o seu Pensamento dele se possa aproximar[2928]. Quando escreve que "la

---

[2923] Idem, *ibidem*, I, pág. 392, nota a pág. 264, reflecte precisamente esta ideia. Assim, "*L'égalité et la liberté sont donc les bases physiques. La Déclaration des Droits* porte dans son premier article une inversion des idées, en ce qu'elle fait marcher avant *l'égalité* la liberté qui en dérive: ce défaut n'est pas étonnant. La *science des droits de l'homme* est une science neuve: les Américains l'ont inventé hier; les Français la perfectionnent aujourd'hui; mais il reste beaucoup à faire: il existe dans les idées qui la composent, un ordre généalogique tel que, depuis l'*égalité* physique qui est en la base jusqu'au rameaux du gouvernement les plus éloignés, l'on doit marcher par une série non interrompue de conséquences. C'est ce que démontra la seconde partie de cet ouvrage."
[2924] Idem, *ibidem*, I, pág. 263.
[2925] Idem, *ibidem*, I, pág. 264.
[2926] Idem, *ibidem*, I, págs. 215 e 216.
[2927] Idem, *ibidem*, I, pág. 216: "Tantôt un peuple jaloux de sa liberté, ayant préposé des agents pour administrer, ces agents s'approprièrent les pouvoirs dont ils n'étaient que les gardiens: ils employèrent les fonds publics à corrompre les élections, à s'attacher des partisans, à diviser le peuple en lui-même. Par ces moyens temporaires qu'ils étoupaient, ils se rendirent perpétuels; puis d'électifs, héréditaires; et l'État agité par les brigues des ambitieux, par les largesses des riches factieux, par la vénalité des pauvres oiseaux, par l'empirisme des orateurs, par l'audace des hommes pervers, par la faiblesse des hommes vertueux, fut travaillé de tous les inconvénients de la démocratie."
[2928] Idem, "Lettre de M. Chasseboeuf de Volney à M. Le Comte de S... . T", *Œuvres*, I, págs. 105 e 106: "Tous les hommes, quelle que soit leur classe et leur condition, depuis celui qui rampe sous le chaume jusqu'à celui qui est assis sur le trône; que tous les hommes, dis-je, naissent égaux. que doués tous de moyens suffisants à remplir leurs vrais besoins, ils sont essentiellement indépendants les uns des autres, primordialement libres, et que nul n'a le droit d'asservir la personne ou la volonté d'un autre. Mais parce que réduits chacun à nous-mêmes, nous serions faibles et dénués, les hommes se sont réunis en société pour s'entr'aider, s'entre défendre, pour alléger par des services mutuels la somme de leurs calamités, et accroire par des échanges celle de leurs jouissances."

société est un contrat qui pose des droits et des engagements réciproques; l'équilibre de leur balance constitue la justice; et toutes les fois que cet équilibre n'existe plus, le contrat social est dénaturé"[2929], isso significa que apesar da relativa semelhança entre os dois Autores, Volney tem uma ponderação autónoma.

Contudo, quando Volney usa os termos "contrat" e "engagement réciproque", evita a expressão "vontade geral" bem como as demonstrações mais ou menos rigorosas que lhe estão associadas. Esta abordagem pode ser confirmada mediante outra passagem segundo a qual "(...) la Loi est *la convention faite par le peuple*; il ne lui manque, que d'être *mise en vigueur par le Roi*; (...). Nous demandons qu'on nous assemble; nous le demandons nous qui ne sommes point la *Populace* de Quimper, quoique l'on veille nous y confondre; mais qui sommes les habitants et Officiers Municipaux des Villes de Nantes, St. Malo, Vitré, Rennes, Rheden, Montfort, etc. et les habitants des Campagnes, Propriétaires, Laboureurs, Artisans, Marchands; qui sommes le PEUPLE de Bretagne, *nous demandons qu'on demandons qu'on nous assemble*; nous disons plus: NOUS LE VOULONS; parce que cette VOLONTÉ est notre Droit, attendu que nous sommes le peuple, – le Peuple, dont la VOLONTÉ est essentiellement LÉGALE, parce l'intérêt du Peuple est essentiellement L'INTÊRET *Public*"[2930].

Eis elaborada a noção liberal da lei, a teoria da soberania nacional, não se assistindo a nenhuma das grandes fórmulas de Rousseau. Volney não é um democrata; a sua teorização sobre a lei não implica a alteração do sistema de Governo e a importância que confere à Igualdade, se em termos teóricos se aproxima de Rousseau, na prática está muito longe das preocupações sociais do genebrino.

A conclusão mais evidente e passível de retirar cifra-se numa espécie de Contratualismo liberal, filtrado pelos valores revolucionários de destruição das Ordens privilegiadas mas em que a teorização de Rousseau fica um pouco à margem.

Volney preocupa-se menos com a teoria e mais com a prática, ainda que não descure a primeira. Em certo sentido e no que respeita a este seu apego à prática, poderá ser aproximado dos práticos franceses que antecederam a Revolução Francesa, como De Real e Claude Mey, em plano ideológico diverso do seu, e de Condorcet, dentro das mesmas coordenadas políticas.

Deveria elevar-se, por outro lado e em diversa ponderação, a ideia de representatividade e do Poder das Assembleias, mais que democratizar as instituições segundo o modelo americano considerado inadequado à Europa continental de finais do séc. XVIII.

Isto pode ser ainda mais demarcado ponderando a posição que Volney defende no plano do papel legislativo atribuído às Assembleias magnas, começando pelos Estados Gerais, que designa como "la Nation entière assemblée pour délibérer sur ses intérêts; mais comme l'assemblée de vingt-quatre millions d'hommes est une chose moralement impossible, comme la complication du Corps politique est telle qu'elle exige une étude spéciale, à laquelle le grand nombre ne peut vaquer, le nom d'États-Généraux s'applique en un sens resserré à l'assemblée d'un nombre d'hommes dignes par leurs lumières set leurs probité, et choisis à ce titre par la Nation pour la représenter", escolha esta de deputados que deve ser inteiramente livre[2931].

[2929] Idem, *ibidem*, I, pág. 105. O texto revela alguma identidade entre as conclusões de Rousseau e Volney, em termos de reciprocidade, entre os contraentes e destruição da sociedade de Ordens.
[2930] Idem, "Le Sentinelle du Peuple, aux Gens de toutes Professions, Sciences, Arts, Commerce et Métiers, composent le Tiers-Etat de la Province de Bretagne", *Œuvres*, I, págs. 45 e 46.
[2931] Idem, "Des conditions nécessaires à la légalité des États-Généraux", *Œuvres*, I, págs. 75 e 76.

Sustenta-se, a final, que as suas ideias se difundiram em Portugal no período da instalação do Primeiro Liberalismo[2932]. È possível recensear para o período que corre entre 1820 e 1840 sete edições da sua *La Loi Naturelle ou Catéchisme du Citoyen Français*, circunstância reveladora do interesse dos portugueses no Autor, mas que não deve levar a conclusões precipitadas[2933]. Na verdade e como oportunamente se verá, vão proliferar em Portugal depois de 1820 um sem número de Obras designadas por "catecismos", onde se pretende a instrução dos jovens nos princípios do Liberalismo, seguindo as coordenadas da abertura à Liberdade de pensamento patrocinadas pelas Luzes[2934].

Considera-se necessária a educação do homem no novo regime constitucional[2935] e a simples facto da designação será, por si só, bastante reveladora do apreço que todos estes trabalhos terão em Portugal, país católico e aonde o Revolução liberal não afastou os contornos de ligação à ortodoxia Católica-Apostólica-Romana.

Portanto, se substancialmente o escrito de Volney era adequado por não ferir os ouvidos sensíveis dos nossos apóstolos da Revolução, era formalmente perfeito para proceder à supracitada necessidade de formação dos jovens. Esse terá sido o seu real impacto e projecção, mais que quaisquer outros considerandos. O Liberalismo nacional – ver-se-á adiante – nunca foi anti-religioso, se bem que tivesse uma forte componente anti-clerical e regalista. Por isso o agnosticismo de Volney poderia ser tolerado, muito embora as precauções devessem estar sempre presentes.

Se é possível encarar uma espécie de utilitarismo social no plano do *La Loi Naturelle ou Catéchisme du Citoyen Français*, combinando a referência às virtudes platónicas com o pragmatismo social, numa perspectiva dialéctica extremamente interessante, isso mais não significa que a teoria do contrato é usada para fundar a realização e conservação no plano social. Ao mesmo tempo, o carácter eudemonista deste escrito aparecido em pleno período do Terror tem o significado real e verdadeiro daquilo que se pretenderia que a Revolução Francesa fosse, não daquilo em que ela se transformou. Se a consciência revolucionária nela se pode reflectir, já Volney em pessoa apenas disso pode usufruir com a morte de Robespierre.

Poderiam somar-se a estas referências outras mais, contidas sobretudos nos seus *Pamphlets de 1788-1789* embora, em essência, não alterem a substância das suas posições. Se em tese geral foi um homem do seu tempo, bem inserido no contexto das Luzes e com o espírito aberto às inovações preceituadas pelo Liberalismo no que respeita ao relacionamento entre governantes e governados, com a salvaguarda dos direitos

---

[2932] Antes os seus trabalhos estavam proibidos pela censura, como consta do "Catalogo de livros defesos neste Reino, desde o dia da Criação da Real Mesa Cençoria athé ao prezente. Para servir de expediente na Caza da Revisão", publicado por Maria Adelaide Salvador Marques, pág. 202, suprimidas as *Les Ruines* e a *Voyage en Syrie, et en Egipte*.

[2933] Está disponível uma Edição da Obra, *As Ruinas ou Meditação sobre as Revoluções dos Impérios*, tradução de Pedro Cyriaco da Silva, Lisboa, 1822.

[2934] António Cabreira, *Analise da Revolução de 1820*, pág. 7: "Dar mais Liberdade sem educar é aumentar a capacidade para o mal; transferir para a multidão o Governo do seu destino sem previamente ter transformado cada homem num cidadão perfeito, é o mesmo que confiar o rumo de um navio a uma guarnição ignorante da Náutica e a administração de uma casa rica à leviandade e à inexperiência dos filhos menores do dono."

[2935] Volney, "La loi naturelle ou catéchisme du citoyen français", *Œuvres*, I, págs. 465 e ss. O Autor justifica a importância da educação dos cidadãos, matéria da maior importância no Liberalismo português.

fundamentais, isso não implicou um certo retrocesso em matéria de conclusões inerentes à compreensão do Direito Natural.

Figura determinante do primeiro período da Revolução Francesa e mesmo do que imediatamente o antecedeu foi Mirabeau, plasmando intervenções sucessivas na Assembleia dos Notáveis e depois nos Estados Gerais, sustentava o seu raciocínio no desmoronamento da sociedade das Ordens e na sua substituição por uma outra moderna, fundada na Igualdade civil. Defensor do parlamentarismo revolucionário, tinha mais por inimigos – como Condorcet e Sieyès – as Ordens privilegiadas que a pessoa do Rei, figura paternal que agora se recupera, nos termos explicados quando do tratamento da Revolução Francesa nos seu primeiros momentos.

Defensor intransigente da Liberdade individual e da Liberdade política dos cidadãos[2936], a participação na vida pública de Mirabeau começou relativamente pouco tempo antes da Revolução Francesa. Desde logo com a participação que teve nos Estados Gerais iniciados em 27 de Abril de 1789, pela província da Provença[2937], onde bem ao contrário do Delfinado, a nobreza feudal não se quisera unir ao Terceiro Estado. Aí se tinha unido ao alto clero e a alguma magistratura e entendendo-se, apenas ela, a genuína representante da população daquela província. Este um exemplo do que se passou na maior parte da França, onde como já ficou explicado, as Ordens privilegiadas não estavam disponíveis para verem cair as suas regalias[2938].

Mirabeau estava, apesar de membro da alta nobreza, contra este comportamento e apelava para que o Terceiro Estado, a quem por comunhão com Sieyès chamava já Nação, fosse considerado na sua genuína importância. Por isso mesmo foi visto como incendiário e os seus pares catalogaram-se rápida e eficientemente de "inimigo da paz"[2939].

E afinal que dizia o pensador de tão inusitado contra as pretensões da nobreza da Provença? Basta atender às suas palavras para o perceber claramente[2940]. Reportando-se

---

[2936] Mona Ozouf, *Dictionnaire critique de la Révolution Française*, "Idées": "Liberté", pág. 261: "Les lois d'égalité et de liberté, avait dit Mirabeau le 28 Juin 1790, proscrivent tout régime exclusif."

[2937] Mirabeau, "Réponse aux protestations faites au nom des prélats et des possédant-fiefs de l'assemblée des états de Provence, contre le discours précédent; et contre-protestation", *Discours et opinions de Mirabeau*, I, pág. 109: "L'illégalité de nos prétendus états est aujourd'hui tellement démontrée, qu'il n'est plus à craindre que vous en ayez jamais de pareils. (...). La nécessité de rendre vos états plus nombreux; de ne reconnaître pour représentants de la noblesse que des membres librement élus par cet ordre entier; pour représentants du clergé que des ecclésiastiques élus par tout le clergé; de ne confier l'élection des communes qu'à des assemblées générales de tous les chefs de famille; de n'admettre pour électeurs dans cet ordre que les membres de cet ordre; de diviser les électeurs en agrégations égales en nombre et en puissance, ou de régler le nombre des députés selon l'inégalité des agrégations; de n'être astreint par-dessus tout pour le choix des députés qu'à la confiance; (...) de donner aux suffrages réunis des communes une telle portion de puissance, que la volonté des deux premières ordres, que la volonté des deux premières ordres, qui ne sont point à la nation, ne puisse être prise pour la volonté générale de cette nation (...): ces principes ne sont plus de vains problèmes; le suffrage universel de la nation les a consacrés; et, que je sois, ou non, dans l'assemblée des possédant-fiefs, le terme des abus est irrévocablement arrivé."

[2938] Idem, ibidem, I, págs. 92 e ss. É contra isto que Mirabeau se revolta, sobretudo porque a sua expulsão da representação da nobreza fora patrocinada por um membro do Terceiro Estado (!?), ao caso o Marquês de La Fare, um dos nobres mais conhecidos da sua província (!?)

[2939] Idem, ibidem, I, pág. 51.

[2940] Idem, "Discours prononcé dans l'assemblée des possédant-fiefs de Provence: les nobles non possédant-fiefs, exclus par un usage injuste, de l'assemblée de leur ordre, venaient de réclamer

à exclusão dos nobres não feudais pela sua Ordem, da participação nos debates a haver sobre a constituição da deputação da Provença, afirma não haver qualquer justificação para que isso aconteça, sendo certo que excluídos pela nobreza e não podendo ser apresentados como representantes do Terceiro Estado, não têm qualquer capacidade eleitoral nem, tão pouco, encontram que defenda os seus legítimos interesses[2941].

Quer isto simplesmente significar que nem dentro das próprias Ordens havia Igualdade entre os seus membros, o que na prática conduzia a um estatuto de indivíduos cujos direitos seriam impossíveis de determinar.

O mais grave chegaria pouco tempo depois, em 30 de Janeiro de 1789, quando Mirabeau provoca o assinalado escândalo ao defender os direitos do Terceiro Estado, com uma veemência que faz lembrar Sieyès[2942]. A frase de abertura das hostilidades centra-se no mais augustos dos direitos, o de representação, que é individual e não pode ser retirado a ninguém[2943]: "(...) est que la représentation soit égale; et cette égalité, considérée relativement à chaque agrégation, doit être tout à la fois, une égalité de nombre et une égalité de puissance"[2944].

Uma representação que seria igual em número, combinando-a com "les richesses, et avec celle des services que l'état retire des hommes et des fortunes", numa aproximação que não será, porventura "une égalité parfaite, mais on peut du moins et l'on doit approcher"[2945]. A uma representação igual em número deveria corresponder uma igual em poderes, numa aproximação às ideias de Condorcet que cumpre assinalar.

Existe, portanto, uma Igualdade formal e incompleta em termos políticos[2946], algo de semelhante com o que se focou quando da interpretação a dar à Democracia norte-americana na perspectiva de Sieyès, se bem que Mirabeau não fosse nem democrata nem simpatizasse com o sistema.

---

leur entrée aux états. Leur réclamation fut soutenue par Mirabeau (...). Le 23 Janvier 1789", I, págs. 19 e ss.
[2941] Idem, ibidem, I, pág. 20: "(...) Ils ne jouissant, ni des droits du tiers-état, ni des prérogatives les plus importantes de la noblesse. Exclus des assemblées de leur ordre, par je ne sais quelle fiction de nos règlements, ils ne tiennent au tiers-état par leur fortune que pour être appauvris. (...) Ils ne pourront être, dans aucun ordre, ni électeurs, ni éligibles, ni représentants, ni représentés."
[2942] Idem, "Discours sur la représentation illégale de la nation provençale dans ses états actuels, et sur la nécessité de convoquer une assemblée générale des trois ordres, prononcé le 30 Janvier 1789", I, pág. 29: "Tout représentent est (...) un élu; la collection des représentants est la nation, et tous ce qui ne sont point représentants ont dû être électeurs par cela seul qu'ils sont représentés."
[2943] Idem, ibidem, I, pág. 28.
[2944] Idem, ibidem, I, pág. 30.
[2945] Idem, ibidem, I, pág. 30.
[2946] Idem, "Séance de 24 Décembre", II, págs. 143 e ss. Nesta sessão discutiu-se a questão de saber se os comediantes, os judeus e os protestantes poderiam ser elegíveis para funções civis e militares. Mirabeau entendia que não se justificava uma tal discriminação em presença dos judeus como dos protestantes e todos os demais discriminados por força de confissão religiosa. Talvez por força da sua intervenção o decreto da Assembleia Nacional acabou por apresentar um teor que bem poderia ter inspirado os constituintes de 1821, a saber: "L'assemblée nationale décrète: 1º Que les non-catholiques, qui auront d'ailleurs rempli toutes les conditions prescrites dans ses précédents décrets pour être électeurs et éligibles, pourront être élus dans tous les degrés d'administration, sans exception. 2º Que les non-catholiques sont capables de tous les emplois civils et militaires comme les autres citoyens. Sans entendre rien innover, relativement aux juifs, sur l'état desquels l'assemblée nationale se réserve de prononcer. Au surplus, il ne pourra être opposé à l'égibilité d'aucun citoyen d'autres motifs d'exclusion que ceux qui résultent des décrets constitutionnels."

DA HISTÓRIA DA IDEIA DE LIBERDADE (SEQUÊNCIA)

Previa-se a proporcionalidade em termos de representação, que tanto tinha preocupado Condorcet e que agora era reafirmado de forma veemente: "L'égalité entre le nombre des communes et celui des deux premières ordres, est le dernier état des choses relativement aux conquêtes que la raison fait sans cesse sur les préjugés. Je ne raisonnerai donc que d'après ce principe provisoire"[2947]. A isto se devia adesão imediata por se tratar de princípios que são a base do Direito Público "et l'unique sauvegarde de la liberté du genre humain"[2948].

Um tal discurso teria destino certo: uma completa sublevação de vontades contraditórias na Provença que poderiam representar em mosaico alargado a situação que se vivia, por toda a França nas vésperas da Revolução Francesa. Mas Mirabeau era um defensor da Liberdade e assim se confessava na defesa dos direitos da Nação, como quem diz, do Terceiro Estado: " (...) j'ai été, je suis, je serai jusqu'au tombeau de *l'homme de la liberté publique, l'homme de la constitution*. Malheur aux ordres privilegiés, si est là plutôt être l'homme du peuple que celui des nobles *car les privileges finiront, mais le peuple est éternel*"[2949].

A força da ideia de Liberdade que Mirabeau defende na Provença mantém-se e acentua-se mais na sua passagem para os Estados Gerais. E, tal como se tinha batido em defesa da Terceiro Estado na Provença, o mesmo fará nos Estados Gerais de Versalhes[2950], sendo muito por sua influência que se conseguiu tornarem-se os mesmos em Assembleia Nacional.

Na verdade, o problema da verificação de Poderes em conjunto[2951] a que as Ordens privilegiadas se recusavam, foi mote para as mais acesas discussões e o Terceiro Estado, pela boca dos seus mais empenhados representantes, entre eles Mirabeau, nunca desistiram de ver a junção de todos.

Apenas assim conseguiriam os seus objectivos, que era criar um verdadeira Assembleia Nacional, suficientemente representativa da França[2952] e, ao lado dela, assumir uma Liberdade política suficientemente alargada, de que os membros juntos em Assembleia seriam o melhor e mais auspicioso dos indícios.

[2947] Idem, "Discours sur la représentation illégale de la nation provençale dans ses états actuels, et sur la nécessité de convoquer une assemblée générale des trois ordres, prononcé le 30 Janvier 1789", I, pág. 31.

[2948] Idem, *ibidem*, I, pág. 31.

[2949] Idem, "Réponse aux protestations faites au nom des prélats et des possédant-fiefs de l'assemblée des états de Provence, contre le discours précédent; et contre-protestation", I, pág. 55.

[2950] Idem, "Discours aux États-Généraux de 27 de Maio de 1789", I, pág. 161 e ss; *Choix de Rapports, Opinions et Discours, prononcés à la Tribune Nationale depuis 1789 jusqu'à ce jour*, I, págs. 8 e 9.

[2951] Idem, *ibidem*, I, pág. 162: "La vérification par commissaires choque les principes; il est et il sera à jamais impossible de suppléer dans cette vérification à la sanction des états-généraux réunis, surtout aussi longtemps que l'assemblée nationale sera composé de ce qu'on appelle trois ordres. (...) Les états-généraux réunis sont les juges; et, indépendentemente de ce que l'intégrité, la pureté, la légalité de l'assemblé nationale est le premier devoir, le premier intérêt et l'objet de la continuelle surveillance de tous les membres qui la composent, admettre une vérification des pouvoirs, séparée ou partielle, c'est vouloir être agités d'un éternel conflit de juridiction, c'est susciter une foule de procès interminables."

[2952] Idem, *ibidem*, I, pág. 162: "La vérification par commissaires excède nos pouvoirs. Investis de la puissance nationale, autant du moins qu'une espèce de législature provisoire peut l'être, nous ne le sommes pas du doit de la déléguer."

É neste sentido que se pode entender a desconfiança[2968] e mesma crítica à Democracia e à revolução que se ia prefigurando e em 27 de Junho começava a agitar a França. "*C'est dans une classe vénale et corrompue que nos ennemis chercheront à exciter des tumultes, des révoltes, qui embarrasseront et retarderont la chose publique. Voilà les fruits de la liberté, voilà la démocratie, affectent de répéter tous ceux qui n'ont pas honte de représenter le peuple comme un troupeau furieux qu'il faut enchaîner, tous ceux qui feignent d'ignorer que ce même peuple toujours calme et mesuré lorsqu'il est vraiment libre, n'est violente et fougueux que dans les constitutions où on l'avilit, pour avoir le droit de le mépriser. (...) Ils sont funestes à la liberté, ceux qui croient la soutenir par leurs inquiétudes et leurs révoltes (...)*"[2969].

É a própria preservação da Liberdade e da sociedade que obriga o Autor a raciocinar nestes termos, incitando os seus colegas a juntarem as vozes no sentido de alertar para "l'impulsion de l'opinion publique; loin de redouter, *invoquons sans cesse le contrôle universel;* c'est la sentinelle incorruptible de la patrie; c'est le premier instrument auxiliaire de toute bonne constitutions; c'est l'unique surveillant, le seul et puissant compensateur de toute constitution vicieuse; *c'est le garant sacré de la paix sociale, avec laquelle nul individu, nul intérêt, nulle considération ne peuvent entrer en balance*"[2970].

Moderado, numa Assembleia onde a maioria não o era certamente, pronuncia-se quanto aos males propiciados pelas revoluções para a sociedade[2971]. No caso da Revolução Francesa há, porém, uma clara desculpabilização dos excessos cometidos[2972], em nome da Liberdade do Povo que vivia sob o despotismo ministerial. Mirabeau não quis – naturalmente não se coloca a hipótese de desconhecer a diferença – colocar em cima da mesa a verdadeira natureza da libertação a que se assistia. Preferiu continuar a falar em Liberdade e a distingui-la da licença, mas não abordou deliberadamente o problema.

Resulta da análise dos seus *Discours* o importante contributo que deu para a redacção final do texto da *Declaração dos Direitos do Homem e do Cidadão*. Desde logo é possível descortinar da fraseologia empregue a propósito da proposta da Comissão criada para o efeito e que subscreve, sendo ele mesmo a apresentá-la, uma ligação perfeita aos princípios do empirismo e mesmo do sensismo. Tanto não significa um total afastamento das concepções metafísicas[2973] nem, tão pouco, um divórcio do Pensamento jusracionalista patrocinado, entre outros, por Wolff, que retoma, citando-o repetidas vezes ao longo da sua vasta Obra.

[2968] Para desenvolvimentos acerca da desconfiança europeia e norte-americana em presença da Revolução Francesa, veja-se Alan Forrest, "La Révolution et l'Europe", *Dictionnaire critique de la Révolution Française*, "Événements", págs. 277 e ss.
[2969] Mirabeau, "Séance de 27 Juin", I, págs. 217 e 218.
[2970] Idem, "Séance de 16 Juillet", I, pág. 262.
[2971] Idem, "Dix-neuvième lettre de Mirabeau ses commetants", *Discours et opinions de Mirabeau*, I, pág. 269.
[2972] Idem, *ibidem*, I, págs. 269 e 270.
[2973] Idem, "Séance de 17 Août", I, pág. 302: "(...) comme la liberté ne fut jamais le fruit d'une doctrine travaillée en déductions philosophiques, mais de l'expérience de tous les jours, et de raisonnements simples que les faits excitent, il s'ensuite que nous serons mieux entendus à proportion que nous nous rapprocherons davantage de ces raisonnements. S'il faut employer des termes abstraits, nous les rendrons intelligibles en les liant à tout ce qui peut rappeler les sensations qui ont servie à faire éclore la liberté, et en écartant, autant qu'il est possible, tout ce qui se présente sous l'appareil de l'innovation."

Para o entendimento que subscrevia, a *Declaração de Independência* norte-americana era um marco que não se poderia esquecer, [2974] mas pecava por confundir os direitos provenientes da natureza dos que o homem tem em sociedade, quando na verdade dela deveriam constar axiomas simples e quase intuitivos, sem margem para dúvida em qualquer circunstância. Por isso mesmo a Declaração subsequente é o fruto destas preocupações ficando claro que, comparando o texto proposto pela Comissão com o apresentado por Mirabeau este se constitui, na essência, versão final[2975], com adaptações de redacção mas que não ferem a substância.

Notam-se, como especiais diferenças, o texto mais pormenorizado de Mirabeau[2976], as suas evidentes referências ao papel do pacto social na formação da sociedade e um articulado que se preocupa na elevação da ideia de Igualdade, que trata em separado em dois artigos, enquanto o texto final condensa o tema apenas num único.

Considerando que é à Constituição que caberá, mediante normas programáticas, demonstrar a aplicabilidade dos princípios enunciados, os dizeres abstractos da Declaração proposta – como os da final – pela sua perenidade e intemporalidade, serão o guia seguro para toda e qualquer nação que por eles se queira reger. Precisamente por isso a Declaração deveria fazer parte da Constituição, correspondendo ao seu primeiro capítulo[2977], sendo certo que manifesta alguma impaciência perante uma Assembleia que deveria unir-se na elaboração do mais importante texto sobre a mesa desde a sua junção, sendo incapaz de ultrapassar meras questões de pormenor, mantendo-se teimosa e agarrada a preconceitos.

A questão chegou ao ponto de propor o diferimento da matéria para depois do texto constitucional se encontrar redigido[2978], ponto que não sofreu o apoio dos seus colegas. Na prática, não era apenas uma questão mais ou menos apuramento do texto ou da sua altura devida para a discussão. Os constituintes tinham pressa de se deitarem à tarefa de fazer a Constituição e isso reflecte-se em todo este emaranhado

---

[2974] *Choix de Rapports, Opinions et Discours, prononcés à la Tribune Nationale depuis 1789 jusqu'à ce jour*, I, págs. 228 e ss.: "Séance 17 Août: Messieurs, la déclaration des droits de l'homme en société n'est sans doute qu'une exposition de quelques principes généraux applicables à toutes les associations politiques et à toutes les formes de gouvernement (...)." Ora e assim sendo e porque os princípios filosóficos têm de estar ligados à vida prática, terá sido por esse motivo que "les Américains ont fait déclaration des droits; ils en ont à dessein écarté la science; ils ont présenté les véritables politiques qu'il s'agissait de fixer sous une forme qui pût devenir facilement celle du peuple, à seul la liberté importe, et qui seul peut la maintenir."

[2975] Mirabeau, "Séance de 17 Août", *Discours et opinions de Mirabeau*, I, 303-308; a discussão do projecto por comparação com o texto final consta de pág. 326 e ss; *Législation Constitutionnelle ou Recueil des Constitutions françaises, précédées des Déclarations des Droits de l'Homme et du Citoyen, publiées en Amérique et en France*, II, pág. 18-20; Jorge Miranda, "Textos Constitucionais Estrangeiros", págs. 67 e ss.

[2976] *Choix de Rapports, Opinions et Discours, prononcés à la Tribune Nationale depuis 1789 jusqu'à ce jour*, I, pág. 231.: "Séance 17 Août: Une déclaration des droits, si elle pouvait reprendre à une perfection idéale, serait celle qui contiendrait des axiomes tellement simples, évidents et féconds en conséquences, qu'il serait impossible de s'en écarter sans être absurde, et qu'on en verrait sortir toutes les constitutions."

[2977] Mirabeau, "Séance de 17 Août", *Discours et opinions de Mirabeau*, I, pág. 313."

[2978] Idem, *ibidem*, I, pág. 318: "Quel inconvénient y aurait-il donc, sous ce rapport, à ce que la rédaction de la déclaration des droits fût renvoyé à la fin du travail de la constitution?"

de discussões. Por isso, o texto final resultante é emblemático e aparentemente não traduz a vociferação que em seu torno se produziu, teria de ficar pronto rapidamente.

Como quer que seja, o problema ultrapassou-se, sendo visível ao longo da discussão alguns aspectos com especial interesse. Desde logo o facto do Rei ser considerado irresponsável, o único a gozar desta qualidade, já que desde o mais considerado ministro ao mais pobre cidadão, todos o seriam igualmente. O mesmo sucederá em Portugal com a *Constituição de 1822*, como se verá a seu tempo e onde os atributos do monarca, nomeadamente a questão da sanção real[2979] e o veto[2980] estiveram também no mesmo lote de preocupações. E, no que respeita à questão do veto, Mirabeau de novo demonstra a sua faceta de moderado, uma vez que considerando "les principes et la nature d'un *gouvernement monarchique, institué sur la base de la souveraineté du peuple*, (...) on verra que le *monarque doit être considéré plutôt comme le protecteur des peuples*, que comme l'ennemi de leur bonheur".

Como consequência, para Mirabeau não há qualquer dúvida acerca do valor da monarquia constitucional, assente na soberania popular – e não na soberania nacional de Sieyès[2981] – sendo o monarca considerado como o elo de ligação entre o princípio da vontade (geral) e o da execução das normas que devem presidir à felicidade do Corpo Político. A faculdade de querer ou vontade está nas mãos do Legislativo[2982]; a de agir nas do Executivo, que tem de ter um chefe único e supremo, cuja necessidade de preservação em si mesmo, lhe atribui a faculdade única de examinar os actos provenientes do Poder Legislativo.

Esta atribuição que é apenas sua e que outorga à lei o carácter de "sagrado", considera-a Mirabeau como "particulièrement essentielle dans tout état où le pouvoir législatif ne pouvant en aucune manière être exercé par le peuple lui-même, il est forcé de le confier à des représentants". Tanto mais que a aliança entre o Povo e o monarca é, a todos os títulos desejável e pode consistir num entrave a pretensões eventualmente arbitrárias do corpo legislativo. Resulta pois não ser da particular vantagem do Rei a existência do veto[2983], antes se considerando que se funda na protecção do Povo. "C'est dans ce sens que l'on peut et que l'on doit dire que la sanction royale n'est point la prérogative du monarque, mais la propriété, le domaine de la nation"[2984].

Ainda quando admite a repulsa que certas facções podem sentir em presença de tal atributo nas mãos do monarca, Mirabeau continua a ver-lhe mais vantagens que

---

[2979] Idem, "Séance de 11 Septembre", I, págs. 365 e ss.
[2980] Idem, "Séance de 29 Août", I, págs. 339 e ss.
[2981] O que não significa quer Mirabeau em certos casos deixe de utilizar expressões que parecem decalcadas de Sieyès. Veja-se "Séance de 11 Septembre", *Discours et opinions de Mirabeau*, I, pág. 366: "(...) la nation est le tout, et TOUT."
[2982] Mirabeau, "Séance de 14 Septembre", *Discours et opinions de Mirabeau*, I, pág. 368: "Un prince sacré, c'est que la volonté générale fait la loi. Cette volonté s'est manifestée par les adresses d'adhésion de toutes les villes, par l'allégresse publique que le roi a portée lui-même au pied des autels."
[2983] Idem, "Séance de 29 Août", *Discours et opinions de Mirabeau*, I, pág. 347, estabelece uma curiosa comparação: "Personne ne réclame contre le veto de l'assemblée nationale, qui n'est effectivement qu'un droit du peuple confié *à ses représentants*, pour s'opposer à toute proposition qui tendrait au rétablissement du despotisme ministériel. Pourquoi donc réclamer contre le *veto* du prince, qui n'est aussi qu'un droit du peuple *confié spécialement au prince*, parce que le prince est aussi intéressé que le peuple à prévenir l'établissement de l'aristocratie?"
[2984] Idem, *ibidem*, I, pág. 344.

defeitos, não só porque encarna um direito de resistência nas mãos do depositário da força pública mas sobretudo na medida em que "le prince est le représentant perpétuel du peuple, comme les députés sont ses réprésentants élus à certaines époques. Les droits de l'un, comme ceux des autres, ne sont fondés que sur l'utilité de ceux qui les ont établis"[2985].

Neste contexto fica-se de posse de um dos instrumentos mais importantes no plano da conservação da sociedade e da manutenção da Liberdade política da mesma, logo que a Constituição esteja pronta[2986], sendo certo que a elaboração desta, como garantia da Liberdade política do Corpo Social, nunca pode ser disputada ao Povo[2987].

Mirabeau é, sem qualquer dúvida, um moderado. Se não fosse a circunstância de ser francês e por isso ter uma predisposição para um raciocínio algo diverso do inglês, quase se poderia afirmar que, no plano da análise, ele se aproxima das ideias de Burke e que alguns dos moderados potugueses de 1820 lhe serão tributários[2988].

Os lusos moderados, conhecedores das suas intervenções, terão tido algum proveito nos ensinamentos, mesmo que não divulgassem a fonte das suas reflexões. Mirabeau não era Burke, naturalmente; mas sem dúvida que ele indirectamente terá andado no espírito de muitos, sobretudo porque era mais fácil optar pelas suas Ideias Políticas que eram as de "um continental", que pelas de Burke, "um homem de *Common Law*". A adaptação do Pensamento expresso nos seus discursos era filão inesgotável, para que a ala moderada do Congresso Vintista pudesse expor, sustentada em fontes reconhecidas, algumas das posições que defendeu.

O Autor não é muito citado entre os nossos escritores; a razão é desconhecida embora seja plausível imaginar, não andando longe do que acima se escreveu. Ter o seu posicionamento em França, depois de 1789, era quase o mesmo que não ser "inflamado" ou "realista" em Portugal, após 1820. E mesmo quem tinha coragem preferia ler-lhe os discursos a citá-lo deliberadamente. Como sempre se tem defendido, "a História repete-se"[2989].

[2985] Idem, *ibidem*, I, pág. 347.
[2986] Idem, *ibidem*, I, pág. 345: "Je pense que le droit de suspendre, et même d'arrête l'action du corps législatif, doit appartenir au roi quand la constitution sera faite, et qu'il s'agira seulement de la maintenir."
[2987] Idem, *ibidem*, I, pág. 345: "Je ne conçois pas comment on pourrait disputer à un peuple *le droit de se donner à lui-même la constitution par laquelle il lui plaît d'être gouverné désormais*."
[2988] Pelo menos invocam-no, ao contrário dos radicais, que o contestam.
[2989] François Furet, "Mirabeau", *Dictionnaire critique de la Révolution Française*, "Acteurs", págs. 224 e 225: "Qu'est-ce qu'il cherche à faire, chez le roi et l'Assemblée, ce grand acteur dédoublé? Séparer la famille royale de la Contre-Révolution, cette impasse, cette politique sans chances. Influencer la Constituante dans le sens d'un équilibre des pouvoirs et de ce qu'il apelle une bonne Constitution. A la Cour, il plaide pour la Révolution, ou pour sa part irréversible. A l'Assemblée, il plaide pour le roi, ou pour le maintien de l'Autorité royale su nom de la nation. Il est vrai que, placé dans cette situation intenable d'incarner la Révolution et de soutenir le pouvoir royal – alors que la Révolution rejette le roi au passé et que le roi refuse la Révolution –, il n'a pas toujours le contrôle de son génie. (...) *Mais il reste l'esprit le plus libre del'époque, précisément parce qu'il connaît les deux camps et qu'il est seul dans les deux.*"

2.2. A segunda geração dos *"Ideólogues"*

2.2.1. Na senda do Iluminismo e nos alvores do Liberalismo

Como início de um novo ponto de análise, vejamos as Ideias de Pierre-Jean-George Cabanis.

Trata-se de outro dos pensadores que não sendo, por essência, "um político", manifesta uma relevância assinalável para o tema.

Influenciado pelo Pensamento dos Antigos, onde Hipócrates e os Sofistas tinham lugar de destaque[2990], foi igualmente contaminado por Sir Francis Bacon[2991], por Locke[2992], por Descartes[2993], por todos os membros de *L'Encyclopédie* e pelos escritores franceses do séc. XVIII[2994], especialmente por Condillac[2995], afastando-se do mesmo passo de Kant.

A sua concepção fenoménica do mundo fica mais esclarecida na medida em que considera que o conhecimento, na conexão da experiência sob interpretação condillaciana[2996], apenas se obtém por via das representações impressas no espírito[2997], ponto será a marca de água da contestação do criticismo Moderno.

[2990] Pierre-Jean-Georges Cabanis, "Rapports du Physique et du Moral: Préface", *Œuvres Philosophiques de Cabanis*, Paris, PUF, 1956, I, págs. XXIII-XXIV.

[2991] Idem, *ibidem*, I, pág. 111: "L'immortel Bacon avait découvert, ou pressenti presque tout ce que pouvait éxiger la refonte totale, non-seulement de la science, mais, suivant son expression, de *l'entendement humain* lui-même."; idem, "Rapports du Physique et du Moral I", *Œuvres Philosophiques de Cabanis*, I, pág. 124: "c'est au génie de Bacon qu'il était réservé d'esquisser le premier un tableau de tous les objets qu'embrasse l'intelligence humaine, de les enchaîner par leurs rapports, de les distinguer par leurs différences, de présenter ou les nouveaux points de communication qui pourraient s'établir entre eux dans la suite, ou les nouvelles divisions qu'une étude plus approfondie y rendrait sans doute indispensables."

[2992] Idem, *ibidem*, I, págs. 111 e 112: "C'était par Locke, que devait, pour la première fois, être exposé clairement et fortifié de ses preuves les plus directes, cet axiome fondamental: *que toutes les idées viennent par les sens, on sont le produit des sensations.*"

[2993] Idem, *ibidem*, I, pág. 140: "Les erreurs de Descartes ne doivent pas faire oublier les immortels services qu'il a rendus aux sciences et à la raison humaine. Il n'a pas toujours atteint le but; mais il a souvent tracé la route."; idem, "Révolutions et Réforme de la Médecine", *Œuvres Philosophiques de Cabanis*, II, pág. 182: "Descartes, en proposant la réforme des idées, exigeait pour préliminaire indispensable, de considérer toutes celles qu'on pouvait avoir déjà, comme non avenues. Il voulait qu'un nouvel examen en fit reconnaître la solidité; il voulait même qu'on fût d'autant plus difficile dans cet examen, que l'habitude de croire équivaut presque toujours pour nous, à la démonstration."

[2994] Idem, *ibidem*, I, págs. 112 e ss., especialmente págs. 116 e 117: "Quoique l'état de la société civile en Europe, ait créé sur différents points de cette vaste partie du monde, plusieurs grands foyers de lumières, qui, pour le dire en passant, rendent impossible toute rétrogradation durable de l'esprit humain, la France est en droit de s'attribuer une grande part, dans les progrès de la raison, pendant le XVIII ème siècle. (...) L'indépendance des idées, qui se faisait surtout remarquer parmi nous, même sous l'ancien régime; le peu de penchant à se laisser imposer les choses, ou par les hommes; la hardiesse des examens; en un mot, toutes les dispositions et toutes les circonstances auxquelles la France devait la place respectable qu'elle avait prise dans le monde savant (...)."

[2995] Idem, *ibidem*, I, págs. 112 e ss. e notas respectivas. Condillac foi o verdadeiro mestre de Cabanis, como de resto e ao que parece, dos demais *Ideólogues*.

[2996] Idem, *ibidem*, I, pág. 197: "(...) nous n'avons trouvé partout, pour unique principe des phénomènes de l'existence animale, la *faculté de sentir*."

[2997] Idem, *ibidem*, I, pág. 197: "Nous n'avons d'idée des objets que par les phénomènes observables qu'ils nous présentent: leur nature, ou leur essence ne peut être pour nous que l'ensemble de ces phénomènes."

DA HISTÓRIA DA IDEIA DE LIBERDADE (SEQUÊNCIA)

Cabanis aponta como projecto essencial para a sociedade saída da Revolução Francesa a ligação entre a Ciência do Homem[2998] e a Antropologia[2999], com autonomia das Ciências positivas, e que lhe outorgue a sua dimensão específica e particular[3000]. A complexa tarefa reconstrutiva de uma nova ordem necessita um complemento teórico inultrapassável, portador das sólidas bases para a sua renovação[3001] e porque acredita que "je vais surtout m'efforcer de remplir les lacunes qui séparent encore les observations de l'anatomie ou de la physiologie, et les résultats incontestables de l'analyse philosophique"[3002].

Partilhava neste quadro com Condorcet os desejos iniciais de reforma de uma sociedade decadente, que se sustentasse em bases parlamentares, na introdução em matérias legislativas do espírito de Liberdade económica e social, mediante recurso optimista aos progressos do espírito humano em todos os domínios.

Um dos pensadores que reflectem os desenvolvimentos da Revolução Francesa e que será citado no Congresso Vintista é Daunou, fazendo parte do grupo dos *Ideólogues*[3003].

De um modo geral o Pensamento de Daunou não anda longe do da generalidade dos seus pares por aquela época. Contrapõe servidão e Liberdade, na ponderação que todo e qualquer Ser humano deve aspirar à segunda e repudiar a primeira, pelas próprias características que enformam a sua individualidade. Na sequência, o espírito liberal afirma-se na sua plenitude, não apenas na sua consideração no plano económico mas sobretudo na transposição que é possível fazer desse para o nível político.

[2998] Idem, *ibidem*, I, pág. 117: "C'est au moment où l'esprit humain est dans cet état de travail et de paisible fermentation, qu'il devient plus facile, et qu'il est aussi plus important de donner une base solide aux sciences morales. Les choses révolutionnaires ne sont point, comme quelques personnes semblent le croire, occasionnés par le libre développement des idées: ils ont toujours, au contraire, été le produit inévitable des vains obstacles qu'on lui oppose imprudemment; du défaut d'accord entre la marche des affaires et celle de l'opinion, entre les institutions sociales et l'état des esprits."

[2999] Idem, *ibidem*, I, "Préface", pág. 109: "En plaçant l'homme au milieu de ses semblables, tous les rapports qui peuvent s'établir entre ceux et lui, résultent-ils directement, ou de leurs besoins mutuels, ou de l'exercice des facultés que leurs besoins mettent en action? Et ces mêmes rapports, qui sont pour le moraliste, ce que sont pour le médecin, les phénomènes de la vie physique, offrent-ils divers états correspondants à ceux de santé et de maladie? Peut-on reconnaître par l'observation, les circonstances qui maintiennent, ou qui occasionnent ces mêmes états? Et peuvent-ils, à leur tour, nous fournir, par l'expérience et par le raisonnement, les moyens d'hygiène, ou de curation, qui doivent être employés dans la direction de l'homme moral? *Telles sont les questions que le moraliste a pour but de résoudre, en remontant dans ses recherches, jusqu'à l'étude des phénomènes vitaux et de l'organisation*."

[3000] Idem, *ibidem*, I, pág. 118: "c'est surtout se remontant à la nature de l'homme; c'est en les lois de son organisation, et les phénomènes directs de sa sensibilité, qu'on voit clairement combien la morale est une partie essentielle de ses besoins."

[3001] Idem, *ibidem*, I, pág. 117: "(...) c'est au moment où l'esprit humain est dans cet état de travail (...) qu'il est aussi plus important de donner une base solide aux sciences morales."

[3002] Idem, *ibidem*, I, pág. 165.

[3003] P. C. F. Daunou, *Essai sur les Garanties Individuelles que réclame l'état actuel de la Société*, Paris, 1819, que depois dessa data teve várias Edições. Esta é a original, correspondendo à Obra de maior fôlego de Daunou.

defesa³⁰¹⁶. Para além dos benefícios inúmeros que a Liberdade de pensamento produz na vida social³⁰¹⁷, ela inculca que o primeiro dos direitos do Homem é a sua conservação, pelo que deverá usar livremente das faculdades que lhe foram doadas pela natureza³⁰¹⁸.

É responsabilidade dos pensadores o terem imaginado as religiões, que os oradores e poetas popularizaram e os políticos fizeram aproveitamento, segundo melhor convinha aos seus particulares interesses. Cumpre assim a todo e qualquer Governo afastar toda e qualquer potência invisível e estranha à natureza que pretenda justificar a existência do Ser humano e o seu estádio de desenvolvimento, pautando-se toda e qualquer tentativa nesse sentido como um inaceitável apelo ao poder da superstição e do fanatismo lesivos dos direitos individuais³⁰¹⁹.

---

routes qu'elle peut s'ouvrir, et à tirer de là des règles plus sûres pour la diriger dans tous ses travaux; elle nous fait voir encore, ce qui n'est pas moins important, de quelle utilité peuvent être ces diverses opinions appliquées à la pratique de la vie, à quel état des esprits elles peuvent convenir plus particulièrement, en quoi elles se rapprochent, en qui elles diffèrent entre elles (...)."

³⁰¹⁶ Idem, "Articles dans les Revues", Œuvres, II, pág. 517: "(...) l'ignorance perpétue la misère et la dépendance du pauvre; elle établit entre lui et les autres hommes, des rapports d'abaissement et de domination que les lois les plus sages d'ailleurs sont impuissantes à faire dis paraître. Voilà ce qui n'a été bien connu que des philosophes modernes, les seuls qui aient fait une véritable science de la liberté. Ils nous ont appris que la liberté pouvait bien quelque fois être produite par un instinct heureux des nations; mais qu'elle ne saurait être conservée et perfectionnée que par les lumières; ils ont fait voir qu'un état de troubles, ou de grandes calamités publiques, pourvoit bien faire régner momentanément l'égalité; mais qu'elle ne peut être réelle et durable que chez un peuple où les connaissances utiles cessant d'être concentrées dans quelques individus."

³⁰¹⁷ Idem, "Rapport fait au Nom de la Commission d'Instruction Publique et Projet de Résolution sur un Mode Provisoire de Police Médicale Présentés para Cabanis, Député de la Seine: Séance du 4 Messidor an VI", Œuvres, II, pág. 394: "(...) la révolution n'a point, comme l'ont donné au contraire de nouvelles ailes; elle lui a offert de nouveaux à dessein, fermé constamment, au peuple les sources pures de l'instruction, et ne pouvant renverser la liberté de face et à la force ouverte, il semble qu'on ait voulu lui préparer des luttes plus obscures, mais plus dangereuses, dans l'ignorance publique, as seule ennemie redoutable."

³⁰¹⁸ Idem, ibidem, II, pág. 391: "Citoyens représentants, parmi les bienfaits sans nombre que la liberté répand sur la vie sociale, l'un des plus précieux sans doute est d'assurer à l'industrie toute son indépendance originelle. Le premier droit de l'homme est celui de sa conservation: mais pour exercer véritablement ce droit, l'homme a besoin de pouvoir user librement des facultés qu'il a reçues de la nature. C'est sur leur libre exercice, et sur le droit de conserver les biens qu'on se procure par là, que se fonde la propriété, qui n'est point, comme l'on avancé d'aveugles démocrates, une violation de l'égalité naturelle, mais, au contraire, que la perfectionne et la garantit, en ne permettant point au fainéant d'usurper les fruits du travail, et en encourageant le travail, également utile à tous, par la faculté donnée à l'hombre laborieux d'en transmettre les fruits aux objets de ses affections."

³⁰¹⁹ Idem, "Quelques Considérations sur l'Organization Sociale en Général et Particulièrement sur la Nouvelle Constitution", Œuvres, II, pág. 473: "On ne comptera point sur la superstition des personnes, qui ne peut plus maintenant avoir quelque durée, surtout chez un peuple dont l'enthousiasme, toujours aimable, est néanmoins très superficiel; dont le tact et le jugement sont bien sûrs et plus sévères qu'on ne pense, et dont les dégoûts ne furent jamais contenus ni par l'appareil de la puissance ni par le caractère solennel dont leur objet peut être enveloppé. Avec un pareil peuple, il faut saisir bien juste ce qui doit être accordé à l'imagination et cet qu'il faut ramener aux lois du bon sens, aux formules exactes du calcul. *Partout et dans tous les temps, l'espèce humaine veut sans doute qu'on cherche à la séduire, à la captiver; elle aime à se livrer à ces sentiments vifs et directs dont l'enthousiasme se compose: mais elle est aujourd'hui trop avancée, particulièrement parmi nous, pour pouvoir être subjuguée d'une manière durable par ce qui n'est point conforme à la raison.*"

DA HISTÓRIA DA IDEIA DE LIBERDADE (SEQUÊNCIA)

O republicanismo de Cabanis vem ao de cima quando, sob forma enfática, assegura que "les vrais principes de la liberté sont universellement fondées sur les droits individuels; dans une constitution républicaine, représentative, tout doit avoir pour but de maintenir ces droits dans sa plus grande intégrité"[3020].

Trata-se o corolário do seu sentir acerca da Liberdade de consciência e da tolerância religiosa[3021], pelo que mesmo quando Cabanis, não é directo nas palavras, as entrelinhas fornecem adequada explicação.

Todo e qualquer sistema sacerdotal, porque redutor da Liberdade individual, encontra-se em oposição com os interesses da sociedade[3022] e deve por isso mesmo ser afastado e destruído em nome dos benefícios da Razão e da humanidade[3023]. Assim sendo e admitindo que não seja possível arredar do coração humano as funestas ideias que o sacerdotalismo inculca, algum cepticismo resulta das suas conclusões. Pouco mais haverá a fazer que "rendre plus pure l'influence heureuse qu'elles exercent quelquefois sur eux, peut-être serait-il permis d'espérer qu'un jour la religion simple et consolante qui resterait sur la terre n'y produirait plus que du bien"[3024].

Em sequência mostra-se um adepto incondicional de uma Liberdade de imprensa, correctamente regulamentada, sob pena de em lugar da promoção das mudanças indispensáveis à melhoria de vida da urbe, se incentivem os desvarios das facções e as impetuosidades dos amigos da desordem[3025].

E se não é preocupação deste Estudo o sentido metafísico da Liberdade, a segunda possibilidade será a da Liberdade negativa enquanto "liberté civile (...) qu'aucun obstacle extérieur ne vienne nous empêcher d'agir conformément aux déterminations que nous avons prises, si elles ne sont point attentatoires à la personne ou à la propriété d'autrui"[3026]. A crítica neste particular é verdadeiramente demolidora, não admitindo o Autor qualquer possibilidade de limitar "la plus indépandante faculté humaine, celle que nous rend industrieux et capables de progrès, celle qui meut et

---

[3020] Idem, "Opinion sur le Projet d'Organisation des Écoles Primaires, et en Général sur l'Instruction Publique", *Œuvres*, II, pág. 440.

[3021] Idem, "Lettre à M. F. sur les Causes Premières", *Œuvres*, II, pág. 259: "Il s'agissait d'assouplir et de façonner des âmes incultes, livrées à des passions grossières et violentes; d'agir sur des esprits que leur ignorance même rendait bien plus propres à se laisser subjuguer par l'empire de l'imagination, qu'à céder à la voix de la raison pure, qui peut-être ne détermine jamais que les actions des hommes éclairés et réfléchis. Ils ne pouvaient prévoir dès lors tous les maux dont les idées religieuses, associés à la morale et à la politique, deviendraient la cause immédiate et directe, et combien leur influence retarderait les progrès de la civilisation, en imprimant une direction fausse, en faisant contracter des habitudes vicieuses à l'esprit humain, *et surtout en fournissant au charlatanisme un puissant moyen de pousser les peuples dans les écarts les plus funestes à leur propre bonheur.*"

[3022] Idem, *ibidem*, II, pág. 261.

[3023] Idem, *ibidem*, II, pág. 262: "(...) on est suffisamment porté à conclure qu'un système d'idées d'où résultent tant de maux, est un des plus funestes présents qui pussent être faits au genre humain, et que, par conséquent, son entière destruction serait un des plus grands bienfaits du génie et de la raison."

[3024] Idem, *ibidem*, II, pág. 262.

[3025] Idem, "Quelques Considérations sur l'Organization Sociale en Général et Particulièrement sur la Nouvelle Constituition", *Œuvres*, II, pág. 483: "(...) outre les assurances morales que donne contre tout usurpateur, et l'entière liberté de la presse, et l'influence constante de l'opinion publique, que nulle entrave n'empêche de se développer, je vois encore d'autres assurances régulières, et en quelque sorte mécaniques, qui paraissent capables de rassurer les amis de la liberté les plus inquiets et les plus soupçonneux."

[3026] Idem, "Rapports du Physique et du Moral", I, *Œuvres*, I, pág. 66.

dirige toutes les autres"[3027]. Seria a maior das escravaturas a que um Povo poderia estar submetido, despojando-o das suas faculdades intelectuais[3028] e perpetuando toda a casta de indeterminadas vexações.

A Liberdade de opinião é um bem a ser sempre salvaguardado[3029], manter-se "*à l'abri de toute espèce d'entrave, d'empêchement préalable, de prohibition et de répression; qu'en proscrire une seule autre, vraie ou fausse, hasardée ou prouvée, saine ou non saine, innocente ou dangereuse; la condamner à tort ou à droit, comme contraire aux principes des lois, à l'esprit des institutions, aux maximes ou aux intérêts ou aux habitudes du gouvernement, c'est assujéttir la pensée humaine à une tyrannie arbitraire, et mettre en interdit la raison*"[3030]. De algum modo recuperando a actividade inquisitorial e a censura que afectava boa parte dos países europeus no período do Antigo Regime, manifesta plena discordância quanto a qualquer entidade reguladora "do valor do Pensamento humano"[3031].

O espírito humano é o responsável pela perfeição da sociedade e isto mesmo quando os erros se evidenciam, seja qual for a matéria. Nenhuma delas lhes está imune[3032] mas, o que não pode nem deve esquecer-se é que "la liberté des opinions n'existe pas si elle est restreinte par la condition de ne rien dire que de vrai et d'utile; à plus forte raison, si l'on établi des doctrines qu'il ne sera pas permis de contredire, si l'on en signale d'autres qu'il sera défendu de professer, ou bien encore si, sans prendre la peine de faire aucune de ces déclarations prétables, on investit des juges du droit de condamner, selon leur bon plaisir, des pensées qu'aucune loi n'avait prohibées"[3033].

Constitui direito próprio de cada Povo, em si mesmo, e dos indivíduos que o compõem promover o debate e o esclarecimento público acerca das motivações e dos efeitos das leis, esclarecendo a própria Autoridade sobre os interesses públicos e a sua contraposição aos privados, assim como tutelar a actividade dos magistrados nas suas sentenças condenatórias, em que vidas e bens dos indivíduos estão em jogo. Aqui se retoma, episodicamente mas de forma incisiva a necessidade dos jurados, por força da sua origem e proximidade aos cidadãos, ponto em que a distância dos juizes togados é descomunal[3034].

[3027] Idem, *ibidem*, I, pág. 69.
[3028] Idem, *ibidem*, I, pág. 74: "De soi, *l'esprit humain tend à la vérité*: s'il n'y arrive qu'après des écarts et à travers des illusions, *jamais il ne manque de reprendre le droit chemin*, pour peu que l'Autorité ne s'applique pas ou ne réussisse pas à le lui fermer. Il est rappelé par l'activité même qui a servi à l'égarer: *sa marche n'est ni rapide ni directe; mais, à pas incertains et chancelants, il avance toujours, et l'on mesure avec surprise, après quelques siècles, l'espace qu'il a parcouru, quand il n'a pas été arrêté ou repoussé par la violence.*"
[3029] Idem, *ibidem*, I, pág. 77, afirma que ficam fora deste discurso os casos de toda e qualquer "provocation directe à désobéir aux lois, toute insulter à l'Autorité (...)", considerados mais que um erro perigoso. Seriam "une action criminelle."
[3030] Idem, *ibidem*, I, pág. 72.
[3031] Idem, *ibidem*, I, págs. 73 e 74: "Pour établir une distinction constante entre les bonnes et les mauvaises doctrines, il faudrait, au sein de la société, un symbole politique, historique et philosophique; ou bien une Autorité chargée de proclamer au besoin, en toute matière, le vrai et le faux: peut-être aurait-on besoin à la fois de ces deux institutions, aussi monstrueuses l'une que l'autre. (...) Lors qu'on recherche les causes qui ont le plus propagé et perpétué l'erreur, le plus retardé la véritable instruction des peuples, on les reconnaît toujours dans des institutions pareilles à celles dont je viens de parler."
[3032] Idem, *ibidem*, I, pág. 75.
[3033] Idem, *ibidem*, I, págs. 76 e 77.
[3034] Idem, *ibidem*, I, págs. 78 e 79.

DA HISTÓRIA DA IDEIA DE LIBERDADE (SEQUÊNCIA)

A Liberdade de opinião é um dos direitos mais sagrados que o cidadão possui e que não pode em qualquer caso, salvo quando previsto na lei ser afastado. E se isto se nota no plano geral da Liberdade de expressão por qualquer meio, deve ser sobretudo acentuado quando se trata de discutir alguns temas tabus, quais sejam "l'origine et les fondements du pouvoir supreme"[3035] ou os temas relacionados com uma qualquer crença religiosa[3036].

É no contexto das precedentes observações que deverá ser encarada por Daunou a diferença entre opinião pública e opinião popular. A primeira é sempre esclarecida em contraponto com a segunda[3037], muito embora os reparos que se podem fazer a esta última possam em certos casos, comunicar-se à anterior[3038]. Definindo opinião pública, entende por ela a que "admettant davantage les résultats des observations précises, des expériences sûres, des raisonnmens exacts, caractérise les classes éclairée de la société", sendo certo que desde há um século ela é considerada na Europa como uma verdadeira autoridade. Daunou está a referir-se não ao que hoje em dia é entendido por opinião pública, mas aquilo a que Kant considera o uso público da Razão, por oposição ao seu uso privado, em termos que serão vistos.

Aproveita, mais, para estabelecer a ligação entre a Liberdade de opinião e a sua manifestação mais acabada na actualidade, a Liberdade de imprensa. Promovendo-se a imprensa e a saída de livros há mais três séculos, um dos mais graves atentados à humanidade terão sido a posições que a Igreja católica, a partir e Alexandre VI, assumiu neste domínio. De facto e ficando na dependência de uma censura inquisitorial a aprovação dos livros para sua posterior publicação, naturalmente que o edifício de recente construção ruiu pela base, lançando povos inteiros nas trevas da mais pungente ignorância[3039]. Esta uma verdadeira e real História de tirania, talvez a mais sangrenta de todas ao longos das últimas centúrias[3040].

Daunou é particularmente optimista neste plano, considerando que não é pelo facto da censura se ter imposto de forma tão cruel, que a marcha e o desenvolvimento da racionalidade humana ficaram retardados. O que importa é existirem as ideias; a sua divulgação sob forma escrita é a sequência de um Pensamento prévio dos seus Autores e esse mantém toda a sua pujança, escreve[3041].

[3035] Idem, *ibidem*, I, pág. 79.
[3036] Idem, *ibidem*, I, págs. 83 e 84: "Nos persuasions ont deux sources bien différentes, l'imagination et la raison. Il y a sûrement, dans l'organisation de l'homme, quelque chose qui le dispose à croire, en certaines circonstances, ce qu'il n'a vu, ni vérifié, ni même compris."
[3037] Daunou, *Essai sur les Garanties Individuelles que Réclame l'état Actuel de la Société*, págs. 84 e 85.
[3038] Idem, *ibidem*, I, pág. 83: "De sa nature, elle tend à la sagesse; mais c'est par une progression fort lente."
[3039] Idem, *ibidem*, pág. 91 e ss.: "Ce bref d'un pape, dont la mémoire est restée à jamais flétrie à bien d'autres titres, a servi et sert encore de prototype à tous les actes arbitraires, législatifs et administratifs, dirigés contre l'art d'imprimer."
[3040] Idem, *ibidem*, pág. 95 e 96: "En frappants d'excellents ouvrages, et quelques mauvais livres, les censures ont recommandé les uns et les autres: elles seraient oubliés si elles n'étaient des titres de célébrité littéraires. En s'efforçant d'imposer des opinions, en ne souffrant pas qu'on les contredise, elle fait soupçonner qu'elle renonce à les établir par les voies légitimes de l'instruction. (...)."
[3041] Neste particular suscitam-se algumas reservas quanto à posição que expressa. Parece evidente que um Pensamento formado e que pretende expandir-se externamente, sob a forma escrita, não o conseguindo, poderá ficar no segredo da reflexão pessoal do seu Autor e alguns eventuais confidentes mas não tem qualquer possibilidade de se impor aos presentes e vindouros leitores.

Daunou preocupa-se com questões como a Liberdade de pensamento – a que chama "de opinião" –[3042], bem como com a Liberdade de consciência[3043], dando especial destaque às diversas formas como os Governos podem actuar em presença destas Liberdades individuais[3044].

Segundo o Autor, "le mot *liberté* a donné lieu beaucoup de controverses, soit parmi les métaphysiciens, soit parmi les politiques. Il a deux significations très-distinctes"[3045].

Governar será "être protégé contre les attentats, réprimé lorsqu'on en commet soi-même, et obligé de concourir, par des services ou par des tributs, à cette protection universelle. Tout autre rapport entre les gouvernants et les gouvernés, toute autre contrainte employée pour exiger ou interdire des actes privés, des habitudes domestiques, des opinions politiques, des croyances religieuses, supposerait possession, appartenance, un degré quelconque d'esclavage. Une monarchie absolue est ou devient à la longue plus oppressive que la tyrannie féodale: elle a, comme en Orient, des esclaves, et non des sujets"[3046].

Retira-se deste trecho uma espécie de programa do que o Autor entende deverem ser as relações a estabelecer entre governantes e governados, no respeito pela individualidade destes últimos, a saber: impossibilidade de intervenção nos chamados negócios particulares dos governados, condução das suas consciências mediante imposições de carácter religioso ou político ou demais actos que conduzam um qualquer Governo a determinar-se à tirania.

Ponderando as três possibilidades em confronto e que Daunou representa – "Des gouvernements qui refusent expréssement les garanties individuelles"[3047], "des gouvernements sous lesquels les garanties quoique déclarées, demeurent fictives, étant perpétuellement annulées ou restreintes pas des lois d'exception ou de circonstances"[3048] e, finalmente, "des gouvenements qui donnent réellement les garanties individuelles"[3049], naturalmente que a última é a que merece a pena interpretar.

Quanto à da Liberdade de consciência, as considerações vão na linha das antes expandidas no que respeita à Liberdade de pensamento ou de opinião. Ponderando as três hipóteses históricas que se apresentam – confusão entre Estado e religião ou Estado confessional; religião dominante e tolerância para as demais; Igualdade entre todas ao nível dos seus seguidores – desde logo se percebe que a última das citadas é a que defende a Liberdade de consciência. O primeiro é impossível de conciliar com

---

[3042] Daunou, *Essai sur les Garanties Individuelles que Réclame l'état Actuel de la Société*, págs. 66 e ss.
[3043] Idem, *ibidem*, págs. 108 e ss.
[3044] Idem, *ibidem*, págs. 132 e ss.
[3045] Idem, *ibidem*, pág. 66.
[3046] Idem, *ibidem*, pág. 11.
[3047] Idem, *ibidem*, págs. 132 e ss. São os Governos arbitrários, despóticos e mesmo as monarquias absolutas do Antigo Regime em que, como em França ou em Portugal tal tipo de situações constituía a normalidade da situação.
[3048] Idem, *ibidem*, págs. 155 e ss. O exemplo que Daunou aponta é o do Governo bonapartista e o da monarquia da Carta, onde todos os cultos são tolerados mas a legislação, a administração, a polícia e a política externa são calcados aos pés de um só homem, de tal modo que as obrigações religiosas que impõe à consciência dos seus seguidores acabam por se entender aos próprios actos civis dos que a não professam.
[3049] Idem, *ibidem*, págs. 155 e ss.

a Liberdade e o segundo poderá sê-lo, desde que se mantenha a independência das opiniões em matéria religiosa[3050].

Deixando de lado o primeiro caso, nos dois seguintes, de religião dominante e tolerância das demais, é sempre preciso estar alerta para que não se degenere em intolerância[3051]. Daunou aponta como fundamental para o exercício desta hipótese como uma real situação de tolerância, que não exista apenas esta mas, do mesmo modo, a Liberdade de consciência: "chacun professe sa religion avec une même liberté, que chacun obtient pour son culte la même protection".

Admitindo a independência do soberano a este nível – coisa nem sempre completamente certa e segura – e que o mesmo se pautará pela independência perfeita entre o Trono e o Altar, e ponderando escrever num país onde existe efectivamente uma religião de Estado, "les frais du culte déclaré national sont supportés par tous les habitants, y compris ceux qui ne la professent point"[3052]. Ainda que teoricamente fosse muito louvável um tal Pensamento, na prática ele seria muito difícil de activar.

Porque não descura a oportunidade para se afirmar um verdadeiro defensor da Liberdade de consciência, reflecte Daunou na eventualidade de existir uma determinação pontifícia, segundo a qual emite "une décrétale en disant, au nom de Dieu, anathème à quiconque, roi ou sujet, citoyen ou représentant, gouvernait ou gouverné, aura la présomption d'opposer la moindre résistance à des usurpations si révoltantes: assurément un pays où un tel écrit serait publié comme une loi, ou à la suite d'une loi, *renoncerait par ce seul fait, non seulement à toute liberté individuelle de conscience, mais à tout reste de dignité nationale*". A clareza do raciocínio é, por demais, evidente[3053].

[3050] Idem, *ibidem*, págs. 109 e ss.
[3051] Idem, *ibidem*, pág. 116: "L'essentiel est de bien comprendre que ce qui offense la liberté, ne bonifie jamais les moeurs, et que de toutes les peuples, le plus exposé à se dépraver est celui qui conserve le moins des garanties."
[3052] Idem, *ibidem*, pág. 117; págs. 119 e 120: "celles-ci [les lois civiles] se font intolérantes, du moment où elles puissent leurs principes et leurs disposition dans une doctrine religieuse. Altérées de cette manière, elles cessent évidement de garantir la Liberté des consciences. Elles communiquent à une religion la puissance coactive qui ne doit appartenir qu'à elles seules."
[3053] Idem, *ibidem*, págs. 119-123: "Mais qui peut dire à quel point toutes les religions seront compromises, si la religion de l'état, ayant un premier pontife hors de l'état, ce chef étranger, indépendant des lois nationales, peut s'en prétendre le régulateur; si ses décrets, ses sentences, ses anathèmes viennent frapper les personnes et les choses et les lois et le prince lui-même; s'il s'arroge le droit de déposer des domaines et des revenus publiques, de créer et de gouverner des corporations, d'établir et de lever des impôts, de réformer tout ce qu'il aura qualifié abus ou désordre (...)? Après que ce pontificat a menacé tant de trônes, lorsqu'on sait qu'il n'en reconnaît point l'indépendance, lorsqu'il ne cesse de protester contre la liberté des consciences, comment espérer qu'on la mettra hors de ses atteintes, à moins qu'on ne déclare, plus hautement que jamais, qu'il n'exerce, en tant de pontificat, aucune puissance extérieure; que ses exhortations religieuses ne sauraient emprunte le caractère de lois politiques, civiles ou pénales (...)?" O melhor exemplo concreto que existe em Danou nesta sua cruzada, é a afirmação do casamento como um contrato civil, do qual o Estado não se deve dissociar de reivindicar como apenas sua tutela. Não que considera inválido o sacramento matrimonial dado em função do respectivo rito religioso; simplesmente isso não significa que não deve caber ao Poder laico promover a celebração dos casamentos pura e simplesmente nos termos civis. Este é um aspecto que só tardiamente será ponderado em Portugal, muito por força da teorização de Alexandre Herculano mas que, nos inícios do séc. XIX era já visto como um dos fundamentos não apenas da tolerância religiosa mas da separação entre Estado e Igreja ao nível das competência e das jurisdições. Pode aqui entrever-se o véu do regalismo, numa concepção bem

Nestes termos e concluindo, a palavra tolerância carece de propriedade. "Il semble n'exprimer qu'une grâce, qu'une concession provisoire: il humilie, et menace beaucoup plus qu'il ne garantit. La liberté des consciences serait, au contraire, une condition générale, honorable, irrévocable de l'association politique; mais, au mot près, qu'on puisse en effet professer, sans entraves et sans périls, tout genre d'opinions, religieuses ou non religieuses; cette justice a été jusqu'à présent si rare, qu'on devra la considérer comme un bienfait"[3054].

2.2.5. Contratualismo e Poder Político

Após a Revolução Francesa, Cabanis apresenta coordenadas que permitem qualificá-lo não apenas de revolucionário[3055], mas de partidário das ideias republicanas. Não estão disponíveis todos textos políticos que escreveu mas, os que existem, são suficientes para estabelecer uma panorâmica das ideias essenciais acerca da Liberdade.

Portanto, é mais um partidário do Direito Natural laico[3056]. Faltam saber os termos em que enquadra as questões da sociedade e da génese do Poder político na mesma, pontos que apenas confirmam as anteriores ideias.

Cabanis defende, no que respeita à formação da sociedade civil que a ideia de um anterior estado de natureza, por ser uma pura ficção, não fornece os elementos necessários para uma correcta configuração da sociedade[3057]. Assim contraria boa parte da doutrina sua coeva e anterior, e aponta propostas em sentido diverso, conferindo também aqui com as posições de Condillac.

---

diversa da teorizada por António Pereira de Figueiredo e aplicada por Pombal no nosso país e que, nos termos enunciados, não teria sequência imediata em Portugal.

[3054] Idem, *ibidem*, pág. 131.

[3055] Pierre-Jean-George Cabanis, "Rapports du Physique et du Moral: Préface", *Œuvres Philosophiques de Cabanis*, I, pág. 117: "Et depuis que le mouvement est réduit [la Révolution] à ne plus être que celui des idées, et non celui des passions, les progrès, plus lents en apparence, seront en effet plus sûrs. La marche mesurée d'un gouvernement fort et établi, pourra sans doute y contribuer beaucoup elle-même."

[3056] Idem, "Opinion sur le Projet d'Organisation des Écoles Primaires, et en Général sur l'Instruction Publique", *Œuvres*, II, pág. 448: "La philosophie rationnelle et morale a cessé d'être un tissu de vaines spéculations ou de préceptes incohérents; elle ramène les opérations de l'intelligence et le système des droits et des devoirs, à celui de l'organisation humaine: la vertu, le bonheur, la liberté ne sont pas soumis à je ne sais quelles impulsions d'un vague instinct, ne consistent plus dans je ne sais quel ramassis de leçons triviales; on commence à les réduire en véritable science."

[3057] Idem, "Quelques Considérations sur l'Organization Sociale en Général et Particulièrement sur la Nouvelle Constitution", *Œuvres*, II, pág. 462: "Pour tracer l'histoire de la société civile, en remontant aux causes qui déterminant sa formation, plusieurs philosophes sont partis d'un certain état de nature dans lequel ils ont cherché les fondements de la morale publique et privée, ainsi que les principes qui déterminant et limitent les droits de chacun et les devoirs de tous. Ces philosophes avaient pensé que, sans cela, l'on ne peut analyser exactement les ressorts qui donnent le mouvement et la vie au système social, ni surtout reconnaître dans ce qu'il fut jadis, et dans ce qu'il est encore maintenant, ce qu'il peut et doit devenir un jour. *Mais cet état prétendu de nature, où les hommes sont considérés isolément, et abstraction faite de tout rapport antérieur avec leurs semblables, n'est qu'une pure fiction de l'esprit: il n'a jamais réellement existé; et bien loin qu'il puisse nous fournir quelques lumières sur les moyens de perfectionner la nature humaine et d'accroître son bonheur, il est évident au contraire que plus elle s'en éloigne, c'est-à-dire plus elle étend et règle avec sagesse les relations sociales, et plus elle se rapproche de sa véritable destination, ou du but qui lui tracent ses facultés et ses besoins.*"

DA HISTÓRIA DA IDEIA DE LIBERDADE (SEQUÊNCIA)

Muito embora não deixe de reconhecer a existência de um estado selvagem[3058], em seu entender, o caminho certo será o de nunca descurar que são os direitos individuais o suporte dos direitos políticos. É, pois, imperioso o estudo dos interesses individuais antes de estabelecer regras que cruzem as relações que nascem de tais interesses e paixões. O indivíduo preexiste à sociedade e a sociedade não é mais que uma abstracção se a dita prioridade não for cumprida[3059]. O objecto de toda a organização política esvazia-se no aumento da felicidade e do bem-estar dos seus cidadãos, quer no plano físico quer no campo moral, porque e acima de tudo "l'homme discerne et choisit; il raisonne et il a des volontés: pour être heureux il faut donc encore qu'il soit libre"[3060].

Daqui resulta, sem dúvida, a necessidade de uma organização do Poder político. Depois de proceder ao levantamento dos vários estádios de evolução da sociedade, acaba por concluir, pela predilecção sobre o sistema de Governo representativo[3061]. A origem do Poder é, naturalmente, humana, estando nas mãos da Nação que o transporta aos seus representantes, em termos bem demarcados[3062].

Toda e qualquer sociedade apenas pelo sistema representativo poderão sobreviver e ser feliz, já que em caso contrário tombará no mais absurdo despotismo. E, ligando este discurso às diversas formas de Governo propaladas pelos Antigos, entende Cabanis

---

[3058] Idem, *ibidem*, II, pág. 466: "Comme l'état sauvage est presque toujours un état de guerre, et que l'homme y vit au milieu des alarmes et des dangers, le pouvoir est d'abord, pour l'ordinaire, concentré dans une seule main: tant que la peuplade persiste dans la vie errante et précaire de chasseurs ou de pasteurs, il ne paraît guère de se passer d'un chef à qui soi confié le suprême commandement. Mais, sitôt que la peuplade, fixée sur un territoire, commence à chercher dans l'agriculture des moyens plus assurés de subsistance, alors se développent les premiers idées morales; alors naissent les premières lois que les Anciens appelaient avec tant de raison les *saintes filles de Cérès*."

[3059] Idem, *ibidem*, II, págs. 462 e 463: "(...) en un motile y a individus avant d'y avoir une société, et que la société n'est qu'une abstraction quand on ne la considère pas comme la réunion d'un nombre plus ou moins grand d'individus, réfugiés dans son sein, pour vivre plus tranquilles et plus heureux."

[3060] Idem, *ibidem*, II, pág. 463.

[3061] Idem, *ibidem*, II, pág. 470: "Quant au système représentatif, on peut dire avec assurance que, dans l'état actuel des choses et de l'opinion, il est le seul qui puisse tout à la fois garantir la liberté publique, et donner une force suffisante au gouvernement; qui puisse maintenir solidement la paix, soit dans le sein de chaque association particulière, soit entre ces mêmes associations, ou, si l'on veut, entre leurs gouvernements."

[3062] Idem, *ibidem*, II, pág. 471: "Quoique cette espèce de gouvernement ait été, comme système, tout à fait ignorée des Anciens, il n'est peut-être cependant aucune époque de la société civile qui n'en présente au moins quelqu'un. Lorsqu'une horde sauvage choisit un chef à la majorité des voix, el le chargeant de vouloir et d'agir pour tous, n'est-ce pas un véritable représentant qu'elle choisit? Quand les peuples de la Grèce et de Rome se réunissaient sur la place publique pour élire leurs magistrats et leurs capitaines; quand aux aïeux aux Champs-de-Mars élevaient sur le pavois, celui d'entre eux qu'ils consentaient à reconnaître pour le souverain; enfin, quand les divers ordres. Dans les temps postérieurs, nommaient leurs députés pour aller au sein des états généraux, discuter et défendre leurs intérêts respectifs, les uns et les autres se donnaient en effet des représentants: et quand leurs élections avoient pour objet la décision des affaires générales de l'État, c'était, dans la signification la plus exacte du mot, une *représentation nationale*, qu'ils croient, tant bien que mal. Il y a plus: on a vu un peuple, fatigué de longues agitations qui n'avoient pu lui donner la liberté, se jeter systématiquement, et, pour ainsi dire, légalement, dans les bras du despotisme, se nommer un représentant absolu, contre lequel il paraît n'avoir pas même voulu stipuler de garanties: et ce qu'il y a de plus singulier encore peut-être, c'est que des circonstances heureuses ayant contraint ses despotes à respecter l'opinion publique, et même à lui permettre un assez libre développement, il n'est pas résulté de cet acte de délire, à beaucoup prés, toute l'oppression et tous les maux qu'il semblait devoir inévitablement amener."

que, no que se reporta à monarquia, a sua força resulta da unidade da acção governativas, enquanto as desvantagens mais evidentes são a natural tendência ao despotismo, a hereditariedade do Poder político e a sua progressiva tendência para o Absolutismo.

Ao contrário, a Democracia – aqui associada à ideia de Governo republicano[3063] –, apresenta como benefícios a necessidade de fazer sentir a cada um que tem um lugar activo dentro do Corpo Político, exercendo a sua parcela de influência em cada Governo, exaltando as faculdades da alma e colocando a felicidade e o bem-estar de cada um no lugar apropriado. É pela Democracia que cada um interage com os demais e pratica a sua própria Liberdade no respeito pela dos demais. Adverte, porém, que no cômputo das desvantagens deste sistema, se situam as paixões que por vezes são impossíveis de salutarmente domesticar, deixando ao abandono da populaça os homens mais sábios e virtuosos, obrigando a uma constante inquietude pessoal e patrimonial que pode ameaçar a ordem pública[3064].

É pela Democracia que a Igualdade mais perfeita poderá reinar entre todos os cidadãos, e que a possibilidade de integrar o sistema de capacidade eleitoral garante, no respeito pelos demais e, sobretudo, pela sua dignidade de homens. Para tanto é preciso, naturalmente, afastar os ignorantes de toda a legislatura e do Governo; a demagogia deve ser pura e simplesmente banida[3065].

Increpando Robespierre, Saint-Just e demais jacobinos, Cabanis não descura uma reflexão emblemática em todos aqueles que estavam cansados dos desatinos da Convenção, dos desmandos do Directório e se voltavam para o Corso como tábua de salvação dos ideais republicanos: "*tout se fait pour le peuple et au nom du peuple; rien ne se fait ni par lui ni sous sa dictée irréfléchie: et tandis que sa force colossale anime toutes les parties de l'organisation politique; tandis que sa souveraineté, source véritable, source unique de tous les pouvoirs*, imprime à leurs différents acte un caractère solennel et sacré, il vit tranquille sous la protection des lois; ses facultés se développent, son industrie s'exerce et s'étend sans obstacles; il jouit, *en un mot, des deux fruits d'une véritable liberté, garantie par un gouvernement assez fort pour être toujours protecteur*"[3066].

Para que o seu raciocínio não deixasse margem a dúvidas, Cabanis invoca terminologia algo próxima de Montesquieu, uma vez que "dans le véritable système représentatif, tout se fait (...) *au nom du peuple et pour le peuple; rien ne se fait directement par lui. Il est la source sacrée de tous les pouvoirs; mais il n'exerce aucun: nul fonctionnaire n'est choisi que parmi les noms portés sur les listes populaires mais ces listes n'appellent point les élus à telle ou telle fonction en particulier; le peuple est souverain, mais tous les pouvoirs dont sa souveraineté se compose sont délégués*; il prend part à tout par sa surveillance, mais ses passions ne peuvent jamais être égarées par les agitateurs, et troubler la paix de l'État: en un mot, *il est libre, mais il est calme*"[3067].

[3063] Idem, "Discours Prononce par Cabanis a la Suite du Rapport de la Commission des Sept", *Œuvres Philosophiques de Cabanis*, II, pág. 452: "Le système républicain et la liberté elle-même ne doivent être considérées que comme des moyens de bonheur: mais ceux-là sont indispensables, puisque hors de la République, la liberté ne saurit se conserver pure, et que sans liberté, il est impossible de rendre heureux des êtres qui font usage de leur raison."

[3064] Idem, *Œuvres Philosophiques de Cabanis*, "Quelques Considérations sur l'Organization Sociale en Général et Particulièrement sur la Nouvelle Constitution", II, págs. 471 e 472.

[3065] Neste quadro se nota a influência da teorização norte-americana, quando do republicanismo anterior a 1787, quer dos sucessos apostados pela *Constituição Federal de 1787*.

[3066] *OEuvres Philosophiques de Cabanis*, II, pág. 475.

[3067] Idem, *ibidem*, II, pág. 481. O mesmo dirão os Vintistas, ainda que desenvolvendo um raciocínio diverso do de Cabanis, já que este parte do quadro de referência da Constituição napoleónica.

E, tal como se aproxima de Montesquieu, sem defender o sistema inglês, de novo rejeita o cepticismo democrático de Rousseau[3068] e a interpretação que lhe foi assacada pelos jacobinos, não aceitando nem a Democracia directa nem a Igualdade no quadro da visão oferecida pela "Montanha".

Cabanis aqui não apenas recordaria o seu grande amigo Condorcet mas, acima de tudo, se divorciava dos desvarios que presidiram à evolução dos sucessos de 1789, com o sentido que oportunamente se mencionou[3069]. A grande vantagem desta forma de Governo resulta de que o Povo, sem exercer qualquer função pública enquanto tal, pode designar por todos os homens que gozam da sua confiança para fazer as leis ou administrar a justiça[3070], sem os perigos da anarquia resultantes das Democracias da Antiguidade[3071]. De modo assumido, a distância com Rousseau é patente[3072].

Os elementos acima estudados são suficientes para entender a interpretação do presente Autor acerca da ideia de Constituição. Podem, ainda assim, acrescentar-se algumas notas mais, clarificando o seu Pensamento.

É pelo recurso à evolução dos Povos que se recolhem as lições mais úteis no que respeita à comparação das suas diversas Constituições, em todas as épocas de existência. Tanto demonstra não apenas a existência de uma certa unidade fenoménica, implicando as mesmas necessidades sentidas em qualquer fase, do mesmo modo que em idênticas circunstâncias para casos diversos, as variações têm o cunho indelével

---

[3068] Idem, *ibidem*, II, pág. 481: "Le progrès des sciences et des arts est le véritable thermomètre, comme le plus sûr garant, de ceux de la société civile. Ce sont les idées philosophiques que la culture des lettres et des sciences a fait naître, qui ont miné l'empire de la superstition, qui par degrés, ont adouci les fureurs du pouvoir arbitraire, qui ont brisé ou limé chaînes des nations: ce sont les arts qui, par leurs créations et leurs travaux journaliers, ont soustrait le pauvre à l'empire du riche, en assurant à l'homme laborieux une facile subsistance, en présentant même à celui que la nature a plus heureusement doué, les moyens de devenir riche à son tour: ce sont les lumières prises en général, qui, combinant leur influence avec celle de la propriété, dont l'industrie et le commerce font, depuis deux ou trois siècles, de nouvelles et plus équitables répartitions; ce sont elles, dis-je, qui ont créé cette force inconnue dans les États anciens, cette force de la classe moyenne où se trouvent presque toujours, et les grands talents, et les solides vertus."

[3069] Idem, *ibidem*, II, pág. 473: "Dans les gouvernements anciennement constitués, quelle que soit d'ailleurs la forme de leur organisation, le temps a constaté les avantages de certains pratiques particulières: le système représentatif ne les rejettera point, parce qu'elles appartiennent à des institutions qu'il a renversées."

[3070] Idem, *ibidem*, II, pág. 474: "(...) des corps électoraux relatifs aux différents ordres de fonctions, doivent être institués non point à la base, mais au sommet de l'établissement: les choix doivent partir non d'en bas, où ils se font toujours nécessairement mal, mais d'en haut où ils se feront nécessairement bien; car les électeurs auront toujours, s'il est organisé convenablement, le plus grand intérêt au maintien de l'ordre est à celui de la *liberté publique*, à la stabilité des institutions et au progrès des idées à la fixité des bons principes et à l'amélioration graduelle des lois et de l'administration. Ce point une fois bien garanti, les choix peuvent être laissés à la conscience et au jugement des électeurs: il suffit que ces choix ne puissent jamais porter que sur des personnes indiquées par le peuple, et qui, dans la réduction successive de ses listes, faites par ceux mêmes qu'il y a placés, ne se trouvent conservés encore qu'autant qu'elles méritent la confiance des juges, toujours graduellement plus éclairés, dont elles ont obtenu cette honorable préférence. Telle est la véritable représentation nationale et générale d'un peuple, puisque c'est dans ce fonds commun que seront pris tous ses représentants spéciaux dans chaque ordre de fonctions."

[3071] Idem, *ibidem*, II, págs. 473 e 474.

[3072] Idem, "Opinion sur le Projet d'Organisation des Écoles Primaires, et en Général sur l'Instruction Publique", *Œuvres Philosophiques de Cabanis*, II, págs. 448 e 449.

da História. Daqui conclui que "chaque peuple en particulier, ou le genre humain en général, peut être considéré comme un être individuel que sa nature assujettit à certaines formes fixes d'existence, mais qui, susceptible d'accroissement dans ses facultés, de progrès ou de combinaisons nouvelles dans ces vues et dans ces passions, a besoin pour son bonheur et même son repos, que le système social qui le régit satisfasse en même temps à ces deux espèces de conditions; (...) *qu'il pourvoie à tous les besoins fixes, et qu'il se prête néanmoins à tous les besoins plus mobiles que de nouvelles circonstances politiques et surtout les progrès de la civilisation peuvent amener*"[3073].

Cabanis assume a função primeira da Lei Fundamental, que deve consagrar a felicidade e o bem-estar dos cidadãos como missão estruturante e constitucional[3074]. Não deixando de reconhecer que os Autores da Constituição do ano III prestaram inegáveis serviços à humanidade e à Liberdade, admite – tal como eles haviam feito – que a mesma padecia de vícios importantes, cuja enumeração aponta.

Finalizando a exposição que Cabanis enceta sobre os três grandes vectores que servem de balizas para o estudo da ideia de Liberdade, no quadro do seu Pensamento e no tempo em que o convoca, entende não ser despiciendo recordar aos "amis ardens de la liberté", que "vous vivez sous un gouvernement qui en consacre les principes fondamentaux: vous en verrez se développer et se perfectioner rapidement toutes les idées, tous les sentiments, toutes les habitudes: leurs triomphe sera celui des lumières et de la persuasion, non des passions et de la violence: la liberté n'appellera plus à son secours les aveugles fureurs de la démagogie; et ses apôtres ne seront plus, tantôt de sanguinaires dominateurs"[3075].

Conservador, Cabanis não aceita qualquer desvio à ordem das coisas que possa implicar a participação indiscriminada de toda a sociedade francesa nas decisões políticas, salvo pela via da representação. Porém esta, tão depurada em si mesma que apenas nela se reviam os sectores adversos a lutas de facções ou a que a arraia-miúda fosse alheia, apresentava contornos "muito pouco representativos"[3076].

O aspecto moderado que imprime ao seu discurso político aproxima-o da parcela mais conservadora da Assembleia magna do Vintismo nacional, onde boa parte das suas ideias irão ecoar, ainda que o efeito prático das mesmas saia quase sempre perdedor face à ala radical que maioritariamente a ela presidia.

[3073] Idem, *ibidem*, pág. 466.

[3074] Idem, "Discours Prononce par Cabanis a la Suite du Rapport de la Commission des Sept", *Œuvres Philosophiques de Cabanis*, II, págs. 451e 452: "Et (...) le bonheur qui, en dernier terme, est le but de tous les efforts individuels, n'est-il pas aussi celui de l'organisation sociale et des lois? Les constitutions et les législations sont-elles autre chose que des moyens pour y atteindre? Moyens plus ou moins sûrs, suivant qu'ils sont plus ou moins habilement appropriés à la nature de l'homme, aux circonstances locales, à l'état des esprits."

[3075] Idem, "Quelques Considérations sur l'Organization Sociale en Général et Particulièrement sur la Nouvelle Constitution", *Œuvres Philosophiques de Cabanis*, II, pág. 484.

[3076] Idem, "Discours Prononce par Cabanis a la Suite du Rapport de la Commission des Sept", II, pág. 454: "Égalité, Liberté, République! noms chéris, noms sacrés, tous nos vœux, tous nos efforts, toutes les puissances de nos âmes vous appartiennent, sont consacrées à votre culte; c'est pour nous que nous vivons, c'est pour votre défense que nous sommes prêts à périr: mais vous serez toujours de vains mots, si vous n'êtes pas garantis par un ensemble d'institutions sociales vigoureuses; si, dans leur propre organisation, ces institutions ne trouvent pas elles-mêmes des gages certains de leur stabilité."

Por outro lado, Daunou afirma que apenas lhe importa o tratamento daquilo a que se convenciona designar por Liberdade negativa e não tanto a intervenção que os cidadãos podem ter na vida pública do seu país, ou Liberdade positiva. Por outras palavras, de um lado a Liberdade individual[3077] e do outro a Liberdade política, vista enquanto consagração dos direitos individuais no plano político, mediante a protecção que a Constituição e as leis lhe conferem[3078].

A segurança, nos termos em que se encara nesta investigação como espaço da Liberdade, ocupa as primeiras preocupações de Daunou, uma vez que a salutar convivência social obriga a que um saiba exactamente os limites até onde pode caminhar e que, ao ultrapassá-los, se constitui como réu de um delito que questiona a segurança doutrem. Daí as preocupações sociais que relevantemente se devem colocar neste domínio, contestando o Autor a esquemática verificação de que "la meilleure manière de *réprimer* les crimes est de les *prévenir*, et, au besoin même, on soutient que ces deux mots sont synonymes"[3079].

Considera mesmo que esta é a lógica seguida pelos Governos arbitrários, uma vez que os Poderes Legislativo e Executivo bem se poderiam vangloriar de, ao fazer a lei e mandá-la executar, agirem apenas por força dos seus próprios interesses, estando os indivíduos na sua completa disponibilidade. No fundo, o que aqui se evidencia é uma crítica ao tipo de justiça prosseguida desde sempre e incrementada no Antigo Regime, onde a concentração dos Poderes numa única pessoa, o Rei, originava que a aplicação das penas a cada qual fosse medida mais em função das suas características pessoais que do próprio delito.

A justiça, vista como legalidade e constitucionalidade, queria opor-se ao arbítrio comum, mas esquecia que essa mesma arbitrariedade era fomentada pelo próprio detentor do Poder, na medida em que dele e apenas dele dependia uma igual medida de pena para um igual delito. Ou e dito por outras palavras, depois de um longo discurso, o que Daunou efectivamente promove é a existência de um Poder Judicial autónomo dos demais, seguindo na senda de Montesquieu e aproveitando para se firmar como uma partidário do mesmo. Trata-se de garantir os direitos individuais do cidadãos mas também de garantir o próprio sistema de Governo liberal, a quem assiste proteger formalmente o direito individual de segurança[3080].

Apontando as características que em seu entender fazem o bom juiz, entende Daunou que estes magistrados, para serem verdadeiramente independentes, deveriam

---

[3077] Considera no âmbito dos direitos individuais e ao lado dos mais conhecidos, a indústria, que na verdade mais não é que o trabalho, numa alusão muito cara ao Liberalismo que, no plano económico, a entendia como o suporte institucional que em conjunto com a Propriedade promovia a felicidade e o bem-estar dos indivíduos. Veja-se o *Essai sur les Garanties Individuelles que réclame l'etat actuel de la Société*, págs. 33 e ss. e 48 e ss.

[3078] Daunou, *Essai sur les Garanties Individuelles que Réclame l'état Actuel de la Société*, pág. 12: "Je n'envisage immédiatement que la sûreté des personnes, c'est-à-dire, que le besoin qu'a chacun de nous de rester propriétaire de lui-même, de ne redevenir serf de qui que ce soit, pas plus d'une puissance dite gouvernante, que de tout autre maître." Veja-se Louis Girad, págs. 31 e ss.: "ses vues en matière du gouvernement sont simples. D'abord une constitution écrite, ceci contre les disciples de Maistre."

[3079] Idem, *ibidem*, pág. 15.

[3080] Idem, *ibidem*, págs. 27 e 28: "Qu'il n'existe aucune liberté, aucune sûreté, quand le pouvoir judiciaire n'est pas distinct de l'exécutif et du législatif, c'est un résultat de la nature même des choses; et Montesquieu l'a rendu si sensible qu'on ne s'avise plus guère de le contester ouvertement."

ser privados e não públicos, o que na prática se traduziria num "service particulier, éventuel, comme celui des témoins; réservé par conséquent à des hommes privés, étrangères à l'administration ordinaire de la justice, et non choisis par les agents d'un gouvernement, ni par les chefs d'un établissement judiciaire"[3081]. O que aqui se apresenta é muito mais uma aproximação aos jurados que aos juízes, ponto que irá apresentar uma inusitada relevância no Congresso Vintista e que será um dos pontos em que o nome de Daunou mais vezes é citado. Sendo estes de igual condição do acusado, a salvaguarda da situação deste seria muito mais garantida que quando apreciada por juízes profissionais, por hábito "portés à lui faire violence"[3082].

Daunou não trata da Igualdade em especial[3083]; prefere falar de Propriedade e da independência que ela promove[3084]. Será uma outra forma de encarar a Igualdade formal mas não a política. A Propriedade é um direito natural que deve ser protegido pelas leis, ponto em que se aproxima das teses clássicas do Liberalismo na pessoa de Locke e a sua teorização[3085].

Neste caso – e porque o Autor se importa pouco com o modo pelo qual se origina este Poder [3086] –, sistematiza as três condições indispensáveis para que um tal sistema se imponha. A primeira é a criação do júri; a segunda a inamovibilidade e a perfeita independência dos juízes, a derradeira a criação e manutenção de uma Assembleia de representantes para a promulgação de toda e qualquer lei. Esta última condição pressupõe a eleição livre, regular e periódica dos representantes para toda e qualquer acção que comprometa a sociedade política[3087].

Um aspecto que importa assinalar no Pensamento de Daunou neste domínio é a sua fraca receptividade ao direito de petição e de reclamação que faz parte das competências das Assembleias Representativas, uma vez que considera que, salvo nos casos em que os direitos individuais possam estar ameaçados, se trata de questões meramente administrativas e que não cabem nas funções da Assembleia. Do mesmo modo deverá esta abster-se de debater os projectos que lhe são apresentados pelo Governo, tratando apenas de os aprovar ou rejeitar[3088].

[3081] Idem, *ibidem*, págs. 28 e 29.
[3082] Idem, *ibidem*, pág. 29: "L'institution des jurés est une sauvegarde si naturelle et si nécessaire, que nous en retrouvons le premier germe jusque dans le moyen âge et dans la grossière jurisprudence de nos aïeux."
[3083] Louis Girad, pág. 32: "l'égalité distinct de la liberté est une pure chimère. L'égalité en droit ne se traduit jamais en fait. Il faut donc vouloir être bien représenté et gouverné, ne pas vouloir être représentant ou gouvernant. Et tenter de devenir propriétaire. La propriété fonde l'indépendance."
[3084] Daunou, *Essai sur les Garanties Individuelles que Réclame l'état Actuel de la Société*, pág. 35: La propriété fonde l'indépendance. C'est à mesure qu'un homme accumule et féconde les fruits de son travail, qu'il dispose davantage de ses facultés personnelles, physiques et morales, se dégage du joug des volontés particulières des autres hommes, et se met en état de ne plus obéir qu'aux lois générales de la société."
[3085] Idem, *ibidem*, pág. 40: "L'examen de l'origine d'une propriété finit au point où l'on rencontre la loi qui l'a consacrée."
[3086] Idem, *ibidem*, págs. 187 e 188: "(...) il n'est pas nécessaire s'enquérir d'où elle vient, comment elle s'est établie, formée, construite, organisée. L'effet étant bon, la cause, quelle qu'elle soit, est excellente; le but de la société est rempli. L'absence ou l'imperfection de ces garanties est la seule critique raisonnable à faire d'un gouvernement; et celui qui échappe à ce reproche, n'en peut mériter aucun qui soit de quelque importance."
[3087] Idem, *ibidem*, págs. 188 e 189.
[3088] Idem, *ibidem*, págs. 190 e 191.

Finalmente e porque defende o mandato dos representantes como um mandato nacional e não particular, pronuncia-se pela soberania nacional, aspecto que desde a teorização de Sieyès sempre pareceu aos franceses mais ou menos pacífico, e que vários Estados europeus do Liberalismo clássico entenderam importar.

Em Daunou existem alguns tópicos importantes inultrapassáveis, no que respeita à análise do seu Pensamento. Trata-se sem qualquer dúvida de um homem do Liberalismo, que tendo passado por várias fases da evolução política da sociedade francesa, reflecte de algum modo essa situação, ou pela via da crítica aos eventos ou pelo seu aplauso imediato.

A aquisição das suas ideias no Vintismo é clara no primeiro dos apontados planos, pese embora as conhecidas reservas nacionais à tolerância religiosa para os portugueses.

3. Pós *Ideólogues*: Benjamin Constant ou um Pensamento autónomo: Liberdade dos Antigos *versus* Liberdade dos Modernos e De Felice – uma referência para o Triénio Vintista

O Pensamento de Benjamin Constant não é fácil e menos ainda linear. Ele é um homem do Liberalismo, defende os direitos do homem e nomeadamente a Liberdade e a Igualdade e apoia sem reservas a revolução. Contudo e por oposição à generalidade dos Autores, faz invulgares afirmações, uma vez que decide que não havia qualquer Igualdade no estado de natureza, hipótese que ridiculariza.

A Igualdade assume-se por força da História, concebida como progresso necessário da humanidade. É pela História que a Igualdade ganha projecção que tem nos tempos em que o Autor escreve e não por qualquer ficção inconsistente que se queira arvorar em ponto de partida para a realização dos direitos individuais. Adiante serão desenvolvidas estas suas preocupações com a História.

O panorama saído da Revolução Francesa, primeiro com os acontecimentos de 1789-1791, depois com o Terror, posteriormente na fase do Directório e finalmente com o Império, esteve subjacente à evolução do Pensamento do Autor, levando inclusivamente à existência de dois escritos com o mesmo título, redigidos em fases diversas da sua vida[3089] e que são o espelho do que se vem afirmando[3090].

[3089] Paul Bastid, *Benjamin Constant et sa Doctrine*, I. O dissecar da vida de Benjamin Constant encontra neste comentador os quadros de referência mais elaborados. Para aí se remete, em tudo o que se relacione com as diatribes relacionadas com a sua atribulada vida pessoal.

[3090] Lucien Jaume, *L'Individue effacé ou le paradoxe du libéralisme français*, págs. 63 e 64: "Le grand œuvre de Constant en matière de réflexion sur le jugement en politique, et sur une politique di jugement, a été achevé pour sa plus grande partie durant l'année 1806; il s'agit du brouillon intitulé *Principes de Politique applicables à tous les gouvernements*, dont Étienne Hofmann a établi l'édition scientifique à partir des manuscrites recueillis à Lausanne et à Paris. Il faut également mentionner l'autre partie, détaché sous forme d'un manuscrit distinct et récemment édité par Henri Grange, *Fragments d'un ouvrage abandonné sur la possibilité d'une constitution républicaine dans un grand pays*, qui semble avoir été composé entre 1795 et 1807 et correspond au versant plus institutionnel, à la recherche des 'garanties' (selon le langage consacré des juristes)." No mesmo sentido, Marcel Gauchet, "Benjamin Constant", *Dictionnaire des Œuvres Politiques*, págs. 268 e 269: "La venu au jour des papiers de Constant, nous a révélé l'importance de ce stock primitif où ce que nous connaissions de son œuvre a été pour l'essentiel puisé. Elle a corrigé l'image d'un homme poursuivi de ses palinodies malheureuses en faisant ressortir à côté des sinuosités et des écarts de sa carrière, une fidélité jamais démentie du penseur á un système de convictions et d'idées tôt arrêté. Et puisque nous disposons depuis 1980 d'une édition du texte princeps, il a paru s'imposer de le prendre désormais comme référence – de

Participante activo em todos estes eventos, salvo no primeiro, poderia pensar-se com alguma justificação num acomodado, mudando conforme as circunstâncias. Não é verdade; mesmo enquanto se encontrava no estrangeiro manifestava interesse pelos eventos da Revolução Francesa e preocupava-se com o seu desenlace. Se pactuou com certas situações elas estão bibliograficamente identificadas e justificadas e, em qualquer caso, a luta pela Liberdade dos indivíduos e dos cidadãos foi incessante[3091]. Isso o que importa assinalar[3092].

E, sobretudo, porque foi a ideia de Liberdade que mais o preocupou e porque a sua teorização autónoma[3093] tem laivos de uma inovação que não se pode olvidar[3094],

---

le substituer en développement unifié les principaux thèmes de la réflexion de Constant sur les 'vrais principes de la liberté': circonscription nécessaire de l'Autorité sociale et différence de la liberté des Modernes avec la liberté selon les Anciens." Marcel Gauchet é o principal dos comentadores de Benjamin Constant, responsável pela Edição dos seus *Écrits Politiques*, antes mencionados, e que incorporam a Edição de 1815 dos *Principes de Politique*, texto que segundo Lucien Jaume, *L'Individue effacé ou le paradoxe du libéralisme français*, pág. 64, nota, é muito menos rico que o de 1806, apontando do mesmo modo para uma interpretação mais moderada do Pensamento do Autor.

[3091] Benjamin Constant, "Mélanges de Littérature et de politique (1829)", *Écrits Politiques*, págs. 623 e 624: "J'ai défendu quarante ans les mêmes principes, liberté en tout, en religion, en philosophie, en littérature, en industrie, en politique: et par liberté, j'entends le triomphe de l'individualité, tant sur l'Autorité qui voudrait gouverner par le despotisme, que sur les masses qui réclament le droit d'asservir la minorité à la majorité. Le despotisme n'a aucun droit. La majorité a celui de contraindre la minorité à respecter l'ordre: mais tout ce qui ne trouble pas l'ordre, tout ce qui n'est qu'intérieur, comme l'opinion; tout ce qui, dans la manifestation de l'opinion, ne nuit pas à autrui, soit en provoquant des violences matérielles, soit en s'opposant à une manifestation contraire; tout ce qui, en fait d'industrie, laisse l'industrie rivale s'exercer librement, est individuel, et ne saurait être légitimement soumis au pouvoir social."

[3092] Paul Bastid, *Benjamin Constant et sa Doctrine*, II, pág. 727: "Le mot de système n'est ici nullement déplacé. L'opposition est radicale en effet entre la vie ondoyante de Benjamin Constant, comme homme ou comme citoyen, et la fermeté jamais démentie de ses idées directrices. Ce personnage hésitant, donne le double spectacle d'un caractère faible, indécis, perpétuellement hésitant, aux attitudes souvent contradictoires, et d'un théoricien non moins résolu, rigoureux, inflexible même, toujours pleinement conscient de la marche et des conséquences de sa pensée. Il ne s'est jamais contenté des affirmations au jour le jour où pouvaient l'entraîner ses activités reliées à des principes cohérents et stables. Il a eu et il a tenu à avoir une doctrine. Il l'a revendiquée en diverses circonstances, notamment dans son commentaire de Filangieri, où il prononce effectivement le mot, et où il déclare considérer la liberté politique, et surtout individuelle, comme le seul but des associations humaines. Une telle assertion sans doute n'a rien de nouveau. On la trouvait inscrite dans de nombreux textes révolutionnaires, en particulier dans l'article 2 de la déclaration des droits de 1789, aux termes duque le but de toute association politique est la conservation des droits naturels et imprescriptibles de l'homme. (...). A tous le moins cette idée, qui appartenait au domaine public de sa génération, permet-elle de fixer le point de départ de Benjamin Constant."

[3093] Prélot e Lescuyer, pág. 339: "Constant, pour son compte, préfère s'appeler 'indépendant'", o que o próprio confirma nos seus *Principes de Politique Applicables à tous les Gouvernements* (version de 1806-1810), "Préface", pág. 23: "(...) le penseur indépendant qui prétend embrasser d'un coup d'oeil l'ensemble (...)."

[3094] Idem, *ibidem*, pág. 340: Entre les idéologues qui le précédèrent et les sociologiques qui le suivent, Constant a le previlège d'être assez doté d'idées générales pour être goûtait du public cultivé que rebuterait trop de technicité, d'être cependant assez instruit d'expérience pour échapper au creux des raisonnements artificiels."

tanto não pode ser visto como uma mera decorrência dos acontecimentos de 1789[3095]. Há razões bem mais fundas[3096].

Em Benjamin Constant plasma-se a panóplia das influências do seu tempo e as divergências mais ou menos declaradamente assumidas. Se, por um lado, *Les Philosophes*, em tese geral, não puderam deixar de influenciar a sua escrita e lhe deram os quadros centrais de um Pensamento que progressivamente se autonomiza, por outro procura a todo o transe afastar-se de Rousseau, que sob forma explícita enjeita, do seu campo das leituras predilectas. As inúmeras passagens recenseadas a partir da observação integral dos seus trabalhos mais representativos são por demais evidentes.

Diga-se, porém, que se manifestam algumas reservas quanto à sua oposição aos teóricos do Liberalismo clássico anteriores à Revolução Francesa. O problema é mais de fraseologia que de interpretação, embora seja mais ou menos evidente que ao admitir limitações ao exercício da soberania por forma directa, não poderia ser benquisto dos cultores de Rousseau.

Quanto a Montesquieu, poderá ter sido a "sua" grande influência em termos de orientação geral do Pensamento. O espírito moderado do Barão, a sua abissal divergência em presença do cepticismo democrático de Rousseau e o amor expresso à Liberdade, tudo em conjunto terão contribuído para o tributo de Constant a Montesquieu[3097]. Também Condillac e de certo modo Cabanis estão presentes nas suas reflexões, como bem se detectará mais à frente.

Sieyès é outro dos seus quadros de referência, profusamente citado, uma espécie de tutor da sua gestação reflexiva. Muito embora não o isentasse de críticas sempre que lhe pareciam justas, o promotor da força do "Tiers" ganha lugar cativo no rol dos emblemas que entende não afastar.

[3095] Maria Luisa Sánchez-Mejía, pág. 59. A historiadora menciona que só a partir de 1795 o Autor enceta tomadas de posições públicas a respeito dos acontecimentos ocorridos em França. Até essa data, "en ninguno de sus comentarios aparece (...) ni siquiera vagamente definido, en qué ha de consistir esa libertad, ni qué tipo de sociedad o poder político debe conformarse cuando se logre la estabilidad interna o se resuelva el conflicto bélico. Esta primera etapa de reflexión política encierra tan sólo unas opciones muy generales."

[3096] Idem, *ibidem*, págs. 12 e 13: "En el caso de Constant se ha descuidado precisamente el Constant de la Revolución, la primera etapa de un pensador que va forjando su pensamiento en los problemas acuciantes de la práctica política. (...) En las Obras redactadas entre esa fecha [1795] y el final del primer Imperio, antes de obtener notoriedad como diputado liberal en la Restauración, está ya el sustrato básico de su Liberalismo, cimentando en la confrontación con los acontecimientos revolucionarios. Toda su teoría política estará siempre dependiendo de las enseñanzas obtenidas en esos años y no será más que el desarrollo y la concreción de las ideas contenidas en esos escritos de temprana redacción." Um excelente resumo do posicionamento de Constant e da sua Obra pode ser encontrado e deve ser lido no "Préface" de Marcel Gauchet aos *Écrits Politiques*. A partir das considerações que aí ficam tecidas não apenas o produto do trabalho de Constant mas a sua própria inserção em termos de corrente reflexiva de Pensamento são tratadas com o detalhe e a sobriedade que se impõem numa análise deste tipo. Junto a Kant, mas com um tipo de ponderação bem distinta e interesses sistemáticos dissemelhantes, Benjamin Constant elege como tema central dos seus trabalhos políticos o indivíduo e a sua Liberdade. Por essa via e salvaguardando as devidas distâncias a pesquisa para com Constant seguirá os mesmos quadros de preocupação com a abordagem ao Pensamento kantiano.

[3097] António Araújo, "As Duas Liberdades de Benjamin Constant", págs. 530 e 531 = Benjamim Constant, "De la Liberté des Anciens Comparée à celle des Modernes", *Écrits Politiques*, págs. 606 e 607.

Resulta da análise directa das fontes, a opção pelos pressupostos reflexivos por que se pautava. Não se poderia ser mais directo ao iniciar um escrito político: "celui-ci contenait originairement deux parties, les institutions constitutionnelles et les droits des individus, en d'autres mots, les moyens de garantie et les principes de liberté. Comme sur les premiers on peut contester, tandis que les seconds sont incontestables, j'ai cru devoir présenter ces derniers séparément"[3098].

Em função disto mesmo, é um dos primeiros a confirmar uma observação quase intuitiva: "C'est au nom de la liberté qu'on nous a donné des prisions, des échafauds, des vexations innombrablement multipliés", ponto em que certamente estaria a pensar no Terror[3099], mas também a combater todos os davam à Liberdade um sentido inverso, qual fossem os partidários do Antigo Regime[3100]. A existência de princípios políticos anteriores ao aparecimento da própria Constituição, e que se concentram na apreciação dos direitos individuais – depois consagradas em *Declaração dos Direitos* – conduzem Constant à análise, e posterior crítica, da perspectiva roussiana na formação de qualquer sociedade legitimamente instituída.

Desde logo a interpretação da vontade geral é diversa da proposta pelo genebrino; "si vous supposez le pouvoir du petit nombre sanctionné par l'assentiment de tous, ce pouvoir devient alors la volonté générale". Este é o único Poder legítimo a que se contrapõe a força que pretende subsumir os indivíduos a ponderações diversas daquelas que eles próprios admitem e, por isso mesmo, os submete à escravidão mais intensa[3101]. Contudo e no desenvolvimento deste princípio, no que respeita à extensão da Autoridade, já existe discordância entre os dois filósofos, uma vez que Constant entende que em Rousseau "la volonté générale doit exercer sur l'existence individuelle une autorité illimitée"[3102], ponto do qual Montesquieu se afasta parcelarmente mas não aponta na sua teorização soluções realmente alternativas[3103].

A subordinação da vontade geral à justiça que as leis transmitem é o mote de Montesquieu e Constant aponta-lhe o mesmo defeito já avançado quando se ponderou o Pensamento do Autor[3104]. Nestes termos e para desfazer dúvidas, Constant entende que o erro em que a maior parte dos filósofos e publicistas caíram foi em considerar

---

[3098] Benjamin Constant, *Principes de Politique Applicables à tous les Gouvernements*, (version de 1806-1810), "Présentation", pág. 22, particulariza a situação e aponta todos os problemas que este tipo de estudo sobre a Liberdade e seus princípios acarretam.

[3099] Idem, *ibidem*, págs. 32 e 33: "Le gouvernement est l'usage de la force publique contre les individus; quand cette force est employée à les empêcher de se nuire, c'est un bon gouvernement. Q'elle est employée à les opprimer, c'est un gouvernement affreux, mais nullement une anarchie. Il y avait gouvernement dans le Comité de Salut public; il y avait gouvernement dans le Tribunal révolutionnaire; il y avait gouvernement dans les lois des suspects. *Cela était exécrable, mais point anarchique.*"

[3100] Idem, *ibidem*, pág. 30: "Non seulement les extrêmes se touchent, mais ils se suivent. Une exagération produit toujours l'exagération contraire."

[3101] Idem, *ibidem*, pág. 32.

[3102] Idem, *ibidem*, pág. 34. Benjamin Constant justifica a sua posição considerando que ainda que seja esta a compreensão de boa parte dos Autores anteriores e posteriores a Rousseau – e sendo certo que alguns eram partidários do despotismo esclarecido e outros da monarquia temperada ou mesmo da república – não parece esta a via correcta para o entendimento da questão.

[3103] Idem, *ibidem*, págs. 35 e 36. Outros casos foram Beccaria, Condorcet, Franklin, Sieyès, etc.

[3104] Idem, *ibidem*, pág. 35: "M. de Montesquieu, comme la plupart de nos écrivains politiques, me semble avoir confondu deux choses, la liberté et la garantie. Les droits individuels, c'est la liberté; les droits sociaux, c'est la garantie."

a soberania como um princípio de Liberdade inicial do Ser humano, quando deve ser entendido como um princípio de soberania. Este aspecto será desenvolvido adiante.

No mesmo sentido determina o sentido em que a ideia de Liberdade deverá ser, em definitivo, alvo de definição: "La liberté n'est autre chose que ce que les individus ont le droit de faire, et ce que la société n'a pas celui d'empêcher"[3105], ou seja, mantém o entendimento liberal da Liberdade negativa enquanto Liberdade individual. Não é, ainda, o campo da Liberdade política que se apresenta.

A Assembleia Constituinte francesa[3106] soubera separar as duas situações mas a prática não comprovou a bondade das intenções e continuou a seguir-se o criticável sistema de Rousseau, que Constant não soube compreender[3107], como muitos outros antes e depois o não souberam.

Objectivo último dos seus *Principes de Politique* será, então, provar que "il existe (...) des principes politiques, indépendants de toute constitution et ces principes me semblent encore utiles à développer. Applicables sous tous les gouvernements, n'attaquant les bases d'aucune organisation sociale, compatibles avec la royauté de l'une et de l'autre, ces principes peuvent être discutés avec franchise et confiance. Ils peuvent l'être surtout dans un Empire dont le chef vient de proclamer, d'une manière à jamais mémorable, la liberté de la presse et de déclarer l'indépendance de la pensée, la première conquête du siècle"[3108].

Com isto se pretende reafirmar a posição liberal do Autor para quem Estado e sociedade civil devem estabelecer as suas naturais relações, partindo do pressuposto que se não identificam. A Autoridade e a Liberdade, entendidas nos seus verdadeiros pressupostos, podem e devem colaborar, para que a primeira não possa funcionar sob forma abusiva mediante justos limites, e a segunda não descambe em tirania, por força de assumida licença[3109].

Os direitos individuais terão de ser, imperativamente, preservados pelos Governos.

3.1. Benjamin Constant e o papel da História: Liberdade dos Antigos *versus* Liberdade dos Modernos – aproximação e remissão

A formação reflexiva do Autor é tributária do séc. XVIII. Voltaire mas também Condillac, entre os mais salientes a condicionarem a sua exposição. Em qualquer caso, sempre foi pouco dedicada à chamada "elevada especulação", questão que nem sequer lhe é privativa, vistas as desconfianças que a elaboração metafísica provocava na generalidade dos pensadores do seu tempo. O hermetismo das linguagens especializadas e alguma tendência para a fraseologia esotérica, cara aos metafísicos, geravam assumido divórcio em relação a Constant.

[3105] Idem, *ibidem*, pág. 35.

[3106] Assim designada a partir de 20 de Junho de 1789, quando assumiu extraordinariamente esses Poderes.

[3107] Benjamin Constant, *Principes de Politique Applicables à tous les Gouvernements* (version de 1806-1810), pág. 36: "C'est cette théorie qui me paraît fausse et dangereuse. C'est elle qu'on doit accuser, à mon avis, de la plupart des difficultés qu'a rencontrées, chez les divers peuples, l'établissement de la liberté, de la plupart des abus qui se glissent dans tous les gouvernements, quelles que soient, enfin de la plupart des crimes qu'entraînement à leur suite des troubles civils et les bouleversements politiques."

[3108] Idem, *ibidem*, pág. 30.

[3109] Paul Bastid, *Benjamin Constant et sa Doctrine*, II, pág. 697: "le procès de Louis XVI lui apporte sa première grande désillusion, car il répugne par instinct aux violences des partis."

Ao contrário do que se passa com a maioria de *Les Idéologues* – e por isso o seu Pensamento é autónomo e de um Liberalismo puro – não afirma pura e simplesmente a menoridade da História, em presença da Razão, afastando da natureza qualquer Autoridade superior palpável[3110]. Mais que isso e recordando os ensinamentos de Condorcet e um projecto de impugnação das *Reflections* de Burke, lança-se na pesquisa dos contributos da História[3111] para reelaborar uma visão do devir que sirva em simultâneo de causa e efeito[3112].

Se fosse possível retirar o cariz eminentemente revolucionário que aplica à sua progressão histórica[3113], baseada na luta pelos direitos naturais e sua defesa – mais do que pela ordem e estabilidade no seio de uma comunidade organizada, como ensinavam os ingleses – seria possível encontrar em Constant muito de Burke...

Para Constant o que importa é conseguir obter a resposta a uma dupla preocupação que era a de gerações de filósofos[3114]: o Poder *tem de ser sempre legítimo;* essa legitimidade tanto é roussiana como acto de instituição[3115], quanto no exercício do mesmo, como Montesquieu, os teóricos ingleses e sobretudo os norte-americanos demonstraram[3116].

De posse destes elementos introdutórios que permitem falar de um Liberalismo puro na reflexão proposta, de um Liberalismo que mediante a revolução acuse a permanência da Liberdade e da Igualdade[3117], originando instituições governativas

---

[3110] Pierre Manent, *Histoire Intellectuelle du Libéralisme*, pág. 184: "Ainsi le libéralisme de Constant, plus généralement le libéralisme postrévolutionnaire, se déplace-t-il entre deux Autorités inégales: celle de l'histoire d'abord, et puis celle de la nature."

[3111] Tzevan Todorov, "Préface", *Principes de Politique Applicables à tous les Gouvernements* (version de 1806-1810), pág. 6: "L'histoire est ici objet de pensée, non répertoire d'exemples."

[3112] Quando se procede a uma análise estruturada nos termos propostos por Constant, em que os elementos que implicam o desenvolvimento de um certo período histórico contêm em si mesmos a sua negação e o caminho para outro diverso, aponta-se para a síntese hegeliana do séc. XIX e para o culminar nas próprias concepções marxistas que ao longo dele irão ganhando força.

[3113] Benjamin Constant, "Mélanges de Litterature et de Politique (1829): Du Développement Progressif des Idées Religieuses", *Écrits Politiques*, pág. 629: "Lorsqu'elle [l'espèce humaine] rencontre des obstacles sur la route, elle travaille à les surmonter. Son travail est plus ou moins manifeste, suivant la nature des obstacles et les dangers qu'il faut braver pour les vaincre; mais lors même que ce travail est inaperçu, il ne s'en continue pas moins, et, en définitive, c'est toujours en faveur de la progression que le succès se déclare." De acordo com a nota final de Marcel Gauchet, inserta a pág. 839 dos *Écrits Politiques*, "Le texte est d'abord paru dans *L'Encyclopédie progressive* de 1826, où il est daté de Mai."

[3114] Presentes os princípios e assente a ligação entre teoria e prática, Constant lança-se no apelo à História em tentativas de a enlaçar com os princípios filosófico-políticos que considera intemporais, no topo dos quais se encontra a Liberdade, para o que se baseia em Rousseau e Montesquieu. Estes mesmos lhe permitem fazer essa síntese; ao primeiro foi buscar a veneração pela Liberdade individual e por uma vontade geral, que apenas legitima a lei que cada um outorga a si mesmo na formação e desenvolvimento da sociedade. A Montesquieu – que se preocupou menos com a forma de instituição social e mais com a sua solidez – a legitimidade do exercício do Poder. Num caso discute-se a legitimidade do Poder por força da sua instituição; no outro o exercício do próprio Poder, pela via do balanço ou separação, conferir-lhe-á ou não legitimidade.

[3115] Benjamin Constant, *Principes de Politique Applicables à tous les Gouvernements* (version de 1806--1810), págs. 31 e ss.

[3116] Idem, *ibidem*, pág. 29: "Les recherches relatives à l'organisation constitutionnelle des gouvernements, après avoir été parmi nous, depuis le *Contrat Social* et *l'Esprit des lois*, l'objet favori des spéculations de nos écrivains les plus éclairés, sont frappés maintenant d'une grande défaveur."

[3117] Paul Bastid, II, pág. 694.

capazes de as segurarem, a mudança será perfeita[3118]. Para tanto, será imperioso fazer e compreender a própria História da Liberdade[3119].

Por aqui se recupera, do mesmo modo, a relevância que o papel da História assume no domínio da investigação das Ideias Políticas, uma vez que se a dimensão histórica é fundamental para a compreensão do Pensamento do Autor, o discurso em si mesmo tem características deste tipo[3120]. Qualquer intromissão que desnature tal realidade implicará nova etapa, até que os homens se convençam que é a estabilidade nos processos que implica a sua permanência e que a inevitabilidade da revolução[3121] é apenas um passo necessário na sua substituição por reformas graduais pacíficas[3122].

A unidade do Pensamento de Constant permite, malgrado a evolução que se assinalou, avaliar em textos mais tardios de produção política, o cerne das questões que sempre foram alvo das suas preocupações.

Daí a necessidade prévia de compreender o sentido de Liberdade que Constant teoriza por confronto entre a Liberdade dos Antigos e a dos Modernos[3123], não sendo

---

[3118] Benjamin Constant, *Principes de Politique Applicables à tous les Gouvernements* (version de 1806--1810), "Présentation", pág. 26, sustenta-se no exemplo de Jefferson, um dos Pais Fundadores norte-americanos que em 4 de Março de 1801, estabelecia: "bien que la volonté de la majorité (...) doive prévaloir dans tous les cas, cette volonté, pour être légitime, doit être raisonnable. La minorité possède des droits égaux, que des lois égales doivent protéger. Violer ces droits serait une oppression. (...) Empêcher les hommes de se faire du mal mutuellement et leur laisser d'ailleurs pleine liberté de se diriger dans leurs efforts de leur industrie et dans leurs progrès vers l'amélioration, voilà le but unique d'un bon gouvernement. Une justice égale et exacte pour tous les hommes, quelles que soient ou leur condition ou leur croyance, religieuse et politique, la paix, le commerce, la loyauté envers toutes les nations, sans alliances insidieuses avec aucune, le maintien des gouvernements des Etats dans tous leurs droits (...)." E Jefferson conclui, pela boca de Constant na reafirmação de "la liberté religieuse, la liberté de la presse, la liberté des personnes sous la protection de l'*habeas corpus* et du jugement par des jurés choisis avec impartialité (...)".

[3119] Idem, "De la Liberté des Anciens comparée à celle des Modernes", *Écrits Politiques*, págs. 589 e ss.; António de Araújo, "As Duas Liberdades de Benjamin Constant", cit.

[3120] Pierre Manent, *Histoire Intellectuelle du Libéralisme*, pág. 183: "L'historicisme de Constant a ici pour but, ou du moins pour résultat, de limiter décisivement le champ légitime de l'action politique; si l'histoire est l'Autorité, si le lieu naturel de l'action de l'histoire est la société civile, l'instance politique se trouve dans une position essentiellement subordonné."

[3121] Benjamin Constant, *Principes de Politique Applicables à tous les Gouvernements* (version de 1806--1810), "Présentation", pág. 23: "(...) dans les révolutions, comme tout change à chaque instant, les hommes ne savent plus à quoi s'en tenir. Ils sont forcés, par leurs propres besoins et souvent aussi par les menaces de la puissance, à se conduire comme si ce qui vient de naître devait toujours subsister; et présageant néanmoins des altérations prochaines, ils ne possèdent ni l'indépendance individuelle qui devrait résulter de l'absence de la garantie, ni la garantie, soul dédommagement du sacrifice de la liberté."

[3122] Idem, "Carta a M. me. De Charrière", *apud* Maria Luisa Sánchez-Mejía, pág. 58: "En Septiembre de 1794, ya caído Robespierre, justifica así su comprensión para con el Comité de Salud Publica: 'Se equivoca usted si cree que he dudado de la posibilidad de una república sin un tirano como Robespierre, y, por consiguiente, una república con libertad. He creído necesaria la represión en ese momento de crisis; todavía la considero necesaria. Pero creo que llegará un momento, que no está ya lejos, en que no habrá necesidad de represión y en que la república no será otra cosa que la libertad."

[3123] António Araújo, "As Duas Liberdades de Benjamin Constant", pág. 523 = Benjamim Constant, "De la Liberté des Anciens Comparée à celle des Modernes", *Écrits Politiques*, págs. 593 e 594: "Comecem por se interrogar, Meus Senhores, sobre aquilo que, nos nossos dias, significa para um inglês, um francês ou um habitante dos Estados Unidos da América a palavra Liberdade. É o direito de cada qual ser sujeito apenas às leis, de não poder ser detido, encarcerado ou condenado à morte,

A IDEIA DE LIBERDADE EM PORTUGAL

difícil alinhar com a generalidade da doutrina que vê a preferência da segunda em presença da primeira, no plano de análise que é o fundo das opções de Constant[3124]. Muito embora isso significasse uma ruptura com o Pensamento "oficial" saído da Revolução Francesa[3125] e tivesse poucas possibilidades de avançar, os factos parecem, no mínimo, incontestáveis[3126].

Acresce que aquilo que hoje é intuitivo e resulta das próprias modificações históricas inseridas no seio da evolução social, para Constant era já claro, muito embora as suas reticências não fossem levadas em grande consideração[3127], ou seja, o decair do indivíduo e do cidadão perante o Estado, em nome de considerações utilitaristas.

nem ser maltratado de qualquer forma por efeito da vontade arbitrária de um ou vários indivíduos. É o direito de cada qual exprimir a sua opinião, escolher e exercer a sua actividade, dispor da sua Propriedade, mesmo de abusar dela; de ir e vir sem necessidade de uma autorização, sem necessidade de indicar os motivos das suas deslocações. É o direito de cada qual se reunir com outros indivíduos, para tratar de interesses comuns, para professor o culto que desejam ou simplesmente para passar os dias e as horas da maneira mais adequada às suas inclinações ou fantasias. Enfim, é o direito de cada qual influir na administração do Governo, seja pela designação de todos ou de alguns funcionários, seja pela apresentação de representações, de petições, de requerimentos que as Autoridades são mais ou menos obrigadas a considerar. Compare-se agora esta Liberdade com a dos antigos. Esta última consistia num exercício colectivo, mas directo, de diversas facetas da soberania no seu todo, em deliberar na praça pública sobre a guerra e a paz ou sobre a conclusão de tratados de aliança com países estrangeiros, em votar as leis, em proceder a julgamentos, em examinar as contas, os actos, a gestão dos magistrados, em fazê-los comparecer perante todo o Povo, em acusá-los, em condená-los ou absolvê-los. Mas, ao mesmo tempo que os antigos a apelidavam de Liberdade, entendiam ser compatível com esta Liberdade colectiva a sujeição completa do indivíduo à Autoridade do conjunto. Não encontram entre eles praticamente nenhum dos direitos que integram a Liberdade dos modernos. Todas as acções privadas estão sujeitas a uma vigilância severa. Nada é deixado à independência individual, quer no que respeita à expressão de opiniões, quer no que respeita à escolha da actividade, quer sobretudo no que respeita à religião. A faculdade de escolher a sua própria religião, que concebemos como um dos direitos mais preciosos, pareceria aos antigos um crime e um sacrilégio. Em tudo o que nos parece mais útil e mais importante, a Autoridade do Corpo Social interpunha-se e constrangia a vontade dos indivíduos (...) As leis regulavam os costumes e, como os costumes dizem respeito a tudo, não havia nada que as leis não regulassem."

[3124] Prélot y Lescuyer, pág. 340; António de Araújo, "Introdução", "As Duas Liberdades de Benjamin Constant", pág. 509.

[3125] António Araújo, "A Liberdade dos Antigos Comparada à Liberdade dos Modernos", pág. 523 = "De la Liberté des Anciens Comparée à celle des Modernes", *Écrits Politiques*, pág. 591: "A França cansou-se de ensaios inúteis, cujos Autores, irritados pelo seu fraco sucesso, tentaram obrigá-la a fruir de bens que não deseja, do mesmo passo que questionaram os bens a que ela aspira."

[3126] Idem, *ibidem*, "Introdução: As Duas Liberdades de Benjamin Constant", págs. 508 e 509: "(...) a conferência de Benjamin Constant, mais do que uma apologia da Liberdade dos modernos, é um discurso em tornos da sua *inevitabilidade*. (...) A originalidade do contributo de Benjamin Constant – que hoje em dia não é claramente perceptível – resulta antes da circunstância de sustentar um pensamento que se movia contra a corrente dominante da teoria política da época. Como sublinha Stephan Holmes (...) o Pensamento político da altura encontrava-se, sob influência de Rousseau, marcado pela imagem idealizada da cidade grega. Ora, (...) Constant teve a intuição de que a velha concepção da política fundada sobre a noção da *res publica* só servia para legitimar as instâncias burocráticas dotadas de Poderes de polícia. *Neste sentido, mais do que um discurso de ruptura com a Liberdade dos antigos, a conferência de Constant representa um discurso de ruptura com todas as tentativas modernas dessa forma de gestão política.*"

[3127] Idem, *ibidem*, págs. 525 e 526 = "Benjamin Constant, De la Liberté des Anciens Comparée à celle des Modernes", *Écrits Politiques*, pág. 596 e 597: "Todas as repúblicas antigas estavam encerradas em limites muito estreitos. A mais populosa, a mais poderosa, a mais importante delas não se

Recordando a versão oficial dos acontecimentos e que futuramente condicionou todas as revoluções europeias do Liberalismo, era exactamente a Liberdade política do cidadão e da sociedade aquela que, em primeira linha, cumpria preservar. Tanto mais que ela se havia originado pelo Individualismo, dando particular ênfase aos direitos individuais, assim se associando duas coordenadas inultrapassáveis e de igual peso na reflexão liberal.

O tratamento dado por Constant à matéria, cujos contornos gerais são conhecidos, requer que o desenvolvimento dos mesmos seja feito mais adiante. E porque o seu texto "constitui, essencialmente, uma apologia da Liberdade individual e do princípio representativo"[3128], sem que isso signifique contradição com o que antes se afirmou, faz todo o sentido derivar a abordagem pormenorizada do tema para o momento posterior.

3.2. O indivíduo e a sua Liberdade: ideias gerais

As derivações de Liberdade individual e de Liberdade política, como Liberdade negativa e positiva serão os corolários destas duas situações. Se num dos casos, os direitos naturais não podem ser questionados, no outro uma parcela dos mesmos deve ser equiparada à dos demais cidadãos, num perfeito acordo, em ordem a um homem livre que faz a sociedade livre.

E é aqui que se retoma com o devido ênfase a questão da Liberdade dos Antigos e da Liberdade dos Modernos. A questão é ponderada em tese geral neste ponto, por força da especial incidência que Constant aporta à temática da defesa da independência privada como contraponto à soberania popular e à participação política do indivíduo na comunidade, no pressuposto da manutenção incólume dos seus direitos individuais[3129], apontados no ponto anterior[3130]. Os conhecimentos que derivam do

---

comparava em extensão ao mais pequeno dos Estados modernos. (...) O mundo Moderno oferece-nos um panorama completamente diferente. Os mais pequenos Estados dos nossos dias são incomparavelmente mais vastos do que Esparta ou Roma durante cinco séculos. Mesmo a divisão da Europa graças ao progresso das Luzes é mais aparente do que real."

[3128] Idem, *ibidem*, "Introdução: As Duas Liberdades de Benjamin Constant", pág. 514; *ibidem*, pág. 523 = Benjamim Constant, "De la Liberté des Anciens Comparée à celle des Modernes", *Écrits Politiques*, págs. 591 e 592: "(...) chamados pela nossa feliz revolução (apelido-a de 'feliz', apesar dos excessos cometidos, pois tenho em vista apenas os seus resultados) a gozar os benefícios de um Governo representativo, é curioso e útil indagar porque motivo este tipo de governo – o único ao abrigo do qual se encontra hoje alguma Liberdade e alguma paz – foi praticamente desconhecido pelas Nações livres da Antiguidade."

[3129] Idem, *ibidem*, "A Liberdade dos Antigos Comparada à Liberdade dos Modernos", pág. 532 = Benjamim Constant, ["De la Liberté des Anciens Comparée à celle des Modernes", *Écrits Politiques*], pág. 608: "A independência individual constitui a primeira necessidade dos Modernos; por isso não se deve jamais pedir o seu sacrifício para estabelecer a Liberdade política. Daqui resulta que, nos tempos Modernos, não se deve admitir nenhuma das numerosas e demasiado louvadas instituições que, nas repúblicas antigas, constrangiam a Liberdade individual."

[3130] Idem, *ibidem*, pág. 533 = Benjamim Constant, "De la Liberté des Anciens Comparée à celle des Modernes", *Écrits Politiques*, pág. 612: "A Liberdade individual, repito-o, é a verdadeira Liberdade moderna. A Liberdade política é a sua garantia; a Liberdade política e, em consequência, indispensável. Mas exigir aos Povos dos nossos dias que, como os de outrora, sacrifiquem a totalidade da sua Liberdade individual à Liberdade política, será o caminho mais fácil para lhes retirar uma dessas Liberdades e, quando isso suceder, a outra não tardará também a ser usurpada."

historial da Liberdade nos dois assinalados sentidos serão, depois, determinantes para a sequência do Pensamento do Autor.

Para os Antigos, o fim a atingir com a sua organização social era a partilha do Poder social entre todos os cidadãos da mesma pátria; a isto chamavam Liberdade. Para os Modernos, idêntico fim assinala-se na promoção da segurança no gozo dos seus bens privados, designando por Liberdade as garantias acordadas pelas instituições a este gozo[3131]. É a Liberdade civil.

Antes, a realização pessoal plasmava-se na existência e participação no domínio público do cidadão, sacrificando a sua Liberdade individual – considerada um "menos – em relação à sua Liberdade política, esta vista como um "mais". Agora existe uma visão distinta; para eles é o gozo pleno da sua independência pessoal o maior bem a que podem ascender e a imensa maioria, por via de regra afastada das lides do Poder, apenas manifesta um interesse passageiro na sua actividade pública. Imitando os Antigos, os Modernos sacrificam "mais" para obterem "menos"[3132].

Muito embora não deixe de elogiar Rousseau, considera que o grande erro "deste grande homem", deste "génio sublime que nutria um grande amor pela Liberdade", terá sido que, "ao transpor para os tempos modernos uma dimensão do poder social, da soberania colectiva, típica de outros séculos (...), forneceu (...) funestos argumentos em favor de mais do que um génio da tirania"[3133]. Apesar disso, a responsabilidade maior pelo "engano" não é tanto de Rousseau mas muito mais de Mably[3134], que pode ser apresentado como o expositor do modelo que, "em conformidade com os preceitos da Liberdade antiga, pretende que os cidadãos sejam completamente dominados para que a Nação seja soberana, que o indivíduo se torne escravo para que o Povo seja livre"[3135].

[3131] Idem, *ibidem*, pág. 525 = Benjamim Constant, "De la Liberté des Anciens Comparée à celle des Modernes", *Écrits Politiques*, pág. 595: "(...) entre os Antigos, *o indivíduo, quase sempre soberano nos assuntos públicos, era um escravo em todos os seus assuntos privados*. Como cidadão, decidia a paz e a guerra; como particular, estava limitado e era observado e reprimido em todos os seus movimentos. Enquanto parcela do corpo colectivo, interrogava, destituía, condenava, confiscava, exilava, punia com a morte os seus magistrados ou os seus superiores; mas, enquanto sujeito ao corpo colectivo, podia ser privado do seu estado, esbulhado das suas honras, banido ou condenado à morte pela vontade discricionária do conjunto de que fazia parte. Entre os Modernos, pelo contrário, *o indivíduo, independente na sua vida privada, só é, mesmo nos Estados mais livres, soberano na aparência. A sua soberania é restringida e quase todos os dias suspensa. Mesmo quando, nas ocasiões fixadas – mas raras – em que exerce a sua soberania de um modo eivado de precauções e entraves fá-lo apenas para abdicar dela*."

[3132] Idem, *ibidem*, pág. 529 = Benjamim Constant, "De la Liberté des Anciens Comparée à celle des Modernes", *Écrits Politiques*, pág. 602.

[3133] Idem, *ibidem*, pág. 530 = Benjamim Constant, "De la Liberté des Anciens Comparée à celle des Modernes", *Écrits Politiques*], pág. 603. Recorde-se o alerta que ficou feito em devido tempo para a dificuldade de interpretar o Pensamento de Rousseau, colocando-o por vezes em extremos opostos no que respeita à Liberdade do indivíduo e do cidadão. A leitura do texto de Constant, neste particular, deve levar em linha de conta estes alertas.

[3134] Idem, *ibidem*, pág. 530 = Benjamim Constant, "De la Liberté des Anciens Comparée à celle des Modernes", *Écrits Politiques*, pág. 605: "Detestava a Liberdade individual como se detesta um inimigo pessoal e, quando encontrava na História uma Nação privada de Liberdade não deixava de a admirar. Extasiava-se perante os egípcios uma vez que, dizia, entre eles tudo era regulado pela lei, incluindo os divertimentos e as carências. Todos os momentos do dia eram preenchidos por um dever e mesmo a actividade amorosa está sujeita à sua intervenção: a lei abria e fechava o leito nupcial.

[3135] Idem, *ibidem*, pág. 530 = ["De la Liberté des Anciens Comparée à celle des Modernes", *Écrits Politiques*], pág. 605. Paul Bastid, II, págs. 735 e 736, apresenta um trecho que não consta da Edição que se utiliza nem, tão pouco, da tradução portuguesa e que diz o seguinte: "L'ouvrage de Mably,

DA HISTÓRIA DA IDEIA DE LIBERDADE (SEQUÊNCIA)

Rousseau identificou a autoridade do Corpo Social com a Liberdade. Ao contrário, Constant defende que "não é a garantia que se deve enfraquecer, é o bem-estar que deve ser aprofundado; é a Liberdade civil o que reclamo, justamente com outras formas de Liberdade política"[3136]. Assim sendo, a conciliação entre ambas é obrigatória e não poderá haver verdadeira Liberdade política se a individual, protegida pela civil, não for uma sadia realidade[3137], sendo o contrário, do mesmo modo, verdadeiro[3138].

Daqui deriva a necessidade do sistema representativo, em termos que serão vistos adiante e onde bem se conjuga a harmonia que deve existir na salvaguarda da Liberdade Moderna com os ensinamentos da sua congénere Antiga[3139].

3.3. A Liberdade individual na interpretação constantiana e feliciana: racionalidade e Liberdade de pensamento, de imprensa e religiosa

"A Liberdade individual é (...) a verdadeira Liberdade Moderna. A Liberdade política é a sua garantia (...)"[3140]. Ora, se a assinalada diferença entre a Liberdade Antiga e

---

La Législation ou Principes des lois, est le code de despotisme le plus complet que l'on puisse imaginer. Combinez ces trois principes: 1º L'Autorité législative est illimitée; il faut l'étendre à tout et tout courber devant elle; 2º La liberté individuelle est un flue; si vous ne pouvez l'anéantir, restreignez-la du moins autant qu'il est possible, 3º La propriété est un mal; si vous ne peuvez pas la détruire, affaiblissez son influence de toute manière; vous aurez par cette combinaison la constitution réunie de Constantinople et de Robespierre."

[3136] Idem, *ibidem*, pág. 534 = Benjamim Constant, "De la Liberté des Anciens Comparée à celle des Modernes", *Écrits Politiques*, pág. 613: "Hoje como ontem, os governantes não se podem arrogar um Poder ilegítimo. Mas os Governos têm novos deveres; os progressos da civilização, as mudanças verificadas ao longo de séculos, exigem da Autoridade um maior respeito pelos hábitos, pelos afectos, pela independência dos cidadãos. Ela deve ter sobre todos estes bens uma acção prudente mas delicada."

[3137] Idem, *ibidem*, pág. 535 = Benjamim Constant, "De la Liberté des Anciens Comparée à celle des Modernes", *Écrits Politiques*, pág. 615: "O Poder deve, pois, resignar-se; necessitamos de Liberdade e, por isso, tê-la-emos. Mas como a Liberdade de que necessitamos é diferente da dos Antigos, requer uma forma de organização distinta da que convinha à Liberdade antiga; nesta última, quanto mais os homens se consagravam ao exercício dos seus direitos políticos mais se julgavam livres; actualmente, quanto mais o exercício dos direitos políticos nos deixar tempo para os nossos interesses privados mais a Liberdade nos será preciosa."

[3138] Idem, *ibidem*, pág. 534 = Benjamim Constant, "De la Liberté des Anciens Comparée à celle des Modernes", *Écrits Politiques*, pág. 613: "de facto, se a Liberdade que convém aos Modernos é diferente da que convinha aos antigos, o despotismo que era possível entre os Antigos deixa de o ser entre os Modernos. Por estarmos geralmente mais alheados da Liberdade política do que os Antigos e por geralmente possuirmos menos paixão pela Liberdade política do que eles, é possível que negligenciemos porventura excessiva e injustificadamente as garantias que essa Liberdade confere; mas, ao mesmo tempo, como gozamos de uma Liberdade individual muito superior à dos Antigos, se ela for atacada defendê-la-emos com muito maior destreza e persistência. E para a defender dispomos de meios que os antigos não possuíam."

[3139] Idem, *ibidem*, pág. 536 = Benjamim Constant, "De la Liberté des Anciens Comparée à celle des Modernes", *Écrits Politiques*, pág. 618: "(...) ao invés de renunciar a alguma das duas espécies de Liberdade de que vos falei, é necessário, como demonstrei, aprender a combiná-las. As instituições (...) devem realizar os destinos da espécie humana; atingirão tanto melhor os seus objectivos quanto elevarem o maior número possível de cidadãos à mais alta dignidade moral."

[3140] Idem, *ibidem*, pág. 533 = Benjamim Constant, "De la Liberté des Anciens Comparée à celle des Modernes", *Écrits Politiques*, pág. 612; idem, "Principes de Politique (1815)", *Écrits Politiques*, pág. 483: "Cette liberté, en effet, est le but de toute association humaine; sur elle s'appuie la morale

Moderna for tomada em linha de conta[3141], pela conciliação entre as duas será muito mais fácil evitar o despotismo e fazer vingar a "paixão" que o Autor demonstra inequivocamente pela defesa da Liberdade individual, enquanto Liberdade negativa, em presença da sua opositora política, como positiva. É pela conciliação entre as duas e não pela supremacia que se quer fazer de uma delas[3142] que os propósitos de bem--estar dos homens serão prosseguidos[3143].

No Pensamento de Constant verifica-se a prioridade, do estudo dos direitos da pessoa face à organização política. Estes direitos são por essência – e não porque derivem de qualquer prévio estado de natureza – independentes de toda a Autoridade social, constituindo-se como a Liberdade individual, o julgamento por jurados, a Liberdade religiosa, a Liberdade de indústria – ou trabalho –, a inviolabilidade da Propriedade e a Liberdade de pensamento[3144].

Benjamin Constant está conforme ao receituário previsto pela *Declaração dos Direitos do Homem e do Cidadão de 1789*. Ela simbolizava o direito de não ser submetido a acusações, arrestos ou detenções arbitrários. A Liberdade individual é, para este efeito, a condição das demais Liberdades, civil ou política, reconhecendo-se embora e infelizmente o seu sistemático desrespeito e hodierna violação[3145], que apenas a *Carta de 1814*, em certa medida e no entender do Autor, travou[3146].

---

publique et privée: sur elle reposent les calculs de l'industrie, sans elle il n'y a pour les hommes ni paie, ni dignité, ni bonheur."

[3141] Constant considera que a Liberdade política se equivale ao que se convenciona na presente investigação designar por Liberdade civil. Isso forçosamente tem reflexos na abordagem da questão mas, como é hábito, tratar-se-á do Pensamento do Autor independentemente de pessoais qualificações.

[3142] Benjamin Constant, *Principes de Politique applicables à tous les Gouvernements* (version de 1806-1810), pág. 113: "la liberté politique serait une chose de nulle valeur, si les droits des individus n'étaient placés à l'abri de toute atteinte. Tous pays où ces droits ne sont pas respectés est un pays soumis au despotisme, quelle que soit d'ailleurs l'organization nominale du gouvernement."

[3143] António Araújo, "A Liberdade dos Antigos Comparada à Liberdade dos Modernos", pág. 534 = Benjamim Constant, "De la Liberté des Anciens Comparée à celle des Modernes", *Écrits Politiques*, pág. 612.

[3144] Benjamim Constant, *Principes de Politique applicables à tous les Gouvernements* (version de 1806--1810), pág. 113, fazendo especial menção à Liberdade de pensamento, à Liberdade religiosa e às garantias jurídicas. Idem, "Principes de Politique (1815)", *Écrits Politiques*, págs. 317 e 318: "Les citoyens possèdent des droits individuels indépendants de toute Autorité sociale ou politique, et toute Autorité qui viole ces droits devient illégitime. Les droits des citoyens sont la liberté individuelle, la liberté religieuse, la liberté d'opinion, dans laquelle est compris sa publicité, la jouissance de la propriété, la garantie contre tout arbitraire. Aucune Autorité ne peut porter atteinte à ces droits, sans déchirer son propre titre."

[3145] Idem, "Principes de Politique (1815)", *Écrits Politiques*, pág. 483. O Autor observa que todas as Constituições francesas garantiam igualmente esta Liberdade, ainda que sob seus auspícios ela tenha sido sistematicamente violada.

[3146] Idem, *ibidem*, pág. 483: "Notre constitution actuelle est la seule qui ait crée ces sauvegardes et investi d'assez de puissance les corps intermédiaires. La liberté de la presse placée au-dessus de toute atteinte, grâce aux jugements par jurés; la responsabilité des ministres, et surtout celle de leurs agents inférieurs; enfin l'existence d'une représentation nombreuse et indépendante, tels sont les boulevards dont la liberté individuelle est aujourd'hui entourée." Uma dezena de páginas volvidas, reitera a ideia: "Le gouvernement actuel est le premier de tous les gouvernements de France qui ait renoncé formellement à cette prérogative terrible, dans la constitution qu'il a proposée. C'est en consacrant de la sorte tous les droits, toutes les libertés, c'est en assurant à la nation ce qu'elle voulait en 1789, ce qu'elle veut encore aujourd'hui, ce qu'elle demande, avec une persévérance imperturbable, depuis vingt-cinq ans, toutes les fois qu'elle ressaisit la faculté de se faire entendre;

O problema, como sempre, era a legislação ordinária[3147]. Note-se que Benjamin Constant trata em sintonia a *Carta de 1814* e o *Acto Adicional de Napoleão de 1815*, na breve "restauração" do Império. Este facto deve estar presente e levar-se em linha de conta as indicações que deixadas em nota, sob pena das questões se perceberem pior.

Pronunciando-se contra qualquer tipo de arbitrariedade patrocinada pelo Poder político que questione a Liberdade individual[3148], Constant significa a análise de um progresso fatal, no pressuposto do indivíduo perseguido e encurralado pelo Poder, simultaneamente opressor e corruptor. Pedra de toque desta actuação é o Executivo[3149] que, por isso mesmo, deverá ser aquele órgão institucional cuja vigilância merecerá maiores preocupações, e a que dedica maior espaço na sua reflexão[3150].

Passando a uma reflexão especificada em relação às várias manifestações de Liberdade individual, o texto de 1806 é elucidativo[3151]. Segurando-se no *Espírito das Leis* e na sua pregação contra a impossibilidade das mesmas punirem acções diversas das exteriores, argui Constant com a factualidade, que em tudo desmente estas excelentes intenções. Ainda assim, não deixa de fazer notar da completa impossibilidade de se limitar o Pensamento, enquanto algo interno e insusceptível de apreensão material por parte de qualquer autoridade, mesmo que ela se esforce vigorosamente no combate[3152].

Sendo certo que os homens dispõem de dois meios para manifestar o seu Pensamento, a palavra e os escritos, [3153] Constant justifica que em nenhum caso[3154] a Autoridade tem o direito de o limitar[3155].

---

c'est ainsi que ce gouvernement jettera chaque jour, dans des français, des racines plus profondes." Veja-se *Législation Constitutionnelle, ou Recueil des Constitutions françaises, précédées des Déclarations des Droits de l'Homme et du Citoyen, publiées en Amérique et en France*, II, pág. 229.

[3147] Paul Bastid, II, págs. 749 e ss., exemplifica com as situações inerentes à segurança dos indivíduos e à prisão dos indivíduos fora dos quadros legais que a *Carta* previa.

[3148] Benjamin Constant, "Principes de Politique (1815)", *Écrits Politiques*, págs. 483 e ss.

[3149] Idem, *ibidem*, págs. 486 e 487: "Donnez aux dépositaires de l'Autorité exécutive, la puissance d'attendre à la liberté individuelle, et vous anéantissez toutes les garanties, qui sont la condition première et le but unique de la réunion des hommes sous l'empire des lois."

[3150] Idem, *ibidem*, págs. 387 e ss; idem, *Principes de Politique Applicables à tous les Gouvernements* (version de 1806-1810), págs. 87 e ss.

[3151] Idem, *ibidem*, págs. 113 e ss.

[3152] Idem, *ibidem*, *Principes de Politique Applicables à tous les Gouvernements* (version de 1806-1810), pág. 114: "Pour sentir l'absurdité de toute tentative de la société sur l'opinion intérieure de ses membres, peu de mots suffisent et sur la possibilité et sur les moyens. La possibilité n'existe pas. La nature a donné à la pensée de l'homme un asile inexpugnable. Elle lui a crée un sanctuaire impénétrable à toute puissance. Les moyens sont toujours les mêmes, tellement les mêmes qu'en racontant ce qui s'est fait il y a deux siècles, nous semblerons dire ce qui naguère s'est fait sous nos yeux. Et ces moyens toujours les mêmes vont toujours contre leur but."

[3153] Idem, *ibidem*, págs. 115 e ss.

[3154] Idem, *ibidem*, pág. 116: "La manifestation d'une opinion peut dans un cas particulier produire un effet tellement infaillible qu'elle doive être considérée comme une action. Alors si cette action est coupable, la parole doit être punie. Mais, il en est de même des écrits. Les écrits, comme la parole, comme les mouvements les plus simples, peuvent faire partie d'une action, si elle est criminelle. Mais, s'ils ne font partie d'aucune action, ils doivent comme la parole, jouir d'une entière liberté."

[3155] Idem, *ibidem*, pág. 117: "Lorsqu'on ne considère qu'un côté des questions morales et politiques, il est facile de tracer un tableau terrible de l'abus de nos facultés. Mais lorsqu'on envisage ces questions sous tous les points de vue, le tableau des malheurs qu'occasionne l'Autorité sociale en limitant ces facultés n'est, je le pense, pas moins effrayant."

Seria violar o santuário da consciência entravar a sua livre expansão. Apesar disso, é este o caminho que tem sido sempre seguido e a argumentação dos cultores da autoridade contra a Liberdade de opinião, apenas se pode basear em artefactos e vitualhas pouco significativas para os tempos presentes e bastante vocacionados para um argumentativo tradicional[3156].

Por todos estes motivos, terá de se perceber que Benjamin Constant tenha ficado conhecido como "le plus intrépide champion de la liberté de la presse, qui a passioné les débuts du XIXème siècle"[3157], questão que trata sob sistemática diversa no texto de 1806 e no de 1815[3158].

A Liberdade de imprensa, enquanto Liberdade individual, não se confina à concepção de independência individual[3159], ligando-se à omnipresente e definitiva opinião pública[3160], que Constant entende como princípio necessário de todas as instituições sociais[3161]. Por isso mesmo o seu simbolismo tanto se projecta no domínio da auto-

---

[3156] Idem, *ibidem*, pág. 119: "Pour appuyer leurs suppositions, ils choisissent l'exemple du gouvernement français renversé, disent-ils, en 1789, par la liberté de la presse. Mais ce ne ce pas la liberté de la presse qui a renversé la monarchie française. (...) C'est l'indignation populaire qui a saisi contre l'oppression de la puissance, non pas la liberté de la presse, mais la ressource dangereuse du libelle, ressource que toutes les précautions de la police ne parviennent jamais à enlever au peuple asservi."
[3157] Paul Bastid, II, pág. 770.
[3158] Benjamin Constant, *Principes de Politique Applicables à tous les Gouvernements* (version de 1806-1810), págs. 113 e ss., em ligação directa com a figura mais geral da Liberdade de pensamento. Nos "Principes de Politique (1815)", *Écrits Politiques*, págs. 457 e ss., a questão é tratada com autonomia e alvo de posterior abordagem em "Annexe 6" que Marcel Gauchet apresenta, relativo à problematização do tema em texto posterior. Assim e a pág. 563, pode ler-se: "Ici encore, Constant glissant sur la question en fonction du contexte, nous avons pris le parti de reproduire les observations du chapitre VIII des *Reflexions sur les constitutions*, qui relèvent proprement de l'exposé des principes, et auxquelles Constant renvoie du reste lui-même." Contudo, e confirmando tudo o que se disse antes, este texto das *Reflexions sur les constitutions*, corresponde na íntegra ao capítulo III do Livro VII dos *Principes de Politique applicables à tous les Gouvernements* (version de 1806-1810), págs. 113 e ss.
[3159] Idem, *ibidem*, pág. 120: "Les dangers de la liberté de la presse ne sont point prévenus par les moyens de l'Autorité. Elle n'atteinte point son but ostensible. Mais le but qu'elle atteint, c'est de comprimer la pensée de tous les citoyens timides ou scrupuleux, de fermer tout accès aux réclamations des opprimés, de laisser s'invétérer tous les abus, sans qu'aucune représentations s'élève, de s'entourer elle-même d'ignorance et de ténèbres, de consacrer le despotisme de ses agents les plus subalternes, contre lesquels on n'ose rien imprimer, de refouler dans les âmes l'aigreur, la vengeance, le ressentiment, d'imposer silence à la raison, à la justice, à la vérité, sans pouvoir commander le même silence à l'audace et à l'exagération qui bravent ses lois."
[3160] Idem, *ibidem*, pág. 121: "Dans les grandes associations des temps modernes, la liberté de la presse étant le seul moyen de publicité est par la même, quelle que soit la forme du gouvernement, l'unique sauvegarde de nos droits."
[3161] Idem, *ibidem*, 122: "Toutes les barrières civiles, politiques, judiciaires deviennent illusoires sans liberté de la presse. L'indépendance des tribunaux peut être violée au mépris de la constitution la mieux rédigée. Si la publicité n'est pas garantie, ce délit ne sera pas réprimé, car il restera couvert d'un voile. Les tribunaux eux-mêmes peuvent prévariquer dans leurs jugements ou bouleverser les formes. La seule sauvegarde des formes est encore la publicité. L'innocence peut être plongée dans les fers. Si la publicité n'avertit pas les citoyens du danger qui plane sur toutes les têtes, les cachots retiendront indéfiniment leurs victimes à la faveur du silence universel. On peut persécuter pour des opinions, des croyances ou des doutes, et nul n'ayant la faculté d'appeler à lui l'attention publique, la protection promise par les lois n'est qu'une chimère, un danger de plus." E um pouco adiante: "L'opinion publique est la vie des États."

nomia[3162], como no da organização política[3163], questão que se liga, como é sabido, com o caso mais geral do Pensamento[3164].

A Liberdade de imprensa esclarece a Autoridade, impedindo-a de voluntariamente se alhear do que se passa à sua volta. Sendo como que impelida a proceder deste modo e sabendo a força que a opinião publica tem, inclusivamente na sua manutenção à testa de um Governo, não fará, então, qualquer sentido que ela se descarte de factos que lhe são patentes e podem ou não contribuir para o aplauso ou desafeição dos cidadãos.

Quanto ao cidadão, permite-lhe a defesa dos seus direitos de personalidade, maximizando a possibilidade de uma reparação em presença de factos lesivos contra a sua honra, Liberdade ou bom-nome[3165].

Benjamin Constant considera que, para além da possibilidade de encarar a Liberdade de imprensa nas suas relações com a tutela, ela é sobretudo importante ao ser abordada no plano moral e político. Neste sentido, considera o Autor que "restreindre aujourd'hui la liberté de la presse, c'est restreindre toute la liberté intellectuelle de l'espèce humaine"[3166]. Mais que isso, o problema da Liberdade de imprensa significa, tão só, "la question générale du développement de l'esprit humain"[3167]. A Liberdade de imprensa sempre deverá ser tutelada, já que não existindo direitos políticos nem Liberdade de imprensa, despotismo e tirania passarão a andar de mãos dadas[3168].

[3162] Idem, ibidem, pág. 119: Ce n'est pas la liberté de la presse qui a entraîné les forfaits et le délire d'une révolution dont je reconnais tous les malheurs. C'est la longue privation de la liberté de la presse qui avait rendu le vulgaire des français crédule, inquiet, ignorant et par là même souvent féroce. C'est parce que, durant des siècles, on n'avait pas osé réclamer les droits du peuple, que le peuple n'a su quel sens attacher à ces mots prononcés tout d'un coup au milieu de la tempête. Dans tout ce qu'on nomme les excès de la liberté, je ne reconnais que l'éducation de la servitude."

[3163] Idem, ibidem, págs. 119 e 120: "Les gouvernements ne savent pas le mal qu'ils se font, en se réservant le privilège exclusif de parler et d'écrire sur leurs propres actes. On ne croit rien de ce qu'affirme une Autorité qui ne permet pas qu'on lui réponde. On croit tout ce qui s'affirme contre une Autorité qui ne tolère pas l'examen."

[3164] Idem, ibidem, págs. 124 e ss., também neste domínio aporta a importância da História. Assim, "Il y avait autrefois en Europe, dans tous les pays, des institutions mêlées de beaucoup d'abus mais qui, donnait à de certaines classes des privilèges à défende et qui les préservait du découragement et de l'apathie (...) Mais vers le même temps où elles se sont écroulées, la découverte de l'imprimerie fourni aux hommes un moyen nouveaux de discussion, une nouvelle cause de mouvement intellectuel. Cette découverte et la liberté de penser qui en est résulté on été depuis trois siècles favorisées par certains gouvernements, tolérées par d'autres, étouffées par d'autres encore." Em sequência faz um historial do problema não apenas em França mas noutros Estados europeus, onde não faltam referências à Alemanha, à Espanha ou a Prússia. Portugal não era mencionado.

[3165] Idem, ibidem, pág. 122: "Il reste toujours aux individus que cette publicité blesse dans leurs intérêts ou dans leur honneur l'droit d'en exiger la réparation. Tout homme a celui d'invoquer la loi pour repousser le mal qu'on lui fait, n'importe avec quelle arme. La poursuite individuelle de la calomnie n'a point les inconvéniens de l'intervention de l'Autorité. Personne n'a d'intérêt à se prétendre attaqué ni à recourir à des interprétations forcées pour aggraver les inculpations dirigées contre lui. Le jugement par jurés serait d'ailleurs une garantie contre ces interprétations abusives."

[3166] Idem, ibidem, pág. 123.

[3167] Idem, ibidem, pág. 123.

[3168] Idem, ibidem, pág. 123: "Toute communication est rompue entre gouvernants et gouvernés. L'Autorité, pendant quelque temps, et les partisans de l'Autorité peuvent regarder cela comme un avantage. Le gouvernement ne rencontre point d'obstacles. Rien ne le contrarie. Il agit librement mais c'est que lui seul est vivant et que la nation est morte."

E, de novo por recurso ao papel da História, refere que os exemplos são todos nefastos no que se refere ao cumprimento por parte do Governos das suas obrigações quanto à preservação dos direitos inalienáveis, entre eles a Liberdade de imprensa[3169]. Esta veia algo céptica transmitida em 1806, altera-se gradualmente e, em 1815[3170], aparece um Constant bem mais optimista com o curso dos acontecimentos, que não enjeita os elogios rasgados a uma *Carta* e a um Governo verdadeiramente zelador de uma sã Liberdade de imprensa[3171].

Este passo serve para justificar um ponto ainda não mencionado, a que o desmesurado elogio e para-santificação que o Autor faz de todas as formas de Liberdade de imprensa, bem poderia conduzir à licença. Não é posição de Constant, que nesta, como noutras matérias, é condicionado pelos acontecimentos ligados ao Império e que a proliferação de libelos[3172] os propiciava, mais que os escritos sem qualquer freio[3173].

Não tinha, aliás, deixado de fazer menção do problema já em 1806[3174], mas a questão era agora muito mais evidente e susceptível da sua tomada de posição[3175].

[3169] Idem, *ibidem*, pág. 129: "Si vous appliquez à l'état actuel de l'esprit humain cette expérience des trois derniers siècles de l'histoire, vous vous convaincrez facilement que l'anéantissement de la liberté de la presse, c'est-à-dire des progrès de la pensée, aurait aujourd'hui des résultats plus funestes encore que ceux que nous avons retracés."

[3170] Idem, "Principes de Politique (1815)", *Écrits Politiques*, págs. 457 e ss.: "(...) notre constitution actuelle se distingue de toutes les précédentes, en ce qu'elle a établi le seul mode efficace pour réprimer les délits de la presse, en lui laissant son indépendance, je veux parler du jugement par jurés. C'est une grande preuve à la fois et de loyauté et de lumières. Les délits de la presse sont différents des autres délits, en ci qu'ils se composent beaucoup moins du fait positif, que de l'intention et du résultat."

[3171] Paul Bastid, II, págs. 779 e ss., *De la Liberté des Brochures, des pamphlets et des Journaux, Considérée sous le Rapport de l'Intérêt du Gouvernement*, Paris, 1814: "Benjamin Constant se propose de démontrer qu'il est de l'intérêt du gouvernement de laisser même aux écrits de cette nature une liberté complète: il entend par ce mot la facilité accordée aux écrivains de faire imprimer leurs textes sans aucune censure prêtable. Cette faculté n'exclut point la répression des délits dont la presse peut être l'instrument. Les lois doivent prononcer des peines contre la calomnie comme très difficile à rédiger."

[3172] Benjamin Constant, "Principes de Politique (1815)", *Écrits Politiques*, 458: "Certes, nous avons aujourd'hui la preuve incontestable de la vérité de cette assertion. Jamais la liberté ou plutôt la licence de la presse ne fut plus illimitée: jamais les libelles ne furent plus multipliés sous toutes les formes, et mis avec plus de recherche à la portée de tous les curieux. Jamais en même temps l'on n'accorda moins d'attention à ces productions méprisables. Je crois sérieusement qu'il y a aujourd'hui plus de libellistes que de lecteurs."

[3173] Idem, *ibidem*, pág. 459: "J'admire l'homme assez grand pour rester impassible au milieu de tant d'attaques personnelles." O visado era, como não poderia deixar de ser, Napoleão.

[3174] Idem, *Principes de Politique Applicables à tous les Gouvernements* (version de 1806-1810), págs. 117 e 118; idem, "Principes de Politique (1815)", *Écrits Politiques*, pág. 458, onde reproduz o texto mencionado de 1806: "Supposons une société antérieure à l'invention du langage, et suppléant à ce moyen de communication rapide et facile para des moyens moins faciles et plus lents. La découverte du langage aurait produit dans cette société une explosion subite. L'on aurait vu les périls gigantesques dans ces sons encore nouveaux (...)."

[3175] Idem, "Principes de Politique (1815)", *Écrits Politiques*, pág. 458: "Je dirai cependant que malgré l'insouciance et le dédain du public, il faudra, pour l'intérêt de la presse elle-même, que des lois pénales, rédigées avec modération, mais avec justice, distinguent bientôt ce qui est innocent de ce qui est coupable, et ce qui est licite de ce qui est défendu. Des provocations au meurtre, et à la guerre civile, des invitations à l'ennemi étranger, des insultes directes au chef de l'État, n'ont été permises dans aucun pays."

DA HISTÓRIA DA IDEIA DE LIBERDADE (SEQUÊNCIA)

É pois da responsabilidade do Poder político evitar, pela salvaguarda da Liberdade de imprensa que consequências danosas advenham da sua perseguição.[3176]

Como remate ideal para esta interpretação, redige o Autor: "en disant que la liberté de la presse remplace, en quelque sorte, les droits politiques, je n'ai point voulu dire qu'elle les remplaçât parfaitement. Comme elle n'est jamais que précaire, là où ces droits n'existent pas, elle ne fait pas tout le bien qu'elle pourrait faire et le bien qu'elle fait est mêlé de beaucoup de maux. C'est ce qui est arrivé en France, à la fin du dix-huitième siècle. Mais dans ce cas, comme dans tous de cette espèce, ce n'est pas à la liberté qu'il faut s'en prendre, c'est à l'absence de garantie; il ne faut pas retrancher l'une, mais assure l'autre. *La liberté de la presse ne peut être convenablement limitée que là où la liberté politique existe*"[3177].

No que respeita a outra das vertentes da Liberdade individual, a Liberdade de consciência, que Constant trata sempre como Liberdade religiosa[3178], algumas considerações serão, do mesmo modo, pertinentes.

Desde logo e em sintonia com a ideia geral de Liberdade individual que apresenta, não poderia deixar de defender a Liberdade de consciência, tal como ela se encontrava plasmada na Constituição imperial[3179], que a *Carta de 1814* não irá recolher[3180] e o posterior Acto Adicional reporá em vigor[3181].

Constant pronuncia-se contrário à imutabilidade da religião, sem recurso ao factor de evolução que a História introduz[3182], aceitando as vantagens das ideias religio-

---

[3176] Idem, *Principes de Politique Applicables à tous les Gouvernements* (version de 1806-1810), pág. 117: "Quel est en effet le résultat de toutes atteintes portées à la liberté des écrits? D'aigrir contre le gouvernement tous les écrivains qui auront le sentiment de l'indépendance, inséparable du talent, de les forcer à recourir à des allusions indirectes et perfides, de nécessiter la circulation de productions clandestines et d'autant plus dangereuses, d'alimenter l'avidité du public pour les anedoctes, les personnalités, les principes séditieux, de donner à la calomnie l'air toujours intéressant du courage, enfin d'attacher une importance excessive aux ouvrages qui seront proscrits."

[3177] Idem, *ibidem*, pág. 136.

[3178] Idem, *ibidem*, págs. 139 e ss.; idem, "Principes de Politique (1815)", *Écrits Politiques*, págs. 461 e ss. O segundo dos textos recupera largamente o primeiro, pelo que apenas em casos pontuais se assinalam as diferenças. Outra fonte utilizada é o seu texto "Du Développement Progressif des Idées Religieuses", inserto nas "Mélanges de Litterature et de Politique (1829)", *Écrits Politiques*, págs. 629 e ss. e que antes ficou apresentado. Este foi também o período em que se dedicou ao seu trabalho de monta sobre a religião, o *De la Religion considérée dans sa source, ses formes, et ses développements*, em quatro volumes, o último dos quais data de 1831, ano da sua morte.

[3179] Idem, "Principes de Politique (1815)", *Écrits Politiques*, pág. 461: "La constitution actuelle est revenue à la seule idée raisonnable relativement à la religion, celle de consacrer la liberté des cultes sans restriction, sans privilège, sans même obliger les individus, pourvu qu'ils observent des formes extérieures purement légales, à déclarer leur assentisse ment en faveur d'un culte en particulier. Nous avons évité l'écueil de cette intolérance civile, qu'on a voulu substituer à l'intolérance religieuse proprement dite, aujourd'hui que le progrès des idées s'oppose à cette dernière." Veja-se *Législation Constitutionnelle, ou Recueil des Constitutions françaises, précédées des Déclarations des Droits de l'Homme et du Citoyen, publiées en Amérique et en France*, II, págs. 168 e ss.

[3180] Esta neutralidade absoluta dos Poderes políticos não inspirou a *Carta* de 1814, que proclamou o catolicismo religião de Estado. Veja-se *Législation Constitutionnelle, ou Recueil des Constitutions françaises, précédées des Déclarations des Droits de l'Homme et du Citoyen, publiées en Amérique et en France*, II, pág. 228.

[3181] *Législation Constitutionnelle, ou Recueil des Constitutions françaises, précédées des Déclarations des Droits de l'Homme et du Citoyen, publiées en Amérique et en France*, II, pág. 242.

[3182] Benjamin Constant, "Mélanges de Litterature et de Politique (1829): Du Développement Progressif des Idées Religieuses", *Écrits Politiques*, pág. 629: "Considérer la religion comme une

sas³¹⁸³ desde que não imbuídas de qualquer dose de fanatismo³¹⁸⁴ nem submetidos a um qualquer e duvidoso império da Autoridade civil³¹⁸⁵. Neste plano, Benjamin Constant aproxima-se da tolerância religiosa em sentido positivo, ou seja, não aceita uma qualquer intervenção protectora do Estado às confissões religiosas minoritárias, antes se pronuncia por uma completa Liberdade das mesmas e total ausência de participação estadual em tal matéria³¹⁸⁶.

Neste quadro, invoca Rousseau como o seu grande e mais avisado promotor, na medida em que se devem ser evitados os escolhos da intolerância religiosa, eles têm sido perigosamente substituídos pelos da intolerância civil. O genebrino obteria a paternidade de tal fraude.

No entender de Constant, Rousseau encarava o problema mediante uma profissão de fé puramente civil, em que pertencia ao soberano fixar os artigos, não como dogmas da religião mas no plano dos sentimentos da sociabilidade. Não podendo obrigar ninguém a prosseguir uma tal religião, poderia proceder a banimento de quem a não professasse³¹⁸⁷, aspecto com o qual só poderia discordar.

De facto, que direito teria o Estado a decidir dos sentimentos adoptados pelos seus cidadãos? Que interesse pode ter em não ser punido por professar uma certa crença, se posse ser sancionado por não crer noutra? Qual o valor que pode haver em não ser rotulado de ímpio, se posse ser catalogado de insociável?

chose fixe, immuable, qui doit être la même à toutes les époques de la civilisation, c'est partir d'un principe qui ne peut conduire qu'à des erreurs grossières et dangereuses. Tout ce qui tient à l'homme et à ses opinions, sur quelque objet que ce soit, est nécessairement progressif, c'est-à-dire variable et transitoire. Cette vérité est évidente en politique, en science, en organisation sociale, en économie, soit administrative, soit industrielle." Idem, "Principes de Politique (1815)", *Écrits Politiques*, pág. 634: "(...) il existe une loi de progression qui s'exerce dans tous les sens et sur tous les objets. La religion seule en serait-elle exempte? Tandis qu'aucune des institutions, aucune des formes, aucune des notions contemporaines de l'enfance de l'état social, ne saurait convenir à un état moins grossier, la religion serait-elle condamnée à rester imparfaite et stationnaire, au milieu du mouvement universel et de l'amélioration générale? Non, sans doute. Dire que la même religion peut convenir à une horde sauvage et à un peuple civilisé, à une nation plongée dans l'ignorance et à une société éclairée, c'est dire une absurdité qui frapperait tous les esprits, si on ne l'avait entouré d'un prestige qui la fait regarder comme sacrée."
³¹⁸³ Idem, *Principes de Politique Applicables à tous les Gouvernements* (version de 1806-1810), pág. 140: "En examinent la compétence de l'Autorité sur la religion, nous ne prétendons point contester les avantages des idées religieuses. Plus on aime la liberté, plus on chérit les idées morales, plus l'élévation, le courage, l'indépendance sont un besoin, plus il est nécessaire, pour se reposer des hommes, de se réfugier dans la croyance d'un Dieu."
³¹⁸⁴ Idem, *ibidem*, pág. 140: "Si la religion avait toujours été parfaitement libre, elle n'aurait, je le pense, été jamais qu'un objet de respect et d'amour. *L'on ne concevrait guère le fanatisme bizarre qui rendrait la religion en elle-même un objet de haine ou de malveillance.*"
³¹⁸⁵ Idem, "Mélanges de Littérature et de Politique (1829): Du Développement Progressif des Idées Religieuses", *Écrits Politiques*, pág. 630 e ss. onde apresenta o historial destes comportamentos indevidos e atentatórios da Liberdade religiosa do Ser humano, associando-os historicamente à "la marche de la société civile et politique."
³¹⁸⁶ Idem, *ibidem*, *Principes de Politique Applicables à tous les Gouvernements* (version de 1806-1810), pág. 144: "Aussi longtemps que l'Autorité laissera la religion parfaitement indépendante, nul n'en viendra. Mais si l'Autorité prétend la défendre, si elle veut surtout s'en faire une alliée, l'indépendance intellectuelle ne tardera pas à l'attaquer."
³¹⁸⁷ Idem, *ibidem*, pág. 145: "Je ne connais aucun système de servitude qui ait consacré de erreurs plus funestes que l'éternelle méthaphysique du *Contrat social*."

A intolerância civil é, pois, tão grave quanto a religiosa; apenas um pouco mais absurda em função da sua fonte e, sobretudo porque determina a injustiça da Pessoa Moral Suprema, por definição justa[3188]. Nenhum Poder, qualquer que ele seja, é qualificado ou competente para se intrometer no domínio das crenças religiosas, reservado aos indivíduos[3189]. E sempre que o faz age mal[3190].

Além disso, descarta por completo acusações de compreensão pelo ateísmo[3191], promovidas, quanto a ele, pelo comportamento indevido da autoridade[3192], e aproveita qualquer ocasião para positivamente afirmar os benefícios da religião[3193]. Contudo e com isto não se confunde a Liberdade completa e total dos cultos – de todos – que é conforme à própria religião e factor de justiça.

Retomando a questão da tolerância quando há intromissão da Autoridade, socorre-se de novo dos exemplos da História[3194], para demonstrar quão nociva ela se pode

[3188] Idem, *ibidem*, págs. 145 e 146: "L'on a prétendu, dans un pays qui se vante de la liberté des cultes, qu'aucune des églises reconnues ne pouvait changer ses dogmes, sans le consentement de l'Autorité. Mais si par hasard ces dogmes venaient à être rejetés par la majorité de la communauté religieuse, l'Autorité pourrait-elle l'astreindre à les professer? Or en fait d'opinion, les droits de la majorité et ceux de la minorité sont les mêmes."

[3189] Idem, *ibidem*, pág. 147: "Dans toutes les choses morales, l'examen est la source de la vie; et la liberté la condition première et indispensable de tout examen."

[3190] Idem, *ibidem*, pág. 148.

[3191] Idem, *ibidem*, págs. 143 e 144: "L'intolérance, en plaçant la force du côté de la foi, a placé le courage à côté du doute. La fureur des croyants a exalté la vanité des incrédules et l'homme est arrivé de la sorte se faire un mérite de ce que, laissé à lui-même, il aurait regardé comme un malheur. La persécution provoque la résistance. L'Autorité menaçant une opinion quelle qu'elle soit, excite à la manifestation de cette opinion tous les esprits qui ont quelque valeur. Il y a dans l'homme un principe de révolte contre toute contrainte intellectuelle. Ce principe peut aller jusqu'à la fureur. Il peut être la cause de beaucoup de crimes. Mais il tient à tout ce qu'il y a de noble au fond de notre âme. Je me suis senti souvent frappé de tristesse et d'étonnement en lisant le fameux *Système de la Nature*. (...) Qui ne sent que, si l'athéisme n'avait pas rencontré l'intolérance, ce qu'il y a de décourageant dans ce système aurait agi sur l'âme de ses sectateurs de manière à les retenir dans l'indifférence pour tout, dans l'apathie et dans le silence."

[3192] Idem, *ibidem*, pág. 143: "Mais d'où vient que la religion, cette alliée constante, cet appui nécessaire, cette lueur unique au milieu des ténèbres qui nous environnent, a, dans tous les siècles, été en butte à des attaques fréquentes et acharnées? D'où vient que la classe qui s'en est déclarée l'ennemie a presque toujours été la plus éclairée, la plus dépendante et la plus instruite? C'est qu'on a dénaturé la religion. L'on a poursuivi l'homme dans ce dernier asile, dans ce sanctuaire intime de son existence. La religion s'est transformée entre les mains de l'Autorité en institution menaçante. Après avoir crée plupart et les plus poignâtes de nos douleurs, le pouvoir a prétendu commander à l'homme jusque hostile et persécutrice, a voulu soumettre à son joug, l'imagination dans ses conjectures et le coeur dans ses besoins. Elle est devenue un fléau plus terrible que ceux qu'elle était destinée à faire oublier."

[3193] Idem, *ibidem*, pág. 142: "Idée d'un Dieu, centre commun où se réunissent, au-dessus de l'action du temps et de la portée du vice toutes les idées de justice, d'amour, de liberté, de pitié, qui, dans ce monde d'un jour composent la dignité de l'espèce humaine, tradition permanente de tout ce qui est beau, grand et bon à travers l'avilissement et l'iniquité des siècles, voix éternelle qui répond à la vertu dans as langue, quand la langue de tout ce qui l'entoure est celle de la bassesse et du crime, appel du présent à l'avenir, de la terre au ciel, recours solennel de tous les opprimés dans toutes les situations, dernière espérance de la faiblesse qu'on foule aux pieds, de l'innocence qu'on immole, pensée consolante et fière, non, quoi qu'on fasse, l'espèce humaine ne se passera jamais de vous."

[3194] Idem, *ibidem*, pág. 154: "L'Autorité fait du mal, même lorsqu'elle veut soumettre à sa juridiction les principes de la tolérance. Elle impose à la tolérance des formes positives, fixes, qui sont contraires à sa nature. La tolérance n'est autre chose que la liberté de tous les cultes présents et

demonstrar, por que sempre implica uma limitação dos direitos individuais. Este aspecto é tão grave quanto o da proscrição de uma religião que se pensa perigosa, sendo o remédio proposto, como melhor, o do livre exame[3195].

Em síntese e para terminar a sua pregação sobre a Liberdade religiosa e sua relação com a Autoridade[3196], escolhe Constant reproduzir as palavras de Clermont-Tonerre datadas de 1791, onde bem se denota a ideia de separação entre a Liberdade individual e o Poder.

A Liberdade religiosa, enquanto Liberdade individual, é remetida ao plano da intocável consciência privada de cada um, sem que qualquer intromissão no sentido positivo ou negativo do Estado seja admissível, aceitável ou benéfica para os destinatários directos[3197].

No que respeita aos direitos do homem para com Deus, onde cabe e deve ser tratada a matéria da Liberdade de consciência[3198] e da própria tolerância religiosa, De Felice começa por ponderar o tema da religião natural. Trata-se do primeiro dos estádios que aprecia no desenvolvimento dos deveres dos homens, em oposição ao que faz Wolff, por exemplo, mas em consonância com as propostas de Ribeiro dos Santos, entre outras possibilidades.

---

futurs." Aponta em seguida o exemplo de José II, que quis liberalmente estabelecer a tolerância nos seus Estados mas sendo certo que um dos cultos se atrasou em aceder ao benefício dado pelo Imperador, o tolerante monarca respondeu-lhes que haviam chegado tarde.

[3195] Idem, *ibidem*, pág. 155: "L'Autorité fait du mal (...), lorsqu'elle proscrit une religion, parce qu'elle la croit dangereuse; et le mal ne serait pas moindre, quand le jugement de l'Autorité sur cette religion serait fondé. (...) le seul moyen d'affaiblir une opinion, c'est d'établir le libre examen. Or qui dit examen libre, dit éloignement de toute espèce d'Autorité, absence de toute intervention collective. L'examen est essentiellement individuel."

[3196] Paul Bastid, II, págs. 761 e ss., desenvolve a actividade de Constant neste plano no período da Restauração. São apontados alguns aspectos da sua reflexão, nomeadamente se o Estado deverá ou não subsidiar um ou todos os cultos, assim como as tentativas de reavivar uma certa supremacia da religião de Estado sobre as demais que, progressivamente, e com maior ou menor sucesso se foram tentando. Exemplifica-se com um trecho contido no *Entretien d'un électeur avec lui-même*, publicado anónimo em 1817 e que se reproduz a págs. 763 e 764 do local citado: "Je suis bon catholique. Je crois la religion nécessaire à la morale. J'aime que ma femme, mes enfants, ma servante m'accompagnent à l'église. Mais j'ai à traiter, à cause de mon commerce, avec des gens de religion nécessaire à la morale. J'aime que ma femme, mes enfants, ma servante m'accompagnent à l'église. Mais j'ai à traiter, à cause de mon commerce, avec des gens de religion différente. Il m'importe que ces gens soient tranquilles et en sûreté, car ce n'est qu'alors qu'ils remplissent leurs engagements, qu'ils paient avec exactitude et que les affaires qu'on fait avec eux sont tranquilles et sans danger. Mon bisaïeul a été ruiné parce que des huguenots qui étaient ses débiteurs se sont enfuis nuitamment de France, à cause des dragonnades; (...). J'applaudis donc de tout mon coeur à l'article de la Charte qui a proclamé la liberté des cultes, et garanti la sûreté de ceux qui les professent. Je tiens fort à ce que rien ne mette en doute cette liberté; car si par des vexations directes ou indirectes on jetait le désordre dans les affaires des protestants qui me doivent, ce ne serait pas eux mais moi qu'on ruinerait. Je nommerai donc pour députés des hommes bien décidés à maintenir cet article de la Charte."

[3197] Benjamin Constant, *Príncipes de Politique Applicables à tous les Gouvernements* (version de 1806-1810), págs. 156 e 57, reproduz as palavras do citado, de que se transcrevem as iniciais, por resumirem todo o contexto: "*la religion et l'État, sont deux choses parfaitement distinctes, parfaitement séparées, dont la réunion ne peut que dénaturer l'une et l'autre.*"

[3198] De Felice, *Leçons de Droit de la Nature et des et des Gens*, Lyon, 1817, I, pág. 110, onde menciona Barbeyrac e Burlamaqui como fontes da sua exposição.

Neste contexto afirma a completa dependência humana em relação a Deus, devendo ser os seus comandos a única e verdadeira regra de conduta intemporalmente obrigatória. Por este motivo considera que "(...) il paraît que la religion fait une partie essentielle du droit naturel; & par conséquent qu'elle n'en doit pas être bannie. Il est même impossible de bien établir les principes de la société, ou de la politique, sans supposer d'abord ceux de la religion"[3199].

Admite a existência de dois tipos de religião, a natural e a revelada consoante os homens a conhecem apenas pela luz da Razão ou requer uma Revelação particular. De acordo com estas duas possibilidades, De Felice aceita que pelo simples uso da religião natural, na posse da sua Razão, o homem pode ascender a Deus, sem que para tanto seja necessário o recurso à Revelação[3200].

É chegado o momento de justificar, ao menos em parte, os motivos porque este pensador terá sido tão bem acolhido no Portugal da Revolução de 1820. E dificilmente se poderá questionar uma tal predilecção, vistos objectivamente os pressupostos de que parte e que irão enformar o substrato das reformas preconizadas pela generalidade dos homens do Triénio Vintista. De Felice escreve e sob forma de sublinhado que "il y a deux erreurs principales contre la religion; savoir, l'*athéisme* & la *superstition*"[3201].

O ateísmo, considerado como disposição do espírito maligna e perversa que nega a própria existência de Deus, o que de algum modo se pode confundir com o panteísmo, ainda que este não aponte característica tão nefastas quanto o anterior[3202]. Quanto à superstição, vício oposto, que pretende honrar Deus de forma ilegítima e inconveniente, promovendo as fantasias, ficções e as fábulas ridículas[3203]. Para avançar com estas ideias mais uma vez se sustenta em Burlamaqui, num repositório de motivos que certamente e no contexto do discurso oficial do Vintismo terão calado bem fundo.

Neste ponto e talvez quase que por dever de ofício, o Autor acaba por se decidir a tratar da Liberdade de consciência. Em seu entender a questão deve ser vista em termos sinalagmáticos, quais sejam os deveres a que a religião obriga terem, como correlativo, o direito à existência dessa mesma religião.

Para retirar as possíveis dúvidas, justifica que se todo o direito obriga ao seu respeito, todos os homens devem o mesmo a cada um que pretenda escolher uma certa religião, não procedendo a atentados contra eles[3204]. Se a essência da religião se pauta pelos julgamentos do espírito em relação a Deus, apenas com a sinceridade da parte de quem a professa isso se atinge; "c'est donc sur l'évidence des raisons & sur les sentiments de la conscience que la religion de chaque particulier doit être fondée;

[3199] Idem, *ibidem*, I, pág. 180.
[3200] Idem, *ibidem*, I, pág. 181. Aproveita para contestar os corifeus da natureza do século precedente, Voltaire, Helvétius, demais escritores que viam na natureza a fonte de todas as realizações passíveis ao homem no universo, porque a própria Razão afirma o Criador como o Autor dessa própria natureza. Portanto, existe discordância também neste domínio com a Filosofia política que o antecedeu e uma vez mais um retorno a concepções bastante divulgadas na Europa no período que antecedeu a germinação da Revolução Francesa e era normalmente apoiada pelo eclectismo lusitano.
[3201] Idem, *ibidem*, I, pág. 185.
[3202] Idem, *ibidem*, I, pág. 186. O mesmo tipo de considerações pode ser aplicado ao indiferentismo, ao cepticismo, ao fanatismo e ao próprio maquiavelismo.
[3203] Idem, *ibidem*, I, págs. 187 e 188.
[3204] Idem, *ibidem*, I, pág. 191: "(...) puisque la loi naturelle assure à l'homme l'exercice de sa liberté dans toutes les choses qui sont essentielles à son bonheur, pourvu que d'ailleurs il ne fasse aucun tort à autrui; pourquoi l'homme n'aurait-il pas à l'égard de la Religion, le plus grand bien qu'il possède, le même droit, la même prérogative, que par rapport à toutes les autres choses qui sont nécessaires à son bonheur?"

& les seuls moyens que l'on puisse employer pour cela, sont l'examen, les raisons, les preuves, la persuasion. Au contraire les menaces, la force, la violence, les supplices, sont des moyens également inutiles & injustes (...)"[3205].

Como consequência, De Felice reforça ser a religião o mais sólido apoio da sociedade civil, seu fundamento último e meio pelo qual se seguem invariavelmente segundo os salutares princípios da Razão. Quer dizer, apresentam-se os traços característicos da religião natural. A religião tem uma influência decisiva sobre a felicidade de todas as sociedades.

No ponto seguinte, subordinado aos vários estádios porque o homem passa, reitera que todos eles são decorrência da vontade divina e sem recurso a qualquer facto humano. Num primeiro momento, enquanto homem, Ser inteligente e racional a seguir como criatura de Deus, derivando deste a sua própria existência, essência e faculdades, finalmente, como membro da sociedade[3206].

O terceiro dos estádios propostos é o que mais importa. De Felice defende a Igualdade natural dos homens, mediante uma antropologia optimista que é corolário das precedentes considerações e manifesta total antipatia pelos pressupostos hobbesianos nesta área[3207]. Igual, o homem no estado de natureza é também livre, "il peut apporter de grandes modifications à son premier état, & donner par divers établissemens comme une nouvelle face à la vie humaine"[3208].

3.4. A Igualdade em presença da Liberdade: breve apontamento

A Igualdade está presente no raciocínio de Constant, ou não fosse ele um cultor do Liberalismo puro saído da Revolução Francesa e um opositor declarado do seu desvirtuamento ou paternidade duvidosa.

O tema da Igualdade é tratado essencialmente em termos histórico-políticos, numa abrangência directa da oposição entre o sistema hereditário do Antigo Regime e o sistema representativo da Nova Moda. A batalha que se presta não é outra que a última da longa lista pela Igualdade[3209], que se têm sucedido no decurso da História[3210].

[3205] Idem, *ibidem*, I, pág. 192.

[3206] Idem, *ibidem*, I, pág. 24.

[3207] Idem, *ibidem*, I, pág. 25: "L'état naturel des hommes entr'eux est donc un état d'union & de société n'étant autre chose que l'union de plusieurs personnes pour leur avantage commun (...). Ils habitent tous la même terre. Ils sont placés les uns à côté des autres: ils ont tous une nature commune, mêmes facultés, mêmes inclinations, mêmes besoins, mêmes désirs. Ils ne sauraient se passer les uns des autres, & ce n'est que par des secours mutuels qu'ils peuvent se procurer un état agréable & tranquille." Mais adiante, a pág. 250, confirma esta posição uma vez que "(...) la nature humaine est la même dans tous les hommes. Ils ont tous une même raison, les mêmes facultés, un seul & même but; naturellement tous indépendants les uns des autres, & tous dans une égale dépendance de l'empire de Dieu & des lois naturelles."

[3208] Idem, *ibidem*, I, pág. 25.

[3209] Idem, *De la Force du Gouvernement actuel de la France et de la nécessité de s'y rallier*, apud Marcel Gauchet, "Préface", *Écrits Politiques*, pág. 37: "L'égalité est une idée-mère, qui n'a jamais été tout à fait expulsée du coeur de l'homme. Il a mêlé cette idée à tout. Il n'y a pas une religion naissante qui ne l'ait consacrée, et il a toujours fallu que la fraude sacerdotale dénaturât l'institution pour l'en écarter. L'origine de l'état social est une grande énigme, mais sa marche est simple et uniforme. Au sortir du nuage impénétrable qui couvre sa naissance, nous voyons le genre humain s'avancer vers l'égalité, sur les débris d'institutions de tout genre. Chaque pas qu'il a fait dans ce sens a été sans retour. Si quelquefois on croit apercevoir un mouvement rétrograde, c'est qu'on prend le combat pour une défaite et l'agitation de la mêlée pour la fuite."

[3210] Idem, "Mélanges de Littérature et de Politique (1829): De la Perfectibilité de l'Espèce Humaine", *Écrits Politiques*, pág. 714: La perfectibilité de l'espèce humaine n'est autre chose que la tendance

Segundo se apurou, para Constant "l'égalité seule est conforme à la vérité, c'est-à-dire au rapport des choses entre elles et des hommes entre eux"[3211]. O restabelecimento da Igualdade apenas significa a reposição nos quadros de correcção e justiça pretendidos, da real fisionomia do Ser humano, que nos primórdios assim o havia praticado. A luta contra toda a repressão, privilégios e desigualdade que de há séculos se verificavam, tinham acabado por fim, reconstituindo-se a verdade real e natural das coisas[3212].

O progresso da humanidade pode, pois e com toda a vantagem, ser retratado pelos progressos da Igualdade. Porém, a formalização do direito de Igualdade, como do de Liberdade nos termos conhecidos, não significa o seu cumprimento sem desvios. Sobretudo numa época em que o efectivo contributo do cidadão para a comunidade ou, o simples e linear facto de se ser cidadão eram debatidos como tendo subjacente uma ideia de Liberdade ou de Igualdade[3213].

Como consequência e servindo de ligação para o ponto seguinte, a Igualdade não tem lugar no hipotético estado de natureza imaginado pelos liberais pré-revolucionários. O seu lugar é a História, uma História reconhecida e vista como progresso necessário da humanidade.

É neste preciso ponto que Constant não consegue ultrapassar aqueles que tanto critica, já que se apenas a Igualdade é conforme á verdade, não será correcto pensar – como era defendido pelos Autores que critica –, que a legitimidade política não pode ser concebida e produzida senão a partir da hipótese de indivíduos abstractos, que além de livres, são iguais.

Como se verá de seguida, o problema que se torna claro e evidente em Constant, é o da discussão da soberania popular fundante do Corpo Político. E o seu Historicismo, nos termos que ficaram apontados, não poderia aqui deixar de sobressair.

3.5. Contratualismo e Constitucionalismo; soberania e Constituição

Muito embora não esteja disponível, para consulta directa, a vastíssima *Correspondence* do Autor, é relativamente fácil conseguir reconstituir, pela leitura dos vários textos bibliográficos especializados, qual a perspectiva contratualista em que Constant se move. De igual modo, o acesso às ideias que assume sobre o Direito Natural assim podem ser descortinadas, em íntima conjugação com os textos de fundo que se têm reportado.

---

vers l'égalité."
[3211] Idem, *Du Polythéisme Romain*, apud Marcel Gauchet, "Préface", *Écrits Politiques*, pág. 38.
[3212] Idem, De la Force du Gouvernement actuel de la France et de la nécessité de s'y rallier, *apud* Marcel Gauchet, "Préface", Écrits Politiques, pág. 38 e nota final a págs. 760 e 761: "On voit, ce me semble, clairement, dans les annales des peuples, l'espèce humaine se rassemblant après un bouleversement physique, et sous une théocratie écrasante, se mettant pour ainsi dire en marche, par une impulsion irrésistible et inaperçue, et regagnât lentement et par de terribles secousses, tous les droits qu'elle avait perdus."
[3213] Marcel Gauchet, "Préface", *Écrits Politiques*, pág. 40: "Pour en bien saisir l'exacte teneur, il faut penser toujours en fonction de cette primitive 'distinction de race', dont après tout éminence aristocratique fondée sur le sang constituait, au plus près de nous un ultime avatar. Retournant la tendance à traduire l'écart des rôles sociaux en hétérogénéité de nature, l'égalité c'est, fondamentalement, la substitution symbolique, au-delà même des différences réelles, à une dynamique de l'altérité symbolique se déployant à partir de ces différences."

A necessidade da sociedade, em Constant resulta clara quer do tratamento que enceta em relação ao Ser humano em si mesmo considerado, como os seus direitos inalienáveis, onde se destaca a Liberdade, quer no plano da discussão da formação da sociedade política e do competente Poder político que nela se exercita.

Descontando toda a Metafísica, não aceita, à partida a alusão ao fictício estado de natureza[3214] e dos decorrentes direitos que ao mesmo andam associados e que decaem na passagem ao estado de sociedade. Por isso mesmo, considera Constant estéreis todas as discussões e debates que tenham em vista determinar com rigor aquilo que é impossível de obter com certeza absoluta, vista a impossibilidade prática de estabelecer com rigor e com base em factos concretos o momento e a forma pelo qual a sociedade humana, nos seus primórdios, se constituiu[3215], como Condillac e Cabanis já haviam encetado.

Além disto, a sua prelecção é direccionada contra os princípios postos pelo jusracionalismo europeu pela boca de Pufendorf. Sustenta Constant a insociabilidade do Ser humano, por motivos que decorrem de uma singela e linear análise dos factos. O homem não pode ter apetite à sociabilidade[3216], nem querer ou poder decidir que para ele é melhor viver em sociedade que em estado de natureza, pelo simples facto que ele não conhece a sociedade. Não se pode querer ascender a um estádio que se desconhece e é, por essa via que, prossegue toda a sua posterior argumentação.

Uma coisa é, porém, certa: os homens associaram-se para construírem a sociedade. Só que isso não foi feito à custa da sua decisão individual e interna, mas das condições que o ambiente que os envolvia, uma vez que o homem é tão animal como os demais e, em estado selvagem, está provada a sua incapacidade de racionar linearmente e por si só[3217].

[3214] Benjamin Constant, "Mélanges de Littérature et de Politique (1829): Du Développement Progressif des Idées Religieuses", *Écrits Politiques*, pág. 629: "L'état sauvage paraît être un état stationnaire: mais il ne peut servir de base à aucun système, parce qu'il est impossible d'expliquer, soit par le raisonnement, soit par les faits, de quelle manière l'homme en est sorti, et l'instant même où il en sort est le signal d'un mouvement de progression auquel l'espèce humaine obéit avec une persévérance et une activité infatigables."

[3215] Idem, "Mélanges de Littérature et de Politique (1829): Du Développement Progressif des Idées Religieuses", note à page 629, reproduit le texte d'un des *Fragments d'un Essai sur la perfectibilité de l'espèce humaine*, *Écrits Politiques*, pág. 839: "*Les sauvages sont les plus intelligents des animaux, quoiqu'ils non soient pas les plus sociables. Mais leur intelligence est stationnaire, comme leur sociabilité. La faculté progressive n'est pinté en eux. De là l'impossibilité si fréquemment démontrée de découvrir dans la nature sauvage l'origine de l'état social. De là les contradictions innombrables dans lesquelles sont tombés tous les écrivains qui ont embrassé cette fausse route. De là les objections toujours restées sans réponse contre tous les systèmes qui, prêtant à l'homme primitif des motifs qu'il ne pouvait pas avoir, lui faisaient chercher des avantages qu'il ne pouvait désirer, dans un état qu'il ne pouvait pas connaître. C'était demander au repos l'origine du mouvement.*"

[3216] Idem, *ibidem*, pág. 839: "Les sauvages ne se perfectionnent pas. Depuis plusieurs siècles nous contemplons les hordes de l'Afrique et de l'Amérique. Aucun progrès intellectuel, aucun accroissement de sociabilité ne se fait remarquer en elles. (...) On ne cherche à sortir d'un état que lorsqu'il ne nous est pas naturel, lorsqu'on y est tombé."

[3217] Idem, *ibidem*, págs. 839 e 840: "Il [Rousseau] était frappé de l'impossibilité d'expliquer par l'examen des facultés naturelles de l'homme, facultés qui ne diffèrent de celles des animaux que par le degré, la direction imprimée si exclusivement à la race humaine. C'est que cette direction ne nous vient pas de nous-mêmes, mais du dehors." E, ponderando as hipóteses históricas que justificam uma tal associação, entende Constant que "(...) c'est à celle des races que ces calamités ont poursuivie, dont les demeures ont été détruites, qui a vu des abîmes s'ouvrir sous ses pas,

Não foi através de um acto de vontade e de Razão que os homens se associaram. Por isso o Contratualismo de Constant faz também parte do núcleo dos que se designam por eclécticos neste domínio, não criando nada de novo, mas formalizando uma situação preexistente.

Uma certeza existe: o conjunto de obrigações, algumas injustificadas na globalidade, que desde o seu nascimento se impõem ao homem. Sem ponderar as condições em que os homens se encontram, as mais das vezes bastante degradantes, ele é como que fuzilado com uma panóplia legislativa e institucional alargada, cujo incumprimento ou desrespeito implicarão, de imediato, competente sanção.

Constant é um insatisfeito pela situação de perfeita desigualdade em que o homem se encontra, não perante os seus semelhantes na sociedade que o envolve – e que os envolve – mas por comparação ao Poder do Estado. Por isso um certo pessimismo que o compara a Rousseau é possível estabelecer, por muito que Constant quisesse dissociar-se do genebrino.

A abstracção de que se reveste a sociedade em si mesma, a quem a vida apenas é conferida pelos indivíduos que a compõem, implicará uma reacção clara por parte destes contra todos os tipos de constrangimento que vão para além do estritamente necessário para uma harmoniosa vida em comum.

Só mediante a defesa intransigente dos seus direitos actuais, poderá o Ser humano salvaguardar os originários – porque lhe são inerentes pelo simples facto de ser homem – sem recurso a especulações de terem ou não sido postos em estado de natureza. Dentre eles o mais digno de nota é o direito de Liberdade.

O que se vem dizendo não obsta à visão de Constant no que respeita à origem do Poder político. Naturalmente que ele não pode resultar senão de convenções e é precisamente pelo facto de as mesmas não serem cumpridas à risca, que os direitos invioláveis do Ser humano são, por via de regra, esquecidos pelos interesses mais comezinhos, e acomodados nas mãos daqueles a quem o Poder é confiado[3218].

Por outro lado, uma das acusações mais graves que sempre se fizeram ao Autor liga-se à sua potencial oposição à ideia da soberania popular[3219], considerando que a mesma será o melhor e mais acabado meio de reconduzir o homem à servidão. De facto, o que Constant critica é o mau uso[3220] que foi dado à soberania popular pelos

---

des torrents mugir sur sa tête, c'est à elle qu'il faut demander compte des motifs qui *l'on engagé à s'associer*. Resserrée dans un espace étroit, assiégée par les ondes en furie, menacée par le feu du ciel, dévorée par le besoin, ce fut elle qui trouva, dans l'association de ses forces, dans la réunion de ses moyens, dans le partage de ses ressources, dans l'emploi de ses facultés individuelles pour le salut commun, une sauvegarde contre la ruine commune."

[3218] Idem, "Principes de Politique (1815)", *Écrits Politiques*, pág. 485: "L'arbitraire est incompatible avec l'existence d'un gouvernement considéré sous le rapport de son institution; car *les institutions politiques ne sont que des contrats;* la nature des contrats est de poser des bornes fixes; or l'arbitraire étant précisément l'opposé de ce qui constitue un contrat, sape dans as base toute institution politique."

[3219] Pierre Manent, *Histoire Intellectuelle du Libéralisme*, pág. 184: "(...) la question délicate concerne l'idée de a souveraineté, particulièrement de la souveraineté du peuple telle que la Révolution a prétendu la mettre en œuvre, en se réclamant souvent de Rousseau."

[3220] António Araújo, "As Duas Liberdades de Benjamim Constant", pág. 531 = Benjamim Constant, "De la Liberté des Anciens Comparée à celle des Modernes", *Écrits Politiques*, págs. 618

políticos e burocratas saídos da Revolução Francesa[3221], retirando ao Povo o seu real Poder que apenas e de nome mantém[3222]. Em nome dele, acaba, de facto, reduzido à servidão[3223] e é nesse preciso plano que a crítica se exerce e não quanto ao instituto

e 619: "É necessário que as instituições realizem a educação moral dos seus cidadãos. Respeitando os seus direitos individuais, cuidando da sua independência, não interferindo nos seus afazeres, as instituições devem consagrar a influência dos cidadãos na coisa pública, apelando-lhes que concorram, pelas suas determinações e pelo seu sufrágio, no exercício do Poder, garantindo-lhes um direito de controlo e fiscalização através da manifestação das suas opiniões, educando-os pela prática no exercício dessas nobres funções, dando-lhes ao mesmo tempo o desejo e a felicidade de as desempenharem de forma correcta."

[3221] Idem, *ibidem*, pág. 531 = Benjamim Constant, "De la Liberté des Anciens Comparée à celle des Modernes", *Écrits Politiques*, pág. 607: "Os homens que pelo turbilhão dos acontecimentos, se viram colocados no comando dos destinos da nossa revolução estavam, em consequência necessária da educação que receberam, profundamente imbuídos das opiniões antigas, agora consideradas falsas, que haviam consagrado os filósofos de que falei. A metafísica de Rousseau, no seio da qual surgiam repentinamente como clarões verdades sublimes e trechos de uma eloquência arrebatadora, a austeridade de Mably, a sua intolerância, a sua raiva contra todas as paixões humanas, a sua avidez em dominar toda a gente, os seus princípios radicais sobre a competência da lei, a diferença entre aquilo que aconselhava e o que realmente tinha existido no passado, as suas invectivas contra as riquezas e mesmo contra a Propriedade, tudo isto deveria encantar homens inflamados por uma vitória recente que, na qualidade de conquistadores do Poder Legislativo, gostariam de estendê-lo a todos e quaisquer objectos. Era-lhes preciosa a autoridade dos dois Autores que, desinteressadamente e lançando um anátema sobre o despotismo dos homens converteram em axioma o texto da lei. Pretendiam exercer a força pública à semelhança daquilo que, segundo os guias que os ensinaram, sucedia nos outros Estados livres. Julgavam que tudo deveria continuar a ceder perante a vontade colectiva e que todas as restrições aos direitos individuais seriam amplamente compensadas pela participação no poder social."

[3222] Idem, *ibidem*, pág. 531 = Benjamim Constant, "De la Liberté des Anciens Comparée à celle des Modernes", *Écrits Politiques*, págs. 606 e 607: "Quer os cidadãos das repúblicas, quer os súbditos das monarquias anseiam pelo bem-estar e, no estado actual das sociedades, ninguém pode deixar de o querer. Nos nossos dias, o Povo, que antes da libertação da França tinha mais apreço pela sua Liberdade era também o Povo que tinha mais apreço pelo gozo dos prazeres da vida; e defendia a sua Liberdade justamente porque via nela a garantia dos prazeres que amava. No passado, onde existia Liberdade, podiam suportar-se privações; hoje em dia, as privações só são aceites pela escravatura. Actualmente, é mais fácil transformar um Povo de escravos num Povo de espartanos para a Liberdade."

[3223] Idem, "Principes de Politique applicables à tous les gouvernements représentatifs et particulièrement à la Constitution actuelle de la France (version de 1815)", *Écrits Politiques*, pág. 793, nota 1 ao capítulo I: "Voici la présentation que Constant donne rétroactivement de ce chapitre inaugural, à l'occasion de sa reproduction en 1818 dans les aditions et notes *aux Réflexions sur les constitutions et les garanties*: 'En 1814, je n'avais aucune raison de traiter de ce qu'on a nommé la souveraineté du peuple, parce qu'il n'était pas à craindre que ce fût là le prétexte dont on pourrait vouloir se servir pour attenter à nos liberté. En 1815, c'était autre chose. Bonaparte, qui avait toujours reconnu la souveraineté du peuple en principe, s'en était souvent prévalu pour justifier l'excès du pouvoir dont il s'était emparé, et qu'il représentait comme lui ayant été délègue par le peuple même. C'était donc cette théorie qu'il fallait attaquer, afin de briser cette arme dangereuse entre les mains d'un homme qui n'en avait que trop abusé.'"

DA HISTÓRIA DA IDEIA DE LIBERDADE (SEQUÊNCIA)

em si mesmo que, como liberal, nunca poderia questionar, nem em 1806[3224], nem em 1815[3225], nem em 1819[3226].

Por um lado, reconhece-se o carácter incontestável do princípio[3227]; por outro, os perigos da sua aplicação[3228]. Isso poderá ser ultrapassado, sob forma definitiva, acedendo ao projecto de Pensamento político que o Autor defende[3229] e que se tem alguns paralelos iniciais com Rousseau, se afasta dele em definitivo[3230].

[3224] Idem, *Principes de Politique Applicables à tous les Gouvernements* (version de 1806-1810), pág. 31: "Rousseau commence par établir que toute Autorité qui gouverne une nation doit être émanée de la volonté générale. Ce n'est pas ce principe que je prétends contester (...). À moins de ressusciter la doctrine du droit divin, il faut convenir que la loi doit être l'expression ou de la volonté de tous, ou de celle de quelques-uns; or quelle sera l'origine du privilège exclusif que vous concéderiez à quiconque s'en empare. Elle ne constitue pas un droit; ou si vous la reconnaissez comme légitime, elle l'est également, quelques mains qui s'en saisissant, et chacun voudra la conquérir à son tour. Si vous supposez le pouvoir du petit nombre sanctionné par l'assentiment de tous, ce pouvoir devient alors la volonté générale."

[3225] Idem, "Principes de Politique applicables à tous les gouvernements représentatifs et particulièrement à la Constitution actuelle de la France (version de 1815)", *Écrits Politiques*, pág. 310: "Notre constitution actuelle reconnaît formellement le principe de la souveraineté du peuple, c'est-à-dire la suprématie de la volonté générale sur toute volonté particulière. Ce principe, en effet, ne peut être contesté. L'on a cherché de nos jours à l'obscurcir, et les maux que l'on a causés, et les crimes que l'on a commis, sous le prétexte de faire exécuter la volonté générale, prêtent une force apparente aux raisonnements de ceux que voudraient assigner une autre source à l'Autorité des gouvernements. Néanmoins, tous ces raisonnements ne peuvent tenir contre la simple définition des mots qu'on emploie. La loi doit être l'expression ou de la volonté de tous, ou de celle de quelques-uns. Or quelle serait l'origine du privilège exclusif que vous concéderiez à ce petit nombre? Si c'est la force, la force appartient à qui s'en empare; elle ne constitue pas un droit, et si vous la reconnaissez comme légitime, elle l'est également, quelques mains qui s'en saisissent, et chacun voudra la conquérir à son tour. Si vous supposez le pouvoir du petit nombre sanctionné par l'assentiment de tous, ce pouvoir devient alors la volonté générale."

[3226] António de Araújo, "Introdução: As Duas Liberdades de Benjamin Constant", pág. 517: "Há quem considere que a originalidade do contributo de Constant resultou do facto de ter separado dois elementos que, no âmbito das teorias clássicas do contrato, eram indissociáveis: a soberania colectiva e os direitos individuais. Mas parece ser indiscutível, uma vez mais, que Benjamin Constant privilegiou claramente este ultimo elemento."

[3227] Benjamin Constant, "Principes de Politique (1815)", *Écrits Politiques*, pág. 311: "(...) il n'existe au monde que deux pouvoirs, l'un illégitime, c'est la force; l'autre légitime, c'est la volonté générale."

[3228] Idem, *ibidem*, pág. 311: "(...) en même temps que l'on reconnaît les droits de cette volonté, c'est-à-dire la souveraineté du peuple, il est nécessaire, il est urgent d'en bien concevoir la nature et d'en bien déterminer l'étendue. Sans une définition exacte et précise, le triomphe de la théorie pourrait devenir une calamité dans l'application. La reconnaissance abstraite de la souveraineté du peuple n'augmente en rien la somme de liberté des individus; et si l'on attribue à cette souveraineté une latitude qu'elle ne doit pas avoir, la liberté peut être perdue malgré ce principe, ou même par ce principe. (...) Lorsqu'on établit que la souveraineté du peuple est illimitée, on crée et l'on jette au hasard dans la société humaine un degré de pouvoir trop grand par lui-même, et qui est un mal, en quelques mains qu'on le place. Confiez-le à un seul, à plusieurs, à tous, vous le trouverez également un mal. (...) Il y a des masses trop pesantes pour la main de les hommes."

[3229] Idem, *Réflexions sur les Constitutions*, apud Marcel Gauchet, "Notes", *Écrits Politiques*, pág. 792: "Le gouvernement est stationnaire, l'espèce humaine est progressive. Il faut que la puissance du gouvernement contrarie le moins qu'il est possible la marche de l'espèce humaine. Ce principe, appliqué aux constitutions, doit les rendre courtes et pour ainsi dire négatives. Elles doivent suivre les idées pour poser derrière les peuples des barrières que les empêchent de reculer; mais elles ne doivent point en poser devant eux qui les empêchent d'aller en avant."

[3230] Idem, Principes de Politique (1815), *Écrits Politiques*, pág. 313: "Rousseau a méconnu cette vérité, et son erreur a fait de son *Contrat social*, si souvent invoqué en faveur de la liberté, le plus terrible auxiliaire de tous les genres de despotisme."

Na verdade, o genebrino acaba por ser um dos escritores mais visados na desmontagem da Autoridade e do Poder social por parte de Constant[3231].
Toda e qualquer Autoridade deve ser limitada, sem distinção da sua fonte[3232]. Isso mesmo acontece com a soberania popular, que não pode ser ilimitada ao gosto de pré e pós-revolucionários[3233], mas persiste numa reserva insusceptível de qualquer intervenção pública[3234]. E é neste plano possível encontrar uma das possíveis contradições de Constant, semelhante às que aponta a Rousseau[3235].

E se a soberania pode ser identificada com a Liberdade política do indivíduo, agora cidadão, e se ninguém terá direito a submeter outrem à sua vontade particular, pergunta-se: em que termos se organiza a sociedade? Para Constant a resposta é simples: pelo correcto uso do conceito.

Não se aceita que as aparentes contradições em Constant sejam inultrapassáveis. Por isso mesmo, se deve a chamar à colação a urgência de ler em sintonia todos os seus escritos. Por aí, talvez seja possível objectar a quaisquer dúvidas. Bastará recordar o seu discurso já estudado no âmbito das "Duas Liberdades" – e que antes disso havia ficado referenciado noutro texto[3236] –, para se perceber que a soberania e respectivos

---

[3231] Idem, *ibidem*, pág. 314: "Rousseau lui-même a été effrayé de ces conséquences; frappé de terreur à l'aspect de l'immensité du pouvoir social qu'il venait de crée, il n'a su dans quelles mains déposer ce pouvoir monstrueux, et n'a trouvé de préservatif contre le danger inséparable d'une pareille souveraineté, qu'un expédient qui en rendît l'exercice impossible. Il a déclaré que la *souveraineté ne pouvait être ni aliénée, ni déléguée, ni représentée*. C'était déclarer en d'autres termes qu'elle ne pouvait être exercée; c'était anéantir de fait le principe qu'il venait de proclamer."

[3232] Idem, *ibidem*, pág. 317: "Aucune Autorité sur la terre n'est illimitée, ni celle du peuple, ni celle des hommes qui se disent ses représentants, ni celle des rois, à quelque titre qu'ils règnent, ni celle de la loi, qui, n'étant que l'expression de la volonté du peuple ou du prince, suivant la forme de gouvernement, doit être circonscrite dans les mêmes bornes que l'Autorité dont elle émane."

[3233] Idem, *ibidem*, pág. 312: "Dans une société fondée sur la souveraineté du peuple, il est certain qu'il n'appartient à aucune individu, à aucune classe, de soumettre le reste à sa volonté particulière; mais il est faux que la société tout entière possède sur ses membres une souveraineté sans bornes."

[3234] Idem, *ibidem*, págs. 312 e 313: "Il y a au contraire une partie de l'existence humaine qui, de nécessité, reste individuelle et indépendante, et qui est de droit hors de toute compétence sociale. La souveraineté n'existe que d'une manière limitée et relative. *Au point où commencement l'indépendance et l'existence individuelles, s'arrête la juridiction de cette souveraineté. Si la société franchit cette ligne, elle se rend aussi coupable que le despote qui n'a pour titre que le glaive exterminateur; la société ne peut excéder as compétence sans être usurpatrice. La majorité, sans être factieuse (...). Elle serait la nation entière moins le citoyen qu'elle opprime, qu'elle n'en serait pas plis légitime.*"

[3235] Quando se acusa alguém de ter "esquecido" o princípio que tem objectivo provar, terá de se proceder de forma dissemelhante. Ora o presente Autor cai, aparentemente, num erro muito análogo, já que começa por apresentar a soberania popular como algo de inultrapassável e incontestável, sendo embora certo que ela não cobre a totalidade da existência humana. Será algo que é "incontestável" poderá ser "essencialmente limitado"? Por outro lado, e partindo de idênticos pressupostos, Constant defende que só a soberania popular pode estar na base de qualquer Governo legítimo, balizando-se os mesmos, como sempre, na admissibilidade de uma parcela da existência humana que escapa à jurisdição da soberania popular, base de todo o ordenamento jurídico e das leis da sociedade. Ou seja, na área dos direitos individuais, o cidadão estar à margem da lei o que, depois de todo o Estudo encetado e do que se seguirá é absolutamente inaceitável. E será que a conclusão apenas pode ser esta? Constant, um dos homens mais importantes do Liberalismo, um dos seus teóricos arregimentados, Constant, será afinal, uma contradição em si mesmo?

[3236] Benjamin Constant, "Principes de Politique (1815)", "De l'Esprit de Conquête et de l'Usurpation", *Écrits Politiques*, págs. 206 e ss.

defeitos que Constant invectiva, não é a dos Modernos, é a dos Antigos, a Liberdade individual fora da tutela pública não é a dos Antigos é a Modernos. Esta a real intenção do Pensamento de Constant.

Quanto ao problema da Constituição, que como liberal não poderia olvidar, julga necessário, no seguimento de Montesquieu, que as instituições estejam estabelecidas de tal modo que encontrem por objecto único a Liberdade[3237]. O modo de organização das mesmas e as suas relações internas são devidamente escalpelizados[3238], mas no final a ideia relevante que fica é a da importância da Lei Fundamental ou Constituição, como lei protectora da Liberdade política e garantia da Liberdade civil, tal como haviam ficado enunciadas na *Declaração de 1789*.

Para finalizar reitere-se um certo exagero na posição de Benjamin Constant, tal como ela costuma ser apresentada. Basta recordar que a Revolução Francesa se fez em nome do Individualismo, em nome da defesa dos direitos naturais e inviolávies existentes no estado de natureza e que o homem nem pode, nem deve perder, na sua passagem ao estado de sociedade. É pelo facto de não aceitar esta posição, entre outras coisas, que o Autor contesta uma tese quase unanimemente aceite no continente europeu, e que os ingleses combatiam por causas diversas das de Constant.

Que a degenerescência posterior existiu, é uma verdade; mas a teorização que precedeu a convulsão gaulesa e a acompanhou, não pode levar a concluir pela prevalência do cidadão sobre o indivíduo, ou do exercício valorativamente elevado da actividade política sobre a independência privada. Isso seria ao arrepio de toda a teorização da Revolução Francesa, como se explicitou no início da abordagem do Autor.

Mais do que isso, houve desde sempre uma preocupação acrescida de delimitar as potenciais tentações do Poder político, conducentes ao arbitrário e que pretendesse a supressão de toda a Liberdade individual. Foi esta efectivamente a tese comum aos grandes teóricos do Liberalismo francês e não apenas a Constant, que não preceituavam que a vida pública absorvesse a privada e a aniquilasse por completo.

O que se afigura, de facto, é que a zanga de Constant era sobretudo contra o Terror – em que curiosamente não deixou de participar –, com o Directório e com o Império – onde teve idêntica envolvência –, onde esses direitos individuais foram sacrificados em nome do interesse público – ou do que por ele se entendia. Esta a que se admite ser a melhor interpretação e que se afasta de um certo radicalismo do Autor, manifestando compreensão pela reprimenda que enceta, por razões exógenas à Revolução Francesa e aos seus teóricos, em boa medida ligadas aos sucessos posteriores a 1794[3239].

[3237] Idem, *Principes de Politique Applicables à tous les Gouvernements* (version de 1806-1810), pág. 57: "Si l'Autorité sociale n'est pas limitée, la division des pouvoirs, qui est d'ordinaire la garantie de la liberté, devient un danger et un fléau. La division des pouvoirs est excellente en ce qu'elle rapproche autant que possible l'intérêt des gouvernants de celui des gouvernés."

[3238] Por exemplo, e no plano dos benefícios que o Governo representativo apronta, o facto de as eleições para os deputados deverem ser directas. Vejam-se "Principes de Politique (1815)", *Écrits Politiques*, págs. 349 e ss.: "De élection des assemblées représentatives", onde defende a eleição directa dos deputados.

[3239] Qualquer outra possibilidade implicaria uma contradição nos pressupostos defendidos desde o início e, se é correcta a distinção de Constant entre as duas Liberdades, no tempo e no espaço, ela não simboliza o que se passava no plano da relação entre o Pensamento e as Ideias Políticas, representada por teoria e uma prática nem sempre coincidentes, sim, mas que de comum tinham

Por outro lado, o estado de sociedade a que De Felice se refere não é aquele que, em tese geral, por norma se considera – esse fica para o ponto que imediatamente segue – mas um estado de sociedade naturalística, que corresponde ao tradicional estado de natureza.

A partir desta verificação os homens podem dar início aquilo que designa por "estados acessórios ou adventícios", surgidos em função de facto seu e não do Criador. Aponta-se, destarte, para um efectivo estado de sociedade, precedido de um de "famille", vista como a mais antiga e natural de todas[3240]. O estado de sociedade civil é, contudo, de todos o mais importante, podendo também designar-se de sociedade de Governo.

Particularizando a questão, tem de existir uma Autoridade soberana, que toma o lugar da Igualdade e da independência, de que já Locke falava e que Daunou, entre outros, por este mesmo período entendeu defender. Neste quadro de independência, "le droit de la juste défense de soi-même que chacun avait dans l'independance de l'état de nature, est ôté aux particuliers dans la société civile; de sorte qu'il ne leur est plus permis de tirer raison eux-mêmes, comme ils l'entendent, des injures qu'ils ont reçues, ni de se faire rendre par force ce qui leur est dû"[3241].

Assim, na passagem do estado de natureza ao estado de sociedade há características que não podem deixar de se perder, sendo certo que tanto se traduz na consolidação dos benefícios que da sociedade advêm ao indivíduo e, nomeadamente, na protecção que a lei de forma igual deve dispensar a todos os cidadãos.

Procurando o desenvolvimento do estado de sociedade, retoma De Felice algumas das ideias já explanadas no quadro da sociedade naturalística, vistas agora sob o ponto de vista da sociedade civil em si mesma[3242]. Será dentro destes parâmetros que o Autor irá buscar a origem das mesmas[3243].

De Felice reconhece a dificuldade em se pronunciar sobre a origem primitiva das sociedades civis[3244], atribuindo a meras conjecturas tudo o que se tem escrito[3245]. De forma algo indirecta acaba por considerar que tendo sido a monarquia a primeira

---

a defesa do indivíduo, como indivíduo e como cidadão dos designados dislates patrocinados pelo Antigo Regime.
[3240] De Felice, *Leçons de Droit de la Nature et des Gens*, I, pág. 26: "Cette société est la plus ancienne & la plus naturelle de toutes, & elle sert de fondement à la société civile; car un peuple ou une nation n'est qu'un composé de plusieurs familles."
[3241] Idem, *ibidem*, I, págs. 229 e 230.
[3242] Idem, *ibidem*, II, pág. 3: "société naturelle elle-même modifiée de telle sorte, qu'il y a un Souverain qui y commande, & de la volonté du que tout ce qui peut intéresser le bonheur de la société dépend en dernier ressort, afin que par ce moyen les hommes puissent se procurer d'une manière plus sûre le bonheur auquel ils aspirent naturellement."
[3243] Idem, *ibidem*, II, pág. 11: "Quand on demande quelle a été l'origine de la société civile, cette question peut être envisagée sous deux faces différentes: car ou l'on demande par là, quelle a été dans le fait la première origine des Gouvernements, ou bien l'on demande quel est le droit de convenance à cet égard, c'est-à-dire, quelles sont les raisons qui doivent porter les hommes à renoncer à leur liberté naturelle, & a préférer l'état de nature."
[3244] Idem, *ibidem*, II, pág. 41: "Quoique l'origine de la plupart des Etats nous soit inconnue, il ne faut pas s'imaginer pour cela que ce que nous venons de dire sur la manière dont les sociétés civiles se forment, soir une pure supposition. Car comme il est certain, que toute société civile a eu un commencement, on ne saurit concevoir comment les membres qui les composent, se sont réunis pour vivre ensemble sous la dépendance d'une Autorité souveraine, sans supposer les conventions (...)."
[3245] Idem, *ibidem*, II, pág. 12.

das formas de Governo instituídas, isso se explica porque "il était plus aisé aux peuples, lorsqu'ils ont pensée d'établir l'ordre dans la société, de se rassembler sous une seule chef que sous plusieurs", sendo a realeza a imagem da Autoridade que os chefes de família tinham sobre os seus[3246].

Aceita, deste modo, a constituição da sociedade em função das necessidades dos homens, que para os dirigirem escolheram um chefe, um Rei, para que a sua segurança e paz ficasse garantida[3247]. Tal situação justifica-se porque "voulant (...) s'assembler en corps politique, ils le formèrent sur le modèle de l'Autorité dont les Peres jouissaient originairement"[3248]. Neste âmbito, o estabelecimento de uma sociedade civil e de uma Autoridade soberana entre os homens torna-se absolutamente necessária à sã convivência entre os homens, sendo embora verdade que isso de imediato questiona a perda da Igualdade primitiva entre os mesmos[3249].

Neste aspecto De Felice segue a generalidade da doutrina e considera que ainda que no estado de natureza reine a Liberdade e a Igualdade, não há possibilidade de evitar atitudes irreflectidas por parte dos seus membros; é por isso necessário que uma outra lei, para além da natural, obrigue coercivamente à aplicação desta e essa pessoa apenas poderá ser o magistrado. Donde, ao invés de coarctar em definitivo os direitos primários da sociedade primitiva, a nova sociedade assegura[3250] e conserva a sua existência[3251], para o que é necessário que se reunam duas condições: "de s'unir ensemble par une société plus particulière; (...) de former cette société sous la dépendance d'une personne qui eût le droit d'y commander en dernier ressort, pour y maintenir l'ordre et la paix"[3252]. A sociedade política e o Poder político têm origem humana e convencional, portanto.

Avançando para a consolidação do estado de sociedade, estado em que as leis devem comandar os comportamentos humanos[3253], De Felice manifesta que tal actuação é em tudo conforme à Razão, ela mesma que inclina ao seu cumprimento. É neste sentido que define a obrigação como *"une restriction de la liberté naturelle, reconnue par la raison, éclairé sur ces véritables intérêts & qui détermine l'homme à une certaine manière d'agir, préférablement à toute autre"*[3254]. É o que se considera a necessidade de uma parcela da Liberdade natural dos homens ter de decair em função da sua convivência em

---

[3246] Idem, *ibidem*, II, pág. 14. Na página imediata refere que terão sido "ceux en qui on reconnut ces qualités plus nécessaires alors que jamais, ne tardèrent pas à s'attirer l'estime & la confiance publique."

[3247] Idem, *ibidem*, II, pág. 16, ainda quando esse consentimento seja meramente tácito e resulte da habituação dos homens em serem dirigidos por um deles.

[3248] Idem, *ibidem*, II, pág. 14.

[3249] Idem, *ibidem*, II, pág. 19.

[3250] Idem, *ibidem*, II, pág. 26.

[3251] Idem, *ibidem*, II, págs. 20 e ss., especialmente pág. 27: "S'il est donc vrai que l'état civil donne une nouvelle force aux lois naturelles; s'il est vrai que l'établissement d'un Souverain dans la société, pouvait d'une manière plus efficace à leur observation, il faudra conclure que la liberté dont l'homme jouit dans cet état, est beaucoup plus parfaite, plus assurée & plus propre à procurer son bonheur, que celle dont il jouissait dans l'état de nature."

[3252] Idem, *ibidem*, II, pág. 23.

[3253] Idem, *ibidem*, I, págs. 48 e ss. O Autor define lei enquanto "une regle prescrite par un supérieur à un inférieur que en dépend, pour lui imposer l'obligation de faire certaines actions, ou de s'abstenir d'autres, sous la menace de quelque peine." Em II, pág. 2 e ss. estas ideias são retomadas nos termos em que se verá mais adiante.

[3254] Idem, *ibidem*, I, pág. 42.

sociedade e que apenas a lei poderá determinar em toda a sua pujança, evitando arbitrariedades e concedendo aos homens toda a felicidade e bem-estar que procuram nessa sua transição desejada[3255].

O Direito, aqui considerado como o único interveniente apropriado para a manutenção das relações humanas, é encarado num contexto moral, sendo válido para a conformação da actividade humana à racionalidade que obriga a respeitar tanto quanto os nossos bens jurídicos, os dos nossos semelhantes. "Ce sont (...) les droits & les devoirs réciproques qui font véritablement la société"[3256].

Em função disto mesmo entende que as máximas da virtude que a Razão apresenta e impressionam os espíritos não passam de simples conselhos; "mais si nous ajoutons à cela, que Dieu nos impose l'obligation de pratiquer ces maximes, sous la menace ou l'espérance de peines ou de récompenses considérables, *il est incontestable que, devenant ainsi de véritables lois, elles acquerront par là un beaucoup plus haut degré de force, & qu'elles seront observées avec beaucoup plus exactitude. Car c'est par là uniquement que* ces maximes *acquirent force de lois. L'idée de morale renferme cella d'obligation, l'idée d'obligation cella de loi, l'idée de loi cella de Législateur, & l'idée de Législateur cella de Rémunérateur ou de vengeur: c'en est la sanction*"[3257].

Nesta área, aproveita De Felice para abordar direitos e deveres naturais e adquiridos, sendo certo que considera o direito à Vida como natural e a Propriedade – ao contrário de boa parte dos seus colegas de profissão – como adquirido[3258]. Quanto aos primeiros não é possível a renúncia; já em relação aos segundos fica ao critério de cada um a actuação que entender por melhor[3259].

A conservação dos direitos que lhe são próprios e que De Felice designa como "devoirs de l'homme par rapport à lui-même"[3260], descola da própria ideia de Deus, que como Autor da lei natural tem o direito de exigir a observação deste dever, punindo a sua violação. De outro modo, o suicídio, perante a Fé católica é punido e perante as leis dos homens deverá, da mesma sorte, ser proibido[3261].

Faz parte da defesa da Liberdade natural do homem e é considerado como seu direito primário e inalienável o direito à Vida e a sua defesa.[3262]

[3255] Idem, *ibidem*, I, pág. 44: "Ce qui répond au droit [visto como qualidade moral] c'est le *devoir*. Car lorsque la raison approuve que l'homme fasse un certain usage de ses forces & de sa liberté, ou lorsqu'elle reconçoît en lui en certain droit; il faut nécessairement que pour assurer ce droit à un homme, elle suggère en même temps aux autres hommes l'obligation où ils se trouvent de le laisser jouir paisiblement de son droit; & qu'ils doivent le respecter, & l'aider même à en user. C'est l'idée du devoir que répond au droit."
[3256] Idem, *ibidem*, I, pág. 45.
[3257] Idem, *ibidem*, I, pág. 195.
[3258] Idem, *ibidem*, I, pág. 46.
[3259] Idem, *ibidem*, I, pág. 48.
[3260] Idem, *ibidem*, I, pág. 201.
[3261] Idem, *ibidem*, I, págs. 201 e ss.
[3262] Idem, *ibidem*, I, pág. 73: "une loi que Dieu impose à tous les hommes, & qu'ils peuvent découvrir et connaître par les seules lumières de leur raison, en considèrent avec attention leur nature & leur état."; págs. 214 e 215: "La liberté naturelle est le droit que tous les hommes ont par leur nature, de disposer de leurs personnes, de leurs actions, de leurs biens, de la manière qu'ils jugent la plus convenable à leur bonheur, sous la condition qu'ils ne blessent en rien leurs devoirs, ni par rapport à Dieu, ni par rapport à eux-mêmes, ni par rapport aux autres hommes. Les lois naturelles sont (...) la règle & la mesure de cette liberté".

Esta Liberdade é um direito natural, visto este enquanto "*le système, l'assemblage ou le corps de ces mêmes lois*"[3263], sendo pois um postulado inerente à natureza humana e que lhe pertence por força da sua específica constituição[3264].

A este direito de Liberdade corresponde uma obrigação recíproca, imposta pela lei natural a todos os homens[3265], "& qui les engage à ne point troubler les autres dans l'exercice de leur liberté, tant qu'ils n'en abusent pas"[3266].

Numa observação que será depois desenvolvida quando se referir ao estado de natureza, "tous les hommes naissent libres" aspecto que nunca deverá confundir-se com a licença, a menos que se pretenda a ruína dessa mesma Liberdade. Apenas pela "sagesse" o homem se torna livre[3267].

Só pela força das leis naturais se assegura a verdadeira Liberdade entre os homens e para os homens, numa relação em que obrigatoriamente se têm de encontrar, assegurando as suas posições relativas no concerto das relações em que se encontram. A Liberdade é, entre todos os direitos originários do homem, aquele que é mais digno de consideração, assegurando os demais[3268] e, fazendo neste particular o Autor um apelo aos antigos conceitos romanos que viam na Liberdade natural uma "libertas inestimabilis res est"[3269].

Quanto à lei[3270] que em sociedade é o garante da Liberdade e da Igualdade formais entre os indivíduos, o Autor entende que sempre será uma norma prescrita por um superior a um inferior, o que mais não significa que a desigualdade que daqui decorre, tem em vista a conservação da sociedade[3271]. Este é um ponto particularmente importante em que De Felice se afasta de quase todos os *Ideólogues*, que não admitiam como se sabe um tratamento diversificado e em certos casos muito benéfico de certas pessoas em relação a outras. Concretamente não admitiam a figura da dispensa da lei, que De Felice aceita porque não vê nela qualquer quebra do princípio da Igualdade,

---

[3263] Idem, *ibidem*, I, pág. 73.
[3264] Idem, *ibidem*, I, pág. 215.
[3265] Idem, *ibidem*, II, pág. 24.
[3266] Idem, *ibidem*, I, pág. 215. O Autor prossegue: "car puisque les hommes ont tous, par la nature, le même droit, il s'ensuite que comme chacun prétend que les autres respectent l'usage qu'il fait de sa liberté, il doit consentir à son tour à avoir pour eux les mêmes attentions, les mêmes ménagements qu'ils demande pour lui-même."
[3267] Idem, *ibidem*, I, pág. 216.
[3268] Maria do Rosário Pimentel, "A escravatura na perspectiva do jusnaturalismo", pág. 29: "Em De Felice, a Liberdade humana assume uma importância tão extraordinária que é, por si só, a condição necessária à conservação do Ser humano enquanto tal, isto é, enquanto pessoa e não coisa. É a condição fundamental da Vida do indivíduo, e, porque a Liberdade de cada um é uma parte da Liberdade pública, torna-se também o fundamento do estado soberano popular, que sustenta e defende as Liberdades sociais. A Liberdade não é somente um atributo do homem no estado natural, mas a condição da existência do homem na sociedade civil. De Felice vê-a como um bem inestimável. Ela é não só a defesa da conservação do homem, como também o fundamento de toda a superioridade que este goza. É ela que lhe permite sacudir, por todos os meios ao seu alcance o jugo a que o queiram submeter."
[3269] De Felice, *Leçons de Droit de la Nature et des et des Gens*, I, pág. 219.
[3270] Idem, *ibidem*, I, pág. 64: "(...) la loi est une règle de conduite, prescrite aux êtres libres (...)".
[3271] Idem, *ibidem*, II, pág. 2: "La société humaine est par elle-même & dans son origine une société d'égalité & indépendance, l'établissement de la souveraineté anéantit cette indépendance; cet établissement ne détruit point la société naturelle, au contraire il sert à lui donner plus de force."

nem a julga atentatória da Liberdade de alguns, muitos, contra um número reduzido de seus concidadãos[3272].

Existe portanto um afastamento entre estas ideias e as que seguem de imediato à Revolução Francesa, recuperando-se os ensinamentos do jusnaturalismo e, de certo modo, fazendo-se eco de uma França tocada pela Restauração. Aí mesmo, onde os excessos da Revolução tinham originado um certo retorno ao tradicionalismo, que procurava pela via da moderação afastar os compromissos com qualquer das experiências constitucionais anteriores a 1814.

Conhecida que é a lei natural na sua conformação ao Direito Natural e sendo Deus o seu Autor, tal como se confere que a sociedade é necessária ao homem para a sua sobrevivência[3273], "Dieu lui a donné [ao homem] une constitution, des facultés & des talents propre à cet état." Resulta desta apreciação que é a ideia de sociabilidade, cara a Pufendorf e que Burlamaqui burilou, aquela que está presente em De Felice[3274]. Há assim um retrocesso claro em relação às teses do Liberalismo clássico, que consideram que a sociedade se forma a partir dos contributos atomizados dos indivíduos reunidos entre si, para regressarmos à antiga visão da evolução do Ser humano.

"Tout (...) nous fait sentir la nécessité de la société, tout nous y invite; besoins de l'esprit & du corps, facultés, penchants, organisation physique, l'amour même de nous-mêmes, & la nécessité de notre conservation, de notre perfection, de notre bonheur. (...) Les Moralistes appellent *sociabilité cette disposition que nous porte à la bienveillance envers nous semblables, à leur faire tout le bien qui dépend de nous, à concilier notre bonheur avec celui des autres, & à subordonner toujours notre avantage particulier à l'avantage commun & général.* Plus nous nous étudierons nous-mêmes, plus nous serons convaincus que cette sociabilité est en effet conforme à la volonté de Dieu"[3275].

Esta ideia da sociabilidade que outorga a cada um direitos iguais entre si em sociedade confere-lhes os respectivos deveres[3276], sendo certo que a aplicação dos princípios gerais das leis naturais às acções humanas importa, em primeira linha, a salvaguardada da consciência[3277]. Consistem estes deveres na sua forma absoluta no fundamento dos demais, numa aproximação ao paralelo entre estados primitivos e acessórios do homem. Entre todos, De Felice entende que a Igualdade natural "est la base de tous les devoirs de la sociabilité"[3278]. A Igualdade é o fundamento da sociedade universal[3279].

O Direito Natural manda que haja entre os homens uma boa relação. Independentemente de "toutes les inégalités extérieures & accidentelles, produites par le changement & la diversité des états nécessaires, les droits de l'égalité naturelle subsistent toujours invariablement, & conviennent à chacun par rapport à tout autre, de quelque condition qu'il soit"[3280]. Eis no que consiste a Igualdade: todos os homens detêm um igual direito à sociedade e à felicidade, sendo certo que todos os deveres

---

[3272] Idem, *ibidem*, I, págs. 53 e 54.
[3273] Idem, *ibidem*, I, pág. 99.
[3274] Idem, *ibidem*, I, págs. 248 e ss.
[3275] Idem, *ibidem*, I, pág. 102.
[3276] Idem, *ibidem*, I, págs. 248 e 249: "On peut ranger sous deux classes générales tous les devoirs de la société: les uns sont des devoirs *primitifs & absolus;* les autres sont des devoirs *dérivés ou conditionnels.*"
[3277] Idem, *ibidem*, I, pág. 108.
[3278] Idem, *ibidem*, I, pág. 249.
[3279] Idem, *ibidem*, I, pág. 264.
[3280] Idem, *ibidem*, I, pág. 251.

da sociabilidade se impõem a todos do mesmo modo, sem que ninguém se possa atribuir vantagens ou superioridade.

É muito interessante esta ponderação de De Felice no que respeita à Igualdade, que segue a que já fizera a respeito da Liberdade pela consideração que ambas sendo absolutas acabam por sofrer limitações no estado de sociedade, ainda que os pressupostos de direitos primeiros e absolutos que contêm não possam ser tocados no que respeita à defesa formal dos mesmos. Os corolários que retira são bastante evidentes do seu Pensamento e permitem sem qualquer dúvida colocá-lo no campo do Liberalismo, ainda que com as condicionantes para que já se alertou.

Assim, "(...) ces Supérieurs qui traitent ceux qui leur sont soumis, d'une manière dure, inhumaine ou barbare, péchant manifestement contre le devoir fondamental de l'égalité", ponto onde mais uma vez busca o apoio de Burlamaqui e Pufendorf, no sufragar das suas próprias conclusões.

A Liberdade civil no entendimento de De Felice acaba por ser o mesmo que a Liberdade natural, "mais dépouillée de cette partie qui faisait l'indépendance des particuliers, pas l'Autorité qu'ils ont donnée sur eux à leur Souverain"[3281], acompanhada do direito de exigir aos soberanos que usem bem da sua Autoridade e de um seguro moral que o Direito surtirá os seus objectivos[3282].

Conclui-se do seu raciocínio que em função da sua Liberdade natural e civil, o Ser humano não pode consentir, por qualquer convenção, na submissão a qualquer dose de escravidão, submetendo-se, sem mais, à arbitrariedade de qualquer Poder, privado ou público. É impossível dar a outrem aquilo que não se detém; logo, é impraticável outorgar a alguém mais Poderes sobre si do que aqueles que tem sobre si mesmo. E se a lição do Cristianismo veda o suicídio como a perda da Liberdade enquanto direito natural, não se pode admitir que um homem transmita a outro qualquer direito sobre a sua Vida e a sua Liberdade[3283].

Distingue, ainda, entre origem da sociedade e formação do Estado. O Estado ou Corpo Político resulta, numa certa apropriação dos ensinamentos de Rousseau, na reunião "pour toujours les volontés de tous les membres de la société, de telle sorte que désormais ils ne voulussent plus qu'une seule & même chose en matière de tout ce qui se rapporte au but de la société. Ensuite il fallait établir un pouvoir supérieur soutenu des forces de tout le corps, au moyen duquel on pût intimider ceux qui voudraient troubler la paix, & faire souffrir un mal présent & sensible, à quiconque oserait agir contre l'utilité commune"[3284]. Desta reunião de vontades resulta o Estado[3285], sem o qual dificilmente se concebe a sociedade civil.

[3281] Idem, *ibidem*, II, pág. 28.

[3282] Maria do Rosário Pimentel, "A escravatura na perspectiva do jusnaturalismo", pág. 30: "A Liberdade natural, consiste em não reconhecer qualquer Autoridade soberana sobre a terra e em seguir as leis naturais, nem qualquer tipo de dependência em relação aos seus semelhantes. A Liberdade civil, consiste em não obedecer a qualquer outro Poder que não seja aquele a quem se está submetido, nem a outras leis que não sejam as emanadas por esse mesmo Poder soberano, segundo o direito que ele próprio recebeu da sociedade. (...) Esta Liberdade, pela qual o indivíduo não está nunca sujeito a um Poder absoluto, liga-se fundamentalmente à conservação da sua própria existência e felicidade."

[3283] De Felice, *Leçons de Droit de la Nature et des et des Gens*, II, pág. 303.

[3284] Idem, *ibidem*, II, págs. 33 e 34.

[3285] Idem, *ibidem*, II, pág. 36: "L'on peut définir l'Etat, une société para laquelle une multitude d'hommes s'unissent ensemble, sous la dépendance d'un Souverain, pour trouver sous sa protection

A existência convencional do Corpo Político que pretende manter a Liberdade dos indivíduos implica uma ideia de representatividade uma vez que a reunião de vontades numa única pessoa ou numa assembleia se processa pela submissão das vontades particulares a uma pessoa singular ou colectiva. E isto de tal modo que as resoluções tomadas sejam vistas como o produto das vontades positivas de todos on intervenientes em geral e de cada um em particular. É esta reunião de forças que constitui a soberana potência[3286].

O Estado ou Corpo Político é uma pessoa moral, em que o soberano é o chefe ou a cabeça e os particulares os membros, detendo por isso aqueles certos direitos e estes não podendo de algum modo intervir nas suas atribuições.

É de acordo com estes dados que De Felice enquadra o nascimento prévio da sociedade civil ao Estado mediante uma *"première convention (...) par laquelle chacun s'engage avec tous les autres, a se joindre ensemble pour toujours en un seul corps, & à régler d'un commun consentement ce qui regarde leur conservation & leur sûreté commune"*. A esta segue-se *"une ordonnance qui établit la forme du Gouvernement"* e, para finalizar, estando definida a forma de Governo, *"il doit y avoir encore une autre convention, para laquelle, après qu'on a choisi une ou plusieurs personnes à qui l'on confère le pouvoir de gouverner, ceux que sont revêtus de cette Autorité supreme, s'engagent à veiller avec soin à la sûreté & à l'utilité commune"*[3287].

Ou seja, duas convenções e um decreto tal como Pufendorf defendia e Wolff, Burlamaqui e Vattel haviam teorizado, atentos os ensinamentos de Locke, que alteraram na medida conhecida.

Quanto ao soberano, tem o direito de comando em todos os casos, sendo a soberania *"le droit de commander en dernier ressort dans la société civile, que les membres de cette société ont déféré à une seule & même personne, pour y maintenir l'ordre au dedans, & la défense au dehors, & en général pour se procurer sous la protection & par ses soins un véritable bonheur, & surtout l'exercice assuré de leur liberté"*[3288].

Desta definição resultam, como corolários, o direito de comandar todos os membros da sociedade usando a coacção, devendo todos os particulares submeter-se-lhe; o direito que uma certa pessoa singular ou colectiva detém de comando neste contexto, assim como a unidade e indivisibilidade da mesma, em ordem à felicidade dos Povos. Este conceito de soberania, com os traços que apresenta tanto poderia ser aplicado ao Antigo Regime – uma pessoa que representa a Nação – como ao Liberalismo – uma Assembleia que representa a Nação. Por um lado o paternalismo régio em versão absolutista; por outro, a Liberdade da Nação.

É isso que falta explicar em seguida. Ou, por outras palavras, falta explicar a fonte da soberania e aferir, a final, qual a real posição que De Felice pode ocupar no quadro da discussão.

A soberania resulta das convenções mediante as quais a sociedade civil se forma e que dão origem ao Governo[3289]. Classificação inexistente no estado de natureza, é

& par ses soins, le bonheur auquel ils aspirent naturellement."
[3286] Idem, *ibidem*, II, pág. 35.
[3287] Idem, *ibidem*, II, pág. 38.
[3288] Idem, *ibidem*, II, pág. 41.
[3289] Idem, *ibidem*, II, pág. 59: "(...) l'Autorité souveraine, aussi-bien que le titre sur lequel ce pouvoir est établi, & qui en fait le droit, résulte immédiatement des conventions mêmes qui forment la société civile."

impossível afirmar que no estado de sociedade a soberania possa ter diversa origem, seja que "la souveraineté réside originairement dans le peuple, & dans chaque particulier para rapport à soi-même, & que c'est le transport & la réunion de tous ces droits de tous les particuliers dans la personne du Souverain, qui le constitue tel, & qui produit véritablement la souveraineté"[3290].

Locke, Burlamaqui, Vattel e em menor grau Pufendorf, estão bem presentes nesta fase.

A soberania reside originariamente na Nação e seja por força de monarquias electivas ou hereditárias, isso pouco importa; é sempre a Nação a fonte dos Poderes do soberano[3291].

Quanto aos Autores que vêm a soberania pela via do despotismo esclarecido[3292], acredita que a maior parte dos que vêm a soberania como uma emanação directa e imediata do Poder de Deus, "se proposent moins d'établir l'origine de la souveraineté en elle-même, qu'à la mettre en sûreté, d'où qu'elle vienne, contre les maximes sanguinaires de ceux qui abusent de l'ignorance des peuples, la font dépendre du Pape, comme s'il avait le droit de délier les sujets du serment de fidélité, & de les autoriser à assassiner leur Prince, sous prétexte d'hérésie", aspecto desnecessário pois desde que a Autoridade provenha da Nação todas as pretensões romanas decairão naturalmente[3293].

Está-se, pois, perante mais um elemento importante para a análise: De Felice é regalista e preconiza a separação institucional entre Estado e Igreja, logo desde a formação do primeiro. Mais um ponto de contacto com reformistas e liberais portugueses.

Assim se encaminha o Estudo para um dos aspectos mais determinantes, senão o mais importante, para a qualificação ou não do Autor como liberal, uma vez que continua agarrado ao jusracionalismo do séc. XVIII e o aplica aos condicionalismos do séc. XIX, dando razão à teoria de que há uma ligação inultrapassável entre a reflexão dos dois períodos.

Importa, pois, aferir os termos em que enquadra as limitações à soberania mediante as Leis Fundamentais, como se pronuncia sobre o Governo absoluto e como encara a partilha de Poder. Este tipo de observação conduzirá, a final, a perceber se De Felice tem saudades do Antigo Regime ou se, por outra via, será um conservador liberal. Em simultâneo descortinar os motivos pelos quais uma das alas do Congresso Vintista tanto o prezava, enquanto a outra por ele não nutria particulares simpatias.

A potência soberana, após o seu estabelecimento, não reconhece sobre a terra nenhuma outra que lhe seja superior ou igual, não podendo portanto o que ela estabelece na extensão do seu Poder ser anulada por qualquer outra vontade humana. Independentemente da forma de Governo preferida, "il fait toujours qu'on soit soumis a une décision souveraine, puisqu'il implique contradiction de dire qu'il y ait quelqu'un au-dessus de celui qui tient le plus haut rang, dans un même ordre d'êtres"[3294].

Por outro lado, o soberano não tem que prestar contas da sua conduta nem ser sujeito a quaisquer penas, uma vez que não existiria superior que lha pudesse aplicar. Perante isto, importa perguntar se ele, soberano, não terá que se confrontar com algum

---

[3290] Idem, *ibidem*, II, pág. 60.
[3291] Idem, *ibidem*, II, pág. 70: "Cette souveraineté telle que nous venons de la représenter, résidoit originairement dans le peuple."
[3292] Idem, *ibidem*, II, págs. 63 e 64.
[3293] Idem, *ibidem*, II, pág. 64.
[3294] Idem, *ibidem*, II, pág. 66.

freio que possa controlar uma atitude frontalmente contraditória com os compromissos que assumiu, quando pelo pacto social se obrigou perante os seus súbditos.

Em tese geral, e no que toca às várias espécies de leis, no plano estudado presentemente, não faz o Autor uma alusão directa às Leis Fundamentais, tão teorizadas pelos próprios jusracionalistas, e que a ele não merecem menção especial dentro desta designação expressa. O máximo que se poderá retirar das suas conclusões – e que tem subjacente a divisão entre lei divina e lei humana – é a seguinte observação: "(...) toutes les différents idées qu'on peut concevoir des diverses lois qui s'expriment par les noms des lois divines & humaines, naturelles & positives de la religion & de la police, du droit des gens & du droit civil, ou par tous les autres noms qu'on peut leur donner, se réduisant à deux espèces, qui comprennent toutes les lois de quelque nature qu'elles soient; l'une des lois qui sont immuables, & l'autre des lois qui sont arbitraires"[3295].

Ora e se as Leis Fundamentais não são leis éticas – ou não são apenas leis éticas, no plano da compreensão do Liberalismo, posicionando-se antes como guardiãs dos direitos individuais que, por natureza, se conferem aos indivíduos, não serão imutáveis, na primeira aproximação possível ao Pensamento do Autor. E não o sendo, apenas podem cair na classificação de regras arbitrárias, ponto em que existe alguma dificuldade no enquadramento do discurso de De Felice, merecendo uma segunda reflexão. A partir da mesma talvez seja possível retirar algum sentido útil destas duas expressões.

Neste quadro, "Ainsi comme c'est une suret de la première loi [a imutável] qu'il faut obéir aux puissances, parce que c'est Dieu qui les a établies; & que c'est une suite de la seconde loi [as arbitrárias], qu'il ne faut faire tort à personne, & qu'il faut rendre à chacun ce qui lui appartient, & *que toutes ces règles sont essentielles à l'ordre de la société, elles sont par cette raison des lois immuables*"[3296]. Eis como De Felice resolve o problema, de modo algo forçado, mas eficaz.

Em face de comportamentos lesivos dos acordos previamente estabelecidos, entende que – e apenas nesta situação em que o mínimo ético está em causa – não é possível negar que a soberania "ne retourne (*ipso facto*) à la nation, & qu'elle ne puisse agir avec celui qui était son Souverain, de la manière la plus convenable à ses intérêts & à la sûreté; & quelque idée qu'on puisse se faire de la souveraineté, on ne saurait prétendre raisonnablement, que ce soit un droit & un titre assuré, de faire impunément tout ce que les passions les plus déréglées peuvent inspirer, & de devenir l'ennemi de la société"[3297].

A soberania está acima de toda a lei humana, ainda que ela própria seja parte dessa lei humana, a mais digna e elevada e por isso insusceptível de discussão[3298]. A teorização de De Felice é muito semelhante à de Jovellanos, que a propósito da questão da soberania vai apresentar uma perspectiva em tudo semelhante à do presente Autor. E Jovellanos é insuspeito na matéria, uma vez que ele foi um dos obreiros da Constituição mais liberal do então mundo conhecido, a *Constituição de Cádiz*.

Por isso ele se inclui no grupo dos moderados, qualificação que pode de igual modo assentar a De Felice, já que a sua teorização é feita em abstracto no que respeita às

---

[3295] Idem, *ibidem*, I, pág. 55.
[3296] Idem, *ibidem*, I, pág. 56.
[3297] Idem, *ibidem*, II, pág. 68.
[3298] Idem, *ibidem*, II, pág. 68.

prerrogativas do soberano e à ideia de soberania e, só depois, na passagem à prática se pode perceber o real alcance das propostas de ambos os Autores.

Apesar da imprecisão de contornos atribuídos à Lei Fundamental no discurso deste escritor, não pode ele deixar de reconhecer que o soberano, enquanto actua como tal, "il n'est sujet qu'aux lois fondamentales & à celles du Droit des Gens"[3299]. Deve de igual modo respeitar os usos e costumes imemoriais da Nação, que correspondem a uma outra faceta das Leis Fundamentais, no sentido a que Ribeiro dos Santos se lhes referia.

A soberania, que reside originariamente no Povo[3300], deixa de nele se consolidar desde o momento da transferência para o soberano[3301], ponto em que diverge das teses mais radicais saídas da Revolução Francesa que viam a manutenção da Nação como seu suporte essencial, podendo a todo o tempo e justificando-se readquirir a mesma. Com este entendimento pretende afastar a tirania tanto como o espírito de independência e a rebelião. Una e indivisível[3302], tal não significa que ao Povo não esteja reservada uma palavra no exercício da governação, sobretudo se ela não for bem orientada. Como não simboliza que em todas as formas de Governo a forma pelo qual o seu exercício é seguido, não implique modificações na visão teórica da ideia de soberania.

Pondere-se, destarte, uma espécie de "aplicação prática" – nem sempre coincidente com os pressupostos teóricos – da ideia de soberania. Designado tais factos como "modifications de la souveraineté", apresenta-se a divergência entre soberanias absolutas[3303] e limitadas[3304], manifestando De Felice uma "compreensão" pelas primeiras que entende serem sempre limitadas pelas regras morais e subjectivas e por isso admissíveis mas, e manifestamente, preferindo as segundas[3305]. Vistas bem as coisas, "c'est (...) une heureuse impuissance pour les Rois, de ne pouvoir rien faire contre les lois de leur pays"[3306].

[3299] Idem, *ibidem*, II, pág. 69.

[3300] Idem, *ibidem*, II, pág. 121: "Le seul fondement légitime de toute acquisition de la souveraineté, c'est le consentement ou la volonté du peuple."

[3301] Idem, *ibidem*, II, pág. 70: "(...) la distinction que font les politiques d'une *souveraineté réelle*, qui réside toujours dans le peuple, & d'une *souveraineté actuelle* qui appartient au Roi, est également absurde est absurde & dangereuse; il est ridicule de prétendre que même après qu'un peuple a déféré la souveraine Autorité à un Roi, il demeure pourtant en possession de cette même Autorité, supérieure au Roi même."

[3302] Idem, *ibidem*, II, pág. 70.

[3303] Idem, *ibidem*, II, pág. 71: "la souveraineté absolue n'est donc autre chose que le droit de gouverner l'Etat comme on juge à propos, selon que la situation présente des affaires le demande, & sans être obligé de consulter personne, ni suivre certaines règles déterminées, fixes & perpétuelles." Veja-se o resto da definição a págs. 72 e ss.

[3304] Idem, *ibidem*, II, págs. 76 e 77: "(...) le poste même qu'occupent les Souverains, les expose à des tentations inconnues aux particuliers. La plupart des Princes n'ont ni assez de vertu, ni assez de courage, pour modérer leurs passions, quand ils se voient tout permis. Il est donc à craindre pour les peuples, qu'une Autorité sans bornes ne tourne à leur préjudice, & que ne s'étant réservé aucune sûreté que le Souverain n'en abusera pas, il n'en abuse effectivement. Ce sont ces réflexions, justifiées par l'expérience, qui ont porté la plupart des peuples, & les plus sages, à mettre des bornes au pouvoir de leurs Souverains, & à leur prescrire la manière dont ils doivent gouverner; & c'est ce qui produit la souveraineté limitée."

[3305] Idem, *ibidem*, II, pág. 77.

[3306] Idem, *ibidem*, II, pág. 78.

É neste quadro de referência que cabe teorização das Leis Fundamentais, onde a influência de Burlamaqui é de novo visível, o que em conjugação com as ideias de Vattel a este respeito, tal como no plano da monarquia limitada, dão novo alento ao jusracionalismo do século antecedente.

Retomando aqui a sua prévia definição mas acertando-lhe os contornos, defende que as Leis Fundamentais são não apenas "les ordonnances par lesquelles le corps politique entier de la nation détermine quelle doit être la forme du gouvernement, & comment on succédera à la couronne, mais encore ce sont des conventions entre le peuple & celui à qui il défère la souveraineté, qui règlent la manière dont on doit gouverner, & par lesquelles on met des bornes à l'Autorité souveraine"[3307]. São estas leis a base e o fundamento do Estado e a melhor garantia de segurança que o Povo pode ter na sua segurança quotidiana.

Entre as várias medidas que a limitação do Poder pelas Leis Fundamentais pode preconizar encontra-se o compromisso que o Rei assume com a Nação de não poder em relação a certas matérias e em certas circunstâncias criar leis novas mais gravosas que a já existente, sendo certo que toda e qualquer atitude em contrário será nula e de nenhum efeito[3308].

Como consequência e ao jeito pufendorfiano, entende que nem por esta limitação imposta pelas Leis Fundamentais, diminui o Poder do monarca: "Le Souverain peut tout ce que ses devoirs lui permettent. Et lorsqu'il borne l'activité de son pouvoir par les lois fondamentales, il n'en diminue point l'étendue: il fait dans ce moment un acte de souveraineté".

Resulta óbvio que a Liberdade está muito mais salvaguardada com as Leis Fundamentais, tanto mais que a somar à vigilância sobre a Liberdade individual e política dos homens, manifesta-se uma idêntica em relação à Liberdade da própria sociedade, o que é bem a prezar em termos axiológicos. Esta que é a correcta dimensão do problema, não consta do expresso catálogo de preocupações de De Felice. Sem dúvida que isto é importante e interessante, mas bem poderia ter sido subscrito por qualquer Autor que tivesse redigido antes de 1789; De Felice é um Autor do Liberalismo saído da Revolução Francesa, mas nem por isso o seu sentido de inovação, no presente contexto, será grande.

As limitações impostas pelas Leis Fundamentais preservam a Liberdade da Nação e podem estar na base das monarquias moderadas. Existe, contudo, uma outra forma de limitar o Poder do soberano, qual seja o da separação de Poderes[3309], ficando o

---

[3307] Idem, *ibidem*, II, pág. 79.

[3308] Idem, *ibidem*, II, pág. 82: "il est convenable *d'exiger formellement de lui qu'il convoquera une assemblée générale du peuple ou de ses représentants, ou des grands de la nation*, lorsqu'il s'agira des choses que l'on n'a pas voulu laisser à sa disposition: ou *bien la nation peut établir d'avance un Conseil, un Sénat, un Parlement, sans le consentement duquel le Prince ne puisse rien faire par rapport aux choses qu'on n'a pas voulu soumettre à sa volonté.*

[3309] Idem, *ibidem*, II, pág. 111: "(...) cette unité de la puissance suprême, n'empêche pas que le corps entier de la nation, en qui cette puissance suprême réside originairement, ne puisse par la Loi Fondamentale régler le gouvernement, de manière qu'elle commette l'exercice des différentes parties du pouvoir souverain à des différentes personnes ou à différents corps, qui pourront agir chacun indépendamment les uns des autres, dans l'étendue des droits que leur sont confiés, mais toujours d'une manière subordynné aux lois dont ils les tiennent. (...) Ce partage [da soberania] ne produit ni pluralité de Souverains, ni opposition entr'eux, ni aucune irrégularité dans le gouvernement."

monarca apenas com o Poder Executivo[3310]. Em qualquer caso e porque há apenas um soberano inicial, que é o corpo de todos os cidadãos – que depois transfere esse seu Poder – apenas dele emana a vontade suprema, a lei em si mesma, segundo a qual "le corps entier de la nation fait connaître sa volonté"[3311].

Não obsta pois a existência de vários Poderes uma partilha de soberania; uma vez que isso seja determinado mediante as Leis Fundamentais e mantendo o chefe político os seus direitos. O balanço dos Poderes que requer a monarquia limitada assegura o bem público e a Liberdade dos particulares.

Em síntese e no que respeita ao Pensamento de De Felice, salientam-se os pontos essenciais. Trata-se de um Autor do Liberalismo clássico, saído do Cartismo francês de 1814. Como tal o seu raciocínio está muito condicionado pela sucessão de eventos posteriores à Revolução Francesa e que de algum modo o transformam num conservador, num moderado, que utiliza um tipo de raciocínio que parte e é em tudo semelhante ao do jusracionalismo absolutista do séc. XVIII. Não obsta a isto a sua confiança, por varias vezes manifesta, em que a soberania inicial reside na Nação e só nela – soberania nacional –, tendo sido por força de convenção que esse poder se transferiu ao monarca.

A sua alusão ao poder das Leis Fundamentais é, reveladora do tipo de concepção que perfilha, tal como a circunstância de nunca se referir à Constituição. O tom compreensivo como encara a monarquia absoluta e o tratamento que confere ao soberano e seus Poderes – no "soberano" físico, visto como aquele a quem o Povo transmitiu a sua soberania inicial que e por isso mesmo já não detém –, afastam-no em definitivo das concepções partilhadas não apenas pelos *Ideólogues* e aproximam-no da então ala realista, como lhe asseguram uma cisão no Pensamento de alguns dos escritores que antes do Individualismo teorizaram o Liberalismo na sua forma mais incisiva.

O facto de aceitar e até em certo sentido incentivar as monarquias limitadas, segundo uma leitura jusracionalista é sintomático de um núcleo de escritores a quem veia conservadora estaria fortemente arreigada. Isto representa a verdadeira ideia de Liberdade política em De Felice.

É pois normal ter sido De Felice eleito por parte do Congresso Vintista, para sufragar um conjunto de opiniões mais moderadas, que não podendo confundir-se com a defesa do Absolutismo e aceitando a soberania da Nação e a partilha dos Poderes, descartam a posição de inferioridade que se quis atribuir ao soberano. Os atributos deste e numa leitura jusracionalista, em oposição às teses do Liberalismo puro francês e das inovações patrocinadas por Cádiz, quando não pelo recurso aos contributos pontuais federalistas anglo-americanos, seriam a pedra de toque deste Conservadorismo liberal, que estaria algo cansado das insanas lutas protagonizadas por uma deficiente condução da Revolução Francesa.

A defesa da Liberdade individual não se questiona, como se aceita a Liberdade política por força da participação dos cidadãos nas Assembleias nacionais, mediante os seus representantes; a Liberdade da sociedade assegura-se por força das Leis Fundamentais e seu cumprimento bem como pelo balanço dos Poderes. Fica contudo a verificação que na França algo estava a mudar, como herança terminal do período revolucionário.

[3310] Idem, *ibidem*, II, pág. 87.
[3311] Idem, *ibidem*, II, pág. 112.

4. Textos legais determinantes para a Revolução Francesa (remissão)

Tal como acontece em relação à Revolução Americana – e agora por maioria de Razão – os textos legais franceses deste período revestem uma importância extrema para a conformação do Direito Público português, sobretudo no plano constitucional, depois de 1820. No caso concreto, foram efectivamente fontes de eleição em alguns casos para o Pensamento do Vintismo em termos de constitucionalização quer da Liberdade individual quer da Liberdade política do cidadão, assumindo do mesmo modo relevância ao nível da própria Liberdade da sociedade.

Justifica-se que o seu tratamento seja enquadrado precisamente no local onde serão buscadas as origens estrangeiras da *Constituição de 1822* e, nesse sentido, de imediato se remetem as suas abordagens teórica e prática para texto autónomo onde essa investigação terá lugar. Reitera-se, assim, aviso antes manifestado.

§ 5º. Reflexão inglesa sobre os eventos revolucionários

1. Apresentação

As características conhecidas do Pensamento inglês, estudadas em coordenadas que oportunamente ficaram equacionadas, implicam por parte dos teóricos além-Mancha uma interpretação diversa da continental em presença dos sucessos da Revolução Francesa.

Convirá, pois, ter presentes os considerandos a este respeito tecidos tanto em fases menos adiantadas da investigação, como já no presente capítulo, para que se perceba que sendo viável o tratamento num mesmo local destes e dos Autores continentais, a estrutura da sua reflexão é distinta. Como distintas são as coordenadas de que partem e os objectivos a que se propõem em presença da ideia de Liberdade. É neste quadro balizador que deverão ponderar-se as considerações que seguem.

Alerte-se para o facto de o séc. XIX, mais uma vez por intermédio dos ingleses, ter promovido uma interpretação diversa do Liberalismo europeu, por norma coincidente com a sua versão clássica. Importará não esquecer essa renovação feita especialmente depois de 1830, mas que remonta enquanto fonte a pensadores anteriores. Esclarecimentos a este respeito serão fornecidos em momento posterior.

O "ilustre" Bentham concebe-se como um dos Autores determinantes para o Constitucionalismo teórico nacional[3312]. Teve mesmo direito a participação efectiva no Congresso Vintista, por via de correspondência oficial trocada com este, além de ter apresentado importantes projectos para a reforma do sistema português[3313]. Sempre se interessou pelos problemas da Península Ibérica, local ideal para proceder a

---

[3312] Fora de Inglaterra, aplicam-se fragmentariamente os planos de Bentham. Interessa-o vivamente a marcha da Revolução Francesa e alguns dos seus escritos foram traduzidos para o Francês por E. Dumont, secretário de Mirabeau. As doutrinas de Bentham propagam-se à Rússia, a Portugal, à Espanha e à América do Sul, formando caudal orientador dos movimentos revolucionários. Contribui para a revisão dos códigos de vários países e em 1822 dirige-se "a todas as Nações liberais".
[3313] José Adelino Maltez, *Princípios...* , II, págs. 430 e 431. Na prática as suas ideias apenas e por indirecta via foram aproveitadas em Portugal, dado o atraso com que a Constituinte de 1821 recebeu do próprio Autor alguns dos textos acima mencionados, elaborado a pensar no nosso país, em especial.

algumas "experiências" aplicativas das suas ideias, sendo hoje em dia digno de apreço em recentes estudos espanhóis[3314].

Edmund Burke terá sido, porventura, o pai espiritual dos moderados do Vintismo e do Primeiro Cartismo[3315]. O primeiro ponto a deixar claro e que porventura resulta da inserção nem sempre feliz do Pensamento burkiano ao nível das Histórias das Ideias e do Pensamento político, resulta da contestação firme ao facto de Burke ser considerado um contra-revolucionário, com o sentido pejorativo que costuma ser atribuído à expressão[3316]. Não o é, nunca o foi e quem insistir na confusão é por mero equívoco entre conceitos[3317].

E também não é nem faz parte dos "*Ideólogues*" nem participou de toda uma corrente de Pensamento imediatamente anterior e coeva à Revolução Francesa caracterizada pelo radicalismo em teoria e na prática.

O que Burke começa por ser é um histórico, um "gentleman", um irlandês transmudado em "inglês dos ossos", com alguma nostalgia das suas raízes[3318] e pouca

---

[3314] Benigno Pendas, "Estudio Preliminar" às *Falacias Politicas*, pág. XII.

[3315] Iain Hampsher-Monk, "Author's Prefce", *The Political Philosophy of Edmund Burke*, pág. X: "For conservatives Burke has been a continuing source of inspiration and a reservoir of ideas to counter the steady growth of reform, radicalism and revolution since his day. He has enjoyed particular revival at such times as the cold war and later sixties when conservatives have seen movements of the kind which Burke perceived in revolutionary France seeming to threaten western civilization. *If we see radical change as the crucial issue of modern politics and society, whiter we are for or against it, Burke is a touchstone of our response, and intellectually we must measure ourselves against him.*"

[3316] Se considerarmos que Burke foi contrário à Revolução Francesa e assumiu essa posição, ele foi contra-revolucionário; se entendermos que Burke se opõe aos direitos do homem em abstracto da Revolução francesa e defende a Constituição histórica inglesa, é um histórico tradicionalista; se virmos que ele defendeu os interesses dos colonos ingleses na América contra certas prepotências da metrópole, ele é defensor dos direitos dos mais desfavorecidos; se atendermos ao seu horror às monarquias absolutas do continente europeu, ele é um liberal; se pensarmos na sua carreira de liberal e membro do partido *whig* desde sempre, ele é um liberal típico inglês pertencendo à ala dos Comuns; se admitirmos que não aceita nem democracias nem repúblicas, ele é um indivíduo do "status" mais elevado da sociedade britânica. Se for somado isto tudo e depois dividido o resultado, parece que Burke é uma espécie algo ecléctica mas, manifestamente, não é nem absolutista, nem revolucionário. Por isso a presente investigação se inclina, com a melhor doutrina, a encará-lo como um conservador, um histórico, que preza a evolução da sociedade e do homem na sociedade, pela força do tempo e não mediante cortes abruptos. Veja-se Zília Maria Osório de Castro, "Tradicionalismo *versus* Liberalismo. Pensar a Contra-revolução", págs. 86 e ss.

[3317] Jacques Godechot, *Les Révolutions (1770-1799)*, pág. 155, por exemplo, coloca-o no mesmo plano de De Maistre e de De Bonald, o que é manifestamente incorrecto. Quanto a François Furet, "Burke ou la fin d'une seule Histoire de Histoire de l'Europe", *Les Résistances à la Révolution*, págs. 352 e ss., trata o Autor inserido no âmbito do capítulo "Penser la Contre-Révolution", que consta da parte VII do citado estudo. Note-se que se trata de um estudo interessantíssimo e bastante utilizado, mas aqui se deixa nota de divergência no que respeita à inserção sistemática do Pensamento de um liberal, ainda que conservador, em conjunto com os mais acabados próceres da contra-revolução providencialista europeia do período. Burke era anti-revolucionário, contra-revolucionário porque contrário à Revolução Francesa; não porque fosse absolutista.

[3318] Uma das acusações que os ingleses lhe faziam era nunca ter abandonado a Igreja católica, apesar de uma educação protestante. A ligação às suas origens estava-lhe na massa do sangue e nunca renegou nem a sua família nem as suas opções; mesmo no casamento, feito com uma "meia-católica/meia--protestante" como ele, a sua afeição ao catolicismo, ainda que não o praticando, manteve-se. Toda a vida tentou obter para os católicos irlandeses melhores condições de vida e mais Liberdade Diz-se, teria feito um casamento católico em Paris, mas, de facto o problema continua a ser o mesmo: na Inglaterra

disponível para pactuar com cortes milenaristas[3319]. Por isso a sua escrita já deu azo a variadíssimas contendas[3320], não deixando de ser verdade que dele se costuma afirmar que partem uma série de linhas bifurcadas do Pensamento Oitocentista, quais sejam o tradicionalismo contra-revolucionário francês, o romantismo político alemão e o Conservadorismo liberal inglês[3321].

Contraditor de Burke, um dos expoentes maiores do radicalismo inglês e, porventura, ilustre anónimo que terá influenciado alguns dos homens do Liberalismo radical, sem que as referências específicas sobre ele abundem, foi Thomas Paine. Inserindo-se no vasto grupo de teóricos da Revolução Francesa e dos direitos do homem[3322] que com mesma despoletou e imbuído do revolucionarismo que a sua presença física na antiga América inglesa tinha experimentado[3323], naturalmente que no contexto do

---

não existe de facto Liberdade religiosa para todos. Os católicos tinham o tratamento conhecido. Sobre as suas ligações à terra natal e os seus receios de contágio da Irlanda pelos acontecimentos franceses, Connor Cruise O'Brien, "Introdução" às *Reflexões Sobre a Revolução em França*, págs. 9 e ss.

[3319] Não era esta, contudo, a opinião de todos os ilustres ingleses dessa época. Isso mesmo relata Jean-Jacques Chevallier, pág. 188: "14 de juillet, prise de la Bastille. Le célèbre *whig* Fox, ami de Burke, s'exalte: voilà le plus grand événement de l'histoire du monde, et le plus heureux. Dans bien des coeurs anglais qui avant peu maudiront la France satanique, sonne pour le moment l'heure des vœux généraux. Quels accents enflammés ne put-on attendre de l'ardent bouche irlandaise que, contre l'opinion populaire, celle du Parlement, celle de la Cour, avait défendu la liberté américaine – maintenant qu'à son tour se lève éclairant l'Europe, la liberté française." E, tal como a Revolução Americana teve os seus próceres em Inglaterra, também a Revolução Francesa os encontrou, mesmo que de forma muito pouco generalizada. Ainda assim e segundo Alain Renaut, *Histoire de la Philosophie politique*, pág. 135, "Seuls quelques radicaux, tel comme Richard Price, espéraient en importer l'élan pour approfondir les acquis de la *Glorius Revolution* de 1688." O próprio Burke se encarregará de o combater, sobretudo depois de ter tomado conhecimento que a Sociedade Revolucionária, a que Price pertencia, se correspondia com a Assembleia Nacional francesa, como resulta das primeira páginas das suas *Reflexões Sobre a Revolução em França*, págs. 48 e ss. Poderá tratar-se, das primitivas manifestações das sociedades secretas maçónicas, que tanta polémica iria gerar na Europa em qualquer dos seus dois grandes ramos: rito inglês (escocês) ou rito francês.

[3320] Pelas posições que assumiu, o Autor tem servido um pouco para tudo; já lhe chamaram o mais paradoxal exemplo da História das Ideias, por ter patrocinado uma Obra de circunstância, que visava sobretudo os defensores ingleses da Revolução Francesa, como Thomas Paine. Sintomática é a crítica de oportunismo que lhe é endereçada por vários sectores, acusando-o de ter abandonado os ideais da Liberdade e da defesa dos direitos do homem em prol de benefícios financeiros.

[3321] R. A. D. Grant, "Edmund Burke", *Conservative thinkers*, pág. 77: "There are many obstacles to a contemporary understanding of Burke"; Anthony Quinton, "Conservatism", págs. 250 e ss.: "If conservatism has something of a prehistory, and an early history from Hooker to Bolingbroke and Johnson, it reaches its maturity only with Edmund Burke's tumultuous response to the French *Revolution*."

[3322] António Truyol y Serra, *História da Filosofia do Direito e do Estado*, II, pág. 352: "Paine é o mais destacado de uma série de radicais ingleses contemporâneos que, na sequência dos *Levellers* e dos *Diggers* do século anterior, testemunham a persistência e o enraizamento dessa corrente no Pensamento político e social britânico. Sob a influência de Rousseau, estes Autores deram às teorias de Locke um viés revolucionário. Em geral foram também favoráveis à emancipação das colónias da América e à Revolução Francesa."

[3323] O Autor teve uma vida complicada. Depois de emigrado para a América inglesa e de ter vivido os prolegómenos da Revolução Americana, regressou a Inglaterra, cheio de ideias republicanas, que teve oportunidade de desenvolver no decurso da sua estada na América, da qual foi feito cidadão. Por força dos seus *Direitos do Homem*, teve de passar a França, onde continuou a sua aventurosa existência. Secretário do Comité dos Negócios Estrangeiros durante o decurso da Guerra

séc. XIX português a sua importância terá sido a de tantos outros que, no conjunto, foram responsáveis indirectos pelos sucessos de 1820. Não parece contudo, ter sido dos chamados decisivos[3324].

Thomas Paine foi um dos escritores mais empenhados e cujos contributos mais decisivos se mostraram não apenas no âmbito da Revolução Francesa mas também – e isso nem sempre é recordado com a devida acutilância – no plano da própria Revolução Americana. Neste domínio será possível dizer que *Os Direitos do Homem* estão para a Revolução Francesa, quanto o *Common Sense* estará para a Revolução Americana[3325].

Na realidade, esta Obra de Paine, escrita no período que imediatamente antecedeu a Revolução Americana e um dos mais conturbados da História dos Estados Unidos, foi extremamente difícil de aceitar pelos fleumáticos ingleses.

Como quer que seja, bem se pode dizer que as afirmações favoráveis à independência redigidas por Thomas Paine no *Common Sense*, assumiram certo tom profético[3326], e precisamente por isso este texto terá passado à História como o que mais contribui para o nascimento da mais poderosa Nação do mundo[3327].

---

da Independência, tornou-se mais tarde cidadão francês, tendo estado presente na Convenção como deputado. Nessa qualidade votou contra a pena de morte instituída contra a Família Real e apoiou até ao fim Luís XVI, monarca que tanto tinha auxiliado a independência americana. Preso durante o Terror jacobino, foi libertado no ano seguinte, em 1794, pela providencial intervenção do Embaixador americano em França, que invocou a sua qualidade de cidadão norte-americano o que impedia a França de o poder tratar de tal maneira. Os recém criados Estados Unidos já eram suficientemente importantes para que a revoltada França se temesse de James Monroe, seu plenipotenciário. Depois deste período francês, em que publicou alguns escritos de menor impacto, regressou ao Estados Unidos e encetou novo combate revolucionário junto a Jefferson, opositor das ideias dos homens do *The Federalist*. Quando faleceu, Thomas Paine bem se podia vangloriar de uma vida bem preenchida e em tudo oposta à de Burke. De comum, apenas a sagacidade política e o entusiasmo com que expunham as ideias; cada um a seu modo.

[3324] Consta do "Catalogo de livros defesos neste Reino, desde o dia da Criação da Real Mesa Cençoria athé ao prezente. Para servir de expediente na Caza da Revisão", publicado por Maria Adelaide Salvador Marques, pág. 179, proibindo-se os *Droits de l'Homme en reponse a l'attaque de Mr. Burke*; traduit de l'Anglois par Joles.

[3325] Barnard Bailyn, "Common Sense", pág. 7: "*Common Sense* is the most brilliant pamphlet written during the American Revolution, and one of the most brilliant pamphlets ever written in the English language."

[3326] Thomas Paine, *O Senso Comum e a Crise*, pág. 23: "O sol nunca brilhou sobre causa de maior valor. (...) Não é uma preocupação de um dia, de um ano ou de uma era; a posteridade está virtualmente envolvida na contenda, e será mais ou menos afectada, até aos fins dos tempos pelos acontecimentos de hoje. Agora é a hora da semeadura da união continental, de sua fé e honra. A menor fissura será agora semelhante a um monte gravado com a ponta de um alfinete na casca de um jovem carvalho; o ferimento crescerá com a árvore, e a posteridade o lerá em letras completamente desenvolvidas."

[3327] Idem, *ibidem*, pág. 15: "Não é preciso mencionar que a Coroa é a parte dominante da Constituição inglesa, e nem que ela obtém toda a importância simplesmente pelo facto de ser a doadora de cargos e pensões; desse modo, embora tenhamos sido suficientemente sábios para fechar e trancar a porta contra a monarquia absoluta, *fomos ao mesmo tempo idiotas o bastante para deixar a Coroa de posse da chave*." A linguagem que o Autor utiliza ao longo de todo este escrito por si só justifica uma palavra. Há um crescendo do princípio para o fim do trabalho, umas vezes clara, outras quase escandalosa e ultrajante para os seus adversários, no meio de hipérboles e paráfrases que estilisticamente são dos trechos mais vivos que se teve oportunidade de ler. Mesmo quando os princípios são abstractos, as imagens a que Paine recorre tornam-nos bem concretos e esse será o sentido de descoberta das próximas observações.

2. O valor da História e o Direito Natural

Ponderando uma das referências do Pensamento inglês, Bentham opõe-se à ideia do Direito Natural[3328], como resulta patente da análise que enceta da fórmula canónica do utilitarismo, qual seja "a maior felicidade do menor número". Aí importará averiguar o sentido de "maior número", resultando, a final, a interpretação a dar à Igualdade.

Já quanto a Burke não que tivesse propósitos contra-revolucionários; foi a consequências das suas reflexões que a isto conduziram, na interpretação histórica do seu trabalho. No fundo, que responsabilidade se pode assacar a um Autor polémico[3329] se da sua escrita resultam discussões polémicas? O que não é justo é qualificá-lo de algo que nunca foi[3330]; Burke ficaria horrorizado, como inglês e *whig* se o pusessem a defender a monarquia absoluta e tradicional do continente europeu, antes da Revolução Francesa[3331]; sobre isso não há dúvidas[3332].

Como teórico, Burke é uma figura equívoca; o pensador que descarrila da Razão em política mas não a nega na íntegra; o metafísico que denuncia o abstraccionismo da teoria; o fundador de uma Escola de Pensamento político que nunca escreveu qualquer trabalho sobre teoria política. Não sendo contra a mudança, admite que a mesma deve processar-se de forma lenta, gradual, patrocinada por pessoas competentes e conhecedoras dos negócios. A inovação pela inovação não só é perigosa, porque

---

[3328] De Bonald, *Législation Primitive*, Paris, deuxième Édition revue par l'Auteur, 1817, I, pág. 130, nota: "(...) il avance que l'homme antérieurement à la société *serait sans lois, sans obligations, sans délits, sans droits* (...). L'auteur va plus loin encore: il nie toute autre loi naturelle que celle du plaisir et de la douleur; et en général, il est moins heureux à édifier qu'à détruire."

[3329] Iain Hampsher-Monk, "Author's Preface", *The Political Philosophy of Edmund Burke*, pág. IX: "(...) even for those who disagreed with his political, Burke provided an intellectual standard."

[3330] Em 1789 Burke era um *whig* avançado e participante activo nas causas do Liberalismo político, onde é justo destacar a sua forte presença na defesa da Liberdade contra os abusos dos colonos ingleses contra os índios norte-americanos e pela defesa que faz dos insurrectos norte-americanos contra a Coroa inglesa. De facto, Burke teve participação activa na tentativa de conciliar a Inglaterra e as treze colónias sediciosas americanas. Foi no decurso do conflito que mais se salientaram os seus dotes de orador e político, sendo responsável por alguns dos discursos parlamentares mas significativos da época. Mas naturalmente não apoiava a desvinculação americana, em consonância com as posições do Rei, do Parlamento e a generalizada opinião pública. Lutou contra a fraude e corrupção generalizadas no plano eleitoral e participou activamente no Parlamento na defesa dos norte-americanos, não por força de quaisquer direitos do homem mas em nome do interesse nacional que sairia beliscado com intempestivas medidas tomadas pela metrópole.

[3331] Tocqueville, *O Antigo Regime e a Revolução*, pág. 20: "Burke, cujo espírito foi iluminado pelo ódio que a Revolução desde o seu nascimento lhe inspirou, o próprio Burke fica por momentos inseguro face a ela. Aquilo que, inicialmente, augura, é que a França será abalada por ela e como que aniquilada. 'É de crer, diz ele, que durante muito tempo as faculdades guerreiras da França fiquem extintas; pode mesmo acontecer que se extingam para sempre e que os homens da geração seguinte possam dizer como esse antepassado: *Gallos quoque in bellis floruisse audivimus*: Ouvimos dizer que os próprios Gauleses haviam brilhado pelas armas.'"

[3332] Basta pensar nos escritos anteriores à Revolução Francesa, para com facilidade se perceber que o seu Conservadorismo vem de muito antes dos acontecimentos de 1789. A única novidade foi despoletar no terror que lhe proporcionou presenciar tais factos e o empolamento da crítica feroz dos mesmos, bem mais que a novidade promovida pela "prática" da revolução. A justificação parece óbvia e vai para além do mero campo de inserção em determinada corrente de Pensamento; o desconforto e a desilusão que no final da sua vida uma série de eventos completamente ao arrepio das suas ideias se teriam verificado, e a tenderem perigosamente a expandir-se, terá contribuído para carregar o burkiano sobre cenho.

nunca se sabe muito bem o que dela pode resultar, como implica a mobilização de um conjunto alargado de indivíduos impreparados para a levarem a cabo, o que implica, em última análise, a destruição das próprias instituições sociais[3333].

Feitos estes avisos, ponderem-se mais de perto as suas ideias[3334], restituindo alguma unidade ao seu Pensamento.

Concluir-se-á, que é perfeitamente possível conciliar ideias de Natureza e História na interpretação do homem concreto que Burke defende. Para que se não escreva, que em presença de Edmund Burke o arredio da Razão e da natureza é pleno, em nome do combate ao abstraccionismo das ideias de 1789.

Na mesma linha de entendimento, entrevê-se em Burke uma parte do cepticismo de David Hume, ainda quando não o aceita na plenitude e contra ele escreve, logo quando manifesto sob forma radical. Como Hume era um adepto da História em desfavor da Razão, mas assume, ao contrário, que a mesma não pode ser olvidada no teatro político; como ele um conservador, na perspectiva da negação dos progressos patrocinados por Locke no plano metafísico e moral, com óbvias projecções no plano do social e do político.

O ponto onde aporta a divergência fundamental resulta de que, como bom inglês, defende a tradição e como jurista agarra-se à *Common Law* para apoiar a permanente evolução das instituições no respeito pelos dados do passado. Ainda assim, convém alertar que Burke não é "apenas *Common Law*"; Burke é também o apelo, mesmo quando o não refere directamente e sem qualquer contradição nos pressupostos, à lei natural, ao utilitarismo e à adaptação da Liberdade aristocrática inglesa[3335], do republicanismo clássico.

Na interpretação de Burke, a Política faz parte da realidade histórica e só se compreende em conexão com os homens históricos[3336]. A herança que constitui o fundo comum dos tributos que a História inglesa fornece e rememora, é susceptível

---

[3333] George H. Sabine, págs. 445 e 446: "Más que ningún otro pensador del siglo XVIII, Burke consideró la tradición política con un sentido de reverencia religiosa. Veía en ella un oráculo que el estadista tiene que consultar y un depósito cada vez mayor de los resultados conseguidos por la especie, que sólo debe modificarse con la debida reverencia hacia su sentido íntimo."

[3334] Mas esta sua aversão à Revolução Francesa nem sequer lhe era própria. Na verdade, é de conhecimento geral que ao inicial impacto da Revolução Francesa que todos aplaudiram, se seguiu um período de reserva, em certos casos mesmo de apreciação negativa. A Inglaterra da *Glorius Revolution* foi dos países que mais reticências apresentou, ainda que isso possa parecer algo estranho, dado ser o país fundador e que ao continente deu exemplos de deísmo, ateísmo, imprensa livre, Liberdade religiosa e revolta contra a Autoridade política legítima. Repita-se o que já se disse noutros locais: é preciso não entender os ingleses e a sua Constituição histórica para que tal estranheza possa constituir realidade...

[3335] Edmund Burke, "Speech to the Electors of Bristol on being elected (Nov. 1774)", *The Political Philosophy of Edmund Burke*, pág. 111: "A constitution made up of balanced powers must ever be a critical thing."

[3336] François Furet, "Burke ou la fin d'une seule Histoire de l'Europe", pág. 354: "Chez Burke, les peuples sont, tout comme les individus, des héritiers, et le droit public des nations doit sauvegarder avant tout ce que le droit privé garantit à chaque famille et à chaque membre de chaque famille: la transmission héréditaire du patrimoine. Chaque peuple a un droit imprescriptible à ce qu'il a acquis. Dans le cas anglais, les libertés (dont la succession légale au trône fait partie), sont le but constant d'une constitution particulière, établie et perfectionnée sans cesse au fil des temps, selon une généalogie repérable, bien commun de la nation et du peuple, mais d'eux seuls: l'analogie avec un patrimoine privé interdit ici la référence à l'universel. Les libertés des citoyens anglais ne sont pas le produit des droits de l'homme en général, fondés sur une métaphysique du

de articulação sobre o universo dos homens, na medida em que a civilização, de que participa, é precisamente este longo processo aquisitivo pelo qual se pauta o lento progresso da humanidade[3337]. A sedimentação dos eventos tem um processo lógico e cronológico, onde se plasma nos vindouros a experiência dos antepassados, uma humanidade em bloco que imita a marcha da natureza, sempre renovada e nunca finita.

Em qualquer caso e apesar de haver certamente um plano de continuidade entre a destruição das verdades da Razão humana patrocinada por Hume e que Burke desenvolve, não devem ser sobrepostas as ideias de ambos. Basta pensar na frieza de Hume por comparação com o entusiasmo de Burke, o que não significa dispensar o primeiro como fonte privilegiada do segundo, ao menos no que respeita à negação da relevância maior do jusnaturalismo.

O sentido do que se vem interpretando pode, pois, começar pela verificação que no quadro reflexivo ideal, Burke nem é teórico do Direito Natural, nem com ele se preocupa, nem pode ser inserido no quadro sequencial do jusracionalismo europeu.

Já para Thomas Paine, a ordem social resulta essencialmente da constituição do homem, dos interesses mútuos e recíprocos que entre si coabitam. O interesse de cada um está em linha directa com os interesses dos demais e implica o interesse de todos. Daí a enorme relevância do Direito Natural, muito mais que das leis escritas, porque é aquele que promove e regula naturalmente a vida social, de que as convenções são mera tradução nem sempre muito bem conseguida.

3. Liberdade de pensamento e de religião

Como bom irlandês, ainda que em ligação estreita com os ingleses, Burke não pode deixar de contestar o tipo discriminatório que sofriam os católicos da Irlanda pelo simples facto de o serem[3338]. O problema vai ser tratado no âmbito da questão específica da Propriedade, que os irlandeses católicos não podiam adquirir mas apenas arrendar por períodos nunca superiores a 31 anos e, depois da morte, passar ao protestante mais próximo do defunto. O que significava, forçosamente, uma enorme desigualdade em função da religião praticada, ainda que esta, em si mesma, não fosse permitida por força da Liberdade religiosa.

De facto, a Liberdade religiosa servia de muito pouco, quando os Bispos católicos eram banidos, os padres sujeitos a controles inusitados, a restrição às profissões e a frequência das Universidades seriamente limitadas e ao pagamento de contribuição adicional para as Igrejas anglicanas, como reforço do pagamento voluntário que faziam para a sua própria.

Isto era algo escandaloso, mas vinha na sequência das arbitrariedades que se entendia os Stuarts terem cometido contra o Povo inglês; por essa via estavam por si

---

sujet, mais d'une histoire particulière qui a cristallisé une tradition particulière, la *Common law*, et la constitution anglaise."

[3337] Iain Hampser-Monk, "Introduction", *The Political Philosophy of Edmund Burke*, pág. 36: "*Since culture and manners are a product not of an abstract reason but of the historical process, this way of thinking tends to focus attention on the process of historical development in the creation of political society, and leads to the much more historically sensitive political thinking of the nineteenth century. The preservation of political institutions, the customs and beliefs on which they depend, and the transmission of the whole through time is, for Burke, the most important duty of the politician.*"

[3338] Edmund Burke, "Tracts on the Laws against popery in Ireland (1760-1765)", *The Political Philosophy of Edmund Burke*, págs. 69 e ss.

só justificadas. É o citado problema da tolerância religiosa e da Liberdade de consciência mal estruturadas em presença do culto dominante.

Em qualquer caso, ultrapassando a discussão sobre as diversas abordagens da religião dominante em Inglaterra, o que importa acima de tudo evitar são as situações de ateísmo ou de religião natural, ponto em que é frontalmente contrário aos contributos avançados pelos próceres das Luzes.

Burke é um adepto do processo histórico[3339], recusando ver os Direitos do Homem, como direitos naturais, o princípio da evolução e da legitimação da sociedade civil[3340].

Aproveitando o ensejo da defesa da independência norte-americana em presença da dominação colonial britânica, faculta uma singela perspectiva do que entende por religião e tolerância religiosa. Entende ser "dever indispensável de todo o Governo proteger todos os praticantes conscientes da mesma, e desconheço qualquer outro assunto no qual o Governo precisasse de intervir"[3341]. Manifesta-se contrário à superstição e à mesquinhez dos falsos apóstolos de qualquer credo e acrescenta que "por mim, acredito conscientemente e por completo que, pela vontade do Todo-Poderoso, deve haver uma diversidade de opiniões religiosas entre nós. Isso proporciona um campo para a nossa caridade cristã"[3342].

4. A questão do utilitarismo

Numa primeira e rápida aproximação às ideias do Autor, a Bentham coube a direcção intelectual do utilitarismo inglês[3343], considerando como seus pessoais mentores

---

[3339] Daí a indisponibilidade para ver na Revolução Francesa uma continuidade da "Glorius Revolution", já que aquela quebrou a continuidade da história da política francesa. Nunca os ingleses quiseram pensar em direitos do homem considerados em abstracto; o seu fim era pôr em acção os direitos tradicionais dos ingleses. O selo do conservador tem apogeu na primeira parte das *Reflexões Sobre a Revolução em França*, em que a Revolução Inglesa ganha em toda a linha à sua congénere Francesa, o que já originou reparos de boa parte da literatura inglesa contemporânea, ainda que todos, no essencial concordem com as observações de fundo. Sobre o ponto e para desenvolvimentos, R. A. D. Grant, "Edmund Burke", *Conservative thinkers*, pág. 80; Jean-Jacques Chevallier, págs. 189 e ss.; António Truyol y Serra, *História da Filosofia do Direito e do Estado*, II, pág. 348: "Com razão se considera Burke como fundador e protótipo do Conservadorismo político plenamente consciente de si mesmo (...) É de justiça distinguir o seu sentido do processo histórico e o seu fundo liberal, da atitude mais propriamente reaccionária do tradicionalismo francês e alemão dos decénios seguintes. Em qualquer caso, a sua insistência na continuidade histórica e no valor do costume far-se-á sentir num amplo sector do Pensamento europeu do séc. XIX."

[3340] Anthony Quinton, "Conservatism", pág. 251: "As traditionalist he saw that the Constitution as something historic and continuous, not a contravantrice. We are its 'renters and temporary possessors' not its outright owners, Prescription, he affirms, is the most solid of titles."

[3341] Thomas Paine, *Common Sense*, pág. 42.

[3342] Idem, *ibidem*, pág. 42: "Este tipo de posicionamento acabará, anos depois, consagrado na Primeira Emenda à Constituição norte-americana, sendo certo que nela podemos ver no maior mosaico de Nações mundial, ainda hoje, uma total Liberdade de consciência e prática religiosa, por via da qual seja religião institucionalizada, seja seita dissidente, todos têm o mesmo direito a defender as suas convicções. Direito constitucionalmente protegido e que é uma dos maiores emblemas do sistema jurídico-constitucional norte-americano, deveu a Paine como a muitos outros laivos de asserção prioritária."

[3343] Shirley Robin Letwin, pág. 127: "The death of Hume was but one of several moments that 1776 marked the end of an era. The list of great monuments to *Whig* civilization was completed with the publication of Gibbon's *Decline and Fall* and Smith's *Wealth of Nations*. The Americans declared

Helvétius e Beccaria, nutrindo uma particular admiração por Locke[3344], discutindo o seu antigo mestre, Blackstone[3345] e pronunciando-se pouco favoravelmente a Montesquieu[3346] e a Descartes[3347].

Pensa que a essência da felicidade reside no predomínio do prazer e na ausência de sofrimento, devendo criar-se de tal modo as instituições, que a sua actividade conduza directamente à difusão da maior felicidade entre os homens[3348]. A humanidade flutua sob a impressão de dois poderes soberanos: o prazer e a dor, sendo certo que todos os instintos são igualmente naturais, bons ou maus, conforme os resultados que produzam; para julgar os homens deve atender-se ao princípio da utilidade segundo favoreçam ou se oponham ao bem-estar geral. Interessa-se particularmente pela jurisprudência e pelos fins da legislação.

Ele, o Pai espiritual do utilitarismo, ramo do empirismo, preconizando ao longo de todos os seus escritos a conhecida ideia da "maior felicidade do maior número", que reconhece ter ido buscar aos seus Mestres[3349]. O seu conhecido hedonismo fá-lo aplicar tal princípio a todas as circunstâncias da vida e a todos os actos humanos; à Liberdade também, como seria de esperar. Presente em toda a sua Obra torna-se evidência superior a abordagem ao utilitarismo na *Introduction aux Principes de la Morale et de la Législation*[3350].

---

their independence in terms that gave intimations another or was the appearance of a small book, called *A Fragment on Government*, by an anonymous author."

[3344] Jeremy Bentham, "Traités de Législation civile et pénale", *Œuvres*, Bruxelles, 1829, I, pág. 3: "Leading ideas, principles, take up many more words in their first disclosure than are sufficient to contain them afterwards. This Locke has seen, has intimated in this preface [ao Ensaio sobre o Entendimento Humano, carta ao Leitor]; and his own work as he acknowledges, and as itself proves, is an example of it. *Without Locke, I could have known nothing. But I Think I could now take Locke's Essay and write it over again, so as to make it much more precise and apprehensible in half the compass.*"

[3345] Idem, *ibidem*, I, pág. 10 e ss. Sobretudo porque "Blackstone had opened his discussion of 'law in general' with what is essentially a theological dissertation on the nature of the universe, in the course of which he uses the term 'law' in several senses. Bentham objected that Blackstone had in no place given a satisfactory definition of his chief term, law, but he concentrated his attack on the point of free will. His contestation is that Blackstone had placed himself in a logically absurd position by saying that man is 'necessary subject to the laws of his creator', and that is necessary he should in all points conform to his maker's will', when at the same time there were everywhere complaints, especially in the law courts, that will was not conformed to."

[3346] Idem, *The Works of Jeremy Bentham*, apud Isaiah Berlin, "Montesquieu", *Contra la Corriente. Ensayos sobre Historia de las Ideas*, pág. 199: "Montesquieu rápido, brillante, glorioso, encantador, no sobreviverá a su siglo."

[3347] Idem, *ibidem*, pág. 199: "Y, añadiendo el nombre de Descartes al de Montesquieu, condenó a ambos al olvido argumentando que sus opiniones, e a pesar de lo interesantes que pudieron haber sido, contenían un mayor número de proposiciones falsas que de verdaderas."

[3348] Idem, "Traités de Législation civile et pénale", *Œuvres*, I, págs. 11 e 12.

[3349] O Autor sofre uma evolução notável no seu Pensamento. Se primitivamente estaria perto dos Governos ilustrados, acaba no radicalismo de sinal contrário, sem que isto possa ver-se em sentido pejorativo. Apenas quer dizer que, mantendo-se a origem humana do Poder, se substituiu a Autoridade de um pela Autoridade de muitos, competentemente representados nas Assembleias magnas, questão que Bentham repudia, virando-se muito mais para a democracia.

[3350] Jeremy Bentham, "Principes de Législation", *Œuvres*, I, págs. 11 e ss.

Das observações antes feitas, destacam-se os aspectos que mais interessaram Bentham[3351]. O utilitarismo, que é a mais importante corrente do Pensamento inglês, assenta nas relações entre a lei natural e a virtude; o egoísmo e o altruísmo; a inter-relação entre as ideias e as rotinas e atitudes motivadoras da conduta, e, finalmente, o nexo entre a Filosofia moral ou prática e a Filosofia política[3352].

A propósito da Igualdade, de tratamento obrigatório junto à Liberdade, o utilitarismo, de um modo geral, e Bentham em particular, apresentam um entendimento algo policromado da mesma. Há que reconhecer que o principal debate entre os corifeus do utilitarismo e os seus adversários, sobretudo franceses, se posicionam na área da Igualdade, sobretudo no que respeita à famosa distinção entre útil e justo[3353].

Neste contexto, diga-se que a tese que interpreta de forma mais correcta o Pensamento de Bentham, inclina-se a considerar que o utilitarismo se pronuncia por uma maximização da média da felicidade no seio de uma sociedade, não entrando em linha de consideração com quaisquer experiências quantitivistas, aliás negadas por Bentham[3354].

5. Poder político e Liberdade

O simples facto de Bentham ser um frontal opositor à doutrina dos direitos do homem desenvolvida depois da Revolução Francesa, e sem entrar no trato miúdo da questão, por si só permite concluir que a Igualdade não seria vista como objectivo prioritário a atingir na sua teorização. Se os pobres fossem menos pobres socialmente falando, pouco importava que os ricos se mantivessem mais ricos; a questão da proporcionalidade era determinante e o que importava era que o homem concreto, em si mesmo, vivesse melhor.

No conflito latente com a segurança – que qualifica de "justiça" – a Igualdade deve ceder a esta. A segurança é o fundamento da Vida, enquanto a segunda apenas fornece uma certa parcela de bem-estar. O estabelecimento da Igualdade, sempre em mutação pelas revoluções, não mais representa que uma quimera. Só o tempo permitirá o ponto de encontro entre as duas situações, como faz questão de salientar.

Mais uma vez e no âmbito de um Autor inglês, há o "concreto" e não o "abstracto". O mesmo significa, repita-se, que para o Direito inglês o que conta são os homens

---

[3351] Bentham, ele mesmo, facilita a pesquisa, não obrigando a entrar na imbricada teia reflexiva que, no plano ético, o utilitarismo encontrará a partir da segunda metade do séc. XIX, porque se preocupou, em particular com os temas da Política e aplicou à legislação constitucional e penal as suas consequências. Isso não apenas é determinante em toda a sua Obra, como implica a conversão que acaba por fazer à democracia e está na base da alteração da lei eleitoral que a conservadora Inglaterra aprovará nos anos 30 do séc. XIX.

[3352] Jeremy Bentham, *Principes de Législation*, *Œuvres*, I, pág. 12: "Je suis partisan du *principe d'utilité* lorsque je mesure mon approbation ou ma désapprobation d'un acte privé ou public sur sa tendance à produire des peines et des plaisirs; lorsque j'emploi les termes *juste, injuste, moral, immoral, bon, mauvais*. Comme des termes collectifs que renferment des idées de certaines pênes et de certains plaisirs, sans les douleurs aucun autre sens. (...) Pour le partisan du *principe d'utilité* la vertu n'est un bien qu'à cause des plaisirs que en dérivant: le vice n'est un mal qu'à cause des peines qui en son la suite."

[3353] Não é, como bem se percebe, tema a desenvolver. Ultrapassa de forma clara as intenções desta investigação, mas não poderá deixar de se alertar para a consulta de "Le juste et l'utile", *Archives de Philosophie du Droit*, 26, 1981. É também uma forma do debate entre Pensamento francês e inglês, cujas linhas de força são conhecidas mas que, neste particular, se tornam mais nítidas.

[3354] Jeremy Bentham, *Manual of Political Economy*, apud René Sève, "Utilitarisme et Égalité", *L'Égalité*, Chaiers de Philosophie Politique et Juridique, pág. 150, nota.

inseridos numa determinada comunidade temporal, com os seus direitos garantidos, e não o indivíduo isolado, que decide unir-se a outros para originar o Individualismo, cuja institucionalização se constitui como a efectiva salvaguarda da sua dignidade.

Agora isto não implica que Bentham, como futuro republicano, promovesse a desigualdade ou a ela se mostrasse favorável. Simplesmente, tem de se concordar que a interpretação das suas palavras não pode conduzir a diversa ponderação, no que respeita ao valor axiológico que a Igualdade comportava. Assim, o utilitarismo não é um igualitarismo para Bentham, no sentido que a Igualdade entre os indivíduos seria um fim em si mesmo[3355]; se é preciso incentivar a Igualdade em questões de cariz privado, o mesmo não se passa noutros planos, em que a justiça distributiva deve imperar, no sentido de contribuírem para a utilidade geral[3356].

Como consequência, se existe a ideia de que a Liberdade civil, no plano da garantia dos direitos igualmente exercidos por todos e para todos, acaba por suportar a Liberdade política na concepção inglesa, não custa perceber que seja a Igualdade formal aquela que o utilitarismo defende, ao nível de uma idêntica consideração dos indivíduos.

Resulta da ponderação dos trabalhos de Bentham que todas as formas de contrato social são condenáveis, aspecto que Hume já havia aflorado; o Estado funda-se no hábito da obediência e a sua existência é definida pela sua própria necessidade[3357]. "Toute loi est un mal, car toute loi est une infraction à la liberté", sendo obrigação do Governo prevenir os incidentes realmente maus e aferir se estes são maiores que os meios que se usam para os reprimir[3358], ponto em que encontrará anos volvidos a compreensão portuguesa dos redactores d'*O Investigador Portuguez em Inglaterra*, que nele se apoiam para contestar a tese do contrato social explícito[3359].

Para o Autor, a lei é a experiência da vontade soberana[3360], da comunidade em forma de mandato. Perante esta Autoridade carecem de direitos naturais os indivíduos[3361], pois nem, sequer possuem o direito natural de resistirem às suas decisões.

[3355] Idem, "Principes du Code Civil", *Œuvres*, I, pág. 56: "(...) en cherchant d'une manière plus distincte de quoi se compose ce bonheur, nous trouvons quatre buts subordonnés: subsistance, abondance, égalité, sûreté. (...) Dès le premier coup d'oeil, on voit la subsistance et la sûreté s'élever ensemble au même niveau: l'abondance et l'égalité sont manifestement d'un ordre inférieur. (...) Les deux premiers objets sont la vie même; les deux derniers sont les ornements de la vie."

[3356] Idem, *ibidem*, I, pág. 58.

[3357] Benigno Pendas, "Estudio Preliminar" às *Falacias Politicas*, Estudio Preliminar de Benigno Pendas, tradução Javier Ballarin, Madrid, Centro de Estudios Constitucionales, 1990, pág. XXII: "en la Historia de las ideas politicas, Bentham retoma una tradición de discurso que procede, pese a las aparencias, de Hobbes, puesto que uno y otro contemplan al Estado como medio de racionalizar intereses egoístas, si bien que el utilitarismo, siguiendo la tesis de Hume, no se ocupa del problema del origen de la sociedad política, sino que justifica la obediencia como producto de 'the mere force of habit'."

[3358] Jeremy Bentham, "Traités de Législation civile et pénale", *Œuvres*, I, pág. 32.

[3359] *O Investigador Portuguez em Inglaterra ou Jornal Literario, Politico, &c., 1811-1819*, com redactores na 1ª fase Bernardo José Abrantes e Castro e Vicente Pedro Nolasco e na 2ª fase José Liberato Freire de Carvalho, Londres, 23 volumes. A presente matéria é aflorada no volume VII, Agosto de 1813, pág. 196.

[3360] O que originou manifestações de desagrado por parte de De Bonald, *Législation Primitive*, I, págs. 116 e 177.

[3361] Saliente-se que o facto de negar a existência de direitos naturais ao indivíduo, tal como Burke o faz mas com objectivos bem distintos, isso não significa que negue a lei natural. Parece que

DA HISTÓRIA DA IDEIA DE LIBERDADE (SEQUÊNCIA)

Como consequência, defendia os direitos naturais da Vida e da Liberdade como não necessitando de qualquer lei humana para serem efectivos, nem qualquer legislador humano pode ultrapassar. Bentham, o grande campeão da Revolução Americana e futuro democrata nega, pura e simplesmente a sua existência[3362], porque eles eram um contra-senso[3363].

Bentham é fortemente crítico do Direito britânico, classificando-o de sistematicamente calculador e tirânico, com que os Poderes oprimem os ignorantes e os fracos. A Constituição inglesa está longe da perfeição, atrevendo-se mesmo Bentham a preconizar o sufrágio "universal masculino", a reunião anual do Parlamento e o voto por meio de listas. A amplitude das faculdades do soberano merece-lhe severos reparos, em relação à sua Autoridade legal que, embora limitada, depende de razões práticas de conveniência e de Autoridade. Em qualquer caso, tal sistema sempre condena a Democracia e a reforma radical.

Por isso Bentham se opõe ao Rei e à Câmara dos Lordes e preconiza, como a melhor forma de Governo, a república.

Noutro plano de análise e para matérias de natureza diversa, é provável que em 1820, quando se estabeleceu o "Regimento Interno " do Congresso, os ilustres parlamentares tivessem em mente os conselhos de Bentham no que respeita à organização e funcionamento das Assembleias Representativas[3364]. E também será bom estabelecer uma comparação entre o que Bentham afirma e o que passou ao Congresso Vintista.

Preconizava, neste quadro, ideias inovadoras em ordem ao estabelecimento de futuras conexões e sempre no plano da salvaguarda da Liberdade política da própria sociedade. Neste domínio, o facto mais saliente cifra-se na sua afirmação de que "je me bornerai à dire (...) que la composition d'une assemblée législative sera d'autant meilleure, qu'elle aura plus de points de contact avec la nation, c'est-à-dire que son intérêt sera plus semblable à celui de la communauté"[3365].

---

isso seria impossível por ser pedra de toque de todo o utilitarismo, embora o empirismo de que parte não pudesse conduzir a outras conclusões. Esta a interpretação possível de retirar dos seus *Comment of Commentaries*, reprint of the Edition Oxford 1928, Sciencia Verlag Aalen, 1976, pág. 36: "Law of nature that is of *human* nature. That *supposed* Law, which is *supposed* to have the *conduct* of humain creatures for its *object*."

[3362] J. Bentham, *Comment of Commentaries*, pág. 79: "I know that I am heartily glad of the aid of human laws to invest in me my life and liberty, needless as he may think it: that I do conceive my right to them very much strengthened by these same human laws: and that were it not for the said laws, I should be much puzzled to say what right I had to them at all."

[3363] Idem, "Sophismas Anarchiques", *Œuvres*, I, págs. 507 e ss., onde impugna veementemente as Declarações de Direitos.

[3364] Idem, "Discours Préliminaire de l'Éditeur à Tactique des Assemblées Législatives", *Œuvres de J. Bentham*, I, págs. 346 e ss. "Il faut qu'elle se préserve sans cesse de trois grands maux qui l'assignaient dans tout le cours de as durée: la précipitation, la violence et la fraude." Com isto se preservam dois grandes males: a oligarquia e a anarquia. O Regimento Interno do Parlamento, normalmente esquecido das preocupações daqueles que estudam os sistema da Constituição inglesa, mas que teve a maior responsabilidade na manutenção da Liberdade nacional.

[3365] Idem, "Tactique des Assemblées Législatives", *Œuvres de J. Bentham*, I, pág. 351. Acrescenta depois em nota as condições indispensáveis para tal acontecer: "Il y a quatre conditions requises pour inspirer à la nation une confiance permanente dans une assemblée qui est censée la représenter: 1ª Une élection directe; 2º L'amobilité; 3º Certains conditions pour être électeur ou éligible; 4º Un nombre proportionnel à l'étendue du pays." Pronuncia-se a seguir em relação a cada um destes aspectos, aos quais adita, a final, três outras condições para constituir um Governo

Ou seja, preconiza o direito de petição como garantia assegurada pela Liberdade civil, impossível de ultrapassar.

As restantes matérias, cuja importância não se discute, estão todas relacionadas com o funcionamento interno da Assembleia, fazendo parte dos aspectos processuais que a mesma reveste. Tem um considerável interesse para o debate que se irá posteriormente desenvolver em Portugal pelo que se reserva a ponderação de Bentham para o momento em que se estudar o funcionamento do Parlamento Vintista.

Edmund Burke não desconhece a existência do estado de natureza[3366], ponto que repete ao longo de vários escritos sem qualquer rebuço, por força de aspectos que são irrefutáveis e que Burke aponta como essenciais. A sua definição aponta para um tipo de sociedade fundada "in natural appetites and instinctes, and not in any positive institution." Uma verdadeira *natural society*[3367], em nada susceptível de ser confundida com a sua possível constituição por força única da Razão e do Individualismo, uma vez que ela é artificial e não natural[3368].

O contrato social[3369] não foi concluído entre homens e por homens, porque apenas se manifesta como uma das peças da ordem mais alta da Criação[3370].

Já quanto à sociedade civil, cuja premência se não discute[3371], pode causar no mínimo alguma perplexidade. De facto, "on considering political societies, their origin, their constitution, and their effects, I have sometimes been in a good deal

---

representativo: " la publicité des séances, la liberté de la presse, et le droit de pétition." Nem todos foram adoptados em Portugal, ainda que haja uma coincidência maioritária nos pontos de vista.

[3366] Edmund Burke, "A Vindication of Natural Society", *The Political Philosophy of Edmund Burke*, pág. 47: "In the state of nature, without question, mankind was subjected to many and great inconveniences. Want of union, want of mutual assistance, want of a common arbitrator to resort to in their differences."

[3367] Idem, *ibidem*, pág. 48.

[3368] George H. Sabine, pág. 446: "(...) 'el arte es la naturaleza del hombre'. Esas propensiones y la sociedad que resulta de ellas son naturaleza humana; sin ellas y sin los códigos e instituciones morales que crean, una criatura puede ser, como dijo Aristóteles, una bestia o un dios, pero no un hombre. En consecuencia, las tradiciones de la vida de una nación tienen una utilidad que no se mide sólo por su contribución a la conveniencia privada o el goce de los derechos individuales. Son el depósito de toda civilización, la fuente de la religión y la moralidad y el árbitro incluso de la razón."

[3369] Edmund Burke, "Reflections on the Revolution in France", *The Political Philosophy of Edmund Burke*, pág. 193: "*Society is indeed a contract*. Subordinate contracts for objects of mere occasional interest may be dissolved at pleasure – but the state ought not to be considered as nothing better than a partnership agreement in a trade of pepper and coffee, calico or tobacco, or some other such low concern, to be taken up for a little temporary interest, and to be dissolved by the fancy of the parties. It is to be looked on other reverence; because it is not a partnership in things subservient only to the gross animal existence of a temporary and perishable nature. *It is a partnership in all science; a partnership in all art; a partnership in every virtue, and in all perfection. As the ends of such a partnership cannot be obtained in many generations, it becomes a partnership not only between those who are living, but between those who are living, those who are dead, and those who are to be born. Each contract of each particular state is but a clause in the great primeval contract of eternal society, linking the lower with the higher natures, connecting the visible and the invisible world, according to a fixed compact sanctioned by the inviolable oath witch holds all physical and moral natures, each in their appointed place. This law is not subject to the will of those, who by an obligation above them, and infinitely superior, are bound to submit their will to that law.*"

[3370] José Adelino Maltez, *Princípios...* , II, págs. 474 e ss., considerando Burke como "o fundador do Conservadorismo britânico". Nesta investigação, sustenta-se que ele foi a fonte de todo o Conservadorismo europeu.

[3371] Edmund Burke, "Reflections on the Revolution in France", *The Political Philosophy of Edmund Burke*, pág. 182: "If civil society be the offspring of convention, that convention must be its law.

for a state of happiness"[3372]. De forma clara aponta tal sociedade como o resultado da união de muitas famílias num Corpo Político e, visto que "nature has formed no bond of union to hold together, he supplied this defect by *laws*", assim se conformando a sociedade política[3373]. Acima de tudo, uma sociedade formada em nome da coexistência virtuosa entre os homens que o seu próprio Criador incrementou e quis que assim fosse plasmada[3374].

Para Burke, a sociedade política é um composto[3375] de instituições, regras, crenças morais, costumes, hábitos, disposições todos com a sua origem histórica[3376] e onde a religião[3377] deve ocupar o lugar que lhe é próprio[3378]. A sua coexistência secular é o resultado da *Common Law*, servindo ao Autor para distinguir por completo o seu sistema do oposto continental. A isto acresce a protecção efectiva que concede à Liberdade dos indivíduos, tal como mantém e reafirma diariamente a Liberdade da sociedade.

Por estes motivos não existe qualquer paralelo com algum outro e todos desejariam assemelhar-se-lhe.

Se a sociedade tem – e isso forçosamente se verifica – o constrangimento exercido pelo Governo, sendo sem este inconcebível[3379], tem de ser uma zona distinta do político. Os direitos que a sociedade tem são distintos do direito de participar nos

---

That convention must limit and modify all the descriptions of constitution which are formed under it. Every sort of legislative, judicial, or executor power are its creatures."

[3372] Idem, "A Vindication of Natural Society", *The Political Philosophy of Edmund Burke*, pág. 47.

[3373] Idem, *ibidem*, pág. 48.

[3374] Idem, *ibidem*, pág. 48, criticando todos aqueles que apontam para uma diversa posição e nomeadamente porque entendem que evolução assenta antes de tudo na Razão. No que a esta ideia respeita, contraria Burke no sentido de afirmar que se trata de noção nada menos que absurda e blasfema. Como se "all happiness was not connected with the practice of virtue, which necessarily depends upon the knowledge of truth; that is, upon the knowledge of those inalterable relations which Providence has ordained that everything should bear to every other."

[3375] Idem, "Reflections on the Revolution in France", *The Political Philosophy of Edmund Burke*, pág. 182: "One of the first motives to civil society, and which becomes one of its fundamental rules, is *that no man should be judge in his own cause*."

[3376] Idem, "A Vindication of Natural Society", *The Political Philosophy of Edmund Burke*, pág. 48: "(...) that we owe an implicit reverence to all institutions of our ancestors, we shall considerer theses institutions with all that modesty with which we ought to conduct ourselves in examining a received opinion; but with all that freedom and candour which we owe to truth wherever we find it, or however it may contradict our own notions, or oppose our own interests."

[3377] Idem, "Reflections on the Revolution in France", *The Political Philosophy of Edmund Burke*, pág. 190: "We know, and what is better, we feel inwardly, that religion is the basis of civil society, and the source of all good and of all comfort. In England we are so convicted of this, that there is no rust of superstition, with the accumulated absurdity of the human mind might have crusted it over in the course of ages that ninety-nine in a hundred of the people of England would not prefer to impiety."

[3378] Idem, "A Vindication of Natural Society", *The Political Philosophy of Edmund Burke*, pág. 49: "The fabric of superstition has in this our age and nation received much ruder shocks than it had ever before; and through the chinks and breaches of our prison, we see such glimmerings of light, and feel such refreshing airs of liberty, as dilly rise our ardour for more. The miseries derived to mankind from superstition under the name of religion, and of ecclesial tyranny under the name of church government, have been clearly and usefully exposed. We begin to think and to act from reason and from nature alone."

[3379] Idem, "Reflections on the Revolution in France", *The Political Philosophy of Edmund Burke*, pág. 182: "Government is not made in virtue of natural rights, which may and do exist in total independence of it; and exist in much greater clearness, and in a much greater degree of abstract perfection: but their abstract perfection is their practical defect. By having a right to everything

negócios do Estado. O Estado não se funda na adesão voluntária dos homens, mas numa obrigação vinda do Alto, e que lhes é infinitamente superior.

Por outro lado distingue-se claramente das ideias dos Antigos, na medida em que reconhece que o Homem Moderno não é um cidadão da "civitas" da Antiguidade e será mesmo duvidoso que possa ser encarado, tal como as teses do Contratualismo admitem, umas de forma mais clara e outras menos, que seja co-Autor presumido do contrato originário que instituiu a sociedade civil. A sua concepção convencional da sociedade não vai tão longe e, de facto, apenas por força do Altíssimo a sociedade civil foi um feliz acontecimento, como acima disse.

Ou seja, Burke aproxima-se da imanência histórica, entendendo que o Estado não é o mero produto da associação das vontades individuais, antes o resultado mais acabado da unidade sistemática de esforços de um Povo que age com pleno uso da sua Razão. A temporalidade que é o imperativo no seu Pensamento de novo se manifesta.

Em Inglaterra o homem é, por definição livre, e vive dentro de uma sociedade livre, ao contrário do que se passa no continente em que a sociedade apenas se torna livre por força da acção humana[3380]. A lei natural é a lei da Liberdade e está plasmada na Constituição histórica, isso por demais basta para que todo o inglês a conheça e seja livre[3381].

A Liberdade é impensável fora das relações sociais, consideradas como a única maneira de situar os homens no tempo, respeitando a sua racionalidade variável, em função de vivências distintas. Victor de Sá, na apresentação que faz de uma colectânea de textos de Ribeiro Sanches[3382], aponta o "ódio com que os espíritos obscurantistas encaram as manifestações do Pensamento do Iluminismo; opondo por sua vez à Razão a tradição, projecta-se na história cultural portuguesa como uma sombra negra a obscurecer todo o movimento das ideias de inspiração progressista que em

---

they want everything. *Government is a contrivance to human wisdom to provide for human wants. Man has a right that these wants should be provided for by this wisdom.*"

[3380] Idem, *ibidem*, pág. 111: "We are members for a free country; and surely we all know, that the machine of a free constitution is no simple thing; but as intricate and as delicate as it is valuable. We are members in a great an ancient monarchy; and we must preserve religiously the true legal rights of the sovereign, which form the key-stone that binds together the noble and well-constructed arch of our empire and our constitution."

[3381] Idem, "Reform of Representation in the House of Commons", *apud* Sabine, pág. 447: "Nuestra constitución es una constitución 'prescriptiva'; es una constitución cuya única Autoridad consiste en que ha existido, desde tiempo inmemorial... Vuestro rey, vuestros lores, vuestros jueces, vuestros jurados grandes y pequeños, son todos elles prescriptivos... La prescripción es el más sólido de todos los títulos, no sólo en materia de propiedad, mas también en lo que ha de asegurar esa propiedad, el gobierno... El hecho de que una nación haya existido y florecido durante mucho tiempo bajo cualquier gobierno establecido es una presunción en favor de éste frente a todo proyecto no ensayado. Es una mejor presunción incluso de la elección de una nación, mucho mejor que todo arreglo repentino y temporal hecho por una auténtica elección. Porque una nación no es sólo una idea de extensión local y de agrupación momentánea de individuos, sino una idea de continuidad que se extiende tanto en el tiempo como en los números y el espacio. Y esto no es la elección de un día ni de un grupo de gentes, ni una decisión tumultuaria y precipitada; es una elección deliberada de las épocas y las generaciones; es una constitución hecha por lo que es mil veces mejor que la elección – por las peculiares circunstancias, ocasiones, temperamentos, disposiciones y hábitos morales, civiles y sociales del pueblo, que sólo se despliegan en un largo espacio de tiempo... El individuo es estúpido; la multitud es, por el momento, estúpida, cuando actúa sin deliberación; pero la especie es prudente y, si se le da tiempo, en cuanto especie Obra siempre bien."

[3382] Ribeiro Sanches, *Dificuldades que tem um Reino Velho em emendar-se e outros textos*, pág. 35.

Portugal, apesar de tudo, tem florescido." Claro que as realidades são diversas, mas a intenção perdura.

Assim se pode visualizar no presente Autor que não existe separação entre sociedade civil e Estado, uma vez que este é encarado sem qualquer relevância ética. São as relações culturais e económicas que permitem que o homem se "civilizacione", realizando os fins para que está vocacionado. Contestando a Revolução Francesa, contesta a separação entre sociedade civil e Estado, fundamento do Liberalismo, caro aos revolucionários, que viam a primeira como o Povo ou a Nação e o segundo como a organização política derivada da concreta fisionomia que a primeira entendesse dar-lhe.

No que respeita à compreensão da origem do Poder político e sua relação umbilical com a Liberdade, importará ponderar alguns considerandos do Autor a respeito da Revolução Francesa. A sua ligação com a situação insular permitirá uma mais correcta percepção do seu ponto de vista.

Houve oportunidade de apontar o tipo de Pensamento de Burke em relação à Revolução Americana[3383] – de decidido apoio[3384] – e no que respeita à defesa das pretensões dos seus conterrâneos irlandeses[3385]. O posicionamento em presença dos eventos franceses é completamente diferente e uma possível justificação, poderá ser encontrada no atentado ao núcleo social e transformação política numa sociedade racional[3386], mediante meros princípios *a priori*.

No desenvolvimento, uma das frases que importa reter foi pronunciada quando se referia aos acontecimentos ocorridos em França, e aos quais a Inglaterra e o resto da Europa assistia. Escrevendo a lorde Charlemont em 9 de Agosto de 1789[3387] indica que "é impossível não admirar o espírito, mas a velha ferocidade parisiense explodiu de forma assustadora. É verdade que isso pode ser meramente explosão súbita... mas se isso tiver um carácter básico, ao invés de simples explosão, então esse Povo não está preparado para a Liberdade, devendo, assim, ser governado por uma mão forte

---

[3383] Edmund Burke, "Speech on Conciliation with America (Mar. 1775), *The Political Philosophy of Edmund Burke*, págs. 111 e ss.: "I propose, by removing the ground of the difference, and by restoring the *former unsuspecting of the colonies in the mother country*, to give permanent satisfaction to your people; and (...) to reconcile them to each other in the same act, and by the bond of the very same interest which reconciles them to British government."

[3384] Idem, *ibidem*, pág. 113: "Because after all our struggle, whether we will or not, we must govern America according to that nature, and to those circumstances; and not according to our own imaginations; nor according to abstract ideas of right; by no means according to mere general theories of government, the resort to which appears to me, in our present situation, no better than arrant trifling."

[3385] Idem, *ibidem*, pág. 125: "Ireland, before the English conquest, though never governed by a despotic power, had no parliament. How far the English parliament itself was at time modelled to the present form is disputed among antiquarians. But we have all the reason in the world to be assured that a form of parliament, such as England then enjoyed, she instantly communicated to Ireland; and we are equally sure that almost every successive improvement in constitutional liberty, as fast as it was made here, was transmitted thither. The feudal baronage, and the feudal knighthood, the roots of our primitive constitution, were early transplanted into that soil; and grew and flourished there. (...) *But the benefit of English laws and liberties, I confess, was not first extended to all Ireland...*"

[3386] Pinheiro Chagas, *História de Portugal*, VII, pág. 324.

[3387] Edmund Burke, *Correspondence*, VI, *apud* Connor Cruise O'Brien, "Introdução" às *Reflexões Sobre a Revolução em França*, pág. 5.

como aquela dos seus antigos senhores. *O homem deve ter uma certa dose de moderação para poder ter Liberdade, para que ela não se torne nociva nem prejudicial ao Corpo Social*[3388].

O efeito da Liberdade sobre os indivíduos é enquadrado por Burke no plano da Liberdade negativa, ou seja, será tudo aquilo que eles desejem fazer e que não lhes possa ser vedado; nesse contexto, importa esperar para ver os desenvolvimentos que a Revolução Francesa introduz neste plano para depois, com maior certeza concluir pela sua conformidade aos princípios dessa mesma Liberdade.

Por outro lado e na passagem para o plano colectivo, entende Burke que "liberty when men acts in bodies, is power"[3389], aspecto que já tinha sido tratado por Locke, ainda que as conclusões a que se propõem chegar sejam diversas nos dois Autores.

A moralidade está autorizada pelo Direito Divino e pela Revelação e pode ser – e é, certamente – universal, mas a Política é circunstancial, compõe-se de expedientes, e na prudente prossecução de vantagens existentes numa qualquer comunidade.

Publicamente, a primeira vez que Edmund Burke se referiu aos acontecimentos franceses de 1789 foi em Fevereiro de 1790, para avisar que não estava disposto a qualquer pacto[3390]; se tivesse de abandonar os amigos e unir-se aos inimigos, fá-lo-ia, em prol dos interesses da Inglaterra. Levou mais de um ano até conseguir convencer os *whigs* das suas razões[3391].

A Inglaterra era a Inglaterra; a França era a França e, se as instituições políticas inglesas apenas poderiam notar superioridade sobre as francesas, para os próprios franceses elas representavam o melhor que havia. Como tal, deveriam permanecer, ponto em que aplicava todos os seus esforços[3392].

A verdadeira Liberdade que Burke admira é a Liberdade civil, estado de coisas no qual a Liberdade é garantida pela Igualdade na aplicação de sanções, um estado no qual a Liberdade de nenhum homem, de nenhum grupo de homens e de nenhuma corporação de homens possa ter meios de se impor à Liberdade de qualquer homem ou de qualquer grupo de homens na sociedade. Sem a existência disso, torna-se

---

[3388] Idem, "Reflections on the Revolution in France", *The Political Philosophy of Edmund Burke*, pág. 160, manifesta recusa em felicitar a França pela sua recém adquirida Liberdade, pelo menos até "I was informed how it had been combined with government; with public force; with the discipline and obedience of armies; with the collection of an effective and well-distributed revenue; with morality and religion; with the solidity of property; with peace and order; with civil and social manners. All these (in their way) are good things too; and, without them, liberty is not a benefit whilst it lasts, and is not likely to continue long."

[3389] Idem, *ibidem*, pág. 160.

[3390] Georges Rudé, *A Europa revolucionária (1783-1815)*, Lisboa, Presença, 1988, págs. 57 e 58: "Para Burke (...) a sociedade [do Antigo Regime] não era, de modo algum, indesejável e, portanto, não exigiria uma transformação radical. Achava que as suas instituições políticas eram susceptíveis de graduais melhoramentos embora, de um modo geral, tivessem resistido à prova do tempo e não devessem sofrer interferências."

[3391] Connor Cruise O'Brien, "Introdução" às *Reflexões Sobre a Revolução em França*, pág. 7; R. R. Fenessy, O. F. M., *Burke, Paine and the Rigths of Man*, Haia, 1963, págs. 193 e ss., entende que Burke terá ido longe de mais em quase tudo; daí a fraca receptividade que em fase inicial o seu escrito teve.

[3392] Iain Hampsher-Monk, "Introduction", *The Political Philosophy of Edmund Burke*, pág. 35: "Since all moral and political allegiance rests on association, and since associations cannot be created in a moment, the destruction of our inherited institutions and dispositions is, Burke thinks, a terrible irresponsible act; for substitute political institutions based on reason, however convincing they might be on logical grounds, can never command the same degree of loyalty and commitment as the old, rooted as they are in experience."

inviável o estabelecimento uma real Liberdade prática com um Governo capaz de a proteger, incapaz de destruí-la... haverá uma monarquia subvertida, mas não uma Liberdade recuperada[3393].

A "Liberdade é, sem dúvida, em princípio, um dos grandes bens da humanidade (...) "; no entanto, "when I see the spirit of liberty in action I see a strong principle at work; and this, for a while, is all I can possibly know of it (...)"[3394]. Isto é tanto mais verdade quando "o efeito da Liberdade é de permitir aos homens aquilo que lhes agrada: vejamos, pois, o que lhes será agradável fazer antes de nos arriscarmos a cumprimentos que muito cedo, talvez, devam ser convertidos em pêsames"[3395].

Ou seja, Burke parte da Liberdade civil, que se consubstancia na defesa das garantias individuais de cada cidadão, e que o Poder civil tem por obrigação proteger para, considerando que essa é a verdadeira Liberdade, enquadrar depois uma outra forma de visualizar esta, no plano político. A subversão da Liberdade civil implicará, então e necessariamente que a Liberdade política deixe de o ser e se transforme em licença. Era isto que, em Outubro de 1789, Burke descortinava passar-se em França, mesmo que o seu discurso não tenha ainda o tom inflamado que lhe será característico um ano depois[3396].

Por isso Burke opõe aos Direitos do Homem os Direitos dos ingleses e opõe a *Glorius Revolution*[3397] e a Revolução Americana[3398] à Revolução Francesa[3399]. Naturalmente

[3393] Connor Cruise O' Brien, "Introdução" às *Reflexões Sobre a Revolução em França*, pág. 6.
[3394] Edmund Burke, "Reflections on the Revolution in France", *The Political Philosophy of Edmund Burke*, pág. 160.
[3395] Idem, "Reflections on the Revolution in France", *The Political Philosophy of Edmund Burke*, pág. 160.
[3396] Georges Rudé, pág. 58: "(...) a Revolução, em sua opinião, não podia ser o resultado de um genuíno e generalizado desejo de reforma, antes o resultado de malévolas maquinações de grupos egoístas e subversivos. Citava, especialmente, a *claque* de homens de letras e de *philosophes*, que havia muito faziam fogo contra a igreja estabelecida, e os interesses financeiros recém-saídos, ávidos de ajustar contas contra a aristocracia tradicional."
[3397] François Furet, "Burke ou la fin d'une seule Histoire de l'Europe", *Les Résistances à la Revolution*, págs. 352 e ss.
[3398] Edmund Burke, "Speech on Conciliation with America (Mar. 1775), *The Political Philosophy of Edmund Burke*, pág. 115: "First, the people of the colonies are descendants of Englishmen. England, Sir, is a nation, which still I hope respects, and formerly adored her freedom. The colonists emigrated from you when this adored, her freedom. The colonists emigrated from you when this part of your character was most predominant; and they took bias and direction the moment they parted from your hands. They are therefore not only devoted to liberty, but to liberty according to English ideas, and on English principles. Abstract liberty, like other mere abstractions, is not being found. Liberty inheres in some sensible object; an every nation has formed to itself some favourite point, which by way of eminence becomes the criterion of their happiness. (...) Their love of liberty, as with you, fixed and attached on this specific point of taxing. Liberty might be safe, or might be enlarged, in twenty other particulars, without their being much pleased or alarmed." Gordon S. Wood, págs. 4 e 5: "As early as 1775 Edmund Burke had noted in the House of Commons that the colonist' intensive study of law and politics made them acutely inquisitive and sensitive about their liberties. Where the people of other countries invoked principles only they had endured 'an actual grievance', the Americans, said Burke, were anticipating their grievances and resorting to principles even before they actually suffered."
[3399] Alain Renaut, *Histoire de la Philosophie politique*, pág. 136; R. A. D. Grant, "Edmund Burke", *Conservative thinkers*, pág. 79; Peter Viereck, *Conservatism revisited*, pág. 84; Connor Cruise O' Brien, "Apresentação" às *Reflexões Sobre a Revolução em França*, pág. 3: "O espírito de renovação total e radical; a destruição de todos os direitos consagrados pela tradição; o confisco da Propriedade, a destruição da Igreja, da nobreza, da família, dos costumes, da veneração aos ancestrais, da Nação – esse é o catálogo de tudo o que Burke odiava nos seus momentos sombrios (...)."

que os ingleses têm a sua própria *Declaração de Direitos*, proveniente do *Bill of Rights*, de 1688, posteriormente completado pelo *Act of Settlement*, de 1701[3400].

Nestes dois instrumentos legais que formam a *Declaração dos Direitos Inglesa*, não existem alusões à forma de obtenção do Poder político por parte do monarca; por consequência e muito ao contrário do que pretendiam alguns sequazes da Revolução Francesa, em parte alguma se fala de eleição popular pelo monarca[3401]; não existem traços de Liberdade dos povos neste contexto, mas o que está presente é a Liberdade de todo um Povo que marca limites ao seu soberano no exercício dos Poderes de que está investido.

E para sedimentar esta ideia invoca que a hereditariedade em Inglaterra foi sempre a norma seguida sem sobressaltos[3402], salvo aqueles que a História lhe colocou[3403]. "A Revolução não nos deu direito de eleger os nossos Reis, e mesmo que se suponha que o tenhamos possuído antes, a Nação inglesa, por ocasião da Revolução, renunciou solenemente a ele, por ela e por todos os seus descendentes"[3404]. Se é possível defender-se com energia os direitos do Parlamento contra abusos da Coroa[3405], já

[3400] Edmund Burke, "Reflections on the Revolution in France", *The Political Philosophy of Edmund Burke*, pág. 165.

[3401] Idem, *ibidem*, págs. 163 e ss. Considera que houve uma única vez em que a eleição popular esteve presente na subida ao trono de um monarca inglês. Foi precisamente em sequência da Revolução de 1688, quando Guilherme e Maria ascenderam ao trono, o que apenas confirma a regra geral da subida hereditária ao trono de protestante, segundo a linha de Jaime I. Depois disso nunca mais foi falado nem invocado, nem tão pouco a Nação inglesa entendeu dever transcreve-lo como parte integrante do *Bill of Rights* ou do *Act of Settlement*, sendo certo que esse teria sido o momento ideal. Na verdade e por força da consulta dos dois textos citados por Burke em Jorge Miranda, "Textos Constitucionais Estrangeiros", antes citado nos locais apropriados, fala-se em vagatura do trono por força da abdicação de Jaime II e na forma de defender as "leis e as Liberdades", mas não em eleição do monarca. Apenas se refere a proclamação dos dois soberanos como reis de "Inglaterra, França e Irlanda"; mais nada.

[3402] Idem, *ibidem*, pág. 166; pág. 170. Segundo Burke nenhuma experiência ensinou aos ingleses que, sob qualquer outra forma de Governo que não uma *monarquia hereditária*, as Liberdades se poderiam perpetuar e conservar no respeito dos direitos hereditários. Um mal-estar violento e inesperado pode exigir uma mediação enérgica e excepcional; mas a sucessão hereditária do Poder real caracteriza o estado de saúde da Constituição britânica. Tanto mais que se o Parlamento entregou conscientemente a sucessão a uma linha estrangeira e protestante, prova de maneira decisiva que a Nação inglesa tinha a firme convicção de não estar autorizada pelos princípios da Revolução, a eleger os seus Reis a seu bel prazer, e sem levar em conta os antigos princípios sobre os quais se fundamenta o Governo."

[3403] Idem, *ibidem*, pág. 166. Veja-se *Resumo Historico do Parlamento de Inglaterra*, pág. 6, apontando para a excepção ocorrida no tempo da ascensão de Guilherme e Maria. Assim, "a (...) excepção ocorreu no tempo da revolução de 1688 quando os *Lords* e *Communs*, pela sua propria Authoridade, e convocados pelo *Principe de Orange* (depois rei Guilherme) se juntaram em convenção, e dispozeram da Coroa e do Reino. O Throno estava neste tempo vago pela abdicação do Rei Diogo II, e foi declarado pelo W. M. Stat. 1. c. 1. leu esta convenção era realmente as duas casas do Parlamento, não obstante a falta das ordens regias, e outros defeitos de formula."

[3404] Idem, *ibidem*, pág. 167: "The Lords spiritual and temporal, and Commons, do, in the name of all the people aforesaid, most humbly and faithfully submit *themselves, their heirs and posterities for ever;* and do faithfully promise that they will stand to, maintain, and defend their said Majesties, and also the *limitation of the crown*, here in specified and contained, to the utmost of their powers."

[3405] Idem, *ibidem*, págs. 167 e 168. Durante o Governo de Guilherme Orange, para além de ter ficado determinado uma maior assiduidade nas reuniões do Parlamento, para que o Governo fosse submetido à inspecção constante e ao controle activo dos representantes da Nação e dos

não é possível questionar-se em si mesmo o princípio monárquico. Quem o fizer está incompatibilizar-se com os fundamentos da ordem tradicional.

Por consequência e quanto ao que interessa, Burke nega aquilo que se designou em pontos anteriores por Liberdade dos povos, admitindo que o Poder civil inglês se defere legalmente nos termos que a ancestral *Common Law* preceitua. Seja pois o duplo problema da legalidade – o documento do *Bill of Rights* – e da legitimidade da Revolução de 1688; nenhum deles admite uma reinterpretação como pretendiam os defensores ingleses da Revolução Francesa.

Nem seria possível pois que o Povo de Inglaterra não imitaria métodos cuja experiência nunca havia realizado, nem retomaria os que a experiência mostrou serem nocivos. A lei de transmissão hereditária da Coroa funciona como um dos seus direitos, não como um dos seus deveres; como uma vantagem, não como um abuso; como uma garantia das suas Liberdades, não como o selo da sua escravidão[3406].

Se a isto se somar a sua concepção histórica, já antes anotada sobre a Revolução de 1688 enquanto restauradora das Liberdades adquiridas, pode fechar-se o círculo do seu Pensamento. Fazendo apelo à *Petition of Rights*[3407], Burke indica que nas reivindicações apresentadas os ingleses diziam ao Rei que "vossos súbditos herdaram esta Liberdade", protestando sobre dados concretos e não absurdos abstractos como são os "Direitos dos Homens"[3408]. Referiam-se aos "Direitos dos ingleses" em concreto[3409]; não mencionava, quaisquer "Direitos dos Homens em abstracto"[3410].

Burke situa-se, portanto, no tempo e no espaço, manifestando horror ao indeterminado e indefinido, ao difuso que vê nos direitos proclamados pela Declaração francesa, tendo pavor ao que chama de metafísicos[3411] e que contrapõe a secular prática da *Common Law*[3412]. A transformação do que designa por "Metafísica Moderna" em

---

grandes do reino, ficou, mais, estipulado que para mais limitar o Poder real e melhor garantir as leis e Liberdades do súbdito, não poderia haver qualquer concessão de graça ou benefício régio se a oposição do Parlamento a ela se referisse.

[3406] Edmund Burke, "Reflections on the Revolution in France", *The Political Philosophy of Edmund Burke*, pág. 165: "This Declaration of Rights (the act of the 1st of William and Mary, sess. 2, ch. 2) is the corner-stone of our constitution as reinforced, explained, improved, and in its fundamental principles for ever settled. It is called 'An Act for declaring the rights and liberties of the subject, and for *settling the succession* of the crown.' You will observe, that these rights and this succession are declared in one body, and bound indissolubly together."

[3407] Jorge Miranda, "Textos Constitucionais Estrangeiros", págs. 12 e ss.

[3408] Antes de Burke outros o haviam feito, salientando-se alguns dos intervenientes na Assembleia Nacional francesa. Sobre o ponto veja-se Dale van Kley, "From the Lessons of French History to Truths for All Times and All People", *The French Idea of Freedom. The Old Regime and the Declaration of Rights of 1789*, pág. 76 e notas respectivas.

[3409] Edmund Burke, "Reflections on the Revolution in France", *The Political Philosophy of Edmund Burke*, pág. 172: "You will observe, that from Magna Charta to the Declaration of Right, it has been the uniform policy of our constitution to claim and assert our liberties, as an *entailed inheritance* derived to us from our forefathers, and to be transmitted to our posterity; as an estate specially belonging to the people of this kingdom, without any reference whatever to any other more general or prior right. By this means our constitution preserves a unity in so great a diversity of its parts."

[3410] Idem, *ibidem*, pág. 171.

[3411] Thomas Paine, *Common Sense*, pág. 184: "These metaphysic rights entering into common life, like rays of light which pierce into a dense medium, are, by the laws of nature, refracted from their straight line. (...) the pretended rights of these theorists are all extremes: and in proportion as they are metaphysically true, they are morally and politically false."

[3412] Idem, *ibidem*, págs. 171 e ss. Jean-Jacques Chevallier, págs. 193 e ss.

programa político enfurece Burke e, provavelmente, retarda a enorme capacidade e velocidade de raciocínio que demonstra[3413].

As doutrinas da Revolução Francesa encontram apoio caloroso em Inglaterra, sobretudo por parte dos adversários da tese burkiana. No contexto, Thomas Paine respondeu a Burke com uma apologia da Revolução Francesa[3414]. No seu entendimento, cada geração deve desfrutar de Liberdade absoluta para cumprir o seu destino sem estar obrigada ao acatamento de velhas instituições.

Na sua argumentação, sustenta o Autor contra Burke e fazendo uso de uma fraseologia plena de eloquência, a doutrinação de Locke e Adam Smith, que leva às últimas consequências. Acima de tudo, proclama, a eminência da chegada da Era da Razão.

Segundo escreve "o dever do homem não é uma selva de portas com portagens, pelas quais ele só passa se tiver bilhetes. É claro e simples, e consiste apenas em dois pontos. O dever para com Deus que todos os homens têm de sentir, e, em relação ao vizinho, fazer o que gostariam que lhe fizessem a si. Se aqueles a quem o Poder é delegado agirem bem, serão respeitados; se não, serão desprezados"[3415].

Por consequência há uma programação integral da Liberdade política[3416], que depois será completada adiante quando manifesta a sua predilecção pela forma democrática do Governo, em que Liberdade e Igualdade se encontram num casamento perfeito.

O Contratualismo social de Thomas Paine é algo confuso. Sem dúvida que a vontade que tinha de contradizer Burke o terá levado mais além do que os seus próprios conhecimentos intelectuais permitiriam, já que boa parte do que escreveu foi muito

---

[3413] Uma insuspeita voz do séc. XX, Hannah Arendt, *Sobre a Revolução*, pág. 107, incita a continuar a não descrer em Burke. Precisamente por ser uma filósofa com as características conhecidas, concretamente, se admite e aceita que "A *Declaração dos Direitos do Homem* contém várias perplexidades; por isso o ataque de Burke contra eles se justifica e não é reaccionário", e além disso adita a Autora a esta ideia que "a polémica Peine e Burke não existe porque ambos querem a defesa dos direitos do homem pela via contrária da inovação absoluta", deve continuar a aceitar-se o Pensamento de Burke como estruturalmente inatacável.

[3414] Thomas Paine, *Os Direitos do Homem*. Este escrito constitui essa resposta de um modo desassombrado, levando às últimas consequências os princípios desenvolvidos por Locke, expondo uma fisionomia nem sempre pacífica dos liberais *whigs*, vistos como a ala mais liberal do Parlamento inglês. Mas no fundo, não passava de uma luta mais profunda; o que está em causa é um modelo de sociedade virada para a evolução histórica das instituições ou apelativas das marcas da ruptura. No primeiro caso, considera-se que "o tempo é bom conselheiro e se encarregará das mudanças necessárias", no segundo, um vasto conjunto de pobres e de "menos pobres", todos de igual modo cansados da situação social e política em que se encontravam e atribuindo as culpas do facto a quem conduzia os destinos do país. Para Paine, como para muitos outros, a solução só podia ser uma: a adoptada nos Estados Unidos, a "solução república", única forma de preservar a Liberdade política e a Igualdade formal e material dos cidadãos.

[3415] Idem, *ibidem*, pág. 34.

[3416] Idem, *ibidem*, pág. 38: "A actual Assembleia Nacional de França é, no sentido exacto da palavra, *o pacto social pessoal*. Os seus membros são os delegados da Nação no seu *carácter* original: as Assembleias futuras serão os representantes da Nação no seu carácter *organizado*. A Autoridade da Assembleia actual é a de formar uma Constituição; a Autoridade de futuras Assembleias será a de legislar de acordo com os princípios e formas determinados por essa mesma Constituição (...)", admitindo as possíveis reformas no futuro que a mesma Constituição admita. Ou seja, trata-se dos limites materiais da Constituição que não podem ser ultrapassados.

fruto da observação prática, mais que de leituras que fora do auto-didactismo a sua originária condição humilde não permitiria.

Quanto à origem do Poder, o Contratualismo liberal não se questiona, apresentando uma tripartição em que consta o Poder sacerdotal, de conquista e da Razão. O último dos casos é o eleito, entendendo-se como "avanço considerável no sentido de estabelecer os princípios da Liberdade dizer que o Governo é um pacto entre aqueles que governam e aqueles que são governados"[3417].

Paine não vê nisto nenhum avanço, antes uma verificação do que sempre existiu, obrigando, mais uma vez, a apelar à distinção já várias vezes feita entre a Inglaterra e os demais países europeus – ao menos teoricamente: num caso o homem é livre, dentro de uma sociedade livre[3418]; no outro, o homem é livre e faz a sociedade livre[3419]. As influências conjugadas do jusnaturalismo europeu e sua aplicação norte-americana são aqui patentes.

Os indivíduos têm todos direitos naturais, iguais, alguns dos quais se mantêm no estado de sociedade; contudo nem sempre se faz uma correcta distinção entre direitos naturais e direitos sociais, o que implica uma sobreposição impossível. Esta distinção nem sempre resulta clara em Paine, porque se suscita regularmente a dúvida sobre o que seja o Direito Natural, e Direito Civil, em que diferem e em que se completam.

Quanto aos seus direitos civis e atendendo a que o homem "não entrou em sociedade para se tornar pior do que era antes" não podem os direitos naturais deixar de constituir a sua base: "são aqueles que dizem respeito ao homem por direito decorrente da qualidade de membro da sociedade"[3420]. Depois de entrar em sociedade o homem conserva "todos aqueles nos quais o *Poder* para executar é tão perfeito no indivíduo como no próprio Direito", aqui se considerando incluídos "os direitos intelectuais (...); *consequentemente a religião é um desses direitos*", Já não conservará direitos que estando na sua disponibilidade se não conformem com o facto de estar inserido em sociedade: "o Poder para os executar é imperfeito"[3421].

[3417] Idem, *ibidem*, pág. 36.
[3418] Georges Burdeau, *Les libertés publiques*, Paris, 4ème. Édition, 1972, pág. 3: "L'homme n'est libre que dans un Etat libre. C'est donc de l'aménagement des institutions politiques que procède la liberté."
[3419] Thomas Paine, *Os Direitos do Homem*, pág. 37. É o que diz Paine, por outras palavras: "(...) os próprios indivíduos, cada um deles exercendo o seu direito pessoal e soberano, fizeram um pacto uns com os outros para criarem um Governo: e esta é a única forma através da qual os Governos têm direito a nascer, e o único princípio através do qual têm direito a existir". O Autor é inglês mas a sua visão nada tem da anglofilia britânica. O desenvolvimento desta matéria encontra-se a pág. 109 e ss.
[3420] Idem, *ibidem*, pág. 35.
[3421] Idem, *ibidem*, pág. 35. Daqui a conclusão: "todo o Direito Civil provém do Direito Natural; ou, por outras palavras, é um Direito Natural transferido. (...) O Poder civil (...) é composto a partir do agregado de direitos naturais do homem, que se tornam imperfeitos na esfera do poder individual, e que não respondem ao seu objectivo, mas que, quando reunidos num ponto de convergência, se tornam competentes para os objectivos todos. Que o poder proveniente do agregado de direitos naturais, imperfeito nos indivíduo, não pode ser utilizado para invadir os direitos naturais que são conservados pelo indivíduo, e no qual o poder para executar he tão perfeito como o próprio Direito".

Distinguindo entre Estado e Governo (o que Burke não fez)[3422], Paine afirma que o primeiro é uma instituição necessária com base na natureza e interesse dos homens e o Governo uma instituição artificial mas conveniente à Vida[3423]; mas não tem carácter imutável e pode cair em mãos menos decorosas. O pacto sob o qual o Estado se afirma estabelece-se entre indivíduos no mesmo plano de Igualdade (ao contrário de Burke que fala em Governo e Povo como base do contrato); a existência de uma Constituição escrita[3424] e a forma republicana de Governo são considerados necessários ao estabelecimento de uma organização onde impere a vontade popular.

Paine não descura, neste particular, a definição do que entende por Constituição, no contexto de uma fraseologia distinta mas cuja aproximação às ideias kantiana é por demais evidente: "Uma Constituição não é apenas de nome, mas de facto. Não tem um ideal, mas uma existência real; e, onde não pode ser mostrada de uma forma visível, não existe nenhuma. Uma Constituição é uma coisa anterior a um Governo, e um Governo é unicamente o instrumento de uma Constituição. A Constituição de um país não é um acto do seu Governo, mas das pessoas que constituem um Governo [o Povo]. É o corpo de elementos ao qual podemos referir-nos, e citar artigo por artigo; e que contém os princípios nos quais o Governo será estabelecido, a forma segundo a qual será organizado, os Poderes que terá, o tipo de eleições, a duração dos Parlamentos, ou o outro nome por que esses órgãos serão denominados; os Poderes que a parte executiva do Governo terá; e, em suma, tudo o que se relaciona com a organização completa de um Governo civil, bem como os princípios pelos quais se regerá, e aos quais estará vinculado"[3425].

No que respeita à Constituição inglesa, que tão elogiada é por via de regra, "não é possível negar o facto de ela ter sido nobre para os tempos sombrios e de escravidão de que ela foi criada", pese embora isso não seja realmente notável porque "quando o mundo estava tomado pela tirania, o menor afastamento da mesma já era um gloriosa salvação"[3426].

Daí que em Inglaterra não se vive em perfeita Liberdade por comportar a tirania hereditária do Rei e da Câmara dos Lordes, com alguns laivos de republicanismo existentes nos Comuns[3427]. Os dois primeiros "em nada contribuem para a Liberdade

---

[3422] Idem, *O Senso Comum e a Crise*, pág. 11: "Alguns escritores confundem tanto sociedade e Governo que deixam pouca ou nenhuma distinção entre os mesmos; no entanto, não apenas são diferentes como têm origens diversas. A sociedade é produzida pelas nossas necessidades, e o Governo por nossa maldade; a primeira promove a nossa felicidade de *maneira positiva*, unindo as nossas afeições, e segunda de *maneira negativa*, cerceando nossos vícios. Aquela encoraja o intercâmbio, a outra cria distinções: a primeira é patrocinadora; a segunda punitiva."
[3423] Idem, *ibidem*, pág. 11: "(...) o Governo, mesmo em seu melhor estado, não passa de um mal necessário. (...) O Governo, como um traje, é um emblema da inocência perdida (...)."
[3424] Idem, *ibidem*, pág. 13. A sua crítica incide em boa parte sobre a Constituição inglesa não escrita pois que ele "é tão excessivamente complexa, que a Nação pode sofrer por muitos anos a fio sem ser capaz de descobrir onde está o defeito; alguns dirão que está num ponto, outros que noutro, e todos os médicos políticos receitarão remédio diferente." Esta ideia está presente também nos *Direitos do Homem*, págs. 37 e ss., quando discute a questão do Contratualismo político.
[3425] Idem, *Direitos do Homem*, pág. 37.
[3426] Idem, *O Senso Comum e a Crise*, pág. 13.
[3427] Idem, *Os Direitos do Homem*, págs. 14 e 15, entende que mesmo nos Comuns nem sempre se defenderam as Liberdades inglesas. Na verdade e reportando-se à *Glorius Revolution* e ao *Bill of*

do Estado"[3428] e por isso a confusão que existe tem toda ela uma justificação: a existência perniciosa da monarquia[3429]. Natural é que se diga que em Inglaterra há mais Liberdade que noutros países, mas é fruto do "preconceito dos ingleses em favor de terem seu Governo de Rei, lordes e comuns"[3430], que nasce mais "do orgulho nacional que da Razão"[3431].

Aqui de novo se opõe a Burke, desenvolvendo a sua própria tese contrária à monarquia e à sucessão hereditária ao longo das páginas seguintes, em termos que não interessa desenvolver[3432] e manifestando em sucessivas revoadas a sua oposição ao sistema de *Common Law*.

Como consequência a melhor forma de firmar as suas conclusões cifra-se no apelo a uma Constituição escrita, nos termos que ficaram já delineados e que agora completa do seguinte modo: "Uma Constituição não é uma coisa apenas em nome, mas de facto. Não tem um ideal, mas tem uma existência real; e, onde não pode ser mostrada de uma forma visível, não existe nenhuma. Uma Constituição é uma coisa anterior a um Governo, e um Governo é apenas um instrumento da Constituição"[3433].

Quanto à monarquia inglesa, é cáustico: "A Inglaterra, desde a conquista, conheceu alguns bons monarcas, mas gemeu sob um número muito maior de maus soberanos; embora nenhuma pessoa em seu juízo perfeito possa afirmar que Guilherme, o Conquistador, tenha sido uma pessoa de muita honorabilidade. Um bastardo francês desembarcando em meio a um grupo de bandidos armados, estabelecendo a si mesmo como Rei da Inglaterra contra a vontade dos nativos, em termos exactos pode ser classificado de um iniciador grandemente torpe e desprezível – e certamente não possuía nenhuma divindade em si"[3434].

Rights, defende que o Parlamento inglês estabeleceu "uma coisa" que tinha direito a fazer, indicando Guilherme e Maria para assumirem o trono inglês, e *"estabeleceu outro direito por usurpação*, o de comprometer e controlar a posteridade até ao fim dos tempos." Ninguém, seja lá quem for, tem esse direito de controlar as vidas futuras dos homens que o Parlamento inglês assumiu em 1688; por consequência, "o homem não é proprietário do homem; e nenhuma geração é proprietária das gerações que se seguirão..."

[3428] Idem, *O Senso Comum e a Crise*, pág. 14.
[3429] Idem, *ibidem*, pág. 14: "(...) enquanto a mesma Constituição que dá aos Comuns o Poder para refrear o Rei ao negar-lhe as verbas, dá posteriormente ao Rei o Poder de refrear os Comuns, dando-lhe Poderes para rejeitar outras leis, ela novamente supõe que o Rei é mais sábio do que aqueles anteriormente considerados os mais sábios do mundo." Mais à frente, a pág. 16, refere ser "irreverência [no aplicar] do título de *sagrada majestade a um verme*, que se desfaz em pó em meio ao seu esplendor!"
[3430] Idem, *ibidem*, pág. 15: "(...) a *vontade* do Rei, tanto na Inglaterra como em França, é a *lei* da terra, com a diferença que, ao invés de partir directamente da boca do Rei, ela é passada ao Povo sob a forma mais temível de uma lei do Parlamento." Isto parece um claro exagero, mas é a posição do Autor que importa mencionar.
[3431] Idem, *ibidem*, pág. 15.
[3432] Idem, *ibidem*, pág. 22, Thomas Paine conclui: "na Inglaterra o Rei tem pouco mais a fazer do que provocar guerras e distribuir lugares; o que, em termos simples, significa empobrecer a Nação e provocar discórdias. Realmente um belo negócio para um homem receber oitocentas mil libras esterlinas por ano, e ainda por cima ser adorado! Para a sociedade e aos olhos de Deus, um homem honesto vale muito mais do que todos os rufiões coroados que jamais viveram."
[3433] Idem, *Os Direitos do Homem*, pág. 37.
[3434] Idem, *O Senso Comum e a Crise*, pág. 20.

Perante tão desolador quadro da pátria-mãe, do pouco que ela tem para oferecer ao norte-americanos e da insensatez que seria não aderir à causa da independência e da Liberdade, Thomas Paine resume deste modo o seu sentir: "Tudo quanto é Direito ou natural pede a separação. O sangue dos assassinados, a voz soluçante da natureza grita É HORA DE SEPARAR-SE"[3435].

Mais, defende a concepção filosófica da *Declaração dos Direitos do Homem e do Cidadão de 1789*: os homens são livres e iguais; todos têm os direitos naturais de Segurança, Liberdade, Propriedade, a autonomia deriva do Povo[3436]. O Estado existe para a utilidade do Povo e o Governo é o seu instrumento fiel[3437]. Um exemplo acabado do que acaba de se dizer é a libertação das colónias americanas, só encontra motivos para a apoiar, devido ao comportamento inóspito e feroz que a dita "pátria-mãe" tem para com os seus filhos; "pois nem mesmo as feras devoram os seus filhos e nem os selvagens fazem guerra às suas famílias"[3438].

Além disso trata-se de uma enormíssima mentira, escreve; só na Pensilvânia, "nem sequer a terça parte dos habitantes (...) são de ascendência inglesa"[3439].

Continuando a sua cruzada em desfavor da monarquia[3440], Thomas Paine insurge-se contra a divinização dos Reis, e entende que no que respeita às monarquias hereditárias, "uma das provas *naturais* mais fortes representadas contra a tolice do direito hereditário dos Reis é o facto de a natureza desaprová-lo; senão não o colocaria tantas vezes em ridículo, dando à humanidade um *Burro* por *Leão*"[3441].

Aquilo que Paine retira de Locke e do lokianismo resulta na ilegitimidade de todo e qualquer Governo que não se funde na vontade popular, isto é, que não seja representativo. O Governo será tanto mais representativo, se a representação for mais equitativa. Quer dizer, os direitos do Povo apenas serão assegurados se uma assembleia representativa manifesta os desejos do Povo, do Corpo eleitoral alargado, como acontece com a Assembleia Nacional de França.

Thomas Paine foi certamente um dos mais ousados e empenhados homens públicos do seu tempo. Ainda que nem sempre seja fácil, por óbvios motivos, conciliar a sua

---

[3435] Idem, *ibidem*, pág. 26.
[3436] Idem, *ibidem*, pág. 16: "Sendo os seres humanos originariamente iguais na ordem da criação, a Igualdade deve ter sido destruída por alguma circunstância subsequente; as distinções entre ricos e pobres podem, em grande parte, ser responsabilizadas por isto; e isso sem precisarmos recorrer aos nomes duros e dissonantes da opressão e avareza. Frequentemente a opressão é *consequência*, mas nunca ou raramente é *meio* da riqueza; e embora a avareza possa evitar que um homem seja necessariamente pobre, ela geralmente o torno medroso demais para ser rico."
[3437] Idem, "Dissertations on Government", *The complete Writings of Thomas Paine*, apud Cecilia M. Kenyon, "The Declaration of Independence", pág. 35: "Public good is not a term opposed to the good of individuals; on the contrary, it is the good of everyone: for as the public body is every individual collected, so the public good is the collected good of those individuals."
[3438] Idem, *O Senso Comum e a Crise*, págs. 22 e ss., especialmente pág. 25. O Autor desfia um rosário de violências cometidas pela Inglaterra contra as colónias americanas, e entende que "repugna à Razão, à ordem natural das coisas, a todos os exemplos de eras anteriores, supor que este continente possa continuar por mais tempo submisso a qualquer Poder externo."
[3439] Idem, *ibidem*, pág. 25.
[3440] Idem, *ibidem*, pág. 22: "(...) a monarquia e a sucessão só fizeram cobrir o mundo de sangue e cinzas (e não neste ou naquele reinado apenas). É uma forma de Governo contra a qual a palavra de Deus presta testemunho, e é acompanhada pelo sangue."
[3441] Idem, *ibidem*, pág. 19.

motivação americana com os sucessos franceses, sem dúvida que ele foi um empenhado teórico, em simultâneo, das duas "Revoluções Atlânticas". O seu reconhecido lugar de destaque na História das Ideias Políticas e a forte componente profética e demolidora do Antigo Regime, como dos sistemas de Governo inglês, conferem-lhe lugar autónomo numa linha de Pensamento do Liberalismo europeu deste período.

Em qualquer caso sempre é possível dizer que as ideias de Paine foram mais bem recebidas – porque adoptadas – em França que nos Estados Unidos. O Governo norte-americano foi exactamente o contrário do que preconizava quanto à sua estrutura e organização institucional. Quanto às suas observações acerca dos direitos humanos, enquanto defesa da Revolução Francesa e dos direitos abstractos perante a oposição a Burke, foram não apenas sufragados mas consagrados mesmo antes da sua defesa em texto legal.

§ 6º. Immanuel Kant e a ideia de Liberdade

Trata-se do mais relevante dos pensadores germânicos[3442] que interessa para o tema em análise, por força da época em que viveu[3443].

[3442] O estudo da reflexão kantiana no político não implica qualquer abordagem esquematizada sobre a Filosofia alemã. Apesar da sua importância inultrapassável, o Pensamento político alemão é pouco relevante no contexto da vertente investigação, por se tratar de uma espécie de "mundo à parte" no contexto da Europa revolucionária. Além disso, a Alemanha só tardiamente e com bastante esforço aderiu plenamente às ideias do Liberalismo clássico e os seus escritores mantêm, uma certa circunspecção relativamente às inovadoras Ideias Políticas que iam desabrochando. A circunstância de ter sido esse o local geográfico onde surgirá, pela primeira vez, a contra-revolução organizada ao nível das cabeças coroadas da Europa, não será por certo estranha. Por outro lado, Kant e as suas ideias terão sido a grande mola impulsionadora que posteriormente conduzirá a Alemanha a uma adesão aos ideais do Liberalismo, ainda que se mantenha ser situação completamente diversa da que se passa na restante Europa, excluindo, porventura a Áustria e a Rússia. Daí que, sendo impossível olvidar o estudo de Kant, o grande filósofo da Liberdade do séc. XVIII, que ao ponderar o problema em planos anteriores ao Político, acaba por o ver condicionado e explicado pelos mesmos, isso seja autónomos em termos autónomos da abordagem global das Ideias Políticas alemãs desta fase. Veja-se M. Boucher, *La Révolution de 1789 vue par les écrivains Allemands, ses Contemporains, apud* Luc Ferry, "Kant", *Dictionnaire des Œuvres Politiques*, pág. 572: "Il convient d'abord de rappeler qu'en Allemagne, la Révolution française fut interprétée comme une pure et simple réalisation des idées fondamentales de la philosophie des Lumières, comme le moment où, rejetant toute Autorité dogmatique, 'l'homme cessait d'être gouverné pas des volontés extérieures et n'obéissait plus qu'à sa conscience', à 'la lumière interne que chacun porte en soi." Posteriormente em 1793, a questão complicou-se ainda mais com os escritos de Rehberg, em termos que serão vistos oportunamente.

[3443] Isto não significa o alheamento de outros filósofos germânicos que foram seus contemporâneos. O que releva é a sua reflexão sobre as demais, pelo menos até Hegel, no qual já não se entra porque o desenvolvimento das suas ideias com relevo para o tema é posterior a 1823. No que respeita a outros casos, aproveita-se este ensejo para lhes fazer breve menção, ou por contraposição a Kant ou como sufragâneos das suas ideias. Os textos bases utilizados para este fim e porque não interessa aprofundar este debate da Filosofia alemã, são os publicados na colectânea *Qué es Ilustración?*, que reúne uma série de temas do Pensamento germânico, os quais se entendem como suficientes para o presente contexto. Paul Janet, págs. 573 e 574, defende que "antes" de Kant o Pensamento andava bastante incompleto. Poderá não ser exactamente assim; não é lícito pensar, como fazem certos Autores, que no séc. XVIII e em matéria de reflexão filosófica sistematizada, ou Kant, ou nada. Depois de todo o trabalho desenvolvido nesta área, estranho seria chegar a tal conclusão.

Não apenas por o merecer no campo teórico, como um dos corifeus da ideia de Liberdade, mas porque não é possível inseri-lo em nenhum dos pontos já tratados. Avançando ideias a desenvolver proximamente, Kant poderá ser caracterizado como alguém que se interessou pela Revolução Americana e Inglesa, primeiro, pela Revolução Francesa depois, e um conhecedor da vida política britânica[3444].

A difusão da Filosofia kantiana[3445] através da Alemanha, contribuiu *a posteriori* poderosamente para o desenvolvimento das ideias liberais, mas também para a formação da unidade nacional, para o estabelecimento das instituições representativas e para o desenvolvimento da teoria da separação de Poderes[3446].

1. Inserção cronológica

Em 1784, Kant publicou um texto[3447] onde bem se pode verificar o processo evolutivo do seu Pensamento. Datado de período imediatamente anterior à Revolução Francesa, o posicionamento do Autor irá sem dúvida evoluir no sentido de um cada vez maior apreço pelo Liberalismo, sendo mesmo considerado por alguns Autores como "um revolucionário" e "um republicano".

Deixando estes aspectos para fase posterior da investigação[3448], importa averiguar os termos em que Kant se inseria no "seu tempo".

Nas suas palavras, "*o Iluminismo é a saída do homem da sua menoridade de que ele próprio é culpado. A menoridade é a incapacidade de se servir do entendimento sem a orientação de outrem. Tal menoridade é por culpa própria se a sua causa não reside na falta de entendimento, mas na falta de decisão e coragem em se servir de si mesmo sem a orientação de outrem. Sapere aude!* Tem a coragem de te servires do teu próprio entendimento! Eis a palavra de ordem do Iluminismo"[3449].

[3444] Manfred Kuehn, *Kant. A Biography*, Cambridge, University Press, 2001, págs. 24 e ss. apresenta uma biografia muitíssimo interessante e a mais completa que encontrámos acerca de Kant desde os seus tempos de infância e juventude até aos rescaldos da Revolução Francesa. Este trabalho serviu para contextualizar a actividade do filósofo e deve ser encarado como ponto de apoio essencial na evolução do Pensamento kantiano.

[3445] Ernst Bloch, *Droit Naturel et Dignité Humaine*, tradução francesa, Paris, Payot, 1976, págs. 74 e ss. tem o mesmo entendimento que se vem sufragando, admitindo que a ideia de Liberdade, no séc. XVIII e depois da Revolução Francesa estava a precisar de quem se preocupasse com uma teorização. Do mesmo passo se discorda que Kant tenha sido o único a fazê-lo, por motivos que serão esclarecidos adiante. No máximo – e isso é claramente distintivo seu – trabalhou a ideia de Liberdade sob um ponto de vista diverso da tese maioritária à época, sobretudo preocupada com questões jurídico-políticas.

[3446] António Pedro Barbas Homem, "Introdução Histórica à Teoria da Lei – Época Moderna", págs. 91 e 92.

[3447] Immanuel Kant, "Resposta à pergunta: que é o Iluminismo", *A Paz Perpétua e outros Opúsculos, Zum Ewigen Frieden, eins Philophischer Enturuf*, etc., que andam reunidos sob o título português de *A Paz Perpétua e outros Opúsculos*, Lisboa, 1992, págs. 11 e ss.

[3448] A expressão "republicano" deriva directamente das posições assumidas por Kant. Quando aqui se menciona, não é no sentido da oposição a esse qualificativo, mas da compreensão do verdadeiro sentido que "revolucionário" deverá assumir numa personalidade como Kant.

[3449] Frontalmente contrário, Johann Georg Hamann (1730-1788), "Carta a Christian Jacob Kraus, *postdata*", *Qué es Ilustración?* Pág. 35: "Mi interpretación de la explicación de Kant va más allá de que la *verdadera Ilustración* en una salida de los hombres menores de edad de una grandiosa *culpable tutoría*. El temor del Señor es el principio de la sabiduría, que nos hace *temerosos* de mentir y *remisos* a hacer versos."

DA HISTÓRIA DA IDEIA DE LIBERDADE (SEQUÊNCIA)

Kant não poderia fazer uma melhor apresentação. Para além de todos os predicados que lhe são conhecidos, é um cáustico, impaciente pela impotência do Ser humano de atingir a sua própria maioridade quando as condições para isso lhe são criadas[3450]. E, sobretudo, porque apesar da pregação de muitos dos seus antecessores[3451] – nem sempre feita nos melhores termos, na visão kantiana – o homem teimava em associar a sua imagem a um conjunto de metafísicas dogmáticas[3452], que não apenas impediam o normal desenvolvimento do curso da História, como limitavam as infinitas possibilidades de expansão humana[3453].

Para esta "ilustração nada mais se exige que a *Liberdade*; e, claro está, a mais inofensiva entre tudo o que se pode chamar Liberdade, a saber, a de fazer um *uso público* da sua Razão em todos os elementos"[3454]. Esta é chave de todo o raciocínio que a partir daqui Kant desenvolve[3455]; o uso público da Razão que é sem dúvida incómodo para todos os defensores de um sistema obscurantista no plano cultural e religioso e promotor do servilismo ao nível público. Quer o responsável pelo uso público da Razão – aquele uso "que qualquer um, enquanto erudito, dela faz perante o grande público do mundo letrado –, quer o mentor do uso privado – "aquele que alguém pode fazer da sua Razão num certo cargo público"[3456], são característicos do Iluminismo e não podem ser questionados[3457].

[3450] *Qué es Ilustración?*, "Estudio Preliminar" de Agapito Maestre, pág. XIV: "La aporética ilustrada se define (...), antropológicamente, siendo Kant su primer propulsor y acaso más importante inspirador. Con Kant aparece la antropología; es el primero que transita desde la singularidad del 'yo' a un cierto *concepto universal* 'hombre'."

[3451] Simone Goyard-Fabre, *Philosophie Politique (XVI-XX ème Siécles)*, págs. 171 e 172 enuncia deste modo o problema: "Ce ne sont point les âmes sensibles, mais les esprits éclairés qui réclamant la protection de l'individu. Et ils les réclamant toujours au nom de la raison. Seulement, la raison qu'ils invoquent n'est plus la raison théorique et spéculative qui avait guidé les doctrines de l'absolutisme. A la fin du XVIII ème siècle, sonne l'heure de la *raison pratique*."

[3452] *O Investigador Portuguez em Inglaterra*, IV, Agosto de 1812, pág. 194, aponta o exemplo do abade de Barruel, que se empenhava vivamente em "refutar a metphysica de Kant. Elle pençava ter descoberto a chave para os enigmas do philosopho Allemão, e denunciava seos principios e intençoens como não menos perigozas á cauza da religião, e moral, que as vistas dos mais atheisticos Illuminados." Para Barruel tudo se resumia a "gorgonas e chimeras horriveis", que ele sustentava "existir nos volumes ininteligiveis de Kant."

[3453] Immanuel Kant, "Resposta à pergunta: que é o Iluminismo", *A Paz Perpétua e outros Opúsculos*, pág. 11.

[3454] Idem, ibidem, pág. 13.

[3455] Moses Mendelssohn (1753-1804), "Acerca de la pergunta: A que se llama Ilustrar", *Qué es Ilustración?*, págs. 11-15, era originário do grupo de judeus tudescos completamente desprezados pelos seus demais correligionários, por os considerarem descendentes da parcela mais depravada do Povo de Israel. Mas Mendelssohn ia bastante além deste qualificativo, uma vez que as suas ideias o aproximavam, segundo os biógrafos, de uma posição bem mais próxima do deísmo do que de qualquer credo religioso particular. Neste texto a que houve acesso, detecta-se um pensador com preocupações semelhantes às de Kant, promovidas por um sentido discursivo elegante e em que sobretudo se encomia a necessidade da equiparação social por via do trabalho, que de imediato arrasta consigo a educação de um Povo. Assim, "La educación, la cultura y la Ilustración son modificaciones de la vida social; efectivamente del trabajo y de los esfuerzos de los hombres para mejorar su situación social. Cuanto más se pone en armonía la situación social de un pueblo, por medio del arte y del trabajo con ele destino humano, tanta más educación tiene este pueblo."

[3456] Idem, ibidem, pág. 13. Esta questão será retomada quando se estudar a Liberdade de pensamento e a Liberdade de consciência em Kant.

[3457] Johann Georg Hamann (1730-1788), "Carta a Christian Jacob Kraus, *postdata*", *Qué es Ilustración?*, pág. 35: "La distinción entre el uso público y particular de la razón es tan cómica como la

No fundo, aquilo por que Kant se bate é pela cultura e ilustração de um Povo por força do uso da sua Razão[3458]; "um homem, para a sua pessoa, e mesmo até então só por algum tempo, pode, no que lhe incumbe saber, adiar a ilustração; *mas renunciar a ela, quer seja para si, quer ainda mais para a descendência, significa lesar e calcar aos pés o sagrado direito da humanidade*"[3459].

Kant está para o final do séc. XVIII como S. Tomás para a Idade Média[3460]. As matérias que o ocupam são especialmente a Filosofia e o Direito, mesmo que seja certo que a maior parte dos Autores que se debruçam sobre o seu trabalho, valorizem a parte reflexiva mais que qualquer outra vertente do seu Pensamento[3461]. Não é esse o caminho como já ficou explicitado[3462], sendo certo que é através da temática jusnaturalista e jus-positiva que será permitida a ligação das Ideias Políticas no Autor[3463].

---

de Flögel entre lo digna de risa y lo risible [segundo o compilador, K. F. Flögel (1729-1788), Autor de una *Historia de la Literatura extraña*]. (...) Para qué me sirve el *traje de fiesta* de la libertad, si en casa tengo que llevar el delantal de la esclavitud? (...) El uso público de la razón y de la libertad no es otra cosa que un postre voluptuoso. El uso privado es el *pan de cada día*, del que hemos de prescindir para el uso público (...)."

[3458] *Qué es Ilustración?*, "Estudio Preliminar" de Agapito Maestre, pág. XVI, defende que a Ilustração da Modernidade se inicia com Kant, através da criação kantiana "que se denomina hombre".

[3459] Idem, *ibidem*, pág. 16. É fazendo apelo a este conceito que Kant virá a estabelecer a sua defesa no *Der Streit der Fakultäten*, 1794, *O Conflito das Faculdades (Textos Filosóficos)*, Lisboa, 1993, pág. 12, do que considerava e bem as falsidades que eram imputadas a propósito da publicação de parte da *Religião nos limites da simples Razão*, em termos que serão vistos no local próprio.

[3460] Nem por isso mereceu no seu tempo o reconhecimento devido, nem sequer pelos conterrâneos, à cabeça dos quais o ilustrado Frederico II. Na verdade e segundo Viriato Soromenho Marques, *Razão e Progresso em Kant*, Lisboa, Edições Colibri, 1998, pág. 423 nota: "O lugar irrelevante desempenhado por Kant na óptica da política cultural do grande monarca revela-se bem na ausência da inscrição do seu nome no pequeno panteão na base da estátua dedicada a Frederico II, situada na *Unter der Linden*, em Berlim. Em contraste com o 'esquecimento' de Kant, a pedra perpetua a memória de Maupertuis, D' Argens Wolff e Garve, entre outros."

[3461] É uma espécie de vício o estudar Kant no plano meramente filosófico e esquecê-lo como um dos grandes filósofos do Direito e até da Política. É um erro, tanto mais que a sua Filosofia do Direito e do Estado é amplamente sufragânea das suas posições Gnoseológicas e Metafísicas, que por isso mesmo se pressupõe estarem presentes no espírito do leitor. No mesmo sentido Simone Goyard-Fabre, *Kant et le problème du Droit*, Paris, Vrin, 1975, pág. 10: "L' idée du droit est le fil conducteur de la philosophie critique, théorique ou pratique", ideia que está igualmente presente em M. Villey, "Préface" à *Metaphsik der Sitten*, de 1797, tradução francesa *Métaphysique des Moeurs, Première Partie, Doctrine du Droit*, Paris, Vrin, 1979, pág. 7: "(...) Kant a été plus célèbre et plus influent par ses grandes œuvres philosophiques et notamment par la *Critique de la Raison Pure*, que par cet ouvrage consacré au droit."

[3462] Nem sequer o próprio Kant teria admitido este tipo de prevalência do estudo da temática filosófica separada do Direito. Ele mesmo o diz de modo absolutamente irrebatível no "Prefácio à Segunda Edição (1787)", da sua *Kritik der reinen Vernunft*, 1781, de que existe tradução portuguesa *Crítica da Razão Pura*, Lisboa, FCG, 1989, págs. 29 e ss. Veja-se Pierre Manent, *Les libéraux. Textes choisis et présentés par* (...), I, pág. 134: "Il est impossible de faire à Kant une place adéquate dans cette anthologie. Il est, pour nous modernes, le Philosophe par excellence, celui qui a su le mieux formuler les problèmes ultimes. L'idée que nous faisons du 'travail' de la pensée, l'instinct que nous avons de la 'profondeur' d'une pensée, c'est à son exemple que nous le devons Il est l'ami, le supérieur commun de tous ceux qui s'efforcent de penser, libéraux ou non. En même temps, il est nécessaire de lui faire une place ici, puisqu'il fut effectivement un 'philosophe libéral'." Certamente que se concorda com estas palavras, desde que com elas não se promova o minimalismo dos pensadores que o antecederam ou que lhe vieram a suceder.

Quando Kant se interroga, em frase conhecida, "Quid juris?" e não "Quid facti?"[3464], isso apenas significa a importância enorme que ele dá ao Direito, implicando uma transposição para a outra abordagem que ele também criou, da distinção entre Ser e Dever Ser. Sem dúvida é a ideia do Direito que se pauta como fio condutor do criticismo, seja ele teórico ou prático[3465].

Que pretende, então, e no domínio do Direito e da Política fazer Kant? Simplesmente ordenar e sistematizar as questões, segundo um novo método que alcandorando a Razão humana a rectora de todos os comportamentos, procura por intermédio da Liberdade a explicação do "todo", composto por Homem, Direito e Sociedade. Não ficam quaisquer dúvidas que desde os princípios do séc. XVIII – e mesmo já em finais do séc. XVII – se pensaram os problemas relativos ao homem e à sociedade e, com tal intensidade que o desfecho final acabou por ser o geralmente conhecido das mutações políticas atlânticas.

O Direito e as questões jurídicas, qualquer que fosse a conformação que apresentavam, tinham superior interesse para a vida do Ser humano que se afirma por si próprio, expandindo a sua autonomia própria. Aquilo que Kant vai fazer é ordenar os conhecimentos em função de uma teoria geral que organiza os saberes jurídicos e morais no plano de abordagem total do Ser humano.

Juntando um argumento puramente formal, mereceria a pena investigar por onde terá Kant andado a estudar durante toda a sua juventude, quais ao manuais que consultou e que mestres o influenciaram[3466]. E que outros poderiam ser senão os da Escola do Direito Natural iniciada por Grócio nas questões da valorização do indivíduo e que até noutros domínios teve, como oportunamente se viu, importantes sequelas na Segunda Escolástica? Rupturas, claro que elas existem e serão oportunamente estudadas; influências parecem indesmentíveis.

[3463] Jean Touchard, *História das Ideias Políticas*, III, pág. 52: "É, no conjunto, do idealismo transcendental e moral de Kant que a sua reflexão sobre a política e sobre a História adquire sentido e lugar. Para Kant não há saber absoluto do real em si. O saber é apenas o domínio do conhecimento, a acção é o domínio da moral. Para constituir os postulados da sua moral e da sua metafísica, recorre à "forma" pura do dever, ao imperativo moral e categórico." Explicitando o que se diz neste trecho quanto à abordagem kantiana, será feita, num primeiro momento, uma reflexão sobre a parte filosófica da sua Obra, para depois se seguir com os temas ligados ao Direito e à Política. Saliente-se ainda que Michel Villey, *Leçons de la Philosophie du Droit*, págs. 251 e ss., estende a importância do estudo de Kant ao domínio da própria História do Direito, questão que particularmente nos conforta e sobretudo porque afirma subliminarmente que "un traité d' histoire imaginé selon nos rêves", que são em parte também os nossos sobretudo na parte da filosofia jurídica da Liberdade, "comporterait un chapitre sur Kant. Aux juristes, il apporterait de précieux éclaircissements sur l'origine et sur le sens du système juridique actuel. Et j'ose croire qu'il ne laisserait pas les philosophes indifférents: pour être pleinement comprise, une philosophie du droit être saisie dans son temps, comme répondant à des besoins pratiques temporels: et la portée pratique qu'elle eut effectivement en est une pièce indissociable."

[3464] Immanuel Kant, *Crítica da Razão Pura*, págs. 119 e ss.

[3465] Michel Villey, "Préface" à *Doctrine du Droit*, págs. 16 e 17, estudando as possíveis influências do Direito Romano em Kant, como nos demais teóricos da Escola do Direito Natural, conclui que ele terá sido mínimo. Explicando a sua ideia, "si nous disions tout à l'heure que sa *Rechtslehre* représentait le couronnement du rationalisme juridique, elle marque aussi l'apogée de l'ignorance du droit."

[3466] E, por onde terá ensinado antes de ter o seu trabalho pronto? Michel Villey, *Leçons de la Philosophie du Droit*, pág. 251, menciona os manuais utilizados que correspondem aos trabalhos dos Autores acima citados, mas é o próprio Kant, "Prefácio da Segunda Edição (1787)", *Crítica da Razão Pura*, pág. 31, que chama a Wolff "o maior de todos os filósofos dogmáticos".

2. Sumária introdução ao Pensamento kantiano

Num breve ponto, que apenas pretende introduzir o Pensamento do Autor em tese geral e no que à Liberdade respeita, diga-se que na sua perspectiva o homem é o pólo de todas as preocupações. Por isso é nuclear para toda a reflexão, "roubando" a *priori*dade à observação objectiva da natureza, como elemento determinante do cosmos, para a conceder à humana Criatura que dele participa[3467].

Ultrapassa-se uma concepção que era a tradicional, de encarar os problemas pelo lado externo do homem[3468], que depois e em função deles teria de os moldar por força das operações da sua própria Razão. O sentido passa a ser o oposto; agora parte-se do homem e é nele que se concentram todas as suas expectativas, independentemente do tempo e do espaço. O kantismo é uma Filosofia do ponto de vista do homem, não do ponto de vista de Deus[3469].

A melhor doutrina encaminha-se neste sentido reconhecendo as omnipresentes preocupações do filósofo e já fez com que Cabral de Moncada[3470] escrevesse: "No esquema geral de toda a filosofia kantiana dá-se o nome de Razão (...) ao conjunto dos princípios racionais superiores; o de inteligência (...) à apreensão intelectual dos objectos; e finalmente o juízo (...) à subsunção do particular sob o geral, ou aplicação dos princípios aos objectos."

Ponto em que se reflecte o objecto de incidência de cada uma das suas *Críticas* onde mediante investigação elaborada é possível detectar a coerência da sua doutrina da Liberdade[3471]. Em qualquer caso e independentemente da fisionomia que se

---

[3467] Completamente em desacordo e manifestando-o em incisivas palavras de desaprovação, Johann Georg Hamann (1730-1788), "La metacritica sobre el purismo de la Razon Pura", *Qué es Ilustración*, págs. 36-44: "(...) sin esperar la visita de un nuevo Lucifer venido desde lo alto, y sin que yo profane la higuera de la gran diosa Diana, la serpiente nutrida en nuestro pecho por el lenguage popular y ordinario nos ofrece la imagen más bella y refleja la reunión hipostática de las naturalezas sensibles e inteligibles y el común intercambio idiomático de sus fuerzas, los secretos sintéticos, de las formas correspondientes y las contradictorias *a priori y a posteriori*, junto con la transubstanciación de condiciones y subsunciones subjetivas en atributos u predicados objetivos por medio de la *cópula* de una palabra fuerte [a Razão] y de un ripio, para disminuir el aburrimiento y llenar el espacio vacío con un 'galimatías' que se repite con frecuencia *per thesin y anthitesin*."

[3468] De Bonald, *Législation Primitive*, I, pág. 91, ao comparar a tese kantiana com a de Condillac, não enjeita a seguinte afirmação: "(...) cette opinion [que l'origine de toutes nos connaissances est dans nos sensations] est encore formellement combattue par Mr. Kant, *le philosophe le plus accréditée de notre temps*."

[3469] Para além da discussão que Kant vivia, no momento em que escreveu, entre duas perspectivas de Pensamento diametralmente opostas e que colocavam a resposta metafísica em Deus ou na Natureza como prevalentes um em relação ao outro, a sua tarefa fundamental foi afastar o saber de todo o misticismo dogmático. Por outras palavras é também esse o entendimento de Michel Villey, *Leçons de la Philosophie du Droit*, pág. 66: "Sans doute Kant a-t-il corrigé son point de départ philosophique: la reconnaissance des limites de la connaissance spéculative, la séparation radicale des mondes de l'être et du devoir interdisant que la nature on puisse désormais inférer nulle règle de conduite juridique."

[3470] Luís Cabral de Moncada, *Filosofia do Direito e do Estado*, I, pág. 253 e nota.

[3471] Bernard Carnois, *La Cohérence de la Doctrine Kantienne de la Liberté*, Paris, Seul, 1973, págs. 12 e 13: "si nous parvenons à montrer que les différents concepts de la liberté, bien lois d'entrer en contradiction les uns avec les autres, sont reliés dans les rapports si étroits que leur multiplicité ne met nullement en cause l'unité et l'harmonie de la théorie kantienne de la liberté." Muitas páginas transcritas, mais precisamente a pág. 102, volta a reafirmar a mesma ideia: "La cohérence du système se manifeste ici clairement: de fait, la déduction de la liberté apporte à l'édifice kantien

queira ou possa apresentar das palavras de Kant, uma coisa é certa: a Liberdade é um conceito em si, puro, em nada precisando de outros para ganhar a consistência que à partida, sem mais detém. Tudo o que se possa dela dizer a seguir ou se manifesta como adjectivação ou como especialização dessa Liberdade, não lhe alterando os seus contornos essenciais e de essencialidade.

É que, para Kant, a Liberdade é quase uma obsessão, sendo o seu idealismo construído a partir dela enquanto vector condutor de todo um trabalho de reconstituição reflexiva a que se propôs. Comprovando pelas fontes estas observações, Kant não deixa errar, uma vez que "o conceito de Liberdade é, na realidade, o único que de entre todas as ideias da Razão pura especulativa, obtém uma tão grande expansão no campo do supra-sensível (...). *Como lhe coube, então, exclusivamente em sorte uma tão grande fecundidade (?)*"[3472].

Continuando pelo caminho que depois será aclarado pelo aprofundamento sequencial das várias afirmações contidas, "O conceito de Liberdade somente permite que não temos de sair de nós a fim de encontrar o incondicionado e o inteligível, para o condicionado e o sensível. (...) é a nossa própria Razão que, pela lei prática suprema e incondicionada, se conhece a si mesma e ao ser que é consciente desta lei (a nossa própria pessoa), como pertencente ao puro mundo do entendimento e, claro está, com a designação da maneira como ele pode ser activo enquanto tal"[3473].

Quando Kant opõe, num primeiro momento, Natureza e Liberdade, isso é feito precisamente para lhe devolver a sua especial fisionomia de Criatura em tudo semelhante ao seu Criador, admitindo que nele se conjugam todos os dons da divindade. Se não os opera na totalidade é porque o seu conhecimento é limitado – como de resto o do Deus; só que enquanto Ele quer e pode ultrapassar essa limitação porque é um Ser em si, único de facto conhecido, o homem apenas é um Ser para si que, no máximo, se aproxima da divindade. E a Liberdade é essa parcela do transcendente que há no homem, o qual não sendo nada de material nem palpável, acaba por ser essencial e princípio dele mesmo.

É essa a lei da Liberdade de Kant que, em fase inicial, se pauta como uma proibição. Por paradoxal que pareça é isto mesmo; a lei da Liberdade interdita ao homem que ele se pense como uma Criatura simplesmente terrena, elevando-a à dignidade da fuga ao empirismo, sem mais. O homem não é apenas um ser precário; o homem está proibido de assim pensar[3474], porque a sua Liberdade lhe não admite conformação em termos de indignidade transcendental. Logo, o homem é um ser digno e assume-se acima das contingências da natureza[3475].

---

l'élément fondamental, la clef de voûte, qui assure à son architecture harmonie et solidité; elle met en lumière l'intime accord des deux espèces de raison entre elles. D'une part (...) elle viena remplir le concept d'une causalité inconditionnées (...); d'autre part, elle nous ouvre de notices perspectives sur le monde intelligible (...).".

[3472] Immanuel Kant, *Kritik der praktischen Vernunft*, de 1788, disponível em tradução portuguesa, *Crítica da Razão Prática*, Lisboa, 1994, pág. 119.

[3473] Idem, *ibidem*, pág. 121.

[3474] Neste particular assiste-se a mais uma distinção kantiana, ao caso entre o Pensamento e o conhecimento. Não é ponto que importe desenvolver, mas sempre se diga que, para Kant, o Pensamento é muitíssimo mais vasto que o conhecimento – por aí se explicando que a Liberdade possa ser pensada mas não conhecida na sua versão transcendental.

[3475] Immanuel Kant, *Crítica da Razão Pura*, pág. 463: "É sobretudo notável que sobre est ideia *transcendental* da Liberdade se fundamente o conceito prático da mesma e que seja esta ideia que

A Liberdade em Kant é um facto da Razão[3476], fazendo esta parte do núcleo de preocupações que toda a vida o ocupou e que deixou reproduzidas nas suas três magnas *Críticas*[3477].

Na medida em que não depende da natureza, porque ela é absoluta e anterior a qualquer formulação da mesma pauta-se por uma espécie de começo, que em nada depende dos arbítrios daquela. A Razão humana é ambiciosa e em pouco pode contar com o entendimento para a satisfazer. Por isso mesmo tem de procurar mais além que o próprio entendimento a origem de todas as condições que permitem esse entendimento. É preciso buscar a causalidade incondicionada, determinada por si mesma e acima das demais condições, que permite ao homem ser um "número". Apenas a Razão, nos termos antes descritos[3478], permite admitir essa descoberta e saber que a causa incondicionada que caracteriza a Razão na sua forma especulativa e prática é a Liberdade[3479].

Kant manifesta grande incompreensão pelos abusos que se vinham cometendo na apreciação do estatuto e do papel do homem e do conceito de Liberdade. Normal, para quem como ele, que não se inibe de escrever que em relação a esta existem "muitos que ainda se gabam de o compreender de modo cabal e de poder explicar a sua possibilidade, ao considerá-lo, unicamente do ponto de vista psicológico, ao passo que, se antes o tivessem pesado exactamente na referência transcendental, teriam de reconhecer tanto a sua indispensabilidade enquanto conceito problemático no uso completo da Razão especulativa, como também a sua total ininteligibilidade."

Idêntico é o ponto de vista quanto à Liberdade prática e seu mau uso hodierno; na verdade, "o conceito de Liberdade é a pedra de escândalo para todos os empiristas,

---

constitui, nessa Liberdade, o ponto preciso das suas dificuldades que, desde sempre, rodearam o problema da sua possibilidade. *A Liberdade no sentido prático* é a independência do arbítrio frente à coacção dos impulsos da sensibilidade."

[3476] Idem, *ibidem*, págs. 462 e 463: "Só é possível conceberem-se duas espécies de causalidade em relação ao que acontece: a causalidade segundo a *natureza* ou a causalidade pela *Liberdade*. (...) Entendo por *Liberdade, em sentido cosmológico*, a faculdade de *iniciar por si* um estado, cuja causalidade não esteja, por sua vez subordinada, segundo a lei natural, a outra coisa que a determine quanto ao tempo. A Liberdade é, neste sentido, uma ideia transcendental pura que, em primeiro lugar, nada contém extraído da experiência e cujo objecto, em segundo lugar, não pode ser dado de maneira determinada em nenhuma experiência, porque é uma lei geral, até da própria possibilidade de toda a experiência, que tudo o que acontece deva ter uma causa e, por conseguinte, também a causalidade da causa, causalidade que ela própria aconteceu ou surgiu, deverá ter, por sua vez, uma causa; assim todo o campo da experiência, por mais longe que se estenda, converte-se inteiramente num conjunto de simples natureza."
[3477] Lucien Jaume, *La liberté et la loi*, pág. 259: "(...) cette capacité législatrice de la raison conduit en morale à découvrir la 'conscience de la liberté de la volonté', ainsi qu'un véritable 'fait de raison', cette dernière parce que source de la loi morale est capable de se contraindre et de se commander."
[3478] Immanuel Kant, *Crítica da Razão Pura*, pág. 179: "A filosofia transcendental tem, porém, a particularidade, além da regra (ou melhor, da condição geral das regras) que é dada no conceito do puro entendimento, poder indicar, simultaneamente, *a priori*, o caso em que a regra deve ser aplicada."
[3479] Idem, *ibidem*, pág. 468: "Pelo seu carácter inteligível porém (embora na verdade dele só se possa ter o conceito geral), teria esse mesmo sujeito de estar liberto de qualquer influência da sensibilidade e de toda determinação por fenómenos; e como nele enquanto número, nenhuma mudança acontece que exija uma determinação dinâmica de tempo, não se encontrando nele, portanto, qualquer ligação com fenómenos enquanto causas, este ser activo seria, nas suas acções, independente e livre de qualquer necessidade natural como a que se encontra no mundo sensível."

mas também a chave dos princípios práticos mais sublimes para os moralistas críticos, que compreendem assim que devem necessariamente proceder de modo racional"[3480].

Escreve Kant nas linhas iniciais da *Crítica da Razão Prática*[3481], que "o conceito de Liberdade, na medida em que a sua realização é demonstrada por uma lei apodíctica da Razão prática, constitui a pedra angular de todo um edifício de um sistema de Razão pura, mesmo de Razão especulativa, e todos os outros conceitos (mesmo os de Deus e da imortalidade da alma) que, enquanto simples ideias permanecem nesta sem apoio conectam-se com este [conceito] e adquirem com ele e através dela a sua consistência e realidade objectiva, isto é, a sua *possibilidade provada* pelo facto da Liberdade ser efectiva; com efeito esta ideia revela-se mediante a lei moral."

A Liberdade sempre existe no homem; é a Liberdade formal.

A Liberdade prática define-se essencialmente pela racionalidade do querer, o que acentua a ideia de "boa vontade" e a transforma numa "vontade boa em si". Sendo a Razão faculdade prática exerce-se sobre a vontade o resultado é o que se apontou[3482].

Por isso mesmo no seu momento prático – e utilizando as observações de Viriato Soromenho Marques[3483] –, será preciso averiguar do "verdadeiro sentido da Liberdade enquanto causa motora de uma vontade pura cuja acção se projecta na Natureza (...). 'Será assim que o posicionamento crítico do problema da projecção da Liberdade (...)' inclina-se para "uma necessária distinção, no seio de uma ampla concepção de

---

[3480] Idem, *Crítica da Razão Prática*, págs. 15 e 16.

[3481] Idem, *ibidem*, pág. 12.

[3482] Paul Janet, págs. 574 e 575, apresenta um resumo da situação europeia, que importa reiterar: "la philosophie morale se partage au XVIII e siècle en trois écoles principales que se partagent elles-mêmes entre les principaux pays de l'Europe: la France, la Grande-Bretagne et Allemagne. En France, c'est la doctrine du plaisir et de l'intérêt bien entendue, qui règne avec Condillac, Hélvétius, Diderot, Saint-Lambert, et leurs disciples; en Angleterre, ou plutôt en Écosse, la doctrine du sentiment s'enseigne à Glasgow et à Édimbourg; et Hitcheson, Smith, Ferguson la répandent dans leurs chairs et par leurs écrits. Enfin, en Allemagne, le savant et consciencieux disciple de Leibnitz, Wolff, soutient avec honneur et réduit en forme didactique la doctrine du bien moral, dont il attribue, comme Malebranche, Clarke, Cudworth, et enfin Platon, la connaissance et l'Autorité à l'entendement pur ou à la raison." E é contra estas três Escolas que Kant enceta a construção da sua própria doutrina moral, sobretudo em oposição à de Helvétius e de Hutcheson. No mesmo sentido, Lucien Jaume, *La liberté et la loi*, pág. 259: "(...) dans l'ordre de la connaissance comme dans celui de la moralité, Kant a rencontré la figure de Hume et de plus génèralement de la philosophie écossaise ou britannique: de même que la mathématique et la physique modernes ne peuvent être redevables de leurs découvertes à un processus de généralisation empirique – ces découvertes étant le fruit du travail de la raison *législatrice* – de même, le sentiment d'approbation exprimé envers les actions d'autrui ne peut rendre compte de l'intériorité de la conviction morale." Para rematar a posição de Luís Cabral de Moncada, *Filosofia do Direito e da História*, I, pág. 255 no que respeita ao caso particular da Filosofia do Direito: "o mais importante é notar que esta ideia [a ideia de Direito] se despe inteiramente, na sua filosofia, de todos os conteúdos tirados de qualquer experiência empírica, assim como de todo o eudemonismo utilitário com que lastravam ainda as concepções antigas, incluindo a de Rousseau."

[3483] Viriato Soromenho Marques, *Razão e Progresso em Kant*, Lisboa, 1998, pág. 235. O Autor estuda a matéria na sua interligação com a filosofia kantiana da História, e refere que nesse sentido o que importa averiguar – tarefa a que se propõe – é "a questão central e prioritária [que] deverá consistir numa clara elucidação da compatibilidade, ou não, existente entre o conceito vector da Razão prática – a Liberdade – o qual, em virtude do primado do interesse prático no cômputo da *ratio* transcendental, é também o fundamento nodal da filosofia crítica no seu conjunto, e as tentativas esboçadas por Kant na direcção da determinação de um sentido para a História no seu conjunto."

Natureza, *do tipo peculiar de manifestação da vontade humana* (portanto também dos actos intimamente livres) sobre o curso fenoménico do mundo"[3484].

Repercussões inelutáveis das relações Liberdade e natureza são sobretudo evidentes no plano do Pensamento jurídico-político e no plano da renovação cultural que o Iluminismo, em tese geral, preconizava.

Esse é o intento subsequente e, "sinteticamente", já que se está num plano "sintético" que Kant aborda directamente em epígrafe, pode afirmar-se: "o conceito de Liberdade é a chave da explicação da autonomia da vontade"[3485]. As leis morais comandam, de modo absoluto a forma como os homens se devem comportar, se quiserem ser dignos da felicidade, finalidade que não é empírica, mas dado completamente *a priori* pela Razão.

A lei moral é a Liberdade em sentido positivo de Kant. Segundo redige e no seguimento da abordagem, "que outra coisa pode ser, pois, a Liberdade da vontade senão a autonomia, *i.e.*, a propriedade da vontade[3486] de ser lei para si mesma?"[3487] A autonomia da vontade implica portanto o "princípio de não agir segundo nenhuma outra máxima que não seja aquela que possa ter-se a si mesma por objecto como lei universal", o que significa que "vontade livre e vontade submetida a leis morais são uma e a mesma coisa", sendo nestes termos a moralidade "o seu princípio"[3488].

[3484] Idem, *ibidem*, pág. 240; Immanuel Kant, "Ideia de uma História Universal com um propósito cosmopolita", *A Paz Perpétua e outros Opúsculos*, Lisboa, Edições 70, 1992, pág. 24: "A natureza quis que o homem tire totalmente de si tudo o que ultrapassa o arranjo mecânico da sua existência animal, e que não participe de nenhuma outra felicidade ou perfeição excepto a que ele conseguiu para si mesmo, liberto do instinto, através da própria Razão." Na Edição de 1905 do *Le moralisme de Kant et l'amoralisme contemporain*, Alfred Fouillé, págs. 162 e 163, manifesta a sua opinião de Kant sobre o problema da Liberdade prática, depois de ao longo do trabalho ter aproveitado para diplomaticamente o ir negando, como corolário de uma tarefa que se propõe logo nas primeiras linhas. Não é o momento para emitir opinião sobre Fouilé, mas alerta-se para o facto de ser um cultor do organicismo psicologista, razão mais que suficiente para questionar o trabalho de Kant, cuja simpatia pelos nexos psicológicos na conduta humana não eram os maiores. As palavras são suas: "Kant finit par sentir lui-même combien l'idée obscure et populaire de la liberté pratique est ambigue, combien elle est réductible à quelque nécessité profonde; mais l'essai de nous persuader que ces difficultés sont négligeables ou même n'existant pas." E, quando Kant refere que não é da competência da Razão prática mas especulativa saber se poderá haver determinação estranha, na sua manifestação e a mesma ideia se aplicando à Liberdade prática, onde intervenham os factores da necessidade, o Autor entende que se trata de "étonnante façon d'écarter la difficulté", não sendo por isso admissível e apresentando-se como mais uma das "incohérences de raisonnement."

[3485] Idem, *Grunlegung zur Methaphysik der Sitten*, de 1785, com tradução portuguesa *A Fundamentação da Metafísica dos Costumes*, Introdução de Viriato Soromenho Marques, Porto, 1995, pág. 83.

[3486] Idem, *ibidem*, págs. 84 e ss. explicita o que deve entender-se por "propriedade da vontade de todos os seres racionais".

[3487] Idem, *ibidem*, pág. 84.

[3488] Idem, *ibidem*, pág., 84; *Crítica da Razão Prática*, pág. 58: "Neste assunto [a investigação de como a Razão pura pode ser prática determinando imediatamente a vontade] ela pode, pois [*a vontade*] sem censura e deve mesmo começar pelas leis puras práticas e sua realidade. Mas, em vez da intuição, põe-lhes como fundamento o conceito da sua existência no mundo inteligível, a saber o conceito de Liberdade. Este, com efeito, nada mais significa e essas leis são possíveis unicamente em relação à Liberdade da vontade, mas não necessárias sob o pressuposto dela mesma, ou, inversamente, a Liberdade é necessária, porque essas leis enquanto postulados práticos são necessários." Sobre este ponto, ver o que se dirá mais adiante relativamente à lei moral como "ratio cognoscendi" da Liberdade.

Clarificando o problema: a vontade é livre e boa, desde que seja determinada pela simples forma da lei[3489] e independentemente dos aspectos fenoménicos[3490]; a lei que determina uma vontade livre é a lei moral[3491]; a lei moral é a própria lei da vontade[3492]. E esta é a lei suprema, como o próprio Kant indicou, assim se fechando um pouco mais o círculo explicativo na percepção do Pensamento do Autor.

Por estranho que pareça num homem tão complexo como Kant, essa lei moral parte, simplesmente dos julgamentos do senso comum, ou como escreve "de acordo a comum Razão humana". Toda a moral kantiana é conforme à legislação universal e pura da Razão e "Tudo na natureza age segundo leis. Só um ser racional tem a capacidade de agir segundo a *representação das leis*, isto é, segundo princípios, ou: só ele tem uma *vontade*"[3493]. E, como "para derivar as acções das leis é necessária a Razão, a vontade não é outra coisa senão a Razão prática", que tem uma propriedade essencial a Liberdade – ou, como Kant afirma, "a todo o ser racional que tem uma vontade temos que atribuir-lhe necessariamente também a ideia de Liberdade, sob a qual ele unicamente pode agir"[3494]. Em simultâneo, "a representação de um princípio objectivo, enquanto obrigante para uma vontade, chama-se mandamento (da Razão), e a fórmula do mandamento chama-se *Imperativo*"[3495].

A Liberdade tem um sentido negativo; por aí é possível o Autor defender a sua incerteza sobre a existência real de uma vontade autónoma. Se isso não é possível, menos será a dedução da Liberdade da realidade objectiva da lei moral. Ou seja, se "a vontade é uma espécie de causalidade dos seres vivos, enquanto racionais, e Liberdade seria a propriedade dessa causalidade, pela qual ela pode ser eficiente, independentemente de causas estranhas que a determinem, assim como a necessidade natural é a propriedade da causalidade de todos os seres irracionais de serem determinados à actividade, pela influência de causas estranhas"[3496]. Tem ainda o sentido positivo, enquanto autonomia da vontade. Portanto, que concluir das suas necessárias relações?

Em sentido negativo, a Liberdade não pode ser "ratio cognoscendi" da lei moral. Mas como em sentido positivo ela é autonomia da vontade e isso apenas acontece por não ser uma causalidade causada, primeiro, e depois porque sendo parte do mundo dos "números" faz parte do mundo inteligível, estando sujeito às leis objectivas da Razão. A concepção do criticismo é bem distinta de uma qualquer axiologia subjectivista porque se reclama de uma explicação estritamente conceptual, fundada na Razão e não na intuição e mediante a oposição entre factos e valores.

[3489] Idem, *ibidem*, pág. 83. Kant entende que se a vontade não tem de se conformar às leis da natureza ("assim a Liberdade, se bem que não seja uma propriedade da vontade segundo as leis naturais"), isso não significa que "seja [a Liberdade] desprovida de leis, mas tem antes de ser uma causalidade segundo leis imutáveis, ainda que de uma espécie particular; *pois de outro modo uma vontade livre seria um absurdo*."

[3490] Idem, *ibidem*, pág. 64.

[3491] Idem, *ibidem*, págs. 83 e 84.

[3492] Idem, *ibidem*, pág. 68.

[3493] Idem, *ibidem*, pág. 51.

[3494] Idem, *ibidem*, pág. 85.

[3495] Idem, *ibidem*, pág. 51.

[3496] Idem, *ibidem*, pág. 83; *Crítica da Razão Prática*, pág. 41: "na Liberdade não se pode começar, pois não podemos nem dela tornar-nos directamente conscientes, porque o seu conceito primeiro é negativo, nem inferi-la da experiência, visto que a experiência nos dá unicamente a conhecer a lei dos fenómenos, por conseguinte, o mecanismo da natureza, que constitui precisamente o contrário da Liberdade."

Talvez mais simplesmente: o conceito de Liberdade, como "ideia" pura da Razão, tem privilégios que mais nenhum outro encontra; porque pode ser praticamente determinado – nos termos antes vistos – é a única "ideia" da Razão que confere uma garantia de "facto". Por essa via, penetra-se no mundo inteligível: "o homem não pode pensar nunca a causalidade da sua própria vontade senão sob a ideia de Liberdade, pois que independência das causas determinantes do mundo sensível (...) é Liberdade[3497]. Ora, à ideia de Liberdade, está sempre ligado o conceito de *autonomia*, e a este, o princípio universal da moralidade, o qual na ideia está na base de todas as acções de seres *racionais*, como a lei natural está na base de todos os fenómenos"[3498].

Ou seja, a Liberdade revela-se por força da lei moral, em relação à qual é "ratio essendi", e que em relação a si é "ratio cognoscendi".

O que Kant intenta afirmar é que a Liberdade se deduz da lei moral e, logo, pode ser alvo de demonstração – mesmo que indirecta – porque se a lei moral me diz que devo fazer qualquer coisa, é porque tenho o poder de o fazer, ou então haveria falha de sentido. "Dever fazer" e não "ter poder" para como o fazer, seria um contra-senso, como o próprio reconhece[3499].

Foi neste sentido que Kant inovou; o homem é sempre livre; como tal deve exercitar e devem ser-lhe dados meios para executar a sua Liberdade. Por isso não se entendem as dúvidas que se podem colocar, ponderando a globalidade do sistema kantiano a propósito da Liberdade[3500].

É em função da lei moral que a Liberdade deixa de ser mera ideia para se tornar realidade objectivável, positiva e determinada e isso implica, qualquer que seja o caminho percorrido um poder da vontade (ou da Liberdade da vontade).

3. Kant e a História

Kant ocupou-se em tentar uma conciliação entre os factores morais propalados pela Razão pura prática e a ideia de História em si mesma[3501].

[3497] Idem, *Crítica da Razão Prática*, pág. 112: quando os princípios determinantes admitem a necessidade natural e, por consequência "não admitem nenhuma Liberdade transcendental, a qual deve ser concebida como independência de todo o elemento empírico, e, portanto da natureza em geral (...)."
[3498] Idem, *Fundamentação da Metafísica dos Costumes*, pág. 89.
[3499] Idem, *Crítica da Razão Prática*, pág. 42.
[3500] Bernard Carnois, pág. 97.
[3501] Há quem pense que o Pensamento kantiano evoluiu significativamente desde a publicação da *Crítica da Razão Pura*, reiterado pela *Crítica da Razão Prática*, até à *Doutrina do Direito*. Posto perante esta evidência, que tomou como aceitável para si mesmo, Kant escreve a terceira das *Críticas*, no sentido da superação. O sentido histórico de Kant preconizava que a realização do Direito através da História não depende da vontade consciente dos homens; não é mais que um produto mecânico da Natureza, o que pressupunha a distinção entre o problema político e o problema ético. Se a tese da evolução kantiana fosse aceitável, ela reproduziria a ideia de que em 1784, data da publicação da segunda *Crítica*, a realização do Direito é fundada sobre uma boa vontade dos homens, sobre a sua moralidade; tanto sugeria um ideal político jamais realizado, porque a teoria não seria aplicável na prática. O Pensamento político de Kant caia, sem rebuço, sob os golpes da crítica reaccionária. Para aparar tais golpes, em 1795 foi constrangido, para salvar o Pensamento político de mera utopia, a separar Direito e Moral, podendo então concretizar-se na prática. Procura, então, produzir um tal acordo entre teoria e prática, ao nível da Filosofia transcendental, analisando os modelos concretos da História e da Política. Ou, dito de outro modo, a aparente contradição não será diacrónica mas sincrónica, qual seja fazer o acordo entre a perspectiva Ética e a perspectiva teórica.

DA HISTÓRIA DA IDEIA DE LIBERDADE (SEQUÊNCIA)

A dignidade do Ser humano no processo de expansão da sua Liberdade encontra um ambiente ideal por recurso à História,[3502] o que se pode ser em princípio uma conclusão intuitiva, faz recordar "a alegada contradição existente entre o núcleo central da mesma (...) e a insistente reivindicação de um *sentido racional para o devir histórico*, é a pedra de toque da própria Filosofia crítica: *o conceito de Liberdade como facto da Razão*"[3503].

Na verdade, é incompatível um raciocínio que defende a elaboração de uma "História *mundial sob o plano da Natureza, em vista da perfeita associação civil no género humano, [que] deve considerar-se não só como possível, mas também como fomentando esse propósito da natureza*"[3504] com a autonomia da vontade, que a Liberdade expõe, sem mais.

Do que aqui se trata é do simples reflexo do Ser humano, em que se plasma a sua existência; habitante do mundo das ideias que racionaliza em função da sua especial destinação como Ser dotado de Liberdade. De igual modo, participante de uma comunidade de seres racionais seus semelhantes, encontra na natureza que emerge como meio ambiente onde desenvolve as suas potencialidades, o cadinho de avanços e recuos intrínsecos ao seu desenvolvimento histórico. De novo recorrendo ao pensador, e visto que os homens, nos seus esforços, nem procedem de modo puramente instintivo, ou como racionais cidadãos do mundo em conformidade com um plano combinado, parece-lhes que também não é possível construir uma História segundo um plano (como, por exemplo, acontece com as abelhas ou os castores).

Não é segredo, porque já Burke o defendera, que a História é de fonte humana quer na incidência que projecta sobre modificações da natureza, quer porque o homem é sua própria obra, porque se faz a si próprio. Explicitando e acompanhando de perto as "Proposições" kantianas objecto de reflexão na *Ideia*, o projecto kantiano é mais ambicioso, na medida em que não faz depender a evolução do homem de si mas da comunidade de que é parte[3505], pondo em pleno funcionamento a racionalidade da espécie sem individualização singular.

Simultaneamente, Kant concede o desacerto que a História demonstra na actuação dos homens. Os conflitos que sempre lhe presidiram implicam a adopção de urgentes medidas para a sua solução e, Kant sugere que se pense rapidamente que "a moralidade faz (...) parte da cultura"[3506], não sendo aplicada nos devidos termos pelos Estados, eles

---

[3502] Está fora dos actuais propósitos fazer uma investigação sobre a Filosofia da História de Kant. Para desenvolvimentos, veja-se Viriato Soromenho Marques, *Razão e Progresso em Kant*, págs. 213 e ss.; *História e Política no Pensamento de Kant*, Mem Martins, Europa América, 1995, para além de outros textos que serão mencionados sempre que se justifique. Naturalmente que não é possível olvidar por completo o tema, até porque ele é importante na determinação dos factores que conformam o Pensamento de Kant no que respeita à Liberdade individual, e ao problema do Contratualismo social e político.

[3503] Viriato Soromenho Marques, *Razão e Progresso em Kant*, pág. 232.

[3504] Immanuel Kant, "Ideia de uma História Universal com um propósito cosmopolita", *A Paz Perpétua e outros Opúsculos*, pág. 35.

[3505] Idem, *ibidem*, pág. 23: "No homem (como única Criatura racional sobre a terra), as disposições naturais que visam o uso da sua Razão devem desenvolver-se integralmente só na espécie, e não no indivíduo."

[3506] Idem, *Crítica da Faculdade do Juízo*, Lisboa, INCM, 1992, pág. 361: "A produção da aptidão de um ser racional para os fins desejados em geral (por conseguinte da sua Liberdade) é a *cultura*. Só a cultura pode ser o seu último fim (...)."

próprios promotores dos conflitos[3507]. É aquilo a que Viriato Soromenho Marques[3508] designa por "economia do mal", na medida em que "só a Liberdade consegue rivalizar, em importância com o mal, no quadro de uma reflexão sobre a História. O mal é a realidade central da História, o único traço omnipresente por entre um universo de sequências efémeras e contingentes."

Dito por outras palavras, Kant trata um tema que não é novo, mas sem dúvida que o inova. A questão antropológica que está subjacente ao problema é por demais evidente. Fica claro que o Autor, apesar de ser conhecido no plano metafísico como o cultor de uma Filosofia do homem e da Liberdade – é a sua fisionomia de *Governo da Liberdade* que nele apenas se percebe segundo uma reflexão sobre a lei nas suas várias acepções – na análise histórica que faz da sua existência, apenas o percebe na medida em que tenha a capacidade de se ultrapassar sucessivamente. Indisponível para manifestar a sua essência de modo imediato pelos contratempos que a natureza lhe opõe, "o homem quer a concórdia, mas a natureza sabe melhor o que é bom para a sua espécie e quer a discórdia"[3509]. Isso apenas significa que a natureza entende melhor que ninguém os limites que o Ser humano tem.

E porque manifesta uma tal discórdia, pretende com ela alertar o homem para as suas especiais características que do mau se podem fazer em bem: "ele quer viver comodamente e na satisfação; a natureza, porém, quer que ele saia da indolência e da satisfação ociosa, que mergulhe no trabalho e nas contrariedades para, em contrapartida, encontrar também os meios de se livrar com sagacidade daquela situação. Os motivos naturais, as fontes da insociabilidade e da resistência geral, de que brotam tantos males, mas que impelem também, no entanto, repetidamente a novas tensões de forças, por conseguinte a novos desenvolvimentos das disposições naturais, revelam de igual modo o ordenamento de um sábio criador; e não, por exemplo, a mão de um espírito mau, que por inveja, tenha estragado ou danificado a sua Obra magnificente"[3510].

Ciente da sua específica constituição de incompletude, o Ser humano apenas a pode ultrapassar por recurso à sua Razão. Esta, como propriedade impositiva de cada homem e que aponta as diferenças entre determinação cultural e natural, é uma Razão colectiva e não individual, aspecto particularmente desenvolvido no campo jurídico e político. Trata-se de um dos problemas mais acutilantes do Pensamento kantiano, já que pela recusa do Individualismo em matéria social e política – exactamente o contrário do que faz no plano individual – se coloca numa posição particularmente favorável à ideia de um soberano, Estado ou qualquer outra, que contraria os vectores de assinalado e indiscutível Liberalismo que lhe costumam ser associados.

Sintetizando, por um lado, o providencialismo kantiano no plano histórico, que lê a História universal enquanto História mundial, adquirindo contornos de racionalidade, "do sábio criador" Autor da natureza, que no processo histórico não vê um conjunto de eventos desordenados, mas enquanto processo de diferenciação que,

---

[3507] Idem, *ibidem*, págs. 32 e 33: "Todo o bem, que não está imbuído de uma disposição de ânimo moralmente boa, nada mais é do que pura aparência e penúria coruscante. Nesta situação permanecerá, sem dúvida, o género humano até sair, do modo como eu referi, do estado caótico das suas relações estatais."

[3508] Viriato Soromenho Marques, *História e Política no Pensamento de Kant*, pág. 24.

[3509] Immanuel Kant, "Ideia de uma História Universal com um propósito cosmopolita", *A Paz Perpétua e outros Opúsculos*, pág. 26.

[3510] Idem, *ibidem*, págs. 26 e 27.

paulatinamente, faz sobressair as suas determinações essenciais. Em sequência, a ideia de mal faz parte do processo histórico que envolve a tomada de consciência da sua racionalidade pelo próprio Ser humano, constituindo um momento da sua evolução na passagem do irracional para o racional.

No âmbito de um processo complexo e do qual apenas se investigam os traços essenciais, a filosofia kantiana da História apresenta-se muito moderada nos seus objectivos. Saliente-se que é sobretudo no campo do Direito e da Política que a sua concepção de progresso se torna mais acentuada, pelas particulares conformações em que a *Ideia* se posiciona, com relevante inserção como disciplina[3511] da humanidade racionalizada, única válida à luz do Pensamento kantiano.

Uma aplicação prática do se vem dizendo consiste na Revolução Francesa. Faz parte daquilo a que Viriato Soromenho Marques chama "Razão Política e Progresso"[3512] e será objecto de apreciação noutro ponto.

4. A Liberdade de pensamento e a religião

A responsabilidade que certas pessoas possuidoras de menor índice cultural assacam ao Iluminismo e à Liberdade de pensamento como fautores de revoluções[3513], é combatida por Kant e por outros que se encontram do mesmo lado[3514]; ainda que discordantes dos resultados[3515] são conformes aos pressupostos[3516].

O que Kant defende é o "uso público da Razão", o que já conduziu a uma interpretação segundo a qual "o alvo central da *Aufklärung* não é indicado por um qualquer programa específico ou pelo apelo a um acordo colectivo tendo por base um quadro substantivo de referência"[3517], pretendendo-se a livre comunicação que deve ser tutelada por uma Autoridade pública. Ou, como escreve, "pode muito bem dizer-se que o poder exterior, que arrebata aos homens a Liberdade de *comunicar* publicamente os seus Pensamentos, lhes rouba também a Liberdade de *pensar*: o único tesouro que

---

[3511] Viriato Soromenho Marques, *Razão e Progresso em Kant*, págs. 228 e ss., desenvolve a questão da "disciplina".
[3512] Idem, *ibidem*, págs. 361 e ss., especialmente 457 e ss.
[3513] Johann Baptist Geich, "Acerca de la influencia de la Ilustración sobre las Revoluciones", *Qué es Ilustración?*, pág. 82: "Cómo se puede considerarla como la causante de los más crueles crimines a que dio lugar la revolución del Estado?"
[3514] Idem, *ibidem*, págs. 81 e 82: "Es la Ilustración la que en la actualidad destruye la paz de los estados? Hombres de todos los estamentos sociales están en contra del ilustrado. Este, se dice ha desviado, mediante la Ilustración, el estado de ánimo del pueblo hacia el descontento; ha esparcido entre el mismo pueblo ideas que son pelagrosas para la tranquilidad de los Estados; ha desprestigiado la religión del pueblo y, de este modo, ha provocado la corrupción de las costumbres y el desenfreno (...). La Ilustración, se dice, es una fonte de revoluciones. Se intenta así sospechoso a todo o saber humano progresista y, por lo tanto, se intenta asociar el concepto de Ilustración a conceptos aborrecibles y despreciables. En la actualidad se llaman herejía, libre pensamiento, jacobinismo, condena de todo lo que hay aún de honorable en el buen nombre de la Ilustración. Ahora, la Ilustración es culpable del delito de lesa majestad."
[3515] Idem, *ibidem*, pág. 83: "La Ilustración infunde obediencia y respeto frente a los derechos de gobernantes y los fundamenta. La Ilustración enseña a los hombres que sin las leyes burguesas no podrían conservar a su Vida con seguridad, como tampoco disfrutar de ella (...)."
[3516] Idem, *ibidem*, pág. 82: "La razón práctica me da la ley moral suprema; mediante ella la razón prática me conduce hacia las más importantes verdades fundamentales de la religión."
[3517] Idem, *ibidem*, pág. 417.

apesar de todos os encargos civis, ainda nos resta e pelo qual apenas se pode criar um meio contra todos os males desta situação"[3518].

Ora, se isto não pode ser combatido, é igualmente verdadeira a afirmação segundo a qual a Liberdade de pensar não é absoluta, porque se não há limites ao raciocínio, também eles não devem ser impostos à obediência[3519]: "Apenas um único senhor no mundo diz: raciocinai tanto quanto quiserdes e sobre o que quiserdes, mas obedecei"[3520], o que está em perfeita sintonia com o raciocínio d'el Grande", na conciliação entre cultura à descrição, plena Liberdade de consciência e obediência total[3521].

Kant reafirma que "a Liberdade de pensar" se pode entender em oposição "à pressão sobre a consciência moral" – ou Liberdade de consciência, a que se associa de imediato uma Liberdade de pensamento em que a "Razão não se submete a nenhumas outras leis a não ser aquelas que ela a si mesmo dá, e o seu contrário é o uso da lei sem Razão"[3522].

Resulta, pois, que em Kant não restam dúvidas na defesa da Liberdade do Pensamento quer no plano religioso quer no plano da propriedade exclusiva que o homem tem da sua própria Liberdade e vontade – e por ligação directa ao conceitos filosóficos e metafísicos donde esta interpretação deriva.

Como se isto não chegasse, Kant desterra toda a Metafísica dogmática da fundamentação da vontade do Ser racional, na medida em que "não pode existir dever algum de admitir a existência de uma coisa (porque isso diz unicamente respeito ao uso teórico da Razão). Por tal também não se entende que a admissão da existência de Deus, enquanto fundamento de toda a obrigação em geral, seja necessária; efectivamente, este fundamento apoia-se apenas, como assaz se demonstrou, na autonomia da Razão"[3523]. A existência de Deus é um postulado da Razão pura prática, tendo em

---

[3518] Idem, "Que significa orientar-se no Pensamento?", *A Paz Perpétua e outros Opúsculos*, pág. 52. A distinção que Kant estabelece entre Liberdade de pensamento e Liberdade de expressão apenas se prende com aspectos ligados ao carácter interno ou externo da manifestação do Pensamento. Na verdade, se o primeiro dificilmente pode ser impedido por qualquer coacção exterior, já o segundo é alvo, muitas vezes de medidas repressivas. Poderá perguntar-se: de que serve haver Liberdade de pensamento se não existe Liberdade de expressão? Qual o efeito útil que dele se pode retirar? Sobre o mesmo ponto, Johann Baptist Geich, "Acerca de la influencia de la Ilustración sobre las Revoluciones", *Qué es Ilustración?*, pág. 82.

[3519] Idem, *Erklärungen*, apud Viriato Soromenho Marques, *Razão e Progresso em Kant*, pág. 469: "A retratação e o desmentido da sua própria convicção interior é ignóbil e não pode ser exigido a ninguém: mas o silêncio num caso como o presente [provavelmente a ordem real de Outubro de 1794] é o dever de um súbdito, e se tudo o que se diz deve ser verdadeiro, não é por isso também dever dizer publicamente toda a verdade."

[3520] Immanuel Kant, "Resposta à pergunta: que é o Iluminismo", *A Paz Perpétua e outros Opúsculos*, pág. 13.

[3521] Viriato Soromenho Marques, *Razão e Progresso em Kant*, pág. 428, nota: "le titre de philosophe et de malheureux fut suffisant pour procurer à M. La Mettrie un asile en Prusse, avec une pension du Roi." Este comportamento era extensível a toda categoria de perseguidos, fossem eles ateus, jesuítas ou visionários. A Prússia de Frederico II assemelhava-se – mas ia bem mais longe – às Províncias Unidas no séc. XVI, depois da sua constituição em república e onde todos os mal tratados da humanidade encontravam porto seguro, desde que, claro não fossem católicos praticantes.

[3522] Immanuel Kant, "Que significa orientar-se no Pensamento? ", *A Paz Perpétua e outros Opúsculos*, pág. 52.

[3523] Idem, *Crítica da Razão Prática*, pág. 144. Isto em nada retira que Kant fosse religioso, acusação que não lhe seria conforme. Ele simplesmente entende que deve fazer-se um uso público da Razão e um uso privado da religião, ponto que será desenvolvido adiante.

vista fomentar o "soberano bem"[3524], mas não descurando a preocupação assumida da existência de uma "causa da natureza no seu conjunto, distinta da natureza" e à qual se deve a "a concordância exacta entre moralidade e felicidade"[3525].

Deus, a causa suprema, terá de ser conforme "à natureza não só com uma lei da vontade dos seres racionais, mas também com a representação desta lei, na medida em que eles a propõem a si como princípio determinante da vontade". Portanto, se Deus não pode ser afastado, Ele é de uma outra espécie estando na base da criação da natureza, mas dela se distinguindo, nomeadamente porque não intervém na determinação da vontade humana. Como Kant diz "esta necessidade moral [necessidade conexa como exigência ao dever] é subjectiva, isto é, um requisito, e não objectiva, quer dizer, não é o próprio dever". A autoridade da lei moral não parte, nem pode partir da vontade divina, porque têm origens diversas.

Kant rompe aqui com toda a Escolástica, primeira e segunda, incompatibiliza-se com Leibnitz, impugna toda a tese desenvolvida pelos protestantes, embora ele fosse pietista. Com tudo isto manifesta a abissal divergência que a vontade e a sua dignidade, apresentam por comparação entre o criticismo – que a entende em todos os casos legisladora – e o dogmatismo que a submete, por variadas formas a uma entidade superior.

No seu entender a vontade divina é intromissora num domínio que não é seu. Eis, portanto, algo de subliminar: se os fins da actividade moral, ao contrário de estarem insertos num cosmos natural e transcendente são ditados ao homem pela sua própria Razão prática, então a segunda das *Críticas* rompe decididamente com a concepção da moral antiga e marca uma revolução. Talvez mesmo tão importante como a que implicou o nascimento e introdução do jusnaturalismo no plano do Direito, com a concomitante solução pactícia na sociedade e no Estado.

Como poderia Kant ser bem recebido em Portugal, mesmo pelos fautores do regalismo, que além de não o perceberem, de não terem mesmo curiosidade na sua leitura, no plano da reacção perante tais afirmações? Só se fosse para rapidamente o colocarem no Índex[3526].

[3524] Idem, "Que significa orientar-se no Pensamento?", *A Paz Perpétua e outros opúsculos*, pág. 46: "Muito mais importante [que a Razão no seu uso teórico] é a necessidade da Razão no seu uso prático, porque é incondicionada e somos então forçados a pressupor a existência de Deus, não apenas se *queremos* julgar, mas porque *devemos julgar*. O puro uso prático da Razão consiste na prescrição de leis morais. Mas todas elas conduzem à ideia do sumo bem, que é possível no mundo, a saber, a *moralidade*, na mediada em que apenas é possível pela *Liberdade* (...). A Razão necessita de admitir um tal bem *supremo dependente* e, em vista disso, uma inteligência suprema como sumo *bem independente*."
[3525] Idem, ibidem, pág. 144.
[3526] Idem, "Prefácio da segunda Edição (1787)", *Crítica da Razão Pura*, págs. 28 e ss.: "Pergunto ao mais inflexível dos dogmáticos se a prova da permanência da nossa alma após a morte, extraída da simplicidade da substância; ou a da Liberdade da vontade, em oposição ao mecanismo universal, fundada em distinções subtis, embora inoperantes, entre necessidade prática objectiva e subjectiva; ou a prova da existência de deus por meio do conceito de um ente soberanamente real (a partir da contingência do que é mutável e da necessidade de um primeiro motor); pergunto, se estas provas, depois de saírem das escolas, chegaram alguma vez até ao público e puderam exercer a mínima influência sobre a sua convicção. (...). Só a crítica pode cortar pela raiz o *materialismo, o fatalismo, o ateísmo, incredulidade* dos espíritos fortes, o *fanatismo, a superstição*, que se podem tornar nocivos a todos e, por último, também o *idealismo e o cepticismo*, que são sobretudo perigosos para as escolas e dificilmente se propagam ao público."

A actividade desenvolvida por Kant neste domínio costuma normalmente ser encarada como uma espécie de oposição entre a teodiceia e a Filosofia da História. De momento importa apenas mencionar que as concepções kantianas neste domínio são aparentemente contraditórias com a defesa que faz do primado da Razão[3527], especulativa ou prática, nos termos em que as apresenta, mas onde é possível detectar alguns importantes elementos de reflexão no campo da religião.

O impacto do problema é visível sobretudo ao nível de um aprofundamento do processo de secularização, em que a Razão humana se pensa a si mesma numa crescente emancipação do paradigma divino, suportado por uma Teologia da Revelação cujo misticismo[3528] era a base intelectual do todo o humano conhecimento. O problema coloca-se na dupla faceta do que Kant entende por supremo Bem, por um lado, e a argumentação que desta investigação possa ser suscitada e centra-se na observação que deixa cair logo no prólogo[3529] deste seu trabalho: "A Moral, enquanto fundada no conceito de homem como um ser livre que, justamente por isso, se vincula a si mesma pela Razão a leis incondicionadas, *não precisa nem da ideia de outro ser acima do homem para conhecer os seu dever, acerca nem de outro móbil diferente da própria lei para o observar.* (...) *A Moral, em prol de si própria (tanto objectivamente, no tocante ao querer, como subjectivamente, no que diz respeito ao poder), de nenhum modo precisa da religião, mas basta-se a si própria em virtude da Razão pura prática.*"

Uma afirmação deste teor, não só encapelaria o mundo mediterrânico de então, como iria mexer com o luteranismo que a Prússia defendia a todo o transe, colocando Kant na lista dos suspeitos[3530].

A ideia de que as regras da Moral natural estão incomparavelmente mais certas que os dogmas ou os comandos particulares das diversas religiões estriba o combate pela tolerância. A religião natural é o produto acabado de uma purga das proposições e controvérsias erroneamente nela introduzida pelas querelas entre as várias religiões e seitas cristãs[3531]. Ou, dito por outras palavras, as regras morais elementares consideradas como comandos divinos, inscritos na natureza ou na Razão dos homens, ideia que Kant defende com as seguintes palavras: "se a Razão se expressa então como se a si mesma se bastasse e a Revelação fosse (...) supérflua (o que – a entender de modo

---

[3527] Viriato Soromenho Marques, *Razão e Progresso em Kant*, págs. 231 e ss.
[3528] Immanuel Kant, *Die Religion innerhalb der Grenzen der blossen Vernunft*, de 1793, com tradução portuguesa *A Religião nos limites da simples Razão*, Lisboa, Edições 70, 1992, pág. 90: "Quando se tem de fundar uma religião moral (que não deve estabelecer-se em estatutos e observâncias, mas na intenção do coração de cumprir todos os deveres humanos como mandamentos divinos), todos os milagres que a História associa à sua introdução hão-de, por fim tornar em geral supérflua a fé em milagres; *com efeito, se alguém não reconhecer às prescrições do dever, tal como se encontram originariamente escritas no coração do homem pela Razão, uma Autoridade suficiente excepto se forem autenticadas por milagres, isso revela um grau repreensível de incredulidade moral: se não virdes sinais de milagres não acreditais* (...)."
[3529] Idem, *ibidem*, "Prólogo à primeira Edição", pág. 11.
[3530] Idem, *ibidem*, *O Conflito das Faculdades*, "Prefácio", pág. 12, reitera e avisa que "o Poder soberano não só está autorizado a admitir estas [as discussões dos eruditos das faculdades sobre a religião visando a sua difusão pública] mas também a delas exigir que, pelos seus escritos, tragam ao conhecimento do Governo tudo o que elas acham benéfico para uma religião pública do país." Ora, Kant estribava-se no parecer favorável da sua Universidade de Königsberg acerca d' *A Religião nos limites da simples Razão*.
[3531] Pierre Manent, *Les libéraux. Textes choisis et présentés par* (...), I, pág. 129: "Je ne connais guère de texte où l'effort pour détacher l'homme européen de sa foi traditionnelle soit aussi pressant et impressionnant que dans ces pages de Kant (...)."

objectivo – se deveria realmente considerar como depreciação do cristianismo), tal nada mais seria do que a expressão da sua própria valoração; não quanto ao seu poder, segundo o que ela prescreve fazer, mas enquanto dela apenas brota a *universalidade*, a *unidade* e a *necessidade* das doutrinas da fé que constituem em geral o essencial de uma religião, a saber, o moralmente prático (o que *devemos* fazer)". Quanto à Revelação, se não é essencial, é meramente necessária, servida para "suprir a deficiência teórica da pura fé racional"[3532].

Apura-se, portanto, que a autonomia da vontade e a Liberdade no plano religioso e encaradas no plano da Razão pura prática, reconduzem a religião ao campo da Moral, permitindo a distinção entre uma fé que é histórica e alvo de desvalorização, e uma fé religiosa que promana da Razão e da qual a Revelação é mero integrador de lacunas possíveis de se verificarem. Como Kant faz questão de salientar, "a religião não se distingue em ponto algum da moral, *i.e.*, quanto ao objecto, pois tem em geral a ver com deveres, mas distingue-se dela formalmente, ou seja, é uma legislação da Razão para proporcionar à Moral, graças à ideia de Deus engendrada a partir desta, uma influência sobre a vontade humana para o cumprimento de todos os seus deveres"[3533].

Desde logo importa precisar o paralelismo que estabelece no contexto da religião e sua prática com o seu entendimento de estado civil, produto não da individualidade dos homens em si mesmos, mas de uma associação entre todos visando a segurança comum[3534].

No plano da religião enquanto Liberdade de consciência, como no plano da Liberdade de pensamento enquanto aspecto mais geral inerente às modificações introduzidas pela *Aufklärung*[3535], Kant retoma a questão do uso público e do uso privado da Razão, para afirmar que no ensino da religião da Igreja, o ministro deve divulgar a opinião dessa mesma Igreja, não em termos de uma opinião pessoal mas aceitando os cânones que a mesma aceita e quer ver divulgados[3536].

Explicitando a ideia de Kant, e por recurso aos textos onde estabelece a distinção entre comunidade ética e comunidade jurídica, é possível afirmar que ele defende a existência de "alguém, diferente do Povo que, para uma comunidade ética, se possa aduzir como publicamente legislador", devendo sempre existir a precaução segundo a qual esse legislador supremo de uma comunidade ética é um ser "relativamente ao

---

[3532] Idem, *O Conflito das Faculdades*, "Prefácio", pág. 13; idem, *A Religião nos limites da simples Razão*, págs. 107 e ss.
[3533] Idem, *ibidem*, pág. 44.
[3534] Idem, *A Religião nos limites da simples Razão*, pág. 103: "(...) assim como o estado de uma Liberdade externa desprovida de lei (brutal) e de uma independência em relação a leis coactivas constitui um estado de injustiça e de guerra de todos contra todos, de que o homem deve sair, para ingressar num estado civil político, assim o estado de natureza ético é um público assédio recíproco dos princípios da virtude e um estado de interna amoralidade, de que o homem natural se deve, logo que possível, aprontar para sair. Temos, pois, aqui um dever de índole peculiar, não dos homens para com os homens, mas do género humano para consigo mesmo".
[3535] Outro Autor que se referiu ao problema com as conotações que a sua confissão luterana, de que era teólogo, promoviam, foi Andreas Riem (1749-1807), "La Ilustración es una necesidad del entendimiento humano", *Qué es Ilustración?* págs. 51-60. Pelo facto de ser partidário da religião revelada e adepto de uma Igreja reformada, portanto em oposição aos ideais que Kant defendia e são do conhecimento geral, não importando desenvolver o seu Pensamento.
[3536] Immanuel Kant, "Resposta à pergunta: que é o Iluminismo", *A Paz Perpétua e outros Opúsculos*, págs. 14 e 15: "Em todo o caso, porém, não deve aí encontrar-se alguma coisa que se oponha à religião interior, pois se acreditasse encontrar aí semelhante contradição, então, não poderia desempenhar em consciência o seu ministério; teria de renunciar."

qual todos os *verdadeiros deveres*, portanto também os éticos, se hão-de representar *ao mesmo tempo* como mandamentos seus". Do que resulta ser este "o conceito de Deus como soberano moral do mundo. Por conseguinte, uma comunidade ética só pode pensar-se como um Povo sob claros mandamentos divinos, *i.e.*, como *um Povo de Deus* e, claro está, de acordo com *leis da virtude*"[3537].

Como protestante, retoma o tema da *Igreja invisível* "(uma mera ideia da união de todos os homens rectos sob um Governo divino imediato, mas moral, do mundo tal como serve de arquétipo às que devem ser fundadas pelos homens)", distinguindo-o da *Igreja visível*, "como união efectiva dos homens que concorda com aquele ideal"[3538]. Donde a conclusão segundo a qual "a verdadeira Igreja (visível) é aquela que representa o Reino (moral) de Deus na Terra, tanto quanto isso pode acontecer através dos homens"[3539].

Esta Igreja[3540] deverá possuir características específicas. A da universalidade, que implicará o desaparecimento de facções dentro do cristianismo e mesmo por recurso aos contributos do judaísmo, não existindo qualquer divisão; os fiéis deverão encontrar-se unidos entre si por motivos apenas morais, sem quaisquer superstições ou misticismos; o lema da Liberdade deverá ser o mote da relação entre os seus membros, sem quaisquer submissões a zeladores internos e externos – provenientes de comandos originados no Poder político – e posicionados num Estado livre, onde "nem hierarquia, nem iluminismo", antes uma "espécie de Democracia" mediante inspirações particulares.

Imutável quanto à sua constituição[3541], na "sua" Igreja as figuras do Papa e dos bispos são dispensáveis. Por consequência, parece que os dados estão lançados: a religião e a Igreja devem ser universais e independentes de toda a contingentação exterior, não podendo o Poder político nelas intervir nem, tão pouco, a mesma encontrar-se submetida a outra disciplina que não seja a aquela que lhe é ditada por uma Razão que lhe está na base.

Esta é a Fé religiosa e a Igreja universal, que apenas subsidiariamente vai buscar contributos à fé eclesial, proveniente de uma qualquer fé histórica sedimentada na Revelação. Não mais que isso.

Só a Fé religiosa pura permite uma Igreja universal vista a sua racionalidade. Kant assume aqui uma posição bastante cáustica em presença dos hábitos humanos em se devotarem mais à factualidade que à racionalidade[3542], já que "a eles "não lhes entra na cabeça que, aos cumprirem os seus deveres para com os homens (eles próprios e outros), executam também justamente por isso mandamentos divinos, portanto em todo o seu fazer e deixar, na medida em que tem relação com a moralidade, estão *constantemente no serviço de Deus*, e que é também absolutamente impossível servir de mais perto Deus de outro modo"[3543].

Mais que isso, Kant preconiza a secularização do Estado, incentivando a que o mesmo se paute por um comportamento não-confessional e muito mais por uma Liberdade de consciência que por uma simples tolerância religiosa.

[3537] Idem, *A Religião nos limites da simples Razão*, pág. 105.
[3538] Idem, *ibidem*, pág. 107.
[3539] Idem, *ibidem*, pág. 107.
[3540] Idem, *ibidem*, pág. 111 acentua a definição de Igreja como a resultante da existência de cidadãos que entre si comunicam num Estado divino sobre a terra, interagindo em associação por força dessa entidade que é a Igreja.
[3541] Idem, *ibidem*, pág. 108.
[3542] Idem, *O Conflito das Faculdades*, pág. 43: a Fé racional é "por conseguinte aquela que se baseia em leis anteriores que se podem deduzir da Razão própria de todo o homem."
[3543] Idem, *A Religião nos Limites da simples Razão*, pág. 109.

DA HISTÓRIA DA IDEIA DE LIBERDADE (SEQUÊNCIA)

Em Kant, se faz todo o sentido referir o seu Pensamento a etapas anteriores de tolerância, como acontece com Locke, por exemplo, ainda o fará muito mais acentuar a desvinculação de todo e qualquer Ser supremo que não seja identificado no plano Moral e da Liberdade. Este traço essencial parece tão importante que mesmo não sendo habitualmente alvo de investigação, é defensável nele enquadrar parte estruturante de todo o seu Pensamento.

Para concluir e antes de passar à abordagem kantiana da Liberdade de consciência que deve ser inserida neste particular contexto, três observações. Primeiro, uma reafirmação: "a vontade divina legisladora ordena (...) por meio de uma lei *puramente moral*", o que significa que "cada um pode conhecer por si mesmo, graças à sua própria Razão a vontade de Deus que está na base da sua religião". Depois, que existindo igualmente leis estatutárias que permitem a ordenação da vontade divina legisladora, se a religião for apenas entendida como a observância dessas regras, "então o conhecimento delas não é possível por meio da nossa simples Razão, mas unicamente por Revelação", a qual se propaga por força da tradição ou da Escritura[3544].

É uma fé histórica e não uma fé racional pura[3545].

Finalmente, quanto ao problema de se saber como pode Deus querer ser honrado, na opção entre estes dois tipos de fé, não custa muito perceber que para Kant apenas no primeiro caso isso será possível, pois que "a legislação da sua vontade devia ser simplesmente moral, já que a legislação estatutária apenas pode considerar-se como contingente (que pressupõe a Revelação) só pode considerar-se como contingente e como uma legislação que não chegou ou pode chegar a todo o homem, portanto, como não vinculatória do homem em geral"[3546].

Quer a questão da Liberdade religiosa quer o livre pensamento, em termos mais gerais, começam por esta época a ser apanágio de outro tipo de interpretações até à época estranhas e desgarradas do tradicional comprometimento dogmático eclesiástico, e que encontram epígono ideal na constituição de sociedades secretas e da própria maçonaria[3547].

É ainda no plano das relações entre fé racional ou religiosa e fé eclesial ou revelada que devem ser procuradas as incidências de análise de Kant neste sentido. Na verdade, parece que o seu entendimento acerca da religião dificilmente comportaria os entraves à Liberdade de consciência, na medida em que a religião deve ser observada por cada homem em função de uma análise feita pessoalmente e perante as obrigações – os deveres – que a sua Razão lhe impõe e a Liberdade manifesta.

[3544] Idem, *O Conflito das Faculdades*, págs. 43 e ss.: "O teólogo bíblico é, em rigor, o *erudito escriturista* para a *fé eclesial* que se funda em estatutos, *i.e.*, em leis que decorrem do arbítrio de outro; pelo contrário, o teólogo racional é o erudito da Razão quanto à *fé religiosa*." O Autor insere neste texto algumas pistas extremamente importantes para se perceber qual a sua posição relativamente à Escritura e sua interpretação – que ele leva por diante sob o ponto de vista filosófico – bem como ao carácter vinculativo que tradicionalmente lhe é conferido.

[3545] Idem, *ibidem*, pág. 43: "a religião jamais se pode fundar em estatutos (por mais elevada que seja a sua origem), é o que se depreende do próprio conceito de religião."

[3546] Idem, *A Religião nos Limites da simples Razão*, pág. 110; *O Conflito das Faculdades*, pág. 60.

[3547] A maioria dos Vintistas eram simpatizantes da maçonaria, tal como Frederico II da Prússia era mação, tal como os homens da Revolução Francesa, os que se lhe seguiram e os espanhóis de Cádiz eram mações e até na respeitável Inglaterra depois de 1688 se tinham criado um conjunto de associações "algo suspeitas" e que sem grande esforço se poderiam assemelhar a estas.

Como Kant diz, "há somente uma (verdadeira) religião; mas pode haver múltiplos tipos de fé", que implicam a separação das Igrejas umas das outras em função dos vários tipos de cultos[3548]. A diferença não está na religião que é a única, mas nas diversas formas da fé que se vão posicionando. E Kant esclarece: "é pois mais conveniente (...) afirmar. 'Este homem é desta ou daquela fé' (judaica, maometana, cristã, católica, luterana) do que dizer 'É desta ou daquela religião'", infelizmente, o comum dos homens apenas entende a sua religião pela sua fé eclesial, que lhe é demonstrada pelos sentidos, ficando a verdadeira religião nos recônditos da sua disposição moral[3549].

Como resultado, "as controvérsias da religião, que tantas vezes abalaram e regaram com sangue o mundo, jamais passaram de pelejas em torno da fé eclesial[3550], e o oprimido não se queixava de o impedirem de estar ligado à sua religião (...) mas de não lhe ser permitido seguir publicamente a sua fé eclesial"[3551]. Daqui à classificação imediata e recíproca de hereges e de heresias foi um passo, por falta de conformidade à ortodoxia – e que se pode processar por forma liberal ou despótica (brutal) – ou de infiel por não reconhecimento, nem sequer parcelar, da fé eclesiástica. No primeiro caso plasmam-se as várias interpretações do Cristianismo; no segundo o caso dos judeus e dos muçulmanos. Em qualquer caso, "toda a fé eclesial, enquanto faz passar dogmas simplesmente estatutários por doutrinas religiosas essenciais, contém uma certa *mescla de paganismo* (...)"[3552].

A questão da Liberdade de consciência em Kant tem de ser apreendida de acordo com o seu racionalismo extremado, por um lado, e com as concretas circunstâncias históricas em que produziu Obra neste sentido, ou seja, alguns anos antes e posteriormente à Revolução Francesa[3553]. Por isso não são de estranhar as afirmações que têm vindo

---

[3548] Immanuel Kant, *A Religião nos Limites da simples Razão*, pág. 113; *O Conflito das Faculdades*, pág. 59: "No que ao rigor merece denominar-se religião não pode haver diversidades de seitas (pois ela é una, universal e necessária, por conseguinte, imutável) mas, sim, no tocante à fé eclesial, quer ela se funde apenas na Bíblia ou também na tradição, na medida em que se considera a fé no que é unicamente veiculado da religião como artigo seu."

[3549] Idem, *ibidem*, pág. 114; *O Conflito das Faculdades*, pág. 44.

[3550] Idem, *ibidem*, pág. 60: "Em matérias de fé, o princípio da divisão de acordo com a opinião recebida é ou a religião, ou a superstição ou o paganismo (...). Os que professam a primeira chamam-se habitualmente crentes, e os que professam o segundo *descrentes*. A religião é a fé que estabelece o *essencial* de toda a veneração a Deus na moralidade do homem; o paganismo, a fé que aí a não situa, ou porque lhe falta o conceito de um ser sobrenatural e moral (*ethniscismus brutus*), ou porque faz de algo diverso da disposição de ânimo para uma conduta normalmente bem orientada, por conseguinte, do inessencial da religião, o elemento religioso (*ethniscismus speciosus*)."

[3551] Idem, *ibidem*, pág. 114.

[3552] Idem, *O Conflito das Faculdades*, pág. 61.

[3553] Agindo de forma completamente distinta das monarquias hispânicas e da própria França, onde a "tolerância de Luís XIV" acabara com a revogação do *Édito de Nantes em 1685*, a Prússia mantinha-se, neste aspecto específico da Liberdade de pensamento, muitíssimo mais avançada que a maior parte da Europa, excepção feita, naturalmente, à Inglaterra. Era o próprio monarca a reprovar os procedimentos persecutórios que nesta área alguns dos seus colegas de ofício, noutras monarquias, tinham institucionalizado, entendendo que a Liberdade religiosa era um dos vectores a preservar, até pelos contributos que traria para o progresso dos estados. Com cidadãos contentes por poderem exercitar o sue credo religioso, a produtividade acresce e as vantagens daí aduzidas em prol do país são claras. Frederico II, apesar das suas tibiezas e tergiversões, foi um monarca "verdadeiramente esclarecido" e, talvez, aquele que com maior propriedade se pode apontar a epíteto. Depois da morte de Frederico II, o sucessor Frederico Guilherme praticou exactamente o contrário. Repôs em vigor a censura e, rodeando-se de um conjunto de acólitos bastante virados para a religião e sua defesa segundo os métodos antigos, passou-se à promulgação de vários *Éditos*

a ser enunciadas nem, tão pouco, as que se seguirão, tornando-o suspeitoso à esfera governativa da época, qualquer que fosse o seu quadrante em termos de "Fé eclesiástica".

Assim, Kant entende que não existe qualquer legitimidade nos processos que são por vezes levados à prática por instituições da Igreja, estejam ou não sob controlo do Poder temporal, no que respeita à defesa do que chama abusivamente da sua "Fé religiosa".

"Suponha-se, por exemplo, um inquisidor que se aferra à exclusividade da sua Fé estatutária, porventura até ao martírio, a que deve julgar um pretenso herege (aliás bom cidadão), acusado de incredulidade"[3554]. Se o condenar à morte, qual o motivo? Julgamento segundo a consciência moral, ou falta de consciência da mesma? Será que o seu convencimento da doutrina revelada era tão elevado que lhe permitia agir desse modo sem quaisquer peias de consciência?

Deus nunca quis a morte de nenhum homem e nunca houve essa vontade divina fundada em documentos históricos para comprovação; o que efectivamente acontece no parecer de Kant, é que "com toda a fé histórica e fenoménica, acontece que resta sempre a possibilidade de aí deparar com um erro, por conseguinte, há uma ausência de consciência moral em segui-la na possibilidade de ser talvez injusto o que ela exige ou permite, *i.e.*, com perigo de violar um dever humano em si certo"[3555].

Se houver essa licitude, continua o Autor, poderá afirmar-se que estão "os superiores e mestres espirituais quanto à sua pretensa convicção, autorizados a impor ao Povo a confissão de uma tal lei como artigo de fé (sob perda da sua posição?) ".

"*A consciência moral é uma consciência que é para si própria um dever*", o que dito de forma mais clara significa "*a faculdade de julgar moral que a si mesma se julga*"[3556]. Não

sobre a religião, bastante repressivos por comparação com o reinado anterior. Depois do triunfo da Revolução Francesa, a questão piorou bastante, instituindo-se mesmo uma Comissão para a censura prévia de livros e periódicos, com a expressa missão de evitar a divulgação dos ideais revolucionários. O próprio Benjamin Constant não deixou de se referir ao problema, dando-lhe nota de estaque nos seus *Principes de Politique applicables à tous les Gouvernements* (version de 1806-1810), pág. 118, com a ênfase que a dignidade que o tema lhe merecia não pode deixar de ser realçada. Já nos nossos tempos, Manfred Kuehn, págs. 338 e 339, apresenta um retrato deste monarca onde não sai muito beneficiado. Quase todos os historiadores apontam no mesmo sentido: "Frederick William II and his advisors had decided soon after the inauguration that religion needed to be defended. The king had liked Kant, giving him special honours at the very beginning of their reign. Yet, given Kant's religious views and his ever-increasing reputation as 'the all-crushing Kant', the new king soon regretted his support of Kant. Much like the unfortunate Würzer, who was at the first accepted by the king but later thrown into prison, Kant had a right to be concerned. Frederick William II was not Frederick the Great. Without a form character, he followed his advisors more than his own will. It has been said that he 'was over-dependent on these advisors, and his advisors advocated divergent views his policies necessarily lacked consistency. ' His private life was characterized by several sexual scandals of the most sordid kind, while his public policy by a campaign for religious righteousness. Thus, after becoming king, he was no longer satisfied with having both a wife and a concubine, but had to get married again and commit bigamy. Yet, at the same time, he was preaching to his subjects about the importance of following the church. Frederick William II thought that religion and morality went hand in hand, and therefore did everything to strengthen religion. The hypocrisy he exhibited in his crusade for religious rectitude, while living a most unedifying life, was of course not lost on his subjects. He had neither the moral nor the political authority of his father." Veja-se Viriato Soromenho Marques, *Razão e Progresso na Filosofia de Kant*, pág. 463: "Apesar de todos os esforços educativos do seu tio, Frederico Guilherme II revelou-se incapaz de o imitar na definição de uma política de grandeza do reino, deixando-se seduzir pelas pressões das fracções menos esclarecidas e religiosamente mais fanáticas do país."

[3554] Immanuel Kant, *A Religião nos Limites da simples Razão*, pág. 188.
[3555] Idem, *ibidem*, pág. 189.
[3556] Idem, *ibidem*, pág. 187.

há por consequência qualquer legitimidade na intervenção de uma lei externa que permita condicionar a lei moral que a si mesmo se dá o Ser humano e isso não permite o julgamento inquisitorial acima apresentado. Kant critica acerbamente todos aqueles que vêm na impreparação crónica do homem para se comportar segundo determinados cânones, algo de impeditivo à sua Liberdade expansiva.

Se assim fosse, "a Liberdade nunca teria lugar, pois não se pode para ela amadurecer se antes não se foi posto em Liberdade (há que ser livre para alguém se poder servir convenientemente das próprias forças da Liberdade)"[3557]. O tipo de comportamento inquisitorial apenas revela que a desadequação entre "a escrupulosidade [em] impelir a semelhante declaração de fé [do condenado ou sentenciado nos cárceres inquisitoriais que deve abjurar] e fazer passar a temeridade tais asserções, inclusive, por dever e por atinentes ao culto divino? Pois deste modo se deita inteiramente por terra Liberdade dos homens (...)"[3558], embora seja sempre verdade que "o bem que o homem pode fazer por si mesmo segundo leis da Liberdade, em comparação com a faculdade que lhe é possível só mediante a ajuda sobrenatural, pode chamar-se natureza, em contraste com a graça"[3559].

Estas as opiniões de Kant que não deixam margem para dúvidas quanto ao problema em debate. Acima de tudo, importa conciliar a Liberdade do homem na determinação dos seus comportamentos morais com a única religião, visando uma comunidade de crentes que não sejam susceptíveis de discriminação em função de qualquer fé eclesiástica, antes de comunidade de objectivos tendo por base a única e verdadeira religião: a religião que parte da concepção moral que enforma o Ser humano e lhe confere dignidade e peso específico.

A *Religião nos Limites da simples Razão* acabou por ser alvo de violenta censura na sua Parte II, pelo simples facto de desagradar ao novo Rei e ao seu ministro[3560] Wölner[3561], a quem Kant respondeu[3562], pouco se preocupando com os seus impropérios.

[3557] Idem, *ibidem*, pág. 189.
[3558] Idem, *ibidem*, pág. 191.
[3559] Idem, *ibidem*, pág. 192.
[3560] P. Bailleu, "Woellner, Johann Christof", *Allgemeine deutsche Biographie of Reason: Eighteenth-Century Rosicrucianism in Central Europe and Its Relationship to the Enlightenment*, apud Manfred Kuehn, pág. 339: "Influenced by the obscurantist Rosicrucian Order, he surrounded himself with zealots intent on bringing an end to the evils of rationalism. One of the most important of theses Rosicricinans was Johann Christoph Wöllner (1732-1800), who had inducted the king into the secret order himself."
[3561] Viriato Soromenho Marques, *Razão e Progresso em Kant*, págs. 428 e ss.; *História e Política no Pensamento de Kant*, págs. 109 e ss., dá conta da totalidade do sucedido; para lá se remete. Walter Theimer, pág. 115, esclarece acerca do teor da carta de 12 de Outubro de 1794, endereçada a Kant quanto à proibição da citada parcela da *Religião...* : "*Frederico Guilherme, por Graça de Deus Rei da Prússia, etc.* (...) *Digno, mui douto e fiel amigo! A nossa pessoa soube há já tempos com desgosto que vós vos servis mal da vossa filosofia, deturpando e degradando várias doutrinas da Sagrada Escritura e do cristianismo, nomeadamente no vosso livro* Religião dentro dos limites da Razão Pura, *o mesmo tendo feito noutras pequenas dissertações. Contamos que vos emendeis, pois como vós próprios deveis reconhecer, estais a proceder contra o vosso dever de educador da juventude e contra as nossas soberanas opiniões, que tão bem conheceis. Exigimos uma justificação rápida e consciencosa e esperamos que daqui para o futuro, sob pena do nosso maior desfavor, não cometais faltas semelhantes, mas sim, pelo contrário como é vosso dever, apliqueis a vossa Autoridade e o vosso talento em fazer com que o nosso soberano intuito se realize cada vez mais. De contrário, devereis contar com disposições necessariamente desagradáveis, se fordes renitente. Recebei a nossa graça.*" Esta carta seria posteriormente publicada por Kant no "Prefácio" do *Conflito das Faculdades*, págs. 10 e 11.
[3562] Face a esta carta, cuja régia assinatura escondia um ministro teólogo, impiedoso contra tudo o que fosse em contrário das suas luteranas convicções, Kant respondeu com uma obediência duvidosa, que apenas salvaguardava a sua posição de intelectual que não se quereria envolver em

Aguardando, com a paciência que a idade lhe recomendava, acabou por ver os seus intentos bem sucedidos, e não apenas este escrito acabou por ser publicado na íntegra, como conseguiu em vida escrever outros trabalhos em que o seu poder intelectual nesta área pode ser plenamente exercido. Trata-se *Conflito das Faculdades*, parcelarmente interditado na vigência do Governo de Frederico Guilherme II e que apenas com o seu sucessor pode ver a luz do dia sem peias censórias.

Por este motivo, parece menos legítimo ver em Kant um apologista do despotismo – ou, ao menos, um pacífico receptor desse regime político – que alguém que soube tornear as peias censórias desse período[3563], utilizando por vezes a tal linguagem enviesada que desnorteia os seus comentadores, mas não confere a legitimidade de retirar conclusões precipitadas.

5. Jusnaturalismo e política em Kant

Até que ponto o Kant revolucionário sobreleva o Kant conservador? Em que medida a sua adesão à Revolução Francesa permite conciliar o espírito individualista da mesma com o anti-Individualismo, mesmo estadualismo kantiano, em questões políticas? Que há de Rousseau em Kant, sabida a admiração do segundo pelo primeiro? Se é possível conciliar Razão e progresso, de que progresso se fala, quando se mantém o elogio aos déspotas esclarecidos e se manifesta abertamente a defesa da Igualdade e da Liberdade como direitos fundamentais?

São muitas questões mas apenas uma pequena parte dos problemas que, de novo, a originalidade kantiana coloca e que implica que os seus biógrafos e comentadores, uma vez mais divirjam na interpretação das suas reais intenções.

De metafísico que consagra a dignidade humana fechada no âmbito apertado da sua consciência e aceita o recurso a inteligibilidade da Liberdade formal para lhe proporcionar efeito útil.

De cultor da Filosofia da História que antevê a indispensabilidade de uma História Universal como marca aglutinadora da espécie humana e, de tanta dignidade lhe dar, admite que enquanto indivíduo ele não tem qualquer hipótese de individualmente

---

polémicas com quem não considerava à sua altura; além disso, talvez as pessoas se esqueça, mas como faleceu em 1804, dez anos antes tinha 70 anos e passava por uma Europa fustigada pelos sucessos da Revolução Francesa que batia às portas das tacanhas monarquias europeias, que teimavam em não a aceitar. Mais uma vez parece que só a interpretação autêntica do Autor, feita no *Conflito das Faculdades*, pág. 15 e nota respectiva, constitui base fundante para enquadrar a kantiana inteligência, em nada deturpada pelo decurso dos anos: "No tocante ao segundo ponto [da carta do Rei, no sentido de não incorrer no futuro em culpas semelhantes], tenho por mais seguro, para prevenir a tal respeito também a mínima suspeita, declarar aqui do modo mais solene, *como o mais fiel súbdito de Vossa Majestade*, que doravante me absterei de qualquer exposição pública concernente à religião, quer a natural, quer a revelada, tanto nas lições como noutros escritos." Na nota correspondente ao sublinhado, Kant assinala – e sublinha-se – "*escolhi cuidadosamente esta expressão a fim de não renunciar para sempre à Liberdade do meu juízo neste processo de religião, mas apenas enquanto Sua Majestade vivesse.*" Os comentários ficam para quem os queira estabelecer e tenha dúvidas sobre a capacidade de sobrevivência do filósofo em tempos hostis, sem que isso implicasse renúncia à sua própria identidade e ditames da consciência...

[3563] Viriato Soromenho Marques, *Razão e Progresso em Kant*, págs. 465 e ss. apresenta um conjunto de apoiantes de Kant, que foram aparecendo um pouco por todo o lado com os seus próprios escritos. Antigos alunos do mestre ou meros entusiastas da sua Obra juntaram-se e em uníssono protestaram pela escrita, fazendo alarde da sua Liberdade de expressão e comunicação contra as ideias reaccionárias de Frederico Guilherme II – ou seria antes de Wölner?

se salientar, apenas podendo esperar os benefícios que o seu próprio conceito de disciplina desenterra na obediência aos condutores de homens.

5.1. Enquadramento geral das ideias kantianas sobre o Direito

Kant é um teórico mas também foi o primeiro a reconhecer a necessidade de distinguir entre teoria e prática. É certo que a sua reflexão se concentra no Ser, mas não descarta a sua projecção fenoménica; e também nunca disse que basta a compreensão do Ser para se tornar possível a compreensão do mundo, da sua História e da História do homem[3564].

O interesse de Kant pelo Direito é antigo. Remonta pelo menos ao tempo da *Crítica da Razão Pura*. Sem dúvida que o seu texto mais importante, neste domínio, é a *Doutrina do Direito*, precedido pela interessante reflexão proporcionada pela *Teoria e Prática*[3565] e que, conjuntamente com a *Paz Perpétua*[3566], constituem os três espelhos maiores da reflexão kantiana sobre o Direito e a Política[3567].

E, em tese geral, bem pode dizer-se que a *Doutrina do Direito*[3568] consubstancia os contributos da moral kantiana, desenvolvidos primeiro na *Metafísica dos Costumes* e depois na *Crítica da Razão Prática*, pese embora as sistemáticas incompreensões de que tem sido alvo[3569].

[3564] Simone Goyard-Fabre, *Kant et le problème du Droit*, pág. 32, esclarece que "dans la lettre à Mendelssohn du 16 Août 1783 par laquelle il lui annonçait la *Grunlegung*, ouvrage pourtant 'plus populaire' que la *Critique de la Raison Pratique* et la *Métaphysique des Moeurs*, Kant laissent clairement entendre que c'était bien de la voie doctrinale, seule susceptible de s'intégrer au système, qu'il entendait suivre: la voie doctrinale, et non plus la voie de l'empirie ou de la polémique; pas davantage non plus de la voie de la métaphysique traditionnelle."

[3565] Roberto Rodriguez Aramayo, "Estudio Preliminar" à *Teoria y Prática de Kant*, Madrid, Tecnos, 1993, págs. X e XI = ["Isto pode ser correcto em Teoria, mas nada vale na Prática", *A Paz Perpétua e outros Opúsculos*, págs. 57 e ss.]: "Sin duda, este opúsculo representa un hito muy importante dentro de la evolución experimentada por el pensador prusiano en su reflexión práctica, dado que, por primera vez, aborda problemas de carácter jurídico-político y no sólo específicamente morales."

[3566] Jean Touchard, *História das Ideias Políticas*, III, pág. 52: "A única Obra directamente política de Kant é o seu *Projecto de Paz Perpétua*. Outras Obras, simples opúsculos frequentemente, abordam o problema político a partir de uma reflexão sobre a Moral e o Direito, ou a partir da Filosofia da História."

[3567] Sobretudo porque é nítido na *Doutrina do Direito* que Kant quis seguir neste domínio a mesma orientação que já lhe era peculiar desde o início do criticismo, explanando a interrogação e a sua veia crítica sobre uma matéria específica e trabalhando-a sistematicamente como o fizera para a teoria do conhecimento e para a moralidade humana. Seria mesmo este o remate que faltava à Obra de Kant para completar o edifício do criticismo, iniciado muitos anos antes. Veja-se Simone Goyard-Fabre, *Kant et le problème du Droit*, pág. 24: "C'est donc que de *La Critique de Raison Pure* à la *Métaphysique des Moeurs*, en passant par la *Critique de la Raison Pratique* et par la *Critique de la Faculté de Juger*, fonctionne le même tribunal de la critique, selon les *mêmes* principes, d'auprès les *mêmes* critères, *parce qu'il n'y a pas d'autres*."

[3568] Viriato Soromenho Marques, *Razão e Progresso na Filosofia de Kant*, pág. 366, coloca o mote de intentar a prova do "carácter crítico da filosofia jurídica do professor de Königsberg."

[3569] Luc Ferry e Alain Renaut, pág. 96 e notas respectivas: "L'originalité de la *Doctrine du Droit* de Kant a rarement été perçue." Sem dúvida que isto é verdade e boa parte dos Autores pronunciam-se pela falta de originalidade de Kant, tese que é aqui combatida, sendo igualmente chamada à colação a perspectiva de A. Phinenko, "qui consacre à la traduction de la *Doctrine du droit* une remarquable introduction". Trata-se de acepção parcelarmente diversa da de Luís Cabral de Moncada, *Filosofia do Direito e do Estado*, I, pág. 254: "Neste domínio [da Filosofia do Direito e do Estado], o filósofo de Königsberg é, no seu ponto de partida pelo menos, tributário, em muito mais larga escala do

DA HISTÓRIA DA IDEIA DE LIBERDADE (SEQUÊNCIA)

A nível do Contratualismo mantém a oposição entre estado natural e sociedade civil, cujos desenvolvimentos lógicos teriam de aguardar o contributo hegeliano, no qual decididamente não se entra por ultrapassar o limite temporal estabelecido para a investigação e porque, por maioria de razão, não teve repercussões práticas em Portugal. Pelo menos, ao final do Triénio Vintista, não as teve certamente.

É patente a estreita ligação que existe entre o reino dos fins como ideal do imperativo categórico[3570] e a ideia de Direito que Kant defende[3571]. Retomando neste passo algumas das ideias defendidas nas suas Obras antecedentes, sempre se poderá dizer que "o reino" representa uma "ligação sistemática de vários seres racionais por meio de leis comuns". Isto é, na medida em que nenhum Ser racional pode funcionar como meio para que outro atinja um fim, eles devem coexistir – e aprender a coexistir – uns com os outros numa dupla função: como *membro* e como *chefe*. Enquanto *membro* está submetido a leis; como *chefe* dá essas mesmas leis.

Tanto resulta das suas próprias palavras, já que "O ser racional tem de considerar-se sempre como legislador num Reino dos fins que seja possível pela Liberdade da vontade, quer seja como membro, quer seja como chefe"[3572].

---

seu século e pertence ainda amplamente ao Iluminismo", concedendo embora, logo em seguida que Kant "comunicou a todos estes conceitos [do Iluminismo] significados em grande parte diversos (...) que lhe permitiram também nestas matérias ir muito para além do seu século". Victor Delbos, *La philosophie pratique de Kant*, apud Simone Goyard-Fabre, *Kant et le problème du Droit*, pág. 26, nota: "La *Doctrine du Droit* et de la *Vertu*, loin d'offrir une déduction systématique rigoureuse, ne sont guère qu'un effort souvent pénible et stérile de simple arrangement schématique: la pensée y apparaît figée dans des définitions et propositions autrefois établis; elle n'a ni largueur, ni souplesse, ni toujours lucidité." Na mesma nota se dá conta de outras posições igualmente pouco abonatórias para a *Doutrina do Direito*, sendo o fundamento quase sempre o mesmo e havendo mesmo referências a um "fonctionnement tout mécanique et sénile de la pensée de Kant." Uma última opinião em idêntico sentido, é a que expõe Alain Renaut, *Histoire de la Philosophie politique. Lumières et Romantisme*, III, págs. 178 e 179: "Nous voudrions suggérer ici en quoi appel peut être fait de ces condamnations et pourquoi ces écrits de Kant méritant de figurer en bonne place dans un bilan de la politique des Lumières."

[3570] Immanuel Kant, *Doctrine du Droit*, págs. 94 e 95: "Le concept de la liberté est un pur concept de la raison, qui, précisément d'après cette raison est pour la philosophie théorique transcendant. (...) C'est sur ce concept positif de la liberté (au point de vue pratique) que se fondant les lois pratiques inconditionnées, qui sont dites morales (...)." José Adelino Maltez, *Princípios...*, II, pág. 347, escreve que "Um *imperativo categórico*, também dito *moralidade*, dado que a lei moral é um facto da Razão pura, um *a priori*, uma regra que é preciso respeitar porque é precisa, algo que se impõe ao homem categoricamente, uma lei que tanto vincula o Estado como os indivíduos, consistindo na realização dos direitos naturais no Direito Positivo. (...) O imperativo categórico, a moralidade, distingue-se da legalidade (...) ou do imperativo hipotético, dizendo respeito às acções que são levadas a cabo por força de uma pressão exterior, de uma pena, ou de um prazer."

[3571] Michel Villey, *Leçons de la Philosophie du Droit*, pág. 255 nota: "Kant à désinné le tableau d'une République imaginaire, de cette *République des fins*, modèle abstraite de cette idéal libéral individualiste, pendant moderne de la République de Platon; au lieu d'une ordre social donné, où la harmonie et la justice résultait de la soumission aux lois naturelles, la Cité de Kant est *construite*, purement humaine, et gouvernée par le concours de volontés humaines, dans le respect des libertés de chaque individu (liberté de penser et d'écrire, mais aussi d'agir à sa guise dans le cadre de la propriété). Au lieu d'un monde hiérarchisé, où les meilleurs apparaissait faits pour commander, d'autres pour obéis, où l'esclavage trouve as place – une République au sens moderne, foncièrement démocratique, et basée sur l'égalité juridique de chaque être humain."

[3572] Immanuel Kant, *Fundamentação da Metafísica dos Costumes*, pág. 71. Veja-se Luís Cabral de Moncada, *Filosofia do Direito e do Estado*, I, pág. 259: "O homem de Kant é, tal qual o de Rousseau, um

Pretende-se com isto significar que a filosofia kantiana do Direito se posiciona, em sintonia com a sua restante Obra, como uma análise transcendental, ao caso concreto, de ordenação das condutas humanas[3573].

O Autor, que detesta imposições provenientes do exterior, entende, por um lado, que é o dever que se impõe contra quaisquer eudemonismos; por outro explica que só uma vontade universalmente legisladora é que comanda os destinos do Ser humano que não tem que estar submetido a imperativos divinatórios de qualquer natureza[3574].

Como consequência, o princípio da Liberdade que é pano de fundo de toda a Filosofia do séc. XVIII e da dignidade do homem ganha novos contornos, por relação em simultâneo à ordem e ao dever que são imperativos categóricos no seu desenvolvimento e explicação.

Evidência disto mesmo são as rupturas que coloca à Escola do Direito Natural em função do aproveitamento que esta, posteriormente, e por via da Escola Histórica do Direito[3575], procurou fazer do seu Pensamento racional, edificado *a priori*[3576]. A grande diferença reside precisamente aqui, no pólo de desenvolvimento da investigação.

Sabido que é como Kant define o seu próprio trabalho na elaboração de uma *Doutrina do Direito*, enquanto metafísica do Direito exigível como um sistema proveniente da Razão[3577] e atendendo à sua distinção entre as ideias de Metafísica geral e

homem que nasceu livre e deverá permanecer livre. Mas esta Liberdade tem algo que se lhe diga; não é a pura Liberdade individualista dos ingleses, nem a totalitária da completa alienação do indivíduo a uma 'vontade geral' mais ou menos imprecisamente definida por Rousseau. A Liberdade de Kant é, assim como em Sócrates e nos maiores entre os gregos, a integração da vontade humana numa ordem racional de fins, achando nessa integração a sua própria lei, não como alguma coisa que se lhe impõe do exterior, mas como alguma coisa que está já nela e se chama 'autonomia'. É a participação do homem na Razão."

[3573] Simone Goyard-Fabre, *Kant et le problème du Droit*, pág. 36: "L'idée d'une métaphysique des moeurs répond d'une manière si parfaite à l'inspiration critique, remarquablement formulée – précisément en termes juridiques – dans la *Critique* de 1781, qu'elle en réalise le couronnement, ou, plus exactement, l'accomplissement."

[3574] Viriato Soromenho Marques, "Introdução" à *Fundamentação da Metafísica dos Costumes*, pág. 17: "(...) a humanidade em busca da realização de Liberdade, e não os indivíduos sequiosos de um desejo de felicidade, é o verdadeiro sujeito kantiano." Lucien Jaume, *La liberté et la loi*, págs. 257-259, apresenta Kant como um dos representantes de uma filosofia do Liberalismo que se caracteriza pela "confiança". Nestes termos, "c'est à la lumière de cette philosophie que la catégorie de confiance est susceptible de recouvrer as plénitude de sens: par sa critique de l'empirisme dans la théorie de la connaissance et dans le champ de la raison pratique (en morale), pas sa contestation d'une politique eudémoniste (fondée sur le bonheur), Kant oblige le libéralisme à se donner une philosophie de la liberté et de la raison; ce que nos tenterons de traduire par l'idée de confiance."

[3575] Michel Villey, *Leçons de la Philosophie du Droit*, págs. 252 e ss., onde aponta os contributos de Pufendorf, Thomasius, Wolff e até de Leibnitz que não apenas influenciaram o próprio Kant, como estiveram subjacente às posteriores realizações de Gustavo Hugo, F. C. von Savigny, Puchta, Windscheid, Feuerbach e outros menores. Trata-se de uma dupla influência, na medida em que Kant acabou por ser uma espécie de filtro do Pensamento anterior, que originou as renovadas realizações da Escola Histórica do Direito sobretudo em matéria de teoria geral do Direito. No mesmo sentido militam as suas reflexões no "Préface" à *Doctrine du Droit*, págs. 12 e ss., onde a dado passo menciona todas essas inovações "dans un atmosphère infectée par la Philosphie de Kant."

[3576] Immanuel Kant, *Doctrine du Droit*, "introduction générale", pág. 89: "Elles [as leis morais] ne valent comme lois que dans la mesure où elles peuvent être *regardés* comme fondés *a priori* et comme nécessaires." A exposição ao empirismo de tais motivações seria uma exposição "aux erreurs les plus grossières el les plus pernicieuses."

[3577] Idem, *Doctrine du Droit*, "Préface de Kant", pág. 79.

de Metafísica especial[3578], esta forma de metafísica estabelece a relação entre o universal e o particular, no sentido de servir de complemento às observações de carácter formal e não explicitado nessa Metafísica especial[3579]. Com isto impreterivelmente se deve conciliar a sua afirmação de que "est juste toute action ou dont la maxime permet à la liberté de l'arbitre de tout un chacun de coexister avec la liberté de tout autre suivant une loi universelle"[3580], o que significa retomar a velha ideia de Kant segundo a qual a "minha Liberdade termina no preciso ponto em que vá bulir com a Liberdade do meu vizinho"[3581].

A justiça é o conjunto das regras que determinam não o dever, enquanto obrigação interna que não pode ser forçada e, por isso, imperfeita, mas o justo, enquanto obrigação externa e interna no sentido de que não só posso como devo conformar-me à observação do direito doutrem, que começa onde o meu termina.

Por outras palavras talvez mais acessíveis: Kant neste trabalho vai tratar de uma parte de um todo que, por sua vez, é parte de outro todo mais amplo: o Direito faz parte de sociedade e a sociedade faz parte de um Cosmos; isto parece claro e perfeitamente de acordo com o seu sistema[3582].

Donde, que melhor explicação senão aquela demonstrada na *Teoria e Prática*[3583], uma vez que "Da minha parte (...) confio na teoria, que dimana do princípio de sobre o que *deve ser* a relação entre os homens e os Estados (...); mas ao mesmo tempo também confio na natureza das coisas, que obrigo a ir de bom grado para onde se não deseja, pois nesta última é também a natureza humana que se tem em conta: a qual já que nela permanece sempre vivo o respeito pelo Direito e pelo dever, não posso ou não quero considerar tão mergulhada no mal que a Razão moral prática após muitas tentativas falhadas, não acabe finalmente por triunfar, e a deva também apresentar como digna de ser amada."

Pelo que do ponto de vista cosmopolita, se persiste também na afirmação: o que por razões racionais vale para a teoria vale igualmente para a prática." Neste domínio[3584] a ligação à sua ideia de justiça como coexistência entre regras da Moral e do

---

[3578] Luc Ferry e Alain Renaut, III, pág. 99; Simone Goyard-Fabre, *Kant et le problème du Droit*, págs. 35 e 36: "Ni la morale ni le droit ne dérivent de la tendances naturelles (...) c'est-à-dire, de la vie. (...) Seule une philosophie transcendantale, en tant que système de la raison pure, est susceptible d'élucider la nécessité et la validité, donc, la légitimité, des règles éthiques qui traine dans l'existence humaine."
[3579] Immanuel Kant, *Doctrine du Droit*, pág. 91.
[3580] Idem, *ibidem*, pág. 104.
[3581] Luís Cabral de Moncada, "Prefácio" às *Lições de Filosofia do Direito* de Giorgio del Vecchio, *apud* José Adelino Maltez, *Princípios...* , II, pág. 350: "surge um Direito marcado pelo total esvaziamento da Razão dos seus conteúdos empíricos esse absoluto e total jusracionalismo de uma forma pura sem conteúdos."
[3582] Michel Villey, "Préface" à *Doctrine du Droit*, pág. 11, esclarece que "C'est (...) avec Kant et grâce à sa philosophie que le rationalisme juridique gagne sa bataille décisive." Esclarece o Autor que Kant busca um novo método de investigação para o Direito que se distancia do seguido pela Escola do Direito Natural, uma vez que não parte das ditas "propriedades" do Direito para o estudar, antes o insere no seu sistema próprio do criticismo, considerando que o sistema da escola do Direito Natural nunca se preocupou em "déduire d'axiomes innées le contenu des solutions de droit."
[3583] Immanuel Kant, "Isto pode ser correcto em Teoria, mas nada vale na Prática", págs. 101 e 102 = [*Teoría y Pratica*, pág. 60].
[3584] Idem, *Doctrine du Droit*, pág. 92: "Tout ce que est pratique et qui doit être possible suivant les lois de la nature (ce qui est l'affaire propre de l'art) dépend entièrement quant à sa règle de la théorie de

Direito, está plenamente consagrada a perspectiva de direitos fundamentais de base e origem comunitária, por oposição ao Individualismo como princípio[3585].

Kant visualiza o Direito em função do indivíduo, e na medida em que a sua análise se faz da sociedade para o indivíduo e não do indivíduo para a sociedade. Desta sumária expressão, pode facilmente entender-se o essencial das conclusões antes esboçadas no que se reporta à temática da justiça e do Direito[3586].

Kant é um individualista extremo no que respeita ao Ser humano, mas Kant vê a formação da sociedade não como o produto da actividade de indivíduos isolados que se associam, antes na "sua plena e decisiva característica de *construção comunitária do progresso*"[3587]. Ou seja, em Kant o tempo também é importante.

5.2. A *Doutrina do Direito:* **Direito Natural e Direito Positivo**

A compreensão do texto da *Doutrina do Direito* apenas poderá encaminhar-se em sentido proveitoso se estiverem bem assentes algumas premissas. Desde logo que é o último trabalho de fôlego de Kant, escrito depois da sua produção teórica estar completada nas *Críticas*. Depois porque é um escrito feito após a ocorrência da Revolução Francesa, à qual ele se tinha já reportado na *Teoria e Prática* e, por isso mesmo, possível de qualificar como escrito de circunstância. Finalmente, porque ela recolhe contributos de proveniências diversa – os dois já citados e a experiência da produção jusnaturalista anterior – sobre os quais irá tomar, como de costume, posição original.

É dentro destes parâmetros que o intérprete se deve mover, no sentido de proceder à interpretação da ideia de Liberdade ao nível político, de que este trabalho é a tradução mais acabada do Pensamento kantiano. Pode ainda considerar-se importante na *Doutrina do Direito* a circunstância de firmar bem a distinção entre Direito e Moral, como antecedente para o posterior estudo da *Doutrina da Virtude,* aspecto em que não se entra directamente, mas apenas por relação à *Doutrina do Direito* no que se justificar.

O Direito repousa, como quase toda a sua Filosofia na autonomia da Razão. A Razão pura tem por objecto o Direito[3588] que se apresenta, debaixo do duplo aspecto de Direito Natural e de Direito Positivo, de um Direito Natural composto por regras que a Razão conhece e *a priori* como válidas[3589], na ausência de toda a legislação

---

la nature; il n'y a que ce qui est pratique suivant les lois de la liberté qui puisse avoir des principes qui ne dépendent d'aucune théorie; aucune théorie ne dépassant les déterminations de la nature."

[3585] Etienne Cayret, págs. 63 e ss.

[3586] Consequências do que se diz com respeito à íntima ligação entre Razão pura e Razão prática no plano do Direito podem ser encontradas sob forma explícita ao longo de todos os seus trabalhos pertencentes à fase das *Críticas* e posteriores. A ligação que se pretende estabelecer entre teoria e prática apresenta-se como um dos vectores relevantes no Pensamento kantiano e, se não é hora de estudarmos, a sua posição relativa, fica pelo menos o alerta para uma das condições da compreensão da *Doutrina do Direito*. Assim, Simone Goyard-Fabre, *Kant et le problème du Droit,* págs. 30 e ss. A Autora foca outros pontos de reconhecido interesse, como a circunstância da Metafísica do Direito ser uma teoria pura do Direito.

[3587] Viriato Soromenho Marques, *Razão e Progresso em Kant,* pág. 363.

[3588] Immanuel Kant, *Doctrine du Droit,* pág. 88: "En effet comme pure raison appliquée à l'arbitre, sans tennis compte de l'objet de cet arbitre, la raison pratique comme faculté des principes (et ici des principes pratiques, donc comme faculté législative)."

[3589] Simone Goyard-Fabre, *Kant et le problème du Droit,* pág. 32: "la métaphysique des moeurs (...) devait (...) s'élaborer comme un système *a priori* procédant par pur concepts et s'attacher aux lois du devoir-être, c'est-à-dire aux principes *a priori* de la législation universelle par laquelle sont possibles les règles gouvernant les conduits humaines." Michel Villey, *Leçons de la Philosophie du Droit,*

positiva e de um Direito Positivo, constituído por regras que emanam do legislador e que são sancionadas[3590]. É a Razão que assegura a passagem do estado natural ao de Direito. A lei moral é revelada pela Razão prática; o imperativo é categórico[3591]. O acto é acto moral quando revelado por uma intenção moral, quando é possível ser erigido em lei universal[3592].

O Direito Positivo só se ocupa do aspecto físico, da questão de saber se um acto é ou não terminado. A sua característica essencial é a coacção[3593]. Enquanto o Pensamento moral é livre por natureza, porque ele não pode violar as intenções, o Direito é coactivo, porque susceptível de contradição. Contudo, entre a Moral e o Direito existe uma orientação comum, a lei geral de Liberdade que tem um valor universal. Isto é, a Moral e o Direito têm dois princípios comuns – a lei do dever e a lei da Liberdade, sendo que a acção moral pressupõe a Liberdade[3594].

"Todo o Direito passa a ser uma pura forma que se expressa pela lei do dever[3595] e pelo princípio da Liberdade: actua de tal maneira que a máxima da tua conduta

---

pág. 67, entende que nem seque faz sentido falar, em Kant, em "Direito Natural", devendo a expressão ser substituída pela de "Razão prática".

[3590] Immanuel Kant, *Doctrine du Droit*, pág. 193. Kant define o Direito Público como "l'ensemble des lois, qui ont besoin d'être proclamées universellement pour produire un état juridique, est le *droit publique*."

[3591] Luc Ferry e Alain Renaut, III, págs. 97 e ss. apresentam em retrospectiva as características basilares dos vários tipos de imperativo a que Kant designa por fórmulas e cujos traços essenciais já ficaram antes dados. Os Autores consideram – e bem – que é por via destes imperativos que o Pensamento kantiano se eleva dos fins *particulares* aos fins *universais*, passando pelos fins *gerais*.

[3592] J. L. Bruch, *La philosophie religieuse de Kant*, apud Simone Goyard-Fabre, *Kant et le problème du Droit*, pág. 37: "ici, le rationalisme de Kant devient un 'rationalisme appliqué'". Explicitando esta citação entende a Autora que é preciso algum cuidado na compreensão da mesma, já que pode conduzir a um Pensamento de tipo mecanicista que não era aquele que Kant sufragava. O seu efeito útil será, então, alertar para o facto da *Doutrina do Direito* apenas poder ser compreendida a partir dos ensinamentos da crítica. "(...) *La Métaphysique des Moeurs* apporte une morale parce qu'elle met à jour les intentionnalités que, à partir de la législation pure de la raison, déterminent le rapport de l'homme au monde et à l'homme."

[3593] Immanuel Kant, "Isto pode ser correcto em Teoria, mas nada vale na Prática", pág. 74 = [*Teoria y Pratica*, pág. 26]: "o Direito Público é o conjunto das leis exteriores que tornam possível semelhante acordo universal. Ora, visto que toda a restrição de Liberdade pelo arbítrio de outrem se chama coacção, segue-se que a constituição civil é uma relação de homens livres que (sem dano da sua Liberdade no todo da sua religação com os outros) se encontram no entanto sujeitos a leis coercivas (...)."

[3594] Luís Cabral de Moncada, *Filosofia do Direito e do Estado*, I, pág. 256: "Ao lado da Moral, o Direito é uma normatividade que só pode definir-se como critério da Liberdade, ou seja, como meio de permitir a realização da Liberdade do homem em si e nas sua relações com a Liberdade dos outros. A única diferença está em que a moral exige, por parte do homem, uma adesão íntima e convicta aos motivos éticos do Obrar (...), enquanto que o Direito dispensa essa adesão interna da consciência e contenta-se com a conformidade externa entre a acção e o preceito." Simone Goyard-Fabre, *Kant et le problème du Droit*, pág. 45 defende a existência de um monismo no fundamento da doutrina moral que poderá colidir com a distinção que Kant faz entre normas jurídicas e normas morais. Na verdade isso não se verifica porque ambas se baseiam no imperativo categórico, como é sabido.

[3595] Immanuel Kant, *Doctrine du Droit*, pág. 97: "Le devoir est l'action à laquelle chacun s'est obligé. C'est, donc, la matière de l'obligation, et il peut se faire qu'il s'agisse (quant à action) du même devoir, bien que nous puissions y être obligés de différents manières."

possa servir de lei universal para todo o ser racional", o que não significa mais que as leis morais e as leis jurídicas são "lois de la liberté"[3596].

Significa isto que a diferença entre Moral e Direito pode ser encontrada na consideração de que "la législation éthique (quand bien même les devoirs pourraient être extérieurs) est celle *qui ne saurait être* extérieur; la législation juridique est celle qui peut aussi être extérieur. Ainsi c'est un devoir extérieur de tenir la promesse donnée dans un contrat; mais le commandement d'agir ainsi uniquement parce que c'est un devoir sans tenir compte d'un autre mobile n'appartient qu'à législation *intérieure*."

Separação que não significa que ambas não persigam o mesmo fim último, já que ambas se determinam à Liberdade do homem, impedindo que este possa ser rebaixado ao nível do simples meio[3597]. Este ponto deve ficar bem marcado uma vez que se enquadra como um dos mais importantes de toda a temática da *Doutrina do Direito*[3598]. Sabida a posição de Kant no que à problemática da lei moral respeita, importa reiterar que, se na sua pureza, a legislação moral se confunde com as leis constitutivas do espírito, não poderá manter-se exclusivamente nesse plano formal. Na medida em que se pretende fundar as leis que regem a existência humana, ela terá de se justificar no plano da acção.

Essas leis que têm a sua raiz na Liberdade, são leis morais e leis jurídicas, o que implica chamar à colação a natureza de cada uma delas, pese embora seja sempre presente a supremacia da Razão prática enquanto legisladora universal. A Moral e o Direito têm, portanto, o mesmo princípio e o mesmo fim no Pensamento kantiano[3599].

É por isso importante não esquecer que o dualismo entre legalidade e moralidade não acarreta o fim da unidade entre Direito e Moral, na medida em que o seu plano de actuação é distinto do anterior[3600]. São duas formas da legislação da Razão prática cuja caracterização Kant apresenta admitindo que "Toute législation comprend deux parties (qu'elle prescrive des actes internes ou externes et en ce qui touche ces

---

[3596] Idem, *ibidem*, pág. 88: "*Ces* lois de la liberte (...)", quando se refere às normas jurídicas e às leis éticas.

[3597] G. Lumia, *La Dottrina kantiana del diritto e dello Stato*, apud António Truyol y Serra, *História da Filosofia do Direito e do Estado*, II, pág. 365: "Ao Direito cabe propriamente a tutela da personalidade humana nas suas exteriorizações fenoménicas; o seu conteúdo, que consiste em manter a Liberdade moral imune de toda e qualquer pressão vinda de alheio arbítrio, concorda com aquela Liberdade e participa da sua dignidade e do valor absoluto que pertence de origem à pessoa humana, e consegue da exigência ética que a sua Liberdade não seja negada no momento em que se exterioriza."

[3598] Recordem-se as posições assumidas pelo jusnaturalismo desde Grócio, se não se quiser remontar mais longe e encontrar um pano de fundo de superioridade total da Moral sobre a Direito, que em qualquer circunstância a ela se deveria conformar, fosse a contingência a divindade ou a natureza. Apenas Thomasius escapou a esta interpretação como oportunamente se referiu. Para a distinção entre a tese de Kant e as suas anteriores, Paul Janet, págs. 595 e ss., José Adelino Maltez, *Princípios...*, II, págs. 347 e ss., Luís Cabral de Moncada, *Filosofia do Direito e do Estado*, I, págs. 259 e ss. e demais bibliografia habitualmente citada.

[3599] Simone Goyard-Fabre, *Kant et le problème du Droit*, pág. 44: "Et c'est seulement dans cette unité de leur source et de leurs but que la philosophie de la volonté, où, si l'on préfère, qui l'espérance de la liberté, prend toute sa signification (...). Elle est aussi important parce qu'elle donne vie au postulat de la liberté; elle dessine les voies par lesquelles une espérance peut devenir réalité."

[3600] Viriato Soromenho Marques, *História e Política no Pensamento de Kant*, págs. 30 e ss., distingue legalidade e moralidade no plano ético e no plano histórico."A pergunta limiar relativa ao antagonismo estabelecido entre legalidade e moralidade, no plano ético, implica a destrinça precisa entre a acção conforme ao dever (...) e a consciência da acção ditada pelo dever (...)."

derniers qu'elle prescrive soit *a priori* par la simple raison ou par l'arbitre d'autrui): *premièrement*: une loi, qui représente comme *objectivement* nécessaire l'action qui doit être accomplie, c'est-à-dire qui fait de l'action un devoir; et *deuxièmement* un mobile qui rattache *subjectivement* à la représentation de la loi le principe de détermination de l'arbitre à cette action; la seconde partie revient, donc à ce que la loi fasse du devoir un mobile"[3601].

Kant define o Direito como "l'ensemble des conditions sous lesquelles l'arbitre de l'un peut être uni à l'arbitre de l'autre selon une loi universelle de la liberté"[3602]. Explicitando mais uma vez e para melhor compreensão o Pensamento de Kant, através de uma subdivisão do mesmo no que à definição de Direito respeita: *"premièrement*, ne concerne que le rapport extérieur, et à la vérité pratique, d'une personne à autre (...); *deuxièmement*, il ne signifie pas le rapport de l'arbitre au *souhait* (par conséquent au simples besoin) d'autrui (...); *troisièmement*: dans ce rapport réciproque de l'arbitre on ne considère pas la *matière* de l'arbitre (...) mais on s'interroge seulement sur la *forme* du rapport des deux arbitres respectifs, dans la mesure où ils sont considérés comme libres et si, ce faisant, l'action de l'*un* des deux peut accorder avec la liberté de l'*autre* d'après une loi universelle"[3603].

A Liberdade inerente a cada um dos casos é a que ficou mencionada antes[3604], isto é para os casos de normas jurídicas uma Liberdade no seu uso esterno e, para as leis morais, uma Liberdade no seu uso interno.

Há, portanto, uma referência directa e imediata ao relacionamento entre duas vontades livres, visando a obtenção de determinados resultados sustentados pela lei e do ponto de vista prático. Em ligação com a especial consideração do aspecto formal sobre o material no plano da vontade, enquanto condição geral que deve convir em simultâneo às duas vontades; e essa é a ideia de Liberdade.

Desta forma o Direito distingue-se da Moral de maneira muito mais visível e, sobretudo, no que concerne à eficácia interna ou externa da coacção. Daqui também a lei universal do Direito acima enunciada por Kant transmudada em princípio de todos os deveres jurídicos.

Do aspecto coactivo do Direito[3605] antes visto em conjugação com a sua distinção da Moral, Kant escreve logo em seguida que "la résistance opposée à l'obstacle d'un

---

[3601] Immanuel Kant, *Doctrine du Droit*, págs. 92 e 93. Este não foi sempre o posicionamento de Kant quanto a esta questão, que terá oscilado ao longo dos anos e conforme os escritos, conforme dá nota Viriato Soromenho Marques, *História e Política no Pensamento de Kant*, pág. 30. Veja-se a nota anterior.
[3602] Idem, *ibidem*, pág. 104; no "Isto pode ser correcto em Teoria, mas nada vale na Prática", pág. 74 = [*Teoria y Pratica*, pág. 26]: "O Direito é a limitação da Liberdade de cada um à condição da sua consonância com a Liberdade de todos, enquanto é possível segundo uma lei universal."
[3603] Idem, *ibidem*, pág. 105. O significado que Luís Cabral de Moncada, *Filosofia do Direito e do Estado*, I, pág. 259, encontra nesta exposição de Kant quanto ao Direito, prende-se com a clara distinção que assume entre Liberdade e livre-arbítrio." Só a primeira tem valor racional e moral; o segundo é mero facto empírico destituído de valor: o fazer cada um o que lhe apetece. [Claro que se refere ao arbítrio sob forma empírico e não ao "livre-arbítrio" que Kant considera particularmente]. O Direito existe justamente como norma reguladora da convivência das diversas Liberdades no primeiro sentido, e não no segundo; o seu fim é o de permitir uma sempre maior Liberdade de cada um e de todos, à custa da esfera do seu arbítrio."
[3604] Idem, *ibidem*, pág. 88; ver nota 437.
[3605] Simone Goyard-Fabre, *Kant et le problème du Droit*, pág. 61 e ss., apresenta uma retrospectiva do Pensamento anterior no que a esta matéria respeita e sobre o qual já houve ocasião de tecer algumas considerações.

effet est une protection de celui-ci et s'accorde avec lui. Or, tout ce qui est injuste est un obstacle à la liberté suivant des lois universelles (...)"[3606]. O princípio da contradição é parte inerente do Direito, pese embora também ela tenha uma definição puramente moral, já que "la contrainte est un obstacle ou une résistance exercée sur la liberté"[3607].

O que significa, em termos correntes, que mesmo a coacção poderá ser uma defesa da Liberdade, questão que não parece de modo algum estranha atendendo que é isso mesmo que actualmente acontece, por força das medidas repressivas que pretendem salvaguardar que a lesão da Liberdade de uns se transforme em alegre licença de outros[3608]. As limitações que cada homem, no estado civil, sofre da sua esfera de acção particular, são restrição do seu arbítrio mas não da sua Liberdade.

Daqui resulta que, metodologicamente, a divisão que Kant apresenta do Direito também não encontra total correspondência com os anteriores postulados do jusnaturalismo. Trata-se mais uma vez de uma divisão que pretende apresentar a distinção entre a *Doutrina do Direito* e a *Doutrina da Virtude*[3609]. A proposta é a de uma divisão entre Direito Natural e Direito Civil, ao invés de Direito Natural/Direito Social, equiparando o primeiro destes Direitos ao Direito Privado[3610] e o segundo ao Direito Público e, essencialmente, o Direito Político[3611]. Kant acrescenta que as leis que obrigam e pelas quais uma legislação externa se manifesta incluem "celles dont l'obligation peut être reconnue *a priori* par la raison, même sans législation extérieure, et qui bien qu'extérieures sont des lois *naturelles*. Celles, au contraire, qui sans une législation extérieure réelle n'obligeraient pas, et ne seraient pas des lois, s'appellent des lois *positives*"[3612], provenientes do mundo empírico e, como tal, susceptíveis da influência boa ou má que daí possa advir[3613].

Esta distinção é fundamental para perceber posteriormente o seu posicionamento no que respeita ao Contratualismo; para já implica um reforço da importância da

---

[3606] O conceito de Liberdade tem um valor ético supremo, que serve de fundamento ao Direito Natural. Todos os direitos naturais se reconduzem a este direito de Liberdade que o homem tem pela sua Razão.
[3607] Immanuel Kant, *Doctrine du Droit*, pág. 105.
[3608] Idem, *ibidem*, págs. 106 e 107: "Il doit (...) s'établir sur le principe de la possibilité d'une contrainte externe, qui puisse se concilier avec la liberté de chacun suivant les lois universelles."
[3609] Idem, *ibidem*, pág. 113. Esta divisão amplia-se ao campo dos deveres como Kant esclarece: "Tous les devoirs sont ou bien devoirs de droit (officia iuris), c'est-à-dire tels qu'en ce qui les concerne une législation extérieure est possible, ou bien des devoirs de vertu (officia virtutis s. ethic) pour lesquels une telle législation n'est pas possible; ces derniers ne peuvent pas être soumis à une quelconque législation extérieure, parce qu'ils ont un fin (...)."
[3610] A. Philonenko, "Introduction" à la *Doctrine du Droit*, págs. 40 e ss., apresenta um resumo das principais ideias de Kant acerca do Direito Privado.
[3611] Idem, *ibidem*, pág. 116. Este Direito Político era enquadrado também na fórmula mais lata do Direito Positivo, porque embora o Direito Privado também o seja na versão kantiana ele é parte do Direito Natural. Escreve a pág. 111 que "*Le droit* comme *science* systématique se divise en *droit naturel* qui ne repose que sur des principes au priori et droit *positif* (statutaire) que procède de la volonté du législateur." N'o "Isto pode ser correcto em Teoria, mas nada vale na Prática", *A Paz Perpétua e outros Opúsculos*, pág. 74" = [*Teorya Y Pratica*, pág. 26], o Autor por referência à definição geral de Direito que é conhecida e já foi apresentada, entendem o "Direito Público como o conjunto de leis exteriores que tornam possível semelhante acordo universal."
[3612] Immanuel Kant, *Doctrine du Droit*, pág. 99.
[3613] Anne-Marie Roviello, pág. 163.

Moral como substrato do Direito e da Liberdade que lhe preside[3614], sendo certo que a ideia de dever é o fundamento da passagem e existência da sociedade civil ao próprio Estado[3615]. Por esta razão, percebe-se que Kant compreenda dentro do Direito Natural aquilo a que habitualmente se chama o Direito Privado, como conjunto de regras positivas cuja origem é meramente *a priori*, por contraposição ao Direito Público – ou político – todo ele de origem positiva. A definição que Kant apresenta de Direito Público é elucidativa, neste contexto das suas preocupações.

Daí que a Liberdade, a Igualdade, a Propriedade e, de um modo geral, os direitos de família sejam naturais, na medida em que preexistem ao estado civil ou juridicamente organizado, que depois se limitou a consagrar em letra de forma o que já existia naturalmente.

Resumindo: o indivíduo não procede da sociedade porque existe racional e voluntariamente. Para ter a maior Liberdade, com o antagonismo que há entre os membros da sociedade civil, é preciso determinar com precisão os limites dessa Liberdade. A Liberdade só se pode entender na medida em que é compatível com a doutrem. Isto quer dizer que só é possível como Direito Positivo, o qual sendo caracterizado pela coacção pode, apoiando-se nas forças públicas, impor o respeito pela Liberdade.

5.3. Ideias Políticas e Contratualismo em Kant

O homem "é livre se não precisar de obedecer a ninguém mas apenas às leis"[3616]. Esse o primeiro direito inato e indiscutível ou, por outras palavras, a Liberdade formal kantiana.

Neste contexto a Liberdade é entendida como uma busca pessoal da felicidade que não prejudique os demais, sendo a Igualdade perfeitamente compatível com as diferenças resultantes das várias ordens sociais, advogando-se ainda assim a abolição dos privilégios resultantes do nascimento e da herança.

A Liberdade resulta para Kant neste sentido de que "ninguém me pode constranger a ser feliz à sua maneira (como ele concebe o bem estar dos outros homens), mas a cada um é permitido buscar a sua felicidade pela via que lhe parecer boa, contanto que não cause dano à Liberdade dos outros (isto é, ao direito de outrem) aspirarem a um fim semelhante, e que pode coexistir com a Liberdade de cada um, segundo uma lei universal possível"[3617]. A Liberdade de Kant é a Liberdade de um Moderno, por oposição à Liberdade dos Antigos, garantindo uma esfera de acção ao abrigo de qualquer constrangimento indevido.

[3614] É, pois, fundamental, compreender o significado do Direito Natural na Obra de Kant, quer por recurso às suas fontes – e às nossas – quer por via da renovação a que decididamente se propôs. Donde o alerta para que as precedentes considerações estejam bem presentes no espírito do leitor em específica ligação com a análise que se segue.

[3615] Simone Goyard-Fabre, *Kant et le problème du Droit*, pág. 46: "(...) il faut l'avouer, a certes beaucoup d'importance [aos deveres] aux yeux de Kant parce que dans l'état social et, a fortiori dans l'état politique que, d'ailleurs, est lui-même un devoir, elle commande la civilité, voire, l'humanité des hommes."

[3616] José Adelino Maltez, *Princípios...*, II, pág. 350.

[3617] Immanuel Kant, "Isto pode ser correcto em Teoria, mas nada vale na Prática", *A Paz Perpétua e outros Opúsculos*, pág. 75 = [*Teorya y Pratica*, págs. 26 e ss.].

O segundo direito inato e irrenunciável[3618] é o de Igualdade[3619]. Esta que é uma independência, "consistant à ne pas être obligé par plusieurs à autre chose que ce à qui on les peu réciproquement obliger et il s'agit par conséquent de la qualité d'homme d'être son *propre maître (sui iuris)*, ainsi que de celle propre à un homme *irréprochable (iusti)* parce que, avant tout acte juridique, il n'a rien fait injuste"[3620].

Quanto aquilo que Kant chama "independência", refere-se a cada membro da sociedade como cidadão e ao facto de, enquanto co-legislador, ter meios económicos para se sustentar a si mesmo.

Já a Igualdade tem uma fórmula que Kant apresenta do seguinte modo: "cada membro de uma comunidade possui apenas um direito de coacção sobre todos os outros (...). Todo o que num Estado se encontra sob leis é súbdito, por conseguinte, sujeito ao direito de constrangimento, como todos os outros membros do corpo comum; a única excepção (pessoa física ou moral) é o chefe do Estado, pelo qual se pode exercer toda a coacção do Direito"[3621]. No mesmo sentido, Kant afirma, como acima se disse, não há nenhum problema em pensar a Igualdade como universalidade e manter as diferenças que existem no plano social e económico.

O Autor mais uma vez faz apelo ao aspecto formal do Direito para sustentar a sua posição, na medida em que existindo uma legislação universal e sendo o Direito uma manifestação de vontade geral – como Razão universal legisladora e não como interesse que une os homens – na defesa de que, enquanto súbditos todos são iguais[3622]. A questão é, portanto, e mais uma vez fazendo apelo a uma distinção que sempre tem estado presente no raciocínio do Autor, constranger outrem senão mediante uma lei pública, contrapondo-se-lhe os outros em igual medida.

Kant encara a questão no plano das garantias jurídicas e não no plano da Igualdade política, e escreve que o Direito, "enquanto expressão da vontade geral só pode ser um único e que concerne à forma do direito, *não à matéria ou objecto sobre o qual se tem um direito)* "[3623].

[3618] Idem, *ibidem*, pág. 78; = [*ibidem*, págs. 30 e 31]: "desta Igualdade também não pode sair nenhum homem, que vive num estado jurídico de uma comunidade, a não ser em virtude do seu próprio crime, mas nunca mediante contrato ou por violência de guerra (*occupatio belica*); com efeito, não pode, por meio de qualquer acto jurídico (nem o seu nem o de outrem), deixar de ser o seu próprio senhor e entrar na classe dos animais domésticos, que se empregam para todos os usos como se quiser, e nesse estado se mantêm sem o seu consentimento, durante o tempo que se quiser (...)."
[3619] Idem, *ibidem*, págs. 75 e ss. = [*ibidem*, págs. 26 e ss.].
[3620] Idem, *Doctrine du Droit*, pág. 112.
[3621] Idem, *ibidem*, págs. 76 e 77 = [*Teorya y Pratica*, págs. 29 e 30]; "A Paz perpétua", *A Paz perpétua e outros Opúsculos*, pág. 128, nota: "a Igualdade exterior (jurídica) num Estado é a relação entre os cidadãos segundo a qual nenhum pode vincular juridicamente outro sem que ele se submeta ao mesmo tempo à lei e poder ser reciprocamente também de igual modo vinculado por ela (...)."
[3622] Idem, *Crítica da Faculdade do Juízo*, pág. 361: "Decerto a cultura da *habilidade* (...) é a condição subjectiva preferencial da aptidão para a promoção dos fins em geral, porém não suficiente para promover a vontade [Liberdade] na determinação e escolha dos seus fins." Ora, o raciocínio de Kant posiciona-se neste domínio ao nível da consideração de que "a habilidade não pode desenvolver-se bem no género humano, a não ser graças à desigualdade entre os homens, pois que a maioria cuida das necessidades da vida, como os que de forma mecânica, para comodidade e ócio dos outros, sem que para isso precise de uma arte especial, cultivando estes as partes menos necessárias da cultura, Ciência e arte, mantendo aquela maioria num estado de opressão, amargo trabalho e pouco gozo."
[3623] Idem, "Isto pode ser correcto em Teoria, mas nada vale na Prática", *A Paz Perpétua e outros Opúsculos*, pág. 77 = [*Teorya y Pratica*, pág. 29].

A velha posição histórica é realçada logo em seguida quando se pronuncia em contrário de qualquer estatuto social adquirido em função "do sangue", porque isso implicaria o esquecimento de que "cada membro desse corpo deve poder chegar a todo o grau de uma condição (que pode advir a um súbdito) a que o possam levar o seu talento, a sua actividade e a sua sorte", não devendo os seus semelhantes servir de estorvo a esta consumação por força de factores externos[3624].

Assim se manifesta a clara alusão ao trabalho, como substrato do diverso posicionamento entre Igualdade formal e material, porque ninguém pode ignorar a relevância do plano histórico em associação com o cultural, como fomentadores da Igualdade relacional entre os homens.

Destes dois direitos de Liberdade e de Igualdade, deduzirá uma Liberdade aberta às corporações e à Propriedade fundiária e reclamará Liberdade do trabalho e do indivíduo a respeito da personalidade individual.

A questão da independência tem ser enquadrada como uma espécie de corolário do direito inato de Igualdade[3625]. Para Kant, "relativamente ao ponto da própria legislação, *todos os que são livres e iguais sob leis públicas já existentes, não devem considerar-se como iguais no tocante ao direito de dar essas leis*"[3626]. A aposta de Kant em que mesmo aqueles "que não são capazes deste Direito [de contribuir para a elaboração das leis] estão, no entanto, enquanto membros do corpo comum, obrigados à observância de tais leis e, por isso mesmo, participam na protecção que elas garantem; só que isso não é como *cidadãos*, mas como *protegidos*", implicam um claro desvio à eficácia da Liberdade política dos cidadãos[3627].

O Autor esclarece as dúvidas quando afirma que "os conceitos de Liberdade externa, de Igualdade e de *unidade* da vontade de todos concorrem para a formação deste conceito, e a independência é a condição desta unidade, uma vez que o voto se exige quando a Liberdade e a Igualdade se encontram reunidas", estando esse voto apenas presente desde que se afastem as qualidades "*naturais*" de ser criança ou

---

[3624] Idem, *ibidem*, págs. 77 e 78; = [*ibidem*, págs. 29 e 30]: "Visto que o nascimento não é o *acto* de quem nasce, por conseguinte não lhe está adstrita nenhuma desigualdade do estado jurídico, nem nenhuma submissão a leis coercivas, a não ser aquela que lhe é comum a todos os outros, enquanto súbdito do único Poder Legislativo supremo, não pode haver nenhum privilégio inato de um membro do corpo comum, enquanto co-súbdito, sobre os outros e ninguém pode transmitir o privilégio *do estado* que ele possui no interior da comunidade aos seus descendentes; por conseguinte também não pode, como se por nascimento estivesse qualificado para a função senhorial, impedir os outros de chegarem por seu próprio mérito aos graus superiores da hierarquia (do superior e do inferior, dos quais, porém, nenhum é *imperans* e o outro *subjectus*).

[3625] Simone Goyard-Fabre, *Kant et le* problème du Droit, pág. 84, nota: "Le problème de la citoyenneté est, en effet, pour Kant, une notion capitale qui lui est apparue (...) comme le clef de voûte du droit rationnel." Kant encontrou superiores dificuldades na conceptualização da ideia de cidadania, na medida em que ela envolve quer o Direito Natural, com implicações na Liberdade, quer o Direito Positivo, com interferência na Igualdade."La distinction du citoyen (...) et le bourgeois (...)", prossegue a Autora, "qui reprendrá la M. M. en opposant les citoyens actifs et les citoyens passifs (...) éclaircira la portée de la citoyenneté en le liant à la représentation du Souverain (...)", no que se distingue de Rousseau e prossegue na senda de Pufendorf.

[3626] Immanuel Kant, "Isto pode ser correcto em Teoria, mas nada vale na Prática", *A Paz Perpétua e outros Opúsculos*, pág. 80 = [*Teorya y Pratica*, págs. 33 e ss.]

[3627] Idem, *ibidem*, pág. 80.

mulher. A estas duas qualidades deve somar-se uma terceira que é "possuir alguma *Propriedade* (...) que lhe faculte o sustento"[3628].

Reunidas estas qualidades "naturais", todos os cidadãos têm direito de voto!

As precedentes afirmações são pressupostos para a abordagem que se segue. Confrontado com um leque de opções criadas pelo jusnaturalismo anterior, face às quais teria não apenas de se pronunciar mas também de optar ou inovar, Kant encara a questão com o rigor que lhe é habitual.

Esperada seria uma recusa firme e inicial de quaisquer referenciais psicológicos, empíricos ou históricos na consideração do contrato social, o que implica, na prática, não aderir a nenhuma das perspectivas anteriores. Ainda assim, é Rousseau a sua primeira influência neste domínio, aprontando Kant um rigor maior às concepções do genebrino.

Na *Doutrina do Direito*, a segunda parte, consagrada ao Direito Público, posiciona-se em termos aproximados aos das doutrinas contratualistas, patenteando uma equivalência entre "civitas" e "status civilis". Menciona que o relacionamento dos indivíduos, uns em relação aos outros, no seio do Povo, se qualifica de "status civilis", enquanto se nomeia a coisa pública "res publica latius sic dicta" em razão da sua forma, e portanto, que está ligado pelo interesse de todos em serem membros de um Estado jurídico.

A diferenciação entre uma sociedade pré-política e o laço político evidencia-se em certas passagens que distinguem entre o laço horizontal dos sujeitos jurídicos e o laço vertical de ligação ao soberano. Se o Direito dá à sociedade o carácter de uma coordenação entre homens igualmente livres, também exige uma forma de subordinação, estritamente política, que é a sua condição de existência.

A sociedade evolui desde o estado de natureza até ao Estado de Direito por uma série de convulsões sociais[3629], sendo certo que a sua versão de estado de natureza é muito mais semelhante à de Hobbes que à de Rousseau.

Anunciando um Direito Natural que recupera o que de melhor há no estado de natureza, enquanto esfera em que se congraçam as relações humanas não tuteladas por qualquer Direito Positivo de carácter estadual, este estado seria no limite um estado anti-político, sobretudo se por ele se entender um Governo *paternal*. Kant considera este Governo tão nocivo quanto o despotismo, porque suprime toda a Liberdade dos súbditos, a quem trata como crianças, dando-lhes um mero papel passivo no plano da sua actuação e para satisfação dos seus desejos[3630].

A racionalização do Estado leva Kant a opor ao estado de natureza não o estado social, mas o estado civil, revestindo, no plano da investigação particular interesse. Com efeito, "l'état de nature (...) n'est pas opposé à l'état social, mais à l'état civil, car il peut y avoir une société à l'état de nature, mais non pas une société civile (garantissant le mien et le tien par des lois publiques), ce pourquoi le droit dans le

---

[3628] Idem, *ibidem*, pág. 80.

[3629] Anne-Marie Roviello, *L'Institution Kantienne de la liberté*, Ousia, 1984, pág. 163, observa que a Liberdade, sendo o princípio transcendental da política, origina a que a sociedade política se possa afastar dele mesmo, porque a política é empírica. Como consequência, "nous reconnaitrons ainsi à nouveau la question du mal dans sa figue politique. C'est la possibilité du scepticisme ou du positivisme qui réparait comme pragmatisme ou réalisme politique; mais c'est aussi surtout la possibilité de simuler, la possibilité du mensonge, qui reçoit en politique un champ d'application plus vaste qu'en tout autre domaine."

[3630] Immanuel Kant, "Isto pode ser correcto em Teoria, mas nada vale na Prática", *A Paz Perpétua e outros Opúsculos*, pág. 75 = [*Teorya y Pratica*, págs. 27 e 28].

premier état s'appelle le droit privé"[3631]. Neste caso está-se perante uma situação de Direito Privado e surgem de imediato dois corolários.

Em primeiro lugar, e inexistência de qualquer constrangimento para nela entrar, porque é um dado à partida[3632]; em segundo lugar, a inexistência de qualquer foco jurisdicional: "on appelle *état de nature* (*status naturalis*) l'état que n'est pas juridique, c'est-à-dire celui en lequel il n'y a pas de justice distributive. Ce n'est pas l'état social (...). Et qui pourrait être appelé un état artificiel (*status artificialis*), qui lui est opposé, mais *l'état civil* (*status civilis*) d'une société que est soumise à une justice distributive"[3633].

E porque no estado de natureza pode perfeitamente haver sociedades familiares e outras, que o Autor chama "sociétes légales", em que ninguém é convidado a entrar por já lá estar presente, assim se justifica que na sua visão o Direito Natural corresponda ao Direito Privado[3634]. Percebe-se, pois, que uma tal situação prefigura a existência de Contratualismo no próprio estado de natureza[3635], em associação com a importância do factor História no Pensamento kantiano.

Alertados para esse circunstancialismo, assenta-se que a "Razão e progresso" em Kant obriga "à percepção teórica da importância do Direito no interior do interesse prático da Razão"[3636].

Das características que Kant encontra na divisão entre estado social e estado civil retira-se, para o presente efeito, uma ideia de complementaridade, visto que no estado de natureza a esfera do Direito Privado se reconduz às relações entre indivíduos isolados ou entre grupos, sem qualquer submissão a uma Autoridade exterior[3637]. O Autor esclarece a sua posição no âmbito das relações necessárias entre os dois estados: "Du droit privé dans l'état de nature émerge donc le postulat du droit

---

[3631] Idem, "Doctrine du Droit, pág. 116; *A Religião nos limites da simples Razão*, pág. 101.

[3632] Luís Cabral de Moncada, "Prefácio" às *Lições de Filosofia do Direito* de Giorgio del Vecchio, *apud*, José Adelino Maltez, *Princípios...* , II, pág. 345.

[3633] Immanuel Kant, *Doctrine du Droit*, págs. 187 e 188.

[3634] Esta é uma das principais diferenças entre Kant e Rousseau e especial predilecção deste em apresentar uma similitude entre Estado e sociedade, desprezando um pouco a correcta perspectiva dualista entre Direito e Moral, presentes na sociedade civil, e a que já houve oportunidade de fazer menção. Saliente-se a recuperação que Kant faz de Pufendorf, que já tinha tratado deste ponto, embora os efeitos revolucionários tenham feito perder alguma pujança do seu Pensamento em termos europeus.

[3635] Immanuel Kant, *A Religião nos limites da simples Razão*, pág. 101: "Numa comunidade política já existente, todos os cidadãos políticos como tais se encontram, no entanto, no *estado de natureza ético* [onde não há nenhuma lei externa em que ele se reconheça submetido] e estão autorizados a nele permaneceram." Luís Cabral de Moncada, *Filosofia do Direito e do Estado*, I, págs. 260 e 261, considera que no estado de natureza de Kant, bem distinto do de Rousseau no que respeita à vigência e obrigatoriedade que nele já encontra. "Um tal estado não é pois prejurídico, mas jusnaturalístico, porque nele há já homens dotados de Razão, e onde há Razão há Direito."

[3636] Viriato Soromenho Marques, *Razão e Progresso em Kant*, pág. 365; *História e Política no Pensamento de Kant*, pág. 30 e ss.: "O nó górdio das relações históricas entre legalidade e moralidade concerne, sob uma mira objectiva, à própria viabilidade de concretização das instituições que darão substância à sociedade civil e ao e ao Estado de Direito almejados e, num ângulo subjectivo, o significado intrínseco, moral, que um progresso material e exterior acarretará para a espécie humana, enquanto comunidade, e para cada um dos seus membros, enquanto pessoas", para o que se requer "uma mediação epistemológica capital."

[3637] Luís Cabral de Moncada, *Filosofia do Direito e do Estado*, I, pág. 261: "A distinção entre estado de natureza e estado civil outro alcance afinal não tem (...). Senão justamente o mesmo da distinção entre Direito Privado e Direito Público, ou seja, entre justiça *comutativa* e *distributiva*."

publique: 'Tu dois, en raison de ce rapport de coexistence inévitable avec tous les autres hommes, sortir de cet état pour entrer dans un état juridique, c'est-à-dire dans un état de justice distributive'"[3638].

Já no caso do estado civil existe uma autoridade superior que comanda as relações entre os membros da comunidade, individuais ou colectivos. No primeiro caso existe uma especie de jurisdicidade que não é peremptória, característica que unicamente se verifica no estado civil; precisamente por isso e paradoxalmente, "l'institution de la politique peut toujours aboutir dans les faits à une négation de la liberté"[3639]. O Direito nasce com o contrato social e repousa na "constituição legal, garantindo a cada um, pelas leis, a sua Liberdade", Constituição que é fundada na Razão e na vontade, como o Direito. Como para Hobbes, para Kant, o estado de natureza é de guerra e de luta. É por o Ser humano ser mau que precisa de alguém, de uma disciplina, do Estado[3640].

Liberdade natural e Liberdade querida devem unir-se sob a noção de dever para permitir o livre desenvolvimento da Razão pela Razão. "Liberdade e lei são dois pontos em torno dos quais se estabelece a legislação civil", que para ser eficaz tem de pressupor o Poder público. É o imperativo racional que justifica o imperativo legal[3641]. De tudo o que se disse antes e apenas para precisar ideias – posto que nem tão pouco seria necessário – resulta a afirmação de que no estado civil (enquanto estado jurídico) a Liberdade "c'est l'unique droit originaire revenant de par son humanité" e na medida em que pode subsistir com a Liberdade dos demais mediante uma lei universal[3642].

Sair do estado de natureza e constituir o estado civil é, pois, um imperativo da Razão, um dever. E o acto pelo qual isto se passa e o Povo se constitui em Estado é o contrato originário, mediante o qual todos renunciam à sua Liberdade externa, para a recuperarem imediatamente depois, como membros de um Ente Comum, o Povo considerado como Estado.

A necessidade do recurso ao Direito Público como base fundante das relações contratuais desabrochantes implica a consciência de que ele pressupõe dois momentos essenciais: uma "inter-subjectividade social" e um "Poder político que o possa garantir"[3643], o que se concilia à perfeição com a leitura das intenções kantianas por Anne-Marie Roviello vistas em termos de "référence de droit et (...) référence de fait de toute société politique"[3644].

O Estado de Direito revela, deste modo, o conteúdo imanente à sua forma, como instituição em que a função inicial é de garantir as instituições de Direito Privado, nascidas da esfera das relações inter-subjectivas nas sociedades preexistentes do estado de natureza.

[3638] Immanuel Kant, *Doctrine du Droit*, págs. 188 e 189; *Crítica da Faculdade do Juízo*, pág. 362: "A condição formal sob a qual somente a natureza pode realizar esta sua intenção, é aquela constituição na relação dos homens entre si, onde ao prejuízo recíproco da Liberdade em conflito, se opõe um poder conforme as leis num todo a que se chama *sociedade civil*."
[3639] Anne-Marie Roviello, pág. 163.
[3640] Immanuel Kant, *Doctrine du Droit*, pág. 189; *A Religião nos limites da simples Razão*, pág. 103.
[3641] António Pedro Barbas Homem, "Introdução Histórica à Teoria da Lei – Época Moderna", pág. 89.
[3642] Immanuel Kant, *Doctrine du Droit*, págs. 111 e 112; *A Religião nos limites da simples Razão*, pág. 101: "Um *estado civil de Direito* (político) é a relação dos homens entre si, enquanto estão comunitariamente sobre as *leis de Direito públicas* (que são no seu todo leis de coacção). Um *estado civil ético* é aquele em que os homens estão unidos sob leis não coactivas, *i.e.*, sob simples leis de virtude."
[3643] Viriato Soromenho Marques, *Razão e Progresso em Kant*, pág. 376.
[3644] Anne-Marie Roviello, pág. 165.

Avançando um pouco mais, verifica-se que o Autor entende que o Direito Natural se posiciona como princípio transcendental para a instituição política da sociedade. A razão é sempre a mesma: a Liberdade do indivíduo é anterior ao Estado, por definição de uma esfera de influências que antecede e não se confunde com o Direito Público e é repositório positivado no Direito Privado.

A citada afirmação leva a que André Tosel[3645] escreva que "L'ordre politique-étatique est le serviteur de la liberté; l'homme libre n'est pas fait pour l'État, l'État se fait pour l'homme libre". É este o sentido que em Kant enquadra a passagem do estado de natureza ao estado civil ou político, mediante o contrato social. Somente enquanto estado civil a sociedade humana acede à sua dimensão essencial, racional; a Razão é para Kant a legitimação do contrato.

Bastará atentar nas afirmações contidas na *Paz Perpétua*[3646], segundo as quais "(...) não pode existir nenhum conflito entre a política, enquanto teoria do Direito aplicado, e a Moral, como teoria do Direito, mas teorética (por conseguinte não pode haver nenhum conflito entre a Razão prática e a teoria). (...) A Política diz: 'Sede prudentes como a serpente', a Moral acrescentam (como condição limitativa): 'e sem falsidade como as pombas'. Se as duas coisas não podem coexistir num preceito, então há realmente um conflito entre a Política e a Moral; mas se ambas devem unir-se, então é absurdo o conceito contrário e nem sequer se pode pôr como tarefa a questão de como eliminar semelhante conflito"[3647].

Portanto, antes de tudo deverão ser ponderadas as relações entre os homens no seio da sociedade política que apenas e conforme ao Direito poderão ser visualizadas. Na verdade, "só se as leis da política tiverem como matriz as leis morais poderá existir a possibilidade de encontrar um correlato objectivo para a Ideia de progresso como sentido global unificador da História humana"[3648].

Questão interessante que a esta se liga prende-se com o relembrar das tendências rousseanas no plano do *Contrato Social* antes estudado e das respectivas teses da vontade geral e da vontade de todos[3649]; os pontos de convergência são aqui notórios, mas as diferenças não podem passar em claro. Enquanto Rousseau fala em vontade geral,

---

[3645] André Tosel, *Kant Révolutionnaire*, Paris, PUF, 1990, pág. 48.
[3646] Immanuel Kant, "A Paz Perpétua. Um projecto filosófico: Apêndice I", *A Paz Perpétua e outros Opúsculos*, pág. 151, seguindo de perto ideias já estabelecidas no "Isto pode ser correcto em Teoria, mas nada vale na Prática", págs. 73 e 74.
[3647] Idem, *ibidem*, págs. 152 e ss. assume a crítica habitual a quem vê amoral apenas no plano meramente teórico e aproxima-se de uma crítica ao Pensamento de Maquiavel e seus ecos no plano do Absolutismo prussiano e soavam estridentemente das conclusões de Burke e seus seguidores. Sobre a temática deste neo-maquiavelismo iluminista, Viriato Soromenho Marques, *Razão e Progresso em Kant*, págs. 407 e ss.
[3648] Viriato Soromenho Marques, *Razão e Progresso em Kant*, pág. 412.
[3649] Etienne Cayret, pág. 60: "La volonté générale est toujours droite, dit Rousseau, et tend toujours à l'utilité publique. Cette volonté du bien, cette tendance à toujours donner la plus grand satisfaction à l'intérêt commun, peuvent d'ailleurs rester au stade intentionnel, car, 'si l'on veut toujours son bien, on ne le voit pas toujours. ' Voilà peut-être, des théories de Rousseau, le point auquel Kant apporta le plus cette attention bienveillante, qu'il eut pour l'oeuvres entière du philosophe de Genève. L'analogie est d'ailleurs évidente, entre la notion énoncée par Rousseau d'une volonté universelle, droite parce qu'universelle, et la conception de la règle de droit kantienne, dont la caractéristique essentielle est l'universalité. Kant devait en tirer cette conclusion quand elle est absolument universelle et porte sur un objet universel, parce qu'elle se confond alors avec le droit et avec le devoir, qui offrent seuls ce caractère d'absolue universalité."

como vontade dirigida aos interesses de todos, em oposição à vontade de todos como mera soma de interesses individuais, Kant entende a vontade geral como axiologia da Razão, de que todo e qualquer indivíduo participa, no reino da Liberdade.

O problema fundamental para Kant insere-se num plano de análise bem distinto do de Rousseau[3650] e outros Autores, uma vez que o considera como ideia da Razão[3651]. Complementarmente, precisa que a vontade geral se posiciona "suivant les lois de leur indépendance propre, de telle sorte que chacun se possède lui-même et ne dépende point de la absolue d'un autre qui soit son égal ou son supérieur"[3652].

O contrato permitirá ao homem renunciar à Liberdade selvagem e desregrada[3653] para ficar numa dependência legal[3654]. A ideia do Direito gera-se sempre numa comunidade organizada politicamente e plasma-se, ao caso, em toda a sua evidência numa situação de contrato originário e mediante um acordo de vontades. A Liberdade geral fica intacta porque esta resulta da sua própria vontade legislativa[3655].

Na verdade e em virtude do dito pacto colocam-se os direitos dos indivíduos sob a protecção de todo o Povo. O constrangimento inerente à sociedade política – e cujos contornos se dão por adquiridos – é, assim sendo, "um bom constrangimento", na medida em que a própria instituição política da Liberdade o tem por pressuposto, limitando-se às acções exteriores e nunca podendo avançar para as insondáveis linhas do interior das consciências.

[3650] Que aceitava a hipótese de ruptura individual ou colectiva do contrato por força do seu carácter voluntário, o que em Kant nem mesmo era admissível, já que é sempre ao Estado a quem compete zelar pela manutenção dos direitos inalienáveis do indivíduo e, como tal, não pode desaparecer.

[3651] Immanuel Kant, "Isto pode ser correcto em Teoria, mas nada vale na Prática", *A Paz Perpétua e outros Opúsculos*, págs. 82 e 83 = [*Teorya y Pratica*, págs. 36 e 37]: "(...) neste contrato (chamado contractus originarius ou pactum sociale), enquanto coligação de todas as vontades particulares e privadas num Povo numa vontade geral e pública (em vista de uma legislação simplesmente jurídica), não se deve de modo algum pressupor necessariamente como um facto (e nem sequer é possível pressupô-lo); (...) é uma simples ideia da Razão, a qual tem, no entanto, a sua realidade (prática) indubitável, a saber, obriga todo o legislador a fornecer as suas leis como se elas pudessem emanar da vontade colectiva de um Povo inteiro, e a considerar todo o súbdito enquanto quer ser cidadão, como se ele tivesse assentido pelo seu sufrágio a semelhante vontade." Viriato Soromenho Marques, *Razão e Progresso em Kant*, págs. 387 e 388, apresenta alguns textos inéditos de Kant, que não foram colhidos pessoalmente, mas que confirmam a afirmação supra mencionada, entre os quais se escolheram dois particularmente significativas: "(O contrato social é a regra e não a origem da Constituição política); o contrato social não o *principium* da edificação do Estado, mas da governação do Estado e contém o ideal da legislação, Governo e justiças públicas (...). O direito de legislação está *originariae* com o Povo, mas *derivative* com o monarca (...). A essência do contrato social como 'coligação de todas as vontades particulares e privadas num Povo' (...) coloca a ordem civil para além da simples disputa entre *concessio* ou *translatio imperii*." Por outro lado permite a distinção quer da concepção hobbesiana pautada pelo autoritarismo do estado civil a quem se faz uma completa alienação de poderes políticos por força do pacto social; no mesmo sentido se distingue de Locke e da sua concepção prioritária da Propriedade como fonte essencial da constituição do pacto social, a que é anterior, logo, à lei positiva que dele emana. Para Locke a Propriedade e o trabalho eram o substrato da passagem do estado de natureza ao estado social.

[3652] Immanuel Kant, *Doctrine du Droit*, pág. 199.

[3653] Idem, *ibidem*, pág. 198.

[3654] Viriato Soromenho Marques, *Razão e Progresso em Kant*, págs. 378 e ss., apresenta uma visão retrospectiva das várias teorias do contrato social e suas decorrências.

[3655] Por força da sua primitiva função de guardião dos atributos provenientes do estado de natureza o Direito Público determina a ligação institucional numa ordem inteligível da natureza para uma outra do Estado, mediante uma vontade comum ou geral, dotada de coacção.

DA HISTÓRIA DA IDEIA DE LIBERDADE (SEQUÊNCIA)

Dito por outras palavras e aplicando no plano político ideias mais que debatidas, o conceito kantiano de Liberdade prática comporta sobretudo um elemento de constrangimento relativo ao livre-arbítrio e sua tendência para se determinar mais em função do interesse que pelo da Liberdade. Ao constrangimento interno da vontade na Liberdade moral substituiu-se o constrangimento exterior na Liberdade jurídico-política[3656].

Resulta, pois, que a Liberdade jurídica é a autonomia e Kant define a personalidade como condição suprema de todos os negócios jurídicos. A lei natural fundamental é a lei da Liberdade[3657].

Nestes termos e institucionalmente falando, *"L'origine du pouvoir suprême est le peuple*, qui y est soumis, *insondable* au point de vue pratique, c'est-à-dire que le sujet ne *doit pas discuter* activement de cette origine comme d'un droit contestable (*ius controversum*) relativement à l'obéissance qu'il lui doit"*[3658]*.

E, procurando no conjunto das condições requeridas pelo jusnaturalismo anterior para a passagem do estado de natureza para o estado civil por meio do contrato, assinale-se a já conhecida divergência entre Locke e Kant, cujos contornos ficam definitivamente marcados na sua ideia de racionalidade da Propriedade, afastando-se do conceito de comunidade primitiva e assegurando o de Propriedade (ou comunidade) originária do solo. Esta resulta de uma "Idée que possède une réalité objective (juridiquement pratique), et il la faut clairement distinguer d'une communauté *primitive* (...), qui n'est qu'une fiction"[3659].

A questão é tratada, como não poderia deixar de suceder, no plano das preocupações do criticismo, que não aceita qualquer dado empírico sob o qual a reflexão se processe no sentido de encontrar o fundamento ou a essência quer da ideia de Propriedade quer da sua relevância no contexto do pacto social. Daí a consideração que o conceito de comunidade primitiva, pela sua vacuidade e temporalidade não pode ser utilizado para caracterizar a real e intemporal situação em que os homens se encontravam no estado de natureza[3660].

[3656] André Tosel, pág. 49.
[3657] Immanuel Kant, "A Paz Perpétua", *A Paz Perpétua e outros Opúsculos*, pág. 128, nota: "A Liberdade jurídica (externa, portanto) não pode definir-se, como se costuma fazer, mediante a faculdade de se 'fazer tudo quanto se quiser, contanto que a ninguém se faça injustiça'. (...) A minha Liberdade exterior (jurídica) deve antes explicar-se assim: é a faculdade de não obedecer a quaisquer leis externas senão enquanto se lhe puder dar o meu consentimento." Veja-se José Adelino Maltez, *Princípios*, (...) , II, pág. 344: "Exacerbando todo o processo jusracionalista, Kant transforma, assim, o Direito Natural numa coisa que é imanente ao homem, em algo que por ele é querido e criado, deixando de ser um transcendente, enquanto entidade imposta ao homem a partir do exterior."
[3658] Immanuel Kant, *Doctrine du Droit*, pág. 201.
[3659] Idem, *ibidem*, pág. 125; pág. 137: "Le sol (...) doit être considéré par rapport à tout ce qui se meut sur lui comme substance et l'existence de ce qui se meut sur lui comme inhérence."
[3660] Idem, *ibidem*, págs. 138 e 139, considerando que este era de uma "possession de tous les hommes sur la terre, qui précède tout acte juridique de leur part (possession qui est donc constituée par la nature elle-même), est une *possession commune originaire* (*communio possessiones originaria*) dont le concept n'est pas empirique et ne dépend point de conditions temporelles, comme celui d'une *possession commune primitiva* (*communio primaeva*), concept imaginaire et indémontrable, mais est au contraire un concept pratique rationnel, qui content *a priori* le principe seul d'après lequel les hommes peuvent faire usage, de leur lieu (...) sur la terre"; "Isto pode ser correcto em Teoria, mas nada vale na Prática", *A Paz Perpétua e outros Opúsculos*, pág. 80 = [*Teorya y Pratica*, pág. 36]; Luís Cabral de Moncada, *Filosofia do Direito e do Estado*, pág. 262, sintetiza: "(...) enquanto que em Hobbes

Em 1781, na *Crítica da Razão Pura*, Kant focalizava a importância que o princípio constitucional assume no domínio jurídico: "Uma Constituição que tem por finalidade a maior Liberdade segundo leis que permitiriam à Liberdade de cada um subsistir em consonância com os demais (...), essa é pelo menos uma ideia necessária, que deve servir de fundamento não apenas aos primeiros planos que se esbocem de uma constituição política, mas ainda a todas as leis". A importância da Constituição é tão grande que ela não se reconduz a uma sociedade civil, em termos estatais, mas de uma sociedade civil que administra o Direito de maneira universal, problema que é muito difícil e que será o último a ser resolvido pela espécie humana[3661].

A partir desta data Kant não cessou de encomiar a Constituição e, em 1793, num dos seus já conhecidos textos volta à carga, com epílogo ideal com os considerandos *da Doutrina do Direito* e com a *Paz Perpétua*[3662]. Tanto como existe uma "ideia necessária" de Constituição civil nos Estados, em que falava na *Crítica da Razão Pura*, para assegurar a coexistência das Liberdades, deve existir entre os Estados a "ideia pura" de Constituição cosmopolita, como princípio regulador em que será evitado o antagonismo entre as Nações.

Esta Constituição, cujos traços essenciais acompanham o seu criticismo é o produto final de um processo de produção legislativa resultante da emanação da vontade geral, e em que os direitos fundamentais do indivíduo são assegurados pela obrigatoriedade imposta às instituições políticas na sua conservação. Segundo Kant, "L'idée d'une constitution civile en général, que est en même temps pour tout le peuple un commandement absolu de la raison pratique jugeant d'après des concepts de droit, est sainte et irrésistible. (...). La soumission inconditionnée de la volonté du peuple (qui est en soi unité et pas conséquent sans lois) sous une volonté *souveraine* (unissant tous les individus par une loi) est un *fait* que ne peut commencer que par la prise du pouvoir suprême et qui ainsi fonde d'abord un droit public"[3663]. Ou seja, com esta observação Kant fecha mais um círculo; como ponto final do desenvolvimento da Liberdade individual, o Estado kantiano define-se como um fim em si mesmo.

Pela Constituição manifestam-se os aspectos primordiais da Política; o contrato social cujas linhas directoras já foram abordadas; a separação de Poderes e o direito de resistência activa e/ou passiva.

---

e Locke o contrato social era filho de um cálculo egoísta de interesses sobretudo materiais, em Rousseau, de um puro arbítrio do capricho, em Kant esse (...) é um filho da Ideia pura, por ser o único fundamento possível de uma ordem jurídica total. (...) O contrato social deixa de ser uma concepção individualista e volve-se numa concepção universalista; deixa de ser uma ideia *constitutiva* e passa a ser exclusivamente *regulativa*." Na interpretação de Viriato Soromenho Marques, *Razão e Progresso em Kant*, pág. 376: "O alcance do trabalho filosófico-jurídico de Kant não é, pois, retrospectivo, mas prospectivo. Os seus resultados apontam não no sentido da legitimação de uma qualquer tradição, mas antes na justificação principal da necessidade de mudanças numa ordem institucional presente."

[3661] Immanuel Kant, *Crítica da Razão Pura*, pág. 310; idem, "Ideia de uma História Universal com um propósito cosmopolita", *A Paz Perpétua e outros Opúsculos*, pág. 27.

[3662] Relembram-se aqui os considerandos antes expostos sobre as relações entre Moral e Política, cuja substância última pode ser encontrada na célebre fórmula que o Autor apresenta a pág. 165: "São injustas todas as acções que se referem ao direito dos outros homens, cujas máximas não se harmonizam com a publicidade".

[3663] Immanuel Kant, *Doctrine du Droit*, págs. 255 e 256.

A ideia de Constituição aparece geralmente referida em Kant. A necessidade dos direitos e deveres fundamentais serem expressos em forma de lei[3664] parece uma das tais necessidades históricas que é impossível rebater[3665]. A este combate se associa a ideia de Liberdade política dos cidadãos.

Assim se verifica que "uma sociedade em que a Liberdade *sob leis exteriores* se encontra unida no maior grau possível com o poder irresistível, isto é, uma *constituição civil* perfeitamente *justa*, que deve constituir para o género humano a mais elevada tarefa da natureza", é uma "sociedade que tem a máxima Liberdade"[3666].

Com isto se conjuga a perspectiva antropológica de Kant face ao Ser humano, assim como a indissociável recusa que permanentemente faz da Liberdade selvagem, equivalente kantiano à licença e cujos contornos partem da compreensão que tem do mal[3667] como tendência que necessariamente se deve combater no homem[3668].

Na verdade e até como decorrente da concepção kantiana da História e do progresso, o Ser humano terá de admitir a sua finitude e incompletude, o seu originário carácter de indisciplina[3669] e desorganização, o que tudo conduz à necessidade de submissão a órgãos e/ou instituições singulares ou colectivas aptas a domarem essas tendências nefastas que nele se verificam. Esta é mesmo a única forma dele se consciencializar

---

[3664] Viriato Soromenho Marques, *Razão e Progresso em Kant*, pág. 413: "À sua maneira, e no seu estilo reservado, Kant repetia o que Thomas Paine tinha afirmado, no brilho acutilante de uma escrita habituada a dirigir-se às multidões, e não apenas aos meios académicos. Os direitos do homem só poderão ser assegurados e garantidos pela mediação de instituições políticas emanadas da expressão da sua vontade."

[3665] Idem, *ibidem*, pág. 432 exemplifica com esta situação uma das formas de enquadrar a divergência entre os defensores do despotismo esclarecido sem mais, e aqueles que assumiam atitudes compromissórias. Ou seja, entre quem defendia que "o Poder deve estar concentrado nas mãos do soberano" e os que defendiam a distribuição do mesmo por órgãos constitucionais que permitissem uma gestão mais equilibrada do mesmo, sob forma de monarquia representativa. Este simples facto permite uma aproximação às ideias liberais de Kant, que não se estudam em detalhe, remetendo para o último ponto desta avaliação acerca do Pensamento kantiano sobre a Liberdade. Se Frederico II foi um bom Rei, nos termos em que se verá adiante, isso não tira nem põe nada em relação ao facto de ter propiciado o despotismo, e segundo entende o comentador, a pág. 435, já Diderot, "um dos poucos intelectuais franceses com um olhar hostil para com Frederico II, não escondia a sua aversão para com o despotismo do Príncipe justo. 'Le gouvernement arbitraire d'un prince juste et éclairé est toujours mauvais. Ses vertus sont la plus dangereuse et la plus sure des séductions: elles accoutument insensiblement un peuple à aimer, à respecter, à servir un successeur quel qu'il soit, méchant et stupide. Il enlève au peuple le droit de délibérer, de vouloir ou de ne vouloir pas, de s'opposer même à sa volonté.'"

[3666] Immanuel Kant, "Ideia de uma História Universal com um propósito cosmopolita", *A Paz Perpétua e outros Opúsculos*, pág. 27.

[3667] Idem, *ibidem*, pág. 25: "O meio de que a natureza se serve para levar a cabo o desenvolvimento de todas as suas disposições é o antagonismo das mesmas na sociedade, na medida em que este se torna ultimamente causa de uma ordem legal dessas mesmas disposições. Entendo aqui por antagonismo a sociabilidade insociável dos homens, isto é, a sua tendência para entrarem em sociedade, tendência que no entanto está unida a uma resistência universal que ameaça dissolver constantemente a sociedade."

[3668] Idem, *A Religião nos limites da simples Razão*, págs. 25 e ss.; "Ideia de uma História Universal com um propósito cosmopolita", *A Paz Perpétua e outros Opúsculos*, pág. 26; *Doctrine du Droit*, pág. 92.

[3669] Idem, "Der Menchs aber bruacht eigene Vernuft", *Pädagogik*, apud Viriato Soromenho Marques, *Razão e Progresso na Filosofia de Kant*, pág. 228: "Disciplina ou educação transformam a animalidade em humanidade. Um animal é já tudo pelo seu instinto: uma Razão alheia preparou já tudo para ele. Mas o homem necessita de Razão própria."

do lado mau do seu género, que apenas por um sistema associativo coactivamente ordenado e mediante comandos provenientes do exterior e a que imperiosamente tem de obedecer, poderá plenamente expandir a sua Razão. Ela própria lhe impõe que o faça, salvaguardando-se, destarte, o seu lado bom em prejuízo do lado mau que lhe é inerente.

Coerente com o que se vem dizendo, é a já conhecida recusa de Kant em ver no indivíduo a base fundante e cimentadora da sociedade; coerente, no mesmo sentido, a necessidade absoluta da coacção como condição da Liberdade; coerente, por fim, a observação "terrível" que aponta e segundo a qual "o homem é um animal que, quando entre os seus congéneres, precisa de um senhor. Com efeito, abusa certamente da sua Liberdade em relação a outros semelhantes; e embora como Criatura racional, deseje uma lei que ponha limites à Liberdade de todos, a sua animal tendência egoísta desencaminha-o, no entanto, onde ele tem de renunciar a si mesmo.

Necessita, pois, de um "senhor que lhe quebrante a própria vontade e o force a obedecer a uma vontade universalmente válida, e possa no entanto ser livre. Mas onde vai ele buscar esse senhor? A nenhures, a não ser no género humano"[3670].

Nesta base de raciocínio, chega-se a dois pontos fundamentais: primeiro, a necessidade de uma Constituição[3671] onde se prevêem órgão em que o Poder é distribuído de certa forma tão homogénea quanto possível; segundo, que esta necessidade ultrapassa o âmbito dos Estados isolados e se deve pautar como uma necessidade universal, extensível, pois, numa perspectiva cosmopolita.

Do facto de Kant ter vivido numa época e num país onde o despotismo esclarecido florescia, e da sua convivência com personalidades historicamente promotoras do mesmo, não se retira que fosse seu adepto. De acordo com anteriores indicações, Kant detesta os Governos paternalistas, que considera os piores na evolução histórica das especiais características do homem, enquanto ser social, precisamente porque tolhe as suas possibilidades de nesse sentido se expandir[3672], assumindo o Estado feições de património do próprio Rei[3673].

Mais grave que tudo isto e demonstrativo das bem fundadas razões que levam o Autor a pronunciar-se desfavoravelmente quanto ao despotismo é a observação, certa e segura de que "Le *régent* de l'État (*rex, princeps*) est la personne (morale ou physique) investie du pouvoir exécutif (*potestas executoria*)", não podendo o soberano do Povo – o legislador ser em simultâneo o regente[3674]. Quando isso acontece dá-se uma perversão inaceitável.

[3670] Idem, "Ideia de uma História Universal com um propósito cosmopolita", *A Paz Perpétua e outros Opúsculos*, pág. 28.
[3671] Viriato Soromenho Marques, *Razão e Progresso na Filosofia de Kant*, pág. 438: "Que Kant foi um claro precursor do Estado Constitucional Moderno, disso não há motivo para quaisquer objecções. Que ele elaborou a sua reflexão longe das conspirações diplomáticas e do cheiro a sangue e a pólvora dos campos de batalha (...), é igualmente um facto comprovado."
[3672] Nem activo nem passivo. Activo quando posto em marcha pelo déspota, o que se condena desde logo no "Isto pode ser correcto em Teoria, mas nada vale na Prática", *A Paz Perpétua e outros Opúsculos*, pág. 75 = [*Teorya y Pratica*, págs. 27 e 28]; passivo na "Resposta à pergunta: que é o Iluminismo", *A Paz Perpétua e outros Opúsculos*, pág. 11 e ss.
[3673] António Pedro Barbas Homem, "Introdução Histórica à Teoria da Lei – Época Moderna", págs. 86-88.
[3674] Immanuel Kant, *Doctrine du Droit*, pág. 199.

Por outro lado, a organização do estado civil tem por meta integrar a coacção da lei pública no seio da ordem jurídica racional, a fim de lhe conferir efectividade. Para tanto importa estabelecer uma distinção entre uma sociedade igualitária e uma sociedade civil. Ou, como escreve Kant ao reportar-se ao contrato pelo qual se estabelece uma Constituição civil (*pactum unionis civilis*), "é de uma espécie tão peculiar que (...) se distingue (...) essencialmente de todos os outros no princípio da sua instituição (*constitutionis civilis*)"[3675]. Diverge, porque essa união é um fim em si e não está dependente dos fins diversos que os homens procuram[3676].

Retomando a sua concepção acerca do Direito Público, avança para conceitos "novos" quais sejam a ideia de soberania e que o próprio Kant determina em termos de constituição do Estado: "l'acte, par lequel un peuple se constitue lui-même en État, à proprement parler l'Idée de celui-là, qui seule permettre d'en penser la légalité, est le contrat originaire, d'après lequel tous (*omnes et singuli*) abandonnent dans le peuple leur liberté extérieure, pour la retrouver derechef comme membres d'une république, c'est-à-dire d'un peuple considéré comme État (*universi*) et l'on ne peut pas dire que l'homme dans l'État ait sacrifié une partie de sa liberté extérieure née a un fin, mas il a abandonné la liberté sauvage et sans loi pour retrouver sa liberté en général dans une dépendance légale, c'est-à-dire dans une état juridique, donc entière, car cette dépendance procède de sa propre volonté législatrice"[3677].

Kant entende que a soberania reside racionalmente apenas no Corpo Comum, que se distribui no Estado por três funções, Legislativa, Executiva e Judicial. A separação dos Poderes – no que é influenciado tanto por Locke como por Montesquieu – Legislativo e Judicial é indispensável à Liberdade política da sociedade: "tout État contient en soi trois pouvoirs, c'est-à-dire la volonté générale unie en trois personnes (*trias politica*): Le pouvoir souverain (souveraineté) qui réside en la personne du Législateur, le pouvoir exécutif, en la persone qui gouverne (conformément à la loi) et le pouvoir judiciaire (qui attribue à chacun le sien, rectoria et judiciaria). Ce sont comme les trois pouvoirs d'un raisonnement pratique: la majeure contient la loi d'une volonté, la mineure, l'ordre de se conduire d'après la loi, c'est-à-dire, le principe de la subsumption sous la majeure et la conclusion, que comprend la sentencie, ce qui est de droit dans le cas où il s'agit"[3678].

Soberano e a soberania são considerados como entidades distintas do executor das leis. O Poder Legislativo detém a soberania, Poder de origem contratual e transmitido ao regente que a exerce. A Liberdade política da sociedade está perfeitamente salvaguardada em todos os seus domínios. "Les trois pouvoirs dans l'État sont ainsi premièrement les uns par rapport aux autres coordennés comme autant de personnes morales (...) de la constitution de l'État; mais deuxièmement elles sont aussi subor-

---

[3675] Idem, "Isto pode ser correcto em Teoria, mas nada vale na Prática", *A Paz Perpétua e outros Opúsculos*, págs. 73 e 74 = [*Teorya y Pratica*, pág. 26].
[3676] Idem, *Doctrine du Droit*, pág. 188: "l'union civile elle-même (*unio civilis*) peut à peine s'appeler une *société*; car entre le *souverain* (*imperans*) et le *sujet* (*subditus*) il n'y a pas de communauté (...) ils ne sont pas associés: ils sont *subordonnés* l'un à l'autre et non *coordonnés*, et ceux qui sont coordonnés entre eux doivent, à cause de cela, se considérer comme égaux pour autant qu'ils sont soumis à des lois communes. Cette union est donc moins une société que ce *produit* une société."
[3677] Idem, *ibidem*, pág. 198.
[3678] Immanuel Kant, *Doctrine du Droit*, pág. 195.

donnés les unes aux autres, (...) de telle sorte qu'une ne peut pas en même temps usurper la fonction de l'autre, tandis qu'elle l'aide"[3679].

Tanto implica, na perspectiva de Simone Goyard-Fabre[3680], uma associação entre os direitos fundamentais da Liberdade e da Igualdade com esta divisão tripartida dos Poderes, pois que isso mesmo resulta num Estado "selon l'Idée (...), tel qu'on conçoit qu'il doit être, d'après de purs principes de droit"[3681]. Os Poderes assim enunciados constituem-se como dignidades políticas[3682], na medida em que "elles contiennent le rapport d'un souverain universel (lequel, considéré selon les lois de la liberté, ne peut être autre que le peuple uni lui-même) à la multitude dispersée des individus de ce même peuple comme *sujets*; c'est-à-dire le rapport *de celui que commande (imperans)* à celui qui obéit *(subditus)*"[3683].

Apresentada a tese da Liberdade política, segundo a qual a soberania reside no Povo, agora, importa verificar em que termos isso se verifica isto é, a forma de Governo, o que significará Kant pronunciar-se preferencialmente pela monarquia, aristocracia ou democracia. Do exposto até ao momento já se percebeu que Kant prefere o sistema monárquico-constitucional representativo: "toute vrai république est et ne peut rien être d'autre qu'un *système représentatif* du peuple, institué pour protéger ses droits en son nom, par l'union de tous les citoyens au moyen de leurs délégués (députés) "[3684].

Em consonância, "toda a forma de Governo que não seja *representativa* é, em termos estritos, uma *não-forma*, porque o legislador não pode ser ao mesmo tempo executor da sua vontade numa e mesma pessoa. (...) Ao modo de Governo que deve ser conforme à ideia de Direito pertence o sistema representativo (...)"[3685].

Daqui até à reclamação da necessidade de uma Constituição republicana, é um passo. Em devido tempo alertou-se para a importância de uma correcta percepção do que Kant por esta realidade entenderia; é chegada a hora de retomar o alerta e analisar a sua premência. E eis que o "*Primeiro Artigo definitivo para a Paz Perpétua*" se liga à "Constituição civil em cada Estado [que] deve ser republicana". Explicitando, "a Constituição fundada, em primeiro lugar, segundo os princípios da *Liberdade* dos membros de uma sociedade (enquanto homens); em segundo lugar, em conformidade com os princípios da *dependência* de todos em relação a uma única legislação comum (enquanto súbditos); e, em terceiro lugar, segundo a lei da *Igualdade* dos mesmos (enquanto cidadãos) é a única que deriva da ideia do contrato originário, em que se deve fundar toda a legislação jurídica de um Povo – é a Constituição *republicana*"[3686].

[3679] Idem, *ibidem*, pág. 198.
[3680] Simone Goyard-Fabre, *Kant et le problème du Droit*, pág. 200.
[3681] Immanuel Kant, *Doctrine du Droit*, pág. 195.
[3682] Idem, *ibidem*, pág. 197.
[3683] Idem, *ibidem*, pág. 198; há outros locais onde se encontram expressões equivalentes: por exemplo, pág. 196 "Le pouvoir législatif ne peut appartiens qu'à la volonté unifiée du peuple. (...) Il n'y a donc que la volonté collective d'un peuple"; pág. 224 "dès qu'un chef d'État se fait représenter en personne (que ce soit le roi, la noblesse, ou tout le peuple, l'union démocratique), le peuple réuni alors ne *représente* plus simplement le souverain, mais *il est* lui-même le souverain; car c'est en lui (le peuple) que se trouve originairement le pouvoir suprême, dont les droits des individus, en tant que simples sujets (...) doivent être dérivés et la république, une fois établie, n'est plus dans la nécessité d'abandonner les rênes du gouvernement et de les remettre à ceux qui les avaient tenues auparavant (...).".
[3684] Idem, *ibidem*, pág. 224.
[3685] Idem, "A Paz Perpétua", *A Paz Perpétua e outros Opúsculos*, págs. 130-132.
[3686] Idem, *ibidem*, pág. 128.

Apenas esta Constituição tem por fonte pura o Direito, independentemente da "forma imperii", que pouco interessa, sendo sobretudo de valorizar a "forma regiminis", isto é, o modo segundo o qual o Poder soberano governa o Povo, qualquer que seja a forma assumida por esse soberano. Por isso mesmo, "*o republicanismo é o princípio político da separação do Poder Executivo do Legislativo, o despotismo é o princípio da execução arbitrária pelo Estado de leis que a si mesmo deu, por conseguinte, a vontade pública é manejada pelo governante como sua vontade privada*"[3687].

Conciliando os direitos fundamentais de Liberdade, Igualdade e a independência, com este instrumento indispensável para a correcta harmonia social e política dos homens em sociedade, facilmente se conclui que "um contrato originário, no qual apenas se pode fundar entre os homens uma constituição civil, por conseguinte, inteiramente legítima, e também uma comunidade"[3688].

No seu conceito ou realidade inteligível, a república é tomada em sentido amplo para designar o tipo racional de Governo em que se pauta o princípio da soberania popular e o princípio representativo. A república e o republicanismo são a única hipótese de salvação para o regime do Estado.

Estabelecendo um paralelo entre o Pensamento de Kant e o de Montesquieu, encontram-se planos de convergência e casos de divergência.

Desde logo, porque Montesquieu não teve nunca o tipo de procurações sistemáticas de Kant nem fundou o seu raciocínio do *Espírito das Leis* em circunstancialismos transcendentais, donde todo o resto do edifício da Liberdade e da separação dos Poderes se ergue.

Ao Autor basta-lhe afirmar que a invasão da esfera de competências do Legislativo pelo Executivo é ilegítima, transmudando-se em despotismo de cada vez que tal inversão se verifique. Por outro lado, se ambos desaprovam o despotismo, fazem-no de modos diversos, uma vez que Montesquieu entende que o despotismo é a negação do Ser humano e Kant defende que, na sua forma mais detestável, o paternalismo, inviabiliza a maioridade institucional dos cidadãos.

Mesmo assim nestes dois casos parece que entre ambos há planos de aproximação, coisa que já não se passa no que respeita à tripartição de Poderes vistos como diversos em Montesquieu e *unos* em Kant: "Il y a, donc, trois pouvoirs différents (*potestas legislatoria, executoria, iudiciaria*), par lesquelles l'État (civitas) à son autonomie, c'est-à-dire se forme et se conserve lui-même d'après des lois de la liberté. C'est dans leur union que réside le salut de l'État (...)"[3689]. Com isto pretende Kant a maior concordância e o acordo entre a Constituição e os princípios do Direito. A divergência entre os dois Autores é aqui flagrante.

Em qualquer caso, mais uma vez parece que a diferença apresentada não é definitiva; ambos são homens das Luzes e ambos liberais. Isso os aproximará mais que todas as eventuais interpretações distintas da questão dos Poderes de Estado.

A livre vontade é o núcleo fundamental do seu Pensamento. Kant procura conciliar Autoridade e Liberdade perfeita ou absoluta; a Liberdade é um conceito essencial-

---

[3687] Idem, *ibidem*, pág. 130.
[3688] Idem, "Isto pode ser correcto em Teoria, mas nada vale na Prática", *A Paz Perpétua e outros Opúsculos*, pág. 82 = [*Teorya y Pratica*, pág. 36].
[3689] Idem, *Doctrine du Droit*, pág. 200.

mente subjectivo; o indivíduo é um fim em si mesmo[3690], o valor subjectivo do homem racional é a ideia dominante através da sua Filosofia.

5.4. Kant revolucionário

Afirmar a jurisdicidade do estado de natureza é colocar o princípio revolucionário "burguês" – e não só – que o Governo é para o indivíduo e não o indivíduo para o Governo, devendo as relações humanas ser organizadas não sob o ponto de vista governativo, mas perante a perspectiva dos governados.

A soberania reside no Povo, a vontade geral é a origem da lei; a lei é justa quando o Povo lhe dá o seu consentimento. A formação da lei constitucional representa um processo de criação do Estado; a expressão da vontade geral origina um Estado que é "para a sociedade", não podendo a sociedade pré-estadual podê-lo ser sem a formação do Estado. A religião que a Razão sufraga é a religião que a moral ensina, na distinção entre Fé histórica ou eclesial e Fé da Razão ou verdadeira Fé religiosa.

Eis como destas afirmações que vêm sido tratadas, Kant conseguiu originar uma das maiores polémicas históricas com os seus compatriotas e alguns estrangeiros, sendo acusado de jacobinismo, e devolvendo a acusação a uma política em que a autonomia, não fosse parcela determinante[3691].

Daí aos inerentes adjectivos pouco abonatórios, foi um passo, a que não faltaram comparações com o Pensamento rousseano em primeira linha.

Sem dúvida que o Autor foi influenciado pela Revolução Francesa[3692] e isso nota--se não apenas no seu escrito de 1797, mas também noutras ocasiões, eventualmente mais "políticos" ou mais propagandeadores da ideia de Liberdade de consciência. Dado irrefutável, é que Kant é neste aspecto como noutros por vezes pouco claro[3693].

[3690] Idem, *Crítica da Faculdade do Juízo*, pág. 293: "(...) de todos os seus fins na natureza, fica somente a condição formal, subjectiva, que é a aptidão de se colocar a si mesmo fins em geral e (independentemente da natureza na determinação que faz dos fins) usar a natureza como meio, de acordo com as máximas do seu fim em geral."

[3691] Viriato Soromenho Marques, *Razão e Progresso em Kant*, págs. 396 e ss. dá conta dessa polémica em cujos contornos não interessa entrar.

[3692] Idem, *História e Política no Pensamento de Kant*, pág. 107, refere que "(...) se o Pensamento kantiano não passou à margem desse acontecimento trágico e fundador que foi a revolução francesa, a radicalidade do Pensamento kantiano não deixaria, por seu turno, de ser confrontada com o modelo da Revolução. Julgo ser a Heinrich Heine que devemos a mais impressiva, além de quase pioneira, comparação entre a revolução teórica provocada pela Kr V e a Revolução Francesa. Assim, se um francês, Robespierre, ousara matar um Rei, um alemão, Kant, fora mais longe e executara o próprio Deus (...)". Com efeito "esse livro – a Kr V – é a espada com a qual o deísmo foi executado na Alemanha." Quanto a André Tosel, pág. 11, escreve que "s'il est une philosophie qui s'est trouvé en correspondance avec les plus grand événement historique des Temps Modernes, la Révolution Française, c'est bien celle de Kant."

[3693] Viriato Soromenho Marques, *Razão e Progresso em Kant*, pág. 457, apresenta alguns contributos que permitem visualizar as dificuldades. Assim segundo escreve, o tipo de posicionamento assumido por Kant "no ensaio sobre as relações entre a teoria e a prática" conduziu a que vários intelectuais alemães – inclusive o próprio editor de Kant, se congratulassem com o facto de por ela se poder "desmentir o boato (...) de que você se teria expressado de modo favorável sobre a, para mim crescentemente repugnante, revolução francesa." Na verdade a contradição era latente entre a negação de qualquer direito de resistência e a aprovação da dita revolução, questão, que desde logo, os maiores opositores de Kant entenderam por bem esgrimir." Com maior ou menor desassombramento, tanto Friedrich Gentz como August W. Rehberg [dois dos maiores burkianos do continente e fidelíssimos ao seu mestre inglês e à sua repulsa pelos sucessos revolucionários

DA HISTÓRIA DA IDEIA DE LIBERDADE (SEQUÊNCIA)

A necessidade de fuga à censura, por um lado, e o seu concreto posicionamento assumido desde a publicação da primeira das *Críticas*, revestem aqui uma importância decisiva. Por isso não se estranhe a existência de afirmações que com facilidade convivem entre si tais como "Para essa mesma sociedade [a sociedade civil] seria contudo ainda certamente necessário, mesmo que os homens fossem suficientemente inteligentes para a encontrar e voluntariamente se submetessem ao seu mando, um todo cosmopolita (...), isto é um sistema de todos os Estados que se arriscam a actuar entre si de forma prejudicial. Na falta de um tal sistema (...) a guerra aparece como algo inevitável", cujo acordo se manifesta evidente com a necessidade do Direito Público.

E, em sintonia com a antecedente, a observação de Kant segundo a qual o mal subjacente à natureza humana[3694] está por detrás de todas as maquinações diabólicas que pretendem subverter a ordem e onde as revoluções e levantamentos estão incluídas: "poderei (...) admitir que, dado o constante progresso do género humano no tocante à cultura enquanto seu fim natural, importa também concebê-lo em progresso, para o melhor, no que respeita ao fim moral do seu ser, e que este progresso foi por vezes interrompido mas jamais cessará".[3695]

Por isso mesmo formula "a esperança de melhores tempos, sem a qual um desejo sério de fazer algo de útil ao bem geral jamais teria aquecido o coração humano, sempre teve influência na actividade dos que rectamente pensam." E assim, "pouco a pouco diminuirá a violência por parte dos poderosos e aumentará a docilidade quanto às leis. Haverá (...) na sociedade mais benefícios e menos rixas nos processos, maior confiança na palavra dada, etc."[3696]

Desde 1784 que Kant batalhava para o engrandecimento do Ser humano ser uma feliz realidade[3697]. Logo no início desta abordagem houve oportunidade de mencionar o seu texto de marca desse ano, a *Resposta à pergunta: Qué é o Iluminismo* onde sintomaticamente era reafirmada a importância do Iluminismo no correcto e cabal desenvolvimento das faculdades cognatícias e culturais[3698]. Agora se retoma esse trabalho para reiterar que Kant entendia ser "perfeitamente possível que um público a si mesmo

---

de 1789 e anos subsequentes] manifestaram o que para eles era uma indesmentível contradição; não se podia simultaneamente apoiar os princípios da Constituição que os revolucionários tinham erigido em França, e, no mesmo acto, tornar a autoridade do Estado imune a qualquer resistência." O mesmo fazia o célebre Christian Garve, a quem Kant dirigira acesa crítica no escrito de 1793, que por sua vez esgrimia "sustentando que a categórica recusa do direito de resistência fazia o fundador da filosofia transcendental repetir 'o antigo princípio do Direito Divino da Autoridade e da *obedientia passiva*."

[3694] Immanuel Kant, *A Religião nos Limites da simples Razão*, págs. 34 e ss.
[3695] Idem, "Isto pode ser correcto em Teoria, mas nada vale na Prática", *A Paz Perpétua e outros Opúsculos*, págs. 96 e 97 = [*Teorya y Pratica*], págs. 53 e 54.
[3696] Idem, *O Conflito das Faculdades*, pág. 109.
[3697] Moses Mendelssohn (1753-1804), "Acerca de la pergunta: A que se llama Ilustrar", *Qué es Ilustración?*, pág. 12: "Pongo siempre el destino del hombre como medida y objetivo de todas nuestras aspiraciones y esfuerzos, como un punto en el que tenemos que fijar nuestras miradas si no queremos perdernos."
[3698] Idem, *ibidem*, pág. 12: "la educación se decompone en cultura e Ilustración. Aquella parece que atañe más a lo práctico (...). La *Ilustración*, por el contrario parece referirse más bien a lo teórico. Al conocimiento racional (objetivo) y habilidad (subjetiva) para reflexionar razonablemente sobre las cuestiones de la vida humana, en consonancia con la importancia e influencia sobre el destino humano. (...) La Ilustración se relaciona con la cultura como la teoría con la praxis, como el conocimiento con la moral, como la crítica con el virtuosismo."

se esclareça. (...), se para tal lhe for dado o uso da Liberdade", porque sempre *"haverá alguns que pensam por si*, mesmo entre os tutores estabelecidos da grande massa que, após terem arrojado de si o jugo da menoridade, *espalharão à sua volta o espírito de uma avaliação racional do próprio valor e da vocação de cada homem para por si mesmo pensar"*[3699].
Como proceder neste sentido?

Kant imediatamente responde: "Por meio de uma revolução poderá talvez levar-se a cabo a queda do despotismo pessoal e da opressão gananciosa ou dominadora, mas nunca uma verdadeira reforma do modo de pensar. *Novos preconceitos, juntamente com os antigos, servirão de rédeas à grande massa destituída do Pensamento"*[3700].

E, sendo certo que desaprova a violência e as desordens, repele o direito de revolução e sustenta que as transformações constitucionais devem ser obra do próprio soberano dentro do curso da legalidade[3701], em simultâneo, aceita e elogia o facto político que faz tombar o despotismo. Paralelamente, nunca poderá enquadrar a renovação das mentalidades senão no plano da reforma, como "meio de responsabilização tanto das Autoridades do estado como dos membros letrados da sociedade"[3702], de que Frederico II seria um excelente exemplo, não fora a sua prática do despotismo.

Kant entende que a Revolução Francesa se constituiu como uma tentativa radical para reconstruir a ordem jurídica e política sob a base de uma verdadeira estrutura organizacional, em ruptura com o mecanismo coactivo próprio do Antigo Regime; 1789 promoveu a organização da Liberdade para e dentro do Direito. Tanto se pode depreender do que escreve em nota a uma observação segundo a qual "a observação da natureza não tem (...) nada de analógico com qualquer causalidade que conheçamos". O exemplo que Kant encontra é, pois, o de que "(...) por ocasião de uma reforma total, recentemente empreendida, de um grande Povo num Estado nos servimos muito apropriadamente e com frequência da palavra organização, para o estabelecimento de magistraturas, etc., e até de todo o corpo estatal".

Na verdade, cada membro deve ser certamente determinado num todo desse tipo, não simplesmente como meio, mas também como fim e, na medida em que colabora na possibilidade do todo, deve ser por sua vez determinado mediante a ideia do todo, segundo o seu lugar e a sua função"[3703]. Neste contexto, a visão do Estado como complexo orgânico, ganha particular ênfase, pese embora não seja questão que importe aqui tratar.

[3699] Immanuel Kant, "Resposta à pergunta: que é o Iluminismo", *A Paz Perpétua e outros Opúsculos*, pág. 12.
[3700] Idem, *ibidem*, pág. 13.
[3701] O problema da Revolução Francesa dividiu os pensadores alemães da Ilustração. Se Kant a apoia, nos termos sabidos e que melhor se desenvolverão e existem outros fiéis partidários da mesma, em sentido oposto o núcleo mais conservador do Iluminismo alemão, reprova por completo um tal evento. É o caso do teólogo protestante Johann Baptist Geich, nascido em 1767 e que propositadamente escreveu "Acerca de la influencia de la Ilustración sobre las Revoluciones", *Qué es Ilustración?* págs. 81-91.
[3702] Viriato Soromenho Marques, *Razão e Progresso em Kant*, pág. 439.
[3703] Immanuel Kant, *Crítica da Faculdade do Juízo*, pág. 293 e nota 2 a pág. 422. Todos os comentadores de Kant concordam que este foi o primeiro grande pronunciamento favorável à Revolução Francesa por parte de Kant. Veja-se André Tosel, pág. 11; Viriato Soromenho Marques, *Razão e Progresso na Filosofia de Kant*, pág. 470; *História e Política no Pensamento de Kant*, pág. 145.

Mesmo em pleno período robespierrano, em que o Terror era a nota de marca da Revolução Francesa, Kant nunca promoveu qualquer condenação da política jacobina[3704], procurando retirar dela tudo o que fosse manifestamente benéfico[3705].

O fim que se deve tentar atingir na senda do progresso regista-se ao nível da melhoria das condições de vida do Ser humano[3706], sendo que os direitos políticos do cidadão, que positivam os seus direitos fundamentais, devem ser alvo de preocupações. Por isso é que "uma sociedade civil organizada em conformidade com ela é a sua representação, segundo leis da Liberdade, mediante um exemplo na experiência (*respublica phaenomenon*) e só pode conseguir-se penosamente após múltiplas hostilidades e guerras"[3707].

O trecho que parece mais expressivo neste contexto, até porque abrange quer a Revolução Francesa propriamente dita, quer o período do Terror que imediatamente se lhe seguiu, consta do *Conflito das Faculdades*[3708] e vale a pena transcrevê-lo não apenas pela sua importância, mas porque não é habitualmente tratado com a incidência que merece.

Assim, "A revolução de um Povo espiritual, que vimos ter lugar nos nossos dias, pode ter êxito ou fracassar; pode estar repleta de miséria e atrocidades de tal modo que um homem bem pensante, se pudesse esperar, empreendendo-a uma segunda vez, levá-la a cabo com êxito, jamais, no entanto, se resolveria a realizar o experi-

---

[3704] Metzger, *Äufserungen über Kant*, apud Manfred Kuehn, pág. 342: "for many years defended with great frankness and fearlessness his principles, which were favorable to The French Revolution, against anyone (including men of the highest offices in the state) – whether he did so during his last years. I do not know. There was a time in Königsberg when everyone who judged mildly, and not even with approval, was called a *Jacobin* and was blacklisted. Kant was not deterred by this to speak at noble tables for the goals of revolution, and they had so much respect for the man that they did not hold his views against him."

[3705] Immanuel Kant, *O Conflito das Faculdades*, págs. 102 e 103, nota: "A murmuração dos súbditos, não por causa do interior do Governo, mas do seu comportamento face ao exterior, caso ele criasse porventura obstáculos às aspirações republicanas, [o Governo prussiano] não é demonstração alguma do descontentamento do Povo contra a sua própria constituição, mas antes do amor por ela, porque ele está tanto mais garantido contra um perigo particular quanto mais os outros Povos criem regimes republicanos. No entanto, sicofantas caluniadores, para se tornarem importantes, tentaram fazer passar este palavrório inocente por paixão das novidades, jacobinismo e agitação que ameaça o Estado; embora não houvesse o mínimo fundamento para tal acusação (...)." Mas não deixou de fazer severas críticas à mesma, sobretudo devido à sua predisposição para o despotismo por via do desrespeito da separação de Poderes e o exercício do Legislativo por um órgão meramente Executivo, conforme deixámos apontado no ponto antecedente. Por outro lado, Kant discorda inteiramente da atitude persecutória à Família Real francesa, que acabou na sua execução, precisamente devido à falta de legitimidade para o seu exercício. Ou seja, e como escreve na *Doctrine du Droit*, págs. 224 e 225, "*Ce fut une grand faute de jugement chez un puissant souverain de notre temps* que d'avoir, afin de se tirer de l'embarras suscité par de grosses dettes publiques, remis au peuple ce fardeau afin qu'il s' en carguât et le partegeât comme il l'entendrait; car le peuple reçut ainsi naturellement non seulement le pouvoir législatif pour lever des impôts sur les sujets, mais aussi par rapport au gouvernement (...)."

[3706] A propósito deste entendimento que Kant explana no *Conflito das Faculdades*, pode ler-se no *Qué es Ilustración*, "Estudio Preliminar" de Agapito Maestre, pág. XLII, ele parece "estar hoy más vivo que en su época, sobre todo si se tiene en cuenta que Autores como Foucault siguen pensando que toda Ilustración es revolución. Todo lo cual haría de este testamento político de Kant una Obra revolucionaria, aunque pienso que éste no es un tema sencillo."

[3707] Immanuel Kant, *O Conflito das Faculdades*, pág. 108.

[3708] Idem, *ibidem*, págs. 102 e 103.

mento com semelhantes custos – esta revolução, afirmo, depara todavia, nos ânimos de todos os espectadores (...), com uma participação nas fronteiras do entusiasmo, e cuja manifestação estava, inclusive, ligada ao perigo (...). A causa moral aqui interveniente é dupla: primeiro, é a do direito de que um Povo não deve ser impedido por outros Poderes de a si proporcionar uma constituição civil, como ela se lhe afigurou boa; em segundo lugar, a do fim (que é ao mesmo tempo dever), de que só é em si legítima e moralmente boa a constituição de um Povo que, por sua natureza, é capaz de evitar quanto a princípios a guerra ofensiva – tal não pode ser nenhuma outra a não ser a Constituição republicana." Neste caso o milenarismo é bom porque aplica os preceitos da Razão prática, tendo em vista o dever que a alma humana reconhece e se projecta numa ideia de humanidade em plena união.

É possível ir mais longe na kantiana consideração da Revolução Francesa e sua legitimidade. Independentemente da sua ilegalidade – cujos traços serão vistos já a seguir – as revoluções podem encontrar uma justificação se elas forem motor expansivo da Liberdade. Por isso as revoluções, ainda que regra geral sejam todas péssimas, podem justificar-se à luz do desenvolvimento de disposições naturais em ordem à Liberdade constituída[3709].

Da conciliação entre o combate ao despotismo e em prol do Estado de Direito e com plena Liberdade de pensamento[3710], com a interpretação do seu entusiasmo pela monarquia representativa, plasma-se a plena absorção dos ideais da Revolução Francesa[3711], mesmo quando certas tomadas de posição parecem fazer de Kant um conservador.

Por outro lado, porque se trata de uma ideia racional, o contrato vale independentemente de qualquer experiência e pode coexistir com situações factícias em que releva a força. Precisamente por isso, existe neste contexto alguma cedência, mesmo um compromisso com o Absolutismo esclarecido reformista[3712], que reconhece como aproximação da ideia no plano da positividade.

[3709] Idem, *ibidem*, pág. 105: "se (...) a meta intentada neste acontecimento não fosse também agora alcançada, se a revolução, ou a reforma, da constituição de um Povo viesse por fim a fracassar ou se, após outorgada por algum tempo, tudo retornasse de novo à senda anterior (como alguns políticos vaticinam), aquela predição filosófica nada perde [a impossibilidade regressão do género humano], apesar de tudo, a sua força. *De facto, tal acontecimento é demasiado grande, demasiado entretecido com o interesse da humanidade e, segundo a sua influência demasiado propalado no mundo em todas as suas partes para, entre os povos, não ter de ser despertado na memória e na repetição dos novos intentos desta índole, em qualquer ocasião de circunstâncias favoráveis.*"

[3710] Viriato Soromenho Marques, *Razão e Progresso em Kant*, pág. 463: "Não pretendo de modo algum, sugerir um interferência por parte desse incidente externo no conteúdo directo do Pensamento do Autor, mas sim mostrar alguns indícios de que a presença de uma autoridade censória e repressiva não deve ter deixado de condicionar o modo de expressão desse Pensamento."

[3711] Idem, *ibidem*, pág. 478: "A Revolução Francesa, exorbitando agora deste significativo confronto de coincidências programáticas, funcionou, igualmente, como um factor de clarificação do conceito central da teoria política kantiana: o ideal da República e de republicanismo."

[3712] Durante o longo reinado de Frederico da Prússia, monarca esclarecido e iluminado e que si próprio gostava de se classificar como "Rei-filósofo" – o que de resto estava em perfeita sintonia com as assumidas tendências afrancesadas do monarca – a situação política e cultural prussiana era propícia ao desenvolvimento das capacidades intelectuais dos eruditos. Uma exacerbada protecção ao Pensamento francês e a criação de uma espécie de delegação francesa na Academia berlinense, cujos corpos directivos eram encimados por franceses completa este ramalhete de suserania cultural francesa voluntariamente aceite por um dos maiores ídolos do pangermanismo dos séculos

DA HISTÓRIA DA IDEIA DE LIBERDADE (SEQUÊNCIA)

Parece que o ponto que aqui deverá ser alvo de avaliação é apenas o que se relaciona com a recusa do direito de resistência e os encómios à Revolução Francesa[3713], cuja correcta compreensão parte da desilusão que a sua Prússia politicamente nele deixara, em conjugação com as invectivas dos seus adversários. A acusação de incongruência e falta de visão histórica por um lado e reaccionaríssimo político, por outro, pareciam ser intransponíveis para um declarado adepto de 1789.

Do facto dos escritos de Rousseau e Kant apresentarem uma enorme proximidade em termos ideológicos[3714], contendo os primeiros um programa de acção para o desenvolvimento da Revolução Francesa e os segundos a consagração dos seus ideais, sobretudo no que aos direitos fundamentais concerne, implicaram a imediata reacção dos detractores germânicos da mesma.

vindouros. Mais: Frederico II era intransigente no repúdio da sua própria língua face à francesa, tornada oficial na Academia prussiana, a que se seguiu um algo inexplicável afastamento compulsivo dos intelectuais germânicos, sendo a primazia toda dada aos franceses. Ora se isto é verdade, importa não esquecer as tendências despóticas do "Grande Frederico", cujo norte foram sempre os interesse do Estado acima de qualquer suspeita, em sintonia com algumas das mais influentes cabeças coroadas da Europa de então, em relação às quais se considerava como mentor, mesmo se, de acordo com as tendências da época, defendia o Contratualismo político, que procurou conciliar com a sua situação de monarca hereditário e déspota esclarecido. Esta dúbia actuação de promotor do desenvolvimento cultural e do reforço dos Poderes estatais foram o mote de todos estes Governos que pretendiam aliar à promoção e inovação mental dos seus súbditos, o Poder inquestionável e unilateralmente assumido. Para completar o quadro, Frederico II era mação, o que por si só certificava o seu posicionamento em presença dos poderes religiosos da época, bem como a forma como encarava a necessidade de alterações nesse domínio no seu próprio país. Veja-se Viriato Soromenho Marques, *Razão e Progresso em Kant*, pág. 423: "Frederico II foi de facto um monarca de viragem histórica, tanto da Europa, como especialmente da Prússia. Foi ele quem consolidou o antigo e insignificante eleitorado prussiano num reino militar e culturalmente poderoso, de onde partiria o esforço maior no sentido de uma Alemanha unificada. Através de quarenta e seis anos de sistemática tolerância, Frederico II conseguiu um substrato cultural e social para as suas conquistas bélicas, preparando a língua alemã para se tornar o grande instrumento da explosão cultural europeia de finais do séc. XVIII e dos inícios do séc. XIX. Mas não foi só a sua conduta de estadista e reflectir o compromisso entre duas épocas. Também o seu comportamento individual acusou as solicitações díspares de um tempo vacilante entre o cosmopolitismo do Antigo Regime e a emergência irreversível, de que Frederico II não deixou de ser um instrumento, dos Estados- -Nação na História europeia."

[3713] Não apenas ele mas também, por exemplo, Johann Benjamin Erhard (1766-1827), "Sobre el derecho del Pueblo a una Revolucion", *Qué es Ilustración?*, págs. 94-99: "Por revolución del pueblo no se puede entender otra cosa que no sea la imposición de éste, mediante la fuerza, de los derechos de emancipación, intentando de este modo la abolición de las relaciones jurídicas entre él y los nobles. El concepto general de revolución que dábamos más arriba se refería al movimiento subversivo de la constitución fundamental del Estado; ahora se determina de modo más preciso a través de aposición del mismo causante de una revolución, pues los cambios de la constitución tienen que emprenderse en favor de los revolucionarios, y una revolución del pueblo."

[3714] Teófilo Braga, *História da Universidade de Coimbra*, III, págs. 67 e 68: "O proprio Kant, dotado de uma abstracção fria, não escapou ao prestígio de Rousseau, comentando-o nas suas lições de 1762 a 1764 sob a impressão recente do *Emilio* e da *Nova Heloisa*. Essa influencia sobre as idéias do grande pensador allemão acha-se por elle definida: 'Houve um tempo em que eu pensava que a sede do saber e a investigação da verdade constituiam a dignidade da especie humana; e *desprezava o Povo, que era ignorante em tudo*. Rousseau tirou-me do meu erro. Vejo quanto esta pretendida superioridade é vã. *Eu aprendi a conhecer o verdadeiro valor do homem, e considerar-me-ia muito mais inutil que os trabalhadores vulgares se não julgasse que a sciencia ensina a conhecer o valor de tudo o mais e a restituir à humanidade os seus direitos'*."

Baseando-se nas *Reflexões sobre a Revolução em França*, vertidas para alemão, procura esta facção contemplar a proximidade de Kant aos sucessos saídos de 1789, justificando a sua incorrecta percepção e manifesto envolvimento, tudo tendente a sedimentar os erróneos princípios revolucionários[3715]. Em bom rigor, o que estes críticos pretendem fazer com Kant[3716] e a sua aproximação aos princípios constitucionais de 1791, é o mesmo que Burke tinha tentado em relação à própria Revolução Francesa e à *Declaração dos Direitos dos Homem e do Cidadão*; num caso brandia-se contra direitos fundamentais inexistentes e abstractos; no outro clamava-se contra o não reconhecimento do papel determinante que viam na tradição.

Forma distinta e muito interessante, mas que não será alvo ponderação em detalhe, por poder facilmente apreendida pelo simples recurso bibliográfico, prende-se com as íntimas e claras conexões entre o Kant jurista e político que numa recensão de fontes se encontra a par e passo com os fundamentos mais lídimos da doutrina saída de 1789, para cuja abordagem neste passo se remete.

Quer no plano dos ideais da Liberdade política vazados na separação social de Poderes, com superioridade do Legislativo, visto como equivalente à soberania e plasmado efectivamente na actividade dos deputados inerentes a qualquer Governo representativo; quer ao nível do enquadramento legal de uma ideia de Igualdade formal em consonância com a censitária independência e correspondentes aos predicados da "égalité" e da "fraternitè" francesas e onde o dedo acusador é apontado sobretudo a Burke; quer, finalmente, no que concerne aos direitos impossíveis de alienação, onde se destaca o direito à Vida – com a concomitante recusa da escravatura – e à Liberdade de pensamento, assim como à abolição de privilégios cuja origem é maioritariamente feudal, em tudo isto e noutros pontos, Kant é revolucionário.

A pergunta que resulta do exposto é intuitiva: como pode alguém ser tão revolucionário e tão conservador em simultâneo? Como se pode aceitar de um Autor com estas características, a recusa de todo e qualquer direito de resistência?

Conjugando os locais dispersos onde o seu Pensamento reside, de novo se encontra respostas. Assim, se a origem do Poder reside no Povo, "pour avoir le droit de juger le pouvoir suprême (*summum imperium*) également, le peuple doit déjà être uni sous une volonté universelle législatrice, il ne peut et ne doit juger autrement qu'en la

---

[3715] Viriato Soromenho Marques, *Razão e Progresso na Filosofia de Kant*, págs. 402 e 403. O Autor apresenta alguns dos argumentos dos adversários de Kant, que balizam a aprovação da Revolução Francesa e contradizem os ensinamentos adquiridos em Burke a que foi feita referência na altura própria. Sinteticamente, "o choque provocado pela grande mutação social iniciada em França conduziria os círculos conservadores, mesmo os mais moderados, a uma resoluta ruptura com a tradição racionalista do iluminismo, de que Kant se afirmava o mais sólido representante", entendendo que uma teoria política fundada em premissas racionais, "tinha uma dimensão subversiva". Como corolário, aquilo a que Soromenho Marques designa, a pág. 402, como uma espécie de "certidão de óbito da teoria política racional", traçada por Rehberg: "O aperfeiçoamento de determinações positivas das Leis Fundamentais da sociedade civil, só pode ser esperado da observação e experiência acerca das necessidades e do comportamento do homem nas relações civis; e a teoria dos princípios deve aqui dar lugar não a práxis cega (que apenas segue simples impulsos naturais e as regras do hábito), mas a teoria a partir da experiência."

[3716] A mesma aproximação aos ideais da Revolução francesa está presente em Moses Mendelssohn (1753-1804), "Acerca de la pergunta: A que se llama Ilustrar", *Qué es Ilustración?*, pág. 13, quando escreve: "Otrosí, el destino del hombre puede ser clasificado así: 1) destino del hombre como hombre; 2) destino del hombre como ciudadano. La posición social y la profesión determinan en la vida burguesa *derechos y deberes* para cada uno de sus miembros (...)."

façon voulue par le souverain actuel de l'État (*summus imperans*). (...) Une loi qui est si sacrée (inviolable), qu'au point de vue pratique la mettre en doute, donc en suspendre l'effet un moment, est déjà un crime, ne peut être représenté comme ayant sa source chez les hommes, mais chez quelque législateur suprême et infaillible et telle est la signification de cette assertion: 'Toute Autorité vient de Dieu', qui n'exprime pas un fondement historique de la constitution civile, mais une Idée comme principe pratique de la raison: on doit obéir au pouvoir législatif actuellement existant, qu'elle qu'en puisse être l'origine"[3717].

Deus como postulado da Razão prática, mera ideia que em nada tira ou põe a necessidade de manter a obediência ao Poder Legislativo, posto segundo a necessidade de uma legislação universal da vontade e que a Liberdade preconiza e manifesta.

Parece, porém, muito mais importante aqui tratar da questão da admissibilidade do direito de resistência em Kant e perceber as observações do Autor em presença da carta endereçada por Federico Guilherme II. Da supracitada resposta resulta ser plausível a condenação no foro interno da atitude do soberano, desde que tal resistência interna não se materialize externamente. É a chamada resistência passiva.

Ao mesmo tempo, demanda a interrogação: que sentido faria na visão kantiana admitir o direito de resistência, na medida em que pela resistência o cidadão poria imediatamente em causa aquilo que para ele é a condição de todo o Direito, isto é, a vontade geral legisladora, um ideal positivamente encarnado? O problema é que com Kant são as Ideias tomam forma, e não a experiência que confere à teoria possibilidade de se desenvolver.

O soberano de Kant é a vontade geral legisladora numa perspectiva funcional, é uma ideia e contra uma ideia que ainda por cima constitui a base de todo um sistema é impossível haver qualquer revolução.

Ligando as considerações tecidas na *Teoria e Prática* a no que respeita à coacção, "segue-se que a constituição civil é uma relação de homens livres que (...) se encontram no entanto sujeitos a leis coercivas: porque a própria Razão assim o quer, e sem dúvida é a Razão que legifera *a priori*"[3718].

Como complemento e sendo o contrato social uma simples ideia da Razão, "obriga todo o legislador a fornecer as suas leis como se elas pudessem emanar da vontade colectiva de um Povo inteiro e a considerar todo o súbdito, enquanto quer ser cidadão, como se ele tivesse assentido pelo sufrágio a semelhante vontade. É esta a pedra de toque de toda a legitimidade da república", situação que se detecta facilmente desde que esteja em causa a defesa de um direito fundamental que não está na disponibilidade de qualquer soberano importunar[3719].

"Daí se segue que toda a oposição ao Poder Legislativo supremo, toda a sedição para transformar em violência o descontentamento dos súbditos, toda a revolta que desemboca na rebelião, é num corpo comum o crime mais grave e mais punível porque arruina o seu próprio fundamento", ainda que o Chefe de Estado tenha violado o pacto social. Em seu entender se isto fosse possível não haveria ninguém competente

---

[3717] Immanuel Kant, *Doctrine du Droit*, pág. 201.
[3718] Idem, "Isto pode ser correcto em Teoria, mas nada vale na Prática", *A Paz Perpétua e outros Opúsculos*, pág. 74 = [*Teorya y Pratica*, pág. 26].
[3719] Idem, *ibidem*, pág. 83 = [*Teorya y Pratica*, pág. 37].

para dirimir o conflito entre súbditos e Chefe de Estado, pelo que tal possibilidade de insurreição é impensável[3720].

E Kant soma todas estas observações e anota que "il ne peut y avoir dans la constitution un article que permettrait à un pouvoir de l'État, au cas où le chef suprême transgresserait la loi constitutionnelle, de lui résister, et par conséquent de lui imposer des bornes. (...) Contre le législateur suprême de l'État il n'y a donc point d'opposition légale du peuple; car un état juridique n'est possible que par son soumission à sa volonté législatrice universelle; il n'y a donc pas non plus un droit de sédition (*seditio*), encore moins un droit de rébellion (*rebellio*), et envers lui comme personne singulière (le monarque) (...)"[3721].

Fazendo uma apreciação global destes trechos e conjugando-a com os manifestados de início, parece viável retirar dois aspectos subliminares. Em primeiro lugar, Kant aceita a revolução desde que ela beneficie a humanidade com maior dose de Liberdade, mas não compreende nem aceita que um qualquer princípio da revolução possa ser erigido como jurídico-político[3722]. Depois, a anarquia proveniente da revolução aproxima perigosamente o estado civil de um novo estado natural por força da ruptura do pacto social, tudo se passando a seguir nos termos bem conhecidos e inerentes a esse estado de natureza.

Pergunta-se: será legítimo continuar a increpar o pensador como um dos maiores conservadores do séc. XVIII, ou haverá algo mais a levar em linha de conta? Parte da resposta já foi dada aquando da observação dos textos constitucionais e das *Declarações de Direitos* do séc. XVIII, para onde se remete. A parcela que falta pode também perceber-se com relativa facilidade atentando aos factores antes enunciados e ao particular Pensamento de Kant, assim como – e aqui segue-se obviamente o presente Autor – "a uma questão de bom senso".

É estranho, pelo menos, que as instituições políticas e a sua consagração em forma de lei mediante as Constituições, possam admitir em si mesmas o gérmen da sua destruição[3723]. Faz muito mais sentido perceber que a Lei Fundamental deve preconizar o comprometimento na defesa dos direitos fundamentais dos indivíduos e a sua consagração universal e programática assistida de posterior regulamentação

---

[3720] Idem, *ibidem*, págs. 85-87 = [*Teorya y Pratica*, págs. 38 e ss.]
[3721] Idem, *Doctrine du Droit*, pág. 202.
[3722] Viriato Soromenho Marques, *Razão e Progresso na Filosofia de Kant*, págs. 488 e 489, apresenta a questão mediante duas curiosas expressões: A resistência configura-se como um objecto extra--jurídico, ou situado nos limites do Poder público. (...) Mas a não aprovação da pretensão da legalidade invocada pelos defensores da resistência não significa para Kant uma resulta dos resultados efectivos produzidos pela sua eclosão. (...) Kant não hesita, levado pelo mesmo critério da unidade do Estado e da exigência de continuidade de uma Autoridade pública capaz de assegurar o cumprimento da lei, em sustentar que toda a rebelião vitoriosa constitui, a partir do momento em que deixa de representar uma fracção do Povo para se tornar um Poder real do Estado, a nova autoridade à qual os cidadãos devem obediência."
[3723] Immanuel Kant, *Doctrine du Droit*, pág. 203: "Le principe du devoir du peuple de supporter un abus, même donné comme insupportable, du pouvoir suprême consiste en ce que sa résistance contre la législation souveraine ne peut jamais être considérée que comme illégale et même comme anéantissant toute la constitution légale. Car pour que l'on soit autorisé à la résistance, il faudrait qu'il existe une loi publique permettant cette résistance du peuple, c'est-à-dire que la législation suprême comprenne en soi une détermination d'après laquelle elle ne serait pas suprême et le peuple comme sujet, serait constitué dans un seul et même jugement comme le souverain de celui auquel il est soumis: ce qui est contradictoire (...).".

ordinária que promover a sua autodestruição, aceitando que, em caso de incumprimento das mesmas os cidadãos se possam considerar autorizados a uma revolução.

Se no tempo de Kant não era possível falar-se em garantia e fiscalização da Constituição como hoje sucede e se aquilo que se pretende salvaguardar é a maior utilização possível da Liberdade que é sua própria legisladora, apenas quando essa Liberdade previsivelmente puder aumentar, se admitem as revoluções, num sistema fortemente contingentado.

Uma vez mais, Kant entende que as alterações devem produzir-se mediante a reforma e não por força da revolução, onde se nota a diferença entre resistência activa e passiva. A activa nunca é possível numa Constituição limitada, a passiva poderá ser exercida mediante a actividade parlamentar que representa o Povo e não acata as exigências do Governo. Agora o que para o Autor não apresenta qualquer dúvida – e com isto estava certamente a pensar na legitimação da Revolução Francesa – é que "quand une révolution a réussi et qu'une nouvelle constitution est fondée, l'illégalité du commencement et de son établissement ne saurait libérer les sujets de l'obligation de se soumettre comme de bons citoyens au nouvel ordre de choses, et ils ne peuvent refuser d'óbeir loyalement à l'autorité qui possède maintenant le pouvoir"[3724].

E, em plena concordância com a visão da natureza e da História que perfilha, o evento que aqui se anuncia é o Direito como entidade da Razão que permite conciliar os cursos da natureza e da Liberdade, "impondo "o fim que visa como inderrogável e "impondo-se" como dado histórico. Por isso mesmo "afirmo que posso predizer ao género humano (...), a consecução deste fim [mediante a evolução de uma constituição de Direito Natural] e, ao mesmo tempo, a sua progressão para o melhor e não mais de todo regressiva. (...). Com efeito, semelhante fenómeno *não mais se esquece na* História da humanidade porque revelou na natureza humana uma disposição e uma faculdade para o melhor, que nenhum político, com a sua subtileza, extrairia do decurso das coisas até agora, e que só a natureza e a Liberdade, reunidas no género humano segundo princípios internos do Direito, podiam prometer, mas, quanto ao tempo, só de modo indeterminado e como acontecimento contingente"[3725].

Com isto Kant resolve um outro problema, qual seja o da qualificação do seu tipo de Liberalismo[3726], que André Tosel caracterizou como ético-política[3727]. Relembrando para esta interpretação a sua ideia de Constituição e a aversão ao despotismo, por distinção entre Estado despótico-paternalista e Estado de Direito, para se sufragar uma tal conclusão.

Contudo, esta não é a única hipótese de entender e, eventualmente, qualificar Kant no plano das grandes correntes ideológicas que ao longo da História se foram colocando. Luís Cabral de Moncada, entende que hoje em dia já não faz sentido qualificar Kant de liberal, na medida em que recenseando integralmente a estrutura

---

[3724] Idem, *ibidem*, pág. 205.
[3725] Idem, *O Conflito das Faculdades*, pág. 105.
[3726] Luís Cabral de Moncada, *Filosofia do Direito e do Estado*, I, págs. 265 e 266: "Na primeira metade do séc. XIX (...), o seu nome figurou sempre no estandarte destas [das ideias liberais], ao lado de Locke, de Montesquieu, de Voltaire e até de Rousseau. A suas opiniões acerca de um estado de natureza, de um contrato social, de uma vontade geral, da Liberdade como único fim do Estado, de certos direitos inalienáveis do indivíduo, e ainda o seu ideal de um Estado representativo, democrático, republicano e de uma sociedade superior dos Estados como garantia de uma 'paz eterna', parecem, à primeira vista, justificar essa interpretação e o bem fundado dessa aliança."
[3727] André Tosel, pág. 71.

mental kantiana desde a fase crítica, não admite a pergunta segundo a qual se investiga se "Kant foi um individualista ou um universalista – se é um liberal, se um totalitário – é, cremos, fazer uma pergunta que está de antemão prejudicada, e utilizar categorias de Pensamento político que dificilmente se lhe aplicam", porque Kant está para além delas, como já Rousseau o estaria. "Seria o mesmo que perguntar, em suma à Razão humana se ela também, bem vistas as coisas, é individualista ou universalista; liberal ou totalitária"[3728].

A inclinação para a primeira interpretação não parece difícil perceber, sobretudo porque não se entra no plano da discussão entre um qualquer "ethos" inerente ao Autor, como se assinala na segunda das opções. Antes importa o aproveitamento prático, real, efectivo, materialmente produtor de efeitos na Vida dos homens, na sua vivência em sociedade, enquanto cidadãos de um Estado monárquico-limitado.

Essa foi a preocupação de Kant, porque apenas nesse Estado o indivíduo pode plenamente activar uma racionalidade e uma Liberdade pela qual tanto batalhou, não ficando submerso no plano da mera Ideia, que sendo determinante não lhe permite passar à prática os seus anseios. Por isso os textos de Kant têm de ser lidos *todos em sintonia*, sob pena de se perder o essencial do seu Pensamento: o progresso, o futuro, uma Liberdade prospectiva em vez de uma Liberdade retrospectiva.

Este é um trabalho – nunca será de mais repeti-lo – em que o Pensamento e as Ideias Políticas ganham especial importância. Por essa via, quer no plano Pensamento político, que ao nível das Ideias Políticas que ele desenterra e constituem o mote essencial da análise, Kant é um Autor do Liberalismo, mesmo atendendo a um conjunto de coordenadas específicas, a que o criticismo dá feição distinta de uma generalidade nem sempre coerente.

Depois de Kant nada será igual. Ele é o filósofo da Liberdade e do Homem.

Kant ensina o estudioso a pensar a argumentação da Liberdade. Como ela se define, apresenta, o que significa, como a pode pôr ao seu serviço e ao serviço da qual a estuda, enquanto Ser pensante. A *Crítica da Razão Prática*, especialmente, mas todos os seus demais trabalhos, orientam a estruturação do Pensamento, a descobrir o que pode para além dos seus limites e o que projecta enquanto realidade única que distingue a racionalidade humana de possíveis concursos e o eleva à categoria superior. O mote será ser seu único dono e senhor numa crença religiosa que não pactua com Revelações a não ser a energia latente quer dele se desprende.

Depois do criticismo nada será igual. Impugnando que a ideia de religião, Direito ou Constituição política dependam de factores históricos ou geográficos inelutáveis, é-lhe pouco simpática a tese de uma realidade social absoluta que enleia as pessoas como seus meios ou instrumentos. Introduzindo em todas estas questões um verdadeiro espírito de Liberdade, uma perfeita convicção do engrandecimento humano pelo uso da Liberdade, estão explicados os contornos do seu entusiasmo pela Revolução Francesa, ele que tão debatido é em matéria de revoluções.

Kant quis preservar uma leitura simultânea e interdependente entre Liberdade, verdade e justiça. E para que o seu combate pela Liberdade não seja infausto e o Povo possa dirigir-se por si mesmo.

[3728] Luís Cabral de Moncada, *Filosofia do Direito e do Estado*, I, págs. 267 e 268.

§ 7º. Importância da Espanha para a difusão do Liberalismo e da Liberdade e seus opositores

1. Apresentação

Diverso é o modo de interpretar a ideia de Liberdade na Penísnsula Ibérica.

Relativamente a Espanha, Gaspar de Jovellanos é um dos primeiros e mais influentes intelectuais que se pauta pela defesa e difusão das ideias liberais. Posto que não haja qualquer dúvida acerca da sua ideologia, merece nota de referência a indicação segundo a qual "bajo la aparente sencillez de su perfil, encierran, vida y Obra, un complejo entrecruzamiento de ideas, una serie de ideas, una serie de contradicciones representativas de la encrucijada que la revolución ideológica del siglo XVIII fue para los españoles cultos y en diferente medida para la humanidad occidental"[3729].

Uma tal contradição era sobretudo de teor histórico e vai na sequência dos "dramas do Iluminismo" já mencionados.

Acima de tudo político e reformador, é dos Autores mais esquecidos nas grandes colectâneas do Pensamento, para já não falar na História das Ideias Políticas. Contudo, não será difícil perceber que para além de se preocupar – como De Real e Claude May – com matérias de cariz prático, não deixa de reflectir um Pensamento bem definido. Tanto mais que para reflectir as suas preocupações, só em articulação com um perfeito conhecimento das doutrinas filosóficas que iam grassando pela Europa.

O Autor é, em sequência, mais um dos membros do vasto grupo de eclécticos Setecentistas[3730], cuja adaptação aos ideais do Liberalismo não podem ser escamoteadas, tanto quanto as suas intervenções nas Cortes de Cádiz permitem sufragá-lo. Além disso, foi considerado o responsável pela introdução em Espanha, em 1800, de uma tradução do *Contrato Social*, facto que de imediato foi aproveitado pelos seus opositores para o denegrirem um pouco mais[3731] e de que resultou inclusive, a instauração de processo. A condenação resultante em prisão foi efectivada em 13 de Março de 1801[3732], embora o que no fundamental se possa dizer é que os argumentos acusatórios efectivos andavam distantes das genuínas intenções dos seus opositores[3733].

[3729] Angel del Rio, "Introducción" à las *Obras Escogidas*, Madrid, 3 volumes, Espasa-Calpe, 1955, I, pág. VIII.
[3730] Idem, *ibidem*, *Obras Escogidas*, III, pág. 92 e ss.: "Oración que pronunció en el Instituto Asturiano, sobre la necesidad de unir el estudio de la literatura al de las ciencias."
[3731] Idem, *ibidem*, I, pág. XCIV: "(...) El primero, causa inicial del proceso, es una delación secreta, llena de encono, donde se traslucen palmariamente los resorte a que obedecía la dura oposición de sus enemigos: 'Entregado con tesón a la varia lectura de los libros de nueva mala doctrina y de esta pésima filosofía del día... , casi se le puede tener por uno de los corifeos o cabezas de partido de esos que llaman novatores", "(...) todo esto unido produce el corazón del hombre un sinnúmero de pasiones que le hacen odioso a la sociedad y abominable a todos, si se exceptúan aquellos a quien ha arrastrado su sistema y opinión." A acusação prossegue, segundo a mesma fonte, apodando Jovellanos de "vano, de soberbio, de despótico, de enemigo de la Iglesia, de haber conspirado contra el trono en su época de ministro; el Instituto es escuela de disolución vicio, libertad, etc."
[3732] Idem, *ibidem*, I, págs. XCVI e ss. Durou até 1808 e teve lugar em Maiorca.
[3733] Provavelmente terá mais a sua repulsa pelo comportamento menos abonatório de Maria Luísa, mãe da futura rainha portuguesa D. Carlota Joaquina, que terá originado este desfecho. A esta tomada de posição durante o tempo em que esteve no ministério real, ter-se-á somado a animosi-

Mas o maior dos teóricos espanhóis deste período, porventura o mais avisado doutrinador do Liberalismo clássico espanhol foi Martinez Marina. É admissível que ele tenha sido uma das grandes fontes do Liberalismo português da primeira época e o seu Pensamento traduz não apenas o ambiente em que os espanhóis viviam no período que antecedeu, e acompanhou a elaboração das Cortes de Cádiz, mas também a génese que esse mesmo Pensamento busca. E, se assim sucede para Espanha, o mesmo acontecerá para Portugal.

2. Direito Natural e História na formulação espanhola

Para Jovellanos o Direito Natural continua a ser de origem divina, porque a racionalidade humana decisória depende da instilação do Criador. Por outro lado, dá-se a rejeição do contrato social tal como fora teorizado pelo Contratualismo absolutista e liberal. Neste aspecto se aproxima de Cabanis, Condillac e outros já estudados, num quadro de eclectismo social, cujos contornos caracterizadores estão delimitados.

Há em Martinez Marina um apelo à ideia de História; o seu tipo de abordagem, comum à Península Ibérica, tem muito mais de veia reformadora pelo decurso dos contributos históricos, que com as ideias milenaristas francesas, a que irá dar algum apoio. Precisamente por isso e porque nele não se podem ver as ideias liberais, sob um ponto de vista de corte radical com o passado, será acertado enquadrá-lo num plano de Liberalismo católico que não descarta antes encomia os contributos do passado e os procura adaptar e adoptar a escolhidos pressupostos que a doutrina política francesa, posterior a 1789, legou e serviu de enfoque genérico ao Liberalismo clássico continental.

É o estudo da História que obriga e justifica a decisão de enquadrar a monarquia absoluta no plano do desrespeito das mais lídimas necessidades do indivíduo[3734] negando-lhe, entre outras coisas, a sua verdadeira Liberdade[3735], que apenas pode existir em monarquias temperadas[3736] e onde a Constituição impõe e marca as limitações do Poder político. E é por recurso aos ensinamentos da História que transparecem as necessidades das reformas, ideia cara a um conjunto de pensadores peninsulares, não assumidamente liberais que por esta época iam fazendo carreira. A diferença entre estes e Martinez Marina, é que ele consegue conjugar História com inovação e busca fontes de diversa e díspar origem para prosseguir o seu intento.

Martinez Marina exclui a antiga possibilidade de incongruência política entre catolicismo e Luzes, pautando-se por uma visão decisivamente constitucional e liberal.

---

dade daquele que ficaria conhecido como "Príncipe da Paz", e a completa ausência de receptividade espanhola aos ventos que fortemente sopravam de França.

[3734] Francisco Martinez Marina, *Teoría de las Cortes ó Grandes Juntas Nacionales de los reynos de Leon y Castilla. Monumentos de su Constitución Política y de la Soberanía del Pueblo*, Madrid, 1813, Edicto I, "Prólogo", pág. XII, aponta os exemplos já conhecidos de Hobbes e Filmer. Nas páginas seguintes desenvolve as linhas de força deste Pensamento absoluto, tal como foi teorizado por parte dos absolutistas, considerando-os como uma espécie de "sonho ou delirio político."

[3735] Idem, *ibidem*, I, "Prólogo", pág. VI: "(...) El despotismo y la tiranía ó el gobierno absoluto que todo es uno, no ha tendido origen natural, es un monstruoso resultado del abuso del justo Poder y de la legítima Autoridad, parto revesado de la injusticia, de la violencia, de la fuerza armada, del engaño, de la seducción, de la perfidia, de la ambición de los que mandan y de la ignorancia y estupidez y abatimiento y superstición de los que obedecen."

[3736] Idem, *ibidem*, I, "Prólogo", pág. X: "La leí de la naturaleza (...) reprueba el despotismo igualmente que la anarquía, y los excesos de la libertad así como los abusos del Poder."

Enquadra a ideia de Liberdade na dupla perspectiva da negação do passado nocivo com a aceitação da tradição benéfica[3737], de inovação por via dos princípios do Liberalismo postos em acção pela Revolução Francesa com a moderação necessária que não confunde a Liberdade com a licença e, por esta via, assume as ideias de evolução por força da História.

A lei natural é divina[3738], e destina-se a "proteger y conservar las prerrogativas naturales del hombre", precedendo a todas as convenções e estabelecimento das sociedades e seguindo um receituário que em certo sentido já era defendido por Montesquieu e que Volney não deixou de subscrever. Todos os Seres[3739] se acham sujeitos a esta lei natural, que regula a ordem universal[3740], e que preceitua "la libertad y independencia de las criaturas racionales, antes por el contrario la guarece y la defiende".

Os planos em que se desdobra esta concepção do Autor não são apenas os que ficaram enunciados no geral e que serão retomados um pouco à frente. Deve assinalar-se que a sua ideia de lei implica um novo afastamento das teses do jusracionalismo europeu sobretudo nas versões que Pufendorf, Thomasius, teorizaram e que Kant recupera de modo enfático.

3. Liberdade de pensamento e convicções religiosas

Um aspecto que passa por ser dos conturbados da vida de Jovellanos é a sua ligação ao jansenismo[3741]. A integridade moral do Autor, muito provavelmente, tê-lo-á conduzido na prossecução de um jansenismo mitigado em Espanha, sabendo-se que tal como em Portugal, os seus ecos foram escassos. A política da oficialidade da ortodoxia josefina e o retrocesso promovido pelo reinado de D. Maria I em matérias religiosas, a isso conduziram.

Não aceita a Liberdade absoluta de imprensa nem, tão pouco, o sufrágio universal. "Nadie más inclinado a restaurar, y afirmar, y mejorar, nadie más tímido en alterar y renovar... desconfió mucho de las teorías políticas, y más de las abstractas. Creo que cada nación tiene su carácter; que este es el resultado de sus antiguas instituciones; que si con ellas se altera, con ellas se repara, que otros tiempos no piden precisamente otras instituciones, sino una modificación de las antiguas; que lo que importa es perfeccionar la educación y mejorar la instrucción pública (...)".

Pronunciava-se pela Liberdade de imprensa num sentido moderado: nem a inexistência de Liberdade de imprensa nem a sua absoluta implantação. No plano da reforma educativa, foi ao ponto de redigir em 1809 umas *Bases para la formación de un plan general de Instrucción pública*, tendendo a conciliar a pureza da defesa da religião com a secularização do ensino, combinando a teoria com a prática.

[3737] Idem, *ibidem*, I, "Prólogo", pág. VII: "Dios quiso también ser legislador de los hombres, no para oprimirlos sino para asegurar su vida, sus derechos, sus preeminencias y su libertad."
[3738] Idem, *ibidem*, I, "Prólogo", pág. X: "La leí de naturaleza, que es la voluntad misma del Criador (...)."
[3739] Idem, *ibidem*, "Prólogo", pág. VII: "Delante de esta leí así como el acatamiento de su divino Autor todos los hombres son iguales, todos hermanos y miembros de la gran familia de que Dios es el común padre. Ninguno está autorizado para romper los lazos de esta fraternidad ni para obrar contra los intereses y derechos de sus miembros. Ninguno puede alegar justo título para dar leys ni para dominar á sus hermanos."
[3740] Idem, *ibidem*, I, "Prólogo", pág. VII: "Leí eterna, inmutable, fuente de toda justicia, modelo de todas las leyes, base sobre que estriban los derechos del hombre, y sin la cual sería imposible que hubiese enlace, orden ni concierto entre los seres inteligentes."
[3741] Angel del Rio, "Introducción" à las *Obras Escogidas*, I, págs. LXXX e ss.

Martinez Marina é um escritor católico[3742], algo que portugueses e espanhóis teriam sempre muito bem presente por mais liberais e abertos que fossem às mudanças institucionais. Todo o tipo de considerações a propósito da religião natural ou a respeito de quaisquer possibilidades de deísmo ou teísmo são alvo de desconfiança no discurso destes Autores[3743].

4. Poder político e Liberdade

O Liberalismo de Jovellanos é posto à prova quando, quase em simultâneo com a sua saída do cárcere, a França invade a Espanha em 1808. No meio das facções que se apresentavam, de um lado afrancesados, do outro patriotas tradicionalistas, tal como em Portugal acontecia por esse período, o Autor teve oportunidade de dar largas à sua veia doutrinária, no plano da teorização da ideia de Liberdade.

Aquando da elaboração da *Memoria en que se rebaten las calumnias divulgadas contra los individuos de la Junta Central del Reino y se da razón de la conducta y opiniones del Autor desde que recobró su libertad*[3744], o Autor reafirma esta ideia e defende aquela entidade. Não restam dúvidas sobre a sua posição; se toda a sua vida havia sido um patriota, podendo mesmo considerar-se simpatizante das ideias liberais, como havia agora delas abdicar tendo, pela sua defesa, estado preso perto de dez anos?[3745]

A partir daqui o percurso político do Autor é mais conhecido. Acompanhado por outros na habitualmente designada como "tristemente célebre Junta Central", via-se rodeado de homens conservadores como Floridablanca, ao lado de revolucionários

---

[3742] Francisco Martinez Marina, *Teoría de las Cortes ó Grandes Juntas Nacionales de los Reynos de Leon y Castilla. Monumentos de su Constitución Política y de la Soberanía del Pueblo*, I, "Prólogo", pág. VI: "De Dios nació la verdad, el orden, la justicia y la libertad: la libertad, madre de virtudes, estímulo de industria y de aplicación, fuente de riquezas, germen de luces y sabiduría, plantel de grandes hombres, principio de la gloria, prosperidad y eterna duración de los imperios."

[3743] Não obsta o facto de ser teólogo. Veja-se Menéndez Pidal, *Historia de España*, direcção de José Maria Jover Zamora, "La Época del Romanticismo (1808-1874), tomo XXXV, volume I, 2ª Edición, Madrid, Espasa-Calpe, S. A., 1989, págs. 548 e 549: "Es el personaje más representativo de la amplia corriente moderada que discurre des las Cortes de Cádiz, deseosa de 'restaurar' la tradición española interrumpida por el Absolutismo. En su condición de historiador e intelectual de primera fila (...) establece los fundamentos teóricos de esa actitud." E se em Portugal D. José e Pombal se responsabilizaram pelo incremento do regalismo e a expulsão dos jesuítas, em Espanha a tarefa coube aos Bourbons, aos netos de Luís XIV, e Martinez Marina nada tinha de António Pereira de Figueiredo e certamente pouco se relacionaria com Mello Freire.

[3744] Gaspar de Jovellanos, "Fragmentos", *Obras Escogidas*, II, pág. 185: "Porque sendo constante que los hombres no obran sin que alguns impulso dela ser proporcionado a la grandeza de las acciones que produce, a nuestros enemigos toca señalar cuál pudo ser el que, sacándonos de la senda del honor y virtud, nos despeñó en tanta vileza y depravación. Sentimientos de odio y de amor, de temor o de interés, suelen mover poderosamente las acciones humanas. Y bien, cuál de éstos pudo movernos a ser traidores a nuestro rey y a nuestra patria? Sería el odio a un rey tan virtuoso y tan desgraciado, o a una patria tan generosa y tan afligida? A un rey que libraba en nosotros la esperanza de recobrar su libertad y su trono, o a una patria que nos había confiado el rescate de su rey y la defensa de su libertad?"

[3745] Angel del Rio, "Introducción" à las *Obras Escogidas*, I, pág. CVII: "España no lidia por los Borbones ni por Fernando; lidia por sus propios derechos, derechos originales, sagrados, imprescriptibles, superiores e independientes de toda la familia o dinastía. España lidia por su religión, por su Constitución, por sus leyes, sus costumbres, sus usos; en una palabra: por su libertad, que es la hipoteca de tantos y tan sagrados derechos. España juró reconocer a Fernando de Borbón; España le reconoce y reconocerá por su rey mientras respire; pero si la fuerza le detiene, o si la priva de su príncipe, no sabrá buscar otro que la gobierne?"

como Quintana, Agustin Argüelles e outros, depois futuros legisladores de Cádiz. Mas para Jovellanos havia três metas a atingir: estabelecimentos de Cortes[3746], Liberdade de imprensa bem regulada[3747] e modernização da educação espanhola.

No primeiro caso, era adepto do bicameralismo[3748], à inglesa, procurando conjugar os privilégios tradicionais de nobreza e clero, com a eleição dos deputados do Povo. Uma Câmara Alta e uma Câmara Baixa que conciliassem as duas tendências em confronto. Das suas *Cartas* é possível detectar a convicção de que as Cortes deviam ser convocadas para nobreza e clero, de um lado, e para o Povo, de outro. Quer dizer, por estados, à maneira tradicional espanhola e portuguesa.

A fisionomia da nova Constituição deveria recolher o espírito da tradição espanhola, eliminando apenas as leis desajustadas ao tempo e substituindo as leis antigas por novas que recolhessem o aplauso dos novos tempos. Mas deixando intocável o espírito da memória nacional[3749] e descartando qualquer espírito revolucionário à moda de França[3750], caminho de que a Junta Central não poderia[3751] nem deveria desviar-se.

Jovellanos não aceitará mais a ideia de soberania nacional directa ou imediata, sem mais[3752]. A soberania é do Rei e não das Cortes, devendo aquele ser limitado nas suas

---

[3746] Gaspar de Jovellanos, "Apéndice – Consulta sobre la convocación de las Cortes por Estamentos", *Obras Escogidas*, II, pág. 209: "(...) la única y mejor garantía que tiene la nación española contra las irrupciones del Poder arbitrario reside en el derecho de se ser llamada a Cortes para proponer a sus reyes lo que crea conveniente al pro comunal o examinar lo que ellos trataran de establecer con el motivo o pretexto de tan saludable objeto." Nas páginas seguintes justifica a necessidade de Cortes, muito embora em Espanha sempre delas tenha havido tradição; o contexto presente é que é diverso.

[3747] Quanto à Liberdade de imprensa viu-se já os termos em que a entendia.

[3748] Gaspar de Jovellanos, "Apéndice – Consulta sobre la convocación de las Cortes por Estamentos", *Obras Escogidas*, II, págs. 217 e ss.

[3749] Idem, *ibidem*, II, pág. 214.

[3750] *O Correio Braziliense ou Armazém Litterario*, Londres, 1808-1822, periódico da responsabilidade de Hipólito da Costa, repoprta-se a esta situação no seu volume IV, 1810, nº 23, pág. 377, reproduzindo um texto de Jovellanos: "nenhum Povo, qualquer que seja a sua Constituição, tem o direito ordinario de insurreição. Dar-lho, seria destruir os laços de obediencia á authoridade suprema, por ella estabelecida, e sem a qual a sociedade não teria garantida nem a segurança nem a constituição. Os francezes, no delirio dos seus principios politicos, deram ao Povo este direito em uma nova Constituição, que se fez em poucos dias, se conteve em poucas folhas, e durou mil poucos meses. Mas isto foi somente para entreter, em quanto o cutello do terror passava rapidamente pelas cabeças altas, e baixas daquella desgraçada nação. Porém, todo o Povo que se acha repentinamente atacado por um inimigo exterior; que sente o perigo iminente da sociedade em que he membro, e que reconhece estarem sujeitos e escravos os administradores da authoridade, que devia regello, e defendello, entra naturalmente na necessidade de defender-se, e por consequencia adquire Direitos extraordinarios, e legitimos de insurreição."

[3751] *Ibidem*, IV, 1810, nº 23, pág. 377, reproduzindo um texto de Jovellanos: "A Juncta Central [tal como as Provinciaes] não foi erigida para alterar a Constituição do reyno, nem para derogar as suas leis fundamentaes, nem para alterar a jierachia civil, militar ou economica do reyno. (...) Segue-se igualmente, que a Juncta Central não tem em si o Poder Legislativo, nem o judicial da soberania, tem somente o exercicio das suas funcções, nos negocios relativos aos seu objecto e conformes á Constituição (...)."

[3752] *O Investigador Portuguez em Inglaterra*, VI, Maio de 1813, págs. 297 e ss., reproduzindo um texto de Jovellanos: "O encanto da popularidade he irresistivel. Ella tem extraviado os individuos mais habeis destas Cortes, e ella seduzirá os melhores, que se aprezentem nas Cortes vindoiras, huma vez que se não consiga dezenganar a Nação á cerca dos falsos principios que se tem tomado por base dessa Constituição de que vanmente espera tantos bens. A carreira da popularidade nos Congressos Legislativos he semelhante, (diz Mr. Burke que nunca será demaziadamente citado nestas materias)

decisões por uma divisão harmónica dos Poderes³⁷⁵³. Os avisos primariamente feitos à Junta Central são depois repetidos sob enfoque diverso no que respeita às Cortes, ponto dos mais delicados na sua análise.

Ciente do escândalo da sua opinião em fase das decisões antes tomadas pelas Cortes de Cádiz, em que a soberania aparece com contornos opostos aos que derivam da sua definição, ao Autor caberá explicar-se.

No primeiro caso, a soberania pertence exclusivamente ao Rei e ninguém a pode questionar³⁷⁵⁴ mas, "Si por *soberanía* se entiende aquel Poder absoluto, independiente y supremo, que reside en toda asociación de hombres, o sea de padres de familia (pues que de la Autoridad patriarcal parece derivada de la naturaleza), cuando se reúnen para vivir y conservarse en sociedad, es una verdad infalible que esta *soberanía* pertenece originariamente a toda a asociación. Porque habiendo el hombre de su Criador el Poder de dirigir libre e independientemente sus acciones, es claro que no puede dejar de existir en la asociación de algunos o muchos hombres el Poder que existe en todos y cada uno de los asociados. (...) Otro tanto se podría decir de la *soberanía* política, si por tal se entiende aquel Poder independiente y supremo de dirigir la acción común que una asociación de hombres establece al constituirse en sociedad civil; porque desde entonces la soberanía ya no reside propiamente en los miembros de la comunidad, sino en aquél o aquellos agentes que hubiere señalado la Constitución para el ejercicio de aquel Poder, y en la forma que hubiere prescrito para su ejercicio."

A origem do Poder é humana, resultando de convenções que implicam um pacto de Poder entre Povo e detentor da soberania, que esgota os atributos do primeiro no exercício do Poder no momento da celebração do pacto. No fundo o que Jovellanos defende – se bem que nem sempre resulte clara a sua exposição – nem sequer difere

---

a hum leilão, em que sempre he preferido o que mais lança. Em quanto o Povo se não desengana, os homens, que podem ser mais uteis, costumão converter-se em instrumentos de sua destruição, sem o pensar. (...) Em minha opinião, se o Povo Hespanhol quer ser verdadeiramente livre, se quer melhorar a sua condição, e lançar os fundamentos da sua felicidade futura he preciso que a parte sensata da nação se empenhe em estabelecer, e estender a opinião de que se não merece o título de patriota, nem de defensor dos direitos do Povo, atacando a huma Classe do Estado, para comprazer a outra, e muito menos lançando por terra a Authoridade real, sobre que a Monarquia Hespanhola está fundada; *que he um delirio dizer ao Povo que he soberano, e Senhor de si mesmo; porque o Povo não pode tirar bem algum deste, nem d'outros principios abstractos, que jamais são applicaveis na pratica: e porque na intelligencia commum, se oppoem á subordinação que he a essencia de toda a Sociedade humana. A Nação deve persuadir-se que há muito, muito a desfazer na Constituição que tão imprudentemente fizerão abraçar como invariável, sem dar tempo nem á meditação, nem a experiencia.*

³⁷⁵³ Gaspar de Jovellanos, "Apêndice – Consulta sobre la convocación de las Cortes por Estamentos", *Obras Escogidas*, II, pág. 206: "Haciendo, pues, mi profesión de fe política, diré que, según el derecho público de España, la plenitud de la soberanía reside en el monarca, y que ninguna parte ni porción de ella existe ni puede existir en otra persona o cuerpo fuera de ella. Que, por consiguiente, es una herejía política decir que una nación cuya Constitución es completamente monárquica es soberana o atribuirle las funciones de la soberanía; y como esta sea, por su naturaleza, indivisible, se sigue también que el soberano mismo no puede despojarse ni puede ser privado de ninguna parte de ella en favor de otro ni de la nación misma."

³⁷⁵⁴ Idem, *ibidem*, II, "Nota Primera al Apêndice", págs. 229 e ss.

muito da posição de Burlamaqui ou Vattel, que teorizaram em pleno Absolutismo esclarecido[3755].

Ele mesmo considera que é possível afirmar que a soberania é da Nação – como faz Vattel – que entregou o mesmo a certo indivíduo ou indivíduos, ficando a Nação virtualmente sua proprietária e idêntica seria a conclusão se os constituintes tivessem decidido entregar o Poder Executivo a certa pessoa para que activasse na prática.

A Nação era o soberano e nela residiria somente a soberania[3756]; o problema era que isto na prática nunca acontecia e era perfeitamente inútil querer convencer a Nação de uma tal inerência, promovendo a licença popular. Ou seja, de novo o receio dos princípios políticos de 1789.

Num caso, "soberania" usa-se para designar a actividade exercida por certas pessoas ou pessoas, o "soberano". Este tem características históricas que lhe são inerentes pela sua categoria e das quais ninguém participa, nomeadamente porque ele se considera o condutor da Nação, um pai dos seus súbditos, com uma dignidade que ninguém lhe pode retirar. A "soberania", neste sentido e enquanto exercício, apenas reside no Rei e nunca na Nação.

Em sentido diverso, a "soberania" pertence à Nação, enquanto única entidade capaz de pacticiamente entre si originar relações jurídicas e políticas entre os indivíduos[3757] e porque nela "queda virtualmente existente"[3758].

Assim, ninguém lhe pode disputar estas atribuições, que entrega parcelarmente a outrem para que as active e exercite, mas ressalvando sempre o seu direito, garantido por Leis Fundamentais, de a recuperar por incumprimento contratual pelo monarca.

[3755] Talvez se possa recuar um pouco mais e dizer que Jovellanos procura conciliar a própria tradição Escolástica com os ensinamentos de Grócio, que Pufendorf reverteu e depois foram trabalhadas pelos demais jusracionalistas. Neste sentido, Simone Goyard-Fabre, *Philosophie Politique (XVI-XX ème Siécles)*, pág. 188: "(...) Pufendorf, comme Grotius, divise la souveraineté 'dans son objet' mais non 'dans son principe'. Les droits de majesté, comme disaient les auteurs scolastiques, sont ceux de légiférer, de contraindre et de punir, de déclarer la guerre, de conclure des alliances et de faire la paix, d'établir des magistrats subalternes, d'examiner les doctrines qui s'enseignent en l'Etat. Mais l'expression de la souveraineté n'est pas la 'forme' de la souveraineté: en son être, la souveraineté ne peut être divisée sans être niée. Les 'parties de la souveraineté ont naturellement une liaison si indissoluble que, dans une forme de gouvernement régulière, elles doivent être toutes en général et chacune en particulier entre les mains d'une seule Personne ou d'une semble Assemblée. Car, si le Souverain manque absolument de quelqu'une de ces parties, ce n'est qu'une Souveraineté Imparfaite et incapable de procurer tous les secours nécessaires pour le but des sociétés civiles'."

[3756] Gaspar de Jovellanos, "Nota Primera al Apêndice", II, págs. 231 e 232: "Pero si una nación, al constituirse en sociedad, abdicase para siempre el Poder de dirigir la acción común, y le confiriese a una o pocas personas determinadas, y si de tal manera se desprendiese de él, que su traslación sucesiva de unas en otras se hiciese por derecho hereditario, o en otra forma cualquiera independiente de la voluntad general, entonces ya no podría decirse, ni en el sentido natural ni según el lenguaje de la política, que la soberanía quedaba existente en la nación." Por conseguinte, o Autor entende que se trata mais de uma questão de palavras que outra coisa, sendo certo que se convencionou designar por soberano não quem detém o supremo Poder Legislativo mas que executa as leis."El Poder Legislativo declara y estatuye, pero el ejecutivo ordena y manda, y cuando manda por estabelecimiento perpetuo y a nombre proprio, como en el caso de voy hablando, el es el que dirige soberanamente la acción común, por más que la dirija conforme a las leys."

[3757] Idem, *ibidem*, "Nota Primera al Apêndice", pág. 231.

[3758] Idem, *ibidem*, II, pág. 231.

O remédio que aponta é substituir, neste último caso, a "soberania" por "supremacia", ficando ciente que o Poder do "soberano" é inferior ao do "superior"[3759].

Resumindo: a questão prende-se com a utilização de um mesmo termo para designar duas realidades diversas.

Em qualquer caso, a medida de influência e do papel das Cortes para Jovallenos, ainda quando admite a soberania nacional, encontra-se reduzida em presença das atribuições das mesmas. Mais parece plasmar-se um Autor que sufraga a existência das Cortes tradicionais[3760] – assim se confirmando a anterior interpretação quanto aos seus Poderes – que a uma Assembleia magna investida de Poderes soberanos, enquanto representante da Nação[3761].

Contudo, basta reflectir nas anteriores posições que assumiu em relação ao debate acerca da soberania para se perceber que não existe incongruência; antes muita relutância da parte do Autor em assumir que não se pode começar por ser partidário da soberania nacional e, passado um tempo, em função de novo enquadramento territorial – estada em Inglaterra – mudar de posição.

Jovellanos chama-lhe "erro em que caiu" no posicionamento primitivo em Cádiz; talvez seja mais conforme enquadrar o problema como reformulação de Pensamento no plano das Ideias Políticas, que encontrou necessidade em se retractar[3762], face à sua consciência e aos seus compatriotas, uma vez que pensava que isso poderia marcá-lo em definitivo não fora a tomada de posição que encetou.

Parece completamente desfasado da realidade, segundo Jovellanos, "entrar derogando todas las antiguas formas, aboliendo los antiguos privilegios, y menospreciando y violando los decretos más ciertos y bien establecidos, para formar una representación enteramente nueva, fuera usurpar un Poder que sólo tiene la nación misma, fuera prevenir su juicio acerca del mayor objeto de su interés y de su deliberación"[3763]. Daí a manutenção do chamamento por estamentos, sendo certo que os mesmos deveriam reunir em conjunto e não em separado[3764].

[3759] Idem, *ibidem*, II, págs. 238 e ss. discute os limites da soberania nacional ou supremacia.

[3760] Idem, "Apéndice – Consulta sobre la convocación de las.Cortes por Estamentos", *Obras Escogidas*, II, pág. 216: "(...) que a estas Cortes serán llamados los diputados del clero y la nobleza en representación de sus estamentos, así como los procuradores de las ciudades para la de sus consejos; que en la primera junta del reino se guardará, en cuanto sea compatible con las circunstancias actuales, la costumbre antigua, entretanto que se medita y propone a las mismas Cortes un mejor arreglo de la representación nacional (...)."

[3761] Idem, *ibidem*, II, págs. 208 e 209: "(...) la única y mejor garantía que tiene la nación española contra las irrupciones del Poder arbitrario reside en el derecho de ser llamada a Cortes para proponer a los reyes lo que crea conveniente al pro comunal o examinar lo que ellos trataren de establecer con el motivo o pretexto de tan saludable objeto."

[3762] *O Investigador Portuguez em Inglaterra*, VI, Maio de 1813, pág. 309: "Tenho cumprido, com huma obrigação, que, tempo há, pezava sobre mim: tenho declarado ao Publico a variação que minhas opinioens tem tido, e tenho manifestado as cauzas que me induziram em erro, a fim de meu exemplo possa servir para que os outros evitem enganar-se com ellas."

[3763] Gaspar de Jovellanos, "Apéndice – Exposición sobre la Organización de las Cortes", *Obras Escogidas*, II, pág. 218.

[3764] Idem, *ibidem*, II, pág. 223.

A existência de Leis Fundamentais é o freio ideal do Poder Executivo[3765]; a Constituição[3766] é o lugar indicado para elas constarem. Se a Nação tem a obrigação de reconhecer perpetuamente os direitos daquele monarca, detém o direito de se certificar que age dentro dos limites marcados pelas Leis Fundamentais[3767]. Em último caso e quando o soberano não cumprir com as suas obrigações, poderá romper com o pacto, recuperando os seus primitivos direitos[3768].

O direito de resistência é, pois, assumido, em termos algo semelhantes aos que a Escolástica já teorizara, exceptuando o ponto de partida fundamental que divergia: num caso de origem divina e no outro humana.

Não descurando confrontar os seus críticos com a actividade meritória exercida pelas Juntas Locais em sintonia com a Junta Central de Espanha e a Regência entende--as como marcos na defesa da Liberdade e independência espanholas[3769]. Contudo,

---

[3765] Idem, "Apéndice – Consulta sobre la convocación de las Cortes por Estamentos", *Obras Escogidas*, II, pág. 207: "(...) el Poder de los soberanos de España, aunque amplio y cumplido en todos los atributos y regalías de la soberanía, no es absoluto, sino limitado por las leyes en su ejercicio, y allí donde ellas le señalan un limite empiezan, por decirlo así, los derechos los derechos de la nación. Se puede decir sin reparo que nuestros soberanos no son absolutos en el ejercicio del Poder ejecutivo, pues aunque las leyes se le atribuyen en la mayor amplitud, todavía dan a la nación el derecho de representar contra sus abusos, y que de esto derecho haya usado muchas veces se ve claramente en nuestras Cortes, (...)." E o mesmo se pode dizer do Poder Legislativo e judicial.

[3766] Idem, *ibidem*, "Notas al Apéndice", II, págs. 230 e 231: "(...) ninguna nación constituida en sociedad civil se podrá decir con rigurosa propiedad que es soberana, porque no se puede concebir una Constitución en que el Poder independiente de dirigir la acción común haya quedado en la misma asociación tal como estaba en ella antes de constituirse. Aun en la más libre democracia este Poder soberano no reside propiamente en los ciudadanos, ni cuando dispersos y dados a sus privadas ocupaciones, ni cuando reunidos accidentalmente, o de propósito, para su defensa, para sus ritos e para sus espectáculos y diversiones (...)."

[3767] Idem, *ibidem*, II, pág. 239: "(...) supuesta la existencia de esta Constitución, y su fiel observancia por las Autoridades establecidas en ella, ni la sana razón ni la sana política permiten extender más allá los limites de la supremacía, o llámese soberanía nacional, ni menos atribuirle el derecho de altera la forma y esencia de la Constitución recibida, y destruirla para formar otra nueva; porque fuera ésta otra cosa que darle el derecho de anular por su parte un pacto por ninguna otra quebrantado, y de cortar sin razón y sin causa los vínculos de la unión nacional? Y si tal se creen los juramentos, qué firmeza en las leyes, ni qué estabilidad en el estado y costumbres de las naciones, ni qué seguridad, qué garantía tendría una Constitución que sancionada, aceptada y jurada hoy, pudiese ser desechada y destruida mañana por los mismos que la habían aceptado y jurado?"

[3768] Idem, *ibidem*, II, pág. 238: "En efecto, cuando una nación señala límites e impone condiciones al ejercicio de los Poderes establece, como podrá creerse que, reservándose el Poder necesario para hacerlos observar y cumplir, no se reservó el de establecer cuanto la ilustración y la experiencia le hiciesen mirar como indispensable para la preservación de los derechos reservados en el pacto? Ni, como, que pudo proponerse el fin sin proponerse los medios de conseguirle? Podrá, por tanto, la Autoridad encargada de velar sobre el mantenimiento del pacto, esto es, el Poder Legislativo, expresando la voluntad general, explicar y declara sus términos y asegurar su observancia por medio de sabias leyes y convenientes instituciones. En una palabra, podrá hacer una reforma constitucional tal y tan cumplida cual crea convenir al estado político de la nación y a su futura prosperidad."

[3769] Idem, "Apéndice – Consulta sobre la convocación de las Cortes por Estamentos", *Obras Escogidas*, II, pág. 201: "Calumniaran a la Junta central porque, a medida que crecían tus peligros, crecían también su constancia y su celo y se redoblaban su ardor y sus esfuerzos en defensa tuya. Calumnian hoy a la Suprema Regencia porque, imitando la constancia de sus antecesores, resiste con igual celo y ardor los ataques terribles de tus enemigos, y calumniarán mañana, yo lo pronostico, sin reparo a los ilustres ciudadanos que van a reunirse en tu nombre, porque consagraran todo su celo y tareas a tu libertad, tu independencia y tu gloria."

essa soberania detida pelas Juntas não lhes é própria porque a sua devolução é tida ao Poder régis; daí todas as turbulências de um Pensamento que de tão flutuante, confunde o intérprete, como não terá deixado de causar perplexidades a Jovellanos.

Daqui também se depreende outro aspecto fundamental: é um histórico[3770], à maneira de Burke[3771] e seus corifeus alemães. Entende, pois, que o gradualismo nas modificações ultrapassa em vantagens os cortes abruptos. Trata-se Autor que, com assento nas nossas Constituintes, alinharia ao lado dos moderados, sendo previsível o seu constante impugno pela ala do Vintismo mais radical.

Precisamente por isso defendeu nas Cortes de Cádiz não se deveria proceder à elaboração de uma nova Constituição, antes reformar a Constituição histórica espanhola[3772]. Não foi esta a posição que vingou e também por aqui se pode estabelecer uma linha de continuidade[3773] que parte do Consensualismo espanhol[3774], entroncando no moderantismo inglês e não se adapta aos princípios abstractos e individualísticos de 1789.

[3770] Brian R. Hamnett, *La política española en una época revolucionaria, 1790-1820*, tradução castelhana, México. FCE, 1985, pág. 69 e 70, reportando-se ao seu ponto de vista no plano da criação das novas estruturas institucionais espanholas saídas das lutas com a França em princípios do séc. XIX e concomitante afastamento de Fernando VII, aponta algumas ideias interessantes. Jovellanos entenderia que "el modelo inglés suministraba buen un ejemplo de legislatura bicameral. Al compartir la preocupación por la inmediata formación de una Autoridad central, Jovellanos se oponía al regionalismo implícito en las pretensiones de las juntas provinciales. A fin de reconstruir el Estado unitario que se había esforzado por establecer como ministro de la monarquía absoluta, Jovellanos presionaba para que se establecieran Cortes nacionales en el centro de la vida política. Veía esto como una garantía no sólo de la superveniencia de la estructura centralista de los Borbones, sino como el medio de impedir la recurrencia del Absolutismo ministerial que, en su opinión, había destruido el equilibrio de la constitución." Será possível aproximar a fisionomia política de Jovellanos de um Francisco Trigoso de Aragão Morato ou de um Silvestre Pinheiro Ferreira, talvez em certa medida, de um abade de Medrões. Mas nunca de um Manuel Fernandes Tomás ou de um Manuel Borges Carneiro. As semelhanças entre Espanha e Portugal neste período são tantas e tão flagrantes, que valerá a pena em ponto seguinte gastar algum tempo nessa aproximação.
[3771] *O Investigador Portuguez em Inglaterra*, VI, Maio de 1813, págs. 309 e ss., transcreve Burke na parte relativa aos direitos do homem – aos verdadeiros – e escreve, nomeadamente, que "os Governos não se formam em virtude de direitos naturaes, que podem existir, e existem com total independencia delles: direitos que existem com mais clareza, e perfeição em abstracto; mas cuja perfeição abstracta he seu defeito pratico. Dando direito a tudo não proporcionão o gozo de nada."
[3772] Gaspar de Jovellanos, "Nota Primera al Apéndice", II, pág. 239: "He aquí por qué en mi voto sobre las Cortes desaprobé el deseo de aquellos que clamoreaban por una nueva Constitución, y he aquí por qué en la exposición que hice de mis principios en la Segunda parte de esta *memoria* indiqué que el celo de los representantes de la nación debía reducirse a hacer una buena reforma constitucional. Ni creo yo sea otro el espíritu de los sabios decretos que se refieren a la Constitución del reino."
[3773] Idem, "Apéndice – Consulta sobre la convocación de las Cortes por Estamentos", *Obras Escogidas*, II, pág. 209: "El derecho de la nación española a ser consultada en Cortes nació, por decirlo así, con la monarquía (...)."
[3774] Idem, *ibidem*, II, págs. 208 e 209: "(...) no puede haber español que no se llene de orgullo, admirando la sabiduría y prudencia de nuestros padres, que al mismo tiempo que confiaron a sus reyes todo el Poder necesario para defender, gobernar y hacer justicia a sus súbditos, Poder sin el cual la soberanía es una sombra, una fantasma de la dignidad suprema, señalaron en el consejo de la nación aquel prudente y justo temperamento al ejercicio de su Poder, sin cual la suprema Autoridad, abandonada al sordo influjo de la adulación o a los abiertos ataques de la ambición y el favor, puede convertirse en azote y cadena de los pueblos que debe proteger."

DA HISTÓRIA DA IDEIA DE LIBERDADE (SEQUÊNCIA)

Também pelos mesmos motivos se "impacienta com a impaciência" de boa parte dos liberais espanhóis, a quem acusa de quererem "subir de un salto a la mayor altura de la independencia, como si en aquella enorme cima no hubiesen de vivir expuestos a continuas tormentas y siempre rodeados de riesgos y precipicios"[3775].

Gaspar de Jovellanos foi uma das referências mais acabadas do Liberalismo clássico espanhol na sua fase inicial. Pela ligação que tentou estabelecer entre o tradicional e o inovador, num cadinho de referenciais históricos típicos do Pensamento católico, em conjugação com a marcada abertura que promoveu, constituiu-se para o Pensamento da época referência inultrapassável.

A interpretação do Pensamento de Martinez Marina não é fácil. Por um lado, e sobretudo em função do seu discurso algo virado ao Consensualismo peninsular, tem-se procurado identificar as suas ideias com o tradicionalismo histórico espanhol[3776] de veia Quinhentista e Seiscentista[3777]. Por outro, a participação nas revolucionárias Cortes de Cádiz em que se manifestou como um dos maiores defensores das teses liberais, significariam uma inclusão, sem margem para dúvidas, nas opções programadas pelas motivações de 1789.

Não parece que a interpretação possa ser tão linear em qualquer dos dois casos e, quem o entende mais como pômo de ambiguidade que de eclectismo, não andará muito longe da verdade.

Em bom rigor o que se deveria afirmar perante a personalidade em estudo é que este asturiano, formado no cadinho da Ilustração e receptor das ideias da tradição Escolástica, aparece em certa fase da sua vida como receptor das novas instituições liberais e revolucionárias, sendo por elas perseguido pelos zeladores da ortodoxia católica do período em estudo. Em fase final da sua vida viria a reflectir sobre os princípios da Filosofia política, tema parcelarmente arredado das suas anteriores incursões na História do Direito.

Além do mais, faz parte dos chamados raciocínios apressados dizer que foi Martinez Marina o grande responsável por que a doutrinação de Cádiz e do Primeiro Liberalismo espanhol – e português – tenha sido "de certa forma" e não de outra. Com o Autor poderá ter sucedido algo de historicamente muito semelhante a Ribeiro dos Santos em Portugal, ainda que para o nosso concidadão a vida tenha estado bastante facilitada, porque "apenas" teve de assumir o papel de doutrinador de uma etapa histórica tumultuária, não estando por dentro dos acontecimentos revolucionários propriamente ditos.

É isso que, em parte, permite distinguir o Pensamento político das Ideias Políticas; de um lado teoriza-se e mediante doutrinação apontam-se os caminhos preferenciais a seguir em função dos contributos que a ancestralidade pode ou não fornecer; por outro, está-se "por dentro" dos problemas, vivem-se os mesmos e participa-se na prática daquilo que a teoria havia querido incentivar.

Martinez Marina fez parte de ambos os processos, procurou institucionalizar doutrina mas fê-lo só depois de pronta a *Constituição de Cádiz* de 1812, em que tomou

---

[3775] Idem, "Apéndice – Exposición sobre la Organización de las Cortes", *Obras Escogidas*, II, pág. 217.
[3776] António Joaquim da Silva Pereira, *O "Tradicionalismo"Vintista e o Astro da Lusitânia*, pág. 185.
[3777] A posição de Martinez Marina parte da de Suaréz e aproxima-se perigosamente da do "renegado" Belarmino. O Poder político, originário de Deus, transmite-se ao Povo porque Deus a ele – à comunidade – o entregou, para depois ser exercido por um Rei escolhido e que hereditariamente passa essa sua capacidade aos seus descendentes. É o Consensualismo na sua versão mais acabada.

parte integrante. Original para a Espanha e para Portugal, não o foi para o resto da Europa, onde o que escreveu, de uma forma ou outra vinha sendo de há muito debatido. Martinez Marina, o escritor, age em grande medida em contradição com Martinez Marina, o político de Cádiz. E isto parece que deve permanecer bem vivo em qualquer análise que se pretenda fazer dos seus trabalhos em função do Liberalismo clássico espanhol.

Em presença destes contributos, haverá que descortinar a real fisionomia do Autor no que respeita à interpretação da ideia de Liberdade no quadro acima traçado. Se as contradições aparentes na interpretação do difícil Pensamento Martinez Marina são por demais visíveis, ele será para Espanha um pouco o que Mello Freire foi em período imediatamente anterior para Portugal: o fundador da docência da História do Direito em sentido Moderno e precursor da teoria Política espanhola, o que por si só atenua quaisquer divagações, num Pensamento que se pretende sistemático.

Cumpre, assim, responder a algumas questões sem as quais será impossível perceber o real alcance do significado de Martinez Marina no actual quadro de preocupações. A opção é mais pela via dos direitos abstractos e do Individualismo saído da Revolução Francesa ou, pelo contrário, a tendência clara é associar as ideias históricas inglesas ao motor dos acontecimentos da Espanha revolucionada? Haverá pacto social? Existirá soberania nacional? Será possível a separação de Poderes e a limitação do Poder? Qual o papel das Cortes? Em que termos deve ser entendida a Constituição?

Preconizava-se o recurso à tradição histórica fora dos quadros absolutistas e admitindo vias de abertura ao Liberalismo.

Talvez seja possível afirmar, sem grande perigo de erro, que Martinez Marina deve ser estudado em duas fases distintas, em que a charneira ideal será a *Teoría de las Cortes*. A questão essencial sustenta-se no interesse que demonstra pela História, por um lado, e na inversão que depois de 1808 é visível no plano da assunção do Liberalismo político, que permitem identificar, um adepto do Liberalismo clássico em versão mais inglesa que francesa. Por influência de Jovellanos e porque a conciliação com a tradição espanhola a isso conduziam, esta será a opção inicial mais acertada.

A circunstância, para fazer História do Direito na *Teoría*, são as Cortes, e as Cortes são o fio condutor da inversão de quem admirava Camponanes e Cevallos e em função do aproveitamento histórico que delas faz para manifestar o seu patriotismo face à investida francesa. A Restauração em nada inverte este posicionamento, que se sedimenta e dá origem à reflexão histórico-política que é o substrato da sua teoria política desenvolvida depois de 1823.

Enquanto no *Ensayo* o encargo é o de dissecar o Direito, Público, Canónico, Civil e Penal medieval, na *Teoría* não se reproduz qualquer História da Jurisprudência, antes a História dos princípios políticos da antiga instituição castelhana. Fundar em princípios políticos e filosóficos a instituição das Cortes antigas e, ao mesmo tempo, legitimar as novas como continuadoras daquelas e encarnando os seus princípios basilares[3778],

---

[3778] Francisco Martinez Marina, *Teoría de las Cortes ó Grandes Juntas Nacionales* I, "Prólogo", pág. LXXXVII: "Después de muchas y serias meditaciones á persuadirme que el remedio más pronto y la medicina mas eficaz para curar las enfermedades envejecidas del pueblo y disponerle á recibir con agrado las verdades que sirven de base al nuevo sistema de gobierno y á tomar interés en la actual revolución, era instruirle en la historia de las precedentes generaciones, proponerle los ejemplos de sus antepasados, mostrarle lo que fue una nación en otro tiempo, sus primitivas instituciones, los preciosos elementos del Poder supremo de nuestros padres (...)."

eis o propósito de Martinez Marina, que assim demarca, à partida, a sua posição nesta temática. No mesmo sentido, a *Teoría* prima pelas suas coordenadas especializadas em relação a um determinado objecto que é visto no plano do Pensamento político, do qual se faz a História: as Cortes.

Neste quadro, assiste-se à conciliação entre a tradição espanhola, pela via histórica e a adesão ao receituário formal do Constitucionalismo francês, que pretende impôr limites ao Poder no puro sentido liberal e por recurso à Lei Fundamental.

E se não é intenção proceder ao levantamento mitológico-cíclico-restauracional da monarquia espanhola[3779], é pelo menos verdade que é possível descortinar não apenas a leitura atenta de Burke, mas também o contributo de Condillac e, porque não dizê-lo, do próprio Condorcet, atentas as diferenças que entre eles ficaram assinadas em matéria de interpretação da Liberdade. Nele existe, como a seu tempo se verá, muitos dos nossos "regeneradores", bem como dos próceres da imprensa portuguesa no estrangeiro, sobretudo publicando em Inglaterra.

O jusracionalismo, ficou dito, foi o berço tanto do desenvolvimento do Contratualismo absolutista, quanto das ideias revolucionárias que o encarnam como liberal mas, para um Autor estruturalmente católico os princípios revolucionários poderiam partir de uma outra justificação. Muito mais dentro da linha de Pensamento espanhol e por recuperação das teses do Poder da comunidade e da limitação dos atributos régios[3780], no recurso aos ensinamentos que ancestralmente haviam sido veiculados pela intelectualidade ibérica, que apenas por si e sem recurso a configurações estrangeiras pode e deve promover a Liberdade e a dignidade humana.

Por isso o Liberalismo de Martinez Marina é produto da tradição peninsular, e oposição frontal ao Absolutismo régio, que também pela via do regalismo se havia conseguido impor[3781].

Será pois importante saber qual a real fisionomia a atribuir ao Autor, uma vez que a confusão é impossível.

Numa primeira fase da sua vida, Martinez Marina foi um incondicional servidor da monarquia espanhola personificada em Carlos IV. Contudo, os factos ocorridos a partir da Primavera de 1808 e que oportunamente serão alvo de mais detalhada investigação acabarão por inverter o posicionamento político e ideológico do Autor.

A instâncias de Jovellanos é convidado a fazer parte da Junta Central. Recusa primeiro, mas acaba depois por aderir ao pedido do amigo, como ele próprio relata[3782],

---

[3779] Idem, *ibidem*, "Prólogo", I, págs. V-VI: "Ya amaneció el hermosos día de nuestra resurrección política; por tercera vez se ha puesto mano á la reedificación del majestuoso edificio de nuestra libertad, se va á establecer el reino de la igualdad y de la justicia, y á consolidar el gobierno sobre los mismos cimientos que abrieron los primeros fundadores de la monarquía. Ya tenéis constitución, leyes fundamentales capaces de enfrenar el despotismo y el Poder arbitrario, y organizada la representación nacional que por espacio de trece siglos se ha guardado y respetado en España como baluarte firmísimo de los derechos y libertades del ciudadano, sin la cual no puede haber libertad, y las naciones dejan de ser naciones."

[3780] Idem, *ibidem*, "Prólogo", pág. LVI e ss. Traça em termos gerais a evolução da situação política espanhola especialmente no que concerne às questões da Autoridade régia e seus limites, nomeadamente no que respeita ao papel das Cortes de Leão e Castela. E lamenta que os ensinamentos desse período tivessem sido irremediavelmente perdidos.

[3781] Para desenvolvimentos que aqui não cabem, Menéndez Pidal, *Historia de España*, XXXV, I, págs. 553 e 554.

[3782] Francisco Martinez Marina, *Teoría de las Cortes ó Grandes Juntas Nacionales*, I, "Prólogo", págs. LXXIV-LXXV: "Entonces fue cuando persuadido que todo ciudadano debe sacrificarse por la

assumindo a sua completa reversão em presença das ideias até então defendidas, por via de um escrito de que dá nota mas que foi impossível encontrar, como "papel"[3783]. É o próprio Autor que se teme das consequências e pede a Jovellanos de novo conselho, uma vez que estava ciente das consequências e da rotulação que poderiam advir de tão inusitada opinião[3784]. De facto, o tempo apenas veio a consagrar as suas dúvidas e o temor da publicação de tão escandaloso trabalho em presença dos indefectíveis da monarquia absoluta, a Inquisição, os realistas extremados e expropriados de 1812[3785].

Admitindo-se todas as vicissitudes que presidiram à Restauração de Fernando VII e as perseguições a que afrancesados e liberais irão ser votados, a fase de vida do Autor volta a ser conturbada até 1820 e depois de 1823. Em qualquer caso e expostas que ficaram as circunstâncias englobantes da produção do seu Pensamento importa agora e por recurso às fontes tentar responder às várias questões que acima se elencaram.

Segue os ensinamentos do Contratualismo Moderno ao entender que o estado de natureza, sendo pré-social, implica a inexistência de uma qualquer Autoridade política superior aos indivíduos em si mesmos considerados. A passagem desse estado primitivo de natureza ao de sociedade decorreu das necessidades sentidas de protecção mútua, em termos que não se afastam da tese comummente seguida[3786] e que neste caso parte do Contratualismo absolutista e é recuperada pelo Individualismo liberal.

---

causa de la patria, extendí un papel cuyo objeto era mostrar entre otras cosas la absoluta necesidad que habia de establecer prontamente un gobierno legítimo y constitucional, y que el primer paso debía ser juntar cortes generales y reunir la representación nacional, para que la nación cuya era la gloria, el interés y el peligro tomase de comum acuerdo una resolución acertada y medidas convenientes para consolidar el género de gobierno que le pareciese mas ventajoso en tan critica situación."

[3783] Na verdade, o tal e tão modesto "papel" viria a originar a magna Obra de Martinez Marina. Relatam os comentadores que esta Obra monumental começou a ser lida na Academia de Historia em 27 de Julho de 1810, concluindo-se as leituras públicas em 10 de Julho de 1812, na coincidência – propositada? – com a elaboração e redacção do Texto Fundamental de Cádiz (24 de Setembro de 1810 a 18 de Março de 1812).

[3784] Francisco Martinez Marina, *Teoría de las Cortes ó Grandes Juntas Nacionales*, I, "Prólogo", pág. LXXV: "Aunque es trabajo estaba concluido tuve motivos para usar de cautela, tomas medidas de precaución y no partir de ligero á dar al público la Obra. (...) Dictaba pues la prudencia tantear los vados, tomar consejo y consultar si sería bien ó mal recibida la Obra por parte del gobierno, á cuyo fin comuniqué mis ideas con el excelentísimo señor don Gaspar de Jovellanos individuo de aquella junta (...)."

[3785] J. I. Sanchez Amor, "Algunas Cuestiones sobre la Influencia de Martínez Marina en las Cortes de Cádiz", págs. 97 e 98: "La crítica contra da *Teoría de las Cortes* es tajante (...). Los inquisidores se muestran (...) unánimemente virulentos contra la *Teoría*. Una vez admitido que, desde el punto de vista teológico, es correcta, al no atacar directamente a la doctrina, los investigadores afirman, entre otras cosas, que – el Autor 'ha ordenado todo su saber en registrar archivos y papeles al ímprobo fin de sacar sólo lo malo y darlo al público en su *Teoría*, que es de los escritos más sediciosos y perjudiciales a la tranquilidad del Estado que se hayan dado a la luz'; – 'habla como pudiera el mayor impío, más osado que los protestantes, falsario, seductor (en el sentido de ocultar máximas perniciosas bajo la apariencia de razones y hechos), mal clérigo, peor político, espurio español, voluble, inconsistente y de carácter despreciable. Incluso el título de 'ciudadano' que se otorga Marina es considerado como signo de republicanismo'; – 'la *Teoría* debe prohibirse absolutamente, por contener proposiciones erróneas, malsonantes, contrarias a la doctrina de los santos padres, sediciosas, inductivas a la rebelión contra las legitimas potestades, gravemente injuriosas a la nación española, a sus leyes, costumbres y verdaderas glorias, a los papas y, en especial, a todos los de la casa de Austria y Borbón, sumamente denigrativa de la Inquisición y de los eclesiásticos seculares...".

[3786] Francisco Martinez Marina, *Teoría de las Cortes ó Grandes Juntas Nacionales*, I, "Prólogo", pág. IX: "Así que la necesidad de defenderse de las bestias feroces, y de los hombres más feroces que

DA HISTÓRIA DA IDEIA DE LIBERDADE (SEQUÊNCIA)

Contudo, e depois do que se disse da predilecção de Martinez Marina pelo Pensamento de origem inglesa e sabido que este não tem particular afeição pelo Contratualismo social, podem suscitar-se algumas dúvidas.

De facto, a visão contratualista do Liberalismo está presente em Martinez Marina; "La Autoridad política justa y templada sin la cual no puede haber sociedad ni existir ninguna nación ni estado, es efecto de pactos y convenciones humanas: los hombres la crearon"[3787]. Há, contudo alguma divagação, uma vez que parte de conceitos que já haviam sido teorizados quer por defensores do Contratualismo absolutista quer por escritores que visualizavam a origem e evolução da sociedade nos laços familiares estabelecidos, fazendo recordar por vezes, e num sentido ôntico distinto[3788], Cabanis, Condillac e outros, no seu eclectismo social[3789].

Admitindo, por uma vez, que aceita o Contratualismo social, começa por defender que "el estado (...) de los hombres no fue un estado de libertinage ó de licencia: ni se puede decir que hayan sido absolutamente libres é independientes sino com relacion á los estabelecimentos políticos y á los diferentes géneros de gobiernos introducidos posteriormente en la sociedad".

Contudo e por força do seu apelo à sociedade familiar, não deixa de ser evidente a necessidade das famílias se agregaram entre si, sobretudo porque a verificação de que a inimizade entre os membros do género humano cada dia era mais manifesta[3790].

Ora, e este é um aspecto que parece essencial, Martinez Marina aceita e considera que este passo foi decisivo para a criação da desigualdade entre os homens[3791], assim como a obrigatoriedade de pactos expressos ou tácitos[3792], representativos das primei-

---

las mismas bestias, obligó á muchas familias á reunirse en sociedad para socorrerse mutuamente y asegurar su vida, personas y bienes bajo la protección de las leys y de la Autoridad política."

[3787] Idem, *ibidem*, I, "Prólogo", pág. VI.

[3788] Idem, *ibidem*, I, "Prólogo", págs. XV e ss., desenvolve as diferenças entre a sua visão de sociedade familiar com os direitos e deveres respectivos que implica por relação às teses defendidas pelos teóricos do Absolutismo. A pág. XXII escreve: "es pues evidente que la Autoridad paterna de cualquier manera que se considere no tiene relación ni semejanza con la monarquía absoluta: difiere esencialmente de ella en su constitución, en sus principios, medios y fines: solo se puede decir con algún fundamento que el gobierno patriarcal y la economía de la sociedad doméstica influyó ocasionalmente en el establecimiento de la Autoridad política y fue un imperfecto modelo y como el primer ensayo de los gobiernos populares y señaladamente de la monarquía moderada, con quién tiene en algunas cosas semejanza é íntimas relaciones."

[3789] Idem, *ibidem*, I, "Prólogo", pág. VII: "Ni Dios ni la naturaleza confiaron este poderío sino á los padres respecto de aquellos á quienes dieron el ser y la existencia. Esta es la más antigua y más sagrada Autoridad que se halla entre los hombres, así como la obediencia de los hijos á sus padres es el primer ejemplo de subordinación y dependencia."

[3790] Idem, *ibidem*, I, "Prólogo", pág. IX.

[3791] Idem, *ibidem*, I, "Prólogo", pág. IX: "Mas esta reunión no se pudo ejecutar sin introducir una desigualdad real entre los miembros de la asociación y sin que precediesen deliberaciones hechas de comum acuerdo bajo ciertos pactos y condiciones tácitas ó expresas, que fueron como las primeras leyes fundamentales de los primitivos gobiernos y el origen de todos los reglamentos políticos que sucesivamente se fueron estableciendo, de onde también nacieron las diferentes formas de gobierno adoptadas libremente por las naciones."

[3792] Idem, *ibidem*, I, "Prólogo", pág. XXVI: "(...) el pacto social no es obra de la filosofía ni invención del ingenio humano, es tan antiguo como el mundo. La sociedad civil es efecto de un convenio, estriba en un contrato del mismo modo que la sociedad conyugal y la sociedad doméstica."

ras Leis Fundamentais dos primitivos Governos[3793], fontes de todos os ordenamentos jurídicos que sucessivamente se foram estabelecendo[3794].

Mediante a convenção estabelecida entre Rei e Povo, este firma livremente o Poder político a alguém, cedendo-lhe a soberania. Foi assim que se constituiu a monarquia em Espanha como, verdade seja dita, em Portugal, mas o entendimento da origem do Poder político era então diversa, porque se atribuía à divindade que depois o fazia baixar ao Povo, isto é, o Consensualismo.

E como esta ordem social é imperativamente sujeita a leis positivas que se fundam na natureza, então não se podem descartar os ensinamentos do racionalismo tomista[3795], que apontam para a integral derivação das leis positivas das da natureza. É apenas por esse motivo que as leis positivas ganham força e se determinam à justiça.

O que é mais interessante no meio de tudo isto é que Martinez Marina dá a entender claramente que é possível salvaguardar a posição do homem no estado de sociedade porque ele não apenas deriva do de natureza, mas a própria sociedade e até a autoridade que lhe assiste provêm dos preceitos da natureza. Direito Natural e ordem são para Martinez Marina como para todos os tradicionalistas, a pedra de toque da sociedade em si mesma considerada. É e por isso mesmo que, se é histórico[3796], não pode aceitar que seja a evolução que permita a adequação às sociedades concretamente consideradas nas suas particularidades.

No que respeita à soberania, Autoridade ou balanço de Poderes, Martinez Marina sustenta serem questões estéreis. Para as resolver bastará partir do pressuposto que "la asociación civil es efecto de un convenio, la regalía un oficio instituido en beneficio público, los reyes hechura de los pueblos, cuya voluntad les dio el ser y cuyos dones y trabajos los mantienen. La extensión de la Autoridad regia, sus modificaciones y

---

[3793] Idem, *ibidem*, I, "Prólogo", págs. IX-X, reportando-se às formas de Governo livremente aceites pelas Nações. "Digo libremente, porque ni Dios ni la naturaleza obligan á los hombres á seguir precisamente este ó el otro sistema de gobierno, á ninguno reprueban, á ninguno dan la preferencia, cualquiera de ellos siendo acomodado al clima, al genio y carácter de los pueblos y á las circunstancias y extensión del imperio, puede procurar el bien general, el interés común y la salud pública (...)."
[3794] Idem, *ibidem*, I, "Prólogo", pág. IX; pág. X: "(...) leí suprema de todos los estados y cimiento firmísimo de los derechos de la sociedad y la regla que fija evidentemente la extensión y objeto de la Autoridad pública y los deberes de los miembros del cuerpo social."
[3795] Idem, *ibidem*, "Prólogo", pág. XXVI: "(...) santo Tomás de Aquino, el cual en la edad media, época muí remota de la del nacimiento de la nueva filosofía y como quinientos años antes que el ciudadano de Ginebra publicase su célebre Obra, establece el contrato social como el fundamento de la sociedad política, y le da tanta fuerza que no duda asegurar que si el Príncipe abusase tiránicamente de la potestad regia y quebrantase el pacto, pudiera el pueblo aun cuando se le hubiese antes sometido perpetuamente, refrenar y aun destruir su Autoridad, disolver el gobierno y crear otro nuevo por la manera que lo hicieron los romanos cuando arrojado á Tarquino del trono proscribieron la monarquía y crearon el gobierno consular ó la república."
[3796] Idem, *ibidem*, I, "Prólogo", pág. XI: "la sociedad política es un establecimiento de beneficencia, un preservativo contra el contagio de la corrupción general de la especie humana un puerto en que los hombres pacíficos creyeron poder asegurar sus riquezas, derechos y libertades. Tal fue la opinión de todos los filósofos (...) varones insignes que en virtud del más profundo conocimiento del corazón humano y de la naturaleza de la sociedad política y de prolijas investigaciones sobre el origen y decadencia de los imperios apoyadas en la experiencia y en la historia general de las naciones, elevaron la razón humana al más alto grado de perfección posible, crearon la ciencia del gobierno y merecieron los gloriosos dictados de maestros de la sabiduría política, de conservadores de los hombres y vengadores de los derechos de la especie humana."

restricciones penden de aquel convenio, de la constitución del estado y de la voluntad del pueblo en quien reside originalmente toda la Autoridad pública: digo que el pueblo es el manantial de toda Autoridad, porque de otra manera ni podría crear los reyes ni darles la investidura del supremo poderío: (...)"[3797].

Como consequência, o Contratualismo liberal de Martinez Marina parece uma realidade, não apenas porque considera o pacto de associação inicial como origem da sociedade, mas porque entende que é esta a detentora do Poder político que outorga ao monarca, em termos e condições bem delimitados. Mas será de facto assim até ao final da exposição do seu Pensamento?

Durante séculos a Autoridade régia foi limitada, em nada se parecendo com o modelo que apresentam os sistemas do Absolutismo. Apenas Deus ou o Povo podem permitir a qualquer monarca elaborar leis obrigatórias para o seu Povo, porque o valor dessas mesmas leis depende do consentimento do Povo e do consentimento da sociedade. Na verdade, "la aprobacion pública es la que las hace legítimas", tal como Deus quis que acontecesse com o seu Povo, quando Moisés lhe leu as Tábuas para que as aprovasse e selasse o pacto com o Criador.

Quem detém o Poder é o Corpo místico[3798], que sempre tem direito de regresso em relação ao Poder que entrega ao monarca nos casos em que este actue em desconformidade com as Leis Fundamentais que determinam as relações essenciais a manter no plano do pacto celebrado. A soberania nacional pertence à Nação e a monarquia apenas pode funcionar devidamente no plano do equilíbrio dos Poderes, tal como a *Constituição de Cádiz* preceitua, malgrado todos os déspotas que a ela se opõem tentem por todos os modo torpedear a sua consumação.

Donde, serem, as Leis Fundamentais a tradução de acordos que apenas podem assentar sobre as leis naturais. E daí "la ley de la naturaleza, que es volontad misma del criador, reprueba el despotismo igualmente que la anarquia y los excesos de la libertad así como los abusos del Poder", sendo certo que "el órden social emana esencialmente de la Naturaleza; pero su forma es variable de muchas maneras y pende de pactos y convenciones arbitrarias"[3799].

Precisamente por isto não aceita Martinez Marina que, na ausência do monarca, a soberania pertença a alguém que não a Nação. Também por isso não reconhece o Autor qualquer Autoridade às Juntas criadas durante as Invasões Francesas em Espanha, porque las provincias y Reinos de que se compone la Monarquía son parte de la associación general", e não podem criar novas autoridades. As Juntas são "cuerpos tumultuarios y monstruosos, usurpadores de la legítima autoridad"[3800]. O mesmo tipo de raciocínio é válido para a Junta Central, ainda quando "su fuerza legal (...) viene del consentimiento espontáneo de los pueblos", porque este organismo "no ha sido convocado legítimamente ni representa a la nación"[3801].

Quer dizer, Martinez Marina começa a revelar o seu feitio arredio ao Pensamento constitucional revolucionário e reafirma o seu apego à História como motor da evolução. Os princípios são invariáveis; o que muda é o tipo de conhecimento que deles se tem ou, as mais das vezes, o esquecimento que dos mesmos se pretende fazer. Nem outra

---

[3797] Idem, *ibidem*, I, "Prólogo", pág. XXX.
[3798] Idem, *ibidem*, I, pág. 6.
[3799] Idem, *ibidem*, "Prólogo", pág. X.
[3800] Idem, *ibidem*, I, "Prólogo", pág. LXXVII.
[3801] Idem, *ibidem*, I, "Prólogo", pág. LXXVII.

coisa se poderia esperar de alguém que considera a lei natural universal e imutável, por força da intervenção divina inscrita no coração dos homens, e não porque seja uma expressão de vontade destes conformando-se aos preceitos daquela[3802].

Como se havia alertado, não sendo o seu Liberalismo ponto de discussão, as reticências surgem com maior nitidez à medida que se avança na exposição. A decisão popular transporta força mas não legitimidade à Junta Central de Espanha. A única legitimidade decorre da convocatória dos procuradores das províncias, "elegidos legalmente y autorizados con Poderes suficientes en la forma que prescriben las leyes y como se ha praticado por una serie continuada de generaciones y siglos"[3803].

Ou seja; Martinez Marina e Jovellanos não podiam estar mais de acordo e ambos foram legisladores das revolucionárias Cortes de Cádiz. Não se busca, por ora, a legitimação das liberais Cortes de Cádiz, por recurso ao passado histórico. O que se propõe é a restauração pura e simples das Cortes tradicionais, com os seus sistemas de mandato outorgado pelas províncias e Povos, e que conferiam a soberania popular por força da realidade da sua representação desde há séculos.

A convocação das Cortes nos termos que prescreve tinha em vista repor em vigor as saudáveis vantagens das mesmas, enquanto "baluarte de la libertad castellana, saludable freno des despotismo y la parte más esencial de nuestra constitución, y que sin apartarnos de ella no podemos dejar de convocarlas en las circunstancias tan críticas de que hayamos"[3804]. Como consequência, apresenta-se o Autor por esta simples passagem como alguém que não apenas defende a convocação das Cortes, como reforça a sua instrumentalidade limitadora do despotismo régio, apontando para uma versão tradicionalista da sua convocatória e reunião[3805]. Fica claro, destarte, a necessidade da reunião de Cortes, mas não das Cortes envolvidas numa representação revolucionária, questão que, de resto, em Cádiz não viria a confirmar-se.

A temporalidade e a História que faz o homem, porque dele é essência e onde o homem se move e, por si mesmo, a motiva, demonstra a proximidade às ideias inglesas, mas não a sua adopção integral. O sentido de História poderá valer, em tese geral, para o sistema a incrementar mas, no momento presente, aquilo que existe é bom; simplesmente foi posto de parte pelo Absolutismo e deve ser recuperado. Era isto a que em Espanha, como em Portugal, se ia assistindo, dentro e fora das fronteiras geográficas.

A importância do Poder Legislativo e a temática das Cortes não poderiam deixar de ser presentes neste contexto, como ponto prévio da investigação que desenvolve

---

[3802] A ideia do homem enquanto Ser social, que vai buscar a Aristóteles e à Escolástica, implica um certo afastamento dos preceitos do Individualismo. Portanto, a necessidade de viver em sociedade, prolongamento da natureza, é intrínseca ao homem, que mal se compreende fora dela e apenas nela ganha a possibilidade de desenvolver as suas específicas características que o podem destacar em presença dos demais. A sociedade aponta para a plenitude da felicidade terrena dos homens, esta a sua máxima fundamental.

[3803] Francisco Martinez Marina, *Teoría de las Cortes ó Grandes Juntas Nacionales*, I, "Prólogo", pág. LXXVIII.

[3804] Idem, *ibidem*, I, "Prólogo", pág. LXXV.

[3805] Idem, *ibidem*, I, "Prólogo", págs. LXXV-LXXVI: "(...) mayormente siendo muí fácil reunir la representación y todos los procuradores de las ciudades y pueblos de voto, coyuntura que acaso no se lograrán jamás. (...) Si como se ha dicho en oficio dirigido al consejo real, la nación debe tener hoy mayor influjo que nunca en el gobierno, y debiera decir toda la influencia de que es capaz, se podrá esto verificar sin que se reúnan en cortes generales los procuradores de los comunes, concejos y ayuntamientos, *únicos representantes del reino según ley y costumbre?*"

no seu escrito. E, assim sendo, não se estranhe que todos os posteriores progressos na análise tenham subjacente uma proposição fundamental: "Desde el establecimiento de la monarquía española las Cortes se consideraron como una parte esencial de la Constitución del Reino y como el cimiento de la independencia y libertad nacional"[3806].

Não deixando de reconhecer o papel decisivo das Cortes de Castela e na limitação que impunham à Autoridade régia, mantém a ideia de que era sob a forma de súplica, petição ou conselho que os representantes dos estados deveriam dirigir-se ao monarca, o que parece perfeitamente inusitado para a época revolucionária em que se vivia. O Poder das Cortes era um Poder moderador, não mais que isso, tanto mais que a reunião no monarca do Poder Legislativo e do Executivo, obrigava – como diziam acertadamente os publicistas Modernos – a necessidade de o controlar, para evitar maiores males políticos.

Assenta-se, pois, que em resposta a interrogações antes deixadas, há efectivamente uma soberania, só que essa soberania é popular e não representativa, funciona em presença de mandatos atribuídos especialmente a certas pessoas para representarem outras e não o Corpo Político em conjunto. Era a tese antiga, que Martinez Marina defendia deste passo, apontando para a legitimação histórica e não racional.

A separação de Poderes deve existir; contudo seu alcance deve ser pautado sob a forma de "Estado misto" e não nos termos da doutrina do balanço dos Poderes que o Pensamento constitucional reclamava. Os limites ao Poder régio eram de origem Ética e não positiva nem constitucionalmente firmados mediante normas jurídicas com característica de garantia e exigência legal. As Cortes baseavam-se no mandato e não no princípio representativo. A Constituição, finalmente, era indispensável, mas bastaria a Constituição histórica para que a Liberdade fosse defendida.

Depois disto, pergunta-se: como interpretar Martinez Marina no período do primitivo Constitucionalismo revolucionário espanhol?

Recuperando noções já assinaladas, os acontecimentos de Cádiz apenas provaram uma verdade intuitiva e onde o apelo ao tradicionalismo e aos ensinamentos da História espanhola são por demais evidentes nos corolários que assistem à tese de Martinez Marina[3807]. O seu trabalho é sobretudo uma abordagem na perspectiva da evolução histórica dos Poderes dos povos, daquilo que se designa por Liberdades dos povos, defendidas e assinaladas como inultrapassáveis em tempos antigos e que apenas o Absolutismo com o seu total desrespeito quer pela Liberdade, quer pelas próprias Liberdades, pôde sufocar durante duzentos anos em Espanha.

Martinez Marina usa com profusão de expressões alusivas e queridas ao Pensamento constitucional. Contudo, para encontrar esse Pensamento, serve-se de instrumentos bem distintos e até opostos dos proclamados pelos revolucionários. O que diz e afirma colocam-no no plano de um cultor mitigado do Contratualismo Moderno, já que adere ao pacto de associação e à transmissão da Autoridade política da Nação

---

[3806] Idem, *ibidem*, I págs. 1 e ss.

[3807] Idem, *ibidem*, págs. 5 e 6: "Ya amaneció el hermosos día de nuestra resurrección política; por tercera vez se ha puesto mano à la reedificación del majestuosos edificio de nuestra libertad, se va a establecer el reino de la igualdad y de la justicia, y á consolidar el gobiernos sobre los mismos cimientos que abrieron los primeros fundadores de la monarquía. Ya tenéis constitución, leyes fundamentales capaces de enfrentar el despotismo y el Poder arbitrario y organizada la representación nacional que por espacio de trece siglos se ha guardado y respectado en España como baluarte firmísimo de los derechos y libertades del ciudadano, sin la cual no puede haber libertad, y las naciones dejan de ser naciones."

ao Rei. Mesmo que o enfoque seja o de um Direito Natural sagrado e não laico, isso não lhe retira qualquer mérito nesta abordagem.

Querer associar tradição e revolução é, sem dúvida, tarefa por demais ingrata, sobretudo quando se admira a Inglaterra como meta a atingir, eventualmente, mas cujos meios são por natureza distintos.

O problema de Martinez Marina é em tudo semelhante ao de Ribeiro dos Santos, mas mais grave, atento o tempo da sua existência. Quis conciliar o "Velho" com o "Novo", o tradicional com o constitucional e acabou enredado numa teia que, não desmerecendo a grandiosidade da sua figura, mais uma vez leva a dizer que não foi capaz de dar o salto qualitativo final na querela assumida entre a imanência histórica, os homens concretos e a racionalidade individualística, que projectam o abstraccionismo típico da Revolução Francesa e seus oponentes mais habilitados.

Em qualquer caso, repita-se, a sua *Teoría* é posterior à Constituição gaditana. Como tal, Martinez Marina, ainda que nesta Obra prossiga ideais algo distintos dos anteriormente manifestados, e em que a aproximação ao Pensamento francês é bem mais claro, isso não significa que por impossibilidade de objecto as mesmas tenham influenciado os seus colegas legisladores. Quando muito terão sido avisados das reticências que o Autor inculcava à forma da convocação e aos objectivos prosseguidos pelas mesmas, o que não significava que devesse das mesmas ser afastado. Martinez Marina deu a justificação necessária à realização das Cortes de Cádiz. Nunca em qualquer caso o seu Pensamento mais aberto e sufragado depois de 1813, altura em que o Texto Fundamental estava pronto, as poderia ter influenciado.

Senão, como explicar que o tradicionalista Autor, defenda que o Poder Legislativo é soberano, segundo as ideias da Revolução Francesa e, nas suas intervenções gaditanas, a questão seja passada muito ao largo?

Não existe em Portugal para este período, como bem se verá, um Pensamento sistematizado que se lhe compare, nem a envergadura dos trabalhos que este asturiano encetou. Houve Silvestre Pinheiro Ferreira e pouco mais; mas, e apesar de muito custar a admitir, uma análise objectiva apenas pode conduzir a uma conclusão, reforçada, espera-se, brevemente: ele e os demais que se lhe aproximaram, como alguém confidenciou, eram "todos fracos".

§ 8º – Síntese da temática do presente capítulo

Para além de tudo o que se possa dizer, a primeira observação reporta-se à discordância de uma visão unitária do séc. XVIII e sua projecção em Oitocentos. Porque a impossibilidade prática de cerzir pontos de vista díspares, dentro de um mesmo campo ideológico, parece dado inultrapassável.

Se existe dificuldade em ligar o Contratualismo absolutista ao liberal e ainda que se mantenha a intrínseca relação que entre si apresentam, não é menos verdade que se torna penoso conciliar as transformações liberais sob auspícios de uma mesma matriz mas em que se seguem concepções conservadoras ou se apela ao revolucionarismo milenarista.

Por outro lado, e sem que isto seja contraditório antes sufragâneo do que se disse, existe um núcleo de questões em que os homens do séc. XVIII mantêm acordo. De forma mais ou menos activa, mais ou menos visível, quase todos afirmam que o Ser humano é natureza e não transcendência, racional por si e não por interposta entidade. O homem é antropologicamente bom, o melhor e mais avisado juiz dos seus interesses e receptor de valores que apenas por si compreende e defende. Em tal contexto, ele e apenas ele cria e dá a si mesmo as regras de conduta pelas quais se deve guiar, produto de uma epistemologia que lhe é particular e de um processo onto-gnoseológico estritamente humano.

Ninguém discute que o progresso é desejável e a Liberdade sempre será preferível à escravatura; mas acredita-se que a Liberdade do Ser humano apenas por ele pode ser defendida, expandida e regulada. Tal regulação é de carácter humano, no princípio e no fim e entre Direito e Moral, Teologia e Filosofia, Razão, Natureza e Fé, não só há que distinguir, mas que separar.

Apenas a contra-revolução providencialista tem diverso parecer. O seu encadeamento à ligação extreme entre Trono e Altar e a refutação de qualquer Individualismo, soberania popular ou nacional, Governos representativos e Liberdade política do cidadão e da sociedade, são marcas características, num período em que as opções eram em absoluto opostas a estas convicções.

O Individualismo esteve na base de um novo período na História das Ideias Políticas, onde o corte oficial com as instituições do Antigo Regime é uma evidência. Porém, a continuidade do Pensamento desenvolvido pelos escritores deste período mantém actualidade.

Pode dizer-se que foram eles que lançaram as bases do Contratualismo Moderno, de que o Liberalismo é tributário e mesmo quando se mudam as relações de Poder e a forma como este se exerce, não deixam de permanecer as concepções que fazem do homem um Ser racional com identidade própria, reconhecimento dado pelo Iluminismo e que o Pensamento liberal acomodou às suas necessidades próprias.

Foi o desencadear de duas revoluções, a Inglesa e a Americana, que se pautaram como afirmação concreta das forças liberais mais conscientes naquele momento e naquele espaço, mesmo com teorizações exteriores. Nelas se percebeu, claramente e na prática, a existência de um dispositivo político em que o Poder controla o Poder e que em tudo se afasta do corporativismo medieval. Em sequência, os norte-americanos foram mais longe que nunca se tinha pensado, aparecendo pela primeira vez o conceito de pluralismo sob forma mais alargada que a prevista pelos ingleses. O Constitucionalismo, como sistema de equilíbrio destes Poderes a que subjaze uma ordem prévia, constituinte, superior e anterior a qualquer deles, e a soberania dita popular ou nacional, conforme os casos, completou o quadro.

Por força dos considerandos expandidos, plasmam-se os elementos necessários para bem compreender as duas grandes Ideias de Liberdade, anglo-americana e continental, isto é, a diferença palpável nas respectivas *Declarações*, uma de *Independência* e outra de *Direitos do Homem e do Cidadão*. Em jeito de resumo, bastará recordar que a divergência se liga à diversa percepção que a necessidade histórica consagrou na adequação dos Direitos do Homem nos Estados Unidos e em França. Se não subsiste qualquer dúvida da influência da Revolução Americana e da sua *Declaração de Independência* no espírito dos franceses, não é menor a sensação que o exemplo vindo do outro lado do Atlântico se manifestou eivado de escolhos.

Sendo, embora, possível dizer que o verdadeiro Individualismo surge em nome da defesa dos direitos individuais e dos direitos do cidadão, não é menos certo que no Antigo Regime o indivíduo tinha um peso específico, um valor próprio que lhe era dado por força da sua especial dignidade, sendo considerado como base fundante da comunidade onde se insere e que, por força das suas próprias necessidades cria, valoriza e incrementa. Mesmo no plano da defesa dos seus direitos individuais em presença do Estado, não se pode dizer que ele fique esquecido; simplesmente acontece que a partir de um certo ponto deixa de ter qualquer intervenção no normal desenvolvimento das mesmas, considerando-se que a sua deliberada entrega, por despojamento, dos seus direitos em favor de um Estado que promove a sua conservação, é o acto último que requer a sua intervenção.

Não assim no Liberalismo, que parte desse ponto e o leva mais longe que nunca visto, pela consideração que o homem sendo livre deve fazer a sociedade livre. A Liberdade do indivíduo consiste na consagração do seu direito natural e fundamental de Liberdade que existia no estado de natureza e agora lhe é assegurado por força da protecção constitucional desse mesmo direito, de forma directa e inultrapassável. Pela sua participação nas Assembleias legislativas, sob forma directa ou de representação, vê esses direitos consagrados e assume uma responsabilidade para com todos os demais no respeito recíproco às leis que organizam e sustentam a sociedade.

Dito por outras palavras, o facto de considerar que as Declarações de Direitos devem anteceder os textos constitucionais, resulta da demarcação prévia que procedem desses mesmos direitos como conquistas do indivíduo. Fazem parte da sua natureza própria e racional e marcam, em si mesmo os limites que o Poder Legislativo, constitucional ou não, tem de respeitar. Quanto à Constituição, por ela se institucionalizam as medidas que devem ser levadas à prática na sua defesa, conservando-se aos cidadãos o seu exercício mais inteiro.

Há por isso uma alteração no que respeita ao Contratualismo liberal em presença do seu homólogo absolutista; o primeiro consagra os direitos naturais por via da protecção constitucional e de uma prévia declaração formal de direitos; o segundo admite esses direitos naturais e protege-os, mas nem lhe outorga consagração formal nem admite que, por força deles, possam ser questionadas as posições sociais relativas que na sociedade ocupam os indivíduos e os seus chefes.

No primeiro caso, não há limitação nem da Liberdade nem da Igualdade entre iguais, natural, porque elas são protegidas e policiada a sua preservação pelas instituições políticas, saídas da manifestação formal que a sociedade assume e é tutelada pela Constituição. Na segunda vertente, o indivíduo é valorizado mas admite-se uma perda de parcela da sua Liberdade e Igualdade naturais em prol da comunidade, sendo que se isso é um benefício comum, a todos os vassalos iguala perante o soberano, que distribui a seu gosto as benesses que lhe parecem mais justas.

Para o Liberalismo, as leis naturais são leis que ele mesmo, homem, faz e às quais não pode fugir, sob pena de se tornar "um menos" em relação à mesma, antes devendo zelar pelo integral cumprimento dos mesmos. Na dialéctica entre indivíduo e sociedade, ela mesma tem os seus direitos e esses direitos são igualmente consagrados na Constituição e visam à sua garantia e defesa, num equilíbrio de Poderes que se incrementa e mediante organismos próprios que visam à sua conservação. São pois os direitos que devem ser valorizados em presença dos deveres, ideia cara ao Absolutismo pela via inversa e que agora sofre uma perfeita desfocagem, que resulta precisamente da criação do Corpo Político, ele mesmo susceptível de emancipação.

Como quer que seja, apesar do avanço incomensurável obtido com as Declarações de Direitos de finais do séc. XVIII, isso em nada constituiu um avanço fundamental comparado com o que se passará depois de meados do séc. XIX. As Declarações apontadas firmavam os direitos e suscitavam que os mesmos apenas pudessem ser protegidos e salvaguardadas pelo Poder Legislativo, por um Poder que não podendo lesar esses direitos, interpretava e moldava a sua aplicação nos termos mais ou menos restritivos, que em cada caso se apresentassem.

Se eles existiam e tinham de ser respeitados, precisavam de alguém para o fazer e não se poderiam, em qualquer caso, aplicar-se directamente. Uma Declaração de Direitos pode ou não preceder uma Constituição mas apenas se aplica por força das cláusulas constitucionalmente previstas para activar os mesmos direitos, que se mantêm algo etéreos, vagueando um pouco numa incerteza a que apenas a lei constitucional pode dar figuração possível.

Por isso mesmo, será preciso esperar cerca de um século e, em bom rigor pelo séc. XX, para que a materialização dos mesmos se efective em si, por si e para si, de forma universal, independentemente de qualquer caução constitucional proporcionada pelo Estado que subscreve a sua existência.

Por outra parte e ao lado dos direitos do homem, os direitos do cidadão, sendo este o local próprio para a real distinção ficar demarcada. De um lado, direitos naturais formalizados; do outro, relação entre homem e Estado e, por isso mesmo, de cidadão dentro da Cidade.

Uma nova maneira de encarar as relações entre governantes e governados e uma nova forma de visualizar a soberania. No Liberalismo existe um problema algo complexo no plano da soberania, qual seja o de que os liberais continuam a enquadrar a soberania como una e indivisível, pertencendo ao Povo ou à Nação, consoante se encare o problema. Ora, assim sendo, importa justificar o motivo pelo qual os liberais preconizam a separação de Poderes, que são públicos e nesse contexto podem implicar uma divisão da soberania.

Não parece que o problema seja grave; a soberania existe, é um dado adquirido; o que importa não é o facto dela existir enquanto Poder público que à comunidade pertence e no âmbito do qual os direitos individuais dos cidadãos se espraiam É para garantia da sobrevivência da própria soberania e salvaguarda dos direitos dos indivíduos que a soberania deve ser exercida em separado não por uma única pessoa ou instituição, mas por um conjunto de pessoas que se entreajudam e vigiam em simultâneo, enquanto garante não apenas da Liberdade da comunidade mas como Liberdade dos próprios indivíduos.

Por outras palavras, parece que a apreciação suscita a ideia de uma soberania enquanto Poder público, como Estado, seja qual for o sistema de Governo em presença. O que difere por relação ao Antigo Regime é o fundamento dessa soberania e o seu próprio exercício.

Reitere-se que a soberania, na interpretação do Liberalismo, é vista como Poder público. Pode e deve ser exercida sob forma repartida, sendo certo que apenas por esta via será possível evitar Governos despóticos e tirânicos, optando-se por uma real moderação que existe na salvaguarda da divisão dos Poderes, sem que a originária característica da indivisibilidade seja tocada. Cada órgão de Estado toma a seu cargo certas funções, mas os Poderes públicos são intocáveis na sua essência.

Como se consegue isto?

Pela teorização do problema e em que a ideia de Poder constituinte, que pertence ao Povo e é a marca de água dos regimes políticos Modernos, não pode ser em qualquer caso desvirtuado. É o Povo que cria a Constituição e seja Democracia constitucional ou Liberalismo monárquico, o resultado é o mesmo.

O Poder constituinte é sinónimo de soberania exercida pelo Povo que, por sua iniciativa e porque se apercebe que essa é a melhor forma de salvaguardar a sociedade de estragos alheios, entende dever, no exercício do mesmo, prover à separação de Poderes institucionais de Estado. A ideia de Constituição significará, destarte, não o exercício dos poderes mas a sua organização sistemática, num plano de representação do Poder supremo em si mesmo, da Lei Fundamental do Estado. O Governo, terá a incumbência não apenas de a fazer cumprir mediante medidas apropriadas por via de regulamentação pelas leis ordinárias emitidas pelo Parlamento, mas de zelar e alertar contra toda e qualquer lesão que neste domínio se possa verificar.

O argumentativo encaminha para uma conclusão a que se chega depois de ter lido boa parte da doutrina liberal, que sobre o ponto se pronuncia. Mesmo quando os Autores negam a Democracia como o melhor caminho a seguir, ou quando, defendendo-a, lhe colocam entraves no plano da plena Liberdade de participação dos cidadãos, o resultado a que chegam alinha muito mais pela via da Democracia que pela do Liberalismo. Seja pelo trilho dos cultores da Revolução Francesa ou pelas posições assumidas pelos Pais Fundadores, o resultado não varia muito, mesmo quando se concede que a análise das duas experiências, representa que objectivos idênticos podem ser prosseguidos de modos diversos, e que a Liberdade não é uma expressão que possa gozar de entendimentos decalcados por esse mundo fora.

É, de resto, um dos pontos que mais interessa apontar na presente síntese. Deixando de parte a questão das "Liberdades" e concentrando a atenção nos dois grandes modelos operativos do Liberalismo europeu e norte-americano, algo se pode dizer do posicionamento das respectivas propostas no que à Liberdade respeita.

A Liberdade inglesa é uma Liberdade "aristocrática" que não se ocupa com considerações inerentes à Igualdade, antes se consegue na protecção concedida a todos pelas leis, que preservam a unidade de direitos idênticos. É o típico sistema da separação de Poderes que, ao preservar a sociedade, preserva o indivíduo. São dois entes de direito, ambos livres em simultâneo e em que a Liberdade política dos cidadãos é uma consequência da Liberdade da sociedade, assumindo ambos essas Liberdades em simultâneo.

A Liberdade francesa é o produto de uma conquista dos indivíduos, que formam a sociedade por força da reunião das suas vontades, numa vontade geral. Por aí se assegura, mediante uma soberania da Nação, que com ela coincide e garante aos seus membros, mediante o Poder constituinte, fundar a mesma. Neste processo o papel da Igualdade é relevante, e o afastamento dos privilégios a preocupação constante.

Dois processos diversos, algo opostos, com um mesmo objectivo: o de assegurar a Liberdade dos indivíduos.

O Individualismo francês, cuja paternidade remonta às teses absolutistas do jusracionalismo, faz apelo aos direitos dos homens no fictício estado de natureza que funda os seus direitos em sociedade, mas a Liberdade individual, nos termos em que se processa à sua tutela pelas instituições e que a transforma em Liberdade política consagrada, sofre diversos graus de compreensão.

No caso norte-americano, pode até ser uma Liberdade a viver num Estado democrático, no processo de reinterpretação dos ensinamentos dos pensadores do séc. XVIII, em conjugação com os ensinamentos obtidos da pátria-mãe e a que se aplica uma fórmula específica para um novo país independente: a Democracia dos Estados Unidos, que aí sim e nos limites apontados, a consagra teoricamente em plano de equiparação Liberdade e Igualdade.

Na visão pactícia da sociedade assinala-se o sentido negativo da Liberdade que por ela se pretende salvaguardar. A Liberdade de cada um visa não a prossecução de qualquer fim positivo, pelo menos em primeira medida, firmar a inexistência de constrangimentos de qualquer espécie. Trata-se de suster a autonomia da vontade, que permite a cada indivíduo assegurar-se que, em cada momento, ele não será impedido, dentro das regras estabelecidas e que a todos abraçam, de agir em resposta à sua vontade. Tal protecção é assegurada pelo Governo, qualquer que ele seja com este único norte dentro dos parâmetros do Liberalismo que assegura o chamado mínimo ético.

Esta que era a missão fundamental acentuada pelos teóricos do Contratualismo, ainda na sua visão absolutista, começa a ser questionada pouco tempo antes e, sobretudo, no decurso e após o eclodir da Revolução Francesa. O motivo é visível e ficou registado pela pena de vários dos pensadores estudados, resumindo-se à simples verificação de um certo egoísmo confesso a que a versão da Liberdade negativa, sem mais pode, conduzir.

Preconiza-se, ao invés, uma atitude actuante do indivíduo na sociedade no sentido de a transformar. Preconiza-se a versão da Liberdade positiva. Ultrapassado o mundo da protecção da Liberdade individual enquanto simples direito natural a salvaguardar, incentiva-se a participação do indivíduo nos destinos da comunidade. Acentua-se a versão da Liberdade política do cidadão. E para que isto se conseguisse o primeiro e decisivo passo era acabar com os privilégios dalguns estratos sociais, eles mesmos os grandes responsáveis pela inaplicabilidade da Liberdade individual garantida pelo Direito Natural, quer pela sua subversão ao nível da Liberdade política, quer no plano da participação dos cidadãos nos destinos do seu país.

Considerando as quezílias que o discurso da representação irá aportar na França do dealbar da Revolução, o da justiça funciona no âmbito da separação tradicional de Ordens, nos mesmos termos em que Mello Freire e Ribeiro dos Santos, com as suas diferenças, o irão encarar em Portugal. Nesse plano também a divergência entre soberania popular e soberania nacional, a primeira considerada como mandato imperativo dos seus comitentes e apenas deles; a segunda como mandato imperativo de toda a Nação, de que os deputados são mediatamente os representantes. Na passagem de uma para outras destas duas visões do problema, está a transição da Razão para a vontade, como pólo ideal para o debate público, agora transformado em político por força das Assembleias magnas onde a Liberdade política dos indivíduos se defende por forma efectiva.

Falta somar a esta panóplia de escolhas Moderna e por vezes irreconciliáveis de Liberdade, aquela outra de que Benjamin Constant assume a paternidade histórica, qual seja a da Liberdade dos Antigos por contraposição à dos Modernos. Com isso se remonta à concepção da Democracia ateniense como à da "libertas" romana, numa oposição que não apenas alcandora a amplitude geográfica que está em discussão, mas a própria forma dos indivíduos fazerem ouvir a sua voz nas matérias de Estado.

Quando se pondera a contraposição entre o sentido liberal de soberania, como algo que se plasma numa Constituição representativa, com a ideia do Povo como titular do Poder constituinte, de imediato se colocam alguns dos problemas com que os liberais de 1820 se confrontavam.

A Política moderna nasce da emancipação da sociedade em presença das autoridades religiosas – e não da religião –, a que se associa o reforço do Estado e uma nova consciência daquilo a que se convenciona chamar direitos do homem. Todo o vigor do Pensamento liberal resulta da percepção de que ele expressa, sob forma consciente as aspirações do "novo homem" que se justapõem às transformações políticas, pela rejeição das antigas máximas da Autoridade da própria sociedade. O Estado, sob a batuta dos ensinamentos dos economistas a que se associam os políticos, deve ter uma intervenção mínima e, em qualquer caso, poderá entravar a Liberdade dos indivíduos.

Existem neste domínio alguns dos eventos mais marcantes, especialmente no plano da Liberdade de consciência ou dos direitos da consciência, onde há uma sintonia entre a atitude individual assumida por cada membro da sociedade, como da sociedade em si mesma que não deve autorizar qualquer tutela eclesiástica. Ou seja, associa-se a Liberdade de consciência individual com a separação institucional entre Estado e Igreja, aplicando-se o utilitarismo neste plano a ambos os pólos da questão. Indivíduo e Estado devem pautar-se pela felicidade e bem-estar mútuos e isso apenas acontece na assumida autonomia, na Liberdade individual e da comunidade em presença de qualquer metafísica organizativa da vida em sociedade.

Noutra observação relevante que se liga à inter-relação indivíduo-Estado, o Liberalismo aplica até às últimas consequências o fruto do trabalho inicial do Contratualismo absolutista. Este é também um dos pontos de confluência da soberania, na medida em que se o Estado é de criação originária pelos indivíduos que dele necessitam para sua protecção, não se justificaria que esse mesmo Estado lhes colocasse entraves no pleno exercício dos seus direitos individuais. A Liberdade deve ser salvaguardada e não ameaçada e o ponto ideal para atingir tal objectivo é uma soberana limitada pelos direitos dos homens. Daí aos Governos representativos e à separação de Poderes, nos termos atrás elucidados, é apenas um pequeno passo.

Saliente-se que não obsta o facto da bipartição sociedade-Estado que começa por esta época a tornar-se uma evidência desfocar as nossas conclusões. A origem da sociedade que pode ser vista como facto histórico ou facto da Razão, importa a reunião de um conjunto de indivíduos que pretendem sair do fictício estado de natureza para poderem desfrutar dos benefícios do estado social, nele mantendo os direitos naturais e inalienáveis que lhe competem por força da lei natural.

Quanto ao Estado, organismo superior e formado da junção das vontades dos indivíduos, é o resultado final das obrigações recíprocas que prendem o monarca e os seus vassalos, numa estrutura organizativa que ultrapassa as necessidades básicas da conservação dos indivíduos, mas lhes garante a formalização dos seus direitos respeita posição relativa entre órgãos decisores de Poder público e cidadãos que usufruem de uma Liberdade política firmada, contribuindo eles mesmos para a protecção da Liberdade da própria comunidade onde se inserem.

No fundo, plasma-se um confronto, de novo, duas tradições. Uma, a do Parlamentarismo inglês, com as suas ideias de imposição de sociedade livre onde os átomos individuais são livres e obrigam à Liberdade. Outra, uma tradição liberal-democrática, sobretudo patrocinada pelas correntes jacobinas, que implicam o fortalecimento do Estado em presença dos indivíduos, considerando-se que são esses indivíduos mediante a sua vontade geral que estruturam a própria força do Estado. O indivíduo livre obriga à Liberdade da sociedade, mediante a institucionalização de um conjunto de órgãos rectores da actividade pública que uma vez erguidos, de alguma forma se assumem retoricamente como os guardiões dessa mesma Liberdade individual, ainda quando não exista uma perfeita sintonia entre individual e colectivo.

Por isso é que a interpretação deverá, sobretudo na perspectiva inglesa e norte--americana, enquadrar e delimitar a distinção entre Estado e Governo. Para estes Autores, a crítica assenta sobretudo nesta confusão que afirmam os sistemas de *Roman Law* introduzirem, uma vez que aplicam à perigosidade da soberania absoluta do Estado a de soberania absoluta do Governo. Para os descendentes da *Common Law* a situação resolve-se facilmente porque para eles o Estado não se esgota na ideia de Governo, nem este é a organização soberana e suprema do Estado.

Por outras palavras, no primeiro caso, há uma visão que é sobretudo subjectiva porque dependente de quem – pessoas ou pessoas – que estão à frente do Governo e pela sua actuação obrigam todo o Estado. No segundo, é a realidade objectiva que importa, é a pessoa moral e as suas determinações que se patenteiam de uma forma objectiva e não confundem com acepções individuais, eivadas de subjectividade.

Sintetizando os vários planos que ficaram expostos em harmonia com a interpretação do Pensamento dos vários escritores representativos do Liberalismo, poderão ser avançadas três linhas de força essenciais, assumidas no plano da distinção entre Estado e sociedade São elas e na ponderação da origem das relações sociais, a doutrina do contrato social, a separação de Poderes e a autonomia da esfera económica, no livre jogo da oferta e da procura. Os efeitos teóricos e práticos das duas primeiras foram tratados; a terceira situação ultrapassa o presente plano de reflexão. No conjunto são os aspectos mais assinalados do Liberalismo que urge ponderar.

Em qualquer caso, sempre se diga que no estado actual da reflexão feito perante todo o manancial de Ideias, a experiência da Liberdade e do Poder justificam que sendo de idêntica natureza, participam da mesma ambiguidade.

Da mesma natureza porque a Liberdade apenas se torna efectiva quando protegida pela Lei e pelo seu constrangimento, em presença dos abusos do Poder. A Liberdade individual, qualquer que seja a sua conformação, não é mais que uma possibilidade teórica, um direito que para se incarnar em actos, tem necessidade dos poderes individuais, económicos, políticos que só a sociedade confere. Reciprocamente, os Poderes do Corpo Moral só se concretizam quando exercidos por pessoas concretas, que se distinguem das demais pela posição que ocupam na organização social e, por via de mandato, têm efectivamente mais poder que as outras.

Quanto à ambiguidade, parece indiscutível; tal como os Poderes que existem em sociedade, também o exercício da Liberdade nem sempre corre o melhor dos caminhos e pode, mais depressa do que se pensa, transformar-se em licença apoteótica. A ambiguidade do Poder é algo com que a Liberdade tem de conviver, tal como com as suas próprias ambiguidades. O Poder, para proteger a Liberdade e evitar a licença, tem de limitar a Liberdade e, como detém a superioridade dos meios como Corpo moral face aos indivíduos concretos, nada lhe custa agir, com toda a licença, em desfavor da Liberdade. Depois, em última instância, aparecem as revoluções, o círculo vicioso sem fim retoma-se e não se chegaria, certamente, a qualquer conclusão continuando a proceder segundo este método demonstrativo.

E, será que não é possível superar este pouco famoso quadro de inserção da Ideia de Liberdade? Naturalmente que o Liberalismo tem as suas antinomias mas compete fazer um esforço de superação; o mesmo que se pede a quem se envolve com estas matérias e busca, incessantemente, na leitura das fontes a capacidade de ultrapassar os dislates das contradições internas do sistema político mais apto para o desenvolvimento da Liberdade, na fase em que se estuda.

A conciliação entre a Liberdade do indivíduo e o cumprimento das regras de conduta obrigatórias que a asseguram, talvez possa ser enquadrada do seguinte modo: a Liberdade negativa que proclama a independência do indivíduo – e que é tese geral de todo o pré-liberalismo e do Pensamento saído do Individualismo – pode ser justaposta à sua Liberdade positiva, enquanto processo gerador da participação individual na vida da comunidade.

A Liberdade política pauta-se enquanto situação do indivíduo que não é socialmente sujeito senão à sua própria vontade, participante nas decisões políticas tomadas pelo seu país, pela via da representação, no Governo do seu país. Donde, mantendo a sua autonomia enquanto pessoa, age directamente no sistema de Poder e na vida política. E mesmo quando a sua Liberdade tem de ser coarctada em função dos superiores interesses do Estado, deve entender-se que essa coerção é "um mínimo" e é consentida pelos cidadãos pela boca de quem os representa. A incompatibilidade entre o Pensamento de representados e a acção dos representantes e seja em Liberalismo ou em Democracia, é premiada ou sancionada nas urnas pelos cidadãos, no exercício da sua Liberdade política.

Capítulo V
A germinação da ideia de Liberdade individual e política em Portugal e os prolegómenos da revolução de 1820

> "Nem sempre se pode fazer a vontade aos povos, porque nem sempre é justo o que eles querem: estão sujeitos ao erro, têm acessos de febre e de loucura como os indivíduos; mas é perigoso ir contra a vontade de povo, uma vez que seja em pronunciada e reflectida: a dificuldade é conhecê-la. *Vox populi, vox Dei: Vox populi, vox diaboli.*"
>
> JOSÉ ACÚRSIO DAS NEVES,
> "Cartas", *Obras Completas*, 6, pág. 101

CAPÍTULO V. A GERMINAÇÃO DA IDEIA DE LIBERDADE INDIVIDUAL E POLÍTICA EM PORTUGAL E OS PROLEGÓMENOS DA REVOLUÇÃO DE 1820 § 1º. Envolvência europeia como reacção à Revolução Francesa. 1. As primeiras investidas do providencialismo contra-revolucionário e os seus reflexos em França e na Europa. 2. A importância da Revolução Espanhola e as suas tibiezas. § 2º. A situação portuguesa em finais do séc. XVIII e primeiros anos do séc. XIX. 1. Ideias gerais – a Liberdade individual. 2. Ideias gerais – a Liberdade política. 3. O impacto da Revolução Americana em Portugal. 4. O impacto da Revolução Francesa em Portugal. 4.1. A difusão das ideias Francesas. 4.2. Universidade e sociedade nas vésperas do Liberalismo em Portugal 4.3. As questões políticas emergentes da Revolução Francesa até às Invasões. 5. As Invasões Francesas e o reflexo que tiveram no plano cultural e político nacional. 5.1. A Primeira Invasão Francesa e a resposta dos patriotas. 5.1.1. Primeiros "Projectos de Constituição" para Portugal. 5.1.2. Revoltas e rebeliões no tempo de Junot e reacção do Governo da Regência. 5.2. Soult ou a teimosia de Napoleão Bonaparte. 5.3. Massena e o obituário gaulês. 5.4. José Acúrsio das Neves e a teorização das Invasões Francesas. 5.5. As Invasões Francesas enquanto catalisador da Revolução de 1820: síntese geral. 6. A questão da ida da Família Real para o Brasil. 6.1. Estabelecimento orgânico-institucional do Reino do Brasil. 6.2. Prenúncios da independência brasileira. 7. A segunda fase do providencialismo contra-revolucionário: a Santa Aliança ou a guerra contra a Liberdade na Europa pós-bonapartista – traços gerais. § 3º. Razão, História e Liberdade de pensamento posteriores a 1789 e até aos alvores da Revolução Vintista no contexto da reflexão nacional. 1. Questões culturais e Liberdade individual. 1.1. Apresentação. 1.2. Direito Natural e História. 1.3. Liberdade de pensamento ou eclectismo nacional. § 4º. Germinação das ideias revolucionárias e seus sintomas antes de 1820: as Ideias Políticas no reinado de D. Maria I e de D. João, Príncipe Regente e monarca absoluto português até 1820. 1. Apresentação do problema. 2. A questão do tradicionalismo político português ou o correspondente pré-liberalismo. § 5º. Manifestações políticas extra oficiais ou vultos eminentes no enquadramento da ideia de Liberdade marina e joanina. 1. Relação entre Poder temporal e Poder espiritual. 2. Aristotelismo tardio ou renovação contratualista. 3. Tradicionalismo *versus* temporalidade. 4. A negação dos princípios revolucionários. 5. As Leis Fundamentais. 6. O caso especial de D. Pedro de Sousa e Hoelstein – Palmela. § 6º. Recenseamento português dos contributos europeus – o papel da Imprensa. 1. A Imprensa em Portugal entre 1789 e 1820. 1.1. Imparcialidade *versus* partidarismo. 1.2. Da Liberdade individual. 1.3. Da Liberdade natural aos direitos abstractos ou a sequência francesa. 1.4. Da Liberdade social ao modelo prático ou a ovação à História. 2. Os emigrados em Inglaterra e França e a Imprensa da Liberdade. 2.1. Apresentação sumária dos periódicos. 2.2. Imparcialidade *versus* partidarismo. 2.3. Da Liberdade individual. 2.4. Da Liberdade natural aos direitos abstractos ou a sequência francesa. 2.5. Da Liberdade social ao modelo prático ou a ovação à História. § 7º. Síntese da temática do presente capítulo.

§ 1º. Envolvência europeia como reacção à Revolução Francesa

É tempo de ponderar e como pano de fundo para o desenvolvimento do caso português o conspecto geral europeu neste domínio, cujos reflexos em Portugal serão determinantes e não apenas nesta fase final do séc. XVIII e inícios do séc. XIX português, mas que se prolongarão mesmo após a Revolução de 1820[3808]. Como já se afirmou, um "proto-liberalismo" português[3809].

Para tanto, utiliza-se um critério uniforme que será presente às Invasões Francesas e saída da Família Real para o Brasil, bem como para a sumária abordagem que se pretende aprontar da temática da Santa Aliança. Ou seja, trabalhar com os dados fornecidos pela imprensa, em especial[3810], cientes de que se trata de matérias normal-

---

[3808] A primeira observação é de ordem sistemática. O Portugal que agora se presta à análise já não é o anterior à Revolução Francesa em que o despotismo esclarecido reinava sem sombra eficaz. Apesar da inovação que já por esse período foi possível detectar em alguns escritores, o golpe político patrocinado por 1789 era ainda desconhecido e o regime conformava-se, genericamente, ao Contratualismo absolutista. A partir deste momento e ao contrário do que se passa noutros países, Portugal não assume o Liberalismo. É cedo para isso. O que acontece é que os ecos da Revolução, malgrado todos os impedimentos que se colocavam, eram muito mais claros na mentalidade dos intelectuais da época, que pensavam e redigiam em função dela. Normalmente para a desaprovar; em certos casos para aplaudir; noutros, finalmente, para apresentar alternativas. Por isso este capítulo é de transição e veicula o Pensamento nacional tradicionalista e pré-liberal, não no sentido do pré-liberalismo antes tratado, mas das condições económicas, sociais e políticas nacionais e estrangeiras que, conjugando-se, conduziram ao Vintismo.

[3809] António Joaquim da Silva Pereira, *O "Tradicionalismo" Vintista e o Astro da Lusitânia*, pág. 191; José Esteves Pereira, *Silvestre Pinheiro Ferreira. O seu Pensamento Político*, pág. 6: "O pano de fundo da situação cultural e política portuguesa era um pombalismo administrativo com incidências de inspiração iluminista, que a 'viradeira' não conseguiu apagar. E esta realidade política e cultural impelia os espíritos, sobretudo dos mais jovens, no sentido de soluções proto-liberais. Consciente ou inconscientemente, o pombalismo agia assim como instrumento de permeabilização sócio-política. Contribuiu não pouco para isso o influxo do jusnaturalismo pós-burlamaquiano, implantado desde 1773 na Universidade portuguesa pelas *Institutiones de lege naturali in usum auditorum*, de Martini."

[3810] Privilegia-se a fonte imprensa sem olvidar qualquer das demais, fazendo apelo constante ao discurso legislativo, como enfoque das soluções nacionais preconizadas dentro e fora da Europa, numa fase em que a ideia de Liberdade sofria aproximações e desvios constantes da matriz imposta em 1789. O estudo do seu impacto no nosso país, pela positiva e pela negativa conduzem ao indispensável enquadramento dos sucessos de 1820 e ajudam a explicar, interna e externamente, as motivações que lhe estiveram subjacentes. Deve notar-se que no período que ocorre entre as Invasões Francesas e o final do Triénio Vintista é preciso bastante cautela na "leitura" deste tipo de fontes. Considerando a sua indispensabilidade, até por reflectirem com um grau de fidelidade superior o leque de opções acessíveis que numa Europa conturbada se colocavam ao nosso país, o

mente visualizadas no plano da História Geral e, em certos casos, necessariamente, no nível da Diplomacia e da História das Relações Internacionais.

É muito interessante, pela proximidade aos factos que confere este tipo de abordagem e prestação de uma diversa perspectiva do problema, a investigação não apenas dos dados tradicionais, que não podem ser ultrapassados nem esquecidos, mas optar por uma especial ênfase no levantamento que a imprensa[3811] proporciona.

Nesse domínio, tentarão vislumbrar-se os aspectos relevantes no domínio da protecção das ideias de Liberdade e seus coetâneos direitos fundamentais[3812], o que se à partida será tarefa delicada, merece, ainda assim, uma investigação recentrada.

Por outro lado importa assinalar que os dois grandes factos históricos nacionais decisivos para a eclosão da Revolução de 1820 se situam cronologicamente neste período: as Invasões Francesas e a saída da Família Real para o Brasil. Foi em presença destas duas linhas de força condicionantes da política e da sociedade portuguesa que os Vintistas vão buscar a justificação factual para a revolução desencadeada, sendo posteriores as preocupações de legitimação dos mesmos, feitos nos quadros da percepção histórica na sua ilegalidade e ilegitimidade face ao Direito das Gentes, quando não ao próprio Direito Natural.

1. As primeiras investidas do providencialismo contra-revolucionário e os seus reflexos em França e na Europa

Se a frase "todos pela França", era o mote dos revolucionários dos países que seguiam em permanência os sucessos da Revolução Francesa e gostariam de os ver implementados nos seus respectivos países, outra não menos concreta se lhe poderia contrapor.

---

facto de serem voluntariamente partidarizadas implica uma cuidada ponderação. Por isso importa não apenas conhecer a imprensa mas, com igual relevo, quem está por detrás dessa imprensa. Quem são os redactores responsáveis e quais as suas motivações ideológicas; onde foram redigidos e por essa via qual o tipo de influência a que estavam mais sujeitos; porque razão havia "afrancesados" e "ingleses dos ossos" e em que plano isso se reflectia nos projectos apontados na Regeneração do país. No vertente caso a questão está bastante facilitada, uma vez que tanto se trabalha com imprensa proveniente de França quanto de Inglaterra, para já não falar dos periódicos sediados em Portugal. Isso à partida é um dado que confere à presente análise um grau de fiabilidade suficiente, tendo em conta os termos comparativos que necessariamente terão de se estabelecer.
[3811] Este o motivo pelo qual na abordagem de eventos estrangeiros, como de nacionais, se utiliza imprensa portuguesa. Foi o critério seguido para o caso francês da Revolução de 1789 e suas sequelas; será para a Revolução Espanhola e posterior encadeamento do processo a que conduziu à *Constituição de Cádiz*. No caso concreto, a justificação prende-se com motivos de ordem formal e substantiva. Por um lado, o acesso à imprensa portuguesa está facilitado, sendo certo que ele reproduz, quase literalmente, as notícias chegadas de Espanha, chegando a citar periódicos. Por outro lado, desde o início que a opção pelo investimento na imprensa portuguesa foi assumido. Importa saber a sua perspectiva perante factos estrangeiros, ocorridos noutros locais e a forma como os quais poderiam, ou não, influenciar Portugal. Portanto, se não se utiliza em concreto para o caso espanhol a sua imprensa, isso é deliberado, manifestando, além do mais, uma comunhão de propósitos entre países ibéricos, que é possível avaliar perante o relato que a imprensa nacional fazia das notícias chegadas por via da sua congénere espanhola, ou da observação directa ou derivada dos mesmos.
[3812] *O Correio Braziliense ou Armazém Litterario*, Londres, 1808-1822, de que se dispõe de Edição original e na íntegra. Ao caso trata-se do volume I, 1808, nº 1, "Introdução", pág. 4: "Sendo tambem Nós aquella Nação, que comprou a sua Liberdade e independencia com estes jornaes politicos, seremos agora a única, que se hade achar sem estes socorros, nescesarios a um estado independente o qual podera um dia rivalizar, pela sua situação local, em que a natureza poz o vasto Imperio do Brazil, às primeiras Potencias do mundo?"

Por isso mesmo "todos contra a França", seria a palavra de ordem dos regimes europeus onde o despotismo esclarecido continuava a vigorar[3813].

Após um curto período de paz, entre 1783 e 1792, a Revolução Francesa originou à escala europeia uma série de guerras, todas com carácter ideológico e catapultando um profícuo campo de debate no plano da História das Ideias Políticas. Trata-se da contra-revolução em movimento e que agora vão procurar testar a sua eficácia pela via belicista externa, admitindo a sua viabilidade interna[3814], doutrinariamente assente numa dualidade de perspectivas de manutenção do "status".

Razoavelmente, os déspotas esclarecidos europeus, por motivos que lhes importavam, sentir-se-iam extremamente incomodados com os princípios enunciados pela Revolução Francesa. Com todos, na verdade, mas com alguns em particular e que em nada se compaginavam com os princípios do Iluminismo que eles mesmos haviam incrementado. Os traumas que as ideias revolucionárias[3815] lhes haviam de manifestar, eram o contraponto do seu Poder inquestionável e inquestionado até 1789[3816], pelo que só um conjunto de medidas eficazes e concertadas a nível europeu[3817] poderiam contribuir para reverter a situação[3818].

[3813] Simão José da Luz Soriano, *História da Guerra Civil e do Estabelecimento do Governo Parlamentar em Portugal*, Primeira Ephoca, I, págs. 378 e ss., dá conta da posição inglesa. Não se querendo imiscuir nos negócios franceses, não aprovando muitos dos seus princípios, mas não podendo tolerar que o despotismo aí fosse reinstalado, quis manter alguma neutralidade, ainda que o futuro viesse a desmentir essas intenções.

[3814] Joseph de Maistre, "Considerations sur la France", *Écrits sur la Révolution*, pág. 177: "C'est un sophisme très-ordinaire à cette époque, d'insister sur les dangers d'une contre-révolution, pour établir qu'il ne faut pas en revenir à la Monarchie. Un grand nombre d'ouvrages destinés à persuader aux français de s'en tenir à la République, ne sont qu'un développement de cette idée. Les auteurs de ces ouvrages appuient sur les maux inséparables des révolutions: puis, observant que la Monarchie ne peut se rétablir en France sans une nouvelle révolution, ils en concluent qu'il faut maintenir la République."

[3815] Hannah Arendt, *Sobre a Revolução*, pág. 54: "Foi a Revolução Francesa, e não a Americana, que pôs o mundo em fogo, e foi, consequentemente, a partir da Revolução Francesa e não no decorrer dos acontecimentos na América ou dos actos dos Fundadores, que o presente uso da palavra 'revolução' obteve as suas conotações e matizes em toda a parte (...)."

[3816] Simão José da Luz Soriano, *História da Guerra Civil e do Estabelecimento do Governo Parlamentar em Portugal*, Lisboa, 1870, Segunda Ephoca, I, "Introducção", pág. 2: "os Governos da Europa, amedrontados por uma tal propaganda e com o que d'ella ouviam sobre as chamas sobre as chamadas prerrogativas e Liberdade dos povos, em prejuízo das dos Reis, concordes se declaram oppostos a similhantes doutrinas, buscando com empenho manter sugeitos ao seu pleno arbitrio esses mesmos Povos, que aliás se queriam libertar, quando os tinham na conta de meros automatos, a respeito dos negocios políticos e materiais de Governo."

[3817] Idem, *ibidem*, Segunda Ephoca, I, pág. 2: "Contando (...) os ditos Governos erradamente só com o numero dos seus exercitos e a dedicação affectuosa dos seus partidistas, altivos entraram na liça para que a todo o transe guerrearam os princípios dos Governos populares, que reputavam subversivos da sua existencia e modo de ser politico."

[3818] Mal andaram por não terem percebido os monarcas europeus que 1789 não fora apenas mais um episódio. Mal andaram por que não entenderam que a Revolução Francesa tinha terminado com a época das lutas e quase sempre das guerras dos Reis entre si, e passara a ser a fase da rebelião do Povo contra monarcas. À luz dos princípios franceses nenhuma outra conclusão é permitida e os meios inventados para os evitar, revelaram-se completamente inábeis para a solução pretendida. Depois de devidamente catequizados pela Ilustração e de adquirirem a percepção da viabilidade dos princípios revolucionários, como resposta às suas específicas características de Seres humanos, auferida ainda antes de organigramas estaduais se patentearem, seria certamente utopia querer mobilizá-los em diverso sentido. Por isso mesmo e em presença de tão inflamado e perigoso ini-

DA HISTÓRIA DA IDEIA DE LIBERDADE (SEQUÊNCIA)

Feita em nome dos ideais da Liberdade dos indivíduos e da soberania da Nação, sustentando a soberania em conceitos populares e representativos e manifestada pela vontade popular, atribuindo ao Rei um papel secundário como mais um cidadãos entre os seus congéneres, tudo isto e mais, era manifestamente repugnante a José II, depois a Leopoldo II – embora este fosse considerado como um imperador "liberal" –, como a Catarina da Rússia e a Estanislau II da Polónia e mais modestamente – mas sob forma menos empenhada – aos monarcas ibéricos[3819]. A própria Inglaterra, pátria do Liberalismo e da Liberdade, manifestava dificuldades em sustentar os eventos franceses sob forma inicial, preferindo a princípio uma posição neutral, e apenas tendo começado a intervir no conflito europeu já bastante tarde[3820].

E por que tudo isto, fazia prever uma sublevação interna nos respectivos Estados, e uma rebelião em termos de Direito Internacional, com fronteiras definidas à custa de Tratados[3821] que queriam por fim a guerras e com Povos que agora vislumbravam possibilidades de se agregar a países "da Revolução", autonomizando-se dos países "da reacção".

Vozes sem fim se levantavam do centro da Europa pedindo a ligação à França em nome do antigo direito dos Povos, que previa que pudessem dispor deles mesmos, enquanto reclamavam a abolição da "Velha" e a substituição pela "Nova Ordem" nos países mais distantes e cuja união física à França revolucionária não era viável. E as vozes dos déspotas, ao contrário, clamavam e faziam-se ouvir e ameaçavam alto[3822].

O Terror que era para consumo externo dos franceses teve as suas incidências internas. No que respeita a estas, interessa agora ponderar o seu desenvolvimento no quadro de uma Europa temerosa e que procurava responder como podia[3823].

---

migo, porfiaram os déspotas europeus no seu combate, cujos resultados são do conhecimento de todas as gerações herdeiras da revolução.

[3819] Pinheiro Chagas, *História de Portugal*, VII, págs. 342 e ss.
[3820] Idem, *ibidem*, VII, págs. 343 e ss.
[3821] *Gazeta de Lisboa*, 1792, nº 6, de 11 de Fevereiro de 1793, segundo Supplemento: "Carta que o Imperador, como Chefe do Imperio Germânico, escreveo ao Rei de França a 3 de Novembro de 1791: (...) Claramente se mostra por estes differentes Pactos [celebrados entre a França e o Império desde 1648] quaes são as terras, que tem passado successivamente até aqui para ficarem debaixo da soberania da vossa Coroa com o consentimento dos Imperadores, e estados do Império: e dahi mesmo se segue ao mesmo tempo que as outras possessões dos nossos Leaes, sitas na Alsacia, Lorena e outras partes, que não tem sido cedidas assim, e com um tal consentimento para passarem a ficar debaixo da soberania da Vossa Coroa, devem ficar sempre nas suas antigas relações connosco, e com o nosso Imperio. (...) Visto pois que desde os primeiros dias do mês de Agosto de 1789 se tem começado da parte da Vossa Nação a derrogar os referidos Tratados de paz, e os referidos Pactos concluidos com o Imperio Germânico, nós nos queixamos com toda a justiça de se haver por este mesmo facto feito attentado aos nossos direitos, como igualmente aos do Imperio, e dos nossos Leaes; e por esta razão conhecemos que estamos na obrigação de interpor neste negocio, em nosso nome e no do nosso sagrado Imperio, a protecção mais solene, mas além disso de acudir tambem em socorro dos queixosos, de tal modo qual o exigem o décoro da nossa Coroa Imperial, os vinculos do Imperio, e as nossas Constituições publicas (...)."
[3822] *Ibidem*, 1792, nº 6, de 11 de Fevereiro de 1793, segundo Supplemento: "(...) no caso que se recusasse cumprir com as promessas, feitas reciprocamente ao nosso Imperio pela Vossa Coroa, e confirmadas da sua parte pela ratificação, e até pela observancia da paz, se nesse caso as nações da *Europa* inteira, e ainda aquellas que se achão fora da *Europa*, vissem hoje que a *França não quer respeitar a santidade das promessas publicas, mas que se julga com faculdade para violallas logo, e tão somente pela Razão de julgar este attentado mais vantajosos para a sua actual conveniencia* (...)."
[3823] Saliente-se que mesmo aqueles que durante bastante tempo combateram nas fileira do Exército francês acabaram, mais vezes do que se supõe, por passar para o campo do inimigo, não por

O mote da guerra que se ia fazer à França, só conseguiu originar que os princípios da revolução acabassem por ser a pedra de toque de todos os liberais, mais ou menos revolucionários por essa Europa fora. Quando se pretendia o seu combate, as pessoas resguardavam-se neles como um porto seguro; quando se queria promover a surdina, os combatentes franceses nas frentes de guerra apenas serviam, dentro dos próprios países da contra-revolução, para mais e mais os difundirem[3824]. Ligas e coligações ajustadas não conseguiram impedir estes acontecimentos e mesmo quando a repressão que se seguiu à vitória sobre os Exércitos de Bonaparte se virou contra os Estados europeus que começavam a desmobilizar das antigas monarquias absolutas, o resultado foi eivado de escolhos.

Século XIX dentro viria mesmo a verificar-se a sua completa ineptidão para os propósitos planeados. Contudo, se isto é assim em tese geral, seria estranho não tentar perceber os termos em que a questão começou a ser equacionada, como se desenvolveu e os desfechos finais. No caso de Portugal isso tem uma enorme importância. Não só porque não desapareceu como Estado soberano perante Napoleão – ele mesmo francês e herdeiro das ideias revolucionárias que adaptou para seu uso interno – como se susteve forma inaudita depois de 1820, face às investidas da Santa Aliança. Nestes termos, há que apreciar em detalhe o desenlace o problema, procurando os seus contornos basilares no plano da Liberdade, sua defesa e modo pelo qual se procuraram subverter os princípios em que assentava a mais endémica conquista da Revolução Francesa.

Sem dúvida que existia um pacto entre Luís XVI[3825] e os monarcas Austríaco e Prussiano, que previa entre outras coisas a invasão militar de Paris, mas o Rei de França terá confiado demais nos seus correligionários europeus[3826] ou subestimado os france-

---

discordância com as ideias da Revolução Francesa, aliás defendidas, mas em oposição declarada aos excessos do Terror.

[3824] Simão José da Luz Soriano, *História da Guerra Civil e do Estabelecimento do Governo Parlamentar em Portugal*, Segunda Ephoca, I, "Introducção", págs. 2 e 3: "Todavia essa luta que emprehenderam bem depressa lhes foi funesta, particularmente á França, conhecendo muito a seu pesar o engano dos seus cálculos, a par da inefficacia da sua resistencia. Os exercitos francezes, assombrando os seus inimigos por uma serie de victorias não interrompidas, desde logo os derrubariam talvez do poder, se tão fervorosos não se lançassem na estrada do roubo, da devastação e dos estragos, que por toda a parte lhes foram companheiros fieis dos seus triumphos."

[3825] *Choix de Rapports, Opinions et Discours, prononcés à la Tribune Nationale depuis 1789 jusqu'à ce jour*, II, págs. 9 e ss. dá conta de um discurso pronunciado por Luís XVI em plena Assembleia Nacional, em sessão de 5 de Fevereiro de 1790 em que parecia sinceramente empenhado em contribuir positivamente para os sucessos franceses. As palavras que seguem parecem confirmá-lo, mas a sua actuação posterior terá deitado tudo a perder. Assim e a pág. 14, são palavras do Rei: "Je défendrai donc, et maintiendrai la liberté constitutionnelle, dont le voeu général, d'accord avec le mien, à consacré les principes. Je ferais davantage, et, de concert avec la Reine, qui partage tous mes sentiments, je préparerai de bonne heure l'esprit et le coeur de mon fils au nouvel ordre de choses que les circonstances ont amené. Je l'habituerai dès ses premières ans à être heureux du bonheur des français, et à reconnaître toujours, malgré le langage des flatteurs, qu'une sage constitution le préservera des dangers de l'inexpérience, et qu'une juste liberté ajoute un nouveaux prix aux sentiemens d'amour et de fidélité dont la nation, depuis tant de siècles, donne à ses rois des preuves si touchantes."

[3826] George Rudé, págs. 105 e 106: "A fuga do Rei para Varennes (...) teve (...) consequências (...). Embora pressionado por Artois e pelos *emigrés* para intervir com firmeza contra a Revolução, o imperador austríaco 'liberal' Leopoldo II, que sucedera no Trono, em 1790, a seu irmão José, recusara-se decididamente a fazê-lo. Claro que lamentava os enxovalhos sofridos pela irmã, Maria Antonieta; mas tinha problemas urgentes a resolver nos seus próprios domínios e inclinava-se,

ses. Na verdade, tudo se conjugava para que nem a França fosse esmagada[3827], nem os déspotas europeus ganhassem a guerra[3828], nem o Rei, tão pouco, saísse airosamente da situação[3829]. Tanto mais que ia agindo em total oposição à Assembleia Nacional que procurava suster a guerra externa, aplicando vetos sucessivos às decisões desta no que tocava à segurança do reino e sendo por isso classificado de inimigo da Nação.

Sabe-se no que isso resultou, mas não é possível duvidar da luta cerrada levada a cabo pelos contra-revolucionários[3830] emigrados franceses[3831], com o apoio da Prússia e

---

tal como o Governo inglês de Pitt, a receber bem uma certa dose de reformas constitucionais em França. O quadro alterou-se com a fuga de Luís e a sua subsequente suspensão; julgando que a Família Real francesa corria perigo físico, Leopoldo emitiu a 5 de Julho a *Circular de Pádua*, na qual convidava os governantes europeus a concertar 'medidas vigorosas', no sentido de restabelecer 'a ameaça e a honra do Rei Mui Cristão." Posteriormente e pela *Declaração de Pillnitz* os monarcas europeus eram incitados a unirem-se para restabelecer a ordem em França.

[3827] Saint-Just, *Relatório apresentado à Convenção Nacional em nome do Comité de Salvação Pública, 19 do primeiro mês do Ano II* (10 de Outubro de 1793), apud E. J. Hobsbawm, *A Era das Revoluções, 1789-1848*, 4ª Edição, Lisboa, 1992, pág. 91: "Em tempo de inovação o que não é novo é pernicioso. A arte militar da monarquia já não nos serve, somos homens diferentes. O Poder e as conquistas dos Povos, o esplendor da sua política e das suas guerras, têm sempre dependido de um só princípio, de uma só poderosa instituição... A nossa Nação tem já um carácter nacional próprio. O seu sistema militar tem de ser diferente dos seus inimigos. Então vejamos: se a Nação francesa é terrível pelo nosso ardor e talento e se os nossos inimigos são canhestros, frios e lentos, então o nosso sistema militar deve ser impetuoso."; *Gazeta de Lisboa*, 1792, nº 24, de 15 de Junho de 1792, notícia de Bruxelas, 19 de Maio, em que se referencia que "Os sucessos da guerra até agora adversos para os *Francezes*, começão a ser já algumas vezes em seu favor."

[3828] E. J. Hobsbawm, págs. 95 e ss., desenvolve o tema da implementação do jacobinismo na Europa, questão que não interessa dilucidar, mas deve ser encarada como uma das possíveis opções que os Vintistas teriam. Na verdade, rejeitaram-na liminarmente.

[3829] Pinheiro Chagas, *História de Portugal*, VII, pág. 343, dá conta de uma carta do Embaixador português em Madrid para Luiz Pinto de Sousa Coutinho, cuja aversão às ideias revolucionárias e empenho no combate às mesmas era conhecido. Da carta constavam algumas informações interessantes, dizia em dado passo que "As continuas incoherencias de El-Rei de França, depois que começou a Revolução, têem concorrido talvez para que as côrtes interessadas não tenham tomado um systema fixo: as variações têem sido tão continuas (…) e ninguem póde prudentemente fazer um juizo certo de como isto acabaria."

[3830] De Bonald, "Considérations sur la Révolution Française", *Bonald*, "Préface" de le Comte Léon de Montesquieu, Paris, s. d. págs. 22 e 23, refere-se directamente à falta de apoio espanhol à Revolução Francesa, patrocinado por Carlos IV, que é jurado em 1789, o ano da revolução: "Et l'Espagne, qui, selon nos libéraux, gémissait sous l'oppression de l'inquisition et du gouvernement le plus absolu de l'Europe, assez malheureux pour n'y avoir ni le jury ni la liberté de la presse, pourquoi est-elle refusée au bienfait de la révolution; et étrangers pour étrangers, pourquoi a-t-elle préfère les étrangers qui venaient combattre la révolution, aux étrangers qui venaient lui en faire présent?"

[3831] *Gazeta de Lisboa*, 1792, nº 8, 21 de Fevereiro de 1792, aponta algumas medidas de cunho diplomático que tendiam à expatriação de franceses fugidos da sua pátria. Eram meras atitudes diplomáticas, que se podem oficialmente conferir alguma fiabilidade, na prática em nada garantem que sejam asseguradas. O que se pretendia era acalmar a França e os seus revolucionários, eventualmente ganhar tempo. Mais que isso parece ser interpretação abusiva. Por exemplo, no nº 8, de 24 de Fevereiro e 1792, Supplemento, dá-se nota de ser certo "haverem, há pouco tempo a esta parte, entrado no serviço da Casa de Áustria, mais de cem oficiais franceses de conhecido merecimento, em cujo numero se incluem dous Coroneis e hum General Major."; *ibidem*, nº 23, de 8 de Junho de 1792, Supplemento, e conforme notícias de Francoforte de 10 de Maio e de Coblence, de 7 desse mês, pode ler-se o seguinte: "Os Principes *Francezes* expatriados (…) tornárão a requerer a assistencia daquella Corte, e lhe fizerão ao mesmo tempo saber que as de *Petersburgo e Turim*, e

da Áustria[3832], que avançaram até bem perto de Paris e terão sido em grande medida, grandemente responsáveis pela instauração do Terror em França[3833].

Estava-se em Agosto de 1792 e nada voltaria a ser igual, porque o primeiro embate da França contra os seus opositores externos estava ganho[3834], quanto o fora aos internos, não sem uma pequena ajuda proveniente das próprias guerrilhas que os déspotas esclarecidos não deixavam de persistir em tornear.

A partir desta fase, os acontecimentos precipitaram-se e em 10 de Agosto de 1792, a Constituinte suspende o Rei das suas funções, fá-lo prisioneiro e anuncia a eleição, por sufrágio "universal", de uma nova Assembleia, designada, como nos Estados Unidos, de Convenção, que deveria dotar a França de um novo regime político.

2. A importância da Revolução Espanhola e as suas tibiezas[3835]

Apesar de ter sido a Revolução Francesa – e em menor grau a Americana – que consubstanciaram as atenções da generalidade dos historiadores das Ideias Políticas na Europa, quer por essa época quer já no tempo presente, seria falsear os acontecimentos outorgar-lhes a única influência decisiva em Portugal.

Os motivos do influxo recíproco que entre Espanha[3836] e Portugal existiram nos inícios do séc. XIX, são por demais conhecidos dos historiadores ibéricos, que honra lhes seja feita, de parte a parte, nunca tentaram arvorar os respectivos países como factores decisivos para uma decisão comum rumo ao Liberalismo.

§ 2º. A situação portuguesa em finais do séc. XVIII e primeiros anos do séc. XIX

1. Ideias gerais – a Liberdade individual

Reforça-se a luta contra o filosofismo dos ímpios e incrédulos[3837], mediante instrumentos de censura correctivos da escassa abertura patrocinada pelo jose-

---

outras estavão promptas para socorrellos: que conseguidamente esperavão se realizasse a projectada combinação de forças contra a *França*: e que se o fornecimento dos socorros da Corte Imperial houvesse de soffrer alguma demora, ser-lhes-ia forçoso darem elles mesmos principios ao ataque (...) "; "Os Principes *Francezes* expatriados foram há pouco ministerialmente informados do plano da formidável combinação formada contra a *França*. Brevemente se publicará hum Manifesto, apos o qual as tropas se porão em acção, e que hum Congresso pacificará finalmente as perturbações, que vão desolando aquelle reino (...)."

[3832] André Castelot, pág. 110: "25 Août 1791: L'empereur rencontre le roi de Prusse au château de Pillnitz, en Saxe: ils ratifient le traité reconnaissant l'indépandance de la Pologne. Ayant signé le 4 Août la paix de Sistowa avec Turquie, l'empereur a désormais les mains libres pour intervenir en France et sauver sa soeur Marie-Antoinette (...)."

[3833] De Bonald, "De l'Émigration", *Considerations sur la Revolution Française et autres tems*, págs. 105 e ss., apresenta uma teorização da temática da emigração francesa por força dos sucessos da revolução.

[3834] E. J. Hobsbawm, págs. 98 e ss., menciona os sucessivos embates vitoriosos entre franceses e seus opositores e justifica que durante muito tempo, apesar de teoricamente a coligação de forças em presença fosse muitíssimo superior à francesa, esta se tenha sempre mantido praticamente imbatível.

[3835] Sendo pois verdade insofismável a ligação extrema entre as duas situações, opta-se por tratamento em texto autónomo da vertente temática, cuja relevância "de jure" e "de facto" preconiza uma laboração em especial.

[3836] Menéndez Pidal, *Historia de España*, direcção de Miguel Artola Gallego, "Introducción" por Carlos Seco Serrano, 4ª Edición, Madrid, Espasa-Calpe, 1989, IX e ss.: "En el caso de España, el equivalente de 1789 ha de fijarse en 1810 – reunión de las Cortes de Cádiz; (...)."

[3837] José Esteves Pereira, "A Ilustração em Portugal", *Cultura – História e Filosofia*, VI, 1987, pág. 192, tem uma posição algo diversa e menciona mesmo que "de 1807 a 1821 nota-se uma

fismo³⁸³⁸ e, nomeadamente, pela criação de um organismo que substituiu a *Real Mesa Censória* em 1787, a *Real Meza da Comissão Geral sobre o Exame e Censura de Livros*³⁸³⁹, e que tinha sido precedido dois anos antes pela elaboração de um novo Índice Expurgatório³⁸⁴⁰. Naquela haveria "ampla Comissão para que (...) haja toda a jurisdição para o exame, e censura dos livros, pelo que pertence á Doutrina e aos Dogmas da Fé; conferindo à mesma Meza a sua Real Jurisdição, e Authoridade sobre o exame e censura de delles a todos os mais respeitos: Declarando e ampliando a Lei da Creação da dita Real Meza (...)."

Significa, portanto, que a substituição da *Real Mesa Censória* por este novo organismo³⁸⁴¹ em nada alterava, segundo o texto legal, a feição regalista que se pretendia inculcar à actividade censória em Portugal³⁸⁴².

maior abertura às ideias de Montesquieu, Rousseau, Helvétius e outros, quer em Portugal, quer no Brasil, embora este debate esteja sempre limitado e condicionado pelo discurso moderado do jusnaturalismo de Heinecke, Vattel, Filangieri ou Burlamaqui. Verifica-se também, na mesma altura, o confronto das ideias influentes do Iluminismo italiano e austríaco com um número muito maior de fontes, como Condillac, Destutt de Tracy ou Bentham" Concorda-se, mas apenas nos casos de autorizações em especial concedidas ou então pela via extra-oficial, ou nas matérias não políticas, civis ou religiosas; basta uma sumária passagem pelo núcleo da *Real Mesa Censória* depositado no *Arquivo Nacional da Torre do Tombo*, para que já se alertou, para descortinar que em termos oficiais os limites eram evidentes.

³⁸³⁸ Idem, *ibidem*, págs. 190 e 191: "O cuidado posto na distinção e na formação do cristão e do cidadão diminuiu o impacto de qualquer possível discussão, naturalista ou mesmo histórica, no Campo da Religião, da Moral e do Direito. E esta constituição do Pensamento ilustrado, muito complexa já durante o ministério de Pombal, tornou-se acrescidamente problemática no tempo de D. Maria I e do Regente, o futuro D. João VI."

³⁸³⁹ *Gazeta de Lisboa*, 1787, n° 28, de 10 de Julho de 1787; José Silvestre Ribeiro, *Historia dos Estabelecimentos Scientificos Litterarios e Artisticos de Portugal*, I, pág. 356; António Delgado da Silva, *Colecção da Legislação Portugueza*, 1775-1790, págs. 449 e ss. No mesmo diploma mencionavam-se os ministros que deveriam compor o Tribunal e os seus oficiais, prescrevendo as jurisdições que a exercitar, e a forma coma as deverá pôr em exercício, sendo-lhe atribuída a jurisdição do Colégio dos Nobres e Estudos Menores do Reino.

³⁸⁴⁰ "Catalogo de livros defesos neste Reino, desde o dia da Criação da Real Mesa Cençoria athé ao presente. Para servir de expediente na Caza da Revisão", publicado por Maria Adelaide Salvador Marques.

³⁸⁴¹ José Maria Latino Coelho, *História Política e Militar de Portugal, desde os fins do séc. XVIII até 1814*, I, págs. 300 e ss. especialmente, pág. 313: "Os livros que a França produzia e que vinham apparelhando a sua grande revolução, tinham sido postos no indice politico desde os primeiros tempos da Mesa Censoria, a qual nos tempos de D. José se mostrára egualmente inexoravel contra os jesuitas e os philosophos, contra os encyclopedistas e os ultramontanos. Mas a despeito de quantas cautelosas prevenções inventava o Absolutismo, os espíritos selectos não andavam alheios ao movimento das idéas europeias. Voltaire e d'Alembert, d'Holbach e Diderot, Rousseau e Montesquieu, o ardente democrata e o fidalgo publicista, penetravam muitas vezes no recatado gabinete dos pensadores estudiosos, e *infiltravam com o amor da Liberdade o germen da sedição*. Afanava-se o Governo absoluto em calafetar os intersticios, por onde poderia a luz insinuar-se, e a luz atravessava, ainda que frouxa e vacilante, as anteparas officiaes. *De todos os contrabandos o mais facil e o menos obnoxio e accessivel ás violentas repressões é o contrabando das ideias*." Para o percurso universitário, veja-se considerações tecidas adiante e que bem provam o conhecimento dos vultos do Iluminismo europeu em Portugal e suas posteriores incidências na alteração das mentalidades rumo ao Liberalismo.

³⁸⁴² António Ferrão, *A Primeira Invasão francesa (A Invasão de Junot vista através dos documentos da Intendencia Geral da Policia, 1807-1808). Estudo Político e Social*, pág. CXII-CXIII, tem uma posição diversa uma vez que atende sobretudo à composição da Mesa. Assim, "(...) por instâncias do Vaticano e não menores dos reaccionários portugueses, foi extinta pela lei de 21 de Junho de 1787, criando-se

E isto mesmo que seja igualmente certa a afirmação de que se tratou de período de nítido retrocesso cultural[3843], a breve trecho desmentindo as boas intenções textuais apontadas. Verifica-se, do mesmo modo que a Universidade de Coimbra estava isenta da censura da *Meza da Comissão Geral*[3844].

É possível afirmar que há, durante o período das Invasões Francesas, Liberdade de imprensa tanto em Portugal[3845] como no Brasil, ainda que restrita a matérias

em seu lugar a *Real Mesa da Comissão Geral* sobre o exame e censura dos livros, onde predominava o elemento clerical, pois, além do Presidente, que devia ser um eclesiástico, havia, ainda, entre os oito deputados, quatro professores de Teologia. Mas, ainda, esse predomínio não satisfazia os nossos reaccionários, que consideravam a lei de 1787 como simples transição para uma medida mais retrógrada. Efectivamente, já no govêrno do Príncipe D. João aparecia a carta de lei de 17 de Dezembro de 1794, que abolindo a *Real Mesa*, instituída sete anos antes, distribuía o exame e censura de livros: à Inquisição, ao Desembargo do Paço e ao Ordinário – exactamente como antes da reforma pombalina, e como se esta não tivesse existido." Esta mais não fazia que confirmar um alvará de 22 de Agosto de 1791, que declarava a jurisdição do Inquisidor Geral sobre livros, e escritos de contra a fé, moral e bons costumes. Parece, assim, que é possível detectar alguns aspectos menos convergentes no plano do regalismo que costuma ser apontado. No ano seguinte, em 30 de Julho de 1795, publicou-se um alvará pelo qual se determinaram e declararam as providências necessárias à boa execução do diploma de Dezembro de 1794. Veja-se José Silvestre Ribeiro, *Historia dos Estabelecimentos Scientificos Litterarios e Artisticos de Portugal*, I, pág. 356; António Delgado da Silva, *Colecção da Legislação Portugueza*, 1791-1801, págs. 23; 193 e 225 e ss.; idem, 1791-1820 (Supplemento), págs. 9-11; João Pedro Ribeiro, *Indice Chronologico Remissivo da Legislação Portugueza Posterior à Publicação do Código Filippino, com Hum Appendice*, V, Lisboa, 1818, págs. 233 e 234.

[3843] José d'Arriaga, *História da Revolução Portuguesa de 1820*, I, págs. 499 e ss., apresenta um dos mais negros quadros da História portuguesa deste período. Há um claro retrocesso na Liberdade de pensamento ecléctica, tal como o ressurgimento de instrumentos religiosos persecutórios a fazerem lembrar os velhos tempos da Inquisição e o peso que o sector eclesial detinha no dia a dia dos portugueses. Em qualquer caso, tenham-se presentes que tais medidas, a terem sido parte significativa do processo da governação, estavam condicionadas pela situação geral europeia, à qual o temor pelos sucessos da Revolução Francesa condicionava numa leitura objectiva e impedia todos aqueles que não fizessem profissão de fé de distanciamento requerido ao historiador, a tomar partido por ou outro dos lados da contenda. Para quem detestava os ingleses e toda a influência que detiveram durante o período imediatamente anterior às Invasões Francesas no ministério português, era normal que este tipo de observações tivesse peso determinante. Como é natural que se responsabilizassem quase em exclusividade os eclesiásticos por uma retoma do obscurantismo anterior a Pombal, quando se conhece perfeitamente que isso era uma política seguida com o beneplácito da Administração Central e que Pina Manique, encarregue de a por em prática, o fazia em nome de interesses que iam muito para além da conservação da religião ou da perseguição aos pedreiros livres e aos jacobinos.

[3844] João Pedro Ribeiro, *Indice Chronologico Remissivo da Legislação Portugueza*, V, pág. 220, relativo a um Aviso de 11 de Janeiro de 1790, "declarando ter cessado a inspecção da *Meza da Consciencia sobre a Universidade de Coimbra*, depois da sua Reforma."

[3845] *O Correio Braziliense ou Armazém Litterario*, 1809, nº 19, págs. 656 e ss., relativo a uma possibilidade de proibição deste periódico em Portugal e no Brasil A resposta do Conde de Linhares datada de 31 de Julho de 1809, foi a seguinte: "Aqui não se prohibio o *Correio Braziliense* o que só se fará *se o seu Author o escrever de maneira, que possa excitar sediçoens, ou ser vehiculo de calumnias; o que elle não deve praticar."* A reacção de Hipólito da Costa não poderia ser diversa da que expõe logo em seguida: "Nós recomendamos a leitura desta bem concebida falla, não aos estúpidos – para esses são escusadas razoens; não aos malvados partidistas do despotismo, porque esses só desejam ouvir doutrinas que pareçam alhanar o caminho do seu idolo Napoleão, Archidespota do Universo; não aos defensores da ignorancia; porque esses só louvam (...) a Universidade Imperial de Bonaparte, e todos os outros estabelecimentos que tendem a favorecer as vistas do novo Tamerlão. Recomendamos sim e mui particularmente a leitura desta falla aos amigos da Patria; aos leaes vassallos;

civis e não comunicável às questões da religião e do dogma. Um decreto emitido no Brasil e uma notícia a ele anexa relativa à oficina encarregue da impressão no Rio de Janeiro e a atitude passiva do Governo da Regência em Portugal às publicações que iam surgindo como cogumelos patrióticos, provam a sua vigência.

Em Portugal, a situação da Liberdade de consciência mantinha-se, sem alterações de maior, desde o tempo em que D. João IV havia determinado, por uma série de Tratados internacionais celebrados com algumas das Potências da época, existência e salvaguarda da mesma para estrangeiros residentes em Portugal[3846]. Neste quadro, a Liberdade de consciência seria mais uma obrigação política que uma real assunção por parte do Poder político nacional. Ela existia para os estrangeiros residentes ou domiciliados em Portugal, o que por si só merece ser assinalado.

Exemplo disto mesmo é o Tratado celebrado ainda em 1788 entre D. Maria I e Catarina II da Rússia[3847], onde no artigo II se pode ler: "os vassallos Portuguezes gozarão na Russia de huma perfeita Liberdade de consciencia, segundo os principios da inteira tolerancia, que alli se concede a todas as Religiões; podendo livremente cumprir com as suas obrigações, e assistir ao Culto da sua Religião, tanto em suas proprias casas, como nas Igrejas publicas, que se achão estabelecidas na Russia, sem jamais encontrarem a menor dificuldade a este respeito. Igualmente os vassallos Russianos nunca serão perturbados, nem molestados em Portugal relativamente á sua Religião; e se observará para com elles a este respeito o que se pratica com os vassallos das outras Nações de huma differente Comunhão, particularmente com os da Grande Bretanha."

Já em período do Governo do Príncipe Regente, D. João, e em plenas Invasões Francesas, se procedeu de forma idêntica para com a Inglaterra, renovando assim algumas das disposições acordadas no decurso da Restauração e datadas de 1641.

---

aos homens bem intencionados; estes não poderão deixar de regozijar-se vendo os sentimentos de veneração ao Soberano, que um Ministro Diplomatico desenvolve com a franqueza que lhe he natural, misturados com as ideias liberaes; com o desejo de instrucção dos seus compatriotas, e com a tolerancia das opinioens dos outros, ainda quando são oppostas individualmente." Veja-se a notícia inserta na *Gazeta de Lisboa*, 1809, nº 1444, 16 de Novembro de 1809, onde se insere a "Carta ao Editor do *Correio* de Londres", que esteve na base da polémica entre o cavalheiro J. Correia e Hipólito da Costa. A posição da *Gazeta de Lisboa* é o mais isenta possível: publica a carta e o edital régio de 1 de Setembro de 1809 a que se faz referência, abstendo-se de comentários.

[3846] *Regimento do Santo Officio da Inquisição dos Reinos de Portugal*, Livro III, Título VII, pág. 108: "Supposto os Hereges Estrangeiros sejam admittidos nestes reinos, assim como o são em toda a Europa catholica; e haja Concordata para os que vem de outros reinos estranhos não sejão nestes molestados por causa da Religião e da Consciencia: Se com tudo delinquirem nestes reinos com publico escandalo, e com manifesta irrisão, e ludibrio da Religião Catholica, excedendo os termos, com que se admittiram, e tolerão: Os Inquisidores tendo Prova constante do sobredito, sem passarem a outro procedimento, nos darão logo conta, para pormos o caso na Real Presença de Sua Magestade, e a quem só pertence a intelligencia, e interpretação dos Tratados, e a Declaração dos casos, e termos, em que hão de ser castigados semelhantes Réos."

[3847] *Tratado de amizade, navegação, e commercio entre as Muito Alto e Muito Poderosas Senhoras Dona Maria I, Rainha de Portugal, e Catherina II, Imperatriz de todas as Rússias, assinado em Petersburgo pelos plenipotenciários de huma e outra Corte*, Lisboa, 1789; José Ferreira Borges de Castro, *Collecção de Tratados, Convenções, Contratos e Actos Públicos celebrados entre a Coroa de Portugal e as mais Potencias, desde 1640 até ao presente*, Lisboa, 1856, III, págs. 428 e ss.

Assim e por Tratado de 19 de Fevereiro de 1810, sucessivamente ratificado[3848], era acordado e reconhecido por D. João, para si e seus sucessores, que "os vassallos de Sua Majestade Britanica residentes nos Seus territorios e dominios não serão perturbados, inquietados perseguido ou molestados por causa da sua religião, *mas antes terão perfeita Liberdade de consciencia e licença para assistirem e celebrarem o Serviço Divino em honra do Todo Poderoso Deus, quer seja dentro das suas casas particulares, quer nas suas particulares igrejas e capellas, que Sua Alteza real agora e para sempre graciosamente lhes concede a permissão de edificarem e manterem dentro dos seus dominios.* Comtanto porem que as sobreditas igrejas e capellas serão construidas de tal modo que *externamente se assemelhem, a casa de habitação;* e tambem que o *uso de sinos lhes não seja permittido* para o fim de annunciarem *publicamente* as horas do Serviço Divino. Demais estipulou--se que nem os vassallos da Gram Bretanha, nem outros quaesquer estrangeiros de comunhão differente da religião dominante nos dominios de Portugal, *serão perseguidos ou inquietados por materias de consciencia, tanto nas suas pessoas como nas suas propriedades,* emquanto elles se conduzirem com ordem, decencia a moralidade, e de uma maneira conforme aos usos do paiz e ao seu estabelecimento religioso e politico." Caso assim não sucedesse poderiam ser chamados perante a justiça régia portuguesa.

Permitia-se aos protestantes ingleses a possibilidade de particularmente praticarem o seu culto, e construir templos cujas fachadas não fossem denunciadoras do tipo de práticas que no seu interior ocorriam. Era sem dúvida uma medida de amplo significado para Portugal, onde tanto nunca tinha sido encetado e imagina-se a reacção dos portugueses mais ortodoxos, para já não falar no clero nacional, em presença deste dispositivo, por muito discreto que fosse na sua exterioridade.

Em qualquer caso, o avanço é ainda relativo, uma vez que não se admite culto público, ponto se concede que o peso que uma religião oficial sempre tem, por comparação com outras toleradas, e mesmo que se aceite por inteiro a Liberdade de consciência para os estrangeiros. Para estrangeiros, note-se; para os portugueses a questão não se colocava porque seria impossível de colocar[3849].

[3848] José Ferreira Borges de Castro, "Tratado de Commercio e Navegação entre o Príncipe Regente o Senhor Dom João, e Jorge III Rei da Gram Bretanha, assignado no Rio de Janeiro em 19 de Fevereiro de 1810, e ratificado por parte de Portugal em 26 do dito mez, e pela da Gram Bretanha em 18 de Junho do mesmo anno", artigo XII, *Collecção de Tratados, Convenções, Contratos e Actos Públicos celebrados entre a Coroa de Portugal e as mais Potencias, desde 1640 até ao presente*, IV, págs. 366-368; António Delgado da Silva, *Collecção da Legislação Portuguesa*, 1802-1810, pág. 827 e ss.; *Gazeta de Lisboa*, 1810, nºs 261 e 262, 31 de Outubro e 1 de Novembro de 1810; *O Correio Braziliense ou Armazém Litterario*, V, 1810, nº 27, págs. 129 e ss.

[3849] Idem, *ibidem*, pág. 368. Os ingleses afirmavam a reciprocidade mas não se esqueceram de ditar para o Tratado "*conforme ao systema de tolerancia que se acha n'elles* [dominio ingleses] *estabelecido*", mas, e aspecto importantíssimo e que certamente não estaria ao alcance dos portugueses – ainda – estamparam a seguinte proposição: "Elles [os portugueses] *poderão livremente praticar os exercicios da sua religião publica ou particularmente nas suas proprias casa de habitação, ou nas capellas e logares de culto designados para este objecto, sem que se lhes ponha o menos obstaculo, embaraço ou difficuldade alguma, tanto agora como para o futuro.*" Donde, absoluta Liberdade de consciência; relativa a Igualdade em função do tipo de religião praticada.

Uma das medidas previstas no segundo Tratado da mesma data ligava-se ao estabelecimento da Inquisição no Brasil[3850]. O Príncipe Regente, atendendo a que até à presente data não fora estabelecido Tribunal de Inquisição no Brasil comprometia-se a não o fazer nesse Reino[3851], pelo que a Inglaterra se comprometia, de sua parte, a revogar as disposições que pelo Tratado de 1645 não admitiam qualquer medida da Inquisição contra súbditos ingleses.

Jorge III ia mesmo mais longe, sendo admissível que querendo forçar alguma nota, prometia o mesmo em relação Portugal, se aí se verificasse a extinção da Inquisição[3852]. De facto a Inglaterra tinha um enorme poder; mas até mesmo esse poder resultava fraco em relação a algumas das mais eméritas instituições do Portugal do Antigo Regime, quando a evolução a que se assistia no Brasil era evidência.

2. Ideias gerais – a Liberdade política

Quanto à temática da Liberdade política continuava a configurar-se com um dos vários tabus da sociedade portuguesa de finais do Antigo Regime, particularmente preocupada com a difusão das ideias jacobinas e os apelos à soberania popular ou da Nação[3853]. Sabido como é que estas faziam coro nos Areópagos do concerto político internacional, devidamente condicionados pela atitude repressiva que as monarquias do despotismo iluminado ainda mantinham, importa por isso avaliar o impacto que o Individualismo e o Historicismo tiveram em Portugal, compaginá-los com os sucessos de Cádiz, em 1812 e retirar ilações válidas no plano da doutrinação subjacente ao Vintismo nacional.

Em consonância com o que se diz e num plano independente de abordagem, verifica-se que o tipo de literatura oficial portuguesa, está vigorosamente em oposição declarada com as correntes filosóficas que sobretudo em França, antes e depois da Revolução, se vão afirmando decisivamente. Como contraponto, a imprensa portuguesa

---

[3850] Idem, *ibidem*, pág. 406.
[3851] José Silvestre Ribeiro, *Historia dos Estabelecimentos Scientificos Litterarios e Artisticos de Portugal*, IV, pág. 304: "No artigo IX do Tratado de amisade e alliança com a Inglaterra, de 19 de Fevereiro de 1810, leio estas palavras, que deveriam ser gravadas em laminas de oiro: 'Não se tendo até aqui estabelecido, ou reconhecido no Brasil a Inquisição, ou Tribunal do Santo Officio, S. A. R. o principe Regente de Portugal, *guiado por huma illuminista e liberal politica*, approveita a opportunidade que lhe offerece o presente tratado, para declarar espontaneamente no seu proprio nome, e no de seus herdeiros e successores, *que a Inquisição não será para o futuro estabelecida nos meridionaes dominios americanos da coroa de Portugal*'."
[3852] *O Correio Braziliense ou Armazém Litterario*, XI, 1813, nº 62, págs. 164 e 165 dá nota dos procedimentos havidos na Relação Eclesiástica de Lisboa em prejuízo da santa Inquisição. E interroga-se: "Olhamos portanto para este acto do Patriacha Eleito de Lisboa [processar crimes atribuídos á alçada da Inquisição] como o primeiro golpe publico dos Bispos, para vindicarem a sua jurisdição, e destruírem a usurpação illegal do tribunal da Inquisição."
[3853] José d'Arriaga, *História da Revolução Portuguesa de 1820*, I, págs. 473 e 474: "A falta de Obras políticas que se nota em Portugal nos princípios do século XIX, não é prova (...) de que elle não pensasse na sua regeneração social, como a França e mais países da Europa; mas apenas do despotismo da monarchia, que não permittiu a livre expansão das ideias, com receio da revolução, que fora o seu constante e medonho pesadello. Continuou-se a estudar e a pensar na nossa regeneração futura; mas ás occultas e particularmente. Cada um em sua casa lia e estudava as Obras tanto nacionaes como estrangeiras que começaram a correr pelo Reino depois do Marquez de Pombal."

procura desembaraçar-se de algumas teias[3854], apelando sob forma militante à alteração do "status" existente e promovendo a expansão dos benefícios do Liberalismo e da ideia de Liberdade[3855], mais que qualquer outra motivação[3856].

É este o ponto que se irá explorar com maior ênfase. É imperioso aqui proceder ao tratamento de matérias, conferindo grande atenção à imprensa portuguesa anterior a 1820[3857] e, em particular, ao seu posicionamento em Portugal e no estrangeiro no que respeita à divulgação do pensamento externo saído do Individualismo e contributos ingleses, assim como aos sucessos resultantes dos dois factos que proximamente condicionaram 1820: as Invasões Francesas e a ida da Família Real para o Brasil. Retomam-se aqui os considerandos de abertura feitos para o problema da Santa Aliança, ficando justificada a opção.

3. O impacto da Revolução Americana em Portugal

Neste plano, há dados que obrigam a uma posição moderada. Os eventos de 1776 e anos subsequentes foram efectivamente sentidos em Portugal[3858].

Pode mesmo dizer-se que a *Gazeta de Lisboa*, é o espelho ideal para recuperar interpretações sobre o impacto que a sublevação dos colonos ingleses na América do Norte, sua independência e reconhecimento internacional apresentam por este período. Suscitam-se, diariamente e passo a passo, as várias medidas que quer ao nível da guerra com os ingleses quer no plano da decisão do Congresso[3859] iam sendo assumidas.

[3854] É o caso assinalado do redactor principal do *Observador Lusitano em Pariz*, Paris, 1815, Janeiro-
-Abril, *periódico* publicado na capital francesa e de que apenas saíram poucos números, mas que nem por isso deixou de se constituir como marco relevante a ser assinalado.

[3855] *O Correio Braziliense ou Armazém Litterario*, I, 1808, nº 1, "Introdução", pág. 4, onde o seu redactor aponta terem sido os portugueses os "primeiros promotores dos Jornaes Publicos, na Europa (...)."

[3856] *O Observador Lusitano em Pariz*, Janeiro 1815, "Discurso Preliminar", pág. I: "Tres me parecem ser as condições necessarias para desempenhar as obrigações de hum bom redactor: independencia de caracter; moderação nas decisões; e engenho."

[3857] Consta da presente investigação um parágrafo específico para o tratamento da imprensa, no final deste capítulo. Aí se dará conta dos principais contributos teóricos desenvolvidos nas questões da Liberdade individual e da Liberdade política e incursões noutros domínios que com as mesmas se relacionam. Portanto, o que aqui agora se fará é uma abordagem que tem como pressuposto a causalidade próxima da Revolução de 1820, à luz da imprensa portuguesa; posteriormente, as matérias especiais serão tratadas sob formulação especial.

[3858] Pinheiro Chagas, *História de Portugal*, VII, págs. 235 e ss.

[3859] *Gazeta de Lisboa*, 1778-1779, nº 8, Supplemento de 25 de Setembro de 1778, carta de Washington ao governador inglês Johnstone, datada de 18 de Junho de 1778, vai de encontro ao entendimento preconizado em ponto anterior, quando se reflectiu acerca das designações diversas que iam sendo conferidas aos norte-americanos para significar os Estados Unidos, isto é, os tais "Cidadãos", "Habitantes" e "Povos": "(...) Quando vós fordes melhor informado no que respeita a este paiz, vós achareis, Senhor, *que a voz do Congresso he a voz geral do Povo*, e que ele he considerado com justiça como o Tutor dos *Estados Unidos*." O Congresso representa a Nação, os seus cidadãos, habitantes e Povo. Por maioria de razão, uma missiva endereçada ao general americano Gates, que consta do nº 10, de 6 de Outubro de 1778, em que os "Principes Gentios das differentes Tribus" se manifestam a respeito do problema e em dado passo afirmam: "(...) esta he a fortuna da guerra: aquelles, que são soberbos, são algumas vezes humilhados. Isto se mostrou verdadeiro neste caso, e he perfeitamente justo. Nós damos graças a Deos pelo que tem succedido. (...) Irmão, nós vos agradecemos o informar-nos tão promptamente da vossa conquista: nós vos desejamos huma continuação de boa fortuna. *Sachnagerat, Pelles-Brancas, Ojestatare, Grasshoppes.*" Outra carta enviada pelos *Sachemes*, e Guerreiros de *Onondago*, vai no mesmo sentido: "(...) Irmão, nós mandamos o vosso cinto de

DA HISTÓRIA DA IDEIA DE LIBERDADE (SEQUÊNCIA)

Depois da investigação de Calvet de Magalhães, fica claro que em 1776, quando Pombal ainda tinha as rédeas da governação nacional e os colonos norte-americanos se revoltaram, o apoio português pende para o lado da sua velha aliada Inglaterra. Os interesses comerciais a tanto obrigavam e os problemas com a Espanha, do outro lado do Atlântico, a que se conjugava o tipo de pressupostos de que a "rebelião" partia, em nada aproximavam Portugal dos revoltosos[3860]. Em termos práticos isso traduziu-se no encerramento dos portos portugueses às colónias revoltadas, medida com a qual também se procurava por alguma ordem às reivindicações brasileiras que já se tinham feito sentir entre 1710 e 1720.

A atitude portuguesa foi mal recebida pelos norte-americanos, que procuraram imediata compensação junto à Espanha, obtida em termos conhecidos[3861].

Na contingência, prevaleceu o bom senso de alguns dos Pais Fundadores, e, sobretudo de Benjamim Franklin, à época Embaixador americano em Paris, que em

intelligencia pela terra dentro para os *Cayugas*, e *Senecas*: confiamos que sua influencia há de ser muito extensa, esperamos que dentro em breve chegará a *Niagara*. (...) Irmão, o Grande Deos tem determinado esta feliz revolução, como vós observais no discurso que nos dirigistes. Nós devemos todos attribuir a elle a honra, a sabedoria, a victoria. (...) nós vos desejamos continuação de successo. A Deos. *Teahlewengurh*." Como se pode verificar – e as mensagens deste tipo continuam a ser relatadas, por exemplo no nº 10, de 9 de Outubro de 1778 – até mesmo os que depois viriam a ser qualificados de selvagens e maltratados quase ao extermínio, estavam pela revolução e como "Povo" faziam ouvir a sua voz e queriam dela participar.

[3860] José Calvet de Magalhães, *História das Relações Diplomáticas entre Portugal e os Estados Unidos da América (1776-1911)*, Lisboa, Europa-América, 1990, págs. 16 e 17: "(...) no conflito entre a Grã--Bretanha e as suas colónias americanas, o Governo de Lisboa tomou, de início, medidas favoráveis à coroa britânica. (...) Quando a revolta (...) atingiu o seu auge, Pombal, num gesto de apoio à Grã--Bretanha, decidiu intervir e, (...) ordenou que os portos portugueses ficariam doravante fechados aos barcos das colónias revoltadas." Segundo o mesmo diplomata, ainda tentou o primeiro ministro português convencer os ingleses a resolverem o conflito pela via diplomática, fazendo algumas concessões aos seus súbditos norte-americanos, "concedendo-lhes um *Parlamento* próprio, a fim de evitar uma guerra difícil com territórios vastos, que iam da Florida ao Labrador, com uma população de três milhões de habitantes, ricos em matérias-primas, possuindo manufacturas de pólvora e de armas e fundições de artilharia e cujos habitantes se mostravam aguerridos e exercitados em armas." Um tal aviso, endereçado em termos particulares ao nosso representante diplomático na Grã-Bretanha com indicação para o transmitir às Autoridades competentes, inculcava as vantagens na precaução do agir inglês, devendo temer-se "as sublevações, as animosidades e os enfurecidos entusiasmos do tal entendida Liberdade da América inglesa", para o que deveria ocorrer a estes males com "remédios próprios e eficazes que os façam cessar antes de que o tempo os venha a fazer incuráveis; como é muito para temer, se as hostilidades da guerra civil forem azedando e indispondo cada dia mais os ânimos e os espíritos de uma e outra parte. E, ao jeito pombalino, ele que era mestre em diplomacia, aconselhava a técnica a seguir: "dando á Assembleia-geral das colónias o título especioso de *Parlamento*: e ganhando-se a pluralidade dos votos d'ela pelos mesmos meios e modos, que actualmente está praticando a Corte de Londres (...)", assim se promovendo a obediência d'aqueles fanáticos vassalos."
[3861] Da consulta dos elementos disponíveis, pode dizer-se que não apenas os norte-americanos terão deixado de ser imunes à situação, como ela poderia ter contribuído para generalizar ainda mais a guerra à Europa. Uma vez que a Espanha em caso de conflito e por força das quezílias que desde 1640 não estavam resolvidas com Portugal, malgrado os casamentos reais, apoiava os norte--americanos, se Portugal se mantivesse naquela situação de benefício inglês, poderia calmamente pensar em fazer-nos guerra, ponto em que a França honestamente só a poderia auxiliar. E como a Inglaterra se viraria para Portugal, aí estaria mais um conflito a envolver a Europa e que apenas beneficiaria os Estados Unidos.

conjunto com alguns dos seus colegas, se dirigiram ao Embaixador português, a mando do Congresso, averiguando das reais intenções do decreto de 4 de Julho de 1776[3862]. Do mesmo passo foi enviada uma carta com idêntico teor ao Governo português, solicitando a revogação do mesmo[3863]. Na verdade é compreensível que Franklin e os seus colegas não tivessem deliberadamente hostilizado o Governo português; D. José I tinha falecido e Pombal fora afastado; não era conveniente, no plano diplomático, ter o mesmo tom de linguagem insubmissa que o Congresso americano e os seus principais mentores usavam nos debates.

A atitude encetada pelos norte-americanos revelou-se premonitória. A despombalização, nos termos que deve ser admitida, afectou a Administração portuguesa de D. Maria I, teve os seus efeitos também no plano diplomático[3864]. Sem assumir uma posição declaradamente favorável aos norte-americanos para não arranjar problemas com a Inglaterra, decidiu-se pela neutralidade[3865], muito embora este não fosse o ponto

---

[3862] Francis Wharton, *The Revolutionary Diplomatic Correspondence*, apud José Calvet de Magalhães, *História das Relações Diplomáticas entre Portugal e os Estados Unidos da América (1776-1911)*, pág. 19, reproduzindo a carta dos comissários franceses: "Dado que uma longa amizade e comércio têm existido entre os Portugueses e os habitantes da América do Norte, pelos quais Portugal tem sido abastecido com os produtos mais essenciais em troca dos seus excedentes, e nunca a mais leve injúria foi cometida nem mesmo tentada pela América contra esse Reino, os estados Unidos dificilmente podem acreditar que o referido decreto seja genuíno e que Portugal, que pouco mais de um século atrás se encontrava com respeito ao seu antigo Governo numa posição similar à deles, seja o primeiro a censurá-los, como tendo cometido um crime que os tornaram imerecedores dos direitos comuns da humanidade, e seja a única potência na Europa que rejeitou o seu comércio e assumiu julgar a sua causa e condená-los, sem Autoridade, audiência ou inquérito."

[3863] *ANTT, MNE, Legação de Portugal nos Estados Unidos*, cx. 1, doc. 1: "Carta official de Benjamin Franklin para o Governo de Portugal de 16 de Julho de 1777. José Maria Latino Coelho, *História Política e Militar de Portugal, desde os fins do séc. XVIII até 1814*, II, pág. 36: "(...) Franklin escreveu desde Paris ao Governo portuguez, queixando-se em termos graves e decorosos, mas vehementes, da affronta, com que o Marquez de Pombal no seu decreto de 5 de Julho do anno antecedente havia infamado perante a Europa a nova republica americana, ordenando que os seus navios fossem repellidos de todos os portos sujeitos á coroa de Portugal, sem ainda na maior necessidade se lhes ministrar o minimo soccoro."

[3864] José Maria Latino Coelho, *História Política e Militar de Portugal, desde os fins do séc. XVIII até 1814*, II, pág. 36: "Apenas inaugurado o Governo de D. Maria I, pareceu-lhes que pela queda de Pombal, a nova administração, em todos os assuntos contraposta á politica do notavel reformador, se mostraria mais amena e imparcial com a Nação juvenil, que se embalava no berço das batalhas. O Dr. Benjamin Franklin, a quem a Democracia e a sciencia increveram com igual devoção nos seus annaes, como um dos seus mais gloriosos promovedores, estava então em Paris como representante e agente da União americana. Julgou azada a occasião para tentar um passo a favor da sua causa e demover da crua hostilidade a corte de Portugal."

[3865] Ana Cristina de Araújo, "As Invasões Francesas e a afirmação das ideias liberais", *História de Portugal* (direcção de José Mattoso), V, pág. 17: "Durante a guerra de independência americana, o ministério de D. Maria I demarcou-se prudentemente da velha Nação aliada e ensaiou com êxito uma política de neutralidade no conflito aberto com a Inglaterra e a sua antiga colónia. Adesão da Corte de Lisboa à Liga dos Neutros, em 13 de Julho de 1782, longamente negociada por D. Luís Pinto de Sousa Coutinho, teve como desfecho a assinatura de acordos bilaterais de Portugal com os Estados Unidos e a Rússia." Na mesma altura foi assinado o Tratado entre Catarina II e D. Maria I, que é já conhecido. Vejam-se as considerações iniciais neste capítulo e *Tratado de amizade, navegação, e commercio entre as Muito Alto e Muito Poderosas Senhoras Dona Maria I, Rainha de Portugal, e Catherina II, Imperatriz de todas as Rússias*, assinado em Petersburgo pelos plenipotenciários de huma e outra Corte.

de vista britânico. Os portos portugueses ficariam abertos ao comércio de ambos os contendores mas neles não se consentiria a entrada de naus de guerra[3866].

Mais questão teórica que prática, esta neutralidade foi sendo sistematicamente posta em causa pelos ingleses, o que obrigou John Adams a uma das expressões historicamente mais interessantes neste contexto: "(...) Segundo o seu actual sistema de neutralidade, como eles o chamam, os portos de Portugal são tão vantajosos à Inglaterra como os dela própria e mais prejudiciais ao comércio da Espanha e América, se não mesmo de França, não sendo, por outro lado, de qualquer utilidade para a França, Espanha e América. *Este pequeno impotente pedaço de país não deveria fazer tanto mal tão injustamente*. Se é neutro, que seja neutro, mas não diga que é neutro e proceda diferentemente"[3867].

O tratamento dado à matéria em Portugal depois destes eventos iniciais é curioso e aponta no sentido de uma aceitação tácita e institucional portuguesa das mesmas, ainda que por força do nosso modelo político não devesse ser essa, compreensivelmente, a linha de rumo a seguir. Pode mesmo dizer-se que o interesse português pela Revolução Americana a que depois destes episódios se assiste poderia ficar a dever-se muito mais à "novidade" estruturante do novo país, que não havia motivo para desacreditar quando, outros Estados europeus, de reconhecido peso específico superior ao nosso[3868], entendiam patrocinar.

E, enquanto oficialmente Lisboa não se decidia no apoio aos norte-americanos, a imprensa portuguesa não deixava de tacitamente a incentivar, partindo do pressuposto da assumida neutralidade portuguesa. O simples facto de se transmitirem notícias por parte dos sucessos norte-americanos lado a lado com as inglesas, manifestava que ambos os contendores eram – ou pelo menos assim se tentava – colocados em plano de Igualdade.

Noutra perspectiva, nada inculca que a censura portuguesa, com alguma abertura a estas notícias, estivesse adormecida, nem o redactor da *Gazeta* era ingénuo. Provavelmente em nenhum dos casos se vislumbrava o futuro "perigo" que este tipo de revoluções poderia acarretar ou, então, entendia-se que tudo acabaria por se resolver ao jeito inglês. E porque não seguindo o exemplo da *Glorius Revolution* que indicara a casa de Hanôver para suceder à Rainha Ana, na ausência de herdeiros desta, pela indigitação de alguém, por parte do Congresso americano para desempenhar as tais funções?

Em qualquer caso, o espaço reservado à Revolução Americana era sintomático do seu reflexo formal no nosso país, já que em termos materiais não parece que qualquer coisa de "estranho" se tivesse comunicado. Isto mesmo quando, anos decorridos e no período posterior à queda de Bonaparte, há escritores nacionais, próceres da contra-revolução, que sobre os norte-americanos e a sua revolução têm uma perspectiva emblemática: "A America foi, e he, a ultima cidadella a que se acolherão os irmãos

---

[3866] José Calvet de Magalhães, *História das Relações Diplomáticas entre Portugal e os Estados Unidos da América (1776-1911)*, pág. 21.
[3867] Idem, *ibidem*, pág. 22.
[3868] O interesse francês na celebração do Tratado de 6 de Fevereiro de 1778, não era certamente por amor à Liberdade política. Até 1789 oficialmente em França nunca tais ideias vingaram ou puderam vingar. Era mais um estratagema e uma oportunidade visível para dar combate à sua tradicional inimiga, a Inglaterra, que a assunção dos ideais da Revolução Americana. Certamente que os norte-americanos estavam disso cientes, como que em Inglaterra, de que agora se separavam sempre houvera Liberdade política que eles próprios asseguravam querer seguir e manter. Neste caso os interesses de ambas as partes relevavam de uma identidade ou comunhão de princípios políticos.

da Irmandade da trolha"[3869], referência directa aos princípios da Liberdade à época muito em descrédito oficial na Europa.

O desfecho da situação é conhecido. O reconhecimento por Portugal da independência americana é feito em princípios de 1783. Os acontecimentos posteriores, todos eles com carácter eminentemente comercial, não interessam em particular para a pesquisa em curso.

4. O impacto da Revolução Francesa em Portugal

4.1. A difusão das ideias Francesas

A eclosão da Revolução Francesa e a ulterior panóplia de acontecimentos acirrou o espírito persecutório das Autoridades portuguesas[3870], buscando por todos os meios evitar a proliferação da propaganda revolucionária ou simplesmente iluminada[3871]. O mesmo sucedia em Espanha, com muito pouco êxito prático como é conhecido.

Pina Manique é figura chave neste contexto[3872] pelo tipo de actividade desenvolvida e pelos fiéis assessores de que se ia rodeando. Espião notável e mestre assinalado de todas as futuras polícias políticas, o simples facto de imaginar – não se entendia a confirmação como necessária – que alguém era suspeito de jacobinismo ou simpatizante dos pedreiros livres[3873], bastava para os contemplados verem as suas existências

---

[3869] *O Espectador Portuguez, Jornal de Critica e de Literatura, 1816-1818*, Lisboa, 1818, da responsabilidade de José Agostinho de Macedo. Não era um dos textos essenciais desta fase em matéria de periodismo mas ainda assim cita-se sempre que for oportuno. No vertente caso está-se perante matéria versada em I, 1. Semestre, "Supplemento ao *Espectador*", pág. 7.

[3870] *O Correio Braziliense ou Armazém Litterario*, II, 1809, nº 13, págs. 638 e 639: "A lei do estabelecimento da policia em Portugal, que he datada de 25 de Junho de 1760, foi uma das que firmou mais o despotismo odioso do Governo, durante o Ministério do Marquez de Pombal; e *deo o ultimo golpe á Liberdade civil dos Portuguezes, arruinou os fundamentos da jurisprudencia criminal patria, e deo origem ao systema de terrorismo, que o mao character dos Intendentes de policia fez ainda mais odioso aos Povos.*" Esta legislação, ainda que aceitável tendo em vista as finalidade que Pombal prosseguia e que seriam em certos domínios bem meritórias, "(...) póde com muita razão duvidar-se qual dos malles seria maior, se estar a Nação provada dos melhoramentos que elle introduzio; se possuillos, vendo *annihilada a Liberdade civil do Cidadão; porque nenhum beneficio (nem talvez a vida) compensa a Liberdade. Libertas pro nullo venditur auro;* se lê ainda hoje em characteres de ouro na frente de muitas casas, outrora habitadas pelos antigos Romanos."

[3871] Vicente Almeida d'Eça, *Centenário da Guerra Peninsular: conferencias na Escola Naval*, II, Lisboa, 1910, pág. 11: "Os livros francezes entram por toda a parte, ás claras e por contrabando, os bons e os maus. Da *Encyclopedia* vieram dezenas de collecções para Portugal. O exemplar que existe na Biblioteca Nacional, como tantos outros livros francezes, o espólio da livraria de um dos nossos conventos; e assim se entende como é que toda a sciencia franceza do seculo XVIII nos havia penetrado por completo."

[3872] ANTT, *Ministério do Reino*, livro 327, fls. 70v.; António Ferrão, *A Primeira Invasão francesa (A Invasão de Junot vista através dos documentos da Intendencia Geral da Policia, 1807-1808). Estudo Político e Social*, págs. XL e ss., refere-se à nomeação de Pina Manique em Janeiro de 1780 e por morte de Manuel Gonçalves de Miranda.

[3873] Albert Silbert, *Do Portugal do Antigo Regime ao Portugal Oitocentista*, pág. 48: "Em 1797, a polícia prende em Lisboa seis pessoas acusadas de defenderem nos cafés propósitos republicanos." Estas pessoas poderiam ser eventualmente mações mas, de facto, se isso podia ser por si só negativo, pior era que existissem independentemente de quaisquer outras ligações. Portanto e à cautela, prendiam-se os visados e tentava-se por eles saber algo mais sobre outros possíveis subversores.

DA HISTÓRIA DA IDEIA DE LIBERDADE (SEQUÊNCIA)

bastante comprometidas[3874]. Na contingência e para evitar sobressaltos maiores, os visados, sobretudo franceses mas também alguns portugueses, prestavam-se à emigração e nestes se encontravam muitos mercadores de livros e alguns periodistas, cujos bons ofícios, por serem mal vistos em Portugal, iriam transformar-se numa das mais importantes fatias da massa crítica nacional a actuar no estrangeiro.

No interior do país a divulgação das ideias revolucionárias ficou a dever e muito a agentes normalmente esquecidos, ou ao menos pouco lembrados e que, no presente contexto, tiveram uma importância fundamental para a mesma. Se no que respeita à imprensa e seu papel fundamental os termos da equação estão firmados, já para outros casos importa precaver para o facto de muitos marinheiros, membros da Armada Nacional ou simples trabalhadores embarcados, assim como militares do Exército nacional[3875] ou da armada da Gironda[3876], diplomatas[3877] e alguns estrangeirados, terem desempenhado papel de relevo na divulgação das ideias francesas em

---

[3874] Não significa isto admitir que Pina Manique era apenas um inimigo de tudo o que se relacionasse com a Revolução Francesa e a entrada de ideias suas em Portugal. Isso é uma realidade, mas não parece que a figura em questão apenas se possa enquadrar num contexto tão limitado. Se não é este o mote que interessa ao presente discurso, não pode deixar de ser feita a devida menção, para evitar uma qualquer inclusão no número daqueles que apenas o criticam e invectivam – com razão – num certo plano, esquecendo os demais domínios em que teve actuação meritória. Veja-se Lígia Cruz, *Pina Manique e a Universidade de Coimbra. Cartas do Intendente e de José Rodrigues Lisboa para o Doutor Francisco Montanha*, Coimbra, Arquivo da Universidade de Coimbra, 1984, pág. 5: "Figura controversa no seu tempo, como o tem permanecido através dos anos, o Intendente Diogo Inácio de Pina Manique marcou uma época pelo arrojo dos seus entendimentos. Sujeito a erros como todo o Ser humano, deixou no entanto uma obra social e humana que a má vontade e a cegueira apaixonada de uns tantos não conseguiu apagar." No mesmo sentido António Ferrão, *A Primeira Invasão francesa (A Invasão de Junot vista através dos documentos da Intendencia Geral da Policia, 1807-1808). Estudo Político e Social*, págs. XLII e XLIII: "Tem-se apresentado Pina Manique quase exclusivamente, como um inimigo irreconciliável da Revolução Francesa e um perseguidor *à outrance*, dos liberais, dos francesistas ou jacobinos. E é sob esse aspecto único que se tem querido encarar, estudar, caracterizar Pina Manique, esquecendo-se os que tal têm feito que, com isso, além de alimentarem uma monstruosidade histórica – como é o facto de estudar incompletissimamente uma individualidade tão complexa como Manique, – cometem uma grave injustiça, só criticando, vituperando ou achincalhando a memória de um português tão benemérito como ele foi."

[3875] Luís A. Oliveira Ramos, "Reflexões sobre as origens do Liberalismo em Portugal", *Sob o signo das "Luzes"*, Lisboa, INCM, 1988, págs. 138 e 139: "pela intensidade da leitura, interesse dos componentes e natureza dos conceitos debatidos, possuem inegável projecção o núcleo de soldados e estudantes iluministas da fortaleza de Valença do Minho onde renasce o veio outrora alimentado por José Anastácio da Cunha e sempre pela biblioteca do brigadeiro escocês Diogo Ferreira; os núcleos de Coimbra, projectadores da viva contestação juvenil; os de Lisboa, já com relevo para os heterodoxos da Casa do Risco da Ribeira das Naus; já para o frequentado por José Bonifácio de Andrade e Silva; o de Lamego, animado por Agostinho José Freire e alguns padres.

[3876] Simão José da Luz Soriano, *História da Guerra Civil e do Estabelecimento do Governo Parlamentar em Portugal*, Segunda Ephoca, I, págs. 238-240.

[3877] Joaquim António de Sousa Pintassilgo, I, pág. 30, aponta o exemplo do Conde da Barca que chegou a Paris pela primeira vez em Março de 1790 e aí, "ao que parece" terá sido frequentador de algumas sessões da Assembleia Constituinte. Durante este período de quatro meses da sua permanência na capital francesa, "há a destacar (...) a aprovação da Constituição Civil do clero (12 de Julho) e, dois dias depois, a 'Festa da Federação' (...)." depois desta missão diplomática voltará a Paris em 1796, numa fase já muito complicada para Portugal e em que se anunciavam algumas

Portugal[3878]. Comerciantes, operários e até opositores da Revolução Francesa e que de França fugiram, sobretudo militares e eclesiásticos refugiados em Portugal, não podiam por força das suas críticas deixar de falar no assunto[3879].
Por via deles se sabia o que os franceses revolucionários defendiam. Por via deles se conheciam as oposições e se lançava a semente da curiosidade entre os mais ilustrados dos portugueses[3880] e se os seus nomes não chegam, regra geral, aos escaparates da recordação, trabalho interessante seria o da consulta dos professores que ensinaram em conventos e mosteiros da nossa terra, seus discípulos, o que queriam e o que sentiam.

Não admira, deste modo, que para alguns sinceros conservantistas os nomes dos pensadores enciclopedistas ou dos escritores que discutiam no mesmo espírito se tornassem símbolos da revolução, e os combatessem pela eliminação.

Buscando as fontes onde os portugueses de Setecentos se apoiaram para proceder a tantas e tão profundas alterações, no plano formal, no que respeita à temática da censura dos livros e concomitante Liberdade individual nos termos predefinidos, ocorrem contributos interessantes e dignos de nota. Utilizando investigação alheia[3881]

---

das posteriores tentativas de partilha do território nacional, que o Conde da Barca tentou gerir da "melhor forma possível."

[3878] Luís A. de Oliveira Ramos, "Os agentes de introdução do ideário da Revolução francesa em Portugal", *Portugal. Da Revolução Francesa ao Liberalismo*, Actas do Colóquio 4 e 5 de Dezembro de 1986, Braga, Universidade do Minho, 1987, págs. 11 e 12; idem, *Da Aquisição de Livros Proibidos nos Fins do Século XVIII (Casos Portugueses)*, Porto, 1974, págs. 8 e ss.: "Ao que parece, foi, (...) uso recorrer à biblioteca de algum militar estrangeiro residente no país e, bem assim, pedir a um diplomata para mandar vir livros em questão, ou para ceder algum exemplar que possuísse."

[3879] Vicente Almeida d'Eça, pág. 13: "Portugal recebeu com alvoroço as novas ideias proclamadas pela Revolução. Debalde Pina Manique procurava oppôr-se. Portugal encheu-se de propagandistas; se para cá vieram emigrados da realeza, tambem vieram fautores da republica; e as novas idéias eram bem acolhidas, mórmente pela parte mais illustrada da Nação: academicos, magistrados, titulares, membros das ordens religiosas."

[3880] José Bernardo da Gama e Athayde, *Censura ao Processo verbal da Assemblea dos Notaveis*, que houve em Versalhes em 1787, em 15 de Abril de 1790, apud Teófilo Braga, *História da Universidade de Coimbra*, III, págs. 124 e 125: "O Rey fez convocar esta Assembleia Nacional, em que entraram pessoas de diversas condições e das mais qualificadas do seu Estado, para lhe communicar as vistas geraes que elle se propunha aos sobreditos fins, que tinham por base a propsperidade publica; para que as decisões dictadas pelas luzes e pelo patriotismo dos representantes e orgãos escolhidos do imperio fossem o resultado da opinião commun; e para que sendo participadas pelas ordens primeiras da Monarchia e chefes de cada uma das cortes aos seus respectivos corpos fossem por elles aceites e recebidas como fructos sasonados de uma discussão profunda, tratada e reflectida no mais nobre e no mais augusto dos Conselhos. (...) Porém não previu as consequencias que necessariamente hião a resultar funestas a si e ao Governo por este ponto de se achar a Nação altamente esclarecida e illuminada, e o Povo com os olhos fixos nos seus direitos e nos seus interesses. (...) Elle emfim não advertiu que a dita Assemblea daria logar a outra mais plena e mais authentica dos Estados Geraes, que o Rei se viu quasi como necessidade a convocar para tranquilizar os animos, d'onde se originou a pasmosa Revolução de que uns esperam tantos bens e outros vaticinam tantos males. Como porém o livro do Processo verbal não trata dos principios d'esta nova Constituição, que se opéra em França pelo concurso d'aquelles estados; antes as fallas, discursos, peroções e memorias que contém se dirigem ao melhoramento da Monarchia, sem conversão nem alteração das solidas bases que formam a sua verdadeira consistencia, não vejo motivo porque se deixe de permittir ao publico a sua lição."

[3881] Francisco da Gama Caeiro, "Livros e Livreiros franceses em Lisboa, nos fins de Setecentos e no primeiro quartel do séc. XIX" separata do *Boletim de Bibliografia da Universidade de Coimbra*, Coimbra,

DA HISTÓRIA DA IDEIA DE LIBERDADE (SEQUÊNCIA)

e por cuja confirmação se pautaram buscas pessoais[3882], manifesta-se o incremento que a cultura francesa ia tendo no nosso país e que, em circunstâncias especiais, nem sequer vedava a leitura dos chamados livros proibidos[3883].

Neste contexto, a sucessão a que se assistia entre membros da mesma família em idêntica actividade comercial pode ser comprovada nos dias que correm, uma vez que existem catálogos da Livraria Bertrand logo em 1781. E é apenas um exemplo, talvez o mais claro, mas não único[3884], como se pode observar da leitura dos citados catálogos[3885], no que respeita a Autores e Obras[3886].

1980, págs. 12 e ss.; Luís A. Oliveira Ramos, "Franceses em Portugal nos fins do século XVIII. Subsídios para um Estudo", *Da Ilustração ao Liberalismo*, Porto, 1979, págs. 1 e 2: "de relevância particular revestiu-se a acção dos mercadores de livros, os quais muito contribuíram para a difusão, em Portugal, das correntes do pensamento europeu."; idem, *Da Aquisição de Livros Proibidos nos Fins do Século XVIII (Casos Portugueses)*, págs. 5 e ss.

[3882] ANTT, RMC, caixas 139, 141, 142 e 144, Listas de Livros vindos do estrangeiro; caixas 494-497, Catálogos de Livreiros e Editores. Neste núcleo e por amostragem retiraram-se uma série de catálogos distribuídos a partir de 1781, onde o número de Livreiros franceses supera todos os demais, incluindo os portugueses, manifestando o peso e a importância que tinham em Portugal e a sua fixação no nosso país ao longo de todo o período que decorre entre o momento da instituição da Real Mesa Censória e o período imediatamente posterior à Revolução de 1820. A simples consulta dos catálogos coloca o intérprete, de imediato, em presença dos Bertrand, Borel, Aillaud, Rey, Rolland e outros, cuja influência directa na aquisição de livros pela "inteligentzia" nacional nunca poderá ser esquecida. Não foi verificado o período anterior por não interessar em especial. Veja-se um aviso de 26 de Janeiro de 1795 em António Delgado da Silva, *Collecção da Legislação Portugueza*, 1791-1820 (Supplemento), pág. 57.

[3883] Luís A. Oliveira Ramos, *Da Aquisição de Livros Proibidos nos Fins do Século XVIII (Casos Portugueses)*, pág. 7: "Todavia, se um indivíduo tinha licença para compulsar livros proibidos, então incumbia um mercador da especialidade de os encomendar e, quando os volumes chegavam, vendedor e comprador faziam um requerimento à soberana a dar conta da vinda do que fora pedido, da existência da permissão de leitura, outrossim, rogando autorização para proceder ao levantamento das espécies, autorização que, em regra, era concedida."

[3884] Pinheiro Chagas, *História de Portugal*, VII, pág. 329: "D. Vicente de Sousa Coutinho participava de Paris que um tal Jacques Borel mandara imprimir 12.000 exemplares da Constituição francesa, traduzida em portuguez, e outros 12.000 da folhinha do Pére-Gerard, publicação revolucionária."

[3885] Teófilo Braga, *História da Universidade de Coimbra*, III, pág. 15: "Já não bastava o exame dos livros pela Mesa Censória; os Livreiros tinham de apresentar á approvação do Governo os catalogos dos livros que importavam, e de manifestar aquelles que remettiam para qualquer localidade do Reino ou para o Brazil. Os livros eram examinados policialmente na alfandega, e sendo de auctor suspeito eram queimados na praça publica, com pregão, pela mão do carrasco. O que os Jesuitas, depois do Concilio de Trento, tinham organizado nos *Indices Expurgatorios*, para comprimirem a livre critica que dissolvia o poder espiritual da unidade theologica, os Governos monarchicos o repetiam agora para reagirem contra os impulsos de emancipação social que punha em discussão o privilegio monarchico."

[3886] E, se é verdade que não é este um assunto que possa aqui ser desenvolvido em especial, na medida em que por si só as tertúlias literárias, os clubes de jacobinos portuenses e lisboetas e as serenatas académicas onde se aproveitava para discutir a temática constituirão, por si só, tema autónomo de investigação. Aqui apenas se pretende deixar cair algumas pistas com interesse para desenvolvimentos futuros.

A nata da intelectualidade portuguesa estava atenta e, muitas vezes, aderia às ideias francesas[3887] ou, pelo menos, discutia os temas[3888]. Aconteceu com frequência[3889]. Alguns casos são absurdos, ainda que de passagem já tivessem ficado apontados. Recordem-se os nomes de António Pereira de Figueiredo e de Teodoro de Almeida e o que deles se quis dizer e fazer, associando-os a Robespierre e à Convenção. É de conhecimento geral a luta que Pina Manique teve contra todos[3890]. As suas "esvoaçantes moscas"[3891] não davam tréguas nem descanso aos ímpios[3892] divulgadores das ideias francesas, sobretudo porque era claro que não se conseguiam controlar os mesmos[3893] ainda quando a repressão aumentava[3894]. A festa que o Povo de Paris[3895]

[3887] José Liberato Freire de Carvalho, *Memórias da Vida de José Liberato Freire de Carvalho*, Lisboa, 1855, pág. 30., dá nota da frequência que o convento de S. Vicente e a sua livraria tinham entre 1800 e 1805. Merece a pena deixar algumas notas: "A livraria de S. Vicente nessa época era uma das mais nomeadas em Lisboa, não só porque tinha um fundo de excellentes livros, mas que estes todos se augmentavam com que de novo se publicavam nos paizes estrangeiros, e que o livreiro Rey, do Chiado, tinha incumbencia para lá mandar. A este respeito contarei uma anedocta então sucedida. Creio que o primeiro exemplar das *Ruinas de Volney* appareceo em a nossa livraria; e como fosse para alli remettido, foi posto de manhã sobre uma das mezas antes que meu irmão lá apparecesse. Era então Prior da casa aquelle mesmo individuo de que já fallei [um desafecto dos franceses e que recebia no seu quarto o Conde do Lavradio, o Marquez de Penalva, D. Lourenço de Lima e outros...]. Passando por lá por acaso vio aquelle livro novo, que o creado lhe disse acabava de ser remettido pelo livreiro, e tendo curiosidade de ver o que era, abri-o, e leo algumas páginas. Parecendo-lhe então que era um livro perigisissimo, o expediente que tomou foi ir immediatamente denuncia-lo como tal, e accusar o livreiro que o tinha mandado para a livraria, como homem que recebia taes Obras, e era possivel que tivesse muitas iguaes para distribuir. Custou muito ao innocente livreiro Rey a defender-se; e só provando que era o único exemplar que havia recebido, e que mesmo sem o ler o tinha mandado para a livraria foi que se livrou de graves incomodos. Tal era o homem que, como Prior da casa, então nos governava!"

[3888] Idem, *ibidem*, págs. 29 e ss.: "Entre os individuos que constantemente vinham estar conosco, nomearei alguns, entre os quaes, pelo tempo adiante, houve mais do que um, que chegou a ser notável, e a ter grandes postos na nossa terra. Entre todos os que se mostravam nossos amigos, nomearei em primeiro lugar José Aleixo Falcão Wanzeller (...), Filippe Ferreira (...), Bento Pereira do Carmo, Hermano Braancamp (...)." Ou seja, alguns dos futuros homens do Triénio Vintista.

[3889] Pinheiro Chagas, *História de Portugal*, VII, págs. 33 e ss., aponta alguns exemplos: Filinto Elíseo, Félix de Avelar Brotero, José Correia da Serra, Bocage, André da Ponte do Quental, José Anastácio da Cunha e outros menos conhecidos mas não menos determinados.

[3890] Pinheiro Chagas, *História de Portugal*, VII, págs. 329 e ss.

[3891] Teófilo Braga, *Bocage – Sua Vida e Época literária*, Porto, 1902, págs. 256 e ss.: "O intendente e os seus moscas faziam uma infernal repressão à *inteligência portuguesa*, numa sociedade *atrofiada sob um idiótico Governo paternal*."

[3892] António Delgado da Silva, *Collecção da Legislação Portuguesa*, 1802-1810, pág. 227, aponta e serve de exemplo um edital da policia acerca de certos papeis, e livros impios datado de 16 de Junho de 1803.

[3893] Teófilo Braga, *História da Universidade de Coimbra*, III, págs. 115 e ss.

[3894] Joaquim António de Sousa Pintassilgo, pág. 6: "(...) ao nível do debate político e da sugestão de reformas, uma certa tolerância se instala durante alguns anos [depois do afastamento de Pombal], interrompida pelo temor que se instala nos grupos dirigentes a partir da radicalização da Revolução Francesa, temor esse exemplarmente protagonizado na obsessão repressiva de Pina Manique".

[3895] Gonçalves Crespo, pág. 224: "Em caminho da Guilhotina, dedicado à Senhora Condessa de Sabugosa –

    A viuva Capet vai ser guilhotinada.
    Ora naquele dia o Povo de Paris
    Formidavel, brutal, colérico, feliz.
    Erguera-se ao primeiro alvor da madrugada.

fazia da sua revolução³⁸⁹⁶ chegava a Portugal por via de panfletos, canções e até alguns livros de cunho libertário. Aos poucos, os portugueses iam aprendendo o sentido da ideia de Liberdade e da imagem da Igualdade proveniente de França³⁸⁹⁷.

A crítica, merecida neste contexto mas com as condicionantes já notadas, pode ser aplicada com propriedade ao seu sucessor, que apesar dos esforços nunca teve a notoriedade do citado, ao caso o desembargador Lucas Seabra da Silva, ele mesmo filho daquele a quem se atribuí a *Dedução Chronologica e Analytica*³⁸⁹⁸.

Somados a estes activistas e panfletários, alguns intelectuais portugueses³⁸⁹⁹, que quer no plano universitário quer no plano individual produziram alguns trabalhos com interesse neste quadro, ainda que a generalidade dos nossos escritores continue a alinhar pelo diapasão do Antigo Regime³⁹⁰⁰.

No Absolutismo esclarecido português³⁹⁰¹, como no antecedente Consensualismo nacional ou remontando ao Medioevo, o problema foi sempre e invariavelmente o

> O caminho traçado ao fúnebre cortejo
> O Povo redemoinha;
> Que todos sentem n'alma o tragico desejo
> De ver como Sansão degola uma Rainha."

[3896] Jean Tulard, "Paris Contre-Révolutionnaire", *Les Résistences à la Révolution*, pág. 202. Nem todo o Povo de Paris, em boa verdade fazia a festa da revolução ou se manifestava em prol dela. O esclarecimento convém que fique bem marcado uma vez que "a toujours parler de Paris, de ce peuple de la capitale qui prit la Bastille, donna l'assaut aux Tuileries et envahi la Convention à plusieurs reprises, on a fini par croire que Paris était une ville peuplée uniquement de partisans de la révolution. En réalité, les éléments révolutionnaires n'ont jamais représenté qu'une minorité et il a existé aussi, face à la masse de la population soucieuse avant tout d'assurer sa subsistance, une autre minorité, Contre-révolutionnaire celle-là, que l'on a trop tendance à négliger." Também neste sentido iam as observações do Conde da Barca, conforme Joaquim António de Sousa Pintassilgo, I, pág. 88: "(...) um Povo incendiado com a paixão da Liberdade."

[3897] Ana Cristina Araújo, "As Invasões Francesas e a afirmação das ideias liberais", *História de Portugal* (direcção de José Mattoso), V, pág. 19: "Os rigores da Intendência-Geral da Polícia, dirigida pelo filantrópico e esclarecido Pina Manique, atingem o paroxismo. São frequentes os apresamentos dos navios franceses, os impedimentos da alfândega em busca de livros proibidos e o encarceramento ou expulsão de vários franceses residentes em Lisboa."

[3898] Em Setembro de 1810, por exemplo, o citado Lucas, hábil discípulo de Pina Manique, reconhecia em edital que "os inimigos deste reino, confiando menos na força dos seus exercitos do que no manejo da intriga, tem feito circular por algumas partes Proclamações e outros papeis insidiosos", sendo evidência que por essa via se intentava a sedição, promovendo em Portugal aquilo que desleais franceses e incautos espanhóis haviam admitido nos seus respectivos países. Ver António Delgado da Silva, *Collecção da Legislação Portuguesa*, 1802-1810, págs. 905 e 906.

[3899] Quanto ao Povo nem mereceria a pena falar. Continuava a considerar-se a camada mais baixa da sociedade – que todos clamavam na necessidade e arredavam na abastança – sem quaisquer prerrogativas positivas de distinção. A afirmação não é pessoal; são as provas factuais e os relatos a que se assiste. Se as coisas estavam mal no tempo de Pombal, quando este reformou os Estudos Menores, pior ficaram no tempo de D. Maria I, onde a reforma foi parcelarmente revogada, e as poucas possibilidades que havia para os mais necessitados terem um pouco de direito à educação, caíram nas calendas do situacionismo anterior.

[3900] Pela importância que revestiram abrem-se zonas específicas deste trabalho para proceder à sua análise.

[3901] Teófilo Braga, *História da Universidade de Coimbra*, III, pág. 50: "As doutrinas de Descartes não penetraram em Portugal, foram prohibidas no ensino e condenadas na *Mesa Censoria* por causa da

mesmo. Em Governos mais ou menos acentuadamente discricionários, a plena e ilimitada Liberdade de pensamento confunde-se sempre com a heresia sob o ponto de vista oficial. Por isso mesmo o luso engenho, iluminado por uma Liberdade de pensamento ecléctica, sem dúvida, mais avançada em ponderação com fases anteriores, timidamente principia a gatinhar na promoção de algumas das audazes ideias dos demolidores da França moderna. Assim se posicionou idealmente para a costumada repressão oficial[3902].

E será que foi possível lutar contra tudo isto e, a final, instaurar num país culturalmente vocacionado para o tradicionalismo, quando não surdo e mudo às investidas do despotismo, uma mentalidade e um discurso em abertura para as ideias que o Individualismo propiciava?

4.2. Universidade e sociedade nas vésperas do Liberalismo em Portugal

Tendo presentes os considerandos tecidos em momento anterior e ao nível da temática cultural e renovação da Universidade de Coimbra, bem como algumas das medidas que se lhe seguiram no reinado de D. Maria I[3903] e que foram alvo de análise no âmbito da recepção das ideias francesas em Portugal, importa indagar em que medida é possível enquadrar o impacto da Revolução Francesa nessa instituição.

Uma coisa é a linha de rumo oficial seguida por uma certa corporação, outra, bem distinta, a actividade que, no seu interior, alguns dos seus membros patrocinam. Sem dúvida que dispostos a arcar com as consequências nefastas das suas tomadas de atitude, havia em Coimbra lentes que recomendavam aos seus alunos Obras cons-

---

duvida philosophica que insurreccionou os espíritos; as idéias fundamentaes de Bacon foram tambem embaraçadas pelo director jesuita de D. João V. (...) Sustentava-se a todo o transe o Peripatismo, ou as opiniões dos comentadores de Aristóteles, como confessa o padre António Pereira de Figueiredo. Mas este atrazo estúpido não impediu que os Livreiros introduzissem em Portugal as Obras de Hobbes e de Locke, e que se difundissem os escriptos dos Encyclopedistas, de Voltaire, Rousseau e Diderot, e dos atheistias d'Holbach, Helvetius, e toda a legião de anonymos que de Amsterdam e Londres espalhavam as doutrinas subversivas e negativistas que precederam a crise violenta da revolução."

[3902] Rocha Martins, *Episódios da Guerra Peninsular. As três Invasões Francesas*, Lisboa, 1944, III, págs. 181 e 182: "Os 'afrancesados' eram muitos, mas maior o número de denunciantes. Havia quem se dirigisse à polícia por inveja dos vizinhos, raivas incontidas, manifestadas em cartas anónimas. Era o veso que o Santo Ofício aninhara durante séculos. (...) Agora sucedia o mesmo nas delações de jacobinismo. Somente, em vez do queimadouro havia os cárceres ou expulsão do país, medidas que através da polícia legal, eram benignas para castigar traidores."

[3903] Saliente-se, pela importância que reveste, a chamada "Reforma de 1806", a que se alude em vários locais e que transformou o ensino do Direito Pátrio, de uma única em duas cadeiras, por alvará de 16 de Janeiro de 1805. Vejam-se as *Actas das Congregações da Faculdade de Leis (1772-1820)*, I, pág. 247: "Notas sobre alguns Lentes de Direito Pátrio no período de 1772-1804"; *Actas das Congregações da Faculdade de Cânones (1772-1820)*, I, pág. 308; Paulo Merêa, "Lance de Olhos sobre o Ensino do Direito (Cânones e Leis) desde 1772 até 1804", *Boletim da Faculdade de Direito da Universidade de Coimbra*, 33, 1958, Coimbra, págs. 187-214; idem, "Rol dos Lentes catedráticos e substitutos das Faculdades de Cânones e Leis desde 1772 (Reforma Pombalina)", *Boletim da Faculdade de Direito da Universidade de Coimbra*, 33, 1958, Coimbra, págs. 324-330; idem, "O Ensino do Direito em Portugal de 1805 a 1836", *Jurisconsultos portugueses do século XIX*, I, Lisboa, 1947, págs. 149 e ss.; José Artur Duarte Nogueira, "As Instituições e o Direito", *História de Portugal*, II, pág. 377.

tantes do Índex[3904] e alguns estudantes que entre si discutiam as teses dos filósofos das Luzes[3905] e, pior, dos escritores das "Revoluções Atlânticas"[3906]. Sem dúvida que os estudantes o faziam[3907]; mas é evidência dos factos não ser essa, de forma alguma, a política oficial da instituição[3908].

[3904] João Pedro Ribeiro, *Reflexões Historicas*, apud Teófilo Braga, *História da Universidade de Coimbra*, III, pág. 16: "Vivi em Coimbra na época em que um grande numero de mancebos de diversas Faculdades se deslumbravam com a *Economia* e *Politica*, e reduzindo-se aos seus compendios sómente para poderem satisfazer aos exercicios e concluir o seu curso se voltaram a ler Montesquieu, Filangier, Blackston, sem se esquecerem de *Helvecio* (que houve lente que lh'o inculcava), Contrato social, etc." Veja-se Georges Boisvert, *Un Pionner de la Propagande Liberale au Portugal: João Bernardo da Rocha Loureiro (1778-1853)*, Paris, Fundação Calouste Gulbenkian, Centro Cultural Português, 1982, págs. 30 e 31: "L'intendant général de la police du royaume, Diogo Inácio de Pina Manique, portait des accusations plus graves et plus précises. Dans un rapport daté du 24 Avril 1804, il incriminait principalement les membres du corps professoral auxquels il reprochait de se répandre avec complaisance en discours inconvénients, et il ajoutait: une profusion d'écrits libertins et scandaleux, également attentatoires à religion et aux bonnes moeurs, tels que ceux des Bayle, des Fréret, des Helvétius et des Rousseau, passe par les mains des professeurs et de leurs assistants, et même par les mains d'un grand nombre d'étudiants."
[3905] Georges Boisvert, *Un Pionner de la Propagande Liberale au Portugal: João Bernardo da Rocha Loureiro (1778-1853)*, pág. 30, citando Ribeiro dos Santos: "Se estudam, são as novelas de amor ou livros contra a religião e o Estado."
[3906] Luís A. Oliveira Ramos, "Reflexões sobre as origens do Liberalismo em Portugal", *Sob o signo das "Luzes"*, pág. 136: "Para a circunstância contribuiu ainda o facto de, no último quartel do século, frequentar a Universidade de Coimbra um número apreciável de estudantes de todo o país que, nesse meio, antes e sobretudo depois das reformas pombalinas, ganhou familiaridade com as teorias do Iluminismo, então discutidas por escolares, inculcadas por catedráticos mais abertos e, em especial, conhecidas pela leitura de um Montesquieu, de um Voltaire, de um Rousseau, de Bielefelt, D'Holbach, D'Argenson, Helvetio, Mably, Raynal e tantos outros. (...) O Iluminismo significou, na área peninsular, a aceitação da pesquisa científica e dos respectivos resultados mesmo quando contrários às opiniões tradicionais, implicou a flagelação das superstições e dos preconceitos propiciadores de injustiça e de opressão, contemplou o exame crítico das crenças correntes e o seu repensar, outrossim originando claro interesse por reformas de natureza económica e social. (...) Em Coimbra, como noutros pontos do país, as Obras dos corifeus do século das luzes em que assentaram muitas das trajectórias agora evocadas eram vendidas pelos Livreiros a recato da censura."
[3907] João Pedro Ribeiro, *Reflexões Historicas*, apud Teófilo Braga, *História da Universidade de Coimbra*, III, pág. 16: "Um dos taes Economistas me pediu com muitas instancias o *Indice das Obras prohibidas pela Mesa Censoria*; mal podia eu prever o fim porque elle o fazia; porém soube depois que era para com ellas abastecer a sua Livraria. Passou a Lente e a desembargador: que bellos subsidios d'ellas não podia tirar para as suas Prelecções e Acórdãos... "Para os estudos jurídicos veja-se a síntese de Georges Boisvert, *Un Pionner de la Propagande Liberale au Portugal: João Bernardo da Rocha Loureiro (1778-1853)*, págs. 24 e ss. e também em sentido geral Graça e J. S. da Silva Dias, *Os Primórdios da Maçonaria em Portugal*, Lisboa, Instituto Nacional de Investigação Científica, 1980, I, 1, pág. 381.
[3908] *O Portuguez*, X, nº 55, "Proposição do ministro de Sua Magestade Imperial e Real Apostolica, Presidente da Dieta Germanica (...): Estado da instrucção publica e das Universidades", págs. 10 e ss.: "As Universidades d'Alemanha (...) já não gozam da reputação que d'antes tinham. Já há muito que o observador Illuminado vê com pesar que em muitas destas instituiçoens apartado do seo primitivo character, e do espirito com que seos illustres fundadores as crearam. Muitos dos Professores Academicos arrastados pela torrente do seculo tem pervertido o verdadeiro fim das Universidades, e lhes tem dado uma arbitraria, e, muitas vezes, perniciosa direcção. Em Lugar de instruírem os estudantes, que tem a seu cargo, para os empregos que elles tem de servir no Estado, inspirando aquelles sentimentos de afecto, e devoção dos quais colheria fructo a sua Patria, pelo contrario, tem seguido o phantasma de uma educação cosmopolitica, accumulando em suas indoles,

Estranho seria que a Universidade pombalina, um dos baluartes do Antigo Regime, estivesse predisposta a aceitar a Revolução Francesa e o Liberalismo. Por isso mesmo é imprescindível perceber que não é possível confundir duas realidades, coexistentes num mesmo espaço físico, mas em clara oposição entre si.

D. Francisco de Lemos, o meritório executor das medidas pombalinas de Reforma, alertado pelos ventos da Revolução Francesa e, como todos os responsáveis pela preservação do sistema cultural e político que então vigia em Portugal[3909], deu o primeiro sinal de alerta. Sem estranheza; ele era um reformista da velha cepa josefina, eventualmente convertido ao tradicionalismo. Não era nem pretendia ser revolucionário.

Neste sentido se procura evitar que penetrem na Universidade quaisquer matérias de cariz subversivo e ainda que apenas suspeitas[3910], tendo em vista a conservação da religião[3911], dos costumes e obediência empenhada a D. Maria I[3912], na manutenção doseada dos ideais preconizados por 1772.

alias acessiveis ao erro e á verdade, perigosas ideias, e inspirando-lhas, senão com vistas sinistras, ao menos com uma aversão decidida a todos aquelles estabelecimentos, que elles vêm á roda de si. *O resultado destas doutrinas falsas tem sido tão prejudicial ás vantagens do Estado, como aos interesses da mocidade, havendo produzido nesta ultima a presumpção de uma imaginária perfeição, em desabono das verdadeiras doctrinas, e uma pertensão de re-estabelecer a ordem social sobre bazes de um systema impraticavel (...). Em um tal estado de cousas mais se deve, sem duvida, attender á conservação da ordem publicado que a outra alguma consideração (...).*"

[3909] *O Investigador Portuguez em Inglaterra*, I, Setembro de 1811, pág. 468: "Contrario inteiramente ao systema do despotismo, que só tem por baze a ignorancia e o erro, hum Governo legitimo e sabio conhece bem, que he da publica e liberal instrucção que depende não so a civilização e prosperidade nacional, mas o fundamento da moral e dos costumes."

[3910] Georges Boisvert, *Un Pionner de la Propagande Liberale au Portugal: João Bernardo da Rocha Loureiro (1778-1853)*, pág. 22: "Après la disparition de Pombal de la scène politique, malgré la 'Viradeira', la réforme de l'Université avait suivi son cours. Certes, l'interdiction de diffuser des idées réputées 'impies' ou 'séditieuses', la pesanteur de certaines habitudes, l'évolution trop lente des mentalités, les difficultés matérielles, s'étaient conjuguées pour en contrarier l'accomplissement. Un quart de siècle après sa mise en application, tous ses objectifs n'avaient pas été atteints. Toutefois, son bien-fondé n'était pas contesté et son bilan présentait des aspects positifs."

[3911] *O Investigador Portuguez em Inglaterra*, II, Novembro de 1811, pág. 28: "Leitor, tu tremeras de horror ouvindo a narração dos crimes sagrados, filhos da ignorancia que aspirava a ser a creadora da piedade! Levante o teu espirito com gratidão para o querido objecto do culto christão. Ve-o estabelecido n'hum throno firmado sobre a indagação, sobre a cultura da Razão humana, sobre o saber, e benevolencia, e em quanto dás graças por seres hum ente preferivel a huma raça inferior, louva o Author de todos os bens, por teres nascido n'huma idade, e n'hum paiz onde a benevolencia prospera, onde a Razão se cultiva, e se anima a indagação; n'huma palavra, onde a sciencia se espande, e he appreciada pelos seos beneficios, e a moralidade, aquelle codigo de deveres, que nos devemos reciprocamente, reduzida a huma sciencia, está fixando as suas leis sobre a natureza do homem, e não sobre objectos mudaveis de huma nefaria, e sanguinolenta, ou cerimonial, e impostora superstição."

[3912] António Ferrão, *A Primeira Invasão francesa (A Invasão de Junot vista através dos documentos da Intendencia Geral da Policia, 1807-1808). Estudo Político e Social*, págs. LXXXXVII e ss., cita um diploma emanado da reitoria a este respeito. Trata-se de oficio de 25 de Maio de 1804, em que D. Francisco de Lemos, depois de tecer alguns considerandos preliminares, aponta que "sendo um dos meios excogitados pelos falsos philosophos do tempo o de encherem o mundo de livros perniciosos contra a religião christã; contra a moral evangelica; e contra os princípios da são política, e de os espalharem pelos Livreiros, diffundidos por todos os estados; é necessário que se obste a este mal, impedindo-se que semelhantes livros passem ás mãos da mocidade academica", pede ao governo, autorização para visitar de surpresa Livreiros e estudantes em suas casas, quando melhor lhe

DA HISTÓRIA DA IDEIA DE LIBERDADE (SEQUÊNCIA)

Já no plano político os problemas eram bem diversos e a nossa Universidade ficou conhecida pela sua patriótica adesão à expulsão dos Exércitos napoleónicos, de imediato aderindo às revoltas populares que de norte a sul do país, a partir de Junho de 1808, iam minando as estruturas implementadas pelo ocupante[3913]. Isto era o máximo que em política se permitia, por ser causa nacional; tudo o resto era considerado pólo da subversão e incompatível com os caracteres emblemáticos do Antigo Regime nacional[3914].

4.3. As questões políticas emergentes da Revolução Francesa até às Invasões

Em tese geral é possível distinguir três grandes períodos em Portugal, como sucedâneos e reflectores da influência política que em termos internacionais a Revolução Francesa teve. O primeiro com termo final em 1792, quando os portugueses estavam convencidos, com as novas que vinham de França, que o melhor seria não intervir, esperar para ver o que sucedia, acreditando que talvez ainda fosse possível uma qualquer reacção interna e externa, que repusesse a França no ponto em que se encontrava

---

parecer; penalizações sobre Livreiros que não submetam à censura prévia os livros que têm para comercializar. Para além disto deveriam ser os estudantes submetidos a prévio exame sobre religião antes de entrarem para as Faculdades. O venerável reitor terá sido um dos muitos aflitos perante os sucessos da Revolução Francesa, de tal modo que ainda que indirectamente, parecia renegar toda a abertura de espírito manifesta no tempo de Pombal, quando se referia a esses "mesmos livros". Veja-se Georges Boisvert, *Un Pionner de la Propagande Liberale au Portugal: João Bernardo da Rocha Loureiro (1778-1853)*, págs. 32 e 33 e notas respectivas.

[3913] *Observador Portuguez, Historico, e Politico de Lisboa*, desde o dia 27 de Novembro do anno de 1807, em que embarcou para o Brazil o Principe Regente Nosso Senhor e toda a Real Familia, por motivo da Invasão dos Francezes neste Reino, por hum anonymo, Lisboa, 1807-1808. Apesar de se reputar de "Anónimo", segundo os relatos que se puderam apurar, o seu Autor seria D. Benvenuto Antonio Caetano de Campos, conforme Innocêncio Francisco da Silva e Brito Aranha, *Diccionario Bibliographico Português*, VI, pág. 319; Alfredo Cunha, pág. 256. Veja-se anúncio do seu início de publicação na *Gazeta de Lisboa*, 1809, nº 83, 6 de Setembro de 1809. Escreve o citado *Observador* a pág. 329: "Coimbra (...) formou immediatamente hum Corpo de *Académicos*, fardados, e promptos, e foi hum dos principaes que soube sustentar com honra, actividade e desempenho o serviço, e foi o que levou a restauração desde Condeixa até á Nazareth, manejando sempre as suas tentativas de huma maneira sagaz." Sobre as peripécias do batalhão Académico e sua forma de actuar na Guerra Peninsular, veja-se Arthur Lamas, *Centenario de uma Medalha da Guerra Peninsular*, Lisboa, 1908.

[3914] José Agostinho de Macedo, *O Desapprovador*, Lisboa, 1819. Ao caso trata-se de nº 16, pág. 123, onde a respeito de algumas queixas de um estudante de Coimbra insatisfeito com o tipo de ensino ministrado, aconselha: "Se eu nascesse, diz o estouvadinho coimbrão, se eu nascesse em um pais republicano, quanto nelle se desenvolveria o meu caracter e o meu engenho! Por vida minha, que não me deixaria confundir na canalha obscura dos plebeus. O quê? Depois de eu ter lido o *Brutus* de meu patriarca Voltaire e o *Catão* de Chénier, eu seria um tribuno faccioso como Carrion de Nizas ou um ditador feroz e altivo como Sylla! – Mas meu coimbrãozinho, V. M. nasceu, ainda que em alguma da aldeia da Beira alta ou baixa, da provincia transmontana ou transtagana, no seio de uma monarquia; bebeu com o leite os principios do Governo monárquico; não está em Caracas. Em Buenos Aires, etc. O seu lugarzinho está assinalado, determinado, marcado na ordem das cousas e na jerarquia das condiçoens. Não tenha medo de o perder pelos caprichos de um tirano. Viva tranquilo sobre a sorte do estado, que em boas maons está o pandeiro. Os cuidados da sua conservação e até os da sua exaltação no lugar da forca, se a merecer, estão confiados ás leis e a um Soberano a quem a Autoridade da religião e o exemplo de seus avós ensinam a reverenciar a imagem de Deus. Não se intrometa, ainda que esteja no 5º de Leis e no 6º de Medicina, nos direitos politicos, nem na responsabilidade dos ministros, deixe-se de questoens de economia politica, não se embarace com o deficit, que não é da sua conta e menos do seu lugar (...).

antes de Julho de 1789. E, nessa medida, que não apenas as exuberantes *Declaração de Direitos de 1789* e *Constituição de 1791* que tanto temor causavam, pudessem por si mesmas imergir.

Depois de 1792, sobretudo depois de 10 de Agosto desse ano, Portugal e o resto da Europa tiveram de se convencer que a neutralidade não bastava. É sabido como a contra-revolução de origem francesa trabalhava e como o Terror, interno e externo, respondia; a neutralidade operante parecia empresa impossível para qualquer país da Europa por esse período. Entre 1792 e 1795, o problema do jacobinismo só tendeu a complicar-se; por isso nem Portugal nem a Espanha, demasiado perto para se manterem na indiferença, puderam deixar de se mobilizar contra a República.

Finalmente e num terceiro momento o desenlace fatal; a Espanha, "convencida" pala França decide-se a invadir Portugal e em 1807 uma coligação franco-espanhola origina a 1ª. Invasão Francesa e a fuga da Família Real para o Brasil. O último caso será tratado adiante; para já importa investigar os dois iniciais, em nome da defesa da ideia de Liberdade[3915].

É possível verificar, que até mesmo a imprensa nacional menos adepta das mudanças em França, se comportou com algum sentido de orgulho informativo e não deixou de relatar alguns dos episódios mais característicos da primeira fase da revolução e período que imediatamente a antecedeu. Se a isto se somar alguns diplomatas empenhados na matéria[3916], será fácil concluir que houve uma fase episódica em que ao temor se associava a curiosidade e, até mesmo as mais altas individualidades portuguesas, não escapavam ao contágio dos primitivos sucessos de França[3917].

Contudo, apesar de num primeiro momento se ter dado um certo benefício da dúvida, tanto não obrigava a adesão[3918] ou, sequer, compreensão[3919] das ideias e da

---

[3915] Tobias Monteiro *Historia do Imperio. A Elaboração da Independência*, Rio de Janeiro, F. Briguet e Cia, Editores, 1927, pode ser consultado com proveito na apresentação do esquema geral da questão em apreço.

[3916] D. Vicente de Sousa Coutinho, *Diário da Revolução Francesa*, leitura diplomática, Enquadramento histórico-cultural e Notas de Manuel Cadafaz de Matos, Lisboa, Edições Távola Redonda, 1990, é apontado como uma dos mais curiosos e empenhados diplomatas portugueses nas Revolução Francesa. Vivia então em Paris e ao que parece estava sinceramente interessado em esclarecer os seus compatriotas das medidas que, vistas como reformadoras, até poderiam servir de exemplo a Portugal. Bem cedo largou este ponto de vista e em princípios de 1790 parece já apresentar uma perspectiva bem diversa.

[3917] Manuel Cadafaz de Matos, "Introdução", D. Vicente de Sousa Coutinho, *Diário da Revolução Francesa*, pág. 13: "A Rainha D. Maria I, com efeito, mostrava uma grande vontade de acompanhar tudo o que se ia passando naquele país. Daí que D. Luís de Sousa Coutinho, 1º Visconde de Balsemão e (já então) ministro dos Negócios Estrangeiros e da Guerra, instasse junto do nosso diplomata credenciado em Versalhes para que (nos) relatasse a par e passo o que de mais significativo lá se ia desenrolando."

[3918] ANTT, MNE, Legação de França, 15 de Janeiro de 1790: "Ofício de D. Vicente de Sousa Coutinho para Luís Pinto: os amigos da Liberdade ou, para melhor dizer, os inimigos do socego publico, têem composto em todas as linguas um cathecismo d'esta doutrina e intentam espalhal-o pela Europa. Em todos os reinos convem que a policia não feche os olhos sobre este terrivel attentado, e que os auctores apprhendidos subam um exemplar castigo."

[3919] Joaquim António de Sousa Pintassilgo, I, pág. 85: "(...) com a radicalização da Revolução Francesa mesmo personagens esclarecidos e reformadores (...) que inicialmente haviam demonstrado alguma simpatia pelo processo, são conduzidos para o campo ideológico anti-revolucionário (ainda que numa perspectiva moderada). Na verdade, alguns meses bastaram para eles tomarem consciência que os acontecimentos não evoluíam no sentido de uma monarquia reformada, mas sim num sen-

política provenientes de França[3920]. A democracia[3921], mais que a Liberdade, não faziam parte dos quadros mentais Ilustração e os portugueses dificilmente poderiam optar por via diversa.

Assim sendo, será importante não esquecer que, durante a fase mais acesa do Terror em França, os seus tentáculos tentaram por meios vários chegar à Península Ibérica. Os portugueses "neutros" passaram a ser portugueses empenhados[3922] e conseguindo obter o patrocínio de uma Inglaterra[3923], já envolvida em declaração de guerra à França e de uma Espanha coligada agora com os seus vizinhos ibéricos[3924], a situação alterou-se significativamente.

Sem embargo das referências antes veiculadas a respeito dos primórdios das ideias liberais em Espanha, que como em Portugal começaram a surgir depois de 1789, diga--se que a questão francesa acarretaria novas diatribes entre Portugal e Espanha[3925]. O papel tradicional de tutora atribuído à Inglaterra acresceu em complicações. Os ingleses pretendiam não uma posição de neutralidade portuguesa, mas uma opção clara quer em relação aos Estados Unidos quer em relação a França, o que apenas serviu para perturbar ainda mais o jogo de influências sentidas no nosso país[3926].

---

tido bastante mais subversivo e incontrolável. A simpatia despertada aquando da convocação dos 'Estados Gerais' havia sido já totalmente alienada."

[3920] José Ferreira Borges de Castro, IV, pág. 275: "Manifesto do Principe Regente o Senhor Dom João, dado no Rio de Janeiro no 1º de Maio de 1808", *Collecção de Tratados, Convenções, Contratos e Actos Públicos celebrados entre a Coroa de Portugal e as mais Potencias, desde 1640 até ao presente*, IV, págs. 274 e ss.: "(...) A Côrte de Portugal viu com lástima principiar a revolução da França; e deplorando a sorte do virtuoso Rei, com quem tinha relações de sangue tão estreitas, não julgou todavia prudente tomar parte alguma na guerra, que o procedimento dos malvados, que desolaram a França (até pela confissão do Governo actual) obrigou todas as Potencias a declarar-lhes (...)."

[3921] Como dirá anos depois Stuart Mill, *apud* Walter Theimer, *História das Ideias Políticas*, pág. 173: "O princípio da Liberdade não pode conter em si o direito de não ser livre."

[3922] O "empenho" não foi nesta fase oficial. Se Portugal não deixou de participar na Guerra do Rossilhão, isso aconteceu em apoio à sua aliada Espanha e não mediante declaração de guerra formal, que não consta de qualquer Arquivo ou impresso documental conhecido.

[3923] José Ferreira Borges de Castro, "Tratado entre a Rainha a Senhora D. Maria I e Jorge III Rei da Gran-Bretanha, sobre mútuo auxilio e reciproca protecção do comercio de ambas as Nações contra a França, assignado em Londres a 26 de Setembro de 1793, e ratificado por parte de Portugal em 26 de Outubro de, e pela da Gran-Bretanha em 17 de do dito", *Collecção de Tratados, Convenções, Contratos e Actos Públicos celebrados entre a Coroa de Portugal e as mais Potencias, desde 1640 até ao presente*, IV, págs. 18 e ss. No mesmo sentido, António Delgado da Silva, *Collecção da Legislação Portugueza*, 1791-1820 (Supplemento), págs. 39-41.

[3924] Idem, *ibidem*, IV, págs. 10 e ss.: "Convenção Provisional entre a Rainha a Senhora D. Maria I e D. Carlos IV Rei de Espanha, para mútuo auxílio contra a França, assignada em Madrid a 15 de Julho de 1793, e ratificada por parte de Portugal em 24 e pela Hespanha em 31 do dito mez e anno".

[3925] José Ferreira Borges de Castro, "Tratado de Alliança entre Dom Carlos IV Rei de Hespanha e a Republica Franceza, para a Invasão de Portugal, com o fim de obrigar este Reino a separar-se da Inglaterra, assignado em Madrid a 29 de Janeiro de 1801", *Collecção de Tratados, Convenções, Contratos e Actos Públicos celebrados entre a Coroa de Portugal e as mais Potencias, desde 1640 até ao presente*, IV, págs. 521 e ss. Veja-se Tobias Monteiro, *Historia do Imperio. A Elaboração da Independência*, pág. 3.

[3926] Ana Cristina Araújo, "Revoltas e Ideologias em conflito durante as Invasões Francesas", *Revista de História das Ideias*, Coimbra, VII, 1985, págs. 78 e ss. apresenta um excelente enquadramento da situação anterior em Portugal e dos principais sucessos ocorridos depois de 1807. Utiliza-se este texto bibliográfico como básico para a investigação, permitindo todos os enquadramentos necessários do tema.

Se o Tratado[3927], assinado entre Espanha e França era, no mínimo, humilhante para Portugal[3928] e prefaciava todo o problema das Invasões que anos volvidos se viriam a verificar[3929], não há qualquer dúvida que este é o preciso momento em que começam a despontar, nos mais altos quadros públicos, as duas sensibilidades que irão atravessar todo este período, prolongando-se muito para além da instauração do Liberalismo em Portugal.

A insatisfação e desconfiança mútua entre os dois partidos, o "francês" e o "inglês" tiveram efeitos práticos e a pacificação comercial tentada em 1797 por D. Maria I e pelo Directório[3930], antes da assunção de Bonaparte em França, foram tornados

---

[3927] Albert Silbert, *Do Portugal do Antigo Regime ao Portugal Oitocentista*, pág. 49, aponta os preliminares desta situação e, nomeadamente, menciona que "a demissão de Godoy (Março de 1798) deveu-se, em grande parte, à obstinação que empregou em proteger Portugal, o que lhe acarretou a hostilidade do Directório. Os factos não se alteraram até 18 do Brumário porque o Governo Espanhol, nesta época, mostrava cada vez mais tendências para se aproximar de Inglaterra. No momento do golpe de Estado o problema não sofrera a mínima alteração. Tratava-se da paz com um país que se queria obrigar a abandonar a Inglaterra. A política de Bonaparte em nada diverge da do Directório. As instruções dadas a Berthier, quando da sua partida em missão para Madrid, em Julho de 1800, indicavam: 'Levar, por todos os meios possíveis, a Espanha a uma guerra contra Portugal'."

[3928] *Observador Portuguez, Historico, e Politico de Lisboa, desde o dia 27 de Novembro do anno de 1807, em que embarcou para o Brazil o Principe Regente Nosso Senhor e toda a Real Familia, por motivo da Invasão dos Francezes neste Reino*, pág. 8: "A este tempo acompanhava similhantes requisições a ameaça, da parte de Napoleão, Imperador dos Franceses, de invadir este reino com hum Exercito de trinta mil homens; e a Hespanha obrava de acordo em tudo com elle; e com semblante carrancudo atacava a honra de S. A. R., annuindo ás proposições da França, e até armando-se para a auxiliar."; Zília Maria Osório de Castro, "O Pré-Constitucionalismo em Portugal. Ideias e factos", separata de *Cultura – História e Política*, Lisboa, 1999, pág. 391: "Em 1807, a partida da Família Real para o Brasil e a invasão de Portugal pelas tropas napoleónicas comandadas por Junot deram lugar a uma enorme agitação política com reflexos nacionais e internacionais. Dois pontos catalisavam todas as atenções: a ausência do Rei e o prestígio de Napoleão. E, entre ambos, erguia-se o duplo espectro da partilha do território nacional e do domínio espanhol. As cláusulas da partilha haviam ficado estipuladas no Tratado de Fontainebleau assinado em 17 de Outubro desse mesmo ano (...).";
D. Pedro de Cevallos, pág. 7 e documentos a págs. 41 e ss., bem como Fortunato de Almeida, *História de Portugal*, IV, págs. 467 e ss.

[3929] Albert Silbert, *Do Portugal do Antigo Regime ao Portugal Oitocentista*, pág. 35: "de todos os países europeus submetidos à influência napoleónica Portugal é aquele que certamente parece ter sido menos afectado. A verdadeira ocupação foi breve, visto que durou apenas de Novembro de 1807 a 30 de Agosto de 1808, data da Convenção de Sintra. Depois, o país foi sobretudo um teatro de operações e para os Portugueses o período napoleónico é o das três Invasões Francesas (1807--1809-1810). A própria noção de ocupação será eliminada."

[3930] Pinheiro Chagas, *História de Portugal*, VII, pág. 419, dá conta do carácter dos membros do Directório baseando-se em informações dos diplomatas portugueses. Mais corruptos que eles, à época, seria difícil encontrar. Assim e reportando-se a uma carta de António de Araújo e Azevedo, Conde da Barca, enviada para Lisboa, escreve que "para compreender os membros do Directório e outros indivíduos que cercam o Governo, afim de impedir a coalisão com Hespanha, demorar a ruptura d'esta potencia e adeantar a nossa negociação, fiz despesas de que ainda não posso dar conta, porque correndo por via de Poppe, este se não achava em Paris no momento da minha partida. Em Paris não se dá passo algum sem dinheiro e é preciso destinar tres ou quatro milhões de libras para comprar os directores, ainda que a saída de Letourneur, que era um dos mais corruptíveis, diminuiu aquella despeza. O secretario do Directorio e o ministro das relações exteriores são egualmente corruptiveis e Barras vende-se a quem mais dá. (...)." Esta mesma ideia já tinha sido avançada no séc. XIX pl'*O Observador Lusitano em Pariz*, Janeiro 1815, "Considerações", pág. 4: "O Directorio, não obstante a desunião que existio entre os seus membros, fazia tremer a Europa,

DA HISTÓRIA DA IDEIA DE LIBERDADE (SEQUÊNCIA)

impossíveis pelos partidários dos ingleses, que manobraram no sentido do acordo longamente negociado pelo Conde da Barca[3931] não obter qualquer seguimento[3932].

Entretanto e no plano das convulsões internas deste período, deve ser notada a importância que algumas sociedades, ditas secretas, iam tendo em Portugal e que se colocaram em decisivo ao lado de D. João[3933]. Eram o que de mais semelhante havia com a maçonaria portuguesa dos alvores do séc. XIX[3934] – mas cujo aparecimento remonta a 1738[3935] – ou até a 1727[3936] – enquanto em Espanha apenas aparece em 1808[3937]

---

e se não fosse a corrupção da maior parte dos seus agentes, e mesmo de hum dos seus membros, ter-se-hia conservado muito tempo esta forma de Governo (...)."

[3931] António Ferrão, *A Primeira Invasão francesa (A Invasão de Junot vista através dos documentos da Intendencia Geral da Policia, 1807-1808). Estudo Político e Social*, pág. XLIV: "Com a subida ao Poder de António de Araújo de Azevedo dá-se uma completa modificação na política externa e interna do país. Os franceses que até essa data eram perseguidos pela Intendência, deixaram de sê-lo, passando as perseguições aos franceses a serem feitas só em casos extremos, e aparentemente; mas passando a sofrê-las mais ou menos de facto os ingleses." Veja-se Rocha Martins, *Episódios da Guerra Peninsular. As três Invasões Francesas*, I, pág. 5: "Não ocultava a sua tendência francófila. Paris deixara-lhe no sangue o contágio da admiração. Aquele mundo novo, que vira de perto, encantava-o. Seduzia-o a História teatral de um Povo demolindo um Trono e construindo outro com espadas e canhões. Os diplomatas franceses em Lisboa encontravam junto dele bom acolho. Se não estendia abertamente a mão aos revolucionários, não os perseguia (...)." De igual modo se pode dizer que os portugueses forçadamente emigrados não teriam de se queixar do Conde.

[3932] José Ferreira Borges de Castro, "Tratado de Paz e Amizade entre a Rainha a Senhora Dona Maria I e a Republica Franceza, para restabelecer as relações de Commercio e Amizade entre as duas Nações, assignado em Paris, a 10 de Agosto de 1797", *Collecção de Tratados, Convenções, Contratos e Actos Públicos celebrados entre a Coroa de Portugal e as mais Potencias, desde 1640 até ao presente*, IV, págs. 32 e ss.; Tobias Monteiro, pág. 2.

[3933] A. H. de Oliveira Marques, *História da Maçonaria em Portugal (das Origens ao Triunfo)*, I, 1990, pág. 93: "Afrontavam a bandeira portuguesa e contestavam a Autoridade do Principe Regente, que os maçons portugueses respeitavam e veneravam." Refere adiante que os maçons portugueses, a partir de certo momento, terão começado a ser ajudados pelos seus irmãos ingleses, o que é notável atendendo à diversidade de ramos envolvidos.

[3934] Luís A. Oliveira Ramos, "Reflexões sobre as origens do Liberalismo em Portugal", *Sob o signo das "Luzes"*, págs. 151 e 152: "No Porto, em Lisboa, os mações mais avançados, no que toca à opções políticas, além de se constituírem, no dizer de um relatório, em 'filósofos da presente época', vergastavam, declaradamente, o 'Trono e o Altar' e abonavam o 'Governo dos franceses', assim preparando o caminho para a sociedade liberal. Em 1803, os inquisidores de Lisboa increparam os Pedreiros-livres por só '*amarem os pastores e os Reis enquanto virtuosos*', doutrina que consideravam '*injuriosa da suprema autoridade de um e outro Poder*', isto é, do Poder civil e eclesiástico, e agravada por patentes sinais de '*indiferentismo religioso*'. Daí os inquisidores julgarem a maçonaria atentatória da '*segurança do estado, da religião e da monarquia*' e merecedora de punição a executar pela justiça temporal." Damião Peres, *História de Portugal. Edição Monumental comemorativa do 8º Centenário da Fundação de Nacionalidade*, (direcção de Damião Peres), VII, pág. 19.

[3935] José Maria Latino Coelho, II, págs. 184 e ss., apresenta os traços gerais dos inícios da maçonaria em Portugal.

[3936] A. H. Oliveira Marques, "A Maçonaria em Portugal na Segunda metade do Século XVIII", *Portugal. Da Revolução Francesa ao Liberalismo. Actas do Colóquio 4 e 5 de Dezembro de 1986*, Universidade do Minho, 1986, pág. 29.

[3937] F. A. Oliveira Martins, *Pina Manique*, Lisboa, 1948, pág. 269: "Nascida em Inglaterra, em 1717, a moderna franco-maçonaria passou à França em 1721, estendendo-se daí a toda a Europa e América. Na medida dos progressos atingidos pelas associações secretas não tardaram os Governos dos Estados em tomar-se de receios, adoptando medidas repressivas contra tais instituições."

– que agora e perante as Invasões Francesas via a sua existência muito complicada[3938].

Desde 1797 que a maçonaria estava "oficialmente" instalada em Portugal[3939], por força da influência inglesa e a despeito das vociferações de Pina Manique e das picadas das suas "moscas". Por esta altura havia pelo menos cinco Lojas instaladas em Lisboa, todas elas de influência inglesa, cuja dificuldade em dar combate era muito superior às de influência francesa. Os ingleses eram aliados do Governo enquanto os franceses representavam a França revolucionária e o grau de aceitação das duas linhas maçónicas teria de ser diverso. Perseguições a ingleses, por exemplo, eram impensáveis, bem ao contrário do que sucedia com os franceses[3940].

Em qualquer caso defende-se que a influência do rito escocês e do francês em certos se possam ter equivalido em influência, muito embora seja bastante evidente que quem propugna os ideais da Revolução do Individualismo apenas pode seguir ideias mais francesas que escocesas.

E parece que foi isso o pano de fundo maioritariamente assumido pelo Vintismo nacional como se verá.

Nem todas estas associações secretas seriam Lojas maçónicas propriamente ditas. Foi o caso do *Conselho Conservador de Lisboa*, sedeado em Lisboa em 5 de Fevereiro de 1808[3941] e que era uma associação secreta participada por mações mas de carácter não

---

[3938] Idem, *ibidem*, pág. 93: "As Invasões Francesas criaram sérios problemas à Maçonaria lusitana. Grande parte, senão a maioria dos maçons portugueses simpatizava com o ideário e os objectivos proclamados – mesmo que teoricamente – pelos conquistadores vindos de um país onde a Maçonaria era livre e prezada e onde os princípios da Revolução Francesa continuavam a constituir lema. (...) à própria maçonaria quiseram impor ditames que lhe violavam a Liberdade de acção." Veja-se também Ana Cristina Araújo, "Revoltas e Ideologias em conflito durante as Invasões Francesas", *Revista de História das Ideias*, VII, págs. 61 e ss.

[3939] José d'Arriaga, *História da Revolução Portuguesa de 1820*, I, pág. 540: "Depois de várias tentativas, sempre mallogradas pela activa vigilancia do intendente Manique, nós vemos que em 1795, aquelle terrível inimigo dos *pedreiros livres e maçons*, em data de 6 de Março, participa ao ministro do reino que no Porto havia uma liga de *pedreiros livres*, e que nos cafés, bilhares e em algumas assembleas 'se fallava com Liberdade nas materias mais sagradas dos santos mysterios da nossa religião, que temos a fortuna de professar, e na soberania com pouco respeito; abonando os procedimentos iniquos da assembleia, se vê que se achou alguma coisa, e se prenderam, com effeito, alguns réus, constantes da relação que accusa o mesmo corregedor na dita conta, e dois dos ditos réus, que em virtude d'esta diligencia se haviam presos, foram reclamados pelo *santo officio* de Coimbra, para onde foram removidos da Relação do Porto'."

[3940] Pinheiro Chagas, *História de Portugal*, VII, págs. 327-329. Sobre a vertente temática e numa perspectiva de evolução histórica do tema, veja-se Graça e J. S. da Silva Dias, I, 1, págs. 339 e ss., 412 e ss., especialmente págs. 483 e ss.

[3941] *Catalogo por copia extrahido do Original das Sessões, e Actas feitas pela Sociedade de Portuguezes, dirigida por hum Conselho Conservador de Lisboa, e instalada nesta mesma cidade em 5 de Fevereiro de 1808*, Lisboa, 1808. A instituição durou oficialmente até 1 de Outubro de 1808, dando em boa hora por terminada a sua proveitosa acção. É muitíssimo interessante a consulta deste texto pois dele constam todos os aderentes à Sociedade, onde são elencadas galhardas figuras da cena política nacional, incluindo muitos eclesiásticos, uma enorme falange de nobres que tinham ficado em Lisboa e grande quantidade de intelectuais, sobretudo universitários, que depois virão a ascender a cargos públicos importantes. Veja-se Georges Boisvert, *Un Pionner de la Propagande Liberale au Portugal: João Bernardo da Rocha Loureiro (1778-1853)*, págs. 79 e 80.

DA HISTÓRIA DA IDEIA DE LIBERDADE (SEQUÊNCIA)

maçónico, reunindo os tais afrancesados[3942] que nada tinham a ver com Napoleão[3943] e que a breve trecho se veriam duplamente perseguidos[3944]. Pelo Imperador e seus representantes em Portugal e pelas próprias instituições governativas portuguesas[3945], que os viam como uma das mais nefastas consequências da Revolução Francesa[3946].

Contra eles militavam todos os contra-revolucionários[3947] e confessos adversários do Liberalismo, que entendiam serem os pedreiros-livres os maiores responsáveis pela queda das antigas instituições e pela depredação dos Tronos e dos Altares[3948],

---

[3942] *Ibidem*, pág. 4: "Juramento: Na vossa presença, Ímmenso, Sempiterno, Omnipotente Deos, Creador do Universo, estando em nosso accordo, sem constrangimento, ou dúvida, livres, e deliberados juramos tratar de hoje em diante com todo o possível desvelo, fervor, prudencia, e firmeza a causa nobilissima da Religião, da Patria, e do Throno, applicando para isso nossas forças, talentos, bens, e vida, até conseguirmos entregar este a seu dono, o Principe Regente, e áquellas os esplendor, a Liberdade, a gloria. Este juramento seja para sempre o fundamento da nossa honra, e da nossa felicidade, que chame sobre nós a benção divina, e os applausos da nossa posteridade: a violação delle, pelo contrario, attrahira sobre nós as maldições do Ceo, e da Terra, a vilez para nós, e para os nossos descendentes (...)."

[3943] Alguns viriam a ocupar lugares de relevo depois de 1820. Foram os casos de André da Ponte do Quental da Câmara e José Máximo Pinto da Fonseca Rangel, ambos membros do Congresso Vintista e/ou depois das Ordinárias.

[3944] Rocha Martins, *Episódios da Guerra Peninsular. As três Invasões Francesas*, I, pág. 118: "Quando Lagarde participou a Junot a existência do Conselho Conservador, ele soltara uma gargalhada, dizendo que os deixasse brincar aos conspiradores, pois semelhantes indivíduos só serviam para evitar as conspirações a sério."

[3945] Um dos seus mais tenazes perseguidores é o redactor do *O Espectador Portuguez*, o padre José Agostinho de Macedo que ao longo de todos os números dos seu jornal – e isto não é exagero –, publicado entre 1816 e 1818, a propósito da querela que vai degladiando com Hipólito da Costa, aproveita para increpar maçonaria, mações, pedreiros-livres e toda a qualidade de pessoas mais ou menos directamente com eles relacionadas. Como se verá em ponto mais avançado deste capítulo, não se trata de uma questão meramente ideológica; é um problema pessoal que envolve os dois redactores e os dois periódicos.

[3946] *O Correio Braziliense ou Armazém Litterario*, nº 15, págs. 141 e ss., apresenta uma curiosa análise sobre um folheto anónimo publicado em 1809 em Portugal contrário à maçonaria O redactor Hipólito da Costa tem a percepção que aquilo de que os ditos pedreiros-livres são acusados faz parte mais do desconhecimento das suas actividades e do sabor de vingança sobre os princípios da Revolução Francesa que perfilhavam que da actuação tida em Portugal em prol dos franceses. F. A. Oliveira Martins, pág. 269 apresenta em forma resumida os primórdios da instalação da maçonaria nos vários Estados europeus e reacção das respectivas Autoridades à situação, pelo que a sua consulta é recomendável.

[3947] Armando Barreiros Malheiro da Silva, *Miguelismo. Ideologia e Mito*, Coimbra, Minerva Histórica, 1993, págs. 93 e ss., aponta as conotações atribuídas à maçonaria desde 1810 em Portugal, no quadro da sua ligação com o jacobinismo, a impiedade, o ateísmo, a vontade manifesta de desamparar o Trono e o Altar.

[3948] *O Espectador Portuguez*, II, 3. Semestre, nº 5, artigo I, págs. 34 e 35: "Huma vez que nos lembremos da sua primeira maxima – a baixo Throno, e a baixo Altar –: conheceremos esta verdade; abatidos os Thronos, proscripta, e abolida a Religião, que resta mais que a absoluta confusão? Ou se queira converter huma Monarchia em Républica, ou huma República em Monarchia, sempre he preciso que padeça a humana sociedade; a mudança repentina, ou na ordem physica, ou na ordem moral, sempre he funesta; e tendo a Religião o predomínio, ou imperio da consciencia, destruída a Religião, que se não tivera, como tem, a origem divina, seria o mais profundo invento da Politica, que males se não seguem, quando o homem sacode o freio interno da consciencia? Isto querem os Pedreiros-livres, isto quizerão sempre, e isto intentarão, e buscarão, como se viu, na Revolução Franceza, pretendendo propagar, e dilatar esta mania por toda a superfície da terra. (...) O que há de mais notavel nesta verdadeira peste da humanidade, he o desejo constante de revolucionar tudo; parece que lhes bastava, ou para pasto da sua infernal raiva, ou para emprego da sua tão

bem como o Governo da Regência, fuzilando-os todos indistintamente[3949]. Mesmo na actualidade e pelas suas próprias características, a maçonaria tem sido alvo de severas críticas de escritores portugueses, que a todos sem excepção consideram jacobinos e insensatos promotores de utópicas reformas políticas[3950], sem grandes preocupações em distinguir entre o que é, de facto, a maçonaria e o que são clubes e associações secretas.

Depois de 1818 nem os ingleses escapavam e as medidas repressivas sucediam-se, levantando geral clamor de insatisfação na intelectualidade da época[3951], sobretudo sedeada no estrangeiro[3952], mas também em Coimbra, onde se dizia haver um núcleo considerável de pedreiros-livres, capitaneados por Cordes Brandão[3953].

apurada Filosofia, revolucionar a França; julgarão os Pedreiros-livres, que isto era hum theatro mui pequeno para a sua gloria; o globo inteiro devia ser vitima da sua ambição, e rapacidade. (...) A ideia de revolucionar a Europa foi a primeira base em que repousou a monstruosa República, e não se podia prometter segurança, e estabilidade alguma em quanto o resto da Europa fosse governado segundo principios velhos, idéias velhas, e pelos Reis, pelos Principes, e pelos Aristocratas, e muito principalmente em quanto a Religião tivesse imperio, e influencia nos homens. O systema de Liberdade, Igualdade, Fraternidade que constitue a essencia da Massonaria, e que respirão todas as suas politicas regenerações, não he mais que huma pura máquina de que se serviram os primeiros facciosos, os Pedreiros-livres, para destruir a antiga Constituição (...).ˮ Convirá, contudo, levar em linha de conta a observação que José Liberato Freire de Carvalho, *Memórias da Vida de José Liberato Freire de Carvalho*, pág. 32, faz e nos parece a todo o título digna de aqui ser inserida. Assim relata ele que quando foi convidado por "pessoas mui respeitaveis, e de quem fazia o melhor conceitos, (...) procurei informar-me, e soube que na tropa franceza, composta de emigrados que os ingleses tinham a seu soldo, e estavam em Lisboa, e depois foram para o Egypt, havia muitos maçons, não sé entre os officiaes, ainda de maior graduação, mas entre os ecclesiásticos, que o acompanhavam. Ora estes emigrados fugiam de França, porque eram os defensores do throno e do altar, dos quaes se dizia que os Pedreiros-livres eram inimigos declarados."

[3949] Fortunato de Almeida, *História de Portugal*, VI, pág. 11, relativo a uma carta do Principal Castro para D. João VI: "(...) é pois em tais lojas onde existe o foco revolucionario, e todo o Estado que quiser viver sossegado, é preciso que não os deixe reinar, nem empregar em serviço algum, único modo de acabar com tão terrível seita, a cujos princípios, sistema e método de se communicarem se deve atribuir esta terrível maquinação."

[3950] Idem, *ibidem*, VI, pág. 11. Contra e explicitando que maçonaria e jacobinismo são realidades diversas, mediante exemplos claros das atitudes de incompreensão desta realidade por nacionais e estrangeiros desta época.

[3951] José Liberato Freire de Carvalho, *Memórias da Vida de José Liberato Freire de Carvalho*, pág. 33: "Devo portanto declarar como homem franco, e que sempre desejei viver no mundo sem nota, que injuriasse o meu caracter, que encontrando alli não só homens honestos, mas até virtuosos, e de costumes os mais puros, mas até virtuosos, e de costumes os mais puros, profundamente me convenci da injustiça, que a hypocrisia, e as systematicas mentiras faziam a uma Sociedade na minha opinião a mais justa, a mais bem imaginada, e a mais util para a humanidade de quantas se tem formado no mundo. Dizem que della tem sahido revolucionarios e conspiradores, e que por isso é má, deve ser aniquilada e os seus socios perseguidos. O argumento sobre ser falso, é ridiculo; porque nesse caso tambem a religião catholica devia ser destruida, porque dos membros della tem sahido os maiores conspiradores revolucionarios e os maiores scelerados (...)."

[3952] *O Portuguez*, VIII, nº 45, pág. 212, que reproduz o alvará de 6 de Fevereiro de 1818, a respeito das sociedades secretas. Diz-se a dado passo na reflexão do articulista que "o Governo portuguez trabalha em vão por desculpar nossa Nação de um crime que só elle tem a culpa. Nem deve esquecer, e nota-se de passagem, que o Governo portuguez olha cioso e desconfiado para todos os Portuguezes, que andam cá para fóra, e mormente para os que tem vivido em Inglaterra, como se elles, quando se recolhem á sua patria, tenham vindo do paiz da peste, e se arrecêe, que vão infeccionar a Nação portugueza."

[3953] José Maria Latino Coelho, *História Política e Militar de Portugal, desde os fins do séc. XVIII até 1814*, II, pág. 186 e 409, afirmando que era imprescindível sacudir o jugo, não pregando em público as

DA HISTÓRIA DA IDEIA DE LIBERDADE (SEQUÊNCIA)

O outro episódio relevante antes de 1820 constitui-se com a gorada tentativa de 1817, patrocinada pelo supliciado Gomes Freire de Andrade e mais alguns portugueses de tendências revolucionárias. Oficialmente provado ter sido patrocinado pela ilegalizada maçonaria portuguesa[3954], os objectivos dos seus promotores não andariam muito longe dos sufragados pelas demais sociedades secretas, qual fosse a alteração da ordem política institucionalizada em Portugal e que se pretendia ver modificada para cunhos mais progressistas e onde as ideias transportadas pela defunta *Constituição de Cádiz* e pelos princípios de 1789, estariam bem presentes[3955].

5. As Invasões Francesas e o reflexo que tiveram no plano cultural e político nacional

Depois da Convenção de 29 de Janeiro de 1801 estava traçado o destino nacional[3956], a sua perda de independência, a quebra da Liberdade que, ainda que em termos defeituosos vigorava no nosso país; abria-se um dos períodos mais negros e simultaneamente em que maiores provas de coragem se deram. Os portugueses teriam nos inícios do séc. XIX nova etapa para provar o seu espírito pouco acomodatício a potenciais ou efectivas dominações estrangeiras[3957].

Os confrontos efectivos em território português, para além das habituais escaramuças, foram iniciados com a rápida e infelicíssima campanha de 1801[3958], geralmente

---

doutrinas liberais, porque isso seria nefasto para a causa, mas agitando de forma oculta tentando convencer as pessoas de confiança que era urgente que se unissem todos os que detestavam a tirania. Veja-se Teófilo Braga, *História da Universidade de Coimbra*, IV, pág. 37 e Georges Boisvert, *Un Pionner de la Propagande Liberale au Portugal: João Bernardo da Rocha Loureiro (1778-1853)*, págs. 32 e ss.
[3954] Fortunato de Almeida, *História de Portugal*, VI, págs. 13 e ss., desenvolve o tema; A. H. de Oliveira Marques, *História da Maçonaria em Portugal*, I, págs. 115-117, expõe a questão, perante as proibições oficiais a situação decorrente da morte de Gomes Freire.
[3955] Manoel Jose Gomes de Agreu Vidal, *Analyse da Sentença proferida no Juizo da Inconfidencia em 15 de Outubro de 1817, contra o Tenente General Gomes Freire de Andrade (...)*, Lisboa, 1820; Henrique de Campos Ferreira Lima, *Gomes Freire de Andrade. Notas Bibliográficas e Iconográficas*, Coimbra, 1919; *História de Portugal. Edição Monumental comemorativa do 8º Centenário da Fundação da Nacionalidade*, (direcção de Damião Peres), VII, págs. 25 e ss.
[3956] Esta Convenção for reafirmada e burilada nos seus contornos no plano da divisão do território nacional entre França e Espanha por Tratado secreto de 27 de Outubro de 1807, conhecido como Tratado de Fontainebleau. Veja-se José Francisco da Rocha Pombo, *Historia do Brasil (Illustrada)*, VII, Rio de Janeiro, s. d., pág. 52; *Observador Portuguez, Historico, e Politico de Lisboa, desde o dia 27 de Novembro do anno de 1807, em que embarcou para o Brazil o Principe Regente Nosso Senhor e toda a Real Familia, por motivo da Invasão dos Francezes neste Reino*, págs. 9-11; *O Correio Braziliense ou Armazém Litterario*, I, 1808, nº 5, págs. 431-433; José Ferreira Borges de Castro, *Collecção de Tratados, Convenções, Contratos e Actos Públicos celebrados entre a Coroa de Portugal e as mais Potencias, desde 1640 até ao presente*, IV, págs. 521 e ss. Na mesma data se tratou dos pormenores relativos à Invasão conjunta do reino, conforme consta de págs. 11-13.
[3957] A História da Liberdade nacional no séc. XIX inicia-se com as Invasões Francesas. Estas, que se aceitam como uma das causas da Revolução de 1820 e que tantos rios de tinta tem feito correr, merece a sua inserção no presente discurso. Não para se repetir o que já se disse, antes para e na sequência do trabalho antes encetado, buscar o mais possível nas fontes o tipo de comportamento nacional na defesa da independência e da Liberdade dos portugueses no plano das Ideias Políticas e na forma como esses intentos foram prosseguidos sem temer as consequências impostas pelo invasor.
[3958] Antes tinha Portugal declarado guerra à Espanha, por decreto de 24 de Maio, a que se seguiu a citada "Guerra das Laranjas". Veja-se António Delgado da Silva, *Colecção da Legislação Portugueza*, 1791-1801, pág. 703.

conhecida por "Guerra das Laranjas"[3959]. O acordo entre Espanha e França para a invasão de Portugal haveria de concretizar-se com uma invasão do Alentejo em 20 de Maio e cujos Tratados, sucessivamente elaborados para a paz se revelaram, em absoluto, inaceitáveis[3960].

O que não significou que não tivessem de vingar, dado que a situação em que a Inglaterra colocara Portugal, por demasiado ocupada com os seus assuntos e utilizando do costumado cinismo. A sua velha aliada preocupou-se mais com os seus próprios problemas na guerra que já se avizinhando com Napoleão, que com a honra de compromissos antigos, facto que tem sido sucessivamente corroborado pelos historiadores que destas temas se ocupam na História Geral[3961].

Contudo, nem tudo seria mau durante este penoso processo.

As Invasões Francesas funcionam como um meio utilizado pela intelectualidade portuguesa, dentro e fora do país, para reclamar contra a prepotência do invasor e em nome da integridade territorial portuguesa que o Tratado de Fontainebleau ia erradicando. Foram um momento de união entre esta e o Governo da Regência, deixado em Portugal por D. João VI, e uma fase em que até aquilo que normalmente seria vedado aos escritores dizerem ou escreverem foi admitido e incentivado.

É este o sentido em que devem ser encaradas, como um passo a caminho da Liberdade política dos cidadãos portugueses e da sociedade nacional concretizada

---

[3959] Manuel Lopes de Almeida, *História de Portugal*, (direcção de Damião Peres), VI, pág. 282: "Os espanhóis, chegados aos muros de Elvas, retiram-se depois de trocarem com os defensores alguns tiros, e foi sob esses muros que um grupo de atiradores da frente colheu os dois ramos de laranjas, que Godoy enviou à Rainha de Espanha. Tanto o episódio se tornou assunto de zombaria popular, que a campanha foi baptizada como o apodo de *guerra das laranjas*."

[3960] Feita a paz em 29 de Setembro com cláusulas ainda mais abusadoras, foi por essa altura que se perdeu Olivença, se retalharam as possessões portuguesas na América do Sul e por pouco não se sancionou a partilha de Portugal. O próprio Talleyrand, insuspeito e polivalente ministro francês o reconhecia, tanto mais que a sua afirmação de que Portugal "estava colocado entre dois terrores, dos quais não era certamente menor o das esquadras inglesas", apenas poderia ser uma confirmação do que se vem dizendo. E, ainda segundo o historiador citado na nota antecedente, VI, pág. 288, "Da paz de Basileia [assinada em 7 de Junho de 1801], até à de Amiens [entre França e Inglaterra e onde os negócios portugueses eram mencionados, de 1 de Outubro de 1808, passando pela reformulação das condições de 1 de Junho], Portugal fora vítima de três agressões, qual delas a mais violenta e a mais cubiçosa, mas em que as hesitações e as humilhações da sua diplomacia em parte justificavam." José Ferreira Borges de Castro, IV, págs. 128 e ss.: "Tratado de Paz e Amizade entre o Príncipe Regente o Senhor D. João e Dom Carlos IV Rei de Espanha, assignado em Badajoz a 6 de Junho de 1801, e ratificado por parte de Portugal em 14, e pela de Hespanha em 11 do dito mez e anno." Este Tratado viria a ser declarado nulo pelo "Manifesto do Príncipe Regente de 1808", em termos que serão vistos adiante. Idem, págs. 134 e ss.: "Tratado de paz, feito por mediação de Sua Majestade catholica, entre o Principe Regente e o Senhor Dom João e a Republica Franceza, assignado em Badajoz a 6 de Junho de 1801". Foi posteriormente declarado nulo pelo *Manifesto do Príncipe Regente de 1 de Maio de 1808*. Idem, págs. 144 e ss.: "Tratado de Paz, feito por mediação de Sua Majestade catholica, entre o Principe so senhor D. João e a Republica Franceza, assignado em Madrid a 29 de Setembro de 1801", nulo como os anteriores pelo mesmo citado "Manifesto de 1 de Maio de 1808", *Collecção de Tratados, Convenções, Contratos e Actos Públicos celebrados entre a Coroa de Portugal e as mais Potencias, desde 1640 até ao presente*, IV, locais citados; *O Investigador Portuguez em Inglaterra*, IV, Outubro de 1812, págs. 648 e ss.; Tobias Monteiro, págs. 3 e 4; Fortunato de Almeida, *História de Portugal*, IV, pág. 461.

[3961] Tobias Monteiro, pág. 11: "na guerra entre a França e a Inglaterra, Portugal fazia o papel de marisco na lucta entre o rochedo e o mar; apegava-se áquelle, temia ser levado por este e falhavam--lhe os meios de abrandar-lhe o furor."

em 1820 e que antes disso, teve dois períodos bem distintos. Primeiro durante a dominação francesa propriamente dita; depois a partir do momento em que, franceses expulsos, se voltou um pouco à modorra tradicional, se voltou a censurar como se censurava em momento anterior, se reiterou a repressão à Liberdade de pensamento e se incentivaram as medidas repressivas.

Em qualquer caso, é facto notório – mesmo quando não se salienta devidamente – a "abertura" que se verificou em Portugal no que toca às publicações de carácter político durante toda esta fase[3962].

Acredita-se que, os Governadores do reino veriam, apesar de tudo, com melhores olhos essas publicações inflamadas contra o domínio francês[3963], que os corolários futuros da introdução de tais doutrinas em Portugal. Disso mesmo dá nota José Liberato Freire de Carvalho[3964], ao escrever que "enquanto durou a guerra com a

---

[3962] *Minerva Lusitana*, Coimbra, 1808, nº 7, 19 de Julho de 1808: "Medidas desde o dia 26: neste dia se alistarão os Estudantes, ainda que por ser tempo de férias, nem metade se achava em Coimbra. *Tristão Alvares da* Costa, Lente de Cálculo, e major de Engenharia foi quem dividio o dito Corpo em Companhias, formando-se seis, que actualmente se achão bem armadas. Muitos outros Estudantes e Doutores se alistarão na Cavallaria, e na Artilharia. (...) Mas seria conveniente, que se armassem de espingardas ordinárias, para servirem como caçadores, e que ās armas pezadas se dessem aos Corpos Auxiliares, que ainda as não tivessem." No nº 17 de 5 de Agosto de 1808 dá uma "Noticia Historica e reflexões ácerca do comportamento do Corpo Academico na Restauração de Portugal"; O *Correio Braziliense ou Armazém Litterario*, I, 1808, nº 7, pág. 543: "Aviso dos Governadores do reino ao reitor da Universidade de Coimbra, datado de 5 de Outubro de 1808: (...) tendo presente a conta, em que V. S. expõem a promptidão, com que dissolveo o Corpo de Voluntarios Academicos, e a necessidade de suspender a abertura solemne dos Estudos até o 1º de Novembro; *e em que pede licença para continuar pelo mesmo modo a impressão da Minerva Lusitana, e mais papeis periodicos, que tem por objecto a feliz Restauração do Governo de S. A. R.* (...) e authorisão a V. S., em quanto for conveniente, para fazer imprimir os sobreditos papeis periodicos pelo mesmo modo, com que tem sido impressos até ao presente, (...)."

[3963] Será obrigatório não deixar de fazer menção ao sem número de manifestos, panfletos, proclamações e demais escritos do género que durante as Invasões Franceses se publicaram, quase sempre anonimamente, muitos de origem nacional, outros espanhóis, depois que eles inciaram a sua própria revolução. Estes escritos estão hoje em dia bastante estudados e são de um modo geral de conhecimento em termos históricos. Por isso mesmo não se aprofunda a sua análise até mesmo porque quase todos alinham pelo mesmo diapasão: Liberdade portuguesa – vista como integridade territorial e não como independência consagrada em termos individualísticos –, legitimidade de D. João ao Trono português, revolta em marcha contra a tirania e a opressão estrangeiros. Primeiro os visados eram só franceses; depois passaram a ser franceses e ingleses.

[3964] Para todos os portugueses ou brasileiros que tiveram participação no Triénio Vintista, directa ou indirecta, sejam eles congressistas ao Congresso de 1821-1822, deputados às Ordinárias ou Extraordinárias, membros do Executivo ou que algum modo tenham tido participação directa na vida política portuguesa e em defesa da ideia de Liberdade, para evitar nocivas repetições, utilizou-se essencialmente o recente *Dicionário do Vintismo e do Primeiro cartismo (1821-1823 e 1826-1828)*, com direcção de Zília Osório de Castro, Lisboa, I-II, Assembleia da República/Edições Afrontamento, 2000, a que se aditam as informações habituais que relatam Innocêncio Francisco da Silva e Brito Aranha, *Diccionario Bibliographico Português*, para todos os casos em que legaram Obra. Apenas se completará essa informação nos casos em tal se justifique, por recurso a bibliografia suplementar. No que respeita à primeira das Obras de consulta, trata-se de I, págs. 418-424. Em momento posterior e porque manifestou não só como jornalista mas também como político uma interessante actividade, serão fornecidas informações suplementares a seu respeito. Complementarmente, poderá acrescentar-se que seu irmão António foi o um verdadeiro mestre, dando-lhe luzes e abrindo-lhe um novo caminho até então desconhecido, como aliás o próprio Autor afirma, nas suas *Memórias da Vida de José Liberato Freire de Carvalho*, a que já houve ocasião de aludir. A Gazeta francesa

França, e nossos governantes precisavam de nossa energia e entusiasmo para que ela se concluísse a bem deles, e não a bem do Povo, a imprensa, por assim dizer, foi livre em Portugal: então tudo se escrevia, todos escreviam e a todos era lícito revelar os seus pensamentos. Mas assim que a guerra se acabou e um despotismo militar se começou a estabelecer o despotismo civil e religioso, decretos sobre decretos, e ordens sobre ordens deram logo cabo de todos os escritos, e só conservaram a *Gazeta de Lisboa* como imagem desse *Alcorão Turco*, em que crer devem os fiéis que tudo está escrito quanto necessário é para a vida civil, política e religiosa"[3965].

É nesta ordem de considerações que deve ser enquadrada a progressiva legislação repressiva da publicação de periódicos sediados em Inglaterra ou em França[3966].

O Correio da Europa, então muito lida em Portugal e alguns livros pouco difundidos na altura, foram as leituras que desenvolveram e fortificaram a Razão e inteligência deste Autor. Ele mesmo diz que "(...) e com ambas estas leituras, a minha inteligência muito mais se começou a desenvolver, e a minha Razão entrou a fortificar-me, cada vez mais, no amor da Liberdade, e no horror que já tinha a tudo o que era tirania e Poder absoluto; ideias, que gradualmente profundaram raízes em meu coração, e sempre conservei, ainda conservo, e conservarei enquanto tiver vida. Com esta diversão de leituras o meu espírito se tranquilizava, tornava-se-me menos pesado o meu estado claustral, e se modificava o dissabor que sentia com os estudos obscuros, ininteligíveis e enfadonhos da Teologia", como escreve nas mesmas *Memórias*, pág. 13. Em todos estes anos priva muito com o irmão, que muito lhe ensina, levando-o consigo às sessões literárias da Academia Real das Ciências, enquanto nela não era admitido, sendo "distintamente tratado pelo Presidente, e mais sócios", segundo as suas próprias palavras, nas *Memórias*, pág. 25. Em 1813 foi mandado, de novo, para Refóios, mas ao passar pelo Porto evadiu-se para Inglaterra. Foi quando abandonou definitivamente o hábito. Ao passar pelo Porto conseguiu obter um passaporte com nome falso, com o qual embarcou para Inglaterra. Era o começo de nova experiência de vida, a qual o próprio Autor reconhece nunca ter imaginado: "Arrastado pela mão de ferro da tirania a cumprir meus destinos, achei-me sem nunca o pensar, e o ter mesmo imaginado, como de um salto, em uma grande cidade, e no vasto campo da imprensa para o qual o meu génio parecia insensivelmente levar-me. Achai-me, sim, jornalista, sem o ter pedido, nem requerido (...). Era para mim um grande lance de fortuna, porque me ia por independente." A maior parte dos seus trabalhos monográficos são posteriores ao período em estudo, pese embora o interesse que manifestam como repositório de informações para o mesmo. Às mesmas se fará referência oportunamente, embora seja justo destacar o *Essai Historique-Politique sur la Constitution et le Gouvernement du Royaume de Portugal*, s. l., 1829, de que se fez tradução portuguesa no ano seguinte sobe designação *Ensaio Historico-Politico sobre a Constituição e o Governo do Reino de Portugal* (...), Paris, 1830; *Ensaio Político das Verdadeiras Causas que Preparárão a Usurpação do Infante D. Miguel*, (...), Lisboa, 1842; *Memórias com o Título de Annaes, para a História do Tempo que durou a Usurpação de D. Miguel I*, ... , Lisboa, 1841; *Memorias da Vida de José Liberato Freire de Carvalho, Anno de 1854*, Lisboa, 1855. Quanto aos periódicos de que foi responsável, destaquem-se *O Português ou Mercúrio Político*, Londres, 1814-1818; *O Campeão Portuguez ou o Amigo do Rei e do Povo*, volume I (nº 1-12); volume II (nº 13-24); volume III (nº 25-32) Londres, 1819 e 1820. Ambos eram reincarnações do suspenso *Investigador Português em Inglaterra*, e cuja direcção lhe pertenceu a partir de 1814. Baluarte das ideias de Liberdade, iria preparar o ambiente para a Revolução de 1820, pelo que foi proibido pelo Governo português, do mesmo modo que já havia acontecido com outros periódicos. Posteriormente publicou já em Lisboa a continuação d'*O Campeão Portuguez em Lisboa ou o Amigo do Povo e do Rei Constitucional*, Lisboa, 1822. Estão disponíveis todos estes exemplares nas Edições originais. A seu respeito veja-se Innocêncio Francisco da Silva e Brito Aranha, *Diccionario Bibliographico Português*, IV, págs., 417 e ss. e XIII, págs. 57 e 58.

[3965] José Liberato Freire de Carvalho, *O Campeão Portuguez*, II, 1 de Abril de 1820, pág. 229.
[3966] Alberto Pena Rodrigues, "História do Jornalismo Português", *História da Imprensa*, pág. 355: "Quando foram expulsas as tropas de Napoleão, sucederam-se as restrições à Liberdade de imprensa, com o propósito de conter as ideias liberais e revolucionárias que se tinham espalhado por todo o país. A efervescência das publicações de 1809 foi refreada durante o decénio seguinte, com o

Por isso e sucessivamente sai legislação proibitiva da circulação da imprensa mais severa para com o Governo da Regência e que maior impaciência demonstrava quanto às reformas sempre procrastinadas e que via como inadiáveis[3967].

Analisar-se-á, de seguida, o tema no quadro das relações entre Poder e contra-poder – ou soberania real e soberania nacional – que à semelhança do exemplo espanhol tiveram uma importância que mereceria já ter sido alvo de preocupações mais detalhadas.

5.1. A Primeira Invasão Francesa e a resposta dos patriotas

Dois dias depois da partida de D. João e resto da Família Real para o Brasil, Junot chegou a Lisboa, de imediato impondo a sua presença. Breve, até mesmo as mais altas individualidades portuguesas entenderam prestar-lhe homenagem[3968], de moto próprio[3969] ou obrigados. O que na prática mais não significava que o invasor procurava por todos os meios insinuar-se[3970] – e quanto tal não era possível, obrigar pela

---

aparecimento de uma média de três jornais por ano." Vejam-se as considerações particulares tecidas em relação aos vários periódicos em questão, nos locais apropriados.

[3967] *O Portuguez*, I, nº 1, "Introdução", pág. 11: "Em quanto, segundo o espirito do nosso tempo, as grandes revoluçoens se tem obrado na Europa; só o Governo Portuguez, sem lhe importar a opinião geral, sem fazer caso dos extraordinarios acontecimentos. Que tem passado pelos seus olhos, dorme em um somno profundo á beira do precipicio; não cuida n'um melhoramento pacifico; conserva os antigos abusos; não que ouvir fallar em reformas, e cuida ter acautellado tudo alevantando por toda a extensão da raia um muro impenetravel ás luzes, que nos possam vir dos visinhos, como se estas fossem contrabando!"

[3968] Tobias Monteiro, pág. 48; Fortunato de Almeida, *História de Portugal*, IV, págs. 472 e ss.

[3969] Simão José da Luz Soriano, *História da Guerra Civil e do Estabelecimento do Governo Parlamentar em Portugal*, Segunda Ephoca, I, pág. 637: "Entretanto a exaltação era tal, que os proprios Governadores do Reino se tinham tornado suspeitos de francezismo ou *jacobinismo*, como então se lhe chamava, o que todavia não deixa de ter fundamento, senão quanto aos seus particulares sentimentos, pelo menos quanto á passada fraqueza do seu caracter durante o dominio de Junot. Elles tres dias depois da partida do principe Regente para o Brazil tinham reconhecido o consul de França, Mr. Herman como Presidente do erário, e n'esse mesmo dia tinham também sequestrado todos os palacios e casas reaes, bem como as dos fidalgos que tinham acompanhado o mesmo principe. Foram também elles que em grande parte applanaram aos francezes as dificuldades que podiam ter achado para se assenhorarem do paiz (...)". Ana Cristina Araújo, "As Invasões Francesas e a afirmação das ideias liberais", *História de Portugal* (direcção de José Mattoso), V, pág. 20, tem uma interpretação diversa e entende que "(...) onde se tem injustamente lido servilismo ao invasor, nós lemos fidelidade à realeza livre e voluntariamente ausente no Brasil. Este é também o parecer do contemporâneo Autor d'*Observador Portuguez, Historico, e Politico de Lisboa, desde o dia 27 de Novembro do anno de 1807, em que embarcou para o Brazil o Principe Regente Nosso Senhor e toda a Real Familia, por motivo da Invasão dos Francezes neste Reino*, que ao longo dos vários episódios relativos a esta exortação nacional para cumprirem com os desígnios franceses, encontra a expressão da independência portuguesa e fidelidade a D. João.

[3970] Idem, *ibidem*, págs. 638 e 639, refere as críticas acesas que este comportamento antipatriótico recebia dos portugueses que emigrados noutros países europeus, especialmente em Inglaterra, não deixavam de demonstrar a sua repulsa por tais atitudes. Assim D. Domingos de Sousa Coutinho, que em 23 de Dezembro de 1808 disso mesmo dá conta a D. João, escrevendo-lhe para o Brasil sob forma anónima. O texto do citado documento reza assim: "Como portuguez e fiel vassallo, tenho a obrigação de declarar que para a salvação da corôa e da patria, é necessario não consentir a minima influencia na administração dos negocios d'este reino ás seguintes pessoas, emquanto se não justificam publicamente, e o nuncio de sua santidade póde informar a sua alteza real se alguns dos factos que abaixo vão mencionados são ou não verdadeiros, ao menos emquanto elle esteve

força – em todos os que podiam ter influência no espírito dos portugueses[3971], reafirmando que os Exércitos napoleónicos vinham devolver a Liberdade aos portugueses e sacudir o tirano inglês.

Como quer que seja e à distância, este tipo de comportamento de alguns portugueses[3972] em relação aos franceses, que em certos casos os terá deixado algo admirados, tem a sua justificação[3973]. Tanto quanto se interpreta, será precipitado ver neste tipo de atitude algo colaboracionista[3974] uma afronta e uma falta de portuguesismo, sem

em Portugal. O Povo alta e geralmente se queixa das seguintes pessoas: de Antonio de Araújo de Azevedo e José Egydio Alvares, ambos elles no Brazil; dos officiaes de secretaria Thomé Barbosa, Joaquim Guilherme da Costa Posser e Francisco Gomes; dos conselheiros da fazenda, Domingos Vandelli e Francisco Soares de Araújo; e do medico da real câmara Francisco José Pereira. Todos os referidos eram amigos intimos de Antonio de Araujo, e todos os que ficaram em Portugal se distinguiram debaixo do Governo francez com insultos ao principe e aos seus vassalos. Foram singulares os seguintes: Pedro de Mello Breyner, conselheiro d'estado de baixo de Herman; distinguiu-se assinando o infame papel em nome da junta dos tres estados, que pediu um Rei a Napoleão. O Conde de Sampaio debaixo de Lhuyt; o ex-ministro José de Seabra da Silva, que organizou a junta dos tres estados em forma de côrtes, e fez para Junot o regimento dos corregedores móres; o Conde da Cunha, aliás tão obrigado a sua alteza real; e Francisco de Azevedo, conselheiro da fazenda."

[3971] *Observador Portuguez, Historico, e Politico de Lisboa, desde o dia 27 de Novembro do anno de 1807, em que embarcou para o Brazil o Principe Regente Nosso Senhor e toda a Real Familia, por motivo da Invasão dos Francezes neste Reino*, págs. 34 e ss., relativo ao discurso do cardeal patriarca de 10 de Dezembro de 1807, onde incentiva os portugueses a ser obedientes a Junot, em nome da religião e da pacificação nacional. No mesmo sentido, págs. 57 e ss., carta de D. José Maria de Mello, Inquisidor Geral, que mais não é que uma repetição da precedente. Veja-se o curioso trabalho de Camillo Luiz de Rossi, *Diario dos Acontecimentos de Lisboa na entrada das tropas de Junot*, Lisboa, 1808, pág. 21 e documentos 18 e 19 a pág. 75 e 77. Camillo Rossi foi uma testemunha privilegiada destes acontecimentos, uma vez que exercia as funções de secretário da Nunciatura Apostolica, que era presidida por D. Lourenço de Caleppi, Arcebispo de Nisibi que conseguiu seguir para a Rio de Janeiro já depois da entrada de Junot em Lisboa. Utiliza-se este *Diario* como plano de confronto para muitas das publicações oficiais saídas durante esta fase conturbada do país, procurando detectar se dele constam mais elementos com interesse para o tema.

[3972] *ANTT, Ministério do Reino*, maço 242, nº 7: "Breve Memoria que como Cidadão Portuguez toma a Liberdade de Offerecer na Presença do Illustrissimo e Excelentissimo Monsieur Junot (...) Seu humilde e reverente Criado, o Padre António Teles, presbítero secular. Lisboa, 25 de Dezembro de 1807."

[3973] São os próprios franceses que uns anos mais tarde espelham este tipo de comportamento algo dúbio das Autoridades portuguesas e, honra lhes seja feita, por esta época eram eles mesmos quem não poupava o antigo Imperador com algumas reprimendas. É pelo menos o que é *Aperçu Nouveau sur les campagnes des français en Portugal, en 1807, 1808, 1809, 1810 et 1811*, Paris, 1818, deixa transparecer logo na "Introduction": "Les tentatives infructueuses des armées françaises pour s'emparer du Portugal à trois reprises successives, forment l'épisode le plus intéressant de la guerre de la péninsule. (...) Le défaut de succès de ces opérations imprudentes, non-seulement contribua puissemment à la délivrance de l'Espagne, si elle n'en fut la seule cause efficace, mais encore attira plus tard l'armée anglo-hispano-portugaise dans les provinces méridionales de France, précisément au moment critique de l'invasion des provinces de l'Est et du Nord de cet empire par les puissances alliées; circonstances dont le concours simultanée amena la chute du terrible colosse du pouvoir impérial, qui, quelques mois auparavant, donnait la loi à la plus grande partie de l'Europe, et menaçait la liberté de toutes les nations."

[3974] Sobre as possibilidades de colaboração por parte da maçonaria e da Academia das Ciências de Lisboa, que disso chegaram a ser acusados, veja-se António Ferrão, *A Primeira Invasão francesa (A Invasão de Junot vista através dos documentos da Intendencia Geral da Policia, 1807-1808). Estudo Político e Social*, pág. CCXXXV e ss.. No mesmo sentido José Máximo Pinto da Fonseca Rangel, *Causa dos*

mais, por parte de quem os perpetrava³⁹⁷⁵. Ao menos, pecará por prematura uma interpretação extensiva a todos os portugueses que assim agiam³⁹⁷⁶.

Se D. João tinha tentado ganhar tempo, empatar³⁹⁷⁷, baralhar um pouco em função das atitudes que, por vezes, assumia, porque não haveriam estas individualidades, encarregadas da gerência do reino de agir do mesmo modo? Fazer os franceses acreditar numa submissão que apenas seria aparente, dando a entender nas entrelinhas dos documentos oficiais que o que se pretendia dos portugueses – que o conseguissem compreender – era exactamente o contrário do que estava escrito? D. João estaria tão mal aconselhado e incapaz de raciocinar, encontrando pessoas com um mínimo de capacidade para o servirem em Portugal? Porque razão o alto clero nacional, paulatinamente vendo esbulhado o seu património, igrejas saqueadas, ouro e prata entregues aos invasor, haveria de abençoar tais feitos, efectivamente, como perpassava pelos seus escritos?

E Junot, representando Napoleão, estava perfeitamente esquecido das conquistas da Revolução Francesa, nomeadamente da sua *Declaração de Direitos*, uma vez que os sistemáticos atropelos que em Portugal perpetrava contra os direitos individuais dos portugueses³⁹⁷⁸ eram desconformes com as intenções de um herdeiro da revolução³⁹⁷⁹.

Frades e dos Pedreiros Livres no Tribunal da Prudência, Porto, 1821, pág. 22: "Insinuou Junot que ele deveria ser nomeado Grão-Mestre. Mas foi-lhe respondido com unanimidade de votos e de coragem que não, 1º, porque existia Grão-Mestre, por tanto, não estava o lugar vago; 2º, porque este deveria ser ocupado por um português; 3º, porque o tempo das eleições não era aquele, 4º, porque em Junot faltavam, as eminentes qualidades que o deviam habilitar para tão alto emprego." Para informações suplementares acerca da possível colaboração da maçonaria portuguesa com Junot, veja-se Georges Boisvert, *Un Pionner de la Propagande Liberale au Portugal: João Bernardo da Rocha Loureiro (1778-1853)*, págs. 77 e 78, de que se elege a seguinte passagem: "(...) plusiers indices laissent penser que la Franc-Maçonerie se seriat divisée assez vite au sujet de la conduite à tenir vis-à-vis de Junot. Une majorité, composée principalement de bourgeois liés au commerce maritime, se déclarait résolument hostile, tandis qu'une minorité formée surtout de nobles et de militaires se montrait disposée à collaborer."

³⁹⁷⁵ Notem-se as denuncias feitas por José Acúrsio das Neves, *História Geral da Invasão dos Franceses em Portugal, e da Restauração deste Reino*, Edição de 1811, IV, pág. 58 e a competente resposta dada, mediante documentos, n'*O Investigador Portuguez em Inglaterra*, IV, Julho de 1812, págs. 244 e ss. Este procedimento de utilizar a imprensa para alguém se retractar de eventuais calúnias, seguido de debate entre os contendores, era normal na imprensa portuguesa. Ao caso trata-se de um litígio entre José Acúrsio das Neves e Francisco de Borja Garção Stockler, um partidário tipicamente inglês e outro francês. A combinação só podia ser explosiva, visto o pano de fundo da 1ª Invasão Francesa e o tipo de comportamento que alguns intelectuais portugueses tiveram pela positiva ou pela negativa.

³⁹⁷⁶ *Aperçu Nouveau sur les campagnes des français en Portugal, en 1807, 1808, 1809, 1810 et 1811*, pág. 54: "Les membres de la régence étaient animés de ces sentiments comme le reste des Habitants; mais chargés expressement par le prince d'éviter toute effusion de sang, ils eurent la force d'âme de les assoupir au fond de leurs coeurs, et la fermeté de les comprimer dans les autres."

³⁹⁷⁷ Tobias Monteiro, pág. 11: "Esperava D. João VI sahir de tal aperto, usando da 'espertza saloia', que lhe atribuiam; mas o momento não era para adiamentos nem cavillações, que por fim forçosamente findariam."

³⁹⁷⁸ *Observador Portuguez, Historico, e Politico de Lisboa, desde o dia 27 de Novembro do anno de 1807, em que embarcou para o Brazil o Principe Regente Nosso Senhor e toda a Real Familia, por motivo da Invasão dos Francezes neste Reino*, pág. 43.

³⁹⁷⁹ *Aviso ao Público sobre os estragos feitos nos Livros franceses e de quanto he sensivel a perda dos mencionados neste relação*, publicação anónima, datada da época da expulsão de Junot de Portugal, onde a dado passo se pode ler: "Trinca-Tridente, assembléia infernal dos tres corações generosos, Junot, de

Entre outras coisas, proibia-se a Liberdade de expressão e de reunião, formas ideais da Liberdade de pensamento, sendo certo que se os portugueses estariam desconfiados pela mentalização promovida pelos instrumentos da censura nacional em anos antecedentes no que respeita à Revolução Francesa, agora teriam motivos a dobrar para o fazer. Quando um exército que se diz libertador coarcta a possibilidade de alguém poder discutir o estado que se vivia em Portugal[3980], perguntariam: que direitos eram esses, declarados, quando o país que os declara procede forma tão arbitrária no respeito dos mesmos em local estranho? [3981]

Os "libertadores franceses" cedo deixaram ver as suas reais intenções. Bem andara D. João em ter embarcado para o Brasil[3982], evitando a sorte de outras cabeças coroadas europeias, prisioneiras do conquistador do mundo[3983]. A manutenção da Liberdade dos portugueses promovia, na alta perspectiva dos citados, não só efectivar a ocupação mas terminar de vez com o reinado dos Braganças. Por isso mesmo se justifica a medida tomada em 1 de Fevereiro de 1808 de incorporar Portugal, em definitivo,

---

Laborde, e Loison, com os factos, e pensamentos mais honrosos, e abominavelmente recomendaveis, de que resulta a Liberdade de consciencia da tropa para mortes, roubos, insolencias, e desacatos, que mais pareção soldados do sertão da Lybia, que homens criados na Europa. Esta Obra he em Dialogos, em meio folio, composta por João Carrafa Almirante da Inconfidencia, dedicada a Joaquim o serralheiro Duque de Berg."

[3980] Georges Boisvert, *Un Pionner de la Propagande Liberale au Portugal: João Bernardo da Rocha Loureiro (1778-1853)*, págs. 71 e ss., aponta em traços largos mas sugestivos os meandros da ocupação francesa nos vários domínios em que se desdobrou, manuseando documentação relevante para o contexto.

[3981] Claro que isto não era assim; o respeito de Napoleão por qualquer *Declaração de Direitos* seria mínimo; só que os portugueses não o sabiam e, na contingência, tudo identificavam. Mais crescia na inculta população o espírito adverso aos sucessos posteriores a 1789 e mais se apegavam à situação em que se encontravam na vigência do Antigo Regime português.

[3982] Esta medida sofreu o aplauso de uns e a crítica severa de outros. Os adeptos da política inglesa eram os seus mais fervorosos apoiantes, enquanto que os o que o não eram, não se podendo qualificar propriamente de "franceses" apontavam sérias reticências ao evento. Foi o caso de José Liberato Freire de Carvalho, *Ensaio Historico-Politico sobre a Constituição e o Governo do Reino de Portugal*, pág. 160: "Em quanto o Regente, a sua familia, a côrte e adherentes hião navegando para o Brasil, carregados de riquezas e das maldições do Povo que se via cobardemente desamparado por aquelles que tinhão por dever defende-lo ou morrer com elle em defesa da Liberdade nacional e da pátria, o Governo Britannico, mostrando-se então muito satisfeito com esta resolução, apoderava-se com o seu costumado desinteresse da nossa importante ilha da Madeira, querendo em todo o caso, uma vez que o reino cahisse para sempre no poder de Napoleão, ganhar mais essa nova posição maritimo-militar á custa do pobre Portugal, que só por Inglaterra e interesses della se perdia." Em diverso sentido, as observações do contemporâneo Alberto Iria, *A Invasão de Junot no Algarve. (Subsídios para a História da Guerra Peninsular – 1808-1814)*, Lisboa, Edição de Autor, 1941, pág. 4, reportando-se à seguinte observação de Oliveira Martins: "Três séculos antes – escreve Oliveira Martins – Portugal embarcara cheio de esperanças e cobiça, para a Índia; em 1807 (Novembro, 29) embarcava um préstito fúnebre para o Brasil. Era verdade, tristemente verdade. Mas foi assim, como desesperado recurso, que o futuro D. João VI salvou a independência da Nação." Também Alfredo Pimenta se encaminha neste sentido nos seus *Elementos de História de Portugal*, Lisboa, 1934, pág. 472 e nota respectiva: "A mudança da Família Real para o Brasil não foi uma fuga ou um acto de cobardia pessoal do Principe Regente. Foi antes um passo da mais salutar e inteligente diplomacia, e da maior utilidade para o país. Fazia parte de um velho plano de defesa nacional."

[3983] *O Investigador Portuguez em Inglaterra*, I, Julho de 1811, "Literatura Politica", pág. 14: "Porque as grandes Potencias Naves, a saber Hespanha e Hollanda; e as de segunda ordem como Dinamarca e Portugal são de facto provincias da França."

DA HISTÓRIA DA IDEIA DE LIBERDADE (SEQUÊNCIA)

na República francesa[3984], acabando com a existência de um Estado soberano e independente e associando-o às demais conquistas francesas.[3985]

Em presença disto, responde do Brasil o Príncipe Regente com o Manifesto datado de 1 de Maio de 1808[3986], pelo qual não apenas faz uma retrospectiva do comportamento português em relação à França desde 1789 e das razões que agora o levaram a declarar guerra aos franceses, invasores da pátria[3987] e delatores de Tratados e Convenções internacionais[3988].

[3984] Simão José da Luz Soriano, *História da Guerra Civil e do Estabelecimento do Governo Parlamentar em Portugal*, Segunda Ephoca, I, "Introducção", pág. 8; Camillo Luiz de Rossi, pág. 29 e documentos 37 a 39, págs. 99 e ss.: "Proclamação de Junot aos habitantes de Portugal", de 1 de Fevereiro de 1808; "Decretos" da mesma data, todos acerca da nova ordem política e administrativa que se passará a viver em Portugal, destituída a Casa de Bragança das suas prerrogativas.

[3985] *Observador Portuguez, Historico, e Politico de Lisboa, desde o dia 27 de Novembro do anno de 1807, em que embarcou para o Brazil o Principe Regente Nosso Senhor e toda a Real Familia, por motivo da Invasão dos Francezes neste Reino*, págs. 151-153: "O Principe do Brazil, abandonando Portugal, renunciou todos os seus direitos á Soberania deste reino. A Casa de Bragança acabou de reinar em Portugal. O Imperador Napoleão quer que este bello Paiz seja administrado, e governado todo inteiro em seu nome, e pelo General em Chefe do Exercito. (...) A religião de vossos pais, a mesma que todos professamos, será protegida, e socorrida, pela mesma vontade, que soube restauralla no vasto Imperio Francez, mas livre de supsertições que a deshonrão: a Justiça será administrada com Igualdade, e desembaraçada das delongas e arbítrios voluntarios, que a sopeavão. (...)." Este decreto está datado de 1 de Fevereiro de 1808; no dia imediato publica-se outro da mesma data onde se especifica que o Governo de Portugal ficará a cargo de Junot em representação do Imperador dos Francezes e demite em bloco o Governo da Regência que havia sido nomeado por D. João VI. António Delgado da Silva, *Collecção da Legislação Portugueza*, 1791-1820 (Supplemento), págs. 365 e 366; *O Correio Braziliense ou Armazém Litterario*, I, 1808, nº 3, págs. 163 e ss.

[3986] José Ferreira Borges de Castro, IV, pág. 275: "Manifesto do Principe Regente o Senhor Dom João, dado no Rio de Janeiro no 1º de Maio de 1808", *Collecção de Tratados, Convenções, Contratos e Actos Públicos celebrados entre a Coroa de Portugal e as mais Potencias, desde 1640 até ao presente*, IV, págs. 274 e ss.; *O Correio Braziliense ou Armazém Litterario*, I, 1808, nº 4, pág. 255 e ss.; *Gazeta de Lisboa*, 1808, nº 34, 27 de Setembro de 1808, Supplemento extraordinario: "Extracto da Gazeta Ingleza Statesman de 11 de Agosto de 1808 – *Manifesto ou justificação e exposição do comportamento da Corte de Portugal a respeito da França, desde o Principio da Revolução até o tempo da invasão de Portugal; e dos motivos que a obrigarão a declarar guerra ao Imperador dos Francezes, em consequencia da dita Invasão, e declaração de guerra que se lhe seguio, feita depois da conta dada pelo ministro dos Negocios Estrangeiros*." Veja-se o impresso publicado pela Real Imprensa da Universidade, com a designação de *Manifesto ou Exposição Fundada, e Justificativa do Procedimento da Corte de Portugal*, Coimbra, 1808; António Delgado da Silva, *Collecção da Legislação Portuguesa*, 1802-1810, págs. 491-498 e João Pedro Ribeiro, *Indice Chronologico Remissivo da Legislação Portugueza*, V, pág. 276.

[3987] António Delgado da Silva, *Collecção da Legislação Portuguesa*, 1802-1810, pág. 519, a respeito do decreto de 10 de Junho de 1808 declarando guerra a Napoleão.

[3988] Diga-se que há um núcleo considerável de escritores franceses, quase sempre sob o anonimato, a referirem precisamente esta questão. Dificilmente poderiam surgir à tona da água, mas devem aqui ser recordados pelo historial que fazem para os seus compatriotas, da real feição que o seu Imperador assumira na Península e a forma como portugueses e espanhóis conseguiram colocá--lo no preciso ponto em que deveria estar. É por isso justo aqui recordar o *Aperçu Nouveau sur les campagnes des français en Portugal, en 1807, 1808, 1809, 1810 et 1811*, antes mencionado, *La Guerre de la Péninsule sous son véritable point de vue ou Lettre a Mr. l'abbé F... sur l'histoire de la dernière guerre; publiée dernièrement a Florence*, Bruxelles, 1819, pág. XVI da "Introduction": Tel est le résultait des promesses faites aux Portugais "Telle est l'exécution du traité de Fontainebleau par rapport à l'Espagne! [referência ao decreto de 1 de Fevereiro de 1808] Cependant le prince régent de Portugal n'avait fait aucun acte postérieur au 26 Novembre; car il n'a déclaré la guerre à la France

O Direito das Gentes aceita a conquista como um dos títulos legítimos de aquisição territorial e por ele Junot e Napoleão poderiam fazer todos os decretos e proclamações que quisessem para legitimar as suas pretensões. O Direito das Gentes não aceita nem legitima a ocupação de um país por outro, como meio de aquisição da soberania do mesmo. Um país ocupado não é um país conquistado e, logo, não haveria qualquer Direito à face das regras seguidas à época, que pudesse conferir aos franceses Poderes sobre Portugal[3989]. Além do mais, não está escrito nas regras do Direito das Gentes que o monarca é impedido de alterar a sede da sua residência de uma parte para outra do seu país.

Este é um dos episódios em que menos unanimidade existe na nossa História. E se já ficaram anotadas as posições de alguns coevos da situação, há Autores contemporâneos que mantêm ter sido tal atitude totalmente ao arrepio dos princípios que uma monarquia absoluta como a nossa deveria preservar, sendo certo que o comportamento de fuga por que se optou seria uma ofensa aos princípios do Direito Natural e aos juramentos estabelecidos entre o monarca e o seu Povo. O incumprimento da obrigação de defender o Povo perante ameaça, sempre equivaleria "a uma abdicação em face de Deus e a uma traição para com o Povo"[3990].

O problema a colocar terá uma tradução singela: averiguar até que ponto os súbditos se podem continuar a considerar ligados ao monarca que abandona (?) o seu posto na hora do perigo, devendo a Nação manter a obediência a alguém que, em termos efectivos, com ela pouco se importava.

Anos volvidos e apesar do respeito que D. João continuava a infundir aos liberais portugueses, este terá sido um dos pontos em que se basearam para proceder à Revolução de 1820 e concomitante alteração do regime político em favor da Liberdade política do país, que não deveria estar à mercê de atitudes mais ou menos de compromisso entre a manutenção da soberania e a sua perda, apenas por resolução unitária do seu chefe político, em função da soberania real. Em qualquer caso, nunca quiseram para a monarquia constitucional Rei diverso do antigo Príncipe Regente, apesar dos problemas que a virtual disponibilidade do Duque do Cadaval para ocupar esse posto poderia colocar.

5.1.1. Primeiros "Projectos de Constituição" para Portugal
As inúmeras peripécias deste período estão recenseadas pela História.

---

que le 1er. Mai 1808, après avoir informé de l'usurpation de ses états, consommée le 1er. Février, (...)." Sobre este último escrito importa avançar algo mais, até porque interessa sobremaneira. O seu Autor foi com grande dose de certeza o Conde do Funchal, D. Domingos de Sousa Coutinho, um dos mais empenhados diplomatas nacionais, "inglês dos ossos", e que em 1816 a publicou em italiano sob anonimato, tendo sido traduzida para francês pelo Conde de Subserra, Manuel Ignacio Martins Pamplona, em 1819 e só depois para português em 1820. É a tradução de Subserra que se utiliza; oportunamente serão dadas mais informações sobre este texto quando da apresentação da biografia de D. Domingos.

[3989] Deste passo não poderia Napoleão fazer uso da velha máxima de Maquiavel, segundo a qual o conquistador deve residir no país conquistado. Mas nem Maquivel, com todo o seu grau de sagacidade, alguma vez terá imaginado a remota hipótese de vir a existir um "citoyen" como Napoleão Bonaparte.

[3990] António Ferrão, *A Primeira Invasão francesa (A Invasão de Junot vista através dos documentos da Intendencia Geral da Policia, 1807-1808). Estudo Político e Social*, pág. CLXXXVIII e ss., que não encontra justificações numa tal atitude.

DA HISTÓRIA DA IDEIA DE LIBERDADE (SEQUÊNCIA)

Pela importância que apresenta no quadro da investigação ao nível do debate acerca da ideia de Liberdade e, sobretudo, porque não deve ser confundida com situações paralelas que se propiciam a alguma fluidez, destaca-se a investigação daquilo que se convenciona designar, genericamente, por primeiros "Projectos de Constituição" para Portugal.

O problema deve ser enquadrado numa tripla perspectiva e não sob forma unitária como costuma suceder. Assim, existirão três fases neste processo, e três ideias de "Constituição", na verdade de "Carta", cada um delas com pressupostos distintos, duas tradicionais e outra liberal, que cumpre avaliar. Não é a discussão simples do pedido de Rei e Constituição que está em causa; não é sequer a perda da independência perante França, porque o país assim se manteria soberano e livre, enquadrado numa confederação de Estados sob o sistema continental. É o emblemático problema da integridade que deve estar no centro das atenções, em todos os casos. É isso que se irá tentar mostrar, situando a questão à luz dos documentos em presença.

Trata-se de uma das mais polémicas questões que se oferece ao Estudo[3991], tanto mais que os dados disponíveis não permitem solucionar cabalmente o problema. Por esse motivo, sugere-se uma fórmula de resolução do problema, pese embora se admita que será ponto nunca cabalmente esclarecido.

Da análise da fontes resulta ser possível estabelecer a existência de:

– Um projecto de Carta Constitucional, que previa a manutenção da integridade do Reino e requerida a Napoleão por parte da deputação portuguesa enviada a Bayonne;

– Uma petição ao Acto de submissão prestado a Napoleão, na pessoa de Junot, por parte de alguns portugueses e onde se reiterava a necessidade de manter Portugal separado da Espanha;

– Uma proposta de Carta Constitucional (eventualmente entendida como Constituição), subscrita pela casa dos Vinte e Quatro e proclamada pelo Juiz do Povo, onde a integridade da Nação era vista como prioritária.

Quer isto dizer que, para além das diferenças que entre si tivessem e serão de seguida manifestadas, havia um ponto comum: fazer frente às decisões saídas do Tratado de Fontainebleau.

Enquadrando a primeira das situações, recorde-se que os membros destacados para irem a Bayonne cumprimentar Napoleão, eram relevantes individualidades no panorama intelectual e político português[3992]. Não há razões para supor, nem resulta das fontes, que não fossem fiéis a D. João e não podem ser vistos, como já tem pre-

---

[3991] Sobre o ponto há inúmeros historiadores que já se pronunciaram. Consultem-se, António do Carmo Reis, *Invasões Francesas. As revoltas do Porto Contra Junot*, Lisboa, Editorial Notícias, 1991, págs. 66 e ss.; Ana Cristina Araújo, "Revoltas e Ideologias em conflito durante as Invasões Francesas", *Revista de História das Ideias*, VII, pág. 21 e 22; idem, "As Invasões Francesas e a afirmação das ideias liberais", *História de Portugal* (direcção de José Mattoso), V, págs. 30 e ss; *Observador Portuguez, Historico, e Politico de Lisboa, desde o dia 27 de Novembro do anno de 1807, em que embarcou para o Brazil o Principe Regente Nosso Senhor e toda a Real Familia, por motivo da Invasão dos Francezes neste Reino*, pág. 272; A. Fernandes Thomaz, *Episodios da Terceira Invasão. Diario do General Manuel Ignacio Martins Pamplona (Maio a Setembro de 1810)*, Figueira, 1896. Para além destas recolhas bibliográficas e fontes, há outras desta categoria que apresentam o texto tais como a *Gazeta de Lisboa*, 1808, nº 19, de 13 de Maio de 1808; *O Correio Braziliense ou Armazém Litterario*, XIII, 1814, Novembro, nº 78, págs. 734 e ss.

[3992] *Observador Portuguez, Historico, e Politico de Lisboa, desde o dia 27 de Novembro do anno de 1807, em que embarcou para o Brazil o Principe Regente Nosso Senhor e toda a Real Familia, por motivo da Invasão dos Francezes neste Reino*, págs. 268-272; Fortunato de Almeida, *História de Portugal*, IV, págs. 480 e 481.

tendido, como um conjunto de gente mais ou menos subserviente ou traidora à pátria, como muitos quiseram fazer acreditar.

Todos os notáveis escolhidos e que constam das fontes citadas[3993], seriam indivíduos cujo exílio conviria sobremaneira a Napoleão, que não se pouparia a esforços para os afastar de Portugal[3994]. Por outro lado, resultava que a solução portuguesa nunca poderia ser idêntica à espanhola[3995], uma vez que a Família Real Portuguesa existia e não tinha sido manietada como acontecera com Carlos IV. Portanto, os próprios franceses reconheciam que havia que agir com maior tacto.

Nenhum deles era, defensor da Liberdade individual, quer como Liberdade de imprensa quer no quadro da Liberdade de consciência. Nenhum deles partilhava das concepções ideológicas da Revolução Francesa. Nenhum deles defendia a Liberdade política, o reconhecimento dos direitos individuais ou a realização de Assembleias magnas, nenhum deles ousaria defender a necessidade de outra Constituição que não a tradicional portuguesa. Então, pode perguntar-se: porque se conclui do modo acima descrito?

Simplesmente porque se eles não representavam a ideia de Liberdade, manifestavam de certeza, a integridade territorial requerida de Portugal em presença dos preparativos do seu retalho e entrega parcelar a Espanha.

Como consequência, plasma-se a investigação do real entendimento dos membros da deputação portuguesa, em relação aos quais se podem colocar duas hipóteses opostas: defesa integral da soberania portuguesa centrada na pessoa de D. João ou de algum dos seus descendentes ou, ao contrário e não sendo possível, requerimento a Napoleão para que governasse pessoalmente Portugal ou enviasse alguém da sua Família para o fazer. A isto se somava a defesa da integridade territorial, comum às demais situações. Importa confrontar textos e, a partir deles, tentar uma conclusão.

Para quem entenda que da *Declaração de Bayonne*[3996] resulta uma aceitação, por parte de Portugal – e por parte dos membros da deputação – dos propósitos expansionistas napoleónicos, conjugada com a ideia de entregar os destinos portugueses

---

[3993] Bispo de Coimbra, D. Francisco de Lemos, Bispo Inquisidor Geral, D. José Maria de Mello; Prior-mór de Aviz, D. José de Almeida; Marquez de Penalva, Fernando Telles da Silva de Caminha e Menezes; Marquez de Marialva, D. Pedro José Joaquim Vito de Menezes Coutinho; Marquez de Valença, D. José Bernardino de Portugal e Castro; Marquez de Abrantes (pai), D. Pedro Lencastre Silveira Castello Branco Sá e Menezes; Marquez de Abrantes (filho), D. José da Piedade e Lencastre; D. Nuno Caetano Alvares Pereira de Mello; Conde de Sabugal, D. Manuel de Assis Mascarenhas Castello Branco da Costa Lencastre; Visconde de Barbacena, Luis Antonio Furtado de Castro do Rio Mendonça e Faro; D. Lourenço de Lima; desembargadores Joaquim Alberto Jorge e António Thomaz da Silva Leitão, vereadores do Senado.

[3994] *O Investigador Português em Inglaterra*, III, Junho de 1812, págs. 684 e ss., apresenta a sentença absolutória do Conde do Sabugal, um dos enviados a França. Pelo conjunto de provas recolhidas é possível decidir positivamente no sentido de "excluir a culpa do Réo de ter aceitado a Ordem para se incorporar no Exercito inimigo, e de ter sahido de Paris nessa direcção, que se deve entender necessaria para não correr grande risco", para além de outras imputações.

[3995] Preconizada pela *Constituição do Reino de Hespanha dada por José Bonaparte em Julho de 1808*, conhecida como a *Carta de Bayonne*, e que fazia da Espanha parte integrante do Sistema Continental com um Rei da Família Bonaparte. Veja-se, *Collecção de Constituições Antigas e Modernas*, tomos I-IV, "por dois Bachareis", Lisboa, 1820-1821. Ao caso trata-se de II, págs. 103 e ss.

[3996] Esta *Declaração*, por vezes designada por *Carta*, nada tem que ver com a *Carta de Bayonne* dada por Jozé Bonaparte aos espanhóis. As designações podem ser idênticas, mas o âmbito e o conteúdo das mesmas, bem como os seus destinatários, Espanha e Portugal, bem diversos.

DA HISTÓRIA DA IDEIA DE LIBERDADE (SEQUÊNCIA)

"ao poderoso genio" restaurador da França, visualiza Portugal, de imediato, como um país na órbita da Europa napoleónica, sem contrapartida aparente.

Não é exactamente assim. Para se evitar a união com a Espanha, pedia-se a Napoleão que consentisse na volta da Família Real para Portugal e na impossibilidade de tal acontecer, uma união do Príncipe D. Pedro com uma familiar de Napoleão. Sendo isto impossível e porque a todo o custo se pretendia evitar a dissolução do Estado português entre Espanha e França, na contingência, seria preferível que o próprio Imperador assumisse as rédeas da governação nacional, em termos algo semelhantes ao que Filipe II de Espanha e os seus sucessores haviam feito[3997]. Portanto, em tempo algum resultou deste pedido a perda da existência política portuguesa enquanto entidade autónoma, Estado independente e assim devendo ser considerado[3998].

A *Carta* – ou *Declaração* – *de Bayonne*, não é tão explícita quanto dela se pretende fazer[3999]. Não está escrito em nenhum dos seus pontos o pedido da deputação a Napoleão para acomodar a Portugal um Rei da sua confiança, na impossibilidade da Família Real portuguesa regressar, nem tão pouco se escreve a decisão definitiva tomada em nome dos portugueses de aceitar, para o futuro, toda e qualquer ordem proveniente do Imperador.

[3997] Luís A. Oliveira Ramos, *D. Francisco de Lemos e a Deputação a Baiona*, Lisboa, 1983. Por este documento é possível detectar que os emissários enviados a Napoleão Bonaparte produziram, de facto, afirmações tendentes a uma interpretação plausível da aceitação do comando francês para Portugal. Há também um manuscrito, desconhecido até há pouco tempo e cuja origem não foi possível detectar, uma vez que nos chegou às mãos em fotocópia, sem qualquer menção do local onde se encontra depositado. Simplesmente é utilizado porque a análise feita merece fiabilidade, vista a sua Autoria material. Trata-se do *Requerimento que vindo de França fez o Bispo de Coimbra D. Francisco de Lemos a S. Alteza Real o Príncipe Regente*. Por este documento é possível verificar que os emissários enviados a Napoleão Bonaparte produziram, de facto, afirmações tendentes a uma interpretação plausível da aceitação do comando francês para Portugal. Ao caso trata-se de fls. 161v.-162v. e documentos nºs 5 e 6.

[3998] *Requerimento que vindo de França fez o Bispo de Coimbra D. Francisco de Lemos a S. Alteza Real o Príncipe Regente*, fls. 174: "(...) A deputação não procurava (...) eximir a Nação da obediencia aos seu Principe natural e Senhor [D. João de Bragança]; mas sim salvá-la da ruína (...)." Por isso se entendia ser preferível uma submissão, vista por todos os presentes como temporária, para assim se conservar na sua integridade como nos tempos de Filipe II. Com isto entendia a deputação não ofender os direitos de S. A., antes reservar-lhes as mesmas preeminências que D. João IV tivera em 1640.

[3999] *O Correio Braziliense ou Armazém Litterario*, I, 1808, nº 2, págs. 127 e ss., transcreve a fala depois feita aos portugueses que também pode ser encontrada no *Observador Portuguez, Historico, e Politico de Lisboa, desde o dia 27 de Novembro do anno de 1807, em que embarcou para o Brazil o Principe Regente Nosso Senhor e toda a Real Familia, por motivo da Invasão dos Francezes neste Reino*, pág. 268 e ss; Simão José da Luz Soriano, *História da Guerra Civil e do Estabelecimento do Governo Parlamentar em Portugal*, Segunda Ephoca, I, pág. 206-207, reportando-se à alocução da deputação portuguesa, entende que foi "geralmente tida por mentirosa e hypocrita, contendo apenas as expressões do proprio Napoleão, proferidas pela boca dos seus prisioneiros, em coherencia com os seus interesses. Entretanto a referida allocução dava bem a entender que a mente de Napoleão era conservar Portugal como reino independente, facto que por outro lado tambem se achava corroborado pela concentração que do Governo d'este reino tinha feito nas mãos de Junot, de que resultava os portuguezes verem-se livres da ideia, para elles humilhante, de serem novamente reduzidos a provincia de Hespanha. Debaixo deste ponto de vista a allocução ou carta da deputação portugueza foi n'este reino geralmente applaudida, particularmente pelos partidistas de França, que a tiveram como um seguro anuncio do apparecimento da ephoca liberal entre nós, e da sua ressurreição politica, chegando mesmo a haver terras no interior das provincias que a festejaram com illuminações e fogos de artificio."

Contudo, embora não conste do texto da mesma e não seja oficial, há motivos para acreditar que isso poderia estar no espírito dos emissários a Napoleão[4000] talvez numa tentativa desesperada de evitar a união com a Espanha, de ganhar algum tempo para o desenlace final e possível alteração das circunstâncias políticas da Europa A D. João, que seria "O Clemente", estaria talhado o mesmo destino reservado durante mais de meio século para o "Restaurador", D. João IV, Duque de Bragança.

Com este receituário, pediam-se remodelações não apenas no plano de quem iria exercer efectivamente a soberania em Portugal – um novo Rei e um novo Governo – enquanto problema de legitimidade encarada com contornos tradicionalistas, mas também uma Constituição baseada nas Leis Tradicionais do Reino que apelavam à integridade do território e sua autonomia, salvaguardando tudo o que as Leis Fundamentais defendiam: costumes, Liberdades e privilégios.

Não era uma Constituição liberal que se pretendia, assente em bases doutrinárias conhecidas; era uma Carta outorgada pelo monarca e aceite pelos vassalos, onde a soberania era daquele e onde a estrutura da Liberdade se ficava pelo plano civil ou garantista e não assumia contornos políticos em qualquer caso[4001]. Uma Constituição "à moda da Velha Moda", única que os portugueses entenderiam e que Napoleão, outorgaria de excelente vontade aos seus novos e confederados súbditos.

Portanto, não se vislumbra nesta fase de primitivo Projecto de Constituição – de Carta – para Portugal, nem má fé dos seus proponentes, nem falta de portuguesismo, nem desonra à pátria. A ideia de Constituição não era facto novo na História nacional, porque desde Lamego que ela historicamente existia; o que havia agora era que adaptá-la às novas circunstâncias da confederação imperial. Era uma Carta que, repita-se, nada tinha de liberal, no sentido proposto por França, em 1791 ou Cádiz, em 1812.

Todavia, Napoleão não se mostrou sensível às pretensões portuguesas de fazer regressar a Família Real a Portugal, nem sequer recebendo os emissários a Bayonne[4002]. Antes eram suas intenções "vos ligar com as outras partes da Europa ao grande Systema Continental, do qual nos devemos fechar o ultimo annel (...)". Tudo dependeria

---

[4000] Este texto encontra-se também publicado no *Instituto*, XVI, 1899, págs. 145 e ss., 219 e ss., 272 e ss., 606 e ss., 778 e ss., 841 e ss., 812 e ss., sob designação *Requerimento que vindo de França fez o Bispo de Coimbra D. Francisco de Lemos a S. Alteza Real o Príncipe Regente*. O documento corresponde ao mencionado em nota anterior, embora tenha sido o primeiro o utilizado para trabalhar. Em qualquer caso, recomenda-se a consulta de ambos, para possíveis comparações, embora as diferenças detectadas não sejam significativas e seja possível confirmar por este segundo elemento de trabalho a veracidade do que ficou apontado.

[4001] Simão José da Luz Soriano, *História da Guerra Civil e do Estabelecimento do Governo Parlamentar em Portugal*, Segunda Ephoca, I, pág. 207: "(...) desde então [do conhecimento da *Carta de Bayonne*] espalhou-se o boato de que a par de um Rei nomeado por Napoleão, outorgaria elle tambem uma constituição, que faria reviver entre nos a boa memoria das antigas cortes portuguezas."

[4002] *O Correio Braziliense ou Armazém Litterario*, XIII, 1814, Novembro, nº 78, pág. 735: "Pela grande distancia que separa a nossa patria do seu Imperio, não pode Sua Majestade Imperial e Real vigiar sobre ella com a mesma attenção com que vigia os seus outros Estados (...): seguem-se muitos inconvenientes da delegação de uma grande authoridade em paizes mui distantes. Sua majestade Imperial e real não tem desejo algum de vingança, nenhum ódio, nenhum rancor ao Principe, que nos governava, nem á sua real familia [mas] o Imperador não pode nem quer deixar aportar em Portugal o Principe que o deixou, confiando-se á guarda de navios Inglezes."

da adesão dos próprios portugueses e "do espirito publico que nos mostrassemos". Depois, apenas ao Imperador caberia decidir[4003].

Passando ao Acto de submissão[4004], onde se mantinha presente a integridade portuguesa, da consulta da documentação que resulta da reunião dos *Três Estados*, mandada convocar por Junot logo depois de saber as notícias da publicação da *Carta de Bayonne*[4005], pretendia-se a sua confirmação[4006]. Foram convocados os membros do Clero, Nobreza e Povo, municipalidades e magistraturas, com esse único objectivo. Posteriormente e por influência e ambição pessoal de Junot, que queria ser Rei de Portugal e a quem havia portugueses a gostarem de saber da existência de El-Rei Junot.

Do citado Acto de submissão resultavam expressões como "(...) as disposições benéficas de V. M. para com Portugal, nos fazem conceber as mais lisonjeiras esperanças de futura felicidade, acolhendo-nos debaixo da magnanima protecção do heroi do Mundo (...). Interpretes e depositarios dos votos da Nação em nome de toda ella rogamos, e aspiramos formar um dia parte da grande Familia de que V. M. he o pau benefico, e soberano poderoso; e nos lisonjeamos, Senhor, que ella merece tal graça; ninguem melhor que o representante de V. M., o general em Chefe do Exercito de Portugal, e com elle todo o mesmo exercito pode dar maiores testemunhos do espirito publico, que anima a Nação (...). *Achamo-nos por plenamente convencidos, que Portugal não pode conservar a sua independencia, animar a sua energia, e character da sua propria dignidade, sem recorrer ás benevolas disposições de V. M. Ditosos seremos nós se V. M. nos considerar dignos de ser contados no numero dos seus fieis vassallos; e quando pela nossa situação geographica, ou por qualquer outra razão, que a alta consideração de V. M. tenha concebido não possamos lograr esta felicidade, seja V. M. quem nos dê um principe da sua escolha, ao qual entregaremos, com inteira e respeitosa confiança, a defeza das nossa leys, dos nossos direitos, da nossa religião, e de todos os mais sagrados interesses da patria*"[4007].

Há aqui um efectivo pedido de um Rei francês para Portugal. Além disso, presta-se vassalagem a Napoleão e requer-se a legitimidade tradicional, arvorando-se os Três Estados em representativos de todo o Povo português, sendo certo que para tanto ninguém os havia mandatado[4008]. Nem sequer como antigos procuradores das Cortes poderiam funcionar.

[4003] *Observador Portuguez, Historico, e Politico de Lisboa, desde o dia 27 de Novembro do anno de 1807, em que embarcou para o Brazil o Principe Regente Nosso Senhor e toda a Real Familia, por motivo da Invasão dos Francezes neste Reino*, págs. 269 e 270.

[4004] *O Correio Braziliense ou Armazém Litterario*, XIII, 1814, Novembro, nº 78, pág. 748: "Acto de sugeição feito em Lisboa, na Juncta dos Tres estados, pelos Magnates de todas as Classes."; Christovam Ayres de Magalhães Sepúlveda, *História Orgânica e Política do Exército Português*, Coimbra, 1932, "Provas", XVII, documento CXLIV, págs. 384 e ss; *Gazeta de Lisboa*, 1808, nº 20, primeiro Supplemento.

[4005] D. Francisco de Lemos, *Requerimento que vindo de França fez o Bispo de Coimbra D. Francisco de Lemos a S. Alteza Real o Príncipe Regente*, documento nº 5, fls. 166.

[4006] *O Correio Braziliense ou Armazém Litterario*, I, 1808, nº 2, págs. 129 e ss. Simão José da Luz Soriano, *História da Guerra Civil e do Estabelecimento do Governo Parlamentar em Portugal*, Segunda Ephoca, I, págs. 208 e 209.

[4007] *Ibidem* I, 1808, nº 2, pág. 738-740; *Gazeta de Lisboa*, 1808, nº 20, de 20 de Maio de 1808, primeiro Supplemento, dá nota da sessão que antecedeu a reunião dos *Três Estados*, onde estiveram presentes muitas pessoas a prestar os seus respeitos a Junot, algumas dos quais foram convidadas a incorporar a junta que se irai reunir de seguida e nomeadamente os membros das várias classes antes referenciadas.

[4008] Embora não fosse essa a interpretação de Junot. Conforme D. Francisco de Lemos, *Requerimento que vindo de França fez o Bispo de Coimbra D. Francisco de Lemos a S. Alteza Real o Príncipe Regente* documento nº 4, pág. 138.

Unindo os destinos de Portugal aos da França e do Sistema Continental, apontava para uma Constituição política comum em ordem à fuga do domínio espanhol, que já os emissários a Bayonne haviam preconizado. Era preferível, para conservar a integridade em presença de Espanha, decair a Autoridade portuguesa e perder a soberania.

Nem os portugueses governariam nem decidiriam quem havia de governar; Napoleão era o único que poderia salvaguardar a nossa integridade face ao vizinho ibérico ainda que, para tanto, fosse preciso deixar um Povo soberano de ser soberano e um monarca português ser substituído por outro estranho à pátria. Por outras palavras, se a ideia de Nação se mantinha no plano da sociedade civil, o Estado português deixava de ser dirigido pelos portugueses e as suas instituições orgânicas eram desfocadas para interesses estranhos. Mas não haveria a partilha de despojos como em Fontainebleau se havia preconizado.

Por esta hipótese constitucional, Portugal não temia a Espanha e acautelava face a ela os seus direitos. O preço, o restabelecimento do tradicionalismo como meio ideal para que a soberania fosse consagrada na pessoa do representante do Povo, o monarca, qualquer que ele fosse e independentemente da dinastia, na salvaguarda das Leis Fundamentais. Pior, a Carta que libertava de Espanha, submetia politicamente à França e acarretava, a perda da independência por ausência da soberania.

Finalmente, a terceira hipótese, ou seja, uma proposta de Carta Constitucional (Constituição).

Este "Acto de sujeição" foi acompanhado de uma "Mensagem a pedir a Napoleão um Rei e uma Constituição para Portugal"[4009], aspecto em que nem todos estavam conformes[4010] e no qual se deduz da análise de boa parte das fontes e bibliografia de referência, também não existe total unanimidade. De facto, parece resultar que os afrancesados que subscreveram este novo texto[4011], pouco teriam que ver com os colaboracionistas[4012] do anterior e estes, por sua vez, não se comparavam aos membros da primitiva deputação.

[4009] Christovam Ayres de Magalhães Sepúlveda, "Provas", XVII, documento CXLIV, págs. 379 e ss.

[4010] A discordância foi desde logo evidente da parte do Juiz do Povo de Lisboa, à época o tanoeiro José Abreu de Campos, que não apenas se recusou a assiná-la, tal como o Marquês das Minas, como elaborou uma "Reflexão" sobre a citada e que consta do *Observador Portuguez, Historico, e Politico de Lisboa, desde o dia 27 de Novembro do anno de 1807, em que embarcou para o Brazil o Principe Regente Nosso Senhor e toda a Real Familia, por motivo da Invasão dos Francezes neste Reino*, págs. 279 e ss. Esta é a única das fontes consultadas que publica tal texto e as referências bibliográficas recenseadas nesta fase também não lhe fazem qualquer referência.

[4011] *Gazeta de Lisboa*, 1808, nº 20, de 20 de Maio de 1808, primeiro Supplemento. A súplica apresentada ao Imperador dos franceses terá sido elaborada por Gregório José de Seixas, afrancesado conotado com a maçonaria, e pelos juristas Simão Cordões Brandão de Ataíde, Francisco Duarte Coelho e Ricardo Raimundo Nogueira. O primeiro e segundo acabaram como membros do Vintismo exercendo funções no Executivo e nas Cortes Ordinárias de 1822; o último é um dos escritores nacionais a que haverá ocasião de voltar, neste capítulo, para estudar a sua Obra. Além destes também intervieram neste processo os magistrados Bento Pereira do Carmo e José Joaquim Ferreira de Moura, que viriam a tornar-se dois mais inflamados membros do Congresso Vintista. Ambos suspeitos de jacobinismo e pertencentes à maçonaria tiveram de se retirar depois de 1808 de quaisquer contactos com a vida pública que apenas retomaram em vésperas de 1820. Uma das vias originais, com a totalidade das assinaturas está depositada no *ANTT, MNEJ*, caixa 36, s. d. Veja-se o mesmo periódico, 1809, nº 6, 10 de Fevereiro de 1809, 1º Supplemento; Graça e J. S. da Silva Dias, I, 2, págs. 483 e ss.

[4012] *ANTT, Ministério do Reino*, maço 242, documento 7, demonstra bem que em Portugal houve alguns empenhados colaboracionistas. Trata-se de uma *Breve memoria que como Cidadão Portuguez toma*

DA HISTÓRIA DA IDEIA DE LIBERDADE (SEQUÊNCIA)

Será aceitável encarar estes homens bem mais próximos do espírito dos antigos membros da deputação a Bayonne, que dos membros arregimentados por Junot nos *Três Estados*, e seus auxiliares na redacção do segundo dos textos que se vêm interpretando[4013]. O novo escrito, o terceiro na interpretação dos factos, foi subscrito por alguns portugueses bem conhecidos e analisando as suas orientações políticas desses afrancesados[4014], defende-se que, por o serem, não significa isso que fossem traidores à pátria.

Antes ideologicamente balançariam entre a concepção saída da Revolução Francesa e a manutenção do tradicionalismo lusitano, pugnando para o seu país por uma

---

[a] *Liberdade de offerecer na Presença do Ilustrissimo e Excelentissimo Monsieur Junot, Meretissimo Governador de Paris, Primeiro Ajudante de Campo de Sua majestade o Grande Imperador e Rey, Grã-Cruz da Ordem de Christo neste reyno e General em Chefe do Exercito de Portugal, seu humilde e reverendo criado*, o padre Antonio Telles, Presbítero secular. Está datado de Lisboa, 1807 e nem todos os eclesiásticos eram militantes entusiasmados contra a causa napoleónica... Outro exemplo consta d'*O Correio Braziliense ou Armazém Litterario*, nº 15, pág. 149 e ss., referente a um folheto impresso no Porto, em 1809, onde se elogia a política de Napoleão, se desautoriza o Príncipe Regente e demais Família Real, se apoucam os patriotas portugueses e, finalmente, porque em pleno ano de 1809, se pede o Duque da Dalmácia, Soult, para Rei de Portugal. Hipólito da Costa tratou de responder devidamente ao incauto escritor, como bem se imagina.

[4013] *O Correio Braziliense ou Armazém Litterario*, I, 1808, nº 2, pág. 131 e ss. O redactor apresenta a sua própria posição. Depois de discutir a legitimidade da deputação enviada a Bayonne e de considerar que eles não tinham quaisquer poderes para se arvorarem pretensões desse tipo, considera que não eram representativos da Nação, porque esta não lhes der quaisquer Poderes. Eles não os teriam "para requerer cousa alguma a bem dos portuguezes, *e muito menos tem elles poder de dispor da forma de Governo da Nação: direito inalienável, que pertence exclusivamente ao Povo em commum*. Ninguem pode duvidar, que a fórma de Governo, em Portugal, foi estabelecida pelo Povo em Cortes, e a pessoa do primeiro Rey foi designada, e nomeada pelas mesmas Cortes, como o confessou D. Affonso Henriques nas Cortes de Lamego quando disse – Vós me fizesteis Rey – Como pois se atreve ninguem a chamar aquelles poucos Portuguezes, em Bayona, deputados para tratar da fórma de Governo de Portugal? (...)". Hipólito da Costa prosseguе afirmando que a tanto não obsta o poder de Napoleão, que entrou em Portugal como "amigo", reiterando a versão defendida de não ter existido qualquer conquista. Acima de tudo, receita que "não nos queiram fazer engolir a pirola de que dão aos Portuguezes um Governo Legal e pedido pelo Povo." O redactor não conseguiu a objectividade devida na apreciação dos intervenientes, para ele tão maus eram os membros da deputação a Bayonne como os da Junta dos *Três Estados* e pessoas que a ela se associaram.

[4014] Para além dos já citados, eram também simpatizantes das ideias francesas – mas não das ideias de Napoleão – outros portugueses que se tornarão referências obrigatórias depois de 1820. O simples facto de serem simpatizantes da maçonaria, todos eles, não nos deixa dúvidas das suas simpatias pelos ideias da Liberdade e da Igualdade, pese embora as diferenças de personalidade e de estilo que a seu tempo serão patenteadas. Assim Manuel Fernandes Thomaz, que entre 1808 e 1812 pertenceu às Lojas de Coimbra e do Porto; José da Silva Carvalho, que chegaria a grão-mestre do Grande Oriente Lusitano entre 1822 e 1839; Francisco Simões Margiochi, mação cuja Loja a que pertenceu se desconhece; Manuel Borges Carneiro, cuja adesão à maçonaria só data de 1820 mas em que as tendências vinham bem detrás, tendo chegado a ser incomodado pelas suas tendências "francesas" depois da saída dos franceses de Portugal; Nuno Álvares Pereira Pato Moniz, membro do Grande Oriente Lusitano, com data de adesão desconhecida; João Bernardo da Rocha Loureiro, partidário da maçonaria inglesa e membro da Loja Lusitânia de Londres; Agostinho José Freire, mação efectivo desde 1821, membro do Batalhão Académico e fervoroso adepto dos ideais da Revolução Francesa; José Xavier Mouzinho da Silveira, que desde 1802 era membro da maçonaria portuguesa, da Loja de Coimbra.

reforma substancial do sistema político então vigente. Só assim se poderão perceber as linhas de fundo das suas motivações[4015].

Neste novo texto a enviar a Napoleão, pode ler-se que é principal fito de todos os portugueses não perderem a independência recuperada em 1640, sendo para isso necessário "recorrer agradecidos, e com todo o respeito, á paternal protecção que benignamente lhes offerece o maior dos monarchas, que já mais o mundo vio". Para tanto não podem deixar de com toda a solenidade requerer: "*Queremos uma Constituição e hum Rey Constitucional, que seja Principe de sangue da Vossa Imperial Familia*"[4016].

Visto que estava que não era possível pedir o regresso da Família Real portuguesa, desejam um texto constitucional semelhante ao do Ducado de Varsóvia, sendo que a alteração mais significativa se prende com a eleição para a representação nacional, a fazer conforme a tradição portuguesa pelas Câmaras. Admitia-se tolerância religiosa e

---

[4015] Talvez seja oportuno aqui deixar a distinção, tal como se defende e que não permite fazer acusações gratuitas a homens que se salientaram pelo patriotismo e, porque pugnavam pela evolução do seu país no afastamento de concepções ancestrais, que apenas impediam o progresso do mesmo. Assim, o termo "afrancesado" foi alvo de mutação à medida que a guerra ia evoluindo e que Portugal – como acontecia com a Espanha – ia crescendo intelectualmente em ordem ao Liberalismo. Se num primeiro momento eles eram vistos como colaboracionistas em relação aos franceses, nomeadamente a Junot, em que o medo era, bastas vezes, a mola do seu comportamento, em fase posterior era encarada como a "mania de imitar o francês", fosse nos jeitos ou nos trejeitos, porque se considerava ser a França uma sociedade muito mais avançada em todos os planos, sobretudo na educação e na instrução que conviria implantar noutros países. Ora isto serviu à perfeição para quem em momento posterior, os partidários do Antigo Regime – e até alguns liberais mais conservadores – os acusassem publicamente de terem sido servis perante a Autoridade da ocupação, clamando que as ideias que defendiam eram as do invasor e nunca poderiam vingar num país livre dos desígnios de Bonaparte. Por imitadores de França, pretendia-se abusivamente outorgar a este homens a promoção das ideias do filosofismo francês e da impiedade e irreligiosidade, somadas à falta de patriotismo a que conduziam, criando no espírito de uma mal esclarecida população o ambiente propício para, ela mesma, não apenas deixar de aderir às ideias, se possível, para sobre eles encetar perseguições. Por isso mesmo e para evitar confusões, parece que deve distinguir-se entre aquele que imita por convicção que o modelo a seguir é o melhor e único a utilizar, e aquele que lutando por ideias que são historicamente comuns à pátria do modelo que se pretende importar, não se concilia com a correia de transmissão que impositivamente se quer patentear nessa difusão. Por isso é que os liberais foram muito mais longe que os afrancesados, foram partidários da revolução – mesmo quando se titularam ambiguamente de "regeneradores" – estiveram empenhados nas revoltas populares e promoveram, inclusivamente, o desenlace final de 1820 em Portugal. E sem que para isso se segurassem em quaisquer contributos provenientes da experiência francesa de 1807 e anos subsequentes, mas cujas ideias transportadas de França, no plano dos ideias da Revolução Francesa, sem dúvida partilhavam subrepticiamente. A ideia de afrancesado, aqui, é instrumental em relação aos objectivos prosseguidos; pode ser-se afrancesado por força da simpatia com as ideias francesas da revolução, mas o objectivo é o Liberalismo e o estabelecimento de uma Carta liberal que nada se liga às ideias napoleónicas ou a Napoleão, que não são senão um meio habilmente usado para atingir um fim. Respondendo a quem pretende manter a confusão, poderá afirmar-se que ser afrancesado, no período napoleónico, é um passo e um ardil – porque não se confundem com os colaboracionistas – para atingir fins mais vastos. Se não era possível fazer a revolução em Portugal com El-Rei Junot no Poder, pedia-se a Napoleão que outorgasse uma Carta como tantos exemplos houve ao longo do séc. XIX. Mas, obtida essa Carta, sempre se pode dizer que meio-termo para um país com estruturas económicas e fundiárias ainda feudalizantes, o termo final, coincidente com a revolução seria mais fácil de alcançar e de impacto negativo menor na citada população.

[4016] Christovam Ayres de Magalhães Sepúlveda, XVII, pág. 382; Simão José da Luz Soriano, *História da Guerra Civil e do Estabelecimento do Governo Parlamentar em Portugal*, Segunda Ephoca, I, págs. 212-214.

a publicidade do culto mas a religião de Estado haveria de ser a católica. Preconizava--se a Igualdade perante a lei. A representação nacional deveria incluir membros das colónias, sendo imprescindível a existência de um ministério em que um dos titulares fosse o ministro da Instrução. Promovia-se a criação de um Conselho de Estado, cujos decretos haveriam de ser cumpridos pelos ministros e admitia-se o bicameralismo, sem separação do Executivo. A ordem jurídica portuguesa deveria seguir o *Code de Napoleón* e a Liberdade de imprensa um bem adquirido, nos mesmos ter que a Constituição francesa decretava. Preconizava-se a reforma da Administração Pública.

Este em traços abreviados o Projecto de Carta Constitucional (Constituição) que se previa para Portugal e que deveria ser escrita, primeira na História nacional.

A diferença essencial entre estes dois últimos textos – a semelhança, repita-se, e a manutenção da separação de Espanha – reside não apenas em questões de forma, mas sobretudo de substância.

Quem pede – uma Constituição e um Rei constitucional – está abaixo de quem a dá; mas não foi o maior dos nossos liberais, D. Pedro IV de Portugal, Imperador do Brasil, que depois de termos uma experiência constitucional liberal por excelência, se decidiu a outorgar, ele mesmo, uma Carta aos portugueses em 1826, sem que estes tivessem sido consultados na sua elaboração e termos finais? A Constituição que os momentâneos afrancesados portugueses queriam, conferia-lhes a mesma Liberdade que os polacos tinham e que os textos franceses, com diferenças entre si, nunca tinham negado.

Queriam direitos individuais consagrados – Liberdade de imprensa, tolerância religiosa, culto público... –; queriam a soberania nacional – em conciliação com a prerrogativa real – consagrada, e órgãos de Direito Público capazes de a porem em funcionamento, com o incremento de duas Câmaras legislativas; falavam em organização do Poder Judicial segundo fórmulas inovadoras, elas mesmas originárias de França. Admitiam o espírito da confederação nas relações internas entre Portugal e França, sendo certo que isso decorre da própria essência da confederação. Alguém se esqueceu que os Estados Unidos, antes de terem sido uma União, foram uma Confederação, já depois de libertos da soberania inglesa?

Por outro lado, eram as ideias da Revolução Francesa que, em parte, os moviam e por muito que Napoleão obrasse, não conseguiria apagar as suas ideias liberais de Liberdade, direitos fundamentais e representação nacional. Por isso os termos propostos no texto eram uma conciliação entre duas realidades aparentemente antagónicas; a tirania de Napoleão e os princípios liberais, mas eram uma primeira possibilidade.

Mais que isso, naquela altura, seria impraticável. O próprio facto do Projecto ter sido subscrito por personalidades tão distintas, umas decididamente liberais – e num futuro próximo radicais do Vintismo – e outras bem mais moderadas e até algo difíceis de catalogar – como Ricardo Raimundo Nogueira – demonstra o caldo de cultura que por essa época se vivia em Portugal.

A *Constituição de 1808* – ou a proposta de *Carta de 1808* – apresenta características específicas. Por um lado, tem origem num acto unilateral emitido pelo soberano que a dá, ao jeito da *Carta de 1826*. Por outro e quanto aos objectivos que prossegue – a existência de um Rei e os termos precisos onde demarca os desejos da Nação para que o texto seja aceite – contrariam a fonte originária, que sub-repticiamente passa do Rei para a Nação. Que outro entendimento poderá haver quando é a Nação – ou os seus representantes, ao caso os promotores do texto – que marcam os termos em que a aceitação da mesma será imediata? O próprio Rei deverá "comunicar-se com o Executivo", o que significa limitação de Poderes, isto é partilha entre órgãos de soberania. Rei, Legislativo e Executivo entre si dividem as tarefas da legislação e da governação.

Será possível, de imediato, argumentar-se que quando se pede um Rei e uma Constituição, mais esta que aquele, significa isso divórcio da sua feitura por quem a deveria, de facto e de Direito elaborar. A questão é que os portugueses de 1808 não conseguiram, porque perceberam que as condições não estavam preparadas, ir mais longe. Ir mais longe significava fazer uma revolução em Portugal contra um Imperador estrangeiro, sem um Rei português que, de pronto, assumisse o comando das operações e legitimasse com a sua presença a presumível ofensa ao Direito Natural e das Gentes que essa revolução significava. Repete-se que Portugal não fora conquistado, estava ocupado.

E como a História se repete, aí está a intervenção atempada do Juiz do Povo de Lisboa em 1820, cuja atitude memorável face à Revolução Vintista, teve um antecessor digno de relevo, já referenciado e a que é justo voltar: José de Abreu de Campos[4017], possivelmente um dos primeiros a convencer-se que o Terceiro Estado nada faria num Parlamento convocado e reunido à moda antiga.

A fonte que relata estes acontecimentos não assegura a sua completa veracidade, mas é justo pelo menos apresentar uma ideia do possível arrazoado de Abreu de Campos, uma vez que ainda quando lhe seja dado bastante desconto, não é curial mudar-lhe totalmente o sentido. As questões que para o magistrado estavam em cima da mesa resumiam-se a três, de cuja resposta saber até que ponto se poderia pedir um Rei para Portugal[4018].

No aperto de 1808, como no de 1640, aí estava a invocação das *Leis Fundamentais de Lamego*, não para firmar a soberania absoluta e o despotismo ilustrado, mas para remontar aos Poderes da comunidade que por pacto sempre a poderia retomar em situações limites. Uma maneira de recordar, do mesmo passo, Ribeiro dos Santos e sua troca de impressões com Mello Freire e que agora se faz presente na circunstância, reconduzindo à temática da origem do Poder político.

"Se com effeito temos direito de eleger Governo, deve a nossa eleição ser livre. Se para o pedir, devemos saber se estamos nessas circumstancias, e a quem o devemos

---

[4017] Simão José da Luz Soriano, *História da Guerra Civil e do Estabelecimento do Governo Parlamentar em Portugal*, Segunda Ephoca, I, pág. 216: "Resolvendo-se pois o partido da opposição a Junot a chamar em seu auxílio a intervenção do juiz do povo, foi este convidado para na manhã de 22 de Maio comparecer na casa do desembargador Francisco Duarte Coelho, onde tambem tinhão concorrido quase todos os de opiniões liberaes, e alli o induziram a tomar como seu o pedido de uma constituição dirigida a Napoleão, cousa de que elle Juiz do Povo effectivamente se encarregou, logoque foi chamado á junta dos tres estados (...)", reunida para pedir a Napoleão que Junot fosse nomeado para Rei de Portugal. A partir daqui o Juiz do Povo passou a ser perseguido e mesmo coagido a assinar a suplica dos *Três Estados*, o que bem demonstra os métodos cordiais de que o General-em-Chefe se servia em Portugal. Veja-se o relato pormenorizado deste episódio em José d'Arriaga, *História da Revolução Portuguesa de 1820*, I, págs. 590 e ss. Sobre Francisco Duarte Coelho, consulte-se Graça e J. S. da Silva Dias, I, 2, pág. 503, nota.

[4018] *Observador Portuguez, Historico, e Politico de Lisboa, desde o dia 27 de Novembro do anno de 1807, em que embarcou para o Brazil o Principe Regente Nosso Senhor e toda a Real Familia, por motivo da Invasão dos Francezes neste Reino*, pág. 279: "Primeiro Ponto: se este Reino está vago, e recahio na Nação o direito de eleger Rei, ou o de pedir. Segundo Ponto: Se nesta Assembleia reside Authoridade, segundo a nossa Constituição, de usar deste direito. Terceiro Ponto: Se os nossos Juramentos de fidelidade, e homenagem estão dissolutos, e se agradará a Deos a nossa tentativa."

pedir, e porque modo". E, para o juiz, nem o reino estava vago, nem os juramentos quebrados. O reino apenas está vago de Direito, não de facto e por isso, na impossibilidade de governar por doença a Rainha, ainda que se entenda que D. João é indigno de o fazer, não o será, pelas Leis Fundamentais, D. Pedro, neto da soberana portuguesa. Donde e no máximo, "a Nação nas circumstancias em que se acha teria direito de eleger Regencia, que na realidade se pode achar vaga; e a faculdade de usar deste direito, he a que devemos pedir ao nosso benigno Protector com a devida submissão"[4019].

O que se pretendia, na contingência, era o respeito pelas Leis Fundamentais do Reino e o que mandavam fazer quando se tratava de aclamar um novo Rei, porque a dinastia teria findado com o último dos monarcas da antecedente, ou porque o monarca se tornara indigno de reinar. Requeria-se uma Carta, que sintetizasse as Leis tradicionais portuguesas, outorgada pelo soberano e por ele elaborada, enquanto única entidade com competência para tanto, ainda quando assistido pelos estados da Nação. Pretendia-se um Governo que se conformasse ao novo estado de coisas. E, termo final, o Projecto de 1808, oscilando entre o tradicionalismo e o pré-liberalismo nos seus pressupostos, e condicionado pelas razões da ocupação, foi efectivamente o primeiro esboço da rebelião que precedeu o Constitucionalismo liberal português.

5.1.2. Revoltas e rebeliões no tempo de Junot e reacção do Governo da Regência

Finalmente a Espanha acabou por se convencer[4020], mais pela força dos seus patriotas que pela influência de um monarca absolutamente fragilizado perante a França, que teria de mudar de atitude. Aproxima-se a Revolução Espanhola e com ela uma inversão substancial de forças. Assiste-se ao primeiro episódio da coligação luso-espanhola que dará brado por todas as Cortes do Absolutismo europeu, sendo a Península encarada como um dos bastiões da Liberdade e onde duas Constituições liberais asseguram aos Povos o legado da doutrinação liberal tão profusamente encetada pelos pensadores europeus que os antecederam. No final do primeiro decénio de Oitocentos foram

---

[4019] *Ibidem*, pág. 280.
[4020] *O Correio Braziliense ou Armazém Litterario*, I, 1808, nº 2, págs. 138 e ss.: "Sevilha, 30 de Mayo de 1808: a Juncta Suprema do Governo de Hespanha ao Povo de Portugal, de Sevilha, 30 de Mayo de 1810: Portuguezes! A vossa sorte he a talvez a mais dura que já mais soffreo algum, sobre a terra. Os vossos Principes fôram obrigados a deixar-vos, e os acontecimentos da Hespanha são uma prova irrefragavel da absoluta necessidade daquella medida. Vós tivesteis ordem para não vos defender; e com effeito não vos defendestes. Junot offereceo fazer-vos felizes, e a vossa felicidade consistio em sereis tratados com maior crueldade do que aquella que os mais ferozes conquistadores arrógam aos Povos (...) Vós tendeis sido despojados dos vossos Principes, das vossas leys, dos vossos usos, dos vossos costumes, da vossa Propriedade, da vossa Liberdade, até das vossas vidas e da vossa Sancta Religião, que os vossos inimigos jamais respeitaram, quaesquer que tenhão sido as promessas que fizessem de a proteger (...). A Hespanha vio a vossa escravidão, os vossos horrorosos males, que se lhe seguiram, com a duplicada sensação de dor, e desesperação. Vos sois olhados como irmãos, e a Hespanha arde por voar em vossos socorro." Depois disto convidam os patriotas portugueses a juntarem-se aos espanhóis, fazendo frente comum contra o invasor da península, expulsando-o dos respectivos países e recolocando no Tronos os únicos que a eles têm direito, isto é, os dois Príncipes herdeiros, um deles mesmo já tendo exercido funções reinantes, Fernando VII. A causa de Espanha é a mesma de Portugal e nada impede um esforço comum. Veja-se José Acúrsio das Neves, *Historia Geral da Invasão dos Franceses em Portugal e da Restauração deste Reino*, III, pág. 27 e ss; António Ferrão, *A Primeira Invasão francesa (A Invasão de Junot vista através dos documentos da Intendencia Geral da Policia, 1807-1808). Estudo Político e Social*, pág. CCLXXV e ss; mais consulte-se págs. 898 e ss. e 968 e ss.

os espanhóis que ajudaram Portugal; em 1820 eles ficarão gratos aos portugueses e à sua Revolução por terem auxiliado a manter em vigor em Espanha a Liberdade de Cádiz, de 1812[4021].

Finalmente Portugal, que nunca esteve convencido mas agiu com mais tacto e sentido histórico que seria de exigir em circunstâncias tão apertadas, iniciou o primeiro de muitos combates até à total expulsão dos franceses. Marcos para a História da Ideia da Liberdade neste plano, são as faíscas que saltam do lume dos confrontos[4022] que, a partir de meados de 1808[4023], não cessam de surgir[4024], empurrados por diante pelo exemplo espanhol, extensível a todo o reino[4025].

E, como não poderia deixar de ser, a Inglaterra salientou-se pela peculiar tibieza, que se a fazia a única Nação europeia com capacidade para se opor ao Sistema Continental, se comprazia na falta de reconhecimento a quem por ela perdera tudo o que tinha perder[4026].

[4021] Bartolomé Clavero, *Manual de Historia Constitucional de España*, Madrid, Alianza Editorial, 1989, págs. 23 e ss.

[4022] São conhecidos os desenvolvimentos deste tema; contudo, não será supérfluo ponderar a defesa da Liberdade portuguesa ainda numa fase bastante estudada, continuando a apelar a fontes insuspeitas, quais sejam os documentos e que habitualmente apenas se mencionam de raspão para justificar uma ou outra ideia tida como emblemática. Para além dos jornais, existe um número considerável de folhas impressas soltas, sem qualquer ordenação, incorporadas em grossos volumes que apenas têm a designação geral de *Documentos para as Invasões Francesas*, sem Autor e sem local de publicação. Aí se encontram informações da maior relevância para o tema, não depositadas sob a forma de originais nem no *ANTT*, nem em quaisquer outros, que permita via autógrafa. Por isso mesmo não existem motivos para os deixar de parte, apontando desde logo para o facto de ser documentação estranha, na sua maioria às Colecções Oficiais. Será trabalho muito interessante, em termos futuros, fazer a seriação de todo este material, a sua inventariação e tentativa de descortinar possíveis correspondências, para todos os casos, nos Arquivos Oficiais ou particulares disponíveis.

[4023] Ana Cristina Araújo, "Revoltas e Ideologias em conflito durante as Invasões Francesas", *Revista de História das Ideias*, VII, pág. 35: "(...) a cronologia das revoltas de 1808 acompanha de muito perto e coincide em muitos casos, com certas datas especiais do calendário litúrgico."

[4024] *Observador Portuguez, Historico, e Politico de Lisboa, desde o dia 27 de Novembro do anno de 1807, em que embarcou para o Brazil o Principe Regente Nosso Senhor e toda a Real Familia, por motivo da Invasão dos Francezes neste Reino*, pág. 313, aponta notícias do final de Junho sintomáticas da situação: "Grassou muito a notícia da Sublevação no reino; e as Ruas andavam cobertas de muitas Rondas de 20 homens (...). Confirmou-se solidamente a noticia da Sublevação do Porto, Coimbra, Tras-os-Montes, e Algarve: prohibiu-se o passaporte legal para estas Cidades (...)."

[4025] António Ferrão, *A Primeira Invasão francesa (A Invasão de Junot vista através dos documentos da Intendencia Geral da Policia, 1807-1808). Estudo Político e Social*, pág. CCLXXVI: "Ao mesmo tempo que toda a Espanha ardia no sacrossanto fogo da insurreição contra o jugo estrangeiro em Portugal as coisas iam-se preparando para o mesmo fim. Pouco a pouco as tropas de ocupação espanhola iam-se retirando para o seu país, sucedendo que o General Bellesta que governava o Porto estava por tal forma identificado com o ponto de vista e o interesse político de Portugal – agora similares aos de Espanha – que ao retirar com as suas tropas para a sua pátria levou prisioneiros o General francês Quesnel – que era governador militar da capital do Norte e alguns outros franceses e diversos portugueses seus partidistas."

[4026] *Observador Portuguez, Historico, e Politico de Lisboa, desde o dia 27 de Novembro do anno de 1807, em que embarcou para o Brazil o Principe Regente Nosso Senhor e toda a Real Familia, por motivo da Invasão dos Francezes neste Reino*, págs. 317 e ss., "Proclamação do Duque de Abrantes (...): Qual he o vosso delirio? (...) Que vos pode arrastar assim a trahir os vossos proprios interesses? Vós quereis pois que a antiga Lusitania não seja mais senão huma Provincia de Hespanha? (...) Tremei... *o castigo será terrivel*: póde porventura causar-vos saudades huma Dinastya, que vos abandonou, e cujo Governo

Porque motivo o Governo da Regência não agiu com maior celeridade? Estavam, inclusivamente, autorizados a tanto, porque o "Manifesto" de D. João estava datado de 1 de Maio e admitia a guerra contra os franceses, por terra e mar. Por isso mal se compreende uma certa inacção da sua parte. Aqui não se tratava de uma questão de falta de patriotismo; o que haveria, verdadeiramente, era medo, e isso não pode desmentir-se da atitude passiva em defesa da Liberdade e da independência portuguesa.

É esta também a posição do redactor do *Correio Braziliense* que lamenta havermos Regentes de Portugal suportando que "o usurpador lhes abrogasse a jurisdição; que pela sua abdicação vieram a perder; e ficar reduzidas ao estado de particulares; o que não succederia se protestassem contra a violencia; porque então não abdicavam o Poder deixavam somente de exercitallo, porque a força lhes impedia. Nestes termos Portugal não tem Governo legitimo, o Soberano está tão longe, que se não póde consultar no aperto de momento, e portanto, a Nação, imitando a Hespanha, deve escolher um Governo interino até que o seu soberano volte tomar as redeas do Governo, que lhe pertence: *bem como fizeram os Hespanhoes, devem os Portuguezes ajuntar em Cortes os Deputados das cidades e villas, que as compoem, segundo as antigas leys, e costume immemorial da Nação: e se me disserem, que as Cortes devem ser convocadas por El Rey, respondo a isso, que esse custume suppoem a existencia de um Rey, o que agora não há, as leys e costumes estabelecidos, nos tempos dos Reys antigos (...). As Cortes podem ser convocadas n'um caso urgente, sem ser por El Rey (...)*"[4027].

Em 18 de Junho de 1808 e por força dos sucessos contra Junot, o Príncipe Regente foi alvo de renovadas manifestações de fidelidade por parte dos portugueses[4028]. Depois disso as revoltas foram-se sucedendo por todo o país, como relatam as notícias nacionais e estrangeiras[4029] da época e cuja minúcia é ociosa.

vos tinha humilhado, até ao ponto de já não serdes contados no lugar das Nações da Europa? (...) *Vós mesmos lhe pediste* [a Napoleão] *hum Rei*, que ajudado da Omnipotencia deste Grande Monarca, pudesse curar, e levantar a vossa desgraçada Patria, e repolla no lugar que lhe pertencia. Certamente neste momento o vosso novo Monarca pensa em aproximar-se de Vós: elle esperava achar Vassallos fieis, não achará pois senão rebeldes? *Os vossos usos, as vossas Leis tudo foi mantido: a vossa santa Religião não he ella tambem a nossa?* Soffreo ella o menor insulto? Não sois Vós pelo contrario os que a violais? Vós vos deixais seduzir, e enganar por Hereges, que só querem a vossa perda, e a destruição da vossa Religião? Perguntai aos desgraçados Catholicos Irlandezes, debaixo de que oppressão gemem no seu proprio Paiz pelas ordens do seu proprio Governo (...)."

[4027] *O Correio Braziliense ou Armazém Litterario*, I, 1808, nº 2, págs. 141 e 142. Esta uma das questões fundamentais para o estudo da Liberdade da sociedade mas que é enquadrado neste ponto por ser especificamente contextualizada no plano das Invasões Francesas. Os considerandos teóricos a respeito da matéria, expostos em termos históricos, são vistos no parágrafo específico aberto quer para o tratamento da Liberdade individual e política, quer dos cidadãos, quer da sociedade.

[4028] *Observador Portuguez, Historico, e Politico de Lisboa, desde o dia 27 de Novembro do anno de 1807, em que embarcou para o Brazil o Principe Regente Nosso Senhor e toda a Real Familia, por motivo da Invasão dos Francezes neste Reino*, págs. 325 e ss., dá depois nota de sucessivos levantamentos em vários pontos do país. Para desenvolvimentos Ana Cristina "As Invasões Francesas e a afirmação das ideias liberais", *História de Portugal* (direcção de José Mattoso), V, págs. 33 e ss.

[4029] *O Correio Braziliense ou Armazém Litterario*, I, 1808, nº 2, págs. 143 e 144: "Carta de G. A. Creyke a Jorge III, de 20 de Junho de 1808", relatando os acontecimentos ocorridos no Porto e a formação de uma Junta Governativa em 18 de Junho. Na parte final da carta pode ler-se: "Os Portuguezes detestam os Francezes a tal ponto, que o capitão Jones, e eu, depois de haver pedido a vida do Intendente da Policia Francez, tivemos a maior dificuldade em o trazer como prisioneiro para o bote, e só o illimitado amor e respeito, que há pelos Inglezes pode obstar, que a enraivada populaça o não fizessem em pedaços." Veja-se António Ferrão, *A Primeira Invasão francesa (A Invasão de*

O impulso dado pelos espanhóis fora decisivo[4030]; agora cumpria aos portugueses tratar das suas próprias existências.

Isso passava em grande medida pelo reconhecimento português, muito ao contrário do espanhol, da supremacia propagandeada pelo Antigo Regime do Trono e do Altar[4031]. E se com isto não se pretende afastar os espanhóis da preservação da religião e sua ortodoxa pureza, sem dúvida que essa foi a divergência fundamental entre Portugal e Espanha por esta época. Em matéria de resolução dos problemas de raiz, os nossos vizinhos saíram a ganhar[4032]. De facto, não se limitaram a expulsar os franceses; foram mais longe e aproveitando o espaço disponível, instauraram o Liberalismo em Espanha, e em que a *Constituição de Cádiz* é o marco maior[4033].

Junot vista através dos documentos da Intendencia Geral da Policia, 1807-1808). Estudo Político e Social, págs. CCLXXVI e ss.

[4030] Ana Cristina Araújo, "Revoltas e Ideologias em conflito durante as Invasões Francesas", *Revista de História das Ideias*, VII, pág. 36: "Os dois movimentos insurreccionais peninsulares evoluem mimeticamente cruzam-se em alguns aspectos, para, por fim, se distanciarem radicalmente, na concreção político-institucional dos seus postulados originários."

[4031] Idem, *ibidem*, págs. 51 e ss., chama a atenção para a importante participação do clero na resistência activa de 1808, formando inclusivamente alguns batalhões de eclesiásticos, organizando as populações para a luta e não descartando envolver-se em guerrilhas eles mesmos. A historiadora alerta inclusivamente para o facto de que "com Exércitos particulares ou sem eles os religiosos assumiam-se como briosos soldados, respeitados, venerados e entusiasmadamente seguidos pelo Povo." Esta acção traduzia bem os espírito que norteava os religiosos – a de cruzada contra o ocupante – e o referencial histórico de carácter religioso que em muito comandava os acontecimentos e que viria a tornar-se decisivo para que a opção portuguesa fosse distinta da espanhola. A título de exemplo consulte-se *Minerva Lusitana*, nº 15, de 28 de Julho de 1808: "Castello-Branco, 27: (...) Todos os ecclesiasticos se achão alistados, e fazem a guarnição da Cidade, onde tambem se cuida com toda a energia em organizar algumas Companhias de caçadores e de Cavallaria."

[4032] Frei Vicente da Soledade, *Sermão de Acção de Graças pela Feliz Restauração de Portugal*, Coimbra, 1808, pág. 4. Os "vivas" que são dados não contêm a mesma ordenação que as ideias liberais aporiam porque se escreve "Viva a Fé Sagrada, a Religião de nossos Pais; viva o Principe Regente de Portugal, único e Legitimo Soberano nosso." Os liberais, contraporiam com vivas à Liberdade em primeiro lugar, ao Rei, em segundo, e só depois, plausivelmente à religião.

[4033] *Gazeta de Lisboa*, 1809, nº 16, 22 de Abril de 1809, 2. Supplemento: "Effeitos da revolução da Peninsula no moral dos seus Povos." O redactor relata os motivos pelos quais nem em Espanha nem em Portugal as campanhas de Junot e de Murat tiveram qualquer sucesso, ainda que os dois países peninsulares tenham recorrido a sistemas organizativos internos, no plano político, bem diversos. Assim enquanto em Espanha "Os Hepanhoes (...) recorrerão a Juntas Privinciaes, e Subalternas, e lhe confiarão a Suprema Autoridade", ainda que se reconheça não ser esse o sistema que melhor defenderia os interesses de Espanha, uma vez que o federalismo é sempre funesto quando se está cercado pela fronteira por inimigos numerosos e bem equipados. Portanto, era imprescindível a criação de um Governo Central, o que se conseguiu mediante a erecção da Junta Central para exercer os Poderes e a soberania que cumpriam a Fernando VII e aos quais toda a Espanha devia obediência absoluta. Em Portugal, onde existirão Juntas do mencionado tipo local ainda que com menor vigor, foi o Governo da Regência que cumpriu atalhar os resultados funestos do federalismo. Contudo, para que estes resultados pudessem ter sido uma realidade, Espanha e Portugal seguiram vias diversas, o que se justifica a reunião futura de Cádiz em Espanha, e a paralisação dos projectos liberais em Portugal, para o periodista tem outra justificação, qual fosse a de evitar a reversão das instituições do Antigo Regime nos dois casos. Assim, "Em Hespanha pelo aprisionamento do seu legítimo Monarcha, e nullidade dos actos de Bayona, os Póvos se achárão livres, e gozando dos seus primitivos direitos; quando lhe chegárão ordens secretas de Fernando VII, que ordenavão a guerra á França, delegando em Juntas a sua Autoridade; e estas forão eleitas pelos Póvos; estes dias porém forão de turbulencia e desordem. Em Portugal se chegou por hum caminho differente

DA HISTÓRIA DA IDEIA DE LIBERDADE (SEQUÊNCIA)

Em Portugal o processo foi bastante mais lento; seria preciso esperar mais de uma dezena de anos até esse facto se consumar. O que importava verdadeiramente à generalidade dos portugueses, era a salvaguarda da integridade e das únicas instituições que reconheciam como aptas a conferir-lhes segurança. Por isso as ideias francesas eram, apesar do que se demonstrou noutros locais, mal vistas e tidas por sediciosas[4034].

A Junta Provincial do Governo Supremo do Porto – Junta Provisional do Governo Supremo do Reino[4035], formada à imagem das espanholas e até com idêntica designação[4036] tinha propósitos bem definidos e o anti-francesismo era o principal de todos[4037], na pessoa do seu Presidente, o Bispo do Porto.

Desde cedo se percebeu que não eram intenções deliberadas do órgão agora formado pactuar com ideias liberais[4038], antes manter em tudo a ordem do tradicio-

---

quasi ao mesmo resultado. Os Francezes tendo usurpado a Autoridade soberana, sem que nem hum estado de guerra antecedente, nem hum subsequente Tratado lhe sancionasse a posse, os Póvos tentarão repellir esta usurpação no mesmo instante, que se achárão em circunstancias favoraveis para isso: como porem fizerão este movimento espontaneamente, gozárão alguns momentos da independencia natural, até que a Legitima Autoridade estabelecida por S. A. R. que tinha cessado pela usurpação dos Francezes, tornou a retomar o Poder, que lhe fora confiado. *Em Hespanha, pois, e em Portugal cada individuo se achou por alguns momentos gozando de huma Liberdade anarchica, e de huma independencia bem similhante áquella, de que gozarão os homens no principio do estabelecimento das Sociedades.*"
[4034] Frei Vicente da Soledade, pág. 9: "O furor democratico, a mania Republicana, levada ao ultimo excesso de que ella he capaz, assoprada por huma pessima Filosofia, e pelo odio em fim declarado de toda a religião, desvanecida e animada com os primeiros successos da sua rebelião, *depois de ter destronado a primeira, e mais augusta das Familias Reinantes (...) proscripto a religião, arrazado o altar, attacado a propriedade, e confundindo em fim toda a ordem social, politica ou religiosa, ameaçava consequentemente a toda a Monarchia e se propunha por hum soberbo, e inaudito arrojo transtornar, e inverter por toda a parte a forma estabelecida do Governo, e com o lisonjeiro, mas simulado titulo de Igualdade e Liberdade natural, sacudir todo o jugo das mais sagradas, e respeitaveis authoridades.*"
[4035] *O Correio Braziliense ou Armazém Litterario*, I, 1808, n.º 2, págs. 145 e ss. A pág. 147 surge a proclamação feita em nome "do Principe Regente de Portugal", datada de 19 de Junho: "A Juncta do Supremo Governo da Cidade do Porto; faz saber a todos os vassalos do dicto Senhor, que o Governo Francez se acha inteiramente abolido, e exterminado deste Paiz, e restituida nelle a Real Authoridade do Nosso legitimo soberano, a aquella será exerciitada plena, e independentemente pela sobredicta Juncta, em quanto não for restituido o Governo instituido neste Reyno, por S. A. R. Em, consequencia do que ordena a mesma Juncta, que o mesmo real Senhor seja acclamado, e as sua Reaes Armas descobertas, e respeitadas, como sempre foram, e hão de ser; (...)."; *Observador Portuguez, Historico, e Politico de Lisboa, desde o dia 27 de Novembro do anno de 1807, em que embarcou para o Brazil o Principe Regente Nosso Senhor e toda a Real Familia, por motivo da Invasão dos Francezes neste Reino*, pág. 422; José d'Arriaga, *História da Revolução Portuguesa de 1820*, I, págs. 592 e ss; António Delgado da Silva, *Collecção da Legislação Portuguesa*, 1802-1810, págs. 524-526.
[4036] Seguindo o exemplo da de Sevilha em Espanha, arrogou a si o direito de falar em nome de todo o Portugal liberto da dominação francesa.
[4037] António Ferrão, *A Primeira Invasão francesa (A Invasão de Junot vista através dos documentos da Intendencia Geral da Policia, 1807-1808). Estudo Político e Social*, pág. CCCVII: "(...) tratou logo de se aproximar de Inglaterra, mandando a missão de que fazia parte o segundo Visconde de Balsemão e oficiando a D. Domingos de Sousa Coutinho a fim do Governo do Porto 'ser promptissimamente socorrido pela Gram bretanha', e solicitando um empréstimo de três milhões de cruzados e armamento e munições para quarenta mil homens, etc., mantimentos e outras cousas, além de um corpo de tropas inglesas de seis mil homens e alguma cavalaria. George Canning acede ás solicitações de tudo, menos dinheiro, pela falta de 'moeda metálica', mas remete logo duzentas e trezentas mil patacas."
[4038] Georges Boisvert, *Un Pionner de la Propagande Liberale au Portugal: João Bernardo da Rocha Loureiro (1778-1853)*, págs. 90 e ss., alerta para o facto de a interpretação a dar ao comportamento

nalismo providencialista. Daí os alertas lançados pelo Bispo, presidente, no sentido de refrear alguns entusiasmos, que se eram anti-franceses, bem podiam confundir-se com os projectos que já começavam a ecoar no país vizinho e de que os nossos dirigentes tanto se temiam[4039].

Nos outros pontos do país, ainda que com menor organização, não era diversa a disposição do portugueses e sucedia-se a formação de idênticas Juntas[4040], umas com maior projecção que outras, mas todas de igual espírito patriótico[4041].

E eis que chega a Inglaterra. Esperaram para ver; e só depois de conferirem o resultado dos esforços dos portugueses, como haviam feito aos espanhóis[4042], após repetidas instâncias portuguesas, se decidiram a avançar[4043]. A libertação dos franceses parecia uma evidência, ainda que temporária[4044], agora começava a saga dos ingleses em Portugal que se iria prolongar no tempo[4045]. Pelo menos, até 1820.

---

dos membros da Junta do Porto não poder ser encarada sob forma unitária. De facto, se eram da autoria do Bispo do Porto a maioria das Proclamações e se sabe ele ser um destacado sustentáculo da política do Antigo Regime, já outros dos seus membros primavam por uma maior abertura de ideias. Daí o *Manifesto de 23 de Junho de 1808*, em que assomos de Liberalismo são visíveis, pese embora as tentativas por parte do eclesiástico de impedir a sua circulação, o que não obstou que fosse conhecido mesmo no estrangeiro. Do mesmo constava a reclamação pela reunião de Cortes, esquecida desde os tempos de D. João V, bem como se incentivava ao Príncipe Regente a seguir o exemplo inglês, outorgando aos portugueses uma Constituição, o que seria em grande medida bem mais uma Carta Constitucional. Veja-se, mais, José d'Arriaga, *História da Revolução Portuguesa de 1820*, I, pág. 593 e ss., que descreve a revolução de 1808.

[4039] *Observador Portuguez, Historico, e Politico de Lisboa, desde o dia 27 de Novembro do anno de 1807, em que embarcou para o Brazil o Principe Regente Nosso Senhor e toda a Real Familia, por motivo da Invasão dos Francezes neste Reino*, págs. 422 e ss., dá nota de todas as providências levadas á prática pela Junta a partir da data da sua formação. São sobretudo questões regulamentares, de administração e militares, sem especial relevo para o que aqui importa. Veja-se *Documentos para as Invasões Francesas*, Porto, 8 de Julho de 1808: "Pastoral do Bispo, Presidente Governador da Junta aos portuenses, em que se alerta o Povo para ter cuidado com "alguns malvados jacobinos, que vos andão inquietando, e pondo Editaes insolentes, e revolucionários, para vos revoltar huns contra os outros, e fazerem irremdiavel a vossa ruina."

[4040] *O Correio Braziliense ou Armazém Litterario*, I, 1808, nº 2, pág. 149 e ss. Para o caso do Algarve em especial veja-se Alberto Iria, págs. 101 e ss., ficando com a designação de "Supremo conselho da Regência, da Justiça e Guerra por mercê de Deos e direito do Povo estabelecido neste Reino do Algarve em nome do Príncipe Regente Nosso Senhor", constituída em 22 de Junho de 1808.

[4041] Alberto Iria, pág. 151: "(...) sem a organização destas Juntas de Governo, os inconsistentes levantamentos populares de 1808 não se teriam pouco a pouco robustecido e transformado nesse enorme movimento restauracionista que galvanizou o país inteiro, numa luta sem tréguas contra o imperialismo da França bonpartista. Sobejamente conhecida é a acção da Suprema Regência do Porto, ao qual todas as demais Juntas obedeceram depois."

[4042] *Documentos para as Invasões Francesas*: "Proclamação da Nação Hespanhola aos Portuguezes, s. d.", incentivando-os a juntarem os seus esforços aos de Espanha para sacudirem o jugo francês.

[4043] *Observador Portuguez, Historico, e Politico de Lisboa, desde o dia 27 de Novembro do anno de 1807, em que embarcou para o Brazil o Principe Regente Nosso Senhor e toda a Real Familia, por motivo da Invasão dos Francezes neste Reino*, págs. 493 e ss., apresenta uma série de editais e proclamações dos comandantes da frota inglesa fundeada em águas nacionais a prometer ajuda e apoio inglês aos portugueses tal como fizera com os espanhóis.

[4044] António Delgado da Silva, *Collecção da Legislação Portuguesa*, 1802-1810, pág. 526, relativo à extinção do Governo Francês.

[4045] Em abono desta posição, veja-se o *Microscopio das Verdades*, nº 1, 1814, págs. 32 e 33: "(...) Taes são os motivos e motivos assás aflictivos, e dolorosos que mortefição o coração dos verdadeiros, e illustardos Portuguezes, que respeitão, e venerão ao seu Augusto e Adorado Principe, que tem zelo,

DA HISTÓRIA DA IDEIA DE LIBERDADE (SEQUÊNCIA)

A Convenção de Sintra, de má memória, marca o fim da primeira fase da permanência francesa em Portugal[4046]. Da citada Convenção celebrada entre franceses e ingleses[4047] acerca de um assunto português onde nenhum lusitano cidadão foi consultado[4048], resultam alguns aspectos dignos de nota. Embora conhecidos, convém relembrá-los.

O acordo entre franceses e ingleses[4049] era satisfatório para ambas as partes; para os portugueses uma autêntica vexação. Parecia que as depredações, os esbulhos, as ofensas e usurpações nas Vidas e Propriedades dos portugueses estavam esquecidas[4050].

Esta mesma era a opinião dos próprios ingleses que se sentiam indignados com o teor da Convenção, invectivando quer os seus nacionais, que a tinham elaborado[4051],

amor, patriotismo nacional contra o influxo de huã Nação estrangeira que com capa de amizade, assemelhança do vil, e infame usurario facilita o seu dinheiro ao pequeno proprietario em quanto na Propriedade daquelle, ve seguro não só o capital, mas o excesso da grande e sordida usura que lhe leva, mas depois de haver a mão toda aquella Propriedade, á semelhança do rico avarento nem as migalhas que cahem da meza lhe deixa apanhar: e he isto que pode acontecer á Portugal com Inglaterra, se a ordem das coisas não mudar (...).»

[4046] José Ferreira Borges de Castro, IV, pág. 533-535: "Convenção para a suspensão de Armas entre os Exercitos Inglez e Francez em Portugal, assignada em Cintra aos 22 de Agosto de 1808", a que se seguiu a definitiva, págs. 536 e ss.: "Convenção definitiva entre os Exercitos Inglez e Francez, assignada em Lisboa aos 30 de Agosto de 1808", *Collecção de Tratados, Convenções, Contratos e Actos Públicos celebrados entre a Coroa de Portugal e as mais Potencias, desde 1640 até ao presente*, IV, páginas assinaladas. Veja-se *O Correio Braziliense ou Armazém Litterario*, I, 1808, nº 4, págs. 311 e ss; António Delgado da Silva, *Collecção da Legislação Portuguesa*, 1802-1810, págs. 593-597; Fortunato de Almeida, *História de Portugal*, IV, págs. 487 e ss.

[4047] *O Correio Braziliense ou Armazém Litterario*, I, 1808, nº 4, pág. 307: "Downing Street, 15 de Septembro de 1808: My Lord: tenho a honra de informar a V. S. que se receberam despachos do tem. Gen. Cav. Hew Dalrymple, datados do Quartel-general de Cintra, aos 3 do corrente, pelos ques se ve, que se assignou a 30 do passado uma convenção, em que se ajustou que o exercito Francez evacuaria Portugal. De v. S., Castlereagh."

[4048] *Ibidem*, pág. 321: "(...) se se fallasse agora em Londres com a devida energia; se, dentro em 24 horas, depois de recebida a notícia da capitulação, e convenção, se entrasse um protesto, appelando para a Nação Ingleza, justamente indignada por aquelle acto, que estipulando sobre os interesses dos Portuguezes, foi ratificado sem que elles fossem ouvidos; he sem duvida, que a mesma Nação Ingleza estimaria estes protestos, e estas publicas representações; porque ellas lhes subministram justo motivo de expedir logo ordens para que se não cumprissem, ao menos alguns dos artigos da convenção: mas o publico nada disto ouviu (...)."

[4049] *Ibidem*, págs. 307 e ss., refere-se aos preliminares da Convenção provisória assinada entre franceses e ingleses; António Delgado da Silva, *Collecção da Legislação Portuguesa*, 1802-1810, págs. 600 e 601.

[4050] José Ferreira Borges de Castro, *Collecção de Tratados, Convenções, Contratos e Actos Públicos celebrados entre a Coroa de Portugal e as mais Potencias, desde 1640 até ao presente*, IV, págs. 537 e 538, artigos V, XVI-XVII, XXI.

[4051] *O Correio Braziliense ou Armazém Litterario*, I, 1808, nº 6, págs. 520 e ss.: "Decreto que estabelece uma Inquirição sobre a Convenção de Cintra, de Londres, 1 de Novembro de 1808". Por aqui se vai superiormente averiguar da conduta do general Hew Dalrymple em função dos factos conhecidos; *ibidem*, II, 1809, nº 8, pág. 75: "Nada podia dar uma ideia mais clara da generalidade da opinião, que teve a nação ingleza, a respeito da Convenção de Cintra, do que a declaração que fez S. M. Britannica, de que a desapprovava: e se a mez de inquirição, composta de Officiaes Generaes, foi de opinião, que não se devia proceder a mais alguma mediada a respeito dos Officieas implicados naquelle negocio, com tudo, S. M., mostrou o seu Real desprazer não só dizendo-o ao Parlamento, mas intimando ao general Dalrymple, que o não tornaria a empregar mais."; *ibidem*, II, nº 9, pág. 112, apontam-se algumas peças instrutórias do processo intentado contra Hew Dalrymple, começados

quer os portugueses empregados na Corte de S. M. Britânica, que foram totalmente inaptos para defenderem os interesses portugueses[4052].

Merece a pena atentar em algumas das suas opiniões, aqui traduzidas por um residente português em Londres, insuspeito de falta de "inglesismo": "(...) não há ephiteto oprobioso na lingoa Ingleza, que não tenha sido applicada a ésta transacção. Os Inglezes lamentão a sua perca de character; aos Portuguezes pertence deplorar as consequencias daquella desventurada convenção, pelo que toca a Portugal; e a mim, que escrevo em Inglaterra as memorias do tempo, convem mostrar o modo porque nisto se portáram as pessoas publicas aqui empregadas pela Nação Portugueza (...)"[4053].

com um "Relatório da Meza de Inquisição, estabelecida para indagar as circunstancias da Convenção de Cintra", que depois encontra sequência a partir de II, nº 10, pág. 228; a este documento se anexam outros em que os generais participantes na Mesa expressam as suas particulares opiniões, nem sempre muito favoráveis ao tratamento concedido por um lado ao Exército de Junot e, por outro, aos próprios portugueses. Estes são documentos fundamentais para a compreensão do citado evento e se a eles não se faz menção em pormenor, é porque as minudências são sobretudo de carácter militar e ligam-se a tácticas utilizadas na guerra contra os franceses. Dos pontos que cumpre assinalar e não poderiam ser olvidados, registe-se a posição que afinal é assumida por Jorge III e aqui deve ser registada sob a forma da "Participação official feita ao General Hew Dalrymple; em consequencia da Convenção de Cintra: "El Rey tem tomado na sua consideração, o relatorio da Meza de Inquirição, junctamente com os documentos, e opinioens, que lhe vinham annexas. – Ao mesmo tempo que S. M. adopta a unanime opinião da Meza, de que não he necessario ulteriores procedimentos sobre as transacçoens que se remetteram á sua indagação, não he da intenção de S. M. que isso sirva de exprimir a satisfacção de S. M. quanto aos termos, e condiçoens do Armisticio e Convenção. – Quando estes instrumentos se apresentárão pela primeira vez, ante S. M., El Rey, reservando para indagação posterior as partes da Convenção definitiva, em que se involviam os interesses mais immediatos de S. M. fez com que se participasse aos cav. Hew Dalrymple, pelo Secretario de Estado de S. M., que S. M. se sentia obrigado a expressar peremptoriamente a sua desapprovação daquelles artigos, em que se fizerão estipulaçoens, que tocávam directamente os interesses ou sentimentos das naçoens Hespanhola e Portugueza. – Acabada a Inquirição, El Rey, abstendo-se de fazer observação alguma, sobre as outras partes da Convenção, repete sua desapprovação daquelles artigos; achando S. M. ser necessario, que os seus sentimentos sejam claramente entendidos, quanto á impropriedade, e perigo, de se admitir, sem authoridade, em Convençoens militares, artigos de tal descripção, que, em especial sendo formados incautamente, podem occasionar as mais injuriosas consequencias." Depois disto, nem a Mesa terá ficado satisfeita do dever cumprido, nem Dalrymple poderia orgulhar-se de ter sido o pacificador de Portugal em 1808. Veja-se *Gazeta de Lisboa*, 1809, nº 11, 17 de Março de 1809, 1. Supplemento.

[4052] *Ibidem*, I, 1808, nº 4, págs. 323 e ss. Como não parece haver ninguém disponível para defender Portugal das calúnias feitas, o modesto redactor toma em ombros a tarefa.

[4053] *Ibidem*, I, 1808, nº 4, págs. 318 e 319. Hipólito Costa atribui a maior parte da responsabilidade destes acontecimentos aos representantes portugueses em Londres, que nada fizeram para defender o nome de Portugal quando ele girava nos confins da chacota pública e se dizia serem os portugueses cobardes e que se não fosse a intervenção inglesa ninguém teria sobrevivido. Bem diversa terá sido a actuação dos deputados espanhóis em Londres, que efusivamente defenderam os seu país dos ataques que lhe eram feitos, demonstrando patriotismo de sobra em relação aqueles que o tinham diminuído. Na verdade e num país onde existe Liberdade de imprensa, não encontra o redactor motivos para tanta falta de orgulho e, ao menos, para justificar perante a opinião pública e o próprio Governo inglês que eram falsas em grande medida as notícias postas a circular. Mais que isso; os portugueses não sabiam mesmo era fazer uso da Liberdade de imprensa, tal era o nenhum hábito que tinham do mesmo; isso que foi uma vergonha nacional, foi assim mesmo assumida pelos fleumáticos cidadãos ingleses que, por muito que tivessem propensão para a superioridade, eram, no mínimo, honestos. Por isso mesmo eles, por intermédio da sua imprensa mostraram a sua indignação e defenderam os interesses de Portugal, no lugar daquelas cujas tibiezas oficiais ou a

Em Portugal, felizmente havia os patriotas que escasseavam nos corredores da Corte inglesa e gente que não tinha medo de denunciar o indecoroso da situação. Foi o que fez o comandante das tropas portuguesas, general Bernardim Freire de Carvalho, aludindo a matérias caras aos portugueses, mas que não o seriam certamente aos responsáveis pelos eventos[4054]. O protesto do citado general ligava-se à falta de consideração e respeito devido "a S. A. R. o Principe Regente, e Governo que o representa; porque pode ser injuriosa a authoridade do soberano e independência deste Governo; e por tudo que pode ser contra a honra, segurança, e interesses da Nação"[4055].

Outro facto a assinalar no presente contexto das Ideias, implica que depois da expulsão dos franceses[4056], a sorte portuguesa passou para as mãos da nossa aliada[4057]. Esta, sem vistas "de ambição, nem projectos de engrandecerse", pretende mais que tudo "restabelecer a ordem, (...) fazer reentrar o Soberano e o Povo nos seus legítimos direitos, de que estavam esbulhados"[4058]. Para tanto "decide" que os membros da Regência dissolvida por Napoleão e que não sejam suspeitos de simpatias francesas retomem os seus cargos, enquanto o Príncipe Regente não decidir algo sobre o assunto[4059].

---

piolheira da honra se mostravam incapazes de agir. Por isso mesmo, "tendo os Portuguezes tres homens publicos em Londres, e havendo-se dicto tanto em desdouro da Nação, ainda nada se fez publico em seu favor; e pergunto eu, se para estar calado eram precisos tres, se não bastava um?"

[4054] Luiz Duprat de Lara Everard, "Conferencia no Collegio de Campolide", separata d'*O Nosso Collegio*, Lisboa, 1909, pág. 17: "Esta vergonhosa convenção excitou a indignação geral, provocando protestos clamorosos tanto no nosso pais como na Inglaterra, onde se estranhava que não tivesse sido imposta a Junot uma capitulação semelhante á de Dupont em Baylen, pois permitia e sancionava tácitamente todos os roubos e extorsões dos invasores. (...) A Cortes do Rio de Janeiro queixou-se amargamente de não ter sido consultada em tal negocio."

[4055] *O Correio Braziliense ou Armazém Litterario*, I, 1808, nº 4, págs. 325 e 326: "Resumo do protesto feito por Bernardim Freire de Andrade, contra os artigos da convenção, acordada entre os Gen. dos exercitos Inglez e Francez, para a evacuação de Portugal: (...)." O protesto é contra os artigos I, IV e XII, porque implicam a passagem da ocupação francesa para as mãos dos ingleses, em consideração em os devolver à Família Real ou a quem a representa em Portugal; XXI, porque não pune severamente a deslealdade á pátria e ao Principe Regente, por colaboração com o ocupante francês.

[4056] José Acúrsio das Neves, *Historia Geral da Invasão dos Franceses em Portugal e da Restauração deste Reino*, III, págs. 86-88, relativo à revolução de 7 de Junho de 1808, em que definitivamente Junot era vencido e resposta a legitimidade da Família Real de Bragança.

[4057] Mesmo depois de terminada a Guerra Peninsular, os ingleses continuaram a mostrar pouco tacto político. Como compensação pelo auxílio prestado, quiseram os ingleses que Portugal lhes cedesse a Ilha da Madeira, ao que o Governo, por uma vez, se opôs, sendo nessa disputa Portugal apoiado pela Rússia.

[4058] *O Correio Braziliense ou Armazém Litterario*, I, 1808, nº 5, pág. 404:

[4059] *Ibidem*, 1808, nº 5, págs. 405-407: "Lisboa, 16 de Septembro, publicação da proclamação do Ten. Gen Hope, Commandante das tropas Britanicas: Regozijai-vos, Habitantes de Lisboa: vos tendes grandes motivos para regozijar-vos; e os vossos amigos Inglezes, participando dos vossos sentimentos, se regozijam tambem com vosco (...)." E por precaução, temendo "algo", "não consintaes, porem, que os mal intencionados tomem dahi azo para motins ou confuzoens"; *Observador Portuguez, Historico, e Politico de Lisboa, desde o dia 27 de Novembro do anno de 1807, em que embarcou para o Brazil o Principe Regente Nosso Senhor e toda a Real Familia, por motivo da Invasão dos Francezes neste Reino*, pág. 522 e ss; *Minerva Lusitana*, nº 3, Supplemento, 30 de Setembro de 1808; António Delgado da Silva, *Collecção da Legislação Portuguesa*, 1802-1810, págs. 603-605. Estes nomes viriam a ser confirmados por D. João, em decreto de 2 de Janeiro de 1809, ao qual foram anexas umas "Instruções" aos mesmos Governadores para agirem em matérias determinadas e, nomeadamente, premiarem aqueles que mais se tinham distinguido na luta contra os franceses. Consulte-se, *ANTT, MNEJ*, maço 31, nº 1, documento inumerado; António Delgado da Silva, *Collecção da Legislação Portuguesa*, 1802-1810,

Quase em simultâneo a Junta do Porto dissolve-se por forma espontânea, entendendo que o retomar de funções do Governo da Regência era motivo mais que suficiente para a sua extinção.

Em abono da verdade e da objectividade, que a Nação portuguesa nunca poderia livrar-se dos franceses senão fosse o apoio inglês. Isso é um facto histórico irrefutável. Tudo o que se teorizou antes acerca da ideia de Liberdade em Inglaterra e do facto de ser, desde há séculos, o único país onde a mesma era uma efectiva realidade antes das "Revoluções Atlânticas" deve estar presente em todos os momentos.

Mas a cobrança inglesa, além dos justos limites, em vez de engrandecer o acto de expulsão dos franceses, acabou, em certo sentido, por inverter a situação[4060] e transformar Portugal que já era colónia do Brasil e deixara de ser colónia francesa, em protectorado inglês[4061].

E, querendo retirar uma conclusão da antecedente análise no que aos interesses nacionais respeita – razão pela qual não poderia ser ultrapassado o tema das Invasões – será fácil conseguir a concordância dos leitores.

Por essa via se aceita ou se fecham os olhos da censura às publicações periódicas e aos desbragados escritos de muitos redactores de gazetas, jornais ou até pasquins, que noutras circunstâncias seriam silenciados. Mas a salvação da pátria estava primeiro, os escritores eram, na esmagadora maioria, patriotas e anti-franceses[4062], declamavam em

---

pág. 712; João Pedro Ribeiro, *Indice Chronologico Remissivo da Legislação Portugueza*, V, pág. 291; Pinheiro Chagas, *História de Portugal*, VII, pág. 565 e ss.

[4060] Um insuspeito liberal do séc. XIX, Oliveira Martins, tem uma opinião semelhante. Da leitura de um dos seus escritos, "Uma Introdução à História de Portugal de Morse Stephens", inserto na colectânea elaborada à custa de textos seus e sob título *Temas e Questões. Antologia de Textos*, "Prefácio, Organização e Notas" de Guilherme de Oliveira Martins, Lisboa, INCM, 1981, págs. 113 e 114, esta ideia vem ao de cima: "A verdade é que, em três momentos, a aliança inglesa nos serviu para mantermos a independência: o primeiro é 1383; o segundo é 1660; o terceiro é 1808. Mas no primeiro os Ingleses vieram cá para o Duque de Lencastre alcançar a Coroa de Castela. Mas no segundo, vieram para consolidar o seu nascente império na Índia, e para, na Europa, abaterem a Espanha, inimiga da França, apesar da paz: da França que restaurara os Stuarts em Inglaterra. Mas no terceiro, por fim, vieram a galope para fazer de nós os seus instrumentos no duelo contra Napoleão, queimando sistematicamente as fábricas pombalinas, alcançando de D. João VI no Brasil os tratados de 1812, e pondo Beresford a governar esta verdadeira colónia de ilotas submissos, que o Marquês de Pombal tivera capricho de ver se outra vez acordava para a vida livre."

[4061] Vejam-se a este respeito os considerandos tecidos neste capítulo a respeito da ida da Família Real para o Brasil, e atitude inglesa, comprovada por documentos oficiais, a respeito de tal evento.

[4062] E muitos deles não perdiam a boa disposição, sentimento raro pela época, mas que em certos casos era de tal forma evidente que ainda hoje faz sorrir. Exemplo do que se escreve são as célebres *Gazetas do Rocio*, atribuídas a António Maria do Couto, mação, mas que nem por isso poupava os franceses e as suas diatribes. Apontam-se apenas em jeito de exemplo dois episódios emblemáticos, um deles logo no número de abertura, de meados de 1808, em que a propósito da revolução do Algarve, tece o seguinte comentário: "por notícias fidedignas recebidas do Algarve, enviadas ao Excelentissimo Senhor General em Chefe, consta, que os Algarvios sacudirão muito bem o pó a todos os Francezes, que alli se achavão. Não deixa contudo o general Maurin [o chefe francês destacado para a província] a pezar de algumas lambadas, que apanhou elogiar a destreza e o furor daquelles Póvos, e a raiva com que expulsarão seus soldados, apesar de da desigualdade das Forças: tudo foi corrido a páo segundo o costume camponez. Ficou prisioneiro o dito general com toda a sua honra, segundo o artigo 1º da capitulação, que ajustára, a mais gloriosa, que se podia esperar para as nossas armas em tão perigosas circunstancias. Deste modo he, que cedem aos soldados de marimbo, quando não deixam o campo semeado de cadaveres. Capitulação ajustada entre o general Maurin, e os Pescadores do Algarve: ARTIGO I 'Que as tropas Francezas de Guarnição nas

favor da religião e do Rei[4063] e defendiam a separação de águas entre as duas jurisdições, do que resultava o fortalecimento do Poder absoluto da Rainha[4064]. Mesmo que o seu Pensamento não possa ser circunscrito a tais contingências.

Poderiam ser absolvidos no tribunal das consciências em função do maior bem que proporcionavam aos interesses do Estado português. Assim se continuou a pensar nas duas Invasões seguintes.

Fazendo um paralelo com os nossos vizinhos ibéricos, os espanhóis souberam – e quiseram – aproveitar a oportunidade para atingir os fins essenciais do Liberalismo, na verificação que religião e revolução não eram incompatíveis e se poderiam adoptar os princípios gerais de 1789 a um país genericamente tradicionalista, que pretendia regenerar as suas antigas leis e o seu Governo.

Praças de Solves, Faro, e Olhão evacuarião sem detrimento. *Concedido com tanto que lá deixassem a pelle.*' II. 'Que a Tropa Franceza sahiria a tóque de caixa com as suas honras, largando o armamento na explanada. *Concedido.*' III 'Que depois da ratificação do presente tratado, se apromptarião os Francezes para sahirem do Algarve em 50 dias sem que neste tempo houvesse falta de víveres. *Sómente se concedem 5 minutos, e se lhe ministrará toda a alfarroba que precisar.*' IV 'Que não ficariam privados de servir durante a prezente guerra. *Concedido visto os Francezes palavra de honra.*' V 'Que o Exercito sahiria do Reino do Algarve com a artelharia, e morrão acezo. *Concedido em quanto ao morrão, levando appenso o saco dos cigarros*' V 'A prezente capitulação foi assignada entre o general Maurin, eo *Diaboqueoleve* aos 12 de Junho de 1808." O outro caso que seleccionámos é igualmente elucidativo da amizade que os franceses suscitavam. Trata-se de uma "notícia" constante do nº 6, relativa a uma Ordem do Dia de Junot: "Amados Camelos meus, dignos camaradas cedo abraçareis vossos Compatriotas no Inferno, o caminho he o da Hespanha por onde brevemente chegareis a este gostozo fim: não temais os sopapos inimigos, a pancada, que levamos he para o nosso ensino; o Homem, que não tem docilidade nunca apprende: tudo vos pagará o vosso Rei, grande Homem! E quando elle vos quizer attender, eu lembrarei vossos nomes, esquecido da gargalheira com que viestes trazidos ao Éden da Europa, paiz delicioso aonde tudo se encontra, até não faltão alcoviteiros, que tudo nos denunciem. Observai sempre a Disciplina, que vos regula, *pois morrereis sem dizer palavra.* Quartel-general da Coceira, 9 de Setembro."

[4063] *Diario Lisbonense,* nº 127, 5 de Junho de 1810, relativo a um artigo de Badajoz, datado de 29 de Maio, que com toda a propriedade se poderia aplicar a Portugal: "A Liberdade he filha da santa Religião que professamos; e debalde pertende ser verdadeiro membro della, quem, longe de o mostrar por meio de hum publico desapego daquella parte de seus bens e commodidades compatível com as faculdades de cada individuo, se subtrahe com seus frivolos pretextos e razões futeis e mal fundadas a ser participante de huma virtude que só podem possuir, e abrigar em seu seio as almas nobres e bem educadas."

[4064] *O Investigador Portuguez em Inglaterra,* VI, Maio de 1813, pág. 504: "Senhores redactores do Investigador Portuguez, Lisboa, 20 de Março de 1813: Remetto a Vmces. A analyse feita por hum nosso compatriota á mizeravel, *ou antes abominável obra intitulada – Conheça o mundo os Jacobinos, ou expozição das verdades catholicas.* Seu Author tem o descaramento de nos pintar como hereges, como impios, como jacobinos, e infieis! A censura, ou analyse que tomo a Liberdade de lhes enviar, parece-me convincente, digna da litteratura Portugueza, e digna por isso de se achar no seu excellente Jornal, cujas liçoens se vai gradualmente tornando mais interessantes, e proveitoza, e que se acreditará cada vez mais, á proporção que zoilos des prezíveis procurão descaredita-lo (...)." Segue-se o texto da censura, na linha de António Pereira de Figueiredo e demonstrativo de total aversão por todos aqueles que querem ver o Estado Moderno submisso aos papais desígnios em matérias temporais. Contudo e para evitar enveredar pelo mesmo caminho que José Morato, não cita o padre António Pereira de Figueiredo porque é visto como herege, segurando-se antes em Autores portugueses anteriores, como Diogo de Paiva, que defendia, que os concílios não eram infalíveis e, porque neles estavam presentes homens, e os homens são sujeitos a erros, eles erravam. Além do mais os Reis não são inferiores ao Papa nem este é superior à Igreja e a majestade dos monarcas não pode ser questionada no plano temporal.

Além disso, sempre admitiram Fernando VII para Rei. Apesar de todas as suas indecisões; tinha demonstrado ser, ainda assim, mais leal que seu Pai, Carlos IV e era a única esperança que lhes restava para verem o Trono restaurado[4065]. Por aqui, também não poderiam os severos portugueses criticar o futuro de Espanha, tanto mais que eles obravam por igual com D. João.

É ponto tratado, mas que importa reforçar, por comparação com a atitude portuguesa, que acima de tudo firmava fidelidade e cerrava barreiras em torno da realeza, da ordem moral[4066] e da tradição histórica[4067]. Era a religião católica que dava força aos portugueses para lutar[4068] e acreditar que D. João VI não se tinha esquecido deles.

Junot destituiu a Regência nomeada por D. João; o governador militar inglês, Dalrymple, repôs essa Regência, mas excluiu alguns membros, sem julgamento prévio.

Afinal quem decidia ser o detentor da soberania portuguesa na Europa, na ausência do seu legítimo soberano? Seriam os ingleses – como tinham sido os franceses – ou seriam – ou deveriam ser – os portugueses? O único com legitimidade para tomar tais medidas era o Poder político nacional e não o que oficiosamente se lhe havia substituído mas, na prática, isso complicava-se.

Este é outro dos traços que distinguiram a situação portuguesa da espanhola. Os espanhóis, organizados nas suas Juntas das várias cidades sublevadas, para nada

---

[4065] *Minerva Lusitana*, nº 15, 28 de Julho de 1808, relativo a uma notícia de Rivadeo, Espanha: "Anedocta – Nesta Villa de Rivadeo sepultárão hum menino, em quem seus Pais choravão a perda de hum filho com a mágoa de lhe não haverem inspirado já sentimentos de vassllagem a Fernando VII: e aflictos com o escrupulo de que o seu filho fosse para a sepultura sem ser tido e havido por vassallo de Fernando VII, pedirão a quem lhe escrevesse huma divisa, com que querião ornar o menino. Derão-lhe o seguinte, que escreverão n'huma fita, que lhe atarão nas mãos de modo que todos pudessem ler: *Voy muerto, e voy deseando Que viva e reyne Fernando*." O comentário do redactor não é menos curioso: "He verdade, que este desafogo nem faz mal aos Francezes, nem tornou o menino hum vassallo voluntario de Fernando VII; mas pinta ao vivo os sentimentos dos Pais, e declara quanto deve esperar-se de filhos por elles educados (...)."

[4066] *Documentos para as Invasões Francesas*, Porto, 1808: "Hum Fiel Cidadão. Valoroso Povo Portuense: (...) He preciso pois continuar, e acabar a importante obra que felizmente tendes principiado. A base fundamental he a *Ordem*, sem ella vós sereis sacrificados, sem hum firme equilibrio cahirá momentaneamente o soberano Edificio que tendes principiado a construir (...)."

[4067] *Ibidem*, Porto, 9 de Agosto: "Edital do Doutor José Feliciano da Rocha Gameiro (...) Intendente Geral da Policia no Districto da mesma Relação: faço saber, que tendo depois da feliz Acclamação muitos póvos arrogado a si hum direito Magestático, e de Soberania que lhe não compete, qual he o de suspender, e prender Magistrados, Governos, e mais Authoridades constituidas por qualquer pretexto por mais especioso que seja, pois que só he licito á *Real Junta*, em quem reside o Summo Imperio, legalmente Erigida, reconhecida por todos os Póvos do Reino, e que se achão livres do cruel Jugo Francez; e para que cesse de huma vez a dita pessima, erronea, e abusiva intelligencia, que tantos males tem causado á Liberdade, e boa Administração da Justiça, sem a qual os Póvos se não pódem conservar; (...)." O Intendente promete tomar medidas contra os sediciosos, como de costume confundidos com Napoleão.

[4068] *Ibidem*, Cambezes, 29 de Junho de 1808: "Proclamação de Aires Pinto de Sousa Coutinho, (...) Senhor e Alcaide Mór do Couto de Cambezes: (...) em huma luta, de que depende inteiramente a conservação de nossas vidas, Liberdade, honra e fazenda, e mais que tudo, a manutenção da pureza da nossa santa Fé, e Religião, (...) deponhamos toda a inimizade particular, para só termos em vista os deveres de Catholicos e Portuguezes; lembremo-nos que esta terra que pizamos foi do Fundador da Monarchia, o sempre memorável S. d. Affonso Henriques. (...) A Justiça Divina não pode consentir que triunfem huns Usurpadores, huns Tyrannos, que não contentes com roubar o que pertence aos homens, levão a sua impiedade ao ponto de se intitularem Omnipotentes, usurpando o titulo, que só pertence á Divindade"; *Minerva Lusitana*, nº 10, de 23 de Julho de 1808: "Valorosos Portuguezes: Deos o manda, corramos a vingar a Patria offendida. A causa he da Religião, do Estado, do Genero Humano."

precisavam das instituições de Poder central para se governarem e para que o Poder não caísse na rua. Como em Portugal o Poder das mesmas, salvo em dois ou três casos emblemáticos era reduzido, e como o número dos liberais era bem menor, e como a religião e a tradição não estavam dispostos de abdicar de privilégios, tudo somado, resultou nas consabidas consequências.

Corolário aceitável, o Poder só poderia ser devolvido a um órgão central que unisse os vários interesses locais. Mantém-se o sentido da ausência da Liberdade política do cidadão e recolhe-se, no máximo, uma ideia anterior ao josefismo, com alguma "abertura" à Liberdade dos povos, de resto contestada pelo próprio D. João, ainda Príncipe Regente.

5.2. Soult ou a teimosia de Napoleão Bonaparte

Sem dúvida que Napoleão estava perfeitamente indignado com os acontecimentos peninsulares. Não apenas os espanhóis lhe tinham feito saber da sua insatisfação pela presença de um acampamento gaulês surgido sem prévio convite, como os portugueses rotos, descalços e esfaimados, continuavam a sua teima em resistir à ocupação[4069]. Para além de não ter conseguido impedir a Família Real de ir para o Brasil[4070] – facto que impossibilitou Junot de alguma vez obter o marechalato – ainda por cima fizera com os ingleses uma Convenção "aviltante" para a França.

Em 1809, um novo Exército invasor, comandado por Soult, entra em Portugal[4071] depois de conseguir vencer as resistências espanholas no norte e instala-se no Porto[4072],

---

[4069] *Microscopio de Verdades*, nº 2, 1814, "Extracto de uma carta publicada no nº 55 do *Correio Braziliense*", pág. 16: "*Eis aqui os Heroes d'hoje! Nesta molestia, e opressão foi Portugal o único Governo do Continente da Europa que soube ser consequente, e manter a sua dignidade ainda que a ponto de lhe custar caro, e de se ver por fim assaltado por aquelle mesmo Governo, para cuja integridade, e existencia tinha mandado as suas Tropas ao Roussilon; e assaltado, por isso que nunca quis ter a fraqueza, e degradação de se conformar com os tratados, e insolentes propostas de hum Governo ephemerido, e de nenhuã fé.*"

[4070] *Ibidem*, nº 2, 1814, "Extracto de uma carta publicada no nº 55 do *Correio Braziliense*", págs. 17 e 18, nota: "he verdade que a retirada de S. A. R. o Principe Regente Nosso Senhor para o Brazil desconcertou todos os planos de Bonaparte, foi lhe preciso estabelecer outra ordem, e marcha de combinaçoens, cousa, e projectos, que lhos dictou entre hum fernetico dilirio o furor, e a raiva, e por isso decreta em Millão. – Que a Casa de Bragança acabou de Reynar em Portugal, e em Bayonna prendendo a Familia Real de Hespanha, susbtitue no seu Throno a Napoleão; origem da sua queda, e da felicidade de Portugal; mas S. A. R. não deixou aos Portuguezes salva a sua Independencia, antes os deixou ao que parecia na impossibilidade de a conservar, a muito menos de a reparar; sem exercito, sem dinheiro, e sem recursos, e o que he mais, entregues os Portuguezes a Governadores que estiverão por Junot quanto quis, he como elle os deixou: a sua independencia recuperarão elles, principalmente o Povo a impulsos fataes do seu arrojo, e valor, contra mesmo os obstaculos que lhe augmentarão alguns dos empregados publicos; não he preciso para a gloria de S. A. R., o melhor, e o mais bem intencionado Principe do mundo todo adulallo com falsidades: basta dizer que a sua magnanima resolução de se embarcar com a sua Real, e Augusta Familia foi causa, e dou motivo para cahir o Tyranno da Europa."

[4071] José Ibáñez Marín, *El Mariscal Soult en Portugal (Campaña de 1809)*, Madrid, Sociedad Militar de Excursiones, 1909, pág. 8, apresenta as ordens de Napoleão, em detalhe e no que respeita à Invasão de Portugal a partir da Galiza. No final pode ler-se: "S. M. tiene una absoluta confianza en vuestros talentos y confía en el éxito de la preciosa expedición á Portugal que os confía." Neste texto podem encontrar-se os detalhes da campanha militar de 1809 em Portugal e Espanha. Repita-se que não é tema a escavar e por isso se remete para este local, uma vez que o carácter técnico das explicações parece de molde a superar outras exposições.

[4072] Christovam Ayres de Magalhães Sepúlveda, 10, "Provas", pág. 406: "Documentos da Vereação do Porto – Copia: Protesto que fazem o vereador José Pamplona Carneiro Rangel, e procurador da cidade João Pedro Gomes de Abreu, na forma que declararão. Em o dia primeiro do mez de Abril

onde a Junta Suprema cessara de exercer as suas funções[4073], entregues ao novo Governo Central português[4074], cuja actividade continuava a merecer os maiores reparos[4075].

Com todas as críticas de que é passível a actuação de Pombal, certamente que Portugal não teria passado por tantos dissabores se houvesse na Regência alguém parecido em feitio e que não atribuísse todos os males do mundo à actividade dos revoltosos que ia vingando em Portugal[4076].

do Infautissimo anno corrente de 1809, Sabbado de Alleluia, pela dez horas da manhã, depois de haverem decorrido trez dias nos quaes as tropas francezas, desde o dia da sua funesta entrada e invazão neste Cidade em o dia quarta feira de Trevas, que se contarão a vinte e nove do dito mez, (...)."

[4073] António Delgado da Silva, *Collecção da Legislação Portuguesa*, 1802-1810, págs. 610 e 611.

[4074] Trata-se do Governo que tinha sido resposto por influência inglesa, composto por D. António José de Castro, Bispo do Porto, o Marquês das Minas, D. Francisco de Noronha, o Conde monteiro--mór e Francisco da Cunha Menezes. Como secretários de Estado ficaram João António Salter de Mendonça, D. Miguel Pereira Forjaz e Cypriano Ribeiro Freire. Apenas este último não constava da lista apresentada em 20 de Setembro de 1808 e aprovada pelos ingleses, sendo a maioria dos seus membros não impedidos os que tinham sido designados por D. João nas "Instruções" de 26 de Novembro de 1807. Veja-se, Brito Aranha, *Nota acerca das Invasões Francesas em Portugal*, Lisboa, 1909, pág. 42. Tidos por colaboracionistas, ficaram de fora o Principal Castro e Pedro de Mello Breyner, enquanto o Marquês de Abrantes, um dos membros da deputação a Bayonne, estava prisioneiro em França. Veja-se *O Correio Braziliense ou Armazém Litterario*, I, 1808, nº 7, pág. 540; *O Campeão Portuguez ou o Amigo do Rei e do Povo*, II, Junho de 1820, pág. 389. A convocação encontra--se na *Gazeta de Lisboa*, 1808, nº 33, 23 de Setembro de 1808, 1º Supplemento; no 2. Supplemento do dia imediato justificam-se os motivos por alguns dos antecedentes Governadores terem sido afastados. Quanto à indigitação de Cypriano Freire, encontra-se justificada por decreto de 26 de Setembro, como também consta da *Gazeta de Lisboa*, 1808, nº 34, 30 de Setembro de 1808, 1º Supplemento; António Delgado da Silva, *Collecção da Legislação Portuguesa*, 1802-1810, págs. 607 e 608; Pedro Ribeiro, *Indice Chronologico Remissivo da Legislação Portugueza*, V, pág. 273.

[4075] *O Correio Braziliense ou Armazém Litterario*, II, 1809, nº 9, pág. 172: "A demora dos Regentes do Reyno em aprestar-se para a guerra, augmentou o desgosto e aversão, que a Nação tinha aquelle Governo, e como elles não dirigiam immediatamente contra o inimigo o enthusiasmo, que se levantou em todas as Províncias do Reyno, seguio-se daqui, que o Povo se encontrou a governar por si, e a adoptar medidas sem systema, que tem produzido os males inherentes a um estado tal como o actual, em que o Povo, desejando obrar, não tem quem o guie." Vejam-se as notas seguintes e sua relação com o corpo do texto.

[4076] A justiça vem de um dos seus maiores admiradores, Marco António de Azevedo Coutinho, Conde da Barca, que na "Resposta" à, "Carta de hum Vassallo nobre ao seo Rey", *O Investigador Portuguez em Inglaterra*, IX, Junho de 1814, pág. escreve: "Existe em a nossa magnifica capital hum só lugar que não seja hum monumento ellevado á memoria deste Grande ministro? Há huma só Instituição Civil, economica, ou politica, que não faça lembrar as suas virtudes, e o seo zelo incomparavel pelo bem da Patria e do seo Rei? Os estrangeiros o admirão, e o Povo em geral ainda hoje o abençoa e lhe da o nome de *Salvador da Patria*. Quaes serião os destinos de Portugal depois de 1 de Novembro de 1755 athe a total expulsão dos Jesuitas, se elle não tivesse aberto a sua grande estrada da gloria por entre todas essas calamidades, que no espaço de 12 annos havião quazi aniquilado a existencia politica e economica do Reino? Hum terramotu que engolio a capital; huma guerra imprevista, que esteve a ponto de aniquilar a monarquia, e com ella os fructos de 28 annos de guerra, que tanto nos custou a nossa independencia; o orgulho insoportavel dos grandes; o fanatismo religiozo, e a ignorancia de hum Povo dado á superstição e a preguiça; eisaqui o terreno aspero e difficil que o Grande Carvalho teve que cultivar para nelle plantar o amor da alta Nobreza ao seo Soberano, o respeito á Patria, o estimulo das artes e das Sciencias, a opulencia do commercio, e a grandeza da industria nacional." Joaquim Pintassilgo, "O 'Absolutismo Esclarecido? Em Portugal: Inovações Polémicas e Alinhamentos (Final do século XVIII – início do século XIX)", *Do Antigo Regime ao Liberalismo*, (Organização Fernando Marques da Costa, Francisco Contente Domingues e Nuno Gonçalo Monteiro), pág. 28, aponta neste quadro as reticências e mesmo a crítica que não deixa

DA HISTÓRIA DA IDEIA DE LIBERDADE (SEQUÊNCIA)

Infelizmente, a falta de tacto da Regência era quase tão nociva quanto as investidas dos Exércitos franceses, no que respeitava às condições de vida do português médio[4077]. A entrada de Soult fez-se pelo norte[4078]; sendo que os chefes militares portugueses e espanhóis estavam muito pouco convencidos da possibilidade de defender as principais cidades da nova invasão[4079]. Por isso terão tentado organizar-se nas redondezas de onde poderiam melhor organizar a defesa. Só que os populares, bem ensinados pelos seus vizinhos galegos, estavam pouco dispostos a quaisquer pactos com os franceses[4080]. Daí até aos relatos de desordem, anarquia e falta de obediência aos chefes militares, incluindo do por parte de alguma tropa, foi um ápice[4081].

---

de endereçar ao Marquês de Penalva no que respeita ao tratamento preferencial que na visão deste deveria ser conferido pelo monarca aos Grandes do Reino.

[4077] *O Correio Braziliense ou Armazém Litterario*, II, 1809, nº 12, págs. 528 e 529.: "o comportamento do Governo Portuguez, desde que riscou da representação nacional a classe popular, tem sido tal, que perdendo gradualmente a confiança do Povo, só era obedecido á força. Os nobres, que n'um Governo Monarchico he preciso, que possuam o respeito da Nação, estávam em Portugal desacreditadissimos; os homens de talentos, acahvão-se mettidos na escuridão; estudando mui cuidadosamente occultar, que liam algum livro bom, a que em Portugal se lhe da o nome de leitura prohibida; porque saber-se que um homem em Portugal lia alguma coisa alem do *flos sanctorum*, e ter o billigim Manique a perseguillo, éram cousas consecutivas; desta maneira não se podendo conhecer os homens de merecimento, por via de regar, só os intrigantes, aduladores, cortezãos astutos éram os empregados, os exemplos em contrario éram partos do accaso, não consequencias de systema. E se não vejam os creditos da graduação, que obtiveram na Corte, D. Lourenço de Lima, o Inquisidor mor, o Manique, e outros malvados desta casta. Em tal estado das cousas como será possível descubrir homens, em Portugal, para o Governo, que sejam de conhecida capacidade, e gozem da confiança da Nação? O mal vem de traz, e he uma gangrena, que só se remedeia com a amputação."

[4078] *Ibidem*, II, 1809, nº 12, págs. 510 e ss.: "Relação da tomada da Cidade do Porto pelos Francezes." São vários relatos circunstanciados da tomada do Porto pelos franceses, depois de já se terem apossado do Minho e de parte de Trás-os-Montes. Atribui-se à desorganização e anarquia reinantes entre o Povo e à desobediência aos seus chefes ter sido o Porto tomando pelos franceses e volta a pregar-se contra todos aqueles que, por uma ou outra forma, apenas contribuem para questionara a soberania e a Autoridade.

[4079] ANTT, *Arquivo Costa Cabral - B - 2. Parte, nº 6*: "Os Governadores do reino á Nação Portugueza"; *O Correio Braziliense ou Armazém Litterario*, II, 1809, nº 8, pág. 3, reporta-se a uma "Proclamação dos Governadores do Reyno á Nação Portugueza, de 9 de Dezembro de 1808", ainda antes da entrada de Soult em Portugal, alertando para que todos os portugueses se armassem na defesa da pátria. Esta ideia é reforçada em 21 de Janeiro de 1809; *idem*, nº 10, pág. 193; António Delgado da Silva, *Collecção da Legislação Portuguesa*, 1802-1810, págs. 719 e 720; João Pedro Ribeiro, *Indice Chronologico Remissivo da Legislação Portugueza*, V, pág. 290.

[4080] A resolução do Governo de mandar armar todo o Povo deu lugar a deploráveis acontecimentos. Todos se julgavam com direito de prender, e de vingar o que chamavam a honra nacional, quando na realidade do que se tratava era de dirimir questões pessoais, ou satisfazer instintos menos saudáveis. Veja-se Victoriano J. Cesar, *Invasões Francesas em Portugal. Invasão Francesa de 1809: de Salmonde a Talavera*, Lisboa, Livraria Ferin, s. d., II, págs. 8 e ss.

[4081] José Ibáñez Marin, págs. 36 e 37, relata a morte às mãos dos populares do general Bernardim Freire de Andrade, um dos episódios de que os portugueses não se devem orgulhar. Por muito ódio que tivessem aos franceses, não deveria o mesmo comunicar-se aos patriotas que os organizavam e defendiam. Parece possível neste episódio vislumbrar o dedo inelutável do Terror, que se serve da turba para aplacar as suas vinganças pessoais. Da sentença que entretanto se formou em Conselho de Guerra para apurar os factos, saiu Bernardim Freire completamente absolvido, com as honras que lhe competiam e o nome limpo, mas sem vida para poder gozar dessa satisfação! Veja-se *O Correio*

Este foi um dos episódios em que se verificava que em Portugal, como em França num certo período histórico – e por cá com maioria de razão – não se sabia distinguir a Liberdade da licença. Na verdade, se não conheciam a Liberdade e não tinham qualquer prática dela, como se poderia esperar que assumissem a distinção[4082]?

Tal como se notou em relação ao caso francês, aqui o que se procurava mais era a libertação do invasor que a assunção da ideia de Liberdade, confundida com a de independência da pátria e que apenas algumas individualidades saberiam distinguir[4083]. Em qualquer caso, está-se perante um caso de rebelião, sem que o Poder político instituído tivesse capacidade para se impor à anarquia vivida[4084].

Braziliense ou Armazém Litterario, IV, 1810, nº 24, pág. 521 e ss.; Ana Cristina Araújo, "As Invasões Francesas e a afirmação das ideias liberais", *História de Portugal* (direcção de José Mattoso), V, pág. 39.

[4082] Victoriano J. Cesar, II, pág. 9: "Tal anarquia reflectia-se nos regimentos que se iam organizando, pois se via continuamente os soldados de linha tomarem parte nos motins populares. Esta mesma indisciplina propagava-se aos regimentos ingleses. Muitos soldados desertavam, vendendo as armas. (...) Os desmandos dos soldados ingleses na capital eram grandes, e o Povo já não distinguia os ingleses dos franceses, considerando no mesmo pé todos os estrangeiros, que elle considerava como os nossos expoliadores e causadores da desgraçada situação do país. Por isso os soldados ingleses soffriam insultos nas ruas de Lisboa, e até os officiais e pessoas da legação inglesa são victimas do estado anárquico em que se encontrava a populaça." *Veja-se ANTT, Arquivo Costa Cabral, – B – 2ª Parte, nº 6*: "Proclamação"; *O Correio Braziliense ou Armazém Litterario*, II, 1809, nº 10, pág. 195: "Proclamação dos Governadores do reyno a prevenir perturbaçoens, datada de 4 de Fevereiro de 1809"; *Gazeta de Lisboa*, 1809, nº 6, 7 de Fevereiro de 1809, Supplemento extraordinario; João Pedro Ribeiro, *Indice Chronologico Remissivo da Legislação Portugueza*, V, pág. 295.

[4083] Hipólito da Costa, o redactor d'*O Correio Braziliense ou Armazém Litterario*, insuspeito liberal, tece a seguinte consideração em II, nº 10, pág. 175: "Um Governo popular he, na minha opinião, o mais bem colocado para sacar a publico os talentos, que há na Nação, e para desenvolver o enthusiasmo, que resulta de se considerarem todos Cidadãos, em via de ter parte, ou voto, na administração dos negocios publicos. Mas quando assim fallo, entendo o chamamento de Cortes, e outras Instituiçoens, que formávam a parte democratica da excellente Constituição antiga de Portugal. Não quero pois entender, de forma alguma, por Governo popular, a entrega da authoridade suprema nas mãos da populaça ignorante; porque isso he o que constitue verdadeiramente a anarchia; e nesta se deve cahir necessariamente todas as vezes, que o vigor e enthusiasmo do Povo, excede a energia e talentos dos que governam."

[4084] *O Correio Braziliense ou Armazém Litterario*, II, 1809, nº 10, pág. 172: "Proclamação dos Governadores do reyno de 4 de Fevereiro de 1809", que repete alguns dos dizeres da Junta do Porto expostos em 9 de Agosto de 1808, no que respeita à má conduta seguida pelos portugueses. Veja-se *Gazeta de Lisboa*, 1809, nº 15, 15 de Abril de 1809, 2. Supplemento: "Proclamação de 7 de Abril do Governo da Regência aos Portuguezes: Que terrivel exemplo offerece hum Povo, quando as paixões e as intrigas fazem calar a Justiça; quando o crime se arroga o poder da Lei; e quando as Ordens do Governo são substituidas pela caprichosa impulsão do orgulho e do destino! Os Revoltosos, calcando temerariamente aos pés a santidade das Leis, e os direitos da Soberania, dilacerão a Patria, que se afigurão defender contra os inimigos nacionaes: a feia palavra de traição, tanto mais temivel, quanto he mais puro o coração do Cidadão virtuoso, faz transtornar as operações dos Chefes, faz suspender o exercicio das Authoridades, e faz suffocar a energia dos que devem obrar em serviço da Patria: os timidos estremecem: os resolutos são atrozmente insultados: e o Patriotismo he confundido com o crime e a revolta. (...) Quem offende as Leis, quem desobedece aos Chefes, e aos Magistrados, e quem se constitui arbitro do Poder Supremo he hum inimigo do seu Principe, e da sua Patria. Esse he o verdadeiro Traidor, porque expõe a Monarchia á sua ruina e perdição. (...) Os primeiro passos que derão os Revolucionarios da França para desorganizar o seu Governo, foi desacreditar o seu Soberano, os seus Generaes, e os seus Magistrados. Despedaçado o vinculo, que liga o Povo com o Governo, fica transtornada toda a Ordem Social (...)."

DA HISTÓRIA DA IDEIA DE LIBERDADE (SEQUÊNCIA)

Alguns, poucos, revoltosos, seriam adeptos dos princípios liberais e da revolução, mas esta acção de 1809, nada tinha que ver com os princípios de 1789 e mais se assemelhava aos tumultos de 1792 e de 1793. Portanto, mais uma vez se prova a diferença entre a promoção da Revolução Francesa e seus princípios e a da revolução robespierriana e seus desacatos[4085].

Toda esta anárquica situação era em certo sentido propagandeado como destinando-se a defender o país de quaisquer investidas dos jacobinos. Mesmo quando se proclamava a necessidade da ordem, em termos que fazem lembrar as invectivas de 1808, todos sabiam – e as Autoridades mais que ninguém – que era impossível suster a torrente e, por isso mesmo, limitavam-se a apelar ao bom senso dos portugueses que deveriam evitar ser confundidos com os jacobinos[4086].

Ou seja, a prática vivida era o facto político actuante destes; a teoria, em versão "montagnard" de guerra à ameaça externa – sustentava-a e, o resultado efectivo era a perseguição a esses mesmos jacobinos ou assim intitulados, porque mais nocivos que os que a queriam combater.

A confusão que reinava era em demasia e ninguém se preocupava em desfazer o erro, provavelmente porque ele era conveniente ao Governo. Assim, este via afastado o perigo francês utilizando os seus métodos, bem como aos liberais que pregando a revolução se mantinham prudentemente incólumes a conotações caras ao Terror e até aos afrancesados que sempre poderiam argumentar que foi o Governo que eles promoviam como modelo para Portugal, a espantar a influência de Robespierre[4087].

A gravidade da situação era muita e o Governo aumentou-a, revogando todas as precauções que a proclamação de 4 de Fevereiro quis inculcar[4088]. Os seus membros,

---

[4085] *Ibidem*, II, 1809, nº 10, pág. 173: "Quereis imitar os Francezes, que tão justamente detestais, quando no meio dos seus extravagantes delírios impozerão silencio aos Tribunaes, e se constituirão arbitros da vida, e honra dos Cidadãos? Quem se não recorda com horror daquelles dias fataes, em que a multidão seduzida pelos Jacobinos, profanou os altares, derribou o Throno, e transmutou a Ordem Social!"

[4086] *Gazeta de Lisboa*, 1810, nº 69, 21 de Março de 1810, editorial de Francisco Soares Franco em que se debate o "problema político: os adeptos do Jacobinismo serão actualmente amigos, ou inimigos de Bonaparte? " Reproduzem-se alguns passos, por mais significativos: "Todos os profundos adeptos sabião que as palavras, *Liberdade e Igualdade* não eram mais que huma capa, com que se enganava a multidão, para destruirem os Principes, todos os homens grandes e ricos, e lançarem mão ás dignidades, e ás riquezas (...). Todos os jacobinos são impios e inimigos do Christianismo; e por este lado Bonaparte está certo que lhes há de agradar imenso (...)." Na tentativa de equiparar os princípios de 1789 ao seu desenvolvimento primeiro pelos jacobinos e depois por Bonaparte, tenta-se atingir o objectivo em mente de todos aqueles que os detestavam; ao ligarem-se as teses da Revolução Francesa com aqueles que por uma via ou outra tenderam à sua destruição, apenas se consegue que aqueles sejam, de igual modo, destruídos. Este era o sistema usual em Portugal e na Europa a ser seguido pela contra-revolução e por todos aqueles que, ainda que fossem em teoria cultores de conhecimentos acima da média, não queriam ou não conseguiam proceder à distinção.

[4087] Pinheiro Chagas, *História de Portugal*, VII, pág. 573: "Havia em todos os pontos do nosso paiz, uma vigorosa reacção contra os francezes, que se manifestava pelos excessos, que sempre assignalam os grandes movimentos populares. Homem acoimado de jacobino, ou porque tivesse visto com olhos menos irritados a invasão franceza, ou porque tivesse simplesmente ideias liberaes, que bastavam para se ser classificado de jacobino, tinha tudo a temer da colera da plebe. Foi o que sucedeu a um medico da real camara, residente em Lisboa, Francisco José Pereira, que a policia teve de prender para o subtrair à ira popular."

[4088] *O Correio Braziliense ou Armazém Litterario*, II, 1809, nº 10, pág. 174: "A Lei castiga os perturbadores da ordem publica; o Vassallo, que se arroga Poderes, que a Lei lhe nega, attenta contra

todos de proveniência do nacional-absolutismo e bem inteirados das medidas tradicionalmente aplicadas nas emergências, encetaram uma das que a sua imaginação lhes proporcionou para restabelecer a ordem. Em 20 de Março de 1809 mandaram publicar um conjunto de decretos[4089], sob a chancela de D. João – que no Brasil, à data de nada saberia acerca da sua prolixa decisão – com dois importantes pontos: a delação anónima contra todos que conspirassem contra o Governo e a permissão para todo e qualquer português matar, por seu desígnio particular, quem fosse visto como tendo tomado armas contra a pátria e auxiliado os franceses.

Esta medida foi seguida de uma outra, qual fosse o estabelecimento do juízo da Inconfidência assim como do Tribunal da Inquisição[4090].

Perante factos tão relevantes, até os ingleses perderam a sua tradicional fleuma, tendo mesmo o próprio Gabinete de S. M. Britânica intervindo, a pedido de D. Domingos de Sousa Coutinho[4091], representante diplomático português em Inglaterra. Por essa via Canning, ministro de Jorge III, fez saber aos membros do Governo nacional a completa desaprovação da Inglaterra perante tais eventos[4092], o que estes muito lamentaram, por via da incompreensão britânica dos assuntos internos portugueses.

E, de facto, D. João nada teve que ver, como em tantas outras ocasiões, com tais procedimentos. Isto fica mais que provado pela simples leitura de um "Manifesto" datado do Rio de Janeiro, de 2 de Janeiro, e publicado em Lisboa a 9 de Maio, onde

os direitos da Soberania; he um Inimigo do seu Principe, he um destruidor da sociedade Civil. A obediencia às Authoridades he o mais poderoso Vinculo da União Civil: só os vossos Inimigos vos podem ensinar maximas contrarias: fechai os ouvidos a insinuaçoens tão perfidas"; António Delgado da Silva, *Collecção da Legislação Portugueza*, 1802-1810, págs. 723-725.

[4089] João Pedro Ribeiro, *Indice Chronologico Remissivo da Legislação Portugueza*, V, pág. 297.

[4090] *O Correio Braziliense ou Armazém Litterario*, II, 1809, nº 11, pág. 293 e ss.; *ibidem*, II, 1809, nº 12, pág. 530: "Quando não fosse, o mal de admittir delaçoens anonymas, medida horrorosa, bastava a impolitica de mandar prender a gente na Inquisição: prisoens odiosas ao Povo por sua origem: e agora abomináveis, pelas addiçoens, se uso que dellas fez o sanguinario Lagarde."; *Gazeta de Lisboa*, 1809, nº 12, 21 de Março de 1809, Supplemento extraordinario.

[4091] *Dicionário do Vintismo e do Primeiro cartismo (1821-1823 e 1826-1828)*, I, págs. 534-546. Inimigo de padres, inquisidores e desembargadores, foi membro do Governo da Regência, entre 1819 e 1820. Dos escritos que legou à posteridade se e demonstram como emblemáticos, podem apontar-se *La guerre de la peninsule sous son veritáble point de vue*, com tradução portuguesa em Lisboa, 1820; *Resposta pública à denuncia secreta, que tem por título: Representação que a S. Majestade fez em 1810* (Esta Obra pertenceu indubitavelmente ao Conde do Funchal). Nesta altura publicou também uma *Introducção às Notas Supprimidas em 1821, ou o raciocínio sobre o estado presente e futuro da monarchia portugueza*, Londres, 1823; *Considerações sobre o estado de Portugal e do Brasil*, Londres, 4 de Junho de 1822. Para a sua biografia veja-se mais, Innocêncio Francisco da Silva e Brito Aranha, *Diccionario Bibliographico Português*, II, pág. 182-184; José Liberato Freire de Carvalho, *Memorias da Vida de José Liberato Freire de Carvalho*, pág. 132 e ss.; idem, *Memórias com o Título de Annaes, para a História do Tempo que durou a Usurpação de D. Miguel I*, (...), Lisboa, 1841, III e IV; *Actas das Congregações da Faculdade de Leis (1772-1820)*, I, págs. 32 e 33; A. H. de Oliveira Marques, *História da Maçonaria em Portugal*, I, págs. 351 e 352.

[4092] Já em 16 de Fevereiro de 1750, Alexandre de Gusmão havia escrito a António Freire de Andrade Enseborrades, Enviado da Corte Portugueza em Inglaterra uma significativa carta de que se apresenta um extracto do núcleo depositado na Biblioteca Pública de Évora, códice CX/1-1: "(...) lhe dou o parabem de ter chegado felismente a essa Corte onde se acha livre dos Animaes que o molestavão, e goza da Liberdade que Deos conferio ao homem sem offender os Preceitos da sua lei. Os Inglezes (...) bem instruidos e civis são excellentes para a sociedade sem offenderem a nossa Crença. Lográo-se em Inglaterra muitas outras dilicias aqui são ignoradas (...). Não se esqueça Vossa Excellencia dos Amigos que deixou lutando com as ondas no Mar da Superstição e da Ignorancia (...)."

a dado passo se podia ler: "Não me esquecerei de lembrar-vos aqui (...) he necessario que tenhais presente, e pratiqueis a mais exacta observancia das leis, a mais prompta obediencia ao Governo, e a *maior moderação no emprego da força armada, para não cahirdes em excesso algum, ainda mesmo contra os homens, que julgareis mais criminosos, e que devem ser castigados com toda a severidade das leis; mas sempre precedendo as devidas formalidades, para que em caso algum se confonda o Réo com o Innocente, não vos esquecendo que o vosso soberano sempre praticou a antigo principio de Hum Imperador Romano, que antes queria que se salvassem mil réos, de que fosse punido hum só Innocente, e para este fim abstendo-vos de qualquer immediata acção da vossa parte (...)*"[4093].

Perante esta passagem do "Manifesto" de D. João, na recordação dos seus célebres decretos de 20 de Março próximo passado, os Governadores do reino foram desautorizados. Sobretudo porque a mesma ideia é repetida logo em 11 do mesmo mês[4094], vindo inclusivamente a ser alvo de certa polémica, em função da proeminência que se pretendia dar ao Brasil sobre Portugal.

Em Maio de 1809, pouco tempo depois de ter chegado a Portugal com altos desígnios, Soult sofria a mesma sorte de Junot; perdia mais uma batalha num episódio de uma guerra que não tinha fim à vista. O Porto estava de novo às ordens das tropas inglesas e portuguesas e disso se faziam eco as notícias oficiais[4095], que se compraziam na restauração da Liberdade portuguesa. Desta vez apenas o norte do país fora incomodado em termos de guerra efectiva, mas nem por isso a depredação fora menos incisiva. E, apesar de todos discordarem da anarquia que se ia instalando e da necessidade de obedecer às Autoridades, com as portuguesas tais como existiam[4096], se não tivesse sido esse "anárquico" comportamento, Portugal levaria mais tempo a livrar-se do Duque da Dalmácia[4097].

O grave é que nesta desorganizada situação a Regência continuava a esbracejar contra os anárquicos propugnadores de ideias revolucionárias e a manter-se na defesa por inteiro dos pressupostos realistas da governação. Por esta altura bem se lamentou a dissolução das nossas singelas Juntas locais logo que o Governo da Regência retomou os seus Poderes.

[4093] *O Correio Braziliense ou Armazém Litterario*, II, 1809, nº 13, pág. 536; *Gazeta de Lisboa*, 1809, nº 19, 9 de Maio de 1809; António Delgado da Silva, *Collecção da Legislação Portuguesa*, 1802-1810, págs. 712-714.

[4094] João Pedro Ribeiro, *Indice Chronologico Remissivo da Legislação Portugueza Posterior à Publicação do Código Filippino*, V, pág. 292, a respeito da carta régia de 2 de Janeiro de 1809.

[4095] *O Correio Braziliense ou Armazém Litterario*, II, 1809, nº 13, pág. 537: "Porto, 13 de Maio de 1809: Proclamação do General Wellesley aos habitantes do Porto."

[4096] O episódio da Setembrizada, em que não se entra em detalhe, é apenas um exemplo dos receios em que os Governadores do reino se encontravam e do seu domínio quase total pelos próceres do regime. A questão do sebastianismo, que serviu como pretexto, acabou por não ser mais que isso, aproveitando-se o ensejo para fazer repousar alguns dos mais inflamados partidários do Liberalismo em local próprio e pouco arejado, mediante arrestações preventivas de que alguns não viriam a ter hipótese de se esgueirar. Em simultâneo incrementa-se a censura à imprensa e zela-se para que os sucessos de Cádiz não ultrapassem a fronteira. Veja-se, José d'Arriaga, *História da Revolução Portuguesa de 1820*, I, págs. 542 e ss. e também José Francisco da Rocha Pombo, VII, págs. 473 e 474.

[4097] *Gazeta de Lisboa*, 1809, nº 22, 30 de Maio de 1809, Supplemento extraordinario: "Derrota de Soult."

5.3. Massena e o obituário gaulês

Não satisfeito Napoleão com as duas primeiras e falhadas experiências ibéricas, eis que no Verão de 1810[4098], um novo corpo expedicionário francês, com mais de oitenta mil homens, entra em Portugal, pela fronteira de Almeida, comandada por Massena. Frise-se que neste contexto bem se pode dizer que importantes colaboracionistas portugueses, conhecidos mas algo esquecidos, voltaram à liça.

Neste caso, trata-se claramente de indivíduos pró-franceses, não no plano dos princípios mas no da megalomania expansionista imperial. Dignos de todas as críticas, estes homens que só seriam afrancesados por "gostarem dos franceses", nada tinham de ligação com os outros grupos a que se fez anterior menção[4099].

Ao contrário, alguns que assim foram considerados, veio a provar-se tempos corridos que o não eram admitindo-se uma nova precipitação por parte de Beresford, que ia fazendo a "sua" justiça aos oficiais portugueses, sempre que em confronto com ingleses que os desautorizassem. Esta questão é importante por duas razões; primeiro porque atesta e confirma o pouco cordato comportamento das tropas inglesas em Portugal, a que os seus oficiais davam o pior exemplo[4100]. Depois porque vincula que as garantias jurídicas no plano da defesa dos arguidos não eram suficientemente guardadas, o que se é possível entender em tempo de guerra, não desculpa um competente julgamento, com manifestação de igualitária capacidade probatória logo que se assegure a paz ou trégua.

Assim se ia guardando a Liberdade em Portugal. Fosse pelos representantes assumidos do Governo "mais livre do mundo e mais habilitado a trabalhar a Liberdade porque dela fazia uso há séculos", fosse pelos herdeiros assumidos da "Primeira grande Revolução da História do Mundo Moderno, os cultores das *Declarações de Direitos do Homem e do Cidadão*, da Liberdade e da Igualdade plenamente assumidas".

Expulsos de Portugal em 1811, só saíram definitivamente de Espanha em 1814[4101], época da Restauração espanhola, seja do Absolutismo personificado naquele Rei que deixara de o ser, e em que todos os espanhóis haviam depositado tantas esperanças: Fernando VII.

Em 6 de Agosto de 1814, englobando toda a Península no conforto da expulsão dos franceses, a Regência emite uma proclamação em que não apenas se congratula

---

[4098] *Diario Lisbonense*, nº 128, 6 de Junho de 1810: Proclamação dos Governadores do reino de 1 de Junho", acerca da terceira Invasão e chamando todos os portugueses a combater de novo o inimigo.

[4099] Damião Peres, *História de Portugal. Edição Monumental comemorativa do 8º Centenário da Fundação da Nacionalidade*, VI, pág. 346: (...) alguns portugueses que acompanhavam Massena – os generais Pamplona e Marquês de Alorna e outros (...)." Contudo sobre Pamplona as dúvidas são grandes; proscrito em 1810, estabeleceu-se em França ao serviço de Luís XVIII, tendo sido perdoado em 1820. É possível que se esteja perante um caso de colaboração "afrancesada", isto é, como militar e general dificilmente se poderia furtar às solicitações francesas, que tinha como um meio termo, um caminho, para o estabelecimento do Liberalismo em Portugal, a quem depois prestou grandes serviços. Por outro lado, exerceu destacadas funções depois da Abrilada e acabou preso em 1828, tendo falecido no cárcere. Por tudo isto é mais um dos "cinzentos" nacionais, que é tudo menos fácil introduzir numa classificação sistemática.

[4100] Victoriano J. Cesar, III, págs. 70-72. O relato dos acontecimentos, bem como a composição dos membros nomeados para o Conselho de Guerra pode aqui ser encontrado pela boca de um militar, questões que como já se disse se afastam do campo delimitado da reflexão.

[4101] Damião Peres, *História de Portugal. Edição Monumental comemorativa do 8º Centenário da Fundação da Nacionalidade*, (direcção de Damião Peres), VI, págs. 353 e ss.

com o sucedido, como pede ao D. João e Família Real que volte a Portugal. Seria a primeira de muitas destas insistências cujo desfecho é bem conhecido, malgrado os agradecimentos régios pela exemplar conduta dos portugueses.

5.4. José Acúrsio das Neves e a teorização das Invasões Francesas

José Acúrsio das Neves[4102] foi um dos mais famosos contemporâneos das Invasões Francesas, sobre as quais não perdeu ocasião de se pronunciar[4103]. Em conjugação com os seus estudos económicos de influência smithiana[4104] – que extravasam o âmbito da investigação – forma o ponto alto da sua carreira. Depois disso ocupará alguns cargos no Triénio Vintista – precedidos de reflexões de cunho liberal no plano económico[4105] – para finalmente aderir, em decisivo, ao legitimismo.

Estranhamente, poderia pensar-se, porque terá surgido da sua pena a teorização mais acabada das Invasões Francesas escrita durante este período. A resposta é simples, atentando nos seus gostos pessoais em matéria de política, que todo o inclinavam para a defesa do tradicionalismo. Por isso os seus trabalhos sobre as Invasões Francesas merecem nota de destaque; de facto foi ele quem antes de ninguém se apercebeu das repercussões práticas que as mesmas viriam a ter em Portugal, muito para além da ocupação, da guerra e da devastação patrocinada.

Acúrsio das Neves contactou com alguns dos mais acabados partidários da feição inglesa, histórica, da evolução das sociedades. Entre eles D. Rodrigo de Sousa Coutinho, cujas características pessoais em tudo apontavam para a inevitabilidade das reformas obviando, do mesmo passo, aos excessos das mesmas que pudessem convolar-se em

---

[4102] *Dicionário do Vintismo e do Primeiro cartismo (1821-1823 e 1826-1828)*, II, págs. 308-313.

[4103] *O Correio Braziliense ou Armazém Litterario*, V, 1810, nº 30, págs. 496 e ss., apresenta na rubrica "Literatura e Sciencias" o tomo I desta Obra, manifestando uma certa compreensão pela atitude algo dúbia de José Acúrsio das Neves no que se refere à ideia de revolução, dada a circunstância de escrever em Portugal. A inexistência da Liberdade de imprensa certamente foi óbice a um trabalho mais elaborado. Dois anos depois, em IX, 1812, nº 51, pág. 246, aproveita para apontar a parcialidade de Acúrsio das Neves, ressentindo-se disso mesmo a sua *Historia* e sendo obrigação dos homens de bem proceder à sua refutação. Há assim uma clara inversão no que respeita à opinião do redactor acerca do presente Autor, ponto que nem sequer é estranho, atentas as diferenças ideológicas e políticas que os separavam.

[4104] António Almodovar, *A Institucionalização da Economia Política em Portugal*, Porto, Edições Afrontamento, 1995, pág. 68: "Uma vez colocado num dos mais importantes organismos de *coordenação económica* do Antigo Regime [deputado e secretário da Real Junta de Comércio] (...) Acúrsio das Neves recentra a sua formação original (Leis) e as suas preocupações patrióticas e panfletárias, deslocando-se gradualmente para os campos da tecnologia industrial e da Economia Política – sendo esta última de raiz smithiana primeiro, de inspiração oriunda de Jean-Baptiste Say logo depois – transformando-se por essa via no principal (ou talvez exclusivo) arauto da reconstrução *modernizante* da economia nacional, numa espécie de eco ou de contrapartida metropolitana do pensamento expresso no Brasil pela *primeira geração* de economistas clássicos portugueses, José da Silva Lisboa e em certa medida D. Rodrigo de Sousa Coutinho."

[4105] Idem, *ibidem*, págs. 88 e 89: "Aproxima-se o ano de 1820, e com ele a revolução. Seja por a ela ter inicialmente aderido, seja por uma questão de defesa pessoal, seja ainda por desejar inflectir os seus rumos, o certo é que Acúrsio das Neves publica, ainda nesse mesmo ano mais um trabalho económico (...). Como evoluem a sua escrita e o seu Pensamento, as suas posições teóricas e ideológicas, face ao novo contexto global em que publica agora? basicamente a dois níveis. Por um lado, há um esforço da sua parte para sistematizar e condensar de forma programática – e enquanto tal mais facilmente utilizável no plano político pela Nação que ia *reunir-se por seus deputados para tratar em Cortes dos negócios mais importantes do estado* – as mesmas ideias que vinha defendendo desde 1814."

revoluções. O espírito tutelar de Pombal estaria presente no Autor, no plano ideológico[4106], numa época que muitos catalogavam simplesmente de despombalização.

Provou-se quanto isso é errado pelo menos no campo do incremento cultural, ainda quando tutelado por uma censura que era a sucessora natural do projecto pombalino. Faltava quem tivesse a ousadia de pegar no plano político do problema e perspectivasse os melhoramentos reformistas nessa área[4107].

A intervenção pública que neste domínio Acúrsio das Neves irá ter em Portugal até à expulsão definitiva dos franceses, não tem par entre os Autores nacionais desse período. Houve, sem dúvida, uma copiosa literatura sobre as Invasões, mas o carácter fragmentário da mesma e o espírito apologético ou de relato de façanhas no campo militar, predominava. Era, pois, preciso alguém que fosse simultaneamente capaz de incentivar à rebelião e explicar tecnicamente os motivos por que tal se fazia[4108]. Dito de outro modo, escrever menos com o coração e mais com a Razão[4109].

A oferta pessoal que faz dos seus préstimos ao Governo da Regência, é bem vista e secundada por D. João no Brasil, e disso são testemunho os cargos que passa a ocupar desde 1810. O Poder público nacional sabia com o que podia contar da sua pena[4110] de político e economista[4111], que em simultâneo era incentivo para os portugueses

---

[4106] José Acúrsio das Neves, "Manifesto da Razão contra as Usurpações Francesas: Escritos Patrióticas", *Obras Completas de José Acúrsio das Neves*, 5, págs. 10 e ss.: "Os nobres não eram mais tiranos, nem os Povos escravos; a Moral fazia progressos, a Filosofia, depois de cinquenta anos de debates, tinha conseguido sentar-se nos Tronos, adoçado os costumes e humanizado os Governos."

[4107] Veja-se o importante documento reproduzido pl'*O Investigador Portuguez em Inglaterra*, XIX, Julho de 1817, da autoria de frei Joaquim de Sta. Clara e que constitui a "Oração Funebre, que nas Exequias do Marquez de Pombal, o 1º deste titulo, recitou o Dr. Frei Joaquim de Sta. Clara, Religiozo Benedictino." Neste texto são recordados os contributos de Pombal na reforma das instituições culturais, sociais e políticas portuguesas, numa época em que era sobremaneira perigoso alguém manifestar-se favorável à actuação do defunto Marquês.

[4108] José Acúrsio das Neves, "O Despertador dos Soberanos e dos Povos oferecido à Humanidade: Escritos Patrióticos", *Obras Completas de José Acúrsio das Neves*, 5, pág. 59: "Homens de letras do presente século, que tende feito para elevar a voz da humanidade contra os verdugos que a oprimem, que tanto tendes clamado com os direitos e deveres do cidadão, com o amor da Pátria e da verdadeira glória!"

[4109] Em rigor, não existem grandes novidades em relação ao actual conhecimento das Invasões Francesas não apenas para Portugal mas no plano mais alargado da Península Ibérica, quando não da ocupação de vastos espaços europeus. Simplesmente isto que hoje se passa não era assim e foi, efectivamente, Acúrsio das Neves o primeiro a escrever uma História presencial, que acompanhara dia a dia e que ainda no calor dos acontecimentos fazia chegar aos seus leitores. Esse o grande mérito que teve.

[4110] José Acúrsio das Neves, "Manifesto da Razão contra as Usurpações Francesas: Escritos Patrióticas", *Obras Completas de José Acúrsio das Neves*, 5, pág. 26: "Arvoraram-se de novo a Quinas Lusitanas, o nosso amável Príncipe tem recobrado os seus direitos, e um Governo moderado e sábio fará a nossa felicidade."

[4111] António Almodovar, pág. 67: "(...) é notável verificar que a praticamente todos os nossos economistas – ou melhor, aqueles Autores que até então se tinham destacado por se pronunciarem de forma mais ou menos económica sobre temas económicos – se tinham deslocado para o Brasil com a corte: desde Domingos Vandelli até Rodrigo de Sousa Coutinho, passando pelo já referido Silva Lisboa, há uma verdadeira emigração na nossa *intelligentsia* com vocação para as análises económicas. Quererá isto dizer que o discurso *económico* é ainda um discurso essencialmente *governativo*, que o seu destino prioritário continua a ser ainda o *Príncipe* e a sua corte? Ou quererá apenas dizer que os principais *produtores* do discurso económico são pessoas que se movem nos meandros da corte e do Poder (central) do Estado de Antigo Regime?"

DA HISTÓRIA DA IDEIA DE LIBERDADE (SEQUÊNCIA)

não esmorecerem na luta contra Napoleão e, segurava de modo firme, as convicções de um ministério quase exclusivamente formado por "ingleses"[4112]. Tanto era, por si só, era uma garantia de estabilidade e uma desafeição permanente aos propósitos de liberais ou afrancesados[4113].

O Autor comunga, com a maioria dos escritores nacionais deste período, imediatamente anteriores, a 1820 e em que se viviam as Invasões Francesas, do tríptico fundamental: Deus, Pátria, Família. E, naturalmente que com o caudal expositivo que lhe é próprio apenas podia esperar a arregimentação de inúmeros partidários para quem os Exércitos napoleónicos consubstanciavam o contrário e a subversão de tais valores. Quanto aos liberais, identificados por via da necessidade com os ímpios, eram gente a abater, em nome de um projecto tradicionalista que se pretendia erguer.

Ponderando os trabalhos produzidos em presença das Invasões Francesas, que de momento mais importam[4114], registe-se um núcleo de escritos que vão muito para além da *História Geral da Invasão dos Franceses em Portugal, e da Restauração deste Reino*, sendo cronologicamente anteriores[4115]. O objectivo é claro; procura Acúrsio das Neves, qual Demóstenes, cativar a atenção dos seus destinatários, sejam eles soberanos, Povos da Europa ou portugueses[4116], em especial, para a luta a desenvolver contra o Corso. Nada será mais importante nem mais digno.

[4112] Em Portugal as suas relações eram cordiais com João António Salter de Mendonça e com o Principal Sousa, irmão do Conde do Funchal e do Conde de Linhares; no Brasil este era o encarregado da pasta da Guerra e dos Negócios Estrangeiros. Acúrsio das Neves tinha protecção mais que assegurada.

[4113] José Acúrsio das Neves, "Manifesto da Razão contra as Usurpações Francesas: Escritos Patrióticos", *Obras Completas de José Acúrsio das Neves*, 5, pág. 12: "Toda a História, que não é senão a lista de crimes e das loucuras dos homens (...) " não parece ser uma expressão que agradasse aos ingleses e seus partidários. Aqui o empenho em desmontar os ludíbrios da Revolução Francesa se terá sobreposto, enquanto coração, muito mais à racionalidade que tanto porfiava defender. Um pouco à frente, a pág. 15, acrescenta: "(...) que seria do Mundo inteiro, se a Inglaterra, este fortíssimo baluarte da Liberdade da Europa, não sustentasse ainda a sua independência, para reivindicar um dia a das outras nações? Generosa Nação britânica!"

[4114] São de reconhecido interesse e muito reveladores do carácter que neste domínio apresentava o Autor, os seus trabalhos sobre o Pensamento histórico-económico e no plano da reformação económica da sociedade portuguesa. Veja-se António Almodovar e Armando de Castro, "Introdução" às "Variedades sobre objectos relativos às Artes, Comércio e Manufacturas, consideradas segundo os princípios da Economia Política", *Obras Completas de José Acúrsio das Neves*, 3, pág. 7 e ss.; "Memória Económica-Política sobre a Liberdade do Comércio dos grãos com a sua aplicação às Ilhas dos Açores", *Obras Completas de José Acúrsio das Neves*, 4, págs. 7 e ss.

[4115] Sob a designação de "Escritos Patrióticos", *Obras Completas de José Acúrsio das Neves*, 5, conjunto de escritos produzidos quase todos por altura da 1ª Invasão, durante o período em que esteve retirado na Beira, entre 1808 e 1810. Tratava-se de um conjunto de trabalhos com uma clara finalidade: combater a presença francesa em Portugal e promover a sublevação. O único escrito que não é desta fase, por estar datado de 1811, é um "Elogio" ao conhecido Marquês de La Romana, cujos traços fisionómicos ficaram antes apontados.

[4116] José Acúrsio das Neves, "Três peças patrióticas: I. Proclamação aos habitantes da Península Espanhola: Escritos Patrióticos", *Obras Completas de José Acúrsio das Neves*, 5, pág. 80: "Sejam pois quais forem os sucessos do resto do Continente, não pensemos senão na grande causa da nossa independência. Entes pensadores, imagens vivas do Criador, que receberam com a Vida o Pensamento e a Liberdade, não são destinados a curvarem diante dos tiranos: saibamos defender quando estamos fortes e unidos, um tesouro que soubemos conquistar, quando inermes e divididos. (...) Se não sois cobardes, não sereis vencidos."

A veia de tradicionalista do Autor, compraz-se nos elogios que prodigaliza aos déspotas ilustrados, bem acompanhados de um Pensamento que qualificámos como pré-liberal, cujo exemplo de Filangieri aponta expressamente, para lamentar o engano em que este – como tantos outros – haviam caído[4117]. É neste domínio que a compreensão que manifesta das ideias de *Liberdade* e de *Igualdade* devem ser entendidas, aplicadas de forma abusiva e que apenas desmerecem em relação ao seu sentido originário, transformando os homens em "animais ferozes, que despedaçando as entranhas dos seus semelhantes e os seus próprios corações, se foram precipitando de Constituição em Constituição, até caírem nos atoleiros da anarquia, onde bem depressa deviam ser manietados com as cadeias do despotismo"[4118].

O interesse de Acúrsio das Neves em demonstrar que Revolução Francesa e jacobinismo, soberania popular e licença, Liberdade e Igualdade como princípios fundamentais e anarquia e despotismo das massas coincidem, é evidente. Por isso não se esquiva a considerar Napoleão como herdeiro natural dos sucessos franceses de 1789[4119], prefigurando o tipo de Pensamento que era tido como corrente em Portugal quer da parte dos tradicionalistas, quer dos reformadores, e que afrontava directamente afrancesados e liberais, próceres do Constitucionalismo francês, ou adeptos do conservantismo inglês.

Neste sentido se compreende que possa agir em consonância com a generalidade dos seus contemporâneos que não estando preparados para aceitar uma revolução como a de 1789, aceitavam e promoviam a defesa da integridade portuguesa[4120], sob a batuta do Trono e no respeito pelo Altar.

Por outro lado, fazia parte do seu programa o regresso da Família Real à Europa[4121], sendo tanto indispensável para que os portugueses se convencessem que era ao

---

[4117] Idem, "Manifesto da Razão contra as Usurpações Francesas: Escritos Patrióticos", *Obras Completas de José Acúrsio das Neves*, 5, pág. 11: "Alma generosa e compassiva, ilustre Filangieri! Quanto te enganavam as tuas ideias lisonjeiras! Em vão propagaste as tuas máximas respeitáveis; e por pouco que sobrevivesses aos teus escritos, o teu prazer se converteria em pranto, lágrimas inúteis correriam de teus olhos sobre as ruínas de um Mundo assolado."

[4118] Idem, *ibidem*, 5, pág. 11. A imagem é por demais sugestiva e bem reveladora do espírito com que Acúrsio das Neves partia para a tentativa de catequização dos portugueses. Depois de lerem – ou de ouvirem ler isto – salvo raras excepções, quem não ficaria intimidado com as prometidas Liberdade e Igualdade?

[4119] Idem, *ibidem*, 5, págs. 12-15; idem, "O Despertador dos Soberanos e dos Povos oferecido à Humanidade: Escritos Patrióticos", *Obras Completas de José Acúrsio das Neves*, 5, pág. 58: "Se em qualquer das ligas formadas contra a França tivesse havido mais concerto e mais constância, não teria o Usurpador açoutado a Europa; não teriam sido destruídas tantas monarquias e tantas repúblicas; não se teria derramado tanto sangue humano, e não teríamos visto sobre este infeliz continente tantos milhões de vítimas imoladas á ambição e aos caprichos de um só homem."

[4120] Idem, "História Geral da Invasão dos Franceses em Portugal, e da Restauração deste Reino", *Obras Completas de José Acúrsio das Neves*, 1, págs. 436 e ss. para Espanha e *História Geral da Invasão dos Franceses em Portugal, e da Restauração deste Reino*, Edição de 1811, III, págs. 6 e ss. e 76 e ss.

[4121] Contra, *Microscopio de Verdades*, nº 2, 1814, pág. 4: "O outro objecto tãobem interessa a todo o bom Portuguez, foi a noticia, que nesta capital se espalhou de que S. A. R., o Principe Regente Nosso Senhor, estava na resolução de não voltar ainda do Brazil para a Europa: todo o bom Portuguez a pezar das amarguradas saudades, que padece na sua Aubsencia, nisto interessa muito; não só por não ver na apparencia humilhado o Augusto decoro, a Alta Dignidade de S. A. R.,

soberano que cumpria distribuir bênçãos e agrados pelos serviços prestados. Simultaneamente seriam travados liberais e afrancesados, perigo maior na contingência[4122]. Ninguém o ouviu, tal como à Regência[4123] e só depois da revolução liberal o soberano regressou a Portugal.

Os dois primeiros volumes da *História Geral da Invasão dos Franceses em Portugal, e da Restauração deste Reino*, não apresentam grandes novidades em relação às informações que, sobretudo pela imprensa, se foram carreando. Importará aferir, sobretudo, dois pontos, quais sejam o sebastianismo e os Projectos de Constituição para Portugal, durante a permanência de Junot. Nos dois casos é possível aferir a contradita do Autor ao Consensualismo da Restauração, bem como a aversão a toda a inovação que pudesse ser decalcada do sistema francês. Daí, também, a dificuldade em o inserir sistematicamente numa corrente de Pensamento bem definida.

José Acúrsio preocupa-se com um dos que fora tema central no decurso da Restauração portuguesa – melhor dito, da sua preparação – qual seja o sebastianismo[4124]. É normal que de novo a questão se tenha colocado; justifica-se o retorno à fábula e ao fantástico na origem da nacionalidade e as localidades de Ourique e Lamego[4125], voltam a apresentar a névoa esperançosa que fora mote dos seus ancestrais.

dizendo que vem por influencia de huã Nação estrangeira, que blasona com capa de Amiga, e Alliada de Tutora de toda a Nação Portugueza, e que por isso deve vir, porque não convem a suas vistas, e interesses, que elle se demore la mais, mas por isso mesmo nas circunstancias presentes se deve demorar, não só porque a sua vinda poderia ter alguns, e talvez grandes inconvenientes, mas porque a sua conservação pode principiar a cultivar, e fazer prosperar hum vasto, e dilatado terreno, que seja para o futuro o maior, e o melhor Imperio de quantos tem havido, e talvez possa haver, no mundo."

[4122] José Acúrsio das Neves, "A Voz do Patriotismo na Restauração de Portugal e Espanha: Escritos Patrióticos", *Obras Completas de José Acúrsio das Neves*, 6, pág. 43: "Real Senhor, a vossa Presença é o único bem que nos falta para o complemento da nossa felicidade presente."

[4123] *O Investigador Portuguez em Inglaterra*, X, Setembro de 1814, "Proclamação dos Governadores do reino de Portugal e dos Algarves, de 6 de Agosto", pág. 497: "Para ultimo remate de hum periodo tão glorioso para Portugal só resta que o Ceo satisfaça o mais ardente de nossos votos, restituindo o nosso Augusto e Amado Principe e Senhor aos seus Dominios da Europa." Veja-se *O Portuguez*, II, nº 7, págs. 49 e ss.: "Proclamação dos Governadores do Reyno" de 27 de Setembro de 1814, relativa a uma possível volta de D. João e resto da Família Real a Portugal.

[4124] José Acúrsio das Neves, "Historia Geral da Invasão dos Franceses em Portugal e da Restauração deste Reino", *Obras Completas de José Acúrsio das Neves* 1, pág. 376, escreve o Autor: "O entendimento humano é capaz de todos os desvarios imagináveis; e estes desvarios terminam, segundo as circunstâncias, ou afogados em sangue, ou apupados pelas praças. Não tenho visto que o dos nossos sebastianistas tenha feito correr sangue: é uma seita composta de homens, grandes entusiastas mas muito pacíficos, que esperam a vinda próxima de um Rei que terminou a sua carreira há mais de dois séculos com tanta clareza e tão grande entusiasmo como os judeus o seu Messias. Dias de luto viram nascer esta seita; dias de opressão e de miséria a têm propagado infinitamente em Portugal."

[4125] António Cabreira, *O Milagre de Ourique e as Cortes de Lamego*, págs. 5 e ss.

Com isto se pretende atingir o sentimento que serve de norte ao Pensamento do Autor e que proporciona uma tomada de posição patriótica em relação ao Império, buscando os contributos nacionais para os alcançar e suspeitando – e acusando – qualquer desvio que se apresentasse conforme à influência da Liberdade individual ou política em versão "jacobina".

Os três últimos volumes da *História Geral da Invasão dos Franceses em Portugal, e da Restauração deste Reino* são dedicados à parte da Restauração propriamente dita[4138], terminando com a expulsão dos franceses em 1808. Não são tratadas nem a 2ª nem a 3ª Invasão.

Não é detectável no seu texto qualquer sombra de apoio a projectos liberais ou a contemplações com as ideias francesas; isso seria anacrónico com o que sempre defendeu e propagandeou: o respeito ao Trono e ao Altar. Mesmo no breve período em que aderiu à causa liberal, imediatamente após a revolução de 1820, Acúrsio das Neves nunca foi um activista da mesma. Foi, no máximo, alguém que aguardava com expectativa o desenrolar dos acontecimentos, deles se desgostou e voltou à sua formação inicial, nunca perdida.

Como já ficou entrevisto, é possível afastar o preconceito da completa aversão de Acúrsio das Neves a todo e qualquer tipo de revolução. Mal se compreenderiam os elogios que faz à Revolução Espanhola e à portuguesa, ambas perante os desígnios de Bonaparte. Isto significa que quando se trata de manter a independência no concerto das instituições tradicionais da monarquia e no respeito integral pelo monarca, o Autor é o primeiro a subscrever este tipo de procedimento, bem ao seu estilo de reformador que detesta processos milenaristas.

A preocupação em historiar os principais factos ocorridos em Portugal a partir de 1808[4139]. Além disso, é curioso que nesta fase dos seus escritos, o Autor seja bastante parco em matéria de teorização da origem do Poder político e forma do seu exercício. A mesma pode ser retirada de observações esparsas, como quando critica os direitos abstractos e suas declarações ou não se conforma com o sistema político da França desde 1789, independentemente de Bonaparte. Em qualquer caso é seguro que o que estava em causa era, em primeira linha, chamar os portugueses à briga com os invasores e depois relatar as suas bem sucedidas façanhas, reservando-se um núcleo teórico de matérias com grande interesse para trabalhos posteriores.

Com alguma cautela, não poderá deixar de ser considerado, no plano das suas ideias políticas, como um tradicionalista, que não é liberal, nem conservador em termos ideológicos. Apenas aceita a soberania real e nunca a nacional ou popular. Mas que também não um contra-revolucionário providencialista, porque o seu indesmentível apoio ao Liberalismo económico admite afastar, em globo, a versão escatológica própria da transcendência no sentido absoluto.

5.5. As Invasões Francesas enquanto catalisador da Revolução de 1820: síntese geral

Para além das questões culturais trazidas de França e seus correios de transmissão; para além do considerável número de afrancesados e liberais que iam pululando, muito fruto de uma intelectualidade mais esclarecida e pouco dada a confusões; malgrado uma relativa paz social quantitativamente maior que a que se vivia em Espanha, há outros motivos para considerar que as Invasões Francesas contribuíram para Revolução de 1820.

[4138] Para esta parte da investigação utilizámos os volumes da Edição original de 1811.
[4139] José Acúrsio das Neves, *História Geral da Invasão dos Franceses em Portugal, e da Restauração deste Reino*, Edição de 1811, III e ss.

Um nome para início de debate: Beresford[4140].
Mas Beresford[4141] era inglês, então que pode isso apresentar por relação ao problema? Depois de ter terminado o episódio das Invasões Francesas e da Guerra Peninsular, o Governo da Regência sofria por via directa a influência inglesa[4142], que já vinha dos tempos da partida da Família Real para o Brasil. E se isso trazia aspectos benéficos, como a não intromissão em questões de censura à imprensa que podia publicar tudo, ainda que lhes fosse desfavorável, originou complicadas diatribes ao nível da organização civil.

Se os ingleses continuavam a afirmar o respeito por D. João, certamente ele seria mais em teoria que na prática, uma vez que bem se pode dizer que o Gabinete do Rio de Janeiro em nada intervinha na condução dos assuntos portugueses da Europa e, no que respeita ao Brasil, apenas nos favoráveis à Inglaterra.

6. A questão da ida da Família Real para o Brasil
Decorrência lógica do perigo que começou por ser eminente e depois se concretizou das Invasões Francesas, foi a saída da Família Real para o Brasil[4143] acompanhado de nada menos que quinze mil pessoas.

E se é verdade que esta saída de Portugal se prestou às mais positivas quanto negativas conjecturas sobre a coragem de D. João, o seu amor ao reino e o valor que

---

[4140] A sua biografia encontra-se em grandes traços em Victoriano J. César, III, págs. 299 e ss. Guilherme Carr Beresford era irlandês como Wellesley, tendo nascido em 1768. Por esse simples facto e atendendo à situação secular de litígio entre Inglaterra e Irlanda, deveria ter tido um pouco mais de compreensão para os portugueses. Beresford em Portugal foi subalterno de Wellesley durante as campanhas peninsulares, sendo comandante-em-chefe do Exercito anglo-luso, enquanto aquele ocupava o posto superior de comandante de todo o Exército. Em Portugal foi um indivíduo ambicioso; tinha por hábito intrometer-se em questões civis e quando era contrariado podia tomar medidas drásticas. Por exemplo ir até ao Rio de Janeiro, como aconteceu por mais de uma vez e sempre de volta com poderes reforçados. Cita ainda o mencionada historiador e militar, baseando-se em fontes, que depois de não lhe ter sido permitido regressar a Portugal pelo eclodir da Revolução de 1820, manteve estreitas relações epistolares com os contra-revolucionários portugueses, especialmente depois da Abrilada e, depois, em 1828. Era, ao que parece, íntimo de D. Carlota Joaquina e de D. Miguel. Eis, pois, como este retrato que acaba por justificar, por si só, muitas das atitudes assumidas pelos patriotas nacionais antes e depois de 1820. Veja-se João Pedro Ribeiro, *Indice Chronologico Remissivo da Legislação Portugueza*, V, pág. 298; *O Correio Braziliense ou Armazem Litterario*, III, 1809, nº 19, pág. 570: "Decreto do Principe Regente de 6 de Julho de 1809, dirigido ao Governo da Regência: (...) Igualmente sou servido ordenar-vos, que reconheçais por marechal general dos meus exercitos a Sir Arthuro Wellesley, em quanto elle se conservar no commando das forças alliadas Portuguezas, e Inglezas, tomando assim o passo sobre o marechal Beresford, como commandante em chefe das forças combinadas; e logo assim que for reconhecido, o chamareis a todas as sessões do Governo, em que se tratar de organização militar ou objectos concernentes ao mesmo fim, de materias de fazenda, e das grandes resoluções, que for necessario tomar sobre a defeza do Reyno, e da Peninsula, ouvindo em todos esses pontos o seu parecer."; *Gazeta de Lisboa*, 1809, nº 148, 21 de Novembro de 1809.
[4141] João Pedro Ribeiro, *Indice Chronologico Remissivo da Legislação Portugueza*, V, pág. 296. Antes, em 7 de Março, havia sido nomeado "Marechal dos Exércitos e Comandante em Chefe das Tropas deste Reino."
[4142] António Delgado da Silva, *Collecção da Legislação Portugueza*, 1791-1820 (Supplemento), pág. 427, relativo à nomeação de um ministro inglês para integrar a Regência de Portugal, ao caso Charles Stuart, para poder votar em matérias de carácter militar e relacionadas com a economia nacional.
[4143] Tobias Monteiro, págs. 46 e 47, recorda que não era a primeira vez que a questão germinava no espírito dos governantes portugueses. Os episódios históricos inerentes a tal posicionamento são recordados por comparação com os factos ocorridos em 1807.

quer com a Corte inglesa quer com o Governo bonapartista[4156], no sentido de ganhar tempo[4157].

no plano político e religioso, por esse motivo dificultando a própria abordagem segura das Ideias Políticas no período em estudo. Há inclusivamente relatos a em que algumas picardias não deixam de surgir e que acabavam por ser o sal e a pimenta de um país agoniado e sem chama, de quem pouco ou nada se esperava, até que grandes supressas – sobretudo para os franceses – vieram a demonstrar alguma precipitação nos raciocínios. Veja-se a descrição feita por António Ferrão, *A Primeira Invasão francesa (A Invasão de Junot vista através dos documentos da Intendencia Geral da Policia, 1807-1808). Estudo Político e Social*, pág. LIII: "Ali, no paço, de mais saliente, encontra-se a Rainha – louca, simpática, de dor e misticismo, vivendo paredes-meias, com a princesa – outra louca, amoral, repugnante e sórdida de vício e sensualidade, hiante do prazer dos sentidos, ardendo nos desejos da carne, suja de corpo e de espírito, ascoenta nos sentimentos e desalinhada no fato, numerando os amantes pelos dedos, distinguindo-os pela maior ou menor intensidade das crises de erotismo que lhe proporcionavam e fixando os momentos de lubricidade pelos ponteiros do relógio. Ao lado dessas duas mulheres, tão opostamente polarizadas na axiologia dos sentimentos – a primeira, supremamente respeitável e digna de compaixão; a segunda, bem execranda e merecedora de vitupério – vivia um homem mais astuto que inteligente, mais calculadamente bondoso que naturalmente sincero – o Príncipe herdeiro D. João – que os documentos oficiais designavam por marido de D. Carlota, se bem que o vulgo e ele próprio, negasse tal, declarando-se apenas esposo convencional da amante de todos os homens e a chancela responsável dos filhos de todos os pais e dos cadilhos de todo os géneros que essa mulher lhe proporcionava." No mesmo sentido vai Oliveira Lima, *D. João VI no Brasil*, apud José Francisco da Rocha Pombo, págs. 44 e 45, nota: "Um dos maiores, se não o maior estorvo da vida de D. João (...) foi certamente a mulher que os interesses dynasticos, então mais identificados com os politicos, lhe tinham dado por esposa, e que não só lhe ennodoou o nome, como pela sua irrequieta ambição augmentou quanto poude as complicações da monarchia portugueza, fazendo de tempo a tempo andar numa roda viva a diplomacia daquella época... A natureza de facto enganou-se fazendo com tal alma desta filha dos Bourbons uma mulher; ou antes, foi-lhe dado o fado supinamente inclemente, reduzindo-a á inacção e á impotencia quando a dotara para querer e dominar, ver e resolver por si, para ser uma Izabel de Inglaterra, ou uma Catharina da Russia. Por uma triste ironia, no entanto, nem sequer lhe foi dado mandar na sua casa, onde todos tinham mais voz do que ella, em cujo espirito primavam, num grau notavel, os predicados que se conveiu denominar masculinos: a energia, a actividade, a vontade. Os traços varonis e grosseiros do seu rosto, o seu genero de preocupaçoes, o seu proprio impudor, denotam que em D. Carlota havia apenas de feminino o involcro. A alma poderia chamar-se masculina, rosto, o seu genero de preocupaçoes, o seu proprio impudor, denotam que em D. Carlota havia apenas de feminino o involcro. A alma poderia chamar-se masculina, não tanto pelo desejo immoderado de Poder e pelo cynismo, quanto pela pertinacia em alcançar seus fins e pela dureza. Herdaram-lhe os filhos a vida, o excesso de vigor animal, que ella, porém, não conseguiu nunca inocular no marido, pacifico e commodista... É incontestavel que a propria apparencia lhe não dava entrada autorizada no bello sexo. De estatura muito baixa, disforme a figura, irregulares as feições, ainda afeiadas pela exuberancia cappilar da face, em volta da boca de lábios finos. A physionomia era, comtudo, expressiva, lendo-se-lhe nos olhos rasgados e negros a vivacidade e a decisão, assim como no queixo pontudo a malicia e a perfidia. (...) Se sahia, por exemplo, a cavallo, escachava-se sobre o animal. Sua linguagem era mais que livre: era por vezes obscena, e muitos dos seus actos ressentiam-se de uma extrema vulgaridade. Um dia, tendo-se D. Miguel enchacado com agua de um alguidar, a Rainha não teve mão em si, e descalçando o sapato, applicou ao infante endiabrado a correcção de que se teria lembrado uma regateira de mercado ..." Os precedentes relatos podem ser confirmados em Tobias Monteiro, págs. 77 e ss.

[4156] *Observador Portuguez, Historico, e Politico de Lisboa, desde o dia 27 de Novembro do anno de 1807, em que embarcou para o Brazil o Principe Regente Nosso Senhor e toda a Real Família, por motivo da Invasão dos Francezes neste Reino*, pág. 7.

[4157] Rezam as crónicas e deduz-se da análise da correspondência diplomática, que a própria legislação do período não deixa mentir, que D. João terá estado inclinado a enviar o seu primogénito, D. Pedro, para o Brasil, juntamente com duas infantas, mantendo-se em Portugal. Por essa via assegurava a defesa não apenas do Brasil como garantia, pela via da sucessão tradicional da monarquia portuguesa, de uma continuidade dinástica, se Portugal fosse efectivamente ocupado pelos franceses e a restante Família aprisionada. Veja-se António Delgado da Silva, *Collecção da Legislação*

DA HISTÓRIA DA IDEIA DE LIBERDADE (SEQUÊNCIA)

Tanto o conseguiu que os franceses foram completamente apanhados desprevenidos e quando menos o imaginavam já os barcos portugueses rumavam a Terra de Vera Cruz[4158], sem que os vasos de guerra napoleónicos nada pudessem contra-argumentar e estando ciente a Inglaterra – naturalmente – da decisão[4159].
A conveniência parecia ser mútua. Portugal assegurava com o estratégico plano a continuidade da Dinastia e não se submetia a Napoleão, evitando a sorte dos Reis de Espanha. A Inglaterra ficava com rédea solta para agir na defesa dos interesses nacionais – e dos seus próprios[4160] – quer na Europa[4161], quer no Brasil e isso era sufi-

Portugueza, 1791-1820 (Supplemento), pág. 352: "Proclamação aos Brazileiros, enviando-lhes o Principe Primogenito, a quem deu o Titulo de Condestavel do Brazil" e Tobias Monteiro, págs. 19 e ss.

[4158] *Observador Portuguez, Historico, e Politico de Lisboa, desde o dia 27 de Novembro do anno de 1807, em que embarcou para o Brazil o Principe Regente Nosso Senhor e toda a Real Familia, por motivo da Invasão dos Francezes neste Reino*, pág. 13 e ss., dando conta da decisão de 27 de Outubro de 1807 da ida da Família Real para o Brasil.

[4159] José Ferreira Borges de Castro, *Collecção de Tratados, Convenções, Contratos e Actos Públicos celebrados entre a Coroa de Portugal e as mais Potencias, desde 1640 até ao presente*, IV, pág. 236 e ss., relativos aos vários instrumentos diplomáticos utilizados entre Portugal e a Inglaterra para atingir estas finalidades, a saber: uma "Convenção secreta entre o Principe Regente o Senhor D. João e Jorge III Reino da Gran-Bretanha, sobre a transferencia para o Brasil da sede da Monarchia Portugueza, e occupação temporaria da Ilha da Madeira pelas tropas Britannicas, dada em Londres em 22 de Outubro de 1807"; "Ratificação do Principe Regente o Senhor D. João á Convenção secreta de 22 de Outubro do mesmo anno, entre as Cortes de Portugal e da Gran-Bretanha, dada em Lisboa, em 8 de Novembro de 1807"; "Artigos Addicionaes á Convenção de 22 de Outubro de 1807, tocantes aos arranjamentos definitivos para o Governo da Ilha da Madeira emquanto ali residissem as tropas Britanicas, dada em Londres, em 16 de Março de 1808." Veja-se António Marques Esparteiro, *Três datas que importam à Independência do Brasil: 1808, 1815, 1822*, Comunicação ao Colóquio "A Marinha e a Independência", Rio de Janeiro – Agosto, de 1972, pág. 2.

[4160] *Discurso do Immortal Guilherme Pit. Pronunciado poucos annos antes do seu falecimento, no Parlamento Imperial dos Reinos Unidos da Gram Bretanha e Irlanda*, pág. 8: "Collocado o Throno de Portugal na America, e feito hum Tratado exclusivo de Commercio, e por consequencia dividida a America da Europa, então *a Gram Bretanha, com o seu Augusto e antigo Alliado, augmentarão o novo Imperio* (...)." Pit faria futurologia? Em 19 de Fevereiro de 1810, por três diplomas sucessivos sob a forma de Tratados e Convenção, entre Jorge III e D. João, Principe Regente de Portugal, tudo se acertava nos termos profetizados por Pit. Veja-se José Ferreira Borges de Castro, págs. 348 e ss.: "Tratado de Commercio e Navegação entre o Príncipe Regente o Senhor Dom João, e Jorge III Rei da Gram. Bretanha, assignado no Rio de Janeiro em 19 de Fevereiro de 1810, e ratificado por parte de Portugal em 26 do dito mez, e pela da Gram Bretanha em 18 de Junho do mesmo anno"; "Tratado de Alliança e Amizade entre o Príncipe Regente o Senhor Dom João, e Jorge III Rei Gram. Bretanha, assignado no Rio de Janeiro em 19 de Fevereiro de 1810, e ratificado por parte de Portugal em 26 do dito mez, e pela Gram Bretanha em 18 de Junho do mesmo anno", Tratado este anulado por um outro assinado em Viena em 22 de Janeiro de 1815; "Convenção entre o Príncipe Regente o Senhor Dom João e Jorge III Rei da Gram. Bretanha, assignado no Rio de Janeiro em 19 de Fevereiro de 1810, e ratificada por parte de Portugal em 26 do dito mez, e pela da Gram Bretanha em 18 de Junho do mesmo anno", *Collecção de Tratados, Convenções, Contratos e Actos Públicos celebrados entre a Coroa de Portugal e as mais Potencias, desde 1640 até ao presente*, IV, páginas assinaladas. Já houve ocasião de apontar algumas das disposições destes Tratados em matérias de Liberdade de consciência e de tolerância religiosa.

[4161] José Ferreira Borges de Castro, *Collecção de Tratados, Convenções, Contratos e Actos Públicos celebrados entre a Coroa de Portugal e as mais Potencias, desde 1640 até ao presente*, IV, "Tratado de Alliança e Amizade entre o Príncipe Regente o Senhor Dom João, e Jorge III Rei Gram Bretanha, assignado no Rio de Janeiro em 19 de Fevereiro de 1810, e ratificado por parte de Portugal em 26 do dito mez, e pela Gram Bretanha em 18 de Junho do mesmo anno", pág. 400, artigo III: "Estabelecendo-se no Brazil a sede da Monarchia Portugueza, Sua Majestade Britannica, promette no seu proprio nome e no dos seus herdeiros e sucessores, de jámais reconhecer como Rei de Portugal outro algum Principe que não seja o herdeiro e legitimo representante da Real Casa de Bragança; e Sua Majestade tambem se obriga a renovar e manter com a Regencia (que Sua Alteza real possa estabelecer em Portugal) as relações de amizade que há tanto tempo têem unido as Corôas da gram Bretanha e de Portugal."

cientemente relevante para ambas as partes terem avançado para um projecto comum[4163].

O problema que se coloca de imediato é o seguinte: se não era possível manter a sede da monarquia em Portugal, em que termos se iria assegurar a manutenção da independência, a Liberdade dos portugueses e a integridade do próprio país, quer em presença dos franceses, quer perante a tutoria inglesa, quer, em último caso, ao nível do próprio Governo da Regência?

Foi do cadinho preparado pelo Revolução Francesa, primeiro, pelas Invasões Francesas, depois, que os portugueses se convenceram ser chegado o momento histórico para agir, ainda que os respectivos comprometimentos individuais com as ideias francesas ou inglesas, tivessem sido causa evidente do retardar de decisões há muito germinadas[4164].

6.1. Estabelecimento orgânico-institucional do Reino do Brasil

Os muitos motivos de descontentamento dos homens do Vintismo, para fazerem a Revolução de 1820 e para, mais tarde, se recusarem a assumir a dignidade que ao Brasil cumpria, como unidade com força e peso específico próprio, vêm dos tempos da estada da Família Real.

De facto, entre 1808 e 1820, as realizações que no plano do crescimento político e institucional do Brasil como parte de pleno direito no tecido decisório da governação portuguesa e como sede da monarquia[4165], implicaram a constituição originária de um vasto leque de estruturas[4166].

[4162] *Discurso do Immortal Guilherme Pit. Pronunciado poucos annos antes do seu falecimento, no Parlamento Imperial dos Reinos Unidos da Gram Bretanha e Irlanda*, págs. 9 e 10: "este novo Imperio crescerá, gozando de todos os meios conducentes a isto (...). O bom uso que faremos de huma Alliança tão intima com o Imperador Portuguez, a nossa Força, a nossa habilidade, tudo concorrerá para o aumento da população, para que os habitantes do grande Imperio, e a Gram Bretanha sejão arbitros do Commercio universal." Pit prossegue o discurso, fazendo suas e da Inglaterra as pertenças portuguesas e argumentando com as vantagens do grande Império Luso-Britânico, que será capaz de concorrer com o pretendido Sistema Continental de Napoleão, até por bem mais vasto.

[4163] *Ibidem*, pág. 9: "(...) logo que todas as Potencias unidas á França, brigão com a Inglaterra, restão á Inglaterra recursos mais certos, e he colocar o PRINCIPE DO BRAZIL NA AMERICA; e quando Elle ignorante dos seus verdadeiros interesses, ou corrompido pelas Proposições pacificas da Perfidia Franceza não annuir ás proposições da Inglaterra, esta fará dous desembarques, ou invasões subitas, e formidaveis na Peninsula, huma no centro do Brazil, outra no Pará: huma da parte do Nascente, outra da parte do Poente, naquella parte mais opportuna para a manutenção do Throno."

[4164] Tobias Monteiro, pág. 11: "Referindo ao Duque de Richelieu, ministro dos Negócios Estrangeiros da França, as dificuldades que encontrava na sua missão no Rio de Janeiro, escrevia o Duque de Luxembourg: 'A força da inercia foi sempre a base da politica portuguez; foi a única força utilizada em Portugal até ao momento da partida da corte para o Brasil e ainda se conserva inteiramente'."

[4165] *O Correio Braziliense ou Armazém Litterario*, XX, 1818, nº 116, págs. 75 e ss.: "Providencias em beneficio da capital e do Reyno"; João Armitage, *A Historia do Brasil desde o período da chegada da Família de Bragança em 1808 até à abdicação de D. Pedro I em 1831*, S. Paulo, 1914, págs. 2 e ss., apresenta uma resenha da organização Política, Judiciária, Administrativa e Militar pela qual se governava o Brasil antes de 1808. José Francisco da Rocha Pombo, págs. 133 e ss.

[4166] *O Investigador Portuguez em Inglaterra*, I, Setembro de 1811, págs. 571 e 572: "A progressiva civilização dos Indios; a abertura de estradas; o estabelecimento de *Correios*, para mais facil, e prompta communicação, dos habitantes deste vasto Imperio; as adequadas providencias, que se tomarão para a extracção de ferro nas ricas minas de S. Paulo, que nos vão por independentes da Suecia, e da Biscaia neste importantissimo artigo, do qual depende tão essencialmente a Agricultura, e o mesmo

DA HISTÓRIA DA IDEIA DE LIBERDADE (SEQUÊNCIA)

O Brasil ia-se enriquecendo[4167]; os bons empregos e os ofícios governativos[4168] davam-se a portugueses emigrados ou que haviam acompanhado a Corte[4169]; Portugal entrava na estagnação[4170]. Tudo somado, a vociferação dos liberais teria, em seu entender, toda a motivação.

trabalho nas minas de oiro; as providencias adoptadas em favor do commercio pelos decretos de 28 de Janeiro de 1809; 7 de Agosto, 26 de Outubro de 1810; e pelo alvará de 26 de Setembro de 18911: a solemne declaração de S. A. R. de que a Inquizição não será restabelecida nos meridionais domínios Americanos da Coroa de Portugal; o estabelecimento de uma Typographia na Cidade da Bahia pela carta regia de 5 de Fevereiro do corrente anno (...) tudo isto mostra o progressivo melhoramento do Imperio do Brazil, as ideias liberaes de hum Soberano esclarecido, e justo, e as bellas dispoziçoens dos habitantes daquella parte do novo Mundo, que vai naturalmente ser o azilo da Liberdade, das Artes, e das Sciencias perseguidas na escrava, na desditoza Europa."; José Francisco da Rocha Pombo, VII, págs. 153 e ss.

[4167] Simão José da Luz Soriano, *História da Guerra Civil e do Estabelecimento do Governo Parlamentar em Portugal*, Segunda Ephoca, I, págs. 582 e ss.

[4168] José Francisco da Rocha Pombo, VII, págs. 160 e ss.: "A figura mais notavel do primeiro Ministerio foi inquestionavelmente D. Rodrigo de Souza Coutinho, depois Conde de Linhares. Este, lá no reino, teria sido um digno continuador de Pombal, se não foram as vicissitudes da politica no momento em que elle appareceu nos altos conselhos da coroa. Tinha, como homem de Estado, as grandes qualidades e os grandes defeitos do celebre ministro de D. José I. Era sobretudo um homem laborioso e honesto, illustrado e perspicaz, que amava muito a sua patria; sempre, porém, sentindo-se dominado da ideia uma poderosa e brilhante monarchia – ideia que nos seu espírito sobrelevava á da propria nacionalidade, se é que tinha concepção disto." Para além destes, também Palmela e António de Araújo são ainda mencionados nas respectivas pastas governamentais, com uma breve apreciação em termos pessoais: "Antonio de Araújo nem de prejuizos politicos parecia possuido, sendo por indole e por educação um espirito liberal (...)" e Palmela tinha, acima de tudo qualidades de sedução pessoal e profissional que o tornavam a figura de proa da representação diplomática nacional.

[4169] *O Investigador Portuguez em Inglaterra*, III, Abril de 1812, "Devem as Americas Hespanholas separar-se da Metropole?", págs. 197 e ss., critica violentamente a Junta Central, depois a Regência e as próprias Cortes por não terem sabido evitar a progressiva separação e iniciativas de independência das colónias espanholas. Um dos motivos por que os espanhóis americanos apresentavam maiores queixas era a apropriação de empregos rentáveis por europeus emigrados e fugidos às Invasões Francesas na Península Ibérica, assim se fazendo germinar cada vez mais o desconforto entre os naturais da América espanhola. Chega mesmo a afirmar-se, como remédio útil para estes males que "Em primeiro lugar, o seo Governo deve estar em maons taes que, seja qual for a sorte de Hespanha, fique segura a independencia da America. O maior numero dos Empregados no Governo, no exercito, nos tribunaes, na Igreja, rendas, e outros ramos subordinados, devem ser Americanos, ou Europeos estabelecidos por muito tempo; de modo que tenham tanto interesse na segurança, e prosperidade do paiz, como os proprios americanos. Em segundo lugar o Commercio da America deve ser livre (...)." Ora, se o jornal tem esta posição quanto a Espanha, mal se percebem os rasgados elogios que tece ao comportamento oficial português que no Rio de Janeiro em nada diferia do espanhol; basta pensar nas mais de 15000 pessoas que embarcaram em Novembro de 1807 para o Brasil acompanhando a Família Real, para se retirar uma rápida conclusão. Mais uma vez protege-se o Governo português e exalta-se a sua ligação anti-revolucionária na Europa e na América do Sul; proclamam-se serem essas as únicas medidas a tomar e elogiam-se os corifeus de D. João e as promoções que mecanicamente se iam fazendo no Brasil de emigrados portugueses e, depois, criticavam-se os espanhóis de Cádiz, porque faziam o mesmo. Só que eles assumiam a revolução e a fuga para a frente em relação aos bons auspícios ingleses, coisa que em Portugal nem sequer seria imaginável.

[4170] *O Correio Braziliense ou Armazém Litterario*, I, 1808, nº 5, pág. 421 e 422: "Alvará que revoga toda e qualquer proibição antes colocada ao desenvolvimento das manufacturas do Brasil." O intuito era dar emprego a muitos milhares de braços e o engrandecimento do próprio Brasil. Outro decreto,

Em 10 de Maio de 1808, no calor dos combates contra o Exército de Junot em Portugal e poucos dias depois das abdicações de Bayonne[4171], erigia-se a Casa da Suplicação do Brasil[4172], com idênticas competências à de Lisboa e à Relação do Porto, e por força da impossibilidade de recorrer à Europa para decisão final dos pleitos. Em simultâneo, criava-se no mesmo local o ofício de Escrivão do Registo das Mercês e o de Vedor da Chancelaria[4173] e no dia imediato o lugar de Intendente Geral do Brasil[4174].

Poucos meses corridos, a criação da Junta de Comércio, Agricultura, Fábricas e Navegação do Brasil[4175], era mais um importantíssimo salto para a autonomia económica do Brasil, que sem qualquer dependência da Europa poderia ascender a uma das mais determinantes matérias patrocinadoras da autonomia, para não falar naquilo em que todos em Portugal tanto temeriam e com boas razões: a transferência definitiva da sede governativa para a América do Sul.

No incremento da independência económica do Brasil[4176], que prenunciava a sua elevação a reino, registem-se as medidas tomadas entre 26 de Fevereiro de 1810 e 18 de Junho de 1815, em que se previa a Liberdade de comércio com a Inglaterra, precedida de um tratado de comércio entre o Príncipe Regente de Portugal e Jorge III da Inglaterra e iniciados logo em Janeiro de 1808[4177].

A isto se veio a seguir um novo diploma de 11 de Junho, que regulamentava e dava fôlego ao anterior, tornando o Brasil em pouco tempo uma verdadeira máquina comercial e os portugueses da Europa cada vez em estado mais paupérrimo por comparação com os seus compatriotas americanos[4178].

Também no plano cultural o florescimento brasileiro era uma evidência, como dá conta um artigo do *Investigador Portuguez*[4179], pretendendo-se instalar no Brasil um estabelecimento vocacionado para a publicidade das Letras, das Ciências e das Artes, incentivado pelo Conde de Arcos e sob auspícios do Príncipe Regente. Tratava-se de uma política que pretendia não apenas a extensão dos ideais reformistas iniciados com Pombal e que em Portugal tinham sido prosseguidos nesta específica área por D. Maria I, a quem se deve, nunca é de mais recordar, não apenas a criação da Academia das Ciências mas a fundação da Real Biblioteca Pública de Lisboa.

A propagação dos princípios fundamentais da convivência entre cidadãos e Estados, entre si considerados, apenas se manifestam plenamente com a difusão dos "Principios da Moral e da Religião, os deveres do Cidadão para com o Principe e para com

---

datado de 7 de mesmo mês mandava estabelecer um Arquivo Militar próprio para o Brasil, matéria bem interessante e de alto relevo, mas provavelmente mais própria para Portugal que, por essa época, certamente teria muito mais material para aí depositar. Em relação ao alvará revogado e ao que agora se posiciona, António Delgado da Silva, *Colecção da Legislação Portugueza*, 1775-1790, pág. 370.
[4171] Bartolomé Clavero, págs. 15 e ss.
[4172] António Delgado da Silva, *Collecção da Legislação Portuguesa*, 1802-1810, págs. 501-503; *O Correio Braziliense ou Armazém Litterario*, I, 1808, nº 5, págs. 445 e ss. Em 22 de Abril já havia sido criada a Mesa do Desembargo do Paço e da Consciência e Ordens.
[4173] Idem, *ibidem*, págs. 499 e 500.
[4174] Idem, *ibidem*, págs. 503 e 504.
[4175] Idem, *ibidem*, págs. 576 e 577.
[4176] João Armitage, pág. 7.
[4177] António Marques Esparteiro, pág. 6 e pág. 23, documento III.
[4178] Idem, pág. 25 documento V.
[4179] *O Investigador Portuguez em Inglaterra*, III, Março de 1812, págs. 62 e ss., "Discurso recitado na Sessão de abertura da Livraria Publica da Bahia no dia 4 de Agosto de 1811 (...)."

a Patria, os do Pai, do Filho e dos esposos"[4180]. O reino do Brasil, sede efectiva da monarquia, ainda quando não oficialmente assim reconhecida[4181], não poderia ficar imune a este tipo de benefícios[4182], considerados a todos os títulos indispensáveis para uma condigna permanência tutelar da fonte emanadora de todos os benefícios para a Nação e o Povo. Portanto, não se estranhe a afirmação pela qual a antiguidade de uma monarquia como a portuguesa não lhe conferia direito de se alhear do frutuoso progresso da cultura[4183].

A culminar o processo a elevação a reino em 16 de Dezembro de 1815[4184], ponto que acabou em definitivo com as já vagas esperanças que o futuro Rei de Portugal regressasse prestes à Europa[4185]. Era, de resto, tema de polémica já antes de 1820[4186]

[4180] Ibidem, III, Março de 1812, pág. 65.

[4181] Ibidem, XIX, Agosto de 1817, pág. 211; ibidem, XXI, Junho de 1818, pág. 511: "(...) este grande ponto politico não só está ainda por decidir, mas segundo todas as publicas declaraçoens de El Rey, Lisboa, ainda hé, de direito, a capital de toda a monarquia."

[4182] José Silvestre Ribeiro, Historia dos Estabelecimentos Scientificos Litterarios e Artisticos de Portugal, IV, pág. 271 e ss., relativo à criação da Biblioteca do Rio de Janeiro.

[4183] O Investigador Portuguez em Inglaterra, III, Março de 1812, págs. 63 e 64: "Paizes não menos novos, e incultos, que o nosso devem talvez ao Estabelecimento de Bibliothecas publicas os rapidos progressos, que tem feito na Civilização, e riquezas. A America Ingleza, onde huma grande parte dos Habitantes inteiramente attenta a objectos d'interesse immediato, mal podia lembrar-se de applicaçoens litterarias, e o pequeno número daquelles que tinham inclinação aos estudos, não a podiam satisfazer, por falta de Livrarias, em circunstancias bem analogas ás nossas, considerou como hum successo summamente importante, e util o Estabelecimento da sua primeira Bibliotheca publica. (...) Sigamos pois o exemplo dos Póvos illuminados, que por toda a parte tem estabelecido Bibliothecas publicas: he nellas, que ao lado das descobertas dos Modernos, se vem as producçoens dos genios de todas as naçoens, e de todos os Seculos, a sabedoria, e experiencia dos Póvos. (...)"

[4184] João Pedro Ribeiro, Indice Chronologico Remissivo da Legislação Portugueza, V, pág. 446, Collecção de Leys 1813-1815; O Investigador Portuguez em Inglaterra, XV, Março de 1816, págs. 68 e ss; O Portuguez, IV, nº 23, págs. 426 e ss.

[4185] Uns anos antes, escrevia O Investigador Portuguez em Inglaterra, VIII, Novembro de 1813, págs. 57 e 58: "Em quanto na Europa Portugal aprezentava o Spectro de huma Potencia, razão era que o Brazil fosse huma colonia no sentido Francez, e Inglez, e como corollario desta triste Doutrina, que as Ilhas, posto que regurgitando de gente, e mantimentos, não tivessem huma fabrica. Agora que o Brazil, Graças á Magnanima Resolução de S. A. R. he hum reino Irmão, como sempre o foi aos olhos da antiga Legislação Nacional Portugueza (...) ninguem nos embaraçara de erigir fabricas no Brazil (...)." Ibidem, XI, Novembro de 1814, págs. 100 e 101: "Proclamação de 30 de Setembro, em que os Governadores do reino se congratulam com as notícias de ter o Príncipe Regente recebido satisfatoriamente a sugestão de regresso a Portugal. Já o próprio José Acúrsio das Neves tinha reclamado o mesmo.

[4186] Tobias Monteiro, págs. 214 e ss.: "Participando a execução de Gomes Freire e seus companheiros, os Governadores do reino acharam o momento propicio para de novo pedir-lhe que regressasse. Já antes, ao communicar-lhe que seria acclamado Rei a 7 de Abril desse mesmos anno de 1817, identica supplica era feita com mixto de magoa e quasi censura: 'Não devemos, porém, Senhor, occultar a Vossa Majestade, por nossa honra e obrigação, o descontentamento, de todos os seus fieis vassallos pela demora de Vossa Majestade no reino do Brasil, depois dos extraordinarios sacrificios e heroicidades que fizeram para conseguir a salvação da Monarchia e a prompta restituição de Vossa Majestade á antiga séde da mesma, este descontentamento tem-se augmentado agora nesta cidade e se augmentará em todas as terras destes reinos com a mesma noticia da celebração de tão solemne acto fóra delles, porque tira ou retarda muito as nossas esperanças. E todos supplicamos a Deus nosso Senhor inspire a Vossa Majestade que se compadeça da necessidade que temos de Sua Augusta Presença nestes reinos para a conservação dos mesmos e nosso amparo, e se digne pela sã misericordia dispor tudo de maneira que Vossa Majestade possa vir com toda a brevidade."

e como o farão mais tarde a maioria dos liberais, considerava-se ser absolutamente incompreensível querer transformar o Brasil em sede definitiva da monarquia nacional. Para além de vexame, seria incompatível com a dignidade de um soberano Europeu estabelecer-se em terra de selvagens[4187].

Era a passagem lógica de colónia a Nação e em 6 de Abril de 1817 D. João VI foi proclamado, no Rio de Janeiro e em Lisboa, Rei do Reino Unido de Portugal e do Brasil, e Algarves.

Foi D. João quase forçado a pronunciar-se acerca dos "escassos Poderes" que a Regência entendia possuir, para resolver os assuntos com que se confrontava na Europa. Está-se perante um dos diplomas mais interessantes e mais importantes neste contexto, uma vez que ele reproduz directamente o que se pensava em Portugal sobre a permanência da Corte no Brasil e quais os prejuízos que daí advinham para o país.

De acordo com o texto da carta régia de 30 de Agosto de 1809[4188], mostrava o Regente uma certa estranheza nos lamentos apresentados pela Regência em Portugal, no que respeitava à obrigação que teriam de lhe dar conta dos passos a encetar antes dos mesmos se efectivarem na prática[4189].

O que agora importa, é sublinhar em relação aos limites impostos "ao Poder e Authoridade em que vos punhão as Instrucções que vos Enviei nas cartas regias de 2 e 11 de Janeiro do corrente anno, não ficando bastantemente authorizados para mandar pôr em pratica todas as providencias que vos parecessem necessarias, e uteis ao bem da Causa Pública, e proveito do Estado".

Perante tal atitude do Governo no Brasil que inclusivamente requeria que todos os assuntos passassem obrigatoriamente pelos órgãos de Estado aí criados, bem como o facto das antigas designações dos oficiais de justiça deixarem de se efectuar, transitando tudo para o novo reino, a Regência apenas podia esbracejar violentamente. Mais que isso, parecia – e talvez fosse verdade por força da pressão inglesa – "que Eu fazia menos preço de Vós, e menos confiança no vosso Governo, o diminuir-vos a Authoridade, e limitar-vos o Poder; ou ainda *menos consideração a esse reino, e aos meus fieis Vassallos nelle habitantes, podendo talvez entender-se, que eu queria ahi estabelecer hum Governo Colonial, quando os Póvos estão acostumados a vêr esse reino considerado como a capital da Monarchia, e de todos os Meus vastos Estados*".

Isto era a maior das verdades e até D. João, com toda a sua bonomia, o deveria assim entender; os seus conselheiros no Brasil por certo apoiavam e incitavam este ponto de vista, que à Inglaterra agradaria sobremaneira. Mas, claro, isso não se poderia admitir em público e foi preciso contemporizar em certa medida, talvez contentando em parte a Regência em Portugal. Contudo, a forma escolhida por D. João apenas

---

[4187] *O Investigador Portuguez em Inglaterra*, XXI, Junho de 1818, "Consideraçoens sobre a Sede da Monarchia Portugueza", págs. 409 e ss: "Que Lisboa deva (...) ser escolhida para *Sede da Monarchia Portugueza* hé para mim coiza mui clara (...)." Nem mesmo a perda do Brasil parece incomodar o despeitado Autor: "(...) Pelo que pertence á perda que a separação do Brazil traria ao geral da Monarchia, hé de lembrar o que succedeo á Inglaterra pela separação da sua America; cuja perda levou-lhe mais de cinco milhões de habitantes (....); e foi depois desta perda que Inglaterra sahio com o esplendor e força, que o Mundo acaba de admirar (...). Portugal tem dominios, e muitas porporçoens para suprir, e melhorar semelhante perda, quando esta viesse a suceder (...)." Como se vê, o Autor não se preocupa minimamente com o facto do Brasil se poder tornar independente; pensa mesmo que isso talvez fosse benéfico para a Nação.

[4188] António Delgado da Silva, *Collecção da Legislação Portuguesa*, 1802-1810, págs. 774-776.

[4189] João Pedro Ribeiro, *Indice Chronologico Remissivo da Legislação Portugueza*, V, pág. 291.

prova que ele seria muito menos inepto quanto o gostavam de qualificar e, se estava bem aconselhado no Brasil, dava com uma mão e tirava com a outra aos seus Governadores em Portugal.

O dispositivo final acabou por ficar decidido sob forma hábil e por via da lei; apenas que nem todas as formas de manifestação da lei eram iguais e isso foi outra pequena farpa diplomaticamente cravada nas pretensões da Regência portuguesa. Nestes termos, "Sou Servido Ordenar: 1º Que não devendo perigar a segurança e felicidade do Estado por falta de providencias promptas e adequadas, vos authorizo para que tudo quanto vos parecer necessario e util executar-se immediatamente e sem demora, o possais praticar no *Meu Real Nome por avisos e portarias, e não por alvarás, ou decretos, dando-me conta de assim o haverdes praticado, e dos motivos porque vos deliberastes a mandallo executar sem antes Mo participardes;* 2º Quem em tudo o mais *que não exigir prompta execução*, mas que vos parecer acertado para o augmento e prosperidade Pública, *Mo proponhais primeiro que o executeis, declarando os motivos politicos, que vos decidirão a lembrar--vos de similhantes disposições, para Eu Resolver o que for mais util ao Meu Serviço, e ao bem de meus fieis Vassallos;* 3º Que os magistrados ser-me-hão *propostos por Vos seis mezes antes que findem os seus triennios, para Eu Escolher os que mais habeis forem (...).*"

Fazia-se, portanto, utilização da política de imposição da régia vontade, tudo devendo continuar a ser comandado pelo Poder único representado na pessoa do Rei, residência habitual da soberania. Sem partilha nem vestígios de Liberdade política do cidadão ou da sociedade e sem qualquer fiscalização, para além da Ética, sobre os passos dados ou a entender serem dados pelo monarca. Era o que havia e se mantinha; era o que se preservava a todo o custo nos temores das convulsões na Europa pós Revolução Francesa. Era o que se praticava, ainda quando algo antipaticamente – mesmo que fosse bastante merecido – se fazia recordar da forma mais cordial quanto clara aos Governadores do reino de Portugal pela entidade máxima e onde residia toda a soberania: D. João, Príncipe Regente e depois Rei de Portugal e do Brasil.

O Brasil começava a portar-se como a maior das complicações dos portugueses da Europa. De todos, na verdade[4190], estando na base das transformações patrocinadas em 1820, quando se clamou pela Liberdade portuguesa em nome da não submissão do reino de Portugal ao reino do Brasil.

As excelentes intenções proclamadas por alguns eméritos portugueses que pretendiam a ligação estreme entre Portugal e o Brasil, nisso vendo vantagens para ambos os lados e a segurança da posição nacional na Europa[4191], iam esbarrando com escolhos

---

[4190] Mesmo dos que em princípio tinham encarado com bons olhos a supremacia institucional brasileira sobre Portugal. É o caso de José Liberato Freire de Carvalho que n'*O Investigador Portuguez em Inglaterra*, XXI, Junho de 1818, pág. 510 e ss., assume essa reviravolta no seu posicionamento quanto à questão: "Confessamos que nossa particular opinião sobre esta materia, tem sido modificada, senão de todo alterada, por subsequentes reflexoens nascidas da marcha dos sucessos; e que se em outros tempos propendemos para o desejo de vermos a capital da Monarquia estabelecida para sempre no Rio de Janeiro, hoje, todavia, somos de diverso parecer (...)." Junta em seguida as razões por demais conhecidas: "O Brazil não poderá, talvez por seculos, defender Portugal; Portugal pode melhor neste intervallo defender o Brazil; a capital no Rio de Janeiro nada pode influir para a segurança do Brazil, nem hé ponto central para vivificar todas as partes da Monarchia; Lisboa, topographyca e politicamente considerada, merece ser preferida para capital do reino Unido Portuguez."

[4191] *O Investigador Portuguez em Inglaterra*, XV, Março de 1816, "Pensamentos Patrioticos – *Imperio Luso*", pág. 2: "(...) o que presentemente mais importa á Coroa, e aos respectivos habitantes hé liga-los firmemente com laços tanto de afeição como de interesses, por meio de providencias e transacçoens

de toda a ordem[4192]. Umas vezes eram escolhos propositados; outros resultavam de uma certa inépcia na compreensão do real problema que constituía a transmudação da sede da monarquia para o Novo Mundo, numa época em que a Europa abria cada vez mais os olhos perante as ideias francesas. D. João VI e os seus conselheiros convenceram-se que mandavam mais do que, de facto, sucedia[4193].

E mesmo quando, pouco tempo antes da Revolução Vintista, D. João VI quis alterar algo no comportamento que ia tendo para com os seus súbditos europeus, não descurando pensar a volta para a Europa[4194], as indecisões e a falibilidade do resultado final iam sendo assinalados. Outra das medidas – inusitada para muito boa gente – seria chamar ao Brasil uma deputação dos Três Estados, para em conjunto com o monarca decidirem das grandes questões com interesse para Portugal[4195].

commerciaes, reciprocamente uteis, approveitando-se para isto as vantagens da respectiva posição geographica de ambos os paizes, e prestando-se reciprocamente os socorros de que são susceptiveis. Em huma palavra, hé preciso que, por effeito de sabias providencias do Governo, achem os habitantes do Brazil maior conveniencia em receberem por Portugal quanto necessitam da Europa, e em fazer de Portugal deposito de tudo que de sua propria conta lhes convenha exportar para a Europa, não obstante a Liberdade de poderem corresponder-se direitamente com qualquer paiz."

[4192] Tobias Monteiro, pág. 223: "O Conde da Barca, como Silvestre Pinheiro, como Thomaz Antonio, como o proprio Rei e até certo ponto João Paulo Bezerra e o Marquez de Aguiar, soffriam a influencia do novo meio e da separação de Portugal, tão bem interpretada por De Pradt. Já a esse tempo predizia o famoso abbade que a corte acabaria por desinteressar-se da Europa e tornar-se americana. O mesmo phenomeno haveria particularmente de produzir-se mais tarde em relação ao Principe Real. Era um caso de transplantação, ajudada pelo facto de ser feita sobre uma terra commum, porém mais nutritiva. O interesse maior passava a estar no Brasil, que tinha por si a força irresistivel das couzas presentes, era a fonte principal da seiva de toda a Monarchia e cujos thesouros, já não mandados para Portugal mas consumidos no proprio paiz, começariam a faltar o balanço do commercio, no qual a antiga metropole ficava com grande deficit."

[4193] *Microscopio de Verdades*, nº 1, 1814, págs. 43 e 44: "(...) fallemos claro os empregados publicos, os ministros, os Conselheiros dos Monarchas, além de luzes, e talentos, devem ter valor, coragem, constancia, virtude para defender a innocencia contra a injustiça, e opressão, porem pelo contrario a maior parte delles verdadeiros Godoyanos só procurão enganar, trahir os seus Soberanos, e quando melhores disposições achão nelles, se lhas não podem corromper com as suas falsas douctrinas, mais as fazem servir, debaixo de especiosos, e simulados pretextos de bem á satisfação das suas paixões, e caprichos; cuidando unicamente em engrossar o rendimento das suas casas, lançando mão de quantos meios se lhe proporcionão sejão muito embora licitos, ou iniquos, tudo lhe indifferente, para huã grande parte delles: sem lhe embaraçar nada a miseria publica; não deixando hum só momento de soprar aos ouvidos dos Soberanos, que tudo vai bem, que o Povo nada em hum mar dedelicias, que abundancia transborda por toda a parte, que nunca a Nação esteve tão florescente, nem tanto prosperou; por este modo he que Bonaparte se queixa agora, e diz que lhe fallavão os seus cortezões; por este tom fallava Godoy ao bom, e simples Carlos IV (...)."

[4194] *O Correio Braziliense ou Armazém Litterario*, XXII, 1819, nº 128, págs. 81 e ss.: "Vinda d'El Rey para Lisboa": "Pelas ultimas noticias, que recebemos do Brazil, tivemos uma informação de grande importancia, e ao mesmo tempo de grande prazer (...). *He muito provavel, que a inclinação d'El Rey o leve a desejar viver onde nasceo*; ao mesmo tempo que he muito certo, que os grandes interesses de sua monarchia exigem por agora a sua residencia no Brazil. Certa classe de politicos tem tambem instado sobre a volta d'El Rey, allegando com motivos de publica utilidade; e entre outras razoens a de *governar o reyno de Portugal, (que ainda insistem em considerar como metropole) de tal maneira que não pareça a cabeça do Imperio he o Brazil. Dizem-nos agora que El Rey, para satisfazer a tam discordes opinioens, tem tomado a resolução de fazer com que o Reyno de Portugal seja governado por gente da sua escolha, e ao menos por leys da sua proposição*."

[4195] *Ibidem*, XXII, 1819, nº 128, págs. 84 e ss.: "Lembranças para a Deputação a Portugal."

6.2. Prenúncios da independência brasileira

Todas as inovações obtidas no Brasil preconizavam dois objectivos, paradoxais mas efectivos, cada um à sua medida.

Por um lado, promovia-se uma certa paz institucional, temporária entre Portugal e o Brasil; por outro, lançavam-se as bases seguras da futura independência brasileira, obtida em 1822.

No que respeita à primeira questão, é sabido que a promoção da independência norte-americana, geograficamente tão próxima do Brasil, calara fundo nas aspirações brasileiras. Poucos anos decorridos da *Declaração de Independência* ter visto a luz do dia, surgiu o primeiro conflito historicamente assinalado entre brasileiros e portugueses, queixando-se os primeiros da atitude despótica dos segundos em relação aos seus privados interesses. Como os norte-americanos, uns anos antes, haviam feito em relação aos ingleses[4196] e com o claro intuito de arranjar uma Constituição[4197].

A conspiração de Minas Gerais, patrocinada pelo "Tiradentes"[4198] e que era sustentada sobretudo por poetas e conhecedores das novas ideias que iam pululando pela Europa[4199], surgiu em 1789 e terá constituído o primeiro grande susto para as autoridades portuguesas, que além do facto de se dedicarem à repressão da seita dos *Philosophes* e das ideias a elas associadas, encontrava agora no longínquo Brasil terreno fértil para a promoção das mesmas.

No levantamento em questão participaram entre outros, Tomás António de Gonzaga[4200], além de alguns militares com postos importantes, o que é sintomático do efervescente espírito que ia atravessando a sociedade brasileira mais culta, com o apoio da indispensável tropa, sempre subjacente, senão ao despoletar, ao incrementar das

---

[4196] Teófilo Braga, *História da Universidade de Coimbra*, III, pág. 14: "O effeito da revolução Americana protestante e republicana repercutiu-se no Brazil em 1788, na projectada *Conjuração de Minas*, em que se acharão envolvidos os poetas Manuel da Costa e Thomaz Antonio Gonzaga, sob o influxo das idéias democráticas que o Dr. José Alves Maciel recebera na sua viragem aos Estados Unidos, e relações pessoaes com Jefferson. O systema colonial dissolvia-se pelo sentimento e impulso da autonomia patria, que se ia constituir em novos Estados; a independência do Brasil foi a resultante d'esta corrente das ideias e do seu relevo eloquente nos factos." No mesmo sentido e aditando algumas informações, João Armitage, pág. 5: "Quando se declarou a independência dos Estados Unidos da America do Norte, uma aspiração vaga se manifestou a conseguir-se outro tanto no Brasil; mas este sentimento ficou por muito tempo encerrado no circulo dos individuos que estavam ao facto do que se passava noutros paizes; e tal era a ausência de todos os dados de sociabilidade, que podia se afirmar a não existência de uma opinião publica."

[4197] A. J. de Mello Moraes, *História do Brasil-Reino e do Brasil-Império*, Tomos I e II, São Paulo, Editora Itatiaia, 1982. Ao caso trata-se de I, pág. 28, relatando que apenso ao processo da conspiração do Tiradentes, foi encontrada "um exemplar das constituições dos Estados Unidos da América do Norte, traduzidas em francês", o que, segundo este comentador, o deixou claramente "conhecer que a revolução de Minas era uma realidade, e que ou já tinham escrito Constituição para a nova república, ou estava planejada, visto existir nas Constituições americanas a base para ela." Alguns dos detalhes do processo e correspondência então trocada entre Portugal e as Autoridades em funções no Brasil, pode ler-se no mesmo local.

[4198] Idem, *ibidem*, I, págs. 22 e ss.; João Armitage, pág. 5; *História de Portugal. Edição Monumental comemorativa do 8º Centenário da Fundação da Nacionalidade*, (direcção de Damião Peres), VII, pág. 17. Em idêntico sentido e semelhante desfecho a revolta da Baía de 1801.

[4199] Pinheiro Chagas, *História de Portugal*, VII, pág. 239.

[4200] A. J. de Mello Moraes, I, págs. 36 e 37 e 40 e ss., apresenta documentação comprovativa das "culpas" de Gonzaga.

revoluções. "Conspiração de teóricos" ou não teve impacto suficiente para justificar a reacção portuguesa, que considerava inadmissível a criação de uma república em Minas Gerais com carácter de independência do Estado português.

As reivindicações ligavam-se, mais do que à obtenção da Liberdade, à esquiva económica e financeira imposta pela metrópole; só por acréscimo se pretendia a separação.

Algum tempo decorrido, em 1812 e para finalidade idêntica, um grupo de brasileiros unia-se na Loja maçónica Distintiva, com intuitos republicanos e revolucionários, onde proliferavam pernambucanos e mineiros, sem qualquer sucesso nos seus intentos. A questão teve ramificações, obrigando a assunção de medidas legislativas – muito pouco eficazes – e em 1818 proíbem-se as sociedades secretas[4201].

De futuro e ainda com a presença da Família Real no Brasil voltaria a repetir-se a situação, com a revolta de Pernambuco em 1817[4202] – e em que chegou a existir nomeação de Governo provisório[4203] –, rapidamente sufocada no próprio terreno e com o apoio de tropas portuguesas enviadas de Lisboa[4204]. Contudo, é evidência dos factos que o tempo em que D. João se demorou no Brasil terá constituído o grande trampolim para a independência da chamada América portuguesa[4205], de que o incremento de uma certa autonomia económica por relação à pátria-mãe, patrocinada logo em 28 de Janeiro de 1808, terá sido o ponto de arranque consumado[4206].

Não restam dúvidas que a política portuguesa para o Brasil, porque lá residia a Família Real e se transformara em sede da monarquia e porque D. João VI, os seus conselheiros e a Inglaterra por isso se esforçaram, foi o oposto da seguida em Espanha[4207]. Por isso é que os erros cometidos pelos liberais de Cádiz, como pelo

---

[4201] *O Correio Braziliense ou Armazém Litterario*, XXI, 1818, nº 128, págs. 144 e ss.: "Alvará porque se prohibem as sociedades secretas."

[4202] *Ibidem*, VII, nº 37, pág. 671: "Preciso dos Successos, que tiverão lugar em Pernambuco desde a faustissima, e gloriosissima Revolução operada felismente na Praça do Recife aos 6 do corrente mez de Março, em que o generosos esforço de nossos braços patriotas exterminou daquella parte do Brasil o ministro infernal da Tirania Real"; *O Correio Braziliense ou Armazém Litterario*, XVIII, 1817, nº 108, pág. 552 e ss., dá uma notícia circunstanciada da questão, afirmando entre outras coisas que "a Constituição, que se destina ao paiz, foi já publicada, e as suas bazes são que aquellas provincias se governem como os Estados Unidos da America Septentrional – Liberdade de consciencia, e illimitada franqueza no commercio, são as suas disposições principaes."

[4203] *Ibidem*, VII, nº 37, pág. 667. As Proclamações e contra-proclamações que por essa época se publicaram constam do texto do periódico.

[4204] *O Investigador Portuguez em Inglaterra*, XIX, Julho de 1817, págs. 88 e ss.: "Proclamação do Comandante da Fragata Perola mandado a bloquear o porto de Pernambuco."

[4205] João Armitage, pág. 9.

[4206] José Joaquim da Cunha de Azeredo Coutinho, *Ensaio Económico sobre o Comércio e suas Colónias*, apud Adelaide Vieira Machado, *O Investigador Portuguez em Inglaterra, nos primeiros anos de publicação (1811-1813)*, Tese de Dissertação de Mestrado apresentada à Faculdade de Ciências Sociais e Humanas da Universidade Nova de Lisboa, Lisboa, 1996, pág. 125: "A notável mudança das coisas depois da memorável época de 29 de Novembro de 1807, extinguiu o monopólio da antiga Metrópole de Portugal, mudou a sua política e fez comuns os interesses da Pátria Mãe com o das dos Portugueses para todo o género de comércio, fábricas e manufacturas, principalmente daquelas de cujas matérias primas há muita abundância nas Colónias do Brasil (....)."

[4207] *O Investigador Portuguez em Inglaterra*, III, Abril de 1812, "Devem as Americas Hespanholas separar-se da Metropole?", pág. 212: "Por muito que desejemos que se não dissolva a união entre Hespanha e seos dominios americanos, em quanto Hespanha pugna por sua independencia, estamos tão persuadidos que a America tem seu direito a huma completa emenda dos gravames que soffre, que se a Mai Patria recusa obstinadamente que os americanos devem continuar na sua

despotismo de Fernando VII, que não quiseram entender a autonomia das colónias espanholas[4208], poderiam perfeitamente ter sido evitados anos volvidos em Portugal.

Em todo este processo, tal como sucedia em Portugal e em Paris ou Londres com a imprensa portuguesa, também a sua congénere e nascente brasileira teve o seu impacto[4209] na promoção da Liberdade de pensamento, ela mesma chegando veiculada pelas mais diversas vias[4210]. Não é, como bem se compreende, objectivo a sua análise no quadro da vertente investigação, ainda que tema de extremo interesse[4211].

7. A segunda fase do providencialismo contra-revolucionário: a Santa Aliança ou a guerra contra a Liberdade na Europa pós-bonapartista – traços gerais

Tal como a Revolução Francesa fora a causa das guerras que a partir de 1793 a opunham à generalidade dos sistemas políticos vigentes na Europa, e onde a tradicional aversão britânica aos franceses levara a conciliar esforços contra a sua velha inimiga[4212], também uma outra convulsão gaulesa originou a coligação mais bem armada e resistente que até então se vira na Europa.

insurreição, e obter huma satisfação do passado, e segurança para o futuro, que o orgulho e a avareza não quizeram conceder-lhe."

[4208] Nem eles o entenderam nem, tão pouco, a contra-revolução providencialista portuguesa ficou calada. O exemplo de um dos maiores vultos nacionais que à época perfilhavam tal ponto de vista é o de José Agostinho de Macedo, *O Espectador Portuguez*, I, 1. Semestre, "Supplemento ao *Espectador*", pág. 7, quando contesta a compreensão que o *Correio Braziliense*, Outubro de 1816, pág. 484, manifesta do problema: "Nestas poucas, porém sucosas expressões [Foi, e he a nossa opinião que o Governo de Hespanha se portava, e porta *pessimamente* a respeito de suas Colonias; e que elles tinhão direito a salvar-se da *oppressão*] apparace todo o compromisso da Irmandade, e pelos factos se deo a conhecer o seu fim: *Revolucionar*."

[4209] Tobias Monteiro, págs. 221 e 222: "Emigrados francezes, já contados na capital em número superior a trezentos, eram portadores dos princípios da grande revolução, que se iam infiltrando no espírito dos brasileiros. (...) O contacto com as ideias novas fazia-se tambem por outros meios. As relações de commercio com inglezes e gente de paizes republicanos, como dos Estados Unidos e as provincias do Rio da Prata, facilitavam a propagação dos livros, que precederam a revolução franceza, e da Obra do abbade De Pradt a respeito das colonias americanas, vendida publicamente na cidade."

[4210] Idem, *ibidem*, pág. 222 nota: "Viajando no interior do pais desde 1816, Saint-Hilaire espantava-se de ver quanto a influencia dos encyclopedistas francezes se infiltrava nos espiritos. O ouvidor de S. Paulo mostrou-lhe conhecer os philosophos do seculo XVIII, pelos quaes o naturalista, como bom subdito de Luiz XVIII não tinha estima alguma. Em casa do vigario de S. João d'El-Rei, a conversar com elle um jovem padre, seu companheiro, Saint-Hilaire procurava encaminhar a conversação a respeito das couzas do Brasil; mas esses senhores desviavam-no sempre para assumptos da revolução franceza 'de que conheciam muito bem os principaes acontecimentos'. Até nos logares mais longinquos de Minas Geraes, encontrava gente que tinha estudado o grande cataclismo politico e 'investigava curiosamente suas minucias'."

[4211] José Silvestre Ribeiro, *Historia dos Estabelecimentos Scientificos Litterarios e Artisticos de Portugal*, IV, pág. 337 e ss., relata os periódicos que a partir de 1810 e até à independência brasileira, em 1822, foram sendo publicados.

[4212] José Acúrsio das Neves, "O Despertador dos Povos e dos Soberanos oferecido à Humanidade", *Obras Completas de José Acúrsio das Neves*, 5, pág. 49: "Toda a Europa se tem enganado sobre o progresso e resultados da Revolução Francesa. Pareceu a todos os que se picavam de perspicazes que era impossível que a França, dilacerada com facções, entregue a cruentas guerras civis e dirigida por Governos tão inconstantes como as mesmas facções que os formavam e destruíam, pudesse resistir à primeira e segunda liga; enganaram-se porque não calcularam a força prodigiosa de dois agentes poderosos que obravam em favor de uma Liberdade imaginária, que se representava com todas as cores de real; e a desconfiança ou desconcerto entre os aliados."

O problema tinha um nome: Napoleão Bonaparte[4213], que a seu modo próprio representava a República livre mas agora reconhecidamente hegemónica[4214], com um cunho de regalismo que nem a Pombal teria lembrado[4215]. A presumível solução dava pelo nome de Santa Aliança[4216] e era formada pelas cabeças coroadas dos déspotas europeus, para quem o Antigo Regime se mantinha incólume[4217].

O Congresso de Viena foi inaugurado em 27 de Setembro de 1814[4218], na sequência do estipulado pelo Tratado de Paris de 25 de Abril de 1814[4219], assinado em 30 de

---

[4213] Marcelino Mesquita, *Guerras da Independencia: as Tres Invasões Francesas*, Lisboa, 1908, págs. 4-6: "Napoleão começou a despresar os theoricos, a quem chamava 'ideologos' e a religião da Liberdade for morta pelo culto da força. (...) As doutrinas da Assembleia Constituinte tinham sido riscadas. Napoleão trahira a Liberdade que lhe dera o ser, trahindo a Republica, e este crime havia de pagal--o, porque elle e dos que nunca, impunemente, se praticam."

[4214] *Diario Lisbonense*, nº 8, 11 de Janeiro de 1810, refere-se a uma "Proclamação que foi espalhada na França, e que mostra que entre os Francezes há muitos que conhecem os seus verdadeiros interesses, e que só esperavão o momento opportuno para porem em pratica os seus desejos de libertar se a si, e á Patria do jugo que os opprime." Está datada de Sevilha, 28 de Dezembro, o que apenas significa que a contra-revolução não dormia, muito antes da Santa Aliança se formar. Estava apenas expectante, aguardando a oportunidade para, livrando-se de Bonaparte, se livrar da Revolução de 1789. Tenha-se pois presente parte do escrito, para melhor se avaliarem as intenções dos seus Autores: "Francezes (...) Quereis remediar todos os vossos males presentes, e ainda os que vos ameaçam de futuro? Levantai-vos em massa, e oppondo ao tyrano e a seus satéllytes a sempre invencivel força de huma Nação que quer ser livre. Reuni-vos, *mas unicamente com o objecto legitimo de restabelecer o Throno de vossos Reis debaixo de humas leis sábias, e meditadas. O neto de Luis XII, de Henrique IV, e de Luis XIV ainda vive; e poderá ser deputado o seu direito pelo Corso, vosso verdugo cobarde, e feroz?* (...) Oxalá que todos os Francezes acclamem unanimes a Luis XVIII! Então a paz, a Religião, os costumes, as sciencias, e as artes renascerão entre vós (...)."

[4215] *Gazeta de Lisboa*, 1810, nº 32, 6 de Fevereiro de 1810: "Ninguem ignora os males, que a soberania temporal dos Papas tem cauzado á Religião. A não ser ella, a metade da Europa não se teria separado da Igreja catholica. (...) Era preciso que o Sucessor de Pedro fosse pastor como S. Pedro; que unicamente occupado da salvação das almas, dos interesses espirituais, deixasse de ser agitado por ideias mundanas, por pertenção de soberania, por discussões de limites, de territorios, de provincias. He pois hum beneficio o ter separado a religião do que lhe era estranho, e tê-la tornado a por no seu estado de pureza evangélica."

[4216] Contra, *O Portuguez*, I, nº 1, "Introdução", pág. 7: "O imperio de Bonaparte acabou, porque se manifestou contrario aos direitos dos homens, e à Liberdade dos povos, que o haviam cimentado, e sido os primeiros elementos d'aquelle colosso; desappareceo porque era opposto aos espirito publico do nosso seculo, que he hoje (mais do que nenhum outro athe aqui) fundado nos direitos da razão e da natureza)."

[4217] J.-B. Duroselle, *L'Europe de 1815 a nous Jours*, Paris, PUF, 1975, 4ª Edição, pág. 91: "les hommes qui reconstruisirent l'Europe en 1814-1815 et ceux qui vivaient sous leur Autorité étaient hantés par les souvenirs brûlants de la Révolution et de l'Empire. Depuis 1789 en France, depuis 1792 en Europe où se déchaînait la guerre, tout l'ordre ancien avait été ébranlé jusque dans ses fondements. Napoléon avaiat certes rétabli l'ordre. Mais son système n'était point l'ordre traditionnel. Il était naturellement considéré, par la plupart, comme le continuateur de la Révolution."

[4218] Mas só alguns dias depois as reuniões oficiais tiveram lugar. Foi precedido pelo Congresso de Châtillon, aberto em 4 de Fevereiro de 1814 e estiveram presentes as grandes Potências: Áustria, Inglaterra, Prússia e Rússia, representadas por alguns dos mais conhecidos nomes da História Diplomática, entre eles lorde Aberdeen e Sir Charles Stuart. Aí se decidiu, pelo Tratado de Chaumont, guarda avançada da Santa Aliança, que a França ficaria limitada às fronteiras geográficas de 1 de Janeiro de 1792; que todos os territórios cerca destes limites seriam libertos da sua influência; que a Holanda se ligaria com a Bélgica formando os Países Baixos; que seria vigiada a este pela Alemanha, organizada em confederação independente; que a independência e neutralidade da confederação helvética estavam garantidas; que a Itália seria desmembrada em vários Estados independentes debaixo da influência austríaca; que a Espanha seria restituída a Fernando VII; que a Inglaterra conservaria Malta; que a França não teria qualquer direito territorial a invocar. Naturalmente que

DA HISTÓRIA DA IDEIA DE LIBERDADE (SEQUÊNCIA)

Maio desse mesmo ano[4220] e a que precedeu a Declaração de 31 de Março[4221]. Presentes, oito Potências europeias, de Primeira e Segunda ordem[4222]: Portugal[4223], Espanha,

a França não aceitou e as Potências deram por encerrado o Congresso em 19 de Março. Veja-se A. Debidour, I, "Introduction", págs. 7 e 8.

[4219] José Ferreira Borges de Castro, "Convenção entre a França e as Potencias Alliadas (Austria, Gram-Bretanha, Prussia e Russia) sobre a suspensão de hostilidades, assignada em Paris a 25 de Abril de 1814, a que se refere o Acto de Adhesão, por parte de Sua Alteza Real o Principe Regente, em data de 8 de Maio d'este mesmo anno", *Collecção de Tratados, Convenções, Contratos e Actos Públicos celebrados entre a Coroa de Portugal e as mais Potencias, desde 1640 até ao presente*, IV, págs. 468 e ss.; *O Investigador Portuguez em Inglaterra*, IX, Maio de 1814, págs. 583-586; idem, XVIII, Março de 1817, pág. 31: "O Congresso de Vienna conciderou-se como o cumplemento do Congresso que assinou o tratado de Paris."

[4220] ANTT, *Arquivo Casa Palmela*, Filme 5526 P: "Correspondência oficial de Paris: Quadro Politico remettido como Documento dentro de hum Officio do senhor Conde do Funchal."; *O Investigador Portuguez em Inglaterra*, X, Julho de 1814, págs. 77-92. Inclui os Tratados bilaterais separados celebrados entre as várias potências da Santa Aliança.

[4221] *Gazeta de Lisboa*, 1814, nº 100, de 29 de Abril de 1814, relatando a "Declaração" das Potências Aliadas, como acto de deposição de Bonaparte e de todos os membros da sua família, prometendo respeitar a integridade territorial da França, garantindo a Constituição francesa por que se optar.

[4222] *O Investigador Portuguez em Inglaterra*, XIII, Setembro de 1815, págs. 434 e ss.: "Nota Official que S. Exa. O Snr. Conde de Palmella transmitio a Lord Castlereagh previamente á abertura do Congresso de Vienna, de Viena": Como pois me seria possivel ver com semblante tranquilo, que a medida preparatória deste Congresso tende de algum modo a excluir Portugal da ordem que pela antiguidade e esplendor da sua Corôa tem adquirido entre as Potencias da Europa? (...) A distinção entre Potencias de primeira e segunda ordem existe de facto; far-se-hia porem huma innovação no Direito Publico da Europa a estabelecer-se esta differença quasi de Direito; e hé isso á que tenderia necessariamente a medida que vós haveis me dito ter-se projectado; isto hé, o formar-se huma Comissão Preparatoria, antes da abertura do Congresso, em que se admittisse somente os ministros das seis Potencias mais consideraveis pela extensão dos seus territorios, e numero da sua população." Como consequência, Palmela propõe que a Comissão Preparatória seja composta por todos os países que assinaram o Tratado de Paris, facto que a não verificar-se resultaria em calamitosa indignidade e injustiça para com o nosso país e a própria Suécia, de há muito ligada às decisões da Santa Aliança e que as havia apoiado por inteiro. *Veja-se ANTT, Arquivo Casa Palmela*, Filme 5526 P: "Copia do Officios e Documentos relativos ao Congresso de Vienna (...): Ofício Reservado ao Marquês de Aguiar, datado de Viena, 3 de Outubro de 1814", em que Palmela dá conta, em termos oficiais, do facto que ficou assinalado, anexando os competentes documentos e notícia dada em 1815 pelo *Correio Braziliense ou Armazem Litterario*, XV, 1815, nº 87, págs. 240 e ss.

[4223] Representada pelo então Conde de Palmela, D. António de Saldanha da Gama e D. Joaquim Lobo da Silveira, com Instruções datadas de 16 de Junho de 1814. Veja-se *Microscopio de Verdades*, nº 3, 1814, págs. 4 e ss., nº 4 págs. 97 e 98: "estou certo que se o Ex. mo Conde de Palmella não fosse o plenipotenciário ao congresso, elle se abriria como determinado no dia 2 de Outubro, entrando so nelle as 6 naçoens da 1ª Ordem, e sendo (ainda talvez) só admittidos as secundarias, e ultimas delibarçoens os ministros de Portugal, e Suecia, como tinhão determinado os ministros d'Austria, Russia, &c. e os papeis Inglezes annunciarão; "Estado (como disse o Times de 31 de Outubro) o plano da comissão preparatoria dos representantes dos Governos mais consideraveis em territorios, e população (que erão os da Russia, Inglaterra, Austria, Prussia, França e Hespanha) a ponto de se executar, devendo ser sanccionada a sua execução a 30 de Setembro, em huã assemblea dos ministros das sobreditas seis potencias, e promulgada em o 1º de Outubro por huã declaração. Este plano se alterou a instancias do ministro Portuguez, o qual representou mui energicamente a justiça das suas razoens; e alcançou, que se admittisse, como bases da comissão preparatoria o artigo 32 do tratado de Paris.' (...) O que todo se deve ao Ex. mo Conde de Palmella, que chegando alli no dia 28 de Septembro, e devendo a determinação dos seis plenipotenciarios ser sanccionada no dia 30, para ser declarada no 1º de Outubro: elle logo fez huã tão viva representação dos nossos serviços, e prerrogativas, que os fez mudar de resolução." *O Portuguez*, nº 6, págs. 548 e

França, Inglaterra, Prússia, Áustria, Suécia e Rússia[4224]. E como o que se pretendia era remontar a uma situação anterior à Revolução Francesa[4225], uma vez posto o Povo no seu local apropriado[4226], em princípios de 1815 já pensavam alguns dos seus chefes em reiniciarem a guerra uns contra os outros[4227].

Curiosamente impedidos por Napoleão, expelido[4228] de Elba[4229] e que assumiu de novo a chefia francesa entre 20 de Março e 22 de Junho de 1815[4230], a sua presença foi vista de início como factor de aglutinação.

ss. dá nota dos plenipotenciários portugueses e sua comitiva, que considera por demais exagerada: "Um Congresso dentro de Congresso..."

[4224] No que respeita à situação interna e política seguida por cada uma delas, n'*O Observador Lusitano em Pariz*, Fevereiro de 1815, "Summario Politico", págs. 216 e ss., que deve ser lido com precaução uma vez que as ideias do Autor são absolutamente opostas aos desígnios ingleses. Tal como sucedia com Hipólito da Costa mas agora ao contrário, registe-se que cada qual procurava, servindo-se da imprensa, defender os interesses dos tutores que lhe pareciam mais conformes à situação portuguesa. A discordância manifestada em relação à política inglesa é do mesmo modo alvo de contraposição n'*O Investigador Portuguez em Inglaterra*, I, Julho de 1811, I, "Literatura Politica", pág. 11, uma vez que sendo periódico publicado em Inglaterra certamente não poderia adoptar um Pensamento semelhante ao d'*Observador Lusitano*.

[4225] J. M. da Silva Vieira, *Os Legitimistas e o Norte ou Breve Resenha dos Ultimos Quarenta Annos*, Porto, 1854, pág. 4: O anno de 1814 vai ser o prologo dessa decantada comedia intitulada A PAZ GERAL, e a que melhor fora chamar – Novo compendio d'enganos."

[4226] Damião Peres, *História de Portugal. Edição Monumental comemorativa do 8º Centenário da Fundação da Nacionalidade*, VI, pág. 353: "No mesmo dia em que Wellington tomou Toulouse assinou Napoleão a sua primeira abdicação. Uma semana depois (18 e 19 de Abril de 1814), Soult e Suchet negociaram com Wellington um armistício que pôs fim à Guerra Peninsular e campanhas dela derivadas. No Trono de França, vago pela abdicação do imperador, as Nações que contra ele se tinham coligado (Inglaterra, Áustria, Prússia e Rússia) colocaram logo um irmão de Luís XVI, o Duque de Provença, que tomou o título de Luís XVIII, e em seguida impuseram à França um tratado, assinado em Paris a 30 de Maio, em virtude do qual as fronteiras francesas ficavam sendo, com muita aproximação, o que haviam sido em 1792, devendo ainda a França restituir, com as forças militares e material de guerra que nelas tinha, cinquenta e três praças da Alemanha, da Itália e da Bélgica." Portugal não esteve representado enquanto país soberano, ficando os seus interesses a cargo da Inglaterra e o seu delegado, Conde do Funchal, limitou-se a assinar o Tratado. Por este Tratado, tal como já sucedera com o *Manifesto de 1 de Maio do Principe Regente*, eram declarados nulos todos os anteriores em 1808 entre Portugal e a França.

[4227] *O Observador Lusitano em Pariz*, Fevereiro de 1815, "Noticias Politicas", págs. 287 e 288: "he porem visivel que não se tem por ora podido entender as principaes potencias, e que as de segunda e terceira ordem estão igualmente divididas entre si, e se inclinão humas á Russia e outras á Austria." Faz em certo sentido um retrato mais ou menos fiel da situação política no que toca à partilha de poder e criação de estados na Europa, cujos meandros importam sobretudo à História Diplomática.

[4228] *O Investigador Portuguez em Inglaterra*, XII, Abril de 1815, pág. 259: "para que nada falte ao nosso século para ser denominado o século dos prodigios, eis que vemos outra vez Bonaparte em França, vomitado pela Ilha de Elba."

[4229] Napoleão havia partido para Elba em 20 de Abril de 1814. Veja-se *O Investigador Portuguez em Inglaterra*, IX, Maio de 1814, pág. 524, noticia de Fontainebleau, datada de 21 de Abril; *O Portuguez*, IV, nº 23, págs. 429 e ss., que reproduz o Tratado.

[4230] De imediato tratou de inscrever um "Acto Addicional ás Constituiçoens do Imperio Francez". Veja-se *Législation Constitutionelle, ou Recueil des Constitutions françaises, précédées des Déclarations des Droits de l'Homme et du Citoyen, publiées en Amérique et en France*, II, págs. 227 e ss.; *O Portuguez*, III, nº 13, págs. 42 e ss. Tem data de 20 de Abril de 1815.

DA HISTÓRIA DA IDEIA DE LIBERDADE (SEQUÊNCIA)

Portugal e os seus Plenipotenciários apenas acederam ao Tratado assinado em 25 de Março de 1815[4231] e por força do regresso de Bonaparte alguns dias depois[4232] da sua assinatura, por ele passando a ficar vinculado em termos idênticos aos das demais Potências. Os acertos finais ficaram prontos em 9 de Junho de 1815, momento em que se celebrou o "Acto Final do Congresso de Viena"[4233].

O pacifista em que Napoleão se transformara acabou por perder pela segunda vez[4234] o controle da França[4235], sendo derrotado em Waterloo[4236]. Finalmente a Europa[4237], parecia que podia, ficar descansada[4238] e a reposição no Trono de França dos Bourbons'[4239], na pessoa de Luís XVIII, assegurava-o[4240].

[4231] José Ferreira Borges de Castro, "Tratado de Alliança celebrado entre a Austria, Gram-Bretanha, Prussia e Russia", *Collecção de Tratados, Convenções, Contratos e Actos Públicos celebrados entre a Coroa de Portugal e as mais Potencias, desde 1640 até ao presente*, V, págs. 41 e 42; *O Investigador Portuguez em Inglaterra*, XII, Maio de 1815, págs. 435-437; XV, Abril de 1816, págs. 194 e ss.; *O Portuguez*, III, nº 13, págs. 57 e ss.; *ibidem*, nº 16, págs. 337 e ss.: "Acto do Congresso de Vienna".

[4232] Idem, "Tratado de accessão por parte do Principe Regente o Senhor D. João ao Tratado de Alliança celebrado em 25 de Março d'este anno entre Austria, Gram-Bretanha, Prussia e Russia", *Convenções, Contratos e Actos Públicos celebrados entre a Coroa de Portugal e as mais Potencias, desde 1640 até ao presente*, V, pág. 38 e ss.; João Pedro Ribeiro, *Indice Chronologico Remissivo da Legislação Portugueza*, V, pág. 438.

[4233] Idem, "Acto Final do Congresso de Vienna celebrado entre Austria, França, Gram-Bretanha, Portugal, Prussia, Russia e Suecia, assignado em Vienna a 9 de Junho de 1815", *Collecção de Tratados, Convenções, Contratos e Actos Públicos celebrados entre a Coroa de Portugal e as mais Potencias, desde 1640 até ao presente*, V, págs. 76 e ss.; *Correio Braziliense ou Armazem Litterario*, XV, 1815, nº 87, págs. 128 e ss.

[4234] A. Debidour, I, "Introduction", pág. 10: "Les Alliés, para la convention de Fontainebleau (11 Avril 1814), décidèrent qu'il aurait, à titre viager, l'île d'Elbe en souveraineté; que le gouvernement français lui assurerait une liste civile de deux millions; que sa famille serait pourvue de deux millions cinq cent mille francs de rentes en fonds de terre; enfin que les duchés de Parme, Plaisance et Guastalla seraient assignés à l'impératrice Marie-Louise et déclarés réversibles sur la tête de son fils." Veja-se *O Portuguez*, II, nº 12, págs. 551 e 552: "Declaração do Congresso contra Bonaparte", de 13 de Março de 1815.

[4235] Marcelino Mesquita, pág. 45. A primeira abdicação, feita em Fontainebleau, está datada de 11 de Abril. Veja-se *O Investigador Portuguez em Inglaterra*, X, Julho de 1814, págs. 105 e ss., Damião Peres, *História de Portugal. Edição Monumental comemorativa do 8º Centenário da Fundação da Nacionalidade*, VI, pág. 353 e J. M. da Silva Vieira, pág. 5.

[4236] *O Observador Lusitano em Pariz*, Abril 1815, pág. 644: "Declaração de Vienna."

[4237] *O Investigador Portuguez em Inglaterra*, XIII, Julho de 1815, pág. 129: "Declaração de Abdicação do Imperador Napoleão ao Povo Francez".

[4238] *O Observador Lusitano em Pariz*, Janeiro 1815, "Considerações", pág. 1: "a elevação de Napoleão e a sua queda são os dois acontecimentos os mais notaveis depois da Revolução de França; o primeiro transtornou todo o systema Européo, e o segundo ainda mais extraordinario e inesperado deixou a Europa attonita e mal assente."

[4239] *Correio Braziliense ou Armazem Litterario*, XV, 1815, nº 86, pág. 111: "A derrota de Napoleão, na batalha de Waterloo, não somente poz fim ao seu Governo, por haver elle renunciado a coroa imperial; mas, abrindo o caminho para a entrada dos alliados em Paris, causou a total dissolução dos corpos politicos, que de novo se tinham organizado depois da partida d'El rey; e Luís XVIII escoltado por tropas estrangeiras, tornou a entrar na capital, e reassumio as redeas do Governo."

[4240] *O Observador Lusitano em Pariz*, Fevereiro de 1815, "Summario Politico", págs. 216 e ss., apresenta em detalhe a evolução da França depois da Restauração bourbónica. Não interessa aprofundar o tema pelo que apenas se dão algumas notas manifestamente importantes para o tema. Veja-se *Gazeta de Lisboa*, 1814, nº 98, 27 de Abril de 1812, a propósito da exaltação do Rei ao trono de França, da restituição de Fernando VII ao de Espanha e pela tranquilidade da Europa.

Porém, saliente-se que a participação portuguesa no Congresso de Viena não foi tão subserviente quanto se possa pensar[4241]. Foi não só possível alcançar alguma satisfação perante as pretensões inglesas quanto a Portugal, pela via da nulidade conseguida pelo artigo 3 do Tratado de 22 de Janeiro de 1815[4242], do seu anterior de 1810, que cedia aos ingleses no artigo II dos "Artigos secretos" Bissau e Cacheu aos ingleses por cinquenta anos, se houvesse ajuda da parte deles a recuperar Olivença[4243].

O competente Tratado então assinado entre Portugal e a Inglaterra, em Janeiro de 1815[4244], que modificava o de 1810[4245] mas não terminava com a instituição da escravatura[4246], era feito levando em linha de conta as absolutas necessidades da economia

---

[4241] *Ibidem*, Fevereiro de 1815, "Noticias Politicas", pág. 295: "De Portugal notei com somma satisfação que não forão vãas as justas e appropriadas representações do nosso ministro, Conde de Palmela, que conseguio em conformidade do tratado de Pariz, a que accedeo por parte do Principe Regente o Conde de Funchal, que fossemos considerados como huma potencia que podia, por si e sem tutor, tratar dos seus negócios; e a qual tinha assaz contribuido ao tripó da causa comum para ter direito de ser admitida ás conferencias preparatórias do Congresso."; Damião Peres, *História de Portugal. Edição Monumental comemorativa do 8º Centenário da Fundação da Nacionalidade*, (direcção de Damião Peres), VI, pág. 359.

[4242] *O Investigador Portuguez em Inglaterra*, XIV, Dezembro de 1815, págs. 204 e ss.

[4243] *Ibidem*, XIII, Agosto de 1815, "Memoria aprezentada ao Congresso pelos Plenipotenciarios de Portugal, sobre a reclamação da villa e territorio de Olivença", págs. 256 e ss.

[4244] José Ferreira Borges de Castro, "Convenção entre o Principe Regente o e Senhor D. João e Jorge III Rei da Gram-Bretanha, para terminar as questões e indemnizar as perdas dos subditos Portuguezes no trafico de escravos da Africa"; "Tratado celebrado entre o Principe Regente o Senhor D. João e Jorge III Rei da Gram-Bretanha, para a abolição do trafico de escravos em todos os logares da costa de Africa ao norte do Equador", *Collecção de Tratados, Convenções, Contratos e Actos Públicos celebrados entre a Coroa de Portugal e as mais Potencias, desde 1640 até ao presente*, V, pág. 12 e 18 e ss.; *O Investigador Portuguez em Inglaterra*, XII, Maio de 1815, págs. 463 e ss.; *O Portuguez*, IV, nº 20, págs. 128 e ss.

[4245] *O Investigador Português em Inglaterra*, XII, Março de 1815, "Artigo extrahido do *Courier*, de 25 de Fevereiro de 1815", pág. 138: "Vienna, 10 de Fevereiro, 1815: (...) O Snr. Palmella Souza, Plenipotenciario Portuguez, tãobem declarou: Que Portugal, pelo tratado de 19 de Fevereiro de 1810, havia somente prometido huma gradual abolição do mesmo comercio; que o Principe Regente já o tinha limitado às suas possessoens de África, e havia mandado fazer regulamentos para conservar a saude dos negros, e diminuir todos os males que sofrião na passagem; que os navios Inglezes, em quebrantamento do tratado de comercio, havião tomado aos seus vassallos, em tempo e paz, 10, ou 12 mil negros, o valor dos quaes subia a 3 milhoens de piastras; e que se estes negros houvessem chegado ao Brazil, terião certamente accelerado muito a epocha da abolição."

[4246] *Ibidem*, II, Novembro de 1811, "Extractos dos poemas sobre a Abolição da Escravatura, escritos por (...)", pág. 12: "De todos os males que affligem a especie humana, a escravidão he sem duvida o mais terrivel. A historia antiga e moderna esta cheia de exemplos bastantes da sua maligna e devastadora influencia. O homem, inimigo implacável do homem, não contente de o fazer desgraçado, de o fazer sua preza, levou mais longe o seu furor; quis destruir os mesmos principios da sua essencia e felo escravo. Monstruoza inconsequencia! De todos os animaes he o homem o único que se esforça por sahir da sua especie, e desfigurar-se. Que elle visse o seu semelhante, e corresse para o destruir, e para o devorar, não espantaria; não saltava ainda fora da escala dos animaes; mas quando elle degrada entes da sua mesma especie, reduzindo-os á couzas, ou animaes de inferior ordem, faz huma transgressão de que não há exemplo em toda a natureza. (...) *Estabelecido o systema de vender os homens, não he de admirar que se quizesse comprar a Razão. A perversidade trabalha sempre para dezorganizala*. (...) não se ve indicio da regeneração universal. (...)".

portuguesa[4247], que sem ela não poderia subsistir[4248]. Naturalmente que se discorda por motivos diversos dos alegados, mas não é uma pessoal posição que aqui importa[4249]. Em 28 de Julho de 1817, ficou estabelecida uma Convenção Adicional[4250] que visava sobretudo penalizar as infracções cometidas relativamente ao Tratado de 1815[4251]. As questões humanitárias ficavam fora das preocupações do instrumento diplomático, apenas se ponderando o cumprimento das anteriores disposições, que se procuravam agilizar, mas em que os avanços em matéria de defesa dos direitos à vida e à Liberdade dos negros[4252], eram completamente postas de lado[4253]. Portugal considerava que já era grande concessão admitir que o tráfico de escravos era parcelarmente proibido; a Inglaterra entendia que o seu comércio não ficava prejudicado, antes beneficiava, e lhe permitia um maior policiamento das actividades negreiras.

Por outro lado e no debate proposto pela Inglaterra para se terminar com o tráfico da escravatura, os países que mais se opunham a isso, dentre eles Portugal[4254],

---

[4247] *Ibidem*, XII, Março de 1815, "Artigo extrahido do *Courier*, de 25 de Fevereiro de 1815", pág. 138: "Vienna, 10 de Fevereiro, 1815: (...) Portugal, com tudo, concordava em abolir o comercio de escravatura no fim de oito annos, com a condição de que a Inglaterra renunciasse taobem certas clausulas opressivas, que se achão no Tratado de 1810."

[4248] Veja-se a posição defendida pl'*O Investigador Portuguez em Inglaterra*, VIII, Setembro de 1813, págs. 377 e ss.

[4249] Pelo Annexo XV ao "Acto Final do Congresso de Vienna", estipulava-se uma "Declaração das Potências sobre a abolição do Trafico da Escravatura. Veja-se José Ferreira Borges de Castro, V, págs. 195 e ss. Por todos, o excelente trabalho de João Pedro Marques, *Os Sons do Silêncio: o Portugal de Oitocentos e a Abolição do Tráfico de Escravos*, Dissertação de Doutoramento em História, apresentada na Faculdade de Ciências Sociais e Humanas da Universidade Nova de Lisboa, Lisboa, 1998.

[4250] José Ferreira Borges de Castro, "Convenção Addicional ao Tratado de 22 de Janeiro de 1815, entre El-Rei o Senhor Dom João VI e Jorge III Rei da Gram-Bretanha, para o fim de impedir qualquer commercio illicito de escravatura, assignada em Londres a 28 de Julho de 1817, e ratificada por parte de Portugal em 8 de Novembro e ela da Gram-Bretanha em 18 de Agosto do dito anno", *Collecção de Tratados, Convenções, Contratos e Actos Públicos celebrados entre a Coroa de Portugal e as mais Potencias, desde 1640 até ao presente*, V, págs. 324 e ss.; *O Correio Braziliense ou Armazém Litterario*, XX, 1818, nº 118, págs. 225 e ss. Veja-se "Remessa e analyse da Convenção Adicional ao Tratado de 22 de Janeiro de 1815, assignada em Londres no dia 28 de Julho de 1817".

[4251] *O Correio Braziliense ou Armazém Litterario*, XIV, 1815, nº 83, págs. 409 e ss. apresenta documentação vária acerca das negociações no Congresso de Viena sobre o Comércio da Escravatura.

[4252] *O Investigador Portuguez em Inglaterra*, VIII, Novembro de 1813 e números seguintes apresenta uma "Memória" acerca do tráfico da escravatura, noticiando a vida dos escravos desde que são apanhados nas costas Africanas até à sua chegada ao Brasil e posterior vida com os seus donos. É de extremo interesse e apenas confirma as tendências anti-esclavagistas dos redactores do periódico.

[4253] *Ibidem*, II, Novembro de 1811, "Extractos dos poemas sobre a Abolição da Escravatura, escritos por (...)", pág. 13: "Quando o Africano conhecer cabalmente os seos direitos, quando o Europeo, e Americano intenderem melhor os seos interesses; a escravatura se converterá em contracto social; e os Governos unidos para hum só fim, a felicidade comum, farão das suas reciprocas necessidades, os vinculos mais fortes da sua união. *Este ar de familia, que pertence á raça humana, não será mais perturbado nem pelo accidente da cor, nem pela differença de clima*."

[4254] *Ibidem*, XII, Março de 1815, "Artigo extrahido do *Courier*, de 25 de Fevereiro de 1815", pág. 137: "Vienna, 10 de Fevereiro, 1815: Os debates á cerca do Commercio da escravatura tem occupado o Congresso em muitas sessoens. Lord Castlereagh, por quem se está esperando no Parlamento, dezejava muito concluir este negocio antes da sua partida (...). depois de alguma oposição por parte das potencias maritimas, conseguio em fim, que este negocio se discutisse em huma assembleia, em que estiverão os Plenipotenciarios das oito potencias, que assignaram o Tratado de Paris. Esta assembleia constou das seguintes pessoas: Messrs. Talleyrand, Metternich, Nesselrode, Humboldt,

tiveram oportunidade de demonstrar alguma flexibilidade na matéria. Conforme os casos, aceitava-se terminar com este atentado contra a Liberdade, ainda que de modo faseado, sendo certo que "o nosso ministro, Conde de Palmela, encheu as medidas nesta importante discussão; fez valer os nossos direitos e a Razão, e confundio os sophismas philathropicos de Lorde Castlereagh com o peso irresistivel dos factos e das injustiças da Inglaterra, e fez ver que a sua manifesta infracção do Tratado com Portugal, além de ser indesculpável, era causa de não podermos abolir tão cedo, como o Principe o desejara, o commercio de escravos, pois os Inglezes apresando as nossas embarcações nos tinhão assim privado de perto de 12000 negros"[4255].

Um dos factores a serem dignos de nota no percurso dos vários Estados aderentes à Santa Aliança, foi certamente um certo sentimento de logro político patrocinado pelos seus promotores[4256]. A promessa de reformas e de Constituições liberais[4257] durante as guerras napoleónicas[4258], ficaram rapidamente prejudicadas pelo retrocesso ao sistema patrocinado pelo Antigo Regime[4259], onde uma das principais formas de

---

Labrador, Castlereagh, Lowenheilm, e Palmella Souza. Na 1ª Conferencia que se fez a 14 de Janeiro, França, Hespanha, e Portugal declararm, que sem duvida estavão pelo principio da abolição, mas que o interesse dos vasllos respectivos, que tinham propriedades nas colonias, os obrigava a serem mui circunspectos, a fim de que *por se fazer bem aos negros se não cauzasse a ruina aos brancos. No dia 20, Lord Castlereagh tentou conseguir que se decidisse huma immediata abolição; porem encontrou huma fortissima opposição da parte de Hespanha e de Portugal*".

[4255] *O Observador Lusitano em Pariz*, Março de 1815, "Summario Politico", págs. 477 e 478. E prossegue: "Tambem judiciosa e prudentemente se diz que exigio da Inglaterra, em premio do sacrficio que estavamos promptos a fazer, a modificação de algumas clausulas onerosas do tratado de 1810."

[4256] ANTT, *Arquivo Casa Palmela*, Filme 5526 P: "Copia do Officios e Documentos relativos ao Congresso de Vienna (...): Ofício ao Marquês de Aguiar, datado de 4 de Outubro de 1814": "O grande fim que as Potencias agora reunidas se propoem, hé a formação de hum novo pacto federal sobre bazes justas e solidas, ou a rectificação do Systema Politico da Europa, conforme ao grandes principios do Direito Publico, tão esquecidos e violados há vinte e cinco annos a esta parte."

[4257] *O Investigador Portuguez em Inglaterra*, X, Julho de 1814, relativo a uma sessão do Corpo Legislativo em que Luís XVIII promete aos franceses a manutenção das instituições liberais: "A França deve ter um Poder real protector, destuido porem dos meios de fazer-se despotico; o Rei deve ter vassallos fieis e affeiçoados, sempre livres e protegidos igualmente pelas leis. A Authoridade Real deve ter huma força sufficiente para reprimir todos os partidos, moderar todas as façoens, e ter em sujeição todos os inimigos, que ameacem a felicidade e o repouzo publico. A Nação, ao mesmo tempo, necessita de huma garantia contra toda a sorte de abusos, ou excessos de Poder. (...) Tal he, Senhores, *o verdadeiro espirito paternal, em que esta grande Charta Constitucional tem sido formada* (...).", *ibidem*, XIII, Agosto de 1815, págs. 214 e 215: "Decreto para estabelecer huma Representação Nacional, no Reino da Prussia: (...) *O Povo Prussiano terá huma Representação nacional;* (...) todas as asembleas provinciaes, que ainda existem com maior ou menor influencia, serão restabelecidas, e *organizadas segundo a experiencia dos tempos.*"

[4258] *O Portuguez*, I, nº 2, pág. 172, tem uma posição assaz curiosa: "Fará epocha na historia da Liberdade, e nos annais dos Povos o comportamento magnanimo dos Alliados, reconhecendo por este facto, que os representantes de um Povo podem escolher o Governo, que lhes parecer. Este famoso exemplo hé uma brecha, e que mais se não pode tapar em os baluartes do despotismo."

[4259] António G. Mattoso, *História da Civilização*, II, pág. 473: "O tsar da Rússia convidara os monarcas a governarem como 'pais de família' e o diplomata Metternich impusera a ideia de que a Autoridade real se devia manter segundo as formas patriarcais ou absolutistas, aparecendo assim a Santa Aliança como um factor de garantia contra a Revolução. Erigira-se em princípio o processo da 'intervenção', devendo os soberanos reunir-se em congressos, nos quais se estudaria a oportunidade de aplicar tal medida." *O Correio Braziliense ou Armazem Litterario*, XV, 1815, nº 86, págs. 44 e ss. dá nota de um decreto de Frederico Guilherme, Rei da Prússia, estabelecendo a representação do

DA HISTÓRIA DA IDEIA DE LIBERDADE (SEQUÊNCIA)

repressão era a censura à imprensa, ela mesma acusada de congeminar contra os interesses dos monarcas.

O Congresso de Viena, em 1815, foi o pano de fundo para limitar todo o tipo de Liberdades públicas e, pior que isso, para proceder não apenas à contracção da Liberdade de pensamento, mas aprofundar a fractura entre os princípios da Liberdade política conquistados pelas "Revoluções Atlânticas"[4260] e a Velha Moda[4261] que se

---

Povo, aonde a dado passo se determina: "As funcções dos representantes nacionaes extendem-se á deliberação sobre objectos da legislação, que dizem respeito aos direitos pessoais dos cidadãos, e sua Propriedade. *O Portuguez*, XI, nº 61, pág. 52 e III, nº 17, págs. 471 e ss., a propósito de uma representação de Wurtemberg, palco de dissenções políticas entre os partidários do Absolutismo e os que pretendiam ver a sua Constituição restaurada. Segundo consta do texto, havia sido prometido pelo Rei em 24 de Dezembro de 1797 que se conservaria "inviolavelmente a *Constituição de Wurtemberg* em todos os seos pontos (...)", promessa por várias vezes reafirmada, inclusivamente com palavras enfáticas "Eu solemnemente juro, que a Constituição do meo paiz, que por tanto tempo tem feito a sua felicidade, será sagrada para mim, e a norma do meo comportamento; e que o bem dos meos vassalos, em geral e particular, será o objecto das minhas acçoens em todo o resto da minha vida." E, segundo continua a notícia, "na manham do dia 24 de Julho, communicou-se aos deputados uma ordem Regia com data de 21, em que se lhes determinava fechassem as suas sessoens no dia 26. Na mesma ordem, o restabelecimento da antiga Constituição, originariamente adquirida á custa do sangue e propriedades dos seus antepassados, e os direitos e Liberdades da patria, que o Rey tinha jurado guardar, erão denominados meras discussoens de objectos constitucionaes, que se devião ter por menos importantes, do que a investigação de aliviar os males do paiz (...)".

[4260] *O Investigador Portuguez em Inglaterra*, XVIII, Março de 1817, pág. 30: "O Congresso estabeleceo principios de duas especies; uns relativos ás pessoas, outros, ás cousas. Os primeiros tem o caracter da mais generosa liberalidade, e não hé sem vivos sentimentos de reconhecimento ao espirito que dictou estas honrosas e conçoladoras estipulaçoens (...) para propagar a segurança geral por meio do absoluto esquecimento do passado, e pela extinção de todas as causas de averiguações e exames (...). O Congresso tem a gloria de haver banido todas as especies de reacção, *esse flagello das revoluçoens, e esse alimento de coraçoens crueis, e de espiritos apoucados, que não serve senão para fazer accumular vinganças sobre vinganças, fazer os homens irreconciliaveis, e dar a todos os paizes, em que tão funesto systema domina, o mesmo espectaculo que tem dado a Hespanha, e que tambem deo a França, quando houve bem receo que ele triumfasse.*"

[4261] *Ibidem*, XII, Março de 1815, "Nota do Principe Talleyrand ao Principe Metternich, datada de 19 de Dezembro de 1814", pág. 98: "(...) o espirito daquelle Tratado foi, que se conservarião todas as legytimas dynastias; que se respeitariam todos os legytimos direitos; e que todos os territorios vagos, (isto he, os que se achassem sem soberano, serião distribuidos conforme os principios do equilibrio politico, e o que he a mesma cousa, segundo os principios conservadores dos direitos de cada hum, e do descanço de todos." Contra, *O Campeão Portuguez em Londres*, I, Agosto de 1819, págs. 87 e ss.: "*Há lei divina ou humana que auctorize os Reis a dispor do animal bipede, chamado homem? He bastante a vontade dos Reis quando o Povo não quer?*" Em resposta indica o redactor que "em quanto não renunciarmos a alta dignidade do ente racional, ou de homem, o que nunca faremos, em quanto as nossas faculdades mentaes se conservarem em seu estado actual, nunca admittiremos tambem que haja outro homem no mundo, qualquer que seja o seu titulo ou a sua dignidade, que possa dispor de nossa pessoa por venda, troca ou doação. Neste cazo respondemos positivamente á primeira questão, com dizer sem rebuço: – que não há lei divina ou humana que auctorize os Reis a dispor do animal bipede chamado homem, *sem o seu claro e expresso consentimento*." No que respeita à segunda questão, "(...) ainda quando os Reis illegalmente alienem os vassallos se elles não quizereem, essa alienação nada valerá de Direito nem de facto. (...) he uma verdade que tudo chega a ter seu termo: e a paciencia humana tambem se acaba como se acabão todas as couzas mundanas. Não se fiem pois os governantes na illimitada paciencia do Povo: quanto mais longa elle for maior explosão há de fazer na hora fatal da resistencia. A paciencia he como essas raizes que quanto mais tempo se conservão escondidas na terra tanta maior força e vigor trazem quando rebentão."

pretendia a todo o custo restaurar⁴²⁶². A única coisa que a Santa Aliança não logrou alcançar – e a Revolução de 1820 em Portugal e a reedição de Cádiz no mesmo ano provam-no – foi arrefecer o fogo que entre largas camadas dos Povos crepitava em torno da Liberdade⁴²⁶³.

Posteriormente, estes instrumentos diplomáticos haviam de ser reforçados por um novo Tratado entre as Potências da Santa Aliança, celebrado em Paris, a 14-26 de Setembro de 1815 e a que Portugal acedeu em 3 de Dezembro de 1817⁴²⁶⁴. Este diploma é sintomático das reflexões desenvolvidas a respeito dos objectivos da Santa Aliança. As boas intenções são patentes⁴²⁶⁵; o grave foi o que se seguiu⁴²⁶⁶, demonstrativo do um espírito das monarquias da divinização da origem do Poder político. A subsunção a uma Fé religiosa, que se incrementa na consideração de um regalismo inequívoco, que pretende conciliar a colaboração reformista entre Trono e Altar⁴²⁶⁷, eis os tópicos.

---

⁴²⁶² Daí os enormes aplausos que os partidários da contra-revolução lhe dispensam. Veja-se, por exemplo e em Portugal a posição de José Agostinho de Macedo, *O Espectador Portuguez*, I, 1. Semestre, "Supplemento ao *Espectador*", pág. 7: "A firme resolução de Alexandre I, e não outra cousa, fez (...) desvanecer estas esperanças, a Europa se equilibrou (...) e restituio aos Thronos os seus legitimos Soberanos; e a paz aborrecida pelos pedreiros veio finalmente á Europa." Contra, todos os liberais portugueses de cujo coro se elege *O Portuguez*, III, nº 13, pág. 93: "D'aqui se pode bem concluir (á vista d'este systema de espoliação, e partilhas, preparado no Congresso de Viena) que este não era mais que *uma conspiração e liga dos reys contra a Liberdade dos povos, sem que d'elles, dos antigos, e novos tractados e juramentos, fizessem algum caso, levando a todo o custo o seu projecto por diante.*"
⁴²⁶³ António G. Mattoso, *História da Civilização*, II, págs. 473 e 474: "De 1818 a 1822, cinco congressos da Santa Aliança consolidavam este tratado [compromisso de evitar e repelir toda e qualquer manifestação de Liberalismo atentatória à paz entre os Estados e os Povos], com desprezo absoluto da vontade dos Povos, entre os quais se começava manifestando o espírito revolucionário (...)."
⁴²⁶⁴ José Ferreira Borges de Castro, "Acto de Accessão de El-Rei o Senhor Dom João VI ao Tratado da Santa Alliança celebrado em Paris a 14/16 de Setembro de 1815 entre Francisco I, Imperador de Austria, Frederico Guilherme, Rei da Prussia, e Alexandre I, Imperador da Russia, dado no Rio de Janeiro, a 3 de Dezembro de 1817", págs. 434 e ss.
⁴²⁶⁵ *O Investigador Portuguez em Inglaterra*, XVIII, Março de 1817, pág. 31, "Tratado de Allianca celebrado em 25 de Março d'este anno entre Austria, Gram-Bretanha, Prussia e Russia", artigo III: "Estipular que se estabelecessem constituiçoens, nas quaes vissem os Povos tanto um acto de respeito devido as suas luzes, como uma garantia de melhoramento futuro."
⁴²⁶⁶ *Ibidem*, V, Janeiro de 1813, págs. 435-437: "(...) declaram solenemente que o presente Acto não tem outro objecto mais que de manifestar à face do Universo a Sua determinação inalterável de não tomar como regra da Sua conducta, quer seja na administração de seus respectivos Estados, quer seja nas suas relações politicas com qualquer outro Governo, senão os preceitos d'aquella santa religião, preceitos de justiça, de caridade e de paz, os quaes, longe de só serem applicaveis á vida privada, devem pelo contrario influir directamente nas resoluções dos Principes, e guiar todos os Seus passos, como o único meio de consolidar as instituições humanas, e de remediar suas imperfeições" Chega mesmo a fazer-se a seguinte afirmação: "Artigo I – Na conformidade das palavras das Sagradas Escripturas que ordenam a todos os homens que se considerem como irmãos, os tres Monarchas Contratantes permanecerão unidos pelos vinculos de uma fraternidade verdadeira e indissoluvel, e estimando-se como compatriotas, deverão prestar-se em toda a occasião e logar, assistencia, ajuda e socorro (...)."
⁴²⁶⁷ *Ibidem*, V, pág. 437: "Artigo II – (...) Suas Magestades recommendam (...) com a mais terna solicituude aos Seus Povos, como único meio de gosar d'esta paz que nasce de uma boa consciencia, e que só é duravel, hajam de se fortalecer cada dia mais nos principios e exercicio dos deveres que o Divino Salvador ensinou aos homens."

DA HISTÓRIA DA IDEIA DE LIBERDADE (SEQUÊNCIA)

A Europa atingira, porém, um ponto sem retorno; tudo seria uma questão de tempo e todas as tentativas feitas ao longo do séc. XIX para abafar a Liberdade[4268], tiveram respostas coincidentes em empenho e perseverança. O resultado final é conhecido e, por isso mesmo, se a repressão depois de 1815 se incrementou, na mesma proporção aumentou nos vários Estados europeu os desejos de serem livres. Na verdade, são sabidos os desenvolvimentos que a História Geral e a História Diplomática apresentam da questão, tal como o aparecimento de duas grandes correntes ou facções que em conjunto se opunham de forma intransigente ao programa de acção dos soberanos aliados, pela via do Liberalismo ou do nacionalismo.

Por um lado, os liberais moderados, a quem o exemplo inglês, apesar de todas as suas tibiezas, continuava a calar fundo e que viam nos Estados Unidos o melhor exemplo de ultrapassar o modelo proposto. Por outro, os que aderiam abertamente ou de forma sub-reptícia aos princípios revolucionários de 1789. Por isso pregavam por Constituições escritas, a garantia das Liberdades individuais, civis e políticas. De outra parte, despontava o nacionalismo, com a reivindicação da independência por força de tradições históricas próprias fundadas na língua, na etnia, na raça, etc.[4269]

De tudo isto resultaria o contrário que a Santa Aliança havia previsto e, com reveses de parte a parte, um novo e demorado conflito a que a Europa tinha a sina de não poder fugir.

[4268] *O Investigador Portuguez em Inglaterra*, XVII, Dezembro de 1816, págs. 200-203, manifesta as intenções do Governo prussiano em outorgar uma Carta à Prússia por esta época e de acordo com um decreto de 22 de Maio a que se fez já menção em momento anterior. Entre outras coisas, encomiam-se os "prudentes Prussianos, cuja actividade impaciente sempre hé moderada pela grande confiança que tem no seu Governo, nunca até agora duvidaram das intençoens deste, nem dos progressos de uma obra, que segundo as palavras do Edicto já mencionado, deve considerar-se tanto como uma garantia da real confiança, como uma dadiva que se vai deixar para a posteridade dos principios da Liberdade civil, e de uma justa administração (...)." Com Metternich à testa do Governo, é sabido em que acabarão estas "excelentes intenções", cujo reforço se faz pouco tempo volvido e são transcritas; idem, Janeiro de 1817, pág. 338: "*El Rey hé a favor da Constituição; o chanceler hé a favor da Constituição; e o Povo quer uma Constituição*. Mas não obstante serem a favor da Constituição estes tres grandes partidos, a sua obra não hirá muito depressa. Tamanha empreza traz com sigo grandes difficuldades. A Constituição não hé só do seculo presente, mas pertence á posteridade."

[4269] A. Debidour, I, "Préface", pág. VIII: "A cette époque, les peuples demandaient des institutions libres, les nationalités réclamaient avec leur indépendance, leurs frontières naturelles. Nulle satisfaction ne fut donnée á ces voeux par des vainqueurs de Napoléon. La démocratie fut mise á l'index. Pour la comprimer ou pour la combattre, les souverains formèrent une sorte d'alliance mutuelle. Ainsi devait, à leur sens, s'établir l'équilibre moral, nécessaire au maintien de la paix générale. Quant à l'équilibre matériel, ils le fondèrent sur un partage tout à fait arbitraire des territoires, ne consultent pour l'effectuer que leurs convenances, leurs intérêts – mal compris – et ne tenant nul compte des voeux des populations."

§ 3º. Razão, História e Liberdade de pensamento posteriores a 1789 e até aos alvores da Revolução Vintista no contexto da reflexão nacional

1. Questões culturais e Liberdade individual

1.1. Apresentação

Dando início à ponderação nacional que por esta época se ia fazendo no domínio da Liberdade, Joaquim José Rodrigues de Brito constituiu-se como contributo importante para o tema, pese embora o facto do seu trabalho ter ficado algo no esquecimento. Formado em Leis e em Matemática, os seus interesses viram-se sobretudo para o segmento Económico da sociedade, sendo aí que mais produtivamente elabora uma reflexão que deambula por outros domínios da actividade humana.

Por outro lado, em Portugal e segundo o entendimento mais apurado, Fernando Telles da Silva de Caminha e Meneses, o Marquês de Penalva, terá sido uma das mais controversas[4270] e inteligentes personalidades da sua época. [4271]

Já com Ricardo Raimundo Nogueira entra-se no campo das "hipóteses", concretamente o facto de se poder estar perante um homem do Antigo Regime, cujas ideias absolutistas no domínio político são por demais evidentes em escritos deste timbre antes de 1818, pelo menos. Outra possibilidade seria a de um afrancesado ou um liberal de veia moderada, sobretudo insatisfeito com a participação inglesa nos negócios internos de Portugal, após a expulsão definitiva dos franceses.

De facto e como bem já se demonstrou não é personalidade fácil de compreender[4272] e é de admitir que, com alguma precaução, será mais aceitável inseri-lo no campo dos acomodados portugueses que pós-Vintismo optaram pela segurança do novel Absolutismo, com um especial talento para de imediato aderir à causa do dia seguinte à jornada de Salvaterra[4273] e que, antes de 1820, fora um escorreito ministro de D. João VI[4274], confesso admirador de Pombal[4275] e subscritor da proposta de Carta dos afrancesados, pedindo um Rei e uma "Constituição", em 1808.

[4270] *O Portuguez*, VIII, nº 47, pág. 409: "E este antiquíssimo Grande do Reyno, e Conselheiro d'igual data, não se envergonhou de solicitar a ida á França, para desthronar o seu Rey (havendo já assignado a petição para de Buonaparte impetrar outro) só com o fim de lhe os Francezes mandarem adiantar algum dinheiro, que elles lhe concederam!" Veja-se mais *O Correio Braziliense ou Armazém Litterario*, XXI, 1818, nº 124, págs. 366 e ss.

[4271] Ferreira Deusdado, *Educadores Portugueses*, págs. 384 e ss.

[4272] ANTT, *Real Mesa Censória*, Livro 14: "Provisão de licença para ler Livros prohibidos ao Dr. Ricardo Raymundo Nogueira, por prazo de dez annos, com data de 28 de Março de 1792."

[4273] Foi nomeado em 18 de Junho de 1823 para fazer parte da Junta que deveria redigir a nova Constituição.

[4274] Ministro da Regência do reino na ausência de D. João VI, em 7 de Agosto de 1810, cargo que desempenhou até 15 de Setembro de 1820. Conselheiro de Estado. Nomeado membro do Governo do reino por aviso do Príncipe Regente de 24 de Maio de 1810. Veja-se João Pedro Ribeiro, *Indice Chronologico Remissivo da Legislação Portugueza*, V, pág. 324.

[4275] Christovam Ayres de Magalhães Sepulveda, "Introdução", *Historia de Portugal desde 1807*, pág. 3. Nas páginas seguintes desenha-se um breve retrato do Autor, sobretudo apelando para que a ideia pré-concebida de subserviente a ordens estrangeiras ou pouco empenhado nos seus serviços, seja por completo alterada.

Professor de Direito Pátrio em Coimbra, foi também Autor de trabalhos monográficos. Para além da sua participação na elaboração dos compêndios da Faculdade de Leis· exerceu um conjunto alargado de funções docentes, sendo particularmente amigo de Ribeiro dos Santos[4276], com quem compartilhava a árdua tarefa de preparar os futuros universitários pela via das Lições[4277].

1.2. Direito Natural e História

Partidário entusiasmado do sistema de Condillac[4278], malgrado os problemas que a leitura das suas Obras iam colocando por essa altura, Rodrigues de Brito manifesta um conhecimento pouco trabalhado de Kant, apresentando, embora, o grande mérito de ter sido o primeiro e único português que até 1823 lhe faz alusão[4279].

Exemplifica-se este conhecimento de Kant bem como a oposição que lhe entende fazer com uma única observação a respeito da subjectividade da Moral: "[esta] exige mais longo e profundo estudo que a geometria; por ser uma Ciência de relações vagas sempre infinitamente variadas, mais difíceis de combinar, que as relações fixas, e determinadas, dos números e das linhas. E, com efeito, as palavras *Direito Natural, justo,* Propriedade, indústria, comércio e *Liberdade* têm definições, e acepções diferentes para os diversos escritores (...)"[4280].

Talvez com maior acuidade se possa dizer que o desacordo é fácil de entender: Kant é transcendentalista; Rodrigues de Brito é sensista[4281]; é pouco provável que se "conhecessem" ou mesmo "que se quisessem conhecer".

Diga-se que é um defensor intransigente do primado da lei, considerando os prejuízos que ao longo dos tempos a esta foram sendo feitos por uma espécie de vaidade imoral de boa parte dos escritores. Se a lei e a sua observância impedem a anarquia, mal se compreende que cada um tenha exorbitado em interpretações pessoais, que conduzem a pouca salutar flexibilidade de conceitos. "A recta Razão, a equidade natural, e a utilidade pública foram sempre termos abstractos, e ambíguos,

---

[4276] Pedro Miguel Martins Gonçalves Caridade de Freitas, *Um Testemunho na Transição para o século XIX: Ricardo Raimundo Nogueira*, Dissertação de Mestrado em Ciências Histórico-Jurídicas apresentada à Faculdade de Direito da Universidade de Lisboa, Lisboa, 1999, pág. 110 e nota respectiva. Todo o capítulo relativo a esta matéria pode ser lido com interesse e proveito.

[4277] Idem, *ibidem*, págs. 162 e ss., para os vários Compêndios que entretanto saíram à liça.

[4278] Importa salientar a importância que teve para Rodrigues de Brito a leitura do *Traité des Systhemes*, entre Obras de Condillac. É através desta leitura e com o enfrentamento ao transcendentalismo de Kant (possivelmente mal compreendido), que o jurista de Coimbra partirá para a sua argumentação. E é também a sua presença que ao longo dos três volumes das *Memórias* se patenteia como referencial maior do pensamento britiano, pelo que se chamam à colação as observações antes tecidas acerca do pensador francês.

[4279] Newton de Macedo, *História de Portugal. Edição Monumental comemorativa do 8º Centenário da Fundação da Nacionalidade*, VI, pág. 443. Entre essas correntes e as que se associavam ao empirismo inglês, a posição do Autor é semelhante á dos demais. Devem as primeiras ser preteridas em relação às segundas.

[4280] Joaquim José Rodrigues de Brito, *Memórias*, I, "Prefácio", pág. 12.

[4281] Newton de Macedo, *História de Portugal. Edição Monumental comemorativa do 8º Centenário da Fundação da Nacionalidade*, VI, pág. 443: "(...) o lente (...) declarava (...) que todas as tentativas para fundamentar metafisicamente o Direito haviam falhado. E na sua opinião todas estas tentativas tinham falhado 'por se afastarem do farol da experiência e das observações sobre o homem físico e moral que só chega á nossa alçada e que só pode conduzir-nos a um sistema de Direito Natural compreensível (...)."

que se acomodaram caprichosamente para provar os maiores paradoxos"[4282], de que "o maior valor político"[4283] é a base de determinação.

A uma tal reflexão de base utilitarista e sensista[4284], só poderia associar-se a visão evolutiva da sociedade e do homem por recurso à História. De forma directa di-lo por mais de uma vez, considerando que "provado assaz tem sido que o espírito humano não pode jamais dar passos retrógrados: ainda que os dê em certos distritos, e em certos braços das Ciências Morais: porque a massa total das luzes caminha, e tem caminhado sempre em passos progressivos no todo do nosso globo"[4285]. Segue-se que "o bom sistema é obra do tempo e segue os progressos do tempo"[4286], ponto que tanto serve para a ponderação das temáticas culturais, como ganha aplicação no âmbito moral e político.

Noutro plano de análise e em presença das tendências supracitadas, poderá incluir-se Rodrigues de Brito no sector jusnaturalista, rumo iniciado com Grócio mas que é sobretudo evidente depois de Wolff e de Pufendorf. Resulta do seu texto[4287] um constante apelo a esses ensinamentos sobretudo no que resulta da separação entre Direito Natural e Moral, ou Filosofia, ou Política, ou Direito Positivo.

Em qualquer caso não seria legítimo retirar desta referência uma adesão incondicional aos preceitos do jusracionalismo na sua versão clássica, uma vez que isso dificilmente seria compatível com as características próprias que Rodrigues de Brito assume[4288] e que o conduzem para longe da veia racionalizante que predominava no século[4289], admitindo embora a imprescindibilidade do seu contributo para o desenvolvimento do sistema[4290]. Sem essa actividade a Razão natural não teria atingido os píncaros de dignidade que as Luzes lhe conferiram.

Em Portugal esse tipo de actividade era especialmente veiculado depois da adesão à proposta do *Usus Modernus Pandectarum* e da sua implementação no discurso univer-

---

[4282] Joaquim José Rodrigues de Brito, *Memórias*, I, pág. 25.
[4283] Idem, *ibidem*, III, págs. 81 e ss.
[4284] Idem, *ibidem*, VI, pág. 313: "certo que nós não temos de inatas mais que umas disposições, e propensões para a felicidade porque os princípios mais claros, e símplices da lei natural só nos são determinados, e desenvolvidos pelos sentidos, e pela experiência, ou o que é o mesmo, pelos factos, e fenómenos que observámos; e se a prática nos iluminou sempre, ela só é capaz de adiantar nossas luzes, e conhecimentos." Com isto, Rodrigues de Brito resolve dois "problemas" complexos: Descartes e Kant...
[4285] Idem, *ibidem*, I, "Prefácio", pág. 22.
[4286] Idem, *ibidem*, I, pág. 26.
[4287] Idem, *ibidem*, VI, págs. 217 e ss.
[4288] Idem, *ibidem*, VI, pág. 313: "Toda a Ciência é pois prática, ou fundada em factos da natureza física, e moral; porque aquela que se funda no mero intelectual, imaginário ou hipotético, não é arte, nem Ciência, nem deve merecer este ilustre nome, por não concorrer nunca para a felicidade do homem, ou do Estado, mas para a sua verdadeira ruína."
[4289] Idem, *ibidem*, I, pág. 26, nota: "Platão, Aristóteles, Grócio, Pufendorf, Montesquieu, os novos economistas, Stuart, Smith, etc., eram graus necessários para a Moral, e a Política se aperfeiçoarem no seu sistema."
[4290] Idem, *ibidem*, VI, pág. 218: "Um grito geral se ouviu logo em todas as Academias da Europa: que se devia adiantar aquele sistema. Puffendrfio, Volffio, Barbeyrac, Cocceo, Boehmero, Burlamaqui, Felice, Schrodt e infinitos outros, além dos políticos (...) adiantaram grandemente aquele edifício; mas que se devia esperar de tão grandes génios aplicados quase todos à metafísica delicada do Direito, em que os maiores engenhos têm sempre naufrago depois de consumirem inutilmente seus dias no exame de uma Filosofia transcendente e transcendental em questões de preferência de Governo, e em meditações de princípios de uma utilidade separada da justiça."

sitário da Reforma Pombalina. Daí que não resulte nada estranho a posição decidida que firma: "O sistema de análise fundado sobre a dita experiência hoje tão justamente apreciado é o único digno de conduzir-nos; porque cabe nas nossas forças. Praza aos céus que as paixões se calem para escutar a voz imperiosa da Razão (...)"[4291], pois que apenas assim se poderá prosseguir o que a utilidade manda como possibilidade única de ultrapassagem do intelectualismo: "Quando os estatutos de 1772 restauraram aqui as Ciências Morais, não quiseram limitar-nos às meras conciliações das leis positivas, ou do que os legisladores disseram, ou quiseram dizer nos diferentes tempos, porque isso seria apartar-nos da verdade prática, ocupando-nos em meras teorias; o que em verdade pouco diferia dos sistema hipotéticos, e imaginários; e em lugar de nos iluminar nos degradaria da ordem dos verdadeiros sábios"[4292].

Neste plano coloca o Autor em destaque a *Lei da Boa Razão*, que em conjunto com os *Estatutos* incrementaram a aplicação do *Usus Modernus*, confirmando que o Direito Romano apenas funcionaria como fonte subsidiária na ausência de legislação pátria que previsse certo caso e em harmonia necessária com a lei natural.

1.3. Liberdade de pensamento ou eclectismo nacional

Rodrigues de Brito é um produto do pós-josefismo, encontrando grandes vantagens na reformação do ministro de D. José I mas ultrapassando bastante, no plano das ideias, a Liberdade de pensamento ecléctica que o despotismo ilustrado oficial perfilhava.

No que respeita às correntes culturais em voga no seu tempo, é possível afirmar que em Rodrigues de Brito existe uma perspectiva cruamente realista da sociedade portuguesa. Em certos caso poderá quase estabelecer-se um paralelo entre o seu programa de erradicação da falta de cultura naqueles sectores da sociedade que previsivelmente mais a deveriam prezar.

As predilecções empiristas de Rodrigues de Brito não seriam facilmente conjugáveis com as conclusões do jusracionalismo, sobretudo quando verifica que, na aplicação directa ao caso português, essa reflexão teria de ser confrontada com as formulações mais especificamente jurídicas.

A Educação[4293] é imprescindível para o avanço das sociedades e, em Portugal, "se fossemos educados desde os primeiros anos com uma boa lógica, que logo nos ensinasse a praticar; se tivéssemos uma boa língua filosófica, em que os sábios só escrevessem, e a cujas regras fossem sujeitos; e se os nossos cérebros não estivessem embrutecidos, e estragados com os inumeráveis prejuízos da nossa educação liberal, e com a infinidade de absurdos, e de sofismas, que nos têm tornado incapazes de tocar a verdade a mais simples através das espessas nuvens, que a esconde à viva sagacidade. *No meio deste caos e deste intrincado labirinto, a que um longo hábito antidialéctico nos conduziu, era*

[4291] Idem, *ibidem*, VI, pág. 219.

[4292] Idem, *ibidem*, VI, pág. 313. O Autor prossegue: "A hermenêutica, e as análises estabelecidas para interpretar a mente, fim, e objecto dos legisladores não tiveram, nem podiam ter em vista as meras teorias daquelas puras interpretações; mas o combiná-las com o código da natureza, ou, em termos, com os sucessivos fenómenos do mundo moral."

[4293] António Ferrão, *A Primeira Invasão francesa (A Invasão de Junot vista através dos documentos da Intendencia Geral da Policia, 1807-1808). Estudo Político e Social*, pág. XIX: "O que caracteriza um Estado civilizado é a sua instrução e a sua polícia. A primeira tem em vista fortificar os espíritos pela divulgação dos princípios e exemplos morais e cívicos, e preparar os habitantes de um país para os embates da vida pela vulgarização dos conhecimentos, isto é, tem por objectivo criar valores morais e factores de riqueza; (...)."

indispensável que todos os zelosos literatos se tornassem outros tantos pequenos Descartes, e que, pisando aos pés suas antigas ideias, fizessem todos os esforços por se esquecer delas"[4294].

Rodrigues de Brito apresenta-se com um espírito reformador no plano ideológico, aproveitando a boa disposição das reformas josefinas e, ao retocá-las, eminentemente tocado pelo espírito de um progresso comedido, não pactuante com os excessos do século[4295]. Não pode ser outra a interpretação que veicula e segundo a qual "(...) choca a são Filosofia, e é mesmo criminoso, e repreensível deixar de expor verdades, que podem influir no bem do Estado pelo vil receio de perder interesses"[4296].

A verdade é, sinónimo de sabedoria e felicidade[4297] e não deve estar submetida a outra censura senão a do tribunal da Razão[4298]. A política é caso a não olvidar sendo precisamente nessa área que incide a presente investigação[4299].

Partindo deste entendimento[4300], acompanhado de um empirismo sensista, que entronca com considerandos de ordem ética, levam a posicionar o Autor ao nível do

---

[4294] Joaquim José Rodrigues de Brito, *Memórias*, I, "Prefácio", pág. 17.

[4295] Idem, *ibidem*, I, pág. 19: "O libertinismo malignamente misturado hoje com a capa de ateísmo, e de irreligião, maiormente porque se confunde interesses particulares, que se confundiram sempre com os da religião, era obra de reforma de poucos anos suposta a moderação dos nossos actuais costumes."

[4296] Idem, *ibidem*, I, pág. 18. O Autor prossegue de forma incisiva: "Que é na pura moral a infame sede de ouro, e a sôfrega cobiça dos empregos? Que vale a mordacidade só privativa de almas acanhadas, e de charlatães ignorantes, e incapazes de alguma protecção útil? Não são os maiores detractores bem conhecidos por falsos sábios, que têm o Dom sedutor da palavra, e fundados numa reputação mal merecida, querem proscrever uma obra por um erros de solicismo? Mas quando a impostura triunfe, e se vá aumentar o martirológio das Ciências, em verdade não se aumenta também o número dos que souberam gloriosamente restaurá-las, ou atentaram dar-lhes um novo esplendor?"

[4297] No mesmo sentido, *O Investigador Portuguez em Inglaterra*, XI, Fevereiro de 1815, "Censura do Folheto intitulado – Dissertação IV Anti-Revolucionaria", pág. 550: "A felicidade publica he a lei fundamental das sociedades; esta he a lei Suprema, a cujo imperio obedece a Igreja, eo mesmo Rey."

[4298] Manuel Augusto Rodrigues, "Introdução" às *Actas das Congregações da Faculdade de Teologia (1772-1820)*, II, págs. 9 e 10: "A fiscalização dos compêndios só deve estar sujeita ao augusto tribunal da Razão. Daí que a esperança do prémio se justifique perfeitamente. E foi isso que sempre se praticou nos quatro séculos de literatura, exemplificando com o caso de Frederico II da Prússia, que premiava os sábios com empregos públicos. As grandes pensões conferidas antes de tempo retardam os progressos das Ciências (...)."

[4299] Verifica-se que em relação a este Autor não há uniformidade interpretativa na doutrina. Assim se Luís Cabral de Moncada, *Subsídios para Uma História da Filosofia do Direito em Portugal (1772-1911)*, Coimbra, 1938, pág. 146, entende Rodrigues de Brito como "o último representante (...) de uma corrente iluminista que associou o sensualismo e o empirismo inglês com as doutrinas do despotismo inteligente (...) em política, e ainda com as novas ideias dos fisiocratas e do Liberalismo de Adam Smith, em economia", já António Almodovar, *A Institucionalização da Economia Política em Portugal*, Porto, Edições Afrontamento, 1995, pág. 42, tem posição diversa. Assim, defende que as *"Memórias Políticas*, mais que o estertor ou o apogeu da intelligentsia clássica em Portugal representaram, graças à forma como Silva Lisboa as interpretou, a propositura de um discurso económico deficiente: não se trata apenas de um momento – culminante e tardio – do Iluminismo, não se trata apenas de sincretismo formulado numa linguagem tosca e imperfeitíssima, trata-se de um ponto de ruptura – essa sim possivelmente tosca e imperfeita – com uma ordem discursiva tradicional em que o económico não possuía um lugar autónomo e como tal reconhecido e institucionalmente sancionado."

[4300] Joaquim José Rodrigues de Brito, *Memórias*, II, págs. 5 e ss. no que respeita à elaboração de compêndios pelos Lentes de Coimbra. De acordo com Rodrigues de Brito, "A execução dos estatutos, ou a execução das leis positivas feito á face do Código da natureza estava dependente

utilitarismo. É ele mesmo que o afirma: "Sem dúvida a verdade é tão imperiosa, que faz calar e mudar de cor aos mesmos réus, que a pretendem ofuscar, e denegrir, e tão amável, e atractiva, que, como um bem celeste, é abraçada geralmente por todos os homens, quando lhes aparece clara, e brilhante, longe das trevas, e sofismas, que a costumam sufocar. (...) A verdade é tão amável para todos os homens, e para todas as Nações, quanto ela lhes é útil, e a ignorância, sua contrária, detestável, e prejudicial"[4301].

É, pois certo que "a pobreza do juizo, e do verdadeiro senso filosófico produziu sempre a dos bens, a das virtudes, e a de todos os meios capazes de conduzir à felicidade"[4302] numa alusão indirecta às queixas recenseadas pela *Dedução Chronologica* e escritos afins do josefismo[4303]. Pelo menos segundo o seu ponto de vista de culpabilização actuante do aristotelismo na versão adaptada à cultura lusitana pela Companhia de Jesus[4304].

Servem as vertentes considerações para perceber que enceta a defesa da Liberdade de pensamento ao sabor ecléctico, em associação com uma fuga preconizada às paixões que apenas toldam o raciocínio e impedem a formação evolutiva de mentes sãs na sociedade.

Ponderando a Liberdade de consciência e a tolerância religiosa, não fica grande espaço para avançar. Há, em Rodrigues de Brito, a mesma aceitação católica já presente em Ribeiro dos Santos sobre a religião natural enquadrada na manifestação de total repulsa pelo ateísmo do século.

A religião natural é necessária mas deve andar de mãos dadas com a Fé, que ajuda mesmo a consolidar pela crença num "ente remunerador, e numa vida futura de penas, e prazeres (...)", assim como na imortalidade da alma e de uma vida futura. Pouco interessa que a religião seja ou não verdadeira; esta religião natural, no sentido católico não apenas existe mas se considera indispensável á virtude para que todo o homem tende[4305].

A adscrição aos comandos religiosos é um vínculo necessário, indutor ao cumprimento das leis, "mas a nossa teoria muito de propósito traçada para convencer aqueles, que negam a moral natural somente, porque atacam a religião, em que os

---

absolutamente de compêndios." E, refere do mesmo modo em nota: "Sem compêndios as verdades juntas pelo assíduo trabalho dos professores, não passando de uns para outros, nem se podendo apurar, são inutilmente annunciadas das cadeiras, e se tornam semente infrutífera, obrigando a postilas, que fazem na mocidade um dano irreparável, pelo apartar do estudo de meditação, etc."

[4301] Idem, *ibidem*, I, "Prefácio", págs. 19 e 20.
[4302] Idem, *ibidem*, I, "Prefácio", pág. 21.
[4303] Manuel Augusto Rodrigues, "Introdução" às *Actas das Congregações da Faculdade de* Teologia *(1772-1820)*, II, págs. 8 e 9: "As leis positivas confrontadas com as leis naturais levariam a um progresso da Ciência, do código da Razão, tese esta amiúde defendida por Rodrigues de Brito. E diz o Autor que o orgulho científico que se tem dissipado mais com o progresso das luzes, 'por ser filho da ignorância, e hoje muito conhecido, e injurioso para quem é dele ferido', não criaria então obstáculos. O escritor devia ter a certeza de que o seu compêndio é aprovado e se manteria em vigor até aparecer outro com mérito superior. Alguns legisladores modernos, diz Rodrigues de Brito, estabeleceram que um Autor não deve estar sujeito a outra punição mais que a censura pública."
[4304] Joaquim José Rodrigues de Brito, *Memórias*, I, pág. 21: "O Governo, que propaga a ignorância, cava o abismo, em que ao menos se abismará a sua posteridade. (...) A felicidade dos pais de famílias, como a dos chefes das Nações, está sempre unida à de seus filhos; e só uma educação em importantes verdades é capaz de elevar uns, e outros, ao mesmo grau e concórdia, de esplendor, e prosperidade, de que eles são capazes."
[4305] Idem, *ibidem*, VI, págs. 276 e 277.

Na mesma linha e em conjugação com a própria ideia de Liberdade em geral se retira que o homem deve ser governado por outro homem[4314], porque ainda que o seu arbítrio lhe seja privativo, ser juiz e parte em causa própria é absolutamente nefasto à sã convivência entre todos[4315], devendo trasladar-se para o Rei a capacidade de vingar a sua Liberdade subvertida.

No fundo é a tese católica já defendida em parte e por contraposição a Wolff, por Ribeiro dos Santos, ao considerar a existência do dever tripartido para com Deos, o Soberano e os Patrícios[4316], devendo a circunstancialidade transitória humana ser enquadrada nestes limites predeterminados e não reversíveis.

§ 4º. Germinação das ideias revolucionárias e seus sintomas antes de 1820: as Ideias Políticas no reinado de D. Maria I e de D. João, Príncipe Regente e monarca absoluto português até 1820

1. Apresentação do problema

Neste parágrafo apenas serão apresentados alguns exemplos concretos do que se vem dizendo no plano da afirmação da Liberdade individual, no quadro da Liberdade de pensamento e da competente censura, e da Liberdade política, dos cidadãos e da sociedade, que os portugueses pretendiam alcançar.

Por um lado, a comunicação interdisciplinar que, se obriga a dar especial ênfase ao plano histórico, uma vez que se trata de Ideias Políticas, as deve abranger na sua total compreensão. E, sendo isto verdade, a articulação necessária entre os planos sociológico, político e até económico – ainda que este último não seja alvo de preocupações específicas. Com isto significa-se que a falta de sintonia entre estas vertentes de análise, na abordagem do Pensamento dos Autores, permite justificar que se alguns poderiam, por exemplo, ser adeptos confessos de um Liberalismo económico, se recusavam a sufragá-lo no domínio político. De outra parte, se uma independência absoluta por eles requerida e pontuada em relação às ideias francesas ou às inglesas, por força das sua quezílias contra as mesmas, acabava por implicar da parte dos envolvidos, uma das mais clarificadas exposições do que se pretendia combater.

Voluntariamente ou a contragosto, isto sucedeu vezes sem conta e é uma perspectiva de análise que se deve considerar sempre presente no âmbito da exposição, permitindo justificar aparentes contradições entre um tradicionalismo propiciador de mudanças não estruturais a ocorrerem no quadro do Antigo Regime, e a necessidade de o país acertar o passo com os Estados europeus onde os benefícios de uma certa Liberdade eram gritantes para Governos e soberanos. E mesmo quando o sentido de oportunismo de parte a parte não deixa de ser evidência, fica a nota do cadinho da mudança que os inícios do séc. XIX promoveu em todas as monarquias da Velha

---

[4314] Idem, *ibidem*, pág. 46: "Neste caso, deve o homem para ser livre, buscar o Governo, e o Governo de hum só; não somente porque este he o que favorece mais a ordem, mas até porque se assemelha ao seu Governo interno."

[4315] Idem, *ibidem*, pág. 46: "(...) ainda quando fossem acertadas as suas decisões, a imperiosa Liberdade dos outros a destruiria, e estorvava nos actos mais innocentes da sua vontade."

[4316] Idem, *Dissertação sobre as Obrigações do Vassalo*, págs. 15 e ss.

Europa, e a que o contágio norte-americano, directa ou indirectamente associado aos acontecimentos de 1789, não pode ser escamoteado[4317].

Como em muitas outras situações a rigidez é prejudicial à compreensão e manietadora do entendimento; a flexibilidade e o recurso à tópica formal permitem compor um quadro em que as variantes devem sobressair em função dos planos de observação considerados. Se é possível deixar cair uma imagem surgida no momento de elaboração do organigrama desta parcela da investigação, dir-se-á que importa proceder a uma espécie de introspecção dos dados fornecidos pelos sentidos.

Na senda de Locke e de Condillac e fazendo apelo aos ensinamentos de Verney e Ribeiro dos Santos, consumar o nó entre a visão burkiana da História que promove o homem concreto, portador de direitos que essa sua específica fisionomia lhe conferem dentro do tecido social, de que é parte integrante, com a consagração legal dos mesmos patrocinada por Montesquieu[4318]. Por outro lado, assumir o Individualismo próprio da Revolução Francesa, racionalizando em extremo os conceitos e promovendo uma total abstracção da individualidade, patrocinada no formulário intemporal da *Declaração dos Direitos do Homem e do Cidadão*.

Talvez faça sentido dizer que no Portugal do séc. XIX, nem tudo é liberal ou, por oposição, contra-revolucionário[4319]. Será mais curial afirmar que os finais do séc. XVIII propiciaram que uma corrente de Pensamento tradicionalista se posicionasse como extremamente importante porque mediava entre as duas situações extremas e não era liberal ao modo francês ou inglês, nem contra-revolucionária em sentido providencialista.

Do exposto resulta que futuros quadros superiores portugueses, ao serem educados nesta mescla nem sempre susceptível de conciliação, teriam de num futuro próximo por elas pautar as suas decisões. Também daqui derivaram as três – e não duas como costuma ser apontado – concepções opostas que depois de 1820 se iriam confrontar: a dos liberais, mais moderados ou mais radicais, a dos contra-revolucionários, nitidamente partidários da recuperação do Antigo Regime e a terceira via patrocinada pelos tradicionalistas, cujo percurso ideológico depois de 1820 é deveras problemático, acabando por via de regra por tombar mais para uma ou para a outra das duas posições antes mencionadas.

Neste último caso apresentam, contudo, uma tendência maioritária para o plano liberal-moderado.

Postas estas ideias para Portugal, no sentido comparativo enunciado antes em tese geral na pretérita Explicação de Conceitos, cumpre passar ao seu desenvolvimento nas

---

[4317] Ruy de Albuquerque e Martim de Albuquerque, *História do Direito Português*, I, 1, (1140-1415), pág. 30.

[4318] José d'Arriaga, *História da Revolução Portuguesa de 1820*, I, pág. 475: "As ideias propenderam mais para as teorias inglesas, cujas escolas tiveram mais aceitação dos sabios portugueses. Depois, os excessos da revolução franceza produziram em Portugal a mesma impressão que na Alemanha. Ninguem quis ser solidario com elles. Os revolucionarios portuguezes, como os allemães, procuraram legitimar as mudanças políticas antes nas necessidades publicas e locaes, no que nas teorias francezas, cuja prática não foi dos mais edificantes."

[4319] Zília Maria Osório de Castro, "Tradicionalismo *versus* Liberalismo. Pensar a Contra-Revolução", *Cultura*, 16, pág. 84: "Se bem que nem a Revolução mantivesse a pureza das ideias fundadoras, nem a Contra-Revolução jamais alcançasse uma total vitória nas suas contestações, o certo é que conjugação da inovação e da permanência, respectivamente, identificante e identificadora de uma e outra, marcou, embora de forma desigual, o Pensamento político europeu até aos nossos dias."

diversas zonas de abordagem, seja no plano da História das Ideias enquanto facto político, seja ao nível da História das Ideias no âmbito da ligação entre o indivíduo e a sua sociedade, a que acresce a conformação estrutural das Obras produzidas, que enquadram um Pensamento situado e situacionado.

2. A questão do tradicionalismo político português ou o correspondente pré-liberalismo

Qualquer que seja o lado por onde se encare a questão, utilizando a "tópica formal" ou a "material", o resultado é sempre o mesmo: o tradicionalismo político português de finais do séc. XVIII e inícios do séc. XIX, não implicou abertamente, nem poderia implicar, a sua adesão ao Liberalismo. Não faz sentido pensar e nada nas fontes permite admiti-lo, uma aceitação por parte do "pessoal político" da época, das ideias liberais.

Os governantes nacionais[4320] – e até alguns impolutos portugueses que no futuro revelariam ideias bem próximas do Liberalismo[4321] – em boa verdade eram contra-revolucionários ou, no mínimo, tradicionalistas, antes mesmo de 1820[4322], quando

---

[4320] Simão José da Luz Soriano, *História da Guerra Civil e do Estabelecimento do Governo Parlamentar em Portugal*, Segunda Ephoca, I, "Introducção", págs. 8 e 9: "A regencia do reino e os amigos da velha monarchia erradamente tomaram este odio, que os portuguezes manifestavam contra a França, como o aferro ao antigo systema de Governo, quando só era reacção contra o despotismo e rapina dos exercitos franceses. Todavia a par d'este, um outro incentivo, de certo não menos poderoso por aquelle tempo, promovia tambem aquella reacção, tal era o espirito religioso do Povo portuguez contra os rapidos progressos, que em tão larga escala iam fazendo a *irreligião* e o *materialismo*."

[4321] Francisco Soares Franco, *Reflexões sobre a conducta do Principe Regente de Portugal, revistas e corrigidas por* (...), Coimbra, 1808, págs. 3 e ss., datadas de Londres, 16 de Outubro de 1817, pode nas mesmas ler-se a dado passo que "Hum dos fenomenos caracteristicos da Revolução he, que depois de ter transtornado a França, ameaça fazer o mesmo a Europa; mas isto he porque desde a sua origem nenhuma Potencia continental quis prever as consequencias. (...) Mas desde o anno de 1789 não tem havido huma só apparencia ou signal realmente favoravel; não tem havido hum só signal revolucionario, que deixando tudo á fortuna do acaso, pudesse por hum sucesso inesperado salvar os Reis, que já não contavão com os seus meios, e que não aspiravão senão por milagres da ressurreição, sem terem para a conseguir dado algum. (...) A revolução nunca deixou de existir, ella tem tomado sucessivamente todas as fórmas que convinhão temporariamente á França a fim de a mergulhar no furor, e no crime, e conseguintemente no que era necessario para destruir a Europa, e cubrillo de crimes, e de sangue. (...) *Então appareceu Bonaparte; elle não fez a revolução, mas revolução foi quem o fez; elle não a principiou, mas foi consequência della. Ella o domina e póde destruillo, se elle cessasse hum momento de ser o flagello do mundo, e se contente da sua fortuna quizesse hoje descançar, e gozar della.*"

[4322] O tom providencialista evidenciado nos primeiros chefes do movimento contra-revolucionário francês está presente nos nossos dirigentes eclesiásticos e políticos quando da Revolução de 1808. Os exemplos abundam e por isso se escolhe um por suficientemente representativo, vindo da pena do presidente da Junta de Aveiro, que nos *Documentos para as Invasões Francesas*, Aveiro, 5 de Agosto de 1808, escreve: "Devendo Nós reconhecer que as calamidades, que temos soffrido, são hum effeito da vingança de Deos Nosso Senhor pelos peccados com que o temos offendido, e provocado a sua colera (...)." Sobre a importância de Aveiro e seu contributo para a Guerra Peninsular, veja-se Marques Gomes, *Centenário da Guerra Peninsular 1808-1908, Contribuição da Camara Municipal de Aveiro para a sua História. Notas e Documentos*, Aveiro, 1908; António Cabreira, *Analise da Revolução de 1820*, pág. 5: "(...) em 1808, a consciência nacional, explodindo em todo o país, num grande clarão de patriotismo, levou de vencida o flamejante pendão tricolor, erguendo os últimos clamores de vitória nas próprias terras de França."

esbracejavam contra a Revolução Francesa[4323] e atemorizavam o Povo com o exemplo que as tropas franceses e os seus dirigentes por aqui tinham deixado[4324].

Primeiro colocou-se o problema da rejeição ao ocupante Corso e seus exércitos, promovendo a revolta de 1808, cujas ideias no plano da Liberdade individual e política cumpre avaliar. Depois a escassa satisfação em presença dos desenvolvimentos de Cádiz e os retrocessos calamitosos que originaram para as pretensões espanholas e para os portugueses que as subscreviam. Finalmente o tipo de opções que, perante tais eventos e com base no Pensamento oficial português e nos contributos que os Autores que reflectem monograficamente sobre o tema, podem ser carreados para uma interpretação no plano das História das Ideias.

Que em 1808 houve uma rebelião em Portugal, patrocinada pelo Povo, não se pode duvidar. Unindo-se de norte a sul do país, o Povo português entendeu que era chegada

---

[4323] *Gazeta de Lisboa*, 1809, nº 1, 6 de Janeiro de 1809, 1. Supplemento: "Discurso sobre a utilidade dos papeis públicos na presente guerra: Hum dos pontos mais essenciaes de sua infernal politica [da imprensa francesa saída da revolução] foi gabar desmedidamente os seus Chefes, e todas as operações do Governo; ainda nos lembrão, os elogios prodigados a Mirabeau, a Marat, a Robespierre, e ultimamente a Bonaparte, que alguns dos seus mais descarados satellites ousárão propor ao mundo, como hum Enviado de Deos." Por aqui se vê a enorme confusão prodigalizada pela camada mais renitente da sociedade portuguesa aos princípios da Revolução Francesa, confundindo Mirabeau com Robespierre e Marat e estes com Bonaparte. Combinação explosiva, e de que nenhum dos visados se orgulharia.

[4324] *Ibidem*, 1808, nº 32, 20 de Setembro de 1808, 1. Supplemento: "Lisboa, 20 de Setembro, edital de Lucas Seabra da Silva (...): Quando esta Cidade acaba de ser livre do jugo oppressor da França, ver-se-há ella convertida em hum theatro de desordens? Homens melevolos, fazendo soar aos vossos ouvidos o nome que detestais, vos incitão á rapina, ao saque, aos insultos. Mas quem vos authoriza para vingar por vossa authoridade os ultrajes feitos á Pátria? (...) Ponde a vossa confiança no Exercito, que vos libertou, e nos Magistrados, que vos farão justiça. Reclamai tranquillamente os vossos interesses. O maior de todos os bens he a tranquilidade pública." Assim mesmo bem se percebe que de forma sub-reptícia e indirecta, muitas das críticas feitas aos invasores, acabassem por o ser, do mesmo modo, à própria Revolução Francesa, porque nem se queria nem, provavelmente, se sabia, em muitos casos, fazer a diferença. Veja-se *Documentos para as Invasões Francesas*, Porto, s. d.: "Hum Fiel Cidadão. Valoroso Povo Portuense. (...) O Governo vacillante não póde fazer a felicidade dos Póvos; o Governo Acephalo jámais póde existir; deixai a memoria da barbaridade aos vís Escravos da detestavel Nação Franceza, que immolou ao seu louco enthusiasmo tantas innocentes victimas; não queirais, imitando-os com acções torpes, e imprudentes, denegrir a gloria do primeiro impulso que vai a immortalizar-se: se desunidos vos afastais do verdadeiro Caminho da Virtude, o Grande Deos que tudo póde, póde outra vez vibrar vós o formidavel raio do justo castigo, servindo-se dos mesmos instrumentos que até agora tanto vos flagellarão; viver sem Subordinação, atacar os Decretos Superiores, atropelar tumultuariamente a Ordem estabelecida, que vos guia com suavidade á desejada paz, he abusar mesmo da Religião, he abraçar outra vez o barbaro jugo, que há pouco sacudistes: (...)." Com as habituais precauções, tem interesse José d'Arriaga, *História da Revolução Portuguesa de 1820*, I, pág. 508: "Sêr-se francez e pedreiro livre era o maior dos crimes. Os reaccionarios e intriguistas aproveitaram-se da invasão, para predisporem o animo das povoações fanaticas contra os liberaes, apontando-os como alliados e amigos dos invasores. Foi a arma mais terrível, como já dissémos, de que se serviram, e o meio mis efficaz de obstar ao progresso das ideias livres e à regeneração do nosso paiz. Os principios liberaes e o progresso foram accusados de excessos e violencias praticadas pelos soldados de Napoleão, que, afinal de contas, de liberal nada teve, antes pelo contrario, alliara-se com Roma e com os Bourbons, fazendo retrogradar a França e a Europa aos tempos anteriores à revolução."

a hora de repelir os ocupantes franceses[4325]. Por isso mesmo, a primeira revolução do séc. XIX em Portugal não é, como inadvertidamente se diz algumas vezes, a Revolução de 1820, antes a Guerra da Independência de 1808, patrocinada pelo Povo na rua. Tal como acontecera em Espanha, mas com diverso desfecho institucional e que aos órgãos de Poder nacionais, atemorizava tanto[4326] – pelas previsíveis consequências – quanto a atitude francesa desde 1807.

Em primeiro lugar, foi um período extremamente profícuo no que respeita às questões da Liberdade individual, sobretudo ao nível da Liberdade de consciência – pela negativa – e da Liberdade de imprensa – pela positiva. O mesmo raciocínio quanto à questão da Liberdade da sociedade entendida como plasmada nas inultrapassáveis *Leis Fundamentais do Reino* e que, na versão do Consensualismo nacional, admitiam a ideia de Liberdade dos povos enquanto agentes de um processo de representação tradicional, por Ordens, que em conjunto com o monarca deveriam prover à conservação da Liberdade de todos os visados.

É certo que em Portugal se colocava seriamente a necessidade de desenterrar valores esquecidos desde o final do reinado de D. Pedro II[4327], quais fossem não apenas união entre Trono e Altar[4328], pela incessante tentativa de superação do regalismo (tão ao gosto de Mello Freire e Ribeiro dos Santos) e reposição do ultramontanismo[4329] – ainda que não oficialmente admitida antes invectivada com severidade[4330] – que certificava

---

[4325] *Gazetas do Rocio*, nº 6, pág. 16: "Aqui se affixou o edital seguinte: Portuguezes: Eu me separo de vós por tres, ou quatro séculos para nunca mais vos maltratar. Se necessario for darei cabritas aos vossos amados inglezes, entre quem viverei mais leve sem altos negocios, que me privem dos brilhantes dias, que passei na Quinta do Ramalhão, e sem temer a morte macaca. (...) estou desenganado déram-me com o básto, e perdi de codilho; no entanto por aqui sirvo, vou acompanhar a minha favorita a Inglaterra, aonde espero dar cabo do canastro, sem romper tanto chapéo com que me estafo em cortezias inuteis, e com toda aquella indecencia honrosa de que se faz digno. O Duque Histórico."

[4326] *O Correio Braziliense ou Armazém Litterario*, V, 1810, nº 28, pág. 267: "(...) a *desconfiança destramente espalhada produz terriveis effeitos, e seria capaz de produzir um transtorno geral*, se não atalhasse. Os Povos incitados secretamente pelas suggestões dos inimigos da Patria, *querem ser Juizes das operações militares, de que nada sabem nem devem saber* (...). Acautelai-vos, Portuguezes, de todos estes laços."

[4327] F. A. Oliveira Martins, pág. 312, referindo-se a Pina Manique apresenta uma curiosa descrição do seu Pensamento, que contraria em absoluto a interpretação que hodiernamente se apresenta do Intendente. Assim, "o Pensamento político expresso por Pina Manique não obstou a que este nutrisse a ideia da indispensabilidade de renovação do quadro das instituições portuguesas no sentido tradicional da convocação e consulta dos *Três Estados do Reino* – isto é: – da convocação das Cortes Gerais da Nação – pensamento que o Intendente contrapõe aos ideais revolucionários, em satisfação aos que defendiam o Governo representativo. Aquele que em 1787 proclamava o supremo Poder dos Reis, imediatamente recebido de Deus, que os colocou sobre o Trono, e que só a Deus tinham de prestar contas das acções, surgia agora, num dos momentos mais críticos da sua visão política (1797), defensor da monarquia paternal, real, tradicional, fora dos princípios discricionários que haviam presidido á monarquia portuguesa desde D. Pedro II, que, influenciado pelo Absolutismo real francês, deixara de convocar as Cortes Gerais da Nação."

[4328] Idem, *ibidem*, págs. 315 e 316: "Pina Manique, (...) pretendia (...) defender o 'Sacerdócio? E o 'Império? Da epidemia grassante que punha em risco a Autoridade, representada pela pessoa do Rei, e a Igreja, pelo sacerdócio."

[4329] Padre José Morato, *Conheça o Mundo os Jacobinos que ignora, os Exposição das Verdades Catholicas contra os artigos fundamentaes do Systema anarquico dos Theologos Regalistas do século XVIII e do presente*, Londres, 1812.

[4330] *O Investigador Portuguez em Inglaterra*, VI, Maio de 1813, págs. 504 e ss., reproduz a censura feita ao escrito mencionado em nota anterior. Da parte do periódico não subsiste qualquer dúvida da

uma colaboração estreita contra todos os subversores da ordem pública. Ao caso eram os franceses, agora não pela via do Pensamento e da acção dos ímpios filósofos anteriores e posteriores a 1789, mas no plano da afirmação política da Liberdade e independência, enquadrada no sentido tradicionalista que os escritores proclamavam.

Por outro lado, o tipo de restauração que se promovia em 1808 teria muito em comum com a Liberdade readquirida em 1640, para os seus promotores[4331], embora de facto não fosse a mesma coisa e D. João VI, por muito que isso agradasse aos sebastianistas, nada teria de D. João IV, salvo em matéria de devoção. É no plano da devoção e da religião que se manifestam as causas estruturais que impossibilitaram Portugal ter feito, em 1808, uma revolução semelhante à espanhola[4332].

Além do mais, existe outro factor que não costuma ser muito referenciado pelos Autores, mas que resulta não apenas da leitura das fontes como da própria inserção histórico-política da situação.

Por decreto da data da sua partida para o Brasil[4333] nomeou D. João os membros do Governo da Regência que ficaria em Portugal assegurando a legalidade e a legi-

---

sua sinceridade e, assume-se como perfeitamente válida, a repulsa manifesta que apresenta em presença deste tipo de escritos; da banda do censor, um eclesiástico, é aceitável o benefício da dúvida. Pombal tinha desaparecido do mapa político e são sabidas as profundas alterações que neste domínio o reinado de D. Maria I provocou; ainda assim, parece que não se duvidava oficialmente em separar as jurisdições laicas e eclesiástica e nesse aspecto as fórmulas do tempo do Marquês mantinham-se. Se bem que o peso do clero no aparelho político do país fosse grande, não parece fácil sobrepesar o peso da Igreja face ao estado no período marino; daí que as reacções oficiais e a sua difusão fossem incentivadas e alvo de competente divulgação. O que ficou dito no início deste capítulo a respeito do principal órgão regulador da censura em Portugal, apenas enquadra e permite esta conclusão. *Ibidem*, XV, Maio de 1816, pág. 311, reforça esta posição, a propósito da recriação da Companhia de Jesus por Pio VII, revogando para isso a Bula *Dominus ac Redemptor noster*, de Clemente XIV. A posição oficial portuguesa, transmitida do Rio de Janeiro em 1 de Abril de 1825 era a que segue: "S. A. R. se admira desta determinação de Sua Sanctidade, não tendo esta Corte sido informada disso anteriormente, de maneira alguma, ainda que tivesse a maior razão de queixa nos crimes dos Jesuitas, contra quem Portugal procedeo da maneira mais energica, pela Ordenação de 3 de Setembro de 1759. Sendo as intençoens positivas de S. A. R. manter com o maior rigor as disposiçoens da sobredita Ordenação, qualquer que seja a determinação das outras Coroas, ainda mesmo daquellas que se associaram para a extincção da dita Companhia; meo Augusto Amo me ordena que comunique esta resolução a V. S [ao ministro portuguez em Roma] a fim de que V. S. apresente immediatamente uma Nota declaratoria dos principios invariaveis que S. A. R. intenta manter, e comforme os quaes ordena a V. S. que *não admita negociação alguma, sobre esta materia, nem verbal nem por escripto.*" Veja-se *O Correio Braziliense ou Armazém Litterario*, XIV, 1815, nº 83, págs. 517 e 518, que reproduz o edital de proibição da Obra, seguido das observações de Hipólito da Costa.

[4331] *Minerva Lusitana*, Coimbra, 11 de Julho de 1808, descrevendo-se deste modo o estado de espírito nacional perante a vertente contingência: "os homens de juízo e ainda o Povo suspiravão pelo momento da vingança; todos lião com cuidado a guerra da Restauração do *Senhor D. João IV* para se inflammarem no exemplo dos seus maiores, e procurarem meios analogos, para sacudirem o jugo, que os opprimia. O momento porém não appareceu; a *Hespanha* estava ainda debaixo da influência *Franceza*, e nós não podiamos resistir á força das duas nações combinadas: tinha-se pois tomado o verdadeiro partido, qual era o gemer em segredo, e ceder ao imperio das circunstancias."

[4332] Ana Cristina Araújo, "Revoltas e Ideologias em conflito durante as Invasões Francesas", *Revista de História das Ideias*, VII, pág. 61: "O que caracteriza, por oposição aos liberais espanhóis de 1808-1814, a prática política do círculo liberal português é a ausência de um modelo ideologicamente magnético e catalisador de um processo revolucionário."

[4333] Fazia-se acompanhar por boa parte da nobreza nacional e na sua comitiva tanto constavam "franceses", como o Conde da Barca, como "ingleses", como D. Rodrigo de Sousa Coutinho.

timidade portuguesa por estas paragens. Bem se percebe que era uma conjunto de pessoas cuja competência no plano militar poderia ser grande, mas que em termos políticos deixava bastante a desejar, sendo certo que a anuência inglesa a estes nomes não se questionava, bem como o dos negociadores dos acordos entre Portugal e a Inglaterra[4334].

Quando nas "Instruções" que acompanhavam o decreto régio se manifestava o compromisso assumido por parte dos Governadores do reino em guardar "aos nacionaes todos os Privilegios, que por Mim, e pelos Senhores Reis Meus Antecessores se achão concedidos"[4335] e atendendo às *Leis e Costumes do Reino*, certamente não há aqui qualquer defesa da Liberdade política dos portugueses, que nem mesmo se sabia o que era. O que existe é a defesa das Liberdades tradicionais, propagadas pelo Antigo Regime enquanto benefício outorgado em geral pelas Leis do Reino ou por dislate régio a determinados indivíduos.

Foi uma ocasião perdida para acentuar o pacto social e o pacto de Poder de origem humana, ou a soberania nacional e a monarquia representativa, por exemplo.

A actividade empenhada do clero em todo este percurso[4336], transformou a campanha numa espécie de promontório da fidelidade ao Rei e às antigas instituições[4337], incentivando a obediência ao monarca, como o ungido de Deus, ligado ao Povo por pacto acordado entre ambas as partes.

Assim, a ligação entre os preceitos do Absolutismo, por um lado e no que respeita à legalidade e à legitimidade do Príncipe Regente ao Trono de Portugal, encontrava

---

D. João terá querido contentar todos, mas dificilmente convenceu a generalidade dos observadores do bem fundado das suas razões...

[4334] Pela parte portuguesa o eleito era Sousa Coutinho, embaixador residente em Londres; pela parte inglesa o celebérrimo Canning, que tão falado haveria de ser em episódios futuros.

[4335] *Observador Portuguez, Historico, e Politico de Lisboa, desde o dia 27 de Novembro do anno de 1807, em que embarcou para o Brazil o Principe Regente Nosso Senhor e toda a Real Familia, por motivo da Invasão dos Francezes neste Reino*, pág. 17; *O Correio Braziliense ou Armazém Litterario*, I, 1808, nº 1, págs. 5-8 apresenta o decreto de D. João bem como as Instruções aos Governadores do reino que o acompanhavam. Veja-se António Delgado da Silva, *Collecção da Legislação Portuguesa*, 1802-1810, pág. 474.

[4336] João Pedro Ribeiro, *Indice Chronologico Remissivo da Legislação Portugueza*, V, pág. 291, relativo a um edital da Inquisição de Lisboa, datado de 23 de Dezembro de 1808 para que os Familiares se alistassem.

[4337] *Diario Lisbonense*, nº 135, 16 de Junho de 1810: "SONETO, que hum patriota do Algarve offerece ao Excellentissimo Senhor Bispo, Governador das Armas daquelle Reino:

Em vão, Usurpador ínpio tyranno,
Em vão, amedrontar o Algarve, intentas,
Sem susto dos Exercitos q'augmentas
Aqui se ostenta o Povo Luzitano.
Aqui, Corso fatal, o Ceo Soberano
Nos mostra o melhor Iris nas tormentas,
Aqui não achas faces macilentas,
Achas hum Povo, se i mesmo ufano.
Achas Hum Nume, Apostolo Sagrado,
Que a tudo se propõe, que em fim forceja
Por ver seu Deos, seu Principe vingado.
Succumbe ó monstro morde-te de inveja
Não podes combater contra hum Prelado,
No campo general, Pastor na Igreja."

campo de conciliação com os preceitos da Escolástica, que admitiam a resistência ao tirano e sufragavam o depósito do Poder nas mãos do Povo nos casos limites[4338].

O número de escritos a sufragarem os ideais de oposição aos princípios de 1789 e surgirem nesta fase, tem um peso histórico como argumento de fiabilidade para as conclusões, que não pode ser desprezado, alguns dos quais foram demonstrativamente já utilizados. Deus nunca poderia pactuar com alterações revolucionários e criacionistas de uma ordem diversa que, temia, a viesse questionar[4339].

Afirma-se que "DEOS está por nós, e aglutinador de vontades e anseios[4340] verdadeiramente he obra da Sua Mão Omnipotente a nossa Liberdade", sendo certo que ao clero cumpre "estimular nos Povos] com particularidade os nossos animos, a dar-lhes o exemplo na fidelidade ao PRINCIPE, e no amor pela patria. As mãos Sagradas em que sobre os nossos Altares se deposita hum DEOS de Poder, e magestade são as mais adequadas para restaurar, e sustentar o Throno daquelle que sobre a terra faz as vezes do mesmo DEOS, ou seja levantando-as em espírito, e verdade ao Ceo para attrahir-lhe as suas bênçãos, ou empunhando a espada para segurar-lhe sobre a cabeça a Coroa á custa dos proprios bens, do sangue, e da vida"[4341]. Não se estranhem, conco-

---

[4338] Esta é, de resto, a argumentação usada pela deputação a Bayonne, que começou por pedir a volta da Família Real ou de algum dos seus Príncipes para Portugal, uma vez que o Trono não estava vago. É a argumentação usada pelo Juiz do Povo de Lisboa, quando se recusa a aceitar a decisão dos *Três Estados* e sufraga um texto constitucional mais virado para o Liberalismo que para o Consensualismo, mas mantém o apego à tradição e às velhas *Leis Fundamentais do Reino*. É, do mesmo modo, a opção pela rebelião, pelo direito de resistência ao tirano intruso do Trono, tão cara aos homens da Restauração e que aqui agora se renova. A tradição Escolástica que aceita que o Povo readquira as suas prerrogativas em casos limites está patentes no discurso de todos os intervenientes nacionais deste período, seja qual for a sua origem. Assim se preserva a Liberdade dos povos e conserva a Liberdade da sociedade.

[4339] Entre outras medidas foi instituída, pela Junta do Porto, a censura do correio, devendo todas as cartas ser abertas antes de entregues aos seus destinatários e em caso de material suspeito, sujeitas ao *Juizo da Inconfidência*. Veja-se *Documentos para as Invasões Francesas*, Porto, 12 de Julho de 1808: "Edital em nome do Principe Regente Nosso Senhor, assinado pelo Bispo, Presidente Governador. A mesma medida foi protagonizada, segundo relata baseando-se em fontes Alberto Iria, págs. 105 e 106, pela Junta do Algarve, sendo na contingência substituída pelo órgão que ainda exercia funções no plano local e que a breve trecho lhas endossaria, na precisa data da sua instituição. Assim, "(...) no dia 22 foi ainda a Câmara Municipal de Faro que tomou a iniciativa de confiar ao major António de Brito Correia Mascarenhas e Aboim a fiscalização da abertura e encerramento das bolsas do correio recebido e expedido, afim de evitar possível troca de correspondência entre os franceses e os seus partidários, de que aliás muito se suspeitava. Era já a revolucionária semente das ideias franco-maçónicas a produzir os seus naturais efeitos deletérios. O Povo, apontando ao Governo os jacobinos, cumpria um dever, mas, por vezes, cometia excessos e injustiças e não raro se enganava nas suas precipitadas suposições. Era no entanto necessário atender-lhe as denúncias, pois a cada passo ameaçava assassínios, consultados ou por abuso de patriotismo, ou por vingança de estímulos antecedentes, ou por afectos mal considerados..."

[4340] *Documentos para as Invasões Francesas*, Porto, s. d.: "Proclamação aos Nobres Cidadãos Portuenses desta sempre Leal Cidade do Porto, de José de Mello Pereira Corrêa Coelho, Capitão da Cidade: (...) escoltemos o sempre valoroso, Honrado, e Leal Povo; Elle pelo Principe, e pela Patria sacrifica o seu socego, e expõe a sua Vida; recompensemos-lhe com outro tanto. Nós que somos mais que Elle? Todos somos fieis Vassallos: A causa he commum devemos defendê-la; já pela Santa Religião, já pelo suspirado Soberano." O binómio Trono-Altar está aqui de novo presente e como este na maioria dos textos consultados.

[4341] *Ibidem*, Braga, 7 de Julho de 1808: "Senhores Ecclesiasticos seculares e regulares."

mitantemente, remates de liturgias em forma de proclamação que, a final, sentenciam: "Socegai, pois, e obedecendo aos decretos emanados de Deos pelos seus Substitutos, em que felizmente depositastes a Authoridade, reservai as Armas para o Inimigo commum que já foge, ellas não são necessarias contra os vossos Concidadãos"[4342].

Em meados de 1817 queixavam-se amargamente "nos primarii, presbyteri, et diaconi sanctae Lisbonensis ecclesiae principalis" dos tempos "desgraçados e calamitosos, em que existimos, nos quaes temos visto uma quasi universal conspiração contra os Altares, contra os Thronos, contra as Jerarquias, e contra a ordem, e harmonia social"[4343]. Cientes da sua missão, entendiam que tendo de vigiar pelo seu rebanho, haviam-se decidido por uma exortação ao cumprimento dos deveres de todo o bom cristão e de todo o bom vassalo, para o que utilizam o conhecido sistema apologético, típico de todos os escritos que procuravam refutar os princípios da Revolução Francesa pela sua impiedade e carácter de hediondos a todos os homens bem formados[4344].

Como poderia o pobre e inculto Povo português saber distinguir entre os dislates e a perversão napoleónica[4345] e as ideias padronizadas na *Declaração dos Direitos do Homem e do Cidadão de 1789*, quando, ainda por cima, teriam uma vaga ideia de uma realidade conhecida como "Terror", que lhes era recordada, oficialmente, todos os dias?

Por isso mesmo é que parte considerável da intelectualidade do país havia emigrado. Mas não só os jornalistas e os sinceros homens que depois de 1820 tanta tinta farão correr pela sua presença em Assembleias Representativas, Executivos ou órgãos institucionais vários do Liberalismo. Também outras gradas figura estavam, de há muito, fora dos país, em trânsito quase permanente entre as capitais europeias e em que o circuito de Lisboa não passava numa mera escala no trajecto que para si mesmos haviam de há muito definido como o melhor para Portugal[4346].

[4342] *Ibidem*, Porto, s. d.: "Hum Fiel Cidadão. Valoroso Povo Portuense. (...)." Noutro texto de idêntica origem, preceitua-se aos portugueses: "Ficai surdos ás vozes do Seductores, e ouví attentos a augusta linguagem da verdade. (Os confusos e mal entendidos clamores tumultuarios desafião a discórdia, a discórdia vos precipitará. (...) Que horrores, que funestos effeitos não produzirá a Guerra Civil, e intestina em que vos póde despenhar o horrendo, e nefando crime de sedição, se a perspicaz vigilancia do Justo Governo a não atalha de raiz?"
[4343] *Collecção de Leys 1816-1819*, "Pastoral a todos os Fiéis do Patriarcado de Lisboa, Lisboa, 13 de Julho de 1817".
[4344] *Ibidem*, "(...) reflectindo nas duas grandes, e essenciaes obrigações que contrahirão pela Religião e pela Patria, devendo-se á religião como Orthodoxos, e á Patria como Vassllos (...)."
[4345] Xavier Castro Perez, "Réaction et Ideologie en Galice pendant la Guerre d'Independance", *Les Résistances à la Révolution*, pág. 297, dá conta da situação vivida neste contexto na Galiza, em muito semelhante à portuguesa, em tese geral. Assim, "Pendant le soulèvement contre l'occupation française de la Galice, les classes élévées et le clergé sont d'accord pour s'opposer aux Français à cause de leur crainte commune de n'importe quelle réforme qui puisse menacer leurs privilèges. Dans cette lutte, ils font valoir leur traditionnel ascendant sur le peuple, et trouvent en celui-ci une réponse favorable, puisque l'instinct populaire adhérait 'naturellement' aux traditions religieuses et à ses maîtres habituelles, mais aussi parce qu'il était avant tout opposé à l'invasion de sa terre et au pillage de ses biens. (...) Les quelques personnes qui auraient désiré agir en suivant leurs idéaux de souveraineté, de patrie et de liberté, ne trouvèrent peut-être pas en Galice le climat approprié pour les expliciter et restèrent donc silencieuses (et s'il y eut des exceptions elles ne furent pas remarquables)."
[4346] José Liberato Freire de Carvalho, *Memórias da Vida de José Liberato Freire de Carvalho*, págs. 135 e ss.: "Alli [em Londres, depois de 1814] nestas occasiões, e em outras, em casa do Conde do Funchal que recebia muito bem a todos, entrei a conhecer o Duque de Palmella, então só Conde do mesmo nome; o morgado de Matheus, depois Conde de Villa-Real; o Conde de Linhares, filho

DA HISTÓRIA DA IDEIA DE LIBERDADE (SEQUÊNCIA)

Apenas a zona não oficial do Pensamento ou aquela que o sendo se encontrava fora do país, poderia apresentar diversa perspectiva na consideração do tema, onde se destacam os emigrados portugueses em Inglaterra e alguns poucos portugueses que, na contingência, faziam certas cedências para, em seguida, recuperarem no possível. E também os tais afrancesados, de que se irá falar, muitos deles na raiz dos futuros acontecimentos de 1820, misturados com algumas evidentes – mas ocultas – profissões de fé no Liberalismo.

Como contraponto, a vigência dos ideais do Antigo Regime mantém-se viva na linguagem oficial de 1817. Três anos antes da Revolução Vintista, Portugal mantinha um posicionamento idêntico ao de cem anos antes, refinando posições no âmbito da defesa intransigente de uma Liberdade orientada no plano individual como ao nível político[4347].

Com isto se pretendia evitar, a todo o custo, que um processo que já estava desencadeado – e havia a noção de que estava desencadeado – conseguisse atingir os objectivos conhecidos. À memória das altas entidades do Poder público português vinham as lembranças de Cádiz e, ainda que depois de 1814 o processo tivesse retrotraído ao ponto em que se encontrava antes das Invasões Francesas em Espanha, parecia difícil admitir que o mesmo estava eliminado[4348].

Além disso, os portugueses tinham perfeito conhecimento, transmitido pela imprensa, dos dizeres de Cádiz e dos acontecimentos que lhes haviam sucedido após a Restauração bourbónica[4349]. Se todos os cuidados eram poucos e a semente

---

do primeiro Conde deste nome; o Conde d'Alva, depois Marquez de Santa Iria; D. Lourenço de Lima; e outros muitos mais portuguezes de diversas classes, que nesse tempo viviam em Londres, e representavam a boa figura pelas suas riquezas e pelos logares que occupavam."

[4347] *Collecção de Leys 1816-1819*, "Pastoral a todos os Fiéis do Patriarcado de Lisboa, Lisboa, 13 de Julho de 1817": "(...) todo o Poder vem immediatamente de Deos, e por elle só imperão os soberanos, e são illustrados os legitimos Monarchas, e Legisladores, obedeção com effusão de coração, e plenitude de vontade ao Nosso Augusto Rei, e Senhor (...).".

[4348] *O Portuguez*, I, nº 1, "Introdução", pág. 13: "(...) quando a Hespanha forte pela sua constituição livre, e pela maior extensão dos seus recursos, se elevar ao grau de Poder que lhe cabe, quando os portuguezes estejam mal contentes com o Governo, como deixará Portugal (...) de ser associado, por força, ou por vontade, ao Governo de um Povo livre?"

[4349] *Ibidem*, I, nº 1, "Introdução", págs. 12 e 13, nota: "Correo em algumas Gazetas inglezas que o Governo portuguez defendera há pouco tempo sob pena de morte, que em Portugal se introduzissem, ou se lessem Gazetas de Hespanha; assim como prohibira aos redactores de periodicos, e outros escriptores o citalas; não cremos que o Governo portuguez, não obstante toda a sua intolerancia, desse um passo tão impolitico; porque isso seria desafiar a Hespanha, e acelerar um rompimento entre as duas naçoens; todavia persuadidos estamos que, se o negocio não passou assim inteiramente, alguma coisa houve, d'onde tenha origem isto, que se escreveo em Inglaterra; e assim o desconfiamos pelo presenceámos, e passou por nós em Lisboa: escreviamos ali um periodico quando as Cortes se instalaram com a vistas a formar a sua Constituição; e logo fomos avisados pelo nosso Censor, que elle tinha ordem do Governo, para que não passasse artigo algum sobre os decretos politicos das Cortes; e por isso nos devíamos limitar a escrever com prudencia as noticias dos acontecimentos militares. Sahio impressa a Constituição hespanhola; e nós, e alguns outros tentaram tradusila em portuguez; mas a ninguem se deo licença para o fazer: vimos até com escandalo o redactor da *Gazeta* ao Governo de Lisboa fazer mesquinhos discursos (não tinha ainda apparecido a Constituição) em os quais dissuadia os hespanhoes de arranjar uma Constituição; e todas as boas rasoens, que para isso dava o pobre redactor, eram, que isso demandava muito pensar e madureza. Pelo voto d'este *sabio*, nenhum Povo arranjava o seu Governo; pois a todo o tempo era necessario muito pensar e madureza."

da sedição que ia sendo lançada no Brasil, apesar de tudo, se ia tornando conhecida, havia todas as razões para se alertar contra todos os "tenebrosos conventiculos, e occultas associações, já tão vedadas pelas Leis Civis", instrumentos do mal, "aonde em silencio, e misterio se solapão, e aluem os alicerces da Religião, e do Estado."

Uma sucessão de acontecimento cada vez preocupava mais os Governos da Regência e do Rio de Janeiro, levando-os a lançar severas proibições em relação a toda e qualquer associação tida por secreta e veiculo de difusão de ideias sediciosas. A estigmatização das mesmas, conjunta com a declaração de criminosas e visando agir contra o Rei e o Estado, não seria motivo de admiração para os seus participantes, muito embora isso não fosse motivo suficiente para a sua extinção. O exemplo do Sinédrio constitui-se como o mais acabado e, antes dele, a conjuração de Gomes Freire de Andrade[4350]; apesar dos bons exemplos de Pina Manique os seus sucessores à frente da Intendência[4351], não tiveram melhores resultados.

Contudo, importa deste passo não esquecer as tentativas que extra-oficialmente e com o desagrado efectivo do Governo da Regência, que se sentia desautorizado, no tempo das Invasões Francesas, foram feitas no sentido de uma maior abertura aos ventos que iam soprando por essa Europa fora. Daí os textos sob forma de "primeiros Projectos" de Constituição para Portugal, elaborados por portugueses, e onde bem se notam as tendências que se vêm assinalando, quer no campo das ideias liberais, que no plano dos seus contraditores natos.

Os princípios franceses continuavam no espírito dos seus participantes, onde antigos afrancesados do tempo das Invasões se confundiam com genuínos partidários do Liberalismo e onde a presença de figuras gradas da sociedade portuguesa, laica ou eclesiástica, se tornava cada vez mais evidente. O Poder não se temia do populacho, que considerava inapto para qualquer revolta; os chefes, esses sim preocupavam e, sobretudo, porque o nome de alguns deles por si só seria suficiente para arrastar consigo um número significativo de aderentes.

[4350] *O Portuguez*, VII, nº 39, págs. 871 e 872: "Portaria dos Governadores de Portugal, ordenando ao Juiz da Inconfidencia o processar certos réos do crime de conjuração, de 31 de Maio de 1817." Veja-se *O Investigador Portuguez em Inglaterra*, XIX, Agosto de 1817, págs. 242 e 243: "Portaria dos Governadores do reino de 3 de Junho de 1817: Constando, com toda a certeza, a existencia de uma conjura formada por traidores (...) os quaes conceberão o louco e temerario projecto de estabelecer um Governo revolucionario (...) que se chegasse a realizar-se precipitaria este reino nos horrores da anarchia, e renovaria em Portugal as scenas de devastação e de sangue, que em nossos dias affligirão a desgraçada França (...) manda Sua Magestade que sejam sentenciados em Relação pelo Juiz da Inconfidencia (...)."; *ibidem*, XX, Dezembro de 1817, pág. 226 e ss., "Sentença proferida Contra os Réos de alta traição, no dia 15 de Outubro de 1817, com os Acordaons sobre os primeiros e segundos Embargos, proferidos no dia 17 do dito mez"; *Ibidem*, XX, Janeiro de 1818, pág. 373 (continuação); *ibidem*, XX, Fevereiro de 1818, pág. 522 (continuação)." Veja-se José Joaquim Lopes Praça, *Colecção de Leis e Subsídios para o Estudo do Direito Constitucional Portuguez*, 2 volumes, Coimbra, 1893-1894. Ao caso reportamo-nos a I, "Introdução", pág. XIV; Tobias Monteiro, págs. 207 e ss; José Francisco da Rocha Pombo, VII, págs. 475 e ss.

[4351] *Ibidem*, VII, nº 41, págs. 1065 e ss., respeitando à sentença de Gomes Freire de Andrade e outros envolvidos. A História dos vários intendentes pode ser encontrada em *O Campeão Portuguez ou o Amigo do Rei e do Povo*, III, Agosto de 1820, págs. 81 e ss.

DA HISTÓRIA DA IDEIA DE LIBERDADE (SEQUÊNCIA)

§ 5º. Manifestações políticas extra oficiais ou vultos eminentes no enquadramento da ideia de Liberdade marina e joanina

A reflexão nacional neste período, apesar de não ter atingido a pujança de épocas anteriores, patenteia-se como uma das mais curiosas da História das Ideias nacionais. Na verdade, é sem dúvida interessante e motivante perceber os termos em que se pretende a conciliação entre Liberalismo económico e Absolutismo político. Um pouco ao jeito de concepções conhecidas e dos nossos dias (salvaguardando as devidas distâncias epocais e sociais), que procuram conciliar dois sistemas num mesmo país.

Em finais do séc. XVIII e por intervenção das reformas do despotismo esclarecido josefino introduziu-se a ideia de Igualdade dos vassalos perante o Rei, que previa uma futura Igualdade perante a lei[4352]. Para tanto são necessárias duas coisas: primeiro que haja lei – Lei Fundamental ou Constituição –; depois que à mesma sejam ajustados os novos interesses em presença. Questão que é teórica, questão que é prática, quando se passa a uma actividade efectiva que procura por em marcha todo o tecido reflexivo alvo de ponderada elaboração desde o jusracionalismo absolutista, que o Contratualismo liberal impulsiona e modifica, e que o Portugal de 1820 aguarda nas suas reais manifestações.

Escasseiam em Portugal em finais do séc. XVIII e princípios do séc. XIX Obras monográficas de cunho político verdadeiramente liberal. Perseguidos os seus promotores a nível interno, dificilmente seria viável a sua perfeita assunção como tema privilegiado e apenas no plano da imprensa, como haverá oportunidade de referir e, em particular, da publicada no estrangeiro, essas veleidades eram admitidas.

Existem tão só, produções ideologicamente conotadas com o maiestrismo providencialista e alguns episódios tradicionalistas, tal como os Auotres se definem.

Surgirá, contudo, pelo menos a partir de 1808, a afirmação de um outro factor cuja relevância não poderá deixar de ser levada em linha de conta e que se consubstancia na projecção que as sociedade secretas, de diversa origem, passará a obter em Portugal.

1. Relação entre Poder temporal e Poder espiritual

A vertente temática no Portugal de finais do séc. XVIII poderá ser exemplificada com Francisco Coelho de Sousa e S. Paio (ou Sampaio), um dos mais evidentes partidários do regalismo político. A sua produção literária é toda posterior ao período josefino.

Tal como Mello Freire, também ele se pronunciou contra as tentativas de retirar ao Poder majestático os seus direitos e prerrogativas essenciais[4353]. Isso torna-se bem

---

[4352] É muito interessante a figuração apresentada – presumivelmente mas com grande grau de certeza – por Marco António de Azevedo Coutinho, que na "Resposta" à "Carta de hum Vassallo nobre ao seo Rey", da autoria do Marquês de Penalva e a seu tempo será estudada, inserta n'*O Investigador Portuguez em Inglaterra*, IX, Junho de 1814, págs. 691 e 692, escreve: "(...) o Monarca como o ponto Central do Circulo Social, de que os Vassallos formão todos os pontos da circunferencia. Se por acazo hum ou muitos pontos chegão a desviar-se da ordem circular avançando ou recuando do seo centro, neste cazo se perderá toda a proporção necessaria entre os vassallos e o Monarca, por que o seo ponto central se approximaria ou desviaria mais ou menos da ordem circular."
[4353] Francisco Coelho de Sousa e São Paio, *Prelecções de Direito Pátrio Público e Particular*, (...), Coimbra, 1793, pág. 40, apontando que na dependência das *Cortes de Lamego*, de que depende a forma e constituição da monarquia, prova-se que ela é "Monarchia Plena, Pura, Simples, e Independente, e Successivo-Hereditaria."

evidente ao pronunciar-se sobre o diploma legal de D. Sebastião de 19 de Março de 1568, a que já várias vezes se aludiu, como instrumento manietador do Poder secular em presença da adopção integral e exorbitante das decisões saídas de Trento.

Neste sentido e interpretando o sentido das *Ordenações Filipinas*, para onde passou o diploma antecedente de Março de 1569, entende que apenas se houver posse imemorial desse direito, poderão os Bispos executar sentenças contra leigos, desde que isso não fosse contraditado pelos ministros seculares e consentido pelos Reis. Ora e segundo o visado, "este direito antiquíssimo em Portugal (como mostram as leis que concedem a ajuda do braço secular, *Ord. Manuelinas*, liv. I, tit. 4, § 7º que passou para a Filipina, liv. 2, tit. 8) contestam alguns o fundamento de que tendo sido estabelecido ou renovado este pelo Senhor D. Sebastião por uma lei de 2 de Março de 1568, fora posteriormente derrogado pelo mesmo Senhor por outra lei de 19 de Março de 1569, e que tendo o Concílio de Trento (...) concedido aos Bispos expressamente a faculdade de executarem as suas sentenças contra os seculares, fora este concílio sem restrição alguma, em 8 de Abril de 1564 pelo Senhor Cardeal Rei, governando na menoridade do Senhor D. Sebastião."

Porém, nem a lei de 19 de Março e 1569, nem o Concílio de Trento foi nesta parte adoptado pelas nossas *Ordenações*"[4354]. O Autor vai mesmo mais longe, apontando a circunstância de ter sido a provisão de 3 de Março de 1568 e não a do ano seguinte a passar para o texto das *Ordenações Filipinas de 1603*, por força da "irracionalidade" manifesta do diploma de 1569, questão de que o próprio Pontífice Romano Pio V se terá apercebido e tentado remediar por bula de 5 de Janeiro de 1570[4355].

Outro ponto a assinalar e agora nos quadros do Pensamento de Rodrigues de Brito liga-se a uma observação do Autor segundo a qual deve existir uma forte ligação entre religião e Estado civil, enquadrando este como resultante dos ditames da Razão e prescrito pela Moral. Se o homem tende à felicidade, tanto mais o fará se esta se lhe representar "maior ou eterna", reafirmando o seu desejo de a alcançar.

Retirando estas ideias de Bossuet e dos *Estatutos da Universidade*, reafirma a concordância entre sacerdócio e império. Claro que o Autor se refere ao plano Moral e dogmático, mas nunca ao tipo de relacionamento no plano dos Poderes entre as duas instituições. Afasta-se voluntariamente de matérias controversas ou que possam questionar o relacionamento entre os dois Poderes residentes num mesmo espaço físico, que trabalham em conjunto mas se encontram organicamente afastados.

Tudo faz parte de um mesmo complexo de factores: Rodrigues de Brito é um católico convicto, e, por isso mesmo, a sua reflexão sobre a felicidade terá de se desenvolver nos quadros da Ético-religiosidade. Esta, se por um lado aceita os contributos josefinos e os adequa a uma visão reformadora da sociedade num quadro mais aberto de tradicionalismo, por outro mantém a fidelidade a uma tradição religiosa

---

[4354] Idem, *ibidem*, págs. 123 e ss. As formalidades inerentes ao procedimento dos juízes eclesiásticos que sempre se devem socorrer subsidiariamente do braço secular por incompetência em razão da pessoa para os leigos, é meticulosamente ponderada pelo Autor no § 38 da III Parte. Ao caso não deve ser verificada a contradição entre o § 13 do tit. I do liv. 2 das *Ordenações* e o § 1º do tit. 9, que reserva aos eclesiásticos executar as suas sentenças sobre os leigos nos caos de posse imemorial sem haver contradição dos ministros seculares e consentimento dos Reis de Portugal.

[4355] Manuel Francisco de Barros e Souza, Visconde de Santarém, *Corpo Diplomatico Portuguez, contendo todos os tractados de paz, de alliança, de neutralidade, de trégua, de commercio, de limites (...), entre a Coroa de Portugal e as diversas potências do mundo (...)*, Paris, 1848 e seguintes, tomo X, pág. 356.

que o impede, em certo sentido, de avançar de modo mais profundo na discussão da temática política. Com isto se liga também a impossibilidade prática de avançar na abordagem da ideia de Liberdade no Pensamento deste Autor.

2. Aristotelismo tardio ou renovação contratualista

No entender de S. Paio, a sociedade civil[4356] é uma pessoa moral, pública[4357], regida por um Direito Público objectivo[4358] e que se contrapõe ao Direito Público particular, cuja direcção são os membros particulares da mesma sociedade. Aceitando que todos os "Imperios ou Cidades, são constituidos *mediando a convenção, ou pelo pacto social dos membros da sociedade*", todos dependem dos pactos estabelecidos entre os constituintes[4359].

Admite-se, pois, o Contratualismo social, na versão de Barreto de Aragão e de Gonzaga, mas não se vai além disso.

Em termos concretos, o despotismo de S. Paio tem o destino que Pufendorf lhe havia traçado. O Contratualismo que se verifica de início e sedimenta em função do pacto e dos dizeres das Leis Fundamentais[4360] não avança mais que no plano da valorização do indivíduo, a quem se reconhece capacidade para a celebração do mesmo, no estrito plano do exercício e não do pacto de Poder. A partir desse momento deixa de existir Liberdade – política – da sociedade, porque se não existe no plano da Liberdade dos povos ainda menos se evidencia no âmbito da Liberdade política. Isso implicaria uma soberania nacional[4361], um balanço de Poderes e uma

---

[4356] Idem, *ibidem*, págs. 165 e 166 nota: "Os homens foram sempre obrigados a conservarem-se, e promoverem a sua felicidade por huma obrigação natural. A corrupção da natureza, e dos costumes, e o estado hypothetico dos homens não permittia, que elles satisfizessem a esta obrigação, conservando-se no estado, ou sociedade natural; e forão por isso obrigados por hum preceito da lei natural a unirem-se em sociedade Civil, ou Republica; donde se segue, que esta sociedade he huma observancia do preceito da mesma Lei natural."

[4357] Era nestes termos que Bossuet encarava a própria figura do Rei, confundindo-o assim com a própria entidade "sociedade", de quem era a cabeça fundamental e sem o qual a mesma seria não apenas impossível de funcionar mas igualmente se questionaria a sua existência jurídica. É também a posição de Pufendorf, que por essa via se distingue de Hobbes que a encara como multidão. Com esta posição não apenas se demarca das doutrinas da época mas e sobretudo, pretende recuperar alguns conceitos caros ao jusracionalismo absolutista europeu, mas sobretudo reafirmar a fidelidade a um conjunto de princípios veiculados pelo nascimento da sociedade e posterior exercício da soberania por quem detém, poderes legais e legítimos para tanto.

[4358] Francisco Coelho de Sousa e São Paio, *Prelecções de Direito Pátrio Público e Particular*, pág. 22: "*Complexio legum, seu norma, secundum quam in Civili Societati degentes actiones suas circa publicum statum dirigere debent.*"

[4359] Idem, *ibidem*, pág. 25 nota.

[4360] Idem, *Observações ás Prelecções de Direito publico e particular*, págs. 56 e 57: "As Leis fundamentaes (...) não são mais que huns pactos entre os subditos e Imperantes, considerados como iguaes, sem que entre elles haja Imperio commum, ou vinculo Cívico. Estes pactos he que dão fórma á Republica", mas isso em nada autoriza, por violação das mesmas por parte do monarca, à reacção popular. Os monarcas estão obrigados em termos éticos – em consciência – a cumprir os pactos celebrados mas, se o não fizerem, os súbditos não podem questionar a Autoridade ou desobedecer aos mesmos.

[4361] Idem, *Prelecções de Direito Pátrio Público e Particular*, pág. 27: "A ideia de Imperante nos representa huma pessoa revestida necessariamente do Poder Supremo, para o exercer em benefício dos súbditos, pois que a necessidade do mesmo Poder, e a do exercicio he que nos mostra a necessidade do summo Imperante. Ora o Povo de cada Nação não pode exercer por si mesmo o Poder Supremo: logo o Povo não pode ser o supremo Imperante."

representatividade efectiva[4362], tudo expressões que não fazem qualquer sentido em Francisco Sousa e S. Paio.

Já Penalva adere ao Contratualismo na sua versão jusracionalista adoptada pela generalidade do Pensamento português do séc. XVIII[4363], com as características inerentes à contra-revolução providencialista, em resposta a um problema que nem Barreto de Aragão nem Gonzaga haviam confrontado[4364].

Note-se que existe aqui um aspecto importante a reter; Penalva é neste particular um indivíduo algo difícil de enquadrar nos quadros sinópticos possíveis de estabelecer. Se, por um lado, segue De Bonald no que respeita à não rejeição pura e simples da Razão em favor do sentido histórico, por outro apresenta conotações com o jusracionalismo europeu que propagou o Contratualismo, no quadro do pacto de exercício e de origem de Poder. Como se verá, se não tem dúvidas quanto ao primeiro, rejeita liminarmente o segundo.

A circunstância de admitir aquilo a que chama "a convenção"[4365], implica que reconhece um estado de natureza prévio ao de sociedade, o que não significa que a ideia de convenção seja aqui aplicada em termos de pacto de Poder, antes de pacto de associação. A força de Pombal é, neste plano, sentida e assumida; não há Individualismo revolucionário mas a valorização do indivíduo não se questiona, o que será salutar forma de manifestação, numa época em que a recuperação do Absolutismo estava na ordem do dia e lutava com os princípios saídos de 1789.

Isto é sobretudo evidente porque contesta a existência de direitos naturais anteriores à formação da sociedade[4366], tal como estava formalizado nas Declarações de Direitos saídas do Individualismo e do próprio Historicismo e, sobretudo, no *Texto*

[4362] Idem, *ibidem*, pág. 30: "*Se o Povo não póde ser revestido do Poder Supremo, como podem as pessoas por elle nomeadas para exercerem este poder, considerar-se Delegados, ou Representantes da Nação? Quem póde transferir o que não tem? (...) Como póde combinar-se com a infinita perfeição de Deos, que elle désse á multidão do Povo huma authoridade, que o mesmo Deos tinha previsto elle não podia exercer, e que devia necessariamente transferir em quem a exercesse? Não repugna isto aos atributos de Deos?*"

[4363] Marquês de Penalva, *Dissertação a Favor da Monarquia*, pág. 37: "Entendo que a soberania não he o resultado da força e vontade de todos, he o reconhecimento da vontade divina, que nos convida a ter um superior nos negocios civis, assim como o temos e necessitamos nos negocios que dizem respeito o espiritual. Tambem por esse motivo, que me serve de grande fundamento me persuado que, dizendo o Evangelho e o senso intimo de cada hum, que quem resiste ao Poder secular, resiste ao Poder de Deos, he facil inferir que a Autoridade do Rei vem de Deos e que a sociedade designa e como que propõe aquele em quem se deposita este sagrado caracter."

[4364] Idem, *ibidem*, págs. 50 e 51: "O pacto social não faz a soberania, nem a pode impedir; designou, como já disse e a todos diz a Razão, aquele que recebe de Deos o Poder, e a ele fica responsavel do bom ou mau uso que faz da sua Autoridade (...). A ideia comum aos homens he respeitar nos Reis uns Vigários de Deos contra os quaes não tem direitos." É a consequencia normal de se afirmar, como faz uma páginas antes: "(...) tento he o respeito que os nossos Principes tem a Deus por quem reinão e á justiça e observancia das suas mesmas leis."

[4365] Marquês de Penalva, *Dissertação a Favor da Monarquia*, pág. 44: "A Liberdade na sociedade he restricta por convenção, que fizerão todos em beneficio seu; e para conservação da Liberdade decente, renunciárão huma parte dos direitos, que suppunhão ter, e de outros, que realmente tinhão."

[4366] Idem, *ibidem*, pág. 48: "Os direitos do Cidadão não tem feito menos ruido no mundo, do que a Liberdade, e pelo mesmo motivo se fizerão celebres estas duas Questões: os mesmos que desejavão huma Liberdade illimitada, prescrevião direitos ao Cidadão destruidores da sociedade, e amotinavam os Povos, para que com a espada na mão reivindicassem coisas que nunca tiveram, com o fim perverso de se pagarem das suas missões com o roubo, e oppressão, que fazião aos mesmos, que tinhão sido catequizados (...)."

Fundamental de 1789. Na verdade quem assim pensa e escreve apenas tem em vista o dano directo ou indirecto à soberania do Rei[4367], "e conceder ao homem nestas circunstancias direitos que elle nunca teve, e que repugnão á sua felicidade fysica, e moral"[4368].

"Os termos Liberdade, Igualdade e Direitos do Cidadão estão escritas nas bandeiras do inimigos; e as suas vitorias não serião tantas se o mundo entendesse o verdadeiro sentido destas expressões, que não devem fazer-nos horror senão pelo abuso, que dellas fazem os seus maiores profanadores"[4369]. O aviso que se segue é o corolário de uma forma de interpretar o mundo e a sua evolução[4370], cujos traços não fogem à regra que o despotismo ilustrado havia consignado[4371]; basta lembrar Tomás António Gonzaga e Barreto de Aragão, com o seu eclectismo nem sempre ideologicamente fiel a Pombal[4372], e que Fernando Telles da Silva não descarta.

Assim se compreendem afirmações do género "Esta que tenho representado, he a Liberdade, que nos pertence e a que nos convem"[4373] ou "Se a faculdade de obrar foi coarctada no estado natural pela Razão, e pela lei, gravada no coração de todos".

[4367] Idem, *ibidem*, pág. 45: "Destes envenenados discursos (...) nascerão tantos tumultos nos nossos dias, presumindo os homens que erão outros seos antigos direitos, e que podião voltar a elle, atropellando tudo, que lhes obstasse, ainda que fosse a justiça, a felicidade, e a mesma vontade da melhor parte das nações, que perturbavão."

[4368] Idem, *ibidem*, pág. 44.

[4369] Idem, *ibidem*, pág. 41; idem, *Dissertação a Favor da Monarquia*, pág. 35: "(...) Rousseau, Voltaire, Dalembert, Mirabeau, (...) [apresentavam a imagem do Ser humano] como uma maquina pura, que não tinha alma imortal (...)." Por isso e a breve trecho conduzião à falsa ideia "que não havia Deus, que não havia Céu. E um pouco adiante: "A qualidade indigna, e os falsos principios dos inimigos da Monarquia acrescentão o numero de provas, que em todo o tempo houve em seu favor. Ora sejame licito juntar duas reflexões em obsequio dos senhores sectarios da Heresia do tempo. Consiste a primeira em me admirar do conceito, que lhes merecem os seus Chefes Rousseau, Voltaire, Dalembert, Mirabeau, quando não ignoram a qualidade da sua vida, a baixeza das suas acções, a contradição das suas opiniões, despojando *o homem da Liberdade verdadeira da honra de ser animado por hum espirito imortal da esperança da vida futura, e finalmente de tudo, quanto o distingue dos brutos, com quem os confundião*."

[4370] Idem, *ibidem*, pág. 47: "(...) quantos [males] lhe não resultarão da lucta dos seos rivaes, que pelo mesmo indiscreto principio entre si disputarião qualquer acção, que se oppuzesse á desenfreada vontade de cada hum?"

[4371] Idem, *ibidem*, pág. 41: "(...) eu nem defendo o Dispotismo Oriental, nem impugno a Liberdade, Igualdade, e direitos do Cidadão (...)."

[4372] Idem, "Carta de hum Vassallo nobre ao seo Rey", *O Investigador Portuguez em Inglaterra*, IX, Junho de 1814, pág. 686: "O 1. Artificio consistio em perseguir as Corporaçoens Religiozas, que são intimamente unidas com a Nobreza e com ella conspirão ainda para a felicidade temporal dos Povos. A educação religioza e civil, a milhor cultura das terras, a perpetuidade da sua duração, a antiguidade do seo estabelecimento, e sobre tudo a santidade do seo Ministerio, tudo convidava a serem perseguidos homens, a quem importava a existencia da Monarquia." As duas "Respostas" que se seguem a que já se aludiu e estão insertas no mesmo local, págs. 690 e ss., vão no sentido contrário, chegando mesmo a questionar-se da idoneidade de Penalva no sentido de serem as suas doutrinas eivadas de "principios contrarios e destruidores da sociedade civil, e os mais funestos á segurança da Patria como a segurança do Soberano. As suas perniciozas doutrinas, disfarçadas com hum zelo apparente pelo bem do Estado, e do Soberano só tendem a produzir os effeitos contrarios: a inveja que as sugerio, attribuindo só ao nascimento o direito de occupar as altas dignidades do Estado, suffoca toda a emulação de huma classe distincta, e a mais numeroza do Estado, que sempre pelos seos puros sentimentos foi o apoio do Principe e da Patria, e ao mesmo tempo desanima o seo zelo e os dezejos de distinguir-se pelas letras e pelas armas, e todas as mais virtudes civis."

[4373] Idem, *Dissertação a Favor da Monarquia*, pág. 46.

Significante das mesmas é que o Autor não descarta a relevância que a Razão assume na fisionomia do Ser humano mas a interpreta no sentido oposto ao da revolução.

Com tudo isto pode questionar-se a proficuidade da argumentação – e um liberal com tendências republicanas poderia utilizar precisamente a mesma argumentação mas aplicada à república –, sem que isso pudesse ser contestado. Portanto, tudo depende dos pressupostos de que se parte para fazer vincar um discurso, ao caso nitidamente catequístico e fazendo apelo a valores que a contra-revolução especialmente preza, por contraposição a ideias que o Liberalismo e os princípios de 1789 sofregamente receitam.

Os desenvolvimentos no plano da ideia de Liberdade para Ricardo Raimundo Nogueira verificam-se no quadro da sua reflexão acerca do Direito Público[4374]. Assim, considera-se não apenas a importância do nascimento da sociedade civil, como os vínculos recíprocos que resultam na origem do Poder político entre governantes e governados e a forma pela qual se exerce o mesmo Poder.

Neste quadro, importa aferir se Ricardo Raimundo Nogueira segue ou não os ensinamentos do jusracionalismo europeu, na sua globalidade, ou se mantém fidelidade à tese portuguesa desenvolvida anos antes pelos teóricos, primeiro do josefismo e depois do marismo. Sobretudo e atendendo a que ele mesmo conviveu com alguns deles, fossem mais radicais como Mello Freire ou eivados de moderação como Ribeiro dos Santos.

É conhecido o seu posicionamento no âmbito das *Prelecções sobre a Historia do Direito Patrio*; a pergunta que se impõe é, pois, a seguinte: manterá o Autor um idêntico entendimento nas *Prelecções de Direito Publico Interno de Portugal*?

No que respeita à origem da sociedade, é o próprio Autor que manifesta prestes, na "Introdução", o seu ponto de vista: "*os homens formaram repúblicas para viverem seguros de baixo de um imperio commum. Esta associação de indivíduos formou um novo Corpo Moral (...)*"[4375]. Verifica-se, pois, a adesão do Autor ao Contratualismo Moderno, relegando a versão aristotélica na formação da sociedade e acertando o passo com as ideias do jusracionalismo oportunamente ponderadas.

3. Tradicionalismo *versus* temporalidade

Segundo Rodrigues de Brito, há maior Liberdade para o legislador na fundação de sistemas políticos, que para o físico nos sistemas que se fundam em observações exactas e bem analisadas. Este facto, aparentemente indesmentível, acaba por se configurar no Autor como axiologicamente preponderante já que apela ao Direito das Gentes para fundar os bons sistemas políticos, consubstanciando-se o estudo das Constituições políticas dos vários países europeus. E, vantagem que daí retira, esse estudo ser feito "considerada [a Europa] como uma só República, composta de diferentes partes, incorporadas em um só todo; respeitar-se a conformidade dos sistemas subalternos ao fundamental, a constituição, costumes, leis, opinião pública, clima, posição local, relações políticas, grandeza do Reino, às luzes, ou estupidez do Povo, ao poder da religião, e ao equilíbrio entre as diferentes Ordens do Estado"[4376]. Rodrigues de Brito é um Autor do séc. XIX, mas o sonho de uma Europa unida vem de longa data.

[4374] Ricardo Raimundo Nogueira, *Prelecções de Direito Publico Interno de Portugal*, publicadas no "Instituto", volumes VI, VII e VIII, 1858 e ss.
[4375] Idem, *ibidem*, VI, pág. 234.
[4376] Joaquim José Rodrigues de Brito, *Memórias Políticas* I, pág. 33.

Depois de se abalançar ao desenvolvimento do que chama "o sistema fundamental da legislação de Portugal", considerando com Adam Smith que a agricultura é o centro da riqueza das Nações, irá passar ao ponto que interessa directamente à presente investigação: na "Memória VI" trata da Economia, da Moral e do Direito[4377]. A partir da formação da sociedade por parte dos indivíduos, em si mesmos considerados, assiste--se à formação de um Corpo Moral, um Corpo Político habitualmente visto como o Estado, que se identifica com a sociedade civil. Este Corpo deverá, assim deter "certos direitos e obrigações proporcionadas á sua natureza, e aos fins da sua instituição"[4378].

Importa, pois, averiguar a questão da origem do Poder político, para se perceber agora da fidelidade de Ricardo Raimundo Nogueira ao seu precedentemente estudado ponto de vista, ou uma eventual modificação. Uma coisa é admitir a existência contratualística da sociedade; outra bem diversa a da origem do Poder político, sob forma divina ou humana e ainda que se reserve ao Povo a eleição do governante. Num caso a soberania política é de Direito Divino ainda que seja a comunidade a outorgar a alguém a faculdade de a reger; noutro é de Direito Humano, porque apenas e tão só à comunidade pertence originariamente essa soberania.

Esta repetição, assumida, é fundamental e dos tais casos em que as repetições têm pleno cabimento. É porque elas são fundamentais na interpretação da ideia de Liberdade que são feitas sempre que se justifique.

E é, igualmente, porque permite estabelecer uma relação entre os dois textos do Autor[4379]. Em nenhum deles Ricardo Raimundo Nogueira afirma expressamente que a origem do Poder político é humana, proveniente de convenção estabelecida entre monarca e Povo, na translação do Poder que este originariamente detinha para aquele[4380]. O que se afirma, neste caso nas *Prelecções de Direito Publico Interno de Portugal*, é que há "direitos e obrigações (...) que procedem do vínculo social que une os cidadãos entre si mesmos, e da obediência que elles devem prestar ao imperante *que designaram para os governar* e suppõem sempre sujeição"[4381].

O que aqui existe é uma designação que supõe a sujeição. O Poder, esse, mantém--se na exclusividade transcendental e não é de origem humana, ainda que o Autor nunca assuma, sob forma específica, qualquer doutrina sobre o tema.

E se não é curial qualificar a *Dedução Chronologica e Analytica* bem como os trabalhos de Mello Freire como adesão à tese do jusracionalismo contratualista Moderno na sua forma pura, ou que aceita a convenção como fonte do Poder político e afasta a sua origem divina, e se Ricardo Raimundo Nogueira sempre havia girado nesta órbita de

---

[4377] Idem, *ibidem*, VI, págs. 217 e ss.
[4378] Idem, *ibidem*, VI, pág. 234.
[4379] Idem, *ibidem*, VI, pág. 248: "A forma de Governo de Portugal é a de Monarquia pura e independente, porque todos os direitos da soberania estão na mão do Rei." E repete a ideia já conhecida: Assim aconteceu desde os tempos em que por dote o Condado Portucalense foi entregue a D. Henrique, por casamento com D. Teresa, filha de um monarca absoluto, Afonso VI, que podia fazer o que quisesse com os seus domínios, sendo depois definitivamente institucionalizado com a sucessão de D. Afonso Henriques.
[4380] Mesmo quando não existe uma referência directa à sua origem divina e apenas se enfatiza o facto da soberania do reino de Portugal ter passado de um homem a outro, isto é, de D. Afonso VI ao Conde D. Henrique. A não explicitação da origem humana implica aceitação tácita e compreensível num escritor com as suas origens das ideias do josefismo pombalista. Veja-se *Prelecções de Direito Publico Interno de Portugal*, VII, págs. 37 e ss.
[4381] Ricardo Raimundo Nogueira, *Prelecções de Direito Publico Interno de Portugal*, VI, pág. 235.

Pensamento – mesmo admitindo como os demais Autores nacionais um hipotético estado de natureza –, só muito discutivelmente se poderá ver nele um adepto das ideias de Pufendorf e seus sucessores.

De outra parte, e conjugando a tese que Pufendorf defende dos dois pactos unidos por um decreto, verifica-se que para Autor, em caso algum, a soberania se mantém no Povo sob forma imanente e, apenas num preciso momento e pela força das circunstâncias, muito anómalas, lhe pode ser devolvida sob forma condicional e temporária.

Cruzando os argumentos do alemão com os do nosso conterrâneo: "(...) na formação dos imperios há duas cousas: a primeira he o pacto de associação civil (...), a segunda é a designação da forma de Governo, pela qual esta sociedade ligada já pelo vinculo civil, escolhe a constituição que mais lhe agrada"[4382], segundo a interpretação do português. Portanto, apenas existe comparativamente um pacto – de associação – e o competente decreto, que designa a forma de Governo, indicando as pessoas a quem deve pertencer o império supremo e regula eticamente ambas as questões.

Falta, neste circuito, o segundo pacto de Pufendorf, que é precisamente o pacto de Poder, a convenção de Direito Humano em que o Povo entrega ao seu detentor actual a soberania, aí esgotando, sob forma automática, a intervenção no processo político. E que a componente da soberania acabe por ser interpretada identicamente aos jusracionalistas europeus – como se sabe todos eles absolutistas – é ponto subsequente. Não é a questão da soberania residir em quem a detém actualmente que importa; o que importa é que ela, em Nogueira, só existe temporária e residualmente no Povo[4383] e é conhecida a dificuldade que Pufendorf teve neste domínio para conseguir superar as dificuldades que a sua tese promovia.

Em ambos os casos, a soberania reside actualmente no Povo porque o Povo apenas temporariamente a pode exercer e logo que se esgota esse acto de interregno, será aquele que se considera ungido por Deus a exercê-lo sob forma plena. Assim se confirmam as suas observações estabelecidas nas *Prelecções sobre a Historia do Direito Patrio*, que o afastam quer da tese Consensualista portuguesa, quer da interpretação do jusracionalismo Moderno. Tal como no seu anterior texto, o Autor desinteressa-se em assumir posição definida no que respeita à origem do Poder, preocupando-se em exclusivo com o seu exercício. Portanto, a interpretação da ideia de Liberdade terá de sair com contornos bastante difusos neste particular.

Nem o facto de Ricardo Raimundo Nogueira "conceder" que o exercício do Poder político deve ser levado à prática pelas Cortes, como representantes do Povo durante

---

[4382] Idem, *ibidem*, VII, pág. 90. O trecho completo é do seguinte teor: "A primeira é o pacto de associação civil, pelo qual os homens, renunciando á Liberdade natural, consentem em formar uma nova sociedade, na qual, um por um, debaixo da protecção do imperio supremo, e sujeitos ás leis communs, vivam tranquilos, e seguros da posse de seus direitos. A segunda é a designação da forma de Governo, pela qual esta sociedade já pelo vinculo civil, escolhe a constituição, que mais lhe agrada, designa a pessoa, ou pessoas quem deve pertencer o imperio supremo, prescreve a ordem da successão, e estabelece em geral as leis fundamentaes, que hão-de servir de base ao Governo."

[4383] Idem, *ibidem*, VII, pág. 91: "(...) a todo o tempo que o imperio vaga, *por não haver legitimo soberano*, a quem a coroa deva pertencer, posto que se dissolva a forma de Governo que se havia elegido, comtudo, subsiste ainda o pacto de sociedade civil que lhe é anterior; e, por consequência, a soberania devolve-se a todo o corpo dos cidadãos, e nelle se conserva, *até que novamente se designe a forma de Governo, e se fixem as leis da Constituição*."

o interregno[4384], convence do contrário. Numa época bem distante, foi o que se praticou com as Cortes de Coimbra e por esses anos, ninguém pensava que a origem do Poder político poderia ser humana ou os preceitos do Direito Natural profano ou laico estavam na base de todas as futuras reflexões do jusracionalismo europeu. O que havia aí era Consensualismo e Liberdades dos povos[4385]; não Liberdades políticas ou, tão pouco, a ideia desenvolvida da Igualdade formal, que equaliza todos os cidadãos perante o soberano. Porque e obviamente acima de todos eles, não se mistura nem confunde com os seus súbditos, está acima da lei que ele próprio emite e fá-lo por directa relação com os Poderes que o Criador entendeu outorgar-lhe. Mais ninguém.

De facto, a relevância que as Cortes apresentam e que é dada nas *Prelecções de Direito Publico Interno de Portugal*[4386], tem toda ela uma direcção bem determinada. A própria definição de Cortes deixa poucas dúvidas sobre o seu carácter consultivo[4387], em que os desvios deliberativos seriam próprios da monarquia portuguesa mas como excepções à regra[4388].

Se não bastasse, Nogueira prima pelo esclarecimento: "(...) todas estas determinações [tomadas em Cortes] receberam sempre a sua força da Auctoridade do soberano, que as approvava, ou mandava observar; de maneira que os trez Estados só tinham o direito de propor o que julgavam conveniente, requerendo ao principe, que desse providencias opportunas sobre aquella materia, e este examinando as razões, que se lhe apresentavam, ou deferia ao requerimento ou o rejeitava. *Este modo de proceder é inteiramente conforme com a Constituição do nosso imperio, o qual é uma monarchia pura, (...) pois que, se os representantes do Povo, junctos em cortes, tivessem o Direito de estabelecer leis, ou impor tributos, seria a forma de Governo mixta, e participaria da democracia, o que é falso*"[4389].

Dos factos colhidos na História se percebe que a vocação das Cortes nunca foi concorrer em Poder político com o soberano, apenas servindo para demonstrar a bondade deste em querer ouvir o seu Povo, sendo incontestável "que o imperio soberano pertenceu sempre a nossos principes sem que para o seu exercicio de seus direitos dependessem de alguem em nenhum tempo"[4390]. O direito de fazer leis não estava na disponibilidade dos Povos e o monarca apenas anotava os agravos que lhe eram endereçados, resolvendo a final sozinho. Donde, para Ricardo Raimundo Nogueira não se coloca, sequer, a temática da Liberdade dos povos – muito menos a política – o que implica ser impraticável qualquer possibilidade de nele ver a evolução do Pensamento que ao tempo em que escrevia fervilhava na Europa.

[4384] Idem, *ibidem*, VII, pág. 91: "(...) Creio que durante o interregno deve o nosso imperio ser administrado pelas cortes geraes do Reino, conservando-se em seu Poder, até que de novo se dê forma á constituição, e se designe o legitimo soberano. Porque, segundo a indole e natureza da nossa monarchia, estas cortes, compostas dos trez estado do Reino, fazem as vezes de todo o Povo, e tudo o que ellas obram, se reputa feito pela Nação."
[4385] Idem, *ibidem*, VII, pág. 91 "(...) *representam o Povo, e em nome d'elle requerem* o que parece mais conveniente á utilidade pública (...)."
[4386] Idem, *ibidem*, VII, págs. 100 e ss.
[4387] Idem, *ibidem*, VII, pág. 101: "São, pois, as cortes um ajuntamento geral das ordens do reino, convocado pelo soberano *para o ouvir nas materias concernentes ao bem commum e interesses do Estado.*"
[4388] Ruy de Albuquerque e Martim de Albuquerque, I, 1 (1140-1415), págs. 544 e ss.
[4389] Ricardo Raimundo Nogueira, *Prelecções de Direito Publico Interno de Portugal*, VII, pág. 101.
[4390] Idem, *ibidem*, VII, pág. 114. Nas páginas seguintes dedica-se a apresentar as provas históricas da vertente posição.

É possível, depois de tudo isto, ver em Ricardo Raimundo Nogueira alguém que desejava reformas. É mesmo admissível, como depois veio a comprovar-se, que aceitasse um Constitucionalismo moderado e que não descurasse a possibilidade de alterações na tecitura política nacional, que permitissem acomodar os projectos do Antigo Regime nacional aos ventos de mudança. A sua intervenção política no consulado de Junot prova-o, mas seria mais um sintoma de querer evitar a destruição total do seu país, mediante alguma concessão ao adversário.

Após 1820 Rodrigues de Brito continuará a ser participante da vida política nacional, a quem os anos e a doença pesavam mas não impediam de ir opinando sobre os problemas.

À semelhança de Vico e porque a sua perspectiva de História poderá, em certo sentido, ser por etapas, colocada lado a lado o com a do napolitano, enquadra o processo histórico em três estádios diferentes. O terceiro é o que faz descobrir a natureza, "porque os outros não fazem senão subministrar aparentes provas ao sistema de Hobbes"[4391].

No estado de infância ou no estado de natureza sendo independentes apenas pelo uso da força se podem superiorizar, o que faz perceber que é necessário haver "um chefe de família, e de Nação, aquele para dirigir os que não têm ainda o corpo e o entendimento formado, e este para dominar as paixões do homens já constituídos"[4392]. A premência de haver um Chefe de Nação, projecta-se tanto no campo cultural como no sector político. Na sua ausência, "os homens ocupados da sua subsistência não poderiam recolher os factos, e observações da História geral, reduzi-los a princípios, e a Ciências, meditá-los, e combiná-los"[4393], sendo certo que é próprio da natureza humana ansiar pela felicidade que, apenas em presença de um Governo, pode concretizar-se[4394].

Um tal tipo de Governo é uma exigência da Razão; contudo Rodrigues de Brito manifesta um total desinteresse sobre a sua formação e exercício da soberania. De facto, "se os Povos o estabeleceram tácita ou expressamente, ou se foi a força, ou prepotência dos que se apoderaram da soberania; se o consentimento posterior o legitimou, e mil outras questões são totalmente inúteis, e alheias ao nosso objecto"[4395]. Importa-lhe apenas, saber que o Governo é necessário, o que na prática e para os nossos propósitos é insuficiente.

Este aparente desinteresse de Rodrigues de Brito e o seu apego à felicidade dos homens[4396] não se percebem muito bem. De um modo geral os corifeus do utilitarismo são escritores empenhados na explicação destas matérias. Basta lembrar Bentham e Mill, do lado daqueles que defendem alterações estruturais mais profundas da sociedade e Burke, no plano dos que apontam para a paulatina remoção de escolhos do passado, tendo em atenção o esclarecimento que só a temporalidade manifesta.

[4391] Joaquim José Rodrigues de Brito, *Memórias Políticas*, VI, pág. 221.
[4392] Idem, *ibidem*, VI, pág. 221.
[4393] Idem, *ibidem*, VI, págs. 221 e 222.
[4394] Idem, *ibidem*, VI, pág. 222: "Para evitar tão tristes inconvenientes, gritou-se de toda a aparte um Governo. Foi um grito da própria natureza e dos nossos sentimentos naturais."
[4395] Idem, *ibidem*, VI, pág. 222.
[4396] Idem, *ibidem*, VI, pág. 222: "Evidencia-se pois a necessidade de um Governo: ela [a natureza] o criou, o legitima, e autoriza natural; porque os nossos sentimentos naturais gravados no nosso coração, e desenvolvidos pela instrução, de que o homem é capaz, o determinam necessário para a nossa maior felicidade. Mas o Governo não é mais que um órgão destinado a fazer gozar a cada um dos sócios do estado civil a maior felicidade que for possível."

No pressuposto de que tudo parte da Moral, esclarece que na sua acepção menos lata, esta compreende "todas as colecções de regras de ordinária conduta de todos os homens, de todas as Nações, e de todos os chefes, e representantes, ou todas as obrigações, e ofícios ordinários para com Deus, para connosco e para com os outros, em qualquer estado que nos achemos já constituídos"[4397].

Há neste plano uma alusão clara às posições que partem do jusracionalismo europeu, pois nem os Autores protestantes nem os católicos defendem coisa diversa, por esta ordem ou inversa. Vejam-se, por exemplo, os casos, de Wolff e de Ribeiro dos Santos, o que apenas significa que o seu distanciamento voluntário face ao racionalismo, não o isenta de aproveitar o que de mais emblemático ele representou para o debate.

Faz parte dos ensinamentos da Moral que os homens sejam conduzidos "(...) pela própria natureza a esta união social", estando a felicidade individual ligada à felicidade de todos, motivo único porque naturalmente se constituíram em sociedade[4398].

Existe uma ténue alusão à possibilidade do pacto embora o Autor não se explique concretamente; é mais que certo que reputa esse como um problema menor: "Deixando as inúteis questões do pacto social, da preferência dos Governos, e outras, é constante que, qualquer que seja a forma de Governos estabelecido, há um soberano e há vassalos, e direitos que os ligam; e aquela, ou aquelas pessoas, em que residir a soberania, tem o inabdicável Poder Legislativo, ou de declarar leis naturais"[4399].

Postas as coisas neste plano e entendendo que tanto se pode traduzir por "(...) código moral da Razão, ou da humanidade"[4400], passa a elencar as diversas categorias do Direito Natural[4401], sendo certo que o Direito Público deve ocupar a terceira classe do Código. O Direito Público é o Direito Constitucional natural[4402], que declara ao soberano e aos vassalos os princípios gerais das leis, sem se preocupar com particularismos[4403]. Da forma como parece defini-lo, o Autor aponta para uma versão constitucional do mesmo, uma vez que "(...) versa na sua maior parte sobre as primeiras regras gerais, que são as bases de todas as leis, sem caber muitas vezes na sua alçada todos os requisitos, que estas devem ter"[4404].

Este Direito Público debruça-se "sobre os direitos do soberano, ou da Nação, que ele representa, e dos cidadãos; ou, em outros termos, sobre os direitos, e deveres mútuos do soberano, e dos vassalos"[4405]. Quer dizer, Rodrigues de Brito foca três pontos essenciais: os mútuos direitos do soberano – ou da Nação que representa – e os dos cidadãos, implicam um desfasamento entre direitos da Nação e direitos dos

---

[4397] Idem, *ibidem*, VI, pág. 229.
[4398] Idem, *ibidem*, VI, pág. 238.
[4399] Idem, *ibidem*, VI, pág. 240.
[4400] Idem, *ibidem*, VI, pág. 229.
[4401] Idem, *ibidem*, VI, pág. 233: "O Direito Natural se divide em político ou público, e em particular. Este se subdivide em Direito Natural particular, que se chama propriamente Direito Natural, e em Filosofia Moral. Aquele se subdivide também em Direito Público externo, que chamamos Direito das Gentes, e Direito Público interno. Este se torna subdividir em Direito Público propriamente dito, e em Direito económico político ou economia política. Temos pois que o Direito Natural se divide em cinco classes: Economia Política, Direitos das Gentes, Direito Público, Filosofia Moral, e Direito Natural estritamente, assim chamado."
[4402] Idem, *ibidem*, VI, págs. 243 e ss., não aceita que se faça separação entre Direito e Moral ponto em que de novo discorda de Kant e, mais remotamente, de Thomasius.
[4403] Idem, *ibidem*, VI, pág. 239.
[4404] Idem, *ibidem*, VI, pág. 238.
[4405] Idem, *ibidem*, VI, pág. 234.

cidadãos; é o soberano que representa a Nação e não esta em si mesma que exercita os seus direitos; há confusão entre direitos da Nação e do soberano e estes se distinguem dos atribuídos aos cidadãos.

Se não são os cidadãos a exercerem os seus Poderes próprios consagrados na ideia de Nação, sendo os seus direitos individuais reconhecidos como direitos políticos, não há Liberdade política; pode haver – e certamente existe – Liberdade dos povos. Se existem direitos diversos destes atribuídos aos cidadãos, são vistos ao nível das garantias jurídicas ou dos privilégios e Liberdades que particularmente aos cidadãos o soberano confere e, logo, também não há Liberdade política. Se a soberania não reside na Nação antes no soberano que a exercita, não há Liberdade política da comunidade.

Do discurso apenas é possível admitir que a sua fidelidade ao sistema o levaria à aceitação do que estava estabelecido, incrementando o sentido de mudança necessário à sobrevivência histórica das próprias sociedades. Este sentido histórico que é sobretudo visível naquilo que hoje se convenciona chamar "Conservadorismo" no domínio do sistema inglês, tendencialmente permite a sua inclusão num certo tradicionalismo nacional. Conservadorismo seria impossível, porque implicaria aceitação das ideias liberais e não seria conforme ao que se propõe a sociedade dever atingir e a fisionomia da soberania que invoca.

No confronto entre o pensamento inglês e o francês certamente que este sairia a perder; contudo, Rodrigues de Brito é em essência um tradicionalista, e em que a abertura aos ventos que sopravam da Europa não originava qualquer adesão sistemática a um possível questionar do Trono e do Altar.

Estabelecendo um paralelo e retomando Ricardo Raimundo Nogueira, de acordo com os dizeres das suas *Prelecções de Direito Pátrio*[4406], delineia uma "História da Legislação de Portugal", com contornos distintos da de Mello Freire, mas cujos objectivos são idênticos, dentro dos quadros dos *Estatutos Pombalinos* em que ambos foram elaborados[4407].

Nesta medida se aproximará Ricardo Raimundo Nogueira, de Gonzaga ou Barreto de Aragão, já que se não contesta a origem da sociedade por via do pacto, denega a geração convencional do Poder político. No caso português enquadra-o na translação da soberania para o reino de Portugal dos antigos Reis de Leão e Castela[4408] e por herança directa a D. Afonso Henriques de seu pai, D. Henrique[4409].

[4406] Pedro Miguel Martins Gonçalves Caridade de Freitas, pág. 154 e nota respectiva, apresenta as características desta Obra de Ricardo Raimundo Nogueira, bem como os locais onde se encontra depositada e a diversidade das apresentações e designações da mesma.

[4407] Idem, *ibidem*, págs. 167 e ss; Ricardo Raimundo Nogueira, *Prelecções de Direito Pátrio nos annos lectivos de 1785-1786*, I, págs. 15 e ss.

[4408] Ricardo Raimundo Nogueira, *Prelecções de Direito Pátrio nos annos lectivos de 1785-1786*, págs. 70 e 71: "portanto, ficando mostrado que a soberania de Portugal passara dos Reis de Castella e Leão para os nossos Principes, necessariamente haviam de ter estes os mesmos direitos, que tiveram os seus antecessores, e por conseguinte as leis fundamentaes se deveriam ir procurar na fundação do imperio hespanhol, do qual então o nosso se desmembrava."

[4409] Idem, *ibidem*, págs. 71 e 72: "Eis aqui o que aconteceu em Portugal, porque havendo D. Affonso Henriques succedido a seu pae com o titulo de *Infante*, e sendo depois acclamado Rei pelas suas tropas antes da celebre batalha do campo de Ourique, convocou as cortes do Reino em Lamego, onde de consentimento das tres Ordens do estado, *i.e.*, do Clero, Nobreza e Povo, se estabeleceram as *leis fundamentaes do nosso reino*. D. Affonso Henriques as auctorizou com o seu consentimento, ordenando que tivessem perpetua observancia. Nestas cortes foi elle coroado e tomou mais solemnemente o titulo de *Rei* com que foi acclamado no campo de Ourique."

Nem Alvarenga, no auge do josefismo, diria melhor, muito embora e como futuro afrancesado, faça aqui uma inversão notável no seu Pensamento. O pacto de Poder que no futuro irá defender será de origem humana, na contingência da sua factualidade divina ser impraticável para as pretensões lusitanas de 1808.

4. A negação dos princípios revolucionários

São Paio é não apenas um regalista mas sobretudo um absolutista[4410], marco característico do Pensamento oficial português – e que ele próprio tinha noção[4411] – num momento em que a Europa se espraiava no desenlace da Revolução Francesa e os Estados Unidos eram já uma República firmada sobre os princípios da democracia federalista. Na prática, o que isso significa é que não apenas o policiamento eficaz das consciências dos estudantes de Coimbra pelas instituições oficiais da censura, como por obrigação de cátedra e amor ao emprego[4412], os Lentes, mais ou menos voluntariamente ou a contragosto, se associavam por regra a tal perspectiva.

Defende o Autor a sua doutrina no sentido de a mesma conduzir, muito ao contrário dos reparos que lhe possam ser feitos, não à infracção da Liberdade e aos direitos do homem, mas antes "liga igualmente os Imperantes, e os Súbditos. Os Imperantes ou recebão o Poder immediato de Deos, ou pelas mãos do Povo, elle o recebem para sua segurança, e defesa dos súbditos, que de outra serião escravos dos mais poderosos, e victimas do seu Despotismo"[4413].

De acordo com as suas próprias palavras, S. Paio sedimenta parte das suas conclusões num Pensamento temperado de Absolutismo clássico e jusracionalismo europeu, e alude directamente a Pufendorff[4414], De Real e a De Martini[4415]. Assim sendo, não pode duvidar-se de uma caracterização de monarquia pura e absoluta[4416], com total

---

[4410] Francisco Coelho de Sousa e São Paio, *Prelecções de Direito Pátrio Público e Particular*, "Prologo", pág. VII: "os direitos Magestaticos, ou Poder Supremo, tem o seu principio constitutivo na mesma Lei Natural, e que este Imperio Deos o quis, Deos o constituio, como necessario para conservação e segurança dos direitos do homem, e que a pessoa designada, ou eleita pelos mesmos homens para Imperante, hé em quem o Poder Supremo se radica primaria, directa, e immediatamente."

[4411] Idem, *ibidem*, "Prologo", pág. VII: "Sei, que esta douctrina do Poder Immediato será desagradavel áquelles sectarios do espirito dominante da mal entendida Liberdade, e dos imaginarios defensores dos direitos do homem: sei, que pela méra enunciação desta douctrina serão por elles desprezadas estas Prelecções; sei que eu serei reputado hum Fanatico-Politico, e falto de senso literario (...)."

[4412] Ao longo da sua exposição o Autor centra-se nas citações dos *Estatutos da Universidade*, nomeadamente no que respeita ao Curso Jurídico, dele se servindo para contextualizar uma parte considerável das suas afirmações.

[4413] Francisco Coelho de Sousa e São Paio, *Prelecções de Direito Pátrio Público e Particular*, "Prologo", págs. VII e VIII.

[4414] Idem, *ibidem*, págs. 44 e 45 e nota: "O uso das Cortes, quando fosse auctorizado pela fórma da Monarchia, huma vez que o seu voto fosse unicamente consultivo, não alteraria a constituição Monarchica-Plena; mas só temperaria e limitaria a plenitude da Monarchia, em quanto ao modo de exercicio da Suprema Jurisdição (...)."

[4415] Idem, *ibidem*, pág. 41 e nota respectiva: "Hé Monarchico aquelle Imperio, cujo Governo he administrado por huma só pessoa, em que se acha *jure proprio* radicado o Summo Imperio. Hé Plena aquella Monarchia, cujo Monarcha exerce todas as partes integrantes do Summo Imperio, sem outra norma, que a Lei ou preceitos naturais, e communs á Monarchia, considerada indistinctamente."

[4416] Idem, *Observações ás Prelecções de Direito publico e particular*, págs. 34 e 35: "(...) quem póde duvidar que os Principes recebem o Poder immediatamente de Deos, e que a doutrina contraria nunca passára de classe de opinião, senão para entrar na de erro?"

concentração de Poderes nas mãos do Rei sem outros limites que os que prescrevem as leis naturais no que respeita à conservação do Estado e ao bem estar do Povo[4417].

A origem do Poder é divina; a forma de exercício do mesmo depende de convenções. De resto, o simples facto de em Portugal não existir nem nunca ter existido qualquer Poder régio temperado na perspectiva do Autor implica que não só a soberania é una e indivisível como o monarca não tem de partilhar as suas decisões com quaisquer outras pessoas, singulares ou colectivas. O esforço que se faz para demonstrar a situação é evidente, mas em nada se autonomiza do receituário previsto na justificação do despotismo nacional, com uma directa inovação pela via do jusracionalismo, dada a aceitação da ideia de pactos de natureza humana celebrados aquando da modelação a dar à sociedade política[4418], constituída originariamente com independência de participação humana.

Contudo, se as alusões aos Autores antes citados servem de instrumental teórico para desenvolver a sua articulação, não convém confundir-se esse tipo de Contratualismo de feição absolutista em conjugação com a Graça Divina, com o Contratualismo liberal e a sua teorização do pacto social. Mesmo que os não cite, Rousseau e outros filósofos estarão bem presentes nas coordenadas da refutação que propugna[4419].

Como consequência a noção de dever[4420], tal como fora teorizada pela mesma corrente está também presente na sua doutrina[4421], apontando-se para uma correlação

---

[4417] Idem, *Prelecções de Direito Pátrio Público e Particular*, pág. 41: "O Imperio Portuguez he governado, e dirigido por huma só pessoa, em quem *jure proprio* se acha radicado o Summo Imperio, sem que as Leis Fundamentais lhe prescrevam limitação; segue-se, que o Imperio Portuguez hé Monarchico, e Pleno, sem outra norma, que os preceitos naturais, deduzido da natureza da Monarchia, e do fim da sociação; isto hé, a conservação do estado, e a felicidade do seu Povo."

[4418] Idem, *ibidem*, pág. 167 e nota respectiva. Sendo os direitos Magestaticos hum resultado necessario do estabelecimento da Sociedade, e do mesmo Estado de Imperante segue-se: que estes direitos lhes não são concedidos, ou renunciados pelos subditos; que os Imperantes os recebem directa, primaria e immediatamente de Deos; isto he segundo a sua Divina vontade declarada pela Razão, o que se confirma pela mesma Revelação." Numa extensa nota de que se retira o essencial, aponta-se como essencial na sua explicação que *"Assim como os direitos naturais Magestaticos, por isso que são constituidos por Direito Natural, se dizem constituidos immediato e unicamente por Deos; assim dizemos tambem, que recebe os mesmos direitos única e immediatamente de Deos aquella pessoa, que segundo a vontade do mesmo Deos, declarada pela Razão, necessariamente os hade exercer. Ora a pessoa, que segundo os dictames da nossa Razão hade exercer por vontade de Deos os direitos Magestaticos, he o Imperante; logo o Imperante recebe o summo Poder immediatamente de Deos. A necessidade do Poder supremo, de cuja necessidade podemos conhecer pela Razão que Deos o concedeo aos homens, he para se preencher o fim da Sociedade, que Deos mandou, ou permittio, que se estabelecesse."* Vejam-se as *Observações ás Prelecções de Direito publico e particular*, págs. 19 e ss., onde explana a questão em termos exaustivos apoiando-se nas Escrituras.

[4419] Idem, *Observações ás Prelecções de Direito publico e particular*, págs. 42 e 43: "No systema destes Revolucionarios se figura a felicidade temporal dos homens o ultimo fim que elles tiverão na união em Sociedade Civil; se suppõe esta Sociedade estabelecida por huma arbitraria convenção, ou arbitrario contrato social; e se finge na eleição do Imperante, virtualmente incluido o Contrato: *Do ut des*; porque huns adoptão por principio dos seus discursos o Epicurismo, ou a inexistencia do Direito Natural; outros considerão o Poder supremo conferido por Deos a todos os homens em particular (...)."

[4420] Idem, *ibidem*, pág. 22 nota: "Não pode considerar-se Cidade, ou Republica, sem que nella se considere Imperante e subditos, porque esta he a sua natureza (...)."

[4421] Vejam-se as distinções antes feitas entre a posição de Wolff, fundamental neste domínio e a assumida pelos Autores católicos, nomeadamente por António Barnabé Elescano Barreto de Aragão, pontos que já ficaram amplamente explicados.

"de officios, que há entre os Imperantes, e subditos, e como tais obrigados a cooperarem para a conservação da Sociedade (...)"[4422].

Em toda e qualquer sociedade, seja ela uma "observancia do preceito natural da conservação do homem, ou hum puro effeito da sua Liberdade, e faculdade natural, necessariamente hade ter Imperante, que a governe, e dirige; este Imperante necessariamente hade ter os direitos proprios, e precisos para aquelle fim, isto he, os Magestaticos, logo os direitos Magestaticos, ou do Imperante, são uma consequência necessaria do estabelecimento da sociedade, e do Estado do Imperante"[4423].

Quanto à Liberdade política do indivíduo, nos termos em que ela se compreende depois das Declarações de Direitos, é inexistente. Na verdade, se nem sequer às Cortes se atribui Poder deliberativo, na sua feição de ajuntamento das Ordens tradicionais, qual seria o papel distintivo a esperar atribuir ao cidadão, em S. Paio?

O Autor entende frisar o ponto e para isso esclarece que "os direitos Magestáticos, e proprios do Imperante como tal, são realmente distinctos dos direitos do homem. Os direitos do Imperante são os de superioridade sobre os outros homens; e os de Auctoridade para governar, dirigirem, e castigar as acções dos mesmos. Pelo contrario os direitos do homem, a respeito dos outros, são de Igualdade, e independencia; logo os direitos do Imperante não se podem julgar huma auctoridade renunciada pelos subditos; porque ninguem póde renunciar o que não tem"[4424].

A preocupação em não deixar passar este importante marco explicativo, que no contexto do seu Pensamento, ilustra bem a perspectiva providencialista em presença dos princípios de 1789, leva-o a apontar em texto autónomo[4425] a forma pela qual os mesmos devem ser corporizados. De acordo com estes princípios, defende que "os direitos do homem, em ultima analyse, se reduzem a preceptivos, e permissivos, em quanto as Leis, de que elles se derivão, ou obrigão precisamente os homens, ou lhes facultarão obrar, ou deixar de obrar certas acções, porque nos detestamos o impio Epicurismo. Entre os direitos preceptivos; he sem duvida aquelle de se unirem em sociedade Civil, isto he, em porção considerável sujeitos á vontade de hum commum Summo Imperante, e que a seu arbitrio regule as acções dos subditos, e os obrigue a satisfazerem aos seus officios, para obterem a sua segurança, e a felicidade temporal"[4426].

A ideia de dever está aqui, de novo, bem presente e lado a lado com o dever para com Deus e para com os outros homens. Assim, será equívoco defender-se que "a sociedade Civil, ou a dependencia subjectiva offende a Liberdade, e Igualdade natural dos homens; *quando pelo contrario a Authoridade Civil he que promove, e conserva a mesma Liberdade, e Igualdade*. Em que consiste pois a Liberdade? Não he na perfeita observancia das Leis naturaes? E qual he o fim da sociedade Civil? Não he dirigir, e

---

[4422] Francisco Coelho de Sousa e São Paio, *Prelecções de Direito Pátrio Público e Particular*, pág. 21.
[4423] Idem, *ibidem*, págs. 165 e 166.
[4424] Idem, *Prelecções de Direito Pátrio Público e Particular*, págs. 164 e 165.
[4425] Idem, *Observações ás Prelecções de Direito publico e particular*, págs. 8 e ss.
[4426] Idem, *ibidem*, pág. 9. Contudo, esta felicidade temporal não é o fim último da sociedade, porque, como escreve mais de uma trintena de páginas adiante, "o fim ultimo he satisfazerem á vontade de Deos, que desejando, pelo facto da creação, a felicidade temporal dos homens, quis que elles se unissem em Sociedade Civil, e se sujeitassem ao arbitrio de hum Commum Imperante." A distinção fica clara: se o fim da sociedade é a felicidade temporal dos homens, a razão porque se uniram em sociedade para promover a sua felicidade para promover esta felicidade é a satisfação da vontade de Deus.

obrigar os homens á mesma observancia? Este he o fim proximo da união subjectiva, e da Authoridade Civil"[4427].

O mesmo tipo de entendimento quanto à Igualdade, que se no estado de natureza é uma mera Igualdade entre iguais e depende das forças maiores ou menores de cada um, no estado de sociedade se transforma, em razão mesmo do seu direito de Igualdade na "obrigação de prestarem iguaes Officios á sociedade natural, e a cada hum de seus semelhantes, e tem iguaes direitos para exigirem da mesma sociedade, e de cada um dos seus semelhantes iguaes recompensas"[4428].

Portanto, há Liberdade e Igualdade naturais, que se solidificam na sociedade civil, aceitando-se uma formalização idêntica dos indivíduos perante a lei.

Por outro lado, S. Paio não admite nem poderia admitir o direito de resistência, nem tão pouco pelo mau Governo exercido por quem dele é responsável. "O fim ultimo pois he quem dirige as acções dos entes racionaes, e por consequencia não basta que os Imperantes não satisfaçam ao fim da Sociedade, para que os subditos se considerem dissolvidos do vinculo da obediencia, e sujeição"[4429]. Em último caso quem deve julgar da desconformidade da actuação do Rei, é sempre Deus, uma vez que se trata do único juiz supremo. Mais ninguém pode retirar ao monarca os Poderes que Deus lhe conferiu; apenas a divindade tem esse Poder.

O Poder não é e partilhado e o monarca decide sozinho, sem necessidade de consultar seja quem for. Mesmo quando o faz, por mera necessidade ou comodidade dada a extensão dos negócios do Estado a solucionar, fá-lo porque assim o entende e não porque a tal seja de algum modo obrigado. Significa isto que aquele que é visto, dentre todos, como o Poder "mais digno"[4430] por directamente afectar a estabilidade da vida das pessoas e porque se pauta como o verdadeiro sustentáculo de qualquer Governo legítimo, o Poder Legislativo, não sofre qualquer partição.

Francisco Coelho de Sousa e S. Paio apresenta-se a si mesmo, e dispensa reforçada ponderação quanto ao seu Pensamento. Sem dúvida que seria Autor a quem as prelecções da teoria da maestrina europeia muito teriam entusiasmado, adoptando alguns dos seus principais fundamentos para defender em Portugal o que se propunha ao nível da França, por exemplo.

Este era, em termos gerais, o tipo de interpretação a que se assistia por parte de todos os temerosos dos resultados da Revolução Francesa e que deliberadamente faziam cruzada em combater os seus princípios, não apenas por uma demonstração no plano do discurso teológico-político mas apelando à interpretação absolutista do vínculo pactício que unia governantes e governados e que dava aqueles toda a arbitrariedade no desenvolvimento da sua governação.

[4427] Idem, *ibidem*, pág. 14.
[4428] Idem, *ibidem*, pág. 15.
[4429] Idem, *ibidem*, pág. 44.
[4430] Idem, *ibidem*, III, pág. 72: O Primeiro officio do Imperante he regular as acções dos subditos em beneficio da Sociedade, e dos seus membros, cujo regulamento se chama Lei. (...) Ora, no Estado Monarchico, assim como o de Portugal, o Rei he o Imperante; segue-se, que os Monarchas Portuguezes tem o Direito Legislativo."

Penalva é, ideologicamente, um contra-revolucionário assumido[4431], talvez o primeiro que existiu em Portugal – como ele próprio reconhece[4432]. O seu trabalho de maior fôlego neste domínio é publicado em 1799, com uma sugestiva "Dedicatória": "Na Real presença de Vossa Alteza annunciei á Academia das Sciencias ter composto huma Dissertação, que prova a justa preferencia, que tem o Governo Monarquico a qualquer outro; e o legitimo, e absoluto Poder, os nossos Soberanos sobre seus fieis Vassallos, (...)"[4433].

O Autor mostra-se fiel aos ensinamentos de De Maistre e de De Bonald, considerando a insuficiência da Razão humana para guiar a Criatura nas suas acções diárias e, por si só, a vida do homem[4434]. Daí a necessidade "de Mestre, e de Revelação"[4435]. Nesta auto-revelação que se propõe, a manutenção da estabilidade do Governo civil, em íntima associação com a defesa do catolicismo, são as únicas seguranças que numa época turbulenta[4436] o crente fiel[4437] e o cidadão cumpridor podem aspirar.

Verificam-se alusões directas ao tipo de percepção que, por via de regra, os portugueses seguem a este respeito. Quer dizer, como os demais, sustenta o paternalismo régio[4438], porque apenas assim pode zelar pela felicidade dos vassalos, que têm em comum entre si encontra-se numa situação de Igualdade formal perante o monarca[4439], ponto já suficientemente debatido. Garante não apenas a Igualdade dos cidadãos face à lei e a quem tem competência única para a outorgar, o Rei, mas a Liberdade de movimentos de que aqueles, no respeito pela mesma e pela ordem que lhe assiste,

---

[4431] *O Portuguez*, VIII, nº 47, pág. 410, a propósito das perseguições que defendia deverem ser os mações alvo: "Este nobilissimo Sycophanta já não se lembra do Archivo aos Anjos, aonde elle foi Presidente: nós lhe vamos avivar as memorias. Todos sabem em Portugal da Sociedade, que se em Lisboa estabeleceu com o título de 'Sociedade anti-maçonica': o nome bem declara quais eram os pretendidos fins da Sociedade, a qual pretexava ser dirigida a acabar com a Maçonaria; porem os fins reaes e verdadeiros eram de tirar a Regencia ao Principe, e depolo, com o fundamento de que estava doudo. O Marquez de Penalva era o presidente, e muita gente, por esse tempo, lhe ouviu dizer frequentemente – que o Principe estava doido e incapaz de governar. Nós estamos promptos a provar estas duas circumstancias com uma caterva de testemunhas, maiores de toda a excepção (...)."
[4432] Marquês de Penalva, *Dissertação a Favor da Monarquia*, "Dedicatoria".: (...) seja-se licito ter a vaidade de ser o primeiro, que levanta a voz para dizer o mesmo, que todos dizem no seu coração, no coração do verdadeiro Portuguez (...)."
[4433] Idem, *ibidem*, "Dedicatoria".
[4434] Idem, *Dissertação sobre as Obrigações do Vassalo*, pág. 22: "Prevenio tudo o sabio Creador; e depois de nos dotar de sociabilidade, dotou o homem com o Codigo das mais santas Leis impressas em caracteres indeleveis (...)."
[4435] Idem, *Dissertação a Favor da Monarquia*, pág. 6.
[4436] Idem, *ibidem*, págs. 6 e 7: "estava guardado para este seculo de trévas, (digam o que disserem da sua Illuminação) estava guardado para nossos tristes dias o systema da impiedade, e da Anarquia. Foi extraordinario apparecer este monstro; mas ainda foi mais extraordinario achar tantos sequazes esta infame doutrina."
[4437] Idem, *ibidem*, pág. 7: "(...) fizerão que os homens se envergonhassem de mostrar em público ser Christãos, e ao mesmo tempo perdeo-se a saudável vergonha, que em outros tempos havia de ser máo."
[4438] Idem, *ibidem*, pág. 34: "O Soberano he o pai de seus vassallos; a desigualdade da sua situação faz que não recorra áquelles meios, de que se servem os iguaes, para se distinguirem (...)."
[4439] "Resposta" à, "Carta de hum Vassallo nobre ao seo Rey", *O Investigador Portuguez em Inglaterra*, IX, Junho de 1814, pág. 692: "(...) os Soberanos devem sempre estar em relação com os seos vassallos, sem liberalizar mais favores a huns do que a outros; porque a existencia civil e politica de hum Estado Monarquico deve estar fundada na igual protecção do merecimento, em qualquer das classes que elle se encontre."

possuem e praticam. Uma Liberdade moral, civil no máximo, que lhes confere prerrogativas não extensíveis em termos Políticos à materialização dos seus interesses, tutelados pelo Rei-pai.

A sequência que dá a este se pensamento e que se encontra especialmente retratada quando enceta o tratamento das "Objecções contra a Monarquia", são de extrema importância, permitindo dilucidar não apenas os termos da compreensão de Penalva no que respeita à ideia de Liberdade, mas também a sua posição em presença do homem natural e abstracto por contraponto ao homem social e concreto.

É possível detectar em Penalva, como na maioria dos contra-revolucionários, a alusão à ideia de tempo. Só que no Marquês este tempo tanto serve para fundamentar uma contra-revolução nos quadros desenvolvidos por De Maistre ou De Bonald e em que a transcendência ocupa lugar de destaque, como para destacar os processos formativos e evolutivos da sociedade em si mesma considerada[4440].

No plano do Pensamento respeitante à origem da sociedade, onde importa averiguar qual o seu posicionamento no plano contratualístico, considera Fernando Telles da Silva que o homem tem uma natureza que o inclina à "sociabilidade", termo presente em Pufendorf e noutros jusracionalistas antes analisados. Contudo, a interpretação que dá a esta "sociabilidade" é distinta, já que a vê como um elemento gregário e de união entre famílias que estão na base da sociedade[4441]. A sociedade deriva do desenvolvimento dos vínculos familiares e, por essa via, surge uma aproximação ao processo histórico tal como o defendem os contra-revolucionários franceses[4442].

Assim sendo, é entendimento de Fernando Telles da Silva que a origem do Governo e a necessidade de obediência é comum[4443], ponto que apenas com o Governo monárquico[4444] se pode atingir, evitando o choque de vontades opostas e os tumultos conducentes à anarquia desse modo produzidos. O raciocínio é o habitual, seguido para a perspectiva que perfilha; a necessidade da ordem implica a escolha dos mais aptos para a defenderem e, no limite, do mais apto entre eles[4445]. O soberano constitui-se, pois, e numa acepção voluntarística como um conjunto de necessidades conjugadas[4446], que abrem as portas à percepção que os homens adquirem de ser "o modo de governar ser governados; não porque se illudissem com esta Procuração, que davão a quem os dirigia; mas porque esta soberania estabelecida, embaraçando a desordem geral, fazia a cada Cidadão mais senhor das suas innocentes acções, e perfeito arbitro de suas legitimas propriedades"[4447].

[4440] Marquês de Penalva, *Dissertação a Favor da Monarquia*, págs. 40 e ss. "... Deus, que criou o homem, dotou-o de um espirito imortal, de esperança de vida futura."
[4441] Idem, *ibidem*, pág. 8: "(...) o homem teve sempre uma família ou foi membro de alguma (...)."
[4442] Idem, *ibidem*, pág. 22: Entre todas as provas, que abonão a Monarquia, he ser esse o Governo de Deos no Universo, huma das mais attendiveis."
[4443] Idem, *ibidem*, pág. 15: "[a necessidade do Estado resultava, em sintonia, do desejo de governar] para vencer os obstáculos que se opõem à execução da sua vontade e ao cómodo e segurança da sua vida", com "a necessidade de obedecer pela debilidade própria."
[4444] Idem, *ibidem*, pág. 17: "Os Patriarcas da antiga Lei, e os Pais de familia em geral forão os exemplares, e verdadeiros modelos dos Reis."
[4445] Idem, *ibidem*, pág. 18: "Cederão então a este Pai commum todos os Pais de familias os seus veneraveis Direitos, e encarregou-se a hum só o Governo de todos."
[4446] Idem, *ibidem*, pág. 20: "(...) todas as vezes que a Soberania não reside numa pessoa só, o Estado se expoe a ser dividido em substancia, como o he nas opinioes que o administram."
[4447] Idem, *ibidem*, págs. 16 e 17.

Raciocinando silogisticamente, considera que se conseguir provar que "he o melhor dos Governos", então "o mais absoluto dos Soberanos he o melhor Monarca", sendo certo que "este mais independente Poder prodozio melhores successos na Paz, e na Guerra". Donde, justifica-se "a preferencia que tem a Monarquia[4448] sobre todos os Governos"[4449].

Do mesmo modo, se no estado de sociedade – ultrapassada a sociedade familiar e constituindo-se o Corpo Político onde existe coincidência entre Estado e sociedade civil – a Liberdade é mais limitada em função da convenção, então tem de existir um representante do Autor da natureza que o represente[4450]. Com essa marca divina, apenas o Rei o pode fazer[4451].

Daí que o contrato gerador da sociedade – e aqui não há coincidência total com os ensinamentos de Pufendorf – não implique um congénere de origem de Poder[4452], motivando a soberania, nem a possa impedir[4453]. Depois de formada a sociedade, uma coisa é a escolha de um indivíduo para exercer a soberania, outra a fonte da soberania, que não pode ser humana antes e sempre divina[4454].

Partindo do pressuposto que a primeira regra do Direito Natural é a vontade de Deus gravada no coração dos homens, tanto implica que na formação das sociedades era impossível que o Cidadão pudesse ofender a lei natural, ou, tão pouco, a Liberdade de se alhear dos decretos primitivos promulgados para todos. Os direitos do cidadão nunca podem ser contrários à lei natural e, por essa via, nunca podem discrepar dos comandos divinos nem lesar os direitos que individualmente, em concretos, todos têm[4455]. Portanto, tornam-se claros e evidentes os habituais elementos distintivos entre homem natural e homem social, entre a abstracção e a realidade.

Como consequência e admitindo que o cidadão tem os seus próprios direitos em sociedade, que qualifica como "Direitos do Cidadão", também o soberano não pode deixar de os possuir, constituindo-se como uma espécie de desconto "nas faculdades do individuo daquella porção de Liberdade, que renunciou expressamente, logo que ou concorreo para a formação da sociedade, ou pela sua assistencia, e nascimento se acha ligado ás leis que alli encontra"[4456]. Com este procedimento, os cidadãos vêm salvaguardados os seus direitos na observação das regras estabelecidas pela monarquia

---

[4448] Idem, *ibidem*, pág. 20: "he por tanto hum dogma Politico, que a Monarquia he o único Governo, que tenha systema (...)."
[4449] Idem, *ibidem*, pág. 9.
[4450] Idem, *ibidem*, pág. 130: "(...) os Reis são na terra os representantes visiveis do Author de tudo, cujas eternas Leis devem fazer observar."
[4451] Idem, *ibidem*, pág. 48; pág. 53: "(...) aquelle cuja Authoridade só deve ceder ao Author da natureza de quem faz as vezes (...)."
[4452] Idem, *Dissertação sobre as Obrigações do Vassalo*, pág. 56: "Não pode portanto disputar-se, que *a obediencia aos Reis he hum preceito positivo*, nem pode negar-se em todo o vivente, como diz o Apostolo, *deve estar sujeito aos Poderes superiores, que vem de Deos, como elle mesmo diz*, mostrando deste modo a sua bondade; porque vem delle esta sua legitimidade, porque o authoriza o Supremo Senhor de todo o creado."
[4453] Idem, *Dissertação a Favor da Monarquia*, pág. 54: "designou (...) aquelle que recebe de Deos o poder, e a elle fica responsável do bom ou máo uso que fizer da sua Authoridade".
[4454] Idem, *Dissertação sobre as Obrigações do Vassalo*, pág. 58: "Consideramos o Poder real de Authoridade Divina, maxima, segundo entendo, de eterna verdade, que sendo sempre autorizada theoricamente, hoje pelos trabalhos deste Seculo de sedição se vê comprovada pela experiencia."
[4455] Idem, *Dissertação a Favor da Monarquia*, págs. 43 e 44.
[4456] Idem, *ibidem*, pág. 50.

e porque os Príncipes respeitam os princípios da justiça instituídos por Deus, pelo qual reinam e que obriga à observância escrupulosa das leis que eles mesmos fazem.

Quer isto dizer que se não existe Liberdade política, existe Liberdade civil sem dúvida, regida pelas regras inerentes ao Direito Divino e ao Direito Natural. O homem tem direitos desde que não inserido em sociedade; uma vez nela, os seus direitos de cidadão têm de se pautar com as obrigações devidas ao novo estado a que passa[4457]. Nestes direitos não se inclui o de resistência às atitudes irreflectidas levadas à prática pelos Príncipes, uma vez que apenas ao juízo divino eles se encontram submetidos.

Diz o Autor querer evitar as confusões entre os menos avisados e prover que "não se persuadam os Povos a perder a sua Liberdade de origem, a confundir a Igualdade da subordinação à lei[4458] com a impraticável Igualdade civil[4459], e a impedir os direitos da sociedade com a libertinagem permittida a cada Cidadão"[4460]. Por isso estuda sucessivamente a Liberdade em geral, a Liberdade em sociedade e a Liberdade "que nos convem" e dedica-se ao tratamento da questão da Igualdade[4461] "que verdadeiramente os Póvos desejão, que melhor se conserva nas Monarquias"[4462].

Ao pessoalizar-se a Liberdade, retirando-lhe valor político revolucionário, não se anula aquela mas minimiza-se esta. A ideia de Liberdade é um valor em si, nos quadros da objectivação transcendental inerente ao Ser humano; porém, é ao monarca, ao soberano representante de Deus na Terra que compete activá-la e não a cada cidadão em si mesmo considerado, que é o responsável último pelas leis que o regem e aos seus semelhantes.

Em síntese e para culminar este aspecto da abordagem, a contra-revolução que Penalva preconiza e encarna de forma superior no plano da adesão ao sentido da transcendência, não só reforça a doutrina do passado, anterior a 1789, como a desentranha

---

[4457] Idem, ibidem, págs. 53 e 54: "*os direitos individuaes de hum Cidadão são primeiro restrictos, quando se agregou a huma sociedade, que faz hum corpo moral, e essa sociedade he a que contrata com o Chefe que escolhe*, não ficando a nenhum dos membros do Estado *a Liberdade de usar de forças contra aquelle*, que não só he seu superior, mas o que he ainda mais de toda a corporação do Estado, unida ou representada por seus legitimos Procuradores. Assim o entenderão sempre todos os Povos que não estão no triste estado de sublevação ou anarquia (...)."

[4458] Idem, *Dissertação a Favor da Monarquia*, pág. 81: "(...) qual he a Igualdade que os Povos prudentemente desejam? (...) A desigualdade civil não tira a Igualdade de direito, que tem todos os homens; nem as Jerarquias, que são a ordem do Estado, poderião tolerar-se, se viessem tirar-nos o grande bem da Igualdade, que nos vem pelo berço, e que a sepultura confirma."

[4459] Idem, ibidem, pág. 64: "A differença de homem a homem pode considerar-se ou na ordem natural, ou na civil; na primeira os dotes particulares de cada hum, sendo desiguaes em si, e no seu uso, veio a ser impraticável empecer esta distinção; na ordem civil como se tratava de premiar estes mesmos dotes, e authorizar estas distincções, foi necessaria consequencia a desigualdade, sem a qual haveria no caos politico, á semelhança do outro, de que o Mundo physico sahio (...)."

[4460] Idem, ibidem, pág. 41.

[4461] Sobre a questão da Igualdade é interessante a leitura da "Carta de hum Vassallo nobre ao seo Rey", *O Investigador Portuguez em Inglaterra*, IX, Junho de 1814, pág. 687 e ss. Aqui são sobretudo assinalados os perigos que podem surgir para o Estado português de elevação aos grandes empregos de pessoas que não sejam da primeira nobreza e, por isso mesmo, funcionem mais como áulicos que dão razão aos inimigos do Trono e do Altar que como desinteressados e hábeis conselheiros do monarca. Estamos, pois, perante uma questão de Igualdade no acesso aos cargos públicos, que Penalva considera uma das mais acabadas manifestações do zelo pela soberania do monarca.

[4462] Marquês de Penalva, *Dissertação a Favor da Monarquia*, págs. 80 e ss.

daquela "com que os Povos julgam que vão encontrar nas promessas dos indignos fautores da monarquia"[4463].

Isto simboliza, para além do mais, a completa diversidade no plano das Ideias entre o sentido da Liberdade revolucionária e da sua congénere contra-revolucionária, no sentido em que Penalva a caracteriza. Num caso veicula-se a Liberdade dos cidadãos; no outro a Liberdade pessoal de cada indivíduo, no âmbito do providencialismo divino e do Absolutismo monárquico.

No que toca à espécie de Igualdade que preconiza, como a mais coerente com as humanas aspirações, entende que a Igualdade que não molesta a justiça nem a ordem pública é – e aqui retoma o frisa um ponto já antes apontado – "a sujeição às leis, na justa distribuição do prémio, e castigo, e na Igualdade de direito, que tem cada hum á sua fama, á sua vida, e aos seus bens", resultando toda a "outra Igualdade quimerica, e injusta (...)"[4464]. Ou seja, uma Igualdade entre iguais[4465], uma Igualdade relacional ou formal e não política porque esta confere a todos as mesmas oportunidades no pronunciamento sobre o regime político e o modelo governativo, expresso pela via das eleições, independentemente da posição social que ocupam e que é típica das Democracias.

Finalmente e como não poderia deixar de ser, na alusão à monarquia portuguesa e aos Poderes dos seus Reis não poderia faltar uma referência às *Cortes de Lamego*. Para além de nem sequer questionar a sua veracidade, atestada por "seis ou sete Cortes, que as reconhecerão"[4466]. A somar a esta característica, a da concepção patrimonial do Estado, unindo "a propriedade do Paiz à regencia dos Povos"[4467].

E, tal como acontecia com os textos do período pombalino, do mesmo modo os instrumentos fundamentais do Estado português sofrem uma dupla interpretação em presença da tese Consensualista. Enquanto esta se servia dos mesmos para reforçar a tese da soberania popular, os monarcas do despotismo ilustrados e seus teóricos encaram os mesmos apoios como pedra de toque na defesa da soberania absoluta. Sempre importa recordar que, à beira do séc. XIX, do século do Liberalismo, havia grandes escritores a defenderem precisamente o oposto que os próceres da Liberdade propagandeavam[4468].

Estas questões ganham relevo prático na consideração do papel consultivo das Cortes e grandes Tribunais. Na subordinação da delegação real, a sua autonomia em matérias legislativas era limitada pelos régios desejos, nunca podendo, em qualquer caso, ultrapassar os limites que lhe estavam impostos e fazendo-o sob a forma de simples agravos, que dependeriam da adesão ou não do monarca para serem aten-

---

[4463] Idem, *ibidem*, pág. 43.
[4464] Idem, *ibidem*, pág. 82.
[4465] Idem, *ibidem*, pág. 86: "Atacando a Authoridade soberana, perderão muitos a quaes porvinha da sua delegação, e todos os socego, e ordem que ella geralmente traz. Serão a todos Liberdade, e nesse dio a perdeo cada hum. Ampliarão os direitos do homem para quebrantar os do Cidadão. Fallão muito na Igualdade; e como a tenção he desapossar os grandes, e succeder-lhes a turba, causando e recebendo grandes damnos, acha-se por fim entre mortes, e roubos, tendo mudado de dono, sem gloria e sem fortuna, e castigada talvez por aquelles que a persuadirão; e que hão de querer acautelar com a sua oppressão, que ella torne ao Governo, que insensatamente abandonou."
[4466] Idem, *ibidem*, pág. 101.
[4467] Idem, *ibidem*, pág. 103.
[4468] Idem, *ibidem*, págs. 104: " O reinado do Senhor D. João o Primeiro confirma o Poder, e a independencia dos nossos Soberanos."

didos e, em certos casos, transformados em lei. Por esta via a legitimidade e Poder absoluto dos soberanos portugueses nunca foi questionada[4469], nele se confinando as mais sólidas razões que levam a enquadrar o conceito patrimonial de monarquia – transmissão da Propriedade ao sucessor – assim como realização da boa ordem e seguro dos costumes e tradições[4470].

Este o verdadeiro "Thermometro da Liberdade de huma Nação", quão maior quanto mais expansivo seja o Poder do seu chefe[4471].

Em resumo, Fernando Telles da Silva é mais um dos portugueses do seu tempo, a quem a inteligência sem dúvida favoreceu, aplicando os seus elevados conhecimentos na tese do despotismo ilustrado tal como a havia bebido nos Compêndios do reformismo pombalino, reservando-se uma autonomia de Pensamento que o faz usar de todos os contributos externos e internos susceptíveis de arguírem, em seu favor. Uma agilidade mental que é utilizada na defesa da soberania absoluta do monarca, cujos Poderes advêm da divina transcendência e lhe foram entregues, devido a escolha humana, por ser ele o melhor e o mais apto, a defender os interesses de todos os seus vassalos, que lhe devem cega obediência. Em troca, o seu paternalismo absolutista protege a Liberdade de cada um deles e os seus direitos, desenvolvidos de acordo com a ordem estabelecida, que não admite sobressaltos bruscos e preconiza que o único juiz da régia causa será Deus.

O seu Pensamento tem a marca da originalidade, independentemente de se concordar ou não com o posicionamento ideológico que lhe é característico[4472]. São as suas ideias políticas que, ao caso, foram refutadas por alguém que, neste particular, é absolutamente insuspeito. José Agostinho de Macedo, entre outras coisas, entende que Penalva era exclusivista no que respeita ao conselho pedido pelo monarca, a quem era pedido e a forma por que se processava. Ao agir na defesa dos regulares e atribuir à Grande nobreza o monopólio da régia proximidade, estava sem dúvida mais a contribuir para o descalabro da monarquia portuguesa que para o seu reforço[4473].

[4469] Idem, *ibidem*, pág. 131: "*Mando que assim se pratique. Em occasião conveniente vos deferirei. Não tendes razão*. Estas e outras expressões mostrão bem que o Rei queria ouvir os seus vassllos; mas que elles não tinham a temerária ideia de deixar de ser subditos, e não passavam a raia que a vassallagem, e o seu mesmo interesse lhes prescrevião." Um pouco adiante surgem outras expressões nossas conhecidas mas que servem ao Autor para justificar a posição que defende: "*Determino* (...) *de meu Motu proprio, certa Sciencia, Poder real e absoluto* (...)."

[4470] Idem, *ibidem*, pág. 129.

[4471] Idem, *ibidem*, pág. 134.

[4472] *O Portuguez*, VIII, nº 47, pág. 409: "Não há pessoa do conhecimento do Marquez, quem elle não tenha pregado peça, ainda que não seja senão em dois cruzados novos. Quando esse Fidalgo, depois de mil expectaçoens frustradas saiu nomeado Camarista no paço, disse elle, deante de um concurso numeroso, sorrindo-se mui contente 'cuidam Vossas Senhorias, que esta chave' (apontando para a que tinha na casaco) 'não vale nada! Como se enganam! Vale muito; serve para fechar a boca dos Credores!'"

[4473] *O Investigador Portuguez em Inglaterra*, X, Julho de 1814, "Segunda Resposta" à, "Carta de hum Vassallo nobre ao seo Rey", ao que parece atribuída a José Agostinho de Macedo, págs. 58-60: "Não sei que nome dê ao Pensamento da carta quando reputa os effeitos da industria, ou a produção do acazo outras tantas recompensas com que Deos quis galantear, e brindar a piedade dos Monarchas Portuguezes nas pias fundaçoens dos mosteiros dos regulares. (...) Hajão frades, e descubrir-se-hão terras Austrais, sem que Cook tenha tanto trabalho, e tantos riscos. Isto he no A. da carta hum manifesto insulto, feito ao siso commum. (...) Este audaciozo ultraje da Razão quasi não merecia que se impugnasse. (...) Parece que este homem so procura tornar odiozo ao Povo o Governo

Na sua actuação, o Rei não tem limites impostos do exterior; eles apenas se colocam no plano Ético e na conformação a uma justiça que é, primeiro que tudo, divina e depois passa a orientação que deve presidir ao seu próprio comportamento, na relação que mantém com os seus súbditos.

Já segundo a interpretação de António Caetano do Amaral, a soberania não adveio a D. Afonso Henriques por qualquer acto convencional e de consentimento mútuo estabelecido com os seus vassalos, antes lhe chegou por via da herança de seus pais[4474]. D. Henrique, na verdade, contemplado com a doação do Condado Portucalense por casamento com D. Teresa, sempre exercera a mesma soberania sobre o território, sem que o sogro lhe fizesse oposição ou menção de "Portucale" como parte dos seus feudatários[4475].

Por isso mesmo, quando sucedeu nos destinos do Condado Portucalense, atingida a maioridade, "he nomeado (...) nas Escripturas como o legitimo successor, toma a seu tempo posse do throno; e em todo o espaço de tempo em que se nomeia Infante, ou Principe, rege com a mesma inteireza de senhorio, que depois que o acclamarão Rei; não havendo mais diferença, que no nome; *do mesmo modo que seu pai com o de condenão deixou de ser soberano*"[4476].

Como consequência, a monarquia portuguesa terá sido, para este Autor, independente e absoluta desde o início[4477], passando sob forma de sucessão hereditária

---

Monarchico, e que dezeja fazer adoptar os principios do despotismo oriental; roubando da vista dos vassallos hum principe amavel pelas qualidades do seo coração, quer transformar o Principe de Portugal no Despota da China, só vizivel aos mandarins da semana." Também a mesma reacção, vinda de fonte ideologicamente distinta, pode ser encontrada no *Microscopio de Verdades*, nº 1, 1814, pág. 49: "os de agora todos [os áulicos] então são mais perigosos, não só porque não há quem; se lhe oponha ou para isso tenha forças, mas porque tem conseguido que os Monarchas não se tratem com o resto dos vassallos, dizendo como os outros dizião que hum trato familiar seria, e he baixa condescendencia, indigna da Soberania e da Magestade (...)"; Joaquim Pintassilgo, "O 'Absolutismo Esclarecido? Em Portugal: Inovações Polémicas e Alinhamentos (Final do século XVIII – início do século XIX)", *Do Antigo Regime ao Liberalismo*, (Organização Fernando Marques da Costa, Francisco Contente Domingues e Nuno Gonçalo Monteiro), Lisboa, Vega, 1989, pág. 26.

[4474] António Caetano do Amaral, *Memórias: Memória V. Para a Historia da Legislação e Costumes de Portugal*, pág. 8 e ss.: "Morre o Conde D. Henrique; e continua sua Mulher desembaraçadamente a reinar só, como a quem tocava a Soberania, sem que tambem lhe seja contestada por sua Irmã, ou por seu sobrinho herdeiro dos reinos vizinhos: antes com factos positivos mostrão reconhecer o seu direito."

[4475] Idem, *ibidem*, pág. 11 nota (a): "Não podemos deixar de apontar os documentos do tempo deste reinado, em que fazendo os Reis de Castella menção dos principes seus feudatários, ou vassallos, nunca se vê entre elles nomeado o de Portugal. Nas Cortes que D. Affonso VII teve em Leão em 1134, ou 1135, nas quaes tomou o titulo de Imperador, (...), não menciona Portugal." O Autor apresenta de seguida um conjunto de provas históricas assinalável que vão todas em idêntico sentido.

[4476] Idem, *ibidem*, págs. 9-11.

[4477] Contra, *O Campeão Portuguez ou o Amigo do Rei e do Povo*, II, Janeiro de 1820, págs. 41 e 42, nota: "Por nenhum modo podemos concordar que a nossa monarquia seja absoluta, quando ella foi creada pelas cortes, duas vezes restabelecida pelas mesmas Cortes, e mil vezes illuminada com representaçoens e conselhos que entraram no codigo de nossas leis. Os monarcas, que se tinhão por obrigados a consular a Nação nos cazos mais importantes de successão ao throno, imposição de tributos, expediçoens bellicas, celebraçoens de paz, cazamentos regencias, e administração de justiça, não podem considerar-se nem denominar-se absolutos."

de pais a filhos[4478] e sem que qualquer reunião ou Assembleia magna houvesse de institucionalizar[4479] por acordo tal direito de soberania[4480].

Se a forma de Governo era puramente monárquica, a utilização de certos "meios adjutorios" por parte dos soberanos, no exercício dos seus direitos majestáticos, ainda quando são alegados como limitação à forma monárquica, "são os mesmo que mais a demonstrão, e convencem". Neste quadro se incluem as Juntas[4481] como as Cortes[4482], com funções meramente consultivas e nunca deliberativas, tal como acontecera com os Reis de Astúrias e Leão, sucessores da monarquia Visigótica[4483].

Tudo isto, somado a outras justificações de idêntico teor que apontam para uma monarquia portuguesa pura desde o início[4484] assim se tendo mantido incólume[4485], implicam na concepção ideológica de António Caetano do Amaral um adversário não apenas da Liberdade política – o que parece óbvio – como da própria Liberdade dos

---

[4478] António Caetano do Amaral, *Memórias: Memória V. Para a Historia da Legislação e Costumes de Portugal*, pág. 13.

[4479] Idem, *ibidem*, pág. 32: "Confirma-se com Lei escrita a sucessão hereditária do Throno. He improprio, e inutil a todo o Portuguez entrar na averiguação da vivacidade de hum monumento, cujo conteudo está autenticamente recebido como a nossa Lei Fundamental."

[4480] Idem, *ibidem*, pág. 32: "Com a leitura daquella Epoca estavão já os olhos costumados a ver neste terreno o mando de hum só Chefe, que passa constantemente de pai a filho. Sim, se vêm contempladas nos casos graves as diversas Ordens do estado; mas só para assegurar o acerto das ordenações e não para influir nestas com voto decisivo. Toma posse do novo Imperio Henrique de Borgonha: continua o teor, a que os Povos estavão afeitos. Rege elle como puro Soberano: rege sua mulher a Rainha D. Theresa: segue-se-lhe seu filho D. Affonso; não se requerendo mais solemnidade para a posse de cada sucessor, que o expirar o Governo do antecessor. Há o primeiro Congresso dos Estados da Monarchia, depois de acclamado com o titulo de Rei o que já era o terceiro Soberano della."

[4481] Idem, *ibidem*, pág. 37: "Ninguem diria que estas secretas consultas, e menos ainda as sobscriptas nas Escripturas, denotavão partilha no direito de legislar entre o Soberano, e as pessoas ouvidas, ou consultadas. Se combinarmos comtudo as expressões usadas nestes casos com as que usavão nas Cortes, veremos que são inteiramente as mesmas: em humas, e outras só vemos aplicadas aos convocados, ou consultados as palavras *conselho, consulta, consenso*, &c.; ao Soberano porém as de *ordenação, determinação, vontade*."

[4482] Idem, *ibidem*, pág. 39: "E se nas Cortes se nota alguma differença de expressão, he toda a favor da Soberania do Rei; porque dando ordinariamente motivos á convocação dellas necessidades ou interesses publicos, e sendo admittida a voz dos Povos, há alli sempre *Representações, e suppplicas*, quando nas privadas juntas só havia *pareceres*."

[4483] Idem, *ibidem*, pág. 35 e notas respectivas. António Caetano do Amaral aponta uma série de exemplos que reputa de significativos do carácter destas Cortes e Juntas, no plano do aconselhamento do monarca nas decisões mais solenes que deveria levar à prática.

[4484] Idem, *ibidem*, págs. 41 e ss.: "Erão estas [as Cortes] convocadas pelo Soberano, quando lhe aprazia; e ordinariamente em consequencia de queixas, que os Povos lhe havião feito, pedindo-lhe por mercê, que nellas provesse, como sua mercê fosse; frase, que tanto mais prova a convicção, que tinhão da sua subordinação, quanto aos Portuguezes forão sempre os mais zelosos da conservação de todos os seus foros, e privilegios. Esta prova se corrobora com a maneira, porque alli mesmo procedião os Reis, deferindo huns artigos, ou inteiramente, por acharem ser do seu serviço, e prol da terra, ou com limitações, e excepções; escusando uns, e rejeitando outros; *e em todas as respostas fallando como Soberanos nada dependentes do consurso dos subditos para as suas resoluções, as quaes ficavão tendo força de Leis, e como taes se publicavão por todo o Reino*" Vejam-se as notas respectivas que exemplificam na prática segundo o Autor o que se passava nas ditas Cortes.

[4485] Idem, *ibidem*, págs. 51 e 52: "Segue-se declarar as distincções e privilegios, que naquella primeira idade da Monarquia forão concedidos a cada huma das ditas Ordens [presentes em Cortes], *sem que lhes dessem a partilha do Governo*."

povos. Situa-se pois num quadro de intransigente e inflexível Absolutismo régio, sem recurso a qualquer consideração contratualística na formação da sociedade e, por motivos óbvios, na criação do Poder político, impensável sob forma originariamente humana e assinalado sob forma pactícia entre governante e governados.

Profundamente arreigado às concepções do Antigo Regime, foi sem dúvida veemente defensor da prevalência dos direitos dos Reis em face dos direitos dos Povos, podendo situar-se na área de intransigência ideológica que se opunha a qualquer alteração ao regime político vigente em Portugal. Ou seja, contra-revolução no sentido da atemporalidade providencialista.

Por ser este o plano de análise em que se situava, não será de estranhar que António Caetano do Amaral traduza um escritor espanhol cujas ideias não andam longe das suas[4486], sobretudo no que toca às concepções da sociedade e sua origem[4487] – agarradas ao sentido aristotélico que transitou para o Pensamento cristão[4488] – e do Poder político[4489], bem como à forma ilimitada, ou moderada, em que o mesmo no seu exercício prático se traduz. Tudo isto num quadro de Direito Natural de proveniência divina[4490], ao arrepio das concepções Modernas que o jusracionalismo havia desenterrado.

A ligação possível de estabelecer entre o estabelecimento da sociedade civil, com o constrangimento que lhe assiste e que é fruto da Queda – numa alusão algo tardia mas sintomática ao Pensamento augustiniano –, e a Liberdade do cidadão, implica a demarcação de limites à autonomia privada de cada um. Ou seja, limites à Liberdade individual, plasmados em garantias civis comuns e sem interferência no plano da soberania, que ao comum do cidadão não assiste discutir[4491].

[4486] D. Clemente Peñalosa y Zuñiga, *A Monarquia*, tradução portuguesa de António Caetano do Amaral, Lisboa, 1798. Cita-se sempre pelo Autor, no pressuposto da tradução ser da responsabilidade do escritor que agora se estuda.

[4487] Idem, *ibidem*, págs. 17 e 18: "A Origem das grandes Sociedades he hum objecto mui remoto, para que a Razão humana intente chegar a profundallo sem risco de se perder, por sua debilidade, nos espaços immensos, que lhe interpõem, ou sem tropeçar em mil escolhos, e paradoxos." Um pouco adiante, acrescenta: "Sujeitos (...) os homens desde o berço a viver debaixo do doce império de hum pai, cabeça da sua estirpe, se achão costumados ao Governo de hum Monarca, antes que sobre a terra houvesse sociedade civil. A mesma natureza firma esse costume e o arreiga, ennobrece-o, e o aperfeiçoa."

[4488] Idem, *ibidem*, págs. 32 e 33: "O homem nasceo para a sociedade. Esta proposição he evidente. Os Misantropos, ou Sofistas, que a contradizem, ignorão a grandeza da sua especie, e os nobres caracteres, que a aperfeiçoão."

[4489] Idem, *ibidem*, págs. 35 e 36: "A providencia divina para manter a ordem entre os homens, não obstante a sua Igualdade natural, lhes impoz o jugo de viverem sujeitos huns a outros pela via mais doce e forte, que he a do sangue, e sentimento. Por isso os homens não viverão em huma pura Anarquia nas suas primeiras gerações, nem nos espaços, que mediarão entre os dominios particulares, e a formação das sociedades civis. *Sujeitos ao suave imperio da natureza, obedeciló á authoridade paternaes; e esta não deve o seu principio nem ás convenções humanas, nem ao direito da guerra, nem á necessidade. A sua origem he Deos, que para bem do genero humano diffundio no coração do homem as virtudes filiaes e paternas, que fazem sensível o Poder, e a grandeza da Divindade.*"

[4490] Idem, *ibidem*, pág. 18: "Póde a Razão humana sujeitar ao seu juizo quanto cabe debaixo da sua esfera, que se estende a mui pouco. Só a Revelação, a tradição, a fé humana são os principios, que segurão, e rectificão os discursos do homem; e estes nos convencem da antiguidade das Monarquias, e de que este Governo foi o primitivo dos homens."

[4491] Idem, *ibidem*, pág. 20.

Contestando os Autores Modernos, das mais diversas origens e proveniência, mas apenas porque não se enquadram na sua ideia contra-revolucionária de evolução da sociedade[4492] – pela via da imanência histórica – bem como das suas instituições governativas[4493], reitera ser a ideia da convenção como pacto gerador do Poder em sociedade política algo de tão desrazoável, por desautorizado pela História[4494], que nem merece conversação[4495].

A visão da imanência histórica na caracterização patriarcal da sociedade[4496] onde se exercita a monarquia[4497], confere ao Rei os contornos comunicativos da Divindade ancestral, bem ao estilo do que Bossuet havia proclamado e que no séc. XVIII mantém a actualidade no discurso tradicionalista do Antigo Regime[4498]. Por este motivo se considera que a Autoridade régia associada a um Poder de origem divina[4499], mani-

---

[4492] António Caetano do Amaral, *Memórias: Memória V. Para a Historia da Legislação e Costumes de Portugal*, pág. 41: "João Baptista Vico nos seus livros de *Sciencia Nova*, mui amigo de paradoxos, propõe hum estranho, e exposto a erros, que degradão a dignidade do homem, e offendem por outra parte o systema da natureza."

[4493] Idem, *ibidem*, pág. 43: "Outra [opinião] há sobre a origem dos Governos, que não he menos falsa, mas que se representa mais engenhosa [referindo-se a Hobbes]". Segundo Hobbes o homem era naturalmente "hum animal feroz, e criminoso: *Homo homini lupus*."

[4494] Idem, *ibidem*, pág. 61: "A Historia sagrada, e profana não fazem aos Reis dependentes do Povo."

[4495] Idem, *ibidem*, págs. 46 e 47: "Diz-nos [a doutrina de Deus]que demos a Cesar o seu tributo, porque he seu; e porque a sua Authoridade exige com pleno rigor de justiça este sacrificio dos nossos bens, como partes que somos os homens da sociedade, que nos defende da violencia de outros. Diz-nos, que obedeçamos ás Potestades soberanos. E Porque? Porque procedem de Deos: e deste modo resiste á divina quem não obedece ás da terra. Diz-nos, que demos honra aos Principes seculares: diz-nos, que por elle reinam os Reis, não por convenção humana; não por capricho, nem pacto livre dos homens; não pela necessidade, nem pelo acaso; mas pelo mesmo Deos, que os elege com eleição eterna, que os tira do pó, e condição de pastores, para lhes cingir o Diadema de Israel, e os fortifica e engrandece com a união santa do Poder que lhes participa."

[4496] Idem, *ibidem*, pág. 33: "mas que observador deixará de achar traçada a imagem da sociedade civil em a natural de hum pai rodeado de seus filhos, alimentando-os, sendo o seu abrigo na violencia, seu juiz nos delictos, e o chefe que ordena, e ensina as suas obrigações? Observando, precisamente se há de convir em que o Governo interior e paternal he hum desenho puro, que descobre a grande obra do Governo público, e civil. *Nelle achão os homens, por pouco que reflexionem sobre si mesmos, a imagem da sociedade comum, cuja perfeição he obra da politica, da ordem, e das Leis. As suas linhas, e seus rasgos alli estão assinalados* (...)."

[4497] Idem, *ibidem*, pág. 34: "Convindo pois em que a sociedade natural, e domestica he huma imagem viva da sociedade civil, havemos de concluir, que a Monarquia está figurada pela expressão da natureza no Governo paternal: que alli se encontrarão as primeiras ideias, a cuja perfeição se havia de amoldar a obra das grandes sociedades, e Governos: que a sua origem he tão antiga, como a existencia do homem; e que o Poder, que a constitue, não he hum direito equivoco e tenebrosos, nem a sua causa se póde attribuir a principios estranhos e caducos."

[4498] D. Clemente Peñalosa y Zuñiga, *A Monarquia*, págs. 18 e 19: "o primeiro homem foi tambem o primeiro Rei da sua posteridade. A sagrada Historia de sua creação o dá a conhecer como cabeça da sua estirpe, único Chefe, ou único Pai; ou como imagem sensivel da Divindade, engrandecida com os mais altos dons; ou como Soberano posto sobre o throno das creaturas, e distinguido pelo seu Author com o imperio sobre os seres inferiores (...). Os titulos de Pais de familias, de Principes, de Legisladores pertencerão aos Patriarcas: passarão de geração em geração, e com elles a authoridade, e a força do Deos Santo, que os protegia."

[4499] Idem, *ibidem*, págs. 47 e 48: "O mesmo Deos, cujo imperio dispõe os nascimentos dos homens, e de cuja mão poderosa estão pendentes todas as creaturas, e seus destinos, forma os Reis, concedendo-lhes aquellas qualidades, que são necessarias á augusta Pessoa, que há de ser o pai dos Povos, o defensor, e abrigo dos demais."

festava que Deus "lhes havia confiado [aos Reis] sua Authoridade, sua eleição, e seu dominio"[4500].

Seria inconsequente qualquer contestação neste domínio[4501] de absoluta Autoridade[4502].

O Poder político, marca da soberania[4503], é insusceptível de partilha[4504] e apenas a Moral e a Ética podem ser seus limites aceitáveis[4505]. As balizas da actividade do monarca são "as cadeias da consciencia que ligão a Authoridade do Principe com a equidade, e a Razão, temperão a independencia exterior, de que pode abusar por hum golpe das fraquezas humanas, a que está exposta toda a alma sensível"[4506]. Tanto mais que a partilha da soberania, como acontece nos Governos mistos, nunca provou ser benéfica, multiplicando por vários os abusos e conduzindo a breve trecho à anarquia[4507].

Fazendo apelo e contradita às teses monarcómanas considera que estes, "feridos da magestade, com que as Monarquias moderadas refreão a licença dos costumes, ou o vigor livre das opiniões dirigidas a inquietar o repouso, e a alegria dos Povos, derramando por todos os seios da sociedade ideias, que dizem são mais conformes aos direitos do homem, dividem a soberania de hum modo concernente a seus designios; porque da doutrina da sua divisão sahem a violencia, a discordia, e a perturbação, bem como o estrago nasce da explosão de huma mina, a que com destreza carregou o artificio"[4508].

Na prática, aquilo que contesta aos monarcómanos não são as suas ideias, em si mesmas consideradas, mas a repercussão que, por vias transversais, virão a ter no Pensamento dos principais mentores do Liberalismo europeu, ainda quando desta-

---

[4500] Idem, *ibidem*, pág. 20: "He verdade que se não chamarão Reis. O titulo de Rei de seu Povo reservou Deos para si mesmo. Mas que significavam os nomes de Governadores, de Juizes, de Ministros, de Executores de sua palavra, senão a *authoridade de hum Soberano independente?*"

[4501] Idem, *ibidem*, pág. 26: "Que Filozofo se acha com direito para destruir o consentimento dos seculos? há successos, cujos effeitos são tão sensiveis, que parão a attenção do animo, convencem, e tranquilzão. Pois se quasi todos os Povos desde o momento, em que se reuniram em sociedade, elegerão Reis; que devemos deduzir da antiguidade das monarquias? *Que este he o Governo, que a mesma natureza assignala ao homem: que conservando esta natureza em toda a epoca hum curso sempre igual, imprime nas almas huns mesmos sellos, e ideias para seu bem: que serem governados assim os homens he mais conforme á grandeza da sua especie, he mais natural."*

[4502] Idem, *ibidem*, págs. 60 e 61: "Estes Principes, que Deos concedeo aos Povos de seu amor, gozarão de huma authoridade absoluta, sem que por isso fosse arbitraria. He absoluta em respeito á violencia, não havendo Poder algum capaz de forçar coactivamente ao Soberano; que neste sentido he independente de toda a humana authoridade: não tem sobre si outrem, que julgue os seus juízos."

[4503] Idem, *ibidem*, págs. 39 e ss. desenvolve a questão em detalhe.

[4504] Idem, *ibidem*, pág. 49: "A posse, e pleno exercício do Poder, que em todo o Governo denota quem he o soberano, põe nas mãos do monarca absoluto huma authoridade independente."

[4505] Idem, *ibidem*, pág. 49: "Dividir-se-ia a integridade da soberania, se o monarca não fora a origem de todo o poder politico e civil, sem outra limitação mais que a moral, cuja Authoridade he poderosa no coração para regrar suas acções pelas leis immutaveis, e santas do estado".

[4506] Idem, *ibidem*, pág. 50.

[4507] Idem, *ibidem*, pág. 51.

[4508] Idem, *ibidem*, pág. 105. E prossegue apontando o que os monarcómanos defendem "A soberania, dizem, divide-se em real e pessoal: a primeira, que inclue a ordem de direitos, a Authoridade e Poder, pertence ao Povo, cujo respeito deve ser a regra de toda a constituição; mas de huma constituição, que o Povo formou, em que o Povo consentio, e que a voz do Povo authorizou de hum modo inalteravel. A segunda, que he precaria, e consiste na preferencia sobre os demais, mas preferencia de puro nome, vaga e esteril, pertence ao Principe."

cadas em tempo e espaço e sobretudo muitos mais associadas à veia religiosa que as subjacentes aos ideias constitucionalistas. Pois se Locke, Barbeyrac e outros foram monarcómanos, combatidos por Pufendorf ou Bossuet, que outro tipo de interpretação se poderá esperar[4509]?

Isto tanto mais se comprova na distinção entre despotismo e monarquia, estando neste caso todos os vassalos em Igualdade de circunstâncias perante o monarca, que atribuindo a cada um o seu espaço de Liberdade civil[4510], os equaliza no gozo de Liberdades ancestrais e inovadoras, marca de água do discurso do Antigo Regime. De novo a "Liberdade" se opõe às "Liberdades".

O entendimento que se preconiza da ideia de Liberdade está, como é natural, conforme ao tipo de ponderação a que se vem assistindo. Assim, defende-se que "não deve o Povo gozar de huma inteira Liberdade; mas huma Liberdade sujeita á Razão, e á lei; de huma Liberdade, que he fructo da virtude; e não de huma Liberdade, que degenere em desordem, e em licença"[4511]. A questão da defesa da ordem, que no séc. XIX tanto irá ocupar os opositores ao Liberalismo e o dúplice e oposto entendimento que nos quadros da Razão lhe assiste, têm aqui terreno ideal de florescimento.

Gasta o presente Autor largas páginas no debate da Liberdade como primeiro dos caracteres da monarquia[4512]. Para além do facto de admitir ser a Liberdade o atributo humano a que a Criatura mais preza[4513], não deixa de anotar o sentido negativo da mesma[4514] e pronuncia-se pelo evitar da confusão com a licença, a que corresponde tudo o que possa subverter os princípios de um Governo absoluto[4515].

De acordo com a metodologia comum na época e que viria, posteriormente, a ser questionada por Benjamin Constant, compara-se a Liberdade dos Antigos com a dos Modernos, para se concluir, por motivos diversos que a segunda é preferível que a dos primeiros. Tal como a monarquia absoluta é superior às repúblicas Grega[4516] e Romana[4517] e que a Liberdade política ancestral não tem cabimento[4518] pela sua

---

[4509] Idem, *ibidem*, pág. 195.
[4510] Idem, *ibidem*, pág. 63: "(...) a independencia dos Reis não offende a acção viva e executiva das Leis, pois ficão em todo seu vigor as fundamentaes, que determinão o uso da Authoridade, e as civis, que regulão os direitos dos Cidadãos entre si."
[4511] Idem, *ibidem*, pág. 76.
[4512] D. Clemente Peñalosa y Zuñiga, *A Monarquia*, págs. 197 e ss.
[4513] Idem, *ibidem*, pág. 198.
[4514] Idem, *ibidem*, pág. 198: "fallando com propriedade, disserão os Romanos que a Liberdade he em geral a faculdade de obrar, ou não obrar: a faculdade de fazer tudo o que se quer: a Liberdade de escolher isto, ou aquillo no momento da deliberação, como o não impidão a força, ou a Lei."
[4515] Idem, *ibidem*, pág. 198: "Comtudo em huma Sociedade, onde há Leis, não pode consistir a Liberdade em satisfazer sem freio ao capricho, e impeto das paixões; nem obrar em prejuizo da ordem; nem com desprezo dos principios da Razão; porque esta Liberdade seria licença desordenada, summa fraqueza, e verdadeira escravidão."
[4516] Idem, *ibidem*, pág. 202 e ss.
[4517] Idem, *ibidem*, págs. 207 e ss.
[4518] Idem, *ibidem*, págs. 213-215: "Sempre havemos de vir a parar em que a palavra *Liberdade*, tomada como a receberão os Gregos e Romanos para a illustrar seu Povo, he huma quimera, he hum nome vago, que soa docemente ao ouvido; mas cuja significação verdadeira se não encontrava nas suas Obras. (...) Em nossos tempos como se entende regularmente esta palavra *Liberdade*? Que noções nos apresenta? Estado livre se chama hoje huma republica, ou huma Nação, que se governa por si mesma. Mas a acepção regular desta palavra *Liberdade* nos Republicanos he tomada separadamente na sua opposição aos subditos das Monarquias. Expressão viciosa! Voz vaga!"

ineptidão e desconformidade com a ordem que a monarquia actual[4519], salutarmente regulada, deve prosseguir[4520].

E, no que respeita à Liberdade política de que gozam os republicanos, não deixa de a considerar coisa bem ínfima, porque a participação individual na formação das leis é insignificante. Acresce que o respeito pela regras da maioria, teorizadas desde o tempo de Locke, implica que o ponto de vista de alguns seja submerso em presença de outros em número superior, não se verificando o detestável axioma de que "o vassalo, que prestou o seu consentimento a hum representante do Povo", ser mais livre "que o outro que entregou a hum monarca a sua vontade"[4521].

Como consequência, e sabido que é o Povo não ter qualquer participação na soberania política do reino, repete-se ser a mesma de origem divina e transmissão ela via hereditária[4522]. Não existe qualquer possibilidade dos vassalos se oporem a esta situação.

De igual modo o Poder de legislar deve ser absoluto, enquanto "aquelle Poder, que não separa a Authoridade legislativa da pessoa do Monarca; o qual também a tem para mandar a execução das Leis, que deo, ordenadas ao bem commum dos homens"[4523]. A justificação é a mesma de sempre: a desordem que se origina de serem muitos a mandar e a legislar em vez de um só, os abusos daí derivados, a lesão da soberania e o atentado contra a majestade[4524]. E o aspecto ideológico que resulta desta posição. No âmbito das Ideias Políticas, por demais evidente[4525].

Por outro lado e avivando a discussão acerca dos Governos mistos, considera-os como causa evidente da decadência de qualquer Governos, porque "participando da mistura dos outros Governos, participa mais dos seus vicios que das suas vantagens"[4526]. Na exposição que apresenta dos traços característicos desta forma de Governo quanto aos vários Poderes em presença, recupera a pertença do Executivo ao monarca, que de imediato conduz à venalidade do Estado e restringe a Liberdade do Governo[4527].

Seja embora reconhecido que são estes os Governos que actualmente mais excitam a impressão da Europa, por via de uma multiplicidade de "oradores sagazes, Politicos, que fixando a admiração do Povo, o commovem com sinistra delicadeza", o perigo dos mesmos é patente. Sobretudo devido à impreparação da maior parte do Povo

---

[4519] Idem, ibidem, págs. 216 e ss. aponta o exemplo da "funesta Liberdade" que na Holanda se vive e em que os cidadãos, mal informados e iludidos se fazem "escravos da sua illusão (...)."
[4520] Idem, ibidem, pág. 201.
[4521] Idem, ibidem, pág. 221.
[4522] Idem, ibidem, pág. 389: "Chama Deos a Principes por seu nascimento, e não por eleição; a qual estando exposta ao erro, arrisca o bem dos homens. *Sem duvida, que o Senhor quis nisto recommendar a pessoa sagrada dos Reis; porque os homens respeitão mais a hum Principe, que por seu nascimento sobe ao throno.*"
[4523] Idem, ibidem, pág. 394.
[4524] Idem, ibidem, págs. 396 e ss.
[4525] Idem, ibidem, pág. 399: "O Rei precisa huma Authoridade completa, livre, e independente; (...) huma Authoridade, que possa servir-lhe sem restricção, sem contradicção, sem respeitos humildes; (...) huma Authoridade prompta, poderosa, e activa, que obre sem obstaculos, que detenhão sua força, quando a exigem a conservação, e os bens do Povo. Sem o Principe ser o Legislador, poderão reunir-se estas qualidades essenciaes a todo o Governo?"
[4526] Idem, ibidem, pág. 183.
[4527] Idem, ibidem, pág. 184: "(...) a força que intimida, e as recompensas que enganão, sujeitarão huma Nação venal. E obediente. Sempre será precária a Liberdade em hum Governo, que privando o soberano dos direitos de Legislador, lhe deixa nas mãos huma origem fecunda de dons, que excitão a vaidade, e concupiscencia dos homens."

para avaliar da perenidade das medidas tomadas, fazem arauto das ideias infaustas de *"patria, de Liberdade, de Leis*, e outras, cuja significação o vulgo não pode compreender, mas que alvorotão a sua admiração"[4528].

O Governo monárquico é, pois, o único que se empenha na defesa das Liberdades primitivas dos Povos[4529]. Se a seu tempo houve oportunidade de distinguir entre Liberdade e Liberdades, mais se confirma por este tipo discursivo o contexto da sua inserção.

Insiste o alvo de interesse de António Caetano do Amaral em que sempre existem deveres de Direito Natural e divino a que cumpre ao homem obedecer. Para tanto, terá de despojar-se de uma parte da sua Liberdade – natural, presume-se, ainda que não admita a situação contratualística na formação da sociedade –, assegurando a protecção da sua vida e os prazeres da existência.

Saliente-se que a posição de António Caetano do Amaral, analisada em presença das suas *Memórias*, é em tudo coincidente com a do escritor que traduz[4530]. A grande semelhança que está presente em todo o texto aprofunda-se no quadro da apreciação dos Poderes das Cortes, objecto de eleição da sua primitiva abordagem e que agora encontra campo ideal de extrapolação. A simbiose entre os dois Pensamentos resulta de afirmações tão claras como "em toda a Monarquia não pertence aos Corpos intermédios, nem Tribunaes influir na Legislação por outro caminho, que pelo do *conselho e da persuasão: jamais lhes pertencerá empregar outro direito para resistir á authoridade Real, que hum voto consultivo. Os rogos e as lagrimas suppliantes aos pés do Throno são o único recurso que nos fica contra os Soberanos que nos perseguem*"[4531]. Por esta via fica, do mesmo modo, afastado qualquer direito de resistência activo[4532].

Do exposto não restam dúvidas do enfoque em que deverá ser lido o Pensamento de António Caetano do Amaral. Apesar de não ter assistido ao eclodir do Vintismo em Portugal, as prevenções que aponta como corifeu do Antigo Regime, em tudo fazem perceber o tipo de reacção que teria se fosse espectador do mesmo.

Sem o impacto dos mentores da contra-revolução francesa antes tratados foi, ainda assim, um lídimo representante da reflexão político-ideológica do Antigo Regime português, um historiador que criou estilo próprio de reflexão e abordagem dos temas e alguém que impressiona particularmente, pelo formalismo que emprega no estilo redactorial dos seus escritos. Ao nível dos conteúdos e objectivamente, recusava a evolução estrutural das sociedades humanas.

[4528] Idem, *ibidem*, pág. 185.
[4529] Idem, *ibidem*, págs. 218 e ss.
[4530] D. Clemente Peñalosa y Zuñiga, *A Monarquia*, págs. 409 e 410: "Esta Authoridade posta nas mãos dos corpos intermedios do reino, confundiria todas as noções sobre a origem, e natureza do poder, que os mesmo corpos exercião. (...) Fixar para a defesa das Leis immutaveis da Constituição hum Poder nos Corpos do Reino, que limite a Lei do Principe, não só obscurece a magestade, mas estabelece hum Governo monstruosos; pois divide em duas cabeças o Governo do Estado. O que faz o merecimento particular da Constituição Monarquica, e a eleva sobre as demais, he que o Principe não podendo offender o Direito Publico, e o dos particulares em seu proprio prejuizo, cede aos rogos, ás insinuações, e ás queixas que sobem ao throno."
[4531] Idem, *ibidem*, pág. 400.
[4532] Idem, *ibidem*, pág. 401: "(...) resistir á ordenação do Principe para se subtrahir ao jugo da Lei, attendendo aos seus defeitos pessoaes, e não á sua augusta soberania, por outro caminho, que não seja o de fieis insinuações, he crime abominavel, incompativel com o espirito do Evangelho, e condemnavel na ordem da Sociedade."

Em certo sentido e no plano formal, reconheça-se, esta investigação terá algo da "forma mentis" do Autor.

5. As Leis Fundamentais

Dos vários capítulos que são apresentados na "História da Legislação de Portugal", inserta nas *Prelecções de Direito Pátrio*[4533] importa essencialmente o último – "Monarquia Portugueza"[4534] – aonde algumas das temáticas com decisiva importância para o Pensamento de Ricardo Raimundo Nogueira se encontram vertidas. E, nomeadamente, no que respeita às *Cortes de Lamego*, aspecto que em sintonia com os cultores do josefismo aceita, no quadro não da recepção da soberania régia, que já detinha por herança, mas exclusivamente no âmbito da designação honorífica que cumpria ao detentor do Poder político, isto é, a substituição de "dux" por "rex"[4535].

Esta interpretação é susceptível de confirmação, na lacónica referência que faz à eleição pelo Povo de D. João I[4536], sem qualquer desenvolvimento da matéria pela escassa importância que atribui à mesma. Quanto a D. João IV e à sua ascensão ao trono de Portugal, nem uma só referência merece ao Lente de Coimbra.

Não é maior a dignidade, em termos de espaço, que oferecem as *Cortes de Lamego*[4537] a Ricardo Raimundo Nogueira na posterior Edição das *Prelecções sobre a Historia do Direito Patrio*[4538], datada do ano lectivo de 1795-1796. Os problemas suscitados pela origem do Poder político e seu exercício são adiados para um espaço relacionado com o estudo sobre o Direito Público[4539] e apenas no campo geral e abstracto da caracterização das *Cortes de Lamego*, vistas como definitório de Leis Fundamentais da sucessão régia, se avança algo mais[4540].

Porque considera que as Leis Fundamentais de qualquer Estado consistem nos "pactos e condições, que dão forma ao novo império, e com os quaes *os vassallos se sujeitam ao supremo imperante que os deve governar*", uma vez que não exista novo império[4541] estas Leis não podem ter lugar, porque o Povo já havia perdido todo o

---

[4533] Ricardo Raimundo Nogueira, *Prelecções de Direito Pátrio nos annos lectivos de 1785-1786*, I, págs. 31 e ss.
[4534] Idem, *ibidem*, I, págs. 31 e ss.
[4535] Idem, *ibidem*, pág. 37.
[4536] Idem, *ibidem*, pág. 56.
[4537] Idem, *Prelecções sobre a História do Direito Patrio feitas pelo Doutor Ricardo Raimundo Nogueira ao curso do quinto anno juridico da Universidade de Coimbra no anno de 1795 a 1796*, pág. 72: "Mais nos importa mostrar a sua existencia, contra a qual concorrem objecções de bastante pezo." A demonstração da autenticidade do documento encontra-se a partir de pág. 73.
[4538] Idem, *ibidem*, págs. 69 e ss.
[4539] Idem, *Prelecções de Direito Publico Interno de Portugal*, VII, pág. 37.
[4540] Idem, *Prelecções sobre a História do Direito Patrio feitas pelo Doutor Ricardo Raimundo Nogueira ao curso do quinto anno juridico da Universidade de Coimbra no anno de 1795 a 1796*, pág. 69: "(...) nas dictas cortes se estabeleceram não só as leis sobre a ordem da sucessão na coroa de Portugal, mas também algumas sobre os modos de adquirir, e perder a nobreza e outras sobre a administração da justiça."
[4541] Idem, *Prelecções de Direito Publico Interno de Portugal*, VI, pág. 258: "D. Affonso VI deu ao Conde D. Henrique a soberania de Portugal, quando lh'o dotou. O Conde D. Henrique era senhor absoluto de Portugal ao tempo da morte de seu sogro." Nas páginas seguintes procura justificar o ponto de vista, assumindo que é sua opção pelo facto de Portugal ser independente desde o tempo da dotação de Afonso VI ao Conde D. Henrique.

direito de pactuar com o Principe⁴⁵⁴². E a justificação não tarda: "á mesma natureza da sociedade civil repugna todo o pacto entre os vassallos e o imperante a respeito do summo imperio"⁴⁵⁴³.

Parece poder concluir-se, noutro plano de análise – e daqui poderão resultar algumas interpretações diversas da sugerida, mas com tanta legitimidade quanto a que esta terá – que admite Ricardo Raimundo Nogueira a possibilidade "que faltando absolutamente o monarcha recae a soberania no Povo, o qual pode, ou designar um novo Rei, que entre em todos os direitos e prerrogativas de seus antecessores, ou mudar a antiga forma do Governo, e instituir outra de novo". Além disso, "póde o Povo nessa occasião, ou pactear com o principe que designe novas Leis Fundamentais acerca da constituição do Estado, e da successão da coroa, ou nomeal-o simplesmente, conservando tacita, ou expressamente as mesmas Leis Fundamentaes, e ordem da successão, com que aquelle imperio fora fundado"⁴⁵⁴⁴.

Ora, esta interpretação apenas forçadamente implica que a soberania resida originariamente no Povo, uma vez que o defende é que apenas na ausência de sucessor o Povo possa ser chamado a pronunciar-se, devolvendo-se-lhe a soberania. Reparando bem, há uma clara aproximação à interpretação que a *Dedução Chronologica e Analytica* apresenta dos sucessos das Cortes de Coimbra de 1385 e está sobretudo em grande sintonia com a posição que o seu concorrente, Mello Freire, dava do tema.

Organizando ideias: antes da sua fase afrancesada, considera ser uma espécie de benesse a possibilidade que os monarcas conferem aos Povos de se congregarem em Cortes. É uma faculdade que apenas ao soberano cumpre e nunca os vassalos a podem requerer; contudo, acontecendo, poderão nesse especioso caso formar-se Leis Fundamentais, "como se tractassem então de formar um novo imperio" e "junctamente com ele [Rei] estabeleçam Leis Fundamentaes que regulem a forma do Governo e a ordem da sucessão"⁴⁵⁴⁵. É como se existisse um certo estado de anarquia (!?) por consentimento do mesmo soberano, para este fim particular; apenas nesse preciso ponto a Liberdade natural – da política, não se fala, naturalmente – dos cidadãos os

---

⁴⁵⁴² Idem, *Prelecções sobre a História do Direito Patrio feitas pelo Doutor Ricardo Raimundo Nogueira ao curso do quinto anno juridico da Universidade de Coimbra no anno de 1795 a 1796*, pág. 71.
⁴⁵⁴³ Idem, *ibidem*, pág. 70.
⁴⁵⁴⁴ Idem, *Prelecções de Direito Publico Interno de Portugal*, publicadas no "Instituto", volumes VI, VII e VIII, 1858 e ss.
⁴⁵⁴⁵ Idem, *Prelecções de Direito Pátrio nos annos lectivos de 1785-1786*, pág. 71: "Mas posto que seja a regra geral, comtudo pode acontecer algumas vezes, que o Soberano convoque espontaneamente seus vassalos, e ponde de parte a magestade, lhes dê Poder, para que, *usando da Liberdade natural*, como se tracatassem de formar um novo imperio, junctamente com elle estabeleçam leis fundamentaes que regulem a forma do Governo e a ordem da sucessão." Idem, *Prelecções de Direito Publico Interno de Portugal*, pág. 115: "(...) se a formula, com que foram estabelecidas as leis civis nas Cortes de Lamego dá a entender que, para a sua constituição, se pediu a approvação das trez ordens do Estado, deve isto attribuir-se inteiramente á indulgencia e benignidade de D. Affonso Henriques, o qual, cheio de amor para os seus vassalos, de quem havia recebido há pouco tão assignalados serviços, quis que as leis, que estabelecia fossem a contento de todos, e permittiu-lhes que dessem um testimunho expresso, em que mostrassem a sua approvação, e obediencia em as aceitar. *Mas não se segue d'ahi que D. Affonso Henriques por este acto de condescendencia renunciou a algum dos direitos de soberania, que lhe competiam como a legitimo senhor d'este reino, e eram, inseparaveis do imperio supremo, de que gozava; antes é evidente, e se prova com repetidos exemplos de seus successores, que elle podia em aquella mesma occasião prescindir do voto do Povo, e estabelecer de propria auctoridade as leis, que só da mesma auctoridade vinham a receber toda a sua força, e direito de obrigar.*"

leva a estabelecerem de acordo com o soberano Leis Fundamentais, firmando-os sob recíproco consentimento[4546].

Já a utilidade da reflexão de Rodrigues de Brito para o tema da Liberdade política *versus* Liberdade dos povos reside no reconhecimento que há direitos mútuos a serem respeitados entre soberano e vassalos no campo político e esses só podem ser os determinados pelas Leis Fundamentais. Mas porque as Leis Fundamentais são meros limites morais à actividade do soberano no discurso de finais de Setecentos e princípios de Oitocentos, permanece o problema. Não há Liberdade política; há e não pode deixar de haver, Liberdade dos povos.

A insistência que o Autor manifesta na equivalência entre a Nação e o Chefe que a representa, implica ser obrigação deste proceder à promulgação das leis naturais e exigir dos vassalos obediência às mesmas. Finalmente, e depois de alongada exposição reflecte que "os princípios desta classe do código da humanidade chamam-se com razão direitos majestáticos imprescritíveis, inalienáveis, e inabdicáveis dos soberanos, e dos Povos. Reconhece-se que os Povos têm direitos, tal como os chefes, e na sua ausência, "nem os chefes seriam verdadeiros cidadãos, nem aqueles conservariam os direitos, que a natureza lhes dá de um modo tão sensível para conseguir o fim a que os destinou, nem este podiam obter a felicidade para que o ente supremo os criou ligando-os à sociedade civil"[4547].

Tal como Mello Freire e Ribeiro dos Santos – e como não poderia deixar de acontecer num historiador jus-político da sua época – o tema das *Leis Fundamentais de Lamego*[4548] está presente em S. Paio[4549]. O tipo de interpretação é em tudo semelhante ao proposto por Mello Freire, tanto mais que S. Paio reafirma a ideia segundo a qual "o Direito Publico particular depende da forma, e constituição dos Imperios, a qual

---

[4546] Idem, *ibidem*, pág. 71.
[4547] Joaquim José Rodrigues de Brito, *Memórias Políticas*, VI, pág. 240.
[4548] Francisco Coelho de Sousa e São Paio, *Prelecções de Direito Pátrio Público e Particular*, págs. 25 e 26: "As Leis Fundamentais do Imperio Portuguez são as Cortes de Lamego, feitas no tempo do Senhor Dom Affonso Henriques, pouco depois da batalha do Campo de Ourique, que tem por objecto a fórma do Imperio, e as regras da sucessão." Isto mesmo reconhece De Real, Autor emblemático para o Absolutismo nacional e que S. Paio não se esquece de chamar em seu abono. Veja-se António Cabreira, *O Milagre de Ourique e as Cortes de Lamego*, pág. 42.
[4549] Idem, *ibidem*, pág. 30 e ss., apresenta os casos emblemáticos e conhecidos da sucessão de D. Afonso III a seu irmão D. Sancho II, bem como o das Cortes de Coimbra de 1385, a invocação feita pelos lentes de Coimbra das mesmas no tempo da discussão entre os direitos de Filipe II de Espanha e de D. Catarina de Bragança e aquando da revogação parcelar das mesmas pela Lei de 10 de Abril de 1698. Curiosamente ou talvez não, neste rol não entram as Cortes de Lisboa de 1641 nem se faz referência à Restauração. Antevendo a observação, aponta o Autor os motivos que o levam a assim proceder, considerando a pág. 38, nota, que "as Cortes de Lamego chamão para sucessor da Coroa ao filho, e ao irmão do Rei, excluindo expressamente o filho do irmão do Rei, se não for eleito. Ora o Senhor Dom João IV não era filho nem irmão do Senhor Cardeal Rei, mas seu sobrinho, como neto da Senhora D. Catherina, filha de D. Duarte, irmão do dito Senhor, podia entrar em duvida a successão do Senhor D. João, ou se lhe seria necessaria a eleição, e acclamação, que delle fez justamente todo o Reino no 1º de Dezembro de 1640, ratificada nas Cortes de Lisboa de 24 de Janeiro de 1641, apesar da violenta eleição de Filippe II nas Cortes de Tomar de 1581, por ser extorquida pelo terror das armas castelhanas, auctorizadas por huma sentença notoriamente nulla, por ser diametralmente opposta ás expressas Leis Fundamentais."

depende dos pactos sociais"[4550] e das Leis Fundamentais, sendo estas formadas pelos pactos[4551] estabelecidos entre os membros da sociedade[4552].

Ainda quando admite a existência de um conjunto alargado de historiadores e políticos que duvidam da existência das Cortes de Lamego, aponta um alargado conjunto de razões em prol do seu reconhecimento. Independentemente da polémica, o que importa é frisar a posição do Autor e essa é, de forma clara, em apoio das Cortes de Lamego.

Por estes motivos se percebem bem afirmações do tipo não ser verdade "que o Imperio Portuguez mesmo na sua origem foi temperado, ou limitado", porque as Leis Fundamentais não prescrevem essa forma, já que as Cortes estiveram sempre sujeitas ao arbítrio dos Príncipes e porque elas não tinha voto decisivo[4553]. Ou seja, a questão do Poder consultivo e do Poder deliberativo das Cortes, que consoante a interpretação veiculada, aponta para situações de Absolutismo ou de Liberalismo e para monarquias puras ou limitadas[4554].

Em ligação com as precedentes conclusões, retira-se do mesmo modo que o facto da monarquia portuguesa ser hereditária implica a ausência de intervenção activa das

---

[4550] Idem, *ibidem*, pág. 22 nota: "A fórma, e constituição dos Imperios depende dos pactos da Sociedade; de sorte, que a mesma especie de Governo, ou seja Democratico, ou Aristocratico, ou Monarchico, diversifica segundo as Leis Fundamentais de cada Cidade: logo, as leis, deduzidas da fórma particular de cada Nação, não podem constituir mais, que o Direito Publico Particular da mesma." Umas páginas adiante e a respeito das *Cortes de Lamego* reafirma a mesma ideia: "A eleição da pessoa, a quem deve devolver-se o Imperio, depende do pacto social; nem basta para a eleição de huma para se devolver a outra, posto que parenta da eleita; porque a eleição tem por objecto a industria de pessoa eleita, e não transfere por sua natureza mais, que hum direito pessoalissimo; logo para o direito de devolução competir a outra pessoa, depende do pacto social ou das Leis Fundamentais."

[4551] Idem, *Observações ás Prelecções de Direito publico e particular*, págs. 36 e 37: "(...) o estabelecimento da Sociedade Civil, e do Summo Imperante, não depende do mero arbitrio dos homens, ou do livre uso dos seus direitos facultativos, mas de huma vontade, ou de hum livre arbitrio obrigado, ou regulado pelos preceitos da Lei natural; donde se segue que os pactos, e convenções não forão a causa immediata do estabelecimento da Sociedade e da Constituição dos Imperantes, mas unicamente o meio de preencher a vontade de Deos, que por huma necessidade moral obrigou os homens a unir-se em Sociedade Civil, ou em porção considerável sujeitos a hum commum Imperante. *a vontade de Deos he a causa immediata da formação da sociedade e da designação do Imperante: logo os homens na eleição do Imperante forão uns meros instrumentos na vontade de Deos. Portanto, o que unicamente depende dos homens he a fórma á Cidade, e á designação, ou eleição da pessoa, que há-de ser Imperante, segundo a fórma da Cidade; mas esta eleição não he a que directamente faz o Imperante, ou que lhe confere os direitos Magestaticos. A pessoa eleita os recebe em Razão do seu estado de Imperante.*"

[4552] Idem, *Prelecções de Direito Pátrio Público e Particular*, pág. 25, nota; idem, *Observações ás Prelecções de Direito publico e particular*, pág. 38: "(...) o que unicamente he facultativo, ou depende da vontade homem (induzida ou disposta por Deos), he a eleição da pessoa para Imperante: por tanto a pessoa eleita para Imperante deve ao facto immediato do homem ser elle eleito Imperante; mas como os direitos Magestaticos são huma qualidade essencial do estado do Imperante, não he a arbitraria eleição quem los confere, mas sim o mesmo estado de Imperante, para que foi eleito."

[4553] Idem, *Prelecções de Direito Pátrio Público e Particular*, págs. 42 e 43.

[4554] Idem, *ibidem*, pág. 44: "(...) o Imperio Portuguez, não obstante o uso das Cortes, sempre foi Monarchico-Pleno", donde nunca poderia ter sido "Mixto ou Monarchico-Democratico", entendendo-se por este último aquele "cujas partes potenciais se achão unidas no Rei, e no Povo, e cuja união confere ao Povo voto decisivo: ora as Cortes de Portugal, já mais tiverão outro voto, que o consultivo, segue-se, que o Imperio Portuguez nunca foi Mixto, ou Monarchico-Democratico." Contra, as observações do *Correio Braziliense*, 1809, nº 19, pág. 631, onde S. Paio é expressamente citado.

DA HISTÓRIA DA IDEIA DE LIBERDADE (SEQUÊNCIA)

Cortes no que se refere ao novo monarca. Trata-se de direito majestático que lhe é privativo desde o momento que nasce e de que "nem os Reis, nem o Povo junto com elles podem privar da sucessão do reino ao principe nascido, e chamado pelas Leis Fundamentais; porque desde aquelle instante adquirio toda a real descendencia direito á successão do reino, de que não pode ser privado sem o seu consentimento". Mais que isto, "a Inauguração, Acclamação, e Coroação, com que os monarchas Portuguezes são solemnente investidos na posse do Imperio, lhe não conferem o Poder Magestatico", porque o têm desde a morte do seu antecessor[4555].

Corolário das afirmação de António Caetano do Amaral proferidas noutro ponto, a herança gótica que passara a Leão, prolongou-se a Portugal, manifestando indelevelmente a existência de uma "Monarchia pura" desde sempre[4556] e as *Cortes de Lamego* – que sem dúvida existiram – limitaram-se a regular os termos da sucessão régia.

6. O caso especial de D. Pedro de Sousa e Hoelstein – Palmela

D. Pedro de Sousa e Hoelstein, Conde e depois Marquês e Duque de Palmela, cuja actividade cobre largos anos da vida política nacional, é uma personagem de tal modo rica, que custa a perceber que até hoje, salvo alguns pontuais trabalhos, não tenha sido objecto da devida atenção dos historiadores nacionais. De todos; cultores da História Geral, da Diplomática e da das Ideias Políticas.

Há, contudo, uma justificação: a circunstância de não ter deixado obra monográfica de monta[4557], exceptuando os específicos *Despachos e Correspondência*[4558], bem como os *Discurso Parlamentares*[4559], em pouco incidindo na época que se investiga[4560].

[4555] Idem, *ibidem*, págs. 50 e 51.
[4556] António Caetano do Amaral, *Memórias: Memória V. Para a Historia da Legislação e Costumes de Portugal*, pág. 31.
[4557] Por isso mesmo o tratamento sistemático da sua personalidade no campo da Liberdade individual e política sofre uma ligeira alteração ao que por hábito é seguido. Há que trabalhar sobretudo com documentação manuscrita, disposta cronologicamente e que acompanha os sucessos da vida do Autor, cronologicamente acompanhando a marcha dos europeus. Por isso se opta por fazer uma abordagem que acompanha a evolução dos documentos e representa desenvolvimento progressivo da vida de Palmela, acompanhando do mesmo modo o seu Pensamento e as flutuações – pouca, em bom rigor – que foi sofrendo em presença de problemas particulares e oficiais que iam sendo colocados à sua ilustre personalidade.
[4558] Duque de Palmella, *Despachos e Correspondência*, coligidos e publicados por J. J. dos Reis e Vasconcellos, Lisboa, 1851.
[4559] Idem, *Discursos Parlamentares Proferidos pelo Duque de Palmella*, I, Lisboa, 1844.
[4560] A maior parte do seu Pensamento está dispersa por inúmeros documentos que se conservam manuscritos, incluindo um copioso número de Livros, alguns escritos pelos seu próprio punho e pelos de colaboradores leais, hoje conservados no extenso Arquivo da Família Palmela, ao qual a Autora teve acesso por especial empenho da Professora Miriam Halpern Pereira, antiga Directora do *ANTT*, que em muito facilitou a consulta de parte significativa do mesmo. Em qualquer caso, seria absolutamente impossível, num trabalho deste tipo reconstituir o Pensamento de D. Pedro de Sousa, em sequência dos já clássicos trabalhos de Maria Amália Vaz de Carvalho, *Vida do Duque de Palmella*, Lisboa, 3 volumes, 1898, usados para citar. Consagra-se assim e deste passo uma mera abordagem sistemática, em que apenas se faz apelo às linhas de força do trabalho do Autor naquilo que mais directamente importa.

Este afilhado de D. Maria I e de D. Pedro III, oriundo de ilustre família portuguesa pouco simpática a Pombal, pode ser caracterizado como um dos empenhados moderados do Liberalismo saído de 1820, e figura por demais conceituada na Europa daquela época[4561]. Mesmo no campo sentimental, que nada interessa desenvolver, deixa-se a nota das suas predilecções e Madame de Staël, cujo relacionamento com Benjamin Constant é conhecido, não deixou de lhe reconhecer talentos[4562].

Desde sempre foi influenciado por seu Pai, preceptor de eleição e cujo último cargo público foi o de Embaixador Extraordinário de Portugal junto à Santa Sé[4563] e falecido em Dezembro de 1803[4564]. A partir dessa data, Palmela teve de, pelos seus próprios méritos, e com a ajuda do nome da sua ilustre família[4565], tratar de singrar na vida, ainda que apenas tivesse vinte e quatro anos. Por esta época, ainda não ainda a Política o seu interesse essencial[4566].

Deixou Itália em 1805, em cumprimento dos seus desejos e por intervenção directa do Príncipe Regente, sendo substituído por Pinto de Sousa, aspecto que já conhecia há algum tempo[4567]. Durante a sua permanência como embaixador junto à Cúria Romana e depois disso durante o tempo em que viajou por outras partes da Itália, o contacto com Madame de Staël, para além de outros aspectos, trouxe a Palmela a seiva de que irá alimentar no futuro a árvore da sua vida. Por ela conheceu Benjamin Constant e

---

[4561] *O Investigador Portuguez em Inglaterra*, XXI, Abril de 1818."Carta dirigida ao Edictor do Times, e publicada na Gazeta de 21 de Fevereiro passado, á cerca da Occupação de Monte-Video", pág. 238: "*O Conde de Palmella tem caracter apropriado para o arranjo deste negocio. He um estadista illuminado*, e não pode deixar de olhar para a tremenda situação em que o seo paiz se acharia envolvido por uma guerra com Hespanha. Não há seguramente de recear que elle queira chamar contra si e contra o seo paiz o odio que a injustificavel ambição de seo predecessor indubitavelmente excitou, recomendando e executando a injusta e impolitica invasão de Monte-Video. O mundo sentiria ver *a alta e respeitada reputação do Conde de Palmella* agora manchada por querer persistir em uma medida não só indigna de uma Nação civilizada, mas provavelmente tendente a por em perigo a segurança e dignidade do seo Soberano. *Nenhum negociador tem estado em situação mais responsavel que ele*." *Microscopio de Verdades*, nº 3, 1814, pág. 4: "o illmº. e Exmº. Conde de Palmela une a hum grande talento, profundos, e continuados estudos, creação diplomatica derigida pelo grande politico seu pay, exemplar donde tirou a copia dos seus procedimentos, hum decidido patriotismo, e fervoroso zelo pela honra, e gloria de seu amo o P. R. Nosso Senhor (...)."
[4562] Claudia de Campos, *A Baroneza de Staël e o Duque de Palmella*, Lisboa, 1901; Maria Amália Vaz de Carvalho, I, págs. 94 e ss. e "Appendice", págs. 477 e ss.
[4563] *ANTT, Arquivo Casa Palmela*, Filme 5525 P: "Cópia da Carta Credencial que entregou o Senhor Embaixador ao Santo Padre Pio VII na occasião da audiencia publica de 21 de Novembro de 1802".
[4564] Maria Amália Vaz de Carvalho, I, pág. 91.
[4565] *ANTT, Arquivo Casa Palmela*, Filme 5525 P: "Copia do requerimento chamado da ora da morte que se dirigio ao Principe Regente Nosso Senhor, d'esta Corte de Roma, em 13 de dezembro de 1803, pelo *Correio* Nicola Schissioni; escripto e assignado pelo Sr. Pedro de Souza, por se achar seu Pay em estado de não poder assignar". Este Requerimento é aquele de que consta a "encomenda" pública que D. Alexandre faz de seu filho a D. João, Príncipe Regente de Portugal, pedindo-lhe respeitosamente que o tenha á sua guarda em função dos inúmeros serviços públicos prestados ao reino pela sua família.
[4566] "Carta de Guilherme Humboldt" e "Cartas de Alexandre Humboldt", *apud* Maria Amália Vaz de Carvalho, I, "Appendice", págs. 501 e ss.
[4567] *ANTT, Arquivo Casa Palmela*, Filme 5525 P: "Ofício dirigido a António de Araújo de Azevedo, datada de Roma, 31 de Julho de 1804: "Ao mesmo tempo que aqui chegou a noticia da nomeação do Sr. Jose Manoel Pinto a esta Enviatura, mostrou-me o cardeal Secretário de Estado huma carta official escrita pelo Sr. Conde de Villa-Verde ao Nuncio Monsenhor Galeppsi, na qual o sobredito ministro lhe dizia que S. A. Real me concedia a licença de voltar se eu quisesse, imediatamente para Portugal (...)."

quem melhor que estes distintos publicistas e amantes da Liberdade poderiam ter influído na moldagem do jovem futuro político?

Na verdade não há documentos que permitam confirmá-lo mas, não custa admitir que da prática política que posteriormente encetou, muita da sua moderação tenha sido bebida junto ao patriarca do Liberalismo puro, com ele e outros tendo começado a admirar o equilíbrio de Poderes e o sistema teorizado em primeira linha por Montesquieu.

Terá sido a partir daqui que Palmela fará a opção que irá marcar toda a sua vida de político conservador, "inglês dos ossos" como D. Domingos de Sousa Coutinho, seu Tio, diplomata empenhado e liberal, partidário de uma Liberdade bem estruturada e regulada que não descambasse em licença e opositor de qualquer tipo de milenarismo prosseguido pela Revolução Francesa, na adequada interpretação de Robespierre ou Napoleão[4568].

Ou seja, um contra-revolucionário em presença da revolução Francesa, mas um liberal nos precisos termos do Conservadorismo inglês.

Partindo para a missão diplomática em Espanha em 1809[4569], nela se demora três anos, tendo ocasião de assistir às lutas dos espanhóis pela Liberdade e à elaboração da *Constituição de Cádiz*, cujo ajuntamento prestes lhe foi oficialmente confirmado[4570], aditando poderosas razões[4571]. Durante todo este período informou bastantemente o seu Governo das vicissitudes que iam ocorrendo no país vizinho – das quais como moderado manifestava discordância na interpretação da ideia de Liberdade –, mediante um conjunto documental interessantíssimo e policromado. Aí abundam não apenas as provas do relacionamento diário com o Poder político à altura vigente em Espanha[4572], como com o Poder não oficial mas determinante que os vários Embaixadores ingleses iam moldando[4573].

[4568] Maria Amália Vaz de Carvalho, I, pág. 198: "A Inglaterra apareceu-lhe como a Nação salvadora, que n'aquelle periodo, segundo as tradições mais sympathicas da sua politica e as correntes mais bellas do seu genio nacional, se oppunha – única em todo o mundo civilizado – a essa cruzada feroz de Napoleão contra o resto da Europa. Era ella a defensora da *Lei, da Liberdade, do Direito, contra a Arbitrariedade, contra o despotismo e contra a Força*."

[4569] ANTT, Arquivo Casa Palmela, Filme 5525 P: "Cartas Credenciais de Palmela para a Junta Central de Espanha, governando em nome de Fernando VII, apresentadas em 23 de Julho de 1809."

[4570] *Ibidem*, Filme 5525 P: "Ofício da Junta Central de Espanha a Palmela, datada de 1 de Novembro de 1809." *Ibidem*, Filme 5525 P: "Ofício da Junta Central de Espanha a Palmela, datada de 19 de Dezembro de 1809, marcando a data definitiva para 1 de Janeiro de 1810."

[4571] *Ibidem*, Filme 5525 P: "Ofício da Junta Central de Espanha de 15 de Dezembro de 1809." Entre outras matérias assinala-se que (...) sin que esta crise [presença francesa e cativeiro de Fernando VII] impida (...) ni retarda la reunion de las Cortes decretadas, que deve a todo o transe verificarse para el 1. de Março proximo, a cuyo effecto estan ya tomadas las medidas más decisivas, y de que V. S. puede ter noticia; y entre los importantes puntos que se someteram à la deliberacion de l'Augusta assemblea, á quien la nacion irá confiar la grande obra de su verdadera regeneracion y futura felicidad (...)."

[4572] *Ibidem*, Filme 5525 P: "Documentos datados a partir de 19 de Julho de 1809."

[4573] *Ibidem*, Filme 5525 P: "Ofício ao Conde de Linhares de 2 de Agosto de 1809." A dado passo refere-se ao ministro inglês em Espanha, Frère, que pese embora seja já do conhecimento de Linhares, Palmela entende acrescentar algumas notas características de liberal moderado, desejando ardentemente a convocação das Cortes e mantendo a sua posição algo itinerante como definitiva na situação espanhola da época.

Quase sempre se dirige directamente ao Conde de Linhares[4574], ministro como se sabe no Brasil e seu Tio[4575], a quem confidenciava directamente os pormenores mais ínfimos do desenvolvimento da Liberdade espanhola[4576], enquanto aproveitava para pedir instruções directas ao Rio de Janeiro, facto sem dúvida muito pouco agradável aos olhos e ouvidos da Regência em Portugal. Era esta a sua obrigação, como representante diplomático português no estrangeiro, respondendo perante o Rio de Janeiro; mas Palmela, nem sequer se preocupava em disfarçar muito[4577] e apenas mantinha uma familiar cordialidade com um seu outro Tio, o Principal Souza, que ultrapassava a mera formalidade dos negócios públicos[4578].

Os seus verdadeiros amigos "ingleses" estavam na sede da monarquia, no Rio de Janeiro; em Portugal tinham ficado alguns empenhados reformadores, mas a maioria estava bem longe de partilhar da visão do estadista que se vem analisando, ainda que em certas alturas o discurso de Palmela pareça bastante com o de um Burke e menos com o de um Silva Lisboa[4579]. Daí não terem faltado detractores e interpretações apressadas[4580], que os seus biógrafos anotam.

A aversão que tem ao processo francês não é escondida. Palmela nunca poderia ser confundido com um representante das ideias dos vencedores políticos no Vintismo português e por isso mesmo teve de manter, ao longo desse período, uma reserva que o próprio Poder em Portugal lhe havia imposto. Palmela sempre foi e sempre

---

[4574] *Ibidem*, Filme 5525 P: "Ofício ao Conde de Linhares, datada de Sevilha, 2 de Agosto de 1809: (...) *Queira V. Ex. a não me demorar as instrucções de que tanto necessito* sobre assumptos de tanta importancia, semelhante, e *principalmente para a epocha das Cortes*. Peço a V. Ex. a que *escreva ao ministro de S. A. Real em Londres para o por a par suas instrucções, segundo as quais eu deverei regular a minha conducta* em todas as differentes circunstancias."

[4575] *Ibidem*, Filme 5526 P: "Carta ao Principal Souza datada de Cádiz, 14 de Janeiro de 1811": "(...) e vem o mais indicado que he possivel ao Tio Linhares." E como consequência, também o Conde do Funchal, D. Domingos de Sousa Coutinho era Tio de Palmela, o que parecendo mero episódio genealógico, apenas reforça a ideia das suas ideias inglesas. Veja-se, mais, *Ibidem*, Filme 5526 P: "Carta de datada de Cádiz, de 3 de Abril de 1811": "Meu Tio e Senhor da minha maior estimação (...)." Trata-se de matéria inerente aos direitos de D. Carlota Joaquina ao Trono de Espanha.

[4576] *Ibidem*, Filme 5525 P: "Ofício de 2 de Agosto de 1809, dirigido ao Conde de Linhares", em que dá um retrato colorido dos vários membros da Junta Central.

[4577] Como curiosidade registe-se que os ofícios enviados entre os anos de 1809 e 1810 para Cipriano Ribeiro Freire e D. Miguel Pereira Forjaz, são todos eles relativos ás operações militares em Espanha e ao caso da sucessão de D. Carlota Joaquina ao trono de seus pais, na ausência de Fernando VII ou do seu irmão o infante D. Carlos. Por aqui bem se nota a diferença de tratamento selectiva na escolha das matérias mais delicadas entre os dois potenciais destinatários das notícias de Palmela, o Rio de Janeiro ou Lisboa.

[4578] *Ibidem*, Filme 5526 P: "Carta ao Principal Souza datada de Cádiz, 14 de Janeiro de 1811". Palmela recomendava ao principal Sousa um espanhol que se dirigia a Lisboa para tratar de negócios.

[4579] *Ibidem*, Filme 5525 P: "Ofício ao Conde de Linhares sobre a Revolução de Espanha, datada de 2 de Agosto de 1809." A dado passo afirma: "A Revolução de França teve por objecto a destruição do Trono, dos Altares e da Nobreza."

[4580] Maria Amália Vaz de Carvalho, I, pág. 231: "D. Pedro é por indole um moderado, e por educação e fidelidade um intransigente monarchico; é, pelo estudo, observação dos factos, lições dos livros e dos individuos, um inimigo convicto das innovações radicaes, dos improvisos politicos que nos perderam, contra os quaes tanto luctou, adquirindo por isto muitos mais inimigos do que o faria se pertencesse a qualquer das escolas nitidamente definidas em que o mundo então se dividia. (...). Um amigo do progresso gradual, das transformações pacíficas, da evolução, como se dizia no seu tempo e se diz hoje."

será, ao contrário, um independente que não enjeitava um respeitoso reparo ao Poder político nacional, mesmo quando parecia que com isso poderia prejudicar-se profissionalmente[4581].

Foi a marca mais acabada da política vencida em 1820, mas que antes havia feito algum eco nos reformadores, será o palco ideal dos debates dos moderados portugueses mas nunca conseguiu oficialmente ser reconhecida[4582] antes de 1826.

Informando com uma pontualidade impressionante Portugal dos desenvolvimentos da Revolução Espanhola[4583], resulta claro, em ocasiões sem fim e reforçando sistematicamente as suas posições, a divergência que avoca para si de toda a descrença europeia em presença de tais eventos[4584]. Não apenas o tipo de Cortes revolucionárias que se

---

[4581] ANTT, Arquivo Casa Palmela, Filme 5526 P: "Ofício ao Conde das Galveias, datado de Cádiz, 24 de Junho de 1814", onde confidencia, relativamente à sua indigitação para a embaixada de Londres que "oxalá fosse possivel que o acerto no desempenho das importantes comissões, que o mesmo Senhor se digna confiarme fosse proporcionado ao ardente zello, que me anima pelo seu Real Serviço. Porem *a sinceridade, que exige a minha situação*, e de que nunca devo apartar-me, me obriga a declarar que conhecendo eu a minha insuficiencia, *Creio porem que a Missão de Espanha nas actuaes circunstancias era de todas aquella em que os meus serviços podiam ser mais uties a S. A. R.* O ter seguido o curso da Revolução ou Insurreição desde os principios; o achar-me perfeitamente instruído do caracter de todos os que figurão nella; huma especie de fortuna, enfim, que não si porque motivo me acompanhou aqui desde as primeiras negociações; *tudo coincidia para me por talvez mais em estado de servir em Espanha, do que outros mais habeis do que eu.*"

[4582] Ibidem, "Papéis Soltos e inumerados": "Apontamentos meus sobre a união dos dois reinos Portugal e Brasil feitos no anno de 1822." Trata-se, nada mais, nada menos, que um Projecto de Constituição para o Reino Unido de Portugal e Brasil, que encontrámos por mero acaso e sem qualquer anotação formal que desse a entender a importância do documento. Já se tinha ouvido falar numa "Constituição", que Palmela havia projectado e à qual se fará referência ulterior, para a fase anterior à *Constituição de 1822*, cujo documento integral em nossa posse. O que não se esperava era encontrar esta renovada tentativa depois da falibilidade do Triénio Vintista, e de um modo tão pouco ortodoxo e falho da dignidade que tal papel assume.

[4583] Ibidem, Filme 5525 P: "Ofício ao Conde de Linhares de 21 de Janeiro de 1810": "O partido que clamava pelas Cortes na Juncta Central, tem diminuido sensivelmente os progressos dos francezes impedindo de todo em todo, segundo as apparencias, que elles tenhão lugar, e o fallar-se ainda que elles favorecem mais um pretexto de que a Juncta Central se serve, para sahir de Sevilha, do que hum verdadeiro intento de as convocar. As divisões no seio da Juncta tem sido muitas. A raiva do Povo contra ella cresce de dia em dia e se elles não adoptarem ainda em tempo o único partido que pode dar unidade à Nação, e conserva-lhe as Americas, he provavel que dentro em pouco tempo não achem asilo em parte alguma e que toda a Espanha se veja reduzida a uma especie de anarquia, ou de federalismo em que debaixo do Governo das Junctas particulares cada Provincia ou cada lugar disperse esforços que poderiam combater os francezes."

[4584] Ibidem, Filme 5525 P: "Ofício ao Conde de Linhares, datada de 21 de Janeiro de 1810": "Não há duvida que a fermentação que trouxe consigo huma revolução tal como tem sido a de Espanha, quando se considera provada há quase dois annos do seu Rei, se tem visto esta Nação ser abandonada á direcção de huma quantidade de individuos, de vistas, de interesses e de talentos differentes, deva necessariamente existir a ideia de reunião de Cortes, para que estas principiando por instalar hum Governo mais bem organizado do que aquelle por que actualmente se rege a Espanha, assentassem depois as bazes da sua Constituição, que esta revolução tem inteiramente subvertida. Não há duvida que a reunião das Cortes, se ellas fossem bem compostas, poderia servir de muito para reanimar o enthusiasmo da Nação (...); porem a opinião de toda a gente sensata, he que esta não he a hora de as convocar."

pretende convocar[4585], contestando a sua representatividade[4586]; não apenas o perigo de um partido revolucionário que vai ganhando peso[4587]; não apenas "o ridículo" de criar uma nova Constituição[4588]; tão pouco a escassa importância que neste contexto nobreza e clero evidenciam[4589]; antes e já junta a Assembleia, o decurso da mesma e as suas deliberações obrigatórias, são para Palmela o maior dos problemas.

Mesmo no plano da Liberdade de imprensa, que sempre defenderá, encontra razões para se opor às ideias francesas que servem de modelo aos espanhóis de Cádiz. Periódicos espanhóis ao jeito dos nossos *Correio Braziliense* e *O Portuguez* – jornais de tendências inglesas, mas em que os redactores muito prezam a sua independência redactorial – são criticados por Palmela, que neles vê a semente da anarquia[4590], não descurando a acusação de "republicanos"[4591].

[4585] *Ibidem*, Filme 5525 P: "Ofício ao Conde de Linhares, datado de 4 de Fevereiro de 1810": "Deus queira que este Congresso que vae reunir-se tenha a prudencia sufficiente para parar na borda do abysmo aonde se tem engolfado tantos outros. O que se espera d'elle nas actuaes circunstancias é que reune indissoluvelmente as partes distantes d'esta vasta monarchia; que estabeleça a successão legitima no throno de Hespanha; que corte os abusos introduzidos nos ramos da Guerra e da fazenda; que forme exercitos; que ache recursos pecuniarios, e que finalmente constitua um Governo energico e capaz de salvar a Hespanha. (...) Mas, infelizes das Cortes e da Nação se, esquecendo-se as primeiras da crise em que se acha a Hespanha, pretenderem aproveitar esta occasião para discussões philosophicas e juridicas, formarem um constituição em todos os detalhes, e cerrando os olhos ao que se passa em França, acabarem de destruir as bases antigas, e talvez em parte arruinadas, mas sempre respeitaveis, sobre as quaes está fundada há seculos esta monarchia."

[4586] *Ibidem*, Filme 5525 P: "Ofício ao Conde de Linhares, datada de 21 de Janeiro de 1810": "Se ellas se tivessem reunido há sete ou oito mezes (...) ter-se-ia podido fazer com o socego necessario a elleição dos representantes, e ter-se-hiam, talvez conseguido em grande parte os resultados pretendidos." Palmela aponta a situação da impossibilidade de reunir Cortes representativas porque os seus membros destacados pelas várias províncias a elas não podem chegar, para já não referir os deputados americanos e na possibilidade de os tumultos provenientes das facções em presença condicionarem os resultados que elas mesmas pretenderiam.

[4587] *Ibidem*, Filme 5525 P: "Ofício ao Conde de Linhares, datada de 21 de Janeiro de 1810": "Hum partido reppublicano que certamente não he numeroso, mas que por ser composto de Litteratos e de gente de alguma instrucção, mas de nenhuma experiencia, escreve, falla, e faz mais bulha do que todo o resto da Nação, he o único que parece desejar ainda ardentemente a reunião das Cortes. Á testa delles está Jovellanos, que espera pela sua reputação, pellos seus talentos de orador, brilhar mais que todos nessa assemblea (...). Quintana, Poeta conhecido e Secretario da Juncta, e varios Gazetteiros e Litteratos do seu partido são os que mais fortemente sustentam esta opinião (...)."

[4588] *Ibidem*, Filme 5525 P: "Ofício ao Conde de Linhares, datada de 21 de Janeiro de 1810": "Formou-se na Juncta huma sessão chamada de Cortes á testa da qual está Jovellanos, para preparar tudo o que diz respeito a ellas: Esta sessão tem creado huma multidão de Junctas subalternas encarregadas dos differentes trabalhos de todos os ramos de huma nova Constituição, couza certamente inutil, e ridicula (...)."

[4589] *Ibidem*, Filme 5525 P: "Ofício ao Conde de Linhares, datada de 21 de Janeiro de 1810": "Ainda não esta determinada a differente reprezentação, que terão na Juncta os tres Estados do Reyno. Os Grandes que se achão em Liberdade para concorrer a ellas, são em muito pequeno numero. O mesmo succede com os Bispos (...)."

[4590] *Ibidem*, Filme 5525 P: "Ofício ao Conde de Linhares sobre a Revolução de Espanha, datada de 2 de Agosto de 1809": refere-se um desse periódicos, o *Semanario Patriotico*, que mesmo sem que isso seja oficial é da responsabilidade de Quintana, um dos mais influentes membros da Junta Central espanhola.

[4591] *Ibidem*, Filme 5525 P: "Ofício ao Conde de Linhares, datada de 21 de Janeiro de 1810": "(...) allem do Semanario Patriotico e do voto da Nação de que tenho remettido (...) alguns numeros, tem apparecido sobre este objecto huma quantidade papeis impressos que pella sua nulidade e

Precisamente por isso e a partir de finais de 1816, altura em que exerce funções de embaixador em Londres, trata de se precaver, apoiando o concorrente dos dois anteriores, o *Investigador Portuguez em Inglaterra*, que a seu tempo será devidamente analisado. Também por força das suas "Instruções"[4592] ao novo redactor, José Liberato Freire de Carvalho, se poderá retirar o sentido que tinha de Liberdade de imprensa[4593].

Senão, como interpretar expressões segundo as quais "o *Investigador* deve ser escrito com aquela *moderação e imparcialidade que convenha aos interesses bem entendidos do Governo e da Nação;* continuará a expor com *uma decente Liberdade* as suas ideias, na certeza de que *um Governo justo, liberal, e tão paternal como o de Sua Majestade, não se oppoem á propagação das Luzes* (...)"[4594]. Além disso, ainda se confirmavam "as vantagens do Governo da Nação", a que o redactor deveria dar o competente destaque, salvaguardando-se as situações em que pudesse discordar dos mesmos, situação em que "deveria então observar hum prudente silencio", aspecto mais que sintomático da política que se propunha para o jornal.

E, mais que tudo: nunca e em circunstância alguma deveria alinhar com expressões sediciosas de outros periódicos, nacionais ou estrangeiros, nunca por nunca ser incitando à convulsão contra "as Autoridades sagradas e instituídas para bem do todos os Povos e Nações"[4595].

Este discurso implica o assumir da posição que Palmela, objectivamente, pensava acerca da Liberdade de imprensa. Não haveria censura prévia para o periódico português, tal como em Inglaterra se usava, o que era um passo de gigante; mas haveria a obrigação assumida de nunca escrever nada de censurável contra o Governo no Rio de Janeiro ou em Lisboa[4596].

A curiosidade maior – ou talvez não – neste domínio é o pedido de subscrição que faz de uma série de periódicos, entre os quais o *Correio Braziliense* e o *Investigador*

---

pella repetição de ideias que n'elles se contem, a maior parte copiadas da Revolução franceza, tenho julgado inutil enviar (...)."

[4592] *Ibidem*, caixa 23: "Instrucções e Artigos, datados de Londres, 26 de Dezembro de 1816".

[4593] José Liberato Freire de Carvalho, *Memórias da Vida de José Liberato Freire de Carvalho*, págs. 157 e ss., insere a carta que escreveu em resposta a Palmela, manifestando a sua indignação contra tais "Instruções".

[4594] ANTT, *Arquivo Casa Palmela*, caixa 23: "Instrucções e Artigos, datados de Londres, 26 de Dezembro de 1816": Artigo 1.

[4595] *Ibidem*, caixa 23: "Instrucções e Artigos, datados de Londres, 26 de Dezembro de 1816": Artigos 2º a 7º.

[4596] *Ibidem*, Filme 5527 P: "Ofício Reservado ao Marquês de Aguiar, datado de Londres, 5 de Janeiro de 1817 e documentação anexa, entre a qual as 'Instruções' a que se aludiu nas notas anteriores: "(...) não posso omittir os Periodicos Portuguezes que se publicão n'esta Cidade, porque a extensão da circulação que são adquiridos nos Dominios de Sua Majestade, lhes dá huma inffluencia, e huma importancia politica que sera inutil dissimular. Ao mesmo tempo que a Imprensa está sujeita nos reinos de Portugal e de Brazil a huma censura prévia e rigorosa, ficão em certo modo anulladas as suas restrições pela tolerancia com que se consente a introducção de Periodicos acima mencionados, em particular do *Correio* Braziliense e do Portuguez. (...) Estas observações de modo nenhum tendem (nunca teria huma tão criminosa ousadia) a desaprovar o espirito de tolerancia e de liberalidade de Sua Majestade acerca dos Periodicos de Londres, *mas só pretendi demonstrar que essa tolerancia exige, ou huma igual concepção de Liberdade politica às nossa Imprensas naciones, ou pelo menos que o nosso Governo tenha em Inglaterra um jornal inteiramente Ministerial, por meio do qual possão o mesmo Governo e os seus ministros combater os sophismas dos outros e exercer huma saudavel influencia sobre a oppinião da Nação.*"

Portuguez em Inglaterra[4597]. De facto, a questão explica-se em breves palavras: o segundo destes periódicos, à época da subscrição, era dominado pelo seu Tio, Conde do Funchal; o primeiro, desde sempre da responsabilidade de Hipólito da Costa, devia ser lido, para se poder criticar e recomendar a sua suspensão.

Mantendo sempre a mesma linha de rumo, informa o seu Governo durante a estada em Paris e pouco tempo depois da entrada de Luís XVIII em França, que "a lei de Liberdade de imprensa continua a ser hum dos assumptos principaes que occupão o publico"[4598].

Palmela não se pronuncia de imediato sobre o projecto mas não ficam grandes dúvidas que manteria a sua postura inglesa neste quadro, ainda que moderadamente e sem questionar Trono ou Altar.

Tanto que não mudava de posição independentemente das pressões geográficas[4599] a que estivesse sujeito. Se na Espanha revolucionária ele se manifestava do modo que se tem descrito, que dizer da sua estada em Inglaterra[4600], o modelo ideal de sistema político posto em actividade e que agora, na qualidade de representante de Portugal, irá tomar o pulso?

Alguns meses volvidos e posta uma breve estada em Lisboa, segue para Londres[4601], onde o conceito de família que tinha como qualquer honrado português é posto à prova por quem menos se esperaria: seu Tio, o Conde do Funchal[4602]. Não estando

---

[4597] *Ibidem*, Filme 5526 P: "Carta a Andres Archdeken, vice-cônsul de S. M Britannica, datada de Cádiz, 19 de Abril de 1811".

[4598] *Ibidem*, Filme 5526 P: "Correspondência oficial de Paris: Ofício ao Marquês de Aguiar, datado de Paris, 28 de Julho de 1814."

[4599] *Ibidem*, Filme 5526 P, apresenta e vários documentos aquilo que para representativos do retrato mais acabado da Espanha saída de Cádiz e que por comissão do Príncipe Regente irá confiar ao seu sucessor no cargo, D. José Luís de Sousa Botelho. Dessas "Instruções", as mais expressivas constantes de "Ofício ao Conde das Galveias, datado de 1 de Abril de 1814", com cópia no dia seguinte para D. José Luís de Sousa Botelho, respigam-se alguns pontos fundamentais para o Pensamento de Palmela: "O partido chamado liberal, e cujas vistas tendem evidentemente ao Reppublicanismo, continua a adquirir forças, e ameaça aquella Monarquia, depois da volta do seu Rei, de convulsões politicas, cujo exito pode ser fatal. As intimas connexões que Espanha tem com Portugal pela sua posição geografica, lingua e costumes, induzem a recear o perigo de semelhantes commoções para Portugal mais do que qualquer outra Potencia da Europa." Por essa via se avisa o novo representante português de informação atempada da situação política espanhola, sobretudo do lado dos revolucionários e partidistas das Cortes, não perdendo a ocasião para "favorecer as vistas dos bons cidadãos, que dezejão conservar a tranquilidade, consolidar legalmente o Trono do Senhor D. Fernando 7º e evitar os progressos daquelle espirito vertiginoso, que tão fatal foi á França na sua revolução, e que ameaçou a civilização de toda a Europa."

[4600] *Ibidem*, Filme 5526 P: "Cartas particulares de Cádiz a vários indivíduos, com datas posteriores a 29 de Junho de 1812." Nestas cartas Palmela confessa que tomou conhecimento da sua nomeação para o cargo de Embaixador de Portugal em Londres pelo paquete inglês chegado a 14 de Junho, em substituição do Conde do Funchal, que seguia para o Rio de Janeiro como ministro dos Negócios Estrangeiros e Guerra por falecimento do irmão [e tio], Conde de Linhares.

[4601] *Ibidem*, Filme 5526 P: "Carta ao barão de Quintella, datada de Londres, 20 de Janeiro de 1813", a quem confidencia ter chegado a Londres em 14 de Janeiro de 1813. Na Correspondência oficial esta data está confirmada, como pode verificar-se, por exemplo, do Ofício a D. Miguel Pereira Forjaz, datado de Londres, 20 de Janeiro de 1813 e no Ofício ao Conde das Galveias datado de 13 de Fevereiro de 1813.

[4602] *Ibidem*, Filme 5526 P. Há uma série de documentos que dão conta da insatisfação do Conde do Funchal por Palmela se encontrar em Inglaterra, sem que "alguns assuntos" antes tivessem sido resolvidos. Não estão claros que assuntos fossem mas o cunho de uma certa inveja pelo brilhantismo que se avizinhava do diplomata terão estado na base de todas estas intrigas, ainda hoje mal explica-

este disponível para abandonar o cargo tão cedo quanto se esperaria, naturalmente que Palmela não o poderia ocupar[4603]. A delonga durou mais de um ano[4604] de vida preenchida socialmente mas não intelectualmente, que era o que mais necessitava.

A presença do diplomata em Paris[4605], quase de lampejo e para tratar dos Limites[4606], preparou a grande tarefa na qual viria a ser o seu nome reconhecido mais do que em qualquer outro evento antes de 1823: a participação no Congresso de Viena[4607]. Para aí partiu sem "Instruções"[4608] mas conseguiu tornear e problema e aconselhando-se com experientes diplomatas ingleses, conseguiu ultrapassou a questão[4609], no que foi soberanamente secundado pelos seus dois colegas[4610].

Sobre a participação portuguesa no Congresso de Viena ficou já dito o bastante. Importará, deste passo, em especial o Pensamento de Palmela no que respeita à ideia de Liberdade e, nesse quadro, manter a sua opção inabalável nos quadros político--ideológicos das discussões, debates e deliberações finais de Viena.

das. No mesmo sentido o "Ofício ao Conde das Galveias datado de 13 de Fevereiro de 1813", onde se apontam vagamente os motivos do Conde do Funchal para se demorar na Missão de Londres.

[4603] Ibidem, Filme 5526 P., contém um enorme número de cartas várias, dirigidas a membros da sua numerosa família e a outras pessoas, alegando a impossibilidade de proceder à resolução de problemas de cunho oficial "por não me achar ainda officialmente instalado nesta Missão e não dependerem de mim immediatamente as medidas que se devem tomar (...).".

[4604] Ibidem, Filme 5526 P: "Carta a S. A. R. o Príncipe Regente de Portugal, datada de Londres, 16 de Abril de 1814": "(...) digne-se V. A. R desculpar a expressão, que não posso occultar do meu sentimento por me ver há anno e meio reduzido a dedicar estereis somente desejos ao Serviço de V. A. R – Na ociosidade involuntaria a que tenho estado condenado, a minha única consolação tem sido a de saber, que executava á risca as Ordens emanadas de V. A. R; e a sua justiça se dignará apreciar as respectivas provas, que neste intervalo procurei dar de zelo, sem consideração de interesses pessoaes, nem de amor proprio."

[4605] Ibidem, Filme 5526 P: "Carta do Conde do Funchal datada de 30 de Abril de 1814" e competente resposta de Palmela sobre a ida a Paris.

[4606] Ibidem, Filme 5526 P: "Correspondência oficial de Paris: Ofício para o Conde do Funchal, datado de Paris, 20 de Maio de 1814." Em Anexo junta documentos relativos aos interesses portugueses no vertente Tratado.

[4607] Ibidem, Filme 5526 P: "Correspondência oficial de Paris: Ofício do Marquês de Aguiar, datado do Rio de Janeiro, de 14 de Junho de 1814, em que se comunica ao Conde do Funchal que o Príncipe Regente escolhera Palmela para representar Portugal no Congresso de Viena, conjuntamente com António de Saldanha da Gama." Palmela partiu para Viena a 15 de Setembro, aonde chegou a 27 do mesmo mês, satisfeito por poder representar condignamente o seu país, ainda que lamentasse não ter recebido atempadamente "Instruções".

[4608] Ibidem, Filme 5526 P: "Copia do Officios e Documentos relativos ao Congresso de Vienna (...): Ofício ao Marquês de Aguiar, datado de 5 de Outubro de 1814". Dá nota da recepção das suas "Instruções", trazidas por António Saldanha da Gama, bem com o decreto pelo qual foi nomeado para o cargo de Primeiro Plenipotenciário pelo Príncipe Regente."

[4609] Ibidem, Filme 5526 P: "Copia do Officios e Documentos relativos ao Congresso de Vienna (...): Ofício Reservado ao Marquês de Aguiar, datado de Paris, 14 de Setembro de 1814". Antes de partir de Paris teve, como resulta deste ofício, um longo encontro com Wellington, sobre os pontos principais que Portugal deveria levar ao Congresso. Aconselhou-o o Duque de Vitória a não descurar a restituição de Olivença, assegurando que a Inglaterra apoiaria a pretensão portuguesa e, além disso, a não esquecer o tema da escravatura, que haveria de ser um dos problemas mais graves com que a partir desse momento Portugal seria confrontado face à Inglaterra e outros parceiros europeus.

[4610] Ibidem, Filme 5227 P: "Correspondencia rezervada dos Plenipotenciarios portuguezes ao Congresso de Viena em 1814-1815: Conde de Palmella (...) António Saldanha da Gama e Dr. Joaquim Lobo da Silveira (...) para o Marquez de Aguiar."

Depois de encerrada a Assembleia, Palmela regressa a Londres, onde finalmente vai preencher o cargo para que havia sido indigitado há tanto tempo[4611], tendo toda a oportunidade de o fazer em presença das negociações de Montevideu, ponto em naturalmente não se entra. E é também por essa época em que, continuando a ser monárquico, a defender intransigentemente o Rei e a Nação que este representava ainda e que o elevara a altos postos, que Palmela toma consciência de que o estado de Portugal era tão mau, que algo teria de mudar. Mudar "por dentro" e não por intervenção revolucionária, bem entendido, mas era imperioso mudar ou uma das mais velhas Nações da Europa deixaria de existir tal como a conhecia.

Convencido da necessidade de reformas, indisponível para pactuar com o sistema da Revolução Francesa, da *Constituição de Cádiz* e num futuro próximo com o Vintismo Palmela mantinha uma postura de liberal, um pouco mais *tory* que *whig* certamente, mas que demonstrava claramente encontrar-se no ponto de intersecção entre a Velha Moda e a Nova Moda, aceitando os benefícios institucionais desta num quadro de amoldação aquela.

Em reconhecimento dos seus serviços – ou com uma certa falta de tacto para afastar a pessoa indicada da negociação de Montevideu – é enviada a Palmela a designação feita por D. João VI para lhe assistir no Brasil como Secretário de Estado dos Negócios Estrangeiros e da Guerra[4612]. A boa educação, a lealdade e a fidelidade ao monarca e à Nação[4613] fizeram-no exultar; o conhecimento que se adquiriu da sua especial propensão para não estar parado, para manter permanente contacto com o mundo e os seus grandes melodramas, com todos aqueles que detinham à época o Poder decisório de países e continentes, até, uma certa convicção dos acontecimentos futuros em Portugal, tê-lo-ão deixado algo perturbado.

Se o Brasil poderia manter grandes encantos para D. João VI e a sua Família, se por tais razões eles se recusavam a regressar a Portugal, vivendo em inóspita e pouca adequada terra eleita para sede da monarquia portuguesa, certamente que Palmela teria outros interesses, outros amigos, outros projectos, pessoais e para o pais. Por isso e malgrado a satisfação profissional que galhardamente assume, neste particular poderá admitir-se uma certa hesitação.

[4611] *Ibidem*, Filme 5526 P: "Ofício ao Marquês de Aguiar, datado de Lisboa, Agosto de 1816"; *ibidem*, Filme 5528 P: "Ofício ao Marquês de Aguiar, datado de Londres, 1 de Outubro de 1816, dando conta da chegada a 27 de Setembro.
[4612] *Ibidem*, Filme 5528 P: "Ofício reservado a João Paulo Bezerra, datado de Londres, 8 de Outubro de 1817."
[4613] *O Correio Braziliense ou Armazém Litterario*, XX, 1818, nº 118, pág. 326: "Carta ao Redactor de um 'Amigo da Ordem', sobre os actuaes ministros de Estado do Rio de Janeiro": "Em quanto ao Conde de Palmella todos sabem a excellente educação, que seu pay, D. Alexandre de Sousa lhe deo; e pela boa opinião, que se tinha delle foi empregado ministro Plenipotenciario de S. M. F. juncto á regencia de Cádiz no tempo da prisão do Rey, aonde se distinguio não sé em talentos, mas em a dignidade, sem a qual jamais pode haver representação da Soberania. Depois foi nomeado ao Congresso de Vienna, aonde igualmente se distinguio e em fim não só o suffragio da Nação mas um suffragio estabelecido e fundado sobre factos e experiencia."

§ 6º. Recenseamento português dos contributos europeus – o papel da Imprensa

Postos em devidos termos os contributos ofertados pela imprensa nos aspectos relacionados com as antecedentes matérias, importa outorgar-lhe um tratamento personalizado no plano de estudo proposto para questões relacionadas com a Liberdade individual e a Liberdade política do indivíduo e da sociedade[4614].

A percepção de que a Revolução de 1820 foi em parte instigada pela imprensa portuguesa no estrangeiro e pelas tímidas investidas da interna, dificilmente fugidas das malhas da censura em Portugal, são disso a melhor prova[4615]. Bastará uma sumária aproximação ao número de jornais, revistas ou periódicos que surgiram entre 1641 – data apontada como da primeira publicação deste tipo – e o final da governação de D. João VI, para se perceber a inflação jornalística provocada com as Invasões Francesas.

Natural é que entre 1807 e 1823 tenham surgido maioritariamente estas publicações, como prova flagrante não só do factor de pressão que a imprensa constituiu em Portugal antes e depois de 1820 mas, sobretudo, como veículo ideal para alertar consciências adormecidas ou a precisarem de modelação eficaz[4616].

[4614] Luís A. Oliveira Ramos, "Reflexões sobre as origens do Liberalismo em Portugal", *Sob o signo das "Luzes"*, pág. 143: "(...) em Portugal, quem sabia idiomas podia adquirir, por exemplo, o *Mercure* francês, a *London Gazzette*, a *London Chronicle* ou o *Courier* londrino e quem dominava tão-só a língua pátria recorria, de preferência, à *Gazeta de Lisboa*, e ao *Jornal Enciclopédico*, isto enquanto os mesmos órgãos conseguiram falar dos movimentos revolucionários e assim informar a opinião pública."

[4615] Para uma inserção contextualizante, Alfredo Cunha, *Elementos para a História da Imprensa Periódica em Portugal (1641-1821)*, antes citado; Olímpia Loureiro, "Da leitura de livro à leitura de periódicos: dois percursos paralelos na ambiência cultural portuguesa de Setecentos", separata da *Revista de Poligrafia*, nº 5, Centro de Estudos D. Domingos Pinho Brandão, 1996, págs. 9-18; Maria de Fátima Nunes, *Imprensa periódica Científica (1772-1852)*, Lisboa, Estar Editora, 2001.

[4616] É importante salientar que, apesar de por via de regra todos militarem contra as Invasões Francesas, os pontos de vista dos redactores originavam posicionamentos diversos em função das medidas encetadas pelo Governo da Regência em Portugal. Até mesmo em situações anteriores à partida da Família Real para o Brasil o desacordo era patente. Basta recordar as observações que o *Correio Braziliense* tece a respeito do Conde da Barca e a competente oposição manifestada noutros meios de comunicação escrita, por facilmente se perceber que também neste domínio os campos "francês" e o "inglês" eram evidência dos factos. Daí a competente contradita impulsionada pelo *Investigador Portuguez em Inglaterra*, III, Julho de 1812, págs. 54 e ss., que na secção de "Correspondência" procura impugnar afirmações produzidas no *Correio Braziliense*, embora ambos os periódicos sejam de inclinação inglesa. Simplesmente, num caso, um era independente, Hipólito da Costa, difícil de dobrar e crítico severo do Governo da Regência, bem como dos próprios ministros de D. João no Rio de Janeiro; quanto à dupla de redactores do *Investigador Portuguez em Inglaterra*, eram correias de transmissão desta política, publicando tudo o que lhes parecesse ser desafrontado publicamente em presença de observações menos conformes a membros de quaisquer desses Governos. Em momento muito posterior, publica o *Campeão Portuguez em Londres*, I, Outubro de 1819, págs. 268 e ss. a *Representação que á S. M. fez Antonio de Araujo de Azevedo no anno de 1810*, embora o redactor não fosse particularmente adepto do Conde da Barca. Veja-se Joaquim António de Sousa Pintassilgo, I, págs. 59 e 60 e Adelaide Vieira Machado, págs. 149 e 150, onde são apontadas razões do foro pessoal mais que divergências de interpretação no plano das medidas pretendidas de reforma para Portugal. Ambos eram moderados e ponderavam o modelo inglês, como aliás é reconhecido por uma das mais mordazes e expeditas personalidades da época, emérito defensor do Absolutismo na sua forma mais acabada, José Agostinho de Macedo: "Nesta parte das notícias da revolução da América, das novas Constituições, e novas formas de Governos, estabelecidos pelos rebeldes daqueles continentes; concordam sempre, e tem concordado o *Braziliense* com o

Resulta clara de uma rápida pesquisa aos inventários bibliográficos que sobre este tipo de publicações se debruçam[4617], a escassez das mesmas e reduzidíssima importância que apresentaram na vigência do Governo de D. José. A justificação assenta no rememorar do que oportunamente se referiu, a propósito da política pombalina, no que respeita à divulgação de notícias eventualmente menos circunspectas ou que pela sua proliferação implicassem recobrado labor dos organismo da censura em Portugal, com a *Real Mesa Censória* a o ritmo[4618].

A Liberdade de pensamento ecléctica que Pombal promoveu tinha limites. A perigosidade inerente a tal tipo de divulgação teria de se compatibilizar com as regras institucionalmente afirmadas da ortodoxia lusitana e do Absolutismo ilustrado reinante.

Mais que produção, em Portugal havia reprodução de notícias com semanas – e às vezes, meses – ocorridas noutros pontos da Europa e devidamente peneiradas de alusões menos conformes à religião e ao Trono[4619].

Não deve, porém e deste passo esquecer-se um ponto para que houve oportunidade de alertar. Apesar das proibições oficiais, não subsiste qualquer dúvida que, em Portugal, se sabia mais do que era permitido sobre o que se passava na Europa da Revolução Francesa. Isto resulta tanto mais claro quando se ponderam as medidas avançadas em 1781 por Pina Manique, ciente da insuficiência da repressão oficial já firmada, e onde se considerava inaceitável a "relaxação" com que se divulgavam e disseminavam no Reino "papéis satíricos e libelos inflamatórios" e clandestinamente outros com "doutrinas erróneas, falsas, sediciosas"[4620].

Investigador (...) e pode acreditar-se a inimizade actualmente reinante entre *Investigador* e *Braziliense*? Que Irmãos para se divorciarem..."

[4617] É possível afirmar que as vertentes preocupações sobre a imprensa em Portugal se situam em dois períodos distintos. O primeiro, compreendido na larga franja que cobre 1641 até à Revolução Vintista e depois desde a de publicação da lei de Liberdade de imprensa, em 12 de Julho de 1821. Apenas interessa por agora averiguar o impacto que a Revolução Francesa teve em Portugal, e em que medida a Revolução Americana terá sido conhecida. A isto se somam, naturalmente, todo o tipo de produções representativas da polémica sobre a s Invasões Francesas e decénio anterior à instauração do Vintismo.

[4618] Alberto Pena, "História do Jornalismo Português", *História da Imprensa*, pág. 353: "A rigorosa vigilância sobre os jornais desde que apareceu a Real Mesa Censória em 1768, com jurisprudência civil e criminal, fez desaparecer do panorama jornalístico português todas as publicações noticiosas até à invasão francesa, em 1807. Entre 1768 e 1777, não se publicou nenhum jornal. O controlo absoluto exercido pelo Marquês de Pombal sobre a informação e a opinião impressa para calar as críticas quanto à sua polémica gestão favoreceu os títulos de divulgação cultural e entretenimento ou especializados em literatura ou medicina, sob o impulso do enciclopedismo francês."

[4619] As dificuldades formais não eram de menos monta. Na verdade, o sistema de privilégios que se usava em Portugal e que desde 1768, com a criação da Imprensa Régia em muito contribuiria para institucionalizar os privilégios na composição, impressão e, por vezes, publicação. Promovida por diplomas de 24 de Dezembro de 1768, em que foi criada, sucessivamente regulamentada e com poderes e funções determinados sob forma regulamentar, onde se destaca a carta de lei de 17 de Dezembro de 1794, por decreto de 7 Dezembro de 1801 e por aviso de D. João (ainda Principe Regente), onde se conferia o privilégio privativo de que só nela se pudessem imprimir livros e papéis volantes, sendo-lhe conferida a fiscalização e censura de todos os escritos. Com isto se conseguia, na fonte, reter o problema de fundamental preocupação para os governantes: a divulgação de ideias desconformes ao oficialmente preceituado. A Junta para a sua direcção e Governo foi extinta em 21 Maio 1810. Este tipo de privilégio será recuperado depois da queda da *Constituição de 1822* e no Governo joanino logo em 19 de Março de 1824.

[4620] É por isso injusto e revela falta de conhecimento das fontes e dos estudos que sobre elas existem, afirmar-se, sem mais, que a repressão censorial portuguesa era não apenas absoluta e completamente eficaz, como conseguia evitar a proliferação das ideias perfilhadas pela doutrina europeia das Luzes

DA HISTÓRIA DA IDEIA DE LIBERDADE (SEQUÊNCIA)

Se, como ficou justificado, as atenções se concentram na Revolução Americana e na Revolução Francesa, não é por falta de contributos fornecidos pela imprensa portuguesa em presença de outras convulsões[4621]. Período em que toda a Europa se encontrava em turbilhão, a imprensa lusitana sempre que conseguiu, furtou-se às malhas da censura e não deixou de copiosamente informar os seus leitores.

Mais; o grau de entusiasmo com que esses relatos se faziam, apenas desmerece todos aqueles que apenas conseguem enquadrar o final do Antigo Regime como um sistema repressivo que não deixava qualquer folga. Essa folga não só existia como se prova em si mesma pelas fontes. Se em fase mais avançada, sobretudo a partir de 1790, muda algo no discurso dos redactores, é porque não existia possibilidade directa de tornear os problemas, sendo certo que essas vias de censura, sempre que se verificavam, obrigavam a posterior explicação dos redactores, logo que uma folga lhes era dada na prévia fiscalização.

A presente investigação não pretende avançar para um estudo monográfico deste tipo; nem tal se justifica, nem a sua utilidade nos dias que correm seria tanta como há alguns anos[4622]. O único interesse prende-se com a percepção de tais escritos, no plano da Liberdade e nos dois pólos em que actualmente se estuda: individual e política.

Resulta claro que depois dos grandes serviços prestados pela imprensa à causa da Liberdade e da independência portuguesas em presença dos Exércitos napoleónicos, que o comportamento do Governo da Regência seria tudo menos uma manifestação de agradecimento à relevância dos mesmos. Sucessivamente são estigmatizados o *Correio Braziliense* de Hipólito da Costa e *O Investigador Portuguez em Inglaterra*, cujos redactores principais eram Bernardo José de Abrantes e Castro e Vicente Pedro Nolasco da Cunha como colaborador e posterior ascensão à responsabilidade redactorial de José Liberato Freire de Andrade.

Eram duas publicações que apontavam diversas soluções para o caso brasileiro. Mesmo assim, tão mau jornal era um quanto o outro para os Governadores lusitanos, sobretudo depois de 1814[4623]; daí a sua proibição.

Apesar de tão expeditas medidas, a questão continuava a colocar-se como premente: os intelectuais portugueses liam e conheciam estes periódicos "estrangeirados"[4624]; como, ninguém sabia e nem a mais zelosa censura conseguia impedi-lo.

---

e do Liberalismo. Se se explicam as questões, no que respeita à situação portuguesa, por reflexo do impacto da Revolução Francesa em Portugal e no caso especial da Universidade, não seria justo aqui esquecer um necessário parêntesis, que as inúmeras referências antes feitas à divulgação da cultura europeia em Portugal ao longo das antecedentes páginas, sufragam em absoluto.

[4621] Luís A. Oliveira Ramos, "Reflexões sobre as origens do Liberalismo em Portugal", *Sob o signo das "Luzes"*, pág. 145: "Disseminado por cerca de 10 anos, o noticiário das revoluções dos anos 80, amiúde reprimidas por forças afectas ao poder tradicional, como sucedeu, por exemplo na Bélgica, na Holanda, na Suíça, terá deixado sementes em Portugal, sementes que reverdeceram quando, à lembrança do êxito dos insurgentes americanos e do ascenso do parlamentarismo inglês, se juntaram as notícias referentes à actividade soberana da Assembleia Constituinte em Paris e às vitórias populares na velha monarquia bourbónica."

[4622] Há um número considerável de escritos sobre a matéria e relativamente recentes em Portugal. Para eles se remete em termos de leitura geral e como parâmetros de interesse para balizar a exposição que tem objectivos mais concretos.

[4623] Veja-se o que aponta um concorrente directo do *Investigador Portuguez*, *O Portuguez*, IX, nº 49, págs. 60 e ss., fazendo uma resenha das várias fases por que passou o periódico cujo último redactor foi José Liberato.

[4624] Luís A. de Oliveira Ramos, "Os agentes de introdução do ideário da Revolução francesa em Portugal", *Portugal. Da Revolução Francesa ao Liberalismo*, pág. 14: "Jornais, e variados folhetos, irra-

Essas novidades que se queriam conhecer e o engenho aguçava tocavam mesmo aqueles donde menos se poderia esperar um tal comportamento. Conta-se[4625] sobre D. João VI que "ao mesmo tempo que, oficialmente, proibia, em 17 de Setembro de 1811, a entrada e o livre curso, no país, do *Correio Braziliense*[4626] e mais tarde aplicaria o mesmo receituário a'*O Portuguez*, impressos em Londres, e tidos por perigosos, fazia com que, a ocultas, lhos obtivessem, como única maneira de saber o que lhe convinha não ignorar."

1. A Imprensa em Portugal entre 1789 e 1820

Com o firmar do Individualismo, a imprensa[4627] sofreu os efeitos óbvios para um Estado absoluto, que se via bem próximo dos anelos da Liberdade popular[4628]. É assim tempo de baixar a uma abordagem mais particularizada e seleccionada um dos emblemas da imprensa portuguesa e funcionar em Portugal[4629].

Porventura os mais significativos – sendo sempre subjectiva esta consideração – ainda que outros existissem mas não serão por agora equacionados em função do seu menor relevo no plano do periodismo em si mesmo considerado.

Dos periódicos que de há longo tempo se vinham impondo, reservados a um núcleo relativamente restrito de leitores, em razão da sua formação intelectual e do custo que acarretaria a aquisição regular de tais publicações, é justo destacar o plano de difusão da *Gazeta da Lisboa*[4630]. Visto como órgão oficial da ocupação

diam a partir das cidades marítimas (...). Académicos e jornalistas, filhos da nobreza e da burguesia, sacerdotes abertos e testemunhas involuntárias da Revolução, enfileiram, pois, entre os seus propagandistas, mesmo que ainda não sejam ou nunca venham a ser inimigos do Absolutismo ou revolucionários sangrentos."

[4625] Alfredo Cunha, pág. 3.
[4626] Consta do "Catalogo de livros defesos neste Reino, desde o dia da Criação da Real Mesa Cençoria athé ao presente. Para servir de expediente na Caza da Revisão", publicado por Maria Adelaide Salvador Marques, pág. 142, suprimido por Alvará de 14 de Julho de 1812.
[4627] Como noutras ocasiões, o que se busca é o sentimento português da Liberdade, porventura bem ou mal adequado às modas que vinham do estrangeiro. Não há a intenção redigir um trabalho acerca de periódicos e de periodismo, ainda quando de reconhecido interesse para o tema, sobretudo, de proceder a tal levantamento sistemático. Desde logo porque essa tarefa está já bastante avançada; depois porque basta a convicção de que os jornais e demais imprensa nacional foram fontes para a Revolução de 1820, que tiveram em si mesmos, outras fontes revolucionárias.
[4628] Luís A. de Oliveira Ramos, "Os agentes de introdução do ideário da Revolução francesa em Portugal", *Portugal. Da Revolução Francesa ao Liberalismo*, pág. 13: "(...) os redactores dos jornais de índole intelectual, estampados entre o termo do séc. XVIII e o princípio do séc. XIX (...), testemunham conceitos, referem figuras e descrevem os acontecimentos que têm a ver com a Revolução Francesa. Ao número dos seus responsáveis e colaboradores pertencem figuras pioneiras da propaganda liberal e claros agentes dos modos de pensar ilustrados, presos às 'luzes da Razão', avessos a ideias feitas e ao grosso dos princípios conservadores."
[4629] O facto de termos optado por fazer menção de alguns jornais em pontos antecedentes que não serão agora mencionados, justifica-se simplesmente pela menor projecção que na prática tiveram e também por ser seu objectivo o tratamento específico do tema que se vem tratando. Por isso mesmo se não serão mencionados neste ponto, não "é por esquecimento"; "é voluntário". O que agora se irá especialmente tratar são as questões gerais da ideia de Liberdade – e da Igualdade, naturalmente, nos termos conhecidos – no âmbito dos direitos fundamentais do indivíduo e no plano da sociedade em si mesma considerada.
[4630] A *Gazeta de Lisboa*, designação pouco original e que segue de perto as coordenadas de publicações congéneres existentes noutros Estados europeus, foi dos periódicos nacionais e com datas interpoladas aquele que mais longa vida apresentou entre o seu início, em 1715 e o seu último

francesa[4631], encontrou contrapontos ideais noutros que declaradamente a ela se opunham.

Ao caso a Gazeta *d'Almada ou Telescopio Portuguez*[4632]. Periódico nitidamente vocacionado para o combate à influência francesa no período das Invasões, com características diversas do anterior, apresenta-se este novo título[4633], cuja publicação mediou entre 1809 e 1810[4634].

O próprio jornal, no número de abertura, se expunha ao público, fazendo profissão de fé das intenções que o guiavam: menear a Pena para narrar factos já ditos, chama o *Telegrafo* não querer passar por erudito, ser *meio literato*, e imitar o mesmo *Telegrafo*, que tantos conselhos saudaveis nos deo, e a cujos pedaços de eloquencia póde ser que devamos tanto zelo nacional, e tanto Patriotismo. *Pedaços* que jámais serão confundidos com as regeladas producções de tantos Egoistas, como eu! (...)"[4635]

De acordo com uma orientação que será comum na análise dos núcleos periodísticos que em sequência serão estudados, a divisão proposta relaciona-se com a seguinte ordem de preocupações[4636]: imparcialidade *versus* partidarismo; da Liberdade individual[4637]; da Liberdade natural aos direitos abstractos ou a sequência francesa[4638];

---

número, datado de 1833. Apesar de já se ter lido que o seu interesse é diminuto, apenas é possível discordar. Primeiro porque assumiu claramente posições partidárias em várias fases da sua vida, sendo correia de transmissão ideal do Pensamento por que as mesmo se pautavam. Depois, porque era o órgão oficial do Governo, então vigente, aí sendo publicadas em primeira mão as leis e demais espécies normativas provenientes do Poder legiferante, bem como as notícias que permitem observar o leque de opções que, no plano dos contactos diplomáticos, eram considerados prioritários para o Estado português. Donde, não parece que se possa afirmar sem mais o seu reduzido interesse. Está disponível a série que se inicia em 1776 a vai até 1820 e depois a partir de 1823 para os anos que importam. Sobre a *Gazeta de Lisboa*, Innocêncio Francisco da Silva e Brito Aranha, *Diccionario Bibliographico Português*, II, pág. 135; III, págs. 137 e ss. e IX, pág. 418.

[4631] Esta conclusão é algo apressada muito embora seja por demais evidente o seu espírito colaboracionista durante a ocupação efectiva.

[4632] *Gazeta de Almada* ou *Telescópio Portuguez*, Lisboa, 1809-1810.

[4633] *Ibidem*, cujo propósito era dar nota das novidades políticas estrangeiras e nacionais, aproveitando para ridicularizar os franceses e seus apoiantes. A partir do nº 31, de 21 de Novembro de 1809, passou a designar-se apenas por *Telescopio Portuguez*, pelos motivos que o redactor explicita e se prendem com a alteração formal no discurso que se passa a imprimir. Finalmente, a partir do nº 4, de 12 de Janeiro de 1810, retoma o título inicial. Innocêncio Francisco da Silva e Brito Aranha, *Diccionario Bibliographico Português*, não lhe fazem referência.

[4634] Sobre as tendências pro-Governo da Regência e a responsabilidade que houve na Septembrizada, veja-se *O Portuguez*, XI, nº 61, pág. 47.

[4635] *Gazeta de Almada ou o Telescopio Portuguez*, nº 1, 7 de Julho de 1809.

[4636] Estes vários aspectos podem ser tratados para um mesmo periódico em conjunto ou apenas por relação a alguns deles; tudo dependerá do posicionamento que assumem e que leva a excluir, por exemplo, os periodistas adeptos do Antigo Regime de quaisquer outras possíveis relações a estabelecer. Com este esquema pretendem evidenciar-se os vários planos em que se desdobra a presente interpretação da História da Teoria da Liberdade na vigência dos primeiros anos do séc. XIX, preconizando os vários episódios ideológicos em que se vislumbra o Pensamento nacional estruturante e estruturado pela opinião pública.

[4637] Questões relacionadas quer com as questões culturais, num plano mais alargado, quer no âmbito que mais importa, em termos de Liberdade de consciência, tolerância religiosa e Liberdade de imprensa.

[4638] Periódicos e periodistas partidários do sistema ideológico francês, que o pretendiam ver transposto para Portugal.

da Liberdade social ao modelo prático ou a ovação à História britânica[4639]; da opção pelo modelo do Antigo Regime com negação de qualquer reforma vinda do interior das instituições[4640].

De igual modo, as assumidas divergências que já ficaram anotadas no plano mais vasto da teorização nacional desta época, podem e devem agora ser perspectivadas de um ponto de vista particular e que se elege como núcleo dimanador e grupo de pressão mais ou menos assinalado dos eventos de 1820 e anos subsequentes[4641].

1.1. Imparcialidade *versus* partidarismo

Publicada pela primeira vez em Lisboa em 1715[4642], a *Gazeta de Lisboa* foi desde sempre vista como um órgão da imprensa escrita contrário aos desígnios da Liberdade de pensamento, mas em que algumas notícias são, por vezes, apresentadas sob perspectiva de moderação e "compreensão" para factos ocorridos em tudo desconformes aos desígnios que o absolutismo nacional defendia.

Da análise proposta em seguida, há alguns vectores a ser destacados. Órgão de informação com carácter geral, nele proliferavam as notícias vindas do estrangeiro e que à época mais ocupavam os espíritos portugueses como os europeus, sendo o seu tratamento escalonado sempre do mesmo modo, ou seja, questões internacionais – a maior parte da informação e problemas nacionais – por via de regra apenas uma parte da página final. Se em Portugal tudo corria bem e as novidades eram nenhumas, o estrangeiro e as suas quezílias seriam o ponto forte do interesse dos leitores[4643].

É curioso que entre os temas abordados seja possível detectar, em certo período, uma tendência aparentemente moderada na escolha da informação, que tanto se pauta pelo recorte do conhecimento havido dos eventos norte-americanos, como pela abordagem inovadora de régias concessões francas à manifestação da Liberdade dos povos e outros temas que a seu tempo foram vistos[4644]. No discurso que se segue, pesquisar-se-á a sua temática a partir da Revolução Francesa, ou seja, da data de

---

[4639] Jornais e redactores que encetam a via liberal de feição inglesa e que são declaradamente adeptos do sistema inglês.
[4640] Partidários assumidos do Antigo Regime, tão contrários ao Liberalismo quanto ao tradicionalismo e que se batem pela manutenção do sistema do Absolutismo, sem quaisquer alterações. São os chamados contra-revolucionários em relação às ideias francesas, às inglesas e a todos os que timidamente as pudessem em qualquer plano apoiar.
[4641] Para evitar repetições desnecessárias e porque a sistemática é, como se disse, comum para todos os periódicos em questão, publicados em Portugal ou no estrangeiro, dispensa-se a explicitação no Índice Geral de forma exaustiva estas subdivisões.
[4642] Alfredo Cunha, págs. 67 e ss. traça o atribulado historial desta publicação, que não apenas em termos materiais mas e mais importante, no plano formal, sempre apresentou graves deficiências.
[4643] Muitas vezes são a transcrição integral das notícias publicadas noutras capitais europeias e depois de 1776 com especial ênfase para os Estados Unidos, sendo de salientar a escassez de notícias nacionais, quase sempre votadas aos particulares eventos da Família Real, algumas promoções públicas, algumas notícias legislativas e praticamente mais nada.
[4644] De salientar que boa parte dos relatos dos eventos da Revolução Francesa não deixaria de criar alguma perplexidade e até temor nos pacatos portugueses, habituados como estavam a obedecer sem levantar dúvidas aos comandos emitidos pelo régio Poder. Desconhece-se se seria propositado, mas para além da intelectualidade que faria gáudio de tais notícias, certamente que o comum do cidadão ficaria, bastas vezes, bastante assustado com as novas de França. Veja-se *História de Portugal. Edição Monumental comemorativa do 8º Centenário da Fundação da Nacionalidade*, (direcção de Damião Peres), VII, pág. 17.

14 de Julho de 1789, seleccionado as linhas de força da sua intervenção por grandes temas, dando obviamente interesse fundamental às temáticas de que são objecto de investigação[4645].

Uma prevenção inicial, que já foi objecto de esclarecimento mas que não será demais frisar[4646], liga-se à pouca consideração em que o periódico era tido em Portugal e na emigração e quer por outros quadrantes da imprensa quer pelo intelectuais que a encaravam sob a mais negra fisionomia[4647].

O aspecto mais saliente, ao menos numa primeira fase, liga-se à Revolução Francesa, meses que imediatamente a antecederam e eventos subsequentes. Conhecidos que são os aspectos essenciais no que toca à fermentação que pelo menos desde 1786 se ia verificando na sociedade francesa é a *Gazeta*, com o seu estilo muito próprio, que vai dando conta. Agora, inaugurado o ano das decisões, não muda o estilo dos relatos mas as notícias avolumam-se neste contexto de uma forma avassaladora[4648].

Desde logo se destaca a importância concedida em termos jornalísticos às decisões francesas de elaborar uma *Declaração dos Direitos do Homem e do Cidadão* e de uma Constituição. Se quanto ao primeiro caso houve ocasião de notar que o seu impulso é anterior a 14 de Julho, já no segundo ele coincide precisamente com a referida data[4649].

[4645] Já se fez menção, em variadíssimas ocasiões, da importância deste periódico, fonte ideal para a recepção das notícias estrangeiras em Portugal. Esse trabalho notável e que nos locais apropriados se desenvolveu até esta data é, agora, complementado pela interpretação da essência da fonte em si mesma, mediante a percepção dos problemas ligados à Liberdade no âmbito do documento historicamente considerado.

[4646] Benedita Cardoso da Câmara, *Do Agrarismo ao liberalismo. Francisco Soares Franco. Um pensamento crítico*, Lisboa, INIC, 1989, pág. 7, a propósito da nomeação de Francisco Soares Franco para redactor da *Gazeta de Lisboa*, o seu congénere *Investigador Portuguez em Inglaterra*, de Dezembro de 1811, afirma ser ela "ela uma das piores Gazetas do mundo (...)." No mesmo sentido o recente trabalho de Sandra Ataíde Lobo, "A *Gazeta* de Francisco Soares Franco: um redactor em guerra", *Cadernos de Cultura*, 4: "Gazetas – A Informação Política nos finais do Antigo Regime", Centro de História da Cultura da Universidade Nova de Lisboa, Lisboa, 2002, págs. 76-78.

[4647] Durante toda a fase da sua publicação. Pouco tempo antes da Revolução Vintista se ter concretizado era a seguinte a opinião de um outro periódico a seu respeito, vazada nas páginas que se recolhem em parte: *O Campeão Portuguez em Londres*, I, Agosto de 1819, págs. 97 e ss., reproduzindo uma notícia vinda de Paris, em Outubro de 1818: " [Hoje] he fabricada na Secretaria dos negocios estrangeiros, e o ministro desta repartição he quem simultaneamente lhe fornece os artigos, os ordena, e censura. *Julgai agora quão puro deve ser o oiro extrahido dos cadinhos de um tal laboratório! Só um homem perverso seria capaz de suspeitar que pudesse haver liga em Obra tão apurada: he ella por conseguinte o oiro mais puro que temos em Portugal.*"

[4648] Para o que interessa, registe-se e assinale-se o relato perfeitamente fiel, circunstanciado e objectivo dos acontecimentos franceses por parte do periódico. E isto tanto mais numa época de incerteza em que não se sabia exactamente o que se iria passar a seguir, sendo Portugal um país onde oficialmente a atitude francesa, no mínimo, seria vista com desconfiança. Claro que a *Gazeta* era destinada a uma camada da população minoritária; em Portugal, provavelmente nem em Lisboa se saberia muito bem o que se tinha passado em França, qual o sentido e objectivos da revolução, quanto mais no resto do país. Por aí não parece que se suscitasse grande perigo, nem os portugueses saberiam o que era "isso" da Liberdade proclamada em França. Por outro lado e como já ficou assinalado, uma certa tendência para o melodrama ou a tragédia que as notícias de França veiculavam, serviria à perfeição para atemorizar uma camada vasta da população portuguesa, cumprindo por via indirecta os desígnios das Autoridades.

[4649] *Gazeta de Lisboa*, 1789, nº 32, de 15 de Agosto de 1789, segundo Supplemento. Foi esse o teor das decisões da Assembleia Nacional, segundo se apura da notícia emanada de França que sobretudo se interrogava da integração da Declaração dos Direitos no próprio texto da Constituição ou, ao

Por isso mesmo é que havendo censura, ela mesma não parecia grandemente preocupada com a circulação de informações, o que é notável[4650]; ou estavam demasiado seguros de si mesmos e da incapacidade natural portuguesa de aderir a tanta novidade[4651], ou lhes parecia que a todo o momento a situação acabaria por se recompor e tudo voltaria ao normal, isto é, à Velha Moda[4652]. Ou seja, a possibilidade avançada em primeira linha revelar-se-ia altamente promotedora[4653].

Tudo isto é verdadeiro e comprova-se até um certo momento. Curiosamente ou talvez não, depois de uma catarse de notícias de França – em que "o desvario" do anúncio da *Declaração dos Direitos do Homem e do Cidadão* não terá sido o menor – a

---

contrário, deveria constituir-se com autonomia: "A sessão do dia 14 de manhã começou por examinar as formalidades com que a Assembleia deveria trabalhar na nova Constituição do reino, e se acaso se deveria começar pelos direitos do homem." No meio do burburinho e revoada de notícias que se recebiam de Paris, ainda sem saber que havia uma "revolução", horas antes de ser de conhecimento certo e seguro, os deputados presentes em Cortes tinham deliberado fazer uma nova Constituição.

[4650] Simão José da Luz Soriano, Primeira Ephoca, I, pág. 383, refere, muito ao contrário, das medidas que Floridablanca encetou em Espanha, dando instruções precisas ao "gazeteiro da Corte, que guardasse o mais perfeito silencio a respeito do que se passava em França."

[4651] F. A. Oliveira Martins, pág. 290: "para a exaltação revolucionária contribuíram as sucintas notícias que a minúscula '*Gazeta de Lisboa*' punha a correr, amofinando o Intendente, que com a gente da 'Gazeta' teve os seus dares e tomares. Todavia, para suprimir o pequeno diário não teve coragem o Intendente, dado o hábito, que o público tomara, de o percorrer alvoroçadamente, procurando informar-se do que se passava pelo mundo revolto."

[4652] *Gazeta de Lisboa*, 1789, nº 35, de 1 de Setembro de 1789, permite apresentar um exemplo concreto: "(...) o Visconde de *Noailles* observou à Assembleia que as desordens, que desolão a França por flagellos e desgraças de toda a casta, só podião ser remediadas por meio de socorros e benefícios. Por tanto, propoz que se abolissem os direitos feudaes. Esta proposta, cujo motivo era sem duvida hum generoso sacrficio da parte do deputado que a tinha feito, excitou applausos geraes e fez com que hum enthusiasmo de generosidade se communicasse a toda a Assembleia." Um pouco adiante decidiu-se mesmo a criação de uma medalha onde ficasse gravada a seguinte inscrição: "A abolição de todos os privilegios, e a perfeita reunião de todas as Provincias, e de todos os Cidadãos." A decisão é conhecida sendo nomeada uma Junta de oito membros, dois do Clero, dois da Nobreza e quatro do Terceiro Estado para a elaboração do texto constitucional sucessivamente submetido à discussão da Assembleia. Em qualquer caso isto tem grande interesse. Permite, no mínimo, pensar que um pouco à semelhança da decisão de elaborar uma Declaração de Direitos antes de 14 de Julho, já havia no espírito da Assembleia a perfeita noção que o tratamento a ser dado ao indivíduo e à defesa dos seus direitos, que deveriam constitucionalmente ficar marcados, não precisou de esperar em França, pela revolução. Fez-se antes e em simultâneo com a mesma e se os seus resultados serão obrigatoriamente por ela condicionados, a ideia já existia. O que se intentava fazer era uma mudança estrutural dentro do Antigo Regime e se poderia haver muitos cépticos em relação à sua possibilidade, pelo menos o problema levantou-se. O problema equacionado quando do tratamento circunstanciado da Revolução Francesa volta a colocar-se aqui: em nome da soltura de antigos grilhões, queria mudar-se a sociedade e invocavam-se os direitos do indivíduo, nomeadamente a Liberdade e a Igualdade para o fazer. Os ilustres deputados poderiam saber exactamente o que faziam, em teoria, dado os seus conhecimentos intelectuais e educação por via de regra serem superiores ao do "baixo Povo"; mas ainda assim será que tinham consciência prática do que se propunham alterar?

[4653] José Maria Latino Coelho, *História Política e Militar de Portugal, desde os fins do séc. XVIII até 1814*, II, pág. 174, informa que os espanhóis não arriscaram."Empenhava-se o Governo de Carlos IV em cerrar a Hespanha a toda a communicação e correspondencia com os Povos extrangeiros. Prohibia severamente que na *Gaceta de Madrid* se alludisse nem ainda remotamente á revolução. Empregava a mais cautelosa vigilancia para que nas tropas não se lesse, nem comentasse nenhum papel relativo aos successos de Paris."

partir de inícios de Setembro é o silêncio total. Nada mais se relata durante esse ano sobre França, sem sequer uma das tais notícias perfeitamente inócuas e nada comprometedoras.

Não é crível que tenha sido o inicial excesso de zelo a gastar todas as novidades em pouco tempo; haverá razões mais profundas, ligadas certamente à evolução que os acontecimentos em França iam sofrendo, finalmente encarados em Portugal pelas Autoridades oficiais na sua real amplitude. A *Gazeta* tinha privilégio real e era publicada pela Imprensa Régia[4654], onde existia censura estabelecida e eficiente.

Assim sendo[4655], fica mais que claro que nem as notícias se acabaram, nem os redactores estavam inaptos para as transmitir, nem deveria haver desinteresse do público acerca das mesmas, nem o possível temor das mesmas afastaria os hipotéticos leitores do seu conhecimento. Portanto, a explicação é simples e pouco dada a criações especulativas[4656].

Finalmente e em 23 de Março de 1790[4657], cerca de seis meses após completa ausência de informações, volta a falar-se de França, para apresentar uma notícia anódina, ao caso acerca de descobrimento científicos patrocinados pela Academia Real das Ciências. Durante todo o resto do ano se passará o mesmo.

Outra curiosidade liga-se ao facto de durante este interregno não terem faltado notícias sobre os Estados Unidos, algumas de uma acutilância notável e reveladoras de um processo governativo que, se não incomodava directamente os censores nacionais, funcionava como uma espécie de contraponto flexível perante eventuais embaraços na ausência de notícias francesas. Vale a pena mencionar o conteúdo da informação, porque é assaz revelador: "Não estou menos persuadido, de que convireis comigo que

---

[4654] António Delgado da Silva, *Collecção da Legislação Portuguesa*, 1802-1810, págs. 165-167, relativo a um decreto concedendo o privilégio de exclusivo de certos papeis à Imprensa Regia; aviso ácerca da censura, e licenciamento de papeis periodicos da Imprensa Regia. No que respeita a impressores privados, vejam-se os dois avisos de 18 de Julho.

[4655] Ana Cristina Bartolomeu de Araújo, "As Invasões Francesas e a afirmação das ideias liberais", *História de Portugal* (direcção de José Mattoso), V, pág. 18, faz notar que "Só a ausência de uma representação global das mudanças em curso permitiu que o correio de Paris não fosse interceptado mais cedo pelas Autoridades portuguesas. A censura intervém quando se produz uma imagem temível dos excessos populares e quando a monarquia absoluta se sente totalmente atingida nos seus princípios doutrinais."

[4656] José Maria Latino Coelho, *História Política e Militar de Portugal, desde os fins do séc. XVIII até 1814*, II, págs. 177 e 178: "Com os rapidos progresso da revolução ia-se mais e mais encruelecendo e exasperando a animadversão das Coroas europeias contra a ousada e vencedora democracia. O enthusiasmo liberal, com que a modesta *Gazeta de Lisboa* celebrara os acontecimentos de Paris, viu-se atalhado brevemente. Á similhança do que em Hespanha se ordenara, foi imposto ao redactor o silencio mais discreto acerca da revolução." Veja-se o artigo de Sandra Ataíde Lobo, "A *Gazeta* de Francisco Soares Franco: um redactor em guerra", págs. 75 e ss. Logo de início apontam-se as características da *Gazeta* nessa fase: "Era consensual nos círculos ilustrados coevos a imagem da *Gazeta de Lisboa* como periódico de baixíssima qualidade que, a mando do Poder ou pelo menos a ele submetido, trabalhava no ocaso do Antigo Regime para a alienação de um mundo em mudança. Conjugava-se ela com a realidade de redactores anónimos, sem direito a opinião, ou sequer a emergir do palco de um noticiário estritamente controlado pelo rigor censório." Deverá ainda acentuar-se que nunca a *Gazeta de Lisboa*, durante a fase em que regularmente publicava notícias de França, se referiu a uma mudança efectiva de regime, eventualmente acreditando que a monarquia absoluta teria capacidade para se manter.

[4657] *Gazeta de Lisboa*, 1790, nº 12, de 26 de Março de 1790, Supplemento. No número imediato aparece outra notícia do mesmo tipo, desta vez relatando um assalto de salteadores...

nada há, que possa melhor merecer a vossa protecção, do que o adiantamento das Sciencias e das Bellas-Letras. Em todos os paizes fórmão os conhecimentos a mais segura base da felicidade publica. N'um Estado aonde as medidas do Governo recebem o seu impulso tão immediatamente do desejo da communidade geral, como o recebem entre nós, os conhecimentos vem a ser essenciaes á proporção. Por diversos modos contribuem elles para a segurança d'uma Constituição livre, convencendo aquelles, a quem se acha confiada a administração publica que *huma confiança illimitada da parte do Povo* he o que melhor corresponde a todo o fim estimável do Governo, ensinando ao Povo a conhecer, e estimar os seus proprios direitos; a discernir todo o prejuizo que se lhe fizer, e a livrar-se de toda a usurpação; a distinguir entre a *oppressão, e o exercicio necessario da Authoridade legal,* entre os encargos publicos, que resultão d'huma falta de attenção para com a propria commodidade, e os que nascem das precisões inevitáveis da sociedade; *a reconhecer os limites, que separarão o espirito da Liberdade do da Licença;* a cultivar aquella, e aborrecer esta, *e a unir huma vigilancia prompta, mas moderada, a respeito das uzurpações, com hum respeito inviolavel ás Leis*"[4658].

Perante este trecho, retiram-se duas conclusões: apresenta e promove a Liberdade de imprensa; incentiva o impulso legislativo como partindo da comunidade, de que a Autoridade deve fazer bom uso, distinguindo-se da opressão. Por isso mesmo, é perfeitamente clara a opção portuguesa por esta época; apesar de tudo o discurso norte-americano mostrava-se muito mais moderado do que a sua projecção europeia.

Em qualquer caso, a ressurreição dos eventos políticos vindos de França apresenta uma particularidade. Ficou anotada uma missiva de Leopoldo II queixando-se a Luís XVI da quebra de Tratados a partir de Agosto de 1789, quando se laborava sobre a contra-revolução providencialista, organizada a nível europeu em oposição aos eventos da Revolução de 1789. Ora é precisamente este ponto que a nossa *Gazeta* retoma em 1792 para reatar os assuntos franceses[4659], ponto por demais emblemático. A partir daí, o rol das desgraças francesas aumenta significativamente[4660].

Esta exposição induz uma pergunta nada mais será possível retirar deste periódico para a temática da Liberdade individual e da Liberdade política do homem e da sociedade?

[4658] *Ibidem*, de 1790, nº 12, de 27 de Março de 1790. Trata-se do fim do "Discurso do General Washington Presidente do Corpo Federativo dos Estados Americanos."

[4659] Aspecto que ao longo do texto se terá bem observado é o relevo que a partir desta fase as negociações diplomáticas para evitar a guerra entre a França e boa parte dos Estados europeus, por um lado, e as novas da guerra em si mesmo depois de declarada, ganham especial importância. Para Portugal o sinónimo desta "relevância da guerra" prende-se com as razões conhecidas: temor na adesão aos ideais franceses com o espectro do confronto presente e a atemorizar qualquer partidário da mudança e velada aceitação por parte das autoridades nacionais do partido do Império, do qual as mensagens aparecem em números sequências do periódico. De novo a aventada hipótese de trabalho se confirma, ainda por cima porque a partir de meados de Agosto de 1792, em que os jacobinos franceses ainda eram, aos olhos dos déspotas europeus, mais celerados que os moderados revolucionários da Constituinte de 1789-1791.

[4660] *Ibidem*, 1793, nº 16, de 19 de Abril de 1793, Supplemento, notícia proveniente de Paris, 29 de Março: "Não cessão as perturbações em differentes Provincias da *França*. Os Administradores do Districto de *Saumur* avisão que *Cholet, Vihiers, Thonars,* e *Amiens* erão havia 8 dias victima dos rebeldes, que em numero de 20 para 30 mil causavão alli grande consternação, havendo huma columna de 10 para 12 mil saqueando Cholet, onde hum numero dos do partido contrario foram mortos por acudirem em socorro do Districto. (...)."

DA HISTÓRIA DA IDEIA DE LIBERDADE (SEQUÊNCIA)

A resposta só pode ser positiva e apesar de todos os defeitos conhecidos e já apontados da *Gazeta de Lisboa*, em que o menor não seria a atitude servil em presença dos opositores das ideias da Revolução Francesa. Se as fontes não podem ser negadas e, quando se afirma que em determinados casos, a pátria da Liberdade de imprensa lhe impõe entraves, como Liberdade individual[4661], justifica-se com o facto de até em Inglaterra, pátria da Liberdade de imprensa, por vezes haver necessidade de refrear este direito individual e fundamental, em nome da segurança e dos interesses colectivos da Nação.

No campo do exercício das prerrogativas soberanas e tendo presentes as noções do Contratualismo absolutista, surgem diversas referências ao comportamento dos franceses que em tudo é contrário aos comandos do Direito Natural e das Gentes[4662], na perspectiva dos déspotas iluminados. Sobretudo depois dos acontecimentos franceses de 1789, com a fuga de muitos franceses partidários da contra-revolução para esses Estados, com a guerra que se seguiu e com o regicídio[4663], fica anotada variadíssima argumentação neste campo.

[4661] *Ibidem*, 1792, nº 24, de 15 de Junho de 1792, dá nota, dentro deste registo, de ter sido publicada uma notícia na *Gazeta da Corte* de 29 de Maio de 1792, de "huma Proclamação Regia, pela qual se prohibe a impressão, e publicação de escritos sediciosos, tendentes a excitar tumultos, e a turbar a paz, e felicidade dos vassallos, e Governo de S. M. Esta Proclamação he bem aceita por todos os verdadeiros patriotas por sahir numa conjunctura, em que se usa do mais indigno artificio para allucinar as classes mais inferiores do Povo (...)."

[4662] *Ibidem*, 1793, nº 9, 26 de Fevereiro de 1793, segundo Supplemento: "Extracto do decreto da Comissão de Ratificação do Imperador dirigido á Dictadura da Dieta a 24 de Dezembro de 1792: S. M. I. não repetirá aqui as innumeraveis violencias, que os Paizes *Germânicos*, e aquelles que lhe pertencem, tem soffrido desde os famosos decretos *Francezes*, passados no mês de Agosto de 1789. Até agora, de hum modo sem exemplo entre os Estados, e pelos procedimentos mais contrarios ao Direitos das Gentes (...). Em virtude da Capitulação, que S. M. jurou ao tempo da exaltação á Dignidade Imperial, he do seu dever (*e a obrigação de o fazer até resultaria já da simples noção de chefe de todo o Corpo*) o proteger com, todas as suas forças todos e cada hum dos membros Germânicos, immediatos ou mediatos, mas varios dos quaes tem já estado em parte sujeitos *á oppressão despotica de ordens arbitrariamente pronunciadas por huma Filosofia de invenção moderna*, em parte a todas as demais especies de actos tyrannicos, e de que se tem feito as desgraçadas victimas. S. M. se acha obrigado em virtude do seu Pacto de Eleição, a manter todos e cada hum no seu estado e seus direitos, e a não permittir cousa alguma, por meio de que possa ser perturbada a publica tranquilidade, ou que tenda a transtornar a *Constituição do Imperio Germânico* (...).

[4663] *Ibidem*, nº 16, de 20 de Abril de 1793, segundo Supplemento: "Edicto emanado de S. M, Imperial de Todas as Russias, e dirigido ao seu Senado a 8 (19) de Fevereiro de 1793 a respeito da França: As perturbações que se tem excitado em França, desde o anno de 1789, não puderão deixar de excitar a atenção de todo o Governo regular. (...) Tendo visto crescer cada vez mais os progressos da rebellião, e da desobediência no seu pais para com o seu Soberano, accompanhados d'huma intenção obstinada, não só de consolidar entre si os principios da anarquia, e de immoralidade de toda a especie, mas ainda de propagallos sobre toda a terra, interrompemos nossa correspondencia politica com a França (...). Agora porem que a medida de atrocidades, que tem manchado aquella desgraçada terra, e o horror universal que ellas inspirão, estão chegados ao seu remate; que se acharáo mais de 700 monstros, que abusarão do poder, que elles se tem arrogados pelas vias mais criminosas, chegando ao ponto de porem as suas parricidas mãos na vida do Ungido do Senhor, do seu Soberano legitimo, cruel e inhumanamente sacrificado a 10 (21) de Janeiro proximo passado: Nós nos vemos obrigados para com Deos e a Nossa Consciência, até que a justiça do Altíssimo tenha confundido os authores d'hum crime tão horrível, e seja de sua santa vontade por termo ás calamidades que actualmente atinge a França, a não consentir entre o Nosso Imperio e aquelle reino nenhuma daquellas relações que subsistem entre os Estados bem regulados (...)."

Sempre a ilegitimidade e a contrariedade à legalidade são invocados, manifestando-se tal comportamento em oposição às convenções que instauraram os próprios termos da sociedade francesa, e que os déspotas não querem ver repetidos antes sanados.

Este o seu ponto de vista, a que Portugal[4664], como a nossa vizinha Espanha[4665] não escapavam, demonstrando uma total sintonia oficial com o trabalho que a contra-revolução ia desenvolvendo. Ainda quando o fazia apenas nas entrelinhas, não se querendo comprometer em demasia[4666], mas nunca descurando as sentenças que a Europa contra-revolucionária ia alinhavando[4667].

Em plano diverso e mais por via da declaração de guerra europeia ao Terror que por força dos méritos que 1789 pudesse apresentar, são sintomáticas as queixas contra os métodos seguidos na Convenção, que os próprios patriotas franceses contestam. No caso vertente[4668], não é certamente o elogio da *Declaração dos Direitos do Homem e*

[4664] *Ibidem*, nº 11, de 12 de Março de 1793, notícias de Madrid e de Lisboa, respectivamente de 1 e 12 de Março: "Madrid: Em consequencia da Regia ordem, de que há pouco se fez menção, se apresentarão ultimamente em diversas povoações por sua livre vontade para servir a S. M. no Exercito (...) "; Lisboa: A conjunctura actual tem dado a conhecer que nos animos dos Portuguezes existe ainda a mesma lealdade para com os seus Soberanos, e o mesmo zelo pela gloria da Nação, que em tantas outras ocasiões se fizerão admirar em todas as partes do mundo, ornando a nossa Historia com os mais brilhantes factos. A incansavel vigilancia com que o Principe Nosso senhor ordena, e vê executar as medidas militares, que a sua prudencia lhe sugere, he imitado por toda a classe de pessoas: nos armamentos dos navios de guerra he incansavel o ardor que anima a todos os que se empregão naquelles trabalhos, sendo excitados pelo exemplo dos mais distinctos Officiaes (...)."

[4665] *Ibidem*, 1793, nº 15, de 13 de Abril de 1793, Supplemento: "Decreto, pelo qual o Rei d'Hespanha manda publicar a guerra contra a França."

[4666] *Ibidem*, 1793, nº 7 de 15 de Fevereiro de 1793, notícia datada de Lisboa, 15 de Fevereiro: "S. M. em demonstração de sentimento pela infeliz morte do Rei de França. Luiz XVI, se encerrou por dous dias, que principiarão a 8 do corrente, e tomou luto por um mez, 15 dias rigoroso, e 15 aliviado, e o mesmo ordenou que se observasse na Corte. Pelo mesmo motivo se mandarão fechar os Theatros por 2 dias." Este o comentário do mais importante órgão da imprensa nacional, ao qual acresce a publicação do "Testamento do Rei de França Luiz XVI" no nº 8, de 22 de Fevereiro de 1793, Supplemento.

[4667] *Ibidem*, 1793, nº 8, de 23 de Fevereiro de 1793, segundo Supplemento: "Memoria, que o Lord Auckland, Embaixador de Inglaterra na republica de Hollanda, apresentou aos Estados Geraes das Provincias Unidas a 25 de Janeiro de 1793 "(...) Não há ainda quatro annos que alguns homens perversos, qualificando-se com o nome de Filosofos, tiverão a presunção de se julgar capazes de estabelecer hum novo Systema de Sociedade Civil. A fim de realizar este sonho de vaidade, foi-lhes necessario transtornar e destruir todas as noções recebidas de subordinação, de bons costumes, e de religião, que tem feito até aqui a felicidade, a consolação do gênero humano. Os seus projectos de destruição tem demaziadamente prosperado; porem os effeitos do novo systema que elles tem querido introduzir, só tem servido para demonstrar a inepcia e a perversidade dos seus authores. Os acontecimentos, que se tem tão rapidamente succedido de então para cá, excedem em atrocidade tudo quanto jamais manchou a pagina da historia. Os bens, a Liberdade, a segurança, a propria vida tem sido o ludibridio do furor desenfreado das paixões, do espirito de rapina, do rancor, da ambição a mais cruel e a mais contraria á natureza. Os annaes do genero humano não apresentão época em que n'um tão curto espaço de tempo se tenhão commetido tantos crimes, causado tantas desgraças, feito derramas tantas lágrimas: em fim, esta propria conjunctura estes horrores parecem haver chegado ao seu remate."

[4668] Um caso emblemático apontado em vários números da *Gazeta de Lisboa*, 1793, nº 19, de 11 de Maio de 1793; nº 20, de 18 de Maio de 1793, liga-se com um dos militares mais famosos do tempo da Convenção, à conta do qual a França obteve inúmeras vitórias e que se decidiu a abandonar a obediência à Convenção. As razões vêm pela sua boca na parte final da "Proclamação do General

do Cidadão ou da *Constituição de 1791* que estão em causa; a transcrição dos lamentos tem de ser lida nas entrelinhas e não como apoio sincero do periódico às lágrimas derramadas por um arrependido da teoria robespierriana.

Resulta clara a aversão de José Anastácio da Cunha aos franceses. O tom que empresta formalmente à explicitação e abordagem de diplomas de proveniência gaulesa na primeira fase redactorial é humorístico[4669]. Provavelmente pretenderia alertar os portugueses para os perigos da presença francesa e para a sua Liberdade, utilizando uma linguagem mais próxima do comum cidadão e pouco virada para grandes elaborações teóricas. Decorrido algum tempo ele mesmo reconhece que tem de arrepiar caminho[4670].

Como acontecia com a maior parte dos redactores da época, escrevendo em Portugal ou em Inglaterra, manifestava simpatia e respeito pelos insulares[4671], defendendo

---

[4669] Dumorier á Nação Franceza: (...) Nós tinhamos feito em 1789 grandes esforços para obter a Liberdade, a Igualdade e a soberania do Povo. Os nossos princípios foram consagrados pela *Declaração dos Direitos do Homem*. Do trabalho dos nossos legisladores resultou primeiramente a Declaração que diz, que a França he, e ficará sendo huma Monarchia: huma Constituição que jurámos em 1789, 1790 e 1791. Aquella Constituição devia e podia ser imperfeita: mas devia-se e podia-se crer que com o tempo e a experiência se rectificarão os defeitos e que a luta necessaria entre o Poder Legislativo e o Poder Executivo estabeleceria um equilibrio prudente, o qual impediria que hum dos dous Poderes lançasse mão de toda a authoridade, e chegasse ao Despotismo. Se o despotismo d'hum so homem he perigoso para a Liberdade, quanto mais odioso não he o de setecentos homens, muitos dos quaes são sem principios, sem virtude, e não chegarão aquella supremazia senão por cabalas, ou por crimes! A exageração e a licença em breve acharárão insupportavel o jugo d'huma Constituição que dava leis. As Tribunas (donde a gente assistia ás sessões da Assembleia) influião na Assembleia de representantes, e ellas mesmas erão excitadas pelo *Club* ou associação perigosa dos *jacobinos de Paris*. A luta entre os dous Poderes se transformou num combate de morte. Desde então ficou destruido todo o equilibrio. A *França* se achou sem Rei: a victoria de 10 d'Agosto foi manchada pelos crimes atrozes dos primeiros dias de Setembro."

[4669] *Gazeta de Almada ou o Telescopio Portuguez*, nº 1, 7 de Julho de 1809, relativo a um decreto de Napoleão: "Que as Hespanhas e Portugal sejão descontentadas, por terem obrigado a retirar-se mais de 200 mil Francezes (*Para a outra vida*). Que de hoje em diante, em lugar de Peninsula, se appellide para sempre *Ilha-epidemica*, ou *Ilha*-morbo."

[4670] *Ibidem*, nº 25 de 31 de Outubro de 1809: "Aviso do Redactor – Quando intentei esta *Gazeta* não foi com o projecto de atacar pessoa alguma, mas sim de ridicularizar os Francezes, e os da sua facção, servindo-me da ironia, caminho que não estava ainda trilhado pelos mais redactores. Comprometi-me com effeito a muito, porque na epoca presente achão-se as cousas enlaçadas de maneira, que he difficil tocar humas, sem que sintão as outras. (...) Além disso a séria época em que estamos; o ver que só novidades escarnadas, e sem rebuço algum he que agradão; que muitos espiritos menos acostumados a ler tomavão ou concebião o meu Periodico no sentido inverso, o que servia muitas vezes de aterrallos; todas estas justas razões me obrigão a participar ao Público, e aos meus Assignantes, a quem devo os maiores obsequios, que determino mudar o estilo da minha Gazeta: ella seguirá os numeros para diante successivamente sem differença alguma, senão de mudar do sentido irónico, ao sentido sério, em que será sustentada com a maior critica."

[4671] *Ibidem*, nº 2, 14 de Julho de 1809, relativo a uma notícia de Paris, 25 de Junho, que comenta do seguinte modo: "Diz-se que S. M. I. e R. propoz a paz aos Austriacos, porque teve remorsos de ver tanta victima sacrificada pela *ambição dos pérfidos Insulares*; e de acordo com todas as Nações quer de huma vez lançar fóra da Europa aquelles *Iheos atrevidos*, que não só ousárão a sahir dos Portos que S. M. havia bloqueado, como ate sacrilegamente pizárão terras, que elle tinha tomado em vistas debaixo da sua *omnipotente* protecção."

os seus pontos de vista e incitando-os à defesa da Liberdade da Europa, contra o intruso Corso[4672].

1.2. Da Liberdade individual

Durante o período das Invasões Francesas são conhecidas as simpatias oficiais da *Gazeta de Lisboa* perante os franceses. Para além das notícias provenientes do estrangeiro, onde as vitórias do Exército napoleónico eram elogiadas como se de feitos nacionais relevantes se tratasse, todas as medidas encetas por Junot na repressão da Liberdade portuguesa e dos portugueses, eram perfeitamente acedidas.

E, em idêntico sentido, tudo o que servisse para considerar intolerável o comportamento do Gabinete inglês, aproveitava-se para questionar a honra inglesa por comparação com o impoluto comportamento de Sua Majestade Imperial[4673]. Não apresenta assim a *Gazeta de Lisboa* qualquer interesse, directo ou indirecto, para o tema em análise. E se é verdade que ficou conhecida como o órgão oficial da ocupação francesa, tal título assenta-lhe à perfeição nessa fase, manifestando uma completa insipidez nos relatos e uma total subserviência aos ditames imperiais.

O seu tratamento não deve ser enquadrado, ainda assim e durante o este período sob forma unitária. É bom não esquecer que as Invasões Francesas se prolongaram entre 1807 e 1811, mas com períodos interpolados, o que significa que nas franjas do despojamento francês, seria de esperar um diverso tipo de comportamento[4674].

[4672] *Ibidem*, nº 5, 4 de Agosto de 1809: "Hespanhoes (...) deixai de ser insurgentes, e reconhecei a Authoridade Suprema. *José, o grande Botelhas*, o irmão do grande protector dos *Pasteleiros*, isto he, *Napoleão o grande*, ou para melhor dizer, o *grandissimo*... he o vosso Rei *legitimo*, que assim o decretou seu *honrado* mano pelas palavras: *Sic volo, sic jubeo* (...)."

[4673] *Ibidem*, 1808, nº 2, de 15 de Janeiro de 1808, Supplemento: "França, Paris, 26 de Dezembro: Aqui se acaba de publicar o seguinte decreto Imperial dado no palacio real de Milam, 17 de Dezembro de 1808: Visto que as disposições prescritas pelo Governo Britanico, na data de 11 de Novembro proximo passado, que sujeitão as embarcações das Potencias neutraes, amigas e até alliadas da Inglaterra, não só a serem visitadas pelo navios Britanicos que cruzão os mares, mas tambem a terem por força de aportar á Inglaterra e de pagar hum imposto arbitrario d'huns tantos por cento da sua carga, que deve ser regulado pela Legislação ingleza; considerando que por estes actos tem o Governo Inglez desnacionalizado os navios de todas as Nações da Europa; que não está no Poder de Governo algum o fazer transacção da sua independencia e dos seus direitos, por estarem todos os Soberanos da Europa em solido obrigados a manter a soberania e independencia da sua bandeira (...)", entende Napoleão que todos os navios encontrados nessas circunstâncias por franceses, passarão a integrar o património das presas de guerra gaulesas. O comentário que se apresenta é singelo. O comportamento inglês é reprovável; o francês é pior; os ingleses queriam sujeitar países neutrais às suas regras no mar, os franceses optavam por acabar com a soberania instituída e legítima nas Nações que iam ocupando.

[4674] Com vontade ou a contragosto, mas dando o benefício da dúvida, logo depois de Junot ter sido honrosamente tratado pela Convenção de Sintra e abandonado Portugal, o discurso do órgão de informação altera-se radicalmente. Reproduzem-se, desinseridos do contexto noticioso e depois do nº 30, de 24 de Agosto de 1808, uma série de relatos sobre a "Gloriosa Restauração" em vários pontos do país e dá-se ênfase às manifestações em prol de D. João e da Família Real, bem como do comportamento meritório dos portugueses resistentes à ocupação. No nº 31, de 16 de Setembro de 1808, 1. Supplemento, antes das notícias, surge um editorial do "Redactor ao Público", bastante esclarecedor e que pelo interesse manifesto se reproduz: "Sem dúvida haverá notado o Público a imparcialidade com que sempre procedeo a *Gazeta de Lisboa* até á época da entrada do *Exército Francez* nesta Capital. Ainda assim, considerando a entrada d'hum Exercito, que com o pretexto de *proteger* o Paiz começou logo a assoberballo, não foi muito estranha a mudança que tivemos de fazer. Quando

DA HISTÓRIA DA IDEIA DE LIBERDADE (SEQUÊNCIA)

Importa, pois, configurar que é incorrecto dizer-se ter sido apenas e durante esta fase um órgão de informação reaccionário. Que foi colaboracionista, não resulta qualquer dúvida; que esse colaboracionismo tenha sido o produto de uma imposição sem direito de regresso por parte dos franceses em relação aos portugueses, também não custa subscrever. Que os seus redactores estivessem submersos no mesmo marasmo que afectava as principais cabeças dirigentes do país e que D. João deixara em Portugal para assegurar a soberania portuguesa, igualmente.

Contudo, talvez convenha perguntar: será que podiam ter actuado de diversa forma? A *Gazeta de Lisboa* funcionava em Portugal, não no estrangeiro e num país como a Inglaterra onde havia Liberdade de imprensa[4675]. Isto que é uma verdade intuitiva, não pretende desculpar nem justificar a sua actividade destrutiva da soberania nacional e da Liberdade dos portugueses durante o Governo francês em Portugal. Mas convirá que se percebam as condicionantes de uma tal atitude.

Depois de 16 de Setembro sucedem-se as notícias em sentido contrário, sejam elas nacionais[4676] ou estrangeiras[4677]. Tal facto apenas poderá confirmar o que se vem dizendo[4678], numa dupla possibilidade: ou se acomodou às circunstâncias ou revelou o seu real partido.

esta mudança começou por certo a fazer-se mais sensível foi á chegada do Ex-Intendente Geral da Polícia *Francez*, *P. Lagarde*. Aquelle Magistrado, arrogando á sua Autoridade a superintendência da *Gazeta*, não só assumio a sua censura, senão tambem a sua redacção, especialmente no artigo de *Lisboa*. Daqui resultou a grande estranheza deste artigo desde 14 de Abril até 24 de Agosto; porque o dito Magistrado, fiel instrumento dos intuitos cavillosos e perfidos do seu Governo, fez lançar no mesmo artigo todas as fabulas, calumnias e inepcias que lhe parecerão azadas para fixar ao seu geito a opinião dos *Portuguezes*; e até, para mais impôr, transtornou os dias da publicação da *Gazeta*. As suas traças com tudo forão logo conhecidas da gente judiciosa. (...) Agora porém que por especial favor da Providencia, e mediante a assignalada vitoria, que com o auxilio das armas *Britanicas* se obteve do Exercito *Francez*, e conseguinte retirada do resto das suas tropas, cessou um tal flagello, e nos vemos restituidos ao suave Governo de S. A. R., nosso legitimo e muito amavel soberano, póde o Público esperar que prossigamos na redacção da *Gazeta* com a aquela prudencia que as circunstancias exigem (...).''

[4675] *O Investigador Portuguez em Inglaterra*, XV, Março de 1816, pág. 106: "O único paiz do mundo, em que já depois de muito tempo, e ainda actualmente, há verdadeira Liberdade de imprensa hé a nobre e poderoza Inglaterra, á sombra da qual e de suas leis incomparaveis estamos escrevendo este Artigo para bem do nosso Principe e da nossa patria: nesta Inglaterra, a Rainha das naçoens pelo seo bom Governo e industria, como já uma vez a chamamos, nada há oculto, nada há misteriozo; todas as operaçoens do Governo, e das Auctoridades publicas são patentes, examinadas, louvadas, ou criticadas: perguntamos agora: – que paiz há mais forte, mais rico, e mais bem governado que a Gran Bretanha; e que monarca há mais poderozo e mais respeitado que o Monarca Britannico? Logo a Liberdade da imprensa, bem entendida, longe de enfraquecer os estados, e diminuir o respeito e Auctoridade Real, antes a fortifica e augmenta."

[4676] *Gazeta de Lisboa*, 1808, n.º 31, 16 de Setembro de 1808, relativa a uma proclamação do comandante das tropas britânicas à população de Lisboa, congratulando-se com o retorno da Liberdade aos portuguesas e que termina com Vivas ao Príncipe Regente. *Ibidem*, n.º 31, de 17 de Setembro de 1808, 2º Setembro, notícia relativa à "Relação da feliz, e gloriosa Restauração do Reino do Algarve." *O Correio Braziliense ou Armazém Litterario*, II, 1809, n.º 18, págs. 437 e ss.: "Decreto do Principe Regente premiando a villa de Olhão."

[4677] *Ibidem*, 1808, n.º 31, 16 de Setembro de 1808: notícias de Espanha relativas a comunicações entre as várias Juntas Supremas locais; idem, n.º 31, 17 de Setembro de 1808, 1. Supplemento, com mais notícias de Espanha, que nos números seguintes surgem em catadupa.

[4678] Assim se justifica que tenham ficado feitas em local próprio muitas inserções relativas a este periódico que nada têm que ver com a palavra da ocupação, antes manifestam enorme dose de

O facto do seu redactor principal ter sido Francisco Soares Franco[4679] a partir de 1809[4680], tarefa que exerceu pelo menos até 1813[4681] e um dos mais empenhados membros do futuro Congresso Vintista, convence de duas coisas.

Por um lado, que nem todos os redactores da *Gazeta de Lisboa* seriam totalmente desprovidos de espírito crítico; Soares Lobo era médico e professor de Medicina em Coimbra, o que seria, no mínimo, pouco vulgar entre o jornalismo nacional. Depois, que se o tipo de encomenda feita pelo Governo da Regência ao redactor assumia uma forma a ser respeitada, os conteúdos, da responsabilidade conjunta do escritor e do organismo de censura, seriam certamente muitas vezes como que "negociados"[4682].

Provavelmente, nem dizer tanto como Soares Franco gostaria, nem tão pouco quanto a censura poderia desejar[4683].

Aceita-se uma certa perplexidade em relação às camadas mais esclarecidas da população portuguesa, ao encontrarem uma personalidade como Soares Franco[4684] à testa da redacção da *Gazeta de Lisboa*; ele mesmo o terá sentido e, por essa via, a obrigação de justificar perante os leitores "a utilidade dos papéis públicos durante a

---

solidariedade com os acontecimentos libertadores que vinham ocorrendo em Portugal depois de Setembro de 1808. Os hiatos patentes têm a justificação apontada.

[4679] *Dicionário do Vintismo e do Primeiro Cartismo (1821-1823 e 1826-1828)*, I, págs. 656-663; Innocêncio Francisco da Silva e Brito Aranha, *Diccionario Bibliographico Português*, III, págs. 63 e 64, João Damasio Rossado Jordão, *Galeria dos Deputados das Cortes Gerais Extraordinárias e Constituintes da Nação Portuguesa instauradas em 26 de Janeiro de 1821*, Lisboa, 1822, págs. 124 e ss., bem como demais bibliografia a seu respeito.

[4680] Innocêncio Francisco da Silva e Brito Aranha, *Diccionario Bibliographico Português*, III, pág. 140, esclarecem que o periódico teve vários redactores ao longo do tempo da sua publicação, não sendo todos conhecidos. Para além da referência ao médico Francisco Soares Franco, situada no tempo, parece que outros nomes que andaram ligados à *Gazeta de Lisboa*, terão sido Castrioto, Félix de Avellar Brotero, José Agostinho de Macedo, o intendente Lagarde durante a dominação francesa e, depois de 1813, Joaquim José Pedro Lopes, despedido em 1820.

[4681] Benedita Cardoso da Câmara, *Do Agrarismo ao liberalismo. Francisco Soares Franco*, pág. 7, nota.

[4682] Sandra Ataíde Lobo, "A *Gazeta* de Francisco Soares Franco: um redactor em guerra", pág. 77: "Era óbvio que para os redactores do *Investigador* que a passagem de Soares Franco em nada poderia ter mudado, e não mudara, o perfil da *Gazeta*. Um jornalismo tão desprestigiado como o noticioso, revelava-se aberrante num país onde não reinava a Liberdade de imprensa, como tal, tornava particularmente insólita a sua ligação a um académico ilustre e ilustrado."

[4683] É na conciliação entre estes dois argumentos que deverá ser enquadrada a redacção do periódico até 1813, sem prejuízo das invasões de Soult e Massena que de novo deslocaram o foco dos interesses em jogo. Mesmo assim, não parece fácil conjugar os bons auspícios da Liberdade de imprensa, enquanto elemento formativo indispensável para apegar o cidadãos à pátria e aos seus governantes, com a impossibilidade de usar de completa ausência de restrições oficialmente impostas sempre que alguns aspectos fossem mais sensíveis aos olhos e ouvidos do censor.

[4684] *Gazeta de Lisboa*, 1810, nº 32, 6 de Fevereiro de 1810, enuncia de forma clara o tipo de ideia que o redactor tinha de alguns dos nomes mais sonantes da teorização da Revolução francesa. Ao caso trata-se de Rousseau, a quem e no que respeita ao cumprimento das obrigações religiosas e manutenção da Fé compara a Napoleão, não vendo entre os dois sensíveis divergências. Assim, "Ter huma boa moral, e ser util á Sociedade? Este Catholico Imperador Romano diz o mesmo que dizia o Deista Cidadão Rousseau. Até este ponto chegão as produções humanas; a doutrina de Socrates continha huma boa moral, e era util á Sociedade: para provar que Bonaparte não tem religião alguma, bastão estas duas linhas da exposição do seu ministro do Interior." Soares Franco reporta-se à notícia em artigo a que corresponde a sua nota que agora avançamos, e que se reportava à seguinte observação: "As Religiões Christãs, fundadas sobre a moral do Evangelho, são uteis á sociedade."

guerra"⁴⁶⁸⁵. E, apontando o que considera serem os fundamentos que devem orientar a actividade jornalística, não deixa do mesmo passo de se declarar frontal opositor ao princípios de 1789 que, além do mais, "depois de ter derribado do Throno os seus legitimos Soberanos, perseguido, e quasi extincto a Religião, aniquillado a Nobreza, e transtornado tudo, ameaçava fazer o mesmo às outras Nações"⁴⁶⁸⁶.

Como consequência, a Revolução Francesa era encarada numa perspectiva "contra-revolucionária"⁴⁶⁸⁷, originando a ruptura na ordenação europeia e, fazendo aquilo que já qualificámos como rebelião de Povos contra soberanos ao invés de soberanos contra soberanos.

Assume assim Soares Franco a tarefa de se transformar em soldado da pena e, por força disso, agir em Portugal e em prol dos portugueses do mesmo modo que Napoleão havia feito. Ou seja, intervindo directamente tentando captar a simpatia da opinião pública para a causa nacional⁴⁶⁸⁸.

Depois de 1813, data em que o presente redactor principal sai do exercício de funções e terminada a saga francesa, até ao eclodir da Revolução Vintista, um novo período se irá colocar à consideração do analista.

Ficou dito que durante a fase em que se verificou a ocupação francesa em Portugal, a Liberdade de imprensa, enquanto Liberdade individual e forma de manifestação da Liberdade de pensamento, esteve coarctada no que respeita à *Gazeta de Lisboa*. Depois dessa fase as questões alteraram-se bastante.

Marco desta mesma realidade são as alusões a notícias provenientes do estrangeiro⁴⁶⁸⁹ que Joaquim José Pedro Lopes, o novo redactor, não se imiscui de inserir,

---

⁴⁶⁸⁵ *Ibidem*, 1809, nº 1, 6 de Janeiro de 1809, 1. Supplemento: "Discurso sobre a utilidade dos papeis públicos na presente guerra."
⁴⁶⁸⁶ *Ibidem*, 1809, nº 1, 6 de Janeiro de 1809, 1. Supplemento. E prossegue: Então se proclamou um novo genero de guerra; huma guerra de direitos sociaes, que excitou a desordem, e a divisão até ao centro das familias; divisão, que correspondeo cabalmente aos diabolicos, que se tinhão proposto os Jacobinos de Paris, e que foi a principal chave, que abrio as portas ás conquistas francesas. Os papeis públicos vierão em consequencia a subministrar huma das principaes armas aos Exercitos Francezes."
⁴⁶⁸⁷ *Ibidem*, 1809, nº 16, 22 de Abril de 1809, 2. Supplemento: "Effeitos da revolução da Peninsula no moral dos seus Povos"; Soares Franco caracteriza do modo que segue a Revolução Francesa: "(...) traz hum caracter particular, que modifica os principios geraes, que acabamos de estabelecer [a preservação das instituições governativas em cada país]. Depois de ter atacado o Altar e o Throno, tem declarado guerra á Propriedade de todos os individuos: este he hum dos motivos, por que nestes modernos tempos se tem declarado contra o systema Francez tantos Povos ilustrados da Europa; de maneira que a arma terrivel da opinião, que no principio da Revolução esteve toda a favor da França, esta actualmente contra ella, e cada dia augmenta o número dos seus antagonismos."
⁴⁶⁸⁸ *Ibidem*, 1809, nº 27, 3 de Julho de 1809, nem sequer se esquiva a publicitar a concorrência que ia surgindo, o que é notável vistas os condicionamentos editoriais de que os redactores se ressentiriam e o facto de desconhecer a orientação que iria ser seguida pelo "colega", que recomenda. Assim, Hoje sahio á luz a primeira folha do *Correio da Peninsula*, ou o Novo Telegrafo, o qual continuará todas as Segundas e Quintas-feiras de todas as semanas." Soares Franco vai ao ponto de considerar o novo jornal como "interessante Obra!" Dias depois e anunciados no nº 36, de 13 de Julho de 1809, é a vez do *Diário Lisbonense*, do *Correio da Tarde* e da *Gazeta de Almada*, alguns dos quais são objecto de atenção, como já ficou provado.
⁴⁶⁸⁹ *Ibidem*, 1814, nº 179, de 1 de Agosto de 1814, reportando-se a uma notícia do jornal madrileno *Censor Geral*, acerca da Liberdade de imprensa, e relativa aos debates em Cortes de Cádiz nos dias 14-19 de Outubro de 1810: "Cremos que não erramos em affirmar, que sem o auxílio da Imprensa mui pouco terião adiantado os Filosofos, e talvez não tivessem realizado os seus projectos de por

toda elas num único sentido: a crítica severa à Liberdade de imprensa tal como era postulada pelos princípios do Liberalismo[4690] e que a *Constituição de Cádiz* servia de protótipo.

Em Espanha – como depois em Portugal – nem sempre se entendeu de forma imparcial a Liberdade de imprensa. Houve uma fatia de liberais que não conseguiram ultrapassar, em relação aos seus adversários políticos, o trauma que haviam sido obrigados a viver e agora, algo impensadamente, devolviam aos seus anteriores verdugos.

Contudo, isso não justifica as críticas endereçadas pelos contra-revolucionários, uma vez que não era esse o óbice que levantavam. Antes e por força da necessidade de se oporem às reformas estruturais, algo apressadas e nem sempre muito bem ponderadas, discursavam procurando combater, fosse por que meios fosse, a nascente Liberdade de imprensa. Não podiam estes partidários do Antigo Regime aceitar – sequer podiam pensar – nas vantagens que a lei da opinião pública aporta aos comportamentos dos órgãos de Poder político, funcionando como o seu garante de se manterem dentro dos limites demarcados da sua própria actuação e não extravasando os mesmos, transmudando-os, esses sim, em licença[4691].

Tão pouco podiam admitir a capacidade da Nação, de um modo geral, em pensar os temas que directamente operavam no quadro dos seus direitos individuais e políticos. Por isso era a Liberdade de imprensa nociva para toda esta importante franja do sector espanhol, como o será para o português. Admitida a Liberdade de imprensa, admitido estava o Constitucionalismo e isso era, para todos eles, perfeitamente inaceitável.

No que respeita ao tema da Liberdade individual e pese embora as poucas ou nenhumas referências directas ao tema, percebe-se qual será o ponto de vista do redactor *Gazeta de Almada ou o Telescopio Portuguez*[4692], coincidente com o do próprio Governo da Regência, durante as Invasões Francesas.

aquelle reino [a França] em confusão; porque aos escritos, que penetravão até ás mais reconditas aldeias, e ás fataes máximas que se diffundiam nelles pelo Povo, se deveo a exaltação das paixões, e a desmoralisação das acções, que, como disposição indispensavel no mesmo Povo, se consideravão como requisitos necessarios no plano. *E a esta observação acrescentaremos, que a Liberdade de imprensa em Hespanha, foi fundada sobre as mesmas bases que em França, sendo em substancia identico o seu regulamento: deploravel mania de adoptar os males alheios por adorno da nossa Nação!"*

[4690] *Ibidem*, 1814, nº 179, de 1 de Agosto de 1814, reportando-se a uma notícia do *Censor Geral*, acerca da Liberdade de imprensa, e relativa aos debates em Cortes de Cádiz nos dias 14-19 de Outubro de 1810: "Enganou-se o que affirmou que *a Liberdade da Imprensa* no projecto que se discutia, era *o único meio seguro para conhecer a opinião publica (...). A Liberdade de publicar cada hum as suas idéas he o direito mais legitimo dos homens em sociedade, como he o direito que cada hum tem de fallar*: assim se expressava o Senhor Gallego sobre o mesmo assumpto. Mas acaso, porque o fallar seja natural aos homens, podem estes dizer tudo o que a sua paixão lhes dictar?"

[4691] *Ibidem*, 1814, nº 179, de 1 de Agosto de 1814, reportando-se a uma notícia *Censor Geral*, acerca da Liberdade de imprensa, e relativa aos debates em Cortes de Cádiz nos dias 14-19 de Outubro de 1810: "(...) *a Liberdade de escrever he o único meio de refrear a Authoridade das Cortes, e do Poder Executivo*. Esta proposição suppõe em cada hum dos individuos do Estado a Liberdade de examinar, censurar e julgar aquelles que governão. Que desordem não resultaria de taes principios se com elles fosse por um momento possivel constituir huma Sociedade! (...) A Liberdade de imprensa, necessaria para enfrear e censurar as Authoridades? Só esta proposição, he um compendio de todas as desordens que annuncião e concluem as revoluções sanguinosas, e o transtornos dos reinos."

[4692] *Gazeta de Almada ou o Telescopio Portuguez*, Lisboa, 1809-1810, redactor principal José Anastácio Falcão.

Os jornalistas devem ter acesso à Liberdade de imprensa posto que sejam porta-vozes dos sentimentos nacionais contra a ocupação, manifestando pela palavra a importância maior na expulsão dos franceses e estando em permanência de serviço para fazer valer as prerrogativas da casa de Bragança, da religião católica e da permanente oposição a tudo o que sejam ideias revolucionárias provenientes de França.

Como consequência, também José Anastácio Falcão goza desta vantagem, que em Portugal coloca ao serviço dos denominados interesses portugueses.

1.3. Da Liberdade natural aos direitos abstractos ou a sequência francesa

De acordo com o próprio texto que a *Gazeta de Lisboa* reproduz[4693], resulta clara a oposição feita à sequência do Constitucionalismo francês e aos direitos do homem que sob forma abstracta havia consagrado.

Critica-se a importância demasiada que lhes foi atribuída[4694]. E é neste quadro que se interpreta a concessão da Liberdade – confundida com a licença tal como o Constitucionalismo francês a demarcou e no entendimento do periódico – e da Igualdade, cujo gozo é manifestamente impraticável na sociedade.

Interessante é o facto de se admitir que a Liberdade e Igualdade naturais existiram, de facto, muito embora "os homens poderosos não tivessem freio algum", não cedendo qualquer parte deles. Esta alusão, pela forma como está delineada, quase faz lembrar Rousseau, aspecto que não estaria certamente no espírito do articulista[4695] mas que, na prática, é inevitável estabelecer paralelos.

A comparação entre o sucedido em França e o que se passa em Inglaterra é natural, ou não se estivesse em fase redactorial de proeminência inglesa sobre a francesa[4696].

Outro exemplo, bastante mais concreto e demonstrativo a falta de sintonia com o modelo do Constitucionalismo francês e seus derivados, bem como a adesão à versão tradicionalista portuguesa e até ao sistema político inglês, prende-se com as Cortes

---

[4693] *Ibidem*, 1810, n.º 195, 15 de Agosto de 1810: "Breve Discurso sobre a origem dos erros dos Philosophos do seculo 18º".

[4694] *Ibidem*, 1810, n.º 239, 5 de Outubro de 1810: "Annos antes da revolução Franceza hum espirito de reforma universal, que, semelhante ás febres de contagio, chegou a todas as classes, não exceptuando os mais crassos idiotas. Para executar aquella Revolução se unirão alguns Filosofos virtuosos, muitos sophistas velhacos, hum numero muito maior ainda de ladrões, de ambiciosos, de anarchistas, de gentes perdidas de dividas, e de costumes &c. era facil de ver que o pequenissimo numero de homens de bem seria conduzido ao cadafalso, ou ao desterro, e triunfaria o partido do crime."

[4695] *Ibidem*, 1810, n.º 195, 15 de Agosto de 1810: "Breve Discurso sobre a origem dos erros dos Philosophos do seculo 18": "Todas as Obras de Rousseau são dispostas particularmente para examinar o Homem no seu estado selvagem, e para assim dizer puramente animal. E declamando contra a civilização, sociedades, sciencias &c. concluio mui geralmente que o melhor para nós era tornar a ser abrutados como os selvagens das idades primitivas. Seria para desejar que alguns Homens sabios, e de melhor coração considerassem e refundissem de novo toda a Doutrina relativa á Politica e á Moral, tomando por ultimo termo a felicidade do genero humano, e o entendimento das paixões; e segundo hum caminho, na maior parte dos casos, diametralmente opposto ao desses freneticos, que precederão, e proclamarão a Revolução."

[4696] *Ibidem*, 1810, n.º 195, 15 de Agosto de 1810: "Breve Discurso sobre a origem dos erros dos Philosophos do seculo 18": "he por isso que as varias Constituições, por que os Francezes, correrão vertiginosos, como de precipicio em precipicio, acabarão, e necessariamente devião acabar, no Despotismo mais horroroso que tem visto os seculos; e pelo contrario, A Constituição Ingleza, em que a lei he superior ás paixões de todos, fórma e modelo mais perfeito em Politica a que tem chegado a sabedoria humana."

de Cádiz[4697]. Neste contexto não apenas se recorda a importância das antigas Cortes tradicionais espanholas[4698] – facto notável em pleno período de Antigo Regime em Portugal –, como se critica a nova fisionomia que as Cortes liberais, instaladas na Ilha de Leão, vão passar a apresentar[4699].

Palco sobremaneira azado para combater as teses da "vontade geral"[4700] – na pessoa do seu autor ou dos seus "associados[4701] –, da soberania nacional[4702], da representatividade[4703] ou do balanço de Poderes[4704], plasma-se neste trecho, não apenas a versão

---

[4697] *Ibidem*,1814, nº 154, de 2 de Julho de 1814, relativo a notícia dada pelo *Censor Geral*, de 13 de Junho.

[4698] *Ibidem*, 1814, nº 154, de 2 de Julho de 1814, relativo a notícia dada pelo *Censor Geral*, de 13 de Junho: "Não se tinhão os Hespanhoes esquecido do muito que ás antigas Cortes deveo a nossa Hespanha: tinhão ellas sustentado o throno dos nossos Reis em occasião em que se temeo que vacillasse (...)."

[4699] *Ibidem*, 1814, nº 154, de 2 de Julho de 1814, relativo a notícia dada pelo *Censor Geral*, de 13 de Junho: "Ao ver porem que na Ilha de Leão apparecerão installadas humas Cortes, jamais conhecidas entre nós, e oppostas aos nossos usos, não só será difficil mas até impossivel, demonstrar que assim o ordenou o desejo geral dos Hespanhoes, querendo o Povo o que nunca conheceo, e detestando o mesmo que se pedia como remedio mais efficaz para seus males.

[4700] *Ibidem*, 1814, nº 154, de 2 de Julho de 1814, relativo a notícia dada pelo *Censor Geral*, de 13 de Junho: "E se tal mudança devia firmar-se em hum titulo legitimo sanccionado como justo, os mesmos que tem querido dar-nos por hum principio indisputavel, que *a lei he a expressão da vontade geral*, deverão mostrar-nos quando e de que modo, por *expressão da vontade de todos os Hespanhoes*, se excluirão da representação da Monarquia as classes que compõem o Estado, e se deu exclusivamente a da Nação Hespanhola a uma multidão de supplentes, ou substitutos eleitos em Cádiz, para representarem a maior parte das Provincias, submettidas nesse tempo ao jugo tyrannico do nosso implacavel inimigo (...)." Em sentido oposto, poderá rebater-se a ideia com alguns dos presentes nas Cortes de Cádiz, nomeadamente o cardeal de Bourbon, que em 9 de Outubro prestou juramento, conforme *O Correio Braziliense ou Armazém Litterario*, V, 1810, nº 30, págs. 529 e 530.

[4701] *Ibidem*, 1814, nº 154, de 2 de Julho de 1814, relativo a notícia dada pelo *Censor Geral*, de 13 de Junho: "A sala das Sessões parecia Gymnasio academico, em que se reunião os homens tidos por sabios a fazer alarde de suas luzes e subtilezas (...) alli se explanarão as mais celebres theorias dos publicistas modernos; e alli por fim practicamente se sanccionou o *Contracto Social de Rousseau* (...). Cançados estão os nossos ouvidos de escutar nas seguintes sessões, e nas declamações dos Filozofos auxiliares, que *pela constituição somos Hespanhoes: pela mesma somos Povo: por ella he o nosso Governo Monarquico; e por sua virtude he Fernando nosso Rei*: com que visto está, que ao principiarem as Cortes, nem Fernando reinava, nem a Monarquia *Hespanhola* existia, nem nós, os Hespanhoes, éramos mais que huma grande porção de barbaros, sem união em um ponto de interesse."

[4702] *Ibidem*, 1814, nº 154, de 2 de Julho de 1814, relativo a notícia dada pelo *Censor Geral*, de 13 de Junho: "Pela primeira proposição sanccionada, pela qual se attribuio a Soberania á Nação, tivemos de ficar reduzidos á classe de selvagens, no estado da natureza anterior ao Contracto, que havia de determinar a nossa nova união e Governo em huma sociedade, que hia constituir-se sobre as leis fundamentaes que quizessem estabelecer os que se figurarão representantes desta multidão confusa de homens: primeiro beneficio que nos fizérão as apetecidas Cortes."

[4703] *Ibidem*, 1814, nº 154, de 2 de Julho de 1814, relativo a notícia dada pelo *Censor Geral*, de 13 de Junho: "(...) como podião elles chamar-se representantes de hum Povo, cujos direitos negavão? Que leis determinavão a extensão dos seus Poderes? D'onde lhes vinha a alta dignidade de supremos legisladores?"

[4704] *Ibidem*, 1814, nº 164, 14 de Julho de 1814, relativo a notícia dada pelo *Censor Geral*, de 13 de Junho: "Na primeira sessão de Cortes, ouvimos propor como vantajoso á Liberdade civil, que os tres poderes, judicial, executivo e legislativo se declarassem divididos, reservando-se o Congresso o exercicio do ultimo, e a inspecção sobre os outros dois, como primeiro atributo da suspirada Soberania. (...) Mas quando vimos que depois de sanccionada a proposta divisão, as Obras se encontrarão em continua contradicção com os principios; fez evidente o seu procedimento, que os

oficial portuguesa do sucedido em Espanha, mas a própria transmissão do germe de destruição do Constitucionalismo espanhol, que andava associado à divulgação de tais pontos de vista.

Claro que algumas perplexidades estão presentes, e um exemplo sintomático é a assimilação pretendida entre origem da soberania e exercício da mesma[4705], em que o diálogo foi sempre impraticável entre absolutistas e liberais. O simples facto de não aceitar a tese da soberania nacional[4706], implica que seja impraticável a aceitação do Liberalismo europeu[4707] e a difusão dos ideais das monarquias limitadas[4708], seja em versão francesa ou inglesa, ponto de honra na contestação do tradicionalismo providencialista peninsular.

Não se estranhe, pois, a leitura aparentemente apressada da ideia de Liberdade por associação directa à interpretação que o Corso lhes dava[4709]. Assim se confundem as

chamados amigos do Povo não buscavão outra Liberdade senão a delles, nem negavão a Soberania ao Monarca já jurado com outro fim de se fazerem elles mesmos Soberanos, sem sujeição alguma, nem respeito ás leis, cuja derrogação ou variação pendião unicamente de sua vontade ou capricho."

[4705] Ibidem, 1814, nº 154, de 2 de Julho de 1814, relativo a notícia dada pelo Censor Geral, de 13 de Junho: "(...) huma nova contradicção aos que votárão a Soberania do Povo, a que só poderão das solução sufficiente, provando quando, porque modo, e porque causa deixou Fernando VII de ser nosso Soberano, pois Soberano lhe chamarão, e o jurarão na mesma manhã de 24, os que á noite declararão a Soberania na Nação, e daqui tirarão as consequencias que o seu exercicio lhes era proprio por serem seus representantes; quando elles mesmos nos repetirão mil vezes, e já nos o sabiamos antes que no-lo quizessem ensinar, que a inviolabilidade e unidade erão attributos da Soberania."

[4706] Ibidem, 1814, nº 154, de 2 de Julho de 1814, relativo a notícia dada pelo Censor Geral, de 13 de Junho: "Consagre-se como axioma que o Povo pode reassumir o exercicio da Soberania, arrancando-a das mãos em que se supponha havella depositado, quando assim o exija a sua salvação; e accrescente se que o mesmo Povo, (isto he, a expressão do maior numero de vontades, não regido pelo Chefe da sociedade, mas sim declarado em confusão), há de ser o juiz natural a quem toque determinar o quando se acha em tal caso, e no mesmo instante veremos sanccionada a anarquia, como se fosse a felicidade suprema a que o mesmo Povo pode aspirar. (Diga-se, então, que a Soberania reside na multidão, e será forçoso confessar que esta Soberania se acha em contradição com a Justiça."

[4707] Ibidem, 1814, nº 154, de 2 de Julho de 1814, relativo a notícia dada pelo Censor Geral, de 13 de Junho: "Lisonjeando-se deste modo o Povo, assim se supunha a sua escravidão: assim allucinando os incautos com apparencia de Liberdade, se lançarão alicerses de hum despotismo tão colossal, que segundo a soberba dos seus authores, pretendia esconder-se nos Ceos. (...) De huma vez o diremos: quando aquelles legisladores nos dizião que o *Povo era Soberano*, só tratavão de lançarem elles mão de exercicio dessa Soberania; e quando os outros repetião em vozes desentoadas de jubilo, *somos livres*, só celebravão a licença com que se crião authorisados para cometter excessos, gozando ao mesmo tempo da sua impunidade."

[4708] Ibidem, 1814, nº 164, 14 de Julho de 1814, relativo a notícia dada pelo Censor Geral, de 13 de Junho: "Suppundo-nos nós no caso de se acharem já divididos os poderes na constituição de algum Povo, não negaremos aos Publicistas que tem fundado as suas theorias na hypothese do pacto social, que ao muito equilibrio delles estará vinculada a Liberdade pública e a particular dos individuos que compozerem o Estado. Mas elles, fallando com a mesma boa-fé, poderão acaso dizer-nos como seja possivel que similhante equilibrio chegue a por-se em prática, e huma vez estabelecido, se sustente ou se conserve? fallando só em hypothese, tem elles por ventura podido concordar entre si em fixar as linhas divisorias dos ditos tres poderes?".

[4709] *Gazeta de Almada ou o Telescopio Portuguez*, nº 3, 21 de Julho de 1809: "E a quem senão ao Grande Imperador se deve tanta ventura, tanta independencia, tanta riqueza e exaltação? Quando pensárão os *Carniceiros, os Mestres de Florete* [que o redactor identifica como pobres de Cristo elevados a generais por serviços a Napoleão], e outros muitos gozar authoridade Militar, e que não fosse em tempo que Napoleão protegia a Europa? Não *será isto confraternidade, e verdadeira Liberdade?*"

conquistas revolucionárias de 1789[4710], com os desaforos que o Corso ia praticando[4711], ensanguentando aquelas e promovendo a licenciosidade destas. Tal a percepção que o *Telescopio* inculca.

Seria isto possível num homem como José Anastácio? É preciso compulsar o seu Pensamento, procurando desentranhar as suas coordenadas, pois sabedor era ele, e bem demais, da teorização política associada quer ao jusracionalismo quer ao Liberalismo, no que respeita aos direitos individuais e políticos do Ser humano. Tanto que em momentos mais calmos da sua cruzada os escalpeliza, demonstrando um conhecimento razoável dos mesmos, não descurando interpretar, conforme melhor serve os seus intentos, a evolução da ideia de Liberdade na Europa.

Na verdade, se é correcto que pela passagem do estado de natureza ao de sociedade, os homens retiram vantagens óbvias deste último, a própria ideia de Política que com este nasce, tende a desenvolver-se e a incrementar-se. Do mesmo passo a necessidade de estabelecer uma Autoridade "suprema" nas mãos de um só, guiando-se pela lei e promovendo a felicidade de todos aqueles que estavam unidos em associação[4712].

Em sequência são recordados os perigos de desobediência à Autoridade, originando revoltas, ingratidões e traições, cujos principais visados são os seus concidadãos em geral, e a estabilidade dos Governos em particular[4713].

Recorde-se que era isto mesmo que a tese portuguesa, ao momento em vigor, defendia e José Anastácio Falcão não se desvia milimetricamente da mesma. Futuramente, flutuando entre um apoio envergonhado à Revolução de 1820 e a franca adesão ao miguelismo, depois de 1823, saberá demonstrar na prática como estas observações são verdadeiras.

1.4. Da Liberdade social ao modelo prático ou a ovação à História

Retomando a temática da notória preferência pelo sistema político inglês em presença do francês, assegura-se que o cumprimento estrito da lei não é incompatível, antes reforça os direitos do cidadão que não sejam adversos à Segurança e Propriedade

---

[4710] *Ibidem*, nº 27, 7 de Novembro de 1809: "A França espavorida com o que acabava de ver, escuta a voz da *Liberdade*, e a esta voz encantadora fixa os olhos, e só clama *Liberdade! ... Liberdade*. O sentido desta palavra, segundo os cruéis assassinos, era inverso; porém os partidistas, que ainda ignorarão as máximas da nova república, sómente se occupavão em a seguir ás cegas. A propscripção, as contribuições, e os Assassinos, Cidades quasi arrazadas, o Povo metralhado, e os Templos derribados: eis o que se entendia por *Liberdade Franceza*."

[4711] *Ibidem*, nº 4, 28 de Julho de 1809: "He com effeito para admirar a sua Liberdade, e confraternidade. Quanto á primeira, ninguem a desempenha com maior asseio: tiverão o cuidado de arrombar quantas portas achárão fechadas, entrarão pelas casas dentro sem pedir licença, comerão, beberão, e tudo o que mais se segue... com hum desembaraço nuca visto. Quanto á confraternidade, seria mentir descaradamente, se se dissesse o contrario, do que elles praticarão. General ou Soldado, Cavallo ou General, entre elles não tem diferença: todos são animaes (...)."

[4712] *Ibidem*, nº 5, 4 de Agosto de 1809.

[4713] *Ibidem*, nº 5, 4 de Agosto de 1809: "O abuso da ambição he a primeira virtude do revoltoso: a falta de sensibilidade ao beneficio, he o caracter do ingrato; e em huma palavra, a inconstancia, e affabilidade fórmão o traidor, e falso patriota. Quaes são os seus passos? Lançar as suspeitas nas Authoridades constituidas, cavar o precipicio ao Throno, apunhalar os Chefes Civis, e Militares, quando os seus mal seguros passos lho dictem, ou permittão. (...) O revoltoso, o insurgente sobem ao Throno: eis acabada a idade aurea, e retornado o Cidadão ao seculo de ferro, a tyrannia revive, e a devastação começa."

do Estado⁴⁷¹⁴. Justifica-se, porque o sector tradicionalista da sociedade portuguesa estava, maioritariamente, virado para eventuais ajustes patrocinados sob a batuta de um modelo conhecido e admirado, cuja proficuidade futura, após 1820, não vingaria mas que merece ser relembrado. Como sempre, a História é a dos vencedores; a dos vencidos, por emérita que seja, corriqueiramente cai no quadro do letargo e do mais absurdo esquecimento.

Diga-se, porém, que tais ajustes não significariam qualquer adesão ao parlamentarismo, antes o seu aproveitamento anti-revolucionário, para os objectivar aos objectivos requeridos por Portugal.

Já no *Telecopio* não existe qualquer tipo de reflexão neste domínio, para além do que se pode retirar "a contrario" do ponto precedente. Não se justifica, pois, qualquer observação mais elaborada por inexistência de justificação por via das fontes.

2. Os emigrados em Inglaterra e França e a Imprensa da Liberdade

No período que decorre entre as Invasões Francesas e 1820, foi especialmente no estrangeiro, em Paris e Londres, que a actividade dos emigrados de modo mais incisivo contribuiu para a revolução. Nesses países onde a Liberdade de imprensa era realidade⁴⁷¹⁵, tinham os nossos jornalistas na emigração possibilidade de invectivarem o Governo português das mais deficientes medidas, que entendiam como perniciosas à pátria ou, de lhe manifestar uma solidariedade empenhada e um militante braço armado, pela pena, no plano das decisões oficiais.

A grande justificação para ter emergido uma imprensa no estrangeiro foi a existência da censura em Portugal⁴⁷¹⁶, que se durante o tempo da ocupação bem convivia com essas publicações estrangeiradas, depois do seu epílogo voltou ao sistema de inflexibilidade do Antigo Regime.

Desses pontos da Europa os redactores erguiam as suas vozes, tendo sido muito em função do seu esforço que as alterações introduzidas em 1820 não só obtiveram considerável número de apoiantes em Portugal, como acabaram por ser, em certos casos a contragosto, consideradas no estrangeiro. Foi o caso de José Liberato Freire de Carvalho⁴⁷¹⁷, como de outros portugueses, que agora se revisitam, no contexto da apreciação dos seus trabalhos em prol da Liberdade lusitana.

---

⁴⁷¹⁴ *Gazeta de Lisboa*, 1810, nº 195, 15 de Agosto de 1810: "Breve Discurso sobre a origem dos erros dos Philosophos do seculo 18".

⁴⁷¹⁵ *O Correio Braziliense ou Armazém Litterario*, 1810, nº 21, págs. 211 e 212 tem esta mesma opinião: "(...) propuzemo-nos a escrever em Inglaterra para poder, á sombra de suas sabias leis, dizer verdades, que he necessario que se publiquem, para confusão dos máos, e escarmento dos vindouros, verdades, que se não podiam publicar em Portugal, e nunca nos perdoariamos a nós mesmos, se omittissemos o communicar aos Portuguezes, desta maneira que nos he possivel, alguma porção de grandes beneficios, que os inglezes recebem da sua Liberdade de imprensa."

⁴⁷¹⁶ José d'Arriaga, *História da Revolução Portuguesa de 1820*, I, pág. 474: Esses jornaes scientificos, litterarios e politicos, têem um grande valor, porque obedecem a um Pensamento útil e prático, e são compendios das bellas e grandes theorias sociaes da revolução política que se operava em toda a Europa. Não pertencem á classe dos jornaes diários, que apenas buscavam noticias de sensação, para attrahirem compradores; *mas devem ser classificados na ordem dos livros, em que domina uma certa classe de ideias e de theorias*."

⁴⁷¹⁷ *O Investigador Portuguez em Inglaterra*, X, Septembro de 1814, "Relatorio acerca do projecto de lei de Liberdade de imprensa apresentado à camera dos deputados em 1 de Agosto de 1814", págs. 440 e ss.: "podem nos dizer, que o zello dos grandes Corpos do Estado he bastante para prevenir a violação dos direitos publicos; porem estes corpos nem sempre estão em actividade para poderem

Registe-se que no caso do jornalismo proveniente de além-Mancha o seu significado não se esgota nos esforços de regeneração nacional. É imprescindível fonte, "a fonte ideal" para permitir percepcionar ao grau de importância que o sistema inglês teve – ou poderia ter tido – na conformação do Constitucionalismo Vintista. É, além do mais, intuitiva a percepção de ser ponto de observação ideal do funcionamento efectivo do sistema inglês[4718].

Sabido que não vingaram maioritariamente as ideias britânicas e o seu Conservadorismo apesar da inicial moderação lusa, poderão por esta via ser conhecidas as linhas de força desta possível e moderada influência[4719].

2.1. Apresentação sumária dos periódicos

No que respeita ao único redactor do *Correio Braziliense*, ao longo dos vários anos de publicação, o já mencionado Hipólito da Costa, havia sido um brilhante aluno em Coimbra, concluindo dois bacharelatos, o que lhe transmitia à partida uma formação cultural digna de realce. Apesar de poder aproveitar esta situação em seu favor, o redactor preferiu, desde o início, o lado oposto da barreira e, com a amizade sincera de D. Rodrigo de Sousa Coutinho a ampará-lo, acabou por se envolver no incentivo à maçonaria portuguesa, o que apenas lhe trouxe dissabores, perseguições e, finalmente, uma prisão.

Após cativeiro conseguiu evadir-se para Inglaterra, amparado da auréola de mártir, sublimado pela amizade e veneração de muitos mações portugueses e debaixo da protecção de um dos filhos de Jorge III de Inglaterra, que por ele sinceramente se havia interessado[4720].

Foi o ponto de partida para a publicação do *Correio Braziliense*. Deste passo deverá ser salientado quão estranho é "ler" Hipólito da Costa segundo as conveniências pes-

---

exercer a sua util vigilancia. Que se há de pois fazer no intervallo das suas sessoens? Como se há de impedir a execução de grandes injustiças, ou de perniciosas medidas? Será só dando a maior publicidade ás justas necessarias reclamações, que devem denunciar o perigo tanto ao Soberano como ao Povo. Ainda mesmo quando os grandes corpos da Legislatura estão em actividade, de que modo, a não ser por meio de huma imprensa livre, se lhes poderão dirigir uteis verdades? E se elles obrão ou injusta ou erroneamente, que outra esperança pode haver de os fazer adopatar os bons principios. A Carta dá responsabilidade aos ministros; mas se elles não podem ser julgados se não por grandes crimes, se elles não podem ser responsáveis pelos seos erros ou actos de injustiça; não fica sendo de rigoroza necessidade, que estes erros e actos de injustiça sejão denunciados á sabedoria do Monarca, á indagação dos grandes corpos de Estado, e ao juizo da opinião publica?"

[4718] José d'Arriaga, *História da Revolução Portuguesa de 1820*, I, págs. 475 e 476: "Eis pois, explicado o motivo [a invasão das hordas selvagens que a França nos enviou] porque os nossos escriptores, em vez de emigrarem na maioria para França, se refugiaram na Inglaterra, o que veio concorrer ainda mais para elles estudarem este país, a suas leis, e os seus publicistas, que tornaram conhecidos do publico portuguez, por meio de jornaes que fundaram. (...) Despertaram-se entre nós os desejos de melhorar as nossas condições sociaes e políticas, restaurando-se o Antigo Regime parlamentar com as ampliações e as luzes do século."

[4719] Paulo Merêa, *O Poder real e as Cortes*, págs. 60 e 61.

[4720] José Liberato Freire de Carvalho, *Memórias da Vida de José Liberato Freire de Carvalho*, págs. 40 e ss., dá conta dos pormenores que presidiram à fuga dos cárceres da Inquisição; Georges Boisvert, *Un Pionner de la Propagande Liberale au Portugal: João Bernardo da Rocha Loureiro (1778--1853)*, pág. 130.

soais de cada comentador mas sem qualquer justificação documental que o permita. Querer interpretar o redactor como um partidário da ruptura histórica em que se consubstanciou a Revolução Francesa e acusá-lo de jacobinismo e ateísmo, significa uma inabilidade em entender, um adepto da Constituição histórica inglesa e da sua monarquia limitada[4721].

Hipólito da Costa era um brasileiro amante da sua pátria mas que não desejava, com isso, rupturas com Portugal. Era um liberal, mas moderado, detestando revoluções e adepto das reformas graduais sob o emblema da legalidade e receptivo à comparticipação nos gastos que se faziam com o seu periódico[4722], sem que isso significasse vender-se ao Poder político instituído. Era opositor liberal ao despotismo esclarecido, servindo-se de arguta inteligência para atingir os seus propósitos; não aceitava nem nunca aceitou que com isso se pudesse confundir qualquer apoio ao cepticismo democrático de Rousseau, os desvarios do Terror e seus promotores, ou a utilização deturpada que o Corso estabeleceu dos princípios do Liberalismo político que 1789 havia desentranhado[4723].

Este um retrato aparentemente curial do redactor; não parece que seja legítimo ir para além ou ficar aquém do mesmo[4724]. A concepção do tempo em Hipólito implica uma visão política e cultural do homem, de permanência histórica que nele evolui necessaria e sucessivamente[4725]. E sobretudo um Pensamento que nas suas grandes linhas, foi teorizado por Burke.

Conhecidos que são alguns dos aspectos de carácter geral em que *O Observador Lusitano em Paris* teve intervenção activa, bem como a atitude mental do seu principal redactor, Francisco Solano Constâncio, é chegado o tempo de pesquisar os contornos de incidência concreta do escrito, no plano da ideia de Liberdade.

Os intervenientes principais d'*O Investigador Portuguez* em Londres e as circunstâncias algo conturbadas que presidiram à sua publicação são conhecidos. Da protecção de um diplomata – o Conde do Funchal – e dois redactores empenhados – Bernardo José de Abrantes e Castro e Vicente Pedro Nolasco – até finais de 1813, segue-se o

---

[4721] José d'Arriaga, *História da Revolução Portuguesa de 1820*, I, págs. 476 e ss.
[4722] Idem, *ibidem*, pág. 158 nota: "Correspondence de Palmela à Barca: *Of. Res.* nº 12, Londres, 5 Janvier, 1817: '[É] voz pública em Londres entre os Portugueses que [o *Correio Braziliense*] recebe uma pensão da nossa Corte'; *Of. Res. nº* 28, 9 Juin 1817. 'Se o redactor da nossa Corte, a mereceu bem pouco nesta ocasião'; *Of. Res.* nº 31, Londres, 16 Juillet 1817: 'Consta aqui que o redactor do *Correio Braziliense* recebe provas não equívocas da beneficência de El-Rei Nosso Senhor'." Veja-se, em termos de confirmação desta notícia a própria fonte: ANTT, *Arquivo Casa Palmela*, Filme 5528 P: "Ofício ao Conde da Barca, datado de Londres, 16 de Julho de 1817, anexos D, E e F."
[4723] António Joaquim da Silva Pereira, *O Vintismo – História de Uma Corrente Doutrinal*, págs. 103 e ss.
[4724] Como, por exemplo, pretende fazer crer o anónimo redactor do *Exame dos Artigos Históricos e Politicos que se contem na Collecção Periodica intitulada Correio Braziliense ou Armazem Litterario no que pertence somente ao Reino de Portugal*, Lisboa, s. d.
[4725] António Joaquim da Silva Pereira, "Estado de Direito e 'Tradicionalismo' Liberal", págs. 131 e 132: "A pedagogia política liberal desenvolvida a partir de Londres por (...) é visivelmente marcada pelo eixo 'História' em termos de Razão e de experiência."

interesse de outro diplomata, o Conde de Palmela[4726] e diverso redactor interessado – José Liberato Freire de Carvalho[4727].

E de acordo com o que ficou dito, aparece O *Campeão Portuguez em Londres*, cuja responsabilidade é do mesmo redactor, ou seja, de José Liberato.

Por último e fundado por João Bernardo da Rocha Loureiro[4728], em 1814, prolongou-se até 1823, com publicação em Londres e finalidade de combater o Absolutismo e implementação da monarquia representativa em Portugal[4729].

2.2. Imparcialidade *versus* partidarismo

Desde o princípio Hipólito da Costa não esconde as suas intenções, manifestando estranheza por uma pátria, pioneira na imprensa, se ter deixado cair na degradação da mais insana censura. Por isso mesmo e animado dos mesmos sentimentos patrióticos que haviam eclodido no período das Guerras da Aclamação e no desejo de esclarecer os seus compatriotas acerca dos factos políticos, civis e literários da Europa, empreendeu um tal projecto[4730].

O Governo da Regência será o principal alvo do discurso político de Hipólito da Costa. Independentemente de algumas contradições latentes no seu Pensamento, sempre se dirá que se prefere o sistema de Governo e a sábia legislação inglesa aos motes revolucionários franceses, propiciadores de mutações bruscas, mas em muitos casos a impaciência não contida ultrapassa a moderação da reforma[4731].

Quanto à leitura do *Observador Lusitano em Paris*, com um volume de informação muito menos extenso que o anterior, não permite avançar em grande profundidade na sua análise. Reafirma-se o carácter liberal do seu Autor, de tendências pró-francesas e com manifesto alheamento da bondade das medidas inglesas, em qualquer domínio.

O contexto da publicação não terá sido diverso em motivações de outras que a antecederam ou lhe foram coevas. De facto, também n'O *Investigador Portuguez em Inglaterra*[4732] a mesma preocupação de combinar passado e presente, apontando para

---

[4726] *ANTT, Arquivo Casa Palmela*, caixa 23: "Instrucções dadas pelo Conde do Funchal e pelo Duque de Palmela ao jornal *Investigador Portuguez* em Londres." São dois documentos, um deles dirigido a Bernardo José de Abrantes e Castro e a Vicente Pedro Nolasco, datado de 15 de Julho de 1811, e onde a dado passo se refere a necessidade de combater o *Correio Braziliense*, quer em Londres, quer em Lisboa, devendo manter-se a lealdade ao Príncipe Regente e ao Governo de Portugal. Para além disso, teriam "toda a Liberdade de escrever..." O outro documento está datado de Londres, 26 de Dezembro de 1816, é da responsabilidade de Palmela e não difere muito nos avisos por comparação com o anterior. O conceito de Liberdade de imprensa que Palmela partilhava, fica aqui bem delineado.
[4727] José Liberato Freire de Carvalho, *Memórias da Vida de José Liberato Freire de Carvalho*, págs. 131 e ss.
[4728] *Dicionário do Vintismo e do Primeiro Cartismo (1821-1823 e 1826-1828)*, I, págs. 847-852.
[4729] Designação completa: O *Portuguez ou Mercurio Politico, Commercial, e Litterario*, Londres, 1814 e ss.
[4730] O *Correio Braziliense ou Armazém Litterario*, I, 1808, nº 1, págs. 3 e 4.
[4731] *Ibidem*, XVI, 1816, nº 93, pág. 187: "Nós aborrecemos tanto as revoluçoens moraes, como tememos as revoluçoens phisicas; entendendo pela palavra revolução (moral) a mudança repentina, em qualquer paiz, da forma de Governo, da religião, das leys, ou dos costumes. Mas seguramente, longe de aborrecer, julgamos mui dignas de desejar-se aquellas mudanças graduaes, e melhoramentos, que se fazem necessarias pelos progressos da civilização, e que são dictadas pelas circunstancias dos tempos."
[4732] O *Investigador Portuguez em Inglaterra ou Jornal Literario, Politico, &c.*, Londres, 1811-1819, designação completa do periódico citado e que já foi objecto de menção, em locais apropriados como fonte de afirmações produzidas. Apresentando o periódico em si mesmo e no local mais devido, segundo Innocêncio Francisco da Silva e Brito Aranha, *Diccionario Bibliographico Português*, III, págs.

o futuro, numa tarefa de cerzir as pontas históricas entre atribuições régias e exercício do Poder, com interesse e opinião pública[4733].

A independência que se pretendia obter, entre os atributos que se consideravam inerentes ao jornalismo num país livre, e os superiores interesses da organização estadual, perante os quais os particulares haviam de decair, são ponto obrigatório de reflexão para o historiador de todos os tempos. Também por esta via e em termos impressivos se pode fazer uma interpretação de Ideias Políticas com uma riqueza que anda a braços com o seu esquecimento sistemático e que também aponta para as conhecidas antinomias do Liberalismo.

Por isso mesmo o processo de intenções que a si mesmo impõe em "Prospecto", publicado no número de abertura, não deixa de ser sintomático da linha de Pensamento que divergindo nos conteúdos obrigava deontologicamente qualquer jornalista idóneo. Não se estranhe, pois, que "mudanças extraordinárias, nova ordem nas publicas occorencias requerem do Philosopho, e do Estadista huma profunda investigação sobre a origem, condição e autenticidade dos factos, assim como huma judicioza censura, e imparcialidade ingenua na sua expozição"[4734].

Um periódico com as características mencionadas e que reflecte os contributos seculares que Liberdade de imprensa assume em Inglaterra, não apenas justifica como impõe a transcrição de determinadas peças que, por via da "Correspondência" lhe vão chegando. Para o intérprete, que analisa à sombra de quase duzentos anos de distância o problema, o jornal é, sem dúvida, merecedor de nota na abordagem da Liberdade individual. Justifica-se, pois, que os escritores nacionais nele busquem – como noutros – o modo ideal de dar a conhecer as suas queixas ou recriminações, que por motivos óbvios estão tácita quando não expressamente vedadas em Portugal[4735].

Dada a sua feição apologética do Governo da Regência e de toda e qualquer medida assumida pelo Gabinete do Rio de Janeiro, bem ao jeito dos ensinamentos ingleses,

---

230 e 231, começou por ser subsidiado pelo Governo português do Rio de Janeiro e sob auspícios do Conde do Funchal, uma vez que "muito lucrava em ter em Londres sob a sua influência um jornal, que lhe servisse de vehiculo para combater até certo ponto as doutrinas abertamente hostis do *Correio Braziliense* (...) e mais tarde as do *Portuguez* (...)." Depois de Bernardo Abrantes se retirar para Portugal José Liberato começou a alterar a índole do periódico, dando-lhe um cariz cada vez mais liberal e contrário aos desígnios de D. Domingos. A questão acabou com a retirada do subsídio governamental e a proibição da circulação do mesmo, tal como tinha acontecido com outros

[4733] José d'Arriaga, *História da Revolução Portuguesa de 1820*, I, págs. 479 e ss.
[4734] *O Investigador Portuguez em Inglaterra*, I, Julho de 1811, "Prospecto", pág. 1. Veja-se por comparação a exposição de motivos que *O Observador Lusitano em Pariz*, Janeiro 1815, "Discurso Preliminar", pág. I e "Considerações", pág. 31, apontava para atingir idênticos propósitos.
[4735] *Ibidem*, IV, Julho de 1812, págs. 59 e ss., é apenas um exemplo, do qual muitos outros com não menor dignidade poderiam ser apontados. Assim e a respeito de um Tratado celebrado entre Portugal e a Inglaterra no que toca à exploração das Companhia dos Vinhos do Alto Douro, V. A. D. P., sustenta na sua "Introducção" ao tema que "O assunto he da maior importancia para a nossa Nação; porem com *a impressão de livros sujeita a huma rigorosa, e previa censura, duvido que jamais questão alguma d'Interesse Publico possa entre nos ser tratada com aquella reverente Liberdade*, que he necessaria, para que o Governo venha a conhecer qual he o sentir dos Homens instruidos na theorica, e na pratica dos negocios. Se *os Censores se limitassem a absolver ou a condemanr o M. S. debaixo de certas rubricas, sem se intrometter no merito da Obra, penso que se affastarião menos os Authores do que succede prezentemente – ou ao menos doque tem succedido nos tempos passados* (...). A censura rigoroza do M. S. parece-me hum instrumento, *cujo gume se volta contra o Governo, que delle se serve, assim que tiver alguma discussão de interesse geral com outra Nação, em que a Imprensa gozar de mais Liberdade* (...)."

parte das observações feitas no periódico até finais de 1813 prende-se com este tipo de orientação política[4736]. Daí a condenação das revoluções[4737], vistas mais como actos subversivos e que apenas demonstram o despotismo[4738] dos Governos revolucionários sob forma encapotada, que como direitos dos Povos à emancipação e à luta pela Liberdade. O que se impugnava, note-se, eram os princípios "franceses" em que esta última era entendida, já que um jornal redigido em Inglaterra e promovido por um "inglês dos ossos", não poderia questionar a ideia de Liberdade[4739].

Um dos casos emblemáticos e propiciadores deste entendimento, liga-se com a publicação, em Maio de 1814 de textos de Chateaubriand[4740], que não era propriamente um partidário do Liberalismo e cujas influências nefastas uns anos depois os espanhóis viriam a conhecer.

Fica claro da análise dos artigos que começam a surgir nesta segunda fase uma tendência de incorporar o apostolado liberal de Cádiz, muito embora seja igualmente verdadeira a observação de um apoio algo empenhado na linha moderada[4741], desde sempre usada em Inglaterra e a que José Liberato não poderia escapar. Ainda assim as mudanças são bastante visíveis a partir de certo momento e tanto que, como se disse, o patrocínio oficial português deixa de se verificar e, a breve trecho, o periódico é simplesmente proibido[4742].

As considerações tecidas n'*O Investigador Portuguez em Inglaterra*[4743], com as necessárias adaptações, mantêm-se para *O Campeão Portuguez*[4744].

Se o plano comercial é o de maior incidência, outros negócios de carácter político, de tipo mais ou menos anedótico, não deixam de merecer a sua reprovação total[4745].

[4736] *Ibidem*, VI, Abril de 1813, pág. 205, a respeito de uma carta de Vicente José Ferreira Cardoso da Costa que o Autor pediu publicação e o periódico não aceitou com a seguinte argumentação: "Não imprimimos a dita carta, porque o nosso Jornal não he palestra para acusaçoens e justificaçoens. (...) Em acçoens pendentes perante os Tribuanes, ou perante os Senhores Governadores do reino, ou affectas a S. A. R. o Principe Regente Nosso Senhor, não toca ao nosso Jornal o intrometer-se."

[4737] *Ibidem*, VII, Agosto de 1813, pág. 206: "As revoluçoens dos Estados formão a epoca mais interessante da historia das Sociedades. Não há hum philosofo, nem hum homem de Estado; não há Povo algum que as não deva estudar, ou seja para conhecer seos erros, e evita-los; ou seja para as admirar, e imitar na occazião propria."

[4738] *Ibidem*, V, Novembro de 1812, pág. 22: "O despotismo deve definir-se não como mero Poder, mas como exercicio d'elle contra a mais evidente justiça. O Poder de mandar existe de algum modo em todos os estados alias não pode haver Governo."

[4739] *Ibidem*, II, Novembro de 1811, págs. 67 e ss.: "nada há tam frequente e natural em todos os Governos revolucionarios, como principiar pela ostentoza Proclamação dos inalienaveis direitos do homem, e da soberania do Povo; e acabar por estabelecer a sua authoridade lançando-lhe os mais pezados grilhoens. esta susceptibilidade que o homem tem de se deixar seduzir por toda a apparencia que lisongea o seu amor-próprio, tem dado origem as mais funestas revoluçoens, e aos crimes mais degradantes."

[4740] *Ibidem*, IX, Maio de 1814, págs. 563 e ss.

[4741] *Ibidem*, IX, Abril de 1814, "Reflexoens sobre as Cortes de Hespanha – Artigo extrahido do Hespanhol do mez passado", pág. 367: "O furor se apossou dos liberaes e seus partidários [após se terem apercebido que estavam em minoria nas Cortes Ordinárias]. Tratou-se, e ate se começou a excitar o Povo a porta do sol. Forão muzicas pelas ruas das descantes as portas dos oradores do partido philosophico; porem *o Povo mostrou aquella moderação, que sendo conservada poderá salvar a Hespanha de muitos males* (...)."

[4742] António Joaquim da Silva Pereira, *O Vintismo – História de Uma Corrente Doutrinal*, págs. 63 e ss.

[4743] José Liberato Freire de Carvalho, *Memórias da Vida de José Liberato Freire de Carvalho*, págs. 192 e ss.

[4744] José d'Arriaga, *História da Revolução Portuguesa de 1820*, I, págs. 491 e ss.

[4745] *O Campeão Portuguez ou o Amigo do Rei e do Povo*, I, Julho de 1819, pág. 60, a respeito de um boato de cessão de Portugal à Espanha, acordado com os ingleses. O comentário é o esperado:

Convirá ainda fazer notar a proximidade da publicação deste periódico com a Revolução de 1820, não sendo de estranhar que muitos dos considerandos que tece sejam em tudo idênticos aos posteriormente utilizados pelos revolucionários. Os factores que despoletaram a Revolução de 1820 são, todos eles, enunciados no periódico e nem se aceitam as diatribes provocadas pelas Invasões Francesas, nem se pactua com o estado em Portugal se achava reduzido. A ida da Família Real para o Brasil é apontada como factor decisivo da penúria nacional e por isso existe uma certa persuasão da opinião pública ao tomar em mãos os seus destinos e sacudir a miserabilidade que a falta de Liberdade política – e até civil – que era imposta aos portugueses havia reduzido o país[4746].

Tanto não implica que se olvidem as dificuldades que resultariam para Portugal da vinda do Rei. Se no plano político Portugal necessitava dele para se repor do letargo em que se encontrava, esse mesmo plano político teria de ser alvo de modificações céleres, sob pena de se perderem os efeitos benéficos que poderia advir do regresso do monarca[4747]. De facto, "Não he a presença de El Rei que vos falta, he uma mudança de sistema de Governo"[4748].

Por outro lado, não deixa de ser curiosa a nota da possibilidade de união entre Portugal e Espanha, goradas as possibilidades de uma total independência portuguesa e sabidos que eram os escolhos do acertar o passo com a problemática brasileira[4749]. Mesmo vendo como último e desesperado meio, pelo menos a questão colocava-se, o que posiciona José Liberato num plano de intenções que, em meados do séc. XIX, voltará a estar muito em voga nas discussões políticas.

José Liberato conjuga, neste periódico, o tradicionalismo português com a assumida modernidade em nome da qual se fez a revolução de 1820.

Muito embora se trate de periódico publicado em Londres[4750], resulta claro desde as primeiras linhas da sua Introdução", o sector ideológico do Liberalismo clás-

---

"Este boato, bem que extravagante, pode excitar duas questoens politicas. – 1ª Há uma lei divina ou humana que auctorise os Reis a dispor do animal bipede, chamado homem? – 2ª He bastante a Vontade dos Reis quando o Povo não quer?" É o problema antes mencionado, quando da questão da Santa Aliança, para onde se remete.

[4746] Ibidem, I, Julho de 1819, págs. 9 e ss.

[4747] Ibidem, I, Agosto de 1819, pág. 79: "(...) os beneficios que vós [os Portuguezes] atribuis a esta proxima vinda são todos quimericos; porque alem de terdes de sustentar outra vez uma Corte mui dispensioza, tendes já perdido para sempre riquezas que não poderia recobrar, a prezença de El Rei, sem mudança de sistema de Governo, nenhum remedio efficaz traria a vossas desgraças."

[4748] Ibidem, I, Agosto de 1819, págs. 80.

[4749] Ibidem, III, Julho de 1820, pág. 58, ponto desenvolvido a partir de pág. 122. Em Setembro de 1820 retoma a questão a págs. 121 e ss.

[4750] João Bernardo da Rocha Loureiro, *Memoriais a D. João VI*, avec preface de J. V. de Pina Martins, Introduction de Georges Boisvert, Edition et Commentaire, Paris, Fundação Calouste Gulbenkian, Centro Cultural Português, 1973, "Introduction", pág. 24 e nota respectiva: "João Bernardo arrive à Londres au début d'Avril. (...) Le 11 Mai 1813, le comte de Funchal écrivait au comte de Galveias: 'Havia tanto tempo que os apaixonados do *Correio Braziliense* anunciavam a tenção que ele tinha de publicar em Londres uma Gazeta (...) que eu começava a duvidar que realizasse o seu projecto, principalmente não vendo chegar o redactor dela que diziam vir de Lisboa. Com efeito chegou, é o Doutor João Bernardo da Rocha (...). Le 2 Juin 1813, Funchal précisait: 'O Doutor João Rocha não tem falta de meios nem carece de lucro da Gazeta para a sua subsistência, donde alguém infere que é pago e mandado vir por pessoa de maior pulso do que o redactor do *Correio Braziliense* a quem se atribuía até agora o projecto (...)'." Idem, *Un Pionner de la Propagande Liberale au Portugal: João Bernardo da Rocha Loureiro (1778-1853)*, pág. 122 e ss. desenvolve o ponto.

a Revolução Francesa[4762], não a confunde com os dislates que lhe sucederam, bem apoiam os desígnios da contra-revolução[4763] e não impediram a proclamação da Liberdade e direitos dos Povos[4764].

Politicamente honesto, como era reconhecido por sectores de Pensamento próximos do seu mas afastados dele pela virulência das opiniões, encontrava-se mais exposto que qualquer dos seus concorrentes a ataques mais ou menos desleais[4765].

Nem isso nem outras preocupações, sobretudo de uma saúde debilitada o demoveram dos seus intentos de denúncia pública de todos aqueles que se reviam no Governo da Regência ou nos áulicos de D. João VI. Banir a tirania e o despotismo e instruir o Povo permitindo a sua reacção a tais abusos eram o seu único objectivo. Por ele viveu, padeceu e não esmoreceu.

Defende, em suma, um Constitucionalismo de origem histórica mas de uma forma bastante radical.

2.3. Da Liberdade individual

Principie-se por dar nota de uma notícia de grande interesse no plano da Liberdade individual, sobretudo da Liberdade de Pensamento, com óbvios prolongamentos para os casos especiais da Liberdade de consciência e da Liberdade de imprensa. Reconhecendo embora que o nível intelectual lusitano em nada é inferior ao da generalidade de outras as Nações, justifica o seu desconhecimento dos eventos externos, por força de entraves que se colocam em Portugal às Ciências e ao labor dos homens de letras.

"Aquelle freio, de que se não possa publicar Obra alguma, em materia nenhuma, sem que seja approvada por uns poucos homens, em quem o Governo de Portugal lhe approuve, por huma ficção de Direito, depositar todos os conhecimentos humanos, he hum absurdo, so por si capaz de annhilar inteiramente o genio da Nação, em tudo

---

[4762] *Ibidem*, II, nº 7, pág. 5 nota: "(...) quando em geral nos perguntam se hé licito, em algum caso, a uma Nação julgar, e justiçar o seu Rey, respondemos que em os Governos livres, e aonde há Constituição, por nenhum modo isso hé licito; pois a pessoa do Rey, por um pacto augusto, e nacional, hé sagrada, e em qualquer caso inviolavel, sendo só os ministros os que devem responder á justiça publica por qualquer abuso do poder e authoridade. Mas acaso sera alguma vez licito, em as monarchias absolutas, e despoticas, o que por nenhum modo hé permittido em os Governos temperados, e constitucionaes?"

[4763] *Ibidem*, II, nº 7, pág. 4, afirma que seria bom que se escrevesse uma imparcial História da Revolução Francesa."Assim ficariam desvanecidas as sophisticas rasoens, com que os fautores da tyrania e despotismo forcejam por classificar a Liberdade da imprensa entre as causas da passada revolução, sem attenderem pela sua verdadeira origem, progresso e andamento, confundindo as causas, que a produziram com os meios de que os revolucionarios ajudáram (...)."

[4764] *Ibidem*, III, nº 13, págs. 13 e 14: "As licçoens d'esta espantosa revolução foram perdidas para os Governos; mas não o foram para os homens de letras, que d'ella sabem tirar exemplos fecundos para a moral, e sciencia politica. Mui lembrado estarás (...) do principio, e andamento d'essa revolução, contra a qual se formáram varias ligas dos Governos da Europa, os quaes tão longe estiveram de destruir, e retalhar a França, como o intentavam, que pelo contrario elles foram os destruidos, e os Povos, que governavam, subjugados: a Razão d'este acontecimento hé clara; os Francezes proclamaram a Liberdade, e os direitos dos Povos, que pela maior parte eram vexados na escravidão: assim os Povos se uniram em sentimentos com os Francezes, a quem recebêram nos braços, como libertadores; *assim as 1ªs guerras com a França fôram ligas de Reys, e não de Povos*; portanto não hé muito que se malograssem."

[4765] Georges Boisvert, *Un Pionner de la Propagande Liberale au Portugal: João Bernardo da Rocha Loureiro (1778-1853)*, pág. 155.

que he producção literaria"[4766]. Hipólito da Costa mais não faz que reflectir a situação secular vivida em Portugal[4767] e que nem as providências encetadas por Pombal alteraram em grande medida a fisionomia.

A ironia que utiliza é patente, quando aponta o exemplo de Newton, que "se agora ressuscitasse (...) e quizesse publicar em Portugal os seus Principios Mathematicos, ou outra producção do seu genio ainda melhor; seria essa Obra mandada rever, por alguns desses sabios do Areopago Portuguez, que tem na sua mão o poder de dispensar as luzes á Nação (...)"[4768]. Admite-se que o Autor terá razão, porque a Liberdade de pensamento não pode estar sujeita ao crivo de quaisquer limitações institucionais e, ainda quando se admita a censura prévia, ela apenas poderá ser tolerável desde que levada à prática por indivíduos conhecedores das matérias em causa. Quanto se destacam simples autodidactas, ou alguém que sendo versado em vários domínios, tem a dificuldade de não entender o que se apresenta, a censura sempre é detestável. E se a pessoa não entende o que está escrito, como poderá dar, honesta e objectivamente parecer?

Comparativamente ao estabelecido em Inglaterra, a situação portuguesa é quase "anedótica"[4769]. Para o efeito, utiliza o redactor o quadro evolutivo do processo da censura estabelecido em Inglaterra e apresentado pelo Autor do trecho em debate, para concluir que o sistema preconizado pelo ingleses é superior aos demais. A protecção que se dá à Liberdade de imprensa bem regulada e que, por essa via não descamba em licença, é uma conquista insular e um modelo que deve ser seguido pelos demais países.

O redactor aproveita o ensejo do estabelecimento da imprensa no Brasil[4770] para ser e novo mordaz neste plano, admitindo que é a prosperidade dos Povos que faz a prosperidade dos Governos, e se cumpre guardar as boas tradições, importa que as más sejam extirpadas[4771]. E isso implica a urgência da Liberdade imprensa correctamente instituída e regulada[4772].

[4766] *O Correio Braziliense ou Armazém Litterario*, I, 1808, nº 5, pág. 383.
[4767] *Ibidem*, II, 1809, nº 12, pág. 529, aponta outro exemplo retirado da permanência inglesa em Portugal no decurso das Invasões: "Os Inglezes são um Povo livre; e ainda que os militares, que forem governar Portugal, sejam por inclinação, por habito, por officio, inclinados ao despotismo, que a sua profissão inspira, hão de por força introduzir entre os Portuguezes as suas ideias, de Liberdade ingleza, ainda sem o quererem fazer: o que será de um beneficio incalculavel na triste situação a que a Nação está reduzida. Por exemplo, o Marechal Beresford fez imprimir em Coimbra uma Proclamação mui util, sem licença do Governo; nenhum official Portuguez habituado á escravidão, em que a imprensa se acha em Portugal, se atreveria a tal fazer; mas agora com este exemplo, Silveira fará o mesmo, quando vir que isso convem ao bem publico; o patriota escreverá um folheto, e assim pouco e pouco se destruirá o perniciosissimo custume de não imprimi cousa alguma sem licença previa."
[4768] *Ibidem*, I, 1808, nº 5, pág. 383.
[4769] *Ibidem*, IV, 1810, nº 24, págs. 479 e ss., nº 25, págs. 616 e ss.: "Falla de Milton sobre a Liberdade de imprensa".
[4770] *Ibidem*, I, 1808, nº 6, págs. 517 e ss. João Pedro Ribeiro, *Indice Chronologico Remissivo da Legislação Portugueza*, V, pág. 277.
[4771] *Ibidem*, I, 1808, nº 5, págs. 393: "este principio he bom; porem he absurdo levallo tão longe, que se excluam as novas descubertas, as sciencias, e em fim os progressos de civilização, que trazem com sigo as commodidades, e prazeres da vida humana, com que se aliviam os infinitos trabalhos; que são inseparaveis da nossa natureza."
[4772] *Ibidem*, I, 1808, nº 6, pág. 519. O redactor aponta um exemplo interessante, à consideração dos seus leitores em Portugal e de D. João, a quem no Brasil estas notícias também chegavam. Informa,

Resulta claro que este tipo de ponderação, claramente estampada no jornal, apenas poderia levantar contra ele um coro de críticas[4773], que se na maioria não eram oficiais, na prática mais não faziam que traduzir a oficialidade da ideologia portuguesa então em voga[4774].

O que isto denota é uma luta ideológica, por um lado, e os sintomas que em 1816 se caminhava a passos largos para importantes mudanças em Portugal, que encontravam paralelos em pontos bem distantes do globo[4775]. E se uns procuravam a todo o transe incrementá-las, outros esmeravam-se em as combater com as armas disponíveis. A defesa que de um lado se faz do Governo da Regência – avesso à Liberdade de imprensa, em 1816, e aferrado à defesa das instituições do Antigo Regime, está em confronto com a abertura proporcionada ao Liberalismo político, de feição inglesa, de que Hipólito da Costa era correia de transmissão.

Como quer que seja, é de justiça reconhecer-se que o presente periodista peleja, também neste domínio, pela necessária reflexão para que se evitem confusões entre Liberdade e licença, ponto em que é inflexível, servindo-se de alheias palavras[4776]

---

pois, que a generalidade dos ingleses sabe, porque as suas *Gazetas* assim noticiaram, que D. João não tinha sido informado da proximidade dos franceses aquando da sua precipitada retirada de Lisboa. O facto do Conde da Barca ser "francês" e eventual adepto de Napoleão, fariam suspeitar que ele estaria disposto e entregar de bandeja a Principe Regente a Junot. Em face disto e porque honestamente Hipólito da Costa não tem provas do sucedido, reflecte que "por huma de duas razoens aquelle ministro da Guerra não informou a S. A., ou porque não sabia da marcha dos Francezes, ou porque a queria occultar; no primeiro caso, a sua ignorancia o declara incapacissimo do lugar, que ocupava; no segundo caso, nada menos que a forca devia ser o premio dos seus merecimentos. Mas, qual he o meio que teria o soberano de saber de tudo o que se passava, não obstante a ignorancia, ou a traição do seu ministro? Hum bem simples, *o mesmo, que faz com que aqui em Inglaterra, todos, até o mais baixo servente de cozinhas, soubessem o que as mais altas personagens do Governo ignoravão. Este meio he a Liberdade de imprensa. Esta grande defensora dos Soberanos, que os poem ao abrigo dos seus mais crueis inimigos,* que são os seus aduladores validos. Pergunto eu: se em Portugal houvesse Liberdade de imprensa, seria possível que Antonio de Araújo ignorasse a marcha dos Francezes: e se elle a sabia, e queria occultar isso do Soberano, ser-lhe-ia possivel fazello, quando os papeis impressos o pudessem dizer, sem temor, ao mesmo Soberano? " Em sentido contrário, *Gazeta de Lisboa*, 1810, nº 55, 5 de Março de 1810, noticiando a vinda a lume das *Provas da falsidade e injustiça, com que o Editor do Correio Braziliense intentou desacreditar Antonio de Araujo de Azevedo; e algumas reflexões á cerca deste Jornal."

[4773] Sobre o estabelecimento da imprensa no Brasil, veja-se por todos, Leila Mezan Algranti, "Censura e Comércio de Livros no Período de Permanência da Corte Portuguesa no Rio de Janeiro (1808-1821)", *Revista Portuguesa de História*, tomo XXXIII (1999), volume II, Faculdade de Letras da Universidade de Coimbra, Instituto de História Económica e Social, Coimbra, 1999, págs. 631 e ss.

[4774] *O Espectador Portuguez*, I, 2º Semestre, nº 2, artigo II, pág. 13: "Isto, Senhor Hippolyto, chama-se ser energumeno deveras; sua mercê ainda não vio a minha Obra, não sabe o que he, de que trata, em que se emprega, que fim tenha, e a que se encaminhe, e já está bravo, inexoravel e fero, com aquela sua ordinaria Logica suppõe logo que he manobra do Governo de Lisboa, que a mandou compor a este seu rabiscador!"

[4775] *O Correio Braziliense ou Armazém Litterario*, V, 1810, nº 26, "Extracto da Gazeta de Caracas de 27 de Abril de 1810", pág. 78: "Quando as sociedades adquirem a Liberdade civil, que as constitue taes, he quando a opinião publica reconhece o seu imperio; e os periodicos que são o órgão della, adquirem a influencia que devem ter no interior, e nos demais paizes, aonde são uns mensageiros mudos, porem veridicos e energicos, que dão e mantem a correspondencia recíproca, e necessario, para os Povos se auxiliarem uns aos outros."

[4776] *Ibidem*, IV, 1810, nº 21, págs. 178 e ss., relativo a uma *Memoria sobre la libertad politica de la imprenta, leida en la Junta de instrución publica, por uno de sus vocales, D. J. I. M. y aprobada por la misma Junta. Com superior permisso.* – En Sevilha, por D. Manuel Muñoz Alvares, año 1809.

para destacar pessoais conjecturas[4777]. Neste quadro aponta a sua preferência pela inexistência de censura prévia, mas só *à posteriori*, continuando a discorrer em sintonia com o particular Autor da reflexão e pronunciando-se nos termos que seguem: "Convém a Liberdade de imprimir, debaixo da responsabilidade da lei, que há de castigar os delictos, que possam cometter-se, contra tudo aquillo que estamos obrigados a respeitar[4778]? Ou há de continuar a imprensa submetida ao requisito indispensável de um consentimento previo, e permissão do Governo, ou de outra Authoridade intermedia do Estado?"[4779]

Mesmo no que respeita à religião, existem grandes vantagens com a Liberdade de imprensa, uma vez que é de assacar ao Governo todas as responsabilidades pela corrupção dos costumes religiosos e moral pública, tanto mais que é do interesse de qualquer despotismo a desmoralização de qualquer país ou parcela dele[4780]. Estes mesmos considerando serão alguns depois utilizados em Portugal com especial ênfase aquando das discussões no Congresso Vintista acerca da Liberdade de imprensa[4781].

Questão determinante na temática da Liberdade individual é patente que tal como acontecia em Portugal no que respeita à abertura dada à imprensa por força da sua imperiosa necessidade em presença das Invasões Francesas, também o Brasil seguia uma via próxima. De facto e originariamente não era essa a ideia de D. João, que estava sobretudo preocupado com a impressão dos documentos oficiais. Contudo, a partir daí, admitia-se, conforme posterior notícia, que "nella [a officina que interinamente serve de Impressão Régia no Rio de Janeiro] há faculdade de imprimir toda, e qualquer Obra (...)"[4782].

[4777] Ibidem, 1810, IV, nº 21, pág. 179: "A Liberdade que pode reclamar a imprensa em uma Nação, que he, ou quer ser, illustre, e que deseja evitar a oppressão, e poder arbitrario a que propendem todas as especies de Governo, mais ou menos; *não he a Liberdade a imprimir impunemente quanto se queira. Similhante absurdo, e condescendencia com o delicto, nem existe em paiz algum; nem he compatível com algum pacto social.*"

[4778] Ibidem, 1810, IV, nº 21, pág. 183: "O A. suppoem em todos os raciocionios, sobre a Liberdade de imprensa uma lei, que obrigue o impressor a publicar o seu nome; e alem disto a provar a verdade dos factos, que annuncia como positivos, se a isso for obrigado em direito; e de uma nota a ésta obra se vê que o nosso A. apresentou, juncto com ésta memoria, um projecto de lei para este fim; imitando a legislação Ingleza."

[4779] Ibidem, IV, 1810, nº 21, pág. 179. E acrescenta: "Fazer juiz ao seu Governo, seria anullar a questão ou dalla por decidida, sendo aquella parte contra cujos abuzos, oppressão, e attentados tracta a Nação de assegurar a sua Liberdade, e com ella todos os bens que a acompanham."

[4780] Ibidem, IV, 1810, nº 21, pág. 181. No mesmo sentido a questão da segurança do Estado, que aqui se recorda como vantagem da Liberdade de imprensa e a que se aludiu aquando do episódio do Conde da Barca em Portugal. Escreve Hipólito da Costa que "(...) o legitimo Soberano e a Nação não tem senão bens a esperar da Liberdade de imprensa, e que só a póde temer o ministro que deseja ser despótico, e occultar do Monarcha os despotismos que em seu nome se praticam, e que sem Liberdade da imprensa nunca podem chegar ao seu conhecimento. E faz evidente o principio, que nos temos repetidas vezes inculcado, que a discussão livre dos negocios do estado he tão util ao Soberano como aos Povos, e só póde ser nociva ao ministro que deseja ser despotico."

[4781] Ibidem, IV, 1810, nº 21, págs. 180-183, refere-se a outro dos temas relevantes para a apreciação dos Vintistas: a questão dos libelos famosos, em termos que serão oportunamente considerados.

[4782] Ibidem, I, 1808, nº 6, pág. 518; António Delgado da Silva, *Collecção da Legislação Portuguesa*, 1802-1810, págs. 509 e 10. Recorde-se que a Impressão Régia havia sido criada em Portugal por Alvará de 24 de Dezembro de 1768; sobre a sua organização e Governo veja-se José Silvestre Ribeiro, *Historia dos Estabelecimentos Scientificos Litterarios e Artisticos de Portugal*, I, págs. 313 e ss; IV, 298 e ss.

O citado decreto terá tido o dedo de D. Rodrigo de Sousa Coutinho, questão que nada custa a admitir, sabendo que ele era um dos mais conhecidos partidários da Inglaterra e que de há muito que aí existia a Liberdade de imprensa[4783].

Se bem que a censura não tivesse terminado em Portugal – muito pelo contrário – não é verdade que se possa afirmar que não tenham existido tentativas bem sucedidas para incrementar a Liberdade de imprensa. Isso terá, provavelmente, sido mais por necessidade que por convicção, mas a verificação do facto é indesmentível.

No plano da Liberdade de consciência e da tolerância religiosa Hipólito da Costa nunca poderia aceitar as teses defendidas pela ortodoxia reinante em Portugal e Espanha. Insurge-se, mesmo, no que respeita a uma intolerância assumida por parte da Santa Sé no que toca a possíveis distinções entre católicos e protestantes na procura e obtenção de empregos, alegando o papa neste particular que "a intolerância he essencial á religião Catholica Romana"[4784].

No que respeita à Liberdade individual, salienta-se o exemplo francês n'*Observador Lusitano em Pariz* e no domínio da Liberdade de consciência e tolerância religiosa, bem como da Liberdade de imprensa, que nem as vicissitudes da Era napoleónica lograram atingir[4785]. Trata-se de princípio constitucional – mantido na *Carta de 1814* – "que se póde suspender por tempo limitado, mas nunca abolir (...)." Por comparação com a Inglaterra, este tipo de Liberdade é mais recente, sendo certo que o exemplo inglês não só pode como deve ser levado em consideração por França.

Segundo escreve *O Investigador Portuguez em Inglaterra*, a conservação desta Liberdade de imprensa nos propósitos que lhe são assinalados, resulta de "severas leis contra os Autores de libelos e os perturbadores do socego publico, e dando toda a publicidade ás opiniões diversas, tem ella creado hum espirito publico que observa vigilante todos os passos dos ministros, ora admoestando-os, ora denunciando-os ao tribunal supremo da Nação, quando elles abusão do Poder que lhes he confiado"[4786].

Aceita-se – e essa é parte susceptível de crítica – que havia situações mal explicadas. O exemplo apontado da regulamentação da Liberdade de imprensa nos termos constitucionais de Cádiz é um deles. O tipo de enquadramento dado pelos legisladores de 1812 era, sem dúvida algo abusivo, sobretudo porque primava em certos casos pela completa parcialidade.

Claro que "as Cortes decretarão a Liberdade de imprensa, e esta com effeito existe, com tanto que não se toque nas Cortes, no Governo, no que este, e aquellas fazem, nem ainda n'alguem, que tenha algum poder, ou influencia no Governo, e nas Cortes"[4787]. Apesar de tudo, a discordância maior – e aqui se encontram os gérmenes que depois de 1814 iriam originar a queda da *Constituição de Cádiz* – é de uma completa

---

[4783] *Ibidem*, IV, nº 21, págs. 211 e 212.
[4784] *Ibidem*, XVI, 1816, nº 96, págs. 514 e 515: "Não disputaremos este *principio antisocial* com S. S., nem perguntaremos aqui, *que tractamento deseja o papa que se faça aos Catholicos, que residem em paizes Protestantes, Mahometanos ou Gentios; ou se deseja que nesses paizes se tractem os Catholicos Romanos, como S. S. recommenda a estes que tractem os outros*. Porem, sem duvida temos o direito de observar, que o papa não obra, mesmo neste momento, muito em conformidade com o que recommenda aos Catholicos de outros paizes; porque *tolera em Roma os Judeos. He verdade, que em paga dessa tolerância exige delles considerareis somas de dinheiro; porem o Sacro Collegio não nos dirá, que, se a intolerância he essencial á Religião Catholica Romana, o dinheiro pode fazer dispensar em pontos essenciaes*."
[4785] *O Observador Lusitano em Pariz*, Janeiro 1815, "Considerações", pág. 29.
[4786] *Ibidem*, Janeiro de 1815, pág. 31.
[4787] *O Investigador Portuguez em Inglaterra*, V, Fevereiro de 1813, pág. 621.

Liberdade de movimentos para os defensores da contra-revolução, que perpassa pela crítica mordaz do periódico.

Está por isso justificada – embora a precipitação da redacção possa sufragar os vertentes reparos – a opção dos legisladores da *Constituição de 1812*. Se existisse a pura e simples Liberdade de imprensa, sem qualquer fiscalização, não se compreenderia o empenho da sua elaboração no diploma, a sua defesa em moldes liberais e a não--aceitação de elogios ao despotismo e à soberania do Rei.

Uma coisa é a moderação, quase inexistente em Cádiz; outra a apatia, definitivamente afastada pelos deputados eleitos e, finalmente, terceira modalidade, a aceitação como bons e únicos dos princípios revolucionários, cuja activação foi plena.

Assinale-se, porque sintomático do Pensamento que preside ao presente periódico na vertente fase redactorial, a relevante afirmação, segundo a qual "Não há razão, para que as leis que segurão a Liberdade de imprensa, taes como o *habeas corpus*, o processo por jury, a forma das ordens de prizão &c., como existem na Inglaterra, não sejam leis fundamentaes em huma simples monarchia. Sendo estas leis a baze em que se funda a Authoridade do soberano, segue-se que he do seu dever e interesse o conservalas"[4788].

Já em meados de 1814 o periódico, sob diversa orientação, apresenta a nova lei de Liberdade de imprensa francesa de acordo com as orientações da *Carta* desse mesmo ano. Certamente que os dois Textos Fundamentais são distintos e distinta será a amplitude e o entendimento a dar à Liberdade de imprensa, que também se ressente da distinta conotação ideológica que presidiu à sua respectiva elaboração. Contudo, não é isso que está agora em questão; de facto e no plano das Ideias Políticas e ao nível da Liberdade individual, onde se insere a Liberdade de imprensa, o que importa é registar que ela existiu em Espanha, existe em França com determinados limites[4789], é realidade noutros Estados europeus[4790], e não consta oficialmente como facto público nem notório em Portugal.

[4788] *Ibidem*, V, Novembro de 1812, pág. 25.

[4789] *Ibidem*, X, Setembro de 1814, págs. 438 e ss., a respeito de uma intervenção de Mr. de Raynourd, datada de 1 de Agosto, relativa ao projecto de lei de Liberdade de imprensa. Assim, "a faculdade de pensar he a mais nobre que o homem recebeo do Creador; mas ella seria imperfeita se nos faltasse o poder e o direito de exprimir-nos os nossos pensamentos por sons fugitivos ou sinaes permanentes. o fallar e o escrever são por consequencias o único exercicio e desenvolvimento desta faculdade, isto he, o uso de hum Dom da natureza. *A Carta pode reconhecer e respeitar o Direito, mas não pode conferi-lo: elle vem de huma origem mais alta*. (...) Por muito tempo, os livros de toda a especie circulárão em França sem que o Governo se lembrasse de os sugeitar a hum previo exame. *Os nossos antepassados certamente gozárão da Liberdade de imprensa.*"

[4790] *Ibidem*, XI, Novembro de 1814, "Decreto sobre a Liberdade de imprensa das Provincias Belgicas", págs. 82 e ss; idem, XVII, Dezembro de 1816, págs. 198 e 199, a respeito de um artigo publicado no *Nothern Post*, de S. Petersburgo, relativo à Liberdade de imprensa, donde se recolhem as ideias basilares. Assim, a citada Liberdade na Rússia é discutida por três grandes correntes; a primeira afirma-a de modo pleno, a segunda rejeita-a sob forma liminar e a terceira admite uma *ligeira censura*. A respeito deste último caso, o periódico russiano escreve: "a respeito desta ultima opinião, ella já foi decidida por Figaro quando disse: Se nos meos escriptos eu não fallar de religião, nem de politica, nem moral, e não disser uma só palavra nem contra os empregados publicos, ou ricas e poderozas corporaçoens, e ate nem contra a Opera ou qualquer reprezentação; e em summa, se eu me calar á cerca de todas as couzas e pessoas; então terião de certo licença para escrever livremente, com tanto que sempre sugeite a minha opinião a superintendencia de dois ou tres

No caso francês a Liberdade de imprensa limitava publicações avessas à legitimidade constitucional; no espanhol precavia a licença originada por uma deficiente interpretação das conquistas de 1789[4791]. Noutras situações menos importantes para Portugal, como exemplos a levar em linha de conta, demonstrava-se que ainda havia "Soberanos que se interessão na propagação das Luzes"[4792].

Quanto a José Liberato, é célere a demonstrar o lado de que se coloca; "Em quanto houver imprensa e esta for racionavelmente livre, como o he pelo prezente Regulamento [referência ao Regulamento belga] as naçoens que adoptarem tão generosos principios de Governo, não cahirão nem nos abismos da anarquia, nem na estupidez do Despotismo"[4793]. Esta ideia é repetida em Março de 1816 a respeito da implementação da imprensa no Brasil, chamando-lhe "espia, sentinella incorruptivel, que constantemente o avize [ao Príncipe Regente] dos bens ou dos males que o seo Povo tiver"[4794]. Ideia que, sendo por várias ocasiões reafirmada, se torna por demais evidente quando decide pessoalmente arcar com a publicação de um dos mais emblemáticos escritos de Francisco Freire de Mello, o *Discurso sobre os Delictos e as Penas*, oficialmente proibido pela censura em Portugal e que a Liberdade de imprensa em Inglaterra, "paiz cuja Constituição he superior á de todas as nações", permite e motiva[4795].

---

discretos censores. E para me aproveitar em fim desta excellente Liberdade tenho determinado publicar uma Obra periodica, a que darei o titulo de *Inutilissimo Jornal*."

[4791] *Ibidem*, X, Agosto de 1814, pág. 230: "na sessão do dia 5 de Julho o Abbade de Montesquieu e o Conde de Blacas em conformidade com a ordem de El Rei apresentarão huma lei sobre a Liberdade de imprensa; e M. de Montesquieu fez as seguintes observações preliminares: 'A questão em si mesma he simples. O objecto estabelecer huma Liberdade de imprensa, que venha a ser útil e permanente. Aquella Liberdade, que existio na França nos primeiros annos da sua revolução, em lugar de lhe ser proveitoza, foi na realidade o seu maior inimigo. Escrava de huma cega opinião popular, ela veio a ser unicamente o instrumento da licensiosidade, e não podia, por conseguinte, dar ouvidos ás vozes da Razão. Estas tristes consequências deverão a sua origem á effevercencia das paixões populares, ao pouco conhecimento que a Nação possuia dos negocios publicos, e a facillidade com que era illudido hum Povo que ainda se achava destituido de sufficientes dados para apreciar as Obras que lião, ou para antever as suas consequências. (...) A vergonhoza escravidão, que veio apos os primeiros annos da revolução, não tem creado em nós huma melhor aptidão para gozar da Liberdade: as paixões, que se não podiam dezenvolver naquelle intervallo, arrebentarião agora de novo, irritadas por outros incentivos. (...) tal he a natureza daquella Liberdade, que era necessario fosse experimentada, para sabermos como deveriamos utilizar-nos della; he justo que ella tenha toda aquella extensão, que for necessaria para a prosperidade da Nação; porem não he menos justo, que se lhe opponhão alguns limites, que a não deixem cahir em excessos'."

[4792] *Ibidem*, XI, Novembro de 1814, "Decreto sobre a Liberdade de imprensa das Provincias Belgicas", pág. 85, nota do redactor.

[4793] *Ibidem*, XI, Novembro de 1814, pág. 85. E prossegue: "Sem huma racionavel Liberdade de imprensa, nos o tornamos a repetir, não podem os Estados ter prosperidade, porque facultando-lhes os unicos e verdadeiros meios de huma Instrucção universal, os Povos lentamente vão caminhando para a ignorancia, e os Governos para os actos arbitrarios, que á final vem sempre a produzi calamidades terriveis." Este é célebre extracto onde o redactor faz referências às tendências despóticas de certos Governos, que no seu funcionamento mais parecem adeptos do Alcorão e que virá a repetir anos depois, quando encarregue da redacção do *Campeão Portuguez* de 1820.

[4794] *Ibidem*, XV, Março de 1816, pág. 104.

[4795] *Ibidem*, XV, Junho de 1816, pág. 366: "A Liberdade de imprensa neste Reino [Portugal] sómente se concede pela maior parte á papeis indignos e infamatórios. (...) Os Censores em geral, são ignorantes, e theologos, e reprovão sempre os livros uteis á Patria, ao Principe, e ao Publico. (...) A Liberdade, não digo já de escrever, mas de pensar hé prohibida em Portugal."

Naturalmente que se preconiza a vigilância que deverá ser exercida sobre a imprensa para se evitarem abusos, contudo, a existência de uma clara regulamentação evitará todos os males, adiantando-se assim José Liberato às preocupações que poucos anos decorridos os Vintistas manifestarão em tal domínio.

Numa alusão indirecta mas sem dúvida com destinatários certos – o Governo da Regência português e Fernando VII de Espanha – remata o seu raciocínio: "Conçolamo-nos pois de ver, parece que se querem adoptar os sistemas miseraveis da estupidez e da ignorancia, hajão ainda Principes como este da Hollanda, e antes dele Luis, *O Desejado*, que tanto trabalhou para fazer felizes os seus Povos, communicando-lhe a instrucção por huma racionavel Liberdade de pensar e escrever. E, com effeito, quem poderá temer esta racionavel Liberdade? Em nossa opinião só os ignorantes e os mal-intencionados (...)"[4796].

O mais interessante depois de tecerem considerandos pouco abonatórios para a Constituição liberal de Cádiz, normais para quem recebia subsídios do Governo da Regência e do Rio de Janeiro, é uma observação a todos os títulos notável, que passa a registo. Em 1813, antes de José Liberato Freire de Carvalho ter assumido a responsabilidade redactorial, e a propósito do artigo 12º da *Constituição de Cádiz*, escrevem os redactores iniciais do periódico que a Nação espanhola é será perpetuamente a Católica-Apostólica-Romana, sustenta *O Investigador Portuguez* que se trata, nem mais nem menos, "da intolerancia convertida em Lei Fundamental do Reino!"[4797].

Quer isto dizer que se, não é possível avançar com a Liberdade política nem do cidadão nem da sociedade, há toda a vantagem em incrementar a sua Liberdade individual, ao caso no plano da Liberdade de consciência e sobretudo da tolerância religiosa, como "de uma certa Liberdade de imprensa", em termos vistos acima[4798].

De facto, não havendo nada mais contrário à religião católica que a intolerância, não se percebe que a Constituição a consagre como um artigo de Fé, sendo que isto é de facto notável e um enorme avanço na mentalidade a que por via de regra apresentam os escritores portugueses agarrados.

O mesmo tipo de invocações feitas e que fazem lembrar os tempos do padre António Vieira, assim como a ilustração de um D. Luís da Cunha ou de um Ribeiro

---

[4796] *Ibidem*, XI, Novembro de 1814, pág. 85.
[4797] *Ibidem*, VII, Agosto de 1813, pág. 198.
[4798] *Ibidem*, VII, Outubro de 1813, "Fanatismo Liberal", artigo traduzido, pág. 537, aponta alguns pontos com interesse. Importa sobretudo notar que uma das figuras mais atacadas pela corrente representada à época no periódico que se vem analisando, seja em certo sentido recuperada deste passo Assim e reportando-se às ideias de Rousseau, avança-se, para apoiar a seguinte observação: "Se o ateismo, diz este Philosopho [Rousseau], não faz correr o sangue dos homens, não he tanto pelo amor que professa á paz, quanto pela indiferença que tem pelo bem. Seos principios não propendem para matar os homens; mas estorvão-os de nascer, destruindo os costumes, que os multiplicão, fazendo-os degenerar de sua especie e reduzindo todas as suas affeiçoens a hum secreto egoismo tão funesto á provação como á virtude. A indiferença Philosophica he muito semelhante á tranquilidade que reina num Estado quando he governado pelo despotismo: he a tranquilidade da morte, ainda mais destruidora, que a mesma guerra. (...). O fanatismo he hum monstro que se deve detestar de todo o coração. (...) Mas para exterminar este monstro; não há porventura outro arbitro mais do pregar, e introduzir a indiferença de todas as Religioens? Não seria isto por no mesmo nivel o erro e a verdade, e introduzir hum fanatismo ainda mais pernicioso do que aquelle que se dezeja desterrar?"

e aprovada pelo Corpo Social, questão que em tudo se afasta da tese de Benjamin Constant e aproxima do preconizado pelos princípios de 1789.

A censura prévia é um dos aspectos do problema[4812], o que implica a perfeita consciência de que a Liberdade de imprensa deve funcionar em pleno[4813]. A História – mais uma vez ela – comprova a diversidade de atitudes que existe entre países onde reina ou não a Liberdade pela forma como encaram o problema da imprensa[4814]. No primeiro caso a ignorância e a falta de engenho são promovidos a patriotismo[4815]; no segundo o incentivo que é dado a todos os sectores da actividade, implica o engrandecimento sucessivo dos respectivos Estados. Como exemplos, o inglês e o português[4816].

Para que os homens não tenham opinião pessoal mas sigam a dos seus governantes, seria preciso que isso estivesse doutrinariamente assente. Ora tal não é possível por atentar contra os direitos individuais, pautando-se como um perfeito absurdo que quer outorgar ao Governo a auréola da infalibilidade, e capacidade para a queima das consciências[4817], ela mesma questionada[4818].

No que respeita à Liberdade de consciência, enquanto "consideração da Liberdade applicada as opinioens religiozas"[4819], é indubitável de que ela "he uma garantia a que

---

[4812] *Ibidem*, I, Novembro de 1819, pág. 280: "Todo o Governo que, em vez de sugeitar a manifestação das opinioens á lei geral que pune os actos humanos, nocivos ao particular ou ao publico, toma o caminho mais curto, e por consequencia arbitrario e despotico, de prohibir toda e qualquer manifestação de opinioens contrarias ás suas, sugeita de facto todos os pensamentos humanos á bitola do seu entendimento."

[4813] *Ibidem*, I, Novembro de 1819, pág. 279: "(...) todo o Governo, que obriga os governados a professar opinioens que elles não creem, ou a disfarçar aquellas de que estão persuadidos, commette um horrorozo attentado contra as consciencias humanas, tiranisa as faculdades intellectuaes, que fazem o homem industriozo e capaz de grande perfeição, e a final até deprava toda a sociedade, forçando-a a ser desleal e mentirosa." Umas quantas páginas adiante esclarece: "Que esta mesma Liberdade de opinioens, manifestada particularmente pela imprensa he a primeira e mais leal conselheira dos Governos. Por ella sabem elles o estado da opinião publica; conhecem os erros ou crimes dos administradores publicos subalternos; e por este modo tem uma norma segura tanto para dirigir suas proprias acçoens como as dos governados."

[4814] *Ibidem*, I, Novembro de 1819, pág. 287, nota: "A Liberdade da imprensa há de ser ainda o objecto de um tratado particular."

[4815] *Ibidem*, I, Novembro de 1819, págs. 279 e 280: "E desta pratica absurda e tiranica resulta ainda, que em todos os paizes, em que os homens são forçados a mostrar que creem o que na realidade não creem nem podem crer, não se vê se não imbecilidade em uns, impostura em outros, e uma degradação geral em todos."

[4816] *Ibidem*, I, Novembro de 1819, págs. 276 e ss.

[4817] *Ibidem*, I, Novembro de 1819, pág. 285: "Chegou porem o anno de 1501, appareceo um monstro na terra, que com o appelido de Pontifice Romano, se denominou – *Alexandre VI*, e este foi o primeiro que instituio a censura dos livros, que prohibio sua publicação sem previa censura e licença, e ordenou *pena de fogo* para todos que se publicassem sem a dita censura e licença. Esta ordenação era digna desse *Borgia*, maculado com crimes tão abominaveis como em nenhum outro homem ainda vio o mundo. Cuidou que assim podia queimar a consciencia do genero humano (...). este exemplo de *Borgia* foi seguido, para vergonha do mundo, por quaze todos os potentados da terra, insensatos que erão, que em sua mão estava quebrar as taboas da Liberdade e da Razão, já estampadas em caracteres que não podiam morrer."

[4818] *Ibidem*, I, Novembro de 1819, págs. 280 e 281.

[4819] *Ibidem*, I, Novembro de 1819, pág. 309.

tem direito todo o homem social." É impossível haver qualquer tirania legal que obrigue a consciência, embora isso e ao longo dos séculos tenha sido infeliz evidência[4820].

Para o redactor é possível agrupar em três grandes sectores os sistemas adoptados presentemente pelo Governos sobre questões religiosas, a saber: a religião identifica-se com o sistema político do Povo – trata-se da religião única admissível no Estado; a religião é de Estado mas existe tolerância para outros cultos – é a tolerância em sentido negativo; admitem-se por igual forma todas as religiões no estado sem favorecimento – é a tolerância em sentido positivo[4821]. E apesar de ser um espírito aberto, José Liberato era português como o serão os Vintistas. Por isso não serão de estranhar as contradições numa mesma página de texto: "(...) como não há nem pode haver uma só religião que se não tenha por única verdadeira (....)", concluindo-se um pouco adiante: "he principio inquestionavel que, a excepção de uma só, todas as mais religioens são falsas (...)"[4822].

Verifica-se, pois, uma acentuada evolução no Pensamento nacional, a respeito da Liberdade de consciência e da tolerância religiosa[4823]. Tanto mais que sugere que seja essa "verdadeira religião" a fornecer às demais o verdadeiro exemplo da Liberdade de consciência, "porque, fazendo-o assim, tira todo o pretexto ás falsas de serem intolerantes ou perseguidoras, e mostra não ter medo nem receio de ser confrontada com ellas"[4824].

Para o redactor, a Liberdade de consciência é vista como uma das garantias sociais[4825], devendo evitar-se perseguições aos incrédulos e manter a Moral e os bons costumes que por todos são aceites[4826]. Estabelecendo de imediato a ligação com a Liberdade de imprensa, vota em sentido contrário à proibição de escritos que se oponham à religião dominante, já que isso conduziria a uma autêntica escravidão da imprensa[4827].

[4820] *Ibidem*, I, Novembro de 1819, pág. 310: "Não contente o Poder com ter à sua disposição as faculdades phisicas do homem, até ouzou pertender lançar grilhoens ás consciencias; e para melhor o conseguir atterrou o espirito humano com Inquisiçoens e com fogueiras!"

[4821] *Ibidem*, I, Novembro de 1819, pág. 310: "Este terceiro sistema estabelece immediatamente a Liberdade das consciencias; o primeiro a destroe completamente; e o segundo pode muito bem mante-la, cazo que se não altere e que os privilegios, concedidos a religião do Estado, não offendão o livre exercicio das outras, ou não se opponhão á perfeita independencia das opinioens em materia religioza."

[4822] *Ibidem*, I, Novembro de 1819, pág. 311.

[4823] *Ibidem*, I, Novembro de 1819, pág. 312: "(...) por caridade christam, e até por boa politica e Razão, a religião verdadeira deveria ser a primeira em adoptar e pregar a Liberdade das consciencias, porque com este proceder abriria as portas da verdadeira fé aos que marchão no erro e nas trevas."

[4824] *Ibidem*, I, Novembro de 1819, pág. 312.

[4825] *Ibidem*, I, Novembro de 1819, pág. 315: "(...) não só porque não se pode physica ou moralmente forçar o entendimento humano a adoptar uma crença universal, mas porque, não podendo haver se não uma única religião verdadeira, esta não pode ter que arriscar nem a crença de outras religioens, nem a discussão livre della e das outras. Todas as vezes que a religião verdadeira pertender tapar a boca aos incredulos, mostrará que não está bem certa de sua veracidade, e com isto excitará sobre ella duvidas perigozas, que nunca poderá dessipar."

[4826] *Ibidem*, I, Novembro de 1819, pág. 315: "Não há seita nenhuma, quer Antiga quer Moderna, que não recomende e pregue a beneficencia e os bons costumes: e taes tem havido e ainda há, que tem por principio aspirar á perfeição das virtudes humanas."

[4827] *Ibidem*, I, Novembro de 1819, pág. 316.

A cruzada contra o "espírito de cruzada" que nos primórdios da Europa tantos desastres promoveu, originando o fanatismo e a superstição futuras, são retratados no intróito do periódico, determinando uma subsequente leitura condicionada pela defesa dos princípio da tolerância em sentido positivo, que admite a plena Liberdade de consciência em cada reino europeu[4828].

De um modo geral o discurso do redactor em pouco difere das propostas feitas por alguns dos *Les Philosophes* antes da Revolução Francesa no plano da Liberdade de pensamento[4829], e que encontraram eco institucionalizado ainda antes de 1789[4830], independentemente dos conteúdos multiformes em que se traduziam[4831], sendo a figura de Rousseau referência a não olvidar[4832]. O reconhecimento público da racionalidade humana desligada do teocentrismo foi a maior das conquistas da Era da Liberdade[4833]!

O redactor tem consciência da diferença que existe entre Liberdade de consciência na positiva identificação com tolerância religiosa e a sua contrária pela via negativa,

---

[4828] *O Portuguez*, I, nº 1, "Introdução", págs. 8 e ss.

[4829] *Ibidem*, I, nº 1, "Introdução", pág. 8: "Este espirito de religião (ou antes de fanatismo e superstição) que devorou a Europa, ensinava, que não havia virtude sem a obediência ao papa, nem valor, senão em a guerra contra os infieis; e enfim que, para castigo destes tinha Deos necessidade dos braços dos Christaons: e já se vêe que tão absurdas opiniões só podiam subsistir á sombra da ignorancia dos Povos; por isso as trevas se dissiparam ao romper a aurora das sciencias, propagadas pela arte divina da imprensa. As sciencias ainda assim lutaram muito para derribar o espirito de fanatismo, e substituir lhe o amor da Liberdade, que hé hoje o espirito publico dominante: a sua marcha foi vagarosa (...); todo o mundo era escravo, athé em as opinioens literarias de mera especulação; os erros em estas materias tinham, a força do despotismo; seguiam-se por habito; ninguem ousava examinalos, ou, se a tanto se atreviam, ninguem ousava proclamar as novas verdades pelo receio de escandalisar os ouvidos com a novidade (...). Só os mais afoitos o conseguiram, nomeadamente pela impugnação de Aristóteles e da tese da infalibilidade do papa, bem como pela demarcação dos limites entre temporal e espiritual e pela indpendencia dos Governos em função da tiara apostólica..."

[4830] *Ibidem*, I, nº 1, "Introdução", pág. 9: "estes [Governos] foram ao principios justos, e moderados pela simplicidade, e singelesa dos costumes; mas logo pelo abuso degeneraram em tyrania, e os Povos escravos foram tidos em conta de rebanhos; porem ainda desta vez os Povos foram pelas sciencias libertados do despotismo dos seus chefes, como o tinham sido da tyrania theocratica (...)."

[4831] *Ibidem*, I, nº 1, "Introdução", pág. 10: "(...) infeliz o Governo que se oppoem á satisfação do que exige a natureza humana, e que pretende lançar ferros ao pensamento, á lingua e á escriptura, que são tão livres como o ar que respiramos." E, um pouco adiante: "(...) não há outro meio que escolher, senão o de permitir todos os livros; nem haja medo que os maus que contem doutrinas erroneas, formem a opinião publica, e causem revoluçoens; tais livros soffrendo a analyse e exame do publico, cahirão por si, e os reys encontrarão em os bons livros de politica proclamado o principio fundamental de todas as constituiçoens. – *A pessoa do Rey hé sagrada – Só os ministros são responsáveis á Nação.*"

[4832] *Ibidem*, III, nº 14, pág. 115: "(...) os progressos da policia do tratto humano, que pareciam favoraveis á Liberdade, tem se convertido em seus grandes contrarios e inimigos; por isso que ao Povo tem diminido os sentimentos naturais da Liberdade, e há ministrado aos mandoens mais copiosos meios, e intrumentos de ambição; por este modo, a civilização, que hé fructo das luzes, e sciencias, hé dannada pelo abuso, e as mesmas sciencias da moral, e politica, postas em maons dos que governam, são de proveito aos seus fins, em quanto são vâas theorias de nenhuma utilidade para o Povo, que d'ellas não sabe colher fructo. D'aqui não fiques entendendo (...) que eu condemno as sciencias, como Rousseau o fez por ostentação academica ou por irritação da sua má fortuna; ao contrario hé meu pensar da politica, e da moral, e quando esta sciencia for bem conhecida do povo, então suas cadeas cahirão feitas pedaços, baldados os esforços dos que pertendem governar só pelo direito invisivel da graça de Deos, desconhecido á natureza humana, e ás leys, e fins primitivos de todas as sociedades."

[4833] *Ibidem*, I, nº 1, "Introdução", pág. 9.

encontrando nesta inúmeras virtualidades[4834]. Neste quadro, incentiva D. João a implementar a tolerância religiosa nos seus Estados[4835] e nem sequer se atemoriza em afirmar, que "o espirito da religião protestante hé mais favorável, do que o da religião católica ao progresso das luzes, e das sciencias; pois os protestantes, que se atrevem a duvidarem das verdades estabelecidas do dogma; que ousaram examinalo com espirito de analyse, levarão este mesmo espirito ao exame das sciencias, que promoverá o seu adiantamento"[4836].

Quanto à Liberdade de imprensa[4837], a mesma estriba-se como o grande baluarte da Liberdade das Nações[4838], devendo funcionar como um princípio sagrado das suas Constituições[4839] e independência. Este ponto será retomada em plano diverso adiante. João Bernardo, redactor e periodista, escrevendo num pais onde há Liberdade de imprensa[4840], só poderia ser mordaz[4841].

[4834] *Ibidem*, I, nº 1, pág. 61: "Muitas relogioens toleradas, concorrendo com outra, que seja a dominante reconhecida pelo Governo, tem isto de proveitoso, e hé, que os tolerados, como não tem o principal favor do Governo, trabalham muito por se avantajarem na austeridade dos costumes, e por adquirirem com seu trabalho as riquezas, donde lhes venha crédito, e consideração; e daqui já se vê que a moral dos Povos, e a grandeza do estado lucrará muito com isso (...)."

[4835] *Ibidem*, I, nº 1, pág. 62: "(...) S. A. R. por effeitos da sua bondade, e com o fim da prosperidade dos seus reynos, e por dever do seu augusto caracter, estabelecesse em seus dominios a tolerancia, e não por instancias, e influencia estrangeira, fasendo objecto de tratados uma medida interna do Governo (...). Outra coisa seria de muito proveito, e hé, que S. A. R. em desempenho dos seus sagrados deveres, se posesse, na parte temporal, superior á religião dominante; do contrario seguir se-há, que esta em breve perseguirá as outras religioens toleradas (...)."

[4836] *Ibidem*, I, nº 1, pág. 61.

[4837] *Ibidem*, VII, nº 38, pág. 792 e ss., refere-se à proibição oficial do *Portuguez* e tece mordazes considerações a esse respeito.

[4838] *Ibidem*, I, nº 1, "Introdução", pág. 10: Só os tyranos se arreceaim da Liberdade de imprensa; porque os bons escriptores são como bardos, que inflamam, e armam os Povos contra a tyrania (...)."

[4839] *Ibidem*, I, nº 1, "Introdução", pág. 11: "Eisaqui porque os Governos, desde Sierra Morena aos Alpes, e do Guadiana ao Rhin, hão proclamado como base das suas Constituições a Liberdade de imprensa, única via e canal por onde passam as verdades, que formam a opinião publica (...)."

[4840] *Ibidem*, I, nº 1, "Introdução", pág. 14: "Quanto a nós (...) não largaremos a penna da mão, em quanto não virmos dar-se o remedio aos males da nossa patria: vamos escrever sob a protecção de um Povo livre, que tem adoptado como fundamento da sua Liberdade a da imprensa (...)." *Ibidem*, VII, nº 42, pág. 1213, reproduzindo "uma falla bem notavel" de um dos Principes Reais ingleses, o Duque de Sussex: "Quanto ao principio da Liberdade de imprensa (disse o Principe) nem eu, nem outro algum membro da Real Familia podem por isso ter a mais leve objecção; ao contrário eu sou ardente amigo da Liberdade de imprensa. Quando a real Familia sustenta o principio da Liberdade, nada mais faz do que sustentar esse principio, que a collocou no throno d'estes reynos, e fosse aquelle destruído, logo este sofria commoção nos seus alicerces. A minha Familia (bem o sabem todos) não foi posta no throno d'estes reynos, mas convidada a aceitá-lo pelo Povo d'Inglaterra, com quem ella entrou em solemne contracto, o qual, (confio eu) será sagrado para sempre. (...) Como Membro que sou, da Real Familia, minha gloria foi sempre o pensar, que o Soberano d'este paiz, em vez de ser o 1º entre uma Nação de escravos, hé o Rey d'um Povo livre; e esse titulo a meu parecer, mais altamente decoroso hé que o d'Autocrata, Imperador, ou qualquer outro; porquanto, sendo elle o Regente d'um Povo livre, tenho a satisfação de conhecer que o nosso veneravel Rey hé o mais querido e estimado de todo o mundo..."

[4841] *Ibidem*, I, nº 1, "Introdução", pág. 13, nota: "(...) para se fazer uma ideia da Liberdade de imprensa em Portugal, contaremos uma anedocta que passou por nós: escreviamos (...) um periodico, e em um numero delle inserimos um artigo sobre as antigas Constituiçoens de Hespanha, principalmente de Aragão; o discurso, ainda que fundado sobre a Authoridade de muitos escriptores, offendeo, e escandalisou sobre modo as castas orelhas o ministro D. m. P. F. que pensou ser mentira quanto se via escripto em o nosso papel sobre as immunidades, e direitos do antigo Povo de Hespanha, e perguntou muito enfadado a um que ali se achava: *o que este homem aqui diz será verdade? ou hé invento da sua cabeça? Senhor* (lhe tornou o outro) hé verdade. Pois hé o que lhe vale (*replicou S. Ex.*). *De boa escapámos...*"

Muito embora reconheça que foram os abusos posteriores a 1789 que fizeram muitos honrados cidadãos – e alguns ditos oportunistas[4842] – a desconfiar da Liberdade de imprensa, nem por isso a defende menos[4843]. No cômputo geral, só pode reconhecer-se que "a Liberdade de imprensa (...) hé tão natural direito como a Liberdade de fallar ou escrever, e imprimir hé o mesmo direito de fallar, modificado pelo apparato da escriptura, e da imprensa"[4844]. Na sua ausência, nem a Liberdade da "Constituição" se poderá manter, nem os cidadãos poderão expressar os seus desejos e opiniões, único meio para travar ministérios pouco escrupulosos[4845].

2.4. Da Liberdade natural aos direitos abstractos ou a sequência francesa

Se Hipólito da Costa não questiona os princípios políticos da Revolução Francesa, antes os sufraga em matéria de Liberdade e de Igualdade, não pretende ser confundido com jacobinos ou revoltosos[4846] e é tudo menos um democrata[4847]. Mesmo quando

---

[4842] *Ibidem*, II, nº 12, pág.
[4843] *Ibidem*, I, nº 3, pág. 260 nota: "Não podemos negar que foi mais que licenciosa a imprensa na França revolucionária; mas não se atribuam aos efeitos causas, que os não produsiram; a revolução (que teve muitas causas) produsio a imprensa, e não foram estas que produsiram a revolução? A imprensa (diz o famoso Hume) não hé perigosa senão em os territorios aonde não há Liberdade'."
[4844] *Ibidem*, II, nº 12, págs. 493 e 494, nota: "Os Reys para suffocar o Pensamento nas entranhas, que o geram; para escravisar o Povo, escravisando a imprensa, recorrem ao usado argumento de que a Liberdade de imprimir sem censura anterior pode ser fatal ao estado publco; e allegam logo com o exemplo da França, aonde a soltura, e licenciosidade dos escriptos foram uma das causas que a revolução produziram (...)." *Ibidem*, V, nº 28, "Memorial á Magestade do muito Alto e Poderoso Senhor Rey Dom João 6º", pág. 364 e ss.: "A Liberdade de imprensa deverá ser uma das 1ªs medidas do Governo constitucional; que sem ela não pode existir Constituição livre, e ella, só por si, seria capaz de crear uma livre Constituição, no caso impossivel de uma existir sem a outra. A Liberdade de escrever hé como a de fallar; não se pode privar o uso da falla, sem os direitos naturais do homem de serem violados (...). Com razão um Author ingenhoso chamou a Liberdade de imprensa *o primeiro-ministro e secretario d'estado dos bons Reys*." Este texto, em conjunto com outros cinco sob a mesma epígrafe, foram reunidos por Georges Boisvert, resultando nos *Memoriais a Dom João VI*, a que já se aludiu e são o resultado das publicações seguintes: I – V, nº 28, págs. 347-372, II – VI, nº 36, pág. 581-619; III – VII, nº 37, págs. 700-719; IV – IX, nº 51, págs. 219-236; nº 52, págs. 314-346; nº 53, págs. 386-418; nº 54, págs. 494-518, V – XII, nº 67, págs. 3-30; VI – XIV, nº 80 e 81, págs. 159-207. Utiliza-se o texto do periódico e da citada colectânea sob forma conjugada.
[4845] *Ibidem*, III, nº 15, pág. 216: "A que deve a Inglaterra seu immenso poderio, senão á sua Liberdade de Constituição, soprada, e mantida pela Liberdade de imprensa? Esta Liberdade de escrever habilita os publicos escriptores, que são os sacerdotes, que mantem o fogo sagrado da Liberdade, e independencia, como em outro tempo as Vestais nutriam o fogo sagrado entre os Romanos: tirai a Liberdade de escrever em Inglaterra e em breve o Governo, de sua natureza sempre invasor, dará cabo da constituição."
[4846] *O Correio Braziliense ou Armazém Litterario*, III, 1809, nº 17, págs. 382e 383, relativamente à vacatura do Trono em caso do monarca se mostrar incapaz de reinar. Estas observações finais espelham melhor que quaisquer considerando, a verdadeira fisionomia do Autor, figura que nos parece attractiva. Escreve: "Em Portugal, nem este caso está providenciado pelas leis, nem há factos historicos, que servindo de exemplo se podessem alegar como aresto; mas como quer que seja o monarcha reynante deve ter o seu principal voto, senão o único em decidir este caso, quando aconteça; *porque seria tão perigoso deixallo nas mãos dos subditos*, quanto he racionavel suppor que o monarcha reynante não injuriará seu filho primogenito, privando-o de succeder na coroa, se não estiver persuadido de que tal successão será ruinosa e elle e ao reyno. *E uma cousa he certissima, que o direito de decidir este delicado caso não compete em Portugal a nenhum indivíduo, ou tribunal do reyno; nem se pode presumir, que compita á Nação em geral; porque se assim fosse se seguiria o absurdo de que o Povo, sempre regulado pelas paixoens do momento; muitas vezes guiado por demagogos artificiosos, seria o jogo dos fins dos intriguistas; e se precipitaria em a ruina que se houvesse preparado a si mesmo. Nenhuma maxima he mais verdadeira que ésta, em politica. Deve-se fazer tudo a bem do Povo; mas nada deve ser feito pelo Povo.*"
[4847] *Ibidem*, III, 1809, nº 18, pág. 536: "há quem diga, que o Povo tem sempre o direito de mostrar a sua opinião, e que, sendo ésta reconhecidamente a da maioridade da Nação, deve reconhecer-se

reconhece que os insurrectos são indispensáveis, mas como simples contraponto à arbitrariedade[4848], cuja manifestação pode vir de muitos lados[4849].

Há, portanto e neste plano, não uma adesão aos princípios democráticos sufragados pelo desenvolvimento da Revolução Francesa, antes a confirmação que a estada em Londres havia transformado o liberal que era Hipólito da Costa, adepto dos salutares baluartes dos direitos fundamentais inerentes aos homens, num conservador, talvez mais avançado que Burke, mas que parte dos seus pressupostos. Melhor: num verdadeiro adepto do espírito – mas não da forma – que presidiu à Assembleia Nacional francesa nos anos de 1789 a 1791 e que elaborou a primeira Constituição gaulesa[4850], descontando o facto de não sufragar a insurreição como meio de resolver qualquer problema e a aposta mais que evidente no método da Constituição inglesa.

Se acha que existe Liberdade da Nação é pela via inglesa, e não por especial preferência da ideia de soberania nacional praticada pelos franceses, que não faz as suas delícias[4851]. A Revolução Francesa foi importante porque terminou com o despotismo e com a tirania; não porque tenha o Povo qualquer direito em especial a fazer-se ouvir mais do que já fizera aquando da sua primitiva manifestação de vontade, que apenas

---

como lei suprema, e que o mesmo Soberano he obrigado a obedecer-lhe; porque os Governos foram instituidos a beneficio dos Povos e não dos que governam; mas *se isto fosse assim, quem quereria ser Rey? Que validade teriam os pactos e ajustes das Nações? Se o Rey he obrigado a cumprir com o que promette em seu juramento; o Povo tambem o he; a obrigação he mutua.* As leis de Lamego foram feitas com a maior solemnidade *possiviel; por ellas obrigam o Soberano e os Povos; só com outras leis publicadas com igual solemnidade, e igual concurrencia do Rey e dos Povos, se poderiam derrogar. Tudo o mais he de uma parte tyrannia; da outra rebelião.*"

[4848] *Ibidem*, III, 1809, nº 19, pág. 631: "Algumas pessoas tem querido mostrar, que a existencia das Cortes denota limitação, ou mixtura de Democracia na forma do Governo Portuguez; porém, a mais geral opinião he que a forma de Governo he Monarchia pura. Mas sem duvida que as Cortes foram instituidas para modificar a plenitude do Poder monarchico ao menos quanto ao modo de exercitar os direitos Magestaticos; e portanto as Cortes fazem uma parte senão essencial da forma de Governo, com tudo necessaria, no modo de administração, no que o Rey não pode dispensar; não mais do que pode fazer na forma de Sucessão."

[4849] *Ibidem*, III, 1809, nº 18, pág. 529: "(...) tão traidores são á Nação e ao Soberano, os que tratão de inculcar maximas de Democracia, ou destructores da Monarchia, como aquelles que se esforçam, em promover o despotismo, cujas fataes consequencias podem alcançar a todos os individuos da Nação, sem excepção alguma."

[4850] *Ibidem*, III, 1809, nº 16, pág. 303: "Alguns aduladores conrompidos introduziram a maxima, que o Poder dos Reys lhes provinha *jure divino;* cortezãos astutos que trabalharam por persuadir isto aos Monarchas; e Soberanos fracos deram ouvidos a éstas insinuações; o que, bem longe de lhes ser util, tem dado motivo a querellas funestas, em mais de um reyno da Europa."

[4851] *Ibidem*, XII, 1814, nº 70, pág. 918, tem uma curiosa posição no que respeita à Carta francesa, que havia publicado no mesmo número, a pág. 822: "A França he, pode dizer-se, o único dos paizes civilizados, aonde, em tres dias, se compila, discute, e adopta uma *Charta Constitucional.* Assim não achamos que vale a pena de nos demorarmos muito na analyse desta, que talvez não dure até o mez que vem. A leveza dos francezes aproxima-se á loucura: quando deixa um excesso, he para cahir no excesso opposto; quando não ama a gente, persegue-a; os idolos, que cessa de adorar, quebra-os, despedaça-os com furor; passa repentinamente do amor ao odio, do louvor ás injurias, da admiração ao desprezo; em huma palavra, a Nação Franceza he summamente comparavel ao Macaco, de cuja natureza he o passar rapidamente, e em progresso successivo, por todas as posições, situações, movimentos, geitos, e tregeitos de que os seus membros são capazes; e tendo findado uma vez, tornar a começar logo de novo a mesma sorte." *Ibidem*, XXIII, 1819, nº 134, pág. 47: "(...) não há publicista algum de nome, que attribua ao Povo a Soberania, senão nos Governos puramente democraticos. Na monarchia, o Monarcha he o Soberano; (...)".

deve querer reafirmada, no cumprimento das obrigações assumidas pelo monarca em presença das Leis Fundamentais[4852].

Hipólito da Costa discorda de tudo o que seja convulsão social, não coadunada com as suas ideias gradualistas inglesas. É um incondicional da separação de Poderes e da soberania nacional e método da representatividade inglesas. Ora, este método é o praticado em qualquer Assembleia representativa em que haja soberania nacional, coisa que se passava em Cádiz, por deficiente que tenha sido a eleição dos seus representantes e por falta de hábito que e de adestramento a uma inovação que nada se parecia com Cortes tradicionais.

Conjugando as duas coisas e porque entende que os liberais espanhóis, em nome da Nação que representavam, se deveriam dedicar a restaurar a antiga Constituição histórica espanhola – como os compares portugueses, quando se reunissem –, incrementando os salutares princípios do século de Liberdade de imprensa e tolerância religiosa, não pode deixar de apoiar essas mesmas Cortes[4853]. Não há contradição; há uma certa conciliação[4854], nem sempre fácil de descortinar, mas que nem lhe retira a moldagem inglesa, nem o faz tomar a fisionomia de adepto do Constitucionalismo francês saído de 1789.

Quando Fernando VII, de forma arbitrária, toma a decisão de 4 de Maio de 1814, a reacção do redactor do *Correio Braziliense* é cautelosa, mas suficientemente clara para não deixar dúvidas: "não he da nossa intenção defender a Constituição, que promulgaram as Cortes; e menos fazer a apologia de todas as suas medidas; porem, por mais defeitos que gostássemos nas Cortes, nunca poderiamos nisso achar desculpa para o que estão obrando os Conselheiros de Fernando VII; principalmente na proclamação (...) que he datada aos 4 de Maio de 1814"[4855].

Na mesma ordem de considerações o espectáculo da Igualdade formal, pela ascensão de qualquer cidadão aos empregos públicos em França, bem como uma tributação

---

[4852] Assim sendo, não restam dúvidas da importância que os Parlamentos assumem no raciocínio de Hipólito da Costa, na defesa da Liberdade da sociedade e dos indivíduos, mesmo quando parece justificar a sua dependência do Rei. E, se em Inglaterra essa é a sua posição, já em Portugal uma das modalidades que receita para preservar a Liberdade da sociedade – e por essa via a dos cidadãos – é a convocação de Cortes, sempre que isso se demonstre necessário. Houve ocasião de fazer notar que era isto o que defendia que se fizesse em Portugal em 1808, à semelhança da iniciativa espanhola, e os termos teóricos em que a questão é enquadrada merecem ser recordados. Na verdade, sustenta que "as cortes podem ser convocadas n'um caso urgente, sem ser por El Rey", para o que se serve do exemplo das Cortes de Coimbra de 1385, altura em que o Mestre de Avis ainda não era Rei de Portugal.

[4853] *O Correio Braziliense ou Armazém Litterario*, VII, 1811, nº 39, pág. 251: "Nós não esperamos de uma assemblea de Hespanhoes, tal qual as Cortes, resultados tão interessantes, e uteis, como alias desejariamos; (...). Mas isto não tira, que as Cortes não sejam a única anchora de salvação da Hespanha; porque uma assemblea, que reune em si deputados de todas as partes da Nação; deputados, mais ou menos bem, eleitos pelos Povos, deputados escolhidos, como he de crer, entre os melhores e mais bem instruidos Hespanhoes, que se podem encontrar. (...) he nada a Liberdade de imprensa? He nada o melhoramento indicado para o codigo criminal? he nada a segurança individual do cidadão, para que tem as Cortes tanto trabalhado? He nada o tractarem de uma reforma da sua Constituição, em que se meditam alterações de tão importantes consequencias, como he, por exemplo, a extincção do systema feudal.

[4854] *Ibidem*, XIII, 1814, nº 78, pág. 722: "Repettidas vezes temos asseverado, que não approvamos grande parte da Constituição de Hespanha; e com tudo sempre julgamos que, por defeituosa que fosse, éra melhor que o despotismo Godoyano, que assolava aquelle paiz."

[4855] *Ibidem*, XII, 1814, nº 73, pág. 920.

DA HISTÓRIA DA IDEIA DE LIBERDADE (SEQUÊNCIA)

universal a que ninguém se pode eximir e a abolição dos privilégios e dos direitos feudais[4856]. Este ponto serve para o redactor do *Observador Lusitano em Pariz* manifestar a sua predilecção pelo sistema francês em relação ao inglês, que se aceita como tutelar e gerador da ideia de Liberdade, contesta pela forma abusiva como encara as funções que o ministério, e os Comuns, exercem de forma algo desabrida. Daí que seja claro neste como noutros passos os seu "francesismo" que contrasta violentamente com uma certa relutância respeitosa às propostas inglesas[4857].

O Constitucionalismo francês, em forma e conteúdo, são o suporte institucional das suas reflexões.

Um moderado Liberalismo descortina-se de alguns dos extractos oficiais que José Liberato Freire de Carvalho escolhe, para inserir no periódico depois de 1814. Um exemplo que reputamos importante prende-se coma missiva endereçada a Luís XVIII, após a breve segunda vigência do Império napoleónico. Os avisos feitos por um Grande de França ao ex-deposto, reposto, monarca[4858], são sintomáticos não apenas do clima que se vivia em França mas, sobretudo e para o mais importa, de uma tendência que em José Liberato se ia tornando mais clara.

Incentiva-se Luís XVIII a que se persuada "que actualmente o Povo Francez estima tanto as suas Liberdades como as suas vidas: assim este Povo nunca se julgará livre em quanto os seos direitos não forem invioláveis, e não forem geraes para todos. E que muito será isto? Não tivémos nós já no periodo da vossa mesma dinastia estados geraes, que eram independentes do Monarca? (...) Todas as concessoens, que agora fizerdes, serão conciliadoras, e darão energia á auctoridade Real: se as demorades, ellas indicarão só fraqueza, serão extorquidas por tumultos, e os espiritos dos francezes continuarão na sua effervescencia."

Do mesmo modo, a apreciação que é feita em relação ao comportamento de Fernando VII de Espanha depois da Restauração bourbónica, lhe merece reparos e se pauta pela mesma linha ideológica. E identicamente para a Itália e os seus vários pequenos Estados, cujo interesse de Nápoles e Piemonte é superior para a abordagem. A confusão, sujeita a crítica, de querer pelos princípios de 1789 retirar a desajustada prática que deles se fez[4859], é a fonte de todos os erros.

[4856] *O Observador Lusitano em Pariz*, Janeiro de 1815, pág. 29.

[4857] *Ibidem*, Janeiro de 1815, págs. 31 e 32: "(...) o Governo he o mais forte de quantos se conhecem; a camara dos Pares rarissimas vezes se affasta da opinião dos ministros, e o modo abusivo praticado na eleição dos membros da camara dos Communs assegura ao Governo huma constante maioria. Pois a pezar de toda esta superioridade que o Governo tem sobre a Nação, e de mil outros meios que abundantemente possue de corromper os particulares, pela faculdade de nomear a tantos e tão lucrativos empregos civiz e militares na Gram-Bretanha e nas suas riquíssimas colonias, não há exemplo de ter hum só ministerio feito adoptar medidas contrarias á opinião independente dos homens ricos e esclarecidos; e apenas hum dos conselheiros do Rei propõe huma lei que parece atacar os interesses ou violar os direitos dos cidadãos, vê de repente escapar-lhe das mãos a vara com que pouco antes regia o Parlamento e a Nação."

[4858] *O Investigador Portuguez em Inglaterra*, XIII, Agosto de 1815, "Extracto de huma Carta do Duque de Otranto á El Rey de França", págs. 239 e 240.

[4859] *Ibidem*, XVI, Setembro de 1816, "Artigo de J. Pratt, sobre o Congresso de Viena", a que o redactor adere no que toca às ideias e princípios básicos, pág. 289: "Será com effeito calumniar a Hespanha atribuir-lhe esta falta de generosidade e de luzes, e esta necessidades de vingança e de trevas. Pelo contrario, há em Hespanha muitos homens generosos e esclarecidos quando a sorte fez que lá entrassemos. (...) Em Hespanha assim como em França a historia da revolução pode escrever-se em paginas dobradas, isto he, de virtudes e de crimes; mas seguramente se tanto de umas como

Contudo, o aspecto mais importante do texto prende-se com uma directa referência à Liberdade política do cidadão – ou à sua ausência. De facto e a propósito da *Carta de 1814* que foi outorgada aos franceses e não teve a sua participação directa, o tom é declaradamente pouco amistoso, por a mesma ter surgido não em virtude de um direito mas de uma concessão[4860], o que não é natural à Liberdade política que se preconiza.

Estão, pois, os "Soberanos do meio-dia "interessados em sedimentar a Autoridade como "prerrogativa innata dos Principes; reduzir tudo a esta simples e única ideia", qual seja a da incapacidade do Povo para activar os seus direitos, atendendo à sua tradicional incapacidade decisória e a uma tendência congénita para ser mandado e não para mandar.

Estas observações não podem nem devem ser enquadradas como partindo de um apoiante confesso das ideias francesas. Senão, como justificar algumas palavras suas no sentido de se divorciar, sistematicamente, das mesmas, afrontando mesmo os seus defensores[4861]?

Por isso se percebe que inclua no seu jornal considerações que, manifestando compreensão pelos motivos que conduziram à Revolução Francesa, a criticam em si mesma e aos efeitos práticos que produziu, sobretudo no plano da destruição da França em particular e da Europa em geral[4862].

---

de outros houvessem registos exactos, a balança em ambos os paizes se inclinaria para o lado das primeiras. (...) A fugida de todo este aparato de barbaridade fez voltar outra vez a civilização; e o mesmo haveria acontecido em Hespanha, se em vez do que se tem passado houvessem recorrido aos principios generozos que estão gravados em os nobres coraçoens de quasi todos os habitantes de Hespanha; todo o mal tem nascido do pouco conceito que se faz da ellevação de sentimentos que geralmente tem os Hespanhoes."

[4860] *Ibidem*, XVI, Setembro de 1816, "Artigo de J. Pratt, sobre o Congresso de Viena", pág. 293, (...) teve ella [a Nação franceza] uma *Charta*, mas sem a sua participação directa: teve-a não em virtude de um direito, porem de mera concessão... E eis que se preparava para gozar dos seos fructos, novas agitaçoens vierão retardar esta ephoca feliz, e vio-se ainda de novo forçada a confiar ao futuro o cuidado de melhorar as leis pelas quaes era elle quem devia ser melhorado."

[4861] *Ibidem*, XV, Março de 1816, págs. 117 e ss.: "*O Portuguez* de Janeiro nº XXI, pág. 195, disse: – *Eu tenho um respeito santo e religiozo por todas as revoluçoens, e tambem por as da politica, se estas são feitas por o Povo*. Os redactores do Investigador Portuguez dizem: – *Nós temos um medo horrorozo de todas as revoluçoens da natureza, e tambem das da politica, se estas são feitas pelo Povo*. (...) O que vulgarmente se chama revolução politica ou moral, isto hé um grande transtorno dos antigos habitos e leis de uma Nação, hé tambem, e sempre tem sido uma terrivel calamidade, quando tem sido feita pelo povo, apezar de quaesquer bens que della tenhão rezultado."

[4862] *Ibidem*, XXI, Abril de 1818, "Revoluçoens Antigas e Modernas. Differença que há entre o nosso Seculo e aquelle em que se operou a Revolução Republicana da Grécia. Extrahido da obra de M. de Chateaubriand", pág. 311: "Eu acho uma prova bem luminoza na Revolução Franceza. As suas cauzas differem totalmente daquellas que produziram as dissensoens politicas da Grecia no Seculo de Solon. Não vemos que os Athenienses fossem ou mui infelizes ou mui corrompidos então. Mas que eramos nós como Corpo Moral no anno de 1789? Podiamos por ventura esperar que houvessemos de escapar a uma terrivel destuição? Eu não fallarei do Governo: notarei somente, que em toda a parte aonde um pequeno numero de homens concentra em si por largos annos o poder e as riquezas, qualquer que seja a origem dos governantes, plebeia ou patricia, ou qualquer que seja o manto com que se cubrão, republicano ou monarquico, elles devem necessariamente corromper-se á proporção que se desvião do primeiro termo das suas instiuições. Cada homem tem então não só os seos vicios porem os daquelles que os tem precedido. A Corte de França já tinha 1, 300 annos de antiguidade."

DA HISTÓRIA DA IDEIA DE LIBERDADE (SEQUÊNCIA)

Fazia parte dos quadros do Pensamento francês saído de 1789 e da sua *Declaração dos Direitos do Homem e do Cidadão*, encomiar os direitos do homem e não admitir que fosse quem fosse os pudesse aviltar. Muito menos o Poder político, na altura representado na pessoa do Rei, mas torpedeado pela corja de áulicos que o rodeiam.

Este é o Pensamento que José Liberato reflecte, muito embora o seu afastamento das ideias francesas e aproximação às inglesas seja conhecido. No seguimento da interpretação laica do Direito Natural, afirma que não é susceptível de discussão a origem humana do Poder político, mesmo que a conformação do mesmo fique a dever mais à segurança de uma predefinida Constituição histórica que a uma potencial retoma de direitos originários por parte do Ser humano. Estes, sendo inatos, nunca poderiam ter deixado de existir e os Governos despóticos poderiam tê-los limitado, mas nunca proibir[4863].

Em nenhum caso é aceitável que os Reis tenham direito a dispor dos vassalos por venda, troca, ou doação[4864]. Se isso acontecesse, de imediato o monarca deixaria de governar e "parece bem prova do que, até pela actual prática de todas as monarquias, sem recorrer aos direitos naturaes dos homens, os Reis, sem o consentimento do Povo, não o podem vender, trocar ou doar a outro qualquer Rei seu collega, ou a outro qualquer homem, ou homens"[4865]. O contrário seria manifesto abuso de Poder[4866].

Esta tese geral tem aplicação ao caso concreto português. Se os direitos da Coroa não prescrevem, do mesmo modo não decaem os direitos dos Povos[4867], ponto em que aponta para a inevitabilidade da existência de Povo, mesmo sem Coroa[4868], ainda que esta não possa ter existência real sem aquele, que está na sua origem. A questão do

---

[4863] *O Campeão Portuguez ou o Amigo do Rei e do Povo*, I, Agosto de 1819, pág. 88: "Em todos os Governos, verdadeiramente Europeus, e ainda mesmo nos que são completamente absolutos, se tem conservados até hoje uma pratica solemne entre os Reis e os Povos, que mostra bem as origens de todos os Pactos sociaes, e que só em virtude delles se crearam os Governos que hoje chamamos monarquias. – Quando um Rei sobe ao throno, e he aclamado como tal, dá um juramento ao povo de guardar suas leis, Liberdades e privilegios, e recebe outro igual juramento do Povo que lhe promette guardar os foros do throno, e obedecer-lhe segundo suas mesmas leis, Liberdades e previlégios. Vê-se pois por esta pratica geral que todos os Reis Europeus, ainda os mais absolutos, fazem um contrato expresso com o Povo que vão governar; e que este contracto, fundado em juramento solemne, tanto obriga os Reis como os Povos."

[4864] *Ibidem*, I, Agosto de 1819, pág. 89, menciona que por vezes se tem assistido exactamente ao contrário, ponto que também já havia tocado quando se referiu expressamente ao Congresso de Viena e suas decisões a respeito do mapa político da Europa. Porque, e na verdade, "esta pratica parece-nos a mais absurda e illegal que se possa imaginar; porque ella da-se a entender que o juramento, dado nas Aclamaçoens Reaes, obriga só os Povos e não os Reis, o que seria um pacto verdadeiramente leonino, ou pelo menos irrisorio."

[4865] *Ibidem*, I, Agosto de 1819, pág. 89.

[4866] *Ibidem*, I, Agosto de 1819, pág. 89: "Deve-se pois adoptar como maxima geral e constante, que esse pertendido direito, que tem assumido alguns Reis, de desligarem os subditos do juramento de fidelidade quando dispoem delles, alienando-os, não he direito, mas um manifesto abuzo de Poder (...). Ora como suas leis [do Povo], Liberdades, e previlegios não consistem em poder ser vendidos, trocados, ou doados por seus Reis: logo evidentemente se segue, que taes vendas, trocas, ou doaçoens não são atributos do Poder Monarquico; e que se alguma vez se praticão he por effeito de um monstruozo abuso de Poder, contra o qual todos os Povos tem direito de reclamar, e ate de resistir".

[4867] *Ibidem*, I, Agosto de 1819, pág. 111. Veja-se José Liberato Freire de Carvalho, *Memórias da Vida de José Liberato Freire de Carvalho*, págs. 196 e ss.

[4868] *Ibidem*, I, Agosto de 1819, pág. 112: "(...) os homens *nascem*, e os Reis *fazem-se* (...)."

pacto gerador da soberania política está na ordem do dia[4869] e tanto os Reis como os Povos são obrigados a cumpri-lo[4870]. Todos aqueles que contestam uma tal situação são os promotores encartados do despotismo e urge combatê-los[4871].

Liberal mas ao jeito inglês – ainda que as suas anteriores reflexões acerca da origem humana do Poder político tanto se possam abordar em termos "franceses" como "ingleses"[4872] –, faz profissão de Fé em marcar as balizas do seu raciocínio. O leitor fica ciente de que não tem intenções de "excitar revoluçoens e anarquia, mas simplesmente com o fim patriotico de mostrar os perigos de todos o Governo arbitrário, ou opposto as luzes do seculo em que vive. O *Campeão Portuguez*, bem longe de dezejar revoluçoens na sua patria, se opporá constantemente a ellas; e so defenderá e pedirá um revolução generosa e pacífica, feita por seo proprio Rei e Governo, para que o Povo nunca a faça e até mesmo nem a dezeje fazer"[4873].

A própria ideia que apresenta de "revolução", afasta-se por completo daquela que o Constitucionalismo francês apresenta[4874] e ajuda a perceber, em parte, os motivos porque se afasta deste plano ideológico. Na medida em que o milenarismo lhe parece

---

[4869] *Ibidem*, I, Agosto de 1819, pág. 112: "(...) as Coroas e os thronos são effeitos de pactos entre os Povos e os Reis; e que estes pactos não podem ter existido sem haverem creado direitos e deveres, communs tanto para os Reis como para os Povos. (...) Entre os Reis e os Povos há contractos; que destes derivam direitos tanto para uns como para outros; que todos estão obrigados a cumpri-los, e conseguidamente, que nenhuns delles *prescerevm*."

[4870] *Ibidem*, I, Agosto de 1819, pág. 112: "(...) para haver essa Coroa he preciso que haja alguem que a tenha dado, e esse alguem he o Povo, *pois que este na ordem da natureza e das ideias he primeiro do que ella*."

[4871] *Ibidem*, II, Maio de 1820, pág. 343: "para isso se alugaram escriptores, e se composeram muitos livros para provar ao mundo que os Reis tinhão descido immediatamente do céo, que seu Poder e Auctoridade vinha immediatamente de Deus, e que a servidão e obediencia passiva dos governados se derivavão immediatamente da existencia dos governantes. Desde *Bossuet*, o perseguidor do nobre e apostolico *Fenelon*, até *Chateaubriand*, depois de convertido, tem sido estas antisociaes e despoticas doutrinas profusamente espalhadas e feito um dos mais engenhosos e importantes capitulos dos cathecismos politico-religiosos de todos os Governos."

[4872] *Ibidem*, I, Dezembro de 1819, págs. 349 e ss., curiosamente parece arrepiar um pouco o caminho e desinteressar-se, sob forma deliberada, da questão. Escreve pois que "O Governo] representa o Poder supremo, em quanto este se compoem da lei fundamental do Estado, das leis particulares, e de todas as vontades que fazem, e executão, e applicação todas as leis. Isto supposto, se com forme o titulo deste paragapho, o poder supremo dá as garantias individuais, e as torna inviolaveis, *nenhuma necessidade teremos de indagar donde procede o dito Poder, ou como se estabeleceo, formou, construio e organizou. Como o effeito he bom, pouco nos importa descubrir a causa, pois que qual quer que ella seja, he excellente, e vemos cumprido o fim da sociedade*."

[4873] *Ibidem*, I, Julho de 1819, "Prospecto", pág. 6.

[4874] *Ibidem*, II, Maio de 1820, pág. 342: "No seculo em que vivemos he hoje moda dizer-se que os Povos são ou tem sido revolucionarios: nós com tudo vamos contradizer esta falsa acusação, e rapidamente mostraremos, que os Governos são os únicos que tem feito as revoluçoens no mundo; e que só apenas um ou outro Povo tem feito uma ou outra *contra-revolução*, isto he, so tem repelido as agressoens dos seus proprios Governos. (...) Mas deixando de parte muitos delles, olhemos agora so para *a França onde a contra-revolução de 1789 foi terrivel e espantoza*, e como assim influio mui de perto em todos os mais Governos da Europa." O mesmo tipo de raciocínio serve para ilustrar os acontecimentos de Espanha, em 1812, uma vez que "Que fizerão os Hespanhoes em tão arduas circunstancias? *Fizerão uma contra-revolução; isto he, destruiram toda a administração revolucionaria de seus Reis, voltaram às suas primeiras instituiçoens, convocaram suas Cortes, e com ellas se salvarão á si, a patria, o throno e o Rei. E foi isto uma revolução em sentido rigoroso? por nenhum modo: a revolução tinha sido obra dos Reis; a contra-revolução foi obra do Povo*."

completamente inaceitável[4875] e que o seu conceito de revolução terá muito que ver com o da antiga república de Cromwell[4876], não se poderia esperar muito diverso posicionamento.

O Governo português está em estado de revolução[4877]. Significa isto uma ideia de revolução diversa da actual, tal como foi pintada até agora. Contudo, percebe--se perfeitamente no quadro da ideia de contra-revolução no sentido de "contrário à Revolução francesa, que já ficou explicada. Não é a permanência escatológica – o homem no tempo atinge o não-tempo, a eternidade, que defende. Antes e reitere-se, a versão do tempo inglesa, a que o redactor adere. Pois se entende que em Portugal não se preservam as antigas instituições, leis, hábitos e costumes[4878], que outra conclusão poderia tirar[4879]?

Porque se assume como verdadeiro liberal, não pode o redactor deixar de reflectir que a actual *Carta* francesa, de 1814, apresenta – em seu entender – semelhanças com a *Constituição de 1791*. Neste contexto, o que importa é a reflexão que faz, segundo a qual é lamentável que a primeira que foi tão atacada se tenha transmudado na

---

[4875] *Ibidem*, I, Setembro de 1819, pág. 160: "Chama-se ordinariamente revolução o transtorno que sofre um paiz pela inteira mudança das suas leis, habitos, e costumes (...)."

[4876] *Ibidem*, I, Setembro de 1819, pág. 160: "(...) diz-se que um paiz está revolucionado se, em vez de reger-se por suas antigas leis, habitos, e costumes, he regido pela vontade arbitraria de um so homem, ou de uma Oligarchia composta de uns poucos de individuos. Em Governos assim constituidos, e em verdadeiro estado de revolução, não há outra lei se não a vontade de quem manda (...)."

[4877] *Ibidem*, II, Maio de 1820, pág. 345: "Não he necessario provar-mos que o nosso Governo está em actual e completa revolução, porque esta triste e inegavel verdade já está mui amplamente demonstrada (...). Assim suppondo agora que o Povo Portuguez Europeu, cançado dos males que o tem affligido e affligem, em consequencia dos principios revolucionarios que dirigem seu Governo; animado ou instigado por o heroico exemplo de seus visinhos os Hespanhoes, e convencido a final que seu proprio Governo, surdo ás vozes da Razão, justiça, e boa politica, teima em sustentar a sua revolução, e em não restituir ao Povo nenhum dos direitos que lhe traz usurpados; toma, depois de um muito maduro e prudente juizo, a necessaria e legitima resolução de se oppor com energia e franqueza ás sem razoens dos que arbitrariamente o tem governado e governão: perguntamos: será tido ou havido como revolucionario o Povo Portuguez? Por nenhuma forma: o Povo Portuguez, neste caso, não fará mais do que cumprir com a primeira lei da natureza, que ordena a qualquer homem o repelir a força por a força. Nem será revolucionario, por que seu fim não he outro mais do que suspender os terriveis effeitos de uma longa revolução (...)." A questão é retomada em idênticos termos depois da Revolução de 1820.

[4878] *Ibidem*, I, Setembro de 1819, pág. 162: "A primeira e fundamental lei da Monarquia Portugueza he – que entre o Rei e o Povo haja o grande Conselho da Nação, denominado Cortes, e que este illumine, auxilie e vigore as operaçoens do Governo em favor do throno e do Povo: mas este conselho já não existe, e foi illegalmente supprimido: logo este acto illegal foi verdadeiramente revolucionario; e pois que dura ate hoje, tambem certo he que ainda hoje estamos em revolução permanente."

[4879] *Ibidem*, I, Setembro de 1819, pág. 161: "(...) applicaremos nossa supposição ao Governo Portuguez como um dos que mais se escandalizão da Liberdade de escrever, e como aquelle que sob pretexto de arredar de si revoluçoens, prohibe ou suffoca os escriptos em que se tratão questoens de politica. Então se com effeito virmos que em nosso paiz há um transtorno absoluto de leis, habitos, e costumes; que em vez de uma legislação fixa e igual para todos, há uma so vontade arbitraria que destroe hoje as leis que fez hontem, que na pratica segue como quer e quando lhe parece as mesmas leis que formou; que dispoem a seu bel-prazer das pessoas e bens do Povo; e que esta vontade arbitraria não he outra couza senão o Poder absoluto de uns poucos de servos da Coroa que, sem nenhuma responsabilidade, tão arbitrariamente dispoem da pessoa do Rei como das pessoas dos vassallos, não poderemos á vista disto negar, que a nossa patria está em actual revolução (...)." *Ibidem*, II, Maio de 1820, págs. 304 e ss., especialmente pág. 307, reforça esta ideia.

segunda, devendo a aceitação dos princípios de 1791, consagrados(!?) em momento próprio, ter evitado a funesta guerra que assolou a Europa[4880].

De facto se, como defende, a Revolução Francesa apenas existiu por inépcia do Poder político em seguir as suas obrigações, nunca os direitos dos cidadãos, onde se fundam as suas garantias fundamentais, deverão ser questionadas. Mais que isso, requerem as mesmas formalizações para que se imponham, a todas as Autoridades públicas[4881].

Reconhecendo que os franceses foram obrigados a agir como agiram, mas não aceitando o modo pelo qual o fizeram, incita D. João VI a trabalhar no sentido de repor as garantias individuais dos portugueses em vigor, antes que alguma convulsão o faça por ele. Para pior, relativamente ao que o plano histórico e reformista[4882] que defendia, tanto prezava[4883].

Por outro lado, se é verdade que discorda dos métodos franceses, apoia a coragem espanhola de 1808 e anos subsequentes, elogia a Liberdade reconquistada pelos nossos vizinhos nos princípios de 1820[4884] e incita os portugueses a tomarem idênticas medidas[4885]. Ora, se a *Constituição de Cádiz* é de influência francesa e do seu Texto Fundamental de 1791, por muito que não queira, acaba aceitando não apenas esta Constituição gaulesa – o que se sabe ser verdade – como, indirectamente, tem de sufragar as mudanças constitucionais da França revolucionária.

Analisando as propostas que apresenta em sequência, plasmam-se certas contradições no seu Pensamento. O redactor pretende que se reponha em vigor a antiga Constituição histórica nacional[4886], sugerindo na defesa dos direitos individuais,

---

[4880] *Ibidem*, I, Julho de 1819, pág. 33: "mas chega a paz, e Luis XVIII (...) he o primeiro que offerece ao seo Povo uma Charta Constitucional quaze em tudo semelhante a aquella que em 1791 tão escandaloza tinha parecido E não teria sido então melhor aceitar a primeira do que vir a dar outra em 1814 depois de tantas calamidades que affligiram os Reis e as naçoens? (...) He pois tambem uma verdade, que nunca deve esquecer, haver sido grande e fatal imprudencia o ter-se negado aos Francezes em 1791 uma dívida, que se foi obrigado a confessar e a pagar em 1814."

[4881] *Ibidem*, II, Janeiro de 1810, pág. 3: "A primeira condição, para que as garantias se tornem inviolaveis, he que ellas sejão declaradas e sanccionadas em termos claros e exactos, não como proposições geraes, ou como maximas de Estado, porem como regras e leis positivas impostas á todas as Auctoridades publicas."

[4882] *Ibidem*, I, Outubro de 1819, págs. 219 e 220: "os progressos que o espirito humano tem feito, a pezar de todos os obstaculos das Inquisiçoens religiozas e civis, a fatal experiencia do passado, e os temores que o futuro inspira, mostrão mui bem que nossas instituiçoens estão altamente pedindo uma *reforma*, reforma proporcionada a geral opinião publica do Povo."

[4883] *Ibidem*, I, Setembro de 1819, págs. 168 e 170, enumera essas garantias individuais, a cujo desenvolvimento individualizado procede em I, Outubro de 1819, págs. 222 e ss.: "1º Da Segurança pessoal"; págs. 251 e ss.: "2º Da Propriedade individual"; I, Novembro de 1819, págs. 275 e ss.: "Da Liberdade de opinioens"; págs. 309 e ss.: "4º Da Liberdade de Consciencia"; I, Dezembro de 1819, págs. 349 e ss.: "5º Dos Governos, que realmente dão garantias individuais".

[4884] *Ibidem*, II, Abril, 1820, pág. 236; págs. 292 e ss.

[4885] *Idem*, II, Abril, 1820, pág. 236: "tal he a situação de Portugal: elle podia ser arbitrariamente governado em quanto Hespanha era tiranicamente regida: mas agora que Hespanha recobrou a Liberdade, e vai gozar das bençaons de um Governo constitucional, os Portuguezes não podem continuar a ser arbitrariamente regidos. A influencia da Liberdade Hespanhola deve, por conseguinte, entrar a operar mui cedo em Portugal: assim o que convem nesta cazo mui seriamente se deve meditar."

[4886] *Ibidem*, II, Janeiro de 1820, pág. 9: "(...) nos não queremos *Constituição nova ou nova administração*; queremos o nosso Rei, queremos o nosso Governo: mas so pretendemos que este solemnente

matérias que em tempo algum haviam feito parte da mesma, sendo até incompatíveis com o seu espírito[4887]. Talvez se estivesse a lembrar da Constituição inglesa, mas, em bom rigor, tratava-se da portuguesa.

Neste domínio aponta o redactor que sendo as garantias individuais colocadas na classe das Leis Fundamentais[4888], deverão as mesmas focalizar o zelo por um conjunto de "vontades públicas" conjugadas, a saber: a vontade da Nação, a de uma Assembleia representativa, a do Governo; e a das classes privilegiadas[4889].

A ausência da primeira configura-se como um absurdo histórico. Deverá, contudo agir sempre em harmonia com as restantes – sobretudo com a segunda[4890] –, sob pena de revoluções sanguinárias ou comoções violentas, que apenas servem para incrementar a licença, prejudicando a Liberdade[4891]. Cumprirá, pois, à Nação escolher mais impolutos representantes na defesa da sua Liberdade como Nação e dos direitos individuais, de cada um dos seus cidadãos[4892].

A fluidez do Pensamento do redactor, que neste ponto e no próximo se assiste sem dificuldade, constitui-se, na realidade como uma das maiores dificuldades na abordagem e sistematização das ideias ora em observação.

Apoiante dos princípios da Revolução Francesa, consubstanciados na ideia de Liberdade e Igualdade, recrimina o milenarismo logo que vem à tona, razão pela qual o sistema constitucional inglês será mais adequado na explicação da formação da sociedade e do Poder político[4893]. Significa isto – conforme se verificará no próximo ponto – que tal como Hipólito da Costa, balanceia entre uma revolução, cujos princí-

---

renuncie á seus actos arbitrarios; e nos restitue *nossas Cortes* com que nasceo a monarquia, e forão creados nossos avós: porque com ellas não só teremos as garantias individuaes que nos faltão, mas uma sentinela constante que cuide em defende-las."

[4887] *Ibidem*, I, Setembro de 1819, págs. 168-170. Por exemplo: "4º Todas as injurias, calumnia e sedição devem ser castigadas como crimes ou delictos; mas para que isto se faça com rectidão e legalidade requer-se, que as opinioens manifestadas por palavra, escripta, e Imprensa sejão livres; não estejão sugeitas a censura previa ou subsequente; e não sejão directa ou indirectamente dirigidas pelo Poder administrativo. 5ª A Liberdade de religião ou de crença em materias religiosas deve declarar-se e estipular-se como um dos primeiros direitos do homem, que nem moral nem fisicamente pode ter uma opinião universal. 7ª Todas as questões suscitadas entre os subditos e a Auctoridade publica devem ser decididas por Jurados e Juizes, e nunca por agentes amoviveis do Governo (...)."

[4888] *Ibidem*, II, Janeiro de 1820, pág. 4.

[4889] *Ibidem*, II, Janeiro de 1820, pág. 5.

[4890] *Ibidem*, II, Janeiro de 18120, págs. 5 e ss., especialmente pág. 7: "(...) não fica á vontade nacional outro alliado ou poder auxiliar se não a vontade de uma assemblea representativa. (...) A boa escolha de representantes he o principal, e talvez o único meio de se poderem conseguir garantias no paiz em que as não há. He preciso que haja uma assemblea, composta de homens bons, leaes, e independentes, que energicamente as reclamem, e que mostrem não terem em vista outros interesses politicos alem daquelles que estão incumbidos de guardar e defender."

[4891] *Ibidem*, II, Janeiro de 1820, págs. 5.

[4892] *Ibidem*, II, Janeiro de 1820, págs. 7 e ss.

[4893] *O Portuguez*, II, nº 7, págs. 6 e 7: "Na verdade, não podemos conceber como alguns homens, que figuram na revolução, famosos pelo seu engenho, e saber, como bem o mostram por seus escriptos; homens, que tinham um analytico, e profundo conhecimento da natureza humana, se deixassem cegar, e desvairassem, a ponto de renunciar ás 1ªs verdades da natureza, e da experiência, pertendendo abolir nos cidadaons todos os habitos sociaes, levalos até ao estado de natureza (que elles nunca haviam conhecido) para depois outra vez os condusir a uma nova, e chimerica sociedade da sua fabrica."

pios constitucionais reflectores da dignidade humana apoia[4894], e os meios utilizados não apenas para os atingir, como para os manter[4895].

Mais uma vez, o fim – as Ideias Políticas em observação – parece ser a todos os títulos de elogiar; os meios utilizados, de todo em todo, as mais das vezes, condenáveis por excessivos. O exemplo que encontra da religião, perseguida pelos "anarchistas" – leia-se jacobinos –, com a criação de novas religiões, pode justificar à luz do Pensamento de João Bernardo o descambar em que os sãos princípios de 1789 se viriam a tornar. Bonaparte, por sua vez, completou as justificações caseiras para que "haja Governos tão desarraosados, e injustos, que recusem abraçar reformas necessarias, só porque ellas foram introdusidas pelos Franceses"[4896].

Foi ao amor pela Liberdade que desde sempre os Povos mantiveram que as suas antigas Constituições históricas se ficaram a dever. O momento em que vive fá-lo estabelecer, neste contexto, um paralelo actualizado com a "Hespanha, e a Holanda que tinham perdido a sua Liberdade; e athé a mesma França"[4897]. Simplesmente a França merece nota de destaque, já que depois de tantos anos volvidos sobre 1789, tanto sangue derramado e tantas tropelias internas e externas[4898], apenas se pode individualizar perante o resto da Europa revolucionada[4899].

[4894] *Ibidem*, III, nº 14, "Memoria dirigida ao Rey [Luis XVIII], em Julho de 1814", pág. 140. O Autor desta "Memoria" é um partidário do debate contratualístico entre estado de natureza e sociedade, questão que não apoia mas, em qualquer caso, não enjeita, em nome de valores superiores, introduzir no periódico. Assim, "(...) o estado de civilização, que mais se deve desejar, exige o sacrifício d'uma porção da Liberdade natural. (...) Entre a Liberdade absoluta, e o Poder existe esse maximo, que se busca, da prosperidade nacional, isto hé, para o obter hé de necessidade, que de um lado a Liberdade se contenha dentro de certos limites, e d'outra banda o Poder seja limitado: a esta Liberdade assim restricta chamo eu Liberdade social, e a este Poder assim temperado dou o nome de Poder legitimo. Devem por tanto os cidadaons renunciar a chimera da Liberdade absoluta, assim como a injusta pertenção do poder illimitado: cada qual deve generosamente largar por mão tudo o que impéce á prosperidade, que deve ser o voto geral da sociedade."

[4895] *Ibidem*, VII, nº 37, pág. 702: "Em quanto eu não perder a esperança das reformas capitais, que se hão mister na administração do Governo portuguez, sempre se me verá o defensor natural dos principios moderados da reforma, e o campião da augusta Caza de Bragança, ainda menos por os direitos da legitimidade, do que por a firme convicção, em que estou, de que essa familia hé a que melhor nos convem, para nos reger com moderação; pois são necessarios os heróes para fazer conquistas, mas não para bem governar os Povos, que são protegidos por uma constituição." Veja-se no mesmo sentido o que antes disso havia mencionado em V, nº 30, págs. 584 e 585, a respeito de um verdadeiro requisitório contra os soberanos da Casa de Bragança, que considera responsáveis pela miséria e incapacidade dos portugueses.

[4896] *O Portuguez*, II, pág. 10, nota.

[4897] *Ibidem*, I, nº 1, "Introdução", pág. 9.

[4898] *Ibidem*, III, nº 14, "Memoria dirigida ao Rey [Luis XVIII], em Julho de 1814", pág. 133: "A revolução franceza foi um composto d'heroismo, e de cruezas, de feitos sublimes, e de desordens monstruosas: ora todas as familias, que ficaram em França, de necessidade tomaram parte mais ou menos effectiva na revolução; todos os sacrficios mais ou menos sensiveis; todos déram filhos para a glorioza defeza da pátria, por isso eram todos interessados em que a empreza fosse coroada da victoria. O contrario aconteceo: aquelles, que mais oppostos se hão mostrado á revolução, buscam o faze-la apparaecer no ponto de vista mais desfavoravel. Os acontecimentos gloriozo sam esquecidos, os desfigurados; olham-se com desprezo affectado os sacrifícios infecundos, e alevanta-se o grito da indignação contra aquelles, que de algum modo participaram de tudo quanto se há feito."

[4899] *Ibidem*, I, nº 1, pág. 108: "A Constituição franceza [a *Carta* de 1814], ainda que modelada sobre a inglesa, está bem longe de ter a mesma perfeição; mas enfim hé uma constituição, um certo freio, que acautella os excessos do Poder arbitrário, e já isso hé uma não pequena vantagem."

DA HISTÓRIA DA IDEIA DE LIBERDADE (SEQUÊNCIA)

Em Portugal, e se o país não quiser ser submerso perante uma Nação – a Espanha – que ao momento é baluarte de Liberdade[4900], apenas se poderá seguir um remédio: "começarmos nós mesmos por ser livres, sob os auspicios da augusta casa reinante; he necessario montar a machina politica sobre reparos, e rodas, que assegurando a Liberdade civil, lhe dêem a maior força e duração, que possa ser"[4901].

Também aqui parece, haver em certos pontos do discurso, mesmo quando ele se sustenta em bases ideológicas, algumas claras contradições no raciocínio do redactor. Senão, como caracterizar, conhecendo o seu posicionamento, afirmações que depois de elogiarem a *Constituição de Cádiz*, lhe encontram defeitos "(e o principal era não terem em ella representação separada os nobres, e o clero, corpos muito poderosos em o reyno)"[4902]?

Esta afirmação de imediato coloca João Bernardo na órbita do sistema inglês, caracterizado pela existência de duas Câmaras, com equilíbrio de Poderes[4903] e que também já havia elogiado na conformação da *Carta* francesa de 1814, mas que não corresponde em nada aos resultados efectivos saídos das primitivas Constituições francesas, que de facto, muito admirava. O facto de a *Constituição de Cádiz* misturar tradicionalismo histórico com inovação liberal era a sua maior virtude, mantendo que a manifestação que testemunhava da vontade nacional seria a sua maior virtude[4904].

É o próprio sistema seguido pelos ingleses que fica, neste quadro, bastante favorecido e João Bernardo partilha com Burke e alguns outros, a ideia das teorias abstractas como factor nocivo na defesa da ideia de Liberdade[4905]. Mantém-se uma certa dose de flutuação no seu discurso, que tanto se inclina à defesa do Constitucionalismo

---

[4900] *Ibidem*, I, nº 1, págs. 104 e 105: "Este nobre, e grande reyno tem, com o nosso Portugal, o raro merecimento da primasia na causa da Liberdade (...). A Hespanha, á custa de muitos sacrificios na verdade, tem adquirido bens inestimaveis por seu immenso valor: tem agora uma Constituição, que a salva da tyrania dos Godois, e fará que seja, como hé natural, uma grande Nação."

[4901] *Ibidem*, I, nº 1, "Introdução", pág. 14.

[4902] *Ibidem*, I, nº 2, pág. 169.

[4903] *O Portuguez*, III, nº 14, "Memoria dirigida ao Rey [Luis XVIII], em Julho de 1814", pág. 141: "Ainda que a theoria não possa fixar os limites dos diferentes Poderes, he claro, todavia, que a instituição d'estes deve ter por fim a maior prosperidade nacional; e por isso as distincçoens e privilégios não devem entrar na organização, se não em quanto elles servem a encher aquelle único objecto, e fim (...)."

[4904] *Ibidem*, I, nº 2, pág. 170.

[4905] *Ibidem*, III, nº 14, "Memoria dirigida ao Rey [Luis XVIII], em Julho de 1814", págs. 121 e 122: "O estado social, como hoje o vêmos, hé uma lucta continua entre o desejo de dominar, e o desejo de sacodir a dominação: os partidistas da Liberdade illimitada têm por illegitimo qualquer Poder, por mais restricto, que seja: os partidistas do Poder absoluto criminam de abusiva qualquer Liberdade, por mais limitada, que seja; aquelles não conhecem direito, que os governe; estes não podem imaginar, que haja direito de pôr limites á sua Auctoridade: uns defendem a Igualdade perfeita entre todos os homens; outros, o privilegio innato de alguns para governar os outros (...) Para bem julgar tal questão, necessario seria podermo-nos soltar de todas as prevençoens, transportando-nos em ideia aos seculos futuros, e ainda n'esse cazo se havia mister o podermos ignorar os resultados da historia, e desfazer-mo-nos da inclinação quasi irresistivel, que todos temos, de julgar as coisas pelos acontecimentos. *Ora verdade he, que o modo de decidir a maior parte das questoens hé de alguma sorte justificado pelos desvarios, a que nos guiam quais sempre as theorias abstractas; e d'isso pode a revolução fornecer funestas provas ás geraçoens futuras, havendo ella sido preparada por um montão de escriptos puramente philosphicos.*"

francês[4906] e seus princípios e Textos Fundamentais, como assinala o desvirtuamento que tais teses podem assacar à ideia de Liberdade[4907].

2.5. Da Liberdade social ao modelo prático ou a ovação à História

O redactor é nitidamente um utilitarista, ponto que nem se estranha nem parece possa sofrer refutação. Em termos formais, difícil seria uma diversa acepção, equacionando o tempo e o modo, o local e a sistemática onde o *Correio Braziliense* viu a luz. No plano dos conteúdos, vem de Hume a caracterização e assinala-se sobretudo com a tutela de Bentham, ao tempo individualidade extrema projecção no seu país e cujas concepções filosóficas não deixariam diferentes os intelectuais de todos os quadrantes que com elas contactassem.

Na verdade Hipólito conhecia bem a "maior felicidade... do menor número" que em Portugal como em Espanha se vivia; o progresso social é, pois, antagónico desta interpretação restritiva e apenas pela subversão conceptual o remédio poderá ser eficaz. Sem o que, nem o maior conjunto de boas vontades transmudaria em máximo divisor comum aquilo que a todos deveria ser objecto de igual dignidade, a saber, a Liberdade[4908] e a Igualdade sem confusão com qualquer acesso de anarquia.

Por outras palavras, nem Despotismo nem Anarquia, nem Absolutismo nem Democracia; moderação de conteúdos e aplicação no possível do receituário histórico inglês, como meio de travar quer o reaccionarismo absolutista quer o radicalismo revolucionário.

No número de abertura[4909], onde a propósito da publicitação das decisões do Parlamento inglês, assinala-se a proficuidade de um sistema de monarquia temperada,

---

[4906] *Ibidem*, VI, nº 32, pág. 160: "A cantilena usada por os mandoens hé a maldita revolução de França, e as enormidades que ella acarretou: sim a maldita revolução de França; a Deos não praza que n'algum tempo se tornem a renovar os seus horrores, espectaculo, que pode ser cobiçado por um demónio, mas nunca deixará de fazer estremecer a quem anhéla por a boa ordem e justiça da Liberdade constitucional; porem se o Povo se vêe opprimido e esmagado por os seus Governos, como se pode tolher ao Povo o uso natural dos seus direitos, que hé o despir de si a oppressão, e mudar do estado violento para o alivio da quietação? *O espirito da revolução hé tão natural aos Povos, como aos corpos o hé a elasticidade* (...).''

[4907] *Ibidem*, VII, nº 37, pág. 717: "Senhor! Não pense V. M. que os seus Portuguezes lhe pedem uma Liberdade, que venha a destruir o throno, e confunda todas as ordens e todas as classes: oh! Não; isso não hé Liberdade (e dar lhe esse nome hé prostituir o nome da virtude, aplicando-o a fins profanos esse estado hé o de licenciosidade; e Deos nos guarde d'elle; *que antes eu quero mil vezes o raio de um Rey despota ameaçando a minha cabeça, do que quero ter o Povo por tyranno, como o qual não há outro mais furioso. Porem não hé essa a Liberdade, que lhe demandam os seus Portuguezes, nem elles querem ver a confusão e anarchia do Povo, governando só e individualmente, quando elle hé o que sempre deve obedecer; todos os votos dos bons Portuguezes são, o receber uma Constituição livre, que o throno firme e consolide, ao passo que defenda os direitos do Povo fraco e mesquinho contra as invasoens dos poderosos* (...).'' Saliente-se o facto de João Bernardo defender que o Povo é quem sempre deve obedecer, o que na prática significa a lesão da Liberdade política em proveito da defesa das garantias individuais. Ponto em mais uma vez se aproxima de José Liberato.

[4908] *O Correio Braziliense ou Armazem Litterario*, III, 1809, nº 19, pág. 653: "O Poder arbitrário he em si mesmo tão odioso, por não dizer tão horrivel, que até os mesmos que o excitam, se não atrevem a dizer que he mao o detestallo; porque elles nunca concedem que o exercitam. Pelo contrario a inclinação a usar de sua vontade, segundo as proprias luzes, he impressa desde o nascimento no fundo do coração de todos os homens. *O homem he tão essencialmente livre, como he homem, e se a ignorancia pode fazer com que por algum tempo desconheça os meios de defender-se, toca a um Governo sabio prevenir os effeitos da desesperação.*"

[4909] *Ibidem*, I, 1808, nº 1, págs. 33 e ss.: "no Parlamento há sempre hum grande numero de membros oppostos ao systema de politica dos Ministros, a que se chama Partido da Opposição; estes

em que o próprio Poder Legislativo está sujeito a fiscalização interna da Câmara por parte das oposições. Do mesmo modo, o Executivo nada pode sem que a Câmara dos Comuns dê a sua aprovação, sintoma deveras eficaz e que, ainda que neste particular Hipólito da Costa se abstenha de o pormenorizar, vai no sentido da defesa e prevalência para Portugal de uma monarquia deste tipo, algo distinta da proposta pelos afrancesados, tão arreigados às soluções propostas pela Revolução Francesa, ainda quando não reviam as atitudes de Napoleão na mesma. Eis, pois, uma forma de defender a Liberdade da própria sociedade, sem a qual a dos indivíduos, no sistema inglês, não passa de uma miragem.

E raciocinando em termos de possível paralelo a estabelecer entre a Constituição inglesa e a portuguesa[4910], o redactor não perde a ocasião de mostrar as suas duas costelas: a portuguesa de origem e a inglesa de adopção[4911]. Assim e reflectindo neste sentido, entende que Portugal tem Constituição política, a qual "apenas em alguns pontos tem que ceder à Constituição Ingleza, que a Europa illuminada tanto admira"[4912]. Na verdade esta Constituição apenas por força do despotismo acabou por perder a sua força, coisa em que os portugueses com o seu espírito acomodatício aceitaram sem grande reclamação e, em Inglaterra, nunca seria possível. A diferença óbvia e que Hipólito da Costa desenvolve é a que existe entre Governos livres e Governos absolutos, "onde se trata de estabelecer a maxima; que a Authoridade extrinseca dos que governam merece sempre obediencia, só por isso que elles governam".

O desenvolvimento das ideias que a seguir manifesta, implicam uma absorção quase total dos princípios da Constituição inglesa, nomeadamente no que respeita ao facto de não se questionarem a obediencia e o respeito ao soberano, encarados como dever sagrado e que por inépcia poderiam fomentar a anarquia, "o maior crime que se pode cometter n'um Estado"[4913]. Assim sendo, a limitação de Poderes imposta ao soberano pela Constituição inglesa são em primeira linha um benefício para o Povo e, em segundo plano, uma garantia para a própria permanência e estabilidade para o soberano, factores que conjugados são as traves mestras da Liberdade inglesa[4914].

---

estimariam achar a menor falsidade nas contas apresentadas pelos Ministros de Estado; e elles podem averiguar essas contas; por que o Parlamento tem direito de nomear comissoens de entre os seus membros para examinar os registos publicos; de maneira que ainda que os Ministros inglezes fossem tão faltos de probidade, que não tivessem outro motivo para deixar de dar contas falsas ao Parlamento, o temor de serem expostos pelo Partido da Opposição seria mais que sufficiente razão para se não atreverem a falsificar nenhum documento, que apresentassem ao Parlamento (...)."

[4910] *Ibidem*, III, 1809, n.º 15, pág. 179: "(...) deixando á parte as noçoens meramente especulativas, e theoreticas de Governo, reduzindo ésta materia a certos pontos essenciaes, tomarei em cada um delles um período na historia de Portugal, e o comparei com o seu correlativo na de Inglaterra; despois mostrarei os progressos de declinação em uma parte, e os de perfeição na outra; trazendo a historia destes pontos de Direito Publico, em quanto elles forem susceptiveis disso, até aos tempos em que vivo; sendo, como sou, testemunha da grande prosperidade de uma Nação, e da quasi annihilação da outra."

[4911] *Ibidem*, III, 1809, n.º 15, págs. 175 e ss.: "Parallelo entre a Constituição Portugueza e a Ingleza", questão que se irá prolongando ao longo de uma série de números e que se pauta como uma curiosissima fonte de reflexão para o tema.

[4912] *Ibidem*, III, 1809, n.º 15, pág. 176.

[4913] *Ibidem*, III, 1809, n.º 15, pág. 177. E prossegue: "Quando pois fallo de que a Nação não deixe ao partido que governa, apoderar-se de direitos, que não competem ao Monarcha; entendo por isto os remedios legaes; quaes elles sejam, em Portugal, a historia da Nação os mostra (...)."

[4914] *Ibidem*, III, 1809, n.º 15, pág. 178: "(...) desta segurança, e inconcussa firmeza do throno, que tem a sua baze na Liberdade da Nação, se segue, que o Povo jamais pode tentar o menor ataque

No quadro das imposições da Constituição inglesa assegura-se a Liberdade do indivíduo e a da sociedade[4915]. Por uma parte mantém-se e incrementa-se a Liberdade de falar e de escrever, a possibilidade que todos têm de participar na governação e a Igualdade formal perante a lei. Noutra via estabelecem-se restrições à Autoridade governante, a total Liberdade de expressão e amplo debate nas Câmaras legislativas, o equilíbrio de Poderes e a submissão do Poder militar ao Poder civil.

Dispensando o pormenorizado relato que estabelece em termos comparativos quanto às instituições geradoras ou inibidoras da Liberdade em ambos os países num termo inicial datado de 1066 – com a batalha de Hastings e o início do reinado do normando Guilherme, "O Conquistador[4916] – e que se aproxima do lusitano acto fundador da nacionalidade[4917], as aproximações inclinam-se todas no sentido de justificar em "quid" equivalente entre as ideias de Liberdade nos dois países. Ao caso, Portugal fica efectivamente em posição de superioridade porque em Inglaterra o direito ao reino se adquiriu por conquista, enquanto em Portugal foi por pacto efectivamente celebrado entre o eleito e os seus eleitores[4918].

---

contra o Poder Executivo; porque sabendo a intima conexão que elle tem com a prosperidade da Nação, e resto da fabrica politica do Estado, conhecem todos que o mal rechairia sobre a Nação, e perderiam as vantagens de que agóra gozam (...)."

[4915] *Sobre a Constituição de Inglaterra e as principaes mudanças que tem soffrido, tanto no seu espirito, como na sua forma, desde sua origem até os nossos dias*, págs. 9 e ss., apresenta uma perspectiva semelhante sobre as vantagens da Constituição inglesa por comparação com as dos outros Povos. Trata-se de uma visão essencialmente histórica e bastante mais vocacionada para a interpretação de Burke – nunca citando o seu nome – que para a De Lolme ou Blackstone, que aliás contesta directamente. Eis algumas das ideias expostas: "(...) o engenho politico dos inglezes não tem sido mais profundo que o dos outros Povos; que elles nunca preverão o effeito das modificações das suas instituições, as quaes forão o resultado das circunstancias, e algumas vezes de hum feliz acaso; e que o merecimentos dos seus legisladores tem consistido em hum grande apego aos seus antigos usos, e huma decidida aversão a todas as innovações que não erão absolutamente necessarias. Deste modo as suas instituições primitivas receberão o desenvolvimento que os tempos lhes permittião, chegando por fim ao gráo de perfeição de que erão susceptíveis."

[4916] *O Correio Braziliense ou Armazém Litterario*, III, 1809, nº 16, pág. 309: "O Estabelecimento de Guilherme o Conquistador, na Inglaterra, he de natureza muy differente [em relação ao caso português]. Reynava em Inglaterra, com o consentimento geral da Nação, El Rey Haroldo, quando Guilherme, Duque da Normandia, atravessando o canal com um poderoso exercito, derrotou inteiramente os Inglezes na batalha de Hastings, e se proclamou seu Rey." O processo seguido foi o da conquista a que se seguiu a tirania com instauração do sistema feudal do continente em Inglaterra e arvorando-se Guilherme como seu único e definitivo suserano, com concentração definitiva de Poderes.

[4917] *Ibidem*, III, 1809, nº 16, págs. 306 e ss.: "Junctos os tres Estados do Reyno, em Lamego, que forão convocados sem nenhuma permissão do Rey de Leão; servio de orador Lourenço Viegas, e perguntou aos da Assemblea se queriam ao Conde D. Affonso Henriques por seu Rey; e todos responderam que sim. Pedio-les mais Viegas o seu consentimento, sobre a forma de successão; e responderam todos, que queriam que lhe succedessem seus filhos varoens, e em falta destes a fêmea, que casasse com Senhor Portuguez. (...) O Arcebispo de Braga foi o que entregou a coroa, pondo-a na cabeça a D. Affonso; o qual aceitou ésta nomeação, e reconheceo o vir-lhe do Povo a authoridade legal, nas seguintes palavras. 'Bemdito seja o Senhor Deus, que sempre me ajudou quando vos livrava de vossos inimigos com ésta espada, que sustento para vossa defeza; *Vos me fizestes Rey, e eu devo repartir com vosco o trabalho de reger, e governar. Eu sou Rey; e façamos leis, que mantenham no Reyno a publica tranquilidade*'." Assim D. Afonso Henriques reconheceu a origem da sua Autoridade no Povo, jurando que seria indigno da sua pátria se a não defendesse, por si e seus sucessores.

[4918] *Ibidem*, III, 1809, nº 16, pág. 310.

Assim se percebe o seu entendimento de Leis Fundamentais, como "limites dentro dos quaes sómente he permitido ao Legislador, ou authoridade Suprema, promulgar leis, e governar o Estado. O legislador deve submeter-se mesmo às leis que publica de sua própria Authoridade; porque assim dá o exemplo de submissão legal, que nunca se pode inculcar demasiado ao Povo; e as frequentes dispensas e revogações da legislação produzem infalivelmente o seu desrespeito." Além disso, "motivos de justiça, e de obrigação estricta, os deve compellir a não ultrapassar os limites prescritos pelas leis fundamentaes do Estado." Os Poderes majestáticos, que provêm do Direito Natural ou da essência e natureza da sociedade civil, são inalienáveis e os mesmo em todas as Nações enquanto a forma de Governo já depende da vontade das pessoas em cada país que constituem qualquer sociedade civil ou Nação[4919].

Ou seja, Hipólito da Costa, manifestando interesse pela Constituição histórica, entende que a soberania é limitada pelo Direito Público universal, ficando tal pertença exposta em função das Leis Fundamentais, que nesse particular são insusceptíveis de modificação em todo o tempo e lugar. Já quanto ao exercício da soberania, sua forma e por quem será praticada, isso dependerá da vontade colectiva da Nação, sendo susceptível de variações específicas em presença dos Povos concretamente considerados. Existe nestes termos Liberdade da sociedade ou Nação, garantida pelas suas Leis Fundamentais, que não são apenas os repositórios éticos dos limites à Autoridade da governação e marcam a forma de Governo, antes se posicionam como verdadeiras Constituições do Estado, em si mesmo, e que são insusceptíveis de qualquer modificação por parte dos governantes.

Neste contexto, há muito de Vattel na doutrinação, sendo ainda certo que o Poder é enquadrado como derivando das próprias imposições do Direito Natural, que antecede a sociedade civil, a enquadra e não permite que na mesma se imponham regras que não estejam em estreita harmonia com os preceitos da natureza[4920].

Diga-se que a posição do redactor é compaginada muito ao jeito da visão histórica inglesa[4921] e do tradicionalismo português[4922]. Falta a materialização dos preceitos de Direito Natural, que se para os ingleses e para o Consensualismo nacional dispensam consagração por via dos direitos abstractos, considerando-se "os homens" e não "o indivíduo", já para a tese francesa implicam não apenas letra de forma em texto legal, mas ainda a manifestação inequívoca dos limites objectivos à própria revisão da Constituição.

[4919] *Ibidem*, III, 1809, nº 17, pág. 372.
[4920] *Ibidem*, III, 1809, nº 18, pág. 536: "O Soberano que não observa as leis do Direito Natural, ou as fundamentaes do reyno, que são como outras tantas condições com que o Povo lhe entregou a coroa, he um tyranno, e renuncia ao direito que tinha. Assim tambem o Povo, que aproveitando-se das circunstancias infringe, de qualquer forma que seja, os direitos do Soberano, he um rebelde, que dá o direito ao Soberano de usar de todos os meios possivieis para o subjugar."
[4921] *Ibidem*, III, 1809, nº 17, pág. 375. Refere-se ao processo por jurados, de origem goda e a *Magna Charta*, como modos "de melhorar gradualmente a forma de Governo em Inglaterra."
[4922] *Ibidem*, III, 1809, nº 629, págs. 628 e 629: "(...) não obstante estes exemplos do Poder das Cortes em Portugal, de que o Parlamento em Inglaterra não produz maiores provas, são os direitos das cortes disputados, mal interpretados ou negados pelos aduladores, e parasitas; não por outra razão senão porque, em Portugal, não cuidaram em passar a escritpto, como se fez em Inglaterra, estas resoluçoens e declaraçoens supremas de toda a Nação, que, abaixo do Direito Natural, formam a mais respetável Authoridade, que pode prescrever limites á Liberdade natural do homem."

Além, do mais, o facto de se falar em Liberdade da Nação não equivale a soberania da Nação e este ponto, em termos de Liberdade da sociedade e do indivíduo faz toda a diferença. Uma coisa é a ideia "histórica" de um direito inviolável que deve ser seguido e pertence à comunidade e que em Inglaterra se exerce regularmente pela via das eleições, mas em que a Constituição pode ser alterada pelo Poder constituído, sempre que se verifique a sua necessidade. Outra o exercício desta faculdade apenas pelo Poder constituinte, originário da Nação, que esta não pode delegar em ninguém e se manifesta nas eleições pela escolha daqueles que vê como mais aptos para exercitarem tal atributo[4923].

Tradicionalmente, em Inglaterra, as alterações passíveis de se fazerem às Leis Fundamentais, decidem-se no Parlamento e perante os Poderes que os deputados usam em função das procurações dos seus constituintes, mas que depois se convolam em procurações com carácter nacional; em França, depois da Revolução Francesa de 1789, são feitas em Assembleias magnas constituídas para esse específico fim e onde os deputados representam a Nação; em Portugal e historicamente fazem-se em Cortes[4924], convocadas pelo Rei para discutir esses problemas e em que estão presentes as ordens da Nação que decidem apartadamente e não em conjunto as modificações a fazer[4925].

No primeiro caso há soberania nacional em interpretação histórica inglesa; no segundo soberania nacional por força da *Declaração de Direitos de 1789*; no terceiro Consensualismo, mas os "procuradores das cidades e villas em Portugal, ainda que mandados separadamente, depois de junctos representam todo o reyno"[4926].

Quanto à forma de Governo, que em Portugal foi estabelecida segundo os preceitos de Lamego para funcionar com exclusividade para a sociedade portuguesa, e pela via do Consensualismo, desde os tempos de Pombal se caracteriza no seu exercício pelo despotismo – o redactor prefere a expressão monarquia absoluta – concentrando o Rei em si toda a majestade[4927]. A partir desta fase abandonou-se o Consensualismo e adoptou-se a monarquia absoluta sob forma de Poder de origem divina.

[4923] A. Todd, I, págs. 85 e ss.

[4924] *O Correio Braziliense ou Armazem Litterario*, III, 1809, nº 17, pág. 374: "A existencia destas cortes, que são uma assembleia da Nação, representada por seus deputados, ou procuradores, he já de si mesma uma restricção ao exercicio dos Poderes, magestaticos; podendo até alterar a forma de Governo; porque se as Cortes, ellegendo o seu primeiro monarcha, pudéram estabelecer uma forma de Governo; tambem he claro que a podem revogar, a estabelecer outra."

[4925] *Ibidem*, III, 1809, nº 19, pág. 623: "A primeira ideia de Cortes, e de Parlamento inquestionavelmente se deduz das naçoens do Norte da Europa, que se estabelecerão em Portugal, e em Inglaterra. Em nenhuma daquellas naçoens custumávam os Povos entregarem ao seu primeiro magistrado, chefe, seu Soberano, todo o Poder de governar, sem reserva ou restricção." O redactor refere-se naturalmente aos godos, onde era o sistema electivo que funcionava em termos de sucessão régia e que terá influenciado os mais antigos reinos da Europa, com as fronteiras conhecidas no séc. XIX a questão é desenvolvida, sem interesse para nós, nas páginas que seguem.

[4926] *Ibidem*, III, 1809, nº 19, pág. 629.

[4927] *Ibidem*, III, 1809, nº 18, pág. 529: "(...) ninguem poderá com verdade negar estes dous factos, que a historia de Portugal prova com a maior evidencia; a saber: primeiro, que a forma de Governo em Portugal he de Monarchia, hereditária e absoluta; segundo, que debaixo desta forma de Governo foram os Portuguezes felizes, que se assignalaram com victorias, e feitos grandes, dignos de admiração do Mundo, e que Portugal, como Nação, fez sempre, entre as potencias das Europa, uma figura muito mais brilhante do que se podia e devia esperar, da estreiteza de limites de seu territorio; e pequenhos de sua população."

Porém, e por força das definições que antecedem esta observação, o redactor do *Correio Braziliense*, justifica que tal forma de Governo não deve ser entendida sem alguma precaução. De facto, "não entendo que elle tem direito de obrar a seu capricho tudo quanto quizer, bom ou máo; porque nem o Direito Natural que estabelece direitos majestaticos tal pode permitir; nem os Povos que designaram a pessoa do monarcha, para exercitar esses direitos majestáticos, tal cousa podiam ter em vista na sua designação; nem o mesmo monarcha, se o suppozer-mos como o devemos suppor, justo e virtuoso, quereria aceitar, caso alguém lho pudesse conferir, o direito de obrar mal"[4928].

Existem assim limites à acção governativa do monarca[4929], que malgrado as alterações se mantêm incólumes e foram sucessivamente decididas em Cortes com Poderes para tanto, apontando os casos de Coimbra e Torres Novas, para além de Lamego.

Quer dizer, em Portugal a soberania absoluta do Rei não se questiona[4930], tal como o gradual decair da importância das Cortes[4931], que desde D. João V deixaram de ser convocadas. Em Inglaterra e por influência da sua História política, há uma monarquia limitada[4932], ponto que de seguida desenvolve sustentando-se em Blackstone e De Lolme[4933].

De acordo com a posição que a seguir explana, Hipólito da Costa parece sufragar uma predominância teórica do monarca sobre o Parlamento inglês na feitura das leis. Para tanto serve-se da figura da promulgação, considerando que apenas depois do Rei assumir a lei como boa ela existe, ainda que o Parlamento seja indispensável para a fazer. Neste ponto não se pode deixar de discordar do redactor; na verdade e ainda que a iniciativa legislativa pertença ao monarca em termos teóricos, porque assim manda a tradição inglesa[4934], na prática quem faz as leis é a citada Assembleia, a que o monarca aporta a sua adesão.

[4928] *Ibidem*, III, 1809, n.º 17, pág. 373.

[4929] *Ibidem*, III, 1809, n.º 18, pág. 528 e 529, reconhecendo que a sua posição pode ser considerada algo dúbia, consoante a perspectiva de que se parte. Assim, "porque os partidistas do Poder arbitrario me chamarão democrata, revolucionario, e nivelador, pois eu não julgo, como elles, que o Soberano possa tudo, em toda a parte, e em todas as occasiões; e ao partidistas da democracia acharão, sem duvida, que eu sou um afferrado defensor do despotismo; porque inculco o respeito e obediencia, que julgo ser devidos ao Soberano, em um Governo Monarchico, tal qual he o de Portugal."

[4930] *Ibidem*, III, 1809, n.º 17, pág. 374: "Estas e outras restricções, não tiram que a monarquia seja absoluta, porque não dão a ninguém, senão ao Rey, o Poder de exercitar os direitos majestáticos; simplesmente designam os casos, ou o modo porque El Rey os deve exercitar; para prevenir o abuso que podia occorrer."

[4931] *Ibidem*, 1809, n.º 19, pág. 634: "Convenho, que os actos praticados pelo Soberano sem consultar as Cortes, não são nullos; porque a Jurisdicção existe no monarcha e só no monarcha; mas, faltando elle seguir, no exercicio do seu Poder, as formas que no Juramento, que dá em sua coroação, se obrigou a seguir, he certo que infringe as leis fundamentaes; em virtude das quaes he Rey."

[4932] *Ibidem*, III, 1809, n.º 17, pág. 379. Quer isto dizer, a necessária distinção entre monarquia absoluta e monarquia limitada, implica a exclusividade ou a repartição da soberania em vários órgãos do Estado.

[4933] *Ibidem*, IV, 1810, n.º 20, pág. 78: "O Poder dos Reys he limitado, e com muitíssima razão o deve ser." Cita uma das passagens da *Constituição de Inglaterra*, texto em devido tempo assinalado que serve a Hipólito da Costa para fundar o seu raciocínio.

[4934] *Ibidem*, III, 1809, n.º 17, pág. 379 e 380: "(...) os Actos do Parlamento começam pedindo a El Rey em forma de petição, e rogam que em nome e por Authoridade do Rey se faça lei sobre tal ou tal materia, com o Conselho do Parlamento."

Por isso e ainda que exista uma diferença entre a monarquia portuguesa e a inglesa, entende o periodista, que quer em Portugal, quer em Inglaterra, o Rei é o supremo legislador[4935], apontando ainda alguns malabarismos doutrinários ingleses para sustentarem que a coroa inglesa é sempre hereditária, ainda que o monarca provenha de eleição[4936]. Outro ponto de contacto que assinala entre as duas Constituições.

No que respeita aos Poderes do Rei, frisa a infalibilidade, a irresponsabilidade e a inviolabilidade do monarca inglês[4937]; o Rei nunca pode errar[4938].

Esta é a prerrogativa do Rei inglês, famosa a todos os títulos, alvo de tão acesa crítica de Thomas Paine e tão assinalada defesa de Edmund Burke, que em Portugal não se usava e depois de 1820 virá a ser debatida. A seu lado o facto de em Portugal, no presente momento, apenas ao Rei cumprir fazer leis, coisa diversa do que sucede em Inglaterra. E, do mesmo modo, a impossibilidade de se imporem tributos ao ingleses sem serem votadas pelo Parlamento, coisa que em Portugal de há muito ficou esquecida[4939].

Nem sequer se duvida da opção promovida em presença das palavras do periodista, que melhor que qualquer outra observação apontam neste preciso sentido e não podem por ninguém ser deturpadas. No que respeita à forma de Governo em Portugal, ela não apenas é "boa", como superior à maior parte das outras que existem na Europa", sendo certo que para o afirmar, se deu ao trabalho de estabelecer um paralelo com a inglesa, "porque esta he reconhecida pela melhor"[4940]. O interessante é que Hipólito da Costa vai mais longe e considera que a forma de Governo nacional é superior à inglesa, pelo que os portugueses apenas se devem dela orgulhar, amar a

---

[4935] *Ibidem*, III, 1809, nº 18, pág. 533: "Em Inglaterra porém *a maior parte dos jurisconsultos dizem*, que o Poder de legislar reside no Parlamento e não no Rei." Em Portugal "El Re he a lei animada sobre a terra, e pode fazer a lei, e revogalla, quando vir que he cumpridouro." Contudo, não pode deixar de reconhecer os Poderes do Parlamento em relação ao Rei, que em certo sentido desmente o assinalado predomínio legislativo; idem, 1810, IV, nº 20, pág. 80 e 81.

[4936] *Ibidem*, III, 1809, nº 17, pág. 380. Parece algo forçado, ainda que em termos puramente factuais, se possa compreender que um Rei que sucede a outro, de alguma forma herda o reino, seja qual for o meio porque ele lhe chega. Esta interpretação ressente-se de falha de rigor jurídico, pouco conforme à legalidade e eventualmente apenas sustentável ao nível da legitimidade. Por isso é que D. João IV herdou o reino de Portugal como descendente de D. Catarina de Bragança e porque o Povo português o quis para Rei; não porque fosse herdeiro e sucessor de Filipe IV de Castela, o que manifestamente seria inapropriado, qualquer que fosse o ângulo da questão por onde se olhasse o problema. Entre ser herdeiro de D. Catarina e de Filipe IV, parece que a diferença não precisa ser assinalada.

[4937] *Ibidem*, IV, 1810, nº 20, pág. 79: "Em Inglaterra, pois, ainda que o Rey tem a prerrogativa exclusiva de convocar o Parlamento; com tudo deve convocallo ao menos uma vez em cada tres annos; e até está prescripta a forma desta convocação. O Rey he o Primeiro Magistrado e fonte de toda a Justiça, mas em caso nenhum pode sentenciar por si, nem influir os juizes nas decisões juridicas das causas." Mais adiante refere " a imputação que se faz aos ministros ou agentes de que El Rey pode usar, de tudo quanto o Governo faz mal feito; de maneira que El Rey não tem responsabilidade; os instrumentos de que elle usa são os castigados, e El Rey não lhes pode nesse caso perdoar, como pode fazer nos outros crimes."

[4938] *Ibidem*, IV, 1810, nº 20, pág. 82: "(...) he maxima do Direito Público inglez que o Rey não pode errar; porque os erros do Governo são imputáveis aos seus conselheiros, que aconselharam, e aos ministros executores de tais mandatos."

[4939] *Ibidem*, III, 1809, nº 18, págs. 532 e ss., desenvolve as diferenças entre Portugal e Inglaterra, cujo conhecimento existe e que não merece a pena repetir.

[4940] *Ibidem*, III, 1809, nº 19, pág. 622.

pátria e "não prestar ouvidos a essa facção de reformadores Francezes, que não fazem senão accumular miserias, sobre as naçoens, que tem a infelicidade de os ouvir. Devem pois os Portuguezes respeitar e estimar o Monarcha, como a pedra fundamental de sua sabia Constituição; o menor abalo a ésta pedra, só pode produzir a ruina de tão bello edificio; o respeito ás leis he o único caminho para chegar a gozar da Liberdade civil; e havendo os Soberanos de Portugal contribuido tanto para fazer os seus Povos felizes, faltar-lhe ao amor e veneração que se lhes deve; seria ao mesmo tempo mostrar a mais odiosa ingratidão, e cavar a ruina da Patria"[4941].

Só a influência das Cortes[4942] pode fazer sentir aos portugueses do séc. XIX que eles são tão dignos quanto os seus antepassados, porque "elles erão livres, e tinham Patria, e direitos, que defender"[4943]. O mesmo se repete na contraposição entre a Constituição inglesa e a sua congénere portuguesa, pois que "(...) devemos dizer que o seu titulo de governar [os Reis] lhe provem dos fundadores da Constituição, e das Leis Fundamentaes do Estado, e dellas somente; que estes direitos não tenham relação, nem dependem das leis civis dos Judeus, dos Gregos, ou dos Romanos, ou de alguma outra Nação sobre a terra"[4944]. Por estas razões os portugueses se devem orgulhar da sua Constituição, cuja origem e Poderes são o suporte institucional da Liberdade dos portugueses e ainda melhor estruturada neste plano que a inglesa[4945], o que bem se prova pelo decurso dos séculos[4946].

Esta é de resto uma das manifestações mais acabadas do exercício da soberania por quem lhe compete. A propósito da reposição em funções da Regência, depois da saída do Exército de Junot de Portugal, patrocinada pelo general Dalrymple, considera Hipólito da Costa que "*alem de não serem aquelles Governadores do reyno nomeados pelo seu Legítimo Soberano, nem pelo Povo Portuguez, a quem por direito pertencia o summo Imperio,* (...)"[4947], a sua conduta apenas conduziria á opção contrária. Donde, em nenhum caso a disponibilidade da soberania pode ser encarada de ânimo leve e ao sabor dos

---

[4941] *Ibidem*, III, 1809, nº 19, pág. 622.

[4942] *Ibidem*, III, 1809, nº 19, págs. 631 e ss., impugna as três proposições do Absolutismo monárquico nacional, segundo as quais as Leis Fundamentais nem limitam a Autoridade do soberano nem inculcam a Autoridade das Cortes, que as Cortes dependeram sempre do arbítrio dos Príncipes e, finalmente, que as Cortes não têm voto decisivo.

[4943] *Ibidem*, I, 1808, nº 2, pág. 142. Na página seguinte remata: "A discussão dos negocios publicos nas Cortes foi sempre em Portugal o único meio de poderem os Reys saber a verdade, que elles nunca podem esperar de ouvir da boca dos cortezãos corrompidos, cujo interesse he agradar ao Soberano seja ou não á custa da verdade."

[4944] *Ibidem*, III, 1809, nº 16, pág. 304. E prossegue: "Desde que há monumentos historicos no Mundo se sabe, que as differentes Nações, que tem habitado e habitam o globo, instituiram, de sua propria Authoridade, leis para se regularem; as quaes contam a vontade implicita da maioridade da Nação. Esta he a origem do Governo de todos os Povos; quando uma força externa não estabelece outras formas; que com o andar do tempo, e pelo consentimento continuado da Nação, venham a adquirir a sancção dos Povos, e o vigor do Direito consuetudinário."

[4945] *Ibidem*, III, 1809, nº 19, pág. 625. O raciocínio de Hipólito da Costa funda-se na maior intervenção popular em Cortes em Portugal, uma vez que logo nas de Lamego participaram. Este é mais um caso em que se dá por adquirido o facto dessas Cortes terem existido, muito embora venham do século anterior, no nosso país, as reais dúvidas sobre a sua existência, prolongando-se pelo tempo adiante.

[4946] *Ibidem*, III, 1809, nº 19, págs. 625 e ss. Estabelece um estudo comparativo entre as Constituições históricas dos dois países.

[4947] *Ibidem*, I, 1808, nº 5, pág. 420.

interesses de momento; ela apenas pertence a uma de duas pessoas, Rei ou Povo, que em último caso a recupera e age em função desse seu direito.

No contexto da análise que se segue, é possível detectar-se a implacável influência do sistema histórico que os ingleses defendem, chegando mesmo a questionar-se a oportunidade da reunião das Cortes numa contingência de guerra e em que tudo apontaria para outro tipo de entendimento na perspectiva do periódico[4948].

A medida pretendia-se profiláctica. *O Investigador Portuguez* era lido em Portugal e subsidiado pelo Governo[4949], num momento em que outros jornais[4950] se empenhavam em apresentar o decurso dos debates de Cádiz[4951] e faziam rasgados elogios aos seus promotores. Pretendia-se, agora, não só evitar um possível contágio espanhol, mas sobretudo reivindicar que não era pela via da revolução ou da mudança brusca que se poderia instalar a Liberdade em Portugal[4952].

[4948] *O Investigador Portuguez em Inglaterra*, II, Novembro de 1811, pág. 84: "Não podemos deixar de dizer, que a Hespanha teria lucrado muito mais em tratar de organizar os seus exercitos para repellir, e bater os inimigos, doque em se ocupaar n'huma epoca tão impropria de fazer uma Constituição, e querer no meio de partidos e de paixoens tão contrarias, e de interesses tão oppostos, cortar de hum golpe, e pela raiz tantos, e tão inveterados prejuizos, e abuzos; e isto n'hum tempo em que dois terços da Hespanha, se não mais, estão occupados pelos inimigos. *A natureza não quer saltos: e o que he huma verdade incontestável há ordem phisica, o he tãobem na ordem politica.* (...) A maior parte das medidas adoptadas longe de conciliar os partidos, e de os reunir para hum só fim – a salvação da patria – os divide cada vez mais. As Cortes tem decretado grandes medidas; mas ou ellas não tem sabido conhecer, e empregar os meios adequados, e necessarios para a sua execução, ou não tem tido o Poder necessario."

[4949] Ibidem, IV, Agosto de 1812, págs. 280 e ss., aproveita para dar conta da oposição manifesta de um dos seus correspondentes à linha editorial seguida pel'*O Correio Braziliense ou Armazem Litterario* no que toca á questão da convocatória das Cortes de Espanha. E claro que dado o tipo de discurso, o vertente periódico, apenas poderia publicar: "Quanto ao chamamento dos Povos, (...) 1. Quem lhe disse a Vmce. Que convinha no estado actual da Península esse chamamento dos Povos? 2. Que rezultado favoravel para a defeza do paiz tem aprezentado as Cortes de Hespanha? Que tem produzido os escriptos incendiários na America Hespanhola, a excepção de guerras civis, e cessação de commercio?"

[4950] O péssimo relacionamento entre *O Investigador Português em Inglaterra* e o *Correio Braziliense ou Armazem Litterario*, ao longo de anos, resulta para qualquer observador menos prevenido. Portanto, a maledicência trocada entre ambos, não apenas ajudam a fazer História das Ideias Políticas, como manifestam a clara e constante divisão que existia entre a intelectualidade portuguesa dos primeiros anos de Dezanove. Exemplificando agora com *O Investigador Português em Inglaterra*, V, Dezembro de 1812, pág. 342, aquilo que antes já se havia apontado em relação ao seu concorrente directo, escreve-se: "[*Correio Braziliense*: Eis aqui como os Godoymanos para ridicularizarem os homens de lettras e favorecerem o seu partido, que he o da ignorancia, até se não envergonhão de comprometer o seu Soberano, em suas intrigas!]" e rebate-se "[*Investigador Português em Inglaterra*: Eis aqui como o redactor do (...) nenhum respeito nenhum á verdade, nem ao senso commum procura sempre induzir em erro os seus leitores, e excitar os animos dos vassllos contra o seu Soberano, insinuando que S. A. R. se serve de homens tam vis e indignos como foi Godoy em Hespanha.]"

[4951] Ibidem, IV, Julho de 1812, págs. 124 e ss., apresenta o texto integral da *Constituição de Cádiz*, promulgada a 19 de Março de 1812, bem como o decreto preambular. Registe-se a observação feita logo de início por parte do redactor segundo a qual, "por mais bello que á primeira vista pareça este codigo constitucional da Monarquia Hespanhola, elle tem, a nosso ver, erros capitaes, que mostraremos."

[4952] Ibidem, III, Abril de 1812, em nota a um artigo relativo á independência das colónias espanholas, escreve: "Liberdade tem sido constantemente o pretexto de todos os facciosos."

DA HISTÓRIA DA IDEIA DE LIBERDADE (SEQUÊNCIA)

No limite e para o entendimento preconizado, a existência de um ditador seria mais eficaz que a disparatada ideia de reunir Cortes[4953].

Perspectiva algo diversa mas no geral em consonância com o que se vem dizendo, será a de José Liberato Freire de Carvalho, pelo que aqui se abre um parêntesis indispensável.

No quadro de uma proclamação de Guilherme de Nassau, em 1814, colocando à discussão dos representantes dos holandeses um Projecto de Constituição para o seu país, insere no jornal uma reflexão constante do *Courier* inglês de 10 de Março, notícia que "considera mui notavel". Esta notoriedade – melhor dito, espanto – resulta das observações feitas aos citados, completamente opostas aquilo que a Holanda se propunha fazer, que a Espanha já fizera e que eram do geral agrado dos antigos redactores d'*O Investigador Portuguez*[4954]. E, tal como sucedia no nosso periódico antes de 1814, também o Autor do citado artigo defende a tradição inglesa[4955], a Liberdade aristocrática de Montesquieu e o sistema conservador tão caro aos discípulos de Burke.

A proclamação de Fernando VII, datada de 4 de Maio, causou reacções diversas a nível da Europa. A imprensa inglesa, por exemplo ficou, regra geral, chocada e foram poucos os que a apoiaram. Ora, aproveitando um dos raros casos de aplauso à decisão do monarca espanhol[4956], vai José Liberato anotar as suas próprias observações no que respeita a essa adesão à restauração do Antigo Regime em Espanha. O texto e as anotações merecem alguma ponderação, até porque a estende a Portugal com um fundo de verdade[4957].

[4953] *Ibidem*, II, Novembro de 1811, pág. 84.

[4954] *Ibidem*, IX, Abril de 1814, págs. 265-267: "Hum pouco surpreendidos ficamos com este documento que recebemos da Hollanda, e que se diz ser huma Proclamação do Príncipe de Orange ao Povo, relativa a uma Constituição politica Hollandeza. (...) Esperavamos que o Povo e o Governo da Hollanda pozessem por ora de parte todas as considerações ou que pudessem demorar ou por de alguma forma diminuir a actividade das operações, que os devem livrar para sempre de tornarem a cair de baixo do jugo da França. (...) Sim a experiencia da Revolução Franceza e da Americana tãobem, nos tem feito perder o amor a tudo isso que chamão novas Constituições. Huma assembleia de frigidos e tenebrosos Metaphysicos, como os da escolha de Roederer junta-se para deliberar, sem ter algumas ideias profundas ou conhecimentos do homem, tal qual elle he: sem experiencia caracter ou do coração humano (...) considerando todos os prejuizos [a tradução deveria ser 'privilégios] como máo, todas as preocupações locaes como erros e procedendo inteiramente debaixo do principio da perfectibilidade humana (...) Dão á luz hum bello Codigo, em que tudo foi feito por esquadria, regoa e compasso (...). [mas] Obras de gabinete só são boas para o gabinete nunca são accomodadas ás necessidades, ás paixões, e aos prejuizos de hum ente tão fragil e pecador como o homem. (...) A discussão sobre novas Constituições, em tempos como os prezentes, parece ser tão razoavel e justa como o procedimento desses Douctores de Constantinopla, que estavão disputando em pontos Theologicos, quando o inimigo já ameaçava as portas da cidade."

[4955] *Ibidem*, 266: "As Constituições (...) não podem ser obra da Sabedoria de hum só tempo, de hum só homem, ou de huma só assemblea de homens que vivem em hum só tempo; devem ser o rezultado da sabedoria e da experiencia de idades successivas, e de sabios e virtuozos homens successivos. Serão sempre fracas e de pouca duração, se nellas não se consultarem não só as nossas necessidades porem os nossos prejuizos; não só os nossos bons habitos porem os nossos erros; não só as nossas virtudes porem os nossos vicios. Em razão do que temos dito todas as Constituições feitas em França forão tranzitorias, e cahirão humas a poz outras (...).

[4956] *Ibidem*, X, Julho de 1814, "Artigo do *Antigalican Monitor*", págs. 117 e ss.

[4957] *Ibidem*, X, Julho de 1814, pág. 121: "Em França (...) o divertimento do Povo é dançar e fazer *Calembourgs*, em Itália, he cantar. O Povo Hollandez prefere o fumar, e correr sobre o gêlo; os Ale-

Mais uma vez a autoridade de Burke é chamada à colação, sendo certo que o seu espírito de *whig* é, de novo, utilizado[4958] para sedimentar conclusões que apontam no caminho da contra-revolução[4959], nos termos em que oportunamente se definiram como de proveniência inglesa. Por outro lado, no debate entre a imparcialidade da intervenção inglesa na defesa da Liberdade dos espanhóis no plano da *Constituição de Cádiz*, entende o articulista que os britânicos apenas teriam a ganhar em não se intrometer nos assuntos internos espanhóis. O motivo que engendra é genial: apoiando o Antigo Regime espanhol, engrandece-se o Poder inglês e mais facilmente se controla a península[4960].

A observação mais grave produzida no vertente artigo, arranca de José Liberato Freire de Carvalho uma anotação muito insuficiente. Apesar do seu desacordo, a refutação é moderada em demasia mereceria resposta mais adequada. Assim, escreve-se que "todos os actuaes Reformadores, ou sejão Hespanhoes, Portuguezes, Alemaens, ou Inglezes, podem considerar-se ainda como *as fezes da Revolução Franceza*, e como Doutores formados nos direitos do homem, e na Escolla *Vindiciae Gallicae*. Taes são os homens que depois de muitos annos tem estado naquella assemblea chamada *Cortes*"[4961].

Isto é formalmente inaceitável. A reacção de José Liberato é a que segue: "Mr. Goldsmith não tinha necessidade para nos convencer da sua verdadeira conversão politica, avançar huma proposição certamente injurioza ao caracter de muitos homens de bem, que desejão ver reformados os abuzos da sua patria. Confundir revolucionarios e destruidores de todos os principios moraes e politicos – [e aqui se nota a veia inglesa do redactor] – com homens prudentes que pacificamente indicão os remedios para as enfermidades dos Corpos Politicos, *que elles longe de quererem destruir, antes trabalhão para conservar em vigor e saude, he ao nosso modo de pensar hum excesso de zello*, ou hum máo e mui grosseiro disfarce de opiniões mui perigozas. Tão perigozo nos parece aquelle homem que tudo quer destruir como o que tudo quer conservar, *porque hum pregando*

---

maens, as boas comidas e bebidas; *os Hespanhoes e Portuguezes entretem-se em ver correr toiros, e fazer procissoens a St. Antonio*. Os divertimentos dos ingleses são muito mais racionaes, e assim he precizo deixar a cada Nação os prazeres e habitos que mais lhe convem."

[4958] *Ibidem*, X, Julho de 1814, pág. 18: "Meditemos (...) no que em objecto semilhante dice o immortal Burke, e depois apliquemos estes principios, como hum axioma politico de universal aplicação: '*Circunstancias, que para muita gente as vezes nada valem, são as que de ordinario distinguem os principios politicos, e os fazem produzir effeitos mui particulares. As circunstancias são pois as que fazem que hum mesmo principio politico seja bom ou seja máo. Por exemplo, abstractamente fallando, qualquer Governo, assim como a Liberdade he hum bem com tudo eu teria á dez annos podido felicitar a França por ter hum bom Governo se não soubesse qual elle era, ou pos o agora congratulado pela sua Liberdade? E porque a Liberdade he hum bem, poderia seriamente felicitar hum louco, ou hum ladrão de estrada por terem quebrado as saudaveis priozoens, que os seguravão? ... Quando eu vejo o espirito de Liberdade em acção, vejo hum espirito mui forte em actividade; a assim para o poder analizar, bem como se faz nas operações quimicas, he precizo deixar acabar a sua effervescencia, e que a sua superficie agitada socegue. Por esta forma nunca deverei congratular os homens por qualquer boa fortuna, sem primeiro ter racionavel certeza de que ellas a tem com effeito conseguido.*"

[4959] *Ibidem*, X, Julho de 1814, págs. 120 e 121: "Com effeito, não me agrada esta moda de quererem os Vassallos dictar ao seos Soberanos as Constituições que lhes parecerem: isto cheira-me á escola revolucionaria da França. Neste cazo o Imperador da Rússia podia muito bem esperar que na sua auzencia algum bom Mataphysico Constitucionalista lhe tivesse preparado tãobem huma quando voltasse a Petersburgo."

[4960] *Ibidem*, X, Julho de 1814, pág. 119, nota de José Liberato Freire de Carvalho: "Seria milhor que o auctor não desse esta razão; porque por ella revellou hum pensamento, que faz desconfiar muito da sinceridade das suas boas intenções..."

[4961] *Ibidem*, X, Julho de 1814, págs. 119 e 120.

a anarquia, e outro a inviolabilidade dos abuzos, caminhão ambos ao mesmo fim, e vem a ser ao aniquilamento da prosperidade social (...)"[4962].

A explicação pode ser encontrada na posição de cunho pessoal que incute ao jornal depois da sua entrada para a redacção. É conhecido o que pensa das revoluções; será interessante ouvir a justificação do sistema que perfilha e que, se dúvidas restassem, o enquadram dentro do núcleo de marca inglesa que se propunha inserir alterações estruturais na sociedade portuguesa. Assim, devem-se prevenir as revoluções e a melhor forma de o levar por diante será fazer-se "pacifica e tranquilamente as reformas convenientes." Quem governa deve seguir este fito, tanto mais que são os únicos que "tem o direito e interesse de as fazer, e pelo bem do estado são os devem cuidar na conservação do edifício social, e impedir que um terramoto politico o destrua, concertando-se bem á tempo." O "terramoto politico" é a "revolução feita pelo Povo"[4963], consistindo numa das "maiores calamidades por que possa passar uma Nação"[4964].

Regressando à fase anterior a 1814 e fechado o parêntesis, não se pense – como alguns poderiam querer inculcar – que o Governo inglês não era alvo de críticas mesmo no interior da própria Inglaterra. E se é verdade que o periódico dá conta disso mesmo, fazendo pleno emprego da Liberdade de imprensa[4965], não o é menos que os primitivos redactores são incapazes de fugir à falta de isenção, ainda quando publicam esporadicamente artigos contrários à política e ao sistema inglês[4966]. A ideia de Liberdade inglesa, por este período conturbado, ressentia-se e temia-se, mais dos efeitos de um contágio nocivo do sistema continental do que gostariam de reconhecer[4967].

Seja como for e depois de transcrever ao longo de vários números o texto da *Constituição de Cádiz*, o periódico acaba por se pronunciar sob a forma de "Breves reflexões" acerca da mesma[4968]. Não é suave a apreciação feita. Se tal seria de esperar de um precavido periódico que não quer, de modo algum, que os portugueses sequer imaginem algo de semelhante, ao menos mostraria fazer justiça a um trabalho desenvolvido, cujos frutos teriam de esperar vários anos a ser aplicados.

[4962] *Ibidem*, X, Julho de 1814, págs. 119 e 120, nota.

[4963] *Ibidem*, XV, Março de 1816, pág. 121: "Quando o Povo se arroga o direito de transtornar uma legislação estabelecida, hé só no momento em que o Governo já não tem energia nem respeito; e neste cazo, sem leis, sem Governo, e sem receio de responsabilidade, o Povo hé como um animal feroz, que quebrou as suas prizones, e devora tudo o que encontra diante delle. Hé uma inundação espantoza, que não fertiliza, porem destroe; hé um terramoto, que derriba, e nunca edifica senão despotismo, pilhagens, cadafalsos. (...)." Depois disto passa a um relato pessoal acerca da Revolução Francesa, que compara com a Revolução de 1640, para elogiar esta em detrimento daquela, manifestando que o Povo apenas teve um papel secundaríssimo em 1640 e por isso mesmo a revolução triunfou.

[4964] *Ibidem*, XV, Março de 1816, pág. 120.

[4965] *Ibidem*, IV, Setembro de 1812, pág. 321: "Porque dezejamos dar provas diarias de tudo quanto informamos aos nossos leitores relativamente ao excesso, a que tem chegado a Liberdade de imprensa neste paiz, e a grande cautella com que os estrangeiros devem ler os impressos politicos, que aqui se publicão, que raras vezes são discussoens abstractas (...) mas sempre tão tintas, e influidas de sentimentos e vistas de partido."

[4966] Adelaide Vieira Machado, págs. 74 e ss.

[4967] *O Investigador Portuguez em Inglaterra*, IV, Setembro de 1812, págs. 417 e ss., *ibidem*, Outubro de 1813, págs. 606 e ss.; *ibidem*, V, Novembro de 1812, pág. 21 e ss. O Autor deste texto, um tal Mr. Locke, é acusado pelos redactores do periódico de "a sua doutrina tender tanto a enganar o Governo Britânico, como a seduzir os Povos ligados inteiramente com elle na grande cauza contra a França."

[4968] *Ibidem*, V, Fevereiro de 1813, págs. 616 e ss.

Defende-se que deveria ter existido a nomeação de um Regente[4969], para que junto às Cortes fizesse salientar as antigas Leis da Monarquia espanhola, únicas admissíveis em todos os tempos e que deveriam ser preservadas. A opção contrária[4970], apenas causou embaraços aos espanhóis e divisão entre eles, numa época em a maior parte do território estava em guerra com a França e os Povos não podendo eleger à vontade os seus representantes, com toda a razão poderiam impugnar a representação adoptada e requerer a nulidade da própria Constituição.

O tipo de argumentação utilizada é a de alguém não apenas insatisfeito com os resultados obtidos mas, sobretudo, com a acção reformadora – revolucionária – das Cortes de Cádiz, completamente ao arrepio da tradição da monarquia espanhola[4971]. O que é mais grave, é que se fazia isto num país onde, ainda que com muitas críticas procedentes, o comum do cidadão era respeitado, as suas opiniões ponderadas e a responsabilidades das instituições de Poder eram continuamente postas à prova. Precisamente pela imprensa.

O sentido útil a tirar da reclamação, se resume no ódio a tudo o que se ligasse, de perto ou de longe, aos princípios revolucionários[4972]. A Nação mais liberal e mais livre do mundo não os admitia; como poderiam as correntes de transmissão de um país que venerava Trono e Altar[4973], aceitarem uma tal heresia?

[4969] Ibidem, VI, Maio de 1813, págs. 430e ss., menciona que este Regente apenas poderia ser D. Carlota Joaquina, que já por essa época, se havia candidatado ao lugar e que era vista pelos espanhóis de Cádiz como uma solução aceitável.

[4970] Ibidem, V, Fevereiro de 1813, pág. 618: "(...) se há nas Cortes os melhores dezejos, e intençoens, há taobem hum desmedido espirito d'innovar, que não pode deixar de produzir funestos effeitos; que há nellas hum partido philosophico, que hade cedo, ou tarde produzir males incalculaveis com os seos falsamente chamados principios liberaes; que há muita pretendida sciencia teoretica, e mui pouca sciencia pratica; e que em vez de adoptarem medidas adequadas para unir todas as classes da Nação tem decretado grandes meios para as desunir, e desgostar."

[4971] Ibidem, V, Fevereiro de 1813, pág. 618, a respeito da abolição dos direitos feudais(!?): "Deshonrar os Principes, aviltar os grandes, desacreditar o clero secular, e regular, pintando os Principes como tyrannos, os grandes como déspotas, o clero como uzurpador dos bens da Nação, propagador de erros funestos, e todas como causa única da pobreza aviltamento e desgraças da Nação – taes tem sido sempre as armas com que os intrigantes e os revolucionários tem procurado subverter os estados. *Pregando tal doutrina á mais ignorante, e mais numerosa classe da sociedade, promettendo-lhe venturas sem conto, falando-lhe em Igualdade, em soberania, e Liberdade, facilmente a tem illudido; tem facilmente excitado hum implacavel odio contra todos aquelles, que não são da sua classe; e consequentemente semeado entre a Nação odios, e divizoens que a tem perdido.*"

[4972] Ibidem, V, Fevereiro de 1813, pág. 620: "Porque razão, diz hum excellente, e modesto escriptor Hespanhol, porque razão tanto affinco em abolir o que governa há dezasseis seculos? As *Leis Fundamentaes de huma tal Monarquia* devem ser immutaveis, e izentas de toda a variação essencial. Se os politicos acontecimentos exigem (como he indubitável) reformas d'algumas leis, uteis outrora, e que hoje não convem; util será sua derogação; deixando porem illezas as fundamentaes, e estabelecidas pelo constante, e firme consentimento da Nação."

[4973] Ibidem, X, Julho de 1814, "Segunda Resposta" à, "Carta de hum Vassallo nobre ao seo Rey", ao que parece atribuída a José Agostinho de Macedo, pág. 57: "Se os philosophos revolucionarios dizessem que a Monarquia podia bem existir sem a religião (isto he) sem culto publico, ampla materia davão ao A. da carta para huma impugnação: os laços da religião apertão os laços sociaes, e facilmente se caminha a huma anarquia quando se sacode o jugo da religião, que ainda que não fosse de Direito Divino, como he, mas hum puro invento da politica, era indispensavel para toda a qualidade de Governo; porque a moral que dictão as leis não basta para conter certas classes de sociedade, que não abração virtudes por si mesma sem que seja acompanhada de maravilhozo, e sobre natural; e *he dar hum corte decizivo na raiz do throno, separando-lhe a religião, e para a religião pode haver ministros, que não sejão os regulares sem cuja existencia não possa existir o Governo Monarchico.*"

DA HISTÓRIA DA IDEIA DE LIBERDADE (SEQUÊNCIA)

Seja como for, seis meses corridos os redactores continuavam a manter a mesma linha editorial e críticas idênticas às reflectidas em Agosto de 1813[4974]. Se bem que concedam que as Cortes estavam animadas dos melhores sentimentos, "havia tambem nellas hum partido que hade ou cedo ou tarde produzir males incalculaveis com seos principios chamados falsamente *philosophicos* e *liberaes*". Curiosamente chega-se a comparar a maioria das Cortes de Cádiz com o "partido que sacrificou o desventurado Luís XVI, e que arrojou a Nação franceza, a Europa, e Mundo ao immenso pelago de horrores, e desgraças, de que se não tem podido tirar, há vinte e tres annos (...)"[4975].

Desde que se tratasse de colocar entraves ao trabalho em prol do Liberalismo de Cádiz[4976], os liberais periodistas nacionais residentes em Londres e ao serviço do Governo português, não olhavam a meios ainda quando procuravam desculpas[4977].

O pior que pode acontecer na vida dos Povos é uma revolução contra os legítimos Governos; pretende-se uma reforma que deve ser feita contra os abusos e não uma demolição das estruturas secularmente instaladas[4978]. Era a tese inglesa que se pretendia passar para Portugal[4979] e quadrava mal no transplante para o nosso país, onde não havia prática do exercício da Liberdade política[4980].

[4974] *Ibidem*, VII, Agosto de 1813, págs. 195 e ss. O exemplar disponível do periódico está mal encadernado neste volume VI, aparecendo em primeiro lugar o número de Agosto de 1813, págs. 194-366 e só depois o de Julho, págs. 1-194. Os números seguintes têm ordenação correcta.

[4975] *Ibidem*, VII, Agosto de 1813, pág. 194.

[4976] Isto não significa que se verifique uma completa adesão aos princípios gerais regulamentadores da vida do cidadão e da sociedade decretados em 1812. Pelo contrário, há muitas críticas a fazer-lhes e que a seu tempo, por confronto com medidas semelhantes ou diversas encetadas pelos Vintistas serão exploradas. Simplesmente, se se admite, elogia e tem como certo que a corrente moderada do Congresso português é aquela que genuinamente melhor espelha a Nação portuguesa de inícios do séc. XIX, ainda que a maioria da das suas propostas não tenha passado, tal como aconteceu em Espanha, isso não significa que os liberais radicais estivessem eivados de jacobinismo, ou quisessem transformar Espanha ou Portugal em similares da França da Convenção robespierriana. Mais uma vez este erro se nota da parte dos opositores às mudanças sufragadas pelas primitivas Constituições liberais do séc. XIX; a forma de as combaterem era invocarem os malefícios do Terror, e não tentar perceber, por dentro e de dentro, quais os seus grandes erros e enormes desfasamentos da realidade concreta que espelhavam.

[4977] *O Investigador Português em Inglaterra*, VII, Agosto de 1813, pág. 194: "Não julguem porem nossos Leitores que somos advogados do despotismo; detestamo-lo: mas nos detestamos ainda mais que o despotismo, a anarquia: mas nos detestamos ainda mais que o despotismo, revoluçoens. Nos quizemos que a fatal revolução Franceza, á vista dos seos horrores, servisse ao menos de lição proficua aos Governos, e aos Povos".

[4978] *Ibidem*, VII, Setembro de 1813, pág. 374: "Vigiar aquelles a quem se tem confiado hum depozito importante na Sociedade, he justo, he necessario, mas he ncessario tambem que o decoro, e a delicadeza prezidão a esta deligencia: he necessario que esta delicadeza e o decoro sejão proporcionaes á dignidade da pessoa vigiada, e á confiança que ella tem merecido para ser elevada e este, ou áquelle importante e alto emprego que occupa: e este decoro e delicadeza, relativamente ao Soberano, não devem ter limite: o contrario he humilhar o Monarca, he bate-lo, he torna-lo desprezivel aos olhos dos seos proprios vassalos, e dos estrangeiros. Ora hum Monarca tal, não he Monarca."

[4979] *Ibidem*, VII, Agosto de 1813, pág. 195: "Nos quizeramos que os Soberanos ouvissem e atendessem, como verdadeiros Páes, aos clamores dos seus Povos; e que se não esquecessem hum só momento, de que nenhum Povo se rebella contra o seu legítimo Governo, quando he felis. Nos quizeramos, em fim, que desapparecesse essa abominável raça de intrigantes e lizongeiros que achão bom quanto se tem feito, e faz; que não deixão chegar a verdade ao throno; e que se extinguisse com ella a outra mais abominavel ainda, e mais perigoza, dos que só pregão, e inculcão huma innovação total, e a que vulgar, e propriamente se chama *revolucionarios*."

[4980] Pretendia-se para Portugal uma situação tão semelhante quanto possível à monarquia moderada inglesa. Se isto hoje pode parecer impossível de conseguir era, à época, para os redactores, a única solução possível na senda que preconizavam.

1043

Por isso mesmo o número de recados às monarquias europeias que não seguem o sistema inglês nem afrouxa nem esmorece. O apelo ao sintoma da reforma imprescindível[4981] é tanto mais gritante quanto se processa numa dupla e paradoxal comparação, qual seja com a monarquia inglesa ou com os Governos revolucionários. Neste plano se nota a aversão do periódico, no momento em que é analisado, quer ao despotismo absolutista quer à revolução sob forma milenarista, péssimos exemplos do que se não deve fazer[4982].

Tanto resulta de avisos aos soberanos, que passam por lhes recordar que "huma monarchia bem ordenada não esclue o estabelecimento dos principios constitutivos, nem as regras do seu Governo politico, de serem os apoios da Liberdade, nem o da segurança da propriedade. Nem prohibe ella a promulgação das leis, nem as funçoens daquelles corpos, que são seos depositarios; os limites postos ao poder de impor estas leis, aquelles postos a faculdade de admoestar, a sucessão hereditaria ao throno, n'huma palavra tudo o que constitue as maximas fundamentaes do Governo, se conservarião n'hum codigo, ou registro nacional, onde estes pontos essenciaes estivessem formalmente inseridos, claramente expressos, e immutavelmente sanccionados"[4983].

Bem o contrário, do proposto à época em Portugal, onde as entidades oficiais continuavam a não descurar um tipo de discurso conhecido: "O Sacerdócio he sacrossanto, he sacrossanto o Imperio: ambos têm a mesma origem celeste; porque ambos dimanão de Deos, que he o auctor tanto da Religião como da Sociedade"[4984]. Num processo de regalismo que se mantinha e era assumido, a origem do Poder em nada ia beber às teses Contratualistas, mantendo e sedimentando o postulado aprendido nos bancos de Luís XIV e que Portugal depois de 1706 havia importado com poucos sobressaltos de percurso.

Como corolário, nem haveria escravatura, nem tentações ao despotismo de Rei ou vassalos mais poderosos, no respeito intransigente da doutrina lida em Montesquieu, bebida na *Common Law* e imemorialmente praticada em Inglaterra, que agora se pretende alargar a outras latitudes. Nem Descartes escapa a este entendimento da mudança pelo interior do sistema. Conhecedores dos marcos fundamentais do

---

[4981] *O Investigador Portuguez em Inglaterra*, VIII, Janeiro de 1814, pág. 555: "Com effeito, os Governos não se achavão identificados com os Povos. O pacto social, que só pode uni-los, huma Constituição, que mantenha seos reciprocos direitos, e interesses, estava interrompido ou se não tinha formado. A cauza de huns e de outros por si mesma se dividia. Os Governos não querendo Povos livres, e so assim potentes para mantelos, mas sim authomatos, que lhes obedecessem, excluirão o saber, e a integridade experimentada de seos conselhos, e só derão lugar, e confiarão no predominio da intriga, e da venalidade."

[4982] *Ibidem*, V, Novembro de 1812, págs. 28 e 29: "Nos dous cazos (...) um monarcha pertendendo ser despota, e hum corpo de reprezentantes asseverando: 'Nos somos a Nação, e vos não sois mais que individuos', todo o que se pode observar he, que ambos os Governos tem degenerando do seu espirito original, e que ambos devem reconduzir-se aos seos principios. N'hum cazo, o seu successor pode voltar para o antigo systema; mas se o principe reinante for obstinado, os seos vassalos não terão outro recurso mais que huma aberta rezistencia ao seo Poder. No outro cazo, porem, como se pode esperar, que hum corpo assim constituido, como a citada assemblea, tenha a candura de confessar, que ella não he constitucionalmente o que annuncia ser? Os seos membros serão mais obstinados que o monarcha acima descripto; e pelas suas connexoens nas provincias serão mais difficeis de se reduzir a Razão."

[4983] *Ibidem*, V, Novembro de 1812, pág. 26.

[4984] *Ibidem*, XI, Fevereiro de 1815, "Censura do Folheto intitulado – Dissertação IV Anti-Revolucionaria", pág. 547.

Pensamento europeu, as circunstâncias davam azo à sua invocação e justificavam que no tempo das Invasões fosse objectivo prioritário "resistir a invasão francesa". Assim como Descartes disse '*je pense, donc je suis*', assim "deve huma Nação dizer; sou independente *logo* faço leis, condição sine qua he loucura pertender faze-las. De mais se as instituiçoens viciosas estão arreigadas na Peninsula, he evidente que existem classes no estado, a quem interessa a sua conservação." E como corolário "o voto que proferimos he que o soberano se veja rodeado dos homens mais capazes em probidade e talentos, que tem no seu reino, e aproveite o seu Poder absoluto em fazer as reformas necessarias, sobre tudo em promover o conhecimento das sciencias e artes por toda a Nação, que só assim pode convenientemente ser consultada"[4985].

Por outro lado, isto permitiria consubstanciar um relacionamento perfeito entre sociedade civil e Estado[4986] ou entre Povo e governantes[4987], na interpretação que o séc. XIX ofertava aos conceitos e que aqui se aplica preferencialmente às monarquias moderadas, ao estilo da inglesa[4988] O apelo às tradições e hábitos de um Povo, que haveriam de sedimentar as normas fundamentais de regulação do homem social, não pode ser esquecido[4989].

Como resumo que importa reter nesta ordem de considerações, não são os homens naturais e seus direitos em sociedade que determinam a fórmula estadual a seguir; é pela materialização do homem social, que se move em concreto na sociedade, que o Estado encontra a sua correcta conformação. De igual modo se justifica que a separação de Poderes seja a única possibilidade de assegurar a Liberdade política do cidadão e da sociedade como fundamentos estruturantes do Estado[4990].

[4985] *Ibidem*, IV, Agosto de 1812, págs. 283 e 284.

[4986] *Ibidem*, V, Novembro de 1812, págs. 21 e ss.: "Em Inglaterra, o Povo accustumado a assembleas deliberativas, considera todas as formas de Governo, onde as não há, como o mais absoluto despotismo das naçoens orientais; e he tam forte o prejuizo a este respeito, que he mui difficil fazer a qualquer entender a differença. Em todos os paizes onde a homem vive n'hum estado de sociedade civil, esta união não pode ter outro objecto mais que o que rezulta dos principios da Razão, e justiça; e este objecto he o bem geral. Este faz os homens sociaveis; a impossibilidade de viver sem sociedade impoem a lei, mas a tendencia dos homens a abuzar das faculdades, que a natureza lhes deo, he hum principio inherente a sua organização (...)."

[4987] *Ibidem*, V, Novembro de 1812, pág. 22: "Estabelecido que seja hum Governo, a direcção dos negocios publicos he dada a hum, ou a varios. Pelo tempo adiante, sobre vem circumstancias, em que a massa da Nação encontra desvantagens, por se não ter definido propriamente o exercicio deste Poder. Sobre este principio a Nação nomea deputados, a quem confia estes interesses: no dezempenho deste dever o seu zelo obtem o favor e a confiança do Povo. Assim vem elles pouco a pouco a participar do exercicio do mesmo poder, e as vezes a possui-lo todo."

[4988] *O Investigador Português em Inglaterra*, VII, Outubro de 1813, pág. 532, por referência à crítica de vários preceitos da *Constituição de Cádiz*: "(...) huma Monarquia moderada; porque a Razão e a experiencia de todos os seculos mostra, que he de todos os Governos o melhor."

[4989] *Ibidem*, V, Novembro de 1812, pág. 25: "*Quando n'hum estado existem leis constitutivas, e invariaveis, há hum marco distincto entre a Liberdade e a escravidão, e se os ministros do Governo as violão, a Nação tem direito de appelar para o pacto primitivo, que faz a baze da sua obediencia.*"

[4990] *Ibidem*, V, Novembro de 1812, pág. 30: "Cada Estado pois, e cada forma de Governo repousa inteiramente sobre certas maximas fundamentaes, em que se estriba o systema total, e dali he que se deriva o espirito das suas leis. Estas maximas não tem outra origem mais que a opinião publica, adqueridas por circumstancias de conquista ou colonização; está verdade qualquer se pode convencer, considerando a natureza da Propriedade territorial como differe na America da Gram-Bretanha. A religião do Povo contribue igualmente para formar o caracter da opinião publica. Todos os regulamentos, ou leis devem depender destas maximas porque o Poder do Governo

Exemplificando com situações práticas as formulações antes apresentados, recorde-se a questão da soberania nacional, prevista no artigo 3º da *Constituição de Cádiz* – sendo que o Direito inglês e a sua Constituição histórica consagram a soberania nacional e Burke defendeu-a no *Discurso aos Eleitores de Bristol* – declara-se o periódico contrário à mesma[4991]. Para o efeito serve-se de Rousseau e Montesquieu, que compara com benefício do segundo em relação ao primeiro, considerando que Rousseau e as suas teses apenas serviram para "afferrar uma fatal doutrina", que apenas visa escravizar o Povo. Quanto a Montesquieu, alvo dos mais rasgados elogios, preocupou-se não com teorias vãs, mas reputadas práticas, a elas se devendo conformar a legislação dos diversos Povos[4992].

O Contratualismo não é, porém, descartado; os redactores iniciais do periódico admitem-no, mas consideram-no pouco menos que panaceia, uma vez que apenas pela via tácita ele se manifesta, sendo a evolução histórica da sociedade que origina a agregação dos Povos entre si[4993] e obriga à constituição de um Poder director[4994] e tutelar em função da Liberdade que lhes assiste e aos cidadãos[4995]. E temporalidade, de novo, a ocorrer em toda a sua pujança.

Uma vez mais fazendo apelo aos ensinamento de Jovellanos, apoiados na tese burkiana e que os redactores inserem no periódico: "se a Sociedade civil se estabeleceo para o bem do Homem; ninguem pode negar, que o Homem tem direito a todos os bens para que foi formada. A Sociedade humana he hum estabelecimento de beneficencia; e a lei não he outra coisa que a beneficencia sujeita a regras. Os homens tem hum direito indubitavel que se lhes faça justiça, sem distinção de pessoas, tanto contra

---

depende d'ellas. Quando os prejuizos e habitos da Nação forem favoraveis a Liberdade, poderão estabelecer-se boas leis, quando descreparem d'ellas toda a proposição de melhoramento ou he inutil ou regeitada mesmo com indignação."

[4991] Ibidem, VII, Agosto de 1813, "Observaçoens sobre o Poder illimitado das Cortes de Hespanha", pág. 216: "O verdadeiro modo de obstar ao abuzo da Soberania he por corpos, ou individuos poderozos, que a exerção separadamente: he por quem rezista á precipitação nas decizoens do Corpo Legislativo, sem que seja necessario recorrer á rebellião para desfaze leis já sancionadas; passo o mais perigozo, o mais funesto que os Povos dão: porque destroe pela raiz a subordinação, e respeito as leis, que he o principio de todos os bens das Sociedades politicas."

[4992] Ibidem, VII, Agosto de 1813, pág. 196.

[4993] Ibidem, VI, Maio de 1813, pág. 311, por referência a um escrito de Jovallenos onde se cita Burke, as conhecidas *Reflexões sobre a Revolução em França*: "O homem não pode gozar juntamente dos direitos da vida civil, e da selvagem. Para obter justiça renuncia ao direito de determinar em que occazião a tem: para assegurar huma certa Liberdade, entrega-a toda inteira em depozito."

[4994] Ibidem, VII, Agosto de 1813, pág. 197: "Ninguem ignora que a Sociedade existe pelo mutuo consentimento de seos membros: mas tambem todo o mundo sabe, que este consentimento, ou contracto he, e tem sido sempre tacito, e consequentemente não tem realidade. A Sociedade em abstracto, he o rezultado do consentimento de todos os seos membros; mas na realidade elle provem de que muitas pessoas, já anteriormente unidas em Sociedade a que podemos chamar natural, chegarão a hum paiz, estebelecerão-se, tiverão filhos, e Propriedades, hum Governo, e costumes communs. Aquelle, ou aquelles que pertenderem dar e estabelecer hum bom regimen politico a esta Sociedade, regimen tanto mais difficil quanto a Sociedade for mais numeroza, devem partir destes dados positivos: o contrario he loucura."

[4995] Ibidem, VI, Maio de 1813, pág. 310: "O homem tem o direito a fazer quanto pode fazer para seo bem sem prejudicar injustamente o outro; e o tem igualmente de gozar a parte que justamente lhe tocar de tudo quanto a Sociedade civil pode fazer a seu favor, por meio da combinação do saber, e força que há nella."

sujeitos que tenhão empregos politicos, como contra os que seguem as occupaçoens ordinarias da vida (...). Tem direito a que seos Pais tiverem adquirido: á subsistencia, e melhoramento de seos filhos; ao ensino da vida, e á consolação na morte"[4996].

Como consequência e retomando a nossa antecedente análise, o Governo constitui-se como uma espécie de corolário lógico das necessidades inerentes à própria aglutinação dos cidadãos em sociedade e independentemente de quaisquer hipotéticos direitos naturais, anteriores à constituição da mesma e que por esta devam ser respeitados. Deve e tem por obrigação de salvaguardar estes direitos do homem concreto, do homem não estudado na sua formulação natural antes social, do homem de carne e sangue e não do homem etéreo ou ideal na crítica atribuída aos abstractos direitos do homem na formulação francesa de 1789.

Em certo sentido existe uma aproximação às teses clássicas inglesas de Hume e Bentham, cada um deles de sua forma a condenar o contrato e a pronunciarem-se pela visão utilitarista da sociedade[4997]. A Igualdade é, deste passo, um dado importante a reter, mas uma Igualdade não encarada no mesmo plano dos demais direitos a que o homem social tem acesso, antes o enquadrando no sistema de proporcionalidade característico desta corrente de pensamento.

Em qualquer caso, ambos os Autores são liberais, como Burke, a máxima referência na matéria o era; mas também são ingleses e isso basta para serem ponto de referência do periódico, porque não sujeitos à contaminação das ideias revolucionárias do continente[4998].

Por outro lado, é interessante notar que as características "inglesas" do periódico vão ao ponto de pretender introduzir em Espanha uma instituição que não tinha aí qualquer tradição sob a forma que se incentiva. Tradicionalmente, havia Três Estados do Reino, idênticos aos portugueses, mas funcionavam sob forma autónoma entre si. Depois da emancipação e definitivo incremento da camada popular, o Autor das "Observaçoens", ora traduzidas do castelhano e insertas no jornal, sustenta que clero e nobreza deveriam, à maneira inglesa, unir-se numa segunda Câmara, que servisse de contraponto às Cortes. Ou seja, defendia-se o bicameralismo[4999].

Este ponto teria uma vantagem adicional, qual fosse a de garantir uma verdadeira representação nacional, uma vez que a sociedade espanhola era composta de Clero,

---

[4996] *Ibidem*, VI, Maio de 1813, pág. 310.

[4997] *Ibidem*, VI, Maio de 1813, pág. 310, retoma um tema já conhecido e que bem o aproxima dos ensinamentos de Bentham. Assim, "Nesta parceria todos homens tem igual direito; mas não a porçoens iguaes. Aquelle que não tem mais que hum duro na companhia, goza tanto direito a elle, como a seo cabedal aquelle que nella tem posto dois mil; mas, não podem ter igual parte nos lucros. Em quanto á porção do Poder, Authoridade e influxo, que hade ter da individuo no manejo do Estado; nego que se ache isto entre os direitos originaes do homem em Sociedade civil; porque estou fallando do homem social, e de nenhum outro: por tanto he ponto que se deve regular por convenção."

[4998] *Ibidem*, VII, Agosto de 1813, pág. 198: "Os revolucionários de Caracas proclamarão a Soberania do Povo: e que tirou disso o Povo? Os revolucionarios de Buenos Ayres proclamarão a Soberania do Povo: e que fructo, que bens tirou disso o Povo? As Cortes de Hespanha proclamarão a Soberania do Povo; e que fructo, que bens tem ate hoje tirado o Povo Hespanhol? E que fructos tirará? Os mesmos que o Povo Francez!"

[4999] *Ibidem*, VII, Agosto de 1813, "Observaçoens sobre o Poder illimitado das Cortes de Espanha", pág. 218.

Nobreza e Povo; donde, enquanto a representação não correspondesse por inteiro a estes três grandes núcleos, a mesma não estaria assegurada[5000].

Acredita-se que esta interpretação é válida; não restam dúvidas que a representação nacional, para o ser, deve ser abrangente e enquadrar todas as sensibilidades da Nação, devidamente designadas pela via das eleições. Se isso passa ou não pela existência de duas Câmaras, como forma de assegurar a Liberdade política da sociedade, é secundário por agora. Contudo, a Liberdade da Nação só existe quando ela tem capacidade de se expressar sob um ponto de vista universal ou, ao menos, para-universal.

Contudo, teria sido impossível em 1810 proceder de modo diverso do seguido nas eleições espanholas, dada a ocupação da maioria do território pelos franceses. Isto poderá ter sido motivo para se alçarem dúvidas sobre a legitimidade e mesmo a legalidade dessas Cortes mas, ponderando vantagens e inconvenientes, não seria aceitável a opção por caminho diverso[5001].

No que respeita ao sistema eleitoral, alvo de severos reparos – os quais se acompanham sem rebuço – seguia-se a via indirecta; melhor dizendo, indirectíssima, já que o crivo era de tal forma apertado que os deputados a eleger no futuro teriam de ser uma espécie de super-homens para conseguirem ultrapassar tantas etapas até à sua eleição se concretizar[5002]. Quanto à reeleição dos mesmos e ao juramento de fidelidade à Constituição, são também ponto de crítica, levando mesmo a uma observação que encontrará, anos volvidos, em Fernandes Thomas, um dito muito semelhante, quando arguía que a *Constituição de Cádiz* "não he o Evangelho"[5003]. Relativamente à Deputação Permanente e seus membros, merece aos redactores o qualificativo de "sete espantalhos, que a Constituição manda nomear para ficarem junto do Rey no intervalo de humas a outras Cortes, a fim de vigiarem se elle cumpre seos deveres; eis aqui sete delatores, que devem pesquisar todas as acçoens do Monarca, para formarem um Capitulo das suas culpas, e fazer queixa delles ás futuras Cortes!"[5004].

[5000] *Ibidem*, V, Novembro de 1812, pág. 22: "(...) Sendo pois o abuzo inherente a todo o Governo estabelecido, cumpre ter outra assemblea para velar sobre estes guardas, assim estas assembleas se podem multiplicar ao infinito, e formar succesivamente novas deputaçoens, quaes vagas que se succedem ate quebrar n'alguma praia." Uns tempos depois e já na vigência da responsabilidade redactorial de José Liberato Freire de Carvalho, mais precisamente em IX, Abril de 1814, "Reflexoens sobre as Cortes de Hespanha – Artigo extrahido do Hespanhol do mez passado", pág. 368, a mesma opinião resulta da abordagem do correspondente: "Os authores da Constituição Hespanhola desgostosos do principal problema, ou ignorando a sua importancia, poserão a Nação no cazo que mais fervorosamente devem evitar os bons legisladores. Depositão todo o Poder do estado em huma so camera, e aproveitando-se do illimitado despotismo que gozavão, durante o seu imperio em Cadiz, triumpharão pondo tudo ao arbitrio de votos, cuja maioria elles estavão certos de obter."
[5001] Ainda relacionado com a questão da representação nacional e logo da Liberdade política, importa averiguar as considerações tecidas a respeito da eleição e reeleição dos deputados às Cortes Ordinárias, bem como o problema da Deputação Permanente.
[5002] *O Investigador Português em Inglaterra*, VII, Setembro de 1813, pág. 371: "Capítulos III, IV, e V do Titulo III: estes capitulos tratão das juntas eleitoraes: estas são tres – Juntas eleitoraes de Paroquia – Juntas eleitoraes de partido – e juntas eleitoraes de Provincia. Os habitantes cidadaons das paroquias escolhem os eleitores paroquies: estes juntos escolhem os eleitores de partido. Estes juntos escolhem os eleitores provinciaes: e estes juntos nomeão os deputados para as Cortes."
[5003] *Ibidem*, VII, Setembro de 1813, pág. 372: "(...) a prezente Constituição he obra vinda do Ceo!!!" Em causa estão os artigos 110 e 117.
[5004] *Ibidem*, VII, Setembro de 1813, pág. 374. Outros mimos com que os membros da Deputação Permanente são mimoseados: "espias", "cortezaons"; "manietadores", etc., etc.

A questão da Liberdade política do cidadão retoma-se em número subsequente, agora no plano do exercício da actividade legislativa, de que as Cortes como depositárias da soberania nacional se devem desempenhar. O problema é encarado num plano distinto, entre os princípios constitucionais que regem a Liberdade política em Inglaterra e os preconizados pela Revolução Francesa. No primeiro caso a faculdade legislativa é partilhada entre Parlamento e Rei; no segundo é privativa das Assembleias Representativas, com ou sem exercício de veto.

A partir de 1814[5005], é José Liberato Freire de Carvalho o redactor principal do periódico. Esse período que se prolonga até ao final da sua publicação é recheado de acontecimentos, cujo tratamento aporta com significativas alterações em relação à linha antecedente. Mesmo assim não se pode acusar José Liberato de ser, como habitualmente se pensa, o oposto dos seus antecessores. Pelo contrário; nos primeiros números que saem d'*O Investigador Portuguez* sob sua direcção não apenas se dá sequência às matérias que vinham sendo tratadas até finais de 1813[5006], como existe alguma precaução no que toca a um pronunciamento mais radical que o seguido até aí[5007].

Em qualquer caso, a orientação francamente liberal – pela via inglesa[5008] – de José Liberato trouxe-lhe bastantes dissabores[5009], que não impediram a falta de leitores nem

---

[5005] José Liberato Freire de Carvalho, *Memórias da Vida de José Liberato Freire de Carvalho*, pág. 137.

[5006] *O Investigador Portuguez em Inglaterra*, IX, Abril de 1814, "Reflexoens sobre as Cortes de Hespanha – Artigo extrahido do Hespanhol do mez passado", pág. 368: "Entre obedecer, e desobedecer ás decisoens do Poder supremo, não há no mundo outro meio senão huma revolução. Para evitar essa horrivel catastrophe, e afastala, quanto for possivel á providencia humana, he que se tem inventado todas as combinaçoens e formas de Governos que se conhecem no mundo."

[5007] *Ibidem*, XIII, Julho de 1815, pág. 109 e ss., a propósito de um artigo do *Times*, onde eram criticadas as delongas portuguesas na resposta a colectiva a dar ao prisioneiro evadido de Elba. Assim, "Não he facil adivinhar quaes sejão os motivos de queixa que possa ter o Editor do *Times*, quer seja contra os portugueses, quer contra os Exmos. Governadores do reino. Queria, he verdade, já ver marchar as nossas bellas tropas, e que fossem de novo coroar-se de gloria na grande cauza da Europa: isto he muito de louvar, faz-nos muita honra; e por isso lhe ficamos muito agradecidos (...). *Com tudo (...) para que havia de tratar com tanto desrespeito, e até insolencia, hum Governo independente, alliado e amigo, lembrando-se de seja capaz de cometer acções vis e vergonhosas? (...) Os Exmos. Governadores do reino hão de ter feito, e de certo continuarão sempre a fazer tudo aquillo por que estiverem amplamente Autorizados por S. A. R. o Principe R. nº S.* (...)."

[5008] José Liberato Freire de Carvalho, *Memórias da Vida de José Liberato Freire de Carvalho*, pág. 154: "para isto era necessario, como preliminar restituir-lhe [a Portugal] a sua primitiva Constituição política, para que por meio della pudesse conservar a vida que perdera, mudando-se-lhe o assento do Governo para o Brasil. Com esta ideia procurava igualmente ir excitando recordações da Liberdade no animo dos portuguezes, e fazendo que, pouco a pouco, fossem perdendo o medo de quebrar as cadeas, com que tão indignamente os tinham manietado."

[5009] Idem, *ibidem*, págs. 157 e ss. Trata-se da resposta dada às "Instruções" de Palmela a respeito do periódico. Por conhecer aquelas, respigam-se alguns aspectos essenciais da citada resposta. Assim, "V. Ex. toma por princípio e base de todos os seus raciocínios que, sendo o Investigador auxiliado pela Corte, deve elle conseguidamente ser de todo *ministerial*; e para esse caracter deve ficar sujeito a uma *censura prévia*, particularmente na parte mais importante, que é a das Reflexões politicas. (...) A ideia de V. Ex. seria muito boa, se o Governo desse uma somma sufficiente para tornar os redactores independentes do público: mas querer que elles dependam, como até agora dos subscriptores, e entrem appesar disso a escrever em um sentido em tudo opposto ás opiniões delles, e só conforme com as do Governo, é exigir certamente impossíveis. (...) O público já se não póde enganar; e será por consequencia um erro indesculpavel pretender que elle, uma vez que dê por esta tão notavel e extraordinaria mudança, continue a auxiliar com as suas subscripções como principia fazer. (...) A condição essencial de uma censura prévia não é já compatível nem com as

modificaram o ponto de vista do Autor. O seu subsequente trabalho de intervenção, bem atesta estas observações, tal como a interpretação liberal que outorga ás Cortes de Lamego, bem ao arrepio da proposta pombalina, sendo a sua fonte por excelência alvo das maiores censuras[5010].

É, neste contexto, do maior relevo a observação que insere no sentido de, independentemente da autenticidade histórica das *Cortes de Lamego*, defender e escrever que "já não podem haver duvidas politicas, depois do reinado da Snra. D. Maria I. *Sim as Cortes de Lamego* qualquer que seja a sua authenticidade historica, formão hoje a baze de todo o Direito Publico Portuguez, por que *politicamente* forão julgadas verdadeiras e authenticas; e neste cazo a ellas podemos e devemos recorrer sem nenhum receio"[5011].

Esta observação é verdadeiramente importante, sendo produzida em 1818, muitos anos depois do *Discurso da Acclamação* e da doutrinação de Ribeiro dos Santos, fundamentando numa dupla asserção de um Poder de origem divina, cujo exercício deveria formalizar-se nos quadros não apenas da legalidade mas, também, da legitimidade. Além disso, a interpretação conferida ao Pensamento de Ribeiro dos Santos no que respeita a uma plausível fonte originária humana do Poder político, ganha foros de consagração no texto do periódico, uma vez que se assume a hipótese histórica de, perguntados os representantes da Nação se queriam D. Afonso Henriques para Rei, e a resposta sendo de "sim", poderia ser de "não"[5012].

Como consequência, "reconhecendo-o como Rey, derão-lhe a Autoridade soberana", reconhecendo o monarca que não pode ser legítimo Rei sem o consentimento da Nação. Se ele pediu consentimento à Nação, foi porque entendia que apenas ela o poderia autorizar, pelo que não procedem as teses do josefismo pombalino nem, tão pouco, todas as que fazem derivar dos direitos de conquista e doação, a posse e propriedade do território[5013], tal como Bossuet e Richelieu haviam defendido.

Admitindo que em 1819 a Inglaterra se encontrava em difícil situação económica, filha da série de convulsões que no último decénio fora obrigada a patrocinar e aonde

---

minhas opiniões nem com a minha pequena reputação. (...) Quanto mais, até me seria impossível escrever uma só linha, que tivesse senso commum, tendo sempre presente a lembrança de que essa linha tinha toda a probabilidade de morrer na proxima censura. (...) Para fazer do Investigador Portuguez uma *Gazeta de Lisboa* um pouco mais volumosa, eu não me julgo nem próprio nem necessário. (...) V. Ex.ª não ignora, que infelizmente o nosso Governo não marcha a par da opinião pública nacional; e então como que esta opinião se volte a favor do Governo por meio de um instrumento, que de necessidade há-de ser visto com desconfiança ou com desprezo? O Investigador, como V. Ex.ª o quer organizar, não póde ser util nem para o Governo nem para mim (...) Não posso pois me conformar com o plano e intenções de V. Ex; porque sendo ellas talvez de nenhuma consequencia nos dominios portuguezes, tomam bem diverso caracater no paiz em que não há inquisidores, nem censores dos pensamentos humanos." Esta carta está datada de Kenton, 9 de Novembro de 1816.
[5010] *O Investigador Portuguez em Inglaterra*, XXII, Agosto de 1818, pág. 216: "A *Deducção Chronologica* [não a admitimos como Autoridade]: esse livro, que hé digno de consultar-se no que diz respeito á historia dos Jesuitas, não hé Compendio de politica que se deva citar no tempo prezente. Até cauza rizo ver o desafogo com que o auctor se agarra a semilhante texto, que todo o mundo sabe que foi obra de *encomenda*, e mandada fazer de proposito para fins conhecidos (...)."
[5011] *Ibidem*, XXII, Agosto de 1818, pág. 217.
[5012] *Ibidem*, XXII, Agosto de 1818, págs. 223 e ss.
[5013] *Ibidem*, XXII, Agosto de 1818, pág. 224.

DA HISTÓRIA DA IDEIA DE LIBERDADE (SEQUÊNCIA)

envolveu grandes somas em dinheiro, apenas pelo espírito de Liberdade que aí impera os ingleses e o seu Governo vão conseguindo ultrapassar o problema[5014].

Na sequência das ideias defendidas n'*O Investigador Portuguez em Londres*, a respeito da importância das Cortes de Lamego, importará avançar um pouco mais[5015], sobretudo na relação expressa que se pretende estabelecer entre essa situação e o estado de colónia de colónia em que Portugal se encontrava em 1819[5016]. Como quer que seja, "Portugal he hoje de certo um tristissimo exemplo das mais fataes vicissitudes humanas"[5017], filhos da incompreensão e incumprimento dos preceitos de Lamego, que mediante acordo vinculativo impunham reciprocidade no cumprimento do pacto originário da soberania[5018].

A pretérita abordagem acerca da origem do Poder político[5019], é agora aproveitado na explicação histórica da formação da soberania mediante pacto[5020], tal como as correntes inglesas interpretam e se procura proceder a lusa adaptação[5021]. O papel da Cortes e a coragem dos portugueses na defesa dos seus direitos firmados em Lamego são sucessivamente elogiados[5022], num lamento expresso e desassombrado pela política que desde 1706 fora iniciada em Portugal, no plano do silenciamento da Liberdade portuguesa[5023]. Depois dessa data e no entendimento de José Liberato, não deixou o Trono de ser causticado com sucessivos laivos de má sorte, que atribui, sem rebuço a "esta postergação de um direito sagrado"[5024].

[5014] *O Campeão Portuguez ou o Amigo do Rei e do Povo*, I, Julho de 1819, pág. 35: "Sem a grande Liberdade, particularmente civil de que goza o Povo Inglez, e sem a Liberdade secundária da Imprensa que sustenta a primeira, e até o proprio Governo pela mesma opposição e guerra sistemática que lhe faz, seria verdadeiramente impossível que a actual administração se pudesse conservar; mas he esta a prova mais decisiva de que a Liberdade bem entendida he o mais forte apoio dos Governos, porque sem esta Liberdade já toda a maquina politica de Inglaterra estaria feita em pedaços."
[5015] *Ibidem*, II, Fevereiro de 1820, págs. 75 e ss., desenvolve os vários tipos de leis então firmadas e, nomeadamente, quatro sobre a sucessão do reino.
[5016] Idem, I, Julho de 1819, "Prospecto", pág. 2: "Portugal, o berço de uma das mais illustres Monarquias modernas, uma Monarquia que conta perto de sete seculos de existencia, e que foi levantada em *Ourique* e *Lamego* pelo direito mais legitimo de todas as monarquias, direito fundado na victoria, e na vontade expressa da Nação, passou de monarquia a ser colonia com o titulo nominal de reino."
[5017] *Ibidem*, I, Julho de 1819, "Prospecto", pág. 2.
[5018] *Ibidem*, I, Agosto de 1819, págs. 113 e ss., reproduz a argumentação antes expandida n' *O Investigador Português em Inglaterra*, XXII, Agosto de 1818, págs. 216 e ss.
[5019] *Ibidem*, I, Agosto de 1819, pág. 113: "(...) tanto o Rei como os vassallos ficaram desde ahi obrigados em consciencia a cumprirem com seus juramentos (...)."
[5020] *Ibidem*, I, Agosto de 1819, pág. 113: "Não só se escreveram ahi essas linhas fundamenates [dos direitos da Coroa e do Povo], que consagram e distinguiram os direitos *inalienáveis* da Coroa e do Povo, porem esses mesmos direitos forão *solemnemente jurados* tanto pelo Senhor Rei Dom Affonso Henriques, em seu nome e de seus successores, como pelas Cortes, em nome dos prezentes e futuros."
[5021] *Ibidem*, I, Agosto de 1819, pág. 113: "Em Lamego, pois se escreveram as linhas fundamentaes dos direitos da Coroa e Povo Portuguez, linhas que bem podem chamar-se a nossa *Magna Charta Portugueza*".
[5022] *Ibidem*, I, Agosto de 1819, pág. 114.
[5023] *Ibidem*, I, Agosto de 1819, pág. 118: "Foi no reinado do Senhor D. João V, neto desse mesmo Monarcha, que só fora Rei Portuguez em virtude da expressa vontade da Nação, manifestada e legalisada em Cortes, que nós portuguezes fomos espoliados do mais sagrado dos nossos direitos, e da melhor de nossa Liberdade!"
[5024] *Ibidem*, I, Agosto de 1819, págs. 118 e 119: "Deus, nosso Senhor, parece quis castigar em sua pessoa e reinado esta postergação de um direito sagrado, reconhecido por todos os Monarcas Portuguezes, e que elle solemnemente jurará observar no Acto Augusto de sua Coroação: porque *sendo seu reinado o mais afortunado em riquezas do mundo, e correndo o oiro em torrentes a encher seus thesouros, elle morreu pobre, com tão rico Erario exhausto; e por assim dizer, passou seu cadaver pela humilhação de haver por emprestimo o lençol em que foi amortalhado.*"

Na defesa das Cortes tradicionais portuguesas, insere um artigo acerca da "Historia das Cortes de Portugal"[5025], considerando-as como "a couza mais sagrada e importante que tem a nossa Monarquia, e da qual sempre dependeram, e ainda hoje, mais do que nunca, dependem de nossas Liberdades. He instituição mui sagrada, porque, sem estar sanccionada por alguma lei escripta, goza do caracter da lei natural, que sem necessitar escrever-se com caracteres humanos, passa de geração em geração gravada por Deus nos corações dos homens"[5026]. As Cortes são, a *"lei da terra"*[5027], servindo-se sem rebuço das conclusões insuspeitas – por partirem de um não correligionário – para sustentar as suas afirmações[5028].

Não foi por isso D. Afonso Henriques inovador quando entendeu por bem convocar as *Cortes de Lamego*, nem tão pouco com isto "concedeo favor ou privilegio algum aos Portuguezes que hia governar com o alto caracter de Rei, mas foi elle mesmo obrigado, para obter legitimamente sua nova dignidade, a sugeitar-se a lei commum da terra, em virtude da qual so podia reinar"[5029]. Portugal sempre foi uma monarquia constitucional[5030], ponto em que se aproxima da teorização de Claude Mey.

Mais, fica clara a adesão de José Liberato ao sistema tradicional de reunião de Assembleias magnas[5031], com eleição de procuradores[5032] por estados[5033] e não gerando

---

[5025] *Ibidem*, II, Janeiro de 1820, págs. 35 e ss. A pág. 40, refere: "Para manter esta esperança, e com ella animar os affligidos Portuguezes que, sem Rei, e quaze sem patria, gemem ainda em silencio, mas podem vir a exhalar suas dores em altos clamores, tomamos a resolução de publicar a historia abreviada de nossas Cortes; a qual sendo uma consolação para os espiritos opprimidos, será um grande estimulo, ou pelo menos uma séria recordação para aquelles em cujas maons está depositado o poder de alliviarem nossos males com o único remedio que os pode curar." Esta "História" prolonga-se, ao longo de vários números do periódico.

[5026] *Ibidem*, II, Janeiro de 1820, pág. 37.

[5027] *Ibidem*, II, Janeiro de 1820, pág. 39: "(...) o ajuntamento de nossos Congressos nacionaes, ultimamente denominados Cortes, he uma verdadeira lei e tradição patria, immemorial e sem data, a qual com toda a justiça se pode chamar lei da terra; e que não sendo dadiva de Rei ou governante, mas a pura expressão do instincto e vontade do Povo, não lhe pode ser roubada sem grande injustiça e grande perigo."

[5028] *Ibidem*, II, Janeiro de 1820, pág. 36: "O Senhor *Antonio Caetano do Amaral* na sua primeira Memoria, intitulada – *Estado da Lusitania até ao tempo em que foi reduzida á provincia Romana* – diz: 'Se há que estabelecer de novo para o bem commum da sociedade, servem-se os Lusitanos) do meio usado das puras Democracias, *Assembleas geraes*, em que cada pessoa tem o arbitrio de approvar, ou rejeitar o que se propoem; e ainda nesta acção respira o ar militar, em que são criados; um bater de espada no borquel he o signal de approvação; hum sussuro inquieto o de desapprovar'."

[5029] *Ibidem*, II, Janeiro de 1820, pág. 39.

[5030] *Ibidem*, *Ensaio Histórico-Político Sobre a Constituição e Governo do Reino de Portugal*, 2ª Edição, Lisboa, 1843, pág. 21.

[5031] *O Campeão Portuguez ou o Amigo do Rei e do Povo*, I, Agosto de 1819, pág. 127: "(...) a convocação das Cortes nem o fará [ao Rei] menos poderoso, nem derogará sua Real Auctoridade (...)".

[5032] *Ibidem*, I, Dezembro de 1819, págs. 350 e 351: "[Tem de existir] uma asembléa de representantes do Povo, cujo consentimento seja necessario para o estabelecimento de qualquer tributo, para a petição de qualquer emprestimo, e para a promulgação e abrogação de toda a lei. Todavia, esta ultima instituição suppoem já outra antecedente, isto he, a eleição livre, regular, e periodica dos representantes por meio de todos os individuos, que por talentos, industria, ou riqueza occupão um lugar independente na escala social. So assim se podem ter representantes que sejam a favor dos governados, por que elles estiverem debaixo da influencia ou dependencia dos governantes, melhor he que não existão; e mais suave será obedecer aos caprichos de um tirano de que de cem ou dozentos tiranos."

[5033] *Ibidem*, I, Agosto de 1819, pág. 126: "os Procuradores do Povo em Cortes não são mais que uns independentes Conselheiros dos Reis, que na sua presença vem manifestar as necessidades

a universal amplitude decisória que o Constitucionalismo lhe consagra, sob forma de eleição e sentença para-universal dos seus representantes. Isso mesmo se depreende das continuadas referências ao papel das Cortes na condução dos destinos de reino[5034] em conjugação com o monarca[5035], preservando os ancestrais direitos da Nação portuguesa e a Liberdade dos seus cidadãos[5036].

O Poder das Cortes é o de propor ao monarca e aconselhar, esperando que este decida em conformidade[5037]; não é o de obrigar à assunção de uma medida positivamente tomada por parte do Rei que, de resto, apenas a poderia confirmar. Essa a grande diferença[5038].

---

da Nação, e pedir-lhes para o bem commum da coroa e do Estado. (...) Serão com effeito menos nobres os Procuradores de suas cidades e villas do que meia duzia de homens particulares com quem V. M. he obrigado hoje a aconselhar-se? (...) V. M. hade ser sempre obrigado a aconselhar-se com alguem: pois então melhor he tomar conselho de homens independentes, e que não vivam de merces e honras da corte, do que desses outros, ministros ou conselheiros, quaze sempre interessados, e que so aspiram a titulos, commendas, e outros favores do monarca."

[5034] *Ibidem*, I, Agosto de 1819, pág. 121: "O Voto e conselho da Nação, manifestado em Cortes, he a primeira e a principal das Liberdades e franquezas do Povo Portuguez: logo V. M. por seu juramento está obrigado em consciencia a guardar-lha."

[5035] *Ibidem*, I, Agosto de 1819, pág. 122: "(...) he pois indubitavel que V. M. está obrigado, por força do seu juramento, a guardar as Liberdades do Povo Portuguez, ou a restituir-lhas, se andarem alienadas; porque V. m. jurou solenemente guardar-lhas, e não jurou, nem podia jurar, de guardar as alheaçoens que lhe tenhão feito alguns dos seus antecessores. Essas alheaçoens não são *bons costumes, privilegios, graças, merces, Liberdades, e franquezas*: logo não está V. M. obrigado a guardá-las; antes, pelo contraio, deve em consciencia resarci-las, restituindo por inteiro o que anda alienado dos imprescriptiveis direitos do seu Povo."

[5036] *Ibidem*, I, Agosto de 1819, pág. 121: "o *bom costume*, e a *franqueza e Liberdade do Povo portuguez* de se juntar em Cortes, e de commum acordo com o seu Rei fazer leis, e regulamentos a bem da prosperidade da Coroa e dos subditos, são, alem disto, tão antigas como a monarquia (...) e não podem prescrever, porque são direitos da mesma natureza dos direitos da Coroa (...).”

[5037] *Ibidem*, I, Dezembro de 1819, pág. 351: "Pode haver com tudo muita variedade no modo porque as assembleas nacionaes hajão de exercer o seu Poder Legislativo; por que umas podem propor as leis e discuti-las, quando lhes sejão propostas pelo Poder Executivo. Nesta parte damos nós a preferencia ao primeiro modo, não só porque nos parece racionavel, porem por que exactamente he o mesmo que sempre nossas Cortes praticaram. Estas tiverão sempre por costume fazer representaçoens a El Rei a cerca do que julgavão necessario ou para o bem de todo o reino, ou de uma ou muitas provincias; e sobre estas representaçoens, depois de discutidas, se formalisavão as leis. Este costume nacional temos nós por mui util e judicioso; porque ninguem melhor pode saber as necessidades publicas das provincias do que os individuos que ahi vivem, e por consequencia mui interessados são em que ellas prosperam."

[5038] *Ibidem*, I, Dezembro de 1819, pág. 352: "(...) he nossa opinião, que melhor armonia há de sempre existir entre o Povo, o Rei, e Governo quando os representantes do primeiro proposerem as leis ou o objecto dellas, do que quando estas sejão quaze uma exclusiva prerrogativa do Rei e seus ministros. No primeiro cazo a discução será mais livre e judiciosa, por que se fará entre pessoas que discutem com cabal conhecimento de cauza, pois que são ellas mesmas quem fizerão a proposta; no segundo, a discução pode ser muitas vezes tumultuaria, acre, e até injudiciosa, porque aquelles, que discutem, ou podem prevenir-se contra o Governo, ou podem não estar bem inteirados do objecto proposto. Attentas estas razoens, damos sinceramente a preferencia a antiga e boa pratica das nossas Cortes, nas quaes esteve sempre o indisputavel direito de se queixarem dos abuzos publicos, de lhes proporem remedios, e de lembrarem quaesquer providencias, que tinhão por mais convenientes para o bom governo do reino. *Assim cremos que nesta parte de nada mais precisamos do que o pronto chamamento de nossa antigas Cortes, porque com ellas e nellas teremos quanto he bastante para possuirmos as garantis que nos faltão.*"

Além disso – e precisamente porque discorda das revoluções – entende que a melhor forma de as suster é a manutenção periódica da audição dos representantes dos estados do reino[5039]. Segundo interpreta, a recente benignidade dos soberanos em "conceder aos seus Povos Cameras de deputados, ou Cortes", implica que não desejam as revoluções. Mas também implica, que continua a ser o monarca o titular em exercício da soberania[5040], que concede esta graça ao seu Povo, mesmo quando dele recebeu o Poder político e sem que este intervenha na elaboração, sob forma directa e independente, na feitura das Constituições, em bom rigor, Cartas.

Assim é porque, para José Liberato, a Constituição traduz a defesa dos direitos individuais de Propriedade, Segurança e Liberdade civil. Isto chega, no seu conceito, para que se possa falar de Constituição[5041] e é muito mais importante porque defende as garantias civis – dentre as quais a Liberdade –, que a Liberdade política, que deve ser assegurada pela Constituição em si mesma, na versão francesa[5042]. Mais, confunde 1789 com 1793 e por isso as conclusões só podem pecar por distorcidas.

O plano histórico-liberal do seu Pensamento transparece das vertentes considerações. Verifica-se, do mesmo modo, quando afirma que "nós precisamos de uma reforma, mas não precisamos nem nos faz conta arruinar o nosso antigo edificio politico, que fez nossa grandeza, e já deo ao nome Portuguez uma gloria tão duravel como o mundo"[5043].

Como consequência, e muito embora considere a existência de uma Constituição como inultrapassável para defesa das garantias individuais[5044], chegando ao ponto de ir buscar essa ideia a um nosso conhecido francês[5045], mantém a distância relativamente ao processo constitucional revolucionário. Para o seu entendimento, "Constituição politica de um Estado não he outra couza mais do que certa Lei Fundamental que cria, divide, e auctoriza os diversos Poderes destinados para conservar e proteger os direitos civis do homem, ou as garantias individuaes do cidadão"[5046].

[5039] Ibidem, I, Agosto de 1819, pág. 128: "Não há um facto na historia que diga que um Governo com uma representação nacional tenha sido destruido pelo Povo. Pelo contrario todas as revoluçoens modernas, que tem havido, originaram de se haver tirado aos Povos esse seu *direito de representação*, e de quererem elles torna-lo a haver. Os ministros dos Reis aconselharam mal neste ponto os monarcas, dizendo-lhes, não fizessem caso dos direitos do Povo; eis aqui os motivos verdadeiros de todas as revoluçoens".
[5040] Ibidem, I, Dezembro de 1819, pág. 353: "(...) as asembleas representativas nem governão nem impedem de governar; impedem unicamente o desgoverno e a oppressão (...)."
[5041] Ibidem, I, Dezembro de 1819, pág. 354: "os unicos abuzos essenciaes, e por consequencia destruidores de toda a ordem publica e particular, são aquelles que attentão contra a *Propriedade, Segurança, e Liberdade* das pessoas: nestas tres garantias está incluido tudo o que se pode chamar *Constituição*."
[5042] Ibidem, I, Dezembro de 1819, pág. 354: "Os Francezes na revolução nunca forão tão escravos como com a sua Constituição democratica de 1793, apezar de que nas suas primeiras paginas vinhão estampados os direitos do homem: com todos os direitos politicos, não tinham um só Direito Civil."
[5043] Ibidem, II, Janeiro de 1820, pág. 10.
[5044] Ibidem, II, Maio de 1820, págs. 340 e 341: "(...) estas garantias que estabelecem e protegem toda a Propriedade e Liberdade humana, ou os direitos civis do homem cidadão necessitão de outras garantias, que também as mantenhão e defendão; e são ellas os Poderes ou Auctoridades constitucionaes, fundadas sobre os direitos politicos do mesmo homem cidadão."
[5045] Ibidem, II, Maio de 1820, pág. 340: "Une constitution n'est point un acte d'hostilité. C'est un acte d'union, qui fixe les relations réciproques du monarque et du peuple, et leur indique les moyens de se soutenir, de s'appuyer, de se seconder mutuellement."
[5046] Ibidem, II, Maio de 1820, pág. 341.

Uma vez que é impossível o estabelecimento orgânico-institucional de qualquer país sem que uma Constituição lhe presida, apenas por essa via os Povos verão so seus direitos individuais garantidos. Donde a manutenção da mesma ou a sua eventual restauração não merecem dúvida e pautam-se como o plano em que a Liberdade política dos cidadãos serve para defesa da sua Liberdade individual.

Em sequência, é actualmente uma necessidade absoluta a existência desta Lei Fundamental, qualquer que seja a forma que lhe assista, por força dos abusos dos Governos. Essa mesma Constituição reduz-se "á criação de certos *Poderes Constitucionaes*, que defendão os direitos do throno, bem como os direitos do Povo"[5047] e que seguem a classificação inglesa em tese geral[5048].

Os dois primeiros, correspondentes ao Poder monárquico, distinguem-se pelo exercício mediante normas certas positivadas ou, então, pela relação com o interesse público, a tradição e a própria religião. E mesmo que não se seja criterioso ao ponto de proceder a diferenciação no âmbito do Poder monárquico e se mantenha a tradicional separação tripartida[5049], o balanço entre eles deverá ser evidência. Caso contrário, a intervenção do Poder moderador do monarca torna-se em absoluto premente[5050], aspecto em que é por demais evidente a aproximação ao papel desempenhado na monarquia limitada inglesa[5051] pelo monarca[5052], gozando da sua prerrogativa[5053].

E se é verdade que ao monarca cumpre convocar extraordinariamente as Cortes, também não merece contestação o facto de as mesmas deverem ser ordinariamente convocadas sem recurso à vontade do mesmo[5054]. Foi este o processo seguido pelas

---

[5047] *Ibidem*, II, Maio de 1820, pág. 347.
[5048] *Ibidem*, II, Maio de 1820, pág. 348: "Os Poderes, ou Auctoridades Constitucionaes são: o Poder Real: o Poder Executivo: o Poder Representativo e o Poder Judiciario."
[5049] *Ibidem*, II, Maio de 1820, pág. 349: "O Poder Legislativo reside nas assembleas representativas com a sanção do Rei; o Poder Executivo nos ministros; o Poder judiciário nos tribunais. O primeiro faz as leis; o segundo cuida da sua geral execução; o terceiro as applica aos cazos particulares."
[5050] *Ibidem*, II, Maio de 1820, pág. 349: "O Rei fica, por tanto no meio destes tres Poderes como Auctoridade neutra e intermediaria, sem interesse racionavel de transtornar este equilibrio, mas antes, por o contrario, mui interessado em o manter."
[5051] *Ibidem*, II, Maio de 1820, pág. 348: "Mas como sempre he mui util illustrar os principios por meio de exemplos, citaremos para este cazo a Constituição ingleza, como aquella que, há mais annos em pratica, pode servir de prova de quanto mais respeitada, e mais forte he a monarquia constitucional do que a monarquia absoluta ou despotica. Em Inglaterra nenhuma lei se pode fazer sem o concurso do Parlamento; nenhum acto se pode executar sem a assignatura de um ministro; nenhuma sentença se pode dar se não pormeio de tribunais independentes."
[5052] *Ibidem*, II, Maio de 1820, pág. 350: "Se a acção do Poder Executivo, isto he, dos ministros he irregular, o Rei pode dimitir o Poder Executivo; se a acção do Poder Representativo he funesta, o Rei pode dissolver o Corpo Representativo: em fim se a acção do Poder Judiciario he algumas vezes muito forte, porque applica a acçoens individuaes penas geraes mui severas, o Rei modifica esta acção por o seu direito de perdoar."
[5053] *Ibidem*, II, Junho de 1820, págs. 379 e ss." A primeira prerrogativa deve ser sem duvida a faculdade de nomear e dimitir o Poder Executivo; a segunda prerrogativa do Poder Real he a nomeação do Conselho de Estado; a terceira prerrogativa do Poder Real he convocar extraordinariamente o Poder Representativo, ou Legislativo; a quarta prerrogativa do Poder Real he participar do Poder Legislativo, sanccionando as resoluçoens das Assembleas representativas.
[5054] *Ibidem*, II, Junho de 1820, pág. 387: "Toda a Nação que não so quizer ser livre mas conservar a sua Liberdade, deve por consequencia, em sua lei fundamental, ou Constituição, tirar ao Poder Real o direito de convocar ordinariamente o Corpo Representativo, deixando-lhe so o das convocaçoens extraordinarias."

Cortes de Cádiz[5055] – repita-se, de influência francesa – que José Liberato aconselha de futuro a todos os Povos que queiram manter e incrementar a sua Liberdade[5056].

Apesar de utilizar expressões caras aos franceses da Era da Revolução e mesmo a Rousseau, o tipo de utilização que dá às mesmas, pretende conduzir a resultados opostos. No primeiro caso, a ideia de "vontade geral"[5057], pretendia a institucionalização do Constitucionalismo sem recurso às Cortes tradicionais. Para o redactor, ao invés, são estas que se devem recuperar e adaptar, única via de evitar as revoluções que tanto o atemorizam e ao seu Pensamento, sob batuta inglesa[5058].

José Liberato tanta vontade tem de ser contrário à revolução, aceitando os pressupostos de um Governo inglês liberal-moderado, que se esquece que nesse Governo o Poder político está repartido e que o Parlamento não condiz com as Cortes tradicionais portuguesas. Nem na forma de eleição nem no tipo de representatividade que manifesta. Por isso, querer, equiparar o que se passa em Inglaterra onde há Liberdade política inicial, com Portugal, onde nem há Liberdade política, nem nunca ela existiu – no máximo houve Liberdade dos povos – não parece legítimo.

Por outro lado, defende João Bernardo uma origem humana do Poder político[5059], o que implica que se não aceita a tese do Contratualismo Moderno na formação da sociedade, apenas se pode virar para a tese histórica inglesa, que faz derivar da própria Constituição, acordada entre monarca e súbditos[5060], a origem desse mesmo Poder[5061].

[5055] *Ibidem*, II, Junho de 1820, pág. 387: "Mui avisadas andaram pois neste ponto as Cortes de Hespanha quando na *Constituição de 1812* declararam no artigo 119, Titulo 3, cap. 6, que as Cortes por lei, e *ex officio*, se devem abrir todos os annos no 1º de Março sem precisarem da convocação del Rei.
[5056] *Ibidem*, II, Junho de 1820, pág. 387: "Quem quizer ser livre, e guardar sua Liberdade, deve seguir-lhe o exemplo; porque se deposita nas maons do Poder Real a faculdade da convocação do Poder Representativo, muito perigo corre este ultimo de ser devorado por o primeiro, como, para vergonha dos Governos, já o foi nas epochas antecedentes."
[5057] *Ibidem*, II, Maio de 1820, pág. 341: "Não há sociedade alguma humana que não começasse por essa lei fundamental, ou por uma Constituição, isto he, por certos homens constituidos, em virtude da vontade geral, para dirigir e proteger os outros homensque se formsaram em naçoens ou em corpos sociaes."
[5058] *Ibidem*, I, Agosto de 1819, pág. 128: "(...) a Auctoridade dos Governos não tem outra força senão a vontade geral; e para terem por si esta vontade geral he necessario que a consultem, e marchem de mãos dadas com ella. Se as vontades particulares forem contrarias á vontade ou á marcha de um Governo, estara por conseguinte dividida a vontade geral, o Governo perderá pouco a pouco toda a sua força, porque diz deus que um reino dividido entre si não pode subsistir, e o estado estará sempre ameaçado de revoluçoens. Logo as Cortes, que so serve, de unir todas as vontades com a vontade do Governo, em vez de fomentar revoluçoens, hão-de suffoca-las, e até esquece-las."
[5059] *O Portuguez*, III, nº 13, pág. 3: "Já tu vêes que eu quero tractar dos Soberanos, *por graça de Deos pastores de vastos rebanhos, a tosquia dos quais, de toda a eternidade lhes estava confiada nas ideias immutaveis do Ente supremo, sem algum respeito ao querer dos Povos,* quero dizer, fosse qual fosse o instincto d'esses rebanhos." *Ibidem*, VI, nº 32, pág. 154: "O PODER AOS REYS VEM DO POVO; ESTE HE A ORIGEM DE TODOS OS GOVERNOS", sustentando a sua afirmação na mesma fonte que "os fautores do Direito Divino dos Reys", pregam, ou seja, a *Sagrada Escritura*, "Livro I dos Reys".
[5060] *Ibidem*, III, nº 14, pág. 118, aponta alguns dos brindes – toasts – que em sociedade costumam fazer-se após refeições mais festivas: "O Povo, única fonte do Poder legitimo"; "O Principe Regente: possa elle nunca esquecer-se dos principios que puseram a sua familia no throno"; A gloriosa revolução de 1688: possa o Povo inglez continuar a defender o Direito, que he de todas as naçoens, o de confiar o Poder Executivo a quem melhor lhe parecer"; Oh! Nunca a coalição dos Soberanos consigar erigir o despotismo sobre as ruinas da Liberdade publica"; "A Liberdade de imprensa hé como o ar que respiramos, que se nos falta, morremos."
[5061] *Ibidem*, III, nº 13, págs. 3 e 4: "Não direi sequer uma palavra do nosso Soberano o P. R. de Portugal; porquanto este admitte no seu Direito Publico ter lhe vindo a coroa do pacto, que os Povos

DA HISTÓRIA DA IDEIA DE LIBERDADE (SEQUÊNCIA)

Além disso, demonstra à saciedade o que pensa da presumível prepotência do Poder espiritual sobre o temporal. E, no que respeita à origem do Poder político, historicamente coloca-se da banda partidária das antigas e medievais teses anti-hierocráticas[5062]. Mesmo que nessa fase a origem do Poder sempre fosse divina, o partido assumido pelo temporal em presença do espiritual, seria, a todos os títulos, de não olvidar, na interpretação do redactor.

O que se disse antes, encontra sobeja confirmação ao longo do periódico, nos seus vários volumes. A Inglaterra é vista como o protótipo[5063] do "sublime Governo! Nação, que bem merece a Liberdade! Os esforços que se fiseram em esta lucta longa, e porfiosa, (...) dão a conhecer o ponto maximo de força, e de grandeza, ao qual pode fazer subir as naçoens uma boa constituição: (...)"[5064]. Comparando os dois Governos de Portugal e de Inglaterra, é fácil perceber que no segundo há a Liberdade que falta ao primeiro[5065] e, os conselhos que prodigaliza ao Governo português nesta área denotam bem a estima pelo sistema inglês[5066].

Entusiasta do Governo representativo numa monarquia moderada, à maneira inglesa[5067], não percebe (!?) os motivos pelos quais sendo os soberanos, a empreenderem reformas nos seus países, são elogiados e, quando se trata de propostas vindas

---

fizéram com o grande Affonso Henriques; e tambem reconhece que só a vontade d'esse mesmo Povo pôz a coro na cabeça a João I, o qual a não podia haver por direito de herança; pois muitos Principes legitimos existiam mais chegados do que elle ao Rey Fernando, quando este se finou: tambem passarei em silencio o Rey d'Inglaterra; pois este, e seu filho, que agora hé Regedor do reyno unido *estão bem capacitados de que são devedores do sceptro á constituição, e á vontade d'este Povo livre* (...)."
[5062] *Ibidem*, III, nº 13, pág. 12: "(...) a ninguem communiques este meu plano, que me terão por jacobino, impio, revolucionario e inconsequente; pois quero esbulhar o Papa do patrimonio de S. Pedro, ao passo que levo muito a mal a reunião de Genova ao Piemonte: eu poderia argumentar com esses senhores, pedindo-lhe certidão da doação de Carlos Magno ao Pontifice; poderá tapar-lhes a boca, argumentando com o reyno, meramente espiritual de J. Christo, e com a pobresa dos Apostolos, que foram seus discipulos: aqui vinham a pêllo o barco e redes de S. Pedro (...) mas não quero questoens com essa casta de gente que só cospe injurias, em vez de produzir razoens (...)".
[5063] *Ibidem*, VII, nº 37, págs. 718 e 719: "A Constituição, que melhor convem ao Povo portuguez e ao Soberano, hé a de Inglaterra, conforme ahi estão distribuidos os Poderes; todavia hé claro que algumas alteraçoens deveriam sofrer a sua aplicação ao nosso estado presente. Faria uma Obra immortal aquelle escriptor portuguez, que ao tempo presente emprehendesse uma (...)."
[5064] *Ibidem*, I, nº 2, págs. 177 e 178.
[5065] *Ibidem*, I, n 3, pág. 215: "Em muitos livros, e periodicos, que lá se escrevem, tenho eu lido, e visto gabar a sabedoria, e Liberdade do Governo britannico agora diz lhe tu lá, que hé necessario montar a machina em Portugal, como o está em Inglaterra; que hé necessario Constituição e Liberdade. *Aqui d'Elrey!* chamam-te jacobino, revolucionario, Danton, Marat, Robespierre, Saint-Just, Coton, &c. &c."
[5066] *Ibidem*, I, nº 4, pág. 275 nota: "O Governo Portuguez, que há mister aprender tudo, deverá aqui ter mais de um homem capaz, que lhe copiasse a legislação Ingleza sobre todos os ramos; que lhe desse parte de todas as boas instituiçoens; do estado das artes, e sciencias; e que acompanhasse as suas contas, e participaçoens com as suas notas relativas ao estado actual, e melhoramento, que, á imitação de Inglaterra, se poderia fazer em Portugal (...): a Constituição, mais que tudo, quiséramos lá ver arreigada em o terreno da nossa patria; pois d'ella nascem, e provem todos os bens; porem desgraçados de nós! seremos, pelo advertir, tidos em conta de revolucionario." Menos de meia dúzia de páginas adiante, acrescenta: "Agradeçam os Ingleses sua Liberdade á Constituição, e sua segurança, e socego interior ás boas leys civis, e de policia, que são de prompto, e a ponto executadas por seus inteiros magistrados: a constituição, e as leys de Inglaterra tem dos Ingleses feito cidadaons, como os estatuarios fasem do rijo bronse, e bronco marmore belissimas estatuas."
[5067] *Ibidem*, VI, nº 33, pág. 293.

de outras áreas, apenas de jacobinos ou furiosos os seus Autores são intitulados[5068]. De facto, apenas ao Povo cumpre reformar e, ciente do seu papel de catalisador dos anseios populares propõe-se a levar à prática a cruzada da reforma política nacional[5069]

Na verdade, no tempo em que escreve, falar em Portugal de Constituição equivalia a falar de Revolução Francesa e jacobinismo, ponto contra o qual de todo se insurge[5070]. A Liberdade funciona como "alma, vida e alimento do corpo civil", devendo por ela continuar a pelejar como sempre aconteceu – a sociedade e os indivíduos que nela vivem. Esta parece ser a única prescrição médica eficaz que impeça o doente de falecer e o causador da morte, o "vírus" dos ditos "mandoens", poder criar resistências e assolar todos os Povos em todas as épocas[5071].

Neste quadro de renovação se inserem os elogios à nossa Constituição histórica[5072], já antes prodigalizados por Hipólito da Costa e José Liberato, verdadeiro garante

---

[5068] *Ibidem*, VI, nº 33, pág. 292.

[5069] *Ibidem*, X, nº 55, pág. 25: "Eu nem do Rei nem dos seus ministros espero obra boa e cabal por via de reforma. Esta espero eu do Povo e de mais ninguem; e como o Povo no caminho da reforma deve topar com muitos obstaculos que lhe tolham o ir por diante, eu sou dos pioneiros que lhe vão terraplenando esse caminho."

[5070] *Ibidem*, III, nº 15, pág. 219 nota: "Quando se falla em Constituição aos nossos mandoens, logo elles nos vem á cara (como lá dizem) com o *funesto exemplo da Revolução franceza;* quando em verdade uma cousa não tem nada com a outra; pois não se pode dizer que os Francezes tiveram verdadeira Constituição e Liberdade; que se a tivessem, não andariam nos 25 annos passados fluctuando nas ondas da anarchia, e oligarchia, até que vieram a cair no despotismo: a Revolução franceza teve por fundamento e apoio principal em seu principio as luzes do seculo reflectidas sobre o estado, e Governo da França em 1789; portanto a Constituição (que nunca de facto existio em França) não foi a causa da revolução, ou dos males da revolução; pelo contrario a falta d'quella, ou o despotismo foi que produzio a revolução. Bom remedio senhores mandoens! Querem V. Ex.ªs que não haja revoluçoens? Hé mui facil e natural o antidoto do veneno: aconselhem aos Principes que deem a seus Povos uma livre Constituição (...)."

[5071] *Ibidem*, VII, nº 37, pág. 702, nota: "Alguem dirá (...) que não pode ser amigo dos principios moderados da reforma quem já professou, *que tinha um santo respeito por todas as revoluçoens...* todavia, quando se cave fundo, achará o que não se paga só de apparencias e superficies, que não são mal concordes essas duas theorias. Em 1º Lugar, os principios moderados da reforma, quando feita por o Governo ou por o Povo, não deixam de ser uma verdadeira revolução; e em ambos esses casos hé da nossa aprovação; porque, se o Governo não a quer fazer voluntariamente, quem pode negar ao Povo o direito de a fazer, quando elle o tem de ser bem governado? Mas se o Governo quer reger o Povo com sceptro de ferro, e usa principios e maximas incorrigiveis, mostrando rebeldia e pertinacia igual á sua incapacidade, então aprovamos de todo o nosso coração, e em boa consciencia, até as reformas violentas, como as dos Inglezes, que lançaram do reyno os Stuarts furiosos: mas não hé esse o cazo da familia de Bragança, de quem o Povo espera alguma couza, e nós tambem esperamos. Quando essa esperança se nos acabe, nossos principios ficam em pé."

[5072] *Ibidem*, VII, nº 37, pág. 714: "V. m. bem sabe que a monarchia portugueza foi, desde seu principio, constitucional, sendo por as Cortes temperado o Poder real; e foram essas mesmas Cortes, que formáram o pacto nacional com Affonso Henriques, o qual d'ellas recebeo a coroa com certas condiçoens; e sempre, depois d'isso, ellas se costumáram ajuntar para os negocios do Governo do reyno, e sempre foram tidas como parte essencial e integrante da monarchia. Que direito tinha então Pedro 2º para abolir essa nossa antiga Constituição, que havia dado o throno ao nosso 1º Rey da 1ª linhagem, assim como ao 1º da 2ª dyanastia, d'onde Pedro 2º derivava os direitos de successão ao throno? A doutrina, que seguem os Procuradores da Coroa de V. M. hé que os direitos da coroa nunca prescrevem: pois saiba V. M. que o mesmo acontece com os direitos dos Povos, que são tanto mais sagrados e imprescriptiveis que os dos Reys, quanto mais os Reys são feitos para os Povos e não os Povos para os Reys."

da Liberdade civil e política (?) nacional[5073], por comparação directa com a inglesa. E o lamento, em sintonia e por força da actualidade dos acontecimentos: "Porque não teremos nós Constituição, como os Ingleses? São elles mais homens do que nós? Não apprendemos d'elles os grandes principios, e maximas, por quais hão subido ao cume da grandeza e do poder?"[5074].

Além do mais, mesmo que Portugal nunca tivesse tido Constituição, nem as Cortes parte activa na governação, estava o monarca obrigado a dar-lha[5075], sendo perfeitamente absurdos os receios que sobre isso possa ter[5076].

§ 7º. Síntese da temática do presente capítulo

Portugal e a Espanha, salientam-se no plano da Liberdade individual e de pensamento, plasmada na opção tradicionalista ao nível da Liberdade de consciência e da tolerância religiosa, pela opção do escatologismo tradicionalista. Também numa ligeira e oportunística abertura à Liberdade de imprensa no período das Invasões Francesas por necessidade própria, mas mantiveram-se iguais a si mesmos. As ideias francesas eram subversivas, porque promoviam o ateísmo, o desrespeito pelo Altar, incrementavam a licenciosidade e mantinham o desrespeito pelos Mistérios, pelo Dogma e pela Fé.

A Liberdade de consciência e a tolerância religiosa, em sentido negativo, admitem-se para os estrangeiros em Portugal. Para os portugueses, tal era impraticável, vistas as nefastas consequências que se afirmava daí advirem. Supõem os dirigentes nacionais que com isto e com a proibição de cultos públicos de religiões diversas da nossa, afastam os portugueses das mesmas. Pelos menos os mais informados, mantendo um prudente recato, não podiam deixar de se seduzir por "algumas inovações", em conjunto com as bibliotecas de livros proibidos que a censura e o policiamento nacional mal conseguiam delapidar.

Tardou em fazer-se o processo ao bonapartismo, absolvendo os princípios de 1789 da prática que esse filho da Revolução lhes outorgou. Tal como se confundiram com o subsequente Terror e insípido Directório, baralharam-se as ideias proclamadas pelo Constitucionalismo francês de 1789 e 1791, com a inaptidão do Corso em os aplicar. Ora, como o Constitucionalismo francês, tal como a presente investigação defende é, tão só, o que sai das decisões da Constituinte de 1791, em conjugação com a *Declaração dos Direitos do Homem e do Cidadão* de 1789, torna-se complicado admitir sobreposições inadequadas.

Que a Santa Aliança estivesse sobremaneira interessada nestas não autorizadas sobreposições, compreende-se. Que os Governos do Antigo Regime, como o portu-

---

[5073] *O Portuguez*, VI, págs. 480 e 481: "Portugal deve mormente á sua antiga Constituição, e ás Cortes, que ora estão em desuso, toda a passada grandeza e prosperidade; a sua decadencia foi obra do despreso, e ruina d'essa mesma constituição; o meio de recobrarmos nosso antigo poderio, fama, e explendor, hé a restauração das Corte, e das antigas formas do nosso Governo, que mais se achegam ás do Governo britannico, e tanto distam da maneira absoluta, e destemperada, porque hoje somos governados." *Ibidem*, III, nº 14, pág. 118: "O P. R. de Portugal possa elle restaurar a antiga constituição, e Liberdade dos seus vassallos, assim como estes lhe restauraram seus reynos perdidos." *Ibidem*, XI, nº 63, págs. 190 e ss.
[5074] *Ibidem*, III, nº 15, págs. 217 e 219.
[5075] *Ibidem*, VII, nº 37, págs. 715.
[5076] *Ibidem*, VII, nº 37, pág. 716: "Qual hé o espantalho infantil, de que V. M. arrecea, dando a seu Povo, como hé de justiça, uma livre Constituição?"

guês, o subscrevessem, aceita-se. Que a Igreja não pudesse tolerar tal Pensamento, é evidente. Que a própria Inglaterra – dominada por *tories* entre 1812 e 1827 –, algo aterrada com o espectáculo e sentindo um certo remorso por ser a pátria da Liberdade de expressão – vistos os maus resultados da mesma no Continente – e temerosa do contágio, dava toda a ideia de ter retrogradado moral e intelectualmente dezenas de anos, compreende-se.

Mais difícil será entender que personalidades ilustradas tivessem ainda a tentação de não distinguir. Se o faziam era, certamente, por interesse pessoal ou protecção ao regime que vigorava nos respectivos Estados. E porque a ambiguidade que irá caracterizar o Pensamento nacional no período marino é, por demais evidente, com os Autores a não conseguirem assumir uma posição definitiva e perceptível nos quadros da ideia de Liberdade e da origem do Poder. Ou seja, a não admitir a soberania nacional mas a aceitar a inevitabilidade de reformas que sabiam, cedo ou tarde, haveriam de conduzir à mesma.

Assim, entende-se também o discreto apoio inglês, e suas correias de transmissão, na ideia de Liberdade política à inglesa, que defendiam, mas dificilmente poderia ser implementada em Portugal e Espanha. Reformadores, gradualistas, o que se lhes queira apodar, não eram reaccionários. Sim liberais, de uma "Liberdade diversa da francesa", defensores do equilíbrio de Poderes, mas defensores da monarquia e avessos a qualquer convulsão externa. As reformas deveriam ser encetadas pelo Poder político vigente, virem de dentro do sistema e, nunca, criarem um novo sistema.

Finalmente, o discurso da temporalidade repita-se, que é comum em todos os periodistas portugueses no estrangeiro, implica a não adesão aos meios teorizados pela Revolução Francesa, para atingir fins semelhantes aos que o Liberalismo de matriz *whig* impulsiona no plano da defesa da ideia de Liberdade. De igual modo se opõe ao providencialismo que busca a finalização no não tempo ou na eternidade dos destinos da ideia de Liberdade, sedimentada em conclusões que remontam às teses medievais e renascentistas e haviam sido adaptadas, no que lhes importava para a sua argumentação pelos corifeus da submissão da racionalidade da Criatura aos desígnios do Criador.

PARTE III
DA HISTÓRIA DA LIBERDADE
À LIBERDADE NA HISTÓRIA

CONCEPTUALIZAÇÃO VINTISTA DA IDEIA DE LIBERDADE PERANTE OS QUADROS INSTITUCIONAIS EUROPEUS; O TRIÉNIO VINTISTA E OS SEUS DRAMAS

A IDEIA DE LIBERDADE NO PRIMEIRO LIBERALISMO PORTUGUÊS

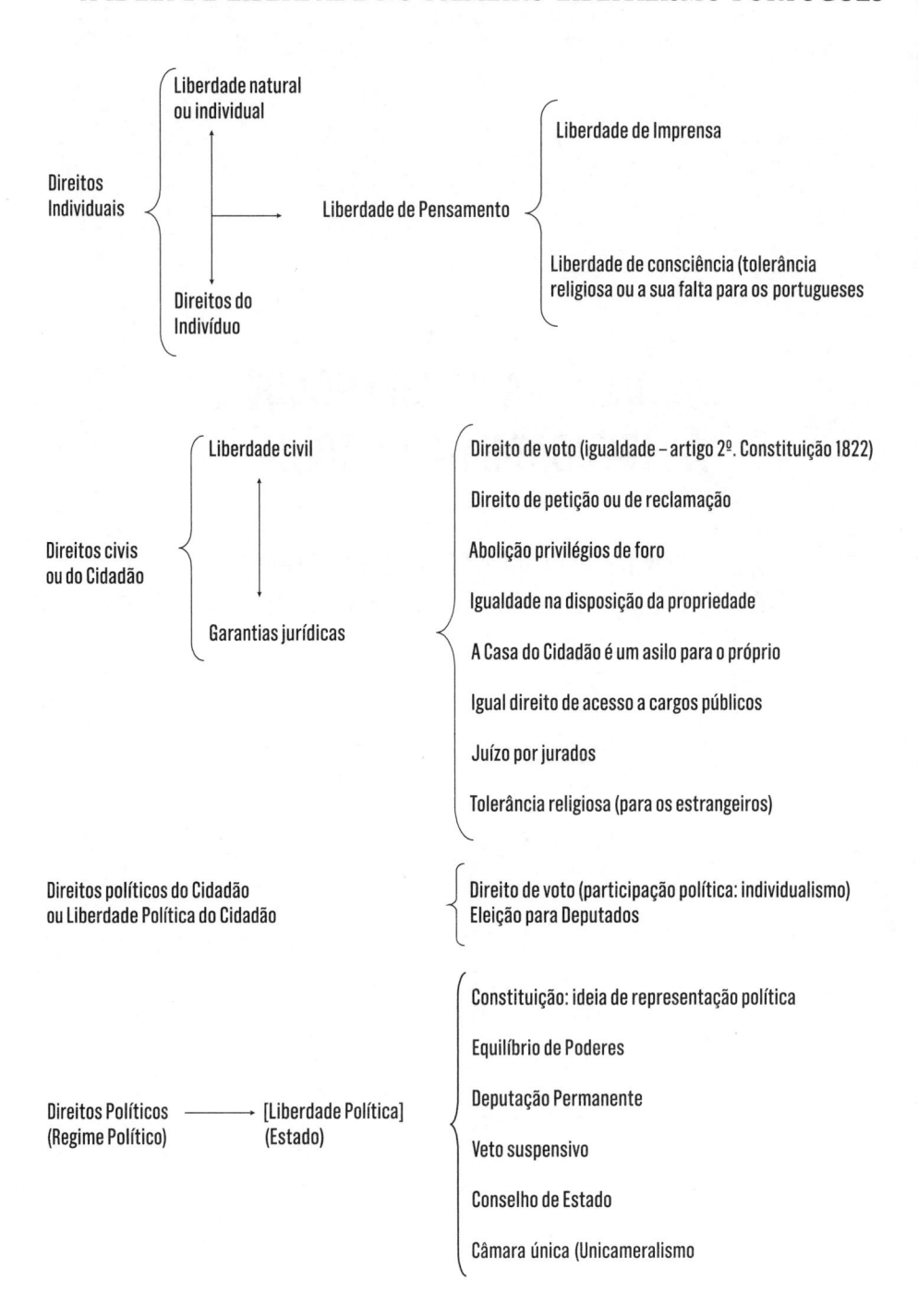

Direitos Individuais
- Liberdade natural ou individual ↕ Direitos do Indivíduo
- Liberdade de Pensamento
  - Liberdade de Imprensa
  - Liberdade de consciência (tolerância religiosa ou a sua falta para os portugueses)

Direitos civis ou do Cidadão
- Liberdade civil ↕ Garantias jurídicas
  - Direito de voto (igualdade – artigo 2º. Constituição 1822)
  - Direito de petição ou de reclamação
  - Abolição privilégios de foro
  - Igualdade na disposição da propriedade
  - A Casa do Cidadão é um asilo para o próprio
  - Igual direito de acesso a cargos públicos
  - Juízo por jurados
  - Tolerância religiosa (para os estrangeiros)

Direitos políticos do Cidadão ou Liberdade Política do Cidadão
- Direito de voto (participação política: individualismo)
- Eleição para Deputados

Direitos Políticos (Regime Político) ⟶ **[Liberdade Política] (Estado)**
- Constituição: ideia de representação política
- Equilíbrio de Poderes
- Deputação Permanente
- Veto suspensivo
- Conselho de Estado
- Câmara única (Unicameralismo)

Capítulo VI

"Corpus jurídico-constitucional" português: a diversidade das manifestações do primitivo Liberalismo português em presença da Liberdade individual e política – o radicalismo *versus* a moderação

> "Movimento fundamental da História de oitocentos, século ao longo do qual a Europa crepita agitada por inúmeras rebeliões contra a ordem estabelecida, o Liberalismo assenta numa filosofia contrária à lógica do Antigo Regime. Essa Filosofia ordena-se em torno da ideia de Liberdade. Para os liberais a sociedade política assenta na Liberdade e justifica-se pela sua consagração. O maior teórico português do movimento, Alexandre Herculano, visiona a Liberdade como uma 'verdade de consciência', através da qual se atinge facilmente 'o direito absoluto' e mediante a qual se fica apto a apreciar as instituições, pois, 'absolutamente falando, diz, o complexo das questões sociais e políticas contém-se na questão da Liberdade individual'. Os problemas, por mais remotos que sejam, 'lá vão filiar-se'."
>
> LUÍS A. DE OLIVEIRA RAMOS, "*O regresso dos Liberais. Originalidades do Regime*", *Sob o Signo das "Luzes"*, pág. 162

CAPÍTULO VI. "CORPUS JURÍDICO-CONSTITUCIONAL" PORTUGUÊS: A DIVERSIDADE DAS MANIFESTAÇÕES DO PRIMITIVO LIBERALISMO PORTUGUÊS EM PRESENÇA DA LIBERDADE INDIVIDUAL E POLÍTICA – O RADICALISMO *VERSUS* A MODERAÇÃO
§ 1º. Recepção teórica do Liberalismo em Portugal e seus primitivos contornos. 1. Mapa político da Liberdade portuguesa. 2. As diversas propostas no geral: a Liberdade do indivíduo e da sociedade (geral). § 2º. A questão da Liberdade de pensamento e os problemas da Liberdade de consciência, da tolerância religiosa e da Liberdade de imprensa. 1. As sequelas do Individualismo em geral (remissão). 2. O caso português. § 3º. Pontos de doutrina e Liberdade política: o Direito Natural, o contrato social e a soberania. 1. A uniformidade de pontos de vista entre liberais no que respeita ao Direito Natural (remissão). 2. A questão do Individualismo (remissão). 3. O Poder político: a origem convencional ou a temática da soberania (remissão). 4. O caso português no quadro das propostas estrangeiras. 5. Um caso especial a merecer detalhe: a Constituição como marca do Liberalismo e da ideia de Liberdade na Europa: a consagração da Liberdade individual e política. 5.1. Ideia geral e evolução até meados do séc. XIX na Europa. 5.2. A distinção

entre Leis Fundamentais, Leis Constitucionais e Leis Ordinárias – limite à revisão constitucional em presença do conceito de Constituição. 5.3. O caso português. 6. A "Liberdade" dos Liberais e as "Liberdades" dos contra-revolucionários: impossibilidade de conciliação (remissão). § 4º. 1820: uma data emblemática para o Liberalismo peninsular: os caminhos paralelos de Portugal e Espanha. 1. A herança de 1812 na Espanha do Triénio Constitucional. 2. A aprendizagem lusitana e os seus reflexos pré-constitucionais. § 5º. Síntese da temática do presente capítulo.

§ 1º. Recepção teórica do Liberalismo em Portugal e seus primitivos contornos

Os protagonistas directos ou indirectos de 1820 provinham de diversas áreas da vida política, de profissões várias ou de estados autónomos. Deixando de parte a massa heterogénea de participantes indiferenciados, mais ou menos ligados à actividade burguesa nacional, proprietários, negociantes ou comerciantes marítimos – cujo conhecimento em detalhe precisa de ser estudado –, a vertente investigação incide, também, naqueles que tiveram uma participação mais visível e interventiva na vida pública nacional. E isto seja no plano legislativo, executivo, judicial ou literário e/ou periodístico.

1. Mapa político da Liberdade portuguesa

É conhecida de longa data a falta de sistematização do Pensamento doutrinário do Vintismo. Descontando alguns nomes emblemáticos como Silvestre Pinheiro Ferreira, frei Francisco de S. Luís ou até Francisco Trigoso de Aragão Morato, enquanto moderados, e de Manuel Borges Carneiro ou Manuel Fernandes Tomás, como radicais – no sentido em que esta expressão ficou delimitada na Explicação de Conceitos e na Introdução –, para já não falar de alguns contra-revolucionários, como José Agostinho de Macedo, pouco mais longe será possível ir. A referência aos tradicionalistas deixa de fazer sentido na transição oficial do joanismo de primeira fase para o Vintismo.

Entre nós a questão é complexa, porque os liberais portugueses eram entre si tão distintos, que por vezes mais se pareciam com ingleses a discursar nos Comuns ou, ao invés, com envergonhados milenaristas, em permanente conflito entre "revolução" e "regeneração".

É dado adquirido, que o Vintismo português foi uma troca de forças centrífugas e dificilmente convergentes, salvo nos emblemáticos e intocáveis pontos que a todos importava manter e ficaram delineados. A luta entre liberais radicais, liberais conservadores ou moderados e absolutistas ou "servis", nunca deixou de ser omnipresente[5077]. A principal preocupação de todos (em menor grau a última das categorias mencionadas), seria entabular um conjunto de reformas que sustivessem o Poder da Igreja[5078]

[5077] *O Portuguez Constitucional*, nº 4, 26 de Septembro de 1820; José Honório Rodrigues, "O Liberalismo", *Revista de História das Ideias*, Coimbra, I, 1977, pág. 9: "Na propria revolução já estavam os germes da contra-revolução, que logo depois em 1823 tomará uma feição doutrinária e tradicionalista e vencerá e perderá."

[5078] Consulte-se *Diário das Cortes Geraes e Extraordinárias da Nação Portuguesa*, 1821-1823, Lisboa, Imprensa Nacional, 12 volumes, adiante designados por *D. C.* A paginação dos *Diário das Cortes* é corrida até final da Constituinte, sendo reiniciada nas Cortes Ordinárias. É este o sistema que também se utiliza no presente Estudo. Ao caso trata-se do *D. C.*, III, 30-06-1821, pág. 1404, relativo à intervenção de Manuel Fernandes Tomás para a admissibilidade a con-

e da nobreza, em benefício do Terceiro Estado, se possível com o apoio do "Povo miúdo" – embora tal não fosse indispensável – estando de bem com o Exército como força indispensável a tais propósitos e procurando nesse sector, conciliar adeptos assumidos com contraditores de peito aberto.

Defende-se, destarte, que perspectivar o movimento de apoio às mudanças da segunda metade de 1820, reduzindo-o à força que acabou por sair vencedora de forma monista, é persistir nos vícios das interpretações retroactivas segundo o modelo da *História dos vencedores*[5079]. Aos liberais, qualquer que fosse o seu quadrante de proveniência, estava fadado como principal missão eliminar a monarquia absoluta, a origem divina do Poder político, devendo o monarca pautar-se como mais um dos cidadãos da república[5080], ainda que com dignidade e atributos de respeitabilidade e honorabilidade superior aos demais[5081].

E porque o presente Estudo conferirá ao sector moderado dignidade própria e a autonomia merecida, este será alvo de reflexão autónoma. Ao lado dos radicais do Liberalismo e dos seus tradicionais opositores da contra-revolução, incluir-se-á um núcleo de Autores assim genericamente designados. Nele cabem os partidários do Liberalismo inglês, e os tradicionalistas que aceitam, ainda que temporariamente, a Nova Moda, de que o exemplo mais acabado é o do deputado às Cortes Ordinárias de 1822, José Acúrsio das Neves.

Os protagonistas são conhecidos, as ideias em presença estão patentes, a opção por um ou outro sistema axiológico irá determinar o fundo – e a forma – das opções acerca das concepções acerca dos direitos individuais e do regime político a levar por diante.

A digressão feita a propósito do Pensamento político estrangeiro do Liberalismo clássico, como contraponto às experiências absolutistas além-Pirinéus e na própria Península Ibérica, permite reter base teórica suficientemente sólida para inserir, deste passo, um conjunto de considerandos dela derivados, que servem de ligação para a abordagem das ideias liberais portuguesas do Triénio Vintista.

Registe-se que o interesse da investigação será sobretudo o local onde as determinações se transformaram, em deliberações fundamentais, qual seja o recinto onde expostas com foros de doutrinação oficial do Estado português até 1823. Ou seja, o Congresso Constituinte.

---

selheiro de Estado: "O senhor Fernandes Thomaz: – Se eu podesse votar, votaria que ElRei nem podesse confessar-se com frades, quanto mais aconselhar-se com elles? Convenho em que sejão conselheiros, mas deixem o seu habito, e passem a ser cidadãos como outro qualquer."
[5079] Graça e J. S. da Silva Dias, I, 2, págs. 668 e ss., apresentam o Vintismo como produto de uma coalizão de descontentamentos, com motivações e tipificações irredutíveis, que iam da direita marginalizada à esquerda irredenta, dos fidalgos transmontanos e beirões à inteligência radical de Lisboa, citando documentação comprovativa. O mesmo Autor considera, aliás, carecer de base científica a doutrina de que a revolta do Porto e a adesão subsequente das províncias foram obra dos liberais rousseauneanos ou afrancesados à 89.
[5080] Martim de Albuquerque, "Política, Moral e Direito na Construção do Conceito de Estado em Portugal", *Estudos de Cultura Portuguesa*, I, Lisboa, INCM, 1983, págs 150-153: "nada poderá melhor documentar esta transição que o câmbio terminológico de *vassalo* (no sentido feudal) ou de *súbdito* para *cidadão*. Enquanto o vassalo está ligado por uma relação contratual ou pactuada e o súbdito (sub/ditus) implica o princípio da inferioridade ou da obediência como elemento vital, o cidadão tem, face aos titulares do Poder, direitos e deveres provenientes da sua posição natural dentro da comunidade. O conceito de *vassalo* ou *súbdito* conecta-se com o de *senhor*; o de cidadão articula-se com os de *comunidade* e de *Povo*. De facto, a *comunidade* (ou o Povo como *corpus politicum*) traduz-se na congregação dos cidadãos na *universitas civium*."
[5081] E. J. Hobsbawm, pág. 131.

Tenham-se, pois, presentes e omnipresentes as páginas que dedicadas ao estudo do Pensamento e das Ideias Políticas e em período imediatamente antecedente. Na verdade são elas que condicionam a evolução mental dos constituintes portugueses, cujo Pensamento autónomo ou não se encontra plasmado, mediante consagração legal na Constituição ou, ao menos, na manifestação de posições alternativas no seio do debate constitucional[5082].

Consumada a libertação de algo, patenteava-se a vivência subsequente. O processo liberal tem de ser analisado na dupla vertente libertação do indivíduo e da sociedade, mas com um projecto de Liberdade intrínseco em ambos os casos, que originava a soberania nacional, por um lado, e a concessão da cidadania política por outro[5083], com direito ao indivíduo a fazer ouvir a sua voz, em função do Poder decisório a instituir no Estado.

Há uma duplicidade de formulações ao encarar a Liberdade no Liberalismo, que pode ser em certos casos, sedimentada em pressupostos díspares de outros. Tal não significa que uma vicissitude invalide a outra ou que tenha maior peso específico. Tem uma conotação distinta e é nesse contexto que deve ser enquadrada.

2. As diversas propostas no geral: a Liberdade do indivíduo e da sociedade (geral)

Além disto, não é apenas por uma questão de Liberalismo económico que deve existir a consagração de um Estado minimalista[5084]. O empenho político será, neste quadro, quase tão determinante como o económico, uma vez que o que se pretende é, tão só, a defesa da Liberdade, a garantia de defesa dos direitos do cidadão livre e a que a comunidade se associava no quadro da soberania nacional.

Ainda assim, o Liberalismo clássico é um regime bastante mais elitista do que se costuma pensar. Não é pelo simples facto de se defender a soberania nacional, a Liberdade individual e política do cidadão e da sociedade, que isso significa que as barreiras ancestrais que separavam os homens caíam pela base. Nem tão pouco

---

[5082] Gregorio Peces-Barba Martinez e Eusebio Fernandez Garcia (Dir.), *Historia de los Derechos Fundamentales, I: Transito a la Modernidad. Siglos XVI y XVII*, págs. 22 e 23: "La filosofía de los derechos fundamentales, que aparentemente está en radical contradicción con el Estado absoluto, necesita sin embargo de éste, de su centralización y monopolio del Poder, que subsistirán en el Estado liberal, para Poder proclamar unos derechos abstractos del hombre y del ciudadano, teóricamente válidos para todos, dirigidos al 'homo iuridicus'. Sin el esfuerzo previo de centralización, de robustecimiento de la soberanía, no hubieron sido posibles los derechos fundamentales. Por otra parte, sin ese robusto Poder del Estado, no habría aparecido tan nítida una de las primeras funciones que se atribuyen a los derechos: *limitar al Poder del Estado*. (...) *La idea de persona y de libertad y la ideia del Contrato social y del Derecho reflejarán esta concepción individualista y prepararán la Filosofía de los derechos fundamentales*."

[5083] *O Portuguez Constitucional*, nº 29, 25 de Outubro de 1820: "Correspondencia – Agora que já temos *Patria*, porque já se olha ao Bem-Comum e individual dos *Cidadãos*, não é de admirar que também tenhamos *Cidadãos* que olhem e se desvelem pelo Bem da sua Pátria."

[5084] Graça e J. S. Silva Dias, I, 2, págs. 662 e 663, alertam para que os próprios Governadores do reino já haviam antes da Revolução de 1820 avisado para o estado calamitoso das finanças portuguesas. Em conjunto com as questões políticas, deveriam ter merecido da Corte do Rio de Janeiro. Na verdade, "A oficial – aliás, senão muito lúcida, pelo menos bastante realista – do descalabro económico e financeiro do País não se abre no sentido da liberalização das reformas, mas no da simples austeridade. Impeliam a classe dirigente nesse rumo as incidências de um esquema político e de um esquema filosófico. O esquema político – não mencionado expressamente – era o colonialismo; o esquema filosófico era a ideologia contra revolucionária."

a pregação sobre o fim dos privilégios que o Pensamento político foi encetando, convence do contrário.

O Liberalismo termina com as vantagens dos estratos sociais vistos habitualmente como privilegiados, mas mantém as regalias – e às vezes acentua as diferenças – dentro de um mesmo núcleo social – o chamado Terceiro Estado. Daí uma Igualdade que é apenas formal; daí a recusa da Democracia; daí a ausência de impugnação das teses dos Humanistas e de *Les Philosophes* que pouco consideravam o Povo; daí a relevância da Propriedade, criadora de estatuto social e pauta para a manifestação dos direitos políticos em termos práticos, *maxime* no plano do exercício da Liberdade política, tal como esta investigação sugere, no domínio do Pensamento estrangeiro.

Saliente-se a preocupação de arrumar os vários intervenientes no processo em função de posições doutrinal-ideológicas conhecidas e a que aderem de forma mais ou menos enfática, mas que não significam, bastas vezes, um comprometimento político, com frequência desmentido por actos e palavras, que se relacionam mais com o elemento circunstancial que com a realidade estruturante de que são obreiros por excelência[5085].

§ 2º. A questão da Liberdade de pensamento e os problemas da Liberdade de consciência, da tolerância religiosa e da Liberdade de imprensa

1. As sequelas do Individualismo em geral (remissão)

Muito embora Kant preconizasse o uso público da Razão e o uso privado da religião e esse fosse o entendimento saído de uma visão extremamente laicizada da Revolução Francesa, não foram tais ideias que fizeram carreira em parte considerável da Europa constitucional, sufragânea dos princípios constitucionais franceses.

O tipo de raciocínio oficializado como axiologicamente válido para tudo o que se relacione com a Liberdade de pensamento, enquanto premissa maior da Liberdade individual, não pode ser unitariamente percebido, uma vez que entre o tipo de valoração conforme aos revolucionários franceses e aquela que será seguida em Portugal, Espanha, Nápoles ou Piemonte, por exemplo, as divergências compreendem-se por si só.

2. O caso português

Esta projecção que o josefismo iniciou em Portugal, terá o seu culminar no período das Invasões Francesas e, sobretudo, no espaço que mediou entre a expulsão dos gauleses e a Revolução Vintista, para já não falar nos sucedâneos revolucionários. A Liberdade de pensamento que se preconiza em 1820 e terá a sua constitucional consagração é revolucionária, mas já Pombal com ela se havia ocupado ainda que em moldes diversos, facto que os nossos liberais nunca esqueceram.

A Liberdade de pensamento, especialmente clara no domínio da Liberdade de imprensa, e o incremento que o Vintismo lhe dá, é a sequência lógica dos eventos ocorridos com periódicos redigidos sobretudo fora de Portugal, no período que preparou a alteração política nacional.

[5085] José d'Arriaga, *História da Revolução Portuguesa de 1820*, II, págs. 557 e ss., apresenta os vários "tipos" presentes no Congresso Vintista, justificando os motivos porque em Portugal não se formou um verdadeiro partido realista à semelhança do que sucedeu em França.

A respectiva regulamentação constitucional que não é excessiva mas a salvaguarda, e o manancial de normatização ordinária mas ainda elaborada no seio da Constituinte, onde é justo destacar a primeira Lei de Liberdade de Imprensa aparecida em Portugal com contornos liberais, permitem justificar esta conclusão.

Como quer que seja, não será a Liberdade de pensamento em si mesma que algum liberal contestará, nem, tão pouco, a própria Liberdade de consciência, como explicitação daquela; o grande problema, como resulta dos acalorados debates parlamentares, liga-se à sua relação íntima com a Liberdade de imprensa em matérias de Fé e de dogma, para a qual muitos defendiam uma censura prévia, vista a delicadeza das matérias em questão. Do ponto e sem questionar a sua ortodoxia, discordarão todos os radicais, que farão vingar a sua tese nas Bases da Constituição e no próprio texto final de 1822.

Quanto à religião de Estado, era a conhecida. Por razões políticas e salvaguardado o direito individual de Liberdade de consciência, como Liberdade individual, não encontrava qualquer contradição entre a teoria que defendiam e a prática que institucionalizaram.

§ 3º. Pontos de doutrina e Liberdade política: o Direito Natural, o contrato social e a soberania

Postas em equação as propostas antes avançadas, no que respeita ao Pensamento político jusracionalista e liberal em matéria de Direito Natural, de valor do indivíduo e de Individualismo e de origem e exercício do Poder político, importa não só enquadrá-las no âmbito do estudo das Ideias Políticas, como perceber o tipo de apreensão que no quadro das diversas propostas os homens do Primeiro Liberalismo Português tenderam a acatar. Ou não.

O que é o mesmo que dizer, aplicar à Ideia de Liberdade os contributos conjugados do séc. XVIII e primeiro quartel de Oitocentos, cuja determinante será a seiva das decisões do Triénio, escudadas numa doutrinação estrangeira e modelos constitucionais experimentados, bem como com os parcos contributos nacionais e que se pretendem desenvolver e aferir da sua aplicação prática no areópago decisório nacional.

1. A uniformidade de pontos de vista entre liberais no que respeita ao Direito Natural (remissão)

Postas de lado considerações de âmbito metafísico, a ética a que o Liberalismo atende é de ordem secular. Não significa isto que em Portugal, como em Espanha ou França a generalização dos conceitos do Direito Natural profano implique o desvirtuamento da religião ou o seu cometimento para o plano exclusivo do seu uso privado.

Em qualquer caso é fora de dúvida que a Criatura se autonomiza em termos de direitos individuais e políticos do seu Criador. Importa deste passo ponderar os termos em que no plano individual esta mesma ideia acaba por se colocar, num diálogo permanente entre o abstraccionismo imposto ao "homem revolucionário", que é simultaneamente o produto da actividade intelectual dos jusracionalistas Modernos e dos teóricos da Revolução Francesa[5086].

[5086] Para além das questões de consciência que possam ser colocadas ao Ser humano, não há qualquer dúvida da importância que o séc. XVIII teve no desatar das peias e convencionalismos que toldavam

E se não é tanto por força do jusracionalismo que esta atitude tende a inverter-se, é ao jusracionalismo, em conjunção com o filosofismo, que se vão buscar os elementos de referência que permitem ao Pensamento iluminado a autonomia necessária em presença da destinação histórica que a oficialidade teológica – qualquer que ela fosse – conferia à transitoriedade da humana Criatura.

2. A questão do Individualismo (remissão)

Comece por se recordar que ninguém se lembrou de falar em Liberdade política do cidadão na vigência do jusracionalismo[5087].

Vincando a formulação com um significado quantitativo superior, bem se pode afirmar que por toda a Europa o Estado Moderno, absoluto, tenderá a crescer sob forma ilimitada e incontrolada.

Perante este Leviatã, o homúnculo não apenas pode, como deve, buscar os caminhos para a defesa da sua autonomia e da sua individualidade. Num tal contexto aparecem os direitos do homem ou os direitos individuais, contratualisticamente entendidos – ainda por recurso aos contributos do Absolutismo, num quadro de estado de natureza – como anteriores ao estado de sociedade. Portanto, deve-se, ainda aqui, ao Absolutismo, o surgimento das ideias dos direitos individuais, que são o fulcro das Liberdades-autonomia e base fundante dos direitos individuais saídos do Individualismo.

É preciso reafirmar, deste passo, que é chegado o momento de inverter, o raciocínio por muito tempo seguido e que impedia falar em Individualismo, optando pela expressão valor do indivíduo[5088]. O corte patrocinado pela França – e mesmo pelos Estados Unidos – permite o reconhecimento formal da perspectiva individualista da comunidade e sua independência em presença de *toda e qualquer oposição externa*, implica a reversão dos factores preponderantes do raciocínio[5089].

---

a Razão humana em termos teológicos. Implicou, pois, um desfasamento entre as reconhecidas reais capacidades que detinha em essência e aquelas que a oficialidade lhe permitia como existência.

[5087] O mais aproximado foi com Burlamaqui as referências a uma Liberdade civil, confundida com as garantias jurídicas mas não mais que isso. E também todos concordaram numa situação de Igualdade formal perante a lei, mas sem que os casos de dispensa da lei deixassem de ser assumidos como privilégio de casta ou individualizadores de alguém perante outrem. Pese embora isso implicasse uma desigualdade política na medida em que o monarca se colocava acima de tudo e todos, apenas se submetendo à Lei da Razão e, como consequência, promovendo o Absolutismo régio. Como já por várias vezes ficou dito, o jusracionalismo foi em simultâneo "um mais" e "um menos". Foi um mais, no sentido da limitação dos Poderes régios por força dos Poderes concedidos à sociedade na origem do Poder político; foi um menos, porque se demonstrou incapaz de ir mais além, de ultrapassar a divergência entre Liberdade civil e Liberdade política, implicando muito ao contrário e por força das suas próprias características, uma sobrevalorização geral daquela perante esta.

[5088] Eis aqui a assunção definitiva dos propósitos da revolução na sua fase inicial. Não querem a inovação, querem a adaptação dos saudáveis sucessos que desde a fundação da monarquia se tinham verificado em Portugal, apenas interrompidos temporariamente com a política de D. João V e, sobretudo, de D. José. Esta era a petição de princípio; na prática, aquilo a que formalmente se assistirá na consagração do texto constitucional será bem diverso.

[5089] *O Portuguez*, XI, nº 62, pág. 86. Reitera o redactor que é perante o tribunal da opinião pública que os monarcas despóticos europeus devem responder e, sobretudo, justificar – se é possível justificar o injustificável – a exacta medida em que enquadravam a origem do seu Poder político no Direito Divino, "que tinha feito os reys independentes dos Povos, e só sujeitos, fora d'este mundo. Á Authoridade d'um juiz invisível, que administra a justiça rodeado de nuvens." Veja-se

A Nação tem o Poder de a si mesma se regular, só a ela mesma obedece porque se impõe; não é alguém com Poderes acima do Corpo Político e dele considerado à parte que pode obrigar às normas e fazê-las obedecer. Portanto, assiste-se à passagem do dualismo político tão caro ao Antigo Regime, para o monismo próprio de uma sociedade emancipada e com cidadãos detentores de direitos individuais que são, em simultâneo, direitos políticos.

É por isso que uma coisa é a Liberdade dos povos; outra a Liberdade política.

Foram Montesquieu e Rousseau aqueles que estabeleceram sob forma definitiva a aplicação ao Liberalismo dos pressupostos do jusnaturalismo absolutista. Deixando para isso de fora considerandos de fidelidade ao Poder absoluto do soberano, mesmo quando limitado, e assumindo a fisionomia do Ser livre e politicamente apto do homem Moderno, que não é apenas sujeito de Liberdade civil tutelada por garantias jurídicas, mas capaz de se determinar histórico-racionalmente a sua vida e a da sociedade onde convive com os demais[5090].

Por força da sua pregação[5091] é possível, neste quadro, atentar numa formulação de Liberdade política, quer do cidadão quer da sociedade, moldada sobre os ensinamentos do jusracionalismo e em que o Poder seria a garantia e expressão da Liberdade. Quer dizer – e aqui se recorda pontualmente algumas ideias já estabelecidas – o cidadão tem direitos e participa sob forma activa no exercício da soberania porque sendo um Ser dotado de Razão e vontade e que já assim era em estado de natureza, não poderia deixar, pelo simples facto de ingressar na sociedade, de ser entendido sob idêntica forma[5092].

No quadro desta participação, o cidadão é virtualmente igual aos demais e tão livre quanto eles. Não há, pois, confronto entre vontade individual e geral ou, entre "cidadão que obedece" e "cidadão que dita a lei". A sua Liberdade mantém-se porque todo o homem aspira a ser livre e exerce soberanamente essa potência, tal como a sociedade, produto de homens livres, tinha forçosamente de ser livre. A Liberdade é um direito oponível a outrem como à própria sociedade, obrigando a que ninguém possa impedir o seu exercício. Ou, dito por outras palavras, implica um direito a uma abstenção, uma concepção de Liberdade formal ou negativa que não leva em linha conta a posição real em que cada um se encontra, mas a situação ideal em que todos se deverão encontrar.

O processo histórico e concreto atribuível ao Pensamento inglês, cuja feição historicista é conhecida, contrasta à evidência com a factualidade.

Exactamente do mesmo modo que para os continentais, os ingleses consideram tanto os direitos da sociedade quanto os do indivíduo em presença do Poder. Os pri-

---

Zília Maria Osório de Castro, "Tradicionalismo *versus* Liberalismo. Pensar a Contra-Revolução", *Cultura*, 16, pág. 84.

[5090] Por isso mesmo e porque a questão se prende directamente com a temática da Constituição, como fundamento da Liberdade política enquanto direito fundamental e factor estruturante do Poder político tanto em génese quanto em exercício, reserva-se uma mais detalhada explicação do tema para outro local, onde a questão será tratada com foros de autonomia.

[5091] Mas também de muitos outros. Por exemplo Condorcet.

[5092] Zília Maria Osório de Castro, "Tradicionalismo *versus* Liberalismo. Pensar a Contra-revolução", *Cultura*, 16, pág. 85: "A génese jusnaturalista da Liberdade, pela feição racionalista abstracta da doutrina individualista do enunciado, legitimava-a politicamente como um direito inviolável e superior a todos os outros. E legitimava o Ser humano enquanto cidadão, como sujeito de direitos inerentes à própria natureza ou dela decorrentes."

meiros serão vistos adiante. Os segundos sempre existiram, são uma espécie de dado adquirido e irrebatível desde que o homem é homem e qualquer que seja a posição estrutural ou estruturante que desempenhe[5093].

Contudo, a grande, a enorme responsabilidade que o Terror, primeiro, e o bonapartismo depois, tiveram na desvirtuação da defesa destes direitos naturais, originou a consabida reacção que se prolongou com a contra-revolução e os seus mentores. Primeiro com o desvalor da Liberdade, da Propriedade, da Segurança, em prol da Igualdade robespierriana; depois, com o expansionismo imperial, que implicou a queda das nascentes experiências constitucionais na Europa, por rebelião contra o Corso e posterior sufoco às ordens da Santa Aliança, de que os casos de Cádiz e Nápoles são emblemáticos.

A própria Inglaterra, único Estado europeu que com Portugal ficou incólume à teima de um Bonaparte sentado no trono, teve imensos problemas. Tornou-se mesmo moda, a partir de uma certa altura, acusar a Revolução Francesa de todos os desastres que se lhe seguiram.

Resulta, pois, uma progressiva decadência do racionalismo em prol do seu concorrente histórico que agora se lhe opunha com renovado vigor, baseando-se em factos estranhos à reflexão mas que eram o culminar da evolução da ideia de Liberdade, vista menos com contornos negativos e assumindo-se decisivamente no quadro positivo, em diálogo permanente com a vertente económica. E, como parece quase intuitivo, teria de ser a Inglaterra, também neste domínio, a grande pátria da reformulação dos quadros do Liberalismo, matéria em que os desenvolvimentos inerentes à Revolução Industrial e suas consequências não poderiam ser estranhos.

3. O Poder político: a origem convencional ou a temática da soberania (remissão)

Retomam-se, deste passo, Montesquieu e Rousseau. Montesquieu, pela capacidade que teve de conseguir harmonizar os contributos da vivência social com a essência do próprio Ser, passou à História como o grande responsável pela difusão da ideia da Liberdade política da sociedade no equilíbrio de Poderes e da Liberdade política do cidadão como direito fundamental.

Rousseau foi o mago, seguido por todos aqueles que da Revolução Francesa pretenderam retirar consequências que não haviam estado na mente dos seus promotores. Ao menos, não o estariam, certamente, na sequência de resultados desastrosos que da má prossecução da mesma se vieram a verificar.

Decurso da perfeita Liberdade que existe entre os cidadãos, a sociedade, por eles composta, é a titular da soberania, que não só a detém em essência, como a exerce pela via da representatividade.

Contratualismo e Individualismo explicavam, pois, a génese do Estado e, ao mesmo tempo, indiciavam o racionalismo e o abstraccionismo que tutelavam a concepção

---

[5093] Gregorio Peces-Barba Martinez e Eusebio Fernandez Garcia (Dir.), *Historia de los Derechos Fundamentales, I: Transito a la Modernidad. Siglos XVI y XVII*, pág. 381: "Los modelos más representativos de los humanistas cristianos son Erasmo, Tomás Moro y Luis Vives. Esa afirmación general es válida también en este punto de la filosofía de los límites del Poder. Ciertamente que sus argumentos son en gran parte argumentos del mundo medieval, *pero también parece que su defensa de la libertad de los súbditos, basada en una cierta idea de la dignidad humana de profundas raíces cristianas, su rechazo de la tiranía, y en ese sentido su concepción limitada del Poder se opone al Absolutismo naciente del Estado moderno y prepara algunas tesis del jusnaturalismo racionalista y de la revolución liberal*."

política assim enunciada[5094]. A fundamentação que a ambos presidia estava vazada na *Declaração dos Direitos do Homem e do Cidadão*, marco fáctico e efectivo que consagra no plano das Ideias Políticas a ligação entre os dois Contratualismos, antes e depois de 1789, até de 1776, com consagração constitucional posterior a 1791.

A versão inglesa é distinta, nos pressupostos e nas conclusões que dos mesmos retira, neste quadro reflexivo. Apenas que, neste caso, a feição historicista da sociedade dificilmente se pode contestar, como complexo onde coabitam milenariamente indivíduos dotados de vontade e de Razão e, por isso mesmo, competentes para uma participação do exercício do Poder político, que tinha ajudado a efectivar. A falta de sentido que apresentam as *Declarações de Direitos* explica-se, neste quadro, porque não há vantagem em declarar aquilo que já existe, historicamente e que cada cidadão sabe por costume, por herança e por consciência arreigada da impossibilidade de desapossamento de que, a cada um deles em especial e a todos em geral, se possa verificar.

Não é o sistema da contra-revolução de pressupostos escatológicos; é o sistema da negação dos desígnios da revolução nos termos de corte promovido pela Revolução Francesa. Não é o tradicionalismo providencialista e saudosista do passado, antes o recurso à História para legitimar a continuidade da vida dos homens. É, no fundo, o lançamento das bases do Conservadorismo inglês de todos bem conhecido, em que se liga a tradição enquanto recuperação e permanência do passado e o Conservadorismo[5095] que justifica a indelével aliança entre o tempo presente que requer mudanças pontuais e o tempo passado que as condiciona e aponta o caminho da permanência da ordem e da paz social.

A Liberdade é um direito reconhecido e afirmado em sociedade, que esta detém e não pode ser retirado aos seus membros[5096]. Modernamente, é a fisionomia de uma sociedade adstrita ao estreito cumprimento da lei, em termos que Montesquieu

---

[5094] Zília Maria Osório de Castro, "Tradicionalismo *versus* Liberalismo. Pensar a Contra-revolução", págs. 85 e 86: "(...) a sociedade e o Estado nasciam de actos de vontade que eram simultaneamente actos de razão e, portanto, de Liberdade de cada um dos seus 'membros fundadores'. Deste modo, a política pela racionalidade dos seus princípios, trazia consigo o valor do temporal reflectido no carácter dos seres humanos, porque os situava fora do tempo que fluí e, ao mesmo tempo, ignorava as suas condições sociais já que cada um era apenas considerado na individualidade da sua personalidade."

[5095] Pedro Miguel Páscoa Santos Martins Páscoa, *As Ideias Políticas de Francisco Manuel Trigoso (1777-1838)*, Dissertação de Mestrado em História Cultural e Política Apresentada à Universidade Nova de Lisboa, Lisboa, 1995, apresenta um dos trabalhos de leitura indispensável no presente contexto.

[5096] António Joaquim da Silva Pereira, *O "Tradicionalismo" Vintista e o Astro da Lusitânia*, pág. 183: "O discurso histórico reportava-se, assim, justamente, à racionalidade física, procurando ler nos factos do passado a revelação primitiva (imperfeita) de teses políticas (liberais) em processo presente? Tradicionalismo, dentro deste horizonte intelectual, não queria dizer, pois, fixismo das instituições políticas, ou das estruturas socioeconómicas, ou da consciência ideológica, num momento determinado da sua marcha no tempo. E não queria dizer tão pouco, ao nível das actualidades em luta, atitudes ou programas de estilo restauracionista (legitimista), voltados para a reposição do que foi como forma ou meio de superação do que é (revolucionário). O que queria dizer, isso sim, era que a Liberdade não tinha brotado nas lutas sociais sem antecedentes históricos, e muito menos se considerava agora racional (liberal) retomava e desenvolvia embriões de séculos atrás, bloqueados pelo século próximo. As teses do Liberalismo apresentavam-se, desta maneira, como expressões de uma racionalidade progressiva cujas raízes mergulhavam não apenas no abstracto de uma lógica ('filosófica'), mas no concreto de uma lógica (física)."

a entendeu e que cada um dos seus membros detém, no plano do exercício de um Poder que ajudou a firmar.

Por outro lado, o sentido histórico, que não distingue entre Poder constituinte e Poder constituído, implica que os representantes da Nação, exercitem pela via das suas procurações, não apenas um conjunto de políticas ligadas ao processo normal da vida legislativa dentro dos parâmetros preestabelecidos, mas também e sempre que se verifique a urgência, podendo emitir legislação de carácter constitucional. Tanto origina uma certa confusão no plano dos Poderes previamente delimitados.

Porque, se como argumentariam os corifeus do constitucionalismo francês, não havia legitimidade para uma Assembleia com Poderes ordinários se arrogar Poderes constituintes, então seria o próprio processo da Liberdade política a ser questionado, uma vez que apenas aos cidadãos livres, que se "presume" viverem numa sociedade livre, poderiam ser deferidos esses projectos de âmbito constitucional, seguindo-se o competente processo de representatividade para que o mesmo se pudesse concretizar. Ora, se porventura isso não acontecer, a crítica francesa será que nem a sociedade é "tão livre quanto se presume", nem os seus cidadãos exercem de forma livre, no plano da sua Liberdade política, o direito de participação na vida política da mesma e na competente – ainda que negativa – limitação do Poder.

Esta interpretação é algo forçada. O sistema inglês em apreço é, acima de tudo, caracterizado por uma prática histórica e moderada, que implica que as alterações no domínio do tecido político fundamental seja muitíssimo raro e apenas funcione para aqueles casos algo excepcionais ou de reconhecida urgência que precisem de tutela imediata. Caso contrário, a Liberdade política dos ingleses e da Inglaterra mantém-se em função de uma abordagem e de um cumprimento indelével da sua Constituição histórica, por definição avessa a sobressaltos e a convulsões.

Ideal para Estados onde já exista a Liberdade individual e política perfeitamente institucionalizada, insatisfatória para todos os casos em que essa prática seja nenhuma, e o regime único até então conhecido o do Absolutismo esclarecido.

4. O caso português no quadro das propostas estrangeiras

O Vintismo, na sua versão mais radical, retira premissas teóricas dos enunciados dos teóricos do Direito Natural Moderno, que elevaram o Ser humano à categoria de autónomo do demiurgo. Todos os debates a que se pode assistir no Congresso Vintista têm subjacente esta ideia, que em nada vai bulir com a obediência desde o início proclamada à religião[5097] dos nossos antepassados mas a guarda para questões de Fé e dogma. O Liberalismo português nunca contestou, mesmo na sua versão radical, a importância da religião[5098].

[5097] São inúmeros os textos que consideram a Revolução de 1820, inclusivamente, como algo de providencialista. É o caso de um texto apologético, a *Relação da Solemne Acção de Graças que o Corpo do Commercio da Cidade do Porto ordenou que se rendesse ao Altissimo no dia 22 de Outubro, pela feliz união do Supremo Governo do Reino com o Governo Interino de Lisboa*, Coimbra, 1821, que admite ser o princípio mais acabado dos sucessos de 1820 "aquelle Deos d'ineffavel paciencia. (...) Quem deu aos dignos Deputados da nossa junta Provisória as virtudes sociaes dos catões, dos Sydneis, dos Beccarias, e Lockes?"

[5098] Innocêncio Francisco da Silva e Brito Aranha, *Diccionario Bibliographico Português*, II, pág. 82, atribui o periódico *O Pregoeiro Lusitano. Historia Circunstanciada da Regeneração Portugueza*, Lisboa, 1820, a Clemente José de Mendonça, conhecido mação da época. É deste periódico, como nota do redactor, que se retira a seguinte observação, relacionado com o próprio e com o trabalho que se

Quando se procura estabelecer a transição entre o Contratualismo social e político no que respeita ao Poder, sem dúvida que o leque de opções em aberto para as lusas decisões não podia ser mais aliciante. Foi deste cadinho convulsivo, algo contraditório, nem sempre linear, bastas vezes desnorteante, que os portugueses do Triénio tiveram que ir buscar os contributos que lhes pareceram mais adequados.

No caso concreto, aqueles que optaram pela via do radicalismo[5099], tiveram um conjunto bem estranho de mentores[5100], que de forma directa ou indirecta acabaram por condicionar o seu pensamento político, traduzido sob forma maioritária na oficialidade da sociedade portuguesa pré e pós Revolução de 1820[5101].

propõe encetar: "Para que ninguém se persuada, de que sou Atheo, ou Materialista; declaro d'alto, e bom som, que ufanando-me de ser bom cidadão, sigo, como devo, a religião do meu Paiz. Porém fallando como Filósofo sou indiferente a questões, e ainda mais a opiniões: não ataco dogma, nem ceita, cujo dever só cumpre aos Theologos: fallo com decente Liberdade, combinando só as leis, e marchas da natureza, para dellas tirar meus resultados. Não escrevo opiniões de outrem, mas somente as minhas, que unicamente deduzo dos meus sentimentos, e principios. Assim, quando chamo hipótese ao veneravel Mysterio da Creação, he fallando com os que o não crêm, e por tanto, lhe peço, como hipótese: e vice-versa."

[5099] José Honório Rodrigues, "O Liberalismo", pág. 2: "Aos liberais opunham-se menos os conservadores, que os contra-revolucionários, pois não havia um Liberalismo radical, republicano, bem organizado, o que facilitava a compreensão entre liberais e conservadores. Os contra-revolucionários queriam a volta ao Absolutismo, sem promessas liberais."

[5100] José Maria Xavier d'Araújo, *Revelações e Memórias para a História da Revolução de 24 de Agosto de 1820* (...), Lisboa, 1846, pág. 83, apresenta uma curiosidade histórica digna de nota: "(...) não considero Fernandes Thomaz hum completo homem politico: elle conhecia bem a Historia politica, e Civil do seu Paiz, porém a dos outros... creio que pouco: tenho dados para o dizer; eu fui achalo hum dia no seu gabinete de estudo, tendo diante de si abertas as Constituições dos Estados republicanos da America Hespanhola: a alegria brilhava em seus olhos; eis-aqui me disse elle, a Constituição que nos convém! Qual foi o meu pasmo! Era a Constituição da Bolívia, dada por Bolivar, Constituição pomposa, mas quimérica, e huma miséria de produção Legislativa (...)." Ou seja, por esta informação, parece que um dos ídolos políticos de Fernandes Tomás seria Bolívar, o que causa alguma surpresa, visto o manancial de potenciais modelos de que dispunha. E, como se escreve n'*O Portuguez Constitucional*, nº 11, 4 de Outubro de 1820, (...) os representantes podem escolher nas Constituições de Inglaterra, França e Estados Unidos as modificações mais convenientes a Portugal." Veja-se *História de Portugal. Edição Monumental comemorativa do 8º Centenário da Fundação da Nacionalidade*, VII, pág. 42.

[5101] Podem ser apontados no presente contexto da versão radical do Triénio Vintista, três exemplos significativos e, muito ao contrário do que se passa com a maioria dos seus colegas de Congresso, documentados monograficamente mediante trabalhos anteriores ou posteriores à sua participação com Congresso. São os casos de Manuel Borges Carneiro, Manuel Fernandes Tomás e João Maria Soares Castelo Branco, pelo simples facto deles serem por demais evidentes; não por qualquer outra razão. No que respeita a Borges Carneiro, se não se presta a debate questionar o seu Liberalismo radical, o terror de ser confundido com o jacobinismo levava-o, em certos casos a fazer afirmações que quase causam admiração, admitindo a sonoridade das mesmas: "Nisto, e outras taes questões não devemos cégamente regular-nos pelo que se diz vontade do Povo; e dizermos: Faça-se isto ou aquillo, porque tal he a vontade dos Povos. *Essa vontade he muitas vezes as diversas opiniões, agitadas pelos facciosos, incendiadas pelos periódicos vontades parceaes de conventiculos, ou associações; outras vezes vontades prematuras, inconstantes, que mudão de dia a dia; vontades cegas, desacertadas, erroneas, oppostas aos verdadeiros interesses dos mesmos Povos. O Povo tem uma pequena parte do exercício do Poder soberano, que he eleger os seus representantes fizerem mal a escolha, queixem-se de si mesmos, mas depois de feita, he a seus representantes a quem exclusivamente pertence legislar o que entenderem ser mais justo, sem se fazerem dependentes de tal, ou tal vontade, que se diga ser essa a vontade do Povo. A vontade geral do Povo, só he a á desobedecer á lei. Posto isto, e contrahindo-me agora ao presente artigo, digo que elle não he conforme com o que se acha determinado, nem com o que he justo.*" Claro que isto não lhe retira a honra de ter redigido o manifesto político do Liberalismo português, cartilha programática de emancipação da arbitrariedade das medidas e incongruência dos propósitos da Velha Moda portuguesa e onde o sentido apontado é, claramente, o da adesão às ideias francesas da revolução transportadas pela via gaditana. Já Manuel Fernandes Tomás era a alma e a consciência do Congresso. Em sessão de 30 de Julho e a respeito da inalienabilidade do território nacional, em presença do artigo 20º do Projecto de Constituição, entendeu fazer um resumo das posições até então defendidas e depois lembrou a necessidade de criar uma regra, qual fosse nunca ser permitido desmembrar o território português. E chama à colação o caso do Brasil, ele que foi um dos corifeus deste tema, apontando como exemplo a regra: "Por exemplo – a Nação portugueza, dissemos nós, he a união de todos os portuguezes de ambos os hemisferios – nós sanccionámos este principio; elle passou, está estabelecido: mas agora supponhamos nos que uma parte destes portuguezes residentes na America, Azia ou Africa de facto se separão de nós: não se vê que este principio não he exequivel em toda a sua extenção? Porque se conhece que de facto a Nação não he a união de todos os portuguezes de ambos os hemiferios, porque aquelles deixão de o ser? E entretanto nós apezar desse caso, não estabelecemos uma regra? Não estabelecemos este principio? Porque razão não havemos de estabelecer em regra, que o territorio da Nação portugueza he inalienavel? Porque póde haver cazos em que se aliene; porque a necessidade não tem lei; pois então a necessidade que não tem lei dirá o que se hade fazer. Estabeleça-se pois agora o principio geral: que o territorio portuguez he inalienavel, e nada mais. O mais he uma indignidade! Pois nós estamos a legislar em o seculo das luzes, e havemos querer conservar a idea de que as Nações são compostas de rebanhos de carneiros? Que as Nações são objectos de testamento? Entre nós viu-se isso desgraçadamente! Um dos nossos Monarcas disse, deixo o meu reino ao meu primo Fulano, tem-se visto isto! Tem-se visto fazer trocas de uma Nação com pedaços de outra Nação! Tem-se visto fazer vendas! Estas ideas devem rejeitar-se: estabeleçamos o principio de que nunca o territorio portuguez será cedido: se a necessidade publica, se a nossa desgraça exigir algum sacrificio para o futuro, então quem tiver as rédeas do Governo decidirá o que for mais conveniente". Ou seja, repugnava a Manuel Fernandes Tomás a frontalidade aqui assumida por alguns dos seus tradicionais companheiros de bancada; mas reconhecia, implicitamente, que a declaração que pretendia não iria durar muito tempo. Em qualquer caso e no rigor dos princípios, entendeu mantê-la, acedendo mais ao pragmatismo que à mera circunstância. Quanto a João Maria Soares Castelo Branco, o ex-inquisidor convertido ao radicalismo Vintista, era, sobretudo um homem honesto. Um "bom homem", que não negava o passado muito embora o criticasse e tinha a lealdade de não abandonar antigos companheiros de corporação, agora desfeiteados pelo intransigente radicalismo Vintista, de que ele próprio seria membro empenhado. Não é habitual proceder-se assim e apenas uma educação esmerada, uma capacidade de adaptação inusual e um poder de arcar com responsabilidades próprias e alheias, não renegando factos e personalidades pretéritas apenas por ser "politicamente correcto", antes porque ele mesmo de há muito defendia uma alteração do *"status quo"*, poderá justificar a atitude de um dos mais empenhados Vintistas e que nos merece toda a consideração. Neste contexto, "No tempo em que o Santo Officio foi estabelecido, elle existia de facto em todos os paizes Catholicos: o que as Inquisições fazião em buns, os Parlamentos, os Tribunaes, os Magistrados practicavão em outros, e não com menos cruelldade, porque as guerras, e as perseguições religiosas havião generalizado esse mesmo modo de pensar, identificando-o com os interesses particulares: e de que não he o homem capaz quando suas paixões, seus interesses o dominão? Sirva de exemplo hum facto o mais horroroso da historia, hum facto que jamais póde ser excedido, quero fallar da carniceria de S. Bartholomeu, practicada pelos Francezes, a mais culta das Nações da Europa. Se o estabelecimento do Santo Officio foi manifesto duravel em Portugal, he porque diversas causas moraes ahi havião retardado os progressos do entendimento humano, e assim mesmo ha muito que elle se havia incommodado ás luzes do seculo. Tudo deve por tanto ensinar-nos a lastimar a loucura humana, a termos em horror o furor barbaro de suas paixões, a banirmos os estabelecimentos que d'ahi nascerão; porém não a nos, revoltarmos contra os individuos, que circunstancias muito innocentes podem ter conduzido a servir nelles, sem todavia abraçarem seu espirito, e seus principios primitivos. Elles se fazem por isso dignos de attenção, como Membros de hum Tribunal estão legitimo, como todos os outros, e porque

Ou seja, o radicalismo liberal português aponta para uma monarquia representativa e limitada com Poder político e soberania de origem humana. Não admitia um monarca pela Graça de Deus, executor dos comandos do despotismo ilustrado e sem qualquer tipo de limitação efectiva ao exercício dos seus Poderes, produto de uma soberania e de um Poder político não repartido.

Mais grave que isto; os radicais tinham um problema por acréscimo. Que fazer e pensar das propostas inglesas, que tão atractivas pareceriam aos nossos moderados?

Não se vislumbra razão aparente para, neste fase da reflexão, distinguir entre "esquerda" – ou moderados, propriamente ditos, não radicais – e gradualistas – ou parlamentares situados à "direita" dos moderados, mas que defendem o Liberalismo – porque em ambos os casos existe oposição a um inimigo comum que é o Absolutismo, com a marca do Antigo Regime[5102]. Por este motivo, se designa todo este grupo liberal de moderado, sem mais, admitindo em certos casos uma ou outra referência

debaixo da protecção da Ley alli tem consumido a melhor parte da sua vida, impossibilitando-se para outro serviço, circunstancias em que seria injusto não prover á sua subsistencia. Tenho assim desempenhado duas obrigações que me incumbe satisfazer: como Representante da Nação voto pela extincção do Santo Officio, por julgar inutil, e incompativel com as luzes do seculo, e como o Governo Constitucional que vai fazer a felicidade dos Portuguezes; e como Membro desse mesmo Tribunal extincto, invoco a justiça do Soberano Congresso a favor dos que alli servirão. (O Illustre Orador pedio licença para se retirar, e toda a Assemblea clamou – Não, não, não he preciso)". Veja-se *D. C.*, X, 06-09-1822, págs. 79 e 80; *ibidem*, III, 30-07-1821, pág. 1694; *ibidem*, I, 24-03-1820, págs. 356 e 357.

[5102] Graça e J. S. da Silva Dias, págs. 754 e ss. Reproduz-se um ofício de Pando e as respectivas observações dos dois historiadores que, pela sua importância e apesar da extensão, nos parece indispensável dar nota: "Cuatro principales [partidos en que actualmente se halla dividida la población] pueden contarse, dejando à parte la multitud de los hombres indiferentes que por todos lados abunda. El primero es el de los secuaces del puro régimen arbitrario, del derecho divino de la Autoridad de los reyes, de las clases monopolistas y privilegiadas, ya sean inspirados por el égoismo interesado, ya iludidos por falsas nociones, ó ya obcecados por la ignorancia. Bajo esta bandera se hallan alistados, por lo menos, las tres cuartas partes de los portugueses; y su triunfo seria cierto si no careciesen de talento y aun más de denuedo. En el día, forman un cuerpo de reserva silencioso y obstinado que aguarda su dia y que no desespera de la victoria. – En el segundo partido que, en oposición al antecedente, esta situado al otro externo, es el de los liberales exaltados, exageradores de todas las teorias sociales, soñadores de ideales perfecciones, los cuales miran la institución monárquica como un mal efectivo y tolerable, que es preciso disminuir cuanto sea posible, estrechando los limites de sus facultades y rodeándolo de precauciones, vigilancia y subordinación Aunque este partido es poco numeroso, tanto en las Cortes como fuera de ellas, adquiere un grado relativo de importancia, por el entusiasmo de sus individuos, que excita y halaga las pasiones populares. – Forman el medio de esta división, por una parte, los libérale moderados, que apetecen a la par las garantías del trono y las de la libertad ciudadanesca civil y política y que tratan de formar y consolidar una monarquía fuerte, realmente constitucional, adoptando las medidas que en otro suelo ha sancionado la experiencia, el único seguro maestro en estas materias; por otra, los aristócratas, amigos de la concentración del Poder, los cuales condescienden à dar al pueblo una representación política que vote los impuestos y discuta las leys, pero que juzgan indispensable formar al trono un baluarte privilegiado, ya por herencia, ya por elección, el cual refrene las pretensiones de la democracia y conserve a la corona una decidida preponderancia." Comentando este texto de Pando, entendem Graça e J. S. da Silva Dias, estar-se perante uma abordagem que, no fundo, é correcta. Em Portugal a linha reaccionária não tinha qualquer influência na Constituinte, aguardando "para ver" o evoluir dos acontecimentos. Quanto aos moderados dividiam-se entre eles e, ou mais reformistas ou mais assumidamente partidários das prerrogativas régias, nunca se definiram em termos concretos. Veja-se António Pedro Vicente, "Um Diplomata Espanhol nas Cortes Constitucionais Portuguesas", *A Diplomacia na História de Portugal, Actas do Colóquio*, pág. 364.

mais cordata ao tradicionalismo palaciano, mas que não tem um significado por aí além no presente contexto.

E se não merece rejeição que muitos dos moderados não tenham aceitado o miguelismo e por isso tenham sido perseguidos, nem assim se livraram de algumas identificações extemporâneas, imerecidas e prematuras com o "servilismo" do Antigo Regime. E isto apenas porque não entendiam que o processo de instauração do Liberalismo em Portugal tivesse de ser feito à custa de milenarismos, algo desajustados da sociedade portuguesa e do seu tradicionalismo. Dentro[5103] ou fora

---

[5103] Neste domínio há exemplos dignos de nota. Francisco Manuel Trigoso de Aragão Morato ou Joaquim Anes Pereira de Carvalho, entre várias outras possibilidades. Todos parlamentares, sofreram, ao lado daqueles que não tiveram participação directa no Congresso como seus membros eleitos, as diatribes nem sempre eivadas de cordialidade por parte dos seus opositores. Daí os incessantes conflitos parlamentares em função das posições que assumiam, de que o Liberalismo não se pode questionar, antes a diversa forma de compatibilizar tradição com inovação. No caso de Trigoso, cujo Pensamento político foi já alvo de investigação aprofundada em Estudo anterior de Pedro Miguel Páscoa Santos Martins Páscoa, *Ideologia e Temporalidade. As Ideias Políticas de Francisco Manuel Trigoso (1777-1838)*, cit. Para aí desde já se remetem os contornos fundantes das Ideias do Autor apontando, embora, um caso emblemático. Trata-se do problema da Liberdade individual, no plano da Liberdade de consciência e da Liberdade de imprensa. Deixando de lado as Bases da Constituição, que neste domínio votou em sentido negativo (D. C., I, 15-02-1821, pág. 107), é possível centrar a discussão do próprio Projecto da Constituição que, neste plano, entendeu considerar nos termos que seguem: "O senhor Trigoso: – Sou obrigado a defender a minha opinião, que foi atacada por um dos illustres Preopinantes, o qual nas suas expressões pareceu arguir-me de fanatismo, e superstição: comtudo não me persuado que elle seriamente quizesse arguir-me destes dois vicios, assim como que elle está bem persuadido de que eu o não pertendo arguir nem de mal intencionado, nem de impio; limito-me pois unicamente a defender a minha opinião, e o Congresso decidirá o que quizer ácerca do meu modo de pensar. O que eu disse na Sessão de tres de Agosto foi, que este artigo não me parecia proprio da Constituição, então dei as razões em que me fundava, e agora as repito. A primeira razão porque então julguei, e ainda julgo que este artigo não deve fazer objecto da Constituição, he porque a Constituição, segundo se deu no artigo 1º, tem por objecto assegurar os direitos dos cidadãos portuguezes; e quando no artigo 4º se questionou muito, se o cidadão deixaria ser preso era culpa formada, quero alguns dos illustres deputados que este artigo se estendesse aos estrangeiros, disserão outros, que a Constituição era destinada para manter os direitos politicos do cidadão, e que ainda que aos estrangeiros se estendesse o direito de não ser preso sem culpa formada, o deveria ser por uma lei que não fosse constitucional. Em consequencia sendo o objecto da Constituição o manter somente os direitos dos cidadãos, fica claro que o estabelecer na Constituição o exercicio particular dos respectivos cultos aos estrangeiros, he regular os direitos destes mesmos estrangeiros; o que não he objecto de Constituição. Alem desta razão produzi outra, e era que não parecia conveniente que nos obrigassemos por uma lei constitucional a admittir indistinctamente todas as Religiões, ainda que aliás as podessemos admittir, por uma lei regulamentaria, que regulasse o exercito dellas, sobre, até que ponto deveria ter lugar esse exercicio: e quaes os casos em que elle não deveria ter lugar: pois que em fim nos atégora temos uma tolerancia de graça, e não convem que pela Constituição venhamos a lei uma tolerancia de justiça. Explicando agora este segundo argumento, porque o primeiro parece-me claro, digo que deve fazer-se differença de tres differentes especies de estados, relativamente á differença de cultos, um destes estados he aquelle que se póde dizer nascente, e que se compõe de um agregado de pessoas pertencentes a differentes seitas; outro destes estados he aquelle que tem soffrido muitas guerras por causa da Religião, e em que he preciso dar a paz aos Povos; ha finalmente uma terceira especie de estado, e he aquelle em que ha por muitos seculos uma Religião exclusiva com os rigores da inquisição. De todas estas tres especies de estados nos offerece exemplos a historia actual, tanto na Europa, como na America: digo pois, que nos primeiros estados era que se ajuntão individuos de differentes seitas, a tolerancia de todas as Religiões não pode deixar de ser muito util. Digo que no segundo estado em que depois de muitas guerras por motivos Religiosos he preciso dar a paz aos Povos, a tolerancia vem a ser de absoluta necessidade. Em quanto aos outros estados em que a Religião catolica tem sido só estabelecida com

do Congresso[5104], o seu papel não pode nem deve ser esquecido e foi mesmo, em certos casos, reconhecido[5105].

exclusão de outras, e onde de mau a mais ha uns poucos de seculos tem existido os rigores inquisitorias, em quanto a estes digo, que o estabelecer a tolerancia he cousa muito perigosa, e os perigos são dois um Religioso, e outro civil, o perigo Religioso consiste em que não póde deixar dever doloroso a Nação, e á soberania, cujos membros seguem uma Religião verdadeira dar occasião a que grande parte de seus subditos abandonem aquella Religião. Não aprovo nem as torturas, nem os rigores ou não rigores da inquisição; mas passar de repente destes rigores a um extremo opposto, he como aliciar os subditos a que venhão a abraçar o culto Religioso de todas as Nações, que estão no paiz, e dar azo a estabelecer-se o indifferentismo, de que porem resultar gravissimas consequencias relativamente á Religião o perigo em quanto a politica console em que considerando-se a Religião entre os publicistas como um poderosissimo seculo da obediencia civil, uma vez que se estabeleça o indifferentismo, vem a Religião a não servir de vinculo algum. Não digo que estabelecida a tolerancia, os portuguezes deixem de ser catholicos ; mas o que digo he, que estabelecida a tolerancia absoluta vem a perde-se este meio efficacissimo que tinhão até os soberanos para promover o fim da sociedade e vem a dezaparecer este vinculo poderosissimo da obediencia civil. Os argumentos que se oppõem são fortes. Eu conheço que he preciso dar extrangeiros a estabelecerem-se no paiz, e atrazarem os inventos; mas quando ha dois males a evitar, o legislador sabio trabalha por evitar ambos quanto lhe for possivel. Não se estabeleça que nenhuma Religião deva ser tolerada; não se embaraça a Religião domestica de cada um; serão as capellas dos Embaixadores azilos seguros para os diversos exercicios Religiosos; mas quando sé estabelecerem estas leis da tolerancia, seja de modo que se regule o exercicio dos cultos, e que se obste ao mal, que se póde seguir da adissão de differentes cultos: assim he que se fez no tratado de 1610 não se permittio a tolerancia geral de todas as Religiões, mas a particular de algumas, desta mesma foi estabelecida dentro de certas regras. Antigamente tinhão os Mouros mourarias, e os Judeos judearias, mas havia leis regulamentares que fazião que outros membros da sociedade não podessem ser alliciados para exercerem os seus cultos. Ora estas leis são as que não podem ser estabelecidas na Constituição, aliàs seria um artigo muito extenso; por isso concluo que não devemos ser inteiramente intolerantes, nem inteiramente tolerantes; não devemos passar dos rigores de uma Inquisição, para uma tolerancia geral, é absoluta sem ser fixada dentro de certos tempos, e limites, para que com estas leis os estrangeiros fiquem seguros no seu culto, e para que com elle não possão fazer prejuizo á Religião Nacional. Os Indios devem ser cathechisados, e ainda que sejão sugeitos ao imperio portuguez a Constituição mesma no artigo 180 manda prover na sua conversão, e civilização. Os hespanhoes tem Indios nas suas Americas, e apezar disto os hespanhoes decretarão que a Religião calholica e apostolica romana era a unica do paiz. Em quanto aos estrangeiros nós temos tido estrangeiros que tem filhos e que se tem naturalisado; nada mais resta que continuar-se a seguir á cerca delles, o que até agora se tem praticado. Não vejo por tanto motivo nenhum nem para que se amplie este artigo relativamente aos cidadãos portuguezes, nem para que se conceda desde já tolerancia geral, e absoluta aos estrangeiros, sem se estabelecerem regras para isto." Quanto a Joaquim Anes Pereira de Carvalho, moderado que votou quase sempre ao lado da maioria, pronunciou-se em sessão de tinha uma posição semelhante à de Trigoso no que respeita à Liberdade de imprensa, ou seja, deveria haver uma censura prévia bem regulada.

[5104] A figura de Silvestre Pinheiro Ferreira é a mais representativa dos moderados portugueses do Vintismo, sem assento no Congresso, mas como ministro de D. João VI ainda no Brasil. O mesmo Autor já mereceu tratamento monográfico em trabalho para onde se remete, desde já, o essencial da sua presença política no Portugal do Triénio Vintista por Susana Antas Fernandes Videira, *Para uma História do Direito Constitucional Português: Silvestre Pinheiro Ferreira*, Dissertação de Mestrado em Ciências Histórico-Jurídicas à FDL, Lisboa, 1999. Sobre o seu Pensamento político, veja-se José Esteves Pereira, *Silvestre Pinheiro Ferreira. O seu Pensamento Político*, cit.

[5105] Francisco Manuel Trigoso de Aragão Morato, *Memórias de Francisco Manuel Trigoso de Aragão Morato*, pág. 129: "Começo agora a dar conta d'outro genero de trabalhos por mim não esperados. Na mesma sessão de 16 de Outubro [de 1821] fui eleito em primeiro escrutíneo para presidente das Côrtes com a pluralidade absoluta de setenta e quatro votos. Não sei porque razão mereci aos meus collegas essa preferencia. É certo que eu, sem ser cabeça de partido, era em geral estimado de todos os homens de bem e que seguiam opiniões moderadas, e talvez julgassem que a minha

Com alguma cautela e salvaguardando todas as versões não sintonizadas mas pertinentes, estes moderados seriam "ingleses" indefectíveis, conforme se deduz do seu sentido de voto quase sempre minoritário no Congresso Constituinte. Fora do mesmo os enxovalhos a que não poucas vezes foram submetidos, apenas reproduz uma certa falta de capacidade de distinguir entre anti-revolução e contra-revolução.

Ser "citoyen" é agora o desejo de todos; sê-lo significa que em nada se é menos que o Rei, menos na consideração e reverência diplomática e bem-educada que aos magistrados, todos eles e sobretudo ao monarca, se deve. Agora, ultrapassado o ponto das meras garantias jurídicas que a régia paternidade outorgava, deixa de fazer sentido em falar em deveres prioritários do homem português; o cidadão nacional tem os seus direitos constitucionalmente conferidos[5106] e que as leis Ordinárias salvaguardam; é parte inteira do processo político e exige essa participação. É detentor da Liberdade política.

Em Portugal, como em Espanha, em Inglaterra e com alguns sobressaltos de percurso na "terra da libertação", a França ou noutros espaços físicos europeus, o dualismo que era patrocinado pelos cultores do Contratualismo na sua versão absolutista, estava definitivamente ultrapassado. A sede do Poder era agora a Nação e de pouco adiantariam os gritos de revolta patrocinados pelos adeptos da Santa Aliança para impedir que à vontade de um se substituíssem as vontades de todos, sem lugar à antiga e considerada odiosa qualificação de "súbditos". O Poder reside na sociedade que exercita o que nela se origina e tem fundamento.

A limitação da Autoridade do monarca no interior do Estado e a demarcação dos seus específicos atributos, tornava, pois, urgente uma Constituição escrita, definidora de toda a organização estadual, os Poderes e os direitos e deveres do Rei e do Povo. Pedra de toque do Liberalismo será, pois, a contraposição ao Estado real, sedimentado na régia figura, a Estado legal, assente numa Constituição originada por força de um inovador Poder constituinte.

Dito de outro modo: proceder a uma tarefa de arqueologia político-institucional que permita desentranhar um repertório conceptual medular para a teoria do Estado do nado constitucionalismo ibérico. Porque, como sempre, a impossibilidade de descartar os nossos vizinhos peninsulares é, manifestamente, perigosa.

5. Um caso especial a merecer detalhe: a Constituição como marca do Liberalismo e da ideia de Liberdade na Europa: a consagração da Liberdade individual e política

5.1. Ideia geral e evolução até meados do séc. XIX na Europa

São os princípios do Individualismo que no séc. XIX em Portugal, como nos demais países europeus, vão estar na base da elaboração do tecido constitucional adaptado às circunstâncias próprias de cada Estado. Os princípios da Era revolucionária que Locke, muitos anos antes, havia teorizado, foram sendo sucessivamente expostos em

---

presidencia podia ser util à boa causa. Os liberaes, a quem ás vezes davam muito que fazer os argumentos que eu ponderava, talvez não desestimassem ver-me por algum tempo fora do combate, visto que os presidentes não podiam entrar nas discussões (...). Mas o certo e que todos me deram de que o meu trabalho lhes era aceite, porque a 26 de Novembro fui reeleito presidente no primeiro escrutineo, com pluralidade absoluta de setenta e sete votos, e a 24 de Dezembro fui terceira vez eleito em primeiro escrutineo com pluralidade absoluta de setenta e sete votos."

[5106] Sobre a teorização da relevância das *Leis Fundamentais Portuguesas* para períodos imediatamente anteriores, está em fase de preparação Estudo autónomo. No mesmo sentido as considerações que alguns dos teóricos da Escola do Direito Natural sobre elas estabeleceram.

grandes manifestos políticos como a *Declaração de Independência* e as *Declarações de Direitos norte-americana* e *francesas*, ainda que quando com designações distintas, agregadas às respectivas Constituições.

Os ideais políticos proclamados no plano da Liberdade individual – de pensamento, de expressão, de religião –, como no âmbito da Liberdade civil – de associação ou ao nível das garantias jurídicas, a segurança da Propriedade e a inviolabilidade da casa do cidadão –, bem como o controle das instituições que implicava a Liberdade política do cidadão, iam assumindo papel cada vez mais relevante.

Tais projectos eram viáveis no entender dos seus promotores Oitocentistas, como o haviam sido no Pensamento dos seus Pais Fundadores. Para tanto bastava a adopção de um Executivo constitucional, mediante aceitação dalgumas regras básicas: actuação do Governo dentro dos limites da lei, centro da Autoridade plasmado na Autoridade Legislativa e representativa[5107], e que todas as formas da actuação administrativa deveriam ser compatíveis e responsáveis perante um eleitorado com Liberdade para o investir em Poderes.

5.2. A distinção entre Leis Fundamentais, Leis Constitucionais e Leis Ordinárias – limite à revisão constitucional em presença do conceito de Constituição

Neste quadro é fundamental chamar de novo à colação Montesquieu. Porque, se é verdade que em 1820 e sobretudo em 1822, o que triunfa em Portugal são as sequelas do Constitucionalismo francês, encartados nos dizeres de Cádiz, não é menos certo que gauleses e gaditanos ficaram em dívida histórica para o resto dos tempos com M. Charles de Secondat.

E se Montesquieu foi um moderado, um aristocrata francês que se enamorou da aristocrática Liberdade inglesa, não é menos certo que a ele se deve uma das conquistas mais importantes – senão a mais importante – do Liberalismo, quando argumentou que a Liberdade política seria, em si mesma, um direito fundamental.

Quando se fala em direitos fundamentais, está-se perante fraseologia francesa, abstracta e essencialista do Ser humano. Mas, sendo Montesquieu um histórico conciliador com a assunção da racionalidade, e prezando, pois, o indivíduo concreto que se assume no plano da vivência histórica, conseguiu incorporar neste sistema a ideia de indivíduo – que tanto é abstracta como concreta – originando a possibilidade de, em termos de Liberdade, ela ser idêntica para ambos os casos.

Ou seja, o homem dotado de Razão e vontade, quer seja encarado de forma isolada, "pendurada", abstracta, quer seja visto em termos de inserção social, concreto, conclui que deve relacionar-se e interagir em sociedade, como acordarão racionalistas e históricos. E se assim é, ao relacionar-se socialmente tem de se cruzar em termos políticos. E, finalmente, dessa interacção social simultânea, resulta que há relações políticas que se são posteriores à existência da sociedade política, lhe podem inclusivamente ser anteriores no plano teórico da consideração da Liberdade de participação política como um direito inato, "natural", se se quiser.

Segundo Montesquieu – e aqui se retomam considerandos conhecidos – a Liberdade política poderia também e neste contexto ser considerada como um verdadeiro direito individual. Fosse o homem isolado ou o homem social, a questão, a final, era

---

[5107] José Honório Rodrigues, "O Liberalismo", pág. 3: "O Liberalismo (...) tem como essência da sua ideologia política a teoria da representatividade, pela qual o Povo faz representar os seus interesses, e com a qual se destrói o Absolutismo."

a mesma: ele detinha uma Liberdade inicial que era concreta e lhe permitia tomar posição como agente do Poder político que se cria primeiro, e se exerce, depois.

E é aqui que entra o problema da Constituição, como marca de consagração do Liberalismo político e dos seus princípios fundamentais. Dentre eles, o direito fundamental de Liberdade política que, em si mesma, é ela própria o garante da existência de uma Constituição livre, feita por uma sociedade livre e em que os seus cidadãos são livres por natureza e por Direito.

A Liberdade política resulta de um equilíbrio de Poderes, máxima sacrossanta do Liberalismo europeu aplicado à sociedade no plano positivo, mas também ao indivíduo no plano negativo. Por um lado, a Constituição garante, pela consagração da doutrina da separação de Poderes, que a sociedade em si mesma mantenha a sua Liberdade política, participando e exercitando activamente essa Liberdade mediante o chamamento a pronunciar-se acerca das Assembleias Representativas, guardiãs da soberania nacional.

Por outro lado, os cidadãos, individualmente considerados, devem não apenas estar cientes de que a sua Liberdade e demais direitos fundamentais são protegidos pela lei – pela Constituição –, devendo o Estado abster-se de intervir para além dessa protecção, como são chamados a uma intervenção activa por força da sua inserção social na comunidade e enquanto indivíduos dotados de vontade e de Razão.

Esta uma ideia que importa reforçar, porque sendo embora de origem inglesa, acabou por ter consagração não apenas em Inglaterra mas em toda a vastíssima área onde a influência de Montesquieu se fez sentir: a Europa e os Estados Unidos.

O cidadão é livre dentro de uma sociedade livre; o Ser humano, cidadão, tem o direito fundamental da Liberdade política e exerce-o em simultâneo com os seus semelhantes, travando Poderes excessivos e mantendo o equilíbrio necessário à manutenção da Liberdade. Contrapondo este ponto de vista com o de Rousseau, e ponderando os dois Autores mais marcantes no decurso dos trabalhos teóricos parlamentares que conduziram à elaboração do texto de 1822[5108], certamente que será ingente introduzir algumas reformulações ao Pensamento que a vertente investigação perfilha.

A distinção entre Leis Fundamentais, Leis Constitucionais e Leis Ordinárias encontra espaço e é perene no vertente contexto. Não só ajuda a demarcar "quem é quem" e "quem defende o quê", como possibilita apresentar a visão geral que irá, em termos efectivos, ser a vencedora na Península Ibérica.

O jusracionalismo que o Iluminismo[5109] tinha patrocinado, com o apelo aos princípios do Direito Natural modificou institucionalmente a fisionomia da relação entre o soberano e o Povo, enformando as concepções históricas e revolucionárias. Corolário desta situação é a renovada fisionomia que irá assistir às Leis Fundamentais do despotismo esclarecido e a ideia de Constituição sufragada pelo Liberalismo.

[5108] Muito bem secundados por outros que embora de menor relevo não deixaram de ter presença garantida no esgrimir de argumentos entre os Constituintes.
[5109] José Esteves Pereira, "A Ilustração em Portugal", págs. 192 e 193: "(...) que relação há entre a perspectiva da Ilustração portuguesa apresentada e a revolução liberal de 1820? Em que medida podemos interpretar a libertação (...) referida pelo positivista Teófilo Braga? (...) Posso afirmar que graças à geração de juristas e intelectuais – a maior parte graduados pela Universidade reformada de 1772 – muitas decisões e propostas, pensadas para o tempo e espaço de uma Razão operativa, apareceram como ilustradas. A caminho da secularização da mentalidade, e com o desejo sincero de contemplar os problemas de uma Nação livre, encontramos um sentido de 'Üffenteichkeit' próprio da Ilustração."

Recorde-se que já Locke se havia preocupado com a Lei Fundamental que institui o Poder Legislativo, cujos limites materiais advêm dessa mesma Lei Fundamental natural e assegura a diferença entre Poder constituinte e Poder constituído, numa classificação que virá muitos anos depois ocupar em diverso contexto Sieyès e já foi alvo de atenção também na presente exposição.

Ora, sendo embora verdade que Locke o Pensamento seu conterrâneo não distinguiam entre Poder constituinte e Poder constituído, isso implica que para este Autor existe alguma diversidade no que respeita à concepção usual em Inglaterra que identifica os produtores destes dois Poderes[5110]. As Leis Fundamentais da Monarquia são aquelas que regulam, ainda hoje, o âmago dos fleumáticos ingleses e do seu Direito Político, sem qualquer recurso, em qualquer tempo, a origens do Poder político distintas das humanas.

As Leis Fundamentais correspondem à História feita pelos homens em prol da sua própria conservação e, por essa via, é "menos natureza" e "mais evolução da própria sociedade", é a base da Constituição, constitui a sua armadura e implica o respeito desta por aquela. Por isso se fala em Constituição histórica e isso basta a qualquer formalização do texto legal. Não é necessário que nenhuma Assembleia se encontre investida de Poderes constituintes para alterar a Constituição histórica inglesa; basta que a força das circunstâncias o requeira, como aconteceu em 1688, por exemplo.

Precisamente porque se trata de um Pensamento histórico, as Leis Fundamentais confundem-se com a *Common Law* e, o Direito inglês que é produto da sua História é também a imanência viva da ideia de Constituição.

Já para os cultores do jusracionalismo – sobretudo os da segunda fase –, que estiveram na base do Pensamento do Liberalismo, houve mesmo quem identificasse Lei Fundamental e Constituição – Vattel –, partindo sempre das ideias do Contratualismo social e de um Poder político de origem humana.

O Liberalismo clássico mais não fará que dar o desenvolvimento adequado a estes pressupostos. Na Espanha de Cádiz, o tradicionalismo histórico tinha uma importância que andava de mãos dadas com a concepção revolucionária bebida nas fontes doutrinárias e na legislação política francesa. Não se estranhe, pois, a permanente conciliação que se pretende – e os apelos concomitantes e insistentes – às antigas Leis Fundamentais da monarquia[5111], com as inovações inerentes à situação revolucionária vivida[5112].

[5110] *La Teoria del Estado en los Origenes del Constitucionalismo Hispanico (Las Cortes de Cádiz)*, Madrid, Centro de Estudios Constitucionales, 1983, pág. 129: "En particular, la teoría de las leyes fundamentales negaba una cualidad inherente al concepto y a las facultades de la soberanía: el Poder constituyente. En el pensamiento tradicional esta idea, clave para la teoría del estado, se negaba desde do planos: en primer lugar, al afirmarse la naturalidad del Poder, y por tanto, del Derecho; y en segundo lugar, al afirmarse la historia de ambos. La Comunidad nacía con sus leyes, y una Comunidad nacional, diferenciada, nacía con unas leyes concretas, históricas, consideradas eternas, inmutables."

[5111] *Congreso de los Diputados. Diario de Sesiones: Cortes de Cádiz (24 de Setiembre de 1810 a 20 de Setiembre de 1813)*, Edição feita a partir de CD-ROM, Madrid, 2000, com base nas Edições de 1874 e 1876, adiante designado por Cortes de Cádiz, Sesion del dia 25 Abril de 1811, págs. 928 e ss., quando do debate acerca do Poder Judicial e onde se chegaram a invocar as Leis do Reino recopiladas na *Novissima Recopilación* e, bem assim, as próprias *Siete Partidas*, que se arguia terem leis idênticas às propostas pela que seria desnecessária qualquer inovação.

[5112] Joaquín Varela Suanzes-Carpegna, págs. 122 e ss., especialmente págs. 125 e ss.: "Al lado, pues de la 'justicia', la 'antigüedad' seguiría siendo también un criterio axiológico de validez del Derecho, incluso en la teoría preestatal más depurada y moderna: junto a la Divinidad y a la naturaleza, la

Tomando como ponto de partida o modelo de Cádiz[5113], os defensores da temporalidade, que não eram absolutistas antes partilhavam em muito das antigas ideias do Consensualismo da Escola Peninsular do Direito Natural, posicionavam a questão nos termos seguintes: "La España de aquellos cuatro años [1810-1814] se divide en dos sectores completamente opuestos: el de la España antigua y tradicional, que defendía la independencia del país contra Napoleón, derramando su sangre en las batallas; y el de la España Constitucional y charlatana, formada por una minoría que se ocupaba en perorar pomposamente – y cobardemente – en un rincón de la península, en Cádiz, al abrigo de las balas francesas y haciendo propaganda por las ideas francesas"[5114].

Diga-se da íntima ligação que nos dois países ibéricos deve ser entendida no que respeita à temática das Leis Fundamentais e da Constituição no plano dos limites da soberania. Se em determinadas circunstâncias a questão se plasma nos limites da soberania do ponto de vista do Poder constituinte, noutros casos o problema suscita-se no que respeita aos limites materiais da própria revisão constitucional. E esta é, tanto na época que se estuda como nos tempos que correm, uma das faculdades mais relevantes inerentes à soberania.

Quanto às Leis Ordinárias, correspondem na vertente exposição – e porque não se intenta uma discussão teórica num contexto actualizado no plano do Direito Constitucional em especial e do Direito Público em geral – a todo o normativo extra-constitucional ou regulamentar, da responsabilidade das Cortes Constituintes,

---

Historia se erigía en una instancia limitadora de la creación jurídica. Por ello, aunque la teoría de las leyes fundamentales supuso un considerable avance en el proceso unificador, racionalizador y dinamizador, consustancial al concepto de soberanía, impedía la plena realización de este concepto y de sus posibilidades prácticas. En tal teoría primaba todavía lo histórico o antiguo sobre lo racional y voluntario, sobre lo positivo; llevaba en su seno y se asentaba en una estructura no unitaria, dualista, de Poder. No eran leyes emanadas de una única voluntad racional y general, sino contratos del acuerdo entre dos sujetos: el Rey y el reino."

[5113] *O Portuguez*, XI, nº 62, pág. 161: "Voltando-nos agora mais particularmente para o caso d'Hespanha, notaremos a manifesta equivocação em que labora S. M. R. [refere-se ao imperador da Rússia]; pois a última revolução d'Hespanha (como elle diz) dar á Hespanha novas instituições: estas são em Espanha tão antigas como a Monarchia, e por andarem perdidas, os Paes da patria juntos em Cadis as reviveram em 1814, e d'ahi veio a salvação d'Hespanha, e de toda a Europa. (...) Não hé nova essa instituição das Cortes, que S. M. reconheceu legítimas; novo foi o despotismo com que Fernando 7º em 1814 as destruiu, depois de ellas o haverem remido do captiveiro (...)."
[5114] Juan Bardina, *Origenes de la Tradicion y del Régimen Liberal*, 2ª Edição, Barcelona, 1916, ponto 187; Miguel Artola, *La España de Fernando VII*, Introdução por Carlos Seco Serrano, Madrid, Espasa, 1999, págs. 363-365, "En la realidad política se puedan distinguir dos categorías ideológicas: una positiva, que hace referencia al Poder, y otra negativa, que atañe al derecho. El Poder, en sentido sociológico 'es la capacidad de un individuo o grupo de llevar a la partica su voluntad, incluso apesar de de la resistencia de otros individuos o grupos. 'El derecho público consiste en la limitación del Poder mediante la imposición de ciertas normas que el detentador del Poder queda obligado a cumplir. El Poder político no es, por lo tanto, sino una realidad formal e instrumental. Ambos aspectos de la realidad politicas eran utilizados de manera metódica en la formación del nuevo régimen. Un determinado grupo o clase social (...) conquistaran el Poder político para llevar a cabo una radical reorganización de la sociedad. Crearán simultáneamente una serie de nuevas normas que, de una parte, constituyen una autolimitación del Poder que disfrutan, en cuyo caso tenemos los derechos individuales, y de otra ponen un límite a la resistencia que representan otros grupos, barrera constituida por la Constitución en lo doctrinal y por división de Poderes en lo gubernativo."

no exercício do Poder Legislativo que apenas a elas cumpria – à semelhança das Cortes de Cádiz[5115] –, sem que o Executivo pudesse de alguma forma nelas intervir[5116].

Era assim, porque não havia Cortes Ordinárias em pleno funcionamento, uma vez que esta tarefa cumpre, como é sabido, ao Poder constituído. Na circunstância, quem detinha o Poder constituinte considerava-se habilitado, nos dois casos assinalados, para encetar tal tarefa.

Estas leis Ordinárias serão vistas mais à frente[5117], designando-as por vezes por "extra-constitucionais", para significar que não fazem parte do texto da Constituição[5118], sendo embora reconhecida a sua inultrapassável importância.

5.3. O caso português

A base de demarcação do Constitucionalismo português no Triénio Vintista é conhecida[5119] e foi já alvo de explicação teórica num quadro comparativo entre as propostas

---

[5115] *Cortes de Cádiz*, Sesion del día 17 de Marzo de 1811, pág. 700, discurso de Muñoz Torrero onde mencionava que "estas Cortes no tan solo un cuerpo legislativo sino también un cuerpo constituyente, puesto que uno de sus objetos principales es constituyere el Estado ó darle una Constitución estable y permanente (...)." Veja-se Miguel Artola, *La España de Fernando VII*, pág. 362.

[5116] Para uma distinção global no que concerne às Cortes de Cádiz, Joaquín Varela Suanzes-Carpegna, págs. 303 e ss.

[5117] D. C., V, 05-10-1821, pág. 2528, relativo a intervenção de Pereira de Moura: "O Senhor Moura – (...) Digo pois como primeiro principio d'esta materia: quaes são as leis, que devem ter admissão no Codigo fundamental da Nação? Segundo os conhecimentos que tenho de Direito Publico, julgo que podem reduzir-se a tres classes. Primeira: as que tendem a assegurar a garantia dos direitos individuaes do cidadão, quais são, o da sua Propriedade, o da sua Liberdade individual, o da Liberdade de pensar, de escrever, etc. Segunda classe: nesta entrão as que marcão as linhas de separação entre os Poderes. Já na terceira, as que estabelecem as atribuições respectivas destes Poderes. Se ha alguma lei mais, que possa entrar n'um Codigo Constitucional, será apenas aquella que supposto se possa chamar mais ou menos regulamentar, se dirija a regular o exercício dos Poderes politicos, e a que por acaso explique actos destes Poderes."

[5118] As Cortes Constituintes detêm o Poder constituinte. As Ordinárias o Poder constituído e apenas este e não podem, em qualquer caso, proceder à alteração dos preceitos constitucionais. Apesar das Constituintes terem procedido a grande dose de regulamentação Ordinária no âmbito dos seus trabalhos, seguindo o exemplo de Cádiz, convém proceder à distinção teórica que os parlamentares aplicaram ao problema, servindo do mesmo passo para reafirmar o diverso tipo de trabalhos a que as Cortes de 1822-1823 e depois as Extraordinárias irão proceder.

[5119] Zília Maria Osório de Castro, "Constitucionalismo Vintista", pág. 34: "Coube ao Constitucionalismo revolucionário percorrer o espaço que separa a noção de lei ou Leis Fundamentais do Antigo Regime e o conceito de Constituição do Estado Moderno, deslocando do soberano para a Nação a titularidade efectiva da soberania e concretizando a doutrina de Wolff e de Vattel. Daí a formalização a nível institucional do conflito latente entre o soberano e a sociedade, não só por ser o articulado constitucional, em si mesmo, expressão de um Poder até então pertencente, por direito próprio, ao monarca, como por especificar e delimitar o âmbito do seu exercício através da divisão e separação de Poderes. A substituição do princípio da soberania real pelo princípio da soberania nacional, irrelevante quanto às características próprias do Poder soberano, implicava efectivamente um texto que consagrasse as normas fundamentais do seu exercício de modo a manter o equilíbrio indispensável à essência da sociedade. Deste modo, a mutação política e de cariz teórico trazia implícito um problema social, de feição pragmática, entendendo-se como tal o confronto potencial inerente aos diferentes graus de aceitação da mudança e, por isso, das diversas soluções para a partilha de um Poder uno por definição. E assim, tal como a sociedade de indivíduos, agrupados sob o ponto de vista das suas opções pessoais, se sucedeu à sociedade de ordens face ao Poder do monarca, o confronto entre os cidadãos seguiu-se ao confronto entre sociedade e o soberano."

que o radicalismo e o moderantismo, respectivamente, aportavam ao debate acerca da Liberdade política[5120].

Daqui também que a temática das Leis Fundamentais e das Leis Constitucionais, cujos traços evolutivos em Portugal não são alvo da presente investigação, tenha plena aplicabilidade e cabal explicação em termos de evolução do Pensamento político nacional[5121], nesta como noutras matérias sufragâneo do estrangeiro[5122].

Largos meses antes do tema se começar a debater no seio do Congresso Vintista, já se escrevia que "Os portugueses deram o trono em 1139 ao seu primeiro ínclito monarca e fizeram nas *Cortes de Lamego* as primeiras Leis Fundamentais da monarquia[5123], como se redigia no *Manifesto de 15 de Dezembro*. Os portugueses deram o trono em 1385 a D. João I[5124] e lhe impuseram algumas condições que ele aceitou e guardou.

[5120] Gomes Canotilho, "As Constituições", *História de Portugal* (direcção de José Mattoso), V, pág. 153: "A *Constituição de 1822* ficou marcada, desde o início, por uma relação de tensão entre dois princípios de legitimidade constituinte: o princípio democrático e o princípio monárquico. Esta 'angústia legitimatória' haveria de marcar um 'ciclo longo' do Constitucionalismo português (Vintismo, Setembrismo) e esteve em grande medida, na origem da crise e queda do tecto constitucional Vintista." E sempre será inevitável uma referência aos dizeres do *Manifesto de 15 de Dezembro*, propositadamente singela, tanto mais que a clarividência da redacção de frei Francisco de S. Luís, conjugada com os conhecidos propósitos do Liberalismo ibérico dispensam outro tipo de discurso. Veja-se António M. Barros Cardoso, pág. 39.

[5121] A maioria aponta no sentido de uma monarquia absoluta cuja origem do Poder é divina exercendo o monarca as suas funções pela graça de Deus e não por pacto celebrado com o seu Povo. Tenha-se em consideração o apurado escrito de Cypriano José Rodrigues das Chagas, *As Cortes ou Direitos do Povo Portuguez*, Lisboa, 1820, também mencionado por Paulo Merêa, *O Poder Real e as Cortes*, pág. 64. Para resumo de toda a matéria, João Maria Tello de Magalhães Collaço, *Ensaio sobre a Inconstitucionalidade das Leis no Direito Português*, Coimbra, s. d., págs. 3-38.

[5122] Jorge Miranda, *O constitucionalismo liberal luso-brasileiro*, págs. 7 e 8: "As 'Leis Fundamentais do Reino', em Portugal (...) difusas e vagas, não regulavam senão muito esparsamente as actividades dos governantes; eram difusas e vagas; vindas de longe, assentavam no costume e não estavam ou poucas estavam documentadas por escrito. Não admira, por isso, que se revelassem inadaptadas ou insuportáveis aos homens dos séculos XVIII e XIX ou que estes as desejassem reconverter, e que as queixas acerca do seu desconhecimento e do seu desprezo – formuladas na *Declaração de 1789* ou no Preâmbulo da *Constituição de 1822* – servissem apenas para sossegar espíritos inquietos perante as revoluções liberais e para criticar os excessos do Absolutismo."

[5123] Durante muito tempo se afirmou a autenticidade das *Cortes de Lamego*. Mesmo durante o período do Vintismo as mesmas continuaram a ser mencionadas, como bem se verá do decurso dos debates parlamentares. Na dúvida, a escolha não parece merecer discussão quanto às citadas Actas promotoras da independência portuguesa em presença de Castela; veja-se, porém, para a posição contrária, António Cabreira, *O Milagre de Ourique e as Cortes de Lamego*, pág. 43, onde refere que ainda durante este período "(...) o embuste tivesse escapado (...) à Comissão da Academia que, estando incumbida pelo Congresso da Nação, em 1821, de apurar o que se passara em Portugal em matéria de Cortes, 'publicou as de Lamego'; conforme atesta o discurso recitado pelo Secretário José Maria Dantas Pereira, na sessão Pública de 1 de Julho de 1824." Sobre a posição pública assumida por alguns deputados acerca da existência das mesmas, veja-se o debate sobre o "Preâmbulo" da Constituição, D. C., III, 13-07-1821, págs. 1526 e ss. O citado "Preâmbulo" foi aprovado sem alterações tal como constava do Projecto da Constituição.

[5124] Para um completo e fiel historial dos acontecimentos, As *Crónicas de Fernão Lopes, seleccionadas e Transpostas em Português Moderno*, Lisboa, 1993, onde os sucessivos eventos são pintados com a costumada fluidez que tornou célebre o cronista e que permite tomar o pulso aos sucessivos acontecimentos mais notáveis. Para uma visão geral do problema, José Mattoso, *História de Portugal*, Lisboa, Círculo dos Leitores, II, págs. 494-500; Henrique da Gama Barros, III, *História da Administração Pública em Portugal*, edição dirigida por Torquato de Sousa Soares, Lisboa, Livraria Sá da Costa, 1946, págs. 125 e ss.

Os portugueses deram o trono em 1640 ao senhor D. João IV[5125], que também guardou e respeitou religiosamente os foros e Liberdades da Nação[5126]. Os portugueses tiveram sempre Cortes até 1698[5127], nas quais se tratavam os mais importantes negócios relativos à Política, Legislação e Fazenda, e neste período, que abrange mais de cinco séculos, os portugueses se elevaram ao cume da glória e da grandeza, e se fizeram credores do distinto lugar que, a despeito da inveja e da parcialidade, hão-de sempre ocupar na História dos Povos europeus.

O que hoje, pois, querem e desejam os Vintistas, continua o *Manifesto*, "não é uma inovação, é a restituição de suas antigas e saudáveis instituições, corrigidas e aplicadas segundo as luzes do século e as circunstâncias políticas do mundo civilizado; é a restituição dos inalienáveis direitos que a natureza lhes concedeu, como concede a todos os Povos; que os seus maiores constantemente exercitaram e zelaram, e de que somente há um século foram privados, ou pelo sistema errado do governo, ou pelas falsas doutrinas com que os vis aduladores dos Príncipes confundiram as verdadeiras e sãs noções de Direito Público"[5128]. A "moderação" a que já se fez referência resulta, pois, e num primeiro momento, por demais evidente.

A preocupação de desentranhar da História pátria as sementes da ideia de Liberdade e os seus fundamentos, é dado irrefutável. A nossa monarquia sempre havia sido constitucional – salvo depois de 1698 – atribuindo-se, deste modo, ao passado, a tendência anti-despótica e garantista ora elevada à discussão. Foi o que fizeram os Vintistas logo depois de 1820, mesmo que a Constituição resultante não transporte estas conclusões. Foi o que já haviam feitos os periodistas portugueses em Inglaterra, quando se pronunciavam pela Constituição histórica.

A inversão dos termos da equação é irrestrita: das Leis Fundamentais encaradas como limites morais à actuação do soberano que apenas nesse estreito patamar podia ver a sua actividade teoricamente questionada, surge uma Constituição onde a titularidade da soberania reside na Nação e em que o soberano é encarado como mais um elemento – eventualmente o mais digno – dessa Nação[5129], não podendo a mesma ser alterada nas matérias designadas por "fundamentaes"[5130].

[5125] Joaquim Pedro Martins, "A doutrina da soberania popular segundo as Cortes de 1641 e os teóricos da Restauração", págs. 10 e 11; Hernâni Cidade, *Lições de Cultura e Literatura Portuguesas*, I, pág. 291; A. de Sousa Silva Costa Lobo, págs. 77 e ss.

[5126] *Assento feito em Cortes pelos Tres Estados dos Reynos de Portugal*, fls. 1; Pedro Cardim, *Cortes e cultura política no Portugal do Antigo Regime*, antes mencionado. O discurso foi recitado por Francisco de Andrade Leitão e encontra-se publicado com o título *Oração recitada a 15 de Dezembro de 1640 no auto de juramento d'elRei D. João IV*, Lisboa, 1641. Para a vida e Obra deste jurisconsulto, que foi Embaixador de D. João IV em Inglaterra e depois na Holanda, Diogo Barbosa Machado, *Biblioteca Lusitana*, III, págs. 96 e 97; Innocêncio Francisco da Silva e Brito Aranha, *Diccionario Bibliographico Português*, II, pág. 334. Acerca do juramento de D. João IV a que se sucedeu o dos vassalos, José de Almeida Eusebio, "Elogio do Direito. Os Juristas da Restauração", separata da *Revista "Independência"*, tomo II, Lisboa, 1942, pág. 15.

[5127] *O Cidadão Literato*, nº I, 1, Janeiro de 1821, págs. 5 e ss.

[5128] Esta referência não seria dirigida em via directa a Carvalho e Melo, sabido que é a estima em que boa parte dos liberais o tinham. Antes será mais direccionada aos antigos Governadores do reino durante o período da estada da Família Real no Brasil, com eventuais ressaibos contra a origem divina do Poder nacional no plano político.

[5129] José Honório Rodrigues, "O Liberalismo", pág. 2: "O Liberalismo português acabou com o legitimismo real, com a ideia da origem divina da soberania real, com a indivisibilidade da soberania, e tudo isto não foi pouco serviço à evolução histórica. Se eles atacavam o fanatismo religioso, a Inquisição, defendiam a tolerância, e as Liberdades públicas."

[5130] Correspondem à defesa dos direitos individuais e do regime político e consubstanciam-se, na *Constituição de 1822*, no texto das Bases. Veja-se *O Pregoeiro Lusitano. Historia Circunstanciada da Regeneração Portugueza*, Parte I, págs. 73 e ss.

DA HISTÓRIA DA LIBERDADE À LIBERDADE NA HISTÓRIA

As mudanças políticas procuraram não menosprezar o Príncipe, ou colocar sobre o trono a absurda e bárbara anarquia, tendo como objectivo a justiça e a lei. A Constituição que pedem não é uma inovação subversiva, é a "restituição das suas antigas e saudáveis instituições, corrigidas e aplicadas segundo as luzes do século e as circunstâncias políticas do mundo civilizado"[5131].

O Pensamento moderado do futuro patriarca de Lisboa coincidia, nesta fase, com o do grupo do Sinédrio, na medida em que preconizava a revolução dentro da legalidade e sem conflito com o Rei. Se possível – e era isso que se pretendia com *o Manifesto de 15 de Dezembro*[5132] – sem fricções com a Igreja ou a Santa Aliança[5133].

A Nação[5134] tem a partir deste momento um enquadramento legal e político completamente distinto, e porque "Jamais deixa de ser livre hum Povo que o quer ser"[5135].

[5131] Compare-se com o caso espanhol proclamado quando do início das Cortes de Cádiz e em que uma forte corrente sustentada nos ensinamentos de Jovellanos e de Martinez Marina pretendia moderação nas decisões a tomar. Veja-se Joaquín Varela Suanzes-Carpegna, págs. 15 e 16.

[5132] Vem publicado na maior parte dos periódicos que por essa época já se constituíam como a imprensa liberal portuguesa. Veja-se, sob forma exemplificativa, *Portuguez Constitucional*, nº 80, 28 de Dezembro 1820 e números seguintes.

[5133] José Honório Rodrigues, "O Liberalismo", pág. 1: "O Liberalismo vitorioso em Portugal em 1820 era de tonalidade conservadora. Isso significa que era moderado no pensamento político, que não queria destruir a monarquia, nem queria implantar o republicanismo. Estava associado ao Liberalismo económico, que era a armadilha com que se aprisionavam as Nações ao imperialismo, sobretudo britânico. *Um Liberalismo que aceita manter a dependência brasileira, que não via a subjugação aos ingleses, que impunha apenas condições limitativas à Autoridade real, não é verdadeiramente senão moderado e contido.*"

[5134] P. S. Mancini, *Sobre la Nacionalidad*, tradução castelhana, Madrid, Tecnos, 1985; idem, *Diritto Internazionale. Prelizioni*, Nápoles, 1879, conforme as Lições dadas em Turim em 1851; Ernesto Renan, *Œuvres Complètes*, Paris, Calmann-Lévy, 1947; idem, *La Réforme Intelectuelle et Morale et Autres Écrits*, Paris, Albatros-Valmonde, 1982. São Autores que reflectem sobre o tema, da Nação, dando-lhe contornos de poesia. É bem verdade que segundo escreve Hannah Arendt, *O Sistema Totalitário*, tradução portuguesa, Lisboa, Publicações D. Quixote, 1978, contrariamente ao Estado, que pode ser enquadrado positivamente na Ciência Internacionalística do Direito Positivo, a Nação falha de enquadramentos jurídicos e até filosóficos. A Nação é útil para treinar os nossos sonhos particulares e amor-próprio de cada um, ao sabor do que lhe parece mais conveniente. A Nação depende mais do espírito da carne e, aquilo a que o espírito adere através dela é a perenidade do ser colectivo. Quanto a Martim de Albuquerque, *A Consciência Nacional Portuguesa, Ensaio de História de Ideias Políticas*, I, Lisboa, 1974, págs. 19 e ss., trata magistralmente do tema manifestando, logo de início que "é hoje geralmente aceito que só muito tarde o pensamento europeu chegou à ideia de nacionalismo", invocando um leque de Autores em que destaca Hans Kohn, defensor da tese da mesma apenas ter sido palpável na segunda centúria de XVIII, com manifestação evidente na Revolução Francesa. Evidente não significa inicial, já que em momentos anteriores já era notada alguma tendência para o respeito à nacionalidade, sem que essa expressão fosse lexicologicamente usada. Advertindo para eventuais mal entendidos, afirma este Autor que "a formação da consciência patriótica se operou não só num plano intelectual, como também num plano sentimental, afectivo, verificando-se, inclusive, a interdependência dos dois aspectos. Quem deseje auscultar um tema como o presente encontra-se a todo o momento perante realidades entre si, ao mesmo tempo, causa e efeito." Independentemente de avaliações históricas que não importa desenvolver, defende-se ser manifestamente compreensível a ruptura que a Revolução Francesa constitui na história do conceito e justifica que o interesse de "Nação" seja largamente tributário de 1789. Quando na *Declaração dos Direitos do Homem e do Cidadão, de 1789*, se manifesta que o princípio de toda a soberania reside essencialmente na Nação, o conceito pode ser interpretado de forma organicista, mas também se pode identificar a Nação como uma simples associação política de cidadãos, na dependência do posterior entendimento que se quiser dar à forma como serão feitas as eleições subsequentes. Este é o ponto que mais importa, tanto mais que será o entendimento crucial no decurso dos debates parlamentares dos Vintistas, a propósito da elaboração da *Constituição de 1822*, prendendo-se directamente à matéria da Liberdade política, na interpretação que deveria manifestar-se ao nível do equilíbrio dos Poderes. Também a *Carta de 1826*, outorgada por D. Pedro, primeiro Imperador do

Defendia-se a aprovação de uma Constituição, ainda por fazer, e a sua aceitação pelo Rei[5136]. Assim se manifestava a razão de ser da própria revolução, implicando a obediência incondicional a um instrumento legal inexistente à época, e pelo qual haveria que aguardar mais de um ano até estar pronto.

Por outras palavras, assiste-se à consagração do conceito individualista de sociedade, enunciado pelos teóricos da Revolução Francesa e disponível no constitucionalismo espanhol, para servir de fonte de eleição ao nacional. Da noção de soberania nacional por oposição à de soberania real.

Os responsáveis máximos pelas modificações estruturantes da política portuguesa nos inícios do séc. XIX, defendendo os princípios teóricos revolucionários de franceses e norte-americanos[5137], exigiam Cortes. Deveriam as mesmas ser da responsabilidade de todos os portugueses, independentemente da parcela do organigrama social a que pertencessem e advogando-se a necessidade de uma Constituição[5138]. Por seu turno, os militares que haviam comandado e tornado possível a Revolução, visavam objectivos mais moderados, sobretudo o fim da influência inglesa, a convocação das Cortes tradicionais e o fim da "independência" do Brasil.

E, claro, todos estavam concordantes no regresso do Rei.

Do confronto entre as duas perspectivas surgirá a decisão objectiva portuguesa.

6. A "Liberdade" dos Liberais e as "Liberdades" dos contra-revolucionários: impossibilidade de conciliação (remissão)

A justificação da presente dicotomia ficou aclarada nas páginas iniciais do presente Estudo.

Brasil e depois forçado a ser Rei de Portugal, reafirma a "associação política de todos os cidadãos." Pouco importa se os factores de ligação são objectivos ou subjectivos; pouca interessa se são a raça, a religião ou a etnia de um lado, ou os factores culturais comuns com missão ou destino acertados. Trate-se de teorias objectivistas ou realistas, como defendem uns, ou de factores subjectivistas ou idealistas, o resultado prático pouco difere, salvo na paternidade dos conceitos. No primeiro caso estão Autores de base e educação germanística, no segundo escritores de dominante românica.

[5135] *Manifesto aos Soberanos e Povos da Europa, de 15 de Dezembro de 1820.*

[5136] Manuel Fernandes Tomás, *Carta do Compadre de Belém ao redactor do Astro da Lusitania*, pág. 7, nota: "Tenho ouvido dizer em toda a parte, que nos havemos de ter huma Constituição, e hum Monarcha Constitucional, porque o queremos ter, porque he necessario e indispensavel em nossa situação politica, e porque ninguem tem o direito nem a Authoridade para o impedir. O que me parece sem dúvida he que toda a Nação está deliberada a acabar antes, e a sepultar-se debaixo das suas ruinas, do que deixar incompleta esta grande Obra que tem começada." E frisa: "Os Parochos devem explicar huma Constituição que ainda não se fez, e que o Soberano ainda não jurou; mas isso he o mesmo; ou feita ou por fazer tudo he Constituição (...)."

[5137] Almeida Garret, "Portugal na Balança da Europa", *Obras de Almeida Garret*, Porto, s.d., I, págs. 814 e ss.: "Sistema da Liberdade Americana; Efeitos da Revolução Americana no Mundo Velho. Revolução Francesa; suas Consequências Gerais."

[5138] Benjamin Constant, *Commentaire sur l'Ouvrage de Filangieri*, apud António Joaquim da Silva Pereira, *O Vintismo – História de Uma Corrente Doutrinal*, pág. 41: "Quand les gouvernements offrent aux peuples des améliorations législatives les peuples doivent leur répondre en leur demandant des institutions constitutionnelles. C'est dans les constitutions, dans les peines qu'elles prononcent contre les possesseurs infidèles de l'Autorité, dans les droits qu'elles assurent aux citoyens, dans la publicité surtout qu'elles doivent consacrer, c'est là que réside la force coercitive nécessaire pour contraindre le pouvoir à respecter les lois." Este texto de Constant é um dos que não obtivemos, por total impossibilidade, acesso. Daí a citação.

Diga-se apenas e como complemento que o problema residirá ainda e, por um lado, entre uma Liberdade abstracta, proveniente da manifestação de Vontade e Razão individualisticamente considerada e que permite a protecção dos direitos individuais anteriores à formação de um pacto social de origem humana, celebrado entre o monarca e o seu Povo e em que se assumem compromissos mútuos. Ou, de outra banda, das Liberdades concretas, resultantes das estruturas institucionais legadas pela História[5139].

É neste quadro que deverá ser entendida a impossibilidade de conciliar neste domínio o Liberalismo, seja qual for a sua manifestação, com o Absolutismo. Em qualquer caso, importa alertar para uma certa confusão que no plano de análise deste último muitas vezes ocorre, promovido as mais das vezes pelos vencidos de 1820, vencedores de 1826 e de 1828, perdedores, de novo e para todo o sempre, em 1834.

Vale a pena recordar a diversidade das acepções que, se apenas virão a ser competentemente doutrinadas na segunda metade do século entre Absolutismo e legitimismo, entre despotismo e Consensualismo, opostos entre si e que se culpam à vez[5140], pela difusão do Liberalismo e da ideia de Liberdade em Portugal. No caso português, o Governo da Regência não foi mais bem tratado por partidários do antes e do depois de 1820 e as responsabilidades são plasmadas no comportamento inepto que os defensores dos direitos majestáticos de D. João souberam deixar fugir[5141].

§ 4º. 1820: uma data emblemática para o Liberalismo peninsular: os caminhos paralelos de Portugal e Espanha

Admite-se que os sucessos do Liberalismo português devem ser estudados numa base operativa em que o diálogo com Espanha seja omnipresente. É evidência factual de que não se pode fugir, a verificação de que foram os liberais espanhóis que, em boa parte, estiveram presentes no espírito dos Vintistas, quando dos movimentos de

---

[5139] Peter Viereck, *Conservatism Revisited*, apud Pedro Miguel Páscoa Santos Martins, *As Ideias Políticas de Francisco Manuel Trigoso (1777-1838)*, pág. 62, nota: "'Liberties versus liberty'. Concrete liberties, preserved by the chains of ethics, versus abstract liberty-in-quotes, betrayed by messianic sloganizing, betrayed into the far grimmer chains of totalitarianism. 'Man was born free' (said Rousseau, with his faith in natural goodness of man), 'but is everywhere in chins'. 'In chains, and so he ought to be', replies the thoughtful conservatives defending the good and wise and necessity chains of rooted tradition and historic continuity, upon which depend the civil liberties, the shared civil liberties of modern liberals and conservatives, and parliamentary monarchists, and democratic socialists. Without the chaos-chaining, the ld-chaining heritage of rooted values, what is to keep man from becoming Eichmann or (?) – What is to save freedom from 'freedom'?"

[5140] José Sebastião de Saldanha Oliveira Daun, *Quadro Historico-Politico dos Acontecimentos mais Memoraveis da Historia de Portugal desde a Invazão dos Francezes no anno de 1807 athé á Exaltação de Sua Majestade Fidelissima o Senhor D. Miguel I*, Lisboa, 1829, "Introducção", pág. VI: "A verdadeira opinião política Nacional, derivada da antiga forma do Governo Portuguez, mantida inviolavelmente desde as *Cortes de Lamego* em 1143 até ás de Lisboa em 1698, tinha-se extraviado no espaço de pouco mais de hum seculo pela fraqueza de alguns, ignorancia de muitos, ambição de outros, e intriga de todos: do impolitico desuso da Convocação das nossas antigas Cortes resultou a apathia, o indifferentismo nacional, a divergencia de opiniões, o recurso desesperado ás innovações de 1820 (...)."

[5141] Idem, *ibidem*, pág. 3: "Os fructos de tanta gloria [posterior às Invasões para Portugal] de tanta abundancia de dinheiro [?], de tão consolidada paz tornando-se secos e pecos, pela fatal inhabilidade do Governo desse tempo, que qual Hannibal em Capua se deixou surprender e aniquilar, involvendo na sua desgraça a desgraça da Nação, a deshonra do Throno, o triunfo da Demagogia, a Revolução de 1820."

15 de Agosto e 20 de Setembro[5142]. Finalmente, o insucesso do primeiro Liberalismo português acompanhou de perto o espanhol e a restauração liberal que se fez nos dois países não andou, também, muito longe em termos lógicos e cronológicos[5143].

Em termos semelhantes aos que irão ocorrer em Portugal no Triénio Vintista, a auto-reflexão colectiva sobre o passado nacional originou os tópicos que quer à esquerda quer à direita do hemiciclo – mesmo quando estas expressões apenas se utilizam por comodidade e não no rigor dos conceitos no período objecto do Estudo – implicaram o desenterrar algo utópico da Constituição histórica de Espanha das Leis Fundamentais da Monarquia espanhola.

E, como seria inevitável e reprovado por todo e qualquer honrado espanhol, vista a sua ausência, ouvida a habitual missa e prestados os competentes juramentos[5144], deu-se início à primeira Assembleia representativa Oitocentista do mundo conhecido[5145], cuja tramitação da convocatória dos deputados vinha de 29 de Janeiro de 1810[5146].

1. A herança de 1812 na Espanha do Triénio Constitucional

Não é possível estabelecer um paralelo perfeito entre os acontecimentos ocorridos em Espanha e Portugal na fase imediata à Revolução de 1820, uma vez que no nosso país não havia qualquer experiência constitucional formalizada preliminar, enquanto os espanhóis se dedicaram, acima de tudo, a criar as condições que permitissem o restabelecimentos das instituições previstas por Cádiz. Esta tarefa que foi prosseguida

---

[5142] *O Portuguez*, XI, nº 61, pág. 16: "(...) pois o fluido electrico da Liberdade corre igualmente nas veas d'Hespanhoes e Portuguezes (Povos irmãos, vizinhos, e, há seis meses, consortes na escravidão), por onde hé impossível, que pare o incendio ateado, sem correr todo o espaço impregnado de materias combustiveis."

[5143] Não se irá fazer uma análise da ideia política de Liberdade na Constituição espanhola de 1812, mas cumpre, no mínimo, invocar bastas vezes o seu texto como fonte privilegiada para o enquadramento das opções lusitanas e suas respectivas concretizações.

[5144] *Cortes de Cádiz*, Sesion del dia 24 de Setiembre de 1810, págs. 1-4. Neste contexto o cónego Muñoz Torrero, antigo reitor da Universidade de Salamanca, pronunciou um discurso, aprovado, em que requeria ao Congresso que declarasse: que as Cortes eram soberanas, que os Poderes Legislativo, Executivo e Judicial seriam completamente independentes, que o Poder Legislativo se reservasse às Cortes e que o Executivo seria da responsabilidade da Regência, que reconheceria a soberania das Cortes. Do mesmo modo que os deputados seriam inamovíveis e os juizes amovíveis. Tudo se quedou provado. Na mesma sessão os membros da Regência juraram a soberania das Cortes, promovendo igual juramento por parte das Autoridades civis e militares, bem como das eclesiásticas que para isso se mostrassem disponíveis. Veja-se Miguel Artola, *La España de Fernando VII*, pág. 363.

[5145] Antonio Torres del Moral, *Constitucionalismo Español*, Madrid, Atomo, 1986, pág. 35: "Mientras llegaban los diputados titulares, comenzaron en la isla de Léon las sesiones de las Cortes con suplentes gaditanos, entre los que eran mayoria los liberales. (...) Era el 24 de Setiembre de 1810. La Regencia rindió sus Poderes ante las Cortes y éstas, que constituían el primer Parlamento español en el sentido moderno del término, se proclamaran representantes de la soberania nacional."

[5146] Manuel Moran Orti, *Poder Y Gobierno en las Cortes de Cádiz (1810-1813)*, Pamplona, Ediciones de la Universidad de Navarra, 1986, págs. 52 e 53. Saliente-se que os aspectos comparativos entre as deliberações de Cádiz anteriores ao texto constitucional definitivo e as suas congéneres portuguesas não têm uma total correspondência e por isso o estudo que se irá fazer não poderá ser enquadrado numa mesma perspectiva. Em Portugal houve Bases da Constituição; em Espanha não e, daí, não ser viável uma correspondência perfeita entre o que agora se dirá sobre as decisões espanholas e as suas congéneres nacionais.

pela Junta Provisional Consultiva, de harmonia com o próprio soberano[5147], só tenuamente poderá encontrar semelhanças, como se verá adiante, com a Junta Provisional do Governo Supremo do Reino.

Causas à vista bem entendido; em Espanha havia Rei, Fernando VII, cuja presença se fazia sentir, malgrado a bonomia dos liberais espanhóis, que procuravam relevar o comportamento deste até há uns meses atrás, que nem a presente abertura parecia, a muitos, convencer[5148]. Em Portugal, a sede efectiva da monarquia estava deslocada, em triste situação de "colónia de colónia"[5149] e o Governo da Regência não poderia ter outra sorte que a da demissão compulsiva. No seu lugar, a Junta Provisional, com contornos a ser vistos em breve.

2. A aprendizagem lusitana e os seus reflexos pré-constitucionais

O caso português era, por todas as razões, diverso[5150]. Com a Corte no Rio de Janeiro[5151] e permanente regresso adiado desde a Paz Geral na Europa, parecia que a irresolução do monarca em se decidir ao retorno comportava todas as especulações possíveis[5152], a que não faltava a intriga diletante que até encarava a possibilidade de uma mudança de dinastia, por transição para a Casa de Cadaval[5153].

Tempos antes da Revolução Vintista, por intermédio da Regência, ainda se tentavam acalmar os ânimos com algumas condescendências muito óbvias nos objectivos[5154].

[5147] *O Correio Braziliense ou Armazém Litterario*, XXIV, 1820, nº 143, págs. 338 e ss.
[5148] *Ibidem*, XXIV, 1820, nº 143, pág. 350: "Decreto de cominação de penas aos que não quizerem jurar a Constituição."
[5149] *O Portuguez*, XI, nº 61, pág. 22: "Porque, depois que se criou o throno mudou para o Brazil, e o Brazil se criou reyno, d'onde nunca mais sahirá o Rey, cousa mui certa hé, que em quanto elle de lá dominar em Portugal (por melhor Governo que se ahi estabeleça) sempre Portugal será dependente para as nomeações e graças principaes, e sempre, mais ou menos, será colonia do Brasil, em que não haverá pouca inconveniencia, e será grande nosso infortunio e desdouro."
[5150] *Ibidem*, X, nº 59, págs. 333 e ss., "nem tão pouco admitia a possibilidade de breve prazo em Portugal se dar uma convulsão idêntica à espanhola. Erro seu, sem dúvida, mas para que não faltavam alguns argumentos merecedores de nota. Assim, certo hé, que Portugal não há sido menos opprimido do que o fora Hespanha nos ultimos seis anos; e sendo mui similhante o character d'ambos os Povos; d'ahi se poderá suppôr que o nosso em breve seguirá o exemplo de seus vizinhos, assi como o principio da nossa restauração seguiu de perto o dia 2 de Maio; porem *não se enganem os credulos com essas analogias; nem edifiquem juizos sobre alicerces d'area. Portugal não está maduro para uma revolução geral, como houve em Hespanha, poderá haver em Portugal estes dois annos. (...) O estado d'Hespanha, que há soffrido menos, era muito mais favoravel e predisposto para receber a Liberdade, que o de Portugal, aonde o padecimento mal pode subir de ponto. Hespanha até á volta de Fernando 7º havia conhecido a Liberdade, e tinha lhe tomado o gosto; o Povo tinha por seus deputados exercido a soberania nacional; e seis annos d'escravidão não poderam apagar as doces memorias d'esses gozos e direitos (...): o pobre Portugal há seculos não conhece Liberdade, e por isso não hé maravilha, que não tenha o amor ardente que faz por ella expôer a vida.*"
[5151] *Ibidem*, X, nº 59, pág. 350: "Em boa verdade, por o que havemos ponderado, não esperamos nós verdadeira Liberdade, que nos venha do Brazil; porem, se fosse possivel, que de lá nos viesse Constituição, que geito tivesse, perdida e dannada veriamos por as mãos dos Governadores do reyno, a quem se commttesse o assenta-la, e faze-la andar."
[5152] *Ibidem*, XI, nº 61, pág. 27: "Que interesse vae a Portugal em guardar a obediencia do Brazil? Que gloria ou honra, que interesse, que proveito?"
[5153] *Ibidem*, XI, nº 61, págs. 33 e ss. Veja-se Graça e J. S. Silva Dias, I, 2, pág. 673.
[5154] *Ibidem*, X, nº 59, pág. 349: "*Está-nos parecendo, que todo o remedio, que o Ministro mandará agora a Portugal, serão umas Cortes, sem Liberdade d'imprensa, com sessões occultas, só comvoto deliberativo, e sem nenhum Poder e Authoridade;* mas o Rey cuide-o bem; que hade achar-se enganado; porque os Por-

Nem elas nem outras poderiam, em qualquer caso, impedir que Portugal seguisse o rumo espanhol[5155], ficando em definitivo do lado dos "constitucionais" e em oposição aos "servis"[5156].

Fica, destarte, o intérprete de posse de todos os ingredientes necessários e suficientes para afirmar que o Pensamento político do Liberalismo desponta e se consagra no Portugal de Oitocentos. Os acontecimentos que estiveram subjacentes a 24 de Agosto de 1820 e foram reafirmados em 15 de Setembro imediato[5157] criaram as

tuguezes não se hão de contentar com menos Liberdade do que tiveram os Hespanhoes, nem lhes satisfará os desejos a instituição das antigas Cortes renovadas, as quaes, se eram bastantes, para o nosso bom Governo, em tempos de singelesa, quando o Rey tinha a Authoridade coarctada por muitas outras instituições, agora mal o podem ser, por o Rey ser de facto senão de direito, um dos mais despoticos Soberanos, que há no mundo, a quem mal seriam freio de cobiça e tyrannia as nossas Cortes d'algum dia." *Ibidem*, XI, nº 61, págs. 14 e ss.: "Queremos dar principio a este artigo, que sempre dedicamos ás cousas do nosso Portugal, com o dar aos nossos leitores uma grande novidade (...) e vem a ser, que estão goradas as esperanças, que elles tinham, de que viria agora do Brasil para Portugal uma livre Constituição: não Senhores; não vem Constituição; *vem um emplasto*, ou remendo muito mal deitado, com que se lhe quer curar sua enfermidade (incuravel por tal remedio) e que se julga capaz de tapar todos os boracos ao nosso pobre reyno, que está roto como se fora um crivo! O caso hé, que vem para Portugal algumas reformas, como é a abolição do Tribunal da Inquisição, e o melhoramento d'outros Tribunaes; vem talvez um Vice-Rey da Familia Real, com alguns Poderes mais extensos do Governo da Regencia; *promette-se aos Portuguezes de se lhes dar mui cedo uma Constituição, segundo suas necessidades presentes, e conforme aos desejos paternaes do Rey, que está cuidando em a ordenar; e mais não disse de Liberdade ou Constituição*"; ibidem, XI, nº 61, págs. 17 e ss., aproveita para dilucidar, ponto a ponto, o "chorrilho de asneiras" que, em seu parecer, eram de imputar ao Governo da Regência e não em menor grau aos áulicos que no Brasil iam torpedeando D. João VI e as suas paternais intenções.

[5155] *O Campeão Portuguez ou o Amigo do Rei e do Povo*, II, Abril de 1820, pág. 236: "Se nossos politicos pertendem sufocar pela força esta influencia [da revolução espanhola] estão perdidos: o abuzo da força, ajudado de todas as artes da Inquisição, e jesuitas, e manejado por entre as trevas, sem Liberdade de fallar e de escrever, acelerou a revolução Hespanhola, e uma revolução em que a cauza dos Reis perdeo regalias que difficilmente tornará a recobrar."

[5156] *Ibidem*, III, Agosto de 1820, pág. 109: "Ahi [na fronteira entre Portugal e a Galiza] alguns desesperados tentaram fazer uma insurreição, formando uma junta ideal, que denominaram Apostolica, mas por noticias officiaes de Madrid sabemos, que os Apostolicos forão mui depressa dispersos, e tornaram a hir recolher-se ao territorio Portuguez. Tenha com isto muita conta o Governo de Portugal, e não pertenda auxiliar debaixo de mão estas miseráveis intrigas, porque lhe podem sahir ainda caras: dê sim azilo a esses refugiados Hespanhoes, mas não permitta que dentro de Portugal estejão armando dissençoens contra a sua patria."; *O Portuguez*, XI, nº 61, pág. 58.

[5157] Entretanto, os liberais revolucionários do Porto continuaram a sua marcha para Lisboa e, em 27 de Setembro, em Alcobaça, dá-se a união dos dois Governos na Junta Provisional do Governo Supremo do Reino (encarregada da Administração Pública) e na Junta Provisional Preparatória das Cortes, separada em duas comissões, uma para preparar a convocação das Cortes e outra para tratar das matérias que se iriam debater. Procurou-se, deste modo, legitimar o movimento desencadeado no Porto e secundado em Lisboa, dando-se a união formal em 28 de Setembro de 1820, com a nomeação dos respectivos membros. *O Portuguez Constitucional*, nº 7, Supplemento, 29 de Septembro de 1820; *ibidem*, nº 8, Supplemento, 1 de Outubro de 1820; *O Portuguez*, XI, nº 64, págs. 267 e ss., *O Pregoeiro Lusitano. Historia Circunstanciada da Regeneração Portugueza*, Parte I, Lisboa, 1820, "Introducção", págs. V e ss., dão conta, em detalhe e através de documentação publicada na Gazeta de Lisboa de 15 de Setembro, e da própria confirmação por observação directa dos redactores, dos acontecimentos que nesse dia e nos imediatos ocorreram em Lisboa. O mesmo podem ser encontrados nos locais de consulta habitual mas pela condensação aqui presente, prefere-se esta fonte impressa liberal a qualquer outra onde as informações aparecem, de forma saltitante, em redor de

condições para o estabelecimento de um regime constitucional representativo, em que a Liberdade política tinha meios ideais para vicejar. Toda a dúvida residia em averiguar se isso seria possível[5158].

Em 31 de Outubro o Governo dirigiu um *Manifesto* aos portugueses[5159]. Classificam-se como "Beneméritos representantes da vossa supremacia, interpretando e confrontando vossas vontades com a sabedoria da lei eterna (...) a grande carta da vossa Liberdade e independência, seguríssimos penhores da vossa futura prosperidade. (...)"[5160]. Reitera-se, também, a confusão que existe entre os Poderes,

---

[5158] outras matérias conexas. No *Portuguez Constitucional*, n.º 64, págs. 319 e ss., não deixa o redactor de passar a sua mordacidade na apresentação do relato da *Gazeta de Lisboa:* "(...) porque em verdade o seu Redactor [da *Gazeta de Lisboa*], curto de vista e dos nóz (bem o conhecemos) nunca poderá ser tachado de excessivo em pontos de Liberdade. Veja-se ahi a *Gazeta* do dia 16, em que elle refere o sucesso da restauração: começava, em tal dia, por um artigo do Canadá, tirado das folhas de Londres! E ainda accrescentava o Redactor algumas desculpas dos passados Governadores, dizendo, que já por fim se achava authorizado a escrever com mais Liberdade, e a sahir do *acanhado circulo*, ainda que nunca nós o vimos sahido d'esse corro." Veja-se, José Joaquim Lopes Praça, *Colecção de Leis e Subsídios para o Estudo do Direito Constitucional Portuguez*, I, págs. 151 e ss. Como resumo da época partindo da pena de um moderado participante do Vintismo, José Maria Xavier d'Araújo, antes citado, e Teófilo Braga, *História da Universidade de Coimbra*, IV, pág. 39. De consulta aconselhável, Isabel Nobre Vargues, *A Aprendizagem da Cidadania em Portugal (1820-1823)*, págs. 47 e ss.; Graça e J. S. Silva Dias, I, 2, págs. 668 e ss.

[5158] Graça e J. S. Silva Dias, I, 2, pág. 688: "O que estava a passar-se era uma verdadeira revolução. Os levantamentos faziam-se nos meios civis e nos meios castrenses; os corpos de exército, quando os generais queriam comandá-los e pô-los ao serviço do Absolutismo, desorganizavam-se, indo os regimentos, uns atrás dos outros, abraçar a causa popular. (...) Um processo revolucionário ingénuo, polarizado em volta de chavões, emocionalmente rico, mas racional e politicamente pobre, estava, pois, em curso."

[5159] Clemente José dos Santos, (Barão de S. Clemente), *Documentos para a História das Cortes Geraes da Nação Portugueza*, 8 Tomos, Lisboa, 1833, adiante designados *DHCGNP*, I, págs. 80-83, com um anexo em que se encontram as "Instrucções que devem regular as eleições de deputados que vão formar as Cortes Extraordinárias e Constituintes", págs. 84-94. Nas primitivas Instrucções o sistema indirecto, em dois graus, era o seguinte: uma Câmara Municipal com 600 fogos daria um eleitor; 1200, dois, 1800, três e assim sucessivamente. Tinham direito de voto todos os chefes de família com domicílio no mesmo distrito, sendo excluídos os membros das ordens religiosas, os estrangeiros sem naturalização, os que tivessem incapacidade natural ou legítima e os criados de servir que não fossem chefes de família. O deputado deveria possuir a maior soma possível de conhecimentos científicos, firmeza de carácter, Religião e Amor à Pátria, além de meios honestos de subsistência. Era o sistema preconizado por Manuel Fernandes Thomaz".

[5160] *DHCGNP*, I, págs. 80 e ss. Pode ler-se neste *Manifesto*, mais uma peça importante da retórica mediatizada do Liberalismo Vintista português, que "Lei e vontade será em vós a mesma coisa; direito e justiça palavras sinónimas; dignidade e Igualdade significações recíprocas; interesse e virtude qualificação idêntica; sacrifícios e inclinações, hábitos inseparáveis; e a honra do cidadão, a nobreza mais alta a que possa aspirar a vossa ambição. Tereis, em uma palavra, Constituição, qual a natureza a copiara do original eterno, cujos caracteres não é dado à tirania apagar, nem à prescrição dos abusos desfazer, nem à versatilidade das idades alterar (...)." São defeitos conhecidos os que advêm do Poder se concentrar, muitas vezes nas mãos de uma única entidade. "Legislar, executar, julgar, confundem-se raras vezes na mesma pessoa, como se a imperfeição do homem participasse dos atributos da divindade ou se dos caprichos de uns devessem depender os destinos de todos. Nenhumas demarcações bem determinadas limitam as esferas dos vários corpos activos da sociedade. Faltam barreiras que resistam às tentações do Poder Executivo (...). Negam-se foros à justa independência do pensamento, e até para a consciência se forjam algemas. Propriedade! Propriedade! Centros da união social, quantas vezes não oscila incerta e quase tornada nome vão

todos concentrados numa única entidade, assim como se negavam foros à livre expressão do pensamento, através da censura, "e até para a consciência se forjam algemas". Quanto à Propriedade anda completamente desvirtuada, bem como a segurança social.

As instituições intocáveis do Antigo Regime e os seus suportes sociais e políticos sofreram um golpe que, não foi decerto mortal, mas originou feridas que tardaram a cicatrizar e das quais nunca recuperaram completamente. Nem a soberania iluminada do monarca, nem o Governo absoluto estavam na ordem do dia das preocupações dos liberais. E isso acarretou a concretização prática no nosso país de muito do que desde 1789 vinha esvoaçando numa Europa, prenhe de quezílias entre os antigos detentores do poder e da Autoridade agora apeados dos seus dourados castelos, e partidários da revolução política, social e económica.

No caso português há que somar a esta adopção jus-filosófica das correntes em voga na época, uma certa nostalgia de épocas passadas, vistas como de grandiosidade lusitana, e das quais D. João VI não desmereceria em nada o qualificativo de digno representante. De resto, se há matérias intocáveis nesta fase, elas são para além da pessoa do monarca, a dinastia de Bragança que ele representa e a fidelidade indesmentível ao credo católico.

Os liberais de 1820 tinham objectivos diversos e partiam de pressupostos distintos mas, curiosamente, os seus prumos de orientação em pouco divergiam do eclectismo lusitano, que como é sabido preconizava a renovação cultural e de mentalidades mas mantinha o respeito à ortodoxia Católica-Apostólica-Romana, a intangibilidade do monarca e a fidelidade à dinastia. Razões para isto a seu tempo serão ponderadas, mas aqui, o que para eles seria a malfadada semelhança, parece irrebatível e o utilitarismo dos Pais da Pátria soa estrondosamente na conservação de algo do presente – o Rei – e na manutenção de algo veiculado pela tradição – a religião e a dinastia[5161].

---

pelo vício das leis multiplicadas e obscuras, a cujo amparo leal e omnipotente recorrera. E em que dos atributos da divindade ou se dos caprichos de uns devessem depender os destinos de todos. Nenhumas demarcações bem determinadas limitam as esferas dos vários corpos activos da sociedade. Faltam barreiras que resistam às tentações do Poder Executivo (...). Negam-se foros à justa (...). Independência do Pensamento, e até para a consciência se forjam algemas. Propriedade! Propriedade! Centros da união social, quantas vezes não oscila incerta e quase tornada nome vão pelo vício das leis multiplicadas e obscuras, a cujo amparo leal e omnipotente recorrera. E em que frágil apoio se estriba a segurança pessoal! Pergaminhos, arquivos e usos forçados conquistam para as classes as mesmas atribuições monstruosas, nivelados os indivíduos pela Igualdade da escravidão; em uma palavra, a parte torna-se em todo e o todo nada; privilégio é a lei; estados se encravam no estado, e ao homem e ao cidadão nenhuma ideia importante corresponde (...)". Veja-se *Mnemosine Constitucional*, Lisboa, 1820-1821, direcção de Pedro Alexandre Carvoé, nº 41, 10 de Novembro de 1820.

[5161] Nem que para isso fosse necessário proceder à reedição das *Cortes Primeiras que El Rey Dom Afonso Henriques celebrou em Lamego. Aos Tres Estados depois de ser confirmado pelo Sumo Pontifice Por Rey deste Reyno*, impresso no anno de 1641 e com nova edição saída da Era Constitucional, Lisboa, 1822. Depois desta data, em, 1845, nova publicação sobre o mesmo tema, da autoria de António do Carmo Velho de Barboza, *Exame Critico das Cortes de Lamego*, onde se discute a sua autenticidade. Como se pode ver, não só o tema foi sendo entendido como "para-eterno", como se pensava ser tão determinante que nem consensualistas, nem absolutistas, nemVintistas, nem Cartistas, descuravam séculos depois o seu debate.

Nas proclamações e manifestos que se sucederam ao auto da vereação do Porto, logo a 24 de Agosto[5162], precedidas da proclamação da Junta Provisional do Governo Supremo do Reino aos portugueses[5163], são salientados a ruinosa administração anterior, "cheia de erros e vícios"[5164], que carreara toda a espécie de infortúnios, violando foros e direitos, lesando Liberdades e mesmo abusando e deturpando os costumes sociais que caracterizaram Portugal desde os tempos da instalação da monarquia[5165]. Acima de tudo, a gravidade do comportamento das últimas monarquias da Casa de Bragança e em especial dos seus áulicos[5166] é recordada[5167].

Mas, no fundo, que queriam estes "regeneradores" encetar em matéria de reformas para a sua pátria?

Pugnava-se a construção de um edifício cujos alicerces se fundavam na tradição e na renovação e esse foi, talvez, o problema mais delicado. Em 1820 quiseram reformar; em 1822 tinham pronto um instrumento legislativo de tal forma inovador, com um tal grau de proximidade do republicanismo que, mesmo aqueles que pudicamente não se queriam identificar com possíveis laivos de jacobinismo, não podiam contestar a realidade dos factos. Não era uma Constituição jacobina, nem proximamente mas, salvo a estrutura que se manteve no que respeita à religião e sua actividade "estatizada", era sem dúvida o pior que poderia ter acontecido aos adeptos da contra-revolução.

Em sintonia, o reconhecimento de que afinal era possível as Cortes reunirem-se sem a necessária autorização e régia convocatória a preceder tal ajuntamento. Apenas assim se assegurava a Liberdade da sociedade, representada pelos membros eleitos pela Nação, para desenvolverem tal actividade, sem dependência de favores ou benefícios comprometedores e substituindo "as Liberdades" dos Povos pela "Liberdade" do Povo.

Em si mesmos, os ideais da Revolução de 1820 apresentavam-se como moderados, no seu início. Falta discutir se seriam mesmo conservadores à maneira inglesa ou se seria este o sentir generalizado dos destinatários do movimento revolucionário, questão que se remete, da mesma sorte, para posterior averiguação[5168]. O movimento de Vinte não

---

[5162] *DHCGNP*, I, págs. 7-11; António Delgado da Silva, *Collecção da Legislação Portugueza*, 1791-1820 (Suplemento), págs. 650-653; *O Campeão Portuguez ou o Amigo do Rei e do Povo*, III, Setembro de 1820, págs. 174 e ss.

[5163] *DHCGNP*, I, págs. 9 e 10; *O Portuguez*, XI, nº 63, pág. 186; *O Campeão Portuguez ou o Amigo do Rei e do Povo*, III, Setembro de 1820, págs. 176 e ss.

[5164] António Delgado da Silva, *Collecção da Legislação Portugueza*, 1791-1820 (Suplemento), págs. 653 e 654 reproduz a contra-proclamação dos Governadores do Reino datada de 29 do mesmo mês.

[5165] *O Campeão Portuguez ou o Amigo do Rei e do Povo*, III, Setembro de 1820, págs. 171 e ss; *ibidem*, III, Outubro de 1820, págs. 207 e ss; *O Portuguez Constitucional*, nº 6, 28 de Septembro de 1820.

[5166] *O Portuguez Constitucional*, nº 2, 23 de Septembro de 1820.

[5167] *O Campeão Portuguez ou o Amigo do Rei e do Povo*, III, Outubro de 1820, págs. 187 e ss. O historial que é feito reflectir uma opinião eminentemente liberal que deve tomar em linha de conta os dois principais factores da Revolução de 1820: a ida da Família Real para o Brasil como resposta às Invasões Francesas por toda a Europa e até em Portugal. *O Portuguez*, XI, nº 63, pág. 246: "Por o citado *Manifesto* bem claro se vêe o patriotismo da Junta, que só mira a salvar a patria da ruina; e por isso proclamou a Elrey por a Constituição e para a formar, convida os Povos a se ajuntar em Cortes, prometendo de em quanto estas se não ajuntem, e aquella não se ordene, governar o Reyno, conservando a mesma religião instituições"; *O Portuguez Constitucional*, nº 2, 23 de Septembro de 1820.

[5168] O local apropriado para se discernir das ideias que em Portugal vigoravam no que concerne à Liberdade e à Igualdade é, sem dúvida, a Constituição. Desde os seus trabalhos preparatórios, até às intermináveis discussões que precederam a publicação do texto final, há matéria basta para sobre o tema estabelecer uma ideia segura. Por isso, e porque se desconhece qualquer levanta-

quis representar, em simultâneo, uma ruptura, e a consolidação da orientação política tradicional era uma das componentes da ideologia da primeira revolução liberal[5169].

Além disso é admissível, que se o impulso para a Revolução de 1820 foi, sobretudo, fruto do trabalho daqueles que se virão a autodenominar como a ala radical do Congresso Vintista – excepção feita a Ferreira Borges e a mais dois ou três nomes não presentes no hemiciclo como Silvestre Pinheiro Ferreira, Silva Carvalho ou Francisco Duarte Coelho – eles não tiveram o exclusivo da revolução e do seu patrocínio[5170].

Convém não esquecer o papel dos militares, sem o apoio dos quais e como sempre, toda e qualquer revolução, Antiga, Moderna ou Contemporânea, por mais justa e legítima que possa ser, está quase e por inteiro condenada ao fracasso.

Basta pensar no episódio da *Martinhada*, para admitir que os pratos da balança inicialmente equilibrados foram sujeitos a um repentino desajuste, do qual todos os eventos posteriores se irão, em definitivo, ressentir.

Em qualquer caso é importante que se reafirme uma observação que deverá estar presente a partir de agora na mente do leitor: a invocação do passado que os Vintistas assumiam para si, em nada pode ser confundida com as praxes e ponderação institucional de um passado mais ou menos recente.

Quando se encomia D. João VI, a dinastia bragantina e se manifesta fidelidade a ambos, isso em nada deverá ser confundido com quaisquer apelos ou reminiscência a estruturas organizativas ancestrais. A realeza e a monarquia do Vintismo não são, não querem ser e não se podem confundir com as antigas ideias do despotismo ilustrado e não correspondem à ideologia ora perfilada. O respeito pela religião era um respeito "iluminado" e laicista[5171], já que enquanto instituição a Igreja poderia servir

---

mento anterior sobre as diversificadas implicações que o problema coloca, elaborado nos termos que seguem, começará por se patentear uma amostragem geral do problema neste capítulo. Em sequência será feita uma abordagem particularizada dos vários planos em que a Liberdade saída das discussões constitucionais se pautou, questão bastante mais facilitada conhecidos os prévios contornos em que foi tratada no Congresso Vintista.

[5169] Zília Osório de Castro, *Lisboa 1821. A Cidade e os Políticos*, Lisboa, 1996, págs. 11 e 12: "Nelas [nas proclamações deste período] se conjugava o discurso histórico da continuidade com o discurso revolucionário da ruptura. Esta duplicidade permitia duas leituras – consoantes quanto à rejeição do Absolutismo, divergentes quanto às propostas políticas que encerravam. Uma, privilegiando o discurso histórico, invocava perenidade da tradição para fundamentar a legitimidade da mudança que não punha em causa a identidade nacional, essência da continuidade. A outra excluía o valor político da continuidade e utilizava a tradição como elemento subsidiário de legitimação de uma realidade construída racionalmente a partir da essência da natureza humana e, por isso, sem tempo nem lugar. Daí duas noções de Liberdade: a Liberdade do homem enquanto ser social e a Liberdade do homem enquanto ser individual. Daí, igualmente, dois tipos de Liberalismo: o Liberalismo moderado e o Liberalismo radical."

[5170] *O Portuguez*, XI, nº 63, págs. 245 e 246, traça em grossas pinceladas a fisionomia de cada um dos seus membros.

[5171] Por exemplo, quando se discutiram as atribuições do Conselho de Estado no que respeita à nomeação de bispados e outras dignidades eclesiásticas. O regalismo pombalino, que havia feito escola e contagiado os próprios eclesiásticos, conduzia a que no Congresso Vintista alguns eclesiástico fossem levados a defender algo de diverso, uma vez que era atributo exclusivo do monarca a nomeação para os bispados sem que a Nação nisso se devesse intrometer, porque não era um problema de soberania mas de concessão pontifícia. Veja-se *D. C.*, V, 07-09-1821, págs. 2195 e ss., relativo à intervenção dos Bispos de Beja e de Castelo Branco e à sua contradita, em termos distintos, por José António Guerreiro e Francisco Manuel Trigoso de Aragão Morato. Assim, "O Sr. Bispo de Beja: – Trata-se do modo porque o Rei deverá escolher as pessoas, que houverem

para sustentar os fins políticos do Primeiro Liberalismo nacional. As Cortes que se

de ser nomeadas para os cargos da magistratura, para os bispados, e quaesquer outros beneficios ecclesiasticos, que são do padroado real. Pelo que toca aos bispados, a minha opinião he, que a nomeação deve depender do livre arbitrio do Rei: não devendo ter lugar as listas triplices propostas pelos Conselheiros de Estudo. Exporei as razões que me fazem inclinar para esta opinião. *A nomeação dos ministros da religião não he um direito inherente á soberania.* Este direito he proprio e privativo do collegio religioso, isto he, daquella sociedade de pessoas, que pela profissão exterior da fé, e pratica exterior das obras do christianismo, formão o corpo da Igreja. (...) Da disciplina das eleições dos Bispos, e das varias alternativas que tem experimentado, com toda a evidencia se collige, que este negocio he proprio e privativo da sociedade ecclesiastica. *Se hoje os Principes da Europa gozão do direito da nomeação, ficando reservado ao Pontifice a confirmação, isto he em virtude da graça que pelos Pontifices lhes foi concedida, e tacitamente foi approvada pelos Bispos; e conseguinte não sendo isto direito inherente á soberania, não póde a Nação, sem injustiça, restringir a faculdade que foi concedida aos Reis por aquelles que tinhão privativamente o direito de a conceder. Nem se diga que no tempo em que foi concedida pela Igreja aos Reis de Portugal a faculdade de nomear os Bispos, elles exercitavão todos os direitos inherentes á soberania. Este argumento nenhuma força tem; porque não se poderá demonstrar que para ter o livre exercicio de um direito, que era proprio e privativo da Igreja, e que ella quiz conceder aos Reis deste reino, era necessario que elles tivessem a soberania em toda a sua plenitude.* Como o exercicio deste direito cabe muito bem na parte da soberania, que a Nação confiou aos Reis, devem estes continuar a exercitar a seu arbitrio um direito que a Igreja lhes concedeu sem alguma restricção; ibidem, O Sr. Bispo de Castello Branco: – Apoio o parecer do Sr. Bispo de Beja; e persuadido de que se podem conciliar as differentes opiniões, voto que o Conselho de Estado proponha uma lista de três Ecclesiasticos a ElRei, que parecerem dignos de serem eleitos Bispos, porém que fique livre ao mesmo Rei eleger um dos 3 propostos, ou não eleger nenhum delles; vindo desta sorte a ser consultiva, e não electiva a proposta do Conselho de Estado, da mesma forma que o he em os negocios de maior importancia. He pois o meu parecer, que este he o unico meio de reunir as duas Autoridades ecclesiastica, e civil na eleição dos Bispos, *a qual os Monarcas catholicos tem exercido até ao presente, como representantes da Nação, e como delegados da igreja, sendo certo que desde os primeiros seculos da igreja sempre se reunirão estes dois Poderes nas eleições dos Bispos*; ibidem, O Sr. Guerreiro: – (...) *Conclue-se que entre os direitos magestaticos não entra ingerencia alguma na nomeação dos Bispos; pelo contrario parece indubitavel que, desde que em qualquer paiz he uma religião recebida como dominante, concedendo-se aos seus Ministros um lugar distincto na sociedade; e desde que se concedem privilegios aos seus chefes, os quaes se elevão a um estado tal, que delles póde depender em grande parte a tranquilidade da Nação; desde esse tempo, digo, adquiriu o Soberano um direito inauferivel de examinar se convem ou não ao bem da Nação que tal ou tal pessoa seja elevada áquelle emprego; aliás muitas vezes não se attenderia ao bem da Nação, ou pelo menos ficaria dependente de um estrangeiro. He por tanto necessario que concedamos ao supremo magistrado da Nação ou o direito de nomear as pessoas que hão de ser empregadas nestas altas dignidades religiosas, ou o de eleger um individuo dentre um certo numero que lhe for proposto para os mesmos empregos*; aliás seria necessario não sómente fazer o bem da Nação dependente da vontade de pessoas estrangeiras, mas até obrigar o Soberano a conceder privilegios e prerogativas a uma pessoa que não he da sua approvação, e que de nenhuma maneira lhe parece capaz de exercer tal emprego em a Nação; ibidem, O Sr. Trigoso: – (...) Quanto aos bispados e beneficios ecclesiasticos, direi que em o nosso reino, desde que elle commeçou, já as eleições populares ião cahindo em desuso; *e os nossos Monarcas tiverão sempre grande influencia nas eleições, ou nomeando extraordinariamente, ou reservando a approvação das pessoas eleitas pelos Corpos que tinhão a faculdade de eleger. No tempo actual, os Reis provem as igrejas, já como padroeiros, já pelo direito que adquirirão como successores dos Reis de Hespanha. Parece pois que deve sempre pertencer aos Reis ou a escolha rigorosa dos que hão de ser Bispos, ou grande influencia nas pessoas que hão de ser nomeadas para tão alto emprego. Não parece pois justo que sendo o Poder Executivo, na forma de Constituição que temos adoptado, inteiramente livre no que pertence á administração publica do Estado, e sendo o Conselho d'Estado um corpo puramente consultivo, não fique a Liberdade a ElRei para nomear os Bispos.* Deve porém esta Liberdade ser bem attendida; para o que he necessario que ElRei, quando houver de nomear um Bispo, o proponha primeiro as qualidades do proposto, e dar a ElRei o seu parecer."

preconizam não são as Cortes tradicionais[5172], são as Cortes do Individualismo saído da Revolução Americana e da Revolução Francesa que, nem pela convocação nem pela composição, se podem associar àquelas. O chamamento à Constituição não encontra paralelos nem mesmo nos mais avançados projectos pré-liberalizantes de Vattel, por exemplo, e que em Portugal são subscritos por Ribeiro dos Santos.

Assim a convocação das Cortes tradicionais e a existência de três corpos separados não garantiria os melhores resultados, como infelizmente a História portuguesa, apesar da boa vontade "dos patriotas", bem comprovava. E, extremamente importante, consta do *Manifesto de 31 de Outubro*, a dado passo e a propósito dos acontecimentos de 24 de Agosto e de 15 de Setembro de 1820, uma expressão sintomática da feição do Contratualismo político que aqui e agora se assume em termos oficiais: "Todos vos unistes para todos subscreverdes as condições fundamentais em que vos acordastes. Voltando, momentaneamente, por uma ficção política, para o estado de natureza, não careceis para administrar vossos direitos de alheios tutores, dados à infância e à imbecilidade; mas de delegados próprios da vossa unânime confiança, dignos de um Povo adulto e emancipado."

Mais se afirma que, os portugueses, "colocados (...) e sabendo já ler no divino código do homem e do cidadão; emparelhados que há pouco se refundiram em verdadeiras Nações, (...) certo que marchareis ao nível do ilustre século em que tendes a virtude de vos constituirdes." Quanto ao sistema eleitoral, "(...) mereceu a preferência aquela que, respeitando a verdadeira e legítima representação nacional, simplificava o sistema e economizava tempo."

Se isto não lembra Montesquieu, Rousseau[5173] e posteriores teóricos da Revolução Francesa, quem poderá lembrar[5174]?

A Constituição é o produto acabado de um acto de soberania nacional nela formalmente manifestado. Como bem se percebe, os grandes problemas começaram logo aqui, sendo certo que a ideia foi mal recebida por um núcleo "de pessoas", que sugeriram mesmo a convocatória das Cortes à moda antiga, ou seja, mediante

---

[5172] Foi neste sentido que a Academia das Ciências entendeu manifestar o seu voto quanto ao modo de organizar a representação nacional, aspecto ao qual se refere Francisco Manuel Trigoso de Aragão Morato, *Memórias de Francisco Manuel Trigoso de Aragão Morato*, começadas a escrever por êle mesmo em principios de Janeiro de 1824 (revistas e coordenadas por Ernesto Campos de Andrada), Coimbra, Imprensa da Universidade, 1933, Parte II, págs. 102 e ss.

[5173] José Honório Rodrigues, "O Liberalismo", pág. 10: "A concepção liberal que influiu em Portugal ou no Brasil, via Rousseau, que existiam uma Liberdade e Igualdade naturais que era preciso preservar tanto quanto possível. Daí a necessidade do contrato social, que seria a garantia de tais direitos e consequentemente da ordem social. Montesquieu, primeiro e depois Rousseau são as principais influências modeladoras do Pensamento revolucionário liberal, sendo o segundo traduzido para o português desde 1821. Rousseau, sobretudo, apresentava um modelo político negando que o *status quo* conferisse legitimidade às instituições."

[5174] *O Campeão Portuguez ou o Amigo do Rei e do Povo*, III, Novembro de 1820, págs. 301 e 302: "Preciso he pois que a nossa futura lei fundamental, isto he, nossa Constituição, proclame logo, antes de tudo, á imitação da Constituição Hespanhola, os dois grandes principios seguintes, única base de todas as Convençoens sociaes, e de todo o direito publico dos Povos: – 1º A Nação Portugueza he livre, e independente: e não pode ser patrimonio de alguma familia ou pessoa; 2º A soberania reside essencialmente em a Nação: e por isso mesmo a ella exclusivamente pertence o direito de estabelecer suas leis fundamentaes."

a participação dos *Três Estados do Reino*[5175] – o Governo da Regência, a Academia das Ciências, no topo dos interessados. Como quer que seja, os Vintistas seguiram o seu caminho e apesar de todos os contributos, a decisão final foi apenas sua.

Com isto se associa uma certa ideia de retorno às origens, pressupondo-se como axioma do seu raciocínio a conciliação possível entre passado e presente. Aproveitar o que de melhor havia no passado e acomodá-lo à realidade europeia do séc. XIX, eis a sua meta ideal. Precisamente o mesmo que nos primeiros tempos da Revolução Francesa se preconizara, e que a breve trecho viria a ser ultrapassado pelo trabalho da Constituinte e depois, em plano diverso, com a implementação do Terror.

Esta mensagem de recuperação de um certo tradicionalismo tinha dois objectivos: ampliar aos sectores mais conservadores da sociedade portuguesa o movimento revolucionário e assunção do conflito sempre latente, ao longo dos séculos entre direitos do Rei e direitos do Povo.

Estes eram agora assim passíveis de enunciar, não como meros privilégios concedidos a bom grado do soberano e com a característica da reversibilidade, mas situando-se no plano em que a Revolução Francesa os situara de direitos individuais enquanto direitos políticos, e que na interpretação de Montesquieu valia uma Liberdade individual como Liberdade política. De oposição do indivíduo ao Estado e do papel primordial que aquele e não este desempenhava no Liberalismo.

Tecendo considerações que depois serão retomados mais à frente no *Manifesto de 15 de Dezembro aos Soberanos e Povos da Europa*, afirma-se desassombradamente no *Manifesto* que se vem abordando, que "Nossos avós foram felizes nos séculos venturosos, em que Portugal tinha um Governo representativo nas Cortes da Nação, e obraram prodígios de valor, enquanto obedeciam às leis que elas sabiamente constituíam, leis que aproveitavam a todos obrigavam (...). Nunca a religião, o trono e a pátria receberam serviços tão importantes, nunca adquiriram nem maior lustre nem maior grandeza, e todos estes bens dimanavam permanentemente da Constituição do Estado, porque ela sustentava em perfeito equilíbrio e na mais concertada harmonia os direitos dos Soberanos e dos vassalos, fazendo a felicidade geral da Nação e do seu chefe uma só família, em que todos trabalhavam para a felicidade geral"[5176].

Estas alusões feitas ao papel das Cortes em épocas anteriores, demonstram mais aquilo que os Vintistas nelas inicialmente queriam ver representado que a verdade dos factos. O papel da representatividade efectiva das Cortes tradicionais portuguesas é matéria controversa, e se existia sem dúvida uma soberania inicial de mediação popular, o seu valor deliberativo ou meramente consultivo, continua a ser alvo de polémica.

[5175] *DHCGNP*, I, pág. 78. A atitude de cortesia acabou por funcionar de modo negativo, porque as vozes da contra-revolução começaram, de imediato, a agir, propondo que a convocação das Cortes se fizesse à moda antiga, através dos *Três Estados do Reino*. Nesta data foram convidados os grandes do reino, residentes em qualquer parte deste para comparecerem e por si ou procuradores prestarem juramento ao novo Governo. O termo que se passou deste juramento, feito a 11 do mesmo mês, deverá ser comparado, também ele, com o posterior comportamento do Congresso Constituinte. Primeiro, jura-se obediência à Junta Provisional do Governo Supremo do Reino e só depois ao monarca, o que desde logo levantou alguns murmúrios; patente foi que o Rei começa a ficar para "segundo"; *O Portuguez Constitucional*, nº 32, 28 de Outubro de 1820: "Demonstra-se, que o Governo provisório commeteria hum acto de arbitrariedade, se convocasse as Cortes pelos Tres Estados; e que por tanto serião nullas similhantes Cortes, e nullo quanto por ellas se determinasse." Adiante a questão será retomada em corpo de texto.
[5176] *DHCGNP*, I, págs. 9 e 10.

Ainda assim deve ficar claro que num primeiro momento e por força da necessidade, logo no início das sessões, o Congresso tomou a indispensável resolução de legitimar a Revolução de 1820, atitude indispensável quando por todo o lado se discutia a legitimidade da mesma e subsequente convocação de Cortes[5177]. Vistos por uma faixa opositora aos sucessos de 1820 como manifestamente contrários aos preceitos do Direito Natural e das Gentes[5178], houve até quem invocasse da banda oposta o direito de resistência para advogar a causa da legitimidade desses acontecimentos, afirmando "a legitimidade da resistência da Nação"[5179].

Antes mesmo da justificação oficial veiculada pelo Congresso Vintista, já o *Manifesto de 15 de Dezembro* se preocupava com o tópico da salvaguardada dos meritórios factos de 24 de Agosto e 15 de Setembro[5180]. E explicitava ser um hábito chamar-se de rebelião e qualificar de ilegítimos os actos praticados pelos portugueses; a rebelião é a resistência ao Poder legítimo, e não é legítimo o Poder que não é regulado por lei, que se não emprega conforme a lei, que não é dirigido ao bem dos governados e para felicidade deles. Não é ilegítimo senão o que é injusto, e não é injusto senão o que se pratica sem Direito ou contra o Direito. Não houve qualquer facção rebelde em Portugal, mas ela tivesse existido, seria um primor de facção, porque sagrada nos seus motivos, desinteressados nas suas intenções, moderados nos seus movimentos, unanimemente desejados, aprovados e aplaudida[5181]. "Nunca houve facção alguma

[5177] José Honório Rodrigues, "O Liberalismo", pág. 4: "Com toda essa doutrinação os liberais justificavam a legitimidade da Revolução para atingir esses fins, destruindo o Estado autoritário, criando outro regido por leis, especialmente pela Constituição. O Liberalismo negava a origem divina dos Reis e com isso destruía o fundamento da Autoridade real [prevista no Direito das Gentes]. Finalmente, eles criaram, no seu desenvolvimento, o mito do herói da Liberdade, que luta e combate pela vitória dos ideais liberais."; António Delgado da Silva, *Collecção da Legislação Portugueza*, 1821-1823, pág. 15.

[5178] *O Correio Braziliense ou Armazém Litterario*, XXV, 1820, nº 148, págs. 363 e ss.: "Carta dos Governadores do reyno á Juncta Suprema do Porto, datada de 9 de Setembro de 1820" O ponto com interesse, ao caso, cifra-se no seguinte: a convocação das Cortes para 15 de Novembro por parte dos Governadores do reino em nome de D. João VI, sendo certo que apenas estas e não quaisquer outras serão legítimas. Isto é tanto mais verdade porque "[estas Cortes] recebem dos representantes do Soberano um character de legalidade, que nunca poderiam ter aquellas, que foram annunciadas pela Juncta do Porto."; *O Portuguez*, XI, nº 63, págs. 231 e 232 e nº 64, pág. 319, aonde se afirma muito enfaticamente: "No dia 15 de Setembro já memoravel por ser por ser anniversário da nossa Restauração do jugo Francez, restauramo-nos de outro jugo, não menos pezado, e muito mais vergonhoso: n'esse dia acabou a dominação bestial dos barbaros e estupidos Governadores do reyno; e assi aconteceu que tambem elles vieram a teer, ainda que tardio e mui humano, ao menos no proprio mez, o castigo de uma Setembrizada."; *O Portuguez Constitucional*, nº 11, 4 de Outubro de 1820, a propósito da convocatória das Cortes pelos Governadores do reino, notícia inserta no periódico madrileno *O Conservador*.

[5179] Neste particular há que ter presentes os pressupostos do Pensamento político português não apenas em termos de Poderes das Assembleias magnas, mas também no que concerne ao direito de resistência. E, naturalmente, os apelos necessários que o Contratualismo social e político aqui manifestam directa e imediatamente.

[5180] *O Portuguez*, XI, nº 63, págs. 250 e ss. Os problemas que se colocam ao redactor são os mesmo que se colocavam aos revolucionários de 1820. A legitimidade da Revolução feita a pensar na mais que necessária reunião de Cortes e na elaboração de uma Constituição, o comportamento do Rei perante tal evento e os ganhos e perdas que daí lhe irão advir.

[5181] É a justificação para o estrangeiro da Revolução portuguesa. Na mesma buscam-se de novo os contributos adquiridos em 1385 e em 1640, fazendo inclusivamente a apologia da rebelião contra a tirania e sufragando o direito de resistência que para o Consensualismo nacional, no seu desen-

que nos espaço de 37 dias mudasse a face de uma Nação inteira e de uma Nação que se preza de religiosa e leal, sem derramar uma só gota de sangue. Sem dar lugar a um só insulto contra a Autoridade, a um só ataque contra a propriedade pública ou individual, sem ocasionar a mais ligeira desgraça ou desordem, ou ainda qualquer desagradável incidente".

O *Manifesto* pede a compreensão dos Soberanos e Povos da Europa para todas estas realidades, afirmando que nunca se intrometeu nos negócios internos das outras Nações europeias. Respeita os direitos dos Povos independentes e deve esperar ser respeitada de igual modo. Por isso mesmo confia na prudência, sabedoria e magnanimidade dos Povos da Europa e seus Soberanos; a justa deferência à opinião geral dos homens livres de todas as Nações e até a particular consideração que há-de merecer

volvimento e exploração, representou um dos marcos fundantes da maioridade lusa. Dando um único exemplo em presença de 1640, cumpre apresentar a ideia de Frei Francisco Brandão, *Discurso gratulatorio sobre o dia da feliz restituição e aclamação da Majestade del Rei D. João IV*, Lisboa, 1642, pág. 21, claro nas afirmações que produz: "Quando *levantamos* por Rey a Vossa Majestade" isso aconteceu porque ser chegada a "hora para *colocar a V. Majestade na dignidade real, que lhe era devida*". E um pouco mais adiante, a págs. 13-25, desenvolve a ideia, já que a "acção foy de valor o rompimento, & prudencial acordo, a eleição do tempo, que considerado, com outras ocorrentes pellos executores da nossa Liberdade, não deixarão lugar a repreenderse por temeridade inconsiderada, a que todas as nações hoje avalião, como he razão, por acção de valor bem dirigida (...). Na restituição que executamos se buscou primeiro o acerto da direcção, que o effeito: & o excessivo desejo da Liberdade não perturbou a consideração para escolher a opportunidade (...)." Se o lance de 1640 tivesse falhado, "seria a escravidão para sempre", ao invés da Liberdade. O que na prática significa que a ponderação tida evitou que algum assomo de licença se tivesse verificado pese embora os desejos que a generalidade da Nação manifestava em readquirir a independência perdida em 1580. Existe, portanto, consenso generalizado na feitura da revolução e esse facto maior legitimidade confere à aclamação de D. João IV como Rei de Portugal. Os principais Autores dos acontecimentos de 1640, "esforçou os a elles sentir em todos hum vivo desejo de Liberdade, & hua mais que moral certeza de achar logo conformes com sua resolução os animos, como se experimentou em louvor geral da Nação toda" e por isso "se resolverão a dar a Portugal, depois de sessenta anos de cativeiro, hum dia de felice Liberdade, pondo fim as miserias, que todos padeciam." Com base nestas palavras, que vão sendo confirmadas ao longo do texto, não restam dúvidas da aceitação da tese da mediação popular, da soberania popular na ascensão de D. João IV ao trono de Portugal em 1640; estava reafirmada a Liberdade dos povos, bem como a oposição a qualquer Poder absoluto que se encaminhe na direcção da tirania. Referindo-se à coroação do Rei, escreve que "*a verdadeira coroa he a que os corações sinceros com aplausos offerecem*. O dia da coroação he aquelle, em que os mesmo que se sentem obrigados, nos rendem a gratificação do seu ampara". Ou seja, a questão do pacto celebrado entre o soberano e o seu Povo é posta em destaque, já que "*se vio Portugal libertado por Vossa Majestade, & no proprio dia corou o Povo de Lisboa agradecido a Vossa Majestade com o titulo de pay da patria, Libertador da republica, & Conservador da nossa Liberdade*", termos que constam de pág. 53. Além do que e seguindo de perto Francisco Velasco de Gouveia, *Justa Acclamação*, págs. 50-52, "os Reynos, e Povos, privar aos Reys intrusos, e tyrannos, negando-lhes a obediencia, sobmetendo-se a quem tenha legitimo direito de reynar nelle", desde que "per publico e commum assento, e consentimento". E termina a págs. 84 e 85: "o reyno de Portugal teve legitimo Poder para privar a el-Rey Catholico e para restituir o reyno, e acclamar por seu Rey (...) D. João o IV. Porque no § primeiro mostramos como o Poder politico e civil de reynar estava a principio em toda a comunidade do mesmo reyno. E no § 2. provamos, que ainda que os Povos transferissem este Poder nos Reys, se não abdicarão totalmente delle (...). E no § 3. se mostrou que em razão deste Poder que ficou no reyno, pode legitimamente, concorrendo circunstancias necessarias (...), privar do reyno ao Rey (...), e restitui-lo ao que tiver legitimo direito de reynar. E no § 4. se demonstrou que podia fazer isto por si só, sem preceder sentença e approvação, nem authoridade do Summo Pontifice."

um Povo ilustre, a quem o mundo moderno deve parte da sua civilização e progressos, são motivos de segura confiança para a nação portuguesa.

Adverte, porém, que se a despeito destes considerandos, se acharem frustradas as esperanças dos portugueses, "depois de invocarem o Supremo Arbitro dos impérios, como testemunha das suas intenções (...), empregarão em defesa todos os meios que têm à sua disposição; eles sustentarão os seus direitos com toda a energia de um Povo livre, com todo o entusiasmo que inspira o valor da independência. Cada cidadão será soldado para repelir a agressão iníqua, para manter a honra nacional, para vingar a pátria ultrajada (...), nunca se submetendo a um jugo estrangeiro." "Jamais deixa de ser livre um Povo que o quer".

Na verdade, é sintomático que na 2ª sessão de trabalhos do Congresso, Francisco Soares Franco tenha apresentado uma memória e um projecto de decreto onde as alusões ao tema são flagrantes. Começando por se apresentar no hemiciclo como "(...) o Homem da Patria, cujos direitos, cujas Liberdades, foros e isempções venho advogar e sustentar; posso então fallar, e o podemos todos, com plena Liberdade. Temos por garantia o direito, a opinião e a força (...)"[5182]. O congressista justifica a sua afirmação, invocando o Direito, "porque todas as Nações o tem para revêr e alterar as suas Leys Fundamentaes, quando ellas concorrem para a sua desgraça, e não se ajustam já com o seu estado politico actual (...). No Seculo 12 nossos maiores, reunidos em *Cortes na Cidade de Lamego*, aboliram a sua forma de Governo: estabelecerão outra que mais util era para as suas novas circunstancias e fundarão então Leys de Nobreza, e de Justiça. O mesmo direito temos nós: perdemos acaso a faculdade de sentir, de pensar, e de desejar a nossa felicidade? (...) Se elles vivessem hoje, farião o mesmo como fazemos." Eis aqui um discurso que qualquer consensualista saído da Restauração certamente não desmereceria[5183].

Em consequência, apresentava o seu projecto de decreto de legitimação dos citados eventos de 1820, por serem "necessarios para a salvação do reyno, e por tanto justos e legaes", a que se associava a designação dos seus promotores de "Benemeritos da Patria"[5184]. A Revolução pretendia legitimar-se a si mesma, independentemente disso implicar rupturas com o Direito Natural e das Gentes, partindo de pressupostos muito aproximados aos utilizados pelos teóricos do Individualismo. Com isto se consagrava, sob forma definitiva, a adesão ao sistema francês e o afastamento oficial do inglês, a assunção dos direitos abstractos e o repúdio pela feição histórica, a ponderação dos

---

[5182] Se tem por garantia o Direito será matéria a aferir; se é por meio da "opinião", sem dúvida que ela é muito forte nas principais cidades do território, sendo discutível que a mesma "opinião" seja idêntica nas zonas mais obscuras do território; se, finalmente, tem a força, é evidente que a tem nesta fase, patrocinada pelo Exército, base fundante da Revolução de 1820. O que importa é tomar a devida conta de cada uma destas três linhas de força a partir de agora, para tentar perceber em que medida será ou não possível legitimar os sucessos de 1820 e a subsequente reunião de Cortes, nos moldes em que elas se realizam.

[5183] D. C., I, págs. 5 e 6. Mais a mais aditando-lhe duas observações complementares promotoras para eles, consensualistas, da Liberdade dos povos, e para os liberais da Liberdade política: "A Constituição não limita o Poder Real senão nas mesmas coisas que a Justiça, a Religião e a Moral o mandão limitar. (...) Tudo pois nos afiança o livre exercicio dos direitos de que nos puzerão de posse os memoraveis acontecimentos de 24 de Agosto, e de 15 de Setembro do anno passado", como acontecera no dia 1º de Dezembro de 1640.

[5184] D. C., I, pág. 6. A 20 de Março reforça a sua pretensão mantendo os argumentos antes expandidos conforme pág. 300.

direitos individuais como direitos políticos dos homens e não a reflexão dos direitos de cada homem a construir-se e ultrapassar-se continuamente[5185].

Nomeada a Junta Provisória Preparatória das Cortes[5186], instituída em Alcobaça, em 27 Setembro de 1820[5187], no mesmo dia foram designados os membros da Junta Provisional do Governo Supremo do Reino[5188], enquanto instituição constituída para governar em nome do Rei, manter intacta a religião Católica-Apostólica-Romana, eleger Cortes Constituintes e nela formar uma Constituição adequada à religião do Reino, aos seus usos e costumes na actualidade convenientes[5189].

Por portaria de 6 de Outubro seguinte, a que se aditaram vários avisos para as entidades competentes, determinou-se não só consultar as corporações científicas e os homens conhecidos pela sua profissão literária, como acolher todos os trabalhos que fossem dirigidos pelas pessoas "a quem a sua modéstia impede de figurarem com

---

[5185] No mesmo *Manifesto de 15 de Dezembro ao Soberanos e Povos da Europa*, são reafirmadas algumas ideias que, não passam de manifestação de intenções no calor da revolução, não encontrando demonstração prática nas estipulações do Congresso Constituinte. Mesmo os seus subscritores a breve trecho terão esquecido que chancelaram tais propósitos.

[5186] *DHCGNP*, I, págs. 57 e 58, aí sendo mencionados os nomes dos participantes na referida Junta, a saber: Conde de Sampaio, Conde de Resende, Barão de Molelos, coronel Sebastião Drago Valente de Brito Cabreira, coronel Bernardo Correia de Castro e Sepúlveda, o deão da Sé do Porto, Luís Pedro Andrade e Brederode, Manuel Vicente Teixeira de Carvalho, Pedro Leite Pereira de Mello, Joaquim Pedro Gomes de Oliveira, Francisco de Sousa Cirne de Madureira, João da Cunha Sotto Maior, Francisco de Lemos Bettencourt, Luís Monteiro, Filipe Ferreira de Araújo e Castro, José Maria Xavier de Barros Lima, José Manuel Ferreira de Sousa e Castro, José Nunes da Silveira, Francisco Gomes da Silva, Bento Pereira do Carmo, José da Silva Carvalho, José Ferreira Borges. Posteriormente, foram nomeados Joaquim Annes Pereira de Carvalho, José Francisco Fernandes Correia e Manuel Cristóvão de Figueiredo Mascarenhas. Veja-se Adrien Balbi, págs. 31 e 32, onde são mencionados quer civis quer militares que estiveram na base da Revolução de 1810, bem como os membros do Governo Supremo do Reino. *O Correio Braziliense ou Armazém Litterario*, XXV, 1820, nº 149, págs. 400 e ss., menciona também a composição desta Junta bem como da sua congénere e Preparatória das Cortes.

[5187] *DHCGNP*, I, págs. 57 e 58. Veja-se a "Proclamação do Governo Interino de Lisboa", de 17 do mesmo mês em António Delgado da Silva, *Collecção da Legislação Portugueza*, 1791-1820 (Suplemento), págs. 657 e 658, em tudo semelhante às emitidas então no Porto e na capital.

[5188] *DHCGNP*, I, págs. 57 e 58. Compunham a Junta António da Silveira Pinto da Fonseca, como presidente, vogais pelo clero o deão Luís Pedro de Andrade e Brederode, pela nobreza, Pedro Leite Pereira de Mello e Francisco de Sousa Cirne de Madureira; pela magistratura, o desembargador Manuel Fernandes Thomaz; pela universidade o Dr. Fr. Francisco de S. Luís; pela Província do Minho o desembargador João da Cunha Sotto Maior e José Maria Xavier de Araújo; pela província da Beira, José de Mello e Castro de Abreu e Roque Ribeiro de Abranches Castello Branco; pela província de Trás-os-Montes, José Joaquim Ferreira de Moura e José Manuel Ferreira de Sousa e Castro; pelo comércio, Francisco José de Barros Lima; secretários, com voto, José Ferreira Borges, José da Silva Carvalho e Francisco Gomes da Silva. Sobre as actividades de Silveira durante as Invasões Francesas enquanto chefe militar, veja-se o excelente artigo inserto n*ão Correio Braziliense ou Armazém Litterario*, III, 1809, nº 15, págs. 109 e ss. No que respeita ao grau de adesão à maçonaria de algumas destas personalidades, veja-se A. H. de Oliveira Marques, *História da Maçonaria em Portugal (das Origens ao Triunfo)*, II, pág. 14, que informa: "Dos seus quinze membros, nove pelo menos (...) pertenciam à maçonaria, nomeadamente os três secretários, verdadeiras cabeças do movimento: Francisco de Sousa Cirne Madureira, frei Francisco de S. Luís, João da Cunha Souto Mayor, José Maria Xavier de Araújo, José de Melo e Castro e Abreu, José Joaquim Ferreira de Moura, José Ferreira Borges, José da Silva Carvalho e Francisco Gomes da Silva".

[5189] *O Campeão Portuguez ou o Amigo do Rei e do Povo*, III, Novembro de 1820, págs. 299 e ss.

ostentação científica"⁵¹⁹⁰. Este acto da Junta Preparatória perfeitamente desnecessário pois, como já se percebeu, na mente dos revolucionários estaria presente tudo menos a convocação de uma Assembleia magna por Ordens, ainda que fosse essa a tradição portuguesa constante das antigas Leis Fundamentais. Mas ia na linha da "moderação" e de a todos querer ouvir e constituía uma defesa para eventuais acusações de sectarismo aos membros do Governo revolucionário.

Diz-se no *Manifesto de 24 de Agosto*, subscrito pelos membros da Junta Provisional do Governo Supremo do Reino: "(...) Nenhuma lei ou instituição humana é feita para durar sempre, e o exemplo dos nossos vizinhos bastaria para nos sossegar. O mundo conhece bem que a nossa deliberação não foi um efeito de raiva pessoal nem desafeição à casa augusta de Bragança; pelo contrário, nós vamos estreitar mais os laços de amor, de respeito e de vassalagem, com que nos achamos felizmente ligados à Dinastia do imortal D. João IV (...)."

E, pouco depois, "A mudança que fazemos não ataca as partes estáveis da monarquia; a religião santa de nossos pais ganhará mais brilhante esplendor; e a melhora dos costumes, fruto também de uma iluminada instrução pública, até hoje, por desgraça, abandonada, fará a nossa felicidade e a das idades futuras. As leis do reino, observadas religiosamente, segurarão a Propriedade individual, e a Nação sustentará a cada um no gozo pacífico dos seus direitos, porque ela não quer destruir, quer conservar. As mesmas ordens, os mesmos lugares, os mesmos ofícios, o sacerdócio, a magistratura, todos serão respeitados no livre exercício da Autoridade que se acha depositada nas suas mãos. Ninguém será incomodado por suas opiniões ou conduta passada, e as mais bem combinadas medidas se têm tomado para evitar os tumultos e a satisfação de ódios ou vinganças particulares."

Com isto mais não se pretende do que afirmar que deixa de haver o célebre dualismo destruidor dos direitos do homem e da sociedade, tal como o entendiam os teóricos do Vintismo, mas se transita para uma situação em que sob a Constituição tanto cidadãos como Rei se encontram numa identidade de objectivos. Os direitos do Rei e os direitos do Corpo Político são demarcados no mesmo passo, no respeito mútuo mas não na subalternização institucional. A Nação é soberana e o Rei o seu mais digno magistrado.

Como em todos os casos de ruptura, as contradições entre os revolucionários bem cedo vinham ao de cima⁵¹⁹¹. Talvez tenha sido o período em que alguns dos mais

---

⁵¹⁹⁰ DHCGNP, I, pág. 76. Em 6 de Outubro, a Junta Provisional Preparatória das Cortes publicou uma portaria solicitando de academias, homens doutos e prudentes, quaisquer alvitres, lembranças ou conselhos que a pudessem guiar ou apoiar no seu "desejo de acertar", base fundamental do seu trabalho. Veja-se Paulo Merêa, *O Poder Real e as Cortes*, págs. 64 e ss., António Pedro Ribeiro dos Santos, *A Imagem do Poder no Constitucionalismo Português*, Lisboa, Instituto Superior de Ciências Sociais e Políticas, 1990, pág. 122.

⁵¹⁹¹ Não se pode incluir a revolução portuguesa entre os movimentos europeus, em que a força ascendente de burguesias que tinham alcançado o Poder económico chamou também a si o Poder político. Em Portugal não existia essa burguesia, como se verá noutro ponto. Eram os letrados e alguns poucos militares, que tinham escapado à purga da *Martinhada*, que formavam o grosso dos deputados nas Cortes, sem contar com membros do clero e alguns, poucos, nobres mais receptivos a mudanças políticas. Recordando a Revolução Francesa, não se pode comparar o incomparável e se se defende que esta foi uma revolução popular, mesmo que programada pelo trabalho dos pensadores do Liberalismo gaulês, isso em nada se assemelha com a de 1820. De popular, nem o mínimo toque; promovida por uma camada alargada de descontentes de diversos ramos da sociedade intra e extra muros nacionais, certamente.

acessos homens do Congresso Vintista se assumiram com moderação superior à que depois se assistirá. O comportamento de Manuel Fernandes Thomaz e de Ferreira de Moura são exemplares neste domínio.

Era assim bem mais escasso do que se supõe a uniformidade de critérios pelos quais a revolução deveria prosseguir, na senda da elaboração de uma Constituição. O episódio da *Martinhada* foi o primeiro e mais significativo escolho num processo que se revelará eivado de atalhos e em que, no geral, apenas o poder persuasivo de alguns nomes grados ultrapassou os sobressaltos de percurso[5192].

No fundo não passou de um pretexto, mas um pretexto decisivo. Foi pela *Martinhada* que em Portugal se optou por um sistema quando bem se podia ter optado por outro; quando se decidiu que o caminho era pela via francesa e espanhola e que nunca a inglesa. Mantinha-se o pressuposto do "revolucionário" e nunca do "moderado", pondo-se de parte, inclusivamente, alguns Projectos de Constituição mais flexíveis.

Retomando aqui um ponto deixado em suspenso na abertura deste parágrafo, assume-se como boa a afirmação segundo a qual os acontecimentos de 11 e 18 de Novembro põem de parte um sistema liberal conservador ao jeito inglês, que muitos dos mais respeitáveis liberais portugueses, partilhavam. O texto da proclamação da Junta Provisional do Governo Supremo do Reino aos habitantes de Lisboa, de 18 de Novembro, é o exemplo acabado do que se afirma[5193].

Mas porquê a *Martinhada*? Simplesmente porque se considerou que as "Instruções" anexas ao *Manifesto de 31 de Outubro*[5194] eram desadequadas, uma vez que não se acedeu ao requerimento feito pelo Juiz do Povo de Lisboa[5195], em conjunto com o Exército[5196] para que se promovessem "umas Cortes tão liberalmente escolhidas como as de Espanha e uma Constituição não menos liberal que a de Cádiz"[5197].

[5192] A *Martinhada* é uma espécie de espelho do Vintismo português. Todos ou quase todos pretendiam a mudança, mas uns mais rápida e apressadamente que outros; uns defendiam a moderação das atitudes, outros o rasgar definitivo das barreiras do passado. Todos pretendiam o melhor, mas nem sempre o "melhor" significa a destruição total – como defendem os milenaristas – para reconstruir depois de novo e sem os vícios do passado. E é o triunfo desejado dos civis sobre os militares. Veja-se documentação a propósito da *Martinhada* n'*O Campeão Portuguez ou o Amigo do Rei e do Povo*, III, Dezembro de 1820, págs. 333 e ss. e a perspectiva crítica d'*O Portuguez*, XI, nº 65, págs. 391 e ss.

[5193] *O Campeão Portuguez ou o Amigo do Rei e do Povo*, III, Dezembro de 1820, págs. 342-344.

[5194] *O Portuguez*, XI, nº 65, págs. 356 e ss.: "Lisboa, 9 de Novembro. Para os Magistrados Presidentes das Eleições"; "Decreto de 31 de Outubro de 1820 e Instruções Anexas."

[5195] *Ibidem*, XI, nº 65, págs. 370 e ss. Por força disto mesmo, Veríssimo Jose Veiga, escrivão do Povo de Lisboa, certificou a existência de que se requeriam as eleições nos termos preconizados "pela digna Constituição espanhola".

[5196] *DHCGNP*, I, págs. 78-80: Requerimento subscrito pela casa dos Vinte e Quatro para que "os membros a representarem em Cortes fossem escolhidos indistintamente da massa geral da Nação portuguesa, seguindo-se para obter este fim a mesma forma designada na digna Constituição espanhola"; Representação dos corpos militares da guarnição de Lisboa para que "unidos no voto geral da Nação, respeitosamente pedem á mesma sábia junta, pelo órgão dos oficiais abaixo assinados, que tome o voto expressado na representação do Povo como o seu próprio."

[5197] *Diario Lisbonense*, nº 26, 3 de Fevereiro de 1810, alude a uma notícia de Badajoz, datada de 27 de Janeiro, onde a propósito das ditas Instruções para a eleição dos deputados às Cortes de Cádiz, se escreve: "Porem, como na eleição dos meios está o bom, ou máo fim da Obra, em vossas mãos pois já estão estes. Já fosteis convocados para o proximo Domingo, para depois de invocar a assistencia do Divino Espirito Santo, para vos fazerdes dignos da sua protecção, proceder á eleição dos depositarios dos fins da Obra a que aspiramos. Neste eleição, ou melhor dizendo em vossas mãos mesmas está o deposito sagrado e o destino da nossa Patria, em vossas mãos está a nossa

O que causa mais estranheza é o facto de estas "Instruções" pela singeleza do texto nada disto fizesse esperar[5198]. Nomeadamente, por aplicar o princípio da universalidade de voto, não seria de esperar a contestação que se lhe seguiu.

Como quer que seja e depois de uma série de peripécias de conhecimento geral[5199], foi adoptada uma Constituição moldada sobre a de Cádiz e uma Lei Eleitoral também semelhante à espanhola[5200] e onde a representação das colónias estava assegurada como a maioria dos liberais pretendiam[5201]. Essa importância da Constituição espanhola no Vintismo português está relacionada com projectos de unidade ibérica: a mesma Lei Eleitoral vigente em dois territórios limítrofes era um passo importante no processo da unificação que alguns defenderiam. Juntos, Povo e Exército, acabaram por obter os seus propósitos[5202].

Em nome de uma Liberdade que mal saberiam manusear[5203], em nome de princípios de que a esmagadora maioria da população, na sua tradicional falta de cultura teria

---

Liberdade, ou a nossa escravidão, o restabelecimento, e reforma da disciplina Ecclesiastica, ou a sua total destruição e ruina: podemos dizer que em vossas mãos está a nossa vida ou a nossa morte. Fazei por que a vossa eleição seja tal, que encha os nossos ardentes votos." Os mesmos fins assistiriam ao caso português ainda que em contexto diverso e o facto das duas facções em confronto se reclamarem da defesa dos mesmos pressupostos, postos em prática sob formas diversas, apenas permite reafirmar o que já se disse: a *Martinhada* foi um pretexto.

[5198] *O Portuguez*, XI, nº 65, pág. 379, atribuiu a autoria do texto – de resto e na opinião do redactor muito mal escrito – a Joaquim Anes Pereira de Carvalho.

[5199] *DHCGNP*, I, págs. 96 e ss.

[5200] *DHCGNP*, I, pág. 79. Não foi preciso mais para que a Junta Provisional do Governo Supremo do Reino, decidisse a convocação das Cortes seguindo o sistema espanhol, mas com adaptações, problema que se tornará de uma complexidade dificilmente imaginável. Em *Manifesto de 31 de Outubro* mostra à evidência as deficiências para a actual fase do processo político português a convocação das Cortes seguindo o método tradicional. Distribuídas por corpos separados, advogando cada qual os seus interesses particulares, quase sempre díspares, parece ser quase impossível levarem a bom termo a elaboração de uma Constituição que propugnasse os valores da Liberdade e da justa repartição de privilégios e obrigações. *Ibidem*, I, págs. 108 e ss; *O Portuguez*, XI, nº 65, págs. 372 e ss.

[5201] *O Portuguez*, XI, nº 63, pág. 262.

[5202] *DHCGNP*, I, págs. 96-98. Em 11 de Novembro, os militares voltam a fazer uma concentração no Rossio, proclamando a imposição das Bases da *Constituição de Cádiz* e a nomeação de elementos mais radicais, que defendessem a causa, de acordo com o Exército e depondo outros membros. Nesta manifestação juntaram-se sob o comando de Gaspar Teixeira, Bernardo de Sá Nogueira e Teles Gorjão. O Governo cedeu e jurou a sua cedência, prometendo reformar as Instruções eleitorais, segundo os moldes que lhe eram impostos, cedendo também na reformulação do governo. O Exército, conjugado com os representantes do Povo da cidade de Lisboa, obriga a Junta Preparatória das Cortes e a Junta Provisional do Governo Supremo do Reino a recuar, impondo-lhes uma blague, ao menos na perspectiva de Manuel Fernandes Thomaz, que de imediato reagiu demitindo-se do seu cargo, em boa harmonia com Frei Francisco de S. Luís e Ferreira de Moura.

[5203] Prova do que se diz foi o procedimento contraditório que de imediato se seguiu por parte dos autores da *Martinhada*. Primeiro, ficaram esfuziantes com a sua pequena proeza, como bem se prova dos *DHCGNP*, I, págs. 104 e 105, na "Proclamação do Exército aos Portugueses", assinada pelo intendente geral da polícia, Filipe Ferreira de Araújo e Castro, onde logo de início se pode ler: "O genio do mal, cioso da nossa gloria, pretendeu eclipsal-a no dia 11 de corrente. Já em pequeno número inimigos da pátria exultavam com uma alegria maligna, e, lisonjeando-se de desunir o Exército, esperavam abysmar-se nos horrores da anarchia. Insensatos! Os seus perversos designios foram confundidos e dissipados como o fumo, e o dia 17 viu renascer com um novo esplendor as esperanças da pátria." Contudo, este procedimento trouxe dissabores aos militares revolucionados, na medida em que logo houve demissões no governo. Parecendo que tinham triunfado, Silveira e

mais por lesivos que por gratos, ribombando ainda os canhões do jacobinismo e uma *Constituição de Cádiz* que acabava por ser o mero repositório de princípios importados do estrangeiro, em Portugal quis-se fazer o mesmo[5204].

Certamente que esse seria o melhor processo se os portugueses estivessem preparados para tal circunstancialismo; mas que sabia disso o Povo e o Exército? Apenas o que lhe ia chegando extramuros, muito pouco na verdade, para acentuar a maioridade histórica de um país que se governava pelo amor à religião, pela veneração ao Rei, pelo encómio dos antepassados e porque através das propostas inovações, mais não queria que um regresso ao passado mediante regras do presente.

Na verdade, nada disto foi, à época, suficientemente explicado. A situação fica pouco clara e, provavelmente, mais não terá representado que uma primeira zanga entre liberais, na verdade "mais ou menos liberais" segundo os moldes da tradição liberal espanhola ou entre duas facções, que bem cedo se delinearam na sociedade política emergente da Revolução de 1820. A *Martinhada* foi um pretexto, já se disse; só que foi um pretexto bem aproveitado, partindo de um pressuposto perfeitamente dúbio de inabilidade das anteriores "Instruções", para sedimentar o radicalismo em presença dos moderados.

As "Instruções" eleitorais tiveram de ser reformuladas para obedecer ao compromisso assumido na *Martinhada* e adoptar-se ao sistema de eleição em três graus. Para se ser deputado das Cortes "é preciso ser cidadão e estar no exercício dos seus direitos, ser maior de vinte e cinco anos, ser nascido na província ou ser nela domiciliado com residência de 7 anos".

A lei foi publicada em 22 de Novembro, marcando os três respectivos actos eleitorais para os dias 10, 17 e 24 de Dezembro[5205]. E, seguindo a *Constituição de Cádiz*, o Povo elegia os comissários, os quais elegiam os eleitores de comarca, que, por último,

---

os seus camaradas estavam à beira do precipício, porque não tinham apoio no Povo e começavam a rareá-lo no próprio Exército. Lisboa mesma já se interrogava o título de representação que tinha dado ao Juiz do Povo. Como as proclamações enviadas aos portugueses não aclamavam os ânimos exaltados dos populares, vieram a 17 enviar uma proposta ao Governo em nome do conselho militar e da opinião pública: para a reentrada no Governo dos membros demissionários, para a eleição se fazer segundo o sistema espanhol, para que a Constituição ficasse dependente do Congresso, mas não sendo menos liberal que a espanhola. No dia 18 os demissionários compareceram porque disso "estava dependendo a tranquilidade da pátria". Veja-se *O Campeão Portuguez ou o Amigo do Rei e do Povo*, III, Dezembro de 1820, págs. 338-342.

[5204] *O Portuguez*, XI, nº 65, págs. 378 e ss.: "Agora, ainda ficamos mais admirando a Introducção, com que o illustre Arguelles prefaciou o plano da Constituição Hespanhola, na qual Introducção correm parelhas, clareza e sublimidade, systema de ordem e estilo vario, abundancia de materia e sobriedade de execução, atilada Philosophia e Razão commum. E tambem nos da inveja a famosa proclamação, que ao entrar para o Directorio Francez escreveu e publicou o Abbade Seyés, por onde mereceu os louvores de Mallet du Pan, que foi o melhor escriptor realista d'esse tempo. Fallamos d'esse Seyés, por elle ser o successor de Condorcet no thesouro do systema analytico, e estudo de sciencias metaphisicas, e assi mesmo ser capaz de escrever uma Obra politica, como essa proclamação, que o hé de primor." O citado discurso vem integralmente publicado n'*O Correio Braziliense ou Armazém Litterario*, VII, 1811, nº 541, págs. 474 e ss.

[5205] *DHCGNP*, I, págs. 108-116. Estas Instruções datam de 22 de Novembro de 1820 e vêm reformular as anteriores de 31 de Outubro, que tinham sido amplamente contestadas, agora segue-se a Lei Eleitoral espanhola com as necessárias adaptações, as anteriores instruções tinham sido acusadas de pouco liberais e de algum modo pactuantes com interesses já estabelecidos e muito "ligados ao passado." Veja-se António Delgado da Silva, *Collecção da Legislação Portugueza*, 1791-1820 (Suplemento), págs. 665-683.

elegiam os deputados às Cortes, na sua respectiva província. O último trimestre de 1820, em consequência do que se tem visto, foi muito agitado, tal como o seu processo eleitoral[5206], mas regulada definitivamente a forma das eleições[5207] e restabelecida a ordem pública, pode enfim o Governo cuidar de outros assuntos[5208].

As eleições para as Cortes Constituintes deram-se em Dezembro de 1820, tendo sido eleita uma maioria de comerciantes, proprietários e burocratas, nestes se incluindo um grande número de antigos universitários. Mas também inúmeros eclesiásticos, alguns membros da baixa nobreza, apresentando um quadro bastante representativo da sociedade portuguesa dita "ilustrada". Todos eram homens da Liberdade e não a questionavam; o seu posicionamento, contudo, foi sem dúvida bastante diverso.

Mas é bem certo que o fenómeno social e político das eleições legislativas surge com o Liberalismo. Com a sua implantação em cada país, e também a Portugal, aportam as eleições para o Parlamento e para os municípios, o que hoje se designa por Poder local. A eleição dos órgãos supremos do Estado foi considerada elemento essencial do pensamento liberal, visto ser entendida como o único meio de delegação, pelo Povo, do exercício do Poder político nos seus representantes.

O perigo do jacobinismo, real e por todos temido, era uma hipótese, mas demonstram as fontes que com algum esforço se evitou a sua introdução. Terá existido, quanto a nós, uma espécie de compromisso, nunca escrito, entre o jacobinismo envergonhado de certos deputados do Soberano Congresso nacional e o pendor reflexivo de boa parte dos intervenientes nessas Cortes. E a sociedade portuguesa acabou por reflectir esta mesma atitude[5209].

Recorde-se o já citado *Manifesto da Nação Portuguesa aos Soberanos e Povos da Europa*[5210], em que justifica os motivos que levaram à dita "regeneração portuguesa".

"Regeneradores da Pátria", assim os intitulava a Nação, reconhecimento antecipado pela generosidade augusta da sua fé, tão longamente acrisolada. As razões são de

---

[5206] *DHCGNP*, I, págs. 117 e 118. Seguindo esta lógica, o senado de Lisboa tinha emitido uma peça primorosa em edital aos habitantes de Lisboa, em 9 de Dezembro, incentivando-os a votar, e em que afirma "(...) principiam a ter efeito os nossos esforços pela Liberdade nacional, entrando na posse e uso dos nossos direitos individuais (...)". Tal votação tanto interessa o pobre como ao rico, ao camponês como ao lavrador, porque "entramos todos na posse de nomearmos nós mesmos os nossos representantes". O apelo ao voto é constante e a explicação da sua utilidade ao longo deste edital.

[5207] Estava em causa um método saído do processo que conduzira ao ajuntamento de Cádiz. No que respeita às eleições espanholas para as Cortes que se iniciariam em Julho de 1820, veja-se *O Campeão Portuguez ou o Amigo do Rei e do Povo*, II, Abril 1820, pág. 292.

[5208] Restabelece-se a ordem pública e em 26 de Janeiro de 1821 instala-se o primeiro Parlamento liberal em Portugal. A única forma de consolidar este processo era através de uma Constituição liberal em Portugal, tarefa essa que coube às Cortes Constituintes. A Junta Provisional dedicou-se, a partir da *Martinhada*, quase exclusivamente, à tarefa de reunião das Cortes Constituintes. Só as Cortes tinham o direito de legislar. Regulada definitivamente a forma das eleições e restabelecida a ordem pública, pode enfim o Governo cuidar de outros assuntos. As primeiras eleições em Portugal deram-se em Dezembro de 1820 e as segundas em Outubro de 1822. As eleições para as Cortes Constituintes deram-se em Dezembro de 1820 tendo saído eleita delas uma maioria burguesa de comerciantes, proprietários e burocratas.

[5209] *DHCGNP*, I, págs. 96 e 106.

[5210] *DHCGNP*, I, págs. 118-125; José Ferreira Borges de Castro, *Collecção de Tratados, Convenções, Contratos e Actos Públicos celebrados entre a Coroa de Portugal e as mais Potencias, desde 1640 até ao presente*, V, págs. 456 e ss; *O Campeão Portuguez ou o Amigo do Rei e do Povo*, III, Fevereiro de 1821, págs. 466 e ss.

conhecimento geral[5211] – saída da Corte para o Brasil, Portugal como colónia da sua colónia, o comércio de rastos, a dominação interna pela força inimiga, que se julgava invencível. A ruína da sua população, a emigração forçada ou voluntária, a decadência do comércio e da indústria pela ilimitada franqueza concedida aos barcos estrangeiros nos portos do Brasil, a agricultura, *base fundamental da riqueza e força das Nações*, em completa decadência propiciando a fome e a miséria pública, a sensível diminuição das rendas públicas, causada pelas razões anteriores e outras[5212].

Mas os portugueses não ignoravam os seus direitos e a tendência geral da opinião dirigia-se *pelas Luzes do século*[5213], manifestada nos Povos mais civilizados da Europa e que eles já tinham bem conhecido; amavam o Rei e esperavam tudo dele, mas a certa altura não puderam deixar de agir.

Portugal encontrava-se numa situação triste e penosa em todos os ramos da sua administração, nos seis anos decorridos desde a Paz Geral da Europa até 1820. E isto é certamente do conhecimento de todos os países europeus e seus Povos. A ideia do estado de colónia a que se encontrava reduzido Portugal afligia sobremaneira todos os cidadãos, que ainda prezavam o sentimento de dignidade nacional. A distância do Brasil avolumava despesas e delongas e mais enfastiava a paciência dos cidadãos. Todos reconheciam a dificuldade de por em marcha regular os negócios públicos e particulares de uma monarquia, achando-se a tamanha distância o centro dos seus

---

[5211] Telmo dos Santos Verdelho, *As Palavras e as Ideias na Revolução Liberal de 1820*, Coimbra, INIC, 1981, págs. 287 e ss. O Autor esclarece que a Regeneração foi o verdadeiro nome da Revolução Vintista, que os contra-revolucionários combatem implacavelmente. Há duas posições possíveis: enquanto acontecimento político-social, accionado pelos novos valores filosóficos, pela Luzes, pela Razão, como acto de progresso moral e de independência ou, então, como revolução libertária, ateia, maçónica, sendo promovida pelo ignorante, pelo ateu e anti-cristão, traidor e materialista. É neste sentido que a compreendem os defensores do Antigo Regime, enquanto antítese da revolução social.

[5212] Adrien Balbi, "Discours Préliminaire", I, págs. XVII e ss., tem uma posição completamente diversa, que procura justificar ao longo de todo o seu escrito. Considera, nomeadamente, que seria um exagero formular uma opinião sobre Portugal enquanto Nação atrasada e paupérrima no concerto europeu. Assim, "Pour tout réponse à ces injustes accusations, nous prions nos lecteurs de vouloir bien lire les chapitres qui traitent du commerce, de l'industrie, de l'agriculture, du clergé, du militaire, et ceux de la géographie littéraire et du Coup-d'oeil, où ils trouveront ressemblés en peu de pages une série de faits aussi exacts que nouveaux, qui démontreront d'une manière victorieuse que ces accusations, dont quelques-unes pouvaient être justes il y a trente à quarante ans, ne sont plus que de misérables calomnies à l'époque actuelle." Depois disto enuncia uma série de exemplos de Autores estrangeiros que são de parecer idêntico ao seu, o que nos faz pensar que o grau de unanimidade que se costuma apresentar em termos de atraso estruturante português propiciador da Revolução de 1820, não era tão efectivo quanto se pensa. E, para que não se pense da sua ingratidão perante as medidas encetadas pelo Congresso Vintista, aponta o seu espírito reformador em variados pontos e faz alusão directa ao *Manifesto*, considerando-o – e nisso não vendo qualquer contradição com o que antes havia afirmado a respeito do estado da Nação portuguesa – como "(...) pinche officielle, écrite avec eloquence et modération (...)", apontando os motivos que encontrava para "l'état où se trouverait le Portugal, et les causes qui ont amené le changement de gouvernement."

[5213] Referência directa e imediata não apenas ao séc. XIX, em que se produzia o escrito, mas sobretudo ao séc. XVIII, promotor do Individualismo e dos grandes fenómenos de rejuvenescimento cultural e político. Remete-se para os capítulos anteriores em que estas matérias ficaram devidamente tratadas, assim como para os alertas então feitos que apesar das dificuldades que se existiam em Portugal para conseguir obter conhecimento desses fenómenos, os mesmos não deixavam de aqui aportar.

movimentos, que também eram retidos pela malignidade dos homens, pela violência das paixões de força dos elementos. A torpe venalidade tinha corrompido tudo.

A sua população, depois de esgotada pela guerra, viu boa parte dos seus homens irem guerrear para o Brasil. O comércio, em vez da protecção solícita, não obteve senão rara e mesquinhas providências, que o complicavam e empobreciam cada vez mais, transportando as suas maiores vantagens para as mãos dos estrangeiros. A indústria não foi mais favorecida, nem era de esperar que a sua sorte fosse mais feliz. As suas fábricas e manufacturas foram quase todas destruídas e quase todas aniquiladas, procedendo-se à importação massiva de bens e, reduzindo à miséria, os seus trabalhadores. A agricultura, no meio deste desleixo, não lhe pode fugir, nem era normal que sofresse desvelo por ser reconhecidamente a base da riqueza das Nações. A produção agrícola vasta, em Portugal, foi inutilizada pelos erros dos homens.

Sendo tal o estado em que se achavam as principais fontes de prosperidade e riqueza nacional, fácil é conjecturar o estado do tesouro e crédito público. Mas as despesas sumptuárias da corte e dos magnates mantinha-se, sem qualquer controle e a especulação aumentava. E toda a gente tinha salários em atraso, enquanto alguns se abalançavam na venalidade e na corrupção. "A ambição, a avareza, o egoísmo insensato haviam substituído o amor da ordem pública e o amor da pátria, virtudes noutro tempo tão familiares ao Povo português (...). Todos os vínculos sociais se achavam relaxados, todos os interesses em contradição, todas as opiniões em discórdia (...)"[5214]. "O único sentimento comum a todos os portugueses era a sua profunda desgraça. Por isso se rebelou em nome da sua Liberdade nacional e da felicidade de todos[5215]. Por isso o Povo português apela para o sentimento íntimo de todos os seus concidadãos, dos homens ilustrados de todos os países, dos Povos da Europa e dos Augustos monarcas que os regem."

[5214] A que se acrescenta a aleivosia da França e o exercício diuturno da amizade e da aliança inglesa, trouxeram a depressão moral dos nossos costumes sociais e políticos e a exibição da caracteres degenerados, que envergonhariam a pátria se a pátria os aplaudisse ou lhes perdoasse das dominações francesa e inglesa, especialmente desta última, mais longa e mais calamitosa, que determinou a Revolução de 1820. Esta ideia acha-se já na carta que o Governo enviou ao Rei em 6 de Outubro, reproduzida nos *DHCGNP*, I, págs. 72-74 e em António Delgado da Silva, *Collecção da Legislação Portugueza*, 1791-1820 (Suplemento), págs. 659-664. Diga-se que o seu traço caracterizador para a vertente temática se assinala como: "(...) sendo esta ditosa correspondencia entre os Reis e os Povos o mais certo e seguro penhor da publica felicidade, parecia muito de esperar que esta grande Nação, aliás tão favorecida da natureza, *e em outro tempo tão fecunda em grandes homens e em grandes feitos, quando não conservasse o lugar eminente que tinha adquirido entre as outras Nações da Europa, e do qual o despeitoso ciume e ambição estrangeira conseguiram derribal-o, ao menos nunca chegaria a escurecer de todos a sua passada gloria e a reduzir-se ao estado de aniquilação politica e de misericordia interior que ao presente se notava e sentia entre nós*, com tanta mágua dos corações verdadeiramente portuguezes, como admiração e espanto dos estrangeiros."

[5215] Por esta Liberdade nacional batalharam americanos e franceses e é uma luta apenas definitivamente ganha, de há séculos em Inglaterra. Por esta Liberdade batalharam os emigrados portugueses no estrangeiro sobretudo na sua imprensa periódica e os eméritos diplomatas portugueses a exercerem funções no estrangeiro, de que apenas se recordam dois nomes já sobejamente conhecidos: Palmela e D. Domingos de Sousa Coutinho. E porque queriam eles a felicidade? Talvez tivessem andado a ler o "honorável" Bentham ou se lembrassem das judiciosas observações de Constant e de Madame de Staël.

Os portugueses, em conjunto, ao proclamarem a necessidade de uma Constituição, de uma Lei Fundamental, que traduzisse os limites do Poder e da obediência, agiram aparentemente de acordo com o passado[5216].

De um modo muito incisivo, o *Manifesto* reflecte as razões que levaram os portugueses a pretender alterar o estado de coisas[5217]. "Não são, como se diz, os falsos princípios do filosofismo absurdo e desorganizador das sociedades; não é o amor de uma Liberdade ilimitada e inconciliável com a verdadeira felicidade do homem que o tem conduzido em seus patrióticos movimentos, é o sentimento profundo da desgraça pública, e o desejo de remediá-lo, é a necessidade inevitável de ser feliz, e o poder que a natureza depositou em suas mãos de empregar os recursos próprios para o conseguir. A natureza fez o homem social para lhe facilitar os meios de prover à sua felicidade, que é o fim comum de todos os seres racionais. As sociedades não podem existir sem governo; a natureza, pois, aconselha a existência desse Governo e autoriza o Poder que ele deve exercitar; mas um Poder subordinado ao fim, um poder limitado pelo seu próprio destino, um Poder que deixa de merecer este nome para tomar o odioso de tirania, logo que exorbitando os seus naturais limites, impede, em lugar de promover, a felicidade dos Povos"[5218].

Conjugando estes propósitos com os dos anteriores *Manifestos* e demais documentação já referenciada, bem se poderá afirmar que o texto constitucional que é a prioridade de toda a Nação, deve ser enquadrada no âmbito da necessária "regeneração" da pátria e da monarquia, com a manifestação da idealidade do apelo histórico que se faz. Assim, "Foram estes os votos de todos os portuguezes, quando proclamaram a necessidade de uma Constituição, de uma Lei Fundamental, que regulasse os limites do Poder e da obediência; que afiançasse para o futuro os direitos e a felicidade do

---

[5216] Juan Bardina, ponto 56, apresenta as sete características emblemáticas das Cortes tradicionais espanholas "y su distintivo de las Cortes infecundas del moderno Parlamentarismo", nas quais funcionava, o sistema da soberania inicial de mediação popular, a eleição por grupos sociais e a convocação dependente da régia vontade. O comentador considera, mesmo, que a existência da democracia na Idade Média em Espanha era uma realidade. Posteriormente, no ponto 81 refere-se à "la muerte de las Cortes, esta gloriosa y sabia institucion de la Edad Media, base de toda Democracia [que] va a morir a manos de los austriacos." Depois de Carlos V, que tratou mal as Cortes mas ainda as reuniu, os seus sucessores nem a tal trabalho se deram, contribuindo para entronizar o despotismo. Após esta fase assistiu-se em Espanha, tal como em Portugal ao desenrolar dos sucessos da Revolução Francesa e à decadência progressiva da Espanha, nomeadamente com o problema da abdicação e a posterior Carta de Bayonne.

[5217] DHCGNP, I, págs. 118-125. Requeria-se, para futuro, que o afiançasse e aos direitos e felicidade do Povo; que restituísse à Nação a sua honra, a sua independência e a sua glória; e que sobre estes fundamentos se mantivesse o Rei e a Casa de Bragança e a pureza e esplendor da religião santa. Os portugueses saberiam a passível calúnia deste esforço generoso, qualificando-o de inovação perigosa, porque em todos os tempos os Povos oprimidos reconheceram o Direito e o empregaram. Se a moderna Filosofia criou o sistema científico do Direito Público das Nações e dos Povos, nem por isso inventou ou criou os direitos sagrados, que a própria mão da natureza gravou com caracteres indeléveis nos corações dos homens e que têm sido mais ou menos desenvolvidos, mas nunca ignorados.

[5218] Recorde-se a defesa que os teóricos do Absolutismo fizeram do Contratualismo, sem nunca terem ultrapassado a circunstância da defesa da monarquia absoluta, quando mesmo "limitada". Por outro lado, os ideais dos homens do Liberalismo europeu, alguns ainda de um pré-liberalismo que acompanhou os prenúncios da Revolução Francesa e outros, posteriormente a ela, a teorizarem os princípios fundantes da Liberdade política. E recorde-nos os contributos que os primeiros deram aos segundos.

Povo; que restituisse á Nação a sua honra, a sua independência e gloria (...)", em íntima associação com a paternal figura "do melhor dos monarcas" e da Casa de Bragança, e zelo reforçado pela "nossa santa religião"[5219].

Ultrapassados os escolhos iniciais e assumido uma espécie de pacto entre as várias correntes do Primeiro Liberalismo português, porque o que estava em causa, para todos, era a criação de uma Constituição que positivasse a defesa da Liberdade individual, transmudada ela mesma em política segundo os ensinamentos de Montesquieu, o Congresso está em condições factuais para iniciar os seus trabalhos. Bem entendido que sem Rei em Portugal e funcionando muitas vezes mais no plano das conjecturas do que poderia vir a acontecer do que, efectivamente se passava.

Finalmente o Rei regressa à Europa em Julho de 1821, com uma comitiva quase tão numerosa como a que o acompanhara treze anos antes ao Brasil. Entre muitos notáveis, alguns dos mais empenhados liberais e que o curso da História iria comprovar serem verdadeiros esteios da Liberdade portuguesa, como sempre incompreendidos, quando não aviltados na sua honra e fazenda.

Quanto a D. João VI, começou por ensaiar uma atitude sermoeira ao melhor estilo de Fernando IV de Nápoles e do seu cunhado e genro Fernando VII de Espanha. Sempre ia esperando e empatando – traço característico do seu carácter desde há largos anos e nas mais diversas circunstâncias – que a solução final portuguesa não acabasse de forma muito diversa da sua congénere espanhola em 1814. Teve alguma razão; caso era que não se voltasse a inverter como lá sucedera no ano anterior e isso já não pode o monarca ver, por ter falecido em 1826.

§ 5º. Síntese da temática do presente capítulo

A Revolução de 1820 consagrou politicamente em Portugal o momento fundador do Liberalismo Oitocentista e, ao mesmo tempo, contribuiu para reformular, como ideias fundamentais desse tempo, o Constitucionalismo e o Nacionalismo. Foi justamente todo um complexo processo político-diplomático que conduziu Portugal à Revolução de 1820 e, portanto, foi ele que determinou a sua entrada no movimento liberal, nacionalista e constitucional comum a uma parcela da Europa dos anos 20 do séc. XIX. Ficou conhecida para a posteridade como a alteração política promovida pelos *regeneradores*; daí a ideia sempre depois defendida de *regeneração*.

Reportando-se à evolução da Ideia de Liberdade, sempre o apelo à História terá se estar presente. Os princípios e os valores em que se funda uma sociedade são uma aquisição histórica, que se formou progressivamente e numa certa fase desse processo pode decidir substitui-los por inteiro, ou mantê-los na renovação. É isso e não qualquer outra discussão, mais ou menos erudita, que separa radicais de moderados, todos liberais e opositores ao Antigo Regime.

O Liberalismo nacional colheu tributos relevantes nos impulsos genésicos do jusnaturalismo e da política francesa e das bases constitucionais do Direito liberal inglês. E, de uma forma muito particular e com laivos algo nacionalistas, de uma ideia de "regeneração" que parte da Constituição histórica portuguesa e procura recuperar as suas tradições. Este o motivo porque se procura neste capítulo estabelecer uma teorização geral das influências doutrinárias e ideológicas estrangeiras e nacionais perante o facto histórico e político da Revolução de 1820 e sua modelação em presença do

---

[5219] *DHCGNP*, I, pág. 123.

dado adquirido genuinamente nacional, num quadro ideal de estudo da História das Ideias e dos Factos, sobretudo políticos.

As instituições pátrias de outros tempos, que num primeiro momento os Vintistas assumiram, implicaram uma ideia estruturante do enlace entre Liberdade e tradição. É o triunfo de um racionalismo que se vêm desentranhando ao longo da presente abordagem, mediante a rejeição e completo desligar da Teologia, o incremento consciente do valor da racionalidade humana e da acção política, a sedimentação convencional e jusnaturalista da Liberdade e da cidadania e a sua inserção num contexto de Liberalismo que constitucionalmente irá conformar o Estado constitucional português.

A presença constante dos conflitos parlamentares entre as duas principais forças do Congresso Vintista, precisam de posterior concretização, quer num quadro de direitos individuais, quer no plano da própria definição do regime. Mediante uma tal preocupação, não apenas se salienta a recorrente diversidade de pontos de vista de um Liberalismo que, por diversos motivos, foi ultrapassado nos seus iniciais e eventuais propósitos "moderados" por uma opção mais radicalizada e de que a *Constituição de 1822* é o espelho fiel.

Em termos concretos, as quezílias urbanamente assimiladas entre as duas alas essenciais da Constituinte são o espelho e a previsão que acompanha a sociedade portuguesa durante o Triénio Constitucional de 1820-1823. Quanto à facção contra-revolucionária, assistia e ia aguardando a sua oportunidade, que os próprios vícios internos do novel sistema promoveram e os Vintistas não souberam ultrapassar. Se não se pode afirmar que a contra-revolução já tivesse assentado arraiais, sem dúvida ela estava latente, todos a sentiam e, de uma forma ou outra, a temiam, seus apaniguados à parte.

A falta de sintonia a que muitas vezes se assiste no Congresso Vintista e depois nas Cortes Ordinárias e Extraordinárias da Nação portuguesa implicaram, não apenas o tempo necessário para a reorganização contra-revolucionária mas, fundamentalmente, que ela tivesse sido possível. Um único exemplo, como ponto de reflexão futura do Estudo: a questão da soberania. Liberalismo e Absolutismo divergem, de facto, neste ponto-chave, que se relaciona tanto com a Liberdade da sociedade como, pela via participativa, com a Liberdade do cidadão.

Gastando tempo infinitas vezes no decurso dos trabalhos com questões menores, não conseguindo agir com a frieza e o calculismo que se impunha na conturbada questão do Brasil e chegando a perigosos extremos em muitas das medidas decretadas, apenas se conseguiu que grande parte dos portugueses em vez de amar e defender a sua Liberdade pós 1820, começasse a reflectir saudosisticamente nas Liberdades/ /benefícios anteriores, ordeiras e permissivas de uma certa paz social.

É difícil entender que os homens do Vintismo apenas "regeneraram" porque os próprios o subscreviam. Nem se pretende fazer-lhes processos de intenções. O que é facto é que a *Constituição de 1822*, na sua fórmula mais acabada, foi do tipo para-republicano; senão, como se justificaria que em 1823 a facção oposta a tenha derrubado? Se "eles" não eram tão revolucionários quanto se dizia e os próprios afirmavam, porque motivo não se reformulou o texto, mas se fez uma contra-revolução de sinal providencialista?

Se fosse uma regeneração política, institucionalizando sob forma adaptada à nova realidade o tradicionalismo português, mediante a opção por uma Constituição histórica que os moderados – e sobretudos os "ingleses" – certamente defenderiam, como justificar que em 1823 essa Constituição tivesse sido declarada nula? Certamente que os tradicionalistas nunca poderiam negar a Constituição histórica nacional e, que se saiba, nunca nenhum deles agiu ou escreveu em contrário.

Os direitos à Liberdade, à Igualdade, à Propriedade, à Segurança, caracterizam a situação do indivíduo na sociedade; são direitos individuais constitucionalizados, porque basta a sua declaração para serem reconhecidos, ficando apenas a faltar a competente protecção constitucional. Mas são igualmente direitos políticos, não apenas por estarem constitucionalizados, mas porque a própria ideia do direito de Liberdade política da sociedade, transposta numa de soberania nacional exercida livremente por meio de representantes eleitos em Liberdade, contém em si mesma o acto fundacional de toda e qualquer manifestação da ideia de Liberdade. O homem existe e é livre dentro de uma sociedade que o enforma e lhe permite a manifestação racional da sua vontade em função do tecido social em que se encontra em concreto, mas que em conjunto com os demais homens, está interessado em preservar.

A forma de a combater é que variava, sem dúvida, e neste plano as diversas interpretações que a Liberdade assumiu são sintomáticas, em qualquer caso, da impreparação que no campo da prática política as doutrinas estrangeiras, mais ou menos bem dominadas e conhecidas, não vieram a provar. Talvez seja admissível dizer que se os radicais eram utópicos, os conservadores ou moderados são pragmáticos. Contudo, uma vez mais, deve levar-se em linha de conta que em presença dos dois últimos núcleos, nem todos os habitualmente catalogados de contra-revolucionários por ideologia o serão por convicção íntima, nem os moderados serão adversários intransponíveis de mudanças mais apressadas que a Escola a que pertenceriam sufragavam.

A separação entre concreto e abstracto, entre temporalidade e jusnaturalismo sempre foi evidência, comprovada de resto nos casos de estreita colaboração como sucedeu em Madison e Condorcet, para recordar dois pensadores de origens e correntes de Pensamento genuinamente distintas.

Capítulo VII
Ideia geral do parlamentarismo português no período em observação – congresso e cortes: a actuação das assembleias representativas

> "Os homens são iguais porque são livres; e são livres porque são iguais: eis aqui um círculo vicioso à primeira vista, mas uma demonstração verdadeira e exacta, para quem a quiser profundar. A natureza que nos doou estes dois preciosos bens, que os ligou intimamente com a nossa essência, lhes deu uma tal correlação, uma afinidade e união tão recíproca, que um sem o outro não podem existir; que um sem o outro não podem cabalmente demonstrar-se."
>
> ALMEIDA GARRETT, "O Dia 24 de Agosto",
> *Obras de Almeida Garret*, I, pág. 1053,

> "No creamos, pues, que la libertad disminuye el poder real de los monarcas ni el respecto de los pueblos, pues un monarca sólo es grande, cuando manda a hombres cuyo corazón es elevado; sólo es poderoso, cuando ejecutan sus órdenes ciudadanos solícitos en concurrir al bien de la patria. Bajo un tal monarca, los nobles, los grandes, distinguidos por sí mismos, no tienen necesidad de sacar su lustre del favor, ni son los juguetes de los caprichos de un déspota inconstante. Si, como bajo del despotismo, no tienen el privilegio odioso de tiranizar a los débiles, de oprimir a los miserables, tampoco ellos mismos están expuestos a ser víctimas de las sospechas, de la intriga, de la cábala, de la envidia; su Estado no depende precariamente ni del nacimiento, ni de la fortuna; pues le deben a su justicia, a sus beneficios y a sus servicios que es lo único que conduce a la consideración en un país en donde reinan la razón y la libertad."
>
> IGNACIO GARCIA MALO, *La Politica Natural*, pág. 74

CAPÍTULO VII. IDEIA GERAL DO PARLAMENTARISMO PORTUGUÊS NO PERÍODO EM OBSERVAÇÃO – CONGRESSO E CORTES: A ACTUAÇÃO DAS ASSEMBLEIAS REPRESENTATIVAS
§ 1º. Manifestações da Liberdade e seus correlatos no Congresso Vintista. 1. A instalação das Cortes Gerais e Extraordinárias da Nação Portuguesa e a sua organização interna. 1.1. As várias Comissões criadas para a elaboração de projectos de leis. 2. A Constituinte de 1821 e a elaboração da Constituição de 1822: ideias gerais e propedêuticas contidas nas Bases. 2.1. Uma incógnita chamada D. João VI. 2.2. Ponto de partida para o debate acerca dos direitos individuais e regime

político da Nação Vintista e sua consagração política (remissão). 2.3. A Liberdade de imprensa como salvaguarda da Liberdade política (remissão). 2.4. Temas religiosos e a ideia de Liberdade (remissão). 2.5. A questão da Propriedade e da Igualdade no discurso Vintista (remissão). 2.5.1. A ideia de Propriedade e a de Liberdade (remissão). 2.5.2. A questão das garantias jurídicas ou a remodelação do sistema judicial (remissão). 3. Temas políticos e a ideia de Liberdade: a defesa da Liberdade política constitucional (remissão). § 2º. Os contributos doutrinários de proveniência vária para a Constituição de 1822. § 3º. Síntese da temática do presente capítulo.

§ 1º. Manifestações da Liberdade e seus correlatos no Congresso Vintista

A meta que os Vintistas se propõem atingir é eivada de escolhos, vistas as condicionantes europeias do período em apreço, despoletadas pela Revolução Francesa e pela mesma calcadas a breve trecho para depois serem alvo de síntese napoleónica. A salvífica onda de repúdio que percorre os Estados absolutos europeus perante tais desmandos, associados bem ou mal à atitude de Bonaparte e que irão originar o baluarte mais repressivo de que há memória por essa época, consolidado no plano da Santa Aliança, poucas esperanças davam ao futuro que agora se abria.

Mas isto não fazia desistir Portugal do seu propósito. E os seus representantes na Constituinte assumiram essa responsabilidade.

Para tanto, nem sequer se descartou o pedido directo aos nomes mais sonantes da época num apelo directo a que interviessem na consagração da Liberdade portuguesa fornecendo textos legais susceptíveis de servirem de base de trabalho para a pretendida Constituição política. Logo no ano de 1821, Jeremy Bentham apresenta um Projecto de Código Civil, outro de Código Penal e outro de Código Constitucional[5220], que foram recebidos pelas Cortes[5221].

Também Bonnin, jurisconsulto francês envia uma das suas Obras, *Doutrina Universal ou Principios Universais das Leis e Relações de Povo a Povo*. A tradução das cartas enviadas como agradecimento por parte de ambos pelo bom acolhimento prestado pelo Congresso é sintoma óbvio das excelentes relações mantidas entre os nossos parlamentares e a nata da intelectualidade do período em apreço[5222].

[5220] F. Rosen and J. H. Burns, "Editorial Introduction", *Constitutional Code*, volume I, Oxford, Clarendon Press, 1991, Segundo a Edição Original de 1830 com os aditamentos de 1843, pág. XI: "Bentham was most probably prompted to start the *Constitucional Code* by the invitation he received from the Portuguese Cortes in April 1822 in response to his offer of November 1821 to draft penal, civil, and constitutional codes. Bentham admitted in his offer for Portugal that the codes had not yet been written. To write them he required the prior acceptance of his offer."
[5221] Idem, *ibidem*, pág. XII: "The offer was the most promising Bentham had received during his involvement with the liberal regimes in Spain and Portugal. But even at this period of considerable optimism, Bentham found little actual success as a legislator. Although he was well known in intellectual circles, largely through the wide circulation of Dumont's versions of his works and his extensive correspondence, the construction of a complete legal code and its actual adoption, by a state were, both intellectually and politically, much more difficult. Perhaps the recognition of this difficulty led Bentham to write in 1822 his *Codification Proposal* addressed like the *Constitucional Code* not merely to Spain or Portugal but to 'All Nations Professing Liberal Opinions'."
[5222] *D. C.*, V, 13-09-1821, págs. 2274-2278, já depois do Congresso ter tomado conhecimento das mesmas e aplaudido a sua publicação. Veja-se, mais, *D. C.*, III, 26-06-1821, pág. 1345 e III, 06-07-1821, pág. 1453. Veja-se *A Aprendizagem da Cidadania em Portugal (1820-1823)*, págs. 217 e ss.,

Procurando estabelecer com mais algum detalhe o tipo de relacionamento entre este opositor das teses de Constant[5223] e o Congresso constituinte, Bentham havia enviado ao "Povo Portuguez", por intermédio dos seus representantes no Congresso uma carta, escrita em 5 de Novembro de 1820[5224].

Tratava-se de uma espécie de recomendações ao Soberano Congresso no que respeita à elaboração da Constituição, que deveria basear-se no texto da sua congénere de Cádiz[5225], e admitindo toda a legislação espanhola[5226].

Posteriormente e depois de troca de correspondência[5227], Bentham enviou os seus Projectos de Constituição e Códigos civil e penal, disponíveis em 26 de Novembro de 1821, quando o debate sobre o Projecto da Constituição já estava muito adiantado e as Bases juradas. Conclui-se, pois, assim e previamente que a influência directa em relação ao Projecto de Constituição de Bentham terá sido mínima, por uma questão de desfasamento de datas de apresentação e recepção dos mesmos. O que não significa que ainda que na ausência do texto legal antes do Projecto português ser apresentado, o espírito tutelar do insigne inglês estivesse ausente dos constituintes. Muito ao contrário.

---

que menciona outros contributos estrangeiros para os trabalhos de elaboração da Constituição ofertados ao Congresso.

[5223] Basta pensar na diferença que Constant estabelecia entre a Liberdade dos Antigos e a Liberdade dos Modernos. Para Bentham, a Liberdade política sempre tinha existido e a força da mesma não tinha concorrente na Liberdade individual, até porque, como se sabe, era muito crítico dos abstractos direitos que o constitucionalismo francês havia consagrado. Como resumo desta ideia, veja-se *Essais de Jeremy Bentham sur la Situation Politique de L'Espagne*, etc., Paris, 1823, (...), "Préambule", pág. XVIII": "L'histoire de la liberté a ses lacunes; il est quelquefois difficile de reconnaître les pierres milliaires, qui marquent dans la route de l'indépendance la marche du genre humain º Cependant, quels que soient les sophismes des hommes que leur intérêt a fait ennemis de l'indépendance, ils ne parviendront pas à nous persuader que la publique soit une innovation. A les entendre, la dignité de l'homme serait d'invention nouvelle, et la fantaisie d'être libre serait une fièvre contagieuse du siècle où nous vivons!"

[5224] *O Portuguez*, XI, nº 65, págs. 431 e ss. publica a citada "Memória". Veja-se Maria Helena Carvalho da Silva, "A maior felicidade do maior número. Bentham e a Constituição Portuguesa de 1822", *O liberalismo na Península Ibérica*, Lisboa, 1982, págs. 92 e ss.

[5225] Antes de manter uma estreita correspondência com o Congresso português, tinha procedido de forma semelhante com os revolucionários de Cádiz, aconselhando os mesmos quanto ao seu Texto Fundamental e inculcando em definitivo a doutrinação do Liberalismo que professava. Em qualquer caso, parece que Bentham terá colocado entre parêntesis uma questão essencial: sendo inglês, ele e o seu Povo tinham uma longa prática da Liberdade individual e política. Ora, nem espanhóis nem portugueses estavam em idênticas circunstâncias, pelo que algumas das ousadas propostas que manuseia – algumas das quais irão constar da *Constituição de 1822* que doutrinariamente influenciou, eram algo estranhas aos peninsulares. Algumas mesmo e por honrados liberais olhadas com grandes dose de suspeição.

[5226] Jeremy Bentham, *Essais de Jérémie Bentham sur la Situation Politique de l'Espagne*, "Lettre Cinquième", págs. 89 e ss.; "Manque du principe fondamental."

[5227] *D. C.*, V, 13-09-1821, págs. 2274 e 2275: "Traducção da carta que o insigne Jurisconsulto Bentham dirigiu ao deputado Secretario das Cortes Geraes e Extraordinarias da Nação portuguesa, João Baptista Felgueiras, por occasião dos agradecimentos que o Soberano Congresso lhe mandou em data de 24 de Abril ultimo, e de cuja recepção o mesmo deputado deu conta na sessão de 26 de Junho proximo passado."

De destacar, na carta de Bentham, a passagem que refere que "pela adopção dos artigos 4º e 13º do Código Constitucional de Espanha, seguindo a regra da acção, a qual no meio de todas as reclamações que se fazem pela reforma, vós tão sabiamente haveis abraçado, tendes já proclamado a *maior felicidade do maior numero* como o único legítimo e seguro fim do Governo". "Tendes afiançado que todas as vezes que dentro dos limites da vossa esfera de acção, o interesse, ou seja do *único* ou dos *poucos* que governam por sua Autoridade própria ou delegada, achar-se e, colisão com o interesse dos *muitos* que são governados, de tal maneira que seja inevitável o sacrifício de uma ou outra banda, seja o interesse menor o objecto daquele sacrifício".

Quanto à utilização prática daqueles escritos, das Obras escritas em língua francesa, fez-se a aplicação à parte penal da legislação, bem como à civil, admitindo quer sanções penais quer remuneratórias. Das Obras escritas em língua inglesa, tem-se feito apelo aos princípios constitucionais, quer no que toca à organização dos Congressos Soberanos, quer em matérias de ordem do juízo e forma do processo.

Ou seja, Bentham afirma que as fontes doutrinárias dos constituintes portugueses tanto são francesas como inglesas, umas mais para o campo do Direito Privado e outras no domínio do Direito Público. Mas o princípio utilitarista é sempre o dominante.

Recorda-se, deste passo, a sua frontal oposição às doutrinas dos direitos do homem, sendo dura realidade que a Liberdade é incompleta porque os homens não são naturalmente livres nem iguais. Para eles, a Liberdade individual e a sua correspondente política poderão conferir-lhes maior Liberdade mas e sempre desde que o interesse público não seja questionado[5228].

Os elogios que dispensa à Constituição portuguesa e ao seu utilitarismo por demais expresso, tal como já o era nas Bases, demonstram ser sem dúvida curial a interpretação que já foi dada aos portugueses do Triénio: uma espécie de cobaias laboratoriais do Pensamento do jurisconsulto inglês[5229].

Como ponto prévio: depois de 1820 e a partir de 1822 há a primeira Constituição do Liberalismo nacional. Contudo, mal se perceberia que daqui se pretendesse inferir que antes de 1822 não existiu Constituição histórica em Portugal. Tanto que ela existiu que todos os escritores políticos, de uma forma ou de outra a ela se referem e são os

---

[5228] *O Pregoeiro Lusitano. Historia Circunstanciada da Regeneração Portugueza*, Parte I, "Proemio", "Reflexões Filosóficas sobre a Liberdade e a Igualdade", pág. 2. Denota a adopção da doutrina benthamiana: "(...) *a Liberdade absoluta he uma quimera*. E se nem Deos, nem a Natureza creou o homem absolutamente livre; mas prezo a suas relações, e a seus deveres; segue-se, que se todo aquelle, que se arroga esta Liberdade, desatando-se de suas relações, se revolta contra Deos, e contra a Natureza. (...) Logo, se todos são igualmente livres, todos tem iguaes direitos; porque os direitos estão na razão directa da Liberdade".

[5229] Maria Helena Carvalho da Silva, "A maior felicidade do maior número. Bentham e a Constituição Portuguesa de 1822", *Pombal Revisitado – Comunicações ao Colóquio Internacional organizado pela Comissão das Comemorações do 2º Centenário da Morte do M. Pombal*, Lisboa, 1984. pág. 91: "Bentham toma uma posição activa em relação à revolução liberal portuguesa, já que esta representa, para ele, a sua oportunidade laboratorial de por em prática as suas opiniões. E Bentham tem tanta confiança nas suas soluções que não receia transformar os portugueses em iões no cadinho da História."

próprios liberais que no decurso das suas intervenções no Congresso Vintista a esse conceito bastas vezes apelam[5230].

Além do mais não devem ser olvidados os Projectos de 1808, tratados em momento anterior.

Importará, em sequência, apresentar uma panorâmica geral da fase inicial, correspondente à definição de regime, dos trabalhos desenvolvidos pelo Congresso Vintista. Por outras palavras, a preocupação de estabelecer um levantamento das matérias mais relevantes para a presente temática, contextualizadas num conjunto de problemas cujo enfoque não pode ser esquecido.

Por outro lado tentar perceber as razões que levaram os constituintes a descartar uma Declaração de Direitos ao jeito da norte-americana ou da francesa[5231]. Esse é um dos aspectos essenciais que mais claramente promove a influência espanhola do Vintismo nacional e justifica a observação: nunca fazer uma Constituição menos liberal que a de Cádiz, ainda que as escolhas em presença fossem abundantes.

Com a introdução do Liberalismo em Portugal ultrapassa-se o campo do subjectivismo ético, do moralmente imposto mas positivamente difícil de cumprir muitas vezes. A certeza e a segurança jurídica que a formalização de um texto constitucional confere justifica-se; Portugal não está habituado a um tipo de raciocínio que lhe permita manter a desnecessidade deste "pormenor" na sua legislação positiva. Portanto, é a partir do presente que a pesquisa se dedica com ênfase à temática "viva", "vivida", debatida e contra-argumentada no seio do local apropriado para o mesmo de fazer: o Congresso, composto pelos representantes da Nação soberana.

Fica de seguida exposta, em termos gerais, a sistemática de abordagem dos grandes temas de fundo do Vintismo; posteriormente serão tratados individualizadamente os mesmos. [5232] Mas, afirme-se, este é o ponto de partida para a análise subsequente. Não sendo, por via de regra, esta a orientação maioritariamente seguida, o termo inicial da pesquisa deve ficar já demarcado.

1. A instalação das Cortes Gerais e Extraordinárias da Nação Portuguesa e a sua organização interna

Na véspera de Natal foram finalmente designados os membros do Congresso. A reunião preparatória estava marcada para 6 de Janeiro, mas a dureza da invernia impediu que

---

[5230] Mas não só, como houve ocasião de atempadamente reflectir, escritores coevos das Invasões Francesas, ao caso redactores de jornais, como acontece com Hipólito da Costa no seu *O Correio Braziliense ou Armazém Litterario*, nº 15, págs. 175 e ss. tem a preocupação de não esquecer este importante tema.

[5231] *O Portuguez Constitucional*, da responsabilidade de Nuno Alvarez Pato Moniz, menciona-se no nº 24, 31 de Janeiro 1821: "Correspondencia, O Órgão da Verdade", critica abertamente a inexistência de uma *Declaração de Direitos* em qualquer Constituição. Por isso escreve ser "necessario *huma Declaração dos Direitos do Homem*, approvada pela Nação mesma; e se quizermos fallar com a ingenuidade de Condorcet, havemos dizer, que de todos os trabalhos de huma Assembléia nacional, o mais difficil he a exposição clara, simples, e methodica de todos os Direitos do Homem."

[5232] Utiliza-se na análise de todos os pontos relacionados com o tema da Liberdade nos seus vários enfoques, o sistema de reproduzir as intervenções parlamentares com relevância nos vários planos. Opta-se pela sua reprodução global, uma vez que como é conhecido, certas afirmações desinseridas do contexto podem apresentar algumas deficiências interpretativas. O português não foi actualizado: trata-se da fórmula originária.

os parlamentares se apresentassem em Lisboa. Só em 24 foi possível reunir o "quórum" legal de dois terços[5233], sem a presença ainda dos representantes do Brasil[5234].

Os trabalhos parlamentares dos "casacas de briche"[5235] tiveram o seu início em 27 de Janeiro de 1821, tendo sido prestado o competente juramento dos deputados[5236].

Ao longo do mês de Janeiro de 1821 foi-se procedendo à instalação das Cortes Gerais, Extraordinárias e Constituintes da Nação Portuguesa[5237], adiante designadas simplesmente por Congresso, estabelecendo assim a sua distinção com as subsequentes Ordinárias de 1822-1823 e com as Extraordinárias de 1823[5238].

[5233] Federico Suárez, *Las Cortes de Cádiz*, Madrid, Ediciones Rialp, S. A., págs. 24 e ss., dá nota dos problemas da instalação das Cortes de Cádiz em 24 de Setembro de 1810, bem como da correcção dos números relativos ao número de deputados presentes nas Cortes, bem como aqueles de quem eram representantes e se eram proprietários ou suplentes. A justificação poderá ser encontrada na precipitação como foram convocadas e se reuniram, bem como o ambiente tumultuoso e de guerra que as envolvia. Parece, contudo que o problema que é complexo pode perfeitamente ser ultrapassado desde que exista um claro empenho do investigador. Não se trabalham as Cortes de Cádiz senão nos estreitos limites em que influenciaram, enquanto fonte, a *Constituição de 1822* e, como contraponto do Liberalismo espanhol ao Liberalismo português, o problema talvez se possa resolver com alguma facilidade. Bastaria consultar os índices dos *Diários das Cortes*, onde não só vêm mencionados todos os deputados presentes e cargos de relevo que ocuparam, como o de presidente, secretário, etc., e os próprios membros do Executivo nomeado (Regência). Consulte-se *Cortes de Cádiz, Índices de las Cortes Generales e Extraordinarias*; Sesion del dia 24 de Setiembro de 1810, págs. 1 e ss. O citado comentador apresenta uma lista dos ditos deputados às Cortes de Cádiz, utilizando um método semelhante ao que já havia sido posto em prática no século passado por António Tavares de Albuquerque, *Indice Alphabetico e Remissivo dos Trabalhos Parlamentares das Cortes Geraes da Nação Portugueza*. *Primeira e Segunda Legislatura da Primeira Epocha Constitucional (1821-1823)*, 1, Lisboa, 1901, págs. 5 e ss.

[5234] D. C., I, 24-01-1821, págs. 1 e ss.; DHCGNP, I, pág. 133. Verificados os Poderes e legalizados os diplomas da maioria dos eleitores do Continente, a 26 instalam-se as Cortes, tendo sido primeiro celebrizado um "Te Deum", a que se seguiu um juramento, depois da leitura do Evangelho, cujo teor era o seguinte: "Juro cumprir fielmente, em execução dos Poderes que me foram dados, as obrigações de deputado às Cortes Extraordinárias que vão fazer a Constituição da Monarquia Portuguesa, e as reformas e melhoramentos que elas julgarem necessários para bem e prosperidade da Nação, mantida a religião católica apostólica romana, mantido o trono do senhor D. João VI, Rei do Reino Unido de Portugal, Brasil e Algarves, conservando a Dinastia da sereníssima casa de Bragança".

[5235] Isabel Nobre Vargues, "O Processo de Formação do Primeiro Movimento Liberal: a Revolução de 1820", *História de Portugal* (direcção de José Mattoso), V, pág. 61: "(...) isto é, os deputados Vintistas, na expressão da época, que elogiava a sua austeridade na preferência de um traje fabricado em tecido da indústria nacional (...)."

[5236] DHCGNP, I, págs. 133 e ss; D. C., I, 26-01-1821, pág. 3.

[5237] D. C., I, 26-01-1821, págs. 3 e ss. O pregador de serviço fez, em seguida, uma alocução virada para a conservação da religião e para os louvores aos homens que defenderam a Liberdade e aos que a querem continuar a defender – os deputados –, sendo assistentes neste primeiro acto de instalação das Cortes os membros da Junta Provisional do Governo Supremo do Reino, da Junta Preparatória das Cortes, corpo diplomático e consular convidados para a sessão solene.

[5238] As primitivas Cortes Constitucionais portuguesas tiveram no total 642 sessões, sendo 526 pertencentes às Constituintes de 1821-1822, com uma média de 24 sessões mensais; 102 pertencentes às Ordinárias de 1822-1823, com uma média de 24 sessões mensais (excluindo as 3 sessões do mês de Novembro de 1822) e, finalmente 14 pertencentes à sessão Extraordinária de 1823, em que apenas se realizaram 14 sessões. As primeiras reuniram-se entre Janeiro de 1821 e Novembro de 1822; as segundas de Novembro de 1822 a Março de 1823 e as últimas em Maio e Junho de 1823, tendo terminado com a queda da Constituição em 3 de Junho de 1823.

Pretendia-se o regresso imediato de D. João VI do Brasil[5239] e o seu juramento à futura Constituição, bem como o fim do domínio militar inglês em território luso, começando-se pela expulsão de Beresford[5240]. A elaboração de uma Constituição era uma prerrogativa a atingir, cujas Bases haviam de extirpar as estruturas do Absolutismo e lançar os alicerces da nova construção social que se pretendia, para assim consolidar, perante os nacionais e os estrangeiros, a legitimidade dos futuros governantes, bem como a sua ideologia.

A primeira sessão do Congresso realizou-se a 26 de Janeiro de 1821[5241], e os trabalhos prolongaram-se ao longo de quase dois anos consecutivos. No dia seguinte decidiu-se que fosse formada uma Regência que ficaria encarregue do Poder Executivo, cuja composição seria de cinco membros, provindo os três últimos do Sinédrio[5242]. Quem discursou em nome da Regência foi o Conde Sampaio[5243], que na sua fala deu ao presidente do Congresso o tratamento de "Vossa Majestade". Na perspectiva do Vintismo era essa a expressão exacta: o Congresso, na sua qualidade de representante

---

[5239] *O Campeão Portuguez ou o Amigo do Rei e do Povo*, III, Novembro de 1820, pág. 303, no que respeita à política de união entre Portugal e o Brasil: "*Voltando o Rei e o throno para Portugal, e entrando ahi nas Cortes nacionaes os competentes deputados do Brazil.* No estado de Liberdade constitucional em que vai ficar Portugal, não haverá perfeita união com o Brazil, se este não for tambem constitucionalmente livre." No mesmo sentido, António Luiz de Seabra, *O Cidadão Literato*, nº I, 1, Janeiro de 1821, pág. 12: "Considerações sobre a união de Portugal com o Brasil."

[5240] Rocha Martins, *A Independência do Brazil*, Lvmen, Lisboa-Porto-Coimbra, 1922, págs. 74 e 75, reporta-se a uma carta de Beresford a Palmela, datada de 16 de Outubro, a bordo do *Vengeur*, acerca dos acontecimentos de Lisboa: "(...) a sua maior pena, ele a confessava ao 'querido Conde', era a de não trazer a bordo, na sua companhia, o principe *herdeiro 'que seria recebido de braços abertos'* Esta sua opinião não a ocultava mais; (...). O homem que buscara refrear todas as ideias de Liberdade com os patíbulos concordava *'que já não era possível governar Portugal sem uma Constituição*. Queria saber, '*visto partir directamente para Inglaterra*', se D. João VI aceitaria a mediação do seu soberano entre ele e os seus vassalos. Encontrara no Rio de Janeiro um grande ódio contra os ingleses; sentiu que a sua volta ao Brasil '*a sua aparição faria mais mal que bem aos interesses do Rei*'. No seu país aguardaria as régias ordens e sempre na mesma manhosa táctica britânica, anfíbia, calculadora, aconselhava '*o Rei ou o Príncipe Real a virem ficar na Madeira ou Açores para terem a sua Liberdade de acção*. 'Era bem preferível, asseverava, '*ser o Duque de Bragança a ter uma Constituição igual à espanhola*'."

[5241] António Pedro Vicente, "Um Diplomata Espanhol nas Cortes Constitucionais Portuguesas", *A Diplomacia na História de Portugal, Actas do Colóquio*, pág. 363: "José Maria Pando é o único diplomata estrangeiro que assiste à primeira sessão. No ofício para Madrid, dá nota da falta de experiência dos deputados, da improvisação do Governo, da inexistência de um regulamento para o Congresso, da confusão, incerteza, oscilação, perda de tempo e tantas outras contrariedades surgidas as quais, na sua expressão, 'são difíceis de pintar'."

[5242] D. C., I, 29-01-1821, pág. 7; pág. 15; *DHCGNP*, págs. 150 e 151: Em 30 de Janeiro de 1821. Decretou-se uma Regência em nome do D. João VI, a fim de exercer o Poder Executivo e de que membros é composta; na mesma data nomearam-se os membros e secretários da Regência cuja composição era a seguinte: Marquês de Castelo Melhor, Conde de Sampaio, frei Francisco de S. Luís, José da Silva Carvalho, João da Cunha Sotto-Mayor. Como secretários da Regência fora nomeado Fernando Luís Pereira Barradas, para os Negócios do Reino, Francisco Duarte Coelho, para a Fazenda; Anselmo José Braancamp de Almeida Castello-Branco, para os Negócios Estrangeiros; António Teixeira Rebello para os Negócios da Guerra, Francisco Maximiliano de Sousa, para a Marinha. Todos prestaram juramento segundo a fórmula prescrita.

[5243] *O Campeão Portuguez ou o Amigo do Rei e do Povo*, III, Fevereiro de 1821, págs. 501 e ss.: "Discurso de abertura das Cortes, recitado por S. E. o Conde de Sam Paio no dia 26 de Janeiro de 1821."

da Nação[5244] detentora da soberania, era o verdadeiro soberano[5245], com o qual a Regência deveria a qualquer título manter uma atitude colaborante[5246].

A primeira grande nota que se suscita, resulta da nomeação de um membro da alta hierarquia eclesiástica nacional para primeiro presidente do Congresso[5247]. Sem dúvida que isso significava o compromisso aceite por forma expressa que a religião sairia intocada de toda a convulsão revolucionária, mantendo-se fidelidade a Roma, no quadro de um Estado formado de acordo com os pressupostos mentais naturalistas e críticos do poder inusitado da Igreja[5248].

Com e entrada em funções da Regência, dissolvia-se a Junta do Supremo Governo, e o centro das decisões deslocava-se, de facto, para o Congresso, sendo a mencionada dissolução alvo do segundo decreto do Congresso Vintista[5249]. Pouco depois tratou-se do seu Projecto de Regimento Interno, logo a 27, originário da Junta Provisional Preparatória das Cortes[5250] e apresentado pelo Barão de Molelos, seu

---

[5244] Ideia que segundo um dos mentores do Congresso, Jeremy Bentham, vinha da Antiguidade. Veja-se *Essais de Jérémie Bentham sur la Situation Politique de l'Espagne (...)*, "Préambule", págs. XIX-XXI: "Le gouvernement représentatif, cette forme la plus récente de la liberté, ce dernier résultat de la dernière civilization, acait ses germes aux seins même des antiques sociétés. (...) Nul politique moderne n'a été plus lucide, dans l'exposition des principes du gouvernement représentatif. Il se trouve donc, aprés tout, que ce gouvernement tant décrire comme une insolente et nouvelle spéculation, n'est que le fruit de la sagesse antique, élaboré par des siècles."

[5245] Isabel Nobre Vargues, *A Aprendizagem da Cidadania em Portugal (1820-1823)*, pág. 120, relata que "O padre Forjó apresenta-nos, na *Memoria em que deu o seu parecer ao convite das Juntas (...)*, também uma defesa da representação nacional e é um dos primeiros a sugerir que o nome de Cortes devia ser apagado e, em seu lugar, apontava o de Congresso nacional, 'porque – dizia – a palavra Cortes entre nós faria um equívoco (...) e as palavras não são indiferentes: elas têm feito a felicidade ou a desgraça da terra inteira como diz Montesquieu'." Isabel Nobre Vargues e Maria Manuela Tavares Ribeiro, "Estruturas Políticas: Parlamentos, eleições, partidos políticos e maçonarias", *História de Portugal* (direcção de José Mattoso), V, pág. 183: "A definição de Cortes como um órgão de representação nacional é uma conquista da Revolução de 1820. Por isso, os liberais Vintistas, considerando que o uso das palavras não era indiferente, procuraram impor um termo mais explícito – 'Congresso' – para designar as cortes. (...) No entanto, a manutenção do termo 'Cortes' foi mais forte, pois foi o que vingou ao longo de todo o século XIX, quer como expressão oficial, quer como expressão recorrente na literatura."

[5246] *D. C.*, I, 31-01-1821, págs. 14 e 15.

[5247] Fortunato de Almeida, *História da Igreja em Portugal*. Nova Edição preparada e dirigida por Damião Peres, Livraria Civilização. Porto-Lisboa, 1970, III, pág. 282.

[5248] António Joaquim da Silva Pereira, *O Vintismo – História de Uma Corrente Doutrinal*, pág. 35: "(...) A ofensiva desencadeada contra o aparelho de estado fez aceder ao poder político uma mentalidade laica, naturalista, anti-escatológica (...)." Não estamos completamente de acordo com a citação, porque o facto de se falar em Estado laico poderia induzir a um divórcio assumido entre Estado e religião, quando o que se preconiza é o contrário.

[5249] *DHCGNP*, I, pág. 140. O primeiro decreto constante do *D. C.*, I, 26-01-1821, pág. 4, entendia manter em funções a Junta Provisional do Governo Supremo do Reino até à entrada em funções do novo governo.

[5250] Joaquim José da Costa de Macedo, *Projecto de Regimento das Cortes Portuguezas*, Lisboa, 1820, pág. II, apresenta o seu contributo neste domínio. Como afirma, baseou-se em Bentham e no Regulamento das Cortes de Espanha. No primeiro caso, utilizou a "Tactique des Assemblées politiques délibérantes", *Œuvres de J. Bentham*, I, págs. 109 e ss. e no segundo no Regulamento das Cortes de Espanha, cuja reforma havia sido pedida em Sessão das Cortes de 16 de Outubro de 1820, *Congreso de los Diputados. Diario de Sesiones: Legislatura de 1820 – 9 de Julio a 9 de Noviembre de 1820*, pág. 1678. Sobre o Autor do Projecto da Junta, veja-se José d'Arriaga, *História da Revolução*

presidente[5251]. Nomeados os membros da Regência, prestaram o seu juramento em 30 perante o Congresso[5252].

1.1. As várias Comissões criadas para a elaboração de projectos de leis

Tal como aconteceu em Cádiz[5253], também o Congresso Vintista decidiu organizar-se pela via de Comissões parlamentares. Em Portugal, o processo foi bastante mais expedito, na medida em que a criação e organização das mesmas foi alvo das iniciais medidas plenárias e a nomeação dos seus membros sucedeu quase acto contínuo[5254].

Portuguesa de 1820, II, págs. 447-548; Isabel Nobre Vargues, *A Aprendizagem da Cidadania em Portugal (1820-1823)*, págs. 214 e 215.
[5251] *D. C.*, I, 27-01-1821, pág. 6; *DHCGNP*, I, págs. 140-150.
[5252] *DHCGNP*, I, pág. 151. Seguiram-se os discursos do presidente do Congresso em exercício, na circunstância o primeiro presidente efectivo do Congresso durante um mês, o Arcebispo da Baía, frei Vicente da Soledade, e depois do presidente da Regência em exercício, Conde de Sampaio, em substituição do Marquês de Castelo Melhor, que não compareceu por motivos de saúde, insertos a págs. 151-153. Destaca-se no discurso do primeiro a manifestação de total Poder que o Congresso se arrogava enquanto guardião da Liberdade portuguesa. Nestes termos, afirmava-se que "(...) o illustre Congresso das Cortes, legislando n'este assunto seu, e v. ex.ªs executando n'aquelle que lhes é destinado; olhando-se com mutuo e amigavel respeito, intimamente ligados pela identidade de principios que nos animam, sempre em doce harmonia, intimamente ligados pela identidade de principios que nos animam, sempre em doce harmonia e em perfeita intelligencia, absolveremos a nobre e gloriosa empreza em que entrámos (...)." Em qualquer caso o Arcebispo da Baía, então presidente do Congresso, fez um discurso que pouco se coadunava com a dignidade institucional das Cortes, mais parecendo uma pregação a humildes paroquianos de província que aos "augustos" da Nação.
[5253] *Cortes de Cádiz*, Sesion del dia 9 de Diciembre de 1810, pág. 153, promove a criação de uma Comissão para elaborar o Projecto de Constituição. Saliente-se que em Espanha só tardiamente as Comissões constitucionais começaram a funcionar em pleno, conforme é possível concluir da leitura do *Índices de las Cortes Generales e Extraordinarias*, pág. 149. É certo que em sessão de 17 de Março de 1811, foi proposto a criação de umas Bases da Constituição, mas a ideia não foi por diante a apenas sob a forma de Projecto preliminar existe um texto inicial a anteceder as decisões de Cádiz. Veja-se *Índices de las Cortes Generales e Extraordinarias*, pág. 1651. 1677, etc. A primeira e a segunda parte do Projecto traduzido para português pode ser encontrado n'*O Correio ou Armazém Litterario*, VII, 1811, nº 541, págs. 493 e ss., texto utilizado uma vez que o mesmo não consta dos *Diarios de Sesiones*. A parte terceira foi apresentada em 1 de Novembro de 1811, segundo os *Diarios de Sesiones*, pág. 2192 e lido o seu Discurso Preliminar de Agustin Arguëlles em 6 do mesmo mês. Foi decidida a sua impressão. Deste "Discurso" existe tradução portuguesa da época, da autoria de Rodrigo Ferreira da Costa (R. F. C.), Lisboa, 1820, que na "Advertencia" refere precisamente a divisão da leitura do Projecto da Constituição espanhola em três partes, tendo acompanhado a Comissão cada uma delas com o respectivo "Discurso". É esse o sistema que este tradutor segue.
[5254] *DHCGHP*, I, págs. 144 e 145; *D. C.*, I, 24-01-1820 (Sessão Preparatória), págs. 1 e ss. Logo em 27 de Setembro de 1820, quando da instalação da Junta Provisional Preparatória das Cortes, uma das tarefas a que a mesma meteu ombros foi a de proceder à elaboração de um "Projecto de Regimento para o governo interior das Cortes Geraes, Extraordinárias e Constituintes". Esse mesmo Projecto veio a lume quando da instalação das Cortes e logo na primeira sessão o problema apresentou toda a sua relevância, na medida em que se previa no Título VII do mesmo, a criação de Comissões parlamentares. É o seguinte o texto que permite provar os presentes factos: "Nomeárão-se duas Commissões: huma de cinco Membros, para averiguar e verificar as Eleições e Titulos de cada hum dos senhores deputados: outra de tres Membros, para conhecer e informar da legalidade de Poderes dos cinco primeiros Commissariados. Deliberou-se por pluralidade de votos, que fossem eleitos por escrutinio os Membros destas duas Commissões, e por acclamação forão nomeados Escrutinadores os Senhores Pinheiro d'Azevedo, e Castello-Branco. Apurados os

O escrupuloso sistema que se instaurara das Comissões do Congresso – ou por ele especialmente nomeadas para apreciarem previamente ao debate as matérias[5255] sobre que era necessário legislar – originou que neste caso, fossem designados alguns constituintes para apreciarem da conformidade do Projecto de Soares Franco[5256], acerca da legitimidade da Revolução de 1820[5257].

votos, achárão-se eleitos para a primeira Commissão os Senhores Margiochi com 53 votos, Peçanha 49, Pimentel Maldonado 49, Alves do Rio 48, Soares Franco 44: e para a segunda Commissão os tres Senhores Freire com 50, Pinheiro d'Azevedo com 51, e Carneiro com 27 votos. Desde logo se entregarão os respectivos Diplomas a cada huma das Commissões, as quaes se retirarão para differentes Secretárias, a fim de mais expeditamente exercerem suas funcções. (...). A Commissão encarregada de verificar os poderes dos cinco deputados incumbidos da qualificação geral de todos os mais deputados, a saber: os senhores João Vicente Pimentel, Maldonado, Manoel Alves do Rio, Francisco Soares Franco, Francisco Simões Margiochi, e Francisco Antonio de Almeida Moraes Peçanha: combinando-os com a copia das Actas, que foi enviada pelo Governo Supremo, achão que os Titulos estão perfeitamente conformes á mencionada Acta, e assim os julgão legaes. Palacio das Necessidades 24 de Janeiro de 1821. – Antonio Pinheiro de Azevedo e Sylva – Jeronymo José Carneiro – Agostinho José Freire." Após parecer manifestado por estas duas Comissões, decidiu por forma unânime o Congresso "que se conformava com o parecer das referidas Commissões; Declarando legaes os mencionados Diplomas e Eleições, ratificando-as, e até sanando, se preciso fosse, qualquer defeito ou irregularidade que pudesse appareccer nas Instrucções que servirão de norma ás Juntas Eleitoraes." Em 27 de Janeiro e confirmando a importância de um Regimento interno para as Cortes, "O Senhor Barão de Molellos ponderou que, sendo as Cortes a Assemblea Legislativa, mal poderia fazer Leys sem que se houvesse para o seu governo interior: em consequencia apresentou hum Projecto de Regimento, offerecido pela Junta Preparatoria das Cortes para regimen e policia das mesmas. Lidos os Títulos relativos às discussões, do Acto de votar, e á Junta da Inspecção de policia interior, interinamente se mandárão observar. Nomeou-se huma Commissão de cinco Membros para examinar o referido Projecto, e recahio a eleição nos senhores Pereira do Carmo, Camelo Fortes, Pinheiro de Azevedo, Serpa Machado, e Castello Branco. Além dos senhores presidente e secretario mais antigo, que são Membros natos da Junta da Inspecção, forão feitos em Commissão para a mesma os senhores Povoas por 49 votos, Sepulveda 29, Sonsa e Almeida 24." Nos dias seguintes a Comissão de verificação de Poderes continuou os seus trabalhos e sempre que se apresentava um novo deputado ao Congresso o ritual mantinha a sua efectividade.

[5255] A importância e o trabalho das Comissões do Congresso e das Cortes Ordinárias e Extraordinárias, para os temas que importam são alvo de estudo porque a sua relevância a tanto obriga. São elas, em certos casos, os garantes da Liberdade civil ou, noutros termos, das garantias jurídicas da Liberdade, onde sobressaem desde logo o direito de petição e o direito de reclamação. Mesmo assim, não será possível deixar de a elas fazer menção neste parágrafo em termos de aplicação da sua actividade prática ao caso vertente.

[5256] D. C., I, 01-02-1821, pág. 186. Nomeação dos três membros mais antigos das Comissões Militar, da Fazenda e da Legislação em 1 de Março de 1821; ibidem, 07-02-1821, pág. 57, onde são nomeados vários membros para as diversas Comissões do Congresso.

[5257] Ao longo do triénio não faltaram textos que assumem a legitimidade dos acontecimentos de 24 de Agosto e de 15 de Setembro. O seu número e coincidência argumentativa remete, por todos, para um texto do sobrinho do padre António Pereira de Figueiredo, *O Dia 24 de Agosto do Fausto Anno de 1820 Inaugurado e o Brilhante 15 de Setembro, applaudido, (...)*, Lisboa, 1821; Junio Demophilo, *Discurso sobre a Liberdade*, Lisboa, 1820. Talvez o mais importante de todos, de Manuel Borges Carneiro, *Portugal Regenerado em 1820*, pág. 37 e ss. Em sentido oposto também não faltaram casos emblemáticos. Pode apontar-se o caso – tantas foram as ocasiões em que manifestou oposição aos princípios do Liberalismo – de José Agostinho de Macedo, *Carta do Enxota cães da Sé ao Thesoureiro d'aldeia*, Lisboa, 1824 e também o já referenciado José Sebastião de Saldanha Oliveira Daun, *Diorama de Portugal nos 33 Mezes Constitucionaes ou Golpe de Vista sobre a Revolução de 1820 – A Constituição de 1822 – A Restauração de 1823*, Lisboa, 1823.

Curiosamente e mesmo antes que a Comissão especial desse por finalizado o seu trabalho, decidiu-se por unanimidade e aclamação, em 20 de Março, que a questão estava mais que resolvida: "(...) o assumpto não carecia de discussão; e que desde já declarando-se legitimos e necessarios os actos publicos, naquelles dous memoraveis dias praticados para salvação da Patria; e outro sim, declarando-se honrados, e verdadeiros Portuguezes, e Benemeritos da Patria, todos aquelles que para tão grande fim concorrerão". Só restava redigir o decreto em conformidade[5258].

E foi precisamente aqui que uma vez mais vieram ao de cima as divergências que durante dois anos não cessaram de opôr as duas faces da Constituinte[5259]. Sem querer entrar no debate, diga-se apenas que a questão era vista como de "palavras", quando na verdade seria bem mais que isso. Protagonistas maiores do debate foram Francisco Trigoso de Aragão Morato e José Joaquim Ferreira de Moura.

O primeiro entendia que "justiça" ou "justa causa" e "legitimidade são coisas distintas[5260]; o segundo, que "legitimidade" é o mesmo que conformidade à lei. Antes, verifica-se uma posição mais próxima do Consensualismo nacional; depois uma tese saída da Revolução Francesa. Como quer que seja o decreto acabou por resolver o problema: ignorando-o. O Preâmbulo considerou-se dispensável e, em dois artigos, manteve-se a versão inicial já aprovada por unanimidade e aclamação[5261]. Deste modo se resolveu um problema complicado, saltando por cima de discussões teóricas. À cautela; não saberia muito bem onde poderiam conduzir.

Das várias Comissões nomeadas para o Congresso, a que apresenta maior interesse em função da pesquisa é, claramente, a Comissão da Constituição. E, do facto desta Comissão ser composta por certas pessoas e não outras, em conjugação com a precocidade da sua instalação, pode retirar-se, para os efeitos pretendidos, algumas ideias-chave que acompanharão o desenrolar do Estudo.

2. A Constituinte de 1821 e a elaboração da *Constituição de 1822*: ideias gerais e propedêuticas contidas nas Bases

Qualificada de afrancesada, revolucionária, anti-religiosa e anti-tradicionalista, a *Constituição de Cádiz* teve, objectivamente, uma vantagem e uma coroa de glória que não se lhe pode negar: é a primeira Constituição política do Liberalismo Oitocentista, que serve de modelo e ultrapassa rapidamente o prestígio do primeiro Texto Constitucional francês[5262].

[5258] *D. C.*, I, 20-03-1821, pág. 301.
[5259] De um modo geral é possível afirmar, no plano da História das Ideias Políticas, que foram estes os parlamentares que melhor espelharam a formatação de um pensamento moderado, de cariz historicista, inserível a nível da corrente que tomou o modelo liberal inglês como referencial para a reflexão pós-revolucionária.
[5260] Não participou activamente na Revolução de 1820, tendo declarado não pertencer nem nunca ter pertencido a Sociedades Secretas, que abominava. Entendeu a revolução ilegal na sua origem e desastrosa nos seus efeitos, o que levou a um aumento da miséria e da desmoralização. Segundo Trigoso, não se poderia afirmar que havia total adesão popular de Lisboa aos ideais de 1820, pois existiria uma poderosa vertente conservadora e as aclamações eram mais devidas à ausência de D. João VI, do que ao seu juramento à Constituição. Estas e outras questões são reveladas nas suas *Memórias*, documento a que já foi feita menção e fundamental para a compreensão deste período.
[5261] *D. C.*, I, 23-03-1821, pág. 346.
[5262] José Joaquim Lopes Praça, *Colecção de Leis e Subsídios para o Estudo do Direito Constitucional Portuguez*, II Coimbra, 1893-1894, págs. XVI-XVIII, apresenta uma síntese dos traços de ligação que

Salva-se desse período a intemporal *Declaração dos Direitos do Homem e do Cidadão de 1789*, mais eficaz e mais abrangente do que qualquer dos textos constitucionais que se lhe seguiram, e que apenas em termos teóricos e conhecidos foram fonte directa ou indirecta da *Constituição de 1822* e da sua sistemática defesa da ideia de Liberdade, no Liberalismo clássico.

A *Constituição de 1822* foi frequentemente classificada de extremista[5263], como a de Cádiz anos antes tinha sido de demolidora, e feita à sua imagem e semelhança[5264]. De facto, a *Constituição de 1822* foi em muito influenciada pela espanhola de Cádiz[5265], conjugando-se os intelectuais da época mais conotados com o radicalismo para que isso se tornasse evidência prática[5266].

Contudo, não é verdade que ela seja uma cópia fiel[5267] e tanto mais isto é verdade quanto se pretendia que o resultado efectivo fosse o de um texto "ainda

entende mais relevantes entre a *Constituição de 1822* e as suas congéneres francesas de 1791, 1793 e 1795, bem como com a *Constituição de Cádiz*.

[5263] José Sebastião de Saldanha Oliveira Daun, *Diorama de Portugal nos 33 Mezes Constitucionaes ou Golpe de Vista sobre a Revolução de 1820 – A Constituição de 1822 – A Restauração de 1823*, pág. V: "(...) o dezengano de que a Revolução de 1820 foi huma arriscadissima Rebellião, de que a *Constituição de 1822* foi ou arrematada loucura, perversíssima uzurpação, de que a Restauração de 1823 foi hum rasgo prodigioso da Providencia, e infalivel resultado do Systema Constitucional; foi com a falsa opinião que elle durou quazi tres infaustissimos annos; he com a verdadeira opinião, que deve ser combatido, e para sempre exterminado."; António Cabreira, *Analise da Revolução de 1820*, págs. 13 e 14: "Como todas as inovações impetuosas, a Constituição de 20 representou uma larga afirmação extremista: assim, reduziu o Poder Rial a mera função executiva e adoptou o sistema unicameral. Era Portugal a recobrar a plenitude da sua soberania, como sucedera noutras crises históricas, não para a delegar, de novo, mas para a assumir de forma peremptória. O Povo arrancara o sceptro das mãos de Leonor Teles, mas para o entregar ao Mestre de Avis. Os patriotas que expulsaram do trono luzitano o último Filipe colocaram no seu lugar o Duque de Bragança. Agora a Coroa não mudou de cabeça, mas sim de significação nacional: D. João VI passara de taboleta do domínio inglês a chancela da Nação."; Gomes Canotilho, "As Constituições", *História de Portugal* (direcção de José Mattoso), V, pág. 153: "Várias foram as acusações dirigidas ao documento liberal de 1822: 'jacobino', 'afrancesado', 'republicano', 'radical', 'utópico', 'instrumento de classe'."

[5264] Zília Maria Osório de Castro, "Manuel Borges Carneiro e a Teoria do Estado Liberal", *Revista de História das Ideias*, Coimbra, I, 1977, pág. 129: "É digna de nota a influência da Espanha no processo político português. A *Constituição de Cádiz* serviu de modelo a Fernandes Tomás, Ferreira de Moura, Castelo Branco, Borges Carneiro e Pereira do Carmo, eleitos em comissão, para estabelecerem as Bases da Lei Fundamental ou Constituição do Estado que regeria a vida portuguesa." O que não significa que as divergências entre os dois textos e sobretudo a sua elaboração não tenha sido bastas vezes dissonante.

[5265] M. Artola Gallego, *Los Origenes de la España Contemporánea*, apud Joaquín Varela Suanzes-Carpegna, pág. 15: "en la lucha que mantienen los revolucionarios contra los conservadores, la tradición presta sus armas a todos por igual. Los mismos textos utilizados por Autores de ideologías distintas sirven como argumentos para probar posicione radicalmente enfrentadas."

[5266] *O Portuguez Constitucional*, nº 31, 27 de Outubro de 1820: "Exame sobre o he Constituição, e analyse da Hespanhola."

[5267] António Joaquim da Silva Pereira, *O "Tradicionalismo" Vintista e o Astro da Lusitânia*, pág. 192: "Só por um grosseiro simplismo metodológico se poderá ver na ideologia revolucionária portuguesa desta época – como aliás no constitucionalismo de Cádiz – um produto de mera importação. O simplismo tem sido corrente na historiografia contra-revolucionária moderna, perfeitamente na linha de José Agostinho de Macedo. Fr. Fortunato de S. Boaventura e seus confrades absolutistas. E tem sido igualmente constante na historiografia jacobina, apostada em salientar só no movimento ideológico e político vintista a sua nota de ruptura."

mais liberal", como resulta da abordagem feita em vários passos dos debates do Congresso Vintista[5268].

Basta pensar no esquema proposto como base de trabalho[5269] e nas suas várias ramificações para se perceber que as opções tomadas pelos dois constitucionalismos ibéricos nem sempre coincidiram[5270]. Ou então recordar que se todos os liberais acertavam e aceitavam a soberania da Nação firmada nos dizeres da Constituição, por oposição aos "corcundas"[5271] que a colocavam na pessoa do Rei, já divergiam entre si no que respeita à participação efectiva do monarca nessa soberania pela via legislativa. Eram todos liberais, mas uns pensavam à inglesa, outros à francesa e alguns até admitiam que a *Constituição de Cádiz* "não é o Evangelho"[5272].

[5268] *D. C.*, I, 15-02-1821, pág. 103, relativo a uma intervenção de Vaz Velho, a respeito da Liberdade de imprensa: "Dir-se-ha que as Procurações dizem: tanto, ou mais liberal. Mas devemos advertir, que quando para resolver huma questão ha dous principios, hum delles claro, e outro duvidoso, pede a rasão e a prudencia que a resolvamos pelo principio claro. Entre os dous principios ou termos tanto, ou mais, dá-se o tanto, que he claro, pois se acha expresso na Constituição Hespanhola. Encontra-se o mais liberal que he duvidoso e escuro, porque os nossas Constituintes não declarárão quantos gráos de Liberdade devia ter esse mais liberal; nem em que materias ou artigos da Constituição, he impracticavel o consultados segunda vez, logo parece de toda a evidencia que a resolução deve ser a que acabei de dizer."

[5269] A proposta para o estabelecimento das Bases partiu de Fernandes Tomás, logo em 29-01-1821, conforme *D. C.*, I, 29-01-1821, pág. 7.

[5270] O confronto do texto informatizado foi feito a partir do suporte em papel existente na Biblioteca da Faculdade de Direito de Lisboa, que corresponde à mesma Edição e se compõe de um número superior a 20 volumes, incluindo as sessões secretas das Cortes. Indubitavelmente são as *Actas e Diarios de Sesiones* das Cortes que constituem a melhor fonte para conhecer a sua história. É a partir da referência em suporte magnético que se cita, por a correspondência ser completamente fiável, incluindo paginação.

[5271] José d'Arriaga, *História da Revolução Portuguesa de 1820*, II, pág. 566. Veja-se *a Forja dos Periodicos ou o Exame do Aprendiz Periodiqueiro*, Lisboa, 1821, pág. 16: "Corcundas são os Frades, e os Fidalgos, e já se sabe, tambem os seus amigos."

[5272] *D. C.*, I, 13-02-1821, pág. 83, intervenção de Fernandes Tomás a respeito do artigo 4º das Bases: "Não entendo que por estar na Constituição Hespanhola, seja hum artigo de fé para o declarar em a nossa. A Constituição Hespanhola não he Evangelho: eu sou Portuguez, e estou neste Congresso para fazer a Constituição Portugueza."; *ibidem*, I, 14-02-1821, pág. 97, intervenção de Manuel Fernandes Tomás a propósito da discussão dos artigos das Bases da Constituição que versavam a Liberdade de imprensa, sobretudo em questões religiosas. Fernandes Tomás, vai, neste contexto, bastante mais longe que seria de esperar de um cultor da Constituição espanhola, pois que afirma sem rebuço "Que na Hespanha se deixasse aos Bispos a censura previa, nestas materias não he para mim argumento: os Hespanhoes tiverão os seus motivos; nós podemos ter outros. – Em Portugal nunca os Bispos censurarão hum livro antes de se imprimir, e eu não entendo que seja necessario conceder-lhes agora essa auctoridade, quando vamos fazer huma Constituição Liberal. – Diz-se que a Nação não está preparada para tanta luz: o uso sublime da rasão he dote do homem de qualquer paiz: não anniquilemos tanto os Portugueses. Ninguem nega que seja melhor prevenir os crimes do que castiga-los; mas nego eu que a censura previa previna os abusos que se podem seguir da Liberdade da Imprensa. Ou hum Escriptor tome as penas da Ley, que lhe prohibe atacar a Religião e os costumes, ou não teme. – No primeiro caso não escreve, e escusa-se por tanto censura previa; no segundo escreve sempre, e he inutil por isso essa censura." Esta observação vai no sentido duma anterior vertida na *Carta do Compadre de Belém ao redactor do Astro da Lusitania*, pág. 6: "Como nós nunca pudémos ser *Portuguezes* somente, porque houve tempo em que tudo era *Inglez*; e aquelle em que tudo era *Francez*, succedeo agora outro em que tudo he hespanhol, (que já vai tendo os seus laivos de napolitano) (...)."

Para mal dos laboriosos e empenhados reformistas que pregaram no seio do Antigo Regime, o seu inimigo tradicional, o aparelho estadual palco das lutas palacianas até então desenvolvidas e onde procuravam ir minando no sentido de institucionalizar reformas, transmuda-se num terreno completamente diverso e deles desconhecido.

A opinião pública passa a ser considerada motor da História[5273] e a ultrapassagem a que aqueles são sujeitos, apenas justifica a incapacidade para o Estado se reformar por si mesmo e por dentro, num país que objectivamente nada tinha que o relacionasse com a ideologia política praticada além-Mancha[5274].

Tanto não significa – repita-se – a negação da proficuidade do sistema inglês; as diferenças que desde sempre existiram entre ingleses e europeus continentais e a circunstância de nunca terem conhecido governos despóticos, implica que aquele sistema fosse perfeitamente válido e eficaz em Inglaterra. Outro tanto não sucedia no resto da Europa.

Os problemas que se colocavam aos Vintistas eram os problemas dos legisladores de Cádiz[5275]. No campo da Liberdade individual a questão da Liberdade de imprensa e da Liberdade de consciência, como temas específicos no complexo da Liberdade de pensamento. No plano civil as garantias judiciais que veiculavam a Liberdade civil e, finalmente, no quadro dos direitos políticos, definidores do regime político,

---

[5273] José Augusto dos Santos Alves, *A Opinião Pública em Portugal nos finais do século XVIII e princípios do século XIX*, I e II, Dissertação de Doutoramento em História das Ideias Políticas, apresentada à Faculdade de Ciências Sociais e Humanas da Universidade Nova de Lisboa, Lisboa, 1998.

[5274] *O Correio Braziliense ou Armazém Litterario*, XXIV, 1820, nº 145, pág. 595: "Extracto do Español Constitucional: *Defensa da Constituição Hespanhola contra o injusto ataque, feito pelo Redactor* do Correio Braziliense, *no seu ultimo nº de Abril, 1820, publicado em Londres*": "(...) Fatal empenho he, não só dos Ultras Francezes, mas tambem dos servis de outras naçoens, que por força a nossa constituição se há de parecer á Ingleza ou á franceza, sem considerarem a differença tam notavel, que reyna entre o genio, indole, character, custumes, & c., das tres naçoens! Porque a França e a Inglaterra tem chegado ao maior grao de illustração ou civilização, talvez não necessitem em sua Constituição tanta parte democratica. Porem, nós os Hespanhoes, que nos aproximamos mais á natureza, necessitamos que em nosso Governo mixto predomine alguma coisa mais do que o Senhor da Costa chama 'as usurpaçoens' da parte democratica." Perante este artigo, Hipólito da Costa apressa-se a responder nas páginas seguintes, sendo que a argumentação que usa é a de sempre: a imprevidência do modo pelo qual a Constituição foi elaborada é mãe de todas as 5 incertezas e incongruências que texto legal e realidade social patenteiam sob forma gritante.

[5275] Zília Maria Osório de Castro, "Manuel Borges Carneiro e a Teoria do Estado Liberal", *Revista de História das Ideias*, I, pág. 129, onde se refuta, com base nas investigações de Silva Dias, uma ideia feita pouco correspondente à realidade dos factos mas que parecia ter sido avançada por alguns liberais portugueses, no que toca à defesa lusitana do iberismo. Assim se escreve que "(...) embora unido a Espanha na luta por uma forma mais justa de exercer o Poder e regular a vida entre os homens, Portugal sempre se recusou não só à união política, mas à própria servilidade perante as soluções espanholas. Quando, em 1820, o Coronel Barreiros, enviado do encarregado dos negócios espanhol, José Maria Pando, ofereceu aos revolucionários portuenses o auxílio do seu governo, contra a promessa de consequente união a Espanha, recebeu uma recusa formal: 'Perdermos a nossa nacionalidade, nunca, nunca'." Com isto se contestam não algumas observações já nossa conhecidas insertas em certos periódicos nacionais redactados no estrangeiros antes – e mesmo depois – de 1820, como se combatem possíveis asserções de falta de patriotismo nacional, por necessidade de se acolherem à protecção de um país onde o constitucionalismo parecia instalado em definitivo. Veja-se *História de Portugal. Edição Monumental comemorativa do 8. Centenário da Fundação da Nacionalidade*, (direcção de Damião Peres), VII, pág. 45 e págs. 246 e 247 por comparação com o Brasil.

a Liberdade política do cidadão e da sociedade, mediante as múltiplas manifestações em que se desdobrava[5276].

Do leque de matérias em presença, todos eles em bom rigor estreitamente ligados com a ideia de Liberdade, vista no plano individual, civil ou político, e procedendo a selecção das que mais directamente importam, fica muito claro que os parlamentares de 1821 estavam em total sintonia com os ensinamentos protagonizados pelo Pensamento político, que a Europa e os Estados Unidos defendiam na conformação da Liberdade. A influência do Individualismo é flagrante[5277] embora competentemente mesclada de um portuguesismo que sempre foi reafirmado ao longo do Congresso.

Como consequência, era grande mote de alguns dos constituintes[5278] conciliar o que de bom havia no "Velho" com o que de melhor existia no "Novo". As diatribes diárias que este posicionamento implicaria dispensam qualquer observação suplementar.

Neste contexto e dando especial ênfase às alusões directas à ideia de Liberdade nos vários pólos em que se coloca, mas não enjeitando o levantamento sistematizado de pontos com a mesma directa e imediatamente relacionados, inicia-se a exploração pelos meandros – muito falados mas sempre e precisarem de ser reatados – do Congresso Vintista.

Fez-se uma Constituição revolucionária; produto de revolucionárias Bases, originadas por revolucionárias mentes e para o que os contributos de proveniência externa

---

[5276] A classificação estabelecida em matéria de Liberdade não corresponde integralmente aos "direitos individuais", sem qualquer distinção contidos nos artigos 1º-13º das Bases da *Constituição de 1822*.
[5277] Junio Demophilo, pág. 16, reitera a distinção omnipresente entre "homem" e "cidadão", presente na mente de todos os liberais. Ser Homem implica deter direitos naturais inultrapassáveis, que a sociedade deve proteger e são uma primeira manifestação da racionalidade humana no acto de formação das sociedades. Cidadão é todo aquele que tem o direito de participar politicamente no exercício dos Poderes de Estado, enquanto entidade política e manifestam a desigualdade material que existe entre a universalidade dos homens em sociedade.
[5278] Todo o Congresso vivia da teorização, talvez por medo dos seus detractores, também eles hábeis manuseadores da teoria política e aplicados alunos no estudo de Filmer, Bossuet, Alvarenga, De Maistre, De Bonald, Chateaubriand e tantos outros, dentre os contra-revolucionários, pejorativamente designados de "corcundas". Na linha oposta, Rousseau, Montesquieu, Constant, De Felice, Sieyès, Condorcet e quejandos, bem aplicados pelos "pedreiros-livres" ou "jacobinos", designações preferenciais da contra-revolução para os identificar. Na verdade e ao longo das sessões, segundo se pôde comprovar da leitura do *Diário das Cortes* e do *Diário do Governo*, estes parlamentares davam aulas diariamente, fazendo seus alunos os companheiros de Congresso, que na maioria dos casos não precisariam delas, até porque faziam o mesmo. Aproveitava-se, inadvertidamente, para instruir as galerias onde o Povo se acotovelava para os ouvir; era uma maneira de promover a instrução pública, partindo de cima para baixo, isto é, ilustrando na teoria política, na jurisprudência pátria e na História da Nação, antes do Povo saber, as mais das vezes, assinar o seu nome ou fazer contas de somar, porque as de subtrair estava, pela prática, sobremaneira habituado. Patente na discussão das Bases como depois da Constituição, patente nos debates sobre o Brasil e sobre os órgãos institucionais que o deveriam acompanhar e ao Rei na tomada de decisões – mas sem que qualquer parcela de soberania lhes pudesse escapar – o Parlamento Vintista é o teatro da disputa ideológica, da guerrilha por vezes insensata e das medidas adiadas. Quando um assunto se previa polémico, adiava-se.

de revolucionários sem assento na Constituinte, terão sido substanciais[5279]. O que não significa, longe disso e mal de que o Congresso Vintista se virá, do mesmo modo, a ressentir, que a inexistência ancestral de uma prática parlamentar que fosse digna desse nome implicasse múltiplos percalços[5280]. Alguns mais ou menos risíveis mas que convém não serem esquecidos[5281].

[5279] Francisco José de Almeida, *Introducção á Convocação das Cortes, offerecida ao Governo no dia 25 de Outubro de 1820*, Lisboa, 1820, págs. 5-9: "Constituição de hum Estado Politico (...) que será aquellea do Pacto Social, pois que não outro fundamento das Sociedades se não as Convenções. (...) A Constituição he a lei fundamental do Corpo Politico, he o Regulamento, elo qual a Nação determina como se ecercitará a força Publica. A Constituição establece todas as molas da maquina Social, e põe os fundamentos daquella prosperidade, que os associados tiverão em vista, para se congregarem em Corpo da Nação. Formai a vossa Constituição, e tereis huma Lei Fundamental, que proteja os vossos direitos, que segure vossa Propriedade, a vossa Liberdade, e a vossa vida. O homem, que vive em hum Governa com boa Constituição, não tem acima de si senão a Lei. O governo he formado pela mesma Nação. Os diversos Poderes, aquelle que fórma as Leis, aquelle, que vela a sua execução, e aquelle as applica, são creeados, regrados, e descriminados por vós mesmos, quando em Magestade de Soberania organizais a vossa Constituição. A Constituição he aquelle pacto Social, aquella Convenção tacita, ou explicita, que liga os Governadores, e os Governados. Ella só tem o Poder prodigioso de destruir aquella innegavel desigualdade physica, ou moral, que se observa no estado de natureza, e que produziria logo a ascendencia do forte sobre o fraco, dou ousado sobre o cobarde, do são sobre o enfermo, e do manhoso, e atilado sobre o boçal. Todos porem são iguaes diante da lei, assim como diante de Deos. A Constituição protege os Direitos do Homem, e não só he a sua mais segura garantia, mas estabelece e fixa em vigor de leis esses mesmos direitos."
Se não tivessem mais doutrina disponível, aos Vintistas bastaria ler este empenhado Autor para ficarem de posse de todos os elementos indispensáveis ao seu trabalho. E, enquanto simples cidadão, também Manuel Fernandes Tomás, *Carta Segunda do compadre de Belém ao redactor do Astro da Lusitania*, pág. 10: "Entendia eu, Sr. Astro, que não havia necessidade de escrever agora para os Portuguezes taes ideias abstractas, e methafisicas do Direito Público, quando elles derivão sua representação política, suas prerrogativas, sua independencia, suas Liberdades do mero facto da convenção que fizerão, e de que não querem agora mais do que a execução e cumprimento."

[5280] *D. C.*, IV, págs. 2042 e 2043, por exemplo a respeito do debate sobre se os Conselheiros de Estado poderiam exercer funções ministeriais: "O senhor Borges Carneiro: – He necessario dizelo, já se tem dado algum passo, e agora trata-se de dar outro a fim de intorpecer a marcha da justiça, e dos principios Constitucionais. He sabido que isso he a favor de um homem, que para tal cousa he o mais proprio. Um homem de quem sabemos, que longe de corrigir os abusos, poz pedra em cima de todas as reclamações, que se lhe fizerão contra alguns Ministros, e nada fazia, senão, quando sabia que o *Astro da Lusitanea* expunha, os factos ao publico, ou quando algum deputado se queixava delles justamente a este Congresso. Por isso mesmo que seu atento era estar macomonado com os desembargadoras seus collegas. Quando se lhe obrigou a dar informações, as deo falças como na causa de Falé, (foi chamado á ordem); *ibidem*, O senhor Fernandes Thomaz: – Póde falar o deputado; *ibidem*, O senhor Castello Branco: – A ordem he, se ha motivo, ou não para chamar á ordem o deputado. Esta he a ordem; *ibidem*, O Senhor Maldonado: – Senhor Presidente peço a palavra; *ibidem*, O senhor Borges Carneiro: – A ordem he que está tudo em tal desordem, que, me parece que se não vem uma colonia de Argelinos, não teremos justiça em Portugal; *ibidem*, O senhor Presidente: – Aqui não se trata senão, se póde, ou não um Conselheiro de Estado ser Ministro; *ibidem*, O senhor Borges Carneiro: – A questão he que sei um Conselheiro de Estado póde ser Ministro: sim senhor; mas sabe-se onde isto vai dar: sabe-se que he a favor dum homem a quem eu fiz arguições bem fundadas e que se eu quizer as tornarei a fazer num periodico publico. He necessario fechar a porta a similhante seducção; eu disse que um Conselheiro de Estado não podia subir para Ministro; mas quando podesse ser, não podia selo aquelle homem, porque perdeu a confiança publica. He preciso abandonar todas estas condescendencias, pois todas ellas são contra os pobres cidadãos; de tal sorte, que eu pela minha parte estou persuadido, que em quanto uma colonia de Argelinos, não vier a Portugal, não teremos, justiça."

[5281] Por exemplo, os parlamentares gaditanos levaram algum tempo a perceber que a organização e o método são indispensáveis para um normal funcionamento da Assembleia. Um caso emblemático:

Antes disso, porém, um alerta: e D. João VI e o Príncipe Real, e o Governo do Rio de Janeiro, que pensariam de todos os acontecimentos que iam ocorrendo no distante Portugal?

2.1. Uma incógnita chamada D. João VI

Aspecto que desde cedo preocupou os constituintes ligava-se à dificuldade em estabelecer comunicações fáceis com o Brasil[5282], desconhecendo-se em Lisboa qual o grau de receptividade régia às importantes inovações que iam sendo introduzidas[5283]. Na verdade, não se sabia ao certo qual seria a reacção de D. João e do Príncipe Real à instalação do Congresso, bem como ao tipo de medidas que um pouco disseminadas por todas as áreas da política e da sociedade se tomavam.

Sobretudo quando elas iam todas ao arrepio das decisões da Santa Aliança, pautando-se mais como uma afronta de um pequeno Estado, na ponta ocidental da

---

os parlamentares gastaram três meses a perceber que era importante – que era determinante – a existência de um *Diário das Cortes*, apesar de terem existido propostas em sentido contrário isto é, a nomeação de taquígrafos para registarem os debates. Nem sequer *Diário de Sessões* havia, quanto mais *Diário das Cortes*. Consulte-se *Congreso de los Diputados. Diario de Sesiones: Cortes de Cádiz (24 de Setiembre de 1810 a 20 de Setiembre de 1813)*, Sesion del dia 9 de Octubre de 1810, pág. 33: "(...) proponiendo el señor Martinez que se elegiesen dos taquigrafos que recogiesen y publicasen los discursos y Actas de las sesiones publicas mientras la comision nonbrada para prezentar un plan de *Periodico de Cortes* concluye su trabajo." Veja-se, mais, *Cortes de Cádiz, Índices de las Cortes Generales e Extraordinarias*; pág. 221, onde a matéria vem exaustivamente sistematizada, bem como os informes importantes que podem ser obtidos em Manuel Moran Orti, págs. 31 e ss.

[5282] Joaquim de Carvalho, *História de Portugal. Edição Monumental comemorativa do 8º Centenário da Fundação da Nacionalidade*, VII, pág. 78 e ss.: "As primeiras notícias da revolução chegaram ao Brasil em 17 de Outubro, pelo bergantim mercante 'Providencia'. O conselho de ministros foi imediatamente convocado, e, como quase sempre ocorre em circunstancias idênticas, surgiram duas políticas opostas: a da oposição intransigente e repressiva, e a da moderação conciliatória. Tomás António Vila Nova Portugal, ministro do reino, defendeu a primeira, pelo contrário, o Conde dos Arcos, ministro da marinha, propôs a contemporização, porque se lhe afigurava que o movimento tinha raízes na opinião pública e era, portanto, necessário transigir, indo ao seu encontro."

[5283] Embora durante a fase mais acesa das discussões entre os revoltosos de 1820 e o Governo da Regência, os primeiros, já então constituídos em governo, tenham ao Rei enviado uma missiva, em 6 de Outubro de 1820, devidamente acompanhada de documentação comprovativa e esclarecedora da argumentação expandida. O texto da mesma encontra-se nos *DHCGNP*, I, págs. 72-74, de que se extractam os pontos que parecem fundamentais e aos quais bem gostariam que D. João VI tivesse de imediato respondido. Assim, deveria estar o monarca ciente do apego nacional à Família Real, à Casa de Bragança e ao próprio Rei. De igual modo se pretendia a convocação de Cortes que "organisadas de uma maneira conveniente ao estado da Nação e ás luzes da Europa, hajam de estabelecer as leis fundamentaes da monarchia e preparal-a para tornar a elevar-se ao grau de esplendor de que desgraçadamente havia decaído, (...)." A Junta Provisional do Governo Supremo do Reino, animada dos propósitos já conhecidos, manifestados ao monarca por todos os meios ao seu alcance, relata de forma sumariada ao monarca os acontecimentos ocorridos em Portugal desde 24 de Agosto, pedindo ao mesmo que se digne, a final, "ouvir e attender benignamente os clamores do seu povo, anuir aos votos que elle faz pela saudosa presença de vossa magestade ou de alguma pessoa de sua augusta familia, que no real nome de vossa magestade nos governe e suppra seus paternaes cuidados, e approvar a convocação das côrtes, que a Nação deseja e que nós julgamos de inevitavel urgencia não demorar por mais tempo." José Francisco da Rocha Pombo, *História do Brazil (Ilustrada)*, volume VII, Rio de Janeiro, Benjamin de Aguila, Editor, s. d., VII, págs. 487 e ss, dá nota sumária da forma com a Revolução de 1820 foi recebida no Brasil e suas manifestações de adesão.

Europa, ao reluzir das cabeças coroadas Centro e Leste europeias[5284]. E ninguém se atrevia a conjecturar qual seria a decisão de D. João VI e como se sentiria ao ver-se desautorizado na sua terra, por uma Revolução que lhe abalara os pilares do régio Poder nos moldes em que era compreendido antes de 1820.

Mais a mais quando se tinham convocado umas Cortes "estranhíssimas", em nada se assemelhando com as Cortes tradicionais portuguesas, tais Cortes se encontravam em pleno funcionamento e iam fazer uma Constituição "nunca menos liberal que a de Cádiz". E Sua Majestade sem se pronunciar[5285]. E os áulicos a tecerem a sua teia[5286]. Por tudo isto, o liberal receio só podia ser muito[5287].

[5284] José d'Arriaga, *História da Revolução Portuguesa de 1820*, II, pág. 557: "O Rei e a corte estavam a umas poucas léguas do reino; toda a representação nacional residia no Congresso, que não tinha na sua frente nenhum outro poder rival que o offuscasse. Isto fazia realçar ainda mais a grandeza e a sublimidade da sua augusta missão. Todas as attenções do paiz convergiam para esse centro único, para essa plêiade de deputados que se propunham salvar a pátria e dar-lhe um futuro de prosperidades e de gloria."

[5285] Na verdade isto não era bem assim; simplesmente os constituintes não o sabiam nem poderiam saber. As medidas que ficaram apontadas em nota antecedente por parte do monarca, tiveram como preliminar um decreto régio de 18 de Fevereiro, dado no Rio de Janeiro e em que o monarca afirmava expressamente ser de sua intenção enviar D. Pedro a Portugal, *"munido de Auctoridade e instrucções necessarias, para por logo em execução as medidas e providencias que julgo convenientes, a fim de restabelecer a tranquilidade geral d'aquelle Reino, para ouvir as representações e queixas dos Povos, e para estabelecer as reformas e melhoramentos,* e as leis que possam consolidar a Constituição portugueza; e tendo sempre por base a justiça e o bem da monarchia, procurar a estabilidade e prosperidade do Reino Unido, *devendo ser-me transmittida pelo principe real a mesma Constituição, a fim de receber, sendo por mim approvada, a minha real sanção.*" No mesmo decreto se mandava *"convocar para a Corte do Brasil os procuradores das câmaras principais que tivessem juizes letrados, tanto no Brasil como na Madeira, Açores e Cabo Verde, os quais reunidos* "com urgência em junta de Cortes", fizessem a precisa adaptação dos artigos possíveis da Constituição portuguesa em elaboração. Tal não passou de manifestação de boa vontade e medida efémera do gabinete do Rio, que acrescentava que a diferença das Constituições era fundada em "não poder a Constituição que se havia de estabelecer a princípio para os Reinos de Portugal e Algarves, ser toda aplicável ao Brasil, Ilhas e Dominios Ultramarinos". Deste extracto do decreto, saltam à vista duas coisas: D. João VI estava completamente desfasado no tempo e não percebia que já não tinha qualquer autoridade para poder levar à prática tais medidas, não duvidando da sua boa-fé. Seriam medidas a atender em presença dos ensinamentos dos teóricos do séc. XVIII mais avançados, de um Burlamaqui, de um Vattel, mesmo de um De Martini. Não eram, nem podiam ser medidas saídas da Revolução Francesa, de um Bentham, de um Constant ou de um Claude Mey. O Rei estava equivocado e o equívoco iria custar-lhe algumas penas. Quanto ao Congresso, imagine-se a indignação na recepção a esta peça legislativa. Os honrados membros, terão certamente sentido o sangue ferver, perante tanto despautério proclamado. A seu tempo se verá o que esta e outras situações, vão implicar no difícil relacionamento institucional que durante algum tempo existiu latente entre Congresso e Rei, mais por mote do segundo que por responsabilidade do primeiro. Consulte-se o texto do decreto de D. João VI, nos *DHCGNP*, I, pág. 161.

[5286] O grau de consideração que estes áulicos tinham na generalidade dos intelectuais europeus da época era mínimo. De todos os quadrantes chegavam invectivas à sua actuação, mesmo provenientes das bocas donde menos se esperaria. Veja-se *O Investigador Portuguez em Inglaterra*, XXI, Abril de 1818, "Revoluçoens Antigas e Modernas. Differença que há entre o nosso Seculo e aquelle em que se operou a Revolução Republicana da Grécia. Extrahido da Obra de M. de Chateaubriand", pág. 311: "A intriga fazia e desfazia todos os dias homens de Estado; e esses *ministros ephemeros, que trazião para o governo sua propria inepcia e seos proprios costumes, vinhão já carregados com o odio dos que os tinhão precedido*. Disto procedia a mudança continuada de sistemas, Projectos e ideias. Estes mesmos *anoens politicos andavão acompanhados de uma faminta chusma de subalternos, de lacaios, de lisongeiros, de comediantes, e de amigos; cuidavão só em chupar o sangue do miserável; e depois se abismavão deante de outra geração de insectos, tão fugitiva e devoradora como a primeira.*"

[5287] Disso se ressentiram, em boa parte, as Bases da Constituição, feitas ao correr dos boatos da vinda de D. João VI, acompanhado de uma esquadra inglesa com direcção aos Açores, e posteriormente

Ia-se tornando por demais evidente, a possibilidade que os constituintes logo de princípio teriam em mente da existência de dois centros políticos. Era admissível pensar que, apesar de tudo, D. João VI não se resolvesse a voltar a Portugal ou então, fazendo--o, a manter especiais prerrogativas ao Brasil[5288]. O último caso que os constituintes poderiam imaginar nas suas nacionalistas manifestações, seria a régia salvaguarda da possibilidade de a Corte definitivamente ficar instalada no Brasil.

Provavelmente, era precisamente nisto que D. João VI pensava embora nunca o tivesse dito directamente às Cortes de Lisboa[5289].

Razões não lhe faltariam. A Corte do Rio de Janeiro oscilava entre os temores do jacobinismo que os Governadores do reino lhe oficiavam[5290], como à demais e

destinado a Lisboa onde dissolveria as Cortes. Neste circunstancialismo, algumas das imprevidências das Bases poderiam ser aceitáveis. O Congresso era o reflexo das incertezas da Nação portuguesa, que não entendia governo sem Rei, a não ser de jacobinos e odiava os jacobinos só pelo "que tinha ouvido dizer de França". Saber se o Rei voltaria ou algum dos seus filhos, equivalia a perguntar com que intenções ou com que instruções. Se viesse a existir conflito entre o monarca e o Congresso, qual a reacção da Nação e do Congresso? Estava, de resto, bastante ciente dos chamados áulicos do Rei, que no Rio o inundavam com perversas ideias. Como tal eram considerados pelo Soberano e Augusto Congresso Nacional indivíduos como Linhares, Vila Nova e até, por absurdo que pareça, Palmela. O Rei era magnânimo mas não era insano, e os constituintes bem o sabiam. As informações acerca da posição das potências europeias da época, em matéria de revoluções, não lhe seriam desconhecidas, e quando fosse menos bem informado, lá estariam as correspondências do Marquês de Marialva, de D. António de Saldanha e outros, que os parlamentares bem conheciam – ou achavam que conheciam – servis por conveniência própria ao monarca e que desprezavam os Soberanos e Augustos, do Congresso.

[5288] Recorda *O Correio Braziliense ou Armazém Litterario*, II, 1809, nº 13, pág. 640, que "a injustiça com que Portugal e Hespanha tratarão sempre as suas Colonias, ha agora a causa da sua ruina; porque, prohibindo o Brazil (por exemplo) as manufacturas, as artes, as sciencias, e o comercio estrangeiro, ficaram estas Colonias reduzidas a trabalharem como escravas para a metrópole; a qual descançando inteiramente no ouro, que lhe traziam os seus escravos, desprezou a sua propria industria; *falta-lhe agora a Colonia, e acha-se Portugal reduzido á mendicidade; natural castigo da sua injustiça; porque Portugal aterrou os mouros de Africa, descobrio o Brazil, e fez respeitar suas Quinas nas mais remotas partes do Oriente, sem ter o ouro nas suas Colinas.*"

[5289] Isabel Nobre Vargues, "O Processo de Formação do Primeiro Movimento Liberal: a Revolução de 1820", *História de Portugal* (direcção de José Mattoso), V, págs. 62 e ss.

[5290] Seria apenas receio ou haveria algo mais que justificasse o procedimento do Governo da Regência? A sua situação era, de facto, trepidante, e talvez por isso não hesitaram em escrever a D. João VI, dando a sua versão dos acontecimentos, em carta de 2 de Setembro, no mesmo dia em que tinham decidido proceder à convocação das Cortes. É, na verdade, um primor, a justificação apresentada ao Rei D. João VI pela Regência, quanto à necessidade de convocar em Lisboa Cortes: "Seria impossível exprimir a vossa majestade qual foi a nossa mágoa em uma tão crítica situação, obrigados pelo aperto das circunstâncias a tomar uma medida extraordinária, à qual apenas nos poderia resolver a consideração do iminente risco em que se acha o reino, e a necessidade absoluta de tomar um pronto expediente, que pusesse termo aos males que precisamente havia de produzir o actual estado das coisas (...)." E, mais à frente, a propósito do importante factor que foi o apoio e os bons conselhos do Conde de Palmela, "Não podemos deixar de levar finalmente à augusta presença de vossa majestade, que, achando-se aqui felizmente o Conde de Palmela, ministro e secretário de Estado de sua majestade nas repartições dos negócios estrangeiros e guerra, e tendo-lhe nós pedido que houvesse de auxiliar-nos em tão críticas e difíceis circunstâncias, como aquelas em que ultimamente temos estado, com o seu conselho, talentos e reconhecido zelo, por tudo quanto pertence ao real serviço de vossa majestade, ele, apesar da sua delicadeza e melindre, pelo lugar que vai ocupar, se tem prestado a todas as nossas solicitações com a melhor vontade e tal interesse, que nos cumpre fazer dele especial menção a vossa majestade, para que assim lhe

incauta população portuguesa[5291] – muito embora os revolucionários tenham tentado, apesar de tudo não hostilizar abertamente o Governo Regência[5292] –, as suspeitas de estrangeirismo veiculadas por Beresford[5293], o comportamento dos diplomáticos portugueses[5294] e as fervorosas aclamações ao Rei e à Família Real, que as Gazetas unanimemente noticiava de Lisboa.

possa ser constante." De facto e segundo informa Joaquim de Carvalho, *História de Portugal. Edição Monumental comemorativa do 8º Centenário da Fundação da Nacionalidade*, (direcção de Damião Peres), VII, pág. 79, a proclamação de 1 de Setembro foi redigida pelo próprio Palmela, o que obviamente não foi noticiado pelo Governo da Regência a D. João VI. Veja-se *DHCGNP*, I, pág. 24; *Memórias do Marquês de Fronteira e d'Alorna, D. José Trazimundo Mascarenhas Barreto, ditadas por ele próprio em 1861*, pág. 211. Um tal interesse e boa vontade custou-lhe da parte dos regeneradores de 1820 a má vontade que lhe demonstraram na chegada do Rei a Lisboa, fazendo o Conde parte da sua comitiva, ponto conhecido e a que não se tornará.

[5291] *DHCGNP*, I, págs. 16-21, 30 e 40. Em 29 de Agosto, tendo-se apoderado o pânico do Governo da Regência, decidiu também emitir uma proclamação, com um duplo fito: desacreditar os revolucionários do norte e apelar à contra-revolução. De facto, tendo apenas tomado conhecimento da Revolução do Porto no dia anterior, não poderia ter sido mais lesto em se pronunciar contrário ao "horrendo crime de rebelião contra o Poder e Autoridade legítima do Rei", que tinha sido cometido no Porto. Assinada por todos os seus membros, o Cardeal Patriarca, Marquês de Borba, Conde de Peniche, Conde da Feira e Antonio Gomes de Andrade, inculcava bem a tragédia que viam nos acontecimentos. Imediatamente surgiram ecos desta posição, sendo de destacar o do general Vitória, governador de armas da província da Beira, também em 29 de Agosto, os quais não ficaram sem resposta dada aos contra-revolucionários pelos portuenses em 31 de Agosto e 2 de Setembro, dirigindo-se aos habitantes de Trás-os-Montes e alto Douro e aos da Beira. Parecia, de facto, difícil conter a onda revolucionária que ia ganhando cada vez mais adeptos pelo reino. Quanto à Regência não desistia e continuava a proclamar alto e bom som em desfavor dos revolucionários de que dão conta as proclamações de 1 e 2 de Setembro, prometendo também mandar fazer a convocação das Cortes, desde logo ficando nomeada uma comissão para tratar do assunto. Veja-se *O Campeão Portuguez ou o Amigo do Rei e do Povo*, III, Outubro de 1820, págs. 224 e ss; *O Correio Braziliense ou Armazém Litterario*, XXV, 1820, nº 224 e ss; *O Portuguez*, XI, nº 63, págs. 229-231.

[5292] *O Campeão Portuguez ou o Amigo do Rei e do Povo*, III, Outubro de 1820, págs. 214 e ss.: "Documento 5º – Carta da Junta provisional do Supremo Governo do Reino aos Governadores de Lisboa, datada de 3 de Setembro de 1820."

[5293] *Ibidem*, III, Novembro de 1820, pág. 304: "Com effeito os extraordinarios Poderes, de que do Rio de Janeiro vinha investido o Marechal erão por elles mesmos sufficientes para excitar uma revolução, ainda quando ella já não tivesse acontecido." O redactor transcreve o diploma de proveniência régia e datado do Rio de Janeiro, em 29 de Julho de 1820, onde os poderes de Beresford vêm miudamente enunciados e remata com o seguinte comentário a respeito de tal questão: "Por o Artigo XX das Cortes de Lamego do anno 1143 (...) vê-se que El Rei D. Affonso I no acto de aceitar a Coroa jurara que *se houvesse Rei Portuguez que consentisse em fazer acçoens indignas de seu carcater e de sua dignidade, esse Rei não seria digno de viver.* (...) E que maior quebra de independencia do Povo Portuguez do que por nas maons de um estranho prorogativas que so competiam a um Rei Portuguez, e quando muito podem ser delegadas a um benemérito vassalo, e esse exclusivamente Portuguez?"; *O Portuguez*, XI, nº 64, págs. 333 e 334.

[5294] *O Campeão Portuguez ou o Amigo do Rei e do Povo*, III, Dezembro de 1820, págs. 372 e ss.: "Por este documento [relativo ao comportamento do Embaixador português na Corte de Berlim e contrário à Nova Moda] vemos que a conspiração dos ministros Portugueses residentes nas diversas Cortes do continente, tem sido quasi geral: (...). O centro da conspiração, como já em o nosso nº antecedente mencionámos, está em Paris; e ahi, para vergonha eterna de seus cooperadores, se tem tramado todas as intrigas contra a Liberdade de nossa boa patria. Se ellas não vão á vante, como racionalmente suppomos não hirão, não he por falta de actividade e manobras desses indignos servidores publicos, que se denominão *Portuguezes*: porque quanto tem podido, elles hão trabalhado, e ainda trabalhão em suscitar inimigos contra Portugal. Agora se diz que em Paris se vão congre-

Por isso mesmo entendeu o Congresso escrever ao monarca com os habituais protestos de fidelidade à sua sagrada pessoa.

Na primeira dessas cartas assinale-se a ideia reiterada de umas Cortes enquanto "deposito augusto da representação nacional"[5295], sendo feita uma resenha dos principais acontecimentos desde as eleições para o Congresso. Nas mesmas demonstraram os cidadãos "a sua vontade em plena Liberdade, todos e cada um dos cidadãos deste reinos (...)"[5296], considerando-se que o monarca será na Constituição política a elaborar não menos considerado que detentor do "supremo apanagio de um poderoso monarcha, na direcção e movimento politico da machina administrativa"[5297].

Para ex-monarca absoluto, era a máxima das cedências. O grave foi que poucos dias depois da última das missivas ser enviada, D. João VI anuía à Constituição que as futuras Cortes viessem a fazer, e, mais que isso, jurava-a em 26 de Fevereiro. A pressa dos Vintistas era injustificada e a reacção do monarca acabou por se mostrar mais digna que alguns dos membros do Augusto Recinto poderiam esperar[5298].

Aguarde-se, pois, o regresso do Rei para retomar o seu eventual diverso ponto de vista (?) face aos sucessos de 1820. Faça-se-lhe, porém, a justiça de antes de poder receber as cartas do Congresso, já havia jurado, com D. Pedro e D. Miguel a Constituição[5299].

2.2. Ponto de partida para o debate acerca dos direitos individuais e regime político da Nação Vintista e sua consagração política (remissão)

Das inúmeras intervenções dos constituintes neste domínio, como no campo dos direitos políticos[5300], destacam-se aquelas que no plano do debate acerca das Bases – únicas por ora interessam[5301] – incidem no plano da Liberdade de pensamento. Ponderando sobretudo as questões da Liberdade de imprensa e da Liberdade de consciência, num dos casos positivamente aceite e no outro fazendo justiça à tradição

---

gar todos esses nossos diplomaticos, e ahi intentão formar um conciliabulo em que de commum acordo meditem Projectos para aniquilar nossas Liberdades."; *O Portuguez*, XI, nº 64, págs. 337 e ss., reproduzindo por inteiro a Proclamação aos portugueses de José Anselmo Correia Henriques, a que aduz ou esperados comentários pouco abonatórios; *ibidem*, XI, nº 65, págs. 397 e ss., onde a dado passo se pode ler: "Saiba o Governo, e saiba todo o Povo Portuguez que os seus inimigos, os Ministros do seu Rey nas Cortes estrangeiras, teem assentado em aconselhar seu Amo a que não aceite a Constituição, que se em Portugal fizer, mas offereça dar uma sua ao Povo, por a maneira que a deu aos francezes Luiz 18."; *ibidem*, nº 66, págs. 493 e ss. prossegue a sua cruzada, sem que os pressupostos de apreciação se tenham alterado.

[5295] Francisco José de Almeida, págs. 24 e ss.

[5296] *DHCGNP*, I, págs. 156-160. Carta de 15 de Fevereiro de 1821. A segunda missiva, de 19 do mesmo mês, não tem qualquer relevância por relatar a adesão da Ilha da Madeira ao sistema constitucional, encontrando-se a pág. 160.

[5297] *DHCGNP*, I, pág. 159.

[5298] *DHCGNP*, I, pág. 162.

[5299] *O Campeão Portuguez ou o Amigo do Rei e do Povo*, IV, págs. 183 e 184; Joaquim de Carvalho, *História de Portugal. Edição Monumental comemorativa do 8. Centenário da Fundação da Nacionalidade*, (direcção de Damião Peres), VII, págs. 83 e ss., desenvolve o tema.

[5300] Será feita uma tentativa de alternar, neste plano de análise, entre as intervenções das figuras mais e menos conhecidas do Vintismo nacional. Todos os parlamentares têm igual dignidade e é chegada a hora de tomar contacto com alguns ilustres "menos conhecidos", sobretudo situados na ala conservadora ou até com laivos de tradicionalismo.

[5301] António Joaquim da Silva Pereira, *O Vintismo – História de Uma Corrente Doutrinal*, págs. 123 e ss.

eminentemente católica do povo português, ficar-se-á de posse do quadro de fundo. O que depois permitirá não apenas a elaboração do texto de 1822, mas a própria vinculação ao mesmo do soberano, ainda no Brasil.

Por outro lado, as Bases apresentadas em 8 de Fevereiro[5302], vão incidir sobre os dois grandes núcleos de observação que estão em causa no presente Estudo. O plano dos direitos individuais e a fixação do regime político, domínios onde a consabida polémica parlamentar entre a ala radical e os moderados uma vez mais sobressai, mantendo a sua plena actualidade até à aprovação e assinatura da *Constituição de 1822* pela esmagadora maioria dos parlamentares reunidos em Congresso.

Registe-se, finalmente, que a opção por reservar este aspecto para o estudo das mesmas coincide com a percepção, já afirmada, delas constituírem, na prática e ainda que não haja consagração formal no texto legal deste entendimento, a genuína *Declaração de Direitos*[5303], ausente na *Constituição de 1822*[5304], como na sua congénere de Cádiz.

No que respeita aos discursos dos dois membros da Comissão Constitucional encarregues de apresentar o Projecto das Bases, é possível detectar nas intervenções dos relatores do mesmo, João Maria Soares Castelo Branco e Bento Pereira do Carmo, ao justificarem as duas Secções, a perspectiva político-ideológica que correspondia às intenções da Comissão[5305].

[5302] António Pedro Vicente, "Um Diplomata Espanhol nas Cortes Constitucionais Portuguesas", *A Diplomacia na História de Portugal, Actas do Colóquio*, pág. 363, retratando a opinião do ministro espanhol em Lisboa, José Maria de Pando: "(...) sem dúvida dignos do século ilustrado em que vivemos e análogas às necessidades dos Povos Modernos bem como conformes aos seus imprescritíveis direitos (...)."

[5303] Segue-se destarte, a doutrina sufragada por Gomes Canotilho, "As Constituições", *História de Portugal* (direcção de José Mattoso), V, pág. 150: "Através de um acto primeiro e em jeito de primeiro pacto do novo Poder, as Cortes Constituintes 'reconhecem' um conjunto de princípios que hão-de valer, simultaneamente, como "pré-constituição" e como "supraconstituição". Nesse sentido, as "bases" são a primeira manifestação do Poder constituinte democrático e o seu limite. Assim compreendidas, não é ousado afirmar que elas pretendiam desempenhar uma "função fundacional" e legitimamente equiparável à da grande *Déclaration des droits de l'homme et du citoyen du 16 aôut de 1789*."

[5304] O título I da *Constituição de 1822*, "Dos Direitos e Deveres Individuais dos Portugueses", já tem sido considerado como uma espécie de *Declaração de Direitos*, sem autonomia e inserida no próprio texto constitucional. Não custa aceitar esta ideia, tanto mais que se dá uma quase repetição textual do que já havia ficado mencionado nas Bases no que respeita aos direitos individuais. É isso efectivamente que se pretende de umas Bases mas, tomando por modelo a sua mais acabada antecessora, a *Declaração dos Direitos do Homem e do Cidadão de 1789*, carecia este título I da definição do regime político, mormente da consagração da soberania nacional. Ora isto estava presente no texto das Bases da Constituição e daí que não contestando a citada interpretação, ela deverá ser completada com a admissibilidade dessas Bases como a verdadeira Declaração de Direitos que era inexistente sob forma autónoma no texto nacional de 1822, tal como já sucedera com o seu congénere de 1812.

[5305] Alguns periódicos fizeram questão de publicitar as Bases. A título exemplificativo vejam-se *Mnemosine Constitucional*, nº 36, 10 de Fevereiro de 1821 e ss. O Projecto das Bases encontra-se publicado na íntegra no nº 37, 12 de Fevereiro de 1821, Supplemento; as Bases já aprovadas constam do nº 64, 15 de Março 1821 e números seguintes. *O Portuguez Constitucional*, nº 40, 20 de Fevereiro 1821 publica as Bases da Constituição e o nº 64, de 21 de Março 1821 o texto final; *O Pregoeiro Lusitano. Historia Circunstanciada da Regeneração Portugueza*, Parte II, pág. 138, publica o Projecto das Bases; *O Cidadão Literato*, nº III, 1, pág. 150 e ss; João Maria Tello de Magalhães Collaço, págs. 40 e ss.

No quadro dos direitos individuais Rousseau, mas também Condorcet, tutelam doutrinariamente as ideias da Comissão e, se a felicidade geral é bem a preservar, a justa e voluntária alienação a que procede o indivíduo de uma parcela dos seus direitos individuais, visa a segurança que apenas a vida em sociedade poderá permitir[5306].

O utilitarismo de Bentham está muito presente nas lucubrações que fazem[5307] mas entendiam que a conciliação entre antigo e novo deve ser enquadrada como sentido axiológico fundamental para o debate que se preconiza[5308]. Direitos individuais[5309] e

---

[5306] Como tutelava a de grande parte da sociedade portuguesa que havia aderido aos ideais do Liberalismo e que desde os inícios da Revolução manifestava o seu total apoio à causa do Individualismo. A título meramente exemplificativo, veja-se *Relação da Solemne Acção de Graças que o Corpo do Commercio da Cidade do Porto ordenou que se rendesse ao Altissimo no dia 22 de Outubro*, pág. 17: "Pois que? homens iguaes e livres por natureza, que se unirão em Associação Politica para ser felizes, hão de ser tratados como brutas Alimárias?" No mesmo sentido, Francisco José de Almeida, pág. 9: "A Constituição diz: 1º que os homens, qualquer que seja o desenvolvimento de suas faculdades naturaes, são essencialmente livres, e que podem levar o uso da sua Liberdade até aonde esse direito não damna aos direitos iguaes do seu semelhante. Raias são porem estas, que só a lei sabe fixar, a qual he recta, imparcial, e acima de toda a aceitação de pessoas. 2º Que nenhum homem he obrigado a fazer o que outro homem quer, mas só o que a lei ordena (...)." Para desenvolvimentos, Manuel Borges Carneiro, *Portugal Regenerado em 1820*, págs. 3-8.

[5307] *O Portuguez Constitucional*, nº 14, 7 de Outubro de 1820, manifesta esta posição: "A maior parte dos homens, nas opiniões que abração, não consultão as voses da rasão nem do interesse público; mas a sua utilidade particular, que disfarção de mil modos, as suas inclinações pessoaes de amor ou de ódio, e as suas vistas futuras. Eu não condemno que cada hum forceje por adiantar o seu interessa particular: seria huma chymera, e hum absurdo; mas dezejo que, fazendo-o, não prejudiquem os interesses do Povo; nem ataquem o direito dos outros seus concidadãos; que cumprindo os seus deveres e obrigações, olhem para a prosperidade da Nação, na qual vá refundida a sua particular, como a de huma parte deve hir na do seu todo."

[5308] *O Cidadão Literato*, nº I, 1, Janeiro de 1821, "Introducção", pág. VII: "(...) pelo que toca ao Governo em proteger todos esses sentimentos, a Propriedade individual em quanto á pessoa, acções, bens, e direitos, sem que se padeça nelles o minimo detrimento, que não seja de rigorosa necessidade ao Bem geral (...)." Veja-se intervenção de Soares de Azevedo em 18-10-1821.

[5309] *D. C.*, I, 12-02-1821, págs. 80 e 81, relativo à intervenção de João Maria Soares Castelo Branco. Assim, "O Senhor Castello Branco. – Senhores: offerecem-se hoje á discussão desta Augusta Assembléa as bases da nossa futura Constituição Politica, e como hum dos membros da Commissão incumbida da sua redacção, me pertence fazer sobre ellas algumas reflexões. Eu não sei que haja alguma outra proposição mais susceptivel de se demonstrar evidentemente, do que aquella porque se estabelece, *que o fim da sociedade he a felicidade geral, ou a conservação dos direitos essenciaes do homem, sem os quaes elle não pode ser feliz; tanto he isto assim, que repugna absolutamente a idea de sociedade, sem ter em vista, esse objecto unico. Porque outro motivo haverião os homens renunciado á sua Liberdade e independencia natural, a não ser para melhor segurarem á custa de alguns sacrificios aquillo mesmo, que mal poderião sustentar no seu estado primitivo?* Entretanto ainda hoje se questiona sobre este principio de primeira evidencia, e tal tem sido o jogo das paixões e interesses particulares, tal a degenerarão das verdades mais simplices; que todas as vezes que se trata de dar melhor fórma a huma sociedade corrompida, he necessario começar por garantir aos associado conservação de seus direitos inalienaveis, aquillo mesmo que só os póde condusir á felicidade, como que fosse huma these susceptivel de controversia. Com effeito estas verdades simplices como são e incontrastaveis, se perdem frequentemente de vista. *Nascidos livres e independentes, tendo recebido da natureza as faculdades proprias para preencherem o seu destino, vendo com tudo que melhor o conseguirião unindo suas forças, os homens celebrárão pacto solemne da sua reunião, e se garantirão mutuamente sua Liberdade, segurança e propriedade. Elles estabelecerão as regras ou as Leys porque devião dirigir suas acções para o fim commum; designárão os que devião vigiar sobre a observancia destas Leys, constituirão o modo de fazer as que para o diante se julgassem necessarias; prometterão-lhe obediencia com a condição porem de se lhe sustentar aquella parte dos seus direitos que se havião reservado, como indispensavel*

regime político[5310] deverão, pois, ser levados em linha de conta nestes justos limites

á sua felicidade, e que cada hum podia exercitar sem prejudicar aos outros. He certo que nesta nova ordem de cousas, em que huns erão destinados a obedecer, outros a mandar se achava já necessariamente estabelecida a desigualdade de condições; mas a Ley superior a todos os reduzia ao mesmo nivel, e cada hum destinado a obedecer-lhe na classe em que se achava, concorria com igual parte para o desempenho do pacto social. Todavia como he que se poderia combinar este equiliibrio com as paixões, com os interesses dos homens? O homem sempre, insaciavel de Poder, querendo attribuir tudo a si, como ponto unico, huma vez armado da auctoridade, ora lisonjeando o forte, ora aterrando o fraco, lhe he facil fazer calar a Ley, e erigir-se em arbitro supremo. Desde logo suas, vontades vem a ser ordens irresistiveis, porque elle he ao mesmo tempo o legislador e o executor da Ley. Os interesses complicados da sociedade fazem que muitos tirem partido da mesma deserdem, e a sustentem; os outros não podem resistir--lhe se insensivelmente se accommodão á escravidão. Quando as cousas chegão a este ponto, o pacto social desapparece, os direitos do homem são chimeras, e, tudo se refere ao despota, de cujo arbitrio só pendem os destinos geraes. Taes erão as circunstancias a que desgraçadamente nos viamos reduzidos, e de que só podia salvar-nos o heroico esforço, com que fizemos riverver o pacto social, e recobrámos nossos direitos atropellados e esquecidos. He por isso que a Commissão propondo as Bases da Constituição, principiou por declarar os direitos individuaes do Cidadão, que a mesma Constituição deve garantir, como fim principal da sociedade, e á conservação dos quaes tudo deve concorrer. (...).''

[5310] D. C., I, 12-02-1821, pág. 79, relativo à intervenção de Bento Pereira do Carmo. O relator apresenta a Secção II das Bases, relativa ao regime político que se preconizava em harmonia com a tradição e a inovação, sobretudo no que respeita à divisão dos Poderes de Estado, tendo em vista evitar qualquer despotismo: "O senhor Pereira do Carmo. – Senhores: os Membros da Commissão, bem longe de se entranharem no *lahyrintho das theorias dos Publicistas modernos, foi ao buscar as principaes ha sés para a nova Constituirão ao nosso antigo Direito Publico, posto acintemente em desuso pelos Ministros despoticos, que lisongeavão os Reys á custa do Povo. Assim, Senhores, quando proclamarão no Artigo 18, Sessão 2ª, o principio fundamental na soberania, e independencia da Nação, nada mais fizerão do que renovar o que já por muitas vezes se havia proclamado nas epochas mais assignaturas da nossa Historia. Proclamou-se em Lamego a soberania e independencia da Nação*, quando os Portuguezes puzerão a corôa na cabeça do Vencedor de Ourique, o Senhor D. Affonso Henriques. Proclamou-se a soberania e independencia da Nação, quando as Cortes do Reyno fizerão Rey, na Cidade de Coimbra, (1) ao Senhor D. João 1º, Tronco da Serenissima Casa de Bragança. São notaveis, Senhores, as palavras da Acta deste Congresso para sempre memoravel: eis-aqui como se explicárão os deputados do Cortes. – *Nomeamos, escolhemos, tomamos, e ouvimos, recebemos em aquella melhor e mais comprida guiza que nos podemos a dito D. João Mestre d'Avis, em Rey, e por Rey e Senhor nosso, e dos ditos Reynos de Portugal e do Algarve, e outrogamos-lhe que se chamasse Rey.* (2) *Proclamou-se a soberania e independencia da Nação, quando em 1640 esmigalhamos os ferros, com que no agrilhoarão os Filippes, e collocamos no Throno Portuguez o Senhor D. João 4º de saudosa memoria. Proclamou-se a soberania e independencia da Nação, quando em 1668 as Cortes de Lisboa deposerão por incapaz de reynar, ao Senhor D. Affonso 6º, e chamárão para a Regencia do reyno ao Senhor Infante D. Pedro. Proclamou-se em fim a soberania e independencia da Nação nas Cortes de 1679, e 1697, em que se dispensarão, e derogárão alguns capitulos das de Lamego ácerca da successão da coroa; porque, reconhecendo o Senhor D. Pedro 2º, que o não podia derogar, nem dispensar, salvo em Cortes, confessou á face do Mundo inteiro, que a Nação era soberana, e que só a Nação competia tocar nas Leys fundamentaes do Estado.* Eis-aqui, Senhores, como este principio do nosso Evangelho politico, que tanto assusta hoje os Monarchas da Europa, era reconhecido, e practicado em Portugal, havia bem perto de seiscentos annos. Mas taes doutrinas não servião nestes ultimos tempos; e em seu lugar se deixou livremente correr, ou, para me explicar melhor, *mandarão que se acreditasse, que o Poder dos Reys vinha immediatemente de Deos: idéa sacrilega, e absurda, que marca pontualmente até onde havia chegado a nossa degradação! Porem hoje, Senhores, os Portuguezes, reassumindo os seus imprescriptiveis direitos, proclamão de novo este principio fundamental do seu pacto social; e a Europa, espantada ao brado da nossa regeneração politica, ficará convencida de que nem os partidos, nem as facções tiverão a mais escassa influencia em nossos esforços, tão gloriosos como affortunados; mas unicamente o desejo de reconquistarmos nossa bem entendida Liberdade, isto he, aquella que tanto se affasta do despotismo, como da anarchia.* Talvez, Senhores, que o

e como a própria sociedade portuguesa parecia sufragar[5311]. O papel da *Constituição de Cádiz* apenas salienta que a adesão aos seus princípios, enunciados por Sieyès, Condorcet, Constant ou Montesquieu, e por vezes adaptados, marcam um acentuado conhecimento das fontes directas pelos parlamentares de 1821.

O debate sobre as Bases prolongou-se pelo mês de Fevereiro de 1821, sendo sucessivamente discutidos os vários artigos do Projecto[5312], apresentado por Ferreira de Moura como membro da Comissão Constitucional[5313]. Nas duas primeiras sessões discutiram-se o Preâmbulo e os dois primeiros artigos, que versavam sobre a Liberdade individual do cidadão[5314], cujo entendimento era pacificamente aceite pela franja liberal mais esclarecida da sociedade portuguesa.

No dia 13 de Fevereiro debateu-se o artigo 7º, subordinado à Propriedade enquanto direito individual inatacável à luz dos princípios liberais e começou a discutir-se o 8º, primeiro de uma série de três versando a Liberdade de imprensa[5315].

Artigo 27 da Secção 2ª pareça coarctar em demasia o Poder Real, em quanto determina, que só ás Cortes pertença approvar os Tratados de alliança offensiva, e defensiva. Todavia, sobrestando por agora nas rasões intrinsecas, em que assenta o artigo, e que a olhos vistos se conhecem; eu me limito a mostrar, que neste sentido já se havião estipulado outras condições, que devião formar parte do nosso direito publico interno. Vejamos o que disserão os Povos ao Senhor D. João 1º nas Cortes de Coimbra. (3) = Pedirão-lhe entre outras cousas, que não fizesse guerra nem paz... sem consentimento de todos, pois erão cousas que a todos tocavão, porque assim o costumavão sempre os outros Reys: e que por ElRey D. Fernando seu Irmão sahir deste costume, succederão tantos males no reyno. A resposta do Rey foi = que fazer guerra e paz seria sempre com o parecer de seus Povos. (4). (...) Por estes Artigos, apanhados ao acaso, ficarão as Cortes inteiradas do escrupulo com que a Commissão se cingio, na redacção do Projecto, aos nossos bons, e antigos usos, e costumes. *Todavia acordou em dividir, e equilibrar os tres Poderes, para evitar o despotismo, que resulta da sua accumulação; e em ordenar outras cautelas, que nos ponhão a coberto das tentativas do Poder arbitrario: porque, Senhores devemos assentar por huma vez, que toda a Nação que desperdiça as occasiões de se resgatar, merece perpetuamente ser escrava."*

[5311] *O Pregoeiro Lusitano. Historia Circunstanciada da Regeneração Portugueza*, Parte I, "Proémio", "Reflexões Filosóficas sobre a Liberdade e a Igualdade", pág. 2: "Quanto mais são as relações mais são os deveres, ou obrigações; e quanto mais deveres menos Liberdade. Logo os deveres está na razão directa das relações, e a Liberdade está na razão inversa dos deveres, e por consequencia das relações, das obrigações e das leis".

[5312] *D. C.*, I, 08-02-1821, págs. 60 e 61; *DHCGNP*, I, págs. 165-169. Apresentado em 8 de Fevereiro de 1821 mas proposta a sua elaboração por Manuel Fernandes Thomaz em sessão de 29 de Janeiro propôs uma Comissão para formar as Bases de uma Constituição que o Rei juraria logo que voltasse a Portugal para estabelecerem um Pacto entre ele o e seu Povo. Foi apoiado por outros deputados. Foi eleito para esta Comissão com 59 votos, conjuntamente com Ferreira de Moura, com 47, Castello-Branco, com 30, Borges Carneiro, com 23 e Pereira do Carmo, com 2, conforme *D. C.*, I, 29-01-1821, pág. 7. Era a "linha dura" do Congresso que de imediato se desenhava. Até ao fim serão estes constituintes em companhia de mais alguns os promotores da ala radical, a quem se ficaram a dever as medidas mais revolucionárias de 1821 e 1822 e que contribuíram para que a *Constituição de 1822* fosse quase uma Constituição republicana, não fora o desejo de ter monarca e o pressuposto que Portugal seria uma monarquia constitucional. Em presença destes e apesar do seu enorme nível intelectual e indesmentível capacidade política, os moderados pouco ou nada puderam fazer.

[5313] *D. C.*, I, 08-02-1821, págs. 232 e ss. No dia 19 de Março juraram-se as Bases da Constituição, que mantiveram as duas secções do Projecto, embora os artigos passassem para 37.

[5314] *D. C.*, I, 12-02-1821, pág. 81.

[5315] *D. C.*, I, 13-02-1821, págs. 85-88.

O debate acerca das garantias jurídicas do cidadão português, coincidindo com o plano de observação da Liberdade civil[5316], ficou reservado para as normas dos artigos 3º a 6º e 11º a 13º, que foram sucessivamente postos a debate em 13 de Fevereiro e depois em 16 do mesmo mês, muito embora a polémica que ambos determinaram implicasse que tivessem de baixar à Comissão para lhes ser dada uma nova redacção, resultante do debate havido.

Já quanto à Liberdade política da sociedade, em debate a partir de 17 de Fevereiro, ocupou os constituintes até ao final do mês de Fevereiro, reservando-se as sessões antecedentes à votação das Bases para aditamentos sobre várias disposições e sobre o próprio Decreto em si mesmo. Finalmente foram aprovadas, devendo entrar de imediato em vigor, com as excepções que o decreto, com as assinaturas respectivas dos seus Autores, mencionava expressamente[5317].

2.3. A Liberdade de imprensa como salvaguarda da Liberdade política (remissão)

As Bases da Constituição, que neste particular não são inovadoras em presença dos modelos susceptíveis de serem seguidos, poderiam ser lidas numa dupla perspectiva. Por um lado, entendendo a Liberdade de pensamento – e sobretudo na manifestação da Liberdade de imprensa – como um direito natural[5318]; em segundo lugar, a forma pela qual esse direito individual deverá ser mantido[5319].

Neste particular seguem-se, em regra, os cultores da tradição importada do Constitucionalismo francês e que já vinha da época dos absolutistas *Les Philosophes*[5320] e foi

---

[5316] Por vezes designada de "Liberdade social". Veja-se Isabel Nobre Vargues e Maria Manuela Tavares Ribeiro, "Ideologias e Práticas Políticas", *História de Portugal* (direcção de José Mattoso), V, pág. 216, reproduzindo um artigo publicado no Diário do Governo de 7 de Agosto de 1821: "A Liberdade, diz Montesquieu, é o direito que se tem para fazer tudo quanto as leis permitem. Nós pensamos que o célebre filósofo [...] não reconheceu todos os limites da Autoridade social. A Liberdade consiste, pois, para cada cidadão, no direito que ele tem para não estar sujeito senão às leis; na garantia de não poder ser preso, nem detido, nem condenado á morte, nem maltratado. A Liberdade consiste, para cada um, no direito que ele tem para manifestar a sua opinião; para escolher e exercer a sua indústria, para dispor da sua propriedade e, mesmo para abusar dela [...] consiste também no direito que cada indivíduo tem [...] para associar-se a outros – para influir na administração do governo – é esta a ideia de Liberdade, como existe em Espanha e nos Estados Unidos, a que deverá existir em Portugal." Esta qualificação é comum nos periódicos do Triénio Vintista.

[5317] D. C., I, 09-03-1821, págs. 232-235; *DHCGNP*, I, págs. 165 e ss. Aprovadas em 09-03-1821 e juradas em 29-03-1821.

[5318] D. C., I, 08-02-1821, pág. 60, artigo 8º das Bases.

[5319] D. C., I, 08-02-1821, pág. 60, artigo 9º e 10º das Bases.

[5320] Compare-se com a intervenção de Manuel Borges Carneiro, de que se retira a essência: "(...) Deveremos para manifestar os nossos pensamentos ter primeiro que pedir licença? Isto he contra a natureza humana. Donde tem vindo todos os males da Sociedade senão deste abuso? Quando cada hum tenha a Liberdade de mostrar seus pensamentos, a opinião publica será rectificada, e esta mesma Liberdade será contra a superstição, e fanatismo. Se puzermos de huma parte todos os males, as guerras, as pestes, etc., que tem affligido a humanidade, e de outra os que nos tem feito a superstição, estes pesarião ainda mais que os outros. A Religião nos faz todos os bens como Filha de Deos, e a superstição nos faz todos os males, que não nos poderia causar, se tivessemos tido a Liberdade da Imprensa; por não a termos tido nos achamos na ignorancia em que nos vemos. Esses indices expurgatorios, essas Leys que nos subjeitárão ás Inquisições, e aos Ecclesiasticos, não nos permittião nem sequer ler aquelles livros que nos podião illuminar em algumas materias. Debaixo do pretexto da Religião, nem as doutrinas de Heinec o deixavão circular: em cada diferente paiz erão differentes as prohibições: se se hia por exemplo, á Italia dizião, que aquelles livros em que

inúmeras vezes reafirmada pelo Liberalismo anterior e posterior ao Individualismo, e até mesmo perante a tese do despotismo ilustrado português. Outros constituintes, porém, manifestam o seu deliberado descontentamento com a situação e não hesitam em apresentar as suas ideias no Augusto Recinto[5321].

As ideias sobre a Liberdade de pensamento como Liberdade "natural", individual, que mantendo-se no interior da consciência de cada um, por ninguém pode ser invectivada, eram geralmente apoiadas. [5322] Mas também, que, a sua manifestação exterior é insusceptível de ser limitada[5323]. No fundo, o grande problema – como sempre

se tratava de corrigir os abusos dos Aulicos de Roma erão contra o Dogma, e contra a Moral; abusando assim destas palavras, e da faculdade de julgar que tinhão, por não existir a Liberdade da Imprensa. Ha cousa mais barbara que a de não poder imprimir nem publicar obra alguma sem que désse a licença o Desembargo do Paço, e depois o Santo Officio, quando cada hum delles podia ter os seus interesses particulares, e as suas opiniões, contra as quaes nada acharião bom? He necessario destruir estes abusos, e estabelecer a Liberdade da Imprensa; pois sem ella não he compativel a existencia de huma Monarchia Constitucional."

[5321] *D. C.*, I, 14-02-1821, pág. 90, intervenção de Joaquim Anes de Carvalho: "E estas medidas nunca as julguei de mais urgente necessidade, do que em os nossos tempos. Vós sabeis, Senhores que desde o meado do Seculo passado se reforçou o Pendor, que desde o principio do Seculo decimo sexto tende para a ruina do Christianismo. Em os nossos dias poucos se interessão por Luthero: Calvino, Zuinglio, e por outros Chefes das erradas Religiões positivas. As Seytas philosophicas de data moderna apurando suas sagazes especulações, e ambicionando mais solidas conquistas derão-se a propagar o deismo, o atheismo, e o materialismo. Lavra furiosamente o incendio, incendio que não se limitando a arruinar a Igreja, revolve os alicerces mais seguros da sociedade civil. Consultai a experiencia, calculai os factos, de que sois contemporaneos, e decidi se á vista de taes doutrinas tem ganhado terreno, ou perdido a Religião de Jesus Christo; e conseguintemente se pertence á vossa sabedoria, e prudencia atalhar com arbitrios bem ponderados, perigos, que tão iminentemente ameação entre nós, essa Religião, que todo o Povo Portuguez tem proclamado pela sua Religião."

[5322] *D. C.*, I, 14-02-1821, pág. 91, onde manifesta a sua discordância: "Ultimamente invocão-se os nossos direitos primitivos de fallar, e publicar o que se quizer, e suppõe-se serem tyrannicas, e inconciliaveis com elles todos os arbitrios repressivos que se adoptassem. Respondo que aos ambiciosos dos direitos illimitados do homem lhe fica franco o recurso para voltarem para o estado da natureza, em que os direitos de cada hum não encontrão outro limite do que a força do contrario. Respondo em segundo lugar, que este direito não he mais inviolavel do que os outros, a quem as Leys cerceão, e cortão tudo o que póde prejudicar á sociedade."

[5323] *D. C.*, I, 14-02-1821, pág. 91, relativo à intervenção de Manuel de Serpa Machado. Assim, "Eu reconheço como verdadeira a maxima que admitte a Liberdade da Imprensa, porém faço-a derivar de principios differentes daquelles que se acabão de produzir nesse Congresso. Reconheço como direito essencial do Cidadão o manifestar os seus sentimentos, ou de palavra, ou por escripto; porém este acto de Liberdade natural, bem como os mais póde ser guardado pela Ley em quanto ao modo do seu exercicio, e por isso ainda que seja licito a qualquer o uso de armas para a sua defesa, com tudo os ta natural Liberdade póde ser restricta pela Ley sem offensa da essencia do mesmo direito: e pela mesma rasão ainda que sela licito ao homem o manifestar os seus sentimentos, póde a Ley restringir este direito em quanto ao modo da manifestação sem offender a essencia delle. Aliás viríamos a cahir no grosseiro absurdo de dizer, que o Cidadão esteve privado deste direito essencial da manifestação dos seus sentimentos em quanto se não descobrio a arte da Imprensa, que todos sabemos que existe ha poucos seculos. O verdadeiro fundamento que eu considero para justificar a Liberdade da Imprensa, he a utilidade que a Sociedade tem nesta Liberdade. Os governos absolutos, e até os Constitucionaes tem constantemente abusado da Censura previa, prohibindo por este meio indirecto que se publiquem os abusos da publica auctoridade, e por isso se não deve tirar este remedio necessario para corrigir os abusos do Governo, Ministros, e Empregados publicos; e he este o unico recurso dos opprimidos, contra; as oppressões; estes bens, e vantagens só se ver fição em materias politicas, e scientificas, porém não em materias de dogma, e moral; nas quaes he a minha opinião que haja Censura previa, porque coarctada assim

aconteceria no Congresso – conciliar o respeito a que todos se haviam comprometido de salvaguardar a religião com a Liberdade de imprensa que implicava a inexistência de censura prévia, e de que as próprias Bases se faziam eco[5324].

A discussão sobre a matéria prolongou-se ao longo de várias sessões[5325], salientando-se a habitual contradita entre radicais[5326] e moderados[5327]. No vertente caso,

---

a Liberdade da Imprensa em taes materias, nenhum mal póde resultar, e do contrario muitos. Para prova da que he escusado expor á sabedoria deste Congresso os males que póde produzir no Estado a dissensão em materias de Religião, e de que estão cheas as paginas da Historia, que por muito sabida agora não refiro." Registe-se a posição de Francisco José de Almeida, pág. 11: "Que as opiniões do homem, que não tendem a subverter as instituições politicas, são só culpas perante o Ente Supremo. A Liberdade de falar, e de escrever, sobre a Administração da República, he direito imprescritivel do Cidadão; e como pode ser debatido e refutado por meio da imprensa, nenhum mal de máos discursos póde resultar ao estado. Grande luz porém, e grande freio he para os Governadores a Liberdade de imprensa."

[5324] *D. C.*, I, 08-02-1821, pág. 60, artigo 10º das Bases.

[5325] *D. C.*, I, 13-02-1821, págs. 86-88; 14-02-1821, págs. 89 e ss; 15-02-1821, págs. 99 e ss; 16-02-1821, págs. 109 e ss.

[5326] *D. C.*, I, 13-02-1821, pág. 87, a respeito de uma intervenção de João Maria Soares Castelo Branco. "(...) Se acabamos de estabelecer a Liberdade, Segurança, e Propriedade dos bens, como queremos separar das regras geraes huma especie particular destes direitos? A boa rasão pede que nos limitemos a esta regra. Eu posso obrar sem que precise primeiro huma licença para as minhas operações. Eu quando quero executar acções que dizem respeito aos meus direitos individuaes, não tenho precisão de hir pedir conselhos a hum Magistrado do que tenho, ou não tenho de fazer. As minhas acções ficão só subjeitas a responsabilidades, depois de as ter executado. Ora, se eu sou livre nesta parte pelo que respeita ás minhas acções; porque não o poderei ser pelo que diz relação no meu Pensamento? Sem isso o homem não se differençaria dos brutos. Por consequencia a propriedade que eu tenho do meu Pensamento, e a Liberdade de usar delle em toda a sua plenitude, hade entrar por força nas regras estabelecidas pelas leys geraes da Propriedade; quando não seriamos inconsequentes. Nesta parte legislamos como politicos, devemos abstrahir-nos da Religião. Nós tratamos de estabelecer o livre exercicio dos direitos do Cidadão, que he homem, e Cidadão antes de ser Religioso; e assim devemos abstrahir-nos da Religião. He verdade que deve haver excepções. Huma vez que eu faço communs as regras, devo tambem fazer communs as excepções. Há casos em que tendo inteira Liberdade de meus bens, não posso entre tanto ser delles livremente, cuja doutrina póde ser applicavel do mesmo modo aos meus Pensamentos: posto que há casos em que esta Liberdade prejudicaria a Sociedade, não a devendo prejudicar; mas eu sujeito-me, manifestando os meus Pensamentos, á responsabilidade que para estes casos as leys estabelecem. (...) Vamos agora pelo que respeita á Religião. Huma Religião que tem por Fundador hum Deos, que depende da minha convicção intima, e recebe toda a sua força desta mesma convicção, como poderá ser sustentada por outra força coactiva? pelo contrario Deos declara, que nada fez com a força coactiva: por consequencia, como nos havemos de separar da Ley Suprema do Universal Legislador, e da natureza da Religião? e que quer dizer Censura previa, se não isto; isto he obrigar-me a não poder manifestar qual he a minha convicção intima. Que importa que a força me constranja a mostrar-me apparentemente religioso, se eu não o sou na minha consciencia? Disse-se que o veneno poderia espalhar-se, inverter a ordem da sociedade? e converter os outros fazendo-os sequazes do Erro: isto seria se contra elle se procedesse despoticamente; mas quando eu vejo que quem prega as virtudes as acompanha com o exemplo, abandono o erro, e sigo o exemplo. Os homens que podião ser contagiados pelo veneno neste caso, serião mais bem convencidos pela força da rasão. Em consequencia disto o meu voto he, que não deve haver Censura previa era nenhum caso, porque isto seria contra a Propriedade individual, e inconsequencia em nossos principios." No dia 15-02-1821, Manuel Borges Carneiro terá uma intervenção muito semelhante conforme *D. C.*, I, 15-02-1821, págs. 100-102.

[5327] *D. C.*, I, 13-02-1821, pág. 86, a propósito da intervenção de Pereira da Silva: "Parece que só por este artigo está estabelecida a Liberdade da Imprensa. He hum facto incontestavel, que as Leys

até os "envergonhados" pró – contra-revolucionários[5328], entenderam manifestar as suas opiniões.

Esta uma das matérias que mais dividiu o Congresso, aspecto que se prolongou e animosidade assistida até ao final do Triénio Vintista. Sem dúvida que ninguém poderia admitir, desde que se inserisse no quadrante liberal do Congresso, a inexistência da Liberdade de imprensa, salvo raríssimas e bem identificadas excepções.

devem ser claras, e precisas. Parece-me por consequencia que estes artigos se poderião reduzir a muito menos palavras. Seria talvez desnecessario determinar a Liberdade da Imprensa: por que huma vez que o direito da propriedade he sagrado, e inviolavel, a faculdade de pensar pode usar-se como parte deste direito, e como tal se póde considerar a Liberdade da Imprensa, he verdade que não póde haver Constituição liberal sem Liberdade de Imprensa; mas nós não estamos acostumados a esta Liberdade, para a declarar deste modo: acho ainda que isto se deve fazer o melhor que for possivel fazer-se; mas parece-me que este artigo não he necessario, e que unindo os artigos 8º e 9º ficaria entendido da mesma fórma. Em quanto ao paragrapho 10º vejo que tambem está ligado com o 15°, que he pelo que pertence a que os Senhores Bispos fossem os que censurassem as materias Religiosas, no qual eu ratou muito conforme; pois que a pureza da nossa Religião, e dos nossos costumes, he o que mais nos importa."

[5328] *D. C.*, I, 13-02-1821, pág. 86, relativo à intervenção do Bispo de Beja. Assim, "Os fundamentos com que pertendo sustentar a necessidade d'huma previa Censura a respeito de todos os Escriptos, ou sejão sobre materias politicas, ou sejão sobre Dogma, e Moral, são os seguintes: Concedo, que a communicação dos pensamentos, e das opiniões he hum dos direitos naturaes do homem. Estes subsistem na Sociedade Civil, e melhor se desinvolvem, e aperfeiçoão, pois que a Sociedade subministra meios, e conhecimentos de que o homem não gozaria fora da Sociedade Civil, e a força publica mantem a cada hum dos Cidadãos a posse dos seus direitos, e Propriedades contra os insultos dos seus Concidadãos, ou estrangeiros. Estes direitos porem originarios, e naturaes do homem estão subjeitos a certas modificações, e restricções postas pelas Leys Civis, os quaes não tendem a diminuir a Liberdade do Cidadão, mas sim a dirigir e regular as suas faculdades, a fim de fazer dellas hum justo, e legitimo uso, para conseguir a huma perfeição e promover o bem, e felicidade dos outros Concidadãos. Sobre este principio são fundadas muitas providencias, e precauções estabelecidas pelas Leys para obviar alguns damnos, e inconvenientes, que podem proceder do máo uso, que o Cidadão póde fazer dos seus naturaes direitos. A esta classe, v. g. devemos referir a Ley, que prohibe a indistincta venda do veneno. Como deste se póde fazer bom, e máo uso; por isso a Ley procura com huma procedente restricção impedir os nocivos effeitos, que podem resultar do direito natural, que cada hum tem de procurar aquellas cousas que lhe são uteis. O Cidadão pode tambem abusar do natural direito que tem de communicar os seus pensamentos; logo nenhuma injuria se lhe faz em subordinar este direito á certas modificações; Além disso as bases da Constituição não concedem huma Liberdade illimitada de communicar cada hum os seus pensamentos, e opiniões; pois segundo o Artigo 9, e 10, os Auctores de opiniões, que pertubão a ordem publica; ou atacão a Religião, ficão responsaveis pelo abuso que fizerem desta preciosa Liberdade devendo ser em consequencia accusados, processados, e punidos na fórma que as Leys estabelecem: ora pede a prudencia legislatoria precaver antes os delidos, do que esperar que se commettão para serem punidos. (...) Acresce, que o damno que os occultos delictos causão á Sociedade, em regra, não offendem senão algumas certas e determinadas pessoas; porem o veneno que derrama hum Escripto pernicioso inficiona o animo de infinitas pessoas, e não só as existentes, mas ainda as que se hão de seguir á geração presente. Concluo, que as Cortes designarão as pessoas que devem previamente censurar os Escriptos, dando-lhes hum Regimento, que exactamente fixe os seus poderes, ficando responsaveis se impedirem a publicação d'algum Escripto, que não contenha doutrina pela qual segundo as bases da Constituição devem ser punidos os Auctores, que as publicarem nos seus Escriptos."

Contudo, se para questões civis até se poderia admitir, no geral[5329], a inexistência de censura prévia[5330], isso seria impraticável, para muitos deputados[5331], desde que esti-

---

[5329] *D. C.*, I, 15-02-1821, pág. 107, relativo à posição genericamente assumida por Francisco Manuel Trigoso de Aragão Morato: "O senhor Francisco Manoel Trigoso foi hum dos 32 que votárão a favor da Censura prévia das Obras que tocão á Religião, e foram dos 8 que votárão a favor da Censura previa das outras Obras, com as restricções que declarou no seu voto."; *ibidem*, 16-02-1821, I, 16-02--1821, pág. 110: "O senhor Antonio José Ferreira de Sousa pedio que na Acta se lavrasse a seguinte: DECLARAÇÃO. Na Sessão do dia 15 de Fevereiro, quando se votou sobre os artigos 8, 9, e 10 do Projecto das Bases da Constituição, ou para melhor dizer, sobre a questão = se á impressão dos livros sabre materias de Religião, ou outros quaesquer objectos, deveria preceder censura, e licença, = a qual questão se dividio em duas, votando-se em primeiro lugar sobre a impressão dos livros, que não trata o de Religião, e em segunda dos que tem por objecto o Dogma, ou Moral; em ambos os casos o meu voto foi = que houvesse censura previa, e esta bem regulada =. E porque logo na mesma Sessão requeri se inserisse este meu voto nas Actas; agora o apresento para isso dentro das 24 horas, que marca o Regimento interino tt. 10. § 14." Algo de semelhante acontecia com o deputado Correia Seabra, conforme a manifestou em sessão de 14-02-1821, *D. C.*, I, pág. 92. Eis, pois, algumas ideias opostas à Liberdade de imprensa e não apenas em matérias religiosas, por falta de oportunidade ou impossibilidade factual de admitir qualquer possibilidade de questionar a religião.

[5330] Benedicta Maria Duque Vieira, "O Problema político Português no Tempo das Primeiras Cortes Liberais", *A Crise do Antigo Regime e as Cortes Constituintes de 1821-1822*, I, Lisboa, 1992, pág. 28: "Os pontos nevrálgicos são, nas matérias profanas, os da expressão de opiniões de natureza civil, que possam ofender a paz pública das famílias, os bons costumes e a honra do cidadão, bem assim como os de natureza política que tenderam a perturbar a ordem estabelecida; (...)".

[5331] *D. C.*, I, 14-02-1821, págs. 89 e 90, intervenção de Joaquim Anes Pereira de Carvalho: "Sem receio de incorrer na nota ou de illeberal, ou de fanatico tomando por guias mestres tão seguros, declararei ingenuamente com a franqueza que convem á dignidade que me foi confiada pela Nação, que me parece impolitica a base, pela qual se concede a Liberdade de Imprensa em materias de Dogma, e de Moral sem previa Censura. Parece-me, que a Nação não está preparada nem pela opinião, nem pela instrucção para tamanha largueza de Liberdade. Digo em primeiro lugar que não está assás preparada pela opinião. Qual ella seja facilmente alcançaremos pelas indicações, que resultão dos factos, ou observações, que rapidamente farei passar debaixo da vossa illustrada consideração. Hum Povo, que geme ha tres seculos debaixo do regime inquisitorial hum Povo, que longo tempo subjeitou o seu pensamento a triplicada Censura: hum Povo, que facilmente confunde as avenidas distantes da Religião com o Sanctuario da mesma Religião: hum Povo, que estremece a qualquer leve o que, que pareça entender com o Culto, que professa: hum Povo, que não Hesita em attribuir quaesquer excessos, que observou mesmo na ordem politica, a impia licenciosidade do tempo: hum Povo finalmente que se escandalizou no mais intimo da sua consciencia de hum Cathecismo incorrecto que circulou no verão passado, este Povo sem duvida não saberá conciliar com a conservação do Culto antiquissimo que professa, com a Liberdade que se lhe pretende dar. A sua opinião deixará de ser equivoca a quem analizar attentamente as observações, que tenho tocado." Disse em segundo lugar, "que a Nação não está preparada por instrucção, ou esta se considere instrucção geral, ou instrucção particular em materias religiosas. Não abundamos em communicações litterarias seguidas com as outras Nações. Apenas temos, huma Universidade, e essa nimiamente relaxada. Faltão-nos Academicos, Juntas, e Corporações de letras provinciaes, que derramem as luzes nos varios pontos do Reyno. He mesquinho, e demasiadamente mesquinho o nosso systema de Escholas menores. Faltão-nos Bibliothecas publicas. Poucas cousas importantes se tem entre nós ha tempos escripto em linguagem. Estas e outras cousas, que passo em silencio, tem obstado a que a massa da Nação se haja adiantado até aquelle ponto de cultura de espirito, que se observa em o commum da Europa. Daqui provem que afastadas as faculdades d'alma do nosso Povo lhe seja mui difficil distinguir a verdade do erro, a demonstração do sophisma, a doutrina solida, da especiosa em pontos tão delicados, e de consequencias tão transcendentes quaes os que compõe a substancia dos Dogmas, e da Moral. Conseguintemente se huma Censura legalmente bem regulada não prevenir os perigos, exporemos os nossos Constituintes a males de tanta monta, como

vesse em causa matéria de religião ou dogma[5332]. Para outros, a questão era linear e o texto das Bases salvaguardava de modo eficaz a religião e a pureza dos seus princípios.

> são os que infallivelmente se seguem da falta de discernimento, de cautela, e de prudencia para os negocios delicados, e de summa responsabilidade. (...) Affirmão, que a Censura previa reprimindo a Liberdade de pensar, e deixando o largo campo do arbitrario aos censores, nos precepitará em a escravidão antiga, e se tornará fautora da superstição, e do fanatismo. Mas eu pertendo, que a Censura seja bem regulada; que nada se lhe deixe de arbitrario; e que se franqueie recurso contra os que abusarem das suas delicadas funcções. Quanto ao perigo de fanatismo, e superstição he sonhar com perigos muito remotos. São outros os que ameação os Séculos philosoficos."

[5332] *D. C.*, I, 14-02-1821, págs. 91 e 92, relativo a uma intervenção de Francisco Manuel Trigoso de Aragão Morato. Assim, "Que estava longe de approvar as restricções da Liberdade da Imprensa imtroduzidas pelos indices da Curia Romana, e pelos Catalogos dos Livros prohibidos pela Inquisição de Portugal, as quaes tinhão chegado a hum tão escandaloso excesso, que ainda no anno de 1756 prohibia o Conselho geral do Santo Officio a lição da Escriptura Sagrada em lingua vulgar: Que tambem não approvava a escravidão litteraria introduzida pelos ultimos Tribunaes Censorios, ou as delongas prejudiciaes occasionadas; pela separada Censura de tres diversas Auctoridades: – Mas que apesar disso julgava que nem era justo, nem conveniente ás nossas actuaes circunstancias estabelecer a Liberdade de Imprensa, nos termos em que ella se propõe nos artigos 8º, 9º, e 10º das Bases da Constituição. Por quanto não duvidando (em quanto ao artigo 8°) que a communicação dos pensamentos e das opiniões seja hum dos mais preciosos direitos do homem, e que por isso todo o Cidadão póde manifestar as suas opiniões escrevendo ou fallando; com tudo esta propriedade das opiniões não póde deixar de ter algumas restricções, e de ser regulada pela Ley, assim como as tem e por esta he regulada (segundo o art. 7º) a Propriedade dos bens: e assim como as Leys limitão a qualquer a faculdade de dispor da seus bens quando o faz em prejuiso do publico, e contra o direito do terceiro; assim tambem a Liberdade da Imprensa deve ser limitada relativamente ás opiniões que tenderem a perturbar não só a ordem publica estabelecida pelas Leys do Estado, o que he expresso no art. 8°, mas tambem á paz publica das familias, e á honra do Cidadão innocente; o que por analogia se deve accrescentar ao dicto artigo. Passando a fallar do art. 9º disse que a Censura previa era necessaria com tanto que fosse bem dirigida, que os Censores tiverem responsabilidade, e que ella fosse unicamente dirigida aos dons objectos acima indicados: por quanto ainda que com a Censura posterior se possa satisfazer a justiça castigando-se o delinquente, isso se satisfaz o damno que a leitura do artigo escripto já tem produzido, sendo certo que o mais facil moda de dar celebridade a qualquer obra, he prohibida: E accrescentou que nisto consistia a differença entre o abuso da propriedade dos bens, e o das opiniões; porque nada ha mais facil que rescindir-se huma venda, e restituirem-se as perdas, e damnos; mas não he já passivel depois do escripto publicado tirarem-se; os máos effeitos que elle póde produzir relativamente aos objectos já mencionados; pois que não a accusação intentada pelo lesado não serve muitas vezes de mais que de dar maior publicidade á calumnia já divulgada. Quanto ao art. 10º disse que era escusado declarar que ficava salva aos Bispos a Censura dos escriptos, sobre materias religiosas, porque isso era hum direito inauferível do Episcopado, pois, não pertencendo á Igreja a prohibição externa dos Livros com penas tambem externas, pertence-lhe sem duvida a censura doutrinal das opiniões que elles encerrão, auxiliada com o uso sabio e prudente das penas espirituaes. Julgou tambem que esta censura se deve estender, alem do dogma, e moral, á disciplina geralmente estabelecida na Igreja, e em particular na Igreja Portugueza; e que não censuro previa dos escriptos publicados sobre materia religiosa, não he tanto interessada a Igreja, que sempre ha de subsistir ainda que se introduza o erro, como os Estados em que a Religião he admittida: de maneira, que este artigo se deve entender unido com o art. 8º; e que a censura previa deve ser feita pelo Tribunal Secular, precedendo a informação por escripto do Ordinario. E concluio que podendo talvez para o futuro estabelecer-se entre nós sem inconveniente a Liberdade da Imprensa, não era esta a occasião opportuno, para isso, por não estarem ainda estabelecidas as reformas necessarias, nem consolidado o novo systema Constitucional." Sobre a intervenção de Trigoso, Francisco Manuel Trigoso de Aragão Morato, *Memórias de Francisco Manuel Trigoso de Aragão Morato*, Parte II, págs. 112 e 113. Para os dois casos em discussão – escritos civis ou que versavam sobre dogma ou religião, *O Portuguez Constitucional*, nº 15, 9 de Outubro de 1820.

Na realidade o ponto estava na extensão a dar à Liberdade de imprensa, em saber como a conciliar com a religião e em ultrapassar boa parcela de "medos do desconhecido", de comparações com incrédulos ou ateus ou de jacobinas resoluções, cujo perigo de ataque em matéria tão sensível sempre seria por demais evidente[5333].

Também neste plano os paralelos com Benjamin Constant[5334] são inultrapassáveis[5335].

[5333] *D. C.*, I, 14-02-1821, págs. 94 e ss., num dos mais longos discursos, José António Guerreiro conseguiu colocar no devido plano de arrumação todas as questões que preocupavam os defensores da Liberdade de imprensa e os que a criticavam. E se não vamos reproduzir – por desnecessidade e volume do mesmo – todo o seu pensamento, ao menos aportam-se as ideias mais significativas. Assim, "O senhor Guerreiro disse: em quanto se não creasse em cada rua hum tribunal de censura para qualificar todas as manhans as palavras e acções, que cada visinho intentasse dizer ou obrar naquelle dia, entendia não haver lugar á censura previa dos Escriptos que se quizerem imprimir: que se todos os Senhores Preopinantes (disse elle) concordão em que deve ser livre a Imprensa em materias, politicas ou scientificas, muitos porem julgão a censura previa necessaria em escriptos sobre Religião, e moral para se prevenirem os males que resultarião da sua livre impressão; confesso que he melhor prevenir delictos do que punillos; mas affirmo que a censura prévia, ainda só nos escriptos sobre moral e religião, traria comsigo males incomparavelmente maiores do que os abusos da Liberdade; sim, aquella censura destruiria a Liberdade da imprensa em todos os seus ramos, anniquilaria a opinião publica, destruiria a Constituição, faria desapparecer a Liberdade do Solo Portuguez: os livros de Religião, ou moral não se conhecem pela pasta, para se distinguirem he necessario le-los; em todas as obras, seja qual for o seu objecto, em hum tratado mesmo de Geometria, póde entrar hum paragrapho, huma observação, huma nota sobre a Religião ou moral; donde vem que estabelecida a censura previa em materias Religiosas, ella se estenderá a todos os outros ramos; o pensamento será escravo; e a Liberdade da Imprensa huma palavra sem significado: a opinião publica forma-se. e apura-se pelo discussão, pela livre communicação dos pensamentos, e pela circularão livre dos subcriptos; mas quando hum pequeno numero de Censores são Juizes dos pensamentos, e dos Escriptos, como poderá, o Publico ser illustrado? (...) Os Senhores, que opinão pela Censura prévia em materias de Religião, esquecem-se do que a Religião Catholica, Apostolica, Romana, que professamos, foi fundada e prégada em hum tempo em que não só era permittido pensar e escrever, mas até obrar contra ella, e assim mesmo triumphou de todas as perseguições. Diz-se, e eu reconheço, que as Obras de Voltaire fazem mais mal em hum dia de leitura, do que de bem em hum anno as dos Apologistas da Religião; mas porque acontece assim? porque jovialidades, chistes, e ironias são as mais de que elle se serve, quando os seus adversarios empregão hum estudo arido e secco; seja defendida a Religião com as mesmas armas, com que he atacada, e as Apologias serão lidas com avidez. Mas que? Faltão por ventura em Portugal livros irreligiosos, o impios? Prohibe-os a censura, e entrão por contrabando: a prohibição os faz desejados, e lhes levanta o preço; tire-se a censura, descubra-se o veneno de taes livros, e elles perderão a sua importancia. – Refirio-se hum dos Senhores Preopinantes aos Poderes da sua procuração, dizendo, que o não obrigão a votar pela Liberdade da Imprensa; supponho que a sua procuração foi similhante ás de todos os outros Senhores deputados, aliás não teria sido legalisada; impuzerão-nos nossos Constituintes a obrigação de fazer huma Constituição fundada em bases tanto ou mais liberaes do que as da Constituição Hespanhola; bases liberaes são aquellas que mais favorecem o systema Constitucional, o qual não póde subsistir sem Liberdade de Imprensa. Concluo dizendo, que o seu voto era pela Liberdade de imprensa sem censura prévia, tanto em materias politicas e scientificas, como em materias de Religião e moral."

[5334] José d'Arriaga, *História da Revolução Portuguesa de 1820*, II, pág. 586, tem uma péssima impressão de Benjamin Constant. São palavras suas: "Essa escola de sofismas e artifícios inventou a doutrina da divisão e independencia dos Poderes, para exclusivamente separar da Nação o Poder da coroa, a quem de facto vem a pertencer todos os mais Poderes politicos, com o veto, com a Segunda camara hereditária, com o Poder moderador e com o executivo dos mais amplos Poderes."

[5335] *D. C.*, I, 14-02-1821, pág. 97, intervenção de Pinheiro de Azevedo. Assim, "Se fosse possivel, que o Congresso concordasse na somma de bens, e males desta Liberdade, facil era a decisão; mas he neste artigo, que mais se encontrão as opiniões dos Illustres deputados. Não he tamanha a duvida sobre as materias de Politica, visto que concorda a maior parte em que as vantagens da Liberdade

Finalmente[5336] acabou aprovado, praticamente sem alterações ao Projecto, o artigo 8º das Bases, relativo à Liberdade de pensamento[5337]. Já os demais tiveram sorte diversa por variados motivos. No que respeita ao artigo 9º, voltou à Comissão para ser de novo redigido na medida em que se preconizava a criação de um Tribunal Especial para a Protecção da Liberdade de Imprensa, deixando à Constituição o estabelecimento da forma e atribuições desse Tribunal[5338]. O artigo 10º passou para o texto definitivo, exactamente como fazia parte do Projecto das Bases[5339].

2.4. Temas religiosos e a ideia de Liberdade (remissão)

No que respeita à religião, diga-se que exceptuando o debate acerca da Liberdade de imprensa no plano das matérias assinaladas, ela deve mais ser enquadrada num plano de definição de regime, enquanto religião de Estado, do que propriamente de direitos individuais. Este é o seu lugar ideal e aonde sempre tem sido colocada, mas convirá fazer a precisão, uma vez que há um certo desajuste no plano hodierno.

---

da Imprensa preponderão sobre os inconvenientes, principalmente em Governos Constitucionaes, e n'hum Estado como aquelle em que nos achamos. E verdadeiramente assim he; por quanto os Cidadãos estão subordinados aos Magistrados; estes á Regencia; e a Regencia ás Cortes: mas estas a ninguem estão subjeitas. Ora se as Cortes errassem (o que póde acontecer) ou se prevaricarem (o que não espero), a quem se havia de recorrer? Não havia outro Tribunal senão o da opinião publica; e a Liberdade da Imprensa he o que mantem vivifica, corrige, e regula esta opinião. Agora para conciliar, e reunir as opiniões, supponhamos, ou concedemos, que a questão em humas e outras materias he duvidosa; em tal caso, preponderá a Liberdade, como hum direito do homem, que só se póde coarctar com causa mui justificada. Ha porém outros escriptos, que estão fóra de toda a duvida, quaes são os subversivos, entrando nesta classe os que directamente atacão a Religião, e a Moral; os obscenos; e todos aquelles em que se deshonrão, infamão, ou desacreditão os Cidadãos, e familias; pois que taes escriptos nunca produzirão, nem podem produzir bem algum, e só males. De que serve ao Cidadão, e ao Estado a Liberdade de sublevar o Povo contra a Patria? a Liberdade de atacar a Religião, e a Moral, a de infamar, e injuriar os seus Concidadãos? Além disso os males desta Liberdade são irreparaveis. Como se hade remediar o estrago da Moral pela propagação de livros pessimos, ainda que se lhe siga a censura, muitas vezes tardia, e que nem sempre convence os entendimentos já viciados? Quando, ou como poderá conseguir a reparação do seu credito denegrido, quem talvez se acha bem distante da Patria, como em Inglaterra, Russia, Brasil, etc. depois de espalhados por varias partes do mundo os libellos infamatorios? Julgo por tanto, que nestes artigos todos hão de concordar na necessidade de huma censura previa bem regulada; ficando isemptos della os escriptos de que fallei em primeiro lugar; e que desta maneira ficarão satisfeitos, e concordes, tanto os Senhores que seguem a affirmativa, como os que seguem a negativa, descendo huns, e outros em parte da sua opinião."

[5336] Os exemplos que foram recolhidos parecem suficientemente elucidativos. Os demais podem ser encontrados na fonte objecto de estudo. Em qualquer caso, por eles fica clara, no plano da História das Ideias Políticas e sobretudo da Ideia de Liberdade o estado de espírito e a disposição fracturante que em matérias verdadeiramente revolucionárias e afastadas da normalidade do debate em Portugal, provocava em boa parte dos constituintes.

[5337] *D. C.*, I, 16-02-1821, págs. 109 e 110; *ibidem*, 09-03-1821, pág. 232; *DHCGNP*, I, pág. 166. Corresponde ao artigo 7º do Projecto de Constituição, apresentado ao Congresso em 25-06-1821, entrando em discussão a 09-07-1821 e que consta do *D. C.*, VIII, págs. 3 e ss.

[5338] *D. C.*, I, 16-02-1821, pág. 110; *ibidem*, 09-03-1821, pág. 232; *DHCGNP*, I, pág. 166; *D. C.*, VIII, pág. 3: Projecto de Constituição, artigo 8º.

[5339] *D. C.*, I, 16-02-1821, pág. 110; *ibidem*, 09-03-1821, pág. 232; *DHCGNP*, I, pág. 166; *D. C.*, VIII, pág. 3: Projecto de Constituição, artigo 9º. A correspondência é total.

Em Portugal, depois de 1820 como antes dessa data, não há qualquer alteração no plano da Liberdade de consciência e da tolerância religiosa para os portugueses, o que significaria Liberdade religiosa. Na verdade, o simples reconhecimento da Liberdade de pensamento como direito individual de que a Liberdade de consciência é explicitação, não implicou qualquer reflexo positivo na admissibilidade de culto diverso do até então professado. O único debate merecedor de nota gira em torno da elaboração do futuro artigo 25º da Constituição, em tudo correspondente ao seu correspectivo do Projecto da mesma[5340] e muito mais em função da permissividade de culto diverso aos estrangeiros.

Para a religião dos portugueses, cujo adjectivo "única" preocupou os constituintes[5341] optou-se por uma situação que previa ser a religião portuguesa a Católica-Apostólica-Romana.

2.5. A questão da Propriedade e da Igualdade no discurso Vintista (remissão)

É conhecido que desde o início se optou pelo afastamento do problema da Liberdade económica, matéria que o Liberalismo clássico consagrou[5342] e o Vintismo recolheu[5343].

Contudo, uma coisa é a Liberdade económica que o Liberalismo económico detalhou[5344], outra, bem diversa, o direito fundamental de Propriedade, que com Locke foi entendido, como expoente inultrapassável dos direitos individuais anteriores à própria formação da sociedade. Se não lhe é dado neste plano o desenvolvimento que certamente mereceria é por motivos conhecidos.

Quanto ao direito de Igualdade, ganha ênfase no domínio das garantias jurídicas, uma vez que se afirma dever a lei ser igual para todos. E, neste domínio, ultrapassa-se a mera concepção dos direitos do homem para a sua tutela pela sociedade, sendo necessário compatibilizar garantias jurídicas com Liberdade natural do cidadão.

Ou seja, a Propriedade[5345] é um direito fundamental consagrado nas Bases e na Constituição como tal. A Liberdade natural é um direito absoluto, um direito em si, individual e político do cidadão e da sociedade. A Propriedade é também um direito absoluto e sem ela afirmava-se não haver Liberdade[5346], mas, em conjunto com a

---

[5340] D. C., VIII, págs. 3 e ss.
[5341] D. C., I, 20-02-1821, págs. 121 e ss. A ala moderada do Congresso propunha que se acrescentasse o adjectivo "única" à palavra religião, o que foi dispensado nesta fase da discussão. Veja-se Francisco Manuel Trigoso de Aragão Morato, *Memórias de Francisco Manuel Trigoso de Aragão Morato*, Parte II, pág. 113.
[5342] Georges Burdeau, *O Liberalismo*, págs. 65 e ss.
[5343] Joaquim de Carvalho, *História de Portugal. Edição Monumental comemorativa do 8º Centenário da Fundação da Nacionalidade*, (direcção de Damião Peres), VII, págs. 103 e 104.
[5344] A Liberdade económica implica, por exemplo e como se viu para alguns Autores reformistas, a sua defesa por contraposição à ideia de Liberdade política e não será objecto da presente análise. Vejam-se, contudo, as propostas apresentadas no domínio do Liberalismo económico por Acúrsio das Neves, Rodrigues de Brito ou Silva Lisboa, reconhecidos liberais no sector económico da sociedade e claros opositores à Liberdade política, a que no seu tempo se assistia e ia incrementando na Europa.
[5345] Georges Burdeau, *O Liberalismo*, pág. 69.
[5346] Idem, *ibidem*, pág. 71: "(...) no momento em que o Liberalismo se explicita nos textos, Liberdade e Propriedade caminham a par. (...) *'Todo o homem é o único proprietário da sua pessoa e essa Propriedade é inalienável'* – dizia Sieyès. Mas, se a Liberdade é uma Propriedade, inversamente, a Propriedade é uma Liberdade. Retomando Sieyès, *'a Propriedade dos objectos exteriores, ou a Propriedade real, não é mais do que uma continuação e como que uma extensão da Propriedade pessoal que é a Liberdade'*.

Igualdade são direitos que têm de se compatibilizar com a Liberdade do Liberalismo clássico[5347]. Na versão Vintista dependem, na prática, do estipulado na lei, que é igual para todos e não admite leis especiais que estabeleçam qualquer diferença entre os portugueses, em nome da Liberdade.

O direito de Propriedade, que é "sagrado e inviolável" – forma diversa de entendimento sufragado por Locke, que o vê em si mesmo como direito natural –, tem de ser regulamentado pela lei, segundo previsão constitucional, numa opção preferencial pela defesa dos direitos e interesses do colectivo perante o singular[5348]. Ou seja, a Propriedade individual mantém-se mas na dependência da Liberdade da sociedade.

Na actual Democracia ocidental o direito de Propriedade continua a ser considerado como o mais digno dos direitos civis, merecendo competente tutela constitucional; os tempos são outros, mas a protecção conferida à Propriedade é semelhante e o ataque à mesma, no plano dos direitos privados, é tão grave como o ataque à vida ou à integridade física num quadro penalístico.

Implicam as presentes observações que haja de estabelecer uma interpretação algo simultânea entre Igualdade e Propriedade no Primeiro Liberalismo português. Se a primeira se consubstancia na eliminação de privilégios ancestrais, igualizando os sujeitos no acesso a cargos públicos[5349], era pela desigualdade que se verificava a existência de muitos antigos direitos ligados à Propriedade; os direitos banais ou os morgadios, por exemplo, são apenas dois exemplos dignos de nota.

2.5.1. A ideia de Propriedade e a de Liberdade (remissão)

Há obviamente um conjunto alargado de problemas que neste domínio deveriam ser alvo das vertentes preocupações. Por isso mesmo e adoptando uma noção meramente esquemática, evitando a invocação do total e voluntário alheamento – que sempre seria verdadeiro por motivos conhecidos – serão dadas, apenas e neste ponto, algumas ideias acerca do mesmo.

É o caso emblemático do direito fundamental de Propriedade, a quem Locke havia tecido tão rasgados elogios, dos quais Rousseau se afastara sob forma deliberada e mediante pressupostos conhecidos. No caso concreto as ideias de Rousseau acabaram por fazer pouca carreira, já que se preconizava a assunção das ideias liberais e o afastamento voluntário de qualquer parcela de democracia.

Na interpretação de grande parte dos Vintistas, a Propriedade seria um direito natural e não civil, na medida em que preexistia à organização política da sociedade, mas como se verá noutro local, perante a Liberdade da sociedade ele deverá decair. A Liberdade superiorizava-se, destarte, à Propriedade privada. Donde e apenas pela via

---

[5347] Idem, *ibidem*, pág. 72: "A correlação entre a Propriedade e a Liberdade não é discutida."
[5348] Francisco José de Almeida, pág. 11: "Que nenhum homem póde nunca ser esbulhado da sua Propriedade; e no caso que ella se fizesse necessaria á Causa publica, não só lhe deve ser paga, mas deve fazer-se patente a razão deste procedimento commandado pelo interesse geral, que he Lei Suprema do Estado."
[5349] Jeremy Bentham, *Essais de Jérémie Bentham sur la Situation Politique de l'Espagne* (...), "Lettres au Comte de Toreno (...) Lettre Seconde", pág. 19, faz uma equiparação com da qual se discorda, entre Liberdade política e Liberdade civil. Assim, "Les charges publiques, les places et les faveurs sont les intruments les plus utiles de cette dernière violation de la liberté."

da lei a Propriedade pode ser mantida, o que faz dele sobretudo um direito no plano das garantias conferidas ao cidadão, no pressuposto da manutenção desse seu direito.

Portanto, nem se estranha a consagração do artigo 7º das Bases, nem a sua quase pacífica passagem ao texto final[5350], nem, tão pouco, a redacção como direito fundamental e inalienável do cidadão de dispor dos seus bens no futuro texto constitucional.

Mesmo assim houve alguns deputados, algo preocupados com a teorização da Propriedade enquanto direito fundamental, que gostariam de ter visto uma redacção menos ligada a aspectos legalistas, partindo do pressuposto que a lei positiva nunca poderá contrariar os direitos naturais[5351].

Bem combatidas estas ideias[5352], o escasso debate que suscitou esta Base promove a compreensão que, de um modo geral e salvaguardando questões de purismo linguístico ligado à concepção individualista que se pretendia fazer prevalecer, não haveria dissensões manifestas no Congresso. Pelo menos nesta fase dos seus trabalhos.

2.5.2. A questão das garantias jurídicas ou a remodelação do sistema judicial (remissão)

Em Portugal o Triénio consagrou a Igualdade perante a lei como um direito, inerente a todo o Ser humano.

O direito de Igualdade é reconhecido nas Bases da Constituição, muito embora em posição bem diversa do de Liberdade, uma vez que apenas consta do artigo 11º e associado à abolição de todo e qualquer privilégio de foro pessoal[5353]. Não seria

---

[5350] D. C., I, 13-02-1821, págs. 85 e 86.
[5351] D. C., I, 13-02-1821, pág. 85, relativo à intervenção de Soares Franco. Assim, "O senhor Soares Franco. – Este artigo comprehende duas partes, em quanto á primeira parece-me bem, excepto o que diz = segundo a Ley = A Propriedade he hum direito natural, e não civil, que pertence sempre ao Cidadão, e que a Ley não lhe póde tirar, por conseguinte, segundo a Ley, deve tirar-se. Eu conservaria esta expressão, mas dando-lhe toda a extensão, e dizendo = de todos os bens = porque senão parecia que se tirava o exercicio geral da Propriedade, que he o que resulta do trabalho da industria, &c."
[5352] D. C., I, 13-02-1821, pág. 86, relativo a várias intervenções parlamentares, que identificamos. Assim, "O senhor Borges Carneiro – Parece-me que as palavras, segundo a Ley, estão no seu lugar, porque ha alguns casos em que as Leys podem oppôr-se á Propriedade. O senhor Baeta. – Effectivamente tirando as palavras, segundo a Ley, parece-me que a idéa está mais conforme. O senhor Castello Branco. – Estas palavras, segundo a Ley, são para indicar as modificações que he indispensavel haver muitas vezes no uso da Propriedade. O senhor Serpa Machado. – Eu adopto tal qual está o artigo, só com hum pequeno aditamento: não acho rasão para considerar o direito da Liberdade individual, e não considerar do mesmo modo o da Propriedade: assim eu quizera se dissesse, que a Propriedade he tambem hum direito sagrado, e inviolavel. O senhor Fernandes Thomaz. – O direito de Propriedade he preciso que seja respeitado, porque a Propriedade he a base de todas as sociedades. Todos os que agora escrevem accrescentão a palavra sagrada á Propriedade, e por acommodar-se a este costume he que assim se usou neste artigo. Em quanto ao que se diz, que deve ser primeiro indemnizado, he para demonstrar o respeito que deve haver pela Propriedade; porque ainda que por hino caso extraordinario se houvessem de vender a hum homem os seus bens, mesmo neste caso não se deveria fazer sem que primeiro tivesse na sua mão o valor daquillo que se lhe vendia. (Apoyado, apoyado)."
[5353] D. C., I, 08-02-1821, pág. 60. Corresponde à versão final das mesmas conforme *DHCGNP*, I, pág. 166 e ao artigo 10º do Projecto da Constituição, conforme *D. C.*, VIII, pág. 3. Trata-se, como já ficou em várias ocasiões assinalado, da Igualdade própria do Liberalismo clássico, que a subsume à Liberdade sob receio de qualquer jacobinismo ou tendências anarquizantes de que os maus exem-

caso inédito, como bem ficou patenteado em presença das considerações tecidas em fase anterior, sendo de igual modo um dos pressupostos da articulação constitucional gaditana[5354]. Resulta, portanto, que a Igualdade formal prevista, deve aqui ser enquadrada num plano de debate acerca das garantias jurídicas provenientes da admissibilidade da Liberdade civil, motivo pelo qual o seu articulado pré e pós--constitiucional apenas nesse plano fará sentido ser objectivado, no plano interpretativo que se vem defendendo.

Essa a razão porque no decurso do debate do artigo 11º das Bases – cuja demora na aprovação não espanta o observador mais atento[5355] – vista a polémica gerada em torno dos privilégios pessoais de foro[5356].

Note-se que a abolição dos privilégios de foro pessoal é, neste contexto, questão que deve ser bem demarcada da proveniente da Propriedade "não natural", "abusiva", uma vez que se relacionavam com as pessoas alvo de julgamento em foro privilegiado e não da Propriedade desigual de quaisquer bens, originados por privilégios positivamente conferidos, em razão da pessoa ou da corporação.

São dois aspectos distintos: de um lado a desigualdade é real, em função da Propriedade de bens que não pertencem ao "abusador", e é isso que a Liberdade civil deve evitar protegendo os direitos individuais de Propriedade e Igualdade. De outra banda, a Igualdade formal que não aceita os privilégios pessoais de foro, tende a acabar com a desigualdade dos julgamentos em juízos os comissões especiais, tendo em atenção as pessoas visadas.

Faz por isso sentido resgatar os aspectos fundantes do problema que originaram a elaboração do respectivo articulado do artigo 11º, em termos de debate preliminar à elaboração da Constituição em si mesma e perante o competente Projecto. Desde logo porque esse foi o momento onde, à partida, se invocaram "velhos problemas", de que a existência dos privilégios eclesiásticos não seriam os menores. Mais uma vez, a questão do debate desfasado entre religião que todos tendiam a preservar e Igreja que muitos increpavam nos benefícios, se transformou em polémica parlamentar.

---

plos saídos do período do Terror estavam ainda bem vivos. E não haveria qualquer Vintista que se prezasse, fosse qual fosse a sua opção doutrinária, que com tal situação quisesse ser confrontado.
[5354] Mas não como direito fundamental.
[5355] D. C., I, 16-02-1821, pág. 110, ficou adiado, apesar de aparentemente haver "grande uniformidade de pareceres." O debate prosseguiu em sessão de 17-02-1821, pág. 113, mas ficou decidido o envio do mesmo à Comissão de Legislação para que informasse acerca dos privilégios pessoais de foro.
[5356] D. C., I, 16-02-1821, pág. 113, intervenção de Francisco Morais Pessanha: "O senhor Peçanha. – Nos estados livres tem sido desconhecidos os privilegios de foro pessoaes, seja relativamente ás classes, quer aos individuos. Nunca em Roma pertendêrão os Senadores que houvesse para as suas causas hum Pretor especial, ou elles fossem Auctores, ou Réos; nem Lucullo jamais se lembrou de pedir hum Juiz privativo para o seu immenso patrimonio, desdenhando entrar em litigio nos juisos ordinarios com hum simples cidadão. A practica contraria tem prevalecido nos governos arbitrarios, prodigando-se Juizes especiaes até aos mesmos individuos. Nem me quadra o parecer d'hum dos senhores deputados, que acaba de opinar, exhortando o Congresso a que suspenda a pronuncia da abolição dos privilegios pessoaes, pela rasão de que fariamos hum grande numero de descontentes: o numero dos descontentes será muito mais consideravel se deixarmos subsistir tão odiosos privilegios. Não posso por tanto deixar de adoptar o Artigo 11° em toda a sua extensão." A decisão final apenas se obteve em 01-03-1821, conforme D. C., I, 01-03-1821, pág. 194.

Ao caso era indiferentes serem mais radicais[5357] ou mais moderados[5358]; na prática eram todos liberais e nunca poderiam pactuar com privilégios oriundos do Antigo Regime.

Apenas algumas intervenções poderiam, no presente contexto, ser apelidadas de mais suspeitosas, mesmo quando eram inócuas quanto à matéria eclesiástica ou militar e apenas pretendiam a salvaguarda dos estrangeiros residentes em Portugal[5359].

Manifestava-se evidente a incompatibilidade de alguns privilégios outorgados por leis especiais em matéria de foro pessoal, ancestrais embora, mas insanáveis com o Liberalismo português.

Utilizando o sistema da promoção dos debates cronológicos que existiram no Congresso, a primeira grande medida de fundo terá sido prover na organização do sistema judicial. Era patente o propósito de pôr ordem na vida judicial do reino, já que a vigência de quaisquer laivos de Absolutismo era incompatível com o regime que ora se impunha. Neste contexto de imediato se avançou para a abolição do Juízo da Inconfidência com os respectivos ofícios. Bem cedo se levantou este problema, logo em 5 de Fevereiro de 1821, Francisco Simões Margiochi apresenta um Projecto para a sua abolição.

[5357] D. C., I, 01-03-1821, pág. 189, relativo à intervenção de Teixeira Girão. Assim, "O senhor Gyrão. – Senhores, será talvez huma temeridade reprehensivel o adiantar-me eu a fallar em materias que me suo tão estranhas; com tudo ouvindo ler a immensa lista dos privilegios fiquei absorto! Eu tenho huma rasão, e esta basta para julgar taes cousas: muitos individuos, muitas corporações, e todas as classes são privilegiadas; só se exceptuão as laboriosas, e agricolas, aquellas a quem ElRey D. Diniz chamava nervos da Republica; pois estas só tem o singular privilegio de sustentarem a todos, e de serem espesiuhadas por todos. (...) Voto pois que não haja privilegio nenhum, e que todos os Cidadãos sejão iguaes diante da Ley." *Ibidem*, págs. 190 e 191: "O senhor Castello Branco – (...) E por ventura occultaremos nós as machinações vergonhosas que o Clero (eu que sou Ecclesiastico, com vergonha o digo) que o Clero em todas as epochas da nossa Monarchia tramou para sustentar seus pertendidos privilegios? Ninguem as ignora. Não forão os Ecclesiasticos que fortes do Poder com que o Papa os apoyava, e tendo á testa a celebre Companhia denominada, de Jesus, dominando todos os Gabinetes, os que fizerão que depois se ratificassem todos esses privilegios, e ainda se alimentassem? Deixemos por tanto a Auctoridade, e procuremos argumentos da natureza das cousas, da natureza da sociedade civil, e da sociedade Ecclesiastica. (...) E devemos nós sustentar hum monstro que tende a fazer huma divisão na Sociedade, cujo interesse consiste em que todos tenhão igual consideração relativamente á ley! Muito sagrada e respeitavel he a Religião; entretanto he a segunda qualidade do homem; elle he cidadão antes de ser religioso. Todos nós devemos olhar como cidadãos: a felicidade desta sociedade he o ponto em que devemos todos ter fitos os olhos. Os Ecclesiasticos, os Militares, todos devem reconcentrar-se no ponto unico que são as leys, de cuja execução depende o bem da Nação. Demos á Religião o que hé da Religião, e demos á Sociedade o que he indubitavelmente da Sociedade Civil."

[5358] D. C., I, 01-03-1821, pág. 189, relativo à intervenção de Manuel de Serpa Machado, que defendia o respeito pela religião e seus ministros mas "não posso com tudo deixar de contrariar as eruditas reflexões feitas por hum respeitavel Membro sobre a conservação do privilegio Ecclesiastico. Os Ecclesiasticos em relação á Sociedade Civil não devem ter mais prerogativas que os mais Empregados publicos; e se o Militar quando arrisca a sua vida pela Patria, se o Magistrado que consome em beneficio della a sua saude devem ceder em proveito commum do privilegio do foro, porque não deverá ceder o Ecclesiastico? (...) E se as Leys porque tem de ser julgados os Ecclesiasticos são as mesmas, seja qual for o Juiso que as applique, pouco ou nada perdem em que este seja Secular, ou Ecclesiaslico."

[5359] D. C., I, 01-03-1821, pág. 191, relativo à intervenção de Caetano Rodrigues de Macedo, cujos traços biográficos podem ser encontrados no *Dicionário do Vintismo e do Primeiro cartismo (1821-1823 e 1826-1828)*, II, págs. 5 e ss.

Decidiu-se em 2 de Maio que este era incompatível com as Bases da Constituição já aprovadas[5360], na medida em que aquele juízo funcionava como uma Comissão. Contudo, resolveu-se fazer um decreto específico a prevenir a abolição do mesmo, tal como já sucedera com a Inquisição[5361]. Em qualquer caso, determinou-se que na acta da sessão de 2 de Maio já se decretasse a extinção da Inconfidência [5362], embora o decreto do Congresso apenas datasse de 9 do mesmo mês.

Recorde-se que havia ficado em sessão de 1 de Março a norma acerca da extinção dos privilégios de foro, tendo-se decidido, a final, a abolição do privilégio eclesiástico de foro pessoal e também o do foro militar, quanto aos crimes puramente civis, reservando-se para a Ordenança a fazer, o regulamento da prisão e julgamento[5363]. Como consequência, aplicavam-se exemplarmente a situações coevas decisões já aprovadas em termos de Bases e contra as quais iam.

Ainda no domínio das garantias jurídicas – no plano da Liberdade civil – o debate relativo às Bases em dias antecedentes, centrou-se nas temáticas relacionadas com a segurança, prisão sem culpa formada. Daí que em sessão de 13 tenham sido debatidos os artigo 3º a 6º, sem grandes sobressaltos[5364], mas em mais de uma ocasião invocando a fonte modelar de Cádiz[5365]e, dando razão a toda a pesquisa anterior, buscando nas fontes norte-americanas contributos válidos para a elaboração do texto nacional relativo à protecção dos direitos individuais[5366].

[5360] *D. C.*, II, 02-05-1821, pág. 759; Decreto de extinção da Inconfidência, discutido em sessões de 05 e 07-02, 02 e 09-05-1821. A publicação do diploma é de 12 de Maio em sequência da portaria da Regência de 10, que pôs em execução o decreto do Congresso.
[5361] *O Portuguez Constitucional*, nº 19, 13 de Outubro de 1820: "Extracto de huma carta Circular do Ministro dos Negocios Ecclesiasticos aos Bispos, e Arcebispos do Reyno de Napoles – Longe de nós esses Tribunaes extraordinarios, e essas faculdades de abreviar, ou suspender formulas, que não são mais que poderes oppressivos, concedidos em circunstancias extraordinarias, produzidas quasi sempre por aquelles mesmos que dezejão exercer esses Poderes."
[5362] *D. C.*, II, 09-05-1821, pág. 841 e 852. Em 31 de Março deliberou-se extinguir o Santo Ofício, Inquisições e Juízos de Fora. O diploma é publicado em 7 de Abril e respeita a decisão do Congresso de 26 Março, a que a Regência deu execução em 4 de Abril. O projecto foi discutido em sessões de 05, 07, 08-09-02, 24 e 31-03-1821.
[5363] *D. C.*, I, 01-03-1821, pág. 194.
[5364] *D. C.*, I, 09-03-1821, pág. 232; *DHCGNP*, I, pág. 165. Correspondem ao Projecto da Constituição publicados no *D. C.*, VIII, pág. 3.
[5365] *D. C.*, I, 13-02-1821, págs. 83 e 84, relativo a duas intervenções de Borges Carneiro relativas à clarificação dos crimes que mereceriam prisão e que deveriam ser todos os que merecessem pena corporal. Recorda que "A Constituição não he só feita para os Povos, senão tambem para os Legisladores, e para reprimir estes nos seculos futuros. Insisto em que se devem classificar os crimes, que merecem prisão: assim o estabeleceo a Constituição Hespanhola, declarando serem aquelles que merecem pena corporal; e eu exito o mesmo, por ser essa huma das cousas melhores daquella Constituição." Quanto ao artigo 6º menciona não ter citado "a Constituição Hespanhola como ley, senão como exemplo, por que quem quizer procurar as bases da liberalidade, alli as achará; por que estou persuadido que, se ella não existisse, não estaria reunido este Congresso; e em fim porque devem tomar-se medidas para a segurança publica, e particular."
[5366] *D. C.*, I, 22-02-1821, pág. 133, intervenção de Teixeira Girão a respeito da inviolabilidade da casa do cidadão: "INTRODUCÇÃO: Eu venho, Senhores, propôr-vos hum projecto de additamento á Secção 1ª das Bases da Constituição; he este a inviolabilidade da Casa do Cidadão, cousa que foi respeitada pelos Romanos, e outros muitos Povos; já que esqueceo aos primeiros Constituintes da America Ingleza, não nos esqueça a nós; pois. (...) Eu tirei-o do appendix á Constituição Americana, e confesso que fui copista; todavia não me envergonho disso, porque tenho por muita honra seguir as pisadas dos liberaes. Viva tranquillo de hoje em diante o Cidadão Portuguez, já que até agora o

Foi o caso de Simões Margiochi, que a respeito do artigo 5º das Bases não apenas a invoca, como não teve qualquer pejo em lembrar a própria Constituição histórica inglesa, ponto em que como fonte doutrinária uma vez mais se percebe a importância do sistema inglês[5367]. Outras vozes discordantes que se levantaram[5368] não produziram qualquer efeito final na passagem do artigo das Bases.

Oportunidades de sobra houve para bem se verificar a força do radicalismo no Congresso. Enquanto os moderados defendiam a substituição de "Ley" por "Constituição", os demais preconizavam que a lei apenas pode ser feita por legisladores e em Cortes e, ainda por cima, tratando-se do Congresso que estabelece as Bases da futura Constituição[5369]. Daí não perceberem tanta querela por um ponto tão pacífico, embora "acedessem" a que as locuções fossem alteradas.

Quando da discussão do artigo 12º, houve, inclusivamente uma proposta para abolir pena de morte, o que é notável[5370], admitindo que a mesma apenas em 1867 se concretizou. A salvaguarda da vida, como direito fundamental do Ser humano, ainda que não constasse do texto das Bases como não constaria do da Constituição futura era já preocupação modelar em alguns modelares deputados. A norma passou, porém, tal como estava redigida no Projecto[5371].

Finalmente a versão original do artigo 13º das Bases foi modificada, por força das propostas apresentadas, entre as quais a admissibilidade do direito de petição e do direito de reclamação para todo e qualquer cidadão poder dirigir-se directamente às Cortes[5372]. Do facto de ter sido aprovado resultou a consagração de um dos mais importantes casos de Liberdade civil do cidadão, que muito trabalho, daria num futuro próximo ao Congresso e às futuras Cortes[5373] e cujas origens remontam aos sistemas

---

assustava o ruido de huma folha; estava subjeito a passar dos braços da sua familia para os ferros das prisões, só porque assim o queria hum despotico Ministro, e por qualquer pretexto via profanado o sagrado asylo de sua casa! (...) ADDITMENTO: Será inviolavel a casa do Cidadão, não se lhe farão buscas, ou visitas sob pretexto de procriar contrabandos, ou de fazer nella a prisão de alguem, que não seja dono, ou habitante da mesma, depois de culpa formada, como declara o artigo 4º e 5º".

[5367] D. C., I, 13-02-1821, pág. 84, relativo à intervenção de Simões Margiochi. Assim, "O senhor Margiochi. – Opponho-me absolutamente a este artigo, que encena a escravidão dos Portuguezes. Na Inglaterra não ha nada mais ponderoso do que a suspensão do *Habeas Corpus*, he pois preciso declarar, que não se póde ser preso senão em caso de iminente perigo da Patria, ou de flagrante delicto. Eu tambem cito a Constituição Hespanhola, porque me forão dados Poderes para, conforme ás bases della, formar a Constituição Portuguesa; e, se absolutamente não hade ser assim, tiremo-nos de engano."

[5368] D. C., I, 13-02-1821, pág. 84, relativo à intervenção de Vaz Velho. Assim, "O senhor Freire indicou os funestos resultados que poderião provir de não assegurar completamente a Liberdade individual, fazendo conhecer que o attentado contra ella era o mesmo por 24 horas que por 24 annos, e reclamando a attenção do Congresso em hum objecto de tanta consideração."

[5369] D. C., I, 13-02-1821, pág. 84, em presença de intervenção de Fernandes Tomás: "O senhor Fernandes Thomaz, – Eu creio que nisto ha hum extravio de opinião, se cresse que quem fez estas bases são Legisladores, e quem as ha de adoptar outros Legisladores... (chamarão á ordem: ordem.) Eu posso dizer o mesmo voto."

[5370] D. C., I, 16-02-1821, pág. 110, proposta de Manuel António de Carvalho. Assim, "O senhor Manoel Antonio de Carvalho: que tambem se abolisse a pena de morte."

[5371] D. C., I, 09-03-1821, pág. 232; *DHCGNP*, I, pág. 166; Projecto de Constituição, D. C., VIII, pág. 3.

[5372] D. C., I, 16-02-1821, pág. 110.

[5373] D. C., I, 19-02-1821, pág. 116; *ibidem*, 09-03-1821, pág. 232; *DHCGNP*, I, pág. 166. Corresponde ao Projecto da Constituição, D. C., VIII, pág. 4.

inglês e norte-americano, mas podem igualmente ser encontrados sob via indirecta na *Declaração dos Direitos do Homem e do Cidadão de 1789*.

3. Temas políticos e a ideia de Liberdade: a defesa da Liberdade política constitucional (remissão)

Estabelecida que estava a legitimidade da Revolução de 1820, o Congresso declarou-se o único órgão soberano, porque representava a soberania nacional[5374]. Além de preparar a Constituição, quis decretar medidas tendentes à transformação económica e social do país, procurando evitar que qualquer medida decisória para a vida do mesmo lhe escapasse[5375]. A sua obra legislativa orientou-se inicialmente, pois, no sentido da modernização do Estado, pela adopção de modelos e soluções experimentados noutros países.

Os Poderes constituintes eram amplíssimos: fazer a Constituição sobre as bases imutáveis da religião, do Rei, da sua dinastia e das "Liberdades", nunca menores que as da Constituição espanhola. Nada de mais, mas e nunca nada de menos[5376]. Isto o que constava das procurações dos deputados e não poderia, em qualquer caso ser ultrapassado. Seriam uma espécie de limites materiais à actuação dos constituintes, intocáveis e inolvidáveis do seu plano de preocupações[5377].

O primeiro grande diploma de raiz constitucional definidor do regime político a vigorar em Portugal no Triénio Vintista, são as Bases da Constituição, onde as teses do Contratualismo liberal, de um modo geral, são absolutamente indesmentíveis nas mensagens emitidas pela maior parte dos Constituintes. Pretende-se, de igual modo, conciliar a antiga Constituição histórica portuguesa com a que no momento presente está no espírito de todos bem elaborar[5378].

[5374] DHCGNP, I, pág. 152. Foi-lhe dado o tratamento de "Majestade" pelo Conde de Sampaio no discurso acima mencionado.

[5375] D. C., I, 31-03-1821, pág. 407: "(...) O crime maior que póde commetter todo o Cidadão Portuguez, depois de delegar, e concorrer para a delegação da Soberania do Congresso, he declarar que não está bom a decisão do Congresso: este he o maior crime, porque he retructar tudo que ratificou quando doo os poderes ao Congresso."

[5376] D. C., I, 22-02-1821, relativo à intervenção de Teixeira Girão: "(...). Que devemos fazer a melhor, e mais liberal Constituição que possa haver no Mundo."

[5377] DHCGNP, I, pág. 133: "Juramento dos deputados: Juro cumprir fielmente, em execução dos Poderes que me foram dados, as obrigações de deputados nas Cortes extraordinarias que vão fazer a Constituição da monarchia portugueza, e as reformas e melhoramentos que ellas julgarem necessarios para bem e prosperidade da Nação, mantida a religião catholica apostolica romana, mantido o throno do senhor D. João VI, Rei do Reino Unido de Portugal, Brazil e Algarves, conservando a dynastia da serenissima casa de Bragança."

[5378] D. C., I, 12-02-1821, págs. 80 e 81: João Maria Soares Castelo Branco: "Nossos Mayores ou por demasiada sinceridade, ou por excessiva confiança nas brilhantes qualidades de nossos antigos Reys, não acautelavão o abuso que hum dia poderião vir a fazer do Poder. He certo que distinctamente do Rey confiarão a hum Congresso Nacional a Auctoridade de fazer as Leys, e impor os tributos; mas esse Congresso era de tal maneira organizado, que melhor vinha a ser o orgão do interesse das classes, que da vontade geral da Nação; e assim mesmo por falta de regularidade na sua convocação e dissolução, elle era pouco proprio para manter o equilibrio entre o Poder Legislativo que lhe competia, e o Executivo confiado ao Rey. Tambem aconteceo como era de esperar, que a influencia das Cortes acabasse em pouco, que todas as suas funcções se reduzissem a meias supplicas, até desaparecer o seu mesmo nome, e o Rey reunir em si todos os Poderes, constituindo hum Governo verdadeiramente absoluto e despotico, que pouco tardaria a lançar-nos no abysmo, de que jamais surgiriamos. Para restabelecer a Liberdade da Nação, e a fazer duravel, incumbia á Commissão

Importa salientar que algumas das matérias mais relevantes no plano da definição do regime ficaram, desde a publicação e juramento das Bases, perfeitamente definidas. O processo de elaboração posterior da Constituição respeitou-os na íntegra. Por este motivo serão agora desenvolvidos os casos da admissão do veto suspensivo do monarca e existência de Câmara única.

No que respeita à temática exterior aos direitos individuais, e passando à questão da "Nação portugueza, sua religião, governo e Dinastia", não houve qualquer surpresa na admissibilidade dos artigos 14º, 15º e 16º. Versavam os mesmos acerca da indivisibilidade da Nação portuguesa, composta pelos portugueses dos dois hemisférios e sobre a religião do Estado, além da monarquia hereditária constitucional, com Leis Fundamentais que regulam o exercício dos Poderes políticos[5379]. Foram discutidos e aprovados sem dificuldade em sessão de 17 de Fevereiro[5380].

Quanto ao facto da dinastia reinante se manter e ser a da Casa de Bragança, conforme o artigo 17º das Bases, isto mais não significava que a adesão ao Juramento feito pelos deputados no início dos seus trabalhos e que constituía o limite inerente às suas procurações[5381].

Reiterava também o repúdio absoluto e assumido com qualquer possibilidade de republicanismo e democracia a ele inerente, ponto em que não se atreveram os Vintistas a ser "mais liberais" que os gaditanos porque isso implicaria, em seu entender, a anarquia e o Terror jacobino, ou o despotismo embaraçado na capa republicana do Corso de má memória. Isso por si só retiraria foros à ideia de Liberdade que defendiam e promoveria uma Igualdade temida no geral.

O problema que a sequência das Bases apresenta é de fundamental importância para a reflexão presente e futura: trata-se da questão da soberania nacional. Momento azado, de novo, para uma troca de ideias entre radicais e moderados, todos convergentes na questão de fundo.

---

propor o modo que lhe parecesse mais conveniente a fim de realizar a separação e independencia dos tres Poderes, e estabelecer entre elles o equilibrio necessario, como unica medida indispensavel. He o que ella entendeo fazer propondo-vos as bases, que offerece á vossa discussão, e que dão a idea do plano, que parece dever-se adoptar na futura Constituição."

[5379] Recorde-se o período imediatamente posterior à Revolução de 1820 e anterior à instalação do Congresso. Em perfeita sintonia – até por os intervenientes em ambos os textos pouco divergiriam em questões de Liberalismo – assiste-se a uma repetição quase pontual dos principais tópicos aflorados no *Manifesto aos Soberanos e Povos da Europa*.

[5380] *D. C.*, I, 17-02-1821, pág. 113; *ibidem*, 09-03-1821, pág. 233; *DHCGNP*, I, pág. 166. Corresponde ao Projecto da Constituição, *D. C.*, VIII, pág. 4, artigos 20 a 25, uma vez que há uma explicitação das normas contidas nas Bases.

[5381] *D. C.*, I, 20-02-1821, pág. 124. As únicas dúvidas incidiram na explicitação ou não no artigo da sucessão feminina na ausência de varão e da possibilidade da linha transversal vir a funcionar em termos sucessórios. Nesta particular foram chamadas à colação as Leis Fundamentais do Reino, o que apenas significa que ainda quando se elaborava uma Constituição de raiz, o espírito tutelar das mesmas não deixava de vaguear pelo Congresso. Foi aprovado tal como estava redigido, conforme *D. C.*, I, pág. 233; *DHCGNP*, I, pág. 166. O Projecto da Constituição, *D. C.*, VIII, pág. 5, coloca a norma no artigo 31 e seguindo-se o normativo previsto nos artigos 118 e ss. Veja-se Manuel Fernandes Tomás, *Carta Segunda do compadre de Belém ao redactor do Astro da Lusitania*, pág. 9, nota: "A Casa de Bragança reina entre nós, porque nós a chamámos para isso em 1640. (...) O tempo e as circunstancias havendo-as alterado, nós agora fizémos valer nossos direitos, e só buscamos que elles sejão respeitados, porque respeitámos sempre e sempre respeitaremos aquelles, que então concedemos, e a que nos obrigamos." Ou seja, há uma certa negação da tese conservadora da continuidade desde Ourique e fazia-se da realeza uma doação popular.

Em presença do artigo 18º a soberania reside na Nação, livre, independente e sem ser património de ninguém. Ou seja, afirmava-se a tese do Constitucionalismo francês, por um lado e inglês e norte-americano, por outro, da soberania nacional, defendia-se a Liberdade política e a impossibilidade de retomar à velha e ultrapassada concepção patrimonial do reino[5382], que havia feito carreira.

Surge, pois, com toda a sua força o Contratualismo liberal, cujas raízes absolutistas se recordam, mas que perante os debates no Congresso, neste e noutros momentos, serve para justificar à evidência os pouquíssimos adeptos que a soberania régia mantinha em Portugal. Ao menos conhecidos e declamadores em Augusto Recinto. Além do mais, inseria-se na linha de justificação da Revolução de 1820, porque estabelecida pelo verdadeiro detentor da soberania, o Povo, legitimando em definitivo os acontecimentos de 24 de Agosto e de 15 de Setembro[5383].

O tema em apreço justifica um pouco mais de detalhe até porque faz lembrar em muito algumas das posições assumidas por alguns liberais espanhóis, entre eles Jovellanos, cujas ideias basilares são conhecidas e aqui agora se retomam[5384]. Tanto mais quanto os problemas de qualificação que se levantavam na doutrina quanto à classificação do tipo de monarquia que até então existira em Portugal, proveniente das diversas interpretações de pensadores de épocas anteriores, vista a curialidade da sua recordação[5385].

[5382] *Mnemosine Constitucional*, nº 58, 30 de Novembro de 1820: "Addicionamento do Livro intitulado Portugal Regenerado em 1820 (...) – 1ª Reflexão sobre as presentes Cortes Extraordinarias; § 1º (...) Ninguem ignora ou deve ignorar que Portugal he huma Nação livre; que a ideia de um reino patrimonial he absurda, como contraria á natureza e ao fim das instituições sociaes; que o nosso territorio, com os illustres varões que o habiitão, não he nem pode ser patrimonio de nenhuma casa ou pessoa; que a soberania reside essencialmente na Nação (...)."

[5383] *Ibidem*, pág. 19: "Declara a Nação em massa a necessidade de huma Constituição, e quem teria o direito de lha dar, senão ella a si mesma? O homem nasceo livre, quis unir-se em Sociedade, poz as Condições, e então nascerão os fundamentos do Corpo politico. Os Governos, quaesquer que elles sejão, são posteriores á Associação, e das Convenções do pacto Social deriva o seu Poder, seus direitos, e seus deveres."

[5384] D. C., I, 20-02-1821, págs. 124 e 125, discurso de Trigoso: "O Senhor Trigoso. – Este artigo contem duas partes: a primeira he = A Soberania reside em a Nação – a segunda he – Esta he livre, e independente, e não póde ser Patrimonio de ninguem. = Em primeiro lugar apoyo a moção do senhor Borges Carneiro, mas considero a primeira parte do artigo. Este principio – A Soberania reside em a Nação, não sei se está concebido com toda a clareza possivel: ha huma cousa certissima nesta materia, e ha cousas, que nem por isso são muito certas. A Soberania reside em a Nação, na sua origem; isto he, he livre a todos os Povos juntarem-se, escolher a fórma do Governo, e delegar a huma, ou em mais pessoas a Soberania; isto he incontestavel; com tudo não tem a mesma certeza se a Nação huma vez que em lugar da Democracia prefere a Monarchia pura ou temperada, ou a Aristocracia, conserva actualmente a Soberania. Eu faço differença de Soberania ordinaria, radical, e habitual; ou Soberania actual, a qual a Nação parece que não póde ter huma vez que delega os seus Poderes. (...) O que digo he, que em ambas as hypotheses he verdade que a Soberania reside originariamente em a Nação, e por consequencia que o artigo se deverá formar, assim. = A Soberania reside originariamente em a Nação, e esta Nação tem delegado os seus Poderes no Soberano actual, ou no Rey."

[5385] D. C., I, 20-02-1821, pág. 125, discurso de Trigoso: "O Senhor Trigoso. – (...) que de qualquer dos modos que se considere a nossa Constituição antiga, e passagem para a Constituição seguinte, ou nós consideremos que a Monarchia Portugueza, atégora era Monarchia pura, e illimitada, ou temperada, é Constitucional; sempre vem a ser verdadeiro o principio de que a Soberania reside originaria ou radicalmente em a Nação. Os que julgão que a Monarchia Portugueza, atégora era huma Monarchia pura, é absoluta, e agora deve deixar de o ser, parece que devem dizer, que a

O problema em estudo apenas se perceberá desde que haja uma conciliação entre a vertente norma e as dos artigos 19º e 22º das mesmas Bases. Isto porque a primeira dessas regras aponta para o Poder constituinte[5386] que os cidadãos conferiram aos representantes da Nação, únicos a poderem legitimamente usar do mesmo[5387], inclusivamente para as rever – no que se detinha no articulado da norma do artigo 20º das Bases. A lei deve ser vista como a vontade dos cidadãos, declarada pelos seus representantes em Cortes[5388].

Ou seja, conjugava-se a ideia de soberania nacional – derivada do Direito Humano originário de Poder político (em rigor não se deve chamar verdadeiramente de "pacto)[5389] – com o facto de a mesma apenas Poder ser exercitada pelos constituintes, representantes do Povo, como se dele todo em conjunto se tratasse e sob forma actual. Cerceavam-se, pois, alterações à Constituição que não fossem conformes aos

---

Soberania essencialmente residia em a Nação, que delegou, na pessoa do Soberano os seus Poderes; que algumas vezes a reassumio, quando o interesse da Causa Publica assim o exigia; o que succedeo na Acclamação do senhor D. João I, e na Acclamação do senhor D. João IV, e que agora a torna a reassumir para a depositar nas mãos das Cortes, e juntamente do Rey; por isso que ambos elles exercitão as duas partes do Summo Imperio, a saber os Poderes Legislativo, e Executivo. Os que pelo contrario entenderão que a Monarchia Portugueza foi sempre temperada, que suppõe que a Nação depositou os seus Poderes nas Cortes, e juntamente no Rey, que depois os Reys pelo Seculo 15º começárão a tender para huma Soberania pura, e illimitada, como começárão todos os Reys, devem dizer, que a Nação, delegando desde o principio os seus Poderes no Rey e, nas Cortes, transferio para elles a Soberania; porém vendo que a tendencia dos Reys para os Governos absolutos era muito perigosa á Sociedade Civil, e que as Cortes estavão em desuso, julgou conveniente reassumir a Soberania, e agora reassume para a delegar, em termos mais explicitos do que ao principio o fizera, no Rey, e mais nas Cortes (...)."

[5386] D. C., I, 20-02-1821, pág. 127, no que respeita à intervenção de Borges Carneiro: "O senhor Borges Carneiro. – Julgo inteiramente necessarias, e indispensaveis as Procurações especiaes, porque sem ellas ninguem póde revogar a Constituição. Os nossos Constituintes puzerão nas suas Procurações esta clausula = que nos mandavão aqui para fazermos huma Constituição = e por isso estas Cortes se chamárão Extraordinarias. A Nação deo Procurações especiaes para fazer o edificio especial, que não póde derribar sem dar Procurações especiaes, e por isso estas são sempre necessarias." Veja-se João Maria Tello de Magalhães Collaço, págs. 47 e ss.

[5387] D. C., I, 20-02-1821, pág. 126, relativo a duas intervenções parlamentares em apoio do artigo das Bases, de Borges Carneiro e de Camelo Fortes: "O senhor Camelo Fortes. – He hum axioma de Direito, que a Soberania está em a Nação, e ninguem póde tirar-lha. A Nação junta em Cortes he a Soberania, assim como he antes de representada. Sendo assim, nella reside a Soberania, em todas as suas partes, e por consequencia não poderá ella ligar as mãos a si mesma, porque ninguem póde ser superior, e inferior ao mesmo tempo; por isso, se a Nação actual he Soberana, e Soberana ha de ser sempre, não póde ligar as mãos ás Cortes futuras, que são Soberanas, e per isso parece que nada se lhe devia prescrever; ibidem, O senhor Borges Carneiro. – As presentes Cortes não tratão de estabelecer Leys para approvar, ou derogar daqui a pouco; são Cortes Extraordinarias, que querem fazer hum edificio, que as Cortes seguintes não possão derribar; debalde seria estar a estabelecer Leys Constitucionaes, e vir hum anno em que os Aulicos tivessem tanta influencia nos Representantes que fizessem com que elles derribassem todo o edificio Constitucional. Estas Cortes são de outra natureza; alem de remediar os abusos, são tambem para fundar o edificio Politico, e fazer huma Constituição que dure até á consummação dos Seculos se possivel fosse. (...)."

[5388] Francisco José de Almeida, págs. 34 e ss., detalha a questão da representação nacional.

[5389] Idem, ibidem, pág. 12: "Para que a Associação dos homens constitua huma verdadeira sociedade, he absolutamente necessaria condição, que pela vontade geral se forme a Escriptura das Condições, e eis aqui a Constituição."

princípios do Liberalismo[5390]. Na correspondência com uma vontade constituinte originária[5391], resultaria uma solução ideal para o problema.

Na perspectiva do Liberalismo clássico, que adopta o Constitucionalismo francês saído de 1789 e de 1791, é sem dúvida assim.

Neste particular, a aprovação de uma formulação algo distinta da proposta no texto das Bases, pela junção da palavra "essencialmente"[5392], resulta de uma certa cedência

---

[5390] *D. C.*, I, 20-02-1821, págs. 126 e 127: "O senhor Borges Carneiro – (...) As Leys que se fizerem daqui em diante são Leys de hum anno, ou mais; porem as Leys, e o alicerce deste edificio deve conservar-se trezentos, quatrocentos annos, e o mais que for possivel; por isso eu julgo pelo contrario, que se deve oppor huma barreira à Constituição, de modo que ella não fique dependente da Legislatura seguinte, e por isso peço que se adie a alteração das Leys fundamentaes até ao oitavo anno. Os Hespanhoes contão do tempo em que tiver sido executada em todas as partes, mas isso he indeterminado, e póde dar estorvos na practica; por isso digo, que os annos se contem desde o tempo da publicação da Constituição, digo tambem convindo as duas terças partes da totalidade dos deputados de Cortes, isto he, convindo duas terças partes de 100. Digo mais, que he necessario, e conveniente que os deputados tragão huma Procuração especial para alienar este, ou aquelle art. da Constituição; porque póde muito bem ser, que humas Provincias queirão alterar hum art. e outras não; por isso he necessario Poder especial das Provincias, que todos queirão a alteração, e no caso de empate se decida em Congresso. O Senhor Fernandes Thomaz. – A Nação fez-nos Procuradores para fazer-lhe à uma Constituição conforme aos seus interesses; se achar que desde hoje a Constituição não he conforme aos seus interesses, ou achar que pela mudança de circunstancias o não vem a ser para o futuro, creio que a Nação póde fazer outra Constituição, porque aliás não he ella Soberana. Estamos para fazer huma Constituição, parece que estabelecidas huma vez as bases della, e estabelecida a Constituição, a regra he que deverá ser sempre observada em quanto não for derogada por outra; porque logo que a Nação constituir novos Procuradores, e constituir Leys, pouco importa que nós digamos que se não mude porque nós não podemos prescrever tempo, dentro do qual ella se não possa alterar. Nós podemos dizer agora pelo nosso entender que estas bases são boas; nós julgamos que ellas são para felicidade, e utilidade dos Portuguezes; mas se a não fizer, não podemos ligar as mãos aos Portuguezes para fazerem outra pelo modo com que tem feito esta. He muito bom que a Constituição se não possa mudar todos os annos, porque traria males infinitos; convenho por isso em que se determine hum prazo, e me parece que seria necessario marcallo, porem nós nunca tivemos isto em Portugal pelo modo que vai a fazer-se; a nossa intenção he fazer huma cousa boa em utilidade da Nação, mas não sabemos se os resultados corresponderão aos nossos desejos: quatro annos será muito, se nós em vez de fazermos a felicidade dos Portuguezes formos fazer a sua desgraça; e por isso parece que seria melhor diminuir esse prazo, antes de que allongallo. Se os Hespanhoes estabelecêrão oito annos, tinhão motivos para isso; e quem sabe se isto lhe será mais mal do que bem? Por isso pouco importa que nós marquemos prazo ás Cortes futuras se ellas trouxerem, o poder para alterar a Constituição. Agora em quanto ao numero dos deputados, que a podem alterar, deve-se entender os dous terços dos deputados presentes; isto he o que sempre se tem observado Em consequencia parece que para evitar os males que podião nascer de dar á Nação a idéa de que ella póde mudar todos os annos de Constituição; e ao mesmo tempo porque não temos a certeza de que esta ha de poder ser sempre a mesma, e sempre util, he necessario o prazo dos quatro annos; porque se a Nação vir que alguns artigos não convém, ella declarará aos seus Constituintes a sua vontade para os alterar. E por isso o artigo deve passar no estado em que se acha."

[5391] *D. C.*, I, 02-03-1821, pág. 194 aprovou-se o texto final deste artigo das Bases; *ibidem*, *D. C.*, I, 09-03-1821, pág. 233; *DHCGNP*, I, pág. 166.

[5392] *D. C.*, I, 20-02-1821, pág. 126; idem, 09-03-1821, pág. 233; *DHCGNP*, I, pág. 166. Veja-se o Projecto da Constituição, *D. C.*, VIII, pág. 4, apresenta algumas alterações resultantes da condensação e algumas das disposições das Bases.

aos moderados do Congresso[5393], com Trigoso a comandar as operações, mas[5394] onde outros se empenharam de igual modo[5395], ainda quando os argumentos propostos pela ala radical fossem sem dúvida dignos da devida nota[5396].

Os ensinamentos de Pufendorf ou os receios de Jovellanos pesariam bastante nestas intervenções parlamentares, mas reafirma-se que a consagração da ideia de soberania nacional não apenas afastava a sua concorrente directa e opositora, soberania real, como a própria soberania popular, vigente noutros Estados europeus e cujo "antecedente" mais remoto em Portugal fora a ideia de uma soberania inicial de mediação popular, atenta a origem divina e não humana do Poder político.

As normas seguidas vão em sentido idêntico da defesa da Liberdade da sociedade. As Bases manifestam o posicionamento maioritário do Congresso e acabarão, num futuro próximo, por obter plena consagração no texto da Constituição. Ponto que haverá, pois, que retomar, é a verificação sem retorno da submissão do Poder régio ao Poder da Nação[5397].

No que respeita ao equilíbrio de Poderes, enquanto garante da Liberdade política do indivíduo e da sociedade, preconizado desde os tempos de Montesquieu e adoptado pela generalidade das Constituições liberais da época[5398], foi parcelarmente levado em linha de conta nos termos da proposta do artigo 21º das Bases da Constituição[5399].

[5393] Joaquim de Carvalho, *História de Portugal. Edição Monumental comemorativa do 8º Centenário da Fundação da Nacionalidade*, (direcção de Damião Peres), VII, pág. 103: "embora os moderados não conseguissem introduzir no primeiro período do artigo, a seguir á palavra *reside*, o advérbio originariamente, lograram que os radicais admitissem a inserção do *essencialmente*. Assim, ficaram as Cortes vinculadas à doutrina de que 'a soberania reside essencialmente em a Nação', o que, se representava uma atenuação do Projecto, envolvia em todo o caso consequências innovadoras do mais largo alcance."
[5394] Francisco Manuel Trigoso de Aragão Morato, *Memórias de Francisco Manuel Trigoso de Aragão Morato*, Parte II, pág. 113.
[5395] D. C., I, 20-02-1821, pág. 125, intervenção de Inácio da Costa Brandão. Assim, "O senhor Brandão. – Ainda que seja verdadeira, á proposição ennunciada no artigo 18º, com tudo parece que se lhe deve fazer a addição do senhor Trigoso, para fixar, o sentido della, e evitar a contradicção que poderia haver entre o art. 18º e 21º se este fosse mal entendido. He evidente que no estado anterior ao estabelecimento do Governo, a Soberania reside, em toda a Nação, porque neste estado ainda ella não transferio os Poderes; mas parece que no artigo 18º se não considera a Nação neste estado, mas n'hum estado subsequente ao estabelecimento do Governo, pois que nos artigos 17º e 16º se diz qual he o Governo que he a Monarchia Constitucional; qual he a Dynastia reynante, e qual he o Rey da Nação Portugueza. Neste estado não tem a Nação a Soberania, que tinha antes de constituiu o Governo para que transferio os Poderes constitutivos da Soberania. Ficou, porem com o direito essencial de reassumir estes mesmos Poderes quando lhe forem necessarios; e, este direito, que a auctoriza para entrar na Soberania, constitue huma Soberania, a que a Juris-Consultos de seculo 17º chamão habitual, a qual reside sempre em a Nação; não porém actual, se não ha a Administração do Summo Imperio. Como se não póde dizer, constituido o Governo, que reside em o Governo; a Administração do Imperio, tambem se não póde dizer, que resida nella a Soberania actual, nem desta Soberania falla o artigo 18º, (...)."
[5396] D. C., I, 20-02-1821, pág. 125, intervenção de Borges Carneiro: "O senhor Borges Carneiro. – A Soberania reside em a Nação, eu sempre segui este principio; e se o Illustre Preopinante reflectisse bem, diria que a palavra essencialmente nada accrescenta. Parece confundir a potencia com o exercicio da Soberania. A Soberania subdivide-se, parte nas Cortes, parte do Poder Executivo, parte no Judiciario: estes Poderes nunca podem estar em huma só pessoa, estão repartidos, a potencia está na Nação, o exercicio nas differentes Auctoridades."
[5397] DHCGNP, I, págs. 210 e ss.
[5398] D. C., I, 21-02-1821, pág. 133. Veja-se a respeito deste episódio, José Maria Xavier d'Araújo, págs. 79-82, pág. 1169.
[5399] *Génio Constitucional*, 18-12-1820, apud Isabel Nobre Vargues e Maria Manuela Tavares Ribeiro, "Ideologias e Práticas Políticas", *História de Portugal* (direcção de José Mattoso), V, pág. 216:

A preocupação em evitar que todo o Poder Legislativo se concentrasse nas mãos das Cortes era, para a ala moderada, uma espécie de ponto de honra a defender e por isso se bateram por uma formulação de Poder Legislativo proporcionada à elaboração das leis, certas e seguras, que de acordo com os princípios do Liberalismo e do Contratualismo em geral, sempre resultam numa limitação da Liberdade natural do Ser humano.

Isto sempre fora reconhecido pelos homens do Liberalismo, fossem históricos ou racionalistas. O resultado prático de uma Constituição, sobretudo fruto da influência francesa e espanhola mas que não esquece os pontuais contributos ingleses e norte-americanos, não poderia andar muito longe.

A certeza e a segurança jurídica que ora invocam terão plena aplicabilidade nos desenvolvimentos do Pensamento português futuro. Para o que agora importa, simboliza a desconfiança de deixar o Poder de legislar apenas às Cortes, porque isso e ao contrário do que se dizia, poderia em certos casos fazer perigar a segurança das leis, pólo de manutenção da Liberdade e de que a detenção por um único Poder do Estado, conduz a breve trecho ao contrário do que se pretende. Seria quase como mudar uma espécie de despotismo por outro.

Por isso se a segurança é característica da Liberdade e sem aquela esta não poderá existir, então o Poder Legislativo não poderá estar unicamente depositado num órgão do Estado, devendo estabelecer-se a sua repartição entre Cortes e Conselho de Estado, que corresponde ao Congresso norte-americano em duas Câmaras: os Representantes e o Senado.

Além disto, o artigo das Bases que se propõe inculca uma supremacia do Legislativo sobre o Executivo, o que é contrário ao equilíbrio dos Poderes, em que nenhum deles deve superiorizar-se ou intervir nas competências dos outros[5400]. Portanto,

---

"A experiência funesta aos Povos os ensinou a conhecer que a divisão radical entre os Poderes sociais é absolutamente necessária: a natureza das diferentes Autoridades, Legislativa e Executiva é sobejamente sensível; mas contrabalançar estas diversas forças de maneira que formem um equilíbrio estável e permanente quando existem em acção e sumamente difícil [...]."

[5400] *D. C.*, I, 21-02-1821, pág. 135, intervenção de Camelo Fortes que, neste domínio, é emblemática da dos demais moderados: "O senhor Camelo Fortes. – Vemos que a fórma do paragrapho 21 dá occasião ao Poder Legislativo de preponderar sobre o Executivo; diz-se que para haver Liberdade Politica, he necessario que o Poder Legislativo, Judiciario, e Executivo estejão bem divididos, e diz-se no fim deste artigo, que cada hum destes Poderes seja exercitado de modo, que nenhum se possa arrogar as attribuições do outro. Logo pois que o Poder Legislativo preponderar sobre o Executivo, será contrario á Liberdade Politica, e por isso contrario a estes principios. Ora o Poder Legislativo reside nas Cortes; pela historia de todas as Cortes se vê que as suas decisões podem ser feitas com precipitação, sem maduro exame: pela historia de todas as Cortes se vê, que os Representantes querem legislar sobre tudo, são amigos de cousas novas, legislão sobre as cousas mais pequenas; legislando sobre tudo, o seu poder he illimitado, e por isso he necessario que haja embaraço á vista precipitação, e que, haja quem estorve a sua demasiada legislação: por isso, se o Poder Legislativo póde arrogar a si preponderancia sobre o Executivo, aquelle vem a ser illimitado, e este limitado, em quanto não faz mais que executar a Ley: temos huma Legislação contraria á Liberdade Politica, e por isso he necessario pôr-lhe barreiras. Quem hade ter mão para que o Poder Legislativo, se não intrometia no Executivo, se não for huma barreira, hum corpo intermedio, que ponha hum embaraço, e hum estorvo a que o Poder Legislativo não preponde sobre o Executivo? Este Corpo não póde paralysar o exercicio deste Poder, porque huma Ley, ou he evidentemente injusta, ou justa, ou duvidosa; sé a primeira cousa, não só se deve paralysar, mas nem deixar passar; se he evidentemente justa ella passará nas Cortes, e ninguem, se opporá á sua execução; e se he duvidosa não deve passar rapidamente, e he necessario que haja demora, e exame. Accresce mais, que de dous males se deve escolher aquelle que he menos-mal, e he menos-mal o estabelecer hum Corpo intermedio, ainda que cause alguma demora, do que o Poder Legislativo despotico."

apenas uma barreira legal interposta entre ambos poderá evitar o "despotismo" do Legislativo sobre os demais[5401].

Por outras palavras, a proposta da existência de uma Segunda Câmara e a discussão sobre o tipo de veto a atribuir ao monarca, surgia, pela primeira vez no Congresso Vintista, como ponto de demarcação e extremar de posições entre modelo inglês[5402] e modelo francês[5403], ou aqueles que mais se identificavam com estes[5404].

[5401] *D. C.*, I, 21-02-1821, pág. 136, em presença de intervenção de Trigoso, mais uma vez se invoca a experiência estrangeira e o Pensamento dos seus maiores. Ao caso Mirabeau, que "ninguem póde tachar de Realista, na Assemblea de França, quando se tratou a questão do veto, e das duas Cameras, disse que o veto absoluto era huma cousa necessaria no Poder Executivo, e que só elle podia fazer indispensaveis as duas Cameras. A preferencia destes arbitrios deixo-a à maior discussão, por ora insisto na necessidade de admittir algum, e emendar o artigo." Quanto a José d'Arriaga, *História da Revolução Portuguesa de 1820*, II, pág. 586, classifica Mirabeau de "volúvel", para discordar do exemplo buscado por Trigoso.

[5402] *D. C.*, I, 21-02-1821, pág. 136, em presença de intervenção de Trigoso: "Segue-se pois que quando as Nações devem cuidar da sua regeneração, vem a ser de grande importancia o dirigir este Poder Real, para que elle cesse de ser arbitrario, e se contenha nos seus justos limites, mas o medo de que postos estes limites, inda o Monarcha possa passar a Despotico, tem feito que se lhe neguem Poderes necessarios, sem os quaes as Cortes, ou o Poder Legislativo degeneraria tambem em Despotico. Eu não faço aqui as vezes de Procurador dos Reys, ainda que sou Portuguez, e ha pouco renovei o juramento de fidelidade ao Throno do nosso Monarcha e Sua Real Pessoa; sou Procurador dos Povos que fiarão de mim seus interesses, e por isso absolutamente digo, que a diminuição dos Poderes necessarios á Realeza não só tende a diminuir a Dignidade do Rey em prejuiso dos Povos, mas ataca a Liberdade Civil da Nação. O que succede n'huma Constituição que estabelecendo huma só Camera de Legislação, estabelece hum artigo como he o 21º destas bases. Neste artigo são concedidos ao Rey Poderes muito limitados, Poderes necessarios para a conservação do seu decoro, e conservação da Liberdade dos Povos. A rasão porque são limitados he porque o Rey não tendo veto absoluto com que possa obstar a huma Ley injusta, e não tendo alem disto pelo artigo 23º a iniciativa directa das Leys; porque neste se diz = que esta só compete aos Representantes da Nação juntos em Cortes = vem a ser Mandatario das Cortes, e do Poder Legislativo, não tendo meios alguns de obstar a huma Ley injusta; e se usa do meio unico que tem que he o da força, então será obrigado a fazer huma revolução, que nunca se deve nem desejar nem promover; por isso he muito conveniente, e até necessario que ao Monarcha se conceda maior poder, ou seja com o estabelecimento de huma segunda Camera, ou com o veto absoluto." Também Hermano José Braamcamp apoiou a posição do veto absoluto no decurso da discussão das Bases, afirmando que "Não posso deixar de apoyar a moção do senhor Preopinante. Encarregado aqui de fazer a felicidade da Nação, não póde separar-se desta a idéa da sua utilidade. O Congresso não deixará de ter tido em vista tudo quanto ultimamente se he ponderado a este respeito; mas alem disto digo, que he do maior interesse para a Nação que o Rey aceite esta Constituição. Portugal, entregue a si, não póde sustentar a sua independencia. A' vista disto parece-me ser de absoluta necessidade dar maior vigor á Auctoridade Real do que se lhe dá por este artigo, e que seja preciso conceder-se o Veto absoluto. Não tenho a eloquencia necessaria para sustentar essa opinião, nem habito de fallar em Publico, que he preciso para a obter."

[5403] *D. C.*, I, 21-02-1821, pág. 137, relativo à intervenção de Xavier Monteiro, onde aliás aproveitou para fazer um breve resumo da história do aparecimento em Inglaterra das duas Câmaras, para justificar que em Portugal não se estaria nessa situação. Assim "O receio que uma torrente de Leis desnecessarias rebente do seio de uma só Camera he o unico motivo attendivel que ouço allegar para a creação da segunda. E he fundamentado este motivo? Eu não o creio. Nós carecemos nas presentes circunstancias de muitas Leys uteis, precisamos reformar quasi todas as antigas; está por tanto o Corpo Legislativo mais indigente d'actividade que de estorvos. E he nesta occasião que nos aconselhão que levantemos barreiras á faculdade de legislar? Eu encaro este arbitrio como protector dos abusos existentes, e funesto da prosperidade publica. Argumenta-se com o exemplo da America Septentrional, que tem duas Cameras: respondo que a confederação da America, e as suas instituições republicanas differem tanto do nosso systema politico, como o seu territorio, e os seus costumes differem dos nossos. Os Americanos já gozavão não pequena Liberdade, quando se separarão da Inglaterra; precisavão por tanto de menos Leys novas do que nós necessitamos. O mesmo respondo a respeito de qualquer exemplo derivado de outra Nação. Penso pois que em quanto os nossos Codigos não forem ordenados, e decretados, o que dará talvez assumpto para largos annos, todo o embaraço que se offerecer ao Poder Legislativo he essencialmente prejudicial á Nação. Encontro os mesmos inconvenientes no Veto absoluto que na segunda Camera; visto que em virtude delle póde o Rey a cada momento anullar sem recurso as mais bem combinados decisões das Cortes. E não se crea que quando as Leys forem justas, e boas todos as devem achar taes, e o Rey as ha de sanccionar; por quanto a experiencia mostra a cada momento que as idéas de justiça não são as mesmas em todos os homens; como estamos diariamente vendo as differença de opiniões, e votos dos membros que compõe este Congresso, no qual as Leys, e Resoluções, que parecem uteis, e justissimas a huns, são julgadas superfluas, ou iniquas por outros. O argumento que se fortalece com a opinião de Mirabeau a favor do Véto absoluto, só poderá convencer aquelles que, desconhecendo o caracter politico de Mirabeau, ignorem que este homem celebre, sendo apparentemente liberal em 1789, acabou com sobejos creditos, de corrompido, e servil em 1791. Demais: tanto o Véto absoluto, como as duas Cameras são inadmissíveis na Constituição Portugueza, por menos liberaes do que as Bases da Constituição Hespanhola, cujo Liberalismo de principios nós não podemos restringir sem nos affastarmos das Procurações que os Povos nos confiarão, e sem faltarmos ao que tão solemnemente por nós foi promettido, e jurado. He alem disto necessario attender com grande reflexão a muitas circunstancias na concessão do Véto, ainda mesmo suspensivo, na occasião em que as Nações resurgem do Despotismo para a Liberdade. He nesta occasião que o ardor pela felicidade, e independencia, longo tempo represado, e como amortecido, alcança em seu impeto novas forças que lhe erão desconhecidas, e despresa, e reprova como illegitimas todas as restricções que lhe apresentão. Assim a *Constituição Franceza de 1791*, concedendo ao Rey um veto suspensivo até á terceira Legislatura, fez ao desgraçado Luiz XVI um tão funesto presente, que apenas delle fez uso applicando-o aos decretos contra os Emigrados, e Padres não juramentados, perdeo sem regresso a popularidade que ainda lhe restava, e correo sem remedio ao precipicio. Concluo por tanto que o Véto mesmo suspensivo, que tiver lugar na Constituição, deverá ser muito restricto, e só applicavel em casos determinados, antes da formação dos Codigos: decretados os quaes poderá, e deverá então ser dada maior ampliação ao feito, ou ser estabelecido qualquer outro embaraço á producção immoderada de novas Leys, a qual depois de promulgados os Codigos eu contemplo como perniciosa. Entretanto que no momento actual nada concebo mais contrario, e nocivo á Liberdade, e prosperidade dos Portuguezes, nem mais opposto á letra, e espirito das nossas Procurações, e á solemnidade dos nossos juramentos, do que a introducção do Veto absoluto, ou a creação de duas Cameras nas bases da Constituição."

[5404] D. C., I, 21-02-1821, pág. 135, intervenção parlamentar de José António Guerreiro. Assim, "O senhor Guerreiro. – Com bastante admiração tenho visto os senhores Preopinantes procurar todos os meios de evitar o despotismo Legislativo e não procurarem evitar os inconvenientes do despotismo Executivo! Eu convenho, que todos os Poderes tendem para a arbitrariedade: a inclinação natural do homem he huma prova disto. Não sei como o Poder Legislativo tenha todos os meios de conseguir este fim, quando o Poder Executivo he que dispõe dai força armada como lhe parece; dispõe dos Dinheiros Publicos, dispõe dos Empregos Publicos, dispõe das relações Politicas da Nação com as Nações Estrangeiras, por isso que tudo quanto he força, tudo quanto he Poder está reunido no Poder Executivo. O Poder Legislativo só tem o direito dos Subsidios, e de fazer as Leys; isto não involve realidade de força, se irão involve realidade de força, se o Poder Legislativo tem só o direito de fazer as Leys, e ainda pelo Véto vem a ficar dependente do Poder Executivo, como póde ser que elle tenha ascendencia sobre o Poder Executivo? Seria necessario que a Constituição regulasse melhor estes Poderes. No emtanto o Executivo parece que póde ter mais arbitrariedade, e as efficazes barreiras são para o Poder Legislativo, que só tem o direito dedecretar Subsidios, e dictar as Leys! Duas Cameras não as posso admittir. Rasões muito particulares me movem a: dizer, que o seu estabelecimento não póde de maneira nenhuma estabelecer a Liberdade da Nação. Duas Cameras, ou sejão electivas, ou temporarias, alem de que huma tenha consideração maior sobre outra, pela sua duração, hão de ser sempre rivaes entre si, e procurar huma ascendencia sobre a outra. Duas Camaras tenderião a dissolver a unidade que deve haver. O estabelecimento de duas Camaras facilita muito mais ao Poder Executivo, o poder de ascender á arbitrariedade; porque se das duas Cameras huma dellas ou for vitalicia, ou for perpetua, ou tiver alguma distincção, que

A discussão, no geral, teve foros de panfletária[5405], tornando-se num dos temas mais acalorados e electrizantes da discussão das Bases e justifica um dos muitos dilemas colocados aos Vintistas[5406]. Ou se optava pelo exemplo saído da Revolução Francesa

não tenha a outra, esta pela sua maior consideração vem a ter a superioridade sobre a outra, e pela sua maior distincção, ou mais duração, vem a ser superior, inclinando-se para o Poder Executivo, e eis a porta aberta á maior influencia deste Poder; porem n'huma Camera não ha perigo algum. A demasiada precipitação das deliberações do Poder Legislativo, póde remediar-se, sem ser necessario recorrer ao expediente das duas Cameras, regulando-se quaes devão ser as formalidades com que os decretos devão ser discutidos, e approvados, estabelecido tudo quanto he necessario para haver tempo sufficiente para meditar com madureza as deliberações. Demais em duas Cameras póde haver o espirito de partido, o que não fará dar boas Leys; e por este espirito de partido, sendo huma das Cameras perpetua, temos hum vicio Chrónico n'hum Corpo que não acaba; temos hum vicio eterno, e irremediavel; quando vemos que huma Camera só, sendo temporaria, como ha de ser, se tem vicio he remediado este mal pelo Véto do Poder Executivo; por isso de modo nenhum se devem admittir as duas Cameras, e em consequencia approvo o artigo tal qual está; e ainda mesmo quando assim não fosse, de maneira alguma se de veria admittir o Conselho d'Estado, principalmente sendo elle do Rey: se elle tiver parte na Legislação, e alem disto tiver Véto, virá o Poder Executivo a ter duplicada influencia no Legislativo, virá a destruir a Liberdade em lugar de a estabelecer. Neste mesmo periodo se estabelece a dependencia da Sancção do Rey, o qual não terá Véto absoluto. = Eu entendo que elle he absolutamente necessario para contrapezar o Poder Legislativo, e para dar ás Leys a preponderancia necessario. D'elle não póde resultar prejuiso algum á Causa Publica, e póde resultar-lhe beneficio. Marchando desta consideração, o Rey que está revestido do Poder Executivo, tambem em quanto deve ter a faculdade d'inutilizar todos os Projectos prejudiciaes á Publica utilidade, deve ter o Véto absoluto; porque o Rey nunca poderá dar o seu Véto a huma Ley verdadeiramente justa, sem se espôr a ver contra si a Opinião Publica, e a ver-se accusado de injusto em todos os escriptos, principalmente havendo a Liberdade da Imprensa que estabelecemos. O ultimo principio de grande necessidade he o modo porque nenhum destes tres Poderes possa arrojar-se as attribuições dos outros. Não me parece bem que se diga = o Poder Legislativo reside nas Cortes – dever-se-hia dizer = o Poder Legislativo residirá nas Cortes = parece que cada enunciação contem huma Prophecia, e que em lugar de exercitado se deve substituir regulado."

[5405] *O Portuguez Constitucional*, nº 31, 27 de Outubro de 1820: "Exame sobre o he Constituição, e analyse da Hespanhola – (...) o primeiro objecto de huma Constituição he separar de modo tal o Poder Legislativo do Executivo, que hum não possa absorver o outro, e apossar-se de toda a Auctoridade, porque nesse caso está aquella acabada, e volta o Despotismo ou Monarchico ou Popular. (...)"; *O Cidadão Literato*, nº I, 1, Janeiro de 1821, pág. 25, rejeitam, unanimemente a adopção de segunda Câmara.

[5406] D. C., I, 22-02-1821, pág. 133, relativo à intervenção de Pinheiro de Azevedo: "Discutio-se o artigo 21 das Bases da Constituição, e disse: O senhor Pinheiro d'Azevedo. – Neste artigo 21 estabelece-se a forma da Legislatura nestas palavras [leo o artigo]. A segunda parte deste artigo 21 parece-me muito pouco liberal, e insufficiente; por isso achei do meu dever apresentar huma Proposta de emenda em 5 artigos: esta emenda foi feita, combinando as Constituições das duas Nações livres, a da Hespanha, e a dos Estados Unidos d'America; e por isso a fonte, e elementos da emenda são sem suspeita. Eu estou persuadido, que a forma do Poder Legislativo, que propõe a emenda que offereço he muito melhor e mais Liberal do que aquella que se propõe nas Bases. Esta emenda he approvada, e conforme á opinião de quasi todos os Philosophos, e Jurisconsultos que escreverão neste seculo, e no fim do seculo passado cobre Constituições Liberaes, Direito Publico. Em fim, eu sei que os Hespanhoes desejão, e muito alterar, e melhorar a sua forma do Poder Legislativo no espirito desta emenda. Sentem com tudo os mesmos Hespanhoes não poderem fazer alteração nenhuma pelo embaraço dos 8 annos que deixou a Constituição para se não poder alterar. O 1º artigo da emenda he = O Poder Legislativo reside nas Cortes, e no Conselho d'Estado, com dependencia da Sancção do Rey, o qual não terá Véto absolutamente que observem que eu fiz menção de Conselho d'Estado, porque no artigo 30 se diz = Haverá hum Conselho

mas se tinham em linha de conta – não poderia deixar de ser – as suas consequências trágicas, ou se assumia que a Segunda Câmara contribuísse ainda mais para a instabilidade do sistema político, paralisando as reformas votadas pelos deputados reunidos em Cortes.

Além dos considerandos que se foram anotando da parcela de constituintes mais "inflamados" para recusarem o veto absoluto do Rei[5407] e a existência de uma Segunda Câmara[5408], esta apenas implicaria a desigualdade efectiva e não o controle das deci-

---

[5407] d'Estado composto pelo modo que determinar a Constituição = Não parece repugnante que este mesmo Conselho forme hum só Congresso. – 2º O Conselho d'Estado será electivo para remover toda a idea de Hereditario. = 3º A iniciativa directa das Leys compete ás Cortes, e ao Conselho = 4º O Rey póde fazer ás Cortes as Propostas de Ley, ou reforma que julgar convenientes ao bem da Nação. = Este artigo he traduzido da Constituição Hespanhola. = 5º A iniciativa das Leys sobre tributos, de qualquer especie, sómente compete ás Cortes." José d'Arriaga, *História da Revolução Portuguesa de 1820*, II, pág. 582, coloca frente a frente as intervenções de radicais e moderados, afirmando a sua repulsa por todos aqueles que de forma encapotada gostariam de fazer retornar a supremacia real sobre a nacional.

[5407] D. C., I, 23-02-1821, pág. 147, relativo à intervenção de Borges Carneiro: "(...) Não fallo das duas Cameras, isso he absurdo. A Nação he huma, indivisivel, nella reside a Soberania, e seria tumultuoso que esta Soberania se dividisse em duas partes. Que quer dizer estabelecer duas Cameras? Isso seria o mesmo que dar hum decreto pelo qual o Poder Executivo pudesse fazer a sua vontade, e dispor de tudo a seu arbitrio. O Poder Executivo he sempre tentado a comer, não he preciso apresentar-lhe mais pasto, não he preciso pegar-lhe no estribo para que nos monte: o que he necessario he estabelecer barreiras de ferro contra elle, para que não possa ultrapassar os seus limites. Este medo não póde ter lugar no Congresso: a Nação se junta todos os annos por seus deputados: estes não são deputados senão tres mezes: sabem que, depois que acabe este tempo, são só o que erão antes, e nada mais; o Lente he Lente, o Advogado, e nada mais; assim nelles não he facil que tenha cabimento a intriga. Por conseguinte depois que elles vem com todas as instrucções das suas Provincias, devem preencher as instrucções dos seus Committentes. Que quer dizer, depois de vir com todos estes conhecimentos, de examinar huma cousa com tanta circunspecção, de decretar o que julgão conveniente, que diga o Rey Véto, que significa em bom Portuguez, não quero? isto he ruinoso, e injurioso para a Nação. Não fallo só do Véto absoluto: o Véto absoluto he o mais absurdo que se póde imaginar. (...)"

[5408] D. C., I, 23-02-1821, págs. 139 e ss., relativo à intervenção de Pereira do Carmo. Entendia o deputado que em presença das várias opiniões até então manifestadas, os três problemas a decidir seriam se na "formação do novo pacto social se deviam decretar duas Câmaras, no caso de haver apenas uma o veto do Rei deveria ser absoluto ou então que nem deveria haver duas Câmaras nem veto absoluto." Depois de expor vários considerandos, pronuncia-se por uma Câmara única, para o que se baseia na História da Nação e na impraticabilidade dos fins que se lhe destinam: "que a segunda Camera proposta como mediadora entre o Rey, e a Nação, para sustentar o equilibrio da Monarchia Constitucional entre a anarchia, e o despotismo, não póde desempenhar os altos fins a que a destinão seus Auctores, e isto por huma rasão bem simples, e he, porque não póde guardar entre hum, e outro Poder, a mais exacta e rigorosa imparcialidade; e por consequencia falta-lhe o requisito essencial para ser medianeira entre o Rey e a Nação. Prova-se: esta segunda Camera, ou ha de sahir da massa da Nação, ou da classe privilegiada dos Nobres. Se da primeira, não se póde reputar imparcial, porque naturalmente hade inclinar-se a favor de seus Constituintes, de quem recebe Poderes, e consideração. Se da segunda, alem de não admitirmos já Classes na formação da Representação Nacional, aonde só figurão individuos: he claro que tambem se hade bandear a favor do Poder Arbitrario, de quem está na posse de receber honras, e mercês, com que tem medrado á custa das outras classes. (...) julgo eu que muito vamos complicar o nosso pacto social com a creação de huma segunda Camera; mormente quando me lembro que a Nação he huma, e que por analogia a Representação Nacional deve ser huma." Ora, na ausência das duas Câmaras, tambem enjeita o veto absoluto do Rei porque "(...) se não ha duas Cameras, dizem outros Illus-

sões das Cortes, porque admitia a censura das decisões tomadas pelos deputados, enquanto representantes da Nação.

Provavelmente não estaria na mente dos constituintes a percepção que a Segunda Câmara inculcaria um diverso tipo de representatividade. Assentando em que não é possível discutir a ausência de Liberdade em Inglaterra, o que acontece é que os Comuns representariam a Nação inglesa no seu todo e a Câmara dos Lordes aquela parcela da Nação que, por especiais características hereditárias ou eclesiásticas, poderiam servir de contrapeso a uma eventual menor ponderação ou mais aceso "entusiasmo" por parte dos representantes da Nação.

E isto, em bom rigor, nunca foi argumentado no Congresso, mesmo pelos partidários do sistema inglês.

As intervenções parlamentares neste domínio[5409] são bastantes para dar uma panorâmica suficientemente ampla das opções em aberto no Congresso e perante as

> tres deputados, deve conceder-se ao Rey hum Véto absoluto. Eu reputo o Véto absoluto huma monstruosidade politica, porque o Rey vem, por via desta prerogativa, a embaraçar a acção do Poder Legislativo, e então rompe-se inteiramente o equilibrio dos tres Poderes: de maneira que lidando nós por nos afastarmos da anarchia vimos por meio daquella concessão, a cahir nas mãos do despotismo. Para salvar todos estes embaraços, he que o Projecto concede ao Rey o Véto não absoluto, como unico meio de conciliar todas as collisões: e he por isso; que julgo muito exagerada a terceira opinião; pois he bem sabido que competindo ao Rey a execução das Leis, muito melhor desempenhará este dever, se tiver alguma parte na sua formação. Opponho-me portanto ás duas Cameras, e ao Véto absoluto, conformando-me inteiramente com o artigo 21 do Projecto das Bases." No mesmo sentido Barreto Feio. Assim, "O senhor Barreto Feyo. Senhores. – Não ha muito que este Augusto Congresso declarou por hum decreto, que nelle reside a Soberania. Este mesmo Congresso no Art. 18 das Bases da Constituição reconheceo, e decretou a Soberania da Nação. Depois de taes decisões, depois de não haver já ha Europa hum só Publicista, nem talvez hum só homem, que não esteja intimamente convencido desta verdade, bem longe estava eu de suppôr que no seio desta Assemblea houvesse quem duvidasse e della; mas, com summa admiração minha, vejo que não falta entre nós quem pertencia sustentar: que a Soberania reside não só no Congresso; mas n'outro Corpo, a que se deo impropriamente o nome de Conselho d'Estado, ultrajando-se assim a Magestade do Povo Portuguez, e usurpando-se-lhe ametade da Soberania; e com maior espanto vi, que se admittio á discussão huma tão absurda proposta. Que contradicção, Senhores! Que se dirá de nós? Como esperamos ter a confiança publica, se não temos firmeza nas nossas resoluções? E quando concluiremos a nossa Constituição, se, como Penelope, desfazemos n'hum dia o que fizemos nooutro? Huma segunda Camera! E para que? Dirão os fautores desta opinião: Esta segunda Camera he tão necessaria, como a censura previa: a censura previa he para impedir que se publiquem maximas contrarias ao Estado, aos costumes, e á Religião: a segunda Camera he para censurar as leys emanadas da primeira, obstar á precipitação, e multiplicidade destas, e não deixar passar senão as uteis, e absolutamente necessarias. – Que absurdo! Pois huns poucos de Cortezãos hão de censurar as decisões d'huma Nação inteira? Huma classe, que tem interesses contrarios aos do Povo, ha de ter na sua mão o approvar, ou desapprovar as Leys dictadas por elle? Ha de ter maior peso na balança que a massa total da Nação? Onde está aqui a Soberania della? Onde a Liberdade, é segurança dos Cidadãos? – Viemos nós aqui para advogar a causa dos Cortezãos? (...) Mas, deixando esta questão, que quanto a mim, devera ser rejeitada como absurda passare agora a tratar do = Véto absoluto =. A Soberania do Povo, e o Véto do Rey, são duas cousas repugnantes: ou ha de existir huma, ou outra. Ser Soberano, e ao mesmo tempo dependente, he tão contradictorio, como simular esse, et non esse. Ou o Povo na de ser escravo, ou o Rey não ha de ter Véto de qualidade nenhuma. (...)."
>
> [5409] O debate prolongou-se até ao dia 27-02-1821, sempre no mesmo tom de acareação declarada entre radicais e moderados, mas sem que qualquer novidade possa ser inserida em relação ao que ficou exposto. Apenas que para quem tivesse alguma dúvida sobre o sistema que a Ideia política

quais ele haveria de decidir. E de facto decidiu-se maioritariamente pela aprovação do texto do artigo 21º das Bases que se debatera[5410]. Ou seja, pela inexistência de veto absoluto do Rei e de Segunda Câmara[5411], concentrando-se todo o Poder Legislativo nas mãos do Congresso[5412] e das futuras Cortes[5413] e relegando o Poder Executivo para plano secundário. Mais uma vez, os "franceses" haviam vencido os "ingleses", mas sem que existissem partidos ou agrupamentos, no sentido contemporâneo da expressão.

Questão tratada na Secção I das Bases, de novo se retoma a Igualdade no plano da definição do regime, no artigo 22º, apenas para fazer pensar que seria certo um certo temor decisório, nos quadros definitivos de tão importante matéria, que por isso se adiava para a discussão da própria Constituição[5414]. A Igualdade apenas se

---

de Liberdade, neste quadro reflexivo, denotava dos dois lados do hemiciclo, implicava uma total clarificação. Também por isso este debate foi tão importante e decidimos alargá-lo, no leque das manifestações efectivas que as propostas teóricas em presença, apresentaram na sua determinação final por um Liberalismo português do Triénio Vintista, sem dúvida ordenado ao sabor da batuta do Constitucionalismo francês e espanhol.

[5410] *D. C.*, I, 26-02-1821, pág. 165; José d'Arriaga, *História da Revolução Portuguesa de 1820*, II, págs. 580 e ss., dá nota do ambiente que se vivia fora do Congresso e dentro do mesmo durante os debates. Informa que "todo o corpo diplomático se apresentou a postos nos seus devidos lugares. As tribunas reservadas estavam cheias de senhoras e de homens pertencentes ás classes mais distintas da sociedade. (...) A questão do veto era capital; com elle os moderados, os realistas, pretendiam annullar as deliberações dos Parlamentos nacioanes. Em toda a cidade de Lisboa não se fallava de outro assumpto; discutia-se nos cafés, nos theatros, nas ruas, nos passeios (...)."
[5411] Francisco Manuel Trigoso de Aragão Morato, *Memórias de Francisco Manuel Trigoso de Aragão Morato*, Parte II, págs. 113 e 114.
[5412] Isabel Nobre Vargues e Maria Manuela Tavares Ribeiro, "Estruturas Políticas: Parlamentos, eleições, partidos políticos e maçonarias", *História de Portugal* (direcção de José Mattoso), V, pág. 183: "Afastando a ideia duma Segunda Câmara, por adopção do modelo unicameral, as Cortes, no triénio de 1820-1823, exerceram uma notável omnipotência parlamentar na vida política do tempo, através do exercício do Poder Legislativo. Ao Rei retiraram a iniciativa legislativa, apenas lhe concedendo o uso de um veto suspensivo, que ainda deveria ser justificado."
[5413] *D. C.*, I, 26-02-1821, pág. 165: "Julgada a materia bastante discutida, propoz o senhor Presidente as seguintes questões: 1ª Se o Poder Legislativo devia residir em huma ou em duas Cameras? Decidio-se que em huma, por 59 contra 26 votos. 2ª Se o Rey devia ter Veto absoluto? Decidio-se que não, por 78 contra 7 votos. 3ª Se o Rey devia ter Veto suspensivo, pelo modo que na Constituição se determinasse, ou nenhum Veto? Decidio-se por 31 contra 4 votos que devia ter o Veto suspensivo, segundo pela Constituição fosse determinado; *ibidem*, O senhor Guerreiro, no acto da votação nominal, disse: Peço a palavra para fazer huma brevíssima explicação: na Sessão em que começou a discutir-se este artigo 21º, votei pelo Veto absoluto; porem a sabia discussão que se seguio me convenceo, e obriga a me retractar com a mesma franqueza com que opinei. Voto pois que não, e requeiro que disto se faça no *Diario* expressa menção."; *ibidem*, I, 27-02-1821, pág. 167; *ibidem*, 09-03-1821, pág. 233; *DHCGNP*, I, pág. 166. Veja-se Projecto da Constituição, *D. C.*, VIII, artigos 84 e ss., págs. 8 e ss.
[5414] *D. C.*, I, 27-01-1821, pág. 168, relativo à intervenção de Ferreira de Moura: "O senhor Moura. – O que disse o senhor Joaquim Annes a respeito da segunda parte do paragrapho, que era necessario decidir-se o methodo que se deveria observar nas Eleições, parece-me muito judicioso, mas inopportuno em Bases de Constituição, que são as condições mais essenciaes do Pacto Social. Se assim se tivesse feito, só este artigo nos teria absorvido o tempo, e não teriamos discutido as Bases tão prompto como se necessita, e deseja a Assemblea. Parece-me que he sufficiente o que se diz neste paragrapho, porque estabelece huma regra, em quanto determina que todos hão de concorrer á formação das Leys. Todos: esta palavra todos explica huma idéa tão universal que dá a entender que todos os Cidadãos tem huma parte na formação das Leys. A maneira de o fazer se reservará para a Constituição; como por exemplo, se hão de ter direito á eleição v. g. os Criados de servir, que

concebe dentro de um determinado processo formal[5415] que deverá ser definido pela própria Constituição, determinando a prática da sua Liberdade civil mas não da sua Liberdade política para eleger os seus representantes[5416].

Este o motivo porque sempre se defendeu que o direito de voto e a participação política não são uma questão de Igualdade, como preceituava a doutrina francesa em função da capacidade activa-passiva do cidadão, mas de exercício da Liberdade política do cidadão, ao qual podem ser impostos limites. Caso contrário, mal se perceberia a aplicabilidade do conceito de Liberdade política do cidadão, se tivesse de ser, sistematicamente, limitado pelo de Igualdade, e perante uma situação de Liberalismo e não de Democracia.

A discórdia que houvera em relação ao precedente artigo das Bases esteve a ponto de ser retomada, uma vez que alguns tentaram fazer revivificar o princípio monárquico, alertando para o facto de a lei depender da sua elaboração em Cortes e da sanção do Rei[5417]. Contudo, também neste ponto o sucesso foi idêntico ao caso anterior[5418].

O mesmo raciocínio vale para as normas que seguem. Estão, todas, relacionadas com os aspectos que se vêm relatando. No caso do artigo 23º, ao prever-se que a iniciativa legislativa apenas cumpre aos representantes da Nação em Cortes[5419], está conforme ao deliberado quanto ao artigo 21º, um vez que veda não só a iniciativa directa ao monarca, como a própria indirecta, exercitada por intermédio dos seus ministros.

Mais uma vez é a exclusividade do Poder Legislativo que está em discussão, não se aceitando, sequer, que alguém possa, além dos deputados, propor leis, mesmo que

em quanto servem tem suspensos os direitos de Cidadão: os Estrangeiros, os Mendigos, que por não terem interesses tão immediatos na Sociedade como os Proprietarios, e outras classes, parece deverem ser exceptuados deste privilegio, etc. Tudo isto, digo, se deixou para a Constituição."

[5415] Francisco José de Almeida, pág. 10, que defende a tese de Rousseau, apresenta uma perspectiva algo diversa. Assim, "Que todos os homens, que compoem a sociedade, tem direito a votar nas Leis fundamentaes, que são as Condições do Pacto Social, e as Convenções só ligão, quando são feitas, e approvadas pelos associados."

[5416] D. C., I, 27-01-1821, pág. 169, quanto a nova intervenção de Ferreira de Moura: "O senhor Moura. – Eu, em rigor de principios, não admitto que haja Cidadão activo, e Cidadão passivo; todo o Cidadão he Cidadão activo: porem ha huma rasão de conveniencia, para que alguns Cidadãos não sejão admittidos ao direito de eleição, ou de se fazer representar; isto admitte-se em quasi todas as Constituições da Europa, e essa differença que faz a Constituição Hespanhola he em rasão dessa mesma conveniencia." Também Borges Carneiro vai em idêntico sentido: "O senhor Borges Carneiro. – Não ha Legislação que não tenha excepções. As Mulheres são Cidadãos, os Meninos são Cidadãos, os que tem molestias physicas, ou moraes, tambem o são; porém todos estes devem ser exceptuados."

[5417] D. C., I, 27-01-1821, págs. 167-168, relativo à intervenção de Anes de Carvalho.

[5418] D. C., I, 27-02-1821, pág. 170; idem, 09-03-1821, pág. 233; DHCGNP, I, pág. 167. Corresponde ao artigo 84 do Projecto de Constituição, D. C., VIII, pág. 8.

[5419] D. C., I, 27-02-1821, pág. 170, relativo à intervenção de Pimentel Maldonado, pág. 1278. Assim, "O senhor Pimentel Maldonado. – Considero esta iniciativa como se póde considerar o Direito de Petição: por meio delle póde qualquer pedir, e propôr o que julga conveniente para si. ou para a Sociedade. Ora se damos a todo o Cidadão este Direito, porque o havemos de negar ao primeiro Magistrado da Nação, que he ElRey? Por tanto sou de parecer que o artigo se reforme." Esta ideia foi reforçada por Anes de Carvalho, considerando que conceder uma tal prerrogativa ao monarca seria perfeitamente inocente."

não venham a ser aprovadas. O exclusivismo no Legislativo, em qualquer domínio, estava por demais assente[5420].

Os artigos 24º a 29º foram aprovados sem sobressalto. Apesar de relativos ao regime político, eram bastante mais "pacíficos"[5421], conforme se deduz da sua leitura, pelo que não levantaram a celeuma que já se vinha tornando habitual[5422].

Quanto ao artigo 30º, relativo ao Conselho de Estado como órgão de aconselhamento do monarca[5423], foi aprovado com uma nova redacção, que apenas formalmente modificava a proposta[5424]. Foi também alvo de disputa acesa, muito embora a maior

---

[5420] *D. C.*, I, 27-02-1821, pág. 173; *ibidem*, 09-03-1821, pág. 233; *DHCGNP*, I, pág. 167. O Projecto da Constituição refere a matéria no *D. C.*, VIII, artigo 85, pág. 8.

[5421] No caso do artigo 26º, por exemplo, seguiu-se o exemplo espanhol mas também o inglês, não permitindo ao monarca assistir às sessões plenárias. *Cortes de Cádiz, Constitución*, artigo 124; *Constituição de traduzida em Portuguez por* ****, pág. 20; *Collecção de Constituições Antigas e Modernas*, I, pág. 203.

[5422] *D. C.*, I, 27-02-1821, págs. 173 e 174; *ibidem*, I, pág. 233; *DHCGNP*, I, pág. 167.

[5423] *D. C.*, I, 28-02-1821, págs. 176 e 177, dando conta sucessivamente do ponto de vista de um moderado e de um radical no Congresso: "O senhor Ferreira Borges. – Este artigo, Senhores, parece-me concebido mui vagamente, deixando-se a composição do Conselho de Estado ao modo, que a Constituição determinar; quando eu opino que abase deve conter os elementos, e attribuições desse Conselho. A essencia do Governo Representativo consiste na representação, e separação dos Poderes: na primeira, porque he impossivel a hum Povo inteiro o exercer a Soberania: na 2ª porque accumulados os Poderes destruir-se-hia a Liberdade. Daqui nasce a necessidade de hum Corpo intermedio Conservador, – e chamo a este Corpo Conselho de Estado. Este deve ser popular na proporia, – eminente nos elementos, e real na nomeação. – Os seus caracteres devem ser a independencia, a inercia, e a perpetuidade. – Independente, para te não encostar ao Poder de que dependesse. – Inercia, para não obrar com movimento proprio, donde exultaria a tyrannia. – Perpetuo não em bens ou dignidade na mesma familia, mas em virtudes, merecimento, e espirito patriotico. – Designo estes caracteres para distinguir este Corpo, que julgo necessario, daquelloutra Camera alta repellida na discussão do artigo 21, a cuja existencia não acquiesci. Considero no Conselho de listado huma Magistratura moderada, vitalicia, creada por Ley Constitucional para evitar os abusos, e restabelecer a harmonia dos Poderes publicos, isto he, os recursos do Poder Executivo, e as pertenções democraticas. Considero que elle deve ser consultado em todas as materias graves proprias do Poder Executivo. – E que se não deve temer, que algum dos dons Poderes se attribua direitos ou influencia sobre este Corpo; porque separa ser formado carece de ambos, para ser conservado não carece de nenhum. – Eu diria pois que no artigo se declarasse que o Conselho de Estado seria vitalicio, composto de homens os mais eminentes em virtudes, talentos, e patriotismo. – Que a sua proposição será das Cortes, em listas triplicadas, e que a escolha pertencerá ao Rey; *ibidem*, O senhor Moura. – Eu acho que são de muita importancia as attribuições mencionadas pelo illustre Preopinante, mas como no fim do paragrapho se declarou que ellas deverião ser marcadas na Constituição, parecia bastante indicar assim nas Bases que haverá hum Concelho de Estado pelo modo que determinar a Constituição. Se na determinação destas attribuições não houver a independencia, inercia, e perpetuidade que marcou o senhor Ferreira Borges, então he que competiu! objectar á formação deste Concilio; mas huma vez que se indicou que haveria hum Conselho de Estado, nas Bases, que são os primeiros elementos do edificio, bastava dizer o que se acha dicto no artigo. – Este Conselho proporá ao Rey – diz o artigo: este Conselho he o Conselho do Rey: nota indicado que elle, como Conselho, não deve assumir mais Poderes do que hão de competir ao Rey: ao Rey compelem todas as attribuições do Poder Executivo; logo, a elle só lhe compete o aconselhar o Rey no exercicio destas attribuições: huma vez que he Conselho do Rey ha de ter necessariamente a inercia, e não ha do obrar per si: o Rey pede Conselho nos casos determinados pela Constituição, e o Conselho dá o seu parecer. Assim, huma vez designadas estas attribuições, parece que não he preciso dizer-se mais nada."

[5424] *D. C.*, I, 28-02-1821, pág. 180; *ibidem*, 09-03-1821, pág. 233; *DHCGNP*, I, pág. 167. O Projecto de Constituição trata do problema no *D. C.*, VIII, artigos 135º e ss., pág. 12.

parte do que há a mencionar sobre o mesmo possa e deva ser reservado para a sua abordagem em termos de texto constitucional. Trata-se de um dos pontos fundamentais no plano de análise da Liberdade política. Disso mesmo se dá nota do tempo gasto na Constituinte acerca da configuração deste órgão colectivo de aconselhamento ao monarca.

No caso vertente se a existência do Conselho de Estado, em si mesmo, já era bastante questionada, as suas competências mereceram concomitante debate. Em qualquer caso, é de salientar que foram os ditos radicais os primeiros a reconhecerem a necessidade de um Conselho de Estado, quando outros duvidavam da sua pertinência, enquanto órgão de salvaguarda da Liberdade política e meio ideal para servir de ligação entre o Poder Legislativo e o Executivo, ainda por cima sob controlo de nomeação dos seus membros pelas Cortes[5425].

Os últimos artigos a serem alvo de discussão para aprovação das Bases não têm um interesse directo para o tema.

§ 2º. Os contributos doutrinários de proveniência vária para a *Constituição de 1822*

E reiterando que não existe intenção em pesquisar no Pensamento doutrinário do Vintismo nacional[5426], para além do que é possível detectar das opções expressas no

---

[5425] D. C., I, 28-02-1821, págs. 178 e 179: "O senhor Castello Branco. – Quero fallar sobre a questão, se deve existir hum Conselho de Estado ou não. Tenho ouvido alguns dos Illustres Preopinantes votarem contra a existencia deste Conselho dizendo, que elle he hum Corpo improprio para sustentar a Liberdade, e por consequencia, que a idéa da creação, e hum Conselho de Estado não devo existir entre nós. Eu olho isto por hum lado de muito differente, e considero a creação de hum Conselho de Estado como huma idéa a mais liberal, e como tal assento que a sim a adoptárão os Redactores da *Constituição Hespanhola*. As paixões levão o homem a ser despotico: partindo deste principio pois, que existe na Natureza humana, o Poder Executivo o concedido ao Rey he de huma tal extensão, de huma tal influencia, de huma influencia tão desmedida na sociedade, que aquelles que tratão de estabelecer huma Constituição, por maiores que sejão os seus cuidados por as mais fortes barreiras ao Poder Executivo, nunca serião nisto demasiados. Eu conformo-me inteiramente com o systema de hum tão grande Publicista como Mably. Mably, tratando esta materia, e o modo, para assim dizer, de neutralizar o Poder Executivo, ou de reduzir aos termos em que convem á sociedade que elle seja executado, não achou meio nenhum senão dividillo por muitos corpos: necessariamente esta divisão ha de produzir os melhores effeitos, porque em vez de se deixarem livres as paixões complicando-se mais isto, virá a servir de embaraço e de barreiras ao despotismo; e he neste sentido que eu adopto o Conselho de Estado, como hum contrapeso que se põe ao Poder Executivo confiado ao Rey. Dizem que para isto bastão os Ministros, eu não acho que o voto de cinco individuos seja sufficiente para contrabalançar o Poder do Rey; estes homens pelos seus officios trabalhão immediatamente com o Rey são unidos á pessoa do Rey no exercicio dos seus empregos; isto faz que o Rey tenha constantemente a toda a hora hum meio de chamar os estes homens, e identificallos com as suas proprias propensões, e vontades. As propensões, e vontades do Ministro de Estado, por meios indirectos, que a ninguem são occultos, muitas vezes causão muitos damnos. Ora senhores vamos a pôr hum Conselho de Estado, não como atequi era composto, mas hum Conselho de Estado em que as Cortes influão, ou na sua nomeação, ou nas attribuições que lhe hajão de dar. Hum Conselho de Estado composto de homens liberaes, que tenhão em vista o bem, e felicidade da sua Patria. Necessariamente este contrapeso que vamos a pôr ao Poder Executivo do Rey, e seus Ministros, ha de produsir em favor da Liberdade o melhor effeito possivel."

[5426] Recorda-se a existência de trabalhos autónomos já em quantidade razoável e de qualidade assistida, por resultarem de investigações académicas elaboradas para o efeito, permitindo a escalpelização dos poucos pensadores nacionais que apresentaram um Pensamento sistemático no presente período. Para todos, em geral, se remete; apesar de conhecidos e consultados na maioria, isso mais

Congresso Vintista e até nas Cortes Ordinárias ou Extraordinárias, atente-se a estes contributos.

Tanto não implica que a directa relação que importa ao tema desobrigue de apontar algumas das propostas que, no sentido da elaboração do nosso primeiro instrumento constitucional, foram sendo elaboradas. Muitas anónimas[5427], algumas com Autor conhecido[5428], todas elas teriam o propósito de contribuir para a elaboração da mesma, num exercício de cidadania que cumpre salientar[5429].

Presentes à Comissão da Constituição, órgão que o Congresso havia encarregado da análise dos mesmos, em simultâneo com o trabalho de redigir um Projecto de Constituição, os vertentes textos são sobretudo datados a partir de Abril de 1821, altura em que as Bases haviam sido já aprovadas. Significa, portanto, que se não a totalidade, pelos menos a maioria estavam terminados posteriormente à publicação do documento oficial definidor do nosso regime político, preconizando aspectos passíveis de obter acolhimento na futura Constituição[5430].

Não é o caso do primeiro texto conhecido[5431], que foi enviado à Comissão da Constituição em 19 de Fevereiro, alguns dias após o início da discussão do Projecto das Bases elaborado pela Comissão Constitucional[5432]. Que se saiba, não teve qualquer interferência no mesmo.

---

assegura a desnecessidade de os repetir; neste caso, as repetições são injustificadas. Quanto aqueles que ainda não mereceram atenção individualizada, num futuro próximo – quem sabe – talvez possam servir de base operativa duma pessoal reflexão. Saliente-se a reflexão *O Cidadão Literato*, nº IV, 1, pág. 218, que apoia a interpretação da quase ausência de um Pensamento estruturante do Primeiro Liberalismo português: "Neste genero (*não falando em algumas excelentes folhas diárias*) alguns escriptos, *bem raros*, se tem impresso entre nós; os do Sr. Borges Carneiro, Soares Franco, e Fernandes Thomaz, depoem da sua illustração e patriotismo (...)." Já em 1823 mas ainda por relação à *Constituição de 1822*, surgiu o *Cathecismo Politico do Cidadão Portuguez*, de Rodrigo Ferreira da Costa, que dentre os vários textos similares desta fase parece o mais conseguido.

[5427] *O Portuguez Constitucional*, nº 25, 20 de Outubro de 1820, apresenta um "Artigo" comunicado por um correspondente anónimo onde se esboça um plano a ser passível de aplicar em termos de regime político. Não há referências aos direitos individuais.

[5428] Muitas vezes o facto do nome do Autor não constar ou haver apenas meras iniciais, não significava que ele fosse desconhecido. É o caso de umas *Providencias Interinas sobre a regeneração de Portugal*, Lisboa, 1820, assinadas por D. C. nº que correspondiam a uma outra significação, qual fosse a de *Publicola*. E todos sabiam quem ele era, nada mais nada menos que Manuel Borges Carneiro. Curiosamente, estas *Providencias Interinas*, não tiveram muito sucesso e o veredicto final foi o seguinte: "Escuzado Comissão de Censura, 9 de Outubro de 1820." Comparando algumas propostas com o que se veio a decidir a final, em Congresso, as divergências até nem eram muitas. Este documento inédito encontra-se no *ANTT, MNEJ*, maços sem rótulo, documento inumerado.

[5429] Este trabalho de recolha está actualmente muito facilitado pela investigação de Benedicta Maria Duque Vieira, "O Problema político Português no Tempo das Primeiras Cortes Liberais", pág. 69 e ss., que publica os documentos depositados no *Arquivo Histórico Parlamentar*, surgidos a este respeito. A presente tarefa será apenas e neste quadro compatibilizar os mesmo, por etapas, no que respeita ao texto final das Bases da Constituição. Nos capítulos seguintes e consoante o evoluir dos acontecimentos, outros serão reportados, em íntima ligação com os temas em debate.

[5430] Detectado apenas um texto anterior a 09-03-1821, apenas esse será considerado nesta fase da investigação.

[5431] Existe um Projecto de Constituição anterior, uma vez que está publicado n'*O Portuguez Constitucional*, nº 21, 27 de Janeiro de 1821, assinada por "Hum Eleitor da Provincia do Alentejo", mas que ao caso não nos interessa uma vez que se reporta sobretudo a matérias regimentais em termos de organização dos Trabalhos para a redacção do Texto Fundamental.

[5432] *AHP, Comissão da Constituição*, caixa 76, documento 67. Reproduzido parcelarmente por Benedicta Maria Duque Vieira, "O Problema político Português no Tempo das Primeiras Cortes Liberais",

No plano comparativo e ponderando apenas o que importa em matéria de Bases, sempre se poderá dizer que a originalidade não é patente nem quanto ao dispositivo da Constituição espanhola em vigor, nem no que respeita à Bases propostas pela Comissão da Constituição para a elaboração da portuguesa.

Em matéria de Liberdade individual, Quaresma de Sequeira alinha com a generalidade da corrente radical presente no Congresso. No que respeita à religião, mantém ser a católica a religião de Estado e a dos portugueses indistintamente. Contudo, pronuncia-se pela necessidade de haver tolerância para com outros cultos, apresentando exemplos históricos das malefícios a que a intolerância pode conduzir. O respeito que estes devem ter à religião oficial portuguesa e a ausência de cultos públicos, são factores que faz questão de notar[5433]. Há, portanto, um raciocínio mais flexível que o admitido pelos legisladores de 1812[5434].

No plano da Igualdade de acesso a cargos públicos, pronuncia-se por um texto mais liberal que o de Cádiz[5435], recusando as antigas distinções sociais incompatíveis com os princípios do Liberalismo e afirmando: "(...) Sejamos todos portugueses, e cidadãos honrados, e daí para cima hajam as distinções de nobreza, que as leis regularem, segundo os serviços e merecimentos pessoais"[5436].

Quanto ao modo de formação das Cortes, no plano da soberania nacional, não encontra alterações de vulto a assinalar[5437], uma vez que seria inadmissível qualquer outro tipo de soberania que não a nacional[5438]. As eleições para essas mesmas Cortes deveriam seguir o previsto nas antigas "Instruções" portuguesas de 31 de Outubro de 1820, que tantos problemas haviam causado. O Autor considera que o método previsto por Cádiz "não é boa, nem se pode chamar popular, mas sim de aristocracia provincial"[5439].

No que respeita à questão do veto do Rei – ou da sanção real – entende que o prazo concedido pela Constituição espanhola é demasiado (30 dias). No restante, a circunstância de ser veto suspensivo parece-lhe bem[5440].

Finalmente e ainda no plano comparativo com as Bases, só na parte final do trabalho o Autor se pronuncia sobre a Liberdade de pensamento e de imprensa, seguindo a

---

págs. 87 e ss. O seu Autor era Manuel Quaresma de Sequeira, e o título: *Projecto para a Constituição sobre as bases da espanhola com notas ao mesmo projecto oferecido ao Soberano Congresso das Cortes Extraordinárias Constituintes*. A actualização da ortografia segue o modelo da citada colectânea, sendo o paralelo estabelecido entre a *Constituição de Cádiz* e a portuguesa da responsabilidade do próprio Autor.

[5433] *Projecto para a Constituição sobre as bases da espanhola*, apud Benedicta Maria Duque Vieira, "O Problema político Português no Tempo das primeiras Cortes Liberais", págs. 88 e 89.

[5434] Cortes de Cádiz, *Constitución*, artigo 12; *Constituição de Hespanha traduzida em Portuguez por* ****, pág. 3; e *Collecção de Constituições Antigas e Modernas*, I, pág. 170.

[5435] *Idem, Constitución*, artigo 23; *Constituição de Hespanha traduzida em Portuguez por* ****, pág. 5; *Collecção de Constituições Antigas e Modernas*, I, pág. 173.

[5436] *Projecto para a Constituição sobre as bases da espanhola*, apud Benedicta Maria Duque Vieira, "O Problema político Português no Tempo das primeiras Cortes Liberais", pág. 91.

[5437] *AHP, Comissão da Constituição*, caixa 76, documento 67, relativo ao capítulo I do Título III da *Constituição de Cádiz*, não publicado.

[5438] Cortes de Cádiz, *Constitución*, artigos 27 e 28; *Constituição de Hespanha traduzida em Portuguez por* ****, pág. 5; *Collecção de Constituições Antigas e Modernas*, I, pág. 175.

[5439] *Projecto para a Constituição sobre as bases da espanhola*, apud Benedicta Maria Duque Vieira, "O Problema político Português no Tempo das Primeiras Cortes Liberais", págs. 91-93.

[5440] *Projecto para a Constituição sobre as bases da espanhola*, apud Benedicta Maria Duque Vieira, "O Problema político Português no Tempo das primeiras Cortes Liberais", pág. 94.

metodologia da *Constituição de Cádiz*. No que respeita à Liberdade de pensamento, é bastante crítico vistos os eventos posteriores à restauração bourbónica. O apoio que dá ao articulado é apenas indirecto, considerando que "se aqui se há-de estabelecer a Liberdade da imprensa, e depois fazer-se uma lei, como se fez em Castela o ano passado, é melhor estabelecer regras de censura liberais, para se não conceder licença de imprimir senão na sua conformidade, porque é melhor não se conceder licença em tal, ou tal caso, do que permitir a Liberdade da imprensa, e depois desterrar, prender, ou multar o escritor, porque é armar laços aos homens"[5441].

Outro texto publicado anónimo em Outubro de 1820[5442], mas que sabe ter saído da pena de frei Francisco de S. Luís, acabou por se constituir como prólogo de um Projecto de Constituição – designado como *Projecto de Carta Constitucional* – não exerceu qualquer influência no problema em estudo. Baseado em textos constitucionais de Nações livres, deveria formar a base da futura Constituição política e precavia o regresso de D. João VI, ou outro membro da Família Real[5443].

Apesar de interessante, o tom moderado por que optava em nada terá influenciado as futuras Bases da Constituição. Prevendo como direitos dos cidadãos a Liberdade, a Propriedade e a Segurança, tal como o fariam as Bases, considerava contudo o Governo da Nação portuguesa como monárquico temperado, atribuindo o Poder constituinte ao Congresso[5444] e o Legislativo Ordinário às Cortes e ao Rei[5445], por intermédio da sanção real.

Idêntico raciocínio vale para o Projecto de Carta Constitucional da autoria de Palmela, datado de 22 de Fevereiro de 1821, do Rio de Janeiro.

[5441] *Projecto para a Constituição sobre as bases da espanhola*, apud Benedicta Maria Duque Vieira, "O Problema político Português no Tempo das Primeiras Cortes Liberais", pág. 126.
[5442] *Reflexões sobre o pacto social e acerca da Constituição de Portugal por um cidadão português*, Primeiro mês da Liberdade lusa, Lisboa, 1821.
[5443] *O Portuguez Constitucional*, nº 57, 28 de Novembro de 1820, publica um documento que vai em idêntico sentido e aonde se pode ler: "Como podem chegar antes [a Família Real] das Cortes instaladas, ou depois dellas reunidas, mas antes de jurada a Constituição da Monarchia, que as mesmas Cortes vão fazer, convem prevenir, o que se deva praticar em cada hum destes casos, em que S. Magestade ou S. A. R. possão chegar. Deverão desembarcar? (...) Deverão dar a bordo garantias, que nos affiancem a sinceridade das suas promessas em abraçar o Systema Constitucional? De que natureza deverão ser essas garantias? (...)." Veja-se António M. Barros Cardoso, pág. 40.
[5444] *Mnemosine Constitucional*, nº 1, 1 de Janeiro de 1821: "(...) não duvidando da potestade do Povo para modificar a Lei Constitucional, sem embargo disto carece o Congresso da Authoridade de fazer ou propor semelhantes modificações, sem receber de seus committentes mandatos especiaes para isso."
[5445] Tobias Monteiro, pág. 396, apresenta uma curiosa informação, *apud* Oliveira Lima, *D. João VI*, I: "Silvestre Pinheiro Ferreira tinha procurado preparar o terreno para serem aceitos em Lisboa os princípios que sustentava; neste sentido escreveu a Fr. Francisco de S. Luís, o qual assim respondeu em carta de 2 de Abril: 'Nunca em nenhum caso podia ser da mente dos portugueses nem da intenção das Cortes (segundo creio) que El-Rei entrando em Portugal, deixasse de assumir immediatamente, tanto o Poder Executivo na sua plenitude, como a parte do Legislativo, que lhe compete, segundo os princípios communs (...) a toda e qualquer Constituição de uma Monarchia representativa'."

§ 3º. Síntese da temática do presente capítulo

O inovador programa que os Vintistas preconizam maioritariamente implica algumas opções. Por vezes de conciliação difícil. Quer as Bases quer a futura Constituição simbolizam a justaposição entre o Poder do Estado – Liberdade política da sociedade – com as relações que estabelece com os indivíduos – Liberdade civil ou garantias jurídicas – e a Liberdade individual dos cidadãos – ou seja, os seus direitos individuais.

Por isso pode ser salva a fricção entre soberania da Nação e direitos naturais, individuais. Mas também por isso a Liberdade dos cidadãos funciona segundo regras estabelecidas pelo império da lei, igual para todos, que lhes salvaguarda os seus direitos naturais, mas os faz decair, em última instância, por força dos superiores interesses da sociedade política livre. É, pois, susceptível de reafirmação que se os ideais dos Vintistas eram no início moderados e até assumiam as antigas Leis Fundamentais da monarquia como invólucro histórico indispensável à conciliação entre passado e presente, o decurso dos seus trabalhos irá reproduzir um sentimento algo diverso.

Nem se explicaria que Montesquieu não fosse recordado; a Liberdade só conhece a letra da lei e não é admissível que se interprete conforme a cada um convier melhor para os seus interesses. Para o Pensamento do Vintismo isso equivalia a licença, a privilégio injusto e insustentável activado contra todos aqueles que se encontram em posição de menor diálogo por inexplicáveis diferenças sociais. Há, como se sabe e de início, uma aparência de Pensamento "moderado" genérico por parte dos homens do Triénio.

O primitivo pacto social estabelecido pelas *Cortes de Lamego* era insuficiente, fora aviltado pelo comportamento dos déspotas que o haviam relegado e renegado e a Nação retomara os seus direitos. Assim sendo, elas, essas antigas Leis Fundamentais, tinham de ser substituídas por um novo pacto social constitutivo da Nação. No mesmo sentido, as procurações dos constituintes conferiam-lhes um Poder constituinte que não apenas lhes permitia a elaboração da futura Constituição, mas desta primeira ou inicial Constituição, os princípios intocáveis da mesma. Por isso as Bases estabelecem, no seu Preâmbulo, que elas deverão conduzir a vida dos portugueses até à formação da futura Constituição.

As Bases da Constituição, juradas pelos deputados no templo de S. Domingos em 29 de Março de 1821, admitiam a perda da cidadania a quem as não jurasse, devendo sair do território português. Os direitos fundamentais, sob forma de Liberdade individual ou civil, que constam da Secção I das Bases da Constituição foram objecto de abordagem circunstanciada. Todos eles, directa ou indirectamente, se relacionam com a defesa da ideia de Liberdade e seja pela via dos direitos individuais ou das garantias jurídicas, resultam da opção clara tomada no Congresso Vintista: a elaboração de uma Constituição nunca menos liberal que a de Cádiz que, por sua vez, era justificada por força do Constitucionalismo francês saído de 1789.

A Liberdade de pensamento, em geral, não se contesta. De há muito que assim era e já Pombal, com o seu eclectismo iluminado o havia defendido, desde que não fizesse perigar as instituições sagradas do Trono e do Altar. Com todo o seu regalismo, ninguém dúvida da sua fidelidade à religião; a mesma que os Vintistas expressaram, mesmo quando os pressupostos de base eram bem diversos.

A grande diferença resulta da Liberdade de imprensa, que no Pensamento liberal é omnipresente e no do Absolutismo iluminado algo de impossível. Por terem tido a noção da sua relevância, decidiram os constituintes, não apenas deixá-la consagrada nas Bases mas fazer e à semelhança dos legisladores de Cádiz uma Lei de Liberdade de Imprensa, que não se apresenta mais que como corolário do pensamento liberal e dos princípios de há muito teorizados.

Apenas no plano dos escritos que versavam sobre Fé ou dogma, se bem que não houvesse censura prévia, se reservava a mesma para os ministros da Igreja, vistos como os mais aptos para funcionarem como guardiões da pureza da religião, jurada pelos parlamentares e limite inultrapassável das suas procurações. O debate que se centrou entre as duas alas do Congresso não resultou, na prática, em grandes novidades para nós e em menores inovações. Apenas se percebeu que havia quem entendesse que os portugueses estavam insuficientemente instruídos, em qualquer caso, para gozarem da Liberdade de imprensa. E por isso não a admitiam em nenhuma circunstância.

Já quanto ao debate preliminar ao texto constitucional sobre as garantias jurídicas, há uma clara evolução no teor das mesmas. Não que isso tivesse obstado que pouco tempo depois o Projecto da Constituição ainda falasse de "portugueses" e de "cidadãos" portugueses, mas porque deixou desde logo a marca do tipo de entendimento que prevalecia no Congresso. Não há cidadãos activos nem passivos, todos devem ser cidadãos e universalmente deterem, em potência, o direito de exercer a sua Liberdade política.

O mesmo se diga para a inviolabilidade da casa do cidadão, como espaço de Liberdade inatingível ou os direitos de petição e reclamação dirigidos às Cortes. E, bem assim, a possibilidade de todos de igual forma, poderem ter acesso a cargos públicos. Tudo medidas notáveis e bem distintas das antigas "Liberdades" que existiam em época anterior, dependentes da boa vontade do soberano ou da sua concessão arbitrária e justificando a participação activa do cidadão em sociedade.

No que respeita à definição do regime político, transposto sob a forma da aprovação do articulado das Bases, algumas palavras de ordenação final.

Se em termos de conceito de soberania nacional e equilíbrio de Poderes, representação política, veto do Rei, Conselho de Estado ou sistema de Governo monárquico--constitucional, haverá ocasião de voltar quando da elaboração do texto constitucional, para o que estas Bases são contributos inultrapassável, já o mesmo não se passa com a definição primeira e última do Unicameralismo. Por isso algumas palavras de síntese não podem ser dispensadas.

Não se discutindo a soberania nacional, já o modo de exercitar a mesma pôde ser alvo de debate. A recordação de experiências constitucionais estrangeiras e a modelar defesa da Liberdade da sociedade que nelas se propunha, foi objecto dos debates. A questão de fundo não seria tanto a intervenção directa do monarca no exercício dessa soberania, mas de alguém que por ele ou em seu nome, pudessem obstar, por via de censura das decisões das Cortes, à elaboração das leis.

Assente a origem da soberania, questionava-se o seu exercício unitário por parte do Congresso e das futuras Cortes, uma vez que o argumento do presumível despotismo por qualquer dos Poderes do Estado merecia atilada reflexão por parte do Congresso. E os moderados argumentavam, como bem ficou referenciado, que a Segunda Câmara absorveria qualquer espécie de despotismo das Cortes, funcionando à semelhança do que se passava em Inglaterra ou nos Estados Unidos, países em relação aos quais era inquestionável a defesa dos princípios da Liberdade política.

O problema era que em Portugal não havia qualquer tradição deste novo órgão, podendo até questionar-se, a legitimidade das suas funções, como o fizeram os membros da ala radical do Congresso, que em simultâneo achavam inadmissível pensar-se, sequer, em atribuir ao Congresso a ultrapassagem dos limites constitucionais do seu Poder. Era visto quase como uma afronta, tal ponto de vista, embora ponderando bem o tema, resulte uma certa compreensão pela tese dos "vencidos", porque seriam muito mais a tradução do espírito de moderação português, que parece ser o que predominava em Portugal fora das paredes do Augusto Recinto.

O conflito parlamentar tinha subjacente dois planos diversos de acomodação da sociedade portuguesa à Era das Revoluções aonde se inseria. Seria aquele que estava na mente dos Autores e subscritores do *Manifesto de 15 de Dezembro de 1820*, conciliando a tradição com a evolução, adoptando a moderação nos conteúdos decisórios. Assim se consignava um espaço de diálogo e cooperação permanente entre Poder Legislativo e Executivo.

A Segunda Câmara justificar-se-ia, porventura, na manifestação do supracitado compromisso entre ideais conservadores e revolucionários, moderando estes últimos mas reconhecendo a sua plena legitimidade e contemporizando passado com presente. Ninguém se lembrou de outorgar a D. João VI a prerrogativa dos monarcas ingleses, mas entendiam os moderados que a possibilidade de conciliar a soberania nacional com o bicameralismo, não apenas seria possível, como salutar.

Esta opção algo conciliadora, não apenas foi alvo de rejeição absoluta como de vitupérios em abundância por parte dos revolucionários no Congresso. Para além de cedência impensável, segundo o seu ponto de vista, implicava uma conciliação com o despotismo do Executivo que, se não conseguia opor-se aos representantes da Nação pela via do veto absoluto, ia minando a sua regulamentação por intermédios de alguns convertidos áulicos.

Por outro lado, incrementava-se a desigualdade entre os cidadãos, contrariando o que já havia sido acordado, aviltava-se a majestade da Nação, retirando parte da soberania que a ela pertencia por inteiro e questionando a própria ideia de Constituição. Portanto, e por maioria de razão, a proposta da moderação foi substituída pela do radicalismo, fazendo uns tempos mais tarde D. João VI, ao ler *Diário das Cortes*, propor a seguinte observação: "Vamos ver o que decretei hontem? ..."

Capítulo VIII
A ideia de "Liberdade natural" como direito natural – a Liberdade de pensamento e o caso especial da Liberdade de imprensa

> "A Luz ferio nos ólhos de todos os Portuguezes, exaltou as magnanimas condições que nos dotara a natureza, e em todos os corações prendeo com a rapidez electrica o fogo da Liberdade.
> Hum santo respeito ás Leys e á Religião, e hum cordial amor aos Nossos Augustos Monarchas tymbrava as muitas virtudes desta Nação esforçada e sublime, que em suas amizades he ingénua affavel, e officiosa quanto he terrivel em suas vinganças; posto que facil seja de applacar em seu furor, como inclinada á benevolencia e em seus perdões mui generosa. Soffriamos calados: mas pela depravação do systema dominante cada dia mais se aggravavão os nossos males, estancando-se todas as fontes da publica prosperidade e até dissipando-se todas as esperanças de melhoramento; porque aos benignos ólhos do nosso tão querido quão mal aconselhado Monarcha se occultava com perfidias lisonjeiras o deploravel quadro das nossas desventuras, como de seus piedosos ouvidos se desviavão as respeitosas supplicas de seus mais benemeritos Vasssallos! E serião inuteis todos os nossos clamores, se a huma voz não manifestassemos os nossos dezejos, concordando nos votos pelo bem geral, e estabelecendo hum novo systema de governança, que emende os erros passados, e preveja as nossas urgentes necessidades."

O Portuguez Constitucional, 2 de Janeiro de 1821

CAPÍTULO VIII. A IDEIA DE "LIBERDADE NATURAL" COMO DIREITO NATURAL – A LIBERDADE DE PENSAMENTO E O CASO ESPECIAL DA LIBERDADE DE IMPRENSA
§ 1º. A Liberdade de Imprensa na *Constituição de 1822* – aspectos gerais, introdutórios e remissivos. 1. Cádiz e a Liberdade individual do cidadão: a Liberdade de imprensa na *Constituição de 1812* (remissão). 2. A Liberdade de imprensa na *Constituição de 1822*. 3. A Lei de Liberdade de Imprensa de 4 de Julho de 1821. 4. O Tribunal Especial para a Protecção da Liberdade da Imprensa. § 2º. A Liberdade de Imprensa no período do Vintismo. 1. Os principais jornais actuantes no contexto: metodologia de abordagem num quadro de opções: o papel da Imprensa em Portugal nos anos da Revolução – alguns periódicos do liberalismo. 1.1. Imprensa liberal: generalidades. 1.2. A Liberdade individual: Liberdade de imprensa. 1.3. A Liberdade individual: Liberdade de consciência. 1.4. A Liberdade civil. 1.5. A Liberdade política do cidadão e da sociedade. 2. Imprensa adversa à Revolução. § 3º. Síntese da temática do presente capítulo.

§ 1º. A Liberdade de Imprensa na *Constituição de 1822* – aspectos gerais, introdutórios e remissivos

Os considerandos estabelecidos no âmbito das Bases da Constituição, em conjugação com os contributos de natureza estrangeira que no plano dos direitos individuais podem ser invocados, foram devidamente apontados.

1. Cádiz e a Liberdade individual do cidadão: a Liberdade de imprensa na *Constituição de 1812* (remissão)

A Liberdade de imprensa, garantida pela *Constituição de Cádiz* de 1812 nos artigos 131º, nº 24 e 371º[5446], apresenta comparativamente com a de 1822, mais garantias.

Basta justapor os textos dos respectivos articulados – sobretudo o do último citado – para se concluir positivamente por essa opção[5447].

2. A Liberdade de imprensa na *Constituição de 1822*

Sem dúvida que nesta como noutras matérias a *Constituição de Cádiz* influenciou decisivamente a Lei Fundamental de 1822. Fê-lo motivando o articulado da regulamentação Ordinária elaborada no Congresso Vintista, ainda que tanto não signifique que os outros textos constitucionais o não tivessem feito e, inclusivamente, outros cujo impacto foi menor em Portugal[5448].

Para a interpretação liberal, sufragada por todos os escritores ideologicamente inscritos nesta corrente e que enquadram a Liberdade de imprensa como um direito fundamental[5449], o raciocínio desenvolvido não varia, independentemente do tempo e das circunstâncias que se colocam à sua preservação[5450]. Em qualquer caso, a censura será sempre injusta e perigosa.

[5446] *O Correio Braziliense ou Armazém Litterario*, VII, 1811, nº 45, pág. 493: "Plano de uma Constituição Politica para a monarchia Hespanhola, apresentado às Cortes geraes e extraordinarias, pelo committé de Constituição": "artigos 131º nº 24." A outra norma do texto final, artigo 371º, constava da parte terceira do Projecto da *Constituição de Cádiz*, artigo 369º, que não veio a ser trasladada para o *Correio Braziliense*.

[5447] *Cortes de Cádiz, Constitución*, artigos 131º nº 24, 371º; *Constituição de Hespanha traduzida em Portuguez por* ****, págs. 22 e 56; *Collecção de Constituições Antigas e Modernas*, I, págs. 208 e 279. Na sessão legislativa de 1820 foram decretadas muitas restrições à Liberdade de imprensa, sobretudo em matéria de escritos sobre a religião, que ao caso não importam.

[5448] Por exemplo a *Carta Francesa de 1814*, cujo artigo 8º importa reter em termos comparativos na análise que encetamos. Informa *O Investigador Portuguez em Inglaterra*, X, Setembro de 1814, pág. 438: "O artigo 8º da Constituição declarou (...): que os Francezes tinham direito a publicar e a imprimir a s suas opiniões conforme as leis que deviam reprimir os abuzos desta Liberdade."

[5449] *O Investigador Portuguez em Inglaterra*, X, Setembro de 1814, "Relatorio acerca do Projecto de Lei da Liberdade de Imprensa apresentado à camera dos deputados em 1 de Agosto de 1814", pág. 445, considera que nem será preciso constitucionalizar esse direito por ele ser inato; *ibidem*, XI, Janeiro de 1815, pág. 525 apontado, do mesmo modo, as Bases da Constituição da Confederação Germânica, onde no artigo II se prevê que "haverá Liberdade de imprensa, sugeita com tudo ás modificações que lhe fizer a Comissão encarregada da Organização da Germania."

[5450] *Ibidem*, X, Setembro de 1814, "Relatorio acerca do Projecto de Lei da Liberdade de Imprensa apresentado à camera dos deputados, em 1 de Agosto de 1814", págs. 439 e 440: "Em todos os paizes porem em que a Liberdade civil e politica está estabelecida em Leis Fundamenates, os Cidadãos devem necessariamente gozar de Liberdade de imprensa, que he a sua primeira e mais segura defesa. Os agentes da Auctoridade sempre olhão como hum dever seo o extender e acrescentar o poder de seo âmo, por que assim tãobem esperão fortificar a sua propria Auctoridade. Mas este

Registe-se, neste domínio, um Projecto de lei e respectivo diploma acerca da Liberdade de imprensa, apresentado na vigência da *Carta Francesa de 1814*, cujo interesse em termos comparativos se regista, como ponto de apoio teórico para o debate acerca do seu congénere português[5451]. O normativo resultante é sobretudo curioso pela disparidade que apresenta com a regulamentação nacional e cujo paralelismo se observará em sequência[5452].

Previa-se a existência de censura prévia em todos os casos que a própria lei não excluísse e que não se relacionavam com matérias de dogma e de Fé, antes se estendiam às publicações de carácter civil que não cumprissem determinados requisitos legais[5453]. Este Projecto, que foi alvo de severas críticas promovidas por membros da ala liberal da Câmara dos deputados francesa[5454], era nitidamente menos avançado que o português, afectando em especial a imprensa periódica[5455], o que bem se compreende pela diversidade ideológica que presidiu à elaboração de cada um deles.

---

excesso de zello ameaça sempre as Liberdades de huma Nação. Qual será pois o meio de os conter dentro dos limites que as leis lhes prescrevem? Não há senão hum, que seja pronto e efficaz he a Liberdade de imprensa, que de huma vez, sem convulsões e sem perigo instrue o Monarca e a Nação; que leva ao Tribunal da opinião publica os erros dos Ministros e os crimes dos seos agentes, abafando assim no seo principio grandes males, e prevenindo todas as suas fataes consequências."

[5451] Gustave le Poitteven, *La Liberté de la Presse Depuis la Révolution (1789-1815)*, Genéve, Slatkine Reprints, 1975. O Autor desenvolve a matéria sob forma exaustiva. No mesmo sentido, J. Blanc de Volx, Paris, 1819.

[5452] Paul Bastid, *Benjamin Constant et sa Doctrine*, II, págs. 779 e ss.

[5453] *O Investigador Portuguez em Inglaterra*, X, Agosto de 1814, "Relatorio acerca do Projecto de Lei da Liberdade de Imprensa apresentado à camera dos deputados em 1 de Agosto de 1814", págs. 232 e ss. Salientamos os pontos seguintes: a absoluta Liberdade de publicação de escritos com menos de trinta folhas, considerados não perigosos por não caírem na categoria dos folhetos ou brochuras, potencialmente incendiárias, para o entendimento comum da Restauração francesa. Do mesmo modo, todas as publicações subsidiadas pela Coroa ou de carácter religioso, escritas em línguas mortas ou estrangeiras, talvez porque a dificuldade de divulgação junto ao grande público fosse reduzida. Além disto, a censura era regulamentada em todos os casos em que esta se considerasse imprescindível e entendia-se que os impressores e livreiros teriam de possuir autorização régia para exercer a sua actividade. Em casos de infracção ou de anonimato por parte dos mencionados, haveria sanções de carácter pessoal e pecuniário e, em casos de reicidência, poderia ser-lhe proibida a actividade.

[5454] *Ibidem*, X, Setembro de 1814, "Relatorio acerca do Projecto de Lei da Liberdade de Imprensa apresentado à camera dos deputados em 1 de Agosto de 1814", págs. 440 e ss.: "O estabelecimento desta censura previa excitava bem fundados receios e na sua opinião [do deputado Raynouard, em nome da Comissão encarregada de examinar o Projecto de Liberdade de imprensa] era incompatível com a Liberdade de imprensa, hum direito garantido pela *Carta*. Os meios para se reparar a injustiça ou o erro dos Censores taõbem erão illusorios. (...) Que reparação se faria ao Autor de huma Obra, injustamente demorada? Não se apontava nenhuma; e com tudo era muitas vezes da maior importancia para a fortuna e honra de hum Cidadão, que a Obra apparecesse em tempo certo. Que castigo se impunha taõbem á injustiça dos censores? Nenhum. Assim o estabelecimento se huma Censura antecipada era injusto tanto na substancia como na forma." No mesmo sentido, *Correio Braziliense ou Armazem Litterario*, 1814, XIII, n° 75, págs. 177 e ss. Dá-se nota das sessões em que a matéria foi discutida.

[5455] *Ibidem*, X, Setembro de 1814, "Relatorio acerca do Projecto de Lei da Liberdade de Imprensa apresentado à camera dos deputados em 1 de Agosto de 1814", pág. 443: "Pelo artigo 9 os Jornaes e outros escriptos periodicos não se devem publicar sem a sanção do Rei. Este artigo tão breve e tão incompleto era o que mais offendia a Liberdade de imprensa. Devia-se explicar se isto se entende

Alvo das sobreditas reclamações[5456], impugnavam-se as vantagens que os partidários da censura prévia[5457] viam[5458] nela para apoiarem o Projecto de lei[5459], anotando reflexões já como a sua necessidade para vigilância dos comportamentos lesivos dos direitos dos cidadãos[5460] e que não poderiam ser eficazmente salvaguardados em períodos de inexistência de trabalhos dos Corpos Legislativos.

só com os futuros Jornaes, ou se todas as manhãs o jornalista será obrigado a pedir licença. (...) Que terrivel poder se não confere assim a uns poucos censores?"

[5456] Ibidem, X, Setembro de 1814, "Relatorio acerca do Projecto de Lei da Liberdade de Imprensa apresentado à camera dos deputados em 1 de Agosto de 1814", pág. 442: "A este respeito decidio a Comissão só pela maioria de votos, que a censura prévia não se podia adoptar como baze da Lei."; O Portuguez, I, nº 5, págs. 371 e ss., "Relatorio feito á Camara dos deputados em nome da Comissão Central, sobre o Projecto de Ley relativa á Liberdade de Imprensa, pelo Cavalheiro de Raymond"; Correio Braziliense ou Armazem Litterario, 1814, XIII, nº 74, págs. 82 e ss. Nem mesmo os monárquicos pareciam convencidos da bondade da lei, como atesta Chateaubriand, "Proposition faite à la Chambre des Pairs dans la Séance du 23 Novembre 1816", Œuvres Completes. Politique: Opinions et Discours, Paris, 1866, 12, pág. 80: "Si, malgré ces lois, um pair de France, en plein exercice de ses fonctions, ne peut pas faire imprimer ses opinions chez l'imprimeur de la Chambre même, sans exposer cet imprimeur à être inquiété dans sa famille et menacé dans son état; si, au moins, dans le cours d'une session, nous n'avons pas la liberté de penser, de parler, d'écrire sur les affaires qui occupenet les Chambres, et de publier ce que nous avons pensé et ecrit, alors, je le demande, où sommes-nous? Où allons-nous? Que devient la Charte? Que deviennent les lois et le gouvernement constitutionnel?" No mesmo sentido outro dos seus discursos, a "Opinion sur le Projet de Loi relatif a la Liberté de la Presse, pronnoncée à la Chambre des Pairs dans la Séance du 19 Janvier 1818", Œuvres Completes. Politique: Opinions et Discours, 12, págs. 131 e ss.

[5457] Ibidem, X, Setembro de 1814, "Sessão da Camara dos deputados de 11 de Agosto de 1814", págs. 417 e ss.: "Dis-se, que a Liberdade da imprensa he a verdadeira defensora da Constituição e da Liberdade. Eu digo [o Abade Montesquieu] porem que a constituição he que defende a Liberdade; que os deputados escolhidos pelo povo mantem o governo, e para nada disto podem servir alguns poucos folhetos."; O Portuguez, I, nº 3, pág. 260 (...) acaba de apparecer uma ley, para a imprensa, e censores nomeados pelo Rey; todo o escripto com menos de 30 folhas (o que comprehende todas as gazetas e circulares) hé subjecto á censura antes de imprimir-se; dois censores bastam para negar aos manuscruptos a licença de impressão. Eisaqui do modo que a imprensa fica sendo livre na França; assim, quasi pela mesmo modo o hé ella em Portugal."

[5458] Ibidem, X, Setembro de 1814, "Sessão da Camara dos deputados de 11 de Agosto de 1814", pág. 450: "(...) alguns Jornaes, folhetos, e outros mais abortos do entendimento!" Veja-se O Portuguez, II, nº 12, pág. 493: "Prometera o Rey, em sua *magna Charta*, a Liberdade de imprensa, *subjeita ás leys, que reprimissem o abuso dos escriptores:* e como o cumpriu Luis XVIII? Cumpriu-o, illudindo suas promessas, estabelecendo a censura previa para quasi todos os escriptos, censura, que tirava toda a occasião de abusar (no que era contraria á letra, e sentido da Constituição) e por conseguinte destruia ao mesmo tempo toda a Liberdade de imprensa. *Como se pode conceber Liberdade de constituição sem Liberdade d'imprensa?*"

[5459] Ibidem, X, Setembro de 1814, "Relatorio acerca do Projecto de Lei da Liberdade de Imprensa apresentado à camera dos deputados em 1 de Agosto de 1814", pág. 443: "O suspender a Liberdade de imprensa é suspender a Constituição. Tem por ventura já mudado as circunstancias depois que El Rey proclamou esta Liberdade? de certo ellas tem mudado, porem para milhor; e a affeição publica se tem augmentado em roda do throno. Não temos nós já por alguns mezes gozado da completa Liberdade, e ainda mesmo, da licenciosidade da imprensa? E que males se tem seguido, ou que escriptos tem perturbado a tranquilidade publica?"

[5460] Ibidem, X, Setembro de 1814, "Relatorio acerca do Projecto de Lei da Liberdade de Imprensa apresentado à camera dos deputados em 1 de Agosto de 1814", pág. 444: "Se o Governo abuzasse, havia então a Liberdade de imprensa como a salva guarda do Povo."

De igual modo o direito de petição sairia prejudicado, o que significa que a censura ao exercer a sua actividade em períodos de inexistência de actividade das Câmaras, impediria os cidadãos de poderem gozar dessa sua Liberdade civil, em directa dependência da Liberdade individual de imprensa. Na prática, "a censura longe de segurar esta Liberdade [de petição], ameaça a sua existência, e com ella a da civil e politica Liberdade"[5461].

O resultado final do polémico debate acabou – como seria de esperar em função da composição maioritária da Assembleia – com uma votação positiva de 137 contra 80[5462]. Portanto, a censura prévia, nos termos propostos e com pequenas emendas – revisão dentro de dois anos em vez dos quatro iniciais – passou e assim se estabeleceu na Restauração Bourbónica[5463] uma das medidas mais combatidas pelos princípios de 1789: a censura prévia e a limitação da Liberdade de imprensa[5464]. As alterações que posteriormente e durante este período foram introduzidas, apontam em idêntico sentido[5465].

A censura na França de 1819 e 1820 bem pouco se distingue do panorâma que antecedeu em dias a Revolução Francesa[5466] ou, como diria Hipólito da Costa "neste caso então tambem havia Liberdade de imprensa em Portugal e Hespanha, debaixo das censuras dos Inquisidores"[5467].

[5461] *O Investigador Portuguez em Inglaterra*, X, Setembro de 1814, "Relatorio acerca do Projecto de Lei da Liberdade de Imprensa apresentado à camera dos deputados em 1 de Agosto de 1814", pág. 443.
[5462] *O Portuguez*, I, nº 5, pág. 404: "A Camara adopta a ley".
[5463] *O Investigador Portuguez em Inglaterra*, X, Abril de 1815, pág. 309, foi revogado durante o regresso de Napoleão e a sua retoma das prerrogativas imperiais. É o seguinte o texto que segue: "A Direcção Geral do Commercio de Livros, e Imprensa, e os Censores, ficam supprimidos. Tulherias, 24 de Março de 1815." Ibidem, XIII, Agosto de 1815, pág. 306, indica que é reposto em vigor, salvo na parte relativa aos artigos 3º, 4º e 6º, por terem provado ser mais nocivos que benéficos. Estes três artigos eram os que previam a censura em todos os escritos inferiores a 20 páginas, bem como o tratamento a dar aos jornais; o competente decreto de 8 de Agosto vem incluído no número de Setembro de 1815, págs. 400 e 401: "Todos os privilegios concedidos aos jornaes publicos, de qualquer natureza que estes sejão, ficão desde este momento revogados; e nenhum dos ditos Jornaes se poderá publicar sem huma nova licença do nosso Ministro Geral da Policia (...). Todas as publicaçoens periodicas ficam sujeitas á censura de huma Comissão, cujos membros serão nomeados por nós, em virtude de proposta, que nos fará o nosso Ministro da Policia. (...)". *Ibidem*, Janeiro de 1817, pág. 336, publica a norma em toda a sua extensão: "As gazetas, jornaes, ou obras periodicas não podem ser publicadas sem licença d'El Rey." Em idêntico sentido, *Correio Braziliense ou Armazem Litterario*, XV, 1815, nº 87, págs. 189 e 190.
[5464] *O Portuguez*, II, nº 12, pág. 494: "(...) isto hé obra de um Governo pouco liberal, que vêe na Liberdade da imprensa um oppositor aos seus fins, e interesses apparentes."
[5465] *O Campeão Portuguez ou o Amigo do Rei e do Povo*, II, Maio de 1820, pág. 325: "A censura em França vai fazendo maravilhas: auctores e livros são diariamente agarrados; e não se consente que fallem senão os panegiristas do Poder, e os advogados da exclusiva soberania dos Reis, e natural servidão dos Povos."
[5466] *Ibidem*, II, Maio de 1820, págs. 326 e 327: "O furor dos processos contra tudo que he de letra redonda he tal que até se julgou criminoso o prospecto de uma subscripção a favor dos que forem prezos em virtude da nova lei contra a Liberdade individual. (...) Membros da camara dos deputados, que havião assignado o dito propspecto, escreveram em 18 de Abril ao Procurador-geral da Coroa, que elles querião desistir de sua inviolabilidade como deputados, e pedião ser processados como qualquer outro individuo. O odio particularmente contra a censura he tal que hindo para dar as suas liçoens sobre a Historia M (...), um dos Censores, os ouvintes, tanto o viram na cadeira, entraram a gritar: – *a bas le Censeur! a bas le Censeur!* (...)."
[5467] *Correio Braziliense ou Armazem Litterario*, 1814, XIII, nº 75, pág. 269.

Também no plano da limitação da Liberdade de imprensa e em fase anterior a 1820, pode ser destacado o caso alemão, considerando-se mesmo haver uma demasiada e perniciosa Liberdade de escrever[5468]. Seguindo a tendência liberalizante da época, os gazeteiros alemães ousavam, para o Poder régio, ir longe de mais[5469], estando a Liberdade de imprensa a ser utilizada para fins estranhos aos quais fora admitida[5470]. Se este tipo de entendimento não é, nem poderia ser o dos Vintistas, merece a pena conhecê-lo para se tomar o pulso à situação de um país europeu onde apesar das reformas, o Antigo Regime e o seu sistema político-ideológico mantinham inteira pujança.

Em função do exposto, entendeu o Imperador propor à Dieta germânica medidas bastante drásticas, consagradas em decreto para prevenir os abusos da imprensa[5471]. Apesar de algumas diferenças relativamente ao seu congénere francês, em que não seria de menor impacto o facto de se tratar de uma confederação, mas a força da Dieta, controlada pelo Imperador, fazia sentir-se a traços grossos[5472].

A própria Holanda, desde sempre celebrizada pela ampla Liberdade de expressão e em termos concretos pela Liberdade de imprensa, foi em 12 de Setembro de 1816 levada a alinhar com os seus parceiros europeus numa certa repressão a alguma imprensa considerada licenciosa[5473]. É evidente que se tratava de manter boas relações com soberanos estrangeiros, mas o simples facto desta questão ter sido colocada

---

[5468] *O Portuguez*, X, nº 56, "Proposição do Ministro de Sua Magestade Imperial e Real Apostolica, Presidente da Dieta Germanica", págs. 83 e ss.: "A imprensa em geral (e mormente a dos Jornaes e outras obras periodicas) teem gozado, dos ultimos annos a esta parte, e até nos Estados aonde o Governo se há reservado a Authoridade de lhe poer limites, uma Liberdade quasi sem nenhum freio, havendo sido paralysados por as circunstancias todos os meios de prevenção, que para a refrear se usaram, e ficando por isso aberto um largo campo a todos os abusos da Imprensa: nem, as desordens d'essa Liberdade cresceram pouco, depois que algumas Assembleas deliberativas introduziram o serem publicos seus debates, e n'elles se tratar de objectos que nunca deveriam sahir fora do sanctuario d'esses senados (...)."

[5469] *Ibidem*, X, nº 56, "Proposição do Ministro de Sua Magestade Imperial e Real Apostolica, Presidente da Dieta Germanica", pág. 84: "Esses temerarios Escriptores apegaram-se a este novo pretexto, e não houve ahi Gazeteiro que se não julgasse com direito de alevantar a voz, e decidir em pontos, que ainda hoje aos mais consumados Estadistas offerecem espinhos e difficuldades."

[5470] *Ibidem*, X, nº 56, "Proposição do Ministro de Sua Magestade Imperial e Real Apostolica, Presidente da Dieta Germanica", pág. 85: " Se a illimitada Liberdade de Imprensa não hé de todo mal-concorde com a nossa Constituição federativa, ao menos, o certo hé que esta só poderá manter no seio da mais perfeita harmonia e tranquilidade; porem, a verdade hé, que, de todos os tempos, são os de agora os menos proprios para essa Liberdade; *pois agora andam muitos Governos creando ou modificando instituiçoens politicas, o que hé já por si só carga e tarefa bem dificil, e impossivel hé que d'ella se possam sahir bem no combate d'opinoens contradictorias, e no continuo conflicto de todos os principios e verdades com todos os erros e chimeras.*"

[5471] *Ibidem*, X, nº 56, "Proposição do Ministro de Sua Magestade Imperial e Real Apostolica, Presidente da Dieta Germanica", págs. 91 e ss.

[5472] *O Portuguez*, X, nº 56, "Proposição do Ministro de Sua Magestade Imperial e Real Apostolica, Presidente da Dieta Germanica", pág. 93: "Tambem poderá a Dieta, sem previa denunciação, proceder de sua propria Authoridade contra qualquer publicação abrangida no regulamento principal do Artigo 1º, qualquer que seja o Estado d'Alemanha aonde ella se publique, e com o parecer d'uma Comissão para isso nomeada, achando-se, que tal publicação injuria a dignidade do Corpo Germanico, a salvação d'algum dos seus Membros, ou a paz interior da Allemanha, sem appellação nem aggravo poderá dar sua sentença contra esse escripto, a qual cumprirá fielmente o Governo que hé por ella responsavel."

[5473] *O Correio Braziliense ou Armazém Litterario*, XVII, 1816, nº 101, págs. 427-429.

onde foi é por si só bastante esclarecedora da aplicação prática que as ideias saídas do Congresso de Viena iam tendo por essa Europa, do primeiro decénio do séc. XIX.

Um outro exemplo extremamente interessante, sobretudo pela oposição manifesta em que se encontra com o antecedente é o que se verifica com o Regulamento da Liberdade de imprensa da Venezuela, já independente à época de Espanha. O seu interesse em termos comparativos com o caso português é, de igual modo, susceptível de comparação.

Considera este diploma que "sendo a imprensa o canal mais seguro para communicar as luzes a todos, e que a faculdade individual dos cidadaons de publicar livremente seus pensamentos, e ideias politicas, he não só hum freio contra a arbitrariedade dos que governão, mas tãobem hum meio de illustrar os Povos em seos direitos, e o caminho único para chegar ao conhecimento da verdadeira opinião publica: assentou em declarar o livre uso da Imprensa, debaixo das restriçoens, e responsabilidades expressas nos artigos seguintes"[5474].

Consagra-se a Liberdade de pensamento, sob a forma de Liberdade de imprensa, bem como a inexistência de censura prévia para os escritos civis, ficando apenas a mesma reservada para as matérias de Dogma e religião. A aproximação à *Constituição de Cádiz* é evidente, por força da proibição de todo e qualquer escrito que conteste o sistema estabelecido na Venezuela, nomeadamente em todos aqueles que possam preconizar ligações privilegiadas à antiga Potência colonial espanhola.

Finalmente, aponta-se um receituário adjectivo a aplicar em todas as infracções ao vertente regulamento, especialmente dirigido a impressores e livreiros, cuja preocupação será, sobretudo, a de evitar uma mal controlada licença ao nível de textos em publicação.

Trata-se de mais um exemplo decalcado da primeira das grandes Constituições liberais do séc. XIX e sua decorrente legislação ordinária, que encontrará, pontos de contacto flagrantes com o mesmo tipo de instrumento legal elaborado pelo Vintismo. Indirectamente, pois, terá sido fonte da legislação portuguesa, cabendo-lhe aqui o seu lugar de destaque[5475].

[5474] *O Investigador Portuguez em Inglaterra*, II, Janeiro de 1812, págs. 450 e ss.

[5475] *Ibidem*, II, Janeiro de 1812, págs. 450 e ss., apresenta o texto integral. Recolhe-se o articulado que mais interessa neste ponto: "Artigo I – Todos os corpos e pessoas particulares de qualquer estado, e condição que sejão, tem Liberdade de escrever, imprimir, e publicar as suas ideias politicas e as mais (não exceptuadas), sem necessidade de licença, revizão e approvação alguma anterior á publicação. Artigo II – Fica portanto abolida toda a censura das Obras politicas precedente á sua impressão, e derogadas as leis, que exigião previa licença (...). Artigo III – Exceptuão-se desta regra todos os escritos que directa ou indirectamente tratarem de materia de Religião no tocante ao Dogma, ou Disciplina fundamental; pois desde já ficão sujeitos á prévia censura e audiencia dos Ordinarios Ecclesiasticos, segundo o que se acha estabelecido no Concilio Tredentino Artigo V – Se o Ordinario insistir em negar sua licença, poderá o interessado recorrer com copia de sua censura ao Governo, o qual devera examinar a obra; e se a achar digna de approvação enviara seu dictame ao Ordinario, paraque examinando de novo a materia, se evitem ulteriores recursos Artigo VII – Os authores e os impressores serão responsaveis respectivamente do abuzo da Liberdade de Imprensa Artigo VIII – Prohibem-se os escritos Subversivos do Systema adoptado, e estabelecido em Venezuela, o qual consiste principalmente em sua Liberdade e independencia de qualquer outra Potencia, ou Soberania situada fora do seu territorio; e os authores ou impressores, que os publicarem serão castigados com as penas estabelecidas em Direito, e neste regulamento. Artigo IX – Os libellos infamatorios, os escritos calumniozos, os licenciozos, e contrarios á decencia Publica, e Bons Costumes, serão egualmente castigados com as penas estabelecidas pelas leis,

Por notícia proveniente de Berlim, alertava-se a opinião pública que a pátria de Metternich andava ocupada em elaborar um Regulamento relativo à Liberdade de imprensa[5476]. Considera a citada informação que para os berlinenses a "Liberdade de Imprensa hé uma couza que nós actualmente não nos podemos dispensar, attendendo-se a esse espirito de indagação, que se tem communicado a todas as classes do Povo, e que nestes ultimos annos de guerra tem evidentemente mostrado ser um dos primeiros apoios da Monarquia. Uma grande mudança está pois para haver em as nossas gazetas." Previa-se a existência de um jornal oficial e outros, que o não sendo, fossem "tão livres como em Inglaterra"[5477].

Seria caso para conjecturar desta Liberdade de imprensa que ora se proclamava[5478].

3. A Lei de Liberdade de Imprensa de 4 de Julho de 1821

Todos os liberais esperavam a sua consagração pelo Congresso Vintista, como viria a acontecer[5479]. Contudo, não parecia que os parlamentares estivessem, de início, particularmente disponíveis para discutir a Lei de Liberdade de Imprensa, o que chegou a motivar alguns reparos[5480], pese embora o interesse da matéria fosse patente para os proponentes dos vários Projectos[5481].

---

e pelas determinadas neste Regulamento. Artigo X – Nunca poderão ser atacadas as pessoas, ou as qualidades moraes dos particulares, devendo limitar-se a crítica, ou impugnação ás opinioens particulares o individuo. Artigo XVII – Os impressores de escritos sobre materias de Religião, sem a previa licença dos Ordinarios, deverão soffrer as penas, que em razão do excesso em que incorreram, já estejão estabelecidas pelas leis (...) Artigo XVIII – os authores, ou editores de Obras politicas, que abuzando da imprensa semearem, ou estabeleceram nellas propoziçoens ou maximas contrarias ao Dogma, serão castigadas com as penas determinadas pelas leis ao crime que se julgar committido (...) Artigo XIX – Os authores, editores, ou impressores que publicarem escritos contrarios ao Systema de Venezuela indicado no artigo VIII serão punidos com o ultimo suplicio".

[5476] *Ibidem*, XV, Abril de 1816, pág. 184, noticia uma informação proveniente do *The Champion*, de 17 de Março, relativa a ocorrência datada de Berlim, 14 de Fevereiro do mesmo ano.

[5477] *Ibidem*, XV, Abril de 1816, pág. 184.

[5478] *Ibidem*, XV, Abril de 1816, págs. 217 e 218, tem a mesma interpretação que nós. Assim, "Até o governo militar da Prussia começa a conhecer a necessidade da Liberdade de Imprensa! Com effeito, seria o cumulo da ingratidão, e do desprezo para com os homens, se depois de se ter visto o que fez a imprensa na cauza da Liberdade contra a tirania, e o que fizerão os subditos na cauza dos Soberanos, por fim se pertendesse apagar esta grande luz, que illuminou os Governos e os Povos, e privar os homens deste poderozo meio e estimulo da instrucção, só com o mizeravel pretexto que a Imprensa livre tem abusos!"

[5479] *Mnemosine Constitucional*, nº 9, 4 de Outubro de 1820: "Discurso sobre a Liberdade de escrever transcrito do nº 6 do *Diário do Porto*, intitulado a Regeneração de Portugal: Esperamos por tanto que nossas Cortes, felizmente restauradas, attendendo aos innumeraveis beneficios da Liberdade de Imprensa, a hão de decretar como essencialmente necessaria á reforma de nossos costumes, á educação pública, ao explendor da religião, á recta administração da justiça, e ao exterminio de todos os abusos." Folha política da responsabilidade de Pedro Alexandre Cavroé, publicada pelo menos até ao fim do 1º Semestre de 1821.

[5480] *D. C.*, II, 27-04-1821, págs. 700 e 701, insistência de Fernandes Tomás para que se discutisse a Lei da Liberdade de Imprensa; no dia seguinte voltou ao mesmo assunto. Em 30 de Abril, *D. C.* II, 30-04-1821, pág. 734, propôs que as sessões fossem prolongadas por mais uma hora para que se discutisse a questão. Antes, na *Carta do Compadre de Belém ao redactor do Astro da Lusitania*, pág. 9, havia escrito: "Liberdade e mais Liberdade em fallar, em escrever, e em obrar: esta he a verdadeira baze dada pela natureza e nós voltamos ao estado de natureza (...).".

[5481] Sobre a necessidade do primitivo Projecto baixar à Comissão de Legislação, veja-se *O Portuguez Constitucional*, nº 61, 16 de Março de 1821.

Finalmente o debate iniciou-se em 2 de Maio, colocando-se como preliminar a questão de saber se deveriam ou não existir jurados para coibir os abusos a essa Liberdade[5482]. Questão que importa sobretudo à Liberdade civil, será aí desenvolvida[5483], mas o debate que os constituintes estabeleceram apenas serve para dar o tópico que a importância da mesma reveste[5484]. De resto, a temática dos jurados acresce, neste particular, sobretudo quando ponderada na composição que ao futuro Tribunal Especial para a Protecção da Liberdade da Imprensa, se assinalará.

Tanto mais que os próprios constituintes, pela boca do seu Presidente em exercício[5485], e apoiando a sua decisão[5486], entenderam fazer a diferença trata-se de discutir a existência de jurados no domínio da Liberdade de imprensa e não noutros casos. Portanto, se os constituintes assim o determinaram, ninguém poderá questionar essa decisão.

Afirma-se, mais que não há Liberdade de imprensa sem a existência de jurados[5487]. Na verdade, reconhecia-se que quer o combate à censura, quer a fuga à anarquia eram pressupostos basilares do estabelecimento do Tribunal, mote cujo alcance apenas seria viável mediante a instituição de jurados. Havia mesmo quem invocasse que a protecção à Liberdade de imprensa tombaria em censura se tal atributo fosse conferido a juízes de Direito[5488], invocando-se que de todas as formas de processo esta é a

---

[5482] D. C., II, 02 a 05-05-1821, págs. 759 e ss.

[5483] A opção parece natural. A Lei de Liberdade de Imprensa, que consagra a existência de jurados e um Tribunal por eles composto, é matéria que faz parte da regulamentação extra-constitucional. E se bem que se trate de defender a Liberdade civil dos cidadãos, ela incide num plano específico que é o caso especial da Liberdade de imprensa, como Liberdade individual, a que se confere tratamento autónomo. Portanto, não correndo o risco de repetições desnecessárias, é nesse específico plano que ela aqui será abordada.

[5484] D. C., II, 02-05-1821, quanto à intervenção de Morais Sarmento: "Esta instituição applicada, para por, ella se julgarem os delictos commettidos por abusos da Liberdade da Imprensa, póde ser o melhor ensaio, para a ampliarmos aos processos de causas crimes em geral."

[5485] D. C., II, 02-05-1821, pág. 762: "O senhor Presidente. – Tomo a Liberdade de lembrar ao senhor deputado que se está tratando só do Juiso dos Jurados com applicação á Liberdade da Imprensa."

[5486] D. C., II, 02-05-1821, pág. 762, intervenção de Rodrigues Bastos: "O senhor Bastos. – Nos tempos da Grecia, e Athenas vemos que tinha Jurados, e nesse tempo he verdade que foi condemnado Socrates. Roma teve Jurados, e não teve razão para arrepender-se. Entre os antigos Francos os houve, a Inglaterra sabemos que os tem na França ha 30 annos que se está disputando multo, pró e contra, e, talvez os Francezes ainda não estejão de accordo neste ponto: mas os Francezes a não a variedade, hoje querem huma cousa, á manhan outra, e tem mostrado a sua instabilidade pelas differentes formas de Governo, que hão admittido ha poucos annos. Digo pois que ha muitas razões, pró e contra. Os Jurados tem feito a felicidade de algumas Nações; elles tem causado a felicidade da America Septentrional, e da Inglaterra; porque pois não os admitteremos nós, como ensayo para á Liberdade da Imprensa. Por agora não se trata dos Estabelecimentos dos Jurados nas Causas criminaes e tracta-se só de os estabelecer para julgar da abusos da Liberdade da imprensa, e isto pude-se considerar como ensayo. Se nós virmos que a Liberdade de Impresa desta fórma de progressiva, podemos ampliar as suas faculdades, para julgar de outros delictos. Se experimentarmos o contrario, estamos no caso de adoptar outra medida. Isto pois vem a ser huma cousa provisoria. Por tanto eu voto pelo estabelecimento dos Jurados para a Liberdade de imprensa."

[5487] D. C., 02-05-1821, pág. 761, relativo à intervenção de Soares Franco. Adiante, no mesmo dia, Teixeira Girão, se possível, mais enfático: "O estabelecimento de Jurados, e a Liberdade da Imprensa, são as duas pedras angulares, em que se firma o Templo Sacrosanto da Liberdade, são as melhores acquisições que tem feito o Genero Humano para viver livre do despotismo."

[5488] D. C., 02-05-1821, pág. 762, relativo à intervenção de Borges Carneiro: "O senhor Borges Carneiro. – Tem-se dicto que a mesma Liberdade de Imprensa cura os males que ella póde produzir,

menos corrupta[5489], porque acusador e acusado se enfrentavam publicamente perante juízes nomeados pelo Povo[5490] e a decisão final, pública como o debate, obrigava a que ambas as partes se conformassem.

A instituição da Liberdade de imprensa é recordada como, desde sempre o maior dos apoios dos Governos liberais[5491], para os quais o exemplo inglês é sobremaneira relevante, sendo recordada a história inglesa no que respeita à sua instauração. O exemplo francês não é esquecido, tomando em atenção as disposições constitucionais conhecidas que a salvaguardam, e o seu antecedente emblemático na *Declaração de 1789*. E o resumo jusnaturalístico da situação ficou a cargo de um dos membros mais activos da ala radical do Congresso, que aproveitou o ensejo de se discutir um direito individual para recitar acerca da doutrina da protecção dos mesmos[5492].

e que de taes males ella he o unico correctivo; mas não se corrigirão huma vez que seus abusos tenhao dó ser julgados pôr Empregados publicos. De quem he que se temem-nos Governos as Auctoridades publicas? Dos que: chamamos amigos da Liberdade; he huma parte da Nação, que se acha sempre em meta coral a outra parte. Com quem hé esta lucta? Com o abuso com que o Governo póde fazer contra os abusos das Auctoridades. Se pois os Empregados publicos tem de ver-se censurados pela Liberdade da Imprensa, se estes mesmos forem os Juises dos abusos da dicta Liberdade, será abuso tudo o que seja contra elles, ainda que seja dicto com rasão; será abuso, tudo o que as Auctoridades Ecclesiasticas ou Civis, queirão que seja abuso. Se por exemplo se trata de expôr alguns defeitos de administração, dirão = Isto he sedicioso = porque não lisongea as vistas do Governo. Se alguem criticar as operações do Governo ou dos Ministros, dirá seguramente o Tribunal de Censura = Isto he sedicioso; porque elle depende dos Ministros e por consequencia seus Membros hão de decidir a favor dos que podem promover os seus interesses. Deste modo viria a succeder que os Empregados publicos serião os Juises da publica Liberdade. Dirão que se escreve hum livro sem Censura previa, que es Juises não podem que não se escreva: dirão muito bem; mas se depois de escripto he condemnado, qual lhe a Liberdade da Imprensa? He huma maçan no Paraiso: assim milhor seria hão ter tal Liberdade. Por consequencia Liberdade de Imprensa não a póde haver, senão sendo Jurados os que julguem dos seus abusos, homens eleitos pela Nação. Sendo pois homens imparciaes eleitos pela Nação os que fazem este Juiso, então elles decidirão com verdade, e condemnarão os abusos; mas não condemnarão o que se clama abuso sem zelo, porque offende alguns interesses particulares. Assim destruir-se-ha o fanatismo, e a suprestição, estes dous monstros que tem causado tantos males á especie humana. O Juiso destes homens será imparcial, porque são amoviveis, não dependem de ninguem, este anno são Jurados, e o que vem o não são. Olhemos para Inglaterra, é nella veremos numa prova dos saudaveis effeitos que tem produzido esta medida. O *Morning Chroniele*, creio que escreve ha 50 annos, e nunca se lhe poude provar hum abuso: n'huma denunciação que lhe for feita ficou vencido o denunciante. Esta he a Liberdade de Imprensa! Se offender a suprestição se declamar contra os abusos dos Ministros, he crime, está bom; mas se o não he, os Jurados são imparciaes, e elles dirão á verdade. (Apoyado.)."

[5489] D. C., II, 02-05-1821, pág. 760, relativo à posição que Morais Sarmento defende; *ibidem*, II, 02-05-1821, quanto à opção de Pereira do Carmo: "Jurados, ou Juizes de fado nos crimes por abuso da Liberdade da imprensa, e vem a ser a impossibilidade de qualificar, e graduar esses crimes tão pontualmente, que se possa com a mesma pontualidade designar a cada hum a pena correspondente: e então me parece mais seguro para a Liberdade publica confiar aos Jurados, ou Juizes de acto huma porção de arbitrariedade, do, que aos outros Juizes. Apesar de me convencer desta verdade, seria para mim de grande peso a opinião contraria, fundada em que a Nação não está preparada para esta novidade, só consultando a Historia da nossa Jurisprudencia, não encontrasse alguns factos parecidos, até certo ponto com o caso de que tratamos."

[5490] D. C., 02-05-1821, pág. 765, intervenção de Manuel Fernandes Tomás.

[5491] Manuel Fernandes Tomás, *Carta Segunda do compadre de Belém ao redactor do Astro da Lusitania*, págs. 5 e ss.

[5492] D. C., II, 02-05-1821, pág. 764, intervenção de João Maria Soares Castelo Branco: "O homem he hum ser physico, e moral, por consequencia tem dous direitos, ou sobre duas cousas versão todos

O problema que já se havia criado no decurso da discussão das Bases acerca da possibilidade dos Bispos virem a exercer censura posterior aos escritos sobre religião e aí ficara determinado, ressurgiu deste passo.

Unanimemente resolvida a criação do juízo de jurados para as questões civis, o debate recaiu, pois, na segunda situação[5493]. Note-se a preocupação regalista que o Liberalismo Vintista assumiu no plano da separação das jurisdições, para que se evitasse qualquer intromissão mútua do espiritual no temporal. E, se é verdade que aos Bispos se reservava a sanção espiritual, sempre cumpria ao temporal a qualificação do delito em presença da sociedade civil.

A final acabou por ficar decidido que deveria haver jurados também para as matérias de religião, dogma e moral[5494]. Não era a decisão conforme às Cortes de Cádiz, mas era uma decisão, ainda assim, bastante arrojada, alvo sobretudo e certamente de poucos adeptos por parte da Igreja.

E, no final de três sessões consecutivas de debate acerca do carácter processual e relativas aos locais de estabelecimento dos jurados, quem os deveria eleger, de quantos indivíduos deveria constar a Junta de jurados e quem deveria ser o seu Presidente em cada uma das terras[5495], acabou por se tomar a decisão que depois iria constituir parcela importante da Lei de Liberdade de Imprensa[5496].

os seus direitos. Como ser physico, elle tem o direito de sua Liberdade, como moral tem o direito de exprimir os sentimentos por meio de palavras. O homem no estado da Natureza goza direitos illimitados de huma, e outra cousa; entretanto, entrando na Sociedade, he obrigado a ceder huma parte destes direitos, e outra parte á boa ordem da Sociedade. Com effeito as Leys tem tomado em parte os meios mais proprios para prohibir os abusos que o homem póde fazer na Sociedade dos seus direitos naturaes. Estas Leys comprehendem em geral não só as acções do homem, mas as suas palavras, e as suas intenções manifestadas por suas palavras. Eu não posso considerar acção alguma do homem que deste estado possa ser qualificada a bem da Liberdade da Imprensa: a Imprensa não he mais que substituição da palavra: digo que não considero acção nenhuma do homem dependente do abuso da sua palavra, que não esteja acautelada nas Leys geraes feitas para sustentar a boa ordem da Sociedade. O homem abusando da falla, abusa da Liberdade da Imprensa: esta he a primeira parte dos crimes desta ordem; e seguindo a ordem das Leys não vejo excluidos estes abusos. O homem abusa da sua palavra quando espalha ideas subversivas da ordem social. Não se castiga isto nas Leys Civis? Fazello de palavras ou por escripto he o mesmo. O mesmo he que seja perpetrado de huma ou de outra maneira. O homem póde invectivar contra o seu concidadão; póde espalhar discursos que tendão a destruir a boa reputação a que o seu concidadão tem direito; não está isto acautelado nas Leys Civis? Pois porque fatalidade vejo eu, que todos os Governos se tem applicado a fazer estas Leys, e outras ainda mais severas, que tendem todas a tapar a bocca ao homem? Eu sei muito bem a rasão. Em todos os Governos ha hum fragmento do despotismo, pois que essa he a tendencia natural, e occulta do homem, e o déspota vê sempre quanto lho convem destruir a opinião publica, para o progresso dos seus interesses, e dos seus caprichos. Esta he a rasão porque se tem pertendido desterrar todos aquelles escriptos que podem illustrallo; pois que o déspota conhece que o verdadeiro interessa do homem he esclarecer o Povo para destruir o déspota, e esmagallo. He por isso que nós vemos que todos os Governos illuminados, que desejão proteger o direito do homem, tem proclamado a Liberdade da Imprensa. Os abusos que daqui podem nascer estão acautelados nas Leys Civis. Por consequencia a que vem tratarmos da Ley que tinha em vista castigar os abusos da Liberdade da Imprensa, quando estes estão acautelados? Deve-se fazer a Ley, mas esta a meu ver deve ser feita em sentido inverso. Deve-se fazer huma Ley, não para castigar os abusos, senão para proteger a Liberdade da Imprensa."

[5493] D. C., II, 02-05-1821, pág. 769.
[5494] D. C., II, 02-05-1821, pág. 774.
[5495] D. C., II, 03-05-1821, pág. 778.
[5496] DHCGNP, I, págs. 221 e 222. Corresponde aos artigos 22º-59º da Lei de Liberdade de Imprensa.

Das vastas matérias tocadas pela lei, resultante de conciliação entre os Projectos de Soares Franco e da Segunda Comissão de Legislação, destacam-se as que mais relevantes para o tema. Registe-se que grande parte das matérias são de regulação processual, atendendo ao conteúdo substantivo de outras normas que os precedem.

Por exemplo e em primeiro lugar, a plena abertura que justifica esta lei ao acesso a escritos, bem como a plena capacidade para imprimir ou publicar os mesmos[5497]. No mesmo sentido, os abusos contra a Liberdade de imprensa, onde se destacam os delitos contra a religião católica romana, contra o Estado, contra os bons costumes e contra os particulares[5498].

Relativamente ao primeiro caso, o debate incidiu sobretudo sobre matérias teológicas, que não importa relatar. Quanto à Liberdade de imprensa contra o Estado é a preservação do sistema constitucional que se requer, assim como a preservação dos bons costumes, relaciona-se com escritos ofensivos da moral cristã ou obscenos e a defesa da honra e dos cidadãos deve sempre ser preservada.

Reitere-se que os Vintistas terão encarado Liberdade de imprensa a necessitar de auto-regulação. Porém e algo subrepticiamente, acabaram por instituir uma espécie de censura "à posteriori" para todo o ripo de escritos que não sufragassem o sistema constitucional, tal como o entendiam maioritariamente.

O pânico da instauração do despotismo ou da anarquia por via de publicações em que a Liberdade de imprensa permitisse tal tipo de asserções, levou-os a procederam quase como no tempo em que a censura prévia em tudo comandava, na medida em que era necessário impedir que as vantagens da livre comunicação fossem usadas para fundar ideologias diversas das da revolução[5499].

[5497] *DHCGNP*, I, pág. 219. Corresponde ao artigo 1º da Lei de Liberdade de Imprensa.
[5498] *DHCGNP*, I, pág. 220. Corresponde ao artigo 8º da Lei da Liberdade de Imprensa.
[5499] *D. C.*, II, 12-05-1821, págs. 891 e 892, intervenção de João Maria Soares Castelo Branco: "O senhor Castello Branco. – Eu faço differença entre combater o Governo, e combater a fórma do Governo: combater o Governo, entendo eu combater os individuos do Cimorno, combater as operações administrativas do Governo, combater mesmo as Leys particulares: combater os individuos não póde ser prohibido, de outra maneira como he que se poderá manifestar a opinião publica contra hum dos Empregados do Governo que deve ser castigado, e deve ser escuso? Se os Cidadãos não podem fallar, e por consequencia não podem escrever contra isto, esse homem apesar dos males com que está calcando o innocente será conservado, porque a opinião não se poderá manifestar contra elles; e por consequencia teriamos estabelecido o Despotismo. Não póde ser prohibido combater as operações do Governo: muitas vezes hum Governo o mais illustrado faz huma Ley má, que se não he injusta, he prejudicial á Nação: e como he que elle poderá emendar essa Ley, e indemnisar os Povos do mal que se lhe fez com aquella Ley, se por a opinião publica elle não aprende a boa Ley que deve fazer, em luctar daquella? Por consequencia, se se entende por combater o Systema Constitucional, combater os individuos do Governo, não posso admillir, porque então não teriamos Liberdade de Imprensa, e nós não gosariamos dos bens que devem resultar da Liberdade da Imprensa. Convirei em que deva ser prohibido o atacar a forma do Governo; para isto não he preciso providencia provisoria, e devo ser huma resolução eterna e perpetua. Se não he feito a hum Cidadão provar o não convir na forma do Governo estabelecido, e quando elle se não quer subjeitar, nós sanccionámos que elle deixa de ser Cidadão, e que deve sahir do Paiz; como he que devemos admittir e escrever, que he mais do que fallar contra a forma do Governo não he boa? Isto he contra a essencia da Sociedade. Nós temos solemnissimamente sanccionado o contrario: por tanto não he preciso o que acaba de dizer o Illustre Preopinante, huma providencia interina e provisoria para prohibir isto; isto deve ser sempre prohibido. Por tanto, partindo destes principios, diria eu, que este artigo deveria ser ennunciado de outra maneira mais clara, e diria "Combatendo, ou reprovando a forma do Governo Representativo. Então entendia-se que era fallar

Era importante precaver que a Liberdade de imprensa subvertida, não se virasse contra o próprio sistema que a havia criado[5500]; quanto às críticas que se entendesse fazer à actuação dos órgãos políticos e à sua metodologia, como bons liberais nunca o poderiam negar[5501].
Finalmente previa-se a criação do Tribunal Especial para a Protecção da Liberdade de Imprensa.

directamente contra a forma do Governo que a Nação adoptou geralmente, e que he a unica que admitte para sua felicidade."
[5500] *D. C.*, II, 12-05-1821, págs. 889 e 890, intervenção de Ferreira de Moura: "(...) estou longe de annuir a que se devão tolerar ataques malignos, e violentos contra o Governo Constitucional em todas as suas partes, e que não deve restringir-se a malevolencia dos amadores do antigo Systema, a quem, se não fosse esta restricção, ficaria sendo permittido dizer, v. g., que os Poderes políticos na mão de hum só homem estavão melhor do que na mão de muitos; que he mais conveniente fazer as Leys às escondidas, ouvindo só dous ministros, e dous Validos parciaes e corrompidos, da que fazellas n'huma Assemblea de cem indivíduos no meio d'huma discussão política, à vista da Nação inteira; em fim poderião até dizer, que o Poder de hum só, que a Monarchia absoluta he systema preferivel da Monarchia temperada, ou Constitucional. Poderíamos tolerar então, que circulassem escriptos, em que vissemos estampadas estas heresias politicas? Quem se não revolta com a idéa de que não se hade castigar similhante abuso? Disserão alguns de nossos honrados Collegas, que não havia risco em se escreverem semelhantes inepcias; que em Inglaterra ha esta Liberdade absoluta, e que o Systema Constitucional he de tal modo evidente na sua utilidade, que pouco podem importar os ataques, que lhe forem feitos. Eu não tenho tanta facilidade em admittir taes principios. – Primeiramente, o exemplo da Inglaterra não he analogo; alli está já radicado o Systema Representativo, e Constitucional, e não pode temer os furacões dos partidos; he diverso entre nós, onde este Systema acaba de ser plantado, e bem como a planta acabada de pôr soffrerá com a mais pequena concussão. Não ha cousa mais perigosa, do que applicar indistinctamente a todas as Nações, as theorias políticas adoptadas por huma. Alem disto: eu nunca vi que em Inglaterra se tolerasse hum escripto, onde se dissesse que o Governo arbitrario de hum só homem, que acumula ás vezes em si todos os tres Poderes, fosse huma foi rua preferivel á forma Constitucional, e Representativa. Tanto mais adopto a opinião de que devem ser castigados os abusos nesta parte, que os Etilicos do Rio de Janeiro (para me servir de huma expressão muito usada pelo Illustre deputado, e meu amigo, o senhor Borges Carneiro) todo o seu esforço (em quanto Sua Majestade os não afastou de seu lado) era inculcarem a todo o mundo, que em Portugal sempre houve Constituição; e que o querer estabelecer, hoje era huma innovação perigosa, e desorganisadora."
[5501] *D. C.*, II, 12-05-1821, págs. 889 e 890, intervenção de Ferreira de Moura: O senhor Moura (...) Está bem longe de mim restringir de tal modo a faculdade de pensar, e de escrever, que não seja permittido expor, e analysar a theoria da organização dos Poderes politicos, examinar qual he o melhor methodo da sua divisão, e indagar qual deve ser o genero, e qualidade de garantias a que devem estar subjeitos aquelles, a quem se confia o exercicio destes Poderes. Jamais seria de opinião que a minha Patria fosse subjeita á tyrannia, a que tenho visto submettida a França desde 1789, em que alli rompeo o desejo das reformas políticas. Destruido alli o Poder do Rey, ninguem pode escrever mais sobre a monarchia absoluta. Estabelecco-se a Republica huma, e indivisivel, e forão logo mandados á guilhotina os que fallavão em Republica federativa. Estabelecido o Directorio com os seus Conselhos de Anciãos, e dos Quinhentos mil processos forão intentados, mil assassinatos politicos se perpetrarão contra os que escreverão, criticando esta descompassada organização politica; veio por fim a tyrannia Consular, e Imperatoria de Bonaparte, e ninguem póde mais escrever, ou abrir a boca a respeito de hum Corpo Legislativo, que era mudo sobre theorias de governo, e destribuição de poderes publicos, e ninguem fallou mais, senão para adular hum Senado composto dos Parentes, e Creaturas do despotico Chefe do Governo. Longe de mim está o pensar que no meu paiz, em que se planta pela primeira vez a Liberdade de escrever, hajamos de imitar este abominável Servilismo."

Registe-se ainda que o debate sobre estas matérias foi bastante cordato[5502]. Daí que também não lhe seja atribuído especial relevo, o que conjugado com a sua característica eminentemente regulamentar[5503], implica que a observação esteja muito facilitada[5504].

4. O Tribunal Especial para a Protecção da Liberdade da Imprensa

Contrariamente ao que viria a suceder em Portugal, no país vizinho foram as próprias Cortes de Cádiz que se instituíram como última instância de recurso para as ofensas à Liberdade de imprensa. Antes da aprovação da Constituição e por força do direito de petição estabelecido, foram estas a única instância eleita pelos espanhóis para a resolução de conflitos[5505].

Numa manifestação algo peculiar da separação de Poderes, para as Cortes se recorria das decisões dos juízes, provenientes das Juntas provinciais de Censura e da própria Junta Suprema das Cortes e esta prática pareceu por todos ser aprovada, sobretudo pelos peticionários.

Algo diverso do que ficará decidido em 1820, e em que a instituição de um Tribunal com jurados para proteger os abusos contra a Liberdade de imprensa foi realidade assumida.

Um dos problemas que foi levantado e não colhe quanto à criação deste Tribunal versava sobre a sua composição, uma vez que admitindo-se a existência de jurados, pareceria que ele era perfeitamente desnecessário. Na verdade não foi isto que acabou por ficar decidido e, a criação do Tribunal Especial para a Protecção da Liberdade de Imprensa, passou a ser parte integrante da Lei de 4 de Julho de 1821, constando do título V, artigos 60º-63º, com competência e organização explicitadas. A nomeação dos seus membros é posterior quase em seis meses, datando de 17 de Dezembro[5506]

[5502] *O Portuguez*, XII, nº LXX, págs. 274 e ss., tece críticas a esta lei, considerando mesmo que ela saiu muito mais imperfeita e mal acabada do que se esperaria da sabedoria do Congresso.

[5503] Algumas sugestões são avançadas n'*O Pregoeiro Lusitano. Historia Circunstanciada da Regeneração Portugueza*, Parte I, págs. 203 e ss.

[5504] Foi publicado em D. C., III, págs. 1436-1443; DHCGNP, I, págs. 218 e ss.

[5505] Marta Lorente Sariñera, *Las Infracciones a la Constitucion de 1812*, Madrid, Centro de Estudios Constitucionales, 1988, pág. 214: "es conveniente (...) poner de relieve que el papel jugado por las Cortes, recibiendo y discutiendo las denuncias llegadas a las mismas por abusos cometidos con la imprenta o por lesión de su libre ejercicio, debió tener un cierto peso a la hora de redactar la Constitución y adjudicar a las Cortes la Obligación del ejercicio de una tutela efectiva de la libertad de imprenta. (...) La defensa de la libertad de imprenta atribuida a las Cortes por el 131 se convertió en algo más concreto que la genérica garantía deducible del discurso de las constituyentes."

[5506] D. C., VII, pág. 3397: "Começou-se o escrutinio para os membros do tribunal protector da Liberdade da imprensa Fez-se um só escrutinio, e dele não resultou pluralidade se não a favor de José Porteli, o qual ficou eleito por 51 votos contra 50.
Para continuar na seguinte sessão o mesmo escrutinio, tomarão notas os Srs. Deputados dos oito que tinhão tido mais votos, e forão:
José Isidoro Gomes da Silva com 46 votos.
João Bernardino Teixeira 38.
João Pedro Ribeiro 31.
Roque Francisco Furtato 31.
Gregorio José de Seixas 25.
Antonio Xavier de Seixas 23.
Francisco Manoel Palmeira 22.
Francisco Ribeiro Donguimarães 21."

e o regulamento interno do mesmo quase passado um ano da sua criação, em 28 de Junho de 1822[5507].

Procure-se detalhar um pouco a forma como se pretendia defender a Liberdade de imprensa no Triénio Vintista e numa perspectiva de direito individual a ser respeitado por todo e qualquer Corpo Político, projectando-se, pois, no plano político.

Foi bastante pacífica a interpretação dada pelos constituintes aos artigos 57º-60º, isto é, a todos os que se relacionavam com o título V.

Tendo em vista as finalidades para que foi constituído, deveria este tribunal apresentar às Cortes, no início de cada legislatura, "uma exposição do estado em que se acha a Liberdade de imprensa, dos obstáculos que for preciso remover e dos abusos que devam remediar-se." Em qualquer caso, afirmava-se no artigo 63º do citado diploma de 4 de Julho, que qualquer pessoa poderia imprimir, publicar, comprar e vender no Estado Português, quaisquer livros ou escritos sem censura prévia.

Eis, pois, a primeira Lei de Imprensa portuguesa e o seu órgão tutelar[5508]. O papel preliminar dos jurados antes firmado e segundo a metodologia que o Congresso optou pela divisão dos distritos dos mesmos e neste contexto, apenas poderá ser encomiado, mais a mais vista a falta de hábito de trabalho neste domínio que todos os membros eleitos só poderiam apresentar.

O tribunal teve actividade relevante ao longo da sua existência e, muito embora não importe fazer uma abordagem da panóplia de processos que julgou até 1823, uma certeza fica: desincumbiu-se satisfatoriamente da sua árdua tarefa de conciliar inconciliáveis no que respeita a uma certa dose de licenciosidade nos costumes nacionais. Ao contrário, em certos casos a brandura de que terá usado com os pródomos da contra-revolução, poderá ter tido subjacente um conjunto de comportamentos que depois da Jornada de Salvaterra irão descambar pelos sinuosos e ardilosos caminhos conhecidos[5509].

Na prática, apenas são conhecidas decisões suas a partir da Segunda Legislatura, das Cortes Ordinárias, provavelmente visto o adiantado no tempo em que a sua estrutura interna ficou aprontada. É o que se deduz da consulta do citado Livro onde as suas sessões vêm trasladadas.

No dia 17-012-1821, foi finalmente aprovado o Decreto de nomeação segundo *D. C.*, VII, 17-12-1821, pág. 3441.
[5507] *ANTT*, Ministério do Reino, Livro 536, fls. 1 e ss.: "Portarias do Poder Executivo; Consultas do Poder Legislativo e Participações ao Executivo", contém vários Projectos para o Regulamento Internos do Tribunal Especial para a Protecção da Liberdade de Imprensa. Registe-se o da autoria de Ignacio Jose da Fonseca Benevides e o do próprio Tribunal, que subiu em 14-03-1822 e foi recebido em Congresso a 18, tendo sido enviado à Comissão de Justiça Civil. O parecer da Comissão data de 16 do mês seguinte, apenas aprovado em finais de Maio. Veja-se *D. C.*, VIII, 16-04-1822, pág. 826; IX, 25-05-1822, pág. 277; *D. C.*, IX, 28-06-1822, pág. 619.
[5508] Lei da Liberdade de Imprensa de 4 de Julho de 1821. *D. C.*, III, 04-07-1821, pág. 1436, 1443; *DHCGNP*, I, págs. 218-226. Vem reproduzida n'*O Portuguez*, XII, nº LXX, págs. 257 e ss.
[5509] *ANTT*, Ministério do Reino, Livro 536, fls. 9.

§ 2º. A Liberdade de Imprensa no período do Vintismo

1. Os principais jornais actuantes no contexto: metodologia de abordagem num quadro de opções: o papel da Imprensa em Portugal nos anos da Revolução – alguns periódicos do Liberalismo

Definidos que ficaram os contornos que a legislação saída do Congresso, sob forma de lei constitucional ou de legislação regulamentar e cujo carácter de urgência como noutras situações importava estabelecer, explane-se outro dos planos do problema, que lhe serve de complemento indispensável. O da imprensa em si mesma, fruto dos acontecimentos de 1820 e tanto em momento anterior como posterior à publicação da Constituição.

A imprensa portuguesa depois da Revolução de 1820 acompanha, por via de regra, o tipo de posicionamento imediatamente anterior aos acontecimentos de 20 de Agosto e de 15 de Setembro[5510].

De um modo geral é possível detectar, dentro dos parâmetros habituais, certos periódicos que mantêm alguma fidelidade ao sistema inglês, enquanto outros, posta a explosão do Constitucionalismo português que segue os termos franceses, se manifestam claramente por este ponto de vista.

A produção jornalística entre 1820 e 1823 ganhou pujança com o reconhecimento explícito de difundir informações, ideias e opiniões, assistindo-se a uma inédita proliferação de jornais[5511], com comprovada adesão dos cerca de dez por cento da população portuguesa não analfabeta.

Um aspecto importante a salientar e que resulta das múltiplas consultas feitas cifra-se no reforçar da ideia do enorme grau de a-sistematicidade do Pensamento português do Primeiro Liberalismo. Não é por terem proliferado os pasquins, os folhetos, os catecismos e demais escritos desta e outra ordem, que se pode dizer que exista um fio condutor, em termos de escritores bem identificados durante o Triénio Vintista. É preciso que isto fique claro, tanto mais que é outra forma de justificar a ausência de desenvolvimento no Pensamento português desta época, muito ao contrário do que se passou em fases antecedentes.

[5510] *Mnemosine Constitucional*, 1º número datado de 25 de Setembro de 1820. Os primeiros números do periódico são exclusivamente destinados à troca de Proclamações e contra-proclamações, emitidas pela Junta Provisional e seus aderentes, sobretudo o Exército e os Governadores do reino. Foram recenseados, pelo menos entre 25 de Setembro e 3 de Outubro (nº 1 – nº 8) este tipo de informação. No nº 21, 18 de Outubro de 1820, justifica alguma alteração nos propósitos de publicar os documentos oficiais e manifesta sua organização para publicação subsequente.

[5511] Em certos casos a situação era encarada sob uma perspectiva algo cómica. Veja-se, por exemplo, *Novo Mestre Periodiqueiro ou Dialogo de hum Sebastianista, hum Doutor e hum Ermitão, sobre o modo de ganhar dinheiro no Tempo Presente*, Lisboa, 1821, pág. 7: "Sem esperar pelos fructos da Constituição, vós podeis ser feliz. Estas mudanças politicas tem offerecido a todos hum caminho seguro, e efficaz para ganhar dinheiro, e credito: podeis lançar mão delle, e não fareis pequena fortuna. Qual he? He ser redactor de algum Periodico: este he o melhor meio de fazer fortuna no tempo presente: perguntai aos livreiros os lucros, que com esta especulação tem feito os *Astros*, os *Patriotas*, os *Amigos do Povo*, os *Portuguezes Constitucionaes*, as *Mnemosines*, os *Templos da Memoria*, os *Diarios*, as *Minervas*, os *Pregoeiros*, e toda a caterva de Periodiqueiros, que são mais do que sardinhas na costa. Elles vos dirão, que com este Commercio tem lucrado cento por hum." De notar que este texto é retirado de um folheto contra-revolucionário, pelo que a generalidade das observações que estabelece em relação aos periódicos liberais e seus redactores devem ser encaradas neste pressuposto.

Esse lugar terá sido ocupado, em grande medida, pela imprensa liberal da época, grande responsável por veicular os princípios que o Liberalismo internacional havia consagrado[5512] e que por isso mesmo merece uma abordagem mais alargada no âmbito do estudo acerca da "Liberdade na História".

Inclusivamente, levou a uma empresa não terminada mas na verdade a primeira a ainda por cima coeva aos acontecimentos: um Projecto de redacção da História do Movimento de 1820, remontando aos acontecimentos vividos a partir de 1807 e que honram José Liberato Freire de Carvalho. Foi ele o iniciador da História da Liberdade portuguesa para o período em apreço, situado e delimitado no tempo e no espaço enquanto Liberdade na História e merece por isso uma nota de destaque[5513]. Teve, além disso, a preocupação de distinguir entre "regeneração teórica" e "regeneração prática"[5514], sendo de admitir que foi a falha da segunda que terá precipitado os acontecimentos de 1823[5515], ainda que as fundações revolucionárias da primeira fossem as causadoras de todo o processo contra-revolucionário despoletado.

Os ilustres pensadores portugueses desta fase, são todos posteriores a 1823, como acontece com aquele que será, porventura, o mais acabado reflexo do Pensamento português nacional, Silvestre Pinheiro Ferreira, cuja publicação de trabalhos, ainda com incidência nestas matérias, data de momento posterior à queda da *Constituição de 1822*.

Como consequência imediata, não parece despiciendo elaborar uma parcela significativa sobre a investigação da História das Ideias e sobretudo no plano da Liberdade individual e política no plano da informação jornalística, sobretudo porque se excluem os pasquins mas, com informação objectivada em factos. Factos relacionados com os direitos individuais e políticos, únicos que interessam no presente contexto e que na interpretação e metodologia seguida, são o complemento ideal para os seus correspectivos, plasmados nas intervenções parlamentares do Triénio Vintista.

[5512] José Augusto dos Santos Alves, "O Portuguez e os Discurso do Saber/Poder", *Cultura – História e Filosofia*, VI, 1987, págs. 700 e 701: "Servindo-se de uma 'estratégia de tensão' sobre o espaço nacional, que se verifica pelo contraste consciente e dirigido de imagens, entre um universo fechado e o desejo da sua própria abertura, contraste tanto mais elaborado porque radica nos diferentes níveis de contradição interna, seja no indivíduo/cidadão, seja no indivíduo/nação: a imobilidade e a Liberdade, o isolamento e a comunicação, o arcaísmo e o desenvolvimento, a mudança e a resistência, a sociedade gótica e a sociedade civilista, o país legal e o país real. (...) Se quisermos, é o choque entre os 'políticos' do Antigo Regime e o 'profissional da agitação' liberal, que conduz inevitavelmente ao desgaste das ideias representadas pelos primeiros e á promoção do ideário do segundo. Diríamos que é a agitação 'programada' contra um sistema, que dada a crise global existente, já não consegue 'programar'."

[5513] *O Campeão Portuguez ou o Amigo do Rei e do Povo*, IV, págs. 3 e ss., sob designação "Memorias para a Historia de nossa brilhante e gloriosa regeneração de 24 de Agosto de 1820". Esta "Historia" é continuada ao longo dos vários números que correspondem a este volume, mas ficou incompleta, chegando apenas ao 24 de Agosto de 1820.

[5514] *O Campeão Portuguez em Lisboa*, I, nº XVI, Julho de 1822, pág. 242.

[5515] É a seguinte a posição d'*O Campeão Portuguez em Lisboa*, II, XXVII, Outubro de 1822, págs. 3 e ss.: "Nas mesmas circunstancias [reedificar as ruinas com o inimigo às portas] se achão moralmente todas as Nações que são forçadas a regenerar-se politica e civilmente; porque por um lado necessitão formar um novo edificio politico; e por outro tem que combater todos os dias os antigos e inveterados abusos que causaram a ruina do sistema social (...). E nas mesmas circunstancias nos achamos nós hoje tambem depois de nossa feliz regeneração; porque não somente temos de fazer ou regenerar, o destruido e confuso edificio politico, porém temos que repellir com perseverança e energia todos os inimigos, que aberta ou escondidamente se oppoem á reedificação da nossa fabrica social."

Pululuaram, pois, a partir desta época não apenas na capital[5516] mas nas grandes cidades do país, nomeadamente no Porto e em Coimbra um sem número de periódicos que procuravam espelhar a realidade de uma opinião pública aberta aos ventos da Liberdade em geral[5517] e da de imprensa em particular, nem sempre compreendida nos seus pressupostos e, bastas vezes, quase destrutiva dos pressupostos em que assentava.

Há, porém, uma observação a que ninguém poderá alhear-se: antes de 1820, encontram-se já formulados os alicerces da novel construção política, enquadrada numa aprimorada ideia de Constituição, vista como o Texto Fundamental. E essa construção deve-se em grande parte e no que respeita ao Pensamento nacional por força da actividade desenvolvida pela imprensa[5518].

Responsável por isso terá sido, em grau superior, a imprensa periódica publicada no estrangeiro durante o último decénio e que apontara as linhas da "regeneração" política por força do seu peculiar e voluntário afastamento das rupturas bruscas[5519]. Contudo e dada a situação em que o país se encontrava, a mesma não poderia deixar de se verificar, mantendo a secular aliança entre a tradição histórica e o movimento social e político. Tanto era indispensável não apenas a uma mera reposição da antiga Constituição histórica, mas sobretudo de uma Constituição política assente em bases de representatividade, veiculada pela soberania nacional e pela defesa dos direitos naturais e individuais do Ser humano, cuja consagração legal urgia manifestar.

Isto significa, na prática, considerar dois grandes núcleos entrecruzados. Por um lado, a selecção apenas alguns periódicos a observar[5520] da enorme massa que seria passível investigar. Por outro e dentro dos seleccionados[5521], procede-se a uma abor-

---

[5516] Simão José da Luz Soriano, *História da Guerra Civil e do Estabelecimento do Governo Parlamentar em Portugal*, Terceira Ephoca, pág. 529, aponta os casos dos diários *Gazeta de Lisboa*, *Diario do Governo*, *Minerva Constitucional*, *Mnemosine Constitucional*, *Diario Nacional*, *Regeneração de Portugal*, *O Portuguez Constitucional* e *O Portuguez Constitucional Regenerado*. Quanto a publicações não diárias em destaque *O Pregoeiro Lusitano*, de que temos edição, assim como dos antecedentes.

[5517] *O Campeão Portuguez ou o Amigo do Rei e do Povo* III, págs. 181 e 182: "(...) considerando no modo brioso, nobre, e pacifico com que a nossa santa Revolução se executou, não podemos omittir o seguinte reflexão. Que differença vai do procedimento da Liberdade a o procedimento do despotismo? Este, tanto que se apodera da força prende, desterra, Septembrisa, e degola com avidez de tigre. A quella he doce pacifica, generosa, humana; e por assim dizer, quasi divina, porque até protesta não querer vingar-se de seus inimigos! Ao menos por esta vez se envergonhe entre nós o despotismo; e receba da nobre e celeste Liberdade uma lição que elle nunca praticou!"

[5518] *O Campeão Portuguez em Lisboa*, I, nº 1, Abril de 1822, pág. 1. O Autor regozija-se com a Revolução de 1820 mas com alguma dose de imodéstia escreve: "Em verdade, quem haverá ahi [na Nação portugueza] que se atreva a negar ao Campeão Portuguez a honra de haver preparado esses extraordinários successos? Foi elle o primeiro que mui clara e distinctamente fez resoar o nome de Cortes dentro do palacio do Rei como dentro da Choupana do pobre; e foi ainda elle quem pedio ao mesmo Rei com honesta Liberdade, e resoluta franqueza a convocação das Cortes nacionaes."

[5519] Por todos, Isabel Nobre Vargues, *A Aprendizagem da Cidadania em Portugal (1820-1823)*, págs. 405 e ss., apresenta um quadro de todos os periódicos publicados durante o Triénio Vintista. A contemplação do mesmo bastaria, para sustentar qualquer observação suplementar, tendo em vista uma renovada opção para o estudo.

[5520] Idem, *ibidem*, págs. 223 e ss.

[5521] A "escolha" não poderá ser aleatória. E se ficam de parte os jornais oficiais, como o *Diario da Regencia*, o *Diario das Cortes* ou o *Diario do Governo*, porque tratados ao longo da investigação, há casos que não poderiam ser esquecidos. Sugerimos, pois, o *Correio do Porto*, o *Diário Nacional*, a *Regeneração de Portugal*, *O Portuguez Constitucional*, *O Portuguez Constitucional Regenerado*, *O Pregoeiro Lusitano*, a *Mnemosine Constitucional*, *O Cidadão Literato*, ou o *Jornal da Sociedade Literaria e Patriotica*. Ou seja, publicações de referência no plano das fontes.

dagem por grandes temas. Como não poderia deixar de ser e ao caso, nos planos da Liberdade individual, civil e política.

Saliente-se que nos casos em que as publicações são sucedâneas a outras redactadas em fase anterior, se terá a preocupação de estabelecer as necessárias ligações[5522]. Por exemplo, não será a primeira vez que se falará de João Bernardo da Rocha Loureiro e os seus escritos periódicos[5523]. O futuro parlamentar às Cortes Ordinárias de 1822, ainda em Londres e ainda redactor d'*O Portuguez*, surpreendido como ficou pelos acontecimentos de 1820 em Portugal, não deixou de se associar aos seus festejos no mencionado jornal.

Em qualquer caso convirá deixar a devida nota de que nem sempre fica clara, nesta como noutras ocasiões a perspectiva prevalecente nestes redactores escrevendo em Inglaterra e os considerandos já aplicados a João Bernardo, como a Hipólito da Costa ou a José Liberato mantêm toda a sua acuidade[5524], ainda que o Liberalismo que lhes assiste não esteja em qualquer momento em dúvida[5525]. Poderá sempre, contudo, argumentar-se, como já alguém fez com a "História e Revolução" em José Liberato, "Constitucionalismo Histórico", em Rocha Loureiro ou "Teses e Métodos" de Hipólito da Costa[5526].

1.1. Imprensa liberal: generalidades

Foi possível apurar que todos os redactores que são os primeiros responsáveis pelos periódicos liberais deste período foram personalidades actuantes na vida política nacional. Parlamentares ou futuros parlamentares[5527], membros da elite intelectual ou experientes actores do periodismo com largos anos de prática[5528], o trabalho a que

---

[5522] *O Portuguez* – prenúncios e sequência da Revolução Vintista; *O Campeão Portuguez* – depois da Revolução Vintista: a fase final d'*O Campeão Portuguez em Londres*; *O Campeão Portuguez em Lisboa*; *O Correio Braziliense* – depois da Revolução Vintista.

[5523] Para desenvolvimentos e como complemento à nossa própria leitura antes estabelecida, José Augusto dos Santos Alves, "*O Portuguez* e os Discurso do saber/Poder", *Cultura – História e Filosofia*, VI, págs. 699 e ss.

[5524] José Liberato Freire de Carvalho, *Memorias da Vida de José Liberato Freire de Carvalho*, pág. 205, significa-nos uma notícia que, com o devido distanciamento se deve registar. Estando todos os redactores em Londres, em 4 de Junho de 1821, se reuniram na *City of London Tavern*, com outros portugueses para celebrar a regeneração. "Succedeo então neste acto um caso notavel, que foi a reconciliação dos tres principais jornalistas portuguezes que escreviam em Londres e eram – eu José Liberato, Hippolito e João Bernardo, e que ultimamente andávamos em guerra politica. Quem propoz esta reconciliação foi o portuguez A. J. Freire Marreco, que depois aqui veio a morrer em Lisboa, dizendo, que todos tendo concorrido de um modo ou outro para a Liberdade da patria, conseguida esta, não deviam ficar inimigos: assim propunha que alli mesmo se abraçassem. A assemblea apoiou a proposta, e eu tanto que vi isto e ouvi, immediatamente fui abraçar Hippolito, o que este me correspondeo, e depois fiz o mesmo a João Bernardo, que igualmente aceitou e correspondeo ao meu abraço." José d'Arriaga, *História da Revolução Portuguesa de 1820*, II, págs. 645 e ss., reproduz a vertente situação, não deixando de lhe prodigalizar elogios.

[5525] *O Portuguez*, XI, nº 63, pág. 261: "Cortes queremos para ellas estabelecerem a Constituição, que nos hade governar, como discretamente o estabeleceu a Junta do Porto em sua 1ª Proclamação, e ao exemplo dos nossos Vizinhos."

[5526] António Joaquim da Silva Pereira, *O Vintismo – História de Uma Corrente Doutrinal*, págs. 63 e ss.

[5527] Por exemplo, Nuno Álvares Pereira Pato Moniz, redactor do *Portuguez Constitucional*, Lisboa, Setembro de 1820, interrompida alguns meses e depois retomada em 1822, com a designação *Portuguez Constitucional Regenerado*, folhas políticas largamente identificadas com os princípios do liberalismo e do sistema constitucional. Veja-se Alfredo Cunha, pág. 273.

[5528] É o caso de João Bernardo da Rocha Loureiro e do seu *O Portuguez*. O redactor mantém todas as características que lhe são peculiares e hodiernamente confirmadas: *O Portuguez*, XI, nº 62,

se propõem, no geral, de formar e educar a opinião pública portuguesa é por todos encarado como desiderato nacional[5529].

Em grande parte dos casos, para além dos artigos de apologia[5530], que são da responsabilidade dos redactores ou de outros colaboradores liberais nacionais ou estrangeiros, o conteúdo das notícias está sobretudo ligado à publicação dos vários textos de proveniência oficial que seguiram ao 24 de Agosto e 15 de Setembro[5531], constituindo fonte de futuras colectâneas[5532].

Também a publicação do texto da *Constituição de Cádiz* é preocupação destes periódicos; quase todos o fazem em números sucessivos, o que atesta bem a influência da opinião pública que procuravam veicular na elaboração do futuro texto constitucional Português. Assim como da própria revolução que desde o início do ano já lavrava em Espanha[5533].

Outras publicações relacionadas com a *Constituição de Cádiz* constam destes periódicos. Para além do já mencionado Projecto da mesma da responsabilidade do jornal de Hipólito de Costa[5534].

---

pág. 86: "Despotismo hé hoje em dia um anachronismo, ou erro de data n'esta nossa Europa, e em breve o virá a ser na America (aonde uma grande Nação que assi o notou no seu Kalendario) e por tempos virá a ser em todo o mundo, como n'elle penetram as luzes naturaes da Philosophia, de envolta com o trato do commercio, communicação dos Povos, e necessidades publicas."

[5529] *O Portuguez Constitucional*, nº 3, 25 de Septembro de 1820: "Afóra hum grande número de outros motivos que provão a necessidade da Imprensa livre em hum Governo Constitucional (...) há (...) primeiros motivos essenciaes, e são os seguintes: 1. Pela Liberdade da Imprensa, bem regulada, se facilita a publica illustração, que ninguem poderá negara ser vantajosa (...); 2. A Liberdade da Imprensa he hum meio certo e seguro de reprimir os abusos da auctoridade, e de conter no limite de seus deveres os públicos Encarregados (...)"

[5530] *O Pregoeiro Lusitano. Historia Circunstanciada da Regeneração Portugueza*, Parte I, págs. 207 e 208: "Quando a imprensa desdobra as suas folhas, falla a toda a Nação e a todo o Mundo: e por tanto para não a illudir deve fallar-lhe com franqueza e Liberdade. A imprensa é um espelho, onde a Nação se está vendo e mirando atodo o instante, seu vidro deve ser limpido, claro, e homogeneo; restringir-lhe a Liberdade é sacar-lhe o aço e embaciar-he o vidro, e por consequência privar a Nação de ver-se, e observar seus defeitos, adornos ou bellezas. Maldita a lei que não deriva dos pincípos do direito da natureza! Maldita a Constituição, que não abona e segura estes direitos tão sagrados! De taes principios a liberdade só se afasta o despotismo: e este, quer seja n'um, quer esteja em dois, cem, mil; é sempre o mesmo despotismo."

[5531] *Novo Mestre Periodiqueiro ou Dialogo de hum Sebastianista, hum Doutor e hum Ermitão, sobre o modo de ganhar dinheiro no Tempo Presente*, pág. 10: "Deveis copiar todas as proclamações do Porto, e de Lisboa, todas as ordens do dia, referir todas as Festas, que se tem feito. Não vos sirva de embaraço o estarem já publicados em tantos periódicos. Preveni o Leitor, dizendo-lhe: que quereis seguir o fio da historia, e por isso sois obrigado a repetir o que por tantos já está dito. E para que não enjoe esta repetição, semeai por todos os numeros algumas Odes, alguns Sonetos; chamai gothico a tudo quanto for velho: assim agradareis, e utilizareis."

[5532] O carácter remissivo de tais notícias oficiais implica proceder com as mesmas de modo remissivo; quanto aos artigos de fundo, interpretar-se-á o que parecer mais original, dado que este periódico não diferia dos demais nos encómios dispensados à ideia de Liberdade.

[5533] *O Portuguez Constitucional*, nº 1, 22 de Septembro de 1820: "A Aurora da Liberdade, que com o Anno de 1820 começou a rayar nos faustos horizontes da Hespanha, chegou em fim a esclarecer os Ceos da nossa querida Patria!"

[5534] *O Correio Braziliense ou Armazém Litterario*, VII, 1811, nº 45, pág. 493: "Plano de uma Constituição Politica para a monarchia Hespanhola, apresentado às Cortes geraes e extraordinarias, pelo committé de Constituição."

Tanto conduziu a que uma antiga questão – que anos depois seria retomada – qual fosse a do iberismo, não deixasse de ser recordada[5535], com as suas Cortes liberais[5536] e a unidade que *O Portuguez* pretende ver nos dois países de se desfazerem das peias que coarctam a Liberdade política dos seus cidadãos e da própria sociedade, condu--lo por caminhos[5537], que quase poderiam apontar num sentido de iberismo[5538], cujos contornos de falta de rigor já ficaram assinalados.

Registe-se, pois, que não foi apenas José Liberato Freire de Carvalho a colocar a hipótese de união entre Portugal e Espanha, desmentida no domínio das aspirações mais lídimas dos nossos constitucionais. Também João Bernardo nela falou em 1820, já depois da Revolução, ao que parece bastante convencido das vantagens que para Portugal poderiam resultar dessa união fruto, talvez, do entusiasmo com que encarava o Constitucionalismo espanhol apesar de algumas reticências que lhe ia colocando.

Anote-se a franqueza de João Bernardo ao mencionar não possuir um original da Constituição espanhola, devido à política de sonegação de qualquer tipo de informação revolucionário que o Governo da Regência em Lisboa havia praticado. Ora, admitindo a veracidade das suas palavras, como explicar, então, a capacidade que teve

---

[5535] *O Portuguez*, XI, n.º 61, pág. 52: "Vão indo as cousas entre os nossos Visinhos mui á vontade dos homens livres, que há espalhados por todo o mundo, porisso que caminhavam mui desencontradas aos desejos dos Serviles, dos Ultras, dos Tories e de quantos outros escravos e tyrannos envergonham a face da terra: assi, he de esperar que a venturosa nação espanhola venha a ser o protótipo da Liberdade entre todos os Povos, assi como foi a que deu o primeiro signal à Europa escrava para se libertar do jugo de um Soldado feliz." No que respeita à classificação proposta de "servis", "ultras", etc.

[5536] *Ibidem*, XI, n.º 61, pág. 59: "Quando a machina das Cortes se ponha a andar, e se veja que trabalha bem, bem pouca duvida teemos em que os Hespanhóes serão ditosos (...)."

[5537] *Ibidem*, XI, n.º 63, págs. 247 e 248: "A união de Portugal e Hespanha (com laços de uma Constituição commum, e não sendo aquelle uma provincia desta, como os sophistas o querem suppôr) hé obra-prima da Politica, segundo se pode talhar do gabinete. Concorrem n'ella, contiguidade de territorio, similhança de lingua e de costumes, identidade de religião e de interesses, capacidade de forças para mutua protecção, conformidade com a balança Europea, e tantas outras vantagens e proveitos, que mal podem vir da arte e sciencia d'Estado, e só o acaso e natureza podem deparar. (...) Sempre tivemos opinião de que mais proveito dava Portugal o estar com Hespanha unido (quando a Hespanha fosse livre) que com o Brazil; e ainda agora ficamos n'essa opinião de theoria."

[5538] *Ibidem*, XI, n.º 61, pág. 23: "(...) não de balde encerrou a natureza a peninsula das Hespanhas por o mar e por as montanhas de Pyrene; assi os Povos que n'ella vivem, falando varios dialectos d'uma só e mesma lingua, tendo quasi os mesmos habitos, maneiras, usos e costumes, vindo do mesmo tronco, e havendo sido sujeitos ás mesmas grandes revoluções da historia, foram por a natureza, May commum, destinados para se teerem em conta d'irmãos, e correrem o mesmo fado, sob o alfange dos Arabes, ou sob os fóros dos Romanos, opprimidos por o despotismo, ou já respirando a Liberdade. Bem entráram n'estas ideas politicas e liberaes, e bem claros olhos craváram n'este objecto os que chamáram ao nosso immortal Camões – Principe dos Poetas das Hespanhas – em vez de Principe *dos Poetas de Portugal*: esse bem merecido, e não disputado título, ao mesmo tempo que deicha a Portugal o brasão de haver ao Poeta dado nascimento, offerece um testimunho do direito mais geral de propriedade, que teem n'esta gloria ambas as Hespanhas, aonde se falla uma lingua commum, em que o Poeta escreveu. Em vão pertenderá agora o despotismo, ou a doble Politica estrangeira (de que atequi hão sido victimas infelizes a Hespanha e Portugal) dividir por scismas os dois Povos, irmãos por natureza, socios por interesse, e amigas por a sympathia d'infelicidades commus: algum estorvo d'ahi virá por certo; mas será de pouca dura, mal podendo más intrigas resistir a poderosas razões; nem alcançarão os perturbadores da páz dos Povos. – *Make enemies of nations, who had else, Like kindred drops been mingled into one.*" Veja-se *História de Portugal. Edição Monumental comemorativa do 8º Centenário da Fundação da Nacionalidade*, (direcção de Damião Peres), VII, pág. 45.

para produzir algumas das afirmações conhecidas sobre a Liberdade gaditana – por sinal com sentido bastante crítico – como se demonstrou antes?

Todos comungam dos conhecidos sentimentos de revolta em presença da aviltante situação em que a pátria se encontrava[5539], utilizando a Liberdade de imprensa de que então era possível gozarem os redactores dos periódicos para transmitir as suas ideias e com elas ajudar a formar a opinião pública.

Por exemplo, no que respeita à ideia de Liberdade individual, em si mesma considerada, os redactores acompanham as ideias do Liberalismo clássico[5540]. O caso mais geral da Liberdade de pensamento merece a reflexão dos periódicos[5541], considerando que é o facto o Ser humano ser dotado da faculdade de pensar – de raciocinar – que o distingue dos brutos[5542].

Outro aspecto que chegou a ser repetido em várias intervenções parlamentares nas Cortes constituintes, ainda que sem qualquer efeito prático no texto da Constituição, era a parcelar aceitação pela imprensa à renovação que no domínio da Liberdade política, por força de uma certa adesão a teses próprias do maçonismo se procuraram inculcar. Daí que até certo ponto tenham sido defendidas algumas expressões, demonstrativas de um Pensamento adepto do deísmo e da religião natural, que em certos casos se torna por demais evidente[5543].

Finalizando o ponto. Promotores da contra-revolução nacional, na boa linha interpretativa e entendimento de José Liberato, os faustosos dias 24 de Agosto e 15 de Setembro são recordados como o ponto de partida do "anno primeiro da Restauração de nossa Liberdade"[5544].

[5539] Os periódicos, além de se repetirem, remetem muitas vezes uns para os outros, felizmente identificando a fonte. É o caso da *Mnemosine Constitucional*, nº 9, 4 de Outubro de 1820: "Discurso sobre a Liberdade de escrever transcrito do nº 6 do *Diário do Porto*, intitulado a Regeneração de Portugal." Veja-se *O Portuguez*, XI, nº 61, pág. 21: "se a raiz dos nossos males prende no systema despotico e arbitrario que nos tem regido, como se poderão elles curar e precaver, senão desarreigando-se o teixo da tyrannia, e plantando-se em logar d'elle o carvalho da Liberdade?"

[5540] *O Portuguez Constitucional*, nº 31, 27 de Outubro de 1820: "Exame sobre o he Constituição, e analyse da Hespanhola – (...) O Homem foi creado por Deos; tem por tanto direito à sua existencia e conservação; he hum direito primitivo e imprescritível. Nenhum outro Homem o pode embaraçar que procure os meios de se conservar, e que evite tudo o que o pode destruir. Chama-se a este direito *Liberdade*. Todos os outros Homens nascerão com os mesmos direitos; logo aquelle não pode estender-se ate os ofender, seria então huma violação, huma infracção da Ley. Conservada a Liberdade nestes justos limites tem lugar *na pessoa, nos pensamentos, nas palavras, nos escriptos (...), nas acções, na industria, e na propriedade de cada hum.*"; ibidem, nº 1, 2 de Janeiro de 1821: "A Liberdade de opinião, e a Liberdade de consciência são, bem como a Liberdade de usar dos nossos cinco sentidos, huma parte integrante dos nossos direitos individuaes: integrante da nossa segurança pessoal, segurança que faz a parte mais importante o fim a que se dirigem os Cidadãos reunidos em corpo de sociedade."

[5541] *Mnemosine Constitucional*, nº 4, 4 de Janeiro de 1821: "Sobre a Authoridade do Povo em o Systema Constitucional – (...) entre todos os Poderes Constitucionaes nenhum há que tenha tanta energia em hum seculo de luzes, como o Pensamento. O *mundo*, dizia Rousseau, *governa-se pelos livros*."

[5542] *Ibidem*, nº 14, 7 de Outubro de 1820: "he tão livre a faculdade de fallar e de escrever, como a de ver e a de respirar."

[5543] *Regeneração de Portugal*, nº 3, 1820: "Graças ao Supremo Architecto do Universo, que unio as vontades de todos os Portuguezes para trabalharem na augusta obra da sua Regeneração." Este jornal foi o sucessor do *Diario Nacional* e a sua designação integral era *Regeneração de Portugal com permissão do Supremo Governo Provisório do Reino*, Nºº 1-Nºº 8, 18 de Setembro a 26 de Setembro e suplemento de 27 de Setembro, Porto, 1820.

[5544] *O Campeão Portuguez ou o Amigo do Rei e do Povo*, III, Setembro de 1820, pág. 169.

DA HISTÓRIA DA LIBERDADE À LIBERDADE NA HISTÓRIA

1.2. A Liberdade individual: Liberdade de imprensa

O sentimento de moderação e de tradição presente no *Manifesto de 15 de Dezembro de 1820* fazia já parte integrante das preocupações redactoriais de alguns destes periódicos[5545]. O que não está totalmente explicado na medida em que darão mostras do seu radicalismo, quer em Congresso quer em Cortes Ordinárias[5546], mas não deixa de ser sintoma comum a apontar deste passo[5547].

[5545] *O Portuguez*, XI, nº 63, págs. 190 e 191: "Nós fomos felizes, poderosos, e respeitados, em quanto tivemos hum governo Liberal e Representativo. Forão os Bravos d'Ourique, os valentes Lusos, que desbaratarão, sob o Commando do Grande Affonso, o soberbo Ismael com todo o seu Exercito. Alli entre visiveis portentos do Senhor Deos das Victorias se fundou a gloriosa Monarchia Portugueza. Quem lhe deo o ser? A vontade de hum só homem, distincto por natureza dos outros homens? Não, não: foi o consentimento unanime do Exercito, e do Povo Lusitano, que testimunhas da piedade, esforço, e mais virtudes do Senhor D. Affonso Henriques, o elegerão para seu Monarcha, dando-lhes não hum Poder absoluto, mas limitado pelas Leis Constitucionaes, que logo depois se fizerão nas *Cortes de Lamego*. (...) Assim se celebrou entre nós o primitivo Acto, que ficou ligando para todo o sempre, com imperetríveis deveres e direitos, o Rei e os Povos, e de que nunca se esquecerão, por espaço de cinco seculos e meio, nossos Augustos Reis (...) Dias de Gloria sem igual, fenecestes tão depressa! Perdemos a Liberdade! Perdemos a nossa Representação nacional! E logo nos transformamos n'um Povo miseravel, sem Artes, sem industria, nem Commercio, nem agricultura."; *ibidem*, *O Campeão Portuguez ou o Amigo do Rei e do Povo*, III, Setembro de 1820, pág. 182. Não haverá melhor representação da escora que lançava ao Vintismo, alentando-o para que "não haja só Fortaleza, para concluir a obra começada, mas conservem-se a todo o custo a Concordia, e a união, laços com que se apertão indissoluvelmente os coraçoens, e delles se forma a força contra a qual não há poder na terra que possa resistir"; *ibidem*, *O Correio Braziliense ou Armazém Litterario*, XXIII, 1819, nº 134, págs. 50-53. Apesar de estar bem próximo das fermentações populares que iam, um pouco por todo e mundo conhecido – e não apenas e já na tradicional e Velha Europa – criando condições para o estabelecimento de Governos saídos de revoluções, que não se limitavam a ser o mero produto da evolução destes em termos históricos, Hipólito da Costa mantém uma incrível fidelidade aos seus princípios basilares: não é pela via revolucionária que a Liberdade do cidadão e da sociedade, em termos políticos, se pode incrementar e concretiza. Daí a singela e reiterada afirmação segundo a qual "as revoluçoens não foram as que produziram os melhoramentos: o que a historia prova he que as revoluçoens foram produzidas pela mudança dos costumes; e esta mudança fez necessaria a introdução de alteraçoens nas formas dos Governos".

[5546] *O Portuguez Constitucional*, nº 1, 22 de Septembro de 1820: "(...) sem com tudo exceder os limites da *justa Liberdade e moderação*, proprias da Magestade nacional, e da Dignidade do Governo."; *ibidem*, nº 3, 25 de Septembro de 1820: "(...) em breve esperamos ver congregadas as Cortes, e em consequência a maior possivel Liberdade de facto e direito; he preciso desde já fazer ouvir a linguagem da rasão, da Justiça, e da *Liberdade moderada*, inculcando idéias claras, e principios fixos, que previnam e obviem os erros e extravios da opinião (...)."; *ibidem*, nº 17, 11 de Outubro de 1820: "Á força de se commeter erros, se descobrem os meios de acertar. Os erros commettidos pelos nossos predecessores nos ensinão a regra que devemos seguir, e que he indispensavel observar-se na celebração das Cortes, *para manter a boa ordem, e defender a Liberdade, sem a deixar porém converter em abusiva e licenciosa*. Esta regra geral. Que vamos a dar, he coherente com os dictames da recta rasão, única origem de todas as regras ou Leys de Direito Natural, Público, e das Gentes."; *ibidem*, nº 3, 25 de Septembro de 1820: "Contentemo-nos (...): e quando a Liberdade completar o seu triumpho a auspícios da Monarchia Constitucional, quando tivermos todas as garantias legaes, quando nenhum Cidadão temer achar o seu nome em huma lista de proscripções; então os escriptores habeis poderão com plena franqueza desenvolver todos os princípios de utilidade publica, sendo somente responsaveis perante a Ley."

[5547] *O Correio Braziliense ou Armazém Litterario*, XXIII, 1819, nº 134, pág. 53; XXIV, 1820, nº 140, pág. 77. Poderia, pois, estabelecer-se a regra que nenhuma alteração nas formas de Governo se pode reputar melhoramento "se essa alteração não segue outra correspondente nos custumes."

Considerada a Liberdade de pensar e escrever um direito individual e fundamental de todo e qualquer Ser humano[5548], o seu menosprezo apenas pode manter o despotismo no seu berço dourado[5549], evitando a consagração das faculdades inerentes a cada um pelo simples facto de ser homem[5550]. Sustentando-se em fontes estrangeiras que reportam o caso da Revolução Vintista[5551], o jusnaturalismo está aqui e de novo em

---

Atente, o Povo que deseja em verdade ser livre e feliz que deve assegurar "com as suas virtudes próprias essa Liberdade, e essa felicidade (...). Não dispute sobre a forma de Governo, reflicta no modo de melhorar seus custumes. Um Povo sem moral se não tem Liberdade, nunca a obterá; se a tem certamente a perderá."

[5548] Dando razão à reflexão que levou a consagrar ao lado do estudo da Liberdade política o prévio estudo da Liberdade individual, como partes integrantes e não cindíveis no plano da História das Ideias e, mais, da História das Ideias Políticas. *O Campeão Portuguez ou o Amigo do Rei e do Povo*, III, Dezembro de 1820, pág. 317: "Eu tenho por principio incontestavel que a Liberdade de discução he o único meio que há para dar a conhecer a verdade; e considero esta maxima como a baze fundamental de toda a permanencia da Liberdade civil e politica." Neste quadro reflexivo, considera-se uma "autentica estupidez" conservar "as Naçoens ás escuras" e os próprios governantes apenas podem lucrar com a Liberdade de imprensa. Mesmo naqueles casos em que a Liberdade de imprensa pode ser nociva, talvez ainda seja mais nociva a sua inexistência, uma vez que quem se sentir ofendido deve poder contar com a protecção judicial. De resto igual raciocínio pode ser utilizado para as situações de excesso de Liberdade de imprensa em matérias de dogma ou religião, uma vez que o conhecimento público de impressores e editores a que as leis obrigam, quando não o impedimento de escritos anónimos, persuade todos eles a um comportamento mais cordato e zeloso dos superiores interesses da religião e, porque não dizê-lo, do próprio Estado. Na mesma linha mas em termos mais gerais, no que toca à soberania original do Povo, relata-se na *Mnemosine Constitucional*, nº 2, 2 de Janeiro de 1821: "(...) Os seculos decorrem, *as luzes se augmentão, os Povos se desenganão; e reassumindo o direito de soberania, que, posto que abolido dos livros, e nas instituições, se conserva no indestructível instinto dos homens*, querem, e querem com muita justiça, modificar o pacto social."; *ibidem*, nº 4, 4 de Janeiro de 1821: "Sobre a Authoridade do Povo em o Systema Constitucional", a ideia é reafirmada: "A Liberdade da imprensa coloca no throno a razão, e esta he, segundo o nosso entender, a maior excellencia do systema representativo."

[5549] *O Campeão Portuguez ou o Amigo do Rei e do Povo*, III, Dezembro de 1820, pág. 322: "Nem valha dizer que se deve limitar a mesma Liberdade aos objectos, que se houverem de tratar nas ditas Cortes. (...) Não são unicamente os deputados em Cortes que precisão ser instruídos: elles são os representantes da Nação, e como assim della so he que podem, e que devem receber suas instrucçoens. (...) Uma assemblea nacional, sem Liberdade de imprensa, formará sempre uma representação infiel; e uma Nação, sem a mesma Liberdade, será mui similhante a um proprietário que ignora seus titulos, e que por conseguinte he incapaz de os reclamar quer por si, quer por seus procuradores." Devem, como consequência, os órgãos nacionais encarregues de promover a felicidade dos cidadãos por intermédio do correcto uso da Liberdade, assumir que a Liberdade de imprensa deverá estar presente em todas as decisões a estabelecer pelo Poder político. Não apenas pelas Cortes mas, de um modo geral, por todas as entidades conscientes deste "regenerado" país.

[5550] *Ibidem*, III, Dezembro de 1820, págs. 323-325, onde estabelece uma interessante a ligação entre a imprensa livre e a própria ideia de pacto social. A Nação, por intermédio da imprensa livre, deve expressar os seus sentimentos para que os representantes os conheçam e "em conformidade delles se renove entre o Rei e o Povo o Pacto Social, que o primeiro e seus antepassados tinham quebrado." Donde a conclusão lógica que é já nossa conhecida de outros episódios da Investigação: "toda a Nação que não tiver Liberdade de imprensa; que não estiver auctorizada por lei positiva para se congregar quando lhe convenha, em assembleas parciaes, e nellas discutir seus interesses; e não tiver finalmente faculdade legal para peticionar, e requerer em commum aos depositarios do Poder publico, essa nação he livre, e nunca o pode ser em quanto não gozar destes direitos."

[5551] *O Portuguez Constitucional*, nº 11, 4 de Outubro de 1820.

força⁵⁵⁵² e reitera-se ser a Liberdade de imprensa "o apoyo mais sólido dos sagrados direitos do homem". Isso à partida não apenas implica reafirmar a defesa da Liberdade de pensamento⁵⁵⁵³, como considerar o seu Autor os "sagrados direitos do homem", numa sugestiva aproximação às ideias francesas propaladoras dos direitos abstractos⁵⁵⁵⁴.

De notar a plena conciliação com a versão utilitarista, por serem referenciadas situações onde se pretende *"diminuir a somma dos seus males, e aumentar a dos seus bens"*⁵⁵⁵⁵.

Caso particular da Liberdade de pensamento é a Liberdade de opinião que deve existir relativamente aos Deputados reunidos em Cortes⁵⁵⁵⁶, questão que parecia não apenas admissível como perfeitamente normal numa Assembleia representativa do Liberalismo⁵⁵⁵⁷.

1.3. A Liberdade individual: Liberdade de consciência

Para o redactor d'*O Portuguez*, por exemplo, a importância histórica é reconhecida à tolerância religiosa bem como à Liberdade de imprensa, não apenas na manutenção dos Governos estabelecidos como daqueles que venham a criar-se⁵⁵⁵⁸, é sobejamente conhecida⁵⁵⁵⁹. De pouco adiantará a tentativa de manter em pleno séc. XIX a política das "Almas do Purgatório"⁵⁵⁶⁰. O sentido que faz em manter este tipo de retrógrada e áulica política é nenhum⁵⁵⁶¹ e a Liberdade dos cidadãos e da sociedade apenas se poderá ressentir⁵⁵⁶².

---

⁵⁵⁵² *Mnemosine Constitucional*, nº 9, 4 de Outubro de 1820: "(...) A Liberdade de imprensa he fundada, por sua natureza, n'hum direito que ninguem pode perder ou alienar, em quanto se conserva membro da sociedade; que he anterior a todas as Leis, e mais poderoso que ellas, porque deriva da Lei suprema, que as precede e encerra todas; que pode ser aniquullado por alguns instantes por actos de violencia, mas que nem por isso deixa de ser proclamado pela justiça e pela Razão."

⁵⁵⁵³ *Ibidem*, nº 14, 7 de Outubro de 1820: "As algemas postas ao pensamento humano, que no seu rápido vôo se eleva a contemplar o Universo, e até o mesmo Deos, tirão-lhe a nobreza, tirão-lhe a virtude, e deixão-lhe em partilha o acanhamento e quasi a nullidade."

⁵⁵⁵⁴ *Ibidem*, nº 29, 25 de Outubro de 1820: "Nota do Redactor. Não nos cançaremos de dizer: a livre Voz da Imprensa he o mais firme sustentáculo da Liberdade, e ressoão mais vigorosos os seus echos quando mais pertende suffocalla o Despotismo."

⁵⁵⁵⁵ *Ibidem*, nº 9, 4 de Outubro de 1820: "Há hum direito commum a cada membro d'huma sociedade, direito que elle não pode perder nem ceder, porque resulta de hum dever rigorosamente prescripto a todo o homem em toda a sociedade: este dever de contribuir, quanto em suas forças cabe, para o bem geral da associação a que pertence; e o direito resultante he o de manifestar a seus associados todas as ideias que elle julga proprias a diminuir a somma dos seus males, e augmentar a os seus bens."

⁵⁵⁵⁶ *D. C.*, VI do Segundo Ano da Legislatura, 03-07-1822, pág. 686; *O Portuguez Constitucional*, nº 18, 12 de Outubro de 1820.

⁵⁵⁵⁷ *Regeneração de Portugal*, nº 6, 1820: "Discurso sobre a Liberdade de escrever".

⁵⁵⁵⁸ *O Portuguez*, XI, nº 61, pág. 15: "(...) e então, os ruins conselheiros virão à terra, precipitados de roldão com esse throno vacilante, a que elles se agarrram, em vez de se apegarem á opinião publica, por onde se poderia firmar e cementar na affeição do Povo esse throno despotico, que hoje está no ar, como se diz estar suspenso por milagre o tumulo de Mahomet."

⁵⁵⁵⁹ *Ibidem*, XI, nº 61, pág. 48.

⁵⁵⁶⁰ *Ibidem*, XI, nº 61, pág. 15: "(como nos tempos d'El Rey Dom João 5º, que foi o reynado das do Purgatorio)."

⁵⁵⁶¹ *Ibidem*, XI, nº 61, pág. 22: "(...) se mudam as formas, mas não muda a natureza e a essencia do Governo em Portugal, que era despótico no parecer e no coração, e despotico fica, ainda que mude ingenhoso a mascara."

⁵⁵⁶² *Ibidem*, XI, nº 61, pág. 15: "(...) mas hé quase incrivel, que depois da experiencia dos ultimos 30 annos, depois da revolução de França, e da ultima acontecida entre os nossos vizinhos, com

Neste quadro reflexivo, mantém, incólume, o seu posicionamento: é um partidário e um adepto incondicional da tolerância religiosa[5563]. Por isso se compreende que a sua posição se aproxime bastante, neste quadro, da que José Liberato Freire de Carvalho havia defendido anos antes no *Investigador Portuguez em Inglaterra* no que respeita à consagração da religião católica na *Constituição de Cádiz*. Apesar das grandes diferenças que os separavam, neste contexto uma certa identidade de princípios resulta evidente.

E também afirmações que destoavam do concerto oficial e que viria a ser consagrado no Texto Fundamental de 1822: "ley que obrigue a nossa rasão a huma crença qualquer he sempre barbara; porque he querer escravizar o que o Auctor na Natureza creou já superior a todo o genero de escravidão e de dominação"[5564]. A Liberdade de consciência, vista como preceito de Direito Natural, não pode ser questionada por qualquer preceito religioso, porque a "tolerancia foi-nos recommendada por Jesus Christo (...) e não perseguiu os incredulos", sendo esse também o entendimento dos Evangelhos, que a patrística sufragava. Portanto, os "sectarios da intolerancia (...) mostrão pouca firmeza na nossa crença, quando se oppõem á Liberdade de cultos"[5565].

Num diverso plano salvaguarda-se a distinção entre as instituições que tinham em vista refrear a Liberdade de pensamento ou mesmo bani-la por força de convicções religiosas diversas da Fé católica e à frente das quais se encontra a Inquisição[5566]. É certo que bem cedo o clero nacional mais arredio das ideias revolucionárias começou a tentar catequizar os seus paroquianos no que toca à aceitação do novo regime. Contra isso combatem tenazmente os jornalistas, manifestando não só uma plena adesão aos ideais da Liberdade de consciência, como denunciando eventuais prevaricações oriundas desse sector[5567].

---

as necessidades e merecimentos dos Portuguezes, com os perigos que rodeam o throno, ouse o governo Tupinanmba querer concertar a seu modo as cousas arruinadas; modificar, e não destruir a natureza do despotismo; negar ao Povo uma livre Constituição; adormecer o bom senso dos Portugueses, fazer callar a imprensa livre d'Inglaterra; oppôer fracas estacadas a exercitos rompentes; e posto sobre o Caya ou o Guadiana, erguer a mão decrepita, e com vóz mal segura ordenar à lava do volcão: *d'aqui não passes!* Estupida gente, e muito estupida por certo hé a que influe nos conselhos do Governo Brazilieiro!"

[5563] *O Portuguez*, XI, nº 61, pág. 64, mantém e recorda a crítica à *Constituição de Cádiz*, que apelida de intolerante. Assim, "em nossa opinião (...) hé grande defeito della (fallando em theoria) o estabelecer-se ahi a intolerancia religiosa, quando se admitte a única religião catholica romana, ao mesmo passo que se franqueiam liberalmente as naturalizações, com fim de se povoar a deserta Hespanha. Que protestantes, ou gentes d'outras seitas poderão ser atrahidos a se estabelecer em Hespanha, quando ahi devam renunciar seu culto publico, e vêerem-se privados d'altar e templo, aonde a seu modo podessem adorar o Pay da natureza?"

[5564] *O Portuguez Constitucional*, nº 1, 2 de Janeiro de 1821: "Liberdade de Consciência considerada como ponto de Direito Natural."

[5565] *Ibidem*, nº 3, 4 de Janeiro de 1821. E prossegue: "Além de tudo isto, os intolerantes injuriam a nossa religião, quando se oppoem á Liberdade dos Cultos. Por quanto com isso fazem que os infiéis presumam que nós temos pejo de comparar os nossos Dogmas Divinos e a sublimidade do nosso Culto as vans fórmulas delles e com seus incoherentes ritos. (...) Reconheçamos que a intolerancia he huma ferocidade e hum fanatismo, expressamente condemnando pelos Santos Padres, claramente condemnado por Jesus Christo."

[5566] *Ibidem*, nº 29, 25 de Outubro de 1820: "Correspondencia – O público (entendo por esta palavra o Público illustrado), quando jurou seguir a Religião catholica Romana; não jurou, por isso, sujeitar-se a huma Inquisição! Porquanto, que tem a Inquisição com o Christianismo? (...) Por outro lado, não he este Tribunal contradictorio com a Liberdade Civil? Somos ou não somos Constitucionaes?"

[5567] Jaime Raposo Costa, *A Teoria da Liberdade. Período de 1820 a 1823*, Coimbra, Universidade de Coimbra, 1976, págs. 30 e 31. As fontes que cita servem de complemento às geralmente apontadas.

1.4. A Liberdade civil

O núcleo do debate acerca da Liberdade civil coincide, também neste plano, quer com o que havia ficado definido nas Bases da Constituição quer com o resultado da discussão que promoveu o texto final da mesma.

Visto em consonância com o direito individual de Propriedade, cuja tutela à face da lei foi já equacionado, "faz-se mister que o Monarcha segure, e faça respeitar o sagrado direito de Propriedade de seus subditos, que lhes sirva de escudo contra a oppressão; que não sacrifique o interesse geral de todos ao particular de hum punhado de homens; e que derrame igualmente suas vistas por todas as classes de que o estado se compoem"[5568].

Discorrendo sobre a Liberdade e a Igualdade, que se consideram direitos fundamentais de contornos idênticos, também os periodistas admitem que a Igualdade não pode ser entendida em termos absolutos, nem no que respeita às relações pessoais, nem no âmbito dos direitos políticos. Por ter sucedido o contrário em França é que se assistiram, depois da Revolução de 1789, às tristes cenas de todos conhecidas, porque a "Igualdade he de direitos" e não "circunstancias"[5569].

E se são os próprios escritores da época, interpretando o Pensamento liberal, a considerar que a Igualdade política não existe e que "o direito de Eleição he garantia do Povo" e que o "direito de Petição o he do Cidadãos particulares"[5570], como haveríamos nós de descurar a nossa reflexão prévia e considerar que devam ser temas que caibam noutro ponto senão no da Liberdade civil? [5571]

Tema presente na reflexão dos periodistas, sobretudo interessados em promover alterações nas antigas "Liberdades" que se devem transmudar em "Liberdade", um dos mais empenhados cultores da mesma é João Bernardo da Rocha Loureiro. O redactor mantém reticências no que respeita aos contributos intocáveis da legislação de Cádiz. Admitia-se, em certos casos, que a instituição dos jurados, tal como existia em Inglaterra implicava uma longa prática, coisa que não existia em Espanha, como igualmente em Portugal e cuja consagração não se aconselha. Noutros, porém, a instituição dos jurados era vista como a mais curial na defesa da Liberdade civil, buscando os contributos que o Pensamento estrangeiro neste pleno aportava[5572].

[5568] *Correio do Porto*, nº 27, 1820.
[5569] *O Pregoeiro Lusitano. Historia Circunstanciada da Regeneração Portugueza*, Parte I, Parte I, "Proemio", "Reflexões Filosóficas sobre a Liberdade e a Igualdade", pág. 4.
[5570] *Mnemosine Constitucional*, nº 3, 3 de Janeiro de 1821.
[5571] *O Pregoeiro Lusitano. Historia Circunstanciada da Regeneração Portugueza*, Parte I, "Introducção", pág. III, volta a designar, a Liberdade civil como Liberdade social: "Logo a Liberdade se acha encorpada, e identificada com a exacta observancia das Leis. Por leis entendemos certas normas geraes dirivadas da natureza das mesmas Sociedades, e que tendem a regular o exercicio da Liberdade, prendendo, e colligando todos os individuos a quem, e mesmo dever, mantendo assim a Segurança pública e individual, a Propriedade particular, e o bem da mesma Sociedade. Logo, o que infringe a Lei ataca a Sociedade e ataca a mesma Liberdade."
[5572] *O Cidadão Literato*, II, 1, pág. 56: "Não consentio a Constituição Britannica, diz o célebre Filangieri, que esta funcção terrível fosse exercida pelas mesmas mãos, e se tornasse a prerrogativa d'um punhado de mercenarios, dependentes do Chefe da Nação. Escolhidos na condição do accusado, que conhece sua justiça e sua imparcialidade, honrados pela estima publica, revestidos d'um Ministério, que só tem a duração do Juizo, para que são escolhidos, ficão sendo os unicos Juizes, a quem a lei confia o exame do facto, e a sorte do accusado nas materias criminaes." Além de Filangieri, outros Pensadores defendiam a existência dos jurados.

1.5. A Liberdade política do cidadão e da sociedade

"Liberdade, segundo a ordem politica, he o direito que todos tem de per si, ou por seus representantes concorrer ao Governo da nação a que pertencem"[5573]. Eis uma singela definição que corresponde por inteiro aos princípios liberais inerentes à Liberdade política do cidadão, consagrados em Textos Fundamentais Estrangeiros e doutrinariamente adquiridos pelos Vintistas.

Os liberais portugueses fazem questão de se constituírem nossos próceres na defesa da ligação entre direitos individuais e Liberdade política. Homenagem que se lhes deve será, pois, ecoar suas palavras, não aditando nem retirando: "*a Liberdade politica, isto he, aquella habillidade de espirito de que deve gozar todo o Cidadão, proveniente da boa opinião que tem, relativamente á sua Segurança individual e de Propriedade. Estas segundas são direitos naturaes dos homens, e que fóra da sociedade não podião gozar, instigados pelo amor de si mesmos, se determinaram em applicações civis*. Ao livre exercicio destes direitos, ou á Liberdade política se oppõe o despotismo (...)"[5574].

Em íntima ligação com o que se disse, se coloca o problema da Liberdade política da sociedade, um conjunto de questões, derivados da própria concepção de representatividade inerentes à soberania nacional ocupava os Vintistas.

Mas a grande questão seria a da cidadania, uma vez que afirmando a restrição ao exercício da Liberdade política, não só entre estrangeiros, mas entre próprios portugueses, implica que o direito de voto seja para-universal e se limita aos cidadãos que, no pleno gozo de direitos, o podiam exercitar por dele não serem excluídos pela Constituição

A Liberdade política de eleição dos representantes era para-universal e todos os portugueses são cidadãos. Suspende-se porém, retira-se ou é potencial em casos contados o mais elevado direito e dever da cidadania, qual seja o da eleição dos representantes da Nação. Daí a sua para-universalidade que, se não bule com o direito de cidadania, o restringe no seu exercício de facto e de Direito.

Nem todos os jornais concordavam sobre o ponto, destacando-se o *Campeão Portuguez em Lisboa*[5575], pelo grau de humanidade que representa, já depois da publicação das Bases e enquanto o tema era discutido em Congresso na elaboração da Constituição.

Perante o problema que o sistema eleitoral poderia colocar aos Vintistas, se não era possível a universalidade da votação, pelo menos importava resolver pela maior ou menor proximidade entre eleitos e eleitores. É a questão da eleição dos deputados, de que os nossos periodistas se fazem eco[5576], chegando a invocar Descartes para fazerem fé nas suas afirmações[5577].

[5573] *O Portuguez Constitucional*, nº 32, Supplemento, 30 de Outubro 1820.

[5574] *Mnemosine Constitucional*, nº 43, 19 de Fevereiro de 1821.

[5575] *O Campeão Portuguez em Lisboa*, I, nº VII, Maio de 1822, pág. 104: "Uma Portaria do Governo e um edital da Intendencia da policia em contradição com uma resolução de Cortes – (...) Folheando por acazo o *Diario das Cortes* encontrei, em o nº 66 de 30 de Abril, 1821, a pág. 711, a seguinte decisão do dito mez: – 'O Senhor Barreto Feio propoz: – Que se devião acolher, e concerder-se azilo a todos os Estrangeiros perseguidos por opiniões politicas. – *Assim se resolveo, havendo com tudo attenção aos Tratados*. ' Pergunto agora: quando o Governo indistinctamente exige de todos os Estrangeiros abonações, fianças, e passaportes authenticos dos paizes donde sahem; não destroe o effeito de humana e politica Resolução de Nossas Cortes? (....)"

[5576] Clemente José de Macedo, *O Pregoeiro Lusitano. Historia Circunstanciada da Regeneração Portugueza*, Parte I, págs. 41 e 42. Considera o voto deve ser concedido o cidadão dos dezasseis aos oitenta anos, independentemente de emprego, estado ou condição, incluindo as mulheres e os regulares. Apresenta, depois, uma metodologia a ser seguida nas eleições, que não parece ter convencido muito os constituintes de 1821. Veja-se Jaime Raposo Costa, pág. 72.

[5577] Idem, *Ibidem*, pág. 45: "Descartes pretendeo que este precioso thesouro [a Razão] foi repartido igualmente por todos os homens: se assim he, está decidida a questão."

Tempos antes da Revolução de 1820, já o mesmo João Bernardo entendia que o próprio monarca, a quem mantém o habitual tributo de respeito, deveria pessoalmente promover a mudança que constitucionalmente se requer. A Constituição, enquanto Lei Fundamental positiva do Estado, cairia de forma "impecável" na reconhecida bondade de D. João VI, que provavelmente se vê impossibilitado não apenas de Direito, mas também de facto, de tomar atitude idêntica ao do absolutista convertido Fernando VII. A responsabilidade é endereçada aos áulicos e, como sempre, quem sofre são os portugueses e quem lucra em todo o entediante negócio são os brasileiros[5578].

João Bernardo manifesta-se agastado com os adeptos do Antigo Regime[5579]. Sobretudo aqueles que de forma declarada mostraram a face e se não arrependeram em Espanha de pedir a Fernando VII em 1814 a nulidade da *Constituição de Cádiz*[5580] e, em Portugal, sistematicamente perseguem os redactores dos periódicos que não calam a indignação sobre as diatribes que em prol do despotismo e prejuízo da Liberdade política sob forma organizada se iam tramando[5581]...

O síndroma da interpretação liberal, adoptada pelo Vintismo nacional, que prefere a ideia de Nação – ou sociedade – à de Estado[5582] e aplica aquela o sentido utilitarista de protecção que qualquer Governo está obrigado a dispensar-lhe, é presente no Pensamento da generalidade dos Autores. Assim se constitui o fundamento de todos os contratos sociais na versão do Liberalismo que ora se perfila e cujas manifestações abundam[5583], em ordem à preservação dos direitos individuais que a Constituição consagra[5584].

[5578] *O Portuguez*, XI, nº 61, págs. 32 e ss.

[5579] *Ibidem*, XI, nº 62, pág. 86: "Chamar *absolutos morgados* ás Monarchias, aos Povos, *rebanho e propriedade dos Governos*, aos Reys, da feição que entre os Judeus, *vice-Deuses e ungidos do Senhor* – são hoje theses sediças, que nem o Professor Storch, Mestre dos Príncipes Russianos, nem os Lentes das Universidades Austriacas, por mais largas que sejam suas caras, se atrevem na cadeira a defender."

[5580] *Ibidem*, XI, nº 61, pág. 58: "As Cortes são obrigadas por justiça a visitar com justa severidade, os Authores de tantos males, se não quiserem ser tachadas de fraqueza e cobardia, que foi a porta por onde entrou em 1814 a sua destruição. São devidas á justiça, como sacrificios d'expiação, e cruzes d'escarmento, as cabeças dos monstros principaes, que o foram d'esses infames attentados: e tambem, hé da absoluta justiça, segundo o preceito da Constituição, que paguem as merecidas penas os famosos 69 membros do Congresso, que requerem ao Rey a destruição da Liberdade constitucional (...) Já estão presos em conventos esses malvados parricidas, aonde esperam seu justo fado: e só nos magôa que alguns delles se hajam escapado para Portugal (...)."

[5581] Sendo por isso mesmo chamado à atenção por alguns "regeneradores" que se temiam dos efeitos práticos de tal pregação. Veja-se, por exemplo, Manuel Fernandes Tomás, *Carta Segunda do Compadre de Belém ao redactor do Astro da Lusitania*, pág. 7 e nota respectiva do "Compadre de Lisboa": "Era bem para desejar, que alguns dos nossos Jornalistas se convencessem das actuaes circunstancias, e política situação em que nos achamos. Importa-nos sempre e muito., mas agora mais do que nunca, o adquirir e conservar a boa vontade dos Gabinetes Estrangeiros; e sendo esta huma verdade, que de certo conhecem todos, não pode deixar de magoar o coração de hum verdadeiro portuguez o ler em alguns Periodicos nossos formaes ataques aos Soberanos da Europa, que mais influencia podem ter na sorte della. (...) Qualquer indiscrição pode levar-nos a huma situação bem desagradável (...) Tenhamos juizo, e teremos tudo o que desejarmos, e seremos tudo o que quisermos ser."

[5582] *O Pregoeiro Lusitano. Historia Circunstanciada da Regeneração Portugueza*, Parte I, pág. 79: "Mas que cousa he uma sociedade ou uma nação?"

[5583] *O Campeão Portuguez ou o Amigo do Rei e do Povo*, III, Outubro de 1820, pág. 204. O Contratualismo do redactor apresenta todos os ingredientes para ser inserível no domínio da Liberdade individual e política do cidadão e da própria sociedade. Assim considera não apenas a existência de direitos fundamentais anteriores ao estabelecimento de qualquer Governo, mas que implica que o próprio Governo não só seja originado pela vontade dos governados, como o exercício das suas funções deve ser fiscalizado pelo próprio Povo, devidamente representado por aqueles a quem destina uma tal função.

[5584] Tenham-se em atenção que todas as proclamações deste período salientam este mesmo facto.

Hipólito da Costa não desvirtua o seu Liberalismo contratualista, admitindo, de novo, a origem humana do Poder político[5585]. Assim, "a escolha da forma de Governo [a origem do Poder político] he de direito humano; pois junctos os homens em sociedade, a elles compete declarar a forma de Governo, que lhes convem: as supplicaçoens a Deus, só serão nesse caso, para que elle dirija os seus entendimentos ao que lhes for mais util; mas o direito de escolher he todo seu; (...)."

No que respeita a problemas de regime, em que a Liberdade política do cidadão e da sociedade – e a própria Liberdade civil no quadro da protecção das garantias individuais – não deixam os periódicos de tecer as habituais considerações relativas ao modo de reunir a representação nacional[5586].

Defende-se a origem da sociedade[5587] e da soberania nacional segundo os princípios do Contratualismo liberal[5588] e a universalidade de participação de todos os cidadãos

---

[5585] *O Correio Braziliense ou Armazém Litterario*, XXIII, 1819, nº 139, pág. 644.

[5586] *O Portuguez*, XI, nº 64, pág. 326. Reconhecendo, embora, a tarefa fundamental das Cortes de restaurar as antigas "Liberdades" dos portugueses, porque sem dúvida não pode deixar de estar embebido das modificações estruturais da sociedade portuguesa no plano regimental, não pode deixar de admitir e defender a formação de uma Assembleia magna representativa que siga os trâmites convocatórios e institucionais de Cádiz; *Ibidem*, XI, nº 63, pág. 260: "As Cortes, já se sabe, não podem ser as antigas compostas do Clero, Nobreza, e Povo, as quais os mandões, com boa ou má fée, já por fim nos queriam conceder. Não queremos agora disputar, se estão ou não corrumpidas as duas 1ªs. classes, e se por isso são merecedoras ou indignas de entrar separadamente na representação Nacional; o certo hé, que havendo mester o Povo muitas reformas connexas com os interesses das duas 1ªs. classes, nunca estas viriam a concordar, quando se taes reformas propossessem; e d'ahi taes Cortes degenerariam em questões intermináveis, d'onde antes viria ruina que proveito, e melhor fora que as não houvesse, e em breve o Rey as viria a destruir a contentamento do Povo. Alem do que, se as antigas Cortes (como alguns dizem) apenas tinham voto consultivo, e o reys podia desprezar os requerimentos d'ellas, que nos aproveitaria hoje uma similhante situação? O Rey, hoje absoluto Senhor, as chamaria quando quizesse, e em poucos annos cessaria de as convocar." "Quaes devem ser os requisitos dos deputados do Povo Portuguez será facil determinar; *e nos parece que bom modello tem para isso na Constituição d'Hespanha, e poderemos entre nós adoptar, com mui pequenas alterações, as regras que ali se estabeleceram no determinar as qualidades dos deputados das Cortes (...).*"; ibidem, nº 64, págs. 376 e ss., apresenta uma perspectiva muito crítica a propósito da *Martinhada* e da forma como a mesma condicionou o desenvolvimento dos sucessos revolucionários nacionais, especialmente no que toca às eleições bem como à forma de expôr ao motivos que os seus mentores entendiam dever proceder. Não significa isto que estivesse concordante com os dizeres do *Manifesto de 31 de Outubro*, pelo que, uma vez mais, João Bernardo se coloca na dúbia situação de querer conciliar moderantismo com radicalismo, que sempre será complexo.

[5587] *O Portuguez Constitucional*, nº 46, 15 de Novembro de 1820: "Ensayo sobre a origem das Sociedades Civis, e estabelecimento dos Governos – (...) Foi-lhe pois preciso [ao homem] que elle se reunisse e associasse com seus similhantes, para se servir em commum de sua força, e de sua intelligencia. (...). A sociedade foi a primeira; ella foi, no seu principio independente e livre: O Governo foi instituido, e creado por ella, e he o seu instrumento. A primeira he a quem pertence mandar; á segunda cumpre servir."; *O Pregoeiro Lusitano. Historia Circunstanciada da Regeneração Portugueza*, Parte I, pág. 79: "(...) nada existe no mundo, aonde os Reis possão ir mendigar a sua Authoridade, e os seus direitos, senão ás mesmas sociedades, que os constituirão, e lho conferirão. E dalli que deriva a fonte perene de toda a Authoridade, e de todo o Poder sobre a terra (...)." Bastas páginas adiante volta o tema: "É cousa pasmosa haver homens, que conheção e confessem ser os homens todos iguaes, todos irmãos, todos descendentes do mesmo tronco, da mesma origem e cocebão a monstruossa ideia de ir aos Reis dos Ceos buscar o seu Poder, ou descer Deos lá dos Ceos a conferir-lo; e não possão conceber, como desta irmandade, e Igualdade natural elle se possa naturalmente deduzir, e conferir!"

[5588] *Mnemosine Constitucional*, nº 2, 2 de Janeiro de 1821: "Da authoridade do Povo em o systema Constitucional – Soberania he o Poder superior a todos os mais poderes da Sociedade. (...) O Poder que creou o pacto social ou a Constituição: e ninguem duvida que este Poder primitivo, inalienavel,

portugueses na eleição dos seus representantes[5589], ainda quando surgiam algumas dúvidas acerca da omnipresente bondade das Assembleias magnas representativas do Povo[5590].

Ou seja, estar perante um sistema de Governo representativo[5591], manifesto da soberania nacional[5592], sob formulação "essencial"[5593], com os Poderes devidamente

---

independente de toda a forma de Governo, reside na Communidade."; *O Pregoeiro Lusitano. Historia Circunstanciada da Regeneração Portugueza*, Parte I, pág. 79: "(...) uma Nação é um corpo collectivo composto de muitos individuos, os quaes reunidos formão um todo, que em si mesmo tem a sua Razão e a subsistência: e que Poder, ou Authoridade suprema é a reunião do Poder, faculdade, e Authoridade de cada individuo em um só corpo moral"; *ibidem*, pág. 207: "A lei é a vontade suprema da Nação de acordo com a Suprema Razão: e um Povo virtuosos e livre, seguindo voluntario os dictames desta Razão Suprema, obedece á lei por seu interesse, e nunca por medo de castigos."; o *Correio do Porto*, nº 27, 1820: "O fim da sociedade civil he o bem geral de todos, e conservar a felicidade commum, assim do Governante, como dos Governados."

[5589] *O Portuguez Constitucional*, nº 27, 25 de Outubro de 1820: "Todo o Cidadão Portuguez tem o mesmo direito na elleição dos seus deputados, e só usando todos do seu Direito, se poderá obter a legitimidade da representação, que se procura (...).

[5590] *O Campeão Portuguez ou o Amigo do Rei e do Povo*, III, Julho de 1820, págs. 4 e ss.: "Axioma inegável já hoje he que não pode haver Liberdade sem Assembleias Representativas, nomeadas pelo povo. Mas inegavel tambem he que estas assembleias tem seu perigo: assim poor o mesmo interesse da Liberdade, necessario he precaver esse perigo. Quando a Autoridade representativa não tem limites, não se pode estar certo que os representantes do povo hajão de ser, em todos os cazos, os defensores da Liberdade: muitos haverá em que possão ser os candidatos da tirania. *Por isso, debaixo de uma Constituição, que tenha por baze a representação nacional, nenhuma Nação podera ser livre se seus representantes não tiverem algum freio que os contenha.*"; *ibidem*, III, Julho de 1820, pág. 6; de facto, pouco tempo faltava para a Revolução de 1820 e ainda José Liberato Freire de Carvalho partilhava de algumas dúvidas. Sugeria-se, pois, à boa maneira inglesa, uma limitação das prerrogativas das mesmas, quer mediante a criação de uma segunda Câmara, quer por recurso à intervenção do monarca, mediante o veto. Neste último caso falava-se em prerrogativa e defendia-se mesmo que "a destruição do Poder real anda sempre acompanhada de terriveis catastrophes." Esta ideia fora já defendida pouco tempo antes, conforme III, Junho de 1820, pág. 427.

[5591] *O Portuguez Constitucional*, nº 11, 4 de Outubro de 1820.

[5592] *Ibidem*, nº 17, 11 de Outubro de 1820, aponta para paralelos muito semelhantes aos teorizados por Sieyès. Assim, "Não há senão a Nação, isto he, a massa geral de toda a população reunida, constituindo hum todo, sem distincção de gráos, ou qualidades de alguma fracção desse todo. *Mas como as Nações são hoje Corpos muito grandes, e não he possivel reunir todos os Povos que as compõe, faz-se precisa a Representação desses Povos.*"; *Mnemosine Constitucional*, nº 1, 1 de Janeiro de 1821: "Da Authoridade do Povo em o systema Constitucional – O que he o Povo? (...) *O Povo he a universalidade dos Cidadãos*. Nenhuma povoação, nenhum Corpo partidário, nenhuma reunião de individuos póde arrogar-se o nome de Povo, ao menos respectivamente á Authoridade que deve exercer (...) O Povo he a sociedade inteira, a massa geral dos homens que se hão reunidos debaixo de certos pactos. (...) Em huma palavra, *o Povo é a Nação*. (...) O Congresso he para nos outros a Nação em quanto á Authoridade legislativa."; *O Pregoeiro Lusitano. Historia Circunstanciada da Regeneração Portugueza*, Parte I, pág. 258, em idêntico sentido.

[5593] *Mnemosine Constitucional*, nº 2, 2 de Janeiro de 1821: "(...) supponhamos aceito e consolidado o pacto representativo: que parte fica á nação da sua soberania radical e primitiva? Nenhuma outra que a faculdade de rever e modificar aquelle pacto (...) Fora deste caso, não conhecemos debaixo do systema representativo outro nenhum em que o Povo deva exercer a soberania primordial ou constituinte." No mesmo sentido *O Portuguez Constitucional*, nº 31, 27 de Outubro 1820: "Exame sobre o que he Constituição, e analyse da Hespanhola". *O Campeão Portuguez em Lisboa*, II, XXXI, Novembro de 1822, pág. 70: "Quando uma Nação se declara soberana de direito e de facto, e começa a constituir-se, isto he, a fazer as leis organicas, que devem formar o seu pacto social, não

separados⁵⁵⁹⁴, aceite pela generalidade dos periodistas e que os portugueses assumem mediante certo formulário eleitoral⁵⁵⁹⁵.

Pato Moniz afasta-se desta ideia⁵⁵⁹⁶, já que admite a possibilidade da universalidade nas eleições. Donde, sugeria-se uma Igualdade próxima da política, que de facto não se confirma na sua perspectiva⁵⁵⁹⁷. Os liberais são liberais; não são, não querem ser e têm horror à confusão com a Democracia, que fazem equivaler à anarquia⁵⁵⁹⁸.

reconhece nem pode reconhecer outra alguma Auctoridade igual ou superior a ella, porque em tal cazo não seria essencialmente soberana e se poria em contradição com sigo mesma (...).''

⁵⁵⁹⁴ *O Campeão Portuguez em Lisboa*, II, XXX, Outubro de 1822, pág. 56: "(...) a absurda e mostruosa confusão de Poderes vai desde já, pela execução permanente do nosso Codigo Constitucional, ser de todo removida; porque em vez della foi substituida uma admiravel balança de Autoridades e Poderes, por meio da qual ficão nossas pessoas e nossos bens ao abrigo de todas as maiores e mais violentas injustiças. (...) Desde hoje em diante ficão por nossa Constituição divididos e separados os tres primeiros grandes poderes que são – o Legislativo, executivo, e judicial."

⁵⁵⁹⁵ *O Portuguez*, XI, nº 65, pág. 391. Cuidando dos benefícios que o plano adoptado para a eleições do Congresso português a partir das suas congéneres espanholas – e apesar das profundas adaptações requeridas – afirma-se "contente com elle, porque dá pouco aso ao suborno e à corrupção, e torna menos certas de laborar com bom successo as manobras da gente togada, a que teemos mais odio que aos Fidalgos, por d'ella sahir maior numero de mandões com a libré de justiça como lobos enroupados em pelles de cordeiro".

⁵⁵⁹⁶ *O Portuguez Constitucional*, nº 12, 5 de Outubro de 1820: "*Toda a Nação, isto he, todos os homens contribuintes para o Estado devem ser chamados para a eleição dos seus deputados, e só então se pode dizer que a nação está devidamente representada.*"; *ibidem*, nº 17, 11 de Outubro de 1820: "*Esta Representação (...) deve ser de todo o Povo, que compõe huma Nação, e não de huma ou outra fracção desse Povo, ou Nação; porque então nós não temos Representação Nacional, mas sim parcelar: e, sendo a Ley a expressão da vontade geral, está visto que só no Congresso, ou Ajuntamento dos Representantes de todos se podem fazer as Leys. São portanto Cortes Portuguezas hoje, a reunião, ou Ajuntamento dos deputados, ou Representantes da Nação Portugueza, tirados da sua universalidade, sem attenção a gráo, qualidade, ou distincção de alguma fracção da mesma Nação; porque todos nascem Portuguezes primeiro que possuam esses gráos, qualidades os distincções.*"

⁵⁵⁹⁷ *Ibidem*, nº 19, 13 de Outubro de 1820: "Extracto de huma carta Circular do Ministro dos Negocios Ecclesiasticos aos Bispos, e Arcebispos do Reyno de Napoles – Os Direitos Politicos de cada Cidadão consistem na faculdade que elle tem de fazer parte das Auctoridades Nacionaes, e locaes, *de concorrer para es eleições destas distinctas Auctoridades*, e de requerer, tanto para o seu privado interesse como para o proveito geral." Esta interpretação que seria possível mediante a leitura singela do passo referenciado parece, contudo, poder desmentir-se em função de um artigo alheio, que publica, e ao qual não parece fazer oposição declarada. No mesmo, relata-se a forma pela qual devem ser eleitos os representantes da Nação e a certo momento há a preocupação de mencionar que quando se afirma que todo "o Povo deve ser chamado para eleições, não entendemos todos os habitantes do paiz; he preciso que elles sejão ao mesmo tempo proprietários (...) O estado servil, o mercenario, em fim todo o não proprietário tem de certo hum interesse opposto. O pobre he por huma condição infeliz da nossa natureza inimigo do rico, e do abastado. A inveja e o ciúme entrão no coração dos homens mais rusticos com a mesma actividade que vemos os grandes caracteres dominados pela ambição"; *ibidem*, nº 21, 16 de Outubro de 1820, onde prossegue: "Os *Sans-culottes* de todos os Paizes, de todas as idades tem o mesmo caracter. A gentalha que ensanguentou as campinas da Italia no tempo das guerras civis de Roma, foi a mesma que attacou e destruiu a França em 1792, e 1793. Por tanto toda esta classe deve ser rigorosamente excluida de ter voto para eleger ou ser eleita"; *Mnemosine Constitucional*, nºs 1 e 2, 1 e 2 de Janeiro de 1821.

⁵⁵⁹⁸ *Mnemosine Constitucional*, nº 43, 19 de Fevereiro 1821: "Muitos por liberal entendem democratico, e por bases liberaes bases democraticas. Se he por erro de entendimento, Deos os alumie, se de vontade...; porém julgo que pelo que fica demonstrado, não deveremos entender as democraticas, pois quanto sejam contrarias á civilização e costumes actuaes, a França, e agora a Hespanha, para emenda nossa, o vai mostrando? Hoje democracia regular he huma quimera, e as Nações que

Alguns erros, manifestados por uma certa confusão que então reinava nos liberais no que toca à distinção entre conceitos tão importantes como os associados às ideias de soberania nacional e de soberania popular, merecem reparo[5599], embora pareçam desculpáveis no contexto algo declamatório que se impunha à pena em tão atribuladas como salvíficas circunstâncias.

Assim, se é verdade que Pato Moniz defende a soberania nacional tal como foi teorizada pelo Constitucionalismo francês, assim como o Liberalismo e opondo-se ao jacobinismo e à Democracia, nem sempre as suas afirmações são coincidentes.

Se em relação ao Povo se entendem os nacionais, os representantes do Povo configuram a Nação, o Povo da Nação de que se trata. Ora, segundo afirma, "cada hum destes representantes, de *per se*, figura o Povo do districto que o elegeo", o que transforma estes representantes nacionais em mandatários com procuração dos seus comitentes a quem unicamente representam. Ou seja, soberania popular[5600], porque "a voz d'hum representante é igual á de todo o Povo do districto por elle representado".

No quadro da presente investigação, defende-se que é um erro grave e confunde soberania nacional, em que o deputado é representante de toda a Nação ainda que seja eleito por distritos, e soberania popular, em que apenas se reporta aos interesses dos seus comissários.

Tal como constituiu preocupação para o Congresso e porque os redactores dos periódicos se consideravam como porta-estandarte da opinião pública, este problema da representação foi um dos mais salientes dos seus escritos. Na verdade e porque não deve existir na Câmara única distinção entre Ordens, classes ou corporações e sendo nela o Povo representado, a representação nacional apenas poderá assentar sobre a população[5601]. A justificação que apresenta é idêntica à que patenteará em presença do Unicameralismo de Cádiz e situação oposta vivida em Inglaterra.[5602] Acima de tudo importa preservar a Liberdade política não apenas dos cidadãos, como da sociedade, sendo certo que o bicameralismo em Portugal forçosamente conduziria à desigualdade.

Na sequência deste raciocínio, decidiu-se em Congresso que não deveria haver Segunda Câmara. Ora, permanecendo tanto tempo em Inglaterra alguns destes periodistas e afeitos aos modos de pensar e estar dos ingleses, haveria uma justificação para que quisessem importar para Portugal alguns desses contributos.

Não foi isso que sucedeu e basta apresentar o sugestivo exemplo de João Bernardo, que se pronuncia favoravelmente pelo facto de haver Câmara única na *Constituição de 1822*, depois de tenazmente ter apoiado o bicameralismo inglês, como bem se deduz das precedentes considerações. Os motivos que encontra é que são sobremaneira

pertenderem estabelecer similhante forma de governo, vão ser desgraçadas victimas da guerra civil, e total dissolução."

[5599] *O Portuguez Constitucional*, nº 1, 22 de Septembro de 1820: "Outra vez se reconhece a Soberania nacional, que pos a coroa na cabeça d'ElRey D. Affonso Henriques (...)."

[5600] *Ibidem*, nº 17, 11 de Outubro de 1820: "He por consequencia o voto de hum representante igual em força, poder e validade, aos votos de todos os Habitantes do districto, que elle representa, considerados todos unanimes. Por tanto a voz de um representante, vem a ser a voz de hum Povo numeroso, composto de muitos e muitos milhares de individuos." *Ibidem*, nº 31, 27 de Outubro de 1820: "Exame sobre o he Constituição, e analyse da Hespanhola."

[5601] *O Portuguez Constitucional*, nº 64, pág. 329. No mesmo sentido, *O Campeão Portuguez em Lisboa*, II, XXXI, Novembro de 1822, págs. 73 e ss.

[5602] *Ibidem*, XI, nº 64, págs. 330 e ss.

interessantes[5603], tanto mais que desculpa a não intervenção de uma Segunda Câmara menos com a lesão do direito fundamental de Igualdade que com a fuga ao epíteto de "Novadores" a que os Pais da Pátria espanhola souberam fugir. Que necessidade haveria, de facto, de importar de Inglaterra, "sem analogia nem necessidade, sem facil conveniencia e sem nenhuma boa razão, um ramo da representação Nacional, como e poderiam importar saca-rolhas, ou frivolas modas de vestidos?"[5604]

E, se em Espanha nem sequer há duas Câmaras, como justificar uma superior influência da nobreza no Congresso? Só se fosse para torpedear a Liberdade política de uma vez por todas[5605].

Ou seja, João Bernardo[5606] vai, de novo, buscar o sentido histórico assente na evolução concreta da sociedade composta por homens livres, para justificar que se em Inglaterra faz todo o sentido falar em Segunda Câmara, em Espanha isso não só está desajustado do seu passado, como é inaplicável ao presente momento, vistas as teses da soberania nacional e da representatividade que asseguram o Poder constituinte ora depositado nas mãos dos deputados eleitos da Nação[5607].

Em qualquer caso, ponderando ainda o caso espanhol, se os nobres não têm uma representação à parte seguindo o exemplo inglês, sempre lhes é assegurado lugar no Conselho de Estado. Ora isto, segundo a interpretação que sustenta, é um reforço e uma defesa da Liberdade dessa mesma nobreza, tanto mais que ninguém lhe poderá

[5603] *O Portuguez*, XI, nº 61, págs. 67 e 68: "Aqui em Inglaterra há Lords mui liberaes, e dotados de grandes conhecimentos, que não podem levar á paciencia o não se macaquear em Hespanha a alta camara do Parlamento Inglez. Como se todas as terras fossem do mesmo humor e qualidade, para em toda a parte se lhes lançarem as mesmas sementes, d'onde se possam esperar fructos similhantes! A Constituição Hespanhola de 1812, agora felismente restaurada, hé apenas nova em forma de materias, sendo um extracto e substancia das antigas Constituições de Aragão, Navarra e Castella, em que não havia Camera de pares, ou como então se dizia brazos ou estamentos de Nobreza; e nem todas as leys e regulamentos d'esses antigos foros entraram em o novo Codigo (...) mas entraram os principaes, como elementos necesarios da Liberdade, e principios da felicidade publica, provados por a experiencia, e analogos aos costumes e indole dos Hespanhoes."

[5604] *Ibidem*, XI, nº 61, pág. 68; *ibidem*, XI, nº 61, pág. 71: "Aqui em Inglaterra hé a Nobreza representada; e nem por isso deicham os Nobres d'intrigar nas eleições de Parlamento, por onde acontece, que dispoem da maioridade na Camera dos Commus 40 ou 50 familias; *e já há muito teria, sob o jugo d'essa Aristocracia, succumbido aqui a Liberdade popular, não fora a da imprensa, com algumas outras boas instituições antigas.*"

[5605] *Ibidem*, XI, nº 61, pág. 71: "Se he verdade (...) que há perigo de que os Nobres não representados exercitem a sua influencia para serem eleitos deputados, e venham todos os assentos do Congresso a serem por elles occupados, e com isso a se tornar o Governo em terrivel Aristocracia, essa hé uma razão de mais, para não teer a Nobreza logar á parte na representação nacional. Dêe-se lhe esse logar separado: porventura deicharia ella com isso de exercer sua influencia para dar os assentos do Congresso a seus aderentes? E não viria em breve o Governo a cahir n'uma Aristocracia intoleravel? *Conhece bem pouco os homens quem lhes suppõe moderados desejos d'ambição.*"

[5606] *Ibidem*, XI, nº 61, pág. 72: "Monarchia temperada com Democracia, foi o Governo que as Cortes escolheram, e não houveram razões por bem ajuntar lhe o ramo Aristocratico (...)." João Bernardo requer interpretação, quanto a nós, numa dupla perspectiva. Em primeiro lugar, é um liberal à moda inglesa, mas não enjeita tudo o que possa contribuir para prover à derrocada do Antigo Regime. Até os péssimos exemplos saídos da revolução Francesa e que os gaditanos vieram a consagrar.

[5607] *Ibidem*, XI, nº 61, págs. 69 e ss., manifesta pois a sua discordância da posição defendida pelo colega Hipólito da Costa.

retirar as qualificações honoríficas que detêm, salvo por comportamentos nocivos à sociedade e em paralelo com os demais cidadãos[5608].

O equilibro de Poderes que corresponde ao exercício da soberania e não já à sua origem[5609], é nota de destaque do Pensamento liberal[5610], mas em que o Poder Legislativo sempre acabava por se superiozar aos demais pelos motivos apontados, é pedra de toque da reflexão dos periodistas[5611]. Segue-se a velha tese proposta por Montesquieu, funcionando aqueles como baluartes da "Liberdade Nacional"[5612] e da soberania actual da lei[5613], mas os Poderes do Rei ficam numa situação deficitária em presença dos do Congresso e, depois, das Cortes[5614].

De facto ao Rei apenas cumpria um veto suspensivo. Tudo o mais seria desastrosa intromissão nos Poderes da Nação ou, no mínimo, porque se o fizessem e buscassem a aprovação do Rei para as matérias por ela legisladas por intermédio dos seus representantes, "mostravão, de facto, que reconhecião um outro Poder igual ao da

---

[5608] *O Portuguez*, XI, nº 61, pág. 73: "Talvez fosse a nobreza a que ganhasse mais com a Liberdade; porque as suas distincções, foros e privilegios d'honra ficaram lhe inviolavelmente consagrados, e já agora não lhos pode um Despota tirar, por o modo que ao Martir Conde de Montijo se tirou a Liberdade, enterrando-se-lhe o corpo nos calabouços da Inquisição (...)."

[5609] *Mnemosine Constitucional*, nº 2, 2 de Janeiro de 1821: "(...) estando os Poderes divididos, representados, e mesmo complicados, o pacto constitucional he o único que póde decidir em que mãos reside o poder supremo."

[5610] *O Portuguez Constitucional*, nº 1, 22 de Septembro de 1820: "humas Cortes Constituintes, hum Congresso Nacional Legislativo e Soberano, que levante o Magestoso edificio de huma Constituição Liberal (...) e na qual fiquem definidas, e imprescritivelmente estabelecidas todas as attribuiçoes dos tres Poderes Legislativo, Executivo, e Judicial; determinadas as bases de nosso regimen, e aquellas que devem servir-nos de guia em nossos Tratados e Alliancas com as demais Nações." E prossegue: "Queremos huma Constituição Liberal, queremos ser livres, clamámos todos, e ao echo de nossa vozes acudio a Liberdade! Oh! meus concidadãos, apertemo-la em nossos braços que nunca mais se torne a escapar."

[5611] *O Campeão Portuguez em Lisboa*, II, XXX, Outubro de 1822, pág. 56: "O Poder de fazer as leis vai, por tanto, ficar *inalteravelmente depositado nas mãos de vossos representantes, directamente escolhidos por vós*; o Poder Judicial, ou aquelle, a quem a Constituição só permite applicar as mesmas leis, vai tambem ficar inalteravelmente depositado nas mãos dos juizes, que em breve hão de ser quazi todos igualmente nomeados por vós, quando o importantissimo sistema dos jurados estiver estabelecido; e o Poder, finalmente a quem pertence fazer e executar as mesmas leis fica confiado ao nosso Rei (...) o qual por meio de um ministério responsável aos vossos representantes, exercerá uma auctoridade, sim inviolável em sua sagrada pessoa, porem sugeita á mais severa responsabilidade nas pessoas de seus ministros." No mesmo sentido, *Correio do Porto*, nº 26, 1820: "He por tanto certo que huma Nação somente póde ser reprezemntada nas Monarquias moderadas, onde o *Poder Legislativo* reside no Corpo moral dos cidadãos escolhidos pela Nação, e onde o Soberano he apenas depositario do *Poder Executivo*."

[5612] *O Portuguez Constitucional*, nº 19, 13 de Outubro de 1820: "Extracto de huma carta Circular do Ministro dos Negocios Ecclesiasticos aos Bispos, e Arcebispos do Reyno de Napoles."

[5613] *Mnemosine Constitucional*, nº 2, 2 de Janeiro de 1821: "Poder-se-hia dizer que a Lei he o verdadeiro Soberano actual em todo o bom governo." Apresenta depois vários casos de detentores da soberania actual: "em Espanha nas Cortes e no Rei, devido á sanção real; em Inglaterra o soberano, que considera acima do Parlamento".

[5614] *O Portuguez*, XI, nº 63, pág. 212. Quanto à posição que o Rei deve assumir, será a de activar a obrigação que tem para com a Nação portuguesa, que não é mais que a de "annuir á convocação das Cortes do reino, para reformar os abusos, e escandalos, que tem feito a nossa desgraça, e nos tem levado ás bordas do abismo!"

Nação, e que se contradizião consigo mesmas"[5615]. O Rei detém, em todas matérias não constitucionais um veto suspensivo[5616] e isso deve bastar, às futuras Cortes, para se precaverem de cada vez que houverem de legislar.

Para além do facto do Rei nunca poder impedir a celebração de Cortes nem sequer lhe cumprir convocá-las[5617], porque se o fizer isso até poderá implicar a perda da Coroa, aparecem raciocínios interessantes que fazem apelo a ancestrais ideias do Direito português. Recordando-se o velho direito de resistência, teorizado pelos consensualistas contra o príncipe tirano[5618] e que agora, numa eventualidade e época distinta, não deixa de ser relembrado[5619].

Invocam-se, por outro lado, exemplos estrangeiros para firmar a nossa Liberdade política[5620] no sustentáculo do Poder do Parlamento, mesmo os que provariam ser de reduzida aplicabilidade prática em Portugal, para sustentar os direitos da Nação em presença do Rei. É o caso de Inglaterra no tempo da devolução da Coroa a Guilherme e Maria e dos *Bills* que por essa ocasião se formaram, reafirmando a Liberdade política inglesa já enunciada desde os tempos da *Magna Charta*[5621].

2. Imprensa adversa à Revolução

Resulta claro que nem todos os jornais deste período estariam conformes ao processo revolucionário. Alguns assumiam uma aberta oposição; outros faziam-no de modo

---

[5615] *O Campeão Portuguez em Lisboa*, II, XXXI, Novembro de 1822, pág. 71.
[5616] *Ibidem*, II, XXXI, Novembro de 1822, pág. 72: "Todavia, esta concessão foi voluntaria e espontanea da parte do único Poder em que reside a soberania; e como voluntária e espontanea deixou salvo o grande principio de que para todas as leis Constituintes só pode e deve ser juiz competente a nação que se constitue. Que o Rei nas leis regulamentares possa e deva ser ouvido he uma medida politica muito util e prudente (...)."
[5617] *Regeneração de Portugal*, nº 7, 1820: A Nação portugueza tem o direito de convocar Cortes ainda sem o expresso consentimento d'El-Rei."
[5618] *O Campeão Portuguez ou o Amigo do Rei e do Povo*, III, Outubro de 1820, págs. 203 e ss.
[5619] *Ibidem*, III, Outubro de 1820, pág. 203: "E pois que o direito de resistência a uma não provocada agressão he dadiva de Deos, e preceito que nos deo, dando-nos a vida, mui santa e justa foi a nossa contra-revolução do fausto dia 24 de Agosto, 1820, por a qual como homens livres, e filhos de Deos, nobremente resistimos á não provocada agressão de nossos opressores."
[5620] *Ibidem*, III, Agosto de 1820, pág. 72. Exemplifica com o caso dos juizes que devem ser nomeados pelo Rei e não pelos representantes do Povo, porque se interroga: "(...) que interesse pode ter um Rei constitucional em nomear juizes ignorantes, ou de máo comportamento? Por isso mesmo que elles são inamoviveis, lhe escapão immediatamente das maons, apenas nomeados; e ficando assim independentes da Auctoridade, que os creou, nenhum motivo tem para serem instrumentos dos caprichos do Poder Real."
[5621] *Mnemosine Constitucional*, nº 32, 31 de Outubro de 1820; *O Campeão Portuguez ou o Amigo do Rei e do Povo*, III, Agosto de 1820, págs. 65-67 e nota respectiva, onde se pode ler em presença da transcrição do citado *Bill*: "Este he o celebre *Bill* dos direitos, ou declaração feita por os Lords e Communs ao Principe e princesa de Orange em 13 de Fevereiro de 1688, e que depois foi aprovado em Parlamento quando ambos forão declarados Rei e Rainha de Inglaterra. Nelle estão incluidos os principios fundamentaes de todas as Constituiçoens do mundo; e he este *Bill* uma especie de *Decalogo* politico, que encerra os dez mandamentos por que se devem governar os Reis e as Naçoens. Os Portuguezes, que estão em vesperas de ver um melhoramento em sua administra politica e civil, devem olhar attentamente para estes dez Mandamentos, os quaes applicados a Portugal se reduzem a dois, que são os seguintes. 1º Cortes, único Poder para fazer leis, e impor tributos, 2º Independencia de Juizes com Jurados, única garantia de toda a Liberdade civil."

mais subtil[5622], normalmente sendo patrocinados pelos que viam nas promessas da Santa Aliança o veículo ideal para se incentivar a mudança de que a Europa de Oitocentos requeria. Mas afastando-se abertamente de toda e qualquer veia revolucionária.

É o caso, por exemplo, d'*O Contemporaneo*[5623], jornal da responsabilidade do futuro Conde de Subserra, mas também do conselheiro de Estado e ministro de D. João VI, Cândido José Xavier.

O temor de que a Europa volte à situação de instabilidade que existia nos tempos de Bonaparte ou então, pior, que as cenas sucessivas à Revolução Francesa, pareciam ser o pólo de atracção de todas estas noticias, considerando-se que compete às Nações e aos seus legítimos soberanos evitar que qualquer convulsão possa arredar a paz e a tranquilidade pública.

Por outras palavras, não são aconselháveis alterações bruscas à situação e, sobretudo, evita-se no possível que a Liberdade política possa ressurgir nos termos em que Cádiz a havia enquadrado e algumas Nações se mostravam dispostas a seguir[5624].

Resulta clara a posição do periódico e dos seus redactores em presença do comportamento de Fernando VII em 1814 e da situação vivida em 1820. A sua adesão ao Constitucionalismo seria nenhuma, não só por reconhecer a possibilidade e a capacidade de Fernando VII e anular a *Constituição de Cádiz*, mediante os motivos que

---

[5622] É o caso do já mencionado *Novo Mestre Periodiqueiro ou Dialogo de hum Sebastianista, hum Doutor e hum Ermitão, sobre o modo de ganhar dinheiro no Tempo Presente*, que sendo um folheto – duvida-se mesmo de qualificá-lo "pasquim" – não se embaraça em lançar veementes imprecações contra os jornalistas liberais. Dando apenas um exemplo, deixa-se ao cuidado do leitor retirar as respectivas ilações. Assim e a pág. 11, escreve: "*Não duvideis dizer hoje uma couza, e á manhã o contrario*: levantai hoje até ás estrelas a Liberdade de imprensa, á manhã digam que esta Liberdade deve ter os seus limites; nem deve ser tão restricta como no antigo governo, em que não se podião imprimir nem letreiros das garrafas de licor sem licença; nem tão livre, que cada qual possa escrever o que lhe vem á cabeça. *Menti quanto quizerdes, e desempenhareis o officio de redactor de um Periodico*."

[5623] *O Contemporaneo*, Paris, 1820, I, Novembro de 1819, págs. 1 e 2: "Debalde a restauração de 1814 restituio a familia dos Bourbons ao throno de seos antepassados, proclamando a legitimidade, como hum dogma politico, tão util á estabilidade dos governos, como á tranquilidade dos Povos; debalde os soberanos: reunidos no Congresso de Vienna, tentarão pôr o complemento á felicidade publica por meio de resoluções, a que se ligarão reciprocamente e espontaneamente, resoluçoens tomada para conceder aos Povos a fruição das garantias dos interesses nacionaes; debalde chamarão effectivamente alguns soberanos as Naçoens a repartirem com elles o exercicio do Poder Legislativo, e outros prometterão solenemente fazello a epocas proximas; todas estas importantissimas concessoens, garantidas pella pratica da virtude e da justiça dos soberanos, não têm bastado para tranquillizar esta região abalada pello terramoto revolucionario." A longa exposição – de mais de sessenta páginas que se seguida apresenta – vai toda no sentido de justificar medidas elaboradas por países da Santa Aliança, nomeadamente a França e a Prússia, que adiavam sucessivamente os princípios considerados de abertura e saídos do Congresso de Viena. A justificação é sempre a mesma: a prudência e o carácter reflexivo dos soberanos para evitar revoluções e a impaciência dos Povos que não souberam entender as melhores e mais sadias motivações dos monarcas.

[5624] *Ibidem*, I, Novembro de 1819, pág. 4: "(...) e como vimos que todas as Naçoens tinham interesses proprios nestas discussoens, *por que não podem atear-se de novo revoluçoens, sem que huma só nação d'esta parte do mundo escape aos seos estragos, o Reino-unido de Portugal e do Brasil, tem como os outros hum interesse identico* (...)."

invoca[5625], como a opção que em 1820 patenteia em presença dos acontecimentos do 1º de Janeiro[5626] e meses subsequentes[5627].

Há termos que são característicos e permitem definir o posicionamento destes periódicos por oposição aos liberais. Por exemplo, fala-se em "legitimidade" em vez de soberania da Nação[5628], defende-se o Cartismo de 1814 em vez do Constitucionalismo de 1812[5629], suscita-se "princípio monárquico" por oposição a domínio absoluto do Legislativo sobre o Executivo, em representação do Povo[5630].

Não têm, contudo e por razões perceptíveis, qualquer relevo em comparação com os seus congéneres liberais, razão pela qual, se dispensa uma abordagem mais pormenorizada, vistos os seus suportes reflexivos de apoio.

§ 3º. Síntese da temática do presente capítulo

Conclui-se deste modo a abordagem no plano do desenvolvimento das Ideias e Factos Políticos e estudo sobre o direito individual de Liberdade de imprensa.

Emblemático para o Pensamento liberal e que transforma um direito individual em político e, mais que isso, faz depender o direito político da prévia salvaguarda do direito individual, a Liberdade de imprensa no período do Vintismo foi um dos maiores ganhos da Revolução. Sem Liberdade individual, dizem, a Liberdade política e subsistência da própria Nação perigam. Tudo o que seja feito para a proteger sempre será insuficiente.

[5625] *Ibidem*, I, 1819, págs. 187 e 188: "Nenhum publicista, ainda mesmo entre os liberaes, poem em duvida que huma Constituição não principia a ser obrigatoria antes de ser aceite pelos Poderes constitucionaes, por tanto esta não o era para Fernando VII, que a não tinha aceitado, e como a aceitação suppoem a faculdade de rejeitar, he evidente que este soberano poude legalmente annular huma Constituição, feita sem o seo consentimento, em perjuizo da sua Authoridade, e por consequencia em damno do bem da Nação. (...) Sim, Fernando VII devia rejeitar huma Constituição, em que seos Authores se tinham esmerado em esmiuçar todas as cautelas injuriosas contra a Authoridade real, como se o Rei fosse o inimigo nato do estado, reduzindo o soberano a uma sombra de Rei sem explendor e sem authoridade, o que transtornava inteiramente a Constituição antiga do reino, e era opposto aos habitos, ás ideias, e ás opiniões da Nação Hespanhola."

[5626] *Ibidem*, I, 1820, págs. 194 e ss.: "Das observações precedentes conclui-se-há, que seja do interesse do monarca espanhol fazer em 1820, o que dissemos teria sido a sua política e justiça em 1814? Deverá aceitar a *Constituição de Cádiz* ou chamar Cortes, e restituir os refugiados á patria? Quanto á *Constituição de Cádiz*, como pela sua aceitação este principe deixaria de ser Rei, não pode entrar semelhante materia em questão (...)."

[5627] *Ibidem*, I, 1820, págs. 296 e ss.

[5628] *Ibidem*, I, Novembro de 1819, pág. 5: "A benefica restauração de 1814, que estabelecendo de novo a maxima da legitimidade das familias reinantes (...)."

[5629] *Ibidem*, I, Novembro de 1819, pág. 2: "(...) inspirão o justo receio de que a felicidade publica não esteja ainda assente sobre solidas bazes, e de que a malavisada impaciencia dos novadores não torne a pôr em questão, o que se tinha decidido e solidamente estabelecido, arrojando outra vez o baixel dos estados no aparcelado pelago das procelas revolucionarios."

[5630] *Ibidem*, I, Novembro de 1819, págs. 48 e 49: "Não se pode imaginar, como possivel huma conspiração contra os Povos da parte dos seos governos, como seria a aleivosia, que se quer inculcar, e portanto não podemos deixar de nos persuadir que o mal he grande e muito grande (...). Esperamos que sejão adoptadas prudentes e efficazes medidas, que conciliem a Liberdade publica com a Autoridade legitima (...)."

Políticos intervenientes no processo legislativo, jornalistas bem informados do que se passava no estrangeiro, simples cidadãos que nesses periódicos procuravam dar contribuições anónimas, o coro das vozes que se levantava em sua defesa raiava a unanimidade.

Nem todos veriam a Liberdade de imprensa e sua conservação e incremento do mesmo modo. Para alguns, ela continuaria a ser instrumento subversivo da ordem, modelarmente vigiado, sobretudo atendendo aqueles a quem se destinava maioritariamente: os portugueses pouco instruídos e muito pouco sensíveis a considerar primeiro os interesses da Nação que os seus pessoais interesses.

A Liberdade de imprensa intervém em todos os demais sectores do Constitucionalismo português. Não só é por ela que o regime se publicita, defende e ataca os adversários conhecidos, como permite às próprias instituições melhorarem a sua actividade e os métodos pelos quais se orienta. O Povo e o Rei são os principais interessados nela, ainda que o Povo e o Rei por motivos diversos sejam reconhecidamente aqueles que mais afastados dela têm andado. O Povo porque não sabe ler e precisa de informação derivada; o Rei porque os áulicos lhe sonegam as notícias do seu Povo.

Era isto que se procurava inverter, mediante um rosário de proclamadas intenções, algumas das quais os próprios constituintes saberiam bem da impossibilidade de confirmar.

O Constitucionalismo Vintista recuperou as ideias e algumas das instituições de Cádiz neste domínio. Quando em 22 de Outubro as Cortes de Espanha fazem uma nova Lei de Liberdade de Imprensa, curiosamente menos liberal que a de Cádiz porque previa o juízo posterior aos Bispos, estabeleceram uma lei menos liberal que a de Cádiz. Ora, foi por essa lei menos liberal que a de Cádiz que as Bases e depois a *Constituição de 1822* se orientaram no texto constitucional.

E isto mesmo quando não sendo a Lei de Liberdade de Imprensa, em nenhum dos casos, lei constitucional. Talvez por isso não houvesse tanto pejo em regulamentar desse modo no Portugal de 1822, porque reverência não é sujeição.

Quanto à imprensa propriamente dita, prossegue, mas agora com uma vivacidade muito maior, aquilo que já vinha sendo feito pelo menos desde 1808, em Portugal ou no estrangeiro. A preocupação em reproduzir a doutrina e os grandes princípios do Liberalismo, em todas as matérias individuais, civis ou políticas sobre que versava, são a constante das notícias que saem em catadupa.

Foram, como se disse e além das intervenções parlamentares, a fonte por excelência do Pensamento político nacional deste período, dando a conhecer algumas fragilidades de raciocínio mas, por via de regra, bastante consistentes nas suas análises. E também por ela se pode perceber o grau de conhecimento que do Liberalismo havia em Portugal em 1820 e até antes, muito embora as opções governativas preferenciais dos jornalistas da fase anterior sejam por via de regra distintas das dos seus colegas do pós 1820.

A sobreposição informativa dos vários periódicos é evidência dos factos, mas perfeitamente compreensível, fazendo lembrar um pouco o que se passou em França depois da revolução ou, num plano diverso, as sequelas que a Guerra das Laranjas teve em Portugal.

Consagrada nas Bases como direito individual que ganha expressão política, reafirmada como tal na Constituição e praticada, não foi a Liberdade de imprensa a responsável pela queda do Vintismo. Os jornais não obrigavam politicamente; os jornais, no máximo, transmitiam a versão que consideravam maioritária da sociedade portuguesa. Se o Triénio teve um triste fim, isso não se deveu à imprensa, como bem atestam as perseguições que logo depois da *Vilafrancada* são feitas a jornalistas e a redactores.

Outras causas existiram; não a da consagração política do direito individual da Liberdade de imprensa que ajudou a criar a Nação livre e soberana do Portugal de 1820-1823.

Capítulo IX
Sumária aproximação à "Liberdade religiosa"

> "Senhores, os mortos não falam, desculpae se me constitui interprete dos sentimentos que de certo adornariam nossos paes se revivessem; elles desejariam o bem da patria, e nós todos os Portuguezes desejamos o mesmo. Em vós, depois de Deus estão firmadas nossas esperanças. Vós vos congregaes para felicitar os filhos d'esta grande nação. Deus tem mostrado com bem clareza que não quer que Portugal deixe de ser um Reino Independente, e bastará lembrar-nos dos factos que nos tem precedido, para conhecermos a fundo esta verdade. Sua mão poderosa visivelmente nos beneficiou em nossa nova regeneração, seus milagres despertam e chamam o nosso reconhecimento, unidos em espirito com todos os povos da monarchia, vimos hoje render-lhe graças por tantos beneficios quanto havemos recebido de sua mão benfazeja. Aos quase por hoje a coroa ao desejado e tão appetecido ajuntamento dos paes da Patria, illustres representantes da Nação portugueza (....)"
>
> > "Discurso do padre VICENTE DE SANTA RITA LISBOA, prégado no templo da Sé em 26 de Janeiro de 1821, quando os Deputados alli prestaram Juramento", *apud* Barão de S. Clemente, Documentos para a História das Cortes Geraes da Nação Portugueza, I, págs. 134 e 135

CAPÍTULO IX. SUMÁRIA APROXIMAÇÃO À "LIBERDADE RELIGIOSA"
§ 1º. Desenvolvimento da Liberdade Religiosa na doutrina e na literatura – breve apontamento e remissões. Ponto único. Cádiz e a Liberdade de consciência e a tolerância religiosa (?) na regulamentação ordinária. § 2º. Liberdade de consciência teórica ou Religião de Estado oficial no Vintismo: eis o problema. 1. O exemplo de Cádiz. 2. O caso português: o Pensamento Vintista nas suas coordenadas gerais. 2.1. A Liberdade de consciência e a tolerância religiosa para os nacionais. 2.2. A questão "heterodoxia" e a sua ligação à Fé confessional. 2.3. Os "Direitos de Deus" e os Direitos da Nação soberana. 2.4. A Liberdade de consciência como preocupação extra-constitucional (ou Ordinária) no Congresso Vintista em presença do modelo gaditano. § 3º. Síntese da temática do presente capítulo.

§ 1º. Desenvolvimento da Liberdade Religiosa na doutrina e na literatura – breve apontamento e remissões

A reflexão sobre a necessidade de limitar o Poder no Estado Moderno implica, sob forma inicial, a prévia consideração da temática da Liberdade individual e sua defesa, quer no plano da Liberdade de consciência, quer no domínio da tolerância religiosa.

Ou seja, no sentido positivo ou negativo desta última[5631]. A questão merece o empenho da investigação, tanto mais quanto se apresenta perante uma ordem jurídica constitucional, que rompe com condicionantes que em termos individuais e colectivos, impunha entraves à Liberdade naquele domínio e mesmo à tolerância noutro plano.

A breve trecho, verifica-se que os dois problemas se podem autonomizar, sendo perfeitamente possível visualizar países aonde prolifera uma certa tolerância religiosa sem que haja qualquer limitação do Poder político, países onde este vai sendo limitado mas em que a Liberdade de consciência efectiva – sob a forma de Liberdade religiosa – para os seus cidadãos é inexistente e casos onde as duas se apoiam reciprocamente, ainda que com limitações demarcadas.

Os exemplos podem multiplicar-se. Para o primeiro caso, a França antes da Revolução Francesa; para o segundo, o Portugal do Triénio Vintista e para o terceiro a situação inglesa, no plano da restrição, e norte-americana para a globalidade[5632].

Em qualquer caso, sendo a Liberdade de consciência um direito individual e a tolerância religiosa, ao coincidir com a mesma, lhe dar uma configuração positiva, isso identifica tolerância religiosa com tolerância civil. No caso português é o sentido negativo da tolerância o que vigora, porque se limita ao teor da tolerância civil para os estrangeiros, como garantia que é politicamente sancionada e, logo, em versão constitucional. Não há Liberdade de consciência efectiva, enquanto politização de um direito individual para os portugueses consagrado na Constituição, sob forma de Liberdade religiosa ou tolerância de cultos. Há tolerância de cultos em sentido negativo, civil ou político para os estrangeiros.

Daí que o tratamento da questão do direito individual de Liberdade de consciência para os portugueses e da ausência de tolerância religiosa aqui deva ser estudado, reservando para momento posterior em que se estudam as garantias jurídicas, a tolerância religiosa para os estrangeiros, muito embora as duas questões estejam em íntima associação.

No fundo e dos debates do Congresso, foi possível encontrar uma fractura sensível na medida em que se grande parte dos constituintes defendia a tese geral, e princípio basilar do Liberalismo, da Liberdade de consciência, já considerava como factor impolítico no contexto do Triénio a completa abertura aos nacionais da possibilidade de optarem oficialmente por culto diverso do católico. Tanto não deveria sofrer consagração constitucional. E foi isso mesmo, que veio a acontecer.

E, se é verdade que se trata de uma questão relacionada com a Liberdade individual, não será menor a sua incidência no plano da definição do regime a que se pretendia aceder. É por isso compreensível estabelecer, desde já uma pequena ressalva a propósito do Artigo 15º das Bases, relativo à Religião Católica, que um número considerável de parlamentares queria que ficasse logo e nas Bases, mencionada como única, ideia que não prevaleceu, ficando adiada para a discussão da Constituição propriamente dita[5633].

[5631] Recorde-se, a título de exemplo, a situação dos monarcómanos.

[5632] Convirá, deste passo, chamar à colação todas as extensas considerações que houve oportunidade de apresentar sob forma exaustiva no que concerne ao posicionamento que quer a doutrina estrangeira quer o Pensamento nacional, neste quadro estabeleciam como pano de fundo ao tema.

[5633] D. C., I, pág. 123. Os Autores desta declaração de voto foram António José Ferreira de Sousa, António Camelo Fortes de Pina, António Pereira, José Joaquim de Faria, Joaquim José dos Santos Pinheiro, Agostinho Teixeira Pereira de Magalhães, Francisco Manuel Trigoso, Tomé Rodrigues Sobral, José Pedro da Costa, José Peixoto Sarmento de Queiroz, José Vaz Correia de Seabra, José Homem Correia Teles, Manuel Agostinho Madeira Torres, João de Figueiredo, Francisco Wanzel-

Ponto único – Cádiz, a Liberdade de consciência e a tolerância religiosa (?) na regulamentação ordinária

Nota-se, neste contexto e estabelecendo a comparação entre a regulamentação "extra--constitucional" de Cádiz e a portuguesa, que os espanhóis foram muito mais longe que os portugueses no debate acerca da abolição do Tribunal da Inquisição. Para tanto gastaram nada mais nada menos que um tomo completo dos *Diarios de Sesiones* onde traduziram as inflamadas discussões acerca deste objecto[5634].

E se não há a intenção de esmiuçar o esgrimir de argumentos gaditanos, certamente será muito interessante concluir que apesar de em Portugal, como em Espanha, a extinção do Santo Ofício ter sido pretexto para se extremarem posições, os portugueses talvez tivessem aprendido a lição e moderado a importância de um assunto que, sendo relevante, não seria, sem dúvida, motivo para tanto conflito parlamentar entre deputados. Todos conheciam da incompatibilidade do Santo Ofício com todo e qualquer Liberalismo. Em qualquer caso, saliente-se que nem na Constituição de Cádiz nem na de 1822 se faz qualquer referência directa à extinção da Inquisição, sendo matéria de regulamentação ordinária[5635].

Tratou-se, uma vez mais e para ambos os casos de regulamentação extra-constitucional verificada e determinada no âmbito dos Congressos constituintes e no exercício desse Poder. Mas na verdade, aquilo a que se assiste é a uma pura medida de carácter legislativo que, bem entendido apenas nesse local poderia ser determinada por força da soberania nacional que assim o exigia dos seus representantes, mas que não perpassa sob via directa para o Texto da Lei Constitucional.

Estava em causa uma instituição cujos amplíssimos Poderes eram, de todo em todo incompatíveis com a noção de Liberdade política do cidadão e da sociedade, pressupondo uma ideia de laicização institucional, no respeito pela religião do Estado.

A primeira medida no que respeita ao relacionamento entre Estado e Igreja foi a consideração de que o Santo Ofício[5636] violava e lesava toda e qualquer consideração

---

ler, António Pinheiro de Azevedo e Silva, José de Moura Coutinho, António Maria Osório Cabral, Francisco de Magalhães de Araújo Pimentel, Isidoro José dos Santos, José de Gouveia Osório, Bernardo António de Figueiredo. Ou seja, a ala mais conservadora do Congresso que ao longo do tempo em que este funcionou mais decisivamente se manifestou contra alterações mais profundas em matérias reconhecidamente sensíveis da sociedade portuguesa.

[5634] *Cortes de Cádiz*, Sessão de 20 de Janeiro de 1813. Foi ordenada a impressão em separado de um tomo VI das Cortes de Cádiz, correspondente ao estabelecimento dos Tribunais protectores da Fé. As matérias foram retiradas, por correspondências, dos tomos V e VII dos *Diários das Cortes*. Compreende todo o debate ocorrido entre 8 de Dezembro de 1812 e 5 de Fevereiro de 1813. No final consta o Manifesto das Cortes, com as razões em que se apoia para as deliberações tomadas.

[5635] Existe um texto muito curioso, recitado no decurso da elaboração *Constituição de Cádiz* e a este respeito e que foi depois traduzido para português por D. Benvenuto António Caetano Campos, *Falla do Doutor D. Jose Antonio Ruiz de Padron*, (...), *a qual se leo na Sessão Publica de 18 de Janeiro sobre o Tribunal da Inquisição. Traduzida, e Offerecida aos Deputados das Cortes de Portugal por* ***, Lisboa, 1820. Outro texto de origem portuguesa e que merece ser levado em linha de conta é de Francisco Freire de Mello, *Representação às Cortes e Invectiva contra a Inquisição*, Lisboa, 1ª Edição, 1821.

[5636] António Cabreira, *Analise da Revolução de 1820*, pág. 15: "Deve-se à Revolução de 20 um grande gesto de Humanidade: a extinção de Inquisição. Arma traiçoeira nas mãos da Inveja, da Intolerância e da Política, e de que serviu o próprio Pombal, o Santo Ofício cometeu as maiores atrocidades sob a égide do Divino Nazareno, em cujas faces reverberaram, muitas vezes, as fogueiras do martírio." Também *O Investigador Portuguez em Inglaterra*, VI, Junho de 1813, págs. 449 e ss., artigo sobre a abolição do "Tribunal da Inquizição de Hespanha, e huma notícia do Informe dado sobre este ponto

da pureza da religião católica que os deputados haviam jurado defender e constava das procurações de cada um deles.

§ 2º. Liberdade de consciência teórica ou Religião de Estado oficial no Vintismo: eis o problema

1. O exemplo de Cádiz

Remonta a Recaredo o princípio da unidade religiosa em Espanha, sustentado no III Concílio de Toledo[5637], consagrado nos antigos Códigos, base da unificação da Reconquista e posterior conquista do reino mouro de Granada.

Tal como em Portugal, o regalismo havia-se instalado em Espanha no séc. XVIII e passou identicamente para o seu Constitucionalismo. E tal como em Portugal, tudo não obstou que a Constituição de Bayonne nem a Constituição de Cádiz deixassem de promover a princípio da unidade católica[5638]. Os espanhóis seguiam uma religião confessional e nem mesmo era admissível qualquer outra.

A compreensão manifestada mesmo por aqueles Autores que proclamavam a necessidade da Liberdade de consciência e da tolerância religiosa, que a Constituição de Cádiz não assumiu, poderá ser enquadrada dentro dos condicionalismos que enformaram a elaboração da própria Constituição[5639].

---

pela Comissão da Constituição das Cortes (...).: "No dia 16 de Janeiro do presente anno decretarão as Cortes Geraes e Extraordinarias de Hespanha, por 100 votos contra 49, a proposição seguinte – "A Religião Catholica, Apostolica, Romana ser protegida por Leis conformes á Constituição" – No dia 22 do mesmo mez se decretou, por 90 votos contra 60, esta outra proposição – "O Tribunal da Inquizição he incompativel com a Constituição." Contudo, as bases em que iria assentar a futura Lei reguladora da religião era ainda mais anacrónica que a instituição abolida e, neste particular, terá de se concordar com os redactores do *Investigador Portuguez* quando se insurgem perante o texto da mesma, onde se previam, entre outras interessantes medidas "(...) los jugar por herejes, é darlos después á los jueces seglares, é ellos deben predicador, á que dicen consolador, deben lo quemar en fuego, de manera que muera (...)." Isto é de facto muito pouco abonatório dos constituintes de Cádiz; mesmo que a Lei futura nada tivesse que ver com esta situação, o simples facto dela ter sido invocada no forum maior da Liberdade de princípios do século XIX na Europa e, no mínimo, falho de dignidade institucional. Não por se substituir o julgamento eclesiástico ao temporal que as coisas melhoram; é pelo banimento integral de tão vexatório entendimento seja qual foi o aplicador da lei encarregue de atiçar o fogo...

[5637] *Cortes de Cádiz, Diarios de Sesiones*, 2 de Septiembre de 1811, pág. 1746.

[5638] *Ibidem*, artigo 12º: De la Religión: "La religión de la nación española es y será perpetuamente la católica, apostólica, romana, única verdadera. La nación la protege por leys sabias y justas y prohíbe el ejercicio de cualquiera otra." Veja-se *Constituição de Hespanha traduzida em Portuguez por* ****, e *Collecção de Constituições Antigas e Modernas*, I, pág. 170 e págs. 3 e 170, respectivamente.

[5639] *O Portuguez*, XI, nº 61, pág. 64: "(...) porem ficariamos nos perplexos, se o eloquente Arguelles ponderasse, a seu modo, as seguintes razões: – Como haviamos nós deputados estabelecer Liberdade de culto em Hespanha *Catholica*, quando não faltaram ahi rumores contra a ortodoxia de alguns de nossos Colegas? Liberdade Religiosa hé necesario semear-se, e nunca isso se pode fazer, sem antes dispor terra para receber semente, que será, quando se desbravem os maninhos da ignorância, e se arranquem os abrolhos e espinhos dos prejuizos e fanatismo, com que de há tantos seculos nos inçara a Inquisição. Legislámos para Hespanhoes, Nação antiga, e não recem-nascidos por obra de Pyrrha ou Cadmo. Solon, sendo perguntado, *se havia dado o melhor codigo de leys aos Athenienses? O melhor (respondeu) que elles podiam receber.*"

Os próprios espanhóis foram os primeiros a reconhecer a insuficiência das medidas que neste contexto haviam tomado, mas a veia discursiva de Argüelles ultrapassou em grande medida a dos seus colegas. Trata-se de um ponto em que os paralelos possíveis de encontrar com o problema em debate no Congresso Vintista são, por demais, evidentes.

De facto, o decurso da discussão apenas serve para firmar a convicção de que para os legisladores de Cádiz, mais do que um facto evidente, ele tinha de ser constitucionalizado, uma vez que era matéria que deveria ser obrigatória para todo e qualquer espanhol, não podendo se considerado como tal se o não fizesse[5640].

Havia mesmo quem invocasse que apenas as normas religiosas conferiam obrigatoriedade às da sociedade civil e sem a religião todo o edifício viria abaixo[5641]. Depois de algum debate, pacífico sem dúvida, foi aprovado o artigo reestruturado pela Comissão da Constituição e que passou à versão final da norma do texto constitucional[5642].

Existe, portanto e sem sombra de dúvida a admissibilidade de uma religião de Estado, sem sombra de tolerância em sentido positivo para os espanhóis[5643]. Aos estrangeiros valiam os Tratados internacionais que salvaguardavam o culto privado da sua Fé, mas que em nada afectavam directa ou indirectamente o dia a dia dos novéis constitucionais.

Críticas, certamente havia muitas e a imprensa periódica não poupava as decisões de Cádiz, como não pouparia as portuguesas. Mas os factos saltavam à evidência de todos; em matéria de religião, as alterações existentes entre o sistema institucionalizado no Antigo Regime ou no actual Liberalismo eram, substancialmente, nenhumas.

De facto e procedendo à simples leitura do artigo 12º da *Constituição de Cádiz*, percebe-se que a primeira Constituição do Liberalismo Oitocentista será tudo menos tolerante para os cidadãos espanhóis em matéria religiosa. Quem defendia a perspectiva por que opcionaram os legisladores de Cádiz fá-lo no sentido de prevenir a tranquilidade pública, eventualmente subvertida se não fosse esse o método seguido.

Trata-se de uma religião de Estado para os nacionais, caso que ocorrerá uns anos depois em Portugal, sendo a situação dos estrangeiros prevenida mais por força de Tratados internacionais que por motivos de assunção de tolerância religiosa, a que os ibéricos eram bastante avessos. E também por este motivo uma garantia conferida pela lei e que, por isso, deveria estar lado a lado com o estudo da Liberdade civil.

[5640] *O Correio Braziliense ou Armazém Litterario*, VII, 1811, nº 45, pág. 493: "Plano de uma Constituição Politica para a monarchia Hespanhola, apprestado às Cortes geraes e extraordinarias, pelo committé de Constituição": "artigo 13: A Nação Hespanhola professa somente a religião Catholica, Apostolica, Romana, com exclusão de todas as outras." Consta de discussão das Cortes de Cádiz, *Diarios de Sesiones*, 2 de Septiembre de 1811, pág. 1746.
[5641] *Cortes de Cádiz, Diarios de Sesiones*, 2 de Septiembre de 1811, págs. 1745 e 1746: "Discurso de Inguanzo – (...) La religión es la primera de todas las leyes fundamentales, porque todas las demás estriban en ella (...). Así me opongo a que lo articulo corre como viene, y me parece que debe extenderse de modo que abrace los extremos indicados. Voto es que se proponga como ley primera y antigua fundamental del estado que debe subsistir perpetuamente, sin que alguno que la profese puede ser tenido como español, no gozar de los derechos como tal."
[5642] *Ibidem, Diarios de Sesiones*, 3 de Septiembre de 1811, pág. 1749.
[5643] *Ibidem, Constitución* artigo 12; *Constituição de Hespanha traduzida em Portuguez por* ****, Lisboa, 1820, pág. 3; e *Collecção de Constituições Antigas e Modernas*, I, pág. 170.

2. O caso português: o Pensamento Vintista nas suas coordenadas gerais

Sendo certo que era dado adquirido desde o princípio e já firmado nas Bases, ser o catolicismo a religião oficial dos portugueses, pareceria que o tema estava esgotado.

Não é assim; do que haverá a desentranhar do debate no Congresso Constituinte acerca do tema, será possível acrescentar pelos menos mais dois pontos. A questão da livre circulação dos escritos, proporcionada pela Liberdade de imprensa e a sua relação com eventuais desvios à Fé – sabida que é a sua pública condenação e a possibilidade dos mesmos serem sujeitos a censura posterior – e a forma de conciliar os direitos superiores de Deus – que ninguém negava – como os da Nação ora soberana – que também não era ponto alvo de discussão.

E, além destes dois aspectos, clarificar um dos pontos que tem sido sistematicamente alvo da discussão e que é agora o local indicado para desenvolver. Se teoricamente e correspondendo aos princípios do Liberalismo – e que os próprios cultores do Absolutismo haviam firmado – a Liberdade de consciência, enquanto Liberdade individual, não pode sofrer contestações no plano da Liberdade de pensamento, já a consagração da Liberdade religiosa plena, de todo e qualquer culto para os cidadãos portugueses, na fisionomia da tolerância de todo e qualquer culto religioso, não é admissível.

2.1. A Liberdade de consciência e a tolerância religiosa para os nacionais

No que respeita aos contornos que a Liberdade de consciência assumiu nos debates do Congresso Vintista e recuperando algumas das ideias já afloradas quando da discussão das Bases, a questão suscitou-se no âmbito do artigo 25º do Projecto da Constituição, pela primeira vez, em 3 de Agosto de 1821[5644]. O artigo que veio a ser aprovado tal e qual constava do Projecto, foi, no entanto, objecto de "nova tempestade"[5645] no Congresso e será alvo de futuras e cerradas críticas[5646].

Havia quem seguisse as pisadas dos legisladores de Cádiz e entendesse que à norma factual da primeira parte do Projecto se deveria aditar a sua componente de Direito e, portanto, não chegaria afirmar ser a "Religião Catholica Apostolica Romana Religião da Nação portugueza", cumprindo frisar que "he (...) e será a Catholica Apostolica Romana"[5647]. Isto significava, verdadeiramente, uma medida de intolerantismo e nem sequer a desculpa da prudência legislativa, muito argumentada, servia para aplanar algumas notas de menor conformidade aos princípios liberais, geralmente sufragados.

[5644] *Projecto de Constituição Portugueza accommodada á Hespanhola, para ser offerecido ás nossas Cortes*, pág. 12: "Artigo 42º: A Religião catholica Romana continuará a ser a da Nação Portugueza. Artigo 44º: Deve punir-se todo o acto offensivo da religião e muito mais o que nega a espiritualidade, immortalidade d'alma, e a existencia de hum Deos que premeia, e castiga com premios e penas eternas até os nossos mais occultos pensamentos, quando tendem ao amor do proximo, e da humanidade, ou ao seu prejuizo e destruição, ou ao seu prejuizo e destruição. (...)"

[5645] Francisco Manuel Trigoso de Aragão Morato, *Memórias de Francisco Manuel Trigoso de Aragão Morato*, Parte II, pág. 123.

[5646] Silvestre Pinheiro Ferreira, *Breves Observações sobre a Constituição Politica da Monarchia Portugueza*, págs. 8 e 9: "Esta disposição he, não só incompativel com o princípio da tolerância, principio essencial em um systema verdadeiramente constitucional, mas além disso inexequível. Ninguem sobre a terra tem direito para prescrever aos cidadãos portuguezes que pensem de tal ou tal modo em materia de religião. Ninguem lhes pode prohibir quaesquer praticas, quer se chamem religiosas, quer profanas, uma vez que ellas não offendam nem a Liberdade, nem a Propriedade, ou o bom-nome de alguem."

[5647] *D. C.*, IV, 03-08-1821, pág. 1771, intervenção de Francisco Trigoso de Aragão Morato.

Contra a possibilidade de retirar a cidadania aos portugueses que professassem Fé diversa da católica, ponto que chegou a ser proposto[5648] e de algum modo reiterado em sessão final do debate[5649], se levantaram os deputados da ala radical do Congresso[5650].

[5648] *D. C.*, IV, 03-08-1821, pág. 1773, proposta do padre António Pereira para que deixasse de ser cidadão português aquele que professasse religião diversa da católica.

[5649] *D. C.*, IV, 08-08-1821, págs. 1818 e 1819, intervenção do Bispo de Beja: "O Senhor Bispo de Beja – (...) [a protecção à religião] consiste em defender a religião dos insultos, com que os seus inimigos a pertenderem atacar; em honrar os seus Ministros; em promover, e animar a cultura das disciplinas ecclesiasticas; em fazer efficaz a obrigação natural, que une todos os membros da religião de contribuir para a sustentação do culto externo, e de seus Ministros; o finalmente em determinar que os naturaes do reino, que abandonarem a religião dominante, ou negarem algum dos seus dogmas, não sejão considerados como Cidadãos. Este ultimo direito he o que fiz o objecto da presente discussão, o qual passo a demonstrar: 1º Todos os publicistas ainda os que são mais acerrimos propugnadores da tolerancia civil, sustentão que a unidade da religião – em um Estado de um bem politico: ora aquelles, que abandonão a religião dominante, ou negão alguns dos seus dogmas, procurão dissolver esta unidade; logo não se fazem dignos de gosar dos mesmos direitos, de que devem gosar os que são tenazesem manter esta unidade: ficando porém sempre aos primeiros idosos os direitos da Propriedade, e Liberdade civil, que foi o fim principal porque os homens se união em sociedade. 2º Segundo as Bases da Constituição, a religião da Nação portugueza he a união de todos os Portuguezes de ambos os hemisferios: logo a religião catholica apostolica romana he, e deve ser a religião de todos os Portuguezes: e portanto o que a não abraçar não póde ser considerado como Portuguez, isto he, como Cidadão. 3º Os nossos constituintes nas suas procurações nos mandão manter a religião catholica apostolica romana: ora esta palavra manter, tendo uma significação muito ampla, e podendo tambem comprehender o ultimo effeito, que attribui á protecção da religião; nós não podemos restringir a sua noção, sem que nos conste clara, e expressamente da vontade da Nação; e conseguintemente determinando nesta legislatura que gozarão dos direitos de Cidadão aquelles, que não professarem a religião christã: expomo-nos ao perigo de exceder os limites dos nossos Poderes, e de formar uma lei, que não he a expressão da vontade geral da Nação; e em consequencia não merece o nome de lei. 4º Determinando este Soberano Congresso que gozará dos direitos de Cidadão o natural do reino, que não professar a religião catholica apostolica romana; para haver coherencia deve igualmente declarar-se que o Rei não será privado da corôa ainda que abandone a religião dominante, ou negue algum dos seus dogmas. Ora pergunto, se poderemos nós agora formar ainda a mais leve conjectura de ser esta a vontade da Nação? E se declarar-mos que o Rei ficara privado da corôa na hypothese proposta, então devemos tambem declarar que ficará privado dos direitos de Cidadão aquelle Portuguez que não professar a religião dominante; doutra sorte dariamos o direito de legislar não obstante um defeito que se julga sufficiente para privar o Poder Executivo".

[5650] *D. C.*, IV, 06-08-1821, pág. 1807, intervenção de José António Guerreiro: "O Senhor Guerreiro – (...) Pergunto agora, se admittindo-se aos estrangeiros o exercicio de seus cultos respectivos em Portugal, dando-se-lhe carta de naturalização, não será uma injustiça, que o portuguez, que tiver a desgraça de mudar de Religião se lhe imponha uma pena do perdimento de todos os direitos, quando o estrangeiro, que esta em iguaes circunstancias adquirio estes direitos? *Não he isto arvorar--nos em vingadores das injurias feitas ao nosso Deus, que faz alumiar o sol sobre todas as Religiões? Que faz com que todos os sectarios de diversos cultos gozem dos beneficios da natureza? Que faz com que todos gozem dos beneficios da sua providencia, esquecendo-se das injurias que se lhe fazem em seguir um certo reprovado? Havemos arvorar-nos em vingadores da divindade em castigar aquelles, que Deus não castiga neste mundo? Isto seria uma injustiça; seria uma temeridade! Demais estabelecemos, que não se devem fazer leis sem absoluta necessidade: não póde haver necessidade de fazer leis, senão quando ellas loção com o fim social. A mudança da Religião não influe nada para se conseguir o fim social; logo não devemos fazer leis paia castigar similhante mudança; logo a mesma permissão do exercicio particular dos respectivos cultos concedido aos estrangeiros deve ser concedida determinadamente aos cidadãos portuguezes, para lhes apresentar uma idea temeraria, deve-se ficar do artigo a palavra estrangeiros.*"

Isso seria contra todas as regras dos direitos naturais e dos direitos individuais que precedem toda e qualquer sociedade política e dos quais a Liberdade de pensamento, neste caso sob a forma de Liberdade de consciência, num plano teórico, faria certamente parte. Enunciar uma lei de características penalísticas, como diria o eclesiástico João Maria Soares Castelo Branco, não parecia o melhor dos caminhos que o Congresso havia de singrar[5651]. Primeiro existe a sociedade humana; depois a religiosa. Primeiro a Liberdade individual existente em estado de natureza; só depois a conformação a uma religião por que livremente se opta[5652].

Poderá mesmo admitir-se que, em alguns casos, se pudesse vislumbrar uma certa apetência para aceitar a própria Liberdade de consciência efectiva para os portugueses[5653], sob forma de adesão à Liberdade de culto ou tolerância religiosa para os nacionais, de que os moderados cedo se aperceberam[5654] e não quiseram nunca abrir

---

[5651] D. C., IV, 03-08-1821, pág. 1774: "O Senhor Castello Branco (...) algumas difficuldades que talvez me não fação embaraço, mas que podem causar mais embaraço a quem olhar estas cousas com mais escrupulosidade, principalmente quando já vi enunciar uma lei penal neste mesmo Congresso; e vinha a ser que todo aquelle que não abraçasse esta religião não poderá ser cidadão. Este principio vai inteiramente oppôr-se ao principio politico, não dá lugar na Constituição a admittir no nosso gremio cidadãos estrangeiros, quando elles se acharem nas circunstancias em que a Constituição os admitte. He um ponto politico de grande interesse, e de que ninguem póde deixar de reconhecer as vantagens." Já antes e durante o debate das Bases havia manifestado uma idêntica posição, agora veementemente reiterada, conforme intervenção registada no D. C., I, 01-03--1821, pág. 190: "A primeira sociedade dos homens foi meramente civil; he certo que o homem tem faculdades intellectuaes que o destinão a mais altos fins, ao mesmo tempo que tem outras que o obrigão a cuidar na sua propria conservação, e de que derivão seus direitos naturaes, e de que não póde perscindir, como necessarios aos fins a que a natureza o destina. Mas por outra parte, como ser intellectual, o homem se acha em commercio com o mundo inteiro, com a mesma Divindade, e parece por tanto destinado a dar testimunho dessa Causa primeira que tudo rege. Mas por ventura, por assim dizer, a primeira Religião desta Dignidade tinha algum culto certo, tinha altares, tinha cerimonias? Não certamente: ella só consistia no intimo reconhecimento da Divindade, e não occupando parte alguma da vida do homem, nenhuma consideração tinha na sociedade civil. Veio finalmente o Regenerador do Mundo, e promulgou huma Religião santa, e propria a fazer a felicidade do homem. As idéas de Deos se aclararão e engrandecerão, e a isto succedeo hum culto regulado por certas formas prescriptas pela mesma Religião, que necessariamente devia fazer parte das occupações do homem. Desde logo a Religião adquirio consideração, e se formou huma sociedade religiosa differente da sociedade civil, ou para melhor dizer, a sociedade geral veio a ser considerada debaixo de duas relações, como civil e religiosa, e essa consideração augmentou depois que os Imperadores abraçarão essa mesma religião, e a protegerão."
[5652] D. C., I, 01-03-1821, pág. 191, relativo à mesma intervenção de João Maria Soares Castelo Branco: "(...) Muito sagrada e respeitavel he a Religião; entretanto he a segunda qualidade do homem; elle he cidadão antes de ser religioso."
[5653] D. C., IV, 06-08-1821, pág. 1800, intervenção de Sousa Machado: "O Senhor Sousa Machado – (...) Dou pois o meu voto exigindo, que o artigo se declare de forma, que não seja equivoco, e que se entenda, quando se diz que a Religião Catholica he a dos Portuguezes – que me he esta aquella, cujos Ministros são sustentados pelo Estado, e cujas funcções gozão da protecção das leis mas que se deixa-me a consciencia de cada um consultar a sua salvação do modo, que lhe dictar a sua consciencia. Esta he a doutrina que julgo dever ensinar como Sacerdote da Religião Christã, e como Representante da Nação."
[5654] D. C., IV, 06-08-1821, pág. 1803, relativo à intervenção de D. António Ferreira de Sousa: "O senhor Ferreira de Sousa: – (...) vejo que alguns senhores querem que o artigo fique de modo que seja livre a qualquer Portuguez o professor diversas Religiões sem deixar de ser cidadão; e eu pelo contrario quero que ninguem possa ser cidadão Portuguez sem professar a Religião Catholica Apostolica Romana: que deixe de ser cidadão o que a largar. Seria com effeito contradicção

mão, visto o já jurado em Bases. Contudo, não passaram aquelas de meras intenções cautelosamente expandidas. Assumiam, sem dúvida, a Liberdade de consciência – a Liberdade de pensar – e de optar em por quaisquer opiniões em matérias religiosas era, segundo Ferreira de Moura, "hum direito imprescritível e illimitado que ninguém pode contestar"[5655].

Ainda seguindo o seu raciocínio a Liberdade de cultos é uma consequência da Liberdade pensar, por motivos racionais, de justiça e políticos. Porém, mais uma vez, o temor da reacção dos portugueses, demasiado ligados ao catolicismo, opinava no sentido de não admitir uma Liberdade de cultos que para eles fosse diversa da institucionalizada[5656], no que é seguido por outros constituintes[5657]. Caso contrário, eles, os portugueses, seriam os primeiros a reagir negativamente. E invoca Rousseau para firmar o seu raciocínio, cuja paternidade seria, neste contexto, de todo em todo insuspeita, e a única possível de aplicar em Portugal[5658].

---

manifesta, se agora segurássemos aos Portuguezes a Liberdade de mudar de Religião, ou de não ter nenhuma, depois de termos sanccionados e jurado nas Bases, que aos Bispos ficava salva a censura dos erros contra a Religião; e que o Governo os auxiliaria para serem castigados os culpados: de sorte, que em tal caso o Governo se veria na necessidade de manter aos cidadãos o gozo desta Liberdade, e ao mesmo tempo castigados pelo exercicio della. Nós juramos manter a Religião Catholica Apostolica Romana; a Nação a jurou quando adoptou a reforma do Governo, e nos poz essa clausula nas procurações; e sem duvida a Nação entendeu, e entende por manter a Religião Catholica o conservala pura, e sem mistura de outras, como ha muitos seculos se tem praticado; aliás poderia succeder, que com o tempo crescesse o numero dos dessidentes; e que a Religião Catholica já não fosse de toda a Nação, ou a da Nação que he o mesmo."

[5655] D. C., IV, 08-08-1821, pág. 1819, relativo à intervenção de Ferreira de Moura.

[5656] D. C., IV, 08-08-1821, pág. 1819, relativo à intervenção de Ferreira de Moura.: "O Senhor Moura – (...) Em segundo lugar, pelo que toca á Liberdade de cultos, ou á profissão publica de qualquer culto, este ponto já póde ser objecto de legislação; porque o legislador, tendo em Vista as circunstancias particulares do paiz para quem legisla; attendendo ás idéas e opiniões mais recebidas, á ordem e á tranquillidade publica, póde adoptar de preferencia uma especie de culto e prohibir os mais. He verdade que proscrever o culto publico de todas as religiões, e adoptar um só como dominante (segundo se diz), he substituir a intolerancia civil á intolerancia religiosa; e isto não he nem conforme á Razão, nem conforme á justiça, nem conforme a politica. Tambem não seguirei a opinião de alguns senhores, que ontem quizerão considerar estabelecido o indifferentismo religioso com a tolerancia de todos os cultos. O indifferentismo funda-se na crença, e não se funda no culto; e com se admittir a profissão publica de todos os cultos nem se previne, nem se promove a mudança de crença; porque isso depende da nossa convicção, e não são os ritos nem as ceremonias que convencem. Nestes termos a Liberdade dos cultos he uma consequencia da Liberdade de pensar".

[5657] D. C., IV, 08-08-1821, pág. 1825, quanto a intervenção do abade de Medrões: "O Senhor Abbade de Medrões – (...) A primeira cousa que devemos ter em vista, he conservar a opinião publica, e evitar o escandalo. Toda a Nação se escandalizaria se nós permittissemos a Liberdade de consciencia. Nós temos promettido manter a Religião Calholica Apostolica Romana, e conservala illesa. Não se escandalisa a Nação de ver um estrangeiro, quer seja Judeu, ou Mouro, seguir o seu culto; mas se vir que um Portuguez deixa de ser catholico para fazer-se Mouro, e se este homem for empregado num cargo publico, ha de se escandalisar por certo. E devemos tambem advertir, que se os Portuguezes ião de boa vontade para a guerra, era porque tinhão em vista defender a patria, e defender ao mesmo tempo a religião."

[5658] D. C., IV, 08-08-1821, pág. 1820, relativo à intervenção de Ferreira de Moura: "O Senhor Moura – (...) Senhores, já por muitas vezes aqui tenho indicado que o amor dos principios liberaes, quando he excessivo e exagerado, tem tantos inconvenientes, como o desprezo absoluto dos mesmos principios. Querer que uma Nação resigne sabiamente as opiniões o habitos de longo tempo

Decretar a Liberdade de cultos para os portugueses iria contra a opinião pública, causando grande desgosto à Nação e desacreditando o Congresso[5659]. Esta ideia que era maioritária no vertente plano, embora não deixasse de ser impugnada, acabou por passar depois de amplo debate. Não se aceitou privar da cidadania quem não professasse a religião católica. A privação de direito sempre é vista como uma pena, uma sanção e seria para este entendimento inconcebível que os portugueses que por qualquer razão decidissem mudar de religião por esse acto perdessem a cidadania.

Portanto, mantendo a situação nos termos em que já existia antes do Congresso se ter congregado, sem haverem, talvez noção disso mesmo, evitaram que a Constituição de 1822 fosse uma quase Constituição republicana. A Liberdade individual de consciência é um bem a salvaguardar; o culto oficial do Estado e dos seus cidadãos é a religião católica. Mesmo quando se aceita o facto de a religião ser meramente alvo da interioridade do sujeito e se inculca, por essa via, a Liberdade de consciência, isso compatibilizar em permanência com a necessidade de incrementar socialmente a unidade religiosa. Num Estado confessional, aceita-se a Liberdade individual de consciência como facto interno para os portugueses e aceita-se a sua expressão política no plano dos princípios; normatiza-se, porém, a confessionalidade como opção de filosofia política e não se aceita a tolerância religiosa para os portugueses.

À teoria que se propaga não corresponde ao pragmatismo que a situação política do Estado impunha[5660]. Há sem dúvida aqui uma contradição; por um lado restringiu-se a Liberdade individual para os portugueses, por outro, o Poder constituinte, fundava-se, para além e antes das procurações dos seus representantes, na estreita observância dos direitos individuais que o homem detém antes da formação da sociedade. Apesar de tudo isto ter sido dito, verificou-se um desfasamento claro entre respeito pelos princípios e moldagem prática na consideração dos mesmos.

Por outras palavras, postos em equilíbrio os pratos da balança, é para o lado da religião que eles decaem. A Liberdade subalternizou-se perante a religião e não se verificou a tese que Montesquieu sufragava e, já se afirmou, seguir por inteiro na vertente investigação. Os condicionalismos verificados não admitiram a expressão política do direito individual de Liberdade religiosa; o direito individual de Liberdade de culto para os nacionais não sofre consagração como Liberdade política.

Na querela entre os princípios do Liberalismo radical e o moderantismo português, neste contexto, o segundo venceu o primeiro. Esta uma das únicas situações em que os moderados conseguiram fazer valer os seus argumentos.

---

adoptados, he querer impossiveis; vamos de vagar. Rousseau (que ninguem dirá certamente que foi homem moderado em suas opiniões) diz, que não estando os Povos acostumados á Liberdade, não devem as suas instituições adoptar o regimen liberal de uma vez, mas ir-lhe proporcionando gota a gota; porque senão, a Liberdade he como o vinho fórte, que bebido de repente transtorna, e faz perder o juizo, e tomado em porções modeladas fortifica, e conserva: imitemos esta prudencia. Ontem eramos ainda escravos da intolerancia religiosa, tinhamos inquisição, e um só culto, hoje temos Liberdade de pensar, e temos tolerancia particular de todos os cultos, querer já a tolerancia publica he não conhecer o Povo para quem legislamos, he comprometter a ordem, e a tranquilidade geral do Estado."

[5659] *D. C.*, IV, 08-08-1821, pág. 1819, relativo à intervenção de Pinheiro de Azevedo.

[5660] Jaime Raposo Costa, pág. 31: "Neste condicionalismo, ou seja, no condicionalismo próprio de um país tradicionalmente católico, a ideia de Liberdade de consciência e de culto teria de ser assunto a discutir com certo tacto na Assembleia legislativa, se não se quisesse colocar em perigo a segurança do sistema."

2.2. A questão "heterodoxia" e a sua ligação à Fé confessional

As Bases haviam decidido que a censura posterior aos escritos de origem religiosa deveria ficar guardada para a inspecção eclesiástica. Com isto se procurava expurgar qualquer heterodoxia em presença da religião de Estado assumida. Tanto valia para os nacionais, para quem não havia Liberdade de cultos ou tolerância religiosa, como para os estrangeiros, a quem se conferia esta última como garantia jurídica constitucionalmente assumida mas em que a lusa moral e bons costumes, a Fé oficial e a sua salvaguarda não poderiam ser questionados.

Nada melhor que o recurso às fontes para exemplificar o tipo de averiguação proposta. E, ao caso, é indiferente que se trate ou não de interpretação antes ou depois de 1820, desde que não partilhe a veia ultramontana[5661]. Os liberais portugueses, por modo deliberado não quiseram revolver esta matéria, bem ao contrário do que fizeram na generalidade dos casos. Também por isso se justifica a interpretação de uma Constituição cheia de ingredientes republicanos a que apenas faltava a assumida laicização do Estado[5662] ou, ao menos, um menor apego à ortodoxia Católica-Apostólica-Romana, no que respeita à Liberdade de cultos.

Decretada em nome da "Santíssima e indivisível Trindade"[5663], – bem ao arrepio da *Declaração de 1789* e que lhe conferiu críticas de insuspeitos liberais[5664] – a *Constituição de 1822* aportava à Nação a soberania que antes pertencia ao monarca, transferia o qualificativo de súbditos para cidadãos e impunha aos nacionais o catolicismo como Fé oficial. Mantinham-se os paralelos com um Estado confessional.

Isso muito embora seja preciso ter a perfeita noção de que os ensinamentos da religião natural e do deísmo[5665], finalmente, pareciam ecoar em algumas vozes bastante responsáveis no Triénio Vintista[5666]. Por isso as alusões ao "Ente Supremo" e ao "Ser Supremo"[5667], relegando por vezes a tradicional fórmula simplificada do Deus cristão e de que quer a imprensa liberal, quer os sermões gratulatorios pelos sucessos de

---

[5661] Vítor Neto, *O Estado, a Igreja e a Sociedade em Portugal (1832-1911)*, Lisboa, INCM, 1998. Os Vintistas reassumiram o essencial da argumentação do padre António Pereira de Figueiredo."
[5662] D. C., I, 14-02-1821, pág. 90, intervenção do deputado Joaquim Anes Pereira de Carvalho.
[5663] Jorge Miranda, *O constitucionalismo liberal luso-brasileiro, Constituição de 1822*, "Preâmbulo."
[5664] Silvestre Pinheiro Ferreira, *Breves Observações sobre a Constituição Politica da Monarchia Portugueza*, Paris, s.d., pág. 1: "(...) Esta invocação he incongruente da parte de uma assembleia legislativa que não pretende derivar o seo Poder do chamado direito divino; e he inutil, porque nada influe no cumprimento da Constituição."
[5665] Maria Fernanda Diniz Teixeira Enes, *O Liberalismo nos Açores. Religião e Política (1800-1832)*, Lisboa, Universidade Nova de Lisboa, I, pág. 493: "(...) a influência no novo sistema do filosofismo maçónico ou maçonizante levava a uma aproximação dos deísmos racionalistas e, consequentemente, a um afastamento da religião cristã unanimista, vivida pela maioria de forma tradicionalista."
[5666] DHCGNP, I, págs. 188 e 189: "O secretário dos negócios da Marinha [Agostinho José Freire] foi então introduzido com as formalidades de estilo e proferiu perante o soberano Congresso estas palavras: 'Completou-se a grande obra! *O Supremo Architecto do Universo* coroou os vossos trabalhos! Sua Magestade acaba de aceder á nossa causa, o que maniffesta o officio que tenho a honra de apresentar!'"
[5667] São expressões a cuja conotação maçónica não se pode fugir. Um dos textos mais interessantes deste período. Um deles, muito curioso, é o *Pernicioso Poder dos Perfidos Validos Conselheiros dos Reis destruido pela Constituição*, Coimbra, 1821, e que Innocêncio Francisco da Silva e Brito Aranha, *Diccionario Bibliographico Português*, V, pág. 70, atribui a José Maximo Pinto da Fonseca Rangel. A pág. 7 deste texto, insere-se um dos muitos exemplos que se podem apresentar: "O Ente Supremo, compadecendo-se, ou irando-se de ver os racionaes confundidos com os brutos nas trevas da

1820, ou pela instalação das próprias Cortes[5668], não deixem de ser sintomáticos[5669] e perpassam na pena dos portugueses coevos[5670].

Na prática, nada disto viria a alterar o rumo das discussões do Congresso e apesar das expressões de nítida conotação maçónica[5671], nunca se verificaram desvios consumados à prática tradicional portuguesa. O Liberalismo político, na sua forma Vintista e nas que se lhe sucederam, não pode ser considerado como uma forma de Poder adversa à religião católica, que é a religião de Estado.

ignorancia, vibrou o raio da *Luz Verdadeira* (...)." Segundo Graça e J. S. Silva Dias, I, 2, págs. 787 e 788, era mação convicto.

[5668] *D. C.*, I, 02-04-1821, págs. 431 e 432: "Cartas de felicitação, e prestação de homenagem ás Cortes: CARTAS: PRIMEIRA. Senhor. = O Supremo Arbitro do Universo, o Deos de nossos Pays, que abençoou a Nação Portuguesa no Berço da Monarchia, que lhe inspirou a firmeza, e valor com que abrio desconhecidos Mares, descobrio Novos Mundos, venceo, e triunfou dos seus inimigos, he o mesmo Deos que inspirou esta Nação Briosa, a que recuperasse os seus direitos, e a sua Representação. A Mão do Altissimo tem continuado a liberalizar-nos Prodigios, sendo a Eleição deste Soberano Congresso Nacional, hum Prodigio de que á Nação resulta o mais decedido interesse. Reunido o Soberano Congresso na Capital do Reyno, o Povo heroico desta populosa Cidade, tem mostrado a mais decedida confiança nos Illustres Membros, que formão a Representação Nacional: (...) = O Juiz do Povo = Manoel Pires Esteves da Fonseca." Outra de 24-04-1821, no *D. C.* desta data, pág. 649: "O Juis de fóra Presidente da Camera, Clero, Nobreza, e Povo da notavel Villa de Abrantes, firmas nos seus radicados sentimentos de adhesão á sagrada causa da nossa Regeneração Politica, tem admirado (não sem surpreza) a preciosa obra das solidas Bases da nossa Constituição, que vai a marcar os sagrados direitos do homem, até agora desgraçadamente atropelados por extraordinaria causas; e transbordados seus corações de prazer pela felicidade que esperão, derão ao acto do juramento ás Bases, aquella solemnidade, e opparato, que o pouco tempo permittio: reunida a Camera com o seu Presidente, e todos os Parochos do districto, nos Paços do Concelho, se prestou o solemne juramento pela formula decretada; dirigirão-se depois todos á igreja Matriz de S. Vicente, adornada com a possivel decencia, e cantou Missa solemne o Illmo. Redo. Parocho da mesma; recitando o Illmo. Redo. Prior do Convento de S. Domingos hum edificante Discurso com tanta propriedade, e enthusiasmo, que fez banhar de lagrimas de prazer os olhos dos ouvintes, a que se seguio, com Muzica escolhida, o solemne = Te Deum = em poção de graças ao Ente Supremo, que visivelmente rege nossos destinos."

[5669] José Eduardo Horta Correia, *Liberalismo e catolicismo. O Problema Congreganista*, Coimbra, Imprensa Nacional, 1974, págs. 17 e ss., apresenta a panorâmica geral do tema, apontando fontes.

[5670] José Maria Xavier d'Araújo, pág. V: "(...) todos sabem que na Maçonaria não há Simbolo Religioso, nem Crença imposta, cada hum entra com a Religião que tem, e ninguem o incommoda por isso, e muito menos o dogmatisa."

[5671] *D. C.*, III, 09-07-1821, pág. 1476, relativo à intervenção de Rodrigues Bastos: "O senhor Bastos: – O projecto da Constituição começa = Em nome da Santissima e indivisivel Trindade. As *Leis Fundamentaes de Lamego*, começão tambem assim. A Constituição de Hespanha principia semelhantemente, mas com mais appropriação ás circumstancias. Entre tanto aquelle começo apezar do contacto em que esta, com o das *Cortes de Lamego*, e ainda com o da *Constituição Hespanhola* e he absolutamente redundante. Elle contem a confissão de um artigo de fé; porem mais adiante no titulo 2º implicitamente se acha a de todos, quando se decreta, que a religião da Nação portugucza he a Catholica Apostolica Romana. Por outra parte parece significar, que he em nome da Santissima Trindade, que os Representantes da Nação portugueza vão fazer a sua Constituição politica; o que envolve uma idea falsa. Nós trabalhamos nesta Constituição em nome dos Povos de quem somos representantes; não em nome de Deos. Grande temeridade seria a nossa, se emprehendessemos uma obra, que forçosamente ha de sair imperfeita, *em nome do Autor de toda a perfeição*. A maior parte das Constituições entrão logo em materia sem prospecto algum religioso, por mais religiosas que sejão as Nações a quem pertenção. Todavia a assentar-se que alguma expressão religiosa prenda as materias, que temos de tratar, eu quereria que aquella se substituisse outra."

O mesmo não se diga em matéria de abertura de Igreja. Mas isso é temática bem diversa e que não cumpre abordar ou interpretar de mérito.

Por isso mesmo é imprescindível assentar num ponto: "he necessario não confundirmos a Religião com a Igreja, nem a Igreja com o Imperio. São trez couzas bem distinctas. Na Religião deve distinguir-se o que he substancial, e da Instituição Divina; a Fé, a Moral, os sacramentos, e a Ierarchia: he da instituição humana a Legislação Ecclesiastica, a que chamão Policia, ou Disciplina exterior. No que he de Instituição Divina, nem a Igreja, nem os Principes podem mudar, ou alterar hum só apice; este he aquelle sagrado Depozito de Doutrina, e de Graças ineffaveis, que Jesu Christo confiou á sua Igreja, e aos Principes Soberanos: á Igreja, para distribui-las pelo mundo; aos Principes, para auxiliarem nesta distribuição a mesma Igreja"[5672].

Descontando as referências ao "Imperante" e ao "Império", parece que o Liberalismo português não aporta grandes novidades[5673]; tarefa que se intentará de seguida provar mediante a abordagem da Lei Fundamental e demais contributos fornecidos pelas fontes. Além do mais, a obrigação que se impunha à Igreja de propalar os benefícios do sistema constitucional, resulta por demais evidente desde as sessões inaugurais do Congresso[5674].

Não significa isto esquecer a importante fatia legislativa que coube ao Congresso constituinte em termos de regulamentação das matérias ligadas à Igreja e tudo o que

---

[5672] *O Investigador Portuguez em Inglaterra*, XI, Fevereiro de 1815, "Censura do Folheto intitulado – Dissertação IV Anti-Revolucionaria", pág. 549.

[5673] *Ibidem*, XXI, Abril de 1818, "Noticias do Congresso de Vienna", págs. 148 e ss., é sintomático do que se afirma. Aqui ficam algumas das suas considerações, respigadas do citado texto. "O Papa deve ser em Roma Soberano inviolável de todos os seos Estados; e totalmente estranho a todas as contendas e debates politicos, viver debaixo da protecção da moralidade do mundo Christão: eisaqui toda a sua guarda e todo o seo exercito. *Mas hé precizo tambem que o Papa, da sua parte, se lembre que só está destinado para pacificar toda a Christandade, e não para domina-la; e que acabe por uma vez com todas essas pertençoens antigas, de que já nem há vestigios*, nem mesmo nomes para as designar: a ancianidade nem sempre hé antiguidade. (...) *Fixem-se os verdadeiros limites entre os dois interesses temporaes e espirituaes, de tal forma que não possão tornar a ser confundidos.* (...) Os homens já não podem crer que o espiritual deva ser sustentado pelo temporal, e o temporal vingado pelo espiritual; e que a religião haja de consagrar este transtorno manifesto da natureza das couzas. (...) *As Cortes de Roma não sahirá pois dos seos verdadeiros limites, porque semelhante transgressão traria consigo mui graves inconvenientes.*"

[5674] *D. C.*, I, 20-02-1921, pág. 123, Projecto de decreto apresentado por João Maria Soares Castelo Branco: "PROJECTO DE DECRETO. 1º Todos os Bispos do reyno publicarão Cartas Pastoraes, dirigidas aos Fieis de suas respectivas Dioceses, tendo por objecto recommendar-lhes a união reciproca, a subjeitão ao Governo estabelecido, e provar-lhes que as reformas introduzidas na Administração Publica, de maneira nenhuma offendem a substancia da Religião Catholica Apostolica Romana. 2º Farão expedir ordens circulares aos Parochos de suas Dioceses, para que alem da publicação das dictas Pastoraes, procurem nas Practicas que fizerem a seus Freguezes, instruillos sobre os referidos objectos. 3º Os Prelados Regulares escolherão Pregadores habeis, que hajão de preencher o mesmo fim nas Igrejas dos seus respectivos Mosteiros e Conventos." Foi declarado urgente e que se comunicasse à Regência. Veja-se António Matos Ferreira, "Liberalismo", *Dicionário de História Religiosa de Portugal*, P-V e Apêndices, págs. 428 e 429: "Se as Invasões francesas aceleraram o processo de transferência da sociedade de Antigo Regime para uma sociedade liberal, o processo da instauração do Liberalismo foi lento e muito complexo. *Reconhecendo a função integradora da religião, o Liberalismo não descura o papel relevante das instituições religiosas, mas tende a cxentrar a experiência religiosa como expressão da Liberdade individual* (...) Assim, no contexto português oitocentista, considera-se necessário reformar a Igreja e regenerá-la de acordo com um programa que implicava uma desvalorização do clero regular e uma valorização da figura do padre secular, como 'cura de aldeia', orientando espiritualmente a sociedade."

com ela, directa ou indirectamente se relacionava. Porém, tal não cabe dentro dos propósitos da presente investigação, pelo que não esquecendo o exemplo proveniente da Espanha de Cádiz e depois posto em prática pelas Cortes em 1820 e em 1821[5675], não será abrangida toda a temática que se prende com a renovação que o regalismo liberal promoveu no que à Igreja nacional tocava[5676].

O regalismo foi muito importante, sobretudo no plano político, para combater a preponderância do Poder Espiritual sobre o Temporal no período do despotismo esclarecido; para o Liberalismo a questão estava resolvida e a elite nacional encarava-a como uma questão de política eclesiástica[5677], cujos contornos haviam ficado delineados na Constituição e que não eram susceptíveis de modificação assinalável.

A disciplina que se quis incutir na Igreja não era nova[5678]. No Antigo Regime o problema era outro; para além da Igualdade formal que se pretendia de todos perante a omnipotente majestade, requeria-se uma separação de jurisdições com propósitos de centralismo e de não concorrência ao Poder político de origem divina, que só ao Rei assistia.

Agora, era encarada como um dos baluartes do Liberalismo[5679], sedimentada em princípios de Igualdade que não admitiam leis especiais a favorecerem uns e a privilegiarem outros, numa Nação que era soberana. A *Constituição de 1822* foi porto seguro deste renovado regalismo, o que implicava uma mentalidade pública vocacio-

---

[5675] *O Correio Braziliense ou Armazém Litterario*, XXV, 1820, nº 147, pág. 198. A questão girava em torno da proibição em fundar novos conventos, da secularização dos religiosos que o desejarem e declarar a propriedade eclesiástica, propriedade nacional.

[5676] Manuel Fernandes Tomás, *Carta do Compadre de Belém ao redactor do Astro da Lusitania*, pág. 10: "Bem-haja, meu rico amigo, por aquella surra que tem dado nos Bispos! Elles merecem-no; porque se não for pelo que V. m. diz, será por outra couza." Nas páginas seguintes aponta exemplos sugestivos que servem para ilustrar o seu ponto de vista.

[5677] Vítor Neto, "O Estado e a Igreja", *História de Portugal* (direcção de José Mattoso), V, pág. 265: "O Liberalismo adquiriu (desde os seus inícios) os contornos de um projecto iluminista, assumido por uma vanguarda numericamente reduzida e que vivia um tempo histórico distanciado dos velhos ritmos da sociedade caracterizadamente rural e dependente de uma economia agrária. No seu voluntarismo, este movimento deu um impulso decisivo ao processo de construção das estruturas políticas e administrativas que viriam a corporizar o Estado-nação. Todavia, a unificação da soberania mostrava-se incompatível com a existência de corpos intermédios (ordens sociais, corporações, congregações religiosas, etc.) que tinham dado forma ao modelo social destinadas a desclericalizar a sociedade e a reduzir o Poder económico da Igreja) A nova classe dominante pretendia, assim, diminuir a influência (tradicional) da instituição religiosa nas comunidades e transformá-la num mero instrumento do Estado. Nesse ensejo, os líderes políticos reassumiram as teses regalistas e, a essa luz, procuraram utilizar o aparelho eclesiástico na difusão das ideias constitucionais."

[5678] António Matos Ferreira, "Heterodoxia", *Dicionário de História Religiosa de Portugal*, P-V e Apêndices, págs. 400 e 401: "Assim, a integração da problemática da heterodoxia formulou-se inicialmente a partir de um debate onde se manifestava já o impacte de secularização e da laicização da sociedade portuguesa em confronto com a diversidade religiosa do país. Esta diversificação era percebida, assim, como factor de desagregação do perfil religioso específico da Nação portuguesa, tendendo a identificar essa heterodoxia como factor exterior ou negativo para o catolicismo, bem como para a própria sociedade."

[5679] Idem, *ibidem*, pág. 401: "(...) a diversidade de polícias religiosas no final do Antigo Regime transportava já um afrontamento que se desenvolveu no ambiente revolucionário dos inícios de oitocentos e se acentuaria ao longo dos dois últimos séculos, no quadro referido de secularização e laicização da sociedade portuguesa."

nada em construir o Estado soberano e autónomo politicamente perante os Poderes tradicionais da Igreja[5680].

Deus tinha os seus direitos que ninguém discutia e faziam parte da forma pela qual cada um, no domínio da sua consciência livre os pretendia encarar. A Nação tinha direitos que não eram originados pelo demiurgo, porque se sustentavam em factos anteriores à construção da própria religiosidade do homem, que na interpretação Vintista, antes de ser religioso é homem.

Por isso também a origem do Poder político é humana e não divina, como já haviam frisado *Les Philosophes* e teorizado os jusracionalistas e, depois, os Autores do Liberalismo. Cada qual deveria colocar-se na posição que lhe estava destinada.

Não se questiona a Liberdade do Criador. Não se admite que se questione a Liberdade do cidadão, que vive num Estado que segue uma confissão oficial mas aceita que todos, incluindo os seus nacionais tenham e usem da sua Liberdade de consciência não transmudada em direito político por razões de oportunidade pública.

Ao homem é permitida, desde há séculos, a interrogação; ao cidadão pede-se que siga o credo oficial assumido constitucionalmente. Mas pedir não é obrigar e por esse simples facto de se interrogar e mudar a sua Fé, nem por isso terá menor dignidade política que os demais. Este é que parece o ponto fundamental.

2.3. Os "Direitos de Deus" e os Direitos da Nação soberana

Estreitamente ligadas com a parte final do ponto anterior, são as observações que se seguem.

O papel da religião de Estado, neste caso por intermédio dos seus representantes eclesiásticos, justifica as precedentes considerações.

Apontem-se, a título meramente exemplificativo, o processo eleitoral e o juramento dos deputados. O texto da Constituição de 1822 promove à responsabilidade dos párocos o acompanhamento do processo do sufrágio universal, transformando os locais de culto em zonas do exercício da cidadania[5681]. Por outro lado, a ligação entre cristão e cidadão está presente no início da manifestação mais acabada da soberania nacional, a reunião das Cortes, que se inicia com uma missa do Espírito Santo, em que o encarregado de oficiar deverá "instruir" o seu "rebanho" de cidadãos acerca dos seus deveres políticos[5682].

Se os motivos de instrumentalidade local podem aqui ser ponderados, já o mesmo não sucede com os actos religiosos em si mesmos considerados, que manifestam a adesão do Estado à confissão tradicional.

Prova do que se diz é o idêntico receituário estabelecido pela Constituição para o órgão determinante do Poder na versão Vintista, o Legislativo, que sempre deverá iniciar os seus trabalhos depois de ouvir missa, procurando a divina inspiração para os seus trabalhos, como o juramento do Presidente apenas poderá ser feito nas mãos do celebrante[5683].

Estes dois exemplos são importantíssimos porque denotam a ligação que se prevê estreme entre a soberania de Deus e a da Nação. O celebrante é como que o repre-

---

[5680] Jorge Miranda, *O constitucionalismo liberal luso-brasileiro*, Constituição de 1822, artigo 123º nºs 5 e 12. Veja-se Vítor Neto, "O Estado e a Igreja", *História de Portugal* (direcção de José Mattoso), V, pág. 266.
[5681] Idem, *ibidem*, Constituição de 1822, artigos 43º, 48º, 49º e 52º.
[5682] Idem, *ibidem*, artigo 53º.
[5683] Idem, *ibidem*, artigo 78º.

sentante de Deus e era a ele que o Presidente das Cortes se encomendava e jurava cumprir a Constituição.

2.4. A Liberdade de consciência como preocupação extra-constitucional (ou Ordinária) no Congresso Vintista em presença do modelo gaditano

É possível observar que as preocupações do Congresso Vintista não se limitaram a estabelecer no Texto constitucional a adscrição a uma religião de Estado. Outras questões nesta área prenderam o seu interesse e importa, ainda que brevemente, não deixar de lhes fazer menção.

Como se verá adiante no que respeita à Inconfidência, a invocação da Liberdade para dar um fim a ambas as instituições teve subjacente a ideia de Liberdade, sendo certo que ambas eram promotoras do obscurantismo.

Aponte-se, neste quadro, o caso de António Lobo de Barbosa Ferreira Teixeira Girão, que em sessão de 24 de Março apoiou em tudo o discurso feito antes dele por Francisco Simões Margiochi a respeito da abolição da Inquisição, acrescentando-lhe apenas mais alguns macabros pormenores. Não deixou de mencionar que "a Inquisição é um daqueles estabelecimentos que marcam a maior degradação do género humano, em que reinou com todos os furores o despotismo, a estupidez e a superstição"[5684].

Vai no mesmo sentido aquele que, sendo canonista, passará à História como um dos maiores defensores do Vintismo na sua versão mais radical, sobretudo por ter sido inquisidor do reino antes de 1820. Trata-se de João Maria Soares Castello-Branco.

Na sequência da Revolução liberal de 1820, é extinta a Inquisição em termos formais e conhecidos. Mantém-se, contudo, o papel de relevo atribuído ao bispado em matéria de censura às matérias relacionadas com textos acerca do dogma e da Fé.

Em sessão de 24 de Março de 1821 e a respeito da abolição da Inquisição[5685] foi de parecer que o Tribunal existia em todos os países católicos e, o que se fazia noutros em que ela não existia não era menos cruel[5686]. Dá o exemplo do massacre de S. Bartolomeu, praticado pelos franceses, o país mais culto da Europa. Foi o espírito da época que talhou o seu aparecimento e a sua actividade posterior ficou a dever-se à evolução das ideias políticas. Ele próprio foi inquisidor e, agora que é representante da Nação, vota pela sua extinção, por julgar o Tribunal inútil e incompatível com as luzes do século[5687]. Os termos são os que já ficaram mencionados noutro local.

[5684] *D. C.*, I, 24-03-1821, pág. 356.
[5685] *D. C.*, I, 31-03-1821, pág. 404. Decreto de abolição da Inquisição. Foi publicado em 07-04--1821. Por ordem ao Governo de 27-09-1821, mandou-se que os cárceres de Lisboa e Évora fossem patentes ao público, mas as desordens daí resultantes resultaram na revogação da dita ordem por outra de 13-12-1821. Veja-se *DHCGNP*, I, pág. 251.
[5686] O debate foi muito interessante e nele participaram alguns dos mais destacados Vintistas, em conjunto com outros menos conhecidos. De momento plasma-se uma abordagem geral dos problemas, sendo que a questão será aprofundada em capítulo autónomo onde se trata das matérias directamente ligadas à Liberdade de consciência e ao papel das antigas organizações institucionais no cerceamento da mesma. Para lá se remete.
[5687] *D. C.*, I, 31-03-1821, pág. 404. Determinou-se extinguir o Santo Ofício, Inquisições e Juízos de Fora; é publicado em 7 de Abril e respeita a decisão do Congresso 24 Março; discutido em sessões de 05, 07, 08-09-02, 24 e 31-03-1821. Debates bastante acesos mas em que se manifestou quase unanimidade em ser uma instituição incompatível com o sistema constitucional.

Estas duas intervenções parlamentares valem o que valem[5688]; para o presente estudo têm um duplo significado: o de homens que se agigantam da pequenez da mediania e que não pactuam com a repressão de Liberdade de pensamento, entendida nos eclécticos termos que já o Absolutismo no seu plano cultural preconizara.

§ 3º. Síntese da temática do presente capítulo

Pouco haverá a acrescentar. Como se disse, não se avança em questões ligadas à Igreja e ao seu papel no Triénio Vintista ou aquele que os constituintes de 1821 quiseram que ela tivesse.

Que se defendia a Liberdade de consciência e a tolerância religiosa em tese geral, também não parece ser factor rebatível. Fazendo parte da Liberdade individual e consignadas nos seus direitos individuais, não são objecto de discussão. Contudo, esta tolerância em sentido positivo que se identifica com a Liberdade de cultos para os nacionais como direito político, como Liberdade política, não é admissível para os portugueses. O Vintismo consagra a religião católica como a oficial dos portugueses e tolera, no sentido de garantia conferida aos estrangeiros, que esses possam praticar os seus cultos.

É essencial à Liberdade que a consciência humana seja ilimitada; é imprescindível ao Estado português que se consagre uma religião oficial.

[5688] E além destas, meramente exemplificativas, muitas outras poderiam ser apontadas em idêntico sentido.

Capítulo X
A "Liberdade civil" e os direitos do cidadão

> "Os revolucionários de 1820, imbuídos das quimeras jacobinas que a invasão francesa propagara em Portugal, foram nobres; mas – triste força é confessá-lo – foram um tanto ridículos. Cegava-os a idolatria da Liberdade, ao mesmo tempo que os acendia o desejo de serem um novo Pombal, uma Segunda Convenção. Eram apóstolos, quando a miséria pública não deixava ter ouvidos para dissertações, e só podia ser convencida por factos duros e cruéis. Nem Moura, nem Fernandes Tomás, nem Borges Carneiro, os radicais, os volterianos tinham pulso para tanto. O plano das suas reformas, dominados pelos principios naturais-utilitários da escola de Rousseau e de Bentham, nem por isso deixava de reconhecer as necessidades do país; mas o seu erro foi pensar – era, é ainda, o erro da escola – que os Povos podem converter-se e mudar de temperamento á voz dos apóstolos, e que a simples evidência da verdade basta para afastar os pecadores dos seus erros, para convencer e levar á abdicação das classes dominantes, e ao domínio as classes escravas e passivas."
>
> OLIVEIRA MARTINS, *História de Portugal*, pág. 529.

CAPÍTULO X. A "LIBERDADE CIVIL" E OS DIREITOS DO CIDADÃO
§ 1º. A Liberdade civil no plano das garantias jurídicas. Ponto único. Cádiz e a Liberdade civil. § 2º. A Liberdade civil no texto de 1822: ideias gerais. 1. A tolerância religiosa para os estrangeiros residentes em Portugal como garantia jurídica. 2. A Segurança é o espaço da Liberdade: o asilo que é casa do cidadão. 2.1. Desenvolvimentos da norma constitucional. 3. Invocação da Liberdade civil na temática da Propriedade: direitos banais, coutadas e forais. 3.1. A garantia da Igualdade na disposição da Propriedade como marco da Liberdade civil. 4. A Igualdade e a extinção dos privilégios pessoais de foro. 4.1. A regulamentação da extinção dos privilégios pessoais de foro nos termos legais. 5. Jurados e correcta aplicação da justiça ou o direito às garantias jurídicas: da Liberdade individual à Liberdade civil. 6. Direito de petição. 7. Relação entre Liberdade natural e direitos do indivíduo com demarcação dos delitos e das penas. § 3º. Síntese da temática do presente capítulo.

§ 1º. A Liberdade civil no plano das garantias jurídicas

No que respeita à questão da Liberdade civil[5689] surgem, na presente investigação, alguns dos aspectos que também irão preocupar os Vintistas e em que avulta a questão da Igualdade. Enquanto direito fundamental, deveria assim ser equacionada, muito

---

[5689] *O Portuguez Constitucional*, nº 32, Supplemento, 30 de Outubro 1820: "Liberdade, segundo a ordem civil, he o direito que todos tem de poder fazer tudo quanto não está prohibido pelas Leys."

embora essa não fosse a interpretação dos legisladores gaditanos[5690]. O ênfase que a questão assume no plano da defesa das garantais jurídicas, cuja protecção constitucional é conferida pela Constituição ao Poder Judicial e a própria modelação e comportamento que este deveria assumir, foram preocupação de 1812, como seriam depois de 1822.

Ponto único – Cádiz e a Liberdade civil

Dizia-se logo no artigo 4º da *Constituição de Cádiz* que a Nação se obrigava a conservar e proteger, mediante leis sábias a Liberdade civil e a Propriedade, entre outros direitos dos indivíduos que a compõem. Assumia-se, pois, a ligação entre lei e Liberdade sendo certo que esta mesma lei pressupunha a existência de uma Igualdade de direitos entre todos os indivíduos. A lei protegia a Liberdade e, por sua vez, era a Liberdade o modelo pelo qual toda e qualquer lei, na defesa dos direitos dos indivíduos se deveria pautar.

A Igualdade não é vista como um direito individual em si mesmo considerado, mas como uma fórmula e uma forma de protecção legal, dos demais. Esta uma crítica que não deve deixar de ser acentuada e que não será seguida pela *Constituição de 1822*, como já não havia sido pelas suas Bases, muito embora o plano em que se encontra, por comparação com a Liberdade ou a Propriedade, saia bastante prejudicado.

Era no título V que o Poder Judicial se tratava na *Constituição de Cádiz*. Os portugueses seguiram uma idêntica sistemática no Projecto da Constituição, mas alterações neste domínio são sensíveis na passagem da fonte privilegiada para o texto nacional. Foi em 13 de Novembro de 1810 que os legisladores de Cádiz pela primeira vez foram alertados para a necessidade de regular o Poder Judicial[5691]. O tema constava sob formulação autónoma do Projecto da Constituição gaditana[5692], mas foi sucessivamente colocada a sua relevância[5693] e observou-se, a final, que "(...) pertenece à la

---

[5690] *Cortes de Cádiz*, Sesion del dia 30 de Agosto de 1811, pág. 1780: "No se ha puesto la igualdad porque está, en realidad, no es un derecho sino un modo de gozar de los derechos. Este modo debe ser igual en todos los individuos que componen la nación".
[5691] *Ibidem*, Sesion del dia 13 de Noviembre de 1810, pág. 101.
[5692] *O Correio Braziliense ou Armazém Litterario*, VII, 1811, nº 45, págs. 493 e ss.: "Plano de uma Constituição Politica para a monarchia Hespanhola, appresentado às Cortes geraes e extraordinarias, pelo committé de Constituição." Esta parte terceira não consta da tradução portuguesa.
[5693] *Cortes de Cádiz*, Sesion del dia 29 de Enero de 1811, pág. 458, proposta de Arguëlles para que se nomeasse uma Comissão para formar um regulamento provisório para o Poder Judicial, que funcione até à aprovação do texto constitucional. *Ibidem*, Sesion del dia 30 de Marzo de 1811, pág. 781, nomeação de alguns deputados para a Comissão de Justiça, reiterando Arguëlles a sua anterior insistência; *ibidem*, Sesion del dia 19 Abril de 1811, pág. 894, onde se previam mecanismos que tendessem a obviar à arbitrariedade dos juízes, que sempre deveriam fundar as suas sentenças, para o estabelecimento de um *Habeas Corpus* tal como os ingleses tinham na sua legislação constitucional, remédios para evitar a dilação das causas criminais e as vexações dos juízes, como garantias dos direitos do indivíduo, etc. Segundo se escrevia, "Todo esto debe formar un plan regular, que si no estriaba en fundamentos sólidos que le den firmeza, al proprio tiempo que conste de aquellas partes que le hermoseen, será un edificio fabricado sobre arena, que por falta de solidez caerá por su proprio peso con deshonra del arquitecto que le había dirigido. Derechos claros en los ciudadanos; sencillez en el curso de los pleitos; publicidad en todos los actos; leyes terminales y aplicadas irremisiblemente por los jueces; una de la jurisdición y tribunales dedicados precisamente á la administración de justicia, sin poder entender en otra cosa (...)."

Constitución una de las partes principales en que se asegura para siempre la felicidad nacional, cual es el arreglo de lo Poder judiciario (...)"[5694].

Resultam do presente enunciado alguns dos temas que também irão preocupar os Vintistas. Destaque-se a prisão preventiva apenas por delitos a que corresponda pena grave, nomeadamente o castigo com pena capital; a justificação da prisão em tal caso seria sempre imperativa e o magistrado acusado de incumprimento da formalidade poderia ser suspenso de funções; a prisão efectuada em circunstâncias diversas, nomeadamente quando a pena correspondente não merecesse prisão, implicaria a soltura imediata do preso; ninguém poderia ser detido por mais de vinte e quatro horas sem saber os motivos da prisão; quem estiver preso sem que as formalidades antecedentes sejam cumpridas, de imediato deverá ser libertado; a casa do cidadão apenas poderá ser molestada em casos de pena de prisão a que corresponda pena capital; não se admitirá a resistência ao mandato legal em qualquer caso; a regulamentação do processo constava do articulado subsequente do presente Regulamento[5695].

A discussão deste projecto de regulamento iniciou-se em 25 de Abril seguinte[5696], surgindo uma confrontação algo semelhante ao presente no Triénio Vintista, que neste particular não se enredou tanto na questão das Leis Fundamentais, mas muito mais na constitucionalização ou não de certas normas.

No que se refere aos legisladores de Cádiz, ao caso, eram os "realistas", e os "liberais-metropolitanos". Uns encontravam contradições insanáveis com as Leis Fundamentais da Monarquia[5697], que teimavam em não aprovar a substituição pelos inovadores preceitos do Liberalismo; outros batiam-se pela consagração destes últimos como verdadeiros garantes da Liberdade individual[5698]. Ao mesmo tempo, previa-se a abolição dos privilégios pessoais de foro, matéria que iria ficar consignada na Constituição[5699], sendo a portuguesa bastante mais incisiva neste plano e de acordo com o preceituado nas Bases já juradas.

[5694] *Ibidem*, Sesion del dia 19 Abril de 1811, pág. 894.

[5695] *Ibidem*, Sesion del dia 19 Abril de 1811, págs. 894 e ss.

[5696] *Ibidem*, Sesion del dia 25 Abril de 1811, págs. 928 e ss.

[5697] *Ibidem*, Sesion del dia 25 Abril de 1811, pág. 928, relativo à intervención de Gomez Fernandez: "Examinando este proyecto ó reglamento que ha presentado la comisión de Justicia, compuesto si no me equivoco de 28 declaraciones ó capítulos, veo que unos están expresos y terminantes en toda legislación, y que otros son expresa y claramente contrarios á las leyes del reino recopiladas en la Novísima Recopilación, y aun contra títulos enteros". *Ibidem*, pág. 928, relativo à intervenção de Giraldo: "(...) Muéveme à decir esto el decoro mismo de la nación y el de V. M. parque à la verdad, Señor, el decir que vamos á hacer este grande edificio, no sería hacer una manifiesta injuria á nuestros antiguos legisladores?"

[5698] *Ibidem*, Sesion del dia 25 Abril de 1811, pág. 928, relativo à intervención de Terrero: "Señor, he pedido la palabra para felicitar á V. M. y á la Nación entera por haber aparecido la aurora de la *libertad y felicidad del ciudadano español*. (...) El Monarca se estimaba un Dios sobre la tierra, el grande una semidivinidad y el noble un *magnum aliquid* en cotejo del ciudadano honrado. El Monarca se atribuía un derecho extensivo sobre las vidas y haciendas de los ciudadanos. Qué vergüenza! Que ignominia! Y qué degradación de la especie humana! Dimanaban de aquí los homicidios impunes, las violencias, los saqueos ó robos, los destierros, las deportaciones y todo género de usurpación, que en mayor parte descargaba sobre los pobres y humildes, à quienes se les llamaba pueblo bajo con la mayor injuria. V. M., *reconociendo felízmente el derecho del hombre, al cual n puede prescribir ningún otro, ha debido concebir este sentimiento nobilísimo, y encargó á la comisión de Justicia formarse un regimiento para que pusiese en salvo los derechos de lo ciudadano*."

[5699] *Ibidem*, *Constitución*, artigos 247-250; *Constituição de Hespanha traduzida em Portuguez por* ****, pág. 40; *Collecção de Constituições Antigas e Modernas*, I, pág. 244.

Não são importantes os pormenores do debate gaditano[5700]; frise-se, apenas, que em substância há uma identidade de propósitos no que respeita à defesa dos direitos individuais entre espanhóis e portugueses. O caso português será visto em pormenor adiante.

Também o direito de petição consagrado na *Constituição de 1822* teve por modelo o texto de Cádiz, que na sua versão final o consagrava no artigo 373º,[5701] sem que se tivesse verificado qualquer oposição por parte dos parlamentares.

Na *Constituição de Cádiz* não se previa o mecanismo dos jurados na apreciação de quaisquer delitos. Pelo contrário e tal como acontecerá no texto de 1822 previa-se, a final, que "no podrá ser allanada la casa de ningún español, sino en los casos que determine la ley para el buen orden y seguridad del Estado"[5702].

§ 2º. A Liberdade civil no texto de 1822: ideias gerais

De acordo com o estipulado no artigo 2º da *Constituição de 1822*, que não sofreu qualquer objecção face ao texto do Projecto e é uma reprodução quase textual do seu congénere das Bases, preceitua-se uma ligação íntima entre o jusnaturalismo das *Declarações de Direitos Setecentistas* com a versão utilitarista da sociedade.

Pode, até, apontar-se neste contexto a íntima ligação entre a Liberdade negativa ou formal, preceituada por Kant aquando da teorização da autonomia da vontade, e a consagração do texto constitucional. A Liberdade natural é um bem, um direito absoluto, que por todos pode ser utilizado sem restrições, até ao preciso ponto em que não vai bulir com a Liberdade do seu vizinho. Porque aí e no quadro do discurso kantiano deixa de ser Liberdade e passa a conformar-se como licença. Para o evitar, apenas o império da lei. Daí a íntima relação entre lei e Liberdade, uma lei que sendo igual para todos os portugueses, a todos obriga de igual modo, conserva a existência e garante a Liberdade natural enquanto direito natural juridicamente tutelado.

A Liberdade natural é civilmente garantida[5703], único meio de assegurar um idêntico uso para todos, e de conservar o seu espírito inicial e anterior a qualquer sociedade civil de direito individual e inalienável. Todos dela devem fazer um bom uso, para si mesmo, e tendo em atenção a felicidade geral. Como já Filangieri fazia questão de afirmar, "consapevoli del pericolo al quale si esporrebbe colui che cercasse di turbala,

---

[5700] Os debates prosseguiram ao longo de várias sessões. O texto final da *Constituição de Cádiz* consagra um sistema previsto a partir dos artigos 286º e ss. No que respeita à prisão preventiva, bem como ao modo de proceder à mesma, efeitos da resistência do preso e situações de flagrante delito. Veja-se *Constituição de Cádiz*, artigos 286º e ss.; *Constituição de Hespanha traduzida em Portuguez por* ****, págs. 45 e ss; e *Collecção de Constituições Antigas e Modernas*, I, págs. 255 e ss.

[5701] *Cortes de Cádiz, Constitución*, artigo 373º, *Constituição de Hespanha traduzida em Portuguez por* ****, pág. 57; *Collecção de Constituições Antigas e Modernas*, I, pág. 280.

[5702] *Ibidem*, artigo 306º *Constituição de Hespanha traduzida em Portuguez por* ****, pág. 47; *Collecção de Constituições Antigas e Modernas*, I, pág. 259.

[5703] D. C., VIII, 22-02-1822, pág. 268, intervenções de Rodrigues de Brito e Borges Carneiro, cuja importância não pode ser escamoteada neste domínio: "O Sr. Britto: – *A Constituição não tem outro objecto, senão declarar e garantir os direitos, e os deveres do cidadão para com o Governo, e reciprocamente. A Liberdade he o primeiro dos direitos do homem, e o respeitala he um dever sagrado daquelles a quem a Constituição contra o deposito, e administração da jurisdicção, e da força publica. Por tanto cabe tudo isto na Constituição, nem ella póde ser completa sem tal garantia.* O Sr. Borges Carneiro: – *Eu julgo que são constitucionaes todos aquelles principios que segurão de um modo estavel a segurança do cidadão* (...)."

essi vivono tranquilli sotto la protezione delle elegi. Or questa *coscienza*, questa *tranquilità* è quella che chiamasi *libertà civil*; (...)"[5704].

Quem tem direitos, tem deveres; a Liberdade natural é um direito absoluto, mas o seu exercício deixa de o ser após o ingresso na sociedade civil. É imperioso, como consequência, que se cumpra o dever formal absoluto do seu respeito por todos os demais para que o seu próprio direito seja respeitado, nos precisos termos da lei[5705].

Isto mesmo resulta de uma observação atenta do dispositivo do artigo 11º do Projecto da Constituição, como produto final dos debates encetados. De facto e perante uma norma que era parcelarmente idêntica à do referido artigo 2º, pareceu a alguns parlamentares que seria despicienda a repetição. Em boa hora se decidiram positivamente as várias questões colocadas, continuando a lei a ser considerada como a forma modelar da manifestação da Liberdade[5706] e em articulação com o princípio utilitarista que deu azo à inovadora redacção do artigo 11º, com autonomia total do preceituado previamente[5707].

1. A tolerância religiosa para os estrangeiros residentes em Portugal como garantia jurídica

Dado que não existe Liberdade de cultos ou tolerância religiosa para os portugueses no Triénio Vintista, e sendo a questão da Liberdade individual de consciência tema já tratado, vistos os seus contornos no Estado confessional que era o português por essa época, importa considerar de uma questão lateral, sediada no domínio da Liberdade civil e das garantias jurídicas, qual seja o da tolerância religiosa para os estrangeiros[5708].

[5704] Caetano Filangieri, *La Scienza della Legislazione*, III, pág. 1.

[5705] D. C., V, 03-10-1821, pág. 2499, intervenção de Braamcamp: "He necessário que nenhum cidadão se persuada que póde resistir á lei, uma vez que seja expressa pelo órgão que a deve expressar; deve obedecer, e depois fica salvo o seu direito, e a responsabilidade sobre quem expediu o mandado, se elle não tiver sido justo."

[5706] D. C., III, 20-07-1821, pág. 1603: "Depois de alguma discussão propoz o senhor presidente: 1º se a primeira parte do artigo devia subsistir como estava? venceu-se que sim: 2° se devião conservar-se as palavras utilidade evidente, ou ser substituidas pelas das Bases necessidade absoluta? venceu-se que se substituissem as das Bases: 3º se a primeira parte do artigo devia transferir-se para o artigo 2º? approvou-se que sim: 4º se da segunda parte se devia fazer um artigo separado do modo, por que está expresso nas Bases? Venceu-se que sim."

[5707] D. C., X, 12-07-1822, pág. 130. Veja-se Jorge Miranda, *O constitucionalismo liberal luso-brasileiro*, pág. 67, artigo 10º da Constituição.

[5708] D. C., IV, 08-08-1821, págs. 1818 e 1819, intervenção do Bispo de Beja: "O Senhor Bispo de Beja – (...) *Não devemos confundir a tolerancia com a protecção. A tolerancia civil consiste em não punir como crimes de Estado opiniões erróneas quando a ordem publica não he perturbada, esta tolerancia, segundo a minha opinião, he devida a todos os membros da sociedade civil, com tanto que não dogmatizem contra a religião do Estado, não mostrando evidentemente uma missão divina. A religião he o fructo da persuasão. A força publica não persuade. A consciencia he um sanctuario, onde nenhum Poder humano tem direito de penetrar: Deus só he o Juiz dos pensamentos. A convicção intima da verdade não autoriza a perseguir os que errão. Deste mesmo sentimento forão todos os padres da Igreja: S. Martinho rogou ao Imperador Máximo, que poupasse o sangue dos Primeiranistas; e este mesmo P. e S. Ambrósio negarão a compunhão a Inacio Bispo, por ter sido o acusador dos Primeiranistas, que forão condenados a pena ultima. S. Agostinho rogou ao Procônsul diafragma, que não punisse com pena de morte aos Donatistas. O Concilio tolerando 4º do ano 633, ordenou que não forem os Judeus constrangidos a professar a fé Christão. Assim pensarão sempre todos os homens ilustrados. O mesmo Jesuíta Mariana invectiva contra o senhor D. Manoel, por mandar que os filhos dos Judeus fossem tirados a seus pais, e baptizados; chama a este decreto, in solário decretum, a legiões*

No que respeita ao exercício do culto pelos estrangeiros, segundo a sua própria Fé, também não existiu unanimidade, tanto mais que havia quem promovesse a distinção entre culto público e particular, devendo o primeiro ser absolutamente interdito aos estrangeiros, e sobretudo por razões de Estado[5709].

É conhecida a situação, que vem desde os tempos de D. João IV e que não significa adesão à prática da Liberdade individual de consciência, sob forma de Liberdade de cultos, para os estrangeiros a viverem em Portugal, antes promana de uma obrigação de carácter internacional com foros de reciprocidade. Vinha, recorde-se, dos tempos do Absolutismo a aceitação desta tolerância pela via dos Tratados, alguns dos quais ainda em vigor, e em que se admitia a Liberdade de consciência e culto particular aos súbditos de Sua Majestade Britânica. Contudo, o Bispo de Beja na intervenção que faz é o primeiro a apontar esta situação[5710], nos termos acima definidos e bastante a propósito da discussão.

Havia duas posições assumidas que desde o primeiro momento se apresentaram à discussão.

Por um lado, invocavam-se perigos em relação a esta mesma Liberdade civil[5711] a conceder aos estrangeiros, vistos como determinantes para uma negativa, o que apenas

---

et instituais chadianos ab homens. Tenho pois mostrado, que a tolerancia civil, tomada no sentido que expus, he devida a todos os membros da sociedade civil. Não devemos porem confundir a tolerancia com a protecção."

[5709] *D. C.*, IV, 03-08-1821, págs. 1771 e 1772, intervenção de Francisco Trigoso de Aragão Morato: "O senhor Trigoso: – (...) Agora em quanto á segunda parte do artigo, faço uma reflexão muito obvia. Parece que esta segunda parte não deve entrar na Constituição. Todos sabem que o exercicio de um culto póde ser de tres modos, ou exercicio publico, particular, ou domestico. No exercicio domestico não se fala, porque he evidente que todo o homem póde ter exercicio domestico da sua Religião, ninguem o póde embaraçar. Em quanto ao particular, este não se differença do publico senão em que os templos em que se dá culto a Deos, culto particular, não tem portas para a rua, nem sinos, etc. Supposto isto, parece que uma Nação que permitte a todos os estrangeiros o exercicio particular dos seus respectivos cultos, sem ao mesmo tempo estabelecer leis regulamentares que restrinjão o exercicio destes cultos particulares, de tal maneira que não possão causar prejuizo nem á Religião, nem á sociedade; parece-me que esta permissão, ou determinação tem inconvenientes graves, em quanto a politica, e em quanto a Religião; isto póde ter quasi as mesmas consequencias que se seguirião de serem admittidos cultos publicos de todas as religiões; por isso que deste se differença muito pouco o culto particular. Em segundo lugar noto outra cousa, que nós não temos necessidade de obrigar por uma Constituição a permittir em geral todos os cultos. Convenho que he uma cousa que se póde fazer, ou não fazer por leis posteriores, segundo as circunstancias o exigirem, que nós podemos admittir tal e tal culto particular; e que podemos deixar de o admittir quando circunstancias particulares mostrarem que he util, ou não he util; por isso que póde ser nocivo á sociedade civil. Em terceiro lugar nós determinamos que nesta Constituição se tratava dos direitos de cidadãos, e aqui regula-se o direito dos estrangeiros, porque permitte-se a estes o exercicio particular de seus respectivos cultos".

[5710] *D. C.*, IV, 03-08-1821, pág. 1772: "O Senhor Bispo de Beja – (...) Uma Nação não está em regra obrigada a permittir aos estrangeiros o exercicio dos seus respectivos cultos. Existe esta obrigação quando por tratados, e concessões legaes se acha concedido aos estrangeiros o livre exercicio do seu culto."

[5711] *D. C.*, IV, 03-08-1821, pág. 1772: "O Senhor Bispo de Beja – (...) Quando porem se trata de permittir de novo aos estrangeiros o sobredito exercicio; convem uzar de summa prudencia, e circunspecção, ninguem ignora o summo respeito, e veneração, que em todos os tempos os homens tributavão á religião, que professavão; e por isso póde facilmente acontecer que da permissão de novos cultos concedida aos estrangeiros nasçam as cabalas, facções, e divisões, que perturbem a tranquilidade publica."

significa um reafirmar de princípios da parte de quem contestava a sua atribuição. Como seria possível – embora isso tenha acontecido – conjugar Liberdade civil, sob forma de tolerância religiosa para os estrangeiros, tendo-se até discutido a perda de cidadania para os portugueses que professassem outra fé que não a católica?

Outros afirmavam que promover o intolerantismo para os estrangeiros, sob forma mais ou menos sub-reptícia, era desfeitear a própria concepção da Liberdade individual, que a Constituição como pólo supremo da renovação do pacto social afirma. Por essa via também não deveria ser admitida a pretendida restrição[5712].

Porque a tolerância que se admitia para os estrangeiros, sob formulação negativa, era vista como contradita ideal da doutrinação expandida por alguns dos pensadores mais significativos neste contexto[5713], com Rousseau a liderar[5714], entendeu a ala radical do Congresso intervir, recordando ensinamentos de mestres insuspeitos, onde se destacava Mirabeau.

E se é verdade que a norma das Bases não podia ser questionada, é muito interessante verificar que algumas das alusões feitas ao longo do texto, encontrem agora pleno acolhimento nas intervenções parlamentares que neste campo se posicionaram[5715].

[5712] *D. C.*, IV, 06-08-1821, intervenção de Bento Pereira do Carmo: "O Senhor Pereira do Carmo – (...) o que he Constituição? He o pacto social, aonde vem expressas, e declaradas as condições, porque uma Nação se quer constituir em Corpo Politico. Qual he o fim da Constituição? O bem geral de todos os individuos que entrárão no pacto social. Agora digo eu – mas a tolerancia civil concedida aos estrangeiros efficazmente concorre para se alcançar esse fim, logo a tolerancia civil concedida aos estrangeiros he mui bem cabida no pacto social, porque a Nação se pertende constituir em Corpo Politico."

[5713] *Projecto de Constituição Portugueza accommodada á Hespanhola, para ser offerecido ás nossas Cortes*, pág. 12: "Artigo 43º: Prohibe-se o Culto público de qualquer outra [religião], e tambem as questões sobre a preferencia de quaesquer outros positivos Cultos, quando se recem motim, ou desordens." A. P. de C. B. C., pág. 5: "Artigo 25º Accrescente-se = Sem que perturbe, ou escandalise a ordem publica, devendo haver maior circumspecção ácerca daquellas Religiões, que tendem ao Atheismo, como a dos Protestantes. A tolerancia em França e Alemanha, etc., he de necessidade porque tem diversas Religiões: entre nós não há; em consequencia estamos em diversas circunstancias. (...)."

[5714] *D. C.*, IV, 03-08-1821, pág. 1772: "O Senhor Bispo de Beja – (...) Não me oppponho á tolerancia, pelo contrario sempre sustentei que a tolerancia civil se ajuste com o espirito, e maximas do christianismo. A religião christã proscreve os erros, mas ella nos ensina a supportar os errantes, pois a sua base he a caridade. Não he uma religião de discordia, como falsa, e temerariamente Rousseau a descreve no seu contracto social: pelo contrario ella tende a reunir todos os homens, ensinando-nos que todos são irmãos, impondo-nos uma rigorosa obrigação de obedecer ás autoridades legitimas, ainda que sejão heterodoxas, e perseguidoras. Ella não quer conquistar senão pela persuasão. As guerras, que tem sido feitas por causa da religião tem sido feitas contra o seu espirito, contra os seus preceitos mais expessos, e contra as maximas, e exemplos dos mais bellos seculos do christianismo. Montesquieu, Mably, Robertson, Raynald, e outros publicistas reconhecem que a Europa deve aos principios, e espirito do christianismo, não só a doçura, e estabilidade dos seus governos, mas ainda este Direito das Gentes, que tem feito as guerras menos frequentes, e menos obstinadas."

[5715] *D. C.*, IV, 06-08-1821, pág. 1798, relativo à intervenção de Teixeira Girão: "O Senhor Girão – (...) Jesus Christo, divino fundador da santa Lei que professamos, era tolerante, o que se mostra por muitas passagens do Evangelho, e entre outras lembro-me da Samaritana: os Apóstolos forão igualmente tolerantes, pregavão a tolerancia aos Romanos, e a favor desta viverão e espalharão a luz divina, que pouco a pouco dissipou as trevas do paganismo. Ora em quanto a religião foi tolerante, e de mansidão e paz, todas as Nações do orbe então conhecido a recebêrão com gosto; ella se estendeu ao oriente, ao occidente, ao norte, ao sul; mas depois que os homens a prostregárão, armando-a de ferro e fogo, *o mundo viu o horroso massacro de S. Bartholomeu, as vésperas Cicilianas, e as guerras civis da Inglaterra: viu banhar com o sangue de Maria Estuard o throno Britanico, despovoar a*

Não restam dúvidas da adesão dos Vintistas, na sua maioria, à tolerância religiosa[5716] para os estrangeiros. Contudo, o que disseram e pregaram destinava-se exclusiva-

Hespanha e Portugal, e fazer em Sevilha um queimadeira perpetuo para victimas humanas!!! Finalmente todas as aguas do Atlantico não forão sufficientes para apagarem as fogueiras do fanatismo, e os Incas innocentes, a quem civilisados Povos devião ensinar, e amar, forão destruidos! Tantos horrores devem fazer-nos entrar em nossos deveres, sermos humanos, sermos tolerantes. Pelo lado da politica observarei o risonho campo, que a tolerancia, patentea a nossas vistas, eu vejo regressar á cara mãi patria os filhos perseguidos pela ignorancia, ou pela calumnia, e outros muitos que tiverão a desventura de não pensar como nós, ou que lho imputárão, e os fizerão largar seus lares, voltarão tambem; pois ainda se honrão de serem Portuguezes, e de conservarem, ha seculos, o nosso idioma entre os estranhos. Este artigo he a chave douro que abre as portas de nossas vastas provincias ultramarinas a todos os desgraçados Europeos, que ainda gemem sob o monstro hediondo do despotismo; ali acharão pingues terrenos, ceo benigno, e leis sabias, liberaes, e tolerantes. Sanccionemos pois este providentissimo artigo, para que tremão os déspotas, que profanão o nome de alliança, para que conheção que outra mais santa se forma entre os Povos, e para que estejão certos, que se tiverem tantos escravos armados que possão vencer as Nações visinhas, ellas desapparecerão de seu ferreo dominio, ellas se unirão aos Portuguezes livres, e os deixarão reinar sómente em desertos, em bronzes, e baluartes."; *ibidem*, pág. 1800, Bento Pereira do Carmo, que se serve de idênticos argumentos mas vai bastante mais longe e em certas passagens quase lembra Voltaire: "O Senhor Pereira do Carmo – (...) o sangue derramado a grandes ondas em ambas as Indias e o potros, e os cadafalços, e as fogueiras accendidas pela intolerancia nos dois Reinos de Hespanha e Portugal. Não mui longe deste Augusto Recinto muitos centos de *victimas forão sacrificadas hum só dia nos altares da intolerancia pelas mãos do fanatismo, e da superstição e esta nodoa indelevel foi lançada em nossos fastos, quando o mais venturoso Rei occupava o Throno Portuguez! Eu não defendo pois a tolerancia, por que me lisongeo de que nem uma só voz se alçará para atacala: mas a intolerancia, d'involta com suas companheiras inseparaveis, a superstição, e fanatismo, costuma ser mui arteira, pede mascaras emprestadas a virtude, e tomando nos labios palavras de paz e doçura surprehende muitas vezes a probidade, e os talentos.* Só neste sentido he que posso explicar as duas opiniões, pronunciadas na ultima Sessão de Constituição. He verdade, que ellas não atacão frente a frente a tolerancia civil, concedida aos estrangeiros; mas parece-me, que indirecta e obliquamente lhes vão impecer. *Estou firmemente resolvido a não dar quartel á intolerancia, por mais disfarçada que se me apresente: sou intolerante para a intolerancia: sou seu inimigo capital; e quanto em mim cabe, farei por a desterrar do nosso belo paiz para os certões d'Africa."*
[5716] D. C., IV, 06-08-1831, pág. 1803, intervenção de Bento Pereira do Carmo: "O Senhor Pereira do Carmo – (...) He tempo em fim que todos os homens de todos os paizes, e do todas as religiões se considerem e tratem como irmãos, e amigos, pois que todos elles sahirão das mãos do primo Autor da natureza." Neste contexto foi secundado por Sousa Machado, que apesar de sacerdote, não teve pejo em afirmar na mesma sessão que "(...) O homem tem direito a exigir, que o deixem servir Deos: ordenar uma acção a alguem, que crê ser ella uma desobediencia á lei de Deos, he ordenar o despreso de Deos, e um acto essencialmente máo, que ninguem póde mandar. "A Deos segundo a sua consciencia: nada he tão injusto como vexar as consciencias, a essencia da Religião consiste em actos internos, que não podem nunca ser sujeitos a constrangimento, e os que não tem idéas convenientes da Divindade, e não sentem por ella respeito, amor, e o temor, que lhe são devidos, não os adquirem, quando o constrangimento lhe vai extorquir os signaes externos de Religião, nem mudão, se antes tinhão idéas contrarias áquellas, que lhe que não imprimir. A Religião não deve ser abraçada, porque o Governo o manda, as ordens delle não são motivos de credibilidade: forçar com penas temporaes a abraçar uma Religião, em que se não crê, he dar occasiões a infinitos sacrilegios, e a profanar todas as cousas as mais santas, he mostrar-se inimigo da verdade, da virtude, e da verdadeira piedade, porque a violencia nada mais faz, que hypocrisia, a qual augmenta consideravelmente a impiedade. Deos não he nunca mais directamente offendido do que, quando se faz o que a consciencia ainda a mais erronea dicta, que se não deve fazer, por lhe ser desagradavel: nada pois lhe deve ser mais desagradavel, que a hypocrisia. A consciencia he a voz, e a lei de Deos conhecida, e aceita por aquelle, que tem esta consciencia. o que obra contra elle crê, que viola a lei de elle crê, que viola a lei de Deos: ordenar uma acção a alguem, que crê ser

mente a estes e não aos nacionais, porque para os segundos, estava estipulado que a confissão oficial era uma só.

Num debate que se centrava sobretudo na questão da Liberdade de cultos para os estrangeiros e atendendo aos limites que as suas próprias procurações[5717] e as Bases já juradas representavam[5718], temeram ir mais longe e disso mesmo se ressentiu em alguma medida o alargamento do grau da Liberdade individual para os portugueses.

2. A Segurança é o espaço da Liberdade: o asilo que é casa do cidadão

As Bases haviam consagrado no artigo 3º a Segurança, como factor determinante na conservação dos direitos pessoais. O artigo 3º da Constituição repetirá este formulário.

---

ella uma desobediencia á lei de Deos, he ordenar o desprezo de Deos, e um acto essencialmente máo, que ninguem póde mandar."

[5717] Ainda houve quem argumentasse com o caso norte-americano e o inglês, onde não somente se admitia a tolerância mas a Liberdade de consciência estava explicitada nos Textos Fundamentais. Mas as experiências, como se disse, não vingaram. Veja-se *D. C.*, IV, 06-08-1821, pág. 1807, intervenção de José António Guerreiro: "O Senhor Guerreiro – (...) Pelo contrario, eu estou intimamente persuadido que nós admittindo a tolerancia não fazemos senão uma cousa conforme á religião, e conforme o que as nossas procurações nos ordenárão. (...) *Nós tratamos da tolerancia civil, deixemos decidir a Igreja os negocios religiosos; vamos decidir os que pertencem á ordem social, que podem concorrer para o fim da sociedade negocios religiosos.* A experiencia de todos os seculos mostra que não he só com a religião catholica que se póde conseguir a prosperidade da Nação, porque vemos muitas Nações em que he outra a religião, e não a catholica, e no entretanto ellas florescem por isso tratemos se convem ou não convem, estabelecida a religião catholica como religião do Nação, como religião dominante, como religião protegida pelo governo, que se tolerem na nação Portugueza os exercicios de outras religiões. Se convém; deve ser approvado: senão convem; deve ser reprovado este exercicio. Todos devem estar persuadidos que tornem; porque em todas as Nações que tem admittido os principios contrarios, se algum tempo se adoptou a intolerancia, então della he que resultárão todas as desordens. Sem duvida não foi da diversidade dos cultos que houverão tantas desordens por causa da religião, foi sim da intolerancia civil, foi das paixões humanas, que se servirão da religião como pretexto para perseguir aquelles, que admittirão religião contraria, pelo contrario lancemos os olhos para outras Nações, para a Prussia, para a França, para os Estados Unidos da America, porá a Inglaterra, onde ha tolerancia, e exercicio de diversas seitas, acha-se a maior tranquillidade, não vemos desordem alguma; logo então a tolerancia he meio para conservar a tranquillidade, e o socego da Nação, logo convem que se admitta a tolerancia. O Reino Unido existe nas quatro partes do Mundo, comprehende-se em ambos os hemisferios, muitos destes estão dezertos: convem, he do interesse da Nação empregar meios para povoar este territorio, porque assim crescerá a povoação, e de outro modo não poderá crescer nem em prosperidade nem em riqueza Nos não povoaremos os nossos Estados huma vez que regeitemos a tolerancia; ella he o meio mais efficaz para povoar os nossos Estados, principalmente os do Brasil, do contrario nos iremos fexar a porta aos estrangeiros que querem ir alli estabelecer-se. Esta verdade he tão clara, que me parece ninguem a deixara de conhecer, a experiencia dos Estados Unidos, que he á tolerancia a quem devem os rapidos progressos da sua população, não nos convence da necessidade de lançar mão deste meio? Existem entre nós nos estados Portuguezes differentes cultos, e as pessoas que os professão nem por isso deixão de ser Portuguezes, não seria a medida mais impolitica, o excluilos do nosso pacto social, só por isso que tiverão a infelicidade de nascerem em outra religião, desconhecer elles a verdade daquella que a Nação reconhece? Isto sem duvida seria a cousa a mais injusta, e a mais impolitica."

[5718] *D. C.*, IV, 06-08-1821, pág. 1801, relativo à intervenção de Borges Carneiro: "O Senhor Borges Carneiro – *Longe de mim ser Apologista da apostazia; eu sei que he direito e obrigação dos Principes não tolerar que alguem ataque por palavra ou escriplos a verdadeira religião, e lhe declare guerra: este direito nasce do direito de proteger a Religião do paiz; e do juramento de a manter: não confundamos porem com isto o outro direito e obrigação de permittir o livre exercicio de seus cultos aos estrangeiros, e mesmo a quaesquer subditos residentes dentro do territorio: digo mesmo e a quaesquer subditos".*

Por outro lado, o artigo 5º da Constituição menciona que a "casa de todo o Português é para ele um asilo", cometendo sérias limitações à violação desse asilo que apenas a lei poderá autorizar. Conjugando os dois aspectos, obtém-se uma das mais sólidas garantias jurídicas que a Liberdade civil confere ao cidadão e cujos meandros essenciais importa dilucidar, postos os exemplos de proveniência externa conhecidos.

A primeira das normas passou sem qualquer discussão em 13 de Julho de 1821, estando em consonância com a das Bases já aprovada[5719]; a segunda levou mais algum tempo a ser adoptada, até porque se levantou a questão de saber se por asilo seguro seria apenas a casa do cidadão ou a de qualquer indivíduo[5720].

A argumentação tinha rigor[5721], uma vez que destacava questões de Igualdade formal – ou desigualdade efectiva –, ponto que estava em manifesta sintonia com uma

[5719] D. C., III, 13-07-1821, pág. 1532.

[5720] D. C., III, 18-07-1821, págs. 1583 e 1584, relativo à intervenção de Correia de Seabra: "O senhor Correa de Seabra: – Approvo a doutrina da proposição geral, comprehendida na 1ª parte do artigo, mas não posso approvar a enunciação; porque o direito que qualquer tem (até mesmo pela natureza) de lhe servir de asylo seguro a sua caza não he só do cidadão como parece indicar o artigo, mas de todo o individuo, tanto daquelle que esta suspenso dos direitos politicos de cidadão, como daquele mesmo que por impedimento fysico não tem o exercicio dos direitos civis; e ainda mesmo ao estrangeiro compete este direito: por isso parece-me que o artigo deve ser concebido nesta, ou similhante forma: ninguem deve ser inquietado ou molestado em sua caza que he um asylo sagrado."

[5721] D. C., III, 18-07-1821, pág. 1584: "O senhor Gouvea Durão: – Senhor Presidente: quando eu li a proposição deste art. 5º do Projecto de Constituição: A casa do cidadão he para elle um asylo inviolavel – se me dilatou a respiração no peito! eu suppuz que havia renascido nesses tempos venturosos de Roma, os de Lacedemonia; pareceu-me ver Pausanias acolhido ao templo de Minerva, e os Ephoros, fieis á lei, que por um lado affiançava a inviolabilidade do asylo, e por outro decretava o castigo do refugiado, mandando tapar aporta, e destapar o tecto desse templo! Acreditei que os illustres Redactores quando assim o escreverão estavão penetrados, e havião tido á vista o dito de um Jurisconsulto filosofo de nossos dias = A lei acompanha o cidadão desde que elle sahe de sua casa até que se recolhe á mesma; e chegando á porta, fica de fora, e o entrega á Moral, e á Religião que o levão para dentro. Este prestigio, porem, foi de pouca duração, e se desvaneceu apenas li o que se segue = Nenhum official publico poderá entrar nella sem ordem escrita! A que ficou nestes termos reduzida essa consoladora inviolabilidade? similhante clausula ou excepção torna quasi vã a concessão do artigo, e nos deixa pouco mais ou menos como estavamos! E foi para ficarmos como estavamos, que os Povos deste reino se insurgirão? Foi para conservar-se essa humilhante e circumscripta situação, que elles se congregarão, e confiarão de nós seus interesses? Se o fim primario de nossos trabalhos deve ser a regeneração do Povo portuguez, será regeneração, deixar as coisas como estavão? He preciso que nos desenganemos; que tenhamos por indubitavel, que senão levantarmos o espirito nacional humiliado pelo despotismo ministerial, jámais seremos Nação; e que para conseguirmos essa importante objecto não ha meio mais apto, mais fructifero, que o de concedermos a cada um dos cidadãos amplos direitos; e principalmente a inviolabilidade dos seus lares: porque se como no preambulo se reconhece o desprezo dos direitos civicos foi uma das causas de nossos infortunios, bem visto he que reintegrando, e ampliando esses direitos opporemos uma barreira indestructivel á continuação de todos e de quaesquer infortunios. *Eu rogo a este Congresso Soberano que se recorde das insultantes expressões de certo Inglez que descrevendo os limites de Portugal e Hespanha, como a descripção dizendo = Taes são os limites, que a Natureza poz, entre o amo hespanhol, e o escravo luso; dos escravos o mais vil!!! Acabe-se pois; risque-se até, se tanto for possivel, da memoria humana, a existencia dos motivos de similhantes improperios, e emendemos o futuro de um modo tão efficaz; como duravel, para que nenhum outro tenha a ousadia de nos tratar assim. Levantemos por tanto, como disse o humilhado espirito de nossos irmãos, restituindo-lhes os direitos usurpados, um dos quaes, e dos mais preciosos he a inviolabilidade dos Penates. Possa o mais insignificante Portuguez, escorado na Constituição e por ella ennobrecido, dizer afoutamente ao maior dos empregados: Não he por amor de a que eu sou um cidadão, mas he por amor de mim, que tu és um empregado; ouve-me pois, e me despacha com brevidade e com, justiça; nisso não*

epígrafe que pretendia a defesa dos "Direitos e deveres individuais dos cidadãos", mas em desarmonia com o discurso jusnaturalista da preservação dos direitos individuais e, nomeadamente, do espaço de Liberdade pessoal que cada um por direito natural detém.

A um ponto determinante da proposta apresentada pelo Presidente do Congresso e positivamente votada pelos constituintes: "se se admitia em geral, que para os artigos em que se trata dos direitos civis se empregue só a palavra Portuguez; e que apara aquelles em que se trata dos direitos politicos se usasse o termo cidadão? Venceu-se que sim"[5722].

Ou seja, houve necessidade de promover a alteração da designação do título I da *Constituição de 1822*, que no seu capítulo único passou a encimar-se "Dos Direitos e Deveres Individuais dos Portugueses", que transporta o espírito das Bases para o texto constitucional[5723]. Trata-se da consagração do jusnaturalismo que prenuncia o Individualismo dos direitos do cidadão e converte em direitos políticos não apenas a Liberdade e a Propriedade mas também a Segurança e a inviolabilidade da casa dos portugueses, que apenas por força da lei e no respeito pela Liberdade dos outros[5724], poderá ser quebrada[5725].

É, porém e por essa razão, à semelhança da tolerância, um direito natural "garantido e tutelado" juridicamente, uma Liberdade civil porque depende da lei e "perde", por essa via, o carácter de absoluto que detinha no plano meramente jusnaturalístico.

---

me obrigas, desobrigas-te para comigo, e para com a lei que te impoz esse dever. Quizera eu, que por e ainda corre em nossas veias o illustre sangue dos antigos Portuguezes, se renovasse o tempo de qualquer dizer sem receio a João I. = Não forão os Cavalleiros da Tabola redonda, foi o Rei Arthur quem nos faltou: de qualquer replicar a Affonso IV. = buscaremos Rei que nos governe. Quizera finalmente que cada um de nós fosse um Lacedemonio do tempo dos Leonidas, um Romano do tempo dos Quintos Fabios dos Cincinatos; um Mucio Scevola, um Curió. A Constituição toca satisfazer estes desejos, operar este milagre excitando em nós por meio dos direitos civicos a consciencia da nossa dignidade na certeza de que em recompensa serão nossos corações o seu altar; nossos braços, nossos peitos um escudo impenetravel, que defenderá de quaesquer inimigos, e affiançará a sua duração: porque o homem será sempre tanto mais afferrado a um Governo, quanto maiores forem as vantagens que este lhe assegure."

[5722] *D. C.*, III, 18-07-1821, pág. 1585. A questão ficou em definitivo resolvida quando se tratou de rever o Projecto da Constituição e se lhe conferiu versão final. Veja-se *D. C.*, X, 12-8-1822, pág. 130.

[5723] Daí a crítica contra-revolucionária que se seguirá posteriormente a 1823 e que pode aqui ser exemplificada com Faustino José da Madre de Deus, *A Constituição de 1822, commentada e desenvolvida na prática*, Lisboa, 1823, pág. 4: "Constituiu-se neste Artigo [artigo 6º] a Propriedade dos portuguezes em direito político dos mesmos Portuguzes! (...) he muito notavel, digo, que o Congresso de Lisboa, depois de tudo isso, fosse copiar o Artigo da monstruosa *Constituição de 1792* [??], sobre a Propriedade. Isto indica que os revolucionários de Portugal se conformavão em principios, e tinhão os mesmos fins, que os revolucionários de França."

[5724] *Projecto de Constituição Portugueza accommodada á Hespanhola, para ser offerecido ás nossas Cortes*, pág. 43, artigo 231: "[As Cortes] estabelecerão, como seguro asylo, as casa dos particulares, cuja entrada forçada se não permittirá, senão em caso de penhora, precedida de sentença legal, com audiencia de parte, e Processo formado; em caso de se ter achado em flagrante delito grave durante o mez, ou quando as Cortes, ou Junta permanente dellas o determinar."

[5725] Escrevia A. P. de C. B. C., pág. 3: "Artigo 5º: accrescente-se: = O Official deve mostrar a ordem, e dar ao preso uma cópia della, para evitar alterar o motivo (Artigo 5º das Bases), comprehendendo este caso a determinação do artigo 175º, e conforme a *Constituição Franceza de 1795*, Artigo 233º, § 2º, e *Constituição de 1799*, Artigo 77." Segundo estes *Reparos ao Projecto de Constituição*, regulava-se a entrada na casa do indivíduo por força dos disposto na *"Constituição Franceza de 1795*, artigo 359º, e *Constituição de 1799*, artigo 76º".

Sendo um direito natural, o princípio utilitarista converte-o em dever, por força da felicidade de todos, originando a possibilidade do português ser forçado a ver decair esse direito natural por força da lei, sendo seu dever a subsunção à mesma, nos termos gerais preceituados no artigo 2º.[5726]

É também assim por força da interpretação kantiana, que os constituintes não invocaram, mas que a formulação geral da Liberdade civil apontada antes permite confirmar. Trata-se de uma Liberdade formal, que todos detêm, mas nem todos podem "naturalmente" utilizar.

No que respeita à possibilidade desse asilo que é a casa do cidadão, por motivos de ordem pública, poder ser quebrado, apenas em 1822, mais precisamente em 12 de Agosto quando da revisão do Projecto, o tema foi retomado[5727].

Mais uma vez o que estava em causa era a defesa dos direitos dos portugueses – os estrangeiros não eram de novo contemplados – preconizando-se a maior cautela na redacção da norma que em nenhum caso poderia permitir dúvidas quanto ao seu alcance. A questão da devassa estava ainda bem presente nos espíritos e apresentava conotações com os procedimentos no Antigo Regime, nomeadamente nos tempos de Pina Manique e de que depois a Setembrizada fora episódio maior.

Por estes motivos invocavam alguns parlamentares que "o fim que se tem em vista, permitindo que seja violada a casa do cidadão, não he outro senão para se aprehender algum réo, que se achar dentro della, e ainda o mesmo dono da casa; porém permittindo-se que ella possa ser devassada, como se lê no artigo, similhante permissão era uma portinha que se ia abrir pela Constituição para ter lugar visitas domiciliarias. Ninguem dirá que a nossa Constituição póde ter em vista similhantes ribaldarias, nem que seja incommodado o cidadão vendo a sua casa remexida, e podendo até os officiaes de justiça entenderem, com a roupa suja, e não deixarem canto algum sem revisto. A permissão de similhante cousa não duvido que seria muito apropriada para fazer um artigo de instrucções de policia, segundo o systema de Fouché, porém não sei como se poderá incluir em uma Constituição liberal; talvez eu não entenda o que seja Liberdade, ou principios liberaes; em todo o caso os meus principios de Liberdade se não conformão muito com as visitas domiciliarias nas casas dos cidadãos; e a fim de se dissiparem estes receios, supprima-se a palavra devassado, e se adopte outra, ainda mesmo a palavra entredo, de modo que se conceda a entrada, a fim de se aprehender o cidadão criminoso: porém não se permitta mais cousa alguma"[5728].

Como consequência destaca-se a defesa da Liberdade individual, mediante leis civis que salvaguardam a sua plena disposição, no quadro das garantias jurídicas que visam tutelar o salutar uso dos direitos individuais em sociedade.

2.1. Desenvolvimentos da norma constitucional

Para tanto, elaborou-se um decreto em 11 de Outubro de 1822, que pretendia combinar o respeito devido à casa do cidadão com a administração da justiça, em conformidade com o artigo 5º da Constituição que ordenava a sua regulamentação[5729].

[5726] Jorge Miranda, *O constitucionalismo liberal luso-brasileiro*, pág. 66, artigo 2º da *Constituição de 1822*.
[5727] Silvestre Pinheiro Ferreira, *Breves Observações sobre a Constituição Politica da Monarchia Portugueza*, pág. 2, critica a norma tal como está formulada, visto ser "um principio isolado, puramente didáctico, por extremo vago, e portanto inutil."
[5728] D. C., X, 12-08-1822, pág. 129.
[5729] D. C., X, 11-10-1822, pág. 752.

O projecto, da autoria de José António Guerreiro, foi apresentado em 26 de Agosto[5730], e com ele se pretendia a conjugação dos contributos de proveniência estrangeira com a surpresa manifesta perante o antigo normativo português "(...) tive a maior complacência encontrando na legislação patria respeitaveis vestígios do respeito consagrado pelo legislador á casa do cidadão: permitta-se-me para gloria nacional citar entre outros a ordenação liv. 3. tit. 9. Paragrafo 13, em que se prohibe ao porteiro entrar em casa de morada para citar alguem: a ordenação no mesmo liv. tit. 86. paragrafo 12, que prohibe ao official de justiça, que vai fazer alguma penhora, entrar em casa do executado, sendo dos ali mencionados, sem lhe pedir primeiro de fóra penhor bastante: o decreto de 22 de Novembro de 1690, que nas buscas dadas nas lojas dos cuteleiros, manda dar tempo ás familias para se comporem: e finalmente a lei pragmatica de 24 de Maio de 1749, que prohibe aos officiaes darem busca em alguma casa pelas cousas naquella lei prohibidas sem ordem escrita do juiz, precedendo prova bastante da transgressão"[5731].

A preocupação era antiga; a sua prática judicial é que manifestamente andava arredia dos hábitos dos magistrados do Antigo Regime.

O projecto que deu origem ao posterior decreto consignava um artigo 1º que não sofreu qualquer discussão, e onde se centravam as coordenadas essenciais do espírito que presidira à sua elaboração: a defesa da casa do cidadão como um asilo seguro, no estreito respeito pelos direitos individuais e, em particular, pela Liberdade civil do cidadão manifestada na sua perspectiva negativa[5732]. Quanto ao demais, as normas eram puramente regulamentares e relacionavam-se com o tempo e o modo porque os oficiais de justiça haveriam de entrar na casa do cidadão. Em nada alteravam o seu contexto global.

3. Invocação da Liberdade civil na temática da Propriedade: direitos banais, coutadas e forais

É conhecida a relevância da Igualdade enquanto direito e o modo como essa mesma Igualdade se destaca no debate da Liberdade civil.

Uma vez estabelecida a ligação inultrapassável entre Propriedade e Igualdade, no plano da defesa dos direitos individuais, que as garantias jurídicas promovem no contexto da Liberdade civil, será importante recordar não apenas as observações feitas noutro local, como proceder a um estudo que encare o problema pela dupla vertente. Ou seja, a proposta consiste em frisar que a Igualdade formal implicava a acentuação dessa característica em todos os portugueses, que não poderiam ficar sujeitos a leis especiais, promotoras da desigualdade e cujos casos mais patentes se verificavam no sector da Propriedade[5733].

[5730] *D. C.*, X, 26-08-1822, pág. 243; *AHP*, Comissão da Constituição, caixa 86, documento 172.
[5731] *D. C.*, X, 12-09-1822, pág. 417.
[5732] *D. C.*, X, 12-09-1822, pág. 417: "Artigo 1º Nenhuma Autoridade, ou empregado publico, poderá impedir a livre entrada, ou saída de qualquer casa: exceptuão-se os casos de flagrante, e os casos do artigo 4, e nestes sómente pelo tempo absolutamente necessario para se verificar a busca."
[5733] Manuel Fernandes Tomás, *Carta do Compadre de Belém ao redactor do Astro da Lusitania*, pág. 9: "A que proposito, em verdade, devem estes desgraçados estar pagando ainda direitos domicaes das terras que lavrão? Que nos importa que taes direitos fossem adquiridos por titulos capazes de transferir dominio, e Propriedade, e o direito da Propriedade seja base do edificio social? Essa base era do edificio velho, e nós queremos hum edificio novo inteiramente. (...) Semear hum, e outro colher he abuso, e hum abuso quanto mais velho he, mais necessidade há de o emendar.

Consagrada como direito natural sagrado e inviolável, como direito à Vida e aos bens particulares que cada um possui em termos reais, de que apenas por motivos de ordem pública poderá ser expropriado mediante competente indemnização[5734], e sendo a Igualdade também um direito natural que em termos positivos não admite discriminações legais[5735], poderia aparentemente colocar-se aqui uma prévia contradição.

Ser proprietário implicaria ter bens cuja conservação a lei zelava.

Como resolvia o Liberalismo tal antinomia? O tema da Propriedade deverá aqui ser associado a algo de anterior à sociedade, de que todos podem igualmente desfrutar, desde que se adopte o discurso lockeano, como já tantas vezes se alertou. Mas, se acontecer que alguém por força das leis especiais obtenha algo que desvirtua essa Igualdade perante os demais, conferindo-lhe positivamente uma Propriedade que não lhe corresponde por direito natural, então deverá a mesma ser erradicada.

Como consequência, é pela via da Igualdade, que deve ser tratado o "abuso" de Propriedade que o cidadão pode deter, porque isso é uma manifesta desigualdade que o jusnaturalismo lockeano e o Constitucionalismo liberal não podem aceitar. Este o motivo pelo qual o desenvolvimento dado à ideia de Propriedade no Triénio Vintista vai ser enquadrado no plano da Liberdade civil e poderá ser percepcionado no da Igualdade formal, enquanto garantia que os direitos naturais de alguém se mantêm incólumes a lesões externas de proveniência especial, que manifestam um atentado em simultâneo contra a Igualdade formal e a Propriedade natural.

3.1. A garantia da Igualdade na disposição da Propriedade como marco da Liberdade civil

Determinada a questão em termos constitucionais, é pela via da regulamentação Ordinária encetada pelos Vintistas que se procurará obviar a tais abusos. Os aspectos equacionados em seguida não são exaustivos; serão emblemáticos para poder retirar algumas conclusões.

Questão que ocupou os parlamentares cifrou-se no domínio dos direitos banais. Logo em 1 de Fevereiro, ao abrir o Congresso, foi apresentado um projecto para a sua extinção[5736], que encontrou veemente oposição[5737]. O Liberalismo de 1820 exercia-se com menos constrangimento no âmbito do Direito Público que no terreno económico do Direito Privado e todos sabiam o quanto relevava o direito de Propriedade[5738].

Importa dizer que estes direitos, contra os quais se proferiam mais injúrias que argumentos, se consubstanciavam nos primeiros "monopólios" proteccionistas da incipiente indústria nacional. Privilégios estatuídos em favor das populações, mas que em breve, foram alvo de abusos. Destes últimos se tiraram os brados dos constituintes,

---

Lavre cada hum a sua terra á vontade, apanhe os fructos que tiver, e os Senhorios que vão á tabua. Como querem elles ter parte no suor alheio? Senhorio em paiz Constitucional? He forte asneira!!!"
[5734] Jorge Miranda, *O constitucionalismo liberal luso-brasileiro*, pág. 67, artigo 6º da *Constituição de 1822*.
[5735] Idem, *ibidem*, pág. 67, artigo 9º da *Constituição de 1822*.
[5736] D. C., I, 19-02-1821, pág. 19. É sobre este projecto de decreto que depois se irão centrar as discussões em torno da abolição dos direitos banais.
[5737] Esta oposição não questionava, por parte dos seus subscritores, o direito de Liberdade natural dos indivíduos, antes procurava justificar a necessidade de uma rigorosa ponderação dos efeitos que a extinção dos mesmos poderiam acarretar para a agricultura nacional.
[5738] D. C., I, 08-02-1821, artigo 7º das Bases da Constituição. Corresponde ao texto final das Bases aprovadas e encontra-se nos *DHCGNP*, I, pág. 165. Também o texto do Projecto da Constituição, *D. C.*, VIII, pág. 3, não se afasta desta redacção.

bem acompanhados pela imprensa liberal[5739], contra a sua permanência, rotulando os Povos que os tinham não só pedido como incitado, de "servos da gleba"[5740].

Foi tempo de se levantarem as vozes de Ribeiro Saraiva[5741], de Simões Margiochi[5742], de João Maria Soares Castello Branco[5743] ou de Joaquim Anes Pereira de

---

[5739] *O Campeão Portuguez em Lisboa*, I, nº IV, Abril de 1822, págs. 49 e ss.

[5740] A decisão sobre os direitos banais é posterior à publicação das Bases mas neste domínio o debate acerca dos mesmos, enquanto privilégios, certamente terá influído naquelas. Apenas em 20-03-1821 ficou acertada a decisão, conforme *D. C.*, I, 20-03-1821, págs. 433 e 434.

[5741] *D. C.*, I, 16-03-1821, pág. 281. Na sessão deste dia, e a propósito da abolição dos direitos banais, fez a seguinte intervenção: – *Pacta Servanda* – A religiosa observância das convenções é, e será sempre, a primeira base e fundamento da Sociedade Civil. A Liberdade e a Propriedade que nas Bases da Constituição acaba de se estabelecer como os primeiros Direitos do Homem fazem o fundamento do proposto princípio e máxima da Ordem Social: pelo que qualquer infracção dele a ruina pelos seus fundamentos, defecando-a na sua raiz, e por isso mesmo em o todo que desta raiz se nutre. Como porém o Cidadão pode abusar algumas vezes daqueles sagrados direitos de Liberdade, ou Propriedade, à mesma Lei, como deles protectora toca dirigir o seu uso, sem todavia se esquecer que à conservação da sua posse tem todo o proprietário, quer o título lhe provenha pelo título primitivo da ocupação, ou pelo derivativo da convenção provada por provas legais, ou pela posse imemorial, que sempre em direito se reputou, e teve em lugar de título, e talvez pelo melhor de todos.

[5742] *D. C.*, I, 17-03-1821, pág. 294. Em 20 de Março de 1821 e a respeito da discussão sobre a abolição dos direitos banais, foi de parecer que, tendo sido sempre um "acérrimo defensor do direito de Liberdade", o citado artigo 4º do Projecto ofende esse direito. "Eu não sou contrário ao direito de Propriedade, mas sei que entre os direitos de Propriedade e de Liberdade há alguma diferença, que o de Liberdade é de Natureza e o de Propriedade é o de Convenção. Destes dois direitos parece que deve ter mais atenção o de Liberdade. Este quarto artigo quer satisfazer completamente o direito de Propriedade, e vai a fazer que se comparem isenções de serviços pessoais, e o direito da indemnidade humana. Mas, suponhamos que se passa este artigo 4º, e que se quer com efeito satisfazer este direito de propriedade, e não atender a mais nada; suponhamos isto porque eu veja que a maior parte dos ilustres deputados, estão-se inclinando a isto. Em tal caso, direi eu: creio que os bens dos Conventos são Nacionais: creio que os bens dos corpos de mão morta pertencem à Nação: e creio que este Augusto Congresso tem direito a dispor dos bens da Nação, e creio que tem o direito de não dar a indemnização por serviços pessoais que foram feitos a estes Conventos, ao menos livrar os Povos de alguma coisa."

[5743] *D. C.*, I, 17-03-1821, pág. 295. Em sessão de 20 de Março de 1821 e a propósito da abolição dos direitos banais, de novo a sua erudição e sentimentos adversos a tudo o que fizesse perigar a Liberdade, se fazem notar. Defende em relação ao Projecto que "*se trata de restabelecer a dignidade do homem, firmar a sua Liberdade e sustentar a sua Propriedade. A Liberdade é um direito essencial e natural ao homem, sem o qual quase que ele não pode existir; isto é, o homem tal e qual a natureza o oferece; mas a Propriedade é um direito sagrado, sem o qual o cidadão também não pode existir, nem, se pode considerar ideia da sociedade perfeita, sem Propriedade. Há casos, porém em que este direito mais amplo da Propriedade deve ser restringido, pois que ele deve ceder à mesma Liberdade do homem, que é um direito essencial, como já disse, e deve ceder ao interesse geral da sociedade, pois que o bem da sociedade é que o fez introduzir*. Trata-se neste artigo dos serviços pessoais e de um meio para os abolir, sem ofender a Propriedade; trata-se de o extinguir para restabelecer a dignidade do homem, e segurar a sua Liberdade, e trata-se do meio de indemnizar para sustentar a Propriedade. É preciso pois procurar entre estes dois princípios um meio-termo, que nem a Liberdade fique ofendida, nem a Propriedade: falo da Propriedade reduzida aos seus justos limites. Os termos em que ela se deve sustentar, e os meios propostos neste Projecto de decreto, acho-os incoerentes, e essas incoerências têm já sido demonstradas por todos os Preopinantes; entretanto a meu ver o engano vem de que para estabelecer a indemnização toma-se, por princípio, os títulos de Propriedade, e eu acho que se deve tomar por princípio da indemnização a natureza dos serviços, porque tanto tem Propriedade aquele que goza destes direitos por título oneroso como por título gratuito (...)". Tomando por princípio a natureza destes mesmos serviços, já não influem as mesmas incoerências e inconvenientes, que se encontram tomando por

Carvalho⁵⁷⁴⁴, para além de outros⁵⁷⁴⁵, cuja argumentação girava em torno sempre de uma mesma ideia. Apesar da Propriedade ser entendida como um dos baluartes do Liberalismo, a mesma não poderia deixar de ceder perante a Liberdade.

Se a Liberdade é um direito natural do indivíduo, a Propriedade é um direito "sagrado" do cidadão, para todos aqueles que não seguem Locke; a ideia da redução da Propriedade aos seus justos limites seria aquela que melhor permitiria conciliar as duas faces da moeda. Para tanto avançava-se com uma indemnização apenas nos casos em que os serviços prestados não fossem considerados contrários à Liberdade do homem e à sua essência de Ser livre. Quando a Liberdade se expande na sua máxima amplitude, a Propriedade tem de ficar necessariamente limitada. Esse o procedimento que num Estado livre e constitucional sempre deverá ser seguido.

Posições mais moderadas assumiam outros constituintes, que aceitando em plenitude a protecção da Liberdade individual, viam nela o correlativo "Liberdade da cousas". Sem que isto questionasse o facto dos direitos banais serem "o enxovalho da Liberdade humana", entendia José António Faria de Carvalho⁵⁷⁴⁶ que a Liberdade do comércio

---

princípio de indemnização os Títulos de Propriedade. O principio destes serviços pode ser justo ou injusto, razoavel ou irrazoavel; aqueles que são contra a natureza, que se opõe à Liberdade do homem, aqueles serviços que se opõem aos seus direitos essenciais, que se opõem à felicidade da Sociedade, não devem existir. *Muito embora a Propriedade seja ofendida, mas é o caso em que a Propriedade se deve restringir, em que os Proprietários devem ceder, e desistir dos seus usos. Nestes termos meramente se deve dar indemnização sobre um contrato justo, sobre um contrato que não se opõe à Razão, à Liberdade, e à felicidade notoria do Cidadão.*"

⁵⁷⁴⁴ *D. C.*, I, 17-03-1821, pág. 292. Em sessão de 20 de Março de 1821, a propósito da abolição dos direitos banais, mesmo sendo membro de uma corporação que detinha certos privilégios, como o de relego, foi de parecer que o artigo 3º do Projecto deveria ser aprovado, na medida em que afirmava "Eu sou Membro de uma Corporação que tem o privilégio de relego (...), mas sou um Representante da Nação: não posso pois hesitar entre os interesses entre uma Corporação a que pertenço; e os interesses de toda a Nação, quais os que devem ser sacrificados. Os interesses de toda a Nação consistem em que dê maior amplitude possível à Liberdade, e à Propriedade, tanto natural, como industrial e comercial. Nós já consagramos o principio Constitucional de que todo o Cidadão goza de Liberdade na sua maior extensão possível: a Lei que se propõe é uma consequência muito imediata deste princípio (...)." Como tal, não pode tal Lei deixar de ser aprovada.

⁵⁷⁴⁵ O Projecto foi discutido em sessões de discutido em sessões de 01, 08, 09, 17 e 24-02, 16, 17, 20 e 26-03 e 02-04-1821.

⁵⁷⁴⁶ No que respeita ao problema que agora se discute, diga-se que são importantes duas intervenções suas a respeito dos direitos banais, contidas em *D. C.*, I, 17-03-1821, pág. 292 e 20-03-1821, pág. 308. Na primeira cumpre destacar uma explanação teórica importante para o desenvolvimento de algumas ideias da Economia Política. Adianta que "a ignorância em que se tem estado até agora sobre os princípios da Economia Política, é causa de todas as más Leis que se têm feito, que se querem fazer e que se hão-de fazer. Os princípios luminosos que com efeito tem espalhado as notas Económicas por toda a Europa, merecem a consideração particular deste Congresso; uma vez que nos desviemos das ideias essenciais desta matéria, temos que fazer Leis, derrogar Leis, ampliar Leis. E a lei universal, geral e adaptável, é a Liberdade do Comércio, e todos os privilégios exclusivos derrubados por uma só vez; e a necessidade nos obrigar ainda a conservar alguns relativamente a esta ou aquela Província, não devem ser senão temporários, senão enquanto se apartamos estorvos que unicamente impedem a propagação das luzes. Nação rica não é aquela que tem tudo, mas sim aquela que tem géneros com que pode comprar, ou melhorar a sua subsistência, e enquanto as Nações persistem num sistema regulamentar de querer leis para tudo, fazem subsistir o monopólio, conservando a depravação dos seus direitos. Devemo-nos bandear com os modernos Publicistas, que têm levado à evidência princípios de que não nos devemos desviar; pois que por entanto não conhecemos verdadeiramente os nossos interesses, e tendo de legislar sobre todo o sistema agrário,

deveria ser incrementada, terminando-se com quaisquer medidas proteccionistas que apenas contribuíam mais e mais para o depauperamento da economia nacional.

Perante a força da Liberdade, a Propriedade que deve ser protegida, deverá decair na medida em que se torne com aquela incompatível.

A conclusão da Constituinte era que não podia mais haver nada de parecido, pois que não contribuíam para humanizar e unificar a legislação em prol do indivíduo, garantida a Segurança da comunidade. A honra da Liberdade que os constituintes juraram proteger era de novo evidência[5747].

Algo de semelhante se passou com as coutadas[5748]. Logo em 31 de Janeiro de 1821 foi apresentada uma indicação por Alves do Rio que visava a sua extinção[5749]. Relevante o facto que, num Congresso Constituinte que se revelaria partidário dos adiamentos sucessivos de certas matérias, normalmente controversas, esta questão acabou por ser tão pacífica e reuniu um tal grau de unanimidade que, oito dias corridos, o decreto estava feito e aprovado.

Todos estavam conformes na argumentação de Alves do Rio[5750] e sustentavam que as coutadas eram uma lesão evidente ao direito de propriedade[5751]. À Comissão de

---

é preciso que olhemos para todos os princípios, que podem ter aplicação em todo e estado, mas com especialidade neste. Nós queremos Liberdade para os indivíduos, devemos também quere-la para as coisas (...)". Esta alocução foi feita em função da discussão do artigo. 3º e aquela que se lhe seguiu, em 20 de Março, invoca que "havemos de ter em consideração os princípios do Direito Natural; não devemos trazer os princípios de um Direito Positivo para concluir contra o Direito Natural: que conserve o homem esta Liberdade, e não a diminua senão quando a Nação tenha, ou a Sociedade tenha de restringir alguma parte della."

[5747] D. C., I, 02-04-1821, págs. 433 e 434. Corresponde ao inicial decreto do Congresso de 20 de Março, agora com as alterações finais de 2 de Abril, posto em execução por portaria da regência de 5 de Abril e publicado em 7 do mesmo mês.

[5748] O Campeão Portuguez em Lisboa, I, nº IV, Abril de 1822, págs. 50 e 51: "As coutadas eram, com effeito, uma grande monstruosidade politica: porque não só offendião directamente a Propriedade individual, mas offendião a prosperidade publica, arruinando a agricultura. Erão, alem disso, uma instituição barbara, e hum deshumano regalo; porque por ellas se arrancava impiamente o pedaço de pão ao pobre faminto para liberalmente o dar a animaes ferozes ou devoradores. (...) O homem neste cazo estava em peior situação do que o bruto; porque este se podia abundantemente nutrir do trabalho alheio (...). As coutadas, alem de serem uma violação manifesta do sagrado direito de propriedade, arruinavão a agricultura (...)"

[5749] D. C., I, 31-01-1821, pág. 13.

[5750] D. C., I, 07-02-1821, pág. 57, quanto a intervenção de Inocêncio António de Miranda: "O senhor Miranda – Este assumpto he da maior consideração para os Lavradores, que estão olhando para nós: he preciso cuidarmos neste negocio como de justiça, e segurança publica, e que fará o Povo amiga da systema Constitucional; porque, se nós lhe fizermos todo o bem que elle de nós espera, se elle for attendido pelo Governo, estou certo em que nada conseguirão aquelles que o pertendem desviar dos bons principios. Peço pois que, por ser objecto a favor do Povo, se trate já delle. As Coutadas devem-se abolir: he cousa que não altera a legislação, e he urgente. (Apoyado)."

[5751] D. C., I, 07-02-1821, pág. 56, relativo à intervenção de Bettencourt: "(...) He hum gravame muito pesado sobre a agricultura, que se não possa livremente lavrar, nem tirar mais algum partido desses montados, que estão dentro da demarcação das Coutadas; e muito mais sentido, porque, nos ultimos 13 annos, esse sacrificio dos Proprietarios em favor do divertimento d'ElRey, pela desgraça da sua ausencia, que tantos males nos tem causado, não só não tem enchido aquelles fins das Coutadas em quanto á precisa distracção d'ElRey, mas até os tem privado daquelles bens que lhe trazião a presença de Sua Magestade, e o concurso da Corte naquelles sitios. A' vista de tudo isto, julgo que devem ser abolidas todas as Coutadas em terrenos particulares, por isso que da sua existencia se seguem muitos, e graves prejuizos a Propriedade, e á agricultura geral; e não se consegue o fim

Legislação cometeu-se o encargo de elaborar o competente decreto, que resultou no diploma citado e pelo qual se pretendia a defesa do direito individual de Propriedade, com consagração da Igualdade entre os proprietários e afastamento das leis especiais que apenas serviam para incrementar as diferenças entre os portugueses[5752].

Outro problema neste domínio é o dos forais. Historicamente, de alguns dos privilégios inerentes à Propriedade por leis especiais, emanavam muitos forais, que sempre foram considerados como protectores das populações e dos municípios em presença do Poder estadual. Ou seja, no plano da chamada Liberdade civil ou das garantias jurídicas ofertadas aos súbditos. É a tal questão já muito conhecida das "Liberdades" face a face com a "Liberdade", atempadamente instruída, mas que permite também traduzir que as decisões do Congresso por mais de uma vez terão sido contraditórias.

Dispensa-se incursão detalhada porque o cerne da discussão se prende mais com a temática do Liberalismo económico, no seu conspecto geral, de que as particularidades resultantes da desigualdade são apenas um dos aspectos a reter. Por esse motivo não se ultrapassa este âmbito de abordagem geral[5753], deixando de parte considerandos

---

em relação ao divertimento da caça na pessoa d'ElRey, o qual deve ser quando voltar ao reyno, Coutadas para a sua distracção, porem em terrenos só seus proprios, que se comprem para esse fim, e sejão tapados, para que a caça não prejudique os visinhos particulares, o que será por certo designado por Leys Constitucionaes, a exemplo das Nações civilizadas da Europa: ficando com tudo sempre existentes as Leys ácerca das Mattas, e Montarias, em quanto neste objecto se não tomão medidas ulteriores."

[5752] D. C., I, 08-02-1821, págs. 65 e 66.

[5753] D. C., II, 04-06-1821, págs. 1112 e ss., especialmente, pág. 1114: "3º Da natureza dos Foraes, e encargos a elles annexos. Estas verdades se tornarão perfeitamente evidentes, se considerarmos qual era a natureza dos Foraes, e os encargos que andavão annexos a elles. Os nossos primeiros Monarchas, ao tempo de fazerem as suas conquistas, reservarão para a Coroa muitas terras, com o nome de Realengos, ou Reguengos, tanto para as despesas publicas como para os gastos de sua Casa. Estes ultimos se achão nos Almoxarifados, como se vê no Alvará de 17 de Abril de 1787 § 4, com o Titulo de Reserva Real; e constituião em consequencia todos estes hum verdadeiro Patrimonio da Coroa. Muitos andão ainda incorporados nella, outros têm sido dados por diversos Monarchas, ou de juro e herdade, ou por vidas a differentes Particulares, e até a Corporações de mão morta. Alem dos Reguengos impuzerão os Senhores Reys para as mesmas despesas da Coroa direitos Reaes, principalmente oitavos, ou jugadas nos Foraes, que derão a muitas Terras; outras, particularmente no Minho têm foros certos. Os mesmos Reys derão muitas destas Terras a diversas Corporações, ou Particulares, com differentes, e variados motivos; ou para as defenderem dos inimigos, ou para servirem na guerra com certo numero de Lanças, de Cavallos, ou de Soldados, ou para as povoarem: destas ultimas ha muitas, e se chamão Coutos, de que temos o exemplo nos d'Alcobaça, dados aos Monges de S. Bernardo, e outros concedidos igualmente a muitas outras Corporações Ecclesiasticas. Estes Senhorios particulares largarão muitos terrenos (...) com diversas obrigações pesadas, e lesivas, como de quartos, sextos, oitavos, e outras pessoaes, como de fumagem, de geiras, jantares, eiradegas, etc. Estes pequenos Soberanos punhão justiças, ás vezes Capitães Mores, e impunhão alguns tributos; a maior parte das portagens, insignificantes na sua origem, pois quasi todas se conttivao por seytis, tirão dahi a sua remota, e absurda origem. *Desembrulhando pois este cabo tenebroso, vemos que são originariamente de duas naturezas os direitos dos Foraes; porque perscindimos aqui dos seus outros regulamentos municipaes: 1º ou forão postos pelos Senhores Reys, como direitos Reaes, para a sustentação da Coroa; e inda que depois fossem dados a diversos Donatarios (quasi sempre com encargos de serviço militar), nunca a Coroa perdeo o Dominio eminente que sobre elles tinha: 2º ou então forão dados pelas Corporações, e Senhorios aos Colonos em particular. Os primeiros já nós dissemos que devião ser muito alliviados, porque se impuzerao depois sobre as mesmas terras novos tributos para os mesmos fins. Os segundos tem o seu fundamento naquella especie de Propriedade que os Senhorios alcançarão, quando cultivárão, ou povoárão as terras, ou quando se obrigarão a defende-las da invasão dos inimigos. Porem não*

estranhos à defesa da Liberdade civil, por via da extinção de leis especiais promotoras da desigualdade formal entre os portugueses[5754].

Isto mesmo resulta de uma singela consulta das primeiras intervenções parlamentares que se verificaram a respeito do Projecto de Reforma dos Forais, apresentado em 27 de Outubro de 1821[5755].

Os Vintistas viam em alguns casos abusos muito evidentes no que respeita à distribuição da Propriedade[5756] tal como a interpretavam. Um dos grandes e crónicos males da Nação portuguesa e que promovia o seu atraso em relação a outros países

deixa de ser summamente lesivo, e oppressor, que se impuzesse o quarto, sexto, ou oitavo sobre leiras incultas cheas de matto, e abrolhos, e que os Colonos, que as roteárão, pagassem por hum simples direito de senhoreagem tributos tão onerosos, que excedem muito os interesses, ou juros da Ley. Os Donatarios, que possuião terras a titulo de as defenderem dos inimigos, vião-se obrigados a muitas despesas para satisfazerem aos encargos da sua obrigação; os Alcaides-mores erão os Governadores dos seus Castellos, levantarão gente á sua custa, e em tempo de guerra acudião a ElRey com as Tropas, a que se tinhão obrigado. E cumprem hoje os Donatarios com estes encargos? O nosso systema de guerra actual tem alguma similhança com o antigo systema no tempo Feudal? Hoje não se move huma simples Companhia que não seja á custa do Estado; e como he possivel que este faça todas as despesas civis, e militares, continuando os particulares a receber huma parte dos tributos, que estavão applicados para este destino? Além disto *os Donatarios antigamente vivião nas proprias terras, e não entre os passatempos da Capital; consumião lá as suas rendas, e erão em consequencia mais abundantes, e riccos; os jornaleiros não vinhão para Lisboa engrossar o numero dos lacayos, e dos vadios, e fazião-se os amanhos a tempo, e com menos de ametade da despesa. Os Senhorios emprestavão as sementeiras aos seus Caseiros em annos estereis, e acudião-lhes em todas as suas necessidades, tanto no tempo de guerra como de paz. Erão huns verdadeiros pays, que existião no meio de suas familias: erão os arbitros entre as contendas dos Povos, e fazião naquelles bons tempos a felicidade dos Cidadãos; porem hoje as ideas, e as circunstancias estão inteiramente mudadas, e os Donatarios não cumprem absolutamente nenhum dos encargos, nenhuma das obrigações a que de direito estão ligados."*

[5754] *D. C.*, II, 04-06-1821, pág. 1115: "(...) Do que temos dicto se concluo (...) que os Foraes estão na mais decidida opposição com o interesse individual do Lavrador, e com a prosperidade da Nação." Mas também e muito principalmente a incisiva observação de Francisco de Lemos Bettencourt, *D. C.*, VI, 27-10-1821, pág. 2823: "(...) eu digo, que, este soberano Congresso, póde, e deve reduzir, e reformar os foraes: *póde por uma razão de direito deve por uma razão de facto: póde pelo direito, porque sendo Lei Fundamental, e sanccionada nas Bases da Constituição, que a lei he igual para todos, devemos trabalhar que isto se verifique de facto, e não fique em palavras*: logo como se póde combinar, que os habitantes daquelles infelizes terrenos, sobre que carregão as pezadas leis dos foraes de mais hão de pagar dízimos, decimas, novos impostos, subsídios literários, real de agora, e mais direitos, que se estabelecerão muito depois, estando igualmente sugeitos aos transportes, recrutamento, e mais obrigações de todos os cidadãos? *Já se vê, que ha desigualdade alem de haver injustiça: pois que estes foraes, muitos delles tem por origem, a defeza de castellos, e terras, da qual está hoje o Governo encarregado em geral, e não se verificando a causa e os fins, devem cessar os effeitos; (...). Diz-se, que se deve olhar para o direito da Propriedade; e como se póde esta applicar aos foraes, quando se trata de fazer que o todo se salve? Não o contemplou direito de Propriedade o Sr. Rei D. Manoel, quando os reformou: a antiguidade de certas posses não consolida o direito da Propriedade, quando o principio dessa acquisição he nullo, vicioso, e despótico; tal he a origem dos foraes, que na conquista os Godos, e Mouros se estabeleceu, e que repugna hoje aos princípios de Direito Publico universal.* Em 1807 foi Portugal invadido, seguirão-se contribuições; em 1808 Portugal fez a sua restauração sempre gloriosa, e para que? Eu o digo, para reconquistarem os seus direitos. = *Portugal em 1830, fez a sua precisa, e espontânea regeneração? ... e para quê? Eu o digo, para reconquistarem os seus direitos, e a sua bem entendida Liberdade, nenhuns direitos reclamão mais a sua dignidade, do que o alivio dos oppressivos foraes.*"
[5755] *D. C.*, VI, 27-10-1821, pág. 2818.
[5756] *D. C.*, VI, 27-10-1821, pág. 2822, relativo à intervenção de Teixeira Girão: "(...) A terra he uma terra fecunda, mas ella só dá em fructos o que recebe em suores; he a classe profectaria a que costuma verter-lhe estes suores, mas por desgraça a da nossa pátria já não póde derramar-lhos, pois se acha mirrada, e secca. He pois hoje o grande dia de restituil-a á vida, e á Liberdade."

europeus era, precisamente, a manutenção dos forais nos termos em que se achavam secularmente estabelecidos[5757], importando à agricultura, então sector prioritário da actividade económica, grande parte da ausência da capacidade produtiva dos solos e dos lavradores[5758].

Há assim uma preocupação entre a defesa da Liberdade civil e a sua conjugação com o interesse público da Nação. Se aos portugueses, de um modo geral e como garantia da defesa dos seus direitos jusnaturalisticamente existentes, a lei deve conferir protecção no domínio da desigualdade da Propriedade promovida por leis especiais – e os forais são lei especial – por outro lado são os superiores interesses da Nação que obrigam à reformulação de toda a estrutura do direito foraleiro.

Ora, e atendendo a que deve ser salientada a fundamental diferença entre o tipo de Propriedade que se trata no direito foraleiro – Propriedade pública, quase sempre[5759] – e a Propriedade individual como direito natural e sagrado, justifica-se que

---

[5757] D. C., VI, 27-10-1821, págs. 2820 e 2821, relativo à intervenção de Manuel Borges Carneiro: "(...) Todos os forais vieram de origem viciosa, e devem-se abolir, porque são contra o direito natural." No mesmo sentido, Teixeira Girão, D. C., VI, 27-10-1821, pág. 2822: "(...) Ninguém faz idéa dos funestos males que os foraes cáusão às desgraçadas terras que lhes estão sujeitas, a não ter visto o lastimoso quadro desses escravos adscripticios, semivivos esqueletos, que ainda restão na cultura dos campos, vivendo em cabanas, e rodeados da miserável prole descalça, nua, esfaimada! Eu pasmo de haver ainda quem na terra crave o arado, quem cultive só para sustentar parasitas e bárbaros exactores que não contentes de tirar tudo a quem cultiva, ainda em cima os obrigão a serem cabeceis, e a gastarem seu tempo em levarem aos celleiros, os terços, quartos, quintos, oitavos, jugallas, pegadas, meias pegadas, lucttiosas, etc. etc? um só parazita he uma contribuição na sociedade, e que direi eu quando vejo, que o numero destes he infinito, e dos cultivadores quasi nullo? Que direi? Não he preciso dizer nada; por mim falão os immensos requerimentos que enchem a Commissão de Agricultura, escritos com as lagrimas dos desgraçados agrícolas, que gemem esmagados com o pezo enorme dos foraes, e que em vez de serem robustos nervos da republica, são bases débeis e fracas, que supportão o enorme peso do Estado. He uma vergonha dar-nos a natureza um solo tão fértil, coberto do mais benigno Ceo, e ser necessario que os bárbaros nos venhão sustentar com o seu pão; podemos acaso ter assim independência? Podemos ser Nação?"

[5758] D. C., VI, 27-10-1821, págs. 2829 e 2830. Relativo à intervenção de Francisco Soares Franco: "(...) Portugal porém que não tem industria, que não tem commercio, e que se deve voltar só para a agricultura, encontra esta em abatimento, e em o maior estado de miseria, e mais deploravel. Senhores, os foraes devem ser diminuidos. No principio da Monarquia até Affonso IV, elles forão os unicos tributos. No tempo de Affonso IV, entrárão a usar-se das sisas, no tempo de D. João I. quando se levantou a Casa de Bragança fizerão-se as sizas geraes no reino, até ahi não se pagava sisa, nem real d'agua, o qual foi posto no tempo dos Filippes em razão da guerra da Bahia, e Pernambuco com os Hollandezes; e desde esse tempo para cá tem-se posto tributos em tudo, tributos que não fazem mais do que pezar sobre a classe agricultora. Por tanto os foraes devem ser diminuidos, porque no principio da Monarquia os Povos não pagavão senão o que já disse, e agora se achão sobrecarregados com tantos tributos, que he impossivel, que a agricultura com elles possa prosperar. Por tanto deve haver diminuição, porque aliás está offendida a justiça; os homens que pagavão uma cousa se achão agora pagando muitas, donde decerto as não podem pagar. Deve haver esta diminuição por uma razão, porque toca no interesse individual do lavrador, esta a mola real de tudo, esta faz com que o lavrador trabalhe de maneira, que possa tirar o lucro do seu trabalho, sustentando-se a si, seus criados, e familia."

[5759] D. C., VI, 27-10-1821, pág. 2827, relativo à intervenção de Manuel Fernandes Tomás.: "(...) Ha uma regra geral que estabelece a necessidade da medida. He a necessidade publica, a salvação da patria; porque sem ella a patria não se póde salvar sem se tomarem medidas para reduzir a agricultura ao pé, em que ella só deve e póde persistir, he escusado estar a fazer leis; porque nenhuma dellas, nem todas juntamente hão de trazer comsigo o restabelecimento das cousas ao ponto de felicidade que os Portuguezes precisão. A felicidade de Portugal está no restabelecimento da agricultura ao

a análise seja toda ela uma tentativa de conciliar não a divergência entre a defesa da Igualdade entre os cidadãos, mas a abolição de privilégios que são contra a ordem pública interna num plano de Propriedade pública e não particular.

Por aí se percebe o sentido de afirmações do tipo "estamos chegados á época de restabelecer o direito natural contra todas as facções, roubos, e prepotencias estabelecidas pelo poder mais forte, ou pela ideias religiosas (...). Eu não conheço senão um foral, que he o direito da natureza; tudo o mais são roubos (...) são roubos feitos pelo mais forte ao mais fraco"[5760], em íntima ligação com outras do género: "os princípios de justiça stricta são em todo o caso, e circunstancias de muito menor attenção, do que os princípios de utilidade publica, quando ella he evidente, clara, reconhecida, transcendente, e geral; se isto he verdade em política administrativa, como creio que nenhum dos que me ouvem duvida, parece, que bastará provar, que esta medida he summamente útil para me dispensar de provar, que ella he justa"[5761].

O sentido do utilitarismo está de novo presente neste debate. O desenvolvimento do tema, como se disse, não cabe nesta zona da investigação, mas o toque da sua relevância e da preocupação da reforma das desigualdades nos vários planos que a distribuição da Propriedade comportava, ficaram aqui salvaguardados.

4. A Igualdade e a extinção dos privilégios pessoais de foro

Além da defesa da Igualdade formal, no plano da tutela do direito de Propriedade natural que aos indivíduos importa, e apresentada e exemplificada, em tese geral, essa doutrinária preocupação do Liberalismo assumida em pleno no Triénio Vintista, outra das formas de proceder à defesa da Igualdade ligava-se com a eliminação de quaisquer privilégios pessoais de foro. Isto mesmo havia já ficado decidido em Bases da Constituição, sendo de imediato aceite pelo Texto Constitucional de 1822[5762] e cabendo à lei a sua eliminação sistemática[5763].

---

pé em que ella deve ficar; e para a tirar do abysmo de males, que têm sido acarretados, deve a agricultura chegar a ponto em que não seja necessario pedir generos aos estrangeiros, antes que os exportemos; porque houve época em que Portugal fazia isto. Eis o ponto donde devemos partir. Não he, como digo, entrar no conhecimento da justiça com que se fizerão as doações. Para mim tenho por muito certo que hoje são todas injustas. Não ha uma só doação que possamos considerar feita com justiça; mas eu não quero partir deste ponto, parto de outro conhecido por nossas leis, elle he, que todas as doações consideradas pelo lado avêsso de todas serem muito justas, debaixo deste mesmo ponto de vista, he que eu digo que a medida que vamos tomar não he só justa, mas como tal se deve admittir, e considerarmo-nos autorizados para tomar. Nós vamos reformar, e o que? Os foraes; e que são foraes? São leis particulares, dadas ás terras onde se cobravão direitos antigamente chamados da coroa. Por tanto os receios que apresentou um dos illustres Preopinantes de irmos entender com a Propriedade particular, desappareçem. Aqui não se trata da Propriedade particular, aqui he toda publica. Os foraes são leis particulares sobre o modo de arrecadar os direitos das terras antigamente da coroa, e hoje da Nação. Conseguintemente os Srs. que tem receio de que se vá entender com a Propriedade particular, podem perdelo. Foraes são leis sobre a arrecadação de direitos. Logo que vamos a fazer? He legislar dos direitos pertencentes á Nação em geral, e não dos direitos pertencentes aos particulares. Conseguintemente pergunto eu, se estamos autorizados para isto? Digo que sim, quem he que o duvida."

[5760] *D. C.*, VI, 28-10-1821, pág. 2820, relativo à intervenção de Manuel Borges Carneiro.
[5761] *D. C.*, VI, 27-10-1821, pág. 2824, relativo à intervenção de Ferreira de Moura.
[5762] Jorge Miranda, *O constitucionalismo liberal luso-brasileiro*, pág. 67, artigo 9º da *Constituição de 1822*.
[5763] Silvestre Pinheiro Ferreira, *Breves Observações sobre a Constituição Política da Monarchia Portugueza*, págs. 3 e 4, considera este artigo puramente doutrinal.

4.1. A regulamentação da extinção dos privilégios pessoais de foro nos termos legais

O aturado trabalho que resultou dos debates no Congresso sobre a extinção dos privilégios pessoais, iria culminar no decreto de 9 de Maio de 1821.

O debate iniciou-se a requerimento de Manuel Fernandes Tomás para que o tema fosse discutido com a maior urgência. O Congresso confrontava-se com uma atitude de prepotência praticada por eclesiásticos, no incumprimento abusivo do direito de Propriedade, já regulamentado e alvo de normativo constitucional. Seriam, pois, incompatíveis com a manutenção no plano pessoal de privilégios anacrónicos[5764], questão que os ditos eclesiásticos se recusavam a acatar.

Tratava-se de decidir como julgar os eclesiásticos infractores da lei[5765]; ocasião ideal para dar início à abolição dos privilégios pessoais de foro, salvaguardando anteriores compromissos internacionais estipulados em Tratados. Contudo, a demora do Con-

---

[5764] *D. C.*, III, 24-07-1821, págs. 1631 e ss. Menos de dois meses decorridos voltou a lembrar a urgência da matéria, mas o Congresso – e sobretudo a Comissão de Legislação – pareciam algo perplexos em dar andamento ao problema. Veja-se *D. C.*, V, 10-09-1821, pág. 2208.

[5765] *D. C.*, III, 24-07-1821, págs. 1636 e 1637, resume com as várias intervenções dos oradores as dificuldades que situações como esta que serve de exemplo levantavam: "O senhor Borges Carneiro: – Ha duas cousas que o soberano Congresso póde decidir desde já quanto a estes crimes; se devem ir para o juizo competente que são os mesmos frades, ou he devem, ir para a relação do Porto, eis a 1ª cousa; a 2ª cousa he se deve supprimir-se o convento; *ibidem*, O senhor Ferreira Borges: – Aqui ha crime e civel. Qual he pois o juiz competente do civel, e qual o do crime? a um pertence esta contravenção de leis a respeito dos direitos banaes, a outros o crime das facas, e espingardas etc. por isso a questão, quando se propozer a votos, deve propor-se separadamente.; *ibidem*, O senhor Borges Carneiro: – Ha tambem uma infracção das coutadas, isto pertence ao juiz da terra etc. (votos, votos.); *ibidem*, O senhor Macedo: – Peço que o Congresso decida se as coutadas reaes são ou não comprehendidas na lei geral. He certo que isto tem entrado em duvida, por isso queixão se faz empresta menção dellas. Por isso peço esta declaração. O senhor Correia Seabra disse: que o decreto, que extinguio as coutadas, salvou o direito da Propriedade, e que está lembrado que quando a Commissão redigio o decreto muito de pensado accrescentou aquella clausula para não offender a faculdade que, segundo o direito, o proprietario tem de prohibir a entrada na sua Propriedade para caçar; *ibidem*, O senhor Faria de Carvalho: – Remetter o processo ou civel ou crime, ao juizo competente, parece que he inutilizar a discussão, porque o juizo competente he o juizo de frades; he verdade que elles são obrigados a dar conta ao Secretario de Estado. Porem o que me parece muito proprio he, que este mesmo corregidor seja juiz tanto dos factos eiveis como crimes, porque pelo regimento do corregidor da comarca, elles são os juizes nas cansas dos poderosos, elles tem obrigação pelo seu regimento, de ver se os ecclesiasticos fazem violencias, por isso parece-me, que o corregidor daquella comarca deverá ser o juiz competente deste negocio, até mesmo porque fica mais perto dos factos, mais habilitado para ouvir os queixosos, e oppressores; *ibidem*, O senhor Trigoso: – Se o corregedor de Vizeu he o juiz natural, então não he necessario que o Congresso declare que elle seja o juiz dos frades de Maceira-Dão, se não he natural, então remettendo-se este negocio para o corregedor de Vizeu estabelece-se um juiso de Commissão, e que he contra as bases; *ibidem*, O senhor Sarmento: – A ordenação determina que os corregidores conheção dos clerigos travessos, e que havendo-os, se lhes forme culpa, e se remetia aos superiores delles, e quando os superiores não fazem a sua obrigação, se remetta a El Rei; he o que fez o corregedor de Vizeu; *ibidem*, O senhor Ferreira de Sousa: – O corregedor de Vizeu não he juiz competente para conhecer desta causa e sentenciala, porque viria a ser juiz de Commissão contra o que dizem as bases; pois que segundo o direito até agora estabelecido elle irão he o juiz competente nos delidos dos religiosos, e segundo as bases o foro antigo está em pé; em quanto se não fizer a lei que accommode as mesmas bases aos diversos foros que havia, e regule esta materia definitivamente; salvo se o Congresso se quer neste caso afastar do direito que por ora regula; o que pareceria odioso." Por aqui se percebe bem o tipo de materia com que os constituintes iriam passar a confrontar-se.

gresso levou a que apenas em 11 de Setembro fossem apresentados os projectos de decreto para regular as competências de foro e projecto de decreto que põe em prática o artigo 11º das Bases da Constituição[5766]. E só a 15 de Fevereiro do ano seguinte se apresentou novo projecto em idêntico sentido[5767].

Cerca de três meses antes da Constituição ser votada, entrou finalmente em discussão a abolição dos privilégios de foro. Quase um ano depois de ter sido pela primeira vez colocado o problema, uma das mais importantes matérias que preservam a Liberdade civil do cidadão, pela via da sua Igualdade perante a lei no domínio das garantias jurídicas, era, finalmente[5768], vista como tema ao qual não se poderia mais fugir[5769]. Qualquer desculpa com a imensidão do trabalho com que se confrontavam geralmente – que se aceita – peca por defeito e houve no Congresso quem levantasse a voz para se insurgir perante tal delonga[5770].

Finalmente decidiu-se começar pela discussão do projecto apresentado em último lugar por José António Guerreiro, que de facto é o que mais interessa, na medida em que prevê essencialmente a abolição dos privilégios de foro pessoal. A questão é sempre a mesma: trata-se de extinguir legislação especial que, em função da pessoa, cumpria a desigualdade formal entre os portugueses, implicando uma disparidade ao nível das garantias jurídicas que a Liberdade civil incorporava[5771].

Tem especial importância a aprovação do artigo 1º do mencionado projecto, sem quaisquer alterações, o que é sintomático dos objectivos a alcançar: "Ficão de hoje em diante abolidos todos os privilegios pessoaes de foro em negocios civis, ou criminaes; e bem assim todos os juizos privativos, concedidos a algumas pessoas, corporações, classes, ou terras, com jurisdicção contenciosa civil, ou criminal"[5772]. Exceptuavam-se, nos termos do artigo 2º os casos dos Tratados celebrados com as potências estrangeiras, de acordo com o previsível articulado constitucional[5773].

[5766] D. C., V, 11-09-1821, págs. 2234 e ss.

[5767] D. C., VIII, 15-02-1822, pág. 204; AHP, Comissão da Constituição, caixa 86, documento 161, Projecto 221 relativo à abolição dos privilégios pessoais de foro.

[5768] A existência de três Projectos sobre o mesmo tema, implicou a prévia discussão sobre qual deveria discutir-se primeiro, se algum deveria ser retirado, quais os conformes e repetitivos das Bases ou incongruentes com as matérias já aprovadas no texto constitucional... Veja-se D. C., IX, 19-06-1822, págs. 487 e ss.

[5769] D. C., IX, 20-06-1822, pág. 504, relativo à intervenção de Ferreira Borges: "(...) Nós não tratamos senão de pôr em pratica aquella base geral, que na Constituição se estabeleceu."

[5770] D. C., IX, 20-06-1822, pág. 505, relativo à intervenção de Castelo Branco Manuel: "(...) He certo que este artigo 11 ficou suspenso por depender de nova lei, que he a presente, em que se tratasse do seu desenvolvimento, mas accrescentão os mesmas bases: *que terá feita immediatamente. Para dar cumprimento a esta sancção ha muito tempo que esta lei devia estar feita,* (...)."

[5771] D. C., IX, 20-06-1822, pág. 503, relativo à intervenção de Manuel António de Carvalho: "O Sr. Manoel Antonio de Carvalho: – Sr. Presidente eu sou de opinião, que depois de se ter estabelecido na Constituição, já mais haja privilegios de pessoas, e que todos os que pertenção a sociedade sejão sujeitos ás mesmas leis, esta regra deve ser invariavel, e impreterivel: e este beneficio que a Constituição nos porporcionou deve ser quanto antes abraçado." No mesmo sentido Agostinho José Freire: "(...) já está prevenido, que era o que eu tinha desde o principio indicado, e direi mais que não só está prevenido pela decisão das bases que extinguem os privilegios pessoaes de foro, mas tãobem a mesma razão indica que não deve haver taes privilegios, uma vez que tambem está sancionado que todos são iguaes ante a lei."

[5772] D. C., IX, 19-06-1822, pág. 487.

[5773] D. C., IX, 19-06-1822, pág. 490: "São exceptuados os privilegios de foro, e juizos privilegios dos estrangeiros, expressamente estipulados em tratados ainda subsistentes."

As demais regras são puramente processuais e estão directamente relacionadas com o destino futuro dos empregados nestes juízos que agora se extinguem, sendo aprovadas sem grande discussão e não importam à presente discussão.

A única que mereceria ser mencionada e que originou alguma discussão ligava-se à abolição do juízo dos órfãos, atendendo à sua especial situação; contudo nem mesmo esta situação venceu, atento o texto das Bases que apenas permitia alguma excepção em função de privilégios das causas e não pessoais de foro[5774].

Neste contexto e porque as Bases não notavam que as causas que pela sua específica natureza devessem ser julgadas em juízos particulares, considerava-se que isso não faria perigar o princípio da Igualdade. Era pelo menos esse o ponto de vista de boa parte dos parlamentares[5775], porque não se tratava de privilégios em razão da pessoa mas de particulares casos em atenção à matéria. Em qualquer caso, isso não era atentatório à Liberdade civil e mantinha incólume a Igualdade nas garantias jurídicas do cidadão, qualquer que ele fosse[5776].

São tribunais especiais, de que os exemplos no séc. XX eram ainda evidência, e de que os Tribunais de Comércio ou Militares são meramente emblemáticos. Mais uma vez e porque os próprios parlamentares de 1821-1822 assim o não quiseram, carece de

---

[5774] *D. C.*, IX, 20-06-1822, pág. 503, relativo à intervenção de Ferreira de Moura: "(...) eu digo pelo contrario que o negocio está prevenido, e não por lei secundaria, mas por Lei Fundamental; e ainda mais que estar prevenido por Lei Fundamental, porque temos conseguido o mais que se podia conseguir em materia de legislação, que he reformar o iniquo systema de privilegios; mal que minava nossas leis. Digo que está prevenido por uma Lei Fundamental, porque nas Bases está consignado que ficão abolidos todos os privilegios de foro; logo não se podem admittir excepções, pois até para evitar que se fação excepções, diz-se nas mesmas bases claramente: excepto só aquelles privilegios de causas; logo quando se faz uma só excepção á regra geral, que he o que se segue dahi? Prohibe-se que seja admittida outra excepção, e muito menos numa lei secundaria."

[5775] *D. C.*, IX, 21-06-1822, pág. 517, relativo à intervenção de Manuel Borges Carneiro: "O Sr. Borges Caneiro: – *O mesmo artigo das Bases da Constituição que aboliu todos os previlegios pessoaes do fôro deixou a porta aberta para os juizos privativos de causa. Eu desejo que não se use desta palavra privilegio; porque as causas a que se um juizo privativo, não tem por privilegio, mas pela mesma natureza das cousas.* Por exemplo, as causas espirituaes e sacramentos pertencem ao fôro da igreja, não por privilegio, mas pela natureza intrinseca do sacerdote, pela indole da igreja, tal como foi instituida pelo seu divino Fundador. Similhante he da natureza da organização militar que as faltas ou culpas relativas ao serviço do exercito, e geralmente as materias militares sejão conhecidas pelas Autoridades militares exclusivamente. O mesmo digo das causas sobre fazenda nacional, as mercantis, etc., de sorte que todas as materias que ou a natureza dellas, ou o melhor bem da sociedade exigir que sejão commetidas a Autoridades ou juizes privativos, ou os já estabelecidos, eu outros que convenha estabelecer, nesses juízos devem ser exclusivamente tratadas, não por via de privilegio, mas segundo a sua particular natureza, ou porque assim o pede a boa ordem publica. Assim vemos que dos negocios ou causas que respeitão as alfândegas, ao juízo de india e mina, e diversas casas fiscaes, aos almotaceis, aos juizos da chancellaria, falsidades, moeda falsa, etc., conhecem exclusivamente as autoridades encarregadas dessas repartições em conformidade dos seus regimentos. Sendo isto assim, já se vê quão basta he a materia que temos entre mãos, pois ella tem estreita relação com os regimentos de todos os juizes e Autoridades que conhecem de certas materias ou negocios; *e vê-se tambem que nisto não ha privilegio algum; porém que ha e deve haver em Portugal certas materias ou negócios, cujo conhecimento tem sido, ou ha de ser encarregado a certos juízos privativos.*"

[5776] Silvestre Pinheiro Ferreira, *Breves Observações sobre a Constituição Politica da Monarchia Portugueza*, pág. 4, rotula esta norma de "por extremo vaga."

interpretação de investigação este aspecto. Dá-se, pois, por adquirida a extinção dos privilégios pessoais de foro[5777], esses sim na óptica da pesquisa acerca da Liberdade civil.

5. Jurados e correcta aplicação da justiça ou o direito às garantias jurídicas: da Liberdade individual à Liberdade civil

O Poder Judicial pertencia aos juízes; importava averiguar quais juízes e em que circunstâncias. Até porque havia quem distinguisse entre juízes de facto e jurados, alegando que teoricamente os primeiros correspondiam a contributos do Direito Romano e os segundos a ideias transferidas do Direito inglês. Os primeiros apenas decidiam em matérias de facto; os segundos poderiam decidir também em questões de Direito[5778] e era acerca dessa opção teórica, mas também prática, que cumpria decidir[5779].

Finalmente, resolveu-se que haveria juízes de facto para as causas crimes e os pudesse haver para as cíveis, a partir do momento em que os Códigos a elaborar o determinassem. Quanto ao juiz, teria de ter sempre formação académica em Direito, ficando para a lei ordinária taxar as suas qualidades e atendendo, entre outros factores, à divisão administrativa do território.

A divisão de Poderes que os princípios do Liberalismo preconizavam implicava atribuições distintas a cada um. Se o Poder Legislativo tinha importância acrescida no plano da Liberdade política do cidadão e da sociedade, e o Poder Executivo com estes teria de se conformar, já o Poder Judicial se manifestava sobremaneira importante na defesa da Liberdade civil e da garantia da defesa dos direitos individuais[5780].

[5777] *D. C.*, IX, 09-07-1822, págs. 754 e 755, texto do decreto de abolição dos privilégios pessoais de foro.

[5778] *D. C.*, VII, 04-01-1822, pág. 3592, intervenção de Castelo Branco Manuel: "(...) os jurados não só conhecem se sim ou não existe o facto. Mas qualificão esse facto; quero dizer, decidem, e julgão se esse facto está nas circunstancias de se lhe applicar a lei. *Elles na realidade he que são os verdadeiros juízes*. As suas funções são de uma grande importancia, e se o não são para que tanto se insta por alguns no seu estabelecimento. *A applicação da lei ao facto he cousa de menos momento, porque o juiz de direito está com as mãos ligadas: há de applicala.*"

[5779] *D. C.*, VII, 04-01-1822, pág. 3590, relativo a uma longa e técnica intervenção de Correia de Seabra: a respeito da distinção entre jurados e juízes de facto, em presença do Direito inglês e do Direito Romano. Não tem interesse entrar nesta questão de carácter eminentemente tecnicista, mas apenas alertar para o facto da preocupação dos constituintes ser, em simultâneo, a defesa dos direitos individuais e da Liberdade civil, com a garantia de que o sistema probatório nas suas manifestações seria acautelado. Os jurados, por serem leigos, não têm possibilidade de aferir acerca deste complexo sistema probatório e como em Portugal não se coaduna com os nossos costumes a aplicação do normativo que a este respeito o Direito Romano estabelecia, toda e qualquer instituição de jurados deverá ser cautelosamente ponderada. Isto para evitar que a defesa dos direitos individuais, que acima de tudo se pretendiam, pudesse ser menoscabada por deficiente preparação dos pares que apreciavam o caso que se lhes colocava à apreciação. Portugal não é a Inglaterra, onde a adopção do sistema Romano encaixou à perfeição nos seus costumes e se mantém em vigor, conseguindo a perfeita separação entre o Direito e o facto, e assim obtendo as maiores vantagens da adopção dos jurados.

[5780] *D. C.*, IV, 20-08-1821, pág. 1949, relativo à intervenção de João Maria Soares Castelo Branco: "Eu não posso reconhecer os quatro Poderes, nem posso convir tambem no princípio, que tenho ouvido publicar a alguns illustres Preopinantes; quando tem dito que na sociedade não ha mais que dois Poderes, Legislativo, e Executivo. *Em quanto a mim este principio não póde absolutamente sustentar-se, e elle seria destructivo da Liberdade individual do Cidadão. Este he o unico objecto que se tem em vista na sociedade, e por consequencia he preciso obrigar a parte administrativa da sociedade, a que ella não possa transtornar esta sociedade, ou roubar ao cidadão esta Liberdade individual. Eu julgo que a divisão essencial,*

No que a este último respeita, a questão era de tal modo complexa que para além do Projecto da Constituição, constante dos artigos 146º e seguintes levou à elaboração de um contra-projecto, da autoria de Francisco António de Morais Pessanha, que servisse de emenda ao capítulo I, do título V, artigos 147º a 165º.[5781]

Assente que ficara a existência de jurados no que se refere ao julgamento dos delitos resultantes das violações da Liberdade de imprensa, outras matérias havia em que decidir pela sua introdução orgânica na tecitura constitucional portuguesa, como garantes da Liberdade individual e plasmados no plano da Liberdade civil do cidadão. E, mais uma vez os exemplos conhecidos da mecânica institucional estrangeira de origem inglesa e norte-americana[5782] – e igualmente francesa – bem como a sua teorização por alguns dos pensadores estudados, e a manterem atributos de facto e de direito aos jurados[5783], calam fundo na intervenção dos constituintes[5784]. O binómio juízes de facto e/ou jurados teria de ser decidido.

vem a ser; fazer a lei, executala; que he o mesmo que applicar-lhe a força física da sociedade: e a terceira, applicar a lei. Vamos ver se ha confusão, e se algum destes Poderes he compatível com a Liberdade do Cidadão? (...) *A duvida versa sobre o Poder Executivo, pois se tem dito que não ha senão dois Poderes = Executivo, e Legislativo. Se acaso o Poder Legislativo, tivesse ao mesmo tempo o Poder judiciario; e se elle fosse applicar a lei no caso particular, seria a ser uma segunda lei. Por consequencia, isto he applicavel á Liberdade do Cidadão, quando o que acusa e deve ler o recurso para o author da lei; pois que nesse caso, deve dar interpretação da lei, para ver se ella foi bem ou mal entendida. Torno a dizer, que se aquelle que fizesse a lei, tivesse a Autoridade de a applicar aos casos particulares, isso viria a ser uma lei e o Cidadão obrigado a obedecer a tres Poderes, obedecia a uma lei, e não a um caso particular. Se o Poder Executivo, podesse applicar a lei, elle abusaria: e por isso o Cidadão não podia conservar a sua Liberdade, senão quando applicando-se-lhe mal a lei, elle requer ao Poder Executivo; e se este se achasse amalgamado com o Poder Judicial, qual havia de ser o recurso do Cidadão? Logo, uma vez que o Poder judiciario, não póde achar-se junto ao Poder Legislativo, e muito menos ao Poder Executivo, sem que desta união se seguisse a distincção da Liberdade do Cidadão: sendo este o unico fim que ha na sociedade; he evidente que vem a ser um terceiro Poder, separado dos outros Poderes."*

[5781] D. C., VII, 02-01-1822, págs. 3562 e ss.: "Contra-Projecto para servir de emenda ao cap. I do tit. 5 do Projecto da Constituição."

[5782] D. C., VII, 02-01-1822, pág. 3564, relativo à intervenção de Ferreira de Moura: "(...) O Projecto do Senhor Pessanha é o mesmo que Dupreaux offereceu á assembleia constituinte."

[5783] D. C., VII, 04-01-1822, págs. 3588 e 3589, relativo à intervenção de Ferreira de Moura, que invoca em seu auxílio De Lolme para afirmar que "os jurados também conhecem, e decidem do ponto de Direito, que está ligado ao facto, que faz objecto da questão, como diz De Lolme citando a Coke."

[5784] D. C., VII, 31-12-1821, págs. 3549 e 3550, relativo à intervenção de Barreto Feio: "O Senhor Barreto Feio – (...) desejava eu, que assim como os membros do Poder Legislativo são eleitos pela Nação, o fossem igualmente os do Poder judiciario: mas o Soberano Congresso decidiu já que os magistrados fossem eleitos pelo Rei, procedendo proposta, do Conselho de Estado; e o decidiu assim; porque sem duvida teve em vista estabelecer os Jurados tanto no cível, como no crime; estabelecimento admiravel, *a que a Inglaterra, e os Estados Unidos da America devem a sua Liberdade, e a sua grandeza.* Pedem por tanto a razão, e a ordem, que antes de entrarmos na organização do Poder judiciario se discuta o artigo 171, se ha de, ou não haver jurados; por que desta decisão depende a que houvermos de tomar, tanto a respeito dos juizes de direito, como dos tribunaes."; *ibidem*, Rodrigues Bastos: "O Sr. Bastos: – Apoio a opinião do illustre Preopinante. *Em 1790 a grande Assembléa de França, tendo presentes quatro planos de organização do Poder Judicial, a qual mais bem redigido, não se resolveu com tudo a entrar na discussão de qualquer delles, sem se tratarem, e decidirem algumas questões preliminares, sendo uma dellas se se devião ou não estabelecer Jurados, e se estes devião ter lugar tanto no cível como no criminal.* O capitulo do Projecto de Constituição, relativo ao dito Poder, acha-se redigido na hypothese de haver Jurados sómente no crime, e o meu voto he que os haja tambem no cível, e talvez haja mais alguns membros que sejão do mesmo parecer: por tanto para se proceder com ordem, e não se arriscar uma discussão, que a final poderá vir a inutilizar-se, uma vez que se

Como prólogo do problema e perante uma certa insatisfação latente em alguns dos membros da magistratura presentes no Congresso, mesmo os da ala radical que eram os responsáveis pela elaboração do projecto que agora se pretendia substituir, a questão tomou foros de importância desmedida[5785].

O problema em si mesmo não era complexo. Tratava-se de optar entre o sistema estabelecido à época de cometer à magistratura a decisão de facto e de Direito dos pleitos, competências dos magistrados e exercício de funções, ou renovar a importância atribuída aos juízes ordinários[5786], como electivos e não nomeados regiamente. Por aqui se pretendia retomar uma antiga tradição nacional, que se considerava desvirtuada com a criação e posterior desenvolvimentos dos juízes de fora[5787], a decidirem tanto de facto como de Direito[5788].

Ou seja, de proceder de uma forma tão determinada quanto possível à defesa da Liberdade individual pela prossecução das garantias jurídicas que o Poder Judicial, com contornos verdadeiramente liberais[5789], imagem de um jusnaturalismo que se pretendia também aqui preservar[5790] e em íntima associação com a tradição nacional[5791].

---

resolva que haja este estabelecimento para ambos os casos, o meu parecer he que antes de tudo se trate da referida questão preliminar – se devem haver Jurados assim no crime como no civel."
[5785] D. C., VII, 02-02-1822, pág. 3564, relativo à intervenção de Manuel Fernandes Tomás: "O Senhor Fernandes Tomás – (...) Nós não estamos fazendo leis para Inglezes, estamolas fazendo para Portuguezes; e o grande caso he aproprialas aos nossos costumes (...)."
[5786] Ruy de Albuquerque e Martim de Albuquerque, I, 1, págs. 561 e ss., para desenvolvimentos correspondentes ao Primeiro Período da nossa História Jurídica.
[5787] D. C., VII, 04-01-1822, pág. 3589, intervenção de Pereira do Carmo, onde se denota manifestamente contrário à crítica falha de fundamento aos juízes de fora, apontando os casos das magistraturas instituídas por D. Afonso IV e D. João I e fazendo notar, nomeadamente, que "não he exacto o que geralmente se acredita, a saber, que os Povos altamente clamavão contra os juízes de fora, por verem nesta novidade o quebrantamento de seus foros: quando o verdadeiro motivo de seus clamores foi, porque se mandava pagar a esses juízes, dos bens dos concelhos (...)." Para tanto invoca o texto dos artigos das Cortes de Lisboa de 1427, confirmado pelas Cortes de Torres Novas e de Évora, respectivamente em 1525 e 1535.
[5788] D. C., VII, 02-02-1822, pág. 3564, relativo à intervenção de Francisco Morais Pessanha: "Eu não pertendo que se estabeleça uma legislação estranha, mas que se adopte a nossa legislação antiga: nós passámos a ter má legislação quando se introduzirão juizes de fora que ao mesmo tempo decidião de facto e de Direito. Em os nossos bons dias do principio da monarquia portuguez, quando não tinhamos juizes de fora, tinhamos os homens bons que com os juizes ordinários decidiam o que era de justiça. He verdade que a Inglaterra tem este estabelecimento dos jurados; mas, pergunto eu: se ella tem uma coisa boa qual he o motivo porque nós não a devemos adoptar?"
[5789] D. C., VII, 02-02-1822, pág. 3564, relativo à intervenção de Francisco Morais Pessanha: "(...) Os juizes de facto forão uma obra-prima no tempo em que se estabelecerão; e, como se explica o nosso amigo e insígne Bentham, he um instituto admiravel para tempos de pouca ou nenhuma illustração."
[5790] D. C., VII, 02-01-1822, págs. 3566-3567, relativo à intervenção de João Maria Soares Castelo Branco: "(...) devemos dar ao cidadão todas as garantias que lhe convem, e que lhe asseguram estes direitos sagrados; mas não lhas poderemos dar se não organizando o Poder Judiciario de maneira que elle fique a salvo de todas as arbitrariedades. As leis existem, e ellas prescrevem os meios de segurar ao cidadão estes direitos; mas he necessario que estas leis sejão observadas, e que de maneira nenhuma o Poder Judiciario possa praticar arbitrariedades (...)."
[5791] D. C., VII, 04-01-1822, págs. 3588 e 3589, relativo à intervenção de Pereira do Carmo: "(...) [os juizes de feito] podem ser achados em nossa historia juridica (...) nos *avymdeiros*, pedidos ao Sr. D. João II, nas Cortes de Evora de 1482; e nos *concertadores das demandas*, a que deu regimento o Sr. Rei D. Manuel em 20 de Janeiro de 1519." Dois dias antes, conforme D. C., VII, 02-01-1822, pág. 3567, havia dito algo de semelhante: "Em os primeiros tempos da nossa monarquia se não

O julgamento do cidadão pelos seus pares[5792] era uma das mais seguras garantias de todo o processo[5793], muito embora e com alguns dos deputados do hemiciclo, se possa admitir que a maior parte dos portugueses nos tempos que corriam nem mesmo saberia o sentido do instituto dos jurados, depois de tantos anos a lidarem com juízes letrados[5794].

Problema dos mais delicados era o da adopção de jurados ou juízes de facto em processo cível, uma vez que para o crime, devido ao que consideravam ser "as causas crimes (...) de ordinario muito simplices, e faceis de decidir: o trabalho he facil, e os erros que se comettem são por um motivo de virtude; porque se a questão he duvidosa tem os jurados – e aqui se aplica a palavra com propriedade – uma saida facil e um recurso prompto, que he absolvendo o reo"[5795]. Bastava "bom senso e probidade"[5796], como se chegou a argumentar e mais não se requeria para matéria "toda estabelecida sobre factos"[5797].

Neste caso haveria uma certa "facilitação" do processo penal, algo perigoso, mas a opinião dos Vintistas e a sua expressão pública é o aspecto que importa analisar[5798] e, no que a esta se refere, a falta de sintonia não se revelava digna de nota[5799]. Era,

---

tivemos jurados, tivemos cousas igualmente uteis, como erão os homens bons, como erão os senhores das terras. Quando no tempo do Senhor D. João I se estabeleceu o Direito Romano, as suas leis erão muito complicadas e muito mais o forão pelo tempo adiante; de maneira que no tempo do Sr. D. Manuel, foi preciso estabelecer juizes letrados chamados juizes de fóra, pois não era facil encontrar quem soubesse entrar no vasto labyrintho das leis romanas, das leis canonicas, das leis patrias, etc."

[5792] D. C., VII, 02-01-1822, pág. 3569, intervenção de Rodrigues Bastos: "(...) O estabelecimento de jurados he a maior garantia para a Liberdade, que ate agora se tem inventado. Blackstone diz que a conservação da Liberdade británica se deve toda aos jurados; porque em Inglaterra nenhum cidadão pode ser offendido na sua fortuna, ou na sua pessoa, sem o consentimento de doze dos seus vizinhos, e dos seus iguais."

[5793] D. C., VII, 04-01-1822, pág. 3592, intervenção de Castelo Branco Manuel, com uma posição contrária à geralmente exposta: "(...) A Segunda razão de preferencia, que se dá a este estabelecimento he pela Liberdade que os litigantes tem de escolherem juizes de facto que melhor lhe agradarem, regeitando os que lhe parecerem pouco afectos. Porem não he muito grande a vantagem que nisso tem os litigantes. Quando elles tem suspeição nos juizes letrados, taobem tem o recurso de offerecer essa mesma suspeição, e logo que se julgão suspeitos todos os juizes que a lei designa, tem as partes Liberdade de eleger juizes, normalmente chamados louvados, ou arbitros que em muitas circunstancias se podem equiparar aos juizes de facto."

[5794] D. C., VII, 04-01-1822, pág. 3592, intervenção de Castelo Branco Manuel: "(...) Estou persuadido (e creio que não erro) que nem a centésima parte da Nação sabe o que são jurados ou juizes de facto. E como podemos dizer que a Nação pede um estabelecimento que ignora, e um juiz de que não conhece as attribuiçoes."

[5795] D. C., VII, 02-01-1822, pág. 3564, relativo à intervenção de Morais Sarmento.

[5796] D. C., VII, 02-01-1822, pág. 3566, intervenção de Manuel Borges Carneiro.

[5797] D. C., VII, 02-01-1822, relativo à intervenção de José Lino Coutinho, um dos parlamentares brasileiros que serão objecto de atenção descriminada mais tarde. Era também partidário da introdução de jurados para a matéria criminal.

[5798] D. C., VII, 02-01-1822, pág. 3566, intervenção de Manuel Borges Carneiro: "O meu voto he que se introduza nas causas crimes o juizo dos jurados logo que estiver feito o codigo criminal (...). Esta instituição produziria optimos effeitos dando ao reu accusado uma amplissima faculdade de recusar os que não quiser que o julguem; consideração mui preciosa para o cidadão, principalmente quando se trata da sua vida. (...) Não acontece o mesmo nas causas cíveis."

[5799] D. C., VII, 02-01-1822, págs. 3568 e 3569, intervenções de Xavier Monteiro e Rodrigues Bastos, por exemplo, a defenderem a existência de jurados no cível. Se em processo-crime se defendia a

de resto, o sistema seguido pela *Constituição Francesa de 1791* e que agora se julgava maioritariamente curial adoptar, tal como Benjamin Constant intentara justificar[5800].

As Nações mais adiantadas e que utilizavam o sistema dos jurados há séculos, como a Inglaterra, eram, por vezes, confrontadas com a dificuldade de se adoptar a instituição no cível, ponto que não deixou de ser aproveitado não apenas para – de novo – se demonstrarem vastos conhecimentos neste domínio, mas para argumentar com a falta de viabilidade da sua adopção para Portugal[5801].

Até mesmo os mais "instáveis" membros do Congresso assumiam, por vezes, um pragmatismo evidente. Justificava-se tal comportamento, sempre que fosse necessário e, em nome da defesa das suas posições, sem hesitar o fariam de bom grado[5802].

Em qualquer caso, resultou do debate a clara opção pela existência de juízes de facto e, após tanta discussão, quer no crime quer no cível, de acordo com a determinação futura dos Códigos[5803]. Estes seriam eleitos directamente pelos Povos, nos termos da lei, e funcionando nos seus respectivos distritos[5804] e a sua actividade completada, em matéria de Direito, por juízes letrados, julgando de facto e de Direito sempre que não houvesse juízes de facto[5805].

O sistema dos recursos das decisões dos juízes de facto ficava igualmente tutelado.

Os intentos dos Vintistas eram salutares e estavam de acordo com os princípios teóricos porque se regiam e a que uma magistratura desacreditada pela venalidade não seria estranha. O séc. XIX não era a época medieval portuguesa, nem a complexidade legislativa se podia conciliar com o restrito número de regras da legislação pátria que existiam em Duzentos, Trezentos e até em Quatrocentos.

Os jurados e/ou os juízes de facto são uma garantia da defesa da Liberdade individual pela adopção de medidas no seio das garantias jurídicas veiculadas pela Liberdade civil. Mas se essas garantias em certos casos, são manifestamente incompatíveis com o grau de ilustração de um Povo, em certo momento histórico, devem

---

Vida e a integridade física, no cível e defendia-se a Propriedade e a sua Segurança. Por isso não se justificaria a divergência.

[5800] D. C., VII, 04-01-1822, pág. 3589, intervenção de Pereira do Carmo.

[5801] D. C., VII, 04-01-1822, pág. 3588, relativo à intervenção de Manuel Borges Carneiro: "Eu (...) continuarei a sustentar que convem haver juizes de facto em causas crimes, não assim nas cíveis. A jurisprudencia sempre foi, e há de ser uma sciencia vasta, difficil, e complicada, porque o são os negocios da vida civil (...)."

[5802] D. C., VII, 04-01-1822, pág. 3589, intervenção de Pereira do Carmo: "(...) desejo sobremaneira que a nossa Constituição política traje á portugueza, desviando-se quanto seja possivel de modas estrangeiras: *e he por isso, que em todas as ocasiões, que se me offerecem, mostro que o nosso novo pacto social vai de acordo com o antigo ou, para melhor dizer, que a Constituição politica que vimos discutindo, assenta sobre a nossa antiga Constituição, salvas as modificações, que as circunstncias exigem.*"

[5803] D. C., VII, 09-01-1822, pág. 3649: "Declarada a materia sufficientemente discutida, propoz o Sr. Presidente á votação: 1º se há de a Constituição determinar que desde a sua publicação haja jurados nas causas cíveis – venceu-se que não; 2º se há de a Constituição determinar que desde a sua publicação haja jurados nas causas crimes – venceu-se que não, 3º se para a seguinte votação deveria haver voto nominal (...) – venceu-se que sim; 4º se há de a Constituição declarar que haja jurados nos casos, e pelo modo que os codigos determinarem nas causas cíveis e crimes – e se venceu que sim, quanto ás causas crimes unanimemente; e quanto ás cíveis por 81 votos contra 25." Voltou a ser discutida a partir de 18-02-1822, nos termos do artigo 171º do Projecto da Constituição, mas agora tendo em vista a eleição dos jurados.

[5804] Jorge Miranda, *O constitucionalismo liberal luso-brasileiro*, pág. 100, artigos 177º e 178º da *Constituição de 1822*.

[5805] Idem, *ibidem*, pág. 100, artigo 179º da *Constituição de 1822*.

as mesmas ser assumidas com cautela, progressivamente e não de forma instantânea e apenas porque o Liberalismo e o Constitucionalismo, porque todos se querem reger, assim o incentivam.

A defesa da Liberdade civil é ponto de honra; porém, no Portugal Oitocentista esta seria uma das matérias em que uma certa prudência e alguma moderação seriam aconselháveis e, as invocações da História portuguesa, não podem aqui funcionar como as da História inglesa.

Havia-se feito em Portugal, num certo tempo e determinada circunstância, algo de muito bom para a salvaguarda da Liberdade dos indivíduos e, depois, essa prática havia-se perdido, sendo memória assumida. O hiato de quatrocentos anos e a impreparação cultural da esmagadora maioria dos portugueses, em matéria tão delicada como é a Vida, a Segurança ou a Propriedade, precisava de ser acautelada e não bastava o querer riscar o passado da Velha Moda para o substituir por algo que poderia ser, por falta do uso e do hábito que os ingleses tinham, mais pernicioso na defesa da Liberdade civil que à sua conservação.

Objectivamente havia um fundo de verdade na intervenção do deputado Pinheiro de Azevedo, e com a sugestão que apresentou e em certo sentido veio a ser firmada na Constituição: "Eu tenho assaz mostrado quanto sou inimigo das instituições novas que a experiência não abona, até daquellas sobre que a experiencia he duvidosa e vacilante: mas os juizes de feito não estão neste caso. Isto em quanto á experiencia: mas em quanto ao transtorno e confusão que faria entre nós esta instituição que podemos chamar nova (...) estou conforme e inteiramente de acordo com os honrados membros que lembrarão este inconveniente, e por só esta razão voto: primeiro que o conselho de jurados em causas cíveis se decrete para daqui a dez ou oito anos quando menos, porque para este tempo estará feito o codigo civil, o codigo de processo destes jurados (...); e a Nação já estará familiarizada com este genero de juízos, com os criminaes e a Liberdade de imprensa. Segundo, que quando isto se não adopte, e se regeitem os jurados, não se faça disso um artigo constitucional, e que se deixem em plena Liberdade as Cortes ordinarias que se seguirem. (...)"[5806].

A opção final honra a prudência do Congresso.

6. Direito de petição

Geralmente reconhecido como uma das Liberdades civis mais importantes a necessitarem de salvaguarda constitucional e sendo certo que se conformava como aquela que, na prática, maior incidência teve no decurso dos trabalhos das Cortes Vintistas, também esta forma de manifestação da ideia de Liberdade não poderia estar ausente na reflexão individualizada.

De novo os exemplos vindos de fora são sintomáticos[5807], outorgando aos constituintes não apenas a necessidade da sua regulamentação em geral, mas a tutela constitucional *in futurum* da mesma.

[5806] *D. C.*, VII, 07-01-1822, págs. 3614 e 3615.
[5807] *O Investigador Portuguez em Inglaterra*, X, Setembro de 1814, "Relatorio acerca do Projecto de Lei de Liberdade de imprensa apresentado à camera dos deputados [francesa] em 1 de Agosto de 1814", pág. 440: "(...) como poderão [sem a Liberdade de imprensa] exercitar proveitozamente os cidadãos o seo direito de peticionar? Não são quase sempre as petiçoens o grito dos Cidadãos, que se queixão de algum acto de injustiça ou de algum abuzo de auctoridade? Como se poderão pois fazer ouvir, ou poderão interessar a opinião publica em seo favor, e instruir os membros da Legislatura, que

O direito de petição estava já decidido nas Bases como uma das garantias jurídicas a conferir aos indivíduos. E é à Comissão da Constituição que compete dar o seguimento devido a todas as matérias que possam ser alvo de queixas por si ou por outrem, no que respeita a eventuais lesões de direitos que se venham a verificar[5808].
O debate acerca do normativo constitucional não confere novidades de monta[5809]. Outro tanto não se diga da imensa documentação depositada e consultada no *Arquivo Histórico Parlamentar*, dela se podendo retirar uma ideia geral e algumas observações particulares[5810] no que respeita à defesa deste direito, consignado como individual, e merecedor de tutela jurídica.

Para além das questões brasileiras, o relacionamento entre o Congresso e o Poder Executivo foi um dos aspectos que mais importaram ao trabalho da Comissão. Oportunamente se retomará a questão, mas importa deixar já vincada a sua relevância, num plano de debate entre as régias pretensões e a efectividade da soberania que o Congresso para si reclamava. E o mesmo se diga de tudo quanto se relacionasse com comportamentos contra-revolucionários levados à prática por personalidades de destaque da vida nacional.

Em ambas as situações há um ponto que necessita de destaque desde já: a defesa da Liberdade individual nos termos prescritos pelas Bases esteve sempre presente no contexto da observação dos constituintes, e a simples desconfiança de que qualquer atitude, por menor que fosse, poderia questionar as mesmas, implicava ordinariamente parecer negativo por parte dos mesmos.

Isso mesmo garantia a mutação liberal entre súbdito e cidadão, entre a súplica e a activação dos direitos individuais, que pretendiam consagração no plano civil e político da Liberdade individual, mediante politização dos próprios direitos individuais na sua tutela jurídica.

Receptáculo ideal do direito de petição assumiu o Congresso a posição de veículo promotor das denúncias de incumprimento das Bases já juradas, enquanto infracções à Constituição, ou de simples manuseamento do direito de expressão individual desentranhado da participação política eleitoral.

Por isso mesmo não é possível articular este espaço de reflexão sem conjugar os dois planos, quais sejam o exercício do direito e a promoção desse exercício pela via do órgão do Congresso com competências para tanto. Direito de petição e Comissão

---

devem julgar as suas reclamaçoens, se as não poderem espalhar por meio da imprensa? A Liberdade da imprensa he logo necessaria para exercer com utilidade o direito de *peticionar*."

[5808] Benedicta Maria Duque Vieira, "O Problema político Português no Tempo das Primeiras Cortes Liberais", pág. 36: "Os artigos que se invocam como fundamento para queixas ou exposições são os de que a conservação da Liberdade depende da exacta observância da lei, os de que a Segurança pessoal é garantida pela protecção do Governo, os que estabelecem regras sobre a privação da Liberdade física ou de expressão e os que garantem a Propriedade, muitas vezes em conflito com os que decretam a Igualdade da lei e de oportunidades para todos. Ao lado destes há um conjunto muito amplo de consultas, pareceres e indicações que respeitam a objectos de carácter político, desde os da vigilância atenta à defesa e segurança da revolução, aos de incidência pessoal, como sejam os pedidos de naturalização, aos que se referem ao exercício do direito eleitoral, até aos que sugerem confrontos entre órgãos dos diferentes Poderes do Estado, nomeadamente com o Rei."

[5809] D. C., III, 23-07-1821, págs. 1623 e 1624.

[5810] Sobre a temática brasileira e a actividade da Comissão da Constituição e demais Comissões especiais nomeadas para o tratamento das matérias brasileiras, veja-se Manuel Valentim Alexandre, *Os Sentidos do Império. Questão Nacional e Questão Colonial na Crise do Antigo Regime Português*, Lisboa, 1988.

da Constituição devem manter na conturbada conjuntura os pratos equilibrados; ou, ao menos, tanto quanto seja possível.

7. Relação entre Liberdade natural e direitos do indivíduo com demarcação dos delitos e das penas

Em harmonia com o artigo 4º das Bases, o seu correspondente do Projecto assumia a impossibilidade de prisão sem culpa formada, salvo nos casos que a própria Constituição determinava. As correspondentes penalizações por infracção a este normativo ficariam a cargo da lei geral.

As influências de Beccaria e de Filangieri são neste particular evidentes, mas também a recordação de Benjamin Constant estará presente. E, claro, não esquecendo os que alguns eméritos portugueses anos antes haviam patrocinado e preconizado sobre o tema. Em tese geral, de todos os teóricos da Revolução Francesa e seus textos basilares e dos próprios absolutistas, que viam como abusivos e indignos para a condição do indivíduo todo o tipo de manifestações de prepotência que pusessem em causa os direitos individuais, no topo dos quais o da sua vida e o da sua Liberdade.

Por outro lado, este é um dos pontos em que o utilitarismo se denota mais presente no debate, sendo a tese benthamiana reiteradamente invocada, no pressuposto da conciliação entre direitos individuais e defesa da Liberdade individual, com a ordem e a Segurança pública que a sociedade deveria promover e todos os indivíduos aceitar por força da lei como um bem para si mesmos[5811]. Esquecidos não terão ficado os dizeres da primeira Constituição liberal do mundo e, sobretudo, da sua 1ª Emenda, artigos VI e VII.

Uma vez mais se substituiu a palavra "cidadão" pela de "indivíduo", determinando-se que aparte da norma relativa à regulação dos casos e modos de proceder à prisão ficasse adiada para quando do tratamento do Poder Judiciário[5812].

Foi nesse contexto que a versão do texto constitucional previa que ninguém poderia ser preso sem culpa formada senão nos casos previstos no artigo 173º e ss.[5813], que correspondiam a idênticas regras constantes do Projecto. Há aqui uma óbvia dissonância do texto revisto, uma vez que a Constituição trata a matéria a partir do artigo

---

[5811] *D. C.*, V, 03-10-1821, pág. 2493, relativo à intervenção de Ferreira de Moura: "O Sr. Moura – (...) Devemos ver se ha algum principio deduzido da utilidade, ou da segurança publica, que nos guie, e que nos possa servir de fundamento no que respeita a applicação d'aquelle outro estabelecido principio, em que todos convém, e a respeito da qual não ha discordancia. Creio que he sobre este objecto que podemos pôr como regra invariavel e original que ha casos em que a prizão não se deve considerar coma uma pena, e só sim como um meio de segurança, e ainda que a estreita justiça, e um principio de humanidade nos aconselha que a prizão pelo incommodo que nella ao soffre, se deve considerar antes como pena de que como detensão, ou custodia (porque ella em todo ocaso est mala mansio) com tudo este principio apesar de Ser humano, perde a sua força na presença de outro principio interessante á ordem publica, qual he, e de ser preciso castigar os delinquentes, porque a segurança da sociedade interessa no castigo d'elles; e este castigo se torna inutil, e frustraneo, e he em vão decretalo, senão nos apossamos da pessoa do delinquente; porque então elle evita o castigo fugindo. Eis-aqui como eu acho, que principios, que são igualmente certos, e interessantes á ordem publica, perdem combinados entre si. muito da sua força e do seu valor. Admittindo pois a anterior consideração, he necessario procurar outra razão que nos guie, e nos leve ao conhecimento de quando he perciso que nos apoderemos de delinquente para se não frustrar o castigo, que he necessario haver como meio efficaz de prevenir delicto. (...)."
[5812] *D. C.*, III, 13-07-1821, pág. 1533.
[5813] *D. C.*, X, 21-08-1822, pág. 193.

202º,[5814] mas é preciso levar em linha de conta que alguns artigos foram suprimidos e outros sofreram alteração sistemática. Portanto, quando se escreve que a temática é versada a partir dos artigos 173º e ss., leia-se sempre 202º e ss.

No que respeita à substância do problema, a matéria revela-se de extremo interesse por serem chamados à colação textos[5815] invocados como fontes privilegiadas para a *Constituição de 1822* e já estudadas[5816] e personalidades bem conhecidas. Posteriormente, outros criticariam[5817].

Retomando a questão adiada nos termos conhecidos, foi a mesma objecto de uma das mais longas demoras na decisão. Sendo introduzido a debate em 26 de Setembro

---

[5814] Jorge Miranda, *O constitucionalismo liberal luso-brasileiro*, págs. 104 e ss., artigos 202º e ss.

[5815] D. C., V, 03-10-1821, pág. 2492: "O Sr. Rebello: – (...) De quantos códigos constitucionaes tenho noticia não ha um só onde se tenha pretendido estabelecer uma regra vaga pela maneira que se annuncia no artigo de que tratamos. Em todas aquellas Constituições, de que tenha noticia, observo, que se tem tomado um principio mais ou menos explicito, sobre o qual se tem tratado, de combinar a Liberdade do cidadão com a segurança publica. Principiando pela *Constituição Franceza de 1791* aonde formigavão os desejos de estabelecer em toda a plenitude a Liberdade do cidadão, não veja consignado um principio tão vago, e tão generico, que prescreva que um réo que deve soffrer a pena de prisão por menos de um anno, ou de desterro, se livre solto; nem tão pouco acho cousa similhante em alguma das outras Constituições francesas, ou das outras Nações de que tenho noticia. Pelo contrario em todas se combina com mais ou menos perfeição a justa Liberdade da cidadão com a indispensavel punição do delinquente: e quanto a mim os hespanhoes forão os primeiros que estabelecêrão na sua Constituição a grande regra, que todas as vezes que o réo haja de sofrer pena corporal se livre preso. Esta regra luminosa he a unica que nos póde tirar das difficuldades, e que combina a Liberdade do cidadão com a justa necessidade, de que os crimes não fiquem impunes. He pois estabelecido no *Codigo de Hespanha*, que nenhum hespanhol será preso sem culpa formada, e não será pronunciado a prisão se não nos crimes a que esteja annexa pena corporal. Sobre este principio edificou toda a sua jurisprudencia do processo criminal. (...) He necessario pois que a regra seja, que ninguém possa ser preso sem culpa formada; masque todas as vezes que alguem for pronunciado por crime a que seja imposta pena corporal se livre prezo. Se em presença de todas estas circunstancias, o negocio passa a ser d'aquelles em que a pena só deva ser pecuniaria, então pode-se admittir a fiança; porque só aquella pena se pode affiançar; mas não pode já mais admittir-se fiança por uma pena corporal, a qual he de sua natureza personalissima. *Não devemos pois deixar de adoptar o principio dos legisladores de Cadis, principio mais ou menos explicitamente consignado em todas as outras Constituições; porque não da regra que melhor combine a possivel Liberdade dos réos com a impreterivel applicação das penas*. He preciso que as penas sejão exactissimamente applicadas, (com muita humanidade, sim, com muita circumspecção, para que não padeça o innocente) mas ao mesmo tempo com exactissima infabilidade; porque daqui resulta não se multiplicarem os crimes, resulta a tranquilidade dos bons, e a Segurança da sociedade inteira; aliás viriamos a edificar o imperio dos máus contra os bons, e a tornarmos as leis inteiramente inuteis. He por todos estes motivos que devemos adoptar a regra, que assim deixo succintamente desenvolvida, sobre a qual descança a tranquilidade e segurança publica, e particular, a punição dos maus, e a devida execução das leis. *Concluo, que não tenho noticia de Constituição, de todas quantas tenho visto em que se ache estabelecido um principio, como o que se quer agora estabelece no artigo; que seria um principio maniqueo, destruidor da sociedade*."

[5816] D. C., V, 03-10-1821, pág. 2498, intervenção de Luís António Rebelo: "O Sr. Rebello: – Responderei ao Preopinante: eu não tenho visto todas as Constituições do mundo, mas tenho visto muitas, e entre ellas não acho uma só, em que não esteja consignado este artigo. Acha-se em todas as Constituições de França desde a de 1791; na de Hespanha, e na de Inglaterra. Estas são as principaes fontes a que os redactores deste Projecto forão beber as suas doutrinas; todas estas tenha lido, e as tenho em minha casa."

[5817] Silvestre Pinheiro Ferreira, *Breves Observações sobre a Constituição Politica da Monarchia Portugueza*, pág. 2: "(...) he uma garantia illusoria que a ninguem tem livrado de ser prezo arbitrariamente (...)."

de 1821, mediante propostas de Correia de Seabra e de João Maria Soares Castelo Branco[5818], deveriam ficar na dependência da lei os casos de prisão preventiva ou, em alternativa, sempre se deveriam os cidadãos – melhor, qualquer pessoa – "livrar soltos" salvo nos casos de "interesse público" a designar pela lei.

Ou seja, sempre seria a lei o critério aferidor da prisão preventiva, devendo a sua aplicação ser tão limitada quanto possível tendo em vista a garantia da Liberdade individual de cada um. Foi sempre este o critério que regeu os debates e todas as intervenções se ressentem disso mesmo[5819].

No final da discussão concluiu-se pela posição mais restrita e cautelosa, salvaguardando escrupulosamente as garantias individuais. Nestes termos, ficou aprovado que haveria declaração dos casos em que haveria suspensão das formalidades para a prisão de delinquentes. Tal aconteceria nos casos de rebelião armada e invasão inimiga, podendo no entanto suceder outros casos.

Por outro lado, havia quem entendesse que não deveria ser da competência constitucional a matéria regulamentar, devendo o tema ser reservado para a possibilidade da prisão preventiva e suas excepções[5820]. A versão oposta era igualmente válida[5821] e

---

[5818] D. C., V, 26-09-1821, pág. 2414.

[5819] D. C., V, 03-10-1821, pág. 2490, relativo à intervenção de José Peixoto de Queirós: "(...) o estabelecimento do principio indicado, he favorável á Liberdade dos cidadãos; porque ate agora, a regra era que em obrigando a livramento, obrigava a prisão; e de tal sorte que as mesmas excepções, apontadas nas primeiras linhas do processo criminal, estavão quasi em desuso; e daqui cm diante a regra será a inversa; que a pronuncia a livramento não obriga a prisão, excepto em certos casos. A determinação desses casos deverá ficar á prudencia dos legisladores, esperando que para a prisão só designarão aquelles, em que possa presumir-se que o réo prefira a expatriação, ao processo."

[5820] D. C., V, 03-10-1821, pág. 2491, intervenção de António José Ferreira de Sousa: "O Sr. Ferreira de Sousa: – Nós temos duas questões nesta materia. A primeira he que ninguém póde ser preso sem culpa formada, excepto taes, e taes casos: isto está estabelecido nas bases, e não ha duvida que deve ser regra geral com aquellas excepções. Agora a segunda questão, que faz objecto do art. 1752º, he se a pronuncia ha de ser sem prizão, ou com prizão, e nos casos em que ha de haver uma cousa e outra. Para isto he preciso declarar que he necessário que a legislação seja coerente. Eu acho que isto não he proprio da Constituição; (...). De conseguinte, porque se ha de estabelecer uma regra tão vaga na Constituição, em que não devem entrar senão regras muito geraes. He perciso alem disso ver se estes, que não se podem livrar soltos, se hão de livrar por seguros como antes. He perciso ver se se ha de falar com relação aos casos estabelecidos no nosso código, ou se se ha de reformar a jurisprudência antiga: he perciso ver se os que derem fiança se podem livrar soltos; e he perciso ver neste caso se fica o fiador sujeito ao mesmo que o réo, ou a que fica sujeito. Venho a dizer, que isto joga com muitos artigos de nossa jurisprudencia actual: que he necessario ver como ha de ficar isto para o futuro que são cousas que pertencem aos que fizerem o codigo penal, que deverão combinar estes princípios; e de conseguinte não sei como isto possa entrar na Constituição, e possa ficar applicavel a todos os casos da legislação."

[5821] D. C., V, 03-08-1821, pág. 2490: "O Sr. Pinto de Magalhães: Aqui não se trata de saber se ha de haver, ou não cartas de seguro, ou quando as ha de haver. Essas cartas de seguro não hão de ser senão para aquelles casos, em que o réo ha de livrar-se preso. Trata-se de saber em que casos ha de livrar-se á prisão até final da sentença; trata-se pois de um caso de segurança em que não se possa infringir a lei. *Sendo esta uma das garantias da Liberdade do cidadão, parece-me que deve consignar-se n'um artigo da Constituição melhor que deixar-se para o código. As leis devem ser de tal sorte combinadas, que não soffra violência o cidadão, e que o delinquente tenha a maior certeza possível de que he de soffrer a pena que a lei determina para o seu delicto. Da observação destes dois princípios deixava a garantia da Liberdade do cidadão. A regra geral não deve ser a maior, ou menor gravidade do delicto, senão que a applicação da pena seja certa e que o cidadão não seja preso senão naquelles casos, em que largar a pátria, seja para elle menor pena, que a de prisão. Eis-aqui a regra que seguirão os collaboradores da Constituição,*

os argumentos expandidos estavam mais em consonância com uma Constituição "de Liberdade"[5822], que com uma Constituição "geral protectora da Liberdade", deixando ao cuidado da legislação ordinária a delimitação dos termos em que as normas constitucionais deveriam ser aplicadas. Esta a interpretação dos Vintistas[5823].

Para se obter uma súmula das preocupações dos parlamentares e vistas as limitações impostas à prisão preventiva, a discussão versava na averiguação se a matéria haveria de ser mediante enumeração de delitos ou de moldura penal. No fundo minorar ao máximo as situações de prisão preventiva, que em qualquer caso nunca poderiam segundo a redacção final ser impostas a casos a que correspondesse pena inferior a seis meses ou desterro para fora da província do seu domicílio.

Assim, baixou o artigo à Comissão da Constituição para voltar a ser redigido, tendo resultado da sua conjugação com os subsequentes, um articulado bastante consistente na vertente temática.

Pretendia-se, no mesmo contexto e visando diminuir a arbitrariedade da acção dos magistrados, assim como obrigar ao cumprimento dos mandatos emitidos, pontos em que de novo a legislação estrangeira – e sobretudo a legislação inglesa e norte-americana, mas sem esquecer as tradicionais fontes francesas e gaditana – foi cha-

---

quando fizerão este artigo. Disserão elles, que todas as vezes que fugir e abandonar a sua pátria fosse maior castigo para os delinquentes, que o que lhes devia ser imposto pela lei, não devião ser presos; porque effectivamente, qual ha de ser o homem que sabendo que para expiar o seu delicto somente lhe ha de ser imposto um anno de degredo, ha de preferir degradar-se para sempre, pois sabe de certo, que em qualquer occasião que torne á sua pátria, e se saiba, lhe ha de ser applicada a pena. Por estas considerações eu approvo a doutrina do artigo."

[5822] D. C., V, 03-10-1821, pág. 2493, relativo à intervenção de Ferreira de Moura: "O Sr. Moura – (...) O objecto de todas as Constituições políticas, he a Liberdade e a segurança do Cidadão. De balde tratamos de querer estabelecer esta Liberdade, se não a seguramos para que não esteja sujeita á lei variável senão quando haja uma utilidade publica que assim o recommende. Todas as leis que tenderem a combinar esta segurança individual com os interesses publicos da sociedade, são pertencentes ao código Constitucional. Ora; nenhuma ha, que mais tendencia tenha a combinar esta segurança, do que aquella que declara os casos, em que um Cidadão, que tem commettido um delicto deve livrar-se solto, ou preso. De tão pouco momento he estar dentro, ou fóra da cadêa? Esta lei parece que tende ao fim primário e essencial de todas as Constituições políticas; porque tende a assegurar em alguns casos que o Cidadão não ha de ser conduzido a prizão, o que he considerado como um mal, e que realmente he um mal verdadeiro e gravíssimo. O declararem-se por tanto estes casos aqui, não seria muito difficil, porque serião tão poucos que não encherião grande espaço. Logo de qualquer modo que eu examine a materia a julgo própria do Codigo constitucional."

[5823] D. C., V, 03-10-1821, pág. 2496, relativo à intervenção de Manuel Fernandes Tomás: "O Sr. Fernandes Thomaz: – (...) Na Constituição deve expressar-se quando um homem ha de ser ou não ha de ser preso. Até aqui o Juiz podia prender, ou deixar de prender a seu arbitrio; porque a lei lhe deixava este arbítrio; mas agora já o não deve ter. Que tenha alguma latitude, não direi; mas tanta latitude, a isso me opponho: porque então debalde teriamos até agora tratado de estabelecer os principios da Liberdade individual. O princípio adoptado no artigo pôde ter algum inconveniente; mas creio que não ha medida humana que os não tenha; e pelo menos aquelles que se tem substituído não me parecem da natureza dos que não tem inconveniente. He certo que na Constituição de Hespanha se tem estabelecido esse principio luminoso, que se quer que se estabeleça na nossa: n'aquella se estabeleceu uma regra, pela qual se pertende fixar os casos em que o réo deve ser preso; aqui he o mesmo, a differença está, que ali se diz, quando a pena for corporal, e aqui se limitta mais; porque se diz quando a pena for um anno de prisão, ou de degredo para o Continente. O marcar-se uma pena, ou outra, isso não faz que o artigo seja mais extensa."

mada à colação, para obrigar[5824], ou desviar[5825], a constitucionalização da resistência ao mandado judicial.

[5824] D. C., V, 05-10-1821, págs. 2529 e 2530, intervenção de Luís António Rebelo: "O Sr. Rebello: – Desgraçadamente vamos espalhando muito a questão, e deixando de responder aos principaes argumentos. Eu, póde ser que não me encarregue de responder a tudo: mas principiarei por fazer ver as Constituições em que esse principio se acha consignado, porque por um espirito profetico me tinha prescintido de que esta prova de facto havia de ser necessaria, e he por isso, que trago algumas Constituições para mostrar com factos a verdade das minhas proposições a este respeito ennunciadas na sessão antecedente. Aqui está a *Constituição de 91* a qual diz (leu um artigo), isto he entre os direitos, do homem: vamos agora a ver como na mesma Constituição se fez valer este principio, quando se trata de dar vigor ao Poder Judiciario, que foi uma das razões que tocou o Sr. Moura. No artigo 26 diz o seguinte (leu): na *Constituição de 1793*, entre os direitos do homem diz (leu); na de 1795, diz (leu) Na *Constituição de Hespanha* o artigo 288 declara o seguinte (leu). Tenho pois mostrado de facto a respeito dessas Constituições mais usuaes, aquellas que mais tem servido de norma aos estabelecimentos dos actuaes codigos constitucionaes, que nellas se acha a materia dos addicionamentos que se apresentão. (...) Não digo pois, que se ache este principio em todas as Constituições do mundo, mas acho de facto nas que deixo citadas. Na Inglaterra, pelo que diz respeito á obediencia da lei; este principio he melhor observado que em nenhum paiz; e um paiz que quer a Liberdade, não póde obtela senão de dois modos; fazendo executar estreitamente a lei, que he o principal, e pondo certos limites, para que se não possa invadir a Liberdade do cidadão sob pretexto de lei. A este respeito tem-se discorrido sobre os casos em que podia ser justa, ou injusta a desobediencia, limitando-se alguns dos Preopinantes a considerar justa esta desobediencia, só no caso em que o acto do mandato não for legal, sobre isto a *Constituição de Hespanha* diz (leu um artigo da dita Constituição). Eis-aqui pois o mandado de que se trata; eis-aqui então do modo que não deve ser desobedecida a lei; não se trata pois de fugir, nem de qualificar assim a resistencia, quem tiver boas pernas he feliz se puder; mas do que se trata he de que uma resistencia formal he um crime. (...) Eu tratarei de fazer ver, que a lei he justa e indispensavel, e que deve ser incluida no codigo constitucional. *Todas as Constituições estabelecem os direitos do homem, e do cidadão; mas estes direitos são acompanhados dos correspondentes deveres. Não ha direito pois a que não corresponda um dever; os direitos que tem cada cidadão fazem que quando elle os infringir seja obrigado ao dever de se sujeitar á lei, e ao magistrado que a appliucar, quando similhantes infracções escandalizam, ou perturbão a tranquilidade, e segurança publica, ou atacam os direitos de terceiro; se se trata de deixar segura a Liberdade do cidadão, a par de seus direitos, devem-se estabelecer os seus deveres para segurança desta mesma Liberdade; se na Constituição estabelecemos uns, devemos estabelecer os outros. Na Constituição temos posto um certo numero de direitos capitaes com os quaes procuramos prover á segurança, Liberdade, e Propriedade dos cidadãos; he destes pontos mestres que hão de partir os codigos civil, e criminal, que devem fazer effectivos estes mesmos direitos a cada um dos cidadãos, e á sociedade inteira. Sem estes pontos cordeaes não se podem edificar os codigos; mas se não for rigido em principio cardeal o rigoroso dever de todo o cidadão obedecer promptamente ao chamamento da lei, e á execução da mesma lei, sobre que será então edificada a instrucção dos processos?* Que significa um processo criminal se o réo póde recusar obediencia ao mandado legitimo, e á sentença que o condemna? Se o preopinante entende que na Constituição devem ser marcados os principaes direitos do cidadão, conclue dos mesmos principios, que devem ser igualmente marcados os seus principaes deveres. Não será sempre um dever connectalo a um direito? Não será da combinação, e observancia destes direitos e obrigações, que resulta a Propriedade, a Segurança, e a Liberdade individual, e geral? Sem execução da lei a Liberdade he nulla; quando se conhece a sua actividade, he quando se faz a sua applicação; se se desconhece esta applicação, ou se despreza, acabou-se a lei. *O Preopinante tem argumentado contra esta lei relativamente á sua collocação no codigo constitucional, lembrando a divisão dos Poderes, os justos limites destes Poderes, o modo porque devem ser garantidos estes Poderes. E qual he um destes Poderes senão o judiciario? E que será do Poder Judiciario senão deixamos garantida a sua observancia, e execução de seus mandados, e sentenças? Em que consiste o Poder Judiciario? na justa applicação das leis aos factos. Que he preciso para a sua desenvolução?"*

[5825] D. C., V, 03-10-1821, pág. 2499, intervenção de Ferreira de Moura: "Em Inglaterra se a ordem de prisão não he legal, o cidadão pode resistir. *Para isto trago á memoria que Lord Mansfield fundando-se na doutrina do mesmo Blakstoon,* a que o mesmo Sr. deputado [Rebelo] se referiu, *disse no processo do celebre Wiltes que se podesse provar-se que era illegal a ordem, que executara o collector dos tributos, não haveria*

A ideia era a defesa da Liberdade individual e sua justaposição aos deveres de cidadania[5826], entre os quais um dos mais meritórios era obedecer à justiça que se impunha pela varinha e assente na lei, na má recordação que os Vintistas clamavam do antecedente uso da justiça em Portugal.

E se não interessa entrar no debate sobre se a Liberdade ficaria melhor defendida mediante a enumeração dos delitos ou das penas, não se pode negar que a opção Vintista poderia sustentar-se em interpretação diversa de idêntico diploma constitucional. Para uns era claro que a *Constituição de 1791* previa a situação do réu que resistisse ao mandato, ser castigado nos termos da lei; para outros isso resultava mais nebuloso, e os argumentos esgrimidos apenas têm o valor de fonte histórica e conceptual que se busca.

Deste passo se denota à evidência que ao contrário do que muitas vezes se procura transmitir a *Constituição de Cádiz* não foi a única fonte legal de eleição do Triénio no plano dos debates. O resultado final, posto à votação, orientou-se no sentido maioritário da constitucionalização da resistência à detenção manifestada sob forma legal: sempre seria objecto de sanção[5827].

Nos casos de penas, correspondentes a crimes sancionados com prisão superior a seis meses, nunca se poderia verificar prisão sem culpa formada, mediante competente

---

delicto em lhe resistir, c que antes pelo contrario elle collector deveria ser castigado por haver dado execução a ordens illegaes, ainda que elle não podesse considerar-se senão como um instrumento passivo do Ministro das finanças. Em Inglaterra bem ao contrario do que diz o illustre Preopinante se trata com mais escrúpulo a Liberdade individual. No mesmo caso da eleição de Willes ha outra circunstancia notável. Um agente do Ministério foi a casa de Wiltes, e lhe fez aprehensão dos seus papeis; aquelle agente levava uma ordem, e não fez mais do que executala; mas Wiltes demandou o agente, e os julgadores os condemnárão em mil libras sterlinas, e foi condemnado em seu proprio nome, apezar de ter sido um mero executor de uma ordem ministerial."; ibidem, pág. 2528, relativo à intervenção de Ferreira de Moura: "O Senhor Moura – (...) Eu não sei se poderei dizer com toda a firmeza, se haverá algum Codigo que a tenha como aqui se tem proposto. *No Codigo dos Estados Unidos attrevo-me a assegurar que não está, e se está na Constituição de 91 ou 93, ou seja no plano formado por Condorcet, ou seja no que se trabalhou sobre esse plano, não está como se diz...* Tenho pois demonstrado que pelas regras da ordem e do bom methodo não deve entrar esta lei no Codigo Constitucional."

[5826] D. C., V, 05-10-1821, págs. 2525 e 2526, intervenção de Manuel Fernandes Tomás: "O Sr. Fernandes Thomaz: – Entretanto não deixarei de dizer francamente o que sinto. Esta questão póde considerar-se, como acabo de dizer, debaixo de dois pontos de vista. O primeiro he, a justiça da lei, e o segundo, se deve ou não deve ser uma lei constitucional, e se basta que seja uma lei regulamentar, ou do codigo penal. Sustento, ou pertendo sustentar, que a lei he injusta, o homem, todos sabem, que he perfeitamente livre no estado da natureza, e que deixa de selo quando se une em sociedade, porque então perde muito dos direitos que fóra della tinha, e perde desses para conservar os outros poucos que lhe restão, porque certamente perde mais do que ganha. Em consequencia todas as vezes que se pertender exigir delle, que perca mais do que aquillo que elle consentio perder, expõe-se o homem a que resista. Este sentimento he natural, e pertender o contrario, he pertender impossiveis. Se os direitos que o homem tem no estado da natureza, são os da summa Liberdade, se esta Liberdade se lhe coarcia, quando entra no estado da sociedade, he certo que pertendendo-se oppor limites maiores a esta Liberdade, que aquelles que o homem conveio que se lhe pozessem, necessariamente ha de resistir contra quem, querendo-lhos pôr, lhe tira uma parte dos seus direitos. Se aquelle que pertende privar destes direitos a um homem, he um seu igual, he obvio que usará para conservalos de todos os meios, que estão ao seu alcance, e os usara, ainda quando quem o quer privar destes direitos, he um magistrado, porque o magistrado neste caso, como Authoridade publica, torna-se um mero particular, porque obra com excesso da lei. O magistrado só merece o nome de magistrado, e o respeito que a lei lhe consagra como tal, quando elle executa a lei, e não quando obra contra ella (...)."

[5827] D. C., V, 05-10-1821, pág. 2533.

mandado. As excepções ficavam constitucionalmente tipificadas mas, em todos os casos, em vinte e quatro horas o magistrado deveria justificar ao preso o motivo dessa prisão, notificando acusadores e testemunhas caso existissem[5828] e ouvi-lo decorridos no máximo de três dias da sua prisão. Tais ideias constavam dos artigos 175º e 176º do Projecto da Constituição e mais uma vez o debate foi centrado na protecção dos direitos individuais sob a forma das garantias jurídicas, que a Liberdade civil afirmava, e os parlamentares entenderam dar provimento constitucional[5829].

De novo se entrou em debate de matéria criminal, qual seja a noção de flagrante delito que não seria necessariamente precedida de culpa formada. Todos aqueles que comprometiam a ordem pública, quer fosse no plano dos ataques aos particulares quer no domínio da intromissão delituosa na causa pública, estriam sujeitos ao mesmo procedimento.

Todo este dispositivo é notável e faz honra aos Vintistas. Em 1821-1822, as garantias jurídicas e a Liberdade do cidadão – e sobretudo a do indivíduo – estavam bem protegidas. Bem melhor que noutras épocas mais próximas, na maior parte dos casos por deficiente utilização dos preceitos legais. A humanização do Direito Penal, com o pedido de empréstimo ao humanitarismo Setecentista é marco definitivo neste domínio.

§ 3º. Síntese da temática do presente capítulo

O presente capítulo teve por objecto analisar a Liberdade jurídica, aqui designada, com os princípios do Liberalismo estrangeiro e nacional, por Liberdade civil.

Ficaram delineados os aspectos cuja relevância a Liberdade civil importa na defesa das garantias jurídicas do cidadão, plasmadas não apenas no articulado das Bases da Constituição, mas igualmente no texto da mesma, em função das normas aprovadas e que aos mesmos se reportavam. Reforça-se a diversidade de entendimento que a questão da Igualdade sofre no texto de 1812 e no de 1822; no segundo caso a Igualdade formal está consagrada como direito dos portugueses; no primeiro ela é apenas um meio para se assegurar a Liberdade civil, não possuindo autonomia enquanto direito individual.

A Liberdade civil garante a efectiva protecção dos direitos individuais e resulta de uma teorização importada, em que as poucas vezes que se fez alusão à originalidade nacional, acabou por não proceder. No máximo houve um adiamento da aplicação dos

---

[5828] *D. C.*, VIII, 22-02-1822, págs. 267, e ss.
[5829] *D. C.*, VIII, 22-02-1822, pág. 268, relativo a intervenções de Borges Carneiro: e de Manuel António de Carvalho "O Sr. Borges Carneiro: – (...) Se pois he constitucional o principio, do que o juiz dentro de vinte e quatro horas deve dar ao praso o nome do accusador e das testemunhas, não he meros constitucional que dentro do certo prazo o deva ouvir. Que importa que seja prompto em lhe fazer aquellas communicações, senão o for em o ouvir? Tanto he constitucional um principio, como o outro. *Não chamo a isto minucias: chame-lhe uma grande garantia da Liberdade individual, e por isso desejo se marque na Constituição.* – Isto supposto vou falar quanto ao dito prazo. A Constituição de Hespanha estabeleceu vinte e quatro horas, porém os redactores do Projecto, vendo ser este um prazo mui apertado, e considerando que deve haver o tempo necessario para dispôr a interrogação, indicárão um maior prazo; e disserão: "Dentro de tres dias ao mais tardar."; *ibidem*, "O Sr. Manoel Antonio de Carvalho: – *Os homens tem até agora visto que a sua Liberdade lhes era tolhida, e que até erão tirados os direitos do cidadão; para segurar pois estes direitos, he que nós temos aqui vindo. O homem criminoso deve ser castigado, mas o juiz deve igualmente ouvilo. Não reputo isto como = minucia mas sim uma causa de muita consideração. Por tanto assento, que estes principios devem ser marcados na Constituição, e sanccionados nella.*"

preceitos da Constituição, porque ela própria previa o seu desenvolvimento mediante normas regulamentares a ser elaboradas no próprio Congresso, em Cortes futuras ou mediante a publicação de Códigos.

Todos os pontos focados e que constituíram o cerne das preocupações a este nível durante o Triénio, não são incólumes quanto ao receituário jusnaturalista mas conformam-se à doutrinação do Liberalismo político, que consignava a estreme ligação entre lei e Liberdade, a que corresponderia uma tecitura privilegiada na defesa do direitos do indivíduo em harmonia com os interesses e a ordem pública requeridos pela Nação.

Criou-se inovação legislativa, e o plano revolucionário é quantitativamente superior ao âmbito regenerador. Este aspecto ganha especial incidência no plano da demarcação dos delitos e das penas mas também da abolição dos privilégios pessoais de foro e em alguns aspectos da remodelação dos forais.

Menor amplitude apresenta a questão da tolerância religiosa para os estrangeiros, onde apenas se renova o que já existia veiculado por Tratados internacionais, bem como o facto de se considerar a Segurança como o espaço de Liberdade do indivíduo. Existindo já normativo de séculos anteriores sobre a matéria, a sua inaplicabilidade havia conduzido a abusos de monta, pelo que foi preocupação não apenas recuperar essas salutares ideias, mas adaptá-las aos condicionalismos que a revolução liberal havia imposto, num quadro de protecção dos direitos individuais.

Capítulo XI
A "Liberdade política" do cidadão e a "Liberdade da comunidade" – capacidade para participar no exercício da soberania nacional e defesa da Liberdade política da nação

> "Se me he licito dizer a minha opinião, eu desejaria que a nossa Constituição determinasse expressamente, e nos mais positivos termos o seguinte: 1º Quaes são os Direitos da Nação, e de que modo hão-de ser conservados para o futuro; 2º Que poderes competem á Nação em commum, e que poderes competem a cada Cidadão em particular; 3º Que obrigações têm a cumprir o Cidadão para com a sua Pátria, e que obrigações têm esta a cumprir para com aquelles (...); 6º Que faculdades hão-de ter as Cortes; de que modo, e quando se hão-de instaurar; que methodo se há de seguir na eleição de seus Deputados (o estabelecido na Constituição Hespanhola não he o melhor); que qualidades e circunstancias há de concorrer nos candidatos; quando se hão-de reunir ordinariamente; quando e porque modo se hão-de reunir extraordinariamente; Que numero de Cidadãos há de compor a Deputação Permanente de Cortes; que poderes há de ter essa deputação, de que modo, e quando hade usar delles; 7º Que Authoridade há de ter El-Rei, e de que maneira há de usar della, para a sua real pessoa ser inviolavel (...) Como a Liberdade he o Dom mais apreciavel, que o Supremo Author da Natureza outorgou aos homens, está claro que he ella que deve servir de base fundamental à nossa Constituição Politica."
>
> LUIZ JOSE RIBEIRO, *Advertencias Uteis dirigidas ao Soberano, e Augusto Congresso nacional das Cortes*, págs. 2-5.

CAPÍTULO XI. A "LIBERDADE POLÍTICA" DO CIDADÃO E A "LIBERDADE DA COMUNIDADE" – CAPACIDADE PARA PARTICIPAR NO EXERCÍCIO DA SOBERANIA NACIONAL E DEFESA DA LIBERDADE POLÍTICA DA NAÇÃO § 1º. A Liberdade: o problema do direito de participação política ou a dimensão positiva da Liberdade política do cidadão: semelhanças e diferenças entre Gaditanos e Vintistas. 1. Cádiz e a Liberdade política do cidadão. 2. O Texto Fundamental português: considerações gerais. 2.1. A efectiva responsabilidade política dos cidadãos. 2.2. Os cidadãos e o seu voto ou a capacidade eleitoral: o Liberalismo e a Democracia. § 2º. Do Individualismo à liberdade política do cidadão na *Constituição de 1822*. 1. Liberdade política do cidadão nas suas manifestações coevas à reunião do Congresso Vintista. 1.1. Ser "Português" e ser "Cidadão Português". 2. A futura eleição dos deputados: do Individualismo à Liberdade política do cidadão. 2.1. O voto como manifestação da Liberdade política do cidadão ou a sua suspensão no âmbito da *Constituição de 1822*. 2.2 – Sufrágio universal, directo, secreto e reeleição dos deputados: a decisão Vintista. 3. A Lei Eleitoral como Lei Constitucional: o direito de voto. § 3º. A defesa das Leis Fundamentais (Constituição) pelo recurso à representatividade e ao equilíbrio de Poderes ou o triunfo da Vontade e da Razão individual no processo histórico concreto: a assunção do modelo gaditano. 1. Cádiz e a Liberdade política da sociedade. 2. O Texto Fundamental português e a defesa da Liberdade política da sociedade: a soberania nacional. 2.1. Garantia e defesa da Constituição: o regresso do Rei e a posição do seu "ministério brasileiro". 2.2. Garantia e defesa da Constituição – a separação de Poderes e o caso especial do Poder Legislativo: a submissão do Poder Régio ao Poder da Nação. 2.3. O Veto do Rei. 2.4. A Deputação Permanente. 2.5. O Conselho de Estado. 2.6. Unicameralismo (remissão). § 4º. O Brasil na tormenta do Vintismo: a perspectiva portuguesa e a resposta brasileira. § 5º. O papel político da maçonaria e organizações afins: ideias gerais e brevíssimas. § 6º. Síntese da temática do presente capítulo.

§ 1º. A Liberdade: o problema do direito de participação política ou a dimensão positiva da Liberdade política do cidadão: semelhanças e diferenças entre Gaditanos e Vintistas

1. Cádiz e a Liberdade política do cidadão

O artigo 6º do Projecto da Constituição de Cádiz referia-se aos "españoles"[5830]. Por outro lado, o artigo 18º do mesmo documento falava em "Ciudadanos españoles"[5831], assim como os estrangeiros que gozassem de particulares características, conforme artigos 19º e 20º.[5832]

Haveria como que espanhóis de diversa qualidade, porque a uns apenas se reconhecia a característica da nacionalidade, sem mais, e aos outros, para além dessa, ainda poderiam activar os seus direitos de cidadania no exercício da Liberdade política. Para uns havia Liberdade individual e civil; para os outros, Liberdade política.

[5830] *Cortes de Cádiz*, Sesion del dia 31 de Agosto de 1811, pág. 1734. O texto integral, traduzido d'*O Correio Braziliense ou Armazém Litterario*, VII, 1811, nº 45, pág. 494: "São Hespanhoes: 1º Todos os homens nascidos livres, ou libertos, em todos os dominios da Hespanha; e seus filhos: 2º Os estrangeiros que tiverem obtido carta de naturalização das Cortes: 3º Os que, sem esta carta de naturalização, viverem 10 annos em estado de Liberdade conforme a ley, em qualquer lugar da monarchia: 4º Os filhos de cada uma destas classes, nascidos em territorio Hespanhol, e que exercitarem qualquer officio no lugar de sua residencia: 5º Os homens livres que tiverem adquirido a sua Liberdade em Hespanha."

[5831] *Cortes de Cádiz*, Sesion del dia 3 de Septiembre de 1811, pág. 1753. O texto integral, traduzido d'*O Correio Braziliense ou Armazém Litterario*, VII, 1811, nº 45, pág. 496 é o seguinte: "São cidadãos Hespanhoes os que deduzirem a sua origem, em ambas as linhas, dos dominios Hespanhoes de ambos os Hemispherios, e que tiverem adquirido a sua Liberdade em qualquer lugar dos mesmos dominios."

[5832] *Cortes de Cádiz*, Sesion del dia 3 de Septiembre de 1811, págs. 1754-1757. O texto integral, traduzido d'*O Correio Braziliense ou Armazém Litterario*, VII, 1811, nº 45, pág. 496 é o seguinte: "Artigo 19º – He tambem cidadão aquelle que gozando dos direitos de Hespanhol, obtiver das Cortes Carta de Cidade; artigo 20º – Para um estrangeiro obter esta carta das Cortes, deve ser casado com mulher Hespanhola, ou ter introduzido e estabelecido em Hespanha alguma descuberta util, ou ramo de industria, ou adquirindo Propriedade que pague contribuição directa; ou ter-se elle estabelecido em negocio com capital consideravel, na opinião das Cortes."

Há um certo paralelo com o traduzido na *Constituição Francesa de 1791*, que considerava a existência de cidadãos activos e passivos, porque se todos os franceses eram "citoyens", nem todos deteriam o exercício dos direitos políticos, nomeadamente o de participação política. Em simultâneo, uma fuga voluntária e muito clara dos ditames que se quiseram atribuir à *Constituição jacobina de 1793* e o seu apego à Igualdade mas que, como atempadamente se verificou, não correspondiam na prática, uma vez que também aí ela não era universal.

Apesar de terem plena consciência da situação[5833], os gaditanos nada fizeram para inverter o problema e mesmo quando se assistiu a algum debate em torno do problema[5834], tanto não conseguiu convencer a maioria dos até então considerados Autores da Constituição mais liberal do mundo.

Por exemplo, para se ser cidadão espanhol era preciso ter uma árvore genealógica oriunda da Península Ibérica, da América ou da Ásia, mas excluindo os filhos dos escravos, aos quais apenas ficava aberto "o caminho da virtude, e de merecimento; por meio do qual podem adquirir direitos de cidadão"[5835]. E, se isto parecia um contra-senso em presença das normas já aprovadas e dos princípios do Liberalismo que afirmavam defender[5836], acabou por ser tema de debate também no Congresso Constituinte.

Em síntese, espanhóis gozando de Liberdade civil, protegida por sábias leis, presumem-se a universalidade dos residentes nos domínios da Espanha. Cidadãos são aqueles que associando ao gozo dos direitos civis, podem activar também os seus

---

[5833] *Cortes de Cádiz*, Sesion del dia 6 de Septiembre de 1811, pág. 1785, discurso do senhor Leiva: "(...) Después de haber declarado que la nación española, en que reside esencialmente la soberanía nacional, es la reunión de todos los españoles, y que son españoles todos los hombres libres y avecindados en los dominios de la España, y los hijos de estés, es ciertamente extraño que cuando se trata de establecer el primer grado de existencia civil ó política, que es la ciudadanía, (...)."

[5834] *Cortes de Cádiz*, Sesion del dia 31 de Agosto de 1811, pág. 1734 e ss.; ibidem, Sesion del dia 3 de Septiembre de 1811, pág. 1753; ibidem, Sesion del dia 6 de Septiembre de 1811, pág. 1790, intervenção de um dos membros da Comissão da Constituição, Autores do Projecto, o senhor Muñoz Torrero: "(...) *Hay dos clases de derechos: unos civiles y otros políticos: los primeros generales y comunes a todos los individuos que componen la nación, son el objeto de la justicia privada y á la protección de las leyes civiles; y los segundo pertenecen exclusivamente al ejercicio de los derechos públicos que constituyen la soberanía. La comisione llama españoles a los que gozan de los derechos civiles y ciudadanos á los que, al mismo tiempo, disfrutan de los políticos.* (...) *La justicia, es verdad, exige que todos los individuos de una misma nación, gocen de los derechos civiles, mas es bien general, y las diferentes formas de gobierno deben determinar el ejercicio de los derechos políticos, que no puede ser el mismo en una monarquía que en una democracia ó aristocracia.* (...) *Pero se llevamos demasiado lejo estos principios que se dicen de justicia, sin otras consideraciones, seria forcoso conceder a las mujeres con los derechos siles los políticos y admitirlas en las juntas electorales e en las Cortes mismas* (...)." De salientar falar-se em libertos; no séc. XIX, ainda havia libertos nesta categoria de semi-livres em Espanha, uma vez que do debate não resultou qualquer referência à América espanhola. Quanto ao caso das mulheres, é despiciendo qualquer comentário a esta interpretação liberal do Individualismo político em formulação gaditana.

[5835] *Cortes de Cádiz*, Sesion del dia 3 de Septiembre de 1811, pág. 1734; ibidem, Sesion del dia 4 de Septiembre de 1811, pág. 1761. Esta norma, diga-se em abono da verdade, foi alvo de grande polémica e a discussão prolongou-se por várias sessões, destacando-se algumas intervenções salutares mas, o resultado efectivo que neste domínio é o que mais conta, não se alterou. Em votação final as alterações foram mínimas e em nada modificaram a substância da norma.

[5836] *Cortes de Cádiz*, Sesion del dia 6 de Septiembre de 1811, pág. 1785, discurso do senhor Leiva: "(...) se pongan tantos trabas en los que por cualquier línea traen origen de África, que pueden quedar desesperados de obtenerla, y es un estado pernicioso de abatimiento de orden social. Se exigen méritos eminentes o que es incapaz una clase excesivamente humilde (...)"

direitos de participação política no plano da soberania nacional e em ordem à formação da representatividade nacional. Neste caso apenas existe uma para-universalidade, mas com contornos distintos da que assumirá a portuguesa, onde todos os portugueses são, como se provará em seguida, cidadãos; apenas que alguns não têm a faculdade de exercitar os seus direitos políticos, embora a cidadania não lhes possa ser negada.

2. O Texto Fundamental português: considerações gerais

2.1. A efectiva responsabilidade política dos cidadãos

Cumpre neste lugar deixar demarcadas as duas hipóteses de trabalho que se colocam; ambas são aceitáveis em termos teóricos, tanto que a *Constituição de Cádiz* optou claramente pela primeira. A abordagem e a opção que se manifesta por uma delas, não excluem o facto de se estar perante o mais complexo dos problemas do Liberalismo.

Por um lado, há quem interprete o tema no Vintismo fazendo apelo aos dizeres do artigo 2º da *Constituição de 1822*, sob forma estrita, que reproduz a norma idêntica das Bases.

Neste contexto, o direito de participação política que é garantido aos cidadãos e constitui a sua Liberdade política depende dos moldes como essa participação seja estipulada por lei, e em função dos próprios indivíduos, que assim agem por meio dos seus representantes. Ou seja, há Igualdade formal[5837] e não material ou política. Liberalismo e Democracia são, neste contexto, perfeitamente distintos e qualquer confusão será espúria, porque é o direito de Igualdade e não o de Liberdade aquele que está em destaque.

Mesmo quando se admite, como é o caso vertente, que a crítica feita ao Liberalismo no sentido da promoção de uma Igualdade que é meramente formal e não chega mais longe, porque não quer ou porque não pode, é impossível deixar de reconhecer o imenso progresso a que foi possível assistir, por comparação com a Velha Moda.

Nos termos do artigo 2º a concessão do direito de participação política dependeria da lei e, por aí, seria uma questão de Igualdade formal que a lei garantiria e não um direito próprio e exclusivo do cidadão, pelo simples facto de o ser.

Noutra situação, bem diversa, o exercício da soberania nacional por meio do direito de voto, é um direito político do cidadão, o único aliás que lhe é directamente conferido e resulta de toda a doutrinação do Individualismo. Neste caso concreto, chama-se, de novo, à colação a fórmula preferida neste domínio pelo Estudo. É pela ideia de Constituição e do Constitucionalismo que os direitos políticos do cidadão, mormente a sua Liberdade política, se transformam em direitos individuais, que em circunstância alguma quem quer que seja poderá questionar.

E se a concessão da cidadania em Portugal é para-universal – e não universal por motivos que serão atempadamente explicitados – isto justificaria que todos os cidadãos teriam o direito – a Liberdade política – de votar, o que de facto não acontece. Mas, não acontece por ausência de cidadania e, logo, de possibilidade de exercer os direitos políticos, mas porque por especiais características das pessoas em causa, esse direito não pode ser exercido, ou está suspenso ou é potencial. Logo sendo eles cidadãos,

---

[5837] Benedicta Maria Duque Vieira, "O Problema político Português no Tempo das Primeiras Cortes Liberais", *A Crise do Antigo regime e as Cortes Constituintes de 1821-1822*, I, Lisboa, 1992, págs. 26 e 27.

não têm o direito de participação política. Todos os portugueses são cidadãos, mas apenas alguns "gozam desta qualidade"[5838].

O raciocínio e a opção que se enceta baseiam-se simplesmente no seguinte: se fosse admitido que o direito de voto resulta apenas da lei e se percebe no seio da Igualdade formal, então não haveria qualquer direito político dos cidadãos, consagrados no texto constitucional e, em nome do qual, se havia revertido o Antigo Regime no Liberalismo. A quebra dos compromissos assumidos por uma das partes no contrato social inicialmente feito, neste caso a detentora do Poder Político em termos de Velha Moda, outorgara ao Povo a possibilidade de querer estabelecer um novo pacto que já não era apenas de sociedade mas de Poder, assente em princípios doutrinários distintos e conformes a um renovado entendimento de indivíduo e de sociedade. Ou seja, conformes ao Individualismo e à soberania nacional, exercida por via representativa.

Na linguagem de um dos mais destacados membros do Congresso, José António Guerreiro, "Não ha duvida que todos os Portuguezes de ambos os hemisferios compõem a Nação Portugueza, todos entrárão no nosso pacto social, todos os Portuguezes são partes contratantes deste mesmo pacto; todos entrão com iguaes direitos, e ficando com iguaes direitos, se a distincção de cidadãos Portuguezes depende da maioria de direitos, como todos entrárão individualmente, e como individuos derão o seu consentimento, e como individuos cedem parte dos effeitos naturaes que tinhão, por isso que todos elles ficão com iguaes direitos; e todos elles devem ter a mesma denominação, e devem ser chamados cidadãos. Se ha alguns Portuguezes que não sejão cidadãos, estes Portuguezes estão fóra do pacto social, e não são Portuguezes; isto he tão claro que me parece que não contem duvida alguma"[5839].

Em sequência reconhece que "depois de estabelecido o pacto social, apparece a desigualdade, mas esta desigualdade nasce da incapacidade para pôr em exercicio estes direitos, não está em si, está no exercicio delles". E portanto, não é por ausência de cidadania mas porque não está habilitado para o exercício pleno dessa cidadania que alguém, a quem os direitos políticos não são outorgados, não a exerce plenamente, seja ela entendida como direito, como dever ou nos dois casos.

Se se mantivesse um entendimento contrário – ou ao menos não prestado à discussão – a soberania nacional deixaria de ser um axioma universalmente aceite em si e por si, e passaria a depender daquilo que a lei assumisse como aqueles que podem exercitar a soberania nacional, o que parece algo distante dos princípios do Liberalismo.

Neste caso patenteia-se a maior das conquistas do Liberalismo, qual seja o direito de participação política do cidadão nas eleições para os deputados às Cortes, e em que se questiona a forma dessa participação, por via da opção entre o método directo e indirecto. Um preservará melhor a Liberdade política; o outro intromete-lhe alguns escolhos. Em ambos os casos o que existe é Liberdade política do cidadão, como direito absoluto e não Igualdade – ou desigualdade – na faculdade da atribuição do direito de voto.

Os Vintistas não seguiram o conselho do Autor do trecho de abertura a este capítulo definindo os direitos da Nação e do Cidadão em particular. Assim, tem o intérprete de lidar com a sua peculiar "forma mentis" e com a adequação dos contributos de proveniência estrangeira. Convém reflectir que nem o receituário da *Constituição*

[5838] Jorge Miranda, *O constitucionalismo liberal luso-brasileiro*, pág. 69, artigo 21º da *Constituição de 1822*.
[5839] D. C., IV, 03-08-1821, pág. 1769.

Francesa de 1791, nem o texto de Cádiz foram, neste quadro aceites sem mais, havendo em ambos os casos a introduzir importantes inovações por parte dos portugueses.

Por outro lado, muitas vezes – e isso resulta claro da apreciação das intervenções parlamentares no âmbito do debate da Constituinte – os Vintistas, que tanto se empenhavam em acertadamente aplicar todos os ensinamentos doutrinários que os haviam precedido, não deram grande importância[5840], à diferença nos conceitos reportados a Gregos e a Romanos, para designar uma mesma realidade. Para os Gregos, usava-se a expressão direitos políticos para designar o direito de participação política; para os Romanos a fórmula latina de direitos civis fez carreira e obrigou durante milénios[5841].

2.2. Os cidadãos e o seu voto ou a capacidade eleitoral: o Liberalismo e a Democracia

O Liberalismo "regenerador" português do Triénio Vintista – com todas as precauções com que se compreende esta expressão – patrocinava a soberania nacional, e nunca aceitou a tese da cidadania activa e passiva. Os que não podiam votar, por motivos explicitados na Constituição e na Lei Eleitoral – única que passou a Lei Constitucional das inúmeras que se fizeram no Congresso constituinte – seriam, em Portugal, certamente muitos, mas sem dúvida menos que os franceses, para apenas recordar a primeira Constituição liberal europeia.

Está-se perante uma questão que não é apenas de Liberdade civil, enquanto direito civil do cidadão implicando uma Igualdade formal[5842], mas também perante um problema de Liberdade política, uma vez que essa noção, induzida pelo Liberalismo, manifesta a participação activa dos cidadãos na elaboração da lei por intermédio dos representantes que eles, como cidadãos, têm direito de eleger e de que a Constituição é o marco mais acabado.

[5840] *D. C.*, IV, 03-08-1821, pág. 1768, relativo à intervenção de Xavier Monteiro: "O senhor Xavier Monteiro: – A discussão que tem até ao presente versado sobre a differença de Portuguezes, e cidadãos Portuguezes, sobre a differença de direitos civis, e direitos políticos, cidadãos activos, e cidadãos passivos, não he nova no mundo: tem sido vulgar em todos os Congressos, entretanto todos concordão no fundo da questão! A questão nunca foi senão questão de nome, pois que todos concordão na differença de direitos, chamem-lhe onus, encargos, etc., o caso he, que não existe a differença: *o que se trata, he se ha de existir em o nome: os que fizerão a differença de direitos civis, e politicos, estabelecerão estas palavras, que soão o mesmo para designarem os differentes direitos; uns chamarão-lhe civis, seguindo a etymologia latina, em quanto os outros lhe chamarão politicos, seguindo a etymologia grega;* entretanto o caso he, que ha differença nos direitos, e encargos, e concorda-se na differença da cousa, e não do nome."

[5841] Isabel Banond, "A Ideia de Liberdade no Mundo Antigo. Notas para uma Reflexão", págs. 373 e ss., quanto à Grécia e págs. 435 e ss., para os Romanos. Sobretudo depois dos ensinamentos de Benjamin Constant estava mais que explicada a diferença entre a Liberdade dos Antigos e a dos Modernos e a diversidade entre as repúblicas grega e romana em presença dos actuais países cultores da Liberdade. Mas num Augusto Recinto onde havia tantos e reconhecidos sábios, a nata da intelectualidade portuguesa, estranha-se que apenas um deles se tenha recordado em chamar à colação o problema.

[5842] *O Portuguez*, XI, nº 63, pág. 261: "Parece-nos que o Governo convocando as Cortes (...) [tratando-se das eleições para o Congresso constituinte] poderia com acerto seguir este principio de representação, vem a ser, toda a terra com Juiz de vara branca, qualquer que seja sua povoação, dará um deputado para as Cortes; porem, porem, se os seus vizinhos chegarem ao numero de... dará dois, se ao de... dará trez, e assi por deante em proporção." O processo segue com minúcia mas não foi este o adoptado em Portugal, por força as complicações ligadas ao processo eleitoral que precedeu a reunião do Congresso Constitucional.

Reitera-se que no Triénio Vintista e nos anos de consolidação do Liberalismo que depois de 1834 se irão verificar em Portugal, há duas certezas irrefutáveis. O país decide aderir ao Liberalismo e rejeita a Democracia; o país ao aderir ao Liberalismo e sobrepor a ideia de Liberdade à de Igualdade não pode ser – nem quer, possivelmente – adepto da Democracia, empenhando-se numa Igualdade material que a todos assusta, por jacobina e mal compreendida[5843].

A razão específica para Portugal encontrava alguns paralelos noutros países colonizadores europeus[5844] e, mesmo a filantrópica Inglaterra não poderia oferecer a face perante o tema da escravatura. Se ela em Portugal e por aplicação nas colónias era mais evidente, é porque as extensões territoriais fornecedoras de material e utilizadoras do mesmo seriam de tal modo extensas que se tornavam notadas. Por isso mesmo também a democracia não foi possível[5845] e o sistema da Igualdade formal do séc. XIX era, ainda assim, o único que poderia salvar a face perante um Liberalismo algo descrente da humanidade negra e que nem o desinteresse de alguns dos seus mais abalizados teóricos, como Wolff, ou o repúdio de Montesquieu, Turgot ou até alguns ilustres nacionais, haviam feito arredar caminho.

Em qualquer caso a observação dos factos não permite diversa conclusão. Aí não havia cidadãos e logo não se levantaria nunca uma questão de sua Liberdade política; no máximo uma Igualdade entre portugueses, admitindo que alguns escravos assim seriam considerados.

Entre 1820 e 1823, em Portugal alguns portugueses seriam, entre si, mais iguais que outros. Sempre houve discriminação e se homens e mulheres, por exemplo, eram todos cidadãos portugueses, fossem nascidos em Portugal e de pais portugueses ou naturalizados, no segundo caso elas não tinham capacidade para exercerem os seus direitos inerentes à cidadania, ou seja, políticos.

[5843] Almeida Garret, "Viagens na Minha Terra", *Obras de Almeida Garret*, Porto, Lello & Irmão Editores, s. d., I, pág. 71: "[Frei Diniz] quanto ás doutrinas constitucionais, não as entendia, e protestava que os seus mais zelosos apóstolos as não entendiam tão-pouco: não tinham senso comum, eram abstracções de escola. Agora, do frade é que eu me queria rir... mas não sei como. O chamado Liberalismo, este entendia ele: 'Reduz-se, dizia, a duas coisas: duvidar e destruir por princípio; adquirir e enriquecer por fim; é uma seita toda material, em que a carne domina e o espírito serve; tem muita força para o mal; bem verdadeiro, real e perdurável, não o pode fazer. Curar com uma revolução liberal um país estragado, como são todos os da Europa, é sangrar um tísico: a falta de sangue diminui as ânsias do pulmão por algum tempo, mas as forças vão-se e a morte é certa'."
[5844] *O Portuguez Constitucional*, nº 45, 14 de Novembro de 1820: "Esta qualidade [de cidadania] pertence innegavelmente a todos os verdadeiros naturaes (...). O Homem sem oficio ou desempregado ou emprego não póde amar o seu Paiz; estima a desordem, e deve ser excluido de tudo; serão tanto mais felizes os Estados quanto menos gente desta tiverem."
[5845] D. C., VIII, 19-04-1822, pág. 878, relativo à intervenção de José António Guerreiro: "(...) Senhores, *a nossa Constituição não hé democratica mas sim monarquica-constitucional; he necessario que em todas as suas partes se guarde esta fórma.* Bastantes garantias temos dado ás Cortes, e á Nação contra os excessos, ou pretenções do Poder Executivo; he necessario darmos tambem alguma ao Poder Executivo contra os excessos, ou pretenções do Poder Legislativo, e nas presentes circunstancias não descubro outra senão a que por meio de sabias instituições póde assegurar que a escolha para representantes da Nação ha de recahir sempre em pessoas dignas de tão honroso emprego, o que só terá lugar quando esta escolha for feita por pessoas capazes de a fazer bem feita interessadas em que se faça bem, e incapazes até certo ponto de serem determinadas por outro motivo alem da consideração do bem publico, e dos dictames de suas consciencias."

§ 2º. Do Individualismo à Liberdade política do cidadão na *Constituição de 1822*

Os direitos do homem, de todos os homens e mulheres em geral, originam entre si uma contradição surpreendente, perante a proclamação do valor genérico de certos direitos para todos os homens, que nascem livres e iguais nos termos da *Declaração de Direitos de 1789*, e a oposição que manifesta a sociedade onde eles se plasmam[5846].

Se não, como compreender a realidade de uma sociedade – da maioria das sociedades europeias – dividida no seu próprio seio, onde a burguesia proprietária detém o Poder político no Estado liberal, nele desfrutando de todos os direitos, enquanto as camadas inferiores da população, em termos económicos ou assim consideradas pelas suas "especiais características"[5847], ficam bastante prejudicadas numa divisão que será tudo menos equitativa[5848]. De facto houve até quem propusesse uma distinção: "A Nação portugueza (...) acha-se dividida em tres classes: nobres, Povo e vadios"[5849].

Quer isto dizer que a Liberdade política em Portugal é a Liberdade que todo o cidadão detém e que por força da teorização do jusnaturalismo liberal e do histori-

---

[5846] D. C., VIII, 17-04-1822, pág. 840, relativo à intervenção de Peixoto de Queiroz: "O Sr. Peixoto: – Eu bem quizera que a todos os cidadãos se concedesse a maior extensão de direitos; mas na sociedade não permite a boa ordem publica tão absoluta liberalidade: são necessarios alguns sacrificios, e basta que os cidadãos tenhão o pleno exercicio de seus direitos, quando se habilitarem com todos os requisitos que as leis exigem."

[5847] D. C., VIII, 19-04-1822, págs. 876 e 877, relativo à intervenção de José António Guerreiro: "(...) Para bem se fazer uma eleição he preciso que os eleitores tenhão capacidade para conhecer os elegendos; tenhão interesse em escolher os mais dignos; e independencia bastante para não serem forçados a votar contra a propria consciencia. E dão-se estas qualidades nas pessoas de que proponho a exclusão? Não certamente. *Os homens de trabalho são ignorantes por falta de educação; estão longe do traio das pessoas instruidas, ou abastadas*; as suas relações, e conhecimentos não se estendem fora dos limites do lugar da sua residencia; e por isso não só não tem idea das qualidades que constituem qualquer homem, proprio para deputado em Cortes; mas quando o soubessem, não estão ao alcance de conhecer as pessoas da comarca, ou da provincia que as possuem. Cada um tem interesse na causa publica á proporção das fruições e vantagens que a sociedade lhe proporciona. *Ora o homem de trabalho que não tem Propriedade, nem capital empregado na industria, que limita todas as suas esperanças, e todos os seus desejos a um parco, e mesquinho sustento, ganhado com o trabalho de cada dia, que interesse póde elle ter no bem, e na prosperidade geral? Que lhe importa que haja leis protectoras da Propriedade, se elle nada possuir proprio? Que lhe importão as garantias da Liberdade individual, se esta nada influe no seu bem-estar, sem augmenta os seus gosos? Que lhe importão as leis protectoras da segurança pessoal, se elle em tendo pão está em toda a parte igualmente bem? Srs., para o homem que tem por unica divisa, trabalho e pão, vale tanto o Governo despotico, como o Governo livre, a ordem como a anarquia.*"

[5848] E que alguns dos conhecidos membros desta sociedade burguesa tinham dificuldade em aceitar, o que apenas lhes faz honra, como por exemplo acontecia com Manuel Fernandes Tomás, conforme D. C., VIII, 19-08-1822, pág. 881: "(...) quaes forão os que contratarão para este pacto, forão só os ricos, só os proprietarios? Creio que não; forão todos. Pergunto eu: mão hão de uns gosar de um direito, e outros não? Porque? Como poderemos tirar aos jornaleiros, direitos que elles quando todos fizerão uma associação, quando todos se obrigarão a prestar para essa sociedade, quanto tivessem na sua adquirirão ao mesmo tempo que os homens proprietarios? Até me parece que o Congresso não póde fazer isso. He preciso partir deste principio: todos os que entrarão no pacto social promettêrao concorrer com o que estivesse da sua parte para a conservação da sociedade."

[5849] D. C., VIII, 19-04-1822, pág. 897, relativo à intervenção de Barreto Feio.

cismo, em simultâneo, implica a sua consagração como um direito individual e próprio a cada Ser humano. O cidadão goza de Liberdade política e ela é reconhecida, enquanto tal, por força das Declarações de Direitos Setecentistas mas, do mesmo modo, porque inserido numa temporalidade que lhe é comunicável pela inserção social pluríma com os seus semelhantes e lhe confere a prática quotidiana dessa Liberdade.

Era tradicional fazer-se uma interpretação utilitarista do tema, conjugando direitos do indivíduo com deveres do cidadão, e articulando a noção de que a Liberdade consiste "em poder obrar tudo o que é permittido pelas Leis da justiça, da honra, e da virtude"[5850], com a obrigação institucional de se preservarem de forma igual e mediante garantias jurídicas essa anterior situação em que o homem se encontra[5851].

A lei – a Constituição – confere a todos os portugueses o direito de cidadania, mas esta pode perder-se em casos determinados ou, então, suspender-se por razões inerentes ao próprio sujeito. E é neste diálogo que o problema deve ser estudado, nos quadros que ficaram delineados no início deste parágrafo e onde o tema dos limites do exercício da cidadania, implicam uma para-universalidade no contexto da Nação, em presença dos estrangeiros, e uma indisponibilidade do exercício dos mesmos, perante cidadãos nacionais que a detêm integralmente.

1. Liberdade política do cidadão nas suas manifestações coevas à reunião do Congresso Vintista

1.1. Ser "Português" e ser "Cidadão Português"

Explicitando o problema perante o texto do Projecto da Constituição e a sua redacção final, a questão começou a ser debatida em 3 de Agosto de 1821. Saliente-se que a fidelidade à *Constituição de Cádiz* levara os autores do Projecto a fazerem a mesma diferença que naquele texto existia entre "espanhóis" e "cidadãos espanhóis", agora transmudado em "portugueses" e "cidadãos portugueses", respectivamente contemplados nos artigos 21º e 22º.[5852]

No que respeita à primeira das normas, exigia-se no seu nº 1 que para ser português o nascimento houvesse ocorrido em Portugal, a que se aditava a circunstância de se ser homem livre. Neste caso não é apenas a circunstância de se exigir o nascimento em Portugal, que poderia depois ser afastada quanto aos estrangeiros, mas o facto de se falar em homens livres. Disso mesmo se terão apercebido à partida alguns parlamen-

---

[5850] *O Cidadão Literato*, nº I, 1, Janeiro de 1821, "Introducção", pág. VII.

[5851] Importa, neste quadro, averiguar o tratamento que os constituintes deram à questão, centrando as suas lucubrações no texto que lhes serviu de modelo essencial para elaborar a Constituição, como já havia servido para proclamar as Bases em 9 de Março de 1821. E, muito embora seja certa a opção do Constitucionalismo francês que privilegia a visão individualística da sociedade, no plano de um Ser dotado de Vontade e Razão, com direitos próprios e que sendo anteriores à sociedade política esta deve respeitar, e com direitos políticos provenientes da inserção em sociedade que, pelo reconhecimento das suas peculiares características de homem se transformam em individuais, o que é facto é que essa mesma Liberdade deve ser legal e legitimamente activada se dentro dos limites da lei.

[5852] D. C., VIII, pág. 4, artigos 21º e 22º do Projecto da Constituição.

tares, para quem rapidamente a expressão em apreço fazia recordar a escravatura[5853] e deveria ser retirada em absoluto[5854].

Na prática nada se decidiu, apesar da filantropia demonstrada por boa parte dos parlamentares. Estimou-se que se deveria aguardar pelos deputados do Brasil para se tomar uma decisão quando na verdade, provavelmente o factor económico terá pesado mais nas consciências dos promotores do adiamento. Não era a primeira nem seria a última vez que assim se pensava em Portugal[5855]. A consagração da Igualdade não está assegurada, porque se entende que no plano político, há indivíduos que não podem exercer esses direitos, e continua a prevalecer a distinção entre homens livres e não livres, distinção que vinda da Antiguidade ainda é útil e aceitável para o Liberalismo português. Este é um dos raros casos em que os conceitos de Liberdade e Igualdade não são antagónicos, na prática: não se pode ser igual, porque não se é livre; a desigualdade provém da falta de Liberdade.

Lembranças de Tocqueville ou medo do jacobinismo? Haveria certamente meios para atingir o que de facto se pretendia, que era não existirem quaisquer vislumbres de Democracia.

A questão que mais importa é tratada em sequência[5856]. É no seu âmbito que se poderão entender as intervenções parlamentares que se seguem e nomeadamente o problema dos direitos civis e dos políticos.

[5853] *D. C.*, IV, 03-08-1821, págs. 1762 e 1763, relativo à intervenção de João Maria Soares Castelo Branco: "*Assim como todos os individuos tendem ao seu augmento, assim tambem a sociedade, que he hum corpo moral, deve procurar engrandecer-se de alguma forma, quando isto não redunda em prejuizo de terceiro. Se nos queremos que para ser portuguez se verifiquem os requisitos de que o individuo seja nascido no territorio portuguez, vamos de algum modo concorrer que esta mesma Nação se não augmente, e não procure o seu engrandecimento. Diz-se grande uma Nação, não só em consequencia da extensão do seu territorio, mas em consequencia da sua riqueza, em consequencia da sua população se acaso he necessario para ser portuguez o ser nascido em Portugal, nos em lugar de termos muitos individuos talvez nascidos em paizes estrangeiros, vamos a perdelos, e a fazer a nossa Constituição menos franca que a hespanhola. A hespanhola não exige, nem diz que para ser hespanhol seja essencial nascer na Hespanha, basta que seja domiciliado na Hespanha. A Constituição hespanhola diz mais, que qualquer individuo ainda sendo escravo, alcançando Liberdade na Hespanha, os libertos que alcanção a Liberdade ficão sendo Hespanhoes.* Por tanto esta circunstancia de serem nascidos restringe o que devemos, ter muito em vista, que he a população. (...)."; *ibidem*, pág. 1763, relativo à intervenção de Pinto de Magalhães: "(...) todos os homens livres; creio que os redactores da Constituição tiverão em vista esta addição da palavra livrem as nossas possessões ultramarinas, onde se conserva a escravatura: *julgando que os escravos não poderão ter o gozo dos seus direitos*."

[5854] *D. C.*, IV, 03-08-1821, pág. 1768, relativo à intervenção de Braamcamp: "(...), como outra distincção que vejo inserta neste artigo, que consiste em designar ainda a differença entre homens livres, e homens escravos. Confesso que me custa a sanccionar este principio, no principio do seculo dezanove, numa assembléa onde vejo residirem as ideas mais liberaes. Todos os homens livres, diz o artigo, a palavra livre creio que deve ser riscada deste artigo vejo que somos obrigados a conservar a escravatura nas possessoens Ultramarinas, mas quizera que esta triste necessidade fosse indicada como excepção, e não como regra geral, que ha de regular para todos os nossos vindouros. Quizera que este artigo indicasse, que por ora em quanto senão póde abolir a escravatura faremos esta differença."

[5855] *D. C.*, IV, 03-08-1821, pág. 1771.

[5856] *D. C.*, IV, 03-08-1821, pág. 1763, relativo à intervenção de Pinto de Magalhães: "(...) Creio que os redactores da Constituição tiverão em vista o distinguir os direitos, que são meramente civicos, e os que dizem respeito ao gozo dos direitos politicos, por consequencia creio que quando diz Portuguezes, quer dizer gozão dos direitos civicos (...)."

Os Vintistas, na sua quase esmagadora maioria, estavam pouco sensibilizados para seguirem a distinção espanhola[5857] – embora alguns houvesse que não só a apoiavam como sustentavam em Constituições Antigas e Modernas[5858] –, ainda que os critérios em certos casos fossem discutíveis[5859].

A distinção francesa entre cidadãos activos e passivos foi invocada como preferível[5860], o que pressupõe querer substituir um mal por outro.

Por outro lado, e porque parte dos parlamentares não distinguia – ou não queria distinguir – entre sociedade civil e sociedade política, acrescentava-se que o simples

---

[5857] D. C., IV, 03-08-1821, pág. 1764, relativo à intervenção de Braancamp: "(...) no artigo 21, que está em discussão, trata-se de estabelecer o que são Portuguezes, e no artigo 22 o que são Cidadãos Portuguezes. Logo, partindo do principio de que hade haver differença entre portuguezes, e cidadãos portugueses, creio que, sem se estabelecer este principio, não se póde decidir esta questão. *Eu quizera que não houvesse tal distincção de portuguezes e cidadãos portuguezes. O que he cidadão? He todo aquelle homem que he membro da sociedade civil: logo quizera saber, se qualquer portuguez póde com satisfação gozar deste illustre nome, sem que se considere como membro da sociedade civil; logo ou havemos de dizer, que ha portuguezes que não pertencem á sociedade civil, ou havemos de dizer que todos os portuguezes são cidadãos* (...)"; *ibidem*, pág. 1765, relativo à intervenção de Gouveia Durão: "(...) vejo bem que os illustres redactores para nos apresentarem uma tal doutrina quasi copiárão a Constituição de Hespanha, se porem copiala póde e deve ter desculpa naquelles artigos em que ella he digna de servir-nos de modelo, *copiala nos artigos em que ella lambem fez differença entre cidadãos hespanhoes, e hespanhoes he copiar erros politicos, que a Hespanha mesma hade reformar na primeira occasião em que chamar á censura de outras Cortes o seu codigo fundamental, fundido entre os horrores de Marte e a mais cruel incerteza sobre os resultados destes, porque dos hespanhoes eu julgo o que dos portugueses disse: ser hespanhol he pertencer á Nação, á sociedade, á cidade hespanhola; he ser cidadão dessa Nação, ou dessa sociedade: é querer introduzir diversidade onde não ha senão identidade he estabelecer quimeras, sem realidade politica, e sujeitas a mil inconvenientes na pratica* (...)".

[5858] D. C., IV, 03-08-1821, pág. 1764, relativo à intervenção de Anes de Carvalho: "(...) todas as Constituições tanto antigas como modernas fizerão distincção entre todos, os que tinhão simplesmente direitos civis e politicos; os gregos e os romanos fizerão esta distincção, todas as Nações antigas, em que houve Liberdade, a fizerão tambem; e nos codigos modernos se acha a mesma distincção. Diz o Preopinante que tem lugar de se fazer esta distincção, se deverá dizer que ha uns cidadãos activos e outros passivos; o que significa esta expressão cidadãos activos e cidadãos passivos? Cidadãos passivos he justamente, ou que se chamão portuguezes: cidadãos activos he o que chamamos cidadãos: diz-se que se não intendo bem a palavra cidadão."

[5859] D. C., IV, 03-08-1821, pág. 1764, relativo à intervenção de Anes de Carvalho: "João Jacques Rosseau diz que estas palavras cidadão e sociedade não se achão bem definidas em diccionario algum moderno, que estas palavras he preciso que sejão definidas, e só o podem ser olhando-se ao sistema politico, que tinhão as antigas republicas: *nos governos representativos, que não são Democracias, devem considerar-se estas distincções pela rasão de que como os direitos da sociedade são mais respeitaveis, que não podem estender-se a todas as classes, e entre tanto que os direitos civicos devem; abranger muitas mais classes, que os direitos de cidadão: que estes se não identifição uns com os outros; mas admittem uns maior latitude, e outros menos: he pois necessario que se admitta a distincção; e que esta seja feita.*"

[5860] D. C., IV, 03-08-1821, pág. 1764, relativo à intervenção de Braancamp: "(...) Agora que poderá fazer-se he estabelecer differença entre cidadãos activos e cidadãos passivos, ou quando não quizer marcar esta differança, marcar então quaes, os que fição com exercicio de todos os direitos, e quaes os que não fição com exercicio delles: mas agora o dizer-se, ha portuguezes que não são cidadãos; esta idéa he muito desagradavel, muito mais quando vejo muitas Constituições modernas aonde se não observa esta distincção."; *ibidem*, IV, 03-08-1821, pág. 1765, relativo à intervenção de Gouveia Durão: "(...) se haviamos de pedir auxilio de trabalho alheio melhor fora se tivesse pedido á *Constituição Franceza de 1799, 80, e 81* que reconhecendo optimamente todos os francezes por cidadãos francezes, lembrou a differença de cidadãos activos, e deixou entrever a designação de cidadãos passivos em contraposição áquelles; (...)."

facto de ser membro da sociedade civil conferia a cidadania e se todos os portugueses a formavam, não havia motivos para a distinção[5861].

Havia quem tivesse dificuldade em entender que a Liberdade civil, mediante as garantias jurídicas, sustentava os direitos naturais dos portugueses anteriores à constituição da sociedade e que esta devia tutelar, mas dessa Liberdade civil não constava o exercício do direito de cidadania que conferia a possibilidade de votar e ser eleito, porque isso é um direito político, garantido e subsumido pela Liberdade política e que se deve distinguir da Liberdade civil.

Era esta a interpretação de Manuel Fernandes Tomás, que serve para resumir toda e qualquer consideração que em contrário se queira desenvolver: "Trata-se de direitos politicos dos cidadãos, e tem-se tratado esta questão, sem se ir á origem destes direitos. De que procede o goso que tem o cidadão dos seus direitos civis é politicos? Nasce do pacto social que elle fez: estamos certos neste principio"[5862].

O problema centrava-se no exercício dos direitos e na desigualdade que isso implicava; tornava-se difícil para alguns oradores a assunção de que o direito de cidadania era político e não simplesmente civil. Nem todos[5863] e mais uma vez as famosas lições que os constituintes gostavam de fornecer às galerias aparecem[5864], com uma acutilância impressionante[5865]. Considerava-se isso mesmo

---

[5861] *D. C.*, IV, 03-08-1821, pág. 1764, relativo à intervenção de Braancamp.
[5862] *D. C.*, VIII, 19-08-1822, pág. 881.
[5863] *D. C.*, IV, 03-08-1821, págs. 1766 e 1767, relativo à intervenção de João Maria Soares Castelo Branco: "O senhor Castello Branco: – Eu entendo Cidadão, todo aquelle que he membro da Sociedade, e faz parte dela: a Sociedade civil estabelece-se por unanime consenso de todos os seus individuos; por consequencia todos concorrem com a sua vontade para a formação da sociedade; todos se obrigão aos mesmos encargos; todos soffrem os trabalhos da sociedade; logo devem ter iguaes direitos: estabelecer o contrario disto, seria estabelecer principios contrarios á essencia da mesma sociedade, seria sanccionar uma injustiça; por consequencia *não posso approvar a differença que o § faz entre Portuguezes, e Cidadãos: os Portuguezes constituem a sociedade, os Portuguezes todos são membros desta sociedade, logo todos são Cidadãos*: conheço entre tanto que *algumas funções ha que não podem ser exercitadas promiscuamente por Iodos os Cidadãos: advertindo nestas circunstancias todos os publicistas antigos, e modernos tem feito differença de Cidadãos passivos, e Cidadãos activos, já por estas palavras, já por outras equivalentes*; entre tanto eu não recearei publicar, que todos os grandes homens que tem escripto sobre esta materia, que a mesma *Constituição Hespanhola que se regulou por estes principios inclue verdadeiramente um erro, e um erro claro, logo que se fação sobre isto algumas reflexões.*"
[5864] *D. C.*, IV, 03-08-1821, pág. 1770, relativo à intervenção de José António Guerreiro: "O senhor Guerreiro: – Mostra-se que *os direitos de todos, que se unirão são os mesmos. O exercicio destes direitos está suspenso pela qualidade accidental que resulta a cada um pela situação em que se acha. Ora por estar suspenso o exercicio dos direitos, hão de ter nome differente, hão de dizer-se uns Cidadãos Portuguezes, outros Portuguezes? Logo torno a dizer que a divisão de Cidadãos Portuguezes se deve riscar.*"
[5865] *D. C.*, IV, 03-08-1821, págs. 1764 e 1765, relativo à intervenção de Gouveia Durão: "Por mais voltas que eu tenha dado no meu entendimento á doutrina, que organiza os artigos 21, e 22 deste Projecto de Constituição não me he possivel descobrir razão sufficiente que me autorize a differença, que nelles se quer introduzir entre portuguezes, e cidadãos portuguezes, e bem polo contrario me occorrem não poucas, que demonstrão os inconvenientes desta viciosa e inadmissivel differença: (...) cidade – civitas – na accepção dos romanos de quem adoptamos este substantivo, he sinonimo da sociedade politica da Nação, o que, omittindo outras autoridades bem se prova com Cesar que descrevendo nos seus commentarios a Helvecia disse – *civitas Helvetica in quatuor pagos divissa est* – e por consequencia indisputavel, ser portuguez, e ser da Nação portugueza, da sociedade portugueza, ou por outros termos, ser portuguez, e ser cidadão portuguez são sinonimos por isso que cidade, Nação, sociedade politica são sinonimos, perfeitos.*"

muito próprio da função do deputado[5866], justificando o apelo constante à *Constituição gaditana*[5867].

Para alguns; não para todos, porque no diálogo a que se assiste entre Braamcamp e Anes de Carvalho, é este o que melhor consegue retratar o problema, ao considerar que "direitos civicos não he o mesmo que direitos politicos, e como não seja o mesmo, deve fazer-se uma distincção diferente. (...) *Que cousa he a sociedade considerada em o seu sentido politico? Não he mais que a reunião de todos os cidadãos, que tem direitos politicos; eisaqui a palavra sociedade em o seu sentido politico, a reunião de todos os cidadãos que tem direitos, politicos. Ora na sociedade portugueza nem todos os que se achão nella podem ter estes direitos politicos: logo nem todos se podem dizer cidadãos em o sentido politico, e em consequencia deverão haver differentes classes de direitos, uns civicos outros politicos*"[5868].

E, naturalmente, "a consciência e a alma do Congresso", que neste particular e apesar de membro da Comissão da Constituição, decidiu demarcar bem a sua posição. É conhecido que não seguia, sem mais, o "Evangelho" que seria a *Constituição de Cádiz* para muitos seus colegas. E porque assim procedia não descurava afirmar que "nunca gostei da divizão de hespanhoes, e de cidadãos hespanhoes; por isso não me pareceu que se adoptasse a mesma divizão a respeito de portuguezes, e cidadãos portugueses. *Todos somos cidadãos portuguezes, e todos somos portuguezes, se pelo estado de cada um, uma classe goza de menos, ou mais direitos, a Constituição declare aquelles a quem competem esses direitos; mas dizer porque não goza destes direitos não he cidadão, não entendo: todos somos cidadãos, porque todos habitamos a sociedade, todos a constituimos, todos concorremos para o mesmo fim; e nos sujeitamos para obedecer á mesma Autoridade, não he conveniente que se deva fazer differença de cidadãos activos, e menos activos; em fim o que eu dezejava, era que não houvesse por uma servil imitação da Constituição hespanhola differença alguma entre portuguezes, e cidadãos portuguezes; pois que todos somos cidadãos*"[5869].

[5866] *D. C.*, V, 10-10-1821, pág. 2592, relativo à intervenção de Morais Pessanha: "(...) O deputado de Cortes deve ter uma sciencia quasi universal, ou enciclopedica; deve saber a historia natural, o modo como se estabelecem as sociedades civis; deve ter conhecimento das historias politicas; elle deve além disto ter conhecimento das sciehcias fisicas, porque destas depende o melhoramento da especie humana; deve tambem ser versado na magistratura, e para isso não deve ter largado os livros enciclopedicos; e deve finalmente estar ao facto de tudo o que se tem escrito nas linguas modernas."

[5867] Latino Coelho, *O Visconde de Almeida Garret*, apud Joaquim de Carvalho, *História de Portugal. Edição Monumental comemorativa do 8º Centenário da Fundação da Nacionalidade*, VII, págs. 97 e 98: "os liberais de 1820 tinham toda a sciencia especulativa dos revolucionários sem o arrojo prático das grandes reformas públicas. Eram por assim dizer uns demagogos académicos, que faziam da revolução um tema de disputações e um certame de dialéctica. Ninguém mais do que eles sabia todos os antecedentes da grande revolução francesa. Não lhes eram recônditos os tesouros de toda a boa erudição democrática, nem lhes faltariam nunca as comparações campanudas da Democracia antiga, nem os símiles oratórios da revolução de França. Tinham de cor os eloquentes desvarios de Rousseau, e sabiam parafrasear a tempo um trecho apropriado dos *Choix de Rapports* e dos *Diarios de Sesiones das Cortes de Cádiz*. Faziam da Liberdade um hino, e da revolução um circo aparatoso. A par dos mais inspirados improvisos sobre a soberania popular [melhor, diremos, nacional], ouriçavam-se-lhes de terror santo as cabeleiras apolvilhadas ao menor tentame de verdadeira emancipação popular."

[5868] *D. C.*, IV, 03-08-1821, pág. 1764.

[5869] *D. C.*, IV, 03-08-1821, pág. 1765. E um pouco adiante: "Eu insisto porque não haja a distincção: todos somos cidadãos, todos somos portuguezes, uns como outros. Mas ah! Um goza de mais direitos, outro de menos? Mas porque? Em razão das circunstancias do estado em que se achão. Diz aqui um § que se perde a qualidade de cidadão pela demencia, que culpa tenho eu disto?

Estas duas intervenções, em conjunto com alguns aspectos antes anotados, teriam sido suficientes para esclarecer, de vez, o problema. Mas a voz de um eminente jurista, de um moderado, de Correia de Seabra[5870], apenas ajudou a reafirmar a unívoca posição entre as duas principais correntes ideológicas no Congresso[5871] que, por uma vez, pareciam dispostas a entender-se, malgrado alguma teima que alguns membros da Comissão iam mantendo[5872].

Quanto aos estrangeiros, cuja matéria estava prevista no artigo 22º do Projecto da Constituição, acabou por ficar consagrada no nº 6 do artigo 21º e no artigo 22º do texto constitucional, no que se refere à concessão da cidadania[5873] e capacidade para o exercício de direitos políticos[5874]. Requeria-se o casamento com portuguesa ou, em alternativa, o estabelecimento produtivo em qualquer das partes do Reino Unido e tornando-se cidadão útil à Nação. Além disto explicitava-se que os filhos de

---

Porque sou demente, não posso votar; já não sou cidadão sou portuguez; mas porque não posso votar não sou cidadão? Não entendo: todos somos cidadãos, gozamos dos mesmos direitos como os mais; se pelo estado em que me acho não posso votar nas eleições, estes direitos são poucos em relação a outros. Forque razão havemos nós privar de um direito, de ter o nome de cidadão hum homem porque he pobre? Pois que o pobre ha de perder o nome de cidadão? Dizem este homem por exemplo esta maniaco, mas daqui adias he restituido ao seu estado, restitui-se-lhe o direito de cidadão; então porque ha de perder este nome; em fim eu torno a repetir todos são cidadãos, póde ser que qualquer vivendo uma sociedade seja privado de qualquer direito particular, mas do nome não ha necessidade nenhuma: disto ninguem poderá privar-me. Não he necessaria a differença cidadão activo, cidadão passivo, isto he um pouco quimerico. O cidadão goza ou não destes direitos, segundo as circunstancias em que se acha; mas deixar de ser cidadão, ser considerado como tal, assento que não he conveniente (...)."

[5870] *D. C.*, IV, 03-08-1821, pág. 1766: "O senhor Corrêa de Seabra: – Como entre nós não ha essa differença, que havia entre os Romanos de direito do Quirites, do Lacio, do Latino Junianos, Dediticios, e Provinciaes; parece-me não ser necessaria similhante differença de portuguezes, e cidadãos portuguezes: he verdade que não tendo todos os portuguezes o goso, e exercicio dos direitos politicos, esta divisão de portuguezes, e cidadãos portuguezes parece necessaria por classificar os que tem o exercicio dos direitos politicos, e os que o não tem; todavia por evitar *o odioso desta distincção*; he melhor que todos os portuguezes se designem por cidadãos portuguezes: o inconveniente que nisso ha remedeia-se redigindo a *Commissão um artigo em que se declarem os requisitos, que devem ter os cidadãos portuguezes por terem o exercicio dos direitos politicos.*"

[5871] *D. C.*, VIII, 19-04-1822, pág. 879, relativo à intervenção de Correia de Seabra: "(...) *he necessario fazer differença entre direitos civicos e politicos, porque se todos os Portuguezes tinhão na qualidade de cidadãos o exercicio dos direitos civicos, não podião todavia ter dos direitos politicos*, e effectivamente seria muito perigoso e até impolitico, e mesmo contrario ás Bases da Constituição dar a todos os Portugueses o exercicio dos direitos politicos."

[5872] *D. C.*, IV, 03-08-1821, págs. 1763 e ss., relativo a várias intervenções de Ferreira de Moura. Estranha-se este procedimento do deputado, provavelmente "esquecido" da intervenção que havia feito quando a questão se colocara em presença da Bases da Constituição e onde havia afirmado que, em bom rigor, não há cidadãos activos e passivos.

[5873] Silvestre Pinheiro Ferreira, *Breves Observações sobre a Constituição Politica da Monarchia Portugueza*, pág. 7, reportando-se aos artigos 21º e 22º da Constituição, defende que "determinar quem seja cidadão portuguez relativamente á fruição dos direitos civis he inutil, porque a este respeito não pode haver distinção entre nacionaes e estrangeiros."

[5874] Idem, *ibidem*, pág. 7: "Quanto porem aos direitos politicos, a sua importancia he tal, que seria baratea-los conferir o exercicio delles a alguem só porque nasceu em tal ou tal paiz, e de taes ou taes pessoas. Estas circunstancias não teem ligação alguma com a capacidade. Outras são as provas que a lei deve exigir, quer dos nacionaes, quer dos estrangeiros (...)."

pai português que tivesse perdido a qualidade de cidadão, poderiam obter carta de naturalização, desde que fossem maiores e residissem no Reino Unido.

Todos os estrangeiros que não possuíssem tais requisitos não poderiam exercer os direitos políticos por não serem considerados hábeis para tanto. Daí que se defenda que existe uma para-universalidade na concessão da cidadania aos estrangeiros, porque se requeria que tivessem carta de naturalização. Ora, haveria certamente muitos estrangeiros vivendo no Reino Unido que não estivessem interessados em perder a sua nacionalidade originária. E como o sistema da dupla nacionalidade era desconhecido, o simples facto de não se quererem naturalizar significaria desinteresse pela Nação portuguesa e seu progresso. Logo, nunca poderiam ser considerados no exercício de direitos políticos em Portugal.

Para terminar este ponto, repita-se talvez o mais difícil de enquadrar no âmbito do discurso Vintista e suas fontes privilegiadas, resta acrescentar uma questão introduzida por João Maria Soares Castelo Branco, na mesma sessão.

Lembrou o deputado uma diversa possibilidade de encarar o problema: em vez de falar em direitos políticos, usar o termo deveres. Neste particular, pretende retomar os ensinamentos de Wolff, por exemplo, que sendo absolutista encarava o tema na perspectiva da origem humana da sociedade e não no plano do exercício da participação política dos indivíduos na mesma, mas se constituiu como referencial teórico insubstituível para os futuros teóricos do Liberalismo, em termos conhecidos.

Para este parlamentar, se o tema fosse perspectivado "não como direitos", antes como "obrigações, onus, encargos da sociedade"[5875], aqui explanando uma ideia que é ainda hoje a que se usa na Democracia e sustenta que o exercício do voto não só é um direito, mas igualmente um dever. Hoje a questão é fácil de compreender; para os homens do séc. XIX, como para os seus antecessores da Revolução Francesa, a simples palavra "dever" fazia-os desconfiar e daí, como houve ocasião de observar, a quase total ausência de possíveis interpretações deste ponto de vista.

A decisão tomada pelos Vintistas[5876] traduziu-se no facto de terem repudiado a distinção entre "portugueses" e "cidadãos portugueses". Que nem todos os cidadãos tenham o exercício de direitos políticos, será mau sem dúvida, mas tem de se compreender no contexto do séc. XIX e do seu Liberalismo, que não queria confundir-se com a Democracia. O não exercício de um direito é diferente da inexistência do direito e, neste particular, a opção na generalidade é compreensível. Resta saber os termos das

---

[5875] D. C., IV, 03-08-1821, pág. 1767: "(...) Mas pergunto eu? Quando estabelecido o systema Constitucional se procede á votação dos que devem constituir a representação nacional, he isto da minha parte um direito, ou uma obrigação? Quando sou chamado a votar, não devo eu prestar-me segundo a tal? Logo em todo o rigor das idéas vem a ser uma obrigação, e não vem a ser um direito. Quando eu me habilito para certos empregos, para que são com effeito necessarias taes, e taes habilitações, e eu sou chamado a um, ou outro encargo da sociedade, a um officio publico, não tenho obrigação de me prestar a sei vir este officio? Sem duvida; poderá dizer-se que tenho direito a preencher aquelle lugar, e não será mais exacto dizer, que a Nação me chama para o preencher, e que não me posso negar a isso? Parece que sim."
[5876] D. C., IV, 03-08-1821, págs. 1770 e 1771: "O senhor Presidente: – Pergunto se a materia está discutida sufficientemente? (Decidiu-se que sim.) Proponho por tanto a votos se se deve conservar as differentes destincções de Portuguezes, e Cidadãos Portuguezes, e se deve reduzir-se só a Cidadãos Portuguezes? Os que forem de opinião que ficão excluidas as differentes denominações fiquem sentados, e os que forem de opinião contraria, levantem-se. Venceu-se que haja uma só denominação, e que seja de Cidadão Portuguez. Veja-se Jorge Miranda, *O constitucionalismo liberal luso-brasileiro*, pág. 69, artigo 21º da *Constituição de 1822*, proémio: "Todos os Portugueses são cidadãos (...)."

excepções, que acabarão por manifestar que quase metade, se não mais, da população nacional e dos estrangeiros naturalizados não poderia exercer o direito de participação política para as eleições à Assembleia Representativa da Nação por meio do voto.

2. A futura eleição dos deputados: do Individualismo à Liberdade política do cidadão

São conhecidos os factos anteriores à formação do Congresso Vintista[5877] no quadro das eleições para deputados e visualizaram-se as várias opções em presença para o novel Liberalismo português[5878].

Após estas primeiras eleições para os deputados de Portugal e Algarves[5879] previam as Bases, no artigo 21º que, no que respeitava aos representantes das outras partes do mundo, os mesmos deveriam apresentar-se no Congresso logo que aqueles territórios manifestassem a sua vontade de aderir ao sistema constitucional. Aí se aplicariam as Instruções de 22 de Novembro de 1820 devidamente adaptadas.

Apesar de todas estas medidas, os deputados ultramarinos, especialmente os do Brasil, iam tardando a chegar. Sobretudo porque as informações que recebiam não eram de modo a agradar-lhes minimamente. Alguns, como os de Minas Gerais, que seria a mais numerosa deputação brasileira com treze deputados, decidiu em Fevereiro de 1822 não embarcar para Lisboa. Os motivos saltavam à vista de todos, talvez menos dos constituintes europeus[5880].

[5877] Nas primitivas Instruções de 31 de Outubro – pondo de parte os projectos que apoiavam a convocação das Cortes tradicionais – "(...) mereceu a preferência aquela que, respeitando a verdadeira e legítima representação nacional, simplificava o sistema e economizava tempo." Seguem-se as competentes Instruções para se proceder às eleições. Preconiza-se, o sistema indirecto, em dois graus, era o seguinte: uma Câmara Municipal com 600 fogos daria um eleitor; 1200, dois, 1800, três e assim sucessivamente. Tinham direito de voto todos os chefes de família com domicílio no mesmo distrito, sendo excluídos os membros das ordens religiosas, os estrangeiros sem naturalização, os que tivessem incapacidade natural ou legítima e os criados de servir que não fossem chefes de família. O deputado deveria possuir a maior soma possível de conhecimentos científicos, firmeza de carácter, Religião e Amor à Pátria, além de meios honestos de subsistência. Ou seja, preconiza-se o sufrágio capacitário, precedido pela competente missa e discurso acerca da finalidade e relevância do acto eleitoral. Os procedimentos regimentais no que concerne ao número de eleitos, comarcas e círculos eleitorais estavam discriminados em mapa. Estas Instruções nunca se aplicaram como já ficou dito, adoptando-se o sistema eleitoral preconizado pela *Constituição de Cádiz*, por influência dos militares e acabando com as pretensões eleitorais de Manuel Fernandes Tomás que fora o mais empenhado dos membros da Junta Provisional na elaboração do texto de 31 de Outubro. A récita dos promotores da *Martinhada* também é conhecida: Queriam "umas Cortes tão liberalmente escolhidas como as de Espanha e uma Constituição não menos liberal que a de Cádiz". Queriam e obtiveram, apenas se mantendo das anteriores Instruções a necessidade da missa e do Te-Deum com a presença dos eleitos.

[5878] Francisco Manuel Trigoso de Aragão Morato, *Memorias de Francisco Manuel Trigoso de Aragão Morato*, Parte II, pág. 108: "(...) mas que resultado se poderia esperar das eleições dos deputados, quando se haviam observado os manejos mais ridículos para os eleitores? E que Liberdade poderia haver na Cortes, se ellas mesmo brotavam do centro de sociedades demagógicas e maçonicas e se os deputados se viam obrigados a não se afastarem dos principios da *Constituição de Cádiz*, senão para a nossa ficar mais liberal?"

[5879] DHCGNP, I, pág. 83, aponta uma curiosa referência no Manifesto de 31 de Outubro de 1820 em relação aos deputados: Eles serão, nada mais nada menos que "os patriarchas da Nação, os fundadores da Liberdade e os alicerces do Estado. Considerai e elegei".

[5880] António Pedro Ribeiro dos Santos, pág. 130.

Oportunamente verificou-se o estipulado no artigo 22º das Bases da Constituição, sendo a lei a vontade dos cidadãos, declarada pelos seus representantes reunidos em Cortes. Os representantes da Nação são os que ela se permite escolher; entra-se no campo das eleições e das regras de sufrágio que a mesma deveria seguir, consoante se optasse por uma maior ou menor proximidade aos eleitores.

2.1. O voto como manifestação da Liberdade política do cidadão ou a sua suspensão no âmbito da *Constituição de 1822*

Em termos de Projecto da Constituição, previa-se, no seu artigo 33º [5881], o sufrágio universal para base da representação eleitoral, com algumas excepções fundadas em razões de natureza e ordem pública, facto acerca do qual e por comparação com outras insuspeitas Nações liberais apenas poderia ser encomiado[5882]. Adoptava-se, pois, o princípio da população e não o da riqueza ou, em termos mais concretos, a *Constituição de 1822* não pretendia ser censitária mas capacitária sob forma moderada.

Mas o problema que turvou as mentes de todos os liberais, por não quererem aceder aos ideais democrático e jacobinos, manteve-se[5883], com novas roupagens, talvez, mas sem alterar a substância do facto de haver cidadãos portugueses que não podiam exercer os seus direitos políticos[5884]. Por outro lado, para além daqueles que não podiam votar e logo nunca poderiam ser eleitos, existiam outros que, tendo o exercício do direito de cidadania no plano da participação política, não podiam ser eleitos para as Assembleias Representativas, quer sob forma absoluta, quer em termos relativos.

No que respeita aos casos em que se poderia exercer o direito político de votar, a partir da conjugação entre os artigos 21º-24º, ficava-se com uma noção bastante clara. Os cidadãos portugueses ou estrangeiros naturalizados, que cumprissem os requisitos a que a Constituição obrigava e não estivessem potencialmente impedidos de o exercer – mulheres, menores, etc. – não perdessem a qualidade de cidadão português ou não tivessem os direitos políticos suspensos, votariam[5885].

[5881] *D. C.*, VIII, pág. 5, Projecto da Constituição, artigo 33º.
[5882] *D. C.*, IV, 20-08-1821, pág. 1955, relativo à intervenção de Morais Sarmento: "O senhor Sarmento: – Sou da opinião dos illustres Membros da Commissão, que forão muito liberaes *adoptando a doutrina do suffragio universal para base da representação nacional, com as excepções que exigir o interesse publico*: elles fizerão no paragrafo 33 algumas excepções. Eu não digo que sejão só essas excepções apontadas no paragrafo 33, nem tambem a approvo indistinctamente, antes lembrarei outras, quando tratarmos desse ponto. Mas parece-me que a doutrina do Suffragio Universal não deverá causar mais admiração. He verdade que *em Inglaterra he preciso que o eleitor tenha uma Propriedade sua, da qual não pague foro nenhum; que elle seja frecholder, como se explicão os Inglezes. Na mesma America Ingleza, com particularidade na Virginia, que he o Estado regulador da união americana, se usa o mesmo. Da França não podemos tirar exemplo, porque ella apresenta o quadro extraordinario de uma população de vinte e nove milhões e meio de habitantes, dando apenas cem mil eleitores.* Apoio a opinião dos Membros da Commissão, que partirão do principio seguro e politico do Suffragio Universal."
[5883] *D. C.*, VIII, 17-04-1822, pág. 840, relativo à intervenção de Peixoto de Queiroz: "(...) A eleição dos deputados he o ponto mais importante de todo o systema: se a representação nacional for bem escolhida, tudo prosperará; se mal, tudo se arruinará."
[5884] *D. C.*, VIII, 17-04-1822, pág. 832, relativo à intervenção de Morais Sarmento: "(...) Eu sei perfeitamente, que admittidas *as formas democraticas no systema representativo da nossa Constituição*, era *uma consequencia a doutrina do suffragio universal*, porém esta doutrina tem suas excepções; o nosso velho amigo Jeremias Bentham tambem estabelece excepções."
[5885] *D. C.*, IX, 30-05-1822, págs. 322 e ss., foi de novo e dias subsequentes o tema discutido, mas não houve alterações de monta. Veja-se Jorge Miranda, *O constitucionalismo liberal luso-brasileiro*, pág. 72, artigo 33º da Constituição, Proémio.

Em 17 de Abril de 1822, e no âmbito da discussão dos artigos que haviam baixado à Comissão da Constituição para serem de novo redigidos, dão entrada os já célebres normativos que regulam o exercício da Liberdade política dos cidadãos portugueses[5886]. Os mesmos e a sua redacção final resultaram da conjugação do decidido por esta altura, com o Projecto nº 244 que continha os artigos 21º-24º do Projecto da Constituição[5887], sendo o resultado final obtido da ligação entre os dois textos, o último dos quais já a pensar na realidade prática das eleições para o ano de 1822.

Adiado que ficara o problema, foi o mesmo retomado numa altura em que já entrara em discussão a necessidade de elaborar uma Lei Eleitoral que contemplasse as eleições para os deputados no ano de 1822.

Em 16 de Abril de 1822, retomou-se o artigo 33º do Projecto da Constituição, com as alterações introduzidas pela Comissão da Constituição, que teve de reformular todo o Título II, sob epígrafe "Das Cortes ou Poder Legislativo".

E, no que respeita ao exercício do direito político de votar, ficaram contemplados, em simultâneo, os princípios do "jus soli" e do "jus sanguinius", porque se entende que tanto poderá ter a qualidade de cidadão o nascido em Portugal, como o nascido no estrangeiro, desde que de pais portugueses, ou, pelo menos, um dos pais portugueses, com as particularidades que ficam notadas na Constituição.

Consignou-se, então, que os estrangeiros naturalizados poderiam votar[5888], gozando da Liberdade de participação política nos mesmos termos que os cidadãos portugueses que a detinham[5889]. No que respeita aos libertos, ocupou também as atenções do Congresso que unanimemente entendeu que estes[5890] e os seus filhos não deveriam ser impedidos de votar[5891]. Neste particular, havia uma salutar unidade de intenções

---

[5886] D. C., VIII, 17-04-1822, págs. 831 e ss.
[5887] D. C., IX, 23-05-1822, págs. 255 e ss. E dias subsequentes o tema foi de novo discutido. Tratava-se sobretudo de reafirmar ideias já feitas mas que, devido à transcendência do tema, os constituintes entenderam que deveria ficar perfeitamente demarcado.
[5888] D. C., VIII, 17-04-1822, pág. 831.
[5889] D. C., IX, 28-05-1822, pág. 293. Há muitos exemplos que percorrem os *Diários das Cortes* no que respeita a naturalizações de estrangeiros, umas mais e outras menos pacificamente concedidas. Vejam-se, a título meramente exemplificativo, D. C., VIII, 30-04-1822, págs. 1927 e 1928.
[5890] D. C., VIII, 17-04-1822, pág. 838, relativo à intervenção de Peixoto de Queiroz: "O Sr. Peixoto: – Se nós admittimos os cidadãos naturalisados, porque não havemos de admittir os libertos? Por terem tido a desgraça de supportarem ferros iniquos? Depois que pela sua industria, ou pela benevolencia de um pai benigno conseguirão a Liberdade, não póde haver motivo justo, pelo qual haja de ser-lhe denegada em parte a qualidade de cidadão; e muito menos aos seus descendentes: pelo contrario julgo, que visto não haver meio de negar-lhe o anterior aggravo, deve riscar-se quanto for possivel a memoria delle: e uma vez que no liberto concorrão as qualidades, que a lei exige para qualquer emprego politico, tenha accesso a elle, como os outros cidadãos, sem a menor differennça."; *ibidem*, Custódio Ledo: "O Sr. Ledo: – De maneira nenhuma póde passar o additamento. Não ha razão alguma para privar os libertos deste direito. Ha muitos libertos no Brazil, que hoje interessão muito á sociedade, e tem grandes ramos de industria; muitos tem familias; por isso seria a maior injustiça privar estes cidadãos de poderem votar, e até poderia dizer que he aggravar muito o mal da escravidão."; *ibidem*, Barreto Feio: "O Sr. Feio: – Os homens nascem todos iguaes, e todos livres. O ser escravizado he uma desgraça, e o ser filho de escravo, ou de liberto he um accidente. Punir uma desgraça, ou um accidente com uma pena tão rigorosa, como a privação de um dos mais preciosos direitos do cidadão o de concorrer para eleição dos seus representantes, não he proprio de um Povo livre. Longe de nós semelhante idéa! Não confundamos o crime com a desgraça."
[5891] D. C., VIII, 17-04-1821, pág. 840.

entre deputados europeus e brasileiros no Congresso, em que as excepções foram raras[5892] e improcedentes.

Quanto às excepções, se por um lado se discutia se a menoridade cessaria para efeitos de voto aos vinte e um ou aos vinte e cinco anos, já se assumia que essa excepção cessaria para os menores casados com vinte anos completos, ponto que se estendia aos oficiais militares da mesma idade, os bacharéis formados e os clérigos de ordens sacras[5893]. Dito de outro modo, as excepções à primeira excepção[5894], mas que os seus corifeus viam em termos de Justiça"[5895].

Os demais casos ligavam-se com situações de inexistência de bens de subsistência próprios, profissionais – sobretudos por serem regulares –, ou porque estariam na dependência de um patrão influente e aqueles que num futuro relativamente próximo não fossem instruídos, ou seja, "não soubessem ler e escrever". Também aqui havia as ditas excepções às excepções.

A pureza dos princípios mantinha-se na intransigência de alguns radicais Vintistas, "regeneradores" assumidos, originários de uma burguesia que não podiam escamotear e falhos de comparações com o jacobinismo, que defendiam que a classe proletária nunca poderia ter a faculdade de votar "pelas mais obvias razões"[5896].

[5892] D. C., VIII, 17-04-1822, pág. 839, relativo a intervenções de Manuel Gonçalves de Miranda e Pinto da França: "(...) He impossivel que um escravo que ainda está marcado com o ferrete da servidão, possa ter os mesmos sentimentos que outro qualquer homem livre. Ha muita differença entre um estrangeiro, e um escravo; o escravo não vem dos paizes livres, como o estrangeiro que se naturaliza: o escravo está sempre debaixo do jugo de seu senhor, e por conseguinte para ser verdadeiramente livre ha de se revoltar contra o senhor, desobedecendo-lhe se elle quizer obrigalo a votar em qualquer. Custa-me por isso a crer que elle tenha a mesma nobreza de sentimentos que tem outro qualquer cidadão portuguez."; *ibidem*, "(...) Um estrangeiro vota porque veio do paiz da Liberdade; um escravo tem em si o ferrete da escravidão, por consequencia não deve votar. Assim he: mas tem elle culpa de nascer escravo! Não. Assim o quiz a sua sorte: mudou porém a sua sorte, está chegado á classe de cidadão, deve gozar de tudo assim como todos os mais cidadãos. Bem por isto pois que eu voto contra a indicação."

[5893] D. C., VIII, 22-04-1822, pág. 907: "Declarada a materia sufficientemente discutida, propoz o Sr. Presidente á votação o additamento do Sr. Lino Coutinho, por cada uma das suas partes em separado, combinada com a do Sr. Borges Carneiro, na fórma seguinte: 1º se os casados de idade de 20 annos podião votar? Venceu-se que sim por 57 votos contra 51. 2º Se os officiaes militares de idade de 20 annos podião tambem votar? Venceu-se que sim por 67 Votos contra 41. 3º Se os Bachareis formados devião tambem ter voto, ainda que não tivessem 25 annos? Venceu-se que sim por 70 votos contra 38. 4º Se os clerigos de ordens sacras podião tambem votar ainda que não tivessem 25 annos de idade? Venceu-se que sim por 67 votos contra 31."

[5894] D. C., VIII, 22-04-1822, pág. 903, mediante indicação de Lino Coutinho. Foi discutida nesta sessão a acabou por ser aprovada.

[5895] D. C., VIII, 22-04-1822, pág. 903, relativo à intervenção de Castelo Branco Manuel.

[5896] D. C., IV, 22-08-1821, pág. 1990, relativo à intervenção de Ferreira de Moura: "O senhor Moura: – Eu lembro que, nas Constituições democraticas, quando as leis se fazião no campo de Marte, nunca jamais se praticou desta sorte; e que hoje se esteja pugnando para que os criados de servir, dependentes dos amos, tenhão voto, admiro certamente esta novidade, só na nossa Constituição deixara de haver uma classe proletaria, a quem se prohiba a faculdade de votar pelas mais obvias razões. De maneira que os que tiverem trinta criados (como succede no Alemtejo) vem deste modo a ter uns tantos votos. Ora vejamos se este homem com tantos votos, quantos são os criados, não absorvem o voto dos mais cidadãos? E com isto se podem ver consideradas pessoas, que não tem interesse nas vantagens politicas. Eu digo pois, que estes homens não tratão senão de mendigar, e por este meio procurar o seu sustento, seja onde quer que for; motivos estes porque elles não tem

Quanto às mulheres, por exemplo, os argumentos são conhecidos[5897] para as excluir de votar. Porém, houve quem sugerisse a possibilidade de as mulheres terem acesso, tal como os homens, a determinados direitos, como o de participação política[5898].

Na verdade, para que elas tivessem um tal direito, era preciso que fossem consideradas como cidadãs – que o eram sem dúvida – mas sem as excepções que a lei, por força da sua condição lhes impunha e que alguns parlamentares entenderam contestar[5899]. E, por aí, a questão nem sequer chega a ser de direito de participação política, funcionando muito mais no âmbito da desigualdade entre sexos[5900], que as garantias jurídicas que a Liberdade civil outorgava, não contemplariam.

Por outro lado os Vintistas estavam interessados em aproveitar os ensinamentos de Cádiz e outras experiências estrangeiras[5901] no que respeita às vantagens da Instrução Pública. Por isso determinaram que para o futuro e desde que os eleitores tivessem vinte e cinco anos mas sem saber ler ou escrever, também não poderiam exercer o seu direito de voto[5902].

A preocupação era legítima mas o desfasamento da realidade que manifestava era imenso. Basta pensar o que em finais do século passado ainda acontecia por muitas zonas do país para se perceber o quadro utópico, ainda que honorável e benemérito

interesses perpetuos mas sim voluveis; estão numa necessaria dependencia de quem os alimenta, e por isso occasionados a toda a especie de seducção."
[5897] D. C., VIII, 17-04-1821, pág. 832: "(...) Alguns ainda que tenhão pretensão, e virtude, são excluidos, em attenção a outras cousas, como as mulheres, apesar de que entre nós, aonde não tem vigor a determinação das leis, as linhas femininas são chamadas á successão do throno, na falta de linhas masculinas e todavia os deveres do sexo, a paz domestica, e outras considerações fazem com que as mulheres sejão excluidas de votar nas eleições de representantes da Nação, apesar de se não duvidar que as mulheres são capares de amarem a patria, e de terem lodo o descernimento para fazerem boa escolha de deputados."
[5898] D. C., VIII, 22-04-1822, pág. 907: "Leu-se outro additamento offerecido pelo Sr. Borges de Barros, em que propunha que a mãi de seis filhos legitimos tivesse voto nas eleições."
[5899] D. C., VIII, 22-04-1822, pág. 907, relativo à intervenção de Borges de Barros: "(...) Não tem as mulheres defeito algum que as prive daquelle direito, e apesar do criminoso desleixo que muito de preposito tem havido em educalas, por isso que o homem mui cioso de mandar, e temendo a superioridade das mulheres as tem conservado na ignorancia, todavia não ha talentos, ou virtudes em que ellas não tenhão rivalisado, e muitas vezes excedido aos homens; fora fatigar o Congresso – tentar a ennumeração de tantas mulheres illustres quaes Aspasia, Semiramis, De Stael, etc. tambem não ha quem ignore a influencia que ellas tem em todas as quadras da nossa vida; tratão da nossa primeira educação e sabemos quanto as primeiras impressões influem em todos nossos dias, e quando homens sabemos igualmente quanto mimem em nossas acções (...) vimos (...) nas crises das Nações (...) quanto as mulheres se tem feito dignos de louvor; basta lançar os olhos sobre a revolução franceza, ali veremos prodigios de todas as virtudes, e admiraremos que quando muitos homens perdião coragem ante o patibulo, não aconteceu nunca o mesmo a uma só mulher. Seria por tanto politico interessalas pela causa que abraçamos a fim de que nos ajudassem a dirigir a opinião publica."
[5900] D. C., VIII, 22-04-1822, pág. 907, relativo à intervenção de Manuel Borges Carneiro: "O Sr. Borges Carneiro: – Eu sou de parecer que esta indicação não deve admittir-se á discussão. *Trata-se de exercicio de um direito politico, e delles são as mulheres incapazes. Elas não tem voz nas sociedades publicas: mulher in ecclesia taceat, diz o Apostolo.*"
[5901] D. V., VIII, 17-04-1821, pág. 834, relativo à intervenção de Manuel Borges Carneiro: "(...) He facil ver que elles [os redacores do Projecto] laborarão sobre os principies do direito natural e das gentes, sobre a *Constituição de França de 1791*, sobre a dos Estados Unidos da America, sobre a de Hespanha; e não tiverão nem anglomania nem hispanomania, mas a terem de declarar alguma preferencia, estimão antes o Liberalismo da Constituição hespanhola, que o feudalismo da ingleza."
[5902] D. C., VIII, 17-04-1821, pág. 838. Veja-se Jorge Miranda, *O constitucionalismo liberal luso-brasileiro*, pág. 72, artigo 33º da *Constituição de 1822*.

dos seus promotores⁵⁹⁰³. E perceber, por aqui, a redução de eleitores que tal medida iria implicar, coisa que alguns membros do Congresso não deixaram de apontar⁵⁹⁰⁴.

Quanto aos vadios a questão era de mais fácil resolução: estavam impedidos de votar, por motivos atendíveis para os Vintistas, sendo o mais grave a ausência de meios de sustento permanentes⁵⁹⁰⁵.

Em 24 de Maio discutiram-se as questões relacionadas com a perda de qualidade de cidadão⁵⁹⁰⁶. Mais uma vez voltaram à ribalta a diferença entre direitos civis e políticos, sendo vista a necessidade de fazer a diferença. Direitos políticos são os que dizem respeito ao Estado público, eleição activa e passiva, direito às magistraturas, empregos públicos, etc.; civis são os que dizem respeito a particulares, nomeadamente sucessões, família, contratos, etc.

Decidiu-se, afinal, que perdiam a qualidade de cidadãos todos os que se naturalizassem estrangeiros, bem como os que sem licença do Governo aceitem empregos, pensões de Governos estrangeiros e condecorações⁵⁹⁰⁷.

---

⁵⁹⁰³ *D. V.*, VIII, 17-04-1821, págs. 832 e ss. A questão foi alvo de aceso debate mas acabou por ser decidida maioritariamente.

⁵⁹⁰⁴ *D. V.*, VIII, 17-04-1821, págs. 833 e 834, relativo à intervenção de João Maria Soares Castelo Branco: "O Sr. Castello Branco: – *Parece-me que n'uma Constituição politica só devem apparecer leis uteis e proveitosas na pratica, e não leis apparatosas, só porque são conformes com as theorias luminosas do seculo actual; eu conheço muito bem que para a Liberdade politica concorrer muito a instrucção dos Povos, mas isto que não póde negar-se em theoria, he por ventura praticavel a respeito da massa de uma Nação, em geral? E se he praticavel he unicamente de saber ler e escrever essa illustração tão desejada? Além disto, que certeza tem os honrados Membros que me precederão a falar, que daqui a 28 annos se acharão já povoadas, e reduzidas a cultura as grandes charnecas do Alemtejo? E se não estiverem ainda povoadas, e por consequencia reduzidas a cultura, que difficuldades se não apresentarão, para se verificar esta lei? Os Povos do campo residindo numa pequena porção de terreno que cultivarem, mas separados de outras povoações por vastas charnecas, que difficuldade não terião para mandarem seus filhos ás escolas? Por isso não vamos estabelecer na Constituição uma regra muito conforme com as theorias actuaes, mas que na pratica vai ser inteiramente inutil, pelas difficuldades que encontrará; e uma vez que contenha estas difficuldades, que injustiça não vamos nós fazer aos Povos, em os obrigar a uma cousa, para a qual o Governo lhe não apresenta os meios necessarios, nem póde apresentar? Eu não sei sobre que principios se fundão os honrados Membros que pretendem separar do cidadão este direito politico de votar: tudo ha querer inculcar que este direito não he tão inalienavel da sociedade, como se reputa; eu porem não posso conformar-me com estes principios; o direito de votar nos representantes da Nação, he tão inalienavel do cidadão, quanto he inalienavel de um membro de uma sociedade a qualidade de cidadão; uma vez que elle entra na sociedade deve gozar de todos os direitos que competem aos membros dessa sociedade. Ora um desses direitos he o de votar nos seus representantes, porque he um meio que cada um tem de exercer a soberania que reside na Nação; e esta parte da soberania que compete a cada um he sem duvida o direito mais sagrado do cidadão; he o que mais o lisongeia; he o que o eleva mais na qualidade de membro da sociedade. Por isso com muita injustiça se pertende considerar este direito como uma especie de favor que se concede ao cidadão. Uma vez que elle entra na sociedade, uma vez que he membro da sociedade, esse direito de nomear os seus representantes he um direito inalienavel; só se lhe póde tirar por uma Autoridade publica, quando concorrerem circunstancias as quaes fação que o exercicio desse direito naquelle individuo venha a ser prejudicial ao todo; então subsiste a regra geral de que deve prevalecer a utilidade publica, cedendo a ella o interesse particular;. mas todos vem que isto he uma excepção, e que uma excepção feita em razão da utilidade publica. Entretanto não subsiste menos a regra geral de que o direito de votar nos representantes, he um direito inalienavel da qualidade de cidadão;* dos honrados Membros se persuadem que a qualidade de ler e escrever concorre essencialmente para a conservação da Liberdade, ou que ella he exclusivamente."

⁵⁹⁰⁵ *D. C.*, VIII, 17-04-1821, pág. 832; Jorge Miranda, *O constitucionalismo liberal luso-brasileiro*, pág. 72, artigo 33º da *Constituição de 1822*.

⁵⁹⁰⁶ Silvestre Pinheiro Ferreira, *Breves Observações sobre a Constituição Politica da Monarchia Portugueza*, pág. 8: "A perda dos direitos de cidadania sem equivalente ressarcimento he um castigo gravissimo (...)."

⁵⁹⁰⁷ *D. C.*, IX, pág. 264.

Os problemas relacionados com o Poder Legislativo ou das Cortes prolongaram-se ao longo de várias sessões, em debates até quase finais de Novembro.

São nesta área de salientar, para além dos já mencionados, as regras sobre a eleição dos deputados, onde uma vez mais se menciona o problema do direito de voto dos cidadãos portugueses e o da reunião das Cortes, em que se suscita a curiosidade do artigo 62º do Projecto, aprovado sem ser questionado. Neste contexto, o juramento dos deputados era previsto seguindo uma fórmula inadiável, em termos de subserviência à Religião Católica, Apostólica Romana não deixando margem para dúvidas: depois de um solene "Te Deum", os deputados dirigir-se-iam a assistir a uma missa solene do Espírito Santo finda a qual, jurariam sobre os Solenes Evangelhos.

As Cortes reunir-se-iam todos os anos na capital, durando em cada ano 3 meses consecutivos, havendo hipótese de se poderem prolongar por mais um mês, nos casos previstos no artigo 67º do Projecto da Constituição, com as alterações a que foi sujeito. Significativa, também, para o entendimento da Liberdade política da comunidade é a doutrina dos artigos 68º e 69º do Projecto, relativas à formação de "quorum" constitutivo e à publicidade das sessões das Cortes.

Em relação ao artigo 74º e seguintes do Projecto da Constituição, após a discussão sobre as incompatibilidades para lugares de deputados, venceu-se que as mesmas não fossem admissíveis, bem como a reeleição de deputados. As razões dos abnegados, como se verá em local próprio, não vingaram.

Sobre estas normas, que pela sua importância merecem mais alguma reflexão, dir-se-á que o artigo 74º do Projecto da Constituição, procede daquele situação que já ficou equacionada, relativamente à qual a capacidade de exercício do direito de cidadania no plano da participação política não implicava que todos aqueles que a podiam manifestar, fossem eleitos para deputados às Assembleias Representativas da Nação. Como tal, esta foi uma das normas que mais brados deu no Congresso quando da sua decisão constitucional[5908], vindo a sua consagração a resultar sob idêntica formulação na Lei Eleitoral, como se verá adiante.

Por um lado, havia que não hesitasse a aceitar os critérios da competência[5909] e da virtude[5910] como únicos que marcavam[5911] – ou deveriam marcar – a elegibilidade de

---

[5908] Jorge Miranda, *O constitucionalismo liberal luso-brasileiro*, pág. 72, artigo 72º da *Constituição de 1822*.
[5909] D. C., V, 10-10-1821, pág. 2592, relativo à intervenção de Anes de Carvalho: "(...) Os redactores da Constituição examinárão, e virão, que com effeito convinha tomar esta medida em Portugal, e virão *que não admittindo os empregados publicos, certamente virão a ficar mui poucos cidadãos a votar. Eu não posso deixar de conhecer, que os empregados publicos são aquelles que tem as idéas mais apuradas e mais cultivadas, e que prohibindo estes, certamente ficarião mui poucos eleitores. Se acaso o principio do illustre Pre-opinante se puzer em execução, isto he, se acaso se houverem de excluir da Deputação todos aquelles que tiverem dependencia do Ministerio, então creio que ha de ser infinitamente restricta a Liberdade da Nação. Sem serem empregados publicos, creio que ha muitas pessoas, que tem dependencia do ministerio: ora a ser o principio verdadeiro então não se deve restringir só aos empregados publicos, mas áquelles que tem dependencia do ministerio. Ora excluindo-se esta classe certamente ficaria reduzida á classe a mais rude e obscura. Além disto se se houvessem de excluir dos empregados publicou, então se excluião todos aquelles que tivessem pratica dos negocios. Isto he que eu não quizera; porque tendo deputados que sómente soubessem theorias, estes então formarião leis que só serião muito boas para a republica de Platão; e as quaes applicadas á pratica falharião constantemente*: estes são os principios do illustre Preopinante."
[5910] D. C., V, 10-10-1821, pág. 2595, relativo à intervenção de Manuel Gonçalves de Miranda: "O Sr. Miranda: – Duas cousas são precisas para ser deputado de Cortes, talento, e virtudes. No entretanto não se deve suppôr que na classe dos empregados publicos não haja quem não tenha virtudes e quem não seja prevaricador, nem máos costumes."
[5911] D. C., V, 10-10-1821, pág. 2594, relativo à intervenção de Ferreira de Moura: "(...) Aos que advogão pela Propriedade responderei que *João Jaques Rosseau não tinha nada de seu, entretanto quem*

alguém para deputado, considerando mesmo que as restrições implicavam bulir com a Liberdade política do cidadão e da própria sociedade. Por outro, todos aqueles que continuavam desconfiados de quem exercia funções públicas e que nunca deveria ser admitido a deputado, de novo invocando as Autoridades estrangeiras[5912].

O estigma do Antigo Regime levava tempo a sarar; quem se dizia defensor do sistema constitucional[5913], pouco tempo corrido, seria num dos mais acérrimos partidários do renovado Absolutismo em Portugal.

lhe negaria o voto para figurar no recinto de uma assemblea legislativa? A sciencia e a probidade não he privilegio exclusivo das classes; por isso vão os eleitores buscar deputados, onde houver homens probos, e homens sabios, menos aquelles, que pela sua representação civil podem desenvolver sobre elles uma influencia, que corrompa, e que previna o exercicio das mais franca Liberdade. Esta he a medida mais justa, e tudo o mais he exagerar principios."

[5912] D. C., V, 10-10-1821, págs. 2595 e 2596, relativo à intervenção de Pinheiro de Azevedo: "O Sr. Pinheiro de Azevedo: – Sr. Presidente, quando em Commissão conferimos sobre este artigo, fiquei assás indeciso, só pela razão de ser contrario ás leis do unico Povo livre da Europa, a Inglaterra; e á Constituição dos Estados Unidos a mais livre, ou liberal de quantas se conhecem: porém lendo depois o excellente escritor Hespanhol D. Francisco Martines Marino, na sua *Theoria das Cortes*, aonde propõem uma emenda aos artigos 95 e 97 da sua Constituição, quasi nos mesmos termos da que offerece o illustre deputado; examinando as suas rasões, e vendo que o Doutor Romão Sales no seu *Direito Publico Hespanhol*, que publicou neste anno, Blanco, e outros são da mesma opinião, não hesitei mais a seguir. (...) Diz elle que o Poder Executivo de fórma nenhuma se póde intrometter no governo legislativo, nem nelle ter influencia: os executores das leis, e os que se empregão de officio na sua applicação, não podem sem gravissimos inconvenientes ter caracter representativo (...) Nós, Sr. Presidente, temos a vantagem de acharmos excellentes modelos nas leis de duas Nações as mais livres, a Inglaterra e os Estados Unidos. O exemplo dos Americanos he muito notavel: este Povo nasceo livre; com virtudes publicas; habitos constitucionaes, porque não passou da escravidão para a Liberdade: os Americanos erão Inglezes, e não fizerão mais que corrigir de boa fé os defeitos de sua antiga Constituição. Não tinhão nobreza, nem dignidades ecclesiasticas, nem Rei; mas um Presidente, que não interessa em augmentar um Poder, a que fica sujeito em pouco tempo acabadas as suas funções; assim mesmo os Americanos fizerão a sua Constituição, como-se houvessem de lutar com o despotismo! He verdade que são austeras algumas de suas instituições; mas sem ellas hão se consegue, nem se conserva a Liberdade: nós estamos em circunstancias inteiramente diversas e contrarias, e por isso com maior rasão devemos adoptar as suas instituições; ellas tem em seu abono a experiencia, isto he a prosperidade de muitos seculos na Inglaterra, e de quarenta e tantos annos nos Estados Unidos, que outros tantos contão de sua independencia."

[5913] D. C., V, 10-10-1821, págs. 2590 e 2591, relativo à intervenção de Rodrigues Bastos: "Os illustres redactores do Projecto da Constituição *imitárão a este respeito a Constituição hespanhola, e os da Constituição hespanhola os francezes*. Mas os francezes, que tem vertido rios de sangue, e feito milhares de sacrificios pela Liberdade, ainda a não possuem: e o codigo da Liberdade hespanhola ainda não tem a seu favor o cunho da experiencia, para seguir-se, ou copiar-se sem receio. Nem nossos constituintes querem que o nosso pare, onde parou o delles: *desejão-no mais liberal, e assim o manifestárão e ordenárão, quando nos mandárão para aqui. Diz-se, que mais liberal, he deixar aos Povos a absoluta faculdade de eleger. A isto posso eu responder, que nesse sentido mais liberal tambem póde considerar-se o não se fazer lei alguma, porque a lei he uma restricção da Liberdade. Os Povos o que querem, he ser felizes, ainda com o sacrificio de algumas porções de Liberdade, que lhes assegure o pacifico goso das outras: por isso se reunírão em sociedade; por isso se subjeitárão aos Governos.* (...) E se alguns dos Preopinantes tão livre querem deixar aos Povos a faculdade de elegerem, para que as restringírão já relativamente á idade, que não he um termometro seguro para medir os gráos de prudencia e conhecimentos humanos? Relativamente aos regulares, entre os quaes se achão homens dos maiores talentos e virtudes? Relativamente a outros? Clamar que se deixe aos Povos uma amplissima Liberdade de eleger, e coartar-lha por outra parte, he uma contradição que se não póde salvar. (...) *Desde que Montesquieu disse que não póde haver Liberdade sem que os Poderes Legislativo, Executivo, e Judicial estejão bem separados, tem-se trabalhado muito para se realisar esta separação, cahindo-se sempre no monstruoso absurdo de misturar, e*

O Projecto ainda exigia a eleição que o deputado houvesse meios económicos de subsistência pessoais. Compreensível no plano de uma discussão de cunho liberal e onde o fantasma da democracia se afastava sempre que possível, parecia ser absolutamente normal tal raciocínio. Tanto que teve por si a maioria do Congresso e suscitou muito menos dúvidas que a precedente questão[5914].

Os casos especiais mencionados no citado artigo 74º, sobretudo o caso dos Bispos e dos ministros e conselheiros do Rei agradaram e desagradaram visivelmente, aos parlamentares, que se serviram da experiência portuguesa e estrangeira[5915] para afirmar a sua conformidade ou desconformidade à Liberdade dos eleitores.

Quanto aos Bispos, porque se continuava, voluntária[5916] ou involuntariamente, a associá-los à influência que nas suas respectivas dioceses poderiam exercer sobre a Liberdade dos eleitores. No caso dos estrangeiros, ainda que naturalizados, porque isso deveria ser prerrogativa única dos nacionais do Reino Unido[5917], sendo mesmo

confundir aquelles Poderes. E que outra cousa faz a admissão dos empregados publicos nas assembléas legislativas, se não illudir a referida separação, tornando os mesmos homens Autores das leis, e executores dellas? Notemos finalmente a graude contradicção em que caimos, negando a ElRei o ter parte alguma na organisação das leis, e concedendo a factura dellas aos agentes do seu Poder."

[5914] *D. C.*, V, 12-10-1821, pág. 2599; Jorge Miranda, *O constitucionalismo liberal luso-brasileiro*, pág. 72, artigo 72º da *Constituição de 1822*.

[5915] *D. C.*, V, 12-10-1821, pág. 2621, relativo à intervenção de Correia de Seabra: "O Sr. Corrêa de Seabra: – Coherente com o principio que estabelecia na primeira discussão deste art. de que nenhuma classe seja excluída da representação nacional, *e que se deixe toda a Liberdade aos eleitores, principio já abonado pela experiênda (a melhor prova da bondade das instrucções políticas) e que tem feito a prosperidade da Inglaterra no entender de muitos, e bons escriptores; só posso admittir á excepção desta regra (muito mais sanccionada já a eleição directa) que seja fundada em razão de interesse commum, evidente, e manifesta em tal forma que a excepção se possa considerar salva guarda, e direcção da Liberdade política dos eleitores, e nunca possa ser olhada como restricção arbitraria da mesma Liberdade, e mera exclusiva dos inellegiveis.*"

[5916] *D. C.*, V, 12-10-1821, págs. 2621 e 2622, relativos a intervenções de Ferreira de Moura e Castelo Branco Manuel. Outras intervenções no mesmo sentido podem ser encontradas na mesma sessão, sem novidades assinaláveis.

[5917] *D. C.*, V, 12-10-1821, pág. 2628, relativo à intervenção de Morais Sarmento: "(...) Olhando para duas Nações celebres, eu vejo que em França, desde o tempo da sua revolução, os estrangeiros forão tratados com a maior parcialidade, e viu-se o celebre Tomaz Paine, cidadão americano, representante da Nação Franceza, e deputado na convenção nacional: poderá dizer-se que o cosmopolitismo producto das ideas filosóficas, que tento prevalecerão em aquella época, inspiraria esse modo em pensar; porém essa mesma parcialidade continuou nos governos, que se seguirão, e lembra-me ultimamente que o Duque de Dalberg fora elevado á dignidade de Par de França, precedendo o processo mais solemne da carta de grande naturalização, como me parece se chamão em França as naturalizações plenissimas. Na mesma Inglaterra, Povo o mais cioso dos estrangeiros, eu vejo que até o tempo de Guilherme III não havia impedimento para os estrangeiros naturalizados representarem a Nação Ingleza nos Corpos Legislativos. O receio da preponderância dos Hollandezes, por ser Guilherme III. Stalholder de Hollanda, deu motivo ao estatuto, que poz termo a essa permissão, lei, que apezar dos jurisconsultos Inglezes considerarem como do numero daquellas, que te reputou limitações á prerogativa real, talvez se não tivesse estabelecido, a não ser a circunstancia do chefe do Poder Executivo em Inglaterra ser a mesma pessoa, que em Hollanda exercia aquella alta magistral aura. Vejo igualmente quaes forão as vantagens da protecção illimitada, que em algumas Nações se tem facultado aos estrangeiros, que se recolherão a ellas. Pela revogação do *Edicto de Nantes* a Inglaterra, favorecendo os Francezes, que abandonarão a sua pátria, conseguiu estabelecer a superioridade das suas fabricas, e não foi somente a Inglaterra, que se aproveitou do grande erro político de França, os areaes da Prussia deverão as providencias do seu Governo a sua cultura, e povoação, recebendo-se, e protegendo-as as famílias protestantes, que emigravão

prejudicial à Nação que tal direito lhes fosse concedido[5918]. As vozes discordantes neste contexto foram poucas e bem identificadas[5919].
Nos demais casos, a questão nem mesmo foi alvo de discussão[5920].
Interpreta-se o vertente problema, sem foros de patente[5921], no sentido de que esta norma, nos termos em que estava no Projecto e com sensíveis modificações passou à *Constituição de 1822*, era uma outra forma de limitar a Liberdade política do cidadão, que pode votar porque no pleno exercício dos direitos políticos, mas não pode ser eleito em atenção a especiais características pessoais ou profissionais. Para este, o que existe é ausência de Liberdade política no que respeita à possibilidade de ser

da França. Apezar das considerações, que subministrão os factos da Historia, eu sou de parecer, que devendo-se conceder ao estrangeiros naturalizados todas as vantagens se deverá exceptuar a alta prerogativa de poderem representar a Nação em Cortes. O amor da pátria he em sentimento tão forte, que eu reputo impossível a sua extincção no coração do homem."

[5918] D. C., V, 12-10-1821, pág. 2627, relativo à intervenção de Castelo Branco Manuel: "(...) Os estrangeiros ordinariamente pêlos seus interesses he que vem estabelecer se em outro paiz; e por isso pedem a carta de cidadão. Por consequência, se nós consultarmos a experiência veremos, que elles sempre tem maior amor áquelle paiz aonde nascerão, do que áquelle aonde pedirão carta de cidadão. Muito pouco serão os estrangeiros que virão para Portugal, com as vistas de virem a ser um dia deputados de Cortes; e por isso se escusado dar-se-lhes um direito que virá a ser prejudicial á Nação. Por exemplo, se nós estabelecemos, que não se poderão fazer tratados de alliança, sem ser approvados pelas Cortes: queremos nos suppôr que succedendo assim, haja um deputado que he estrangeiro, de votar contra o seu paiz, e aonde elle nasceu? Certamente não. He por isso que eu não posso approvar tal opinião: nem sei que dahi venha bem algum a Portugal."

[5919] D. C., V, 12-10-1821, pág. 2629, relativo à intervenção de Moniz Tavares: "O Sr. Moniz Tavares: – Não descubro razão nenhuma pela qual devão ser excluidos os estrangeiros. Em um Governo bem policiado, em um Governo liberal, o seu principal objecto he cooperar para fazer crescer a sua população; porque daqui he que nascem as venturas de uma Nação. Para se augmentar a população, concordão todos os políticos que se abra a porta aos estrangeiros; e por isso perguntaria eu agora aos illustres Preopinantes, que estrangeiro quererá entrar em Portugal, quando se exclue daquilo a que aspira todo o cidadão? Ontem li a *Constituição dos Estados Unidos*. *Nós (posso dizelo francamente) imitando aos Americanos do Norte, podemos affirmar que somos um Povo livre. Disserão alguns Srs. deputados que o amor da pátria faria com que os estrangeiros sempre decidissem a favor daquella que lhes deu o nascimento. Este argumento he para mim de pouca força; porque he preciso consultar o espirito humano. O homem sempre ama mais aquelle paiz aonde tem a sua família, e aonde tem seus amigos, do que o seu paiz que lhe roubou os seus interesses, e lhe tirou as suas felicidades."*

[5920] D. C., V, 12-10-1821, pág. 2633: "se os Bispos devem ser excluídos nas tuas dioceses? E se venceu que sim. Se todos os Magistrados, ou exercitem per si só jurisdicção, ou collegialmente, devem ser excluídos nos distritos da sua jurisdicção? E venceu-se que sim. Se deverão ser excluídos os Secretários de Estado? E se venceu que sim. Se devem também ser excluídos os Conselheiros de Estado? E se venceu que sim. Se também devem ser excluídos os que servem empregos da Casa Real? Venceu-se que sim. Se o artigo a respeito dos estrangeiros deve omittir-se na Constituição? Venceu-se que não. Se devem também ser excluídos? Venceu-se que sim."

[5921] D. C., V, 12-10-1821, pág. 2631, relativo à intervenção de Vaz Velho: "(...) *Parece-me desde logo que quando nós pertendemos fazer um bem, fazemos um mal, isto he: quando queremos evitar que o influxo de algumas pessoas tire a Liberdade de votar aos eleitos, tiramola nós quando os privamos de votar em certas classes. Eu passo a tratar da questão, e no seu desenvolvimento se verá esta verdade com mais clareza. He um principio innegavel, que a Liberdade dos cidadãos he um bem, para cuja segurança, conservação, e defesa nos achamos neste recinto congregados. He igualmente certo, que a utilidade geral he um grande bem, como ultimo fim da sociedade. Não he menos claro, que na colisão destes dois bens deve ceder o primeiro ao segundo, com tanto que se móstre claramente a utilidade geral, porque em quanto ella não for clara, não póde o cidadão ser despojado de um direito que lhe he natural, cuja posse a sociedade lhe promette guardar, e na qual o cidadão deve ser mantido no caso de duvida, por ter a seu favor todo o direito."*

eleito, o que parece uma manifestação de austeridade e de aprumo na interpretação dos princípios do Liberalismo[5922].

Para quem considera que se está perante uma questão de Igualdade, bem se concede que aqui se posicionaria um argumento por demais importante, porque depois de se conseguir ser cidadão e de poder exercer o gozo da cidadania, não se pode ser eleito porque a lei assim o determina.

A problemática dos deputados no contexto nacional foi alvo da regulamentação Ordinária, como em muitas outras ocasiões posta em acção pelas Cortes Constituintes. Tal matéria e no que respeita à impossibilidade de exercer funções públicas durante o tempo de serviço como deputado, foi alvo de decreto de 10 de Agosto e posterior resolução do dia imediato, tendo sido discutida nos dias 6 e 8 desse mês, com referência ao artigo 80º da Constituição, que previa a matéria. Foi elaborado um decreto provisório, que duraria até ao tempo da discussão e aprovação do citado artigo constitucional.

Esta uma das matérias mais relevantes, reitere-se, no plano da Liberdade portuguesa e da sua "residência" nos mais elevados guardiões do espírito do sistema representativo. As precauções que envolveram a feitura deste decreto, tornando-o provisório, bem como o facto de se considerarem a si mesmos os mais altos representantes da Nação, ficando inibidos no futuro de quaisquer prémios e recompensas pela sua dedicação, originaram algumas inusitadas manifestações de sensibilidade[5923].

Era inadmissível que os deputados pudessem aceitar qualquer comissão que não fosse dada pelas Cortes, ideia que não era extensível à circunstância de poderem ser eleitores dos juízes de facto. De modo que fez-se uma resolução em 11 de Agosto com a proibição geral, da qual a ordem de 20 do mesmo mês se configurava como dispensa, tendo em vista a dignidade do objecto em discussão: a protecção da Liberdade de imprensa[5924].

Pretendia-se um afastamento dos deputados de todas as possíveis tentações que os empregos públicos e bajulações pudessem oferecer; contudo, nas matérias em que a sua "supervisão" era vista como indispensável, já os parlamentares poderiam executar certas funções estranhas à vigência da sua deputação parlamentar. O Congresso deveria satisfazer-se com as explicações fornecidas[5925].

Havia assim contradições possíveis de detectar no seio do Congresso e nos planos para elaborar a Constituição. Por isso não será de estranhar uma indicação no sentido

---

[5922] D. C., V, 10-10-1821, pág. 2594, relativo à intervenção de Ferreira de Moura: "(...) [não haverá] inconveniente em se coarctar a Liberdade dos eleitores, e até aqui ha razão, uma vez que se accrescente que esta Liberdade póde ser coarctada só quando a evidente utilidade publica assim o exigir. Não só no caso das eleições, mas em toda e qualquer occurrencia póde a Liberdade individual ser limitada, e os limites são traçados pelo bem geral, e pelo interesse publico."
[5923] D. C., IV, 10-08-1821, pág. 1841, 1852.
[5924] Lucien Jaume, *La liberté et la loi. Les origines philosophiques du libéralisme*, pág. 22: "Il faut remarquer que autant les philosophes du gouvernement de la liberté ont insisté sur la fécondité et la portée d'universalité de la loi, autant ils ont pris conscience de l'importance de l'opinion, c'est-à-dire à la fois de la richesse et des périls qu'il y avait dans cette dimension de la vie sociale et de la vie politique. (...) la loi de l'opinion traduit l'autonomie de la société tout entière vis-à-vis des pouvoirs gouvernants, elle fait la ressource des Églises, elle exprime le pouvoir artificialiste de l'homme (relativité des valeurs, des uses et coutumes et des Morales), elle conduit la plupart de temps à *l'assujettissement de l'individu à son groupe, grand ou petit*."
[5925] D. C., IV, 11-08-1821, pág. 1857.

de prosseguir com a tentativa de criação de um Tribunal Especial, nos termos do artigo 159º do Projecto da Constituição, para julgar os delitos cometidos pelos deputados, bem como as infracções à Constituição e os crimes contra a Segurança do Estado. Tal só aconteceu em Fevereiro de 1822, mas é bem revelador de algumas incongruências legislativas e políticas dos Vintistas. Assim, para quem proclamava a Igualdade, era difícil entender em que medida se poderia justificar um tribunal diverso dos comuns para julgar problemas relacionados com os deputados.

Por outras palavras, a invasão de esfera de competências do Judicial pelo Legislativo, e que todos proclamavam ser insano[5926].

2.2. Sufrágio universal, directo, secreto e reeleição dos deputados: a decisão Vintista

Cedo os parlamentares se aperceberam do escorregadio terreno que pisavam[5927].

Fazia toda a diferença optar entre eleições directas[5928] e indirectas para os deputados, e todo o articulado constitucional se havia de ressentir dessa questão prévia

---

[5926] Para Espanha, *Constituição de Cádiz*, proposta de Capmany em 29 de Setembro de 1810, em idêntico sentido, que foi aprovada. Veja-se *Gazeta de Lisboa*, 1810, nº 248, 16 de Outubro de 1810, com texto seguinte: "devemos renunciar a toda a fortuna pessoal, fechando até a porta toda a esperança. Que lisonjeira proposição para os dignos companheiros, quão grata ao público deste auditorio, quando vir que os Legisladores da Nação não se contentão com a consciencia de incorruptos; mas tambem com o timbre de incorruptiveis. A confiança que a Nação tem em nós, se augmentará com o voto publico e solemne de fugir até da tentação de lembrar-nos das nossas proprias pessoas para não esbulhar a virtude do nome de austeridade, que deve ser em nós sua divisa. Quando a desgraça nos reduzisse á pobreza, o Estado nos dará o pão, como o recebem os pais curvados com a velhice dos bons filhos (...). Proponho pois a este augusto Congresso a minha opinião reduzida a esta fórmula de decreto: Que nenhum deputado em Cortes, nem dos que presentemente compõem o seu Congresso, nem dos que para o futuro hajão de completar o seu numero, possa durante o tempo do seu exercicio, e dois anos depois sollicitar nem admittir para si, nem para outra pessoa emprego, pensão, condecoração, gráo, nem mercê alguma do Poder Executivo interinamente habilitado, nem do outro Governo, que para o futuro se constituir debaixo de qualquer denominação que for. (...)". Esta proposta era também a de Huerta, embora este tivesse um trabalho mais elaborado e até de grau superior de inflexibilidade, uma vez que previa "a prohibição de admittir empregos até aos parentes de quarto gráo inclusive, e continha a pena a impor ao transgressor." O Projecto de Capmany acabou por ser aprovado com ligeiras alterações, que se ligavam com graduações de escala no âmbito profissional, ou por antiguidade e serviços feitos à Pátria. Nem todos os deputados estavam de acordo com a situação mas a mesma acabou por ser votada maioritariamente; foi o primeiro grande mote do que viriam a ser as Cortes de Cádiz e onde bem se espelhava as divergências entre facções.

[5927] *D. C.*, IV, 22-08-1821, pág. 1991, relativo à intervenção de Xavier de Macedo: "O senhor Macedo: – Parece-me que não se poderá deixar de conhecer, que não se póde decidir com conhecimento de causa, sobre a doutrina deste artigo, sem se decidirem primeiro as bases sobre que ella se deve firmar, uma das quaes he se a eleição hade ser dilecta ou indirecta. Em quanto pois senão decidir se hade ser eleição directa, ou indirecta não posso votar com conhecimento de causa, sobre os requisitos que devem ter os que forem votados. Proponho-se decida isto." No mesmo sentido e na mesma data, se pronunciou Agostinho José Freire: "O senhor Freire: – A questão he se a eleição deve ser directa ou indirecta, e depois se verá o modo como isso se deve fazer. Sobre os criados tenho a dizer que he deste modo que se vai atacar pela raiz a Liberdade de poderem votar aquelles Cidadãos." E, finalmente, "O senhor Presidente: – O caso he, se se deve admittir a questão preliminar, se a eleição deve ser directa, ou indirecta? Venceu-se, que se discutisse se a eleição havia ser directa, ou indirecta."

[5928] *D. C.*, IV, 27-08-1821, pág. 2030-2031, relativo à intervenção de Morais Sarmento, recorda o sistema seguido na Antiguidade e nas Nações liberais do Mundo Moderno: "(...) a Historia Antiga, e

não resolvida, se ela ficasse no estado em que se encontrava no presente momento do debate. Os próprios portugueses, que aspiravam a ser livres e a exercerem a sua Liberdade sem quaisquer estorvos,[5929] para além dos que a lei lhes impunha, se ressentiriam da falta de decisão superior.

O debate foi intenso. E, se para a maioria dos constituintes[5930] resultava evidente que o método directo seria mais curial com a defesa da Liberdade política do cida-

Moderna prova que não ha motivo, que faça impossivel a existencia de uma unica delegação, e esta immediata. Na Grecia, Roma, em Inglaterra, e na America Ingleza vemos que se admittirão as eleições directas; tenho por tanto mostrado que a eleição directa he a mais legal, e a mais conforme com o espirito constitucional. (...) Antigamente não erão só as eleições, mas os ajuntamentos populares se fazião em campos, tendo a céo por telhado; foi depois de um ajuntamento no campo de Runnimead que elles conseguirão a *Magna Charta* no tempo do Rei João sem terra. Estes ajuntamentos tambem tinhão antigamente lugar nas Hespanhas: houve-os no tempo de João 2º de Castella; e o mais celebre foi o ajuntamento no campo de Cabezon no tempo de Henrique 4º, onde se ajustarão as differenças entre aquelle Rei, e o Marquez de Vilhena, chefe dos descontentes. Em Inglaterra estes costumes dependem de instituições antigas, que os inglezes são muito costumados a seguir, porque são aferrados aos seus usos antigos, e estilos. Outro argumento de que se servem he, de que por meio das eleições directas o Povo não poderá ser informado da escolha de seus representantes, isto he um engano: o Povo nunca vai para as eleições sem se aconselhar com as pessoas mais capazes de lhe dar conselho. He melhor a influencia do conselho do que a influencia do suborno; por isso pode haver todos os meios, para que o Povo se apresente bem informado com as pessoas que julgar capazes de o aconselhar. Na America Ingleza se adoptão as eleições directas, e não ha receio do Povo se apresentar ás eleições sem ser informado; o diccionario politico da America tem até um termo, que he a palavra caucus: os partidos naquelle paiz formão suas associações directoras das eleições para os cargos politicos, e a historia nos informa que um dos mais respeitaveis eleitores politicos, o ex-presidente Adams, foi eleito membro de Boston por aquelle modo. Verdades he que semelhantes associações ressentem-se do espirito de parido, porém partidos são inseparaveis das ideas de Liberdade; e eu não acho inconveniente em que em associações se averigue a capacidade, os talentos, as virtudes, os principios politicos daquellas pessoas, que dão nos olhos da Nação, para poderem ser seus representantes em Cortes."

[5929] *D. C.*, IV, 27-08-1821, pág. 2030, relativo à intervenção de Morais Sarmento: "O senhor Sarmento: – *Creio que estamos entrados na parte mais importante do Projecto da Constituição; por mais excellente que for a Constituição se os deputados futuros não forem a aprazimento da Nação portugueza, e não tiverem a confiança publica, todas as medidas pela falta de popularidade do Congresso ficarão de nenhum effeito: e alem da falta de popularidade póde muito bem esta suspeita tornar-se em realidade, e que o Congresso seja em geral contra a vontade da Nação portugueza.* (...) *pelos argumentos que ouvi, julgo que deve ter lugar a eleição directa por isso que he a unica legal e liberal, e a mais conforme com o espirito da Constituição, que temos adoptado.*"

[5930] *D. C.*, IV, 22-08-1821, pág. 1992, relativo à intervenção de Morais Pessanha: "O senhor Pessanha: – *Se a um grego ou a um romano nos bellos dias das suas republicas; se a um cidadão mesmo da republica de Genebra se propozesse limitar-lhe a sua parte do Poder Legislativo, só a escolha dos representantes, que devião exercitar este Poder, elle, ou se riria, ou se encheria de indignação; porque diria elle, se as leis são a expressão da vontade geral, como póde realizar-se esta expressão, sem que sejão tomados os votos de todos os individuos que constituem a cidade? Ora se nós, os que pertencemos a Nações muito mais numerosas do que erão aquellas republicas admittimos o principio da representação nacional, relativamente ao exercicio do Poder Legislativo, pela impossibilidade ou antes pelo grande embaraço, que causaria tomar os votos, de todos os cidadãos, para sanccionar qualquer lei particular; se nós digo, por uma quasi necessidade admittimos este principio, que restringe tão essencialmente os direitos de cidadão; despojalohemos tambem de concorrer com o seu proprio voto, para a escolha dos seus representantes? Que lhe deitamos então? O Poder, póde em rigor transmittir-se; mas a vontade, como ha de ella ser transmittida? Se eu voto directamente na eleição dos deputados das Cortes, ainda quando perca o meu voto, tenho a certeza que o deputado eleito, reunindo em seu favor um grande numero dos votos dos meus concidadãos, goza da maior somma possivel da confiança publica; mas posso eu ter a mesma certeza a respeito de um deputado eleito por um collegio eleitoral, já producto de uma primeira ou segunda eleição? Certamente não: a unica certeza*

DA HISTÓRIA DA LIBERDADE À LIBERDADE NA HISTÓRIA

dão[5931], alguns ainda usavam a expressão "Liberdade do Povo"[5932] – pela forma doutrinária que os princípios do Liberalismo haviam enunciado[5933] – não se pode deixar de admitir que ela andava longe da realidade e era algo utópica no Portugal de 1821. Havia quem considerasse os inconvenientes tumultuários de tais eleições e a sua geral inaplicabilidade em Portugal[5934] – alguns que causam admiração numa primeira observação, como é o caso de Borges Carneiro[5935] –, de que o caso inglês não seria o

que eu posso ter he, que esse deputado goza da confiança do seu collegio eleitoral, cuja vontade he inteiramente independente da dos seus constituintes, por isso mesmo que elles lhe transmittirão a plenitude do Poder de eleição."
[5931] D. C., IV, 27-08-1821, pág. 2035-2036, relativo à intervenção de José Peixoto Queiroz: "(...) *Estabeleça-se a eleição directa, e jamais acontecerá um igual desamparo diga-se aos Povos hade escolher o sujeito que ha de representarnos no Congresso nacional; hade eleger o procurador que ha de defender as vossas Liberdades, e promover os vossos interesses; e então veremos como os Povos tomão empenho na eleição; veremos que raro haverá, que não aproveite o seu direito de votar; e logo elles darão a este direito o gráo de importancia, que elle merece, nem de outra sorte conhecerão que são representados. Quando os Representantes forem uma emanação immediata dos representados, então haverá entre os Povos, e os seus deputados um maior vinculo de confiança, e responsabilidade mui favoravel causa publica, e só então criará raizes por todas as classes da Nação o amor ao systema representativo.* Voto por tanto pela eleição directa, como a unica que póde firmar a verdadeira prosperidade nacional."
[5932] D. C., IV, 27-08-1821, pág. 2037, relativo à intervenção de Macedo Caldeira: "(...) a eleição directa he o baluarte da Liberdade do Povo (...)".
[5933] D. C., IV, 27-08-1821, pág. 2030, relativo à intervenção de Morais Sarmento: "(...) Nós temos estabelecido que a lei he a vontade geral dos cidadãos; para a lei ser a vontade geral dos cidadãos he preciso que o orgão, por onde se declara a vontade dos cidadãos seja igualmente escolhido pela vontade geral: essa vontade geral só pode suppôr-se aquella que he pronunciada pelos individuos que mais proximamente dependem do seu mandado. Isto só se consegue pela eleição directa. He verdade que se argumenta que segundo semelhantes principios não deveria haver representantes da Nação, porque ella mesmo deveria manifestar a sua vontade; mas como não he possivel que isto podasse ter lugar senão nas republicas pequenas, por isso he de razão que não podendo a Nação fazer por si, delegue aos seus representantes a faculdade de as fazer; entretanto não havendo impossibilidade de que haja uma delegação unica e immediata, segue-se que a delegação directa he a delegação mais legal, o liberal possivel." A eleição directa era prevista na *Constituição francesa de 1793*, mas não nas de *1791* e *1795*, nem na *Constituição de Cádiz*.
[5934] D. C., IV, 27-08-1821, pág. 2033, relativo à intervenção de Manuel de Serpa Machado: "O senhor Serpa Machado: – Trata-se de escolher entre a eleição directa e indirecta, qual he a melhor, a maior parte dos illustres Preopinantes que tem contrariado a opinião do Projecto de Constituição, e seguido a eleição directa: fundão-se principalmente em algumas razões tiradas dos exemplos da Grã-Bretanha, e America ingleza; (...). Quanto aos exemplos de Inglaterra e da America Inglesa, he facil responder; a Inglaterra não póde trazer-se para argumento, primeiramente porque a *Constituição da Grã-Bretanha he* differente da nossa, e he um argumento contra producente, porque sabemos que as eleições da Inglaterra são acompanhadas de taes subornos que muitas vezes tem clamado a Nação contra elas, e nos periodicos mesmos se enuncia que por aquelle modo se não conhece a vontade da Nação. Pelo que pertence á America ingleza não se póde argumentar de uma republica para uma Monarquia constitucional. Ainda que o Governo representativo tenha analogia com o nosso, todavia discrepa muito delle, e a sua maior differença consiste em que na America ingleza existe uma republica, e em Portugal uma Monarquia."
[5935] D. C., IV, 27-08-1821, pág. 2032, relativo à intervenção de Borges Carneiro: "(...) Opponho-me ao Projecto das eleições directas, ellas tem muitos inconvenientes, são sujeitas a tumultos; segundo o methodo proposto póde muito bem acontecer ser eleito um deputado com bom poucos votos: tem tambem outro inconveniente que he a falta de conhecimentos nos Povos, de pessoas capazes para este emprego, principalmente nas terras pequenas e aldeias. Eu estou pelas eleições indirectas, porque por ellas os elegentes conhecem aquelles que hão de ser deputados, e até em favor das

mais apetecível[5936], mas até compreendido pela boca de quem menos se esperaria[5937]. Neste particular não se descura a referência à boa teoria, que transporta, mais uma vez, ao relevo da investigação do Pensamento político em fases anteriores[5938].

Além destas, outras justificações que, naturalmente, iam sendo bastamente desfiadas e rebatidas com iguais argumentos e em similares terrenos[5939], nomeadamente o menor grau de corrupção[5940] e a maior dose de Liberdade de que o cidadão dispõe.

Após um acalorado debate em que os argumentos por repetitivos não merece a pena enumerar, uma conclusão se pode retirar. O número de vezes que ao longo da discussão, foram citados "o Povo" e "os portugueses", prenuncia a importância que os parlamentares lhe davam. Simplesmente, o citado, que era a entidade acima de

---

eleições indirectas concorre uma razão muito especial, que he o serem conformes ao costume do reino; em todos os collegios electivos havia estas eleições indirectas, por tanto voto a favor dellas."

[5936] *D. C.*, IV, 22-08-1821, pág. 1993, relativo à intervenção de Ferreira de Moura: "O senhor Moura: – Eu fujo muito das eleições directas, pelo exemplo da Inglaterra? (...)."

[5937] *D. C.*, IV, 27-08-1821, pág. 2031, relativo à intervenção de Morais Sarmento: "(...) He verdade que na Inglaterra ha tumultos, *mas não he só lá que, se quebrão vidraças, e se dão assobios, e com tudo he certo que os inglezes julgão que estes tumultos são o meio mais solemne da Nação declarar a sua vontade; elles até erão tão agradaveis á imaginação de J. J. Rousseau, que elle diz a ser está a occasião unica em que o Povo inglez era livre e soberano.*"

[5938] *D. C.*, IV, 27-08-1821, pág. 2034-2035, relativo à intervenção de Xavier de Macedo: "(...) Eu estou bem longe de seguir a *opinião de Cabanis que reputa o Povo absolutamente incapaz de apropriar ás diversas partes do Governo os homens mais dignos pelo seu caracter, e talento; antes pelo contrario me inclino ao parecer de Montesquieu o qual afirma que o Povo he admiravel para escolher aquelles a quem deve confiar alguma parte da sua Autoridade*; mas por isso mesmo que eu reconheço no Povo aptidão sufficiente para fazer escolha entre os individuos do seu conhecimento, he que eu pretendo que elle mui livremente eleja pessoas da sua confiança a quem transfira á Autoridade de nomear os seus Representantes; (...)."

[5939] *D. C.*, IV, 27-08-1821, pág. 2034, relativo à intervenção de Morais Sarmento: "(...) Em resposta ao argumento tirado da Inglaterra tem-se respondido confundindo os defeitos que existem no systema da representação daquelle Povo, com a natureza da eleição: eu seria enfadonho se pretendesse mostrar qual seja a differença entre uma e outra cousa: sómente chamo a attenção dos mesmos Illustres Preopinantes para aquelles districtos da Inglaterra onde a influencia do Poder Executivo, ou não existe, ou não he, consideravel, e onde a eleição directa caminha sem obstaculos, e acharão que este modo de eleição, fez appareccer os grandes nomes de Merville, Fox, Romily, Burdell, e Brougham, nomes, como eu já me expliquei em outra occasião neste Congresso, *que eu olhava como figuras colossaes no amor á Liberdade. Tambem se argumentou que a fórma de governo da America septentrional, sendo differente, tambem o modo da eleição deveria ser outro. Eu não posso descobrir motivo para que a eleição dos Representantes americanos, uma vez que se mostre que he por um meio adequado para escolher bons Representantes da Nação, não sirva para argumento a respeito da eleição dos deputados portuguezes: tão bons Representantes da Sua Nação de vem ser uns como os outros, e a fórma do Governo nada influe a respeito do methodo das eleições para membros dos Congressos de cada uma das Nações. Eu perguntaria agora quaes são as lições que devemos tirar da experiencia. Aonde está a Constituição Franceza de 1791, e as que se seguirão, abraçando o meio da eleição indirecta? Já não existem; a sua e distencia foi efemera. Que tempo tem durado a mesma Carta real de Luiz XVIII, sem modificações? Sejamos fieis á experiencia, e confessemos que em as Nações onde a sua Constituição estabeleceu o meio directo das eleições, existem essas Constituições, e aquellas onde se estabeleceu o methodo das eleições indirectas, desaparecerão depois, de uma curta duração; sou por tanto de opinião a favor da eleição directa.*"

[5940] *D. C.*, IV, 27-08-1821, pág. 2031, relativo à intervenção de Morais Sarmento: "(...) na eleição indirecta são mais os meios de subornar e corromper; quando pelo contrario na eleição directa, não ha tantos meios de corrupção; he maior o numero dos obstaculos, que se oppõem a que manobre a corrupção. He grande o numero dos eleitores, toda a Nação forma o grande circulo da eleição directa; quando na eleição indirecta he este muito pequeno, e em consequencia maior a facilidade de corrupção."

tudo a defender sob a fórmula eufemística de Nação – o tal resto social de que Sieyès tanto falava – e de quem todos se faziam advogados, era o único que no presente contexto, e porque havia perdido todo o direito a falar eleitos os seus representantes, continuava calado.

A opinião pública não se fazia sentir neste particular e, deste modo, assistia-se a uma guerra e a uma discussão quase de surdos no Congresso, que penosamente se arrastou, mediante doutrinação que baste ao longo de várias sessões sem que ninguém estivesse disposto a ceder.

Em votação nominal a questão acabou por se resolver. As eleições seguiriam o método directo[5941], nos termos da *Constituição jacobina de 1793*, que aliás não chegou a entrar em vigor.

Eleições indirectas era o ideal e o exemplo da Constituinte era o mais acabado. Eleições directas eram o modelo ideal da defesa da Liberdade do cidadão. Não parecia que ninguém quisesse ceder no tema mais relevante até então discutido no Congresso, em nome, sempre, da Liberdade da Nação e da Liberdade política do cidadão.

A questão das eleições e o seu método foram um termómetro perfeito para avaliar das já conhecidas sensibilidades no Congresso Vintista, com alguns desvios no percurso habitual, patrocinado sobretudo por membros da ala radical que, neste particular, apareciam tão ou mais empenhados que os moderados na assunção das eleições indirectas. Em nome do pragmatismo mais que do oportunismo e em nome de uma isenção que apraz registar.

Não existem quaisquer dúvidas em que o método das eleições directas era o mais conforme aos princípios do Liberalismo. Simplesmente o plano dos princípios não admite uma modorra acomodatícia e a ausência de espírito crítico, ainda quando se apoia substancialmente um ponto de vista doutrinário. Por isso é que e com base na argumentação expandida, a conclusão mais lógica se cifra num desvio cirúrgico, e bem ponderado, a esses mesmos princípios, atendendo à realidade portuguesa da época.

Já quanto ao facto das eleições serem públicas ou secretas, o problema não foi de menor importância[5942], revelado pelo número de sessões que foram necessárias para o resolver e pelas intervenções parlamentares que se foram patenteando.

Mais uma vez, os bons princípios mandavam e a Liberdade do cidadão impunha que elas fossem feitas sob forma secreta, a mais apta a evitar manejos, de uma forma ou de outra, do sentido de voto dos eleitores. Contudo, o defeito deste tipo de eleição no Portugal do Triénio não deixava de ser menor, e aqui se assistiu, sob forma decalcada, ao mesmo tipo de debate que houvera a respeito do sufrágio directo ou indirecto.

Parecia a boa parte dos deputados que era necessário saber, antes do mais, se o sufrágio seria ou não secreto, tal como era proposto pelo artigo 43º do Projecto da Constituição. Notava-se, neste quadro e aparentemente, uma nítida contradição entre os artigos 34º e 35º e o artigo 43º, porque sendo o voto secreto, ninguém poderia saber se as pessoas mencionadas naqueles viriam a ser eleitas.

As surpresas – ou uma certa insegurança donde menos se espera – podem surgir em qualquer momento. E se é verdade que houve ocasião para desfrutar da posição de Borges Carneiro a respeito do conceito de "Povo", nada de estranho numa pequena contradição no que respeita ao imenso e imemorial valor que ao Povo e só ao Povo deve atribuir-se.

[5941] *D. C.*, IV, 29-08-1821, pág. 2082.
[5942] Estava em discussão ao artigo 43º do Projecto da Constituição, conforme *D. C.*, VIII, pág. 6.

Era urgente evitar quaisquer intromissões das antigas Ordens ditas privilegiadas na eleição para os deputados; pois bem, apenas o Terceiro Estado poderia evitar trânsfugas. Para tanto, imprescindível um apoio tão alargado quanto possível e a recordação do "resto social" de que Sieyès havia falado, vinha completamente a propósito.

A proposta que defende, no presente contexto, é sintomática. Conciliando, segundo o seu ponto de vista, o voto secreto com a abertura a uma para-universalidade do eleitorado, salvo as excepções previstas na lei, o objectivo da segurança na integridade e Liberalismo dos deputados ficaria, por demais, assegurado[5943].

[5943] *D. C.*, V, 22 e 24-04-1822, págs. 908 e 909 e 943 e 944: "O Sr. Borges Carneiro: – Quando se principiou a tratar das eleições, muitas vezes pedi eu ao soberano Congresso, que se tratasse primeiro daquelle artigo do Projecto, que propunha as eleições secretas, e que antes de se decidir sobre a grande base de serem taes ou publicas, não se tratasse de cousas que tinhão com esta base intima ligação. Não mereci ser ouvido, e decidiu-se a doutrina do artigo 35. Com essa decisão ficarão prevenidas muitas votações que exigem segredo, e não podem facilmente combinar-se com elle. Ora o artigo 34 não faz mais que ampliar a dificuldade que já havia pelo artigo 35, anteriormente sanccionado: por tanto pelo mesmo modo porque a sabedoria do soberano Congresso salvar aquella difficuldade resultante do § 35, salvará a que resulta deste § 34, de cuja justiça ninguem duvida, mas sómente da possibilidade de o poder conciliar com as votações secretas. E que meio poderá haver de conciliação? Respondo: ha na Constituição certas proposições ou principies de honestidade que de necessidade, ou, para melhor dizer, que não obstante não serem sanccionados com uma pena externa, nem por isso se recommenda menos a sua observancia. Por exemplo, diz a Constituição: todos os cidadãos portuguezes devem ser justos, amar a sua patria, venerar a religião, etc. Pergunto eu: ao que não for justo, não amar a patria, etc., ha de se impor uma pena? Certamente não. E por isso deve supprimir-se este preceito! Não. O mesmo tem a Constituição judaica; ella começa: *diliges Dominum, diliges proximum*: e depois passa ao *non occides, non moechaberis, non furtum facies*. Ora quem não ama o proximo ha de ter uma pena? Ha pois certos principios de grande justiça, e verdade, os quaes posto que não sejão sanccionados com penas externas, nem por isso deixão de ser inculcados nas constituições, e nas leis: aquelle que os infringe, tem a pena que irrogava uma, lei romana: improbe factum videri. Por tanto diga o nosso artigo: ninguem vote em si mesmo, em seus ascendentes, etc. E se fizer o contrario? *Improbe factum videri*, e tenha alem disso a pena que a intima consciencia inflige a todo o que quebra a lei publicada pela legitima Autoridade, no qual sentido eu opino que todo o votante deve principiar dando juramento de não votar em nenhuma das pessoas prohibidas pela Constituição. Nenhuma Nação do mundo ha que desconheça o grande vinculo do juramento. Alem desta reflexão ha ainda a outra de que estas infracções se podem em alguns casos provar, e se provarem, dar-se-ha então ao infractor o castigo correspondente que a lei designar. Em ultimo aperto de reconciliação, eu propria antes que se revogasse (sem exemplo) o artigo 35, do que estabelecer-se que as eleições sejão publicas, *porque toda a Liberdade dos votos está no segredo: sem elle tudo he dependencia: quem não depende de outrem pela parte do dinheiro, depende por amizade, por gratidão, por esperança, etc.: senão depende para si, depende para seus filhos, irmãos, etc., e esta dependencia, sendo as listas publicas, ha de fazer com que os votantes votem muitas vezes contra os seus desejos, e a sua consciencia.* (...)"; ibidem, O Sr. Borges Carneiro: – *Não se póde duvidar do mal que resultará das eleições publicas. Todos conhecem qual seja o coração dos homens, e a pratica do mundo. Ha homens, principalmente nas terras pequenas, e geralmente pelas provincias, que tem sobre os outros uma tal influencia pelos seus empregos ou dinheiros, que se póde dizer que dominão todo o districto.* Os fidalgos, os advogados, os medicos, os ricos de tal maneira predominão sobre o Povo, que algum que não votasse nelles, nos seus parentes, ou nas pessoas que elles lhe ensinuassem, ficaria exposto a ser em qualquer occasião objecto da sua vingança: aquelle que preferisse votar em quem a sua consciencia lhe dictasse, não o poderia fazer sem contar com a perda da protecção do poderoso, e mesmo com a sua vingança. Não esperemos esses homens de animo ousado, que queirão denodadamente comprometter seus mais caros inte-

Claro que não era o único e basta uma leitura corrida pelos *Diários das Cortes* para o assegurar.

resses; não he isso o que nos, prova a experiencia. Argumenta-se contra isto com exemplos de Nações estrangeiras; porem as leis devem ser feitas segundo a indole daquelles para que se fazem: essas Nações lá terão suas particulares razões, porque lhes convenhão eleições publicas: nós não as temos. *São publicas em Inglaterra, he verdade; mas tambem são publicos os sacos de dinheiro que se transportão para seduzir os votantes.* Erão publicas em Roma: em quanto em Roma regerão as virtudes civicas, prosperarão as eleições publicas, e tiverão na verdade bons resultados; mas apenas perdidas aquellas virtudes, um ou dois patronos tudo pervertião e subornavão; e foi então necessario recorrer ás decisões secretas, e por fim perdidas aquellas Virtudes, perdeu-se igualmente a republica. Vi argumentar com as discussões publicas que se fazem sobre as leis. Nenhuma paridade ha neste caso: cada um dos deputados dá as suas razões, e o Congresso resolve segundo as que mais o moverão. Nas eleições não se dão razões, nem seria admissivel que cada um manifestasse os vicios porque rejeita alguem: seria isso promover a immoralidade publica, de que poderia haver funestos resultados. Quando aqui votamos pelo Presidente e Secretarios mensaes e fazemos as eleições por escrutinio secreto, e se para cousa de tão pouca consequencia julgamos necessario o segredo para nossa Liberdade, que será o Povo que ha de votar entre collisões de diversos respeitos, dependencias e interesses? Na eleição passada não houve conloios e seducções notaveis, porque muitos formavão do emprego de deputados idea muito incerta: alguns o temião: ninguem estava seguro do exito, das commoções, dos perigos; mas nas legislaturas seguintes ha de isto tomar outra face. Disse um illustre Preopinante que sendo as eleições publicas, se alguem ousasse votar num homem máo para deputado no mesmo acto lhe darião apupadas. Esses tumultos e desordens são os que desejamos evitar. Alem disso que segurança nos dará o Sr. Preopinante de que esse descontentamento publico se manifestará quando for votado um deputado máo, e não quando sair votado um que não agrade a uma facção? Oxalá que fosse esse hoje o nosso espirito publico; mas o que vemos he que um homem rico por um vicioso que seja, todos o applaudem: se tem uma demanda, qualquer têa de aranha lhe aproveita para obter a sentença a seu favor; se he pobre ninguem olha se tem virtudes; perderá seguramente a demanda: o bisouro rompe ateia de aranha, só a mosca fica presa nella. Agora responderei ao argumento que produziu o honrado Membro que acabou de falar, isto he, que as eleições secretas ficão em contradição corri o que está decidido sobre não poder ninguem votar em si mesmo, no seu paroco, Bispo, commandante, ministro, etc.; pois que não se poderá saber se o votante quebrou esta prohibição. As leis humanas não podem ter perfeição celeste: fazem-se do melhor modo que sé podem fazer. Basta que em algum caso a lei se possa verificar para poder ser util. Já se viu uma eleição em que havia trinta votantes, e todos os trinta votos cairão no mesmo sujeito, donde se viu que um tinha votado em si mesmo. Não confundamos a prohibição com os meios de provar a transgressão della. Em segundo lugar as leis obrigão em consciencia: se uma lei do Estado manda que nenhum cidadão vote em si, quem o fizer peca; porque desobedece á lei e perturba a ordem social. Ora esta consideração muito operará nos que são fieis á voz da sua consciencia, e de sua religião; pois se desterramos do espirito da nossa Constituição e legislação o espirito da religião e da consciencia, nós teremos organizado um corpo som alma. Mas supponhamos que nos vimos com effeito no inconsideravel aperto ou da revogar o artigo 35, ou de admittir a eleição publica; qual destas alternativas prefeririamos? Certamente aquella em que houvesse menos inconvenientes. Ora ninguem negará que são maiores os das eleições publicas, do que os da suppressão daquelle artigo, que (se me he licito dize-lo) contem cousas bem injustas. Nem se receie que com isso damos direito aos Srs. deputados que votarão contra outros artigos já sanccionados, para requererem que igualmente se revoguem. O conceito que desses Srs. fazemos he superior a esse receio; elles terão presente a urgente necessidade porque isso se terá feito. *Por tanto voto contra as eleições publicas, nas quaes só não depende quem não tem paixões.*"

Para quem se batia pelo escrutínio secreto[5944] ou pelo público[5945], os argumentos variavam e por vezes opunham-se em presença de um mesmo referencial, que era o método directo das eleições. As invocações são comuns e servem para os dois lados da barricada e Roma, Esparta, a Inglaterra e os Estados Unidos, servem de modelo para defender as eleições públicas[5946], como as secretas[5947].

[5944] *D. C.*, VIII, 24-04-1822, pág. 939, relativo à intervenção de Xavier Monteiro: "(...) se reflectirmos sobre a natureza das eleições directas, acharemos que o escrutinio secreto lhes não he conforme. (...) *Pondera-se que ha mais Liberdade no escrutinio secreto, nós os homens nem sempre quando obrão com toda a Liberdade são melhores; quando ordinariamente prevaricão, he quando obrão em segredo*. Demais, quando um individuo vota em outro para deputado, a sua opinião he, que áquelle homem he mais capaz do que os outros, que elle conhece: nenhuma injuria particular daqui resulta; ninguem deve por tanto reputar-se offendido. Alem disso, qual he a razão porque os representantes da Nação tratão os negocios em publico, e os seus eleitores se hão de envergonhar de approvar em publico as pessoas que os representão?"; *ibidem*, págs. 941 e 942, relativo à intervenção de Pinto da França: "(...) *Quando se vota em segredo, com certeza póde o homem votante ficar livre daquella Liberdade que se procura; nós não queremos Liberdade nos votantes, para que elles fação a sua vontade, mas para que facão o que devem fazer a bem da Nação*. (...) As votações publicas Srs. serão o meio de estabelecer entre nós a virtude: estas votações publicas farão a nossa felicidade; qualquer cidadão se aproximará ao lugar de votar, e votará ousadamente, quando se achar escudado pela virtude conhecida, e não temerá ser atacado, quando tiver na opinião publica toda a resistencia contra os prepotentes. *Por tanto para sustentar a nossa Constituição, para sustentar a nossa Liberdade, he que eu propugno porque se faça tudo publico, e que o crime seja publicamente detestado*."

[5945] *D. C.*, VIII, 24-04-1822, pág. 940, relativo à intervenção de Ferreira de Moura: "(...) hei de propugnar sempre, que as eleições, ou sejão directas ou indirectas, sejão occultas. O principio fundamental em que me estribo he aquelle mesmo principio que o illustre deputado alegou, que he a primeira lei das eleições, a *Liberdade de votar*. Os votantes não tem Liberdade em votar, se algumas circunstancias, se algumas considerações podem influir na sua votação, está transtornada a primeira lei das eleições, está transtornado o primeiro fundamento, em que ellas se devem estribar."; *ibidem*, pág. 941, relativo à intervenção de João Maria Soares Castelo Branco: "(...) *Desejaria muito que a Constituição politica, que o systema constitucional não fossem um bem efemero para a Nação Portugueza, mas sim que durasse perpetuamente. Por tanto eu voto pela eleição dos deputados por escrutinio secreto*."

[5946] *D. C.*, VIII, 26-04-1822, pág. 966, relativo à intervenção de Rodrigues Bastos.

[5947] *D. C.*, VIII, 26-04-1822, pág. 966, relativo à intervenção de Morais Sarmento: "Pareceu-me que se pretende trazer nesta questão o exemplo da Inglaterra: he necessario não confundir as circunstancias da eleição directa em Inglaterra com os principios da eleição directa adoptado entre nós. Em Inglaterra he verdade que as eleições são directas, e em publico: porem lá não está admittida a base do suffragio universal, como ca entre nós esta circunstancia faz variar muito esta materia, porque o suffragio universal faz com que o circulo dos votantes seja muito mau extendido, e nessa parte como os nossos principios constitucionaes são mais similhantes aos dos Americanos, parece-me que seria conveniente admittir com elles a eleição por escrutinio secreto, ou ballot, como entre elles se chama. A doutrina do suffragio universal, e a da eleição em segredo tem entre si a mais intima connexão: os Americanos, posto que tenhão adoptado a doutrina do suffragio universal com maiores restricções do que nós, assim mesmo tem estabelecido a eleição por escrutinio, e a experiencia tem justificado o seu procedimento. Com maior razão devemos nós estabelecer o principio de que a eleição tenha lugar por escrutinio secreto, porque as nossas juntas eleitoraes vão ser muito numerosas."; *ibidem*, pág. 969, mesmo orador: "(...) Se uma Constituição se reputa mais, ou menos liberal, segundo nella predominão mais, ou menos os principios de Democracia, aquellas que se assimilharem ás da Hespanha, e dos Estados Unidos da America serão as mais liberaes, porque estas Constituições são as mais democraticas do mundo todo. No artigo 73 da *Constituição de Hespanha*, se determina a eleição por escrutinio secreto; como isto he um facto, he facil a sua verificação: igualmente nos Estados Unidos da America, he a eleição feita por ballot, isto he, não se dão em publico as nomeações. Accrescentarei mais a estes exemplos práticos de duas Nações, a theoria de escriptores celebres; bastará talvez citar qual he a opinião do

Tal como os desaires do método actualmente praticado em França e que propicia a corrupção.

Até Montesquieu foi recordado[5948], por força dos princípios que defendia e não poderiam ser diversos, baseando-se como baseava no caso do aristocrático Liberalismo inglês.

Se presentemente as eleições pelo método secreto são uma ideia irrebatível, não o seriam certamente no estado do país no Triénio Vintista. E se saísse, por exemplo, uma maioria afecta à contra-revolução, que fariam depois os empenhados defensores deste método?

Dito de outro modo: assim se comprova a relevância do tempo no âmbito das Ideias Políticas.

Foram levantados todos os argumentos possíveis em favor de cada uma das hipóteses em análise, mas acabou por definitivamente resolvido que as eleições seriam feitas por sufrágio secreto, porque maioritariamente se entendeu ser esse o modo de melhor defender a Liberdade.

A última destas questões que importa abordar prende-se com a possibilidade da reeleição dos deputados, prevista nos termos do artigo 74º do Projecto da Constituição[5949]. Sobre o ponto houve também forte discussão, centrada sobretudo no evitar de qualquer traço de despotismo, viesse ele donde viesse[5950] ou proceder da forma mais conforme aos interesses da Nação[5951].

---

nosso amigo, o ancião Jeremias Benthan, o qual tambem he a favor do *ballot*, ou do escrutinio secreto por tanto tenho chamado em apoio da minha opinião as tres Autoridades, que eu deixo referidas; parece-me que ella poderá merecer toda outra qualificação, menos o sobrescripto de illiberal (...)".

[5948] D. C., VIII, 24-04-1822, págs. 942 e 943, relativo à intervenção de Morais Pessanha: "(...) Não repetirei muitas outras razões que já forão produzidas por muitos dos illustres deputados que opinarão contra as eleições secretas; mas como rematte do meu discurso peço unicamente licença para ler a seguinte passagem de Montesquieu: *Espirito das leis*, livro 2º, capitulo 2º. Sem duvida quando o Povo dá os seus votos, elles devem ser publicos: e esta deve ser uma lei fundamental da Democracia. He indispensavel que o Povo meudo seja illustrado pelos principaes, e contido pela gravidade de certas personagens. Assim na Republica Romana, tornando os votos secretos, tudo foi destruido, não sendo possivel conter o Povo meudo, que se deitava a perder."

[5949] D. C., VIII, pág. 5, Projecto da Constituição, artigo 74º, relativo à discussão sobre a possibilidade de reeleição dos deputados. O debate foi iniciado em 17-10-1821.

[5950] D. C., V, 17-10-1821, págs. 2689-2691, relativo à intervenção de Trigoso: "O Sr. Trigoso: – Com tres razões se póde combater a ultima parte do artigo, e provar que os deputados de Cortes não devem successivamente ser reeleitos: a primeira he, porque seguindo-se a doutrina do artigo dar-se-ía azo aos deputados para se eternizarem nas legislaturas, ao contrario do que já se decidiu, a saber, que elles devião ser renovados de dois em dois annos, com differença do Poder Executivo, cujo chefe he sempre o mesmo. A segunda razão he porque não tendo sido os empregados públicos excluídos das eleições, e devendo em quanto deputados conservar os seus lugares, que com tudo não podem servir, seguir-se ia da reeleição delles o inconveniente de estarem por muitos annos estes lugares sem ser exercidos por aquelles que os devião exercer, e bem se vê a falta que entretanto fará um Pároco na sua paroquia, um Bispo na sua diocese, um magistrado no seu territorio. Mas eu deixo estas duas razões para me applicar só á terceira, que eu a reputo a mais forte, e que he deduzida da grande influencia que os deputados podem exercitar com o fim de serem reeleitos. Com effeito esta influencia foi o unico principio, donde até aqui se tem deduzido as exclusões de algumas classes de indivíduos para as eleições de deputados. Mas se com estas classes quisermos comparar as dos deputados de uma legislatura, conheceremos que elles não só podem exercitar a mesma, mas muito maior influencia."

[5951] D. C., V, 17-10-1821, págs. 2688 e 2689, relativo à intervenção de Manuel de Serpa Machado: "O Sr. Serpa Machado: – A natureza desta ultima parte do artigo mereça o mais serio exame, porque tendo os redactores do Projecto da Constituição derivado a maior parte dos seus artigos

Pelo contrário[5952], defendia-se que a reeleição apenas sustentaria a Liberdade da Nação[5953], e que as excepções antes decretadas em termos de elegibilidade não

da *Constituição de 1791*, em França, e da de Hespanha, nesta parte não só as não seguirão, mas estabelecerão uma doutrina diametralmente opposta á que se acha naquellas duas Constituições. Vou pois combater a proposição do artigo, segundo o qual he permittida a reeleição dos deputados na immediata legislatura. Verei se posso demonstrar que similhante medida he contraria aos verdadeiros interesses da Nação, que compromette e arrisca a Liberdade nacional, e abre um fácil caminho ao despotismo. (...). Ninguém me pode duvidar que he muito opposto aos interesses da Nação, que no Corpo Legislativo se forme um partido da minoridade dos seus votos, o qual pela sua preponderância se luza e arraste o resto da Assembléa a seu sabor: por tanto he da prudência legislatoria o lançar mãos daquellas medidas que tendem a evitar taes monstruosidades, pois que somente a espontânea votação da maioria dos seus membros, e esta não seduzida, he que se póde chamar a expressão da vontade geral. Permittida porém a reeleição, necessariamente se facilita este mal no Congresso. (...) He por tanto contra os sólidos interesses da Nação o inhabilitar os deputados por meio de uma reeleição sucessiva e prolongada para poderem adquirir conhecimentos práticos só próprios da situação de quem obedece, e não de quem ordena. Digo mais que tão indiscreta reeleição arrisca a Liberdade nacional. Qual será o cidadão zelosa da Liberdade que veja sem uma espécie de como outro cidadão por mais benemerito que pareça continuamente sentado no throno legislatorio permeio de successivas reeleições, o que tira das mais das vezes por seduções e talvez suborno? A cada passo estará parecendo que se levanta um ou muitos Cônsules perpétuos, Dictadores, ou Decemviros. Accrescento que com esta reeleição se facilita o caminho ao despotismo, ou de um punhado de homens que se erigem em árbitros da assembléa, ou do Governo, que querendo fazer alguma tentativa sobre o corpo legislativo, não tem mais que attrair esse pequeno numero influente, ou de qualquer facção exterior que aspire á dominação."

[5952] D. C., V, 17-10-1821, pág. 2691, relativo à intervenção de Ferreira de Moura: "(...) Não he o meu objecto defender o systema da reeleição, mostrando as vantagens, que delle podem resultar a sociedade. Se este fosse o lado por onde a questão me parecesse devia ser olhada, bastaria mostrar só, que a reeleição se encaminha a dar uniformidade a politica interior, e a legislação do Estado; bastaria mostrar que da mobilidade dos individuos depende a mobilidade dos systemas, e que mais vale adoptar um systema, posto que defeituoso, do que estar mudando, e variando em cada legislatura. E bem que possa dizer-se, que não ha tanto receio destas variações; porque a legislação repousa mais em principios constantes do que em rotinas, quem assim discorre não reflete, que ainda quando os principios são constantes, e invariaveis, não o he, nem o póde ser a sua applicação, e menos invariaveis, e constantes o pódem ser as consequencias, que delles se podem deduzir (...) Se he de toda a evidencia, que a base do Governo representativo he a faculdade de delegar a soberania, escolhendo representantes; e se he de igual evidencia, que a Liberdade nesta escolha he o que na de mais importante, e mais essencial no exercicio desta faculdade, por isso que põem o votante no caso de seguir tão sómente as inspirações da sua confiança, não lhe de menos evidencia que he necessario restringir esta Liberdade, quando uma influencia estranha póde tirar esta mesma Liberdade e forçar a escolha. (...) concluo, Senhores, que não he preciso aqui fazer excepção a Liberdade da escolha; que não he necessario restringila, e que a reeleição de acorda com os principios elementares do governo representativo, porque não offende a Liberdade de votar, nem póde influir perigosamente no animo dos votantes."

[5953] D. C., V, 17-10-1821, pág. 2692, relativo à intervenção de Manuel Borges Carneiro: "(...) Cumpre que se não restrinja a Liberdade de votar mais do que já se tem feito. Ao Povo he livre nomear os seus representantes. Dizem que pela influencia que tem, elles se perpetuarão no seu cargo: isto não he assim: se forem eleitos por mais algum ou alguns annos sómente succedera isso em quanto se conhecer que são capazes e então he isso mesmo o que convem. O exercicio das Cortes he a verdadeira escola, o logar aonde bem a Nação póde conhecer, quaes deputados pugnão pelos seus direitos, e são uteis a patria. Se julgar que o são, ella os reelegerá, e pelo contrario, se o não julgar, não os reelegerá. Esta Liberdade está já bem restricta com as exclusões que temos feito se continuar-mos a fazellas, receio muito que em um reino tão piqueno como este a Nação não tenha

tinham aqui lugar⁵⁹⁵⁴. As lembranças de França e de Espanha⁵⁹⁵⁵ e a doutrinação do seu "amigo" Bentham calavam fundo no sector que defendia a reeleição⁵⁹⁵⁶.

sempre a sua disposição homens capazes e dotados dos muitos conhecimentos que são necessarios a um digno deputado de Cortes."
⁵⁹⁵⁴ *D. C.*, V, 17-10-1821, pág. 2691, relativo à intervenção de Ferreira de Mora: "(...) Analysemos os principios essenciaes do Governo representativo, vejamos se o systema da reeleição concorda, ou discorda delles, e teremos razões sobejas para comprovar o proposto systema da reeleição. – E neste sentido as minhas ideas são as seguintes: O primeiro principio que justifica a reeleição, he o da Liberdade de eleger, que deve compelir ao que exerce esta importante funcção de votar nas assembléas eleitoraes, menos quando o perigo evidente da causa publica, obriga a limitar a applicação deste mesmo principio. – Estou ja ouvindo uma resposta e até me parece que alguns Senhores murmurando se me antecipão em a dar. – Ella vem a ser, que nós ja admittimos muitas excepções a este principio da Liberdade de eleger, e que he debalde recorrer a elle, o caso todo está em justificar ou reprovar a excepção. – E certamente que no principio vem desde logo involvidas as excepções, que se adoptão; tem razão os que assim me respondem, tratemos por isso de provar que não he aqui necessaria a excepção."
⁵⁹⁵⁵ *D. C.*, V, 17-10-1821, pág. 2694, relativo à intervenção de Anes de Carvalho: "(...) *Tratou-se de transmittir a França a Constituição de 1791. Os espiritos sisudos e amigos da ordem instavão com a parte mais sã da assemblea constituinte, para que decretassem a reeleição dos deputados. Modestia mal intendida a desviou de medida tão prudente. Por outra parte os Aristocratas, e os Jacobinos que sempre forão contrarios, naquella mal fadada occasião (para nenhum fenomeno politico faltar em aquelle periodo) se reunirão; e accordárão de jogar todas as forças para obstar, a que se sanccionasse a possibilidade das reeleições. Triunfárão as suas manobras; e os resultados da assemblea legislativa, e os mais infaustos ainda da convenção, puzerão fóra de toda a duvida, quão atinadas terão sido as vistas dos que tinhão pugnado a favor das reeleições. Successos tão desastrosos deverião abrir os olhos aos sabios legisladores de Cadis. Mas seguindo mais do que era justo as pizadas dos legisladores francezes derão azo a que em mil e oito centos e quatorze 69 Persas bandeando-se com o dispotismo, deixassem a Nação sem aquelle centro compacto da unidade a que deverião reunir-se os bons hespanhoes se elles levantassem a voz em favor das novas instituições, se tomassem a postura que convem aos pais da patria, o despotismo oscilaria, ou tal vez se não precipitasse tão desenfreado.* Eis aqui o que tem acontecido em as duas Nações vizinhas, que não admittirão as reeleições, e que muito bem tem notado alguns dos seus ultimos publicistas, e historiadores. Voltemos os olhos para as outras duas, a saber Estados Unidos de America, e Grão Bretanha, aonde se adoptou a reeligibilidade indefenidadamente, que fructos tem colhido desta providente faculdade? *N'alguma dellas teem predominado a dictadura perenne de facções encaminhadas a ruina da patria. Os deputados que lá tem occupado por muitas legislaturas successivas a tribuna nacional, não tem sido os oraculos mais incorruptos de Liberdade publica, e particular? Sobre tudo em Inglaterra a Nação tem-se mostrado tão ciosa desta sua enauferivel prerogativa, que por vezes selem por assim dizer obstinado em reeleger terceira e quarta vez alguns dos deputados, que havião dado occazião a dissolver-se o Parlamento.* E se assim o não tivessem praticado, póde ser que tivesse succumbido esse espirito publico, que he o nobre distinctivo daquelle Povo heroico."
⁵⁹⁵⁶ *D. C.*, V, 17-10-1821, págs. 2692 e 2693, relativo à intervenção de Manuel Borges Carneiro: "(...) Tenhamos sempre presente o que succedeo *em França, aonde as leis não duravão nada, onde um systema apenas estabelecido era logo destruido por outro; onde contão oito Constituições desde a Constituição de 1791, até a actual carta; e onde julgo que ainda hoje qualquer estudante de academia se julga com direito de propor uma nova Constituição.* Tenhamos presentos os acontecimentos de Hespanha em 1814. Aprendamos na cabeça alheia, e lembremo-nos, de quando sobre as cadeiras em que se havião assentado os sabios legisladores de 1812, se sentarão esses chamados Persas que tudo forão mudando, destruindo, e perdendo; até entregarem a Hespanha as antigas garras do despotismo, que por seis annos novamente a devorou; até que os sempre immortaes Riego e Queirroga proclamarão de novo o excelso grito da Liberdade nas cabeceiras de S. João. A força intrinseca destas minhas reflexões, *a corroboro com a Autoridade do respeitavel jurisconsulto Jeremias Bentham em uma memoria que offereceu aos Representantes do Povo Portuguez antes de havermos nós jurado as bases da nossa Constituição: eis-aqui o que diz este octogenario com um saber de experiencias feito: Outra clausula em que vos recomendo a alteração da Constituição Hespanhola, he aquella em que se prohibe poderem os deputados serem reeleitos successivamente. A experiencia he a mai da sabedoria. Sim elles poderião*

Em votação nominal acabou por ser decidida a reeleição[5957], daqui resultando o texto constitucional[5958] como uma idêntica conformação ao exposto no Projecto.

Votar pelas eleições directas, assim como e em momento posterior apoiar o voto público e não secreto, assumir a reeleição, eram as pedras de toque que deveriam ser seguidas por um verdadeiro liberal, dizia-se.

Dos dados disponíveis, pode contudo questionar-se a decisão. Votar indirecto, secreto e maioria relativa para a reeleição eram uma questão de precaução e não de cedência. Poderá, talvez mesmo colocar-se o problema de terem sido estes e outros raciocínios idênticos, que originaram os dissabores de 1823[5959].

Por isso mesmo sempre será justa a homenagem a Borges Carneiro e Ferreira de Moura, que souberam estar ao lado de Trigoso, Anes de Carvalho e Correia da Serra no método eleitoral a seguir, assim limpando os seus honrados nomes de eventuais vitupérios maldosos que a ala "corcunda" da Nação lhes procurava, por sistema, atribuir.

Quanto à decisão acerca do voto secreto ou público, afinal acabou-se num apuramento de oitenta e quatro votos contra vinte e três, em votação nominal, favoráveis ao voto secreto. Dos que votaram pelo voto público, salientem-se por idênticas razões de justo encómio para os seus colegas da ala radical do Congresso na situação anterior, a Fernandes Tomás, Teixeira Girão ou Simões Margiochi que contra Borges Carneiro ou Morais Sarmento votaram ao lado de Soares Franco, Inocêncio António de Miranda ou Ferreira Borges[5960].

Finalmente aceita-se perfeitamente a possibilidade da reeleição dos deputados, por um único motivo: a experiência de abnegação que os deputados gaditanos haviam promovido, que surtiu efeitos opostos aos previstos. Os grandes nomes e eméritos parlamentares presentes nas Cortes Constituintes, e que por decisão própria destas não passaram às Ordinárias, fizeram toda a diferença e abriram caminho à restauração do Absolutismo em Espanha.

Os portugueses temeram-se, alertaram para esta situação e procuraram preveni-la, muito embora o expediente não tenha evitado que um idêntico processo se viesse a verificar em Portugal.

3. A Lei Eleitoral como Lei Constitucional: o direito de voto

O Congresso ocupou-se da matéria das eleições para deputados com especial ênfase[5961], como fonte de legitimidade do Poder político. Se, por um lado, a questão foi tratada

---

e quererião perpetuar-te nos seus cargos, se não fosse o Poder que o Povo, tem de os remover delles cada dous annos. Em um systema livre as eleições não he cousa facil, quando os deputados se mostrem incapazes, haver os seus constituintes de os reeleger, aquella clausula da Constituição Hepanhola propõe homens já provados aos que o não são ainda faz mais, regeita, e enexoravelmente, todos já provados; prefere a sorte á certeza, ou antes, exclue a certeza, querendo segurala. Acabo com estas palavras de um tão sabio discurso."

[5957] D. C., V, 17-10-1821, pág. 2698.
[5958] Jorge Miranda, O constitucionalismo liberal luso-brasileiro, pág. 73, artigo 36º da Constituição de 1822.
[5959] O Espírito de eminente liberal que era Almeida Garret, escrevendo em plena recuperação absolutista, tem uma posição diversa da defendida neste Estudo, mas que é possível entender perfeitamente no quadro em que foi explanada. Assim e no "Prólogo" do seu "Portugal na Balança da Europa" Obras de Almeida Garret, I, pág. 800, considera que é falso o argumento da impreparação do Povo português para a Liberdade [tal como sucedera em França], sendo este argumento utilizado pelos inimigos declarados da Liberdade.
[5960] D. C., VIII, 29-04-1822, pág. 1009.
[5961] Maria Namorado e Alexandre Sousa Pinheiro, "Introdução", pág. 9: "A eleição, como condição essencial do Governo representativo, foi uma das bandeiras do Liberalismo Vintista, opondo-se ao método tradicional da

aquando da discussão do Projecto da Constituição, por outro acabou por se formar Lei Eleitoral, com foros de Lei Constitucional[5962], devendo a respectiva observação do debate e das conclusões do mesmo ser enquadrada nos locais apropriados.

Ainda que anterior à entrada em vigor da Constituição, a sua sintonia com o Texto Fundamental é axiologicamente perfeita, como de resto não poderia deixar de suceder sendo ambas produto de decisores comuns.

De uma parte, previa-se a constitucionalização do tema em tese geral; de outra, requeria-se a urgência da elaboração de uma lei que contemplasse já as eleições para as Cortes Ordinárias de 1822. O que isto significou – e é sem dúvida algo confuso – é que existem artigos, aprovados na Constituição, para funcionarem nos casos de eleições para uma Assembleia Constituinte, e artigos que se consagram como Lei Eleitoral que devem funcionar prioritariamente para as eleições para as Cortes Ordinárias[5963]. Contudo e vistas bem as coisas, a consagração como Lei Constitucional da Lei Eleitoral, implicará a inserção constitucional de normativo regulamentar que marca o meio prático de realizar as eleições.

Significa isto que na Lei Eleitoral há artigos que foram separados do capítulo das eleições para a Constituição. Daí que a correspondência normativa em matérias com cunho de constitucionalidade distinto, não seja sempre fácil de articular.

Por outro lado e conhecidas que são as resoluções tomadas pelos Vintistas no plano em recorte, e tendo em consideração quem poderia ou não exercer o direito político de votar, aproveita-se o ensejo para tentar uma união entre os dois normativos, Constituição e Lei Ordinária, que permitam uma visão global e final mais abrangente do tema[5964].

Em 23 de Maio de 1822, quando a maior parte do tema estava já decidida em termos de normativo constitucional reiterou-se, mediante intervenção de Bento Pereira do Carmo, a necessidade de acelerar a conclusão de uma Lei Eleitoral que contemplasse as eleições para o ano de 1822[5965].

Assim se decidiu, sendo certo que convirá deixar bem demarcado que esta Lei Eleitoral não contraria, antes completa, o que já havia ficado decidido em termos de Constituição.

A 28 de Maio o debate acerca do artigo 33º do Projecto da Constituição prosseguiu, dando origem ao artigo 2º do decreto em causa, que veio a corresponder

---

representação estamental em Cortes, não sem oposição dos sectores mais conservadores da sociedade portuguesa. O significado das eleições começou por ser a rotura com um modelo político ultrapassado pela História, caído já em França e em Espanha. Nos primórdios, a revolução vinha das próprias eleições, e não de aspectos particulares ligados ao recenseamento, à capacidade eleitoral, á demarcação dos círculos eleitorais ou ao modo de exercício do direito de voto."

[5962] António Pedro Ribeiro dos Santos, págs. 131 e ss.

[5963] *D. C.*, IX, 23-05-1822, pág. 255.

[5964] A qualidade e o tipo das intervenções parlamentares neste domínio não difere das estabelecidas no plano do debate constitucional. Por esse motivo e porque não interessa sobrecarregar o texto com argumentos já conhecidos e seus destacados mentores, dispensa-se, neste particular, a sua identitificação em especial como é costume fazer, mas aqui pouco ou nada se justifica.

[5965] *D. C.*, IX, 23-05-1822, pág. 255: "O Sr. Pereira do Carmo fez a seguinte INDICAÇÃO. Proponho que mal se acabar de discutir o titulo das eleições, passe immediatamente a Commissão a apurar cada um dos respectivos artigos para serem definitivamente sanccionados pelo Congresso, destacando-se esta parte do todo do Projecto, a fim de se ordenarem, e expedirem logo as convenientes instrucções para a nova eleição de deputados, que se devem convocar na época já decretada por esta Assemblea Pereira do Carmo. (...) Poz-se a votos, e foi approvada."

ao referido artigo constitucional. O problema deve, contudo, ser visto levando em linha de consideração que era preciso demarcar as condições impostas pelo artigo 33º citado, na medida em que desta questão prévia dependia saber-se quem poderia eleger os deputados para a próxima Legislatura. Isto é, era preciso saber quem eram, objectivamente, os contemplados nos artigos 21º a 24º. Portanto, o tema tinha ligações mais fundas que a mera eleição dos deputados.

E isto apenas se conseguiria demarcando com toda a clareza a qualidade de cidadão português. Foi precisamente isto que se iniciou em 23 do citado mês. O Projecto era da autoria de Joaquim Pereira Anes de Carvalho, José Joaquim Ferreira de Moura e Manuel Borges Carneiro[5966].

A questão colocava-se, em primeiro lugar, em saber o que pesaria mais, se as ligações "ius solli" ou "ius sanguinius". Quanto aos portugueses nascidos no reino ou aqui domiciliados quando nascidos no estrangeiro, o problema era aparentemente fácil de resolver: eram cidadãos nacionais. Mesmo assim o tema levou algum tempo a ficar devidamente esclarecido. Finalmente, decidiu-se nos termos finais que constam do nº 1 do artigo 21º da Constituição, já antes referido como texto do Projecto[5967].

Acabou por prevalecer uma combinação do critério do "ius solli" com o do "ius sanguinius" – como já estava determinado no artigo constitucional –, em que se requeria uma tomada de atitude positiva destes estrangeiros face à aquisição da cidadania portuguesa ao chegarem à maioridade. Resulta, portanto, a necessidade de conciliar as normas dos artigos 2º a 5º do decreto com o artigo 33º da Constituição.

O nº 2 do Projecto previa que seriam cidadãos portugueses "os filhos nascidos em país estrangeiro de pai português que tenha perdido a qualidade de cidadão, se dentro de um ano, depois de chegado à maioridade, vierem estabelecer o seu domicílio no Reino Unido"[5968]. Acabou por vir a ser suprimido, por se entender que era uma violação dos direitos do homem.

Quanto ao nº 3 do Projecto, que dizia que são cidadãos portugueses "os filhos ilegítimos de mãe portuguesa nascidos no Reino Unido, e que não forem reconhecidos ou legitimados por pai estrangeiro", foi aprovado, após breve discussão[5969].

Quanto aos filhos de estrangeiros nascidos em Portugal, devem adquirir a qualidade de cidadão por força não apenas do seu nascimento em Portugal, mas também porque aqui estão domiciliados. Acabou por se conjugar o parecer da Comissão com a indicação de Luís Monteiro, ficando a regra estabelecida no sentido de poderem ser portugueses os nascidos em Portugal, desde que chegados à idade adulta assim o declarem formalmente[5970].

Do amplo debate suscitado no plano desta discussão resultaram, portanto, os seguintes principais factos a reter, da conjugação do texto constitucional com o decreto em elaboração:

Artigo 33º da Constituição (tendo por base os artigos 21º-24º da mesma) = Artigos 2º-5º do decreto de 11 de Julho de 1822;

Artigos 21º-24º da Constituição – Aquisição e perda da cidadania para filhos de nacionais ou estrangeiros, nascidos em Portugal ou no estrangeiro, e condições para tanto;

[5966] D. C., IX, 23-05-1822, págs. 255 e ss.
[5967] D. C., IX, 28-05-1822, pág. 292.
[5968] D. C., IX, 28-05-1822, pág. 292.
[5969] D. C., IX, 28-05-1822, pág. 293.
[5970] D. C., IX, 30-05-1822, págs. 319, 323 e 324.

Artigos 2º-5º do decreto de 11 de Julho de 1822 – regulamentação das disposições constitucionais especificamente no que toca à eleição para os deputados à 2ª Legislatura.

A conclusão a retirar é que existiu uma ampla abertura à consideração da aquisição da cidadania portuguesa, fundada em razões de ordem política e de necessidade de aumentar a população do reino. Isto no que toca a menores ou a maiores que expressamente o declarassem quando atingissem a maioridade, sendo aqui domiciliados. Para os estrangeiros maiores requeria-se uma carta de naturalização. Estes eram os comandos constitucionais.

Quanto à disciplina reguladora para as eleições para deputados, neste particular, buscava os seus contributos na disciplina constitucional, sendo excluídos de votar os estrangeiros naturalizados e ao abrigo das demais condições requeridas no artigo 33º da Constituição.

Em resumo, não podiam votar os mencionados no artigo 33º da Constituição e os referidos nos artigos 2º-5º do decreto de 11 de Julho de 1822.

Relativamente às pessoas que não podiam votar em determinados locais, nos termos do artigo 6º do Projecto de decreto e que correspondia ao artigo 35º da Constituição, ficou decidido que não poderiam votar aqueles que não tivessem naturalidade ou residência em província há mais de 5 anos. As explicitações constavam da mesma norma.

A temática deve ser, portanto, enquadrada no âmbito da discussão do artigo 74º do Projecto da Constituição, cuja tese geral e alargamento de debate foram já alvo de problematização nos lugares próprios[5971].

Constava, mais, deste decreto, no seu artigo 7º, serem absolutamente inelegíveis os que não podem votar e os que não têm renda suficiente "procedida" de bens de raiz, ou comércio ou indústria e os estrangeiros naturalizados. Correspondia esta norma, também, aos artigos 34º e 75º da Constituição.

Por outro lado, os deputados de uma Legislatura podiam transitar para a seguinte, conforme artigos 8º do decreto e 37º e 74º da Constituição, questão que como se viu antes não foi pacífica no âmbito do debate acerca do normativo constitucional.

As restantes normas eram meramente processuais e sem interesse de maior para o debate em presença[5972].

§ 3º. A defesa das Leis Fundamentais (Constituição) pelo recurso à representatividade e ao equilíbrio de poderes ou o triunfo da vontade e da Razão individual no processo histórico concreto: a assunção do modelo gaditano

1. Cádiz e a Liberdade política da sociedade

Aspecto essencial das preocupações dos constituintes de 1810-1812, em Espanha, foi a elaboração da tão desejada Constituição, para a qual se necessitava previamente, tal

---

[5971] D. C., V, 101-10-1821, págs. 2590 e ss.
[5972] O texto integral do decreto de 11 de Julho pode ser encontrado no D. C., IX, 11-07-1822, págs. 778-782; DHCGNP, I, págs. 331 e ss; Maria Namorado e Alexandre de Sousa Pinheiro, *Legislação Eleitoral Portuguesa – Textos Históricos (1820-1974)*, CNE, I, págs. 39 e ss.

como sucederá depois em Portugal, de umas prévias Bases que lançassem os alicerces da mesma[5973].

A conquista da soberania nacional era um dos pilares de toda a tramitação gaditana[5974], com a representatividade presente no núcleo das preocupações espanholas como o serão depois em Portugal.

Ora e para que a defesa da própria Constituição não pudesse ser questionada, urgia não apenas a consagração da doutrina da separação de Poderes[5975], mas igualmente que os órgãos com vocação política por excelência e a doutrina liberal que os sustentava, bem como a vocação ideológico-política da defesa da Liberdade, se tornassem efectiva realidade.

Espanha e Cádiz conheceram figuras que soam com razoável acuidade aos ouvidos dos contemporâneos: para além da já mencionada soberania nacional[5976] e "equilíbrio de Poderes" na defesa da Constituição[5977], igualmente as figuras da Deputação Permanente[5978],

---

[5973] *Cortes de Cádiz*, Sesion del dia 18 de Octubre de 1810, pág. 51. As mesmas não se chegaram a elaborar.

[5974] Miguel Artola, *La España de Fernando VII*, pág. 364: "La denominación política del Poder es la soberanía. El problema consistirá en trasladar la soberanía de las manos de su anterior poseedor – el monarca – a las del grupo social que la reclama y necesita perentoriamente para la realización de su programa. De aquí que en las Cortes se tratase únicamente del problema de la titularidad de la misma."

[5975] *Cortes de Cádiz*, Sesion del dia 15 Noviembre 1811, pág. 2262, artigo 242º do Projecto, futuro artigo 243º, da Constituição: "Ni las Cortes ni el rey podrán ejercer en ningún caso las funciones judiciales, avocar causas pendientes, ni mandar abrir juicios fenecidos." Veja-se *Constituição de Hespanha traduzida em Portuguez por *****, pág. 39; *Collecção de Constituições Antigas e Modernas*, I, pág. 243.

[5976] Recorde-se que não se investiga a questão da soberania nacional gaditana, como outras matérias em presença da apreciação das Bases da *Constituição de 1822*, pelo simples facto da *Constituição de Cádiz* não apresentar Bases. Por isso este é o local indicado para se tratar de todas estas questões intimamente ligadas com a Liberdade política da sociedade, como há pouco foi encetado para a Liberdade política do cidadão.

[5977] *Cortes de Cádiz*, Sesion del dia 3 de Octubre de 1811, pág. 1983, artigo 131 do Projecto, idêntica norma em sistemática e conteúdo na *Constituição de 1822*: "De las facultades das Cortes – 1º- Proponer y decretar las leyes, e interpretarlas y de rogarías siendo necesario." *Ibidem*, Sesion del dia 9 de Octubre de 1811, pág. 2024 e ss.: "Da Inviolabilidade da Pessoa d'El Rey e sua Authoridade", artigos 168 e ss., do Projecto e idênticos na Constituição, quase sem modificações. Os espanhóis fugiram habilmente da questão de saber donde provinha a Autoridade do Rei, porque não o escreveram em qualquer parte, limitando-se a proclamar a soberania da Nação. Outro tanto não sucederá, em Portugal.

[5978] *Cortes de Cádiz*, Sesion del dia 7 e 8 de Octubre de 1811, págs. 2011 e ss. e págs. 2016 e ss. Correspondem aos artigos 157º-160º da *Constituição de Cádiz*. O texto das normas é, respectivamente, o seguinte: artigo 157º: "Antes de separarse las Cortes nombrarán una diputación que se llamará Diputación Permanente de Cortes, compuesta de siete individuos, de su seno, tres de las provincias de Europa y tres de las de Ultramar, y el séptimo saldrá por suerte entre un diputado de Europa y otro de Ultramar." Artigo 158º: "Al mismo tiempo nombrarán las Cortes dos suplentes para esta diputación, uno de Europa y otro de Ultramar." Artigo 159º: "La Diputación Permanente durará de unas Cortes ordinarias a otras." Artigo 160º: "Las facultades de esta diputación son: Primera. Velar sobre la observancia de la Constitución y de las leyes, para dar cuenta a las próximas Cortes de las infracciones que hayan notado. Segunda. Convocar a Cortes extraordinarias en los casos prescritos por la Constitución. Tercera. Desempeñar las funciones que se señalan en los artículos 111 y 112. Cuarta. Pasar los diputados suplentes para que concurran en lugar de los propietarios; y se ocurriese el fallecimiento o imposibilidad absoluta de propietarios y suplentes de una provincia, comunicar las correspondientes órdenes a la misma, para que proceda a nueva elección". Veja-se *Constituição de Hespanha traduzida em Portuguez por *****, pág. 26; *Collecção de Constituições Antigas e Modernas*, I, págs. 215 e 216.

do Veto real⁵⁹⁷⁹, do Unicameralismo⁵⁹⁸⁰, do Conselho de Estado⁵⁹⁸¹ ou as diatribes em presença da eleição dos futuros deputados.⁵⁹⁸²

Se nuns casos as semelhanças entre os dois textos são flagrantes, noutros a Constituição portuguesa foi "mais liberal"⁵⁹⁸³, e o caso do veto real é o exemplo de escola que se pode apontar.

Claro que a diferença é clara entre duas devoluções e apenas uma para efeito do veto real, além dos prazos que são também mais apertados na nossa que na espanhola.

Também em relação à reeleição dos deputados há divergência. Em Cádiz ela era proibida e em Portugal era perfeitamente admissível.

2. O Texto Fundamental português e a defesa da Liberdade política da sociedade: a soberania nacional

Houve oportunidade de, em tese geral, apresentar os contornos que a ideia de Constituição assumia – e continuou a assumir – durante muito tempo nos espíritos mais arreigados às ideias propedêuticas da "regeneração" nacional.

Era isso que significava o respeito que a História impunha às antigas *Leis Fundamentais da Monarquia*, que agora se transmudavam em necessidade activa e militante da urgência de uma Constituição. Portugal teria de formalizar uma Constituição que, historicamente, estava no íntimo do sentimento de todos os portugueses.

Ou seja, uma vez mais, se procura conciliar a "História" com a "Revolução", mesmo que sob a eufemística fórmula de "Regeneração", apontado pelos dois caminhos para uma soberania nacional que, se nos primeiros tempos tivera um substrato divino na origem e um exercício consensual acordado entre Rei e Nação, agora apenas e tão só originariamente à Nação, em si mesma considerada, se devia. E afastar a antiga ideia das Leis Fundamentais com as características conhecidas, pela de Constituição em moldes Modernos, esta sim garante da Liberdade política da Nação.

No fundo, mais não se fazia que consagrar no "Preâmbulo" da *Constituição de 1822*, aquilo que de há muito se sabia: ainda que se discutisse a autenticidade das *Cortes de Lamego*⁵⁹⁸⁴, sem dúvida que os portugueses haviam desde sempre tido a sua

---

⁵⁹⁷⁹ *Cortes de Cádiz, Constitución*, artigos 142 e ss. Este é um dos aspectos onde a divergência que existe com a *Constituição de 1822* é de maior relevância. Admite-se que o Poder de fazer as leis reside nas Cortes e no Rei, este por intermédio da sanção ou veto real.

⁵⁹⁸⁰ Veja-se a justificação d'*O Portuguez*, XI, n° 61, págs. 67 e 68, para a inexistência de bicameralismo na Espanha de Cádiz, tal como depois irá acontecer no Portugal do Triénio Vintista.

⁵⁹⁸¹ *Cortes de Cádiz*, Sesion del dia 22 de Enero de 1812, decreto das Cortes resolvendo criar um Conselho de Estado, conforme à Constituição que se está ultimando, nomeando para a mesma vinte indivíduos, com pelo menos seus a representarem o Ultramar. O Conselho de Estado está previsto na *Constituição de Cádiz, Constitución*, artigos 131°-141°, *Constituição de Hespanha traduzida em Portuguez por* ****, págs. 38 e 39; *Collecção de Constituições Antigas e Modernas*, I, págs. 239 e ss.

⁵⁹⁸² O texto das normas é o seguinte: *Cortes de Cádiz, Constitución*, artigo 108°-110 – Artigo 108° "– Los diputados se renovarán en su totalidad cada dos años. Artigo 109 (...) – sobre a guerra da ocupação, Artigo 110° – Los diputados no podrán voltar e ser elegidos, sino mediante otra diputación" *Constituição de Hespanha traduzida em Portuguez por* ****, págs. 17 e 18; *Collecção de Constituições Antigas e Modernas*, I, págs. 199 e 200.

⁵⁹⁸³ Jorge Miranda, *O constitucionalismo liberal luso-brasileiro*, pág. 15.

⁵⁹⁸⁴ Conforme ficou apontado em capítulo anterior e no âmbito da inserção geral do problema, em 1820 havia muitos parlamentares que já duvidavam da autenticidade das Cortes de Lamego. Isso mesmo se denota de várias afirmações que foram feitas quando da discussão do Preâmbulo da *Constituição de 1822*, em que, por exemplo Camelo Fortes, suscitava a questão em D. C., III, 09-07-

Constituição histórica e as suas Leis Fundamentais[5985]. Tudo se resumia a dar-lhe a necessária sequência.

1821, pág. 1477: "(...) *Cortes de Lamego; cuja existencia ainda que seja duvidosa, forão comtudo estas leis reconhecidas, como fundamentaes, em cortes posteriores, e verdadeiras, em que se despensarão alguns capitulos dellas (...).*"; *ibidem*, pág. 1526: de uma forma bastante mais incisiva, a longa intervenção de Bento Pereira do Carmo, parece resolver em definitivo as poucas dúvidas que os Vintistas teriam acerca da efectiva existência das *Cortes de Lamego* – "(...) *Quando pela primeira vez se discutiu este preambulo, forão muitos e mui variados os pareceres de meus illustres collegas; mas para me não fazer cargo de tudo o que então ouvi, apontarei sómente as objecções que me parecerão mais arrazoadas; e são as seguintes:* 1ª *que erão duvidosas as Cortes de Lamego, que estipularão o nosso pacto social; e que não parecia airoso que esta Assemblea sanccionasse como certo um facto incerto da maior transcendencia:* 2ª *que com quanto existissem*, não era pelo estabelecimento das leis ahi ordenadas, que poderiamos acabara grande obra da nossa regeneração politica; por que nellas se não falava de Cortes, nem as Cortes de então gozavão, do Poder que cumpria para o grande fim da felicidade publica:* 3ª *que havendo-se assignalado como causa das desgraças que opprimião e opprimem os Portuguezes, o desprezo dos direitos do Cidadão, era escusado falar no esquecimento das leis fundamentaes da Monarquia. Vou responder a cada uma destas duvidas. E pelo que toca á primeira direi, que não he proprio de uma Assemblea constituinte entrar nas miudas, e cançadas indagações sobre a existencia das Cortes de Lamego. Deixemos a tarefa aos eruditos nacionaes e estrangeiros, que terá debatido este ponto de nossa historia politica: aos legisladores só cumpre saber que nas Cortes de 1679, e 1697 se dispensarão, e derrogárão alguns capitulos das de Lamego; e que a Nação reconheceu por esse mesmo facto a existencia e validade dos que não forão dispensados, nem derrogados. Não he portanto esta augusta Assemblea a que sancciona o pacto fundamental estipulado em Lamego, forão sim as Cortes de 1679, e 1697.*"; *ibidem*, o deputado Pessanha era de idêntica opinião, expressa no mesmo dia e no mesmo local: "*O senhor Pessanha: – Approvando a doutrina, que o illustre membro da Commissão de Constituição acaba de deduzir*, na parte de seu discurso em que, conforme com o proemio do Projecto, attribue tais males que tanto tem opprimido a Nação, ao despreso dos direitos do cidadão; não posso assentir ao que ouvi no mesmo discurso, relativamente a dependerem estes mesmos males do esquecimento das *Leis Fundamentaes da Monarquia*: porque para esta proposição por verdadeira, *era preciso que se provasse que nós tinhamos tido verdadeiras leis fundamentaes; e que estas tinhão toda a perfeição possivel. Mas que coisa erão essas leis fundamentaes? e como estavão ellas definidas? Se considero as leis de Lamego, vejo que ellas pouco mais regulão do que a successão ao throno; e sem entrar no exame critico da existencia ou não existencia dessas Cortes, em que se diz forão proclamadas aquellas leis, exame que daria o mesmo resultado que ordinariamente dão averiguações de semelhante natureza*; sem entrar, digo, neste exame, bastará para o meu proposito *notar, que taes leis, se de facto forão publicadas no tempo a que as reportão, nenhuma influencia tiverão nos negocios politicos de Portugal, por espaço de cinco seculos em que ficarão esquecidas no cartorio de Alcobaça. O certo he que ellas já começarão a ser citadas no tempo do Senhor Rei D. João IV; e que a não tinhão sido em nenhumas das occasiões solemnes, em que suas disposições devião terminar as questões mais importantes para a Monarquia.* (...) *Pondo porém de parte as leis de Lamego, que como já se disse apenas regulão um artigo constitucional; que leis bem definidas tinhamos nós, que se pudessem chamar constitucionaes? Não estava esta Constituição variando a cada passo, por isso mesmo que consistia só em leis meramente tradicionaes? Não nego que a doutrina da soberania da Nação não foi desconhecida a nossos avós; mas em que occasiões foi ella propalada?*" Veja-se Francisco Freire de Mello, *Cortes de Lamego Fuziladas*, Lisboa, 1834.

[5985] D. C., III, 13-07-1821, págs. 1526 e ss., sequência da intervenção de Bento Pereira do Carmo: "(...) *Declarar e fixar os direitos de cidadão, não devia ser obra dos réis, mas clausulas expressas do pacto social. Entretanto em Lamego só se fizerão algumas leis ácerca da nobreza; e nas Cortes de Coimbra de 1385 se contentarão os Povos de exigir, que ninguem fosse obrigado a casar contra sua vontade, como por muitas vezes os obrigarão o senhor D. Fernando, ou a Rainha D. Leonor. Verdade he, que os Povos vendo-se vendidos como rebanhos de ovelhas e doados a donatarios com suas jurisdicções de mero e mixto imperio, padroados, e direitos de padroado, fructos e proveitos, rendas, e outros direitos, que rigorosa e excessivamente se lhes exigião, representarão em Cortes ao senhor D. João I. na linguagem energica e singela, daquelle tempo = que Vossa Mercê fizesse isentos, e os tirasse da sugeição de nem servir, nem obedecer a outrem, salvo a Deos e a Vossa Mercê. E porque Senhor*

DA HISTÓRIA DA LIBERDADE À LIBERDADE NA HISTÓRIA

Retomando os preceitos de proveniência modelar constitucional estrangeira[5986] e, sobretudo, os gaditanos, entendia-se que a soberania pertencia à Nação[5987], por inter-

assi como nós somos tendos de soccorrer a vossos mesteres e necessidades; assi sondes vós obrigado a nos amparar, e nos defender, nós e nossos averes, a manter a vossa terra em direito, e em justiça. Com tudo o tempo era passado, em que os Povos podião obter condições mais vantajosas: o senhor D. João I. estava já firme e seguro em seu throno no anno de 1430. Por duas principaes razões não entrárão os direitos de cidadão nas Leis Fundamentaes da Monarquia: 1º pela barbaridade, em que Portugal jazia mergulhado com toda a Europa, quando se estipulou, e addicionou o nosso pacto social: 2º pela defeituosa organização de nossas velhas Cortes, em que os dois braços, Clero e Nobreza, empecião acintemente á emancipação do 3º estado, que reputavão patrimonio seu. Do exposto, podem apurar as seguintes verdades: 1ª que a condição civil do Povo portuguez não foi tão apertada pelo systema feudal, como a condição civil dos outros Povos da Europa: 2ª que não se substituindo ao systema feudal uma nossa organização social, ficou pendendo do bom prazer dos réis o melhoramento da condição civil do Povo portuguez: 3ª que estes melhoramentos destacados, e incompletos não podião formar um codigo, onde bem, e verdadeiramente se definissem os direitos de cidadão: 4ª *finalmente que os direitos de cidadão não mirarão em nossas leis fundamentaes, tanto por arbitrariedade dos tempos, como pelo interesse daquelles, que desejavão perpetuar essa barbaridade.* Concluo = que o despreso dos direitos de cidadão, que vai indicado no preambulo, como uma das origens de nossos males, não exclue a outra, que he o esquecimento das Leis Fundamentaes da Monarquia; que nestas leis não vinhão declarados, e definidos aquelles direitos."

[5986] Venceu-se que o deputado é, solidariamente, procurador e representante de toda a Nação, e não apenas do distrito que o elegeu, conforme preconizava ao artigo 76º do Projecto da Constituição que corresponde com pequenas alterações ao artigo 94º da Constituição. Veja-se Jorge Miranda, *O constitucionalismo liberal luso-brasileiro*, pág. 84, artigo 94º da *Constituição de 1822*.

[5987] *D. C.*, III, 13-07-1821, págs. 1526 e 1527, relativo à intervenção de Bento Pereira do Carmo: "(...) Qual foi porém a Autoridade das Cortes nos tempos passados? Se consultarmos os nossos publicistas, as Cortes erão nada. Se consultarmos os monumentos, e a Historia, as Cortes exercêrão muitas vezes a soberania, como representantes da Nação, em que ella reside. Por cinco vezes no espaço de 525 annos as Cortes nomeárão os senhores Reis deste reino, e quasi sempre excluindo pessoas, que se dizião com direitos á Coroa mais ou menos fundados. Elegerão o nosso primeiro Rei o senhor D. Affonso Henriques; o Conde de Bolonha Affonso III., excluindo a seu irmão Sancho II; o senhor D. João I., excluindo a infanta D. Beatriz, filha d'ElRei D. Fernando, e os filhos de D. Ignez de Castro, e d'ElRei D. Pedro I; o senhor D. João IV., excluindo os Réis de Hespanha; e ao senhor D. Pedro II., excluindo o senhor D. Affonso VI. Que nosso primeiro Rei reconheceu nas Cortes o Poder Legislativo, quando disse aos deputados da Nação juntos em Lamego = *Constituamus leges per quas terra nostra sit in pace = Vultis facere leges de nobilitate, et justitia?* Todavia os deputados se esquecerão de levantar barreiras, que lhes pozessem a coberto este Poder: e o que resultou do tão fatal esquecimento foi, que 300 annos depois dizia o senhor D. Affonso V. em sua Ord. Do Liv. 3º Tit. 78 § 1º – ElRei he a lei animada sobre a terra, e póde fazer lei, e revoga Ia quando vir que he compridoiro. Em verdade nas Cortes de Coimbra de 1385 algumas restricções se pozerão ao Poder Real, as quaes o senhor Rei D. João I. acceitou, é jurou cumprir; e taes forão = que não faria, guerra nem paz sem consultar as Cortes. E quantas desgraças se não terião poupado á nossa heróica Nação, se pontualmente se houvesse observado esta clausula expressa do nosso pacto social. Virião por ventura a effeito as extravagantes expedições do senhor D. Affonso V., e a sobre todas fatal expedição, que enterrou nos campos de Alcacerquivir a gloria, e a fortuna da gente portugueza? (...) Concluo por derradeiro, que o nosso Direito Publico admite e reconhece a soberania da Nação: admitte e reconhece que esta soberania foi exercida peias Cortes: admitte e reconhece que só ás Cortes cabia prover ás despezas publicas por via, de impostos e podidos. Ate aqui o nosso direito publico, agora os factos historicos mostrão que mal que se desprezarão estes principios obscurecidos pela superstição, fanatismo e arbitrariedade, o espirito publico esmoreceu, e a Nação se despenhou num abysmo de miserias. *Logo he exacta a idéa do preambulo, quando diz que sómente pelo restabelecimento destas leis he que póde renascer a antiga prosperidade, mormente sendo ampliadas com opportunas providencias. He necessario duelo francamente, e repetilo muitas vezes a nossos constituintes*

médio dos seus representantes em Cortes e devendo o monarca submeter-se-lhes[5988], no sentido de evitar quaisquer abusos de Poder por parte da realeza[5989].

E, sendo a Constituição portuguesa o resultado de um trabalho que toma por modelo a sua congénere de Cádiz[5990] e a doutrinação antecedente do constitucionalismo francês saído da Revolução de 1789 – e dos importantes contributos teóricos de origem inglesa – então também nela se devem verificar idênticos propósitos, quais sejam os da soberania nacional[5991].

O corte propiciado pelo Congresso estribava-se na ideia de Liberdade[5992]. Os liberais portugueses pretendem restabelecer a Liberdade da Nação, com raízes intemporais e adaptada aos específicos condicionalismos do constitucionalismo Moderno. Porém, foram muito além do processo de intenções que a si mesmos fizeram.

A soberania era figurada sob forma abstracta e não personalizada; a soberania era um todo colectivo e nacional e não uma personificação individual na pessoa do Rei[5993]. A soberania é nacional, nos termos do artigo 26º, [5994] e não real.

= *O Projecto que vamos discutir está esboçado em nossa antiga Constituição: ou por outras palavras, a nossa antiga Constituição, apropriada ás luzes do secreto em, que vivemos, fórma o Projecto de que nos occupamos agora: os seus redactores, instruidos pela historia do passado, esmerarão-se todavia em dividir os Poderes, segundo a sua natureza, e marcar balizas, que nem o tempo, nem as paixões podessem apagar.* Por tres vezes tem a Nação portugueza dispertado do letargo de alguns centos de annos: nas duas primeiras muito lucrou a causa da gloria, e muito pouco a da Liberdade. Na ultima, em tudo unica, importa segurar por tal maneira o edificio social, que a geração presente colha alguma vantagem de seus arriscados esforços, e as gerações vindouras não maldigão nossa memoria, bem como nós maldizemos, nesta parte, a memoria de nossos maiores."

[5988] Vítor Neto, *O Estado, a Igreja e a Sociedade em Portugal (1832-1911)*, pág. 32, escreve: "Ao nível da origem do Poder, o regime monárquico constitucional representa uma síntese entre o princípio da soberania nacional (base do sistema representativo) e o jusdivinismo consagrado na pessoa do monarca. O Estado liberal encontrava a sua fundamentação última de uma origem secular (soberania secular e por delegação de Poderes) com a origem divina (o monarca é 'Rei por graça de deus')." Por razões que já são conhecidas, discorda-se. Os Vintistas não aceitaram qualquer intervenção divina no plano da origem do Poder e nem sequer no plano do exercício do mesmo manifestaram qualquer admissibilidade da sua partilha com o monarca.

[5989] Assim havia ficado decidido em função das Bases da Constituição.

[5990] D. C., I, 20-01-1821, págs. 124 e 125, discurso de Trigoso: "O Senhor Trigoso. – a *Constituição de Hespanha* definio com mais exacção este principio, e diz – A Soberania reside essencialmente em a Nação; e deduz por consequencia, logo a Nação he a unica que tem Direito de fazer as Leys Constitucionaes, e Fundamentaes. – Depois trata das pessoas a quem a Nação terá delegado os seus Poderes; e por isso, segundo o espirito da *Constituição de Hespanha*, a Soberania que reside em a Nação he a Soberania radical, habitual, mas não a actual, depois que a Nação delegou seus Poderes."

[5991] *O Campeão Portuguez ou o Amigo do Rei e do Povo*, III, Janeiro de 1821, págs. 381 e 382: "Se a soberania reside primariamente em a Nação, artigo, que deve ser mui explicitamente proclamado em nossa Constituição, claro he, que El Rey não pode ser considerado se não como seu primeiro mandatário."

[5992] D. C., I, 30-01-1821, pág. 9, relativo à intervenção de Bento Pereira do Carmo: "(...) Filhos Primogenitos da Grande Familia, a que temos a honra de pertencer; por espaço de mais de trezentos annos só nos vierão da Europa as rajadas do Despotismo; porque nos quereis privar agora da viração prestadia da Liberdade Constitucional?"

[5993] D. C., VI, 02-11-1821, pág. 2895, relativo à intervenção de Ferreira de Moura: "(...) Srs., não haverá certamente um caminho seguro para chegar á verdade nas cousas humanas; porém luzes diversas, principios diversos, sentimentos diversos, interesses e paixões diversas, tudo luctando no conflicto de uma discussão publica, senão he este o crisol capaz de apurar a verdade nos objectos de utilidade publica, então não sei qual seja; mas o que sei de certo he que o não póde ser a vontade isolada do Rei, e muito menos ainda a officina politica do seu gabinete."

[5994] Silvestre Pinheiro Ferreira, *Breves Observações sobre a Constituição Politica da Monarchia Portugueza*, pág. 9: "A matéria destes artigos [26º e 27º] he puramente didáctica, e portanto impropria da legislação."

Politicamente, o Poder reside na Nação soberana e o exercício da soberania faz-se por meio dos seus representantes[5995], quer se trate de Cortes Constituintes ou Ordinárias[5996]. O Rei é impecável e inviolável[5997], figura prestigiante e prestigiada[5998], mas sem direito efectivo a intrometer-se num Poder que lhe escapa por natureza[5999].

Ou seja, no plano da Liberdade política, plasmada na ideia da Liberdade da sociedade[6000], o Rei não é mais que o primeiro magistrado da Nação, não podendo dela dispor nem ser seu senhor e estando dependente do consentimento daqueles que o escolheram, conferindo-lhe coroa e ceptro real e presidindo a um ministério alvo de permanente suspeita[6001].

O Constitucionalismo espanhol transmudado para o português, obriga a que daí por diante poderá fazer sentido falar em governantes e governados, muito embora tal não possa implicar, de idêntico passo, a identificação dos dois termos em presença com sinónimos de "senhor" por um lado, e "escravos" ou "servos", por outro[6002].

[5995] *D. C.*, IV, 22-08-1821, pág. 1988, relativo à intervenção de Ferreira de Moura: "O senhor Moura: – Uma cousa he soberania, e outra cousa he o exercicio da soberania por meio da representação nacional. A soberania está na Nação; o methodo de exercer esta soberania he por meio da representação nacional: isto he dar uma explicação do que está dito precedentemente."

[5996] *D. C.*, IV, 22-08-1821, pág. 1988, relativo à intervenção de Anes de Carvalho: "O senhor Anes de Carvalho: – Nós podemos tratar ou da soberania, ou da representação da soberania. As Cortes constituintes, e as mais que se seguirem representão a Nação, com a differença que as Cortes constituintes tenham o Poder de fazer a Constituição, e as outras tem sómente o Poder de fazer as leis. A Nação portugueza he representada nas suas Cortes, assim nas constituintes como nas que se seguirem."

[5997] Jorge Miranda, *O constitucionalismo liberal luso-brasileiro*, pág. 92, artigo 127º da *Constituição de 1822*.

[5998] *D. C.*, VI, 02-11-1821, pág. 2900, relativo à intervenção de João Maria Soares Castelo Branco: "(...) a Nação não póde deixar de olhar o Rei (pois o mais he saír desta expressão) como seu anjo tolerar; aquelle que maneja todas as forças da Nação para o fim de a proteger, e não para o fim de a opprimir. Depois que o Rei se constituiu vigia suprema para o bem Nação, he muito natural, que quando entender que a lei é feita pelo Corpo Legislativo tem alguns inconvenientes, elle os proponha com vista de proteger, de beneficiar o Povo, porém sujeitado inteiramente o seu juizo ás decisões, á consideração do Congresso."

[5999] *D. C.*, VIII, pág. 10, Projecto da Constituição, artigo 103; Jorge Miranda, *O constitucionalismo liberal luso-brasileiro*, pág. 90, artigo 121º da *Constituição de 1822*: "A Autoridade do Rei provém da Nação, e é indivisível e inalienável."

[6000] *D. C.*, VI, 19-11-1821, pág. 3138, relativo à intervenção de Manuel Borges Carneiro: "O Sr. Borges Carneiro: – Não ha nada contra isto: a Autoridade do Rei provém da Nação; está decidido que a soberania reside nella; porém parece-me bom que se declare isto expressamente, para que todos saibão que a soberania não vem de Deus, como em algum tempo nos dizião os despotas."

[6001] *D. C.*, VI, 02-11-1821, pág. 2897, relativo à intervenção de Manuel Borges Carneiro: "(...) *A moral dos gabinetes, quando se considerão bem seguros, he moral de sulteadores de estrada; moral, que não busca outra base senão a força, e aquella que chamão politica, isto he, manha, velhacaria, embuste. Por tanto eu presumo sempre mal dos governos, e bem das Cortes*: aquelles sempre tentados ao despotismo, estas á conservação do Poder rectamente dividido. Não posso por tanto ouvir com indifferença que se queira confiar tudo do Poder Executivo, e nada da Assemblea dos representantes escolhidos pela Nação."

[6002] *D. C.*, VI, 19-11-1821, pág. 3138, relativo à intervenção de Morais Sarmento, que não descurou a ocasião para aprontar as habituais críticas ao radicalismo no Congresso "que dizia uma coisa e praticava outra distinta". Era o caso de Borges Carneiro, a quem o orador não descurou dizer: "O Sr. Sarmento: – Eu creio que foi o Marques de Pombal o primeiro que estabeleceu este principio em Portugal, e apesar disso tem sido muitas vezes elogiado neste augusto Congresso pelo illustre Preopinante; julgo que não he preciso fazer esta declaração."

Os Vintistas, mesmo os mais radicais membros do Congresso, legitimam a mudança com a História[6003] e não com a Revolução; usam o argumento histórico e defendem princípios milenaristas; assumem o jusnaturalismo liberal[6004] e reivindicam as tradições malbaratadas desde os tempos de D. João V.

O produto final é o espelho da realidade. Não é tradicionalista nem regenerador, é revolucionário e milenarista. Como já se afirmou, se não fosse esse o caso, como se justificaria a Vilafrancada e a queda da *Constituição de 1822* e de todo o sistema que preconizava?

Como no decurso da discussão das Bases[6005], retomaram-se alguns argumentos já esgrimidos.

Tanto implica, que o próprio conceito de representação nacional seja correctamente interpretado, à luz da prevalência que o Triénio lhe conferiu. E, dentro destes parâmetros, deve considerar-se que a Liberdade da sociedade se identifica com a soberania nacional e o Governo monárquico-representativo deverá ser sempre acautelado.

A inexistência de tais cautelas implicará, por um lado, uma contínua luta entre Poderes institucionais que em nada favorece o seu equilíbrio, questionando a Liberdade dos próprios cidadãos cuja manifestação de vontade é desrespeitada e descartando que a sociedade para ser livre deverá agir, em qualquer caso, sempre em conformidade com os Poderes que lhe são próprios e não com outros, estranhos por

---

[6003] Objectivamente, o exercício de retórica dos primeiros tempos da revolução em que se aceitava e incrementava a readaptação do antigo Direito Público português, não passava disso mesmo. Um exercício de retórica em que aqui e agora se recorda e reafirma, dando a ênfase merecida, que não há "regeneração" em Portugal. Há "revolução" efectiva, prática, reiteradamente assimilada maioritariamente em Congresso e depois em Cortes Ordinárias. O enfoque que daqui resulta, resulta de uma aparência que se quer manter e "passar" à opinião pública, e de uma realidade vivida e querida que em nada se conjuga e opõe concludentemente àquela. O discurso regenerador, em jeito de adesão ao sistema historicista inglês que os redactores em Inglaterra haviam incentivado, é a face de uma mentalidade que lhe é estranha mas real porque nada é igual ou sequer parecido com a tradição nacional. Não o são as Cortes, não o é a posição do Rei; é-o, ainda menos, o novo conceito de Constituição.

[6004] Manuel Borges Carneiro, *Portugal Regenerado em 1820*, pág. 81: "Sei haverem pessoas que neste e em muitos outros pontos exigem uma escrupulosa legalidade e, supondo certos usos e fórmulas, insistem em que na presente regeneração se obrem muitas coisas com pouca legitimidade. Perguntar-lhes-ei: e com que legalidade e Poder se praticam há tantos anos todos os desvarios, que ficam em parte referidos no presente Portugal Regenerado? Nada era ilegal quando se caminhava a arruinar o reino e a infelicitar os cidadãos e tudo agora é ilegítimo quando se trata de salvar um e outros? A ilegalidade foi o direito da força; e também e agora felizmente se declarou a força a favor da justiça."

[6005] D. C., IX, 22-05-1822, pág. 221, relativo à intervenção parlamentar de Manuel Borges Carneiro: "(...) jurarão [os brasileiros] a mesma Constituição, as mesmas bases della, a mesma dinastia, a mesma religião, a mesma obediencia ás Cortes de Lisboa, e jurarão as ditas bases da Constituição, não como meros principios de direito publico universal (pois nunca ninguém jurou os principios do Watel ou de Grocio); mas como leis particulares d'uma sociedade já organizada, e constituida (...)." No entender de Zília Maria Osório de Castro, "Soberania e Política – Teoria e Prática do Vintismo", *Cultura – Revista de História e Teoria das Ideias*, VIII, 2ª Série, Lisboa, 1995, pág. 184: "Isto significa que o texto constitucional em apreço, representava a modulação de princípios enunciados como universais, por condicionalismos cronológicos e topológicos da situação particular – a situação portuguesa. Sendo assim, pode ser considerado como resultado de opções teóricas e práticas de maiorias, entendendo-se estas, não só sob o ponto de vista dos alinhamentos ideológicos, mas também de alianças pragmáticas. *É, por isso, a expressão do condicionamento histórico plurifacetado da mudança e da revolução e, ao mesmo tempo, do impacto das novas ideias nas estruturas das permanências.*"

natureza e quadro de Liberdade natural. Ou seja, espaço onde a Liberdade política se transforma em direito individual e fundamental e a Liberdade individual acaba por se consubstanciar na própria ideia de Liberdade política do homem em sociedade.

2.1. Garantia e defesa da Constituição: o regresso do Rei e a posição do seu "ministério brasileiro"

Em meados de Dezembro de 1820, Palmela arribou ao Rio de Janeiro[6006], para exercer funções oficiais e prestes terá aconselhado o monarca a assumir as suas responsabilidades[6007]. Uma das vias possíveis seria D. João VI outorgar uma Carta Constitucional a portugueses e brasileiros, com algumas semelhanças com a francesa de 1814. Mas sobretudo "muito inglesa", como não poderia deixar de ser. Talvez isso acalmasse os espíritos[6008].

[6006] Tobias Monteiro, págs. 251 e ss., desenvolve os meandros da estada de Palmela no Brasil, seu relacionamento com o Rei e inimizades com alguns dos validos de D. João VI, nomeadamente Tomás António Vila Nova, o mais absolutista dentre os absolutistas ministros de D. João VI. Na verdade e da panóplia presente, apenas se salvava Silvestre Pinheiro Ferreira, ele mesmo e infundadamente algumas vezes confundido com os anteriores. Em idêntico sentido, José Francisco da Rocha Pombo, VII, págs. 513 e ss.

[6007] Rocha Martins, *A Independência do Brazil*, págs. 74-76: "[O Rei] escutou Palmela. (...) Foi-lhe insinuando o caminho a seguir: dar a Portugal uma Constituição á inglesa e o regresso rápido a Lisboa. Seriam duas Câmaras, uma turbulenta e revolucionária; outra, dos pares, modelada na dos Lords, a discreta política aristocrática. Assim como o Conde de Arcos tinha ambição de mandar no Brasil ao lado de D. Pedro, Palmela não deixava de dar guarida à ideia de se tornar o chefe desse partido da nobreza junto de D. João VI."

[6008] Fortunato de Almeida, *História de Portugal*, VI, págs. 31 e 32; Joaquim de Carvalho, *História de Portugal. Edição Monumental comemorativa do 8º Centenário da Fundação da Nacionalidade*, (direcção de Damião Peres), VII, págs. 78 e 79, reproduz algumas afirmações de Palmela, feitas muitos anos depois: "A minha opinião, e também o meu veemente desejo (...) era que Portugal viesse a gozar de uma Liberdade moderada, sob a forma de monarquia representativa, com um código constitucional outorgado pelo soberano, e não conquistado pela insurreição. Esta opinião comuniquei eu, pouco depois, confidencialmente a Fr. Francisco de S. Luís, quando já se achava em Lisboa o governo emanado da revolução do Porto; e cumpre-me dizer que foi plenamente adoptada por esse ilustre patriota, que assim o confirmou numa carta por ele endereçada a el-Rei, a qual eu me incumbi de apresentar a S. M." Dentre as ideias de Palmela para a Carta Constitucional que D. João VI deveria outorgar aos seus súbditos e que confiou ao monarca em 22 de Fevereiro de 1821, contava-se a ideia de que "o Poder Executivo residirá indiviso na pessoa d'El-Rei; o Poder Legislativo será exercido colectivamente por El-Rei e pelas Cortes, divididas em duas Câmaras, o Poder Judicial será administrado publicamente por tribunais independentes e inamovíveis, em nome d'El-Rei; a Liberdade individual, a segurança da Propriedade e a Liberdade de imprensa; a Igualdade da repartição dos impostos sem distinção de privilégios, nem de classes; a responsabilidade dos ministros e dos empregados do governo; a publicidade da administração das rendas do estado serão garantidas para sempre e desenvolvidas pelas leis da monarquia." Mais inglês que isto, com algumas concessões à Carta francesa de 1814, não se poderia ser. Se o Congresso Constituinte ficara indignado com o decreto régio de 18 de Fevereiro, imagine-se a sua reacção se houvesse de saber da proposta de Palmela para a elaboração da Carta Constitucional. Veja-se Simão José da Luz Soriano, *História da Guerra Civil e do Estabelecimento do Governo Parlamentar em Portugal*, Terceira Epocha, I, pág. 560 e ss; J. M. Pereira da Silva, V, págs. 65 e ss.

Ainda no Brasil, D. João VI e o seu periclitante ministério – se excluirmos a sagacidade de Palmela[6009] ou o empenho de Silvestre Pinheiro Ferreira[6010] – encetaram algumas medidas, que tinham em mente congraçar o ambiente revolucionário que se vivia na Europa e já ia contagiando o Brasil, com aquilo que continuavam a considerar indiscutível: a soberania real.

Para além do já mencionado decreto de 18 de Fevereiro, da aprovação e juramento da Constituição que as Cortes viessem a fazer, respectivamente em 24 e 26 de Fevereiro[6011], que Silvestre Pinheiro Ferreira comunicou a Lisboa em 28 de Fevereiro em conjunto com o citado decreto de D. João VI[6012], outras medidas iam sendo assumidas pelo monarca que mostravam a sua aprovação ao modelo proposto para a "regeneração" portuguesa[6013].

Apesar de algumas divergências evidentes entre a posição do Congresso Vintista, representativo dos cidadãos portugueses e o Rei[6014] – e sobretudo algumas atitudes dos seus ministros – D. João VI depois de ter jurado as Bases da Constituição ainda

---

[6009] Simão José da Luz Soriano, *História da Guerra Civil e do Estabelecimento do Governo Parlamentar em Portugal*, Terceira Epocha, I, pág. 522, nota: "É um facto terem os liberaes de 1820 reputado o Conde de Palmella como um dos maiores e mais notaveis partidistas das doutrinas absolutistas, sendo como era um homem da corte, e por ela muito considerado; mas o juizo que delle fizeram os liberaes de 1820 o tempo o desmentiu, se não de todo, ao menos em alto grau de realista que o suppunham. Temos para nós que o era por aquelle tempo, mas de caracter docil e tolerante."

[6010] Graça e J. S. Silva Dias, I, 2, pág. 661, apresentam uma perspectiva crítica da actuação de ambos: "A 'renovação na continuidade' preconizada pelos Governadores do reino implicava, todavia, o colapso da concepção imperial formulada por D. Rodrigo de Sousa Coutinho e que ainda é o pano de fundo das teses de Palmela e Silvestre Pinheiro Ferreira em vésperas do desembarque da família real em Lisboa." De resto já em 1814 Silvestre Pinheiro Ferreira havia formulado um plano que incluía todo o território nacional no pressuposto do regresso da Família Real a Lisboa, cujos contornos em termos de exercício da Autoridade e de origem do Poder político não diferiam de frei Francisco de S. Luís. Em 1821 pouco ou nada havia mudado na sua interpretação dos factos e por isso a proposta de Carta que elaborou a pedido do Rei, ainda antes da partida para Lisboa, era uma quase reprodução das ideias de 1814 e, contrariando as ideias de Palmela, que acusava de levar pouco em linha de consideração o caso brasileiro e as suas possíveis aspirações à independência. Veja-se José Esteves Pereira, *Silvestre Pinheiro Ferreira. O seu Pensamento Político*, págs. 18, 19 e 32-36.

[6011] J. M. Pereira da Silva, V, págs. 80 e ss.

[6012] DHCGNP, I, pág. 164.

[6013] DHCGNP, I, págs. 188-192, carta das Cortes a D. João VI, onde estas acusam a recepção da adesão do Rei ao sistema constitucional, se congratulam e o incentivam a retornar o mais célere possível.

[6014] D. C., II, 30-04-1821, relativo a leitura do decreto citado e em que D. João VI participa a sua vinda para Portugal. Entre outras coisas participa-se que o Rei "se dignara approvar, sancionar e jurar a Carta Constitucional prometida", o que soava tão mal aos ouvidos dos constituintes que levou alguns a exclamações do tipo: "O senhor Miranda. – Noto que na Carta diz, que Sua Magestade approva a Constituição. Eu não admitto esta doutrina: a Nação he quem ha de julgar, e não está da sua parte dizer, approvo, senão juro. Eu protesto contra essa palavra, e peço que se faça a emenda."; "O senhor Fernandes Thomaz. – Eu apoyo a moção do senhor Miranda. O Véto que se concede ao Rey, he sómente para as Leys esganiças; mas a Constituição não pertence ao Rey approvalla, deve juralla, ou não juralla. Se sequer subjeitar que se subjeite, senão que não se subjeite. Ou ha de acceitar, ou rejeitalla; não ha outro meio. (Apoyado, Apoyado.)"

no Rio de Janeiro[6015] – de forma deficiente, segundo os constituintes[6016] –, jurou a *Constituição de 1822* em 1 de Outubro[6017] do mesmo ano[6018].

Todos os descontentes esperavam que o Rei terminasse com o processo revolucionário e a chegada de D. João VI era para muitos o fim da revolução. Contudo, o monarca decidiu-se a jurar a Constituição, pondo fim às suas expectativas. Ainda que ele próprio discordasse do texto das Bases, incompatível, em seu entender, com a monarquia. Porque não poderia, como Rei constitucional, fazer parte das Cortes[6019]?

O juramento das Bases já em Lisboa sucedeu no dia imediato à vinda da Família Real para Portugal[6020], em 4 de Julho de 1821[6021]. Foi por essa altura que se deu início à discussão do Projecto da Constituição. E foi, também, pela conduta indelicada e assaz orgulhosa dos Vintistas perante o Rei[6022] que haviam jurado defender, que o colapso de 1823 começou a ser evidência para muitos dos observadores coevos dos acontecimentos[6023].

[6015] Francisco Manuel Trigoso de Aragão Morato, *Memórias de Francisco Manuel Trigoso de Aragão Morato*, Parte II, pág. 120. Este é, provavelmente, o relato coevo dos acontecimentos mais apurado, pela objectividade e distanciamento que denota do seu Autor, bem como pelo grau de conhecimento e vivência pessoal que dos mesmos teria.

[6016] *D. C.*, II, págs. 726 e ss. O grande problema versava sobre a "aprovação" que o Rei dava às Bases, coisa perfeitamente incompatível com as mesmas já juradas. Daí o unanime protesto do Congresso quanto à forma pela qual tal juramento régio havia sido elaborado.

[6017] Artur Herchen, *Dom Miguel Infante*, versão portuguesa de D. João d'Almeida, "Prefácio" de João Ameal, Lisboa, 1946, pág. 79: "A benignidade do seu carácter levou-o, em concordância com os novos ministros, a acrescentar estas palavras: 'e faço-o com o maior prazer e do fundo do meu coração.' Seria difícil proferir de melhor vontade a sentença da própria *capitis deminutio*!" Atente-se que este escritor é monárquico, bem como o seu tradutor e prefaciador, que escrevem em pleno séc. XX.

[6018] *O Campeão Portuguez em Lisboa*, II, XXVIII, Outubro de 1822, págs. 17 e ss.

[6019] João Ameal, *História de Portugal*, Porto, Tavares Martins, 1940, pág. 617: "D. João VI (...) recebe com antipatia as más novas de Lisboa. 'Tinha aversão aos regimes liberais' (...) e não percebia? que os Reis tivessem de associar ao Governo, que Deus lhes destinara, representantes da populaça."

[6020] *Memórias do Marquez de Fronteira e d'Alorna, D. José Trazimundo Mascarenhas Barreto, ditadas por ele próprio em 1861*, Parte II, pág. 235 e ss., relata circunstanciadamente e com pormenores picarescos o desembarque de D. João VI e demais Família Real. A descrição merece ser lida porque dada a objectividade do relator, podem descortinar-se o tipo de vivências dos dois lados do tabuleiro: de um lado de D. João VI, dos seus ministros e da maioria da Família Real; do outro, da deputação das Cortes e da Regência enviada para cumprimentar o monarca e o trazer para terra, segundo formulários bem conhecidos.

[6021] *D. C.*, III, 04-07-1821, págs. 1434 e 1435. Isabel Nobre Vargues, "O Processo de Formação do Primeiro Movimento Liberal: a Revolução de 1820", *História de Portugal* (direcção de José Mattoso), V, pág. 63: "Uma dessas disposições [relativas ao regresso do D. João VI] determinava que se observasse no momento da entrada o cerimonial prescrito no antiquíssimo *Regimento das entradas em Lisboa* de D. Manuel (de 30 de Agosto de 1502), adaptado no que fosse possível ao momento. Esta cláusula parece-nos particularmente importante, pois revela qual s posição dos Vintistas perante o papel que pretendiam atribuir o monarca, equiparando-o ao grande vulto da gesta dos Descobrimentos que fora D. Manuel. Era uma hábil maneira de o governo Vintista mostrar a sua força honrando o Rei, mas também obrigando-o às suas determinações. Assim o Rei só desembarca a 4 de Julho, tendo antes recebido as deputações da regência e das Cortes."

[6022] *D. C.*, III, 03-07-1821, págs. 1422 e ss.

[6023] *Memórias do Marquez de Fronteira e d'Alorna, D. José Trazimundo Mascarenhas Barreto, ditadas por ele próprio em 1861*, pág. 245: "As absurdas medidas tomadas pelos patriotas executavam-se com toda a exactidão, prohibindo-se toda a aproximação da esquadra aos subditos fieis de El-Rei, que procuravam dar-lhe uma justa demonstração do seu afecto. *Foi sempre, para mim, fora de duvida que o que, naquella epocha, concorreu para desconceituar os systema constitucional e facilitar a restauração do*

Os argumentos expandidos para protelar o régio desembarque no dia da chegada da esquadra a Lisboa[6024], pareciam desadequados para iniciar uma sã convivência

Absolutismo foi a conducta absurda dos patriotas para com El-Rei, no dia da sua chegada, dia, para todo o paiz, de verdadeira festa nacional, mas em que *elles julgarão dever obrigar o Soberano a humilhações que custam a acreditar a quem não presenciou.*"
[6024] D. C., III, 03-07-1821, págs. 1422-1424, relativo a várias intervenções acerca da possibilidade do Rei desembarcar de imediato ou não, tendo sido maioritariamente decidido que seria apenas no dia seguinte porque "O senhor Presidente: – Proponho, se hade continuar a estar a bordo a Deputação da Regencia, ou somente o Ministro da Marinha; *ibidem*, O senhor Ferreira Borges: – Parece-me, que uma vez que a Deputação da Regencia chegou a bordo, e deve ser substituida pela das Cortes, deve subsistir. Que se mudem estas Deputações, embora; mas retirar-se não me parece conveniente; *ibidem*, "O senhor Pimentel Maldonado: – Eu estou pelo mesmo que sempre disse; que a Deputação das Cortes devia ir hoje; que não permaneça a bordo, muito embora, mas deve ir cumprimentar ElRei, e dizer-lhe, que amanha o vai buscar. Já se devia ter feito, segundo eu disse anteriormente, e não fui apoiado. Parece-me que he muito mal feito, que não vá já a nossa Deputação"; *ibidem*, "O senhor Castello Branco: – Direi o meu parecer como membro dessa mesma Deputação. A hora, a que S. Magestade chegou, foi a mais impropria para tomar uma deliberação effectiva; porque deixava duvida, se haveria tempo para se fazer a sua recepção durante o dia: e devendo praticar-se pela noite, occasionou a duvida; e a incerteza que até se deixa conhecer das participações da Regencia: e como isto não admittia demora, a mesma precipitação augmentou a duvida sobre a deliberação, que se devia tomar a este respeito. Agora, que he quando se póde entrar em discussão, eu acho que a hora está muito adiantada (= ainda ha tempo, disserão alguns deputados = e o orador continuou.) Os membros da Deputação tem que ir a suas casas: tem que preparar-se: deixo por tanto á consideração do Congresso, se ha tempo para tudo. Parecia-me por tanto, que a não poder ir a Deputação, como julgo que não pode, (= pode, pode, disserão alguns deputados = e o senhor Castello Branco continuou.) Parecia-me digo, que se devia mandar á Regencia, que fizesse um officio ao Conde de Sampaio; e em nome do Congresso significasse a Sua Magestade (nada, nada = disserão muitos deputados, e o senhor Presidente, ordem, ordem = e o senhor Castello Branco continuou.) Parecia-me, que teria lugar mandar-se este officio. Acho pouco decente, que ElRei esteja tantas horas ahi, e que não receba participação alguma directamente do Congresso: acho alguma especie de indecencia nisto. Visto não se ter podido tomar a tempo a resolução, e não ser possivel lá ir hoje a Deputação, suppra-se ao menos esta falta por algum acto directamente da parte do Congresso. Poderia pois mandar-se á Regencia, para que esta fizesse um officio ao seu Presidente, a fim de que este da parte do Congresso representasse a ElRei, quanto lhe era sensivel não ter podido mandar a sua Deputação"; *ibidem*, "O senhor Maldonado: – O senhor Castello Branco disse, que he um incommodo: he verdade, mas tomemos um termo medio; não vão por agora todos os membros da Deputação, vão somente 3 membros para este fim, e amanhã indo toda, será o tido mais solemne": *ibidem*, "O senhor Presidente: – Então seria ainda mais conveniente nomear-se para isso outra Deputação. (...)"; *ibidem*, "O senhor Presidente: – Pois se o Congresso quer, que nomeie uma deputação de 6 membros, nomearei immediatamente alguns senhores, que estejão em circunstancias de se apresentarem.; *ibidem*, O senhor Brito: – Parecem-ma pouco 6 membros"; *ibidem*, "O senhor Freire: – Eu me conformo com tanto, que essa deputação vá acompanhada com sua guarda, e com toda a etiqueta com que deve ir. Que! assim se manda uma deputação das Cortes? (foi-lhe respondido, que alli havia uma guarda = continuou =) Essa guarda he muito pequena"; *ibidem*, "O senhor Presidente começou a nomear a deputação, e para ella os senhores Vice-presidente do Congresso, Bispo de Beja. (Este senhor se escusou, e o mesmo outros senhores, que o senhor Presidente ia nomeando)", *ibidem*, "O senhor Presidente: – Vejo que, os que nomeio achão escusas attendiveis, e que acharão as mesmas escusas os outros, que nomear. Portanto parece-me que o melhor he, que permaneça até amanhã a deputação da Regencia"; *ibidem*, "O senhor Castello Branco: – Aqui ha outra coisa, se vai uma deputação com guarda, com discurso estudado, e com todo o apparato, que fica reservado para amanhã; Então vem a ser dispençada a outra. (Nada, nada – disserão alguns deputados). Agora deixo a consideração do Congresso, se ha o tempo necessario para fazer-se uma deputação tão solemne. Eu vejo que muitos senhores

entre os dois Poderes, ao que acresce o impedimento de certas pessoas do seu séquito poderem na forma habitual introduzir-se na capital[6025], questão que levou mais de um ano a resolver-se[6026]. Maus prenúncios, sem dúvida e que o futuro viria celeremente a confirmar[6027], pese embora os Vintistas se convencessem que postergando a supremacia régia defendiam a Liberdade da Nação.

Dirigindo-se ao Congresso, o Rei ouviu o discurso do Presidente do Congresso em exercício, à altura Ferreira de Moura, tendo depois delegado em Silvestre Pinheiro Ferreira a tarefa de responder[6028] e, pior que isso, de redigir o discurso, sabidas quais eram as suas convicções político-doutrinárias[6029]. Precaução bastante avisada para o

---

se escusão: e já que tantos apoião; parece-me que he muito mais facil, que os que se julgão mais promptos para poder ir; se offereção voluntariamente."

[6025] *D. C.*, III, 03-07-1821, pág. 1424: "As Cortes Geraes, e Extraordinarias da Nação portugueza, sendo-lhe notorio que Sua Magestade em seu regresso a este reino he ainda acompanhado de varias pessoas, que tem incorrido na indignação publica, por serem geralmente conhecidas por Autores das desgraças da sua patria, quaes são o Conde de Palmella, Conde de Parati, os Lobatos, o ex-ministro de Villa Nova Portugal, Rodrigo Pinto Guedes, o Targini, o Marquês do Rio Secco, e os Monsenhores Miranda, e Almeida, e João Severiano Maciel; considerando que o desembarque de taes individuos involve imminente risco de sua propria segurança: ordenão que a Regencia do reino, por meio da Deputação que mandar abordo cumprimentar ElRei, lhe represente a necessidade de não permittir, que semelhantes pessoas desembarquem, e venhão assim perturbar o publico regozijo, com que Sua Magestade he esperado pelo Povo portuguez: o que V. Exca. fará presente na Regencia do reino, para que assim se execute. Deus guarde a V. Exca. Paço das Cortes em 3 de Julho de 1821. – Senhor Conde de Sampayo. – João Baptista Felgueiras." No mesmo sentido, *DHCGNP*, I, pág. 204: "os individuos a quem se refere o documento supra ficaram nas respectivas embarcações, fazendo-se el-Rei acompanhar por outros não considerados suspeitos á politica dominante." Quanto a Palmela, até se compreende a ira do Congresso; basta recordar o que se disse há pouco sobre os seus Projectos para Portugal, transmitidos atempadamente a D. João VI. Veja-se Tobias Monteiro, pág. 392; J. M. Pereira da Silva, V, pág. 184.

[6026] Francisco Manuel Trigoso de Aragão Morato, *Memórias de Francisco Manuel Trigoso de Aragão Morato*, Parte II, pág. 147.

[6027] Tobias Monteiro, *apud* Mello Moraes, *História do Brasil-Reino e do Brasil-Império*, São Paulo, Editora Itatiaia, 1982, II, págs. 396 e 397: "Em Lisboa (...) conversei por várias vezes com José da Silva Carvalho sobre a estabilidade do Governo representativo em Portugal nos annos de 1821 e 1822 até 1823". Carvalho, uma das maiores figuras da situação, teria então referido que a chegada do Rei foi *'o momento mais crítico que teve a revolução; não dependia se não de duas palavras do Rei que elles todos fossem presos pelo Povo e pela tropa e postos á disposição de S. M. Que se o Rei tivesse mandado dizer a bordo que não desembarcava enquanto se não dissolvesse o Governo provisório e dispersasse a Câmara, voltando tudo ao seu antigo estado, estas só palavras teriam dado cabo da revolução. Que o Povo de Lisboa, quando viu entrar a esquadra que levava o Rei, ficou tão enthusiasmado que já murmurava publicamente contra os que queriam o governo constitucional. (...) Os outros membros do Governo [fora o Conde de Sampaio, ministro da guerra que havia declarado ao monarca estar disposto e a sua tropa a fazer o que o Rei mandasse] não foram de corporação cumprimentar o Rei a bordo, porque receiaram ficarem lá presos'. Enquanto D. João não desceu à terra estavam aterrados e promptos a fugir para Hespanha ao primeiro aceno e como elles, estavam aflictos todos os liberaes implicados na revolução."*

[6028] *DHCGNP*, I, págs. 207 e ss., relativos ao discurso do Presidente do Congresso e à resposta do soberano, lida por Silvestre Pinheiro Ferreira e pelo mesmo redigida, e que causou brado no Augusto Recinto.

[6029] José Esteves Pereira, *Silvestre Pinheiro Ferreira. O seu Pensamento Político*, pág. 36: "Silvestre é uma mentalidade de formação racionalista-experimentalista, modificada pelo impulso *condillaciano*. Mas este impulso, embora assumido gnoseologicamente, já não o foi na expressão formal e nas intenções teleológicas. Temos, pois, em última análise um *jusnaturalismo wolffiano*, que se

monarca, uma vez que se o Rei era impecável e não podia ser apupado, o mesmo não se passava com os ministros.

E se este é ponto que merece especial atenção, não poderá passar em claro a oportunidade para, em presença de um facto concreto e bem determinado no tempo, a chegada do Rei a Portugal, o seu ingresso nas Cortes e os dois discursos então recitados, se colocar em destaque a diversidade de interpretações existentes no que tocava à participação do monarca no Poder Legislativo.

Se ambos os textos repudiavam o despotismo e acatavam a origem humana do Poder político[6030], já divergências assinaláveis são patentes no que concerne à capacidade para o exercício da função legislativa.

Para o emissário do Rei, o Poder Legislativo teria de ser repartido, sob pena de se passar ao estado não menos monstruoso, "de ochlocracia, de a camara dos deputados intentasse exercitar ella só o Poder Legislativo"[6031]. A Constituição resultante, única conforme "a estes incontestáveis principios do direito constitucional das nações", baseada na soberania nacional e por esta delegada em conjunto ao Rei e ao Parlamento, em ordem a uma monarquia constitucional e em que o adjectivo "representativa" ficava afastado do discurso.

---

torna autocrático, e o permanecer do *racionalismo de estado, á Condorcet*, que se torna patente até com a égide de muitas das suas Obras."

[6030] D. C., III, 04-07-1821, págs. 1434 e 1435; *DHCGNP*, I, pág. 209, discurso de Ferreira de Moura, Presidente em exercício do Congresso: "(...) A felicidade publica, e particular, não póde ter mais solidos fiadores. Está dividido o Poder, resta só conservar, e abonar a divisão. Sobeja he a experiencia dos seculos remotos, ainda mais sobeja de tempos proximos a nós, e desgraçadamente mui prementes á nossa memoria para nos convencermos, Senhor, que se os Poderes politicos porque se regem os estados, não estão bem divididos, e se esta divisão não tem por abonador a probidade civica dos que representão, e dos que são representados, dos que governão, e dos que são governados, o Governo degenera desde logo, ou o infrene despotismo da anarquia, ou na oppressora arbitrariedade de um ou de mais individuos. A partilha do Poder he só quem póde prevenir esta degeneração, he a unica taboa em que se póde salvar a justiça, e a estabilidade das instituições politicas. He por tanto necessario que as preservemos deste naufragio, consolidando aquella partilha. Demos Senhor ao mundo exemplos de justiça, e de firmeza. A nossa resolução está tomada; perpetuamente constitucionaes vamos todos de mãos dadas, cooperemos todos a promover a felicidade publica de um Povo que tantos, ainda que tão infructuosos sacrificios tem feito por esta felicidade; de um Povo tão docil, que muda as suas leis fundamentaes no meio da maior tranquilidade, que sabe frustrar o impulso de paixões contrarias, que sabe obedecer, que sabe pedir, e que até sabe reclamar. O sacrificio do interesse particular ao interesse publico he, Senhor, a clausula mais imperiosa do pacto social." *DHCGNP*, I, pág. 211, Silvestre Pinheiro Ferreira, "Resposta": "(...) supremo conselho da Nação, a que os nossos maiores têm designado pela denominação de Cortes, e ás collectivamente compete o exercicio ordinario do Poder Legislativo, por maneira que, se jamais o monarcha assumisse a si o exercel-o sem a camara dos deputados, se reputaria o governo degenerado em despotismo (...)."

[6031] *DHCGNP*, I, pág. 211, Silvestre Pinheiro Ferreira, "Resposta". E justifica: "Protestando no acto da convocação d'estas cortes que o edifício da nova Constituição, a que iam proceder, assentaria sobre a immudavel base da monarchia hereditaria, que era na dynastia da casa de Bragança, e reiterando os juramentos de fidelidade que no acto da minha acclamação ao throno dos meus augustos maiores me haviam sido unanimente prestados por toda a Nação, os Povos sanccionaram o principio fundamental de toda a monarchia constitucional, que o exercicio da soberania, consistindo no exercicio do Poder Legislativo, não pode residir separadamente em nenhuma das partes integrantes do governo, mas sim na reunião de monarcha e deputados escolhidos pelos Povos (...)."

A interpretação da maioria do Congresso era outra[6032] e alguns dos constituintes ressentiram-se desta "Resposta", e sobre a mesma não deixaram de se manifestar activamente[6033]. Invocou-se a desconformidade da citada a alguns dos artigos das Bases que o Rei havia jurado e tudo acabou por se resolver a contento da Liberdade da Nação, em presença de uma soberania nacional delegada, tão só e no plano legislativo, no Congresso e em harmonia com os ideais revolucionários[6034].

Tudo isto mais não significa que a diversidade da posição em que ideologicamente uns e outros se colocavam na interpretação do exercício da soberania nacional[6035] e que nunca poderia promover o tão desejado equilíbrio de Poderes.

2.2. Garantia e defesa da Constituição – a separação de Poderes e o caso especial do Poder Legislativo: a submissão do Poder Régio ao Poder da Nação

A querela que objectivamente se pretendeu evitar entre Poder Legislativo e Poder Executivo na vigência das Cortes Vintistas[6036], pela redução a limites mínimos da influência régia[6037], fora já objecto de debate no decurso da elaboração das Bases

---

[6032] D. C., III, 04-07-1821, pág. 1434 e 1435, discurso de Ferreira de Moura, Presidente em exercício do Congresso: "Senhor: – Os Representantes da Nação Portugueza rodeando o throno do seu Rei, constituindo, e firmando a Lei Fundamental da Monarquia seguem hoje grandes exemplos, renovão épocas brilhantes da sua historia, e apertão de um modo indissoluvel aquelle vinculo politico, que deve unir os Povos aos Réis, e os Réis aos Povos. *Esta união he, Senhor, o titulo mais verdadeiro, he o mais solido fundamento da legitimidade. O throno dos réis nunca he mais firme, nem mais duravel, senão quando as convenções politicas o levantão sobre as bases eternas da justiça, e do amor dos Povos.* (...). – A verdade sobre este objecto, senhor, nunca esteve tão perto do sollo. A verdade foi que: resoando num ponto de Portugal o primeiro grito de Constituição, e de Rei, Portugal inteiro repetiu este grito, e como a vontade era só uma, não ouve nem commoção, nem discidencia. *Os cidadãos delegarão logo o sou Poder, e ainda bem não tinhão posto em nossas mãos este importante deposito, tornarão contentes e pacificos ao templo dar graças ao Creador, e ao seio de suas familias fazer votos pela felicidade do seu paiz.* (...) *Toca ás Cortes fazer a lei, toca a V. Magestade fazela executar* (...)."

[6033] D. C., III, 04-07-1821, págs. 1435 e 1436: a resposta do Rei deveria ser enviada à Comissão da Constituição para "examinar se haverá, nella alguma coisa, que haja de ser contestada." Veja-se *DHCGNP*, I, págs. 216 e 217.

[6034] José Esteves Pereira, *Silvestre Pinheiro Ferreira. O seu Pensamento Político*, págs. 53 e 54.

[6035] Francisco Manuel Trigoso de Aragão Morato, *Memórias de Francisco Manuel Trigoso de Aragão Morato*, Parte II, pág. 123.

[6036] D. C., VI, 02-11-1821, pág. 2891, relativo à intervenção de Correia de Seabra: "(...) O juiz que deve julgar as questões, e diversidade de opiniões dos dois Poderes he a opinião publica, que não he a opinião de uns poucos, ou de uma fracção, mas he a da Nação declarada pelos seus representantes: e por isso a decisão da questão entre o Poder Legislativo, e executivo, se uma projectada lei he ou não conveniente deve ficar reservada até que a Nação tendo exacto conhecimento da questão possa eleger deputados, que no Congresso representem a sua opinião."

[6037] D. C., VI, 02-11-1821, pág. 2891, relativo à intervenção de Barreto Feio: "(...) *He um axioma politico, do qual hoje ninguem de boa fé póde duvidar, que sem uma perfeita separação dos tres Poderes não póde haver Liberdade civil, nem segurança pessoal.* Convencida desta verdade nós temos estabelecido a divisão destes Poderes como a primeira pedra do edificio social; mas isto só não basta; he necessario erguer entre cada um delles uma barreira impreterível; porque se o executivo puder metter um pé dentro dos limites do legislativo, pouco a pouco elle irá conquistando o seu dominio e brevemente veremos restabelecido o despotismo."

da Constituição. Já aí era muito evidente a submissão do Poder régio ao Poder da Nação[6038] e a oposição doutrinária no seio do Congresso[6039].

A separação e interdependência dos três Poderes[6040] é a fórmula seguida[6041], com base na doutrinação mais de equilíbrio que de separação de Poderes de Montesquieu[6042], mas que em Portugal veio a verificar-se, na prática, ser de predominância do Legislativo sobre os demais.

A desconfiança que havia do Poder Executivo era tanta, que tudo fizeram para o limitar mais e mais, o que conduziu a uma real separação de Poderes, por impossibilidade de colaboração entre ambos no plano legislativo. A final, não puderam evitar a consagração de um princípio geral do Liberalismo que previa essa efectiva colaboração, ainda que muito mais em quadros teóricos que no plano prático.

Perante a prática positiva em vários Estados afirmada e de que Portugal apenas poderia ser um exemplo maior, a opção por esta via não poderia ser diversa. A ideia de Liberdade é "a ideia" do Vintismo e essa apenas se consegue pela via da Constituição e da consagração da representatividade e do equilíbrio teórico dos Poderes[6043], traves mestras para se oporem em definitivo ao Absolutismo do Antigo Regime, mas cuja consagração formal entrevê a diversidade qualitativa de relevância entre os mesmos.

Apresentando a sequência natural dos pontos que se vêm desenvolvendo, desde os tempos dos primeiros doutrinadores do Liberalismo que se entendia que a origem do Poder, sendo humana e convencional, pertencia à Nação. E a Nação, detendo esse

---

[6038] Zília Maria Osório de Castro, "Soberania e Política – Teoria e Prática do Vintismo", pág. 186: "na medida em que o veto régio podia ser anulado na mesma legislatura, o Rei ficava, de facto, sem poder interferir no processo legislativo. Como tal, retirava-se ao Poder Executivo a capacidade de controlo sobre o legislativo e punha-se em causa o equilíbrio de Poderes no âmbito dos condicionalismos existentes."

[6039] Francisco Manuel Trigoso de Aragão Morato, *Memórias de Francisco Manuel Trigoso de Aragão Morato*, Parte II, pág. 130: "A facção liberal pretendia expressamente aniquilar o Poder Real, deixando apenas a El-Rei um simulacro de majestade: os fins que manifestavam (porque occultos eram talvez outros) reduziam-se ao receio de que, ficando o Monarcha com grande Poder, facilmente alteraria o systema constitucional. Era facil de conhecer o engano: O Senhor D. João VI, de quem os liberaes menos desconfiavam e que, pela sua natural mansidão e timidez, parecia que nunca havia de se desviar da tutela das Cortes, num momento deitou por terra um tão inepto systema constitucional."

[6040] Como síntese de tudo o que ficou dito antes, veja-se, por todos, Paulo Otero, *O Poder de Substituição no Direito Administrativo*, I, Lisboa, 1995, págs. 24 e ss.

[6041] Jorge Miranda, *O constitucionalismo liberal luso-brasileiro*, pág. 71, artigo 30º da *Constituição de 1822*.

[6042] Silvestre Pinheiro Ferreira, *Breves Observações sobre a Constituição Politica da Monarchia Portugueza*, pág. 11: Ensinar quaes sam os Poderes politicos do estado, e que elles sam independentes, pertence á jurisprudencia constitucional, e não á Constituição. O que esta devia fazer era determinar os limites de cada um d'esses Poderes, e prescrever o modo de se exercerem, e de firmar sua independencia."

[6043] António Joaquim da Silva Pereira, "Estado de Direito e 'Tradicionalismo Liberal'", *Revista de História das Ideias*, Coimbra, II, 1978-1979, pág. 158: "A doutrina da separação dos Poderes do estado – claramente formulada e pela primeira vez sistematizada por forma explícita pelo Barão de Montesquieu, aliás baseado na análise das instituições políticas britânicas – visa, portanto, impedir a concentração do Poder nas mãos do executivo, garantindo, desse modo, o respeito pelas Liberdades fundamentais políticas e individuais."

Poder soberano, sob forma una e originária, exercitava-o mediante três Poderes distintos[6044], interligados e equilibrados[6045], o Legislativo[6046], o Executivo[6047] e o Judicial. De acordo com a *Constituição de 1822*[6048] e em termos que serão analisados em maior detalhe para os Poderes Legislativo e Executivo – uma vez que do Judicial já houve ocasião de tratar – a competência da criação das normas jurídicas cabe exclusivamente ao órgão parlamentar representativo da Nação[6049] e o Poder Executivo compete ao

---

[6044] D. C., IV, 20-08-1821, pág. 1949, relativo à intervenção de João Maria Soares Castelo Branco: "(...) Diz-se que a administração dos Poderes he um excesso? Pelo contrario, eu acho que a sociedade não póde ser bem administrada, sem que um dos Poderes, seja independente um dos outros. Alguns senhores tem falado sobre esta dependencia, olhando-a por modo differente. Nós devemos considerar a dependencia da Liberdade dos tres Poderes essenciaes, da mesma forma que consideramos a Liberdade do Cidadão. *O Cidadão he livre, e independente, quando cumpre exactamente a lei, e quando a lei se cumpre á risca: e nesta observancia exacta das leis he que consiste a Liberdade do Cidadão, e tambem em que consiste a Liberdade da dependencia de cada um dos tres Poderes. Poderá alguem negar, que qualquer dos tres Poderes he sujeito as leis? Não. Estas leis constitucionuaes, são as que devem regular o exercicio, e limites das attribuições de cada um dos tres Poderes; e são aquelles que os devem organizar de maneira, que não possão arrogar a si, o Poder dos outros. Por tanto a Liberdade, e independencia de cada um dos tres Poderes; não vem da maldade de abusar, mas sim de que, cada um delles está sujeito á lei constitucional, que os regula, e estas são as mesmas que os separão de maneira, que elles não possão arrogar as attribuições uns dos outros.*"
[6045] D. C., VI, 02-11-1821, pág. 2899, relativo à intervenção de João Maria Soares Castelo Branco: "(...) *Estabeleceu-se a divisão dos Poderes, do Poder Legislativo, do Poder Real, do Poder Judiciario. A Nação reservou aos seus representantes o fazer leis; concedeu ao Rei o executalas; deixou na attribuição dos magistrados fazer applicação destas leis. Muito mal inconsideradamente a Nação obraria se desse uma parte essencial na legislatura ao Rei, Confundido o Poder Legislativo, com o Poder Executivo, uma de duas havia necessariamente acontecer: ou o Poder Legislativo havia uzurpar nos tempos futuros o Poder Executivo, ou este havia uzurpar o Poder Legislativo; logo he de absoluta necessidade que um desses Poderes não tenha uma parte essencial no outro.* Não falo nas circunstancias actuaes; esta assemblea he uma assemblea constituinte, ella exercita a plenitude da soberania em quanto a Nação se constitue, de pois de constituida he que se pode dar legalmente *segundo a mesma Constituição a divisão exacta destes Poderes.* Por consequencia trata-se de formar a Constituição: he para os tempos que devem seguir-se á formação desta Constituição, que esta questão deve tratar-se. Por tanto sendo estes os principios, como he que podemos dar ao Rei uma parte essencial da soberania?"
[6046] D. C., IV, 22-08-1821, pág. 1988, relativo à intervenção de Manuel Fernandes Tomás: "O senhor Fernandes Thomaz: – As Cortes são o Poder Legislativo que pertence á Nação. Diz-se que a Nação quando legisla he representada nas Cortes, isto não se póde deixar de dizer."
[6047] D. C., III, 04-07-1821, pág. 1435, relativo ao discurso do Presidente em exercício das Cortes, Ferreira de Moura, quando da chegada do Rei a Lisboa e seu juramento às Bases: "(...) *O Poder que se nos delegou já se acha dividido entre as Cortes, e o Rei. Toca ás Cortes fazer a lei, toca a V. Magestade fazela executar, as boas leis, as leis justas, e geralmente uteis,* as leis que fazem o menor sacrificio do interesse particular e que promovem a maior vantagem do interesse publico; a execução prompta, fiel, severa, e indistincta destas leis são o alvo de nossas politicas fadigas; se o tocarmos está conseguida a felicidade publica."
[6048] D. C., VIII, pág. 5, Projecto da Constituição, artigo 30º. Corresponde ao artigo 32º da *Constituição de 1822*, conforme Jorge Miranda, *O constitucionalismo liberal luso-brasileiro*, pág. 71.
[6049] *Projecto de Constituição Portugueza accommodada á Hespanhola, para ser offerecido ás nossas Cortes*, pág. 23, artigo 95: "Compete pois ás nossa Cortes pela antiga Constituição da Monarchia, e pela presente mais declarada, o Poder Constitucional, Legislativo e Decretativo, o qual podem reivindicar, quando o Monarcha, dizendo sempre nas Leis, que consulta os sabios da Nação, não consulta senão os validos, que reassumem todo o Poder, e que por seus meros caprichos, e interesse, espalhão sobre seu Amo o ridiculo, e o ludibrio geral."

Rei[6050]. Obviamente que isto deveria ser entendido com um certo "comedimento" porque, efectivamente, era impossível uma separação absoluta dos Poderes[6051], facto que os próprios constituintes confirmaram tomando em linha de conta o nº 11 do artigo 123º[6052] assim como as observações acima anotadas.

A Liberdade da Nação – a sua soberania[6053] – implica que o Poder Legislativo se concentre exclusivamente nas mãos do Congresso ou das Cortes[6054]. É um dado de facto que se torna insusceptível de rebater e a maior parte dos intelectuais portugueses sufragam[6055]. O grande problema é saber se alguma parcela, ainda que pequena, na

---

[6050] *Projecto de Constituição Portugueza accommodada á Hespanhola, para ser offerecido ás nossas Cortes*, artigo 96: "Compete ao Rei, e sempre competio, o Poder de Executar as Leis, e o mais declarado nesta Constituição."

[6051] D. C., VIII, 09-02-1822, pág. 133, relativo à intervenção de Manuel Borges Carneiro: "(...) Se nós tomamos as palavras das bases tão literalmente que julguemos que os Poderes são independentes, de sorte que ás Cortes pertença só legislar, ao Governo executar as leis como quizer, e ao Poder Judicial julgar como queira, então a cousa não poderá durar muito tempo; *seria o governo constitucional um corpo monstruoso de tres cabeças; mas sem unidade não póde existir o Governo, he indispensavel que haja um centro com mum de unidade; e que o corpo não tenha mais do que uma só cabeça ainda que suas partes executem diversas funcções: o grande caso está na divisão das que cada parte ha de executar.*"

[6052] Silvestre Pinheiro Ferreira, *Breves Observações sobre a Constituição Politica da Monarchia Portugueza*, pág. 21: "pela disposição deste artigo o monarca he auctorizado a cassar as sentenças proferidas pelos tribunaes de justiça, e portanto os poderes politicos ao mesmo tempo que se proclama o systema constitucional, cuja base he a separação e independencia dos Poderes."

[6053] D. C., IV, 22-08-1821, pág. 1988, relativo à intervenção de Barreto Feio: "O senhor Feio: – A soberania he a preponderancia, que tem uma corporação sobre outra, ou um individuo sobre outros individuos. Esta preponderancia está no Poder Legislativo, o Poder Legislativo pertence ás Cortes; logo a soberania reside nas Cortes." *Ibidem*, II, 30-04-1821, relativo à intervenção de Fernandes Tomás: "(...) Se o Rey não jura a Constituição para o resto não a jura para o todo. *O Rey não tem senão numa parte da Soberania, que he o exercicio della. Elle não ia de approvar a Constituição, ou ha de subeitar-se á ella, ou não: todo outro acto não deve ser reconhecido nesta Assemblea. Esta Assemblea tem a Soberania; quem não sequer subjeitar á Constituição, não se subjeite. Mas a Nação he sómente a quem pertence approvar a Constituição, E o Rey a deve a jurar, ou rejeitar.* (Apoyado geralmente.)"; *ibidem*, II, 30-04-1821, pág. 728, relativo à intervenção de João Maria Soares Castelo Branco: "(...) A Nação deve persuadir-se que tudo o leito atéqui, sanccionado pelo Congresso *he legal, e legitimo. O Rey não tem mais remedio que jurar, guardar, e cumprir tudo o feito atéqui por este Augusto Congresso. Tudo o que não seja expor estas ideas claras á Nação, he enganalla, e causar talvez a desgraça, e a perda da Nação inteira.* (Apoyado, e applauso geral nas Gallerias.)"

[6054] D. C., VI, 02-11-1821, pág. 2900, relativo à intervenção de João Maria Soares Castelo Branco: "(...) *O soberano Congresso revestido de todos os Poderes da Nação, tem por uma procuração geral o direito de exprimir a vontade geral da Nação, e elle he obrigado em rasão da sua procuração a olhar como vontade propria, a vontade dos seus representantes. Se estes não fossem os principios que deveriamos seguir nesta materia, então desgraçada seria a Nação que abraçasse o systema representativo de Governo. A que males, a que guerras, a que dissenções não estaria ella sujeita? Seria melhor debaixo de um servo despotismos.*"

[6055] *Mnemosine Constitucional*, nº 1, 1 de Janeiro de 1821: "Se nos perguntarem donde está o Povo nos Paizes Constitucionaes? Não titubearemos em responder que nos representantes da sua vontade. O Congresso he para nós outros a Nação em quanto á Authoridade legislativa." No mesmo sentido, *Projecto de Constituição Portugueza accommodada á Hespanhola, para ser offerecido ás nossas Cortes*, pág. 22, artigos 91º-92º: "Artigo 91º – O Poder Legislativo reside somente nas Cortes, por estarem nellas representadas todas as Vontades da Nação Portugueza, pela regra geral duma Procuração, em que o Procurador exerce os Poderes dos seus Constituintes. 92º – Bem como em todas as Monarchias sempre a Vontade geral da Nação, expressa, ou tacita, por continuos, e voluntarios actos approvativos, legitimou o Poder, e Governo. Portugal, quando não tivesse a antiga Constituição das suas

partilha da soberania poderia ficar reservada ao Rei[6056], Chefe do Executivo e responsável máximo pelas relações internacionais.
E isso chegaria para fomentar o tão desejado equilíbrio?
Ou este não seria apenas, por força da soberania nacional assente no Poder Legislativo, algo de tão ínfimo que poucos desejariam ter a sua posse[6057]?
É legítimo ao investigador interrogar-se porquê increpar a pessoa do monarca – ainda mais de um monarca como D. João VI – sabendo que isso, à partida, apenas iria contribuir para aumentar o número de inimigos da revolução?
Apenas as recordações do 23 de Agosto de 1820 seriam, manifestamente, insuficientes[6058]...
De acordo com o artigo 84º do Projecto da Constituição, que se começou a discutir em 29 de Outubro de 1821, fazer as leis era a primeira e mais importante atribuição

Cortes, pelos actos approvativos de toda a Nação, quasi unanimes, depois do dia 24 de Agosto de 1820, teria legitimado o Poder do Governo Supremo Provisional do Reino, as Cortes, e a presente Constituição."
[6056] *D. C.*, VI, 02-11-1821, pág. 2901, relativo à intervenção de Pinto de Magalhães: "(...) A Constituição não tem sómente por fim determinar as pessoas, em que hão de residir os Poderes politicos, e o exercicio das differentes partes da soberania; não basta isso para que uma Nação possa ser feliz; he necessario que a Constituição adopte todas as medidas, tome todas as garantias para que cada um desses Poderes se exerça, se desenvolva da maneira mais capaz de assegurar a felicidade publica. Não basta que o Poder Legislativo se conceda ás Cortes; é necessario tambem que se lhe conceda de maneira que as Cortes exercendo-o não possão, em vez de felicitar a Nação, vexala, e opprimila com leis caprichosas, precipitadas, e mal accommodadas ao fim a que as destinão. Concedo que os elementos que a Constituição dá ao Corpo Legislativo, e as circunstancias dos que hão de compôr, he já certamente uma mão pequena garantida da perfeição, e da bondade das leis; mas diremos por isso que he sufficiente? Porque devemos confiar muito das Cortes, segue-se que devemos confiar tudo?"
[6057] *D. C.*, VIII, 28-09-1821, pág. 2436, relativo à intervenção de Rebelo da Silva, a respeito do artigo 70º do Projecto da Constituição, que previa que o monarca não pudesse impedir as eleições nem a reunião das Cortes: "O Sr. Rebello: – O artigo está claro, e a doutrina he excellente, mas falta-lhe a sancção. O Rei não poderá impedir as eleições, nem a reunião das Cortes, nem prorogalas, dissolvellas, ou protestar contra as suas decisões: mas se o fizer? Não está aqui prevista a sancção que se lhe ha de applicar. No artigo que traiu dos modos porque o Rei póde perder a Coroa, tambem não estão especificadas estas hypotheses. Esses casos são igualmente omissos na *Constituição Hespanhola*, por muito liberal que ella seja. Eu porém julgo que he necessario fazer um addicionamento a este artigo, e vem a ser, que se o Rei praticar alguns destes actos aqui mencionados, por elles se entenderá que tem abdicado a coroa."
[6058] Havia, por vezes, alguns laivos de bom senso e os moderados persistentemente iam conseguindo obter algumas escassas vitórias. Com eles alguns radicais, cujo pragmatismo é de enaltecer, em ocasiões variadas. Este foi um dos casos que, no cômputo geral, pesaram muito pouco na redacção final do texto de 1822. Veja-se *D. C.*, VIII, 28-09-1821, pág. 2438, relativo à intervenção de Ferreira de Moura: "(...). Se pois toda a responsabilidade cae sobre os Ministros, não póde haver perigo, nem receio nenhum de que fique impune aquelle, que impedir a reunião das Cortes, *e então para que havemos estar a cair na verdadeira impolitica de estarmos a ameaçar a ElRei todos os dias de que ha de ser castigado, quando faltar a estes deveres, porque ha outros deveres muito importantes á ordem publica que ElRei deve observar religiosamente, e pela observancia dos quaes o não estamos a ameaçar. Esta he a chave da organisação politica dos Governos representativos, he fazer por todos os titulos respeitavel a pessoa do Rei, e tirar-lhe toda a influencia politica na composição, ou abrogação da lei:"* Veja-se Jorge Miranda, *O constitucionalismo liberal luso-brasileiro*, pág. 91, artigo 124º da *Constituição de 1822*. Portanto, deixou de se falar em abdicação, o que por si só era um progresso atenta a discussão originada em redor da questão.

das Cortes, sendo a lei "a vontade dos Cidadãos declarada pela pluralidade absoluta de votos dos seus representantes"[6059].

Ora, esta singela afirmação por si só reconduz a uma das temáticas predilectas dos pensadores do Liberalismo e textos constitucionais estrangeiros anteriores a 1822, que em vários passos da exposição houve ocasião de abordar. Mas também à sua refutação mais ou menos directa[6060], sobretudo por todos aqueles que mantinham o pânico de serem ainda que ao de leve confundidos com o jacobinismo e que eram vistos, bem ou mal[6061], como seus mentores.

Do lado oposto, a veemente aprovação de tudo aquilo que contribuísse para aclarar "o que se entende por lei no Governo representativo. Debaixo de outro systema de Governo se entenderia por lei outra cousa: como o systema de Governo mudou, he necessario que segundo elle se faça a diffinição da lei"[6062]. Neste particular, se existem pontos de contacto assinaláveis entre o Pensamento do Contratualismo absolutista e o liberal, deve fazer-se uma ressalva que por intermédio de Borges Carneiro se torna sintomática da lei, enquanto peça legislativa que deve destruir *"a errada idéa consignada até aqui em todos os publicistas; que a lei he a vontade dos imperantes, quando ella não he, como aqui se diz, senão a vontade da Nação"*[6063].

Os Vintistas estavam empenhados na defesa da soberania nacional e do sistema representativo. Para que ambos fossem possíveis eram necessárias as medidas que se iam preconizando e uma delas, indispensável, a publicidade da lei, precedendo discussão pública. Ora esta discussão pública era a estabelecida no Congresso e a que todos os portugueses deveriam ter acesso[6064] e não uma qualquer outra discussão que se fizesse

---

[6059] *D. C.*, VI, 29-10-1821, pág. 2842; *ibidem*, VIII, pág. 8, Projecto da Constituição, artigo 84º.

[6060] *D. C.*, VI, 29-10-1821, pág. 2843, relativo à intervenção de Castelo Branco Manuel: "(...) Mas vamos á segunda parte, que diz (leu-a) não me parece o mais necessario fazer esta difinição; e me parece que as distincções que aqui se fazem deverão ser supprimidas, para não dar lugar ás duvidas que se poderão suscitar. Em quanto á terceira parte, he preciso que para sustentala *se estabelecesse aquelle principio que estabelecem os políticos, que consiste em considerar o Povo como legislador, e como subdito da lei; o que na verdade, he alguma cousa methasifico*."

[6061] Rousseau nunca foi jacobino e nunca defendeu Governos representativos no seu *Contrato Social*. Portanto e pelas razões oportunamente expandidas, pretender confundir o seu cepticismo democrático com o jacobinismo, ou as monarquias constitucionais representativas com o sistema de Governo que preconizava, são dois erros graves.

[6062] *D. C.*, VI, 29-10-1821, pág. 2843, relativo à intervenção de Braancamp.

[6063] *D. C.*, VI, 29-10-1821, pág. 2843, relativo à intervenção de Manuel Borges Carneiro.

[6064] *D. C.*, VI, 29-10-1821, pág. 2844, relativo à intervenção de João Maria Soares Castelo Branco: "(...) Todos nós sabemos que a publicidade he aquella que principalmente acredita as decisões de um Governo representativo. O segredo, e o mysterio foi sempre companheiro inseparavel do despotismo: nós vemos que a maior parte dos males que resultão do despotismo são sempre traçados com os véos do mysterio, que encobre as intenções sinistras com que o mesmo despotismo obra. He por consequencia de absoluta necessidade, que n'um systema representativo se obre n'uma direcção inteiramente contraria. *Se a soberania reside essencialmente na Nação; se o Congresso a exercita por delegação da mesma Nação, como he que o Congresso póde adquirir a reputação dos seus comitentes, se elle não obra no meio da maior publicidade?* Como he que a Nação póde haver, e póde conhecer se os seus Representantes, se os seus Procuradores desempenhão exactamente e de boa fé as obrigações de suas procurações, se lhe não são patentes os discursos, e as discussões; e por consequencia as mesmas razões que obrigão a estes seus Procuradores a votar desta ou daquella maneira. Qual he a confiança que a Nação póde ter no Congresso que a representa, qual póde ser por consequencia o apoio deste mesmo Congresso, pois que elle resulta infalivelmente da confiança da Nação? *São cousas de absoluta necessidade sem as quaes eu posso dizer, que he impossivel existir um Governo representativo*; e que por consequencia não

fora dos muros do Augusto Recinto. O sistema de protecção da Liberdade da Nação era efectivado pelos seus representantes, que davam a conhecer publicamente o que decidiam e a forma como o decidiam, mas não deixavam margem a outrem para que o pudesse fazer, em qualquer caso.

Esta faculdade legislativa que apenas competia às Cortes, era acessorada de uma outra, não menos polémica no relacionamento com o Poder Executivo e que vedava a este a propositura de Projectos de lei[6065]. Se o Poder Executivo, através dos ministros quisesse apresentar sugestões, poderia fazê-lo, sendo as mesmas apreciadas em Comissão e em caso de parecer favorável reduzidas a Projectos. Que seriam neste e nos demais casos, de exclusiva iniciativa do Poder Legislativo, ainda que apresentadas pelo seu concorrente natural[6066].

Era esta a doutrina das Bases, que aliás acabou por ser consagrada no próprio texto constitucional, no que respeita à primeira parte do artigo 85º. A segunda parte saiu incólume e nem mesmo discussão houve[6067]. Sinal da perfeita sintonia do Congresso, neste particular, por parte da ala moderada, que nem sequer contestou sobre a impossibilidade do Rei, por intermédio dos seus ministros, poder apresentar Projectos de lei.

Estas eram as duas grandes marcas da supremacia do Poder Legislativo sobre o Executivo, a quem a participação mediata e derivada que complacentemente se concedia por intermédio do veto suspensivo, não quadrava qualquer intromissão no feudo sagrado dos representantes da Nação, que em seu nome e exclusivamente legislavam.

Um facto que costuma ser negligenciado mas de bastante relevo – e de novo de inspiração gaditana mas muito mais suave[6068] – prende-se com aquilo que foi designado por "outras atribuições das Cortes" e onde no nº 1 do artigo 97º de podia ler: "Tomar juramento ao Rei, ao Príncipe Real, e à regencia do Regente"[6069]. Como corolário, o artigo 108º do Projecto previa a fórmula do juramento do Rei: "*Juro defender a religião catholica apostolica romana; ser fiel á Nação portugueza; observar e fazer observar a Constituição politica decretada pelas Cortes Extraordinarias e Constituintes no anno de 1821, e as leis*

podem deixar de ser objecto de um systema constitucional. Poderia acontecer muito bem, se não se declaresse expressamente na Constituição, que as Cortes que nos seguem, ou outras quaesquer, determinassem que as sessões em que se tratasse da lei, ou de certas leis, fossem secretas. Depois, se não se declarasse neste artigo, ficaria em contradicção com a sua terceira parte, donde diz (leu). *Seria com effeito n'um Governo liberal o principio mais barbaro e mais inconstitucional, sujeitar á obediencia dos Povos a lei feita pelos seus Representantes, sem fazer-lhes patentes os motivos que tinhão tido estes Representantes para fazer as leis*. Por tanto insisto nesta declaração que está nas Bases."
[6065] Já havia sido deste modo no decurso da discussão das Bases, que aqui se recordam, Por exemplo a intervenção de Manuel Borges Carneiro de 27-02-1821, é sintomática neste aspecto, conforme *D. C.*, I, 27-02-1821, pág. 170: "Em quanto ao que diz o senhor Preopinante de que o Rey tenha a iniciativa das Leys, creio que isto he anticonstitucional, antiliberal, e muito perigoso. Não se deve deixar ao Poder Executivo, mais do que aquelle Poder que inevitavelmente seja necessario; porque a experiencia tem feito conhecer, que sempre se revoga o que póde, e se se lhe deixar hum degráo, 1ª de subir por elle. Porventura a Cidadãos tão conspicuos, em tanto numero, e que sabem todas as necessidades da Nação, poder-lhes-ha escapar facilmente alguma cousa que seja necessaria? Parece impossivel."
[6066] *D. C.*, VIII, pág. 8, Projecto da Constituição, artigo 85º.
[6067] Jorge Miranda, *O constitucionalismo liberal luso-brasileiro*, pág. 86, artigo 105º da *Constituição de 1822*.
[6068] *Cortes de Cádiz*, Sesion del dia 16 de Octobre de 1811, pág. 2094, correspondente ao artigo 173º do Projecto da Constituição, com correspondência quase integral no correspondente artigo 173º da *Constituição de Cádiz*.
[6069] *D. C.*, VIII, pág. 8, Projecto da Constituição, artigo 97º, nº 1. Em sessão de 12-11-1821, VI, pág. 3045, foi aprovado sem discussão.

da mesma Nação; e promover o bem geral della, quanto em mim couber"[6070]. Foi este o texto aprovado para a Constituição[6071].

Por outras palavras, a admissibilidade pelo Executivo da supremacia do Legislativo.

Ainda assim o texto era muito mais suave que o seu correspondente espanhol, onde o monarca se obrigava a salvaguardar a religião "sin permitir outra alguna en el reino". Dispensou-se, também, a referência ao incumprimento do juramento total ou parcial da parte do monarca, que não teve de ser confrontado com um "si en lo que he jurado, o parte de ello, lo contrario hiciere, no debo ser obedecido; antes aquello en que contraviniere, sea nulo y de ningún valor"[6072].

Ora isto é particularmente significativo, porque desde sempre, quem toma o juramento se encontra em posição hierarquicamente superior a quem jura. Por isso mesmo os nossos monarcas nunca aceitaram a tese da "jurisdictio imperii" em Portugal[6073], assim como nunca houve o costume da cerimónia da coroação, que reflectia o desfasamento entre quem unge e quem é ungido[6074]. Transmudando estas ideias medievais para a realidade política do Triénio Vintista, talvez se chegue a algumas curiosas e pouco reflectidas mas interessantes conclusões.

2.3. O Veto do Rei

A questão do veto do Rei havia ficado delineada nas Bases da Constituição, matéria sobre a qual os parlamentares não se poderiam desviar e onde a doutrina estrangeira foi por várias vezes invocada[6075]. A questão foi renovada em presença do Projecto da Constituição, mais precisamente dos artigos 90º e ss. do mesmo, em que a questão da sanção régia, seu prazo e matérias abrangidas ou não pela mesma[6076], eram ponderados. Viriam depois a ser parte integrante dos textos dos artigos 110º e ss. da Constituição.

Mais uma vez se recorda que o processo português era bastante mais apertado que o previsto pela Constituição de Cádiz, no seu artigo 148º,[6077] mas para que tanto fosse possível o tradicional embate entre as duas alas concorrentes no Congresso Vintista, de novo se fez sentir.

Uma vez sancionado o veto suspensivo do monarca e não o absoluto como alguns pretendiam, pelo menos gostariam essa interpretação que se prolongassem os efeitos

---

[6070] *D. C.*, VIII, pág. 8, Projecto da Constituição, artigo 108º.
[6071] Jorge Miranda, *O constitucionalismo liberal luso-brasileiro*, pág. 92, artigo 126º da *Constituição de 1822*.
[6072] Cortes de Cádiz, Constituição, artigo 173º.
[6073] Ruy de Albuquerque e Martim de Albuquerque, *História do Direito Português*, I, 1., pág. 496 e ss.
[6074] Idem, *ibidem*, I, 1., pág. 530 e ss.
[6075] Note-se a oposição de Ferreira de Moura, para quem o francês era um puro realista, bem ao contrário do que Trigoso havia argumentado em sua defesa. *D. C.*, VI, 02-11-1821, pág. 2894: "(...) Mirabeau, cujos talentos oratorios podião dar formas plausiveis a toda a casta de racionio, reconhecendo os inconvenientes desta notavel contradicção politica, recorreu á idéa de que o Rei nunca se valeria de similhante expediente, senão quando a lei estivesse em diametral opposição com os sentimentos geraes da Nação. Estranho modo de inculcar a utilidade de um systema!"
[6076] *D. C.*, VI, 02-11-1821, pág. 2891, relativo à intervenção de Xavier Monteiro: "(...) Trata-se de determinar presentemente a extensão que deve dar-se ao voto suspensivo, que como prerogativa real foi concedido nas bases da Constituição."
[6077] *D. C.*, VI, 02-11-1821, pág. 2896, Manuel Borges Carneiro justifica do seguinte modo a opção de Cádiz: "eu não attribuo este erro á fraqueza dos legisladores, mas á força das circunstancias em que se acha vão legislando, tendo dentro da Hespanha um fortissimo exercito invasor; o reino dividido em facções; tantos os partidos quantas as juntas, etc.: termos em que se persuadirão que se de um golpe despojassem o Rei totalmente da attribuição legislativa, augmentarião a força das facções domesticas; e por isso transigirão com as preoccupações de muitas cabeças, deixando ao Rei o direito de impor ás leis o veto por 3 annos."

temporários[6078] do veto suspensivo[6079], para o que inclusivamente se sustentavam na *Constituição de Cádiz*, quando não seria esse certamente o seu ideal de Texto constitucional.

Os seus opositores doutrinários e ideológicos, muitos deles em momento anterior consignados simplesmente de "regeneradores"[6080], defendiam exactamente o contrário[6081], chegando a considerar o veto "um mal"[6082] ou, no máximo, uma benesse da

---

[6078] D. C., VI, 02-11-1821, pág. 2895, relativo à intervenção de Morais Sarmento: "(...) Para mostrar que o prazo que se estabelece he curto, farei as seguintes reflexões. Logo que ElRei ponha o veto a qualquer deliberação das Cortes entra a opinião publica a julgar quem terá razão. Geralmente todas as operações do Poder Executivo achão menos popularidade do que as do Poder Legislativo: apezar disto ser uma verdade, não se segue que o Poder Executivo não possa alguma vez ter razão. Segundo o principio, que estabeleço de serem mais populares as operações do Poder Legislativo segue-se que só com vagar se poderá descobrir se houve precipitação no Poder Legislativo, ou nenhum fundamento no Poder Executivo em negar a sancção, e por duvidam. Só o tempo he que poderá acalmar as paixões diminuir a cegueira da parcialidade, e deixar entrever a verdade. Para este fim considero muito curto o prazo que se propõe."

[6079] D. C., VI, 02-11-1821, pág. 2891, relativo à intervenção de Correia de Seabra: "(...) 1ª No art. 23º das Bases já está decretado que ElRei ha de ter a sancção, e ainda que alli se diz que este acto ha de ser suspeito, e não absoluto, todavia me parece que o artigo em discussão não está conforme com o das bases: porque no mesmo anno a mesma legislação que decretou a lei segundo o artigo, póde desaprovar as razões, por que elRei negou a sancção; e nesse caso fica elRei na necessidade de sanccionar a lei, ou se ha de ter por sanccionada: desta fórma o voto nem suspensivo he. (...)" para tanto, oferece a seguinte emenda ao Projecto: *"Attendendo 1º a que he perigosa qualquer discussão entre os dois Poderes legislativos, e executivo: 2º a que he maior o mal que se segue da multiplicidade das leis do que da sua carencia: 3º a que já está sanccionado que se não faça lei sem absoluta necessidade: proponho; 1º que suspendendo elRei a sancção não possa mais aquella legislatura tratar daquelle Projecto, nem a seguinte, e só a terceira legislatura; porque ao tempo da eleição da terceira, conhecida de toda a Nação a diversidade de opiniões, ella escolhera deputados, que no Congresso representem a opinião publica, e he preciso para isso que decorra todo este tempo, vista a grande sustentação de todo o Reino-Unido: 2º se o mesmo Projecto for proposto na terceira legislatura, decidirá não só materia da proposta lei, mas tambem a sua absoluta necessidade; e se esta em votos nomitivos fôr vencida por duas terças partes, se haverá então por sancionada, visto que elRei por oito dias a não queira sancionar."*

[6080] D. C., VI, 02-11-1821, pág. 2894, relativo à intervenção de Ferreira de Moura: "O Sr. Moura: – Felizmente, Srs., a questão de hoje sobre o veto do Rei não está já posta naquelle ponto critico, *e verdadeiramente perigoso para a causa da Liberdade, em que se tratava de armar o chefe do Poder Executivo com o formidavel poder de paralisar os trabalhos do corpo legislativo, só com o magico obstaculo de quatro letras!"*

[6081] D. C., VI, 02-11-1821, pág. 2892, relativo à intervenção de Xavier Monteiro: "(...) *A verdadeira origem do veto foi o transigir com os abusos existentes na arte de governar.* Tempo ainda haverá em que os publicistas se admirem das luzes do presente seculo, que suppunha indispensavel uma cousa, de que nenhuma necessidade, ha. Tanto podem os habitos, e abusos. *Para reconhecermos a superfluidade do veto escusado he sair da nossa propria casa, e mendigar exemplos de fora. Nós ha nove mezes que legislamos sem elle, e não obstante o bom resultado, julgamos o voto he indispensavel aos nossos successores, porque suppomos sem duvida que elles hão de ser menos instruidos, e menos prudentes do que nos; e até mesmo mais ignorantes, e precipitados que o Poder Executivo. Se nos tivessemos admittido o veto desde a origem desta legislatura, talvez que tantas resoluções e providencias uteis, não tivessem passado. Quem reconheceria a necessidade do voto para passar a extincção dos direitos banaes, das ordenanças, e immensas outras resoluções proveitosas á Nação?* Entre tanto estas decisões contrariarão os interesses de muitos individuos; attendendo aos quaes, póde ser que o Poder Executivo se lhe fosse dado embarassar estas leis, apesar da sua conhecida utilidade, as estorvasse, eu quero conceder todas as hipotheses, em que podem as leis passar com precipitação. Se tão uteis nenhum inconveniente resulta da precipitação: se não correspondem ao fim a que se propuzerão os legisladores; que inconveniente se segue? O que se segue he, que a pratica accusa os inconvenientes da lei, e então os legisladores a annullão, ou reformão. Logo a pratica he o verdadeiro modo de corrigir as leis, e nunca o caprixo, o interesse, o saber, ou as paixões do Poder Executivo, que não tem nem mais instrucção, nem mais prudencia do que o legislativo."

[6082] D. C., VI, 02-11-1821, pág. 2893, relativo à intervenção de Xavier Monteiro.

Nação ao Rei⁶⁰⁸³ e o Projecto uma subversão dos princípios liberais estabelecidos⁶⁰⁸⁴, já experimentados em legislações estrangeiras⁶⁰⁸⁵, nem sempre com muito bons resultados práticos⁶⁰⁸⁶.

A sanção das leis conferida ao Rei não lhe dá parte no Poder Legislativo, evidência nas Bases já juradas. É uma simples precaução para evitar a precipitação na feitura das leis; mais nada e não se permite que seja mais nada⁶⁰⁸⁷.

⁶⁰⁸³ *D. C.*, VI, 02-11-1821, pág. 2900, relativo à intervenção de João Maria Soares Castelo Branco: "(...) *Nos demos a isto o nome de sanção, nós demos a isto o nome de veto, isto he, de interpor a sua vontade contra a vontade do Congresso, para fazer que a lei não tenha effeito; demos a isto a idéa de um acto de beneficencia praticado pelo Rei em razão do seu officio para que melhor se attenda ao bem publico, e a utilidade daquelles que para isto o constituirão;* e depois de decidir o Rei, entre então no exercicio da sua attribuição, qual he o Poder Executivo".

⁶⁰⁸⁴ *D. C.*, VI, 02-11-1821, pág. 2893, relativo à intervenção de Manuel Serpa Machado: "(...) Não me agrada o artigo, nem a emenda do Sr. Corrêa de Seabra. O artigo não pode passar tal como está. *Parece que a medida que nelle se propõe he absolutamente insufficiente; que a doutrina, que nelle se contem, he contradictoria, e que o principio que della deve deduzir-se, he um principio subversivo da representação nacional, e dos governos representativos.* Digo, que a medida que nelle se estabelece, he insufficiente; e sobre isto pouco tenho que accrescentar ao que disse na Sessão passada. He necessario irmos a principios, e irmos examinar porque se julga necessaria a sancção das leis, e a ver se ha motivos reaes para sujeitalas á approvação de uma Autoridade estranha."

⁶⁰⁸⁵ *D. C.*, VI, 02-11-1821, pág. 2899, relativo à intervenção de João Maria Soares Castelo Branco: "(...); muitos genios, Mirabeau mesmo apezar das suas luzes e talentos, foi arrastado por estas mesmas idéas, por estes mesmos prejuis sós de educação. Os primeiros Francezes não imaginavão como base um corpo legislativo, sem que o Rei tivesse parte nesta mesma legislação. *Porém a experiencia tem mostrado o contrario, e já naquellas Nações que tem abraçado o systema constitucional tem conhecido pela experiencia, que he possivel, que he mesmo util adoptar uma forma differente de governo. Nós temos recobrado nossos antigos direitos, a Nação entrou naquelles que todos ella ao principio exercitára, mas que o despotismo lhe havia usurpado. A soberania reside essencialmente na Nação; logo parte nenhuma da Nação póde exercitala sem legação; logo nenhuma parte da Nação póde exercitar porção desta soberania, senão aquella que a Nação lhe tiver delegado.*"

⁶⁰⁸⁶ O caso francês é conhecido. Para os norte-americanos, naturalmente, a questão não se colocava, embora houvesse quem entendesse que na *Constituição Federal de 1787* e na *Constituição do Massachusets*, havia vislumbres de veto, como acontecia com o moderado Morais Sarmento, *D. C.*, VI, 02-11-1821, pág. 2895: "(...) Tomando eu sempre a experiencia por guia em materias politicas, porque reconheço as minhas fracas forças, procurei as luzes da historia sobre este objecto, e confrontando este paragrafo com as Constituições, de que se tinha noticia, apenas achei duas similhantes, e dellas talvez com justo argumento eu possa suppôr, terem os illustres membros da Commissão formado o presente paragrafo. As Constituições a que eu alludo são as dos *Estados Unidos da America septentrional*, e a do *Estado de Massachusets*. *Todos verão como he differentemente equilibrada a politica da Constituição americana*. Independentemente de ter um governo republicano, as discussões se fazem em duas camaras, na casa dos representantes e no senado: entre nós as discussões hão de ter lugar em uma unica assembléa não argumente com as circunstancias diferentes dos chefes do Poder Executivo na America, e em Portugal; *porque eu considero o veto não como uma prerogativa real, mas como uma necessidade politica*. Em quanto á Constituição particular do Estado de Massachuset, vê-se bem que a organização politica de um Estado particular da confederação americana pouca applicação pode ter para uma monarquia independente da Europa. Convenho que em alguns ramos de administração interna se possa adoptar alguma cousa, porem o systema politico do equilibrio dos Poderes exige muito differente organização."

⁶⁰⁸⁷ *D. C.*, VI, 02-11-1821, pág. 2903, relativo à intervenção de Castelo Branco Manuel: "O Sr. Castello Branco Manoel: – Estabelecida nas bases a divisão dos Poderes, e residindo nas Cortes o Legislativo, de forma nenhuma podemos dizer que a sancção das leis, que se atribue ao Rei, seja parte do Poder Legislativo para delle depender a existencia da lei; porque então este Poder se achará confundido com o executivo, que se tem depositado nas mãos do mesmo Rei. A sancção, ou

Se todos concordavam que a sociedade não poderia governar-se sem leis – porque sem leis não há Liberdade e a Liberdade é o substrato de toda e qualquer lei numa Nação representativa[6088] – teriam as mesmas de ser elaboradas sob forma reflectida e pela única entidade com competência para tanto. E a única representativa da vontade da Nação era o Congresso, ainda quando se concedia – e aqui entra a questão do veto – a utilidade de uma entidade estranha à sua elaboração[6089] para aferir da bondade real das mesmas[6090].

Tudo o que pudesse contribuir para fazer avançar o Poder Legislativo sobre o Executivo era argumento que bastava para tanto se esforçarem neste domínio, como

veto suspensivo, que se lhe tem facultado nas Bases, não he mais do que o direito de representar as difficuldades ou incoherencias, que a lei pode ter na execução, e suppondo-se que o Rei está mais bem informado na pratica por intervenção dos seus Ministros, e para que as leis sejão mais justas, e com facilidade exequiveis, he que se permitte ao Rei o Poder sustalas com o veto, expondo as difficuldades que na execução das mesmas póde haver, para que tornando a ser bem examinadas pelo Congresso, com toda a circunspecção e madureza, haja este de dar a sua definitiva decisão, ou mandando executar a lei se assim lhe parecer justo, ou fazendo-a supprimir, ou alterar."

[6088] *D. C.*, VI, 02-11-1821, pág. 2897, relativo à intervenção de Macedo Caldeira: "(...) Nós tratamos de edificar, destruir, e plantar: *Ut vetis, et destruas et dedifices, et plantes*. Ha muitos abusos que he necessario destruir. *Tenho ouvido dizer que as leis são para coarctar a Liberdade; eu o que vejo he, que a Liberdade de que goza a Nação he proveniente das leis; logo nem todas as leis vem coarctar a Liberdade. Se considerassemos á Nação no estado da natureza, e lhe impuzessemos lei, concedo que se iria coarctar a Liberdade, mas como nós vamos fazer leis, não primitivas, mas que vão reformar aquellas que tinhão introduzido abusos, está claro que estas não vão contestar a Liberdade.*"

[6089] *D. C.*, VI, 02-11-1821, págs. 2899 e 2300, relativo à intervenção de João Maria Soares Castelo Branco: "(...) sendo estes os principios, como he que podemos dar ao Rei uma parte essencial da soberania? A meu ver, uma noção errada se tem concebido desta atribuição, que se concede ao Rei. *Não he em respeito ao Rei que a sancção lhe he dada: não he com relação ao Rei; não he como prerogativa de honra que seja inherente á pessoa do Rei: elle tem outras que assaz o destinguem, que assaz o devem fazer respeitar de toda a Nação. O objecto da sancção he a utilidade publica, por consequencia esta sancção deve ser olhada tal qual ella o deve ser para a utilidade da Nação; deve ser olhada tal qual póde conservar a mesma Nação; porque já digo, nos não tratamos desta materia da utilidade, e das prerogativas do Rei, tratamos sim da utilidade da Nação*. Já mostrei que seria prejudicial á Nação confundir os dois Poderes: logo que nós a denominarmos sancção, não pode ella ser a ingerencia do Rei no Poder Legislativo, porque isto confundiria os Poderes, e seria prejudicial á mesma Nação; e tarde ou cedo a lançaria no despotismo, ou do Corpo Legislativo, ou de Poder Executivo. Por consequencia he preciso que formemos outra idéa; que demos outra significação á palavra sancção. (...) *Eu não posso entender por sancção dada ao Rei, se não o testemunho, que o primeiro Magistrado dá, aquelle que se acha em contacto immediato com a Nação, testemunho digo eu que ha dado áquelle acto legislativo, a um acto solemne feito em nome da Constituição, que elle afirma á Nação, e como tal lhe propõe, emanda que se execute. Vem a ser pois a sancção um testemunho da parte do Rei. Muito embora nós lhe attribuamos o direito de propôr, ou expôr ao Congresso os inconvenientes que elle entende póde ter tal ou qual lei*. Nós não poderiamos com prudencia negar esta atribuição ao Rei, pois que o Rei como já disse era o primeiro Magistrado da Nação, aquelle que se acha em contacto immediato com a Nação, aquelle que em cujas mãos se depositou a força da Nação, não para opprimir, mas para a defender, e proteger."

[6090] *D. C.*, VI, 02-11-1821, pág. 2894, relativo à intervenção de Ferreira de Moura: "(...) está toda a nossa duvida posta nisto: as Cortes dizem que a lei he boa, porque se dirige ao verdadeiro fim a que todas se devem dirigir, que he a commum e geral utilidade; o Rei pelo contrario das que ella he má, e que he preciso reservala para outra legislatura para ser melhor considerada. *Mas nesta collisão da opinião das Cortes com a opinião do Rei, porque motivo havemos de estar pela opinião de um, e desprezar a opinião de muitos? Porque motivo havemos de dar todo o pezo á opinião do Rei, que he muda, que para n'uma simples declaração, que não tem alma, nem vida, nem força, e havemos de desprezar a opinião de muitos, discutida em publico animado pelos argumentos, pelas reflexões, e pelos encontrados juizos? Eu não sei qual seja a razão desta irracional differença.*"

em muitos outros, querendo erradicar qualquer vestígio da Velha Moda[6091]. E a própria sistemática do Projecto que apontava a maioria requerida para que o monarca fosse obrigado a sancionar a lei[6092], lhes parecia desconforme aos princípios da vontade geral adoptados[6093].

Em qualquer caso e ultrapassada a questão da natureza do veto, aquilo que verdadeiramente importaria – e que os parlamentares, como em muitas outras situações

---

[6091] D. C., VI, 02-11-1821, pág. 2895, relativo à intervenção de Ferreira de Moura. "(...) quando o Rei sanciona a lei; mas esta lei pode ser má quando o Rei diz desde logo que lhe dá a sancção, e neste caso não se precisa de mais exame; e só quando lha nega he que se appella para, a madureza, para a circunspecção, para o vagar? Estranho modo de avaliar as cousas! Oh força do habito, e da educação!"

[6092] D. C., VI, 02-11-1821, pág. 2893, relativo à intervenção de Manuel Serpa Machado: "(...) O artigo diz, que o Rei dentro de um mez poderá dar a sua sancção; mas não marca nem designa o espaço de tempo em que a lei fica suspensa. O Rei offerecendo logo dentro do mez as suas razões, podem estas logo ser rejeitadas, e por isso o veto pode tornar-se ineficaz n'uma Sessão, espaço assás limitado e quasi illusorio. Pergunto, se o pequeno espaço de uma Sessão será sufficiente para preencher o que se teve em vista na sancção das leis? Parece que a mesma precipitação, que ha na factura das leis pode haver na discussão das razões oppostas (leu o artigo): logo parece, que o direito com que se introduz a sancção real organisado o art. do modo que está, he insufficiente e equivale a denegar a sancção. Digo mais que a doutrina he contradictoria, porque se diz no art., que o Rei poderá dar as razões; que estas voltem ao Congresso, e que o Congresso as examinará; *mas que se acaso duas terças partes dos votos as reprovarem passe então a lei: daqui concluo eu, que vem a ser um terço da Assembléa, e mais um voto combinado com o Rei, aquelle que tem mais força, que a maioria da Assembléa, e vem a fazer que naquelle anno se não torne a propor a lei; isto vem a ser um veto verdadeiro por um anno. Segundo o methodo adoptado na Constituição Hespanhola, e na de 91, aquella lei proposta na legislatura seguinte, ha de tornar á declaração na Assemblea, mas segundo este systema do Projecto he evidente a contradicção; porque querendo dar um veto mais restricto, vamos a dar-lhe um veto mais extenso, fazendo preponderar pouco mais de um terço da Assemblea contra a maioria; por isso he contradictoria a doutrina e pretendes se remediar um mal com outro ainda maior do que aquelle que se acha na Constituição franceza de 91, e na Constituição de Hespanha. Daqui segue-se um principio prejudicial á sociedade, e a representação nacional. Nós reconhecemos que os individuos de qualquer Nação não podem legislar por si; estes nos nomeão representantes, os quaes não tem outro meio de proferir a sua vontade, senão a maioria de votos. Estabelecida a regra do Projecto, a vontade geral da Nação não se exprime, porque não pode ser exprimida por um terço dos deputados, e mais um,* e mais um. Dir-se-ha que nós já temos adoptado esta medida sobre outros objectos, mas a puridade não vale, porque lá trata-se de objectos que não são tão importantes como ter de admittir ou não uma lei. Ninguem pode negar que o objecto principal do Corpo Legislativo he o fazer, leis; dizer que este objecto seja decidido por um terço dos deputados, e mais um he o mesmo que dizer que a terça parte, he maior que a metade; por isso a terça parte aos votos estabelecidos para este objecto, he insufficiente. *Quanto mais, o Rei vem a ter uma proponderancia contraria aos dois terços; e admittida esta regra, he forçoso que nos outros objectos se admitta tambem. Pergunto eu mais se quereremos reduzir a votação da Assemblea a um terços dellas."*

[6093] D. C., VI, 02-11-1821, pág. 2892, intervenção de Xavier Monteiro: "(...) se aos dois terços dos deputados parecer que sem embargo das razões allegadas pelo Rei, deve o decreto passar como estava, será novamente apresentado ao Rei que lhe deverá dar a sua sancção no termo de 10 dias. Pelo contrario se as ditas razoes não forem desapprovadas pelos dois terços o decreto será supprimido ou alterado e não poderá tornar a tratar-se da mesma materia naquelle anno): isto he o que me parece que tem grandes inconvenientes por se admittir esta theoria dos dois terços a fim de confirmar a lei. Supponhamos que a legislatura he composta de 151 homens; dando-se ao terço e mais uma faculdade de reprovar a lei, sendo 100, a favor della, e 51 contra, vinhão os 51 a ganhar superioridade sobre os 100; e aqui tinhamos um indesculpavel vicio, e um enorme absurdo na expressão da vontade geral, isto he, na formação da lei. Parece-me pois, que não póde o Projecto passar nesta parte. (Apoiado)."

tornearam e voltearam sem ir directos ao assunto – era o problema do tempo que poderia durar a oposição do Rei.

Disto mesmo se deu acima nota, mas agora convirá sedimentar a ideia[6094], que passa por ser o essencial da limitação dos Poderes do Executivo em presença do Legislativo e nos termos de disparidade que o efectivo "desequilíbrio" manifesto em ponto anterior, mais notório se patenteava.

Neste particular empenhou-se a ala radical do Congresso em fazer efectivamente uma Constituição mais liberal que a espanhola[6095], assim se opondo aos argumentos

---

[6094] *D. C.*, VI, 02-11-1821, págs. 2896 e 2897, relativo à intervenção de Manuel Borges Carneiro: "Em rigor o Poder Executivo não devia ter ingerencia alguma no Legislativo; porem a necessidade obrigou a que se houvesse nisto alguma condescendencia. Os Reis, senhores de um Poder absoluto e illimitado, governavão como querião, e do modo o mais despotico: foi a Filosofia illustrando os homens; penetrou nos exercitos; conheceu-se quão opprimidos estavão os direitos dos homens, e estes julgarão que era necessario acabar com tão monstruosa usurpação daquelles direitos. Porém não convinha acabar tirando inteiramente de uma vez aos Reis toda a parte que indevidamente exercitavão sobre a factura das leis: forão transigindo, por o dizer assim, com este Poder despotico, deixando ainda aos depositarios do Poder Executivo alguma representação na feitura das leis, posto que esta attribuição pertencia exclusivamente aos depositarios do Poder Legislativo. (...). Se pois o veto não he senão uma fracção do Poder Legislativo, contraria á natureza deste Poder, e á separação que ha entre elle, e o executivo, segue-se que deve ser o menor que ser possa, e nunca permittir-se que por elle se frustre por muito tempo a efficacia do Poder Legislativo."

[6095] *D. C.*, VI, 02-11-1821, pág. 2894, relativo à intervenção de Ferreira de Moura: "(...) Primeiramente: antes de considerar as vantagens do systema opposto, direi no geral, que *attendidos os monstruosos, e illiberaes inconvenientes do veto absoluto, ficará mais ou menos sujeito aos mesmos inconvenientes aquelle systema que mais ou menos se aproximar do indefinito obstaculo daquelle veto absoluto. Por isso he muito máo o systema da Constituição hespanhola; porque faz intervir neste acto três legislaturas*, e o que propõem os illustres membros se he menos máo, não deixa por isso de ficar sujeito aos inconvenientes da demora, e de promover aquella escandalosa reacção dos dois Poderes activos da organisação social."; *ibidem*, pág. 2896: "(...) Tem-se pretendido que o veto deve ser tal, que faça passar a lei pela fieira de duas legislaturas. Quando se tratar de se alterar algum artigo da Constituição, justamente se exige virem os deputados munidos de procurações especiaes, e reservar-se a pretendida alteração para a legislatura seguinte: mas para se alterar uma lei, o que he forçoso acontecer frequentemente, não sei que isso seja necessario, nem que se fie tão pouco de uma Deputação que não a julguemos capaz de legislar com acerto, isto he, de cumprir com o seu emprego. A *idéa de precipitação que alguns dos Srs. Preopinantes suppõem nos corpos legislativos, tambem a tenho por inadmissivel, e mesmo por indecorosa, pois suppõe que o corpo legislativo composto entre nós de 160 pessoas das em que a Nação mais confia, e que discute, e delibera em publico, o não fará com madureza, mas precipitadamente. Que este Corpo obrará assim e não se receraria isso do Rei, de uma só pessoa legislando em tres minutos quanto quizesse? Quando porém eu veja que esta Assembléa se inclina a conceder o veto um pouco mais demorado, eu quereria então que fosse isto embora para depois de passados os primeiros 4 annos que hão de vir, e não para agora, quando estão por fazer os codigos, quando as instituições liberaes ainda não estão bem arreigadas, e quando falta ainda o dar muitas providencias. Pergunto eu, se as presentes Cortes extraordinarias não tivessem sabiamente excluido do veto as suas decisões, quantas providencias de que a Nação tanto precisava, estarião ainda por promulgar? Por tanto na dita hypothese eu opinaria que de agora a 4 ou 6 annos tenha embora lugar um veto mais demorado, mas não desde já*."; *ibidem*, pág. 2903, relativo à intervenção de Castelo Branco Manuel, que considerava "para que o Rei faça as suas reflexões *he que me parece muito tempo o prazo de um mez que se lhe faculta no paragrafo 91; e certamente para não demorar, e muitas vezes inutilizar o bem que a lei poderia produzir, eu reduziria esse prazo a 10, ou 15 dias. Neste espaço tem o Rei muito tempo para consultar o Conselho d' Estado.* Esse mez que se lhe facultava queria eu que decorresse desde o momento, que o Rei apresenta as suas reflexões ao Congresso até que elle decida. Terião assim os deputados tempo de pensar maduramente, ouvirião, e consultarião a opinião publica, seria neste caso a sua decisão mais sensata, e proferida com toda a madureza, que he o unico fim para que se permittiu ao Rei o veto suspensivo,

esgrimidos pelos moderados[6096], termos estes a serem entendidos nos precisos termos que no início foram marcados.

Enquanto estes, algo apreensivos com o rumo que os acontecimentos iam tomando, queriam dilatar ao máximo o prazo, remetendo-o para futuras legislaturas, aqueles viam no prazo concedido pelo Projecto tempo em demasia para o Rei sancionar a lei.

Num caso, o sentido moderado, não aceitava abrir mão de Poderes que seriam do Rei pela simples razão dele dever participar, de qualquer modo, no Poder Legislativo e porque não queriam a superioridade factual do Legislativo sobre o Executivo.

No outro, os "regeneradores"[6097], para quem alguma coisa que pudesse questionar a

---

ou (o que vem a ser o mesmo) expôr ao Congresso as suas reflexões sobre a lei, e desta fórma se satisfaria á opinião dos Srs. deputados, que exigem madureza nas deliberações; o que eu tambem quero."; *ibidem*, pág. 2900, relativo à intervenção de João Maria Soares Castelo Branco: meios de obrar, e que em fim como he homem hade tender sempre a diminuir os outros homens? "(...)*Por outra parte, se tem olhado, e se teme muito a precipitação do Congresso, e não se teme então a precipitação de um só homem? Teme-se a influencia, ou pouca consideração, e até as sinistras intenções de um Congresso numeroso, de um Congresso cujos individuos exercitão uma magistratura temporaria, e que por consequencia quando forma estes Projectos sinistros, que pedem sempre longo tempo para sua execução, não tem o que basta para os pôr em pratica? Teme-se a maldade de individuos que são conhecidos da Nação, que são iguaes a todos os seus concidadãos, cujos interesses de cada um dos seus concidadãos; homens que tem a confiança da Nação; não se teme a influencia de um só homem que tem na sua mão o Poder; que he o Magistrado perpetuo da Nação; que segundo a influencia das suas paixões, tem certamente muitas.* Eis aqui a iminencia, mas a influencia dos prejuizos adquiridos na educação."

[6096] D. C., VI, 02-11-1821, pág. 2895-2895, relativo à intervenção de Morais Sarmento: "(...) Em quanto á doutrina do paragrapho, parece-me que o prazo que elle concede he demasiadamente curto, e tão curto que me faz julgar que ficaria illusoria a determinação adoptada no artigo 23 das Bases, passando o que se acha proposto neste lugar em consequencia do que se sanccionou no referido artigo das Bases. (...) *Parece-me que appellando para a Constituição Hespanhola, eu não appello para um codigo illiberal: mas não trato to da Constituição de Hespanha; adopto o parecer de homens, que defendêrão aquelle artigo, taes como Arguelles, Evaristo Peres de Castro, Espiga, e outros, que não forão liberaes só na bonança, e no tempo da prosperidade, mas pedecêrão pela Liberdade, e são apontados pela opinião publica como homens de são juizo, e conhecimentos politicos: adoptaremos principios de que já: se tem feito applicação, e livramo-nos de fazer experiencias, sempre duvidosas em assumptos politicos.* Sei que alguns Srs., como o Sr. Borges Carneiro, tem accusado os legisladores de Cadis de fraqueza, e talvez queira attribuir á influencia de principios menos liberaes a redacção da *Constituição hespanhola*. Segundo as informações, que eu tenho tirado de narrações de acontecimentos de Cadis, ainda não li que as galerias das Cortes estivessem cheias de realistas; pelo contrario consta que alguns membros, que apparentemente parecião desviar-se de principios da maior Liberdade politica forão não poucas vezes obrigados a calarem-se pelo clamor das mesmas galerias: *fica por tanto fora de duvida que a Constituição de Hespanha não foi dirigida debaixo de principios oppostos á Liberdade. Voto por tanto que se substitua a doutrina do presente paragrafo pela doutrina, que se acha no artigo 14 da Constituição hespanhola*." No mesmo sentido D. C., VI, 02-11-1821, pág. 2893, relativo à intervenção de Manuel Serpa Machado: "*De mais, nós seguindo o exemplo da Constituição de 91, e da Constituição de Hespanha, ao menos para uma legislatura, não seremos taxados de arriscarmos methodos não experimentados, nem de termos dado á factura das leis, pouca reflexão (...).*"

[6097] D. C., VI, 02-11-1821, pág. 2905, relativo à intervenção de Fernandes Tomás: "Porque razão se ha de attribuir esta faculdade a um Rei, e não a um membro do Congresso? Porque he Rei? Não? Porque o ser Rei não dá mais intelligencia. Pois porque? Porque se julga necessario que da sua parte elle exponha aos membros do Congresso a pratica que póde haver na observancia das leis; o mais he estarmos a discorrer em vão. Lá paixões, nem meias paixões não entendo: a verdadeira razão do veto he porque o Rei como chefe do Poder Executivo, aconselhado de seus Ministros, póde fazer taes e taes reflexões, que digão: esta lei pode soffrer este, ou aquelle embaraço; póde trazer este inconveniente na pratica. Ora eis-aqui está porque se concedeu o velo, e se julgou necessario. E então digo, um mez, quinze dias, não he tempo de mais? Devemos lembrar-nos que não vamos fazer cousa nova em Portugal. Nas antigas Cortes, o Rei em certas materias nunca offerecia o seu veto; devemos lembrar-nos,

soberania nacional, sob fórmula da representatividade posta pela Nação nos deputados, a estes somente conferindo o Poder de legislar, era algo de perfeitamente inaceitável.

Uma outra vez e o resultado final acabou por pender para este sector, como se deduz da votação final, que aprovou sem qualquer alteração a primeira parte do artigo 90º do Projecto da Constituição. Dos pontos seguintes que a mesma norma tratava, ficou, mais, decidido, que a decisão competiria sempre à mesma legislatura e não às seguintes, não havendo necessidade de impressão no *Diário das Cortes*, começando a discussão logo que as Cortes achassem conveniente, sendo o mérito da questão decidido por maioria simples, nunca inferior a um terço dos deputados. Quanto ao prazo para o Rei dar a sanção seria imediato à apresentação da lei[6098].

Depois de acalorada discussão, cuja importância e elementos de análise insusceptíveis de serem esquecidos no plano da História das Ideias Políticas e porque conformava a Liberdade da Nação no sentido que os Vintistas lhe deram, tudo se resumiu ao habitual. O Poder da Nação superioriza-se ao Poder régio e este está submetido àquele em nome da "verdadeira Liberdade" e do pânico do despotismo. O Rei não participa no Poder Legislativo, não apenas como ficou explicitado no ponto anterior mas, mais e de maior significado, nem sequer pela presente via poderá ter uma intervenção decisiva. O Rei exerce um magistério puramente figurativo e não efectivo Poder.

A reafirmação desta ideia bem pode ser encontrada na impossibilidade que o Rei teria de se pronunciar sobre o texto constitucional que se elaborava e as alterações que dele se fizessem no futuro, uma vez que não era dele o Poder constituinte e só aos deputados dele investidos poderia competir abalançaram-se em tais domínios. Identicamente se procedia com toda a matéria de raiz regulamentar ou Ordinária, feitas nas presentes Cortes, bem como as matérias de exclusiva competência das Cortes, formalizadas nos termos do artigo 103º da *Constituição de 1822*.

A forma como o Rei deveria dar a sanção à lei[6099] e o facto de não o fazendo se entender que "efectivamente o fará", ocuparam também os parlamentares. Contudo, a questão era bem menos relevante, uma vez que estava já determinada a essência do problema, qual seja a da mecânica do veto em presença dos princípios impostos pelo Liberalismo.

que agora lhe concedemos um favor, e mercê de que elle não gosava antigamente; outrora em Portugal quando se legislava sobre certas materias, o Rei nunca offerecia veto, nem embaraço algum. Por ventura quando as Cortes decretavão tributos tinha o Rei veto? Nem por vinte dias, nem por vinte horas. Quando determinavão que se fizesse a paz com esta, ou com aquella Nação, tinha lá veto? Nenhum. Pois ha de se confiar tanto nas antigas Cortes, e tão pouco nas actuaes? Que razão de differença ha entre nós e aquellas Cortes? Reparemos naquella lembrança que me escandalisou um pouco, sobre a formula as Cortes tem decretado, apresentando-se como uma indiscrição ou leviandade o fazer-se uma lei n'um dia. Pois as necessidades do Estado não nos poderão obrigar a fazela n'um momento? Pouco tenho lido, mas nesse pouco não tenho achado que houvesse tempo marcado para fazer leis. Supponho que isto de fazer leis não assenta senão sobre a necessidade que as pede, e como ella não póde ser marcada nem prevista, assento que o que tem Poder de fazer leis, tem tempo de as fazer no prazo da necessidade. Eis as minhas idéas porque não quiz que houvesse só o meu voto mudo."
[6098] *D. C.*, VI, 02-11-1821, pág. 2907.
[6099] Silvestre Pinheiro Ferreira, *Breves Observações sobre a Constituição Politica da Monarchia Portugueza*, págs. 18 e 19: "Nos paizes onde o monarca he um dos ramos do Poder Legislativo, a palavra sanção tem um certo valor, porque quer dizer que o monarca não só promulga a lei, mas approva o seu conteudo. Quando porem a Constituição unicamente o incumbe de promulgar a lei, isto he, de publicar que elle se acha encarregado, nada significa a palavra sanção a par de promulgação que diz tudo. He mais uma expressão tomada do Absolutismo, e por conseguinte contradictória com o princípio constitucional."

O modo de os pôr em prática, de que agora se tratava, era apenas um corolário do já estabelecido, pelo que não merece uma dilatada interpretação. O Poder Legislativo e o Executivo mantêm um efectivo desequilíbrio.

A discordância do monarca em presença da lei é algo de muito pouco relevante para os constituintes, que lhe "atribuem" esse direito, quando "não tinham qualquer obrigação de o fazer". Posto que não se estranha o texto constitucional, que mais não faz do que reproduzir todos os medos e despeito, a tudo o que pudesse questionar a Liberdade da Nação por alguém ligado, voluntária ou involuntariamente aos vícios do Antigo Regime: "Se o Rei nos prazos estabelecidos nos artigos 110º e 111º, não der sanção à lei, ficará entendido que a deu, e a lei se publicará. Se porém recusar assiná-la, as Cortes a mandarão publicar em nome do Rei, devendo ser assinada pela pessoa em quem recair o Poder Executivo"[6100].

2.4. A Deputação Permanente

Seguindo o exemplo de Cádiz, a regulamentação da Deputação Permanente foi igualmente alvo das preocupações dos constituintes[6101]. E, tal como a Lei de Liberdade de Imprensa e a Lei Eleitoral eram imprescindíveis para dar uma sequência rápida aos preceitos já debatidos e aprovados em geral para o texto constitucional, foi também necessário proceder a uma acelerada regulamentação deste instituto, que se via como uma das pedras basilares da Liberdade da Nação.

Deixando de lado a polémica surgida em torno do artigo 98º do Projecto da Constituição, relativo à composição da mesma por deputados oriundos da Europa e do Ultramar[6102], norma aprovada em votação nominal com um voto de diferença[6103] e problema que Fernandes Tomás resumiu de forma perfeita[6104], assente que o sétimo deputado seria sorteado[6105], um aspecto desde logo merece saliência.

[6100] Jorge Miranda, *O constitucionalismo liberal luso-brasileiro*, pág. 88, artigo 114º da *Constituição de 1822*.

[6101] AHP, *Comissão da Constituição*, caixa 86, documento 187, relativo ao Projecto para a Deputação Permanente.

[6102] *D. C.*, VI, 14-11-1821, págs. 3072 e ss.

[6103] *D. C.*, VI, 16-11-1821, pág. 3106.

[6104] *D. C.*, VI, 14-11-1821, pág. 3079, relativo à intervenção de Manuel Fernandes Tomás: "Alguns Preopinantes tem dito que a Deputação permanente he um lugar de grande consideração, outros que não he de tanta; mas a maior parte tem assentado que ella he a sentinella que as Cortes deixão no seu lugar para vigiar sobre as operações do governo executivo, e felicidade da Nação. Pergunto eu: a quem deve isto ser commettido? A quem he de Portugal ou do Brazil, ou a quem he mais capaz? Pois he mais capaz um sujeito de Portugal ou do Brazil, ou aquelle que indifferentemente se acha n'uma ou n'outra parte, com tanto que tenha as qualidades que se requerem? Creio que isto he de simples, intuição. Um dos illustres deputados na Sessão passada disse, que ninguem poderia dizer que entre os deputados do Ultramar se não podessem achar tres membros capazes para a Deputação permanente; eu digo mais, ninguem poderá dizer que entre os deputados do Ultramar se não possão achar tres os seis membros mais capazes. O que se quer he quem he mais capaz, e então digo eu, se se acharem quatro n'uma parte, e dois na outra, ha de se ir buscar por força o terceiro a esta parte, e não a outra? Não. Nós dizemos nas Bases, todos os cidadãos são habeis para todos os empregos, conforme o seu merecimento, e as suas virtudes. Diz-se: os do Brazil são mais habeis, pois então hão de se ir buscar do Brazil só tres? Este lugar que he de tanta consideração, de tanta responsabilidade, ha de ser formado de sorte que para a escolha dos seus membros tenhão as Cortes futuras as mãos ligadas? Isto he o maior absurdo. Diz-se tambem: se se estabelecer o contrario do artigo vamos a fazer a desconfiança dos Povos. Não posso conceber como por aqui se quer attribuir aos Povos desconfiança que elles não tem. Que póde recear o Brazil das Cortes de Portugal? Que tem estas feito a respeito do Brazil? Vejão-se os seus decretos.

Os constituintes estavam empenhados em manifestar ao menos teoricamente, a plena solidariedade entre deputados europeus e brasileiros, como eles diziam "ultramarinos", embora não se possam aqui considerar, por razões mais que óbvias, uma interpretação extensiva aos representantes da África ou da Ásia portuguesas.

A importância que estas últimas tinham era tão clara que nem sequer os seus representantes se esforçaram em fazer prevalecer, sob forma individualizada, a sua representação autónoma na Deputação Permanente. Tanto mais que se eram deputados da Nação e a representavam integralmente, isso lhes terá bastado. Este alerta justifica-se porque não há memória nos *Diários das Cortes* de qualquer alusão neste sentido, enquanto que as indicações expressas para os deputados do Brasil abundam, tendo acabado por prevalecer a formação paritária da Deputação Permanente entre portugueses europeus e "ultramarinos".

Instituída como órgão de vigilância do cumprimento das decisões das Cortes enquanto as renovadas se não reuniam[6106] e mormente no caso daquelas que se iram reunir imediatamente após o Congresso constituinte, a missão desta Deputação Permanente inaugura uma originalidade espanhola e portuguesa. As razões apontadas pelos constituintes de ambos os países convencem, contudo, da sua necessidade prática: ela é ainda um simulacro da representação nacional[6107], cuja actividade efectiva se demonstraria aquém das expectativas.

Já fizerão alguma excepção odiosa para o Brazil? Não. Ouvi a um illustre deputado entrar na conta do deve, e hade haver de Portugal com o Brazil, porem disto não devemos tratar, porque então muita cousa havia que dizer. Nós devemos tratar de fazer a união dos Povos, e não a desunião, e esta desunião he a que se quer fomentar pelo artigo. Porque razão se ha de ir buscar deputados do Ultramar, deputados de Portugal distinctamente? Eu não o sei. Tem-se dito daqui que não succede mui nenhum; segue-se um mal muito grande, que he ver-se o Congresso na necessidade de votar em taes e taes, e haver esta idéa de separação e de desunião, que deviamos evitar."

[6105] *D. C.*, VI, 16-11-1821, pág. 3101, relativo à intervenção de Moniz Tavares, um dos brasileiros no Congresso: "(...) O Sr. Moniz Tavares: – Tendo esta augusta assemblea dado a ultima prova, *a prova mais decisiva do seu desinteresse, filantropia, e liberalidade sanccionando a parte principal deste artigo*, parece que não resta mais que confirmar todo o artigo: e persuadia-me que para isto não podia haver a minima duvida, attendendo a que elle está concebido de tal maneira, que não póde approvar-se uma parte sem a outra. De nada serviria ter votado na primeira parte do artigo, se para a segunda houvesse de proceder-se indistinctamente. As razões já produzidas são as que hoje se renovão; por tanto escolhão-se dois benemeritos deputados um de Portugal, outro do Ultramar. *Decida a sorte qual destes deve ser o Presidente. Desta maneira não resta a menor queixa, porque a sorte he uma especie devoto, segundo diz Montesquieu, que não afflige a pessoa alguma.* A gloria que resulta a este Congresso de approvar o artigo tal qual está he maior da que reclamão os liberaes hespanhoes. Estes tem contra si o estado de desordem d'America, e os Portuguezes da Europa tem a união fraternal dos seus irmãos do Ultramar; e não havendo a minima suspeita delles, o approvar este artigo não pode deixar de acarretar sobre o Congresso immensos elogios."

[6106] *D. C.*, VI, 16-11-1821, pág. 3104, relativo à intervenção de João Maria Soares Castelo Branco: "*As atribuições da Junta permanente reduzem-se em grande parte a providencias sobre circunstancias certas, que ella não póde alterar de maneira alguma. Reduz-se a vigiar a observancia da Constituição, e a tirar informações para dar depois ás Cortes quando se instalarem, e em caso extraordinario convocar Cortes extraordinarias, vendo que isto he preciso para salvar a Constituição, e salvar a Liberdade. Este he o caso o mais importante; este he o caso em que he preciso que o Presidente e Membros da Deputação tenhão o maior vigor de espirito, tenhão as idéas mais liberaes, a mais decidida fortaleza, pois que este he o caso em que ella se ha de pôr á testa contra o Poder Executivo, e ha de chamar os Poderes da Nação, hão de chamar a convocação das Cortes Extraordinarias para se oppor aos intentos do Poder Executivo.*"

[6107] *D. C.*, VII, 17-12-1821, pág. 3433, relativo à intervenção de Ferreira de Moura: "(...) na Deputação permanente podemos considerar ainda um simulacro da representação nacional; compõe-se de

Nada de polémico se levantou em relação ao previsto nos artigos 99º e 100º do Projecto que previa as atribuições da Deputação Permanente e na sua aprovação foi bem mais pacífica que quanto à composição, quando deveria ter ocorrido exactamente o oposto. É à Deputação Permanente que cumpre vigiar sobre a observância da Liberdade política da sociedade em momento em que as Cortes não estão reunidas, e o Poder Legislativo não tem meios para acudir a prevaricações graves contra aquela Liberdade[6108].

O estrito cumprimento da legalidade e a aversão a Conselhos ou tribunais que de algum modo pudessem concentrar em si demasiados Poderes e, por isso, ser assemelhados a instituições do Antigo Regime de menos boa memória, levou os constituintes, neste quadro, a fazerem uma precária defesa da Liberdade política da sociedade.

Uma das razões poderá ser encontrada no parco suporte doutrinário de que dispunham. Apenas a Deputação Permanente não fora alvo de teorização inglesa ou francesa e não existia em parte alguma a não ser em Espanha. Portanto, uma certa falta de base ou suporte ideológico que lhes teria certamente sido muito útil neste quadro, sendo certo que também não se podiam valer do exemplo prático dos nossos vizinhos, por motivos bem conhecidos. Restava a teoria e, se processualmente o instituto funcionou e se desempenhou das tarefas delimitadas, ficou por aí e escasseia a margem para avançar.

Quanto à regulamentação necessária a dar à Deputação Permanente em função da proximidade do encerramento do Congresso e reunião de Cortes Ordinárias, foi acautelada mediante diploma próprio, que previa a questão, mas cujos contornos são sobretudo de natureza processual.

Assim e pelo decreto de 31 de Outubro de 1822 ficaram determinadas as suas atribuições provisórias e o que deveria fazer durante o seu exercício[6109]. Era uma forma de aplicar de imediato às futuras Cortes que iam congregar-se já em finais de 1822 as regras já aprovadas em Constituição. O diploma, em si mesmo, nada traz de novo, pelo que são dispensáveis maiores detalhes.

---

uma fracção da assembléa legislativa, e se póde ainda considerar nella pelo menos este simulacro de representação (...)."

[6108] Porém, quando se afirma que ela poderia proceder à convocação de Cortes Extraordinárias em casos graves, sempre ficaria deficientemente salvaguardada a Liberdade num período que era demasiado conturbado para se deixar um pouco ao sabor dos acontecimentos eventuais desvios ou prevaricações assumidas à Constituição. Depois de se terem batido tanto pela Liberdade e de a terem estreitamente consagrado, depois de colocarem o Poder Executivo numa posição mais que subalterna e de terem provido contra todos os que se recusavam a jurar as Bases e a Constituição, fica uma sensação de muito pouca firmeza nesta área. Talvez os constituintes estivessem convictos – mal – e à semelhança dos seus colegas gaditanos, que o país era porto seguro da Liberdade constitucional. Talvez se convencessem que os perigos vinham mais do Brasil que da própria Europa e, por isso mesmo, seja permitido o reparo, foram algo descuidados. Nem o exemplo de 1814 lhes serviu, de facto, para agirem de forma diversa.

[6109] D. C., X, 31-10-1822, sessão extraordinária, pág. 948. A nomeação dos membros da Deputação Permanente é da mesma data e eram os seguintes: deputados José Joaquim Ferreira de Moura, Hermano José Braamcamp do Sobral, Francisco Manuel Trigoso de Aragão Morato, José Feliciano Fernandes Pinheiro, Reverendo Bispo do Pará, Francisco de Villela Barbosa, e Joaquim Antonio Fieira Belford; e substitutos os deputados José Ferreira Borges, e Domingos Borges de Barros."

2.5. O Conselho de Estado

Na perspectiva maioritária dos Vintistas, reunidos em Cortes Constituintes, era indispensável um Conselho de Estado que assessorasse o monarca, sendo os seus membros todos homens de confiança da Cortes e adeptos do sistema constitucional[6110] e seguindo de modo próximo as disposições de Cádiz.

Tratava-se naturalmente de garantir o "equilibro de Poderes"[6111], em tese, por motivos antes anotados.

Se os Conselheiros de Estado apenas poderiam ser indicados pelas Cortes e, dentre eles, e mais nenhum poderia o monarca optar, de novo, o Poder Executivo estava em posição "desequilibrada" em presença do seu concorrente[6112]. Mas a ideia era a mesma de sempre: defender a Liberdade política da Nação soberana, neste caso pela opção de um mitigado e teórico "equilíbrio de Poderes"[6113].

E tal como sucede noutras matérias, também este problema alvo de regulamentação constitucional, foi susceptível de tratamento Ordinário, plasmado no decreto de 22 de Setembro de 1821[6114].

O problema colocou-se à consideração dos fautores da *Constituição de 1822* praticamente desde o início dos seus trabalhos, mas de forma mais enfática depois de 19 de Julho de 1821, quando se deu início ao debate acerca do Conselho de Estado[6115] e em sequência ao já estipulado nas Bases da Constituição. Não era ainda a ocasião para se discutir o Projecto da Constituição, mas não deixa de ser sintomática a apostada austeridade e apego aos princípios que desde sempre haviam defendido, em certos casos e, aparentemente, algo exagerados[6116].

[6110] *D. C.*, IV, 06-09-1821, pág. 2180, relativo à intervenção de Macedo Caldeira: "(...) Determinou este Augusto Congresso que houvesse um corpo de Conselheiros, a quem ElRei fosse obrigado a consultar nas materias mais importantes; porém quiz que estes Conselheiros fossem homens da confiança da Nação, e por isso determinou que fossem propostos pelas Cortes (...)."

[6111] *D. C.*, IV, 06-09-1821, pág. 2180.

[6112] *D. C.*, IV, 06-09-1821, págs. 2180 e ss., a propósito da possibilidade dos Secretários de Estado poderem assistir às sessões do Conselho de Estado e darem o seu voto nas materias das suas repartições. A questão é aqui flagrante e demonstrativa do ciúme que havia entre os dois Poderes, mesmo nas mais ínfimas questões, ainda quando nem Conselheiros de Estado nem Secretários teriam qualquer peso específico na opção do Rei, que poderia fazer o que entendesse ainda que em contrário às suas opiniões. Mas como uns eram indicados pela Nação e escolhidos pelo Rei e os outros de escolha arbitrária do monarca, logo seria inconstitucional a sua presença neste Conselho e muito menos poderem votar.

[6113] *D. C.*, VII, 17-12-1821, pág. 3433, relativo à intervenção de Ferreira de Moura: "(...) Este corpo he governativo ou representativo? Ninguem me poderá dizer que he representativo; nada representa, nem para isso foi instituido, nem tem delegação nenhuma dada pela Nação. He por ventura governativo? Também não: (...) quando muito podem conceder-se-lhe qualidades governativas."

[6114] *D. C.*, V, 22-09-1821, págs. 2373 e 2374.

[6115] *D. C.*, III, 19-07-1821, pág. 1588, relativo a indicação de Bettencourt sobre a necessidade de se encarregar a Comissão da Constituição de organizar um regulamento provisório sobre o Conselho de Estado.

[6116] *D. C.*, III, 30-06-1821, págs. 1403 e ss., relativos à possibilidade de eleição de eclesiásticos para membros do Conselho de Estado e em que a emérita figura de frei Francisco de S. Luís foi recordada. Contudo e apesar de todos lhe reconhecerem os seus méritos próprios, nunca poderia chegar a Conselheiro de Estado, assim tendo ficado desde logo assente para todos os demais casos. *Ibidem*, 02-07-1821, pág. 1408: Contra, Francisco Morais Pessanha: "O senhor Pessanha: – Tenho que fazer uma observação sobre a acta: no fim da Sessão de antes d'ontem, quando se leu a lei sobre a Liberdade da imprensa, decidio-se que a leitura não estava em fórma, porque faltavão

Tanto implica a necessidade de fazer uma distinção entre o órgão em si mesmo considerado e os seus membros. Uma coisa é o Conselho de Estado; outra diversa os conselheiros de Estado e é neste quadro que a presente reflexão deve ser entendida.

Quanto à segunda hipótese, mais simples porque resolvidas as incompatibilidades ficava livre o Congresso para propor quem quisesse. O processo iniciado em 3 de Julho[6117], dia em que se anunciou ter sido avistada a esquadra que conduzia o Rei e a Família Real de volta a Portugal, tornou-se depois de preestabelecido muito simples.

mais de dois terços dos membros da Assemblea. Pregunto se na discussão, que ouve a respeito de regulares, haveria ou não a mesma irregularidade? O senhor Freire respondeo – 49 votos ouve nesse ponto – continuou o senhor Peçanha – nesse caso proponho uma excepção a favor de um illustre membro da Regencia: estou capacitado que elle nada interessa na excepção, mas persuado-me que o Congresso, que ha menos de seis mezes o elegeu com maioria absoluta em votos no primeiro escrutinio, obraria agora em contradicção decidindo que elle não podia ser eleito conselheiro de Estado; não havendo esta excepção, verificar-se-hia o dito de Tacito = *refulgebant autem Brutus et Cassius eo ipso, quod imagines eorum non visebantur.*" Acabou por se dicidir desfavoravelmente esta indicação no próprio dia.

[6117] D. C., III, 03-07-1821, págs. 1421 e 1422. Eleitos com pluralidade absoluta ficaram, desde logo, o Bispo de Viseu, com 56 votos, Conde de Penafiel, com 72 votos, Conde de Sampaio, com 63 votos, Fernando Luís de Sousa Barradas, com 56 votos, Francisco Duarte Coelho, com 55 votos, João da Cunha Sotto Mayor, com 58 votos, Jose Aleixo Falcão Wanzeller, com 52 votos e Jose da Silva Carvalho, com 55 votos. Determinou-se, mais, que entre os outros votados, se extremassem 32 daqueles que tivessem reunido maior número de votos e se formassem destes listas de 16 pessoas, para nesta conformidade se continuar a eleição. No dia imediato, continuou a eleição e recolhidos e apurados os votos na sequência das instruções de 3 de Julho, saíram votados com maioria absoluta Anselmo Jose Braancamp, com 53 votos, Antonio Teixeira Rebello, com 60 votos, Antonio Vieira de Tovar, com 56 votos, Bernardo da Silveira Pinto, com 69 votos, João Antonio Pereira de Moura, com 63 votos, João Pedro Ribeiro, com 50 votos, Joaquim Pedro Gomes de Oliveira, com 77 votos, Jose de Mello Freire, com 62 votos, Jose Maria Dantas, com 56 votos, Lazaro da Silva Ferreira, com 49 votos, Manoel Antonio da Fonseca, com 49 votos e Roque Ribeiro de Abranches, com 49 votos. Entretanto já tinham sido excluídos destas listas Correia da Serra e o Conde de Barbacena, pai, por terem obtido menor número de votos que Jose Francisco Braancamp e o e Bispo Provisor de Braga. Faltando ainda três pessoas para se preencher o número designado de Conselheiros de Estado, seguiu-se idêntico método para os apurar tendo saído os 6 seguintes: Antonio Francisco Machado, com 48 votos, Antonio Joaquim de Lemos, com 47 votos, Nicolau de Abreu Castello Branco, com 45 votos, Francisco de Paula Azeredo, com 45 votos, Francisco Maximiliano de Souza, com 45 votos, Pedro Mouzinho de Albuquerque, com 40 votos. Esta eleição ficou adiada para a sessão seguinte. Veja-se *D. C.*, III, 04-07-1821, págs. 1433 e 1434. Em 5 de Julho, conforme *D. C.*, III, 05-07-1821, pág. 1450, saíram eleitos com pluralidade de votos Pedro Mouzinho de Albuquerque, com 48 votos, Francisco Maximiliano de Souza, com 45 votos e Antonio Francisco Machado, com 44 votos. Mais, decidiu-se que a lista tríplice a apresentar ao Rei deveria ser organizada sendo "os primeiros dos ternos os da primeira votação, regulando-se a sua preferência na ordem dos ternos, segundo o maior ou menor número de votos correspondente a cada um; e os segundo e os terceiros da mesma maneira, decidindo-se pela sorte o terno em que cada um deve entrar". Finalmente, os ternos estavam completos, tendo de tudo isto resultado a proposta entregue ao monarca e organizada do seguinte modo: "1º Terno – Conde de Penafiel, Antonio Teixeira Rebello e Francisco Maximiliano de Souza; 2º Terno – Conde de Sampaio, Bernardo da Silveira Pinto e Manoel Antonio da Fonseca; 3º Terno – João da Cunha Sotto Mayor, Roque Ribeiro de Abranches e Pedro Mouzinho de Albuquerque; 4º Terno – Bispo de Viseu, Antonio Vieira de Tovar e Anselmo Jose Braancamp; 5º Terno – Fernando Luiz de Souza Barradas, Jose Maria Dantas e João Pedro Ribeiro; 6º Terno – Francisco Duarte Coelho, João Antonio Ferreira de Moura e Lazaro da Silva Ferreira; 7º Terno – Jose da Silva Carvalho, Joaquim Pedro Gomes de Oliveira e Antonio Francisco Machado; 8º Terno – Jose Aleixo Falcão Wanzeller, Jose de Mello Freire e Manoel Vicente Teixeira."

O Rei deveria escolher os seus Conselheiros de Estado. O sistema era fácil: um de cada terno seria o eleito, perfazendo um total de 8 membros, número de que este Conselho de Estado provisório seria composto[6118].

Membros do Conselho de Estado existiam; urgia arranjar Regimento para o seu funcionamento. Os Vintistas terão invertido a ordem dos factores; matéria de regulação Ordinária, ficaria a aguardar a consagração institucional na *Constituição de 1822* e, neste âmbito, não houve sobreposição de debate. O Regulamento estava pronto em 22 de Setembro de 1821; o artigo 135º e ss. do Projecto da Constituição que previa o Conselho de Estado como garante da Liberdade da sociedade apenas entrou em discussão a 17 de Dezembro de 1821.

Procurando dar alguma organização ao debate – e repita-se que a copiosa regulamentação Ordinária sobre matéria constitucional vai sistematicamente colocando este problema de gerir texto constitucional e matérias adjacentes –, os procedimentos inerentes ao texto do Regulamento são meramente regimentais, enquanto órgão consultivo do monarca, cujas deliberações são de natureza persuasiva.

Era o que se previa no seu Projecto de Regimento, apresentado em nome da Comissão da Constituição por Manuel Fernandes Tomás, em 27 de Agosto de 1821[6119], que com a sua especial acutilância para defender o que entendia ser a mais acabada Liberdade política da Nação, não se coibia de lançar acerbas censuras nos ministros, azada a ocasião. Mesmo quando simplesmente manifestavam dúvidas sobre se os Conselheiros de Estado poderiam, em simultâneo, ser ministros[6120].

Consagrado que já havia ficado que os membros do Conselho de Estado seriam oito, isto mesmo foi aprovado em termos regimentais. Antes, e no decurso do debate sobre quem e como deveriam decorrer as suas reuniões, houve renovada oportunidade de se justificarem, pelos princípios, a existência da instituição em si mesma[6121].

[6118] *D. C.* III, 05-07-1821, págs. 1449 e 1450; *ibidem*, III, 09-07-1821, pág. 1480; *DHCGNP*, I, págs. 217 e 218. Por escusa do Bispo de Viseu, foram entretanto remetidos ao Rei a proposta de mais três cidadãos, para completarem o quadro de conselheiros de estado. A proposta foi remetida em 27 de Julho e o terno apresentado era constituído por Anselmo Jose Braancamp, com 65 votos, Jose da Silva Carvalho, com 61 votos e Jose Aleixo Falcão Wanzeller, com 49 votos. O monarca veio a escolher o primeiro dos citados, em ofício enviado pelo Governo, com data de 28 de Julho de 1821, de acordo com o *D. C.*, III, págs. 1653 e 1654; *ibidem*, III, 30-07-1821, pág. 1697 e *DHCGNP*, I, pág. 230.

[6119] *D. C.*, IV, 27-08-1821, págs. 2029 e 2030.

[6120] *D. C.*, IV, 28-08-1821, pág. 20452: "O senhor Fernandes Thomaz: – Eu sou de opinião opposta, e digo que *até a pergunta do Ministro me parece indiscreta, e contraria á Lei. O Conselho d'Estado foi proposto pelo Congresso; pergunto se ElRei póde revogar uma resolução do Congresso. Torno a dizer que tal pergunta me parece estranha, e que he perciso advertir que isto se deve impondo em regra; uma vez que o Conselho está nomeado pela Nação, os que forão escolhidos pelo Rei, para Conselheiros daquelles que a Nação nomeou, não podem deixar de se-lo sem que a Nação revogue o que mandou: se isto se permittisse hoje ao Rei, amanhã poder a exibir o mesmo. Agora pergunto eu, o Conselheiro d'Estado que olha para o Rei como para aquelle que o pude recompensar, ou dimittir, teria a Liberdade, e a franqueza necessaria para aconselhalo? Isto não póde ser.* He preciso que o Conselheiro só seja Conselheiro, uma vez que a Nação o nomeou para isso; e se ElRei dos que se lhe propozerão, o escolheu para Conselheiro, uma vez que o fez, não lhe pude fazer outra cousa. Por ora meu voto he, que um Conselheiro não póde ser outra cousa, que um Conselheiro. (Apoiado, apoiado)."

[6121] *D. C.*, IV, 06-09-1821, pág. 2188, relativo à intervenção de João Maria Soares Castelo Branco: "(...) *O Conselho d'Estado he, por assim dizer, o Conselheiro nato do Rei; este he o fim principal para que o Congresso o propoz. O Rei he sem duvida o Chefe do Poder Executivo; entretanto por que este Poder, immenso nas suas attribuições, não convém á Nação que seja exercitado por um só individuo, porque realmente não póde*

Dentre as matérias aprovadas para o Regimento do Conselho de Estado e aquelas que se consagraram constitucionalmente, há algumas divergências que importa assinalar, quer quanto ao número de conselheiros e suas características pessoais para o exercício do cargo, quer no que se refere às matérias em que haveria de dar parecer consultivo. A justificação é clara; no primeiro caso trata-se de um diploma eminentemente regulamentar e com características provisórias, no segundo em presença de texto constitucional.

Há de novo uma preocupação inicial e firme de associar Conselheiros de origem europeia e ultramarina[6122], não apenas de acordo com os ensinamentos gaditanos, mas sobretudo como forma de aproximar interesses nacionais e prover à defesa da Liberdade política da Nação, em todas as partes do território onde a influência portuguesa se fizesse sentir[6123]. Excelente ocasião, de novo, para invocar personalidades históricas

selo, a Constituição quer que se ajuntem ao Rei outros indivíduos para o ajudarem no cumprimento dos deveres que lhe estejão annexos como Chefe do Poder Executivo. Os indivíduos que naturalmente o devem ajudar são os seus ministros; são os que obrão immediatamente com elles são os órgãos da sua voz, e a Constituição quer que a nomeação destes indivíduos seja da escolha do Rei. Mas porque estes homens são da escolha privativa do Rei, porque elles são dependentes do Rei, *este Soberano Congresso entendeu que podia verificar-se a hypothese de que elles obrassem juntamente com o Rei em direcção opposta aos interesses da Nação. Quiz por tanto pôr uma barreira a estes mesmos Ministros; assim como ligou o Rei a promulgar suas ordens pelo órgão, dos seus ministros, assim tambem julgou importante obrigar o mesmo Rei a aconselhar-se em certas materias com outro corpo moral, que fosse independente do Rei; que não estivesse sujeito á influencia do Rei, nem de seus ministros: quiz numa palavra, como sempre deve querer, que ElRei fosse aconselhado, e com rectas intenções.* Os ministros podião aconselhalo bem em algumas occasiões; mas noutras poderião não aconselhalo assim, ainda que fosse com boas intenções, e entendeu-se que isto poderia ser melhor encarregando-se a um Conselho de Estado. Por consequência ElRei póde em todas as occasiões que lhe parecer convocar o Conselho d'Estado. Então he quando o Conselho deve ser considerado debaixo de outras relações. Deve ser considerado unicamente com relação ao Rei, e debaixo deste ponto de vista, como um corpo que tem attribuições de aconselhar ao Rei, sem com tudo ligar o voto do mesmo Rei. *He certo que ElRei podia por sua providencia aconselhar-se com quem quizesse: he certo que podia procurar os varões conspícuos da Nação. para se aconselhar com elles; entretanto quiz o Congresso destinar certo numero de homens que tivessem a confiança da Nação, porque erão eleitos por ella, e ligar o Rei a aconselhar-se com estes homens.* Isto não tira que o Rei possa aconselhar-se com outros qualquer individuos; mas porque a Nação quiz propor homem da sua confiança para Conselheiros do Rei, daqui veio o estabelecimento do Concelho d'Estado. Temos pois o Conselho d'Estado, com as attribuições de aconselhar livremente o Rei; Conselho que o vai ligar no exercicio, das suas funcções. Se se trata de que o Rei seja bem aconselhado, poderá negar-se-lhe a faculdade de attender ao conselho dos, seus ministros?"

[6122] *D. C.*, VII, 17-12-1821, pág. 3430 e ss. A questão suscitada quanto à participação "ultramarina" é neste contexto reafirmada em termos incisivos, conforme *D. C.*, VII, 17-12-1821, pág. 3436, relativa a intervenção de Vasconcelos: "O Sr. Vasconcellos: – Eu sou de opinião que *sejão metade do Brasil e metade da Europa*, e accrescento mais uma razão às aquellas que se tem expendido, e he, *se o conselho d'Estado for todo de europeus, os nossos irmãos do Brasil não serão empregados.*"

[6123] *D. C.*, VII, 17-12-1821, págs. 3431e 3432, relativo à intervenção de Manuel Borges Carneiro: "A outra razão he deduzida da *necessidade de espreitar os vínculos de recíproca união entre os europeus e ultramarinos. A natureza lançou entre os dois mundos uma grande extensão de mar: cumpre pois que estudemos em unir pela arte o que pela natureza se separou; e se esta razão nos moveu a adoptar esta medida quanto aos membros da Deputação permanente, mais forte he o motivo que ha a respeito dos conselheiros.*"

associadas a factos que se pretendiam inovar[6124] e convocar a História portuguesa como exemplo que não desdoura[6125].

Mantinham-se as preocupações em acabar com os privilégios do clero e da nobreza[6126], chegando a increpar-se os redactores do Projecto de "seguidistas" face aos seus próceres gaditanos, devendo, depois de avisados dos sucessos espanhóis de 1814, ser mais originais e liberais.

Aparentemente, o argumento é capcioso e pretendendo manifestar que a soberania nacional não se compadecia com quaisquer privilégios[6127], acabava por vedar a uma parte significativa da Nação a participação política, sendo certa a proximidade geral que os portugueses tinham ao clero[6128] e a alguns sectores da nobreza. Mas isso

---

[6124] *D. C.*, VII, 17-12-1821, pág. 3434, relativo à intervenção de Gouveia Durão: "(...) parece da mais inegavel evidencia que a organização deste conselho deverá ser tal, que os seus individuos possão digna e utilmente satisfazer os importantes encargos a que ficão responsaveis; e como nós não tratamos de realizar era Portugal a republica de *Platão*, a utopia de *Thomaz More*; a atlantida de *Bacon*; a cidade do sol de *Campanella*, ou finalmente o Telemaco de *Fenelon*, porém nos propomos regenerar uma Nação já existente; já composta de differentes partes, parece digo, que o dito conselho deve ser composto de individuos que tenhão o maior conhecimento dessas partes, que compõem a Nação, para que tanto nos votos que derem, como nas propostas que fizerem, achem entre si as noções precisas, sem dependencia de soccorro alheio."

[6125] *D. C.*, VII, 17-12-1821, pág. 3435, relativo à intervenção de Correia de Seabra: "(...) levanto-me para repetir o que os Povos disserão ao Sr. D. João I. nas Cortes de Coimbra de 1385 *vos são mister bons conselheiros, e que os attendaes naquellas coisas que elles acordarem em proveito dos Reinos, e assim se acostuma a fazer pelos Reis de Inglaterra, e por isso são louvados em todas as partes do mundo: e porque o Estado he partido em estas partes, Prelados, Fidalgos, Letrados, e cidadãos, para esta obra ser limpa deve o conselho ser composto de todas as classes*. Para que pois obra seja limpa como dizião os Povos, a minha opinião he que se escolhão por classes, e de cada classe ao menos dois, um Europeo, e outro Americano."

[6126] *D. C.*, VII, 17-12-1821, pág. 3432: "(...) o que sequer he gente boa, sejão elles Bispos ou não, grandes ou não, ecclesiaslicos ou não; com tanto que tenhão merecimento, isto he, virtudes, e conhecimentos, para nada mais se deve olhar. Nada pois de classes."

[6127] *D. C.*, VII, 17-12-1821, pág. 3430, relativo à intervenção de Joaquim Anes de Carvalho, no que tocava à participação de eclesiásticos no Conselho de Estado: "Diz o artigo dois delles serão ecclesiasticos, etc. Com o devido respeito aos illustres Redactores deste artigo, não posso deixar de dizer, que apparece nesta disposição, não sei que feudalismo. No principio da nossa regeneração, quando se tratou de reunir as Cortes, foi muito agitada esta importante questão das classes publica, e particularmente. Viu-se então, que o voto geral da Nação era, que a representação desta não se fizesse por classes, senão pelo total dellas: que fosse considerada a Nação como massa de individuos, e não devidda em classes. E effectivamente na eleição que o Povo fez, conheceu-se esta vontade, e viu-se que não teve em vista as classes, senão os individuos, e o merecimento destes no seu conceito onde quer que os achasse. Juntarão-se as Cortes, promulgarão as Bases da Constituição, e em todas ellas não apparece vestígio algum de feudalismos, antes pelo contrario expressão, que a lei he igual para todas, e que os cidadãos serão admittidos aos empregos sem outra preferencia, que a de suas virtudes ou merecimentos. Se sanccionarmos cousa contraria ás Bases. Se na classe dos grandes houver, não digo dois homens, se não todos os doze, de um merecimento tal, que por elles devão ser escolhidos, todos devem e podem séllo, e não sómente dois; mas senão houvesse nenhum, nenhum deve ser Conselheiro. O mesmo digo dos ecclesiasticos."

[6128] Francisco Manuel Trigoso de Aragão Morato, *Memórias de Francisco Manuel Trigoso de Aragão Morato*, Parte II, pág. 127: "defendi tambem nas sessões de 7 e 10 o direito que os nossos Monarchas teem há longo tempo de nomearem os Bispos para as Dioceses d'estes Reinos; e instei que não me parecia justo sujeitar a sua escolha a um dos tres que lhe fossem propostos pelo Conselho de Estado, ainda que aliaz, El-Rei devesse ouvir este Conselho sobre as qualidades das pessoas que quizesse nomear. É notavel que uma opinião tão bem e diffusamente sustentada por mim e por alguns outros deputados de maior merecimento tivesse á votação tão poucos patronos: fomos

seria, no entender de alguns, aludir a uma espécie de miniatura das velhas Cortes[6129], cabendo perguntar se estariam esquecidos dos elogios que nos inícios da revolução haviam prodigalizado a esses ajuntamentos em torno do Rei e dos interesses da Nação.

O resultado final deste tipo de raciocínio foi contraproducente, como se sabe, para quem defendia tais propósitos de austeridade, nacionalismo e patriotismo exacerbado, deixando de parte uma certa dose de pragmatismo que, em matérias tão delicadas, sempre deverá ser ponderado[6130].

E mesmo para quem se mantinha algo distante, tendo o texto constitucional consagrado uma certa moderação de tais ímpetos[6131], nem por isso a Vilafrancada deixou de se verificar.

Mais uma vez se impedia a acumulação de funções entre os deputados e outros cargos públicos, bem como a impossibilidade de serem Conselheiros de Estado estrangeiros ainda que naturalizados e todos aqueles que ainda não tivessem completado trinta e cinco anos, mediante formação de duas listas de seis ternos, uma para os deputados europeus e outra para os ultramarinos. As duas listas seriam propostas ao monarca para escolher de cada terno um Conselheiro, num total de treze cidadãos[6132].

dezanove os vencidos e sessenta e oito os que approvaram que a eleição dos Bispos fosse proposta pelos Conselheiros de Estado por listas triplicadas; e assim passou realmente para estes o direito de nomeação que d'antes pertencia aos nossos Monarchas."

[6129] *D. C.*, VII, 17-12-1821, pág. 3432, relativo à intervenção e Francisco Villela: "(...) escolherem-se em relação às tres ordens do Estado, isto he, tirando do clero dois ecclesiasticos em que entre um Bispo pelo menos, dá nobreza dois grandes, e do resto da Nação os mais; parece-me ver em lugar de Conselho d'Estado um epilogo, ou miniatura das velhas Cortes, que se compunhão do Clero, Nobreza, e Povo. Sou pois de opinião que fique livre às Cortes o escolherem indistinctamente para o Conselho d'Estado as pessoas mais dignas por seus conhecimentos e virtudes, e não unicamente por serviços; porque estes não se devem pagar com os lugares de Conselheiro d'Estado."

[6130] Como por exemplo defendeu Manuel de Serpa Machado, *D. C.*, VII, pág. 3431: "(...) Diz-se que para membros do Conselho de Estado serão tirados dois do clero, e dois dos grandes. Nesta parte acho tambem, como já disse, que se adoptou uma parte na fonte de donde foi tirado, e não se teve a outra em consideração. *Na Constituição de Hespanha diz: dois ecclesiasticos, e não mais; e se nós entrarmos bem no espírito dessa letra, conheceremos a intenção dos legisladores de Cadiz, e veremos quanto he necesario esse correctivo: elles não quizerão desgostar estas classes ao ponto de lhe negar accesso no Conselho de Estado, isto considerando a muita influencia que tinhão na sua Nação os grandes e o clero, mas por outro lado lha restringirão na palavra "e não mais", de que sorte que foi maior a restricção, que a consideração que lhes derão. A classe do clero na Hespanha e dos grandes tinhão uma grande consideração pelas suas riquezas, e para coarctarem esta grande preponderancia he que elles marcarão a restricção do numero. Tanto na Constituição Hespanhola, como na Portugueza, he necessaria esta consideração: os Ministros de uma religião dominante hão de ter sempre um grande Poder e grande influencias nas consciencias do cidadão: por tanto os legisladores de Cadiz não devem ser increpados, nem nós o seremos se o fizermos da mesma maneira.*"; *ibidem*, pág. 3422, Manuel Borges Carneiro, que em sessão do mesmo dia, afirmou: "(...) Quanto às classes de que devem ser tirados os conselheiros, talvez os redactores copiarão neste artigo a idea da Constituição hespanhola, a qual determinou que fossem alguns da classe dos grandes do reino, e alguns da dos ecclesiasticos, e entre estes alguns Bispos. *Mas porque fizerão isto os legisladores do Cadiz? Para contemporizarem com a grande influencia política, que em 1812 tinhão áquellas classes: não se atrevião a tirar-lha toda de repente: de algum modo querião transigir com ellas, e tranquilisavão os espíritos, dizendo-lhes: "accedei á nova ordem de cousas, pois tereis sempre pessoas dentre vós no conselho de Estado, isto he, ao lado do Rei, e por ellas continuará a ser efficaz a vossa influencia política." Agitados por facções domesticas, e pelas forças de Napoleão, os Hespanhoes cedião ao impeto das ondas*".

[6131] Jorge Miranda, *O constitucionalismo liberal luso-brasileiro*, pág. 98, artigo 162º da *Constituição de 1822*, primeira parte.

[6132] Idem, *ibidem*, pág. 98, artigos 162º-164º da *Constituição de 1822*.

Finalmente o Conselho de Estado deveria ser ouvido em matéria de sanção régia das leis nos casos em que tal era possível nos termos da Constituição.

Em síntese, pensado como instituição defensora da Liberdade política da Nação, o Conselho de Estado, previsto nas Bases e depois regulado na Constituição e em lei Ordinária, constituía-se, na prática, como mais uma concessão do Poder Legislativo ao Executivo, cuja imparcialidade certamente seria bem difícil de manter para os seus membros. Trabalhavam em conjunto com o monarca. Deviam aconselhá-lo e, teoricamente, ser-lhe próximos e confidentes; dependiam para a sua nomeação de prévio escrutínio no Parlamento e saberiam à partida a desconfiança que o mais ligeiro apontamento crítico ao sistema constitucional lhes iria custar.

2.6. Unicameralismo (remissão)

A questão da Câmara única não é sequer tocada pelo Projecto da Constituição e não tem qualquer relevância no debate dos constituintes. As Bases haviam determinado que não haveria um sistema bicameralista. O problema estava por natureza resolvido e não havia mais nada a acrescentar.

O nó górdio que constituíam a existência de veto suspensivo, nos termos que os Vintistas o entenderam, com a ausência da Segunda Câmara, implicou em termos teóricos, uma tentativa de conciliação entre a concepção histórica e a visão radical do Poder político. Procurava-se dar "alguma importância" ao princípio real, na verdade completamente esvaziado pelo seu próprio funcionamento, com a abolição de qualquer ideia que fomentasse a desigualdade e que a existência de uma Segunda Câmara iria fomentar.

A conciliação, apenas teórica, ainda que muitas vezes tentada na prática, é pedra de toque do Triénio.

§ 4º. O Brasil na tormenta do Vintismo: a perspectiva portuguesa e a resposta brasileira

Sempre seria o tema do Brasil[6133] a grande questão do Congresso, depois de resolvida a questão da Liberdade individual e sua garantia jurídica e da definição do regime político. Importaria saber que utilidades os portugueses disso poderiam tirar, efectivamente, e os brasileiros aceitar sem se sentirem em situação futura de inferioridade quando a sua superioridade era, agora, a todos os títulos evidente[6134]. A política oficial e a opinião pública europeia que com ela concorria, estavam conformes numa coisa: Portugal e o Brasil deveriam manter-se constitucionalmente ligados. Com uma condição indefectível: as decisões tomavam-se em Portugal; o Brasil aceitava-as[6135].

[6133] *O Portuguez*, XI, nº 63, pág. 249: "E á vista da presente situação d'Hespanha, e também porque a união do Brazil com Portugal, ainda que mui difícil seja agora, impossível não o hé, e d'ella nos podem tambem vir grandes proveitos, de todo o nosso coração nos deitamos n'essa causa, que o Governo e o Povo agora abraçou, e n'ella trabalharemos com todas as nossas forças, e sinceridade de animo."
[6134] *Ibidem*, XI, nº 63, pág. 249-250: "Bem está: sejamos, e fiquemos unidos com o Brazil do melhor modo que poder ser; porem, o como isso se fará com proveito e a contentamento e a satisfação de ambas as partes, confessamos que hé empreza mui difícil, segundo os erros do Governo, que não fes conta com Portugal, depois que se passou pra o Brazil, e em nada trabalhou com tanto cuidado como em desunir os dois Reynos entre si, e depois com a mais estupida e ruinosa administração que há visto o mundo, descarregar sobre ambos o ultimo golpe de ruina."
[6135] José Hermano Saraiva, "Da Monarquia Constitucional à Republica Democrática", *História de Portugal*, II, pág. 415: "Os deputados Vintistas eram sinceros no seu anelo anticolonialista, mas

Sempre se discutiu a união entre Portugal e Brasil depois da Revolução de 1820 e, apesar de algumas demonstrações de boa vontade por parte da Família Real no que tocava à Constituição que viria a fazer-se[6136], as dúvidas permaneciam e os periodistas faziam-se arauto disso como de outras situações. O responsável pl'*O Campeão Portuguez*, por exemplo, como todos os constituintes europeus que irão formar a Constituição e no que respeita ao relacionamento com o Brasil, é partidário da sua subalternização, "natural" em presença de Portugal[6137].

De novo são aqui inevitáveis as comparações com os procedimentos espanhóis durante este período. É conhecido o tipo de comportamento levado à prática quer pelo despotismo ilustrado de Fernando VII quer pelas Cortes de Cádiz em relação ao problema das colónias espanholas. Em ambos os casos a recusa da independência foi evidência assinalada, o que de modo algum implicou que as mesmas não se tornassem independentes.

As atitudes de falta de compreensão patrocinadas por Cádiz e que tão violentamente foram criticadas pelos redactores portugueses de diversos jornais daquele período, são a melhor prova do que se escreve. Posteriormente o comportamento de Fernando VII, que quis invocar a sua acessão à Santa Aliança para requerer auxílio contra os insurrectos das colónias e que não foi melhor sucedida, provam a sintonia de vontades com que era encarada a possibilidade de conferir alguma dose de Liberdade a essas latitudes geográficas.

Com um pano de fundo em que as revoltas brasileiras se iam sucedendo[6138], já em Setembro de 1820 e a respeito dos destinos futuros de Portugal, se discutia a questão da ligação ou divórcio com o Brasil[6139]. Uma das opiniões mais divulgadas no estrangeiro e reflexos em Portugal era a de José Liberato Freire de Carvalho, ao defender a união entre Portugal e Brasil num contexto diverso, qual fosse a do Antigo Regime, com a estada da Família Real no Brasil e a situação dramática em que os portugueses da Europa se encontravam.

Do mesmo modo outro dos redactores anteriores à Revolução de 1820, encarava o problema da união ou desunião entre Portugal e Brasil, admitindo que as vantagens parecia-lhes axiomático que o Reino Unido não poderia deixar de ter uma sede que era obrigatoriamente Lisboa (...) Um sentimento antibrasileiro dominou por isso desde a primeira hora o labor legislativo dos constituintes."

[6136] *O Campeão Portuguez ou o Amigo do Rei e do Povo*, IV, pág. 176, relativo à proclamação da Liberdade constitucional no Brasil, em 26 de Fevereiro de 1821.

[6137] *O Portuguez*, III, Novembro de 1820, pág. 303: "mas como não podem haver duas Representaçoens nacionaes, nem será facil que caiba em alguma cabeça que deputados de Portugal vão assistir a Cortes convocadas no Rio de Janeiro, segue-se logo, que o centro de união não pode estar fora de Portugal. E perderá o Brasil em dignidade, e interesses locaes com este novo arranjo, ou nova disposição de cousas? Nada, por certo (...)."

[6138] J. M. Pereira da Silva, V, págs. 67 e ss. para desenvolvimentos que aqui não nos cumprem fazer.

[6139] Rocha Martins, *A Independência do Brazil*, págs. 83 e ss., desenvolve a questão dos preliminares da saída da Família Real do Rio de Janeiro para Lisboa e os sucessos ocorridos depois da chegada. Note-se que o historiador tem claras convicções antagónicas ao Constitucionalismo do Triénio Vintista e é muitíssimo cáustico em relação aos constituintes bem como a todos aqueles que iam rodeando o Rei. No que respeita à questão da independência brasileira, que suporta no deficiente comportamento conjugado de D. Pedro e das Cortes constituintes, manifestando uma particular simpatia por D. João VI.

da manutenção dessa ligação eram inferiores aos prejuízos que daí adviriam[6140]. Claro que a situação no momento era oposta e o Brasil constituía-se, ainda, como sede da monarquia; naturalmente que o tipo de raciocínio que preconizava a subalternização sul-americana por parte de Portugal depois de 1820 implicaria um tipo de conjectura diversa e assente em pressupostos nem sempre muito diversos.

A solução preconizada para as colónias espanholas[6141] não diferia muito dos planos que os membros do Congresso Vintista tinham entre mãos. Por um lado, a autonomia – e haveria muitos brasileiros que se contentavam com esta situação e não intentavam avançar logo para a independência. Por outro e como defendiam os deputados brasileiros no Congresso[6142], a criação de estruturas legislativas e judiciais locais, muitas já existentes desde o tempo de D. João VI e que apenas precisavam de ser melhoradas, assim como umas Cortes brasileiras, que não teriam por missão colidir com as nacionais, mas apenas zelar pelos estreitos interesses que a situação brasileira de milhares de quilómetros da metrópole exigiam.

A reacção do Congresso foi a esperada[6143]. Os brados que ecoaram em Lisboa, no edifício de S. Bento, bem transmitiam a indignação dos europeus perante a proposta brasileira, que em tudo lhes parecia promotora da desordem e da desagregação do Reino Unido.

Perante este leque de problemas, importa, pois, avançar para a abordagem de três grandes linhas de força no que respeita à temática brasileira na sua ligação com o Portugal do Triénio Vintista: o debate em Congresso, a opção tomada por Lisboa e a opção assumida pelo Rio de Janeiro em presença desta. E, claro, a decisão: D. Pedro IV de Portugal, D. Pedro I, imperador do Brasil ou, simplesmente, um Duque de

---

[6140] *O Portuguez*, XI, n.º 61, pág. 31: "Há quem diga, *que Portugal, separado do Brasil, será pouco ou nada*, (melhor o fará Deus) *e que o Brazil hé mais rico e povoado que elle; e que, faltando-lhe a lambuje do Commercio Brazileiro, Portugal ficará perdido...* Em verdade, mal sabemos nós como elle esteja bem--ganhado, ou como se possa teer por bema-aproveitado, agora que tão unido está com o Brazil, como a corda com pescoço de enforcado! Querem-nos metter os dedos por os olhos, ou de todo varrer-nos o juizo os que farofeam com a maior riqueza e povoação do Brazil; porque, se este hé tão rico e opulento, como se alardea, para que hé escorrer o pobre Portugal de quanto dinheiro se ahi tem podido coalhar, e se há despachado para o Brazil? e se o Brazil hé mais povoado que Portugal, como se tira a este a sua melhor gente, para ir povoar aquelle? Já não queremos nós agora fallar na differença que váe de gente a gente (havendo terras no Brazil, em que há doze escravos para um homem livre) nem hé nossa tenção insistir na desvantagem de essa maior povoação do Brazil, tal e quejanda, estar espalhada por uma superficie immensa: são cousas, que se estão mettendo por os olhos, e a ninguem podem escapar."

[6141] *O Investigador Portuguez em Inglaterra*, VI, Abril de 1812, págs. 212 e 213: "Em terceiro lugar devem corrigir-se os roubos, e corrupção dos tribunaes, e deve haver outros, que sejan independentes da Coroa, que corrijão, e castiguem os excessos dos empregados nos ramos do governo executivo. Em quarto lugar, a America deve impor a si mesma suas contribuiçoens: conceder, e appropriar-se suas rendas peculiares; tomar conta dellas aos empregados da Coroa, e augmentar, ou diminuir a somma á descrção de seos representantes. Para effeituar este systema de conciliação devem existir legislaturas provinciaes na America, que por si tenhão a faculdade de impor contribuiçoens, e a de fazer Leis com approvação da Coroa estes Congressos devem ser eleitos pelo Povo, e convocados por El Rey."

[6142] A. J. de Mello Moraes, I, págs. 190 e 191: "Lista Nominal dos deputados do Brasil à Assembleia Constituinte de Lisboa de 1821 a 1823."

[6143] Por muito importante que o tema tenha sido, e foi certamente no Triénio Vintista, razões de vária ordem conduzem a não o desenvolver. Primeiro porque a questão está estudada; depois e em resultado do que se disse, constituiu-se, sem dúvida, como tema autónomo no quadro do Vintismo. Como consequência, mas porque também seria estranho não avançar com alguma reflexão pessoal acerca do problema, dir-se-á apenas o indispensável.

Bragança jovem e velho em simultâneo, a quem não resta a opção senão de abdicar nos filhos as respectivas coroas real e imperial[6144].

E isso corresponde a repetir que se trata de uma questão de Liberdade política da sociedade, cuja argumentação sólida quanto baste servia à perfeição para defender as pretensões portuguesas do Triénio mas era inaplicável, no conceito do Vintismo, às outras partes da Nação. Todos os que pensavam o contrário eram uma de duas coisas ou talvez ambas em simultâneo: anárquicos jacobinos ou empenhados contra-revolucionários.

Ponderando as várias questões parcelares que antecipararam o sempre adiado debate acerca do Brasil, e este em si mesmo considerado, no título 2º do Projecto da Constituição continha-se um preceito, o do artigo 20º, que suscitou polémica[6145]. O modo como estava redigido, aparentemente, parecia muito pouco dignificante dos Autores do Projecto, já que se previa, em casos de manifesta necessidade, que poderia ser alienado parte do território com aprovação das Cortes[6146].

Como justificar o seu apego à independência nacional, mesmo quando se afirmava ser este um direito da Nação, tratando-se de evitar um mal maior[6147]? Mais que isso: dever encarar-se como uma decorrência do próprio pacto social firmado, e que circunstâncias estranhas aos que o firmaram, podem impedir, de poder observar[6148]. Este é, pois, um problema que se liga, sem dúvida, à Liberdade política.

[6144] José Honório Rodrigues, "O Liberalismo", pág. 9. Sobram algumas reservas na apreciação que este comentador faz quer da personalidade quer da política de D. Pedro, muito embora nos pareça que ela traduz, "grosso modo", a opinião que a maioria dos brasileiros à época dele teriam. Em qualquer caso, parece ser evidência dos factos que D. Pedro nem seria tão cavalheiro e estratego militar à boa maneira dos príncipes feudais, nem se identificaria com uma dose de insensatez e boçalidade como alguns teimosamente lhe querem assacar. Em qualquer caso, a ideia que transparece das palavras de José Honório não deixa de ser curiosa: "Houve quase sempre moderação entre as várias correntes que conduziram o Brasil à independência. Todos ficaram juntos, liberais moderados e extremados, conservadores constitucionais, radicais, mas com o tempo se separaram, até que D. Pedro I, em Novembro de 1823, se desmascarou, juntando-se aos portugueses sem cor, e aos brasileiros servis e aliados dos portugueses. Aí acabou o Liberalismo até 1826, quando reabriu o Parlamento, que ficou muito coagido, até se libertar e preparar a queda de D. Pedro I em 1831, quando o Liberalismo ressurgiu."

[6145] Segundo afirma Silvestre Pinheiro Ferreira, *Breves Observações sobre a Constituição Politica da Monarchia Portugueza*, pág. 7, "A definição de Nação não tem logar em uma Constituição."

[6146] D. C., VIII, pág. 4, Projecto da Constituição, artigo 20º, parte final.

[6147] D. C., IV, 01-08-1821, pág. 1735, relativo à intervenção de Ferreira de Moura: "(...) O senhor Margiochi combateu a lei porque era perjudicial, mas não a combateu porque a Nação não tivesse direito de a sanccionar no seu codigo fundamental. Não olhou a questão por este lado, olhou-a só pelo perigo que se podia seguir a Monarquia; mas por este perigo he que se funda a sua utilidade, porque he melhor conservar o resto de um todo, com sacrificio de uma pequena parte, do que sacrificar esse todo á sua inteira dissolução."

[6148] D. C., IV, 01-08-1821, pág. 1739, relativo à intervenção de Camelo Fortes: "(...) A alienação he contraria ao pacto social; porque aquelles que se juntavão em sociedade civil com certa lei fundamental quizerão viver nella perpetuamente, e porque não foi da sua vontade que a maior parte podesse separar de si aparte menor, e sujeital-a á dominação, e imperio de outra Nação. Esta foi sem duvida a vontade de nossos constituintes, que nos nomearão seus representantes para estipularmos o pacto social, que os regesse perpetuamente, em quanto não fosse dessolvido, ou alterado legitimamente, e pelo mutuo, e expresso consentimento. A este pacto repugna a clausula da alienação, pela qual podia acontecer que parte do territorio portuguez, e seus habitantes viessem a ficar sujeitos a hum governo dispotico, e tyranno, cuja clausula só poderiamos estipular se para isso nos fossem dados Poderes expressos, os quaes se não encontrão em nossas procurações. Póde acontecer que em razão

Um país livre é um país independente de quaisquer jugos externos e que não admite menoridade ou recurso a tutoria externa para se reger. Faria muito pouco sentido colocar uma hipótese em contrário[6149] e disso se terão apercebido alguns dos juristas e Professores Universitários presentes no Congresso[6150].

Ponderando bem todos os elementos disponíveis, a regra do Projecto não parece tão desusada, como num primeiro momento aparenta[6151]. Pode ter sido daqueles pequenos detalhes em que os Vintistas – ou alguns deles, ao menos – falharam, ainda que haja razões a suportar a mesma.

Tanto mais que tal possibilidade encontrou defensores. Alguns deles conceituados radicais do Vintismo português, o que levaria a pensar que rondaria pelas suas mentes.

Não é possível admitir Manuel Borges Carneiro ou José Joaquim Ferreira de Moura e outros como desconhecedores do caminho a que conduziriam as suas propostas. Aquilo que se poderá configurar, neste contexto, é a dificuldade em conseguirem percepcionar o problema, numa época em que a questão brasileira estava no auge das atenções.

Pode, porventura, especular-se.

Talvez que se o artigo 20º tivesse passado tal e qual como estava, os brasileiros não sentissem tão profunda aversão às Cortes, porque elas tinham tido a coragem política de admitir, de Direito, uma possibilidade que, de facto, era cada vez mais evidente.

Talvez por isso D. Pedro IV[6152] não tivesse sentido tanta relutância face aos comandos que lhe eram emanados de Lisboa, ciente da "abertura" dos congressistas a uma clara

---

de alguma guerra violenta seja impossivel á Nação defender parte do territorio, e seus habitantes: neste caso he licito abandonalo; porquanto não podendo as convenções obrigar ao impossivel, acabou para estes o pacto social; voltão ao estado natural, e he-lhes livre fazer o que melhor lhes convier, ou seja sujeitando-se a essa Nação guerreira, cedendo á força superior, ou mantendo com as armas a sua independencia, de cujo valor nos derão em outros tempos hum memoravel exemplo os habitantes da Sicilia, que se póde ver em Maratorio Annal. Ital. ad Annº 1296."

[6149] D. C., IV, 01-08-1821, pág. 1733, relativo à intervenção de Anes de Carvalho, com posição diversa da nossa: "(...) Agora pergunto, *se o declarar que no caso urgentissimo, o indispensavel, e absoluto de fazer a separação de algum membro da Monarquia, o territorio só póde ser alienado com consentimento das Cortes, pergunto (digo) se isto tende a dissolvela. Creio que esta doutrina nem directa, nem indirectamente tende á dissolução. Esta doutrina não quer dizer, que se ha de dissolver, nem convida os Povos para a dissolução: esta doutrina he a concessão de uma hypothese a mais possivel, por não nos illudirmos de que no decurso dos seculos não será preciso fazer algum sacrificio.* Concebida esta hypothese nestes termos, nesta consideração, não sei que ella possa influir na dissolução, e convidar a differentes membros da Monarquia para esta mesma dissolução, principalmente quando nos por meio da Constituição, e outras instituições procuramos por todos os modos enlaçar os differentes membros da Monarquia."

[6150] D. C., IV, 01-08-1821, pág. 1734, relativo à intervenção de Correia de Seabra: "(...) Não posso ser da opinião que se sancione a excepção por uma razão obvia, e bem simples: a Nação Portugueza não sendo da primeira ordem tem um territorio muito extenso, e dividido todo, mas bem proprio para despertar a ambição das Nações, e por isso convem muito não deixar as portas abertas, antes tirar todas as esperanças de negociações para cedencia do territorio. Alem disto os publicistas todos convem no principio geral da indivisibilidade, e poucos admittem a excepção. A minha opinião he que se supprima o artigo, e se substitua deste modo: = o Reino-Unido Portuguez he essencialmente indivisivel, e por conseguinte o seu territorio he indivisivel, e inalienavel. ="

[6151] Francisco Manuel Trigoso de Aragão Morato, *Memórias de Francisco Manuel Trigoso de Aragão Morato*, Parte II, pág. 123.

[6152] João Ameal, *História de Portugal*, pág. 624. Segundo a explicação deste Autor, D. Pedro teria "alguma coisa de Manuel Fernandes Tomás", porque tal como este "fascinado pelo exemplo de Bolívar, 'libertador' da Venezuela, da Colombia e da Bolívia, o arrasta a querer desligar-se de qualquer obediência á autoridade paterna".

evidência. A ideia da descolonização, tal como hoje se apresenta, não vingava à época; o mais parecido era uma certa autonomia dos Povos colonizados face ao colonizador, esta mesma conseguida, as mais das vezes, depois de correrem rios de sangue.

Portanto, muito embora num primeiro momento se coloque uma certa relutância em aceitar a tese do artigo 20º, entendem-se os princípios que lhe estão subjacentes.

É perfeitamente possível admitir que tinham ideias inovadoras para que a maioria da sociedade portuguesa os pudesse entender. Dentro desta "sociedade", estava Manuel Fernandes Tomás, por uma vez em oposição aberta aos seus colegas de "bancada" no Congresso e ao lado de Trigoso[6153] e Simões Margiochi[6154], entre outros. Contudo, entrevê-se no seu discurso a percepção apontando para a "alguma razão" que eles poderiam ter. Disse e ficou registado, respondendo a José Joaquim Ferreira de Moura, que "Nem todas as verdades se dizem"[6155].

Portanto ele bem sabia que era verdade; mas que quisesse pactuar perante essa verdade, tratava-se de mentira. Daí a compreensão da sua posição sobre o Brasil: "Se quiserem separar, separem-se". A final decidiu-se não aprovar a última parte do artigo, precisamente aquela que previa a hipótese da alienação[6156].

Antes de se resolver o "problema grave", foram-se resolvendo as questões vistas como menores ou parciais relativas ao Brasil Ainda assim, o esquema era quase sempre o mesmo: adiar a resolução até não ser mais possível. Todos sabiam, e esperavam, que a magna questão que se colocava aos Vintistas, iria proporcionar, de facto e de Direito, o que não quiseram reconhecer no artigo 20º da Constituição.

O célebre decreto de 29 de Setembro de 1821, com data de publicação de 1 de Outubro[6157], que tanto exasperou D. Pedro e os brasileiros[6158] e previa o sistema de

---

[6153] D. C., IV, 01-08-1821, págs. 1740 e 1741.
[6154] D. C., IV, 01-08-1821, págs. 1732 e 1733.
[6155] D. C., IV, 01-08-1821, pág. 1741.
[6156] Jorge Miranda, *O constitucionalismo liberal luso-brasileiro*, pág. 69, artigo 20º da *Constituição de 1822*.
[6157] D. C., V, 29-09-1821, págs. 2463 e 2464: "As Cortes Geraes, Extraordinarias, e Constituintes da Nação portugueza, havendo prescripto o conveniente systema do Governo e administração publica da província de Pernambuco por decreto do primeiro do presente mez; e reconhecendo a necessidade de dar as mesmas e outras similhantes providencias a respeito de todas as mais provincias do Brazil; decretão provisoriamente o seguinte: 1º Em todas as províncias do Reino do Brazil, em que ate ao presente havia governos independentes, se creárão Juntas Provisórias de Governo, as quaes serão compostas de sete membros naquellas províncias que até agora erão governadas por Capitães Generaes a saber: Pará, Maranhão, Pernambuco, Bahia, Rio de Janeiro, São Paulo, Rio Grande do Sul, Minas Geraes, Matto Grosso, e Goyases; e de cinco membros em todas as mais provincias em que até agora não havia Capitães Generaes, mas só Governadores; incluindo era um e outro numero o Presidente e Secretario. (...) 6º Fica competindo ás Juntas Provisorias do Governo das provincias do Brazil toda a Autoridade e jurisdicção na parte civil, económica, administrativa, e de policia em conformidade das leis existentes, as quaes serão religiosamente observadas, e de nenhum modo poderão ser revogadas, alteradas, suspensas, ou dispensa das pelas Juntas de Governo. 7º Todos os magistrados e Autoridades civis ficão subordinados ás Juntas do Governo nas materias indicadas no artigo antecedente, excepto no que for relativo ao Poder contencioso e judicial, em cujo exercício serão sómente responsáveis ao Governo do reino, e ás Cortes. 8º As Juntas fiscalizarão o procedimento dos empregados publicos civis, e poderão suspendelos de seus empregos, quando commettão abusos de jurisdicção, precedendo informações, e mandando depois formar-lhes culpa no termo de oito dias, que será remettida á competente Relação para ser ahi julgada na forma das leis, dando as mesmas Juntas immediata conta se tudo ao Governo do reino para providenciar como for justo e necessário."
[6158] D. C., IX, 10-06-1821, págs. 401 e ss., reproduzindo várias cartas das Juntas de S. Paulo, Rio de Janeiro e Minas Gerais, a respeito do citado decreto e da ordem das Cortes, enunciada em forma

administração pública nas províncias do Brasil, era uma mensagem tão directa quanto possível para os brasileiros[6159]. Nele poderiam "ler" expressamente quem detinha a soberania, quais poderiam ser as suas expectativas para o futuro e, possivelmente, que poucas ilusões poderiam ter acerca das intenções que o Triénio Vintista lhes legava[6160].

de carta de lei, datada de 01-10-1821, acerca do regresso de D. Pedro à Europa, e cuja documentação correspondente se encontra publicada nos *DHCGNP*, I, págs. 243 e ss. Numa das cartas de D. Pedro, que se acha a pág. 272, pode ler-se o seguinte: "Rio de Janeiro, 14 de Dezembro de 1821 – Meu pae meu senhor: – Dou parte a vossa majestade que a publicação dos decretos fez um choque mui grande nos brasileiros e em muitos europeus aqui estabelecidos, a ponto de dizerem pelas ruas: 'Se a Constituição é fazer-nos mal, leve o diabo tal cousa, havemos de fazer um termo para o príncipe não sair, sob pena de ficar responsável pela perda do Brasil para Portugal, e queremos ficar responsáveis por elle não cumprir os dois decretos publicados (...)."

[6159] Tobias Monteiro, pág. 406: "O decreto (...) annullava de facto a Regência instituida pelo Rei; mas as Cortes quizeram declará-lo expressamente. Appareceu, então ao mesmo tempo outro acto, ordenando o regresso de D. Pedro para viajar incógnito pela Europa, acompanhado por perceptores incumbidos de guiá-lo no estudo dos governos constitucionais."

[6160] *D. C.*, IX, 10-06-1822, págs. 401 e 402; *DHCGNP*, I, págs. 277 e 278, relativo a uma carta de D. Pedro a D. João VI, acompanhada do célebre ofício da Junta de S. Paulo, pelo qual a mesmo acabou processada: "Senhor. – Tinhamos já escripto a Vossa Alteza Real antes que pelo ultimo correio recebesse a Gazeta extraordinaria do Rio de Janeiro de 11 do corrente, e apenas fixámos nossa attenção sobre o *primeiro decreto das Cortes, ácerca da organização dos governos provinciaes do Brazil, logo ferveu em nossos corações uma nobre indignação; porque vimos nelle exarado o systema de anarquia, e de escravidão; mas o segundo, pelo qual Vossa Alteza real deve regressar para Portugal, a fim de viajar incognito sómente pela Hespanha, França, e Inglaterra, causou-nos um verdadeiro horror. Nada menos se pretende do que desunirmo-nos, enfraquecer-nos, e até deixar-nos em misera orfandade, arrancando do seio da grande familia brazileira o único Pai commum, que nos restava, depois de terem esbulhado o Brazil do Benefico fundador deste reino, o Augusto Pai de Vossa Alteza real.* – Enganão-se: assim o esperamos em Deos, que he o vingador das injustiças. Elle nos dará coragem e sabedoria. *Se pelo artigo 21 das Bases da Constituição, que approvámos, e jurámos, por serem principios de direito publico universal, os deputados de Portugal se virão obrigados a determinar, que a Constituição, que se fizesse em Lisboa, só obrigaria por ora os Portuguezes residentes naquelle reino, e quanto aos que residem nas outras tres partes do Mundo, ella sómente se lhes tornaria commum, quando seus legitimos representantes declarassem ser esta a sua vontade, como agora esses deputados de Portugal, sem esperarem pelos do Brasil, ousão legislar sobre os interesses mais sagrados de cada provincia, e de um reino inteiro? Como ousão desmembralo em porções desatadas, isoladas, sem lhes deixarem um centro commum de força, e união! Como ousão roubar a Vossa Alteza real a lugar-tenerencia, que seu Augusto pai, nosso rei, lhe concedêra? Como querem despojar o Brazil do desembargo do Paço, e meza da consciencia e ordens, conselho da fazenda, junta do commercio, casa da supplicação, e de tantos outros estabelecimentos novos, que já promettião futuras prosperidades?* (...) Na sessão de 6 de Agosto passado disse o Sr. deputado das Cortes, Pereira do Carmo (e disse uma verdade eterna) que *a Constituição era o pacto social, em que se expressavão e declaravão as condições, pelas quaes uma Nação se quer constituir em Corpo Politico; e que o fim desta Constituição he o bem geral de todos os individuos, que devem entrar neste pacto social.* Como pois ousa agora uma mera fracção da grande Nação portugueza, sem esperar a conclusão desse solemne pacto nacional, attentar contra o bem geral da parte principal da mesma, qual he o vasto, e riquissimo reino do Brazil, despedaçando-o em miseros retalhos, e pretendendo arrancar por fim do seu seio o representante do Poder Executivo, e aniquilar de um golpe de pena todos os tribunaes, e estabelecimentos necessarios á sua existencia, e futura prosperidade? *Este inaudito despotismo, este hororoso prejurio politico, de certo não o merecia o bom e generoso Brazil.* Mas enganão-se os inimigos da ordem nas Cortes em Lisboa, se se capacitão que podem ainda illudir com vâs palavras, e ôcos fantasmas, o bom siso dos honrados Portuguezes de ambos os mundos. Note Vossa Alteza real, que *se o reino de Irlanda, que faz parte do reino da Grã-Bretanha, a pezar de ser infinitamente pequeno em comparação do vasto reino do Brazil, e estar separado da Inglaterra por um estreito braço de mar que se atravessa em poucas horas, todavia conserva um governo geral, ou vice-reinado, que representa o Poder Executivo do reino Unido, como poderá vir á cabeça de ninguem, que não seja, ou profundamente ignorante, ou loucamente atrevido, pretender que o vastissimo reino do Brazil haja de ficar sem centro de actividade, e sem representante do Poder Executivo,*

E isso para qualquer brasileiro era uma situação insustentável, a que acrescia a sua veemente oposição à saída de D. Pedro para Portugal, já decretada em Lisboa[6161] e a que este mesmo não estava disposto[6162]. De novo o Congresso não percebeu ao ponto que poderia conduzir a sua intransigência[6163]. Ainda não passara a era do ciúme dos anos em que Portugal fora "colónia de colónia" para os europeus; para os brasileiros era a hora das grandes decisões, como a Junta de S. Paulo bem avisara.

Por outro lado, a supressão dos Tribunais e as outras prerrogativas de que o Brasil gozava[6164], e os conhecidos vexames aos deputados brasileiros[6165], mais e mais iam engrossando o descontentamento dos brasileiros e o azedume dos portugueses[6166].

Neste quadro, o artigo 166º do Projecto concedia ao Rei suspender, em certas circunstâncias, os magistrados que lhe fizessem queixa, dando-se imediatamente parte à Relação ou Tribunal competente para que este fizesse aprovar uma decisão definitiva[6167]. O problema era especialmente grave para o Brasil, muito distante, e

como igualmente sem uma mola de energia, e direcção das nossas tropas, para poderem obrar rapidamente, e de mãos dadas a favor da defeza do Estado contra qualquer imprevisto ataque de inimigos externos, ou contra as desordens e facções internas, que procurem atacar a segurança publica, e a união reciproca das provincias? Sim, Augusto Senhor, he impossivel que os habitantes do Brazil, que forem honrados, e se prezarem de ser homens, e mórmente os Paulistas possão jámais consentir em taes absurdos e despotismos. Sim, Augusto Senhor, V. A. R. deve ficar no Brazil, quaesquer que sejão os projectos das Cortes Constituintes, não só para nosso bem geral, mas até para a independencia e prosperidade futura do mesmo Portugal. *Se V. A. R. estiver, o que não he crivel, pelo deslumbrado, e indecoroso decreto de 29 de Setembro, além de perder para o mundo a dignidade de homem, e de Principe, tornando-se escravo de um pequeno numero de desorganizadores, terá tambem que, responder perante o céo do rio de sangue que de certo vai correr pelo Brazil com a sua ausencia; pois seus Povos, quaes tigres raivosos, acordarão de certo do somno amadornado em que o velho despotismo os tinha sepultado, e em que a astucia de um novo machiavelismo constitucional os pretende agora conservar.*"

[6161] *DHCGNP*, I, págs. 245, 246, 272, 281 e ss.

[6162] José Hermano Saraiva, "Da Monarquia Constitucional à Republica Democrática", pág. 415: "O príncipe D. Pedro [apenas reconhecia como soberano] o pai, o Rei do Reino Unido." Nunca e em circunstância alguma o soberano Congresso, que conforme a Constituição tinha poderes únicos para designar o Regente.

[6163] *DHCGNP*, I, pág. 279.

[6164] *DHCGNP*, I, págs. 263 e ss.

[6165] Tobias Monteiro, pág. 401: "Quando se iniciaram as sessões, tinha ficado resolvido que eram precisos dois terços dos representantes para legislar a respeito de matéria ordinária; mas como havia apenas dois terços de portugueses, decidiu-se só tratar do que concernia a Portugal. Algum tempo depois principiou-se a infringir este preceito e a tomar resoluções acerca do Brasil com menos de dois terços da representação total da Monarchia"; José Hermano Saraiva, "Da Monarquia Constitucional à Republica Democrática", *História de Portugal*, II, pág. 414: "As eleições para as Constituintes visavam a constituição de uma assembleia de deputados de todas as parcelas do território português. Em relação a Portugal e ao Brasil, previa-se um deputado por trinta mil habitantes. Esta proporção, aparentemente equitativa, dava ao território metropolitano grande vantagem: cem deputados do Reino e sessenta e nove do Brasil. As antigas colónias também eram representadas (...). O Brasil pareceu aceitar inicialmente as regras do jogo. As eleições realizaram--se e os deputados vieram para Lisboa e tomaram assento nas Cortes. Quando chegaram já a lei de Bases estava aprovada, e as posições assumidas levaram os brasileiros a perguntar-se se o que afinal se pretendia não era voltar atrás no caminho já percorrido no sentido de uma verdadeira autonomia económica e administrativa. Foi por isso que os deputados de Minas Gerais se recusaram a vir para Lisboa (...)."; A. J. de Mello Moraes, I, págs. 191 e 192.

[6166] *DHCGNP*, I, págs. 312 e ss.

[6167] *D. C.*, VIII, pág. 14, Projecto da *Constituição de 1822*, artigo 166º.

em que a dificuldade e demora em vir a queixa ao Rei e voltar a sua resolução, fazia prever que não fosse possível aplicar tal prerrogativa naquele Reino.

Questionou-se, uma vez mais, quem lá exercia a Autoridade, quem "lá era o Rei", ou que Autoridade[6168] aí o poderia substituir no exercício das suas funções[6169].

Bem avisados dos problemas do Brasil, os seus deputados alertaram para a necessidade de colocar aqueles Povos em plano de igualdade com os de Portugal, "se não queriam que a União durasse um mês somente"[6170]. Alguns lembraram mesmo que desde 1549 os governadores da Baía, então capital de todo o Brasil, tiveram muitas vezes Autoridade de suspender os juízes, Poder que se aumentou com D. Maria I[6171] e concedido ao chanceler da Relação para que pudesse comutar penas capitais. Até mesmo tinha existido no Brasil o Poder de agraciar, antes de ser reino. Convinha que os brasileiros tivessem uma noção das vantagens que podiam retirar da sua união com Portugal.

Os opositores desta tese argumentavam com a "inutilidade da questão"[6172] e acrescentavam que era um direito de soberania o de suspender os magistrados[6173],

---

[6168] *D. C.*, VIII, 09-02-1822, pág. 138, relativo à intervenção de Agostinho José Freire: "(...) Diz o illustre Preopinante que acaba de falar, que he necessario haja um delegado desta Autoridade no Brazil, convenho; mas por ventura essa grande Autoridade politica ha de existir em todos os pontos da Asia e da Africa? Não terão a mesma razão cada um daquelles Povos para quererem tambem que resida perto delles aquellas Autoridades? E será isto possivel? Seguramente não: por tanto he indispensavel que haja um ponto aonde exista a Autoridade suprema; e se todos não estão igualmente distantes delle, isso depende da differente disposição das diversas partes da monarchia."

[6169] *D. C.*, VIII, 09-02-1822, pág. 133, relativo à intervenção de Barata: "(...) Eu julgo que este artigo deve ser alterado ou modificado relativamente ao Brazil, porque como he possivel que venha uma queixa do Brasil a ElRei para depois mandar tirar aqui uma conveniente informação, que he o termo de que se serve o artigo? Como será tirada esta conveniente informação? Será mandada tirar por outro ministro: isto não serve de nada, eu não julgo isto em ermos para o Brazil, he preciso desmanchar este artigo, e introduzir alguma cousa nova para aquellas provincias. Como se ha de tirar uma conveniente informação? Uma conveniente? Em ir e vir a queixa gastão-se seis mezes; em fazer a conveniente informação gastão-se outros seis mezes, e os ministros hão de metter taes entraves, que a cousa se ha de demorar annos, e talvez os queixosos tenhão morrido: então o negocio está frio, e á o castigo de nada serve. He preciso pois que no Brazil seja tomado conhecimento da queixa; e que se entregue o ministro aos jurados como qualquer outro cidadão. Por tanto requeiro que se fação as mudanças necessarias neste artigo, de outro modo he illudir os Povos do Brazil, pois isto não serve para lá."

[6170] *D. C.*, VIII, 11-02-1822, pág. 147, relativo à intervenção de Ribeiro de Andrada.

[6171] *D. C.*, VIII, 09-02-1822, pág. 139, relativo à intervenção de Lino Coutinho.

[6172] *D. C.*, VIII, 13-02-1822, pág. 176, relativo à intervenção de Fernandes Tomás.

[6173] *D. C.*, VIII, 13-02-1822, págs. 175 e 176, relativo à intervenção de Ferreira de Moura: "(...) este Poder, ou esta Autoridade de suspender os magistrados foi concedida ao Rei, como attribuição peculiar do Poder real. Que as attribuições do Poder Executivo são delegações da Nação, e he contra os principios, do Governo representativo permittir, que estas attribuições deleguem, a não ser por uma razão, em que obviamente interesse a salvação publica. Que não he necessario estabelecer no Brazil esta Autoridade local; porque a responsabilidade dos ministros tem quantas garantias póde ter para que sempre se torne effectiva, muito principalmente na acção popular, cujo valor, e effeitos logo apreciarei por uma justa comparação entre ella, e o meio, que se propõe no aditamento, de que se trata."

não se podendo delegar constitucionalmente[6174], devendo ser seguido um processo idêntico ao de Portugal[6175].

Bastaria atentar nos esquecidos Poderes dos vice-reis da Índia e do Desembargo do Paço, para se ter evitado a direcção perigosa de não admitir a delegação[6176], quando era dela que se tratava.

O que uma vez mais se verificava era a preocupação em não dar qualquer parcela de soberania, ainda que delegada, ao Brasil, e ainda quando alguns dos seus mais aguerridos membros, por uma vez, uniram a sua voz à dos deputados brasileiros[6177].

[6174] *D. C.*, VIII, 09-02-1822, pág. 138, relativo à intervenção de Francisco Morais Pessanha: "(...) Não me parece que podia pertencer senão ao Poder Executivo: nós temos sanccionado que a soberania reside na Nação, que a soberania só compõe dos tres Poderes, Legislativo, Executivo, a Judicial, que o Legislativo reside no Congresso e o Executivo no Rei tudo por delegação da Nação: agora um Poder delegado, não sei como se possa delegar: quando existia a soberania no Rei independentemente podia este fazer seus mandatarios aquelles a quem delegasse a sua Authoridade; mas no systema actual não concebo como isto possa ser: por consequencia sanccionemos este recurso n'uma Authoridade só como a de ElRei, que he a unica legitima, e se por estar esta em uma só parte não póde attender com igual promptidão ao recurso de todas as da monarquia, isto he inconveniente que não póde remediar-se; e mesmo não he inconveniente de que possa seguir-se um grande mal."

[6175] *D. C.*, VIII, 09-02-1822, pág. 137, relativo à intervenção de Fernandes Tomás: "(...) *porque razão se ha de querer fazer uma cousa differente para o Brazil a este respeito, do que se faz para Portugal? Quem ha de ter no Brazil este parecer que se concede a ElRei? Diz-se – hão de ser as juntas governativas – e está já determinado que estas juntas hão de existir? E a que fim são todas estas precauções?* Que prevaricações são as que agora se temem dos magistrados? Todas estas cautellas são tomadas suppondo que ha de continuar a magistratura a fazer o que tem feito até aqui; mas não he possivel que isso continue nem cá, nem lá: um magistrado antes era tudo; mas agora não tem mais que fazer, senão applicar a lei ao facto. E que males póde commetter nisto? Póde enganar-se uma vez; mas não está já determinado o modo de poderem emendar-se estes enganos por meios de tantos recursos?"

[6176] *D. C.*, VIII, 11-02-1822, pág. 144, relativo à intervenção de Agostinho José Freire: "(...) não poderia convir de maneira nenhuma que houvesse de delegar-se a pessoa alguma o Poder que tinhamos dado ao Rei de suspender os magistrados. 1º Porque este Poder sendo real não póde delegar-se (...). Replica-se: São iguaes os direitos, mas não são os commodos, e por tanto he necessario que este Poder de suspender os magistrados se delegue. A Constituição disse que o Rei poderia ter o Poder de suspender os magistrados, mas reparemos que disse, só o Rei, ninguem mais: reflictamos bem na razão porque este Poder se concede ao Rei; he porque elle só he inviolavel, e independente; he elle só, perante quem estão niveladas as fortunas e condições de seus subditos, he elle só, que constitucionalmente falando não póde ser atacado, de paixões nem de amor, nem de odio, e he pois nesta qualidade que se dá ao Rei o Poder de suspender os ministros; he nesta qualidade que se lhe concede o veto suspensivo, o Poder de agraciar etc., e fazemos disto uma prerogaliva propriamente real. Poderá por ventura delegar-se o veto suspensivo? Poderá delegar-se o Poder de agraciar? Poderá delegar-se o Poder de fazer a paz, e fazer a guerra? Poderá por ventura uma relação, uma junta administractiva, um chefe politico das provincias do Ultramar, arrogar a si uma parte deste Poder real simples, e unico, que existe em pessoa do Rei, e que não existe na pessoa delle, senão (torno a dizer) porque elle tem a presumpção ne ser justo, e independente; porque perante elle são iguaes as fortunas e as vidas de todos os cidadãos; tudo que não for isto, he estabelecer o arbitrio, he deitar por terra o systema constitucional."

[6177] *D. C.*, VIII, 09-02-1822, pág. 139, relativo à intervenção de João Maria Soares Castelo Branco: "O Sr. Castello Branco: – Apesar de ter sido inquizidor jámais serei intollerante; e por tanto pensando eu, que a impugnação que se faz ao adentamento versa, ainda que involuntariamente, sobre uma especie de intollerancia, não posso deixar de apoial-o. (...) Ninguem póde negar que o Rei he por seu cargo o Representante da Nação em geral, para o exercicio do Poder Executivo: elle he como um pai, que deve espalhar todos os beneficios possiveis sobre todos os individuos da grande monarquia portugueza: e serão filhos uns, outros entrados? Não são as mesmas obrigações que o

A determinação do Congresso era algo de incontornável[6178], face a tantos beneméritos da pátria, como ele mesmo decidira designar os brasileiros, entre

ligão para com todos os individuos da monarquia portugueza? Qual he a preferencia que tem os Portuguezes da Europa, sobre os das outras partes da monarquia, a não querermos discutir cousas que não podem certamente ter Jogar num systema constitucional? Certamente não vejo rasão alguma, porque os portugueses daqui hão de ter a primazia sobre os outros. ElRei por consequencia sendo representante da Europa, da America, da Asia, e da Africa, sendo como pai obrigado a espalhar os beneficios da sua administração, deve attender a todos. Elle não pode por sua Autoridade exercitar essa administração igualmente sobre as partes proximas, como sobre as distantes; mas segue-se d'ahi, que as partes distantes hão de ficar privadas do beneficio que nós temos! Não he isto uma incoherencia? Não haverá um meio de evitar isto sem com tudo dividir o Poder Executivo, residente neste reino? Qual he o meio que os sábios deste seculo tem inventado para fazerem participantes da soberania todos os individuos de uma Nação separada? He pelo meio de um Governo representativo. A soberania reside na Nação inteira: todos os cidadãos devem ter parte no exercicio desta soberania; mas não sendo possivel que todos a exercitem, he por isso que se inventou a forma do Governo representativo, e he assim que se verifica, que cada um dos individuos de uma Nação, pela eleição de seus representantes, vem a ter o exercicio dessa soberania que compete a Nação. Entretanto não se póde dizer que está dividida essa soberania; pelo contrario he deste modo quando mais se concentra; e porque não havemos de admittir os mesmos principios relativamente ao Poder Executivo? O Poder Executivo por delegação do Poder soberano reside no Rei, o Rei não pode ser representado nas partes da Europa? Seja representado igualmente nas outras partes da monarquia, não por uma Autoridade propria; mas por Autoridade de quem nelle delegou aquelle Poder. Por ventura as juntas provinciaes que temos admittido para os estados do Ultramar, que muito embora não existão para é diante, mas em vez das quaes se ha de substituir alguma couza similhante, não exercem parte das funções do Poder Executivo! E por ventura pode-se dizer, que por isso está rescindida a unidade do Poder Executivo? Por consequencia eu não posso considerar as juntas governativas debaixo de outro ponto de vista, se não como delegados do Poder Executivo; e julgo que não ha duvida em que seja commettida a ellas a attribuição de que se trata.", ibidem, D. C., VIII, 11-02-1822, pág. 143, relativo à intervenção de Manuel Borges Carneiro: "(...) he necessario constituir no Brazil uma Autoridade que possa suspender preparatoriamente os magistrados, em consequencia das queixas que se lhe dirigirem, como em Portugal os póde suspender o Rei. Qual deva ser esta Autoridade, ou não se declare na Constituição; ou discutamos qual possa ser. Eu já opinei que a mesma relação que for autorizada para conceder revista no Brazil, póde ter aquella faculdade, no que ha bastante analogia; porque como o Rei, ou para falar mais exactamente, o seu ministro, pois o Rei não está a examinar papeis, como o ministro do Rei, digo, quando se lhe apresenta uma queixa, depois de examinar papeis, e a informação, e ser ouvido o Conselho de Estado, decide sobre a suspensão preparatoria do juiz arguido; assim tambem porque não confiaremos nós do governador daquella mais autorizada relação poder fazer em meza grande o mesmo que faz o secretario de Estado? Sustento por tanto constantemente o seu actual additamento."

[6178] D. C., VIII, 09-02-1822, pág. 138, relativo à intervenção de Soares Franco e Francisco Morais Pessanha: "(...) O Sr. Soares Franco: – Aqui não se trata de um recurso extraordinario, trata-se de um recurso de mais; e a falar verdade, se põe aos magistrados das relações nesse estado acabou sua independencia; e bem longa de fazer um bem aos Povos viremos por este modo a fazer-lhes um mal. Nós temos quer do os estabelecer a independencia dos magistrados, que fossem vitalicios, que não possão ser suspensos sem causa formada, e queremos agora dar o Poder de suspendelos a uma autoridade qualquer deixando-os n'uma dependencia absoluta? Isto não póde ser: então nenhum homem honrado quererá ser magistrado. (Apoiado.) Pois os Povos do Brazil quando quizerem usar deste recurso não podem vir aqui n'um mez; ou mez e meio, segundo a facilidade com que agora se navega, do mesmo modo que se vem de outra parte? Eu sou de opinião, que esta Autoridade se deve conceder ao Rei, e a mais ninguem." "Não tratamos aqui senão do um recurso extraordinario; e não acho inconveniencia que esta attribuição se limite a ElRei, e que não se estabeleça outra Authoridade no Brazil a quem se delegue este poder: tal he a minha opinião; porque de outro modo só o fim he corrigir os alumnos dos ministros viríamos a cair no mesmo inconveniente dando tanto

outros[6179], medida que os escritores liberais fazem questão de elogiar sem se pronunciarem sobre a questão de fundo[6180].

O que os brasileiros pediam era legítimo. Pediam pouco e mesmo esse pouco era negado. Por exemplo, queriam obter algo que outros territórios colonizados haviam conseguido das respectivas metrópoles, ainda considerando a importância qualitativamente inferior que teriam por comparação ao Brasil[6181]. Pediam uma certa consideração por parte dos seus pares europeus, em atenção às demoras que a distância poderia provocar na decisão régia.

Não atingiram qualquer desses objectivos e, a norma aprovada para fazer parte do texto constitucional, nos termos do artigo 197º, aplicar-se-ia na Europa e no ultramar sem qualquer distinção atendendo à distância dos territórios[6182].

Entrado em discussão um novo título do Projecto, patenteou-se outro dos problemas que iriam trazer maiores conflitos Congresso dentro, e à sociedade portuguesa do Vintismo em geral. Os constituintes pareciam como que imunes, por princípio, a tudo o que passasse por autonomia a conceder ao Brasil perante a metrópole.

Mais um conflito sem solução consensual à vista. Se havia muitos brasileiros partidários da independência desde sempre, ao lado daqueles que a temiam por impreparação brasileira[6183], os Vintistas obraram no aumento da proporção em número.

Poder a essa Authoridade, a qual poderia abusar delle, além de fazer dependentes os ministros. De mais disso, de que especie havia ser essa Authoridade?"

[6179] Na verdade, mais uma vez parte da responsabilidade cabia ao Congresso português que ao ter legislado mais de um ano antes, em 18 de Abril de 1821, sendo a respectiva Portaria publicada no *Diário da Regência* de 24 do mesmo mês, sobre a declaração de legitimidade de todos os governos estabelecidos ou que se estabelecerem nos estados portugueses do ultramar. Veja-se *D. C.*, II, 18-04-1821, pág. 642; *DHCGNP*, I, págs. 186 e 187.

[6180] José d'Arriaga, *História da Revolução Portuguesa de 1820*, II, pág. 610.

[6181] *D. C.*, VIII, 09-02-1822, pág. 138, relativo à intervenção de Lino Coutinho: "(...) he necessario que vejamos, que a geografia, ou as localidades não hão de fazer a Constituição, e que nós devemos fazer a Constituição sobre a geografia: o terreno não influe em nosso pacto politico; nós vamos fazer o systema politico accommodado ao terreno, e devemos fazer uma Constituição amoldada ás diversas partes do reino. Nós vemos que outras Nações tem igualmente partes em Ultramar; e porventura não em Constituições accommodadas a essas partes? Não só hão de poder fazer leis conformes aos Povos, que se hão de governar? Todos os que pertencemos ao Reino Unido não temos igual direito a gozar dos commodos, assim como a participar dos incommodos que resultão do pacto que constituimos? Digo por tanto, que deve haver uma Autoridade; no Ultramar, que possa fazer a esto respeito o que aqui ha de fazer ElRei. Ninguem diga, que isto he querer-se um Rei pequenino, nem querer-se um Rei omnipresente, o que se quer he, o que he de justiça e necessidade."

[6182] Jorge Miranda, *O constitucionalismo liberal luso-brasileiro*, pág. 103, artigo 197º da *Constituição de 1822*.

[6183] O discurso d'*O Correio Braziliense ou Armazém Litterario* vai mudando de tom à medida que os acontecimentos evoluem. Possivelmente interpretaria muitos dos sentimentos de alguns empenhados brasileiros, que começaram por considerar que o Brasil apenas poderia sobreviver mantendo-se unido a Portugal, assim perfilhando a tese da integração ou da unidade. O sistema constitucional apenas poderia triunfar no Brasil, porque temia a luta fratricida entre as várias províncias brasileiras e, pior que isso, não havia homens suficientemente ilustrados para formarem um Congresso constituinte. O exemplo das colónias espanholas era o seu principal receio, transmudando-se para o Brasil, onde estava mais que provado que os Povos não sabiam usar da Liberdade conquistada. Caminhando no sentido da independência, defendia nesta fase, que os brasileiros caminhavam no sentido da própria ruína. O Pensamento de Hipólito evoluiu, perante os factos que diariamente se patenteavam, em sentido contrário. As Cortes em vez de atalharem os desejos de independência dos brasileiros mais os iam acirrando. Ele mesmo não pode deixar de o reconhecer, acabando por perfilhar das aspirações de muitos conterrâneos que começara por contrariar, ainda que nunca o tenha escrito: o desejo da independência.

As Juntas Provinciais envolviam a questão do reino do Brasil e por isso ia travar-se batalha inevitável. Tinha havido embates parciais, em que as forças em conflito tinham consolidado apoios e amizades, esperando o desfecho que agora se avizinhava. A minoria brasileira tinha consciência que sairia derrotada em Congresso, mas plenamente encomiada além-mar[6184].

[6184] *D. C.*, X, 09-09-1822, pág. 390-391: "O Sr. Lino Coutinho: – Tenho varios papeis, que pertencem no expediente, os quaes são relativos ao Brasil, e que os não tenho apresentado antes, por ter estado nas Caldas, entre estes uma representação da minha província, que peço ao Sr. Presidente haja de a mandar ler hoje mesmo, e que depois se mande imprimir. Peço também que depois da leitura da representação, se me permitia fazer uma indicação"; *ibidem*, O Sr. Presidente: – O expediente já foi lido. Com tudo o Congresso dirá se deve ou não lêr-se"; *ibidem*, Alguns Srs. deputados, lêa-se"; *ibidem*, "O Sr. Presidente: – Parece que está assignada por bastante numero de cidadãos. O Sr. Lino Coutinho: – Está assignada por 1411 cidadãos todos proprietários, empregados públicos, militares, clerigos, mestres de officios, etc., etc."; *ibidem*, "O Sr. Pessanha: – Opponhomo-me a que se lêa o requerimento. Estar elle assignado por mil e tantas não lhe dá mais direito a ser lido do que se o estivesse por uma só: isto iria alterar a ordem do Congresso; isso sanccionaria o principio, que tanto mui tem causado no Brazil, de nós o Povo queremos, quando na realidade essas representações de uma collecção de indivíduos não são mais, que manobras de poucos de intrigantes, e de forma nenhuma podem ser consideradas como expressões da vontade geral do Povo.: *ibidem*, O Sr. Lino Coutinho: – Nada ha mais estranho do que aquilo que acabo de ouvir, querendo-se tirar ao Povo o direito de pedir, que lho foi concedido pelas Bases sanccionadas, e juradas. O Povo quando representa, não diz queremos, diz representamos, e o direito de petição que pôde ter um só indivíduo, he o mesmo que compete a um numero qualquer de cidadãos, *ibidem*, O Sr. Leite Lobo: – Trata-se se se deve lêr, ou não a representação. Eu não me opponho a que se leia, mas está determinado que todos os requerimentos, vão à Commissão de petições: esta he a ordem, e não deve inverter-se. (Apoiado, apoiado); *ibidem*, O Sr. Presidente: – Não se trata de tirar a ninguem o direito de petição, mas como o Congresso tem um regulamento, e isto he uma cousa extraordinaria, por isso pergunto se deve ou não ler-se a representação; *ibidem*, O Sr. Miranda: – Só por não consagrar como principio, que deve haver mais preferencia a respeito das petições assignadas por muitos indivíduos, que a respeito daquellas que sejão assignadas por um só, não deve ler-se a representação de que se trata. Que quer dizer ser assignada por uma pessoa ou por mil, para mim he o mesmo, isto nada altera o direito de petição. Sou por tanto de opinião, que se dirija esta representação á Commissão de petições, e que não se faça a seu respeito uma excepção, que não se faça a respeito das mais; *ibidem*, O Sr. Villela: – Sr. Presidente: este representação não he negocio de um particular, ou de muitos particulares, para que se não leia aqui. He negocio muito interessante, e de uma província representada por um grande numero de cidadãos das classes mais distinctas. Por tanto peço, que se leia; *ibidem*, O Sr. Gyrão: – Eu digo que a representação não deve ler-se, porque seria fazer uma ferida na lei. A ordem he ir a uma Commissão; e com ir a uma Commissão, nem por isso deixa de ser informado o Congresso, e de ser informado muito melhor, que o seria por uma simples leitura. Para não fazer pois uma ferida na lei, e uma distincção com esta representação, contraria á ordem estabelecida, voto que se não leia. O Sr. Lino Coutinho que tornar a falar, e não lhe foi permittido, por te-lo feito já duas vezes, *ibidem*, O Sr. Andrade: – Mas falarei eu, que ainda não falei nenhuma vez. Julgo preciso que se leia desde já a representação, e quando isto assim não for, seja remettida a uma Commissão, e no parecer que esta der, venha inserida a integra. Leia-se alguma vez, e veja-se o que ali se diz: nada de obscuridades; basta já. He uma previncia que fala; *ibidem*, O Sr. Xavier Monteiro. – He claro que não ha direito a exigir que se leia a representação de que tratamos. Em todo o caso he ao Congresso a quem pertence decidir, mas se decidir que se leia será abrir uma porta para que no futuro quaisquer numero de cidadãos, venha já com algum direito, fundado na excepção feita, a requerer se leião suas petições, contra a ordem estabelecida. O que deve fazer-se he, dirigir a representação a uma Commissão, a qual informará se convém, que seja ouvida pelo Congresso, e então nenhuma duvida terá o Congresso em a mandar ler: a Commissão deve ser a de petições, e nesta parte vejo que as opiniões estão uniformes; *ibidem*, O Sr. Barata: – Sr. Presidente, o caso presente parece-me que não está incluído na regra geral, a petição de que se trata, não he a petição de um particular, he uma representação

Agiu habilmente e com audácia[6185], e teve a capacidade de encapelar os europeus.

Logo a 25 de Fevereiro de 1822, o deputado Borges de Barros apresentou uma indicação para que o título VI do Projecto da Constituição, relativo às Juntas provinciais e de comarca ficasse adiado até chegarem pelo menos duas terças partes dos deputados do Ultramar. Não sendo possível, que nada ficasse decidido em relação ao Brasil, enquanto os deputados das diversas províncias não dissessem de sua justiça. Ficou adiado, mas o azedume dos mais anti-brasileiros, Manuel Fernandes Tomás a encabeçá-los[6186], ficou desde logo bem patenteado.

D. João VI, eventualmente mal aconselhado por alguns agentes da Santa Aliança, pensou que ao deixar D. Pedro, o Príncipe Real, no Brasil, como Regente[6187], satisfazendo algumas das reivindicações brasileiras, poderia furtá-lo à influência dos revolucionários da Europa e segurar o país para a Coroa portuguesa.

Enganou-se, como bem previra Silvestre Pinheiro Ferreira[6188]; nem D. Pedro nem os brasileiros estavam disponíveis para tal transacção[6189] e a falta de diálogo das Cortes de Lisboa[6190], mais acelerou o processo da independência do Brasil[6191].

---

de um Povo immenso apresentada por um deputado daquella província; e muitos requerem que seja lida, por isso julgo que está fóra de toda a regra, e que póde ser lida sem ferir a lei; *ibidem*, O Sr. Peixoto: – Visto que a representação foi para a mesa; seja ella quem decida se deve, ou não ler-se, (nada, nada; disserão alguns Srs. deputados.) Tem sido esta a pratica no Congresso em casos similhantes; e por isso a lembrei; *ibidem*, O Sr. Presidente: – Tem-se dito que à representação he em nome de uma província, mas não ha tal coisa, a representação he de mil cidadãos, e não de uma província. O Congresso decidirá se deve ler-se; *ibidem*, O mesmo Sr. Presidente, poz a votos, se seria lida a representação, e se resolveo que não."

[6185] Tobias Monteiro, pág. 407. Nos primeiros tempos, manifestaram a sua total adesão aos ditames do Congresso e Vilela nem queria ouvir a representação da Junta de S. Paulo. Quanto a Borges de Barros, manifestava que os brasileiros nunca haviam tido pensamentos independentistas.

[6186] *D. C.*, VIII, 25-02-1822, pág. 295, relativo à intervenção de Manuel Fernandes Tomás: "O Sr. Fernandes Thomaz: – Ou a representação da Nação está completa, ou não: se o não está vamo-nos embora, se o está então não admitto aquella indicação, nem devemos esperar por mais ninguem."

[6187] *DHCGNP*, I, pág. 198, relativo ao decreto de 09-03-1821, em que D. João nomeia D. Pedro Regente e lhe concede amplos Poderes.

[6188] Tobias Monteiro, págs. 322 e 323. Ainda no Brasil "convocou [o Rei] o Conselho de Estado, onde só um voto foi favorável ao seu desejo [de permanecer no Brasil]: o de Silvestre Pinheiro Ferreira, ministro da guerra e negócios estrangeiros, conforme o qual, 'do momento em que Sua majestade deixasse o Brasil, devia considerar este paiz como separado de Portugal'. (...) Silvestre justificava o seu parecer, mostrando que só ficariam no Brasil Autoridades desprezadas e pela maior parte desprezíveis, 'tropas detestadas pela má conducta de muitos dos seus membros, merecedores da geral execração', Povos que tendo deposto e nomeado Autoridades de todas as classes, continuariam a exercer repetidamente esse Poder." No mesmo sentido, José Francisco da Rocha Pombo, VII, pág. 539.

[6189] Idem, *ibidem*, pág. 408, transcreve uma declaração que também consta d'*O Correio Braziliense ou Armazém Litterario*, datada de 5 de Novembro de 1822, na qual António Carlos Ribeiro de Andrada declarava: "Quando me achei no Rio de Janeiro ninguem ainda pensava em independencia ou em legislaturas separadas. Foi mister toda a cegueira, precipitação e despejado anseio de planos de escravização, para acordar do sono da fé o amadornado Brasil e faze-lo encarar a independencia como o único antidoto contra a violencia portugueza."

[6190] *D. C.*, V, 20-09-1821, pág. 2339, relativo à intervenção de Manuel Fernandes Tomás: "O Sr. Fernandes Thomaz: – *As ordens do Congresso não são opiniões. O Príncipe não está em circunstancias, por ora, de que o Congresso lhe indique as suas opiniões, indica-lhe as suas ordens.* (Apoiado)."; *ibidem*, V, 20-09-1821, pág. 2343, nova intervenção do mesmo: "(...) sabemos que o Principe tem talentos, e desejos, o que lhe faltão são estudos, porque no Brazil não se lhes darão, e porque daqui foi de mui tenra idade: precisa por tanto que seja instruído. Todos os dias estamos conhecendo tanta necessidade, deve fazer-se um Príncipe digno, por seus conhecimentos, de reinar entre os Portuguezes. (...) Eis-aqui

DA HISTÓRIA DA LIBERDADE À LIBERDADE NA HISTÓRIA

Quanto a D. Pedro, ele mesmo uma verdadeira incógnita[6192] a descortinar ao longo de toda a sua vida[6193] e da maior parte das decisões tomadas[6194], parecia cada vez mais empenhado em proceder ao contrário das "ordens" recebidas de Lisboa, via Congresso[6195]. A disputa culminou com a decisão de permanecer no Rio de Janeiro, aprestada em Janeiro de 1822[6196] e de encetar a convocação de uma Assembleia

> o que se deve fazer; *devem procurar-se os meios de que o principe tenha esses conhecimentos, porque elle ha de vir a ser o primeiro Magistrado da Nação, é ha de ser digno de reinar entre nós; não só por ser daquella casa, senão por esses conhecimentos que adquirir: isto fará a sua gloria, e a gloria dos portuguezes, dizer que tem um Soberano digno de reinar entre elles. Eu fui de opinião que, se escolhessem para está viagem aquelles três Estados menos expostos á influencia da Santa Alliança; mas agora sou do voto do Sr. Miranda; deve ir a toda a parte e deve ver por seus olhos a differente gloria que he ser chefe de um Povo livre, ou ser tyranno de um Povo escravo. Aprenda qual he a cituação de uma Nação, que geme curvada debaixo do despotismo, e quão differente he a de outra, que goza da brilhante luz da Liberdade. O Príncipe conhecerá esta differença, e tornará a fazer a felicidade dos Portuguezes: mas se elle chegar illudido, o Congresso he superior a tudo isso, pode-lhe dizer, taes he digno de governares, vae.* Portugal não tem que temer; felizmente a Casa de Bragança nos tem dado muitos esteios, e todos são capazes, mas deve-se procurar, que o que reinar entre nós seja digno de reinar por seus conhecimentos, e suas virtudes."

[6191] José Honório Rodrigues, "O Liberalismo", pág. 12: "(...) o Brasil, depois de ter nomeado deputados às Cortes gerais, reconheceu que o governo de Portugal não correspondia às suas intenções e se rebelou, e da rebelião saiu vitorioso. A quem se fazia a guerra? (...) Ao governo legítimo, a cuja testa estava o Sr. D. João VI. A falta de fé com que o Governo português nos tratava violou o pacto fundamental da monarquia, e por isso correram ás armas."

[6192] Lucinda Coutinho de Mello Coelho, "D. Pedro no Contexto dos Acontecimentos que Forjaram a Independência do Brasil", *Anais do Congresso de História da Independência do Brasil*, III, Instituto Histórico e Geográfico Brasileiro, Departamento de Imprensa Nacional, 1975, págs. 7 e ss.

[6193] José Francisco da Rocha Pombo, VII, pág. 541. Quando foi conhecido o decreto de D. João VI de 4 de Março de 1821, que anunciava o regresso de toda a família Real a Lisboa, a indignação do partido brasileiro não teve limites. E D. Pedro, que era mais perspicaz que muitos admitem, foi o primeiro a aperceber-se da situação. Segundo o citado historiador, "solícito, procurou este induzir o pai a desprender-se daquelles caprichosos conselheiros, e a tomar por si mesmo as providencias que o momento exigia. Era preciso, para que se conservasse o Brasil unido ao patrimonio da Coroa portuguesa, que ficasse no Rio alguma pessoa da Família Real. Sem isso – fazia elle sentir com toda a energia a D. João, assustado – não haveria meio de evitar a imediata desmembração da monarchia, pela qual, como era sabido, no Brasil se trabalhava esforçadamente, e com muita vantagem, devido a circunstancias especiais que rodeavam a antiga colónia. Bastavam – não se esquecia o príncipe de accrescentar – os exemplos que vinham de fóra, da América do Norte e dos antigos Domínios da Hespanha, para abrir os olhos aos cegos." Assim conseguiu D. Pedro os seus intentos e se colocou em posição ideal, para algo que num futuro bem próximo lhe estava reservado.

[6194] José Honório Rodrigues, "O Liberalismo", pág. 8: "O Príncipe não era liberal, como sustentava Marschall em 1821, senão porque ele recebeu dos membros deste partido algumas ideias que não foram bem digeridas, e que a sua falta de experiência e de instrucção não lhe permitiram apreciar no seu justo valor, e tendo sofrido do governo do Rei ele atribuí, de boa fé, a esse governo todo o mal de que padecia. O Príncipe não era nem foi liberal, ele serviu-se dos liberais para atingir seus objectivos, assim como os liberais se serviram dele para alcançar seus fins."

[6195] A deselegância patente em muitas das deliberações e algumas observações directas em relação a D. Pedro tornaram-se características no Congresso.

[6196] *DHCGNP*, I, pág. 295: "Edital do Senado da Câmara do Rio de Janeiro, datado de 10 de Janeiro de 1822, contendo a resposta à Representação do Rio de Janeiro dirigido ao príncipe D. Pedro e decisão do mesmo"; A. J. de Mello Moraes, I, pág. 255: "*Como é para o bem de todos e felicidade geral da nação, estou pronto: diga ao Povo que FICO.*" Veja-se Tobias Monteiro, pág. 418 e ss.; José Francisco da Rocha Pombo, VII, pág. 619. Para desenvolvimentos e no plano da perspectiva brasileira do tema, veja-se, por todos, Roberto Macedo, "Reino Desunido, Fico", *Anais do Congresso de História da Independência do Brasil*, I, Instituto Histórico e Geográfico Brasileiro, Departamento de Imprensa Nacional, 1975, págs. 7 e ss.

constituinte para o Brasil[6197], declarada nula pelo Congresso em Lisboa, em 23 de Julho de 1822[6198].

Quando os brasileiros, eleitos para trabalharem no projecto dos artigos adicionais para o Brasil, já depois de conhecido o decreto de D. Pedro de 3 de Junho, ainda tentaram compor o problema, propondo a existência de dois reinos com um Parlamento e um Executivo cada um e cuja unidade seria configurada por um mesmo soberano e um super congresso, formado de igual número de portugueses e brasileiros (vinte e cinco) e com amplos Poderes, entre outros a garantia da constitucionalidade[6199].

[6197] *DHCGNP*, I, págs. 373 e ss.: "Decreto de 3 de Junho de 1822, mandando convocar uma assembleia constituinte e legislativa para o Brasil e Instruções a que se refere o citado decreto." A. J. de Mello Moraes, II, págs. 114 e 115.

[6198] *D. C.*, IX, 23-07-1822, pág. 923. No mesmo dia foram publicados os decretos que previam que os membros da Junta de S. Paulo fossem processados, mantendo-se D. Pedro no Brasil até à publicação da Constituição, mas governando com sujeição ao Rei e às Cortes portuguesa. Veja-se A. J. de Mello Moraes, II, pág. 192, com a indicação do decreto de 23-07-1822, revogar o de 29-09-1821, no que respeita à saída de D. Pedro do Brasil e menção dos outros dois decretos assinalados de proveniência do Congresso de Lisboa.

[6199] *D. C.*, IX, 26-06-1822, págs. 558 e 559: "(...) 1. Haverá no reino do Brazil, e no de Portugal e Algarves *dois Congressos, um em cada reino; os quaes serão compostos de representantes eleitos pelo Povo, na forma marcada pela Constituição*. 2. *O Congresso braziliense* ajuntar-se-ha na capital, onde ora reside o Regente do reino do Brazil, em quanto senão funda no centro daquelle uma nova capital, e começará as suas sessões no meado de Janeiro. 3. As provincias da Ásia e África portugueza declararão a que reino se querem incorporar, para terem parte na respectiva representação do reino a que se unirem. 4. *Os Congressos, ou Cortes especiaes de cada Reino de Portugal, e Algarve, e do Brazil, legislarão sobre o regimento interior, e que diga sobre tudo especialmente respeito ás suas provincias, e terão além disto as atribuições designadas no capitulo 3º do Projecto da Constituição, á excepção das que pertencerem ás Cortes Geraes do imperio Luso Braziliano*. 5. A sancção das leis feitas nas Cortes especiaes do reino do Brazil pertencerá ao Regente do dito reino, nos casos, em que pela Constituição houver lugar a dita sancção. 6. Sanccionada, e publicada a lei pelo Regente em nome, e com Autoridade do Rei do Reino Unido, será provisoriamente executada; mas só depois de revista pelas Cortes Geraes, e sanccionada por ElRei, he que terá inteiro e absoluto vigor. 7. Em Portugal os Projectos de lei, depois de discutidos nas Cortes especiaes, e redigidos na fórma em que passarão, serão revistos pelas Cortes Geraes, depois do que, e da devida sancção real, nos casos, em que ella ha lugar, he que terão a validade de leis. 8. *Na capital do imperio Luso-Braziliano, além das Cortes especiaes do respectivo reino, se reuniráo as Cortes Geraes de toda a Nação, as quaes serão especiaes dos dois reinos, vinte e cinco de cada uma, eleitos pelas respectivas legislaturas á pluralidade absoluta de votos*. 9. Começarão as suas sessões um mez depois de findas as sessões das Cortes especiaes, que deverão começar em 14 de Julho: e durarão estas Cortes Geraes por espaço de tres mezes, acabados os quaes, dissolver-se-hão; elegendo antes entre si uma deputação permanente na fórma do capitulo 4º do titulo 3º, á qual competirão as atribuições marcadas ao dito capitulo no que interessar a Nação em geral. 11 As Cortes Geraes pertence: 1 fazer as leis, que regulem as relações commerciaes dos dois reinos entre si, e com os estrangeiros. 2 Fazer as leis geraes concernentes á defeza do Reino Unido, e á parte militar da guerra, e da marinha. 3 rever, e discutir de novo as leis passadas nas Cortes especiaes, para que, sendo approvadas, e sanccionadas por ElRei, continuem em seu vigor, e sendo rejeitada, quanto ás do Brazil, se mande sustar a sua execução. Este exame reduzir-se-ha a dois pontos sómente: que se não opponhão ao bem do reino irmão, e não offendão a Constituição geral do Imperio. 4 Decretar a responsabilidade dos ministros dos dois Reinos pelos actos, que directamente infringem a Constituição, ou por abuso do Poder legal, ou por usurpação, no que tão sómente toca á Nação em geral. 5 As atribuições conteudas no capitulo 3º artigo 97 do Projecto da Constituição, desde nº I até nº VIII. 6 Fixar annualmente as despezas geraes, e fiscalizar as contas da sua receita, e despeza. 7 Determinar a inscripção, valor, lei, typo, e denominação das moedas; e bem assim pezos, e medidas, que serão as mesmas em ambos os reinos. 8 Promover a observancia da Constituição, e

Para os portugueses a sugestão não passava de manifestação de rebeldia[6200], desres-

das leis, e geralmente o bem da nação portugueza. 12 Na capital do Brazil haverá uma delegação do Poder Executivo, que exercerá todas as attribuições do Poder Real, á excepção das que abaixo vão designadas. Esta delegação será confiada actualmente ao successor da corôa, e para o futuro a elle, ou a uma pessoa da casa reinante, e na sua falta a uma Regencia. 13 O Principe herdeiro, e qualquer outra pessoa da casa reinante, não serão responsaveis pelos actos da sua administração, pelos quaes responderão tão sómente os ministros. A Regencia porém será responsavel da mesma maneira que os ministros. 14 O Regente do reino do Brazil não poderá: 1 Apresentar para os arcebispados, e bispados, para cujo provimento deverá mandar as listas triples, referendadas pelo secretario de Estado da repartição, dos que forem mais idoneos, para ElRei delles escolher um. 2 Prover os lugares do tribunal supremo de justiça, competindo-lhe sómente a proposição na fórma da lei referendada pelo secretario da repartição. 3 Nomear Embaixadores, consules, e mais agentes diplomaticos, e dirigir todos os negocios politicos, e commerciaes com os estrangeiros. 4 Conceder titulos em recompensa de serviços. 5 Declarar a guerra offensiva, e fazer a paz. 6 fazer tratados de alliança offensiva, ou defensiva, de subsidios, e de commercio. 15 haverá no reino do Brazil um tribunal supremo de justiça, formado da maneira acima dita, que terá as mesmas attribuições, que o tribunal supremo de justiça do reino de Portugal, e Algarves. 16 Todos os outros magistrados serão escolhidos segundo as leis pelo Regente, debaixo da responsabilidade do competente Estado. Quanto aos outros funccionarios, tratar-se-ha nos mais artigos addicionaes. Paço das Cortes 15 de Junho de 1822. – José Feliciano Fernandes Pinheiro; Antonio Carlos Ribeiro de Andrada Machado e Silva; José Lino Coutinho; Francisco Villela Barbosa; Pedro de Araújo Lima."

[6200] D. C., IX, 26-06-1822, págs. 559 e 560, relativo à intervenção de Teixeira Girão: "O Sr. Girão: – Sr. Presidente peço a palavra: os meus respeitos são mui grandes pelos illustres Autores do Projecto: mas he impossivel que todo meu sangue deixe de ferver nas veias, ao velo debaixo dos meus olhos; eu não lhe chamarei absurdo, eu não lhe chamarei monstruoso unicamente por esse mesmo respeito que já disse, guardava a quem o tinha feito. Todavia darei a minha opinião com toda a franqueza que he propria de um representante da Nação. No discurso preliminar ao projecto vejo eu taes cousas, que se as analyzasse meudamente, teria materia para falar um dia inteiro; limitando-me á brevidade porém, que me he necessario seguir, farei sómente algumas reflexões ao ultimo paragrafo, o qual diz assim: "por todas estas razões convenceu-se a Commissão da necessidade de Cortes particulares no Brazil, e ainda mais por lhe parecer ser este o único laço da união." Ora se eu não soubesse, que uma Commissão tirada deste Congresso tinha escrito similhante cousa, eu havia de dizer que isto era de propósito zombar do nós, o reputar-nos destituídos do senso commum; pois declarar de direito a independência do Brazil he unillo; he conservar os laços da união? Os Povos do Brazil derão aos illustres Autores deste projecto as suas procurações para fazerem uma Constituição para todo o Império Portuguez, Jurárão as bases, e adherirão de muito boa vontade à nova ordem de cousas: como he pois que a independencia mascarada ousa apparecer agora neste Augusto Recinto!!! ... Com que Poderes se faz isto? (...) Segue-se agora o Projecto, o qual diz no primeiro artigo: haverá no reino no do Brazil: e no de Portugal, e Algarves dois Congressos, um em cada reino, os quaes verão compostos de Representantes eleitos pelo poço na forma marcada na Constituição. Ora eis--aqui uma bella união!!! O Brazil he muito grande, e muito rico, mas ninguém me negará que os Estados Unidos ainda são mais, logo se assim se unem as Nações, como diz o Projecto, podemos unir-nos aos Estados Unidos: lá tem um Congresso, cá temos outro, está a união feita. Igualmente nos podemos unir á Gram-Bretanha, á Hespanha, á França, e até á Turquia; pois que tambem tem o seu Divan, que he mui similhante ao Governo, e Conselho Excellentissimo do Rio de Janeiro. Em verdade, Sr. Presidente, não sei quem deu taes Poderes aos illustres autores do Projecto, pois as nossas procurações oppõe-se a isto, autorisando-nos para fazer uma Constituição fundada sobre as Bases da espanhola, e estas Bases não admittem dois Congressos, isto seria fazer um monstro com duas cabeças, e pretender que a arvore da Liberdade tivesse dois troncos. Oppõe-se tambem este Projecto às Bases que todos jurámos, e seria necessario para o admittir, lançar abaixo a obra majestosa que lemos acabado com trabalho de mais de um anno. Desejo aos Brazileiros todas as venturas possíveis, mas arranjadas por outro modo que não traga consigo a nossa ruína, e logo por principio uma verdadeira separação."

peito às regras constitucionais[6201], com um Príncipe desobediente[6202] e uma Junta de S. Paulo, frente conhecida e cabeça dos revoltosos, a ser processada e os deputados brasileiros como traidores à pátria. Tudo em nome da defesa dos princípios do Triénio Vintista e da unidade de que não abriam mão[6203], tanto que o citado Projecto, reprovadíssimo acabou por ser substituído por outro que viria a originar o capítulo II do título IV da *Constituição de 1822*[6204], e que nunca se aplicou por o Brasil se ter tornado independente[6205].

Integristas ou partidários da unidade, segundo a fórmula uma única Nação, um único país, com um único Parlamento e submetidos a um mesmo Rei: eis o que diziam os deputados portugueses presentes nas Cortes Constituintes[6206]. Unionistas ou partidários da união, sob a chancela de dois reinos e dois territórios autónomos entre si mas colaborantes, debaixo de um mesmo monarca e com órgãos institucionais demarcados e perfilhando a especificidade de cada território e de cada reino. Eram os brasileiros, que por este lema do princípio ao fim se bateram[6207], muitos dos quais nem sequer juraram a *Constituição de 1822*[6208], por clandestinamente terem abandonado Lisboa, depois de terem requerido ao Congresso que lhes concedesse escusa e

---

[6201] Tempos antes, já se pressagiava esta mesma reacção que seria comum à esmagadora maioria dos portugueses, conforme *O Campeão Portuguez ou o Amigo do Rei e do Povo*, III, Novembro de 1820, págs. 303 e 304, redige o seguinte: "Mas como se effeituará esta união, para que não seja nominal, como athe agora desgraçadamente tem sido? Em nossa opinião só de um modo se pode effeituar, que he: – *Voltando o Rei e o throno para Portugal, e entrando ahi nas Cortes nacionaes os competentes deputados do Brasil*. No estado de Liberdade constitucional, em que vai ficar Portugal, não haverá perfeita união com o Brasil, se este não for tambem constitucionalmente livre. Mas como não podem haver duas representações nacionaes, nem será facil que caiba em alguma cabeça dos deputados de Portugal vão assistir a Cortes convocadas no Rio de Janeiro, segue-se logo que o centro da união não pode estar fora de Portugal."

[6202] Tobias Monteiro, págs. 511 e 512: "As cartas do Príncipe acerca dos factos occorridos depois do Fico levantaram naquella assembleia grande celeuma, desusado movimento de indignação. O herdeiro do throno foi tratado com a mais censurável irreverencia. Borges Carneiro chamou-o 'desgraçado e miseravel rapaz', Barreto Feio 'mancebo ambicioso e alluncinado', Xavier Monteiro 'mancebo vasio de experiencias'."

[6203] *O Campeão Portuguez em Lisboa*, I, n.º III, Abril de 1822, pág. 37: "Quando o Brazil todo, por seu acto livre e esponteneo, não só reconheceo as Cortes de Portugal, e a Constituição politica que ellas fizessem, porém mandou para Portugal seus deputados; sugeitou-se logo de facto e de direito a obedecer ás leis que o Congresso promulgasse: Sim, o Brazil mui espontanea e livremente aceitou para juiz de sua futura organização politica o Supremo Congresso de Portugal, composto dos representantes Portuguezes de ambos os mundos; e o querer agora, e ainda antes de ver concluídos os trabalhos do Congresso, não só oppor-se tumultuariamente ás suas resoluções, mas insulta-lo attribuindo-lhe intenções sinistras de que nem que nem se quer elle se lembra: he, em verdade, uma dessas injustiças tão espantosas, que ninguem devera esperar de Portugueses, e homens livres!"

[6204] Jorge Miranda, *O constitucionalismo liberal luso-brasileiro*, pág. 92, artigos 128º-132º da *Constituição de 1822*.

[6205] DHCGNP, I, pág. 581-584, 12-10-1822, Declaração unilateral da independência do Brasil e auto de aclamação de D. Pedro I, Imperador constitucional do Brasil e seu defensor perpétuo.

[6206] D. C., IX, 26-06 1822, e sessões seguintes ao longo de todo o mês de Julho e parte de Agosto.

[6207] DHCGNP, I, págs. 449 e ss.

[6208] A. J. de Mello Moraes, II, págs. 196 e 197, apresenta uma lista dos deputados brasileiros que assinaram e dos que não assinaram a Constituição.

os deixasse retirar para o Brasil, o que este negou[6209]. Posteriormente justificaram o seu procedimento, em função das atitudes praticadas por Lisboa[6210].

Trata-se, repete-se, de uma questão de Liberdade política, neste caso de Liberdade política da sociedade, em interpretações distintas, qualquer delas liberal e identificada com os princípios do Constitucionalismo francês e gaditano e em que a soberania da Nação não pode ser questionada. Precisamente por isso; a Nação era uma só para os portugueses porque composta por territórios distintos mas unificados[6211], enquanto para os brasileiros a Nação era uma, mas devia reconhecer-se a autonomia das suas parcelas com dignidade para tanto, sem independentismos mas numa perfeita união de esforços[6212].

Dentre os brasileiros e muito ao jeito do que sucedera em Portugal havia partidários "da França" e "da Inglaterra"; havia até quem se pronunciasse pela continuidade da ligação com Portugal e, por esse motivo, tivesse abandonado a pátria-mãe. Havia unionistas e independentistas. Entre estes, a importante fatia maçónica da sociedade brasileira, cuja relevância para a independência acabou por ser tão determinante como sucedera no Porto e em Lisboa, em 1820[6213].

Mas havia, sobretudo, muita gente, praticamente toda a intelectualidade, a reclamar-se dos princípios do Liberalismo e da Liberdade do cidadão e da sociedade, suscitando o menosprezo dos portugueses "ilustrados"[6214].

De um modo geral, neste contexto, poderá afirmar-se que a perspectiva brasileira foi em muito incentivada pelo comportamento algo ensimesmado das Cortes portuguesas[6215]. Contudo e porque o foi e quando o foi, sempre se poderá dizer de uma certa

---

[6209] *DHCGNP*, I, I, págs. 449 e ss.
[6210] *DHCGNP*, I, I, pág. 457.
[6211] O Congresso tentou "explicar" isto aos brasileiros numa Proclamação aos Povos do Brasil, conforme *DHCGNP*, I, págs. 226-229, ainda no princípio do processo e quando não havia quaisquer problemas de separação entre os reinos. Pena foi que parte das suas intenções traduzidas na dita Proclamação não tenham passado à prática.
[6212] José Hermano Saraiva, "Da Monarquia Constitucional à Republica Democrática", *História de Portugal*, II, Lisboa, Publicações Alfa, pág. 416: "Os deputados brasileiros [opondo-se ao retorno de D. Pedro à Europa] propunham uma total paridade política."
[6213] Para desenvolvimentos que aqui não cabem, veja-se A. J. de Mello Moraes, I, págs. 200-203, 230 e ss.
[6214] *O Campeão Portuguez em Lisboa*, I, nº III, Abril de 1822, pág. 43: "O Brazil, nem em povoação nem em aggravos contra a mãe patria, pode, em verdade, ter a mais pequena similhança com a América do Norte. Aonde achará elle os seus Franklins, os seus Washingtons, que a par das virtudes, verdadeiramente romanas, e de um valor e constancia superiores a todos os azares da fortuna, hajão sem ambições, e sem mira nos pessoaes interesses, de sacrificar-se nobremente pela patria?"
[6215] *DHCGNP*, I, págs. 372 e 373: "Representação dos procuradores geraes de algumas provincias do Brasil – O Brazil tem direitos inauferiveis para estabelecer o seu Governo e a sua independência: *direitos taes, que o mesmo Congresso lusitano reconheceu e jurou. As leis, as Constituições, todas as instituições humanas, são feitas para os Povos, não os Povos para ellas. É d'este principio indubitavel que devemos partir*; as leis formadas na Europa podem fazer a felicidade da Europa, mas não a da América. Systema europeu não póde, pela eterna rasão das cousas, ser o systema americano; e sempre que o tentarem será um estado de coacção e de violencia, que necessariamente produzirá uma reacção terrivel. O Brazil não quer attentar contra os direitos de Portugal, mas desadora que Portugal attente contra os seus. O Brazil quer ter o mesmo Rei, mas não quer senhores nos deputados do Congresso de Lisboa."

uniformidade de pontos de vista no que concerne "à revolução da independência", apelando para ideias de soberania popular, como "pedra angular dos Estados livres"[6216].

A questão que importaria averiguar era o que se queria aqui dizer por "soberania popular" porque, no rigor dos conceitos, é sabido que ela não coincide com a soberania nacional.

Naturalmente que houve motivos de ordem externa que patrocinaram as aparentes facilidades dos brasileiros se soltarem de Portugal. A Inglaterra, que havia começado por apoiar as pretensões independentistas das colónias espanholas e portuguesas, com isso muito tendo irritado Metternich, assumia agora uma posição dúbia, algo desinteressada no evoluir dos acontecimentos. Não os sufragando, também não manifestava interesse em os impedir, o que significava, que a Santa Aliança não poderia contar com os esforços ingleses na condenação de tais independências. E isto era, como bem se percebe, uma inesperada benesse para os revolucionários que na América portuguesa lutavam pela sua própria Liberdade e independência, já que Portugal não lhes deixava outra via perante o despeito manifesto de tudo quanto fosse em benefício do Brasil.

Finalmente e por um facto estranho, o reconhecimento da independência das antigas colónias espanholas pelos Estados Unidos depois da Espanha lhe ter cedido definitivamente a Florida em Julho de 1821, a Inglaterra decidiu promover a emancipação brasileira, para ela determinante para manter incólumes as rotas comerciais do Novo Mundo[6217].

Ao fazê-lo desmistificava as Cortes em Lisboa e satisfazia o seu aliado preferencial ao momento, D. Pedro, desde 20 de Maio de 1822 declarado "defensor constitucional e protector perpétuo do Brasil"[6218]. Do mesmo modo dava possibilidade a D. Pedro de afirmar o cativeiro de seu pai em Lisboa, sem Liberdade de movimentos e manietado pelas Cortes[6219].

[6216] *DHCGNP*, I, págs. 391 e ss.: "Manifesto do Príncipe Regente de 06-08-1822.": "Brazilieros: – (...) *Legislou o Congresso de Lisboa sobre o Brasil, sem esperar pelos seus representantes, postergando assim a soberania da maioridade da Nação. Negou-lhe uma delegação de Poder Executivo (...). Recusou-lhe um centro de união e força, para o debilitar, incitando previamente as suas províncias a despegarem-se daquelle que já dentro de si tinham felizmente. Decretou-lhes governos sem estabilidade e sem nexo* (...) *Tratou desde o princípio e trata com indigno aviltamento e desprezo, os representantes do Brazil, quando tem coragem para punir pelos seus direitos* (...) *O mesmo direito que teve Portugal para destruir as suas instituições antigas e constituir-se, com mais razão o tendes vós, que habitaes um vasto e grandioso paiz, com uma povoação* (...) *já maior que a de Portugal* (...). *Se Portugal vos negar esse direito, renuncie elle mesmo ao direito, que pode allegar, para ser reconhecida a sua/nossa Constituição pelas Nações estrangeiras* (...). *Já sois um Povo soberano. Que vos resta, pois brasileiros? Resta-vos reunir-vos todos em interesses, em amor, em esperanças; fazer entrar a augusta assembleia do Brazil no exercício das suas funções, para que meneando o leme da razão e da prudência haja de evitar os escolhos que nos mares das revoluções apresentam, desgraçadamente França, Espanha e o mesmo Portugal, para que marque com mão segura a partilha dos Poderes, e firme o código da nossa legislação na sã philosophia, e o applique ás vossas circunstancias peculiares.*"

[6217] José Hermano Saraiva, "Da Monarquia Constitucional à Republica Democrática", *História de Portugal*, II, págs. 411-413.

[6218] *DHCGNP*, I, págs. 361-365: " Representação do Povo do Rio de Janeiro " e "Auto da vereação extraordinaria de 13 de Maio de 1822 – (...) sua alteza real o príncipe Regente constitucional e *defensor perpétuo do Brazil* (...)." No mesmo sentido o "Termo de vereações da aclamação do Príncipe Real, Regente, perpétuo defensor e protector do Brasil." Veja-se A. J. de Mello Moraes, I, págs. 196 e 197; idem, *ibidem*, II, págs. 128 e ss.

[6219] *DHCGNP*, I, pág. 389: "(...) considerando eu igualmente a sua majestade el-Rei o senhor D. João VI, de cujo nome e Auctoridade pretendem as Cortes servir-se para seus sinistros fins, como

A sua aclamação implicava, na mente dos brasileiros, que a origem do Poder político era humana e não divina, factor que a eleição e aclamação, mais que o princípio da hereditariedade na sucessão régia para eles relevava. De facto, não se tratava de uma nova dinastia para o Brasil; estava-se perante um começo, um pacto social que se ia fundar "ab initio"[6220] e que precisava das correspondentes Leis Fundamentais para o assegurarem e de um executor industriado das mesmas escolhido pelo Povo, desde o início o único detentor do Poder político[6221].

A legitimidade de D. Pedro provinha-lhe da Constituição, sem dúvida, mas também da unânime aclamação dos Povos. Em qualquer caso, este segundo factor é bastante menos credível que o constitucional, uma vez que seria impossível todos os brasileiros terem aclamado o imperador.

Ponderando um pouco estas duas posições doutrinárias, poderá concluir-se que tal como em Portugal, o Liberalismo brasileiro não era uniforme. Havia quem enquadrasse a legitimidade do Rei – do imperador – por força dos preceitos constitucionais, à boa maneira francesa. E havia os que entendiam seguindo em larga medida a doutrinação inglesa que era o processo de aclamação que implicava que alguém pudesse arvorar-se como chefe de uma Nação, resultando a partir daí não só a legitimidade do Governo, como o dever de obediência dos súbditos.

De um lado, há muito de Sieyès e até de Condorcet; do outro, toda a doutrinação clássica inglesa cujo expoente máximo será Edmund Burke. Ou, por outras palavras, muito de um Fernandes Tomás, de um Borges Carneiro ou de um Ferreira de Moura e, do outro, laivos esclarecidos de um Trigoso, de um Silvestre ou de um cardeal Saraiva.

§ 5º. O papel político da maçonaria e organizações afins: ideias gerais e brevíssimas

A questão da maçonaria ressente-se de um problema. A maçonaria é uma associação que se caracteriza pelo secretismo e, como tal, dificilmente se pode penetrar no seu âmago para quem não faça parte da instituição.

Em qualquer caso, para além das proibições a que estiveram sujeitas antes de 1820 – por incrementarem os ideais revolucionários, propiciadores do milenarismo[6222]

---

prisioneiro naquelle reino sem vontade própria, e sem aquella Liberdade de acção que é dada ao Poder Executivo nas Monarchias constitucionaes (...)."
[6220] Francisco de Sales Torres Homem, *Libello do Povo, por Timandro*, apud José Honório Rodrigues, "O Liberalismo", pág. 12: "Depois que se fez o Rei, começou a se fazer o pacto primitivo da sociedade. 'O Poder constituinte é parte essencial da soberania da Nação, a qual delega o seu exercício, sem nunca abdicá-lo'."
[6221] Idem, *ibidem*, I, pág. 11: "Em virtude daquele direito [da soberania popular] preferiu a Nação a monarquia do mesmo modo que poderia preferir a república de Franklin e de Washington; aclamou por seu Rei o primogénito da casa de Bragança como aclamaria o filho do Grão-Turco, se fora seu gosto. Esse Rei era simples feitura de nossas mãos: nenhum título antigo e preexistente o assistia porque tudo era novo, tudo datava de ontem nesta situação, o solo estava varrido e limpo; *seu único titulo de legitimidade vinha da eleição nacional, título aliás mais belo e honroso do que o acaso cego do nascimento; seu trono, contemporâneo de nossa Liberdade, repousava sobre a mesma base que ela – a revolução.*"
[6222] Henrique Schaefer, *Historia de Portugal, desde a Fundação da Monarchia até á Revolução de 1820, Desde 1820 até 1910, continuado por José Agostinho*, VI, págs. 79 e 80: "Entre nós, valorosados vários factores, andava já, posta pelo Grande Oriente, cuja força era progressiva, a these de que o nosso paiz nunca entra nas grandes epochas da sua vida autonoma sem o arranco, fecundo e epico, das

– e depois de 1823 por os terem promovido e serem um perigo para a monarquia absoluta[6223] –, algo mais convirá acrescentar[6224]. A maçonaria, antiga instituição de carácter político mas também humanitário nos seus primórdios, só admitia no seu seio homens de ilustração e consciência provada[6225]. Cosmopolita por isso mesmo, seguiu as quatro partidas do mundo e chegou aos nossos dias.

Não restam dúvidas que boa parte dos opositores da Revolução do Vintismo e mesmo alguns que a apoiavam mas discordavam dos meios de que se ia servindo em diálogo com o Poder régio, atribuíam à maçonaria portuguesa[6226], devidamente manipulada pelas influências estrangeiras[6227] (a maçonaria portuguesa era de influên-

revoluções demolidoras. Esta these ficou sendo como que a norma do critério histórico portuguez desde 1820".
[6223] Fortunato de Almeida, *História de Portugal*, VI, pág. 33: "Desde o princípio começaram as Cortes Constituintes a ser desorientadas pela incompetência e inexperiência dos elementos preponderantes, e a sofrer a influência perniciosa da maçonaria até ao ponto de se empregar formulário maçónico em actos oficiais de maior solenidade. A Revolução de 1820 veio consagrar a influência maçónica na marcha dos negócios públicos, dos quais ficou dispondo livremente." Contra, José d'Arriaga, *História da Revolução Portuguesa de 1820*, II, pág. 557: "É um engano suppôr-se que o clubs influíram nas decisões do soberano Congresso constituinte. Foi isto uma grosseira invenção dos realistas, para em tudo equipararem a revolução portugueza com a franceza, então desacreditada. As sociedades secretas transformaram-se nas sociedades patrióticas (...) e nada houve de mais pacífico e sério do que essas associações, destinadas a auxiliar o Congresso nas suas reformas liberares e a animar o espírito público."
[6224] Neste contexto e como bem se percebe, não há fontes directas que sirvam de suporte. Na contingência, utiliza-se bibliografia especializada e algumas referências gerais, mas não é possível ir muito mais longe.
[6225] Luís A. Oliveira Ramos, "Os agentes de introdução do ideário da Revolução francesa em Portugal", *Portugal. Da Revolução Francesa ao Liberalismo*, pág. 17: "O papel dos mações como agentes da revolução (...) assenta na diversidade igualitária do recrutamento, valorizou-se pela prática da tolerância, do racionalismo, da fraternidade, tem repercussão em virtude da Liberdade das discussões travadas no seu seio e, nas mutações políticas, influi, já por ter contribuído para abalar ideias feitas sobre o trono e o altar, já porque a solidariedade maçónica terá reforçado a capacidade militante dos elementos de vanguarda que propunham a Liberdade e sonhavam com a república acalentada pelo sol de Paris."
[6226] Francisco Manuel Trigoso de Aragão Morato, *Memórias de Francisco Manuel Trigoso de Aragão Morato*, Parte II; págs. 124 e 125, quando se refere à célebre e "complexa" questão do laço português. "Extinctas as Cortes, não me admirou que o laço por ellas decretado fosse substituido pelo antigo, mas commoveu-me muito ouvir a cada passo ler na *Gazeta de Lisboa* que as cores azul e branca tinham allusões maçónicas e, como taes, haviam sido lembradas e approvadas pelo Congresso! A quanto chega a ignorancia e a malignidade dos homens!"
[6227] Henrique Schaefer, *Historia de Portugal, desde a Fundação da Monarchia até á Revolução de 1820, Desde 1820 até 1910, continuada por José Agostinho*, VI, pág. 81, nota: "nessa sua actividade, entendeu-se sempre com a nossa maçonaria [a espanhola], procedendo como ella nas guerras da peninsula – isto é, expulsando as armas do invasor propagando delle o espirito revolucionário –, excitando, em missões secretas, constantes e multimodas, os nossos revolucionarios, desnacionalizando-os com tenacidade, sob a esperança de que, morto o nosso tradicionalismo, a federação ibérica, ou a união, seriam depressa um facto. A maçonaria, pois, trazia-nos sempre a influencia do estrangeiro – os principios da Grande Revolução – Á sombra delles, a Inglaterra cimentava o seu domínio que a França lhe disputava, quanto podia, e a Hespanha, enfraquecido o seu nacionalismo, o hispanismo procurava saciar a sua plutocracia por meio dos mesmos principios. Assim, os Vintistas eram necessariamente instrumentos de tres agentes: a grande Revolução, as ambições da Inglaterra e os planos da plutocracia hespanhola."

cia espanhola e daí de raiz francesa, nesta fase[6228]) muitas das decisões políticas que viriam a firmar o Estado constitucional português[6229]. E se é verdade que o impulso do 24 de Agosto fora dado pelo Sinédrio[6230], onde preponderavam muitos dos mais influentes mações portugueses, este em si mesmo discutivelmente poderia ser associado a qualquer sociedade secreta[6231].

O problema era o facto de serem organizações secretas[6232], o que levava os próprios memorialistas da época a falta de rigor nas suas análises[6233], tudo associando o que

---

[6228] No período que imediatamente antecedeu 1820 haveria um misto de influência da maçonaria de rito inglês – Ricardo Raimundo Nogueira, e de rito francês – Gomes Freire de Andrade, por exemplo.

[6229] Simão José da Luz Soriano, *História da Guerra Civil e do Estabelecimento do Governo Parlamentar em Portugal*, Terceira Epocha, I, pág. 406 e ss., onde apresenta documentação comprovativa da actividade da maçonaria e das sociedades secretas espanholas em prol da revolução portuguesa, mencionando as suas comunicações e principais intervenientes.: "Era (...) um facto na opinião do nosso ministro em Madrid, e na do Marquez de Marialva, nosso Embaixador em Paris, que as sociedades secretas na capital da Hespanha faziam todos as possíveis dilligencias para que a revolução liberal do seu pais fosse secundada em Portugal por outra, feita em igual sentido." João Ameal, *História de Portugal*, pág. 616: "Nem todos os revoltosos de 1820 podem ser acusados de má fé e de corrupção. Há muitos ignorantes, desorientados pela hábil retórica dos demagogos. Há muitos primários, com as cabeças cheias de imagens falsas, de utopias cândidas, de ilusões aliciantes – quantos deles persuadidos, á maneira de certos jacobinos de 89, de estarem a reviver os modelos austeros e democráticos da velha Roma, os catões, os Brutos, os tribunos da plebe, acesos em eloquentes iras contra os tiranos! (...) Todos, porém, não tardaram a ser meros joguetes nas mãos dos autênticos promotores da revolta: os corifeus da maçonaria internacional. (...) É o Diabo à solta – o diabo do Individualismo anárquico, da mentirosa e desastrosa soberania do Povo, da 'Revolução satânica'!"

[6230] Rocha Martins, *A Independência do Brazil*, págs. 56 e ss.; J. M. Pereira da Silva, V, págs. 14 e ss.; José Francisco da Rocha Pombo, VII, págs. 483 e 484.

[6231] Graça e J. S. da Silva Dias, I, 1, pág. 186: "É frequente quando se fala em maçonaria, fazer-se uma extrapolação de linguagem, que assimila o instituto maçónico às sociedades secretas e, sobretudo na época posterior à revolução de 89, aos clubes políticos. E assim temos clubes = sociedades secretas = maçonaria. Ora, sem prejuízo da maçonaria ser uma sociedade secreta e de os clubes políticos ou culturais, por via de regra também o serem, nem os clubes eram apenas constituídos por mações, nem as sociedades secretas eram sempre maçónicas. (...) Na nossa terra, há também bons exemplos de clubes e associações secretas de carácter não maçónico (muito embora, alguns pelo menos, participados por mações). *Como protótipo de associações secretas sem monopólio maçónico ou nem sequer obediência à maçonaria, podem citar-se o Conselho Conservador de Lisboa, o Sinédrio do Porto* (...)." A. H. de Oliveira Marques, *História da Maçonaria em Portugal*, I, "Das origens ao Triunfo" pág. 118, tem uma posição algo diversa, uma vez que considera que pelo facto de todos os seus membros serem mações, se tratava de loja maçónica, para o que se apoia num manuscrito da *Biblioteca Nacional de Lisboa, Reservados*, Códice 10454, nº 53, pertencente ao espólio de Ferreira Borges: "Todos estes homens [os membros do Sinédrio], se não eram pedreiros-livres à data da sua entrada para o Sinédrio, devem ter-se feito iniciar anteriormente a 13 de Setembro de 1820, data em que aquela organização surge já confundida com um capítulo maçónico." Idem, *ibidem*, II, pág. 13: "É facto assente que a preparação básica da revolta liberal de 1820' se deveu ao *Sinédrio*, organização maçónica que depressa se confundiu com um capítulo dos cavaleiros de Rosa-Cruz".

[6232] A. H. de Oliveira Marques, *História da Maçonaria em Portugal*, I, pág. 306, dá nota das sociedades surgidas entre 1817 e 1820, entre as quais o Sinédrio.

[6233] *Memórias do Marquez de Fronteira e d'Alorna, D. José Trazimundo Mascarenhas Barreto, ditadas por ele próprio em 1861*, I e II, pág. 247, quanto ao dia do desembarque de D. João VI em Lisboa, vindo do Brasil: "As sociedades secretas estavam fortemente representadas na retaguarda do estado--maior do general Sepúlveda e da força de cavallaria, estando, talvez, cem cavalheiros daquella associação, trazendo todos um laço azul e branco no braço. Esses individuos tinham a missão de entoar os vivas e dirigir a recepção, mas o enthusiasmo da primeira classe da sociedade, que estava

de mal ia havendo na sociedade portuguesa à teia maçónica e acusando o Sinédrio dela fazer parte[6234].

Retomando o caso do Sinédrio, não se vislumbra motivo para duvidar daquilo que escreveram alguns dos seus membros, numa época em que não teriam que temer-se pela assunção clara das suas conotações políticas[6235]. Sobretudo porque eles eram efectivamente mações, correspondendo-se com ilustres membros da carbonária napolitana[6236], repetidamente acusada dos acontecimentos que haviam vitimado a soberania de Fernando IV[6237] e, por isso, menos suspeitos nas suas palavras. São os casos de Xavier de Araújo, Silva Carvalho e outros que, sendo mações convictos, não aceitavam a intervenção da maçonaria organizada no movimento de 1820[6238]. Reitere-se, porém, não ser viável ir muito mais longe que a simples observação de pontos de vista.

junto ao caes, seguido do enthusiasmo geral das massas que sinceramente festejavam a volta do monarcha, enthusiasmo que se exprimia em estrondosos vivas tão somente a El-Rei, desorientou os patriotas e fez com que mal se ouvissem os revolucionarios e facciosos *vivas* e os absurdos *morras* que soltavam. Aproveitando-se, porem, dum momento de silencio, pozeram em execução o seu programa, levantando *vivas á Liberdade*, não fazendo menção de El-Rei, e *morras aos áulicos*."
[6234] Simão José da Luz Soriano, *História da Guerra Civil e do Estabelecimento do Governo Parlamentar em Portugal*, Terceira Epocha, I, pág. 414: "(...) no anno de 1820 havia n'este reino uma associação de conspiradores em favor dellas, sendo auxiliada por Hespanha, recebendo de lá inspirações adaptadas aos seus intentos. (...) Que a respectiva associação começasse originariamente sem protecção ou influencia directa da maçonaria, nenhuma duvida temos em o suppor; mas duvidamos de que mais tarde os seus trabalhos e dilligencias deixassem de ter por si protecção ou influencia, mais ou menos directa de similhante sociedade, isto é, sem que os respectivos conspiradores, ou a sua totalidade, ou quasi totalidade, deixassem de ser maçons, e de como taes contarem com o apoio dos seus confrades dentro e fora do paiz, particularmente sabendo quaes eram suas opiniões e desejos sobre este ponto."
[6235] José Maria Xavier d'Araújo, págs. V-VI: "A Maçonaria teve em Portugal a influencia, que todos os paizes havia de ter toda a Associação de homens reunidos para hum fim qualquer de trabalho; proscevella só pelo titulo, não he da nossa epocha, e tanto valeria proscrever todas as Sociedades, ou associações existentes dentro do Estado com fins particulares, e diversos, Em tempos de crise tão perigosas podem ser humas, como outras, e grande Arte dos Governos, he a de prevenir essas catastrophes, e essas crises... Em fim a maçonaria existia regularmente organisada no Porto e em Lisboa; e todavia não foi ella a que fez as revoluções de 24 de Agosto e de 15 de Setembro: a de 24 de Agosto foi produzida pelo Sinédrio, Corpo Político (...) e sem communicação alguma com Sociedades Secretas, ao contrario ignorando dellas. A de 15 de Setembro foi o Tenente Aurelio, que sem pertencer a Loja alguma, nem estar fallado por ninguem, sahio do seu Quartel com a sua Companhia e atras delle o regimento todo (...)."
[6236] A. H. de Oliveira Marques, *História da Maçonaria em Portugal* "das Origens ao Triunfo", II, pág. 14: "Como consequência directa da segunda [a revolução napolitana de 2 de Julho de 1820] incrementaram-se as relações entre a carbonária napolitana e a recém-constituída carbonária portuguesa – com suas ancilares, as Lojas dos Jardineiros –, deslocando-se a Portugal uma missão revolucionária napolitana (...)."
[6237] *Correio do Porto*, nº 26, 1820: "*Nota que o Gabinete de Vienna dirigio a todas as Cortes da Alemanha sobre os acontecimentos de Nápoles:* (...) Bem, se ve que as maquinações dos *Carbonaris*, sem outro impulso exterior, e sem o menor pretexto, são as *unicas causas dos movimentos revoltosos, que surpreenderão repentinamente a S. M. o Rei de Nápoles e o determinarão a renunciar ao Governo, a dissolver todas as Autoridades existentes, e promulgar huma Constituição estrangeira*, Constituição que ainda nem sequer se acha approvada pela experiencis do paiz em que se formou; *o que tanto vale dizer que aquelle Monarcha proclamou a anarchia* (...)." Simão José da Luz Soriano, *História da Guerra Civil e do Estabelecimento do Governo Parlamentar em Portugal*, Terceira Epocha, I, págs. 509 e ss.
[6238] José Maximo Pinto da Fonseca Rangel, *A Causa dos Frades e dos Pedreiros livres no Tribunal da prudência*, apud Graça e J. S. Silva Dias, I, 2, pág. 788.

O mesmo raciocínio pode ser apontada para os membros da primitiva Junta Provisional do Governo Supremo do Reino, para a Junta Governativa de Lisboa e para a reunião das duas depois do encontro de Alcobaça, bem como para os próprios membros da Regência, antes do regresso de D. João VI do Brasil.

Muito menos será correcto tentar incutir aos portugueses algumas ideias falaciosas de união entre Portugal e Espanha[6239]. Nunca o admitiram[6240]; nunca o aceitaram e mesmo se o apoio espanhol de 1820[6241] à Revolução Vintista era bem-vindo[6242], a independência nacional estava fora de questão[6243]. Disso mesmo se aperceberam os

---

[6239] Graça e J. S. Silva Dias, I, 2, pág. 672: "O modelo 'revolucionário' que os homens do Sinédrio tinham debaixo dos olhos era, portanto, o dos levantamentos populares de 1808 contra os franceses. Não se propunham promover a sua repetição, mas, tão-só estar preparados para actuar, na eventualidade desta, que julgavam certa e relativamente próxima."

[6240] Eugénio de Lemos, "Política Peninsular (1820-1822). A Conclusão de um Tratado entre Portugal e Espanha encarada pelos Políticos de 1820", *O Instituto*, volume 106º, pág. 15: "Era (...) preciso desanuviar o horizonte diplomático fazendo declarações categóricas sobre a questão da nossa independência política, para não dar motivos a uns, e pretextos, a outros, de falsas interpretações da nossa atitude patriótica. Assim fez a Regência por declarações formais aos Embaixadores da França e Inglaterra em Madrid (...)."

[6241] Simão José da Luz Soriano, *História da Guerra Civil e do Estabelecimento do Governo Parlamentar em Portugal*, Terceira Epocha, I, págs. 403 e 404: "relativo a carta do Marquês de Marialva a D. Miguel Pereira Forjaz, de 13 de Abril de 1820: (...) a revolução de Hespanha fora maquinada pelas sociedades secretas que n'aquelle reino existiam; (...) o impulso para tal empreza lhes fora dado pelas sociedades secretas de Paris; (...) as mesmas sociedades secretas de Hespanha tinham intelligencia com as de Portugal, e trabalhavam quanto em si podiam, para decidir o exercito portuguez a seguir o de Espanha, operando entre nós uma igual insurreição (...)"

[6242] Idem, ibidem, I, 2, pág. 677: "Tomás e os seus consócios estavam perfeitamente conscientes de que a maioria esmagadora do país se mantinha fiel à dinastia de Bragança. Não a tranquilizar nesse ponto, cedendo à dialéctica dos grupúsculos radicais, seria desencadear fenómenos emotivos, aproveitáveis pelo 'establishment', à sombra dos sentimentos anti-castelhanos dominantes entre nós, que perturbariam o processo revolucionário e encurtariam a sua base social de apoio, *De facto, o que os responsáveis liberais procuraram nesse momento e em todo o curso do Vintismo, foi um pacto de auxílio recíproco com os espanhóis.*"

[6243] José Maria Xavier d'Araújo, pág. 10 e nota 1, pág. 73: "Fidelidade á Dinastia da casa de Bragança: Esta fidelidade foi sujeita a bem rude prova, quando o coronel Hespanhol Barreiros chegou ao Porto em Junho de 1820, com missão do encarregado de negocios, Jose Maria Pando, para promover uma revolução em Portugal, promettendo da parte do Governo de Madrid todos os auxilios em gente e dinheiro, com tanto que se reunisse Portugal á Hespanha. O coronel Barreiros teve uma conferencia com Fernandes Tomás, Ferreira Borges e Francisco Gomes em um jardim da Rua de Cedofeita á meia noite. As propostas acima ditas forão feitas e ouvidas: Fernandes Tomás respondeo que a Revolução hia fazer-se; e Deos sabe o que aconteceria; porem que unir Portugal á Hespanha era impossivel executar-se, e ate um absurdo tentar-se: repetio muitas vezes ao Enviado com vehemencia – Perdermos a nossa nacionalidade! Nunca, nunca – Barreiros não replicou; com tudo hum Corpo de Tropas Hespanholas se avizinhou á Fronteira de Traz-os-Montes em Agosto de 1820." Damião Peres, *História de Portugal. Edição Monumental comemorativa do 8º Centenário da Fundação da Nacionalidade*, (direcção de Damião Peres), VII, pág. 46: "O caso passou-se em Junho. Da Espanha, o Sinédrio não queria apoio que pudesse comprometer a independência nacional. Pando, porém, supunha o contrário, e julgou conveniente enviar um emissário de confiança ao Porto, a entender-se com o Sinédrio. A entrevista não foi longa: às sedutoras promessas de Pando, retorquiu briosamente Fernandes Tomás com a mais ardente repulsa." Também Simão José da Luz Soriano, *História da Guerra Civil e do Estabelecimento do Governo Parlamentar em Portugal*, Terceira Epocha, I, págs. 402 e 403; Graça e J. S. Silva Dias, I, 2, pág. 676; António Pedro Vicente, "Um Diplomata Espanhol nas Cortes Constitucionais Portuguesas", *A Diplomacia na História de Portugal, Actas do Colóquio*, págs. 359 e ss.

enviados espanhóis, sobretudo Pando, que durante 1821 informaram copiosamente Madrid da situação portuguesa[6244] e é confirmado pelas disposições manifestas pelo nosso ministro liberal enviado à Corte de Paris, Francisco Solano Constancio[6245].
Até os ingleses, defendendo os seus habituais interesses[6246], tiveram a honestidade de o reconhecer[6247]. A isso se somava o repúdio pela mudança de monarca, ainda que aparentado com D. João VI e representado pelo Duque de Cadaval.

O processo de amnistias levado a cabo pelo Congresso constituinte tem, neste quadro reflexivo, uma importância estreme, na medida em que por ele se percebe qual o ponto de vista que imperava na panóplia geral dos deputados, em grande número membros da maçonaria activa[6248]. Este é, aliás, um dos pontos que permite explicar grande parte não só das decisões e tipo de discurso utilizado no Congresso, como o espírito que o enformava desde início e originou a *Constituição de 1822*, com as suas conhecidas características.

Na verdade, é sabido que durante a fase final do Antigo Regime, muitas tinham sido as perseguições feitas aos partidários do Constitucionalismo francês, adeptos

---

[6244] António Pedro Vicente, "Um Diplomata Espanhol nas Cortes Constitucionais Portuguesas", *A Diplomacia na História de Portugal, Actas do Colóquio*, pág. 361: "José Maria de Pando entendia que a imposição dessa lei fundamental [da Constituição] seria a forma mais segura, senão a única, de garantir a permanência das ideias liberais, propostas pelo movimento do ano transacto. Se essa lei fosse idêntica á espanhola tanto melhor, pois, mais próximo ficava o país de uma futura união peninsular. A sua esperança neste aspecto é uma constante. (...)." E, no plano das afirmações do próprio Pando, consciente da falta de receptividade nacional a estas propostas, destaque-se o tom precavido que assume "(...) Evitei muito bem (...) e evitarei fazer a mais remota alusão à conveniência ou necessidade futura de unir ambos os países sob a mesma coroa. Esta é uma imagem que fere tanto os portugueses, mesmo os que se gabam de ser mais liberais e despreocupados que o principal cuidado de quem trata de captar a sua benevolência ou atrai-los a um partido vantajosos deve ser sempre afastá-la da sua fantasia e combatê-la manhosamente se eles a apresentam (...)."
[6245] Eugénio de Lemos, "Política Peninsular (1820-1822). A Conclusão de um Tratado entre Portugal e Espanha encarada pelos Políticos de 1820", *O Instituto*, volume 106º, Coimbra, 1945, págs. 8 e ss.
[6246] idem, *ibidem*, págs. 14 e 15: "A Inglaterra vai fazendo o seu jogo e furtando os paizes da Peninsula á influencia da Santa Aliança, de que aliás fazia tambem parte, visto que, depois das declarações terminantes do seu Embaixador em Madrid, aconselha, por intermédio do seu representante no Rio, segundo consta do Ministério Espanhol, 'o nosso Monarca transigir com o Governo actual de Portugal; e o Ministério presume que o inglês confia muito do Conde Palmela para este objecto."
[6247] Simão José da Luz Soriano, *História da Guerra Civil e do Estabelecimento do Governo Parlamentar em Portugal*, Terceira Epocha, I, págs. 398 e 399: "nas instrucções ostensivas, mandadas ao ministro inglez em Madrid, sir Henrique Wellesley, ordenara-lhe em termos gerais o abster-se ate da apparencia de pretender intervir nas questões internas d'aquelle paiz. Nas instrucções secretas previam-se unicamente dois casos, nos quaes o referido ministro tinha ordem de usar uma linguagem mais energica e decidida, taes eram: 1º, o de correr serio risco a segurança da pessoa de sua magestade catholica; 2º, o de se achar Portugal seriamente ameaçado de uma guerra de agressão. (...) No segundo caso, se o perigo lhe parecesse verdadeiro, deveria declarar formalmente, que o governo britânico se achava comprometido por tratados expressos a garantir a independencia e integridade do Reino de Portugal."
[6248] A. H. de Oliveira Marques, *História da Maçonaria em Portugal* "das Origens ao Triunfo", II, pág. 19: "(...) nas eleições de Dezembro de 1820 para as Cortes Constituintes e sem contar com os deputados do Brasil, foram eleitos, pelo menos, 50 maçons, num total de 116 deputados proprietários e 12 num total de 39 deputados substitutos. Já nas eleições de Novembro de 1822 o recuo da maçonaria foi patente: de 117 deputados ordinários eleitos, contou apenas com 31 dos seus e de 103 substitutos arrolou 25."

mais ou menos confessos da maçonaria[6249], perfilhando ideias políticas adversas ao Antigo Regime[6250] e alguns dos quais supliciados[6251]. Pois bem, a amnistia que agora o Congresso perpetrava em relação a todos eles[6252] era uma prova de reconhecimento da honradez desses cidadãos e uma fórmula indirecta, mas expressiva, de aceitar e proteger a influência da maçonaria e das sociedades secretas em Portugal[6253].

Directamente, o Congresso entendeu que não deveria pronunciar-se, como bem ficou comprovado pela aprovação de um parecer dado pela Comissão da Constituição em 10 de Setembro de 1821, que ia precisamente nesse sentido[6254], bem ao contrário do sucedido por essa época em Espanha[6255].

No quadro do Triénio Vintista ganha especial relevo, pela importância que revestiu, a Sociedade Litteraria Patriótica de Lisboa[6256]. Instituída em 1 de Janeiro de 1822, teve pouco tempo de vida e os habituais objectivos: promover na opinião pública o incentivo ao apoio do sistema constitucional e o debate público de todas as questões ligadas ao estado político da Nação[6257]. Portanto, propunha-se incrementar a Liberdade de imprensa e de pensamento, mediante a politização de uma sociedade reconhecidamente pouco instruída nestas matérias.

Como veículo de incentivo às ideias que propagava, esta Sociedade tinha um jornal próprio, o *Jornal da Sociedade Litteraria e Patriótica*, que funcionava como o rosto da própria instituição, dando nota aos seus associados e ao público em geral dos benefícios

---

[6249] Luís A. Oliveira Ramos, "Os agentes de introdução do ideário da Revolução francesa em Portugal", *Portugal. Da Revolução Francesa ao Liberalismo*, pág. 17: "No nosso país, os mações [eram normalmente designados por] jacobinos. Caracteriza a sua actividade política a atenção com que seguem os sucessos da Revolução Francesa, as críticas que formulam contra o Príncipe e contra o regimen absoluto, a sua simpatia pelos modelos sucessivamente experimentados em Paris, de par com as a assunção de tópicos heterodoxos."
[6250] *D. C.*, I, 09-02-1821, págs. 69 e 70; *DHCGNP*, I, págs. 155 e 156.
[6251] *D. C.*, I, 02-03-1821, pág. 202, manda estender o decreto de 8 de Março a todos os sentenciados em Outubro de 1817.
[6252] *D. C.*, I, 08-02-1821, pág. 69.
[6253] A. H. de Oliveira Marques, *História da Maçonaria em Portugal* "das Origens ao Triunfo", II, pág. 15: A ordem maçónica controlava, portanto, as duas principais instituições executivas do processo revolucionário."
[6254] *D. C.*, V, 10-09-1821, pág. 2223; veja-se *AHP, Comissão da Constituição*, caixa 39, documento 75 de 10 de Setembro de 1821.
[6255] *Jornal da Sociedade Literaria Patriotica*, 1º e 2º Trimestres, Abril-Outubro 1822, Lisboa, 1822. Ao caso, trata-se de I, nº 4, 26 de Abril de 1822, págs. 109 e ss.: "Discurso do senhor deputado D. Francisco Martines Marina, sobre o Projecto de ley apresentado por a comissão, em sessão extraordinária das Cortes d'Hespanha e 14 de Outubro de 1820, para organização das sociedades patrioticas."
[6256] Graça e J. S. Silva Dias, I, 2, pág. 791, referem que se possuem "elementos mais concretos sobre as sociedades patrióticas." É provável que a influência efectiva para o ponto que nos interessa tenha sido maior em Portugal que a maçonaria propriamente dita.
[6257] *O Campeão Portuguez em Lisboa*, I, nº XVI, Julho de 1822, pág. 256: "devem, por uma vez, persuadir-se todos os que tanto parecem assustados com a influencia das sociedades populares, que sem a força da opinião publica não há sistema politico que se possa sustentar e particularmente sistema Constitucional.: logo se esta opinião publica não for bem dirigida pela imprensa, e pelas sociedades patrioticas, debalde se pretenderão levar avante as novas instituições politicas, que todos os dias tem que combater contra irreconciliaveis inimigos. *Entendamo-nos bem: nós estamos ainda á vista do inimigo; e melhor he corrermos os riscos de um abuso de Liberdade do que hirmos cair nas garras de um inexoravel despotismo que só procura ressuscitar para acender novas fogueiras, e reduzir nossos cadaveres e cinzas para os lançar depois ao mar.*"

inerentes ao novo regime político[6258]. Os conhecidos ideais da Liberdade estavam presentes nas suas páginas, de que apenas se dão alguns exemplos, por sintomáticos.

O caso dispensa ulteriores buscas, partindo do pressuposto que este tipo de associações afinava, tanto quanto é conhecido do seu sentimento exteriorizado das ideias liberais, de uma comunhão de ideais que a todas confinava. Preconiza-se, pois, deste modelo, não apenas pelo significado histórico que assumiu na defesa da ideia de Liberdade no Triénio Vintista como órgão de uma associação desde sempre vinculada aos ideais ancorados na *Constituição de 1822*, mas porque dele resultarão considerandos válidos para os demais casos.

Por um lado, o reafirmar os princípios do jusnaturalismo liberal, com recurso ao papel da História como factor temporal que permite a evolução dos Povos em si mesmos considerados, em ligação com os princípios rousseanos da vontade geral, sob o império da lei[6259]. E isto quer em termos de formação de sociedades individualizadas ou Estados[6260], quer ao nível mais amplo da grande massa dessas mesmas Nações, em conjunto consideradas.

A concepção de lei que neste quadro defende coincide, com a defesa das garantias jurídicas, ou seja, mediante a Liberdade civil que consagra os direitos individuais por força da sua protecção e é independente da doutrinação da Liberdade política[6261].

Por outro lado, a reafirmação dos princípios da soberania nacional numa monarquia constitucional representativa, em que a Liberdade de pensamento sob as suas diversas manifestações escritas ou faladas[6262] – neste caso e obviamente em termos de Liberdade de reunião ou associação[6263] –, têm muito por base os ensinamentos

---

[6258] *Jornal da Sociedade Literaria Patriotica*, 1º e 2º Trimestres, Abril-Outubro 1822, Lisboa, 1822. Temos edição deste jornal.

[6259] *Ibidem*, I, nº 3, 23 de Abril de 1822, págs. 65 e ss.: "O systema constitucional he fundado só, e unicamente sobre o imperio da ley: a ley, e só a ley he quem regula as acções de cada um dos cidadãos em communidade; e as da communidade com relação ao estado geral: e esta ley, fundada sobre os direitos do homem e do cidadão, tendo por guia os principios religiosos, e as precisões sociaes, he a livre expressão da vontade geral da Nação, dictada pelo órgão legitimo de seus representantes."

[6260] *Ibidem*, I, nº 1, 16 de Abril de 1822, pág. 4: "Divididos em pequenas sociedades, ou familias, adoptarão tacitamente certas regras de seu modo vivendo, e modificarão a sua Liberdade natural segundo a urgência das suas necessidades. A multiplicação da especie produziu a reunião de muitas familias, e a divisão de grandes sociedades que chamarão Nações. Então necessitarão de expressar os direitos e deveres de todos os individuos e familias reunidas, e essa expressão se chamou ley; cada uma das quaes se reputou, e recebeu como necessaria modificação da Liberdade, para assegurar a fruição e obrigação daquelles direitos e deveres, conforme a expressão da vontade geral."

[6261] *Ibidem*, I, nº 3, 23 de Abril de 1822, pág. 66: "Quem, senão a ley, pode assegurar a Liberdade pessoal, o bem mais precioso do homem, e o primeiro dos direitos que recebeo da natureza? Quem, senão a ley, póde manter a Igualdade, a mais sábia e benfazeja das instituições sociaes? Quem senão a ley, pode afiançar ao cidadão o livre exercicio das suas faculdades physicas e intellectuaes? Quem, senão a ley, pode proporcionar e distribuir a contribuição commum ás necessidades publicas? Quem, senão a ley, pode reprimir os delictos da Igualdade?"

[6262] *Ibidem*, I, nº 1, 16 de Abril de 1822.

[6263] *Ibidem*, I, nº 1, 16 de Abril de 1822, págs. 3 e 4: "O direito de associação he natural a todos os homens e dictado por o instincto de sua conservação: o amor da patria e da Liberdade he um sentimento influido por a natureza, e vigorado no coração humano por a boa ordem social e civil; e hade prohibir-se, há de tolher-se, há de vedar-se aos cidadãos de um payz livre que civilmente se reunião para defesa e guarda daquelles bens tão preciosos, de que depende a sua propspera conservação?? Oh! não, os cidadãos tem incontestavelmente o direito de se reunir (...) e he licito a todos os cidadãos formarem-se em assembleas, para expressar os seus desejos e sentimentos acerca dos negocios da sua patria, e dos actos publicos do seu governo."

do Constitucionalismo norte-americano e francês, sem consagração constitucional portuguesa.

O utilitarismo está presente na sua versão habitual, atendendo à necessidade de conciliar a Liberdade individual com a Liberdade da sociedade[6264], sendo reiteradas ideias conhecidas e foram adoptadas pela *Constituição de 1822*, e aplicadas em caso extremo quando da necessidade da suspensão das garantias civis.

§ 6º. Síntese da temática do presente capítulo

Todos acordavam e se uniam em torno da ideia de Liberdade, que sob forma de abstracção e elemento de reflexão doutrinária plasmada em várias ideologias em presença, precisava ser concretizada. Em 1820 e depois em 1822, a Liberdade e a Constituição mais liberal do mundo tiveram que coexistir com estruturas do passado, por determinação expressa dos Vintistas, que juraram fidelidade ao Rei e à dinastia e não quiseram, ser confundidos com jacobinos do Terror ou norte-americanos, que não tinham vivido sob o despotismo e por isso haviam criado a república.

A Constituição que devia unir os portugueses não o conseguiu, porque a prática das Ideias Políticas não correspondeu ao Pensamento que as sustentava, tergiversou em demasia e não os cativou em definitivo. A figura do Rei-cidadão, que os franceses quiseram dar ao malogrado Luís XVI e os espanhóis insuflar no ultra-reaccionário Fernando VII, e em Portugal, só subsistiu porque o Rei era D. João VI, demonstrou-se absolutamente inadequada para unir todas as correntes da sociedade portuguesa. Não o conseguiu para as sensibilidades do Congresso que entre si disputavam; por maioria de razão, não podia ser bem vinda por uma população habituada a venerar o Rei como soberano absoluto e único pólo de confluência da soberania e ainda menos os contra-revolucionários, que na sombra iam tecendo a sua teia.

Pensando em Borges Carneiro e no seu *Portugal Regenerado*, por exemplo, recorda-se a preocupação em aliar a doutrina à prática política. Se parecia fora de dúvida para qualquer liberal a necessidade de acabar com o despotismo, já não resultava tão claro que isso tivesse de ser feito, necessariamente, por via da revolução e da implementação do regime representativo saído das ideias francesas. E nesse plano, quer moderados, quer tradicionalistas da fase final do Antigo Regime português, estavam muito pouco sensibilizados. Uns porque tinham uma grande ligação ao sistema inglês, avesso a revoluções e partidário da História, outros porque se mantinham fiéis à soberania real e não à soberania nacional.

Os longos extractos que propositadamente foram transcritos sobre as intervenções parlamentares, fonte ideal para a reflexão e aquela que no presente contexto mais interessa, não podem conduzir a conclusão diversa. Inovação radical e Conservadorismo moderado, academismo quanto baste para ilustrar as duas correntes e alguns entremezes de reaccionarismo pseudo-disfarçado, eis a conclusão que resulta. Montesquieu e Rousseau, Benjamin Constant e Volney, Claude Mey e Cabanis, Sieyès

---

[6264] *Jornal da Sociedade Literaria Patriotica*, I, nº 3, 23 de Abril de 1822, págs. 70 e 71: "(...) he preciso que de uma parte a Liberdade dos povos se restrinja, e se contenha dentro de certas balisas, e que o Poder do imperante seja limitado por certas leys fundamentaes, que tenhão por base a utilidade pública, que elle não possa alterar, nem transgredir. A Liberdade, assim restricta, he a verdadeira *Liberdade social*: o Poder assim temperado, he o verdadeiro *Poder legitimo*: e o resultado collectivo destas duas entidades, he o *systema constitucional*."

e Burke, Blackstone e Locke, o "velho amigo Bentham", eram referências basilares. E, qual o efeito útil que os portugueses daí retiraram no seu dia a dia? Saberiam eles que todas essas luminárias estavam empenhadas em lhes alterar a vida miseranda que no dia a dia sentiam?

E, sendo todos cidadãos, não havia um exercício universal da propalada Liberdade política própria da revolta contra o Antigo Regime e a soberania, que era nacional, apenas por alguns cidadãos podia ser exercida? E mesmo quando a exerciam, que em certos casos não podiam ser eleitos como representantes da Nação?

Os debates parlamentares são uma inovação no Direito Público português. Não é possível negá-lo, nem na forma nem no conteúdo aguerrido dos mesmos, muito ao estilo oposto mas modelar, em ambos os casos, do Constitucionalismo francês e inglês e das suas bases doutrinárias.

A discussão era inovadora mas as ideias poucos originais e, muitas vezes, tal como o Projecto da Constituição e depois o seu texto final eram uma reprodução de França, 1791 e de Cádiz, 1812, com alguns contributos algo espúrios vindos além-Mancha, como no caso dos jurados.

As ideias da época bailavam no Augusto Recinto, para apoiar os eventos de 1789 ou para os combater, para admirar os sucessos da *Declaração dos Direitos do Homem e do Cidadão* ou para os refutar, para endeusar a coragem dos patriotas de Cádiz, modelares para todos os países saídos da sua "descolonização" na América do Sul e que agora se pretendiam importar para bem mais próximo, mas sempre mantendo a independência nacional e desalinhando a fraca linha do iberismo que por vezes se fazia sentir. Por outras palavras, a doutrina da revolução Vintista implicava um manuseamento alternativo das propostas que se colocavam, todas elas de costas voltadas para a Velha Moda.

O jusnaturalismo liberal, digno sucessor do jusracionalismo absolutista, implicava a opção entre duas concepções de Autoridade, duas fórmulas para determinar a justiça e interpretar o Poder.

No primeiro caso, o jusnaturalismo positivado na nomofilia do séc. XVIII, implicava uma conversão aos ideias do Absolutismo esclarecido, que o pretendia positivar em função do entendimento da Autoridade régia. No segundo, o Poder era exercido pela Autoridade nos termos precisos em que aquele a delimitava mas interpretava-se como independente – como livre – em presença dessa mesma Autoridade, que se devia limitar a activar os ditames que o Poder lhe configurava.

Como resultado, sempre seria diversa a adequação das conclusões derivadas destes dois conceitos de autoridade, que se conjugavam com as de Poder – no Legislativo – e com a de justiça – no Judicial e que implicavam não só a consagração da doutrina de Montesquieu mas, igualmente, o retomar da velha questão do desatar ou religar legalidade e legitimidade. Se a legitimidade decorria da legalidade, eram contrárias ao Direito das Gentes todas e quaisquer atitudes veiculadas num direito de resistência; e legais, axiomaticamente, todas as medidas legislativas e todo o Poder exercido pela Autoridade. Se, ao contrário, era a legitimidade independente da legalidade, não só se assumiam como válidas as atitudes de resistência dos Povos pela quebra do pacto social pela Autoridade, como, a própria Autoridade legal poderia ser dispensada pelo Poder político constituinte.

A primeira das teses foi refutada pelos Vintistas; a segunda forneceu-lhes as bases doutrinárias necessárias para estabelecer a ligação entre o jusnaturalismo e a ideia de

Constituição. Por isso o jusnaturalismo autorizava questionar a ordem estabelecida pela legalidade e pelas disposições positivadas, muitas vezes erradas, porque implicavam a desigualdade originária que o Direito Natural combatia e apenas pela legitimidade poderiam ser repostas. Trata-se de um contraponto impossível de desligar entre o jusracionalismo e o jusnaturalismo, um absolutista e o outro liberal. A fundamentação do Poder e o seu exercício são coisas distintas e uma coisa é a origem humana ou divina do mesmo e outra o seu exercício, sempre humano, mas cujo suporte doutrinário conduz a um tipo de actuação diversa.

Quem exerce o Poder ou o faz em função dos anseios da comunidade ou dos seus pessoais; ou é um Rei, uma Autoridade para o Povo e pelo Povo ou alguém a quem este deve tributo de vassalagem e apagamento pessoal. Num caso está-se perante uma Assembleia representativa da Nação, a quem devem assegurar, segundo os princípios utilitaristas, "a maior felicidade do maior número; no outro perante um tributo paternalístico em forma de despotismo esclarecido, ao jeito de um filósofo de *Sans-souci* ou de uma "Semiramis do Norte."

Quanto à fundamentação do Poder, que os Vintistas aferrados à religião católica nunca descuram, conseguem perceber a diferença que existe entre uma origem humana e divina do mesmo – nem o contrário seria possível – e procuram reafirmar como soberana a Nação que é a detentora do Poder. Por isso é que, eles são muito mais anti-eclesiásticos que anti-religiosos e, menos ainda, ateus ou "ímpios."

A necessidade de concretizar toda esta teoria plasmou-se numa Constituição escrita. Aí se fixaram para além dos direitos individuais, os direitos do cidadão, provenientes da sua entrada em sociedade e consagradas pelo modelo francês, o mais apoiado dentre os possíveis, conhecidos e disponíveis para serem testados. E os direitos da Nação, também, por meio da soberania nacional exercida sob forma representativa, que não admitia a concorrência da soberania real e encimava o Poder Legislativo sobre o Executivo, a quem se vedava participação no manancial legislado e fiscalizava mediante órgãos de confiança do Congresso, ainda que a sua missão fosse auxiliar o monarca nas decisões a tomar.

Os pontos que havia a desenvolver neste quadro, quer ao nível da Liberdade política do cidadão, quer à sua congénere de sociedade, ficaram estudados. Apenas se alerta para o facto de que se são defensáveis os propósitos iniciais dos Vintistas e algumas das medidas de fundo que encetaram, ficam sérias dúvidas do real conhecimento que haveria da sociedade nacional. Uma coisa é dominar à perfeição as teorias, outra diversa aferir da sua curial aplicação aos casos concretos.

Sempre se poderá argumentar, em sua defesa, que se tratava da primeira experiência constitucional portuguesa e que eles não tinham quaisquer pontos de referência nacionais que lhes permitissem ponderar, de forma diversa, muitas das medidas encetadas.

"Retirar todos os Poderes ao Rei é dar-lhe tudo"; escarnecer das Ordens da sociedade que ancestralmente eram respeitadas pelos Povos, também; proceder como se procedeu perante os brasileiros, pior um pouco; relacionar-se com as Potências estrangeiras como fizeram um suicídio antecipado; arranjar complicações diplomáticas com a Inglaterra, que não reconheceu as instituições do nosso país simplesmente por causa da questão do veto e da recusa do bicameralismo, seria muito honrado e motivo de orgulho nacional mas era enorme falta de tacto político internacional.

Capítulo XII
O dia seguinte à jornada a salvaterra de sua majestade D. João VI de Portugal e os prenúncios que o antecederam

> "Deos he a fonte de todo o Poder: este lhe pertence como propriedade inauferivel. Como não há senão um Creador, tambem não há senão um Governador: não póde um sem impiedade arrogar auctoridade sobre os outros, sem ordem e dependencia do Creador.
> Toda a auctoridade, mesmo do pai sobre o filho, perderia toda a sanção e seria nulla, uma vez que não fosse investida por auctoridade do Creador. Toda a Soberania sobre a terra não he mais que uma representação ou delegação da Soberania do Creador. (...)
> Assim como o Sacerdote, apenas recebe a ordenação, recebe logo o Poder, da mesma sorte o Ministro temporal, apenas he acclamado Rei, e recebe a investidura, recebe-a de facto da mão do Creador; e desde então he seu representante, e seu órgão. Seu Ministério he como sagrado: obedecer-lhe he um dever, resistir-lhe he um sacrilegio; sendo só responsavel ao Creador a quem representa, e não ás paixões do povo, e ás vistas limitadas dos vassalos. (...) Logo, a Soberania do Povo só he admissivel para o que não for Catholico."
>
> Contradicção ás ideias e Doutrinas dos Impios do seculo XIX
(dedicada aos Amigos Do Rei e da Patria), págs. 3-5

CAPÍTULO XII. O DIA SEGUINTE À JORNADA A SALVATERRA DE SUA MAJESTADE D. JOÃO VI DE PORTUGAL E OS PRENÚNCIOS QUE O ANTECEDERAM
§ 1º. A oposição interna à Revolução de 1820 como prenúncio dos acontecimentos de 1823. 1. A questão dos "diplomáticos". 2. A diáspora e a adesão dos seus Governos ao Sistema Constitucional. 3. O reconhecimento interno da existência da contra-revolução: inépcia em presença da mesma. 3.1. Algumas referências constantes na doutrinação contra-revolucionária. 3.2. As Cortes Ordinárias, a contra-revolução e a defesa da Liberdade. 3.3. As Cortes Extraordinárias e o apagamento do Triénio. § 2º. A reacção: – A "Santa Aliança da Liberdade" responde à Santa Aliança dos déspotas que riposta: Portugal, Espanha, Nápoles, Piemonte e a "sobrevivência lusitana". § 3º. Síntese da temática do presente capítulo.

§ 1º. A oposição interna à Revolução de 1820 como prenúncio dos acontecimentos de 1823

Em rigor, poderia dizer-se que a investigação teria chegado ao fim, postas que ficaram em equação as coordenadas essenciais da ideia de Liberdade no Triénio Vintista.

Contudo, e porque não se pode dizer que a Vilafrancada tenha constituído um facto isolado, antes o resultado de uma madura reflexão por parte dos contra-revolucionários portugueses, bem encostados aos acontecimentos europeus da época, fará sentido aqui deixar algumas reflexões finais.

1. A questão dos "diplomáticos"

O caso dos diplomáticos portugueses e do seu comportamento imediatamente posterior à Revolução de 1820 – e em período imediatamente anterior em que defenderam a tese da conjura – é sintomático neste domínio, tendo sido alvo das maiores invectivas do Congresso Vintista, como já havia sido dos periódicos liberais portugueses[6265].

Na verdade e como resulta das regras da diplomacia, os sucessos de 1820 foram de imediato comunicados pela Junta Provisional do Governo Supremo do Reino aos diplomatas estrangeiros acreditados em Portugal[6266], bem como aos ministros diplomáticos portugueses que exerciam funções no estrangeiro[6267]. Simultaneamente eram enviados os primeiros representantes nacionais do nosso Liberalismo a vários pontos da Europa, ainda que em quase todos os Estados os mesmos não fossem reconhecidos[6268].

Nesta área desde muito cedo que os escolhos começaram a aparecer.

Por um lado, mediante o comportamento dos diplomáticos portugueses no estrangeiro, que não pareciam dispostos a sufragar a alteração dos acontecimentos ocorridos em Portugal. Se procuravam, pela denegação dos passaportes, transtornar o comércio português, em simultâneo não deixavam, pelas mesmas vias, de procurar impedir o regresso a Portugal de muitos portugueses que o desejavam.

Por outro, pela neutralidade que boa parte dos acreditados em Portugal iam manifestando, uma vez que não reconheciam o novo Governo, até que do Brasil, D. João VI fizesse ouvir a sua posição[6269]. Outros, porque sempre iam manobrando

---

[6265] *O Portuguez*, XI, nº 65, pág. 424, ao questionar a renovada Santa Aliança dos déspotas, que se opõe à da Liberdade. Aqui ficam as sintomáticas palavras que gasta na sua caracterização: "Em verdade essa peça heroico-comica poderá ser mui regular no character da legitimidade, porem, de certo não o hé quanto ás duas unidades de tempo e logar; e logo veremos como tambem não há n'ella unidade de acção; *por onde apenas merece nome de um entremezão*".
[6266] Joaquim de Carvalho, *História de Portugal. Edição Monumental comemorativa do 8º Centenário da Fundação da Nacionalidade*, VII, pág. 86: "O corpo diplomático limitou-se a responder, como lhe cumpria, que participaria o facto aos respectivos governos, cujas instrucções aguardaria (...)."
[6267] Esse o sentido basilar do *Manifesto de 15 de Dezembro*, já tantas vezes apontado e que agora se renova em importância num quadro diverso daquele que até ao momento presente tem sido abordado.
[6268] Eugénio de Lemos, "Política Peninsular (1820-1822). A Conclusão de um Tratado entre Portugal e Espanha encarada pelos Políticos de 1820", *O Instituto*, volume 106º, págs. 6 e ss.: "(...) A Junta Governativa envia a Madrid, como seu agente diplomático e representante em Espanha, o honrado e talentoso fidalgo beirão Manuel de Castro Pereira de Mesquita [o qual] instalou postos de observação nas diferentes capitais da Europa, dado que a nossa representação diplomática se recusara geralmente a servir o novo governo. Para Paris foi o Dr. Francisco Solano Constâncio".
[6269] Joaquim de Carvalho, *História de Portugal. Edição Monumental comemorativa do 8º Centenário da Fundação da Nacionalidade*, (direcção de Damião Peres), VII, pág. 86, refere um pedido de socorro dos Governadores do reino à Inglaterra e um empréstimo. Ambos foram negados e lord Castlereagh apenas prometeu que o seu Governo não reconheceria "o Governo revolucionário enquanto D. João VI o não reconhecesse; e com efeito o ministro interrompeu as relações oficiais, subsistindo apenas entre os dois países relações comerciais." No mesmo sentido, José Francisco da Rocha Pombo, VII, pág. 481; Simão José da Luz Soriano, *História da Guerra Civil e do Estabelecimento do Governo Parlamentar em Portugal*, Terceira Epocha, I, págs. 516 e 517.

na sombra, no sentido de minar o novel estado de coisas[6270]. Isso era por demais evidente nos países da Santa Aliança, cujos motivos para reconhecerem o novo Governo português seriam nenhuns[6271]. Finalmente aqueles que receberiam de braços abertos a nova situação, que consideravam apenas pecar por tardia[6272], e que pessoalmente se haviam empenhado em promover[6273], ainda que oficialmente tivessem instruções para se manterem neutros[6274].

Eram então diplomáticos portugueses nas principais Cortes europeias D. José Luís de Sousa Botelho[6275], em Londres; D. António Saldanha da Gama[6276], em Madrid; o

---

[6270] Simão José da Luz Soriano, *História da Guerra Civil e do Estabelecimento do Governo Parlamentar em Portugal*, Terceira Epocha, II, págs. 6 e 7.

[6271] Joaquim de Carvalho, *História de Portugal. Edição Monumental comemorativa do 8º Centenário da Fundação da Nacionalidade*, (direcção de Damião Peres), VII, págs. 92 e 93.

[6272] António Pedro Vicente, "Um Diplomata Espanhol nas Cortes Constitucionais Portuguesas", *A Diplomacia na História de Portugal, Actas do Colóquio*, págs. 357 e ss.

[6273] Simão José da Luz Soriano, *História da Guerra Civil e do Estabelecimento do Governo Parlamentar em Portugal*, Terceira Epocha, I, págs. 396 e ss. Algumas ideias apenas: "(...) para acabar de amargurar ainda mais os mesmos Governadores do reino, tinha chegado a Lisboa no dia 15 de Março D. José Maria Pando, nomeado pelo novo Governo hespanhol encarregado de sua magestade catholica em Lisboa em substituição de D. Manuel Lardizabal e Montoyo, tendo o recem-chegado apresentado no dia 21 ao secretario de Governo, encarregado dos negocios estrangeiros, um officio em que lhe participava a sua dita nomeação, a qual por conseguinte era tida como destinada a perturbar a tranquilidade publica em Portugal, pois que o nome do novo encarregado figurava nos papeis publicos como um dos mais conspicuos cooperadores da nova ordem de cousas estabelecidas em Hespanha."

[6274] Graça e J. S. Silva Dias, I, 2, pág. 685: "O coração de Pando estava com os revolucionários portugueses (...) Embandeirou pois em arco, ao anunciar que a revolução estaria na rua naquele próprio dia ou no dia seguinte e que, praticamente, não encontraria obstáculos ao seu percurso. De Madrid insistiram, porém na circunspecção, quando o país se encontrava braços com um cerco externos gravíssimo." Por isso recebe uma nota oficial do seu Governo onde não se pode ser mais claro: "S. M. quiere que observa la mas discreta reserva, en las delicadas circunstancias, sin dar com palavras ni com acciones el más remoto motivo a que el gobierno [português] crea que el gobierno de S. M. tiene intervencion ó interés de ninguna especie en suceso semejante (minuta de resposta de Madrid, de 2 de Setembro, ao ofício de Pando, nº 73, de 28 de Agosto de 1820)."

[6275] D. José Luís de Sousa Botelho Mourão e Vasconcelos, foi o primeiro Conde de Vila Real na sua família – tronco moderno – tendo nascido em 1785 e falecido em S. Petersburgo em Setembro de 1855. Era filho de celebrizado morgado de Mateus e estudou Direito na Alemanha, sendo destinado à carreira forense. Contudo, preferiu a carreira das armas, tendo chegado a ajudante de Beresford quando das Invasões Francesas. Em 1814 foi nomeado conselheiro da embaixada portuguesa em Londres e no mesmo ano para ministro plenipotenciário em Madrid, onde esteve até 1820 e sendo depois enviado para Londres, onde foi substituir Palmela. Foi aí que teve conhecimento da Revolução Vintista, ao que parece muito pouco entusiasmado com a mesma, mas sempre mantendo fidelidade ao Rei. Por isso mesmo foi um dos demitidos em 1821 e não teve qualquer actividade política até à restauração do Absolutismo em 1823. Desgostoso como dos excessos do Vintismo, ainda tinha menos simpatia pelo Absolutismo e foi um decidido cartista após 1826. Apenas em 1833 regressou a Portugal – emigrou em 1828 – e depois dessa data exerceu vários cargos no Governo de D. Maria II. Portanto, não era um revolucionário; era um moderado e por isso esteve mal primeiro com os radicais do Triénio e depois com os miguelistas de 1828. Para a sua biografia veja-se Afonso Eduardo Martins Zuquete, *Nobreza de Portugal e do Brasil*, Lisboa, Edições Zairol, 1984, III, págs. 522 e 523.

[6276] D. António de Saldanha da Gama, a quem já nos reportamos, foi o único Conde de Porto Santo, na sua família. Nasceu em Fevereiro de 1778 e faleceu Julho de 1839. Era irmão do 6º Conde da Ponte. Militar de carreira, foi governador de várias parcelas do território português, nomeadamente em Maranhão, no Brasil, e em Angola. Em 1815 foi nomeado ministro na Rússia e em 1820 na de Madrid, onde ascendeu a Embaixador em 1823. Oscilou entre o reformismo pré-revolucionário e a adesão aos princípios liberais, muito por influência de Palmela, de quem era particular amigo e parente. Depois de 1834 foi o primeiro Presidente da Câmara de Lisboa. Para a sua biografia veja-se Afonso Eduardo Martins Zuquete, III, págs. 172 e 173.

Marquês de Marialva[6277], em Paris; Francisco José Maria de Brito, em Haia; D. Joaquim Lobo da Silveira[6278], em Berlim; e José Anselmo Correia Henriques[6279], em Hamburgo. Tudo figuras conhecidas e da melhor cepa. Saldanha da Gama[6280] e Lobo da Silveira haviam estado com Palmela[6281] no Congresso de Viena; o Marquês de Marialva[6282] fora enviado na deputação portuguesa a França para cumprimentar Napoleão. Os demais eram personagens graúdas da sociedade política nacional antes de 1820. Como tal, os postos que ocupavam[6283] e as suas respectivas posições acerca do Vintismo não são de estranhar, ou porque sendo liberais mas moderados se temiam de excessos de radicalismo ou, porque sendo absolutistas e partidários da soberania real[6284], nunca poderiam aceitar a supremacia do Poder da Nação sobre o Poder do monarca[6285].

[6277] D. Pedro José Joaquim Vito de Meneses Coutinho, 6º Marquês de Marialva, nasceu em data incerta e morreu em Novembro de 1823. Era militar de carreira, tendo ingressado na carreira diplomática em 1807. Foi depois encarregue por D. João, ainda Regente, de cumprimentar Luís XVIII a França, em 1814 e serviu de Embaixador extraordinário para negociar em Viena o casamento de D. Pedro com D. Maria Leopoldina. Em 1820 exercia funções em Paris e manteve-se fiel a D. João VI. Aliás, Paris foi o local escolhido para reunião de todas estas vontades contrárias à Revolução Vintista. Para a sua biografia veja-se Afonso Eduardo Martins Zuquete, II, pág. 724.

[6278] D. Joaquim José António Lobo da Silveira nasceu em Maio de 1772 e faleceu na Prússia em Abril de 1846. Militar como os demais, foi enviado extraordinário e ministro plenipotenciário em Estocolmo. Esteve depois no Congresso de Viena e foi ministro de Portugal em Berlim. Era partidário de D. Miguel e totalmente oposto ao sistema constitucional. Tanto que acabou por se naturalizar prussiano e fazendo parte do estado da nobreza na província de Walden, onde comprou terras. Feito Conde prussiano, foi conselheiro secreto do Rei da Prússia. Como se pode verificar, em 1820 o seu grau de adesão ao Vintismo seria nulo. Para a sua biografia veja-se Afonso Eduardo Martins Zuquete, III, pág. 79.

[6279] José Anselmo Correia Henriques nasceu cerca de 1777 e faleceu em 1831. Ministro residente junto às cidades Hanseáticas, não teve títulos nobiliárquicos mas nem por isso a consideração do monarca por ele seria menor, representando Portugal numa das zonas centrais da Europa de maior influência. Foi sempre contrário ao sistema constitucional e envolveu-se em polémicas acesas com os redactores de periódicos portugueses no estrangeiro, que o não poupavam, como depois não o poupariam as Cortes Vintistas. Para a sua biografia veja-se Innocêncio Francisco da Silva e Brito Aranha, *Diccionario Bibliographico Português*, IV, pág. 235.

[6280] Simão José da Luz Soriano, *História da Guerra Civil e do Estabelecimento do Governo Parlamentar em Portugal*, Terceira Epocha, I, págs. 393 e ss.; Graça e J. S. Silva Dias, I, 2, págs. 666 e 667, relativo a ofícios de Saldanha da Gama para o Marquês de Marialva.

[6281] Idem, *ibidem*, Terceira Epocha, I, pág. 522, nota: "(...) Quanto porem á parte que tomou na cruzada liberticida do corpo diplomatico portuguez, parece-nos insignificante, pois que então teve de sair de Londres para Lisboa, e d'aqui para o Rio de Janeiro, a fim de assumir o cargo de ministro de estado, para o que o Rei o havia já nomeado desde dois annos atraz."

[6282] Idem, *ibidem*, Terceira Epocha, I, págs. 403 e 404, relativo a carta do Marquês de Marialva a D. Miguel Pereira Forjaz, de 13 de Abril de 1820, onde referia que os acontecimentos de Espanha eram prenúncio certo para outros idênticos se verificarem em Portugal.

[6283] António Pedro Vicente, "Um Diplomata Espanhol nas Cortes Constitucionais Portuguesas", *A Diplomacia na História de Portugal, Actas do Colóquio*, pág. 360, relativo a um ofício de António de Saldanha da Gama em que se queixa ao Governo de Madrid das intromissões de Pando nos negócios portugueses.

[6284] Graça e J. S. da Silva Dias, I, 2, págs. 666 e 667: "A tese da conjura era (...) a filosofia do representante de Portugal em Madrid, António Saldanha da Gama (...) que de 1820 a 1823 se encarniçou junto das Cortes da Santa Aliança contra o Vintismo. 2 este representante que se correspondia preferencialmente com o Marquês de Marialva e José Anselmo de Castro Henriques afirmava em vária correspondência oficial aos seus colegas que tudo era uma trama maçónica a dever ser detida rapidamente em Espanha, e Nápoles, sob pena de contagiar inexoravelmente Portugal."

[6285] Simão José da Luz Soriano, *História da Guerra Civil e do Estabelecimento do Governo Parlamentar em Portugal*, Terceira Epocha, I, pág. 397.

Tanto faz, pois, adivinhar, que um dos primeiros problemas que se colocaram ao Congresso foi a actividade desestabilizadora levada a cabo pelos diplomáticos portugueses nas Cortes da Europa[6286], questão que foi levantada por Manuel Alves do Rio em 2 de Fevereiro de 1821 e, posteriormente, retomada ao longo do mês de Fevereiro de 1821, e em que os temas fortes eram semelhantes em todos os casos: a recusa de passaportes, o bloqueio continental e a intervenção estrangeira[6287].

[6286] Idem, *ibidem*, págs. 520 e ss.
[6287] *D. C.*, I, págs. 18, 61-63 e 82. Em sessão de 02-02-1821, o citado parlamentar propoz "1º Que se ponhão em sequestro todos os Bens pertencentes aos ministros Diplomaticos de Sua Magestade porque, sem Ordem Sua, intentarão indispor contra a sua Patria os Soberanos junto dos quaes residião. 2º Que se leve á Presença de Sua Magestade este procedimento dos seus ministros, pedindo-se-lhe, que os mande retirar de suas missões, que encarregará a pessoas que não arrisquem passos de tal natureza, sem receberem antes Ordem de Sua Magestade."; *ibidem*, 08-02-1821, focou-se a questão se terem proibido os passaportes aos portugueses que quisessem regressar a Portugal, sendo certo que no dizer do proponente "Toda a Europa sabe que estes homens intentarão dispor os Soberanos a armarem-se contra Portugal, que cortarão toda a communicação com este reyno, prohibindo aos Consules que dessem Passaportes, impedindo a sahida dos Navios, e tudo isto para perturbar a ordem estabelecida na sua Patria. Antonio de Saldanha, acompanhado por hum Bacharel, saio de Paris para os Estados Unidos a fazer os mesmos officios contra a sua Patria. Em consequencia disto eu opino, que estes homens não devem ser participantes dos beneficios duma Patria, contra a qual tanto tem cooperado." Manuel Borges Carneiro ou João Maria Soares Castelo Branco eram, porém, bastante mais explícitos, como quase sempre sucedia. O primeiro defendia na mesma sessão que "Os Diplomatas tem feito huma conspiração diplomatica em Paris, sublevando os Principes Estrangeiros =. Estes são factos tão sabidos que não precisão de provas; porem eu repilo que não se trata de lhes impôr pena, senão de lhes embaraçar os meios de nos fazer mal. Com que eu opino, que se lhes devem sequestar os bens, expedindo para isto hum decreto, que póde ser remettido ao Poder Executivo, para que o faça cumprir com a prudencia que julgar conveniente." O segundo pronunciava-se no sentido de "He claro que aquelles Cidadãos – que se declarão inimigos da sua Patria, que obstão á sua felicidade, pede a justiça que percão todos os direitos civis que lhes competem. Pergunto, se acaso Sua Magestade mesmo se declarasse contra o que a Nação tem adoptado, que fariamos nós? Cada hum pense para si. Entre tanto, o que deveremos fazer, a homens tão subalternos a Sua Magestade, quando se declarão nossos inimigo? Não faremos outra cousa privando-os de seus direitos, que declarallos como inimigos da Patria. Devem-se pôr seus bens em sequestro; porem esta medida não se deve adoptar sem prova dos factos em que recahe. Parece-me pois que a Assembléa não pude ser cabalmente instruida destes factos, – senão determinando que o ministro das relações Estrangeiras verba a dar informe: então a Assembléa poderá tomar huma justa determinação." Quanto ao problema do pedido da intervenção estrangeira, ele estava mais que provado pela simples consulta dos periódicos europeus da época e não deixou de haver quem o fizesse notar, conforme intervenção de Pinto de Magalhães: "Quasi todos os senhores que tem fallado neste projecto tem recommendado a circunspecção, tem fallado em falta de provas, e em que não se deve intrometter este Congresso no Poder Judicial; mas ainda que eu acho mui justas taes reflexões, parece-me que em quanto as provas não se podem achar mais claras. He notorio em todos os Jornaes da Europa as medidas que tomárão alguns dos ministros Portuguezes para cortar as communicações de Portugal; que alguns delles se dirigirão aos Soberanos, pedindo-lhes que se oppuzessem á nossa Regeneração; que se juntárão em Paris a fazer conferencia, e que querião enviar ou effectiva e enviarão a Leybach huma mensagem. Todos factos são notorios. Ainda ficaria duvida de, se a conferencia seria ou não criminosa: mas os factos anteriores explicão bem qual seria; e sobre tudo reunirão-se; em Paris e mandarem huma mensagem a Leybach, onde se vai a tratar, talvez a destruir a Liberdade dos Povos, nos deixa conhecer quaes erão as suas intenções. Não quero ainda que isto sirva de prova; mas creio que a relação que ouvimos ao ministro, feita a maior parte segundo relações confidenciaes, não nos deve deixar duvida da verdade; e, se duvidassemos, seria fazer huma affronta ao dicto ministro. Por conseguinte, e como estes factos parece que tendião á ruina da Nação, a Nação deve mostrar que lhes não são indifferentes."

O tema voltaria a ser retomado, mas ficou o compromisso de oficiar à Regência para que mandasse devassar acerca do comportamento dos mesmos[6288]. Saliente-se, contudo e nesta fase, um certo tom de prudência no discurso Vintista, talvez receoso e falho de esclarecimento cabal a respeito dos verdadeiros motivos do obrar dos diplomatas portugueses. Ninguém poderia garantir que a atitude partisse somente deles. E se o monarca – ou melhor, o seu ministério brasileiro – estivessem por detrás dos acontecimentos, que sucederia?

Na verdade o seu receio acabou nesta fase por se revelar falho de fundamentos. Provavelmente não saberiam das ordens do Governo do Rio de Janeiro enviadas precisamente a esses diplomáticos[6289], logo nos inícios da Revolução, o que plenamente justifica o seu comportamento.

Mas enfim, como resposta ao ofício das Cortes já assinalado de Fevereiro, em 18 de Abril foi lido e envido a uma Comissão especial de cinco membros, um ofício do Ministro dos Negócios Estrangeiros, com um relatório acerca dos procedimentos dos ministros diplomáticos portugueses nas Cortes estrangeiras[6290]. Em 24 de Maio seguinte foi apresentado o parecer da Comissão[6291] e, posteriormente, em 9 de Junho entrou em debate.

O Autor directo e responsável máximo desta situação, segundo o parecer da Comissão, seria José Anselmo Correia, Ministro em Hamburgo, que convidava os portugueses à anarquia e ao não reconhecimento da Regeneração portuguesa. Trata--se do Autor de um periódico, impresso em Londres e designado *O Zorrague político das Cortes Novas*, em que enxovalha a Nação portuguesa e os membros do Congresso. Os demais são os que acima deixámos mencionados, com excepção do representante português em Londres. Todos contribuíram para delatar face à Europa os desígnios da Revolução Vintista.

Por outro lado, estes diplomáticos estabeleceram entre si uma espécie de Congresso anticonstitucional, reunido na embaixada de Paris, insinuando que a Regeneração portuguesa se tinha coberto de sangue, e que os seus promotores queriam a unificação com Espanha. Finalmente, instigavam as potências aliadas a procederem em relação a Portugal como tinham obrado em relação a Nápoles, sendo o seu mais aguerrido defensor Antonio de Saldanha da Gama. Parecia também certo ser a embaixada de Paris aquela que fundamentalmente se devia responsabilizar por esta situação[6292].

[6288] *D. C.*, I, 08-02-1821, pág. 63.

[6289] José Francisco da Rocha Pombo, VII, pág. 519, relativo a uma carta de Silvestre Pinheiro Ferreira escrita a Palmela, donde se recolhe o essencial: "(...) Uns figuram a revolução acontecida em Portugal como um acto de tão tresloucada temeridade que não hesitam em afiançar a El-Rei que antes de poucos meses, e porventura em poucos dias, o Povo, acordando de assombro em que naturalmente ficou no primeiro repente de uma tão inesperada concussão, obrigará os autores della a virem implorar perdão e misericórdia aso pés do trono. Mas pouco certos desta sua asseveração *accrescentam que em todo o caso se deve invocar a cooperação das potencias para suffocarem o incendio que não só tem já lavrado por toda a Peninsula da Hespanha mas que quase ao mesmo tempo há levantado labaredas na de Itália e no Archipelago, ameaçando devorar toda a Europa. Nesta conformidade tem-se, com efeito, expedido ordens e instruções aos nossos ministros junto ás diferentes Cortes: e parece que se preparam, quanto o apuro dos recursos deste estado o permite, para empregar todos os meios de força para destruir em sua origem o que ao ministerio se antolha como empreza de uma mera facção attrevida, mas pouco numerosa.*"

[6290] *D. C.*, II, 18-04-1821, pág. 625; José Esteves Pereira, *Silvestre Pinheiro Ferreira. O seu Pensamento Político*, págs. 21 e 22 e notas respectivas.

[6291] *D. C.*, II, 24-05-1821, págs. 1025-1028.

[6292] *D. C.*, II, 24-05-1821, págs. 1026 e 1027: "(...) Deste Congresso, segundo o Relatorio do ministro das Relações Estrangeiras, que acompanha as mais averiguações a que procedeu a Regencia

Ponderadas todas as informações "a Comissão pensando com madureza o comportamento dos referidos diplomáticos, considera como crimes de Lesa Dignidade Nacional as falsas cores com que os mesmos diplomáticos pretenderam manchar nas Nações estrangeiras a Regeneração Política da Monarquia (...). Classifica as aleivosas imputações com que se tem procurado infamar os Homens Ilustres, que levantaram o edifício da Liberdade da Pátria, como uma prostituição escandalosa daquela moral e fé pública a que são essencialmente obrigados os representantes duma Nação junto às Cortes estrangeiras (...)"[6293].

Era um problema grave, considerando que a revolução precisava de todos os apoios externos e era conhecida a geral política da Europa, por esta época, em matéria de aceitação da soberania nacional[6294] e da Liberdade política do cidadão. Pior se tornou, quando os Vintistas puderam confirmar que do Brasil não havia quaisquer ordens no sentido de positivamente contrariarem as ocorrências de 1820 e, ainda por cima, mesmo antes da questão ser debatida no Congresso, já D. João VI havia tomado pública posição sobre o problema, por intermédio do seu moderado ministro Silvestre Pinheiro Pereira[6295] que, sublinhe-se, nem mesmo deixava deste passo de falar em "vontade geral"[6296].

do reyno, sairão: 1º as falsas cores com que nos Pazes Estrangeiros se tem pretendido manchar a mudança Politica de Portugal, já atribuindo-lhe acenas sanguinolentas, já infamando os Varões illustres que a empreenderão, e executarão, com o titulo de facciosos, e com o horrível projecto de quererem vender a huma Nação vizinha a Liberdade, e independencia da sua Patria: 2º huma perseguição surda, que em algumas Cortes tem sofrido diversos Portuguezes honrados, que por seus talentos e Patriotismo, se tornarão suspeitos a esta odiosa liga, ou podido desvanecer suas artificiosas maquinações: 3º a antipoética, e hostil Missão do Ministro Plenipotenciário na Corte de Madrid, Antonio de Saldanha da Gama ao Congresso dos Soberanos em Lamba, cujo fim não podia ser outro senão o de sol licitar a ingerência das Potencias Aliadas nos Negocios Politicos de Portugal, e attrahir sobre este reyno as desgraças, que tem opprimido o reyno de Nápoles, e parte da Itália. Ainda que se não possa designar com certesa o author, ou authores desta Confederação Diplomatica, com tudo os Papeis Publicos a tem constantemente attribuido á Embaixada Portugueza em Paris: e a esta mesma Embaixada tem tambem attribuido o plano de bloqueio, e o convite aos Diplomaticos Portuguezes, que alli concorrêrão: pelo menos he facto demonstrado, e celebrado pela Historia do tempo, que a Embaixada de Paris tem sido o ponto central desta conspiração, que cobrirá de eterno opprobrio a Diplomacia Portugueza."

[6293] D. C., II, 24-05-1821, pág. 1027.
[6294] D. C., II, 24-05-1821, pág. 1027: "(...) A Comissão, tendo assim relatado, e moralizado as tentativas dos diplomáticos portugueses, reconhece que elas são inauditas na História da Diplomacia, e constituem verdadeiros crimes de Lesa Dignidade, Liberdade e Independência Nacional"; mas também reconhece que não se acham prevenidas nas Leis do reino para serem punidas. Daí que entenda que *chegou o momento da soberania da Nação sancionar os crimes de Lesa-majestade Nacional. Os procedimentos dos ministros diplomáticos são a previsão, que encontra a sanção adequada para crimes tão nefastos.* Sempre seriam alvo da sanção da opinião pública e da Moral Universal, Política e Civil, sendo estes casos de *crimes contra o decoro nacional e a legítima Regeneração do Reino, contra a honra e a reputação dos homens que a praticaram, contra a Liberdade dos cidadãos impedidos de regressarem à sua pátria e contra o crédito e a fé pública inerentes ao carácter de um diplomático".*
[6295] Joaquim de Carvalho, *História de Portugal. Edição Monumental comemorativa do 8º Centenário da Fundação da Nacionalidade*, (direcção de Damião Peres), VII, pág. 94.
[6296] DHCGNP, I, pág. 197, "Ofício de Silvestre Pinheiro Ferreira à Regência de Portugal, datado de 3 de Abril de 1821: (...) constando a el-Rei haver quem nos Congressos de Troppau e Laybach persuadisse aos soberanos ali congregados que deviam tomar como base incontrolavel das suas deliberações, que os das Nações napolitana, hespanhola e portugueza de nenhum modo adheriam ás considerações alli proclamadas, e que cumpria distinguir a parte sã com *os respectivos soberanos*

Os Vintistas não o podiam ainda saber, mas os dois factores em conjugação, manifestam uma salutar colaboração entre monarca e Parlamento nesta área, desconhecendo cada um deles as medidas que o outro ia aplicando por léguas de distância a separá-los. Pena que esta conciliação de ideias voluntária não tivesse sido seguida noutras ocasiões.

Foi apenas em 14 de Junho que as Cortes disto tiveram conhecimento[6297], com grande satisfação.

Independentemente dos procedimentos subsequentes, em ordem à formação da culpa e respectiva remoção dos ministros diplomáticos, o problema releva em função de se poder afirmar que desde a nascença o movimento de 1820 teve os seus opositores. Uns faziam-no claramente, seguros da posição social que ocupavam e crentes da régia protecção. Outros, agiam por forma diversa, mas nem por isso menos lesiva, e patenteando a sua indisposição contra a Liberdade da Nação e auspiciosos sentimentos de que o processo retomasse o sentido anterior a 24 de Agosto de 1820[6298].

Era um conjunto de personalidades muito dignas pelo sangue, pela herança e pela genealogia, mas completamente inadequados para entenderem o novo estado de coisas. Tanto que foram competentemente recuperados depois de 1823, para ocupar postos importantes na sociedade portuguesa dos pergaminhos ancestrais e se comprazerão em gritar o seu desapego à falsa Liberdade política, mera fantasia ou devaneio de todos aqueles que eram amigos da desordem e da desunião[6299].

2. A diáspora e a adesão dos seus Governos ao Sistema Constitucional

Se em Portugal houve um movimento geral de adesão à Revolução de 1820 – ou pelo menos não houve qualquer tipo de contestação organizada que desse frutos – e se

---

emmudecida pela força, e o resto da nação arrastada pelo crime dos malevolos: ordenou-me sua magestade que *da sua parte fizesse saber aos seus enviados, nas differentes cortes, que bem longe de consentir em similhante asseveração, lhes ordenava muito positivamente que, da maneira mais solemne, fizessem constar em toda a parte, onde preciso fosse, que, tendo-se resolvido a prestar o mais livre, voluntario e augusto juramento de cumprir e fazer cumprir a constituição em que accordassem as Cortes geraes da monarchia, este acto havia procedido unicamente da íntima e sincera convicção de serem aquellas cortes o legitimo órgão e expressão da vontade nacional*, e que, portanto, nada podia alterar a firme e muito maduramente abraçada resolução de fazer guardar em toda a extensão d'estes reinos quanto, por um modo tão legal, se possa estabelecer e decretar para *servir de codigo a todas as classes da nação*, que todas, sem excepção, sua magestade reconhece deverem obedecer á *vontade geral d'ella, por similhante modo expressada*; e que, *bem longe de annuir á annunciada alliança contra as tres nações em geral, e particularmente contra a portugueza, sua magestade considerará como um acto da mais revoltante aggressão contra a independencia da sua real coroa todo e qualquer passo, convenção ou ajuste, por onde soberanos estrangeiros se possam lembrar de assumir a auctoridade de intervirem, por algum modo, qualquer que esse possa ser, nos objectos que fazem hoje o assumpto das Cortes geraes do reino.*"

[6297] D. C., III, 14-06-1821, pág. 1209.

[6298] Graça e J. S. da Silva Dias, I, 2, pág. 667: "Pela pena de Forjaz, de Salter de Mendonça, de Saldanha da Gama, exprime-se a teoria contra-revolucionária da revolução."

[6299] A Revolução de 1820 fora um produto de forças endógenas e exógenas conjugadas contra a soberania real e contra a omnipotência eclesiástica. Como quem diz, contra o Trono e o Altar. Nem sequer se trata de tradicionalistas ou moderados, como haviam sido outros colegas seus, mormente Palmela, que era um moderado "à inglesa" e admitia as reformas pelo interior do sistema como meio de preservar o próprio sistema adequando-o à História presente. Nem mesmo dos eclesiásticos pró-absolutistas, que tiveram a coragem suficiente para enfrentar o radicalismo no Congresso Vintista e fizeram ouvir a sua voz.

nos primeiros tempos o mesmo sucedeu no Brasil[6300], antes de se terem colocado as diatribes com as Cortes, algo haverá a dizer sobre os sucessos de 1820 nas Ilhas e resto do mundo português.

A Madeira rapidamente aderiu aos ideais de 1820 sem sobressaltos de maior, tendo participado activamente pela voz dos seus representantes – sobretudo de Castelo Branco Manuel[6301] – como se viu em todo o processo de instauração da Liberdade no Triénio Vintista. Ainda que tenham chegado a Lisboa depois das Bases já estarem decretadas e por isso não terem tido possibilidade de intervir na "Declaração de Direitos" portuguesa, foram sem sombra de dúvida dos maiores apoiantes do regime político nacional.

O mesmo não se pode dizer dos Açores, muito por obra e graça de Garção Stockler, personalidade algo controversa da nossa História[6302]. E, de facto, não parece que tenha convencido a História portuguesa da sua imparcialidade no que toca aos sucessos de 1820[6303], sendo por isso mesmo e em local competente chamado a responder pelos imputados crimes contra a revolução em curso.

No dia em que se soube da adesão de D. João VI ao sistema constitucional os problemas dos constituintes foram subitamente, desviados para uma questão que punha em causa a soberania nacional e a Liberdade política da Nação. Tal consubstanciava-se no comportamento de Garção Stockler e do Bispo de Angra em relação à adesão dos Açores à causa do Vintismo[6304].

Nas demais partidas do Mundo nacional, tal como acontecera com a Madeira, as reacções foram, geralmente, mais pacificas e de contentamento pela Revolução Vintista[6305]. Tanto não significou que se não tivessem ocasionado alguns problemas esporádicos, sobretudo no início do processo.

Em Moçambique e no Estado da Índia houve alguns episódios pontuais, mas nada de comparável ao sucedido na Terceira.

Resumindo: em termos geográficos e com mais ou menos sobressaltos de percurso, a revolução, inicialmente, havia conquistado o território português na sua globalidade.

3. O reconhecimento interno da existência da contra-revolução: inépcia em presença da mesma

Muito cedo se começou a questionar a revolução de 1820. Logo em 21 de Novembro desse ano, é inserta uma notícia no Correio do Porto[6306], depois alvo de resposta[6307], uma vez que se impugna a imposição da *Constituição de Cádiz* utilizando expressões muito mais conformes à Velha Moda que ao novo estado das coisas. Fala-se em "Direi-

---

[6300] José Francisco da Rocha Pombo, VII, pág. 487 e ss., dá conta da adesão que nas várias províncias do Brasil se foi verificando à Revolução de 1820.

[6301] Aprovação do diploma e juramento a 30 de Abril de 1822.

[6302] Recorde-se a sua importância na área da renovação do ensino público. Veja-se Teófilo Braga, *História da Universidade de Coimbra*, III, pág. 746 e ss.

[6303] Joaquim de Carvalho, *História de Portugal. Edição Monumental comemorativa do 8º Centenário da Fundação da Nacionalidade*, VII, págs. 75 e ss.

[6304] Idem, *ibidem*, VII, págs. 75 e ss.

[6305] D. C., I, 17-02-1821, pág. 112; DHCGNP, I, págs. 154 e 155: manifestações da Ilha da Madeira por parte da Deputação da mesma Ilha e lida pelo brigadeiro Palhares, a que Manuel Fernandes Tomás, à época Presidente do Congresso respondeu da forma mais efusiva. Em 22 de Março de novo se dirigiram ao Congresso com idênticos propósitos, conforme DHCGNP, I, págs. 174 e 175.

[6306] *Correio do Porto*, nº 48, 1820: "Correspondência: carta de Monte-Bello."

[6307] *Ibidem*, nº 61, 1820: "Correspondência: resposta á carta de Monte-Bello por Bello-Monte."

tos, Foros e Liberdades dos portuguezes" e afirma-se que as únicas restrições que os deputados devem ter são "os bons costumes, a Religião e o Rei." Por isso mesmo é que se não agiam concertadamente, os adeptos da contra-revolução desde os inícios da revolução poderiam ser com algum cuidado identificados.

Tanto quanto foi possível apurar dos milhares de páginas corridas nas sessões transcritas do *Diário das Cortes*, a primeira vez que os ilustres constituintes se terão dado conta da existência da contra-revolução, algo activa em Portugal, foi em 1 de Fevereiro de 1821, a propósito das intenções externas já bem patenteadas em função da Revolução de 1820.

As mesmas tendiam a condicionar o próprio texto constitucional e o regime político pelo qual o Congresso iria optar[6308], questão a que os constituintes não deram acolhimento, nem sequer sendo alguns avisos subscritos pela Inglaterra, único país que à época poderia prestar um efectivo socorro em caso de necessidade[6309].

Contudo, nesta área, os dois grandes problemas que se colocaram às Cortes Vintistas – tendo um deles transitado para as Ordinárias – foram as posições que, o cardeal patriarca D. Carlos da Cunha, que havia sido membro do Governo da Regência anterior à eclosão dos acontecimentos de 1820, do Bispo de Olba e da rainha Carlota Joaquina, assumiram em relação ao juramento das Bases e da Constituição.

Este problema, que bulia em simultâneo com o político e o religioso, espelha bem as divergências operacionais da sociedade Vintista e se manifesta, por um lado, a intransigência mútua, por outro, permite servir de termómetro do sentimento geral que se ia tornando evidente em Portugal, relativamente às alterações introduzidas pelo constitucionalismo liberal no nosso país.

Dando uma nota abreviada dos dois casos, dir-se-á acerca do primeiro que a questão se centrava, como não poderia deixar de ser, nas tentativas de laicização da sociedade portuguesa encetadas no Triénio, que se mantinha a devoção à religião, hostilizava abertamente a Igreja e os seus pergaminhos. Foi esse o sentido da recusa do cardeal da Cunha em jurar dois artigos das Bases, respectivamente ao artigo 10º e 17º, por discordar deles[6310], muito embora tivesse convocado todos os seus subordinados para procederem ao juramento[6311].

[6308] *Ibidem*, pág. 95, dando nota da apresentação de uma informação ao soberano Congresso por parte do ministro dos Negócios estrangeiros, apontando a conveniência de não serem adoptadas medidas que de imediato dispusessem as potências contra Portugal. O facto não teve quaisquer repercussões no caminho que maioritariamente o Congresso havia decidido trilhar.
[6309] Graça e J. S. Silva Dias, I, 2, pág. 711. A quase ausência de bom senso político neste domínio é exemplificada de várias formas pelos citados historiadores. Por meio deles, ficamos com uma noção da intransigência Vintista em relação a tudo e todos os seus parceiros europeus, tal como havia demonstrado em presença do Brasil. Cumpre perguntar: não saberiam os Vintistas o terreno movediço que pisavam e estariam assim tão certos das suas forças, que de "Fracas se faziam Fortes"?
[6310] Simão José da Luz Soriano, *História da Guerra Civil e do Estabelecimento do Governo Parlamentar em Portugal*, Terceira Epocha, I, pág. 621: "Era (...) evidente que o Patriarcha se achava em aberta oposição ás ordens do governo. Foi depois (...) que o Congresso ordenou á regencia que o dia 29 de março fosse destinado para o juramento, que em todo o reino se devia prestar ás bases da constituição. Para este acto designou-se em Lisboa (...) a igreja do antigo convento de S. Domingos, onde se apresentou o principal José Telles da Silva, munido duma procuração do Patriarcha, para em seu nome proceder ao seu respectivo juramento, com restrições aos artigos 10º e 17º das ditas bases, querendo o referido prelado que a censura eclesiástica, estabelecida no artigo 10º, fosse anterior á publicação dos escriptos, e que a religião catholica e apostolica romana, de que tratava o artigo 17º, pelo qual se declarava ser ella a religião do estado, fosse tida como única, sem alteração, ou mudança alguma nos seus dogmas, direitos e privilegios."
[6311] *DHCGNP*, I, págs. 180 e 181.

Visto como opositor à regeneração política, sufragada por inúmeros prelados da maior consideração[6312], levou o Congresso a declarar-se em sessão permanente e a chamar o ministro dos Negócios do Reino para informar[6313], muito embora a decisão já estivesse na mente de todos, variando em saber se deveria ser inculpado[6314] ou não[6315]. Alguns ainda tentaram desculpabilizar o cardeal, como Trigoso[6316], temendo-se de consequências futuras de uma acção de força contra um dos mais altos dignitários da Nação, mas foram prontamente combatidos[6317].

[6312] *D. C.*, I, 31-03-1821, pág. 407, relativo à intervenção de Manuel Fernandes Tomás: "(...) Este Congresso tem sentimentos justos, religiosos: nelle existem os Prelados mais conspicuos da Nação Portugueza, existem homens sabios, homens cujos conhecimentos se estendem ás materias que podião, e podem fazer objecto das duvidas do Cardeal Patriarcha. Nestas circunstancias, não senão a vontade do Cardeal Patriarcha talvez seja o fazer-se celebre: não penso que queira mais celebridade do que consegue em hir o seu nome á Folhinha como Cardeal, e como Patriarcha: se quer outra celebridade será para nos custar mais caro do que nos tem custado hum desatino que a elle tambem custará, e a todos com elle."

[6313] *D. C.*, I, 31-03-1821, pág. 415.

[6314] *D. C.*, I, 31-03-1821, pág. 408, relativo à intervenção de João Maria Soares Castelo Branco: "(...) Aquelle que não quer abraçar a nova ordem de cousas, que não quer conformar-se com a vontade geral da Nação, deixa de ser Cidadão, perde todos os seus direitos, perde todos os seus empregos, perde todos os beneficios que lhe provêm da sociedade, e novo Pacto Social; e por consequencia, como individuo perigoso, como individuo estranho a esta Sociedade, deve immediatamente ser expulso della, não como Reo, porque, já digo, não o considerar como tal. O Reo he hum infractor da Ley, não e posso considerar como infractor de huma Ley que não abraça, e huma Ley nova; mas por esse facto deixou de ser Cidadão. Por isso o procedimento que acho que deve ter-se com o Cardeal Patriarcha he, mandallo para fora da Sociedade com a segurança precisa; porque deve ser mandado com a segurança que a tranquillidade publica exige; deve marcar-se lugar onde deva ser posto, e depois fique na sua Liberdade, e fique onde quizer."

[6315] *D. C.*, I, 31-03-1821, págs. 408 e 409, relativo à intervenção de Pereira de Moura: "(...) Eu não posso ser da opinião do senhor Castello Branco, porque elle seguindo o Patriarcha hum destino que esta Assemblea ha de dar, considera-o como pena de hum facto, e não quer considerallo como Cidadão. Se elle não he Cidadão por que não quiz aceitar o Pacto Social que temos erigido nos seus primeiros fundamentos, então he preciso que haja Tribunal que decida qual he a pena ou o destino, que devem ter os que não querem ser Cidadãos. Todo o individuo, que está aggregado a huma sociedade reclama que, tratando-se de lhe impor huma pena, seja pelos princípios que dicta a justiça universal, isto he, que se lhe forme hum processo bem organizado, em que elle seja ouvido. Se fosse decidida a opinião do senhor Castello Branco, teriamos decidido que tinhamos julgado hum homem, mas sem o ouvir."

[6316] *D. C.*, I, 31-03-1821, pág. 410, relativo à intervenção de Trigoso.

[6317] *D. C.*, I, 31-03-1821, pág. 411, relativo à intervenção de Manuel Borges Carneiro: "O senhor Borges Carneiro. – Considerar como effeito de allucinação o procedimento do Cardeal Patriarcha, não o posso perceber. Eu vejo que o Cardeal Patriarcha desde o principio da Regeneração sempre obstou, e contrariou as vistas do Governo. (...) Vamos aos dous artigos das Bases em que elle embirra: 1º que a verdadeira Religião he a Catholica Apostolica Romana; é que dá a entender não querendo jurar este artigo he, que as Cortes querem que a Religião dominante não seja a Catolica; ao menos querendo que se accrescente a palavra = unica = dá a entender que o Congresso não quer que ella seja unica, quando pelo contrario o Congresso decretou que ella havia de ser a unica, e só não poz esta palavra em rasão das modificações que se hão de fazer relativamente aos Estrangeiros. O 2º artigo que o Cardeal Patriarcha não quer jurar tambem he de natureza tal que tem relação com os pontos da Religião; delle não se póde seguir o perigo de se offender em alguma cousa o Dogma, e a Moral, o que pelo contrario o Cardeal Patriarcha pertende ensinuar. Por isso não julgo que tudo isto seja effeito de mera allucinação. Convenho, como disse, que elle não seja julgado

Resulta claro que daqui não poderia originar-se nada de bom para o patriarca, que foi considerado desnacionalizado como recebeu ordem para sair para fora do reino[6318], depois de as medidas tomadas pela Regência[6319] terem sido consideradas "muito circunspectas"[6320]. Daqui não se estranhar as adoptadas pelo Congresso, que implicaram a citada ordem a D. Carlos da Cunha[6321].

Algo de semelhante se passou com o Bispo de Olba, deão da real capela de Vila Viçosa, ao manifestar uma discordância semelhante à do cardeal da Cunha e que, do mesmo modo, foi tratada pelo Congresso. Borges Carneiro[6322] foi quem informou a ocorrência contra a Liberdade política da Nação e a oposição à soberania nacional representativa, tendo sido tomadas as competentes medidas.

Significa, pois, que o Congresso tentava eliminar todos os possíveis inimigos da Liberdade política da Nação, o que sem dúvida durante algum tempo conseguiu[6323].

---

como Reo de crime de alta traição, mas sim julgado de modo que soffra a desnaturalização, e que a Sentença se de segundo o que tenho dicto."

[6318] D. C., I, 02-04-1821, pág. 434.

[6319] *DHCGNP*, I, pág. 183.

[6320] D. C., I, 31-03-1821, pág. 407, relativo à intervenção de Manuel Fernandes Tomás: "(...) A Regencia mandou que o Eminentissimo Patriarcha vá para o Bussaco acompanhado por huma Escolta de Cavaleria, a qual oponha onde elle quiser, porque tanto, diz a Regencia, he necessario para segurança de sua pessoa, e decoro della. Isto parece bem, mas não basta, O Cardeal Patriarcha, pelo acto que practicou, dá a entender que mais alguma cousa existe do que aquillo que elle fez. A rasão o deve descobrir, isto deve-se saber, a Nação deve olhar pela sua conservação: em hum Governo que está a ponto de a consolidar, todas as medidas são legitimas, todos os meios são justos, quaesqner que elles sejão, para a sua consolidação, para a sua condenação, e existencia. Não ha Negocio nenhum mais importante do que este, e eu requeiro ao Congresso que delle se trate com limita particularidade. Hum Juiz Eclesiastico, que ousa resistir a hum assento do Desembargo do Paço, a primeira cousa que se lhe faz he proceder ás temporalidades contra elle. O Cardeal Patriarcha resistio á resolução da Nação inteira, e he mandado com decoro, com segurança, e como elle quizer para o Bussaco. Elle commeteo hum delicto, he necessario que seja julgado como hum deliquente, e que seja julgado competentemente: a Nação precisa de tomar medidas muito vigorosas." Simão José da Luz Soriano, *História da Guerra Civil e do Estabelecimento do Governo Parlamentar em Portugal*, Terceira Epocha, I, págs. 621 e 622.

[6321] D. C., I, 02-04-1821, pág. 431: "O senhor Presidente. – Parece pois á Assemblea que se deva formar hum decreto que declare, que todas as Auctoridades? ou Cidadãos que recusarem jurar simplesmente, sem restricção alguma, as Bases da Constituição, ficão perdendo os direitos de Cidadão Portuguez, e por tanto devem sahir do reyno? (...) O senhor Presidente propoz as duas seguintes questões: 1ª Se deve formar-se hum decreto que declare que toda a Auctoridade, ou individuo que se recusa ao juramento das Bases da Constituição, sem restricção alguma, deixa de ser Cidadão Portuguez? e por 88 contra hum só voto se decidio que sim. 2ª Se deve por tanto sahir do Reyno? e por 84 contra 5 votos se decidio tambem que sim. Em consequencia foi a Commissão da Constituição encarregada de nesta mesma Sessão redigir o decreto. Sahírão para esse fim os senhores deputados da dicta Commissão." *DHCGNP*, I, pág. 184: "Auto de diligencia e de intimação feita ao ex. mo cardeal Patriarcha pelo Desembargador Manuel de Macedo Pereira Coutinho."

[6322] D. C., II, 12-05-1721, pág. 883-884, relativo à intervenção de Manuel Borges Carneiro e posterior decisão do Congresso: "Depois de varios pareceres sobre não ser bastante a indagação, e carecer--se de assegurar a *pessoa do mesmo Bispo Deão como perturbador da Ordem e tranquilidade Publica, caso em que tem lugar a prisão ainda antes de culpa formada*, unanimemente se deliberou – expedir Ordem á Regência para immediatamente indagar o caso na forma indicada, e assegurar-se da pessoa do Bispo; commettendo esta diligencia a pessoa da sua maior confiança, e com recommendação de ser executada antes de alli chegar o Correio ordinario desta Capital."

[6323] *DHCGNP*, I, pág. 188.

Porém, pelas razões que são conhecidas, só temporariamente a contra-revolução e os seus ideais ficaram na sombra. Este tipo de atitude, necessária porventura na contingência mas mal compreendida por largos extractos da católica população portuguesa, terão contribuído para significar a queda do Constitucionalismo em Portugal.

Em idêntico sentido milita a obrigação que o Congresso se impôs de introduzir algumas modificações relativas à Lei da Liberdade de Imprensa, em 29 de Janeiro de 1822[6324], devidas a publicações que o *Patriota Sandoval* havia feito ao arrepio do já estabelecido. As mesmas constituíam numa imagem de marca da contra-revolução em marcha[6325], para a qual Pedro de Almeida Salema havia já alertado em 11 de Dezembro de 1821.[6326]

Pouco tempo corrido, em 28 de Janeiro de 1822, a Constituinte foi informada, do exame feito pela Comissão de Justiça Civil, do ofício do Ministro de 19, remetendo uma conta do corregedor do crime da Corte de 17 do corrente, a respeito do estado do processo intentado contra Cândido de Almeida Sandoval, redactor de um dos periódicos da capital, por infracção contra a lei da Liberdade de imprensa[6327]. E o magistrado foi invectivado pela sua falta de zelo em não ter ainda conseguido prender o delator, mais a mais estando em causa a honra do Congresso, na pessoa de alguns dos seus membros atacados.

Assim se resolveu casuisticamente a questão, atirando para os impressores o odioso de uma questão que se prendia com o abuso da Liberdade de imprensa e originando em alguns deles, um certo sentimento de injustiça, como dizia Vilela: "Querer que se declare que o impressor deve igualmente ser responsavel, quando o Autor não appareçe, posto que conste quem elle seja, he querer destruir a Liberdade da imprensa. Que impressor se animará a pôr no prelo qualquer escrito, ainda sendo-lhe apresentado pelo Autor mais conhecido, podendo este depois de receber a obra impressa, e de publicala, esconder-se ou fugir? Seria necessario que aquelle, antes de entregar os exemplares, pozesse a este em segurança, ou o fechasse em alguma casa, até ver o juizo que se fazia, dá libra publicada. Nem se diga que vejão os impressores a qualidade dos escritos que se lhe confião; pois fôra estabelecer a censura previa,

---

[6324] D. C., VIII, 29-01-1822, pág. 41: "Logo que um Autor for pronunciado réu por abuso de Liberdade de imprensa, será esta pronúncia publicada, e desde o dia seguinte ao da publicação, se o réu não estiver preso, ou não residir em juízo, ficará o editor e, na sua falta, o impressor responsável pelos abusos, que se contiverem nos escritos subsequentes do mesmo Autor, enquanto ele não for preso ou não compareça".

[6325] D. C., VIII, 28-01-1822, pág. 21, relativo à intervenção de Xavier Monteiro: "(...) conspirão contra a causa da Liberdade meia duzia de incendiarios, homens conhecidos não só pela Assembléa, mas por todos os Portugueses bem intencionados! Estou persuadido que não he Sandoval quem escreve; mas sim uma pequena facção de homens, que pretendendo desacreditar as Cortes, e o Governo tencionão destruir o systema constitucional para o fim de invadirem todos os empregos, e todas as propriedades."

[6326] D. C., VII, 11-12-1821, pág. 3374: "O Sr. Salema: – Apresento a este augusto Congresso o Nº 351 do Patriota, acha-se nelle uma nota assignada por Candido d'Almeida Sandoval, he summamente injuriosa, incendiaria, e cheia de invectivas contra os membros deste Congresso, os Ministros, e Conselheiros de ElRei; se nós não fizermos caso deste desprezivel escripto, os apaixonados contra a nova ordem de cousas (se he que os ha) dirão que nossas consciencias criminosas nos impõe silencio. Proponho que se mande este papel ao Governo que talvez ignore a sua existência, para que este mande formar causa a seu Autor, pelo competente tribunal para perante elle exibir as provas das suas abomináveis asserções, e caso as não dê tenha a pena que a lei impõe aos calumniadores."

[6327] D. C., VIII, 28-01-1822, págs. 19 e 20.

fazendo censores os impressores. E qual seria delles o que quizesse sujeitar-se a estar examinam do as Obras antes de as imprimir, sendo estas muitas vezes superiores aos seus conhecimentos, como por exemplo em materias de politica ou de religião?"[6328]

Também em 29 de Abril de 1822, surge de forma mais clara a necessidade de encetar medidas de carácter geral que permitissem deter aquilo que era visto como uma organização, ainda que embrionária, da contra-revolução em Portugal. Tratou-se da célebre conspiração da Rua Formosa[6329], que sendo descoberta requeria excepcionais medidas[6330], entre as quais a suspensão das garantias civis, o que foi decido no Congresso a pedido do ministro dos Negócios da Justiça, e perante parecer elaborado na mesma sessão pela Comissão Constitucional.

Munido de amplos Poderes, deveria o Governo agir em conformidade partindo do princípio que estava em jogo a defesa da Liberdade política da Nação e a sua inatacável soberania[6331], de novo questionada, ao de leve, em 2 de Julho por alguns regimentos da capital[6332].

[6328] D. C., VIII, 28-01-1822, pág. 21, relativo à intervenção de Francisco Vilela Barbosa.

[6329] Isabel Nobre Vargues e Luís Reis Torgal, "Da Revolução à Contra-revolução: Vintismo, Cartismo, Absolutismo. O Exílio Político", *História de Portugal* (direcção de José Mattoso), V, pág. 65.

[6330] Luís Reis Torgal, "Tradicionalismo Absolutista e Contra-Revolução", *Do Antigo regime ao Liberalismo*, (Organização Fernando Marques da Costa, Francisco Contente Domingues e Nuno Gonçalo Monteiro), pág. 95.

[6331] D. C., VIII, 29-04-1822, pág. 1010; DHCGNP, I, pág. 281: "A Commissão de Constituição viu attentamente e meditou sobre o officio que o ministro e secretario de Estado dos Negocios da Justiça dirigiu a este soberano Congresso em data de hoje, e com urgencia, pedindo uma concessão extraordinaria de Autoridade para se conduzir, sem formalidades legaes, segundo os simtomas que já apparecem, e que podem continuar a apparecer, ameaçando a tranquillidade publica, pela qual o Governo he responsavel, e o não póde ser sem meios extraordinarios de se conduzir em circunstancias extraordinarias. A Commissão pensa que não deve demorar-se a resposta ao indicado officio, e que esta resposta deve consistir em declarar-se o Governo autorizado, por tempo de um mez, para remover de um para outro lugar, dentro do reino, aquelle individuo ou individuos, particular, ou empregado publico, que o mesmo Governo entender que deve remover, para evitar a perturbação da tranquillidade e segurança publica: sem que estas medidas de prevenção, e cautela deva influir na reputação da-quelles que não forem ulteriormente processados: pois que tendem unicamente a prevenir males, que se verificassem arrastarião as mais calamidades publicas. Acrescenta a Commissão que se o Governo não poder no prazo, concedido conseguir o fim proposto, poderá novamente consultar o Congresso, e então se deliberará conforme o que occorrer. – Paço das Cortes 29 de Abril de 1822. João Maria Soares de Castello Branco, Manoel Fernandes Thomaz, Manoel Borges Carneiro, Luiz Nicolao Fagundes Varella, José Joaquim Pereira de Moura, Antonio Carlos Ribeiro de Andrada, Bento Pereira do Carmo, José Antonio de Faria Carvalho, Domingos Borges de Barros, Francisco Manoel Trigoso. Sendo posto á votação foi unanimemente approvado." Foi depois prorrogado até 29 de Junho, em função de parecer favorável da Comissão da Constituição mediante oficio do ministro competente, conforme *AHP*, documento 120, 2 de Novembro de 1822, sendo o relato da situação o que consta da mesma Comissão nos termos seguintes: "em 18 de Junho, foi presente ao Congresso, um ofício do Ministro da Justiça, em que este alegava terem chegado ao conhecimento do Governo, por participações oficiais e de pessoas idóneas e afectas ao Sistema Constitucional, que havia uma facção anárquica e desorganizadora, que conspirava contra a ordem pública e o Sistema Constitucional. Usavam pasquins, a imprensa comprada e alguns folhetos subversivos para atingirem os seus objectivos. O Governo, pelas enérgicas medidas tomadas, tem tentado manter a ordem pública, o que tem conseguido com algum sucesso. Contudo, não foram suficientes para impedir que aparecessem 200 proclamações impressas, originárias da tipografia Liberal, na Rua Formosa, no Porto, que de imediato apreendeu. Desta vez foi possível sufocar a conspiração, mas o Governo teme que a mesma garantia não possa ser dada num futuro próximo, se certas medidas mais não forem assumidas. Nestes termos, pede ao Soberano Congresso que se lhe conceda uma medida legislativa que permita que

Fica claro que o normativo da Constituição de 1822 não agradava a muitos[6333]. Mesmo os liberais, anos depois, o reconheceram, por força do articulado para-republicano da mesma[6334] a que já muitas vezes se fez menção[6335]. Que dizer, pois, daqueles que desde o princípio se haviam oposto à doutrinação liberal? [6336]

Os adeptos da contra-revolução, que iam aguardando a sua oportunidade, acabaram, por força das circunstâncias[6337], por vir a obter, progressivamente, cada vez

---

o prazo para averiguações e demais diligências possa ser dilatado, ao abrigo do § 1 da lei de 1 de Março de 1741 e que, além disso, se amplie a medida legislativa tomada pelo Congresso em 29 de Abril, na qual foi extraordinariamente investido assim se terminarem as averiguações. O Congresso decidiu que se devia dirigir à Comissão de Justiça Criminal e à da Constituição, conforme *D. C.*, IX, 18-06-1822, págs. 469-472. Anexa uma lista de réus presos e soltos em função das averiguações entretanto já levadas à prática. Em 03-09-1822, aproveitando para fazer os extractos dos pareceres das Com. de Justiça Criminal e da Constituição, o Congresso decide pronunciar-se sobre o citado ofício. Posteriormente surge o ofício de Silvestre Pinheiro Ferreira, ministro da Justiça, às Cortes, por intermédio do secretário João Baptista Felgueiras, em sessão de 13-08-1822, satisfazendo a ordem das Cortes, conforme *D. C.*, X, pág. 422."

[6332] José d'Arriaga, *História da Revolução Portuguesa de 1820*, III, págs. 631-634.

[6333] *O Campeão Portuguez em Lisboa*, II, XL, Janeiro de 1823, págs. 209 e ss.: "Para se dar estabilidade ás regenerações politicas, he absolutamente necessario faze-las populares": "uma das grandes causas que, por milhares de vezes, tem feito malograr a santa causa da Liberdade, he que mui raras vezes se cumprem os desejos e esperanças dos homens, os quaes, na hora da santa insurreição da justiça contra a injustiça, muito se lhes promete, e depois, passada esta hora de perigo, muito, ou inteiramente, se lhes falta. Quando as regenerações politicas se fazem, e estas, como a nossa muito gloriosa e feliz, são adoptadas com enthusiasmo pela Nação inteira; bem claro he que a mesma Nação, enfastiada de todas as torpezas de um miserável e vergonhoso despotismo, já as não pode tolerar (...). *He porem de presumir, ou entra nos sentimentos da humana naturesa, que aquelle povo, que ousa sacudir intrepido as pesadas algemas de um velho despotismo, queira ao mesmo tempo offerecer os braços para receber outras de um novo e disfarçado Poder absoluto?* Em relação a este ponto apenas se pode responder a José Liberato e no que respeita a Portugal: Parece que sim", questão que ele mesmo não tarda a admitir: "(...) *se com tudo por experiencia não sente, e não experimenta, que a posição para que passou he melhor do que aquella em que estava, de necessidade deve resultar, que pouco ou nenhum caso haja de fazer do novo estado em que se acha. São estas pois as circunstancias que decidem de uma boa ou má mudança politica; porque não basta mudar, mas he preciso mudar de peior para melhor.*"

[6334] Gomes Canotilho, "As Constituições", *História de Portugal* (direcção de José Mattoso), V, pág. 153: "O suporte da constituição social da Constituição era débil, pois, além da declarada oposição dos estamentos nobiliárquicio-clericais, o radicalismo Vintista *não estava em consonância com representativos sectores moderados do Liberalismo. E numa situação europeia marcadamente 'restauracionista' e tutelada pela Santa Aliança, o texto constitucional de 1822, não poderia escapar a uma profunda solidão. Foi mais símbolo que lei; permaneceu como semente mas não solidificou raízes.*"

[6335] António de Almeida Portugal Soares Lencastre, 5º Marques do Lavradio, *História Abreviada das Sociedades Secretas*, Lisboa, 1854: "Era evidente que se pretendia expressamente aniquilar o Poder real, deixando apenas ao Rei um simulacro de majestade, e a discussão provava de sobejo a tendência dos exaltados para a destruição da realeza." E um pouco adiante, "A *Constituição de 1822*, baseada na *Constituição espanhola de 1812*, que por sua vez se inspirara na Constituição Francesa de 1791, era um aborto; os legisladores, obsecados com as ideias de Liberdade, soberania da Nação, etc., haviam, depois de vinte e um meses, decretado uma Constituição republicana para reger uma monarquia."

[6336] Almeida Garret, "Viagens na Minha Terra", *Obras de Almeida Garret*, I, págs. 71 e 72: "[Frei Diniz] dos grandes e eternos princípios da Igualdade e da Liberdade dizia: 'Em eles os praticando deveras, os liberais, faço-me eu liberal também. Mas não há perigo: se os não entendem! para entender a Liberdade, é preciso crer em Deus; para acreditar na Igualdade, é preciso ter o Evangelho no coração'."

[6337] *Memórias do Marquês de Fronteira e d'Alorna, D. José Trazimundo Mascarenhas Barreto, ditadas por ele próprio em 1861*, Parte II, pág. 291: "O Ministério, com uma indecisão inexplicável, deixava

maior protagonismo. E quando o Congresso se propunha obstar a tais desígnios, os resultados práticos eram limpar a honradez dos visados[6338] e manter o desnorte em que a Nação se encontrava[6339] e a eminente queda do sistema constitucional[6340]. A Nação politicamente consciencializada, ou se abstinha de participar no processo revolucionário ou se afastava, por descrença, cada vez mais dele[6341]. Os moderados acabaram por se cansar; já se tinham esgotado na vigência das Constituintes; no decurso das Ordinárias o problema agudizou-se e, em contrapartida, a voz da contra-revolução passou a soar mais alto, aproveitando o ensejo da recusa de juramento à Constituição de D. Carlota Joaquina[6342], cujo caso do cardeal patriarca tinha sido prenúncio nos debates do Congresso.

Na verdade, D. Carlota Joaquina estava muito à vontade nos meandros da intriga política[6343]. Bem ao contrário da sua conduta inicial quando do desembarque da Família Real em Lisboa[6344], onde parecia satisfeitíssima com a nova ordem das coisas[6345], o

pacificamente os verdadeiros conspiradores e perseguia alguns fidalgos, que com razão estavam descontentes, só porque manifestavam o seu descontentamento."
[6338] Como por exemplo em relação a Pereira de Moura e a Fernandes Tomás, no caso do *Patriota Sandoval*.
[6339] Simão José da Luz Soriano, *História da Guerra Civil e do Estabelecimento do Governo Parlamentar em Portugal*, Terceira Epocha, II, pág. 92: "Os acontecimentos do Brazil foram um dos argumentos de que o partido realista se servia para cimentar o odio e o descontentamento publico contra o systema liberal, isto alem de varios outros motivos, que para o mesmo fim allegava, taes como a falta de respeito das cortes para com o soberano, manifestada como se tinha visto por ocasião da sua chegada a Lisboa, circumstancia que igualmente se deu quando teve lugar a discussão de alguns dos pontos cardeaes da constituição, taes como o veto, e o da prerrogativa real de declarar a guerra e fazer a paz, sobresaindo não menos outra que tal falta de respeito para com o principe real, todas as vezes que d'elle se tratava." Como se vê, as conclusões a que este ilustre liberal chega em finais do séc. XIX não são diversas das nossas, o que apenas nos faz repisar o bem fundado da análise a que se vem procedendo.
[6340] Isabel Nobre Vargues e Luís dos Reis Torgal, "Da Revolução á Contra-revolução: Vintismo, cartismo, absolutismo. O Exílio Político", *História de Portugal* (direcção de José Mattoso), V, págs. 66 e ss.
[6341] *O Campeão Portuguez em Lisboa*, II, XL, Janeiro de 1823, págs. 215-217: "(...) em quanto a não fizermos verdadeiramente popular [a Regeneração], ou nella não procurarmos interessar o maior numero de cidadãos, bem pouco ou nada teremos conseguido na parte mais essencial, que he a sua firmeza e estabilidade. (...) *serão, com effeito ellas populares se por experiencia virem os homens que muito tem melhorado de fortuna e condição; e para isso he de necessidade absoluta, que os novos bens politicos e civis não só sejão appregoados de palavra, mas muito bem sentidos por obra e experiencia* (...) Virá, por conseguinte, *a ser popular toda aquella Regeneração politica em que a boa fortuna dos poucos for proporcionalmente repartida pelos muitos.*"
[6342] O trabalho mais completo que no decurso da investigação pôde ser recenseado – e praticamente único em termos monográficos específicos – sobre D. Carlota Joaquina deve-se a Sara Maria de Azevedo e Sousa Marques Pereira, *D. Carlota Joaquina e os 'Espelhos de Clio'. Actuação política e Figurações Historiográficas*, Lisboa, Faculdade de Ciências Sociais e Humanas da Universidade Nova de Lisboa, 1995.
[6343] José Liberato Freire de Carvalho, *Ensaio Político sobre as Causas que Preparárão a Usurpação do Infante D. Miguel* (...), Lisboa, 1842, págs. 8 e ss.
[6344] Simão José da Luz Soriano, *História da Guerra Civil e do Estabelecimento do Governo Parlamentar em Portugal*, Terceira Epocha, I, págs. 632 e 633, afirma que tudo servia a D. Carlota para se encrespar com o marido. Por isso e sabedora da eventual adesão de D. João VI a uma possível queda do sistema político que se ia instaurando em Portugal, mais não fez que colocar-se no extremo oposto. Ela era partidária do Constitucionalismo, e, mais que isso, confabulava com os radicais.
[6345] J. M. Pereira da Silva, V, págs. 187 e 188; *Memórias do Marquês de Fronteira e d'Alorna, D. José Trazimundo Mascarenhas Barreto, ditadas por ele próprio em 1861*, Parte II, pág. 242: "Eu mal podia descobrir a Rainha Carlota: só lhe via a mão e o leque, fazendo mil gestos, mas via perfeitamente

tempo apenas veio a demonstrar que a futura chefe da contra-revolução em Portugal estava determinada em a prosseguir.

D. Carlota Joaquina não jurou a Constituição. Nunca o fez, nem a instâncias do Congresso constituinte[6346] e sob pena de ser obrigada a sair para fora do reino[6347]. Depois disso não cedeu às Cortes Ordinárias para que jurasse. Era uma mulher de convicções o que já levou alguém a afirmar que "procedia com tal coragem, que bem merecia vestir os calções d'El-Rei"[6348].

3.1. Algumas referências constantes na doutrinação contra-revolucionária

Antes mesmo dos acontecimentos de 24 de Agosto e 15 de Setembro terem ocorrido, verificava-se em Portugal oposição interna ao sistema constitucional. Para além da imprensa, de forma deliberada ou envergonhada, outros acontecimentos permitem sufragar a tese de que nem a soberania nacional, nem a Liberdade política do cidadão e ainda menos a existência de Constituições elaboradas pelo modo aprendido em 1791, eram conformes a boa parte da população portuguesa.

Para tanto não se descuram exemplos estrangeiros, reproduzidos em locais vários, modernizando a linguagem dos grandes Mestres, De Maistre e De Bonald, mas aplicando quase sempre as suas concepções[6349].

Desde o séc. XVIII todos os saudosistas da Velha Moda intrigavam contra os princípios doutrinários do Liberalismo[6350], associando-o ao ateísmo e à destruição do Trono

---

o indivíduo a quem se dirigia, que era o deputado Borges Carneiro. Soube depois, que indiscretamente, tanto um como outro analysavam o reinado de D. João VI até aquella epoca. Parece que El-Rei tudo ouvia, fazendo, porém, que nada percebia. Mais tarde foi elle o primeiro a queixar-se de tanta indiscrição, repetindo muitas das phrases, tanto da Rainha, como do deputado."

[6346] *DHCGNP*, I, pág. 408. O juramento da Constituição pelo Rei foi feito em 01-10-1822. No mesmo dia deveria ter jurado a rainha, mas como bem se sabe não o fez. No adia anterior haviam jurados os Deputados, salvo os doze brasileiros a que já foi feita menção.

[6347] Conforme o decreto de 02-04-1821.

[6348] Tobias Monteiro, pág. 99. O seu maior defensor nas Cortes Ordinárias foi Acúrsio das Neves.

[6349] São alvo de recuperação, textos anteriores à Revolução de 1820, e de que a título meramente exemplificativo mas pela comunhão que manifesta com aqueles que por esta ocasião começam a surgir em catadupa, sugerimos a combativa tradução de obra italiana de Joaquim José Pedro Lopes, *As Ideias Liberaes, ultimo refugio dos inimigos da Religião e do Throno*, Lisboa, 1819. Descarnados e combatidos os princípios doutrinários das Luzes, seja em função absolutista ou liberal do séc. XVIII, consomem-se largas páginas a invectivar e contradizer Descartes, *Les Philosophes*, Mirabeau e, naturalmente de modo mais incisivo Rousseau. A conclusão prévia e retirada resulta de pág. 24: "(...) bem longe de lhe competir o pomposo título de século illuminado, de seculo filosofico, *merece antes ser chamado de século das trevas, e de ignorância.*" Umas quantas páginas adiante reforça: "nada pois de mais insubsistente, torno a dizer, que aquelles pomposos elogios, que tanto tempo se fizerão da nova Filosofia do Seculo decimo oitavo. *Tem ella o falso nome de sciencia e de luz, quando em si mesma não é mais que um parto de trevas e de ignorância.*"

[6350] Luís Reis Torgal, "Tradicionlismo Absolutista e Contra-Revolução", *Do Antigo regime ao Liberalismo*, (Organização Fernando Marques da Costa, Francisco Contente Domingues e Nuno Gonçalo Monteiro), pág. 93: "O movimento tradicionalista, absolutista e contra-revolucionário tem o sentido essencial de defesa de uma ordem política estabelecida historicamente contra a tendência mais ou menos inovadora do movimento liberal. Assim, foram seus objectivos a defesa do absolutismo régio, da hierarquia social das três ordens, do catolicismo integral e de uma cultura 'ortodoxa' que não contrariasse os princípios da Fé que a Igreja Romana estatuíra. Este conjunto de ideias constituía, por assim dizer, a Tradição, concretizada ao longo do tempo num conjunto de instituições que era necessário manter e (quando muito) reestruturar, opondo-se assim – em espírito sistemático de Contra-Revolução – à tendência das concepções liberais, que se foram formando ao longo do século

e do Altar[6351]. E mesmo que essas não fossem, nem remotamente as intenções dos Vintistas, era o estigma que lhes estava aposto[6352]. Já o havia afirmado frei Diniz[6353].

Daí que na primeira ocasião, todos os que haviam saudado entusiasticamente o Constitucionalismo, tenham em grande medida lançado fervorosos vivas ao Absolutismo[6354].

No que respeita à origem do Poder, retomam-se as teses anteriores ao surgimento do convencionalismo Moderno, nomeadamente pela consideração que ele é sempre de fonte divina[6355], o que implicava um retrocesso em termos de soberania nacional, e a reaquisição de concepções paternalísticas[6356] sufragadas pelo Antigo Regime francês em versão do séc. XVII. O tipo de argumentação que se utiliza remonta à conhecida desse período e a ligação estabelecida entre o "ímpio" filosofismo francês e a origem humana do Poder[6357], embora sejam conhecidas as extrapolações menos correctas que daí se retiraram.

XVIII, mas que se manifestaram sobretudo depois da revolução Francesa." Veja-se José Acúrsio das Neves, "Cartas de um Português aos seus Concidadãos", *Obras Completas de José Acúrsio das Neves*, 6, carta VI, pág. 59: "Cederia de vontade o meu lugar aos filósofos do séc. XVIII, que imbuídos nos seus falsos princípios, deslumbrados pelas suas vãs teorias sobre a religião, sobre o Governo e sobre a sociedade, tantas felicidades preconizaram ao género humano para o século XIX. Ah! Foram as suas abstracções as que nos perderam; foram os progressos das luzes os que nos fizeram cegos; porem eu mostrarei em outro lugar que a origem do mal já vinha de mais longe. O edifício social, que o tempo ainda respeitavas, tinha já minado os alicerces pelo espírito revolucionário."

[6351] Almeida Garret, "Viagens na Minha Terra", *Obras de Almeida Garret*, I, págs. 70 e 71: "Condillac chamou à síntese método das trevas. Frei Diniz ria-se de Condillac (...). O despotismo, detestava-o, como nenhum liberal é capaz de aborrecer; mas as teorias filosóficas dos liberais escarnecia-as, como absurdas; rejeitava-as como perversoras de toda a ideia sã, de todo o sentimento justo, de toda a bondade praticável (...) Segundo os seus princípios, Poder do homem, Poder do homem sobre o homem era usurpação sempre e de qualquer modo que fosse constituído. Todo o poder estava em Deus, que o delegava ao pai sobre o filho, daí ao chefe sobre a família, daí a um desses sobre o Estado, mas para o reger segundo o Evangelho e em toda a austeridade republicana dos primitivos princípios cristãos." Quantos freis Diniz haveria em Portugal em 1822 e em 1823?

[6352] Idem, "Portugal na Balança da Europa", *Obras de Almeida Garret*, I, págs. 812-814: "Influência da Religião na Causa da Humanidade."

[6353] Idem, "Viagens na Minha Terra", *Obras de Almeida Garret*, I, pág. 67: "Esses inimigos do altar e da verdade, esses homens desvairados pelas especiosas doutrinas do século. Esperam muito, prometem muito, estão em todo o vigor das suas ilusões. E nós, nós carregamos com o desengano de muitos séculos, com os pecados de trinta gerações, que passaram, e com as inaudita corrupção do presente... Nós havemos de sucumbir. Os templos hão-de ser destruídos; os seus ministros proscritos; o nome de Deus blasfemado à vontade nesta terra maldita!"

[6354] Paulo Merêa, *O Poder Real e as Cortes*, págs. 67 e 68.

[6355] *Contradicção ás ideias e Doutrinas dos Impios do seculo XIX (dedicada aos Amigos Do Rei e da Patria)*, pág. 5: "esta verdade de que todo o poder vem de Deos he a chave de todo o edificio social. Uma vez postergada tudo se baralha e se confunde, tudo he desordem e confusão; porque a auctoridade não descança sobre base firme. Esta doutrina não he só filha da Razão e da escritura; ella he canonizada pela pratica de todos os Reis Christãos."

[6356] *Ibidem*, pág. 6: "Qualquer reino não he mais que uma grande familia, cujo pai he o Rei."

[6357] *Contradicção ás ideias e Doutrinas dos Impios do seculo XIX (dedicada aos Amigos Do Rei e da Patria)*, págs. 5 e 6: "Wiclef, João Hus, e depois delles o Heresiarca Luthero forão os primeiros que se desenfrearão contra as auctoridades legitimas, e propalarão a soberania do Povo. A estes seguirão Rousseau, Diderot, Raynal, &c., tornando-se o idolo de todos os Modernos publicistas." No mesmo sentido, José Acúrsio das Neves, "Cartas de um Português aos seus Concidadãos", *Obras Completas de José Acúrsio das Neves*, 6, carta VIII, págs. 70 e ss.

Os escritores portugueses partidários da Velha Moda, para além de reatarem ideias feitas[6358], são muito mais incisivos e nota-se na generalidade dos textos uma grande dose de ressentimento em relação aos acontecimentos do Triénio Vintista[6359]. Sempre procuram colocá-los em ínfima situação[6360], não apenas pelo discurso saudosista utilizado, mas sobretudo pelo despeito que lhes merecem quaisquer versões da Liberdade diversas das suas[6361].

A ironia que envolve estes textos não disfarça os sentimentos mais que evidentes dos seus Autores[6362] e é posteriormente, já em pleno séc. XX, recuperado por uma

---

[6358] José Acúrsio das Neves, "Cartas de um Português aos seus Concidadãos", *Obras Completas de José Acúrsio das Neves*, 6, carta VI, págs. 60 e 61: "Este vulcão que está rebentando debaixo dos nossos pés e que nas suas erupções diversas tem consumido tanto os Povos, não se extingue sem que se dissolvam as matérias que lhe servem de alimento: são as doutrinas anti-religiosas e anti-sociais que tanto se têm propagado; é a desmoralização dos Povos quem o fanatismo da Liberdade. Façamos pois conhecer aos Povos quem são os ímpios que nos delírios da sua fatalidade ousam proferir não há Deus; quem são os impostores que só lhes oferecem a Liberdade para os reduzir á mais ignominiosa escravidão e, prometendo a paz e propsperidades, só trazem perturbações e misérias; quais são os venenos que lhes propinam debaixo da aparência enganadora dos mais saborosos frutos e quais as artes com que os fazem cair no laço."

[6359] *Contradicção ás ideias e Doutrinas dos Impios do seculo XIX (dedicada aos Amigos Do Rei e da Patria)*, pág. 6: "Pelo que o Rei legitimo só deve responder a Deos; de sorte que há muita differença entre Cortes para eleger um Rei, ou Cortes convocadas por um Rei legitimo. Nas primeiras pode haver pacto entre o Povo e o Rei; nas segundas não, só se o Rei o quizer acceitar, e sanccionar."

[6360] Faustino José da Madre de Deus, *A Constituição de 1822, commentada e desenvolvida na prática*, "Prologo", pág. IV: "Logo que a *Constituição de 1822* sahio á luz, se principiou a demonstrar a subversão de alguns dos seus artigos, e se tem progredido nessa tarefa até este escrito, no qual apparece quasi toda a maldade da mesma Constituição. De modo que se os Portuguezes algum dia tornarem a tragar o veneno das doutrinas liberaes, não será por falta do necessario antidoto: será sim por não lho terem querido, ou sabido administrar."

[6361] *Contradicção ás ideias e Doutrinas dos Impios do seculo XIX (dedicada aos Amigos Do Rei e da Patria)*, pág. 6: "Por a vontade governante na dependencia das vontades governadas, he uma contradicção que salta aos olhos do mais estupido; porque um tal governante seria ao mesmo tempo activo e passivo. Vassallo para obedecer, e Soberano para mandar. Soberania diz relação á inferioridade; logo aquelle que dissesse a qualquer Soberano, digo, Monarca: *Senhor, a Soberania está posta abaixo de vós*, não seria esta linguagem inteligivel de loucos? O Povo segundo taes politicos será ao mesmo tempo Vassallo e Soberano: o Rei igualmente Soberano e Vassallo. Se isto não he absurdo, então não os há." E adiante, segurando-se em Cornélio Tácito: "*os nomes de Liberdade e bem publico são lindos, mas enganosos nomes, de que servem os sediciosos para perverter os simplices*." Faustino José da Madre de Deus, *A Constituição de 1822, commentada e desenvolvida na prática*, págs. 1 e 2, ao reportar-se aos artigos 1º e 2º da *Constituição de 1822*, chega ao ponto de admitir a impossibilidade de existir a Liberdade civil, por depender da observância das leis. Ora, segundo o Autor, "a exacta observância das leis he coisa que os homens nunca praticão, nem podem praticar (...).".

[6362] *Forja dos Periodicos ou o Exame do Aprendiz Periodiqueiro*, págs. 21-24, criticando o tratamento dado aos frades pelos Vintistas bem como o tê-los reduzido a ínfima condição, desapossando-os dos seus bens e reduzindo as suas copiosas livrarias de Conventos, bastas em obras de Ciência, em verdadeiros ninhos de impiedade: "E depois desta justissima correcção e descompustura, em horas vagas, repara V. m. na immensa Livraria do Convento, e para se instruir um pouco, procura nela a *Correspondência dos amantes da Aldea dos Alpes*, as cartas da *Marqueza de Pompadour*, ou, ao menos, o *Diable au Corps*, e não achando nella estas importantes Obras, mas em dellas os volumosos, e assustadores Livros da Escriptura Sagrada, de santo Agostinho, S. Thomaz. S. Cypriano, S. Jeronymo, S. Bernardo, os Padres Beda, Brandão, Bartholomeu dos Martyres, Ozorio, Wellebrordo, Alcuino e infinitos outros chamados Luminares, de virtudes, e sciencias; mas de cujo saber já hoje muito se duvida (...) traça V. m., logo um plano util de reforma, tendo em vista empregar outra Livraria em proveito patriotico dos povos, el lugar d'aquella, que os enchia de erros e cuidados, e com a

pléiade de escritores portugueses[6363] e brasileiros para quem os ideias políticos do Triénio Vintista não eram propriamente os mais adequados à Nação portuguesa[6364].

Quanto à maçonaria e às sociedades secretas acabam por ser sistematicamente perseguidas como veículos transmissores de ideias sediciosas[6365], sendo boa parte dos seus membros presos e alguns forçados a emigrar. O Liberalismo e a maçonaria, sendo realidades distintas como se viu, eram sistematicamente associados e, por aí, quem odiava uns detestava os outros, facto que a própria Igreja católica de há muito vinha inspirando[6366] e os seus próceres incentivavam[6367].

A agravar a situação, a postura de D. João VI não ajudava nem incentivava as iniciativas liberais, a que se submetia silenciosamente, mas cujo entusiasmo não era[6368] – e

rapidez, que o augmento das luzes tem ensinado aos homens, manda vir pela posta, dos Armazens de França, Inglaterra, Alemanha, as Collecções completas dos generosos, e desabusados *Voltaire, Franklin, Rosseau, Volney, Constant, Argens, Condorcet, Baile, Habbes, Tollands, Helvecio*, os beneméritos *Epicuro, e Espinosa, os Montanos, os Marsilios de Padua, o Reformados da Itália*, que nos livrarão das impertinencias do Papa, e *Guilherme Cecilio, e Thomas Baconio*, libertadores do da religião em Inglaterra, e finalmente, o resultado, e o proveito de todas estas Collecções, *os Estatutos e Diplomas da Ordem dos Sabios Fraternaes.*"

[6363] José Acúrsio das Neves, "Cartas de um Português aos seus Concidadãos", *Obras Completas de José Acúrsio das Neves*, 6, carta VI, pág. 61: "Segundo a linguagem daqueles pérfidos, entre um Rei e um tirano não há diferença; vassalo e escravo são sinónimos e segundo os seus princípios, os homens nascendo livres e iguais entre si, livres e iguais devem viver; máxima funesta, que a nossa vaidade nos dispõe a abraçar, mas que os factos desmentem a todo o instante."

[6364] João Ameal, *História de Portugal*, pág. 623: "Entra-se (...) na elaboração do novo Código Constitucional que leva perto de dois anos e se distingue por uma extraordinária exibição de ignorância, de hostilidade às forças e estruturas tradicionais, de entusiasmo utópico por ideias sem base e sem equilíbrio, de leviana obcecação de tudo deitar abaixo para levantar não se sabe bem o quê."

[6365] *O Véo levantado, ou o Maçonismo desmascarado; isto he o impio e execrando systema dos pedreiros-livres, conspirados contra a religião catholica, e contra o throno dos soberanos. Obras traduzida do françez para instrucção dos portuguezes: accrescentada com hum appendix que contem os signaes e senhas dos pedreiros-livres, e a constituição maçonnica em Portugal*, Lisboa, 1822. Este e outros textos procuram alertar os portugueses para a incompatibilidade entre a maçonaria e os costumes católicos dos lusitanos e a sua apologia da religião natural como repulsa automática dos ensinamentos da Igreja de Pedro.

[6366] *Bulla de sua santidade contra a associação chamada dos carbonarios*, Porto, 1821, pág. 3.: "(...) a Encíclica 'Eclesiam' [datada de 1821], de Pio VII, condenatória duma nova sociedade secreta de filiação maçónica denominada os carbonários e acusada pelo papa de empregar uma táctica subtil – a infiltração – para ferir de morte a Igreja e de fazer de Jesus Cristo um agitador revolucionário, cuja mensagem havia sido deturpado pelos sucessores de S. Pedro." Veja-se A. H. de Oliveira Marques, *História da Maçonaria em Portugal* "Das Origens ao Triunfo", II, pág. 25.

[6367] Frei Fortunato de S. Boaventura, *Anti-Palinuro ou Defensa, que em abono dos dous primiros numeros escreve (...)*, Lisboa, 1830, pág. 9: "Mais um ano que durasse tal ordem de coisas, não appareceria neste reino um só habito religioso. Não poderia celebrar-se uma só festividade cristã, Seriam objecto de moffa, de escarceo e de formal perseguição os sacramentos da Igreja e, nomeadamente, o da Penitencia, que chegou a ser denunciado em as tais pseudo-Cortes por inimigo da causa do Systema Constitucional."

[6368] Tobias Monteiro, pág. 358: "O Rei, porém, só obrava definitivamente sob a pressão das circunstâncias, nunca por calculo amadurecido calmamente. De um dia para o outro, mostrar-se-ia sob aspectos contrarios, se tal mudança lhe fosse imposta. Na realidade preferia o Poder absoluto; entretanto, sob a influência do Príncipe, juraria uma ou duas Constituições; do mesmo modo que mais tarde, apesar de já conformado com o papel de monarca constitucional e a posição de subalternidade perante as Cortes, seria levado a Vila Franca pelo Marquês de Loulé, afim de encapar a revolta de D. Miguel contra ellas, e depois tornar-se-hia prisioneiro do Infante, de quem só haveria

todos o reconheciam, até os Vintistas – de modo a fornecer-lhes alguma segurança. Os absolutistas poderiam dizer exactamente o mesmo[6369].

Daí que a figura do monarca, ainda no Brasil e já depois em Lisboa e mesmo após juradas as Bases em pleno processo de elaboração da Constituição pudesse ser descrita nas suas próprias palavras: "Vou attrahindo sobre mim o odio e as calumnias dos dois partidos extremos, um dos quais me considera como satelite do despotismo, outro como agente dos revolucionarios"[6370].

Requer-se a volta da teorização anterior a 24 de Agosto de 1820 em termos oficiais, sustenta-se a soberania real e não nacional, invocam-se argumentos de origem divina do Poder político e uma Autoridade que a eles corresponde e não pode ser partilhada[6371]. A adicionar, a supressão da Liberdade de imprensa[6372], como expressão escrita da Liberdade de pensamento e o não reconhecimento dos direitos individuais nos termos em que a Revolução Francesa os haviam consagrado[6373], bem como o afastamento de qualquer tipo de tentativa de laicização, subsumida ao ateísmo e à impiedade[6374] que o filosofismo havia propiciado[6375].

---

de se libertar pela pressão do corpo diplomático, formado solenemente para ir arrancá-lo do palácio de Bemposta e conduzi-lo a bordo de uma nau inglesa."

[6369] Tobias Monteiro, págs. 359 e 360: "Quando um ano depois da sua partida chegaram a Lisboa as notícias relativas á provável desobediência de D. Pedro aos decretos das Cortes, estas assustaram-se; mas elle parecia indiferente á gravidade dos factos, que de modo algum o pareciam affectar. O ministro de Hespanha visitou-o e fallou-lhe nessa occasião, afirmando que se 'entregou completamente ás Cortes e não lhe importa quanto façam de bom ou máo'. Aguilar, dedicado representante das Cortes Hespanholas, ouvia com prazer tais revelações e assim concluia: 'Esta linguagem e o seu desprendimento dos negocios, sem embargo de ter sido toda a sua vida soberano absoluto e mandado sem nenhuma restrição, faz com que todos os partidos em Lisboa o respeitem e amem'." Na verdade, era exactamente o contrário do que afirmava o ministro de Espanha.

[6370] Carta datada do Rio de Janeiro de 22 de Janeiro de 1821, *apud* Tobias Monteiro, pág. 393, nota.

[6371] Joaquim José Pedro Lopes, *As Ideias Liberaes, ultimo refugio dos inimigos da Religião e do Throno*. A dado passo da "Introdução" pode ler-se: "(...) continuão desgraçadamente a reinar no animo de muitos homens as horriveis e erroneas maximas, que deram origem á Revolução, sobre que elles se fundavão. Todos aquelles que nascerão depois de 1789, ou que nessa época, por sua tenra idade, ainda não tinhão ideia alguma fixa, continuão a estar em grande parte apegados aos depravados principios dos direitos originarios dos homens, e da soberania do Povo, que beberão com a educação. (...) assim como os libertinos e os incrédulos, tem grande interesse em propagar as ditas maximas erroneas, pois que só por meio da sua propagação se podem lisonjear de ver ressurgir os sobreditos Governos revolucionários, as quais por avareza, por ambição, por immoralidade tanto estavão afferradas: e huma indubitavel prova disto he o transporte, que hoje se manifesta em se fallando nas chamadas Ideias e Instituições liberaes."

[6372] Idem, *ibidem*, pág. 12: "A Liberdade de Imprensa era outro objecto que interessava a toda a nação, sem reflectir que a essa Liberdade era devedora da contagião das maximas que tinhão conduzido a Revolução."

[6373] Idem, *ibidem*, págs. 10 e 11: "Debaixo desta denominação de Ideias e Instituições Liberaes, entendem elles a maior parte das maximas que derão origem à Revolução Franceza, e que por espaço de mais de vinte annos encherão o Mundo de horrores e carnificinas; e principalmente se apresentão caracterizados com esta denominação os seguintes principios, a saber: o Governo Constitucional, ou a Representação Nacional; os pretendidos Delictos de Opinião; a Tolerancia indefinita em matéria de Religião; a Lei immoral do Divorcio; a Liberdade indefinita da Imprensa."

[6374] Idem, *ibidem*, pág. 12: "E pelo que toca á materia da tolerancia indefinita em materia de religião, ou aliás á indifferença total de todos os cultos, continuavão esta erronea doutrina a ter então em França tantos sequazes (...)." O tema é desenvolvido em profundidade a partir de págs. 107 e ss.

[6375] O mesmo tipo de situação se vive por esta época em Espanha, cuja desagregação do sistema constitucional precipitou o português. Tal como havia incentivado a sua implementação, agora

Todo o tipo de escritos que a partir desta data e aproveitando os benefícios da Liberdade de imprensa[6376] vão pulular em Portugal[6377], e que obrigarão à convocatória

verificava-se o processo opostos. Veja-se Simão José da Luz Soriano, *História da Guerra Civil e do Estabelecimento do Governo Parlamentar em Portugal*, Terceira Epocha, II, págs. 100 e ss.

[6376] D. C., XI, 2ª Legislatura, 03-12-1822, págs. 57 e ss.: "Relatório apresentado pelo ministro (...) Sedições em Lisboa e outros lugares do reino: Conspiração descoberta. (...) A segunda especie de crimes, de que atraz falei, consiste nos abusos da Liberdade de imprensa: tem-se estas multiplicado tanta, e tão perigosos são os seus effeitos que me parece haver summmia necessidade de um remédio pronta para as cohibir, e extirpar. Aonde elles mais frequentes são, he nos jornaes, que nesta capital se imprimem, redigidos (com rarricimas excepção) por mãos mercenarias, e correnpidas, que nada mais se propõem do que extorquir o ouro, e saciar as vinganças. Nem um dia se passa, em que se tenham feito libellos famosos contra cidadões pobres, e outras classes inteiras de funccionarios públicos, com escândalo todas as pessoas amantes da ordem e da bem entendida Liberdade. Cumpre advertir, que muito tem concorrido para desauthorizar empregados públicos, e fazer-lhes perder a sua força moral, indispensável para a pronta execusão das suas determinações, estes impropérios, com que ignominiosamente hão sido cobertor pelos jornalistas; mal este, que a meu ver, só se evitaria, autorizando-se o Promotor dos Jurados a vindicar as injurias feitas aos sobreditos empregador, quando em tal qualidade fossem deprimidos. Daqui se seguiria: 1º manter-se a authoridade e o respeito que deve revestir a Autoridade publica; 2º serem os empregados mais cautelosos em se os procedimentos, na certeza de que estes serião analysados em o tribunal publico, do jury, assim que houvesse a mais simples accusação. Distinga estes jornaes, de que fallo em duas classes, servis, e libellistas: só um jornal se publica em Lisboa, que professa claramente princípios servis, e tende a recommendar o antigo despotismo. Se o seu redactor se limitasse a isto, pouco mal podia fazer á sagrada causa da regeneração, pois que os seus sofismas nem augmentão a tendência dos interesses aos antigos abusos, nem diminuem o conhecimento profundo, que a Nação já tem adquirido das vantagens da nova ordem política, dos bens que della tem resultado, e dos maiores que devo esperar das reformas que se vão fazendo. Mas elle ajunta a princípios errados e subversivos a impostura em que os apoia, e a infame calumnia com que denigre o mérito das pessoas que mais se distinguem por sua adhesão e serviços á causa da Liberdade. He incalculável o mal que produz um jornal composto de princípios servis, e libellos infamatorios contra classes inteiras, contra cidadãos honrados, e o que he mais, contra as Autoridades constituídas. Nada ha tão fácil como fingir factos, inventar calumnias, para desacreditar a virtude, e o merecimento. Chega a tal excesso a impudência de um periódico desta Capital, que pessoas entre si desavindas se ameação de levar-se a elle; de sorte que similhante papel com razão se póde comparar á calumnia de Pasquim, aonde he livre a qualquer o fixar os mais affrontosos rótulos. He certo que o infame trafico de libellos, e calumnias ha de com o tempo desacreditar, e perder os que negoccião em taes mercadorias; porém será da prudência do Governo, e do interesse geral, o esperar só do tempo o remedio de males tão graves? De abusos, que fazem recordar com saudade o tempo em que não existão? De alternados feitos nos direitos de Cidadãos, e até à segurança publica? Não: he preciso um remedio pronto e eficaz, que o Governo possa applicar. E peço licença ao soberano Congresso para levar á sua consideração o que a experiência me tem mostrado sobre a lei da Liberdade de imprensa."

[6377] Manoel Pires Vaz, *Discurso sobre a Liberdade de Imprensa dividido em duas partes*, Coimbra, 1823, págs. 5-7: "segundo o modo de pensar de taes Filosofos, ou antes Sofistas orgulhosos e desorganizadores de todas as Sociedades nacionaes, a Liberdade Humana soffrerá em outros objectos algumas restricções, que obstem ao seu uso; quanto porém á Imprensa, ella não quer soffrer restricção alguma (...). O principio theorico e primario, porém falso e absurdo, em que elles se apoião, para sustentar esta sua doutrina, em todos os respeitos louca e abominável, é este: Que a Liberdade do homem para pensar, e para manifestar por signaes externos, e consequentemente pela Imprensa, os seus pensamentos interiores, é o Direito mais preciso, e por isso o Direito mais sagrado, que ninguém lhe pode tirar (...). Com tudo, ainda que este fatal delirio tenha attacado e corrompido os entendimentos de muitos pretendidos Sabios entre os Portuguezes; e dahi emanasse a celebre e ininntelligivel *Lei de 4 de Julho de 1821*, sobre a Liberdade de Imprensa; é digno notar-se, que apenas ella se publicou, logo a pluralidade de sabios nacionaes se declarou contra uma tão illimitada Liberdade, que proscrevia de todo a censura Prévia á Impressão de escriptos em Portugal, e admittia igualmente os Estrangeiros (...)." O Autor segue depois no sentido de demonstrar "a utilidade da Censura Prévia á Imprensa e Publicação de quaesquer escriptos de todas as Nações".

de umas Cortes Extraordinárias, não são mais que a face visível deste facto. Outros acabarão por se manifestar muito mais eficazes num futuro bem próximo. Em conjunto preparam os sucessos derivados da Vilafrancada[6378].

Os contra-revolucionários estavam bem informados de toda a doutrinação que os havia precedido. Porém, incluem dentro da mesma abordagem escritores como Condillac ou Pufendorf[6379] cuja única comparação seria assumirem a origem humana do Poder político e, logo, uma ideia de valor do indivíduo que descambará em Individualismo, mas em que as sobreposições apressadas não têm qualquer legitimidade em ser promovidas[6380].

E também não desconheceriam o histórico Claude Mey[6381], que por diversas palavras, não ficara atrás dos seus alvos dilectos de crítica. Não o fizeram devido às confusões que infelizmente reinavam no que respeita à doutrinação histórica, vista como "aceitável" por comparação com o filosofismo francês, totalmente desaprovado.

3.2. As Cortes Ordinárias, a contra-revolução e a defesa da Liberdade

A última sessão das Cortes constituintes ocorreu a 4 de Novembro de 1822, sendo pronunciados os competentes discursos, do monarca e resposta do Presidente do Congresso, na circunstância Trigoso[6382].

Já José Liberato havia anunciado a importância das Cortes Ordinárias[6383], cujas tarefas agendadas eram suficientemente relevantes para as manter ocupadas[6384] nos

---

[6378] Em finais de 1822 e ao longo de 1823 vão surgindo na imprensa portuguesa um conjunto de notícias veiculadas pelo lado contra-revolucionário que são em tudo propícias o desenlace de 1 de Junho de 1823. Não serão naturalmente analisados pelos motivos expostos no início deste capítulo mas, desde já, aqui fica dada a nota competente da cabeça erguida e diariamente explicitada, que a contra-revolução usava em Portugal bem antes da *Vilafrancada*.

[6379] Joaquim José Pedro Lopes, *As Ideias Liberaes, ultimo refugio dos inimigos da Religião e do Throno*, págs. 38 e ss. Para sustentar a vertente refutação apoia-se em Bossuet, Filmer ou Alvarenga e Melo Freire em Portugal.

[6380] Idem, *ibidem*, págs. 50 e ss., prolonga o raciocínio para o plano da monarquia absoluta e representativa, repetindo o Pensamento inerente à soberania real e admitindo que "a essencia da Sociedade civil consiste na submissão de todos os cidadãos á vontade do Soberano."

[6381] António Joaquim da Silva Pereira, *O "Tradicionalismo" Vintista e o Astro da Lusitânia*, pág. 184.

[6382] D. C., X, 04-11-1822, págs. 978-980. "Sendo cinco minutos depois do meio-dia, tendo sido lida, e approvada esta acta, o Sr. Presidente fechou a sessão, dizendo: As Cortes Geraes, Extra-ordinárias, e Constituintes da Nação portugueza fechão as suas sessões, hoje é de Novembro de 1822. – Francisco Barroso Pereira, Deputado Secretario."

[6383] *Ibidem*, I, XIX, Agosto de 1822, págs. 289 e ss.: "Carta I aos Eleitores dos Deputados para as proximas Cortes Legislativas: – (...) Duas grandes cousas se precisão para que uma Regeneração politica possa produzir fructos proveitosos; e com elles se consigão os bens para que todas as mudanças politicas se fazem. he a primeira formar uma lei fundamental, que sirva de baze; e regule todos os Poderes e Auctoridades sociaes: he a segunda, desenvolver e explicar a mesma lei fundamental com regulamentos ou leis regulamentares, com as quaes se ponhão em actividade todos os poderes; e estes se tornam responsáveis por todo o bem ou mal que hajão de fazer na qualidade de homens públicos. A primeira das coisas apontadas vai em pouco tempo concluir-se (...). Resta portanto, ainda a outra obra, e na minha opinião mais difficil; a qual deveis entregar a outros homens, ou alguns dos actuaes, com novos Poderes e mandados." *Ibidem*, II, XXXVIII, Dezembro de 1822, retoma a questão e desenvolve a mesma.

[6384] Joaquim de Carvalho, *História de Portugal. Edição Monumental comemorativa do 8º Centenário da Fundação da Nacionalidade*, (direcção de Damião Peres), VII, pág. 113: "1º – Equilíbrio orçamental, resolução das questões da fazenda e votação de leis tributárias equitativas; 2º – Reforma, de harmonia com a Constituição, das leis civis e penais; 3º – Estimular o comércio e a indústria, como meios principais de animar a agricultura; 4º – fazer a lei da responsabilidade ministerial e dos

três meses previstos para a sua duração[6385]. Entre elas a elaboração de Códigos[6386], tarefa que nunca chegou a concretizar-se.

Contudo, a circunstância de se terem convocado numa situação política bem distinta da que havia promovido as suas antecessoras, implicava, na visão dos liberais, um denodado cuidado na escolha dos deputados[6387], atentando na sua real qualificação de liberais e sem que se pudessem, por qualquer forma, identificar com os pró-absolutistas que iam despontando em Portugal[6388].

Algumas injustiças daqui vieram a resultar, sem dúvida[6389] e o quadro que alguns dos participantes das mesmas e que já haviam tido assento nas Constituintes pintam não é abonatório[6390], salvaguardando-se algumas honrosas excepções[6391].

funcionários públicos; 5º – Organizar a educação nacional e obviar á indigência; 6º – Regulamentar os serviços militares de terra e mar, e a côngrua do clero."
[6385] Iniciaram-se em 01-12-1822, com sessões preparatórias em 15 e 20-11-1822 e terminaram em 29-03-1823, uma vez que foram prorrogadas por mais um mês. Corresponde aos *D. C.*, XI e XII, 15-11-1822 a 29-03-1823. Veja-se *DHCGNP*, I, pág. 590, decreto das Cortes para a sua prorrogação por mais um mês, datado de 13-02-1823.
[6386] *Jornal da Sociedade Literaria Patriotica*, I, nº 1, Julho de 1822, págs. 6 e ss.: "(...) faltão-nos os codigos regulamentares e secundários, isto hé, um codigo civil, um codigo criminal, um codigo commercial, um codigo agrario: faltão-nos, em summa os diversos corpos de leys (...)."
[6387] Francisco Manuel Trigoso de Aragão Morato, *Memórias de Francisco Manuel Trigoso de Aragão Morato*, Parte II, pág. 154, qualifica a publicação da nossa conhecida *Galeria dos Deputados*, de João Damasio Rossado Gorjão de "meio para influir nas eleições. (...) O prologo diz expressamente que aquelle fora o fim d'este opusculo, que não se chegou a escrever e cuja parcialidade e má-fé a todas as luzes se descobre. Constou que este livro estava em cima da mesa de muitas assembleas parochiaes e que era consultado nos casos occorrentes, afim de que os votantes fizessem bom ou mau conceitos dos deputados que se queriam eleger ou excluir, e este grosseiro artificio produziu o desejado effeito."
[6388] *O Campeão Portuguez em Lisboa*, I, XIX, Agosto de 1822, págs. 291-293: "Com a Constituição na boca, porem com o despotismo no coração, hão de nossos inimigos seguramente pertender destruir a santa obra de nossa Regeneração; por isso mesmo não os julgo capazes, (...) de nos fazerem uma guerra leal e descoberta. Assim (...) hão de recorrer a todos os recursos, e hão de recorrer a todas as invenções e malicias para ver se podem cobrir-se com o venerando manto constitucional, ou o manto de deputados. Esta há de ser, certamente, a sua mira principal; porque uma vez que se achem no meio do Congresso, e sendo ahi inviolaveis, muito mais facil lhes será assassinar a Constituição (...)."
[6389] Francisco Manuel Trigoso de Aragão Morato, *Memórias de Francisco Manuel Trigoso de Aragão Morato*, Parte II, pág. 134: "Entretanto fazia-se todo o esforço por parte dos liberaes, para que eu não fosse eleito, e isto debaixo de diversos pretextos e por differentes artifficios. Os membros das sociedades patrioticas, então estabelecidas e muito frequentadas em Lisboa, exaltavam os animos de todos em longos discursos que faziam contra muitos dos deputados, e muito se distinguiu num que fez contra mim o meu discipulo, João Baptista Garret [Almeida Garret]."
[6390] Idem, *ibidem*, Parte II, pág. 162: "Foge-me penna quando pertendo traçar o quadro horroroso d'estas Cortes. Por mais que a intriga e o espirito de partido se apoderassem do animo dos deputados influentes nas Cortes Constituintes e dirigissem as discussões da Constituição e das outras Leis pertencentes ao Estado publico da Nação, que comparação tem isto com o que se observou nas Cortes Ordinárias? naquellas chegou a juntar-se quasi tudo o que havia de bom no reino, por Auctoridade e saber; nestas entraram de novo homens ignorantes ou desmoralizados, sem reputação publica e sem meios de subsistencia, venaes e exaltados jornalistas. Nas primeiras ainda, ainda que fosse visível o espirito de partido, não se desprezavam inteiramente os homens moderados, e menos se insultavam: ás vezes uniam-se a estes todos ou parte dos liberaes, e, outras eram os moderados que os venciam. Mas nas segundas, perdeu-se inteiramente a decencia da tribuna, os homens de bem eram forçosamente reduzidos ao silencio e cruelmente atacados ou vilipendiados, quando fallavam; e os liberaes que foram reeleitos não tiveram outro remedio senão pedir emprestada muitas vezes a linguagem dos demagogos, para conservarem de algum modo a sua influencia. A Constituição era má, mas, por melhor que fosse, não poderia durar muito tempo, estando entregue

Em quadro reflexivo diverso mas confirmando as antecedentes ideias, o próprio relatório apresentado pela Deputação Permanente em 2 de Dezembro[6392] e que é avalizado pelo competente ministro[6393], apenas pode levar a concluir da turbulência das eleições directas, para a qual e em repetidas ocasiões aqueles que defendiam o método indirecto haviam alertado, procurando a conservação do sistema constitucional e representativo.

No plano das manifestações contra-revolucionárias que antecederam a queda da Constituição de 1822[6394] e para as quais não se poderá invocar a falta de informa-

---

em taes mãos." Este depoimento desassombrado, partido da pena de um liberal, é um documento que retrata os constituintes de 1821-1822 da ala radical e, ainda que possa ser considerado parcial no que respeita aos novos membros das Cortes Ordinárias, parece não pecar grandemente por excesso, atentas as intervenções parlamentares qualitativamente muito inferiores em valor e o tipo de deputados que as levavam por diante. Talvez o problema das eleições directas tivesse tido aqui e neste quadro uma influência decisiva.

[6391] António M. Barros Cardoso, pág. 42, refere-se à eleição para deputado de frei Francisco de S. Luís, aliás Presidente em exercício quando da vitória do Absolutismo em 1823, pelo que lhe sucedeu o mesmo que a muitos: desterro e perseguições. Apenas com o Primeiro cartismo a sua personalidade eminente é recuperada para as funções públicas.

[6392] D. C., XI, 2ª Legislatura, 02-12-1822, págs. 46 e 47.

[6393] D. C., XI, 2ª Legislatura, 03-12-1822, págs. 55 e ss.

[6394] D. C., XI, 2ª Legislatura, 03-12-1822, págs. 57 e ss.: "Relatório do ministro (...) Sedições em Lisboa e outros lugares do reino: Conspiração descoberta: Desde o principio do anno corrente se começarão a observar nesta capital symptomas de convulsões civis, ..., e excitadas por certos indivíduos de espírito tumultuoso e dados a desordens, e por outros descontentes de não serem contemplados pelo Governo, postos em lugares representativos, e de pingues rendimentos. Forão frequentes os pasquins incendiários affixados pelas esquinas, e praças mais frequentadas... reuniões de homens desaffectos ao Governo Soberano Congresso, aonde se desacreditavão as [... Ilegível] de um, e a execução e medidas do outro; alliciações, convites, subornos de toda especie, feitos pêlos mais encarniçados fautores da anarquia: tudo isto observado repetidas vezes pêlos agentes do Governo, e Autoridades, e declarado por immensos cidadãos pacíficos, me obrigou o meditar seriamente sobre o meio de obstar – ás consequências que daqui podião seguir-se; mas para proceder directamente, carecia ou de provas, e não me era possível obtelas a tempo. Soube com tudo que todos os dias á mesma hora se formavão ajuntamentos em certos lugares publicos, onde indivíduos conhecidos por seu ódio ao systema, ou ás pessoas que achavão em lufares eminentes, desacreditavão o Governo, magistrados, providencias, e medidas publicas; exaltando assim o espírito do povo, e promovendo a anarquia e rebelião. Por esto mesmo tempo esta se ia manifestando, não só na capital, mas também em outras terras notáveis do reino, onde apparecião rótulos escandalosos, aonde os corrilhos erão frequentes, e o seu objecto o mesmo. Succedeu então (princípios de Abril) em Lisboa, Porto, e Setubal a tentativa violenta de muitos homens do povo contra os Galegos matriculados nas companhias dos factos, o que produziu combates de partidos, que chegarão avias de facto. Nestes tomultos virão alguns desses homens já conhecidos por sediciosos, e inimigos da ordem, promovendo a anarquia, e augmentando o furor dos partidos. Uma aparente idéa de patriotismo era o pretexto da mais indigna infracção das leis; e com razão se julgou que os publicos infractores erão apenas cegos instrumentos dos inimigos da paz. O Governo atalhou as sedicções, para o que foi usar do apparato da força. Nas outras terras, em que as houve, succedeu o mesmo; porém como se não destruiu a causa motora, sempre se reccou, que malograda uma empreza, outras intentassem. A desconfiança, e o pavor se tinhão assenhoreado dos animos. O objecto de todas as conversações erão clubes revolucionários em essas designadas (...) Pedi por conseguinte ao soberano Congresso em 29 de Abril uma autorização para remover da Capital, e de outras terras do reino aquelles indivíduos, sobre quem recaíão maiores suspeitas de promoverem a anarquia; julgando que os e lícitos desta medida serião imfallivelmente proveitosos; e não o julguei mal, por quanto feita a remoção, desapparecerão os afundamentos sediciosos; o

ção[6395] ou a ausência de avisos e planificação[6396] de que as Cortes Ordinárias estariam bem cientes[6397], sobressai, sem dúvida, a recusa de jurar a Constituição de D. Carlota Joaquina[6398].

A impressão que isso criou nos três sectores da Assembleia, inflamados[6399], moderados[6400] e partidários de D. Carlota e das suas ideias[6401], não precisa de ser salientada. E se não é questão que importe desenvolver, não só por ser demais conhecida[6402], como porque a importância que ganha é a de dar uma face visível à chefia da contra-revolução[6403], sempre se dirá que, de novo, se está perante um problema de Liberdade política[6404].

O regime político instaurado poderia subsistir ou não, sem sobressaltos de maior.

Num caso, a demonstração de força, permitiria testar o garbo do regime instituído pela Constituição. No outro, defender a rainha significava pugnar pelo Absolutismo, que ela melhor que ninguém representava. E daqui a argumentação seria a oposta à que os Vintistas haviam proposto. Contudo, note-se que não é no âmbito daquilo que se poderá designar como "o processo da rainha" que se retomam os princípios doutrinários do Absolutismo, uma vez que nele apenas se argui com questões de legalidade, atendendo ao incumprimento de uma norma que desnacionalizava ou, no mínimo, obrigava a sair do reino, quem não jurasse a Constituição.

Povo vendo a energia do Governo, tranquilizou-se, e a ordem foi restabelecida. (...) O Governo achando-se authorízado a remover os homens, que julgasse necessário serem removidos; Tendo a seu favor a ordem do Soberano Congresso, com a clausula de que taes medidas não affectavão a reputação daquelles, sobre quem recaissem, se vissem depois a justificarem inocentes, podia dar a maior amplitude á execução; mas não a deu; procedeu circunspectamente não removeu a Quarta parte dos individuos indicados como suspeitosos; escolheu delles o mais notaveis por inimigos da Nação, e não houve nem violencias, nem prizão, nem escolta nem apparato algum de força. De sorte que todas as ordens que se derão, se incluem na demonstração de medidas politicas indespensaveis para a segurança pública. Os procedimentos judiciaes, que depois houve, são objecto próprio deste Poder authorízado e ordenado pelas leis." Veja-se José Subtil, "Forças de Segurança e Modos de Repressão", *Do Antigo regime ao Liberalismo*, (Organização Fernando Marques da Costa, Francisco Contente Domingues e Nuno Gonçalo Monteiro), págs. 35 e ss.

[6395] D. C., XI, 2ª Legislatura, 03-12-1822, págs. 57 e ss.; *ibidem*, 04-12-1822, págs. 79 e ss.: "(...) Sedições em Lisboa e outros lugares do reino: Conspiração descoberta"; DHCGNP, I, pág. 503.

[6396] D. C., XI, 2ª Legislatura, 03-12-1822, págs. 61 e ss.: "Relatório do ministro (...) Sedições em Lisboa e outros lugares do reino: Conspiração descoberta. (...) PLANO Da segurança publica do reino de Portugal." Era prevista no artigo VIII a criação de uma força militar. Veja-se José Subtil, "Forças de Segurança e Modos de Repressão", *Do Antigo regime ao Liberalismo*, (Organização Fernando Marques da Costa, Francisco Contente Domingues e Nuno Gonçalo Monteiro), págs. 37 e ss.

[6397] Para além das causas endógenas, as exógenas não condicionavam menos o clima de aperto em que viviam as Cortes Ordinárias.

[6398] DHCGNP, I, pág. 503; D. C., XI, 2ª Legislatura, 04-12-1822, págs. 79 e ss.

[6399] D. C., XI, 2ª Legislatura, págs. 255 e ss.

[6400] D. C., XI, 2ª Legislatura, págs. 247 e ss.; Francisco Manuel Trigoso de Aragão Morato, *Memórias de Francisco Manuel Trigoso de Aragão Morato*, Parte II, págs. 164 e 165.

[6401] D. C., XI, 2ª Legislatura, págs. 242, 254 e ss.

[6402] DHCGNP, I, págs. 516 e 571, reproduz integralmente o debate havido no Congresso, facto que não é habitual e que atesta bem a importância do problema.

[6403] Graça e J. S. da Silva Dias, I, 2, pág. 705.

[6404] D. C., X, 09-10-1822, pág. 732: "Decreto para que todo o portuguez que recusasse jurar simplesmente a sem restricção alguma a constituição ou as suas bases devesse sair para fora do reino."

As Cortes Ordinárias encerraram em 29 de Março de 1823[6405] e a sessão real teve lugar a 31 do mesmo mês[6406]. Durante a sua reunião, pouco ou nada do muito que havia para resolver se havia feito. Contudo, o espectro da guerra em Espanha, a política saída do Congresso de Verona e a actividade contra-revolucionária nacional, prestes exigiam medidas.

3.3. As Cortes Extraordinárias e o apagamento do Triénio

Em Fevereiro de 1823 estalou em Trás-os-Montes um primeiro levantamento contra-revolucionário, protagonizado pelo Conde de Amarante, mas que sem sucesso obrigou o seu promotor a fugir para Espanha.

O ajuntamento das Cortes Extraordinárias, requeridas pelo Rei nos termos constitucionalmente previstos e perante a Deputação Permanente, órgão com competência para a sua convocação[6407], é pedido por Filipe Ferreira de Araújo e Castro em 18 de Abril de 1823. Em resposta, ficam as mesmas agendadas para 15 de Maio seguinte, com caderno perfeitamente determinado e onde avultava a preocupação com a invasão espanhola feita a partir de França[6408].

Na verdade, nada conseguiram evitar no plano das suas preocupações, conforme é bem conhecido. A declaração de protesto assinada por todos os parlamentares em 2 de Junho honrava-os[6409], mas não evitava o que mais temiam. O Absolutismo iria ser reposto e a Constituição de 1822, seria riscada do mapa das preocupações nacionais.

Apenas em 30 de Maio de 1823[6410] os fins pretendidos foram plenamente atingidos. A Rainha e D. Miguel de há muito o desejavam e D. João VI deu-lhes o texto e o pretexto. Em 1 de Junho estava acabado o Triénio Vintista[6411] e dava-se o início à primeira etapa das perseguições, das prisões, até de um certo desejo de matança aos liberais.

O Primeiro Liberalismo português e as suas ideias acerca da Liberdade, bem como os modelos legais e fontes doutrinárias de que se socorrera, haviam chegado ao fim. Importará, porém, deixar cair umas breves reflexões sobre o ambiente internacional que propiciou tais acontecimentos, ainda que, repita-se, a decisão tenha sido exclusivamente nacional. Ao contrário de Nápoles e Espanha, Portugal não teve, neste fase, exércitos invasores. Teve, antes, portugueses saudosistas, cidadãos enervados com a perda do Brasil, homens circunspectos que se temiam da futura conversão ao ateísmo e à impiedade.

Em suma, todos os descontentes e poucos os contentes. Foi este o trágico destino dos Vintistas porque a revolução nunca foi popular e os burgueses que a promoveram não conseguiram suster os acontecimentos[6412].

[6405] *D. C.*, XII, 2ª Legislatura, págs. 312 e ss.
[6406] *D. C.*, XII, 2ª Legislatura, págs. 341 e 342.
[6407] *DHCGNP*, I, págs. 685 e 686.
[6408] *DHCGNP*, I, pág. 685.
[6409] *DHCGNP*, I, págs. 718 e 719.
[6410] *DHCGNP*, I, pág. 706.
[6411] *DHCGNP*, I, pág. 746.
[6412] Almeida Garret, "Portugal na Balança da Europa", "Prólogo", *Obras de Almeida Garret*, I, pág. 801, procura justificar que a observada impreparação dos portugueses para a Liberdade não corresponderia à realidade dos factos. Por isso, "nem citarei as discussões das assembleias legislativas [portuguesa e espanholas de 1810-1812 e de 1821-1822], nem nenhuma das tantas provas que á mão vêm, *e que exuberantemente mostram o estado de ilustração da classe média, única influente, no actual estado dos povos do Ocidente europeu*."

A IDEIA DE LIBERDADE EM PORTUGAL

§ 2º. A reacção: – A "Santa Aliança da Liberdade" responde à Santa Aliança dos déspotas que riposta: Portugal, Espanha, Nápoles, Piemonte e a "sobrevivência lusitana"

A Santa Aliança originada com a queda de Bonaparte não fez parte da solução numa Europa consumida por vários anos de guerra intestina contra os Exércitos do Corso. Antes agudizou o problema, tal como o encarava. Não foi por Napoleão ter sido vencido – e aí a sua primeira glória – que outras se seguiram. A Santa Aliança domou a França da Revolução e originou a Restauração, coroando o ultra-realista, depois "constitucional" Luís XVIII[6413], em tempos tutor do jovem filho do assassinado Luís XVI. A Santa Aliança não domou nem conseguiu evitar que o Liberalismo, pela via das Revoluções se instalasse na Europa[6414], sobretudo nas suas zonas meridionais, em alguns Estados italianos[6415], em Espanha[6416] e depois, perigosamente, aproximando-se de Portugal[6417], onde acabou por triunfar.

[6413] *O Investigador Portuguez em Inglaterra*, XIII, Outubro de 1815, págs. 566 e ss. "Podemos dizer que a França está dividida em dois partidos: *Constitucionalistas*, que desejam manter a Constituição, agora estabelecida; e os *Anti-Constitucionalistas*, que pertendem destrui-la, e restabelecer a antiga ordem de couzas. O primeiro partido compoem-se de El Rey, seos Ministros, os Patriotas (pelos quaes suppomos se querem designar os antigos Republicanos), os que antes erão Buonapartistas, e de todos os partidistas de huma racionavel Liberdade. Á frente do outro partido estão o Duque e a Duqueza de Angouleme, com quem andão unidos a maior parte dos Emigrados, *todos os puros Realistas*, e huma grande porção da antiga Nobreza."

[6414] A. Debidour, I, págs. 143 e 144: "Dès la première nouvelle de ces événements, l'empereur de Russie, fidèle à ce principe que toute révolte était illégitime et rendit nécessaire l'intervention de la Saint-Alliance, proposa que les cinq grandes puissances s'entendissent pour rétablir l'ordre en Espagne (...). Mais si l'Angleterre avait mis peu de complaisance à seconder ses intentions relativement, il va sans dire qu'elle n'étaient nullement disposée à contrecarrer en Espagne, pour lui être agréable une révolution dont tout le profit devait être pour elle. (...) La crainte de voir s'étendre l'Autorité politique du gouvernement français explique aussi le mauvais vouloir avec lequel la cour de Vienne, docilement imitée par celle de Berlin, déclina les propositions de l'empereur Alexandre. Metternich réprouvait sans doute hautement les révolutions d'Espagne et de Portugal, mais il aimait mieux, à tout prendre, leur laisser gagner un peu de terrain que de permettre à Louis XVIII d'acquérir, en les comprimant, une prépondérance marquée sur l'Europe occidentale."

[6415] Simão José da Luz Soriano, *História da Guerra Civil e do Estabelecimento do Governo Parlamentar em Portugal*, Terceira Epocha, I, págs. 400 e ss.

[6416] Idem, *ibidem*, Terceira Epocha, I, págs. 394 e ss. Perante as conhecidas consultas a Palmela e posição do Gabinete inglês e demais Potências aliadas, bem como a opinião pessoal do Conde, o susto do Governadores do reino atingia raias de histerismo e assim o participaram a D. João VI em 18 de Março de 1820: "A gravidade e o rapido progresso dos revolucionarios factos, desenvolvidos em algumas partes da Hespanha, e ultimamente em Madrid; o horrivel assassinato do Duque de Berry em França; as conjurações descobertas em Inglaterra e na Alemanha; e as inquietações da Prússia e Russia, mostram bem claramente ate que ponto tem chegado a trama revolucionaria, que, não cessando de procurar o extravio da opinião publica, por meio de periodicos, e outros escriptos incendiários, tiram ao mesmo tempo, todo o partido dos descontentamentos que observam nos Povos, produzidas muitas vezes pelo por circumstancias que o melhor sistema de Governo não poderia evitar."

[6417] Joaquim de Carvalho, *História de Portugal. Edição Monumental comemorativa do 8º Centenário da Fundação da Nacionalidade*, (direcção de Damião Peres), VII, pág. 90: "Em Espanha, Nápoles e Portugal os Povos aclamaram a revolução liberal triunfante; souberam das ameaças do czar Alexandre contra a Liberdade, ao protestar a necessidade da Espanha expungir, por acto expiatório, o escândalo da revolução gaditana; suspeitaram que, em Troppau, a Rússia, a Áustria e a Prússia, as potências

Na prática, o desejo de se policiarem uns aos outros, a sede da dominação que entre si disputavam e o receio mútuo manifesto das grandes Potências, implicaram uma total inoperacionalidade para deter o espírito revolucionário ibérico[6418]. Como antes já tinham feito desfiar honrados e insuspeitos franceses[6419], atenta a intervenção da Santa Aliança, quando da segunda abdicação de Bonaparte ou patriotas alemães insatisfeitos com a quebra dos direitos que detinham e de que se sentiam esbulhados[6420].

E, se continuou a intrigar e a guerrear contra estes Estados, o resultado final das interpoladas lutas destes países acabou ainda na primeira metade do séc. XIX por ser o contrário das suas pretensões[6421].

Os traços do Individualismo primitivo da Revolução Francesa foram a fonte de todas estas revoluções cuja promoção teve a assistência da intelectualidade dos respectivos países. Nestes casos, deverá atentar-se à diversa forma pela qual os países em causas foram afectados pela Revolução Francesa, ainda que mais pela via indirecta – a recusa ao hegemonismo de Bonaparte – que mediante uma compre-

---

dirigentes da santa Aliança, se reuniam para sentenciarem a revolução napolitana e obstar a que ela contaminasse outros Estados itálicos; notaram que a França, na ambição equívoca de querer dominar espiritualmente, queria que prevalecesse a política de conciliação, da qual a *Carta* de Luiz XVIII seria o modelo, e finalmente alegraram-se quando viram a Inglaterra contrarrestar a acção colectiva, afirmando por escritos e actos que a santa Aliança não era uma liga destinada a governar a Europa e a policiar a política interna de cada Estado."

[6418] *O Portuguez*, XI, nº 61, pág. 52: "Bem o adivinha o coração presago ao Rey da Prussia, que prohibiu agora a entrada de gazzetas Hespanholas em seus dominios, e aos Gazzeteiros Prussianos o fazer menção dos ultimos acontecimentos d'Hespanha (...) hé natural, que os echos d'esses gritos vão perturbar o Senhor Guilherme Frederico, e trazer lhe á memoria o muito que deve aos seus vassallos, alem das promessas, que lhes fez, de uma Constituição e imprensa livre, segundo esta na memoria de todos, e na Proclamação de Kalitsch, e na resposta que deu em Vienna á deputação dos estados do reyno, e só não está na memoria d'esse ingrato Soberano!"

[6419] *O Investigador Portuguez em Inglaterra*, XIII, Agosto de 1815, "Extracto de huma Carta do Duque de Otranto á El Rey de França", págs. 238 e ss.: "(...) Se pertendeis renovar o mesmo sistema, e não quizerdes reconhecer outros direitos senão os hereditários. V. M. não reconhecerá nesse cazo nenhum dos direitos do Povo, exceptos os que emanam das concessões do throno, e então a França se achará, como antes, em toda a incerteza dos seos deveres. Não haverá balança alguma entre o seu amor pela patria, e entre o seu amor pelo Principe; entre as suas inclinaçoens, e entre a grande massa dos seos conhecimentos, que cada dia se augmentam. (...) Aquelles que maior vigor mostram em querer extender a auctoridade alem dos seos limites, são os que menos valem para sustenta-la quando ella chega á ver-se abalada: que esta auctoridade se destroe quando he forçada á entrar em continuos combates, que a obrigam a recuar da linha dos seos proprios projectos; que quanto menos direitos tem o Povo, maior he a sua desconfiança, e com maior tenacidade procura conservar aquelles que ninguem pode disputar; e que por esta forma se diminue em fim o amor ao soberano, e as revoluçoens se preparam, e rebentam."

[6420] *O Campeão Portuguez em Lisboa*, I, nº XXIV, Setembro de 1822, pág. 374: "Seus funestissimos effeitos [da Santa Aliança] se derão logo a conhecer pela cruel severidade com que se entraram a punir na Alemanha os mais intrepidos na Alemanha os mais intrepidos Campeões da Liberdade, taes como *Jahn e Arndt*, aplaudidos como heroes em 1813, e declarados sediosos em 1819!"

[6421] *O Observador Lusitano em Pariz*, Janeiro 1815, "Discurso Preliminar", pág. II, apresenta uma visão correcta do problema. Escreve Solano Constancio que "As guerras que outrora versavão sobre os limites dos imperios, e nascião de alguma caprichosa pertenção de hum soberano, hoje interessão todos os cidadãos e decidem não só da sorte dos monarchas e dos governos, mas até da condição dos particulares. O augmento e a propagação das Luzes, e a extensão das relações commerciaes entre as nações, são as principaes causas da constante attenção com que todos olhão em nossos dias os acontecimentos politicos e militares (...)".

ensão perfeita da divergência existente entre os princípios teóricos da revolução e a prática de Napoleão.

Para além das inúmeras prelecções partidas da imprensa liberal, certamente que os Vintistas, como os seus congéneres espanhóis ou napolitanos estariam bem cientes do enorme problema que a conjuntura externa lhes ia colocando. Não eram nem podiam ser indiferentes a notícias, mesmo quando provenientes de fonte suspeita, bastamente preocupantes e onde o grau de incidência da restauração do Absolutismo nos Estados revolucionados estava na ordem do dia.

Contudo, ao menos em Portugal, terá havido um certo descuido. Porventura cientes do bem fundado das suas razões e escudados no vizinho ibérico a comungar de ideias semelhantes, com preocupações de monta de regulamentação constitucional inovadora e extra-constitucional inadiável, tomaram o problema externo com menor grau de preocupação que deveriam[6422].

Acreditavam na boa-fé dos portugueses e na adesão do Rei à causa constitucional. Tiveram, no fundo, alguma razão. Não foram as Potências Aliadas quem implicou a derrocada do Vintismo, ao contrário do que sucedeu em Nápoles ou em Espanha. Foram portugueses que substituíram outros portugueses, sem necessidade de apoio directo da Europa absoluta. Se moralmente lhes terão dispensado a necessária motivação, internamente nem tanto foi preciso. Como já alguém disse, a *Constituição de 1822*, acabou em "panaceia" de uns quantos honrados, austeros, íntegros homens que, em dado momento, terão dado conta que a Razão da força falava mais alto que a força da Razão.

A evolução dos acontecimentos nos antigos Estados independentes italianos levará a uma situação semelhante à portuguesa e à espanhola. Em Nápoles, a conjugação de esforços entre um núcleo seleccionado do Terceiro estado e o Exército[6423], tal como aconteceu em Portugal a exemplo da Espanha[6424], conseguiu forçar a nota e os acontecimentos precipitaram-se. Em 1820, os napolitanos impõem a Fernando IV uma Constituição semelhante à de Cádiz[6425]; no Piemonte, Vítor Emanuel abdica no príncipe Carlos Alberto e é promulgada a *Constituição de Cádiz*.

[6422] António Vianna, *Apontamentos para a Historia Diplomatica Contemporanea*, I, "A Revolução de 1820 e o Congresso de Verona", Lisboa, 1901, é ainda o melhor relato no plano da abordagem epocal relativa ao problema europeu.
[6423] *O Campeão Portuguez ou o Amigo do Rei e do Povo*, III, Agosto de 1820, págs. 110 e ss.: "(...) as baionetas já não defendem o despotismo, mas só defendem a Liberdade!"
[6424] *O Portuguez*, X, nº 59, págs. 332 e 333: "D'entre todas as Nações, que podem, mais ou menos, sentir os effeitos da justa e santa revolução d'Hespanha, todos poem primeiro os olhos e pensamento em Portugal, nem parecem mal fundadas suas opiniões quando só se attenta á vizinhança, em que Portugal está d'Hespanha, e á similhança de Governo e estado politico de ambas as Nações, antes que a Hespanhola resuscitasse da morte á vida, do despotismo á Liberdade."
[6425] A. Debidour, I, pág. 146: "Les Napolitains, atteints les premiers para la contagion espagnole, donnèrent l'exemple de l'insurrection dès le 2 Juillet 1820 plusieurs régiments, cantonnés à Nola et à Avellino, proclamèrent, comme on l'avait fait dans l'Ile de Léon, la constitution de 1812." Veja-se *O Campeão Portuguez ou o Amigo do Rei e do Povo*, III, Setembro de 1820, págs. 164 e ss.

Depois disto assiste-se à reacção[6426] promovida por Metternich[6427] e asso-
-ciados – o czar da Rússia[6287] e o imperador da Áustria[6429] – em Troppau[6430] e em

[6426] *O Campeão Portuguez em Lisboa*, I, nº XXIV, Setembro de 1822, págs. 369 e ss.: "(...) Sem contemplação alguma com as luzes do século; sem nenhum respeito pelas actuaes ideias dos Povos, ideias que elles mesmos, na hora do perigo, solemnemente reconheceram por verdadeiras e justas, quando nos campos da honra prometteram ás Nações um novo e constitucional sistema politico, que ate agora nunca cumprirão; e sem a mais sombra, enfim, de gratidão ou de reconhecimento para os Povos, que os libertaram com tanto valor e bisarria do aviltamento servil em que os tinha posto um soldado aventureiro; são com effeito os despotas modernos um exemplo raro tanto de falta de generosidade como de farsa de caracter. (...) E porque vendo que já he impossivel fazer crer aos homens que haja Direito Divino para reinar, não somente conservá-lo de facto em uma illimitada servidão, mas até presumem com guerras impias aniquilar a consciencia do mesmo genero humano que, sentindo-se livre por essencia e natureza, já aspira hoje em todas as partes do mundo gozar dessa mesma Liberdade para que Deos o creara. (...)."
[6427] Metternich. *Memorias, apud* Tobias Monteiro, *Historia do Imperio. A Elaboração da Independência*, pág. 222, nota: "Dir-se-hia que o reino dos utupistas vai em breve começar e temos de louvar-nos nos De Pradt, Benjamin Constant, Wilson e até na lady Jersey."
[6428] *O Campeão Portuguez ou o Amigo do Rei e do Povo*, III, Agosto de 1820, pág. 109 e ss., dá nota dos esforços do Imperador Alexandre, ainda antes da Revolução Vintista, tendo em vista aniquilar os eventos de Janeiro-Março do mesmo ano em Espanha. Escreve que "o Imperador da Rússia acaba de se fazer famoso por a Nota official que mandou escrever ao ministros hespanhol em S. Petersburgo, e por outra que trasmittio a seus ministros, residentes nas diversas Cortes da Europa. S. M. Imperial e real desapprova nellas a Revolução de Hespanha; mas he pena que perdesse a memoria de tudo quanto fez em 1812. Que he, ou que foi a actual revolução de Hespanha? nem mais nem menos do que o restabelecimento da Constituição e das Cortes: e não as reconheceo solemnemente S. M. I. e R. por o artigo 3º do Tratado que fez com a Hespanha em 1812? mas então fazia-lhe isso conta. Tal he a moralidade, e taes são os principios porque se governão os Reis, que gozão de um Poder absoluto."
[6429] *O Campeão Portuguez ou o Amigo do Rei e do Povo*, III, Setembro de 1820, págs. 165 e 166: "Esta [a Santa Aliança] não tem querido receber os ministros de Napoles, está mandando marchas grandes forçadas para Itália, e tem dirigido Manifestos a todos os estados da Confederação Germanica, nos quaes Manifestos poem por primeiro artigo de Fé politica: – *que o manter o que existe deve ser o primeiro e mais importante dos cuidados de todos os soberanos!* (...) Quem sejão estes tres membros da santa Alliança todo o mundo sabe: a Áustria he uma potencia essencialmente despotica, como quem está respirando os ares visinhos do governo de Constantinopla; e por isso que muito he que abomine a Liberdade Napolitana? El Rei da Prússia he um monarcha ingrato, que ate hoje ainda não cumprio com a palavra que deo a seu Povo, apesar que este Povo he o mesmo que o libertou do jugo de Napoleão (...). O Autocrata das Russias he esse mesmo que assignou o Tratado secreto de Tilsit, que constava de 10 artigos seguintes: – 2º A dinastia dos Bourbons em Hespanha, e a da familia de Bragança em Portugal acabarão ali por uma vez de reinar: um Principe de sangue da familia de Buonaparte tomará a coroa daquelle Reino (...)."
[6430] Aberto em 25 de Outubro de 1820, com a participação da Áustria, da Rússia e da Prússia, sob o impulso de Metternich. Quanto à Inglaterra, estava sobretudo preocupada com os seus próprios interesses, que na contingência significavam um apoio discreto aos liberais napolitanos, como já o fizera a espanhóis e a portugueses. Admitia que a Áustria poderia agir como entendesse mas o seu regime parlamentar e alguma contestação interna ao novo monarca, Jorge IV, não lhe permitiam posição diversa. Além disso, tudo o que pudesse contribuir para minorar a influência francesa em Nápoles seria bem-vindo. A França, metida entre talas internas e com Luís XVIII a ser acusado de jacobino pelos ultras e de reaccionário pelos liberais, ainda que estreitamente ligado por laços familiares a Fernando IV, pouco poderia fazer. Veja-se o que a seu respeito vem publicado em notícia inserta n'*O Campeão Portuguez ou o Amigo do Rei e do Povo*, III, Novembro de 1820, pág. 310: "Por noticias de 18 de Outubro consta que nesse dia tinha chegado a Trappau, na Silésia o Imperador de Austria, e no dia seguinte se esperavão ahi o Imperador da Russia e o Principe da Coroa da Prussia. Já tambem ahi se achavão os Embaixadores e ministros de Austria, Russia, Prussia, e França

Laybach[6431], em 1820 e em 1821[6432]. Algo preocupados[6433] com os sucessos que se iam operando em prol da Liberdade[6434], os soberanos Aliados manifestavam grande impaciência[6435] e não menor insegurança[6436]. Na verdade, se os Povos haviam em certos casos usado e abusado de uma Liberdade que desconheciam por culpa exclusiva dos governantes, que os tinham reduzido à mais humilhante situação, pouco importariam os régios excessos.

e todos os dias estava a chegar lorde Stewart, ministro Britanico." Veja-se *Mnemosine Constitucional*, nº 27, 25 de Outubro de 1820; *Correio do Porto*, nº 34, 1820: "(...) he voz muito geral que o Governo Britannico se tem oposto ao systema de intervenção com força armada em os negocios interiores de outro Governo" e Simão José da Luz Soriano, *História da Guerra Civil e do Estabelecimento do Governo Parlamentar em Portugal*, Terceira Epocha, I, págs. 514-516.

[6431] *O Portuguez*, XI, nº 65, pág. 499: "Sempre nós cuidamos que o venerando appelido de santo, quando applicado a uma união politica, só o podia ser com boa razão á alliança natural de um Rey unido em laços constitucionaes com o seu Povo, espalhando sobre elles os beneficios d'uma administração legal, e d'elle recebendo em cambio de correspondencia tributos d'amor e gratidão; assi nos indiggnamos, vendo hoje esse nome propstituido a uma associação que tem por fim principal o dividir o Povo e o Rey, o acabar com todos os direitos d'aquelle, e com todos os deveres d'este; n'uma palavra, o fazer que um valha mais do que milhões."

[6432] *O Campeão Portuguez em Lisboa*, II, XXXV, Novembro de 1822, pág. 139, quanto às datas de início e finalização dos citados Congressos.

[6433] *Jornal da Sociedade Literaria Patriotica*, nº 1, 16 de Abril de 1822, pág. 3: "Debalde se arma a rasão contra a tyrannia: os despotas, por verem de podem entender-se, e concordar em seus interesses, formão santas alliancas, e não se entendem, e não concordão: os Povos, sem formar alliancas nem Congressos concordão em sentimentos em desejos e interesses, e entendem-se em toda a distancia e em todos os idiomas, porque a boa rasão não tem limites materiaes, e falla uma única linguagem. Os direitos das Nações, e os principios por onde ellas reclamão são em toda a parte os mesmos: se inda nalguns paises estão reprimidos por o Poder absoluto, se a força maléfica da ambiciosa prepotencia inda não os deixa geralmente proclamar; elles sem embargo existem nesses mesmos paises (...)."

[6434] *O Portuguez*, XI, nº 62, pág. 87: "A essa gente hé de proveito o sustentar o despotismo (do qual ninguem se faz campeão, senão para d'elle participar e ser instrumento) e com tudo, o mais que elles fazem, e o melhor que podem fazer hé chamar á *soberania do Povo* um dogma metaphisico e perigoso; e vem-nos logo á cara com os abusos da revolução franceza, na qual, em nome do Povo Soberano, se commetteram tantos horrores e barbaridades. Assi foi (para vergonha e descaramento o digamos) porem, d'esse mesmo abuso prova-se a Authoridade, Poder e Direito; que ninguem pode abusar, sem haver um principio e direito de que abuse, sahindo alem dos limites de Razão."

[6435] Simão José da Luz Soriano, *História da Guerra Civil e do Estabelecimento do Governo Parlamentar em Portugal*, Terceira Epocha, I, pág. 510: "Os principios que uniram as potencias do continente, dizia a *Gazeta de Hamburgo* de 18 de Dezembro de 1820, as potencias do continente, tendo sido livrar o mundo do despotismo militar de um individuo, saído da revolução franceza, não podem deixar de se constituir em motivo justo de obrar contra o Poder revolucionario, que se desenvolveu na Hespanha, Napoles e Portugal. N'esta grande empreza tomaram-se por guia os tratados, que deram a paz á Europa, e reuniram-se por guia os tratados, que deram a paz á Europa, e reuniram as suas nações. O certo é que os soberanos das citadas tres grandes potencias, ou com rasão, ou sem ella, abriram em Troppau, no mez de Outubro do citado anno de 1820, as suas primeiras conferencias, destinadas por então a mutuas explicações, dando-se á sua liga o nome de santa Alliança, declarado serem os seus fins a manutenção da paz e a tranquilidade da Europa (...)."

[6436] *O Portuguez Constitucional*, nºs 2 e 3 de Janeiro de 1821: "Estado Politico da Europa – Ou se declara a guerra á Liberdade, ou se contentão os Monarchas com estabelecer algumas garantias, que affiancem a tranquilidade dos seus Povos. (...) As Instituições livres, reclamadas pela justiça e Humanidade, hão-de ou não estabelecer-se a despeito do despotismo?" Nos números seguintes dá conta das manobras militares e políticas que se iam aprontando por parte dos próceres da santa Aliança, na sua luta contra a instauração do Constitucionalismo liberal em Nápoles mas, por arrastamento, a outros pontos da Europa.

E a melhor forma de reprimir as Ideias é essa precisamente: o uso da repressão, no que eram acessorados pelos antigos representantes diplomáticos portugueses nas várias Cortes europeias[6437], cujo comportamento deu brados no Congresso Constituinte. Ficam expostas as intenções da "Santa Aliança da Liberdade"[6438] em presença da sua congénere dos déspotas ilustrados europeus[6439], com obrigações muito bem doutrinadas[6440]. E há uma espécie de "resposta à resposta" com o início do Congresso de Verona[6441],

[6437] *O Campeão Portuguez ou o Amigo do Rei e do Povo*, III, Dezembro de 1820, pág. 373: "Agora, á maneira dos santos alliados de Tropeau, que estão deliberando no exterminio de todas as Liberdades dos povos, tambem nossos estultos pigmeos diplomaticos conceberam a risivel e estupida ideia de aniquilar a recem nascida Liberdade em Portugal (...)."

[6438] Quão enganados estavam alguns revolucionários escritores da época, que algo utopicamente entendiam que pela aliança entre as "Nações livres", tudo se resolveria. Veja-se *O Portuguez Constitucional*, nº 5, 27 de Septembro de 1820: "Extracto d' *O Conservador*, de 2 de Setembro de 1820, periódico de Madrid – A confederação das Nações livres far-se-há necessaria, se aos nossos planos se oppuzer alguma força estrangeira: unidos então os Amigos da Liberdade pelejarão contra os Satellites da Tyrannia. E poderemos duvidar da victoria? Despotas chegou o vosso fim: a Sabedoria discorrendo por todos os paizes, e a Liberdade inflammando todos os corações vos preparão a guerra mais cruel (...)." Veja-se Isabel Nobre Vargues, "O Processo de Formação do Primeiro Movimento Liberal: a Revolução de 1820", *História de Portugal* (direcção de José Mattoso), V, pág. 45: "(...) A legitimidade absolutista e o equilíbrio europeu que se pretendeu com a realização do Congresso de Viena vão acabar no confronto entre restauracionistas ultras (a Santa Aliança dos Reis) e regeneradores liberais (a santa Aliança dos Povos). Para os primeiros, só uma restauração total poderia destruir os efeitos da revolução-regeneração. Para os segundos, que se opõem aos tratados de 1815, apostolando a Liberdade, o que se tornava necessário era reformar as instituições e garantir a emancipação dos povos, utilizando para tal o capital teórico constituído pela herança revolucionária."

[6439] *O Campeão Portuguez em Lisboa*, I, nº XXIV, Setembro de 1822, pág. 377: "E pois que a primeira demonstração hostil dos Reis absolutos contra os Povos livres e Reis constitucionais foi a formação de uma santa Alliança; outra santa Alliança devem immediatamente formar contra ella todos os povos livres, ou os que o quizerem vir a ser. (...) *A santa Alliança dos Povos contra a santa Alliança dos Reis está pois fundada não só no Direito Natural que nos manda resistir a todo o injusto aggressor; mas funda-se no primeiro de todos os direitos sociaes e políticos que he a natural soberania e independencia das Nações; dois principios, dos quaes só pode dimanar qualquer Poder legitimo, ou qualquer Auctoridade pública, por meio da qual os homens consentem em ser governados.*"

[6440] *Ibidem*, I, nº XXIV, Setembro de 1822, págs. 381 e 382: "*A santa Alliança dos Povos contra a santa Alliança dos Reis deve, conseguintemente, ter a sua primeira origem no territorio classico da Liberdade Peninsular.*" *Ibidem*, II, XXVII, Outubro de 1822, págs. 3 e ss., desenvolve as suas recomendações neste sentido: "(...) como elles pertendem destruir a nossa obra começada, e na qual constantemente trabalhamos, *formando contra nós santas alliancas, outras iguaes e santas alliancas nós devemos, quanto antes, formar debaixo do mesmo sistema e mesmo plano*; porque se he do grande interesse dos Rei, que aspirão a manter em um mundo civilizado o perpetuo Poder absoluto, ligarem-se entre si mutuamente para melhor desempenhar esta obra de iniquidade; *o mesmo, e ainda maior interesse tem todos os povos que amam a Liberdade, em se unirem estreitamente não só para manterem no mesmo mundo civilizado um Poder legal e rasoavel, porem para repelirem com tanto vigor e com uma audaz resolução todas as tramas e todos os ataques que, aberta ou escondidamente, se dirijão a forçar os Povos para que dobrem joelhos diante do monstruosos altar de qualquer bestial e vergonhoso despotismo.*"

[6441] *O Campeão Portuguez em Lisboa*, II, XXXV, Novembro de 1822, págs. 129 e ss. O optimismo do redactor é evidente; pena que as suas judiciosas afirmações e os desejos manifestos não se tivessem conservado. Assim, "do que tenho dito concluí: que longe de podermos ou devermos recear os resultados do Congresso de Verona, antes pelo contrario devemos ficar certos que depois delle a santa alliança hade ficar mais desacreditada e mais fraca moralmente do que antes estava; porque de certo hade ella dar a Europa novas provas de suas intenções liberticidas." Contudo e pouco tempo decorrido, logo em Dezembro seguinte, tem de reconhecer que se enganou. Isto é tanto

Assembleia de soberanos e ministros acordada para meados de Outubro de 1822[6442] e cujos reflexos em Portugal serão vistos adiante.

De facto, a despeito dos sermões que publicamente iam pregando – na mente a recordação de Luís XVI devia ser muito forte – secretamente, Fernando VII de Espanha ia invocando a Alexandre da Rússia e Fernando IV de Nápoles, a Francisco I da Áustria[6443]. Eles eram os únicos parceiros da Santa Aliança com que poderiam contar, dado o desinteresse manifesto da França – aliás com problemas semelhantes internamente[6444] – e a oposição declarada da Inglaterra[6445].

Os Congressos acima mencionados mais não pretendiam que ser uma resposta comum por parte dos déspotas europeus[6446] aos avanços liberais na Europa meridional. Por outras palavras, a afirmação que apenas compete aos soberanos "dar" Constituições aos povos, negando a estes a capacidade e a legitimidade para as elaborar; negando, pois, a sua Liberdade política.

Por exemplo, em Troppau[6447] ficou decidido haver direito de intervenção das Potências da Santa Aliança em todos os Estados revolucionários, ainda quando os seus respectivos soberanos tivessem aceite o espírito da revolução[6448].

mais verdade que as demais potências aliadas deixaram a cargo da França fazer a guerra à Espanha, guerra essa que "parece inevitável, se attendermos ao frenetico rancor com que odeiam a Liberdade esses que depois de trinta annos tem estado sempre em armas contra ella (...)."

[6442] Os soberanos presentes foram o czar da Rússia, o imperador da Áustria, os Reis da Prússia, da Sardenha e Duas-Sicílias, o grão-Duque da Toscana, o Duque de Modena e a Duquesa de Parma. O pessoal diplomático compreendia, do lado da Áustria, Metternich, Esterhazy, Lebzeltern, Zichy, Ficquelmont, Bombelles et Gentz; pela França, Montmorency, Chateaubriand, Caraman, La Ferronnays, de Serre, Rayneval, La Maisonfort; pela Grã-Bretanha, Wellington, Stewart (feito lorde Londonderry por morte do seu irmão mais velho, lorde Castlereagh, um *tory* assumido), Gordon, Stargford, Fréderic Lamb, Burghers; por Nápoles, Ruffo; pela Prússia, Hardenberg, Bernstorff e Hatzelf; por Roma, o cardeal Spina; pela Rússia, Nesselrode, Pozzo di Borgo, Lieven, Tatistcheff, Mocenigo, Stackelberg, Italinsky, Oubril; pela Sardenha, La Tour e muitos outros. Naturalmente não havia representantes ibéricos.

[6443] *O Campeão Portuguez ou o Amigo do Rei e do Povo*, III, Setembro de 1820, pág. 165.

[6444] *Ibidem*, III, Setembro de 1820, pág. 167: "Em quanto as revoluçoens abertamente proclamão a Liberdade em algumas extremidades da Europa, a França, colocada no centro, mostra certos movimentos convulsivos, que indicão que uma nova revolução naquelle paiz pode muito bem depender de um só forte ataque de gota, com que El Rei Luís 18 pode ser visitado por a mão da Providencia. O simples boato de que Luís tinha morrido ou que estava na agonia, produzio, segundo dizem, a descoberta de uma conspiração em Paris, a qual tinha por fim marchar em direitura ao palacio do Rei, e ahi proclamar por soberano um individuo da familia de Buonaparte."

[6445] Simão José da Luz Soriano, *História da Guerra Civil e do Estabelecimento do Governo Parlamentar em Portugal*, Terceira Epocha, I, págs. 539 e ss., justifica a posição inglesa não apenas com os problemas internos com que se via confrontada e eram promovidos por camadas da sua população interessadas em aderir ao socialismo emergente dos prenúncios da Revolução Industrial, como pelo facto de ser coisa bem estranha que um país que se regia pelo sistema parlamentar, aceitar coligar-se com próceres dos sistemas absolutos, completamente opostos às ideias de Liberdade que defendia.

[6446] Idem, *ibidem*, Terceira Epocha, I, págs. 401 e 402: "(...) nasceu entre os soberanos das grandes potencias a convicção de que esta revolta [a napolitana] fora manejada por fanaticos politicos obscuro, e executada por soldados perjuros e obstinados, que foram os que em poucos dias privaram el-Rei de Nápoles do seu poder e da sua Liberdade, pondo fim á ordem e á tranquilidade da Italia."

[6447] *O Portuguez*, XI, nº 65, págs. 423 e ss.: "O Concilio da Santa Alliança, em que entram as sinco Nações maiores da Europa, tem a sua semelhança com o Tridentino, que não acabou aonde fora começado, antes andou de Anás para Caifás, e de Herodes para Pilatos".

[6448] *Ibidem*, XI, nº 66, págs. 506 e ss., relativo à troca de mensagens entre Fernando IV e o Parlamento napolitano antes da queda do Constitucionalismo por força da intervenção da Santa Aliança.

Se isto se aplicava a Nápoles[6449] e ao Piemonte[6450], casos directamente em estudo[6451] e onde se riscava o Constitucionalismo[6452], aplicava-se à Península Ibérica[6453] e só não aconteceu em Portugal porque a Inglaterra, por uma vez, não estava disposta a deixar andar os acontecimentos sem intervir[6454].

Tanto significava que a Liberdade adquirida nesses Estados e pelos respectivos cidadãos e Povos, pura e simplesmente desapareceria, regressando o despotismo dos

[6449] Simão José da Luz Soriano, *História da Guerra Civil e do Estabelecimento do Governo Parlamentar em Portugal*, Terceira Epocha, I, págs. 605 e ss.

[6450] *O Portuguez*, XI, nº 66, págs. 500 e ss. "(...) Mas, continuam os reys, *os Napolitanos não queriam mudanças: uma facção foi o todo n'isso; e o Rey viu-se obrigado a ceder n'ella. Um punhado de jacobinos, inimigos da verdadeira Liberdade, sem honra e sem virtude trouxe essa mudança, com que esperam metter a anarchia em todos os Estados d'Italia, e os innundar de sangue...* Todas estas razões de Suas Majestades (razões de Lobo ao Cordeiro) (...) não valem. Os *Santos Alliados* estão determinados a poer em baixo a *Constituição de Nápoles*, senão puderem com persuasões, por a força d'armas."

[6451] *Correio do Porto*, nº 26, 1820: "*Nota que o Gabinete de Vienna dirigio a todas as Cortes da Alemanha sobre os acontecimentos de Nápoles*: Os acontecimentos que acabão de se manifestar no reino de Nápoles, provão, ainda com maior evidencia do que todos os outros acontecimentos de semelhante natureza experimentados até ao dia de hoje, que a influencia das seitas revolucionarias pode causar violentas convulsões, até mesmo nos Estados governados com sabedoria, e a contento do Povo; e *mostrão que os seus manejos são capazes de arrazar em pouco tempo o Edificio social*. (...) *A ordem politica estabelecida na Europa em 1815, debaixo da garantia de todas as Potencias, naturalmente confere á Áustria a Authoridade de Guarda e Protectora da Italia. O Imperador esta firmemente resolvido a desempenhar os deveres que assim lhe são impostos; a remover para longe de suas fronteiras, e das dos seus visinhos, todo o movimento que perturbar a paz e a tranquillidade publica (...) está resolvido a lançar mão dos meios mais energicos, todas as vezes que as medidas legitimas, e administrativas não offereção huma sufficiente segurança.*"

[6452] *O Portuguez*, XI, nº 65, pág. 424: "Esse Congresso de Troppau (...) ajuntou-se para destruir a recém-nascida Liberdade de Napoles, por convocação do Imperador d'Austria, que arreceia, como tem de lhe vir a acontecer, o perder seus opprimidos senhorios d'Italia, que tomem o exemplo dos vizinhos napolitanos. (...) Abata-se a contagiosa Liberdade de Napoles, e conserve-se Veneza e Lombardia *in status quo* que isso lhe serve."

[6453] *O Portuguez*, XI, nº 65, pág. 429, dá nota que logo a seguir ao encerramento das Cortes, em 9 de Novembro de 1820, Fernando VII retomou a sua nunca esquecida política anti-constitcional, ao nomear para Governador de Madrid um seu fiel, sem a assinatura do ministro competente, no que violou deliberadamente a Constituição. E desabafa: "Tudo estava perdido, se não fora o bom espírito do Povo, e os esforços da Comissão permanente das Cortes, ajudada das Representações da camara de Madrid; mas ao cabo viu-se o Rey obrigado a ceder ás justissimas instancias que lhe fizeram (aonde teve mais força de persuadir a ameaça de se poer ás costas a pena da Constituição, que hé o passar a coroa para o proximo successor) e Elrey annullou sua eleição illegal (...)."

[6454] A Inglaterra e a França afastaram-se destas resoluções e não assinaram nada. Deixaram, por isso, o odioso das questão às demais Potências, elas mesmas entre si a precisarem de se entender no tipo de repressão autorizado quanto à instauração de governos liberais na Europa. Importa anotar a considerações tecidas por Joaquim de Carvalho, *História de Portugal. Edição Monumental comemorativa do 8º Centenário da Fundação da Nacionalidade*, (direcção de Damião Peres), VII, pág. 95: "Fora o caso que o gabinete inglês avisara o governo português de que a tríplice aliança da Áustria, Prússia e Rússia resolvera não reconhecer nenhum governo revolucionário e declarar, pela circular de 8 de Dezembro de 1820, que urgia, em primeiro lugar, aniquilar a revolução de Nápoles. O perigo para os dois estados da Península era, pois, grande. Ao fazer este aviso, o gabinete de Londres prometia ao Governo Provisional interpor a sua influência junto da Tríplice no sentido de Portugal ser poupado à afronta da intervenção se o soberano Congresso aprovasse uma constituição moderada, a exemplo da carta que Luís XVIII outorgara aos franceses, a qual sem dúvida D. João VI aprovaria." Como sempre, a Inglaterra jogava em dois tabuleiros e ia prosseguindo uma política em que os seus interesses predominavam, manifestando simpatia pelos direitos recém adquiridos dos Povos que ascendiam à Liberdade.

monarcas absolutos[6455]. A Santa Aliança não recuava perante objectivos[6456], mas era visível existirem internamente tantas disfunções, que os planos contra-revolucionários certamente não poderiam ser executados ponto a ponto[6457].

O Congresso de Laybach significou algo de parecido, para pior, com o que se passara uns anos antes em Bayonne com a Família Real espanhola, mas agora com aplicação directa a Fernando IV de Nápoles, que aliás se terá sentido aliviado por sair de um país onde fora obrigado pela enésima vez a jurar a Constituição liberal de 1820.

Regressado a Nápoles com as exigências de Metternich aceites, seguiu-se a perseguição aos liberais napolitanos, grande parte mortos e grande parte forçados a emigrar para Portugal ou Espanha, onde os constitucionais peninsulares os receberiam de braços abertos[6458].

Tão mal andaram os patrocinadores de todos estes escolhos à Liberdade dos napolitanos, que ainda não estava encerrado o Congresso de Laybach, já o Piemonte lhe seguia o caminho. Os piemonteses, tão descontes com Vítor Emanuel I quanto os napolitanos com Fernando IV, forçaram aquele a abdicar em Carlos Félix, seu irmão, ausente e por isso substituído pelo Regente Carlos Alberto. No Piemonte foi proclamada a *Constituição de Cádiz de 1812*.

Os problemas começavam a ser demais para Metternich, tanto mais que a Grécia começa a colocar-se em estado de guerra contra a Turquia, sob patrocínio não oficial da Rússia, cujas relações com a Porta eram cada vez menos pacíficas. Apesar de protestar nada saber da insurreição grega e até se dispor a ajudar Metternich a colocar ordem no Piemonte, submetido logo a seguir como Nápoles, parecia pouco aceitável entrever total sinceridade no autocrata que era Alexandre. Quando se tratava de reprimir a Liberdade, o acordo era total; quando era momento de se desfeitearem mutuamente, o acordo era, do mesmo modo, total.

Encerrado em Maio de 1821, as conclusões de Laybach, em tudo semelhantes às de Troppau, não podiam ser mais esclarecedoras. Consideravam-se as três Potências as legítimas guardiãs da manutenção dos Tratados, da paz geral e da felicidade das Nações, frisando que se entendiam no direito de intervir, para defender a Autoridade legítima contra a revolta, não devendo as alterações úteis ou necessárias na legislação e na administração dos Estados provir senão da vontade livre, do impulso reflectido e esclarecido daqueles a quem Deus tinha querido como responsáveis pelo Poder.

[6455] A. H. de Oliveira Marques, *História da Maçonaria em Portugal* "Das Origens ao Triunfo", II, pág. 26: "A intervenção estrangeira em Nápoles e na Espanha constituiu outro argumento para a queda do Liberalismo. (...) As Potências da santa Aliança, garantes da paz e da ordem dentro da legitimidade, resolveram intervir naqueles dois países. A partir das decisões tomadas nos Congressos de Troppau-Laybach (Dezembro, 1820-Fevereiro, 1821) e Verona (Outubro, 1822), as tropas austríacas auxiliaram o Rei de Nápoles a por fim ao Liberalismo nos seus Estados (Fevereiro, 1821), ao passo que o exército francês invadia a península Ibérica (Abril, 1823), subjugando os liberais espanhóis após uma campanha de quase seis meses."

[6456] José Liberato Freire de Carvalho, *Ensaio Político sobre as Causas que Prepararão a Usurpação do Infante D. Miguel*, págs. 7 e ss.

[6457] Veja-se o protesto oficial do Gabinete de St. James de 19 de Dezembro de 1820 e 16 de Janeiro de 1821, bem como a posição oficial do Ministério francês de Fevereiro de 1821. Em ambos os casos, Jorge IV e Luís XVIII declaravam não poder aderir às decisões de Troppau. Fossem ou não movidos pela sinceridade de propósitos, isto era o pior que poderia acontecer à Áustria, Prússia e Rússia coligadas e acabou por significar uma certa margem de manobra para a Península Ibérica.

[6458] José d'Arriaga, *História da Revolução Portuguesa de 1820*, II, págs. 629 e 630.

Mais uma vez não havia unanimidade; enquanto a Rússia e a Áustria se mantinham absolutamente irredutíveis nas suas pretensões absolutistas e despóticas e completamente avessas a qualquer contemplação com os revolucionários espanhóis e portugueses, já a França mantinha uma posição dúbia e pouco favorável à intervenção armada na Península Ibérica.

Quanto à Inglaterra, era absolutamente contrária e o ministério de *tories* que a representava, não ficaria atrás de qualquer conjunto *whig* na protecção dada ao Liberalismo e à Liberdade portuguesas, acreditando piamente que a propagação das ideias liberais em nada podia afectar um país como o seu, onde a prática da Liberdade e do Governo parlamentar tinha séculos de existência. A Inglaterra não estava disposta a compromissos, tinha reconhecido as colónias da América espanhola, ajudava D. Pedro e os brasileiros a conseguir a sua independência e, logo, não podia ir contra os seus princípios.

Esta a política de Canning, que enviara Wellington ao Congresso de Verona, com o recado final da Santa Aliança estar "absolutamente proibida" de intervir em Portugal. Se o fizesse, em nome dos Tratados assinados entre nós e a Inglaterra, esta interviria de imediato, o mesmo se aplicando com alguma veleidade para com o Brasil. Se não faziam nada para defender as Constituições espanhola e portuguesa[6459], faziam tudo para defender o Estado português e o Brasil, reservando-se total Liberdade de acção relativamente às colónias americanas.

Decidida a invasão de Espanha a efectivar pela França[6460], apesar da enorme relutância que este país apresentou de a efectivar, estava decidido o destino de Portugal[6461], de que todos pareciam duvidar cada vez menos[6462]. Em qualquer caso, não se pode dizer que os desastres físicos e morais, de novo sentidos pelos espanhóis, encontrassem total eco em lusas terras.

[6459] Graça e J. S. Silva Dias, I, 2, pág. 714: "A doutrina inglesa, nos fins de 1822, já não podia deixar dúvidas de interpretação. Ward comunicara a Pinheiro Ferreira que o seu país mantinha a garantia da integridade territorial lusitana, nas condições anteriormente formuladas, mas recusava qualquer apoio às novas instituições, tais como existiam [sistema unicameral e veto suspensivo do monarca]. As dúvidas que (mal fundadas) porventura ainda subsistissem dissipou-as Canning, na Câmara dos Comuns, em 30 de Abril, quando o exército de Luís XVIII progredia, sem dificuldade, no interior da Espanha. O ministro inglês, tendo presente o preâmbulo do decreto de 8 de Março [Bases da Constituição] e as opiniões expandidas pelo seu colega português da Guerra, condensou essa doutrina em dois tópicos fundamentais: primeiro, que a Inglaterra não dava qualquer garantia às instituições políticas (tais quis) vigentes em Portugal; segundo, que só garantiria o respeito das suas fronteiras, desde que o governo luso não interviesse militarmente no reino vizinho."

[6460] *Memórias do Marquês de Fronteira e d'Alorna, D. José Trazimundo Mascarenhas Barreto, ditadas por ele próprio em 1861*, Parte II, pág. 288: "Os democratas portugueses e hespanhoes esperavam que os seus irmãos maçons de França fizessem uma revolução e banissem novamente os Bourbons, e, tanto em Hespanha como em Portugal, em logar de augmentarem o Exercito, só curavam de crear Guardas Nacionaes, os quaes, com a sua exaltação, comprometiam a ordem pública e faziam augmentar os inimigos da Liberdade. O chamado *partido corcunda* crescia a ponto tal, que causava sérias apprehensões ao Governo."

[6461] Sobre as relações neste período entre Portugal e Espanha no que respeita à conclusão de Tratados de aliança e defesa mútua, que seria muito bem vindos pela ala radical do Congresso e por boa parte do ministério e insistentemente contrariados por Silvestre Pinheiro Ferreira, veja-se Graça e J. S. Silva Dias, I, 2, págs. nº 715 e ss.

[6462] DHCGNP, I, págs. 587 e 588, intervenção do secretário de Estado da Guerra, a respeito das necessidades para o exército português em presença da ameaça estrangeira.

As Potências aliadas sabiam perfeitamente qual era a posição inglesa a respeito de Portugal, e não se atreveram a autorizar a França a fazer qualquer investida às fronteiras portuguesas.

De facto, quem a veio a fazer foram os contra-revolucionários portugueses, que conseguiram derrubar a *Constituição de 1822* e recolocar D. João VI no trono de novo como monarca absoluto.

A ideia fundamental para a configuração política saída da *Vilafrancada* seria a de "arrumar a casa". Na verdade, consideravam os contra-revolucionários e mesmo alguns liberais de feição mais moderada que a ordem teria de ser recolocada nos seu preciso lugar. E isso implicava que a concepção da soberania deixasse de ser vista como nacional, não sendo o povo a dotar a Nação, por intermédio dos seus representantes, de uma Constituição, mas o Rei a presenteá-la, por seu especial arbítrio e boa vontade a tomar tal iniciativa.

§ 3º. Síntese da temática do presente capítulo

É sabido o que os contra-revolucionários pensam dos direitos individuais consagrados em termos de Liberdade individual; sabe-se o que reflectiram acerca da Liberdade civil e das garantias jurídicas que a sustentam; como tal fica-se de posse de todos os elementos para destacar a sua não adesão à Liberdade política do cidadão e da sociedade.

Remonta-se ao período anterior ao 24 de Agosto de 1820, com a diferença que nem sequer se poderá falar em proto-liberalismo, como alguns pretenderam aí existir. Na verdade estava saneado tudo o que fosse Liberalismo e ainda mais qualquer ideia de Liberdade política, de soberania nacional, de representatividade ou de defesa e garantia da Constituição.

A concepção de Liberdade do providencialismo em nada se pode confundir com o "status" até então instalado.

O Cartismo recuperará os traços teóricos do problema, moderando-o e adequando à sociedade portuguesa da época. São outros tempos; são questões que ultrapassam temporalmente o Estudo. Futuramente e devido ao volume de material disponível, caso haja oportunidade para tanto, a investigação será retomada neste preciso ponto.

ALGUMAS CONCLUSÕES A RETER

Partindo sempre do pressuposto que as Ideias Políticas "são representações simplificadas e meramente descritivas" como afirma Martim de Albuquerque, não se identificando com os vocábulos usados para as designar, naturalmente que há a considerar as diferenças espacio-temporais promovidas pela onomasiologia, quando a palavra "Liberdade", como Ideia Política, se possa patentear.

Tal como as demais Ideias Políticas.

Retenha-se, mais, que a elaboração do presente Estudo não estabelece a relação entre Ideias Políticas e Direito Público. Sendo reconhecidamente opção muito válida, não foi esse o sentido das presentes reflexões, reservando-se para futuros trabalhos uma apreciação nesse plano.

Ao contrário, nos domínios secantes do Pensamento político, de um modo geral, e com o pano de fundo essencial da História das Ideias Políticas, incursões foram feitas sempre que se verificou a sua imprescindibilidade para a exposição.

A Liberdade individual, significando a racionalidade própria do indivíduo, implica que seja o mesmo a determinar-se em função das necessidades com que se confronta. Quer no diálogo social com os demais homens, segundo a perspectiva inglesa, quer porque por força da manifestação da sua vontade e razão, segundo a versão jusnaturalista, visa a criação de laços sociais e políticos. A Liberdade individual é consagrada no plano dos direitos individuais, que são a marca de água da racionalidade humana.

Concomitantemente, foi pela doutrinação sustentada por adeptos do Absolutismo, *Les Philosophes*, que a Liberdade individual de pensamento, sobretudo no plano da Liberdade de consciência e da tolerância religiosa, que se criaram as bases estruturantes das convicções individualísticas pessoais que conduziram à Revolução Francesa.

Isto que é sem dúvida verdade, resultou em que essa doutrinação não teve qualquer eco em Portugal no plano da Liberdade de consciência mas se assumiu como determinante, no domínio do eclectismo josefino e do tradicionalismo marino, para a abertura inédita e oficialmente promovida de um Pensamento estrangeiro que se pretendia adaptar a Portugal, visando a modernização do país em presença do designado intolerantismo jesuítico.

Por outro lado, o Contratualismo Moderno foi moderadamente recebido em Portugal, uma vez que se era admissível a visão contratualística da sociedade, não o era, por definição, a da origem do Poder político, assente em convenções de Direito humano celebradas entre Povo e Rei.

Nesta ordem de factores, frise-se a divergência entre indivíduo como valor ou individualidade marca a diferença entre Contratualismo absolutista e liberal. A primeira situação esgota qualquer participação política do indivíduo na conformação da sociedade; a segunda admite que o cidadão participe activamente e quotidianamente na mesma, pela via da representatividade.

Por esse facto, os direitos individuais abstractos consagrados pela Revolução Francesa e a celebração de um pacto de sociedade, fundado em Razão e Vontade, parte da teorização jusracionalista, fonte para a concretização liberal do mesmo. Opcionalmente, sendo o homem à partida um Ser livre porque vivendo e agindo dentro duma sociedade livre – que permite a activação duma Liberdade aristocrática de participação política – deve actuar no sentido de manter a sua Liberdade individual e política, renovando-a e reformulando internamente sempre que se torne necessário.

Como consequência, se os direitos naturais ou individuais antecedem conceptualmente os direitos políticos, o cidadão, de posse da sua Liberdade política, de imediato a consagra como direito individual e fundamental, agindo em concurso ou previamente à própria transformação da Liberdade da sociedade em política. É a Liberdade política do cidadão que fundamenta a da sociedade e suas instituições livres e numa sociedade livre só pode haver homens livres.

Simultaneamente, por força da conjugação entre homem "histórico" e "natural", "abstracto" e "concreto", ou da individualidade única e sem paralelo da essencial natureza do Ser humano, com a sociabilidade inerente à temporalidade, resulta um Ser individual com relações sociais, dentre as quais as políticas. Este é o ponto onde se deve situar a Liberdade concreta e real, definindo-se em função de leis, no equilíbrio dos Poderes e mediante a acção do Estado, que também estabelece quem pode deter a qualidade de cidadão.

A Liberdade política do cidadão deve fazer parte dos próprios direitos individuais, mediante consagração constitucional, firmada em Declarações de Direitos que integram ou não as Constituições e ao respeito das quais estas se não podem furtar.

Por sua vez, para o Liberalismo existem antinomias difíceis de solucionar, nomeadamente as que opõem indivíduo e cidadão e que apenas a este conferem o direito de cidadania indispensável para a formação de Assembleias representativas da Nação. Todos os homens detêm direitos naturais e por isso são indivíduos mas nem todos os homens têm direito à participação política na sociedade.

Tendo pois em consideração todos os pontos antes apontados, pode afirmar-se que os mesmos influenciaram decisivamente a conformação do Primeiro Liberalismo nacional, que se decide pela opção "francesa" em detrimento da "inglesa" e não apresenta um Pensamento sistemático nesta fase da nossa História das Ideias. Do mesmo modo, não obstante a Liberdade de pensamento incrementada com o Vintismo e a aquisição da tolerância religiosa como garantia civil para os estrangeiros, Portugal mantém a sua religião de Estado Católica-Apostólica-Romana.

Termina-se com o produto final saído da interpretação dada pelos homens do Primeiro Liberalismo à ideia de Liberdade, afastada dos anseios populares e aviltante de instituições tidas por sagradas, como a Igreja: apesar de inicialmente os propósitos do Vintismo, assumidos por todos os seus promotores, se identificarem como uma "Regeneração", transformaram-se prestes em "Revolução", o que se prova pelo texto da *Constituição de 1822* e pela subsequente queda da mesma por força da *Vilafrancada*.

FONTES E BIBLIOGRAFIA

MANUSCRITOS

AHP, *Collecção Auxiliar*, II, fls. 79-79 v.: Decreto de 16 de Agosto de 1781: "Decreto de Perdão ao Marquez de Pombal, Sebastião José de Carvalho e Mello

AHP, *Collecção Auxiliar*, II, fls. 130-131: "Decreto que determinou a Revizão do Novo Código e Nomeou os Ministros para a Junta"

AHP, *Collecção Auxiliar*, II, fls. 285: "Decreto para Governar o Senhor Dom João durante a Molestia de Sua Mãe"

AHP, *Collecção Auxiliar*, II, fls. 444-444 v.: "Decreto de 15 de Julho de 1799 pelo qual O Príncipe D. João se declarou Regente do Reyno pelo impedimento e moléstia de Sua Mãe"

AHP, *Comissão da Constituição*, caixa 39, documento 75 de 10 de Setembro de 1821.

AHP, *Comissão da Constituição*, caixa 76, documento 67

AHP, *Comissão da Constituição*, caixa 86, documento 120, 2 de Novembro de 1822

AHP, *Comissão da Constituição*, caixa 86, documento 172

AHP, *Comissão da Constituição*, caixa 86, documento 161, Projecto 221 relativo à abolição dos privilégios pessoais de foro

AHP, *Comissão da Constituição*, caixa 86, documento 187, relativo ao Projecto para a Deputação Permanente

ANTT, *Arquivo Costa Cabral* – B – 2º. Parte, n.º 6

ANTT, *Arquivo Casa Palmela*, Filme 5525 P a 5529 P

ANTT, *Arquivo Casa Palmela*, caixa 23

ANTT, *Arquivo Casa Palmela*, caixa 207

ANTT, *Corpo Chronologico*, Lei de 14 de Abril de 1755

ANTT, *Corpo Chronologico*, Lei de 6 de Junho de 1755

ANTT, Corpo *Chronologico*, Lei de 7 de Junho de 1755

ANTT, Corpo *Chronologico*; por Alvará de 28 de Junho de 1759

ANTT, *Corpo Chronologico*, Decreto de 10 de Março de 1764

ANTT, *Corpo Chronologico*, Lei de 5 de Abril de 1768

ANTT, *Corpo Chronologico*, Lei de 26 de Maio de 1773

ANTT, *Corpo Chronologico*, Lei de 29 de Julho de 1773

ANTT, *Manuscritos da Livraria*, n.º 1008

ANTT, *MNE, Legação de França*, 15 de Janeiro de 1790

ANTT, *MNE, Legação de Portugal nos Estados Unidos*, cx. 1, doc. 1

ANTT, *MNEJ*, caixa 36 (documento sem número)

ANTT, *MNEJ*, maço 31, n.º1

ANTT, MNEJ, maços sem rótulo, (documento sem número): D. C. N. – *Providencias Interinas sobre a regeneração de Portugal*, Lisboa, 1820

ANTT, *Ministério do Reino*, maço 242, n.º 7

ANTT, *Ministério do Reino*, Livro 327, fls. 70v.

ANTT, Ministério do Reino, Livro 536

ANTT, *RMC*, caixa 1 (documentos sem número)

ANTT, *RMC*, caixas 139, 141-141, 144, Listas de Livros vindos do estrangeiro; caixas 494-497, Catálogos de Livreiros e Editores

ANTT, *RMC*, Livro 14

ANTT, *RMC*, Livro 21, Despacho de 6 de Outubro de 1768; Parecer de 2 de Setembro de 1776;

ANTT, *Leis*, Livro 11, fls. 62 v. – 64

BNL, *Fundo Geral*, códices 1572, 9482, 9842

BNL, Cód. 4668, António Ribeiro dos Santos, *Sobre a Convocação dos estados ou cortes; Selecta Jurisprudentiae Naturalis; Sobre a Origem do Poder Soberano; Principios do Direito Natural Acerca do Dominio e do Uso do Mar*

BNL, Códice 10454, n.º 53: espólio de Ferreira Borges:
Manuscrito, desconhecido até há pouco tempo e cuja origem não foi possível detectar, uma vez que nos chegou às mãos em fotocópia, sem qualquer menção do local onde se encontra depositado. Trata-se do *Requerimento que vindo de França fez o Bispo de Coimbra D. Francisco de Lemos a S. Alteza Real o Príncipe Regente*, s.l., sd..

TÍTULOS SEM AUTOR, COLECÇÕES E PERIÓDICOS DA ÉPOCA*
(Portugal e estrangeiro)

AA.VV.,
Conservative Thinkers. Essays From The Salisbury Review, London and Lexington, The Claridge Press, 1989

AA.VV.,
Fundamental Testaments of the American Revolution, Library of Congress, Hawaii, University of the Pacific Honolulu, 2002

AA.VV.,
L'Égalité, Cahiers de Philosophie Politique et Juridique, N.º 8, Centre de Publications de l'Université de Caen, Caen, 1985

AA.VV.,
"Sá da Bandeira e o Liberalismo em Portugal (1795-1910)" – Actas – Comemorações do Bicentenário do Nascimento 21 a 23 de Setembro de 1995, Câmara Municipal de Santarém, 1996

AA.VV.,
Portugal e a Europa (séc. XVII a XX), Comissão Portuguesa de História Militar, Actas do III Colóquio, Lisboa, 1992

AA.VV.,
La Revolución Francesa en sus Textos, Estudio Preliminar de Ana Martínez Arancón, Madrid, Tecnos, 1989

AA.VV.,
"La Pensée Politique et Constitutionnelle de Montesquieu", Bicentenaire de L'Esprit des Lois (1748-1948), publié par l'Institut de droit compère de la faculté de droit de Paris, réimpression de la Edição Paris, 1952, 1988

AA.VV.,
Fundamentos Filosóficos de los Derechos Humanos, Paris, UNESCO, 1985

AA.VV.,
Scritti Filosofici di Francisco Bacone a cura di Paolo Rossi, Unione Tipografico-Editrice Torinense, Torino, Ristampa 1986

AA.VV.,
"Liberdade, Participação, Comunidade", Anais do II Congresso Brasileiro de Filosofia Jurídica e Social, São Paulo, Instituto Brasileiro de Filosofia, 1986

AA.VV.,
Fundamental Testaments of the American Revolution, Library of Congress, University Press of the Pacif Honolulu, Hawaii, 2002

AA.VV.,
Encyclopedie of the American Constitution, I, New York, 1986

AA.VV.,
"Liberté (La)" – Actes du IV ème Congrès des Sociétés de Philosophie de langue Française, Neuchatel, 13-16 Septembre 1949, Novembre 29

AA.VV.,
Actas del Coloquio 1978 – Colonato y Otras Formas de Dependencia no Esclavagistas, Instituto de Historia Antigua, Universidade de Oviedo, 1978

AA.VV.,
Actas do Congresso Internacional Humanismo Português na Época dos Descobrimentos, Coimbra, 9 a 12 de Outubro de 1991, Universidade de Coimbra, Faculdade de Letras, Coimbra, 1993

AA.VV.,
Actes du Colloque tenu au CNRS à Paris, les 19-20 septembre 1989, Université Paris I, L'État Moderne: le Droit, l'Espace et les Formes de l'État (...), Paris, CNRS, 1990

AA.VV.,
Actes du Colloque tenu à la Baume Les Aix, 11-12 octobre 1984, Université Paris I et Université de Provence

AA.VV.,
História da Imprensa, Edição portuguesa da original castelhana Historia de la Prensa, (Dirección Alejandro Pizarroso Quintero), Lisboa, Planeta Editora, 1996

AA.VV.,
"La Philosophie de la Revolution Française". Actes du Colloque de la Société Française de Philosophie 31 Mai, 1ᵉʳ et 2 Juin 1989, (Direction Bernard Bougeois e Jacques D'Hondt), Paris, Vrin, 1993

---

* A ordenação bibliográfica é a que consta da versão impressa aquando da apreentação da Dissertação e que nesta edição se entendeu manter.

AA.VV., *The French Ideia of Freedom, The Old Regime and the Declaration of Rights*, Dale Van Kley, (Edicted), Stanford, California, 1994

AA.VV., *O Marquês de Pombal e a Universidade*, Coimbra, Imprensa da Universidade de Coimbra, 2000

AA.VV., *Historia de España*, Miguel Artola Gallego (Dirección), 4ª. Edición, Madrid, Espasa-Calpe, 1989

AA.VV., *Kant – Comunicações Apresentadas ao Colóquio "Kant"*, Organizado pelo Departamento de Filosofia da Faculdade de Letras de Lisboa, José Barata Moura (Direcção), Lisboa, 1982

AA.VV., *Jurisconsultos Portugueses do Século XIX*, José Pinto Loureiro (Direcção e Colaboração), Edição da Ordem dos Advogados, Lisboa, 1947

Escandalosa Vida dos Papas dedicada ao Excelentíssimo senhor José da Silva Carvalho, Lisboa, 1833

A Forja dos Periodicos ou o Exame do Aprendiz Periodiqueiro, Lisboa, 1821

A Historiografia Portuguesa Anterior a Herculano, Lisboa, APH, 1976

A Historiografia Portuguesa de Herculano a 1950, Lisboa, APH, 1977

A Legitimidade do Senhor D. Pedro IV, Rey de Portugal, Lisboa, 1827

A Razão e Nada Mais, Lisboa, s. d.

A Revolução em Hespanha e a Independência de Portugal, Porto, 1868

A Tripa Virada, Periódico Semanal, com redactor José Agostinho de MACEDO, (publicaram-se três números), Lisboa, 1823

Annaes da Sociedade de Jesus, Paris, 1765

Analyse á Proclamação do General Junot aos habitantes de Lisboa em 16 Agosto de 1808, Coimbra, 1808

Analyse da Protecção dos Francezes, (...), Lisboa, 1811

Auto do Levantamento e Juramento, que os Grandes, Titulares Seculares, Ecclesiasticos e mais Senhores, que se Acharão Presentes, e Fizerão á Muito Alta, Muito Poderosa Rainha Fidelíssima D. Maria I, Nossa Senhora, na Coroa destes Reinos, e Senhorios de Portugal, sendo Exaltada e Coroada Sobre o Regio Throno Juntamente com o Rei D. Pedro III na tarde do Dia Treze de Maio. Anno de 1774, Lisboa, Anno de 1780

Aviso ao Público sobre os estragos feitos nos Livros franceses e de quanto he sensivel a perda dos mencionados nesta relação, publicação anónima, s. d.

Bulla de Sua Santidade contra a associação chamada dos carbonarios, Porto, 1821

Carta ao Redactor do (?), Lisboa, 1823

Carta ao Senhor redactor do Diario do Governo, Lisboa, 1822

Carta de hum General Francez a Napoleão, Coimbra, 1808

Carta do Compadre de Lisboa em resposta a Outra do Compadre de Belém ou Juízo Critico (...), Lisboa, I., Alcobia, 1821

Cartas de Ambrosio às Direitas ao Sr. Abbade de Medrões, Lisboa, 1822

Cartas de Luis Antonio Verney e Antonio Pereira de Figueiredo aos Padres da Congregação do Oratório de Goa, Nova-Goa, 1858

Catálogo por copia extrahido do Original das Sessões, e Actas feitas pela Sociedade de Portuguezes, dirigida por hum Conselho Conservador de Lisboa, instalada nesta mesma cidade em 5 de fevereiro de 1808, Lisboa, 1808

Cathecismo da Lei Natural, ou Principios Fyzicos da Moral (...), Paris, 1793

Choix de Rapports, Opinions et Discours, prononcés à la Tribune Nationale depuis 1789 jusqu'à ce jour, I e ss., Paris, 1818 e anos seguintes

Collecção da Legislação das Cortes de 1821 a 1823, Lisboa, Imprensa Nac., 1843
NOTA: Está autonomizada mas inclui-se na Collecção de todas as Leis, Alvarás, Decretos, etc., 1821-1833 (1º Sem.) sob registo e Cód. Livro 162

Collecção das Célebres Gazetas do Rocio, que (...), atribuídas a António Maria do COUTO, Lisboa, 1808

Collecção de Leys 1813-1815; 1816-1819, Lisboa, s. d.

Collecção das Leys Promulgadas e sentenças proferidas nos casos da Infame Pastoral do Bispo de Coimbra D. Miguel da Annunciação: das Seitas dos Jacobeos, e Sigilistas, Lisboa, 1759

Collecção de Constituições Antigas e Modernas, Lisboa, II Tomos, 1820

Collecção de Todas as Leis, Alvarás, Decretos, etc., 1821 a 1833 (1º Sem.), Lisboa, 1843 – NOTA: Inclui a Collecção da Legislação das Cortes 1821-1823 que fica autonomizada sob registo e Código de Livro 1463

Collecção dos Decretos, Ordens e Resoluções das Cortes, Decretos de El-Rei, Cartas Régias (...), quatro partes, Lisboa, 1822

Confronto tra la Costituzione Napolitana e la Piemontese, Roma, Biblioteca-Museo-Archivio, Risorciemento, s. d.

Congreso de los Diputados. Diario de Sesiones. Actas de Bayona, Edição feita a partir de CD-ROM, Madrid, 2000, com base nas Edições de 1874 e 1876

Congreso de los Diputados. Diario de Sesiones: Cortes de Cádiz (24 de Setiembre de 1810 a 20 de Setiembre de 1813), Edição feita a partir de CD-ROM, Madrid, 2000, com base nas Edições de 1874 e 1876

Congreso de los Diputados. Diario de Sesiones: Legislatura de 1820 – 9 de Julio a 9 de Noviembre de 1820, Edição feita a partir de CD-ROM, Madrid, 2000, com base nas Edições de 1874 e 1876

Constituição da Nação Francesa nos annos de 1799 e 1814, Tradução Portuguesa, Lisboa, 1820

Constitutions de la France depuis 1789, Paris, 1876

Contradicção às ideias e Doutrinas dos Impios do seculo XIX (dedicada aos Amigos Do Rei e da Patria), Lisboa, 1823

Copia do Recurso e (...) que às Soberanas Cortes de Portugal dirigem 1052 constitucionais da notável e sempre fiel cidade da Bahia, por seu emissário o cidadão Francisco Mendes da Silva Figueiró, Bahia, 1822

Cortes de Cadiz, I. Informes oficiales sobre Cortes Andalucia y Extremadura, Ediciónes Universidad de Navarra, S. A. Pamplona, 1974

Declaration of Independence (The), Articles of Confederation (The), Constitution of the United States (The), Edited with Introductory note by James Brown Scott, New York, Oxford University Press, 1917. Esta recolha é feita a partir dos Revised Statutes of the United States, 1878

Desgraça de Bonaparte originada da Liberdade, Independência e Ventura da Hespanha e do abatimento da França pelos erros politicos d'aquelle tyranno (...), Tradução do hespanhol para portuguez por ***, Lisboa, 1808

Diario Lisbonense, com redactor Estevam BROCARDO, Lisboa, 1809-1810

Diario das Cortes Geraes e Extraordinárias da Nação Portuguesa, 1821-1823, 12 Volumes, Lisboa, 1822

Diario Nacional com Permissão da Junta do Supremo Governo Provisório do Reino, Nº 1 – Nº 9, de 26 de Agosto a 5 de Setembro de 1820, Porto, 1820

Discurso do Immortal Guilherme Pit. Pronunciado poucos annos antes do seu falecimento, no Parlamento Imperial dos Reinos Unidos da Gram Bretanha e Irlanda. Mandado imprimir por hum apaixonado da Nação, Lisboa, s. d.

Estatutos da Universidade de Coimbra compilados debaixo da immediata e suprema inspecção de ElRei D. José I, Lisboa, 3 Tomos, 1773

L'État Moderne: genèse, bilans et perspectives, (...), Paris, CNRS, 1990

Estrondozas cabeçadas que dous esturrados realistas jogarão pela certeza da sua queda e oconselho que lhes deu hum constitucional (As), Angra, 1832

Federalist Papers, by A. HAMILTON, J. MADISON e J. JAY, with an Introduction, table and contents by Clinton Rossiter, Mentor – Penguin Group, New York, 1961

Gazeta d'Almada, de 1808, coligida por João Braz d'OLIVEIRA, Lisboa, 1907

Gazeta de Almada ou o Telescopio Portuguez, Lisboa, 1809-1810, com redactor principal em José Anastácio FALCÃO

Gazeta de Lisboa, Lisboa, 1715 e ss., com vários redactores

Histoire des Inquistions, Tomes I-II, Cologne, 1759

Histoire de la Vie et des Ouvrages de Messire François de Salignac de la Mothe-Fénelon, Archevêque Duc de Cambray, Amsterdam, 1751

Historia das Cortes que houve em Portugal, extrahido de hum Jornal Portuguez em Inglaterra em 1820, Lisboa, 1820

História d'el-rei D. João Sexto, Lisboa, 1838

Homilias do Bispo de Parma 1ª Sobre a Tolerancia em materias de religião. 2ª Sobre a profissão religiosa, Lisboa, 1323

Índice Chronologico e Remissivo da Collecção das Cartas de lei, etc., das Cortes Constituintes, Coimbra, 1823

Indice Geral Alphabetico dos Nove Tomos dos Diarios das Extintas Cortes (...), 1821-1822

Jornal Encyclopédico de Lisboa, com redactor José Agostinho de MACEDO, Lisboa, 1820 – Nº 1 de Janeiro de 1820 a Nº 6 de Junho de 1820, volume I

Jornal da Sociedade Literaria Patriotica, 1º e 2º Trimestre, Abril-Outubro 1822, Lisboa, 1822

Legislação Academica: desde os Estatutos de 1772 até ao fim do anno de 1850, colligida e coordenada por Jose Maria Abreu, Coimbra: Imprensa da Universidade, 1851

Législation Constitutionelle, ou Recueil des Constitutions françaises, précédées des Déclarations des Droits de l'Homme et du Citoyen, publiées en Amérique et en France, Paris, I-II, 1820

Lei da Boa Razão, (Lei de 18 de Agosto de 1769), com um comentário de José Homem Correia TELLES, Lisboa, 1824

Manifesto da Nação Hespanhola à Europa, Lisboa, 1809

Manifesto ou Exposição Fundada e Justificativa do Procedimento da Corte de Portugal a respeito da França, desde o início da Revolução ate à epoca da Invasão de Portugal (...), Coimbra, 1808

Manifesto aos Soberanos e Povos da Europa, de 15 de Dezembro de 1820, atribuído a frei Francisco de S. LUÍS

Manual Politico do Cidadão Constitucional, Lisboa, 1820

Nos memoráveis dias 4 e a14 de Julho de 1821 se decretou e promulgou a Liberdade de Imprensa em Portugal, pelas Cortes Geraes e Extraordinárias e Constituintes no Reinado d'El-Rei Dom João VI, Porto, 1822

Memorias para as Cortes Luzitanas em 1821, Lisboa, 1821

Memorias dos progressos militares, e das campanhas da India, Portugal e Hespanha (...), Tradução do inglês, Lisboa, 1810

Memorias para a Historia da Regeneração Portuguesa, Lisboa, 1823

Microscopio das Verdades, ou Oculo singular para o povo portuguez ver puras e singelas verdades, despidas dos caprichos e paixões particulares, e outras expostas á brilhante luz do patriotismo, depois de terem sido descu- bertos por elle, entre as sobras do erro, da ignorancia o malicia dos Godoyanos: offereido ao Geral (!) da nação Portugueza, para saber o que foi e pode tornar a vir a ser em agricultura, industria, commercio, armas e letras. Por um verdadeiro e zeloso filho da religião dominante do paiz, um dos mais fieis e leaes vassalos do principe regente Nosso Senhor, que Deus guarde por muitos annos, e mais zeloso patriota do bem commum e gloria da nação, natural da provincia do Minho, F. A M., Londres, 1814-1815, redactor, Francisco Alpoim de MENEZES

Minerva Lusitana, nºs 1-32, 31, 33-50. Coimbra, 1808, redactores responsáveis os Drs. José Bernardo de Vasconcellos Côrte-Real, Joaquim Navarro de Andrade e frei Luiz do Coração de Maria e Frei Fortunato de S. BOAVENTURA

Mnemosine Constitucional, com direcção de Pedro Alexandre CAVROÉ, Lisboa, 1820-1821

Motim Litterario em forma de Soliloquios, com redactor José Agostinho de MACEDO, Lisboa, 1811-1812, 4 tomos

Notice sur la Vie de Sieyès, Paris, an III

Novo Mestre Periodiqueiro ou Dialogo de hum Sebastianista, hum Doutor e hum Ermitão, sobre o modo de ganhar dinheiro no Tempo Presente, Lisboa, 1821

Novo Vocabulario Filosofico-Democratico, indispensável para todos os que desejem entender a nova lingua revolucionaria, Lisboa, 1831

Obras Constitucionais de Hespanha e Napoles, Lisboa, 1820

Observador Portuguez, Historico, e Politico de Lisboa, desde o dia 27 de Novembro do anno de 1807, em que embarcou para o Brazil o Principe Regente Nosso Senhor e toda a Real Familia, por motivo da Invasão dos Francezes neste Reino, Lisboa, 1809

Origem infecta da relaxação da Moral dos denominados jesuítas, Lisboa, 1771

O Campeão Portuguez ou o Amigo do Rei e do Povo, com redactor José Liberato Freire de Carvalho, volume I (nºs 1-12); volume II (nºs 13-24); volume III (nºs 25-32) Londres, 1819 e 1820

O Campeão Portuguez em Lisboa ou o Amigo do Povo e do Rei Constitucional, com redactor José Liberato Freire de Carvalho Lisboa, 1822

O Cidadão Literato Lisboa, Janeiro-Abril de 1821, com redactores principais José Pinto REBELLO, Manoel Ferreira de SEABRA e Antonio Luiz de SEABRA

O Comtemporaneo (Direcção) Conde de SUBSERRA e Cândido José XAVIER, Paris, 1820

O Correio Braziliense ou Armazém Litterario, Londres, 1808-1822, redactor Hipolito da COSTA, Londres, 1808-1822

O Desapprovador, redactor José Agostinho de MACEDO, nºs 1-25, Lisboa, 1819

O Espectador Portuguez, Jornal de Critica e de Literatura, 1816-1818, Lisboa, 1818, redactor José Agostinho de MACEDO

O Federalista, redactores A. HAMILTON, J. MADISON e J. JAY, Introdução e Notas de Benjamim F. Wright, Tradução Portuguesa, Universidade de Brasília, 1984

O Investigador Portuguez em Inglaterra ou Jornal Literario, Politico, &c., 1811-1819, com redactores na 1ª fase Bernardo José Abrantes e CASTRO e Vicente Pedro NOLASCO e na 2ª fase José Liberato Freire de CARVALHO, Londres, 23 volumes

O Liberalismo na Península Ibérica na Primeira Metade do séc. XIX – Comunicações ao Colóquio Organizado pelo Centro de Estudos de História Contemporânea Portuguesa, Lisboa, 1982

O Observador Lusitano em Pariz, ou collecção literária, politica e commercial, Paris, 1815

O Portuguez Constitucional, Lisboa, 22 de Septembro de 1820-31 de Março de 1821, redactor Nuno Álvares Pereira Pato MONIZ

O Portuguez Constitucional Regenerado, 1821-1822, redactor Nuno Álvares Pereira Pato MONIZ, continuação do precedente

O Portuguez ou Mercurio Politico, Commercial, e Litterario, Londres, 1814-1823, redactor João Bernardo da Rocha LOUREIRO

O Pregoeiro Lusitano. História Circunstanciada da Regeneração Portuguesa, redactor Clemente José MENDONÇA, Lisboa, 1820

O Velho Liberal, Jornal político, offerecido à Sereníssima Senhora Infanta Regente Dona Isabel Maria, Lisboa, 1826, redactor Vicente José Ferreira Cardoso da COSTA

Pragmática porque V. Magestade há por bem Prohibir o luxo e excesso dos trajos... [ ], Lisboa: Chancellaria Mor da Corte, 1749

Partida de Voltarete em que Jogão Fernando VII, Napoleão e Murat, Lisboa, 1808

Portugal e a sua autonomia – Echo Glorioso e a Voz da Razão, por um Liberal Imparcial, Lisboa, 1870

Proclamação feita em Sevilha aos Hespanhoes em Janeiro de 1809 (...), traduzida em portuguez por F. B. M., Lisboa, 1809

Projecto de Constituição Portugueza Accomodada á Hespanhola, Lisboa, 1821

Projecto de Guerra contra as Guerras, ou de Paz Permanente, Coimbra, 1821

The Records of the Federal Convention of 1787, Edited by Max Farrand, New Haven and London, Yale University Press, 1966, 4 volumes e 1 suplemento

Reflexões sobre o Correio Braziliense, Nº IV, V, VI, VII, VIII, IX, Lisboa, 1810

Reflexões sobre o pacto social e acerca da Constituição de Portugal por um cidadão português, Primeiro mês da Liberdade lusa, Lisboa, 1821

Regeneração de Portugal com permissão do Supremo Governo Provisório do Reino, Nº 1 – Nº 8, 18 de Setembro a 26 de Setembro e suplemento de 27 de Setembro, Porto, 1820 (continuação do Diario Nacional)

Regimento do Santo Officio da Inquisição dos Reinos de Portugal, Ordenado com o Real beneplácito e Regio Auxilio pelo Eminentissimo, e Reverendissimo Senhor Cardeal da Cunha, Lisboa, 1774

Representação feita ao Príncipe Regente N.S. por sua Augusta esposa e pelo serenissimo senhor Infante D. Pedro Carlos, com a resposta do mesmo Senhor, Lisboa, 1809

Requerimento que vindo de França fez o Bispo de Coimbra D. Francisco de Lemos a S. Alteza Real o Príncipe Regente. Por este documento é possível detectar que os emissários enviados a Napoleão Bonaparte produziram, de facto, afirmações tendentes a uma interpretação plausível da aceitação do comando francês para Portugal. Há também um manuscrito, desconhecido até há pouco tempo e cuja origem não foi possível detectar, uma vez que nos chegou às mãos em fotocópia, sem qualquer menção do local onde se encontra depositado. Simplesmente é utilizado porque a análise feita merece fiabilidade, vista a sua autoria material. Trata-se do *Requerimento que vindo de França fez o Bispo de Coimbra D. Francisco de Lemos a S. Alteza Real o Príncipe Regente, S. I., sd.*

Resumo Historico do Parlamento de Inglaterra, Lisboa, 1826

Semanário Lusitano, nºs 1-36, Lisboa, 1809

Sermões de Acção de Graças pela feliz Restauração de Portugal, Coimbra, 1809

Sobre a Constituição de Inglaterra e as princiapes mudanças que tem soffrido, tanto no seu espirito, como na sua forma, desde sua origem até os nossos dias, por hum inglez, Lisboa, 1827

Tratado de amizade, navegação, e commercio entre as Muito Alto e Muito Poderosas Senhoras Dona Maria I, Rainha de Portugal, e Catherina II, Imperatriz de todas as Rússias, assindao em Petersburgo pelos plenipotenciários de huma e outra Corte, Lisboa, 1789

Triunfo da Monarquia e a Glória da Nação Portugueza (O), Lisboa, 1823

Véo levantado, ou o Maçonismo desmascarado; isto he o impio e execrando systema dos pedreiros-livres, conspirados contra a religião catholica, e contra o throno dos soberanos. Obras traduzida do françez para instrucção dos portuguezes: accrescentada com hum appendix que contem os signaes e senhas dos pedreiros-livres, e a constituição maçonnica em Portugal, (O) Lisboa, 1822

Voz da Verdade provada por documentos, dirigida à Heroica nação Portugueza, que confirma os crimes perpetrados por Francisco de Borja Garção Stockler na Ilha Terceira contra a soberania da Nação, Lisboa, 1822

FONTES IMPRESSAS E BIBLIOGRAFIA
(Monografias e Artigos de Revistas com ou sem menção de Autor(es)*

Actas del Coloquio 1978 – Colonato y Otras Formas de Dependencia no Esclavagistas, Instituto de Historia Antigua, Universidade de Oviedo, 1978

Actas das Congregações da Faculdade de Cânones (1772-1820), I e II, Coimbra, 1983

Actas das Congregações da Faculdade de Leis (1772-1820), I e II, Coimbra, 1983

Actas das Congregações da Faculdade de Teologia (1772-1820), I e II, Coimbra, 1982

Actas do Congresso Internacional Humanismo Português na Época dos Descobrimentos, Coimbra, 9 a 12 de Outubro de 1991, Universidade de Coimbra, Faculdade de Letras, Coimbra, 1993

Actas do Conselho de Decanos (1772-1784), I e II, Coimbra, 1984

Actes du Colloque tenu au CNRS à Paris, les 19-20 septembre 1989, Université Paris I, L'État Moderne: le Droit, l'Espace et les Formes de l'État (...), Paris, CNRS, 1990

Actes du Colloque tenu à la Baume Les Aix, 11-12 octobre 1984, Université Paris I et Université de Provence

A Companion to Contemporary Political Philosophy, Edited by Robert E. Goodin and Philip Pettit, Blacwell Publishers, Massachusetts, 1997

História de Portugal, Selecções Readers' s Digest, Publicações Alfa, 1983

Jean-Jacques Rousseau et la crise contemporaine de la conscience, Colloque International du Deuxième Centenaire de la mort de J.-J. Rousseau, Chantilly, 5-8 Septembre, 1978

Leys Politicas Españolas Fundamentales (1808-1978), Recopilación y Prólogo por Enrique Tierno GALVÁN, Madrid, Tecnos, 1979

"Liberdade, Participação, Comunidade", *Anais do II Congresso Brasileiro de Filosofia Jurídica e Social*, São Paulo, Instituto Brasileiro de Filosofia, 1986

"Liberté (La)" – *Actes du IV ème Congrès des Sociétés de Philosophie de langue Française*, Neuchatel, 13-16 Septembre 1949, Novembre 29

Fundamentos (Los) Filosóficos de los Derechos Humanos, Paris, UNESCO, 1985

Orações de Obediência dos Reis de Portugal aos Sumos Pontífices, Organização, Introdução e Notas bi-

---

* A orientação bibliográfica segue a apresentação feita em Tese de Doutoramento.

bliográficas por Martim de Albuquerque, Lisboa, Academia Portuguesa de História, Edições Inapa, 1988

"La Pensée Politique et Constitutionnelle de Montesquieu", *Bicentenaire de L'Esprit des Lois (1748-1948), publié par l'Institut de droit compère de la faculté de droit de Paris*, réimpression de la Edição Paris, 1952, 1988

Portugal e a Europa (séc. XVII a XX), Comissão Portuguesa de História Militar, Actas do III Colóquio, Lisboa, 1992

La Revolución Francesa en sus Textos, Estudio Preliminar de Ana Martínez Arancón, Madrid, Tecnos, 1989

Pina Manique – O Intendente de antes quebrar ..., Porto Liv. Civilização, 1923

Qué es Ilustración? Estudio Preliminar de Agapito Maestre, Tradução castelhana, Madrid, Tecnos, 1989

"SÁ DA BANDEIRA e o Liberalismo em Portugal (1795-1910)" – *Actas – Comemorações do Bicentenário do Nascimento 21 a 23 de Setembro de 1995*, Câmara Municipal de Santarém, 1996

Scritti Filosofici di Francisco Bacone a cura di Paolo Rossi, Unione Tipografico-Editrice Torinense, Torino, Ristampa 1986

O Sebastianismo. Breve Panorama de um Mito Português, Lisboa, Terra Livre, s. d.

A. DEBIDOUR,
Histoire Diplomatique de L'Europe, Depuis l'Ouverture du Congrès de Vienne Jusqu'à la Fermeture du Congrès de Berlin (1814-1878), Paris, Félix Alcan, Éditeur, I, s. d.

A. I. S. T.
Memorial Patriótico Dirigido aos Illustres, Benemeritos, e Liberaes Deputados (...) em o Congresso Nacional de Cortes, Lisboa, 1821

A.J. CARLYLE, La Libertad Política, version española de Vicente Herrero, Madrid, FCE, 1982

A. H. Oliveira MARQUES,
História da Maçonaria em Portugal, 3 vols., Lisboa, Presença, 1996

A. H. Oliveira MARQUES,
"A Maçonaria em Portugal na Segunda metade do Século XVIII", *Portugal. Da Revolução Francesa ao Liberalismo. Actas do Colóquio 4 e 5 de Dezembro de 1986*, Universidade do Minho, 1986

A. J. de Mello MORAES,
História do Brasil-Reino e do Brasil-Império, Tomos I e II, São Paulo, Editora Itatiaia, 1982

A. P. de C. B. C.
Reparos ao Projecto da Constituição Política da Monarquia Portuguesa, Coimbra, 1821

A. TODD,
Le Gouvernement Parlementaire en Angleterre, traduit sur l'Édition anglaise de M Spencer Walpole, Paris, 2 volumes, 1900

Abílio Fernandes THOMAZ,
Episodios da Terceira Invasão. Diario do General Manuel Ignacio Martins Pamplona (Maio a Setembro de 1810), Figueira, 1896

Adrien BALBI,
Essai Statistique sur le Royaume de Portugal et D'Algarve, 2 volumes, Paris, 1822

Albert BRIMO,
Les Grands Courants de la Philosophie du Droit et de L'Etat, Paris, A. Pedone, 1968

Albert REVILLE, Paul JANET,
La Crise Philosophique, Paris, 1865 / Histoire du Dogme de la Divinité de Jesus-Christ, Paris, 1869

Albert SILBERT,
Do Portugal do Antigo Regime ao Portugal Oitocentista, Lisboa, Livros Horizonte, 1981

Albert SILBERT,
Le Problème Agraire Portugais au temps des premières cortès libérales: 1821-1823, d'après les documents de la commission de l'agriculture, Paris, PUF, 1968

Alberto BURGIO,
Egualanza – Interesse – Unanimità – La Politica di Rousseau, Nápoles, 1989

Alberto Arons de CARVALHO, e A. Monteiro de CARDOSO,
Da Liberdade de Imprensa, Lisboa, Meridiano, 1971

Albert o HISRSCHMAN,
Deux Siècles de Rhétorique Réactionnaire, Traduits de l'anglais (États-Unis) par Pierre Andler, Paris, Fayard, 1991

Alberto Gil NOVALES,
Revueltas y Revoluciones en España (1766-1874), *Revista de História das Ideias*, VII, Instituto de História e Teoria das Ideias, Coimbra, 1985

FONTES E BIBLIOGRAFIA

Alberto González TROYANO,
Rafael Sallílas, en las Cortes de Cádiz, Biblioteca de las Cortes de Cádiz, Ayuntamiento de Cádiz, 2002

Alberto IRIA,
A Invasão de Junot no Algarve. (Subsídios para a História da Guerra Peninsular – 1808-1814), Lisboa, Edição de Autor, 1941

Adela CORTINA,
Éthica Aplicada y Democracia Radical, Madrid, 1993

Adelaide Vieira MACHADO,
O Investigador Portuguez em Inglaterra, nos primeiros anos de publicação (1811-1813), Tese de Dissertação de Mestrado apresentada à Faculdade de Ciências Sociais e Humanas da Universidade Nova de Lisboa, Lisboa, 1996

Adelino CARDOSO, António M. MARTINS, e Leonel Ribeiro SANTOS,
Francisco Suárez (1548-1617), Lisboa, Colibri, 1999

Adelino da Palma CARLOS,
"Um Tema Eterno: a Justiça", Separata da *Revista da Faculdade de Direito de Lisboa*, Lisboa, 1966

Adriano BAUSOLA,
Libertà e Responsabilità, Milano, Vita e Pensiero, 1980

Adriano CAVANNA,
Storia del Diritto Moderno in Europa, La Fonte e il Pensiero Giurídico, Milano, Giuèffre Editore, 1982

Adriano MOREIRA,
Ideologias Políticas, Introdução à História das Teorias Políticas no ano lectivo de 1963-1964, ISCSPU, Lisboa, 1964

Adriano MOREIRA, Alejandro BUGALLO e Celso ALBUQUERQUE,
Legado Político do Ocidente, o Homem e o Estado, Prefácio de Alceu Amoroso Lima, Lisboa, 2ª edição, Academia Internacional da Cultura Portuguesa, 1988

Afonso Eduardo Martins ZUQUETE,
Nobreza de Portugal e do Brasil, Volumes I-III, Lisboa, Edições Zairol, 1984

Afrânio PEIXOTO,
História do Brasil, Lisboa, Aillaud & Lellos, 1940

Alan RYAN,
A Propriedade, Lisboa, 1988

Aloys MULLER,
Introducción a la Filosofía, Madrid, Espasa-Calpe, 1940

Agustin de ARGUELLES,
Discurso Preliminar a la Constitución de 1812, Introducción de Luis Sánchez Agesta, Madrid, Centro de Estudios Constitucionales, 1981

Agustin de ARGUELLES,
Examen Histórico de la Reforma Constitucional que Hiicieron las Cortes Genérales y Estraordinarias, Tomos I e II, Londres, 1835

Agustin de ARGUELLES,
De 1820 á 1824, Madrid, 1864

Agustin GARCIA LÓPEZ,
Estudios Jurídicos de Homenaje a M. Borja Soriano, México, s.d.

Alain LAURENT,
Storia dell'Individualismo, Bologna, Il Mulino, 1994

Alain LAURENT,
Turgot "Laissez Faire", Textes choisies et présentés par (...), Paris, Les Belles Lettres, 1997

A. Machado PAUPERIO,
O Direito Político de Resistência, Rio – S. Paulo, Forense, 1962

Alain RENAUT, (Direction)
Histoire de la Philosophie Politique, Tomes III e IV, Paris, Calmann-Lévy, 1999

Albert Soboul, Béla KÖPECZI, É. BALÁZS e D. KOSÁRY,
"L'Absolutisme Éclairé", *Société Hongroise du XVIIIe siècle, Colloques de Mátrafüred, Études sur les Lumières*, sous la Direction de Béla Köpeczi, Édition du CNRC, France, 1985

Albino de Abranches Freire Alípio FIGUEIREDO e F. F. A. Castello BRANCO,
Repertorio ou Indice Alphabetico, e Remissivo de todas as Leis publicadas desde 1815 até ao estabelecimento da Regencia na Ilha Terceira em 1829, e desde Maio de 1833 até Julho do corrente anno, 2 vols., Lisboa, 1840

Albino Vieira da ROCHA,
Constituições Políticas de Portugal, coligidas e prefaciadas por (...), Constituição de 1822, Lisboa, 1917

Alessandro ADEMOLLO,
La Questione della Independenza Portoghese a Roma dal 1640 a 1670, Roma, Firenze, 1878

Alejandro Pizarroso QUINTERO, (Dirección)
História da Imprensa, Edição portuguesa da original castelhana *Historia de la Prensa*, Lisboa, Planeta Editora, 1996

Alessio ZACCARIA,
"Il Diritto Privato Europeo Nell'Epoca del Postmoderno", *Rivista Diritto Civile*, Padova, A. 43 n. 3, 1997

Alexandre HERCULANO,
História da Origem e Estabelecimento da Inquisição em Portugal, Tomos I, II e III, Revisão de Vitorino Nemésio, Introdução de J. Borges de Macedo, Lisboa, Bretrand, 1975

Alexandre HERCULANO,
Opúsculos, Tomo II, Lisboa, s. d.

Alexandre Sousa PINHEIRO e Maria NAMORADO,
Legislação Eleitoral Portuguesa – Textos Históricos (1820-1974), CNE, Tomos I e II, Lisboa, 1998

Alexandre Thomaz de Moraes SARMENTO,
Apontamentos Geraes, para um Systema provisional de Pública Administração logo que seja restaurada a Legítima Authoridade da Rainha Fidelíssima (...), Lisboa, 1833

Alexandre Thomaz de Moraes SARMENTO,
Historical Illustations of the Portuguese Question, London, 1830

Alexis TOCQUEVILLE,
L'Ancien Régime et la Revolution, Paris, 1857

Alexis TOCQUEVILLE,
O Antigo Regime e a Revolução, Lisboa, Fragmentos, 1989

Alexis TOCQUEVILLE,
La Democratie en Amérique, Paris, 3 volumes, 1864

Alfred DUFOUR,
Droits de L'Homme, Droit Naturel et Histoire, Paris, PUF, 1991

Alfred FOUILÉE,
Humanitaires et Libertaires, au point de vue Sociologique et Moral, Paris, 1914

Alfred FOUILÉE,
Le Moralisme de Kant et L'Amoralisme Contemporaine, Paris, 1905

Alfred RAMBAUD & Armand LAVISSE,
Histoire Géneral du IV ème. siècle a nos Jours, Tome X – Les Monarchies Constitutionelles, 1815-1847, Paris, Deuxième Edição 1909

Alfredo CUNHA,
Elementos para a História da Imprensa periódica em Portugal (1641-182), Lisboa, Academia das Ciências, 1941

Alfredo PIMENTA,
O D. João VI do Senhor Marquês do Lavradio, Lisboa, Edição de Autor, 1937

Alípio Freire de Figueiredo Abreu Castello BRANCO,
Repertorio ou Indice Geral Alphabetico e Remissivo de toda a Legislação Portugueza Constitucional, desde o estabelecimento do Governo na Ilha Terceira em 1829 até Abril de 1838, Lisboa, 1838

Álvaro AZEVEDO,
Questões de Direito Público extrahidas do Diário das Cortes de 1821, Coimbra, 1845

Álvaro AZEVEDO,
O Livro de Um Democrata, Coimbra, 1848

Álvaro d'ORS,
Escritos Vários Sobre el Derecho en Crisis, Roma-Madrid, Consejo Superior de Investigaciones Cientificas, 1973

Álvaro d'ORS,
Ensayos de Teoria Política, Ediciones Universidad de Navarra, S. A., Pamplona, 1979

Álvaro RIBEIRO,
O Problema da Filosofia Portuguesa, Lisboa, s. d.

Alfonso GARCIA-GALLO,
Curso de História del Derecho Español, Tomos I-II, Madrid, A.G.E.S.A., 1956

Ana Cristina ARAÚJO,
A Morte em Lisboa, Atitude e Representações – 1700--1830, Lisboa, Notícias, 1997

Ana Cristina ARAÚJO,
"Revoltas e Ideologias em conflito durante as Invasões Francesas, Revoltas e Revoluções", *Revista de História das Ideias*, VII, Instituto de História e Teoria das Ideias, Coimbra, 1985

Ana Isabel Carvalhão BUESCU,
O Milagre de Ourique e a História de Portugal de Alexandre Herculano, Lisboa, INIC, 1987

Ana Maria MARTINS,
As Origens da Constituição Norte-Americana – Uma lição para a Europa, Lisboa, Lex, 1994

Ana Maria Ferreira de PINA,
De Rousseau ao Imaginário da Revolução de 1820, Lisboa, INIC, 1988

Anacleto MAGALHÃES,
"1791 – La Première Constitution Française", *Actes du Colloque de Dijon, 26 et 27 Septembre*, 1991

André CASTELOT,
La Révolution Française, Paris, Librairie Académique Perrin, 1987

André DELAPORTE,
L'Idée D'égalité en France au XVIII ème siècle, Paris, PUF, 1987

André-Louis, LEROY,
Locke, Lisboa, s. d.

André TOSEL,
Kant Révolutionnaire (Droit et Politique), Paris, PUF, 1990

André VACHET,
L'Idéologie Libérale (L'Individu et sa Propriété), Pud'Ottawa, 1988

André VERGEZ,
David Hume, Tradução Portuguesa, Lisboa, Edições 70, 1984

Andrés de Blas GUERRERO,
"Pasado y Presente de la Ideia de Tolerancia", *Escritos em Homenaje a Enrique Casas, Fabio Iglesias*, Madrid, 1986

Angel Sanchez de la TORRE,
Textos e Estudios sobre Derecho Natural, Madrid, 1985

Ângelo FANI,
Le Basi Giuridiche della Libertà Moderna, Torino, 1909

Ângelo PEREIRA,
D. João VI, Príncipe e Rei, 4 volumes, Lisboa, Emp. Nac. de Publicidade, 1953-1958

Ângelo PEREIRA,
Os Filhos d'El-Rei D. João VI, Lisboa, Emp. Nac. de Publicidade, 1966I

Angelo RIBEIRO,
História de Portugal, volumes I-IV, Lisboa, Colecção Ontem e Hoje; Livraria Lello e Irmão, 1936

Annabel S. BRETT,
Liberty, Right and Nature, Cambridge University Press, 1997

Anne Robert Jacques TURGOT,
Œuvres de Mr. Turgot, précédées et accompagnées de Memoires et de Notes sur sa Vie, son Administration et ses Ouvrages, Paris, colecção em 8 volumes

Aníbal José de Barros BARREIRA,
Aspectos do Pensamento Histórico em Portugal no séc. XIX, Porto, 1970, Dissertação de Licenciatura em Ciências Históricas apresentada à Faculdade de Letras da Universidade do Porto

Anselmo VIEIRA,
O Espírito Revolucionário do século XIX, Lisboa, 1897

Antero de QUENTAL,
As Tendências Gerais da Filosofia na Segunda Metade do séc. XIX, Introdução e análise de Marcello Fernandes e Nazaré de Barros, Lisboa, 1995

Antero de QUENTAL,
Portugal perante a Revolução de Hespanha: considerações sobre o futuro da politica portugueza no ponto de vista da democracia ibérica, Lisboa, 1868

António Alberto de ANDRADE,
"Teses Fundamentais da Psicologia dos "Conimbricenses"", *Revista Filosofia*, Lisboa, 1957

António Alberto de ANDRADE,
Filósofos Portugueses do séc. XVIII, I – Martinho de Mendonça de Pina e Proença Homem, II – Luís António Verney, III – Inácio Soares, Lisboa, 1957

António Alberto de ANDRADE,
Vernei e a Cultura do seu Tempo, Coimbra, Universidade de Coimbra, Colecção: Actas universitatis conimbrigensis, 79, 1965

António Alberto de ANDRADE,
Vernei e a Filosofia Portuguesa, Braga, Livraria Cruz, 1946

António Álvaro DÓRIA,
Cartas de José da Cunha Brochado, Livraria Sá da Costa, Lisboa, 1944

António de Almeida Portugal Soares LENCASTRE,
(5º Marques do Lavradio)
História Abreviada das Sociedades Secretas, Lisboa, 1854

António ALMODOVAR,
A Institucionalização da Economia Política em Portugal, Porto, Edições Afrontamento, 1995

António d'Araújo da SILVA,
Justificação que perante o publico imparcial faz (...), negociante que foi na cidade do Porto, Lisboa, 1836

António de ARAÚJO,
"As duas liberdades de Benjamin Constant", *Revista da Faculdade de Direito da Universidade de Lisboa*, volume XL, nºs 1 e 2, Lisboa, 1999, págs. 507-537

António (D.) BALLESTEROS Y BERETTA,
História de España y su Influencia en la Historia Universal, Barcelona, 1929 (volume V), 1934 (volume VII), Salvat Editores

António Barnabé de Elescano Barreto de ARAGÃO,
Demétrio Moderno ou o Bibliografo Juridico Portuguez, Lisboa, 1780

António Barnabé de Elescano Barreto de ARAGÃO,
Historia da Jurisprudência Natural, Lisboa, 1777

António Brás TEIXEIRA,
Filosofia do Direito e do Estado (Lições Proferidas no ano Lectivo de 1982-1983), Edição policopiada, Lisboa, AAFDL, 1982

António Brás TEIXEIRA,
O Pensamento Filosófico-Jurídico português, Instituto de Cultura e Língua Portuguesa, Lisboa, 1983

António Brás TEIXEIRA,
Caminhos e Figuras da Filosofia do Direito Luso-Brasileira, Lisboa, AAFDL, 1991

António Brás TEIXEIRA,
Sentido e Valor do Direito, Introdução à Filosofia Jurídica, Lisboa, INCM, 2000

António CABREIRA,
Análise da Revolução de 1820, Coimbra, 1921

António CABREIRA,
O Milagre de Ourique e as Cortes de Lamego, Lisboa, 1925

António CABREIRA,
Soluções Positivas de Politica Portugueza, Lisboa, 1890

António Cândido Ribeiro da COSTA,
Princípios e Questões de Philosophia Politica, dedicado ao Dr. José Joaquim Fernandes Vaz, Coimbra, 1878

António Caetano do AMARAL,
Memórias – Memória V, Para a História da Legislação e Costumes de Portugal, Porto, s.d.

António do Carmo REIS,
Apontamentos de Introdução à Política, Lisboa, Porto editora, 1974

António do Carmo REIS,
A Imprensa do Porto Romântico (1836-1850) – Cartismo e Setembrismo, Lisboa, Livros Horizonte, 1999

António do Carmo REIS,
Invasões Francesas. As revoltas do Porto Contra Junot, Lisboa, Editorial Notícias, 1991

António do Carmo REIS,
O Regalismo de Sua Majestade Imperial e Real D. Pedro, Duque de Bragança, Dissertação de Licenciatura em História apresentada à Faculdade de Letras do Porto, Porto, 1972

António do Carmo Velho de BARBOZA,
Exame Crítico das Cortes de Lamego, Lisboa, 1845

António Castanheira NEVES,
Curso de Introdução ao Estudo do Direito, Coimbra, Universidade de Coimbra, 1976

António de Castro Morais SARMENTO, (A. C. M. S.)
Hum Grito ao Padre Macedo, Lisboa, 1822

António de Castro Morais SARMENTO, (A. C. M. S.)
Mais duas palavras juntas ao ouvido do Padre para alívio da Sova Senior, Lisboa 1822

António de Castro Morais SARMENTO, (A. C. M. S.)
Segundo Grito, ou hum Berro Estrondoso ao ouvido do Padre, Lisboa, 1822

António CLARO,
O Brazil Político (A História contada no Senado, no Pão de Assucar e no Corcovado), Rio de Janeiro, 1921

António Correia CALDEIRA,
Obras Completas do Cardeal Saraiva, Lisboa, 1872-1883

António CRUZ,
Papéis da Restauração, Porto, Vol. I, Faculdade de Letras do Porto, 1967

António Delgado da SILVA,
Collecção da Legislação Portugueza desde a Última Compilação das Ordenações Offerecida a El-Rei, Nosso Senhor, pelo Desembargador (...), Lisboa, 1825

FONTES E BIBLIOGRAFIA

António Dominguez ORTIZ,
Sociedad y Estado en el Siglo XVIII Español, Barcelona, Ariel, 1976

António FERRÃO,
A Academia das Sciências de Lisboa e o Movimento filosófico, scientífico e económico da segunda metade do séc. XVIII, Coimbra, Imprensa da Universidade, 1923

António Ferrão, "A Censura Literária Durante o Governo Pombalino", separata do *Boletim de Segunda Classe*, XVII, Coimbra, Imprensa da Universidade, 1926

António FERRÃO,
Ribeiro Sanches e Soares de Barros: novos elementos para as biografias desses académicos, Lisboa, Academia das Ciências de Lisboa, 1936

António FERRÃO,
Reinado de D. Miguel I, volume 1º, (O Cerco do Porto), Lisboa, Bertrand, 1940

António FERRÃO,
A 1a invasão francesa. (A invasão de Junot vista através dos documentos da Intendência Geral da Polícia, 1807--1808). Estudo político e social, Coimbra, Imprensa da Universidade, 1923

António Francisco Moreira de SÁ,
Memoria Historica dos Sucessos em Portugal desde a Morte de El-rei D. Sebastião até á Feliz Acclamação de D. João IV, Lisboa, 1861

António G. MATTOSO,
História da Civilização, Idade Média, Moderna e Contemporânea, II, Lisboa, Livraria Sá da Costa, 1938

Antonio GENOVESE,
As Instituições da Lógica, escritas para uso dos principiantes, traduzidas por Miguel Cardoso, Lisboa, 1806

Antonio GENOVESE,
Institutiones Methaphysicae in usum tironum scripatae, editio secunda, curante Benedecto Josepho de Sousa Farinha, Olisipone, 1815

Antonio (D.) GUEVARA,
Epistolarum ac Dissertatione, pars I e II, Francoforte, 1744

António HERNANDEZ-GIL,
Metodologia del Derecho (Ordinacion Critica de las Principales Direcciones Metodologicas), Madrid, s. d.

António HESPANHA,
Apontamentos de História do Direito Português (Complemento às Lições de História do Direito Português do Dr. Guilherme Braga da Cruz), Coimbra: Abrantes, 1970-1971

António HESPANHA,
Curso de História das Instituições, Lisboa, Faculdade de Direito de Lisboa, 1978

António HESPANHA,
O Estado Absoluto – Problemas de Interpretação Histórica, Coimbra, separata de Boletim da Faculdade de Direito de Coimbra, 1979

António HESPANHA,
"Historiografia Jurídica e Política do Direito (Portugal, 1900-50)", *Análise Social*, volume XVIII (72-73-74), 1982, 795-512

António HESPANHA,
História das Instituições – Época Medieval e Moderna, Coimbra, Almedina, 1982

António HESPANHA,
Justiça e Litigiosidade: História e Prospectiva, Lisboa, Fundação Calouste Gulbenkian, 1993

António HESPANHA,
Panorâma Historico da Cultura Jurídica Europeia, Mem Martins, Europa-América, 1997

António HESPANHA,
Poder Instituições na Europa do Antigo Regime (Colectânea de Textos), Lisboa, Fundação Calouste Gulbenkian, 1984

António HESPANHA,
"O Projecto Institucional do Tradicionalismo reformista: Um Projecto de Constituição de Francisco Manuel Trigoso de Aragão Morato", Lisboa, Centro de Estudos História Contemporânea Portuguesa, *Separata* de colóquio sobre "O liberalismo na Peninsula Ibérica na primeira metade do século XIX", 1982

António HESPANHA,
As Vésperas do Leviathan – Instituições e Poder Político em Portugal – séc. XVIII, Tese de Doutoramento apresentada à Universidade Nova de Lisboa, 2 vol., Lisboa, 1986

António HESPANHA,
"L'Espace Politique dans l'Ancien Régime", *Boletim da Faculdade de Direito da Universidade de Coimbra*, Volume LVIII, 1982, 455-510

António Joaquim de Gouveia PINTO,
Os Caracteres da Monarquia, Lisboa, Pro Domo, 1944

António Joaquim de Gouveia PINTO,
Resumo Chronologico de Vários Artigos de Legislação Pátria que para Supplemento da Synopsis, e Indices Chronologicos do Extracto, seu Appêndice e Additamentos Geraes de Leis etc. offerece aos estudiosos da jurisprodência, e história portugueza, Lisboa, Na Impressão Regia, 1818

António Joaquim NERY,
O Anão Demonstrador ou a Segunda Vizão (...), Lisboa, 1822

António Joaquim da Silva PEREIRA,
"Estado de Direito e 'Tradicionalismo' Liberal", *Revista de História das Ideias*, II, Coimbra, 1978-1979

António Joaquim da Silva PEREIRA,
O "Tradicionalismo" Vintista e o Astro da Lusitânia, Coimbra, Instituto de Alta Cultura, 1976

António Joaquim da Silva PEREIRA,
O Vintismo - História de uma Corrente Doutrinal, Lisboa, 1992

António José BARREIROS,
História da Literatura Portuguesa (volume I - séc. XII--XVI e volume II - séc. XVII-XX), Lisboa, 1973

António José SARAIVA,
O Crepúsculo da Idade Média Em Portugal, Lisboa, Gradiva, 1998

António José SARAIVA.
As Crónicas de Fernão Lopes, seleccionadas e Transpostas em Português Moderno por António José Saraiva, Lisboa, Gradiva, 1993

António José SARAIVA,
Herculano e o Liberalismo em Portugal: os problemas morais e culturais da instauração do regime, Lisboa, s. n., 1949

António José SARAIVA, Óscar LOPES
História da Literatura Portuguesa, Porto, Porto Editora, 1976

António José SARAIVA,
A Inquisição de Portugal, Lisboa, Publicações Europa-América, s. d.

António José SARAIVA,
A Política de Discriminação social e a repressão da heterodoxia, Lisboa, Jornal do Foro, 1958

António José SARAIVA,
A Tertúlia Ocidental: estudos sobre Antero de Quental, Oliveira Martins, Eça de Queiroz e outros, Lisboa, Gradiva, 1995

António José TEIXEIRA,
Documentos para a História dos jesuítas em Portugal, Coimbra, 1899

António Lobo de Barboza Ferreira Teixeira GYRÃO,
Analyse do Manifesto do Príncipe R., Lisboa, 1822

António Lopes da Costa ALMEIDA,
Repertório da Legislação da Marinha e do Ultramar, Lisboa 1851

António Luiz de Sousa Henriques SECCO,
Novos Elogios Históricos dos Reis de Portugal ou Princípios (...), Coimbra, 1865

António M. de Barros CARDOSO,
Ler na Livraria de Frei Francisco de São Luís Saraiva, Ponte de Lima, Câmara Municipal de Ponte de Lima, 1995

António Manuel Nunes Rosa MENDES,
Ribeiro Sanches e as Cartas Sobre a Educação da Mocidade, Dissertação de Mestrado em História Cultural e Política, apresentada na Faculdade de Ciências Sociais e Humanas da Universidade Nova de Lisboa, Lisboa, 1991

António Manuel do Rego ABRANCHES,
Índice Cronológico e remissivo da Novíssima Legislação Portuguesa, (...), Lisboa, 1836

António MARQUES,
Organismo e Sistema em Kant - Ensaio sobre o Sistema Crítico Kantiano, Lisboa, Presença, 1987

António Marques ESPARTEIRO,
"Três datas que importam à Independência do Brasil: 1808, 1815, 1822", Comunicação ao Colóquio "A Marinha e a Independência", Rio de Janeiro – Agosto, de 1972

António Maximino DULAC,
Exame Critico, Comparativo do Estado Actual de Portugal (...), Lisboa, 1827, volumes 1 e 2

António NEGRI,
Le Pouvoir Constituant (Essai sur les Alternatives de la Modernité), Paris, PUF, 1997

António Nunes Ribeiro SANCHES,
Cartas Sobre a Educação da Mocidade, Edição Revista

e Prefaciada pelo Dr. Maximiano Lemos, Coimbra, Imprensa da Universidade, 1922

António Nunes Ribeiro SANCHES,
Obras, 2 volumes, Coimbra Universidade de Coimbra, 1959-1966

António Nunes Ribeiro SANCHES,
Dificuldades que tem um Reino Velho em Emendar-se e outros Textos, Lisboa, Livros Horizonte, 1980

António D'Oliveira Pinto FRANÇA,
Cartas Baianas (1821-1824), Subsídios para o Estudo dos Problemas da Opção na Independência Brasileira, Baía, INCM, 1984

Antonio de Oliva de Sousa SEQUEIRA,
Projecto para o Estabelecimento político do Reino Unido de Portugal, Brasil e Algarves, offerecido aos illustres Legisladores em Cortes Extraordinárias, Coimbra, 1821

António PAIM,
Das Filosofias Nacionais, Lisboa, Instituto Pluridisciplinar de História das Ideias da Universidade Nova de Lisboa, 1991

António PAIM, e outros
"Vicente Ferrer Neto Paiva – No Segundo Centenário do seu Nascimento, a Convocação do Krausismo", *Stvdia Ivridica* 45, Colloquia 4, Coimbra, 1999

António Paulo Simões Dias de OLIVEIRA,
A Filosofia do Direito Ferver Neto Paiva. Contributo para o estudo da História da Filosofia do Direito em Portugal no século XIX, Tese de Mestrado Apresentada ao Departamento de História das Ideias da Faculdade de Ciências Sociais e Humanas da Universidade Nova de Lisboa, Lisboa, 1997

António Pedro Barbas HOMEM,
"A 'Ciência da Legislação': Conceptualização de um Modelo Jurídico no Final do Antigo Regime", Lisboa, Separata de *Legislação, Cadernos de C. de Legislação*, Nº 16, Abril-Junho de 1996

António Pedro Barbas HOMEM,
História das Relações Internacionais. O Direito e as Concepções Políticas na Idade Moderna, Coimbra, Almedina, 2003

António Pedro Barbas HOMEM,
"Introdução Histórica à Teoria da Lei – Época Medieval", Separata de *Legislação, Cadernos de Ciência de Legislação*, Lisboa, Nº 25, Abril-Junho 1999

António Pedro Barbas HOMEM,
Judex Perfectus – Função Jurisdicional e Estatuto Judicial em Portugal (1640-1820), Tomos I e II, Tese doutoramento em Ciências Histórico-Jurídicas (História do Direito), apresentada à Universidade de Lisboa através da Faculdade de Direito, Lisboa, 1999

António Pedro Barbas HOMEM,
A Lei da Liberdade, Introdução Histórica ao Pensamento Jurídico – Épocas Medieval e Moderna, I, Cascais, Principia, 2001

António Pedro Barbas HOMEM,
"Reflexões sobre o Justo e o Injusto: a Injustiça como Limite do Direito", *Revista da Faculdade de Direito da Universidade de Lisboa*, volume XXXIX, Nº 2, págs. 587-650, Lisboa, 1998.

António Pedro MANIQUE,
Portugal e as Potências Europeias (1807-1847): relações externas e ingerências estrangeiras em Portugal na primeira metade do século XIX, Lisboa, Livros Horizonte, 1988

António Pedro Lopes de MENDONÇA,
Notícia Histórica do Duque de Palmella, Lisboa, 1859

António Pedro MESQUITA,
Homem, Sociedade e Comunidade Política – O Pensamento Filosófico de Matias Aires (1705-1763), Lisboa, INCM, 1998

António Pedro Ribeiro dos SANTOS,
A Imagem do Poder no Constitucionalismo Português, Tese de doutoramento em Ciência Política, apresentada ao Instituto Superior de Ciências Sociais e Políticas da Universidade Técnica de Lisboa, Lisboa, 1990

António Pedro Ribeiro dos SANTOS,
Notas ao Plano do Novo Código de Direito Público de Portugal do Doutor Paschoal José de Mello (...), Coimbra, 1814

António Pedro Ribeiro dos SANTOS,
De Sacerdotio et Imperio selectae Dissertationes queis praemittitur Dissertatio de Deo, de Religione Naturali, ac Revelata, tanquam earum Basis, et Fundamentum, pro supremum juris canonici gradu obtento, Academia Conimbricence publica propugnandere, Olisipone, 1770

António Pedro VICENTE,
"Um Diplomata Espanhol nas Cortes Constitucionais Portuguesas", *A Diplomacia na História de Portugal, Actas do Colóquio*, APH, Lisboa, 1990

António Pereira de FIGUEIREDO,
Appendix e Illustração da Tentativa Theologica sobre o poder dos Bispos em tempo de Rotura, Lisboa, 1768

António Pereira de FIGUEIREDO,
Compendio das Epocas e sucessos mais Illustres da Historia Geral, Lisboa, 1825

António Pereira de FIGUEIREDO,
Demonstração Theologica, Canonica, e Historica do Direito dos Metropolitanos de Portugal, Lisboa, 1769

António Pereira de FIGUEIREDO,
Dissertação Historica e Critica em que se prova a Milagrosa Aparição de Christo Senhor Nosso a El Rei D. Affonso Henriques, antes da famosa batalha de Campo de Ourique, Lisboa, 1809

António Pereira de FIGUEIREDO,
Elogios dos Reis de Portugal, em latim e em portuguez, Lisboa, 1785

António Pereira de FIGUEIREDO,
Josepho I Lusitanorum Regi Fidelissimimo, Augusto, Invicto, Pio, Docrtinam Veteris Ecclesiae de Suprema Regum Etiam in Clericos Potestate, Lisboa, 1765, Edição de 1796

António Pereira de FIGUEIREDO,
Portuguezes nos Concílios Geraes, Lisboa, 1787

António Pereira de FIGUEIREDO,
Resposta Apologetica de António Pereira (...) ao padre Gabriel Galindo, theologo de Madrid, ou á Censura que este fez á suaTentativa Theologica impressa em Lisboa, sobre o poder dos Bispos em tempo de Rotura, Lisboa, 1768

António Pereira de FIGUEIREDO,
Tentativa Theologica, em que se pretende mostrar que impedido o recurso á Sé Apostolica, se devolve aos Bispos a faculdade de dispensar nos impedimentos publicos do matrimonio, e de prover espiritualmente em todos os mais casos reservados ao Papa, todas as vezes que assim o pedir a publica e urgente necessidade dos subditos, Lisboa, 1766, 3ª Edição de 1769

António Pereira de FIGUEIREDO, (A. P. F.)
O Dia 24 de Agosto do Fausto Anno de 1820 Inaugurado e o Brilhante 15 de Setembro, applaudido, ..., Lisboa, 1821

António Pereira da SILVA,
A Questão do Sigilismo em Portugal no século XVIII, História, Religião e Política nos reinados de D. João V e D. José I, Braga, Editorial Franciscana, 1964

Antonio PÉREZ LUÑO,
Derechos Humanos, Estado de Derecho y Constituicion, Madrid, Tecnos, 1984

António Pinto da Fonseca (A. P. F. N.) NEVES,
Dialogo entre dois corcundas, Ribeiro no seu cazal, e Gomes no seu Ribeiro, Lisboa, 1821

António Resende de OLIVEIRA,
"Poder e Sociedade. A legislação Pombalina e a Antiga Sociedade Portuguesa", *O Marquês de Pombal e o seu tempo. Revista de História das Ideias. Número Especial no 2º Centenário da sua Morte*, I, Coimbra, Universidade de Coimbra, 1982-1983

António Ribeiro SARAIVA,
Cartas Conspiradoras, nº 1 e ss., Londres, 1844

António Rodrigues SAMPAIO,
Antologia – Introdução Selecção de Textos por Franquelim Neiva Soares, Lisboa, 1982

António do ROSÁRIO, (Frei)
"Notícia dos Frades Pregadores em Serviço Diplomático (Séculos XIII – XVII)", *A Diplomacia na História de Portugal, Actas do Colóquio*, APH, Lisboa, 1990

António dos Santos JUSTO,
A Situação Jurídica dos Escravos em Roma, Coimbra, 1984

António SARDINHA,
Ao Princípio era o Verbo, Lisboa, 2ª Edição, 1940

António SÉRGIO,
Em Torno das Ideias Políticas de Camões, seguido de Camões Panfletário, Lisboa, Sá da Costa, s. d.
Série de ordens da Intendência Geral da Polícia

António Simões CORREIA,
Código Penal Português, Lisboa, 1934

Antonio Soares BARBOSA,
Discurso sobre o Bom e Verdadeiro gosto na Filosofia Offerecido ao Illustrissimo e Excelentíssimo Senhor Sebastião Jose de Carvalho e Mello, Lisboa, 1766

Antonio Soares BARBOSA,
Tratado Elementar de Filosofia Moral, Tomos I e II, Coimbra, 1792

António de Sousa LARA,
Da História das Ideias Políticas à Teoria das Ideologias, Lisboa, 1995

António de Sousa Silva Costa LOBO,
O Estado e a Liberdade de Associação, Coimbra, 1864

António de Sousa Silva Costa LOBO,
Origens do Sebastianismo, Prefácio Eduardo Lourenço, Lisboa, Rolim, 1982

António Tavares de ALBUQUERQUE,
Indice Alphabetico e Remissivo dos Trabalhos Parlamentares das Cortes Geraes da Nação Portugueza (...), Tomos 1-4, Lisboa, 1901

António Teixeira de SIMAS,
Legitimidade da Feliz Regeneração Política de Portugal na Sucessão do ..., Senhor D. Pedro IV, Lisboa, s. d.

Antonio TORRES DEL MORAL,
Constitucionalismo Español, Madrid, Atomo, 1986

António TRUYOL Y SERRA,
"Compêndio de História da Filosofia do Direito", Lisboa, separata *da Revista da Faculdade de Direito da Universidade de Lisboa*, vols. IX-X, 1953-1954

António TRUYOL Y SERRA,
"La Filosofia Juridica y politica Alemana en los Siglos XVII y XVIII", Separata da *Revista da Faculdade de Direito de Lisboa*, Lisboa, 1966

António TRUYOL Y SERRA,
História da Filosofia do Direito e do Estado, tradução portuguesa, volumes 1 e 2, Lisboa, Vega, s. d.

António VIANA,
Introdução aos Apontamentos para a História Diplomática Contemporânea (1789-1815), Lisboa, 1907

António VIANA,
José da Silva Carvalho e o seu tempo, compilação anotada por (...), volumes. 1, 2 e Suplemento, Lisboa, 1894

António VIANA,
Apontamentos para a História Diplomática Contemporânea, Tomo I, *A Revolução de 1820 e o Congresso de Verona*, Lisboa, 1901

Anthony QUINTON,
"Conservatism", *A Companion to Comtemporary Political Philosophy*, Oxford, 1993

ARISTÓTELES
Obra Jurídica, Introdução de Paulo Ferreira da Cunha, tradução Portuguesa, Porto, s.d.

ARISTÓTELES
Política – Edição Bilingue – Lisboa, 1998

ARLETTE HEYMANN-DOAT,
Libertés Publiques et Droits de l'Homme, LGDJ, Paris, 1994

Armand Jean Du Plessis, cardeal de RICHELIEU,
Testament Politique, Amsterdão, 1689, Edição de Caen, Centre de Philosophie Politique et Juridique de l'Université de Caen, 1985

Armando Vieira de CASTRO,
"A crítica e os Actos diplomáticos", *separata da Revista Brotéria*, XXII, Fevereiro de 1936, Lisboa, 1936

Armando Vieira de CASTRO,
"A Política Económica do Marquês de Pombal e a Sociedade Portuguesa do Século XVIII", O Marquês de Pombal e o seu tempo. *Revista de História das Ideias. Número Especial no 2º Centenário da sua Morte*, I, Coimbra, Universidade de Coimbra, 1982-1983

Armando A. COXITO,
"O Compêndio de Lógica de M. de Azevedo Fortes e as suas Fontes Doutrinais", *Revista de História das Ideias*, III, Coimbra, Imprensa da Universidade, 1981

Armando Marques GUEDES,
Direito Internacional Público, Tomo I, Lisboa, s.n., 1935

Armando Marques GUEDES (filho),
Ideologias e Sistemas Políticos, Lisboa, Instituto de Altos Estudos Militares, 1984

Armando Barreiros Malheiro da SILVA,
Miguelismo (Ideologia e Mito), Coimbra, Minerva, 1993

Augusto da Costa DIAS,
A Crise da Consciência Pequeno-Burguesa – I – O Nacionalismo Literário da Geração de 90, Lisboa, Portugália, 1994

Augusto da Costa DIAS,
Discursos Sobre a Liberdade de Imprensa – 1821 (No Primeiro Parlamento Português), Lisboa, Portugália, 1966

Augusto Maria da Costa e Sousa LOBO,
Memória Sobre as Bases Fundamentais do Systema Philosophico de Descartes (...), Lisboa, 1863

Augusto MESSER,
Filosofía Antigua y Medieva, tradução do alemão de Javier Zubiri, Madrid, Revista de Occidente, 1935

Augusto MESSER,
La Filosofia Moderna (Del Renascimento a Kant), Madrid, Revista de Occidente, 1938

Augusto Santos SILVA,
Formar a Nação: Vias Culturais do Progresso Segundo Intelectuais Portugueses do séc. XIX, Porto, SEC-Centro de Estudos Humanísticos, 1987

Arthur BESTOR,
"The American Revolution as World Experiment: European and American Roots", *ARSI*, 1977, pp. 31-59

Arthur LAMAS,
Centenario de uma Medalha da Guerra Peninsular, Lisboa, 1908.

B. A HADDOCK,
Uma Introdução ao Pensamento Histórico, Tradução portuguesa, Lisboa, Gradiva, 1989

B. H. G. WORMALD,
Francis Bacon. History, Politics and Science, 1561-1626, Cambridge, Cambridge University Press, 1993

Bartolomé de las CASAS,
De Regia Potestate, Edicion Critica bilingue por Luciano Pereña, J. M. Perez-Prendes, Vidal Abril y Joaquin Azcarraga, Madrid, Consejo Superior de Investigaciones Cientificas, 1984

Bartolomé CLAVERO,
Manual de Historia Constitucional de España, Madrid, Alianza Editorial, 1989

Bartolomé CLAVERO,
Razon de Estado, Razon de Individuo, Razon de Historia, Madrid, Centro de Estudios Constitucionales, 1991

Abade de BARRUEL,
Mémoires pour servir à L'histoire du Jacobinisme, Hambourg, 5 volumes, 1798,

Abade de BARRUEL,
Questão Nacional sobre a Authoridade e Direitos do Povo em o Governo: ou Exposição, e Demonstração dos Verdadeiros Princípios Acerca da Soberania, tradução de Luis Gaspar Alves Martins, Lisboa, 1823

BECCARIA (Ver Cesare Bonesana)

Benedicta Maria Duque VIEIRA,
"A Justiça Civil na Transição para o Estado Liberal", *A Crise do Antigo Regime e as Cortes Constituintes de 1821-1822*, V, Lisboa, Centro de Estudos de História Contemporânea Portuguesa/ISCTE: Edições João Sá da Costa, 1992

Benedicta Maria Duque VIEIRA,
"O Problema político Português no Tempo das Primeiras Cortes Liberais", *A Crise do Antigo Regime e as Cortes Constituintes de 1821-1822*, I, Lisboa, Edições João Sá da Costa, 1992

Bendita Cardoso da CÂMARA,
Do Agrarismo ao Liberalismo, Francisco Sores Franco: um pensamento crítico, Lisboa, INIC, 1989

Benjamin CONSTANT,
Collection Complète des Ouvrages, Paris, 1819-1820

Benjamin CONSTANT,
Écrits Politiques, "Textes Choisis, Présentés et Annotés" par Marcel Gauchet, Paris, Hachette, 1997

Benjamin CONSTANT,
Principes de Politique Applicables à tous les Gouvernements (version de 1806-1810), Paris, Gallimard, 1997

Benjamin FRANKLIN,
Autobiography, Leonard W. Labaree, Ralph L. Ketcham, Helen C. Boatfield and Helene H. Fineman, Yale University Press, New Heaven and London, 1967

Benno Von WIESE,
La Cultura de la Ilustracion, tradução castelhana e Prólogo de Enrique Tierno Galvan, Madrid, 1979

Bento FEIJÓO,
Ensayos Escogidos, Madrid, M. Aguillar, Editor, 1944

Bento FEIJÓO,
Teatro Critico Universal ou Discursos Varios en todo o Genero de Materias, para Desengaño de Errores Comunes, 9 volumes, Madrid, 1726-1741

Bento Joze de Souza FARINHA,
Collecçam das Obras Portuguezas do Sábio Bispo de Miranda e Leyria D. Antonio Pinheiro, Tomos I-II, Lisboa, 1783

Bento Joze de Souza FARINHA,
Filozofia de Principes Apanhada de Obras de Nossos Portuguezes, Tomos I-II, Lisboa, 1786 (existe ainda um Tomo III que não está disponível)

Bento MORGANTI,
Afforismos moraes e instructivos, Lisboa, 1765

Bernardino J. da Silva CARNEIRO,
Primeiras Linhas de Hermeneutica Jurídica e Diplomática, Coimbra, 1885

Bertrand de JOUVENEL,
As Origens do Estado Moderno: uma História das Ideias Políticas no séc. XIX, tradução portuguesa, R. Janeiro, Zahar Editores, 1978

Bernard BOURGEOIS e Jacques D'HONDT, (Direction)
"La Philosophie de la Revolution Française". *Actes du Colloque de la Société Française de Philosophie 31 Mai, 1 er et 2 Juin 1989*, Paris, Vrin, 1993

Bernard GUILLEMAIN,
Machiavel. L'anthropologie Politique, Gèneve, Droz, 1977

Bertrand de JOUVENEL,
Du Pouvoir, Paris, Hachette, 1972

Bertrand RUSSEL,
História da Filosofia Ocidental, tradução portuguesa, Lisboa, Círculo de Leitores, 1966

Bertrand RUSSEL,
Porque não sou Cristão – e Outros Ensaios sobre Temas Afins, Porto, Brasília Editora, 1967

BOLINGBROKE (Ver Henry St. John)

De BONALD
De Bonald, Considerations sur la Revolution Française e outros Temas, Préface par de Comte Léon de Montesquieu, Paris, s.d.

De BONLAD
Législation Primitive, Paris, deuxième Édition revue par l'Auteur, 3 volumes, 1817

Boris MIRKINE-GUETZÉVICH,
Les Constitutions Européenes, I-II, Paris, 1951

BOSSUET (Ver Jacques-Bénigne)

Brian R. HAMNET,
La Politica Española en una Época Revolucionaria, 1790-1820, tradução castelhana, México. FCE, 1985

Brito ARANHA
Nota acerca das Invasões Francesas em Portugal, Lisboa, 1909

C. B. MACPHERSON,
"On the Concept of Property", *ARSI*, 1977, pp. 81-85

C. B. MACPHERSON,
Democratic Theory – Essays in Retriviel, Oxford University Press, Oxford, 1973

C. J. B. BONNIN,
Doutrina Social ou Princípios (Aphorismos) Universais das Leis e das Relações dos Povos deduzidos da Natureza e dos Direitos do Género Humano, tradução portuguesa, Bahia, 1847

Comte de BOURMONT,
Problème Fondamental de la Politique Moderne, Paris, 1829

CABANIS (Ver Pierre-Jean-Georges)

Caetano BEIRÃO,
Antecedentes e Consequências da Revogação das Leis de Banimento, Porto, Livraria Tavares Martins, 1950

Camillo Luiz de ROSSI,
Diario dos Acontecimentos de Lisboa na Entrada das Tropas de Junot, Lisboa, 1808

Candido MARFIRIO
Trombeta da Verdade Métrico-Analítica, Contra os Planos e Imposturas de Napoleão e seus Satellites, Lisboa, Imprensa Régia, 1811

Cândido BEIRANTE e Jorge CUSTÓDIO,
Alexandre Herculano – Um Homem e uma Ideologia na Construção de Portugal (Antologia), Amadora, Bretrand, 1979

Candido Justino PORTUGAL,
Memorias das Principais Providencias dadas em auxílio dos povos, Lisboa, 1814

Candido dos REIS,
As perseguições religiosas atravez da Historia, Lisboa, s. d.

Carl GRIMBERG,
História Universal, Direcção de Jorge de Macedo, volume I-XVI, Lisboa, Europa-América, 1968

Carl SCHMITT,
La Notion de Politique – Théorie du Partias, Paris, Chamas, Falario, 1992

Carlo GALLI (Antologia a Cura di),
I Contrarevoluzionari, Bologna, Il Mullino, 1981

Carlo GINZBURG,
Il Nicodemismo, Simulazione e dissimulazione religiosa nell' Europa del' 500, Torino, Einaudi, 1970

Carlos A. VILLANUEVA,
La Monarquia en America – Fernando VII y los Nuevos Estados, Paris, s. d.

Carlos COSSIO,
La Teoria Egológica del Derecho y el Concepto Jurídico de Libertad, Buenos Aires, Losada, 1944

Carlos Marques de ALMEIDA e J. da Silva CUNHA,
História das Instituições, volumes I-II, Porto, Diversos, 1994

Carlos Moreira AZEVEDO (Direcção)
Dicionário de História Religiosa fe Portugal, volumes I-IV, Lisboa, Círculo dos Leitores, 2000

Carlos Portugal RIBEIRO,
Alexandre Herculano (A Sua Vida e a Sua Obra) – 1810-1877, Lisboa, Emprêsa Nacional da Publicidade, 1933

Carmen de la GUARDIA,
"La Revolucion Americana y el Primer Parlamentarismo Español", *Revista de Estudios Políticos*, Madrid, N. E. 93

Catherine MAIRE,
De la Cause de Dieu á la Cause de la Nation. Le jansénisme au XVIII ème siècle, Paris, Gallimard, 1998

Cesare Bonesana, Marquês de BECCARIA,
Dos Delitos e das Penas, tradução portuguesa, Rio de Janeiro, Edições de Ouro, 1965

Cesare Bonesana, Marquês de BECCARIA,
Dos Delitos e das Penas, tradução portuguesa, Lisboa, Fundação Calouste Gulbenkian, 1998

Cesare Bonesana, Marquês de BECCARIA,
Opere, a cura di Sergio Romagnoli, Firenze, 2 volumes, s.d.

Cesare Bonesana, Marquês de BECCARIA,
Traité des Délits et des Peines, traduit de l'italien de Beccaria, Neuchatel, Nouvelle édition, 1797

Chaim PERELMAN,
"Liberty, Equality and Public Interest", *ARSI*, 1977, pp. 1-7

Chaim PERELMAN,
Ética e Direito, tradução portuguesa, São Paulo, Martins Fontes, 1996

Charles EISENMANN,
"Sur la Théorie de la Monarchie", *Revue Française de Science Politique*, 1955, volume V, s. l, s. d.

Charles INGLIS,
True Interests of America Impartially Stated, Philadelphia, 1776

Charles MAURRAS,
Trois Idées Politiques, Chateaubriand, Michelet, Saint-Beuve, Paris, 1912

Charles de Secondat, Barão de MONTESQUIEU,
O Espírito das Leis, tradução portuguesa, São Paulo, Martins Fontes, 2000

Charles de Secondat, Barão de MONTESQUIEU,
Lettres Persanes de Paris, Edition André Lefèvre chez Alphonse Lemerre Editeur, 1873, *(Orthographe modernisée)*

Charles SIMOND,
Chateaubriand et Talleyrand, Paris, s. d.

Charles TAYLOR,
La Liberté des Modernes, Paris, PUF, 1997

Charles TILLY,
As Revoluções Europeias (1492-1992), tradução portuguesa, Lisboa, Presença, 1996

CHATEAUBRIAND (Ver François-René)

CHAVES & CUNHA (Tradução)
Política Natural ou Discursos Sobre os Verdadeiros Príncipios do Governo (...), tradução. Do Francez e Offerecida à Nação Portuguesa, Lisboa, Anno Segundo da Liberdade

Christian THOMASIUS,
Fundamenta Juris Naturae et Gentium, em 1705, Tradução castelhana *Fundamentos de Derecho Natural y de Gentes*, Estudio preliminar de Juan Jose Gil Cremades, tradução y notas de Salvador Rus Rufino y Maria A. S. Manzano. Madrid, Tecnos, 1994

Christian VATTEL,
Le Droit des Gens ou Principes de la Loi Naturelle, Appliqués à la Conduite et aux Affaires des Nations et des Souverains, Tomos I, II, e III, a Lyon, 1802

Christian VATTEL,
Le Droit des Gens ou Principes de la Loi Naturelle, tome troisième, notes et table générale analytique de l'Ouvrage par M. S. Pinheiro Ferreira, Paris, 1838

Christian WOLFF,
Institutiones Juris Naturae et Gentium, Halla, 1745, Tradução francesa, *Institutions du Droit de la Nature et des Gens, dans lesquelles, par une chaine continue on déduit de la nature même de l'Homme toutes les obligations & tous les droits*, Tomes I, II, et III, Leide, 1782

Christian WOLFF,
Jus Naturae Methodo Scientifica per Tractatum, Leipzig, 1740, 8 volumes, Tradução francesa *Principes du Droit de la Nature et des Gens*, Tomes I, II, et III, Centre de Philosophie Politique et Juridique, Caen, Edição 1758

Christian WOLFF,
De Rege Philosophante, & de Philosopho Regante e o *Theoria Negotiorum Publicorum*, de 1730 e 1731, reunidos e em Tradução francesa, *Le Philosophe-Roi et le Roi Philosophe – La Théorie des Affaires Publiques*, Paris, J. Vrin, 1985

Chisrtovam Ayres de Magalhães SEPULVEDA,
Historia Organica e Politica do Exercito Português, Lisboa, vários volumes e Provas, 1913

Claude Adrien HELVÉTIUS,
Œuvres Complètes, Introduction de Yvon Belaval, Paris, 1795, Edição fac-similada de 14 volumes, Georg Olms Verlag, Hildesheim, 1969

Claude-Albert COLLIARD,
Libertés Publiques, Paris, Dalloz, 1968

Claude BRUAIRE,
La Raison Politique, Paris, Fayard, 1974

Claude FOHLEN,
Benjamin Franklin, L'Américan des Lumières, Paris, Payot, 2000

Claude LEFORT,
Essais sur le Politique (XIX-XX Siècles), Paris, Seuil, 1986

Claude MEY,
Maximes du Droit Public françois, Tirées des Capitulaires, des Ordonnances du Royaume, & des autres monumentes de l'Histoire de France, Seconde Edition, Tomes I-II, Amsterdam, 1775

Cláudia de CAMPOS,
A Baronesa de Stael e o Duque de Palmella, Lisboa, 1901

Clausel de MONTALS,
A Religião Provada pela Revolução (...), transladada do Fancês em Português, por Joaquim José Pedro Lopes, Lisboa, 1810

Clayton C. G. WEERAMANTRY,
"Fundamental Perspectives on Equality and Freedom: Some Third World Aspects", *ARSI*, 1977, pp. 17-29

Clemente José dos SANTOS, (Barão de S. Clemente)
Documentos para a História das Cortes Geraes da Nação Portugueza, 8 Tomos, Lisboa, 1833

Clemente PEÑALOSA Y ZUÑIGA,
A Monarquia, traduzida do original castelhano por António Caetano do Amaral, Lisboa, 1798

Clifford GEERTZ,
Antropologia Interpretativa, Bolonha, Il Mullino, 1988

Colin M. MACLEOD,
"Liberal Neutrality or Liberal Tolerance?" *Law and Philosophy*, Dordrecht, v. 16, Nº 5, September, 1997, pp. 529 e ss.

CONDILLAC (Ver Etienne Bonnot)

CONDORCET, (Ver Marie-Jean-Antoine-Nicolas Caritat)

CONSTANT, (Padre)
O Papa e a Liberdade, versão Portuguesa revista e prefaciada por Camillo Castello Branco, Porto, 1879

Constantin DESPOTOPOULOS,
"Introduction à l'Éude de la Liberté dans le Droit", *Archives de Philosophie du Droit*, Nº 16

Constantin-François VOLNEY,
Œuvres, 2 volumes, Paris, Fayard, 1989

Constantin-François VOLNEY,
As Ruinas ou Meditação Sobre as Revoluções dos Impérios, tradução de Pedro Cyriaco da Silva, Lisboa, 1822

Cypriano José Rodrigues das CHAGAS,
As Cortes ou Direitos do Povo Portuguez, Lisboa, 1820

Dale VAN KLEY, (Edicted)
The French Ideia of Freedom, The Old Regime and the Declaration of Rights, Stanford, California, 1994

D. D. RAPHAEL,
Problemas de Filosofia Política, Madrid, Alianza Editorial, 1983

D. G. C. C. B.
Memoria sobre o Procedimento Havido com Sua Magestade a Rainha, analysado em frente da Constituição, Lisboa, 1823

Damiam Antonio de Lemos Faria e CASTRO,
Politica Moral e Civil, Aula da Nobreza Lusitana, Lisboa, Tomo I, 1749

Damião PERES (Direcção)
História de Portugal. Edição Monumental comemorativa do 8º Centenário da Fundação da Nacionalidade, Barcelos, 1935, volumes V e VI

Daniel MORNET,
La Pensée Française au XVIII ème siécle, Paris, Armand Colin, 1926

Daniel MORNET,
Les Origines Intelectuelles de la Revolution Française (1715-1787), Paris, Armand Colin, 1933

David HUME,
Dialogues concerning Natural Religion, tradução francesa, Dialogues sur la Religion Naturelle, Paris, Vrin, 1973, segundo a Edição inglesa de Green et Grose, *A Treatise of human nature ... and Dialogues concerning natural religion*, Londres, 1890

David HUME,
An Enqury Concerning Human Understanding, 1751, Edição Portuguesa *Investigação sobre o Entendimento Humano*, Lisboa, Edições 70, 1989

David HUME,
Investigação sobre o Entendimento Humano, tomo I dos Tratados Filosóficos, Lisboa, INCM, 2002

David HUME,
Essais Politiques, Ouvrage traduit de l' Anglais, segundo a Edição francesa de 1752, de Amsterdão, Paris, Vrin, 1972

David HUME,
Essays, Moral and Political, 2 volumes, entre 1741 e 1742, Tradução Portuguesa *Ensaios Morais, Políticos e Literários*, Lisboa, INCM, 2002

D. J. MANNING,
Liberalism, J. M. Dent & Sons, Ltd, London, Melbourne and Toronto, 1976

David P. GAUTHIER,
The Logic of Leviathan, Oxford, 1969

David WILLEMSE,
António Nunes Ribeiro Sanches – élève de Boerhave – et son importance pour la Russie, Leiden, E. J. Brill, 1966

Delfim SANTOS,
Volume I – Da Filosofia, volume II – Da Filosofia Do Homem, volume III – Do Homem Da Cultura, Lisboa, Fundação Calouste Gulbenkian, 1982

Denis DIDEROT, y Jean le Rond d'ALEMBERT,
L'Encyclopedie, Tradução castelhana, *La Enciclopedia (Seleccion de articulos politicos)*, Estudo preliminar de Ramon Soriano y Antonio Porras, Madrid, Tecnos, 1996

DESTUT DE TRACY
Elémentes d'Ideologie, Paris, 1801

Diogo Guerreiro Camacho ABOIM,
Escola Moral, Politica, Christã e Juridica, Dividida em Quatro Palestras, Lisboa, 1759

Diogo Freitas do AMARAL,
"A Prática Parlamentar Británica – Alguns Textos" – Separata da *Revista da Faculdade de Direito de Lisboa*, Lisboa, 1973

Diogo Goes Lara d'ANDRADE,
Da Responsabilidade e das Garantias dos Agentes do Poder em Geral, Lisboa, 1842

Diogo Goes Lara d'ANDRADE,
Reflexões Políticas, Angra, 1831

Diogo Barbosa MACHADO,
Biblioteca Lusitana, segunda Edição, Tomos I a IV, Lisboa, 1930 – NOTA – a primeira Edição é de 1741

Dionysio Miguel Leitão COUTINHO,
Collecção dos Decretos e Resoluções e Ordens das Cortes Geraes, (...), Partes I e II, Coimbra, 1822

Dimitri Georges LAVROFF,
Les Grands Étapes de la Pensée Politique, Paris, Dalloz, 1993

D. M. S.
Memorias sobre as Obrigações dos Bispos, dos Cabidos, Sede Vacante, Parhocos e Ministros do Foro Externo Ecclesiástico, Lisboa, 1822

Dominique BAGGE,
Les Idées Politiques en France sous la Restauration, Paris, PUF, 1952

Dominique COLAS,
Dictionnaire de la Pensée Politique, Paros, 1997

Domingos António de Sousa COUTINHO,
Considerações sobre o estado de Portugal e do Brasil, Londres, 4 de Junho de 1822

Domingos António de Sousa COUTINHO,
La guerre de la peninsule sous son veritáble point de vue, com tradução portuguesa em Lisboa, 1820

Domingos António de Sousa COUTINHO,
Introducção às Notas Supprimidas em 1821, ou o raciocínio sobre o estado presente e futuro da monarchia portugueza, Londres, 1823

Domingos António de Sousa COUTINHO,
Notas ao pretendido Manifesto da Nação Portugueza aos Soberanos da Europa, publicado em Lisboa a 15 de Dezembro de 1820, Londres, 1821, mas só publicado em 1823

Domingos António de Sousa COUTINHO,
Resposta pública à denuncia secreta, que tem por título: Representação que a S. Majestade fez em 1810

Domingos Antunes PORTUGAL,
Tratactus de Donationibus Regiis Jurium, et Bonorium Regiae Coronae, Tomos I e II, Lugdunense, 1680, Edição de Ulyssipone, 1673

Domingos Maurício Gomes dos SANTOS,
"A Universidade de Évora. IV Centenário. 1 de Novembro de 1559 – 1 de Novembro de 1959", Lisboa, *Brotéria*, 1959

Donald S. LUTZ,
The Origins of American Constitution, Baton Rouge, 1988

DE FELICE
Leçons de Droit de la Nature et des Gens, Tome Premier et Tome Second, Lyon, 1817

Duarte de ALMEIDA, A. (Direcção)
Liberais e Miguelistas – Reinado de D. João VI – Regência de D. Isabel Maria – D. Miguel I – Regência de D. Pedro (1817-1834), Lisboa, s. d.

Duarte Gorjão da Cunha Coimbra BOTTADO,
O Século XIX Explicado à vista da Bíblia, Lisboa, 1824

E. J. HOBSBAWM,
A Era das Revoluções, 1789-1848, Lisboa, Presença, 1982

Eberhard WELTY,
Catecismo Social, tradução castelhana, Tomos I-III, Barcelona, Edição Herder, 1956

Edmund BURKE,
Reflexões Sobre a Revolução em França, tradução portuguesa, Apresentação introdutória de Connor Cruise O' Brien, Brasília, Universidade de Brasília, 1982

Edmund RANDOLPH,
"MS History of Virginia", *The Life of George Mason, 1725.1792*, I, New York, 1892

Edmund S. MORGAN,
"Constitutional History Before 1776", *Encyclopedia of the American Constitution*, I, New York, 1986

Edouard HERRIOT,
Nas Origens da Liberdade, tradução portuguesa, Lisboa, s. d.

Eduardo Alves de SÁ,
Bibliographia Juridica Portugalensis – Direito –, Lisboa, 1898

Eduardo BRAZÃO,
"Pombal e os Jesuítas", separata de *O Marquês de Pombal e o seu Tempo*, número especial da *Revista de História das Ideias da Faculdade de Letras*, Coimbra, 1982

Eduardo BRAZÃO,
"Notícia de Duas Missões a Roma pelo Embaixador Alexandre de Sousa e Hoelstein", *Actas do Colóquio A Historiografia Portuguesa Anterior a Herculano*, Lisboa, MCMLXXVII, pp. 381 e ss.

Eduardo CORREIA,
"A Pena de Morte – Reflexões sobre a sua Problemática e Sentido da sua Abolição em Portugal", *Boletim do Ministério da Justiça*, Nº 173, 1968

Eduardo A. da Rocha DIAS,
O Conselheiro José Silvestre Ribeiro, Exemplo de Inteira Dedicação à Liberdade e à Pátria, Factos da História Nacional, Lisboa, 1888

Eduardo Freire de OLIVEIRA,
Elementos para a Historia do Município de Lisboa, Lisboa, 1898

Eduardo Vera Cruz PINTO,
Apontamentos de História das Relações Internacionais, Lisboa, AAFDL, 1998

Edmund S. MORGAN, "Constitutional History Before 1776", *Encyclopedie of the American Constitution*, I, New York, 1986

Edward COKE,
The Institutes of the Laws of England, publicados entre 1628 e 1644

Edward COKE,
Reports, publicados entre 1600 e 1659, London, 1826, 4 volumes

Edward GLASER,
Estudios Hispano-Portugueses, relaciones literarias del siglo de oro, Valencia, Editorial Castela, 1957

Emile BOUTROUX,
Kant, tradução portuguesa, Lisboa, s. d.

Émile BRÉHIER,
Histoire de la Philosophie, L'Antiquité et le Moyen Age, Tome 1 ère (vol.1) *et La Philosophie Moderne*, Tome 2ème Tome I – (le XVIII siècle) et Tome II – (le XIX siècle), Paris, PUF, 1968

Émile BRÉHIER,
Les Thèmes Actuels de la Philosophie, Paris, PUF, 1959

Emilio BOSSI,
A Egreja e a Liberdade, tradução portuguesa, Lisboa, s. d.

Emmanuel Joseph SIEYÉS,
Dire de L'Abbé Sieyès sur la question du veto royal, a la Séance du 7 Septembre 1789, Paris, Baudoin, Imprimeur de l'Assemblée Nationale, 1789

Emmanuel Joseph SIEYÉS,
Qu'est-ce que le Tiers État? Paris, 1789, Paris, PUF, 1982

Emmanuel Joseph SIEYÉS,
Essai sur les Privilèges, Paris, 1787, Paris, PUF, 1982

Eric VOEGLIN,
"História das Ideias Políticas", volume VII, capítulos 5º (Espinosa) e 6º (John Locke), *Revista da Faculdade de Direito de Lisboa*, volume XXXIX, Nº 2, Lisboa, 1998.

Erich FROMM,
Psicanálise da Sociedade Contemporânea, tradução portuguesa, Rio de Janeiro, Zahar Editores, 1967

Erich S. GRUEN,
The Hellenistic World and the Coming of Rome, complete in one volume, London, The University Press Group Ltd, 1986

Ernest BARKER,
O Sistema Parlamentar de Governo, Oxford University Press, Londres – Nova York, s. d

Ernest H. KANTOROWICZ,
Los Dos Cuerpos del Rey (Un Estudo de Teologia Política Medieval), Alianza Editorial, Madrid, 1985

Ernesto RENAN,
La Réforme Intelectuelle et Morale et Autres Écrits, Paris, Albatros-Valmonde, 1982.

Ernesto RENAN,
Que es una Nacion? tradução y Estudio preliminar de Rodrigo Fernandez-Carvajal, Madrid, Centro de Estudios Constitucionales, 1983

Etienne Bonnot de CONDILLAC,
Œuvres, Paris, 23 volumes, 1798

Etienne CAYRET,
Le Procès de L'Individualisme Juridique, Paris, Recueil, 1932

Etienne Junius BRUTUS,
Vindiciae contra Tyrannos, Tradução francesa de 1581, Introduction, Notes et Index par A. Jouanna, J. Perrin, M. Soulié, Libraire Droz, Genève, 1979

Estevão Resende MARTINS,
"O moralismo escocês do séc. XVIII e a concepção de liberdade no Kant pré-crítico – Do sentimento estético à consciência moral" – *Revista Portuguesa de Filosofia*, Tomo XXXIX, 1983

Eugénio de LEMOS,
"Política Peninsular (1820-1822). A Conclusão de um Tratado entre Portugal e Espanha encarada pelos Políticos de 1820", *O Instituto*, volume 106º Coimbra: Coimbra Editora, 1946: única edição encontrada

F. J. S. B.
Oração á Memoria do dia 26 de Janeiro de 1821 em que forão instaladas as Cortes Gerais Extraordinarias, e Constituintes da Nação Portugueza (...), Porto, 1823

F. A. Oliveira MARTINS,
Pina Manique, o político: o amigo de Lisboa, Lisboa, s.n., 1948

F. P. de Almeida LANGHANS,
"Antologia do Pensamento Juridico Português – Pascoal José de Melo Freire dos Reis (1738-1798)", *B. M. J.*, Nº 49, Lisboa, págs. 31-106

F. P. de Almeida LANGHANS,
Estudos de Direito, Coimbra, Universidade de Coimbra, 1957

F. P. de Almeida LANGHANS,
Fundamentos Jurídicos da Monarquia Portuguesa, Lisboa, Empresa Nacional de Publicidade, 1951

Federico CHABOD,
Storia dell'ideia d'Europa, Roma, Laterza, 1977

Felipe Arangués PERÉZ,
Lutero y Rousseau – sua Influencia en la Ideologia del Liberalismo Capitalista, Zaragoza, 1947

F. RIVERA Y PASTOR,
Lógica de la Libertad – Principios de la Doctrina del Derecho, Madrid, 1918

Félix PONTEL,
La Pensée Politique depuis Montesquieu, Paris, s. d.

Fernão LOPES,
As Crónicas de Fernão Lopes, seleccionadas e Transpostas em Português Moderno por António José Saraiva, Lisboa, Gradiva, 1993

Fernando Bouza ÁLVAREZ,
Portugal no Tempo dos Filipes, Política, Cultura, Representações (1580-1668), Lisboa, Cosmos, 2000

Fernando de CAMPOS,
D. Frei Fortunato de S. Boaventura – Mestre da Contra-revolução, Conferência realizada no Núcleo Integralista da Idéa Nova, em Coimbra, no dia 29 de Abril de 1928, s.n

Fernando de CAMPOS,
José Acúrsio das Neves, o Historiador, o Economista, o Panfletário, Lisboa, Gama, 1946

Fernando de CAMPOS,
Os Nossos Mestres ou Breviário da Contra-Revolução, Lisboa, 1924

Fernando de CAMPOS,
O Pensamento Contra-Revolucionário em Portugal (séc. XIX), I e II, Lisboa, s. d.

Fernando de CAMPOS,
No Saguão do Liberalismo, Lisboa, Gama, 1944

Fernando de Castro BRANDÃO,
"A Diplomacia Liberal em Espanha Através da Correspondência dos Representantes Portugueses (1821-1823)", *A Diplomacia na História de Portugal, Actas do Colóquio*, Lisboa, 1940

Fernando de Castro BRANDÃO,
"Aspectos das Relações Diplomáticas Luso-Espanholas (1814-1821)", *A Diplomacia na História de Portugal, Actas do Colóquio*, Lisboa, 1940

Fernando de Castro BRANDÃO,
O Liberalismo e a Reacção (1820-1834) – Uma Cronologia, Odivelas, Europress, cop., 1990

Fernando José Borges Correia ARAÚJO,
Cabral de Moncada e a Filosofia da História. Ideias e Omissões em torno de um tema, Lisboa, 1988, Tese de Mestrado apresentada à Faculdade de Direito da Universidade de Lisboa

Fernando Luís de Carvalho DIAS,
Inéditos de António Ribeiro dos Santos, Coimbra, Coimbra Editora, 1976

Fernando GARCIA DE CORTÁZAR e José Manuel GONZÁLEZ VESGA,
História de Espanha, tradução portuguesa, Lisboa, Presença, 1997

Fernando M. COSTA, Francisco C. DOMINGUES e Nuno Gonçalves MONTEIRO, (Organização)
Do Antigo Regime ao Liberalismo: 1750-1850, Lisboa, Vega, D.L., 1989

F. H. HINSLEY,
El concepto de Soberania, Barcelona, Labor, 1972

Fernando Piteira SANTOS,
Geografia e Economia da Revolução de 1820, Lisboa, Europa-América, 1962

Fernando Teles da Silva Caminha e MENEZES, Marquês de Penalva
"Carta de hum Vassallo nobre ao seo Rey", *O Investigador Portuguez em Inglaterra*, IX, Junho de 1814, pág. 686 e ss.

Fernando Teles da Silva Caminha e MENEZES, Marquês de Penalva
Dissertação a Favor da Monarquia, Lisboa, 1799

Fernando Teles da Silva Caminha e MENEZES, Marquês de Penalva
Dissertação Sobre as Obrigações do Vassalo, dedicada ao Príncipe Regente (...), Lisboa, 1804

Fidelino FIGUEIREDO,
História da Litteratura Classica, 1502-1580; 1580-1756; 1756-1825, Lisboa, 1917-1922, 3 volumes.

Fidelino FIGUEIREDO,
Para a História da Philosophia em Portugal (subsídio bibliográfico), Porto, 1922

FILMER (Ver Robert)

Filipe Arnaud de MEDEIROS,
Allegação de Facto e de Direito feita por (...) no Processo em que por Acordam do Juizo da Inconfidência, e Comissão especialmente constituída, foi nomeado para defender os pronunciados, como Reos da Conspiração, denunciada em Maio de 1817, Lisboa, 1818

Filipe ROCHA,
Liberdade em Situação, Braga, Livraria Cruz, 1971

Filomena Teixeira de ALMEIDA,
O Papel da Natureza na Concepção do Homem em d'Holbach, Dissertação Apresentada à Universidade de Lisboa para obtenção de Grau de Mestre em Filosofia, Lisboa, 1996, texto policopiado

Flausino TORRES,
História Contemporânea do Povo Português – I –, Lisboa, Prelo, 1974

Fortunato de ALMEIDA,
História da Igreja, Porto, Livraria Civilização, 1970

Fortunato de ALMEIDA,
História das Instituições em Portugal, Porto, 1900

Fortunato de ALMEIDA,
História de Portugal, tomos I-VII, Coimbra, Universidade de Coimbra, 1929

Francesco ADORNO,
Sócrates, Lisboa, Edições 70, 1990

Francis BACON,
Essays, 1ª Edição de Londres, 1597 e 3ª e definitiva do mesmo local, 1625, Lisboa, Guimarães Editores, 1992

Francis BACON,
Teoria del Cielo, tradução castelhana, Estudio Preliminar, Madrid, Tecnos, 1998

Francis BACON,
Pensées (1561-1626), Paris, s. d.

Francis BACON,
The New Atlantis, Londres, 1617, em Edição New Atlantis and the Great Instauration Bacon, Edited by Jerry Weinberg, Illinois, Michigan State University, 1989

Francis BACON,
The Oxford Francis Bacon – VI: Philosophical Studies c. 1611-c. 1619, Edited with Introduction, Notes and Commentary by Graham Ress, Oxford, Oxford University Press, 1996

Francis BACON,
The Two Books of Francis Bacon. Of the Prtoficience and Advancement of Learning, Divine and Humane, Introducted by Jeffrey Stern, Unifacmanu-Thoemmes Press, 1994

Francis BACON,
The Works of Francis Bacon, baron of Verulam, viscount St. Alban and lord High Chancellor of England, in five volumes, London, 1778

Francis FUKUYAMA,
O Fim da História e o Último Homem, Círculo de Leitores, tradução portuguesa, Lisboa, 1992

Francis-Paul BÉNOIT,
La Democratie Libérale, Paris, PUF, 1978

Francisco d'Albuquerque COUTO e Lopo CARVALHO,
Lições de Direito Criminal, Redigidas Segundo as Prelecções Orais do Illustríssimo Senhor Basílio Alberto de Sousa Pinto, Feitas no Anno Lectivo de 1844 e 1845 e adaptadas das Instituições de Direito Criminal do Senhor Paschoal José de Mello Freire

Francisco de Almeida e Amaral BOTTELLHO,
Discursos Jurídicos em que se contém varias Matérias uteis aos Principiantes com os Assentos da Caza da Suplicação (...), Lisboa, 1789

Francisco de Almeida Portugal, Conde do LAVRADIO (D.),
Memórias do Conde do Lavradio, D. Francisco de Almeida Portugal, (revistas e coordenadas por Ernesto Campos de Andrada), Tomos I-II., Coimbra, Universidade de Coimbra, 1932

Francisco BETHENCOURT,
História das Inquisições (Portugal, Espanha e Itália), Lisboa, 1940: Temas e Debates em 1996 e Círculo de Leitores em 1994

Francisco de Borja Garção STOCKLER,
Cartas ao Autor da Historia Geral da Invazão dos Francezes em Portugal, e da Restauração d'este Reino, Rio de Janeiro, 1813

Francisco BOTELHO,
Discurso Politico, Historico, e Critico, Lisboa, 1752

Francisco Carneiro de FIGUEIROA,
Memórias da Universidade de Coimbra, Coimbra, Universidade de Coimbra, 1937

Francisco Coelho de Sousa e SÃO PAIO,
Observações às Prelecções de Direito Pátrio, Público e Particular, Offerecidas ao Senhor D. João, Príncipe Regente, Lisboa, 1805

Francisco Coelho de Sousa e SÃO PAIO,
Prelecções de Direito Pátrio Público e Particular, (...), Coimbra, 1793

Francisco Fonseca BENEVIDES,
Rainhas de Portugal, Lisboa, 2º Volume, s. d.

Francisco Freire de CARVALHO,
Primeiro Ensaio sobre a Historia Litteraria de Portugal, desde a sua mais Remota Origem até o Presente Tempo, Lisboa, 1845

Francisco Freire de MELLO,
Cortes de Lamego Fuziladas, Lisboa, 1834

Francisco Freire de MELLO,
Representação ás Cortes e Invectiva contra a Inquisição, Lisboa, 1821

Francisco da Gama CAEIRO,
Concepções da Historiografia Setecentista na Obra de Frei Manuel do Cenáculo, Lisboa, Academia Portuguesa da História, 1977

Francisco da Gama CAEIRO,
A História da Cultura Nacional na Academia Portuguesa de História, Alocução pelo Académico de Número, Lisboa, Academia Portuguesa da História, 1987, pp. 145-163

Francisco da Gama CAEIRO,
"História da Filosofia em Portugal", Separata da *Revista da Faculdade de Letras*, Lisboa, 1963

Francisco da Gama CAEIRO,
A Historiografia das Filosofias Nacionais e os seus Problemas, Lisboa, Revista da Faculdade de Letras, nº 14, p. 277-293 1971

Francisco da Gama CAEIRO,
"Livros e Livreiros Franceses em Lisboa, nos fins de Setecentos e no Primeiro Quartel do séc. XIX", separata do *Boletim de Bibliografia da Universidade de Coimbra*, Coimbra, 1980

Francisco da Gama CAEIRO,
"Para uma História do Iluminismo no Brasil. Notas acerca da presença de Verney na Cultura Brasileira", S. Paulo, separata da *Rev. Fac. Educ., S. Paulo*, 118, 1979

Francisco da Gama CAEIRO,
"O Pensamento Português", "*Que Cultura em Portugal nos Próximos 25 Anos?*", Lisboa, 1984, pp. 9-32

Francisco da Gama CAEIRO,
"Nota Acerca da Recepção de Kant no Pensamento Filosófico Português", Lisboa, *Dinâmica do Pensar*, homenagem a Oswaldo Market, Faculdade de Letras da Univ. de Lisboa, 1991, p. 59-89

Francisco Gomes de AMORIM,
Garrett – Memorias Biographicas, Tomos II e III, Lisboa, 1884

Francisco Javier Caballero HARRIET,
Naturaleza y Derecho en Jean Jacques Rouseau, San Sebastian, s. d.

Francisco José de ALMEIDA,
Introdução à Convocação das Cortes Debaixo do Juramento Prestado à Nação, Lisboa, 1820

Francisco Manuel Trigoso de Aragão MORATO,
Memórias de Francisco Manuel Trigoso de Aragão Morato, começadas a escrever por êle mesmo em principios de Janeiro de 1824 (revistas e coordenadas por Ernesto Campos de Andrada), volume I, Coimbra, Imprensa da Universidade, 1933

Francisco Leitão FERREIRA,
Alphabeto dos Lentes da Insigne Universidade de Coimbra desde 1537 em diante, Coimbra, Universidade de Coimbra, 1937

Francisco de LEMOS,
Relação Geral do Estado da Universidade (1777), Coimbra, Imprensa da Universidade, 1980

Francisco Luís GOMES,
Le Marquis de Pombal – Esquisse de sa Vie Publique, Lisbonne, 1869

Francisco MARTINEZ MARINA, (Don)
Discurso sobre el origen de la Monarquia Española sancionada por las Cortes Generales y Extraordinárias, promulgada em Cadíz a 19 de Marzo de 1812, tomo III da *Teoría de las Cortes*, Madrid, 1813

Francisco MARTINEZ MARINA, (Don)
Ensayo Historico-Critico Sobre la Legislacion y Principales Cuerpos de Leon y Castilla, Madrid, 1845

Francisco MARTINEZ MARINA, (Don)
Teoría de las Cortes ó Grandes Juntas Nacionales de los Reynos de Leon y Castilla. Monumentos de su Constitución Política y de la Soberanía del Pueblo, Tomos I e II, Madrid, 1813

Francisco MARTINEZ MARINA, (Don)
Principios Naturales de la Moral, la Política y la Legislación, Madrid, 1933

Francisco de Mello FRANCO,
O Reino da Estupidez, Barcelos, 1863

Francisco Moita FLORES,
Republicanismo e Autonomia – Comemorações de 1880-1882, Ponta Delgada, Impraçor, 1991

Francisco Nunes FRANKLIN,
Memoria Breve de D. Jorge da Costa, cardeal de Lisboa (...), Lisboa, s. d.

F. P. LOCK,
Burke's Reflections on the Revolution in France, London, George Allen & Unwin, Boston, Sydney, 1985

Francisco de Pina de MELLO,
Conferencias Expurgatórias que teve com o doutor Apollonio Philomuso, Coimbra, 1759

Francisco de Pina de MELLO,
Balança Intelectual em que se pezava o merecimento do Verdadeiro Methodo de Estudar, Lisboa, 1752

Francisco Ribeiro da SILVA,
Absolutismo Esclarecido e Intervenção popular (Os Motins do porto de 1757), Liboa, INCM, 1988

Francisco RODRIGUES,
Jesuitophofia. Resposta Serena a uma Diatribe, Porto, 1917

Francisco Rodrigues LOBO,
Corte na Aldeia e noites de Inverno, Lisboa, volume I e II, 1908

Francisco SAMPAIO, (Frei)
Sermão de Acção de Graças que em Memoria dos dias 24 de Agosto e 15 de Setembro de 1820 o Senado e os cidadãos do Rio de Janeiro solemnizarão (...)

Francisco de Simas Alves de AZEVEDO,
"O Chamado 'Livro da Torre do Tombo', Resultado Parcial de Relações Culturais Luso- Estrangeiras", *A Diplomacia na História de Portugal*, Actas do Colóquio, APH, Lisboa, 1940

Francisco Soares FRANCO,
Exame das Causas que allegou o Gabinete de Tulherias para mandar contra Portugal os Exércitos Francez e Hespanhol, Lisboa, 1808

Francisco Soares FRANCO,
Reflexões sobre a Conducta do Príncipe Regente, revistas e corrigidas por (...), Coimbra, 1808

Francisco SUAREZ,
De Iuramento Fidelitatis, Madrid, Edição castelhana de 1978, Madrid, Consejo Superior de Investigaciones Cientificas, Introdução de L. Pereña e outros

Francisco SUAREZ,
Principatus Politicus o la Soberania Popular, Edição castelhana de 1965, Madrid, Consejo Superior de Investigaciones Cientificas, com Introdução de E. Elorduy y L. Pereña

Francisco SUAREZ,
Tratactus de Legibus ac Deo Legislatore, Conimbricae, 1612, tradução castelhana do Instituto de Estudios Politicos, Las Leys, Madrid, 1967, Tomos I e ss.

Francisco Velasco de GOUVEIA,
Fidelidad de los portugueses en la acclamacion de su legitimo Rey, el muy Alto, y muy Poderoso Don Juan, quarto de su nombre, Lisboa, 1652

Francisco Velasco de GOUVEIA,
Justa Acclamação do Seremíssimo Rey de Portugal D. João IV. Tractado Analytico, dividido em tres partes (...), Lisboa, 1846

Francisco Vieira JORDÃO,
Espinosa – História, Salvação e Comunidade, Lisboa, Fundação Calouste Gulbenkian, 1990

Francisco de VITÓRIA,
La Ley, Madrid, Tecnos, 1995

Francisco de VITÓRIA,
Relectio de Indis, de 1539, Edición critica bilingue do CSIC, Madrid, 1967

François BACON,
François Bacon, Introduction et notes par J. Trabucco, Paris, s. d.

François DESCOSTES,
Joseph de Maistre avant la Révolution. Souvenirs de la société d'autrefois (1753-1793), Paris, 1893, Reimpressão, Genève, Slatkine Reprints, 1978

F CHÂTELET, O. DUHAMEL, E E. PISEIR-KOUCHNER,
História das Ideias Políticas, tradução Portuguesa, Rio de Janeiro, Zahar, 1985

François FURET,
Pensar a Revolução Francesa, Tradução Rui Fernandes de Carvalho, Lisboa, Edição 70, 1983

François FURET e Mona OUZUF,
Dictionnaire Critique de la Révolution Française, 4 volumes, Paris, Champs-Flammarion, 1992

François FURET e Mona OUZUF,
Terminer la Révolution, bicentenaire de la Revolution Française en Dauphne, Colloque de Vizille, 1998

François GUIZOT,
Histoire des Origines du Gouvernement Representatif et des Institutions Politiques de L'Europe, I. e II. volumes, Paris, 1880

François GUIZOT,
Histoire de la Civilization en Europe, Présenté par Pierre Ronsanvallon, Hachette, 1985

François JACQUES,
Le Previlège de Liberté (Politique Impériale et autonomie municipale dans les cités de l'Occident Romain – 161-244), Palais Farnese, 1984

François LAURENT,
"Philosophie au XVIII ème. Siècle et le Christianisme", *Études sur l'Histore de l'Humanité*, Paris, 1866

François LEBRUN e Roger DUPUY, (Direcção)
"Les Résistences à la Révolution", *Actes du Colloque de Rennes (17-21 Septembre 1985)*, Rennes, 1985

François LUCHAIRE,
La Protection Constitutionelle des Droits et des Libertés, Economica, 1987

François Marie Arouet, (VOLTAIRE)
Dictionnaire Philosophioque, avec Introduction et Notes par Julien Benda, Paris, Éditions Garnier, 1954

François Marie Arouet, (VOLTAIRE)
Lettres Anglaises ou *Lettres Philosophiques*, Amsterdão, 1734, Édition Rene Pomeau, Paris, Garnier-Flammarion, 1964

François Marie Arouet, (VOLTAIRE)
Mélanges, Préface par Emmanuel Berl, Texte Établi et Annoté par Jacques van Den Heuvel, Paris, Gallimard, 1961

François Marie Arouet, (VOLTAIRE)
Œuvres Historiques, Edição et "Introduction" de Rene Pomeau, Paris, Gallimard, 1957

François MONCONDUIT,
"Mélanges Offerts a Georges Burdeau – Le Pouvoir", *Liberté et Egalité dans la Pensée d'Alexis de Tocqueville*, Paris, LGDJ, 1977, págs. 315-332

François PICAVET,
Les Idéologues. Essai sur l'Histoire des Idées et des Théories Scientifiques, Philosophiques, Religieuses, etc., en France, depuis 1789, Georg Olm Verlag, Hildesheim. New York, 1972

François QUESNAY,
Quadro Económico, Lisboa, Fundação Calouste Gulbenkian, 1985

François-René de CHATEAUBRIAND,
Congrès de Verone, Tomes I-II, Bruxelles, 1838

François-René de CHATEAUBRIAND,
De la Monarchie selon la Charte, Londres, 1816

François-René de CHATEAUBRIAND,
Génie du Christianisme, Paris, 1802, Edição de Paris, Ernest Flammarion, s. d.

François-René de CHATEAUBRIAND,
Memoires d'Autre-tombe, Paris, 3 volumes

François-René de CHATEAUBRIAND,
Œuvres Completes. Politique: Opinions et Discours, volume 12, Paris, 1866

François-René de CHATEAUBRIAND,
Le Roi est Mort: Vive le Roi! Paris, 1824

François de Salignac de La Mothe FÉNELON,
Aventuras de Telémaco, filho de Ulysses, traduzidas do Francez em Portuguez, Lisboa, 1785

François de Salignac de La Mothe FÉNELON,
Écrits et Lettres Politiques, textos políticos organizada por Ch. Urbain, sobre manuscritos autógrafos, Slatkine, Génève-Paris, 1981

François de Salignac de La Mothe FÉNELON,
Lettres à l'Academie, Genève, Slatkine Reprints, 1970

Franck ALENGRY,
Condorcet. Guide de la Révolution Française, Théoricien du Droit Constitutionnel et Précurseur de la Science Sociale, Slatkine Reprints, Gèneve, 1971

Franklin L. BAUMER,
O Pensamento Europeu Moderno, volumes I-II, Lisboa, s.d.

Franz WIEACKER,
História do Direito Privado Moderno, Lisboa, Fundação Calouste Gulbenkian, tradução Portuguesa, 1993

Franz WIEACKER,
História do Direito Privado Moderno, tradução Portuguesa, Lisboa, Fundação Calouste Gulbenkian, 1967

Frei Francisco BRANDÃO,
Discurso gratulatorio sobre o dia da feliz restituição e aclamação da Majestade del Rei D. João VI, Lisboa 1642.

Frederico Francisco de FIGANIÈRE,
A Liberdade e a Legislação vistas à Luz da Natureza das Cousas, Petrópolis, 1866

FREDERICO II
Œuvres Philosophiques, Paris, Fayard, 1985

Friedrich A. HAYEK,
Droit, Légilstion et Liberté, Une Nouvelle Formulation des Principes Libéraux de Justice et d'Economie Politique, Volume I, II, III, traduit de l'anglais de R. Aoudin, Paris, PUF, 1980

Friedrich A. HAYEK,
The Confusion of Language in Political Thought, Institute os Economic Affairs, London, 1968

Friedrich A. HAYEK,
Los Fundamentos de la Libertad, tradução castelhana, Madrid, Unión Editores, 1982

Friedrich A. HAYEK,
La Route de la Servitude, Paris, PUF, 1985

Friderich MEINÉCKE,
La Ideia de la Razon de Estado en la Edad Moderna, Madrid, 1983

Abbé G. PÉRIES,
La Faculté de Droit dans l'ancienne Université de Paris, Paris, 1890

Galvano della VOLPE,
Rousseau e Marx – a Liberdade Igualitária, Lisboa, Edições 70, 1982

Gabriel Bonnot MABLY,
Collection Complete des Œuvres de l'Abbé Mably, 15 volumes, Paris, 1794 e anos seguintes

Gabriel Bonnot MABLY,
Des Droits et des Devoirs du Citoyen, Paris 1790, Edição crítica de Jean-Louis Leclercle, Paris, 1972

Gabriel Bonnot MABLY,
De l'Étude de l'Histoire suivi de De la Manière d'Écrire l'Histoire, Paris, Fayard, 1988

Gabriel-Honoré Riquetti (MIRABEAU)
Discours et Opinions de Mirabeau, précedés "D'une Notice Historique sur sa vie, par M. Barthe", Paris, Tome I a III, 1820

Gabriel LEPOINTE,
Histoire des Institutions du Droit Public Français au XIX ème siècle (1789-1914), Paris, Editions Domat Montchrestien, 1952

Gabriel Pereira de CASTRO,
Tratactus de Manu Régia, 2 Tomos, Ulissipone, 1742

Gaetano FILANGIERI,
La Sciencia della Legislazione, Napoli, 4 volumes, Generoso Procaccini, 1998

Gaetano MOSCA,
História de las Doctrinas Politicas, Madrid, Editorial Revista de Derecho Privado, 1941

Gerald F. GAUS,
Political Concepts and Political Theorie, Colorado, Westview Press, 2000

Gaspar de JOVELLANOS,
Obras Escogidas, Madrid, 3 volumes, Espasa-Calpe, 1955

Gaspar DE REAL,
La Science du Gouvernement, contennant le Traité de Politique (...), Tomes I-VI, Aix-la.Chaplle, s. d., Amsterdam, 1764, Paris, 1761-1765

George H. SABINE,
Historia de la Teoria Politica, tradução castelhana, México, FCE, 1970

Georges BOISVERT, e outros
O Liberalismo Português no séc. XIX (Livre Cambismo/ Proteccionismo), Lisboa, 1981; edição encontrada: mesa redonda / condução e introdução de Artur Portela. - Lisboa: Moraes, 1981

Georges BOISVERT,
Un Pionner de la Propagande Liberale au Portugal: João Bernardo da Rocha Loureiro (1778-1853), Paris, Fundação Calouste Gulbenkian, Centro Cultural Português, 1982

Georges BURDEAU,
O Estado, tradução portuguesa, Mem Martins, Europa-América, 1971

Georges BURDEAU,
O Liberalismo, tradução portuguesa, Mem Martins, Europa-América, 1980

Georges BURDEAU,
Les Libertés Publiques, Paris, Librairie Générale de Droit et de Jurisprudence, 1972

Georges BURDEAU, Francis HAMON e Michel TROPER,
Manuel de Droit Constituitionel, Paris, Libr. Générale de Droit et de Jurisprudence, 1997

Georges DUBY,
A Europa na Idade Média, tradução portuguesa, Lisboa, Teorema, 1989

Georges DURAND,
États et Institutions (XVI-XVIII siècles), Paris, Armand Colin, 1969

Georges GURVITCH,
Proudhon, Tradução Portuguesa, Lisboa, Edição 70, 1983

Georges GUSDORF,
La Conscience Revolutionaire – Les Ideologies, Payot, Paris, 1978

Georges GUSDORF,
De l'Histoire des Sciences à l'Histore de la Pensée, Paris, Payot, 1977

Georges GUSDORF,
Signification Humaine de la Liberté, Paris, Payot, 1962

George JELLINEK,
Les Declarations des Droits de l'Homme et du Citoyen, Contribution a l'Histoire du Droit Constitutionel Moderne, traduit du allemand par Georges Fardis, Paris, 1902

Georges de LAGARDE,
La Naissance de L'Esprit Laique au Declin du Moyen Age, volume I-IV, Louvain-Paris, B. Nauwelaerts, 1956-1970

Georges de LAGARDE,
Recherches sur L'Esprit Politique de la Reforme, Paris, Picard, 1926

Georges de LAGARDE,
"La Structure Politique et Sociale de l'Europe au XIV èrme. Siècle", *L'Organization Corporative du Moyen Age à la Fin de l'Ancien Régime*, volume III, Louvain, 1939

Georges Louis Leclerc BUFFON,
Des Époques de la Nature, Paris, 1779, Edição de Paris, 1971

Georges MAY,
Rousseau – O Génio e a Obra, tradução portuguesa, Lisboa, Publicações Europa-América, 1997

Georges MOUNIN,
Maquiavel, Lisboa, s. d.

Georges RUDÉ,
A Europa Revolucionária (1783-1815), tradução portuguesa, Lisboa, Presença, 1988

Georges WEILL,
L'Eveil des Nationalités et le Mouvement Liberal (1815-1848), Paris, Libr. Felix Alcan, 1930

Gerhard OESTREICH e Karl-Peter SOMMERMANN,
Passado y Presente do los Derechos Humanos, Madrid, Tecnos, 1990

Gérard, CONAC, Marc DEBENE, et Gérard TEBOUL,
La Déclaration des Droits de L'Homme et du Citoyen de 1789, Paris, Economica, 1993

Germano TÜCHLE, (Direcção)
Reforma e Contra-Reforma, tradução portuguesa, Rio de Janeiro, Vozes, 1971

Giacomo MARTINA,
La Chiesa nell'etá della Riforma, Morcelliana, Brescia, 1983

Giacomo MARTINA,
La Chiesa nell'etá dell' Assolutismo, Brescia, 1983

Giambattista VICO,
La Science Nouvelle, 1744, Edição de Paris, s. d., sobre o texto de 1744, "Présentation" de Benedetto Croce e "Introduction" de Fausto Nicolini

Gilberto RYLE,
Introdução à Psicologia – o Conceito de Espírito, Lisboa, Moraes, 1970

Giles DELEUZE,
A Filosofia Crítica de Kant, Lisboa, Edições 70, 1987

Giles LEBRETON,
Libertés Publiques & Droits de l'Homme, Paris, Armand Colin, 1997

Giorgio del VECCHIO,
Hechos y Doctrinas, tradução castelhana, Madrid, s.d.

Giorgio del VECCHIO,
"Indivíduo, Estado e Corporação", Separata da *Revista da Faculdade de Direito da Universidade de Lisboa*, Lisboa, 1940

Giorgio del VECCHIO,
Lições de Filosofia do Direito, tradução portuguesa, Edição revista e Prefaciada por Cabral de Moncada e actualizada por Anselmo de Castro, Coimbra, Arménio Amado, 1979

Giorgio del VECCHIO,
Storia della Filosofia del Diritto, Milano, Giuffré, 1950

Giuseppe BUTTÀ,
Sovranità. Diritto di Voto e Rappresentanza in Massachusetts e South Carolina (1776-1860), Milano, Giuffrè Editore, 1988

Gordon S. WOOD,
The Creation of the American Republic (1776-1787), Institute of Early American History and Culture, Virginia, The University of North Carolina Press, Chapeel Hill, 1969

Gottfried Wilhem LEIBNITZ,
Discurso da Metafísica, tradução portuguesa, Lisboa, Edições 70, 1985

Gottfried Wilhem LEIBNITZ,
Elementos del Derecho Natural (Los) l, tradução castelhana, Madrid, Tecnos, 1991

Gottfried Wilhem LEIBNITZ,
Escritos en Torno a la Libertad, el Azar y el Destino, Seleccion, Estudio Preliminar e Notas de Concha Roldán Panadero, Madrid, Tecnos, 1990

Gottfried Wilhem LEIBNITZ,
Essais de Théodicée, sur la Bonté de Dieu, la Liberté de l'Homme et l'Origine du Mal, de 1710, tradução francesa de *Teodiceia*, Edição de Jacques Jalabert, Paris, Aubier, 1962

Gottfried Wilhem LEIBNITZ,
Scritti Politici e di Diritto Naturale, Torino, s. d.

Graça e J. S. da SILVA DIAS,
Os Primórdios da Maçonaria em Portugal, Volume I (Tomos I e II) e Volume II (Tomos I E II), Lisboa, INIC, 1986

Graciela SORIANO,
La Praxis Politica del Absolutismo en el Testamento Politico de Richelieu, Madrid, Centro de Estudios Constitucionales, 1979

Graham REES,
Philosophical Studies c. 1611-c. 1619, Oxford, Clarendon Press, 2003

GRANDE LOJA REGULAR DE PORTUGAL
Introdução à Maçonaria Regular, Lisboa, G. L. R. P., 1993

Gregorio PECES-BARBA,
Historia de los Derechos Fundamentales, Transito a la Modernidad, siglos XVI e XVII, Tomo I, Madrid, Dykinson, 1998

Gregorio PECES-BARBA,
Teoria dei Diritti Fondamentali, a cura di Vicenzo Ferrari, tradução italiana, Presentazione di Norberto Bobbio, Milano, Giuffrè, 1993

Guido FASSÒ,
Histoire de la Philosophie du Droit (XIX ème et XX ème siècles), Paris, L. G. D. J., 1974

Guido RUGGIERO,
Storia del Liberalismo Europeo, Milano, com Prefazione de Eugenio Gorin, Maggio 1966,

Guilherme Braga da CRUZ,
História do Direito Português, Lições de 1955-1956, Coimbra, s.n., 1955

Guilherme Braga da CRUZ,
O Movimento Abolicionista e a Abolição da Pena de Morte em Portugal, separata das *Memórias da Academia das Ciências de Lisboa*, Classe de Letras, Tomo X, Lisboa, 1967

Guilherme Braga da CRUZ,
Origem e Evolução da Universidade, Lisboa, 1964

Guilherme COBBETT,
História da Reforma Protestante em Inglaterra e Irlanda (...), Lisboa, 1827

Guilherme de OCKHAM,
Brevilóquio sobre o Principado Tirânico, Tradução Portuguesa, Petrópolis, 1988; edição encontrada: Breviloquium de Potestate Papae, Paris: Libr. Philosophique J. Vrin, 1937

Guilherme de OCKHAM,
Sobre el Gobierno Tiránico del Papa, Tradução castelhana, Madrid, Tecnos, 1992

Gunther HOLSTEIN,
História de la Filosofia Politica, Tradução castelhana, Prólogo de Luis Diez del Corral, Madrid, Instituto de Estudios Politicos, 1950

Gustav RADBRUCH,
Filosofia do Direito, Tradução portuguesa e Prefácio de Cabral de Moncada, Coimbra, Arménio Amado, 1934

Gustave le POITTEVEN,
La Liberté de la Presse Depuis la Révolution (1789-1815), Genéve, Slatkine Reprints, 1975

Guy CHAUSSINAND-NOGARET,
Mirabeau entre le Roi et la Révolution, Paris, Pluriel-Hachette, 1986

Guy HAARSCHER,
Philosophie des Droits de l'Homme, 4ème Édition revue, Université de Bruxelles, Bélgica, 1993

Guy HAARSCHER e Benoît FRYDMAN,
Philosophie du Droit, Paris, 1998

Hanna Fenichel PITKEN,
The Concept of Representation, University of California Press, Berkeley and Los Angeles, 1967

Hannah ARENDT,
La Nature du Totalitarisme, traduit de l'anglais par M.-I. B. de Launay, Paris, Payot, 1990

Hannah ARENDT,
Condition de l'Homme Moderne, tradução do inglês por Georges Fradier, Prefácio de Paul Ricoeur, Paris, Calmann-Lévy, 1993

Hannah ARENDT,
On Revolution, tradução portuguesa *Sobre a Revolução*, Lisboa, Moraes, 1971

Hannah ARENDT,
O Sistema Totalitário, Lisboa, Publicações D. Quixote, 1978

Hannah ARENDT,
Le Système Totalitaire, Paris, Seuil, 1972

Hans LINDAHL,
"El Pueblo Soberano: el Régimen Simbólico del Poder Politico en la Democracia", *Revista de Estudios Políticos*, Madrid, N. E., 94, 1996

Harold LASKY,
El Estado Moderno – Sus Instituciones Politicas e Economicas, Tomos I-II, Barcelona, Bosch, 1932

Harold LASKY,
A Liberdade, tradução portuguesa, Lisboa, Edição Delfos, 1973

HEFTZER,
Oeuvres d' A. Neftzer, Paris, 1886

HELVÉTIUS (Ver Claude Adrien)

Henri AHRENS,
Cours de Droit Naturel ou de Philosophie du Droit, Leipzig, F. A. Brockhaus, 1892

Henri d'Avian TERNEY,
La Liberté Kantienne – Un Imperatif d'Exode, Paris, Cerf., 1992

Henri BATIFFOL,
"La Loi et la Liberté", *Archives de Philosophie du Droit*, Nº 25,

Henri DENIS,
História do Pensamento Económico, Lisboa, Livros Horizonte, 1982

Henri GAUTIER,
Chateaubriand e Talleyrand, Paris, s. d.

Henri GOUHIER,
Les Meditátions Métaphisiques de Jean Jacques Rousseau, Paris, J. Vrin, 1984

Henri SÉE,
Les Idées Politiques en France au XVIII ème siècle, Paris, 1920

Henrique Barrilaro RUAS,
A Liberdade e o Rei, Lisboa, Edição do autor, 1971

Henrique de Campos Ferreira LIMA,
Gomes Freire de Andrade. Notas Bibliográficas e Iconográficas, Coimbra, 1919

Henrique da Gama BARROS,
História da Administração Pública em Portugal nos sécs. XII a XV, Tomo III, Lisboa, Livraria Sá da Costa, 1945

Henrique José de CASTRO,
A Verdadeira Razão Demonstrada como Lei Universal e Base Firme e Única de hum Perfeito Contracto Social..., Lisboa, 1824

Henrique SCHAEFER,
História de Portugal, desde a Fundação da Monarchia até à Revolução de 1820, vertida fiel, integral e directamente por F. de Assis Lopes, continuada sob o mesmo plano até aos nossos dias por J. Pereira Sampaio (Bruno), e por José Agostinho, I-VII, Porto, 1893 e ss.

Henry St. John, Lorde Visconde de BOLINGBROKE,
Political Writings, Cambridge, Cambridge University Press, Edited by David Armitrage, 1997

Henry St. John, Lorde Visconde de BOLINGBROKE,
The Works of Lord Bolingbroke, volume1, Honolulu, University Press of the Pacific Honolulu, Hawai, 2001

Henry e Dana Lee THOMAS,
Vidas de Grandes Filósofos, Lisboa, s. d., Livros do Brasil

Herman KANTOROWICZ,
La Definizzione del Diritto, Torino, Giappichelli, 1962

Hermann KRINGS, Hans Michael BAUMGARTNER, e outros
Conceptos Fundamentales de Filosofia, Tomo segundo, Barcelona, Herder, 1978

Hernâni CIDADE,
Ensaio Sobre a Crise Mental do século XVIII, Coimbra, 1919

Hernâni CIDADE,
História da Litteratura Classica (1502-1580), Lisboa, 1917; 2ª Epocha (1580-1758), Lisboa, 1922; 3ª Epocha (1756-1825), Lisboa, 1922

Hernâni CIDADE,
Lições de Cultura e literatura Portuguesas, 1º Volume (séculos XV, XVI e XVII), Coimbra, Coimbra Editora, 1959

Hernâni CIDADE,
Século XIX – A Revolução Cultural em Portugal e Alguns dos seus Mestres, Lisboa, Presença, 1985

Higino CIRIA Y NASARE (D.),
Fernando VII y la Constitución de Cádiz, Madrid, 1904

Hilde de RIDDER-SYMOENS,
Uma História da Universidade na Europa, Volume I, Conselho de Reitores das Universidades Portuguesas, Fundação Eng. António de Almeida, tradução do Gabinete de traduções da Faculdade de Letras do Porto, Porto, 1992

Hipólito RAPOSO,
Dois Nacionalismos, Lisboa, Livraria Ferin, 1929

Hipolyto GAMBOA,
A Corcundice explicada magistralmente, ou a resolução de dois problemas interessantes a respeitos dos corcundas (...), Lisboa, 1822

D'HOLBACH (ver Paul Tiry)

Horacio SPECTOR,
Autonomy and Rights, The Moral Foundations of Liberalism, Oxford, Clarendon Press, 1992

Hugues GROTIUS,
Le Droit de la Guerre et de la Paix, Nouvelle Traduction par M. P. Pradier-Fodéré, Tomes Iº, IIº e IIIº, Paris, 1867

I. S. RÉVAH,
La Censure inquisitoriale portuguese au XVIe. Siècle, volume I, Lisboa, IAC, 1960

Ian HAMPSHER-MONK,
The Political Philosophy of Edmund Burke, Longman, London and New York, 1987

Ignacio GARCIA MALO,
La Politica Natural o Discurso sobre los Verdaderos Principios del Gobierno, México, Universidad Nacional Autónoma de México, 1978

Immanuel KANT,
Der Streit der Fakultäten, 1794, tradução portuguesa *O Conflito das Faculdades (Textos Filosóficos)*, Lisboa, Edições 70, 1993

Immanuel KANT,
Kritik der reinen Vernunft, 1781, tradução portuguesa *Crítica da Razão Pura*, Lisboa, Fundação Calouste Gulbenkian, 1989

Immanuel KANT,
Kritik der praktischen Vernunft, 1788, tradução portuguesa *Crítica da Razão Prática*, Lisboa, Edições 70, 1994

Immanuel KANT,
Kritik der Urteilskraft, de 1790, tradução portuguesa *Crítica da Faculdade do Juízo*, Introdução de António Marques, Lisboa, INCM, 1992

Immanuel KANT,
Grunlegung zur Methaphysik der Sitten, 1785, tradução portuguesa *Fundamentação da Metafísica dos Costumes*, Tradução portuguesa, Coimbra, 1960, Textos Filosóficos, Edições 70, Lisboa, 1991

Immanuel KANT,
Grunlegung zur Methaphysik der Sitten, 1785, *Fundamentação da Metafísica dos Costumes*, Introdução de Viriato Soromenho Marques, tradução de Paulo Quintela, Porto, Edições 70, 1995

Immanuel KANT,
Metaphysische Anfangsgründe der Rechts, 1797, tradução francesa *Métaphiique des Moeurs, Première Partie, Doctrine du Droit*, Paris, Vrin, 1979

Immanuel KANT,
Metaphysische Anfangsgründe der Rechts, 1797, tradução castelhana, *Princípios Metafísicos del Derecho*, Madrid, 1873

Immanuel KANT
Metaphysische Anfangsgründe der Rechts, Introdução e Tradução castelhana, *Introducción a la Teoria del Derecho*, Madrid, C. E. C., 1978

Immanuel KANT,
Prolegomena zu einer jeden künfitgen Metaphysik, tradução portuguesa, *Prolegómenos a Toda a Metafísica Futura*, 1783, Lisboa, Edições 70, 1987

Immanuel KANT,
A Religião nos Limites da Simples Razão, 1793, tradução portuguesa, Lisboa, Edições 70, 1992

Immanuel KANT,
Os Progressos da Metafísica, (Textos Filosóficos), 1804, tradução portuguesa, Lisboa, Edições 70, 1985

Immanuel KANT,
Teoria y Prática, tradução castelhana, Estudo Preliminar de Roberto Rodriguez Aramayo, Madrid, Tecnos, 1993

Immanuel KANT,
A Paz Perpétua e outros Opúsculos, etc, tradução portuguesa, Lisboa, Edições 70, 1992

Imre SZABO,
"Les Perspectives Fondamentales de la Liberté et de L'Égalité", *ARSI*, 1977, págs. 9-15

Inocêncio Galvão TELLES,
Verney e o Iluminismo Italiano, Lisboa, Sep. Rev. da Fac. de Direito da Univ. de Lisboa, 1951

Innocêncio Francisco da SILVA, Brito ARANHA e Ernesto SOARES,
Diccionario Bibliographico Portuguez, Lisboa, Edição de 1972, 23 volumes, INCM

Innocencio Francisco da SILVA,
Memórias para a vida Íntima de José Agostinho de Macedo. Obra Posthuma organizada por Theophilo Braga, Lisboa, Academia Real das Sciencias, 1899

Isaiah BERLIN,
Contra la Corriente, Ensaios sobre Historia de las Ideias, tradução castelhana, Mexico, FCE, 1983

Isaiah BERLIN,
Libertad y Necessidad en la História, tradução castelhana, Madrid, Revista de Occidente, 1974

Isaiah BERLIN,
Quatro Ensaios Sobre a Liberdade, tradução portuguesa, Brasília, Universidade de Brasília, 1981

Isabel Cristina Neves BALTAZAR
O Rei e o Poder Régio 1820-1823, Dissertação de Mestrado em História Cultural e Política apresentada à Faculdade de Ciências Sociais e Humanas da Universidade Nova de Lisboa, 1994

Isabel Maria BANOND DE ALMEIDA,
A Ideia de Liberdade no Mundo Antigo. Notas para uma Reflexão, *Revista da Faculdade de Direito da Universidade de Lisboa*, volume XL, nºs 1 e 2, Lisboa, 1999

Isabel Maria BANOND DE ALMEIDA, "Três Vivências Turbulentas dos sucessos de 1789: Robespierre, Saint-Just e Babeuf", separata *Estudos de Homenagem ao Prof. Doutor André Gonçalves Pereira*, Coimbra Editora, 2006, págs. 37 e ss.

Isabel Nobre VARGUES,
A Aprendizagem da Cidadania em Portugal (1820-1823), Coimbra, Minerva Histórica, 1997

Izidoro MARTINS, (Júnior)
Historia do Direito Nacional, Rio de Janeiro, 1895

J. ANTÓN e M. CAMINAL, (Coordenação)
Pensamiento Político en la España Contemporanea, 1800-1950, Barcelona, 1992

J.H. SHENNAN,
Liberty and Order in Early Modern Europe – The Subject and the State (1650-1800), New York, Longman, 1986

J. I de F. (FREITAS), Joaquim Ignacio de
Collecção Chronologica dos Assentos das Casas da Supplicação e do Cível, Coimbra, 1817

J. I. de F. (FREITAS), Joaquim Ignacio de
Collecção Chronologica de Leis Extravagantes Posteriores à Nova Compilação das Ordenações do Reino, publicadas em 1603, T. I, II, III e IV de LL., Alvv., etc., Coimbra, 1819

J. I. de F. (FREITAS), Joaquim Ignacio de
Collecção Chronologica de Leis Extravagantes Posteriores à Nova Compilação das Ordenações do Reino, publicadas em 1603, T. I e II, de Decrett., Cartt., etc., Coimbra, 1819

J. Baptista MACHADO,
Introdução ao Direito e ao Discurso Legitimador, Coimbra, Almedina, 1983

J. C. MURRAY, (S.J) (Direcção)
A Liberdade e o Homem, tradução portuguesa, Petrópolis, Vozes, 1967

J. CALVET,
Bossuet – Œuvres Choisies, Avec Introduction, Bibliographie Notes, Grammaire, Lexiques e Illustrations Documentaires, Paris, A. Hatier, 1941

J. CRATELLA JUNIOR,
Liberdades Públicas, São Paulo, José Bushatsky, 1974

J. E. Mc TAGGART,
Introdução ao Estudo da Filosofia, tradução e prefácio de António Sérgio, Lisboa, s. d.

J. G. A. POCOCK,
The Machiavellian Moment, florentine political thought and the atlantic republican tradition, New Jersey, Princeton University Press, 1975

J. G. A. POCOCK,
The Political Works of James Harrington, Cambridge, Cambridge University, 1977

J. M. Amado MENDES,
História Económica e Social dos Séculos XV a XX, Lisboa, Fundação Calouste Gulbenkian, 1997

J. M. BARBALET,
A Cidadania, tradução portuguesa, Lisboa, Estampa, 1989

J. P. KENYON,
The Stuart Constitution (1603-1688), Cambridge University Press, 1986

J. S. McClelland,
A History of Western Political Thought, London and New York, Routledge, 1996

J. VERICUYSSE,
Bicentenaire du Système de la Nature, textes holbachiens peu connus, Paris, Lettres Modernes, 1970 et *Bibliographie descriptive des écrits du baron D'Holbach*, Paris, Lettres Modernes, 1971

Jacome RATTON,
Recordações e Memórias Sobre Ocorrências do seu Tempo, ..., Londres, 1813 e Coimbra, 1920

Jacqueline RUSS,
A Aventura do Pensamento Europeu – Uma História das Ideias Ocidentais, tradução portuguesa, Lisboa, Terramar, 1997

Jacques-Bénigne BOSSUET,
De la Connoissance de Dieu et de Soi-même, 1722, Paris, Fayard, 1990

Jacques-Bénigne BOSSUET,
Politique Tirée des Propres Paroles de l'Écriture Sainte, Édition Critique avec Introduction et Notes par Jacques le Brun, Genève, Librarie Droz, 1967

Jacques-Bénigne BOSSUET,
*Tractado da Concupiscência, traduzido do francês, ao qual se junta a Dissertação do Fim do Mundo de D. Agostinho Calve*t, Lisboa, 1846

Jacques-Bénigne BOSSUET,
Traité de la Concuspiscence, Edição de 1731, Paris, Les Belles Lettres, 2000

Jacques BILLARD,
De l'École à la République: Giuizot et Victor Cousin, Paris, PUF, 1998

Jacques DROZ,
De la Restauration à la Revolution – 1815-1848, Paris, Lib. Armand Colin, 1970

Jacques GODECHOT,
La Contre-Révolution (1789-1804), Paris, PUF, 1961

Jacques GODECHOT,
"Revolution, Contre-Revolution et Monocratie en France (1789-1799)", *Recuils de la Société Jean Bodin*, vol. XXI, Bruxelles, 1969

Jacques GODECHOT,
Les Revolutions (1770-1779), Paris, PUF, 1965

Jacques MARITAIN,
Princípios duma Política Humanista, tradução portuguesa, Lisboa, O Tempo e o Modo, 1960

Jacques MARITAIN,
Du Régime Temporel et de la Liberté, Paris, OCM, 1933

J. IMBERT, H. MOREL, e R.-J. DUPUY,
La Pensée Politique des Origines a nos Jours, Paris, PUF, 1969

Abbé Jacques LECLERCQ,
Leçons de Droit Naturel, Volumes I-IV, Louvain, 1933 e 1948

Jaime Raposo COSTA,
A Teoria da Liberdade – 1820-1823, Coimbra, Imprensa da Universidade, 1976

Jayme BALMES, (D.)
O Protestantismo Comparado com o Catholicismo, tradução de João Vieira, Tomos I a IV, Porto-Braga, 1876

James MADISON,
The Mind of the Founder. Sources of the Political thought of James Madison, edited with introduction and commentary by Marvin Meyers, Hanover and London, University Press of New England, 1988

James MADISON,
Writings, New York, Literary Classics of the United States, Inc., 1999

James THROWER,
Breve História do Ateísmo Ocidental, tradução Portuguesa, Lisboa, Edições 70, 1971

Javier HERRERO,
Los Origenes del Pensamiento Reaccionário Español,
Madrid, Alianza Editorial, 1994

Javier HERVADA,
Crítica Introdutória do Direito Natural, tradução castelhana, Resjurídica, Porto, 1980

Javier MUGUERZA, e outros
El Fundamento de los Derechos Humanos, Edição preparada por Gregorio Peces-Barba Martinez, Madrid, Debate, 1989

Jean Baptiste DUROSELLE,
A Europa de 1815 aos Nossos Dias, tradução portuguesa, São Paulo, Livraria Pioneira, 1992

Jean BEAUTÉ,
Un Grand Juriste Anglais: Sir Edward Coke (1552-1634), "Préface" de Jean-Jacques Chevallier, Paris, PUF, 1975

Jean BODIN,
Los Seis Libros de la República, Selección, tradução y Estudio preliminar de Pedro Bravo Gala, Madrid, Tecnos, 1997

Jean CARPENTIER e François LEBRUN, (Direcção)
História da Europa, tradução portuguesa, Lisboa, Estampa, reimpressão de 1992

Jean-Denis BREDIN,
Sieyès – La clé de la Revolution Française, Paris, Édition de Fallois, 1988

Jean DOMAT,
Le Droit Publica, Paris, 2 volumes, 1697, Paris, 2 volumes, 1777

Jean DOMAT,
Les Lois Civiles dans ler Odre Natural, Paris, 3 volumes, 1689-1694, precedidas dum Traité des Lion, Edição de Paris, 2 volumes, 1777

Jean GALTIER-BOISSIÈRE,
Os Mistérios da Polícia Secreta, tradução de Adolfo Coelho, 1º e 2º Volumes, Lisboa, Clássica, 1937

Jean GRENIER,
Entretiens sur le bom usage de la Liberté, Paris, Gallimard, 1948

Jean-Jacques BURLAMAQUI,
Elementa juris naturalis, Genebra, 1754, tradução francesa de 1775 e portuguesa *Elementos de Direito Natural*, por José Caetano de Mesquita, Lisboa, 1768

Jean-Jacques BURLAMAQUI,
Principes du Droit Politique, Genève, 1751, Edição Fac-similada da Universidade de Caen, Caen, 1984, 2 tomos

Jean-Jaques CHEVALLIER,
Les Grands Œuvres Politiques (De Maquiavel a nos Jours), Paris, 1957 ; edição encontrada: As grandes obras políticas: de Maquiavel a nossos dias / Jean-Jacques Chevalier ; Lydia Christina, trad. ; pref. de André Siegfried, Rio de Janeiro: Agir ; Brasília: Universidade de Brasília, 1982

Jean-Jaques CHEVALLIER,
Histoire des Institutions Politiques en France de 1789 a nos Jours (Premier Cicle-1789-1870), Paris, Dalloz, 1948-1949 ; ano encontrado: 1977

Jean-Jacques ROUSSEAU,
Discurso Sobre a Origem e Fundamento da Desigualdade Entre os Homens, Lisboa, Europa-América, 1976

Jean-Jacques ROUSSEAU,
Discours sur L'Origine et les Fondements de l'Inégalité Parmi les Hommes, Paris, Gallimard, 1965

Jean-Jacques ROUSSEAU,
O Contrato Social, Lisboa, Publicações Europa-América, 1999

Jean-Jacques ROUSSEAU,
Œuvres Complètes, I-III, Paris, Éditions du Seuil, 1971

Jean LACROIX,
Kant e o Kantismo, tradução portuguesa, introdução de Álvaro Penedos, Porto, s. d.

Jean-Louis FYOT,
Essai sur le Pouvoir Civil de John Locke, Paris, PUF, 1953

Jean-Marc TRIGEAUD,
Humanisme de la Liberté et Philosophie de la Justice, volume 1 e 2, Bordeaux, Éditions Biere, 1985

Jean Marie VAISSIÈRE,
Liberdade – Autoridade, tradução de Celestino de Oliveira, Lisboa, Resistência, 1975

Jean-Philibert DAMIRON,
Mémoires pour Servir a l'Histoire de la Philosophie au XIII ème siècle, Tomes I-III, Genève, Slatkine Reprints, 1967, réimpression de l'Édition de Paris, 1858-1864

Jean-Philibert DAMIRON,
Mémoires sur D'Alembert, Genève, Slatkine Reprints, 1968, réimpression de l'Édition de Paris, 1852-1857, 6 volumes

Jean-Philibert DAMIRON,
Mémoires sur Helvétius, Genève, Slatkine Reprints, 1968, réimpression de l'Édition de Paris, 1852-1857, 6 volumes

Jean Le Rond D'ALEMBERT,
Discours Préliminaire à L'Encyclopedie, Edição de Paris, 1893, com "Introduction" de Louis Ducros

Jean Le Rond D'ALEMBERT,
Essai sur les Élements de Philosophie, Paris, Fayard, 1986

Jean Louis de LOLME,
Constitution de Inglaterra, Estudio e Edición de Bartolomé Clavero, Madrid, 1992

Jean MORANGE,
Les Libertés Publiques, Paris, PUF, 1979

Jean-Paul CLÉMENT, Lucien JAUME et Michel VERPEAUX, (Direction)
Liberté, Libéraux et Constitutions, Association Française des Constitutionnallstes, Economica, Paris, 1997

Jean TERREL,
Les Théories du Pacte Social. Droit Naturel, Souveraineté et Contrat de Bodin à Rousseau, Paris, Éditions du Seuil, 2001

Jean TOUCHARD,
História das Ideias Políticas, Do Renascimento ao Iluminismo (volume II), Da Revolução Americana ao Marxismo (volume III), Lisboa, Publicações Europa-América, s.d.

Jeanne PARAIN-VITAL,
La Liberté et les Sciences de l'Homme, Toulouse, Edouard Privat, 1973

Jeremy BENTHAM,
A Coment on the Commentaries, reprint of the Edition Oxford 1928, Scientia Verlag Aalan, 1976

Jeremy BENTHAM,
Constitucional Code, Edited by F. Rosen and J. H. Burns, volume I, Oxford, Clarendon Press, 1991, segundo Edição Original de 1830 com os aditamentos de 1843

Jeremy BENTHAM,
Essais de Jeremy Bentham sur la Situation Politique de L'Espagne, etc., Paris, 1823

Jeremy BENTHAM,
Falacias Politicas, Estudio Preliminar de Benigno Pendas, tradução Javier Ballarin, Madrid, Centro de Estudios Constitucionales, 1990

Jeremy BENTHAM,
Œuvres de J. Bentham, Traité de Legislativo Civile et Penal. Tactique des Assemblées Legislatives, Bruxelles, 1829

Jeremy BENTHAM,
Oeuvres de J. Bentham. Extraits des Manuscrits, par Ét. Dumont, Buxelles, 1840

Jeremy BENTHAM,
Sophismas Anarchicos (Exame Crítico das Diversas Declarações dos Direitos do Homem e do Cidadão), Rio de Janeiro, 1823

Jeremy WALDRON,
Liberal Rights, Collected Papers 1981-1991, Cambridge University Press, 1998

Jeronimo BECKER,
La Tradición Politica Española, Madrid, 1896

Jerry WEINBERG,
Science, Faith, and Politics. Francis Bacon and the Utopian Roots of the Modern Age, Ithaca and London, Cornell University Press, 1985

João AMEAL,
O Conde de Sabugosa – "Profeta do Passado", Coimbra, 1923

João AMEAL,
A Contra-Revolução, Coimbra, Atlântida, 1928

João AMEAL,
História de Portugal, Porto, Martins Tavares, 1940

João AMEAL e Rodrigues CAVALHEIRO,
Erratas à História de Portugal – De D. João V a D. Miguel, Porto, Tavares Martins, 1939

João António de Sousa DORIA,
Elementos de Philosophia Racional para uso das Escolas, Coimbra, 1865

João ARMITAGE,
A Historia do Brasil desde o período da chegada da Família de Bragança em 1808 até à abdicação de D. Pedro I em 1831, S. Paulo, 1914

FONTES E BIBLIOGRAFIA

João Baptista da Silva Leitão, Visconde de Almeida GARRETT,
Obras de Almeida Garret, volumes I-II, Porto, Lello & Irmão, 1910

João Baptista da Silva Leitão, Visconde de Almeida GARRETT,
Obra Política (Doutrinação da Sociedade Liberal II), – 1827, Lisboa, 1992

João Baptista da Silva Leitão, Visconde de Almeida GARRETT,
Viagens na Minha Terra, Lisboa, Público, 1994

João Baptista da Silva LOPES,
História do Cativeiro dos Presos de Estado na Torre de S. Julião da Barra de Lisboa, Durante a Desastrosa Época da Usurpação do Legítimo Governo Constitucional (...), s. l., s. d., Europa-América

João Bernardo da Rocha LOUREIRO,
Memoriais a Dom João VI, Preface de J. V. de Pina Martins, Introduction de Georges Boisvert, Edition et Commentaire, Paris, Fundação Calouste Gulbenkian, Centro Cultural Português, 1973

J. M. BOCHENSKI,
Directrizes do Pensamento Filosófico, tradução Alfred Simon, S. Paulo, Herder, 1977

João Cândido Baptista de GOUVEIA,
Polícia Secreta dos Últimos Tempos do Reinado do Senhor D. João VI, e sua continuação até Dezembro de 1826, Lisboa, 1835

João Duarte BELTRÃO,
Collecção das Leis dos Hereges Pedreiros Livres, contra os verdadeiros christãos (...), Coimbra, 1823

João Carlos BRIGOLA,
Ciência e Política – Do Pombalismo ao Liberalismo (Francisco Simões Margiochi), Dissertação de Mestrado apresentada à Faculdade de Ciências Sociais e Humanas da Universidade Nova de Lisboa, Lisboa, 1990

João Damasio Rossado GORJÃO,
Galeria dos Deputados das Cortes Gerais Extraordinárias e Constituintes da Nação Portuguesa (...), Lisboa, 1822

João Filipe da CRUZ,
Dissertação sobre os Deveres dos Juízes, Lisboa, 1798

João Gottlieb HEINECCIO,
Elementos de Filosofia Moral, tirados do latim em linguagem da Edição de Nápoles de 1765, por Bento José de Souza Farinha, Lisboa, 1818

João Luís LISBOA,
Ciência e Política em Portugal (1780-1820)

João Luís LISBOA,
Mots (dits) écrits – Formes et Valeurs de la Diffusion des Idées au 18 ème siècle, au Portugal, These soumise à l'appreciation du jury en vue de l'óbtention du doctorat (...), Florence, 1998

João Maria Soares Castello BRANCO,
Oração Congratulatória, pronunciada na festividade que fizeram o Presidente, Cónegos e Beneficiados da Basílica de Santa Maria, em acção de graças pela feliz restauração de Portugal, Lisboa, 1808

João Maria Tello de Magalhães COLAÇO,
Ensaio sobre a Inconstitucionalidade das Leis no Direito Português, Coimbra, s. d.

João PALMA.FERREIRA,
Excertos do Diário de D. Frei Manuel do Cenáculo vilas Boas, separata da *Revista da Biblioteca nacional*, nº 1, 1982

João Pedro MARQUES,
Os Sons do Silêncio. O Portugal de Oitocentos e a Abolição do Tráfico de Escravos, Dissertação de Doutoramento em História à FCSH da Universidade Nova de Lisboa, Lisboa, 1998

João Pedro RIBEIRO,
Indice Chronologico Remissivo da Legislação Portugueza Posterior à Publicação do Código Filippino, com Hum Appendice, Partes I a V, Lisboa, 1805, 1807 e 1818

João Pedro RIBEIRO,
Observações Históricas e Críticas, para Servirem de Memórias ao Systema da Diplomatica Portugueza, Parte I, Lisboa, 1798

João Pedro Rosa FERREIRA,
O Jornalismo na Emigração – Ideologia e Política no Correio Braziliense (1808-1822), Lisboa, INIC, 1992

João Pedro Rosa FERREIRA,
A Proposta Constitucional do Correio Braziliense, Centro de História da Cultura da Universidade Nova de Lisboa, Lisboa, 1987

João Pereira GOMES,
Os Professores de Filosofia da Universidade de Évora (1559-1759), Évora, Câmara municipal de Évora, 1960

João de Sande Magalhães Mexia SALEMA,
Princípios de Direito Político Applicados à Constituição Política da Monarchia Portugueza de 1838: ou (...), Coimbra, Tomo I, Imprensa de Trovão, 1841

Joaquín Varela SUANZES-CAPENGA,
La Teoria del Estado en los Origenes del Constitucionalismo Hispanico (Las Cortes de Cádiz), Madrid, Centro de Estudios Constitucionales, 1983

Joaquim Alves de SOUSA,
Curso de Philosophia Elementar, Tomo I e II, Coimbra, 1877

Joaquim António de MAGALHÃES,
Breve Exame do Assento feito pelos Denominados Estados do Reyno de Portugal (...), Holborn, 1828

Joaquim António NOGUEIRA,
Motivos de Discórdia Geral do Mundo, Lisboa, 1842

Joaquim António de Sousa PINTASSILGO,
Diplomacia, Política e Economia na transição do séc. XVIII para o séc. XIX (O Pensamento e a Acção de António de Araújo de Azevedo – Conde da Barca), volumes I-II, Dissertação de Mestrado em História Cultural e Política apresentada à Faculdade de Ciências Sociais e Humanas da Universidade Nova de Lisboa, Lisboa, 1987

Joaquim António de Sousa PINTASSILGO,
Diplomacia, Política e Economia na Transição do século XVII para o século XVIII – O pensamento e a acção de António de Araújo de Azevedo (Conde da Barca), volume I e II, Lisboa, 1987

Joaquim de CARVALHO,
"Desenvolvimento da Filosofia em Portugal durante a Idade Média", Coimbra, Separata do *Instituto*, vol. 75º, nº 1

Joaquim de CARVALHO,
Obra Completa, 9 volumes, Lisboa, Fundação Calouste Gulbenkian, 1992

Joaquim José da Costa de MACEDO,
Projecto de Regimento das Cortes Portuguezas, Lisboa, 1820

Joaquim José Pedro LOPES,
As Ideias Liberais, Último Refúgio dos Inimigos da Religião e do Throno, Lisboa, 1819

Joaquim José Pedro LOPES, (Tradução)
Atalaia Contra os Pedreiros Livres (...), Obra Traduzida do Hespanhol, Lisboa, 1817

Joaquim José Rodrigues de BRITO,
Memórias Políticas sobre as Verdadeiras Bases da Grandeza das Nações, 1803-1805, Tomos I-III, Lisboa Banco de Portugal, 1992

Joaquim Lopes Carreira de MELLO,
A Legitimidade ou a Soberania Nacional, exercendo a sua accção na constituição das dynastias e formação dos governos de Portugal, Lisboa, 1871

Joaquim Pedro OLIVEIRA MARTINS,
História da Civilização Ibérica, Lisboa, 1880

Joaquim Pedro OLIVEIRA MARTINS,
História de Portugal, Lisboa, Guimarães Editores, 1968

Joaquim Pedro OLIVEIRA MARTINS,
História de Portugal, Edição Crítica, com Introdução de Isabel Faria e Albuquerque e Prefácio de Martim de Albuquerque, Lisboa, INCM, 1988

Joaquim Pedro OLIVEIRA MARTINS,
Portugal e o Socialismo, com Prefácio de António Sérgio, Lisboa, Guimarães Editores, 1990

Joaquim Pedro OLIVEIRA MARTINS,
Portugal Contemporâneo, Lisboa, 1º volume, 1976, 2º Volume, Guimarães Editores, 1977

Joaquim Navarro de ANDRADE,
Carta Apologetica, e Analytica ao redactor do periodico intitulado 'O Portuguez', impresso em Londres, Lisboa, 1822

Joaquim Romero MAGALHÃES,
A Economia Política e os Dilemas do Império Luso-Brasileiro (1790-1822), Lisboa, CNCDP, 2001

Joaquim Veríssimo SERRÃO,
História de Portugal: Do Mindelo à Regeneração, volume VIII, (1832-1851), Lisboa, 1985, Editorial Verbo

Joaquim Veríssimo SERRÃO,
História de Portugal: A Instauração do Liberalismo, volume VII, (1807-1832), Lisboa, 1984, Editorial Verbo

Joaquim Veríssimo SERRÃO,
A Historiografia Portuguesa, volume I, II, III, Lisboa, Verbo, 1974

Joaquim Veríssimo SERRÃO
Os Juristas de França e a Crise dinástica de 1580, Coimbra, Sep. Boletim da Faculdade de Direito XXXIV, 1958

Joaquin RUIZ-GIMENEZ,
Derecho y Vida Humana (Algunas Reflexiones a la Luz de Santo Tomás), Madrid, Instituto de Estudios Politicos, 1957

Joel SERRÃO,
Introdução ao Estudo do Pensamento Político Português na Época Contemporânea (1820-1920), Lisboa, s. d.

Joel SERRÃO,
Liberalismo, Socialismo, Republicanismo, Antologia do pensamento Político Português, Lisboa, Livros Horizonte, 1979

Joel SERRÃO,
Do Pensamento Sócio-Político de Antero de Quental (1873-1889), Lisboa, CHCUNL, 1982

Joel SERRÃO,
Do Sebastianismo ao Socialismo, Lisboa, Livros Horizonte, 1993

Joel SERRÃO,
Temas Oitocentistas II (Para Um Inquérito à Burguesia Portuguesa Oitocentista), Lisboa, s. d.

John ADAMS,
Escritos Políticos de John Adams, tradução portuguesa, São Paulo, Ibrasa: Instituição Brasileira de Difusão Cultural, 1964

John Emerich Edward Dalberg ACTON, (Lord Acton)
Essays on Freedom and Power, Selected, with a New Introduction, by Gertrude Himmelfarb, London, s. d.

John R. ALDEN,
George Washington. A Biography, Louisiana State University Press, 1996

John W. BURGESS,
Political Science and Comparative Constitutoneal Law, volume I, Ginn and Company, Boston, New York, Chicago, London, 1913

John DEWEY,
Liberté et Culture, tradução do inglês de Pierre Messian, Paris, Aubier-Montaigne, 1955

John DICKINSON,
"Letters for a Farmer in Pennsylvania to the Inhabitants of the Bristish Colonies", *The Life and Writings of Dickinson*, Historical Society of Pennsylvania, Philadelphia, 1768

John GILISSEN,
Introdução Histórica ao Direito, tradução Portuguesa, Lisboa, Fundação Calouste Gulbenkian, 1979

John GRAY,
Mill on Liberty: A Defence, London-New York, 1983

John E. (Jr.) LEARY,
Francis Bacon and the Politics of Science, Iowa, Iowa State University Press, 1994

John LOCKE,
Carta Sobre a Tolerância, Lisboa, Ed. 70, 1996

John LOCKE,
Ensaio sobre a Verdadeira Origem Extensão e Fim do Governo Civil, tradução portuguesa, Ed. 70, Lisboa, 1999

John LOCKE,
Essay Concerning Human Understanding, London, 1693, tradução francesa *Essai Philosophique Concernant l'Entendement Humain*, Amsterdam, 1755, publicada em Paris, Vrin, 1972

John LOCKE,
Second (The) Treatise of Government, Basil Blackwell, Oxford, 1976

John LOCKE,
Segundo Tratado Sobre o Governo Civil e outros escritos, Introdução de J. W. Gough, tradução portuguesa, Petrópolis, 1994

John Stuart MILL,
Da Liberdade de Pensamento e de Expressão, Mem Martins, Publicações Europa-América, 1976

John Stuart MILL,
Utilitarismo, tradução portuguesa, Prefácio de Vieira de Almeida, Coimbra, Atlândida, 1976

John Stuart MILL,
Sobre a Liberdade, tradução portuguesa, Lisboa, Ed. 70, 1997

John Stuart MILL,
O Governo Representativo, tradução portuguesa, Lisboa, s. d.

John RAWLS,
Uma Teoria da Justiça, tradução portuguesa, Lisboa, Presença, 1993

John RAWLS,
Sobre las Libertades, traducción castelhana, Introducción de Victoria Camps, Barcelona-Buenos Aires-México, Ediciones Paidós: I.C.E. de la Universidad Autónoma de Barcelona, 1996

John RAWLS,
O Liberalismo Político, tradução portuguesa, Lisboa, 1997

John THORP,
El Libre Albedrio – Defensa Contar el Determinismo Neurofisiológico, tradução, A. Oliver Millan, Barcelona, Herder, 1985

Jónatas Eduardo Mendes MACHADO,
Liberdade Religiosa numa Comunidade Constitucional Inclusiva-Dos Direitos da Verdade aos Direitos dos Cidadãos, Coimbra, Coimbra Edição, 1996

Jonathas SERRANO,
Philosophia do Direito, Rio de Janeiro, Livraria Drummond Editora, 1920

Jorge d'Avillez Juzarte de Sousa TAVARES,
Defeza ou Resposta do Tenente General graduado (...), Lisboa, 1823

Jorge Borges de MACEDO,
História Diplomática Portuguesa – Constantes e Linhas de Força – Estudo de Geopolítica, Lisboa, s. d.

Jorge Borges de MACEDO,
A "História de Portugal nos séc. XVII e XVIII" e o seu Autor, Lisboa, INCM, 1971

Jorge Borges de MACEDO,
Um caso de luta pelo poder e a sua interpretação n'"Os Lusíadas", Lisboa, Academia Portuguesa de História, 1976

Jorge Braga de MACEDO,
Liberdades e Pertenças dos Portugueses: Lições para Sul e para Leste, Lisboa, Revista luso-africana de direito, vol. 1, 1995

Jorge César de FIGANIÈRE,
Bibliogrphia Histórica Portugueza, ou Catálogo (...), Lisboa, 1850

Jorge de Figueiredo DIAS,
Liberdade – Culpa – Direito Penal, Coimbra, Coimbra Editora, 1995

Jorge JAIME,
História da Filosofia no Brasil, volume I, Petrópolis, Vozes, 1997

Jorge MIRANDA,
O Constitucionalismo liberal Luso-Brasileiro, Lisboa, Comissão Nacional para as Comemorações dos Descobrimentos Portugueses, 2001

Jorge MIRANDA,
"O Ensino do Direito Constitucional em Portugal", *Revista da Faculdade de Direito da Universidade de Lisboa*, volume XXXIX, nº 2, Lisboa, 1998

Jorge MIRANDA,
"Textos Constitucionais Estrangeiros", *Revista da Faculdade de Direito de Lisboa*, Suplemento, Lisboa, 1974

Jorge MIRANDA,
Textos Históricos do Direito Constitucional, Lisboa, INCM, 1990

Jose Antonio MARAVALL,
Teoria del Estado en España en el siglo XVII, Madrid, Centro de Estudos Constitucionales, 1997

Jose Antonio MARAVALL,
Carlos V y el Pensamiento Político del Renacimeineto, Madrid, Centro de Estudos Constitucionales, 1999

Jose Antonio MARAVALL,
Estudios de Historia del Pensamiento Español, Tomos I-III, Ediciones Cultura Hispánica del Instituto de Cooperación Iberoamericana, Madrid, 1984

Jose Antonio RUIZ PADRON, (D.)
Falla do Doutor D. Jose Antonio Ruiz de Padron, (...), a qual se leo na Sessão Publica de 18 de Janeiro sobre o Tribunal da Inquisição. Traduzida, e Offerecida aos Deputados das Cortes de Portugal por D. Benvenuto António Caetano Campos, Lisboa, 1820

Jose CORTS GRAU,
Filosofia del Derecho, Madrid, Editora Nacoional, 1942

Jose CORTS GRAU,
Princípios de Derecho Natural, Madrid, Editora Nacional, 1944

Jose Maria CORONAS ALONSO,
"Mitos Actuales", *Actas de la VII Reunión de Amigos de la Ciudad Católica, Celebrada en Barcelona, en el Instituto Filosofico La Balmesiana, los dias 1, 2 y 3 de Noviembre de 1968*, Speiro, 1969

Jose Maria PÉREZ COLLADOS e Ricardo GÓMEZ RIVERO,
Textos de Historia del Derecho Español Contemporáneo, Zaragoza, Egido Edição, 1999

Jose Possidónio ESTRADA,
Superstições Descubertas. Verdades Declaradas, e desenganos a toda a gente. (...), Lisboa, 1822

Jose Luis ROMERO
Pensamiento Conservador (1815-1898), Caracas, Biblioteca Ayacucho, s.d.

José Acúrsio das NEVES,
Cartas de Um Português aos Seus Concidadãos, Lisboa, 1822

José Acúrsio das NEVES,
O Despertador dos Soberanos e dos Povos, Offerecido á Humanidade, Lisboa, 1807

José Acúrsio das NEVES,
Historia Geral da Invasão dos Franceses em Portugal e da Restauração deste Reino, Tomos II a IV (falta o I), Lisboa, 1811

José Acúrsio das NEVES,
Manifesto da Razão Contra as Usurpações Francezas, Lisboa, 1807

José Acúrsio das NEVES,
Obras Completas de José Acúrsio das Neves, Porto, Edições Afrontamento, 198].

José Acúrsio das NEVES,
Post-Scriptum ao Despertador dos Soberanos e dos Povos, Lisboa, 1808

José Acúrsio das NEVES,
A Voz do Patriotismo, Lisboa, 1808

José Adelino MALTEZ,
Ensaio Sobre o Problema do Estado, Tomos I e II, Tomo I – *A Procura da República Maior*, Tomo II – *Da Razão de Estado ao Estado Razão*, Lisboa, Academia Internacional da Cultura Portuguesa, 1991

José Adelino MALTEZ,
Filosofia do Direito – Tópicos das lições de 1997-1998

José Adelino MALTEZ,
Princípios de Ciência Política, Prefácio de Adriano Moreira, volumes 1 e 2 (Introdução à Teoria Política e O Problema do Direito), Lisboa, ISCSP, 1996-1998

José Adelino MALTEZ,
Sobre a Ciência Política, Lisboa, ISCSP, 1984

José Alberto LAMEGO,
"Sociedade Aberta" e Liberdade de Consciência – O Direito Fundamental de Liberdade de Consciência, Lisboa, AAFDL, 1985

José Alfredo de Oliveira BARACHO,
"Teoria Geral da Cidadania – A Plenitude da Cidadania e as Garantias Constitucionais e Processuais", *Revista da Faculdade de Direito da Universidade de Lisboa*, Volume XXXVIII, 1, 1997

José de ALMADA,
Para a História da Aliança Luso-Britânica, Lisboa, Imprensa Nacional de Lisboa, 1995

José d'Almeida Corrêa de SÁ, (D.) Marquês do Lavradio
D. João VI e a Independência do Brasil (Últimos Anos do Seu Reinado), Lisboa, s.n., 1937

José de Almeida EUSEBIO
"Elogio do Direito. Os Juristas da Restauração", *separata* da Revista "Independência", Tomo II, Lisboa, 1942

José Artur Duarte NOGUEIRA,
"A Arbitragem na História do Direito Português", separata da *Revista Jurídica*, nº 20, Abril, Lisboa, 1996

José Artur Duarte NOGUEIRA,
Sociedade e Direito em Portugal na Idade Média, dos Primórdios ao Século da Universidade, Lisboa, s.n., 1994

José Augusto dos Santos ALVES,
Ideologia e Política na Imprensa do Exílio "O Português" (1814-1826), Lisboa, INIC, 1992

José Augusto dos Santos ALVES,
A Opinião Pública em Portugal nos Finais do séc. XVIII e princípios do séc. XIX, vols. I-II, Dissertação de Doutoramento apresentada à Universidade Nova de Lisboa, Lisboa, 1998

José António de ALVARENGA,
Sobre a Authoridade Régia, (...), Lisboa, 1770

José ANTUNES,
"Notas Sobre o Sentido Ideológico da Reforma Pombalina", *O Marquês de Pombal e o seu tempo. Revista de História das Ideias. Número Especial no 2º Centenário da sua Morte*, II, Coimbra, Universidade de Coimbra, 1982-1983

José de ARRIAGA,
A Filosofia Portuguesa – 1720-1820, História da Revolução Portuguesa de 1820, Lisboa, Guimarães & C. Editores, 1980

José de ARRIAGA,
História da Revolução Portugueza de 1820, Porto, 1886 a 1889, 4 volumes, Livraria Portuense, 1886

José Alfredo de Oliveira BARACHO,
Teoria Geral da Cidadania – A Plenitude da Cidadania e as Garantias Constitucionais e Processuais, *Revista da Faculdade de Direito da Universidade de Lisboa*, Volume XXXVIII, 1, 1997, pp. 29

José Agostinho de MACEDO,
Carta do Enxota Cães da Sé ao Thesoureiro d'Aldeia, ...,
Lisboa, 1824

José Agostinho de MACEDO,
Carta ao Sr. J. J. Lopes por José Agostinho de Macedo,
Lisboa, 1822

José Agostinho de MACEDO,
Censuras a Diversas Obras (1824-1929), Composições Lyricas, Didaticas e Dramáticas, com um breve Estudo de Theophilo Braga, Lisboa, 1901

José Agostinho de MACEDO,
Inventário da Refutação Analítica feito por José Agostinho de Macedo, Lisboa, Impressão Régia, 1810

José Agostinho de MACEDO,
Justa Defensa do Livro intitulado Os Sebastianistas, Lisboa, 1810

José Agostinho de MACEDO,
Obras Inéditas de José Agostinho de Macedo – Cartas e Opúsculos, Lisboa, 1900, publicadas por Teófilo Braga

José Agostinho de MACEDO,
O Segredo Revelado ou Manifestação do Systema dos Pedreiros Livres e Illuminados, e sua Influência na Fatal Revolução Franceza (...), Lisboa, 1809

José Agostinho de MACEDO,
Os Sebastianistas, Lisboa, António R. Galhardo, 1810

José Anastácio FALCÃO,
De l'État actuel de la Monarchie Portugaise, Paris, 1829

José Anastácio FALCÃO,
Provas Incontestáveis, a favor da Legitimidade e do Indispensável Direito que tem á Coroa de Portugal o Senhor D. Pedro IV (...), Lisboa, 1826

José António de SÁ,
Defeza dos Direitos Nacionaes e Reaes da Monarquia Portuguesa, Lisboa, Tomos I-II, Lisboa, 1816, 1810 (assinada por Hum Portuguez)

José-Augusto FRANÇA,
O Romantismo em Portugal (Estudo de Factos Sócio-Culturais), Lisboa, Livros Horizonte, 1999

José Barata MOURA,
Estudos de Filosofia Portuguesa, Lisboa, Caminho, 1998

José Barata MOURA, (Direcção)
Kant – Comunicações Apresentadas ao Colóquio "Kant", Organizado pelo Departamento de Filosofia da Faculdade de Letras de Lisboa, Lisboa, 1982

José Beleza dos SANTOS,
Almeida Garrett e a Faculdade de Leis da Universidade de Coimbra, Coimbra, s.n., 1957

José Caeiro da MATA,
Collecção Completa da Legislação Criminal, volume I, Coimbra, 1915

José Calvet de MAGALHÃES,
"A Acção Diplomática no Pensamento dos Diplomatas Portugueses dos sécs. XVII e XVIII", *A Diplomacia na História de Portugal, Actas do Colóquio,* APH, Lisboa, MCMXC

José Calvet de MAGALHÃES,
História das Relações Diplomáticas entre Portugal e os Estados Unidos da América (1776-1911)

José Carlos Vieira de ANDRADE,
Os Direitos Fundamentais na Constituição de 1976, Coimbra, Almedina, 1987

José Castan TOBEÑAS,
Humanismo y Derecho: el humanismo en la historia del pensamiento filosofico y en la problematica juridico-social de hoy, Madrid, REUS, 1962

José da Cunha BROCHADO,
"Cartas", reproduzidas n'*O Investigador Portuguez em Inglaterra,* X, Outubro de 1814, pág. 523 e ss.; XI, Novembro de 1814, pág. 15 e ss.; XI, Dezembro de 1814, pág. 223 e ss.; XI, Janeiro de 1815, pág. 416 e ss.; XI, Fevereiro de 1815, pág. 575 e ss.; XII, Março de 1815, pág. 60 e ss.; XII, Abril de 1815, pág. 207 e ss.; XII, Maio de 1815, pág. 384 e ss.; XIII, Julho de 1815, pág. 47 e ss.; XIII, Outubro de 1815, pág. 596 e ss.; XIV, Novembro de 1815, pág. 22 e ss.; XIV, Dezembro de 1815, pág. 172 e ss.; XIV, Janeiro de 1816, pág. 325 e ss.; XIV, Fevereiro de 1816, pág. 445 e ss.; XV, Março de 1816, pág. 31 e ss.; XV, Abril de 1616, pág. 164 e ss.; XV, Maio de 816, pág. 288 e ss.; XV, Junho de 1816, pág. 438 e ss.; XVI, Julho de 1816, pág. 20 e ss.; XVI, Setembro de 1816, pág. 295 e ss.; XVII, Novembro de 1816, pág. 47 e ss.

José Daniel Rodrigues da COSTA,
Memoria do Folheto Intitulado Memorias para a Cortes de 1821. Em que são desagravados a Religião, os Religiosos, as Religiosas e os Magestrados, Lisboa, 1821

José Daniel Rodrigues da COSTA,
Tribunal da Razão, onde he arguido o dinheiro pelos queixosos da sua falta: Obra Crítica, Alegre e Moral, Lisboa, 1814

José Dias FERREIRA,
Noções Fundamentais de Philosophia do Direito, Coimbra, 1867

José Eduardo Horta CORREIA,
Liberalismo e Catolicismo – O Problema Congreganista, Coimbra, Imprensa da Universidade, 1974

José Esteves PEREIRA,
"A Ilustração em Portugal", *Cultura – História e Filosofia*, VI, 1987

José Esteves PEREIRA,
"António Ribeiro dos Santos e a polémica do Novo Código", *Cultura – História e Filosofia*, volume I, 1982

José Esteves PEREIRA,
O Pensamento Político em Portugal no séc. XVIII (António Ribeiro dos Santos), Lisboa, INCM, 1983

José Esteves PEREIRA,
"Política e Filosofia. O pensamento e a acção de SPF no Brasil. El Mundo Hispanico en el siglo de las Luces, Actas del Coloquio Internacional, unidad y diversidad en el mundo hispánico del siglo XVIII", *Sociedad Española de Estudios del siglo XVIII*, separata, Edição Complutense, s. d.

José Esteves PEREIRA,
Silvestre Pinheiro Ferreira – O Seu Pensamento Político, Coimbra, Imprensa da Universidade, 1974

José Fernandes de Oliveira Leitão de GOUVEA, (D.)
Ode, que ao brio do Exército portuguez, para se recitar no memorável dia 15 de Setembro de 1821 na reunião da Sociedade Constitucional na Casa do Risco (...), Lisboa, 1821

José Ferreira BORGES,
Cartilha do Cidadão Constitucional, dedicada à Mocidade Portugueza, Londres, 1832

José Ferreira BORGES,
Exame Crítico do Valor Político das Expressões Soberania do Povo e Soberania das Cortes e outro sim das Bases da Organização do Poder Legislativo, Lisboa, 1837

José Ferreira BORGES, L. V. C. M.)
Gerente e não Regente ou Veto à doutrina Anticonstitucional (...), Dom Pedro de Alcantara, Fevereiro de 1832

José Ferreira Borges de CASTRO,
Collecção dos Tratados, Convenções, Contratos e Actos públicos celebrados entre a Coroa de Portugal e as mais Potências desde 1640 até ao presente, Lisboa 1856

José Francisco AGUIRRE OSSA,
El Poder Político en la Neoescolástica Española del Siglo XIX, Pamplona, Ediciones Universidad de Navarra. EUNSA, 1986

José Francisco da Rocha POMBO,
História do Brazil (Ilustrada), volume VII, Rio de Janeiro, Benjamin de Aguila, Editor, s. d.

José Frederico LARANJO,
Direito Constitucional Portuguez, Coimbra, 1898

J. G. de Barros e CUNHA,
História da Liberdade em Portugal, Lisboa, 1860

José Gentil da SILVA,
"A Situação Feminina em Portugal na Segunda Metade do Século XVIII", *O Marquês de Pombal e o seu tempo. Revista de História das Ideias. Número Especial no 2º Centenário da sua Morte*, I, Coimbra, Universidade de Coimbra, 1982-1983

José Guardado LOPES,
"Achegas para a História do Direito Penitenciário Português", Lisboa, separata de: *Boletim do Ministério da Justiça*, 430, 1995

José Henrique Rodrigues DIAS,
José Ferreira Borges – Política e Economia, Lisboa, INIC, 1988

José Hermano SARAIVA,
História Concisa de Portugal, Mem Martins, Publicações Europa-América, 1979

José Homem Correa TELLES,
Theoria da Interpretação das Leis e Ensaio Sobre a natureza do Censo Consignativo, Lisboa, 1815

José Honório RODRIGUES,
"O Liberalismo", *Revista de História das Ideias*, Coimbra, I, 1977

José Ibáñez MARIN,
El Mariscal Soult en Portugal (Campaña de 1809), Madrid, Sociedad Militar de Excursiones, 1909

José Joaquim Caetano Pereira de SOUSA,
Esboço de Um Dicionário Jurídico, theorico, e practico, remissivo ás leis compiladas, e extravagantes, Tomo II, Lisboa, Typographia Rollandiana, 1827

José Joaquim Lopes PRAÇA,
Colecção de Leis e Subsídios para o Estudo do Direito Constitucional Portuguez, 2 volumes, Coimbra, 1893-1894

José Joaquim Lopes PRAÇA,
Direito Constitucional Portuguez, volumes 1 a 3, Coimbra, Coimbra Editora, 1997

José Joaquim Lopes PRAÇA,
História da Filosofia em Portugal, Fixação de texto, notas e bibliografia por Pinharanda Gomes, Lisboa, Guimarães Editores, 1988

José Joaquim Lopes PRAÇA,
Das Liberdades da Igreja Portugueza, Coimbra, 1881

José Joaquim de Moura COUTINHO,
Analyse do projecto para o estabelecimento politico do Reino Unido de Portugal, Brasil e Algarves, Coimbra, 1821José Joaquim de SANTANA,
Ensaio sobre o Processo Civil, Porto, 1833

José Justino de Andrade e SILVA,
Repertório Geral ou Indice Alphabetico e Remissivo de Toda a Legislação Portugueza, publicada desde o Anno de 1815 até de 1849, em continuação, Lisboa, 1850

José de LACERDA, (D.)
Da Forma dos Governos com respeito á prosperidade dos povos e das cousas politicas em Portugal, Lisboa, 1854

Frei José Leonardo da SILVA,
Sermão em Acção de Graças a Deos Nosso Senhor Pelos Felices e Gloriosos Sucessos de Portugal (...), Coimbra, 1823

José Liberato Freire de CARVALHO,
Ensaio Político das Verdadeiras Causas que Prepararão a Usurpação do Infante D. Miguel, ..., Lisboa, 1842

José Liberato Freire de CARVALHO,
Essai Historique-Politique sur la Constitution et le Gouvernement du Royaume de Portugal, s. l., 1829

José Liberato Freire de CARVALHO,
Memórias com o Título de Annaes, para a História do Tempo que durou a Usurpação de D. Miguel I, ..., Lisboa, 1841

José Liberato Freire de CARVALHO,
Memórias da Vida de José Liberato Freire de Carvalho, Lisboa, 1855

José Luís CARDOSO,
O Pensamento Económico em Portugal nos Finais do séc. XVIII (1780-1808), ISE, Lisboa, 1989

José M. G. GOMEZ-HERAZ,
Religion Y modernidad, la crisis del individualismo religioso de Lutero a Nietzche, Cordoba, Publicaciones del Monte de Piedad y Caja de Ahorros de Córdoba, 1986

J. M. Pereira da SILVA,
História da Fundação do Império Brasileiro, V, B. l. Garnier Editor, 1865

J. M. da Silva Vieira,
Os Legitimistas e o Norte ou Breve Resenha dos Ultimos Quarenta Annos, Porto, 1854

José Manuel GONZÁLEZ VESGA e Fernando GARCIA DE CORTÁZAR,
História de Espanha, Tradução de Eduardo Nogueira, Presença, Lisboa, 1997

José Manuel MOREIRA,
Liberalismos: Entre o Conservadorismo e o Socialismo, Rio de Mouro, Pedro Ferreira 1996

José Manuel Louzada Lopes SUBTIL,
O Desembargo do Paço, Dissertação apresentada à Faculdade de Ciências Sociais e Humanas da Universidade Nova de Lisboa, para obtenção do grau de Doutor em História Política e Institucional (séculos XV a XVIII), volumes 1 e 2, Lisboa, 1994

José Maria de ANDRADE,
Regimento da Proscrita Inquisição de Portugal, Coimbra, 1821

José Maria Alonso SECO,
Textos Comentados de História del Derecho, JMAS, Madrid, 1993

José Maria Benegas HADDAD,
"Nacionalismo y Tolerancia: en Memoria de Enrique Casas", *Escritos sobre la Tolerancia, Homenaje a Enrique Casas*, Fabio Iglesias, Madrid, 1986, págs. 9-23

José Maria GARCIA MARÍN,
Teoria Política y Gobierno en la Monarquia Hispánica, Madrid, Centro de Estudios Constitucionales, 1998

José Maria Latino COELHO,
Elogio Histórico de José Bonifácio, prefácio de Afrânio Peixoto, Rio de Janciro, s. d.

José Maria Latino COELHO,
História Política e Militar de Portugal, desde os fins do séc. XVIII até 1814, Tomos I-II, Lisboa, 1916 e Tomo III, Lisboa, 1881

José Maria Latino COELHO,
O Preço da Monarchia – Discurso Proferido na Câmara dos Pares, Lisboa, 1885

José Maria Ots CAPDEQUI,
"El Derecho de propriedad en Nuestra Legislacion de Indias", *A.H. D.*, Tomo I., 1925

José Maria Rodriguez PANIÁGUA,
História del Pensamiento Jurídico, Edicion Universidade Complutense de Madrid, F. Derecho, Madrid, 1984

José Maria Xavier d'ARAÚJO,
Revelações e Memórias para a História da Revolução de 24 de Agosto de 1820 (...), Lisboa, 1846

José Martins RUA,
Pedreirada, Poema Heróico da Liberdade Portuguesa, Porto, 1843

José MATTOSO, (Direcção)
História de Portugal, IV, "O Antigo Regime (1620--1807)" e V "O Liberalismo (1807-1890)", coordenação de António Manuel Hespanha, Luís dos Reis Torgal e João Roque, Lisboa, Círculo de leitores, 1993 e Editorial Estampa, s. d.

José Máximo Pinto da Fonseca RANGEL,
Causa dos Frades e dos Pedreiros Livres no Tribunal da Prudência, Porto, 1821

José Máximo Pinto da Fonseca RANGEL,
Pernicioso Poder dos Pérfidos Validos Conselheiros dos Reis, Destruído pela Constituição, Coimbra, 1821

Padre José MORATO,
Conheça o Mundo os Jacobinos que Ignora, (...), Londres, 1812

José de Oliveira ASCENSÃO,
O Direito – Introdução e Teoria Geral, Lisboa, Fundação Calouste Gulbenkian, s.d.

José Pedro Ferraz GRAMOZA,
Successos de Portugal – Memorias Historicas, Politicas e Civis, em que se descrevem os mais importantes (...) 1772 até 1804, T. I e II, Lisboa, 1883

José Pereira Barbosa BOA-MORTE,
Condensação de Política, Moral, Economia, Administração, Polícia, Execução & Ca., Porto, 1841

J. Pinharanda GOMES,
Os Conimbricences, ICLP, Lisboa, 1992

J. Pinharanda GOMES,
Introdução à História da Filosofia Portuguesa, Pax, Braga, 1967

J. Pinharanda GOMES,
Formas de Pensamento Filosófico em Portugal, 1850--1950, IDL, Lisboa, 1986

J. Pinharanda GOMES,
Pensamento Português, PAX, Braga, 1969

José Pinto LOUREIRO, Direcção e Colaboração
Jurisconsultos Portugueses do Seculo XIX, Edição da Ordem dos Advogados, Lisboa, 1947

José Seabra da SILVA,
Compendio Histórico da Universidade de Coimbra, no tempo da Invasão dos denominados Jesuítas e dos Estragos (...), Lisboa, Anno de 1771

José Seabra da SILVA,
Deducção Chronologica, e Analytica. Partes I e II e Provas, Lisboa, 1767

José Sebastião de Saldanha Oliveira DAUN,
Diorama de Portugal nos 33 Mezes Constitucionaes ou Golpe de Vista sobre a Revolução de 1820 – A Constituição de 1822 – A Restauração de 1823, Lisboa, 1823

José Sebastião de Saldanha Oliveira DAUN,
Quadro Histórico Político dos Acontecimentos Memoráveis da História de Portugal desde (...), Lisboa, 1829

José Sebastião da Silva DIAS,
"Portugal e a Cultura Europeia (Sécs. XV a XVIII)", *Biblos*, 28, Coimbra, 1953

José Sebastião da Silva DIAS,
Uma Filosofia da Liberdade, Estudos Políticos, Edição Casa do Castelo, Coimbra, 1947

José Sebastião da Silva DIAS,
"Pombalismo e Teoria Política", *Cultura – História e Filosofa*, I, Lisboa, 1982

José Sebastião da Silva DIAS,
"Pombalismo e Projecto Político", *Cultura – História e Filosofia*, Lisboa, III, 1983, págs. 185 e ss.

José da Silva LISBOA,
Escritos Económicos Escolhidos, (1804-1820), 2 tomos, Introdução de António Almodovar, Lisboa, Banco de Portugal, 1993

José da Silva LISBOA,
Extractos das Obras Politicas e Economicas do Grande Edmund Burke, Lisboa, 1822

José da Silva LISBOA,
Memória dos Benefícios Políticos do Governo de El-Rey Nosso Senhor D. João VI, Rio de Janeiro, 1818

José Silvestre RIBEIRO,
Historia dos Estabelecimentos Scientificos Litterarios e Artisticos de Portugal nos Successivos Reinados da Monarchia, Lisboa, vários volumes, 1871 e anos seguintes

José de Sousa e BRITO,
Filosofia do Direito e do Estado, (Elementos de Estudo), FDL, Lisboa, 1981/1982

José TENGARRINHA,
Da Liberdade Mitificada à Liberdade Subvertida: uma exploração no interior da repressão à imprensa periódica de 1820 a 1828, Lisboa, Colibri, 1993

José Timóteo da Silva BASTOS,
História da Censura Intelectual em Portugal, Coimbra, 1926

José Trazimundo Mascarenhas Barreto, Marquês de FRONTEIRA E D'ALORNA (D.),
Memórias do Marquês de Fronteira e d'Alorna, D. José Trazimundo Mascarenhas Barreto, (revistas e coordenadas por Ernesto Campos de Andrada), Coimbra, 1928, Tomos I-IV, Lisboa, INCM, reedição de 2003, volume I

Joseph BARTÉLEMY
Valeur de la Liberté et Adaptation de la République, Paris, Librairie du Recueil Sirey, 1935

Joseph GARNIER, (e outros)
Congrès des amis de la Paix Universelle, revenu à Paris, en 1849

Joseph de MAISTRE,
Considerations on France, "Introduction" de Isaiah Berlin, Cambridge, Cambridge University Press, 2000

Joseph de MAISTRE,
Ecrits sur la Révolution, Turim, 1797, Edição de Paris, PUF, 1989, "Présentation" de Jean-Louis Darcel

Joseph de MAISTRE,
Essai sur le Principe Générateur des Constitutions Politiques et des autres Institutions Humaines, Lyon et Paris, 1822

Joseph de MAISTRE,
De la Souverainité du Peuple: un Anti-contrat social, póstumo, 1870, texte etabli, présenté et annoté par Jean-Louis Darcel, Paris, PUF, 1992

Joseph MOUNIER,
Exposé de ma Conduite dans l'Assemblée Nationale et Motifs de mon Retour en Dauphiné, Paris, s. l., s. d.

Joseph PECCHIO,
Lettres Historiques et Politiques sur le Portugal (...), Paris, s. d.

Joseph PECCHIO,
Six Mois en Espagne. Lettres de M. Joseph Pecchio a Lady J.º (...), Paris, 1822

Josiah QUINCY, (Jr.)
"Observations on the Act of Parliament Commonly Called the ... Boston Por Bill", *Memoir of the Life os Josiah Quincy, Junior, of Massachusetts: 1744-1775*, Boston, 1874

Joseph BIEN,
"Freedom and the Concept of Property in John Lock's Second Treatise of Governem", *ARSI*, 1977, pp. 190-195

Joze CALDEIRA,
Demonstração Theologica, Lisboa, 1817

Jozé Anastácio de FIGUEIREDO,
Synopsis Chronologica de Subsídios Ainda os Mais Raros Para a História e Estudo Crítico da Legislação Portugueza: Mandada Publicar pela Academia Real das Sciencias de Lisboa, Tomos I e II, Lisboa, Anno de 1790

Jozé Roberto M. C. e C. SOUSA,
Remissoens das Leys Novissimas, Decretos, Avisos e Mais Disposiçoens, (...), *de El Rei Dom Jozé I* (...), *Dona Maria I*, Lisboa, Anno de 1778

Juan Antonio POSSE,
Memorias del Cura Liberal Don Juan Antonio Posse com su Discurso sobre la Constitucion de 1812, Madrid, 1984

Juan BARDINA,
Origenes de la Tradicion y del Régimen Liberal, Barcelona, 1916

Juan Francisco de CASTRO, (Don)
Discursos Críticos sobre las Leys y sus Interpretes, Tomos I-II, Madrid, 1829

Juan Ignacio Marcuello Manuel PÉREZ LEDESMA,
"Parlamento y Poder Ejecutivo en la España Contemporanea (1810-1936)", *Revista de Estudios Políticos, Madrid*, N. E. 93, 1996

Juan Manuel Navarro CORDON, e Tomas MARTINEZ,
História da Filosofia – os Filósofos e os Textos 1º volume (Dos Pre-Socráticos à Idade Média), 2º volume (Do Renascimento à Idade Moderna), 3º Volume (Filosofia Contemporânea), Lisboa, Ed. 70, 1994

Juan Pablo Fusi AIZPURÚA,
Tolerancia e Nacionalismo, Escritos sobre la Tolerancia, Homenaje a Enrique Casas, Fabio Iglesias, Madrid, 1986

Judith N. SHKLAR,
Political Thought and Political Thinkers, Edited by Stanley Hoffman, Foreword by George Kateb, University of Chicago Press, Chicago and London, 1998

Jules BARNI,
Histoire des Idées Morales en France au XVIIIe siècle, Slatkine Reprints, Tomes I e II, Genève, 1967

Jules BARNI,
Les Moralistes Français au Dix-Huitième Siècle, Genève, Slatkine Reprints, 1970

Jules SIMON,
La Liberté, Tomos I-II, Paris, 1859

Julián MARIAS,
História da Filosofia, com Prólogo de Xavier Zubiri, Porto, Revista de Occidente, 1987

Julião Soares de AZEVEDO,
Condições Económicas da Revolução Portuguesa de 1820, Lisboa, Básica Editora, 1976

Julien BONNECASE,
La Pensée Juridique Française de 1804 à l'Heure Presente, Bordeaux, 1º Volume, s. d.

Julien Offray de LA METTRIE,
L'Homme-Machiine, Leide, 1747, Paris, Fayard, Mille et une Nuits, 2000

Julien Offray de LA METTRIE,
Œuvres Philosophiques, 2 volumes, Paris, Fayard, 1987

Júlio Joaquim da Costa Rodrigues da SILVA,
"O Constitucionalismo Setembrista e a Revolução Francesa", *Revista de História das Ideias*, volume I, Coimbra, 1985

Júlio de LASTEIRGE,
Portugal Depois da Revolução de 1820, Porto, 1842 (tradução e/ou Publ. De Joaquim António Magalhães)

Júlio de VILHENA,
Rudimentos de Direito Publico Portuguez, Lisboa, 1883

Junio DEMOPHILO,
Discurso sobre a Liberdade, Lisboa, 1820

Justino Mendes de ALMEIDA,
"A Diplomacia Portuguesa no Período Áureo dos Descobrimentos. As Orações Obedienciais (De Oboedientia) ao Papa", *A Diplomacia na História de Portugal*", Actas do Colóquio, APH, Lisboa, 1990

Karl De MARTINI, (Carlos António Lib.), Barão
De Jure Naturae Positiones (...), Coimbra, 1815

Karl De MARTINI, (Carlos António Lib.), Barão
De Lege Naturali, Sumtibus, 1781

Karl De MARTINI, (Carlos António Lib.), Barão
Positionis de Jure Civitatis, Paris I, Jus publicum Universale, Conimbriacae, 1825

Karl R. POPPER,
Sociedade Aberta, Universo Aberto, tradução portuguesa, Lisboa, Publicações D. Quixote, 1987

KO HARADA,
"Problematical Points in Political Science and Legal Philosophy in Connection with the Political Society in Japan", Separata da *Revista da Faculdade de Direito da Universidade de Lisboa*, Lisboa, 1964

Knud HAAKONSSEN,
Grotius, Pufendorf and Modern Natural Law, Ashgate, Aldershot, Brookfield USA, Singapore, Sydney, 1999

L. DIMIER,
Les Maitres de la Contre-Révolution, Leçons données à l'Institut d'Action Française Chaire Rivarol – Février- -Juin 1906, Paris, 1907

Barão DE LAGOS,
O Cavalheiro de Mendizábal e o Thesouro de Portugal, Lisboa, 1858

LANJUINAIS,
Considerações Políticas Sobre as Mudanças que Conviria Fazer na Constituição Hespanhola a Fim de a Consolidar, (...), Lisboa, 1821

Conde do LAVRADIO (Ver D. Francisco de Almeida PORTUGAL)

Leila Mezan ALGRANTI,
Censura e Comércio de Livros no Período de Permanência da Corte Portuguesa no Rio de Janeiro (1808-1821), Revista Portuguesa de História, tomo XXXIII (1999), volume II, Coimbra, 1999

L. L. BONGIE,
David Hume, Prophet of the Counter-Revolution, Oxford O. U. P., 1965

L. GULLERMINT,
La Liberté, Paris, Hachette, 1959

L. M. Marrecas FERREIRA,
A Pena de Morte, Lisboa, 1911

L. T. HOBHOUSE,
Liberalismo, tradução castelhana, Barcelona- Buenos Aires, Labor, 1927

LEÃO XIII, (Papa)
Sobre a Liberdade Humana, Rio de Janeiro – S. Paulo, Vozes, 1955

Leo STRAUSS,
Qu'est-ce que la Philosophie Politique, Paris, PUF, 1992

Leon DUGUIT,
Manuel de Droit Constitutionel, Paris, Anciennes Maisons Thorin et Fontemoing, 1923

Leon DUGUIT,
Os Elementos do Estado, tradução portuguesa, Lisboa, Inquérito, s. d.

Leon DUGUIT,
Souverainité et Liberté, Leçons faites a l'Université Columbia (New-York), 1920-1921, Paris, F. Alcan, 1922

Léon HOMO,
Les Institutions Poliques Romaines, Paris, Éditions Albin Michel, 1970

Leonel Ribeiro dos SANTOS,
A Razão Sensível – Estudos Kantianos, Lisboa, Colibri, 1994

Loic PHILIP,
Histoire de la Pensée Politique en France de 1789 à nos Jours, Paris, s. d.

Louis DUMONT,
Ensaios sobre o individualismo, a perspectiva antropológica sobre a ideologia moderna, tradução portuguesa, Publicações D. Quixote, Nova Enciclopédia, Lisboa, 1992

Louis DUMONT,
Homo Hierarchicus, Ensayo sobre el Sistema de Castas, tradução castelhana, Madrid, Aguilar, S. A., 1970

Louis GIRARD,
Les Liberaux Françiais (1814-1875), Aubier, s. l., s. d.

Lourival VILANOVA,
"Política e Direito – Relação Normativa", separata da *Revista da Faculdade de Direito de Lisboa*, volume XXXIV, Lisboa, 1993

Lucien BÉLY,
Les Relations Internationales en Europe (XVII ème-XVIII ème siècles), Paris, PUF, 1992

Lucien JAUME,
Hobbes et l'État représentatif moderne, Paris, PUF, 1986

Lucien JAUME,
L'individu Effacé ou le Paradoxe du Liberalizem Français, Paris, Fayard, 1997

Lucien JAUME,
La Liberté et la Loi, les Origines Philosophiques du Libéralisme, Paris, Fayard, 2000

Lucien JAUME, Jean-Paul CLÉMENT et Michel VERPEAUX, (Direction)
Liberté, Libéraux et Constitutions, Association Française des Constitutionnallstes, Economica, Paris, 1997

Ludovico Antonio MURATORI,
Reflexiones sobre el Buen Gusto en las Ciencias e las Artes, Edição castelhana de Don Juan Sempere, de1782

Ludwig SCHEIDL,
Breves Apontamentos sobre as Reformas Públicas na Áustria no Período da Missão Diplomática de Sebastião José de Carvalho e Mello em Viena (1744-1749), *O Marquês de Pombal e o seu tempo. Revista de História das Ideias. Número Especial no 2º Centenário da sua Morte*, I, Coimbra, Universidade de Coimbra, 1982-1983

Luigi COMPAGNA,
Dal Constituzionalismo Liberale alla Democrazia Politica, Roma, 1988

Luis Innocencio de Pontes Athaide e AZEVEDO,
A Administração de Sebastião Joze de Carvalho e Melo, conde de Oeiras e Marquez de Pombal, Tomos I e II, Lisboa, 1841

Luís A. Oliveira RAMOS,
Da Aquisição de Livros Proibidos nos Fins do Século XVIII (Casos Portugueses), Porto, s.n., 1974

Luís A. Oliveira RAMOS,
Da Ilustração ao Liberalismo, Lisboa, Lello & Irmãos, 1979

Luís A. Oliveira RAMOS,
D. Francisco de Lemos e a Deputação a Baiona, Lisboa, 1983

Luís A. Oliveira RAMOS,
O Cardeal Saraiva, volume I, Porto, Faculdade de Letras, 1972

Luís A. Oliveira RAMOS,
Para a História Social e Cultural (Fins do século XVIII – Princípios do século XIX), Braga, s.n., 1977

Luís A. Oliveira RAMOS,
Sob o Signo das "Luzes", Lisboa, INCM, 1987

Luís António Carlos Furtado de MENDONÇA,
Elencho dos Erros e dos Paradoxos, e absurdos que contém a Obra intitulada o Cidadão Lusitano, Lisboa, 1822.

Luis António Carlos FURTADO,
Série de Cartas assinadas "de Não Sei de Quem a Outro que Tal" e Respostas Dadas por "Hum Amigo dos Portuguezes", Reunidas em Colecção e Ambas Publicadas em Lisboa, cerca de 1830-1832

Luís António VERNEY,
Grammatica Latina, Lisboa, 1816

Luís António VERNEY,
In Funere Joannis V, Lusitanorum regis Fidelissimi. Oratio ad Cardinales, tradução portuguesa de Theotonio Montano com o título Oração de Luis Antonio Verney na morte de D. João V, s. l., s. d.

Luís António VERNEY,
O Verdadeiro Metodo de Estudar, Tomos I e II, Valensa, 1747

Luís António VERNEY,
O Verdadeiro Método de Estudar, Porto, Editorial Domingos Barreira, s. d.

Luís Augusto Rebello da SILVA,
História de Portugal nos sécs. XVII e XVIII, Tomos I-V, Lisboa, 1860

Luís de Bivar GUERRA,
"A Academia Tubuciana e os Seus Membros", *Actas do Colóquio A Historiografia Portuguesa Anterior a Herculano*, Lisboa, 1977, pp. 463 e ss.

Luís de Bivar GUERRA,
Inventários e Sequestros das Casas de Távora e Atouguia em 1759, Lisboa, Edições do Arquivo do Tribunal de Contas, 1954

Luís Cabral de MONCADA,
"Direito Positivo e Ciência do Direito", *Boletim da Faculdade de Direito da Universidade de Coimbra*, Volume XX, Coimbra, 1945, pp. 72 e ss.

Luís Cabral de MONCADA,
Estudos Filosóficos e Históricos, volume II, Coimbra, Acta Universitatis Conimbrigensis, 1959

Luís Cabral de MONCADA,
Filosofia do Direito e do Estado, volume 1, Coimbra, Arménio Amado, 1947

Luís Cabral de MONCADA,
O "Idealismo Alemão" na História da Filosofia, Coimbra, Coimbra Editora, 1938

Luís Cabral de MONCADA,
O Liberalismo de Vicente Ferrer Neto Paiva, Coimbra, Coimbra Editora, 1947

Luís Cabral de MONCADA,
Mística e Racionalismo em Portugal no século XVIII (Uma página de história religiosa e política), Coimbra, 1952

Luís Cabral de MONCADA,
"O Problema Metodológico na Ciência da História do Direito Português", *Estudos de História do Direito*, volume II, Coimbra, 1949, págs. 179-216

Luís Cabral de MONCADA,
"O "Século XVIII" na legislação de Pombal", *Estudos de História do Direito*, volume I, págs. 83-126, Coimbra, 1948

Luís Cabral de MONCADA,
"Século XVIII – Iluminismo católico – Verney: Muratori", *Estudos de História do Direito*, volume III, Coimbra, 1950

Luís Cabral de MONCADA,
Subsídios para Uma História da Filosofia do Direito em Portugal (1772-1911), Coimbra, Coimbra Editora, 1938

Luís da CUNHA, (D.)
Instruções Políticas, Edição de Abílio Diniz Silva, Comissão Nacional para as Comemorações dos Descobrimentos, Lisboa, 2001

Luís da CUNHA, (D.)
Obras Inéditas do grande exemplar da sciencia do Estado D. Luís da Cunha, a quem o Marquês de Pombal, Sebastião Jose de Carvalho e Mello, chamava o seu Mestre, Tomo I, Lisboa, 1821

Luís da CUNHA, (D.)
Testamento Político, Prefácio e Notas de Manuel Mendes, Lisboa, Seara Nova, 1943

Luís Ferrand de ALMEIDA,
"Portugal e a Polónia na Segunda Metade do Século XVII", *A Diplomacia na História de Portugal, Actas do Colóquio*, Lisboa, 1990

Luis de Sequeira Oliva e Sousa CABRAL,
Dialogo entre as Principais Personagens Francesas (...), Lisboa, 1808

Luís Reis TORGAL,
"Acerca do Significado do Pombalismo", O Marquês de Pombal e o seu tempo. *Revista de História das Ideias*. Número Especial no 2º Centenário da sua Morte, I, Coimbra, Universidade de Coimbra, 1982-1983

Luís Reis TORGAL,
Antero "Mestre da Contra-Revolução", *Actas do Congresso Anteriano Internacional, 14-18 de Outubro de 1991*, Ponta Delgada, 1993

Luís Reis TORGAL,
A Contra-Revolução no período vintista . "Studium Generale. Estudos Contemporâneos", Porto, 1, 1980, p.45-71

Luís Reis TORGAL,
Ideologia Política e Teoria do Estado na Restauração, volumes I-II, Coimbra, Biblioteca Geral da Universidade, 1981

Luís Reis TORGAL,
Tradicionalismo e Contra-Revolução (O Pensamento de José da Gama e Castro), Coimbra, Imprensa da Universidade, 1973

Luís Reis TORGAL,
"Universidade, Conservadorismo e Dinâmica de Mudança nos Primórdios do Liberalismo em Portugal", *Revista de História das Ideias*, 12, Universidade de Coimbra, 1990

Luís Reis TORGAL e Raffaella Longobardi RALHA,
João Botero – Da Razão de Estado – Coimbra, INIC, 1992

Luis RECASENS SICHES,
Tratado General de Filosofia del Derecho, México, Porrua, 1978

Luis RECASENS SICHES,
Tratado General de Sociologia, México, Porrua, 1982

Luis RECASENS SICHES,
Nueva filosofia de la Interpretacion del Derecho, México, Porrua, 1980

Luís Soares de OLIVEIRA,
História Diplomática – o Período Europeu (1580-1917), Lisboa, PF, 1994

Luiz DIEZ del CORRAL,
"La Monarquia Hispanica en el Pensamiento Politico Europeo – De Maquiavel a Humboldt", *Bib. Revista do Ocidente*, 30, Madrid, 1976

Luiz DIEZ del CORRAL,
El Liberalismo Doctrinario, Madrid, Centro de Estudos Constitucionales, 1984

Luiz Duprat de Lara Everard, "Conferencia no Collegio de Campolide", separata d'*O Nosso Collegio*, Lisboa, 1909

Luiz LEGAZ LACAMBRA,
Introduccion a la Teoria del Estado Nacionalsindicalista, Barcelona, Bosch, 1940

Luiz LEGAZ LACAMBRA,
Horizontes del Pensamiento Juridico, Barcelona, Bosch, 1947

Luiz José RIBEIRO,
Advertências Uteis Dirigidas ao Soberano e Augusto Congresso Nacional das Cortes, Lisboa, 1821

Luiz Marinho de AZEVEDO,
Apologeticos Discursos dirigidos à Majestade d'el-rei D. João, nosso Senhor, Lisboa, 1641

Luiz Marinho de AZEVEDO,
Excllamaciones Politicas, Juridicas y Morales, Lisboa, 1641

Luiz Marinho de AZEVEDO,
El Principe Encobierto, Lisboa, 1642

Luíz NORTON,
A Corte de Portugal no Brasil, São Paulo, Companhia Editora Nacional, 1938

Lukas SOSOE,
"Individu ou Communauté: La Nouvelle Critique du Liberalisme Politique", *Archives de Philosophie du Droit*, Nº 33, 1988

M. A. Ferreira-Deusdado,
Educadores Portugueses, Coimbra, França Amado Editores, 1911

M. A. Ferreira-Deusdado
A Filosofia Tomista em Portugal, Porto, Lello e Irmão, 1978

M. S. ANDERSEN,
The Rise of Modern Diplomacy 1450-1919, Longman, London and New York, 1993

MABLY (Ver Gabriel Bonnot)

M. TUÑON de LARA,
La España del siglo XIX, Madrid, Akal, 2000

Manfred KUEHN,
Kant. A Biography, Cambridge University Press, 2001

Manoel ALVARAES,
Instrucção sobre a Lógica ou Diálogos sobre Filosofia Racional, Porto, 1760

Manoel de Castro Correia de LACERDA,
Relação da Tomada de Abrantes no dia 17 de Agosto de 1808, Lisboa, 1808

Manoel José Gomes de Abreu VIDAL,
Analyse da Sentença proferida no Juizo da Inconfidencia em 15 de Outubro de 1817, contra o Tenente General Gomes Freire de Andrade (...), Lisboa, 1820

Manoel Pires VAZ,
Discurso Filosophico e Theológico, Juridico e Político sobre a Liberdade Humana, Coimbra, 1823

Manoel Pires VAZ,
Discurso sobre a Liberdade de Imprensa, dividido em duas partes, Coimbra, 1823

Manoel Thomaz da Silva FREIRE,
Assombros de Portugal pelo felicíssimo Governo presente, Lisboa, 1751

Manuel Alberto Carvalho da PRATA,
Reforma Pombalina da Universidade. Faculdade de Filosofia, Lisboa, Centro de História da Cultura da Universidade Nova de Lisboa, 1987

Manuel de Almeida e Sousa de LOBÃO,
Fascículo de Dissertações Jurídico-Práticas, Tomo II, Lisboa, 1825

Manuel de Almeida e Sousa de LOBÃO,
Discurso Sobre a Reforma dos Foraes, Lisboa, 1825

Manuel António Coelho da ROCHA,
Ensaio Sobre a História do Governo e da Legislação de Portugal, Coimbra, 1843

Manuel António Coelho da ROCHA,
Instituições de Direito Civil português, Tomos I e II, Coimbra, 1857

Manuel Augusto RODRIGUES, (Direcção)
Memoria professorum universitatis conimbrigensis (1772-1937), volume II, Coimbra, Arquivo da Universidade de Coimbra, 1992

Manuel Augusto RODRIGUES,
Universidade: Elite Intelectual Brasileira, *Revista de História das Ideias*. 12, Coimbra, Universidade de Coimbra, 1990

Manuel António Filipe dos SANTOS,
As Obras filosóficas e teológicas de Pedro Hispano. Estudo Histórico-Crítico, Dissertação de Mestrado em Filosofia Medieval, Faculdade de Letras da Universidade do Porto, Porto, 1994

Manuel de Azevedo FORTES,
Lógica Racional, apresentação de Pedro Calafate, Lisboa, INCM, 2002

Manuel Bernardes BRANCO,
Portugal na Epocha de D. João V, Lisboa, 1885

Manuel Borges CARNEIRO,
Additamento Geral de Leis, resoluções, avisos, etc., desse 1603 até 1817, Lisboa, 1817

Manuel Borges CARNEIRO,
Apêndice ao Extracto de Leis, avisos, etc., desde 1807 até Julho de 1816, Lisboa, 1816

Manuel Borges CARNEIRO,
Direito Civil de Portugal, contendo três livros (...), Lisboa, 1826-1840

Manuel Borges CARNEIRO,
Extracto das leis, avisos, provisões, assentos e editais publicados nas côrtes de Lisboa e Rio de Janeiro, entre 1807 e 1816, Lisboa, 1816

Manuel Borges CARNEIRO,
Mappa Chronologico das leis e mais disposições de direito portuguez (...), Lisboa, 1818

Manuel Borges CARNEIRO,
Parábolas acrescentadas ao Portugal Regenerado, (I-III), Lisboa, 1820

Manuel Borges CARNEIRO,
Parábola VI accrescentada ao Portugal Regenerado (...), Lisboa, 1821

Manuel Borges CARNEIRO,
Portugal Regenerado em 1820, segunda Edição, Lisboa, 1820

Manuel Borges CARNEIRO,
Portugal Regenerado em 1820, Lisboa, 1820

Manuel Borges CARNEIRO, Fernandes THOMAZ, Ferreira BORGES e outros
Discursos Parlamentares dos principais oradores portugueses das Constituintes de 1821, I, Porto, 1878

M. Borges GRAÍNHA,
História da Maçonaria em Portugal, (1735-1912), Lisboa, 1912; Lisboa, Vega, 1976

Manuel Cavaleiro de FERREIRA,
Direitos Humanos e Estado de Direito, *Revista da Faculdade de Direito de Lisboa*, volume XXXVIII, 1, 1997, pp.101

Manuel do CENÁCULO, (Frei)
Concluisones philosophicas critico-rationales de Historiae Logicae, ejus Proemiabilis, Ente rationis, et Universalibus in communi, ad Mentem V. Scoti, D. Mariani ac Subtilis, Coimbra, 1751

Manuel do CENÁCULO, (Frei)
Cuidados Literários do Prelado de Beja, Lisboa, 1791

Manuel do CENÁCULO, (Frei)
Disposições do Superior Provincial para Observância Regular, e Literária da Congregação da Orem terceira de S. Francisco, Tomo I, Lisboa, 1786

Manuel do CENÁCULO, (Frei)
Disertação Theologica, Historica, Critica sobre a definibilidade do Mysterio da Conceição Immaculada de Maria Santíssima, Lisboa, 1768

Manuel do CENÁCULO, (Frei)
Instrução Pastoral do Excellentissimo e Reverendissimo Senhor Bispo de Beja sobre a Religião Revelada, Lisboa, 1785

Manuel do CENÁCULO, (Frei)
Instrução Pastoral do Excellentissimo e Reverendissimo Bispo de Beja, Lisboa, 1784

Manuel do CENÁCULO, (Frei)
Memórias Históricas do Ministério do Púlpito, Lisboa, 1776

Manuel do CENÁCULO, (Frei)
Memórias Históricas e Appendix segundo à Disposição quarta da colecção das disposições do Superior Provincial, Tomo II, Lisboa, 1794

Manuel do CENÁCULO, (Frei)
Oração que disse o M. R. P. Fr. Manuel do Cenáculo, publicada por fr. Vicente Salgado, Lisboa, 1758

Manuel do CENÁCULO, (Frei) (Alethophilo Candido de Lacerda)
Advertencias Criticas e Apologéticas, Coimbra, 1752

M. CHALONS,
Histoire de France, Paris, 1734

Manuel Dias DUARTE,
História da Filosofia em Portugal nas suas Conexões Políticas e Sociais, Lisboa, Livros Horizonte, 1987

Manuel Dias da SILVA,
Elementos de Sociologia Criminal e Direito Penal, Lições de 1906-1907, Coimbra, 1906

Manuel F. MIGUÉLEZ,
Jansenismo y Regalismo en España (datos para la Historia). Cartas al Sr. Menéndez Pelayo, Valladolid, 1895

Manuel Fernandes THOMAZ,
Carta do Compadre de Belém ao redactor do Astro da Lusitania (...), Lisboa 1820

Manuel Fernandes THOMAZ,
Carta Segunda do compadre de Belém ao redactor do Astro da Lusitania, Lisboa, 1821

Manuel Fernandes THOMAZ,
Luthero, o P. José Agostinho de Macedo e a Gazeta Universal; ou carta de um cidadão de Lisboa Escrita (...), Lisboa, 1822

Manuel Fernandes THOMAZ,
Repertório Geral das Leis Extravagantes de Portugal, volumes 1 e 2, Coimbra, 1815

Manuel Fernandes THOMAZ,
A Revolução de 1820, recolha, Prefácio e notas de José Tengarrinha, Lisboa, 1982

Manuel Filipe Cruz CANAVEIRA,
"A Legitimação Histórica da Monarquia Absoluta na obra do Padre António de Figueiredo", *Comunicação Apresentada ao Colóquio A Constrição Social do Passado*, Lisboa, 1987

Manuel Filipe Cruz CANAVEIRA,
Liberais Moderados e Constitucionalismo Moderado (1814-1852), Lisboa, INIC, 1988

Manuel Filipe Cruz CANAVEIRA,
Sua Majestade Fidelíssima (...), Dissertação de Doutoramento apresentada à Universidade Nova de Lisboa, Lisboa, 1996

Manuel Francisco de Barros e SOUZA, (Visconde de Santarém)
Corpo Diplomatico Portuguez, contendo todos os Tractados de Paz, de Alliança, de Neutralidade, de Trégua, de Commercio, de limites (...), *entre a Coroa de Portugal e as diversas potências do mundo* (...), Paris, 1848 e seguintes

Manuel Francisco de Barros e SOUZA, (Visconde de Santarém)
Memórias Para a História e Teoria das Cortes Geraes, que em Portugal se celebrarão pelos Três Estados do Reino, ..., Compostas ... 1824, Lisboa, 1827, prefácio de António Sardinha; Lisboa, 1924

Manuel Francisco de Barros e SOUZA, (Visconde de Santarém)
Noticia dos Manuscriptos pertencentes ao Direito Público Externo Diplomático de Portugal e à Historia e Literatura do mesmo Paiz (...), Lisboa, 1813

Manuel Francisco de Barros e SOUZA, (Visconde de Santarém)
Quadro Elementar das Relações Politicas e Diplomaticas de Portugal Com as diversas potências do mundo, desde os principios da Monarchia Portugueza até aos nossos dias, 18 Tomos, Paris, 1842 e seguintes.

Manuel G. da COSTA,
Inéditos de Filosofia em Portugal, in Revista Portuguesa de Filosofia, Tomo VI, Braga, 1950, pp. 37 e ss.

Manuel (Don) GODOY,
Mémoires du Prince de la Paix, Traduits en Français d' aprés le manuscrit espagñol, par J.-G. D'Esménard, Paris, 1836

Manuel Lopes d'ALMEIDA,
"Subsídios para a História da Universidade de Coimbra e do seu Corpo Académico", Separata do *Boletim da Biblioteca da Universidade de Coimbra*, volume XXVII, Coimbra, 1964

Manuel Lopes d'ALMEIDA,
Documentos da Reforma Pombalina, I (1771-1782), Coimbra, 1937, volume II, Coimbra, Universidade de Coimbra, 1979

Manuel Lopes FERREIRA,
Prática Criminal, expendida na forma da Praxe Observada, (...), Porto, 1747

Manuel Maria CARRILHO,
O Empirismo Analítico de Condillac, Lisboa, CHCUNL, 1983

Manuel Maria CARRILHO,
A "Ideologia" e a Transmissão dos Saberes, Lisboa, CHCUNL, 1986

Manuel Maria CARRILHO,
Razão e Aprendizagem, Estudo da Problemática da Ensinabilidade Filosófica (séculos XVIII-XIX), Lisboa, Dissertação de Doutoramento Apresentada à Universidade Nova de Lisboa, 1985

Manuel MEDINA, (Coordenação) e outros
Pensamiento Jurídico y Sociedad Internacional (Libro de Homenaje al Professor D. António Truyol y Serra), volume I, Madrid, Universidad Complutense, 1986

Manuel Moran ORTI,
Poder Y Gobierno en las Cortes de Cádiz (1810-1813), Pamplona, Ediciones de la Universidad de Navarra, 1986

Manuel Paulo de MERÊA,
"Como Nasceu a Faculdade de Direito", *Boletim da Faculdade de Direito da Universidade de Coimbra*, Volume de Homenagem ao Doutor José Alberto dos Reis, XXXVII, 1962

Manuel Paulo de MERÊA,
"Esboço de uma História da Faculdade de Direito", *Boletim da Faculdade de Direito da Universidade de Coimbra*, volume XXVIII, Coimbra, 1952

Manuel Paulo de MERÊA,
Estudos de História do Direito, Coimbra, Antiga casa França & Arménio, 1923

Manuel Paulo de MERÊA,
Idealismo e Direito, Coimbra, França & Armenio, 1913

Manuel Paulo de MERÊA,
"Lance de Olhos sobre o Ensino do Direito (Cânones e Leis) desde 1772 até 1804", *Boletim da Faculdade de Direito da Universidade de Lisboa*, volume XXXIII, Coimbra, 1958

Manuel Paulo de MERÊA,
Uma Memória do jurisconsulto Correia Teles Sobre os Antigos Prazos de Nomeação, Coimbra, Coimbra Editora, 1941

Manuel Paulo de MERÊA
O Poder Real e as Cortes, Coimbra, Coimbra Editora, 1923

Manuel Paulo de MERÊA,
"O Problema da Origem do Poder Civil em Suárez e Puffendorf", *Boletim da Faculdade de Direito da Universidade de Coimbra*, Coimbra, volume XIX, 1943

Manuel Paulo de MERÊA,
Resumo das lições de História do Direito Português, 1924/1925, Coimbra, Coimbra Editora, 1925

Manuel Paulo de MERÊA,
"Rol dos Lentes catedráticos e substitutos das Faculdades de Cânones e Leis desde 1772 (Reforma Pombalina)", *Boletim da Faculdade de Direito da Universidade de Coimbra*, volume 33, Coimbra, 1957

Manuel Paulo de MERÊA,
"Súmula Histórica da História do Direito Português", *Boletim da Faculdade de Direito da Universidade de Coimbra*, Coimbra, volume 5 (1918-1920) e volume, 6 (1920-1921)

Manuel Paulo de MERÊA,
Suarez, Jurista. O problema da Origem do Poder Civil, Coimbra, Imprensa da Univeersidade, 1917

Manuel Pinheiro CHAGAS,
História de Portugal popular e ilustrada, Lisboa, 1901, volumes 5 a 7

Manuel Rodriguez LAPUENTE,
História de Iberoamerica, Barcelona, Editorial Ramon Sopena, 1983

Manuel TAVARES e Mário FERRO,
Análise da Fundamentação da Metafísica dos Costumes de Kant, Lisboa, Editorial Presença, 1995

Manuel Valentim Franco ALEXANDRE,
Os Sentidos do Império. Questão Nacional e Questão Colonial na Crise do Antigo Regime Português, Lisboa, s.n., Tese de doutoramento em Ciências Sociais e Humanas, apresentada à Universidade Nova de Lisboa, 1988

Marcel BATAILLON,
Erasmo y España (Estudios sobre la História Espiritual del siglo XVI), México, FCE, s.d.

Marcel MORABITO,
Les Rélités de l'Esclavage d'Aprés le Digeste, Paris, Annales Littéraires de l'Université de Besançon, 1981

Marcel PRÉLOT e George LESCUYER,
Histore des Ideés Politiques, Paris, Dalloz, 1980

Marcelino MENÉNDEZ Y PELAYO, (Don)
História de los Heterodoxos Españoles, Madrid, 7 Tomos, 1922

Marcelino MESQUITA,
Guerras da Independencia: as Tres Invasões Francesas, II, Lisboa, 1908

Marcello CAETANO,
Constituições Portuguesas, Lisboa, Editorial Verbo, segundo a Edição Revista e Actualizada pelo Autor, 1981

Marcello CAETANO,
História do Direito Português, volume 1, (1140-1495), Lisboa, Verbo, 1985

Marcello CAETANO,
A Legitimidade dos Governantes à Luz da Doutrina Cristã, Braga, Bracara Augusta, 1952

Marcello CAETANO,
Lições de História do Direito Português, Coimbra, Coimbra Editora, 1962

Marcello CAETANO,
Manual de Ciência Política e Direito Constitucional, Tomos I-II, Lisboa, Petrony, 1972

Marcello CAETANO,
Manual de Ciência Política e de Direito Constitucional, Edição Revista e Ampliada por Miguel Galvão Teles, Tomo I, reimpressão, Coimbra, Almedina, 1996

Marcello CAETANO,
"Recepção e Execução dos Decretos do Concílio de Trento em Portugal", separata da *Revista da Faculdade de Direito de Lisboa*, Lisboa, 1965

Marcello CAETANO,
"Subsídios para a História das Cortes Medievais Portuguesas", separata da *Revista da Faculdade de Direito de Lisboa*, volume XV, Lisboa, 1963

Markku PELTONEN,
The Cambridge Companion. Bacon, Cambridge, Cambridge University Press, 1996, reprinted 1999

Maria Adelaide Salvador MARQUES,
A Real Mesa Censória e a Cultura Nacional, Aspectos da Geografia Cultural Portuguesa no séc. XVIII, Coimbra, Coimbra Editora, 1963

Maria Amália Vaz de CARVALHO,
Vida do Duque de Palmella, Lisboa, Imp. Nacional, 1898-1903, 3 volumes

Maria Ângela BEIRANTE,
As Estruturas Sociais em Fernão Lopes, Lisboa, Livros Horizonte, 1984

Maria da Assunção Andrade ESTEVES,
A Constitucionalização do Direito de Resistência, Lisboa, AAFDL, 1989

Maria Beatriz Nizza da SILVA,
Silvestre Pinheiro Ferreira: Ideologia e Teoria, Lisboa, Sá da Costa, 1975

Maria Beatriz Nizza da SILVA,
Movimento Constitucional e Separatismo no Brasil (1821-1823), Lisboa, Livros Horizonte, 1988

Maria Cândida PROENÇA,
A Primeira Regeneração – o Conceito e a Experiência Nacional, Lisboa, Livros Horizonte, 1990

Maria Emília Triste Amoedo da Câmara STONE,
O Abade de Medrões – Cidadão e Cristão, Dissertação de Mestrado em História Cultural e Política apresentada à Faculdade de Ciências Sociais e Humanas da Universidade Nova de Lisboa, 1999

Maria Helena Carvalho da SILVA,
"A maior felicidade do maior número. Bentham e a Constituição Portuguesa de 1822", in *O liberalismo na Península Ibérica na primeira metade do século XIX*, org. pelo Centro de Estudos de História Contemporânea Portuguesa do ISCTE, coord. Miriam Halpern Pereira, Maria de Fátima Sá e Melo Ferreira, João B. Serra, Lisboa, Sá da Costa, 1982

Maria Helena Carvalho dos SANTOS, (Coordenação)
Pombal Revisitado – Comunicações ao Colóquio Internacional organizado pela Comissão das Comemorações do 2º Centenário da Morte do M. Pombal, Lisboa, 1984

Maria Helena Carvalho dos SANTOS,
O Pensamento Político de Rocha Loureiro (1778-1853), Lisboa, CHCUNL, 1982

Maria Ivone Crisóstomo de Ornellas de Andrade CASTRO,
José Agostinho de Macedo e a Ideologia Contra-Revolucionária, Tese Doutoramento apresentada à Faculdade de Ciências Sociais e Humanas da Universidade Nova de Lisboa, Lisboa, 1994, 2 volumes;

Maria de Fátima BONIFÁCIO,
Estudos sobre o Séc. XIX Português – Apologia da História Política, Lisboa, Quetzal, 1999

Maria de Fátima BONIFÁCIO,
Seis Estudos Sobre o Liberalismo Português, Lisboa, Estampa, 1991

Maria Fernanda Diniz Teixeira ENES,
O Liberalismo nos Açores, Religião e Política (1800-1832), volume I e II, Dissertação de Doutoramento Apresentada à Universidade Nova de Lisboa, Lisboa, 1994

Maria Helena Carvalho dos SANTOS,
O Pensamento Político de Rocha Loureiro (1778-1853), Lisboa, CHCUNL, 1982

Maria Helena Carvalho dos SANTOS, (Coordenação)
"Pombal Revisitado" – *Comunicações ao Colóquio Internacional organizado pela Comissão das Comemorações do 2º Centenário da Morte do M. Pombal*, Lisboa, 1984

Maria Helena Carvalho dos SANTOS,
"Ribeiro Sanches e a Questão dos Judeus", *O Marquês de Pombal e o seu tempo. Revista de História das Ideias. Número Especial no 2º Centenário da sua Morte*, I, Coimbra, 1982-1983

Maria João MOGARRO,
José da Silva Carvalho. Significado de Uma Acção Política, Lisboa, s. n., 1988

Maria João MOGARRO,
José da Silva Carvalho e a Revolução de 1820, Lisboa, Livros Horizonte, 1990

Maria Julieta Ventura de OLIVEIRA,
"Vasco Pinto de Sousa Coutinho de Balsemão, Bibliotecário da Biblioteca Nacional de Lisboa de 8 de Abril de 1834 a 22 Março de 1843", *Revista da Biblioteca Nacional* 2 (2) Julho-Dezembro 1982, págs. 371-383, Lisboa, 1985

Maria Leonor Machado de SOUSA,
Solano Constâncio: Portugal e o Mundo nos Primeiros Decénios do Séc. XIX, Lisboa, Arcádia, 1979

Maria Luíza Cardoso Coelho de Souza COELHO,
A Filosofia de Silvestre Pinheiro Ferreira, prefácio de Miranda Barbosa, Braga, Livraria Cruz, 1958

Maria Luisa SÁNCHEZ-MEJÍA,
Benjamin Constant y la Construcción del Liberalismo Posrevolucionario, Madrid, Centro de Estudos Constitucionales, 1992

Maria de Lurdes Costa Lima dos SANTOS,
Intelectuais Portugueses na Primeira metade de Oitocentos, Lisboa, Presença, 1988

Maria Margarida Ribeiro Garcez da SILVA,
"Os Lusíadas" e o Poder Político, Lisboa, Comissão Executiva do IV Centenário da Publicação de Os Lusíadas, 1973

Maria Palmira Valente Amador PINHO,
Aspectos Históricos e Doutrinais do Anti-liberalismo em Portugal no séc. XIX, Dissertação de Licenciatura em 1964, Coimbra, Faculdade de Letras, 1964

Maria Rosalina Pinto da Ponte Delgado,
José da Cunha Brochado (1651-1733). O Homem e a sua Época, Lisboa, Edições Universidade Lusíada, 2000

Maria do Rosário PIMENTEL,
"A Escravatura na Perspectiva do Jusnaturalismo", *História e Filosofia*, II, 1983

Maria Teresa ARECES PIÑOL,
"Las Fronteras entre la Libertad Religiosa y la Libertad Ideologica", *Anuario de Derecho Eclesiastico del Estado*, Madrid, v. 10, 1994

Maria Teresa Couto Pinto Rios da FONSECA,
Absolutismo e Municipalismo Évora. 1750-1820, Dissertação de Doutoramento em História e Teoria das Ideias, na especialidade de História das Ideias Políticas, apresentada à Universidade Nova de Lisboa, Lisboa, I-II, 2000

Maria Teresa MÓNICA,
"Um Programa Político Miguelista: o Parecer de Cândido Rodrigues de Figueiredo e Lima", Separata da *Revista da Biblioteca Nacional*, S. 2, volume 6 (2), 1991

Maria Teresa MÓNICA,
Errâncias Miguelistas (1834-43), Lisboa, Edições Cosmos, 1997

Marie-France TOINET (Direcção),
"Et la Constitution Crea l'Amerique", *Actes du colloque organizé au Palais du Luxembourg par l'Association Française d'Etudes Américaines à l'occasion du bicentenaire de la Constitution des Etats-Unis, les 9-10 Janvier 1987*, Nancy, 1987

Marie-Jean-Antoine-Nicolas Caritat, Marquês de CONDORCET,
Sur les Élections et autres textes, Paris, Fayard, 1986

Marie-Jean-Antoine-Nicolas Caritat, Marquês de CONDORCET,
Esquisse d'un Tableau Historique des Progrès de l'Esprit Humain, Paris, Vrin, 1970

Mário BRANDÃO,
Estudos Vários, volumes I-II, Coimbra, Biblioteca Geral da Universidade de Coimbra, 1972

Mário BRANDÃO e Lopes de ALMEIDA,
A Universidade de Coimbra, Esboço da sua história, Coimbra, por Ordem da Universidade, 1937

Mário Júlio de Almeida COSTA,
"Debate jurídico e solução Pombalina", *Boletim da Faculdade de Direito da Universidade de Coimbra*, Volume VIII, 1982

Mário Júlio de Almeida COSTA,
História do Direito Português, Coimbra, Almedina, 1996

Mário Júlio de Almeida Costa e Rui de Figueiredo Marcos,
"Reforma Pombalina dos Estudos Jurídicos", *Boletim da Faculdade de Direito de Coimbra*, volume LXXV, Coimbra, 1999

Mário Dal PRA,
Hume et la Scienza della Natura Umana, Editora Laterza, Roma-Bari, 1973

Mário dos Reis MARQUES,
"O Liberalismo e a Codificação do Direito Civil em Portugal", *Boletim da Faculdade de Direito da Universidade de Coimbra*, Coimbra, 1983

Mário dos Reis MARQUES,
"Elementos para uma aproximação do estudo do Usus Modernus Pandectarum em Portugal", *Boletim da Faculdade de Direito da Universidade de Coimbra*, Volume LVIII

Mário ROTONDI,
"La Scienza del Diritto in Italia dalla Prima Codificazione ad Oggi", Separata da *Revista da Faculdade de Direito de Lisboa*, Lisboa, 1968

Marquês de FRONTEIRA E D'ALORNA (D.) (Ver D. José Trazimundo Mascarenhas Barreto)

Marquês de REZENDE,
Memória Histórica de D. Frei Francisco de S. Luiz Saraiva, Lisboa, 1864

Marsílio de PÁDUA,
El Defensor de la Paz, Estudio preliminar, Tradução castelhana e notas de Luís Martinez Gómes, Madrid, Tecnos, 1981

Marta Lorente SARIÑERA
Las Infracciones a la Constitucion de 1812, Madrid, Centro de Estudios Constitucionales, 1988

Martim de ALBUQUERQUE,
"Acerca de Frei José Teixeira e da Teoria da Origem do Poder Popular", Paris, Fundação Calouste Gulbenkian, Arquivos do Centro Cultural Português, 1972

Martim de ALBUQUERQUE,
"Bártolo e o Bartolismo na História do Direito Português", Separata do *Boletim do Ministério da Justiça* nº 304, Lisboa, 1981

Martim de ALBUQUERQUE,
A Consciência Nacional Portuguesa – Ensaio de História das Ideias Políticas, I, Lisboa, s.n., 1974

Martim de ALBUQUERQUE,
"A Doutrina Social da Igreja", *Revista da Faculdade de Direito da Universidade de Lisboa* ; v. 18 Lisboa, 1965

Martim de ALBUQUERQUE,
"O Escotismo Político de Camões", Lisboa, separata da *Revista Brotéria*, volume112 – Nºs 5-6 Maio--Junho de 1981, Lisboa, 1981

Martim de ALBUQUERQUE,
A Expressão do Poder em Luís de Camões, Lisboa, INCM, 1988

Martim de ALBUQUERQUE,
Estudos de Cultura Portuguesa, 1º volume, Lisboa, INCM, 1984; 2º volume, Lisboa, INCM, 2000; 3º volume, Lisboa, INCM, 2002

Martim de ALBUQUERQUE,
Da Igualdade – Introdução à Jurisprudência, Coimbra, Almedina, 1993

Martim de ALBUQUERQUE,
"História das Instituições Relatório Sobre o programa, Conteúdo e Métodos de Ensino", Separata da *Revista da Faculdade de Direito de Lisboa*, Ano XXV, Lisboa, 1984

Martim de ALBUQUERQUE,
Jean Bodin na Península Ibérica – Ensaio de História das Ideias Políticas e de Direito Público, Paris, Fundação Calouste Gulbenkian, 1978

Martim de ALBUQUERQUE,
A Sombra de Maquiavel e a Ética Tradicional Portuguesa, Ensaio de História de Ideias Políticas, Lisboa, FLUL, 1974

Martim de ALBUQUERQUE,
"Para a História da Legislação e da Jurisprudência em Portugal", *Boletim da Faculdade de Direito da Universidade de Coimbra*, Volume LVIII, 623-653

Martim de ALBUQUERQUE,
O Poder Político no Renascimento Português, Lisboa, ISCSPU, 1968

Martim de ALBUQUERQUE,
Um Percurso da Construção Ideológica do Estado, Lisboa, Quetzal Editores, 2002

Martim de ALBUQUERQUE,
Primeiro Ensaio sobre a História da "Ideia de Europa" no Pensamento Português, Lisboa, INCM, 1980

Martim de ALBUQUERQUE,
"Rei Juridicae Lusitanae Archivum, Documentos", *Revista da Faculdade de Direito de Lisboa*, Volume XXVI, 1985, pp. 564 e ss.

Martim de ALBUQUERQUE,
"O século XVIII e a Legislação de Pombal", *Pensamiento Juridico y Sociedad Internacional (libro de Homenage al Professor D. António Truyol y Serra)*, volume I, Madrid, Centro de Estudios Constitucionales

Martim de ALBUQUERQUE,
"O Valor Politológico do Sebastianismo", separata dos Arquivos do centro Cultural Português, Paris, 1974

Matias AIRES,
Reflexões Sobre a vaidade dos Homens e Carta sobre a Fortuna, prefácio, fixação do texto e notas por Jacinto do Prado Coelho e Violeta Crespo Figueiredo, Lisboa, INCM, s. d.

Maurice DUPUY,
A Filosofia Alemã, Lisboa, Edições 70, s.d.

Maurice FLAMANT,
História do Liberalismo, tradução Portuguesa, Mem Martins, Publicações Europa-América, 1990

Max WEBER,
O Político e o Cientista, tradução Portuguesa, Lisboa, Presença, s. d.

Maximiano de LEMOS,
Jacob de Castro Sarmento, Porto, 1910

Maximiano de LEMOS,
Notícia de alguns manuscritos de Ribeiro Sanches Existentes na Biblioteca Nacional de Madrid, Porto, s. n. 1913

Maximiano de LEMOS,
Ribeiro Sanches: a sua Vida e a sua Obra, Porto, Eduardo Tavares Martins, 1911

MENDES DOS REMÉDIOS
Memorias de José da Cunha Brochado, Extrahidas das suas Obras Ineditas, Coimbra, França Amado, 1909

Michel BASTIT,
Naissance de la Loi Moderne – La Pensée de la Loi de Saint Thomas à Suarez, Paris, PUF, 1990

Michel DELON, (Direction)
Dictionnaire Européen des Lumières, Paris, PUF, 1997

Michel TROPER,
"Liberté, Propriété et Structures Constitutionnelles dans la Pensée Politique du XVIII Siécle", *ARSI*, 1977

Michel TROPER,
Pour une Théorie Juridique de L'Etat, Paris, PUF, s. d.

Michel TROPER et Lucien JAUME,
1789 et l'Invention de la Constitution – Actes du Colloque de Paris, organisé par l'Association Française de Science Politique: 2, 3 et 4 Mars, 1989, Bruylant L.G.D.J.

Michael OAKESHOT,
Rationalism in Politics and other Essays, New and Spandi Edition, Indianapolis, 1991

Michel VILLEY,
Critique de la Pensée Juridique Moderne, Paris, Dalloz, 1976

Michel VILLEY,
La Formation de la Pensée Juridique Moderne, (Cours d'Histoire de la Philosophie du Droit 1961-1966), Paris, PUF, 1968

Michel VILLEY,
Leçons d'Histoire de Philosophie du Droit, Paris, Dalloz, 1962

Michel VOVELLE,
Breve História da Revolução Francesa, tradução portuguesa, Lisboa, Presença, 1994

Miguel ARTOLA,
Antiguo Régimen y Revolucion Liberal, Barcelona, Ariel, 1979

Miguel ARTOLA,
La España de Fernando VII, Introdução por Carlos Seco Serrano, Madrid, Espasa, 1999

Miguel ARTOLA,
El Modelo Constitucional Español del Siglo XIX, Fundación Juan March, Madrid, 1979

Miguel Angel OCHOA BRUN,
História de la Diplomacia Española, volume III, Madrid, Ministerio de Asuntos Exteriores, 1991-1995

Miguel de OLIVEIRA, (Padre)
História Eclesiástica de Portugal, actualizada P. Artur R. Almeida, prefácio P. António Costa Marques, Mem Martins, Europa-América, 1994

Miguel REALE,
Lições Preliminares de Direito, Coimbra, Almedina, 1982

Miguel REALE,
Nova Fase do Direito Moderno, São Paulo, Saraiva, 1990

Miguel REALE,
Pluralismo e Liberdade, São Paulo, Saraiva, 1963

Miguel José Lopes ROMÃO,
O Conceito de Legitimidade Política na Revolução Liberal, Relatório apresentado na cadeira de História do Direito Português, do curso de Mestrado em Ciências Histórico-Jurídicas, 2000-2001

Miguel Roca JUNYENT,
"El Sacrificio del Politico", *Escritos sobre la Tolerancia, Homenaje a Enrique Casas*, Fabio Iglesias, 1986, págs. 93-110

Milagros Otero PARGA,
"La Libertad. Una cuestión de axiologia jurídica", *Boletim da Faculdade de Direito da Universidade de Coimbra*, LXXV, Coimbra, 1999

MINISTÉRIO DA CULTURA
Marquês de Pombal (Catálogo Bibliográfico e Iconográfico), Lisboa, Biblioteca Nacional, 1982

MINISTÉRIO DA CULTURA
O Portugal de D. João V, Visto por Três Forasteiros, tradução, prefácio e notas de Castelo Branco Chaves, Lisboa, Biblioteca Nacional, 1983

MIRABEAU (Ver Gabriel-Honoré Riquetti)

Miriam Halperim PEREIRA, (coordenação)
"Arquivo e Historiografia" – *Colóquio sobre as Fontes de História Contemporânea Portuguesa*, Lisboa, INIC, 1988

Miriam Halperim PEREIRA,
Das Revoluções Liberais ao Estado Novo, Lisboa, Presença, 1994

Moh. EL SHAKANKIRI,
"J. Bentham: Critique des Droits de l'Homme", *Archives de Philosophie du Droit*, Nº 9, 1964, págs. 130-152

Morton WHITE,
The Philosophy of the American Revolution, Oxford, New York, Toronto, Melbourne, Oxford University Press, 1981

Moses Bensabat AMZALAK,
Benjamim Franklin, Economista, Lisboa, 1941

Moses Bensabat AMZALAK,
"A Economia Política em Portugal – o Fisiocratismo", *Memórias Económicas da Academia*, Lisboa, 1922

Moses I. FINLEY,
Démocratie Antique et Démocratie Moderne, précédé de Tradition de la Democratie Grecque, par Vidal-Naquet, traduit de l'Anglais par Monique Alexandre, Paris, s. d.

Moses I. FINLEY,
Política no Mundo Antigo, Lisboa, Edições 70, 1997

Nelson SALDANHA,
"A Politicidade do Direito e o Problema do Direito Natural", Separata da *Revista da Faculdade de Direito de Lisboa*, Lisboa, 1992

Nelson Werneck SODRÉ,
Formação Histórica do Brasil, Editora Brasiliense, São Paulo, 1970

Niceto BLÁZQUEZ,
"Estado de Derecho y Pena de Muerte", *Separata facticia de ARBOR*, Madrid, 1989

Nicola ABBAGANO,
História da Filosofia, (vários volumes), Lisboa, Presença, 1985

Nicolas BERDIAEFF,
De L'Esclavage et de la Liberté de L'Homme, Éditions Montaigne, Paris, 1946

Nicolas BERDIAEFF,
Esprit et Liberté (Essai de Philosophie Chrétienne), tradução do russo por I. P. e H. M., Éditions Montaigne, Paris, 1933

Nicolas Fernandez de CASTRO,
Portugal Convencida, Milan, 1648

Nicólas Rodriguez ANICETO,
Maquiavelo y Nietzsche, Madrid, 1919

NIEVES MONTESINOS,
"La Tutela de la Religion del Estado", *Anuario Derecho Eclesiastico de Madrid*, volume 10, 1994

Norberto BOBBIO,
L'Età dei Diritti, Torino, Einaudi Contempôranea, 1992

Norberto Ferreira da CUNHA,
Elites e Académicos na Cultura Portuguesa Setecentista, Lisboa, INCM, 2000

Nuno PIÇARRA,
A Separação dos Poderes como Doutrina e Princípio Constitucional – Um contributo para o estudo das suas Origens e Evolução, Coimbra, Coimbra Editora, 1989

Ofélia Milhares de Paiva MONTEIRO,
A Formação de Almeida Garrett, volumes I-II, Centro de Estudos Românicos, Coimbra, tese de doutoramento em Filologia Românica apresentada à Faculdade de Letras da Universidade de Coimbra, 1971

Olímpia LOUREIRO,
"Do Cultural ao Material: Vendas de Livrarias no Porto Setecentista", separata da *Revista Poligrafia* Nº 4 – 1995, Centro de Estudos D. Domingos de Pinho Brandão, Porto, Portucalense

Olímpia LOUREIRO,
"Da Leitura de Livros à Leitura de Periódicos. Dois Percursos Paralelos na Ambiência Cultural Portuguesa de Setecentos", separata da *Revista Polígrafa* nº 5, Centro de Estudos D. Domingos de Pinho Brandão, 1996

Olímpia Silva Oliveira Valença REBELO,
O conceito de Liberdade em Joaquim António de Aguiar, Lisboa, CHCUNL, 1987

Otto von GIERKE,
Les Théories Politiques du Moyen Age, tradução francesa, Paris, Recueil Sirey, 1914

Otto von GIERKE,
Teorias Políticas de la Edad Media, Edição de F. W. Maitland, tradução castelhana, Madrid, Centro de Esudios Constitucionales, 1995

Oskar Georg FISBACH,
Derecho Político General Constitucional e Comparado, tradução castelhana, Barcelona-Buenos Aires, 1928

Owen MANNING,
An Inquiry into the grounds and nature of the several species of ratiotination, with a new Introduction by J. V. Price, London, Routledge, 1998

P. C. F. DAUNOU,
Essai sur les Garanties Individuelles que Réclame l'État Actuel de la Société, Paris, Foulon et Comp., Libraires-Editeurs, 1819

PASCAL
Pensés, Texte de l'Édition Brunshvicg, Paris, s. d.

Pascal ORY, (Direcção)
Nouvelle Histoire des Idées Politiques, Paris, Hachette, 1987

Pascoal José de Mello Freire dos REIS,
Codigo Criminal intentado pela Rainha D. Maria I, 2ª Edição, castigada de erros. Corrector o Licenciado Francisco Freire de Mello, Lisboa, 1833

Pascoal José de Mello Freire dos REIS,
Ensaio do Código Criminal a que Mandou Proceder a Raínha Fidelíssima D. Maria I, publicado por Manuel Setário, Lisboa, 1823

Pascoal José de Mello Freire dos REIS,
Historiae Juris Civilis Lusitanae Liber singularis, Lisboa, 1788, tradução Miguel Pinto de Menezes, "História do Direito Civil Português", Lisboa, *Boletim do Ministério da Justiça*, 173/175, 1967-1968

Pascoal José de Mello Freire dos REIS,
Institutionum Juris Criminalis Lusitani, Conimbricae, 1815, tradução Miguel Pinto de Menezes "Instituições de Direito Criminal Português", Lisboa, *Boletim do Ministério da Justiça*, n.º 161, 1967

Pascoal José de Mello Freire dos REIS,
Institutionum Juris Civilis Lusitani, Conimbricae, tradução Miguel Pinto de Menezes "Instituições de Direito Civil Português, Tanto Público como Particular", Lisboa, *Boletim do Ministério da Justiça*, 161/166, 168, 170/171, 1967 e anos seguintes

Pascoal José de Mello Freire dos REIS,
O Novo Codigo de Direito Publico de Portugal, Lisboa, 1789, publicado em 1844, contendo as *Respostas* a R. Santos

P. HABA,
"Droits de L'Homme, Libertés individuelles et Rationalité Juridique", *Archives de Philosophie du Droit*, N.º 25, Paris, Sirey 1980

P. S. MANCINI,
Sobre la Nacionalidad, tradução castelhana, Madrid, Tecnos, 1985

P. S. MANCINI,
Diritto Internazionale. Prelizioni, Nápoles, 1879, conforme as Lições dadas em Turim em 1851

Patrick WACHASMANN,
Libertés Publiques, Paris, Dalloz, 1998

Paul BASTID,
Benjamin Constant et sa Doctrine, Tomos I-II, Paris, Armand Colin, 1966

Paul BLANSHSARD,
Freedom and Catholic Power in Spain and Portugal, Beacon Press, Boston, 1962

Paul FOULQUIÉ,
A Vontade, Lisboa, Europa-América, 1964

Paul GIRAD,
Manuel Elementaire de Droit Romain, Tome Premier, Paris, Rousseau et Cª Edição, 1947

Paul HAZARD,
La Pensée Européenne au XVIII ème Siècle (de Montesquieu a Lessing), Tomes I et II, Boivin, Paris, 1946

Paul HAZARD,
O Pensamento Europeu no século XVIII, tradução portuguesa, Presença, Lisboa, 1989

Paul JANET,
Histoire de la Science Politique dans ses Rapports avec la Morale, revue d'aprés les notes laissées par l'auteur et précédée d'une notice sur la vie et les travaux de Paul Janet / par G. Picot, Librairie Félix Alcan, Tomes I-II, Paris, 1913-

Paul MASSON-OURSEL,
Histoire de la Philosophie (Direcção d'Émile Bréhier), La Philosophie en Orient, Paris, PUF, 1969

Paul Mc REYNOLDS,
Four Early Works on Motivation, Scholars' Facsimiles & Reprints, Florida, 1969

Paul SIWEK,
La Conscience du Livre Arbitre, Roma, Herder, 1976

Paul Tiry (D'HOLBACH),
Éthocratie ou le Gouvernement Fondé sur la Morale, Amsterdam, 1776

Paul Tiry (D'HOLBACH),
La Morale Universelle ou les Devoirs de l'Homme Fondés sur sa Nature, tomos I e II, publicado pela primeira vez anónimo e editado apenas sob forma legalizada em Paris, 1793

Paul Tiry (D'HOLBACH),
Système de la Nature, 1769, Edição suíça de Genève, 1973, Tomos I-II, reproduz a de Edição de Londres, publicada seis meses depois da primeira de Amsterdão

Paul Tiry (D'HOLBACH),
Système Social ou principes de la morale et de la politique avec un examen de l'influence du gouvernement sur les Moeurs, Londres, 3 tomos, 1773

Paulo Ferreira da CUNHA,
Amor Juris (Filosofia Contemporânea do Direito e da Política), Coimbra, Almedina, 1995

Paulo Ferreira da CUNHA,
Constituição, Direito e Utopia – Do Jurídico-Constitucional nas Utopias Políticas, Coimbra, Coimbra Editora, 1996

Paulo Ferreira da CUNHA,
Mythe et Constitutionnalisme au Portugal (1778--1826), separata de *Cultura – Revista de História e Teoria das Ideias*, volume XIII (2ª Série), Lisboa, 2000-2001

Paulo Ferreira da CUNHA,
Para uma História Constitucional do Direito Português, Coimbra, Almedina, 1995

Paulo Ferreira da CUNHA,
Teoria da Constituição – II – Direitos Humanos Direitos Fundamentais, Lisboa, Verbo, 2000

Paulo Ferreira da CUNHA
História da Faculdade de Direito de Coimbra, Rés, Porto, 1991, 5 vols., Edição Comemorativa do VII Centenário da Universidade, patrocinada pela Faculdade de Direito de Coimbra, prefaciada por Orlando de Carvalho (com a colaboração de Reinaldo de Carvalho)

Paulo OTERO,
A Administração Local nas Cortes de 1821-1822, separata da *RDES*, ano XXX, III, 2ª Série, Nº 2, Lisboa, 1988

Paulo OTERO,
O Poder de Substituição no Direito Administrativo, volume I, Lisboa, Lex-Edições Jurídicas, 1995

Paulo Pulido ADRAGÃO,
Jónatas Eduardo Mendes Machado, "Liberdade Religiosa Numa Comunidade Constitucional Inclusiva. Dos Direitos de Verdade aos Direitos dos Cidadãos", Recensão Bibliográfica, nº 18 da *Studia Iuridica*, Universidade de Coimbra, *Revista da Faculdade de Direito de Lisboa*, volume XXXVIII, 2, 1997

Pedro de AZEVEDO,
Linhas Gerais da História Diplomática em Portugal, Coimbra, Coimbra Imprensa da Universidade, 1927

Pedro CALAFATE, (Direcção)
História do Pensamento Filosófico Português, volumes I-IV, Lisboa, Caminho, 2001

Pedro CALMON,
Curso de Direito Constitucional Brasileiro, Rio de Janeiro, Livraria Editora Freitas Bastos, 1937

Pedro CALMON,
História das Ideias Políticas, São Paulo, Livraria Freitas Bastos, 1952

Pedro CARDIM,
Cortes e Cultura Política no Portugal do Antigo Regime, Lisboa, Cosmos, 1998

Pedro Carlos Bacelar de VASCONCELOS,
A Separação dos Poderes na Constituição Americana – Do Veto Legislativo ao Executivo Unitário – A Crise Regulatória, Coimbra, Coimbra Editora, 1994

Pedro de CEVALHOS, (D.)
Exposição dos factos e maquinações com que se preparou a usurpação da Coroa de Hespanha e dos meios que o Imperador dos francezes tem posto em prática (...), Lisboa, 1808

Pedro METASTASIO,
A Liberdade, Tradução portuguesa, Lisboa, 1773

Pedro Miguel de Almeida PORTUGAL, (D.) (Marquês de Alorna)
As prisões da Junqueira durante o Ministério do Marquez de Pombal, Escriptas alli Mesmo pelo Marquez de Alorna, uma das suas Victimas, publicadas conforme o original por José de Sousa Amado, Lisboa, 1882

Pedro Miguel Martins Gonçalves Caridade de FREITAS,
Um Testemunho na Transição para o século XIX: Ricardo Raimundo Nogueira, Dissertação de Mestrado em Ciências Histórico-Jurídicas na Faculdade de Direito da Universidade de Lisboa, Lisboa, 1999

Pedro Miguel Martins PÁSCOA,
Francisco Manuel Trigoso de Aragão Morato, Subsídios para o Estudo do Pensamento Político Conservador no Portugal Vintista, 4º Ano de Filosofia, trabalho final, 1990/1991

Pedro Miguel Martins PÁSCOA,
Ideologia e Temporalidade. As Ideias Políticas de Francisco Manuel Trigoso (1777-1838), Dissertação de Mestrado em História Cultural e Política apresentada à Universidade Nova de Lisboa, Lisboa, 1995

Pedro Soares MARTINEZ,
Filosofia do Direito, Coimbra, Almedina, 1991

Pedro Soares MARTINEZ,
"A Liberdade, a Justiça e a Ordem", *Revista da Faculdade de Direito de Lisboa*, volume XXXIX, Nº 2, 1998

Pedro Soares MARTINEZ,
Textos de Filosofia do Direito, volumes I-II, Coimbra, Almedina, 1993

Pedro de Sousa e Hoelstein (D.), Duque de PALMELLA,
Despachos e Correspondência, coligidos e publicados por J. J. dos Reis e Vasconcellos, Lisboa, 1851

Pedro de Sousa e Hoelstein (D.), Duque de PALMELLA,
Discursos Parlamentares Proferidos pelo Duque de Palmella, volume I, Lisboa, 1844

Pedro de Sousa e Hoelstein (D.), Duque de PALMELLA,
Manuscritos, 1803 e ss.

Pero ROIZ,
Memorial, Leitura e Revisão de M. Lopes de Almeida, Coimbra, 1953

Peter HANNAFORD,
The Essential of George Washington, Washington, Edition Peter Hannford, 1999

Peter JANKE,
Mendizabal y la Instauracion de la Monarquia Constitucional en España (1790-1853), tradução castelhana, Madrid, Siglo Veintiuno Editores, 1974

Peter VIERECK,
Conservatism Revisited, Revised and Enlarged Edit. With the addition of Book II: The New Conservatism – What Went Wrong? Greenwood Press, Publishers, Westport, Connecticut, 1978

Philipe Jose NOGUEIRA,
Princípios do Direito Divino, Natural, Público e das Gentes, Lisboa, 1773

Philippe TOURRAULT,
História Concisa da Igreja, tradução portuguesa, Lisboa, Publicações Europa-América, 1998

PHILIARCO PHEREPONO, (Pseud.)
Mercurio Philosophico dirigidos aos Philosophos de Portugal, com a noticia dos artigos, que na (...), em Augusta, 1752

Philippe TOURRAULT,
História Concisa da Igreja, Tradução portuguesa, Lisboa, Publicações Europa-América, 1998

PHILO-JUSTITIA,
Carta ao Sr. Rd.º P. Alvito Buela Pereira de Miranda, Lisboa, 1833

Piedade Braga SANTOS,
Actividade da Real Mesa Censória: uma sondagem, Centro de História da Cultura da Univ. Nova, 1983

Pierre BERCIS,
Guide des Droites de L'Homme, Paris, Hachette, 1996

Pierre CHAUNU,
A Civilização da Europa das Luzes, volume I, Lisboa, Estampa, 1995

Pierre CHAUNU,
La Liberté, Paris, Fayard, 1987

Pierre CHEVALLIER,
Histoire de la Franc-Maçonnerie-Française, Tomos I-III, Paris, Fayard, 1974

Pierre GOUBERT,
História Concisa de França, Tradução Portuguesa, volume I, Mem Martins, Europa-América, 1996

Pierre JUQUIN,
Liberdade, Liberdades, Lisboa, Estampa, 1977

Pierre LEGENDRE,
L'Administration du XVIII ème. siècle à nos Jours, Paris, PUF, 1969

Pierre MANENT,
Histoire Intellectuelle du Libéralisme, Dix Leçons, Paris, Calmann-Lévy, 1987

Pierre MANENT,
Les Llbéraux, Textes Choisies et Présentés par Pierre Manent, Tomes I-II, Paris, Hachette, 1986

Pierre MILZA e Serge BERSTEIN,
História do Século XIX, Tradução portuguesa, Mem Martins, Europa-América, 1997

Pierre RENOUVIN,
Histoire des Relations Internationales, volume I, Du Moyen Âge à 1789, volume II, De 1789 à 1871, Paris, Hachette, 1994

Pierre ROSANVALLON,
La Monarchie Impossible, Les Chartes de 1814 et de 1830, Paris, Fayard, 1994

Pierre SALMON,
História e Crítica, tradução portuguesa, Coimbra, Almedina, 1979

Pierre-Jean-Georges CABANIS,
Oeuvres Philosophiques de Cabanis, 2 volumes, Paris, PUF, 1956

Pietro BONFANTE,
Instituciones de Derecho Romano, tradução castelhana, revista por Fernando Campuzano Horma, Madrid, s.d.

Pontes de MIRANDA,
Democracia, Liberdade, Igualdade (Os Três Caminhos), S. Paulo, Saraiva, 1979

Quentin SKINNER,
Liberty Before Liberalism, Cambridge, Cambridge University Press, 2000

R. R. PALMER,
The Age of the Democratic Revolution. A Political History of Europe and America. 1760-1800. The Challenge, Princeton, New Jersey, Princeton University Press, 1959

Rafael BLUTEAU,
Diccionario da Lingua Portugueza, 2 tomos, Lisboa, 1789

Rafael BLUTEAU,
Primícias Evangelicas, ou Sermões Panegyricos do P. D. Raphael Bluteau, tomos I-II, Lisboa, 1676 e 1685

Rafael BLUTEAU,
Sermam no Sexto dia do Outavario da festa de S. Francisco, Lisboa, 1763

Rafael BLUTEAU,
Sermoens Panegyricos e Doutrianes, tomos I e II, Lisboa, 1732

Rafael BLUTEAU,
Diccionario da Lingua Portugueza, 2 tomos, Lisboa, 1789

Rafael DOMINGO,
Teoria de la "Autorictas", Pamplona, Ediciones Universidad de Navarra, 1987

Frei Rafael de VELEZ,
Preservativo contra la Irreligion ó los planes de la filosofia contra la religion y el Estado, Madrid, 1813

Ramiro FLOREZ,
Libertad y Liberacion, Valladolid, Universidad de Valladolid, Secretariado de Publicaciones, 1975

R. M. HARE,
Freedom and Reason, Oxford, Oxford University Press, 1987

Ramon SALAS,
Lições de Direito Público Constitucional, para as escolas de Hespanha, por ..., D doutor de Salamanca, tradução por Diogo Goes Lara d'Andrade, com o mesmo objecto á Nação Portugueza, Lisboa, 1822

Ramon de SANTILLAN,
Memorias (1815-1856), I, Edición y notas de Ana Maria Berazaluce, Introducción Frederico Suarez, Pamplona, Universidad de Navarra. 1960

Raul RÊGO,
Os Índices Expurgatórios e a Cultura Portuguesa, Lisboa, Instituto de Cultura e Língua Portuguesa, 1982

Raymond ARON,
Essai Sur les Libertés, Paris, Calmann Levy, 1965

Raymond G. GETTEL,
História das Ideias Políticas, tradução Eduardo Salgueiro, Lisboa, Editorial Inquérito, 1936

Raymond POLIN,
Éthique et Politique, Paris, Sirey, 1968

Raymond POLIN,
La Politique Morale de John Locke, Paris, PUF, 1960

Raymond TROUSSON,
Voltaire et les droits de l'Homme: textes choisies sur la Justice et sur la Tolérance, Bruxelles, Espace de Libertés, 1994

Raymond VANCOURT,
Kant, Lisboa, Edições 70, 1987

DE REAL, (Ver Gaspar)

Reinhart KOSELLECK,
Critica Illuminista e Crisi della Società Borghese, Bologna, II Mullino, 1972

René POMEAU,
Politique de Voltaire, Paris, Armand Colin, 1963

René RÉMOND,
L'Ancien Régime et la Revolution (1750-1815), Paris, Seuil, 1974

Ricardo Raimundo NOGUEIRA,
Prelecções de Direito Pátrio Recitadas no Anno de 1785 para 1786, Coimbra, 3 Tomos, Edição póstuma.

Ricardo Raimundo NOGUEIRA,
Prelecções sobre a História do Direito Patrio feitas pelo Doutor Ricardo Raimundo Nogueira ao curso do quinto anno juridico da Universidade de Coimbra no anno de 1795 a 1796, Coimbra, 1866

Ricardo Raimundo NOGUEIRA,
"Prelecções sobre a História do Direito Público", *Coimbra, 1795-1796*, publicadas no Jornal *O Instituto*, 1858 e ss., volumes VI, VII e VIII

Richard BONNEY,
O Absolutismo, tradução portuguesa, Lisboa, Publicações Europa-América, 1991

Richard A. EPSTEIN,
Principles for a Free Society, Reconciling Individual Liberty with the Common Good, Persus Books, Massachusetts, 1998

Richard A. PRIMUS,
The American Language of Rights, Cambrdge, Cambridge University Press, 1999

RICHELIEU (Ver Armand Jean Du Plessis)

Robert BADINTER,
Liberté, Libertés, Paris, Gallimard, 1976

Robert DERATHÉ,
Jean-Jacques Rousseau et la Science Politique de son Temps, Paris, Vrin, 1995

Robert FILMER,
La polemica Filmer-Locke sobre la obediencia poltiica, Estudio preliminar de Rafel Gambra, texto, tradução y notas de Carlela Gutierrez de Gambra, Madrid, Instituto de Estudios Politicos, 1966

Robert LAUNAY,
"Le Patriotisme Révolutionnaire", *Études Sociales et Politiques*, Paris, 1907

Robert RICARD,
Études sur l'Histoire Morale et Religieuse du Portugal, Fundação Calouste Gulbenkian. Centro Cultural Português, Paris, 1970

Robert MANDROU,
L'Europe 'absolutiste'. Raison et raison d'État (1649-1775), Paris, Fayard, 1977

Roberto ZAVALLONI,
A Liberdade Pessoal, Apresentação de fr. Agostinho Gemelli, O. F. M Petrópolis, Vozes, 1968

Robin George COLLINGWOOD,
A Ideia de História, Lisboa, Presença, s. d.

Robin George COLLINGWOOD,
The Ideia of History, Edited with an Introduction by Jan van der Dussen, Oxford, Clarendon Press, 1993

Rogélio PEREZ-BUSTAMANTE,
História de las Instituciones Publicas de España, Madrid, Facultad de Derecho: servicio de publicaciones, 1995

Rogélio PEREZ-BUSTAMANTE Y SANCHEZ-ARCILLA,
Textos de Historia del Derecho Español, Madrid, Dykinson, 1992

Roger CHARTIER,
Les Origines Culturelles de la Révolution Française, Paris, Seuil, 1990

ROCHA MARTINS,
Correspondência do 2º Visconde de Santarém, publicada pelo 3º Visconde de Santarém, Lisboa, V Volume, 1833

ROCHA MARTINS,
Episódios da Guerra Peninsular. As três Invasões Francesas, 3 volumes, Lisboa, Jornal do Comércio imp., 1944

ROCHA MARTINS,
A Independência do Brasil, Lumen, Lisboa-Porto--Coimbra, 1922

ROCHA MARTINS e LOPES D'OLIVEIRA,
A Democracia, sua Origem, sua Eclosão e seu Triunfo, Lisboa, Excelsior, 1940

ROCHA MARTINS e LOPES D'OLIVEIRA,
Liberdade Portuguesa – A Carta Constitucional, Lisboa, Excelsior, 1920

RODRIGUES CAVALHEIRO,
Homens e Ideias, Lisboa, Livraria Sam Carlos, 1960

Rodrigo Ferreira da COSTA,
Cathecismo Político do Cidadão Portuguez, Lisboa, 1823

Rodrigo Ferreira da COSTA,
Discurso Preliminar à Constituição Política da Monarquia Hespanhola, Lisboa, 1820

Roger SCRUTON, (Edição e Introdução)
Conservative Texts, An Anthology, Macmillan, London, 1991

Roger SCRUTON, (Direcção)
Conservative Thougts: Essays from the Salisbury Review, the Claridge Press, London and Lexington, 1989

Roger SCRUTON, (Direcção)
Conservative Texts, An Anthology, Macmillan, London, 1991

Roger MUCCHIELLI,
História da Filosofia e das Ciências Humanas, vols. I a III, tradução portuguesa, Lisboa, Estúdios Cor, 1974

Roger ZUBER et Laurent THEIS, (Direcção)
"La Révocation de l'Édit de Nantes et le Protestantisme français en 1685", *Actes du Colloque de Paris (15-19 Octobre 1985) réunis par (...), CNRS*, Paris, 1986

Roland QUILLIOT,
La Liberté, Paris, PUF, 1995

Romuald SZRAMKIEWICZ e Jacques BOUINEAU,
Histoire des Instituitions 1750-1914, Paris, Dalloz-Sirey, 1998

Roscoe POUND,
Desenvolvimento das Garantias Constitucionais da Liberdade, tradução portuguesa, São Paulo, Ibrasa: Instituição Brasileira de Difusão Cultural, 1956

Rose-Marie MOSSÉ-BASTIDE,
La Liberté, Paris, PUF, 1974

Ross FITZGERALD, (Organização)
Pensadores Políticos Comparados, tradução de António Patriota, Brasília, Editora Universidade de Brasília, 1983

ROTTECK, (e outros)
Liberalismo Aleman en el siglo XIX (1815-1848), com Estudo Preliminar de J. Abellan, Madrid, Centro de Estudios Constitucionales, 1987

Ruben Andresen LEITÃO, (Apresentação e Estudo)
Documentos dos Arquivos de Windsor, Coimbra, Coimbra Editora, 1950

Ruben Andresen LEITÃO, (Apresentação e Estudo)
Novos Documentos dos Arquivos de Windsor, Coimbra, Coimbra Editora, 1958

Rui Manuel de Figueiredo MARCOS,
A Legislação Pombalina. Dissertação para o Exame de Mestrado em Ciências Jurídico-Históricas na Faculdade de Direito da Universidade de Coimbra, Coimbra, 1990

Ruy de ALBUQUERQUE,
História do Direito Português (Relatório), Separata da *Revista da Faculdade de Direito de Lisboa*, Nº XXVI, Lisboa

Ruy de ALBUQUERQUE e Martim de ALBUQUERQUE,
História do Direito Português, volume 1º, 1º e 2º Tomos, Lisboa, várias edições, especialmente, 1993, 1997 e volume 2º, Lisboa, 1983

Safo BORGHESE,
La Filosofia della Pena, Milano, Giuffre, 1952

Samuel PUFENDORF,
De Iure Naturae et Gentium libri octo, cuja 1ª Edição é de Lund, 1672, traduits du Latin de S. Puffendorf par J. Barbeyrac, Amsterdam, 1706, *Le Droit de la Nature et des Gens ou Système General des Principes les Plus Importants de la Morale, de la Jurisprudence et de la Politique, (...)*, Amsterdam, 1712

Samuel PUFENDORF,
De Officiis hominis et Civis, Lund, 1673, *Les Devoirs de l'Homme et du Citoyen*, traduits du Latin de S. Puffendorf par J Barbeyrac, 1741-1742, Édition du Centre de Philosophie Politique et Juridique de l'Université de Caen, Tomes I-II, Caen, 1989

SAMPAIO BRUNO,
Os Modernos Publicistas Portuguezes, Porto, Lello & Irmão – Editores (Livraria Chardron), 1906

Sandra Ataíde LOBO,
"A *Gazeta* de Francisco Soares Franco: um redactor em guerra", *Cadernos de Cultura*, 4: "Gazetas – A Informação Política nos finais do Antigo Regime", Centro de História da Cultura da Universidade Nova de Lisboa, Lisboa, 2002

Sandra Ataíde LOBO,
Entre a Ordem e a Liberdade, os Caminhos do Conservadorismo Liberal – Modelos europeus e perplexidades portuguesas, a propósito de Costa Cabral; Tese de Mestrado Apresentada à Universidade Nova de Lisboa, Lisboa, 2000

Sara Maria de Azevedo e Sousa Marques PEREIRA,
D. Carlota Joaquina e os "Espelhos de Clio", Dissertação de Mestrado apresentada à Faculdade de Ciências Sociais e Humanas da Universidade Nova de Lisboa, Lisboa, 1995

Sergio MORAVIA,
Il Pensiero Degli Idéologues. Scienza e Filosofia in Francia (1780-181), Firenze, La Nuova Italia, 1974

Sheldon ROTHBLATT e Bjorn WITTROCK, (Compiladores)
La Universidad Europea y Americana desde 1800, Barcelona, Pomares-Corredor, 1996,

Shirley Robin LETWIN,
The Pursuit of Certainty. David Hume, Jeremy Bentham, John Stuart Mill, Betrice Webb, Cambridge, Cambridge University Press, 1965

Silvestre Pinheiro FERREIRA,
Breves Observações sobre a Constituição Política da Monarchia Portugueza, Paris, s. d.

Silvestre Pinheiro FERREIRA,
Cours de Droit Public Interne et Externe, Tomos I-II, Paris, 1830

Silvestre Pinheiro FERREIRA,
Cours de Droit Public, Lisboa, 1845

Silvestre Pinheiro FERREIRA,
Declaração dos Direitos e Deveres do Homem e Cidadão, Paris, 1836

Silvestre Pinheiro FERREIRA,
Ensaio Sobre a Psicologia, Noções Elementares de Filosofia, Prefácio de Maria Luísa C. Soares, tradução Rodrigo S. Cunha, Lisboa, INCM, 1999

Silvestre Pinheiro FERREIRA,
Manual do Cidadão em Um Governo Representativo, ou Principios do Direito Constitucional, 1834

Silvestre Pinheiro FERREIRA,
Monarquia dos quadrúpedes, Lisboa, s. d.

Silvestre Pinheiro FERREIRA,
Observations sur la Charte Constitutionelle de la France, extraites du Cours de Droit Public, Paris, 1833

Silvestre Pinheiro FERREIRA,
Observações sobre a Constituição (...) Brasil e a Carta Constitucional (...), Portugal, Paris, 1831

Silvestre Pinheiro FERREIRA,
Observations sur la Constitution de la Belgique, Paris, 1838

Silvestre Pinheiro FERREIRA,
Prelecções Filosóficas, Introdução de José Esteves Pereira, Lisboa, Lisboa, INIC, s. d.

Silvestre Pinheiro FERREIRA,
Projecto de Código Geral de Leis Fundamentais e Constitutivas d'uma Monarchia Representativa, Paris, 1834

Silvestre Pinheiro FERREIRA,
Projecto de Código Político para a Nação Portugueza, Paris, 1838

Silvestre Pinheiro FERREIRA,
Projectos de Ordenações para o Reino de Portugal, Tomos I-II, Paris, 1831

Silvestre Pinheiro FERREIRA,
Projecto de Um Systema de Providências para a Convocação das Cortes Geraes, Paris, 1832

Silvestre Pinheiro FERREIRA,
Questões de Direito Público e Administrativo, Philosophia e Literatura, Partes I a III, Lisboa, 1844

Simão José da Luz SORIANO,
História do Cerco do Porto, Tomos I-II, Porto, 1889

Simão José da Luz SORIANO,
História da Guerra Civil e do Estabelecimento do Governo Parlamentar em Portugal, Lisboa, 1881 e seguintes, 17 Tomos

Simão José da Luz SORIANO,
Revelações da Minha Vida e Memórias..., Lisboa, 1860

Simão José da Luz SORIANO,
Utopias Desmascaradas do Systema Liberal em Portugal, Lisboa, 1858

Simone GOYARD-FABRE,
Essai Critique de Phenoménologique du Droit, Paris, Klincksieck, 1972

Simone GOYARD-FABRE,
Les Grandes Questions de la Philosophie du Droit, Paris, PUF, 1986

Simone GOYARD-FABRE,
"L'Imposture du Despotisme qu'on dit 'éclairé'", *Chaiers de Philosophie politiquice et juridique. Actes du Colloque La Tyrannide*, Mai, 1984, Caen, Centre de Publications de l'Université de Caen, 1984

Simone GOYARD-FABRE,
Kant et le Problème du Droit, Paris, PUF, 1975

Simone GOYARD-FABRE,
Montesquieu, La Nature, les Lois, la Liberté, Paris, PUF, 1993

Simone GOYARD-FABRE, (Direcção)
La Pensée Liberale de John Locke, Cahiers de Philosophie Politique et Juridique, Université de Caen, Nº 5, 1984

Simone GOYARD-FABRE,
Philosophie Politique (XVI-XX ème Siècles), Paris, PUF, 1987

Simone GOYARD-FABRE,
Os Princípios Filosóficos do Direito Político Moderno, tradução portuguesa, São Paulo, Martins Fontes, 1999

Simone GOYARD-FABRE,
Puffendorf et le Droit Naturel, Paris, PUF, 1994

Simone GOYARD-FABRE,
Qu'est-ce que la politique? Bodin, Rousseau et Aron, Paris, Vrin, 1992

SIEYÈS, (Ver Emmanuel Joseph)

Sousa VITERBO,
"A Literatura Hespanhola em Portugal", separata de *História e Memórias da Academia das Ciências*, Tomo XII, Parte II, nº 5, Lisboa, 1918

Stanley I. BENN,
A Theory of Freedom, Cambridge, Cambridge University Press, 1988

Stephan Jay GOULD,
Francis Bacon. The Advanced of Learning, New York, The Modern Libary, 2001

Susana Antas Fernandes VIDEIRA,
Para uma História do Direito Constitucional Português: Silvestre Pinheiro Ferreira, Dissertação de Mestrado em Ciências Histórico-Jurídicas à Faculdade de Direito de Lisboa, Lisboa, 1999

T. R. P. Ventura de RAULICA,
Essai sur le Pouvoir Public ou Exposition des Lois Naturelles de l'Ordre Social, Paris, 1859

Telmo dos Santos VERDELHO,
As Palavras e as Ideias na Revolução Liberal de 1820, Coimbra, INIC, 1981

Teófilo BRAGA,
Bocage, Sua Vida e Época Literária, Porto, 1902

Teófilo BRAGA,
História das Ideias Republicanas em Portugal, Lisboa, Veja, 1983

Teófilo BRAGA,
História do Romantismo em Portugal, Lisboa, Ulmeiro, 1984

Teófilo BRAGA,
História da Universidade de Coimbra, nas suas Relações com a Instrução Pública Portuguesa, Tomos III e IV, Lisboa, 1898

Teófilo BRAGA,
Soluções Positivas de Política Portuguesa, Volumes I-II, Porto, Lello & Irmão, 1912

Thierry COORNHERT,
A L'Aurore des Libertés Modernes – Synode sur la Liberté de Conscience (1582), Paris, CERF, 1979

Thomas CARLYLE,
Histoire de la Revolution Française, Tome I (La Bastille), Tome II (La Constitution), Tome III (La Guillotine), tradução Tomo I de E. Reginault et O. Barot; Tomes II et III de J. Roche, Paris, 1912

Thomas Erskine MAY,
Histoire Constitutionelle de l'Anglaterre, (1760-1860), Paris, 1865

Thomas HOBBES,
De Cive ou les Fondements de la Politique, Paris, Sirey, 1981

Thomas HOBBES,
Elements os the Law, c. 1640

Thomas HOBBES,
Leviatã, com prefácio de João Paulo Monteiro e tradução portuguesa, Lisboa, s. d., INCM

Thomas JEFFERSON,
Escritos Políticos, tradução portuguesa, São Paulo, 1964

Thomas JEFFERSON,
Autobiografia e Outros Escritos, Estudio Preliminar y Edición de Adrienne Koch y William Peden, tradução castelhana, Madrid, Tecnos, 1987

Thomas MORAWETZ,
Criminal Law, Sydney, Springer Netherlands, 1991

Thomas PAINE,
Los Derechos del Hombre, Edição castelhana de de 1944 conforme Edição inglesa de 1791-92, México, Fondo de Cultura Economica, 1944

Thomas PAINE,
Direitos do Homem, tradução portuguesa, Mem Martins, Europa-América, 1998

Thomas PAINE,
O Senso Comum a Crise, tradução portuguesa, Brasília, Universidade de Brasília, 1982

Thomaz RIBEIRO,
História da Legislação Liberal Portugueza, Tomos I-II, Lisboa, Imprensa Nacional, 1891 e 1892

Tobias MONTEIRO,
História do Imperio. A Elaboração da Independência, Rio de Janeiro, F. Briguet e Cia, Editores, 1927

Tomás António de GONZAGA,
Obras Completas de Tomás António de Gonzaga – Tratado de Direito Natural, Edição Crítica de Rodrigues Lapa, Rio de Janeiro, 1957

Tomás MORUS,
A Utopia, Tradução portuguesa, notas e Prefácio de Pinharanda Gomes, Lisboa, Guimarães Editores, 1996

TRINDADE COELHO,
Manual Político do Cidadão Portuguez, Porto, 1908

TURGOT, (Ver Anne Robert Jacques)

Umberto ALLEGRETTI,
Profilo de Storia Constituzionale Italiana (Individualismo e Absolutismo nello Stato Liberale), Il Mullino, Bologna, 1989

Umberto CERRONI,
La Libertà dei Moderni, Bari, 1968

"Universidades – História – Memória – Perspectivas", Actas do Congresso História da Universidade no 7º Centenário da sua Fundação, 5-9 de Março de 1991, Coimbra, 1991

V. B. de OCHOA,
Projecto para o melhoramento dos estudos em Portugal. Offerecido aos seus concidadãos, Lisboa, 1834

V. D. MUSSAY-PATHAY,
Examen des Jugements Récemment Rendus sur J.-J. Rousseau, Paris, 1825

V. I. POKROVSKI, (Direcção)
História das Ideologias, volumes I-III, tradução portuguesa, Lisboa, Estampa1973

V. J. B.
Memorias sobre a Regeneração de Portugal, offerecidas as virtudes sociais, justiça e humanidade, Lisboa, 1820

Valentin VASQUEZ DE PRADA,
História Económica Mundial, I-II, Porto, Livraria Civilização, 1991

V. M. Braga PAIXÃO,
Sobre alguns Políticos que Foram Académicos, Lisboa, Academia das Ciências, 1980

Vasco MAGALHÃES-VILHENA,
Antigos e Modernos – Estudos de História Social das Ideias, Lisboa, Livros Horizonte, 1984

Vasco Pulido VALENTE,
As Duas Tácticas da Monarquia Perante a Revolução, Lisboa, Publicações D. Quixote, 1974

Vicente Almeida d'EÇA,
Centenário da Guerra Peninsular: conferencias na Escola Naval, II, Lisboa, 1910

Vicente BLASCO IBÁÑEZ, (D.)
Historia de la Revolucion Española (Desde la Guerra de la Independencia à la Restaurácion en Sagunto), 1808-1874, Tomos I-II, Barcelona, La Enciclopedia Democrática, 1891

Vicente de Sousa COUTINHO, (D.)
Diário da Revolução Francesa, Leitura diplomática, enquadramento histórico-cultural e notas Manuel Cadafaz de Matos. Lisboa, Távola Redonda, 1990

Victoriano J. CESAR,
Invasões Francesas em Portugal (2ª e 3ª Parte), Lisboa, s. d.

Victor de SÁ,
A Crise do Liberalismo e as Primeiras Manifestações das Ideias Socialistas em Portugal (1820-1852), Lisboa, Seara Nova, 1974

Victor de SÁ,
A Revolução de Setembro de 1836, Lisboa, Publicações D. Quixote, 1969

Victor de SÁ,
Liberais e Republicanos, Lisboa, Livros Horizonte, 1986

Victor de SÁ,
Instauração do Liberalismo em Portugal, Lisboa, Livros Horizonte, 1987

Victor de SÁ e Fernanda RIBEIRO,
O Liberalismo em Portugal (1820-1852) – Recolha Bibliográfica, Braga, Universidade do Minho, 1994

Victor BIBL,
Metternich (1773-1859), tradução francesa, Paris, Payot, 1935

Viriato Soromenho MARQUES,
Direitos Humanos e Revolução, Lisboa, Colibri, 1991

Viriato Soromenho MARQUES,
A Era da Cidadania, Lisboa, Publicações Europa-América, 1996

Viriato Soromenho MARQUES,
História e Política no Pensamento de Kant, Lisboa, Publicações Europa-América, 1994

Viriato Soromenho MARQUES,
Razão e Progresso na Filosofia de Kant, Lisboa, Colibri, 1998

Vítor FAVEIRO,
Melo Freire e a Formação do Direito Público Nacional, CFDGCI, Ministério das Finanças, Lisboa, 1968

Vítor NETO,
O Estado, a Igreja e a Sociedade em Portugal (1832--1911), Lisboa, INCM, 1998

Vítor Sérgio QUARESMA,
A "Regeneração" – Economia e Sociedade, Lisboa, Publicações D. Quixote, 1988

Vitorino NEMÉSIO,
Exilados (1828-1832) – História Sentimental e Política do Liberalismo na Emigração, Lisboa, s. d.

Vitorino NEMÉSIO,
A Mocidade de Herculano (1810-1832), 2 volumes, Lisboa, Livraria Bertrand, 1978

Walter THEIMER,
História das Ideias Política, tradução portuguesa, Lisboa, Círculo dos Leitores, 1977

William Archibald DUNNING,
A History of Political Theories, 3 volumes, Londres, 1902; New York-London, Johnson Corporation, 1972

William BLACKSTONE,
Commentaries on the Law of England, 4 volumes, Garland Publishing, Inc., New York & London, 1978, que reproduz a Edição facsimilda de 1783

William BLACKSTONE,
Commentaires sur les Lois Anglaises, avec des notes de M. Edição Christian, traduits de l'Anglais sur la quinzième edition par N. M. Chompre, Tome I-V, Paris, 1823

Sir William Ivor JENNINGS,
A Constituição Britânica, tradução portuguesa, Brasília, Ed. UnB, 1981

William RIVIER,
Deux Exposés d'Une Philosophie de la Liberté, Neuchâtel, 1975

William RIVIER,
Une Philosophie de la Liberté, Neuchâtel, Éditions du Griffon, 1972

William RIVIER,
A Propos d'Une Philosophie de la Liberté, Neuchâtel, 1974

Zephyrino BRANDÃO,
O Marquez de Pombal (Documentos ineditos), Lisboa, 1905

Zília Maria Osório de CASTRO,
"Nos alvores da liberdade. Uma reflexão sobre a Magna Carta", separata de *Cultura – Revista de História e Teoria das Ideias*, Centro de História e Cultura, Lisboa, 1998

Zília Maria Osório de CASTRO,
"O Pré-Constitucionalismo em Portugal. Ideias e factos", separata de *Cultura – História e Política*, Lisboa, 1999

Zília Maria Osório de CASTRO,
"Constitucionalismo Vintista", separata de *Cultura – História e Filosofia*, Lisboa, Centro de Cultura da Universidade Nova de Lisboa, V, 1986

Zília Maria Osório de CASTRO,
"Cultura e Ideias do Liberalismo", separata de *Lusitania Sacra*, Tomo 12, 2000

Zília Maria Osório de CASTRO,
Cultura e Política – Manuel Borges Carneiro e o Vintismo, Lisboa, INIC, 1990

Zília Maria Osório de CASTRO, (Direcção)
Dicionário do Vintismo e do Primeiro Cartismo (1821--1823 e 1826-1828), Lisboa, I-II, Assembleia da República/Edições Afrontamento, 2000

Zília Maria Osório de CASTRO,
"Da História das Ideias à História das Ideias Políticas", *Cultura – Revista de História e Teoria das Ideias*, VIII, Lisboa, Centro de História da Cultura da Universidade Nova de Lisboa, 1996

Zília Maria Osório de CASTRO, (Direcção)
Lisboa 1821 – A Cidade e os Políticos, Lisboa, Livros Horizonte, 1996

Zília Maria Osório de CASTRO,
"Manuel Borges Carneiro e a Teoria do Estado Liberal", *Revista de História das Ideias*, Coimbra, I, 1977

Zília Maria Osório de CASTRO,
"Poder régio e os Direitos da Sociedade. O 'Absolutismo de Compromisso' no Reinado

de D. Maria I", separata da Revista *Ler História*, nº 23/1993, Lisboa, 1992

Zília Maria Osório de CASTRO, "O Regalismo em Portugal – da Restauração ao Vintismo", *O Estudo da* História, *Boletim A. P. H.* (1990-1993)

Zília Maria Osório de Castro, "O Regalismo em Portugal", *Cultura – História e Política*, VI, 1987

Zília Maria Osório de CASTRO, "Soberania e Política – Teoria e Prática do Vintismo", *Cultura – Revista de História e Teoria das Ideias*, VIII, 2º Série, Lisboa, 1995

Zília Maria Osório de CASTRO, "Tradicionalismo *versus* Liberalismo. Pensar a Contra-revolução", *Cultura*, Centro de História da Cultura, 16, 2003

Zygmunt BAUMNT, *A Liberdade*, Estampa, Lisboa, 1989

ÍNDICE

DEDICATÓRIA	v
AGRADECIMENTOS	vii
PREFÁCIO	ix
NOTA DE ABERTURA	xi
EXPLICAÇÃO DE CONCEITOS	xiii
INTRODUÇÃO	xli

PARTE I
DA HISTÓRIA DA IDEIA DE LIBERDADE   1

CAPÍTULO I
CONDICIONANTES INTERNACIONAIS NO PENSAMENTO POLÍTICO SETECENTISTA: A IDEIA DE LIBERDADE INDIVIDUAL E A QUESTÃO DA LIBERDADE DOS POVOS (?) ATÉ AO DEALBAR DO INDIVIDUALISMO   3

§ 1º. Ideia geral da Europa dos déspotas esclarecidos   4
1. Figuras a que se atribuíram palavras e actos (remissões)   7
2. Contributos além-Mancha anteriores ao Individualismo e seu enquadramento   10
3. Outros casos   11

§ 2º. A Europa culta: o Direito Natural, a Liberdade individual e a tolerância religiosa   12
1. O Direito Natural no concerto do Absolutismo clássico   12
2. O Direito Natural no concerto do despotismo ilustrado   13
3. "O tempo" ou a relevância da História/Razão e Direito   27
4. A Liberdade individual no concerto do Absolutismo e do despotismo ilustrado   31
    4.1. Liberdade de pensamento, de consciência e tolerância religiosa no Absolutismo régio   31
    4.2. Liberdade de pensamento, de consciência e tolerância religiosa no despotismo ilustrado   32
        4.2.1. Sintomas da mudança em França   32
        4.2.2. A germânica forma de reflexão   48
        4.2.3. Triunvirato italiano e Iluminismo católico   50

§ 3º. A Europa culta: o contrato, o valor do indivíduo e a ideia de Liberdade   58
1. O contrato, o valor do indivíduo e a ideia de Liberdade no Absolutismo clássico   58
2. O contrato, o valor do indivíduo e a ideia de Liberdade no despotismo ilustrado   63
    2.1. A França   63
    2.2. A Holanda   90
    2.3. Contributos alemães ou o jusracionalismo na sua teorização acabada   91
    2.4. Itália e Espanha: a decisão católica   114
    2.5. Outros contributos percursores da Liberdade política – uma renovada visão   123

3. Nota sobre a relevância das Leis Fundamentais no despotismo europeu — 136
4. A questão do regalismo e os seus próceres — 137

§ 4º. Síntese da temática do presente capítulo — 137

CAPÍTULO II
O PORTUGAL DO ECLECTISMO CULTURAL E POLÍTICO: LIBERDADE DE PENSAMENTO E DE CONSCIÊNCIA, TOLERÂNCIA RELIGIOSA E LIBERDADE DOS POVOS (?) ATÉ AO DEALBAR DO INDIVIDUALISMO — 143

§ 1º. Um país à procura de rumo num continente de mudanças: em torno da ideia de Liberdade entre o dealbar de Setecentos e a Era do Individualismo — 144
1. A vulgarização do Pensamento, a censura e a Liberdade de consciência: a posição dos autores e das suas Obras como reflexo do "modus operandi" científico nacional: "os filósofos", "os políticos", "os históricos", "os reformadores" nos primeiros 60 anos de Setecentos... — 145
   1.1. Ideias gerais: a primeira subdivisão — 145
   1.2. Homenagem ao Direito Natural e à História — 145
   1.3. Manifestações da Liberdade individual: — 151
   1.4. A Universidade como caso especial do absolutismo régio e a Liberdade individual: a primeira subdivisão — 171
2. Conceptualização da segunda fase de renovação do Pensamento iluminista em Portugal — 182
   2.1. Personificação lusitana do Direito Natural — 182
   2.2. Censura e Liberdade de consciência como Liberdade individual — 184
3. Escritos oficiais e órgãos do Estado promotores da renovação cultural ecléctica: suas convicções: segunda subdivisão — 190
   3.1. A *Real Mesa Censória*: a impugnação da Liberdade de consciência e do jesuitismo e a aceitação moderada do jusnaturalismo protestante – 1768 — 190
   3.2. A *Dedução Chronologica e Analytica* e a abertura ao jusracionalismo Iluminista – 1767 — 200
   3.3. *O Regimento do Santo Officio da Inquisição de Portugal* – 1774 — 206
   3.4. Apreciação geral do problema no josefismo nacional: abertura *versus* manutenção do *status* — 208
   3.5. Realizações associadas à Reforma Pombalina: a Universidade como caso especial do Absolutismo régio — 209
   3.6. Pombal, os cristãos-novos e a equidistância social – sumária referência — 219
   3.7. O regalismo pombalino — 223
4. O entardecer do séc. XVIII: o epílogo do eclectismo — 225
   4.1. Direito Natural, História e ocaso do eclectismo — 229
   4.2. Liberdade de pensar e opções da consciência — 230

§ 2º. Marcas do Absolutismo régio em Portugal: D. João V, D. José e as influências estrangeiras — 246
1. O Antigo Regime, a origem divina do Poder e as suas manifestações jus-filosóficas e políticas em Portugal — 247
   1.1. O contributo europeu e a decisão portuguesa — 250
   1.2. Índices do poder temporal: liberdades e "jus puniendi" — 262
   1.3. Quadro geral das opções teóricas portuguesas — 268

2. Sinergias morais lusitanas e a ideia de Liberdade dos povos?	269
2.1. Poder político e Liberdade (origem do Poder e Contrato) em versão anterior à *Dedução Chronologica*: a primeira subdivisão	271
3. A *Dedução Chronologica* e escritos afins: a segunda subdivisão	282
3.1. Teorização lusitana correlativa à política oficial: segunda subdivisão	289
3.2. A questão do regalismo: segunda subdivisão	299
4. Posicionamento português posterior ao consulado pombalino: a terceira subdivisão	307
4.1. Lei Natural/Direito Natural e Razão	307
4.2. Poder político e Liberdade (origem do Poder e Contrato) em versão posterior a Pombal	309
4.2.1. A polémica entre Mello Freire e Ribeiro dos Santos a respeito da Liberdade dos povos	340
5. Decisão penalística na terceira subdivisão	346
§ 3º. Síntese da temática do presente capítulo	**347**

PARTE II
DA HISTÓRIA DA IDEIA DE LIBERDADE (SEQUÊNCIA)   351

CAPÍTULO III
OS PRINCÍPIOS DO LIBERALISMO E O TECER DA IDEIA DE LIBERDADE NAS FONTES ANTERIORES AO INDIVIDUALISMO: A LIBERDADE INDIVIDUAL E A LIBERDADE POLÍTICA DO CIDADÃO EM DIÁLOGO COM A COMUNIDADE LIVRE   353

§ 1º. Objectivo a atingir na senda da História da Liberdade à Liberdade na História: o pré-liberalismo	**354**
Ponto único – Apresentação do problema	354
§ 2º. A importância da Inglaterra no quadro do Liberalismo europeu	**359**
1. A prática parlamentar inglesa – os grandes princípios	362
1.1. O Parlamento inglês até à Revolução Americana – linhas de força do seu desenvolvimento	362
2. Marcos do Direito Público inglês setecentista	376
2.1. Direito Natural e Razão	378
2.2. O factor tempo ou a relevância da História	385
2.3. Liberdade de pensar e invocação religiosa	388
2.4. A questão da Liberdade e da Propriedade	394
2.5. Poder político e Liberdade	395
§ 3º. A difusão da ideia de Liberdade pela via francesa ou o Liberalismo na interpretação continental	**425**
1. A França e o seu papel político cultural antes de 1789	425
2. Prolegómenos franceses de cunho liberal antes do Individualismo	426
2.1. Direito Natural e Razão	426
2.2. O tempo no fluir das vivências humanas	431
2.3. Liberdade de pensar e devoção religiosa	433
2.4. Liberdade e Propriedade	439
2.5. Poder político e Liberdade	440

§ 4º. **Fumos democráticos ou o Absolutismo colectivo: do imperativo da vontade geral** 467
1. Instala-se a controvérsia 467
2. Impugnação do louvor às Luzes 470
3. Religião natural ou religião revelada? 472
4. Questões antropológicas e vislumbres "democráticos" 476
5. A formação do Absolutismo colectivo 485
6. A conciliação pelo factor pedagógico na História das Ideias 498
7. Síntese do Pensamento rousseano 499

§ 5º. **O triunfo da História no Pensamento continental** 503
1. O papel da História 503
2. Liberdade de pensamento: tolerância positiva e Liberdade de escrever 504
3. A concepção de Liberdade política de De Lolme 505

§ 6º. **Tendências liberais na península itálica** 512
1. Absolutismo *versus* republicanismo 513
2. Contratualismo e temporalidade 514
3. Legislação, república e monarquia 516

§ 7º. **Síntese da temática do presente capítulo** 519

CAPÍTULO IV
AS TRANSFORMAÇÕES MUNDIAIS PROPICIADAS PELO INDIVIDUALISMO – TEORIA E HISTÓRIA DA LIBERDADE NOS ANTECEDENTES REMOTOS DA REVOLUÇÃO DE 1820 523

§ 1º. **Objectivos a atingirem na senda da História da Liberdade à Liberdade na História** 524
Ponto único. A Europa: do dealbar do Individualismo à Era Napoleónica – sumária caracterização 524

§ 2º. **A importância da Inglaterra no quadro do Liberalismo europeu *versus* a Liberdade Continental: geral (sequência)** 526
1. O Parlamento inglês depois da eclosão da Revolução Americana – defesa da ideia de Liberdade: a originalidade da Liberdade "aristocrática" 535
2. A questão da Igualdade e o tema das eleições 536
3. Liberdade civil *versus* Liberdade política 539

§ 3º. **O indispensável mote da Revolução Americana**
1. A Revolução Americana e os seus fundamentos 541
   1.1. Motivações da Revolução Americana 541
2. Os desenvolvimentos doutrinários da Revolução Americana na sua primeira fase 547
   2.1. Estado de natureza e pacto social 550
   2.2. O Individualismo na Democracia norte-americana: representatividade e soberania 554
   2.3. Separação ou equilíbrio de Poderes 560
3. Textos legais com projecção no continente europeu (remissão) 564

§ 4º. A Revolução Francesa e as suas sequelas — 564
1. As origens e os eventos fundamentais – sumária caracterização — 564
   1.1. Os pobres, os gritos e a mudança — 566
   1.2. Linhas de força duma revolução catalisadora — 576
2. Ideias Morais e Políticas na Revolução Francesa — 583
   2.1. A primeira geração dos *Ideólogues* e a Liberdade — 584
      2.1.1. Na senda do Iluminismo e nos alvores do Liberalismo — 585
      2.1.2. Temática do Direito Natural — 587
      2.1.3. O valor da História — 589
      2.1.4. Liberdade de pensamento, de consciência e tolerância religiosa — 590
      2.1.5. Contratualismo e Poder Político — 595
   2.2. A segunda geração dos *"Ideólogues"* — 632
      2.2.1. Na senda do Iluminismo e nos alvores do Liberalismo — 632
      2.2.2. Temática do Direito Natural — 634
      2.2.3. O valor da História — 634
      2.2.4. Liberdade de pensamento, de consciência e tolerância religiosa — 635
      2.2.5. Contratualismo e Poder Político — 642
3. Pós *Ideólogues*: Benjamin Constant ou um Pensamento autónomo: Liberdade dos Antigos *versus* Liberdade dos Modernos e De Felice – uma referência para o Triénio Vintista — 649
   3.1. Benjamin Constant e o papel da História: Liberdade dos Antigos *versus* Liberdade dos Modernos – aproximação e remissão — 653
   3.2. O indivíduo e a sua Liberdade: ideias gerais — 657
   3.3. A Liberdade individual na interpretação constantiana e feliciana: racionalidade e Liberdade de pensamento, de imprensa e religiosa — 659
   3.4. A Igualdade em presença da Liberdade: breve apontamento — 670
   3.5. Contratualismo e Constitucionalismo; soberania e Constituição — 671
4. Textos legais determinantes para a Revolução Francesa (remissão) — 690

§ 5º. Reflexão inglesa sobre os eventos revolucionários — 690
1. Apresentação — 690
2. O valor da História e o Direito Natural — 694
3. Liberdade de pensamento e de religião — 696
4. A questão do utilitarismo — 697
5. Poder político e Liberdade — 699

§ 6º. Immanuel Kant e a ideia de Liberdade — 715
1. Inserção cronológica — 716
2. Sumária introdução ao Pensamento kantiano — 720
3. Kant e a História — 726
4. A Liberdade de pensamento e a religião — 729
5. Jusnaturalismo e política em Kant — 739
   5.1. Enquadramento geral das ideias kantianas sobre o Direito — 740
   5.2. *A Doutrina do Direito*: Direito Natural e Direito Positivo — 744
   5.3. Ideias Políticas e Contratualismo em Kant — 749
   5.4. Kant revolucionário — 764

A IDEIA DE LIBERDADE EM PORTUGAL

§ 7º. **Importância da Espanha para a difusão do Liberalismo e da Liberdade e seus opositores**   775
1. Apresentação   775
2. Direito Natural e História na formulação espanhola   776
3. Liberdade de pensamento e convicções religiosas   777
4. Poder político e Liberdade   778

§ 8º. **Síntese da temática do presente capítulo**   794

CAPÍTULO V
A GERMINAÇÃO DA IDEIA DE LIBERDADE INDIVIDUAL E POLÍTICA EM PORTUGAL E OS PROLEGÓMENOS DA REVOLUÇÃO DE 1820   803

§ 1º. **Envolvência europeia como reacção à Revolução Francesa**   804
1. As primeira investidas do providencialismo contra-revolucionário e os seus reflexos em França e na Europa   805
2. A importância da Revolução Espanhola e as suas tibiezas   810

§ 2º. **A situação portuguesa em finais do séc. XVIII e primeiros anos do séc. XIX**   810
1. Ideias gerais – a Liberdade individual   810
2. Ideias gerais – a Liberdade política   815
3. O impacto da Revolução Americana em Portugal   816
4. O impacto da Revolução Francesa em Portugal   820
    4.1. A difusão das ideias Francesas   820
    4.2. Universidade e sociedade nas vésperas do Liberalismo em Portugal   826
    4.3. As questões políticas emergentes da Revolução Francesa até às Invasões   829
5. As Invasões Francesas e o reflexo que tiveram no plano cultural e político nacional   837
    5.1. A Primeira Invasão Francesa e a resposta dos patriotas   841
        5.1.1. Primeiros "Projectos de Constituição" para Portugal   846
        5.1.2. Revoltas e rebeliões no tempo de Junot e reacção do Governo da Regência   857
    5.2. Soult ou a teimosia de Napoleão Bonaparte   869
    5.3. Massena e o obituário gaulês   876
    5.4. José Acúrsio das Neves e a teorização das Invasões Francesas   877
    5.5. As Invasões Francesas enquanto catalisador da Revolução de 1820: síntese geral   884
6. A questão da ida da Família Real para o Brasil   885
    6.1. Estabelecimento orgânico-institucional do Reino do Brasil   890
    6.2. Prenúncios da independência brasileira   897
7. A segunda fase do providencialismo contra-revolucionário: a Santa Aliança ou a guerra contra a Liberdade na Europa pós-bonapartista – traços gerais   899

§ 3º. **Razão, História e Liberdade de pensamento posteriores a 1789 e até aos alvores da Revolução Vintista no contexto da reflexão nacional**   910
1. Questões culturais e Liberdade individual   910
    1.1. Apresentação   910
    1.2. Direito Natural e História   911
    1.3. Liberdade de pensamento ou eclectismo nacional   913

§ 4º. **Germinação das ideias revolucionárias e seus sintomas antes de 1820: as Ideias Políticas no reinado de D. Maria I e de D. João, Príncipe Regente e monarca absoluto português até 1820** 918
1. Apresentação do problema 918
2. A questão do tradicionalismo político português ou o correspondente pré-liberalismo 920

§ 5º. **Manifestações políticas extra oficiais ou vultos eminentes no enquadramento da ideia de Liberdade marina e joanina** 929
1. Relação entre Poder temporal e Poder espiritual 929
2. Aristotelismo tardio ou renovação contratualista 931
3. Tradicionalismo *versus* temporalidade 934
4. A negação dos princípios revolucionários 941
5. As Leis Fundamentais 959
6. O caso especial de D. Pedro de Sousa e Hoelstein – Palmela 963

§ 6º. **Recenseamento português dos contributos europeus – o papel da Imprensa** 973
1. A Imprensa em Portugal entre 1789 e 1820 976
   1.1. Imparcialidade *versus* partidarismo 978
   1.2. Da Liberdade individual 986
   1.3. Da Liberdade natural aos direitos abstractos ou a sequência francesa 991
   1.4. Da Liberdade social ao modelo prático ou a ovação à História 994
2. Os emigrados em Inglaterra e França e a Imprensa da Liberdade 995
   2.1. Apresentação sumária dos periódicos 996
   2.2. Imparcialidade *versus* partidarismo 998
   2.3. Da Liberdade individual 1004
   2.4. Da Liberdade natural aos direitos abstractos ou a sequência francesa 1018
   2.5. Da Liberdade social ao modelo prático ou a ovação à História 1030

§ 7º. **Síntese da temática do presente capítulo** 1059

PARTE III
DA HISTÓRIA DA LIBERDADE À LIBERDADE NA HISTÓRIA 1061

CAPÍTULO VI
"CORPUS JURÍDICO-CONSTITUCIONAL" PORTUGUÊS: A DIVERSIDADE DAS MANIFESTAÇÕES DO PRIMITIVO LIBERALISMO PORTUGUÊS EM PRESENÇA DA LIBERDADE INDIVIDUAL E POLÍTICA – O RADICALISMO *VERSUS* A MODERAÇÃO 1063

§ 1º. **Recepção teórica do Liberalismo em Portugal e seus primitivos contornos** 1064
1. Mapa político da Liberdade portuguesa 1064
2. As diversas propostas no geral: a Liberdade do indivíduo e da sociedade (geral) 1066

§ 2º. **A questão da Liberdade de pensamento e os problemas da Liberdade de consciência, da tolerância religiosa e da Liberdade de imprensa** 1067
1. As sequelas do Individualismo em geral (remissão) 1067
2. O caso português 1067

§ 3º. **Pontos de doutrina e Liberdade política: o Direito Natural, o contrato social e a soberania** 1068
1. A uniformidade de pontos de vista entre liberais no que respeita ao Direito Natural (remissão) 1068
2. A questão do Individualismo (remissão) 1069
3. O Poder político: a origem convencional ou a temática da soberania (remissão) 1071
4. O caso português no quadro das propostas estrangeiras 1073
5. Um caso especial a merecer detalhe: a Constituição como marca do Liberalismo e da ideia de Liberdade na Europa: a consagração da Liberdade individual e política 1079
   5.1. Ideia geral e evolução até meados do séc. XIX na Europa 1079
   5.2. A distinção entre Leis Fundamentais, Leis Constitucionais e Leis Ordinárias – limite à revisão constitucional em presença do conceito de Constituição 1080
   5.3. O caso português 1084
6. A "Liberdade" dos Liberais e as "Liberdades" dos contra-revolucionários: impossibilidade de conciliação (remissão) 1088

§ 4º. **1820: uma data emblemática para o Liberalismo peninsular: os caminhos paralelos de Portugal e Espanha** 1089
1. A herança de 1812 na Espanha do Triénio Constitucional 1090
2. A aprendizagem lusitana e os seus reflexos pré-constitucionais 1091

§ 5º. **Síntese da temática do presente capítulo** 1112

CAPÍTULO VII
IDEIA GERAL DO PARLAMENTARISMO PORTUGUÊS NO PERÍODO EM OBSERVAÇÃO
– CONGRESSO E CORTES: A ACTUAÇÃO DAS ASSEMBLEIAS REPRESENTATIVAS 1115

§ 1º. **Manifestações da Liberdade e seus correlatos no Congresso Vintista** 1116
1. A instalação das Cortes Gerais e Extraordinárias da Nação Portuguesa e a sua organização interna 1119
   1.1. As várias Comissões criadas para a elaboração de projectos de leis 1123
2. A Constituinte de 1821 e a elaboração da Constituição de 1822: ideias gerais e propedêuticas contidas nas Bases 1125
   2.1. Uma incógnita chamada D. João VI 1131
   2.2. Ponto de partida para o debate acerca dos direitos individuais e regime político da Nação Vintista e sua consagração política (remissão) 1135
   2.3. A Liberdade de imprensa como salvaguarda da Liberdade política (remissão) 1140
   2.4. Temas religiosos e a ideia de Liberdade (remissão) 1147
   2.5. A questão da Propriedade e da Igualdade no discurso Vintista (remissão) 1148
      2.5.1. A ideia de Propriedade e a de Liberdade (remissão) 1149
      2.5.2. A questão das garantias jurídicas ou a remodelação do sistema judicial (remissão) 1150
3. Temas políticos e a ideia de Liberdade: a defesa da Liberdade política constitucional (remissão) 1155

§ 2º. Os contributos doutrinários de proveniência vária para a *Constituição de 1822* — 1170

§ 3º. Síntese da temática do presente capítulo — 1174

CAPÍTULO VIII
A IDEIA DE "LIBERDADE NATURAL" COMO DIREITO NATURAL – A LIBERDADE DE PENSAMENTO E O CASO ESPECIAL DA LIBERDADE DE IMPRENSA — 1177

§ 1º. **A Liberdade de Imprensa na *Constituição de 1822* – aspectos gerais, introdutórios e remissivos** — 1178
1. Cádiz e a Liberdade individual do cidadão: a Liberdade de imprensa na *Constituição de 1812* (remissão) — 1178
2. A Liberdade de imprensa na *Constituição de 1822* — 1178
3. A Lei de Liberdade de Imprensa de 4 de Julho de 1821 — 1184
4. O Tribunal Especial para a Protecção da Liberdade da Imprensa — 1190

§ 2º. **A Liberdade de Imprensa no período do Vintismo** — 1192
1. Os principais jornais actuantes no contexto: metodologia de abordagem num quadro de opções: o papel da Imprensa em Portugal nos anos da Revolução – alguns periódicos do liberalismo — 1192
   1.1. Imprensa liberal: generalidades — 1195
   1.2. A Liberdade individual: Liberdade de imprensa — 1199
   1.3. A Liberdade individual: Liberdade de consciência — 1201
   1.4. A Liberdade civil — 1203
   1.5. A Liberdade política do cidadão e da sociedade — 1204
2. Imprensa adversa à Revolução — 1212

§ 3º. Síntese da temática do presente capítulo — 1214

CAPÍTULO IX
SUMÁRIA APROXIMAÇÃO À "LIBERDADE RELIGIOSA" — 1217

§ 1º. **Desenvolvimento da Liberdade Religiosa na doutrina e na literatura – breve apontamento e remissões** — 1217
Ponto único – Cádiz, a Liberdade de consciência e a tolerância religiosa (?) na regulamentação ordinária — 1219

§ 2º. **Liberdade de consciência teórica ou Religião de Estado oficial no Vintismo: eis o problema** — 1220
1. O exemplo de Cádiz — 1220
2. O caso português: o Pensamento Vintista nas suas coordenadas gerais — 1222
   2.1. A Liberdade de consciência e a tolerância religiosa para os nacionais — 1222
   2.2. A questão "heterodoxia" e a sua ligação à Fé confessional — 1227
   2.3. Os "Direitos de Deus" e os Direitos da Nação soberana — 1231
   2.4. A Liberdade de consciência como preocupação extra-constitucional (ou Ordinária) no Congresso Vintista em presença do modelo gaditano — 1232

§ 3º. Síntese da temática do presente capítulo — 1233

A IDEIA DE LIBERDADE EM PORTUGAL

CAPÍTULO X
A "LIBERDADE CIVIL" E OS DIREITOS DO CIDADÃO — 1235

§ 1º. A Liberdade civil no plano das garantias jurídicas — 1235
Ponto único. Cádiz e a Liberdade civil — 1236

§ 2º. A Liberdade civil no texto de 1822: ideias gerais — 1238
1. A tolerância religiosa para os estrangeiros residentes em Portugal como garantia jurídica — 1239
2. A Segurança é o espaço da Liberdade: o asilo que é casa do cidadão — 1243
    2.1. Desenvolvimentos da norma constitucional — 1246
3. Invocação da Liberdade civil na temática da Propriedade: direitos banais, coutadas e forais — 1247
    3.1. A garantia da igualdade na disposição da Propriedade como marco da Liberdade civil — 1248
4. A igualdade e a extinção dos privilégios pessoais de foro — 1255
    4.1. A regulamentação da extinção dos privilégios pessoais de foro nos termos legais — 1256
5. Jurados e correcta aplicação da justiça ou o direito às garantias jurídicas: da Liberdade individual à Liberdade civil — 1259
6. Direito de petição — 1264
7. Relação entre Liberdade natural e direitos do indivíduo com demarcação dos delitos e das penas — 1266

§ 3º. Síntese da temática do presente capítulo — 1272

CAPÍTULO XI
A "LIBERDADE POLÍTICA" DO CIDADÃO E A "LIBERDADE DA COMUNIDADE" – CAPACIDADE PARA PARTICIPAR NO EXERCÍCIO DA SOBERANIA NACIONAL E DEFESA DA LIBERDADE POLÍTICA DA NAÇÃO — 1275

§ 1º. A Liberdade: o problema do direito de participação política ou a dimensão positiva da Liberdade política do cidadão: semelhanças e diferenças entre Gaditanos e Vintistas — 1276
1. Cádiz e a Liberdade política do cidadão — 1276
2. O Texto Fundamental português: considerações gerais — 1278
    2.1. A efectiva responsabilidade política dos cidadãos — 1278
    2.2. Os cidadãos e o seu voto ou a capacidade eleitoral: o Liberalismo e a Democracia — 1280

§ 2º. Do Individualismo à Liberdade Política do cidadão na Constituição de 1822 — 1282
1. Liberdade política do cidadão nas suas manifestações coevas à reunião do do Congresso Vintista — 1283
    1.1. Ser "Português" e ser "Cidadão Português" — 1283
2. A futura eleição dos deputados: do Individualismo à Liberdade política do cidadão — 1290
    2.1. O voto como manifestação da Liberdade política do cidadão ou a sua suspensão no âmbito da *Constituição de 1822* — 1291
    2.2. Sufrágio universal, directo, secreto e reeleição dos deputados: a decisão Vintista — 1301

ÍNDICE

3. A Lei Eleitoral como Lei Constitucional: o direito de voto — 1312

§ 3º. **A defesa das Leis Fundamentais (Constituição) pelo recurso à representatividade e ao equilíbrio de Poderes ou o triunfo da Vontade e da Razão individual no processo histórico concreto: a assunção do modelo gaditano** — 1315
1. Cádiz e a Liberdade política da sociedade — 1315
2. O Texto Fundamental português e a defesa da Liberdade política da sociedade: a soberania nacional — 1317
   2.1. Garantia e defesa da Constituição: o regresso do Rei e a posição do seu "ministério brasileiro" — 1323
   2.2. Garantia e defesa da Constituição – a separação de Poderes e o caso especial do Poder Legislativo: a submissão do Poder Régio ao Poder da Nação — 1329
   2.3. O Veto do Rei — 1336
   2.4. A Deputação Permanente — 1344
   2.5. O Conselho de Estado — 1347
   2.6. Unicameralismo (remissão) — 1353

§ 4º. **O Brasil na tormenta do Vintismo: a perspectiva portuguesa e a resposta brasileira** — 1353

§ 5º. **O papel político da maçonaria e organizações afins: ideias gerais e brevíssimas** — 1373

§ 6º. **Síntese da temática do presente capítulo** — 1381

CAPÍTULO XII
O DIA SEGUINTE À JORNADA A SALVATERRA DE SUA MAJESTADE D. JOÃO VI DE PORTUGAL E OS PRENÚNCIOS QUE O ANTECEDERAM — 1385

§ 1º. **A oposição interna à Revolução de 1820 como prenúncio dos acontecimentos de 1823** — 1385
1. A questão dos "diplomáticos" — 1386
2. A diáspora e a adesão dos seus Governos ao Sistema Constitucional — 1392
3. O reconhecimento interno da existência da contra-revolução: inépcia em presença da mesma — 1393
   3.1. Algumas referências constantes na doutrinação contra-revolucionária — 1401
   3.2. As Cortes Ordinárias, a contra-revolução e a defesa da Liberdade — 1407
   3.3. As Cortes Extraordinárias e o apagamento do Triénio — 1411

§ 2º. **A reacção: – A "Santa Aliança da Liberdade" responde à Santa Aliança dos déspotas que riposta: Portugal, Espanha, Nápoles, Piemonte e a "sobrevivência lusitana"** — 1412

§ 3º. **Síntese da temática do presente capítulo** — 1422

ALGUMAS CONCLUSÕES A RETER — 1423

FONTES E BIBLIOGRAFIA — 1425

ÍNDICE GERAL — 1491